DIE BIBEL

Die Bilder zur Bibel
von
Julius Schnorr von Carolsfeld

Schon die ältesten uns heute noch erhaltenen
Bibelhandschriften weisen Bildbeigaben auf, die den
biblischen Text einfühlsam begleiten.

Julius Schnorr von Carolsfeld
geboren am 26. 3. 1794 in Leipzig,
gestorben am 24. 5. 1872 in Dresden,
einer der herausragenden Künstler
der deutschen Romantik, knüpft mit seinen
Holzschnitten biblischer Motive an die große
Tradition der Bilderbibeln an.

Von 1853 bis 1860 entstanden als graphisches
Hauptwerk 240 Holzschnitte zum Alten
und Neuen Testament, die sich durch Genauigkeit,
Sensibilität und Natürlichkeit in der
Ausgestaltung auszeichnen und die hohe künstlerische
Qualität bewahren, die Schnorr von Carolsfelds
Arbeiten insgesamt aufweisen.

Mit seinen »Bildern zur Bibel«
schuf Julius Schnorr von Carolsfeld ein Volksbuch –
das umfassendste und wichtigste
seiner Art im Deutschland des 19. Jahrhunderts.

223 ausgewählte Holzschnitte bilden in der
vorliegenden Ausgabe eine eindrucksvolle Ergänzung
zur Heiligen Schrift.

Der Text folgt der historischen Fassung von 1912. Die Abbildungen wurden der Erstausgabe der »Bibel in Bildern« von Julius Schnorr von Carolsfeld aus der Bibelsammlung der Württembergischen Landesbibliothek entnommen.

Penguin Random House Verlagsgruppe FSC® N001967

7. Auflage

Neumarkter Straße 28, 81673 München
produktsicherheit@penguinrandomhouse.de
(Vorstehende Angaben sind zugleich Pflichtinformationen nach GPSR.)

Umschlaggestaltung: Druckfrei. Dagmar Herrmann, Bad Honnef
Druck und Bindung: CPI Books GmbH, Leck
Printed in the EU
ISBN 978-3-7306-0756-5
www.anacondaverlag.de

DIE BIBEL

ODER

DIE GANZE HEILIGE SCHRIFT

DES ALTEN UND NEUEN

TESTAMENTS

NACH DER DEUTSCHEN ÜBERSETZUNG
D. MARTIN LUTHERS
MIT 223 HOLZSCHNITTEN
VON
JULIUS SCHNORR VON CAROLSFELD

ANACONDA

Das
Alte Testament

Verzeichnis der Bücher des Alten Testaments

DER ERSTE TAG DER SCHÖPFUNG 1. Mose 1, 1–3

Das erste Buch Mose

Das 1. Kapitel

Schöpfung der Welt. Der Mensch ein Bild Gottes.
(Vgl. Ps. 104.)

1. Am Anfang schuf Gott Himmel und
Erde.
Apg. 17,24; Offenb. 4,11; Hebr. 11,3; Joh. 1,1–3.
2. Und die Erde war wüst und leer, und es
war finster auf der Tiefe; und der Geist
Gottes schwebte auf dem Wasser.
3. Und Gott sprach: Es werde Licht! und
es ward Licht. Ps. 33,9; 2. Kor. 4,6.
4. Und Gott sah, daß das Licht gut war.
Da schied Gott das Licht von der Finsternis
5. und nannte das Licht Tag und die Finsternis Nacht. Da ward aus Abend und
Morgen der erste Tag.
6. Und Gott sprach: Es werde eine Feste
zwischen den Wassern, und die sei ein
Unterschied zwischen den Wassern.
7. Da machte Gott die Feste und schied
das Wasser unter der Feste von dem Wasser über der Feste. Und es geschah also.
Ps. 19,2.
8. Und Gott nannte die Feste Himmel. Da
ward aus Abend und Morgen der andere
Tag.
9. Und Gott sprach: Es sammle sich das
Wasser unter dem Himmel an besondere
Örter, daß man das Trockene sehe. Und es
geschah also. 2. Petr. 3,5; Hiob 38,8–11.
10. Und Gott nannte das Trockene Erde,
und die Sammlung der Wasser nannte er
Meer. Und Gott sah, daß es gut war.
11. Und Gott sprach: Es lasse die Erde
aufgehen Gras und Kraut, das sich besa-
me, und fruchtbare Bäume, da ein jeglicher nach seiner Art Frucht trage und
habe seinen eigenen Samen bei sich selbst
auf Erden. Und es geschah also.
12. Und die Erde ließ aufgehen Gras und

Kraut, das sich besamte, ein jegliches
nach seiner Art, und Bäume, die da Frucht
trugen und ihren eigenen Samen bei sich
selbst hatten, ein jeglicher nach seiner
Art. Und Gott sah, daß es gut war.
13. Da ward aus Abend und Morgen der
dritte Tag.
14. Und Gott sprach: Es werden Lichter
an der Feste des Himmels, die da scheiden
Tag und Nacht und geben Zeichen, Zeiten,
Tage und Jahre Ps. 74,16.
15. und seien Lichter an der Feste des
Himmels, daß sie scheinen auf Erden. Und
es geschah also.
16. Und Gott machte zwei große Lichter:
ein großes Licht, das den Tag regiere, und
ein kleines Licht, das die Nacht regiere,
dazu auch Sterne. Ps. 136,7–9.
17. Und Gott setzte sie an die Feste des
Himmels, daß sie schienen auf die Erde
18. und den Tag und die Nacht regierten
und schieden Licht und Finsternis. Und
Gott sah, daß es gut war.
19. Da ward aus Abend und Morgen der
vierte Tag.
20. Und Gott sprach: Es errege sich das
Wasser mit webenden und lebendigen Tieren, und Gevögel fliege auf Erden unter
der Feste des Himmels.
21. Und Gott schuf große Walfische und
allerlei Getier, das da lebt und webt, davon
das Wasser sich erregte, ein jegliches nach
seiner Art, und allerlei gefiedertes Gevögel, ein jegliches nach seiner Art. Und Gott
sah, daß es gut war.
22. Und Gott segnete sie und sprach:
Seid fruchtbar und mehret euch und erfüllet das Wasser im Meer; und das Gefie-
der mehre sich auf Erden.
23. Da ward aus Abend und Morgen der
fünfte Tag.
24. Und Gott sprach: Die Erde bringe
hervor lebendige Tiere, ein jegliches nach
seiner Art: Vieh, Gewürm und Tiere auf
Erden, ein jegliches nach seiner Art. Und
es geschah also.
25. Und Gott machte die Tiere auf Erden,
ein jegliches nach seiner Art, und das Vieh
nach seiner Art, und allerlei Gewürm auf
Erden nach seiner Art. Und Gott sah, daß
es gut war.
26. Und Gott sprach: Lasset uns Menschen machen, ein Bild, das uns gleich sei,
die da herrschen über die Fische im Meer
und über die Vögel unter dem Himmel
und über das Vieh und über die ganze Erde
und über alles Gewürm, das auf Erden
kriecht. Ps. 8,6–9.
27. Und *Gott schuf den Menschen ihm
zum Bilde, zum Bilde Gottes schuf er ihn;
†und schuf sie einen Mann und ein Weib.
*Eph. 4,24. †K. 2,7.22; Matth. 19,4.
28. Und Gott segnete sie und sprach zu
ihnen: Seid fruchtbar und mehret euch
und füllet die Erde und machet sie euch
untertan und herrschet über die Fische im
Meer und über die Vögel unter dem Himmel und über alles Getier, das auf Erden
kriecht. Apg. 17,26.
29. Und Gott sprach: Sehet da, ich habe
euch gegeben allerlei Kraut, das sich be-
samt, auf der ganzen Erde und allerlei
fruchtbare Bäume, die sich besamen, zu
eurer Speise,
30. und allem Getier auf Erden und allen
Vögeln unter dem Himmel und allem Gewürm, das da lebt auf Erden, daß sie allerlei grünes Kraut essen. Und es geschah
also.
31. Und Gott sah an alles, was er gemacht
hatte; und siehe da, es war sehr gut. Da
ward aus Abend und Morgen der sechste
Tag.

Das 2. Kapitel

Sabbat. Der Mensch im Paradies. Gottes Gebot.
Schöpfung des Weibes: Ehestand.

1. Also ward vollendet Himmel und Erde
mit ihrem ganzen Heer.
2. Und also vollendete Gott am siebenten
Tag seine Werke, die er machte, und ruhte
am siebenten Tage von allen seinen Werken, die er machte. Joh. 5,17; Hebr. 4,4.10.
3. Und Gott segnete den siebenten Tag
und heiligte ihn, darum daß er an demselben geruht hatte von allen seinen Werken,
die Gott schuf und machte. 2. Mose 20,8–11.
4. Also ist Himmel und Erde geworden,
da sie geschaffen sind, zu der Zeit, da Gott
der Herr Erde und Himmel machte.
5. Und allerlei Bäume auf dem Felde waren noch nicht auf Erden, und allerlei
Kraut auf dem Felde war noch nicht gewachsen; denn Gott der Herr hatte noch
nicht regnen lassen auf Erden, und es war
kein Mensch, der das Land baute.
6. Aber ein Nebel ging auf von der Erde
und feuchtete alles Land.
7. Und Gott der Herr machte den Menschen aus einem Erdenkloß, und er blies
ihm ein den lebendigen Odem in seine
Nase. Und *also ward der Mensch eine
lebendige Seele. *1. Kor. 15,45.
8. Und Gott der Herr pflanzte einen Garten in Eden gegen Morgen und setzte den
Menschen hinein, den er gemacht hatte.
9. Und Gott der Herr ließ aufwachsen aus
der Erde allerlei Bäume, lustig anzusehen

DER ZWEITE TAG DER SCHÖPFUNG 1. Mose 1, 6.7

und gut zu essen, und den *Baum des Lebens mitten im Garten und den Baum der Erkenntnis des Guten und Bösen.
*K.3,22.24; Offenb.2,7; 22,2.
10. Und es ging aus von Eden ein Strom, zu wässern den Garten, und teilte sich von da in vier Hauptwasser.
11. Das erste heißt Pison, das fließt um das ganze Land Hevila; und daselbst findet man Gold.
12. Und das Gold des Landes ist köstlich; und da findet man Bedellion und den Edelstein Onyx.
13. Das andere Wasser heißt Gihon, das fließt um das ganze Mohrenland.
14. Das dritte Wasser heißt *Hiddekel, das fließt vor Assyrien. Das vierte Wasser ist der Euphrat. *Tigris.
15. Und Gott der Herr nahm den Menschen und setzte ihn in den Garten Eden, daß er ihn baute und bewahrte.
16. Und Gott der Herr gebot dem Menschen und sprach: Du sollst essen von allerlei Bäumen im Garten;
17. aber von dem Baum der Erkenntnis des Guten und Bösen sollst du nicht essen; denn welches Tages du davon issest, wirst du des *Todes sterben.
Röm.5,12; 1.Kor.15,21.
18. Und Gott der Herr sprach: Es ist nicht gut, daß der Mensch allein sei; ich will ihm eine Gehilfin machen, die um ihn sei. Spr.31,10–31.
19. Denn als Gott der Herr gemacht hatte von der Erde allerlei Tiere auf dem Felde und allerlei Vögel unter dem Himmel, brachte er sie zu dem Menschen, daß er sähe, wie er sie nennte; denn wie der Mensch allerlei lebendige Tiere nennen würde, so sollten sie heißen.
20. Und der Mensch gab einem jeglichen Vieh und Vogel unter dem Himmel und Tier auf dem Felde seinen Namen; aber für den Menschen ward keine Gehilfin gefunden, die um ihn wäre.
21. Da ließ Gott der Herr einen tiefen Schlaf fallen auf den Menschen, und er schlief ein. Und er nahm seiner Rippen eine und schloß die Stätte zu mit Fleisch.
22. Und Gott der Herr *baute ein Weib aus der Rippe, die er von dem Menschen nahm, und brachte sie zu ihm.
*1.Kor.11,7–9.12; 1.Tim.2,13.
23. Da sprach der Mensch: Das ist doch

Bein von meinem Bein und Fleisch von
meinem Fleisch; man wird sie Männin
heißen, darum daß sie vom Manne genommen ist.
24. Darum wird ein Mann Vater und
Mutter verlassen und an seinem Weibe
hangen, und sie werden sein ein Fleisch.
Matth.19,5–6; Eph.5,28–31.
25. Und sie waren beide nackt, der
Mensch und sein Weib, und schämten sich
nicht.

Das 3. Kapitel

Sündenfall, Fluch und erste Verheißung.

1. Und die Schlange war listiger denn alle
Tiere auf dem Felde, die Gott der Herr
gemacht hatte, und sprach zu dem Weibe:
Ja, sollte Gott gesagt haben: Ihr sollt nicht
essen von allerlei Bäumen im Garten?
Offenb.12,9; 20,2.
2. Da sprach das Weib zu der Schlange:
Wir essen von den Früchten der Bäume im
Garten; K.2,16.
3. aber von den Früchten des Baumes
mitten im Garten hat Gott gesagt: Esset
nicht davon, rühret's auch nicht an, daß
ihr nicht sterbet. K.2,17.
4. Da sprach die Schlange zum Weibe;
Ihr werdet mitnichten des Todes sterben;
Joh.8,44.
5. sondern Gott weiß, daß welches Tages
ihr davon esset, so werden eure Augen
aufgetan, und werdet sein wie Gott und
wissen, was gut und böse ist.
6. Und das Weib *schaute an, daß von
dem Baum gut zu essen wäre und daß er
lieblich anzusehen und ein lustiger Baum
wäre, weil er klug machte; und sie †nahm
von der Frucht und aß und gab ihrem
Mann auch davon, und er aß.
*Jak.1,14. †1.Tim.2,14.
7. Da wurden ihrer beider Augen aufgetan, und sie wurden gewahr, *daß sie
nackt waren, und flochten Feigenblätter
zusammen und machten sich Schürze.
*K.2,25.
8. Und sie hörten die Stimme Gottes des
Herrn, der im Garten ging, da der Tag
kühl geworden war. Und Adam *versteckte sich mit seinem Weibe vor dem Angesicht Gottes des Herrn unter die Bäume
im Garten. *Jer.23,24.
9. Und Gott der Herr rief Adam und
sprach zu ihm: Wo bist du?
10. Und er sprach: Ich hörte deine Stimme im Garten und fürchtete mich; denn
ich bin nackt, darum versteckte ich mich.
11. Und er sprach: Wer hat dir's gesagt,
daß du nackt bist? Hast du nicht gegessen
von dem Baum, davon ich dir gebot, du
solltest nicht davon essen?
12. Da sprach Adam: Das Weib, das du
mir zugesellt hast, gab mir von dem
Baum, und ich aß.
13. Da sprach Gott der Herr zum Weibe:
Warum hast du das getan? Das Weib
sprach: Die Schlange betrog mich also,
daß ich aß. 2.Korr.11,3.
14. Da sprach Gott der Herr zu der
Schlange: Weil du solches getan hast, seist
du verflucht vor allem Vieh und vor allen
Tieren auf dem Felde. Auf deinem Bauche
sollst du gehen und *Erde essen dein Leben lang. *Jes.65,25.
15. Und ich will Feindschaft setzen zwischen dir und dem Weibe und zwischen
deinem Samen und *ihrem Samen. †Der-
selbe soll dir den Kopf zertreten, und **du
wirst ihn in die Ferse stechen.
*Gal.4,4. †1.Joh.3,8; Hebr.2,14;
Röm.16,20. **Joh.14,30; Offenb.12,17.
16. Und zum Weibe sprach er: Ich will dir
viel Schmerzen schaffen, wenn du
schwanger wirst; du sollst mit Schmerzen
Kinder gebären; und dein Verlangen soll
nach deinem Manne sein, und er soll dein
*Herr sein. *Eph.5,22.23; 1.Tim.2,11.12.
17. Und zu Adam sprach er: Dieweil du
hast gehorcht der Stimme deines Weibes
und gegessen von dem Baum, davon ich
dir gebot und sprach: Du sollst nicht davon essen, – verflucht sei der Acker um
deinetwillen, mit Kummer sollst du dich
darauf nähren dein Leben lang.
18. Dornen und Disteln soll er dir tragen,
und sollst das Kraut auf dem Felde essen.
19. Im Schweiße *deines Angesichts
sollst du dein Brot essen, †bis daß du wieder zu Erde werdest, davon du genommen
bist. Denn du bist Erde und sollst zu Erde
werden. *2.Thess.3,10. †Pred.12,7.
20. Und Adam hieß sein Weib Eva, darum daß sie eine Mutter ist aller Lebendigen.
21. Und Gott der Herr machte Adam und
seinem Weibe Röcke von Fellen und kleidete sie.
22. Und Gott der Herr sprach: Siehe,
Adam ist geworden *wie unsereiner und
weiß, was gut und böse ist. Nun aber, daß
er nicht ausstrecke seine Hand und breche
auch von dem Baum des Lebens und esse
und lebe ewiglich! *V.5.
23. Da wies ihn Gott der Herr aus dem
Garten Eden, daß er das Feld baute, davon
er genommen ist,
24. und trieb Adam aus und lagerte vor

DER DRITTE TAG DER SCHÖPFUNG 1. Mose 1, 11

den Garten Eden die *Cherubim mit dem bloßen, hauenden Schwert, zu bewahren den Weg zu dem Baum des Lebens.

*Hesek. 10.

Das 4. Kapitel

Adams Söhne, Kains Brudermord.
Seine Nachkommen.

1. Und Adam erkannte sein Weib Eva, und sie ward schwanger und gebar den Kain und sprach: Ich habe einen Mann gewonnen mit dem Herrn.

2. Und sie fuhr fort und gebar Abel, seinen Bruder. Und Abel ward ein Schäfer; Kain aber ward ein Ackermann.

3. Es begab sich aber nach etlicher Zeit, daß Kain dem Herrn Opfer brachte von den Früchten des Feldes;

4. und Abel brachte auch von den Erstlingen seiner Herde und von ihrem Fett. Und der Herr sah *gnädig an Abel und sein Opfer; *Hebr. 11,4.

5. aber Kain und sein Opfer sah er nicht gnädig an. Da ergrimmte Kain sehr, und seine Gebärde verstellte sich.

6. Da sprach der Herr zu Kain: Warum ergrimmst du? und warum verstellt sich deine Gebärde?

7. Ist's nicht also? wenn du fromm bist, so bist du angenehm; bist du aber nicht fromm, so *ruhet die Sünde vor der Tür, und nach dir hat sie Verlangen; du aber †herrsche über sie. *Gal. 5,17. †Röm. 6,12.

8. Da redete Kain mit seinem Bruder Abel. Und es begab sich, da sie auf dem Felde waren, erhob sich Kain wider seinen Bruder Abel und schlug ihn tot.

1. Joh. 3,12.15.

9. Da sprach der Herr zu Kain: Wo ist dein Bruder Abel? Er sprach: Ich weiß nicht; soll ich meines Bruders Hüter sein?

10. Er aber sprach: Was hast du getan? *Die Stimme des Bluts deines Bruders schreit zu mir von der Erde.

*Matth. 23,35; Ps. 9,13; Hebr. 12,24.

11. Und nun verflucht seist du auf der Erde, die ihr Maul hat aufgetan und deines Bruders Blut von deinen Händen empfangen.

12. Wenn du den Acker bauen wirst, soll er dir hinfort sein Vermögen nicht geben. Unstet und flüchtig sollst du sein auf Erden.

13. Kain aber sprach zu dem Herrn: Meine Sünde ist größer, denn daß sie mir vergeben werden möge.
14. Siehe, du treibst mich heute aus dem Lande, und ich muß mich vor deinem Angesicht verbergen und muß unstet und flüchtig sein auf Erden. So wird mir's gehen, daß mich totschlage, wer mich findet. Hiob 15,22–24.
15. Aber der Herr sprach zu ihm: Nein; sondern wer Kain totschlägt, das soll siebenfältig gerächt werden. Und der Herr machte ein Zeichen an Kain, daß ihn niemand erschlüge, wer ihn fände.
16. Also ging Kain von dem Angesicht des Herrn und wohnte im Lande Nod, jenseit Eden, gegen Morgen.
17. Und Kain erkannte sein Weib; die ward schwanger und gebar den Henoch. Und er baute eine Stadt, die nannte er nach seines Sohnes Namen Henoch.
18. Henoch aber zeugte Irad, Irad zeugte Mahujael, Mahujael zeugte Methusael, Methusael zeugte Lamech.
19. Lamech aber nahm zwei Weiber; eine hieß Ada, die andere Zilla.
20. Und Ada gebar Jabal; von dem sind hergekommen, die in Hütten wohnten und Vieh zogen.
21. Und sein Bruder hieß Jubal; von dem sind hergekommen die Geiger und Pfeifer.
22. Die Zilla aber gebar auch, nämlich den Thubalkain, den Meister in allerlei Erz- und Eisenwerk. Und die Schwester des Thubalkain war Naema.
23. Und Lamech sprach zu seinen Weibern Ada und Zilla: Ihr Weiber Lamechs, höret meine Rede und merket, was ich sage: Ich habe einen Mann erschlagen für meine Wunde und einen Jüngling für meine Beule;
24. Kain soll siebenmal gerächt werden, aber Lamech siebenundsiebzigmal.
V. 15; Matth. 18,21.22.
25. Adam erkannte abermals sein Weib, und sie gebar einen Sohn, den hieß sie Seth; denn Gott hat mir, sprach sie, einen anderen Samen gesetzt für Abel, den Kain erwürgt hat.
26. Und Seth zeugte auch einen Sohn und hieß ihn Enos. Zu der Zeit fing man an, zu *predigen von des Herrn Namen.
*K. 12,8.

Das 5. Kapitel

Geschlechtsregister der Patriarchen von Adam bis Noah. (Vgl. 1. Chron. 1,1–4.7)

1. Dies ist das Buch von des Menschen Geschlecht. Da Gott den Menschen schuf, machte er ihn nach dem Bilde Gottes;
K. 1,27; Luk. 3,38.
2. und schuf sie einen Mann und ein Weib und segnete sie und hieß ihren Namen Mensch zur Zeit, da sie geschaffen wurden.
3. Und Adam war 130 Jahre alt und zeugte einen Sohn, der seinem *Bild ähnlich war, und hieß ihn Seth *Ps. 51,7; 1. Kor. 15,49.
4. und lebte darnach 800 Jahre und zeugte Söhne und Töchter;
5. daß sein ganzes Alter ward 930 Jahre, und starb.
6. Seth war 105 Jahre alt und zeugte Enos
7. und lebte darnach 807 Jahre und zeugte Söhne und Töchter;
8. daß sein ganzes Alter ward 912 Jahre, und starb.
9. Enos war 90 Jahre alt und zeugte Kenan
10. und lebte darnach 815 Jahre und zeugte Söhne und Töchter;
11. daß sein ganzes Alter ward 905 Jahre, und starb.
12. Kenan war 70 Jahre alt und zeugte Mahalaleel
13. und lebte darnach 840 Jahre und zeugte Söhne und Töchter;
14. daß sein ganzes Alter ward 910 Jahre, und starb.
15. Mahalaleel war 65 Jahre alt und zeugte Jared
16. und lebte darnach 830 Jahre und zeugte Söhne und Töchter;
17. daß sein ganzes Alter ward 895 Jahre, und starb.
18. Jared war 162 Jahre alt und zeugte Henoch
19. und lebte darnach 800 Jahre und zeugte Söhne und Töchter;
20. daß sein ganzes Alter ward 962 Jahre, und starb.
21. Henoch war 65 Jahre alt und zeugte Methusalah.
22. Und nachdem er Methusalah gezeugt hatte, blieb er *in einem göttlichen Leben 300 Jahre und zeugte Söhne und Töchter;
*K. 6,9; Judas 14.
23. daß sein ganzes Alter ward 365 Jahre.
24. Und dieweil er ein göttliches Leben führte, nahm ihn Gott hinweg, und er ward nicht mehr gesehen.
Hebr. 11,5; 2. Kön. 2,11; Jes. 57,1.2.
25. Methusalah war 187 Jahre alt und zeugte Lamech
26. und lebte darnach 782 Jahre und zeugte Söhne und Tochter;

DER VIERTE TAG DER SCHÖPFUNG 1. Mose 1, 14

27. daß sein ganzes Alter ward 969 Jahre, und starb.
28. Lamech war 182 Jahre alt und zeugte einen Sohn
29. und hieß ihn Noah und sprach: Der wird uns trösten in unsrer Mühe und Arbeit auf der Erde, die der Herr *verflucht hat. K.3,17–19.
30. Darnach lebte er 595 Jahre und zeugte Söhne und Töchter;
31. daß sein ganzes Alter ward 777 Jahre, und starb.
32. Noah war 500 Jahre alt und zeugte Sem, Ham und Japheth.

Das 6. Kapitel

Bosheit der Menschen. Noah, Ankündigung der Sintflut. Bau der Arche.

1. Da sich aber die Menschen begannen zu mehren auf Erden und ihnen Töchter geboren wurden,
2. da sahen die Kinder Gottes nach den Töchtern der Menschen, wie sie schön waren, und nahmen zu Weibern, welche sie wollten. Matth.24,38.
3. Da sprach der Herr: Die Menschen wollen sich von meinem Geist nicht mehr strafen lassen; denn sie sind Fleisch. Ich will ihnen noch *Frist geben hundertundzwanzig Jahre. *1.Petr.3,20.
4. Es waren auch zu den Zeiten Tyrannen auf Erden; denn da die Kinder Gottes zu den Töchtern der Menschen eingingen und sie ihnen Kinder gebaren, wurden daraus Gewaltige in der Welt und berühmte Männer.
5. Da aber der Herr sah, daß der Menschen Bosheit groß war auf Erden und *alles Dichten und Trachten ihres Herzens nur böse war immerdar, *K.8,21.
6. da *reute es ihn, daß er die Menschen gemacht hatte auf Erden, und es bekümmerte ihn in seinem Herzen,
*Jer.18,10; 4.Mose 23,19; Ps.18,27.
7. und er sprach: Ich will die Menschen, die ich geschaffen habe, vertilgen von der Erde, vom Menschen an bis auf das Vieh und bis auf das Gewürm und bis auf die Vögel unter dem Himmel; denn es reut mich, daß ich sie gemacht habe.
8. Aber Noah fand Gnade vor dem Herrn.
9. Dies ist das Geschlecht Noahs. Noah war ein *frommer Mann und ohne Tadel

und führte ein †göttliches Leben zu seinen Zeiten *Hebr. 11,7. †K. 5,22.24.

10. und zeugte drei Söhne: Sem, Ham und Japheth.

11. Aber die Erde war verderbt vor Gottes Augen und voll Frevels.

12. Da *sah Gott auf die Erde, und siehe, sie war verderbt; denn alles Fleisch hatte seinen Weg verderbt auf Erden. *Ps. 14,2.3.

13. Da sprach Gott zu Noah: Alles Fleisches *Ende ist vor mich gekommen; denn die Erde ist voll Frevels von ihnen; und siehe da, ich will sie verderben mit der Erde. *Amos 8,2.

14. Mache dir einen Kasten von Tannenholz und mache Kammern darin und verpiche ihn mit Pech inwendig und auswendig.

15. Und mache ihn also: Dreihundert Ellen sei die Länge, fünfzig Ellen die Weite und dreißig Ellen die Höhe.

16. Ein Fenster sollst du daran machen obenan, eine Elle groß. Die Tür sollst du mitten in eine Seite setzen. Und er soll drei Boden haben: einen unten, den andern in der Mitte, den dritten in der Höhe.

17. Denn siehe, ich will eine *Sintflut mit Wasser kommen lassen auf Erden, zu verderben alles Fleisch, darin ein lebendiger Odem ist, unter dem Himmel. Alles, was auf Erden ist, soll untergehen.

*große Flut.

18. Aber mit dir will ich einen Bund aufrichten; und du sollst in den Kasten gehen mit deinen Söhnen, mit deinem Weibe und mit deiner Söhne Weibern.

19. Und du sollst in den Kasten tun allerlei Tiere von allem Fleisch, je ein Paar, Männlein und Weiblein, daß sie lebendig bleiben bei dir.

20. Von den Vögeln nach ihrer Art, von dem Vieh nach seiner Art und von allerlei Gewürm auf Erden nach seiner Art: von den allen soll je ein Paar zu dir hineingehen, daß sie leben bleiben.

21. Und du sollst allerlei Speise zu dir nehmen, die man ißt, und sollst sie bei dir sammeln, daß sie dir und ihnen zur Nahrung da sei.

22. Und Noah tat alles, was ihm Gott gebot.

Das. 7. Kapitel

Die Sintflut bricht ein.

1. Und der Herr sprach zu Noah: Gehe in den Kasten, du und dein ganzes Haus; denn dich habe ich gerecht ersehen vor mir zu dieser Zeit.

2. Aus allerlei *reinem Vieh nimm zu dir je sieben und sieben, das Männlein und sein Weiblein; von dem unreinen Vieh aber je ein Paar, das Männlein und sein Weiblein. *K. 8,20; 3. Mose 11.

3. Desgleichen von den Vögeln unter dem Himmel je sieben und sieben, das Männlein und sein Weiblein, auf daß Same lebendig bleibe auf dem ganzen Erdboden.

4. Denn von nun an über sieben Tage will ich regnen lassen auf Erden vierzig Tage und vierzig Nächte und vertilgen von dem Erdboden alles, was Wesen hat, was ich gemacht habe.

5. Und Noah tat alles, was ihm der Herr gebot. K. 6,22.

6. Er war aber sechshundert Jahre alt, da das Wasser der *Sintflut auf Erden kam.

*große Flut.

7. Und er ging in den Kasten mit seinen Söhnen, seinem Weibe und seiner Söhne Weibern vor dem Gewässer der Sintflut.

1. Petr. 3,20.

8. Von dem reinen Vieh und von dem unreinen, von den Vögeln und von allem Gewürm auf Erden

9. gingen sie zu ihm in den Kasten paarweise, je ein Männlein und Weiblein, wie ihm *Gott geboten hatte. *K. 6,19.

10. Und da die sieben Tage vergangen waren, kam das Gewässer der Sintflut auf Erden.

11. In dem sechshundertsten Jahr des Alters Noahs, am siebzehnten Tage des zweiten Monats, das ist der Tag, da aufbrachen alle Brunnen der großen Tiefe, und taten sich auf die Fenster des Himmels,

12. und kam ein Regen auf Erden vierzig Tage und vierzig Nächte.

13. Eben am selben Tage ging Noah in den Kasten mit Sem, Ham und Japheth, seinen Söhnen, und mit seinem Weibe und seiner Söhne drei Weibern,

14. dazu allerlei Getier nach seiner Art, allerlei Vieh nach seiner Art, allerlei Gewürm, das auf Erden kriecht, nach seiner Art und allerlei Vögel nach ihrer Art, alles, was fliegen konnte, alles, was Fittiche hatte;

15. das ging alles zu Noah in den Kasten paarweise, von allem Fleisch, darin ein lebendiger Geist war.

16. Und das waren Männlein und Weiblein von allerlei Fleisch, und gingen hinein, wie denn *Gott ihm geboten hatte. Und der Herr schloß hinter ihm zu.

*K. 6,19.

17. Da kam die Sintflut vierzig Tage auf

DER FÜNFTE TAG DER SCHÖPFUNG 1. Mose 1, 20

Erden, und die Wasser wuchsen und hoben den Kasten auf und trugen ihn empor über die Erde.
18. Also nahm das Gewässer überhand und wuchs sehr auf Erden, daß der Kasten auf dem Gewässer fuhr.
19. Und das Gewässer nahm überhand und wuchs so sehr auf Erden, daß alle hohen Berge unter dem ganzen Himmel bedeckt wurden.
20. Fünfzehn Ellen hoch ging das Gewässer über die Berge, die bedeckt wurden.
21. Da ging alles Fleisch unter, das auf Erden kriecht, an Vögeln, an Vieh, an Tieren und an allem, was sich regt auf Erden, und alle Menschen. 2. Petr. 3,6; Hiob 22,15.16.
22. Alles, was einen lebendigen Odem hatte auf dem Trockenen, das starb.
23. Also ward alles vertilgt, was auf dem Erdboden war, vom Menschen an bis auf das Vieh und auf das Gewürm und auf die Vögel unter dem Himmel; das ward alles von der Erde vertilgt. Allein Noah blieb übrig und was mit ihm in dem Kasten war.
24. Und das Gewässer stand auf Erden hundertundfünfzig Tage.

Das 8. Kapitel

Der Sintflut Ende. Noahs Dankopfer.
Des Herrn Verheißung.

1. Da gedachte Gott an Noah und an alle Tiere und an alles Vieh, das mit ihm in dem Kasten war, und ließ Wind auf Erden kommen, und die Wasser fielen;
2. und die Brunnen der Tiefe wurden verstopft samt den Fenstern des Himmels, und dem Regen vom Himmel ward gewehrt; K. 7,11.12.
3. und das Gewässer verlief sich von der Erde immer mehr und nahm ab nach hundertundfünfzig Tagen.
4. Am siebzehnten Tage des siebenten Monats ließ sich der Kasten nieder auf das Gebirge Ararat.
5. Es nahm aber das Gewässer immer mehr ab bis auf den zehnten Monat. Am ersten Tage des zehnten Monats sahen der Berge Spitzen hervor.
6. Nach vierzig Tagen tat Noah das Fenster auf an dem Kasten, das er gemacht hatte,
7. und ließ einen Raben ausfliegen; der flog immer hin und wieder her, bis das Gewässer vertrocknete auf Erden.

8. Darnach ließ er eine Taube von sich ausfliegen, auf daß er erführe, ob das Gewässer gefallen wäre auf Erden.

9. Da aber die Taube nicht fand, da ihr Fuß ruhen konnte, kam sie wieder zu ihm in den Kasten; denn das Gewässer war noch auf dem ganzen Erdboden. Da tat er die Hand heraus und nahm sie zu sich in den Kasten.

10. Da harrte er noch weitere sieben Tage und ließ abermals eine Taube fliegen aus dem Kasten.

11. Die kam zu ihm zur Abendzeit, und siehe, ein Ölblatt hatte sie abgebrochen und trug's in ihrem Munde. Da merkte Noah, daß das Gewässer gefallen wäre auf Erden.

12. Aber er harrte noch weitere sieben Tage und ließ eine Taube ausfliegen; die kam nicht wieder zu ihm.

13. Im sechshundertundersten Jahr des Alters Noahs, am ersten Tage des ersten Monats vertrocknete das Gewässer auf Erden. Da tat Noah das Dach von dem Kasten und sah, daß der Erdboden trocken war.

14. Also ward die Erde ganz trocken am siebenundzwanzigsten Tage des zweiten Monats.

15. Da redete Gott mit Noah und sprach:

16. Gehe aus dem Kasten, du und dein Weib, deine Söhne und deiner Söhne Weiber mit dir.

17. Allerlei Getier, das bei dir ist, von allerlei Fleisch, an Vögeln, an Vieh und an allerlei Gewürm, das auf Erden kriecht, das gehe heraus mit dir, daß sie sich regen auf Erden und *fruchtbar seien und sich mehren auf Erden. *K. 1,22.28.

18. Also ging Noah heraus mit seinen Söhnen und mit seinem Weibe und seiner Söhne Weibern, 2. Petr. 2,5.

19. dazu allerlei Getier, allerlei Gewürm, allerlei Vögel und alles, was auf Erden kriecht; das ging aus dem Kasten, ein jegliches mit seinesgleichen.

20. Noah aber baute dem Herrn einen Altar und nahm von allerlei *reinem Vieh und von allerlei reinem Geflügel und opferte Brandopfer auf dem Altar. *K. 7,2.

21. Und der Herr roch den lieblichen Geruch und sprach in seinem Herzen: Ich will hinfort nicht mehr die Erde verfluchen um der Menschen willen; denn das *Dichten des menschlichen Herzens ist böse von Jugend auf. Und ich will †hinfort nicht mehr schlagen alles, was da lebt, wie ich getan habe.

*K. 6,5; Ps. 14,3; Hiob 14,4; Matth. 15,19; Röm. 3,23. †Jes. 54,9.

22. Solange die Erde steht, soll nicht aufhören Saat und Ernte, Frost und Hitze, Sommer und Winter, Tag und Nacht.

Jer. 33,20.25.

Das 9. Kapitel

Gesetze für die neue Welt. Bund und Regenbogen. Noahs Fluch und Segen über seine Kinder.

1. Und Gott segnete Noah und seine Söhne und sprach: Seid fruchtbar und mehret euch und erfüllet die Erde. K. 1,28.

2. Furcht und Schrecken vor euch sei über alle Tiere auf Erden und über alle Vögel unter dem Himmel, über alles, was auf dem Erdboden kriecht und über alle Fische im Meer; in eure Hände seien sie gegeben.

3. Alles, was sich regt und lebt, das sei eure Speise; wie *das grüne Kraut habe ich's euch †alles gegeben. *K. 1,29. †Kol. 2,16.

4. Allein esset das Fleisch nicht, das noch lebt in seinem Blut. 3. Mose 3,17.

5. Auch will ich eures Leibes Blut rächen und will's *an allen Tieren rächen und will †des Menschen Leben rächen an einem jeglichen Menschen, als dem, der sein Bruder ist. *2. Mose 21,28.29. †K. 4,11.

6. Wer *Menschenblut vergießt, des Blut soll auch durch Menschen vergossen werden; denn †Gott hat den Menschen zu seinem Bilde gemacht.

*2. Mose 21,12; 3. Mose 24,17; Matth. 26,52; Offenb. 13,10. †K. 1,27.

7. Seid fruchtbar und mehret euch und reget euch auf Erden, daß euer viel darauf werden.

8. Und Gott sagte zu Noah und seinen Söhnen mit ihm:

9. Siehe, ich richte mit euch einen Bund auf und mit eurem Samen nach euch K. 6,18.

10. und mit allem lebendigen Getier bei euch, an Vögeln, an Vieh und an allen Tieren auf Erden bei euch, von allem, was aus dem Kasten gegangen ist, was für Tiere es sind auf Erden. Hos. 2,20.

11. Und ich richte meinen Bund also mit euch auf, daß hinfort nicht mehr alles Fleisch verderbt soll werden mit dem Wasser der *Sintflut, und soll hinfort keine Sintflut mehr kommen, die die Erde verderbe. *große Flut. K. 8,21.22.

12. Und Gott sprach: Das ist das Zeichen des Bundes, den ich gemacht habe zwischen mir und euch und allen lebendigen Seelen bei euch hinfort ewiglich:

13. Meinen Bogen habe ich gesetzt in die

DER SECHSTE TAG DER SCHÖPFUNG 1. Mose 1, 24–27

Wolken; der soll das Zeichen sein des Bundes zwischen mir und der Erde.
14. Und wenn es kommt, daß ich Wolken über die Erde führe, so soll man meinen Bogen sehen in den Wolken.
15. Alsdann will ich gedenken an meinen Bund zwischen mir und euch und allen lebendigen Seelen in allerlei Fleisch, daß nicht mehr hinfort eine Sintflut komme, die alles Fleisch verderbe.
16. Darum soll mein Bogen in den Wolken sein, daß ich ihn ansehe und gedenke an den ewigen Bund zwischen Gott und allen lebendigen Seelen in allem Fleisch, das auf Erden ist.
17. Und Gott sagte zu Noah: Das sei das Zeichen des Bundes, den ich aufgerichtet habe zwischen mir und allem Fleisch auf Erden.
18. Die Söhne Noahs, die aus dem Kasten gingen, sind diese: Sem, Ham, Japheth. Ham aber ist der Vater Kanaans.
19. Das sind die drei Söhne Noahs; von denen ist alles Land besetzt.
20. Noah aber fing an und ward ein Akkermann und pflanzte Weinberge.
21. Und da er von dem Wein trank, ward er trunken und lag in der Hütte aufgedeckt.
22. Da nun Ham, Kanaans Vater, sah seines Vaters Blöße, sagte er's seinen beiden Brüdern draußen. Spr. 30,17; Sir. 3,12.
23. Da nahmen Sem und Japheth ein Kleid und legten es auf ihrer beider Schultern und gingen rücklings hinzu und deckten ihres Vaters Blöße zu; und ihr Angesicht war abgewandt, daß sie ihres Vaters Blöße nicht sahen.
24. Als nun Noah erwachte von seinem Wein und erfuhr, was ihm sein jüngster Sohn getan hatte,
25. sprach er: Verflucht sei Kanaan und sei ein Knecht aller Knechte unter seinen Brüdern!
26. und sprach weiter: Gelobt sei der Herr, der Gott Sems; und Kanaan sei sein Knecht! Röm. 9,16.
27. Gott breite Japheth aus und *lasse ihn wohnen in den Hütten des Sem; und Kanaan sei sein Knecht! *Eph. 3,6.
28. Noah aber lebte nach der Sintflut 350 Jahre,
29. daß sein ganzes Alter ward 950 Jahre, und starb.

Das 10. Kapitel

Die Völkertafel. (Vgl. 1.Chron.1,5–23.)

1. Dies ist das Geschlecht der Kinder Noahs: Sem, Ham, Japheth. Und sie zeugten Kinder nach der Sintflut.

2. Die Kinder Japheths sind diese: Gomer, Magog, Madai, Javan, Thubal, Mesech und Thiras.

3. Aber die Kinder von Gomer sind diese: Askenas, Riphath und Thogarma.

4. Die Kinder von Javan sind diese: Elisa, Tharsis, die Chittier und die Dodaniter.

5. Von diesen sind ausgebreitet die Inseln der Heiden in ihren Ländern, jegliche nach ihren Sprachen, Geschlechtern und Leuten. Sach.2,15.

6. Die Kinder von Ham sind diese: Chus, Mizraim, Put und Kanaan.

7. Aber die Kinder von Chus sind diese: Seba, Hevila, Sabtha, Ragma und Sabthecha. Aber die Kinder von Ragma sind diese: Saba und Dedan.

8. Chus aber zeugte den Nimrod. Der fing an, ein gewaltiger Herr zu sein auf Erden,

9. und war ein gewaltiger Jäger vor dem Herrn. Daher spricht man: Das ist ein gewaltiger Jäger vor dem Herrn wie Nimrod.

10. Und der Anfang seines Reichs war Babel, Erech, Akkad und Chalne im Lande Sinear.

11. Von dem Land ist er gekommen nach Assur und baute *Ninive und Rehoboth-Ir und Kalah, *Jonas 1,2.

12. dazu Resen zwischen Ninive und Kalah. Dies ist die große Stadt.

13. Mizraim zeugte die Luditer, die Anamiter, die Lehabiter, die Naphthuhiter,

14. die Pathrusiter und die Kasluhiter (von dannen sind gekommen die Philister) und die Kaphthoriter.

15. Kanaan aber zeugte Sidon, seinen ersten Sohn, und Heth,

16. den Jebusiter, den Amoriter, den Girgasiter,

17. den Heviter, den Arkiter, den Siniter,

18. den Arvaditer, den Zemariter und den Hamathiter. Daher sind ausgebreitet die Geschlechter der Kanaaniter.

19. Und ihre Grenzen waren von Sidon an durch Gerar bis gen Gaza, bis man kommt gen Sodom, Gomorra, Adama, Zeboim und bis gen Lasa.

20. Das sind die Kinder Hams in ihren Geschlechtern, Sprachen, Ländern und Leuten.

21. Sem aber, Japheths, des Älteren, Bruder, zeugte auch Kinder, der ein Vater ist aller Kinder von Eber. K.11,10.

22. Und dies sind seine Kinder: Elam, Assur, Arphachsad, Lud und Aram.

23. Die Kinder aber von Aram sind diese: Uz, Hul, Gether und Mas.

24. Arphachsad aber zeugte Salah, Salah zeugte Eber.

25. Eber zeugte zwei Söhne. Einer hieß Peleg, darum daß zu *seiner Zeit die Welt zerteilt ward; des Bruder hieß Joktan. *K.11,8.

26. Und Joktan zeugte Almodad, Saleph, Hazarmaveth, Jarah,

27. Hadoram, Usal, Dikla,

28. Obal, Abimael, Saba,

29. Ophir, Hevila und Jobab. Das sind alle Kinder von Joktan.

30. Und ihre Wohnung war von Mesa an, bis man kommt gen Sephar, an den Berg gegen Morgen.

31. Das sind die Kinder von Sem in ihren Geschlechtern, Sprachen, Ländern und Leuten.

32. Das sind nun die Nachkommen der Kinder Noahs in ihrern Geschlechtern und Leuten. Von denen sind ausgebreitet die Leute auf Erden nach der Sintflut. K.9,1.19.

Das 11. Kapitel

Turmbau zu Babel. Verwirrung der Sprachen. Geschlechtsregister von Sem bis Abram. (Vgl. 1.Chron.1,24–27.)

1. Es hatte aber alle Welt einerlei Zunge und Sprache.

2. Da sie nun zogen gen Morgen, fanden sie ein ebenes Land im Lande Sinear, und wohnten daselbst.

3. Und sie sprachen untereinander: Wohlauf, laßt uns Ziegel streichen und brennen! und nahmen Ziegel zu Stein und Erdharz zu Kalk

4. und sprachen: Wohlauf, laßt uns eine Stadt und einen Turm bauen, des Spitze bis an den Himmel reiche, daß wir uns einen Namen machen! denn wir werden sonst zerstreut in alle Länder.

5. Da *fuhr der Herr hernieder, daß er sähe die Stadt und den Turm, die die Menschenkinder bauten. *K.18,21; Ps.18,10; 14,2.

6. Und der Herr sprach: Siehe, es ist einerlei Volk und einerlei Sprache unter ihnen allen, und haben das angefangen zu tun; sie werden nicht ablassen von allem, was sie sich vorgenommen haben zu tun.

7. Wohlauf, lasset uns herniederfahren und ihre Sprache daselbst verwirren, daß keiner des anderen Sprache verstehe!

VOLLENDUNG DER SCHÖPFUNG 1. Mose 2, 3

8. Also zerstreute sie der Herr von dort in
alle Länder, daß sie mußten aufhören die
Stadt zu bauen. Luk. 1,51.
9. Daher heißt ihr Name Babel, daß der
Herr daselbst verwirrt hatte aller Länder
Sprache und sie zerstreut von dort in alle
Länder.
10. Dies sind die Geschlechter Sems:
Sem war 100 Jahre alt und zeugte Arphachsad,
zwei Jahre nach der Sintflut,
K. 10,22; Luk. 3,36.
11. und lebte darnach 500 Jahre und
zeugte Söhne und Töchter.
12. Arphachsad war 35 Jahre alt und
zeugte Salah
13. und lebte darnach 403 Jahre und
zeugte Söhne und Töchter.
14. Salah war 30 Jahre alt und zeugte
Eber
15. und lebte darnach 403 Jahre und
zeugte Söhne und Töchter.
16. Eber war 34 Jahre alt und zeugte
Peleg
17. und lebte darnach 430 Jahre und
zeugte Söhne und Töchter.
18. Peleg war 30 Jahre alt und zeugte
Regu
19. und lebte darnach 209 Jahre und
zeugte Söhne und Töchter.
20. Regu war 32 Jahre alt und zeugte
Serug
21. und lebte darnach 207 Jahre und
zeugte Söhne und Töchter.
22. Serug war 30 Jahre alt und zeugte
Nahor
23. und lebte darnach 200 Jahre und
zeugte Söhne und Töchter.
24. Nahor war 29 Jahre alt und zeugte
Tharah
25. und lebte darnach 119 Jahre und
zeugte Söhne und Töchter.
26. Tharah war 70 Jahre alt und zeugte
Abram, Nahor und Haran.
27. Dies sind die Geschlechter Tharahs:
Tharah zeugte Abram, Nahor und Haran.
Aber Haran zeugte Lot.
28. Haran aber starb vor seinem Vater
Tharah in seinem Vaterlande zu Ur in
Chaldäa.
29. Da nahmen Abram und Nahor Weiber.
Abrams Weib hieß Sarai, und Nahors
Weib *Milka, Harans Tochter, der ein Vater
war der Milka und der Jiska.
*K. 22,20.

30. Aber Sarai war unfruchtbar und hatte kein Kind.

31. Da nahm Tharah seinen Sohn Abram und Lot, seines Sohnes Haran Sohn, und seine Schwiegertochter Sarai, seines Sohnes Abram Weib, und führte sie aus *Ur in Chaldäa, daß er ins Land Kanaan zöge; und sie kamen gen Haran und wohnten daselbst. *Jos. 24,2; Neh. 9,7.

32. Und Tharah ward 205 Jahre alt und starb in Haran.

Das 12. Kapitel

Abrams Berufung. Zug nach Kanaan.
Erste Verheißung. Fremdlingschaft in Ägypten.

· 1. Und der Herr sprach zu Abram: Gehe aus deinem Vaterlande und von deiner Freundschaft und aus deines Vaters Hause in ein Land, das ich dir zeigen will.

Apg. 7,3; Hebr. 11,8.

2. Und ich will dich zum großen Volk machen und *will dich segnen und dir einen großen Namen machen, und sollst †ein Segen sein. *K. 24,1.35. †Ps. 72,17.

3. Ich will segnen, die dich segnen, und *verfluchen, die dich verfluchen; und †in dir sollen gesegnet werden alle Geschlechter auf Erden.

*2. Mose 23,22. †K. 18,18; 22,18; 26,4; 28,14; Apg. 3,25; Gal. 3,8.

4. Da zog Abram aus, wie der Herr zu ihm gesagt hatte, und Lot zog mit ihm. Abram aber war fünfundsiebzig Jahre alt, da er aus Haran zog.

5. Also nahm Abram sein Weib Sarai und Lot, seines Bruders Sohn, mit aller ihrer Habe, die sie gewonnen hatten, und die Seelen, die sie erworben hatten in Haran; und zogen aus, zu reisen in das Land Kanaan. Und als sie gekommen waren in dasselbe Land,

6. zog Abram durch bis an die Stätte Sichem und an den Hain More; es wohnten aber zu der Zeit die Kanaaniter im Lande.

7. Da erschien der Herr dem Abram und sprach: Deinem *Samen will ich dies Land geben. Und er baute daselbst einen Altar dem Herrn, der ihm erschienen war.

*K. 13,15; 15,18; 17,8; 24,7; 26,3.4; 28,13; 35,12; 2. Mose 6,4.8; 32,13; Jos. 21,43; Apg. 7,5.

8. Darnach brach er auf von dort an einen Berg, der lag gegen Morgen von der Stadt Beth-El, und richtete seine Hütte auf, daß er Beth-El gegen Abend und Ai gegen Morgen hatte, und baute daselbst dem Herrn einen Altar und *predigte von dem Namen des Herrn. *K. 4,26.

9. Darnach zog Abram weiter und zog aus ins Mittagsland.

10. Es kam aber eine Teuerung in das Land. Da zog Abram hinab nach Ägypten, daß er sich daselbst als ein Fremdling aufhielte; denn die Teuerung war groß im Lande. K. 20; 26,1–11.

11. Und da er nahe an Ägypten kam, sprach er zu seinem Weibe Sarai: Siehe, ich weiß, daß du ein schönes Weib von Angesicht bist.

12. Wenn dich nun die Ägypter sehen werden, so werden sie sagen: Das ist sein Weib, – und werden mich erwürgen, und dich leben lassen.

13. So sage doch, du seist meine Schwester, auf daß mir's wohl gehe um deinetwillen und meine Seele am Leben bleibe um deinetwillen.

14. Als nun Abram nach Ägypten kam, sahen die Ägypter das Weib, daß sie sehr schön war.

15. Und die Fürsten des Pharao sahen sie und priesen sie vor ihm. Da ward sie in des Pharao Haus gebracht.

16. Und er tat Abram Gutes um ihretwillen. Und er hatte Schafe, Rinder, Esel, Knechte und Mägde, Eselinnen und Kamele.

17. Aber der Herr plagte den Pharao mit großen Plagen und sein Haus um Sarais, Abrams Weibes, willen. Ps. 105,14.

18. Da rief Pharao Abram zu sich und sprach zu ihm: Warum hast du mir das getan? Warum sagtest du mir's nicht, daß es dein Weib wäre?

19. Warum sprachst du denn, sie wäre deine Schwester? Derhalben ich sie mir zum Weibe nehmen wollte. Und nun siehe, da hast du dein Weib; nimm sie und ziehe hin.

20. Und Pharao befahl seinen Leuten über ihm, daß sie ihn geleiteten und sein Weib und alles, was er hatte.

Das 13. Kapitel

Abram scheidet sich von Lot.
Wiederholte Verheißung.

1. Also zog Abram herauf aus Ägypten mit seinem Weibe und mit allem, was er hatte, und Lot auch mit ihm, ins Mittagsland.

2. Abram aber war sehr reich an Vieh, Silber und Gold. Spr. 10,22.

3. Und er zog immer fort von Mittag bis gen Beth-El, an die Stätte, da am ersten seine Hütte war, zwischen Beth-El und Ai,

4. eben an den Ort, da er zuvor den Altar gemacht hatte. Und er *predigte allda den Namen des Herrn. *K. 12,8.

SÜNDENFALL 1. Mose 3, 6

5. Lot aber, der mit Abram zog, der hatte
auch Schafe und Rinder und Hütten.
6. Und das Land konnte es nicht ertragen, daß sie beieinander wohnten; denn
ihre Habe war groß, und sie konnten nicht
beieinander wohnen.
7. Und es war immer Zank zwischen den
Hirten über Abrams Vieh und zwischen
den Hirten über Lots Vieh. So wohnten
auch zu der Zeit die Kanaaniter und Pheresiter im Lande.
8. Da sprach Abram zu Lot: Laß doch
nicht Zank sein zwischen mir und dir und
zwischen meinen und deinen Hirten;
denn wir sind Gebrüder. Ps. 133,1.
9. Steht dir nicht alles Land offen? Scheide dich doch von mir. Willst du zur Linken, so will ich zur Rechten; oder willst du
zur Rechten, so will ich zur Linken.
10. Da hob Lot seine Augen auf und besah die ganze Gegend am Jordan. Denn
ehe der Herr Sodom und Gomorra verderbte, war sie wasserreich, bis man gen
Zoar kommt, als ein Garten des Herrn,
gleichwie Ägyptenland.
11. Da erwählte sich Lot die ganze Gegend am Jordan und zog gegen Morgen.
Also schied sich ein Bruder von dem andern,
12. daß Abram wohnte im Lande Kanaan
und Lot in den Städten der Jordangegend
und setzte seine Hütte gen Sodom.
13. Aber die Leute zu Sodom waren böse
und sündigten sehr wider den Herrn.
K. 18,20; 19,4–9.
14. Da nun Lot sich von Abram geschieden hatte, sprach der Herr zu Abram: Hebe deine Augen auf und siehe von der Stätte an, da du wohnst, gegen Mitternacht,
gegen Mittag, gegen Morgen und gegen
Abend.
15. Denn alles das Land, das du siehst,
will ich dir geben und deinem Samen
ewiglich; K. 12,7.
16. und ich will deinen Samen machen
wie den Staub auf Erden. Kann ein
Mensch den Staub auf Erden zählen, der
wird auch deinen Samen zählen.
K. 28,14; 4. Mose 23,10.
17. Darum so mache dich auf und ziehe
durch das Land in die Länge und Breite;
denn dir will ich's geben.
18. Also erhob Abram seine Hütte, kam
und wohnte im Hain Mamre, der zu He-

bron ist, und baute daselbst dem Herrn einen Altar. K. 14,13.24.

Das 14. Kapitel

Krieg der Könige. Abram errettet Lot und wird von Melchisedek gesegnet.

1. Und es begab sich zu der Zeit des Königs Amraphel von Sinear, Ariochs, des Königs von Ellasar, Kedor-Laomors, des Königs von Elam, und Thideals, des Königs der Heiden,
2. daß sie kriegten mit Bera, dem König von Sodom, und mit Birsa, dem König von Gomorra, und mit Sineab, dem König von *Adama, und mit Semeber, dem König von Zeboim, und mit dem König von Bela, das Zoar heißt. *5. Mose 29,22.
3. Diese kamen alle zusammen in das Tal Siddim, wo nun das Salzmeer ist.
4. Denn sie waren zwölf Jahre unter dem König Kedor-Laomor gewesen, und im dreizehnten Jahr waren sie von ihm abgefallen.
5. Darum kam Kedor-Laomor und die Könige, die mit ihm waren, im vierzehnten Jahr und schlugen die Riesen zu Astharoth-Karnaim und die Susiter zu Ham und die Emiter in dem Felde Kirjathaim
6. und die Horiter auf ihrem Gebirge Seir, bis El-Pharan, welches an die Wüste stößt.
7. Darnach wandten sie um und kamen an den Born Mispat, das ist Kades, und schlugen das ganze Land der Amalekiter, dazu die Amoriter, die zu Hazezon-Thamar wohnten.
8. Da zogen aus der König von Sodom, der König von Gomorra, der König von Adama, der König von Zeboim und der König von Bela, das Zoar heißt, und rüsteten sich, zu streiten im Tal Siddim
9. mit Kedor Laomor, dem König von Elam, und mit Thideal, dem König der Heiden, und mit Amraphel, dem König von Sinear, und mit Arioch, dem König von Ellasar: vier Könige mit fünfen.
10. Das Tal Siddim aber hatte viel Erdharzgruben; und die Könige von Sodom und Gomorra wurden in die Flucht geschlagen und fielen da hinein, und was übrigblieb, floh auf das Gebirge.
11. Da nahmen sie alle Habe zu Sodom und Gomorra und alle Speise und zogen davon.
12. Sie nahmen auch mit sich Lot, Abrams Bruderssohn, und seine Habe, denn er wohnte zu *Sodom, und zogen davon. *K. 13,10–12.
13. Da kam einer, der entronnen war, und sagte es Abram an, dem Ausländer, der da wohnte im Hain Mamres, des Amoriters, welcher ein Bruder war Eskols und Aners. Diese waren mit Abram im Bunde.
14. Als nun Abram hörte, daß sein Bruder gefangen war, wappnete er seine Knechte dreihundertundachtzehn, in seinem Hause geboren, und jagte ihnen nach bis gen Dan
15. und teilte sich, fiel des Nachts über sie mit seinen Knechten und schlug sie und jagte sie bis gen Hoba, das zur Linken der Stadt Damaskus liegt,
16. und brachte alle Habe wieder dazu, auch Lot, seinen Bruder, mit seiner Habe, auch die Weiber und das Volk.
17. Als er nun wiederkam von der Schlacht des Kedor-Laomor und der Könige mit ihm, ging ihm entgegen der König von Sodom in das Feld, das Königstal heißt.
18. Aber *Melchisedek, der König von †Salem, trug Brot und Wein hervor. Und er war ein Priester Gottes des Höchsten. *Ps. 110,4; Hebr. 7,1–4. †Ps. 76,3.
19. Und segnete ihn und sprach: Gesegnet seist du, Abram, dem höchsten Gott, der Himmel und Erde geschaffen hat;
20. und gelobt sei Gott der Höchste, der deine Feinde in deine Hand beschlossen hat. Und demselben gab Abram den Zehnten von allem.
21. Da sprach der König von Sodom zu Abram: Gib mir die Leute; die Güter behalte dir.
22. Aber Abram sprach zu dem König von Sodom: Ich hebe meine Hände auf zu dem Herrn, dem höchsten Gott, der Himmel und Erde geschaffen hat,
23. daß ich von allem, was dein ist, nicht einen Faden noch einen Schuhriemen nehmen will, daß du nicht sagest, du habest Abram reich gemacht;
24. ausgenommen, was die Jünglinge verzehrt haben; und die Männer Aner, Eskol und Mamre, die mit mir gezogen sind, die laß ihr Teil nehmen.

Das 15. Kapitel

Dem Abram wird ein Sohn verheißen. Sein Glaube. Gottes Bund mit ihm.

1. Nach diesen Geschichten begab sich's, daß zu Abram geschah das Wort des Herrn im Gesicht und sprach: Fürchte dich nicht, Abram! Ich bin dein *Schild und dein sehr großer Lohn. *Ps. 3,4; 84,12; 119,114.
2. Abram sprach aber: Herr Herr, was

ADAM UND EVA SCHÄMEN SICH VOR GOTT 1. Mose 3, 8

willst du mir geben? Ich gehe dahin ohne Kinder; und dieser Elieser von Damaskus wird mein Haus besitzen.

3. Und Abram sprach weiter: Mir hast du keinen Samen gegeben; und siehe, einer von meinem Gesinde soll mein Erbe sein.

4. Und siehe, der Herr sprach zu ihm: Er soll nicht dein Erbe sein; sondern der von deinem Leibe kommen wird, der soll dein Erbe sein.

5. Und er hieß ihn hinausgehen und sprach: Siehe gen Himmel und zähle die Sterne; kannst du sie zählen? und sprach zu ihm: Also soll dein Same werden.
K.22,17; 2.Mose 32,13; 5.Mose 1,10.

6. Abram glaubte dem Herrn, und das rechnete er ihm zur Gerechtigkeit.
Röm.4,3–5.18–22; Jak.2,23.

7. Und er sprach zu ihm: Ich bin der Herr, der dich von Ur in Chaldäa ausgeführt hat, daß ich dir dies Land zu besitzen gebe. K.11,31.

8. Abram aber sprach: Herr Herr, woran soll ich merken, daß ich's besitzen werde?
2.Kön.20,8; Luk.1,18.

9. Und er sprach zu ihm: Bringe mir eine dreijährige Kuh und eine dreijährige Ziege und einen dreijährigen Widder und eine Turteltaube und eine junge Taube.

10. Und er brachte ihm solches alles und *zerteilte es mitten voneinander und legte einen Teil dem andern gegenüber; aber die Vögel zerteilte er nicht. *Jer.34,18.19.

11. Und die Raubvögel fielen auf die Aase; aber Abram scheuchte sie davon.

12. Da nun die Sonne am Untergehen war, fiel ein tiefer Schlaf auf Abram; und siehe, Schrecken und große Finsternis überfiel ihn. Hiob 4,13.14.

13. Da sprach er zu Abram: Das sollst du wissen, daß dein Same wird fremd sein in einem Lande, das nicht sein ist; und da wird man sie zu dienen zwingen und plagen vierhundert Jahre. 2.Mose 12,40; Apg.7,6.

14. Aber ich will richten das Volk, dem sie dienen müssen. Darnach sollen sie ausziehen mit großem Gut. 2.Mose 3,21.22.

15. Und du sollst fahren zu deinen Vätern mit Frieden und in gutem Alter begraben werden.

16. Sie aber sollen nach vier Mannesaltern wieder hierher kommen; denn die Missetat der Amoriter ist noch nicht voll.

17. Als nun die Sonne untergegangen

und es finster geworden war, siehe, da
rauchte ein Ofen, und eine Feuerflamme
fuhr zwischen den Stücken hin.
18. An dem Tage machte der Herr einen
Bund mit Abram und sprach: *Deinem
Samen will ich dies Land geben, von dem
Wasser Ägyptens an bis an das große Wasser Euphrat: *K. 12,7.
19. die Keniter, die Kenisiter, die Kadmoniter, K. 10,15–18.
20. die Hethiter, die Pheresiter, die *Riesen, *4. Mose 13,33.
21. die Amoriter, die Kanaaniter, die Girgasiter, die Jebusiter.

Das 16. Kapitel

Hagars Flucht und Rückkehr. Ismaels Geburt.

1. Sarai, Abrams Weib, gebar ihm kein
Kind. Sie hatte aber eine ägyptische Magd,
die hieß Hagar.
2. Und sie sprach zu Abram: Siehe, der
Herr hat mich verschlossen, daß ich nicht
gebären kann. Gehe doch zu meiner
Magd, ob ich vielleicht aus ihr mich aufbauen möge. Und Abram gehorchte der
Stimme Sarais. K. 30,3.9; 1. Kor. 7,2.
3. Da nahm Sarai, Abrams Weib, ihre
ägyptische Magd, Hagar, und gab sie Abram, ihrem Mann, zum Weibe, nachdem
sie zehn Jahre im Lande Kanaan gewohnt
hatten.
4. Und er ging zu Hagar, die ward
schwanger. Und als sie nun sah, daß sie
schwanger war, achtete sie ihre Frau gering gegen sich.
5. Da sprach Sarai zu Abram: Du tust
unrecht an mir. Ich habe meine Magd dir
in die Arme gegeben; nun sie aber sieht,
daß sie schwanger geworden ist, muß ich
gering sein in ihren Augen. Der Herr sei
Richter zwischen mir und dir.
6. Abram aber sprach zu Sarai: Siehe,
deine Magd ist unter deiner Gewalt; tue
mit ihr, wie dir's gefällt. Da sie nun Sarai
wollte demütigen, floh sie von ihr.
7. Aber der Engel des Herrn fand sie bei
einem Wasserbrunnen in der Wüste, nämlich bei dem Brunnen am Wege gen Sur.
8. Der sprach zu ihr: Hagar, Sarais Magd,
wo kommst du her, und wo willst du hin?
Sie sprach: Ich bin von meiner Frau Sarai
geflohen.
9. Und der Engel des Herrn sprach zu
ihr: Kehre wieder um zu deiner Frau und
demütige dich unter ihre Hand.
10. Und der Engel des Herrn sprach zu
ihr: Ich will deinen Samen also mehren,
daß er vor großer Menge nicht soll gezählt
werden. K. 17,20.
11. Weiter sprach der Engel des Herrn zu
ihr: Siehe, du bist schwanger geworden
und wirst einen Sohn gebären, des Namen
sollst du Ismael heißen, darum daß der
Herr dein Elend erhört hat.
12. Er wird ein wilder Mensch sein: seine
Hand wider jedermann und jedermanns
Hand wider ihn, – und wird gegen alle
seine Brüder wohnen. K. 25,18.
13. Und sie hieß den Namen des Herrn,
der mit ihr redete: Du Gott siehest mich.
Denn sie sprach: Gewiß habe ich hier gesehen den, der mich hernach angesehen
hat.
14. Darum hieß man den Brunnen einen
Brunnen des Lebendigen, der mich ansieht; welcher Brunnen ist zwischen Kades und Bared. K. 24,62; 25,11.
15. Und Hagar gebar Abram einen Sohn;
und Abram hieß den Sohn, den ihm Hagar
gebar, Ismael.
16. Und Abram war sechsundachtzig
Jahre alt, da ihm Hagar den Ismael gebar.

Das 17. Kapitel

Abram und Sarai erhalten die Namen Abraham und Sarah. Beschneidung. Verheißung Isaaks.

1. Als nun Abram neunundneunzig Jahre
alt war, erschien ihm der Herr und sprach
zu ihm: *Ich bin der allmächtige Gott;
†wandle vor mir und sei fromm.
*K. 35,11; 2. Mose 6,3. †K. 48,15.
2. Und ich will meinen Bund zwischen
mir und dir machen und will dich gar sehr
mehren.
3. Da fiel Abram auf sein Angesicht. Und
Gott redete weiter mit ihm und sprach:
4. Siehe, ich bin's und habe meinen
Bund mit dir, und du sollst ein Vater vieler
Völker werden.
5. Darum sollst du nicht mehr Abram
heißen, sondern Abraham soll dein Name
sein; denn ich habe dich gemacht zum
Vater vieler Völker, Röm. 4,11.17.
6. und will dich gar sehr fruchtbar machen und will von dir Völker machen, und
sollen auch Könige von dir kommen.
7. Und ich will aufrichten meinen Bund
zwischen mir und dir und deinem Samen
nach dir, bei ihren Nachkommen, daß es
ein ewiger Bund sei, also daß ich dein Gott
sei und deines Samens nach dir,
8. und will dir und deinem Samen nach
dir geben das Land, darin du *ein Fremdling bist, das ganze Land Kanaan, zu ewiger Besitzung, und will ihr Gott sein.
*K. 23,4; 35,27; Hebr. 11,9–16.

GOTT VERBANNT ADAM UND EVA 1. Mose 3, 24

9. Und Gott sprach zu Abraham: So halte nun meinen Bund, du und dein Same nach dir, bei ihren Nachkommen.

10. Das ist aber mein Bund, den ihr halten sollt zwischen mir und euch und deinem Samen nach dir: Alles, was männlich ist unter euch, soll beschnitten werden.
3. Mose 12,3; Apg. 7,8.

11. Ihr sollt aber die Vorhaut an eurem Fleisch beschneiden. Das soll ein Zeichen sein des Bundes zwischen mir und euch.

12. Ein jegliches Knäblein, wenn's acht Tage alt ist, sollt ihr beschneiden bei euren Nachkommen. Desgleichen auch alles Gesinde, das daheim geboren oder erkauft ist von allerlei Fremden, die nicht eures Samens sind.

13. Beschnitten soll werden alles Gesinde, das dir daheim geboren oder erkauft ist. Und also soll mein Bund an eurem Fleisch sein zum ewigen Bund.

14. Und wo ein Mannsbild nicht wird beschnitten an der Vorhaut seines Fleisches, des Seele soll ausgerottet werden aus seinem Volk, darum daß es meinen Bund unterlassen hat.

15. Und Gott sprach abermals zu Abraham: Du sollst dein Weib Sarai nicht mehr Sarai heißen, sondern Sara soll ihr Name sein.

16. Denn ich will sie segnen, und auch von ihr will ich dir einen Sohn geben; denn ich will sie segnen, und Völker sollen aus ihr werden und Könige über viele Völker.

17. Da fiel Abraham auf sein Angesicht und *lachte, und sprach in seinem Herzen: Soll mir, †hundert Jahre alt, ein Kind geboren werden, und Sara, neunzig Jahre alt, gebären? *K. 18,12; 21,6. †Luk. 1,18.

18. Und Abraham sprach zu Gott: Ach, daß Ismael leben sollte vor dir!

19. Da sprach Gott: Ja, Sara, dein Weib, soll dir einen Sohn gebären, den sollst du Isaak heißen; denn mit ihm will ich meinen *ewigen Bund aufrichten und mit seinem Samen nach ihm. *K. 26,3.

20. Dazu um Ismael habe ich dich auch erhört. Siehe, ich habe ihn gesegnet und will ihn fruchtbar machen und mehren *gar sehr. †Zwölf Fürsten wird er zeugen, und ich will ihn zum großen Volk machen. *K. 16,10; 21,13.18. †K. 25,16.

21. Aber meinen Bund will ich aufrich-

ten mit Isaak, den dir Sara gebären soll um
diese Zeit im andern Jahr.
22. Und er hörte auf, mit ihm zu reden.
Und Gott *fuhr auf von Abraham. *K.35,13.
23. Da nahm Abraham seinen Sohn Ismael und alle Knechte, die daheim geboren,
und alle, die erkauft, und alles, was männlich war in seinem Hause, und beschnitt
die Vorhaut an ihrem Fleisch ebendesselben Tages, wie ihm Gott gesagt hatte.
24. Und Abraham war neunundneunzig
Jahre alt, da er die Vorhaut an seinem
Fleisch beschnitt.
25. Ismael aber, sein Sohn, war dreizehn
Jahre alt, da seines Fleisches Vorhaut beschnitten ward.
26. Eben auf einen Tag wurden sie alle
beschnitten, Abraham, sein Sohn Ismael
27. und was männlich in seinem Hause
war, daheim geboren und erkauft von
Fremden; es ward alles mit ihm beschnitten.

Das 18. Kapitel

Besuch in Mamre. Isaak nochmals verheißen.
Sodoms Untergang verkündigt. Abrahams
Fürbitte.

1. Und der Herr erschien ihm im Hain
Mamre, da er saß an der Tür seiner Hütte,
da der Tag am heißesten war.
2. Und als er seine Augen aufhob und
sah, siehe, da standen drei Männer vor
ihm. Und da er sie sah, lief er ihnen entgegen von der Tür seiner Hütte und bückte
sich nieder auf die Erde Hebr. 13,2.
3. und sprach: Herr, habe ich Gnade gefunden vor deinen Augen, so gehe nicht an
deinem Knecht vorüber.
4. Man soll euch ein wenig Wasser bringen und eure Füße waschen, und lehnet
euch unter den Baum.
5. Und ich will euch einen Bissen Brot
bringen, daß ihr euer Herz labet; darnach
sollt ihr fortgehen. Denn darum seid ihr
zu eurem Knecht gekommen. Sie sprachen: Tue, wie du gesagt hast.
6. Abraham eilte in die Hütte zu Sara und
sprach: Eile und menge drei Maß Semmelmehl, knete und backe Kuchen.
7. Er aber lief zu den Rindern und holte
ein zartes, gutes Kalb und gab's dem
Knechte; der eilte und bereitete es zu.
8. Und er trug auf Butter und Milch und
von dem Kalbe, das er zubereitet hatte,
und setzte es ihnen vor und blieb stehen
vor ihnen unter dem Baum, und sie aßen.
9. Da sprachen sie zu ihm: Wo ist dein
Weib Sara? Er antwortete: Drinnen in der
Hütte.
10. Da sprach er: Ich *will wieder zu dir
kommen über ein Jahr; siehe, so soll Sara,
dein Weib, einen Sohn haben. Das hörte
Sara hinter ihm, hinter der Tür der Hütte.
*K. 17,19; Röm. 9,9.
11. Und sie waren beide, Abraham und
Sara, alt und wohl betagt, also daß es Sara
nicht mehr ging nach der Weiber Weise.
12. Darum *lachte sie bei sich selbst und
sprach: Nun ich alt bin, soll ich noch Wollust pflegen, und †mein Herr ist auch alt?
*K. 17,17. †1. Petr. 3,6.
13. Da sprach der Herr zu Abraham:
Warum lacht Sara und spricht: Meinst du,
daß es wahr sei, daß ich noch gebären
werde, so ich doch alt bin?
14. *Sollte dem Herrn etwas unmöglich
sein? Um diese Zeit will ich wieder zu dir
kommen über ein Jahr, so soll Sara einen
Sohn haben. *Luk. 1,37.
15. Da leugnete Sara und sprach: Ich habe nicht gelacht; denn sie fürchtete sich.
Aber er sprach: Es ist nicht also; du hast
gelacht.
16. Da standen die Männer auf von dannen und wandten sich gegen Sodom; und
Abraham ging mit ihnen, daß er sie geleitete.
17. Da sprach der Herr: Wie kann ich
Abraham verbergen, was ich tue,
18. sintemal er ein großes und mächtiges Volk soll werden, und alle Völker auf
Erden in ihm gesegnet werden sollen?
K. 12,3.
19. Denn ich weiß, er wird *befehlen seinen Kindern und seinem Hause nach ihm,
daß sie des Herrn Wege halten und tun,
was recht und gut ist, auf daß der Herr auf
Abraham kommen lasse, was er ihm verheißen hat. *5. Mose 6,7; 32,46.
20. Und der Herr sprach: Es *ist ein Geschrei zu Sodom und Gomorra, das ist
groß, und ihre Sünden sind sehr schwer.
*K. 19,13.
21. Darum will ich *hinabfahren und
†sehen, ob sie alles getan haben nach dem
Geschrei, das vor mich gekommen ist,
oder ob's nicht also sei, daß ich's wisse.
*K. 11,5. †Ps. 34,16.17.
22. Und die Männer *wandten ihr Angesicht und gingen gen Sodom; aber Abraham blieb stehen vor dem Herrn *K. 19,1.
23. und trat zu ihm und sprach: Willst du
denn den Gerechten mit dem Gottlosen
umbringen? 4. Mose 16,22; 2. Sam. 24,17.
24. Es möchten vielleicht fünfzig Gerechte in der Stadt sein; wolltest du die

ADAM UND EVA UND IHRE SÖHNE 1. Mose 4, 1.2

umbringen und dem Ort nicht vergeben um fünfzig Gerechter willen, die darin wären?

25. Das sei ferne von dir, daß du das tust und tötest den Gerechten mit dem Gottlosen, daß der Gerechte sei gleich wie der Gottlose! Das sei ferne von dir, der du aller Welt Richter bist! Du wirst so nicht richten.

26. Der Herr sprach: Finde ich fünfzig Gerechte zu Sodom in der Stadt, so will ich um ihrer willen dem ganzen Ort vergeben. Jes. 65,8; Matth. 24,22; Hesek. 22,30.

27. Abraham antwortete und sprach: Ach siehe, ich habe mich unterwunden zu reden mit dem Herrn, wiewohl ich Erde und Asche bin.

28. Es möchten vielleicht fünf weniger denn fünfzig Gerechte darin sein; wolltest du denn die ganze Stadt verderben um der fünf willen? Er sprach: Finde ich darin fünfundvierzig, so will ich sie nicht verderben.

29. Und er fuhr fort mit ihm zu reden und sprach: Man möchte vielleicht vierzig darin finden. Er aber sprach: Ich will ihnen nichts tun um der vierzig willen.

30. Abraham sprach: *Zürne nicht, Herr, daß ich noch mehr rede. Man möchte vielleicht dreißig darin finden. Er aber sprach: Finde ich dreißig darin, so will ich ihnen nichts tun. *Richt. 6,39.

31. Und er sprach: Ach siehe, ich habe mich unterwunden mit dem Herrn zu reden. Man möchte vielleicht zwanzig darin finden. Er antwortete: Ich will sie nicht verderben um der zwanzig willen.

32. Und er sprach: Ach zürne nicht, Herr, daß ich nur noch einmal rede. Man möchte vielleicht zehn darin finden. Er aber sprach: Ich will sie nicht verderben um der zehn willen.

33. Und der Herr ging hin, da er mit Abraham ausgeredet hatte; und Abraham kehrte wieder um an seinen Ort.

Das 19. Kapitel

Vertilgung Sodoms. Lots Errettung.
Sünde der Töchter Lots.

1. Die *zwei Engel kamen gen Sodom des Abends; Lot aber saß zu Sodom unter dem Tor. Und da er sie sah, stand er auf, ihnen entgegen, und bückte sich mit seinem Angesicht auf die Erde *K. 18,22.

2. und sprach: Siehe, liebe Herren, kehret doch ein zum Hause eures Knechtes
und bleibet über Nacht; lasset eure Füße
waschen, so stehet ihr morgens früh auf
und ziehet eure Straße. Aber sie sprachen:
Nein, sondern wir wollen über Nacht auf
der Gasse bleiben.
3. Da nötigte er sie sehr; und sie kehrten
zu ihm ein und kamen in sein Haus. Und
er machte ihnen ein Mahl und buk ungesäuerte Kuchen; und sie aßen.
4. Aber ehe sie sich legten, kamen die
Leute der Stadt Sodom und umgaben das
Haus, jung und alt, das ganze Volk aus
allen Enden,
5. und forderten Lot und sprachen zu
ihm: Wo sind die Männer, die zu dir gekommen sind diese Nacht? Führe sie heraus zu uns, daß wir sie erkennen.
6. Lot ging heraus zu ihnen vor die Tür
und schloß die Tür hinter sich zu
7. und sprach: Ach, liebe Brüder, tut
nicht so übel!
8. Siehe, ich habe zwei Töchter, die haben noch keinen Mann erkannt, die will
ich herausgeben unter euch, und tut mit
ihnen, was euch gefällt; allein diesen Männern tut nichts, denn darum sind sie unter
den Schatten meines Daches eingegangen.
9. Sie aber sprachen: Geh hinweg! und
sprachen auch: Du bist der einzige Fremdling hier und willst regieren? Wohlan, wir
wollen dich übler plagen denn jene. Und
sie *drangen hart auf den Mann Lot. Und
da sie hinzuliefen und wollten die Tür aufbrechen, *2. Petr. 2,7.8.
10. griffen die Männer hinaus und zogen
Lot hinein zu sich ins Haus und schlossen
die Tür zu.
11. Und die Männer vor der Tür am Hause wurden *mit Blindheit geschlagen,
klein und groß, bis sie müde wurden und
die Tür nicht finden konnten.
*2. Kön. 6,18.
12. Und die Männer sprachen zu Lot:
Hast du noch irgend hier einen Eidam und
Söhne und Töchter, und wer dir angehört
in der Stadt, den führe aus dieser Stätte.
13. Denn wir werden diese Stätte verderben, darum daß *ihr Geschrei groß ist vor
dem Herrn; der hat uns gesandt, sie zu
verderben. *K. 18,20.
14. Da ging Lot hinaus und redete mit
seinen Eidamen, die seine Töchter nehmen sollten: Macht euch auf und *geht
aus diesem Ort; denn der Herr wird diese
Stadt verderben. Aber es war ihnen lächer-
lich. *4. Mose 16,21.
15. Da nun die Morgenröte aufging, hießen die Engel den Lot eilen und sprachen:
Mache dich auf, nimm dein Weib und deine zwei Töchter, die vorhanden sind, daß
du nicht auch umkommst in der Missetat
dieser Stadt.
16. Da er aber verzog, ergriffen die Männer ihn und sein Weib und seine zwei
Töchter bei der Hand, darum daß der Herr
ihn verschonte, und führten ihn hinaus
und ließen ihn draußen vor der Stadt.
17. Und als sie ihn hatten hinausge-
bracht, sprach er: Errette deine Seele und
sieh nicht hinter dich; auch stehe nicht in
dieser ganzen Gegend. Auf den Berg rette
dich, daß du nicht umkommst. Matth. 24,16.
18. Aber Lot sprach zu ihnen: Ach nein,
Herr!
19. Siehe, dieweil dein Knecht Gnade gefunden hat vor deinen Augen, so wollest
du deine Barmherzigkeit groß machen,
die du an mir getan hast, daß du meine
Seele am Leben erhieltest. Ich kann mich
nicht auf den Berg retten; es möchte mich
ein Unfall ankommen, daß ich stürbe.
20. Siehe, da ist eine Stadt nahe, darein
ich fliehen kann, und ist klein; dahin will
ich mich retten (ist sie doch klein), daß
meine Seele lebendig bleibe.
21. Da sprach er zu ihm: Siehe, ich habe
auch in diesem Stück dich angesehen, daß
ich die Stadt nicht umkehre, von der du
geredet hast.
22. Eile und rette dich dahin; denn ich
kann nichts tun, bis daß du hineinkommest. Daher ist diese Stadt genannt Zoar.
23. Und die Sonne war aufgegangen auf
Erden, da Lot nach Zoar kam.
24. Da ließ der Herr Schwefel und Feuer
regnen von dem Herrn vom Himmel herab auf Sodom und Gomorra
5. Mose 29,22; Ps. 11,6; Amos 4,11;
Luk. 17,29; 2. Petr. 2,6; Jes. 1,9.10; 13,19.
25. und kehrte die Städte um und die
ganze Gegend und alle Einwohner der
Städte und was auf dem Lande gewachsen
war.
26. Und sein Weib sah hinter sich und
ward zur Salzsäule. Luk. 17,32.
27. Abraham aber machte sich des Morgens früh auf an den Ort, da er gestanden
vor dem Herrn,
28. und wandte sein Angesicht gegen Sodom und Gomorra und alles Land der Gegend und schaute; und siehe, da ging ein
Rauch auf vom Lande wie ein Rauch vom
Ofen.
29. Und es geschah, da Gott die Städte in
der Gegend verderbte, gedachte er an Ab-

KAIN UND ABEL BRINGEN EIN OPFER DAR 1. Mose 4, 3.4

raham und geleitete Lot aus den Städten,
die er umkehrte, darin Lot wohnte.
30. Und Lot zog aus Zoar und blieb auf
dem Berge mit seinen beiden Töchtern;
denn er fürchtete sich, zu Zoar zu bleiben;
und blieb also in einer Höhle mit seinen
beiden Töchtern.
31. Da sprach die ältere zu der jüngeren:
Unser Vater ist alt, und ist kein Mann
mehr auf Erden, der zu uns eingehen möge nach aller Welt Weise;
32. so komm, laß uns unserm Vater
Wein zu trinken geben und bei *ihm
schlafen, daß wir Samen von unserm Vater erhalten. *3. Mose 18,7.
33. Also gaben sie ihrem Vater Wein zu
trinken in derselben Nacht. Und die erste
ging hinein und legte sich zu ihrem Vater;
und er ward's nicht gewahr, da sie sich
legte noch das sie aufstand.
34. Des Morgens sprach die ältere zu der
jüngeren: Siehe, ich habe gestern bei meinem Vater gelegen. Laß uns ihm diese
Nacht auch Wein zu trinken geben, daß du
hineingehest und legest dich zu ihm, daß
wir Samen von unserm Vater erhalten.
35. Also gaben sie ihrem Vater die Nacht
auch Wein zu trinken. Und die jüngere
machte sich auch auf und legte sich zu
ihm; und er ward's nicht gewahr, da sie
sich legte noch da sie aufstand.
36. Also wurden die beiden Töchter Lots
schwanger von ihrem Vater.
37. Und die ältere gebar einen Sohn, den
hieß sie Moab. Von dem kommen her die
Moabiter bis auf den heutigen Tag.
5. Mose 2,9.
38. Und die jüngere gebar auch einen
Sohn, den hieß sie das Kind Ammi. Von
dem kommen die Kinder Ammon bis auf
den heutigen Tag. 5. Mose 2,19.

Das 20. Kapitel

Sara wird dem Abraham von Abimelech genommen und mit Gewinn wiedergegeben.

1. Abraham aber zog von dannen ins
Land gegen Mittag und wohnte zwischen
Kades und Sur und war ein Fremdling zu
Gerar. K. 12,9.10; 26,1.
2. Er sprach aber von seinem Weibe Sara:
Es ist meine Schwester. Da sandte Abimelech, der König zu Gerar, nach ihr und
ließ sie holen.
3. Aber Gott kam zu Abimelech des

Nachts im Traum und sprach zu ihm: Siehe da, du bist des Todes um des Weibes willen, das du genommen hast; denn sie ist eines Mannes Eheweib.

4. Abimelech aber hatte sie nicht berührt und sprach: Herr, willst du denn auch ein gerechtes Volk erwürgen?

5. Hat er nicht zu mir gesagt: Sie ist meine Schwester? Und sie hat auch gesagt: Er ist mein Bruder. Habe ich doch das getan mit einfältigem Herzen und unschuldigen Händen.

6. Und Gott sprach zu ihm im Traum: Ich weiß auch, daß du mit einfältigem Herzen das getan hast. Darum habe ich dich auch behütet, daß du nicht wider mich sündigtest, und habe es dir nicht zugegeben, daß du sie berührtest.

7. So gib nun dem Manne sein Weib wieder, denn er ist ein *Prophet; und laß ihn für dich bitten, so wirst du lebendig bleiben. Wo du sie aber nicht wiedergibst, so wisse, daß du des Todes sterben mußt und alles, was dein ist. *Ps. 105,15.

8. Da stand Abimelech des Morgens früh auf und rief alle seine Knechte und sagte ihnen dieses alles vor ihren Ohren. Und die Leute fürchteten sich sehr.

9. Und Abimelech rief Abraham auch und sprach zu ihm: Warum hast du uns das getan? Und was habe ich an dir gesündigt, daß du so eine große Sünde wolltest auf mich und mein Reich bringen? Du hast mit mir gehandelt, nicht wie man handeln soll.

10. Und Abimelech sprach weiter zu Abraham: Was hast du gesehen, daß du solches getan hast?

11. Abraham sprach: Ich dachte, vielleicht ist keine Gottesfurcht an diesem Orte, und sie werden mich um meines Weibes willen erwürgen.

12. Auch ist sie wahrhaftig meine Schwester; denn sie ist meines Vaters Tochter, aber nicht meiner Mutter Tochter, und ist mein Weib geworden.

13. Da mich aber Gott aus meines Vaters Hause wandern hieß, sprach ich zu ihr: Die Barmherzigkeit tu an mir, daß, wo wir hin kommen, du von mir sagest, ich sei dein Bruder.

14. Da nahm Abimelech Schafe und Rinder, Knechte und Mägde und gab sie Abraham und gab ihm wieder sein Weib Sara

15. und sprach: Siehe da, mein Land steht dir offen; wohne, wo dir's wohl gefällt.

16. Und sprach zu Sara: Siehe da, ich habe deinem Bruder tausend Silberlinge gegeben; siehe, das soll dir eine Decke der Augen sein vor allen, die bei dir sind, und allenthalben. Und damit war ihr Recht verschafft.

17. Abraham aber betete zu Gott; da heilte Gott Abimelech und sein Weib und seine Mägde, daß sie Kinder gebaren.

18. Denn der Herr hatte zuvor hart verschlossen alle Mütter des Hauses Abimelechs um Saras, Abrahams Weibes, willen.

Das 21. Kapitel

Isaaks Geburt. Austreibung Ismaels und seiner Mutter. Abrahams Bund mit Abimelech.

1. Und der Herr suchte heim Sara, wie er geredet hatte, und tat mit ihr, wie er geredet hatte. K. 18,10.

2. Und Sara ward schwanger und gebar Abraham einen Sohn in seinem Alter um die Zeit, von der ihm Gott geredet hatte.
Hebr. 11,11.

3. Und Abraham hieß seinen Sohn, der ihm geboren war, Isaak, den ihm Sara gebar, K. 17,19.

4. und beschnitt ihn am achten Tage, wie ihm *Gott geboten hatte. *K. 17,11.12

5. Hundert Jahre war Abraham alt, da ihm sein Sohn Isaak geboren ward.
K. 17,17; Röm. 4,19.

6. Und Sara sprach: Gott hat mir ein *Lachen zugerichtet; denn wer es hören wird, der wird über mich lachen, *K. 18,12.

7. und sprach: Wer durfte von Abraham sagen, daß Sara Kinder säuge? Denn ich habe ihm einen Sohn geboren in seinem Alter.

8. Und das Kind wuchs und ward entwöhnt; und Abraham machte ein großes Mahl am Tage, da Isaak entwöhnt ward.

9. Und Sara sah den Sohn Hagars, der Ägyptischen, den sie Abraham geboren hatte, daß er ein Spötter war,

10. und sprach zu Abraham: *Treibe diese Magd aus mit ihrem Sohn; denn dieser Magd Sohn soll nicht erben mit meinem Sohn Isaak. *Gal. 4,30.

11. Das Wort gefiel Abraham sehr übel um seines Sohnes willen.

12. Aber Gott sprach zu ihm: Laß dir's nicht übel gefallen des Knaben und der Magd halben. Alles, was Sara dir gesagt hat, dem gehorche; denn *in Isaak soll dir der Same genannt werden.
*Röm. 9,7.8; Hebr. 11,18.

13. Auch *will ich der Magd Sohn zum Volk machen, darum daß er deines Samens ist. *K. 17,20.

14. Da stand Abraham des Morgens früh auf und nahm Brot und einen Schlauch

KAIN ERSCHLÄGT ABEL 1. Mose 4, 8

mit Wasser und legte es Hagar auf ihre Schulter und den Knaben mit und ließ sie von sich. Da zog sie hin und ging in der Wüste irre bei Beer-Seba.

15. Da nun das Wasser in dem Schlauch aus war, warf sie den Knaben unter einen Strauch

16. und ging hin und setzte sich gegenüber von fern, einen Bogenschuß weit; denn sie sprach: Ich kann nicht ansehen des Knaben Sterben. Und sie setzte sich gegenüber und hob ihre Stimme auf und weinte.

17. Da erhörte Gott die Stimme des Knaben. Und der Engel Gottes rief vom Himmel der Hagar und sprach zu ihr: Was ist dir, Hagar? Fürchte dich nicht; denn Gott hat erhört die Stimme des Knaben, da er liegt.

18. Steh auf, nimm den Knaben und führe ihn an deiner Hand; denn ich will ihn zum großen Volk machen.

19. Und Gott tat ihr die Augen auf, daß sie einen Wasserbrunnen sah. Da ging sie hin und füllte den Schlauch mit Wasser und tränkte den Knaben.

20. Und Gott war mit dem Knaben; der wuchs und wohnte in der Wüste und ward ein guter Schütze.

21. Und er wohnte in der Wüste Pharan, und seine Mutter nahm ihm ein Weib aus *Ägyptenland. *K.16,3.

22. Zu der Zeit redete Abimelech und Phichol, sein Feldhauptmann, mit Abraham und sprach: Gott ist mit dir in allem, das du tust. K.26,26.

23. So schwöre mir nun bei Gott, daß du mir und meinen Kindern und meinen Enkeln keine Untreue erzeigen wolltest, sondern die Barmherzigkeit, die ich *an dir getan habe, an mir auch tust und an dem Lande, darin du ein Fremdling bist. *K.20,15.

24. Da sprach Abraham: Ich will schwören.

25. Und Abraham setzte Abimelech zur Rede um des Wasserbrunnens willen, den Abimelechs Knechte hatten mit Gewalt genommen. K.26,15.18.

26. Da antwortete Abimelech: Ich habe es nicht gewußt, wer das getan hat; auch hast du mir's nicht angesagt; dazu habe ich's nicht gehört bis heute.

27. Da nahm Abraham Schafe und Rin-

der und gab sie Abimelech; und sie machten beide einen Bund miteinander.
28. Und Abraham stellte sieben Lämmer besonders.
29. Da sprach Abimelech zu Abraham: Was sollen die sieben Lämmer, die du besonders gestellt hast?
30. Er antwortete: Sieben Lämmer sollst du von meiner Hand nehmen, daß sie mir zum Zeugnis seien, daß ich diesen Brunnen gegraben habe.
31. Daher heißt die Stätte *Beer-Seba, weil sie beide miteinander da geschworen haben. *K.26,33.
32. Und also machten sie den Bund zu Beer-Seba. Da machten sich auf Abimelech und Phichol, sein Feldhauptmann, und zogen wieder in der Philister Land.
33. Abraham aber pflanzte Bäume zu Beer-Seba und *predigte daselbst von dem Namen des Herrn, †des ewigen Gottes.
*K.12,8. †Jes.40,28; Röm.16,26.
34. Und er war ein Fremdling in der Philister Lande eine lange Zeit.

Das 22. Kapitel

Opferung Isaaks. Bestätigung der Verheißung. Nahors Nachkommen.

1. Nach diesen Geschichten *versuchte Gott Abraham und sprach zu ihm: Abraham! Und er antwortete: Hier bin ich.
*Hebr.11,17; Jak.1,12.
2. Und er sprach: Nimm Isaak, deinen einzigen Sohn, den du liebhast, und gehe hin in das Land *Morija und opfere ihn daselbst zum Brandopfer auf einem Berge, den ich dir sagen werde. *2.Chron.3,1.
3. Da stand Abraham des Morgens früh auf und gürtete seinen Esel und nahm mit sich zwei Knechte und seinen Sohn Isaak und spaltete Holz zum Brandopfer, machte sich auf und ging hin an den Ort, davon ihm Gott gesagt hatte.
4. Am dritten Tage hob Abraham seine Augen auf und sah die Stätte von ferne
5. und sprach zu seinen Knechten: Bleibet ihr hier mit dem Esel. Ich und der Knabe wollen dorthin gehen; und wenn wir angebetet haben, wollen wir wieder zu euch kommen.
6. Und Abraham nahm das Holz zum Brandopfer und legte es auf seinen Sohn Isaak; er aber nahm das Feuer und Messer in seine Hand, und gingen die beiden miteinander.
7. Da sprach Isaak zu seinem Vater Abraham: Mein Vater! Abraham antwortete: Hier bin ich, mein Sohn. Und er sprach: Siehe, hier ist Feuer und Holz; wo ist aber das Schaf zum Brandopfer?
8. Abraham antwortete: Mein Sohn, Gott wird sich ersehen ein Schaf zum Brandopfer. Und gingen die beiden miteinander.
9. Und als sie kamen an die Stätte, die ihm Gott gesagt hatte, baute Abraham daselbst einen Altar und legte das Holz darauf und band seinen Sohn Isaak, legte ihn auf den Altar oben auf das Holz
10. und reckte seine Hand aus und faßte das Messer, daß er seinen Sohn schlachtete. Jak.2,21.
11. Da rief ihm der Engel des Herrn vom Himmel und sprach: Abraham! Abraham! Er antwortete: Hier bin ich.
12. Er sprach: *Lege deine Hand nicht an den Knaben und tu ihm nichts; denn nun weiß ich, daß du Gott fürchtest und hast †deines einzigen Sohnes nicht verschont um meinetwillen. *Jer.7,31. †Röm.8,32.
13. Da hob Abraham seine Augen auf und sah einen Widder hinter sich in der Hecke mit seinen Hörnern hangen und ging hin und nahm den Widder und opferte ihn zum Brandopfer an seines Sohnes Statt.
14. Und Abraham hieß die Stätte: Der Herr siehet. Daher man noch heutigestages sagt: Auf dem Berge, da der Herr siehet.
15. Und der Engel des Herrn rief Abraham abermals vom Himmel
16. und sprach: Ich habe *bei mir selbst geschworen, spricht der Herr, dieweil du solches getan hast und hast deines einzigen Sohnes nicht verschont, *Hebr.6,13.
17. daß ich *deinen Samen segnen und mehren will wie die Sterne am Himmel und wie den Sand am Ufer des Meeres; und dein Same †soll besitzen die Tore seiner Feinde; *K.13,16; 15,5; Hebr.11,12. †K.24,60.
18. und durch deinen Samen sollen alle Völker auf Erden gesegnet werden, darum daß du meiner Stimme gehorcht hast.
K.12,3; Gal.3,16.
19. Also kehrte Abraham wieder zu seinen Knechten; und sie machten sich auf und zogen miteinander gen Beer-Seba; und er wohnte daselbst.
20. Nach diesen Geschichten begab sich's, daß Abraham angesagt ward: Siehe, *Milka hat auch Kinder geboren deinem Bruder Nahor, *K.11,29.
21. nämlich Uz, den Erstgeborenen, und Bus, seinen Bruder, und Kemuel, von dem die Syrer kommen,
22. und Chesed und Haso und Phildas und Jedlaph und Bethuel.
23. *Bethuel aber zeugte Rebekka. Diese

DIE VERBANNUNG KAINS 1. Mose 4, 16.17

acht gebar Milka dem Nahor, Abrahams
Bruder. K.24,15.
24. Und sein Kebsweib, mit Namen Rehuma, gebar auch, nämlich den Tebah, Gaham, Thahas und Maacha.

Das 23. Kapitel

Der Sara Tod und Begräbnis

1. Sara ward 127 Jahre alt
2. und starb in Kirjath-Arba, das Hebron heißt, im Lande Kanaan. Da kam Abraham, daß er sie beklagte und beweinte.
3. Darnach stand er auf von seiner Leiche und redete mit den Kindern Heth und sprach:
4. Ich bin *ein Fremder und Einwohner bei euch; gebt mir ein Erbbegräbnis bei euch, daß ich meinen Toten begrabe, der vor mir liegt. *K.17,8.
5. Da antworteten Abraham die Kinder Heth und sprachen zu ihm:
6. Höre uns, lieber Herr! Du bist ein Fürst Gottes unter uns, begrabe deinen Toten in unsern vornehmsten Gräbern; kein Mensch soll dir unter uns wehren, daß du in seinem Grabe begrabest deinen Toten.
7. Da stand Abraham auf und bückte sich vor dem Volk des Landes, vor den Kindern Heth.
8. Und er redete mit ihnen und sprach: Gefällt es euch, daß ich meinen Toten, der vor mir liegt, begrabe, so höret mich und bittet für mich Ephron, den Sohn Zohars,
9. daß er mir gebe seine zwiefache Höhle, die er hat am Ende seines Ackers; er gebe mir sie um Geld, soviel sie wert ist, unter euch zum Erbbegräbnis.
10. Ephron aber saß unter den Kindern Heth. Da antwortete Ephron, der Hethiter, Abraham, daß zuhörten die Kinder Heth, vor allen, die zu seiner Stadt Tor aus und ein gingen, und sprach:
11. Nein, mein Herr, sondern höre mir zu! Ich schenke dir den Acker und die Höhle darin dazu und übergebe dir's vor den Augen der Kinder meines Volkes, zu begraben deinen Toten.
12. Da bückte sich Abraham vor dem Volk des Landes
13. und redete mit Ephron, daß zuhörte das Volk des Landes, und sprach: Willst du

mir ihn lassen, so bitte ich, nimm von mir das Geld für den Acker, das ich dir gebe, so will ich meinen Toten daselbst begraben.

14. Ephron antwortete Abraham und sprach zu ihm:

15. Mein Herr, höre doch mich! Das Feld ist vierhundert Lot Silber wert; was ist das aber zwischen mir und dir? Begrabe nur deinen Toten!

16. Abraham gehorchte Ephron und wog ihm das Geld dar, das er gesagt hatte, daß zuhörten die Kinder Heth, vierhundert Lot Silber, das im Kauf gang und gäbe war.

17. Also ward Ephrons Acker, darin die zwiefache Höhle ist, Mamre gegenüber, Abraham zum eigenen Gut bestätigt mit der Höhle darin und mit allen Bäumen auf dem Acker umher,

18. daß die Kinder Heth zusahen und alle, die zu seiner Stadt Tor aus und ein gingen.

19. Darnach begrub Abraham Sara, sein Weib, in der Höhle des Ackers, die zwiefach ist, Mamre gegenüber, das ist Hebron, im Lande Kanaan.

20. Also ward bestätigt der Acker und *die Höhle darin Abraham zum Erbbegräbnis von den Kindern Heth.

*K.25,9.10; 47,30; 49,29.30; 50,13.

Das 24. Kapitel

Isaak gewinnt Rebekka zum Weibe.

1. Abraham war alt und wohl betagt, und der Herr hatte ihn gesegnet allenthalben.

K.12,2; Ps.112,2.3.

2. Und er sprach zu dem ältesten Knecht seines Hauses, der allen seinen Gütern vorstand: *Lege deine Hand unter meine Hüfte *K.47,29.

3. und schwöre mir bei dem Herrn, dem Gott des Himmels und der Erde, daß du meinem Sohn *kein Weib nehmest von den Töchtern der Kanaaniter, unter welchen ich wohne, *K.28,1; 2.Mose 34,16.

4. sondern daß du ziehest in mein Vaterland und zu meiner Freundschaft und nehmest meinem Sohn Isaak ein Weib.

5. Der Knecht sprach: Wie, wenn das Weib mir nicht wollte folgen in dies Land, soll ich dann deinen Sohn wiederbringen in jenes Land, daraus du gezogen bist?

6. Abraham sprach zu ihm: Davor hüte dich, daß du meinen Sohn nicht wieder dahin bringest.

7. Der Herr, der Gott des Himmels, der mich von meines Vaters Hause genommen hat und von meiner Heimat, der mir geredet hat und mir auch geschworen hat und gesagt: Dies Land will ich deinem Samen geben, – der wird seinen Engel vor dir her senden, daß du meinem Sohn daselbst ein Weib nehmest. K.12,1.7.

8. So aber das Weib dir nicht folgen will, so bist du dieses Eides quitt. Allein bringe meinen Sohn nicht wieder dorthin.

9. Da legte der Knecht seine Hand unter die Hüfte Abrahams, seines Herrn, und schwur ihm solches.

10. Also nahm der Knecht zehn Kamele von den Kamelen seines Herrn und zog hin und hatte mit sich allerlei Güter seines Herrn und machte sich auf und zog nach Mesopotamien zu der *Stadt Nahors.

*K.11,31; 27,43.

11. Da ließ er die Kamele sich lagern draußen vor der Stadt bei einem Wasserbrunnen, des Abends um die Zeit, wo die Weiber pflegten herauszugehen und Wasser zu schöpfen,

12. und sprach: Herr, du Gott meines Herrn Abraham, begegne mir heute und tue Barmherzigkeit an meinem Herrn Abraham!

13. Siehe, ich stehe hier bei dem Wasserbrunnen, und der Leute Töchter in dieser Stadt werden herauskommen, Wasser zu schöpfen.

14. Wenn nun eine Dirne kommt, zu der ich spreche: Neige deinen Krug und laß mich trinken, und sie sprechen wird: Trinke, ich will deine Kamele auch tränken: – das sei die, die du deinem Diener Isaak beschert hast, und daran werde ich erkennen, daß du Barmherzigkeit an meinem Herrn getan habest.

15. Und ehe er ausgeredet hatte, siehe, da kam heraus Rebekka. *Bethuels Tochter, der ein Sohn der Milka war, welche Nahors, Abrahams Bruders, Weib war, und trug einen Krug auf ihrer Achsel.

*K.22,23.

16. Und sie war eine sehr schöne Dirne von Angesicht, noch eine Jungfrau, und kein Mann hatte sie erkannt. Die stieg hinab zum Brunnen und füllte den Krug und stieg herauf.

17. Da lief ihr der Knecht entgegen und sprach: Laß mich ein wenig Wasser aus deinem Kruge trinken.

18. Und sie sprach: Trinke, mein Herr! Und eilend ließ sie den Krug hernieder auf ihre Hand und gab ihm zu trinken.

19. Und da sie ihm zu trinken gegeben hatte, sprach sie: Ich will deinen Kamelen auch schöpfen, bis sie alle getrunken haben.

BOSHEIT DER MENSCHEN 1. Mose 6, 1–3

20. Und eilte und goß den Krug aus in die Tränke und lief abermals zum Brunnen, zu schöpfen, und schöpfte allen seinen Kamelen.
21. Der Mann aber wunderte sich ihrer und schwieg still, bis er erkennete, ob der Herr zu seiner Reise Gnade gegeben hätte oder nicht.
22. Da nun die Kamele alle getrunken hatten, nahm er einen goldenen Reif, ein halbes Lot schwer, und zwei Armringe an ihre Hände, zehn Lot Goldes schwer,
23. und sprach: Wes Tochter bist du? das sage mir doch. Haben wir auch Raum in deines Vaters Hause, zu herbergen?
24. Sie sprach zu ihm: Ich bin Bethuels Tochter, des Sohnes Milkas, den sie dem Nahor geboren hat,
25. und sagte weiter zu ihm: Es ist auch viel Stroh und Futter bei uns und Raum genug, zu herbergen.
26. Da neigte sich der Mann und betete den Herrn an
27. und sprach: Gelobt sei der Herr, der Gott meines Herrn Abraham, der seine Barmherzigkeit und seine Wahrheit nicht verlassen hat an meinem Herrn; denn der Herr hat mich den Weg geführt zum Hause des Bruders meines Herrn.
28. Und die Dirne lief und sagte solches alles an in ihrer Mutter Hause.
29. Und Rebekka hatte einen Bruder, der hieß Laban; und Laban lief zu dem Mann draußen bei dem Brunnen.
30. Und als er sah den Reif und die Armringe an seiner Schwester Händen und hörte die Worte Rebekkas, seiner Schwester, daß sie sprach: Also hat mir der Mann gesagt, – kam er zu dem Mann, und siehe, er stand bei den Kamelen am Brunnen.
31. Und er sprach: Komm herein, du Gesegneter des Herrn! Warum stehst du draußen? Ich habe das Haus geräumt und für die Kamele auch Raum gemacht.
32. Also führte er den Mann ins Haus und zäumte die Kamele ab und gab ihnen Stroh und Futter und Wasser, zu waschen seine Füße und die Füße der Männer, die mit ihm waren,
33. und setzte ihm Essen vor. Er sprach aber: Ich will nicht essen, bis daß ich zuvor meine Sache vorgebracht habe. Sie antworteten: Sage an!
34. Er sprach: Ich bin Abrahams Knecht.

35. Und der Herr hat meinen Herrn reichlich gesegnet, daß er groß geworden ist, und hat ihm Schafe und Ochsen, Silber und Gold, Knechte und Mägde, Kamele und Esel gegeben.
36. Dazu hat Sara, meines Herrn Weib, einen Sohn geboren meinem Herrn in seinem Alter; dem hat er alles gegeben, was er hat.
37. Und mein Herr hat einen Eid von mir genommen und gesagt: Du sollst meinem Sohn kein Weib nehmen von den Töchtern der Kanaaniter, in deren Land ich wohne,
38. sondern ziehe hin zu meines Vaters Hause und zu meinem Geschlecht; daselbst nimm meinem Sohn ein Weib.
39. Ich sprach aber zu meinem Herrn: Wie, wenn mir das Weib nicht folgen will?
40. Da sprach er zu mir: Der Herr, *vor dem ich wandle, wird seinen Engel mit dir senden und Gnade zu deiner Reise geben, daß du meinem Sohn ein Weib nehmest von meiner Freundschaft und meines Vaters Hause. *K. 17,1.
41. Alsdann sollst du meines Eides quitt sein, wenn du zu meiner Freundschaft kommst; geben sie dir sie nicht, so bist du meines Eides quitt.
42. Also kam ich heute zum Brunnen und sprach: Herr, Gott meines Herrn Abraham, hast du Gnade zu meiner Reise gegeben, auf der ich bin,
43. siehe, so steh ich hier bei dem Wasserbrunnen. Wenn nun eine Jungfrau herauskommt zu schöpfen, und ich zu ihr spreche: Gib mir ein wenig Wasser zu trinken aus deinem Krug,
44. und sie wird sagen: Trinke du, ich will deinen Kamelen auch schöpfen: – die sei das Weib, das der Herr meines Herrn Sohne beschert hat.
45. Ehe ich nun solche Worte ausgeredet hatte in meinem Herzen, siehe, da kommt Rebekka heraus mit einem Krug auf ihrer Achsel und geht hinab zum Brunnen und schöpft. Da sprach ich zu ihr: Gib mir zu trinken.
46. Und sie nahm eilend den Krug von ihrer Achsel und sprach: Trinke, und deine Kamele will ich auch tränken. Also trank ich, und sie tränkte die Kamele auch.
47. Und ich fragte sie und sprach: Wes Tochter bist du? Sie antwortete: Ich bin Bethuels Tochter, des Sohnes Nahors, den ihm Milka geboren hat. Da legte ich einen Reif an ihre Stirn und Armringe an ihre Hände
48. und neigte mich und betete den Herrn an und lobte den Herrn, den Gott meines Herrn Abraham, der mich den rechten Weg geführt hat, daß ich seinem Sohn die Tochter nehme des Bruders meines Herrn.
49. Seid ihr nun die, so an meinem Herrn Freundschaft und Treue beweisen wollen, so sagt mir's; wo nicht, so sagt mir's auch, daß ich mich wende zur Rechten oder zur Linken.
50. Da antworteten Laban und Bethuel und sprachen: Das kommt vom Herrn; darum können wir nichts wider dich reden, weder Böses noch Gutes;
51. da ist Rebekka vor dir, nimm sie und zieh hin, daß sie das Weib sei des Sohnes deines Herrn, wie der Herr geredet hat.
52. Da diese Worte hörte Abrahams Knecht, bückte er sich vor dem Herrn zur Erde
53. und zog hervor silberne und goldene Kleinode und Kleider und gab sie Rebekka; aber ihrem Bruder und der Mutter gab er Würze.
54. Da aß und trank er samt den Männern, die mit ihm waren, und blieb über Nacht allda. Des Morgens aber stand er auf und sprach: Laßt mich ziehen zu meinem Herrn.
55. Aber ihr Bruder und ihre Mutter sprachen: Laß doch die Dirne einen Tag oder zehn bei uns bleiben; darnach sollst du ziehen.
56. Da sprach er zu ihnen: Haltet mich nicht auf; denn der Herr hat Gnade zu meiner Reise gegeben. Lasset mich, daß ich zu meinem Herrn ziehe.
57. Da sprachen sie: Laßt uns die Dirne rufen und fragen, was sie dazu sagt.
58. Und sie riefen Rebekka und sprachen zu ihr: Willst du mit diesem Mann ziehen? Sie antwortete: Ja, ich will mit ihm.
59. Also ließen sie Rebekka, ihre Schwester, ziehen mit ihrer Amme samt Abrahams Knecht und seinen Leuten.
60. Und sie segneten Rebekka und sprachen zu ihr: Du bist unsre Schwester; wachse in vieltausendmal tausend, und dein Same besitze die Tore seiner Feinde. K. 22,17.
61. Also machte sich Rebekka auf mit ihren Dirnen, und setzten sich auf die Kamele und zogen dem Manne nach. Und der Knecht nahm Rebekka und zog hin.
62. Isaak aber kam vom *Brunnen des Lebendigen und Sehenden (denn er wohnte im Lande gegen Mittag) *K. 16,14; 25,11.
63. und war ausgegangen, zu beten auf

ANKÜNDIGUNG DER SINTFLUT 1. Mose 6, 17–19

dem Felde um den Abend, und hob seine Augen auf und sah, daß Kamele daherkamen.

64. Und Rebekka hob ihre Augen auf und sah Isaak; da stieg sie eilend vom Kamel

65. und sprach zu dem Knecht: Wer ist der Mann, der uns entgegenkommt auf dem Felde? Der Knecht sprach: Das ist mein Herr. Da nahm sie den Mantel und verhüllte sich.

66. Und der Knecht erzählte Isaak alle Sachen, die er ausgerichtet hatte.

67. Da führte sie Isaak in die Hütte seiner Mutter Sara und nahm die Rebekka, und sie ward sein Weib, und er gewann sie lieb. Also ward Isaak getröstet *über seine Mutter. *K.23,2.

Das 25. Kapitel

Abrahams zweite Ehe, Tod und Begräbnis, Ismaels Geschlecht. Esau und Jakob. (Vgl. 1. Chron. 1,28–34.) Esau verkauft seine Erstgeburt.

1. Abraham nahm wieder ein Weib, die hieß Ketura.

2. Die gebar ihm Simran und Joksan, Medan und Midian, Jesbak und Suah.

3. Joksan aber zeugte Saba und Dedan. Die Kinder aber von Dedan waren: die Assuriter, die Letusiter und die Leumiter.

4. Die Kinder Midians waren: Epha, Epher, Henoch, Abida und Eldaa. Diese alle sind Kinder der Ketura.

5. Und Abraham gab all sein Gut Isaak.

6. Aber den Kindern, die er von den Kebsweibern hatte, gab er Geschenke und ließ sie von seinem Sohn Isaak ziehen, dieweil er noch lebte, gegen Aufgang in das Morgenland.

7. Das ist aber Abrahams Alter, das er gelebt hat: 175 Jahre.

8. Und er nahm ab und starb in einem ruhigen Alter, da er alt und lebenssatt war, und ward zu seinem Volk gesammelt.
K. 15,15; Hiob 5,26.

9. Und es begruben ihn seine Söhne Isaak und Ismael in der zwiefachen Höhle auf dem Acker Ephrons, des Sohnes Zohars, des Hethiters, die da liegt Mamre gegenüber,

10. in dem Felde, das Abraham von den Kindern Heth gekauft hatte. Da ist Abraham begraben mit Sara, seinem Weibe.
K.23,16.17.

11. Und nach dem Tode Abrahams segne-

te Gott Isaak, seinen Sohn. Und er wohnte bei dem *Brunnen des Lebendigen und Sehenden. *K.24,62.

12. Dies ist *das Geschlecht Ismaels, des Sohnes Abrahams, den ihm Hagar gebar, die Magd Saras aus Ägypten; *K.21,13.

13. und das sind die Namen der Kinder Ismaels, davon ihre Geschlechter genannt sind; der erstgeborene Sohn Ismaels, Nebajoth, – Kedar, Adbeel, Mibsam,

14. Misma, Duma, Massa,

15. Hadar, Thema, Jetur, Naphis und Kedma.

16. Dies sind die Kinder Ismaels mit ihren Namen in ihren Höfen und Zeltdörfern, zwölf *Fürsten über ihre Leute. *K.17,20.

17. Und das ist das Alter Ismaels: 137 Jahre. Und er nahm ab und starb und ward gesammelt zu seinem Volk.

18. Und sie wohnten von Hevila an bis gen Sur vor Ägypten und bis wo man nach Assyrien geht. Er *ließ sich aber nieder gegen alle seine Brüder. *K.16,12.

19. Dies ist das Geschlecht Isaaks, des Sohnes Abrahams: Abraham zeugte Isaak.

20. Isaak aber war vierzig Jahre alt, da er Rebekka zum Weibe nahm, die Tochter Bethuels, des Syrers, von Mesopotamien, Labans, des Syrers, Schwester.

21. Isaak aber bat den Herrn für sein Weib, denn sie war unfruchtbar. Und der Herr ließ sich erbitten, und Rebekka, sein Weib ward schwanger.

22. Und die Kinder stießen sich miteinander in ihrem Leibe. Da sprach sie: Da mir's also sollte gehen, warum bin ich schwanger geworden? Und sie ging hin, den Herrn zu fragen.

23. Und der Herr sprach zu ihr: Zwei Völker sind in deinem Leibe, und zweierlei Leute werden sich scheiden aus deinem Leibe; und ein Volk wird dem andern überlegen sein, und der *Ältere wird dem Jüngeren dienen. *K.27,29; Mal.1,2; Röm.9,10–12.

24. Da nun die Zeit kam, daß sie gebären sollte, siehe, da waren Zwillinge in ihrem Leibe.

25. Der erste, der herauskam, war rötlich, ganz rauh wie ein Fell; und sie nannten ihn Esau.

26. Darnach kam heraus sein Bruder, der hielt mit seiner Hand die Ferse des Esau; und sie hießen ihn Jakob. Sechzig Jahre alt war Isaak, da sie geboren wurden.

27. Und da nun die Knaben groß wurden, ward Esau ein Jäger und streifte auf dem Felde, Jakob aber ein sanfter Mann und blieb in den Hütten.

28. Und Isaak hatte Esau lieb und aß gern von seinem Weidwerk; Rebekka aber hatte Jakob lieb.

29. Und Jakob kochte ein Gericht. Da kam Esau vom Felde und war müde

39. und sprach zu Jakob: Laß mich kosten das rote Gericht; denn ich bin müde. Daher heißt er Edom.

31. Aber Jakob sprach: Verkaufe mir heute deine Erstgeburt.

32. Esau antwortete: Siehe, ich muß doch sterben; was soll mir denn die Erstgeburt?

33. Jakob sprach: So schwöre mir heute. Und er schwur ihm und *verkaufte also Jakob seine Erstgeburt. *K.27,36; Hebr.12,16.

34. Da gab ihm Jakob Brot und das Linsengericht, und er aß und trank und stand auf und ging davon. Also verachtete Esau seine Erstgeburt.

Das 26. Kapitel

Verheißung an Isaak. Wanderschaft. Gute und böse Tage.

1. Es kam aber eine Teuerung ins Land nach der *vorigen, so zu Abrahams Zeiten war. Und Isaak zog zu †Abimelech, der Philister König, gen Gerar. *K.12,10. †K.20,2.

2. Da erschien ihm der Herr und sprach: Ziehe nicht hinab nach Ägypten, sondern bleibe in dem Lande, das ich dir sage.

3. Sei ein Fremdling in diesem Lande, und ich will mit dir sein und dich segnen; denn dir und *deinem Samen will ich alle diese Länder geben und will meinen †Eid bestätigen, den ich deinem Vater Abraham geschworen habe, *K.12,7. †K.22,16.

4. und will deinen Samen *mehren wie die Sterne am Himmel und will deinem Samen alle diese Länder geben. Und †durch deinen Samen sollen alle Völker auf Erden gesegnet werden, *K.15,5. †K.12,3.

5. darum daß Abraham meiner Stimme gehorsam gewesen ist und hat gehalten meine Rechte, meine Gebote, meine Weise und mein Gesetz.

6. Also wohnte Isaak zu Gerar.

7. Und wenn die Leute an demselben Ort fragten nach seinem Weibe, so sprach er: Sie ist meine Schwester. Denn er fürchtete sich zu sagen: Sie ist mein Weib; sie möchten mich erwürgen um Rebekkas willen, denn sie war schön von Angesicht.

8. Als er nun eine Zeitlang da war, sah Abimelech, der Philister König, durchs Fenster und ward gewahr, daß Isaak

SINTFLUT 1. Mose 7, 17–23

*scherzte mit seinem Weibe Rebekka.
*Spr.5,18.
9. Da rief Abimelech den Isaak und
sprach: Siehe, es ist dein Weib. Wie hast
du denn gesagt: Sie ist meine Schwester?
Isaak antwortete ihm: Ich gedachte, ich
möchte vielleicht sterben müssen um ihretwillen.
10. Abimelech sprach: Warum hast du
denn uns das getan? Es wäre leicht geschehen, daß jemand vom Volk sich zu deinem
Weibe gelegt hätte, und hättest also eine
Schuld auf uns gebracht.
11. Da gebot Abimelech allem Volk und
sprach: Wer diesen Mann oder sein Weib
antastet, der soll des Todes sterben.
12. Und Isaak säte in dem Lande und
erntete desselben Jahres hundertfältig;
*denn der Herr segnete ihn. *Spr.10,22.
13. Und er ward ein großer Mann und
nahm immer mehr zu, bis er sehr groß
ward,
14. daß er viel Gutes hatte an kleinem
und großem Vieh und ein großes Gesinde.
Darum beneideten ihn die Philister
15. und verstopften alle *Brunnen, die
seines Vaters Knechte gegraben hatten
zur Zeit Abrahams, seines Vaters, und füllten sie mit Erde; *K.21,25.
16. daß auch Abimelech zu ihm sprach:
Ziehe von uns, denn du bist uns zu mächtig geworden.
17. Da zog Isaak von dannen und schlug
sein Gezelt auf im Grunde Gerar und
wohnte allda
18. und ließ die Wasserbrunnen wieder
aufgraben, die sie zu Abrahams, seines Vaters Zeiten, gegraben hatten, welche die
Philister verstopft hatten nach Abrahams
Tod, und nannte sie mit denselben Namen, mit denen sie sein Vater genannt
hatte.
19. Auch gruben Isaaks Knechte im
Grunde und fanden daselbst einen Brunnen lebendigen Wassers.
20. Aber die Hirten von Gerar zankten
mit den Hirten Isaaks und sprachen: Das
Wasser ist unser. Da hieß er den Brunnen
Esek, darum daß sie ihm da unrecht getan
hatten.
21. Da gruben sie einen andern Brunnen. Darüber zankten sie auch; darum
hieß er ihn Sitna.
22. Da machte er sich von dannen und

grub einen anderen Brunnen. Darüber zankten sie sich nicht; darum hieß er ihn Rehoboth und sprach: Nun hat uns der Herr Raum gemacht und uns wachsen lassen im Lande.

23. Darnach zog er von dannen gen Beer-Seba.

24. Und der Herr erschien ihm in derselben Nacht und sprach: Ich bin deines Vaters Abraham Gott. Fürchte dich nicht, denn ich bin mit dir und will dich segnen und deinen Samen mehren um meines Knechtes Abraham willen.

25. Da baute er einen Altar daselbst und predigte von dem Namen des Herrn und richtete daselbst seine Hütte auf, und seine Knechte gruben daselbst einen Brunnen. K.12,8.

26. Und Abimelech ging zu ihm von Gerar, und Ahussath, sein Freund, und Phichol, sein Feldhauptmann. K.21,22.

27. Aber Isaak sprach zu ihnen: Warum kommt ihr zu mir? Hasset ihr mich doch und habt mich von euch getrieben.

28. Sie sprachen: Wir sehen mit sehenden Augen, daß der Herr mit dir ist. Darum sprachen wir: Es soll ein Eid zwischen uns und dir sein, und wir wollen einen Bund mit dir machen,

29. daß du uns keinen Schaden tust, gleichwie wir dich nicht angetastet und wie wir dir nichts denn alles Gute getan haben und dich mit Frieden haben ziehen lassen. Du aber bist nun der Gesegnete des Herrn.

30. Da machte er ihnen ein Mahl, und sie aßen und tranken.

31. Und des Morgens früh standen sie auf und schwur einer dem andern; und Isaak ließ sie gehen, und sie zogen von ihm mit Frieden.

32. Desselben Tages kamen Isaaks Knechte und sagten ihm an von dem Brunnen, den sie gegraben hatten, und sprachen zu ihm: Wir haben Wasser gefunden.

33. Und er nannte ihn *Seba; daher heißt die Stadt Beer-Seba bis auf den heutigen Tag. *K.21,31.

34. Da Esau vierzig Jahre alt war, nahm er zum Weibe Judith, die Tochter Beeris, des Hethiters, und Basmath, die Tochter Elons, des Hethiters. K.36,2.3.

35. Die machten beide Isaak und Rebekka eitel Herzeleid.

Das 27. Kapitel

Jakob gewinnt mit List den Erstgeburtssegen.
Esau trachtet seinem Bruder nach dem Leben.

1. Und es begab sich, da Isaak alt war geworden und seine Augen dunkel wurden zu sehen, rief er Esau, seinen älteren Sohn, und sprach zu ihm: Mein Sohn! Er aber antwortete ihm: Hier bin ich.

2. Und er sprach: Siehe, ich bin alt geworden und weiß nicht, wann ich sterben soll.

3. So nimm nun deine Geräte, Köcher und Bogen, und geh aufs Feld und fange mir ein Wildbret

4. und mache mir ein Essen, wie ich's gern habe, und bringe mir's herein, daß ich esse, daß dich meine Seele segne, ehe ich sterbe. Hebr.11,20.

5. Rebekka aber hörte solche Worte, die Isaak zu seinem Sohn Esau sagte. Und Esau ging hin aufs Feld, daß er ein Wildbret jagte und heimbrächte.

6. Da sprach Rebekka zu Jakob, ihrem Sohn: Siehe, ich habe gehört deinen Vater reden mit Esau, deinem Bruder, und sagen:

7. Bringe mir ein Wildbret und mache mir ein Essen, daß ich esse und dich segne vor dem Herrn, ehe ich sterbe.

8. So höre nun, mein Sohn, meine Stimme, was ich dich heiße.

9. Gehe hin zu der Herde und hole mir zwei gute Böcklein, daß ich deinem Vater ein Essen davon mache, wie er's gerne hat.

10. Das sollst du deinem Vater hineintragen, daß er esse, auf daß er dich segne vor seinem Tode.

11. Jakob aber sprach zu seiner Mutter Rebekka: Siehe, mein Bruder *Esau ist rauh, und ich glatt; *K.25,25.

12. so möchte vielleicht mein Vater mich betasten, und ich würde vor ihm geachtet, als ob ich ihn betrügen wollte, und brächte über mich einen Fluch und nicht einen Segen.

13. Da sprach seine Mutter zu ihm: Der Fluch sei auf mir, mein Sohn; gehorche nur meiner Stimme, gehe und hole mir.

14. Da ging er hin und holte und brachte es seiner Mutter. Da machte seine Mutter ein Essen, wie es sein Vater gerne hatte,

15. und nahm Esaus, ihres älteren Sohnes, köstliche Kleider, die sie bei sich im Hause hatte, und zog sie Jakob an, ihrem jüngeren Sohn;

16. aber die Felle von den Böcklein tat sie ihm um seine Hände und wo er glatt war am Halse,

DAS ENDE DER SINTFLUT 1. Mose 8, 14–19

17. und gab also das Essen mit Brot, wie
sie es gemacht hatte, in Jakobs Hand, ihres Sohnes.
18. Und er ging hinein zu seinem Vater
und sprach: Mein Vater! Er antwortete:
Hier bin ich. Wer bist du, mein Sohn?
19. Jakob sprach zu seinem Vater: Ich
bin Esau, dein erstgeborener Sohn; ich
habe getan, wie du mir gesagt hast. Steh
auf, setze dich und iß von meinem Wildbret, auf daß mich deine Seele segne.
20. Isaak aber sprach zu seinem Sohn:
Mein Sohn, wie hast du so bald gefunden?
Er antwortete: Der Herr, dein Gott, be-
scherte mir's.
21. Da sprach Isaak zu Jakob: Tritt herzu, mein Sohn, daß ich dich betaste, ob du
mein Sohn Esau seist oder nicht.
22. Also trat Jakob zu seinem Vater Isaak;
und da er ihn betastet hatte, sprach er: Die
Stimme ist Jakobs Stimme, aber die Hände sind Esaus Hände.
23. Und er kannte ihn nicht; denn seine
Hände waren rauh wie Esaus, seines Bruders Hände. Und er segnete ihn
24. und sprach zu ihm: Bist du mein
Sohn Esau? Er antwortete: Ja, ich bin's.
25. Da sprach er: So bringe mir her,
mein Sohn, zu essen von deinem Wildbret, daß dich meine Seele segne. Da
brachte er's ihm, und er aß, und trug ihm
auch Wein hinein, und er trank.
26. Und Isaak, sein Vater, sprach zu ihm:
Komm her und küsse mich, mein Sohn.
27. Er trat hinzu und küßte ihn. Da roch
er den Geruch seiner Kleider und segnete
ihn und sprach: Siehe, der Geruch meines
Sohnes ist wie ein Geruch des Feldes, das
der Herr gesegnet hat.
28. Gott gebe dir vom Tau des Himmels
und von der Fettigkeit der Erde und Korn
und Wein die Fülle.
29. Völker müssen dir dienen, und Leute
müssen dir zu Fuße fallen. Sei *ein Herr
über deine Brüder, und deiner Mutter
Kinder müssen dir zu Fuße fallen. †Ver-
flucht sei, wer dir flucht; gesegnet sei, wer
dich segnet. *K. 25,23. †K. 12,3.
30. Als nun Isaak vollendet hatte den Segen über Jakob, und Jakob kaum hinausgegangen war von seinem Vater Isaak, da
kam Esau, sein Bruder von seiner Jagd
31. und machte auch ein Essen und
trug's hinein zu seinem Vater und sprach

zu ihm: Steh auf, mein Vater, und iß von
dem Wildbret deines Sohnes, daß mich
deine Seele segne.
32. Da antwortete ihm Isaak, sein Vater:
Wer bist du? Er sprach: Ich bin Esau, dein
erstgeborener Sohn.
33. Da entsetzte sich Isaak über die Maßen sehr und sprach: Wer ist denn der
Jäger, der mir gebracht hat, und ich habe
von allem gegessen, ehe du kamst, und
habe ihn gesegnet? Er wird auch gesegnet
bleiben.
34. Als Esau diese Rede seines Vaters
hörte, schrie er laut und ward über die
Maßen sehr betrübt und sprach zu seinem
Vater: Segne mich auch, mein Vater!
Hebr. 12,17.
35. Er aber sprach: Dein Bruder ist gekommen mit List und hat deinen Segen
hinweg.
36. Da sprach er: Er heißt wohl *Jakob;
denn er hat mich nun zweimal überlistet.
Meine †Erstgeburt hat er dahin; und siehe, nun nimmt er auch meinen Segen.
Und sprach: Hast du mir denn keinen Segen vorbehalten? *K. 25,26. †K. 25,33.
37. Isaak antwortete und sprach zu ihm:
Ich habe ihn zum Herrn über dich gesetzt,
und alle seine Brüder habe ich ihm zu
Knechten gemacht, mit Korn und Wein
habe ich ihn versehen; was soll ich doch
dir nun tun, mein Sohn?
38. Esau sprach zu seinem Vater: Hast du
denn nur einen Segen, mein Vater? Segne
mich auch, mein Vater! und hob auf seine
Stimme und weinte.
39. Da antwortete Isaak, sein Vater, und
sprach zu ihm: Siehe da, du wirst eine
Wohnung haben ohne Fettigkeit der Erde
und ohne Tau des Himmels von obenher.
40. Von deinem Schwerte wirst du dich
nähren und deinem Bruder dienen. Und es
wird geschehen, daß du auch ein Herr sein
und sein Joch von deinem Halse reißen
wirst. 2. Kön. 8,20.
41. Und Esau war Jakob gram um des
Segens willen, mit dem ihn sein Vater gesegnet hatte, und sprach in seinem Herzen: Es wird die Zeit bald kommen, da
man um meinen Vater Leid tragen muß;
dann will ich meinen Bruder Jakob erwürgen.
42. Da wurden Rebekka angesagt diese
Worte ihres älteren Sohnes Esau; und sie
schickte hin und ließ Jakob, ihren jüngeren Sohn, rufen und sprach zu ihm: Siehe,
dein Bruder Esau droht dir, daß er dich
erwürgen will.
43. Und nun höre meine Stimme, mein
Sohn: Mache dich auf und fliehe zu meinem Bruder Laban gen *Haran *K. 24,10.
44. und bleib eine Weile bei ihm, bis sich
der Grimm deines Bruders legt
45. und bis sich sein Zorn wider dich von
dir wendet und er vergißt, was du an ihm
getan hast; so will ich darnach schicken
und dich von dannen holen lassen. Warum
sollte ich euer beider beraubt werden auf
einen Tag?
46. Und Rebekka sprach zu Isaak: Mich
verdrießt, zu leben vor den Töchtern
Heth. Wo Jakob ein Weib nimmt von den
Töchtern Heth wie diese, von den Töchtern des Landes, was soll mir das Leben?
K. 26,34.35.

Das 28. Kapitel

Flucht nach Haran. Himmelsleiter.

1. Da rief Isaak seinen Sohn Jakob und
segnete ihn und gebot ihm und sprach zu
ihm: *Nimm nicht ein Weib von den Töchtern Kanaans; *K. 24,3.
2. sondern mache dich auf und ziehe
nach Mesopotamien zum Hause Bethuels,
des Vaters deiner Mutter, und nimm dir
ein Weib daselbst von den Töchtern Labans, des Bruders deiner Mutter.
K. 22,23; 24,29.
3. Aber der allmächtige Gott segne dich
und mache dich fruchtbar und mehre
dich, daß du werdest ein Haufe Völker,
4. und gebe dir den Segen *Abrahams,
dir und deinem Samen mit dir, daß du
besitzest das Land, darin du Fremdling
bist, das Gott Abraham gegeben hat.
*K. 12,2.
5. Also fertigte Isaak den Jakob ab, daß er
nach Mesopotamien zog zu Laban, Bethuels Sohn, in Syrien, dem Bruder Rebekkas,
seiner und Esaus Mutter.
6. Als nun Esau sah, daß Isaak Jakob gesegnet hatte und abgefertigt nach Mesopotamien, daß er daselbst ein Weib nähme,
und daß er, indem er ihn segnete, ihm
gebot und sprach: Du sollst nicht ein Weib
nehmen von den Töchtern Kanaans,
7. und daß Jakob seinem Vater und seiner Mutter gehorchte und nach Mesopotamien zog,
8. sah auch, daß Isaak, sein Vater nicht
gerne sah die Töchter Kanaans:
9. ging er hin zu Ismael und nahm zu
den Weibern, *die er zuvor hatte, Mahalath, die Tochter Ismaels, des Sohnes Abrahams, die Schwester †Nebajoths, zum
Weibe. *K. 26,34. †K. 25,13.
10. Aber Jakob zog aus von Beer-Seba
und reiste gen Haran

DAS OPFER NOAHS 1. Mose 8, 20.21

11. und kam an einen Ort, da blieb er über Nacht; denn die Sonne war untergegangen. Und er nahm einen Stein des Orts und legte ihn zu seinen Häupten und legte sich an dem Ort schlafen.

12. Und ihm träumte; und siehe, eine Leiter stand auf der Erde, die rührte mit der Spitze an den Himmel, und siehe, die Engel Gottes stiegen daran auf und nieder;
Joh. 1,51.

13. und der Herr stand obendarauf und sprach: Ich bin der Herr, Abrahams, deines Vaters, Gott und Isaaks Gott; *das Land, darauf du liegst, will ich dir und deinem Samen geben. *K. 12,7.

14. Und dein Same soll werden wie der *Staub auf Erden, und du sollst ausgebreitet werden gegen Abend, Morgen, Mitternacht und Mittag; und †durch dich und deinen Samen sollen alle Geschlechter auf Erden gesegnet werden. *K. 13,16. †K. 12,3.

15. Und siehe, ich bin mit dir und will dich behüten, wo du hin ziehst, und will dich wieder herbringen in dies Land. Denn ich will dich nicht lassen, bis daß ich tue alles, was ich dir geredet habe.

16. Da nun Jakob von seinem Schlaf aufwachte, sprach er: Gewiß ist der Herr an diesem Ort, und ich wußte es nicht;

17. und fürchtete sich und sprach: Wie *heilig ist diese Stätte! Hier ist nichts anderes denn Gottes Haus, und hier ist die Pforte des Himmels. *2. Mose 3,5.

18. Und Jakob stand des Morgens früh auf und nahm den Stein, den er zu seinen Häupten gelegt hatte, und richtete ihn auf zu einem Mal und goß Öl obendarauf

19. und hieß die Stätte *Beth-El; zuvor aber hieß die Stadt Lus. *K. 35,14.15.

20. Und Jakob tat ein Gelübde und sprach: So Gott wird mit mir sein und mich behüten auf dem Wege, den ich reise, und mir Brot zu essen geben und Kleider anzuziehen

21. und mich mit Frieden wieder heim zu meinem Vater bringen, so soll der Herr mein Gott sein;

22. und dieser Stein, den ich aufgerichtet habe zu einem Mal, soll *ein Gotteshaus werden; und von allem, was du mir gibst, will ich dir den Zehnten geben.
*K. 35,1.7

Das 29. Kapitel

Jakobs Dienst bei Laban und Ehestand.

1. Da hob Jakob seine Füße auf und ging
in das Land, das gegen Morgen liegt,
2. und sah sich um, und siehe, da war ein
Brunnen auf dem Felde, und siehe, drei
Herden Schafe lagen dabei; denn von dem
Brunnen pflegten sie die Herden zu tränken, und ein großer Stein lag vor dem
Loch des Brunnens.
3. Und sie pflegten die Herden alle daselbst zu versammeln und den Stein von
dem Brunnenloch zu wälzen und die
Schafe zu tränken und taten alsdann den
Stein wieder vor das Loch an seine Stätte.
4. Und Jakob sprach zu ihnen: Liebe Brüder, wo seid ihr her? Sie antworteten: Wir
sind von Haran.
5. Er sprach zu ihnen: Kennt ihr auch
Laban, den Sohn Nahors? Sie antworteten: Wir kennen ihn wohl.
6. Er sprach: Geht es ihm auch wohl? Sie
antworteten: Es geht ihm wohl; und siehe,
da kommt seine Tochter Rahel mit den
Schafen.
7. Er sprach: Es ist noch hoher Tag und
ist noch nicht Zeit, das Vieh einzutreiben;
tränket die Schafe und gehet hin und weidet sie.
8. Sie antworteten: Wir können nicht,
bis daß alle Herden zusammengebracht
werden und wir den Stein von des Brunnens Loch wälzen und also die Schafe
tränken.
9. Als er noch mit ihnen redete, kam Rahel mit den Schafen ihres Vaters; denn sie
hütete die Schafe.
10. Da aber Jakob sah Rahel, die Tochter
Labans, des Bruders seiner Mutter, und
die Schafe Labans, des Bruders seiner
Mutter, trat er hinzu und wälzte den Stein
von dem Loch des Brunnens und tränkte
die Schafe Labans, des Bruders seiner
Mutter.
11. Und er küßte Rahel und weinte laut
12. und sagte ihr an, daß er ihres Vaters
Bruder wäre und Rebekkas Sohn. Da lief
sie und sagte es ihrem Vater an.
13. Da aber Laban hörte von Jakob, seiner Schwester Sohn, lief er ihm entgegen
und herzte und küßte ihn und führte ihn
in sein Haus. Da erzählte er dem Laban
alle diese Sachen.
14. Da sprach Laban zu ihm: Wohlan, du
bist mein Bein und mein Fleisch. Und da
er nun einen Monat lang bei ihm gewesen
war,
15. sprach Laban zu Jakob: Wiewohl du
mein Bruder bist, solltest du mir darum
umsonst dienen? Sage an, was soll dein
Lohn sein?
16. Laban aber hatte zwei Töchter; die
ältere hieß Lea und die jüngere Rahel.
17. Aber Lea hatte ein blödes Gesicht,
Rahel war hübsch und schön.
18. Und Jakob gewann die Rahel lieb und
sprach: Ich will dir sieben Jahre um Rahel,
deine jüngere Tochter, dienen.
19. Laban antwortete: Es ist besser, ich
gebe sie dir als einem andern; bleibe bei
mir.
20. Also diente Jakob um Rahel sieben
Jahre, und sie deuchten ihn, als wären's
einzelne Tage, so lieb hatte er sie.
21. Und Jakob sprach zu Laban: Gib mir
nun mein Weib, denn die Zeit ist hier, daß
ich zu ihr gehe.
22. Da lud Laban alle Leute des Ortes und
machte ein Hochzeitsmahl.
23. Des Abends aber nahm er seine Tochter Lea und brachte sie zu ihm; und er
ging zu ihr.
24. Und Laban gab seiner Tochter Lea
seine Magd Silpa zur Magd.
25. Des Morgens aber, siehe, da war es
Lea. Und er sprach zu Laban: Warum hast
du mir das getan? Habe ich dir nicht um
Rahel gedient? Warum hast du mich denn
betrogen?
26. Laban antwortete: Es ist nicht Sitte
in unserm Lande, daß man die jüngere
ausgebe vor der älteren.
27. Halte mit dieser die Woche aus, so
will ich dir diese auch geben um den
Dienst, den du bei mir noch andere sieben
Jahre dienen sollst.
28. Jakob tat also und hielt die Woche
aus. Da gab ihm Laban Rahel, seine Tochter, zum Weibe
29. und gab seiner Tochter Rahel seine
Magd Bilha zur Magd.
30. Also ging er auch zu Rahel ein, und
hatte Rahel lieber als Lea; und diente bei
ihm förder die andern sieben Jahre.

3. Mose 18,18.

31. Da aber der Herr sah, daß Lea unwert
war, machte er sie fruchtbar; Rahel aber
war unfruchtbar.
32. Und Lea ward schwanger und gebar
einen Sohn; den hieß sie Ruben, und
sprach: Der Herr hat angesehen mein
Elend; nun wird mich mein Mann liebhaben.
33. Und ward abermals schwanger und
gebar einen Sohn und sprach: Der Herr
hat gehört, daß ich unwert bin, und hat
mir diesen auch gegeben. Und hieß ihn
Simeon.

DER FLUCH NOAHS 1. Mose 9, 20–25

34. Abermals ward sie schwanger und gebar einen Sohn und sprach: Nun wird
mein Mann mir doch zugetan sein, denn
ich habe ihm drei Söhne geboren. Darum
hieß sie ihn Levi.
35. Zum vierten ward sie schwanger und
gebar einen Sohn und sprach: Nun will ich
dem Herrn danken. Darum hieß sie ihn
Juda. Und hörte auf, Kinder zu gebären.

Das 30. Kapitel

Jakobs Kindersegen und Reichtum.

1. Da Rahel sah, daß sie dem Jakob kein
Kind gebar, beneidete sie ihre Schwester
und sprach zu Jakob: Schaffe mir Kinder;
wo nicht, so sterbe ich.
2. Jakob aber ward sehr zornig auf Rahel
und sprach: Bin ich doch nicht Gott, der
dir deines Leibes Frucht nicht geben will.
Ps. 127,3.
3. Sie aber sprach: Siehe, da ist meine
Magd Bilha; gehe zu ihr, *daß sie auf meinen Schoß gebäre und ich doch durch sie
aufgebaut werde. *K. 16,2.
4. Und sie gab ihm also Bilha, ihre Magd,
zum Weibe, und Jakob ging zu ihr.
5. Also ward Bilha schwanger und gebar
Jakob einen Sohn.
6. Da sprach Rahel: Gott hat meine Sache gerichtet und meine Stimme erhört
und mir einen Sohn gegeben. Darum hieß
sie ihn Dan.
7. Abermals ward Bilha, Rahels Magd,
schwanger und gebar Jakob den andern
Sohn.
8. Da sprach Rahel: Gott hat es gewandt
mit mir und meiner Schwester, und ich
werde es ihr zuvortun. Und hieß ihn
Naphthali.
9. Da nun Lea sah, daß sie *aufgehört
hatte zu gebären, nahm sie ihre Magd Silpa und gab sie Jakob zum Weibe. *K. 29,35.
10. Also gebar Silpa, Leas Magd, Jakob
einen Sohn.
11. Da sprach Lea: Rüstig! Und hieß ihn
Gad.
12. Darnach gebar Silpa, Leas Magd, Jakob den andern Sohn.
13. Da sprach Lea: Wohl mir! denn mich
werden selig preisen die Töchter. Und
hieß ihn Asser.
14. Ruben ging aus zur Zeit der Weizenernte und fand Liebesäpfel auf dem Felde

und brachte sie heim seiner Mutter Lea.
Da sprach Rahel zu Lea: Gib mir von den
Liebesäpfeln deines Sohnes einen Teil.
15. Sie antwortete: Hast du nicht genug,
daß du mir meinen Mann genommen
hast, und willst auch die Liebesäpfel meines Sohnes nehmen? Rahel sprach: Wohlan, laß ihn diese Nacht bei dir schlafen um
die Liebesäpfel deines Sohnes.
16. Da nun Jakob des Abends vom Felde
kam, ging ihm Lea hinaus entgegen und
sprach: Zu mir sollst du kommen; denn
ich habe dich erkauft um die Liebesäpfel
meines Sohnes. Und er schlief die Nacht
bei ihr.
17. Und Gott erhörte Lea, und sie ward
schwanger und gebar Jakob den fünften
Sohn
18. und sprach: Gott hat mir gelohnt,
daß ich meine Magd meinem Manne gegeben habe. Und hieß ihn Isaschar.
19. Abermals ward Lea schwanger, und
gebar Jakob den sechsten Sohn,
20. und sprach: Gott hat mich wohl beraten; nun wird mein Mann doch bei mir
wohnen, denn ich habe ihm sechs Söhne
geboren. Und hieß ihn Sebulon.
21. Darnach gebar sie eine Tochter, die
hieß sie Dina.
22. Gott gedachte aber an Rahel und erhörte sie und machte sie fruchtbar.

1. Sam. 1,19.

23. Da ward sie schwanger und gebar einen Sohn und sprach: Gott hat *meine
Schmach von mir genommen.

*Jes. 4,1; Luk. 1,25.

24. Und hieß ihn Joseph und sprach: Der
Herr wolle mir noch einen Sohn dazuge-
ben!
25. Da nun Rahel den Joseph geboren
hatte, sprach Jakob zu Laban: Laß mich
ziehen und reisen an meinen Ort und in
mein Land.
26. Gib mir meine Weiber und meine
Kinder, *um die ich dir gedient habe, daß
ich ziehe; denn du weißt, wie ich dir gedient habe. *K. 29,20.30.
27. Laban sprach zu ihm: Laß mich Gnade vor deinen Augen finden. Ich spüre,
daß mich der Herr *segnet um deinetwillen; *K. 39,5.
28. bestimme den Lohn, den ich dir geben soll.
29. Er aber sprach zu ihm: Du weißt, wie
ich dir gedient habe und was du für Vieh
hast unter mir.
30. Du hattest wenig, ehe ich her kam;
nun aber ist's ausgebreitet in die Menge,
und der Herr hat dich gesegnet durch meinen Fuß. Und nun, wann soll ich auch
mein Haus versorgen?
31. Er aber sprach: Was soll ich dir denn
geben? Jakob sprach: Du sollst mir nichts
geben; sondern so du mir tun willst, was
ich sage, so will ich wiederum weiden und
hüten deine Schafe.
32. Ich will heute durch alle deine Herden gehen und aussondern alle gefleckten
und bunten Schafe und alle schwarzen
Schafe und die bunten und gefleckten Ziegen. Was nun bunt und gefleckt fallen
wird, das soll mein Lohn sein.
33. So wird mir meine Gerechtigkeit
zeugen heute oder morgen, wenn es
kommt, daß ich meinen Lohn von dir nehmen soll; also daß, was nicht gefleckt oder
bunt unter den Ziegen und nicht schwarz
sein wird unter den Lämmern, das sei ein
Diebstahl bei mir.
34. Da sprach Laban: Siehe da, es sei, wie
du gesagt hast.
35. Und sonderte des Tages die sprenkligen und bunten Böcke und alle gefleckten
und bunten Ziegen, wo nur was Weißes
daran war, und alles, was schwarz war
unter den Lämmern, und tat's unter die
Hand seiner Kinder
36. und machte Raum drei Tagereisen
weit zwischen sich und Jakob. Also weidete Jakob die übrigen Herden Labans.
37. Jakob aber nahm Stäbe von grünen
Pappelbäumen, Haseln und Kastanien
und schälte weiße Streifen daran, daß an
den Stäben das Weiße bloß ward,
38. und legte die Stäbe, die er geschält
hatte, in die Tränkrinnen vor die Herden,
die kommen mußten, zu trinken, daß sie
da empfangen sollten, wenn sie zu trinken
kämen.
39. Also empfingen die Herden über den
Stäben und brachten Sprenklige, Gefleck-
te und Bunte.
40. Da schied Jakob die Lämmer und
richtete die Herde mit dem Angesicht gegen die Gefleckten und Schwarzen in der
Herde Labans und machte sich eine eigene
Herde, die tat er nicht zu der Herde Labans.
41. Wenn aber der Lauf der Frühling-
Herde war, legte er die Stäbe in die Rinnen
vor die Augen der Herde, daß sie über den
Stäben empfingen;
42. aber in der Spätlinge Lauf legte er sie
nicht hinein. Also wurden die Spätlinge
des Laban, aber die Frühlinge des Jakob.
43. Daher ward der Mann über die Maßen reich, daß er viele Schafe, Mägde und
Knechte, Kamele und Esel hatte. K. 12,16.

TURMBAU ZU BABEL 1. Mose 11, 4–8

Das 31. Kapitel

Jakobs Flucht mit den Seinen.
Versöhnung mit Laban.

1. Und es kamen vor ihn die Reden der *Kinder Labans, daß sie sprachen: Jakob hat alles Gut unsers Vaters an sich gebracht, und von unsers Vaters Gut hat er solchen Reichtum zuwege gebracht. *K.30,35.

2. Und Jakob sah an das Angesicht Labans; und siehe, es war nicht gegen ihn wie gestern und ehegestern.

3. Und der Herr sprach zu Jakob: Ziehe wieder in deiner Väter Land und zu deiner Freundschaft; ich will mit dir sein. K.28,15.

4. Da sandte Jakob hin und ließ rufen Rahel und Lea aufs Feld zu seiner Herde

5. und sprach zu ihnen: Ich sehe eures Vaters Angesicht, daß es nicht gegen mich ist wie gestern und ehegestern; aber der Gott *meines Vaters ist mit mir gewesen. *K.26,24.

6. Und ihr wisset, daß ich aus allen meinen Kräften eurem Vater gedient habe.

7. Und er hat mich getäuscht und nun zehnmal meinen Lohn verändert; aber Gott hat ihm nicht gestattet, daß er mir Schaden täte.

8. Wenn er sprach: Die *Bunten sollen dein Lohn sein, so trug die ganze Herde Bunte. Wenn er aber sprach: Die Sprenkligen sollen dein Lohn sein, so trug die ganze Herde Sprenklige. *K.30,32.39.

9. Also hat Gott die Güter eures Vaters ihm entwandt und mir gegeben.

10. Denn wenn die Zeit des Laufs kam, hob ich meine Augen auf und sah im Traum, und siehe, die Böcke, die auf die Herde sprangen, waren sprenklig, gefleckt und bunt.

11. Und der Engel Gottes sprach zu mir im Traum: Jakob! Und ich antwortete: Hier bin ich.

12. Er aber sprach: Hebe auf deine Augen, und sieh, alle Böcke, die auf die Herde springen, sind sprenklig, gefleckt und bunt; denn ich habe alles gesehen, was dir Laban tut.

13. Ich bin der *Gott zu Beth-El, da du den Stein gesalbt hast und mir daselbst ein Gelübde getan. Nun mache dich auf und zieh aus diesem Lande und zieh wieder in das Land deiner Freundschaft. *K.28,18–22.

14. Da antworteten Rahel und Lea und sprachen zu ihm: Wir haben doch kein Teil noch Erbe mehr in unsers Vaters Hause.

15. Hat er uns doch gehalten wie die Fremden; denn er hat uns *verkauft und unsern Lohn verzehrt; *K.29,18.27.

16. darum hat Gott unserm Vater entwandt seinen Reichtum zu uns und unsern Kindern. Alles nun, was Gott dir gesagt hat, das tue.

17. Also machte sich Jakob auf und lud seine Kinder und Weiber auf Kamele

18. und führte weg all sein Vieh und alle seine Habe, die er zu Mesopotamien erworben hatte, daß er käme zu Isaak, seinem Vater, ins Land Kanaan.

19. (Laban aber war gegangen, seine Herde zu scheren.) Und Rahel stahl ihres Vaters Götzen.

20. Also täuschte Jakob den Laban zu Syrien damit, daß er ihm nicht ansagte, daß er floh.

21. Also floh er und alles, was sein war, machte sich auf und fuhr über den Strom und richtete sich nach dem Berge Gilead.

22. Am dritten Tage ward Laban angesagt, daß Jakob geflohen wäre.

23. Und er nahm seine Brüder zu sich und jagte ihm nach sieben Tagereisen und ereilte ihn auf dem Berge *Gilead. *V.47.

24. Aber Gott *kam zu Laban, dem Syrer, im Traum des Nachts und sprach zu ihm: Hüte dich, daß du mit Jakob nicht anders redest als freundlich. *K.20,3; Spr.16,7.

25. Und Laban nahte Jakob. Jakob aber hatte seine Hütte aufgeschlagen auf dem Berge; und Laban mit seinen Brüdern schlug seine Hütte auch auf dem Berge Gilead.

26. Da sprach Laban zu Jakob: Was hast du getan, daß du mich getäuscht hast und hast meine Töchter entführt, als wenn sie durchs Schwert gefangen wären?

27. Warum bist du heimlich geflohen und hast dich weggestohlen und hast mir's nicht angesagt, daß ich dich hätte geleitet mit Freuden, mit Singen, mit Pauken und Harfen?

28. Und hast mich nicht lassen meine Kinder und Töchter küssen? Nun, du hast töricht getan.

29. Und ich hätte wohl so viel Macht, daß ich euch könnte Übles tun; aber eures Vaters Gott hat gestern zu mir gesagt: Hüte dich, daß du mit Jakob nicht anders als freundlich redest.

30. Und weil du denn ja wolltest ziehen und sehntest dich so sehr nach deines Vaters Hause, warum hast du mir meine Götter gestohlen?

31. Jakob antwortete und sprach zu Laban: Ich fürchtete mich und dachte, du würdest deine Töchter von mir reißen.

32. Bei welchem aber du deine Götter findest, der sterbe hier vor unsern Brüdern. Suche das Deine bei mir und nimm's hin. Jakob wußte aber nicht, daß sie Rahel gestohlen hatte. V.19.

33. Da ging Laban in die Hütten Jakobs und Leas und der beiden Mägde, und fand nichts; und ging aus der Hütte Leas in die Hütte Rahels.

34. Da nahm Rahel die Götzen und legte sie unter den Kamelsattel und setzte sich darauf. Laban aber betastete die ganze Hütte, und fand nichts.

35. Da sprach sie zu ihrem Vater: Mein Herr, zürne nicht, denn ich kann nicht aufstehen vor dir, denn es geht mir nach der Frauen Weise. Also fand er die Götzen nicht, wie sehr er suchte.

36. Und Jakob ward zornig und schalt Laban und sprach zu ihm: Was habe ich mißgehandelt oder gesündigt, daß du so auf mich erhitzt bist?

37. Du hast all meinen Hausrat betastet. Was hast du von deinem Hausrat gefunden? Lege das dar vor meinen und deinen Brüdern, daß sie zwischen uns beiden richten.

38. Diese zwanzig Jahre bin ich bei dir gewesen, deine Schafe und Ziegen sind nicht unfruchtbar gewesen; die Widder deiner Herde habe ich nie gegessen;

39. was die Tiere zerrissen, brachte ich dir nicht, ich mußte es bezahlen; du *fordertest es von meiner Hand, es mochte mir des Tages oder des Nachts gestohlen sein. *2.Mose 22,11.12.

40. Des Tages verschmachtete ich vor Hitze und des Nachts vor Frost, und kam kein Schlaf in meine Augen.

41. Also habe ich diese zwanzig Jahre in deinem Hause gedient, vierzehn *um deine Töchter und sechs †um deine Herde, und du hast mir meinen Lohn zehnmal verändert. *K.29,20.30. †K.30,31.32.

42. Wo nicht der Gott meines Vaters, der Gott Abrahams und die *Furcht Isaaks, auf meiner Seite gewesen wäre, du hättest mich leer lassen ziehen. Aber Gott hat mein Elend und meine Mühe angesehen und †hat dich gestern gestraft. *V.54.†V.24.

43. Laban antwortete und sprach zu Jakob: Die Töchter sind meine Töchter, und die Kinder sind meine Kinder, und die Herden sind meine Herden, und alles, was

ABRAM ZIEHT AUS SEINEM VATERLAND 1. Mose 12, 5–7

du siehst, ist mein. Was kann ich meinen Töchtern heute oder ihren Kindern tun, die sie geboren haben?
44. So komm nun und laß uns einen Bund machen, ich und du, der ein Zeugnis sei zwischen mir und dir.
45. Da nahm Jakob einen Stein und richtete ihn zu einem *Mal *K.28,22.
46. und sprach zu seinen Brüdern: Leset Steine auf! Und sie nahmen Steine und machten einen Haufen und aßen auf dem Haufen.
47. Und Laban hieß ihn Jegar-Sahadutha; Jakob aber hieß ihn Gilead.
48. Da sprach Laban: Der Haufe sei heute *Zeuge zwischen mir und dir (daher heißt man ihn Gilead) *Jos.22,27; 24,27.
49. und sei eine Warte; denn er sprach: Der Herr sehe darein zwischen mir und dir, wenn wir voneinander kommen,
50. wo du meine Töchter bedrückst oder andere Weiber dazunimmst über meine Töchter. Es ist hier kein Mensch mit uns; siehe aber, Gott ist der Zeuge zwischen mir und dir.
51. Und Laban sprach weiter zu Jakob: Siehe, das ist der Haufe, und das ist das Mal, das ich aufgerichtet habe zwischen mir und dir.
52. Derselbe Haufe sei Zeuge, und das Mal sei auch Zeuge, wenn ich herüberfahre zu dir oder du herüberfährst zu mir über diesen Haufen und dies Mal, zu beschädigen.
53. Der Gott Abrahams und der Gott Nahors, der Gott ihres Vaters sei *Richter zwischen uns. *K.16,5.
54. Und Jakob schwur ihm bei der *Furcht seines Vaters Isaak. Und Jakob opferte auf dem Berge und lud seine Brüder zum Essen. Und da sie gegessen hatten, blieben sie auf dem Berge über Nacht.
*V.42.

Das 32. Kapitel

Jakobs Begegnung mit Engeln. Seine Furcht vor Esau. Gebet und Kampf. Name Israel.

1. [Kap.31, 55.] Des Morgens aber stand Laban früh auf, küßte seine Kinder und Töchter und segnete sie und zog hin und kam wieder an seinen Ort.
2. [1.] Jakob aber zog seinen Weg; und es begegneten *ihm die Engel Gottes.
*K.28,12; Ps.34,8.

3. [2.] Und da er sie sah, sprach er: Es
sind Gottes Heere; und hieß die Stätte
Mahanaim.
4. [3.]Jakob aber schickte Boten vor sich
her zu seinem Bruder Esau ins Land *Seir,
in die Gegend Edoms, *K.36,8.
5. [4.] und befahl ihnen und sprach: Also
sagt meinem Herrn Esau: Dein Knecht
Jakob läßt dir sagen: Ich bin bis daher bei
Laban lange außen gewesen
6. [5.] und habe Rinder und Esel, Schafe,
Knechte und Mägde; und habe ausgesandt, dir, meinem Herrn, anzusagen, daß
ich Gnade vor deinen Augen fände.
7. [6.] Die Boten kamen wieder zu Jakob
und sprachen: Wir kamen zu deinem Bruder Esau; und er zieht dir auch entgegen
mit vierhundert Mann.
8. [7.] Da fürchtete sich Jakob sehr, und
ihm ward bange; und teilte das Volk, das
bei ihm war, und die Schafe und die Rinder und die Kamele in zwei Heere
9. [8.] und sprach: So Esau kommt auf
das eine Heer und schlägt es, so wird das
übrige entrinnen.
10. [9.] Weiter sprach Jakob: Gott meines Vaters Abraham und Gott meines Vaters Isaak, Herr, der *du zu mir gesagt
hast: Zieh wieder in dein Land und zu
deiner Freundschaft, ich will dir wohltun!– *K.31,3.13.
11. [10.] ich bin *zu gering aller Barmherzigkeit und aller Treue, die du an deinem Knechte getan hast; denn ich hatte
nicht mehr als diesen Stab, da ich über
diesen Jordan ging, und nun bin ich zwei
Heere geworden. *2.Sam.7,18.
12. [11.] Errette mich von der Hand meines Bruders, von der Hand Esaus; denn
ich fürchte mich vor ihm, daß er nicht
komme und schlage mich, die Mütter
samt den Kindern.
13. [12.] Du hast *gesagt: Ich will dir
wohltun und deinen Samen machen wie
den Sand am Meer, den man nicht zählen
kann vor der Menge. *K.28,13.14.
14. [13.] Und er blieb die Nacht da und
nahm von dem, das er vor Handen hatte,
ein Geschenk für seinen Bruder Esau:
15. [14.] 200 Ziegen, 20 Böcke, 200
Schafe, 20 Widder
16. [15.] und 30 säugende Kamele mit
ihren Füllen, 40 Kühe und 10 Farren, 20
Eselinnen mit 10 Füllen,
17. [16.] und tat sie unter die Hand seiner Knechte, je eine Herde besonders, und
sprach zu ihnen: Gehet vor mir hin und
lasset Raum zwischen einer Herde nach
der andern;
18. [17.] und gebot dem ersten und
sprach: Wenn dir mein Bruder Esau begegnet und dich fragt: Wem gehörst du an,
und wo willst du hin, und wes ist's, was du
vor dir treibst?
19. [18.] sollst du sagen: Es gehört deinem Knechte Jakob zu, der sendet Geschenk seinem Herrn Esau und zieht hinter uns her.
20. [19.] Also gebot er auch dem andern
und dem dritten und allen, die den Herden
nachgingen, und sprach: Wie ich euch gesagt habe, so saget zu Esau, wenn ihr ihm
begegnet;
21. [20.] und saget ja auch: Siehe, dein
Knecht Jakob ist hinter uns. Denn er gedachte: Ich will ihn versöhnen mit dem
Geschenk, das vor mir her geht; darnach
will ich ihn sehen; vielleicht wird er mich
annehmen.
22. [21.] Also ging das Geschenk vor ihm
her; aber er blieb dieselbe Nacht beim
Heer
23. [22.] und stand auf in der Nacht und
nahm seine zwei Weiber und die zwei Mägde und seine elf Kinder und zog an die Furt
des Jabbok,
24. [23.] nahm sie und führte sie über
das Wasser, daß hinüberkam, was er hatte,
25. [24.] und blieb allein. Da rang ein
Mann mit ihm, bis die Morgenröte anbrach. Hos.12,4.5.
26. [25.] Und er sah, daß er ihn nicht
übermochte, rührte er das Gelenk seiner
Hüfte an; und das Gelenk der Hüfte Jakobs
ward über dem Ringen mit ihm verrenkt.
27. [26.] Und er sprach: Laß mich gehen,
denn die Morgenröte bricht an. Aber er
antwortete: *Ich lasse dich nicht, du segnest mich denn. *Matth.15,22–28.
28. [27.]Er sprach: Wie heißest du? Er
antwortete: Jakob.
29. [28.] Er sprach: Du *sollst nicht
mehr Jakob heißen, sondern Israel; denn
du hast mit Gott und mit Menschen gekämpft und bist obgelegen. *K.35,10.
30. [29.] Und Jakob fragte ihn und
sprach: Sage doch, *wie heißest du? Er
aber sprach: Warum fragst du, wie ich
heiße? Und er segnete ihn daselbst.
*Richt.13,17.18.
31. [30.] Und Jakob hieß die Stätte Pniel;
denn ich *habe Gott von Angesicht gesehen, und meine Seele ist genesen.
*2.Mose 33,20.
32. [31.] Und als er an Pniel vorüberkam,
ging ihm die Sonne auf; und hinkte an
seiner Hüfte.
33. [32.] Daher essen die Kinder Israel

MELCHISEDEK SEGNET ABRAM 1. Mose 14, 18–20

keine *Spannader auf dem Gelenk der Hüfte bis auf den heutigen Tag, darum daß die Spannader an dem Gelenk der Hüfte Jakobs angerührt ward.

*Muskelstrang.

Das 33. Kapitel

Versöhnung Jakobs mit Esau.
Jakob baut sich bei Sichem an.

1. Jakob hob seine Augen auf und sah seinen Bruder *Esau kommen mit vierhundert Mann. Und er teilte seine Kinder zu Lea und Rahel und zu den beiden Mägden *K.32,7.

2. und stellte die Mägde mit ihren Kindern vornean und Lea mit ihren Kindern hernach und Rahel mit Joseph zuletzt.

3. Und er ging vor ihnen her und neigte sich siebenmal auf die Erde, bis er zu seinem Bruder kam.

4. Esau aber lief ihm entgegen und herzte ihn und fiel ihm um den Hals und küßte ihn; und sie weinten.

5. Und er hob seine Augen auf und sah die Weiber mit den Kindern und sprach: Wer sind diese bei dir? Er antwortete: Es sind Kinder, *die Gott deinem Knecht beschert hat. *Ps.127,3.

6. Und die Mägde traten herzu mit ihren Kindern und neigten sich vor ihm.

7. Lea trat auch herzu mit ihren Kindern und neigten sich vor ihm. Darnach trat Joseph und Rahel herzu und neigten sich auch vor ihm.

8. Und er sprach: Was willst du mit all *dem Heere, dem ich begegnet bin? Er antwortete: Daß ich Gnade fände vor meinem Herrn. *K.32,14–21.

9. Esau sprach: Ich habe genug, mein Bruder; behalte, was du hast.

10. Jakob antwortete: Ach, nicht! Habe ich Gnade gefunden vor dir, so nimm mein Geschenk von meiner Hand; denn ich sah dein Angesicht, als sähe ich *Gottes Angesicht; und laß dir's wohl gefallen von mir. *2.Sam.14,17.

11. Nimm doch den *Segen von mir an, den ich dir zugebracht habe; denn Gott hat mir's beschert, und ich habe alles genug. Also nötigte er ihn, daß er's nahm.

*1.Sam.25,27; 30,26.

12. Und er sprach: Laß uns fortziehen und reisen, ich will mit dir ziehen.

13. Er aber sprach zu ihm: Mein Herr, du erkennest, daß ich zarte Kinder bei mir habe, dazu säugende Schafe und Kühe; wenn sie einen Tag übertrieben würden, würde mir die ganze Herde sterben.

14. Mein Herr ziehe vor seinem Knechte hin. Ich will gemächlich hintennach treiben, nach dem das Vieh und die Kinder gehen können, bis daß ich komme zu meinem Herrn nach Seir.

15. Esau sprach: So will ich doch bei dir lassen etliche vom Volk, das mit mir ist. Er antwortete: Was ist's vonnöten? Laß mich nur Gnade vor meinem Herrn finden.

16. Also zog des Tages Esau wiederum seines Weges gen Seir.

17. Und Jakob zog gen Sukkoth und baute sich ein Haus und machte seinem Vieh Hütten; daher heißt die Stätte Sukkoth.

18. Darnach zog Jakob mit Frieden zu der Stadt Sichems, die im Lande Kanaan liegt (nachdem er aus Mesopotamien gekommen war), und machte sein Lager vor der Stadt

19. und *kaufte ein Stück Acker von den Kindern Hemors, des Vaters Sichems, um hundert Groschen; daselbst richtete er seine Hütte auf. *Jos. 24,32.

20. Und er richtete daselbst einen Altar zu und rief an den Namen des starken Gottes Israels. K. 12,7.8.

Das 34. Kapitel

Dina und Sichem. Blutbad zu Sichem.

1. Dina aber, Leas Tochter, *die sie Jakob geboren hatte, ging heraus, die Töchter des Landes zu sehen. *K. 30,21.

2. Da die sah Sichem, Hemors Sohn, des Heviters, der des Landes Herr war, nahm er sie und lag bei ihr und schwächte sie.

3. Und sein Herz hing an ihr, und er hatte die Dirne lieb und redete freundlich mit ihr.

4. Und Sichem sprach zu seinem Vater Hemor: Nimm mir das Mägdlein zum Weibe.

5. Und Jakob erfuhr, daß seine Tochter Dina geschändet war; und seine Söhne waren mit dem Vieh auf dem Felde, und Jakob schwieg, bis daß sie kamen.

6. Da ging Hemor, Sichems Vater, heraus zu Jakob, mit ihm zu reden.

7. Indes kamen die Söhne Jakobs vom Felde. Und da sie es hörten, verdroß es die Männer, und sie wurden sehr zornig, daß er eine *Torheit an Israel begangen und bei Jakobs Tochter gelegen hatte; denn so sollte es nicht sein. *5. Mose 22,21.

8. Da redete Hemor mit ihnen und sprach: Meines Sohnes Sichem Herz sehnt sich nach eurer Tochter; gebt sie ihm doch zum Weibe.

9. Befreundet euch mit uns; gebt uns eure Töchter und nehmt ihr unsere Töchter

10. und wohnt bei uns. Das Land soll euch offen sein; wohnet und werbet und gewinnet darin.

11. Und Sichem sprach zu ihrem Vater und ihren Brüdern: Laßt mich Gnade bei euch finden; was ihr mir sagt, das will ich geben.

12. Fordert nur getrost von mir Morgengabe und Geschenk, ich will's geben, wie ihr heischet; gebt mir nur die Dirne zum Weibe. 2. Mose 22,15.

13. Da antworteten Jakobs Söhne dem Sichem und seinem Vater Hemor betrüglich, darum daß ihre Schwester Dina geschändet war,

14. und sprachen zu ihnen: Wir können das nicht tun, daß wir unsere Schwester einem unbeschnittenen Mann geben; denn das wäre uns eine Schande.

15. Doch dann wollen wir euch zu Willen sein, so ihr uns gleich werdet und alles, was männlich unter euch ist, beschnitten werde;

16. dann wollen wir unsre Töchter euch geben und eure Töchter uns nehmen und bei euch wohnen und ein Volk sein.

17. Wo ihr aber nicht darein willigen wollt, euch zu beschneiden, so wollen wir unsre Tochter nehmen und davonziehen.

18. Die Rede gefiel Hemor und seinem Sohn wohl.

19. Und der Jüngling verzog nicht, solches zu tun; denn er hatte Lust zu der Tochter Jakobs. Und er war herrlich gehalten über alle in seines Vaters Hause.

20. Da kamen sie nun, Hemor und sein Sohn Sichem, unter der Stadt Tor und redeten mit den Bürgern der Stadt und sprachen:

21. Diese Leute sind friedsam bei uns und wollen im Lande wohnen und werben; so ist nun das Land weit genug für sie. Wir wollen uns ihre Töchter zu Weibern nehmen und ihnen unsre Töchter geben.

22. Aber dann wollen sie uns zu Willen sein, daß sie bei uns wohnen und ein Volk mit uns werden, wo wir alles, was männlich unter uns ist, beschneiden, gleich wie sie beschnitten sind.

23. Ihr Vieh und ihre Güter und alles, was sie haben, wird unser sein, so wir nur ihnen zu Willen werden, daß sie bei uns wohnen.

DER HERR SPRICHT ZU ABRAM 1. Mose 15, 4.5

24. Und sie gehorchten dem Hemor und Sichem, seinem Sohn, alle, die zu seiner Stadt Tor aus und ein gingen, und beschnitten alles, was männlich war, das zu seiner Stadt aus und ein ging.
25. Und am dritten Tage, da sie Schmerzen hatten, nahmen die *zwei Söhne Jakobs, Simeon und Levi, der Dina Brüder, ein jeglicher sein Schwert und gingen kühn in die Stadt und erwürgten alles, was männlich war, *K.49,5–7.
26. und erwürgten auch Hemor und seinen Sohn Sichem mit der Schärfe des Schwerts und nahmen ihre Schwester Dina aus dem Hause Sichems und gingen davon.
27. Da kamen die Söhne Jakobs über die Erschlagenen und plünderten die Stadt, darum daß sie hatten ihre Schwester geschändet.
28. Und nahmen ihre Schafe, Rinder, Esel und was in der Stadt und auf dem Felde war
29. und alle ihre Habe; alle Kinder und Weiber nahmen sie gefangen, und plünderten alles, was in den Häusern war.
30. Und Jakob sprach zu Simeon und Levi: Ihr habt mir Unglück zugerichtet und mich *stinkend gemacht vor den Einwohnern dieses Landes, den Kanaanitern und Pheresitern; und ich bin ein geringer Haufe. Wenn sie sich nun versammeln über mich, so werden sie mich schlagen. Also werde ich vertilgt samt meinem Hause. *2.Mose 5,21.
31. Sie antworteten aber: Sollten sie denn mit unsrer Schwester wie mit einer Hure handeln?

Das 35. Kapitel

Jakob in Beth-El. Rahels und Isaaks Tod. Jakobs Söhne.

1. Und Gott sprach zu Jakob: Mache dich auf und ziehe gen Beth-El und wohne daselbst und mache daselbst einen Altar dem Gott, *der dir erschien, da du flohest vor deinem Bruder Esau. *K.28,12–19; 31,13.
2. Da sprach Jakob zu seinem Hause und zu allen, die mit ihm waren: *Tut von euch die fremden Götter, so unter euch sind, und reinigt euch und ändert eure Kleider *K.31,19; Jos.24,23; 1.Sam.7,3.
3. und laßt uns auf sein und gen Beth-El ziehen, daß ich daselbst einen Altar mache

dem Gott, der mich erhört hat zur Zeit
meiner Trübsal und ist *mit mir gewesen
auf dem Wege, den ich gezogen bin.
*K.28,15.20–22.
4. Da gaben sie ihm alle fremden Götter,
die unter ihren Händen waren, und ihre
Ohrenspangen; und er vergrub sie unter
*einer Eiche, die neben Sichem stand.
*Jos.24,26; Richt.9,6.
5. Und sie zogen aus. Und es kam die
Furcht Gottes über die Städte, die um sie
her lagen, daß sie den Söhnen Jakobs
nicht nachjagten.
6. Also kam Jakob gen Lus im Lande Kanaan, das da Beth-El heißt, samt all dem
Volk, das mit ihm war,
7. und baute daselbst einen *Altar und
hieß die Stätte El-Beth-El, darum daß
ihm daselbst Gott offenbart war, da er floh
vor seinem Bruder. *K.12,8.
8. Da starb *Deborah, der Rebekka Amme, und ward begraben unterhalb Beth-El
unter der Eiche; und die ward genannt die
Klageiche. *K.24,59.
9. Und Gott erschien Jakob abermals,
nachdem er aus Mesopotamien gekommen war, und segnete ihn
10. und sprach zu ihm: Du heißt Jakob;
aber du sollst nicht mehr Jakob heißen,
sondern *Israel sollst du heißen. Und also
heißt man ihn Israel. *K.32,29.
11. Und Gott sprach zu ihm: Ich bin der
*allmächtige Gott; sei fruchtbar und meh-
re dich; Völker und Völkerhaufen sollen
von dir kommen, und †Könige sollen aus
deinen Lenden kommen;
*K.17,1; 28,3.4. †K.17,6.
12. und das Land, das ich Abraham und
Isaak gegeben habe, will ich dir geben und
will's deinem Samen nach dir geben.
13. Also *fuhr Gott auf von ihm von dem
Ort, da er mit ihm geredet hatte. *K.17,22.
14. Jakob aber richtete ein steinernes
Mal auf an dem Ort, da er mit ihm geredet
hatte, und goß Trankopfer darauf und be-
goß es mit Öl. *K.28,18.19.
15. Und Jakob hieß den Ort, da Gott mit
ihm geredet hatte, Beth-El.
16. Und sie zogen von Beth-El. Und da
noch ein Feld Weges war von Ephrath, da
gebar Rahel.
17. Und es kam sie hart an über der Geburt. Da ihr aber die Geburt so schwer
ward, sprach die Wehmutter zu ihr:
Fürchte dich nicht; denn diesen Sohn
wirst du auch haben.
18. Da ihr aber die Seele ausging, daß sie
sterben mußte, hieß sie ihn Ben-Oni; aber
sein Vater hieß ihn Ben-Jamin.
19. Also starb Rahel und ward begraben
an dem Wege gen Ephrath, das nun heißt
Bethlehem. Micha 5,1.
20. Und Jakob richtete ein Mal auf über
ihrem Grabe; dasselbe ist das Grabmal Rahels bis auf diesen Tag.
21. Und Israel zog aus und richtete seine
Hütte auf jenseits *des Turms Eder.
*Micha 4,8.
22. Und es begab sich, da Israel im Lande
wohnte, ging *Ruben hin und schlief bei
Bilha, seines Vaters Kebsweib; und das
kam vor Israel. Es hatte aber Jakob zwölf
Söhne. *K.49,4.
23. Die Söhne Leas waren diese: Ruben,
der erstgeborene Sohn Jakobs, Simeon,
Levi, Juda, Isaschar und Sebulon;
24. die Söhne Rahels waren: Joseph und
Benjamin;
25. die Söhne Bilhas, Rahels Magd: Dan
und Naphthali;
26. die Söhne Silpas, Leas Magd: Gad
und Asser. Das sind die Söhne Jakobs, die
ihm geboren sind in Mesopotamien.
27. Und Jakob kam zu seinem Vater Isaak
gen Mamre zu Kirjath-Arba, das da heißt
Hebron, darin Abraham und Isaak Fremdlinge gewesen sind.
28. Und Isaak ward 180 Jahre alt
29. und *nahm ab und starb und ward
versammelt zu seinem Volk, alt und des
Lebens satt. Und seine Söhne Esau und
Jakob begruben ihn. *K.25,8.

Das 36. Kapitel

Geschlechtsregister Esaus.
(Vgl. 1.Chron.1,35–54.)

1. Dies ist das Geschlecht Esaus, der *da
heißt Edom. *K.25,30.
2. Esau nahm Weiber von den Töchtern
Kanaans: Ada, die Tochter Elons, des Hethiters, und Oholibama, die Tochter des
Ana, die Enkelin Zibeons, des Heviters,
K.26,34.
3. und Basmath, Ismaels Tochter Nebajoths Schwester. K.28,9.
4. Und Ada gebar dem Esau Eliphas, aber
Basmath gebar Reguel.
5. Oholibama gebar Jehus, Jaelam und
Korah. Das sind Esaus Kinder, die ihm
geboren sind im Lande Kanaan.
6. Und Esau nahm seine Weiber, Söhne
und Töchter und alle Seelen seines Hauses, seine Habe und alles Vieh mit allen
Gütern, so er im Lande Kanaan erworben
hatte, und zog in ein ander Land, hinweg
von seinem Bruder Jakob.
7. Denn ihre Habe war zu groß, daß sie
nicht konnten beieinander wohnen; und

DEM ABRAHAM WIRD EIN SOHN VERHEISSEN 1. Mose 18, 9.10

das Land, darin sie Fremdlinge waren, vermochte sie nicht zu ertragen vor der Menge ihres Viehs. K. 13,6.
8. Also wohnte Esau auf dem Gebirge
Seir. Und Esau ist der Edom.
9. Dies ist das Geschlecht Esaus, von
dem die Edomiter herkommen, auf *dem
Gebirge Seir.
10. Und so heißen die Kinder Esaus: Eliphas, der Sohn Adas, Esaus Weibes; Reguel, der Sohn Basmaths, Esaus Weibes.
11. Des Eliphas Söhne aber waren diese:
Theman, Omar, Zepho, Gaetham und Kenas.
12. Und Thimna war ein Kebsweib des
Eliphas, Esaus Sohnes; die gebar ihm
Amalek. Das sind die Kinder von Ada,
Esaus Weib.
13. Die Kinder aber Reguels sind diese:
Nahath, Serah, Samma, Missa. Das sind
die Kinder von Basmath, Esaus Weib.
14. Die Kinder aber von Oholibama,
Esaus Weib, der Tochter des Ana, der Enkelin Zibeons, sind diese, die sie dem Esau
gebar: Jehus, Jaelam und Korah.
15. Das sind die Fürsten unter den Kindern Esaus. Die Kinder des Eliphas, des
ersten Sohnes Esaus: der Fürst Theman,
der Fürst Omar, der Fürst Zepho, der
Fürst Kenas,
16. der Fürst Korah, der Fürst Gaetham,
der Fürst Amalek. Das sind die Fürsten
von Eliphas im Lande Edom und sind Kinder von der Ada.
17. Und das sind die Kinder Reguels,
Esaus Sohnes: der Fürst Nahath, der Fürst
Serah, der Fürst Samma, der Fürst Missa.
Das sind die Fürsten von Reguel im Lande
der Edomiter und sind Kinder von der
Basmath, Esaus Weib.
18. Das sind die Kinder Oholibamas,
Esaus Weibes: der Fürst Jehus, der Fürst
Jaelam, der Fürst Korah. Das sind die Fürsten von Oholibama, der Tochter des Ana,
Esaus Weib.
19. Das sind Esaus Kinder und ihre Fürsten. Er ist der Edom.
20. Die Kinder aber von Seir, dem *Horiter, die im Lande wohnten, sind diese:
Lotan, Sobal, Zibeon, Ana, Dison, Ezer
und Disan. *K. 14,6; 5. Mose 2,12.
21. Das sind die Fürsten der Horiter,
Kinder des Seir, im Lande Edom.
22. Aber des Lotan Kinder waren diese:

Hori und Hemam; und Lotans Schwester hieß Thimna.
23. Die Kinder von Sobal waren diese: Alwan, Manahath, Ebal, Sepho und Onam.
24. Die Kinder von Zibeon waren: Aja und Ana. Das ist der Ana, der in der Wüste die warmen Quellen fand, da er seines Vaters Zibeon Esel hütete.
25. Die Kinder aber Anas waren: Dison und Oholibama, das ist die Tochter Anas.
26. Die Kinder Disons waren: Hemdan, Esban, Jethran und Cheran.
27. Die Kinder Ezers waren: Bilhan, Sawan und Akan.
28. Die Kinder Disans waren: Uz und Aran.
29. Dies sind die Fürsten der Horiter: der Fürst Lotan, der Fürst Sobal, der Fürst Zibeon, der Fürst Ana,
30. der Fürst Dison, der Fürst Ezer, der Fürst Disan. Das sind die Fürsten der Horiter, die regiert haben im Lande Seir.
31. Die Könige aber, die im Lande Edom regiert haben, ehe denn die Kinder Israel Könige hatten, sind diese:
32. Bela war König in Edom, ein Sohn Beors, und seine Stadt hieß Dinhaba.
33. Und da Bela starb, ward König an seiner Statt Jobab, ein Sohn Serahs von Bozra.
34. Da Jobab starb, ward an seiner Statt König Husam aus der Themaniter Lande.
35. Da Husam starb, ward König an seiner Statt Hadad, ein Sohn Bedads, der die Midianiter schlug auf der Moabiter Felde; und seine Stadt hieß Awith.
36. Da Hadad starb, regierte Samla von Masrek.
37. Da Samla starb, ward Saul König, von Rehoboth am Strom.
38. Da Saul starb, ward an seiner Statt König Baal-Hanan, der Sohn Achbors.
39. Da Baal-Hanan, Achbors Sohn, starb, ward an seiner Statt König Hadar; und seine Stadt hieß Pagu, und sein Weib hieß Mehetabeel, eine Tochter Matreds, die Mesahabs Tochter war.
40. Also heißen die Fürsten von Esau in ihren Geschlechtern, Örtern und Namen: der Fürst Thimna, der Fürst Alwa, der Fürst Jetheth,
41. der Fürst Oholibama, der Fürst Ela, der Fürst Pinon,
42. der Fürst Kenas, der Fürst Theman, der Fürst Mibzar,
43. der Fürst Magdiel, der Fürst Iram. Das sind die Fürsten in Edom, wie sie gewohnt haben in ihrem Erblande. Das ist Esau, der Vater der Edomiter.

Das 37. Kapitel

Josephs Träume. Verkauf nach Ägypten. Jakobs Trauer.

1. Jakob aber wohnte im Lande, darin sein Vater ein Fremdling gewesen war, im Lande Kanaan.
2. Und das sind die Geschlechter Jakobs: Joseph war siebzehn Jahre alt, da er ein Hirte des Viehs ward mit seinen Brüdern; und der Knabe war bei den Kindern Bilhas und Silpas, der Weiber seines Vaters, und brachte vor ihren Vater, wo ein böses Geschrei wider sie war.
3. Israel aber hatte Joseph lieber als alle seine Kinder, darum daß er ihn im Alter gezeugt hatte; und machte ihm einen bunten Rock.
4. Da nun seine Brüder sahen, daß ihn ihr Vater lieber hatte als alle seine Brüder, waren sie ihm feind und konnten ihm kein freundlich Wort zusprechen.
5. Dazu hatte Joseph einmal einen Traum und sagte seinen Brüdern davon; da wurden sie ihm noch feinder.
6. Denn er sprach zu ihnen: Höret doch, was mir geträumt hat:
7. Mich deuchte, wir banden Garben auf dem Felde, und meine Garbe richtete sich auf und stand, und eure Garben umher neigten sich vor meiner Garbe.
8. Da sprachen seine Brüder zu ihm: Solltest du unser König werden und über uns herrschen? und wurden ihm noch feinder um seines Traumes und seiner Rede willen.
9. Und er hatte noch einen andern Traum, den erzählte er seinen Brüdern und sprach: Siehe, ich habe noch einen Traum gehabt: Mich deuchte, die Sonne und der Mond und elf Sterne neigten sich vor mir.
10. Und da das seinem Vater und seinen Brüdern gesagt ward, strafte ihn sein Vater und sprach zu ihm: Was ist das für ein Traum, der dir geträumt hat? Soll ich und deine Mutter und deine Brüder kommen und vor dir niederfallen?
11. Und seine Brüder beneideten ihn. Aber sein Vater behielt diese Worte.
12. Da nun seine Brüder hingingen, zu weiden das Vieh ihres Vaters *in Sichem,

*K.33,18.19.

13. sprach Israel zu Joseph: Hüten nicht deine Brüder das Vieh in Sichem? Komm, ich will dich zu ihnen senden. Er aber sprach: Hier bin ich.
14. Und er sprach: Gehe hin und sieh, ob's wohl stehe um deine Brüder und um

DAS ENDE VON SODOM UND GOMORRA 1. Mose 19, 24–26

das Vieh, und sage mir wieder Antwort.
Und er sandte ihn aus dem Tal *Hebron,
daß er gen Sichem ginge. *K.35,27.
15. Da fand ihn ein Mann, daß er irreging
auf dem Felde; der fragte ihn und sprach:
Wen suchest du?
16. Er antwortete: Ich suche meine Brüder; sage mir doch an, wo sie hüten.
17. Der Mann sprach: Sie sind von dannen gezogen; denn ich hörte, daß sie sagten: Laßt uns gen Dothan gehen. Da folgte Joseph seinen Brüdern nach und fand sie zu Dothan.
18. Als sie ihn nun sahen von ferne, ehe denn er nahe zu ihnen kam, machten sie einen Anschlag, daß sie ihn töteten,
19. und sprachen untereinander: Seht, der Träumer kommt daher.
20. So kommt nun und laßt uns ihn erwürgen und in eine Grube werfen und sagen, ein böses Tier habe ihn gefressen, so wird man sehen, was seine Träume sind.
21. Da das Ruben hörte, wollte *er ihn aus ihren Händen erretten, und sprach: Laßt uns ihn nicht töten. *K.42,22.
22. Und weiter sprach Ruben zu ihnen: Vergießt nicht Blut, sondern werft ihn in die Grube, die in der Wüste ist, und legt die Hand nicht an ihn. Er wollte ihn aber aus ihrer Hand erretten, daß er ihn seinem Vater wiederbrächte.
23. Als nun Joseph zu seinen Brüdern kam, zogen sie ihm seinen Rock, den bunten Rock, aus, den er anhatte, V.3.
24. und nahmen ihn und warfen ihn in die Grube; aber die Grube war *leer und kein Wasser darin. *Jer.38,6.
25. Und setzten sich nieder, zu essen. Indes hoben sie ihre Augen auf und sahen einen Haufen Ismaeliter kommen von Gilead mit ihren Kamelen; die trugen Würze, Balsam und Myrrhe und zogen hinab nach Ägypten.
26. Da sprach Juda zu seinen Brüdern: Was hilft's uns, daß wir unsern Bruder erwürgen und sein Blut verbergen?
27. Kommt, laßt uns ihn den Ismaeliten verkaufen, daß sich unsre Hände nicht an ihm vergreifen; denn er ist unser Bruder, unser Fleisch und Blut. Und sie gehorchten ihm.
28. Und da die *Midianiter, die Kaufleute, vorüberreisten, zogen sie ihn heraus

aus der Grube und verkauften ihn den
Ismaeliten um zwanzig Silberlinge; die
brachten ihn nach Ägypten. *K.25,2.
29. Als nun Ruben wieder zur Grube kam
und fand Joseph nicht darin, *zerriß er
sein Kleid *K.44,13; 2.Sam.1,11.
30. und kam wieder zu seinen Brüdern
und sprach: Der Knabe ist nicht da! Wo
soll ich hin?
31. Da nahmen sie Josephs Rock und
schlachteten einen Ziegenbock und
tauchten den Rock ins Blut
32. und schickten den bunten Rock hin
und ließen ihn ihrem Vater bringen und
sagen: Diesen haben wir gefunden; sieh,
ob's deines Sohnes Rock sei oder nicht.
33. Er erkannte ihn aber und sprach: Es
ist meines Sohnes Rock; *ein böses Tier
hat ihn gefressen, ein reißendes Tier hat
Joseph zerrissen. *V.20.
34. Und Jakob *zerriß seine Kleider und
legte einen Sack um seine Lenden und
trug Leid um seinen Sohn lange Zeit.
*V.29.
35. Und alle seine Söhne und Töchter
traten auf, daß sie ihn trösteten; aber er
wollte sich nicht trösten lassen und
sprach: Ich werde mit Leid hinunterfahren in die Grube zu meinem Sohn. Und
sein Vater beweinte ihn.
36. Aber die Midianiter verkauften ihn in
Ägypten dem Potiphar, des Pharao Kämmerer und Hauptmann der Leibwache.

Das 38. Kapitel

Juda's Sünde.

1. Es begab sich um dieselbe Zeit, daß
Juda hinabzog von seinen Brüdern und tat
sich zu einem Mann von Adullam, der
hieß Hira.
2. Und Juda sah daselbst eines Kanaani-
ter-Mannes Tochter, der hieß Sua, und
nahm sie. Und da er zu ihr einging,
3. ward sie schwanger und gebar einen
Sohn, den hieß er Ger.
4. Und sie ward abermals schwanger und
gebar einen Sohn, den hieß sie Onan.
5. Sie gebar abermals einen Sohn, den
hieß sie Sela; und er war zu Chesib, da sie
ihn gebar.
6. Und Juda gab seinem ersten Sohn,
Ger, ein Weib, die hieß Thamar.
7. Aber Ger war böse vor dem Herrn;
darum tötete ihn der Herr.
8. Da sprach Juda zu Onan: Gehe zu deines Bruders Weib und nimm sie zur Ehe,
daß du deinem Bruder Samen erweckest.
5.Mose 25,5.
9. Aber da Onan wußte, daß der Same
nicht sein eigen sein sollte, wenn er einging zu seines Bruders Weib, ließ er's auf
die Erde fallen und verderbte es, auf daß er
seinem Bruder nicht Samen gäbe.
10. Da gefiel dem Herrn übel, was er tat,
und er tötete ihn auch.
11. Da sprach Juda zu seiner Schwiegertochter Thamar: Bleibe eine Witwe in deines Vaters Hause, bis mein Sohn Sela groß
wird. Denn er gedachte, vielleicht möchte
er auch sterben wie seine Brüder. Also
ging Thamar hin und blieb in ihres Vaters
Hause.
12. Da nun viele Tage verlaufen waren,
starb des Sua Tochter, Juda's Weib. Und
nachdem Juda ausgetrauert hatte, ging er
hinauf, seine Schafe zu scheren, gen
Thimnath mit seinem Freunde Hira von
Adullam.
13. Da ward der Thamar angesagt: Siehe,
dein Schwiegervater geht hinauf gen
Thimnath, seine Schafe zu scheren.
14. Da legte sie die Witwenkleider von
sich, die sie trug, deckte sich mit einem
Mantel und verhüllte sich und setzte sich
vor das Tor von Enaim an dem Wege gen
Thimnath; denn sie sah, daß Sela war
groß geworden, und sie ward ihm nicht
zum Weibe gegeben.
15. Da sie nun Juda sah, meinte er, es
wäre eine Hure; denn sie hatte ihr Angesicht verdeckt.
16. Und er machte sich zu ihr am Wege
und sprach: Laß mich doch zu dir kommen; denn *er wußte nicht, daß es seine
Schwiegertochter wäre. Sie antwortete:
Was willst du mir geben, daß du zu mir
kommst? *3.Mose 18,15.
17. Er sprach: Ich will dir einen Ziegenbock von der Herde senden. Sie antwortete: So gib mir ein Pfand, bis daß du mir's
sendest.
18. Er sprach: Was willst du für ein
Pfand, das ich dir gebe? Sie antwortete:
Deinen Ring und deine Schnur und deinen Stab, den du in den Händen hast. Da
gab er's ihr und kam zu ihr; und sie ward
von ihm schwanger.
19. Und sie machte sich auf und ging hin
und legte den Mantel ab und zog ihre Witwenkleider wieder an.
20. Juda aber sandte den Ziegenbock
durch seinen Freund von Adullam, daß er
das Pfand wieder holte von dem Weibe;
und er fand sie nicht.
21. Da fragte er die Leute des Orts und
sprach: Wo ist die Hure, die zu Enaim am
Wege saß? Sie antworteten: Es ist keine
Hure gewesen.

ABRAHAM VERTREIBT ISMAEL UND DESSEN MUTTER 1. Mose 21, 10–14

22. Und er kam wieder zu Juda und sprach: Ich habe sie nicht gefunden; dazu sagen die Leute des Orts, es sei keine Hure da gewesen.
23. Juda sprach: Sie mag's behalten; sie kann uns doch nicht Schande nachsagen, denn ich habe den Bock gesandt, so hast du sie nicht gefunden.
24. Über drei Monate ward Juda angesagt: Deine Schwiegertochter Thamar hat gehurt; dazu siehe, sie ist von Hurerei schwanger geworden. Juda sprach: Bringt sie hervor, daß sie verbrannt werde.
25. Und da man sie hervorbrachte, schickte sie zu ihrem Schwiegervater und sprach: Von dem Mann bin ich schwanger, des dies ist. Und sprach: Kennst du auch, wes dieser Ring und diese Schnur und dieser Stab ist?
26. Juda erkannte es und sprach: Sie ist gerechter als ich; denn ich habe sie nicht gegeben meinem Sohn Sela. Doch erkannte er sie fürder nicht mehr.
27. Und da sie gebären sollte, wurden Zwillinge in ihrem Leibe gefunden.
28. Und als sie jetzt gebar, tat sich eine Hand heraus. Da nahm die Wehmutter einen roten Faden und band ihn darum und sprach: Der wird zuerst herauskommen.
29. Da aber der seine Hand wieder hineinzog, kam sein Bruder heraus; und sie sprach: Warum hast du um deinetwillen solchen Riß gerissen? Und man hieß ihn Perez. Matth. 1,3.
30. Darnach kam sein Bruder heraus, der den roten Faden um seine Hand hatte. Und man hieß ihn Serah.

Das 39. Kapitel

Josephs Dienst bei Potiphar, Keuschheit und Gefängnis.

1. Joseph *ward hinab nach Ägypten geführt; und Potiphar, ein ägyptischer Mann, des Pharao Kämmerer und Hauptmann, kaufte ihn von den Ismaeliten, die ihn hinabbrachten. *K. 37,28.
2. Und der Herr war mit Joseph, daß er ein glücklicher Mann ward; und er war in seines Herrn, des Ägypters, Hause.
3. Und sein Herr sah, daß der Herr mit ihm war; denn alles, was er tat, dazu gab der Herr Glück durch ihn,
4. also daß er Gnade fand vor seinem

Herrn und sein Diener ward. Der setzte ihn über sein Haus, und alles, was er hatte, tat er unter seine Hände.

5. Und von der Zeit an, da er ihn über sein Haus und alle seine Güter gesetzt hatte, *segnete der Herr des Ägypters Haus um Josephs willen; und war eitel Segen des Herrn in allem, was er hatte, zu Hause und auf dem Felde. *K.30,27.

6. Darum ließ er alles unter Josephs Händen, was er hatte; und er nahm sich keines Dinges an, solange er ihn hatte, nur daß er aß und trank. Und Joseph war schön und hübsch von Angesicht.

7. Und es begab sich nach dieser Geschichte, daß seines Herrn Weib ihre Augen auf Joseph warf und sprach: Schlafe bei mir! Spr.5,3.

8. Er weigerte sich aber und sprach zu ihr: Siehe, mein Herr nimmt sich keines Dinges an vor mir, was im Hause ist, und alles, was er hat, das hat er unter meine Hände getan,

9. und hat nichts so Großes in dem Hause, das er vor mir verhohlen habe, außer dir, indem du sein Weib bist. Wie sollte ich denn nun ein solch groß Übel tun und wider Gott sündigen? 2. Mose 20,14.

10. Und sie trieb solche Worte gegen Joseph täglich. Aber er gehorchte ihr nicht, daß er nahe bei ihr schliefe noch um sie wäre.

11. Es begab sich eines Tages, daß Joseph in das Haus ging, sein Geschäft zu tun, und war kein Mensch vom Gesinde des Hauses dabei.

12. Und sie erwischte ihn bei seinem Kleid und sprach: Schlafe bei mir! Aber er ließ das Kleid in ihrer Hand und floh und lief zum Hause hinaus.

13. Da sie nun sah, daß er sein Kleid in ihrer Hand ließ und hinaus entfloh,

14. rief sie das Gesinde im Hause und sprach zu ihnen: Sehet, er hat uns den hebräischen Mann hereingebracht, daß er seinen Mutwillen mit uns treibe. Er kam zu mir herein und wollte bei mir schlafen; ich rief aber mit lauter Stimme.

15. Und da er hörte, daß ich ein Geschrei machte und rief, da ließ er sein Kleid bei mir und floh und lief hinaus.

16. Und sie legte sein Kleid neben sich, bis sein Herr heimkam,

17. und sagte zu ihm ebendieselben Worte und sprach: Der hebräische Knecht, den du uns hereingebracht hast, kam zu mir herein und wollte seinen Mutwillen mit mir treiben.

18. Da ich aber ein Geschrei machte und rief, da ließ er sein Kleid bei mir und floh hinaus.

19. Als sein Herr hörte die Rede seines Weibes, die sie ihm sagte und sprach: Also hat mir dein Knecht getan, ward er sehr zornig.

20. Da nahm ihn sein Herr und legte ihn ins Gefängnis, darin des Königs Gefangene lagen; und er lag allda im Gefängnis.

21. Aber der Herr war mit ihm und neigte seine Huld zu ihm und ließ ihn Gnade finden vor dem Amtmann über das Gefängnis,

22. daß er ihm unter seine Hand befahl alle Gefangenen im Gefängnis, auf daß alles, was da geschah, durch ihn geschehen mußte.

23. Denn der Amtmann über das Gefängnis nahm sich keines Dinges an; denn der Herr war mit Joseph, und was er tat, dazu gab der Herr Glück.

Das 40. Kapitel

Joseph legt zwei Gefangenen ihre Träume aus.

1. Und es begab sich darnach, daß sich der Schenke des Königs in Ägypten und der Bäcker versündigten an ihrem Herrn, dem König in Ägypten.

2. Und Pharao ward zornig über seine beiden Kämmerer, über den Amtmann über die Schenken und über den Amtmann über die Bäcker,

3. und ließ sie setzen in des Hauptmanns Haus ins Gefängnis, da *Joseph gefangen lag. *K.39,20.

4. Und der Hauptmann setzte Joseph über sie, daß er ihnen diente; und sie saßen etliche Tage im Gefängnis.

5. Und es träumte ihnen beiden, dem Schenken und dem Bäcker des Königs von Ägypten, in einer Nacht einem jeglichen ein eigener Traum; und eines jeglichen Traum hatte seine Bedeutung.

6. Da nun des Morgens Joseph zu ihnen hineinkam und sah, daß sie traurig waren,

7. fragte er sie und sprach: Warum seid ihr heute so traurig?

8. Sie antworteten: Es hat uns geträumt, und wir haben niemand, der es uns auslege. Joseph sprach: *Auslegen gehört Gott zu; doch erzählt mir's. *K.41,16; Dan.2,27.28.

9. Da erzählte der oberste Schenke seinen Traum Joseph und sprach zu ihm: Mir hat geträumt, daß ein Weinstock vor mir wäre,

10. der hatte drei Reben, und er grünte, wuchs und blühte, und seine Trauben wurden reif;

11. und ich hatte den Becher Pharaos in

DIE PRÜFUNG DES ABRAHAM 1. Mose 22, 2–12

meiner Hand und nahm die Beeren und zerdrückte sie in den Becher und gab den Becher Pharao in die Hand.
12. Joseph sprach zu ihm: Das ist seine Deutung. Drei Reben sind drei Tage.
13. Über drei Tage wird Pharao dein Haupt erheben und dich wieder an dein Amt stellen, daß du ihm den Becher in die Hand gebest nach der vorigen Weise, da du sein Schenke warst.
14. Aber gedenke meiner, wenn dir's wohl geht, und tue Barmherzigkeit an mir, daß du Pharao erinnerst, daß er mich aus diesem Hause führe.
15. Denn ich bin aus dem Lande der Hebräer heimlich *gestohlen; dazu habe ich auch allhier nichts getan, daß sie mich eingesetzt haben. *K.37,28.
16. Da der oberste Bäcker sah, daß die Deutung gut war, sprach er zu Joseph: Mir hat auch geträumt, ich trüge drei weiße Körbe auf meinem Haupt
17. und im obersten Korbe allerlei gebackene Speise für den Pharao; und die Vögel aßen aus dem Korbe auf meinem Haupt.
18. Joseph antwortete und sprach: Das ist seine Deutung. Drei Körbe sind drei Tage;
19. und nach drei Tagen wird dir Pharao dein Haupt erheben und dich an den Galgen hängen, und die Vögel werden dein Fleisch von dir essen.
20. Und es geschah des dritten Tages, da beging Pharao seinen Jahrestag; und er machte eine Mahlzeit allen seinen Knechten und erhob das Haupt des obersten Schenken und das Haupt des obersten Bäckers unter seinen Knechten,
21. und setzte den obersten Schenken wieder in sein Schenkamt, daß er den Becher reichte in Pharaos Hand;
22. aber den obersten Bäcker ließ er henken, wie ihnen Joseph gedeutet hatte.
23. Aber der oberste Schenke gedachte *nicht an Joseph, sondern vergaß ihn.
*V. 14.

Das 41. Kapitel

Pharaos Träume. Josephs Deutung. Erhöhung und Fürsorge für Ägypten.

1. Und nach zwei Jahren hatte Pharao einen Traum, wie er stünde am Nil
2. und sähe aus dem Wasser steigen sie-

ben schöne, fette Kühe; die gingen auf der
Weide im Grase.
3. Nach diesen sah er andere sieben Kühe
aus dem Wasser aufsteigen; die waren
häßlich und mager und traten neben die
Kühe an das Ufer am Wasser.
4. Und die häßlichen und mageren fraßen die sieben schönen, fetten Kühe. Da
erwachte Pharao.
5. Und er schlief wieder ein, und ihm
träumte abermals, und er sah, daß sieben
Ähren wuchsen aus einem Halm, voll und
dick.
6. Darnach sah er sieben dünne Ähren
aufgehen, die waren vom Ostwind versengt.
7. Und die sieben mageren Ähren ver-
schlangen die sieben dicken und vollen
Ähren. Da erwachte Pharao und merkte,
daß es ein Traum war.
8. Und da es Morgen ward, war sein Geist
bekümmert; und er schickte aus und ließ
rufen alle Wahrsager in Ägypten und alle
Weisen und erzählte ihnen seine Träume.
Aber da war keiner, der sie dem Pharao
deuten konnte. Dan.2,2.
9. Da redete der oberste Schenke zu Pharao und sprach: Ich gedenke heute an meine Sünden.
10. Da Pharao zornig ward über seine
Knechte und mich mit dem obersten Bäk-
ker ins Gefängnis legte in des Hauptmanns Hause,
11. da träumte uns beiden in einer
Nacht, einem jeglichen sein Traum, des
Deutung ihn betraf.
12. Da war bei uns ein hebräischer Jüngling, des Hauptmanns Knecht, dem erzählten wir's. Und er deutete uns unsere
Träume, einem jeglichen nach seinem
Traum.
13. Und wie er uns deutete, so ist's ergangen; denn ich bin wieder in mein Amt
gesetzt, und jener ist gehenkt.
14. Da sandte Pharao hin und ließ Joseph
rufen; und sie ließen ihn eilend aus dem
Gefängnis. Und er ließ sich scheren und
zog andere Kleider an und kam hinein zu
Pharao.
15. Da sprach Pharao zu ihm: Mir hat ein
Traum geträumt, und ist niemand, der ihn
deuten kann; ich habe aber gehört von dir,
wenn du einen Traum hörst, so kannst du
ihn deuten.
16. Joseph antwortete Pharao und
sprach: *Das steht bei mir nicht; Gott wird
doch Pharao Gutes weissagen. *K.40,8.
17. Pharao sprach zu Joseph: Mir träumte, ich stand am Ufer bei dem Wasser
18. und sah aus dem Wasser steigen sieben schöne, fette Kühe; die gingen auf der
Weide im Grase.
19. Und nach ihnen sah ich andere sieben, dürre, sehr häßliche und magere Kühe heraussteigen. Ich habe in ganz Ägyptenland nicht so häßliche gesehen.
20. Und die sieben mageren und häßlichen Kühe fraßen auf die sieben ersten,
fetten Kühe.
21. Und da sie die hineingefressen hatten, merkte man's nicht an ihnen, daß sie
die gefressen hatten, und waren häßlich
gleich wie vorhin. Da wachte ich auf.
22. Und ich sah abermals in meinem
Traum sieben Ähren auf einem Halm
wachsen, voll und dick.
23. Darnach gingen auf sieben dürre Ähren, dünn und versengt.
24. Und die sieben dünnen Ähren ver-
schlangen die sieben dicken Ähren. Und
ich habe es den Wahrsagern gesagt; aber
die können's mir nicht deuten.
25. Joseph antwortete Pharao: Beide
Träume Pharaos sind einerlei. Gott verkündigt Pharao, was er vorhat.
26. Die sieben schönen Kühe sind sieben
Jahre, und die sieben guten Ähren sind
auch die sieben Jahre. Es ist einerlei
Traum.
27. Die sieben mageren und häßlichen
Kühe, die nach jenen aufgestiegen sind,
das sind sieben Jahre; und die sieben mageren und versengten Ähren sind sieben
Jahre teure Zeit.
28. Das ist nun, wie ich gesagt habe zu
Pharao, daß Gott Pharao zeigt, was er vorhat.
29. Siehe, sieben reiche Jahre werden
kommen in ganz Ägyptenland.
30. Und nach denselben werden sieben
Jahre teure Zeit kommen, daß man vergessen wird aller solcher Fülle in Ägyptenland; und die teure Zeit wird das Land
verzehren,
31. daß man nichts wissen wird von der
Fülle im Lande vor der teuren Zeit, die
hernach kommt; denn sie wird sehr
schwer sein.
32. Daß aber dem Pharao zum andernmal geträumt hat, bedeutet, daß solches
Gott gewiß und eilend tun wird.
33. Nun sehe Pharao nach einem verständigen und weisen Mann, den er über
Ägyptenland setze,
34. und schaffe, daß er Amtleute verord-
ne im Lande und nehme den Fünften in
Ägyptenland in den sieben reichen Jahren
35. und sammle alle Speise der guten

ELIESERS REISE 1. Mose 24, 16–18

Jahre, die kommen werden, daß sie Getreide aufschütten in Pharaos Kornhäuser zum Vorrat in den Städten und es verwahren,
36. auf daß man Speise verordnet finde dem Lande in den sieben teuren Jahren, die über Ägyptenland kommen werden, daß nicht das Land vor Hunger verderbe.
37. Die Rede gefiel Pharao und allen seinen Knechten wohl.
38. Und Pharao sprach zu seinen Knechten: *Wie könnten wir einen solchen Mann finden, in dem der Geist Gottes sei?
*Spr. 14,35.
39. Und sprach zu Joseph: Weil dir Gott solches alles hat kundgetan, ist keiner so verständig und weise wie du.
40. Du sollst über mein Haus sein, und deinem Wort soll all mein Volk gehorsam sein; allein um den königlichen Stuhl will ich höher sein als du.
Pred. 4,14; Ps. 113,7; 37,37.
41. Und weiter sprach Pharao zu Joseph: Siehe, ich habe dich über ganz Ägyptenland gesetzt. Apg. 7,10.
42. Und er *tat seinen Ring von seiner Hand und gab ihn Joseph an seine Hand und kleidete ihn mit köstlicher Leinwand und hing ihm eine †goldene Kette an seinen Hals *Esth. 3,10; 8,2. †Dan. 5,29.
43. und ließ ihn auf seinem zweiten Wagen fahren und ließ vor ihm her ausrufen: Der ist des Landes Vater! und setzte ihn über ganz Ägyptenland.
44. Und Pharao sprach zu Joseph: Ich bin Pharao; ohne deinen Willen soll niemand seine Hand oder seinen Fuß regen in ganz Ägyptenland.
45. Und nannte ihn den heimlichen Rat und gab ihm ein Weib, Asnath, die Tochter Potipheras, des Priesters zu On. Also zog Joseph aus, das Land Ägypten zu besehen.
46. Und er war dreißig Jahre alt, da er vor Pharao stand, dem König in Ägypten; und fuhr aus von Pharao und zog durch ganz Ägyptenland.
47. Und das Land trug in den sieben reichen Jahren die Fülle;
48. und sie sammelten alle Speise der sieben Jahre, so im Lande Ägypten waren, und taten sie in die Städte. Was für Speise auf dem Felde einer jeglichen Stadt umher wuchs, das taten sie hinein.
49. Also schüttete Joseph das Getreide

auf, über die Maßen viel wie Sand am Meer, also daß er aufhörte zu zählen; denn man konnte es nicht zählen.

50. Und Joseph wurden zwei Söhne geboren, ehe denn die teure Zeit kam, welche ihm gebar Asnath, Potipheras, des Priesters zu On, Tochter.

51. Und er hieß den ersten Manasse; denn Gott, sprach er, hat mich lassen vergessen alles meines Unglücks und all meines Vaters Hauses.

52. Den andern hieß er Ephraim; denn Gott, sprach er, hat mich lassen wachsen in dem Lande meines Elends.

53. Da nun die sieben reichen Jahre um waren im Lande Ägypten,

54. da fingen an die sieben teuren Jahre zu kommen, davon Joseph gesagt hatte. Und es ward eine Teuerung in allen Landen; aber in ganz Ägyptenland war Brot.

55. Da nun das ganze Ägyptenland auch Hunger litt, schrie das Volk zu Pharao um Brot. Aber Pharao sprach zu allen Ägyptern: Gehet hin zu Joseph; was euch der sagt, das tut.

56. Als nun im ganzen Lande Teuerung war, tat Joseph allenthalben Kornhäuser auf und verkaufte den Ägyptern. Denn die Teuerung ward je länger, je größer im Lande.

57. Und alle Lande kamen nach Ägypten, zu kaufen bei Joseph; denn die Teuerung war groß in allen Landen. K.12,10.

Das 42. Kapitel

Reise der Söhne Jakobs nach Ägypten ohne Benjamin.

1. Da aber Jakob sah, daß Getreide in Ägypten feil war, sprach er zu seinen Söhnen: Was sehet ihr euch lange um?

2. Siehe, ich höre, es sei in Ägypten Getreide feil; ziehet hinab und kauft uns Getreide, daß wir leben und nicht sterben.

3. Also zogen hinab zehn Brüder Josephs, daß sie in Ägypten Getreide kauften.

4. Aber den Benjamin, Josephs Bruder, ließ Jakob nicht mit seinen Brüdern ziehen; denn er sprach: Es möchte ihm ein Unfall begegnen.

5. Also kamen die Kinder Israels, Getreide zu kaufen, samt anderen, die mit ihnen zogen; denn es war im Lande Kanaan auch teuer.

6. Aber Joseph war der Regent im Lande und verkaufte Getreide allem Volk im Lande. Da nun seine Brüder kamen, fielen sie vor ihm nieder zur Erde auf ihr Antlitz.

7. Und er sah sie an und kannte sie und stellte sich fremd gegen sie und redete hart mit ihnen und sprach zu ihnen: Woher kommt ihr? Sie sprachen: Aus dem Lande Kanaan, Speise zu kaufen.

8. Aber wiewohl er sie kannte, kannten sie ihn doch nicht.

9. Und Joseph gedachte an die *Träume, die ihm von ihnen geträumt hatten, und sprach zu ihnen: Ihr seid Kundschafter und seid gekommen, zu sehen, wo das Land offen ist. *K.37,5–9.

10. Sie antworteten ihm: Nein, mein Herr; deine Knechte sind gekommen, Speise zu kaufen.

11. Wir sind alle eines Mannes Söhne; wir sind redlich, und deine Knechte sind nie Kundschafter gewesen.

12. Er sprach zu ihnen: Nein, sondern ihr seid gekommen, zu ersehen, wo das Land offen ist.

13. Sie antworteten ihm: Wir, deine Knechte, sind zwölf Brüder, eines Mannes Söhne im Lande Kanaan, und der jüngste ist noch bei unserm Vater; aber der eine ist nicht mehr vorhanden.

14. Joseph sprach zu ihnen: Das ist's, was ich euch gesagt habe: Kundschafter seid ihr.

15. Daran will ich euch prüfen; bei dem Leben Pharaos! Ihr sollt nicht von dannen kommen, es komme denn her euer jüngster Bruder.

16. Sendet einen unter euch hin, der euren Bruder hole; ihr aber sollt gefangen sein. Also will ich prüfen eure Rede, ob ihr mit Wahrheit umgeht oder nicht. Denn wo nicht, so seid ihr, bei dem Leben Pharaos! Kundschafter.

17. Und er ließ sie beisammen verwahren drei Tage lang.

18. Am dritten Tage aber sprach er zu ihnen: Wollt ihr leben, so tut also; denn ich fürchte Gott.

19. Seid ihr redlich, so laßt eurer Brüder einen gebunden liegen in eurem Gefängnis; ihr aber ziehet hin und bringet heim, was ihr gekauft habt für den Hunger.

20. Und bringt euren jüngsten Bruder zu mir, so will ich euren Worten glauben, daß ihr nicht sterben müßt. Und sie taten also.

21. Sie aber sprachen untereinander: Das haben wir an unserm Bruder verschuldet, daß wir sahen die Angst seiner Seele, da er uns anflehte, und wir wollten ihn nicht erhören; darum kommt nun diese Trübsal über uns. Ps.50,21.

22. Ruben antwortete ihnen und sprach:

REBEKKA ERBLICKT ISAAK 1. Mose 24, 61–64

Sagte ich's euch nicht, da ich sprach: Versündigt euch nicht an dem Knaben, und ihr wolltet nicht hören? Nun wird sein Blut gefordert. K.37,21.22.

23. Sie wußten aber nicht, daß es Joseph verstand; denn er redete mit ihnen durch einen Dolmetscher.

24. Und er wandte sich von ihnen und weinte. Da er nun sich wieder zu ihnen wandte und mit ihnen redete, nahm er aus ihnen Simeon und band ihn vor ihren Augen.

25. Und Joseph tat Befehl, daß man ihre Säcke mit Getreide füllte und ihr Geld wiedergäbe, einem jeglichen in seinen Sack, dazu auch Zehrung auf den Weg; und man tat ihnen also.

26. Und sie luden ihre Ware auf ihre Esel und zogen von dannen.

27. Da aber einer seinen Sack auftat, daß er seinem Esel Futter gäbe in der Herberge, ward er gewahr seines Geldes, das oben im Sack lag,

28. und sprach zu seinen Brüdern: Mein Geld ist mir wieder geworden; siehe, in meinem Sack ist es. Da entfiel ihnen ihr Herz, und sie erschraken untereinander und sprachen: Warum hat uns Gott das getan?

29. Da sie nun heimkamen zu ihrem Vater Jakob ins Land Kanaan, sagten sie ihm alles, was ihnen begegnet war, und sprachen:

30. Der Mann, der im Lande Herr ist, redete hart mit uns und hielt uns für Kundschafter des Landes.

31. Und da wir ihm antworteten: Wir sind redlich und nie Kundschafter gewesen,

32. sondern zwölf Brüder, unsers Vaters Söhne; einer ist nicht mehr vorhanden, und der jüngste ist noch bei unserm Vater im Lande Kanaan,

33. sprach der Herr im Lande zu uns: Daran will ich merken, ob ihr redlich seid: einen eurer Brüder laßt bei mir, und nehmt die Notdurft für euer Haus und ziehet hin

34. und bringt euren jüngsten Bruder zu mir, so merke ich, daß ihr nicht Kundschafter, sondern redlich seid; so will ich euch auch euren Bruder geben, und ihr mögt im Lande werben.

35. Und da sie die Säcke ausschütteten,

fand ein jeglicher sein Bündlein Geld in seinem Sack. Und da sie sahen, daß es Bündlein ihres Geldes waren, erschraken sie samt ihrem Vater.

36. Da sprach Jakob, ihr Vater, zu ihnen: Ihr beraubt mich meiner Kinder; Joseph ist nicht mehr vorhanden, Simeon ist nicht mehr vorhanden, Benjamin wollt ihr hinnehmen; es geht alles über mich.

37. Ruben antwortete seinem Vater und sprach: Wenn ich dir ihn nicht wiederbringe, so erwürge meine zwei Söhne; gib ihn nur in meine Hand, ich will ihn dir wiederbringen.

38. Er sprach: Mein Sohn soll nicht mit euch hinabziehen, denn sein Bruder ist tot, und er ist allein übriggeblieben; wenn ihm ein Unfall auf dem Wege begegnete, den ihr reiset, würdet ihr meine grauen Haare mit Herzeleid in die Grube bringen.

Das 43. Kapitel

Reise der Söhne Jakobs nach Ägypten mit Benjamin.

1. Die Teuerung aber drückte das Land.

2. Und da es verzehrt war, was sie an Getreide aus Ägypten gebracht hatten, sprach ihr Vater zu ihnen: Ziehet wieder hin und kauft uns ein wenig Speise.

3. Da antwortete ihm Juda und sprach: Der Mann band uns das hart ein und sprach: Ihr sollt mein Angesicht nicht sehen, es sei denn euer Bruder mit euch. K. 42,15.

4. Ist's nun, daß du unsern Bruder mit uns sendest, so wollen wir hinabziehen und dir zu essen kaufen.

5. Ist's aber, daß du ihn nicht sendest, so ziehen wir nicht hinab. Denn der Mann hat gesagt zu uns: Ihr sollt mein Angesicht nicht sehen, euer Bruder sei denn mit euch.

6. Israel sprach: Warum habt ihr so übel an mir getan, daß ihr dem Mann ansagtet, daß ihr noch einen Bruder habt?

7. Sie antworteten: Der Mann forschte so genau nach uns und unsrer Freundschaft und sprach: Lebt euer Vater noch? Habt ihr auch noch einen Bruder? Da sagten wir ihm, wie er uns fragte. Wie konnten wir wissen, daß er sagen würde: Bringt euren Bruder mit hernieder? K. 42,7–13.

8. Da sprach Juda zu Israel, seinem Vater: Laß den Knaben mit mir ziehen, daß wir uns aufmachen und reisen, und leben und nicht sterben, wir und du und unsre Kindlein.

9. Ich will Bürge für ihn sein, von meinen Händen sollst du ihn fordern. Wenn ich dir ihn nicht wiederbringe und vor deine Augen stelle, so will ich mein Leben lang die Schuld tragen.

10. Denn wo wir nicht hätten verzogen, wären wir schon wohl zweimal wiedergekommen.

11. Da sprach Israel, ihr Vater, zu ihnen: Muß es denn ja also sein, so tut's und nehmt von des Landes besten Früchten in eure Säcke und bringt dem Manne *Geschenke hinab: ein wenig Balsam und Honig, Würze und Myrrhe, Datteln und Mandeln. *Spr. 18,16.

12. Nehmt auch anderes Geld mit euch; und das Geld, das euch oben in euren Säcken wieder geworden ist, bringt auch wieder mit euch. Vielleicht ist ein Irrtum da geschehen. K. 42,27.35.

13. Dazu nehmt euren Bruder, macht euch auf und kommt wieder zu dem Manne.

14. Aber der allmächtige Gott gebe euch Barmherzigkeit vor dem Manne, daß er euch lasse euren andern Bruder und Benjamin. *Ich aber muß sein wie einer, der seiner Kinder gar beraubt ist. *K. 42,36.

15. Da nahmen sie diese Geschenke und das Geld zwiefältig mit sich und Benjamin, machten sich auf, zogen nach Ägypten und traten vor Joseph.

16. Da sah sie Joseph mit Benjamin und sprach zu seinem Haushalter: Führe diese Männer ins Haus und schlachte und richte zu; denn sie sollen zu Mittag mit mir essen.

17. Und der Mann tat, wie ihm Joseph gesagt hatte, und führte die Männer in Josephs Haus.

18. Sie fürchteten sich aber, daß sie in Josephs Haus geführt wurden, und sprachen: Wir sind hereingeführt um des Geldes willen, das wir in unsern Säcken das erstemal wieder gefunden haben, daß er's auf uns bringe und fälle ein Urteil über uns, damit er uns nehme zu eigenen Knechten samt unsern Eseln. K. 42,28.

19. Darum traten sie zu Josephs Haushalter und redeten mit ihm vor der Haustür

20. und sprachen: Mein Herr, wir sind das erstemal herabgezogen, Speise zu kaufen,

21. und da wir in die Herberge kamen und unsere Säcke auftaten, siehe, da war eines jeglichen Geld oben in seinem Sack mit völligem Gewicht; darum haben wir's wieder mit uns gebracht,

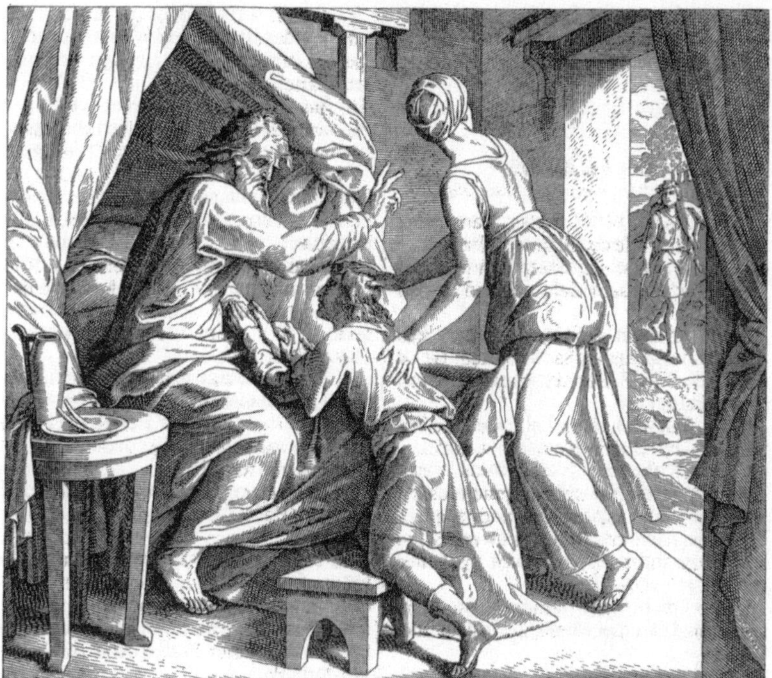

ISAAK SEGNET JAKOB 1. Mose 27, 28–30

22. haben auch anderes Geld mit uns
herabgebracht, Speise zu kaufen; wir wissen aber nicht, wer uns unser Geld in
unsere Säcke gesteckt hat.
23. Er aber sprach: Gehabt euch wohl,
fürchtet euch nicht. Euer Gott und eures
Vaters Gott hat euch einen Schatz gegeben in eure Säcke. Euer Geld ist mir geworden. Und er führte *Simeon zu ihnen
heraus *K. 42,24.
24. und führte sie in Josephs Haus, gab
ihnen Wasser, daß sie *ihre Füße wuschen, und gab ihren Eseln Futter. *K. 18,4.
25. Sie aber bereiteten das Geschenk zu,
bis daß Joseph kam auf den Mittag; denn
sie hatten gehört, daß sie daselbst das Brot
essen sollten.
26. Da nun Joseph zum Hause einging,
brachten sie ihm ins Haus das Geschenk in
ihren Händen und fielen vor ihm nieder
zur Erde.
27. Er aber grüßte sie freundlich und
sprach: Geht es eurem Vater, dem alten,
wohl, *von dem ihr mir sagtet? Lebt er
noch? *K. 42,13.
28. Sie antworteten: Es geht deinem
Knechte, unserm Vater, wohl, und er lebt
noch. Und sie *neigten sich und fielen vor
ihm nieder. *K. 37,7.9.
29. Und er hob seine Augen auf und sah
seinen Bruder Benjamin, seiner Mutter
Sohn, und sprach: Ist das euer jüngster
Bruder, von dem ihr mir sagtet? und
sprach weiter: Gott sei dir gnädig, mein
Sohn!
30. Und Joseph eilte, denn sein Herz entbrannte ihm gegen seinen Bruder, und
suchte, wo er weinte, und ging in seine
Kammer und weinte daselbst.
31. Und da er sein Angesicht gewaschen
hatte, ging er heraus und hielt sich fest
und sprach: Legt Brot auf!
32. Und man trug ihm besonders auf und
jenen auch besonders und den Ägyptern,
die mit ihm aßen, auch besonders. Denn
die Ägypter dürfen nicht Brot essen mit
den Hebräern, denn *es ist ein Greuel vor
ihnen. *K. 46,34; 2. Mose 8,22.
33. Und man setzte sie ihm gegenüber,
den Erstgeborenen nach seiner Erstgeburt und den Jüngsten nach seiner Jugend. Des verwunderten sie sich untereinander.
34. Und man trug ihnen Essen vor von

seinem Tisch; aber dem Benjamin ward fünfmal mehr denn den andern. Und sie tranken und wurden fröhlich mit ihm.

Das 44. Kapitel

Josephs Brüder werden hart geängstigt.

1. Und Joseph befahl seinem Haushalter und sprach: Fülle den Männern ihre Säcke mit Speise, soviel sie führen können, und lege jeglichem sein Geld oben in seinen Sack;

2. und meinen silbernen Becher lege oben in des Jüngsten Sack mit dem Gelde für das Getreide. Der tat, wie ihm Joseph gesagt hatte.

3. Des Morgens, da es licht ward, ließen sie die Männer ziehen mit ihren Eseln.

4. Da sie aber zur Stadt hinaus waren und nicht ferne gekommen, sprach Joseph zu seinem Haushalter: Auf, und jage den Männern nach! und wenn du sie ereilst, so sprich zu ihnen: Warum habt ihr Gutes mit Bösem vergolten?

5. Ist's nicht das, daraus mein Herr trinkt und damit er weissagt? Ihr habt übel getan.

6. Und als er sie ereilte, redete er mit ihnen solche Worte.

7. Sie antworteten ihm: Warum redet mein Herr solche Worte? Es sei ferne von deinen Knechten, ein solches zu tun.

8. Siehe, das Geld, das wir fanden oben in unsern Säcken, haben wir wiedergebracht *zu dir aus dem Lande Kanaan. Und wie sollten wir denn aus deines Herrn Hause gestohlen haben Silber oder Gold? *K.43,22.

9. Bei welchem er gefunden wird unter deinen Knechten, der sei des Todes; dazu wollen auch wir meines Herrn Knechte sein.

10. Er sprach: Ja, es sei, wie ihr geredet habt. Bei welchem er gefunden wird, der sei mein Knecht; ihr aber sollt ledig sein.

11. Und sie eilten, und ein jeglicher legte seinen Sack ab auf die Erde, und ein jeglicher tat seinen Sack auf.

12. Und er suchte und hob am Ältesten an bis auf den Jüngsten; da fand sich der Becher in Benjamins Sack.

13. Da *zerrissen sie ihre Kleider und belud ein jeglicher seinen Esel und zogen wieder in die Stadt. *K.37,29.

14. Und Juda ging mit seinen Brüdern in Josephs Haus, denn er war noch daselbst; und sie fielen vor ihm nieder auf die Erde.

15. Joseph aber sprach zu ihnen: Wie habt ihr das tun dürfen? Wisset ihr nicht, daß es ein solcher Mann, wie ich bin, erraten könne?

16. Juda sprach: Was sollen wir sagen meinem Herrn, oder wie sollen wir reden, und womit können wir uns rechtfertigen? *Gott hat die Missetat deiner Knechte gefunden. Siehe da, wir und der, bei dem der Becher gefunden ist, sind meines Herrn Knechte. *K.42,21.22; Klagel.1,14.

17. Er aber sprach: Das sei ferne von mir, solches zu tun! Der Mann, bei dem der Becher gefunden ist, soll mein Knecht sein; ihr aber ziehet hinauf mit Frieden zu eurem Vater.

18. Da trat Juda zu ihm und sprach: Mein Herr, laß deinen Knecht ein Wort reden vor den Ohren meines Herrn, und dein Zorn ergrimme nicht über deinen Knecht; denn du bist wie Pharao.

19. Mein Herr fragte seine Knechte und sprach: *Habt ihr auch einen Vater oder Bruder? *K.42,7.13; 43,7.

20. Da antworteten wir: Wir haben einen Vater, der ist alt, und einen jungen Knaben, in seinem Alter geboren; und sein Bruder ist tot, und er ist allein übriggeblieben von seiner Mutter, und sein Vater hat ihn lieb.

21. Da sprachst du zu deinen Knechten: Bringet ihn herab zu mir; ich will ihm Gnade erzeigen.

22. Wir aber antworteten meinem Herrn: Der Knabe kann nicht von seinem Vater kommen; wo er von ihm käme, würde der sterben.

23. Da *sprachst du zu deinen Knechten: Wo euer jüngster Bruder nicht mit euch herkommt, sollt ihr mein Angesicht nicht mehr sehen. *K.42,15; 43,3–5.

24. Da zogen wir hinauf zu deinem Knecht, meinem Vater, und sagten ihm an meines Herrn Rede.

25. Da sprach unser Vater. Ziehet wieder hin und kauft uns ein wenig Speise.

26. Wir aber sprachen: Wir können nicht hinabziehen; es sei denn unser jüngster Bruder mit uns, so wollen wir hinabziehen; denn wir können des Mannes Angesicht nicht sehen, wenn unser jüngster Bruder nicht mit uns ist.

27. Da sprach dein Knecht, mein Vater, zu uns: Ihr wisset, daß mir mein Weib zwei Söhne geboren hat;

28. einer ging hinaus von mir *und man sagte: Er ist zerrissen; und ich habe ihn nicht gesehen bisher. *K.37,32.33.

29. Werdet *ihr diesen auch von mir

GOTT ERSCHEINT JAKOB IM TRAUM 1. Mose 28, 11–13

nehmen und widerfährt ihm ein Unfall, so
werdet ihr meine grauen Haare mit Jammer hinunter in die Grube bringen.
*K.42,38.

30. Nun, so ich heimkäme zu deinem Knecht, meinem Vater, und der Knabe wäre nicht mit uns, an des Seele seine Seele hanget,

31. so wird's geschehen, wenn er sieht, daß der Knabe nicht da ist, daß er stirbt; so würden wir, deine Knechte, die grauen Haare deines Knechts, unsers Vaters, mit Herzeleid in die Grube bringen.

32. Denn ich, dein Knecht, *bin Bürge geworden für den Knaben gegen meinen Vater und sprach: Bringe ich ihn dir nicht wieder, so will ich mein Leben lang die Schuld tragen. *K.43,9.

33. Darum laß deinen Knecht hier bleiben an des Knaben Statt zum Knecht meines Herrn und den Knaben mit seinen Brüdern hinaufziehen.

34. Denn wie soll ich hinaufziehen zu meinem Vater, wenn der Knabe nicht mit mir ist? Ich würde den Jammer sehen müssen, der meinem Vater begegnen würde.

Das 45. Kapitel

Joseph gibt sich seinen Brüdern zu erkennen und läßt seinen Vater nach Ägypten kommen.

1. Da konnte sich Joseph nicht länger enthalten vor allen, die um ihn her standen, und er rief: Laßt jedermann von mir hinausgehen! Und stand kein Mensch bei ihm, da sich Joseph seinen Brüdern zu erkennen gab.

2. Und er weinte laut, daß es die Ägypter und das Gesinde Pharaos hörten,

3. und sprach zu seinen Brüdern: Ich bin Joseph. Lebt mein Vater noch? Und seine Brüder konnten ihm nicht antworten, so erschraken sie vor seinem Angesicht.

4. Er aber sprach zu seinen Brüdern: Tretet doch her zu mir! Und sie traten herzu. Und er sprach: Ich bin Joseph, euer Bruder, den ihr *nach Ägypten verkauft habt. *K.37,28.

5. Und nun bekümmert euch nicht und denkt nicht, daß ich darum zürne, daß ihr mich hieher verkauft habt; denn um *eures Lebens willen hat mich Gott vor euch her gesandt. *K.50,20.

6. Denn dies sind zwei Jahre, daß es teu-

er im Lande ist; und sind noch fünf Jahre,
daß kein Pflügen noch Ernten sein wird.
7. Aber Gott hat mich vor euch her gesandt, daß er euch übrig behalte auf Erden und euer Leben errette durch eine große Errettung.
8. Und nun, ihr habt mich nicht hergesandt, sondern Gott; der hat mich Pharao zum Vater gesetzt und zum Herrn über all sein Haus und zum Fürsten in ganz Ägyptenland. K. 41,40–43.
9. Eilet nun und ziehet hinauf zu meinem Vater und sagt ihm: Das läßt dir Joseph, dein Sohn, sagen: Gott hat mich zum Herrn in ganz Ägypten gesetzt; komm herab zu mir, säume nicht;
10. du sollst im Lande Gosen wohnen und nahe bei mir sein, du und deine Kinder und deine Kindeskinder, dein kleines und großes Vieh und alles, was du hast.
11. Ich will dich daselbst versorgen; denn es sind noch fünf Jahre der Teuerung, auf daß du nicht verderbest mit deinem Hause und allem, was du hast.
12. Siehe, eure Augen sehen und die Augen meines Bruders Benjamin, daß ich mündlich mit euch rede.
13. Verkündigt meinem Vater alle meine Herrlichkeit in Ägypten und alles, was ihr gesehen habt; eilet und kommt hernieder mit meinem Vater hieher.
14. Und er fiel seinem Bruder Benjamin um den Hals und weinte; und Benjamin weinte auch an seinem Halse.
15. Und er küßte alle seine Brüder und weinte über ihnen. Darnach redeten seine Brüder mit ihm.
16. Und da das Gerücht kam in Pharaos Haus, daß Josephs Brüder gekommen wären, gefiel es Pharao wohl und allen seinen Knechten.
17. Und Pharao sprach zu Joseph: Sage deinen Brüdern: Tut also, beladet eure Tiere, ziehet hin;
18. und wenn ihr kommt ins Land Kanaan, so nehmt euren Vater und alle die Euren und kommt zu mir; ich will euch Güter geben in Ägyptenland, daß ihr essen sollt das Mark im Lande;
19. und gebiete ihnen: Tut also, nehmet zu euch aus Ägyptenland Wagen für eure Kinder und Weiber und führet euren Vater und kommt;
20. und seht euren Hausrat nicht an; denn die Güter des ganzen Landes Ägypten sollen euer sein.
21. Die Kinder Israels taten also. Und Joseph gab ihnen Wagen nach dem Befehl Pharaos und Zehrung auf den Weg
22. und gab ihnen allen, einem jeglichen ein Feierkleid; aber Benjamin gab er dreihundert Silberlinge und fünf Feierkleider.
23. Und seinem Vater sandte er dabei zehn Esel, mit Gut aus Ägypten beladen, und zehn Eselinnen mit Getreide und Brot und Speise seinem Vater auf den Weg.
24. Also ließ er seine Brüder von sich, und sie zogen hin; und er sprach zu ihnen: *Zanket nicht auf dem Wege! *K. 42,22.
25. Also zogen sie hinauf von Ägypten und kamen ins Land Kanaan zu ihrem Vater Jakob
26. und verkündigten ihm und sprachen: Joseph lebt noch und ist ein Herr im ganzen Ägyptenland. Aber sein Herz dachte gar viel anders, denn er glaubte ihnen nicht.
27. Da sagten sie ihm alle Worte Josephs, die er zu ihnen gesagt hatte. Und da er sah die Wagen, die ihm Joseph gesandt hatte, ihn zu führen, ward der Geist Jakobs, ihres Vaters, lebendig,
28. und Israel sprach: Ich habe genug, daß mein Sohn Joseph noch lebt; ich will hin und ihn sehen, ehe ich sterbe. K. 46,30.

Das 46. Kapitel

Jakobs Reise nach Ägypten. Die Kinder Israels. Empfang durch Joseph.

1. Israel zog hin mit allem, was er hatte. Und da er gen *Beer-Seba kam, opferte er Opfer dem Gott seines Vaters Isaak. *K 26,23–25.
2. Und Gott sprach zu ihm des Nachts im Gesicht: Jakob, Jakob! Er sprach: Hier bin ich.
3. Und er sprach: Ich bin Gott, der Gott deines Vaters; fürchte dich nicht, nach Ägypten hinabzuziehen, denn daselbst will ich dich zum großen Volk machen.
4. Ich will mit dir hinab nach Ägypten ziehen und will dich auch wieder heraufführen; und Joseph soll seine Hände auf deine Augen legen.
5. Da machte sich Jakob auf von Beer-Seba; und die Kinder Israels führten Jakob, ihren Vater mit ihren Kindlein und Weibern auf den Wagen, die Pharao gesandt hatte, ihn zu führen,
6. und nahmen ihr Vieh und ihre Habe, die sie im Lande Kanaan erworben hatten, und kamen also nach Ägypten, Jakob und all sein Same mit ihm,
7. seine Söhne und seine Kindessöhne mit ihm, seine Töchter und seine Kindestöchter und all sein Same; die brachte er mit sich nach Ägypten.

JAKOB SIEHT RAHEL 1. Mose 29, 10–12

8. Dies sind die Namen der Kinder Israel, die nach Ägypten kamen: Jakob und seine Söhne. Der erstgeborene Sohn Jakobs, Ruben. 2.Mose 6,14–16.
9. Die Kinder Rubens: Henoch, Pallu, Hezron und Charmi.
10. Die Kinder Simeons: Jemuel, Jamin, Ohad, Jachin, Zohar und Saul, der Sohn von dem kanaanäischen Weibe.
11. Die Kinder Levis: Gerson, Kahath und Merari.
12. Die Kinder Juda's: Ger, Onan, Sela, Perez und Serah. Aber Ger und Onan waren gestorben im Lande Kanaan. Die Kinder aber des Perez: Hezron und Hamul. K.38,3.4.29.30.
13. Die Kinder Isaschars: Thola, Phuva, Job und Simron.
14. Die Kinder Sebulons: Sered, Elon und Jahleel.
15. Das sind die Kinder von Lea, die sie Jakob gebar in Mesopotamien mit seiner Tochter Dina. Die machen allesamt mit Söhnen und Töchtern dreiunddreißig Seelen.
16. Die Kinder Gads: Ziphjon, Haggi, Suni, Ezbon, Eri, Arodi und Areli.
17. Die Kinder Assers: Jimna, Jiswa, Jiswi, Beria und Serah, ihre Schwester. Aber die Kinder Berias: Heber und Malchiel.
18. Das sind die Kinder von Silpa, die Laban gab Lea, seiner Tochter, und sie gebar Jakob diese sechzehn Seelen.
19. Die Kinder Rahels, des Weibes Jakobs: Joseph und Benjamin.
20. Und Joseph wurden geboren in Ägyptenland Manasse und Ephraim, die ihm gebar Asnath, die Tochter Potipheras, des Priesters zu On. K.41,50–52.
21. Die Kinder Benjamins: Bela, Becher, Asbel, Gera, Naaman, Ehi, Ros, Muppim, Huppim und Ard.
22. Das sind die Kinder von Rahel, die Jakob geboren sind, allesamt vierzehn Seelen.
23. Die Kinder Dans: Husim.
24. Die Kinder Naphtalis: Jahzeel, Guni, Jezer und Sillem.
25. Das sind die Kinder Bilhas, die Laban seiner Tochter Rahel gab, und sie gebar Jakob die sieben Seelen.
26. Alle Seelen, die mit Jakob nach Ägypten kamen, die aus seinen Lenden gekommen waren (ausgenommen die Weiber sei-

ner Kinder), sind alle zusammen sechsundsechzig Seelen,
27. und die Kinder Josephs, die in Ägypten geboren sind, waren zwei Seelen, also daß *alle Seelen des Hauses Jakobs, die nach Ägypten kamen, waren siebzig.
*2.Mose 1,5.
28. Und er sandte Juda vor sich hin zu Joseph, daß dieser ihn anwiese zu *Gosen; und sie kamen in das Land Gosen.
*K.45,10.
29. Da spannte Joseph seinen Wagen an und zog hinauf, seinem Vater Israel entgegen, nach Gosen. Und da er ihn sah, fiel er ihm um den Hals und weinte lange an seinem Halse.
30. Da sprach Israel zu Joseph: Ich will nun gerne sterben, nachdem ich dein Angesicht gesehen habe, daß du noch lebst.
K.45,28.
31. Joseph sprach zu seinen Brüdern und seines Vaters Hause: Ich will hinaufziehen und Pharao ansagen und zu ihm sprechen: Meine Brüder und meines Vaters Haus sind zu mir gekommen aus dem Lande Kanaan,
32. und sind Viehhirten, denn es sind Leute, die mit Vieh umgehen; ihr kleines und großes Vieh und alles, was sie haben, haben sie mitgebracht.
33. Wenn euch nun Pharao wird rufen und sagen: Was ist eure Nahrung?
34. so sollt ihr sagen: Deine Knechte sind Leute, die mit Vieh umgehen, von unsrer Jugend auf bis her, beide, wir und unsre Väter, auf daß ihr wohnen möget im Lande Gosen. Denn was Viehhirten sind, das ist *den Ägyptern ein Greuel. *K.43,32.

Das 47. Kapitel

Wohnung in Gosen. Jakob vor Pharao.
Teuerung in Ägypten. Jakobs Ende naht.

1. Da kam Joseph und sagte es Pharao an und sprach: Mein Vater und meine Brüder, ihr kleines und großes Vieh und alles, was sie haben, sind gekommen aus dem Lande Kanaan; und siehe, sie sind im Lande Gosen.
2. Und er nahm aus allen seinen Brüdern fünf und stellte sie vor Pharao.
3. Da sprach Pharao zu seinen Brüdern: Was ist eure Nahrung? Sie antworteten: Deine Knechte sind Viehhirten, wir und unsere Väter; K.46,33.34.
4. und sagten weiter zu Pharao: Wir sind gekommen, bei euch zu wohnen im Lande; denn deine Knechte haben nicht Weide für ihr Vieh, so hart drückt die Teuerung das Land Kanaan; so laß doch nun deine Knechte im Lande Gosen wohnen.
5. Pharao sprach zu Joseph: Es ist dein Vater und sind deine Brüder, die sind zu dir gekommen;
6. das Land Ägypten steht dir offen, laß sie am besten Ort des Landes wohnen, laß sie im Lande Gosen wohnen; und so du weißt, daß Leute unter ihnen sind, die tüchtig sind, so setze sie über mein Vieh.
7. Joseph brachte auch seinen Vater Jakob hinein und stellte ihn vor Pharao. Und Jakob segnete den Pharao.
8. Pharao aber fragte Jakob: Wie alt bist du?
9. Jakob sprach zu Pharao: Die Zeit meiner Wallfahrt ist hundertunddreißig Jahre; wenig und böse ist die Zeit meines Lebens und langt nicht an die Zeit meiner Väter in ihrer Wallfahrt. Ps.90,10;39,13.
10. Und Jakob segnete den Pharao und ging heraus von ihm.
11. Aber Joseph schaffte seinem Vater und seinen Brüdern Wohnung und gab ihnen Besitz in Ägyptenland, am besten Ort des Landes, im Lande Raemses, wie Pharao geboten hatte.
12. Und er *versorgte seinen Vater und seine Brüder und das ganze Haus seines Vaters mit Brot, einen jeglichen, nach dem er Kinder hatte. *K.45,11.
13. Es war aber kein Brot in allen Landen; denn die Teuerung war sehr schwer, daß das Land Ägypten und Kanaan verschmachteten vor der Teuerung.
14. Und Joseph brachte alles Geld zusammen, das in Ägypten und Kanaan gefunden ward, um das Getreide, das sie kauften; und Joseph tat alles Geld in das Haus Pharaos.
15. Da nun Geld gebrach im Lande Ägypten und Kanaan, kamen alle Ägypter zu Joseph und sprachen: Schaffe uns Brot! Warum läßt du uns vor dir sterben, darum daß wir ohne Geld sind?
16. Joseph sprach: Schafft euer Vieh her, so will ich euch um das Vieh geben, weil ihr ohne Geld seid.
17. Da brachten sie Joseph ihr Vieh; und er gab ihnen Brot um ihre Pferde, Schafe, Rinder und Esel. Also ernährte er sie mit Brot das Jahr um all ihr Vieh.
18. Da das Jahr um war, kamen sie zu ihm im zweiten Jahr und sprachen zu ihm. Wir wollen unserm Herrn nicht verbergen, daß nicht allein das Geld sondern auch alles Vieh dahin ist zu unserm Herrn; und ist nichts mehr übrig vor unserm

JAKOB WIRBT BEI LABAN UM RAHEL 1. Mose 29, 15–18

Herrn denn nur unsre Leiber und unser
Feld.
19. Warum läßt du uns vor dir sterben
und unser Feld? Kaufe uns und unser
Land ums Brot, daß wir und unser Land
leibeigen seien dem Pharao; gib uns Samen,
daß wir leben und nicht sterben und
das Feld nicht wüst werde.
20. Also kaufte Joseph dem Pharao das
ganze Ägypten. Denn die Ägypter verkauften
ein jeglicher seinen Acker, denn die
Teuerung war zu stark über sie. Und ward
also das Land Pharao eigen.
21. Und er teilte das Volk aus in die Städte,
von einem Ende Ägyptens bis ans andere.
22. Ausgenommen der Priester Feld, das
kaufte er nicht; denn es war von Pharao
für die Priester verordnet, daß sie sich
nähren sollten von dem Verordneten, das
er ihnen gegeben hatte; darum brauchten
sie ihr Feld nicht zu verkaufen.
23. Da sprach Joseph zu dem Volk: Siehe,
ich habe heute gekauft euch und euer Feld
dem Pharao; siehe, da habt ihr Samen,
und besäet das Feld.
24. Und von dem Getreide sollt ihr den
Fünften Pharao geben; vier Teile sollen
euer sein, zu besäen das Feld und zu eurer
Speise und für euer Haus und eure Kinder.
25. Sie sprachen: Du hast uns am Leben
erhalten; laß uns nur Gnade finden vor
dir, unserm Herrn, so wollen wir gerne
Pharao leibeigen sein.
26. Also machte Joseph ihnen ein Gesetz
bis auf diesen Tag über der Ägypter Feld,
den Fünften Pharao zu geben; ausgenommen
der Priester Feld, das ward dem Pharao
nicht eigen.
27. Also wohnte Israel in Ägypten im
Lande Gosen, und hatten's inne und
wuchsen und *mehrten sich sehr.

*K. 46,3; 2. Mose 1,7.12.

28. Und Jakob lebte siebzehn Jahre in
Ägyptenland, daß sein ganzes Alter ward
147 Jahre.
29. Da nun die Zeit herbeikam, daß Israel
sterben sollte, rief er seinen Sohn Joseph
und sprach zu ihm: Habe ich Gnade
vor dir gefunden, so *lege deine Hand unter
meine Hüfte, daß du die Liebe und
Treue an mir tust und begrabest mich
nicht in Ägypten; *K. 24,2.
30. sondern ich will liegen bei meinen

Vätern, und du sollst mich aus Ägypten
führen und *in ihrem Begräbnis begraben. Er sprach: Ich will tun, wie du gesagt
hast. *K.25,9.10; 49,29–32.
31. Er aber sprach: So schwöre mir. Und
er schwur ihm. Da neigte sich Israel zu
Häupten des Bettes.

Das 48. Kapitel

Jakobs Segen über Ephraim und Manasse.

1. Darnach ward Joseph gesagt: Siehe,
dein Vater ist krank. Und er nahm mit sich
seine beiden Söhne, Manasse und
Ephraim.
2. Da ward's Jakob angesagt: Siehe, dein
Sohn Joseph kommt zu dir. Und Israel
machte sich stark und setzte sich im Bette
3. und sprach zu Joseph: Der allmächtige
Gott erschien mir zu *Lus im Lande Kanaan und segnete mich *K.28,19.
4. und sprach zu mir: Siehe, *ich will
dich wachsen lassen und mehren und will
dich zum Haufen Volks machen und will
dies Land zu eigen geben deinem Samen
nach dir ewiglich. *K.35,11.12.
5. So sollen nun deine *zwei Söhne,
Ephraim und Manasse, die dir geboren
sind in Ägyptenland, ehe ich hereingekommen bin zu dir, mein sein gleich wie
Ruben und Simeon. *K.41,50–52.
6. Welche du aber nach ihnen zeugest,
sollen dein sein und genannt werden nach
dem Namen ihrer Brüder in deren Erbteil.
7. Und da ich aus Mesopotamien kam,
starb mir *Rahel im Lande Kanaan auf
dem Weg, da noch ein Feld Weges war gen
Ephrath; und ich begrub sie daselbst an
dem Wege Ephraths, das nun Bethlehem
heißt. *K.35,19.
8. Und Israel sah die Söhne Josephs und
sprach: Wer sind die?
9. Joseph antwortete seinem Vater: Es
sind meine Söhne, *die mir Gott hier gegeben hat. Er sprach: Bringe sie her zu
mir, daß ich sie segne. *K.33,5.
10. Denn die Augen Israels waren dunkel
geworden vor Alter, und er konnte nicht
wohl sehen. Und er brachte sie zu ihm. Er
aber küßte sie und herzte sie
11. und sprach zu Joseph: Siehe, ich habe dein Angesicht gesehen, was ich *nicht
gedacht hätte; und siehe, Gott hat mich
†auch deinen Samen sehen lassen.
*K.37,33.35; 45,26. †Ps.128,6.
12. Und Joseph nahm sie von seinem
Schoß und neigte sich zur Erde gegen sein
Angesicht.
13. Da nahm sie Joseph beide, Ephraim
in seine rechte Hand gegen Israels linke
Hand und Manasse in seine linke Hand
gegen Israels rechte Hand, und brachte sie
zu ihm.
14. Aber Israel streckte seine rechte
Hand aus und legte sie auf Ephraims, des
Jüngeren, Haupt und seine linke auf Manasses Haupt und tat wissend also mit
seinen Händen, denn Manasse war der
Erstgeborene.
15. Und er segnete Joseph und sprach:
Der Gott, vor dem *meine Väter, Abraham
und Isaak, gewandelt haben, der Gott, der
†mein Hirte gewesen ist mein Leben lang
bis auf diesen Tag, *K.32,10. †Ps.23,1.
16. *der Engel, der mich erlöset hat von
allem Übel, der segne die Knaben, daß sie
nach meinem und nach meiner Väter, Abrahams und Isaaks, Namen genannt werden, daß sie wachsen und viel werden auf
Erden. *K.31,11–13.
17. Da aber Joseph sah, daß sein Vater
die rechte Hand auf Ephraims Haupt legte, gefiel es ihm übel, und er faßte seines
Vaters Hand, daß er sie von Ephraims
Haupt auf Manasses Haupt wendete,
18. und sprach zu ihm: Nicht so, mein
Vater; dieser ist der Erstgeborene, lege
deine rechte Hand auf sein Haupt.
19. Aber sein Vater weigerte sich und
sprach: Ich weiß wohl, mein Sohn, ich
weiß wohl. Dieser soll auch ein Volk werden und wird groß sein; aber sein jüngerer
Bruder wird größer denn er werden, und
sein Same wird ein großes Volk werden.
4. Mose 1,33.35; 5. Mose 33,17.
20. Also segnete er sie des Tages und
sprach: Wer in Israel will jemand segnen,
der sage: Gott setze dich wie Ephraim und
Manasse! Und setzte also Ephraim Manasse vor. Hebr. 11,21.
21. Und Israel sprach zu Joseph: Siehe,
ich sterbe; und Gott wird mit euch sein
und wird euch wiederbringen in das Land
eurer Väter.
22. Ich habe dir ein Stück *Land gegeben
vor deinen Brüdern, das ich mit meinem
Schwert und Bogen aus der Hand der
Amoriter genommen habe. *Joh. 4,5.

Das 49. Kapitel

Jakobs Segen, letzte Verordnung und Tod.
(Vgl. 5. Mose 33.)

1. Und Jakob berief seine Söhne und
sprach: Versammelt euch, daß ich euch
verkündige, was euch begegnen wird in
künftigen Zeiten.

JAKOBS FLUCHT MIT DEN SEINEN 1. Mose 31, 17–21

2. Kommet zuhauf und höret zu, ihr
Kinder Jakobs, und höret euren Vater Israel.
3. Ruben, mein erster Sohn bist du, meine Kraft, und der Erstling meiner Stärke,
der Oberste in der Würde und der Oberste
in der Macht. K.29,32; 5.Mose 21,17.
4. Er fuhr leichtfertig dahin wie Wasser.
Du sollst nicht der Oberste sein; *denn du
bist auf deines Vaters Lager gestiegen, daselbst hast du mein Bett entweiht mit dem
Aufsteigen. *K.35,22.
5. Die Brüder Simeon und Levi, ihre
Schwerter sind mörderische Waffen.
6. Meine Seele komme nicht in ihren
Rat, und meine *Ehre sei nicht in ihrer
Versammlung; denn † in ihrem Zorn haben sie den Mann erwürgt, und in ihrem
Mutwillen haben sie den Ochsen ver-
lähmt. *Ps.16,9; 30,13. †K.34,25.
7. Verflucht sei ihr Zorn, daß er so heftig
ist, und ihr Grimm, daß er so störrig ist.
Ich *will sie zerteilen in Jakob und zerstreuen in Israel. *Jos.19,1–9; 21,1–42.
8. Juda, du bist's; dich werden deine Brüder loben. Deine Hand wird deinen Feinden auf dem Halse sein; vor dir werden
deines Vaters Kinder sich neigen.
4.Mose 10,14; Richt.1,2.2.
9. Juda ist ein junger Löwe. Du bist hoch
gekommen, mein Sohn, durch große Siege. Er ist niedergekniet und hat sich gelagert wie ein Löwe und wie eine Löwin; wer
will sich wider ihn auflehnen?
4.Mose 23,24; Offenb.5,5.
10. Es wird das Zepter von Juda nicht
entwendet werden noch der Stab des Herrschers von seinen Füßen, bis daß der Held
komme; und demselben werden die Völker
anhangen.
4.Mose 24,17; 1.Chron.5,2; 28,4; Hebr.7,14.
11. Er wird sein Füllen an den Weinstock
binden und seiner Eselin Sohn an die edle
Rebe. Er wird sein Kleid in Wein waschen
und seinen Mantel in Weinbeerblut.
Joel 4,18.
12. Seine Augen sind trübe von Wein und
seine Zähne weiß von Milch.
13. Sebulon *wird an der Anfurt des Meeres wohnen und an der Anfurt der Schiffe
und reichen an Sidon.
*Jos.19,10–16.
14. Isaschar wird ein knochiger Esel sein
und sich lagern zwischen den Hürden.

15. Und er sah die Ruhe, daß sie gut ist, und das Land, daß es lustig ist; da hat er seine Schultern geneigt, zu tragen, und ist ein zinsbarer Knecht worden.
16. Dan wird Richter sein in seinem Volk wie ein ander Geschlecht in Israel.
Richt. 13,25.
17. Dan wird eine Schlange werden auf dem Wege und eine Otter auf dem Steige und das Pferd in die Fersen beißen, daß sein Reiter zurückfalle.
18. Herr, ich warte auf dein Heil!
Ps. 119,166; Hab. 2,3.
19. Gad wird gedrängt werden von Kriegshaufen, er aber drängt sie auf der Ferse.
20. Von Asser *kommt sein fettes Brot, und er wird den Königen leckere Speise geben. *Jos. 19,24–31.
21. Naphthali ist ein schneller Hirsch und gibt schöne Rede. Richt. 4,6–10.
22. Joseph wird wachsen, er wird wachsen wie ein Baum an der Quelle, daß die Zweige emporsteigen über die Mauer.
Hos. 13,15.
23. Und wiewohl ihn die Schützen erzürnen und wider ihn kriegen und ihn verfolgen,
24. so bleibt doch sein Bogen fest und die Arme seiner Hände stark durch die Hände des Mächtigen in Jakob, durch ihn, den Hirten und Stein Israels.
25. Von deines Vaters Gott ist dir geholfen, und von dem Allmächtigen bist du gesegnet mit Segen oben vom Himmel herab, mit Segen von der Tiefe, die unten liegt, mit Segen der Brüste und des Mutterleibes.
26. Die Segen deines Vaters gehen stärker denn die Segen meiner Voreltern, nach Wunsch der Hohen in der Welt, und sollen kommen auf das Haupt Josephs und auf den Scheitel des *Geweihten unter seinen Brüdern. *K. 45,8.
27. Benjamin ist ein reißender Wolf; des Morgens wird er Raub fressen, und des Abends wird er Beute austeilen.
Richt. 20,25; 1. Sam. 9,1.2.
28. Das sind die zwölf Stämme Israels alle, und das ist's, was ihr Vater mit ihnen geredet hat, da er sie segnete, einen jeglichen mit einem besonderen Segen.
29. Und er gebot ihnen und sprach zu ihnen: Ich werde versammelt zu meinem Volk; begrabt mich zu meinen Vätern *in der Höhle auf dem Acker Ephrons, des Hethiters, *K. 23,16–20; 47,30.
30. in der zwiefachen Höhle, die gegenüber Mamre liegt, im Lande Kanaan, die Abraham kaufte samt dem Acker von Ephron, dem Hethiter, zum Erbbegräbnis.
31. Daselbst haben sie *Abraham begraben und Sara, sein Weib. Daselbst haben sie auch †Isaak begraben und Rebekka, sein Weib. Daselbst habe ich auch Lea begraben, *K. 25,9. †K. 35,29.
32. in dem Acker und der Höhle, die von den Kindern Heth gekauft ist.
33. Und da Jakob vollendet hatte die Gebote an seine Kinder, tat er seine Füße zusammen aufs Bett und verschied und ward versammelt zu seinem Volk.

Das 50. Kapitel

Jakobs Begräbnis zu Hebron. Josephs Edelmut. Sein Tod.

1. Da fiel Joseph auf seines Vaters Angesicht und weinte *über ihn und küßte ihn. *K. 46,4.
2. Und Joseph befahl seinen Knechten, den Ärzten, daß sie seinen Vater salbten. Und die Ärzte salbten Israel,
3. bis daß vierzig Tage um waren; denn so lange währen die Salbetage. Und die Ägypter beweinten ihn siebzig Tage.
4. Da nun die Leidtage aus waren, redete Joseph mit Pharaos Gesinde und sprach: Habe ich Gnade vor euch gefunden, so redet mit Pharao und sprecht:
5. *Mein Vater hat einen Eid von mir genommen und gesagt: Siehe, ich sterbe; begrabe mich in meinem Grabe, das ich mir im Lande Kanaan gegraben habe. So will ich nun hinaufziehen und meinen Vater begraben und wiederkommen.
*K. 47,29.30.
6. Pharao sprach: Zieh hinauf und begrabe deinen Vater, wie du ihm geschworen hast.
7. Also zog Joseph hinauf, seinen Vater zu begraben. Und es zogen mit ihm alle Knechte Pharaos, die Ältesten seines Hauses und alle Ältesten des Landes Ägypten,
8. dazu das ganze Gesinde Josephs und seine Brüder und das Gesinde seines Vaters. Allein ihre Kinder, Schafe und Ochsen ließen sie im Lande Gosen.
9. Und es zogen auch mit ihm hinauf Wagen und Reisige, und war ein sehr großes Heer.
10. Da sie nun an die Tenne Atad kamen, die jenseits des Jordans liegt, da hielten sie eine gar große und bittere Klage; und er trug über seinen Vater Leid sieben Tage.

DER KAMPF JAKOBS MIT EINEM ENGEL 1. Mose 32, 25–27

11. Und da die Leute im Lande, die Kanaaniter, die Klage bei der Tenne Atad sahen, sprachen sie: Die Ägypter halten da große Klage. Daher heißt man den Ort: Der Ägypter Klage, welcher liegt jenseits des Jordans.
12. Und seine Kinder taten, wie er *ihnen befohlen hatte, *K.49,29.
13. und führten ihn ins Land Kanaan und begruben ihn in der zwiefachen Höhle des Ackers, die *Abraham erkauft hatte mit dem Acker zum Erbbegräbnis von Ephron, dem Hethiter, gegenüber Mamre. *K.23,16.
14. Als sie ihn zu begraben hatten, zog Joseph wieder nach Ägypten mit seinen Brüdern und mit allen, die mit ihm hinaufgezogen waren, seinen Vater zu begraben.
15. Die Brüder aber Josephs fürchteten sich, da ihr Vater gestorben war, und sprachen: Joseph möchte uns gram sein und vergelten alle Bosheit, die wir an ihm getan haben.
16. Darum ließen sie ihm sagen: Dein Vater befahl vor seinem Tod und sprach:
17. Also sollt ihr Joseph sagen: Vergib doch deinen Brüdern die Missetat und ihre Sünde, daß sie so übel an dir getan haben. So vergib doch nun diese Missetat uns, den Dienern des Gottes deines Vaters. Aber Joseph weinte, da sie solches mit ihm redeten.
18. Und seine Brüder gingen hin und fielen vor ihm nieder und sprachen: Siehe, wir sind deine Knechte.
19. Joseph sprach zu ihnen: Fürchtet euch nicht, denn ich bin unter Gott.
20. Ihr gedachtet's böse mit mir zu machen; aber *Gott gedachte es gut zu machen, daß er täte, wie es jetzt am Tage ist, zu erhalten viel Volks. *K.45,5; Jes.28,29.
21. So fürchtet euch nun nicht; ich will euch versorgen und eure Kinder. Und er tröstete sie und redete freundlich mit ihnen.
22. Also wohnte Joseph in Ägypten mit seines Vaters Hause und lebte 110 Jahre
23. und sah Ephraims Kinder bis ins dritte Glied. Auch wurden dem Machir, Manasses Sohn, Kinder geboren *auf den Schoß Josephs. *K.30,3.
24. Und Joseph sprach zu seinen Brü-

dern: Ich sterbe, und Gott wird euch
heimsuchen und aus diesem Lande führen
in das Land, das er Abraham, Isaak und
Jakob geschworen hat. Hebr. 11,22.
25. Darum nahm er einen Eid von den
Kindern Israel und sprach: Wenn euch
Gott heimsuchen wird, so führet meine
Gebeine von dannen.
2. Mose 13,19; Jos. 24,32.
26. Also starb Joseph, da er war 110 Jahre
alt. Und sie salbten ihn und legten ihn in
eine Lade in Ägypten.

Das zweite Buch Mose

Das 1. Kapitel

Wachstum und Bedrängnis der Kinder Israel in Ägypten.

1. Dies sind die *Namen der Kinder Israel, die mit Jakob nach Ägypten kamen; ein
jeglicher kam mit seinem Hause hinein:
*1. Mose 46,8.
2. Ruben, Simeon, Levi, Juda,
3. Isaschar, Sebulon, Benjamin,
4. Dan, Naphthali, Gad, Asser.
5. Und *aller Seelen, die aus den Lenden
Jakobs gekommen waren, deren waren
siebzig. Joseph aber war zuvor in Ägypten.
*1. Mose 46,27.
6. Da nun *Joseph gestorben war und
alle seine Brüder und alle, die zu der Zeit
gelebt hatten, *1. Mose 50,26.
7. wuchsen die Kinder Israel und zeugten Kinder und mehrten sich und wurden
sehr viel, daß ihrer das Land voll ward.
Apg. 7,17.
8. Da kam ein neuer König auf in Ägypten, der wußte nichts von Joseph
9. und er sprach zu seinem Volk: Siehe,
des Volks der Kinder Israel ist viel und
mehr als wir.
10. Wohlan, wir wollen sie mit List
dämpfen, daß ihrer nicht so viel werden.
Denn wo sich ein Krieg erhöbe, möchten
sie sich auch zu unsern Feinden schlagen
und wider uns streiten und zum Lande
ausziehen.
11. Und man setzte Fronvögte über sie,
die sie mit schweren *Diensten drücken
sollten; denn man baute dem Pharao die
Städte Pithon und †Raemses zu Vorrats-
häusern. *1. Mose 15,13. †1. Mose 47,11.
12. Aber je mehr sie das Volk drückten, je
mehr es sich mehrte und ausbreitete. Und
sie hielten die Kinder Israel wie einen
Greuel.
13. Und die Ägypter zwangen die Kinder
Israel zum Dienst mit Unbarmherzigkeit
14. und machten ihnen ihr Leben sauer
mit schwerer Arbeit in Ton und Ziegeln
und mit allerlei Frönen auf dem Felde und
mit allerlei Arbeit, die sie ihnen auflegten
mit Unbarmherzigkeit.
15. Und der König in Ägypten sprach zu
den hebräischen Wehmüttern, deren eine
hieß Siphra und die andere Pua:
16. Wenn ihr den hebräischen Weibern
helft, und auf dem Stuhl seht, daß es ein
Sohn ist, so tötet ihn; ist's aber eine Tochter, so laßt sie leben.
17. Aber die Wehmütter fürchteten Gott
und taten nicht, wie der König von Ägypten ihnen gesagt hatte, sondern ließen die
Kinder leben.
18. Da rief der König in Ägypten die Wehmütter und sprach zu ihnen: Warum tut
ihr das, daß ihr die Kinder leben lasset?
19. Die Wehmütter antworteten Pharao:
Die hebräischen Weiber sind nicht wie die
ägyptischen, denn sie sind harte Weiber;
ehe die Wehmutter zu ihnen kommt, haben sie geboren.
20. Darum tat Gott den Wehmüttern Gutes. Und das Volk mehrte sich und ward
sehr viel
21. Und weil die Wehmütter Gott fürchteten, baute er ihnen Häuser.
22. Da gebot Pharao allem seinem Volk
und sprach: Alle Söhne, die geboren werden, werft ins Wasser, und alle Töchter
laßt leben.

Das 2. Kapitel

Mose's Geburt, wunderbare Erhaltung und Erziehung. Seine Flucht und Ehe.

1. Und es ging hin ein Mann vom Hause
Levi und nahm eine Tochter Levi. K. 6,20.
2. Und das Weib ward schwanger und gebar einen Sohn. Und da sie sah, daß es *ein
feines Kind war, verbarg sie ihn drei Monate. *Apg. 7,20; Hebr. 11,23.
3. Und da sie ihn nicht länger verbergen
konnte, machte sie ein Kästlein von Rohr
und verklebte es mit Erdharz und Pech
und legte das Kind darein und legte ihn in
das Schilf am Ufer des Wassers.

VERSÖHNUNG JAKOBS MIT ESAU 1. Mose 33, 1–4

4. Aber seine *Schwester stand von ferne, daß sie erfahren wollte, wie es ihm
gehen würde. *K. 15,20.
5. Und die Tochter Pharaos ging hernieder und wollte baden im Wasser; und ihre
Jungfrauen gingen an dem Rande des
Wassers. Und da sie das Kästlein im Schilf
sah, sandte sie ihre Magd hin und ließ es
holen.
6. Und da sie es auftat, sah sie das Kind;
und siehe, das Knäblein weinte. Da jammerte es sie, und sprach: Es ist der hebräischen Kindlein eins.
7. Da sprach seine Schwester zu der
Tochter Pharaos: Soll ich hingehen und
der hebräischen Weiber eine rufen, die da
säugt, daß sie dir das Kindlein säuge?
8. Die Tochter Pharaos sprach zu ihr:
Gehe hin. Die Jungfrau ging hin und rief
des Kindes Mutter.
9. Da sprach Pharaos Tochter zu ihr.
Nimm hin das Kindlein und säuge mir's;
ich will dir lohnen. Das Weib nahm das
Kind und säugte es.
10. Und da das Kind groß war, brachte
sie es der Tochter Pharaos, und es ward ihr
Sohn, und sie hieß ihn Mose; denn sie
sprach: Ich habe ihn aus dem Wasser gezogen.
11. Zu den Zeiten, da Mose war groß geworden, ging er aus zu seinen Brüdern
und sah ihre Last und ward gewahr, daß
ein Ägypter schlug seiner Brüder, der Hebräischen, einen. Hebr. 11,24.25.
12. Und er wandte sich hin und her, und
da er sah, daß kein Mensch da war, erschlug er den Ägypter und scharrte ihn in
den Sand. Apg. 7,24.
13. Auf einen andern Tag ging er auch
aus und sah zwei hebräische Männer sich
miteinander zanken und sprach zu dem
Ungerechten: Warum schlägst du deinen
Nächsten?
14. Er aber sprach: Wer hat dich zum
Obersten oder Richter über uns gesetzt?
Willst du mich auch erwürgen, wie du den
Ägypter erwürgt hast? Da fürchtete sich
Mose und sprach: Wie ist das laut geworden? Apg. 7,27.28.35.
15. Und es kam vor Pharao; der trachtete
nach Mose, daß er ihn erwürgte. Aber Mose floh vor Pharao und blieb im Lande
Midian und wohnte bei einem Brunnen.
Hebr. 11,27.

16. *Der Priester aber in Midian hatte sieben Töchter; die kamen, Wasser zu schöpfen, und füllten die Rinnen, daß sie ihres Vaters Schafe tränkten. *K.3,1.
17. Da kamen die Hirten und stießen sie davon. Aber Mose machte sich auf und half ihnen und *tränkte ihre Schafe.
*1.Mose 29,10.
18. Und da sie zu ihrem Vater Reguel kamen, sprach er: Wie seid ihr heute so bald gekommen?
19. Sie sprachen: Ein ägyptischer Mann errettete uns von den Hirten und schöpfte uns und tränkte die Schafe.
20. Er sprach zu seinen Töchtern: Wo ist er? Warum habt ihr den Mann gelassen, daß ihr ihn nicht ludet, mit uns zu essen?
21. Und Mose willigte darein, bei dem Manne zu bleiben. Und er gab Mose seine Tochter Zippora.
22. Die gebar einen Sohn; und er hieß ihn Gersom; denn er sprach: Ich bin ein Fremdling geworden im fremden Lande.
K.18,3.
23. Lange Zeit aber darnach starb der König in Ägypten. Und die Kinder Israel seufzten über ihre Arbeit und schrieen, und ihr Schreien über ihre Arbeit *kam vor Gott. *K.3,7.
24. Und Gott erhörte ihr Wehklagen und gedachte *an seinen Bund mit Abraham, Isaak und Jakob;
*1.Mose 15,18; 26,3; 28,13.14.
25. und er sah darein und nahm sich ihrer an.

Das 3. Kapitel

Berufung Mose's.

1. Mose aber hütete die Schafe Jethros, seines Schwiegervaters, des Priesters in Midian, und trieb die Schafe hinter die Wüste und kam an den Berg Gotts, Horeb.
2. Und der Engel des Herrn erschien ihm in einer feurigen Flamme aus dem Busch. Und er sah, daß der Busch mit Feuer brannte und ward doch nicht verzehrt;
Apg.7,30; 5.Mose 33,16.
3. und sprach: Ich will dahin und beschauen dies große Gesicht, warum der Busch nicht verbrennt.
4. Da aber der Herr sah, daß er hinging, zu sehen, rief ihm Gott aus dem Busch und sprach: Mose, Mose! Er antwortete: Hier bin ich.
5. Er sprach: Tritt nicht herzu, zieh deine Schuhe aus von deinen Füßen; denn der Ort, darauf zu stehst, ist ein heilig Land! Jos.5,15; 1.Mose 28,17.
6. Und sprach weiter: *Ich bin der Gott deines Vaters, der Gott Abrahams, der Gott Isaaks und der Gott Jakobs. Und Mose verhüllte sein Angesicht; denn er fürchtete sich, Gott anzuschauen. *Matth.23,32.
7. Und der Herr sprach: Ich habe gesehen das Elend meines Volks in Ägypten und habe ihr *Geschrei gehört über die, so sie drängen; ich habe ihr Leid erkannt *K.2,23.
8. und bin herniedergefahren, daß ich sie errette von der Ägypter Hand und sie ausführe aus diesem Lande in ein gutes und weites Land, in ein Land, darin Milch und Honig fließt, an den Ort der Kanaaniter, Hethiter, Amoriter, Pheresiter, Heviter und Jebusiter.
9. Weil denn nun das Geschrei der Kinder Israel vor mich gekommen ist und ich auch dazu ihre Angst gesehen habe, wie die Ägypter sie ängsten,
10. so gehe nun hin, ich will dich zu Pharao senden, daß du mein Volk, die Kinder Israel, aus Ägypten führest.
11. Mose sprach zu Gott: *Wer bin ich, daß ich zu Pharao gehe und führe die Kinder Israel aus Ägypten?
*K.4,10; Jes.6,5.8; Jer.1,6.
12. Er sprach: Ich will mit dir sein. Und das soll dir das Zeichen sein, daß ich dich gesandt habe: Wenn du mein Volk aus Ägypten geführt hast, werdet ihr Gott opfern auf diesem Berge.
13. Mose sprach zu Gott: Siehe, wenn ich zu den Kindern Israel komme und spreche zu ihnen: Der Gott eurer Väter hat mich zu euch gesandt, und sie mir sagen werden: Wie heißt sein Name? was soll ich ihnen sagen?
14. Gott sprach zu Mose: *Ich werde sein, der ich sein werde. Und sprach: Also sollst du zu den Kindern Israel sagen: Ich werde sein hat mich zu euch gesandt.
*Offenb.1,4.8.
15. Und Gott sprach weiter zu Mose: Also sollst du zu den Kindern Israel sagen: Der Herr, eurer Väter Gott, der Gott Abrahams, der Gott Isaaks, der Gott Jakobs, hat mich zu euch gesandt. Das *ist mein Name ewiglich, dabei soll man mein gedenken für und für. *K.6,2.3; Jes.42,8.
16. Darum so gehe hin und versammle die Ältesten in Israel und sprich zu ihnen: Der Herr, eurer Väter Gott, ist mir erschienen, der Gott Abrahams, der Gott Isaaks, der Gott Jakobs, und hat gesagt: Ich habe euch heimgesucht, und gesehen, was euch in Ägypten widerfahren ist,
17. und habe gesagt: Ich will euch aus dem Elend Ägyptens führen in das Land

VERKAUF JOSEPHS NACH ÄGYPTEN 1. Mose 37, 28

der Kanaaniter, Hethiter, Amoriter, Pheresiter, Heviter und Jebusiter, in das Land, darin Milch und Honig fließt.
18. Und wenn sie deine Stimme hören,
so sollst du und die Ältesten in Israel hineingehen zum König in Ägypten und zu ihm sagen: *Der Herr, der Hebräer Gott, hat uns gerufen. So laß uns nun gehen drei Tagereisen in die Wüste, daß wir opfern dem Herrn, unserm Gott. *K.5,1.3.
19. Aber ich weiß, daß euch der König in
Ägypten nicht wird ziehen lassen, außer durch eine starke Hand.
20. Denn ich werde meine Hand aus-
strecken und Ägypten schlagen mit allerlei Wundern, die ich darin tun werde. Darnach wird er euch ziehen lassen.
21. Und ich will diesem Volk Gnade ge-
ben vor den Ägyptern, daß, wenn ihr auszieht, ihr nicht leer auszieht;

K. 11,2.3; 12,35.36; 1. Mose 15,14.

22. sondern ein jeglich Weib soll von ih-
rer Nachbarin und Hausgenossin fordern silberne und goldene Gefäße und Kleider; die sollt ihr auf eure Söhne und Töchter legen und von den Ägyptern zur Beute nehmen.

Das 4. Kapitel

Ausrüstung Mose's mit der Wundergabe.
Rückkehr nach Ägypten.

1. Mose antwortete und sprach: Siehe,
sie werden mir nicht glauben noch meine Stimme hören, sondern werden sagen: Der Herr ist dir nicht erschienen.
2. Der Herr sprach zu ihm: Was ist's, was
du in deiner Hand hast? Er sprach: Ein Stab.
3. Er sprach: Wirf ihn von dir auf die
Erde. Und er warf ihn von sich; da ward er zur *Schlange, und Mose floh vor ihr.

*K. 7,10.

4. Aber der Herr sprach zu ihm: Strecke
deine Hand aus und erhasche sie bei dem Schwanz. Da streckte er seine Hand aus und hielt sie, und sie ward zum Stab in seiner Hand.
5. Darum werden sie glauben, daß dir
erschienen sei der Herr, der Gott ihrer Väter, der Gott Abrahams, der Gott Isaaks, der Gott Jakobs.
6. Und der Herr sprach weiter zu ihm:
Stecke deine Hand in deinen Busen. Und er steckte sie in seinen Busen und zog sie

heraus; siehe, da war sie aussätzig wie Schnee.

7. Und er sprach: Tue sie wieder in deinen Busen. Und er tat sie wieder in den Busen und zog sie heraus; siehe, da ward sie wieder wie sein anderes Fleisch.

8. Wenn sie dir nun nicht werden glauben noch deine Stimme hören bei dem einen Zeichen, so werden sie doch glauben deiner Stimme bei dem andern Zeichen.

9. Wenn sie aber diesen zwei Zeichen nicht glauben werden noch deine Stimme hören, so nimm Wasser aus dem Strom und gieß es auf das trockene Land, so wird das Wasser, das du aus dem Strom genommen hast, *Blut werden auf dem trockenen Lande. *K.7,17.

10. Mose aber sprach zu dem Herrn: Ach mein Herr, *ich bin je und je nicht wohl beredt gewesen, auch nicht seit der Zeit, da du mit deinem Knecht geredet hast; denn ich habe eine schwere Sprache und eine schwere Zunge. *K.3,11; 6,12.30.

11. Der Herr sprach zu ihm: Wer hat dem Menschen den Mund geschaffen? Oder wer hat den Stummen oder Tauben oder Sehenden oder Blinden gemacht? Habe ich's nicht getan, der Herr? Ps.94,9.

12. So gehe nun hin: Ich will mit deinem Munde sein und dich lehren, was du sagen sollst. Matth.10,19.

13. Mose sprach aber: Mein Herr, sende, welchen du senden willst.

14. Da ward der Herr sehr zornig über Mose und sprach: Weiß ich denn nicht, daß dein Bruder Aaron aus dem Stamm Levi beredt ist? Und siehe, er wird herausgehen dir entgegen; und wenn er dich sieht, wird er sich von Herzen freuen.

15. Du sollst zu ihm reden und die Worte in seinen Mund legen. Und ich will mit deinem und seinem Munde sein und euch lehren, was ihr tun sollt.

16. Und er soll für dich zum Volk reden; er soll dein Mund sein, und du sollst sein Gott sein. K.7,1.2.

17. Und diesen Stab nimm in deine Hand, mit dem du Zeichen tun sollst.

18. Mose ging hin und kam wieder zu *Jethro, seinem Schwiegervater, und sprach zu ihm: Laß mich doch gehen, daß ich wieder zu meinen Brüdern komme, die in Ägypten sind, und sehe, ob sie noch leben. Jethro sprach zu ihm: Gehe hin mit Frieden. *K.3,1.

19. Auch sprach der Herr zu ihm in Midian: Gehe hin und ziehe wieder nach Ägypten; denn die *Leute sind tot, die nach deinem Leben standen. *Matth.2,20.

20. Also nahm Mose sein Weib und *seine Söhne und führte sie auf einem Esel und zog wieder nach Ägyptenland und nahm den Stab Gottes in seine Hand.
*K.18,3.4

21. Und der Herr sprach zu Mose: Siehe zu, wenn du wieder nach Ägypten kommst, daß du alle die Wunder tust vor Pharao, die ich dir in deine Hand gegeben habe; *ich aber will sein Herz verstocken, daß er das Volk nicht lassen wird.
*K.7,3.13; 8,11.15.28; 9,12.35; 10,1.20.27; 11,10; 14,4.17.

22. Und du sollst zu ihm sagen: So sagt der Herr: *Israel ist mein erstgeborener Sohn; *Jer.31,9; Hos.11,1.

23. und ich gebiete dir, daß du meinen Sohn ziehen lassest, daß er mir diene. Wirst du dich des weigern, so will *ich deinen erstgeborenen Sohn erwürgen.
*K.11,5; 12,29.

24. Und als er unterwegs in der Herberge war, kam ihm der Herr entgegen und wollte ihn töten. 1.Mose 17,14.

25. Da nahm Zippora einen *Stein und beschnitt ihrem Sohn die Vorhaut und rührte ihm seine Füße an und sprach: Du bist mir ein Blutbräutigam. *Jos.5,2.

26. Da ließ er von ihm ab. Sie sprach aber Blutbräutigam um der Beschneidung willen.

27. Und der Herr sprach zu Aaron: Gehe hin Mose entgegen in die Wüste. Und er ging hin und begegnete ihm am Berge Gottes und küßte ihn.

28. Und Mose sagte Aaron alle Worte des Herrn, der ihn gesandt hatte, und alle Zeichen, die er ihm befohlen hatte.

29. Und sie gingen hin und versammelten alle Ältesten von den Kindern Israel.

30. Und Aaron redete alle Worte, die der Herr mit Mose geredet hatte, und er tat die Zeichen vor dem Volk.

31. Und das Volk glaubte. Und da sie hörten, daß der Herr die Kinder Israel *heimgesucht und ihr Elend angesehen hätte, neigten sie sich und beteten an.
*K.3,16.

Das 5. Kapitel

Mose wird von Pharao verachtet, das Volk noch härter gedrückt.

1. Darnach gingen Mose und Aaron hinein und sprachen zu Pharao: So sagt der Herr, der Gott Israels: *Laß mein Volk ziehen, daß mir's ein Fest halte in der Wüste. *K.3,18; 7,16.26; 8,16; 9,1.13.

2. Pharao antwortete: Wer *ist der Herr,

DIE KEUSCHHEIT JOSEPHS 1. Mose 39, 12

des Stimme ich hören müsse und Israel
ziehen lassen? Ich weiß nichts von dem
Herrn, will auch Israel nicht lassen ziehen. *Dan.3,15.
3. Sie sprachen: Der Hebräer-Gott hat
uns gerufen; so laß uns nun hinziehen
drei Tagesreisen in die Wüste und dem
Herrn, unserm Gott, opfern, daß uns
nicht widerfahre Pestilenz oder Schwert.
4. Da sprach der König in Ägypten zu
ihnen: Du Mose und Aaron, warum wollt
ihr das Volk von seiner Arbeit freimachen?
Gehet hin an eure Dienste!
5. Weiter sprach Pharao: Siehe, des Volks
ist schon *zu viel im Lande, und ihr wollt
sie noch feiern heißen von ihrem Dienst!
*K.1,7.12.
6. Darum befahl Pharao desselben Tages
den Vögten des Volks und ihren Amtleuten
und sprach:
7. Ihr sollt dem Volk nicht mehr Stroh
sammeln und geben, daß sie Ziegel machen wie bisher; laßt sie selbst hingehen,
und Stroh zusammenlesen,
8. und die Zahl der Ziegel, die sie bisher
gemacht haben, sollt ihr ihnen gleichwohl
auflegen und nichts mindern; denn sie
gehen müßig, darum schreien sie und
sprechen: Wir wollen hinziehen und unserm Gott opfern.
9. Man drücke die Leute mit Arbeit, daß
sie zu schaffen haben und sich nicht kehren an falsche Rede.
10. Da gingen die Vögte des Volks und
ihre Amtleute aus und sprachen zum Volk:
So spricht Pharao: Man wird euch kein
Stroh geben;
11. gehet ihr selbst hin und sammelt
euch Stroh, wo ihr's findet; aber von eurer
Arbeit soll nichts gemindert werden.
12. Da zerstreute sich das Volk ins ganze
Land Ägypten, daß es Stoppeln sammelte,
damit sie Stroh hätten.
13. Und die Vögte trieben sie und sprachen: Erfüllet euer Tagewerk, gleich als da
ihr Stroh hattet.
14. Und die Amtleute der Kinder Israel,
welche die Vögte Pharaos über sie gesetzt
hatten, wurden geschlagen, und ward zu
ihnen gesagt: Warum habt ihr weder heute noch gestern euer gesetztes Tagewerk
getan wie bisher?
15. Da gingen hinein die Amtleute der
Kinder Israel und schrieen zu Pharao:

Warum willst du mit deinen Knechten also fahren?
16. Man gibt deinen Knechten kein
Stroh, und sie sollen die Ziegel machen,
die uns bestimmt sind; und siehe, deine
Knechte werden geschlagen, und dein
Volk *muß schuldig sein. *1.Kön.1,21.
17. Pharao sprach: Ihr seid müßig, müßig seid ihr; darum sprecht ihr: Wir wollen hinziehen und dem Herrn opfern.
18. So gehet nun hin und frönet; Stroh
soll man euch nicht geben, aber die Anzahl Ziegel sollt ihr schaffen.
19. Da sahen die Amtleute der Kinder
Israel, daß es ärger ward, weil man sagte:
Ihr sollt nichts mindern von dem Tagewerk an den Ziegeln.
20. Und da sie von Pharao gingen, begegneten sie Mose und Aaron und traten ihnen entgegen
21. und sprachen zu ihnen: Der Herr sehe auf euch und richte es, daß ihr unsern
Geruch habt *stinkend gemacht vor Pharao und seinen Knechten und habt ihnen
das Schwert in ihre Hände gegeben, uns
zu töten. *1.Mose 34,30.
22. Mose aber kam wieder zu dem Herrn
und sprach: Herr, warum tust du so übel
an diesem Volk? Warum hast du mich hergesandt?
23. Denn seit dem, daß ich hineingegangen bin zu Pharao, mit ihm zu reden in
deinem Namen, hat er das Volk noch härter geplagt, und du hast dein Volk nicht
errettet.

Das 6. Kapitel

Mose bekommt von Gott neue Befehle.
Geschlechtsregister.

1. Der Herr sprach zu Mose: Nun sollst
du sehen, was ich Pharao tun werde; denn
durch eine starke Hand muß er sie lassen
ziehen, *er muß sie noch durch eine starke Hand aus seinem Lande von sich treiben. *K.11,1; 12,33.
2. Und Gott redete mit Mose und sprach
zu ihm: Ich bin der Herr
3. und bin erschienen Abraham, Isaak
und Jakob als der *allmächtige Gott; aber
mein Name †Herr ist ihnen nicht offenbart worden.
*1.Mose 17,1. †K.3,14.15.
4. Auch habe ich meinen Bund mit ihnen
aufgerichtet, daß ich ihnen geben will das
Land Kanaan, das Land ihrer Wallfahrt,
darin sie Fremdlinge gewesen sind.
1.Mose 12,7.
5. Auch habe ich gehört die Wehklage
der Kinder Israel, welche die Ägypter mit
Frönen beschweren, und habe an meinen
Bund gedacht.
6. Darum sage den Kindern Israel: Ich
bin der Herr und will euch ausführen von
euren Lasten in Ägypten und will euch
erretten von eurem Frönen und will euch
erlösen durch ausgereckten Arm und große Gerichte
7. und will euch annehmen zum Volk
und will euer Gott sein, daß ihr's erfahren
sollt, daß ich der Herr bin, euer Gott, der
euch ausführt von der Last Ägyptens
8. und euch bringt in das Land, darüber
*ich habe meine Hand gehoben, daß ich's
gäbe Abraham, Isaak und Jakob; das will
ich euch geben zu eigen, ich, der Herr.
*1.Mose 22,16; 5.Mose 32,40.
9. Mose sagte solches den Kindern Israel;
aber sie hörten ihn nicht vor Seufzen und
Angst vor harter Arbeit.
10. Da redete der Herr mit Mose und
sprach:
11. Gehe hinein und rede mit Pharao,
dem König in Ägypten, daß er die Kinder
Israel aus seinem Lande lasse.
12. Mose aber redete vor dem Herrn und
sprach: Siehe, die Kinder Israel hören
mich nicht; wie sollte mich denn Pharao
hören? *Dazu bin ich von unbeschnittenen Lippen. *V.30; K.4,10.
13. Also redete der Herr mit Mose und
Aaron und tat ihnen Befehl an die Kinder
Israel und an Pharao, den König in Ägypten, daß sie die Kinder Israel aus Ägypten
führten.
14. Dies sind die Häupter in ihren Vaterhäusern. Die Kinder Rubens, des ersten
Sohnes Israels, sind diese: Henoch, Pallu,
Hezron, Charmi. Das sind die Geschlechter von Ruben. 1.Mose 46,9–11.
15. Die Kinder Simeons sind diese: Jemuel, Jamin, Ohad, Jachin, Zohar und
Saul, der Sohn des kanaanäischen Weibes.
Das sind Simeons Geschlechter.
16. Dies sind die Namen der Kinder Levis
nach ihren Geschlechtern: Gerson, Kahath, Merari. Aber Levi ward 137 Jahre alt.
1.Chron.5,27–30; 6,1–4.
17. Die Kinder Gerons sind diese: Libni
und Simei nach ihren Geschlechtern.
18. Die Kinder Kahaths sind diese: Amram, Jizhar, Hebron, Usiel. Kahath aber
ward 133 Jahre alt.
19. Die Kinder Meraris sind diese: Maheli
und Musi. Das sind die Geschlechter Levis
nach ihrer Abstammung.
20. Und *Amram nahm seine Muhme Jochebed zum Weibe; die gebar ihm Aaron

DIE TRÄUME DES PHARAO 1. Mose 41, 29.30

und Mose. Aber Amram ward 137 Jahre
alt. *K.2,1.
21. Die Kinder Jizhars sind diese: *Korah, Nepheg, Sichri. *4.Mose 16,1.
22. Die Kinder Usiels sind diese: Misael, Elzaphan, Sithri. 3.Mose 10,4.
23. Aaron nahm zum Weibe Eliseba, die Tochter Amminadabs, Nahessons Schwester; die gebar ihm *Nadab, Abihu, Eleasar, Ithamar. *K.28,1.
24. Die Kinder Korahs sind diese: Assir, Elkana, Abiasaph. Das sind die Geschlechter der Korahiter.
25. Eleasar aber, Aarons Sohn, der nahm von den Töchtern Putiels ein Weib; die gebar ihm den *Pinehas. Das sind die Häupter unter den Vätern der Leviten-Geschlechter. *4.Mose 25,7.
26. Das ist der Aaron und Mose, zu denen der Herr sprach: Führet die Kinder Israel aus Ägyptenland mit ihrem Heer.
27. Sie sind's, die mit Pharao, dem König in Ägypten, redeten, daß sie die Kinder Israel aus Ägypten führten, nämlich Mose und Aaron.
28. Und des Tages redete der Herr mit Mose in Ägyptenland
29. und sprach zu ihm: Ich bin der Herr; rede mit Pharao, dem König in Ägypten, alles, was ich mir dir rede.
30. Und er antwortete vor dem Herrn: Siehe, ich bin von unbeschnittenen Lippen; wie wird mich denn Pharao hören? V.12.

Das 7. Kapitel

Mose und Aaron tun vor Pharao Wunder.
Verwandlung des Wassers in Blut.

1. Der Herr sprach zu Mose: Siehe, ich habe dich zu einem *Gott gesetzt über Pharao, und Aaron, dein Bruder, soll dein Prophet sein. *K.4,16.
2. Du sollst reden alles, was ich dir gebieten werde; aber Aaron, dein Bruder, soll's vor Pharao reden, daß er die Kinder Israel aus seinem Lande lasse.
3. Aber *ich will Pharaos Herz verhärten, daß ich meiner Zeichen und Wunder viel tue in Ägyptenland. *K.4,21.
4. Und Pharao wird euch nicht hören, auf daß ich meine Hand in Ägypten beweise und führe mein Heer, mein Volk, die Kin-

der Israel, aus Ägyptenland durch große Gerichte.

5. Und die *Ägypter sollen's innewerden, daß ich der Herr bin, wenn ich nun meine Hand über Ägypten ausstrecken und die Kinder Israel von ihnen wegführen werde.
*K.8,18; 9,14.29.

6. Mose und Aaron taten, wie ihnen der Herr geboten hatte.

7. Und Mose war achtzig Jahre alt und Aaron dreiundachtzig Jahre alt, da sie mit Pharao redeten.

8. Und der Herr sprach zu Mose und Aaron:

9. Wenn Pharao zu euch sagen wird: Beweiset eure Wunder, so sollst du zu Aaron sagen: *Nimm deinen Stab und wirf ihn vor Pharao, daß er zur Schlange werde.
*K.4,3.

10. Da gingen Mose und Aaron hinein zu Pharao und taten, wie ihnen der Herr geboten hatte. Und Aaron warf seinen Stab vor Pharao und vor seinen Knechten, und er ward zur Schlange.

11. Da forderte Pharao die Weisen und Zauberer; und die *ägyptischen Zauberer taten auch also mit ihrem Beschwören:
*V.22; K.8,3.14.15; 2.Tim.3,8.

12. ein jeglicher warf seinen Stab von sich, da wurden Schlangen daraus; aber Aarons Stab verschlang ihre Stäbe.

13. Also ward das Herz Pharaos verstockt, und er hörte sie nicht, wie denn der Herr *geredet hatte. *K.4,21.

14. Und der Herr sprach zu Mose: Das Herz Pharaos ist hart; er weigert sich, das Volk zu lassen.

15. Gehe hin zu Pharao morgen. Siehe, er wird ans Wasser gehen; so tritt ihm entgegen an das Ufer des Wassers und nimm den Stab in deine Hand, der zur Schlange ward,

16. und sprich zu ihm: Der Herr, der Hebräer Gott, hat mich zu dir gesandt und lassen sagen: *Laß mein Volk, daß mir's diene in der Wüste. Aber du hast bisher nicht wollen hören. *K.5,1.

17. Darum spricht der Herr also: Daran sollst du erfahren, daß ich der Herr bin. Siehe, ich will mit dem Stabe, den ich in meiner Hand habe, das Wasser schlagen, das in dem Strom ist, und es soll *in Blut verwandelt werden, *K.4,9.

18. daß die Fische im Strom sterben sollen und der Strom stinken; und den Ägyptern wird ekeln, zu trinken das Wasser aus dem Strom.

19. Und der Herr sprach zu Mose: Sage Aaron: Nimm deinen Stab und recke deine Hand aus *über die Wasser in Ägypten, über ihre Bäche und Ströme und Seen und über alle Wassersümpfe, daß sie Blut werden; und es sei Blut in ganz Ägyptenland, in hölzernen und in steinernen Gefäßen.
*Offenb.11,6.

20. Mose und Aaron taten, wie ihnen der Herr geboten hatte, und er hob den Stab auf und schlug ins Wasser, das im Strom war, vor Pharao und seinen Knechten. Und alles Wasser im Strom ward in Blut verwandelt.

21. Und die Fische im Strom starben, und der Strom ward stinkend, daß die Ägypter nicht trinken konnten das Wasser aus dem Strom; und es war Blut in ganz Ägyptenland.

22. Und die *ägyptischen Zauberer taten auch also mit ihrem Beschwören. Also ward das Herz Pharaos verstockt, und er hörte sie nicht, wie denn der Herr geredet hatte. *V.11.

23. Und Pharao wandte sich und ging heim und nahm's nicht zu Herzen.

24. Aber alle Ägypter gruben nach Wasser um den Strom her, zu trinken; denn das Wasser aus dem Strom konnten sie nicht trinken.

25. Und das währte sieben Tage lang, daß der Herr den Strom schlug.

26. [K.8,1.] Der Herr sprach zu Mose: Gehe hinein zu Pharao und sprich zu ihm: So sagt der Herr: *Laß mein Volk, daß mir's diene. *K.5,1.

27. [2.] Wo du dich des weigerst, siehe, so will ich all dein Gebiet mit Fröschen plagen,

28. [3.] daß der Strom soll von Fröschen wimmeln; die sollen heraufkriechen und kommen in dein Haus, in deine Schlafkammer, auf dein Bett, auch in die Häuser deiner Knechte, unter dein Volk, in deine Backöfen und in deine Teige;

29. [4.] und die Frösche sollen auf dich und auf dein Volk und auf alle deine Knechte kriechen.

Das 8. Kapitel

Plagen der Frösche, der Stechmücken und des Ungeziefers.

1. [5.] Und der Herr sprach zu Mose: Sage Aaron: Recke deine Hand aus mit deinem Stabe über die Bäche und Ströme und Seen und laß Frösche über Ägyptenland kommen.

2. [6.] Und Aaron reckte seine Hand über die Wasser in Ägypten, und es kamen Frösche herauf, daß Ägyptenland bedeckt ward.

JOSEPH WIRD VOM PHARAO GEEHRT 1. Mose 41, 42.43

3. [7.] Da taten die Zauberer auch also mit ihrem Beschwören und ließen Frösche über Ägyptenland kommen. K. 7,11.
4. [8.] Da forderte Pharao Mose und Aaron und sprach: *Bittet den Herrn für mich, daß er die Frösche von mir und von meinem Volk nehme, so will ich das Volk lassen, daß es dem Herrn opfere.
*V. 24; K. 9,28; 10,17.
5. [9.] Mose sprach: Habe du die Ehre vor mir und bestimme mir, wann ich für dich, für deine Knechte und für dein Volk bitten soll, daß die Frösche von dir und von deinem Haus vertrieben werden und allein im Strom bleiben.
6. [10.] Er sprach: Morgen. Er sprach: Wie du gesagt hast. Auf daß du erfahrest, daß *niemand ist wie der Herr, unser Gott, K. 9,14; 15,11.
7. [11.] so sollen die Frösche von dir, von deinem Hause, von deinen Knechten und von deinem Volk genommen werden und allein im Strom bleiben.
8. [12.] Also gingen Mose und Aaron von Pharao; und Mose schrie zu dem Herrn der Frösche halben, wie er Pharao hatte zugesagt.
9. [13.] Und der Herr tat, wie Mose gesagt hatte; und die Frösche starben in den Häusern, in den Höfen und auf dem Felde.
10. [14.] Und sie häuften sie zusammen, hier einen Haufen und da einen Haufen, und das Land stank davon.
11. [15.] Da aber Pharao sah, daß er Luft gekriegt hatte, verhärtete er sein Herz und hörte sie nicht, wie denn der Herr geredet hatte. K. 4,21.
12. [16.] Und der Herr sprach zu Mose: Sage Aaron: Recke deinen Stab aus und schlage in den Staub auf der Erde, daß Stechmücken werden in ganz Ägyptenland.
13. [17.] Sie taten also, und Aaron reckte seine Hand aus mit seinem Stabe und schlug in den Staub auf der Erde. Und es wurden Mücken an den Menschen und an dem Vieh; aller Staub des Landes ward zu Mücken in ganz Ägyptenland.
14. [18.] Die Zauberer taten auch also mit ihrem Beschwören, daß sie Mücken herausbrächten; aber *sie konnten nicht. Und die Mücken waren sowohl an Menschen als an Vieh. *K. 9,11.
15. [19.] Da sprachen die Zauberer zu

Pharao: *Das ist Gottes Finger. Aber das Herz Pharaos ward †verstockt, und er hörte sie nicht, wie denn der Herr gesagt hatte. *K.14,25. †K.4,21.
16. [20.] Und der Herr sprach zu Mose: Mache dich morgen früh auf und tritt vor Pharao (siehe, er wird ans Wasser gehen) und sprich zu ihm: So sagt der Herr: *Laß mein Volk, daß es mir diene; *K.5,1.
17. [21.] wo nicht, siehe, so will ich allerlei Ungeziefer lassen kommen über dich, deine Knechte, dein Volk und dein Haus, daß aller Ägypter Häuser und das Feld und was darauf ist, voll Ungeziefer werden sollen.
18. [22.] Und ich will des Tages ein Besonderes tun mit dem Lande Gosen, da sich mein Volk aufhält, daß kein Ungeziefer da sei; auf daß du innewerdest, daß *ich der Herr bin auf Erden allenthalben; *K.7,5.
19. [23.] und will eine Erlösung setzen zwischen meinem und deinem Volk; morgen soll das Zeichen geschehen.
20. [24.] Und der Herr tat also, und es kam viel Ungeziefer in Pharaos Haus, in seiner Knechte Häuser und über ganz Ägyptenland; und das Land ward verderbt von dem Ungeziefer.
21. [25.] Da forderte Pharao Mose und Aaron und sprach: Gehet hin, opfert eurem Gott hier im Lande.
22. [26.] Mose sprach: Das taugt nicht, daß wir also tun; denn wir würden der Ägypter Greuel opfern unserm Gott, dem Herrn; siehe, wenn wir denn der *Ägypter Greuel vor ihren Augen opferten, würden sie uns nicht steinigen? *1.Mose 43,32.
23. [27.] Drei Tagereisen wollen wir gehen in die Wüste und dem Herrn, unserm Gott, opfern, *wie er uns gesagt hat. *K.3,18.
24. [28.] Pharao sprach: Ich will euch lassen, daß ihr dem Herrn, eurem Gott opfert in der Wüste; allein, daß ihr nicht ferner ziehet; und *bittet für mich. *V.4.
25. [29.] Mose sprach: Siehe, wenn ich hinaus von dir komme, so will ich den Herrn bitten, daß dies Ungeziefer von Pharao und seinen Knechten und seinem Volk genommen werde morgen des Tages; allein täusche mich nicht mehr, daß du das Volk nicht lassest, dem Herrn zu opfern.
26. [30.] Und Mose ging hinaus von Pharao und *bat den Herrn. *V.8.
27. [31.] Und der Herr tat, wie Mose gesagt hatte, und schaffte das Ungeziefer weg von Pharao, von seinen Knechten und von seinem Volk, daß nicht eines übrigblieb.
28. [32.] Aber Pharao *verhärtete sein Herz auch dieses Mal und ließ das Volk nicht. *K.4,21.

Das 9. Kapitel

Pestilenz. Schwarze Blattern. Hagel.

1. Der Herr sprach zu Mose: Gehe hinein zu Pharao und sprich zu ihm: Also sagt der Herr, der Gott der Hebräer: *Laß mein Volk, daß sie mir dienen. *K.5,1.
2. Wo du dich des weigerst und sie weiter aufhältst,
3. siehe, so wird *die Hand des Herrn sein über dein Vieh auf dem Felde, über Pferde, über Esel, über Kamele, über Ochsen, über Schafe, mit einer sehr schweren Pestilenz. *K.3,20.
4. Und der Herr wird ein Besonderes tun zwischen dem Vieh der Israeliten und der Ägypter, daß nichts sterbe aus allem, was die Kinder Israel haben.
5. Und der Herr bestimmte eine Zeit und sprach: Morgen wird der Herr solches auf Erden tun.
6. Und der Herr tat solches des Morgens, und es starb allerlei Vieh der Ägypter; aber des Viehs der Kinder Israel starb nicht eins.
7. Und Pharao sandte darnach, und siehe, es war des Viehs Israels nicht eins gestorben. Aber das Herz Pharaos *ward verstockt, und er ließ das Volk nicht. *K.4,21.
8. Da sprach der Herr zu Mose und Aaron: Nehmet eure Fäuste voll Ruß aus dem Ofen, und Mose sprenge ihn gen Himmel vor Pharao,
9. daß es über ganz Ägyptenland stäube und *böse schwarze Blattern auffahren an den Menschen und am Vieh in ganz Ägyptenland. *5.Mose 28,27.
10. Und sie nahmen Ruß aus dem Ofen und traten vor Pharao, und Mose sprengte ihn gen Himmel. Da fuhren auf *böse schwarze Blattern an den Menschen und am Vieh, *Offenb. 16,2.
11. also daß die Zauberer nicht konnten vor Mose stehen vor den bösen Blattern; denn es waren an den Zauberern ebensowohl böse Blattern als an allen Ägyptern.
12. Aber der Herr verstockte das Herz Pharaos, daß er sie nicht hörte, wie denn der Herr zu Mose gesagt hatte. K.4,21.
13. Da sprach der Herr zu Mose: Mache

JOSEPH GIBT SICH SEINEN BRÜDERN ZU ERKENNEN 1. Mose 45, 14.15

dich morgen früh auf und tritt vor Pharao und sprich zu ihm: So sagt der Herr, der Hebräer Gott: *Laß mein Volk, daß mir's diene;

14. ich will sonst diesmal alle meine Plagen über dich selbst senden, über deine Knechte und über dein Volk, daß du innewerden sollst, daß *meinesgleichen nicht ist in allen Landen. *K.8,6.

15. Denn ich hätte schon jetzt meine Hand ausgereckt und dich und dein Volk mit Pestilenz geschlagen, daß du von der Erde vertilgt würdest.

16. Aber darum habe ich dich erhalten, daß meine Kraft an dir erscheine und mein Name verkündigt werde in allen Landen. K.7,3; 14,4; Röm.9,17.

17. Du trittst mein Volk noch unter dich und willst's nicht lassen.

18. Siehe, ich will morgen um diese Zeit einen sehr großen *Hagel regnen lassen, desgleichen in Ägypten nicht gewesen ist, seitdem es gegründet ist, bis her. *Hiob 38,22.

19. Und nun sende hin und verwahre dein Vieh und alles, was du auf dem Felde hast. Denn alle Menschen und das Vieh, das auf dem Felde gefunden wird und nicht in die Häuser versammelt ist, so der Hagel auf sie fällt, werden sterben.

20. Wer nun unter den Knechten Pharaos des Herrn Wort fürchtete, der ließ seine Knechte und sein Vieh in die Häuser fliehen.

21. Welcher Herz aber sich nicht kehrte an des Herrn Wort, die ließen ihre Knechte und ihr Vieh auf dem Felde.

22. Da sprach der Herr zu Mose: Recke deine Hand aus gen Himmel, daß es hagle über ganz Ägyptenland, über Menschen, über Vieh und über alles Kraut auf dem Felde in Ägyptenland.

23. Also reckte Mose seinen Stab gen Himmel, und der Herr ließ donnern und *hageln, daß das Feuer auf die Erde schoß. Also ließ der Herr Hagel regnen über Ägyptenland, *Offenb.16,21.

24. daß Hagel und Feuer untereinander fuhren, so grausam, daß desgleichen in ganz Ägyptenland nie gewesen war, seitdem Leute darin gewesen sind.

25. Und der Hagel schlug in ganz Ägyptenland alles, was auf dem Felde war, Menschen und Vieh, und schlug alles Kraut auf

dem Felde und zerbrach alle Bäume auf dem Felde.

26. Allein im Lande Gosen, da die Kinder Israel waren, da hagelte es nicht.

27. Da schickte Pharao hin und ließ Mose und Aaron rufen und sprach zu ihnen: *Ich habe dasmal mich versündigt; der Herr ist gerecht, ich aber und mein Volk sind Gottlose. *K. 10,16.

28. *Bittet aber den Herrn, daß aufhöre solch Donnern und Hageln Gottes, so will ich euch lassen, daß ihr nicht länger hier bleibet. *K. 8,4.

29. Mose sprach zu ihm: Wenn ich zur Stadt hinauskomme, will ich meine Hände ausbreiten gegen den Herrn; so wird der Donner aufhören und kein Hagel mehr sein, auf daß du innewerdest, daß die Erde des Herrn sei.

30. Ich weiß aber, daß du und deine Knechte euch noch nicht fürchtet vor Gott dem Herrn.

31. Also ward geschlagen der Flachs und die Gerste; denn die Gerste hatte geschoßt und der Flachs Knoten gewonnen.

32. Aber der Weizen und Spelt ward nicht geschlagen, denn es war Spätgetreide.

33. So ging nun Mose von Pharao zur Stadt hinaus und breitete seine Hände gegen den Herrn, und der Donner und Hagel hörten auf, und der Regen troff nicht mehr auf die Erde.

34. Da aber Pharao sah, daß der Regen und Donner und Hagel aufhörte, versündigte er sich weiter und verhärtete sein Herz, er und seine Knechte.

35. Also ward des Pharao Herz verstockt, daß er die Kinder Israel nicht ließ, wie denn der Herr geredet hatte durch Mose. K. 4,21.

Das 10. Kapitel

Heuschrecken und Finsternis.

1. Und der Herr sprach zu Mose: Gehe hinein zu Pharao; denn ich habe sein und seiner Knechte Herz verhärtet, auf daß ich diese meine Zeichen unter ihnen tue,

2. und daß du verkündigest vor den Ohren deiner Kinder und deiner Kindeskinder, was ich in Ägypten ausgerichtet habe und wie ich meine Zeichen unter ihnen getan habe, daß ihr wisset: *Ich bin der Herr. *K. 6,2–7.

3. Also gingen Mose und Aaron hinein zu Pharao und sprachen zu ihm: So spricht der Herr, *der Hebräer Gott: Wie lange weigerst du dich, dich vor mir zu demütigen, daß du mein Volk lassest, mir zu dienen? *K. 5,3.

4. Weigerst du dich, mein Volk zu lassen, siehe, so will ich morgen Heuschrecken kommen lassen an allen Orten,

5. daß sie das Land bedecken, also daß man das Land nicht sehen könne; und sie sollen fressen, was euch übrig und errettet ist vor dem Hagel, und sollen alle eure grünenden Bäume fressen auf dem Felde

6. und sollen erfüllen dein Haus, aller deiner Knechte Häuser und aller Ägypter Häuser, desgleichen nicht gesehen haben deine Väter und deiner Väter Väter, seitdem sie auf Erden gewesen bis auf diesen Tag. Und er wandte sich und ging von Pharao hinaus.

7. Da sprachen die Knechte Pharaos zu ihm: Wie lange sollen wir mit diesem Manne geplagt sein? Laß die Leute ziehen, daß sie dem Herrn, ihrem Gott, dienen. Willst du zuvor erfahren, daß Ägypten untergegangen sei?

8. Mose und Aaron wurden wieder zu Pharao gebracht; der sprach zu ihnen: Gehet hin und dienet dem Herrn, eurem Gott. Welche sind es aber, die hinziehen sollen?

9. Mose sprach: Wir wollen ziehen mit jung und alt, mit Söhnen und Töchtern, mit Schafen und Rindern; denn wir haben ein *Fest des Herrn. *K. 5,1.

10. Er sprach zu ihnen: O ja, der Herr sei mit euch! Sollte ich euch und eure Kinder dazu ziehen lassen? Sehet da, ob ihr nicht Böses vorhabt!

11. Nicht also, sondern ihr Männer ziehet hin und dienet dem Herrn; denn das habt ihr auch gesucht. Und man stieß sie heraus von Pharao.

12. Da sprach der Herr zu Mose: Recke deine Hand über Ägyptenland, daß Heuschrecken auf Ägyptenland kommen und fressen alles Kraut im Lande auf samt allem dem, was *der Hagel übriggelassen hat. *K. 9,32.

13. Mose reckte seinen Stab über Ägyptenland; und der Herr trieb einen Ostwind ins Land den ganzen Tag und die ganze Nacht; und des Morgens führte der Ostwind die Heuschrecken her.

14. Und sie kamen über ganz Ägyptenland und ließen sich nieder an allen Orten in Ägypten, so sehr viel, daß zuvor desgleichen nie gewesen ist noch hinfort sein wird.

15. Denn sie bedeckten das Land und verfinsterten es. Und sie fraßen alles Kraut

JOSEPH EMPFÄNGT ISRAEL IN ÄGYPTEN 1. Mose 46, 29.30

im Lande auf und alle Früchte auf den Bäumen, die der Hagel übriggelassen hatte, und ließen nichts Grünes übrig an den Bäumen und am Kraut auf dem Felde in ganz Ägyptenland.

16. Da forderte Pharao eilend Mose und Aaron und sprach: *Ich habe mich versündigt an dem Herrn, eurem Gott, und an euch; *K.9,27.

17. vergebt mir meine Sünde nur noch diesmal und *bittet den Herrn, euren Gott, daß er doch nur diesen Tod von mir wegnehme. *K.8,4; 1.Sam.12,19.

18. Und er ging aus von Pharao und *bat den Herrn. *4.Mose 11,2.

19. Da wendete der Herr den Wind, also daß er sehr stark aus Westen ging und hob die Heuschrecken auf und warf sie ins Schilfmeer, daß nicht eine übrigblieb an allen Orten Ägyptens.

20. Aber der Herr verstockte Pharaos Herz, daß er die Kinder Israel nicht ließ. K.4,21.

21. Der Herr sprach zu Mose: Recke deine Hand gen Himmel, daß es so finster werde in Ägyptenland, daß man's greifen mag.

22. Und Mose reckte seine Hand gen Himmel; da ward eine dicke Finsternis in ganz Ägyptenland drei Tage,

23. daß niemand den andern sah noch aufstand von dem Ort, da er war, in drei Tagen. Aber bei allen Kindern Israel war es licht in ihren Wohnungen.

24. Da forderte Pharao Mose und sprach: Ziehet hin und dienet dem Herrn; allein eure Schafe und Rinder laßt hier; laßt auch *eure Kindlein mit euch ziehen. *V.10.

25. Mose sprach: Du mußt uns auch Opfer und Brandopfer geben, die wir unserm Gott, dem Herrn, tun mögen.

26. Unser Vieh soll mit uns gehen und nicht eine Klaue dahintenbleiben; denn von demselben werden wir nehmen zum Dienst unsers Gottes, des Herrn. Denn wir wissen nicht, womit wir dem Herrn dienen sollen, bis daß wir dahin kommen.

27. Aber der Herr verstockte das Herz des Pharaos, daß er sie nicht lassen wollte. K.4,21.

28. Und Pharao sprach zu ihm: Gehe von mir und hüte dich, daß du nicht mehr vor meine Augen kommst; denn welches

Tages du vor meine Augen kommst, sollst du sterben.

29. Mose antwortete: Wie du gesagt hast; ich will nicht mehr vor deine Augen kommen.

Das 11. Kapitel

Auszug aus Ägypten befohlen.
Androhung der zehnten Plage.

1. Und der Herr sprach zu Mose: Ich will noch eine Plage über Pharao und Ägypten kommen lassen; darnach wird er euch von hinnen lassen und wird nicht allein alles lassen, sondern euch auch von hinnen treiben.

2. So sage nun vor dem Volk, daß *ein jeglicher von seinem Nächsten und eine jegliche von ihrer Nächsten silberne und goldene Gefäße fordere. *K.3,21.22.

3. Und der Herr gab dem Volk Gnade vor den Ägyptern. Und Mose war ein sehr großer Mann in Ägyptenland vor den Knechten Pharaos und vor dem Volk.

4. Und Mose sprach: So sagt der Herr: Ich will zu Mitternacht ausgehen in Ägyptenland;

5. und alle *Erstgeburt in Ägyptenland soll sterben, von dem ersten Sohn Pharaos an, der auf seinem Stuhl sitzt, bis an den ersten Sohn der Magd, die hinter der Mühle ist, und alle Erstgeburt unter dem Vieh; *K.4,23.

6. und wird ein großes Geschrei sein in ganz Ägyptenland, desgleichen nie gewesen ist noch werden wird;

7. aber bei allen Kindern Israel soll nicht ein Hund mucken, unter Menschen sowohl als unter Vieh, auf daß ihr erfahret, wie der Herr Ägypten und Israel *scheide. *K.9,4.26.

8. Dann werden zu mir herabkommen alle diese deine Knechte und mir zu Füßen fallen und sagen: Zieh aus, du und alles Volk, das unter dir ist. Darnach will ich ausziehen. Und er ging von Pharao mit grimmigem Zorn.

9. Der Herr aber sprach zu Mose: Pharao hört euch nicht, auf daß viel Wunder geschehen in Ägyptenland.

10. Und Mose und Aaron haben diese Wunder alle getan vor Pharao; aber der Herr *verstockte ihm sein Herz, daß er die Kinder Israel nicht lassen wollte aus seinem Lande. *K.4,21.

Das 12. Kapitel

Stiftung des Osterlamms. Erwürgung der Erstgeburt. Auszugs Anfang.

V.1–28: vgl. K.23,15; 34,18; 3.Mose 23,5–14; 4.Mose 28,16–25; 5.Mose 16,1–8; 4.Mose 9,1–14; 1.Kor.5,7.

1. Der Herr aber sprach zu Mose und Aaron in Ägyptenland:

2. *Dieser Monat soll bei euch der erste Monat sein, und von ihm sollt ihr die Monate des Jahres anheben. *K.13,4.

3. Saget der ganzen Gemeinde Israel und sprecht: Am zehnten Tage dieses Monats nehme ein jeglicher ein Lamm, wo ein Hausvater ist, je ein Lamm zu einem Haus.

4. Wo ihrer aber in einem Hause zu einem Lamm zu wenig sind, so nehme er's und sein nächster Nachbar an seinem Hause, bis ihrer so viel wird, daß sie das Lamm aufessen können.

5. Ihr sollt aber ein solches Lamm nehmen, *daran kein Fehl ist, ein Männlein und ein Jahr alt; von den Schafen und Ziegen sollt ihr's nehmen *3.Mose 22,20.

6. und sollt's behalten bis auf den vierzehnten Tag des Monats. Und ein jegliches Häuflein im ganzen Israel soll's schlachten gegen Abend.

7. Und sollt von seinem Blut nehmen und beide Pfosten an der Tür und die obere Schwelle damit bestreichen an den Häusern, darin sie essen. V.13,22.

8. Und sollt also das Fleisch essen in derselben Nacht, am Feuer gebraten, und ungesäuertes Brot, und sollt es mit bitteren Kräutern essen.

9. Ihr sollt's nicht roh essen noch mit Wasser gesotten, sondern am Feuer gebraten, sein Haupt mit seinen Schenkeln und Eingeweiden.

10. Und sollt nichts davon übriglassen bis morgen; wo aber etwas übrigbleibt bis morgen, sollt ihr's mit Feuer verbrennen.

11. Also sollt ihr's aber essen: Um eure Lenden sollt ihr gegürtet sein und eure Schuhe an euren Füßen haben und Stäbe in euren Händen, und sollt's essen, *als die hinwegeilen; denn es ist des Herrn Passah. *Jes.52,12.

12. Denn ich will in derselben Nacht durch Ägyptenland gehen und alle Erstgeburt schlagen in Ägyptenland, unter den Menschen und unter dem Vieh, und will *meine Strafe beweisen an allen Göttern der Ägypter, ich, der Herr. *4.Mose 33,4.

13. Und *das Blut soll euer Zeichen sein an den Häusern, darin ihr seid, daß, wenn

BEDRÄNGNIS DER ISRAELITER 2. Mose 1, 8–13

ich das Blut sehe, ich an euch vorübergehen und euch nicht die Plage widerfahre,
die euch verderbe, wenn ich Ägyptenland
schlage. *Hebr. 11,28.
14. Ihr sollt diesen Tag haben zum Gedächtnis und sollt ihn feiern dem Herrn
zum Fest, ihr und alle eure Nachkommen,
zur ewigen Weise.
15. Sieben Tage sollt ihr ungesäuertes
Brot essen; nämlich am ersten Tage sollt
ihr den Sauerteig aus euren Häusern tun.
Wer gesäuertes Brot ißt vom ersten Tag an
bis auf den siebenten, des Seele soll ausgerottet werden von Israel. K. 13,7.
16. Der erste Tag soll heilig sein, daß ihr
zusammenkommt; und der siebente soll
auch heilig sein, daß ihr zusammenkommt. Keine Arbeit sollt ihr an dem tun;
außer was zur Speise gehört für allerlei
Seelen, das allein mögt ihr für euch tun.
17. Und haltet das ungesäuerte Brot;
denn eben an demselben Tage habe ich
euer Heer aus Ägyptenland geführt; darum sollt ihr diesen Tag halten, ihr und alle
eure Nachkommen, zur ewigen Weise.
18. Am vierzehnten Tage des ersten Monats, des Abends, sollt ihr ungesäuertes
Brot essen bis an den einundzwanzigsten
Tag des Monats an dem Abend,
19. daß man sieben Tage keinen Sauerteig finde in euren Häusern. Denn wer
gesäuertes Brot ißt, des Seele soll ausgerottet werden aus der Gemeinde Israel, es
sei ein Fremdling oder Einheimischer im
Lande.
20. Darum so esset kein gesäuertes Brot,
sondern eitel ungesäuertes Brot in allen
euren Wohnungen.
21. Und Mose forderte alle Ältesten in
Israel und sprach zu ihnen: Leset aus und
nehmet Schafe für euch nach euren Geschlechtern und schlachtet das Passah.
22. Und nehmet ein Büschel Isop und
tauchet in das Blut in dem Becken und
berühret damit die Oberschwelle und die
zwei Pfosten. Und gehe kein Mensch zu
seiner Haustür heraus bis an den Morgen.

23. Denn der Herr wird umhergehen und
die Ägypter plagen. Und wenn er das Blut
sehen wird an der Oberschwelle und an
den zwei Pfosten, wird er an der Tür vorübergehen und den Verderber nicht in eure Häuser kommen lassen, zu plagen.

24. Darum so halte diese Weise für dich und deine Kinder ewiglich.
25. Und wenn ihr in das Land kommt, das euch der Herr geben wird, wie er geredet hat, so haltet diesen Dienst.
26. Und wenn *eure Kinder werden zu euch sagen: Was habt ihr da für einen Dienst? *1.Mose 18,19; 5.Mose 6,7.20.
27. sollt ihr sagen: Es ist das Passahopfer des Herrn, der an den Kindern Israel vorüberging in Ägypten, da er die Ägypter plagte und unsre Häuser errettete. Da neigte sich das Volk und betete an.
28. Und die Kinder Israel gingen hin und taten, wie der Herr Mose und Aaron geboten hatte.
29. Und zur Mitternacht schlug der Herr alle Erstgeburt in Ägyptenland von dem ersten Sohn des Pharaos an, der auf seinem Stuhl saß, bis auf den ersten Sohn des Gefangenen im Gefängnis und alle Erstgeburt des Viehs. K.4,23.
30. Da stand Pharao auf und alle seine Knechte in derselben Nacht und alle Ägypter, und ward ein großes Geschrei in Ägypten; denn es war kein Haus, darin nicht ein Toter war.
31. Und er forderte Mose und Aaron in der Nacht und sprach: Macht euch auf und ziehet aus von meinem Volk, ihr und die Kinder Israel; gehet hin und dienet dem Herrn, wie ihr gesagt habt.
32. Nehmet auch mit euch eure Schafe und Rinder, *wie ihr gesagt habt; gehet hin und segnet mich auch. *K.10,26.
33. Und die Ägypter *drängten das Volk, daß sie es eilend aus dem Lande trieben; denn sie sprachen: Wir sind alle des Todes. *K.6,1.
34. Und das Volk trug den rohen Teig, ehe denn er versäuert war, zu ihrer Speise, gebunden in ihren Kleidern, auf ihren Achseln.
35. Und die Kinder Israel hatten getan, wie Mose gesagt hatte, und *von den Ägyptern gefordert silberne und goldene Geräte und Kleider. *K.11,2.
36. Dazu hatte der Herr dem Volk Gnade gegeben vor den Ägyptern, daß sie ihnen willfährig waren; und so nahmen sie es von den Ägyptern zur Beute. K.3,21.
37. Also zogen aus die Kinder Israel von Raemses gen Sukkoth, 600 000 Mann zu Fuß und ohne die Kinder.
38. Und es zog auch mit ihnen viel Pöbelvolk und Schafe und Rinder, sehr viel Vieh.
39. Und sie buken aus dem rohen Teig, den sie aus Ägypten brachten, ungesäuerte Kuchen; denn es war nicht gesäuert, weil sie aus Ägypten gestoßen wurden und nicht verziehen konnten und sich sonst keine Zehrung zubereitet hatten.
40. Die Zeit aber, die die Kinder Israel in Ägypten gewohnt haben, ist *430 Jahre. *1.Mose 15,13.
41. Da dieselben um waren, ging das ganze Heer des Herrn auf einen Tag aus Ägyptenland.
42. Darum wird diese Nacht dem Herrn gehalten, daß er sie aus Ägyptenland geführt hat; und die Kinder Israel sollen sie dem Herrn halten, sie und ihre Nachkommen.
43. Und der Herr sprach zu Mose und Aaron: Dies ist die Weise, Passah zu halten. Kein Fremder soll davon essen.
44. Aber wer ein erkaufter Knecht ist, den beschneide man, und dann esse er davon.
45. Ein Beisaß und Mietling sollen nicht davon essen.
46. In einem Hause soll man's essen; ihr sollt nichts von seinem Fleisch hinaus vor das Haus tragen *und sollt kein Bein an ihm zerbrechen. *Joh.19,36.
47. Die ganze Gemeinde Israel soll solches tun.
48. So aber ein Fremdling bei dir wohnt und dem Herrn das Passah halten will, der beschneide alles, was männlich ist; alsdann mache er sich herzu, daß er solches tue, und sei wie ein Einheimischer des Landes; denn kein Unbeschnittener soll davon essen.
49. Einerlei Gesetz sei dem Einheimischen und dem Fremdling, der unter euch wohnt. 3.Mose 24,22.
50. Und alle Kinder Israel taten, wie der Herr Mose und Aaron hatte geboten.
51. Also führte der Herr auf einen Tag die Kinder Israel aus Ägyptenland mit ihrem Heer.

Das 13. Kapitel

Heiligung der Erstgeburt. Gebot des ungesäuerten Brots. Des Auszugs Fortgang. Die Wolken- und Feuersäule.

1. Und der Herr redete mit Mose und sprach:
2. Heilige mir alle *Erstgeburt, die allerlei Mutter bricht, bei den Kindern Israel, unter den Menschen und unter dem Vieh; denn sie sind mein.
*4.Mose 8,17.18; 18.15; Luk.2,23.
3. Da sprach Mose zum Volk: Gedenket an diesen Tag, an dem ihr aus Ägypten, aus dem Diensthause, gegangen seid, daß der

RETTUNG MOSE'S 2. Mose 2, 1–6

Herr euch mit mächtiger Hand von hinnen hat ausgeführt; darum sollst du nicht Sauerteig essen.
4. Heute seid ihr ausgegangen, in dem Monat Abib. K. 12,2.
5. Wenn dich nun der Herr bringen wird in das Land der Kanaaniter, Hethiter, Amoriter, Heviter und Jebusiter, das er *deinen Vätern geschworen hat dir zu geben, ein Land, darin Milch und Honig fließt, so sollst du diesen Dienst halten in diesem Monat. *1. Mose 17,8.
6. Sieben Tage sollst du ungesäuertes Brot essen, und am siebenten Tage ist des Herrn Fest. K. 12,15.16.
7. Darum sollst du sieben Tage ungesäuertes Brot essen, daß bei dir kein Sauerteig noch gesäuertes Brot gesehen werde an allen deinen Orten. 1. Kor. 5,8.
8. Ihr sollt euren Söhnen sagen an demselben Tage: Solches halten wir um deswillen, was uns der Herr getan hat, da wir aus Ägypten zogen.
9. Darum soll dir's sein ein *Zeichen in deiner Hand und ein Denkmal vor deinen Augen, auf daß des Herrn Gesetz sei in deinem Munde; denn der Herr hat dich mit mächtiger Hand aus Ägypten geführt. *5. Mose 6,1; 11,18.
10. Darum halte diese Weise zu seiner Zeit jährlich.
11. Wenn dich nun der Herr ins Land der Kanaaniter gebracht hat, wie er dir und deinen Vätern geschworen hat, und dir's gegeben,
12. so sollst du aussondern dem Herrn alles, was die Mutter bricht, und alle Erstgeburt unter dem Vieh, was ein Männlein ist.
13. Die Erstgeburt vom Esel sollst du lösen mit einem Schaf; wo du es aber nicht lösest, so brich ihm das Genick. Aber alle erste Menschengeburt unter deinen Söhnen sollst du lösen.
14. Und wenn dich heute oder morgen dein Kind wird fragen: Was ist das? sollst du ihm sagen: Der Herr hat uns mit mächtiger Hand aus Ägypten, von dem Diensthause, geführt. K. 12,26.
15. Denn da Pharao hart war, uns loszulassen, *erschlug der Herr alle Erstgeburt in Ägyptenland, von der Menschen Erstgeburt an bis an die Erstgeburt des Viehs. Darum opfre ich dem Herrn alles, was die

Mutter bricht, was ein Männlein ist, und die Erstgeburt meiner Söhne löse ich.

*K.12,29.

16. Und das soll dir ein Zeichen in deiner Hand sein und ein Denkmal vor deinen Augen; denn der Herr hat uns mit mächtiger Hand aus Ägypten geführt.

17. Da nun Pharao das Volk gelassen hatte, führte sie Gott nicht auf der Straße durch der Philister Land, die am nächsten war; denn Gott gedachte, es möchte das Volk gereuen, wenn sie den Streit sähen, und sie möchten wieder nach Ägypten umkehren.

18. Darum führte er das Volk um auf die Straße durch die Wüste am Schilfmeer. Und die Kinder Israel zogen gerüstet aus Ägyptenland.

19. Und Mose nahm mit sich die Gebeine Josephs. Denn er hatte einen Eid von den Kindern Israel genommen und gesprochen: Gott wird euch heimsuchen; so führet meine Gebeine mit euch von hinnen.

1.Mose 50,25; Jos.24,32.

20. Also zogen sie aus von Sukkoth und lagerten sich in Etham, vorn an der Wüste.

21. Und der Herr zog vor ihnen her, des Tages in einer Wolkensäule, daß er sie den rechten Weg führte, und des nachts in einer Feuersäule, daß er ihnen leuchtete, zu reisen Tag und Nacht.

K.40,34; 4.Mose 9,15–23;1. Kor.10,1.

22. Die Wolkensäule wich nimmer von dem Volk des Tages noch die Feuersäule des Nachts.

Das 14. Kapitel

Des Auszugs Vollendung.
Der Ägypter Untergang im Roten Meer.

1. Und der Herr redete mit Mose und sprach:

2. Rede mit den Kindern Israel und sprich, daß sie sich herumlenken und sich lagern bei Pihachiroth, zwischen Migdol und dem Meer, gegen Baal-Zephon, und daselbst gegenüber sich lagern ans Meer.

3. Denn Pharao wird sagen von den Kindern Israel: Sie sind verirrt im Lande; die Wüste hat sie eingeschlossen.

4. Und ich *will sein Herz verstocken, daß er ihnen nachjage, und will an Pharao und an all seiner Macht †Ehre einlegen, und die Ägypter sollen innewerden, daß ich der Herr bin. Und sie taten also.

*K.4,21. †K.9,16; Hes.28,22.

5. Und da es dem König in Ägypten angesagt ward, daß das Volk geflohen war, ward sein Herz verwandelt und das Herz seiner Knechte gegen das Volk, und sie sprachen: Warum haben wir das getan, daß wir Israel haben gelassen, daß sie uns nicht dienten?

6. Und er spannte seinen Wagen an und nahm sein Volk mit sich

7. und nahm sechshundert auserlesene Wagen und was sonst von Wagen in Ägypten war und die Hauptleute über all sein Heer.

8. Denn der Herr verstockte das Herz Pharaos, des Königs in Ägypten, daß er den Kindern Israel nachjagte. Aber die Kinder Israel waren *durch eine hohe Hand ausgezogen. *K.13,9.

9. Und die Ägypter jagten ihnen nach und ereilten sie (da sie sich gelagert hatten am Meer) mit Rossen und Wagen und Reitern und allem Heer des Pharao bei Pihachiroth, gegen Baal-Zephon.

10. Und da Pharao nahe zu ihnen kam, hoben die Kinder Israel ihre Augen auf, und siehe, die Ägypter zogen hinter ihnen her; und sie fürchteten sich sehr und schrien zu dem Herrn

11. und sprachen zu Mose: Waren nicht Gräber in Ägypten, daß du uns mußtest wegführen, daß wir in der Wüste sterben? Warum hast du uns das getan, daß du uns aus Ägypten geführt hast?

12. Ist's nicht das, das wir dir sagten in Ägypten: Höre auf und laß uns den Ägyptern dienen? Denn es wäre uns ja besser den Ägyptern dienen als in der Wüste sterben.

13. Mose sprach zum Volk: Fürchtet euch nicht, stehet fest und sehet zu, was für ein Heil der Herr heute an euch tun wird. Denn diese Ägypter, die ihr heute sehet, werdet ihr nimmermehr sehen ewiglich.

14. Der Herr wird für euch streiten, und ihr werdet still sein.

5.Mose 1,30; 2.Chron.20,15; Jes.30,15.

15. Der Herr sprach zu Mose: Was schreist du zu mir? Sage den Kindern Israel, daß sie ziehen.

16. Du aber hebe deinen Stab auf und recke deine Hand über das Meer und teile es voneinander, daß die Kinder Israel hineingehen, mitten hindurch auf dem Trokkenen.

17. Siehe, ich will das Herz der Ägypter verstocken, daß sie euch nachfolgen. So will ich *Ehre einlegen an dem Pharao und an all seiner Macht, an seinen Wagen und Reitern. *V.4.

18. Und die Ägypter sollen innewerden, daß ich der Herr bin, wenn ich Ehre einge-

DIE RACHE MOSE'S 2. Mose 2, 11.12

legt habe an Pharao und an seinen Wagen
und Reitern.
19. Da erhob sich der Engel Gottes, der
vor dem Heer Israels her zog, und machte
sich hinter sie; *und die Wolkensäule
machte sich auch von ihrem Angesicht
und trat hinter sie *K.13,21.
20. und kam zwischen das Heer der
Ägypter und das Heer Israels. Es war aber
eine finstere Wolke und erleuchtete die
Nacht, daß sie die ganze Nacht, diese und
jene, nicht zusammenkommen konnten.
21. Da nun Mose seine Hand reckte über
das Meer, ließ es der Herr hinwegfahren
durch einen starken Ostwind die ganze
Nacht und machte das Meer trocken; und
die Wasser teilten sich voneinander.
22. Und die Kinder Israel gingen hinein,
mitten ins Meer auf dem Trockenen; und
das Wasser war ihnen für Mauern zur
Rechten und zur Linken.
Joh.4,23; Jes.11,15.16; 1.Kor.10,1; Hebr.11,29.
23. Und die Ägypter folgten und gingen
hinein ihnen nach, alle Rosse Pharaos und
Wagen und Reiter, mitten ins Meer.
K.15,10.
24. Als nun die Morgenwache kam,
*schaute der Herr auf der Ägypter Heer
aus der Feuersäule und Wolke und machte
einen Schrecken in ihrem Heer
*Ps.34,17; 104,32.
25. und stieß die Räder von ihren Wagen,
stürzte sie mit Ungestüm. Da sprachen die
Ägypter: Laßt uns fliehen von Israel; der
*Herr streitet für sie wider die Ägypter.
*V.14; Ps.64,10.
26. Aber der Herr sprach zu Mose: Recke
deine Hand aus über das Meer, daß das
Wasser wieder herfalle über die Ägypter,
über ihre Wagen und Reiter.
27. Da reckte Mose seine Hand aus über
das Meer, und das Meer kam wieder vor
morgens in seinen Strom, und die Ägypter
flohen ihm entgegen. Also stürzte sie der
Herr mitten ins Meer,
28. daß das Wasser wiederkam und bedeckte Wagen und Reiter und alle Macht
des Pharao, die ihnen nachgefolgt waren
ins Meer, daß nicht einer aus ihnen übrigblieb.
29. Aber die Kinder Israel gingen trocken
mitten durchs Meer; und *das Wasser war
ihnen für Mauern zur Rechten und zur
Linken. *V.22.

30. Also half der Herr Israel an dem Tage von der Ägypter Hand. Und sie sahen die Ägypter tot am Ufer des Meeres
31. und die große Hand, die der Herr an den Ägyptern erzeigt hatte. Und das Volk fürchtete den Herrn, und sie glaubten ihm und *seinem Knecht Mose.
*K.19,9; 2.Chron.20,20.

Das 15. Kapitel

Mose's Lobgesang.
Bitteres Wasser wird süß gemacht.

1. Da *sang Mose und die Kinder Israel dies Lied dem Herrn und sprachen: Ich will dem Herrn singen, denn er hat eine herrliche Tat getan; Roß und Mann hat er ins Meer gestürzt. *Offenb.15,3.
2. Der *Herr ist meine Stärke und mein Lobgesang und ist mein Heil. Das ist mein Gott, ich will ihn preisen; er ist meines Vaters Gott, ich will ihn erheben.
*Ps.118,14; Jes.12,2.
3. Der Herr ist der rechte *Kriegsmann; †Herr ist sein Name.
*K.14,14; Ps.48,10; †K.3,15.
4. Die Wagen Pharaos und seine Macht warf er ins Meer; seine auserwählten Hauptleute versanken im Schilfmeer.
5. Die Tiefe hat sie bedeckt; sie fielen zu Grund wie die Steine.
6. Herr, deine rechte Hand tut große Wunder; Herr, deine rechte Hand hat die Feinde zerschlagen.
7. Und mit deiner großen Herrlichkeit hast du deine Widersacher gestürzt; denn da du deinen Grimm ausließest, verzehrte er sie *wie Stoppeln. *Jes.47,14.
8. Durch dein Blasen taten sich die Wasser empor, und die Fluten standen in Haufen; die Tiefe wallte voneinander mitten im Meer.
9. Der Feind gedachte: Ich will nachjagen und erhaschen und den Raub austeilen und meinen Mut an ihnen kühlen; ich will mein Schwert ausziehen, und meine Hand soll sie verderben.
10. Da ließest du deinen Wind blasen, und das Meer bedeckte sie, und sie sanken unter wie Blei im mächtigen Wasser.
11. Herr, *wer ist dir gleich unter den Göttern? Wer ist dir gleich, der so mächtig, heilig, schrecklich, löblich und †wundertätig sei? *K.18,11. †Ps.72,18.19.
12. Da du deine rechte Hand ausrecktest, verschlang sie die Erde.
13. Du hast geleitet durch deine Barmherzigkeit dein Volk, das du erlöset hast, und hast sie geführt durch deine Stärke zu deiner heiligen Wohnung.
14. Da das die Völker hörten, *erbebten sie; Angst kam die Philister an; *Jos.2,9–11.
15. da erschraken die Fürsten Edoms; Zittern kam die Gewaltigen Moabs an; alle Einwohner Kanaans wurden feig.
16. Es fällt auf sie Erschrecken und Furcht durch deinen großen Arm, daß sie erstarren wie die Steine, bis dein Volk, Herr, hindurchkomme, bis das Volk hindurchkomme, das du erworben hast.
17. Du bringst sie hinein und pflanzest sie auf dem Berge deines Erbteils, den du, Herr, dir zur Wohnung gemacht hast, zu deinem Heiligtum, Herr, das deine Hand bereitet hat.
18. Der Herr wird König sein immer und ewig. Ps.93,1.
19. Denn Pharao zog hinein ins Meer mit Rossen und Wagen und Reitern; und der Herr ließ das Meer wieder über sie fallen. Aber die Kinder Israel gingen trocken mitten durchs Meer. K.14,22–29.
20. Und Mirjam, die Prophetin, Aarons Schwester, nahm eine *Pauke in ihre Hand, und alle Weiber folgten ihr nach hinaus mit Pauken im Reigen. *Ps.68,26.
21. Und Mirjam sang ihnen vor: Laßt uns dem Herrn singen, denn er hat eine herrliche Tat getan; Roß und Mann hat er ins Meer gestürzt. V.1.
22. Mose ließ die Kinder Israel ziehen vom Schilfmeer hinaus zu der Wüste Sur. Und sie wanderten drei Tage in der Wüste, daß sie kein Wasser fanden.
23. Da kamen sie gen Mara; aber sie konnten das Wasser zu Mara nicht trinken, denn es war sehr bitter. Daher hieß man den Ort Mara.
24. Da murrte das Volk wider Mose und sprach: Was sollen wir trinken?
25. Er schrie zu dem Herrn, und der Herr wies ihm einen Baum; den tat er ins Wasser, da ward es süß. Daselbst stellte er ihnen ein Gesetz und ein Recht und versuchte sie
26. und sprach: Wirst du der Stimme des Herrn, deines Gottes, gehorchen und tun, was recht ist vor ihm, und zu Ohren fassen seine Gebote und halten alle seine Gesetze, so will ich *der Krankheiten keine auf dich legen, die ich auf Ägypten gelegt habe; denn Ich bin der Herr, †dein Arzt.
*5.Mose 7,15. †5.Mose 32,39; Matth.9,12.
27. Und sie kamen gen Elim, da waren zwölf Wasserbrunnen und siebzig Palmbäume, und sie lagerten sich daselbst ans Wasser.

BERUFUNG MOSE'S 2. Mose 3, 14

Das 16. Kapitel

Wachteln und Manna.

1. Von Elim zogen sie aus; und die ganze
Gemeinde der Kinder Israel kam in die
Wüste Sin, die da liegt zwischen Elim und
Sinai, am fünfzehnten Tage des zweiten
Monats, nachdem sie aus Ägypten gezogen
waren.
2. Und es murrte die ganze Gemeinde der
Kinder Israel wider Mose und Aaron in der
Wüste K.17,2.
3. und sprachen: *Wollte Gott, wir wären
in Ägypten gestorben durch des Herrn
Hand, da wir bei den Fleischtöpfen saßen
und hatten die Fülle Brot zu essen; denn
ihr habt uns darum ausgeführt in diese
Wüste, daß ihr diese ganze Gemeinde
Hungers sterben lasset. *K.14,11.
4. Da sprach der Herr zu Mose: Siehe, ich
will euch Brot *vom Himmel regnen lassen, und das Volk soll hinausgehen und
sammeln täglich, was es des Tages bedarf,
daß ich's versuche, ob's in meinem Gesetz
wandle oder nicht. *Joh.6,31; 1.Kor.10,3.
5. Des sechsten Tages aber sollen sie zurichten, was sie einbringen, und es wird
zwiefältig soviel sein, als sie sonst täglich
sammeln.
6. Mose und Aaron sprachen zu allen
Kindern Israel: Am Abend sollt ihr innewerden, daß euch der Herr aus Ägyptenland geführt hat,
7. und des Morgens werdet ihr des Herrn
Herrlichkeit sehen; denn er hat euer Murren wider den Herrn gehört. Was sind wir,
daß ihr wider uns murret?
8. Weiter sprach Mose: Der Herr wird
euch am Abend Fleisch zu essen geben
und am Morgen Brots die Fülle, darum
daß der Herr euer Murren gehört hat, das
ihr wider ihn gemurrt habt. Denn was sind
wir? Euer Murren ist nicht wider uns, sondern wider den Herrn.
9. Und Mose sprach zu Aaron: Sage der
ganzen Gemeinde der Kinder Israel:
Kommt herbei vor den Herrn, denn er hat
euer Murren gehört.
10. Und da Aaron also redete zu der ganzen Gemeinde der Kinder Israel, wandten
sie sich gegen die Wüste; und siehe, die
*Herrlichkeit des Herrn erschien in einer
Wolke. *4.Mose 12,5; 14,10; 16,19.
11. Und der Herr sprach zu Mose:

12. Ich habe der Kinder Israel Murren
gehört. Sage ihnen: Gegen Abend sollt ihr
Fleisch zu essen haben und am Morgen
von Brot satt werden, und innewerden,
daß ich der Herr, euer Gott, bin.
13. Und am Abend kamen *Wachteln
herauf und bedeckten das Heer. Und am
Morgen lag der Tau um das Heer her.

*4. Mose 11,31.

14. Und als der Tau weg war, siehe, da
lag's in der Wüste rund und klein wie der
Reif auf dem Lande.
15. Und da es die Kinder Israel sahen,
sprachen sie untereinander: Man hu [d.h.
was ist das?]; denn sie wußten nicht, was
es war. Mose aber sprach zu ihnen: Es ist
das Brot, das euch der Herr zu essen gegeben hat. V. 4.
16. Das ist's aber, was der Herr geboten
hat: Ein jeglicher sammle, soviel er für
sich essen mag, und nehme ein Gomer auf
ein jeglich Haupt nach der Zahl der Seelen
in seiner Hütte.
17. Und die Kinder Israel taten also und
sammelten, einer viel, der andere wenig.
18. Aber da man's mit dem Gomer maß,
*fand der nicht darüber, der viel gesam-
melt hatte, und der nicht darunter, der
wenig gesammelt hatte; sondern ein jeglicher hatte gesammelt, soviel er für sich
essen mochte. *2. Kor. 8,15.
19. Und Mose sprach zu ihnen: Niemand
lasse etwas davon übrig bis morgen.

Matth. 6,34; Luk. 11,3.

20. Aber sie gehorchten Mose nicht. Und
etliche ließen davon übrig bis morgen; da
wuchsen Würmer darin, und es ward stinkend. Und Mose ward zornig auf sie.
21. Sie sammelten aber alle Morgen, soviel ein jeglicher für sich essen mochte.
Wenn aber die Sonne heiß schien, zer-
schmolz es.
22. Und des sechsten Tages sammelten
sie des Brots zwiefältig, je zwei Gomer für
einen. Und alle Obersten der Gemeinde
kamen hinein und verkündigten's Mose.
23. Und er sprach zu ihnen: Das ist's, was
der Herr gesagt hat: Morgen ist der Sabbat
der heiligen Ruhe des Herrn; was ihr bak-
ken wollt, das backt, und was ihr kochen
wollt, das kocht; was aber übrig ist, das
lasset bleiben, daß es behalten werde bis
morgen. 1. Mose 2,2.3; K. 20,8.
24. Und sie ließen's bleiben bis morgen,
wie Mose geboten hatte; da ward's nicht
stinkend und war auch kein Wurm darin.
25. Da sprach Mose: Esset das heute,
denn es ist heute der Sabbat des Herrn; ihr
werdet's heute nicht finden auf dem Felde.
26. Sechs Tage sollt ihr sammeln; aber
der siebente Tag ist der Sabbat, an dem
wird nichts da sein.
27. Aber am siebenten Tage gingen etliche vom Volk hinaus, zu sammeln, und
fanden nichts.
28. Da sprach der Herr zu Mose: Wie lange weigert ihr euch, zu halten meine Gebote und Gesetze?
29. Sehet, der Herr hat euch den Sabbat
gegeben; darum gibt er auch am sechsten
Tag zweier Tage Brot. So bleibe nun ein
jeglicher in dem Seinen, und niemand gehe heraus von seinem Ort des siebenten
Tages.
30. Also feierte das Volk am siebenten
Tage.
31. Und das Haus Israel hieß es Man. Und
es war wie Koriandersamen und weiß und
hatte einen Geschmack wie Semmel mit
Honig.
32. Und Mose sprach: Das ist's, was der
Herr geboten hat: Fülle ein Gomer davon,
es zu behalten auf eure Nachkommen, auf
daß man sehe das Brot, damit ich euch
gespeist habe in der Wüste, da ich euch
aus Ägyptenland führte.
33. Und Mose sprach zu Aaron: Nimm
ein *Krüglein und tu ein Gomer voll Man
darein und laß es vor dem Herrn, daß es
behalten werde auf eure Nachkommen.

*Hebr. 9,4.

34. Wie der Herr dem Mose geboten hatte, also ließ es Aaron daselbst vor dem
Zeugnis, daß es behalten werde.
35. Und die Kinder Israel aßen Man vierzig Jahre, bis daß sie zu dem Lande kamen, da sie wohnen sollten; bis an die
Grenze des Landes Kanaan aßen sie Man.

Jos. 5,12.

36. Ein Gomer aber ist der zehnte Teil
eines Epha.

Das 17. Kapitel

Die Kinder Israel werden aus einem Felsen getränkt. Sieg über die Amalekiter.

1. Und die ganze Gemeinde der Kinder
Israel zog aus der Wüste Sin ihre Tagereisen, wie ihnen der Herr befahl, und sie
lagerten sich in Raphidim. Da hatte das
Volk kein Wasser zu trinken.
2. Und sie zankten mit Mose und sprachen: Gebt uns Wasser, daß wir trinken.
Mose sprach zu ihnen: Was zankt ihr mit
mir? *Warum versucht ihr den Herrn?

*5. Mose 6,16; 1. Kor. 10,9.

3. Da aber das Volk daselbst dürstete
nach Wasser, murrten sie wider Mose und

DIE WUNDER MOSE'S UND AARONS 2. Mose 7, 10

sprachen: Warum hast du uns lassen aus
Ägypten ziehen, daß du uns, unsre Kinder
und unser Vieh Durstes sterben ließest?
4. Mose schrie zum Herrn und sprach:
Wie soll ich mit dem Volk tun? Es fehlt
nicht viel, sie *werden mich noch steinigen. *4. Mose 14,10.
5. Der Herr sprach zu ihm: Gehe hin vor
dem Volk und nimm etliche Älteste von
Israel mit dir und nimm deinen Stab in
deine Hand, mit dem du *den Strom
schlugst, und gehe hin. *K. 7,20.
6. Siehe, ich will daselbst stehen vor dir
auf einem Fels am Horeb; da sollst du den
Fels schlagen, so wird Wasser herauslau-
fen, daß das Volk trinke. Mose tat also vor
den Ältesten von Israel.
4. Mose 20,11; 1. Kor. 10,4.
7. Da hieß man den *Ort Massa und Meriba um des Zanks willen der Kinder Israel, und daß sie den Herrn versucht und
gesagt hatten: Ist der Herr unter uns oder
nicht? *Ps. 95,8.9.
8. Da kam Amalek und stritt wider Israel
in Raphidim.
9. Und Mose sprach zu *Josua: Erwähle
uns Männer, zieh aus und streite wider
Amalek; morgen will ich auf des Hügels
Spitze stehen und den Stab Gottes in meiner Hand haben. *4. Mose 13,8.16.
10. Und Josua tat, wie Mose ihm sagte,
daß er wider Amalek stritte. Mose aber
und Aaron und Hur gingen auf die Spitze
des Hügels.
11. Und wenn Mose seine Hand empor-
hielt, siegte Israel; wenn er aber seine
Hand niederließ, siegte Amalek.
12. Aber die Hände Mose's wurden
schwer; darum nahmen sie einen Stein
und legten ihn unter ihn, daß er sich dar-
aufsetzte. Aaron aber und Hur stützten
ihm seine Hände, auf jeglicher Seite einer.
Also blieben seine Hände fest, bis die Sonne unterging.
13. Und Josua dämpfte den Amalek und
sein Volk durch des Schwertes Schärfe.
14. Und der Herr sprach zu Mose: Schreibe das zum Gedächtnis in ein Buch und
befiehl's in die Ohren Josuas; denn ich will
den *Amalek unter dem Himmel austilgen, daß man sein nicht mehr gedenke.
*5. Mose 25,17–19; 1. Sam. 15,2.3.
15. Und Mose baute einen Altar und hieß
ihn: Der Herr mein Panier.

16. Denn er sprach: Es ist ein Malzeichen bei dem Stuhl des Herrn, daß der Herr streiten wird wider Amalek von Kind zu Kindeskind.

Das 18. Kapitel

Jethros Besuch bei Mose. Einsetzung von Richtern.

1. Und da *Jethro, der Priester in Midian, Mose's Schwiegervater, hörte alles, was Gott getan hatte mit Mose und seinem Volk Israel, daß der Herr Israel hätte aus Ägypten geführt, *K.3,1.
2. nahm er Zippora, Mose's Weib, die er hatte zurückgesandt, K.4,20.
3. samt ihren zwei Söhnen, deren einer hieß Gersom (denn er sprach: Ich bin ein Gast geworden in fremdem Lande); K.2,22.
4. und der andere Elieser (denn er sprach: Der Gott meines Vaters ist meine Hilfe gewesen und hat mich errettet von dem Schwert Pharaos).
5. Da nun Jethro, Mose's Schwiegervater, und seine Söhne und sein Weib zu ihm kamen in die Wüste, an den Berg Gottes, da er sich gelagert hatte,
6. ließ er Mose sagen: Ich, Jethro, dein Schwiegervater, bin zu dir gekommen und dein Weib und ihre beiden Söhne mit ihr.
7. Da ging Mose hinaus ihm entgegen und neigte sich vor ihm und küßte ihn. Und da sie sich untereinander gegrüßt hatten, gingen sie in eine Hütte.
8. Da erzählte Mose seinem Schwiegervater alles, was der Herr dem Pharao und den Ägyptern getan hatte Israels halben, und alle die Mühsal, die ihnen auf dem Wege begegnet war, und daß sie der Herr errettet hätte.
9. Jethro aber freute sich all des Guten, das der Herr Israel getan hatte, daß er sie errettet hatte von der Ägypter Hand.
10. Und Jethro sprach: Gelobt sei der Herr, der euch errettet hat von der Ägypter und Pharaos Hand, der weiß sein Volk von der Ägypter Hand zu erretten.
11. Nun weiß ich, daß der Herr größer ist denn alle Götter, darum daß sie Hochmut an ihnen geübt haben. Neh.9,10.
12. Und Jethro, Mose's Schwiegervater, brachte Gott ein Brandopfer mit Dankopfern. Da kamen Aaron und alle Ältesten in Israel, mit Mose's Schwiegervater das Brot zu essen vor Gott.
13. Des andern Morgens setzte sich Mose, das Volk zu richten; und das Volk stand um Mose her von Morgen an bis zu Abend.
14. Da aber sein Schwiegervater sah alles, was er mit dem Volke tat, sprach er: Was ist's, das du tust mit dem Volk? Warum sitzest du allein, und alles Volk steht um dich her von Morgen an bis zu Abend?
15. Mose antwortete ihm: Das Volk kommt zu mir, Gott um Rat zu fragen.
16. Denn wo sie was zu schaffen haben, kommen sie zu mir, daß ich richte zwischen einem jeglichen und seinem Nächsten und zeige ihnen Gottes Rechte und seine Gesetze.
17. Sein Schwiegervater sprach zu ihm: Es ist nicht gut, was du tust.
18. Du machst dich zu müde, dazu das Volk auch, das mit dir ist. Das Geschäft ist dir zu schwer; du kannst's allein nicht ausrichten. 4.Mose 11,14; 5.Mose 1,9.
19. Aber gehorche meiner Stimme; ich will dir raten, und Gott wird mit dir sein. Pflege du des Volks vor Gott und bringe die Geschäfte vor Gott
20. und stelle ihnen Rechte und Gesetze, daß du sie lehrest den Weg, darin sie wandeln, und die Werke, die sie tun sollen.
21. Siehe dich aber um unter allem Volk nach redlichen Leuten, die Gott fürchten, wahrhaftig und dem Geiz feind sind; die setze über sie, etliche über tausend, über hundert, über fünfzig und über zehn,
22. daß sie das Volk allezeit richten; wo aber eine große Sache ist, daß sie dieselbe an dich bringen, und sie alle geringen Sachen richten. So wird dir's leichter werden, und sie werden mit dir tragen.
23. Wirst du das tun, so kannst du ausrichten, was dir Gott gebietet, und all dies Volk kann mit Frieden an seinen Ort kommen.
24. Mose gehorchte seines Schwiegervaters Wort und tat alles, was er sagte,
25. und erwählte redliche Leute aus ganz Israel und machte sie zu Häuptern über das Volk, etliche über tausend, über hundert, über fünfzig und über zehn,
26. daß sie das Volk allezeit richteten; was aber schwere Sachen wären, zu Mose brächten, und die kleinen Sachen selber richteten.
27. Also ließ Mose seinen Schwiegervater in sein Land ziehen.

Das 19. Kapitel

Erscheinung Gottes auf dem Berge Sinai. Vorbereitung auf die Gesetzgebung.

1. Im dritten Monat nach dem Ausgang der Kinder Israel aus Ägyptenland kamen sie dieses Tages in die Wüste Sinai.

DAS OSTERLAMM 2. Mose 12, 3

2. Denn sie waren ausgezogen von Raphidim und wollten in die Wüste und lagerten sich in der Wüste daselbst gegenüber dem Berge.
3. Und Mose stieg hinauf zu Gott. Und
der Herr rief ihm vom Berge und sprach:
So sollst du sagen zu dem Hause Jakob
und verkündigen den Kindern Israel:
4. Ihr habt gesehen, was ich den Ägyptern getan habe, und wie ich euch *getragen habe auf Adlerflügeln und habe euch
zu mir gebracht. *5. Mose 32,11.
5. Werdet ihr nun meiner Stimme gehorchen und meinen Bund halten, so sollt
ihr mein *Eigentum sein vor allen Völkern; denn die ganze Erde ist mein.
*5. Mose 7,6.
6. Und ihr sollt mir ein *priesterlich Königreich und ein †heiliges Volk sein. Das
sind die Worte, die du den Kindern Israel
sagen sollst.
*1. Petr. 2,9; Offenb. 1,6. †3. Mose 19,2.
7. Mose kam und forderte die Ältesten im
Volk und legte ihnen alle diese Worte vor,
die der Herr geboten hatte.
8. Und alles Volk antwortete zugleich
und sprach: Alles, was der Herr geredet
hat, wollen wir tun. Und Mose sagte die
Rede des Volks dem Herrn wieder.
9. Und der Herr sprach zu Mose: Siehe,
ich will zu dir kommen in einer dicken
Wolke, auf daß dies Volk es höre, wenn ich
mit dir rede, und glaube dir ewiglich. Und
Mose verkündigte dem Herrn die Rede des
Volks.
10. Und der Herr sprach zu Mose: Gehe
hin zum Volk und heilige sie heute und
morgen, daß sie ihre Kleider waschen
11. und bereit seien auf den dritten Tag;
denn am dritten Tag wird der Herr vor
allem Volk herabfahren auf den Berg Sinai.
12. Und mache dem Volk ein Gehege umher und sprich zu ihnen: Hütet euch, daß
ihr nicht auf den Berg steiget noch sein
Ende anrühret; denn wer den Berg anrührt, soll des Todes sterben.
K. 34,3.
13. Keine Hand soll ihn anrühren, sondern er soll gesteinigt oder mit Geschoß
erschossen werden; es sei ein Tier oder
Mensch, so soll er nicht leben. Wenn es
aber lange tönen wird, dann sollen sie an
den Berg gehen. Hebr. 12,18–20.

14. Mose stieg vom Berge zum Volk und heiligte sie, und sie wuschen ihre Kleider.
15. Und er sprach zu ihnen: Seid bereit auf den dritten Tag, und keiner nahe sich zum Weibe. 1.Kor.7,5.
16. Als nun der dritte Tag kam und es Morgen war, da erhob sich ein Donnern und Blitzen und eine dicke Wolke auf dem Berge und ein Ton einer sehr starken Posaune; das ganze Volk aber, das im Lager war, erschrak. Hebr.12,21.
17. Und Mose führte das Volk aus dem Lager Gott entgegen, und es trat unten an den Berg.
18. Der ganze Berg Sinai aber rauchte, darum daß der Herr herab auf den Berg fuhr mit Feuer; und sein Rauch ging auf wie ein Rauch vom Ofen, daß der ganze Berg sehr bebte.
19. Und der Posaune Ton ward immer stärker. Mose redete, und Gott antwortete ihm laut. Apg.7,38.
20. Als nun der Herr herniedergekommen war auf den Berg Sinai, oben auf seine Spitze, forderte er Mose oben auf die Spitze des Berges, und Mose stieg hinauf.
21. Da sprach der Herr zu ihm: Steig hinab und bezeuge dem Volk, daß sie nicht durchbrechen zum Herrn, ihn zu sehen, und viele aus ihnen fallen.
22. Dazu die Priester, die zum Herrn nahen, sollen sich heiligen, daß sie der Herr nicht zerschmettere.
23. Mose aber sprach zum Herrn: Das Volk kann nicht auf den Berg Sinai steigen; denn du hast uns bezeugt und gesagt: Mache ein Gehege um den Berg und heilige ihn.
24. Und der Herr sprach zu ihm: Gehe hin, steige hinab! Du und Aaron mit dir sollt heraufsteigen; aber die Priester und das Volk sollen nicht durchbrechen, daß sie hinaufsteigen zu dem Herrn, daß er sie nicht zerschmettere.
25. Und Mose stieg herunter zum Volk und sagte es ihm.

Das 20. Kapitel

Die heiligen zehn Gebote.

1. Und Gott redete alle diese Worte:
5.Mose 5,6–19; Matth.5,17–48.
2. Ich bin der Herr, dein Gott, der ich dich aus Ägyptenland, aus dem Diensthause, geführt habe.
3. Du sollst keine anderen Götter neben mir haben. 5.Mose 6,4.5; 1.Kor.8,6.
4. Du sollst dir kein Bildnis noch irgend ein Gleichnis machen, weder des, das oben im Himmel, noch des, das unten auf Erden, oder des, das im Wasser unter der Erde ist. 3.Mose 26,1; 5.Mose 27,15; Ps.97,7; Jes.40,18–26; Röm.1,23.
5. Bete sie nicht an und diene ihnen nicht. Denn *ich, der Herr, dein Gott, bin ein eifriger Gott, der da heimsucht der Väter Missetat an den Kindern bis in das dritte und vierte Glied, die mich hassen;
*K.34,7; Jer.31,29.30; Hesek.18,2.3.20.
6. und tue Barmherzigkeit an vielen Tausenden, die mich liebhaben und meine Gebote halten.
7. Du sollst den Namen des Herrn, deines Gottes, nicht mißbrauchen; denn der Herr wird den nicht ungestraft lassen, der seinen Namen mißbraucht. 3.Mose 24,16.
8. Gedenke des Sabbattags, daß du ihn heiligest.
K.16,25; Hesek.20,12; Mark.2,27.28; Kol.2,16.17.
9. Sechs Tage sollst du arbeiten und alle deine Dinge beschicken;
10. aber am siebenten Tage ist der Sabbat des Herrn, deines Gottes; da sollst du kein Werk tun noch dein Sohn noch deine Tochter noch dein Knecht noch deine Magd noch dein Vieh noch dein Fremdling, der in deinen Toren ist.
11. Denn in sechs Tagen hat der Herr Himmel und Erde gemacht und das Meer und alles, was darinnen ist, und ruhete am siebenten Tage. Darum segnete der Herr den Sabbattag und heiligte ihn.
1.Mose 2,2.3.
12. Du sollst deinen Vater und deine Mutter ehren, auf daß du lange lebest in dem Lande, das dir der Herr, dein Gott, gibt. Matth.15,4; Eph.6,2.3.
13. Du sollst nicht töten.
K.21,12; 1.Mose 9,5.6; Jak.2,11.
14. Du sollst nicht ehebrechen.
3.Mose 20,10; Eph.5,3–5.
15. Du sollst nicht stehlen.
3.Mose 19,11; Eph.4,28.
16. Du sollst kein falsch Zeugnis reden wider deinen Nächsten. K.23,1; Eph.4,25.
17. Laß dich nicht gelüsten deines Nächsten Hauses. Laß dich nicht gelüsten deines Nächsten Weibes, noch seines Knechtes noch seiner Magd, noch seines Ochsen noch seines Esels, noch alles, was dein Nächster hat. Röm.7,7; 13,9.
18. Und alles Volk sah den Donner und Blitz und den Ton der Posaune und den Berg rauchen. Da sie aber solches sahen, flohen sie und traten von ferne
19. und sprachen zu Mose: Rede du mit uns, wir wollen gehorchen; und laß Gott

TÖTUNG DER ERSTGEBURTEN 2. Mose 12, 29

nicht mit uns reden, wir möchten sonst sterben.
20. Mose aber sprach zum Volk: Fürchtet euch nicht; denn Gott ist gekommen, daß er euch versuchte und daß seine Furcht euch vor Augen wäre, daß ihr nicht sündiget.
21. Also *trat das Volk von ferne; aber Mose machte sich hinzu in das Dunkel, darin Gott war. *Hebr. 12,18.
22. Und der Herr sprach zu ihm: Also sollst du den Kindern Israel sagen: Ihr habt gesehen, daß ich mit euch vom Himmel geredet habe.
23. Darum sollt ihr nichts neben mir machen; silberne und goldene Götter sollt ihr nicht machen.
24. Einen *Altar von Erde mache mir, darauf du dein Brandopfer und Dankopfer, deine Schafe und Rinder opferst. Denn an welchem Ort ich meines Namens Gedächtnis stiften werde, †da will ich zu dir kommen und dich segnen.

*K. 27,1.8. †K. 29,42.43; 5. Mose 12,5.

25. Und so du mir einen steinernen Altar willst machen, sollst du ihn nicht von gehauenen Steinen bauen; denn wo du mit deinem Messer darüber fährst, so wirst du ihn entweihen. 5. Mose 27,5; Jos. 8,31.
26. Du sollst auch nicht auf Stufen zu meinem Altar steigen, daß nicht deine Blöße aufgedeckt werde vor ihm.

Das 21. Kapitel

Gesetze über Leibeigenschaft, Totschlag und Körperverletzungen.

1. Dies sind die Rechte, die du ihnen sollst vorlegen:
2. So du einen hebräischen Knecht kaufst, der soll dir sechs Jahre dienen; im siebenten Jahr soll er frei ausgehen umsonst.

3. Mose 25,39.40; 5. Mose 15,12–17; Jer. 34,14.

3. Ist er ohne Weib gekommen, so soll er auch ohne Weib ausgehen; ist er mit Weib gekommen, so soll sein Weib mit ihm ausgehen.
4. Hat ihm aber sein Herr ein Weib gegeben, und er hat Söhne oder Töchter gezeugt, so soll das Weib und die Kinder seines Herrn sein, er aber soll ohne Weib ausgehen.
5. Spricht aber der Knecht: Ich habe

meinen Herrn lieb und mein Weib und Kind, ich will nicht frei werden,

6. so bringe ihn sein Herr vor die *»Götter« und halte ihn an die Tür oder den Pfosten und bohre ihm mit einem Pfriemen durch sein Ohr, und er sei ein Knecht ewig.

*Richter.–K.22,7.8.27; 5.Mose 15,17; Ps.82.

7. Verkauft jemand seine Tochter zur Magd, so soll sie nicht ausgehen wie die *Knechte. *V.2.

8. Gefällt sie aber ihrem Herrn nicht und will er sie nicht zur Ehe nehmen, so soll er sie zu lösen geben. Aber unter ein fremdes Volk sie zu verkaufen hat er nicht Macht, weil er sie verschmäht hat.

9. Vertraut er sie aber seinem Sohn, so soll er Tochterrecht an ihr tun.

10. Gibt er ihm aber noch eine andere, so soll er ihr an ihrer Nahrung, Kleidung und Eheschuld nichts abbrechen.

11. Tut er diese drei nicht, so soll sie frei ausgehen ohne Lösegeld.

12. Wer einen Menschen schlägt, daß er stirbt, der soll des Todes sterben.

1.Mose 9,6;K.20,13; Matth.5,21.22.

13. Hat er ihm aber nicht nachgestellt, sondern Gott hat ihn lassen ungefähr in seine Hände fallen, so will ich dir einen Ort bestimmen, dahin er fliehen soll.

4.Mose 35,6–29; 5.Mose 19,4–13.

14. Wo aber jemand an seinem Nächsten frevelt und ihn mit List erwürgt, so sollst du denselben von meinem Altar nehmen, daß man ihn töte. 1.Kön.2,29.31.

15. Wer Vater oder Mutter schlägt, der soll des Todes sterben.

16. Wer einen Menschen stiehlt, es sei, daß er ihn verkauft oder daß man ihn bei ihm findet, der soll des Todes sterben.

5.Mose 24,7; 1.Tim.1,10.

17. Wer Vater oder Mutter flucht, der soll des Todes sterben.

5.Mose 27,16; Spr.20,30; Matth.15,4.

18. Wenn Männer miteinander hadern und einer schlägt den andern mit einem Stein oder mit einer Faust, daß er nicht stirbt, sondern zu Bette liegt:

19. kommt er auf, daß er ausgeht an seinem Stabe, so soll, der ihn schlug, unschuldig sein, nur daß er ihm bezahle, was er versäumt hat, und das Arztgeld gebe.

20. Wer seinen Knecht oder seine Magd schlägt mit einem Stabe, daß sie sterben unter seinen Händen, der soll darum gestraft werden.

21. Bleibt er aber einen oder zwei Tage am Leben, so soll er nicht darum gestraft werden; denn es ist sein Geld.

22. Wenn Männer hadern und verletzen ein schwangeres Weib, daß ihr die Frucht abgeht, und ihr kein Schade widerfährt, so soll man ihn um Geld strafen, wieviel des Weibes Mann ihm auflegt, und er soll's geben nach der Schiedsrichter Erkennen.

23. Kommt ihr aber ein Schade daraus, so soll er lassen Seele um Seele,

3.Mose 24,19.20; 5.Mose 19,21; Matth.5,38.

24. Auge um Auge, Zahn um Zahn, Hand um Hand, Fuß um Fuß.

25. Brand um Brand, Wunde um Wunde, Beule um Beule.

26. Wenn jemand seinen Knecht oder seine Magd in ein Auge schlägt und verderbt es, der soll sie frei loslassen um das Auge.

27. Desgleichen, wenn er seinem Knecht oder seiner Magd einen Zahn ausschlägt, soll er sie frei loslassen um den Zahn.

28. Wenn ein Ochse einen Mann oder ein Weib stößt, daß sie sterben, so soll man den Ochsen steinigen und sein Fleisch nicht essen; so ist der Herr des Ochsen unschuldig.

29. Ist aber der Ochse zuvor stößig gewesen, und seinem Herrn ist's angesagt, und hat ihn nicht verwahrt, und er tötet darüber einen Mann oder ein Weib, so soll man den Ochsen steinigen, und sein Herr soll sterben. 1.Mose 9,5.

30. Wird man aber ein Lösegeld auf ihn legen, so soll er geben, sein Leben zu lösen, was man ihm auflegt.

31. Desgleichen soll man mit ihm handeln, wenn er Sohn oder Tochter stößt.

32. Stößt er aber einen Knecht oder eine Magd, so soll er ihrem Herrn dreißig Silberlinge geben, und den Ochsen soll man steinigen.

33. So jemand eine Grube auftut oder gräbt eine Grube und deckt sie nicht zu, und es fällt ein Ochs oder Esel hinein,

34. so soll's der Herr der Grube mit Geld dem andern wiederbezahlen; das Aas aber soll sein sein.

35. Wenn jemandes Ochse eines andern Ochsen stößt, daß er stirbt, so sollen sie den lebendigen Ochsen verkaufen und das Geld teilen und das Aas auch teilen.

36. Ist's aber kund gewesen, daß der Ochse zuvor stößig gewesen ist, und sein Herr hat ihn nicht verwahrt, so soll er einen Ochsen für den andern vergelten und das Aas haben.

37. [K.22,1.] Wenn jemand einen Ochsen oder ein Schaf stiehlt und schlachtet's oder verkauft's, der soll fünf Ochsen für

AUSZUG AUS ÄGYPTEN 2. Mose 14, 30

einen Ochsen wiedergeben und vier Schafe für ein Schaf. Luk. 19,8.

Das 22. Kapitel

Gesetze gegen Beschädigungen am Eigentum des Nächsten, gegen Unterdrückung der Armen und dergleichen.

1. [2.] Wenn ein Dieb ergriffen wird, daß er einbricht, und wird dabei geschlagen, daß er stirbt, so soll man kein Blutgericht über jenen lassen gehen.

2. [3.] Ist aber die Sonne über ihn aufgegangen, so soll man das Blutgericht gehen lassen. Es soll aber ein Dieb wiedererstatten; hat er nichts, so verkaufe man ihn um seinen Diebstahl.

3. [4.] Findet man aber bei ihm den Diebstahl lebendig, es sei Ochse, Esel oder Schaf, so soll er's zwiefältig wiedergeben.

4. [5.] Wenn jemand einen Acker oder Weinberg beschädigt, daß er sein Vieh läßt Schaden tun in eines andern Acker, der soll von dem Besten auf seinem Acker und Weinberg wiedererstatten.

5. [6.] Wenn ein Feuer auskommt und ergreift die Dornen und verbrennt die Garben oder Getreide, das noch steht, oder den Acker, so soll der wiedererstatten, der das Feuer angezündet hat.

6. [7.] Wenn jemand seinem Nächsten Geld oder Geräte zu bewahren gibt, und es wird demselben aus seinem Hause gestohlen: findet man den Dieb, so soll er's zwiefältig wiedergeben;

7. [8.] findet man aber den Dieb nicht, so soll man den Hauswirt vor die *»Götter« bringen, ob er nicht seine Hand habe an seines Nächsten Habe gelegt.

*Richter – K. 21,6.

8. [9.] Wo einer den andern beschuldigt um irgend ein Unrecht, es sei um Ochsen oder Esel oder Schaf oder Kleider oder allerlei, das verloren ist, so soll beider Sache vor die »Götter« kommen. Welchen die »Götter« verdammen, der soll's zwiefältig seinem Nächsten wiedergeben.

9. [10.] Wenn jemand seinem Nächsten einen Esel oder Ochsen oder ein Schaf oder irgend ein Vieh zu bewahren gibt, und es stirbt ihm oder wird beschädigt oder wird ihm weggetrieben, daß es niemand sieht,

10. [11.] so soll man's unter ihnen auf

einen Eid bei dem Herrn kommen lassen, ob er nicht habe seine Hand an seines Nächsten Habe gelegt; und des Gutes Herr soll's annehmen, also daß jener nicht bezahlen müsse.

11. [12.] Stiehlt's ihm aber ein Dieb, so soll er's seinem Herrn bezahlen.

12. [13.] Wird es aber zerrissen, soll er Zeugnis davon bringen und *nicht bezahlen. *1. Mose 31,39.

13. [14.] Wenn's jemand von seinem Nächsten entlehnt, und es wird beschädigt oder stirbt, daß sein Herr nicht dabei ist, so soll er's bezahlen.

14. [15.] Ist aber sein Herr dabei, soll er's nicht bezahlen, so er's um sein Geld gedingt hat.

15. [16.] Wenn jemand eine Jungfrau beredet, die noch nicht verlobt ist, und bei ihr schläft, der soll ihr geben ihre Morgengabe und sie zum Weibe haben.

5. Mose 22,28.29.

16. [17.] Weigert sich aber ihr Vater, sie ihm zu geben, soll er Geld darwägen, wieviel einer Jungfrau zur Morgengabe gebührt.

17. [18.] Die Zauberinnen sollst du nicht leben lassen.

3. Mose 20,6.27; 5. Mose 18,10; 1. Sam. 29,9.

18. [19.] Wer bei einem Vieh liegt, der soll des Todes sterben.

3. Mose 18,23; 5. Mose 27,21.

19. [20.] Wer den Göttern opfert und nicht dem Herrn allein, der sei verbannt.

5. Mose 13,7–19; 17,2–7.

20. [21.] Die Fremdlinge sollst du nicht schinden noch unterdrücken; denn ihr seid auch Fremdlinge in Ägyptenland gewesen. K. 23,9; 3. Mose 19,33.34; 5. Mose 10,18.19; 24,17.18; 27,19.

21. [22.] Ihr sollt keine Witwen und Waisen bedrängen. Jes. 1,17.

22. [23.] Wirst du sie bedrängen, so werden sie zu mir schreien, und ich werde ihr Schreien erhören;

23. [24.] so wird mein Zorn ergrimmen, daß ich euch mit dem Schwert töte und eure Weiber Witwen und eure Kinder Waisen werden.

24. [25.] Wenn du Geld leihst einem aus meinem Volk, der arm ist bei dir, sollst du ihn nicht zu Schaden bringen und keinen Wucher an ihm treiben.

3. Mose 25,36; 5. Mose 23,20; 24,10.

25. [26.] Wenn du von deinem Nächsten ein Kleid zum Pfande nimmst, sollst du es ihm wiedergeben, ehe die Sonne untergeht; 5. Mose 24,12.13.

26. [27.] denn sein Kleid ist seine einzige Decke seiner Haut, darin er schläft. Wird er aber zu mir schreien, so werde ich ihn erhören, denn ich bin gnädig.

27. [28.] Den *»Göttern« sollst du nicht fluchen, und den †Obersten in deinem Volk sollst du nicht lästern.

*K. 21,6. †Pred. 10,20; Apg. 23,5.

28. [29.] Deiner *Frucht Fülle und Saft sollst du nicht zurückhalten. Deinen †ersten Sohn sollst du mir geben.

*5. Mose 18,4. †K. 13,2.13.

29. [30.] So sollst du auch tun mit deinem Ochsen und Schafe. Sieben Tage laß es bei seiner Mutter sein, am achten Tage sollst du mir's geben. 3. Mose 22,27.

30. [31.] Ihr sollt heilige Leute vor mir sein; darum sollt ihr kein Fleisch essen, das *auf dem Felde von Tieren zerrissen ist, sondern es vor die Hunde werfen.

*3. Mose 7,24; 11,40; 17,15; 22,8; 5. Mose 14,21; Hesek. 44,31.

Das 23. Kapitel

Gesetze von Gerechtigkeit und Nächstenliebe. Austreibung der Kanaaniter verheißen und geboten.

1. Du sollst falscher Anklage nicht glauben, daß du einem Gottlosen Beistand tust und ein falscher Zeuge seist. K. 20,16.

2. Du sollst nicht folgen der Menge zum Bösen und nicht also antworten vor Gericht, daß du der Menge nach vom Rechten weichest.

3. Du sollst den Geringen nicht beschönigen in seiner Sache. 3. Mose 19,15.

4. Wenn du deines Feindes Ochsen oder Esel begegnest, daß er irrt, so sollst du ihm denselben wieder zuführen. Luk. 6,27.

5. Wenn du den Esel des, der dich haßt, siehst unter seiner Last liegen, hüte dich, und laß ihn nicht, sondern versäume gern das Deine um seinetwillen.

6. Du sollst das Recht deines Armen nicht beugen in seiner Sache. 5. Mose 27,19.

7. Sei ferne von falschen Sachen. Den Unschuldigen und Gerechten sollst du nicht erwürgen; denn ich lasse den Gottlosen nicht recht haben.

8. Du sollst nicht Geschenke nehmen; denn Geschenke machen die Sehenden blind und verkehren die Sachen der Gerechten. 5. Mose 16,19; 27,25.

9. Die Fremdlinge sollt ihr nicht unterdrücken; denn ihr wisset um der Fremdlinge Herz, dieweil ihr auch seid Fremdlinge in Ägyptenland gewesen. K. 22,20.

10. Sechs Jahre sollst du dein Land besä-

DIE KINDER ISRAEL IN DER WÜSTE 2. Mose 16, 2–4

en und seine Früchte einsammeln.
3. Mose 25; 5. Mose 15,1–11.
11. Im siebenten Jahr sollst du es ruhen
und liegen lassen, daß die Armen unter
deinem Volk davon essen; und was übrigbleibt, laß das Wild auf dem Felde essen.
Also sollst du auch tun mit deinem Weinberg und Ölberg.
12. Sechs Tage sollst du deine Arbeit tun;
aber des siebenten Tages sollst du feiern,
auf daß dein Ochs und Esel ruhen und
deiner Magd Sohn und der Fremdling sich
erquicken. K. 20,8–11.
13. Alles, was ich euch gesagt habe, das
haltet. Und *anderer Götter Namen sollt
ihr nicht gedenken, und aus eurem Munde
sollen sie nicht gehört werden. *Jos. 23,7.
(V. 14–19: K. 34,18–26; 3. Mose 23; 5. Mose 16).
14. Dreimal sollt ihr mir Feste halten im
Jahr:
15. das Fest der ungesäuerten Brote
sollst du halten, daß du sieben Tage ungesäuertes Brot essest, wie ich dir geboten
habe, um die Zeit des Monats Abib; denn in
demselben bist du aus Ägypten gezogen.
Erscheinet aber nicht leer vor mir.
K. 12,15.
16. Und das Fest der Ernte, der Erstlinge
deiner Früchte, die du auf dem Felde gesät
hast. Und das Fest der Einsammlung im
Ausgang des Jahres, wenn du deine Arbeit
eingesammelt hast vom Felde.
17. Dreimal im Jahre soll erscheinen vor
dem Herrn, dem Herrscher, alles, was
männlich ist unter dir.
18. Du sollst das Blut meines Opfers
nicht neben dem Sauerteig opfern, und
das *Fett von meinem Fest soll nicht bleiben bis auf morgen. *K. 12,10.
19. Die *Erstlinge von der ersten Frucht
auf deinem Felde sollst du bringen in das
Haus des Herrn, deines Gottes. Und †sollst
das Böcklein nicht kochen in seiner Mutter Milch.
*5. Mose 26,1–11. †K. 22,29; 5. Mose 14,21.
20. Siehe, ich sende einen *Engel vor dir
her, der dich behüte auf dem Wege und
bringe dich an den Ort, den ich bereitet
habe. *K. 14,19.
21. Darum hüte dich vor seinem Angesicht und gehorche seiner Stimme und
erbittere ihn nicht; denn er wird euer
Übertreten nicht vergeben, und mein Name ist in ihm. Jes. 63,9.10.

22. Wirst du aber seine Stimme hören und tun alles, was ich dir sagen werde, so will ich deiner Feinde Feind und deiner Widersacher Widersacher sein.
23. Wenn nun mein Engel vor dir her geht und dich bringt an die Amoriter, Hethiter, Pheresiter, Kanaaniter, Heviter und Jebusiter und ich sie vertilge,
24. so sollst du ihre Götter nicht *anbeten noch ihnen dienen und nicht tun, †wie sie tun, sondern du sollst ihre Götzen umreißen und zerbrechen.
*K.20,5. †3.Mose 18,3.
25. Aber dem Herrn, eurem Gott, sollt ihr dienen, so wird er dein Brot und dein Wasser segnen, und ich will alle *Krankheit von dir wenden. *K.15,26.
26. Es soll nichts Unträchtiges noch Unfruchtbares sein in deinem Lande, und ich will dich lassen alt werden.
27. Ich will meinen Schrecken vor dir her senden und alles Volk verzagt machen, dahin du kommst, und will dir alle deine Feinde in die Flucht geben.
28. Ich will *Hornissen vor dir her senden, die vor dir her ausjagen die Heviter, Kanaaniter und Hethiter.
*5.Mose 1,44; 7,20; Jos.24,12.
29. Ich will sie nicht auf ein Jahr ausstoßen vor dir, auf daß nicht das Land wüst werde und sich wilde Tiere wider dich mehren;
30. einzeln nacheinander will ich sie vor dir her ausstoßen, bis daß du wächsest und das Land besitzest.
31. Und will deine *Grenze setzen von dem Schilfmeer bis an das Philistermeer und von der Wüste bis an den Strom. Denn ich will dir in deine Hand geben die Einwohner des Landes, daß du sie sollst ausstoßen vor dir her. *1.Mose 15,18.
32. Du sollst mit ihnen oder mit ihren Göttern keinen Bund machen;
K.34,12; 5.Mose 7,2.
33. sondern laß sie nicht wohnen in deinem Lande, daß sie dich nicht verführen wider mich. Denn wo du ihren Göttern dienst, wird dir's zum Fall geraten.
Richt.2,3.

Das 24. Kapitel

Bundesbuch und Bundesopfer. Die Priester und die siebzig Ältesten schauen den Herrn. Mose steigt wieder auf den Berg.

1. Und zu Mose sprach er: Steig herauf zum Herrn, du und Aaron, Nadab und Abihu und *siebzig von den Ältesten Israels und betet an von ferne. *4.Mose 11,16.
2. Aber Mose allein nahe sich zum Herrn und lasse jene sich nicht herzu nahen, und das Volk komme auch nicht mit ihm herauf.
3. Mose kam und erzählte dem Volk alle Worte des Herrn und alle Rechte. Da antwortete alles Volk mit einer Stimme und sprachen: Alle Worte, die der Herr gesagt hat, wollen wir tun. K.19,8.
4. Da *schrieb Mose alle Worte des Herrn und machte sich des Morgens früh auf und baute einen Altar unten am Berge mit †zwölf Säulen nach den zwölf Stämmen Israels, *K.34,27. †1.Kön.18,31.
5. und sandte hin Jünglinge aus den Kindern Israel, daß sie Brandopfer darauf opferten und Dankopfer dem Herrn von Farren. K.3,12.
6. Und Mose nahm die Hälfte des Blutes und tat's in Becken; die andere Hälfte sprengte er auf den Altar.
7. Und nahm das *Buch des Bundes und las es vor den Ohren des Volks. Und da sie sprachen: Alles, was der Herr gesagt hat, wollen wir tun und gehorchen, *V.4.
8. da nahm Mose das Blut und *besprengte das Volk damit und sprach: Sehet, das ist Blut des Bundes, den der Herr mit euch macht über allen diesen Worten.
*Hebr.9,19–22.
9. Da stiegen Mose und Aaron, Nadab und Abihu und siebzig von den Ältesten Israels hinauf
10. und sahen den Gott Israels. Unter seinen Füßen war es *wie ein schöner Saphir und wie die Gestalt des Himmels, wenn's klar ist. *Hesek.1,26.
11. Und er reckte *seine Hand nicht aus wider die Obersten in Israel. Und da sie Gott geschaut hatten, aßen und tranken sie. *K.33,20–23.
12. Und der Herr sprach zu Mose: Komm herauf zu mir auf den Berg und bleib daselbst, daß ich dir *gebe steinerne Tafeln und Gesetze und Gebote, die ich geschrieben habe, die du sie lehren sollst. *K.31,18.
13. Da machte sich Mose auf mit seinem Diener Josua und stieg auf den Berg Gottes
14. und sprach zu den Ältesten: Bleibet hier, bis wir wieder zu euch kommen. Siehe, Aaron und Hur sind bei euch; hat jemand eine Sache, der komme vor dieselben.
15. Da nun Mose auf den Berg kam, bedeckte eine Wolke den Berg,
16. und da die *Herrlichkeit des Herrn wohnte auf dem Berge Sinai und deckte ihn mit der Wolke sechs Tage, und er rief

SIEG ÜBER DIE AMALEKITER 2. Mose 17, 10–12

Mose am siebenten Tage aus der Wolke.
*K.16,10.
17. Und das Ansehen der Herrlichkeit des
Herrn war wie *ein verzehrendes Feuer
auf der Spitze des Berges vor den Kindern
Israel. *5. Mose 4,24; 9,3; Hebr. 12,29.
18. Und Mose ging mitten in die Wolke
und stieg auf den Berg und blieb auf dem
Berge *vierzig Tage und vierzig Nächte.
*K.34,28.

Das 25. Kapitel

Hebopfer zur Stiftshütte. Die Lade und der Gnadenstuhl, der Schaubrottisch, der Leuchter.

1. Und der Herr redete mit Mose und
sprach:
2. Sage den Kindern Israel, daß sie mir
ein Hebopfer geben; und nehmt dasselbe
von jedermann, der es willig gibt.
K.35,5.22.
3. Das ist aber das Hebopfer, das ihr von
ihnen nehmen sollt: Gold, Silber, Erz,
4. blauer und roter Purpur, Scharlach,
köstliche weiße Leinwand, Ziegenhaar,
5. rötliche Widderfelle, Dachsfelle, Akazienholz,
6. Öl zur Lampe, Spezerei zur Salbe und
zu gutem Räucherwerk,
7. Onyxsteine und eingefaßte Steine
zum Leibrock und zum Amtschild.
8. Und sie sollen mir ein Heiligtum machen,
daß ich unter ihnen wohne.
9. Wie ich dir ein *Vorbild der Wohnung
und alles ihres Gerätes zeigen werde, so
sollt ihr's machen.
*V.40. (V.10–22: vgl. K.37,1–9.)
10. Macht eine Lade von Akazienholz;
dritthalb Ellen soll die Länge sein, anderthalb
Ellen die Breite und anderthalb Ellen
die Höhe.
11. Du sollst sie mit feinem Gold überziehen
inwendig und auswendig, und mache
einen goldenen Kranz oben umher.
12. Und gieße vier goldene Ringe und
mache sie an ihre vier Ecken, also daß
zwei Ringe seien auf einer Seite und zwei
auf der anderen Seite.
13. Und mache Stangen von Akazienholz
und überziehe sie mit Gold
14. und stecke sie in die Ringe an der
Lade Seiten, daß man sie damit trage;
15. sie sollen in den Ringen bleiben und
nicht herausgetan werden.

16. Und sollst in die Lade das Zeugnis legen, das ich dir geben werde.

V.21.

17. Du sollst auch einen *Gnadenstuhl machen von feinem Golde; dritthalb Ellen soll seine Länge sein und anderthalb Ellen seine Breite. *Hebr.4,16.

18. Und sollst zwei Cherubim machen von getriebenem Golde zu beiden Enden des Gnadenstuhls,

19. daß ein Cherub sei an diesem Ende, der andere an dem andern Ende, und also zwei Cherubim seien an des Gnadenstuhls Enden.

20. Und die Cherubim sollen ihre Flügel ausbreiten von obenher, daß sie mit ihren Flügeln den Gnadenstuhl bedecken und eines jeglichen Antlitz gegen das des andern stehe; und ihre Antlitze sollen auf den Gnadenstuhl sehen.

21. Und sollst den Gnadenstuhl oben auf die Lade tun und in die Lade das *Zeugnis legen, das ich dir geben werde.

*K.34,29; 1.Kön.8,9; Hebr.9,4.

22. Von *dem Ort will ich mich dir bezeugen und mit dir reden, nämlich von dem Gnadenstuhl zwischen den zwei Cherubim, der auf der Lade des Zeugnisses ist, alles, was ich dir gebieten will an die Kinder Israel.

*4.Mose 7,89. (V.23–29: vgl. K.37,10–16.)

23. Du sollst auch einen Tisch machen von Akazienholz; zwei Ellen soll seine Länge sein und eine Elle seine Breite und anderthalb Ellen seine Höhe.

24. Und sollst ihn überziehen mit feinem Gold und einen goldenen Kranz umher machen

25. und eine Leiste umher, eine Handbreit hoch, und einen goldenen Kranz um die Leiste her.

26. Und sollst vier goldene Ringe daran machen an die vier Ecken an seinen vier Füßen.

27. Hart unter der Leiste sollen die Ringe sein, daß man Stangen darein tue und den Tisch trage.

28. Und sollst die Stangen von Akazienholz machen und sie mit Gold überziehen, daß der Tisch damit getragen werde.

29. Du sollst auch aus feinem Golde seine Schüsseln und Löffel machen, seine Kannen und Schalen, darin man das Trankopfer darbringe.

30. Und sollst auf den Tisch allezeit Schaubrote legen von mir.

3.Mose 24,5.6. (V.31–39; vgl. K.37,17–24.)

31. Du sollst auch einen Leuchter von feinem, getriebenem Golde machen; daran soll der Schaft mit Röhren, Schalen, Knäufen und Blumen sein.

32. Sechs Röhren sollen aus dem Leuchter zu den Seiten ausgehen, aus jeglicher Seite drei Röhren.

33. Eine jegliche Röhre soll drei offene Schalen mit Knäufen und Blumen haben; so soll es sein bei den sechs Röhren aus dem Leuchter.

34. Aber der Schaft am Leuchter soll vier offene Schalen mit Knäufen und Blumen haben

35. und je einen Knauf unter zwei von den sechs Röhren, welche aus dem Leuchter gehen.

36. Beide, die Knäufe und Röhren, sollen aus ihm gehen, alles getriebenes, lauteres Gold.

37. Und sollst sieben Lampen machen obenauf, daß sie nach vornehin leuchten,

38. und Lichtschneuzen und Löschnäpfe von feinem Golde.

39. Aus einem Zentner feinen Goldes sollst du das machen mit allem diesem Geräte.

40. Und siehe zu, daß du es machst nach dem *Bilde, das du auf dem Berge gesehen hast. *K.26,30; Apg.7,44; Hebr.8,5.

Das 26. Kapitel

Die Stiftshütte mit den beiden Vorhängen.
(V.1–14: vgl. K.36,8–19.)

1. Die Wohnung sollst du machen von zehn Teppichen, von gezwirnter weißer Leinwand, von blauem und rotem Purpur und von Scharlach. Cherubim sollst du daran machen von kunstreicher Arbeit.

2. Die Länge eines Teppichs soll achtundzwanzig Ellen sein, die Breite vier Ellen, und sollen alle zehn gleich sein.

3. Und sollen je fünf zu einem Stück zusammengefügt sein, einer an den andern.

4. Und sollst Schleifen machen von blauem Purpur an jegliches Stück am Rand, wo die zwei Stücke sollen zusammengeheftet werden;

5. fünfzig Schleifen an jegliches Stück, daß eine Schleife der andern gegenüberstehe.

6. Und sollst fünfzig goldene Haken machen, womit man die Teppiche zusammenhefte, einen an den andern, auf daß es eine Wohnung werde.

7. Du sollst auch eine Decke aus Ziegenhaar machen zur Hütte über die Wohnung von elf Teppichen.

8. Die Länge eines Teppichs soll dreißig

Ellen sein, die Breite aber vier Ellen, und
sollen alle elf gleich groß sein.
9. Fünf sollst du aneinander fügen und
sechs auch aneinander, daß du den sechsten Teppich zwiefältig machst vorn an der Hütte.
10. Und sollst an jegliches Stück fünfzig
Schleifen machen am Rand, wo die Stücke sollen zusammengeheftet werden.
11. Und sollst fünfzig eherne Haken machen und die Haken in die Schleifen tun,
daß die Hütte zusammengefügt und eine Hütte werde.
12. Aber vom Überlangen an den Teppichen der Hütte sollst du einen halben Teppich lassen überhangen hinten an der Hütte
13. und auf beiden Seiten je eine Elle,
daß das Überlange sei an der Hütte Seiten und auf beiden Seiten sie bedecke.
14. Über diese Decke sollst du eine Decke
machen von rötlichen Widderfellen, dazu über sie eine Decke von Dachsfellen.

(V. 15–25: vgl. K. 36,20–30.)

15. Du sollst auch Bretter machen zu der
Wohnung von Akazienholz, die stehen sollen.
16. Zehn Ellen lang soll ein Brett sein
und anderthalb Ellen breit.
17. Zwei Zapfen soll ein Brett haben, daß
eins an das andere könne gesetzt werden. Also sollst du alle Bretter der Wohnung machen.
18. Ihrer zwanzig sollen stehen gegen
Mittag.
19. Die sollen vierzig silberne Füße unten haben, je zwei Füße unter jeglichem Brett an seinen zwei Zapfen.
20. Also auf der andern Seite gegen Mitternacht sollen auch zwanzig Bretter stehen
21. und vierzig silberne Füße, je zwei
Füße unter jeglichem Brett.
22. Aber hinten an der Wohnung gegen
Abend sollst du sechs Bretter machen;
23. dazu zwei Bretter hinten an die zwei
Ecken der Wohnung,
24. daß ein jegliches der beiden sich mit
seinem Eckbrett von untenauf geselle und oben am Haupt gleich zusammenkomme mit einer Klammer;
25. daß es acht Bretter seien mit ihren
silbernen Füßen; deren sollen sechzehn sein, je zwei unter einem Brett.

(V. 26–30: vgl. K. 36,31–34.)

26. Und sollst Riegel machen von Akazienholz, fünf zu den Brettern auf einer Seite der Wohnung
27. und fünf zu den Brettern auf der andern Seite der Wohnung und fünf zu den Brettern hinten an der Wohnung gegen Abend.
28. Und sollst den mittleren Riegel mitten an den Brettern hindurchstoßen und alles zusammenfassen von einem Ende zu dem andern.
29. Und sollst die Bretter mit Gold überziehen und ihre Ringe von Gold machen, daß man die Riegel darein tue.
30. Und die Riegel sollst du mit Gold überziehen. Und also sollst du denn die Wohnung aufrichten nach der Weise, wie *du gesehen hast auf dem Berge.

*K. 25,9. (V. 31–37: vgl. K. 36,35–38.)

31. Du sollst einen Vorhang machen von
blauem und rotem Purpur, Scharlach und gezwirnter weißer Leinwand; und sollst Cherubim daran machen von kunstreicher Arbeit. Matth. 27,51.
32. Und sollst ihn hängen an vier Säulen
von Akazienholz, die mit Gold überzogen sind und goldene Haken und vier silberne Füße haben.
33. Und sollst den Vorhang hängen unter
die *Haken, und die Lade des Zeugnisses innen hinter den Vorhang setzen, daß er euch eine Scheidewand sei zwischen dem Heiligen und †dem Allerheiligsten.

*V. 6.11. †Hebr. 9,3–12.

34. Und sollst den Gnadenstuhl tun auf
die Lade des Zeugnisses in dem Allerheiligsten. K. 25,21.
35. Den *Tisch aber setze außen vor den
Vorhang und den Leuchter dem Tisch gegenüber, mittagwärts in der Wohnung, daß der Tisch stehe gegen Mitternacht.

*K. 40,22.

36. Und sollst ein Tuch machen in die
Tür der Hütte, gewirkt von blauem und rotem Purpur, Scharlach und gezwirnter weißer Leinwand.
37. Und sollst dem Tuch fünf Säulen machen von Akazienholz, mit Gold überzogen, mit goldenen Haken, und sollst ihnen fünf eherne Füße gießen.

Das 27. Kapitel

Vom Brandopferaltar, Vorhof und heiligen Öl.
(V. 1–8: vgl. K. 38,1–7).

1. Du sollst einen Altar machen von Akazienholz, fünf Ellen lang und breit, daß er gleich viereckig sei, und drei Ellen hoch.
2. Hörner sollst du auf seinen vier Ecken
machen und sollst ihn mit Erz überziehen.
3. Mache auch Aschentöpfe, Schaufeln,

Becken, Gabeln, Kohlenpfannen; alle seine Geräte sollst du von Erz machen.
4. Du sollst auch ein ehernes Gitter machen wie ein Netz und vier eherne Ringe an seine vier Enden.
5. Du sollst's aber von untenauf um den Altar machen, daß das Gitter reiche bis mitten an den Altar.
6. Und sollst auch Stangen machen zu dem Altar von Akazienholz, mit Erz überzogen.
7. Und man soll die Stangen in die Ringe tun, daß die Stangen seien an beiden Seiten des Altars, wenn man ihn trägt.
8. Und sollst ihn also von Brettern machen, daß er inwendig hohl sei, wie dir *auf dem Berge gezeigt ist.

*K.26,30. (V.9–19: vgl. K.38,9–20.)

9. Du sollst auch der Wohnung einen Hof machen, einen Umhang von gezwirnter weißer Leinwand, auf einer Seite hundert Ellen lang, gegen Mittag,
10. und zwanzig Säulen auf zwanzig ehernen Füßen, und ihre Haken mit ihren Querstäben von Silber.
11. Also auch gegen Mitternacht soll sein ein Umhang, hundert Ellen lang, zwanzig Säulen auf zwanzig ehernen Füßen, und ihre Haken mit ihren Querstäben von Silber.
12. Aber gegen Abend soll die Breite des Hofes haben einen Umhang, fünfzig Ellen lang, zehn Säulen auf zehn Füßen.
13. Gegen Morgen aber soll die Breite des Hofes haben fünfzig Ellen,
14. also daß der Umhang habe auf einer Seite fünfzehn Ellen, dazu drei Säulen auf drei Füßen,
15. und wieder fünfzehn Ellen auf der andern Seite, dazu drei Säulen auf drei Füßen;
16. aber in dem Tor des Hofes soll ein Tuch sein, zwanzig Ellen breit, gewirkt von blauem und rotem Purpur, Scharlach und gezwirnter weißer Leinwand, dazu vier Säulen auf ihren vier Füßen.
17. Alle Säulen um den Hof her sollen silberne Querstäbe und silberne Haken und eherne Füßen haben.
18. Und die Länge des Hofes soll hundert Ellen sein, die Breite fünfzig Ellen, die Höhe fünf Ellen, von gezwirnter weißer Leinwand, und seine Füße sollen ehern sein.
19. Auch alle Geräte der Wohnung zu allerlei Amt und alle ihre Nägel und alle Nägel des Hofes sollen ehern sein.
20. Gebiete den Kindern Israel, daß sie zu dir bringen das allerreinste, lautere Öl von Ölbäumen, gestoßen, zur Leuchte, daß man täglich Lampen aufsetze

3.Mose 24,2.

21. in der Hütte des Stifts, außen vor dem Vorhang, der vor dem Zeugnis hängt. Und Aaron und seine Söhne sollen sie zurichten des Morgens und des Abends vor dem Herrn. Das soll euch eine ewige Weise sein auf eure Nachkommen unter den Kindern Israel.

Das 28. Kapitel

Wahl und priesterliche Kleidung Aarons und seiner Söhne.

1. Du sollst Aaron, deinen Bruder, und seine Söhne zu dir nehmen aus den Kindern Israel, daß er mein *Priester sei, nämlich Aaron und seine †Söhne, Nadab, Abihu, Eleasar und Ithamar.

*1.Chron.23,13. †K.6,23.

2. Und sollst Aaron, deinem Bruder, heilige Kleider machen, die herrlich und schön seien.
3. Und sollst reden mit allen, die eines *weisen Herzens sind, die ich mit dem Geist der Weisheit erfüllt habe, daß sie Aaron Kleider machen zu seiner Weihe, daß er mein Priester sei.

*K.31,3 (V.4–30: vgl. K.39,1–21.)

4. Das sind aber die Kleider, die sie machen sollen: das Amtschild, den Leibrock, Purpurrock, engen Rock, Hut und Gürtel. Also sollen sie heilige Kleider machen deinem Bruder Aaron und seinen Söhnen, daß er mein Priester sei.
5. Dazu sollen sie nehmen Gold, blauen und roten Purpur, Scharlach und weiße Leinwand.
6. Den Leibrock sollen sie machen von Gold, blauem und rotem Purpur, Scharlach und gezwirnter weißer Leinwand, kunstreich;
7. zwei Schulterstücke soll er haben, die zusammengehen an beiden Enden, und soll zusammengebunden werden.
8. Und sein Gurt darauf soll derselben Kunst und Arbeit sein, von Gold, blauem und rotem Purpur, Scharlach und gezwirnter weißer Leinwand.
9. Und sollst zwei Onyxsteine nehmen und darauf graben die Namen der Kinder Israel,
10. auf jeglichen sechs Namen, nach der Ordnung ihres Alters.
11. Das sollst du tun durch die Steinschneider, die da Siegel graben, also daß sie mit Gold umher gefaßt werden.
12. Und sollst sie auf die Schulterstücke

des Leibrocks heften, daß es Steine seien zum Gedächtnis für die Kinder Israel, daß Aaron ihre Namen auf seinen beiden Schultern trage vor dem Herrn zum Gedächtnis.

13. Und sollst goldene Fassungen machen

14. und zwei Ketten von feinem Golde, mit zwei Enden, aber die Glieder ineinander hangend; und sollst sie an die Fassungen tun.

15. Das Amtschild sollst du machen nach der Kunst, wie den Leibrock, von Gold, blauem und rotem Purpur, Scharlach und gezwirnter weißer Leinwand.

16. Viereckig soll es sein und zwiefach; eine Spanne breit soll seine Länge sein und eine Spanne breit seine Breite.

17. Und sollst's füllen mit vier Reihen voll Steine. Die erste Reihe sei ein Sarder, Topas, Smaragd;

18. die andere ein Rubin, Saphir, Diamant;

19. die dritte ein Lynkurer, Achat, Amethyst;

20. die vierte ein Türkis, Onyx, Jaspis. In Gold sollen sie gefaßt sein in allen Reihen

21. und sollen nach den zwölf Namen der Kinder Israel stehen, gegraben vom Steinschneider, daß auf einem jeglichen ein Name stehe nach den zwölf Stämmen.

22. Und sollst Ketten zu dem Schild machen mit zwei Enden, aber die Glieder ineinander hangend, von feinem Golde,

23. und zwei goldene Ringe an das Schild, also daß du die zwei Ringe heftest an zwei Ecken des Schildes,

24. und die zwei goldenen Ketten in die zwei Ringe an den beiden Ecken des Schildes tust.

25. Aber die zwei Enden der zwei Ketten sollst du an die zwei Fassungen tun und sie heften auf die Schulterstücke am Leibrock vornehin.

26. Und sollst zwei andere goldene Ringe machen und an die zwei andern Ecken des Schildes heften an seinem Rand, inwendig gegen den Leibrock.

27. Du sollst abermals zwei goldene Ringe machen und sie unten an die zwei Schulterstücke vorn am Leibrock heften, wo der Leibrock zusammengeht, oben über dem Gurt des Leibrocks.

28. Und man soll das Schild mit seinen Ringen mit einer blauen Schnur an die Ringe des Leibrocks knüpfen, daß es über dem Gurt des Leibrocks hart anliege und das Schild sich nicht von dem Leibrock losmache.

29. Also soll Aaron die Namen der Kinder Israel tragen in dem Amtschild auf seinem Herzen, wenn er in das Heilige geht, zum Gedächtnis vor dem Herrn allezeit.

30. Und sollst in das Amtschild tun Licht und Recht, daß sie auf dem Herzen Aarons seien, wenn er eingeht vor den Herrn, daß er trage das Amt der Kinder Israel auf seinem Herzen vor dem Herrn allewege.

3.Mose 8,8; 4.Mose 27,21; 5.Mose 33,8.

(V.31–35: vgl. K.39,22–26.)

31. Du sollst auch den Purpurrock unter dem Leibrock machen ganz von blauem Purpur.

32. Und oben mitteninne soll ein Loch sein und eine Borte um das Loch her zusammengefaltet, daß er nicht zerreiße.

33. Und unten an seinem Saum sollst du Granatäpfel machen von blauem und rotem Purpur und Scharlach um und um und zwischen dieselben goldene Schellen auch um und um,

34. daß eine goldene Schelle sei, darnach ein Granatapfel und wieder eine goldene Schelle und wieder ein Granatapfel, um und um an dem Saum des Purpurrocks.

35. Und Aaron soll ihn anhaben, wenn er dient, daß man seinen Klang höre, wenn er aus und ein geht in das Heilige vor dem Herrn, auf daß er *nicht sterbe.

*K.30,21; 3.Mose 16,2.13.

(V.36–38: vgl. K.39,30.31.)

36. Du sollst auch ein Stirnblatt machen von feinem Golde und darauf ausgraben, wie man die Siegel ausgräbt: Heilig dem Herrn.

37. Und sollst's heften an eine blaue Schnur vorn an den Hut,

38. auf der Stirn Aarons, daß also Aaron trage die Missetat des Heiligen, das die Kinder Israel heiligen in allen Gaben ihrer Heiligung; und es soll allewege an seiner Stirn sein, daß er sie versöhne vor dem Herrn. (V.39–42: vgl. K.39,27–29.)

39. Du sollst auch den engen Rock machen von weißer Leinwand und einen Hut von weißer Leinwand machen und einen gestickten Gürtel.

40. Und den Söhnen Aarons sollst du Röcke, Gürtel und Hauben machen, die herrlich und schön seien.

41. Und sollst sie deinem Bruder Aaron samt seinen Söhnen anziehen; und sollst sie *salben und ihre †Hände füllen und sie weihen, daß sie meine Priester seien.

*3.Mose 8,12. †K.29,9.24.

42. Und sollst ihnen leinene Beinkleider machen, zu bedecken die Blöße des Fleisches von den Lenden bis an die Hüften.

43. Und Aaron und seine Söhne sollen sie anhaben, wenn sie in die Hütte des Stifts gehen oder hinzutreten zum Altar, daß sie dienen in dem Heiligtum, daß sie nicht ihre Missetat tragen und sterben müssen. Das soll ihm und seinem Samen nach ihm eine ewige Weise sein.

Das 29. Kapitel

Weihe der Priester und des Altars.
Tägliches Opfer.
(V. 1–35: vgl. 3. Mose 8,1–32.)

1. Das ist's auch, was du ihnen tun sollst, daß sie mir zu Priestern geweiht werden. Nimm einen jungen Farren und zwei Widder ohne Fehl,
2. ungesäuertes Brot und ungesäuerte Kuchen, mit Öl gemengt, und ungesäuerte Fladen, mit Öl gesalbt; von Weizenmehl sollst du solches alles machen.
3. Und sollst es in einen Korb legen und in dem Korbe herzubringen samt dem Farren und den zwei Widdern.
4. Und sollst Aaron und seine Söhne vor die Tür der Hütte des Stifts führen und mit Wasser waschen
5. und die Kleider nehmen und Aaron anziehen den engen Rock und den Purpurrock und den Leibrock und das Schild zu dem Leibrock, und sollst ihn gürten mit dem Gurt des Leibrocks
6. und den Hut auf sein Haupt setzen und die heilige *Krone an den Hut.
*K. 28,36; 39,30.
7. Und sollst nehmen das Salböl und auf sein Haupt schütten und ihn salben.
K. 30,25.
8. Und seine Söhne sollst du auch herzuführen und den engen Rock ihnen anziehen
9. und beide, Aaron und auch sie, mit Gürteln gürten und ihnen die Hauben aufbinden, daß sie das Priestertum haben zu ewiger Weise. Und sollst Aaron und seinen Söhnen die Hände *füllen,
*vgl. V. 2,3; K. 28,41.
10. und den Farren herzuführen vor die Hütte des Stifts; und Aaron und seine Söhne sollen ihre Hände auf des Farren Haupt legen.
11. Und sollst den Farren schlachten vor dem Herrn, vor der Tür der Hütte des Stifts.
12. Und sollst von seinem Blut nehmen und auf des Altars Hörner tun mit deinem Finger und alles andere Blut an des Altars Boden schütten.
13. Und sollst alles Fett nehmen am Eingeweide und das Netz über der Leber und die zwei Nieren mit dem Fett, das darüber liegt, und sollst es auf dem Altar anzünden. V. 22.
14. Aber des Farren Fleisch, Fell und Mist sollst du draußen vor dem Lager mit Feuer verbrennen; denn es ist ein Sündopfer. 3. Mose 4,11.12.
15. Aber den einen Widder sollst du nehmen, und Aaron und seine Söhne sollen ihre Hände auf sein Haupt legen.
16. Dann sollst du ihn schlachten und sein Blut nehmen und auf den Altar sprengen ringsherum.
17. Aber den Widder sollst du zerlegen in Stücke, und seine Eingeweide und Schenkel waschen, und sollst es auf seine Stücke und sein Haupt legen
18. und den ganzen Widder anzünden auf dem Altar; denn es ist dem Herrn ein Brandopfer, ein süßer Geruch, ein Feuer des Herrn.
19. Den andern Widder aber sollst du nehmen, und Aaron und seine Söhne sollen ihre Hände auf sein Haupt legen;
20. und sollst ihn schlachten und von seinem Blut nehmen und Aaron und seinen Söhnen auf den rechten Ohrknorpel tun und auf den Daumen ihrer rechten Hand und auf die große Zehe ihres rechten Fußes; und sollst das Blut auf den Altar sprengen ringsherum.
21. Und sollst von dem Blut auf dem Altar nehmen und vom Salböl, und Aaron und seine Kleider, seine Söhne und ihre Kleider besprengen; so wird er und seine Kleider, seine Söhne und ihre Kleider geweiht.
22. Darnach sollst du nehmen das *Fett von dem Widder, den Schwanz und das Fett am Eingeweide, das Netz über der Leber und die zwei Nieren mit dem Fett darüber und die rechte Schulter (denn es ist ein Widder der Füllung), *3. Mose 3,3.4.
23. und ein Brot und einen Ölkuchen und einen Fladen aus dem Korbe des ungesäuerten Brots, der vor dem Herrn steht;
24. und lege es alles auf die Hände Aarons und seiner Söhne und webe es dem Herrn.
25. Darnach nimm's von ihren Händen und zünde es an auf dem Altar zu dem Brandopfer, zum süßen Geruch vor dem Herrn; denn das ist ein Feuer des Herrn.
26. Und sollst die Brust nehmen vom Widder der Füllung Aarons und sollst sie vor dem Herrn weben. Das soll dein Teil sein.

27. Und sollst also *heiligen die Webebrust und die Hebeschulter, die gewebt und gehebt sind von dem Widder der Füllung Aarons und seiner Söhne.
*4.Mose 18,18.

28. Und das soll Aarons und seiner Söhne sein ewigerweise von den Kindern Israel; denn es ist ein Hebopfer. Und eine Hebe soll es sein von den Kindern Israel von ihren Dankopfern, ihre Hebe für den Herrn.

29. Aber die heiligen Kleider Aarons sollen seine Söhne haben nach ihm, daß sie darin gesalbt und *ihre Hände gefüllt werden. *V. 9.

30. Welcher unter seinen Söhnen an seiner Statt Priester wird, der soll sie sieben Tage anziehen, daß er gehe in die Hütte des Stifts, zu dienen im Heiligen.

31. Du sollst aber nehmen den Widder der Füllung, und sein Fleisch an einem heiligen Ort kochen.

32. Und Aaron mit seinen Söhnen soll des Widders Fleisch essen samt dem Brot im Korbe vor der Tür der Hütte des Stifts.

33. Denn es ist Versöhnung damit geschehen, zu füllen ihre Hände, daß sie geweiht werden. Kein anderer soll es essen; denn es ist heilig.

34. Wo aber etwas übrigbleibt von dem Fleisch der Füllung und von dem Brot bis an den Morgen, das sollst du mit Feuer verbrennen und nicht essen lassen; denn es ist heilig.

35. Und sollst also mit Aaron und seinen Söhnen tun alles, was ich dir geboten habe. Sieben Tage sollst du ihre Hände füllen

36. und täglich einen Farren zum Sündopfer schlachten zur Versöhnung. Und sollst den Altar entsündigen, wenn du ihn versöhnst, und sollst ihn salben, daß er geweiht werde.

37. Sieben Tage sollst du den Altar versöhnen und ihn weihen, daß er sei ein Hochheiliges. Wer den Altar anrühren will, der ist dem Heiligtum verfallen.

(V. 38–42: vgl. 4. Mose 28,3–8.)

38. Und das sollst du mit dem Altar tun: zwei jährige Lämmer sollst du allewege des Tages darauf opfern,

39. ein Lamm des Morgens, das andere gegen Abend; Ps. 141,2.

40. und zu dem einen Lamm ein Zehntel Semmelmehl, gemengt mit einem Viertel von einem Hin gestoßenen Öls, und ein Viertel vom Hin Wein zum Trankopfer.

41. Mit dem andern Lamm gegen Abend sollst du tun wie mit dem Speisopfer und Trankopfer des Morgens, zu süßem Geruch, ein Feuer dem Herrn.

42. Das ist das tägliche Brandopfer bei euren Nachkommen vor der Tür der Hütte des Stifts, vor dem Herrn, da ich mich euch bezeugen und mit dir reden will.

43. Daselbst will ich mich den Kindern Israel bezeugen und geheiligt werden in meiner Herrlichkeit. K. 20,24.

44. So will ich die Hütte des Stifts mit dem Altar heiligen und Aaron und seine Söhne mir zu Priestern weihen.

45. Und will unter den Kindern Israel wohnen und ihr Gott sein,

46. daß sie wissen sollen, ich sei der Herr, ihr Gott, der sie aus Ägyptenland führte, daß ich unter ihnen wohne, ich, der Herr, ihr Gott.

Das 30. Kapitel

Räucheraltar, Steuer zum Heiligtum, ehernes Becken, Salböl und Räuchwerk.
(V. 1–5: vgl. K. 37,25–28.)

1. Du sollst auch einen Räucheraltar machen, zu räuchern, von Akazienholz,

2. eine Elle lang und breit, gleich viereckig und zwei Ellen hoch, mit seinen Hörnern.

3. Und sollst ihn mit feinem Golde überziehen, sein Dach und seine Wände ringsumher und seine Hörner. Und sollst einen Kranz von Gold umher machen

4. und zwei goldene Ringe unter dem Kranz zu beiden Seiten, daß man Stangen darein tue und ihn damit trage.

5. Die Stangen sollst du auch von Akazienholz machen und mit Gold überziehen.

6. Und sollst ihn setzen vor den Vorhang, der vor der Lade des Zeugnisses hängt, und vor den Gnadenstuhl, der auf dem Zeugnis ist, *wo ich mich dir bezeugen werde. *K. 25,22.

7. Und Aaron soll darauf räuchern gutes Räuchwerk alle Morgen, wenn er die Lampen zurichtet. Ps. 141,2; Offenb. 5,8.

8. Desgleichen, wenn er die Lampen anzündet gegen Abend, soll er solch Räuchwerk auch räuchern. Das soll das tägliche Räuchopfer sein vor dem Herrn bei euren Nachkommen.

9. Ihr sollt kein *fremdes Räuchwerk darauf tun, auch kein Brandopfer noch Speisopfer und kein Trankopfer darauf opfern. *3. Mose 10,1.

10. Und Aaron soll *auf seinen Hörnern versöhnen einmal im Jahr mit dem Blut des Sündopfers zur Versöhnung. Solche

Versöhnung soll jährlich einmal geschehen bei euren Nachkommen; denn das ist dem Herrn †ein Hochheiliges.

*3.Mose 16,18. †K.29,37.

11. Und der Herr redete mit Mose und sprach:
12. Wenn du die Häupter der Kinder Israel zählst, so soll ein jeglicher dem Herrn geben die Versöhnung seiner Seele, auf daß ihnen nicht eine Plage widerfahre, wenn sie gezählt werden.
13. Es soll aber ein jeglicher, der mit in der Zahl ist, einen halben Silberling geben nach dem Lot des Heiligtums (ein Lot hat zwanzig Gera). Solcher halber Silberling soll das Hebopfer des Herrn sein.
14. Wer in der Zahl ist von zwanzig Jahren und darüber, der soll solch Hebopfer dem Herrn geben.
15. Der Reiche soll nicht mehr geben und der Arme nicht weniger als den halben Silberling, den man dem Herrn zur Hebe gibt für die Versöhnung ihrer Seelen.
16. Und du sollst solch Geld der Versöhnung nehmen von den Kindern Israel und zum Gottesdienst der Hütte des Stifts geben, daß es sei den Kindern Israel ein Gedächtnis vor dem Herrn, daß er sich über ihre Seelen versöhnen lasse.
17. Und der Herr redete mit Mose und sprach:
18. Du sollst auch ein ehernes Handfaß machen mit einem ehernen Fuß, zum Waschen, und sollst es setzen zwischen die Hütte des Stifts und den Altar, und Wasser darein tun, K.38,8.
19. daß Aaron und seine Söhne ihre Hände und Füße darin waschen,
20. wenn sie in die Hütte des Stifts gehen oder zum Altar, daß sie dienen, ein Feuer anzuzünden dem Herrn,
21. auf daß sie nicht sterben. Das soll eine ewige Weise sein ihm und seinem Samen bei ihren Nachkommen.
22. Und der Herr redete mit Mose und sprach:
23. Nimm zu dir die beste Spezerei: die edelste Myrrhe, 500 Lot, und Zimt, die Hälfte soviel, 250, und Kalmus, auch 250,
24. und Kassia, 500, nach dem Lot des Heiligtums, und Öl vom Ölbaum ein Hin.
25. Und mache ein heiliges Salböl nach der Kunst des Salbenbereiters. K.37,29.
26. Und sollst damit salben die Hütte des Stifts und die Lade des Zeugnisses,
27. den Tisch mit allem seinem Geräte, den Leuchter mit seinem Geräte, den Räucheraltar,
28. den Brandopferaltar mit allem seinem Geräte und das Handfaß mit seinem Fuß.
29. Und sollst sie also weihen, daß sie *hochheilig seien; denn wer sie anrühren will, der ist dem Heiligtum verfallen. *V.10.
30. Aaron und seine Söhne sollst du auch salben und sie mir zu Priestern weihen.

K.29,7.

31. Und sollst mit den Kindern Israel reden und sprechen: Dies Öl soll mir eine heilige Salbe sein bei euren Nachkommen.
32. Auf Menschenleib soll's nicht gegossen werden, sollst auch seinesgleichen nicht machen; denn es ist heilig, darum soll's euch heilig sein.
33. Wer ein solches macht oder einem andern davon gibt, der soll von seinem Volk ausgerottet werden.
34. Und der Herr sprach zu Mose: Nimm zu dir Spezerei: Balsam, Stakte, Galban und reinen Weihrauch, von einem so viel als vom andern,
35. und mache Räucherwerk daraus, nach der Kunst des Salbenbereiters gemengt, daß es rein und heilig sei. K.37,29.
36. Und sollst es zu Pulver stoßen und sollst davon tun vor das Zeugnis in der Hütte des Stifts, *wo ich mich dir bezeugen werde. Das soll euch ein Hochheiliges sein. *V.6.
37. Und desgleichen Räuchwerk sollt ihr euch nicht machen, sondern es soll dir heilig sein dem Herrn.
38. Wer ein solches machen wird, daß er damit räuchere, der wird ausgerottet werden von seinem Volk.

Das 31. Kapitel

Bestellung der Werkmeister Bezaleel und Oholiab. Sabbatfeier. Gesetztafeln.
(V.1–6: vgl. K.35,30–35. V.7–11: vgl. K.35,11–19.)

1. Und der Herr redete mit Mose und sprach:
2. Siehe, ich habe mit Namen berufen Bezaleel, den Sohn Uris, des Sohnes Hurs, vom Stamme Juda,
3. und habe ihn erfüllt mit dem Geist Gottes, mit Weisheit und Verstand und Erkenntnis und mit allerlei Geschicklichkeit, 1.Kön.7,14.
4. kunstreich zu arbeiten an Gold, Silber, Erz,
5. kunstreich Steine zu schneiden und einzusetzen, und kunstreich zu zimmern am Holz, zu machen allerlei Werk.

DIE GESETZTAFELN 2. Mose 31, 18

6. Und siehe, ich habe ihm zugegeben Oholiab, den Sohn Ahisamachs, vom Stamme Dan; und habe allerlei Weisen die Weisheit ins Herz gegeben, daß sie machen sollen alles, was ich dir geboten habe:
7. die Hütte des Stifts, die Lade des Zeugnisses, den Gnadenstuhl darauf und alle Geräte der Hütte,
8. den Tisch und sein Gerät, den feinen Leuchter und all sein Gerät, den Räucheraltar,
9. den Brandopferaltar mit allem seinem Geräte, das Handfaß mit seinem Fuß,
10. die Amtskleider und die heiligen Kleider des Priesters Aaron und die Kleider seiner Söhne, priesterlich zu dienen,
11. das Salböl und das Räuchwerk von Spezerei zum Heiligtum. Alles, was ich dir geboten habe, werden sie machen.

(V. 12–17: vgl. K. 35,1–3.)

12. Und der Herr redete mit Mose und sprach:
13. Sage den Kindern Israel und sprich: Haltet meinen Sabbat; denn derselbe ist ein Zeichen zwischen mir und euch auf eure Nachkommen, daß ihr wisset, daß ich der Herr bin, der euch heiligt.

K. 20,8.

14. Darum so haltet meinen Sabbat; denn er soll euch heilig sein. Wer ihn entheiligt, der soll des Todes sterben. Denn wer eine Arbeit da tut, des Seele soll ausgerottet werden von seinem Volk.

4. Mose 15,32–35.

15. Sechs Tage soll man arbeiten; aber am siebenten Tag ist Sabbat, die heilige Ruhe des Herrn. Wer eine Arbeit tut am Sabbattag, soll des Todes sterben.
16. Darum sollen die Kinder Israel den Sabbat halten, daß sie ihn auch bei ihren Nachkommen halten zum ewigen Bund.
17. Er ist ein ewiges Zeichen zwischen mir und den Kindern Israel. Denn in *sechs Tagen machte der Herr Himmel und Erde; aber am siebenten Tage ruhte er und erquickte sich. *1. Mose 2,2.
18. Und da der Herr ausgeredet hatte mit Mose auf dem Berge Sinai, gab er ihm zwei *Tafeln des Zeugnisses; die waren steinern und beschrieben mit dem Finger Gottes.

*K. 32,15.16; 34,28; 5. Mose 4,13; 5,19; 9,10; 10,4.

Das 32. Kapitel

Das goldene Kalb. Mose's Eifer für Gott und Fürbitte für das Volk.
(Vgl. 5.Mose 9,8–21.)

1. Da aber das Volk sah, daß Mose verzog, von dem Berge zu kommen, sammelte sich's wider Aaron und sprach zu ihm: Auf, und mache uns Götter, die vor uns her gehen! Denn wir wissen nicht, was diesem Mann Mose widerfahren ist, der uns aus Ägyptenland geführt hat.

2. Aaron sprach zu ihnen: Reißet ab die goldenen Ohrenringe an den Ohren eurer Weiber, eurer Söhne und eurer Töchter und bringet sie zu mir.

3. Da riß alles Volk seine goldenen Ohrenringe von ihren Ohren, und brachten sie zu Aaron.

4. Und er nahm sie von ihren Händen und entwarf's mit einem Griffel und machte ein gegossenes Kalb. Und sie sprachen: Das sind deine Götter, Israel, die dich aus Ägyptenland geführt haben!

Ps.106,19.20; 1.Kön.12,28; Apg.7,41.

5. Da das Aaron sah, baute er einen Altar vor ihm und ließ ausrufen und sprach: Morgen ist des Herrn Fest.

6. Und sie standen des Morgens früh auf und opferten Brandopfer und brachten dazu Dankopfer. Darnach *setzte sich das Volk, zu essen und zu trinken, und standen auf, zu spielen. *1.Kor.10,7.

7. Der Herr sprach aber zu Mose: Gehe, steig hinab; denn dein Volk, das du aus Ägyptenland geführt hast, hat's verderbt.

8. Sie sind schnell von dem Wege getreten, den ich ihnen *geboten habe. Sie haben sich ein gegossenes Kalb gemacht und haben's angebetet und ihm geopfert und †gesagt: Das sind deine Götter, Israel, die dich aus Ägyptenland geführt haben.

*K.20,4.23. †V.4.

9. Und der Herr sprach zu Mose: Ich sehe, daß es ein halsstarriges Volk ist.

10. Und nun laß mich, daß mein Zorn über sie ergrimme und sie vertilge; so will ich dich zum großen Volk machen.

4.Mose 14,11–20.

11. Mose aber flehte vor dem Herrn, seinem Gott, und sprach: Ach Herr, warum will dein Zorn ergrimmen über dein Volk, das du mit großer Kraft und starker Hand hast aus Ägyptenland geführt?

12. Warum sollen die Ägypter sagen und sprechen: Er hat sie zu ihrem Unglück ausgeführt, daß er sie erwürgte im Gebirge und vertilgte sie von dem Erdboden? Kehre dich von dem Grimm deines Zorns und laß dich gereuen des Übels über dein Volk.

13. Gedenke an deine Diener Abraham, Isaak und Israel, *denen du bei dir selbst geschworen und verheißen hast: Ich will euren Samen mehren wie die Sterne am Himmel, und alles Land, das ich verheißen habe, will ich eurem Samen geben, und sie sollen's besitzen ewiglich.

*1.Mose 22,16.17; 26,4; 28,14.

14. Also gereute den Herrn das Übel, das er drohte seinem Volk zu tun.

15. Mose wandte sich und stieg vom Berge und hatte zwei Tafeln des Zeugnisses in seiner Hand, die waren beschrieben auf beiden Seiten.

16. Und Gott hatte sie selbst gemacht und selber die Schrift eingegraben.

K.31,18.

17. Da nun Josua hörte des Volks Geschrei, daß sie jauchzten, sprach er zu Mose: Es ist ein Geschrei im Lager wie im Streit.

18. Er antwortete: Es ist nicht ein Geschrei gegeneinander derer, die obliegen und unterliegen, sondern ich höre ein Geschrei eines Singetanzes.

19. Als er aber nahe zum Lager kam und das Kalb und den Reigen sah, ergrimmte er mit Zorn und warf die Tafeln aus seiner Hand und zerbrach sie unten am Berge

20. und nahm das Kalb, das sie gemacht hatten, und zerschmelzte es mit Feuer und zermalmte es zu Pulver und stäubte es aufs Wasser und gab's den Kindern Israel zu trinken

21. und sprach zu Aaron: Was hat dir das Volk getan, daß du eine so große Sünde über sie gebracht hast?

22. Aaron sprach: Mein Herr lasse seinen Zorn nicht ergrimmen. Du weißt, daß dies Volk böse ist.

23. Sie sprachen zu mir: Mache uns Götter, die vor uns her gehen; denn wir wissen nicht, wie es diesem Manne Mose geht, der uns aus Ägyptenland geführt hat.

24. Ich sprach zu ihnen: Wer Gold hat, der reiße es ab und gebe es mir. Und ich warf's ins Feuer; daraus ist das Kalb geworden.

25. Da nun Mose sah, daß das Volk zuchtlos geworden war (denn Aaron hatte sie zuchtlos gemacht, zum Geschwätz bei ihren Widersachern),

26. trat er in das Tor des Lagers und sprach: Her zu mir, wer dem Herrn angehört! Da sammelten sich zu ihm alle Kinder Levi.

27. Und er sprach zu ihnen: So spricht

MOSE ERZÜRNT ÜBER DIE SEINEN 2. Mose 32, 19

der Herr, der Gott Israels: Gürte ein jeglicher sein Schwert um seine Lenden und durchgehet hin und zurück von einem Tor zum andern das Lager, und erwürge ein jeglicher seinen Bruder, Freund und Nächsten.
28. Die Kinder Levi taten, wie ihnen Mose gesagt hatte; und fielen des Tages vom Volk dreitausend Mann.
29. Da sprach Mose: *Füllet heute eure Hände dem Herrn, ein jeglicher an seinem Sohn und Bruder, daß heute über euch der †Segen gegeben werde.
*K.28,41. †4.Mose 3,6–10; 5.Mose 33,8–11.
30. Des Morgens sprach Mose zum Volk: Ihr habt eine große Sünde getan; nun will ich hinaufsteigen zu dem Herrn, ob ich vielleicht eure Sünde versöhnen möge.
31. Als nun Mose wieder zum Herrn kam, sprach er: Ach, das Volk hat eine große Sünde getan, und sie haben sich goldene Götter gemacht.
32. Nun vergib ihnen ihre Sünde; wo nicht, so tilge mich auch aus deinem Buch, das du geschrieben hast.
Ps.69,29; Dan.12,1; Luk.10,20; Röm.9,3.
33. Der Herr sprach zu Mose: Was? Ich will den aus meinem Buch tilgen, der an mir sündigt.
34. So gehe nun hin und führe das Volk, dahin ich dir gesagt habe. Siehe, mein *Engel soll vor dir her gehen. Ich werde ihre Sünde wohl heimsuchen, wenn meine Zeit kommt heimzusuchen.
*K.33,2.12.14.
35. Also strafte der Herr das Volk, daß sie das Kalb hatten gemacht, welches Aaron gemacht hatte.

Das 33. Kapitel

Mose bittet für das gedemütigte Volk und begehrt des Herrn Herrlichkeit zu sehen.

1. Der Herr sprach zu Mose: Gehe, ziehe von dannen, du und das Volk, das du aus Ägyptenland geführt hast, in das Land, das ich *Abraham, Isaak und Jakob geschworen habe und gesagt: Deinem Samen will ich's geben; *K.32,13; 1.Mose 12,7.
2. und ich will vor dir hersenden *einen Engel und ausstoßen die Kanaaniter, Amoriter, Hethiter, Pheresiter, Heviter und Jebusiter,– *K.32,34.
3. dich zu bringen in das Land, darin

Milch und Honig fließt. Ich will nicht mit dir hinaufziehen, denn du bist *ein halsstarriges Volk; ich möchte dich unterwegs vertilgen. K.32,9.10.

4. Da das Volk diese böse Rede hörte, trugen sie Leid, und niemand trug seinen Schmuck an sich.

5. Und der Herr sprach zu Mose: Sage zu den Kindern Israel: Ihr seid ein halsstarriges Volk. Wo ich nur einen Augenblick mit dir hinaufzöge, würde ich dich vertilgen. Und nun lege deinen Schmuck von dir, daß ich wisse, was ich dir tun soll.

6. Also taten die Kinder Israel ihren Schmuck von sich vor dem Berge Horeb.
Jona 3,6.

7. Mose aber nahm die Hütte und schlug sie auf draußen, ferne vor dem Lager, und hieß sie eine Hütte des Stifts. *Und wer den Herrn fragen wollte, mußte herausgehen zur Hütte des Stifts vor das Lager.
*K.29,42.

8. Und wenn Mose ausging zur Hütte, so stand alles Volk auf und trat ein jeglicher in seiner Hütte Tür und sahen ihm nach, bis er in die Hütte kam.

9. Und wenn Mose in die Hütte kam, so kam die *Wolkensäule hernieder und stand in der Hütte Tür und redete mit Mose. *K.13,21.

10. Und alles Volk sah die Wolkensäule in der Hütte Tür stehen, und standen auf und neigten sich, ein jeglicher in seiner Hütte Tür.

11. Der Herr aber redete mit Mose von *Angesicht zu Angesicht, wie ein Mann mit seinem Freunde redet. Und wenn er wiederkehrte zum Lager, so wich sein Diener Josua, der Sohn Nuns, der Jüngling, nicht aus der Hütte.
*V.20; 4.Mose 12,8; 5.Mose 34,10.

12. Und Mose sprach zu dem Herrn: Siehe, du sprichst zu mir: Führe das Volk hinauf! und läßt mich nicht wissen, *wen du mit mir senden willst, so du doch gesagt hast: Ich kenne dich mit Namen, und du hast Gnade vor meinen Augen gefunden. *V.2–5.

13. Habe ich denn Gnade vor deinen Augen gefunden, so laß mich *deinen Weg wissen, damit ich dich kenne und Gnade vor deinen Augen finde. Und siehe doch, daß dies Volk dein Volk ist. *Ps.103,7.

14. Er sprach: Mein Angesicht soll vorangehen; damit will ich dich leiten.

15. Er aber sprach zu ihm: Wo nicht dein Angesicht vorangeht, so führe uns nicht von dannen hinauf.

16. Denn wobei soll doch erkannt werden, daß ich und dein Volk vor deinen Augen Gnade gefunden haben, außer wenn du mit uns gehst, *auf daß ich und dein Volk gerühmt werden vor allem Volk, das auf dem Erdboden ist?
*5.Mose 4,6–8.

17. Der Herr sprach zu Mose: Was du jetzt geredet hast, will ich auch tun; denn du hast Gnade vor meinen Augen gefunden, und ich *kenne dich mit Namen.
*V.12; 2.Tim.2,19.

18. Er aber sprach: So laß mich deine Herrlichkeit sehen.

19. Und er sprach: Ich will vor deinem Angesicht alle meine Güte vorübergehen lassen und will ausrufen des Herrn Namen vor dir. *Wem ich aber gnädig bin, dem bin ich gnädig; und wes ich mich erbarme, des erbarme ich mich. *Röm.9,15.

20. Und sprach weiter: Mein Angesicht kannst du nicht sehen; *denn kein Mensch wird leben, der mich sieht.
*1.Mose 32,31; Jes.6,5; 1.Tim.6,16.

21. Und der Herr sprach weiter: Siehe, es ist ein Raum bei mir; da sollst du auf dem Fels stehen. 1.Kön.19,8–13.

22. Wenn denn nun meine Herrlichkeit *vorübergeht, will ich dich in der Felskluft lassen stehen und †meine Hand ob dir halten, bis ich vorübergehe.
*K.34,5.6. †K.24,11.

23. Und wenn ich meine Hand von dir tue, wirst du mir hintennach sehen; aber mein Angesicht kann man nicht sehen.

Das 34. Kapitel

Neue Gesetztafeln. Gottes Erscheinung.
Bundeserneuerung. Mose's glänzendes Angesicht.

1. Und der Herr sprach zu Mose: Haue dir zwei steinerne Tafeln, wie die ersten waren, daß ich die Worte darauf schreibe, die auf den ersten Tafeln waren, welche *du zerbrochen hast. *K.32,19.

2. Und sei morgen bereit, daß du früh auf den Berg Sinai steigest und daselbst zu mir tretest auf des Berges Spitze.

3. Und laß niemand mit dir hinaufsteigen, daß niemand gesehen werde um den ganzen Berg her; auch kein Schaf noch Rind laß weiden gegen diesen Berg hin.
K.19,12.13.

4. Und Mose hieb zwei steinerne Tafeln, wie die ersten waren, und stand des Morgens früh auf und stieg auf den Berg Sinai, wie ihm der Herr geboten hatte, und nahm die zwei steinernen Tafeln in seine Hand.

5. Da kam der Herr hernieder in einer

DIE LEVITEN BESTRAFEN DIE ABGOTTEREI 2. Mose 32, 27.28

Wolke und trat daselbst zu ihm und *rief
aus des Herrn Namen. *K.33,19.
6. Und der Herr ging vor seinem Angesicht vorüber und rief: Herr, Herr, Gott,
barmherzig und gnädig und geduldig und
von großer Gnade und Treue!
4.Mose 14,18; Ps.103,8; 1.Joh.4,16.
7. der da bewahret Gnade in tausend
Glieder und vergibt Missetat, Übertretung
und Sünde, und vor welchem niemand
unschuldig ist; der die Missetat der Väter
heimsucht auf Kinder und Kindeskinder
bis ins dritte und vierte Glied. K.20,5.6.
8. Und Mose neigte sich eilend zu der
Erde und betete an
9. und sprach: Habe ich, Herr, Gnade vor
deinen Augen gefunden, so gehe der Herr
mit uns – denn es ist ein halsstarriges
Volk –, daß du unsrer Missetat und Sünde
gnädig seist und lassest uns dein Erbe
sein.
10. Und er sprach: Siehe, ich will einen
Bund machen vor allem deinem Volk und
will Wunder tun, dergleichen nicht geschaffen sind in allen Landen und unter
allen Völkern, und alles Volk, darunter du
bist, soll sehen des Herrn Werk; denn
wunderbar soll sein, was ich bei dir tun
werde.
11. Halte, was ich dir heute gebiete. Siehe, ich will vor dir her ausstoßen die Amoriter, Kanaaniter, Hethiter, Pheresiter,
Heviter und Jebusiter.
12. Hüte dich, daß du nicht einen Bund
machest mit den Einwohnern des Landes,
da du hineinkommst, daß sie dir nicht ein
Fallstrick unter dir werden; K.23,32.33.
13. sondern ihre Altäre sollst du umstürzen und ihre Götzen zerbrechen und ihre
Haine ausrotten; K.23,24.
14. denn du sollst keinen andern Gott
anbeten. Denn der Herr heißt ein Eiferer;
ein eifriger Gott ist er. K.20,3.5.
15. Daß du nicht einen Bund mit des
Landes Einwohnern machest, und wenn
sie ihren Göttern nachlaufen und opfern
ihren Göttern, sie dich nicht laden und du
von ihrem Opfer essest,
16. und daß du nehmest deinen Söhnen
ihre Töchter zu Weibern, und dieselben
dann ihren Göttern nachlaufen und machen deine Söhne auch ihren Göttern
nachlaufen.
5.Mose 7,3; Richt.3,6; 1.Kön.11,2.

17. Du sollst dir keine gegossenen Götter machen. K.20,23. (V.18–26: vgl. K.23,14–19.)
18. Das Fest der ungesäuerten Brote sollst du halten. Sieben Tage sollst du ungesäuertes Brot essen, wie ich dir geboten habe, um die Zeit des Monats Abib; denn in dem Monat Abib bist du aus Ägypten gezogen.
19. Alles, was die Mutter bricht, ist mein; was männlich sein wird in deinem Vieh, das seine Mutter bricht, es sei Ochse oder Schaf.
20. Aber den Erstling des Esels sollst du mit einem Schaf lösen. Wo du es aber nicht lösest, so brich ihm das Genick. Alle Erstgeburt unter deinen Söhnen sollst du lösen. Und daß niemand vor mir leer erscheine! K.13,12–16.
21. Sechs Tage sollst du arbeiten; am siebenten Tage sollst du feiern, mit Pflügen und mit Ernten.
22. Das Fest der Wochen sollst du halten mit den Erstlingen der Weizenernte, und das Fest der Einsammlung, wenn das Jahr um ist.
23. Dreimal im Jahr soll alles, was männlich ist, erscheinen vor dem Herrscher, dem Herrn und Gott Israels.
24. Wenn ich die Heiden vor dir ausstoßen und deine Grenze erweitern werde, soll niemand deines Landes begehren, dieweil du hinaufgehst dreimal im Jahr, zu erscheinen vor dem Herrn, deinem Gott.
25. Du sollst das Blut meines Opfers nicht opfern neben gesäuertem Brot, und das Opfer des Osterfestes soll nicht über Nacht bleiben bis an den Morgen.
26. Die Erstlinge von den ersten Früchten deines Ackers sollst du in das Haus des Herrn, deines Gottes, bringen. Du sollst das Böcklein nicht kochen in seiner Mutter Milch.
27. Und der Herr sprach zu Mose: *Schreib diese Worte; denn nach diesen Worten habe ich mit dir und mit Israel einen Bund gemacht. *K.24,4.
28. Und er war allda bei dem Herrn *vierzig Tage und vierzig Nächte und aß kein Brot und trank kein Wasser. Und Er schrieb auf †die Tafeln die Worte des Bundes, die Zehn Worte.
*K.24,18; Matth.4,2. †K.31,18.
29. Da nun Mose vom Berge Sinai ging, hatte er die zwei Tafeln des Zeugnisses in seiner Hand und wußte nicht, daß die Haut seines Angesichts glänzte davon, daß er mit ihm geredet hatte.
30. Und da Aaron und alle Kinder Israel sahen, daß die Haut seines Angesichts glänzte, fürchteten sie sich, zu ihm zu nahen. 2.Kor.3,7–18.
31. Da rief sie Mose; und sie wandten sich zu ihm, Aaron und alle Obersten der Gemeinde; und er redete mit ihnen.
32. Darnach nahten alle Kinder Israel zu ihm. Und er gebot ihnen alles, was der Herr mit ihm geredet hatte auf dem Berge Sinai.
33. Und da er solches alles mit ihnen geredet hatte, legte er eine Decke auf sein Angesicht.
34. Und wenn er *hineinging vor den Herrn, mit ihm zu reden, tat er die Decke ab, bis er wieder herausging. Und wenn er herauskam und redete mit den Kindern Israel, was ihm geboten war, *K.33,8.9.
35. so sahen dann die Kinder Israel sein Angesicht an, daß die Haut seines Angesichts glänzte; so tat er die Decke wieder auf sein Angesicht, bis er wieder hineinging, mit ihm zu reden.

Das 35. Kapitel

Sabbat. Freiwillige Steuer zur Stiftshütte. Berufung der Werkmeister.

1. Und Mose versammelte die ganze Gemeinde der Kinder Israel und sprach zu ihnen: Das ist's, was der Herr geboten hat, daß ihr es tun sollt:
2. Sechs Tage sollt ihr arbeiten; den siebenten Tag aber sollt ihr heilig halten als einen Sabbat der Ruhe des Herrn. Wer an dem arbeitet, soll sterben.
K.20,8–11; 31,12–17.
3. Ihr sollt kein Feuer anzünden am Sabbattag in allen euren Wohnungen.
4. Und Mose sprach zu der ganzen Gemeinde der Kinder Israel: Das ist's, was der Herr geboten hat:
5. Gebt unter euch *Hebopfer dem Herrn, also daß das Hebopfer des Herrn ein jeglicher willig bringe, Gold, Silber, Erz, *K.25,2.
6. blauen und roten Purpur, Scharlach, weiße Leinwand und Ziegenhaar,
7. rötliche Widderfelle, Dachsfelle und Akazienholz,
8. Öl zur Lampe und Spezerei zur Salbe und zu gutem Räuchwerk;
9. Onyxsteine und eingefaßte Steine zum Leibrock und zum Amtschild.
10. Und wer unter euch verständig ist, der komme und mache, was der Herr geboten hat: (V.11–19: vgl. K.31,7–11.)
11. nämlich die Wohnungen mit ihrer Hütte und Decke, Haken, Brettern, Riegeln, Säulen und Füßen;

MOSE'S GLÄNZENDES ANGESICHT 2. Mose 34, 30

12. die Lade mit ihren Stangen, den Gnadenstuhl und Vorhang;
13. den Tisch mit seinen Stangen und allem seinem Geräte und die Schaubrote;
14. den Leuchter, zu leuchten, und sein Gerät und seine Lampen und das Öl zum Licht;
15. den Räucheraltar mit seinen Stangen, die Salbe und Spezerei zum Räuchwerk; das Tuch vor der Wohnung Tür;
16. den Brandopferaltar mit seinem ehernen Gitter, Stangen und allem seinem Geräte; das Handfaß mit seinem Fuße;
17. den Umhang des Vorhofs mit seinen Säulen und Füßen und das Tuch des Tors am Vorhof;
18. die Nägel der Wohnung und des Vorhofs mit ihren Seilen;
19. die Kleider des Amts zum Dienst im Heiligen, die heiligen Kleider Aarons, des Priesters, mit den Kleidern seiner Söhne zum Priestertum.
20. Da ging die ganze Gemeinde der Kinder Israel aus von Mose.
21. Und alle, die es gern und *willig gaben, kamen und brachten das Hebopfer dem Herrn zum Werk der Hütte des Stifts und zu allem ihrem Dienst und zu den heiligen Kleidern.

*K.36,3; 1.Chron.29,5.9; 2.Kor.9,7.

22. Es brachten aber beide, Mann und Weib, wer's willig tat, Spangen, Ohrringe, Ringe und Geschmeide und allerlei goldenes Gerät. Dazu brachte jedermann Gold zum Webeopfer dem Herrn.
23. Und wer bei sich fand blauen und roten Purpur, Scharlach, weiße Leinwand, Ziegenhaar, rötliche Widderfelle und Dachsfelle, der brachte es.
24. Und wer Silber und Erz hob, der brachte es zur Hebe dem Herrn. Und wer Akazienholz bei sich fand, der brachte es zu allerlei Werk des Gottesdienstes.
25. Und welche verständige Weiber waren, die spannen mit ihren Händen und brachten ihr Gespinst, blauen und roten Purpur, Scharlach und weiße Leinwand.
26. Und welche Weiber solche Arbeit konnten und willig dazu waren, die spannen Ziegenhaare.
27. Die Fürsten aber brachten Onyxsteine und eingefaßte Steine zum Leibrock und zum Schild

28. und Spezerei und Öl zu den Lichtern und zur Salbe und zu gutem Räuchwerk.

29. Also brachten die Kinder Israel willig, beide, Mann und Weib, zu allerlei Werk, das der Herr geboten hatte durch Mose, daß man's machen sollte.

(V.30–35: vgl. K.31,1–6.)

30. Und Mose sprach zu den Kindern Israel: Sehet, der Herr hat mit Namen berufen den Bezaleel, den Sohn Uris, des Sohnes Hurs, vom Stamme Juda,

31. und hat ihn erfüllt mit dem Geist Gottes, daß er weise, verständig, geschickt sei zu allerlei Werk,

32. kunstreich zu arbeiten an Gold, Silber und Erz,

33. Edelsteine zu schneiden und einzusetzen, Holz zu zimmern, zu machen allerlei kunstreiche Arbeit.

34. Und hat ihm ins Herz gegeben, zu unterweisen, ihm und Oholiab, dem Sohn Ahisamachs, vom Stamme Dan.

35. Er hat ihr Herz mit Weisheit erfüllt, zu machen allerlei Werk, zu schneiden, zu wirken und zu sticken mit blauem und rotem Purpur, Scharlach und weißer Leinwand, und mit Weben, daß sie machen allerlei Werk und kunstreiche Arbeit erfinden.

Das 36. Kapitel

Freigebigkeit des Volks. Bau des Heiligtums.

1. Da arbeiteten Bezaleel und Oholiab und alle weisen Männer, denen der Herr Weisheit und Verstand gegeben hatte, zu wissen, wie sie allerlei Werk machen sollten zum Dienst des Heiligtums, nach allem, was der Herr geboten hatte.

2. Und Mose berief den Bezaleel und Oholiab und alle weisen Männer, denen der Herr Weisheit gegeben hatte in ihr Herz, alle, die sich willig erboten und hinzutraten, zu arbeiten an dem Werke.

3. Und sie nahmen zu sich von Mose alle Hebe, die die Kinder Israel brachten zu dem Werke des Dienstes des Heiligtums, daß es gemacht würde. Denn sie brachten alle Morgen ihre willige Gabe zu ihm.

4. Da kamen alle Weisen, die am Werk des Heiligtums arbeiteten, ein jeglicher von seinem Werk, das sie machten,

5. und sprachen zu Mose: Das Volk bringt zu viel, mehr denn zum Werk dieses Dienstes not ist, das der Herr zu machen geboten hat.

6. Da gebot Mose, daß man rufen ließ durchs Lager: Niemand tue mehr zur Hebe des Heiligtums. Da hörte das Volk auf zu bringen.

7. Denn des Dinges war genug zu allerlei Werk, das zu machen war, und noch übrig.

(V.8–19; vgl. K.26,1–14.)

8. Also machten alle weisen Männer unter den Arbeitern am Werk die Wohnung, zehn Teppiche von gezwirnter weißer Leinwand, blauem und rotem Purpur und Scharlach, und Cherubim daran von kunstreicher Arbeit.

9. Die Länge eines Teppichs war achtundzwanzig Ellen und die Breite vier Ellen, und waren alle in einem Maße.

10. Und er fügte je fünf Teppiche zu einem Stück zusammen, einen an den andern.

11. Und machte blaue Schleifen an jegliches Stück am Rande, wo die zwei Stücke sollten zusammengeheftet werden,

12. fünfzig Schleifen an jegliches Stück, daß eine Schleife der andern gegenüberstünde.

13. Und machte fünfzig goldene Haken und heftete die Teppiche mit den Haken einen an den andern zusammen, daß es eine Wohnung würde.

14. Und er machte elf Teppiche von Ziegenhaaren zur Hütte über die Wohnung,

15. dreißig Ellen lang und vier Ellen breit, alle in einem Maß.

16. Und fügte ihrer fünf zusammen auf einen Teil und sechs zusammen auf den anderen Teil.

17. Und machte fünfzig Schleifen an jegliches Stück am Rande, wo die Stücke sollten zusammengeheftet werden.

18. Und machte je fünfzig eherne Haken, daß die Hütte damit zusammen in eins gefügt würde.

19. Und machte eine Decke über die Hütte von rötlichen Widderfellen und über die noch eine Decke von Dachsfellen.

(V.20–30: vgl. K.26,15–25.)

20. Und machte Bretter zur Wohnung von Akazienholz, die stehen sollten,

21. ein jegliches zehn Ellen lang und anderthalb Ellen breit

22. und an jeglichem zwei Zapfen, damit eins an das andere gesetzt würde. Also machte er alle Bretter zur Wohnung,

23. daß der Bretter zwanzig gegen Mittag standen.

24. Und machte vierzig silberne Füße darunter, unter jeglich Brett zwei Füße an seine zwei Zapfen.

25. Also zur andern Seite der Wohnung, gegen Mitternacht, machte er auch zwanzig Bretter

26. mit vierzig silbernen Füßen, unter jeglich Brett zwei Füße.
27. Aber hinten an der Wohnung, gegen Abend, machte er sechs Bretter
28. und zwei andere hinten an den zwei Ecken der Wohnung,
29. daß ein jegliches der beiden sich mit seinem Eckbrett von untenauf gesellte und oben am Haupt zusammenkäme mit einer Klammer,
30. daß der Bretter acht würden und sechzehn silberne Füße, unter jeglichem zwei Füße. (V. 31–34: vgl. K. 26,26–30.7)
31. Und er machte Riegel von Akazienholz, fünf zu den Brettern auf der einen Seite der Wohnung
32. und fünf auf der andern Seite und fünf hintenan, gegen Abend.
33. Und machte den mittleren Riegel, daß er mitten an den Brettern hindurchgestoßen würde von einem Ende zum andern.
34. Und überzog die Bretter mit Gold; aber ihre Ringe machte er von Gold, daß man die Riegel darein täte, und überzog die Riegel mit Gold.

(V. 35–38: vgl. K. 26,31–37.)

35. Und machte den Vorhang mit den Cherubim daran künstlich von blauem und rotem Purpur; Scharlach und gezwirnter weißer Leinwand.
36. Und machte zu demselben vier Säulen von Akazienholz und überzog sie mit Gold, und ihre Haken von Gold; und goß dazu vier silberne Füße.
37. Und machte ein Tuch in der Tür der Hütte von blauem und rotem Purpur, Scharlach und gezwirnter weißer Leinwand, gestickt,
38. und fünf Säulen dazu mit ihren Haken, und überzog ihre Köpfe und Querstäbe mit Gold, und fünf eherne Füße daran.

Das 37. Kapitel

Geräte des Heiligtums.

(V. 1–9: vgl. K. 25,10–22.)

1. Und Bezaleel machte die Lade von Akazienholz, dritthalb Ellen lang, anderthalb Ellen breit und hoch,
2. und überzog sie mit feinem Golde inwendig und auswendig und machte ihr einen goldenen Kranz umher.
3. Und goß vier goldene Ringe an ihre vier Ecken, auf jeglicher Seite zwei.
4. Und machte Stangen von Akazienholz und überzog sie mit Gold
5. und tat sie in die Ringe an der Lade Seiten, daß man sie tragen konnte.
6. Und machte den Gnadenstuhl von feinem Golde, dritthalb Ellen lang und anderthalb Ellen breit.
7. Und machte zwei Cherubim von getriebenem Golde an die zwei Enden des Gnadenstuhls,
8. einen Cherub an diesem Ende, den andern an jenem Ende.
9. Und die Cherubim breiteten ihre Flügel aus von obenher und deckten damit den Gnadenstuhl; und ihre Antlitze standen gegeneinander und sahen auf den Gnadenstuhl.

(V. 10–16: vgl. K. 25,23–29.)

10. Und er machte den Tisch von Akazienholz, zwei Ellen lang, eine Elle breit und anderthalb Ellen hoch,
11. und überzog ihn mit feinem Golde und machte ihm einen goldenen Kranz umher.
12. Und machte ihm eine Leiste umher, eine Handbreit hoch, und machte einen goldenen Kranz um die Leiste her.
13. Und goß dazu vier goldene Ringe und tat sie an die vier Ecken an seinen vier Füßen,
14. hart an der Leiste, daß die Stangen darin wären, daran man den Tisch trüge.
15. Und machte die Stangen von Akazienholz und überzog sie mit Gold, daß man den Tisch damit trüge.
16. Und machte auch von feinem Golde das Gerät auf den Tisch: Schüsseln und Löffel, Kannen und Schalen, darin man das Trankopfer darbrächte.

(V. 17–24: vgl. K. 25,31–39.)

17. Und er machte den Leuchter von feinem, getriebenem Golde. Daran waren der Schaft mit Röhren, Schalen, Knäufen und Blumen.
18. Sechs Röhren gingen zu seinen Seiten aus, zu jeglicher Seite drei Röhren.
19. Drei Schalen waren an jeglichem Rohr mit Knäufen und Blumen.
20. An dem Leuchter aber waren vier Schalen mit Knäufen und Blumen,
21. je ein Knauf unter zwei von den sechs Röhren, die aus ihm gingen,
22. und die Knäufe und Röhren gingen aus ihm, und war alles aus getriebenem, feinem Gold.
23. Und machte die sieben Lampen mit ihren Lichtschneuzen und Löschnäpfen von feinem Gold.
24. Aus einem Zentner feinen Goldes machte er ihn und all sein Gerät.

(V. 25–28: vgl. K. 30,1–5.)

25. Er machte auch den Räucheraltar von Akazienholz, eine Elle lang und breit,

gleich viereckig, und zwei Ellen hoch, mit seinen Hörnern,
26. und überzog ihn mit feinem Golde, sein Dach und seine Wände ringsumher und seine Hörner, und machte ihm einen Kranz umher von Gold
27. und zwei goldene Ringe unter dem Kranz zu beiden Seiten, daß man Stangen darein täte und ihn damit trüge.
28. Aber die Stangen machte er von Akazienholz und überzog sie mit Gold.
29. Und er machte die heilige Salbe und Räuchwerk von reiner Spezerei nach der Kunst des Salbenbereiters. K.30,25.35.

Das 38. Kapitel

Der Vorhof und sein Gerät. Summe des Goldes, Silbers und Erzes.
(V.1–7: vgl. K.27,1–8.)

1. Und er machte den Brandopferaltar von Akazienholz, fünf Ellen lang und breit, gleich viereckig, und drei Ellen hoch.
2. Und machte vier Hörner, die aus ihm gingen auf seinen vier Ecken, und überzog ihn mit Erz.
3. Und machte allerlei Geräte zu dem Altar: Aschentöpfe, Schaufeln, Becken, Gabeln, Kohlenpfannen, alles von Erz.
4. Und machte am Altar ein Gitter wie ein Netz von Erz umher, von untenauf bis an die Hälfte des Altars.
5. Und goß vier Ringe an die vier Enden des ehernen Gitters für die Stangen.
6. Dieselben machte er von Akazienholz und überzog sie mit Erz
7. und tat sie in die Ringe an den Seiten des Altars, daß man ihn damit trüge; und machte ihn inwendig hohl.
8. Und machte das Handfaß von Erz und seinen Fuß auch von Erz aus Spiegeln der Weiber, die vor der Tür der Hütte des Stifts dienten.
K.30,18–21. (V.9–20: vgl. K.27,9–19.)
9. Und er machte den Vorhof: gegen Mittag mit einem Umhang, hundert Ellen lang, von gezwirnter weißer Leinwand,
10. mit seinen zwanzig Säulen und zwanzig Füßen von Erz, aber ihre Haken und Querstäbe von Silber;
11. desgleichen gegen Mitternacht hundert Ellen mit zwanzig Säulen und zwanzig Füßen von Erz, aber ihre Haken und Querstäbe von Silber;
12. gegen Abend aber fünfzig Ellen mit zehn Säulen und zehn Füßen, aber ihre Haken und Querstäbe von Silber;
13. gegen Morgen auch fünfzig Ellen;
14. fünfzehn Ellen auf einer Seite mit drei Säulen und drei Füßen,
15. und auf der andern Seite auch fünfzehn Ellen mit drei Säulen und drei Füßen, daß ihrer so viele waren an der einen Seite des Tors am Vorhofe als an der andern.
16. Alle Umhänge des Vorhofs waren von gezwirnter weißer Leinwand
17. und die Füße der Säulen von Erz und ihre Haken und Querstäbe von Silber, also daß ihre Köpfe überzogen waren mit Silber. Und ihre Querstäbe waren silbern an allen Säulen des Vorhofs.
18. Und das Tuch in dem Tor des Vorhofs machte er gestickt von blauem und rotem Purpur, Scharlach und gezwirnter weißer Leinwand, zwanzig Ellen lang und fünf Ellen hoch, nach dem Maß der Umhänge des Vorhofs.
19. Dazu vier Säulen und vier Füße von Erz, und ihre Haken von Silber und ihre Köpfe und ihre Querstäbe überzogen mit Silber.
20. Und alle Nägel der Wohnung und des Vorhofs ringsherum waren von Erz.
21. Das ist nun die Summe zu der Wohnung des Zeugnisses, die gezählt ward, wie Mose geboten hatte, durch den Dienst der Leviten unter der Hand *Ithamars, des Sohnes Aarons, des Priesters. *4.Mose 4,28.
22. Bezaleel, der Sohn Uris, des Sohnes Hurs, vom Stamme Juda, machte alles, wie der Herr dem Mose geboten hatte,
K.31,1–11.
23. und mit ihm Oholiab, der Sohn Ahisamachs, vom Stamme Dan, ein Meister zu schneiden, zu wirken und zu sticken mit blauem und rotem Purpur, Scharlach und weißer Leinwand.
24. Alles Gold, das verarbeitet ist in diesem ganzen Werk des Heiligtums, das zum Webeopfer gegeben ward, ist 29 Zentner 730 Lot nach dem *Lot des Heiligtums. *K.30,13.
25. Des Silbers aber, das von der Gemeinde kam, war 100 Zentner 1775 Lot nach dem Lot des Heiligtums:
26. so manch Haupt, so manch halbes Lot nach dem Lot des Heiligtums, von allen, die gezählt wurden von zwanzig Jahren an und darüber 603550.
27. Aus den 100 Zentnern Silber goß man die Füße des Heiligtums und die Füße des Vorhangs, 100 Füße aus 100 Zentnern, je einen Zentner zum Fuß.
28. Aber aus den 1775 Loten wurden gemacht der Säulen Haken, und ihre Köpfe überzogen und ihre Querstäbe.

29. Das Webeopfer aber des Erzes war 70 Zentner 2400 Lot.
30. Daraus wurden gemacht die Füße in der Tür der Hütte des Stifts und der eherne Altar und das eherne Gitter daran und alle Geräte des Altars,
31. dazu die Füße des Vorhofs ringsherum und die Füße des Tors am Vorhofe, alle Nägel der Wohnung und alle Nägel des Vorhofs ringsherum.

Das 39. Kapitel

Priesterliche Kleider und Schmuck. Mose segnet das vollendete Werk.
(V. 1–21: vgl. K. 28,4–30.)

1. Aber von dem blauen und roten Purpur und dem Scharlach machten sie Aaron Amtskleider, zu dienen im Heiligtum, wie der Herr dem Mose geboten hatte.
2. Und er machte den Leibrock von Gold, blauem und rotem Purpur, Scharlach und gezwirnter weißer Leinwand.
3. Und sie schlugen das Gold und schnitten's zu Faden, daß man's künstlich wirken konnte unter den blauen und roten Purpur, Scharlach und weiße Leinwand.
4. Schulterstücke machten sie an ihm, die zusammengingen, und an beiden Enden ward er zusammengebunden.
5. Und sein Gurt war nach derselben Kunst und Arbeit von Gold, blauem und rotem Purpur, Scharlach und gezwirnter weißer Leinwand, wie der Herr dem Mose geboten hatte.
6. Und sie machten zwei Onyxsteine, umher gefaßt mit Gold, gegraben durch die Steinschneider mit den Namen der Kinder Israel;
7. und er heftete sie auf die Schulterstükke des Leibrocks, daß es Steine seien zum Gedächtnis der Kinder Israel, wie der Herr dem Mose geboten hatte.
8. Und sie machten das Schild nach der Kunst und dem Werk des Leibrocks von Gold, blauem und rotem Purpur, Scharlach und gezwirnter weißer Leinwand,
9. daß es viereckig und zwiefach war, eine Spanne lang und breit.
10. Und füllten es mit vier Reihen Steinen: die erste Reihe war ein Sarder, Topas und Smaragd;
11. die andere ein Rubin, Saphir und Diamant;
12. die dritte ein Lynkurer, Achat und Amethyst;
13. die vierte ein Türkis, Onyx und Jaspis, umher gefaßt mit Gold in allen Reihen.
14. Und die Steine standen nach den zwölf Namen der Kinder Israel, gegraben durch die Steinschneider, daß auf einem jeglichen ein Name stand nach den zwölf Stämmen.
15. Und sie machten am Schild Ketten mit zwei Enden von feinem Golde
16. und zwei goldene Fassungen und zwei goldene Ringe und hefteten die zwei Ringe auf die zwei Ecken des Schildes.
17. Und die zwei goldenen Ketten taten sie in die zwei Ringe auf den Ecken des Schildes.
18. Aber die zwei Enden der Ketten taten sie an die zwei Fassungen und hefteten sie auf die Schulterstücke des Leibrocks vornehin.
19. Und machten zwei andere goldene Ringe und hefteten sie an die zwei andern Ecken des Schildes an seinen Rand, inwendig gegen den Leibrock.
20. Und machten zwei andere goldene Ringe, die taten sie unten an die zwei Schulterstücke vorn am Leibrock, wo er zusammengeht, oben über dem Gurt des Leibrocks,
21. daß das Schild mit seinen Ringen an die Ringe des Leibrocks geknüpft würde mit einer blauen Schnur, daß es über dem Gurt des Leibrocks hart anläge und nicht von dem Leibrock los würde, wie der Herr dem Mose geboten hatte.

(V. 22–26: vgl. K. 28,31–35.)

22. Und er machte den Purpurrock zum Leibrock, gewirkt, ganz von blauem Purpur,
23. und sein Loch oben mitteninne und eine Borte ums Loch her gefaltet, daß er nicht zerrisse.
24. Und sie machten an seinen Saum Granatäpfel von blauem und rotem Purpur, Scharlach und gezwirnter weißer Leinwand.
25. Und machten Schellen von feinem Golde; die taten sie zwischen die Granatäpfel ringsumher am Saum des Purpurrocks,
26. je ein Granatapfel und eine Schelle um und um am Saum, darin zu dienen, wie der Herr dem Mose geboten hatte.

(V. 27–29: vgl. K. 28,39–42.)

27. Und sie machten auch die engen Rökke, von weißer Leinwand gewirkt, Aaron und seinen Söhnen,
28. und den Hut von weißer Leinwand und die schönen Hauben von weißer Leinwand und Beinkleider von gezwirnter weißer Leinwand
29. und den gestickten Gürtel von ge-

zwirnter weißer Leinwand, blauem und rotem Purpur und Scharlach, wie der Herr dem Mose geboten hatte.

(V.30 u. 31: vgl. K.28,36–38.)

30. Sie machten auch das Stirnblatt, die heilige Krone, von feinem Gold, und gruben Schrift darein: Heilig dem Herrn.

K.29,6; 3.Mose 8,9.

31. Und banden eine blaue Schnur daran, daß sie an den Hut von obenher geheftet würde, wie der Herr dem Mose geboten hatte.

32. Also ward vollendet das ganze Werk der Wohnung der Hütte des Stifts. Und die Kinder Israel taten alles, was der Herr dem Mose geboten hatte.

33. Und sie brachten die Wohnung zu Mose: die Hütte und alle ihre Geräte, Haken, Bretter, Riegel, Säulen, Füße,

34. die Decke von rötlichen Widderfellen, die Decke von Dachsfellen und den Vorhang;

35. die Lade des Zeugnisses mit ihren Stangen, den Gnadenstuhl;

36. den Tisch und alle seine Geräte und die Schaubrote;

37. den schönen Leuchter mit den Lampen zubereitet und allem seinem Geräte und Öl zum Licht;

38. den goldenen Altar und die Salbe und gutes Räuchwerk; das Tuch in der Hütte Tür;

39. den ehernen Altar und sein ehernes Gitter mit seinen Stangen und allem seinem Geräte; das Handfaß mit seinem Fuß;

40. die Umhänge des Vorhofs mit seinen Säulen und Füßen; das Tuch im Tor des Vorhofs mit seinen Seilen und Nägeln und allem Geräte zum Dienst der Wohnung der Hütte des Stifts;

41. die Amtskleider des Priesters Aaron, zu dienen im Heiligtum, und die Kleider seiner Söhne, daß sie Priesteramt täten.

42. Alles, wie der Herr dem Mose geboten hatte, taten die Kinder Israel an allem diesem Dienst.

43. Und Mose sah an all dies Werk; und siehe, sie hatten es gemacht, wie der Herr geboten hatte. Und er segnete sie.

Das 40. Kapitel

Aufrichtung und Einweihung der Stiftshütte; die Herrlichkeit des Herrn erfüllt die Wohnung.

(V.1–33: vgl. K.25–31.)

1. Und der Herr redete mit Mose und sprach:

2. Du sollst die Wohnung der Hütte des Stifts aufrichten am ersten Tage des ersten Monats.

3. Und sollst darein setzen die Lade des Zeugnisses und vor die Lade den Vorhang hängen.

4. Und sollst den Tisch darbringen und ihn zubereiten und den Leuchter darstellen und die Lampen darauf setzen.

5. Und sollst den goldenen Räucheraltar setzen vor die Lade des Zeugnisses und das Tuch in der Tür der Wohnung aufhängen.

6. Den Brandopferaltar aber sollst du setzen heraus vor die Tür der Wohnung der Hütte des Stifts,

7. und das Handfaß zwischen die Hütte des Stifts und den Altar, und Wasser darein tun,

8. und den Vorhof stellen umher, und das Tuch in der Tür des Vorhofs aufhängen.

9. Und sollst die Salbe nehmen und die Wohnung und alles, was darin ist, salben; und sollst sie weihen mit allem ihrem Geräte, daß sie heilig sei.

10. Und sollst den Brandopferaltar salben mit allem seinem Geräte und weihen, daß er hochheilig sei.

11. Sollst auch das Handfaß und seinen Fuß salben und weihen.

12. Und sollst Aaron und seine Söhne vor die Tür der Hütte des Stifts führen und mit Wasser waschen

13. und Aaron die heiligen Kleider anziehen und ihn salben und weihen, daß er mein Priester sei;

14. und seine Söhne auch herzuführen und ihnen die engen Röcke anziehen

15. und sie salben, wie du ihren Vater gesalbt hast, daß sie meine Priester seien. Und diese Salbung sollen sie haben zum ewigen Priestertum bei ihren Nachkommen.

16. Und Mose tat alles, was ihm der Herr geboten hatte.

17. Also ward die Wohnung aufgerichtet im zweiten Jahr, am ersten Tage des ersten Monats.

18. Und da Mose sie aufrichtete, setzte er die Füße und die Bretter und Riegel und richtete die Säulen auf

19. und breitete die Hütte aus über der Wohnung und legte die Decke der Hütte obendarauf, wie der Herr ihm geboten hatte,

20. und nahm das Zeugnis und legte es in die Lade und tat die Stangen an die Lade und tat den Gnadenstuhl oben auf die Lade

21. und brachte die Lade in die Wohnung und hing den Vorhang vor die Lade des Zeugnisses, wie ihm der Herr geboten hatte,

22. und setzte den Tisch in die Hütte des Stifts, an die Seite der Wohnung gegen Mitternacht, außen vor dem Vorhang,
23. und richtete Brot darauf zu vor dem Herrn, wie ihm der Herr geboten hatte,
24. und setzte den Leuchter auch hinein, gegenüber dem Tisch, an die Seite der Wohnung gegen Mittag,
25. und tat Lampen darauf vor dem Herrn, wie ihm der Herr geboten hatte,
26. und setzte den goldenen Altar hinein vor den Vorhang
27. und räucherte darauf mit gutem Räuchwerk, wie ihm der Herr geboten hatte,
28. und hing das Tuch in die Tür der Wohnung.
29. Aber den Brandopferaltar setzte er vor die Tür der Wohnung der Hütte des Stifts und opferte darauf Brandopfer und Speisopfer, wie ihm der Herr geboten hatte.
30. Und das Handfaß setzte er zwischen die Hütte des Stifts und den Altar und tat Wasser darein zum Waschen.
31. Und Mose, Aaron und seine Söhne wuschen ihre Hände und Füße darin.
32. Denn sie müssen sich waschen, wenn sie in die Hütte des Stifts gehen oder hinzutreten zum Altar, wie ihm der Herr geboten hatte.
33. Und er richtete den Vorhof auf um die Wohnung und um den Altar her und hing den Vorhang in das Tor des Vorhofs. Also vollendete Mose das ganze Werk.
34. Da bedeckte die Wolke die Hütte des Stifts, und die Herrlichkeit des Herrn füllte die Wohnung.

K. 13,21; 4. Mose 9,15–23; 1. Kön. 8,10.11; Jes. 4,5; Hesek. 43,5.

35. Und Mose konnte nicht in die Hütte des Stifts gehen, weil die Wolke daraufblieb und die Herrlichkeit des Herrn die Wohnung füllte.
36. Und wenn die Wolke sich aufhob von der Wohnung, so zogen die Kinder Israel, solange sie reisten. 4. Mose 10,34–36.
37. Wenn sich aber die Wolke nicht aufhob, so zogen sie nicht bis an den Tag, da sie sich aufhob.
38. Denn die Wolke des Herrn war des Tages auf der Wohnung, und des Nachts war sie feurig vor den Augen des ganzen Hauses Israel, solange sie reisten.

Das dritte Buch Mose

Das 1. Kapitel

Gesetz der Brandopfer.

1. Und der Herr rief Mose und redete mit ihm aus der Hütte des Stifts und sprach:
2. Rede mit den Kindern Israel und sprich zu ihnen: Welcher unter euch dem Herrn ein Opfer tun will, der tue es von dem Vieh, von Rindern und Schafen.
3. Will er ein Brandopfer tun von Rindern, so opfre er ein Männlein, das ohne Fehl sei, vor der Tür der Hütte des Stifts, daß es dem Herrn angenehm sei von ihm,

K. 17,4.

4. und lege seine Hand auf des Brandopfers Haupt, so wird es angenehm sein und ihn versöhnen. 2. Mose 29,10.
5. Und er soll das junge Rind schlachten vor dem Herrn; und die Priester, Aarons Söhne, sollen das Blut herzubringen und auf den Altar umhersprengen, der vor der Tür der Hütte des Stifts ist.
6. Und man soll dem Brandopfer die Haut abziehen, und es soll in Stücke zerhauen werden;
7. und die Söhne Aarons, des Priesters, sollen ein Feuer auf dem Altar machen und Holz obendarauf legen
8. und sollen die Stücke, den Kopf und das Fett auf das Holz legen, das auf dem Feuer auf dem Altar liegt.
9. Das Eingeweide aber und die Schenkel soll man mit Wasser waschen, und der Priester soll das alles anzünden auf dem Altar zum Brandopfer. Das ist ein Feuer zum *süßen Geruch dem Herrn.

*1. Mose 8,21.

10. Will er aber von Schafen oder Ziegen ein Brandopfer tun, so opfre er ein Männlein, das ohne Fehl sei.
11. Und soll es schlachten zur Seite des Altars gegen Mitternacht vor dem Herrn. Und die Priester, Aarons Söhne, sollen sein Blut auf den Altar umhersprengen.
12. Und man soll es in Stücke zerhauen, und der Priester soll sie samt dem Kopf und dem Fett auf das Holz und Feuer, das auf dem Altar ist, legen.
13. Aber das Eingeweide und die Schen-

kel soll man mit Wasser waschen, und der Priester soll es alles opfern und anzünden auf dem Altar zum Brandopfer. Das ist ein Feuer zum süßen Geruch dem Herrn.
14. Will er aber von Vögeln dem Herrn ein Brandopfer tun, so tue er's von Turteltauben oder von jungen Tauben.
15. Und der Priester soll's zum Altar bringen und ihm den Kopf abkneipen, daß es auf dem Altar angezündet werde, und sein Blut ausbluten lassen an der Wand des Altars.
16. Und seinen Kropf mit seinen Federn soll man neben dem Altar gegen Morgen auf den Aschenhaufen werfen;
17. und soll seine Flügel spalten, aber nicht abbrechen. Und also soll's der Priester auf dem Altar anzünden, auf dem Holz, auf dem Feuer zum Brandopfer. Das ist ein Feuer zum süßen Geruch dem Herrn.

Das 2. Kapitel

Gesetz der Speisopfer.

1. Wenn eine Seele dem Herrn ein Speisopfer tun will, so soll es von Semmelmehl sein, und sie soll Öl darauf gießen und Weihrauch darauf legen
2. und es also bringen zu den Priestern, Aarons Söhnen. Da soll der Priester seine Hand voll nehmen von dem Semmelmehl und Öl samt dem ganzen Weihrauch und es anzünden zum Gedächtnis auf dem Altar. Das ist ein Feuer zum süßen Geruch dem Herrn.
3. Das übrige aber vom Speisopfer soll Aarons und seiner Söhne sein. Das soll ein Hochheiliges sein von den Feuern des Herrn.
4. Will er aber sein Speisopfer tun vom Gebackenen im Ofen, so nehme er Kuchen von Semmelmehl, ungesäuert, mit Öl gemengt, oder ungesäuerte Fladen, mit Öl bestrichen.
5. Ist aber dein Speisopfer etwas vom Gebackenen in der Pfanne, so soll's von ungesäuertem Semmelmehl mit Öl gemengt sein;
6. und sollst's in Stücke zerteilen und Öl darauf gießen, so ist's ein Speisopfer.
7. Ist aber dein Speisopfer etwas auf dem Rost Geröstetes, so sollst du es von Semmelmehl mit Öl machen
8. und sollst das Speisopfer, das du von solcherlei machen willst dem Herrn, zu dem Priester bringen; er soll es zu dem Altar bringen
9. und des Speisopfers einen Teil abheben zum Gedächtnis und anzünden auf dem Altar. Das ist ein Feuer zum süßen Geruch dem Herrn.
10. Das übrige aber soll Aarons und seiner Söhne sein. Das soll ein Hochheiliges sein von den Feuern des Herrn.
11. Alle Speisopfer, die ihr dem Herrn opfern wollt, sollt ihr *ohne Sauerteig machen; denn kein Sauerteig noch Honig soll dem Herrn zum Feuer angezündet werden. *K.6,10.
12. *Unter den Erstlingen sollt ihr sie dem Herrn bringen; aber auf den Altar sollen sie nicht kommen zum süßen Geruch. *4.Mose 18,12.
13. Alle deine *Speisopfer sollst du salzen, und dein Speisopfer soll nimmer ohne Salz des Bundes deines Gottes sein; denn in allem deinem Opfer sollst du Salz opfern. *Mark.9,49.
14. Willst du aber ein Speisopfer dem Herrn tun von *den ersten Früchten, so sollst du Ähren, am Feuer gedörrt, klein zerstoßen und also das Speisopfer deiner ersten Früchte opfern; *5.Mose 26,2.3.
15. und sollst Öl darauf tun und Weihrauch darauf legen, so ist's ein Speisopfer.
16. Und der Priester soll einen Teil von dem Zerstoßenen und vom Öl mit dem ganzen Weihrauch anzünden zum Gedächtnis. Das ist ein Feuer dem Herrn.

Das 3. Kapitel

Gesetz von Dankopfern.

1. Ist aber sein Opfer ein Dankopfer von Rindern, es sei ein Ochse oder eine Kuh, soll er eins opfern vor dem Herrn, das ohne Fehl sei.
2. Und soll seine Hand auf desselben Haupt legen und es schlachten vor der Tür der Hütte des Stifts. Und die Priester, Aarons Söhne, sollen das Blut auf den Altar umhersprengen.
3. Und er soll von dem Dankopfer dem Herrn opfern, nämlich das Fett, welches das Eingeweide bedeckt, und alles Fett am Eingeweide
4. und die zwei Nieren mit dem Fett, das daran ist, an den Lenden, und das Netz um die Leber, an den Nieren abgerissen.
5. Und Aarons Söhne sollen's anzünden auf dem Altar zum Brandopfer, auf dem Holz, das auf dem Feuer liegt. Das ist ein Feuer zum süßen Geruch dem Herrn.
6. Will er aber dem Herrn ein Dankopfer von kleinem Vieh tun, es sei ein Widder oder ein Schaf, so soll's ohne Fehl sein.

7. Ist's ein Lämmlein, soll er's vor den
Herrn bringen
8. und soll seine Hand auf desselben
Haupt legen und es schlachten vor der
Hütte des Stifts. Und die Söhne Aarons
sollen sein Blut auf den Altar umhersprengen.
9. Und er soll also von dem Dankopfer
dem Herrn opfern zum Feuer, nämlich
sein Fett, den ganzen Schwanz, von dem
Rücken abgerissen, dazu das Fett, welches
das Eingeweide bedeckt, und alles Fett am
Eingeweide,
10. die zwei Nieren mit dem Fett, das
daran ist, an den Lenden, und das Netz um
die Leber, an den Nieren abgerissen.
11. Und der Priester soll es anzünden auf
dem Altar zur Speise des Feuers dem
Herrn.
12. Ist aber sein Opfer eine Ziege und er
bringt es vor den Herrn,
13. soll er seine Hand auf ihr Haupt legen
und sie schlachten vor der Hütte des
Stifts. Und die Söhne Aarons sollen das
Blut auf den Altar umhersprengen,
14. und er soll davon opfern ein Opfer
dem Herrn, nämlich das Fett, welches das
Eingeweide bedeckt, und alles Fett am
Eingeweide,
15. die zwei Nieren mit dem Fett, das
daran ist, an den Lenden, und das Netz
über der Leber, an den Nieren abgerissen.
16. Und der Priester soll's anzünden auf
dem Altar zur Speise des Feuers zum süßen Geruch. Alles Fett ist des Herrn.
17. Das sei eine ewige Sitte bei euren
Nachkommen in allen euren Wohnungen,
daß ihr kein Fett noch Blut esset.

1.Mose 9,4; K.7,23.26; 17,10–14;
5.Mose 12,16.23; Apg.15,20.29.

Das 4. Kapitel

Gesetz von Sündopfern.

1. Und der Herr redete mit Mose und
sprach:
2. Rede mit den Kindern Israel und
sprich: Wenn eine Seele sündigen würde
aus Versehen an irgend einem Gebot des
Herrn und täte, was sie nicht tun sollte:
3. nämlich so der Priester, der gesalbt
ist, sündigen würde, daß er eine Schuld
auf das Volk brächte, der soll für seine
Sünde, die er getan hat, einen jungen Farren bringen, der ohne Fehl sei, dem Herrn
zum Sündopfer.
4. Und soll den Farren vor die Tür der
Hütte des Stifts bringen vor den Herrn
und seine Hand auf desselben Haupt legen
und ihn schlachten vor dem Herrn.
5. Und der Priester, der gesalbt ist, soll
von des Farren Blut nehmen und es in die
Hütte des Stifts bringen
6. und soll seinen Finger in das Blut tauchen und damit *siebenmal sprengen vor
dem Herrn, vor dem Vorhang im Heiligen.

*K.8,11; 14,7.

7. Und soll von dem Blut tun auf die
Hörner des Räucheraltars, der *vor dem
Herrn in der Hütte des Stifts steht, und
alles übrige Blut gießen an den Boden des
Brandopferaltars, der †vor der Tür der
Hütte des Stifts steht.

*2.Mose 30,1.6. †2.Mose 40,6.

8. Und alles Fett des Sündopfers soll er
abheben, nämlich das Fett, welches das
Eingeweide bedeckt, und alles Fett am
Eingeweide,
9. die zwei Nieren mit dem Fett, das daran ist, an den Lenden, und das Netz über
der Leber, an den Nieren abgerissen,
10. gleichwie er's abhebt vom Ochsen im
Dankopfer; und soll es anzünden auf dem
Brandopferaltar.
11. Aber das *Fell des Farren mit allem
Fleisch samt Kopf und Schenkeln und das
Eingeweide und den Mist, *K.8,17.
12. das soll er alles hinausführen aus
dem Lager an eine reine Stätte, da man die
Asche hin schüttet, und soll's verbrennen
auf dem Holz mit Feuer.

K.6,4; Hebr.13,11.

13. Wenn die ganze Gemeinde Israel etwas versehen würde und die Tat vor ihren
Augen verborgen wäre, daß sie wider irgend ein Gebot des Herrn getan hätten,
was sie nicht tun sollten, und sich also
verschuldeten, 4.Mose 15,24.
14. und darnach ihrer Sünde innewürden, die sie getan hätten, sollen sie einen
jungen Farren darbringen zum *Sündopfer und vor die Tür der Hütte des Stifts
stellen. *Röm.8,3.
15. Und die Ältesten von der Gemeinde
sollen ihre Hände auf sein Haupt legen vor
dem Herrn und den Farren schlachten vor
dem Herrn.
16. Und der Priester, der gesalbt ist, soll
Blut vom Farren in die Hütte des Stifts
bringen
17. und mit seinem Finger hineintauchen und siebenmal sprengen vor dem
Herrn vor dem Vorhang.
18. Und soll von dem Blut auf die Hörner
des Altars tun, der vor dem Herrn steht in
der Hütte des Stifts, und alles andere Blut
an den Boden des Brandopferaltars gießen, der vor der Tür der Hütte des Stifts
steht.

19. Alles sein Fett aber soll er abheben
und auf dem Altar anzünden.
20. Und soll mit dem Farren tun, wie er
mit dem Farren des Sündopfers getan hat.
Und soll also der Priester sie versöhnen, so
wird's ihnen vergeben.
21. Und soll den Farren hinaus vor das
Lager tragen und *verbrennen, wie er den
vorigen Farren verbrannt hat. Das soll das
Sündopfer der Gemeinde sein. *V. 11.12.
22. Wenn aber ein Fürst sündigt und irgend wider des Herrn, seines Gottes, Gebote tut, was er nicht tun sollte, und versieht etwas, daß er sich verschuldet,
23. und wird seiner Sünde inne, die er
getan hat, der soll zum Opfer bringen einen Ziegenbock ohne Fehl,
24. und seine Hand auf des Bockes Haupt
legen und ihn schlachten an der Stätte, da
man die Brandopfer schlachtet vor dem
Herrn. Das sei sein Sündopfer.
25. Da soll denn der Priester von dem
Blut des Sündopfers nehmen mit seinem
Finger und es auf die Hörner des Brandopferaltars tun und das andere Blut an den
Boden des Brandopferaltars gießen.
26. Aber alles sein Fett soll er auf dem
Altar anzünden gleich wie das Fett des
Dankopfers. Und soll also der Priester seine Sünde versöhnen, so wird's ihm vergeben.
27. Wenn aber eine Seele vom gemeinen
Volk etwas versieht und sündigt, daß sie
wider irgend eines der Gebote des Herrn
tut, was sie nicht tun sollte, und sich also
verschuldet,
28. und ihrer Sünde innewird, die sie getan hat, die soll zum Opfer eine Ziege
bringen ohne Fehl für die Sünde, die sie
getan hat,
29. und soll ihre Hand auf des Sündopfers Haupt legen und es schlachten an der
Stätte des Brandopfers.
30. Und der Priester soll von dem Blut
mit seinem Finger nehmen und auf die
Hörner des Altars des Brandopfers tun und
alles andere Blut an des Altars Boden gießen.
31. All sein Fett aber soll er abreißen, wie
er *das Fett des Dankopfers abgerissen
hat, und soll's anzünden auf dem Altar
zum süßen Geruch dem Herrn. Und soll
also der Priester sie versöhnen, so wird's
ihr vergeben. *K. 3,14.15.
32. Wird er aber ein Schaf zum Sündopfer bringen, so bringe er ein weibliches,
das ohne Fehl ist,
33. und lege seine Hand auf des Sündopfers Haupt und schlachte es zum Sündopfer an der Stätte, da man die Brandopfer
schlachtet.
34. Und der Priester soll von dem Blut
mit seinem Finger nehmen und auf die
Hörner des Brandopferaltars tun und alles
andere Blut an den Boden des Altars gießen.
35. Aber all sein Fett soll er abreißen, wie
er das Fett vom Schaf des Dankopfers abgerissen hat, und soll's auf dem Altar anzünden zum Feuer dem Herrn. Und soll
also der Priester versöhnen seine Sünde,
die er getan hat, so wird's ihm vergeben.

Das 5. Kapitel

Fortsetzung vom Sündopfer;
Gesetz vom Schuldopfer.

1. Wenn jemand also sündigen würde,
daß er den Fluch aussprechen hört und
Zeuge ist, weil er's gesehen oder erfahren
hat, es aber nicht ansagt, der ist einer
Missetat schuldig. 5. Mose 19,15–21.
2. Oder wenn jemand etwas Unreines anrührt, es sei ein *Aas eines unreinen Tiers
oder Viehs oder Gewürms, und wüßte es
nicht, der ist unrein und hat sich verschuldet. *K. 11,24.
3. Oder wenn er einen unreinen Menschen anrührt, in was für Unreinigkeit der
Mensch unrein werden kann, und wüßte
es nicht und wird's inne, der hat sich verschuldet.
4. Oder wenn jemand schwört, daß ihm
aus dem Mund entfährt, Schaden oder Gutes zu tun (wie denn einem Menschen ein
Schwur entfahren mag, ehe er's bedächte), und er wird's inne, der hat sich an der
einem verschuldet.
5. Wenn's nun geschieht, daß er sich an
der einem verschuldet und bekennt, daß
er daran gesündigt hat,
6. so soll er für seine Schuld dieser seiner
Sünde, die er getan hat, dem Herrn bringen von der Herde eine Schaf- oder Ziegenmutter zum Sündopfer, so soll ihm der
Priester seine Sünde versöhnen.
7. Vermag er aber nicht ein Schaf, so
bringe er dem Herrn für seine Schuld, die
er getan hat, zwei Turteltauben oder zwei
junge Tauben, die erste zum Sündopfer,
die andere zum Brandopfer,
8. und bringe sie dem Priester. Der soll
die erste zum Sündopfer machen, und ihr
den Kopf abkneipen hinter dem Genick,
und nicht abbrechen; K. 1,15.
9. und sprenge mit dem Blut des Sündopfers an die Seite des Altars, und lasse das
übrige Blut ausbluten an des Altars Boden.
Das ist das Sündopfer.

10. Die andere aber soll er zum Brandopfer machen, so wie es *recht ist. Und soll
also der Priester ihm seine Sünde versöhnen, die er getan hat, so wird's ihm vergeben. *K. 1,14.
11. Vermag er aber nicht zwei Turteltauben oder zwei junge Tauben, so bringe er
für seine Sünde als sein Opfer ein zehntel
Epha Semmelmehl zum Sündopfer. Er
soll aber *kein Öl darauf legen noch Weihrauch darauf tun; denn es ist ein Sündopfer. *K.2.1.
12. Und soll's zum Priester bringen. Der
Priester aber soll eine Handvoll davon
nehmen zum Gedächtnis und anzünden
auf dem Altar zum Feuer dem Herrn. Das
ist ein Sündopfer.
13. Und der Priester soll also seine Sünde, die er getan hat, ihm versöhnen, so
wird's ihm vergeben. Und es soll dem Priester gehören *wie ein Speisopfer. *K.2,3.
14. Und der Herr redete mit Mose und
sprach:
15. Wenn sich jemand vergreift, daß er
es versieht und sich versündigt an dem,
das dem Herrn geweiht ist, soll er ein
Schuldopfer dem Herrn bringen, einen
Widder ohne Fehl von der Herde, der zwei
Silberlinge wert sei nach dem Lot des Heiligtums, zum Schuldopfer.
16. Dazu was er gesündigt hat an dem
Geweihten, soll er *wiedergeben und den
fünften Teil darüber geben, und soll's dem
Priester geben; der soll ihn versöhnen mit
dem Widder des Schuldopfers, wo wird's
ihm vergeben. *V.23.24; K.22,14.
17. Wenn jemand sündigt und tut wider
irgend ein Gebot des Herrn, was er nicht
tun sollte, und hat's nicht gewußt, der hat
sich verschuldet und ist einer Missetat
schuldig
18. und soll bringen einen Widder von
der Herde ohne Fehl, der eines Schuldopfers wert ist, zum Priester; der soll ihm
versöhnen, was er versehen hat und wußte
es nicht, so wird's ihm vergeben.
19. Das ist das *Schuldopfer; verschuldet
hat er sich an dem Herrn. Jes.53,10.
20. [K.6,1.] Und der Herr redete mit Mose und sprach:
21. [6,2.] Wenn jemand sündigen würde
und sich damit an dem Herrn vergreifen,
daß er seinem Nebenmenschen ableug-
net, was ihm dieser befohlen hat, oder was
ihm zu treuer Hand getan ist, oder was er
mit Gewalt genommen oder mit Unrecht
an sich gebracht,
22. [6,3.] oder wenn er, was verloren ist,
gefunden hat, und leugnet solches und tut
einen falschen Eid über irgend etwas, darin ein Mensch wider seinen Nächsten Sünde tut;
23. [6,4.] wenn's nun geschieht, daß er
also sündigt und sich verschuldet, *so soll
er wiedergeben, was er mit Gewalt genommen oder mit Unrecht an sich gebracht,
oder was ihm befohlen ist, oder was er
gefunden hat,
*Hesek.33,15; 2.Mose 21,37–22,8.
24. [6,5.] oder worüber er den falschen
Eid getan hat; das soll er alles ganz wiedergeben, dazu *den fünften Teil darüber geben dem, des es gewesen ist, des Tages,
wenn er sein Schuldopfer gibt. *V.16.
25. [6,6.] Aber für seine Schuld soll er
dem Herrn zu dem Priester einen Widder
von der Herde ohne Fehl bringen, *der
eines Schuldopfers wert ist. *V.15.
26. [6,7.] So soll ihn der Priester versöhnen vor dem Herrn, so wird ihm vergeben
alles, was er getan hat, daran er sich verschuldet hat.

Das 6. Kapitel

Vom Brand-, Speis- und Sündopfer.

1. [8.] Und der Herr redete mit Mose und
sprach:
2. [9.] Gebiete Aaron und seinen Söhnen
und sprich: Dies ist das Gesetz des Brandopfers. Das Brandopfer soll brennen auf
dem Herd des Altars die ganze Nacht bis an
den Morgen, und es soll des Altars Feuer
brennend darauf erhalten werden. K.1.
3. [10.] Und der Priester soll seinen leinenen Rock anziehen und die leinenen
Beinkleider *an seinen Leib, und soll die
Asche aufheben, die das Feuer des Brandopfers auf dem Altar gemacht hat, und soll
sie neben den Altar schütten,
*2.Mose 28,42.
4. [11.] und soll seine Kleider darnach
ausziehen und andere Kleider anziehen
und die Asche hinaustragen *aus dem Lager an eine reine Stätte. *K.4,12.
5. [12.] Das Feuer auf dem Altar soll
brennen und nimmer verlöschen; der
Priester soll alle Morgen Holz darauf anzünden und obendarauf das Brandopfer
zurichten und das Fett der Dankopfer darauf anzünden.
6. [13.] Ewig soll das Feuer auf dem Altar
brennen und nimmer verlöschen.
7. [14.] Und das ist das Gesetz des Speisopfers, das Aarons Söhne opfern sollen vor
dem Herrn auf dem Altar. K.2.
8. [15.] Es soll einer abheben eine Handvoll Semmelmehl vom Speisopfer und

vom Öl und den ganzen Weihrauch, der
auf dem Speisopfer liegt, und soll's anzünden auf dem Altar zum süßen Geruch, ein
Gedächtnis dem Herrn.
9. [16.] Das übrige aber sollen Aaron und
seine Söhne verzehren und sollen's ungesäuert essen an heiliger Stätte, im Vorhof
der Hütte des Stifts.
10. [17.] Sie sollen's nicht mit Sauerteig
backen; denn es ist ihr Teil, den ich ihnen
gegeben habe von meinem Opfer. Es soll
ihnen ein Hochheiliges sein gleichwie das
Sündopfer und Schuldopfer.
11. [18.] Was männlich ist unter den
Kindern Aarons, die sollen's essen. Das sei
ein ewiges Recht euren Nachkommen an
den Opfern des Herrn: es soll sie niemand
anrühren, er sei denn geweiht.
12. [19.] Und der Herr redete mit Mose
und sprach:
13. [20.] Das soll das Opfer sein Aarons
und seiner Söhne, das sie dem Herrn opfern sollen am Tage seiner Salbung: ein
zehntel Epha Semmelmehl als tägliches
Speisopfer, eine Hälfte des Morgens, die
andere Hälfte des Abends.
2. Mose 29.
14. [21.] In der Pfanne mit Öl sollst du es
machen und geröstet darbringen; und in
Stücken gebacken sollst du solches opfern
zum süßen Geruch dem Herrn.
15. [22.] Und der Priester, der unter seinen Söhnen an seiner Statt gesalbt wird,
soll solches tun; das ist ein ewiges Recht.
Es soll dem Herrn ganz verbrannt werden;
16. [23.] denn alles Speisopfer eines Priesters soll ganz verbrannt und nicht gegessen werden.
17. [24.] Und der Herr redete mit Mose
und sprach:
18. [25.] Sage Aaron und seinen Söhnen
und sprich: Dies ist das Gesetz des Sündopfers. An der Stätte, da du das Brandopfer
schlachtest, sollst du auch das Sündopfer
schlachten vor dem Herrn; das ist ein
Hochheiliges. K. 4.
19. [26.] Der Priester, der das Sündopfer
tut, soll's essen an heiliger Stätte, im Vorhof der Hütte des Stifts.
20. [27.] Niemand soll sein Fleisch anrühren, er sei denn geweiht. Und wer von
seinem Blut ein Kleid besprengt, der soll
das besprengte Stück waschen an heiliger
Stätte.
21. [28.] Und den Topf, darin es gekocht
ist, soll man zerbrechen. Ist's aber ein
eherner Topf, so soll man ihn scheuern
und mit Wasser spülen.
22. [29.] Was männlich ist unter den
Priestern, die sollen davon essen; denn es
ist ein Hochheiliges.
23. [30.] Aber all das Sündopfer, des Blut
in die Hütte des Stifts gebracht wird, zu
versöhnen im Heiligen, soll man nicht essen, sondern mit Feuer verbrennen.

Das 7. Kapitel

Weitere Opfergesetze.

1. Und dies ist das Gesetz des *Schuldopfers. Ein Hochheiliges ist es.
*K. 5,14–26.
2. An der Stätte, da *man das Brandopfer
schlachtet, soll man auch das Schuldopfer
schlachten und sein Blut auf den Altar
umhersprengen. *K. 1,3.5.
3. Und all sein Fett soll man opfern, den
Schwanz und das Fett, welches das Eingeweide bedeckt,
4. die zwei Nieren mit dem Fett, das daran ist, an den Lenden, und das Netz über
der Leber, an den Nieren abgerissen.
K. 3,9.10.
5. Und der Priester soll's auf dem Altar
anzünden zum Feuer dem Herrn. Das ist
ein Schuldopfer.
6. Was männlich ist unter den Priestern,
die sollen das essen an heiliger Stätte;
denn es ist ein Hochheiliges.
7. Wie das Sündopfer, also soll auch das
Schuldopfer sein; aller beider soll einerlei
Gesetz sein; und sollen dem Priester gehören, der dadurch versöhnt.
8. Welcher Priester jemandes Brandopfer opfert, des soll des Brandopfers *Fell
sein, das er geopfert hat. *K. 1,6.
9. Und alles Speisopfer, das im Ofen oder
auf dem Rost oder in der Pfanne gebacken
ist, soll dem Priester gehören, der es opfert. K. 2,4.5.7.
10. Und alles Speisopfer, das mit Öl gemengt oder trocken ist, soll aller Kinder
Aarons sein, eines wie des andern.
11. Und dies ist das Gesetz des *Dankopfers, das man dem Herrn opfert. *K. 3.
12. Wollen sie *ein Lobopfer tun, so sollen sie ungesäuerte Kuchen opfern, mit Öl
gemengt, oder ungesäuerte Fladen, mit Öl
bestrichen, oder geröstete Semmelku-
chen, mit Öl gemengt. *K. 22,29.
13. Sie sollen aber solches Opfer tun auf
Kuchen von gesäuertem Brot mit ihrem
Lob- und Dankopfer,
14. und sollen einen von den allen dem
Herrn zur Hebe opfern, und es soll dem
Priester gehören, der das Blut des Dankopfers sprengt.
15. Und das *Fleisch ihres Lob- und

Dankopfers soll desselben Tages gegessen
werden, da es geopfert ist, und nichts übriggelassen werden bis an den Morgen.
*K. 19,6; 22,30.
16. Ist es aber ein Gelübde oder freiwilliges Opfer, so soll es desselben Tages, da es
geopfert ist, gegessen werden; so aber etwas übrigbleibt auf den andern Tag, soll
man's doch essen.
17. Aber was vom geopferten Fleisch übrigbleibt am dritten Tage, soll mit Feuer
verbrannt werden.
18. Und wo jemand am dritten Tage wird
essen von dem geopferten Fleisch seines
Dankopfers, so wird er nicht angenehm
sein, der es geopfert hat; es wird ihm auch
nicht zugerechnet werden, sondern es
wird ein Greuel sein; und welche Seele
davon essen wird, die ist einer Missetat
schuldig.
19. Und das Fleisch, das von etwas Unreinem berührt wird, soll nicht gegessen,
sondern mit Feuer verbrannt werden. Wer
reines Leibes ist, soll von dem Fleisch essen.
20. Und welche Seele essen wird von dem
Fleisch des Dankopfers, das dem Herrn
zugehört, und hat eine Unreinigkeit an
sich, die wird ausgerottet werden von ihrem Volk.
21. Und wenn eine Seele etwas Unreines
anrührt, es sei ein unreiner Mensch, ein
unreines Vieh oder was sonst greulich ist,
und vom Fleisch des Dankopfers ißt, das
dem Herrn zugehört, die wird ausgerottet
werden von ihrem Volk.
22. Und der Herr redete mit Mose und
sprach:
23. Rede mit den Kindern Israel und
sprich: Ihr sollt *kein Fett essen von Ochsen, Lämmern und Ziegen. *K. 3,17.
24. Aber das Fett vom Aas und was vom
Wild zerrissen ist, macht euch zu allerlei
Nutz; aber essen sollt ihr's nicht.
2. Mose 22,30.
25. Denn wer das Fett ißt von dem Vieh,
davon man dem Herrn Opfer bringt, dieselbe Seele soll ausgerottet werden von
ihrem Volk.
26. Ihr sollt auch *kein Blut essen, weder
vom Vieh noch von Vögeln, überall, wo ihr
wohnt. *K. 3,17.
27. Welche Seele würde irgend ein Blut
essen, die soll ausgerottet werden von ihrem Volk.
28. Und der Herr redete mit Mose und
sprach:
29. Rede mit den Kindern Israel und
sprich: Wer dem Herrn sein Dankopfer
tun will, der soll darbringen, was vom
Dankopfer dem Herrn gehört.
30. Er soll's aber mit seiner Hand herzubringen zum Opfer des Herrn; nämlich
das Fett soll er bringen samt der Brust,
daß sie ein *Webeopfer werde vor dem
Herrn. *2. Mose 29,24.
31. Und der Priester soll das Fett anzünden auf dem Altar, aber die Brust soll Aarons und seiner Söhne sein.
32. Und die *rechte Schulter sollen sie
dem Priester geben zur Hebe von ihren
Dankopfern. *K. 9,21.
33. Und welcher unter Aarons Söhnen
das Blut der Dankopfer opfert und das
Fett, des soll die rechte Schulter sein zu
seinem Teil.
34. Denn die Webebrust und die Hebeschulter habe ich genommen von den Kindern Israel von ihren Dankopfern und habe sie dem Priester Aaron und seinen Söhnen gegeben zum ewigen Recht.
35. Dies ist die Gebühr Aarons und seiner
Söhne von den Opfern des Herrn, des
Tages, da sie überantwortet wurden, Priester zu sein dem Herrn,
36. die der Herr gebot am Tage, da er sie
salbte, daß sie ihnen gegeben werden sollte von den Kindern Israel, zum ewigen
Recht allen ihren Nachkommen.
37. Dies ist das Gesetz des Brandopfers,
des Speisopfers, des Sündopfers, des
Schuldopfers, der *Füllopfer und der
Dankopfer, *K. 6,13.
38. das der Herr dem Mose gebot auf dem
Berge Sinai des Tages, da er ihm gebot an
die Kinder Israel, zu opfern ihre Opfer
dem Herrn in der Wüste Sinai.

Das 8. Kapitel

Einweihung der Priester.
(V. 1–32: vgl. 2. Mose 29,1–35.)

1. Und der Herr redete mit Mose und
sprach:
2. Nimm Aaron und seine Söhne mit ihm
samt ihren Kleidern und das Salböl und
einen Farren zum Sündopfer, zwei Widder
und einen Korb mit ungesäuertem Brot,
3. und versammle die ganze Gemeinde
vor die Tür der Hütte des Stifts.
4. Mose tat, wie ihm der Herr gebot, und
versammelte die Gemeinde vor die Tür der
Hütte des Stifts
5. und sprach zu ihnen: Das ist's, was der
Herr geboten hat zu tun.
6. Und nahm Aaron und seine Söhne und
wusch sie mit Wasser
7. und legte ihm den leinenen Rock an
und gürtete ihn mit dem Gürtel und zog

ihm den Purpurrock an und tat ihm den Leibrock an und gürtete ihn über den Leibrock her
8. und tat ihm das Amtschild an und in das Schild *Licht und Recht *2. Mose 28,30.
9. und setzte ihm den Hut auf sein Haupt und setzte an den Hut oben an seiner Stirn das *goldene Blatt der heiligen Krone, wie der Herr dem Mose geboten hatte.
*2. Mose 28,36; 39,30.
10. Und Mose nahm das *Salböl und salbte die Wohnung und alles, was darin war, und weihte es *2. Mose 30,25.26.
11. und sprengte damit siebenmal auf den Altar und salbte den Altar mit allem seinem Geräte, das Handfaß mit seinem Fuß, daß es geweiht würde,
12. und goß von dem Salböl auf Aarons Haupt und salbte ihn, daß er geweiht würde,
13. und brachte herzu Aarons Söhne und zog ihnen leinene Röcke an und gürtete sie mit dem Gürtel und band ihnen Hauben auf, wie ihm der Herr geboten hatte.
14. Und ließ herzuführen einen Farren zum Sündopfer. Und Aaron und seine Söhne legten ihre Hände auf sein Haupt.
K. 4.
15. Da schlachtete er ihn. Und Mose nahm das Blut und tat's auf die Hörner des Altars umher mit seinem Finger und entsündigte den Altar und goß das Blut an des Altars Boden und weihte ihn, daß er ihn versöhnte.
16. Und nahm alles Fett am Eingeweide, das Netz über der Leber und die zwei Nieren mit dem Fett daran, und zündete es an auf dem Altar.
17. Aber den Farren mit seinem Fell, Fleisch und Mist verbrannte er mit Feuer draußen vor dem Lager, wie ihm der Herr geboten hatte.
18. Und brachte herzu einen Widder zum *Brandopfer. Und Aaron und seine Söhne legten ihre Hände auf sein Haupt.
*K. 1,10–13.
19. Da schlachtete er ihn. Und Mose sprengte das Blut auf den Altar umher,
20. zerhieb den Widder in Stücke und zündete an das Haupt, die Stücke und das Fett
21. und wusch die Eingeweide und Schenkel mit Wasser und zündete also den ganzen Widder an auf dem Altar. Das war ein Brandopfer zum süßen Geruch, ein Feuer dem Herrn, wie ihm der Herr geboten hatte.
22. Er brachte auch herzu den andern Widder des *Füllopfers. Und Aaron und seine Söhne legten ihre Hände auf sein Haupt. *K. 7,37.
23. Da schlachtete er ihn. Und Mose nahm von seinem Blut und tat's Aaron auf den Knorpel seines rechten Ohrs und auf den Daumen seiner rechten Hand und auf die große Zehe seines rechten Fußes.
24. Und brachte herzu Aarons Söhne und tat von dem Blut auf den Knorpel ihres rechten Ohrs und auf den Daumen ihrer rechten Hand und auf die große Zehe ihres rechten Fußes und sprengte das Blut auf den Altar umher.
25. Und nahm das Fett und den Schwanz und alles Fett am Eingeweide und das Netz über der Leber, die zwei Nieren mit dem Fett daran und die rechte Schulter;
26. dazu nahm er von dem Korb des ungesäuerten Brots vor dem Herrn einen ungesäuerten Kuchen und einen Kuchen geölten Brots und einen Fladen und legte es auf das Fett und auf die rechte Schulter.
27. Und gab das allesamt auf die Hände Aarons und seiner Söhne und webte es zum Webeopfer vor dem Herrn.
28. Und nahm alles wieder von ihren Händen und zündete es an auf dem Altar oben auf dem Brandopfer. Ein Füllopfer war es zum süßen Geruch, ein Feuer dem Herrn.
29. Und Mose nahm die Brust und webte ein Webeopfer vor dem Herrn von dem Widder des Füllopfers; der ward Mose zu seinem Teil, wie ihm der Herr geboten hatte.
30. Und Mose nahm von dem Salböl und dem Blut auf dem Altar und sprengte es auf Aaron und seine Kleider, auf seine Söhne und auf ihre Kleider, und weihte also Aaron und seine Kleider, seine Söhne und ihre Kleider mit ihm.
31. Und sprach zu Aaron und seinen Söhnen: Kochet das Fleisch vor der Tür der Hütte des Stifts und esset es daselbst, dazu auch das Brot im Korbe des Füllopfers, wie mir geboten ist und gesagt, daß Aaron und seine Söhne es essen sollen.
32. Was aber übrigbleibt vom Fleisch und Brot, das sollt ihr mit Feuer verbrennen.
33. Und sollt in sieben Tagen nicht ausgehen von der Tür der Hütte des Stifts bis an den Tag, da die Tage eures Füllopfers aus sind; denn sieben Tage sind eure Hände gefüllt,
34. wie es an diesem Tage geschehen ist; der Herr hat's geboten zu tun, auf daß ihr versöhnt seid.
35. Und sollt vor der Tür der Hütte des

Stifts Tag und Nacht bleiben sieben Tage lang und sollt nach dem Gebot des Herrn tun, daß ihr nicht sterbet; denn also ist mir's geboten.

36. Und Aaron und seine Söhne taten alles, was der Herr geboten hatte durch Mose.

Das 9. Kapitel

Das erste Opfer Aarons wird vom Feuer verzehrt.

1. Und *am achten Tage rief Mose Aaron und seine Söhne und die Ältesten in Israel *K.8,33.

2. und sprach zu Aaron: Nimm zu dir ein junges Kalb zum Sündopfer und einen Widder zum Brandopfer, beide ohne Fehl, und bringe sie vor den Herrn.

3. Und rede mit den Kindern Israel und sprich: Nehmt einen Ziegenbock zum Sündopfer und ein Kalb und ein Schaf, beide ein Jahr alt und ohne Fehl, zum Brandopfer

4. und einen Ochsen und einen Widder zum Dankopfer, daß wir vor dem Herrn opfern, und ein Speisopfer, mit Öl gemengt. Denn heute wird euch der Herr erscheinen.

5. Und sie nahmen, was Mose geboten hatte, vor der Tür der Hütte des Stifts; und es trat herzu die ganze Gemeinde und stand vor dem Herrn.

6. Da sprach Mose: Das ist's, was der Herr geboten hat, daß ihr es tun sollt, so wird euch des Herrn Herrlichkeit erscheinen.

7. Und Mose sprach zu Aaron: Tritt zum Altar und mache dein Sündopfer und dein Brandopfer und versöhne *dich und das Volk; darnach mache des Volks Opfer und versöhne sie auch, wie der Herr geboten hat. *K.16,6.11.15; Hebr.5,3; 7,27.

8. Und Aaron trat zum Altar und schlachtete das Kalb zu seinem Sündopfer.

9. Und seine Söhne brachten das Blut zu ihm, und er tauchte mit seinem Finger ins Blut und tat's auf die Hörner des Altars und goß das Blut an des Altars Boden.

10. Aber das *Fett und die Nieren und das Netz von der Leber am Sündopfer zündete er an auf dem Altar, wie der Herr dem Mose geboten hatte. *K.4,8–12.

11. Und das Fleisch und das Fell verbrannte er mit Feuer draußen vor dem Lager.

12. Darnach schlachtete er das Brandopfer; und Aarons Söhne brachten das Blut zu ihm, und er sprengte es auf den Altar umher. K.1,10–13.

13. Und sie brachten das Brandopfer zu ihm zerstückt und den Kopf; und er zündete es an auf dem Altar.

14. Und er wusch das Eingeweide und die Schenkel und zündete es an oben auf dem Brandopfer auf dem Altar.

15. Darnach brachte er herzu des Volks Opfer und nahm den Bock, das Sündopfer des Volks, und schlachtete ihn und machte ein Sündopfer daraus wie das vorige.

16. Und brachte das Brandopfer herzu und tat damit, wie es recht war.

17. Und brachte herzu das Speisopfer und nahm seine Hand voll und zündete es an auf dem Altar, außer dem Morgenbrandopfer.

18. Darnach schlachtete er den Ochsen und den Widder zum Dankopfer des Volks; und seine Söhne brachten ihm das Blut, das sprengte er auf den Altar umher.

19. Aber das Fett vom Ochsen und vom Widder, den Schwanz und das Fett am Eingeweide und die Nieren und das Netz über der Leber:

20. alles solches Fett legten sie auf die Brust; und er zündete das Fett an auf dem Altar.

21. Aber die Brust und die rechte Schulter webte Aaron zum Webeopfer vor dem Herrn, wie der Herr dem Mose geboten hatte. K.7,30–34.

22. Und Aaron hob seine Hand auf zum Volk und *segnete sie; und er stieg herab, da er das Sündopfer, Brandopfer und Dankopfer gemacht hatte. *4.Mose 6,22–27.

23. Und Mose und Aaron gingen in die Hütte des Stifts; und da sie wieder herausgingen, segneten sie das Volk. Da erschien die Herrlichkeit des Herrn allem Volk. 2.Mose 40,34.

24. Und *ein Feuer ging aus von dem Herrn und verzehrte auf dem Altar das Brandopfer und das Fett. Da das alles Volk sah, frohlockten sie und fielen auf ihr Antlitz. *2.Chron.7,1.

Das 10. Kapitel

Nadab und Abihu werden vom Feuer verzehrt.

1. Und die Söhne Aarons Nadab und Abihu nahmen ein jeglicher seinen Napf und taten Feuer darein und legten Räuchwerk darauf und brachten das fremde Feuer vor den Herrn, das er ihnen nicht geboten hatte.

2. Da fuhr ein Feuer aus von dem Herrn und verzehrte sie, daß sie starben vor dem Herrn. 4.Mose 16,35; 2.Chron.26,16–20.

3. Da sprach Mose zu Aaron: Das ist's, was der Herr gesagt hat: Ich erzeige mich heilig an denen, die *mir nahe sind, und

vor allem Volk erweise ich mich herrlich.
Und Aaron schwieg still. *1.Petr. 4,17.
4. Mose aber rief *Misael und Elzaphan,
die Söhne Usiels, Aarons Vettern, und
sprach zu ihnen: Tretet hinzu und †traget
eure Brüder von dem Heiligtum hinaus
vor das Lager. *2.Mose 6,22. †Apg.5,6.10.
5. Und sie traten hinzu und trugen sie
hinaus mit ihren leinenen Röcken vor das
Lager, wie Mose gesagt hatte.
6. Da sprach Mose zu Aaron und seinen
Söhnen Eleasar und Ithamar: Ihr *sollt
eure Häupter nicht entblößen noch eure
Kleider zerreißen, daß ihr nicht sterbet
und der Zorn über die ganze Gemeinde
komme. Laßt eure Brüder, das ganze
Haus Israel, weinen über diesen Brand,
den der Herr getan hat. *K.21,10.
7. Ihr aber sollt nicht ausgehen von der
Tür der Hütte des Stifts, ihr möchtet sterben;
denn das Salböl des Herrn ist auf
euch. Und sie taten, wie Mose sagte.
8. Der Herr aber redete mit Aaron und
sprach:
9. Du und deine Söhne mit dir sollt keinen
Wein noch starkes Getränk trinken,
wenn ihr in die Hütte des Stifts geht, auf
daß ihr nicht sterbet. Das sei ein ewiges
Recht allen euren Nachkommen,
Hesek.44,21; 1.Tim.3.3; Tit.1,7.
10. auf daß ihr könnt unterscheiden, was
heilig und unheilig, was unrein und rein
ist,
11. und daß ihr die Kinder Israel lehret
alle Rechte, die der Herr zu ihnen geredet
hat durch Mose.
12. Und Mose redete mit Aaron und mit
seinen noch übrigen Söhnen, Eleasar und
Ithamar: Nehmet, was übriggeblieben ist
vom Speisopfer an den Opfern des Herrn,
und esset's ungesäuert bei dem Altar;
denn es ist ein Hochheiliges.
13. Ihr sollt's aber an heiliger Stätte essen;
denn *das ist dein Recht und deiner
Söhne Recht an den Opfern des Herrn;
denn so ist mir's geboten. *K.2,3.
14. Aber die *Webebrust und die Hebeschulter
sollst du und deine Söhne und
deine Töchter mit dir essen an reiner Stätte;
denn solch Recht ist dir und deinen
Kindern gegeben an den Dankopfern der
Kinder Israel. *K.7,34.
15. Denn die Hebeschulter und die Webebrust
soll man zu den Opfern des Fetts
bringen, daß sie zum Webeopfer gewebt
werden vor dem Herrn; darum ist's dein
und deiner Kinder zum ewigen Recht, wie
der Herr geboten hat.
16. Und Mose suchte den Bock des Sündopfers,
und fand ihn verbrannt. Und er
ward zornig über Eleasar und Ithamar,
Aarons Söhne, die noch übrig waren, und
sprach:
17. Warum habt ihr das Sündopfer nicht
gegessen an heiliger Stätte? denn es ist ein
Hochheiliges, und er hat's euch gegeben,
daß ihr die Missetat der Gemeinde tragen
sollt, daß ihr sie versöhnet vor dem Herrn.
18. Siehe, sein Blut ist nicht gekommen
in das Heilige hinein. Ihr solltet es im
Heiligen gegessen haben, wie mir geboten
ist. K.6,19.22.
19. Aaron aber sprach zu Mose: Siehe,
heute haben sie ihr Sündopfer und ihr
Brandopfer vor dem Herrn geopfert, und
es ist mir also gegangen, wie du siehst;
und ich sollte essen heute vom Sündopfer?
Sollte das dem Herrn gefallen?
20. Da das Mose hörte, ließ er's sich gefallen.

Das 11. Kapitel

Vom Unterschied reiner und unreiner Tiere.
(Vgl. 5.Mose 14,2–21.)

1. Und der Herr redete mit Mose und
Aaron und sprach zu ihnen:
2. Redet mit den Kindern Israel und
sprecht: Das sind die Tiere, die ihr essen
sollt unter allen Tieren auf Erden.
1.Mose 7,2; Apg.10,14.15; Kol 2,16; 1.Tim.4,4.
3. Alles, was die Klauen spaltet und wiederkäut
unter den Tieren, das sollt ihr
essen.
4. Was aber wiederkäut und hat Klauen
und spaltet sie doch nicht, wie das Kamel,
das ist euch unrein, und ihr sollt's nicht
essen.
5. Die Kaninchen wiederkäuen wohl,
aber sie spalten die Klauen nicht; darum
sind sie unrein.
6. Der Hase wiederkäut auch, aber er
spaltet die Klauen nicht; darum ist er euch
unrein.
7. Und ein Schwein spaltet wohl die
Klauen, aber es wiederkäut nicht; darum
soll's euch unrein sein.
8. Von dieser Fleisch sollt ihr nicht essen
noch ihr Aas anrühren; denn sie sind euch
unrein.
9. Dies sollt ihr essen unter dem, das in
Wassern ist: alles, was Floßfedern und
Schuppen hat in Wassern, im Meer und in
Bächen, sollt ihr essen.
10. Alles aber, was nicht Floßfedern und
Schuppen hat im Meer und in Bächen,
unter allem, was sich regt in Wassern, und
allem, was lebt im Wasser, soll euch eine
Scheu sein,

11. daß ihr von ihrem Fleisch nicht esset und vor ihrem Aas euch scheuet.
12. Denn alles, was nicht Floßfedern und Schuppen hat in Wassern, sollt ihr scheuen.
13. Und dies sollt ihr scheuen unter den Vögeln, daß ihr's nicht esset; den Adler, den Habicht, den Fischaar,
14. den Geier, den Weih und was seiner Art ist,
15. und alle Raben mit ihrer Art,
16. den Strauß, die Nachteule, den Kukkuck, den Sperber mit seiner Art,
17. das Käuzlein, den Schwan, den Uhu,
18. die Fledermaus, die Rohrdommel,
19. den Storch, den Reiher, den Häher mit seiner Art, den Wiedehopf und die Schwalbe.
20. Alles auch, was sich regt und Flügel hat und geht auf vier Füßen, das soll euch eine Scheu sein.
21. Doch das sollt ihr essen von allem, was sich regt und Flügel hat und geht auf vier Füßen: was noch zwei Beine hat, womit es auf Erden hüpft;
22. von demselben mögt ihr essen die Heuschrecken, als da ist: *Arbe mit seiner Art und *Solam mit seiner Art und *Hargol mit seiner Art und *Hagab mit seiner Art. *vier verschiedene Arten von Heuschrecken.
23. Alles aber, was sonst Flügel und vier Füße hat, soll euch eine Scheu sein,
24. und sollt sie unrein achten. Wer solcher *Aas anrührt, der wird †unrein sein bis auf den Abend. *K.5,2. †K.14,46.
25. Und wer dieser Aase eines tragen wird, soll seine Kleider waschen und wird unrein sein bis auf den Abend.
26. Darum alles Getier, das Klauen hat und spaltet sie nicht und wiederkäut nicht, das soll euch unrein sein; wer es anrührt, wird unrein sein.
27. Und alles, was auf Tatzen geht unter den Tieren, die auf vier Füßen gehen, soll euch unrein sein; wer ihr Aas anrührt, wird unrein sein bis auf den Abend.
28. Und wer ihr Aas trägt, soll seine Kleider waschen und unrein sein bis auf den Abend; denn solche sind euch unrein.
29. Diese sollen euch auch unrein sein unter den Tieren, die auf Erden kriechen: das Wiesel, die Maus, die Kröte, ein jegliches mit seiner Art,
30. der Igel, der Molch, die Eidechse, die Blindschleiche und der Maulwurf;
31. die sind euch unrein unter allem, was da kriecht; wer ihr Aas anrührt, der wird unrein sein bis an den Abend.
32. Und alles, worauf ein solch totes Aas fällt, der wird unrein, es sei allerlei hölzernes Gefäß oder Kleider oder Fell oder Sack; und alles Gerät, womit man etwas schafft, soll man ins Wasser tun, und es ist unrein bis auf den Abend; alsdann wird's rein.
33. Allerlei irdenes Gefäß, wo solcher Aase eines hineinfällt, wird alles unrein, was darin ist; und sollt's zerbrechen.
34. Alle Speise, die man ißt, so solch Wasser hineinkommt, ist unrein; und aller Trank, den man trinkt in allerlei solchem Gefäß ist unrein.
35. Und alles, worauf ein solch Aas fällt, wird unrein, es sei Ofen oder Kessel, so soll man's zerbrechen; denn es ist unrein und soll euch unrein sein.
36. Doch die Brunnen und Gruben und Teiche bleiben rein. Wer aber ihr Aas anrührt, ist unrein.
37. Und ob ein solch Aas fiele auf Samen, den man sät, so ist er doch rein.
38. Wenn man aber Wasser über den Samen gösse, und fiele darnach ein solch Aas darauf, so würde er euch unrein.
39. Wenn ein Tier stirbt, das ihr essen mögt: wer das Aas anrührt, der ist unrein bis an den Abend.
40. Wer von solchem Aas *ißt, der soll sein Kleid waschen und wird unrein sein bis an den Abend. Also wer auch trägt ein solch Aas, soll sein Kleid waschen, und er wird unrein sein bis an den Abend.
*2. Mose 22,30.
41. Was auf Erden schleicht, das soll euch eine Scheu sein, und man soll's nicht essen.
42. Alles, was auf dem Bauch kriecht, und alles, was auf vier oder mehr Füßen geht, unter allem, was auf Erden schleicht, sollt ihr nicht essen; denn es soll euch eine Scheu sein.
43. Macht eure Seelen nicht zum Scheusal und verunreinigt euch nicht an ihnen, daß ihr euch besudelt.
44. Denn ich bin der Herr, euer Gott. Darum sollt ihr euch heiligen, daß ihr heilig seid, *denn ich bin heilig, und sollt nicht eure Seelen verunreinigen an irgend einem kriechenden Tier, das auf Erden schleicht. *K.19,2.
45. Denn ich bin der Herr, der euch aus Ägyptenland geführt hat, daß ich euer Gott sei. Darum sollt ihr heilig sein, denn ich bin heilig. K.20,26.
46. Dies ist das Gesetz von den Tieren und Vögeln und allerlei Tieren, die sich regen im Wasser, und allerlei Tieren, die auf Erden schleichen,

47. daß ihr unterscheiden könnet, was unrein und rein ist, und welches Tier man essen und welches man nicht essen soll.

Das 12. Kapitel

Verordnung für die Wöchnerinnen.

1. Und der Herr redete mit Mose und sprach:
2. Rede mit den Kindern Israel und sprich: Wenn ein Weib empfängt und gebiert ein Knäblein, so soll sie sieben Tage unrein sein, *wie wenn sie ihre Krankheit leidet. *K. 15,19.
3. Und am achten Tage soll man das Fleisch seiner Vorhaut beschneiden.
1. Mose 17,11.12; Joh. 7,22; Luk. 2,21.
4. Und sie soll daheimbleiben dreiunddreißig Tage im Blut ihrer Reinigung. Kein Heiliges soll sie anrühren, und zum Heiligtum soll sie nicht kommen, bis daß die Tage ihrer Reinigung aus sind.
5. Gebiert sie aber ein Mägdlein, so soll sie zwei Wochen unrein sein, wie wenn sie ihre Krankheit leidet, und soll sechsundsechzig Tage daheimbleiben in dem Blut ihrer Reinigung.
6. Und wenn die Tage ihrer Reinigung aus sind für den Sohn oder für die Tochter, soll sie ein jähriges Lamm bringen zum Brandopfer und eine junge Taube oder Turteltaube zum *Sündopfer dem Priester vor die Tür der Hütte des Stifts. *K. 5,7.
7. Der soll es opfern vor dem Herrn und sie versöhnen, so wird sie rein von ihrem Blutgang. Das ist das Gesetz für die, so ein Knäblein oder Mägdlein gebiert.
8. Vermag aber ihre Hand nicht ein Schaf, so nehme sie zwei *Turteltauben oder zwei junge Tauben, eine zum Brandopfer, die andere zum Sündopfer; so soll sie der Priester versöhnen, daß sie rein werde. *Luk. 2,24.

Das 13. Kapitel

Kennzeichen des Aussatzes an Menschen und Kleidern.

1. Und der Herr redete mit Mose und Aaron und sprach: 5. Mose 24,8.
2. Wenn einem Menschen an der Haut seines Fleisches etwas auffährt oder ausschlägt oder eiterweiß wird, als wollte ein Aussatz werden an der Haut seines Fleisches, soll man ihn zum Priester Aaron führen oder zu einem unter seinen Söhnen, den Priestern.
3. Und wenn der Priester das Mal an der Haut des Fleisches sieht, daß die Haare in Weiß verwandelt sind und das *Ansehen an dem Ort tiefer ist denn die andere Haut seines Fleisches, so ist's geweiß der Aussatz. Darum soll ihn der Priester besehen und für unrein urteilen. *K. 14,37.
4. Wenn aber etwas eiterweiß ist an der Haut seines Fleisches, und doch das Ansehen nicht tiefer denn die andere Haut des Fleisches und die Haare nicht in Weiß verwandelt sind, so soll der Priester ihn verschließen sieben Tage
5. und am siebenten Tag besehen. Ist's, daß das Mal bleibt, wie er's zuvor gesehen hat, und hat nicht weitergefressen an der Haut,
6. so soll ihn der Priester abermals sieben Tage verschließen. Und wenn er ihn zum andernmal am siebenten Tage besieht und findet, daß das Mal verschwunden ist und nicht weitergefressen hat an der Haut, so soll er ihn rein urteilen; denn es ist Grind. Und er soll seine Kleider waschen, so ist er rein.
7. Wenn aber der Grind weiterfrißt in der Haut, nachdem er vom Priester besehen worden ist, ob er rein sei, und wird nun zum andernmal vom Priester besehen,–
8. wenn dann da der Priester sieht, daß der Grind weitergefressen hat in der Haut so soll er ihn unrein urteilen; denn es ist gewiß Aussatz.
9. Wenn ein Mal des Aussatzes an einem Menschen sein wird, den soll man zum Priester bringen.
10. Wenn derselbe sieht und findet, daß Weißes aufgefahren ist an der Haut und die Haare in Weiß verwandelt und rohes Fleisch im Geschwür ist,
11. so ist's gewiß ein alter Aussatz in der Haut seines Fleisches. Darum soll ihn der Priester unrein urteilen und nicht verschließen; denn er ist schon unrein.
12. Wenn aber der Aussatz blüht in der Haut und bedeckt die ganze Haut, von dem Haupt an bis auf die Füße, alles, was dem Priester vor Augen sein mag,–
13. wenn dann der Priester besieht und findet, daß der Aussatz das ganze Fleisch bedeckt hat, so soll er denselben rein urteilen, dieweil es alles an ihm in Weiß verwandelt ist; denn er ist rein.
14. Ist aber rohes Fleisch da des Tages, wenn er besehen wird, so ist er unrein.
15. Und wenn der Priester das rohe Fleisch sieht, soll er ihn unrein urteilen; denn das rohe Fleisch ist unrein, und es ist gewiß Aussatz.
16. Verkehrt sich aber das rohe Fleisch wieder und verwandelt sich in Weiß, so soll er zum Priester kommen.

17. Und wenn der Priester besieht und findet, daß das Mal ist in Weiß verwandelt, soll er ihn rein urteilen; denn er ist rein.
18. Wenn in jemandes Fleisch an der Haut eine Drüse wird und wieder heilt,
19. darnach an demselben Ort etwas Weißes auffährt oder rötliches Eiterweiß wird, soll er vom Priester besehen werden.
20. Wenn dann der Priester sieht, daß das Ansehen tiefer ist denn die andere Haut und das Haar in Weiß verwandelt, so soll er ihn unrein urteilen; denn es ist gewiß ein Aussatzmal aus der Drüse geworden.
21. Sieht aber der Priester und findet, daß die Haare nicht weiß sind und es ist nicht tiefer denn die andere Haut und ist verschwunden, so soll er ihn sieben Tage verschließen.
22. Frißt es weiter in der Haut, so soll er ihn unrein urteilen; denn es ist gewiß ein Aussatzmal.
23. Bleibt aber das Eiterweiß also stehen und frißt nicht weiter, so ist's die *Narbe von der Drüse, und der Priester soll ihn rein urteilen. *V.28.
24. Wenn sich jemand an der Haut am Feuer brennt und das Brandmal weißrötlich oder weiß ist
25. und der Priester ihn besieht und findet das Haar in Weiß verwandelt an dem Brandmal und das Ansehen tiefer denn die andere Haut, so ist's gewiß Aussatz, aus dem Brandmal geworden. Darum soll ihn der Priester unrein urteilen; denn es ist ein Aussatzmal.
26. Sieht aber der Priester und findet, daß die Haare am Brandmal nicht in Weiß verwandelt und es nicht tiefer ist denn die andere Haut und ist dazu verschwunden, soll er ihn sieben Tage verschließen;
27. und am siebenten Tage soll er ihn besehen. Hat's weitergefressen an der Haut, so soll er ihn unrein urteilen; denn es ist Aussatz.
28. Ist's aber gestanden an dem Brandmal und hat nicht weitergefressen an der Haut und ist dazu verschwunden, so ist's ein Geschwür des Brandmals. Und der Priester soll ihn rein urteilen; denn es ist *eine Narbe des Brandmals. *V.23.
29. Wenn ein Mann oder Weib auf dem Haupt oder am Bart ein Mal hat
30. und der Priester das Mal besieht und findet, daß das Ansehen tiefer ist denn die andere Haut und das Haar daselbst golden und dünn, so soll er ihn unrein urteilen; denn es ist aussätziger Grind des Hauptes oder des Bartes.
31. Sieht aber der Priester, daß der Grind nicht tiefer anzusehen ist denn die Haut und das Haar nicht dunkel ist, soll er denselben sieben Tage verschließen.
32. Und wenn er am siebenten Tage besieht und findet, daß der Grind nicht weitergefressen hat und kein goldenes Haar da ist und das Ansehen des Grindes nicht tiefer ist denn die andere Haut,
33. soll er sich scheren, doch daß er den Grind nicht beschere; und soll ihn der Priester abermals sieben Tage verschließen.
34. Und wenn er ihn am siebenten Tage besieht und findet, daß der Grind nicht weitergefressen hat in der Haut und das Ansehen ist nicht tiefer denn die andere Haut, so soll ihn der Priester rein sprechen, und er soll seine Kleider waschen; denn er ist rein.
35. Frißt aber der Grind weiter an der Haut, nachdem er rein gesprochen ist,
36. und der Priester besieht und findet, daß der Grind also weitergefressen hat an der Haut, so soll er nicht mehr darnach fragen, ob die Haare golden sind; denn er ist unrein.
37. Ist aber vor Augen der Grind stillgestanden und dunkles Haar daselbst aufgegangen, so ist der Grind heil und er rein. Darum soll ihn der Priester rein sprechen.
38. Wenn einem Mann oder Weib an der Haut ihres Fleisches etwas eiterweiß ist
39. und der Priester sieht daselbst, daß das Eiterweiß schwindet, das ist ein weißer Grind, in der Haut aufgegangen, und er ist rein.
40. Wenn einem Mann die Haupthaare ausfallen, daß er kahl wird, der ist rein.
41. Fallen sie ihm vorn am Haupt aus und wird eine Glatze, so ist er rein.
42. Wird aber an der Glatze, oder wo er kahl ist, ein weißes oder rötliches Mal, so ist ihm Aussatz an der Glatze oder am Kahlkopf aufgegangen.
43. Darum soll ihn der Priester besehen. Und wenn er findet, daß ein weißes oder rötliches Mal aufgelaufen an seiner Glatze oder am Kahlkopf, daß es sieht wie sonst der Aussatz an der Haut,
44. so ist er aussätzig und unrein; und der Priester soll ihn unrein sprechen solches Mals halben auf seinem Haupt.
45. Wer nun aussätzig ist, des Kleider sollen zerrissen sein und das Haupt bloß und die Lippen verhüllt, und er soll rufen: Unrein, unrein!
46. Und solange das Mal an ihm ist, soll er unrein sein, allein wohnen, und seine

Wohnung soll außerhalb des Lagers sein.
4. Mose 5,3.

47. Wenn an einem Kleid ein Aussatzmal sein wird, es sei wollen oder leinen,

48. am Aufzug oder am Eintrag, es sei leinen oder wollen, oder an einem Fell oder an allem, was aus Fellen gemacht wird,

49. und wenn das Mal grünlich oder rötlich ist am Kleid oder am Fell oder am Aufzug oder am Eintrag oder an irgend einem Ding, das von Fellen gemacht ist, das ist gewiß ein Mal des Aussatzes; darum soll's der Priester besehen.

50. Und wenn er das Mal sieht, soll er's einschließen sieben Tage.

51. Und wenn er am siebenten Tage sieht, daß das Mal hat weitergefressen am Kleid, am Aufzug oder am Eintrag, am Fell oder an allem, was man aus Fellen macht, so ist das Mal ein fressender Aussatz, und es ist unrein.

52. Und man soll das Kleid verbrennen oder den Aufzug oder den Eintrag, es sei wollen oder leinen oder allerlei Fellwerk, darin solch Mal ist; denn es ist fressender Aussatz, und man soll es mit Feuer verbrennen.

53. Wird aber der Priester sehen, daß das Mal nicht weitergefressen hat am Kleid oder am Aufzug oder am Eintrag oder an allerlei Fellwerk,

54. so soll er gebieten, daß man das wasche, worin das Mal ist, und soll's einschließen andere sieben Tage.

55. Und wenn der Priester sehen wird, nachdem das Mal gewaschen ist, daß das Mal nicht verwandelt ist vor seinen Augen und auch nicht weitergefressen hat, so ist's unrein, und sollst es mit Feuer verbrennen; denn es ist tief eingefressen und hat's vorn oder hinten schäbig gemacht.

56. Wenn aber der Priester sieht, daß das Mal verschwunden ist nach seinem Waschen, so soll er's abreißen vom Kleid, vom Fell, vom Aufzug oder vom Eintrag.

57. Wird's aber noch gesehen am Kleid, am Aufzug, am Eintrag oder allerlei Fellwerk, so ist's ein Aussatzmal, und sollst das mit Feuer verbrennen, worin solch Mal ist.

58. Das Kleid aber oder der Aufzug oder Eintrag oder allerlei Fellwerk, das gewaschen und von dem das Mal entfernt ist, soll man zum andernmal waschen, so ist's rein.

59. Das ist das Gesetz über die Male des Aussatzes an Kleidern, sie seien wollen oder leinen, am Aufzug und am Eintrag und allerlei Fellwerk, rein oder unrein zu sprechen.

Das 14. Kapitel

Reinigung des Aussatzes an Menschen und an Häusern.

1. Und der Herr redete mit Mose und sprach:

2. Das ist das Gesetz über den Aussätzigen, wenn er soll gereinigt werden. Er soll *zum Priester kommen. *Matth. 8,4.

3. Und der Priester soll aus dem Lager gehen und besehen, wie das Mal des Aussatzes am Aussätzigen heil geworden ist,

4. und soll gebieten dem, der zu reinigen ist, daß er zwei lebendige Vögel nehme, die da rein sind, und Zedernholz und scharlachfarbene Wolle und Isop.

5. Und soll gebieten, den einen Vogel zu schlachten in ein irdenes Gefäß über frischem Wasser.

6. Und soll den lebendigen Vogel nehmen mit dem Zedernholz, scharlachfarbener Wolle und Isop und in des Vogels Blut tauchen, der über dem frischen Wasser geschlachtet ist,

7. und besprengen den, der vom Aussatz zu reinigen ist, siebenmal; und reinige ihn also und *lasse den lebendigen Vogel ins freie Feld fliegen. *K. 16,22.

8. Der Gereinigte aber soll seine Kleider waschen und *alle seine Haare abscheren und sich mit Wasser baden, so ist er rein. Darnach gehe er ins Lager; doch soll er außerhalb seiner Hütte sieben Tage bleiben. *4. Mose 8,7.

9. Und am siebenten Tage soll er alle seine Haare abscheren auf dem Haupt, am Bart, an den Augenbrauen, daß alle Haare abgeschoren seien, und soll seine Kleider waschen und sein Fleisch im Wasser baden, so ist er rein.

10. Und am achten Tage soll er zwei Lämmer nehmen ohne Fehl und ein jähriges Schaf ohne Fehl und drei Zehntel Semmelmehl zum Speisopfer, mit Öl gemengt, und ein Log Öl.

11. Da soll der Priester den Gereinigten und diese Dinge stellen vor den Herrn, vor der Tür der Hütte des Stifts.

12. Und soll das eine Lamm nehmen und zum Schuldopfer opfern mit dem Log Öl; und soll solches vor dem Herrn weben

13. und darnach das Lamm schlachten, wo man das Sündopfer und Brandopfer schlachtet, nämlich an heiliger Stätte; denn *wie das Sündopfer, also ist auch das Schuldopfer des Priesters; denn es ist ein Hochheiliges. *K. 7,7.

14. Und der Priester soll von dem Blut nehmen vom Schuldopfer und dem Gereinigten *auf den Knorpel des rechten Ohrs tun und auf den Daumen seiner rechten Hand und auf die große Zehe seines rechten Fußes. *K.8,23.

15. Darnach soll er von dem Log Öl nehmen und es in seine, des Priesters, linke Hand gießen

16. und mit seinem rechten Finger in das Öl tauchen, das in seiner linken Hand ist, und *sprengen vom Öl mit seinem Finger siebenmal vor dem Herrn. *K.4,6.17.

17. Vom übrigen Öl aber in seiner Hand soll er dem Gereinigten auf den Knorpel des rechten Ohrs tun und auf den rechten Daumen und auf die große Zehe seines rechten Fußes, oben auf das Blut des Schuldopfers.

18. Das übrige Öl aber in seiner Hand soll er auf des Gereinigten Haupt tun und ihn versöhnen vor dem Herrn.

19. Und soll das Sündopfer machen und den Gereinigten versöhnen seiner Unreinigkeit halben; und soll darnach das Brandopfer schlachten

20. und soll es auf dem Altar opfern samt dem Speisopfer und ihn versöhnen, so ist er rein.

21. Ist er aber arm und erwirbt mit seiner Hand nicht so viel, so nehme er ein Lamm zum Schuldopfer zu weben, zu seiner Versöhnung, und ein Zehntel Semmelmehl, mit Öl gemengt, zum Speisopfer, und ein Log Öl

22. und zwei Turteltauben oder zwei junge Tauben, die er mit seiner Hand erwerben kann, daß eine sei ein Sündopfer, die andere ein Brandopfer, K.5,7.

23. und bringe sie am achten Tage seiner Reinigung zum Priester vor die Tür der Hütte des Stifts, vor den Herrn.

24. Da soll der Priester das Lamm zum Schuldopfer nehmen und das Log Öl und soll's alles weben vor dem Herrn

25. und das Lamm des Schuldopfers schlachten und Blut nehmen von demselben Schuldopfer und es dem Gereinigten tun auf den Knorpel seines rechten Ohrs und auf den Daumen seiner rechten Hand und auf die große Zehe seines rechten Fußes,

26. und von dem Öl in seine, des Priesters, linke Hand gießen

27. und mit seinem rechten Finger vom Öl, das in seiner linken Hand ist, siebenmal sprengen vor dem Herrn.

28. Von dem übrigen aber in seiner Hand soll er dem Gereinigten auf den Knorpel seines rechten Ohrs und auf den Daumen seiner rechten Hand und auf die große Zehe seines rechten Fußes tun, oben auf das Blut des Schuldopfers.

29. Das übrige Öl aber in seiner Hand soll er dem Gereinigten auf das Haupt tun, ihn zu versöhnen vor dem Herrn;

30. und darnach aus der einen Turteltaube oder jungen Taube, wie seine Hand hat mögen erwerben,

31. ein Sündopfer, aus der andern ein Brandopfer machen samt dem Speisopfer. Und soll der Priester den Gereinigten also versöhnen vor dem Herrn.

32. Das sei das Gesetz für den Aussätzigen, der mit seiner Hand nicht erwerben kann, was zu seiner Reinigung gehört.

33. Und der Herr redete mit Mose und Aaron und sprach:

34. Wenn ihr in das Land Kanaan kommt, das ich euch zur Besitzung gebe, und ich werde irgend in einem Hause eurer Besitzung ein Aussatzmal geben,

35. so soll der kommen, des das Haus ist, *es dem Priester ansagen und sprechen: Er sieht mich an, als sei ein Aussatzmal an meinem Hause. *K.13,2.

36. Da soll der Priester heißen, daß sie das Haus ausräumen, ehe denn der Priester hineingeht, das Mal zu besehen, auf daß nicht unrein werde alles, was im Hause ist; darnach soll der Priester hineingehen, das Haus zu besehen.

37. Wenn er nun das Mal besieht und findet, daß an der Wand des Hauses grünliche oder rötliche Grüblein sind und *ihr Ansehen tiefer denn sonst die Wand ist, *K.13,3.

38. so soll er aus dem Hause zur Tür herausgehen und das Haus sieben Tage verschließen.

39. Und wenn er am siebenten Tage wiederkommt und sieht, daß das Mal weitergefressen hat an des Hauses Wand,

40. so soll er die Steine heißen ausbrechen, darin das Mal ist, und hinaus vor die Stadt an einen unreinen Ort werfen.

41. Und das Haus soll man inwendig ringsherum schaben und die abgeschabte Tünche hinaus vor die Stadt an einen unreinen Ort schütten

42. und andere Steine nehmen und an jener Statt tun und andern Lehm nehmen und das Haus bewerfen.

43. Wenn dann das Mal wiederkommt und ausbricht am Hause, nachdem man die Steine ausgerissen und das Haus anders beworfen hat,

44. so soll der Priester hineingehen. Und

wenn er sieht, daß das Mal weitergefressen hat am Hause, so ist's gewiß ein fressender Aussatz am Hause, und es ist unrein.

45. Darum soll man das Haus abbrechen, Steine und Holz und alle Tünche am Hause, und soll's hinausführen vor die Stadt an einen unreinen Ort.

46. Und wer in das Haus geht, solange es verschlossen ist, *der ist unrein bis an den Abend. *K. 11,24.

47. Und wer darin liegt oder darin ißt, der soll seine Kleider waschen.

48. Wo aber der Priester, wenn er hineingeht, sieht, daß dies Mal nicht weiter am Hause gefressen hat, nachdem das Haus beworfen ist, so soll er's rein sprechen; denn das Mal ist heil geworden.

49. Und soll zum Sündopfer für das Haus nehmen zwei Vögel, Zedernholz und scharlachfarbene Wolle und Isop,

50. und den einen *Vogel schlachten in ein irdenes Gefäß über frischem Wasser. *V. 5.6.

51. Und soll nehmen das Zedernholz, die scharlachfarbene Wolle, den Isop und den lebendigen Vogel, und in des geschlachteten Vogels Blut und in das frische Wasser tauchen, und das Haus siebenmal besprengen.

52. Und soll also das Haus entsündigen mit dem Blut des Vogels und mit dem frischen Wasser, mit dem lebendigen Vogel, mit dem Zedernholz, mit Isop und mit scharlachfarbener Wolle.

53. Und soll *den lebendigen Vogel lassen hinaus vor die Stadt ins freie Feld fliegen, und das Haus versöhnen, so ist's rein. *V. 7.

54. Das ist das Gesetz über allerlei Mal des Aussatzes und Grindes,

55. über den Aussatz der Kleider und der Häuser,

56. über Beulen, Ausschlag und Eiterweiß,

57. auf daß man wisse, wann etwas unrein oder rein ist. Das ist das Gesetz vom Aussatz.

Das 15. Kapitel

Von leiblicher Unreinigkeit

1. Und der Herr redete mit Mose und Aaron und sprach:

2. Redet mit den Kindern Israel und sprecht zu ihnen: Wenn ein Mann an seinem Fleisch einen *Fluß hat, derselbe ist unrein. *4. Mose 5,2.

3. Dann aber ist er unrein an diesem Fluß, wenn sein Fleisch vom Fluß eitert oder verstopft ist.

4. Alles Lager, darauf er liegt, und alles, darauf er sitzt, wird unrein werden.

5. Und wer sein Lager anrührt, der soll seine Kleider waschen und sich mit Wasser baden und unrein sein bis auf den Abend.

6. Und wer sich setzt, wo er gesessen hat, der soll seine Kleider waschen und sich mit Wasser baden und unrein sein bis auf den Abend.

7. Wer sein Fleisch anrührt, der soll seine Kleider waschen und sich mit Wasser baden und unrein sein bis auf den Abend.

8. Wenn er seinen Speichel wirft auf den, der rein ist, der soll seine Kleider waschen und sich mit Wasser baden und unrein sein bis auf den Abend.

9. Und der Sattel, darauf er reitet, wird unrein werden.

10. Und wer anrührt irgend etwas, das er unter sich gehabt hat, der wird unrein sein bis auf den Abend. Und wer solches trägt, der soll seine Kleider waschen und sich mit Wasser baden und unrein sein bis auf den Abend.

11. Und welchen er anrührt, ehe er die Hände wäscht, der soll seine Kleider waschen und sich mit Wasser baden und unrein sein bis auf den Abend.

12. Wenn er ein *irdenes Gefäß anrührt, das soll man zerbrechen; aber das hölzerne Gefäß soll man mit Wasser spülen. *K. 11,33.

13. Und wenn er rein wird von seinem Fluß, so soll er sieben Tage zählen, nachdem er rein geworden ist, und seine Kleider waschen und sein Fleisch mit fließendem Wasser baden, so ist er rein.

14. Und am achten Tage soll er zwei Turteltauben oder zwei junge Tauben nehmen und vor den Herrn bringen vor die Tür der Hütte des Stifts und dem Priester geben. K. 5,7.

15. Und der Priester soll aus einer ein Sündopfer, aus der andern ein Brandopfer machen und ihn versöhnen vor dem Herrn seines Flusses halben.

16. Wenn einem Mann *im Schlaf der Same entgeht, der soll sein ganzes Fleisch mit Wasser baden und unrein sein bis auf den Abend. *K. 22,4.

17. Und alles Kleid und alles Fell, das mit solchem Samen befleckt ist, soll er waschen mit Wasser und unrein sein bis auf den Abend.

18. Ein Weib, bei welchem ein solcher liegt, die soll sich mit Wasser baden und unrein sein bis auf den Abend.

19. Wenn ein Weib ihres Leibes Blutfluß

hat, die soll sieben Tage unrein geachtet
werden; *wer sie anrührt, der wird unrein
sein bis auf den Abend. *K. 18,19.
20. Und alles, worauf sie liegt, solange sie
ihre Zeit hat, wird unrein sein, und worauf
sie sitzt, wird unrein sein.
21. Und wer ihr Lager anrührt, der soll
seine Kleider waschen und sich mit Wasser baden und unrein sein bis auf den
Abend.
22. Und wer anrührt irgend etwas, darauf
sie gesessen hat, soll seine Kleider waschen und sich mit Wasser baden und unrein sein bis auf den Abend.
23. Und wer etwas anrührt, das auf ihrem
Lager gewesen ist oder da, wo sie gesessen
hat, soll unrein sein bis auf den Abend.
24. Und wenn ein Mann bei ihr liegt und
es kommt sie ihre Zeit an bei ihm, der wird
sieben Tage unrein sein, und das Lager,
darauf er gelegen hat, wird unrein sein.
25. Wenn aber ein Weib den Blutfluß eine lange Zeit hat, zu ungewöhnlicher Zeit
oder über die gewöhnliche Zeit, so wird sie
unrein sein, solange sie ihn hat; wie zu
ihrer gewöhnlichen Zeit, so soll sie auch
da unrein sein.
26. Alles Lager, darauf sie liegt die ganze
Zeit ihres Flusses, soll sein wie ihr Lager
zu ihrer gewöhnlichen Zeit. Und alles,
worauf sie sitzt, wird unrein sein gleich
der Unreinigkeit ihrer gewöhnlichen Zeit.
27. Wer deren etwas anrührt, der wird
unrein sein und soll seine Kleider waschen
und sich mit Wasser baden und unrein
sein bis auf den Abend.
28. Wird sie aber rein von ihrem Fluß, so
soll sie sieben Tage zählen; darnach soll
sie rein sein.
29. Und am achten Tage soll sie zwei Turteltauben oder zwei junge Tauben nehmen und zum Priester bringen vor die Tür
der Hütte des Stifts. V. 14.
30. Und der Priester soll aus einer machen ein Sündopfer, aus der andern ein
Brandopfer, und sie versöhnen vor dem
Herrn über dem Fluß ihrer Unreinigkeit.
31. So sollt ihr die Kinder Israel warnen
vor ihrer Unreinigkeit, daß sie nicht sterben in ihrer Unreinigkeit, wenn sie meine
Wohnung verunreinigen, die unter ihnen
ist.
32. Das ist das Gesetz über den, der einen
Fluß hat und dem der Same im Schlaf
entgeht, daß er unrein davon wird,
33. und über die, die ihren Blutfluß hat,
und wer einen Fluß hat, es sei Mann oder
Weib, und wenn ein Mann bei einer Unreinen liegt.

Das 16. Kapitel

Jährliches großes Versöhnungsfest.
(Vgl. K. 23,26–32; 4. Mose 29,7–11; Hebr. 9,6–14.)

1. Und der Herr redete mit Mose, nachdem die *zwei Söhne Aarons gestorben
waren, da sie vor dem Herrn opferten,
*K. 10,1.2.
2. und sprach: Sage deinem Bruder Aaron, daß er *nicht zu aller Zeit in das
inwendige Heiligtum gehe hinter den Vorhang vor den Gnadenstuhl, der auf der
Lade ist, daß er nicht sterbe; denn ich will
in einer Wolke erscheinen auf dem Gnadenstuhl; *2. Mose 26,33.34.
3. sondern damit soll er hineingehen:
mit einem jungen *Farren zum Sündopfer
und mit einem †Widder zum Brandopfer,
*K. 4,3. †K. 1,10.
4. und soll den heiligen leinenen Rock
anlegen und leinene Beinkleider an seinem Fleisch haben und sich mit einem
leinenen Gürtel gürten und den leinenen
Hut aufhaben – denn das sind die heiligen
Kleider – und soll sein Fleisch mit Wasser
baden und sie anlegen. 2. Mose 28,39.42.43.
5. Und soll von der Gemeinde der Kinder
Israel zwei Ziegenböcke nehmen zum
Sündopfer und einen Widder zum Brandopfer.
6. Und Aaron soll den Farren, sein
*Sündopfer, herzubringen, daß er sich
und sein Haus versöhne, *Hebr. 7,27.
7. und darnach die zwei Böcke nehmen
und vor den Herrn stellen vor der Tür der
Hütte des Stifts,
8. und soll das Los werfen über die zwei
Böcke: ein Los dem Herrn und das andere
dem *Asasel. *wohl ein unsauberer Geist.
V. 20–22; Matth. 12,43.
9. Und soll den Bock, auf welchen des
Herrn Los fällt, opfern zum Sündopfer.
10. Aber den Bock, auf welchen das Los
für Asasel fällt, soll er lebendig vor den
Herrn stellen, daß er über ihm versöhne,
und lasse den Bock für Asasel in die Wüste.
11. Und also soll er denn den Farren seines Sündopfers herzubringen und sich
und sein Haus versöhnen und soll ihn
schlachten
12. und soll einen Napf voll Glut vom
Altar nehmen, der vor dem Herrn steht,
und die Hand voll zerstoßenen Räuchwerks und es hinein hinter den Vorhang
bringen
13. und das Räuchwerk aufs Feuer tun
vor dem Herrn, daß der Nebel vom Räuchwerk den Gnadenstuhl bedecke, der auf
dem Zeugnis ist, daß er nicht sterbe.

14. Und soll vom Blut des Farren nehmen und es mit seinem Finger auf den Gnadenstuhl sprengen vornean; vor den Gnadenstuhl aber soll er siebenmal mit seinem Finger vom Blut sprengen.
15. Darnach soll er den Bock, des Volks Sündopfer, schlachten und sein Blut hineinbringen hinter den Vorhang und soll mit seinem Blut tun, wie er mit des Farren Blut getan hat, und damit auch sprengen auf den Gnadenstuhl und vor den Gnadenstuhl; Röm. 3.25.
16. und soll also *versöhnen das Heiligtum von der Unreinigkeit der Kinder Israel und von ihrer Übertretung in allen ihren Sünden. Also soll er auch tun der Hütte des Stifts; denn sie sind unrein, die umher lagern. *K. 17,11.
17. Kein Mensch soll in der Hütte des Stifts sein, wenn er hineingeht, zu versöhnen im Heiligtum, bis er herausgehe; und soll also versöhnen sich und sein Haus und die ganze Gemeinde Israel.
18. Und wenn er herausgeht zum Altar, der vor dem Herrn steht, soll er ihn versöhnen und soll vom Blut des Farren und von dem Blut des Bocks nehmen und es auf des Altars Hörner umher tun; 2. Mose 30,10.
19. und soll mit seinem Finger vom Blut darauf sprengen siebenmal und ihn reinigen und heiligen von der Unreinigkeit der Kinder Israel.
20. Und wenn er vollbracht hat das Versöhnen des Heiligtums und der Hütte des Stifts und des Altars, so soll er den lebendigen Bock herzubringen.
21. Da soll denn Aaron seine beiden Hände auf sein Haupt legen und bekennen auf ihn alle Missetat der Kinder Israel und alle ihre Übertretung in allen ihren Sünden, und soll sie dem Bock auf das Haupt legen und ihn durch einen Mann, der bereit ist, in die Wüste laufen lassen,
22. daß also der Bock alle ihre Missetat auf sich in eine Wildnis trage; und er lasse ihn in die Wüste.
23. Und Aaron soll in die Hütte des Stifts gehen und ausziehen die leinenen Kleider, die er anzog, da er in das Heiligtum ging, und soll sie daselbst lassen.
24. Und soll sein Fleisch mit Wasser baden an heiliger Stätte und seine eigenen Kleider antun und herausgehen und sein Brandopfer und des Volks Brandopfer machen und beide, sich und das Volk, versöhnen
25. und das Fett vom Sündopfer auf dem Altar anzünden.
26. Der aber den Bock für Asasel hat ausgeführt, soll seine Kleider waschen und sein Fleisch mit Wasser baden und darnach ins Lager kommen.
27. Den Farren des Sündopfers und den Bock des Sündopfers, deren Blut in das Heiligtum zu versöhnen gebracht ward, soll man hinausschaffen vor das Lager und mit Feuer verbrennen, Haut, Fleisch und Mist. K. 4,12; 6,23; Hesek. 43,21; Hebr. 13,11.
28. Und der sie verbrennt, soll seine Kleider waschen und sein Fleisch mit Wasser baden und darnach ins Lager kommen.
29. Auch soll euch das ein ewiges Recht sein: am zehnten Tage des siebenten Monats sollt ihr euren Leib kasteien und kein Werk tun, weder ein Einheimischer noch ein Fremder unter euch.
30. Denn an *diesem Tage geschieht eure Versöhnung, daß ihr gereinigt werdet; von allen euren Sünden werdet ihr gereinigt vor dem Herrn. *Hebr. 10,3.
31. Darum soll's euch ein großer Sabbat sein, und ihr sollt euren Leib kasteien. Ein ewiges Recht sei das.
32. Es soll aber solche Versöhnung tun ein Priester, den man geweiht und des Hand man gefüllt hat zum Priester an seines Vaters Statt; und er soll die leinenen Kleider antun, die heiligen Kleider,
33. und soll also versöhnen das heiligste Heiligtum und die Hütte des Stifts und den Altar und die Priester und alles Volk der Gemeinde.
34. Das soll euch ein ewiges Recht sein, daß ihr die Kinder Israel versöhnet von allen ihren Sünden, im Jahr einmal. Und Aaron tat, wie der Herr dem Mose geboten hatte.

Das 17. Kapitel

Bestimmung des Ortes der Opfer.
Blut und Aas zu essen verboten.

1. Und der Herr redete mit Mose und sprach:
2. Sage Aaron und seinen Söhnen und allen Kindern Israel und sprich zu ihnen: Das ist's, was der Herr geboten hat.
3. Welcher aus dem Haus Israel einen Ochsen oder Lamm oder Ziege schlachtet, in dem Lager oder draußen vor dem Lager,
4. und es nicht vor die Tür der Hütte des Stifts bringt, daß es dem Herrn zum Opfer gebracht werde vor der Wohnung des Herrn, *der soll des Bluts schuldig sein als der Blut vergossen hat, und solcher Mensch soll ausgerottet werden aus seinem Volk. *Jes. 66,3.

5. Darum sollen die Kinder Israel ihre Schlachttiere, die sie auf dem freien Feld schlachten wollen, vor den Herrn bringen vor die Tür der Hütte des Stifts zum Priester und allda ihre Dankopfer dem Herrn opfern.
6. Und der Priester soll das Blut auf den Altar des Herrn sprengen vor der Tür der Hütte des Stifts und das Fett anzünden zum süßen Geruch dem Herrn.
7. Und mitnichten sollen sie ihre Opfer hinfort den Feldteufeln opfern, mit denen sie Abgötterei treiben. Das soll ihnen ein ewiges Recht sein bei ihren Nachkommen. 5.Mose 32,17.
8. Darum sollst du zu ihnen sagen: Welcher Mensch aus dem Hause Israel oder auch ein Fremdling, der unter euch ist, ein Opfer oder Brandopfer tut
9. und bringt's nicht *vor die Tür der Hütte des Stifts, daß er's dem Herrn tue, der soll ausgerottet werden von seinem Volk. *5.Mose 12,14.
10. Und welcher Mensch, er sei vom Haus Israel oder ein Fremdling unter euch, irgend *Blut ißt, wider den will ich mein Antlitz setzen und will ihn mitten aus seinem Volk ausrotten. *K.3,17.
11. Denn des Leibes Leben ist im Blut, und ich habe es euch auf den Altar gegeben, daß eure Seelen damit versöhnt werden. Denn *das Blut ist die Versöhnung, weil das Leben in ihm ist. *Hebr.9,22.
12. Darum habe ich gesagt den Kindern Israel: Keine Seele unter euch soll Blut essen, auch kein Fremdling, der unter euch wohnt.
13. Und welcher Mensch, er sei vom Haus Israel oder ein Fremdling unter euch, ein Tier oder ein Vogel fängt auf der Jagd, das man ißt, der soll desselben Blut hingießen und mit Erde zuscharren.
14. Denn des *Leibes Leben ist in seinem Blut, solange es lebt; und ich habe den Kindern Israel gesagt: Ihr sollt keines Leibes Blut essen; denn des Leibes Leben ist in seinem Blut; wer es ißt, der soll ausgerottet werden. 1.Mose 9,4.
15. Und welche *Seele ein Aas, oder was vom Wild zerrissen ist, ißt, er sei ein Einheimischer oder Fremdling, der soll sein Kleid waschen und sich mit Wasser baden und unrein sein bis auf den Abend, so wird er rein. *K.11,40.
16. Wo er seine Kleider nicht waschen noch sich baden wird, so soll er seiner Missetat schuldig sein.

Das 18. Kapitel

Verbot der Heirat mit nahen Blutsverwandten und anderer schwerer Sünden.
(Vgl. K.20.)

1. Und der Herr redete mit Mose und sprach:
2. Rede mit den Kindern Israel und sprich zu ihnen: Ich bin der Herr, euer Gott.
3. Ihr sollt nicht tun nach den Werken des Landes Ägypten, darin ihr gewohnt habt, auch nicht nach den Werken des Landes Kanaan, darein ich euch führen will; ihr sollt auch euch nach ihrer Weise nicht halten; 2.Mose 23,24.
4. sondern nach meinen Rechten sollt ihr tun, und meine Satzungen sollt ihr halten, daß ihr darin wandelt; denn ich bin der Herr, euer Gott.
5. Darum sollt ihr meine Satzungen halten und meine Rechte. Denn *welcher Mensch dieselben tut, der wird dadurch leben; denn ich bin der Herr.
*Neh.9,29; Hesek.20,11; Röm.10,5; Gal.3,12.
6. Niemand soll sich zu seiner nächsten Blutsfreundin tun, ihre Blöße aufzudekken; denn ich bin der Herr.
7. Du sollst deines Vaters und deiner Mutter Blöße nicht aufdecken; es ist deine Mutter, darum sollst du ihre Blöße nicht aufdecken.
8. Du sollst deines Vaters Weibes Blöße nicht aufdecken; denn es ist deines Vaters Blöße. 1.Mose 35,22; 5.Mose 27,20; 1.Kor.5,1.
9. Du sollst deiner Schwester Blöße, die deines Vaters oder deiner Mutter Tochter ist, daheim oder draußen geboren, nicht aufdecken. 5.Mose 27,22.
10. Du sollst die Blöße der Tochter deines Sohnes oder deiner Tochter nicht aufdecken; denn es ist deine Blöße.
11. Du sollst die Blöße der Tochter deines Vaters Weibes, die deinem Vater geboren ist und deine Schwester ist, nicht aufdecken.
12. Du sollst die Blöße der Schwester deines Vaters nicht aufdecken; denn es ist deines Vaters nächste Blutsfreundin.
13. Du sollst deiner Mutter Schwester Blöße nicht aufdecken; denn es ist deiner Mutter nächste Blutsfreundin.
14. Du sollst deines Vaters Bruder Blöße nicht aufdecken, daß du sein Weib nehmest; denn sie ist deine Base.
15. Du sollst *deiner Schwiegertochter Blöße nicht aufdecken; denn es ist deines Sohnes Weib, darum sollst du ihre Blöße nicht aufdecken. *1.Mose 38,16.

16. Du sollst deines Bruders Weibes Blöße nicht aufdecken; denn sie ist deines
Bruders Blöße. Mark. 6,18.
17. Du sollst eines Weibes samt ihrer
Tochter Blöße nicht aufdecken noch ihres
Sohnes Tochter oder ihrer Tochter Tochter nehmen, ihre Blöße aufzudecken;
denn sie sind ihre nächsten Blutsfreun-
dinnen, und es ist ein Frevel. 5. Mose 27,23.
18. Du sollst auch deines Weibes Schwester nicht nehmen neben ihr, ihre Blöße
aufzudecken, ihr zuwider, solange sie
noch lebt.
19. Du sollst nicht *zum Weibe gehen,
solange sie ihre Krankheit hat, in ihrer
Unreinigkeit ihre Blöße aufzudecken.
*K. 15,24; Hesek. 18,6; 22,10.
20. Du sollst auch nicht bei deines
*Nächsten Weibe liegen, dadurch du dich
an ihr verunreinigst. *2. Sam. 11,4.
21. Du sollst auch nicht eines deiner
Kinder dahingeben, daß es *dem Moloch
verbrannt werde, daß du nicht entheiligst
den Namen deines Gottes; denn ich bin
der Herr.
*5. Mose 18,10; 2. Kön. 21,6; Ps. 106,37; Jer. 7,31.
22. Du sollst nicht bei Knaben liegen wie
beim Weibe; denn es ist ein Greuel.
1. Mose 19,5; Röm. 1,27; 1. Kor. 6,9.
23. Du sollst auch bei keinem Tier liegen, daß du mit ihm verunreinigt werdest.
Und kein Weib soll mit einem Tier zu
schaffen haben; denn es ist ein Greuel.
2. Mose 22,18.
24. Ihr sollt euch in dieser keinem verunreinigen; denn in diesem allem haben
sich verunreinigt die Heiden, die ich vor
euch her will ausstoßen,
25. und das Land ist dadurch verunreinigt. Und ich will ihre Missetat an ihnen
heimsuchen, daß das Land seine Einwohner ausspeie.
26. Darum haltet meine Satzungen und
Rechte, und tut dieser Greuel keine, weder
der Einheimische noch der Fremdling unter euch;
27. denn alle solche Greuel haben die
Leute dieses Landes getan, die vor euch
waren, und haben das Land verunreinigt;
28. auf daß euch nicht auch das Land
ausspeie, wenn ihr es verunreinigt, gleich
wie es die Heiden ausgespieen, die vor
euch waren.
29. Denn welche diese Greuel tun, deren
Seelen sollen ausgerottet werden von ihrem Volk.
30. Darum haltet meine Satzungen, daß
ihr nicht tut nach den greulichen Sitten,
die vor euch waren, daß ihr nicht damit
verunreinigt werdet; denn ich bin der
Herr, euer Gott.

Das 19. Kapitel

Auslegung der zehn Gebote.

1. Und der Herr redete mit Mose und
sprach:
2. Rede mit der ganzen Gemeinde der
Kinder Israel und sprich zu ihnen: Ihr
sollt heilig sein; denn ich bin heilig, der
Herr, euer Gott.
K. 11,44.45; Matth. 5,48; 1. Petr. 1,15.16.
3. Ein jeglicher fürchte seine Mutter und
seinen Vater. Haltet meine Feiertage;
denn ich bin der Herr, euer Gott.
2. Mose 20,8.12.
4. Ihr sollt euch nicht zu den Götzen
wenden und sollt euch keine gegossenen
Götter machen; denn ich bin der Herr,
euer Gott. 2. Mose 20,3; 34,17.
5. Und wenn ihr dem Herrn wollt ein
Dankopfer tun, so *sollt ihr es opfern, daß
es ihm gefallen könne. *K. 22,18–20.
6. Ihr sollt es desselben Tages essen, da
ihr's opfert, und des andern Tages; was
aber auf den dritten Tag übrigbleibt, soll
man mit Feuer verbrennen. K. 7,15–18.
7. Wird aber jemand am dritten Tage davon essen, so ist er ein Greuel und wird
nicht angenehm sein.
8. Und der Esser wird seine Missetat tragen, darum daß er das Heiligtum des
Herrn entheiligte, und solche Seele wird
ausgerottet werden von ihrem Volk.
9. Wenn du dein Land einerntest, sollst
du nicht alles bis an die Enden umher
abschneiden, auch nicht alles genau auf-
sammeln.
K. 23,22; 5. Mose 24,19; Ruth 2,2.15.16.
10. Also auch sollst du deinen Weinberg
nicht genau lesen noch die abgefallenen
Beeren auflesen, sondern dem Armen und
Fremdling sollst du es lassen; denn ich bin
der Herr, euer Gott.
11. Ihr sollt nicht stehlen noch lügen
noch fälschlich handeln einer mit dem
andern. 2. Mose 20,15.16; 1. Thess. 4,6.
12. Ihr sollt nicht falsch schwören bei
meinem Namen und entheiligen den Namen deines Gottes; denn ich bin der Herr.
2. Mose 20,7; Matth. 5,33.
13. Du sollst deinem Nächsten nicht unrecht tun noch ihn berauben. *Es soll des
Tagelöhners Lohn nicht bei dir bleiben bis
an den Morgen.
*5. Mose 24,14.15; Jer. 22,13; Jak. 5,4.
14. Du sollst dem Tauben nicht fluchen
und sollst vor dem *Blinden keinen Anstoß setzen; denn du sollst dich vor dei-

nem Gott fürchten, denn ich bin der Herr.
*5. Mose 27,18.
15. *Ihr sollt nicht unrecht handeln im Gericht, und sollst nicht vorziehen den Geringen noch den Großen ehren; sondern du sollst deinen Nächsten recht richten. *2. Mose 23,6; 5. Mose 16,19.20.
16. Du sollst kein Verleumder sein unter deinem Volk. Du sollst auch nicht stehen wider deines Nächsten Blut; denn ich bin der Herr.
17. Du sollst deinen Bruder nicht hassen in deinem Herzen, sondern du sollst *deinen Nächsten zurechtweisen, auf daß du nicht seinethalben Schuld tragen müssest. *Ps. 141,5; Matth. 18,15.
18. Du sollst nicht rachgierig sein noch Zorn halten gegen die Kinder deines Volks. Du sollst deinen Nächsten lieben wie dich selbst; denn ich bin der Herr.
Matth. 22,39; 5,43–48; Luk. 10,25–37; Röm. 13,9; Gal. 5,14; Jak. 2,8; Joh. 13,34.
19. Meine Satzungen sollt ihr halten, daß du dein Vieh nicht lassest mit anderlei Tier zu schaffen haben und dein Feld nicht besäest mit mancherlei Samen und kein Kleid an dich komme, das mit Wolle und Leinen gemengt ist. 5. Mose 22,9–11.
20. Wenn ein Mann bei einem Weibe liegt, die eine leibeigene Magd und von dem Mann verschmäht ist, doch nicht erlöst noch Freiheit erlangt hat, das soll gestraft werden; aber sie sollen nicht sterben, denn sie ist nicht frei gewesen.
21. Er soll aber für seine Schuld dem Herrn vor die Tür der Hütte des Stifts einen Widder zum Schuldopfer bringen;
22. und der *Priester soll ihn versöhnen mit dem Schuldopfer vor dem Herrn über die Sünde, die er getan hat, so wird ihm Gott gnädig sein über seine Sünde, die er getan hat. *K. 5,17.18.
23. Wenn ihr ins Land kommt und allerlei Bäume pflanzt, davon man ißt, sollt ihr mit ihren Früchten tun wie mit einer Vorhaut. Drei Jahre sollt ihr sie unbeschnitten achten, daß ihr sie nicht esset;
24. im vierten Jahr aber sollen alle ihre Früchte heilig sein, ein Preisopfer dem Herrn;
25. im fünften Jahr aber sollt ihr die Früchte essen und sie einsammeln; denn ich bin der Herr, euer Gott.
26. Ihr sollt nichts *mit Blut essen. Ihr sollt nicht auf Vogelgeschrei achten, noch Tage wählen. *K. 3,17.
27. Ihr sollt euer Haar am Haupt nicht rundumher abschneiden noch euren Bart gar abscheren. K. 21,5; 5. Mose 14,1.
28. Ihr sollt kein Mal um eines Toten willen an eurem Leibe reißen noch Buchstaben an euch ätzen; denn ich bin der Herr.
29. Du sollst deine Tochter nicht zur Hurerei halten, daß nicht das Land Hurerei treibe und werde voll Lasters.
30. Meine Feiertage haltet, und fürchtet euch vor meinem Heiligtum; denn ich bin der Herr.
31. Ihr sollt euch nicht wenden zu den *Wahrsagern, und forscht nicht von den Zeichendeutern, daß ihr nicht an ihnen verunreinigt werdet; denn ich bin der Herr, euer Gott.
*K. 20,6; 5. Mose 18,10.11; 1. Sam. 28,7.
32. Vor einem grauen Haupt sollst du aufstehen und die Alten ehren; denn du sollst dich fürchten vor deinem Gott, denn ich bin der Herr.
33. Wenn ein Fremdling bei dir in eurem Lande wohnen wird, den sollt ihr nicht schinden. 2. Mose 22,20.
34. Er soll bei euch wohnen wie ein Einheimischer unter euch, und sollst ihn lieben wie dich selbst; denn ihr seid auch Fremdlinge gewesen in Ägyptenland. Ich bin der Herr, euer Gott.
35. Ihr sollt nicht unrecht handeln im Gericht, mit der Elle, mit Gewicht, mit Maß. 5. Mose 25,13–16; Spr. 11,1.
36. Rechte Waage, rechte Pfunde, rechte Scheffel, rechte Kannen sollen bei euch sein; denn ich bin der Herr, euer Gott, der euch aus Ägyptenland geführt hat,
37. daß ihr alle meine Satzungen und alle meine Rechte haltet und tut; denn ich bin der Herr. K. 18,30.

Das 20. Kapitel

Strafen verschiedener schwerer Sünden.
(Vgl. K. 18.)

1. Und der Herr redete mit Mose und sprach:
2. Sage den Kindern Israel: Welcher unter den Kindern Israel oder ein Fremdling, der in Israel wohnt, eines seiner Kinder dem Moloch gibt, der soll des Todes sterben; das Volk im Lande soll ihn steinigen.
3. Und ich will mein Antlitz setzen wider solchen Menschen und will ihn aus seinem Volk ausrotten, daß er dem Moloch eines seiner Kinder gegeben und mein Heiligtum verunreinigt und meinen heiligen Namen entheiligt hat.
4. Und wo das Volk im Lande durch die Finger sehen würde dem Menschen, der eines seiner Kinder dem Moloch gegeben hat, daß es ihn nicht tötet,

5. so will doch ich mein Antlitz wider
denselben Menschen setzen und wider
sein Geschlecht und will ihn und alle, die
mit ihm mit dem Moloch Abgötterei getrieben haben, aus ihrem Volk ausrotten.
6. Wenn eine Seele sich zu den Wahrsagern und Zeichendeutern wenden wird,
daß sie ihnen nachfolgt, so will ich mein
Antlitz wider dieselbe Seele setzen und
will sie aus ihrem Volk ausrotten. K. 19,31.
7. Darum *heiligt euch und seid heilig;
denn ich bin der Herr, euer Gott. *K. 19,2.
8. Und haltet meine Satzungen und tut
sie; denn ich bin der Herr, der euch heiligt. K. 19,37.
9. Wer seinem Vater oder seiner Mutter
flucht, der soll des Todes sterben. Sein
Blut sei auf ihm, daß er seinem Vater oder
seiner Mutter geflucht hat. 2. Mose 21,17.
10. Wer die Ehe bricht mit jemandes
Weib, der soll des Todes sterben, beide,
Ehebrecher und Ehebrecherin, darum
daß er mit seines Nächsten Weibe die Ehe
gebrochen hat. 2. Mose 20,14; Joh. 8,5.
11. Wenn jemand bei seines Vaters Weibe
schläft, daß er seines Vaters Blöße aufgedeckt hat, die sollen beide des Todes sterben; ihr Blut sei auf ihnen.
12. Wenn jemand bei seiner Schwiegertochter schläft, so sollen sie beide des Todes sterben; denn sie haben eine Schande
begangen; ihr Blut sei auf ihnen.
13. Wenn jemand beim Knaben schläft
wie beim Weibe, die haben einen Greuel
getan und sollen beide des Todes sterben;
ihr Blut sei auf ihnen.
14. Wenn jemand ein Weib nimmt und
ihre Mutter dazu, der hat einen Frevel
verwirkt; man soll ihn mit Feuer verbrennen und sie beide auch, daß kein Frevel sei
unter euch.
15. Wenn jemand beim Vieh liegt, der
soll des Todes sterben, und das Vieh soll
man erwürgen.
16. Wenn ein Weib sich irgend zu einem
Vieh tut, daß sie mit ihm zu schaffen hat,
die sollst du töten und das Vieh auch; des
Todes sollen sie sterben; ihr Blut sei auf
ihnen.
17. Wenn jemand seine Schwester
nimmt, seines Vaters Tochter oder seiner
Mutter Tochter, und ihre Blöße schaut
und sie wieder seine Blöße, das ist eine
Blutschande. Die sollen ausgerottet werden vor den Leuten ihres Volks; denn er
hat seiner Schwester Blöße aufgedeckt; er
soll seine Missetat tragen.
18. Wenn ein Mann beim Weibe schläft
zur Zeit ihrer Krankheit und entblößt ihre
Scham und deckt ihren Brunnen auf, und
sie entblößt den Brunnen ihres Bluts, die
sollen beide aus ihrem Volk ausgerottet
werden.
19. Deiner Mutter Schwester Blöße und
deines Vaters Schwester Blöße sollst du
nicht aufdecken; denn ein solcher hat seine nächste Blutsfreundin aufgedeckt, und
sie sollen ihre Missetat tragen.
20. Wenn jemand bei seines Vaters Bruders Weibe schläft, der hat seines Oheims
Blöße aufgedeckt. Sie sollen ihre Sünden
tragen; ohne Kinder sollen sie sterben.
21. Wenn jemand seines Bruders Weib
nimmt, das ist eine schändliche Tat; sie
sollen ohne Kinder sein, darum daß er
seines Bruders Blöße aufgedeckt hat.
22. So haltet nun alle meine Satzungen
und meine Rechte und tut darnach, auf
daß euch nicht das Land ausspeie, darein
ich euch führe, daß ihr darin wohnet.
23. Und wandelt nicht in den Satzungen
der Heiden, die ich vor euch her werde
ausstoßen. Denn solches alles haben sie
getan, und ich habe einen Greuel an ihnen
gehabt.
24. Euch aber sage ich: Ihr sollt jener
Land besitzen; denn ich will euch ein Land
zum Erbe geben, darin Milch und Honig
fließt. Ich bin der Herr, euer Gott, der
euch von den Völkern abgesondert hat,
25. daß ihr auch absondern sollt das
*reine Vieh vom unreinen und unreine
Vögel von den reinen, und eure Seelen
nicht verunreinigt am Vieh, an Vögeln
und an allem, was auf Erden kriecht, das
ich euch abgesondert habe, daß es unrein
sei. *K. 11.
26. Darum sollt ihr mir heilig sein; denn
ich, der Herr, bin heilig, der euch abgesondert hat von den Völkern, daß ihr mein
wäret.
27. Wenn ein Mann oder Weib ein Wahrsager oder Zeichendeuter sein wird, die
sollen des Todes sterben. Man soll sie steinigen; ihr Blut sei auf ihnen. 2. Mose 22,17.

Das 21. Kapitel

Die Priester sollen heilig sein und ohne Fehl.

1. Und der Herr sprach zu Mose: Sage
den Priestern, Aarons Söhnen, und sprich
zu ihnen: Ein Priester soll sich an keinem
Toten seines Volks verunreinigen,
Hesek. 44,20–25.
2. außer an seinem Blutsfreunde, der
ihm am nächsten angehört, als: an seiner
Mutter, an seinem Vater, an seinem Sohne, an seiner Tochter, an seinem Bruder
3. und an seiner Schwester, die noch ei-

ne Jungfrau und noch bei ihm ist und keines Mannes Weib gewesen ist; an der mag er sich verunreinigen.

4. Sonst soll er sich nicht verunreinigen an irgend einem, der ihm zugehört unter seinem Volk, daß er sich entheilige.

5. Sie sollen auch keine Platte machen auf ihrem Haupt noch ihren Bart abscheren und an ihrem Leibe kein Mal stechen.

K. 19,27.28.

6. Sie sollen ihrem Gott heilig sein und nicht entheiligen den Namen ihres Gottes. Denn sie opfern des Herrn Opfer, das Brot ihres Gottes; darum sollen sie heilig sein.

7. Sie sollen keine Hure nehmen noch eine Geschwächte oder die von ihrem Mann verstoßen ist; denn er ist heilig seinem Gott.

8. Darum sollst du ihn heilig halten, denn er opfert das Brot deines Gottes; er soll dir heilig sein, denn ich bin heilig, der Herr, der euch heiligt.

9. Wenn eines Priesters Tochter anfängt zu huren, die soll man mit Feuer verbrennen; denn sie hat ihren Vater geschändet.

10. Wer Hoherpriester ist unter seinen Brüdern, auf dessen *Haupt das Salböl gegossen und dessen Hand gefüllt ist, daß er angezogen würde mit den Kleidern, †der soll sein Haupt nicht entblößen und seine Kleider nicht zerreißen,

*2. Mose 29,7. †K. 10,6.

11. und soll zu keinem Toten kommen und soll sich weder über Vater noch über Mutter verunreinigen.

12. Aus dem Heiligtum soll er nicht gehen, daß er nicht entheilige das Heiligtum seines Gottes; denn die Weihe des Salböls seines Gottes ist auf ihm. Ich bin der Herr.

13. Eine Jungfrau soll er zum Weibe nehmen,

14. aber keine Witwe noch Verstoßene noch Geschwächte noch Hure, sondern eine Jungfrau seines Volks soll er zum Weibe nehmen,

15. auf daß er nicht seinen Samen entheilige unter seinem Volk; denn ich bin der Herr, der ihn heiligt.

16. Und der Herr redete mit Mose und sprach:

17. Rede mit Aaron und sprich: Wenn an jemand deiner Nachkommen in euren Geschlechtern ein Fehl ist, der soll nicht herzutreten, daß er das Brot seines Gottes opfere.

18. Denn keiner, an dem ein Fehl ist, soll herzutreten; er sei blind, lahm, mit einer seltsamen Nase, mit ungewöhnlichem Glied,

19. oder der an einem Fuß oder einer Hand gebrechlich ist

20. oder höckerig ist oder ein Fell auf dem Auge hat oder schielt oder den Grind oder Flechten hat oder der gebrochen ist.

21. Welcher nun von Aarons, des Priesters, Nachkommen einen Fehl an sich hat, der soll nicht herzutreten, zu opfern die Opfer des Herrn; denn er hat einen Fehl, darum soll er zu dem Brot seines Gottes nicht nahen, daß er es opfere.

22. Doch soll er das Brot seines Gottes essen, von dem Heiligen und vom Hochheiligen.

23. Aber zum Vorhang soll er nicht kommen noch zum Altar nahen, weil der Fehl an ihm ist, daß er nicht entheilige mein Heiligtum; denn ich bin der Herr, der sie heiligt.

24. Und Mose redete solches zu Aaron und zu seinen Söhnen und zu allen Kindern Israel.

Das 22. Kapitel

Wer von dem Heiligen essen dürfe.
Die Opfer sollen ohne Mängel sein.

1. Und der Herr redete mit Mose und sprach:

2. Sage Aaron und seinen Söhnen, daß sie sich enthalten von dem Heiligen der Kinder Israel, welches sie mir heiligen, und meinen heiligen Namen nicht entheiligen; denn ich bin der Herr.

3. So sage nun ihnen auf ihre Nachkommen: Welcher eurer Nachkommen herzutritt zu dem Heiligen, das die Kinder Israel dem Herrn heiligen, und hat eine Unreinigkeit an sich, des Seele soll ausgerottet werden von meinem Antlitz; denn ich bin der Herr.

4. Welcher der Nachkommen Aarons aussätzig ist oder einen Fluß hat, der soll nicht essen von dem Heiligen, bis er rein werde. Wer etwa einen anrührt, der an einem Toten unrein geworden ist, oder welchem der Same entgeht im Schlaf,

K. 15,2.16.

5. und welcher irgend ein Gewürm anrührt, dadurch er unrein wird, oder einen Menschen, durch den er unrein wird, und alles, was ihn verunreinigt:

6. welcher der eins anrührt, der ist unrein bis auf den Abend und soll von dem Heiligen nicht essen, sondern soll zuvor seinen Leib mit Wasser baden. K. 11,24.25.

7. Und wenn die Sonne untergegangen und er rein geworden ist, dann mag er davon essen; denn es ist seine Nahrung.

8. Ein Aas und was von wilden Tieren

zerrissen ist, soll er nicht essen, auf daß er nicht unrein daran werde; denn ich bin der Herr. 2. Mose 22,30.

9. Darum sollen sie meine Sätze halten, daß sie nicht Sünde auf sich laden und daran sterben, wenn sie sich entheiligen; denn ich bin der Herr, der sie heiligt.

10. Kein anderer soll von dem Heiligen essen noch des Priesters Beisaß oder Tagelöhner.

11. Wenn aber der Priester eine Seele um sein Geld kauft, die mag davon essen; und was ihm in seinem Hause geboren wird, das mag auch von seinem Brot essen.

12. Wenn aber des Priesters Tochter eines Fremden Weib wird, die soll nicht von der heiligen Hebe essen.

13. Wird sie aber eine Witwe oder ausgestoßen und hat keine Kinder und kommt wieder zu ihres Vaters Hause, so soll sie essen von ihres Vaters Brot, wie da sie noch eine Jungfrau war. Aber kein Fremdling soll davon essen.

14. Wer sonst aus Versehen von dem Heiligen ißt, der soll den *fünften Teil dazutun und dem Priester geben samt dem Heiligen, *K. 5,16.

15. auf daß sie nicht entheiligen das Heilige der Kinder Israel, das sie dem Herrn heben,

16. auf daß sie sich nicht mit Missetat und Schuld beladen, wenn sie ihr Geheiligtes essen; denn ich bin der Herr, der sie heiligt. V. 9.

17. Und der Herr redete mit Mose und sprach:

18. Sage Aaron und seinen Söhnen und allen Kindern Israel: Welcher Israeliter oder Fremdling in Israel sein Opfer tun will – es sei irgend ihr Gelübde oder von freiem Willen, daß sie dem Herrn ein Brandopfer tun wollen, das ihm von euch angenehm sei–,

19. das soll ein Männlein und ohne Fehl sein, von Rindern oder Lämmern oder Ziegen.

20. Alles, was einen Fehl hat, sollt ihr nicht opfern; denn es wird von euch nicht angenehm sein. 5. Mose 15,21; 17,1; Mal. 1,8.

21. Und wer ein Dankopfer dem Herrn tun will, ein besonderes Gelübde oder von freiem Willen, von Rindern oder Schafen, das soll ohne Gebrechen sein, daß es angenehm sei; es soll keinen Fehl haben.

22. Ist's blind oder gebrechlich oder geschlagen oder dürr oder räudig oder hat es Flechten, so sollt ihr solches dem Herrn nicht opfern und davon kein Opfer geben auf den Altar des Herrn.

23. Einen Ochsen oder Schaf, die zu lange oder zu kurze Glieder haben, magst du von freiem Willen opfern; aber angenehm mag's nicht sein zum Gelübde.

24. Du sollst auch dem Herrn kein zerstoßenes oder zerriebenes oder zerrissenes oder das ausgeschnitten ist, opfern, und sollt in eurem Lande solches nicht tun.

25. Du sollst auch solcher keins von eines Fremdlings Hand als Brot eures Gottes opfern; denn es taugt nicht und hat einen Fehl; darum wird's nicht angenehm sein von euch.

26. Und der Herr redete mit Mose und sprach:

27. Wenn ein Ochs oder Lamm oder Ziege geboren ist, so soll es *sieben Tage bei seiner Mutter sein, und am achten Tage und darnach mag man's dem Herrn opfern, so ist's angenehm. *2. Mose 22,29.

28. Es sei ein Ochs oder Schaf, so soll man's nicht mit seinem Jungen auf einen Tag schlachten. 5. Mose 22,6.7.

29. Wenn ihr aber wollt dem Herrn ein Lobopfer tun, das von euch angenehm sei,

30. so sollt ihr's *desselben Tages essen und sollt nichts übrig bis auf den Morgen behalten; denn ich bin der Herr. *K. 7,15.

31. Darum haltet meine Gebote und tut darnach; denn ich bin der Herr.

32. Daß ihr meinen heiligen Namen nicht entheiligt, und ich geheiligt werde unter den Kindern Israel; denn ich bin der Herr, der euch heiligt, V. 9.16.

33. der euch aus Ägyptenland geführt hat, daß ich euer Gott wäre, ich, der Herr.

Das 23. Kapitel

Von den vornehmsten Festen: Ostern, Pfingsten, Neujahr, Versöhnungstag, Laubhütten.

1. Und der Herr redete mit Mose und sprach:

2. Sage den Kindern Israel und sprich zu ihnen: Das sind die Feste des Herrn, die ihr heilig und meine Feste heißen sollt, da ihr zusammenkommt.

3. Sechs Tage sollst du arbeiten; der siebente Tag aber ist der große, heilige Sabbat, da ihr zusammenkommt. Keine Arbeit sollt ihr an dem tun; denn es ist der Sabbat des Herrn in allen euren Wohnungen. 2. Mose 20,8–11.

4. Dies sind aber die Feste des Herrn, die ihr heilige Feste heißen sollt, da ihr zusammenkommt. 2. Mose 23,14–19.

5. Am vierzehnten Tage des ersten Monats gegen Abend ist des Herrn Passah. 2. Mose 12.

6. Und am fünfzehnten desselben Monats
ist das Fest der ungesäuerten Brote des
Herrn; da sollt ihr sieben Tage ungesäuertes Brot essen.
7. Der erste Tag soll heilig unter euch
heißen, da ihr zusammenkommt; da sollt
ihr keine Dienstarbeit tun.
8. Und sieben Tage sollt ihr dem Herrn
opfern. Der siebente Tag soll auch heilig
heißen, da ihr zusammenkommt; da sollt
ihr auch keine Dienstarbeit tun.
9. Und der Herr redete mit Mose und
sprach:
10. Sage den Kindern Israel und sprich
zu ihnen: Wenn ihr in das Land kommt,
das ich euch geben werde, und werdet's
ernten, so sollt ihr eine Garbe der Erstlinge eurer Ernte zu dem Priester bringen.
11. Da soll die Garbe gewebt werden vor
dem Herrn, daß es von euch angenehm
sei; solches soll aber der Priester tun *des
Tages nach dem Sabbat.

*Matth.28,1; 1.Kor.15,20.

12. Und ihr sollt des Tages, da eure Garbe
gewebt wird, ein Brandopfer dem Herrn
tun von einem Lamm, das ohne Fehl und
jährig sei,
13. samt dem Speisopfer: zwei Zehntel
Semmelmehl, mit Öl gemengt, als ein Opfer dem Herrn zum süßen Geruch; dazu
das Trankopfer: ein viertel Hin Wein.
14. Und sollt kein neues Brot noch geröstete oder frische Körner zuvor essen bis
auf den Tag, da ihr eurem Gott Opfer
bringt. Das soll ein Recht sein euren Nachkommen in allen euren Wohnungen.
15. Darnach sollt ihr zählen vom Tage
nach dem Sabbat, da ihr die Webegarbe
brachtet, sieben ganze Wochen;

2.Mose 23,16; 34,22; 4.Mose 28,26–31;
5.Mose 16,9–12.

16. bis an den Tag nach dem siebenten
Sabbat, nämlich fünfzig Tage, sollt ihr
zählen und neues Speisopfer dem Herrn
opfern,
17. und sollt's aus euren Wohnungen opfern, nämlich zwei Webebrote von zwei
Zehnteln Semmelmehl, gesäuert und gebacken, zu Erstlingen dem Herrn.
18. Und sollt herzubringen neben eurem
Brot sieben jährige Lämmer ohne Fehl
und einen jungen Farren und zwei Widder
– die sollen des Herrn Brandopfer sein –
mit ihren Speisopfern und Trankopfern,
ein Opfer eines süßen Geruchs dem
Herrn.
19. Dazu sollt ihr machen einen Ziegenbock zum Sündopfer und zwei jährige
Lämmer zum Dankopfer.
20. Und der Priester soll's weben samt
den Erstlingsbroten vor dem Herrn; die
sollen samt den zwei Lämmern dem Herrn
heilig sein und dem Priester gehören.
21. Und sollt diesen Tag ausrufen; denn
er soll unter euch heilig heißen, da ihr
zusammenkommt; keine Dienstarbeit
sollt ihr tun. Ein ewiges Recht soll das sein
bei euren Nachkommen in allen euren
Wohnungen.
22. Wenn ihr aber *euer Land erntet,
sollt ihr nicht alles bis an die Enden des
Feldes abschneiden, auch nicht alles genau auflesen, sondern sollt's den Armen
und Fremdlingen lassen. Ich bin der Herr,
euer Gott. *K.19,9.
23. Und der Herr redete mit Mose und
sprach:
24. Rede mit den Kindern Israel und
sprich: Am ersten Tage des siebenten Monats sollt ihr den heiligen Sabbat des Bla-
sens zum Gedächtnis halten, da ihr zusammenkommt;

4.Mose 29,1–6; 10,10.

25. da sollt ihr keine Dienstarbeit tun
und sollt dem Herrn opfern.
26. Und der Herr redete mit Mose und
sprach:
27. Des zehnten Tages in diesem siebenten Monat ist der *Versöhnungstag. Der
soll bei euch heilig heißen, daß ihr zusammenkommt; da sollt ihr euren Leib kastei-
en und dem Herrn opfern *K.16.
28. und sollt keine Arbeit tun an diesem
Tage; denn es ist der Versöhnungstag, daß
ihr versöhnt werdet vor dem Herrn, eurem Gott.
29. Denn wer seinen Leib nicht kasteit an
diesem Tage, der soll aus seinem Volk ausgerottet werden.
30. Und wer dieses Tages irgend eine Arbeit tut, den will ich vertilgen aus seinem
Volk.
31. Darum sollt ihr keine Arbeit tun. Das
soll ein ewiges Recht sein euren Nachkommen in allen euren Wohnungen.
32. Es ist euer großer Sabbat, daß ihr
eure Leiber kasteiet. Am neunten Tage des
Monats zu Abend sollt ihr diesen Sabbat
halten, von Abend an bis wieder zu Abend.
33. Und der Herr redete mit Mose und
sprach:
34. Rede mit den Kindern Israel und
sprich: Am fünfzehnten Tage dieses siebenten Monats ist das Fest der Laubhütten
sieben Tage dem Herrn.

2.Mose 23,16; 34,22; 4.Mose 29,12–39;
5.Mose 16,13–15.

35. Der erste Tag soll heilig heißen, daß

ihr zusammenkommt; keine Dienstarbeit
sollt ihr tun.
36. Sieben Tage sollt ihr dem Herrn opfern. Der *achte Tag soll euch heilig heißen, daß ihr zusammenkommt, und sollt
euer Opfer dem Herrn tun; denn es ist der
Tag der Versammlung; keine Dienstarbeit
sollt ihr tun. *Joh. 7,37.
37. Das sind die Feste des Herrn, die ihr
sollt für heilig halten, daß ihr zusammenkommt und dem Herrn Opfer tut: Brandopfer, Speisopfer, Trankopfer und andere
Opfer, ein jegliches nach seinem Tage,
38. außer was die Sabbate des Herrn und
eure Gaben und Gelübde und freiwillige
Gaben sind, die ihr dem Herrn gebt.
39. So sollt ihr nun am fünfzehnten Tage
des siebenten Monats, wenn ihr die Früchte des Landes eingebracht habt, das Fest
des Herrn halten sieben Tage lang. Am
ersten Tage ist es Sabbat, und am achten
Tage ist es auch Sabbat.
40. Und sollt am ersten Tage Früchte
nehmen von *schönen Bäumen, Palmenzweige und Maien von dichten Bäumen
und Bachweiden und sieben Tage fröhlich
sein vor dem Herrn, eurem Gott.
*Neh. 8,14–16.
41. Und sollt also dem Herrn das Fest
halten sieben Tage des Jahres. Das soll ein
ewiges Recht sein bei euren Nachkommen, daß sie im siebenten Monat also feiern.
42. Sieben Tage sollt ihr in Laubhütten
wohnen; wer einheimisch ist in Israel, der
soll in Laubhütten wohnen,
43. daß eure Nachkommen wissen, wie
ich die Kinder Israel habe lassen in Hütten
wohnen, da ich sie aus Ägyptenland führte. Ich bin der Herr, euer Gott.
44. Und Mose sagte den Kindern Israel
solche Feste des Herrn.

Das 24. Kapitel

Gesetze von den Lampen und Schaubroten. Steinigung eines Gotteslästerers. Strafe des Totschlags und körperlicher Verletzungen.

1. Und der Herr redete mit Mose und
sprach:
2. Gebiete den Kindern Israel, daß sie zu
dir bringen gestoßenes lauteres Baumöl
zur Leuchte, daß man täglich Lampen
aufsetze 2. Mose 27,20.
3. außen vor dem Vorhang des Zeugnisses in der Hütte des Stifts. Und Aaron soll's
zurichten des Abends und des Morgens vor
dem Herrn täglich. Das sei ein ewiges
Recht euren Nachkommen.
4. Er soll die Lampen auf dem feinen
Leuchter zurichten vor dem Herrn täglich.
5. Und sollst Semmelmehl nehmen und
davon zwölf Kuchen backen; zwei Zehntel
soll ein Kuchen haben.
6. Und sollst sie legen je sechs auf eine
Schicht auf den feinen Tisch vor dem
Herrn. 2. Mose 25,30.
7. Und sollst auf dieselben legen reinen
Weihrauch, daß er sei bei den Broten zum
Gedächtnis, ein Feuer dem Herrn.
8. Alle Sabbate für und für soll er sie
zurichten vor dem Herrn, von den Kindern Israel zum ewigen Bund.
9. Und sie sollen Aarons und seiner Söhne sein; die sollen sie essen an heiliger
Stätte; denn das ist ihm ein Hochheiliges
von den Opfern des Herrn zum ewigen
Recht.
10. Es ging aber aus eines israelitischen
Weibes Sohn, der eines ägyptischen Mannes Kind war, unter den Kindern Israel
und zankte sich im Lager mit einem israelitischen Mann
11. und lästerte den *Namen des Herrn
und fluchte. Da brachten sie ihn zu Mose
(seine Mutter aber hieß Selomith, eine
Tochter Dibris vom Stamme Dan) *V. 16.
12. und *legten ihn gefangen, bis ihnen
klare Antwort würde durch den Mund des
Herrn. *4. Mose 15,34.
13. Und der Herr redete mit Mose und
sprach:
14. Führe den Flucher hinaus vor das
Lager und laß alle, die es gehört haben,
ihre Hände auf sein Haupt legen und laß
ihn die ganze Gemeinde steinigen.
15. Und sage den Kindern Israel: Welcher seinem Gott flucht, der soll seine
Sünde tragen.
16. Welcher *des Herrn Namen lästert,
der soll des Todes sterben; die ganze Gemeinde soll ihn steinigen. Wie der Fremdling, so soll auch der Einheimische sein;
wenn er den Namen lästert, so soll er sterben. *2. Mose 20,7; Matth. 26,65.
17. Wer irgend *einen Menschen erschlägt, der soll des Todes sterben.
*2. Mose 21,12.
18. Wer aber ein Vieh erschlägt, der soll's
bezahlen, Leib um Leib.
19. Und wer seinen Nächsten verletzt,
dem soll man tun, wie er getan hat.
2. Mose 21,23–25.
20. Schade um Schade, Auge um Auge,
Zahn um Zahn; wie er hat einen Menschen
verletzt, so soll man ihm wieder tun.
21. Also daß, wer ein Vieh erschlägt, der

soll's bezahlen; wer aber einen Menschen erschlägt, der soll sterben.
22. Es soll einerlei Recht unter euch sein, dem Fremdling wie dem Einheimischen; denn ich bin der Herr, euer Gott.
K.19,34; 2.Mose 12,49.
23. Mose aber sagte es den Kindern Israel; und sie führten den Flucher hinaus vor das Lager und *steinigten ihn. Also taten die Kinder Israel, wie der Herr dem Mose geboten hatte. *4.Mose 15,36.

Das 25. Kapitel

Vom Sabbat- und Halljahr.

1. Und der Herr redete mit Mose auf dem Berge Sinai und sprach:
2. Rede mit den Kindern Israel und sprich zu ihnen: Wenn ihr in das Land kommt, das ich euch geben werde, so soll das Land seinen Sabbat dem Herrn feiern,
3. daß du sechs Jahre dein Feld besäest und sechs Jahre deinen Weinberg beschneidest und sammlest die Früchte ein;
2.Mose 23,10.11; 5.Mose 15,1–11.
4. aber im siebenten Jahr soll das Land seinen großen Sabbat dem Herrn feiern, darin du dein Feld nicht besäen noch deinen Weinberg beschneiden sollst.
5. Was aber von selber nach deiner Ernte wächst, sollst du nicht ernten, und die Trauben, so ohne deine Arbeit wachsen, sollst du nicht lesen, dieweil es ein Sabbatjahr des Landes ist.
6. Aber was das Land während seines Sabbats trägt, davon sollt ihr essen, du und dein Knecht, deine Magd, dein Tagelöhner, dein Beisaß, dein Fremdling bei dir,
7. dein Vieh und die Tiere in deinem Lande; alle Früchte sollen Speise sein.
8. Und du sollst zählen solcher Sabbatjahre sieben, daß sieben Jahre siebenmal gezählt werden, und die Zeit der sieben Sabbatjahre mache neunundvierzig Jahre.
9. Da sollst du die Posaune lassen blasen durch all euer Land am *zehnten Tage des siebenten Monats, eben am Tage der Versöhnung. *K.23,27.
10. Und ihr sollt das fünfzigste Jahr heiligen und sollt ein *Freijahr ausrufen im Lande allen, die darin wohnen; denn es ist euer Halljahr. Da soll ein jeglicher bei euch wieder zu seiner Habe und zu seinem Geschlecht kommen; *Jes.61,2; Luk.4,19.
11. denn das fünfzigste Jahr ist euer Halljahr. Ihr sollt nicht säen,– auch was von selber wächst, nicht ernten, – auch was ohne Arbeit wächst im Weinberge, nicht lesen;
12. denn das Halljahr soll unter euch heilig sein. Ihr sollt aber essen, was das Feld trägt.
13. Das ist das Halljahr, da jedermann wieder zu dem Seinen kommen soll.
14. Wenn du nun etwas deinem Nächsten verkaufst oder ihm etwas abkaufst, soll *keiner seinen Bruder übervorteilen,
*1.Thess.4,6.
15. sondern nach der Zahl der Jahre vom Halljahr an sollst du es von ihm kaufen; und was die Jahre hernach tragen mögen, so hoch soll er dir's verkaufen.
16. Nach der Menge der Jahre sollst du den Kauf steigern, und nach der Wenige der Jahre sollst du den Kauf verringern; denn er soll dir's, nach dem es tragen mag, verkaufen.
17. So übervorteile nun keiner seinen Nächsten, sondern fürchte dich vor deinem Gott; denn ich bin der Herr, euer Gott.
18. Darum tut nach meinen Satzungen und haltet meine Rechte, daß ihr darnach tut, auf daß ihr im Lande *sicher wohnen möget. *K.26,5; 1.Kön.5,5.
19. Denn das Land soll euch seine Früchte geben, daß ihr zu essen genug habet und sicher darin wohnet.
20. Und ob du würdest sagen: Was sollen wir essen im siebenten Jahr? denn wir säen nicht, so sammeln wir auch kein Getreide ein:
21. da will ich meinem *Segen über euch im sechsten Jahr gebieten, daß er soll dreier Jahre Getreide machen, *5.Mose 28,8.
22. daß ihr säet im achten Jahr und von dem alten Getreide esset bis in das neunte Jahr, daß ihr vom alten esset, bis wieder neues Getreide kommt.
23. Darum sollt ihr das Land nicht verkaufen für immer; denn das Land ist mein, und ihr seid *Fremdlinge und Gäste vor mir. *Ps.39,13.
24. Und sollt in all eurem Lande das Land zu lösen geben.
25. Wenn dein Bruder verarmt, und verkauft dir seine Habe, und sein nächster Verwandter kommt zu ihm, daß er's löse, so soll *er's lösen, was sein Bruder verkauft hat. *Ruth 4,3.4.
26. Wenn aber jemand keinen Löser hat und kann mit seiner Hand so viel zuwege bringen, daß er's löse,
27. so soll er rechnen von dem Jahr, da er's verkauft hat, und was noch übrig ist, dem Käufer wiedergeben und also wieder zu seiner Habe kommen.
28. Kann aber seine Hand nicht so viel

finden, daß er's ihm wiedergebe, so soll,
was er verkauft hat, in der Hand des Käufers sein bis zum Halljahr; in demselben soll es frei werden und er wieder zu seiner Habe kommen.
29. Wer ein Wohnhaus verkauft in einer
Stadt mit Mauern, der hat ein ganzes Jahr Frist, dasselbe wieder zu lösen; das soll die Zeit sein, darin er es lösen kann.
30. Wo er's aber nicht löst, ehe denn das
ganze Jahr um ist, so soll's der Käufer für immer behalten und seine Nachkommen, und es soll nicht frei werden im Halljahr.
31. Ist's aber ein Haus auf dem Dorfe, um
das keine Mauer ist, das soll man dem Feld des Landes gleich rechnen, und es soll können los werden und im Halljahr frei werden.
32. Die *Städte der Leviten aber, nämlich die Häuser in den Städten, darin ihre Habe ist, können immerdar gelöst werden. *4. Mose 35.
33. Wer etwas von den Leviten löst, der
soll's verlassen im Halljahr, es sei Haus oder Stadt, das er besessen hat; denn die Häuser in den Städten der Leviten sind ihre Habe unter den Kindern Israel.
34. Aber das Feld vor ihren Städten soll
man nicht verkaufen; denn das ist ihr Eigentum ewiglich.
35. Wenn dein Bruder verarmt und neben dir abnimmt, so sollst du ihn aufnehmen als einen Fremdling oder Gast, daß er lebe neben dir,
36. und *sollst nicht Zinsen von ihm
nehmen noch Wucher, sondern sollst dich vor deinem Gott fürchten, auf daß dein Bruder neben dir leben könne.

*5. Mose 23,20.
37. Denn du sollst ihm dein Geld nicht
auf Zinsen leihen noch deine Speise auf Wucher austun.
38. Denn ich bin der Herr, euer Gott, der
euch aus Ägyptenland geführt hat, daß ich euch das Land Kanaan gäbe und euer Gott wäre.
39. Wenn dein Bruder verarmt neben dir
und *verkauft sich dir, so sollst du ihn nicht lassen dienen als einen Leibeigenen,

*2. Mose 21,2.
40. sondern wie ein Tagelöhner und Gast
soll er bei dir sein und bis an das Halljahr bei dir dienen.
41. Dann soll er von dir frei ausgehen
und seine Kinder mit ihm und soll wiederkommen zu seinem Geschlecht und zu seiner Väter Habe.
42. Denn sie sind meine Knechte, die ich
aus Ägyptenland geführt habe; darum soll man sie nicht auf leibeigene Weise verkaufen.
43. Und sollst nicht mit *Strenge über
sie herrschen, sondern dich fürchten vor deinem Gott. *V. 53; Eph. 6,9.
44. Willst du aber leibeigene Knechte
und Mägde haben, so sollst du sie kaufen von den Heiden, die um euch her sind,
45. und auch von den Kindern der Gäste,
die Fremdlinge unter euch sind, und von ihren Nachkommen, die sie bei euch in eurem Lande zeugen; dieselben mögt ihr zu eigen haben
46. und sollt sie besitzen und eure Kinder nach euch zum Eigentum für und für; die sollt ihr leibeigene Knechte sein lassen. Aber von euren Brüdern, den Kindern Israel, soll keiner über den andern herrschen mit Strenge.
47. Wenn irgend ein Fremdling oder
Gast bei dir zunimmt und dein Bruder neben ihm verarmt und sich dem Fremdling oder Gast bei dir oder jemand von seinem Stamm verkauft,
48. so soll er nach seinem Verkaufen
Recht haben, wieder frei zu werden, und es mag ihn jemand unter seinen Brüdern lösen,
49. oder sein Vetter oder Vetters Sohn
oder sonst sein nächster Blutsfreund seines Geschlechts; oder so seine Hand so viel erwirbt, so soll er selbst sich lösen.
50. Und soll mit seinem Käufer rechnen
von dem Jahr an, da er sich verkauft hatte, bis aufs Halljahr; und das Geld, darum er sich verkauft hat, soll nach der Zahl der Jahre gerechnet werden, als wäre er die ganze Zeit Tagelöhner bei ihm gewesen.
51. Sind noch viel Jahre bis an das Halljahr, so soll er nach denselben desto mehr zu seiner Lösung wiedergeben von dem Gelde, darum er gekauft ist.
52. Sind aber wenig Jahre übrig bis ans
Halljahr, so soll er auch darnach wiedergeben zu seiner Lösung.
53. Als Tagelöhner soll er von Jahr zu
Jahr bei ihm sein, und sollst nicht lassen *mit Strenge über ihn herrschen vor deinen Augen. *V. 43.
54. Wird er aber auf diese Weise sich
nicht lösen, so soll er im Halljahr frei ausgehen und seine Kinder mit ihm.
55. Denn die Kinder Israel sind meine
Knechte, die ich aus Ägyptenland geführt habe. Ich bin der Herr, euer Gott.

Das 26. Kapitel

Verheißener Segen, gedrohter Fluch.
(Vgl. 5. Mose 28.)

1. Ihr sollt euch keinen Götzen machen
noch Bild und sollt euch keine Säule aufrichten, auch keinen Malstein setzen in eurem Lande, *daß ihr davor anbetet; denn ich bin der Herr, euer Gott.

*2. Mose 20,4.5.

2. Haltet *meine Sabbate und fürchtet
euch vor meinem Heiligtum. Ich bin der Herr. *2. Mose 20,8.

3. Werdet ihr in meinen Satzungen wandeln und meine Gebote halten und tun,

4. so will ich euch Regen geben zu seiner
Zeit, und das Land soll sein Gewächs geben und die Bäume auf dem Felde ihre Früchte bringen, 5. Mose 11,14.

5. und die Dreschzeit soll reichen bis zur
Weinernte, und die Weinernte soll reichen bis zur Zeit der Saat; und sollt Brots die Fülle haben und sollt sicher in eurem Lande wohnen. Amos 9,13.

6. Ich will Frieden geben in eurem Lande, *daß ihr schlafet und euch niemand schrecke. Ich will die bösen Tiere aus eurem Lande tun, und soll kein Schwert durch euer Land gehen. *Hiob 11,19.

7. Ihr sollt eure Feinde jagen, und die
sollen vor euch her ins Schwert fallen.

8. Euer fünf sollen hundert jagen, und
euer hundert sollen zehntausend jagen; denn eure Feinde sollen vor euch her fallen ins Schwert. 5. Mose 32,30.

9. Und ich will mich zu euch wenden und
will euch wachsen und euch mehren lassen und will meinen Bund euch halten.

10. Und sollt von dem Vorjährigen essen,
und wenn das Neue kommt, das Vorjährige wegtun.

11. Ich will meine Wohnung unter euch
haben, und meine Seele soll euch nicht verwerfen.

12. Und will unter euch wandeln und will
euer Gott sein; so sollt ihr mein Volk sein.

2. Kor. 6,16.

13. Denn ich bin der Herr, euer Gott, der
euch aus Ägyptenland geführt hat, daß ihr nicht ihre Knechte wäret, und habe euer Joch zerbrochen und habe euch aufgerichtet wandeln lassen.

14. Werdet ihr aber mir nicht gehorchen
und nicht tun diese Gebote alle

15. und werdet meine Satzungen verachten und eure Seele wird meine Rechte verwerfen, daß ihr nicht tut alle meine Gebote, und werdet meinen Bund brechen,

16. so will ich euch auch solches tun: ich
will euch heimsuchen mit Schrecken, Darre und Fieber, daß euch die Angesichter verfallen und der Leib verschmachte; ihr sollt umsonst euren Samen säen, und eure Feinde sollen ihn essen;

17. und ich will mein Antlitz wider euch
stellen, und sollt geschlagen werden vor euren Feinden; und die euch hassen, sollen über euch herrschen, und sollt fliehen, da euch niemand jagt.

18. So ihr aber über das noch nicht mir
gehorcht, so will ich's noch siebenmal mehr machen, euch zu strafen um eure Sünden,

19. daß ich euren Stolz und eure Halsstarrigkeit breche; und will euren *Himmel wie Eisen und eure Erde wie Erz machen. *5. Mose 11,17; 1. Kön. 17,1.

20. Und eure Mühe und Arbeit soll verloren sein, daß euer Land sein Gewächs nicht gebe und die Bäume im Lande ihre Früchte nicht bringen.

21. Und wo ihr mir entgegen wandelt
und mich nicht hören wollt, so will ich's noch siebenmal mehr machen, auf euch zu schlagen um eurer Sünden willen.

22. Und will wilde Tiere unter euch senden, die sollen *eure Kinder fressen und euer Vieh zerreißen und euer weniger machen, und eure Straßen sollen wüst werden. *2. Kön. 2,24.

23. Werdet ihr euch aber damit noch
nicht von mir züchtigen lassen und mir entgegen wandeln,

24. so will *ich euch auch entgegen wandeln und will euch noch siebenmal mehr schlagen um eurer Sünden willen

*2. Sam. 22,27.

25. und will ein *Racheschwert über
euch bringen, das meinen Bund rächen soll. Und ob ihr euch in eure Städte versammelt, will ich doch die Pestilenz unter euch senden und will euch in eurer Feinde Hände geben. *Jes. 1,20.

26. Dann will ich euch den Vorrat des
Brots verderben, daß zehn Weiber sollen euer Brot in einem Ofen backen, und euer Brot soll man mit Gewicht auswägen, und wenn ihr esset, sollt ihr nicht satt werden.

27. Werdet ihr aber dadurch mir noch
nicht gehorchen und mir entgegen wandeln,

28. so will ich auch euch im Grimm entgegen wandeln und will euch siebenmal mehr strafen um eure Sünden,

29. daß ihr sollt eurer Söhne und Töchter Fleisch essen. 2. Kön. 6,28.

30. Und will eure Höhen vertilgen und
eure Sonnensäulen ausrotten und will eu-

re Leichname auf eure Götzen werfen, und
meine Seele wird an euch Ekel haben.
31. Und will eure Städte wüst machen
und eure Heiligtümer einreißen und will
euren süßen Geruch nicht riechen.
32. Also will ich das Land wüst machen,
daß eure Feinde, so darin wohnen, sich
davor entsetzen werden.
33. Euch aber will ich unter die Heiden
streuen, und das Schwert ausziehen hinter
euch her, daß euer Land soll wüst sein
und eure Städte verstört.
34. Alsdann wird das Land sich seine
*Sabbate gefallen lassen, solange es wüst
liegt und ihr in der Feinde Land seid; ja,
dann wird das Land feiern und sich seine
Sabbate gefallen lassen.

*K.25,2; 2.Chron.36,21.

35. Solange es wüst liegt, wird es feiern,
darum daß es nicht feiern konnte, da ihr's
solltet feiern lassen, da ihr darin wohntet.
36. Und denen, die von euch übrigbleiben,
will ich ein feiges Herz machen in
ihrer Feinde Land, daß sie soll ein rauschend
Blatt jagen, und sollen fliehen davor,
als jagte sie ein Schwert, und fallen,
da sie niemand jagt.
37. Und soll einer über den andern hinfallen,
gleich als vor dem Schwert, da sie
doch niemand jagt; und ihr sollt euch
nicht auflehnen dürfen wider eure Feinde.
38. Und ihr sollt umkommen unter den
Heiden, und eurer Feinde Land soll euch
fressen.
39. Welche aber von euch übrigbleiben,
die sollen in ihrer Missetat verschmachten
in der Feinde Land; auch in ihrer Väter
Missetat sollen sie mit ihnen verschmachten.
40. Da werden *sie denn bekennen ihre
Missetat und ihrer Väter Missetat, womit
sie sich an mir versündigt und mir entgegen
gewandelt haben. *5.Mose 4,30; 30,2.
41. Darum will ich auch ihnen entgegen
wandeln und will sie in ihrer Feinde Land
wegtreiben; da wird sich ja ihr *unbeschnittenes
Herz demütigen, und dann
†werden sie sich die Strafe ihrer Missetat
gefallen lassen. *Jer.9,25. †Luk.23,41.
42. Und ich werde *gedenken an meinen
Bund mit Jakob und an meinen Bund mit
Isaak und an meinen Bund mit Abraham
und werde an das Land gedenken,

*2.Mose 2,24; 2.Kön.13,23.

43. das von ihnen verlassen ist und sich
seine Sabbate gefallen läßt, dieweil es
wüst von ihnen liegt, und sie sich *die
Strafe ihrer Missetat gefallen lassen, darum
daß sie meine Rechte verachtet haben
und ihre Seele an meinen Satzungen Ekel
gehabt hat. *V.41.
44. Auch wenn sie schon in der Feinde
Land sind, habe ich sie gleichwohl nicht
verworfen und ekelt mich ihrer nicht also,
daß es mit ihnen aus sein sollte und mein
Bund mit ihnen sollte nicht mehr gelten;
denn ich bin der Herr, ihr Gott.
45. Und ich will über sie an meinen *ersten
Bund gedenken, da ich sie †aus Ägyptenland
führte vor den Augen der Heiden,
daß ich ihr Gott wäre, ich, der Herr.

*1.Mose 15,18. †2.Mose 12,33.51.

46. Dies sind die Satzungen und Rechte
und Gesetze, die der Herr zwischen ihm
selbst und den Kindern Israel gestellt hat
auf dem Berge Sinai durch die Hand Mose's.

Das 27. Kapitel

Was man geloben und nach der Schätzung des Priesters lösen darf, und was nicht.

1. Und der Herr redete mit Mose und
sprach:
2. Rede mit den Kindern Israel und
sprich zu ihnen: Wenn jemand dem Herrn
ein *besonderes Gelübde tut, also daß du
seinen Leib schätzen mußt, *4.Mose 30.
3. so soll das die Schätzung sein: ein
Mannsbild, zwanzig Jahre alt bis ins sechzigste
Jahr, sollst du schätzen auf fünfzig
Silberlinge nach dem Lot des Heiligtums,
4. ein Weibsbild auf dreißig Silberlinge.
5. Von fünf Jahren bis auf zwanzig Jahre
sollst du ihn schätzen auf zwanzig Silberlinge,
wenn's ein Mannsbild ist, ein Weibsbild
aber auf zehn Silberlinge.
6. Von einem Monat an bis auf fünf Jahre
sollst du ihn schätzen auf fünf Silberlinge,
wenn's ein Mannsbild ist, ein Weibsbild
aber auf drei Silberlinge.
7. Ist er aber sechzig Jahre alt und darüber,
so sollst du ihn schätzen auf fünfzehn
Silberlinge, wenn's ein Mannsbild
ist, ein Weibsbild aber auf zehn Silberlinge.
8. Ist er aber zu arm zu solcher Schätzung,
so soll er sich vor den Priester stellen,
und der Priester soll ihn schätzen; er
soll ihn aber schätzen, nach dem die Hand
des, der gelobt hat, erwerben kann.
9. Ist's aber ein Vieh, das man dem Herrn
opfern kann: alles, was man davon dem
Herrn gibt, ist heilig.
10. Man soll's nicht wechseln noch wandeln,
ein gutes um ein böses, oder ein
böses um ein gutes. Wird's aber jemand
wechseln, ein Vieh um das andere, so sollen
sie beide dem Herrn heilig sein.

11. Ist aber das Tier unrein, daß man's
dem Herrn nicht opfern darf, so soll man's
vor den Priester stellen,
12. und der Priester soll's schätzen, ob's
gut oder böse sei; und es soll bei des Priesters Schätzung bleiben.
13. Will's aber jemand lösen, der soll den
Fünften über die Schätzung geben.
14. Wenn jemand sein Haus heiligt, daß
es dem Herrn heilig sei, das soll der Priester schätzen, ob's gut oder böse sei; und
darnach es der Priester schätzt, so soll's
bleiben.
15. So es aber der, so es geheiligt hat, will
lösen, so soll er den fünften Teil des Geldes, zu dem es geschätzt ist, draufgeben,
so soll's sein werden.
16. Wenn jemand ein Stück Acker von
seinem Erbgut dem Herrn heiligt, so soll
es geschätzt werden nach der Aussaat. Ist
die Aussaat ein Homer Gerste, so soll es
fünfzig Silberlinge gelten.
17. Heiligt er seinen Acker vom Halljahr
an, so soll er nach seinem Wert gelten.
18. Hat er ihn aber nach dem Halljahr
geheiligt, so soll der Priester das Geld berechnen nach den übrigen Jahren zum
Halljahr und ihn darnach geringer schätzen.
19. Will aber der, so ihn geheiligt hat,
den Acker lösen, so soll er den fünften Teil
des Geldes, zu dem er geschätzt ist, draufgeben, so soll er sein werden.
20. Will er ihn aber nicht lösen, sondern
verkauft ihn einem andern, so soll er ihn
nicht mehr lösen können;
21. sondern derselbe Acker, wenn er im
Halljahr frei wird, soll dem Herrn heilig
sein wie ein verbannter Acker und soll des
Priesters Erbgut sein.
22. Wenn aber jemand dem Herrn einen
Acker heiligt, den er gekauft hat und der
nicht sein Erbgut ist,
23. so soll der Priester berechnen, was er
gilt bis an das Halljahr; und er soll desselben Tages solche Schätzung geben, daß
sie dem Herrn heilig sei.
24. Aber *im Halljahr soll er wiederge-
langen an den, von dem er ihn gekauft hat,
daß er sein Erbgut im Lande sei. *K.25,10.
25. Alle Schätzung soll geschehen nach
dem Lot des Heiligtums; ein Lot aber hat
zwanzig Gera.
26. Die *Erstgeburt unter dem Vieh, die
dem Herrn sonst gebührt, soll niemand
dem Herrn heiligen, es sei ein Ochs oder
Schaf; denn es ist des Herrn. *2.Mose 13,2.
27. Ist es aber unreines Vieh, so soll
man's lösen nach seinem Werte, und darübergeben den Fünften. Will er's nicht
lösen, so verkaufe man's nach seinem
Werte.
28. Man soll kein Verbanntes verkaufen
noch lösen, das jemand dem Herrn verbannt von allem, was sein ist, es seien
Menschen, Vieh oder Erbacker; denn alles
Verbannte ist ein Hochheiliges dem
Herrn. 4.Mose 18,14; 21,2.
29. Man soll auch keinen *verbannten
Menschen lösen, sondern er soll des Todes
sterben. *1.Sam.15,3.9.
30. Alle Zehnten im Lande von Samen
des Landes und von Früchten der Bäume
sind des Herrn und sollen dem Herrn heilig sein. 4.Mose 18,21.
31. Will aber jemand seinen Zehnten lösen, der soll den Fünften darübergeben.
32. Und alle Zehnten von Rindern und
Schafen, von allem, was unter dem Hir-
tenstabe geht, das ist ein heiliger Zehnt
dem Herrn.
33. Man soll nicht fragen, ob's gut oder
böse sei; man soll's auch nicht wechseln.
Wird's aber jemand wechseln, so soll's beides heilig sein und nicht gelöst werden.
34. Dies sind die Gebote, die der Herr
dem Mose gebot an die Kinder Israel auf
dem Berge Sinai. K.26,46.

Das vierte Buch Mose

Das 1. Kapitel

Zahl der streitbaren Männer in Israel.

1. Und der Herr redete mit Mose in der
Wüste Sinai in der Hütte des Stifts am
ersten Tage des zweiten Monats im zweiten Jahr, da sie aus Ägyptenland gegangen
waren, und sprach:
2. Nehmet die *Summe der ganzen Gemeinde der Kinder Israel nach ihren Geschlechtern und Vaterhäusern und Namen, alles, was männlich ist, von Haupt
zu Haupt. *K.26,2–51; 2.Mose 30,12.
3. von zwanzig Jahren an und darüber,
was ins Heer zu ziehen taugt in Israel; ihr
sollt sie zählen nach ihren Heeren, du und
Aaron.
4. Und sollt zu euch nehmen je vom

Stamm einen Hauptmann über sein Vaterhaus.
5. Dies sind aber die Namen der Hauptleute, die neben euch stehen sollen: von Ruben sei Elizur, der Sohn Sedeurs;
6. von Simeon sei Selumiel, der Sohn Zuri-Saddais;
7. von Juda sei *Nahesson, der Sohn Amminadabs; *2. Mose 6,23.
8. von Isaschar sei Nathanael, der Sohn Zuars;
9. von Sebulon sei Eliab, der Sohn Helons;
10. von den Kindern Josephs: von Ephraim sei *Elisama, der Sohn Ammihuds; von Manasse sei Gamliel, der Sohn Pedazurs; *1. Chron. 7,26.
11. von Benjamin sei Abidan, der Sohn des Gideoni;
12. von Dan sei Ahieser, der Sohn Ammi-Saddais;
13. von Asser sei Pagiel, der Sohn Ochrans;
14. von Gad sei Eljasaph, der Sohn Deguels;
15. von Naphthali sei Ahira, der Sohn Enans.
16. Das sind die Vornehmsten der Gemeinde, die Fürsten unter den Stämmen ihrer Väter, die da Häupter über die Tausende in Israel waren.
17. Und Mose und Aaron nahmen sie zu sich, wie sie da mit Namen genannt sind,
18. und sammelten auch die ganze Gemeinde am ersten Tage des zweiten Monats und rechneten sie nach ihrer Geburt, nach ihren Geschlechtern und Vaterhäusern und Namen, von zwanzig Jahren an und darüber, von Haupt zu Haupt,
19. wie der Herr dem Mose geboten hatte, und zählten sie in der Wüste Sinai.
20. Der Kinder Ruben, des ersten Sohnes Israels, nach ihrer Geburt und Geschlecht, ihren Vaterhäusern und Namen, von Haupt zu Haupt, alles, was männlich war, von zwanzig Jahren und darüber, und ins Heer zu ziehen taugte,
21. wurden gezählt zum Stamm Ruben 46500.
22. Der Kinder Simeon nach ihrer Geburt und Geschlecht, ihren Vaterhäusern, Zahl und Namen, von Haupt zu Haupt, alles, was männlich war, von zwanzig Jahren und darüber, und ins Heer zu ziehen taugte,
23. wurden gezählt zum Stamm Simeon 59300.
24. Der Kinder Gad nach ihrer Geburt und Geschlecht, ihren Vaterhäusern und Namen, von zwanzig Jahren und darüber, was ins Heer zu ziehen taugte,
25. wurden gezählt zum Stamm Gad 45650.
26. Der Kinder Juda nach ihrer Geburt und Geschlecht, ihren Vaterhäusern und Namen, von zwanzig Jahren und darüber, was ins Heer zu ziehen taugte,
27. wurden gezählt zum Stamm Juda 74600.
28. Der Kinder Isaschar nach ihrer Geburt und Geschlecht, ihren Vaterhäusern und Namen, von zwanzig Jahren und darüber, was ins Heer zu ziehen taugte,
29. wurden gezählt zum Stamm Isaschar 54400.
30. Der Kinder Sebulon nach ihrer Geburt und Geschlecht, ihren Vaterhäusern und Namen, von zwanzig Jahren und darüber, was ins Heer zu ziehen taugte,
31. wurden gezählt zum Stamm Sebulon 57400.
32. Der Kinder Joseph von Ephraim nach ihrer Geburt und Geschlecht, ihren Vaterhäusern und Namen, von zwanzig Jahren und darüber, was ins Heer zu ziehen taugte,
33. wurden gezählt zum Stamm Ephraim 40500.
34. Der Kinder Manasse nach ihrer Geburt und Geschlecht, ihren Vaterhäusern und Namen, von zwanzig Jahren und darüber, was ins Heer zu ziehen taugte,
35. und wurden zum Stamm Manasse gezählt 32200.
36. Der Kinder Benjamin nach ihrer Geburt und Geschlecht, ihren Vaterhäusern und Namen, von zwanzig Jahren und darüber, was ins Heer zu ziehen taugte,
37. wurden zum Stamm Benjamin gezählt 35400.
38. Der Kinder Dan nach ihrer Geburt und Geschlecht, ihren Vaterhäusern und Namen, von zwanzig Jahren und darüber, was ins Heer zu ziehen taugte,
39. wurden gezählt vom Stamme Dan 62700.
40. Der Kinder Asser nach ihrer Geburt und Geschlecht, ihren Vaterhäusern und Namen, von zwanzig Jahren und darüber, was ins Heer zu ziehen taugte,
41. wurden zum Stamm Asser gezählt 41500.
42. Der Kinder Naphthali nach ihrer Geburt und Geschlecht, ihren Vaterhäusern und Namen, von zwanzig Jahren und darüber, was ins Heer zu ziehen taugte,
43. wurden zum Stamm Naphthali gezählt 53400.

44. Dies sind, die Mose und Aaron zählten samt den zwölf Fürsten Israels, deren je einer über ein Vaterhaus war.
45. Und die Summe der Kinder Israel nach ihren Vaterhäusern, von zwanzig Jahren und darüber, was ins Heer zu ziehen taugte in Israel,
46. war *603550. *K.2,32; 2.Mose 12,37.
47. Aber die Leviten nach ihrer Väter Stamm wurden nicht mit darunter gezählt.
48. Und der Herr redete mit Mose und sprach:
49. Den Stamm *Levi sollst du nicht zählen noch ihre Summe nehmen unter den Kindern Israel, *K.2,33; 3,15.
50. sondern du sollst sie ordnen zur Wohnung des Zeugnisses und zu allem Geräte und allem, was dazu gehört. Und sie *sollen die Wohnung tragen und alles Gerät und sollen sein pflegen und †um die Wohnung her sich lagern. *K.4. †K.3,23–38.
51. Und wenn man reisen soll, so sollen die Leviten die Wohnung abnehmen. Wenn aber das Heer zu lagern ist, sollen sie die Wohnung aufschlagen. Und *wo ein Fremder sich dazumacht, der soll sterben. *K.3,10.38.
52. Die Kinder Israel sollen sich lagern, ein jeglicher in sein Lager und zu dem Panier seiner Schar.
53. Aber die Leviten sollen sich um die Wohnung des Zeugnisses her lagern, auf daß nicht ein Zorn über die Gemeinde der Kinder Israel komme; darum sollen die Leviten des Dienstes warten an der Wohnung des Zeugnisses.
54. Und die Kinder Israel taten alles, wie der Herr dem Mose geboten hatte.

Das 2. Kapitel

Ordnung der Stämme im Lager.

1. Und der Herr redete mit Mose und Aaron und sprach:
2. Die Kinder Israel sollen vor der Hütte des Stifts umher sich lagern, ein jeglicher unter seinem Panier und Zeichen nach ihren Vaterhäusern. K.1.
3. Gegen Morgen soll sich lagern Juda mit seinem Panier und Heer; ihr Hauptmann Nahesson, der Sohn Amminadabs,
4. und sein Heer, zusammen 74600.
5. Neben ihm soll sich lagern der Stamm Isaschar; ihr Hauptmann Nathanael, der Sohn Zuars,
6. und sein Heer, zusammen 54400.
7. Dazu der Stamm Sebulon; ihr Hauptmann Eliab, der Sohn Helons,
8. sein Heer, zusammen 57400.
9. Daß alle, die ins Lager Juda's gehören, seien zusammen 186400, die zu ihrem Heer gehören; und sie sollen vornean ziehen.
10. Gegen Mittag soll liegen das Gezelt und Panier Rubens mit ihrem Heer; ihr Hauptmann Elizur, der Sohn Sedeurs,
11. und sein Heer, zusammen 46500.
12. Neben ihm soll sich lagern der Stamm Simeon; ihr Hauptmann Selumiel, der Sohn Zuri-Saddais,
13. und sein Heer, zusammen 59300.
14. Dazu der Stamm Gad; ihr Hauptmann Eljasaph, der Sohn Reguels,
15. und sein Heer, zusammen 45650.
16. Daß alle, die ins Lager Rubens gehören, seien zusammen 151450, die zu ihrem Heer gehören; und sie sollen die zweiten im Ausziehen sein.
17. Darnach soll die Hütte des Stifts ziehen mit dem Lager der Leviten, mitten unter den Lagern; und wie sie sich lagern, so sollen sie auch ziehen, ein jeglicher an seinem Ort unter seinem Panier.
18. Gegen Abend soll liegen das Gezelt und Panier Ephraims mit ihrem Heer; ihr Hauptmann soll sein Elisama, der Sohn Ammihuds,
19. und sein Heer, zusammen 40500.
20. Neben ihm soll sich lagern der Stamm Manasse; ihr Hauptmann Gamliel, der Sohn Pedazurs,
21. und sein Heer, zusammen 32200.
22. Dazu der Stamm Benjamin; ihr Hauptmann Abidan, der Sohn des Gideoni,
23. und sein Heer, zusammen 35400.
24. Daß alle, die ins Lager Ephraims gehören, seien zusammen 108100, die zu seinem Heer gehören; und sie sollen die dritten im Ausziehen sein.
25. Gegen Mitternacht soll liegen das Gezelt und Panier Dans mit ihrem Heer; ihr Hauptmann Ahieser, der Sohn Ammi-Saddais,
26. und sein Heer, zusammen 62700.
27. Neben ihm soll sich lagern der Stamm Asser; ihr Hauptmann Pagiel, der Sohn Ochrans,
28. und sein Heer, zusammen 41500.
29. Dazu der Stamm Naphthali, ihr Hauptmann Ahira, der Sohn Enans,
30. und sein Heer, zusammen 53400.
31. Daß alle, die ins Lager Dans gehören, seien zusammen 157600; und sie sollen die letzten sein im Ausziehen mit ihrem Panier.
32. Dies ist die *Summe der Kinder Isra-

el nach ihren Vaterhäusern und Lagern mit ihren Heeren: 603 550. *K. 1,46.
33. Aber die Leviten wurden nicht in die Summe unter die Kinder Israel gezählt, *wie der Herr dem Mose geboten hatte. *K. 1,48.49.
34. Und die Kinder Israel taten alles, wie der Herr dem Mose geboten hatte, und lagerten sich unter ihre Paniere und zogen aus, ein jeglicher in seinem Geschlecht nach seinem Vaterhaus. V. 2.

Das 3. Kapitel

Aarons Familie. Amt und Geschlechter der Leviten. Auslösung der Erstgeborenen.

1. Dies ist das Geschlecht *Aarons und Mose's zu der Zeit, da der Herr mit Mose redete auf dem Berge Sinai. *2. Mose 6,23.
2. Und dies sind die Namen der Söhne Aarons: der Erstgeborene Nadab, darnach Abihu, Eleasar und Ithamar.
3. Das sind die Namen der Söhne Aarons, die zu Priestern gesalbt waren und deren Hände gefüllt wurden zum Priestertum.
4. Aber *Nadab und Abihu starben vor dem Herrn, da sie fremdes Feuer opferten vor dem Herrn in der Wüste Sinai, und hatten keine Söhne. Eleasar aber und Ithamar pflegten des Priesteramts unter ihrem Vater Aaron. *3. Mose 10,1.2.
5. Und der Herr redete mit Mose und sprach:
6. Bringe den Stamm Levi herzu und stelle sie vor den Priester Aaron, daß sie ihm dienen 2. Mose 32,29.
7. und seiner und der ganzen Gemeinde Hut warten vor der Hütte des Stifts und dienen am Dienst der Wohnung
8. und warten alles Gerätes der Hütte des Stifts und der Hut der Kinder Israel, zu dienen am Dienst der Wohnung. K. 4.
9. Und sollst die Leviten Aaron und seinen Söhnen zuordnen zum Geschenk von den Kindern Israel.
10. Aaron aber und seine Söhne sollst du setzen, daß sie ihres Priestertums warten. *Wo ein Fremder sich herzutut, der soll sterben. *K. 1,51.
11. Und der Herr redete mit Mose und sprach:
12. Siehe, ich habe die *Leviten genommen unter den Kindern Israel für alle Erstgeburt, †welche die Mutter bricht, unter den Kindern Israel, also daß die Leviten sollen mein sein. *K. 8,16. †2. Mose 13,2.
13. Denn die Erstgeburten sind mein seit der Zeit, da ich alle Erstgeburt schlug in Ägyptenland; da heiligte ich mir alle Erstgeburt in Israel, vom Menschen an bis auf das Vieh, daß sie mein sein sollen, ich, der Herr.
14. Und der Herr redete mit Mose in der Wüste Sinai und sprach:
15. Zähle die Kinder Levi nach ihren Vaterhäusern und Geschlechtern, alles, was männlich ist, einen Monat alt und darüber.
16. Also zählte sie Mose nach dem Wort des Herrn, wie er geboten hatte.
17. Und dies waren die Kinder Levis mit Namen: Gerson, Kahath, Merari. 2. Mose 6,16–19; K. 26,57–64.
18. Die Namen aber der Kinder Gersons nach ihren Geschlechtern waren: Libni und Simei.
19. Die Kinder Kahaths nach ihren Geschlechtern waren: Amram, Jizhar, Hebron und Usiel.
20. Die Kinder Meraris nach ihren Geschlechtern waren: Maheli und Musi. Dies sind die Geschlechter von Levis nach ihren Vaterhäusern.
21. Dies sind die Geschlechter von Gerson: die Libniter und Simeiter.
22. Deren Summe war an der Zahl gefunden 7500, alles, was männlich war, einen Monat alt und darüber.
23. Und dieselben Geschlechter der Gersoniter sollen sich lagern hinter der Wohnung gegen Abend.
24. Ihr Oberster sei Eljasaph, der Sohn Laels.
25. Und sie sollen an der Hütte des Stifts warten der Wohnung und der Hütte und ihrer Decken und des Tuchs in der Tür der Hütte des Stifts,
26. des Umhangs am Vorhof und des Tuchs in der Tür des Vorhofs, welcher um die Wohnung und um den Altar her geht, und ihrer Seile und alles dessen, was zu ihrem Dienst gehört.
27. Dies sind die Geschlechter von Kahath: die Amramiten, die Jizhariten, die Hebroniten und Usieliten,
28. was männlich war, einen Monat alt und darüber, an der Zahl 8600, die der Sorge für das Heiligtum warten.
29. Und sollen sich lagern an die Seite der Wohnung gegen Mittag.
30. Ihr Oberster sei Elizaphan, der Sohn Usiels. 3. Mose 10,4.
31. Und sie *sollen warten der Lade, des Tisches, des Leuchters, der Altäre und alles Gerätes des Heiligtums, daran sie dienen, und des Tuchs und was sonst zu ihrem Dienst gehört. *K. 7,9.
32. Aber der Oberste über alle Obersten

der Leviten soll Eleasar sein, Aarons Sohn,
des Priesters, über die, so verordnet sind,
zu warten der Sorge für das Heiligtum.
33. Dies sind die Geschlechter Meraris:
die Maheliter und Musiter,
34. die an der Zahl waren 6200, alles, was
männlich war, einen Monat alt und darüber.
35. Ihr Oberster sei Zuriel, der Sohn Abihails. Und sollen sich lagern an die Seite
der Wohnung gegen Mitternacht.
36. Und ihr Amt soll sein, zu warten der
Bretter und Riegel und Säulen und Füße
der Wohnung und alles ihres Gerätes und
ihres Dienstes,
37. dazu der Säulen um den Vorhof her
mit den Füßen und Nägeln und Seilen.
38. Aber vor der Wohnung und vor der
Hütte des Stifts gegen Morgen sollen sich
lagern Mose und Aaron und seine Söhne,
daß sie des Heiligtums warten für die Kinder Israel. Wenn *sich ein Fremder herzutut, der soll sterben. *V. 10.
39. Alle Leviten zusammen, die Mose
und Aaron zählten nach ihren Geschlechtern nach dem Wort des Herrn, eitel
Mannsbilder einen Monat alt und darüber,
waren 22000.
40. Und der Herr sprach zu Mose: Zähle
alle Erstgeburt, was männlich ist unter
den Kindern Israel, einen Monat alt und
darüber, und nimm die Zahl ihrer Namen.
41. Und sollst die Leviten mir, dem
Herrn, aussondern für alle Erstgeburt der
Kinder Israel und der Leviten Vieh für alle
Erstgeburt unter dem Vieh der Kinder Israel.
42. Und Mose zählte, wie ihm der Herr
geboten hatte, alle Erstgeburt unter den
Kindern Israel;
43. und fand sich die Zahl der Namen
aller Erstgeburt, was männlich war, einen
Monat alt und darüber, in ihrer Summe
22273.
44. Und der Herr redete mit Mose und
sprach:
45. Nimm die Leviten für alle Erstgeburt
unter den Kindern Israel und das Vieh der
Leviten für ihr Vieh, daß die Leviten mein,
des Herrn, seien. V. 12.
46. Aber als Lösegeld von den 273 Erstgeburten der Kinder Israel, die über der
Leviten Zahl sind, V. 39.43.
47. sollst du je fünf Silberlinge nehmen
von Haupt zu Haupt nach dem Lot des
Heiligtums (zwanzig Gera hat ein Lot)
48. und sollst das Geld für die, so über-
zählig sind unter ihnen, geben Aaron und
seinen Söhnen.
49. Da nahm Mose das Lösegeld von denen, die über der Leviten Zahl waren,
50. von den Erstgeburten der Kinder Israel, 1365 Silberlinge nach dem Lot des
Heiligtums,
51. und gab's Aaron und seinen Söhnen
nach dem Wort des Herrn, wie der Herr
dem Mose geboten hatte.

Das 4. Kapitel

Weitere Verordnungen für die Leviten.
Zählung derselben.

1. Und der Herr redete mit Mose und
Aaron und sprach:
2. Nimm die Summe der Kinder Kahath
aus den Kindern Levi nach ihren Geschlechtern und Vaterhäusern,
3. von dreißig Jahren an und darüber bis
ins fünfzigste Jahr, alle, die *zum Dienst
taugen, daß sie tun die Werke in der Hütte
des Stifts. *K. 8,24.
4. Das soll aber das Amt der Kinder Kahath in der Hütte des Stifts sein: was das
Hochheilige ist.
5. Wenn das Heer aufbricht, so sollen
Aaron und seine Söhne hineingehen und
den Vorhang abnehmen und die Lade des
Zeugnisses darein winden
6. und darauf tun die Decke von Dachsfellen und obendrauf eine ganz blaue Dekke breiten und ihre Stangen daran legen
7. und über den Schaubrottisch auch eine blaue Decke breiten und darauf legen
die Schüsseln, Löffel, die Schalen und
Kannen zum Trankopfer, und das bestän-
dige Brot soll darauf liegen.
8. Und sollen darüber breiten eine scharlachrote Decke und dieselbe bedecken mit
einer Decke von Dachsfellen und seine
Stangen daran legen.
9. Und sollen eine blaue Decke nehmen
und darein winden den *Leuchter des
Lichts und seine Lampen mit seinen
Schneuzen und Näpfen und alle Ölgefäße,
die zum Amt gehören. *2. Mose 25,31.
10. Und sollen um das alles tun eine Dekke von Dachsfellen und sollen es auf Stangen legen.
11. Also sollen sie auch über den goldenen Altar eine blaue Decke breiten und sie
bedecken mit der Decke von Dachsfellen
und seine Stangen daran tun.
12. Alle Geräte, womit sie schaffen im
Heiligtum, sollen sie nehmen und blaue
Decken darüber tun und mit einer Decke
von Dachsfellen bedecken und auf Stangen legen.
13. Sie sollen auch die Asche vom Altar

fegen und eine Decke von rotem Purpur über ihn breiten

14. und alle seine Geräte darauf tun, womit sie darauf schaffen, Kohlenpfannen, Gabeln, Schaufeln, Becken mit allem Geräte des Altars; und sollen darüber breiten eine Decke von Dachsfellen und seine Stangen daran tun.

15. Wenn nun Aaron und seine Söhne solches ausgerichtet und das Heiligtum und all sein Gerät bedeckt haben, wenn das Heer aufbricht, darnach sollen die Kinder Kahath hineingehen, daß sie *es tragen; und sollen das Heiligtum nicht †anrühren, daß sie nicht sterben. Dies sind die Lasten der Kinder Kahath an der Hütte des Stifts. *K. 7,9. †2. Sam. 6,6.7.

16. Und Eleasar, Aarons, des Priesters, Sohn, soll das Amt haben, daß er ordne das Öl zum Licht und die Spezerei zum Räuchwerk und das tägliche Speisopfer und das Salböl, daß er beschicke die ganze Wohnung und alles, was darin ist, im Heiligtum und seinem Geräte.

17. Und der Herr redete mit Mose und mit Aaron und sprach:

18. Ihr sollt den Stamm der Geschlechter der Kahathiter nicht lassen sich verderben unter den Leviten;

19. sondern das sollt ihr mit ihnen tun, daß sie leben und nicht sterben, wo sie würden anrühren das Hochheilige: Aaron und seine Söhne sollen hineingehen und einen jeglichen stellen zu seinem Amt und seiner Last.

20. Sie aber sollen nicht hineingehen, zu schauen das Heiligtum auch nur einen Augenblick, daß sie nicht sterben.

Sam. 6,19.

21. Und der Herr redete mit Mose und sprach:

22. Nimm die Summe der Kinder Gerson auch nach ihren Vaterhäusern und Geschlechtern,

23. von dreißig Jahren an und darüber bis ins fünfzigste Jahr, und ordne sie alle, die da zum Dienst tüchtig sind, daß sie ein Amt haben in der Hütte des Stifts.

24. Das soll aber der Geschlechter der Gersoniter Amt sein, das sie schaffen und tragen:

25. sie sollen die Teppiche der Wohnung und der Hütte des Stifts tragen und ihre Decke und die Decke von Dachsfellen, die obendrüber ist, und das Tuch in der Hütte des Stifts

26. und die Umhänge des Vorhofs und das Tuch in der Tür des Tors am Vorhof, welcher um die Wohnung und den Altar her geht, und ihre Seile und alle Geräte ihres Amts und alles, was zu ihrem Amt gehört.

27. Nach dem Wort Aarons und seiner Söhne soll alles Amt der Kinder Gerson geschehen, alles, was sie tragen und schaffen sollen, und ihr sollt zusehen, daß sie aller ihrer Last warten.

28. Das soll das Amt der Geschlechter der Kinder der Gersoniter sein in der Hütte des Stifts; und ihr Dienst soll unter der Hand Ithamars sein, des Sohnes Aarons, des Priesters.

29. Die Kinder Merari nach ihren Geschlechtern und Vaterhäusern sollst du auch ordnen,

30. von dreißig Jahren an und darüber bis ins fünfzigste Jahr, alle, die zum Dienst taugen, daß sie ein Amt haben in der Hütte des Stifts.

31. Dieser Last aber sollen sie warten nach allem ihrem Amt in der Hütte des Stifts, daß sie tragen die Bretter der Wohnung und Riegel und Säulen und Füße,

32. dazu die Säulen des Vorhofs umher und Füße und Nägel und Seile mit allem ihrem Geräte, nach allem ihrem Amt; einem jeglichen sollt ihr seinen Teil der Last am Geräte zu warten verordnen.

33. Das sei das Amt der Geschlechter der Kinder Merari, alles, was sie schaffen sollen in der Hütte des Stifts unter der Hand Ithamars, des Priesters, des Sohnes Aarons.

34. Und Mose und Aaron samt den Hauptleuten der Gemeinde zählten die Kinder der Kahathiter nach ihren Geschlechtern und Vaterhäusern,

35. von dreißig Jahren und darüber bis ins fünfzigste, alle, die zum Dienst taugten, daß sie Amt in der Hütte des Stifts hätten.

36. Und die Summe war 2750.

37. Das ist die Summe der Geschlechter der Kahathiter, die alle zu schaffen hatten in der Hütte des Stifts, die Mose und Aaron zählten nach dem Wort des Herrn durch Mose.

38. Die Kinder Gerson wurden auch gezählt in ihren Geschlechtern und Vaterhäusern,

39. von dreißig Jahren und darüber bis ins fünfzigste, alle, die zum Dienst taugten, daß sie Amt in der Hütte des Stifts hätten.

40. Und die Summe war 2630.

41. Das ist die Summe der Geschlechter der Kinder Gerson, die alle zu schaffen hatten in der Hütte des Stifts, welche Mose

und Aaron zählten nach dem Wort des Herrn.
42. Die Kinder Merari wurden auch gezählt nach ihren Geschlechtern und Vaterhäusern,
43. von dreißig Jahren und darüber bis ins fünfzigste, alle, die zum Dienst taugten, daß sie Amt in der Hütte des Stifts hätten.
44. Und die Summe war 3200.
45. Das ist die Summe der Geschlechter der Kinder Merari, die Mose und Aaron zählten nach dem Wort des Herrn durch Mose.
46. Die Summe aller Leviten, die Mose und Aaron samt den Hauptleuten Israels zählten nach ihren Geschlechtern und Vaterhäusern,
47. von dreißig Jahren und darüber bis ins fünfzigste, aller, die eingingen, zu schaffen ein jeglicher sein Amt und zu tragen die Last in der Hütte des Stifts,
48. war 8580,
49. die gezählt wurden nach dem Wort des Herrn durch Mose, ein jeglicher zu seinem Amt und seiner Last, wie der Herr dem Mose geboten hatte.

Das 5. Kapitel

Absonderung der Unreinen. Schuldopfer wegen Veruntreuung. Eiferopfer und Fluchwasser.

1. Und der Herr redete mit Mose und sprach:
2. Gebiete den Kindern Israel, daß sie *aus dem Lager tun alle Aussätzigen und alle, die †Eiterflüsse haben, und die an Toten unrein geworden sind.

*3. Mose 13,46. †3. Mose 15,2.

3. Beide, Mann und *Weib, sollt ihr hinaustun vor das Lager, daß sie †nicht ihr Lager verunreinigen, darin ich unter ihnen wohne. *K. 12,14. †K. 35,34.
4. Und die Kinder Israel taten also und taten sie hinaus vor das Lager, wie der Herr zu Mose geredet hatte.
5. Und der Herr redete mit Mose und sprach:
6. Sage den Kindern Israel und sprich zu ihnen: Wenn ein *Mann oder Weib irgend eine Sünde wider einen Menschen tut und sich an dem Herrn damit versündigt, so hat die Seele eine Schuld auf sich;

*3. Mose 5,21–26.

7. und sie sollen ihre Sünde bekennen, die sie getan haben, und sollen ihre Schuld versöhnen mit der Hauptsumme und darüber den fünften Teil dazutun und dem geben, an dem sie sich verschuldigt haben.
8. Ist aber niemand da, dem man's bezahlen sollte, so soll man's dem Herrn geben für den Priester außer dem Widder der Versöhnung, dadurch er versöhnt wird.
9. Desgleichen soll alle Hebe von allem, was die Kinder Israel heiligen und dem Priester opfern, sein sein. K. 18,8.
10. Und wer etwas heiligt, das soll auch sein sein; und wer etwas dem Priester gibt, das soll auch sein sein.
11. Und der Herr redete mit Mose und sprach:
12. Sage den Kindern Israel und sprich zu ihnen: Wenn irgend eines Mannes Weib untreu würde und sich an ihm versündigte
13. und jemand bei ihr liegt, und es würde doch dem Manne verborgen vor seinen Augen und würde verdeckt, daß sie unrein geworden ist, und er kann sie nicht überführen, denn sie ist nicht dabei ergriffen,
14. und der Eifergeist entzündet ihn, daß er um sein Weib eifert, sie sei unrein oder nicht unrein,
15. so soll er sie zum Priester bringen und ein Opfer für sie bringen, ein zehntel Epha Gerstenmehl, und soll kein Öl darauf gießen noch Weihrauch darauf tun. Denn es ist ein Eiferopfer und Rügeopfer, das Missetat rügt.
16. Da soll sie der Priester herzuführen und vor den Herrn stellen
17. und *heiliges Wasser nehmen in ein irdenes Gefäß und Staub vom Boden der Wohnung ins Wasser tun. *2. Mose 30,18.
18. Und soll das Weib vor den Herrn stellen und ihr Haupt entblößen und das Rügeopfer, das ein Eiferopfer ist, auf ihre Hand legen; und der Priester soll in seiner Hand bitteres verfluchtes Wasser haben
19. und soll das Weib beschwören und zu ihr sagen: Hat kein Mann bei dir gelegen, und bist du deinem Mann nicht untreu geworden, daß du dich verunreinigt hast, so sollen dir diese bittern verfluchten Wasser nicht schaden.
20. Wo du aber deinem Mann untreu geworden bist, daß du unrein wurdest, und hat jemand bei dir gelegen außer deinem Mann,
21. so soll der Priester das Weib beschwören mit solchem Fluch und soll zu ihr sagen: Der Herr setze dich zum Fluch und zum Schwur unter deinem Volk, daß der Herr deine Hüfte schwinden und deinen Bauch schwellen lasse!
22. So gehe nun das verfluchte Wasser in deinen Leib, daß dein Bauch schwelle und

deine Hüfte schwinde! Und das Weib soll
sagen: Amen, amen.
23. Also soll der Priester diese Flüche auf
einen Zettel schreiben und mit dem bittern Wasser abwaschen
24. und soll dem Weibe von dem bittern
verfluchten Wasser zu trinken geben, daß
das verfluchte bittere Wasser in sie gehe.
25. Es soll aber der Priester von ihrer
Hand das Eiferopfer nehmen und zum
Speisopfer vor dem Herrn weben und auf
dem Altar opfern, nämlich:
26. er soll eine Handvoll des Speisopfers
nehmen und auf dem Altar anzünden zum
Gedächtnis und darnach dem Weibe das
Wasser zu trinken geben.
27. Und wenn sie das Wasser getrunken
hat: ist sie unrein und hat sich an ihrem
Mann versündigt, so wird das verfluchte
Wasser in sie gehen und ihr bitter sein,
daß ihr der Bauch schwellen und die Hüfte
schwinden wird, und wird das Weib ein
Fluch sein unter ihrem Volk;
28. ist aber ein solch Weib nicht verunreinigt, sondern rein, so wird's ihr nicht
schaden, daß sie kann schwanger werden.
29. Dies ist das Eifergesetz, wenn ein
Weib ihrem Mann untreu ist und unrein
wird,
30. oder wenn einen Mann der Eifergeist
entzündet, daß er um sein Weib eifert, daß
er's stelle vor den Herrn und der Priester
mit ihr tue alles nach diesem Gesetz.
31. Und der Mann soll unschuldig sein an
der Missetat; aber das Weib soll ihre Missetat tragen.

Das 6. Kapitel

Gesetz der Geweihten.
Hohepriesterlicher Segen.

1. Und der Herr redete mit Mose und
sprach:
2. Sage den Kindern Israel und sprich zu
ihnen: Wenn ein Mann oder Weib ein besonderes Gelübde tut, dem Herrn sich zu
enthalten, 1. Sam. 1,11.
3. der soll sich Weins und starken Ge-
tränks enthalten; Weinessig oder Essig
von starkem Getränk soll er auch nicht
trinken, auch nichts, das aus Weinbeeren
gemacht wird; er soll weder frische noch
dürre Weinbeeren essen. Luk. 1,15.
4. Solange solch ein Gelübde währt, soll
er nichts essen, das man vom Weinstock
macht, vom Weinkern bis zu den Hülsen.
5. Solange die Zeit solches seines Gelübdes währt, soll kein *Schermesser über
sein Haupt fahren, bis daß die Zeit aus sei,
die er dem Herrn gelobt hat; denn er ist
heilig und soll das Haar auf seinem Haupt
lassen frei wachsen. *Richt. 13,5.
6. Die ganze Zeit über, die er dem Herrn
gelobt hat, soll er zu keinem Toten gehen.
7. Er soll sich auch nicht verunreinigen
an dem Tod *seines Vaters, seiner Mutter,
seines Bruders oder seiner Schwester;
denn das Gelübde seines Gottes ist auf
seinem Haupt. *3. Mose 21,11.
8. Die ganze Zeit seines Gelübdes soll er
dem Herrn heilig sein.
9. Und wo jemand vor ihm unversehens
plötzlich stirbt, da wird das Haupt seines
Gelübdes verunreinigt; darum soll er sein
Haupt scheren am Tage seiner Reinigung,
das ist *am siebenten Tage. *K. 19,11.
10. Und am achten Tage soll er zwei
*Turteltauben bringen oder zwei junge
Tauben zum Priester vor die Tür der Hütte
des Stifts. *3. Mose 5,7.
11. Und der Priester soll eine zum Sündopfer und die andere zum Brandopfer machen und ihn versöhnen, darum daß er
sich an einem Toten versündigt hat, und
also sein Haupt desselben Tages heiligen,
12. daß er dem Herrn die Zeit seines Gelübdes aushalte. Und soll ein jähriges
Lamm bringen zum Schuldopfer. Aber die
vorigen Tage sollen umsonst sein, darum
daß sein Gelübde verunreinigt ist.
13. Dies ist das Gesetz des Gottgeweihten: wenn die Zeit seines Gelübdes aus ist,
so soll man ihn bringen vor die Tür der
Hütte des Stifts.
14. Und er soll bringen sein Opfer dem
Herrn, ein jähriges Lamm ohne Fehl zum
Brandopfer und ein jähriges Schaf ohne
Fehl zum Sündopfer und einen Widder
ohne Fehl zum Dankopfer
15. und einen Korb mit ungesäuerten
Kuchen von Semmelmehl, mit Öl gemengt, und ungesäuerte Fladen, mit Öl
bestrichen, und ihre Speisopfer und
Trankopfer.
16. Und der Priester soll's vor den Herrn
bringen und soll sein Sündopfer und sein
Brandopfer machen.
17. Und den Widder soll er zum Dankopfer machen dem Herrn samt dem Korbe
mit dem ungesäuerten Brot; und soll auch
sein Speisopfer und sein Trankopfer machen.
18. Und der Geweihte *soll das Haupt
seines Gelübdes scheren vor der Tür der
Hütte des Stifts und soll das Haupthaar
seines Gelübdes nehmen und aufs Feuer
werfen, das unter dem Dankopfer ist.
*Apg. 18,18.
19. Und der Priester soll den gekochten

Bug nehmen von dem Widder und einen ungesäuerten Kuchen aus dem Korbe und einen ungesäuerten Fladen und soll's dem Geweihten auf seine Hände legen, nachdem er sein Gelübde abgeschoren hat,

20. und der Priester soll's vor dem Herrn weben. Das ist heilig dem Priester *samt der Webebrust und der Hebeschulter. Darnach mag der Geweihte Wein trinken. *3. Mose 7,29–34.

21. Das ist das Gesetz des Gottgeweihten, der sein Opfer dem Herrn gelobt wegen seines Gelübdes, außer dem, was er sonst vermag; wie er gelobt hat, soll er tun nach dem Gesetz seines Gelübdes.

22. Und der Herr redete mit Mose und sprach:

23. Sage Aaron und seinen Söhnen und sprich: Also sollt ihr sagen zu den Kindern Israel, wenn ihr sie *segnet: *3. Mose 9,22.23.

24. Der Herr segne dich und behüte dich; Ps. 121.

25. der Herr lasse sein Angesicht leuchten über dir und sei dir gnädig; Ps. 80,4.

26. der Herr hebe sein Angesicht über dich und gebe dir Frieden. Ps. 69,17.18.

27. Denn ihr sollt meinen Namen auf die Kinder Israel legen, daß ich sie segne.

Das 7. Kapitel

Opfer der Stammesfürsten zur Einweihung der Stiftshütte.

1. Und da Mose die Wohnung aufgerichtet hatte und sie *gesalbt und geheiligt mit allem ihrem Geräte, dazu auch den Altar mit allem seinem Geräte gesalbt und geheiligt, *2. Mose 40,9.10.

2. da opferten die Fürsten Israels, die Häupter waren in ihren Vaterhäusern; denn sie waren die Obersten unter den Stämmen und standen obenan unter denen, die gezählt waren.

3. Und sie brachten ihre Opfer vor den Herrn, sechs bedeckte Wagen und zwölf Rinder, je einen Wagen für zwei Fürsten und einen Ochsen für einen, und brachten sie vor die Wohnung.

4. Und der Herr sprach zu Mose:

5. Nimm's von ihnen, daß es diene zum Dienst der Hütte des Stifts, und gib's den Leviten, einem jeglichen nach seinem Amt.

6. Da nahm Mose die Wagen und Rinder und gab sie den Leviten.

7. Zwei Wagen und vier Rinder gab er den Kindern Gerson nach ihrem Amt;

8. und vier Wagen und acht Ochsen gab er den Kindern Merari nach ihrem Amt unter der Hand *Ithamars, des Sohnes Aarons, des Priesters; *2. Mose 38,21; K. 4,28.33.

9. den Kindern Kahath aber gab er nichts, darum daß sie ein heiliges Amt auf sich hatten und *auf ihren Achseln tragen mußten. *K. 4,15.

10. Und die Fürsten opferten zur *Einweihung des Altars an dem Tage, da er gesalbt ward, und opferten ihre Gabe vor dem Altar. *2. Chron. 7,9.

11. Und der Herr sprach zu Mose: Laß einen jeglichen *Fürsten an seinem Tage sein Opfer bringen zur Einweihung des Altars. *K. 1,4–16; 2,3–29.

12. Am ersten Tage opferte seine Gabe Nahesson, der Sohn Amminadabs, des Stammes Juda.

13. Und seine Gabe war eine silberne Schüssel, 130 Lot schwer, eine silberne Schale, 70 Lot schwer nach dem Lot des Heiligtums, beide voll Semmelmehl, mit Öl gemengt, zum Speisopfer;

14. dazu einen goldenen Löffel, zehn Lot schwer, voll Räuchwerk,

15. einen jungen Farren, einen Widder, ein jähriges Lamm zum Brandopfer;

16. einen Ziegenbock zum Sündopfer;

17. und zum Dankopfer zwei Rinder, fünf Widder, fünf Böcke und fünf jährige Lämmer. Das ist die Gabe Nahessons, des Sohnes Amminadabs.

18. Am zweiten Tage opferte Nathanael, der Sohn Zuars, der Fürst Isaschars.

19. Seine Gabe war eine silberne Schüssel, 130 Lot schwer, eine silberne Schale, 70 Lot schwer nach dem Lot des Heiligtums, beide voll Semmelmehl, mit Öl gemengt, zum Speisopfer;

20. dazu einen goldenen Löffel, zehn Lot schwer, voll Räuchwerk,

21. einen jungen Farren, einen Widder, ein jähriges Lamm zum Brandopfer;

22. einen Ziegenbock zum Sündopfer;

23. und zum Dankopfer zwei Rinder, fünf Widder, fünf Böcke und fünf jährige Lämmer. Das ist die Gabe Nathanaels, des Sohnes Zuars.

24. Am dritten Tage der Fürst der Kinder Sebulon, Eliab, der Sohn Helons.

25. Seine Gabe war eine silberne Schüssel, 130 Lot schwer, eine silberne Schale, 70 Lot schwer nach dem Lot des Heiligtums, beide voll Semmelmehl, mit Öl gemengt, zum Speisopfer;

26. dazu einen goldenen Löffel, zehn Lot schwer, voll Räuchwerk,

27. einen jungen Farren, einen Widder, ein jähriges Lamm zum Brandopfer;

28. einen Ziegenbock zum Sündopfer;
29. und zum Dankopfer zwei Rinder, fünf Widder, fünf Böcke und fünf jährige Lämmer. Das ist die Gabe Eliabs, des Sohnes Helons.
30. Am vierten Tage der Fürst der Kinder Ruben, Elizur, der Sohn Sedeurs.
31. Seine Gabe war eine silberne Schüssel, 130 Lot schwer, eine silberne Schale, 70 Lot schwer nach dem Lot des Heiligtums, beide voll Semmelmehl, mit Öl gemengt, zum Speisopfer;
32. dazu einen goldenen Löffel, zehn Lot schwer, voll Räuchwerk,
33. einen jungen Farren, einen Widder, ein jähriges Lamm zum Brandopfer;
34. einen Ziegenbock zum Sündopfer;
35. und zum Dankopfer zwei Rinder, fünf Widder, fünf Böcke und fünf jährige Lämmer. Das ist die Gabe Elizurs, des Sohnes Sedeurs.
36. Am fünften Tage der Fürst der Kinder Simeon, Selumiel, der Sohn Zuri-Saddais.
37. Seine Gabe war eine silberne Schüssel, 130 Lot schwer, eine silberne Schale, 70 Lot schwer nach dem Lot des Heiligtums, beide voll Semmelmehl, mit Öl gemengt, zum Speisopfer;
38. dazu einen goldenen Löffel, zehn Lot schwer, voll Räuchwerk,
39. einen jungen Farren, einen Widder, ein jähriges Lamm zum Brandopfer;
40. einen Ziegenbock zum Sündopfer;
41. und zum Dankopfer zwei Rinder, fünf Widder, fünf Böcke und fünf jährige Lämmer. Das ist die Gabe Selumiels, des Sohnes Zuri-Saddais.
42. Am sechsten Tage der Fürst der Kinder Gad, Eljasaph, der Sohn Deguels.
43. Seine Gabe war eine silberne Schüssel, 130 Lot schwer, eine silberne Schale, 70 Lot schwer nach dem Lot des Heiligtums, beide voll Semmelmehl, mit Öl gemengt, zum Speisopfer;
44. dazu einen goldenen Löffel, zehn Lot schwer, voll Räuchwerk,
45. einen jungen Farren, einen Widder, ein jähriges Lamm zum Brandopfer;
46. einen Ziegenbock zum Sündopfer;
47. und zum Dankopfer zwei Rinder, fünf Widder, fünf Böcke, fünf jährige Lämmer. Das ist die Gabe Eljasaphs, des Sohnes Deguels.
48. Am siebenten Tage der Fürst der Kinder Ephraim, Elisama, der Sohn Ammihuds.
49. Seine Gabe war eine silberne Schüssel, 130 Lot schwer, eine silberne Schale, 70 Lot schwer nach dem Lot des Heiligtums, beide voll Semmelmehl, mit Öl gemengt, zum Speisopfer;
50. dazu einen goldenen Löffel, zehn Lot schwer, voll Räuchwerk,
51. einen jungen Farren, einen Widder, ein jähriges Lamm zum Brandopfer;
52. einen Ziegenbock zum Sündopfer;
53. und zum Dankopfer zwei Rinder, fünf Widder, fünf Böcke, fünf jährige Lämmer. Das ist die Gabe Elisamas, des Sohnes Ammihuds.
54. Am achten Tage der Fürst der Kinder Manasse, Gamliel, der Sohn Pedazurs.
55. Seine Gabe war eine silberne Schüssel, 130 Lot schwer, eine silberne Schale, 70 Lot schwer nach dem Lot des Heiligtums, beide voll Semmelmehl, mit Öl gemengt, zum Speisopfer;
56. dazu einen goldenen Löffel, zehn Lot schwer, voll Räuchwerk,
57. einen jungen Farren, einen Widder, ein jähriges Lamm zum Brandopfer;
58. einen Ziegenbock zum Sündopfer;
59. und zum Dankopfer zwei Rinder, fünf Widder, fünf Böcke, fünf jährige Lämmer. Das ist die Gabe Gamliels, des Sohnes Pedazurs.
60. Am neunten Tage der Fürst der Kinder Benjamin, Abidan, der Sohn des Gideoni.
61. Seine Gabe war eine silberne Schüssel, 130 Lot schwer, eine silberne Schale, 70 Lot schwer nach dem Lot des Heiligtums, beide voll Semmelmehl, mit Öl gemengt, zum Speisopfer;
62. dazu einen goldenen Löffel, zehn Lot schwer, voll Räuchwerk,
63. einen jungen Farren, einen Widder, ein jähriges Lamm zum Brandopfer;
64. einen Ziegenbock zum Sündopfer;
65. und zum Dankopfer zwei Rinder, fünf Widder, fünf Böcke, fünf jährige Lämmer. Das ist die Gabe Abidans, des Sohnes Gideonis.
66. Am zehnten Tage der Fürst der Kinder Dan, Ahi-Eser, der Sohn Ammi-Saddais.
67. Seine Gabe war eine silberne Schüssel, 130 Lot schwer, eine silberne Schale, 70 Lot schwer nach dem Lot des Heiligtums, beide voll Semmelmehl, mit Öl gemengt, zum Speisopfer;
68. dazu einen goldenen Löffel, zehn Lot schwer, voll Räuchwerk,
69. einen jungen Farren, einen Widder, ein jähriges Lamm zum Brandopfer;
70. einen Ziegenbock zum Sündopfer;
71. und zum Dankopfer zwei Rinder, fünf Widder, fünf Böcke, fünf jährige Läm-

mer. Das ist die Gabe Ahi-Esers, des Sohnes Ammi-Saddais.
72. Am elften Tage der Fürst der Kinder Asser, Pagiel, der Sohn Ochrans.
73. Seine Gabe war eine silberne Schüssel, 130 Lot schwer, eine silberne Schale, 70 Lot schwer nach dem Lot des Heiligtums, beide voll Semmelmehl, mit Öl gemengt, zum Speisopfer;
74. dazu einen goldenen Löffel, zehn Lot schwer, voll Räuchwerk,
75. einen jungen Farren, einen Widder, ein jähriges Lamm zum Brandopfer;
76. einen Ziegenbock zum Sündopfer;
77. und zum Dankopfer zwei Rinder, fünf Widder, fünf Böcke, fünf jährige Lämmer. Das ist die Gabe Pagiels, des Sohnes Ochrans.
78. Am zwölften Tage der Fürst der Kinder Naphthali, Ahira, der Sohn Enans.
79. Seine Gabe war eine silberne Schüssel, 130 Lot schwer, eine silberne Schale, 70 Lot schwer nach dem Lot des Heiligtums, beide voll Semmelmehl, mit Öl gemengt, zum Speisopfer;
80. dazu einen goldenen Löffel, zehn Lot schwer, voll Räuchwerk,
81. einen jungen Farren, einen Widder, ein jähriges Lamm zum Brandopfer;
82. einen Ziegenbock zum Sündopfer;
83. und zum Dankopfer zwei Rinder, fünf Widder, fünf Böcke, fünf jährige Lämmer. Das ist die Gabe Ahiras, des Sohnes Enans.
84. Das ist die Einweihung des Altars zur Zeit, da er gesalbt ward, dazu die Fürsten Israels opferten diese zwölf silbernen Schüsseln, zwölf silbernen Schalen, zwölf goldenen Löffel,
85. also daß je eine Schüssel 130 Lot Silber und je eine Schale 70 Lot hatte, daß die Summe alles Silbers am Gefäß betrug 2400 Lot nach dem Lot des Heiligtums.
86. Und der zwölf goldenen Löffel voll Räuchwerk hatte je einer zehn Lot nach dem Lot des Heiligtums, daß die Summe Goldes an den Löffeln betrug 120 Lot.
87. Die Summe der Rinder zum Brandopfer war zwölf Farren, zwölf Widder, zwölf jährige Lämmer samt ihren Speisopfern und zwölf Ziegenböcke zum Sündopfer.
88. Und die Summe der Rinder zum Dankopfer war vierundzwanzig Farren, sechzig Widder, sechzig Böcke, sechzig jährige Lämmer. Das ist die Einweihung des Altars, da er gesalbt ward.
89. Und wenn Mose in die Hütte des Stifts ging, daß *mit ihm geredet würde, so hörte er die Stimme mit ihm reden von dem Gnadenstuhl, der auf der Lade des Zeugnisses war, zwischen den zwei Cherubim; †dort ward mit ihm geredet.

*2. Mose 25,21.22. †1. Sam. 3,3–14.

Das 8. Kapitel

Von dem goldenen Leuchter.
Einweihung und Dienstzeit der Leviten.

1. Und der Herr redete mit Mose und sprach:
2. Rede mit Aaron und sprich zu ihm: Wenn du die Lampen aufsetzest, sollst du sie also setzen, daß sie alle sieben vorwärts von dem Leuchter scheinen.

2. Mose 25,31–40.

3. Und Aaron tat also und setzte die Lampen auf, vorwärts von dem Leuchter zu scheinen, wie der Herr dem Mose geboten hatte.
4. Der Leuchter aber war getriebenes Gold, beide, sein Schaft und seine Blumen; nach dem Gesicht, das der Herr dem Mose gezeigt hatte, also machte er den Leuchter.
5. Und der Herr redete mit Mose und sprach:
6. Nimm die Leviten aus den Kindern Israel und reinige sie. Mal. 3,3.
7. Also sollst du aber mit ihnen tun, daß du sie reinigst: du sollst *Sündwasser auf sie sprengen, und sie sollen †alle ihre Haare rein abscheren und ihre Kleider waschen, so sind sie rein.

*K. 5,17; 19,9.17. †3. Mose 14,8.

8. Dann sollen sie nehmen einen jungen Farren und sein Speisopfer, Semmelmehl, mit Öl gemengt; und einen andern jungen Farren sollst du zum Sündopfer nehmen.
9. Und sollst die Leviten vor die Hütte des Stifts bringen und die ganze Gemeinde der Kinder Israel versammeln
10. und die Leviten vor den Herrn bringen; und die Kinder Israel sollen ihre Hände auf die Leviten legen,
11. und *Aaron soll die Leviten vor dem Herrn weben als Webeopfer von den Kindern Israel, auf daß sie dienen mögen in dem Amt des Herrn. *V. 21.
12. Und die Leviten sollen ihre Hände aufs Haupt der Farren legen, und einer soll zum Sündopfer, der andere zum Brandopfer dem Herrn gemacht werden, die Leviten zu versöhnen.
13. Und sollst die Leviten vor Aaron und seine Söhne stellen und vor dem Herrn weben,
14. und sollst sie also aussondern von

den Kindern Israel, *daß sie mein seien.
*K.3,45.
15. Darnach sollen sie hineingehen, daß
sie dienen in der Hütte des Stifts. Also
sollst du sie reinigen und weben;
16. denn sie sind mein Geschenk von den
Kindern Israel, und ich habe sie mir genommen für alles, was die Mutter bricht,
nämlich für die Erstgeburt aller Kinder
Israel. K.3,12.
17. Denn alle Erstgeburt unter den Kindern Israel ist mein, der Menschen und
des Viehes, seit der Zeit ich alle Erstgeburt
in Ägyptenland schlug und heiligte sie mir
2.Mose 13,2.
18. und nahm die Leviten an für alle
Erstgeburt unter den Kindern Israel
19. und gab sie zum *Geschenk Aaron
und seinen Söhnen aus den Kindern Israel, daß sie dienen im Amt der Kinder Israel
in der Hütte des Stifts, die Kinder Israel zu
versöhnen, auf daß nicht unter den Kindern Israel sei eine Plage, so sie sich nahen
wollten zum Heiligtum. *K.3,9.
20. Und Mose mit Aaron samt der ganzen
Gemeinde der Kinder Israel taten mit den
Leviten alles, wie der Herr dem Mose geboten hatte.
21. Und die Leviten entsündigten sich
und wuschen ihre Kleider, und *Aaron
webte sie vor dem Herrn und versöhnte
sie, daß sie rein wurden. *V.11.
22. Darnach gingen sie hinein, daß sie
ihr Amt täten in der Hütte des Stifts vor
Aaron und seinen Söhnen. Wie der Herr
dem Mose geboten hatte über die Leviten,
also taten sie mit ihnen.
23. Und der Herr redete mit Mose und
sprach:
24. Das ist's, was den Leviten gebührt:
*von fünfundzwanzig Jahren und darüber
taugen sie zum Amt und Dienst in der
Hütte des Stifts; *K.4,3.23.30.47.
25. aber von dem fünfzigsten Jahr an sollen sie ledig sein vom Amt des Dienstes
und sollen nicht mehr dienen,
26. sondern ihren Brüdern helfen des
Dienstes warten an der Hütte des Stifts;
des Amts aber sollen sie nicht pflegen. Also
sollst du mit den Leviten tun, daß ein
jeglicher seines Dienstes warte.

Das 9. Kapitel

Die Kinder Israel halten Passah. Nachpassah für Unreine und Reisende. Wolken- und Feuersäule.

1. Und der Herr redete mit Mose in der
Wüste Sinai im zweiten Jahr, nachdem sie
aus Ägyptenland gezogen waren, im ersten Monat, und sprach:
2. Laß die Kinder Israel Passah halten zu
seiner Zeit, 2.Mose 12; 3.Mose 23,5.
3. am vierzehnten Tage dieses Monats
gegen Abend; zu seiner Zeit sollen sie es
halten nach aller seiner Satzung und seinem Recht.
4. Und Mose redete mit den Kindern Israel, daß sie das Passah hielten.
5. Und sie hielten Passah am vierzehnten
Tage des ersten Monats gegen Abend in
der Wüste Sinai; alles, wie der Herr dem
Mose geboten hatte, so taten die Kinder
Israel.
6. Da waren etliche Männer *unrein geworden an einem toten Menschen, daß sie
nicht konnten Passah halten des Tages.
Die traten vor Mose und Aaron desselben
Tages *K.19,11.
7. und sprachen zu ihm: Wir sind unrein
geworden an einem toten Menschen; warum sollen wir geringer sein, daß wir unsere Gabe dem Herrn nicht bringen dürfen
zu seiner Zeit unter den Kindern Israel?
8. Mose sprach zu ihnen: Harret, ich will
hören, was euch der Herr gebietet.
9. Und der Herr redete mit Mose und
sprach:
10. Sage den Kindern Israel und sprich:
Wenn jemand unrein an einem Toten oder
ferne über Feld ist, unter euch oder unter
euren Nachkommen, der soll dennoch
dem Herrn Passah halten,
11. aber im zweiten Monat, am vierzehnten Tage gegen Abend, und soll's neben
ungesäuertem Brot und bitteren Kräutern
essen,
12. und sie sollen nichts davon übriglassen bis morgen, auch kein Bein daran zerbrechen, und sollen's nach aller Weise des
Passah halten.
13. Wer aber rein und nicht über Feld ist
und läßt es anstehen, das Passah zu halten, des Seele soll ausgerottet werden von
seinem Volk, darum daß er seine Gabe
dem Herrn nicht gebracht hat zu seiner
Zeit; er soll seine Sünde tragen.
14. Und wenn ein Fremdling bei euch
wohnt und auch dem Herrn Passah hält,
der soll's halten nach der Satzung und
dem Recht des Passah. Diese Satzung soll
euch gleich sein, dem Fremden wie des
Landes Einheimischen.
15. Und des Tages, da die Wohnung aufgerichtet ward, bedeckte sie *eine Wolke
auf der Hütte des Zeugnisses; und des
Abends bis an den Morgen war über der
Wohnung eine Gestalt des Feuers.
*2.Mose 40,34–38.
16. Also geschah's immerdar, daß die

Wolke sie bedeckte, und des Nachts die Gestalt des Feuers.

17. Und so oft sich die Wolke aufhob von der Hütte, so zogen die Kinder Israel; und an welchem Ort die Wolke blieb, da lagerten sich die Kinder Israel.

18. Nach dem Wort des Herrn zogen die Kinder Israel, und nach seinem Wort lagerten sie sich. Solange die Wolke auf der Wohnung blieb, so lange lagen sie still.

19. Und wenn die Wolke viele Tage verzog auf der Wohnung, so taten die Kinder Israel nach dem Gebot des Herrn und zogen nicht.

20. Und wenn's war, daß die Wolke auf der Wohnung nur etliche Tage blieb, so lagerten sie sich nach dem Wort des Herrn und zogen nach dem Wort des Herrn.

21. Wenn die Wolke da war von Abend bis an den Morgen und sich dann erhob, so zogen sie; oder wenn sie sich des Tages oder des Nachts erhob, so zogen sie auch.

22. Wenn sie aber zwei Tage oder einen Monat oder länger auf der Wohnung blieb, so lagen die Kinder Israel und zogen nicht; und wenn sie sich dann erhob, so zogen sie.

23. Denn nach des Herrn Mund lagen sie, und nach des Herrn Mund zogen sie, daß sie täten, wie der Herr gebot, nach des Herrn Wort durch Mose.

Das 10. Kapitel

Gebrauch der Drommeten. Aufbruch des Volks aus der Wüste Sinai.

1. Und der Herr redete mit Mose und sprach:

2. Mache dir zwei Drommeten von getriebenem Silber, daß du sie brauchest, die Gemeinde zu berufen und wenn das Heer aufbrechen soll. K.31,6.

3. Wenn man mit beiden schlicht bläst, soll sich zu dir versammeln die ganze Gemeinde vor die Tür der Hütte des Stifts.

4. Wenn man nur mit einer schlicht bläst, so sollen sich zu dir versammeln die Fürsten, die Obersten über die Tausende in Israel.

5. Wenn ihr aber drommetet, so sollen die Lager aufbrechen, die gegen Morgen liegen.

6. Und wenn ihr zum andernmal drommetet, so sollen die Lager aufbrechen, die gegen Mittag liegen. Denn wenn sie reisen sollen, so sollt ihr drommeten.

7. Wenn aber die Gemeinde zu versammeln ist, sollt ihr schlicht blasen und nicht drommeten.

8. Es sollen aber solch Blasen mit den Drommeten die Söhne Aarons, die Priester, tun; und das soll euer Recht sein ewiglich bei euren Nachkommen.

9. Wenn ihr in einen Streit ziehet in eurem Lande wider eure Feinde, die euch bedrängen, so sollt ihr drommeten mit den Drommeten, daß euer gedacht werde vor dem Herrn, eurem Gott, und ihr erlöst werdet von euren Feinden.

10. Desgleichen, wenn ihr *fröhlich seid, und an euren Festen und an euren Neumonden sollt ihr mit den Drommeten blasen über eure Brandopfer und Dankopfer, daß es euch sei zum Gedächtnis vor eurem Gott. Ich bin der Herr, euer Gott.

*3.Mose 23,24; 2.Kön. 11,14; 2.Chron.7,6.

11. Am zwanzigsten Tage im zweiten Monat des zweiten Jahrs erhob sich die Wolke von der Wohnung des Zeugnisses.

12. Und die Kinder Israel brachen auf und zogen aus der Wüste Sinai, und die Wolke blieb in der Wüste Pharan.

13. Es brachen aber auf die ersten nach dem Wort des Herrn durch Mose; K.1–4.

14. nämlich das Panier des Lagers der Kinder Juda zog am ersten mit ihrem Heer, und über ihr Heer war Nahesson, der Sohn Amminadabs;

15. und über das Heer des Stammes der Kinder Isaschar war Nathanael, der Sohn Zuars;

16. und über das Heer des Stammes der Kinder Sebulon war Eliab, der Sohn Helons.

17. Da zerlegte man die Wohnung, und zogen die Kinder Gerson und Merari und trugen die Wohnung.

18. Darnach zog das Panier des Lagers Rubens mit ihrem Heer, und über ihr Heer war Elizur, der Sohn Sedeurs;

19. und über das Heer des Stammes der Kinder Simeon war Selumiel, der Sohn Zuri-Saddais;

20. und Eljasaph, der Sohn Deguels, über das Heer des Stammes der Kinder Gad.

21. Da zogen auch die Kahathiten und trugen das Heiligtum; und jene richteten die Wohnung auf, bis diese nachkamen.

22. Darnach zog das Panier des Lagers der Kinder Ephraim mit ihrem Heer, und über ihr Heer war Elisama, der Sohn Ammihuds;

23. und Gamliel, der Sohn Pedazurs, über das Heer des Stammes der Kinder Manasse;

24. und Abidan, der Sohn des Gideoni, über das Heer des Stammes der Kinder Benjamin.

25. Darnach zog das Panier des Lagers
der Kinder Dan mit ihrem Heer; und so
waren die Lager alle auf. Und Ahi-Eser, der
Sohn Ammi-Saddais, war über ihr Heer;
26. und Pagiel, der Sohn Ochrans, über
das Heer des Stammes der Kinder Asser;
27. und Ahira, der Sohn Enans, über das
Heer des Stammes der Kinder Naphthali.
28. So zogen die Kinder Israel mit ihrem
Heer.
29. Und Mose sprach zu seinem Schwager Hobab, dem Sohn Reguels, aus Midian: Wir ziehen dahin an die Stätte, davon der Herr gesagt hat: Ich will sie euch
geben; so komm nun mit uns, so wollen
wir das Beste an dir tun; denn der Herr hat
Israel Gutes zugesagt.
Richt. 1,16; 2. Mose 2,18.
30. Er aber antwortete: Ich will nicht mit
euch, sondern in mein Land zu meiner
Freundschaft ziehen.
31. Er sprach: Verlaß uns doch nicht,
denn du weißt, wo wir in der Wüste uns
lagern sollen, und sollst unser Auge sein.
32. Und wenn du mit uns ziehst: was der
Herr Gutes an uns tut, das wollen wir an
dir tun.
33. Also zogen sie von dem Berge des
Herrn drei Tagereisen, und die Lade des
Bundes des Herrn zog vor ihnen her die
drei Tagereisen, ihnen zu weisen, wo sie
ruhen sollten.
34. Und die Wolke des Herrn war des
Tages über ihnen, wenn sie aus dem Lager
zogen. 2. Mose 13,21.
35. Und wenn die Lade zog, so sprach
Mose: Herr, *stehe auf! laß deine Feinde
zerstreut und die dich hassen, flüchtig
werden vor dir! *Ps. 68,2; 132,8.
36. Und wenn sie ruhte, so sprach er:
Komm wieder, Herr, zu der Menge der
Tausende Israels!

Das 11. Kapitel

Lagerbrand. Lüsternheit des Volkes.
Siebzig Älteste, welche weissagen. Wachteln und Lustgräber.

1. Und da sich das Volk ungeduldig
machte, gefiel es übel vor den Ohren des
Herrn. Und als es der Herr hörte, ergrimmte sein Zorn, und zündete *das
Feuer des Herrn unter ihnen an; das verzehrte die äußersten Lager.
*3. Mose 10,2.
2. Da schrie das Volk zu Mose, und Mose
bat den Herrn; da verschwand das Feuer.
3. Und man hieß die Stätte Thabeera,
darum daß sich unter ihnen des Herrn
Feuer entzündet hatte.
4. Das Pöbelvolk aber unter ihnen war
lüstern geworden, und sie saßen und
weinten samt den Kindern Israel und sprachen: Wer *will uns Fleisch zu essen geben? *2. Mose 16,3.
5. Wir gedenken der Fische, die wir in
Ägypten umsonst aßen, und der Kürbisse,
der Melonen, des Lauchs, der Zwiebeln
und des Knoblauchs.
6. Nun aber ist unsre Seele matt; denn
unsre Augen sehen nichts als das Man.
7. Es war aber das *Man wie Koriandersamen und anzusehen wie Bedellion.
*2. Mose 16,14–31.
8. Und das Volk lief hin und her und
sammelte und zerrieb es mit Mühlen und
stieß es in Mörsern und kochte es in Töpfen und machte sich Aschenkuchen daraus; und es hatte einen Geschmack wie ein
Ölkuchen.
9. Und wenn des Nachts der Tau über die
Lager fiel, so fiel das Man mit darauf.
10. Da nun Mose das Volk hörte weinen
unter ihren Geschlechtern, einen jeglichen in seiner Hütte Tür, da ergrimmte
der Zorn des Herrn sehr, und Mose ward
auch bange.
11. Und Mose sprach zu dem Herrn: Warum bekümmerst du deinen Knecht? und
warum finde ich nicht Gnade vor deinen
Augen, daß du die Last dieses ganzen
Volks auf mich legst?
12. Habe ich nun all das Volk empfangen
oder geboren, daß du zu mir sagen magst:
Trag es in deinen Armen, wie eine Amme
ein Kind trägt, in das Land, das du ihren
Vätern geschworen hast?
13. Woher soll ich Fleisch nehmen, daß
ich allem diesem Volk gebe? Sie weinen
vor mir und sprechen: Gib uns Fleisch,
daß wir essen.
14. Ich vermag alles das Volk nicht allein
zu ertragen; denn es ist mir zu schwer.
15. Und willst du also mit mir tun, *so
erwürge mich lieber, habe ich anders Gnade vor deinen Augen gefunden, daß ich
nicht mein Unglück so sehen müsse.
*2. Mose 32,32.
16. Und der Herr sprach zu Mose: Sammle mir siebzig Männer unter den *Ältesten
Israels, von denen du weißt, daß sie Älteste im Volk und seine Amtleute sind, und
nimm sie vor die Hütte des Stifts und
stelle sie daselbst vor dich,
*2. Mose 18,21; 24,1.
17. so will ich herniederkommen und
mit dir daselbst reden und von deinem

Geist, der auf dir ist, nehmen und auf sie
legen, daß sie mit dir die Last des Volkes
tragen, daß du nicht allein tragest.
18. Und zum Volk sollst du sagen: *Heiliget euch auf morgen, daß ihr Fleisch esset; denn euer Weinen ist vor die Ohren
des Herrn gekommen, die ihr sprecht:
Wer gibt uns Fleisch zu essen? denn es
ging uns wohl in Ägypten. Darum wird
euch der Herr Fleisch geben, daß ihr esset, *2. Mose 19,10.
19. nicht einen Tag, nicht zwei, nicht
fünf, nicht zehn, nicht zwanzig Tage lang,
20. sondern einen Monat lang, bis daß es
euch zur Nase ausgehe und euch ein Ekel
sei; darum daß ihr den Herrn verworfen
habt, der unter euch ist, und vor ihm geweint und gesagt: Warum sind wir aus
Ägypten gegangen?
21. Und Mose sprach: Sechshunderttau-
send Mann Fußvolk ist es, darunter ich
bin, und du sprichst: Ich will euch Fleisch
geben, daß ihr esset einen Monat lang!
22. Soll *man Schafe und Rinder
schlachten, daß es ihnen genug sei? Oder
werden sich alle Fische des Meeres herzu
versammeln, daß es ihnen genug sei?
*Joh. 6,7.
23. Der Herr aber sprach zu Mose: Ist
denn *die Hand des Herrn verkürzt? Aber
du sollst jetzt sehen, ob meine Worte können dir etwas gelten oder nicht.
*Jes. 50,2; 59,1.
24. Und Mose ging heraus und sagte dem
Volk des Herrn Worte und versammelte
siebzig Männer unter den Ältesten des
Volks und stellte sie um die Hütte her.
25. Da kam der Herr hernieder in der
Wolke und redete mit ihm und nahm von
dem Geist, der auf ihm war, und legte ihn
auf die siebzig ältesten Männer. Und da der
Geist auf ihnen ruhte, weissagten sie und
hörten nicht auf.
26. Es waren aber noch zwei Männer im
Lager geblieben; der eine hieß Eldad, der
andere Medad, und der Geist ruhte auf
ihnen; denn sie waren auch angeschrieben
und doch nicht hinausgegangen zu der
Hütte, und sie weissagten im Lager.
27. Da lief ein Knabe hin und sagte es
Mose an und sprach: Eldad und Medad
weissagen im Lager.
28. Da antwortete *Josua, der Sohn
Nuns, Mose's Diener, den er erwählt hatte,
und sprach: Mein Herr Mose, wehre ihnen. *K. 13,16; 2. Mose 24,13.
29. Aber Mose sprach zu ihm: *Bist du
der Eiferer für mich? Wollte Gott, daß †all
das Volk des Herrn weissagte und der Herr
seinen Geist über sie gäbe!
*Mark. 9,39. †Joel 3,1.
30. Also sammelte sich Mose zum Lager
mit den Ältesten Israels.
31. Da fuhr aus der Wind von dem Herrn
und *ließ Wachteln kommen vom Meer
und streute sie über das Lager, hier eine
Tagereise lang, da eine Tagereise lang um
das Lager her, zwei Ellen hoch über der
Erde. *2. Mose 16,13.
32. Da machte sich das Volk auf denselben ganzen Tag und die ganze Nacht und
den andern ganzen Tag und sammelten
Wachteln; und welcher am wenigsten
sammelte, der sammelte zehn Homer.
Und sie hängten sie auf um das Lager her.
33. Da aber das Fleisch noch unter ihren
Zähnen war und ehe es aufgezehrt war, da
ergrimmte der Zorn des Herrn unter dem
Volk, und schlug sie mit einer großen Plage.
34. Daher heißt diese Stätte Lustgräber,
darum daß man daselbst begrub das *lü-
sterne Volk. *1. Kor. 10,6.
35. Von den Lustgräbern aber zog das
Volk aus gen Hazeroth, und sie blieben zu
Hazeroth.

Das 12. Kapitel

Die murrende Mirjam wird aussätzig.

1. Und Mirjam und Aaron redeten wider
Mose um seines Weibes willen, der Mohrin, die er genommen hatte, darum daß er
eine Mohrin zum Weibe genommen hatte,
2. Mose 2,21.
2. und sprachen: Redet denn der Herr
allein durch Mose? Redet er nicht auch
durch uns? Und der Herr hörte es.
3. Aber Mose war ein sehr geplagter
Mensch über alle Menschen auf Erden.
4. Und plötzlich sprach der Herr zu Mose
und zu Aaron und zu Mirjam: Gehet heraus, ihr drei, zu der Hütte des Stifts. Und
sie gingen alle drei heraus.
5. Da *kam der Herr hernieder in der
Wolkensäule und trat in der Hütte Tür
und rief Aaron und Mirjam; und die gingen beide hinaus. *2. Mose 16,10.
6. Und er sprach: Höret meine Worte: Ist
jemand unter euch ein Prophet des Herrn,
dem will ich mich kundmachen in einem
Gesicht oder will mit ihm reden in einem
Traum.
7. Aber nicht also mein Knecht Mose,
*der in meinem ganzen Hause treu ist.
*Hebr. 3,2.
8. Mündlich *rede ich mit ihm, und er
sieht den Herrn in seiner Gestalt, nicht
durch dunkle Worte oder Gleichnisse.

Warum habt ihr euch denn nicht gefürchtet, wider meinen Knecht Mose zu reden?
*2. Mose 33,11.23.
9. Und der Zorn des Herrn ergrimmte
über sie, und er wandte sich weg;
10. dazu die Wolke wich auch von der
Hütte. Und siehe, da war Mirjam aussätzig
wie der Schnee. Und Aaron wandte sich zu
Mirjam und wird gewahr, daß sie aussätzig ist, 5. Mose 24,9.
11. und sprach zu Mose: Ach, mein Herr,
laß die Sünde nicht auf uns bleiben, mit
der wir töricht getan und uns versündigt
haben,
12. daß diese nicht sei wie ein Totes, das
von seiner Mutter Leibe kommt und ist
schon die Hälfte seines Fleisches gefressen.
13. Mose aber schrie zu dem Herrn und
sprach: Ach Gott, *heile sie! *2. Mose 15,26.
14. Der Herr sprach zu Mose: Wenn ihr
Vater ihr ins Angesicht gespieen hätte,
sollte sie nicht sieben Tage sich schämen?
Laß sie verschließen sieben Tage *außerhalb des Lagers; darnach laß sie wieder
aufnehmen. *3. Mose 13,46.
15. Also ward Mirjam sieben Tage verschlossen außerhalb des Lagers. Und das
Volk zog nicht weiter, bis Mirjam aufgenommen ward.
16. [K. 13,1.] Darnach zog das Volk von
Hazeroth und lagerte sich in die Wüste
Pharan.

Das 13. Kapitel.

Ins Land Kanaan werden Kundschafter gesandt; sie kommen zurück und machen dem Volk bange.
(Vgl. 5. Mose 1,19–25.)

1. [2.] Und der Herr redete mit Mose und
sprach:
2. [3.] Sende Männer aus, die das Land
Kanaan erkunden, das ich den Kindern
Israel geben will, aus jeglichem Stamm
ihrer Väter einen vornehmen Mann.
3. [4.] Mose, der sandte sie aus der Wüste
Pharan nach dem Wort des Herrn, die alle
vornehme Männer waren unter den Kindern Israel,
4. [5.] und hießen also: Sammua, der
Sohn Sakkurs, des Stammes Ruben,
5. [6.] Saphat, der Sohn Horis, des Stammes Simeon;
6. [7.] Kaleb, der Sohn Jephunnes, des
Stammes Juda; Jos. 14,7.
7. [8.] Jigeal, der Sohn Josephs, des
Stammes Isaschar;
8. [9.] Hosea, der Sohn Nuns, des Stammes Ephraim; V. 16; 1. Chron. 7,27.
9. [10.] Palti, der Sohn Raphus, des
Stammes Benjamin;
10. [11.] Gaddiel, der Sohn Sodis, des
Stammes Sebulon;
11. [12.] Gaddi, der Sohn Susis, des
Stammes Joseph von Manasse;
12. [13.] Ammiel, der Sohn Gemallis, des
Stammes Dan;
13. [14.] Sethur, der Sohn Michaels, des
Stammes Asser;
14. [15.] Nahebi, der Sohn Vaphsis, des
Stammes Naphthali;
15. [16.] Guel, der Sohn Machis, des
Stammes Gad.
16. [17.] Das sind die Namen der Männer, die Mose aussandte, zu erkunden das
Land. Aber den Hosea, den Sohn Nuns,
nannte Mose *Josua. *K. 11,28.
17. [18.] Da sie nun Mose sandte, das
Land Kanaan zu erkunden, sprach er zu
ihnen: Ziehet hinauf ins Mittagsland und
geht auf das Gebirge
18. [19.] und besehet das Land, wie es ist,
und das Volk, das darin wohnt, ob's stark
oder schwach, wenig oder viel ist;
19. [20.] und was es für ein Land ist,
darin sie wohnen, ob's gut oder böse sei;
und was es für Städte sind, darin sie wohnen, ob sie in Gezelten oder Festungen
wohnen;
20. [21.] und was es für Land sei, ob's fett
oder mager sei und ob Bäume darin sind
oder nicht. Seid getrost und nehmet die
Früchte des Landes. Es war aber eben um
die Zeit der ersten Weintrauben.
21. [22.] Sie gingen hinauf und erkunde-
ten das Land von der Wüste Zin bis gen
Rehob, da man gen Hamath geht.
22. [23.] Sie gingen auch hinauf bis Mittagsland und kamen bis gen Hebron; da
waren Ahiman, Sesai und Thalmai, die
Kinder Enaks. Hebron aber war sieben
Jahre gebaut vor Zoan in Ägypten.
23. [24.] Und sie kamen bis an den Bach
Eskol und schnitten daselbst eine Rebe ab
mit einer Weintraube und ließen sie zwei
auf einem Stecken tragen, dazu auch Granatäpfel und Feigen.
24. [25.] Der Ort heißt Bach Eskol um
der Traube willen, die die Kinder Israel
daselbst abschnitten.
25. [26.] Und sie kehrten um, als sie das
Land erkundet hatten, nach vierzig Tagen,
26. [27.] gingen hin und kamen zu Mose
und Aaron und zu der ganzen Gemeinde
der Kinder Israel in die Wüste Pharan gen
Kades und sagten ihnen wieder und der
ganzen Gemeinde, wie es stände, und ließen sie die Früchte des Landes sehen.

RÜCKKEHR DER KUNDSCHAFTER 4. Mose 13, 25

27. [28.] Und erzählten ihnen und sprachen: Wir sind in das Land gekommen, dahin ihr uns sandtet, darin *Milch und Honig fließt, und dies ist seine Frucht;

*2. Mose 3,8.17.

28. [29.] nur, daß starkes Volk darin wohnt und sehr große und feste Städte sind; und wir sahen auch Enaks Kinder daselbst.

29. [30.] So wohnen die Amalekiter im Lande gegen Mittag, die Hethiter und Jebusiter und Amoriter wohnen auf dem Gebirge, die Kanaaniter aber wohnen am Meer und um den Jordan.

30. [31.] *Kaleb aber †stillte das Volk gegen Mose und sprach: Laßt uns hinaufziehen und das Land einnehmen; denn wir können es überwältigen.

*V. 6. †K. 14,6.

31. [32.] Aber die Männer, die mit ihm waren hinaufgezogen, sprachen: Wir vermögen nicht hinaufzuziehen gegen das Volk; denn sie sind uns zu stark,–

32. [33.] und machten dem Lande, das sie erkundet hatten, ein böses Geschrei unter den Kindern Israel und sprachen: Das Land, dadurch wir gegangen sind, es zu erkunden, frißt seine Einwohner, und alles Volk, das wir darin sahen, sind Leute von großer Länge.

33. [34.] Wir sahen auch Riesen daselbst, Enaks Kinder von den Riesen; und wir waren vor unsern Augen wie Heuschrekken, und also waren wir auch vor ihren Augen. 5. Mose 9,2.

Das 14. Kapitel

Das murrende Volk wird gestraft.
(Vgl. 5. Mose 1,26–44.)

1. Da fuhr die ganze Gemeinde auf und schrie, und das Volk weinte die Nacht.

2. Und alle Kinder Israel murrten wider Mose und Aaron, und die ganze Gemeinde sprach zu ihnen: Ach, daß wir in Ägyptenland gestorben wären oder noch stürben in dieser Wüste! 2. Mose 16,3.

3. Warum führt uns der Herr in dies Land, daß wir durchs Schwert fallen und unsere Weiber und unsere Kinder ein Raub werden? Ist's nicht besser, wir ziehen wieder nach Ägypten?

Ps. 106,24.

4. Und einer sprach zu dem andern: Laßt

uns einen Hauptmann aufwerfen und wieder nach Ägypten ziehen!

5. Mose aber und Aaron *fielen auf ihr Angesicht vor der ganzen Versammlung der Gemeinde der Kinder Israel. *K. 16,4.

6. Und Josua, der Sohn Nuns, und Kaleb, der Sohn Jephunnes, die auch das Land erkundet hatten, zerrissen ihre Kleider. K. 13,16.30.

7. und sprachen zu der ganzen Gemeinde der Kinder Israel: Das Land, das wir durchwandelt haben, es zu erkunden, ist sehr gut.

8. Wenn der Herr uns gnädig ist, so wird er uns in das Land bringen und es uns geben, *ein Land, darin Milch und Honig fließt. *K. 13,27.

9. Fallet nur nicht ab vom Herrn und fürchtet euch vor dem Volk dieses Landes nicht; denn wir wollen sie wie Brot fressen. Es ist ihr Schutz von ihnen gewichen; der Herr aber ist mit uns. Fürchtet euch nicht vor ihnen.

10. Da sprach das ganze Volk, man *sollte sie steinigen. Da †erschien die Herrlichkeit des Herrn in der Hütte des Stifts allen Kindern Israel. *2. Mose 17,4. †2. Mose 16,10.

11. Und der Herr sprach zu Mose: Wie lange lästert mich dies Volk? und wie lange wollen sie nicht an mich glauben durch allerlei Zeichen, die ich unter ihnen getan habe?

12. So will ich sie mit Pestilenz schlagen und *vertilgen und dich zu einem größeren und mächtigeren Volk machen, denn dies ist. *2. Mose 32,10–14.

13. Mose aber sprach zu dem Herrn: So werden's die Ägypter hören; denn du hast dies Volk mit deiner Kraft mitten aus ihnen geführt.

14. Und man wird es sagen zu den Einwohnern dieses Landes, die da gehört haben, daß du, Herr, unter diesem Volk seist, daß du von Angesicht gesehen werdest und deine Wolke stehe über ihnen und du, Herr, gehest vor ihnen her in der Wolkensäule des Tages und Feuersäule des Nachts.

15. Würdest du nun dies Volk töten wie einen Mann, so würden die Heiden sagen, die solch Gerücht von dir hörten, und sprechen:

16. Der Herr *konnte mitnichten dies Volk in das Land bringen, das er ihnen geschworen hatte; darum hat er sie geschlachtet in der Wüste. 5. Mose 9,28.

17. So laß nun die Kraft des Herrn groß werden, wie du gesagt hast und gesprochen:

18. Der Herr ist geduldig und von großer Barmherzigkeit und vergibt Missetat und Übertretung und läßt niemand ungestraft, sondern sucht heim die Missetat der Väter über die Kinder ins dritte und vierte Glied. 2. Mose 34,6.7.

19. So sei nun gnädig der Missetat dieses Volks nach deiner großen Barmherzigkeit, wie du auch vergeben hast diesem Volk aus Ägypten bis hieher.

20. Und der Herr sprach: Ich habe es vergeben, wie du gesagt hast.

21. Aber so wahr als ich lebe, so soll *alle Welt der Herrlichkeit des Herrn voll werden. *2. Mose 9,16.

22. Denn alle die Männer, die meine Herrlichkeit und meine Zeichen gesehen haben, die ich getan habe in Ägypten und in der Wüste, und mich nun zehnmal versucht und meiner Stimme nicht gehorcht haben,

23. deren *soll keiner das Land sehen, das ich ihren Vätern geschworen habe; auch keiner soll es sehen, der mich verlästert hat. *Ps. 95,11; Hebr. 3,17–19.

24. Aber meinen *Knecht Kaleb, darum daß ein anderer Geist mit ihm ist und er mir treulich nachgefolgt ist, den will ich in das Land bringen, darein er gekommen ist, und sein Same soll es einnehmen, *Jos. 14,6.9.

25. dazu die Amalekiter und Kanaaniter, die im Tale wohnen. Morgen wendet euch und ziehet in die Wüste auf dem Wege zum Schilfmeer.

26. Und der Herr redete mit Mose und Aaron und sprach:

27. Wie lange murrt diese böse Gemeinde wider mich? Denn ich habe das Murren der Kinder Israel, das sie wider mich gemurrt haben, gehört.

28. Darum sprich zu ihnen: So wahr ich lebe, spricht der Herr, ich will euch tun, wie ihr vor meinen Ohren gesagt habt.

29. Eure Leiber sollen in dieser Wüste verfallen; und alle, die ihr gezählt seid von zwanzig Jahren und darüber, die ihr wider mich gemurrt habt,

30. sollt nicht in das Land kommen, darüber ich meine Hand gehoben habe, daß ich euch darin wohnen ließe, außer Kaleb, dem Sohn Jephunnes, und Josua, dem Sohn Nuns.

31. Eure Kinder, von denen ihr sagtet: Sie werden ein Raub sein, die will ich hineinbringen, daß sie erkennen sollen das Land, das ihr verwerft.

32. Aber ihr samt euren Leibern sollt in dieser Wüste verfallen.

33. Und eure Kinder sollen Hirten sein in
der Wüste vierzig Jahre und eure Untreue
tragen, bis daß eure Leiber aufgerieben
werden in der Wüste,
34. nach der Zahl der vierzig Tage, darin
ihr das Land erkundet habt; je ein Tag soll
ein Jahr gelten, daß ihr vierzig Jahre eure
Missetaten tragt; auf *daß ihr innewerdet,
was es sei, wenn ich die Hand abziehe.
*Jer. 2,19.
35. Ich, der Herr, habe es gesagt; das will
ich auch tun aller dieser bösen Gemeinde,
die sich wider mich empört hat. In dieser
Wüste sollen sie aufgerieben werden und
daselbst sterben.
36. Also starben durch die Plage vor dem
Herrn alle die Männer, die Mose gesandt
hatte, das Land zu erkunden, und wiedergekommen waren und wider ihn murren
machten die ganze Gemeinde,
1. Kor. 10,5.10; Judas 5.
37. damit daß sie dem Lande ein Geschrei machten, daß es böse wäre.
38. Aber Josua, der Sohn Nuns, und Kaleb, der Sohn Jephunnes, blieben lebendig
aus den Männern, die gegangen waren,
das Land zu erkunden. V. 30.
39. Und Mose redete diese Worte zu allen
Kindern Israel. Da trauerte das Volk sehr,
40. und sie machten sich des Morgens
früh auf und *zogen auf die Höhe des
Gebirges und sprachen: Hier sind wir und
wollen hinaufziehen an die Stätte, davon
der Herr gesagt hat; denn wir haben gesündigt. *K. 13,17.
41. Mose aber sprach: Warum übertretet
ihr also das Wort des Herrn? Es wird euch
nicht gelingen.
42. Ziehet nicht hinauf – denn der Herr
ist nicht unter euch–, daß ihr nicht geschlagen werdet vor euren Feinden.
43. Denn die Amalekiter und Kanaaniter
sind vor euch daselbst, und ihr werdet
durchs Schwert fallen, darum daß ihr
euch vom Herrn gekehrt habt, und der
Herr wird nicht mit euch sein.
44. Aber sie waren störrig, hinaufzuziehen auf die Höhe des Gebirges; aber die
Lade des Bundes des Herrn und Mose kamen nicht aus dem Lager.
45. Da kamen die Amalekiter und Kanaaniter, die auf dem Gebirge wohnten, herab und schlugen und zersprengten sie bis
gen *Horma. *K. 21,3.

Das 15. Kapitel

Von Speis- und Trankopfern und Erstlingen des Teiges. Schwachheits- und Bosheitssünden. Bestrafung einer Sabbatsentheiligung. Denkzeichen an den Kleidern.

1. Und der Herr redete mit Mose und
sprach:
2. Rede mit den Kindern Israel und
sprich zu ihnen: Wenn ihr in das Land
eurer Wohnung kommt, das ich euch geben werde,
3. und wollt dem Herrn Opfer tun, es sei
ein Brandopfer oder ein Opfer zum besondern *Gelübde oder ein freiwilliges Opfer
oder euer Festopfer, auf daß ihr dem
Herrn einen süßen Geruch machet von
Rindern oder von Schafen: *3. Mose 7,16.
4. wer nun seine Gabe dem Herrn opfern
will, der soll das *Speisopfer tun, ein
Zehntel Semmelmehl, mit einem viertel
Hin Öl; *3. Mose 6,7.
5. und Wein zum *Trankopfer, auch ein
viertel Hin, zu dem Brandopfer oder sonst
zu dem Opfer, da ein Lamm geopfert wird.
*K. 28,7.
6. Wenn aber ein Widder geopfert wird,
sollst du das Speisopfer machen aus zwei
Zehntel Semmelmehl, mit einem drittel
Hin Öl gemengt,
7. und Wein zum Trankopfer, auch ein
drittel Hin; das sollst du dem Herrn zum
süßen Geruch opfern.
8. Willst du aber ein Rind zum Brandopfer oder zum besondern Gelübdeopfer
oder zum Dankopfer dem Herrn machen,
9. so sollst du zu dem Rind ein Speisopfer
tun, drei Zehntel Semmelmehl, mit einem
halben Hin Öl gemengt,
10. und Wein zum Trankopfer, auch ein
halbes Hin; das ist ein Opfer dem Herrn
zum süßen Geruch.
11. Also sollst du tun mit einem Ochsen,
mit einem Widder, mit einem Schaf oder
mit einer Ziege.
12. Darnach die Zahl dieser Opfer ist,
darnach soll auch die Zahl der Speisopfer
und Trankopfer sein.
13. Wer ein Einheimischer ist, der soll
solches tun, daß er dem Herrn opfere ein
Opfer zum süßen Geruch.
14. Und wenn ein Fremdling bei euch
wohnt oder unter euch bei euren Nachkommen ist, und will dem Herrn ein Opfer
zum süßen Geruch tun, der soll tun, wie
ihr tut.
15. Der ganzen *Gemeinde sei eine Satzung, euch sowohl als den Fremdlingen;
eine ewige Satzung soll das sein euren

Nachkommen, daß vor dem Herrn der
Fremdling sei wie ihr. *2. Mose 12,49.
16. Ein Gesetz, ein Recht soll euch und
dem Fremdling sein, der bei euch wohnt.
17. Und der Herr redete mit Mose und
sprach:
18. Rede mit den Kindern Israel und
sprich zu ihnen: Wenn ihr in das Land
kommt, darein ich euch bringen werde,
19. daß ihr esset von dem Brot im Lande,
sollt ihr dem *Herrn eine Hebe geben:
*2. Mose 23,16.19.
20. als eures Teiges *Erstling sollt ihr
einen Kuchen zur Hebe geben; wie die
Hebe von der Scheune, *5. Mose 26,1.2.
21. also sollt ihr auch dem Herrn eures
Teiges Erstling zur Hebe geben bei euren
Nachkommen.
22. Und wenn ihr aus *Versehen dieser
Gebote irgend eins nicht tut, die der Herr
zu Mose geredet hat, *3. Mose 4,2.13.
23. alles, was der Herr euch durch Mose
geboten hat, von dem Tage an, da er anfing
zu gebieten auf eure Nachkommen;
24. wenn nun ohne Wissen der Gemeinde etwas versehen würde, so soll die ganze
Gemeinde einen jungen Farren aus den
Rindern zum Brandopfer machen, zum
süßen Geruch dem Herrn, samt seinem
Speisopfer und Trankopfer, wie es recht ist
und einen Ziegenbock zum Sündopfer.
25. Und der Priester soll also die ganze
Gemeinde der Kinder Israel versöhnen, so
wird's ihnen vergeben sein; denn es ist ein
Versehen. Und sie sollen bringen solch
ihre Gabe zum Opfer dem Herrn und ihr
Sündopfer vor den Herrn über ihr Versehen,
26. so wird's vergeben der ganzen Gemeinde der Kinder Israel, dazu auch dem
Fremdling, der unter euch wohnt, weil das
ganze Volk an solchem Versehen teilhat.
27. Wenn aber eine Seele aus Versehen
sündigen wird, die soll eine jährige Ziege
zum Sündopfer bringen. *3. Mose 4,27.28.
28. Und der Priester soll versöhnen solche Seele, die aus Versehen gesündigt hat,
vor dem Herrn, daß er sie versöhne und
ihr vergeben werde.
29. Und es soll ein Gesetz sein für die, so
ein Versehen begehen, für den Einheimischen unter den Kindern Israel und für
den Fremdling, der unter ihnen wohnt.
30. Wenn aber eine Seele *aus Frevel etwas tut, es sei ein Einheimischer oder
Fremdling, der hat den Herrn geschmäht.
Solche Seele soll ausgerottet werden aus
ihrem Volk; *Apg. 13,38; Hebr. 10,26.27.
31. denn sie hat des Herrn Wort verachtet und sein Gebot lassen fahren. Ja, sie
soll ausgerottet werden; die Schuld sei ihr.
32. Als nun die Kinder Israel in der Wüste waren, fanden sie einen Mann Holz
lesen am Sabbattage. 2. Mose 20,8.
33. Und die ihn darob gefunden hatten,
da er Holz las, brachten ihn zu Mose und
Aaron und vor die ganze Gemeinde.
34. Und sie legten ihn gefangen; denn es
war nicht klar ausgedrückt, was man mit
ihm tun sollte.
3. Mose 24,12; 2. Mose 31,14; 35,2.
35. Der Herr aber sprach zu Mose: Der
Mann soll des Todes sterben; die ganze
Gemeinde soll ihn steinigen draußen vor
dem Lager.
36. Da führte die ganze Gemeinde ihn
hinaus vor das Lager und steinigte ihn,
daß er starb, wie der Herr dem Mose geboten hatte.
37. Und der Herr sprach zu Mose:
38. Rede mit den Kindern Israel und
sprich zu ihnen, daß sie sich Quasten machen an den Zipfeln ihrer Kleider samt
allen ihren Nachkommen, und blaue
Schnüre auf die Quasten an die Zipfel tun;
5. Mose 22,12; Matth. 23,5.
39. und sollen euch die Quasten dazu
dienen, daß ihr sie ansehet und gedenket
aller Gebote des Herrn und tut sie, daß ihr
nicht von eures Herzens Dünken noch von
euren Augen euch umtreiben lasset und
abgöttisch werdet.
40. Darum sollt ihr gedenken und tun
alle meine Gebote und heilig sein eurem
Gott.
41. Ich bin der Herr, euer Gott, der euch
aus Ägyptenland geführt hat, daß ich euer
Gott wäre, ich, der Herr, euer Gott.

Das 16. Kapitel

Aufruhr und Untergang der Rotte Korahs.

1. Und Korah, der Sohn Jizhars, des Sohnes Kahaths, des Sohnes Levis, samt Dathan und Abiram, den Söhnen Eliabs, und
On, dem Sohn Peleths, den Söhnen Rubens, 2. Mose 6,18.21; K. 26,9; Judas 11.
2. die *empörten sich wider Mose samt
etlichen Männern unter den Kindern Israel, zweihundertundfünfzig, Vornehmste
in der Gemeinde, Ratsherren und namhaf-
te Leute. *K. 12,1.2.
3. Und sie versammelten sich wider Mose
und Aaron und sprachen zu ihnen: Ihr
macht's zu viel. Denn die ganze Gemeinde
ist überall heilig, und der Herr ist unter
ihnen; warum erhebt ihr euch über die
Gemeinde des Herrn?

AUFRUHR UND BESTRAFUNG DER ROTTE KORAHS 4. Mose 16, 31–33

4. Da das Mose hörte, fiel er auf sein Angesicht K. 14,5.
5. und sprach zu Korah und zu seiner ganzen Rotte: Morgen wird der Herr kundtun, wer *sein sei, wer heilig sei und zu ihm nahen soll; welchen er erwählt, der soll zu ihm nahen. *2. Tim. 2,19.
6. Das tut: nehmet euch Pfannen, Korah und seine ganze Rotte,
7. und legt Feuer darein und tut Räuchwerk darauf vor dem Herrn morgen. Welchen der Herr erwählt, der sei heilig. Ihr macht's zu viel, ihr Kinder Levi.
8. Und Mose sprach zu Korah: Höret doch ihr Kinder Levi!
9. Ist's euch zu wenig, daß euch der Gott Israels *ausgesondert hat von der Gemeinde Israel, daß ihr zu ihm nahen sollt, daß ihr dienet im Amt der Wohnung des Herrn und vor die Gemeinde tretet, ihr zu dienen? *K. 3,6–13; 4,4–20.
10. Er hat dich und alle deine Brüder, die Kinder Levi, samt dir zu sich genommen; und ihr sucht nun auch das Priestertum?
11. Du und deine ganze Rotte macht einen Aufruhr wider den Herrn. Was ist Aaron, daß ihr wider ihn murret? 2. Mose 16,7.
12. Und Mose schickte hin und ließ Dathan und Abiram rufen, die Söhne Eliabs. Sie aber sprachen: Wir kommen nicht hinauf.
13. Ist's zu wenig, daß du uns aus dem Lande geführt hast, darin Milch und Honig fließt, daß du uns tötest in der Wüste? Du mußt auch noch über uns herrschen?
14. Wie fein hast du uns gebracht in *ein Land, darin Milch und Honig fließt, und hast uns Äcker und Weinberge zum Erbteil gegeben! Willst du den Leuten auch die Augen ausreißen? Wir kommen nicht hinauf. *2. Mose 3,8.17.
15. Da ergrimmte Mose sehr und sprach zu dem Herrn: Wende dich nicht zu ihrem Speisopfer! Ich habe nicht *einen Esel von ihnen genommen und habe ihrer keinem nie ein Leid getan. *1. Sam. 12,3; Apg. 20,33.
16. Und er sprach zu Korah: Du und deine ganze Rotte sollt morgen vor dem Herrn sein; du, sie auch und Aaron.
17. Und ein jeglicher nehme seine Pfanne und lege Räuchwerk darauf, und tretet herzu vor den Herrn, ein jeglicher mit seiner Pfanne, das sind zweihundertund-

fünfzig Pfannen; auch du und Aaron, ein
jeglicher mit seiner Pfanne.
18. Und ein jeglicher nahm seine Pfanne
und legte Feuer darein und tat Räuchwerk
darauf; und sie traten vor die Tür der Hütte des Stifts, und Mose und Aaron auch.
19. Und Korah versammelte wider sie die
ganze Gemeinde vor der Tür der Hütte des
Stifts. Aber die *Herrlichkeit des Herrn
erschien vor der ganzen Gemeinde.

*K. 14,10.

20. Und der Herr redete mit Mose und
Aaron und sprach:
21. Scheidet euch von dieser Gemeinde,
daß ich sie plötzlich vertilge.
22. Sie fielen aber auf ihr Angesicht und
sprachen: Ach Gott, der du bist ein *Gott
der Geister alles Fleisches, †wenn ein
Mann gesündigt hat, willst du darum über
die ganze Gemeinde wüten?

*Hiob 12,10. †2. Sam. 24,17.

23. Und der Herr redete mit Mose und
sprach:
24. Sage der Gemeinde und sprich: Weichet ringsherum von der Wohnung Korahs und Dathans und Abirams.
25. Und Mose stand auf und ging zu Dathan und Abiram, und die Ältesten Israels
folgten ihm nach,
26. und er redete mit der Gemeinde und
sprach: Weichet von den Hütten dieser
gottlosen Menschen und rühret nichts an,
was ihr ist, daß ihr nicht vielleicht umkommet in irgend einer ihrer Sünden.
27. Und sie gingen hinweg von der Wohnung Korahs, Dathans und Abirams. Dathan aber und Abiram gingen heraus und
traten an die Tür ihrer Hütten mit ihren
Weibern und Söhnen und Kindern.
28. Und Mose sprach: Dabei sollt ihr
merken, daß mich der Herr gesandt hat,
daß ich alle diese Werke täte, und nicht
aus meinem Herzen:
29. werden sie sterben, wie alle Menschen sterben, oder heimgesucht, wie alle
Menschen heimgesucht werden, so hat
mich der Herr nicht gesandt;
30. wird aber der Herr etwas Neues
schaffen, daß die Erde ihren Mund auftut
und verschlingt sie mit allem, was sie haben, daß sie lebendig hinunter in die Hölle
fahren, so werdet ihr erkennen, daß diese
Leute den Herrn gelästert haben.
31. Und als er diese Worte hatte alle ausgeredet, zerriß die Erde unter ihnen

5. Mose 11,6.

32. und tat ihren Mund auf und verschlang sie mit ihren Häusern, mit allen
Menschen, die bei Korah waren, und mit
aller ihrer Habe;
33. und sie fuhren hinunter lebendig in
die Hölle mit allem, was sie hatten, und
die Erde deckte sie zu, und kamen um aus
der Gemeinde.
34. Und ganz Israel, das um sie her war,
floh vor ihrem Geschrei; denn sie sprachen: Daß uns die Erde nicht auch verschlinge!
35. Dazu fuhr *das Feuer aus von dem
Herrn und fraß die zweihundertundfünfzig Männer, die das Räuchwerk opferten.

*3. Mose 10,1.2; Ps. 106,18.

Das 17. Kapitel

Die Pfannen der Sünder und Aarons Pfanne.
Aarons grünender Stab.

1. [K. 16,36.] Und der Herr redete mit
Mose und sprach:
2. [37.] Sage Eleasar, dem Sohn Aarons,
des Priesters, daß er die Pfannen aufhebe
aus dem Brand und streue das Feuer hin
und her;
3. [38.] denn die Pfannen solcher Sünder
sind dem Heiligtum verfallen durch ihre
Seelen. Man schlage sie zu breiten Blechen, daß man den Altar damit überziehe;
denn sie sind geopfert vor dem Herrn und
geheiligt und sollen den Kindern Israel
zum Zeichen sein.
4. [39.] Und Eleasar, der Priester, nahm
die ehernen Pfannen, die die Verbrannten
geopfert hatten, und schlug sie zu Blechen, den Altar zu überziehen,
5. [40.] zum Gedächtnis der Kinder Israel, daß nicht jemand *Fremdes sich her-
zumache, der nicht ist des Samens Aarons, zu opfern Räuchwerk vor dem
Herrn, auf daß es ihm nicht gehe wie Korah und seiner Rotte, wie der Herr ihm
geredet hatte durch Mose. *K. 1,51.
6. [41.] Des andern Morgens aber murrte
die ganze Gemeinde der Kinder Israel wider Mose und Aaron, und sprachen: Ihr
habt des Herrn Volk getötet.
7. [42.] Und da sich die Gemeinde versammelte wider Mose und Aaron, wandten
sie sich zu der Hütte des Stifts. Und siehe,
da bedeckte es die Wolke, und *die Herrlichkeit des Herrn erschien. *K. 14,10.
8. [43.] Und Mose und Aaron gingen herzu vor die Hütte des Stifts.
9. [44.] Und der Herr redete mit Mose
und sprach:
10. [45.] Hebt euch aus dieser Gemeinde;
ich will sie plötzlich vertilgen! Und sie
*fielen auf ihr Angesicht. *K. 16,4.22.
11. [46.] Und Mose sprach zu Aaron:

DER SPRIESSENDE STAB DES AARON 4. Mose 17, 23.24

Nimm die Pfanne und tue Feuer darein vom Altar und lege Räuchwerk darauf und gehe eilend zu der Gemeinde und *versöhne sie; denn das Wüten ist von dem Herrn ausgegangen, und die Plage ist angegangen. *2. Mose 28,38; 3. Mose 16,13.

12. [47.] Und Aaron nahm, wie ihm Mose gesagt hatte, und lief mitten unter die Gemeinde (und siehe, die Plage war angegangen unter dem Volk) und räucherte und versöhnte das Volk

13. [48.] und stand zwischen den Toten und Lebendigen. Da ward der Plage gewehrt.

14. [49.] Derer aber, die an der Plage gestorben waren, waren 14 700, ohne die, so mit Korah starben.

15. [50.] Und Aaron kam wieder zu Mose vor die Tür der Hütte des Stifts, und der Plage ward gewehrt.

16. [K. 17,1.] Und der Herr redete mit Mose und sprach:

17. [2.] Sage den Kindern Israel und nimm von ihnen zwölf Stecken, von jeglichem Fürsten seines Vaterhauses einen, und schreib eines jeglichen Namen auf seinen Stecken.

18. [3.] Aber den Namen Aarons sollst du schreiben auf den Stecken Levis. Denn je für ein Haupt ihrer Vaterhäuser soll ein Stecken sein.

19. [4.] Und lege sie in die Hütte des Stifts vor dem Zeugnis, *da ich mich euch bezeuge. *2. Mose 25,22.

20. [5.] Und *welchen ich erwählen werde, des Stecken wird grünen, daß ich das Murren der Kinder Israel, das sie wider euch murren, stille. *K. 16,5.7.

21. [6.] Mose redete mit den Kindern Israel, und alle ihre Fürsten gaben ihm zwölf Stecken, ein jeglicher Fürst einen Stecken, nach ihren Vaterhäusern; und der Stecken Aarons war auch unter ihren Stecken.

22. [7.] Und Mose legte die Stecken vor den Herrn in der Hütte des Zeugnisses.

23. [8.] Des Morgens aber, da Mose in die Hütte des Zeugnisses ging, fand er den Stecken Aarons des Hauses Levi grünen und die Blüte aufgegangen und Mandeln tragen.

24. [9.] Und Mose trug die Stecken alle heraus von dem Herrn vor alle Kinder

Israel, daß sie es sahen; und ein jeglicher
nahm seinen Stecken.
25. [10.] Der Herr sprach aber zu Mose:
Trage den Stecken Aarons wieder *vor das
Zeugnis, daß er verwahrt werde zum Zeichen den ungehorsamen Kindern, daß ihr
Murren von mir aufhöre, daß sie nicht
sterben. *Hebr. 9,4.
26. [11.] Mose tat, wie ihm der Herr geboten hatte.
27. [12.] Und die Kinder Israel sprachen
zu Mose: Siehe, wir verderben und kommen um; wir werden alle vertilgt und
kommen um.
28. [13.] Wer sich naht zu der Wohnung
des Herrn, der stirbt. Sollen wir denn ganz
und gar untergehen? V. 5.

Das 18. Kapitel

Amt und Unterhalt der Priester und Leviten.

1. Und der Herr sprach zu Aaron: Du und
deine Söhne und deines Vaters Haus mit
dir sollt *die Missetat des Heiligtums tragen; und du und deine Söhne mit dir sollt
die Missetat eures Priestertums tragen.
*2. Mose 28,38; 3. Mose 16,32.33.
2. Aber deine Brüder des Stammes *Levis, deines Vaters, sollst du zu dir nehmen,
daß sie bei dir seien und dir dienen; du
aber und deine Söhne mit dir vor der Hütte des Zeugnisses. *K. 3,6–10.
3. Und sie sollen deines Dienstes und des
Dienstes der ganzen Hütte warten. Doch
zu dem Geräte des Heiligtums und zu dem
Altar sollen sie sich nicht nahen, daß nicht
beide, sie und ihr, sterbet;
4. sondern sie sollen bei dir sein, daß sie
des Dienstes warten an der Hütte des Stifts
in allem Amt der Hütte; und kein Fremder
soll sich zu euch tun.
5. So wartet nun des Dienstes des Heiligtums und des Dienstes des Altars, daß hinfort nicht mehr *ein Wüten komme über
die Kinder Israel. *K. 17,11.
6. Denn siehe, ich habe die Leviten, eure
Brüder, genommen aus den Kindern Israel, dem Herrn zum Geschenk, und *euch
gegeben, daß sie des Amts pflegen an der
Hütte des Stifts. *K. 3,12.45.
7. Du aber und deine Söhne mit dir sollt
eures Priestertums warten, daß ihr dienet
in allerlei Geschäft des Altars und inwendig hinter dem Vorhang; denn euer Priestertum gebe ich euch zum Amt, zum Geschenk. Wenn *ein Fremder sich herzutut, der soll sterben. *K. 1,51.
8. Und der Herr sagte zu Aaron: Siehe,
ich habe dir gegeben meine Hebopfer von
allem, was die Kinder Israel heiligen, als
Gebühr dir und deinen Söhnen zum ewigen Recht.
3. Mose 2,3.10; 6,9–11.19–22; 7,6–10.
9. Das sollst du haben von dem Hochheiligen: was nicht angezündet wird von allen
ihren Gaben an allen ihren Speisopfern
und an allen ihren Sündopfern und an
allen ihren Schuldopfern, die sie mir geben, das soll dir und deinen Söhnen ein
Hochheiliges sein.
10. An einem hochheiligen Ort sollst du
es essen. Was männlich ist, soll davon essen; denn es soll dir heilig sein.
11. Ich habe auch das Hebopfer ihrer Gabe an allen Webeopfern der Kinder Israel
dir gegeben und deinen Söhnen und Töchtern samt dir zum ewigen Recht; wer rein
ist in deinem Hause, soll davon essen.
3. Mose 10,14.
12. Alles beste Öl und alles Beste vom
Most und Korn, nämlich ihre Erstlinge,
die sie dem Herrn geben, habe ich dir
gegeben.
13. Die erste Frucht, die sie dem Herrn
bringen von allem, was in ihrem Lande ist,
soll dein sein; wer rein ist in deinem Hause, soll davon essen.
2. Mose 23,19; 5. Mose 18,4.
14. Alles Verbannte in Israel soll dein
sein. 3. Mose 27,28.
15. Alles, was die Mutter bricht unter allem Fleisch, das sie dem Herrn bringen, es
sei ein Mensch oder Vieh, soll dein sein;
doch daß du die erste Menschenfrucht lösen lassest und die erste Frucht eines unreinen Viehs auch lösen lassest.
2. Mose 13,12.13; 34,19.20.
16. Sie sollen's aber lösen, wenn's einen
Monat alt ist; und sollst es zu lösen geben
um Geld, um fünf Silberlinge nach dem
Lot des Heiligtums, das hat zwanzig Gera.
17. Aber die erste Frucht eines Rindes
oder Schafes oder einer Ziege sollst du
nicht zu lösen geben, denn sie sind heilig;
ihr Blut sollst du sprengen auf den Altar,
und ihr Fett sollst du anzünden zum Opfer
des süßen Geruchs dem Herrn.
18. Ihr Fleisch soll dein sein, wie auch
die Webebrust und die rechte Schulter
dein ist.
19. Alle Hebopfer, die die Kinder Israel
heiligen dem Herrn, habe ich dir gegeben
und deinen Söhnen und deinen Töchtern
samt dir zum ewigen Recht. Das soll ein
unverweslicher Bund sein ewig vor dem
Herrn, dir und deinem Samen samt dir.
20. Und der Herr sprach zu Aaron: Du

sollst in ihrem Lande nichts besitzen, auch *kein Teil unter ihnen haben; denn ich bin dein Teil und dein Erbgut unter den Kindern Israel.

*K.35; 5.Mose 10,9; 12,12; Jos.13,14.33.

21. Den Kindern Levi aber habe ich *alle Zehnten gegeben in Israel zum Erbgut für ihr Amt, das sie mir tun an der Hütte des Stifts. *3.Mose 27,30.

22. Daß hinfort die Kinder Israel nicht zur Hütte des Stifts sich tun, Sünde auf sich zu laden, und sterben;

23. sondern die Leviten sollen des Amts pflegen an der Hütte des Stifts, und sie sollen jener Missetat tragen zu ewigem Recht bei euren Nachkommen. Und sie sollen unter den Kindern Israel kein Erbgut besitzen;

24. denn den Zehnten der Kinder Israel, den sie dem Herrn heben, habe ich den Leviten zum Erbgut gegeben. Darum habe ich zu ihnen gesagt, daß sie unter den Kindern Israel kein Erbgut besitzen sollen.

25. Und der Herr redete mit Mose und sprach:

26. Sage den Leviten und sprich zu ihnen: Wenn ihr den Zehnten nehmt von den Kindern Israel, den ich euch von ihnen gegeben habe zu eurem Erbgut, so sollt ihr davon ein Hebopfer dem Herrn tun, je den Zehnten von dem Zehnten;

27. und sollt solch euer Hebopfer achten, als gäbet ihr Korn aus der Scheune und Fülle aus der Kelter.

28. Also sollt auch ihr das Hebopfer dem Herrn geben von allen euren Zehnten, die ihr nehmt von den Kindern Israel, daß ihr solches Hebopfer des Herrn dem Priester Aaron gebet.

29. Von allem, was euch gegeben wird, sollt ihr dem Herrn allerlei Hebopfer geben, von allem Besten das, was davon geheiligt wird.

30. Und sprich zu ihnen: Wenn ihr also das Beste davon hebt, so soll's den Leviten gerechnet werden wie ein Einkommen der Scheune und wie ein Einkommen der Kelter.

31. Ihr möget's essen an allen Stätten, ihr und eure Kinder; denn es ist *euer Lohn für euer Amt in der Hütte des Stifts.

*Matth.10,10.

32. So werdet ihr nicht Sünde auf euch laden an demselben, wenn ihr das Beste davon hebt, und nicht entweihen das Geheiligte der Kinder Israel und nicht sterben.

Das 19. Kapitel

Von dem Reinigungswasser aus der Asche einer rötlichen Kuh.

1. Und der Herr redete mit Mose und Aaron und sprach:

2. Diese Weise soll ein Gesetz sein, das der Herr geboten hat und gesagt: Sage den Kindern Israel, daß sie zu dir führen eine *rötliche Kuh ohne Gebrechen, an der †kein Fehl sei und auf die noch nie ein Joch gekommen ist.

*Hebr.9,13. †3.Mose 22,20.

3. Und gebt sie dem Priester Eleasar; der soll sie hinaus vor das Lager führen und daselbst vor ihm schlachten lassen.

4. Und Eleasar, der Priester, soll von ihrem Blut mit seinem Finger nehmen und stracks gegen die Hütte des Stifts *siebenmal sprengen *3.Mose 4,6.17.

5. und die Kuh vor ihm verbrennen lassen, beides, ihr Fell und ihr Fleisch, dazu ihr Blut samt ihrem Mist.

6. Und der Priester soll Zedernholz und *Isop und scharlachrote Wolle nehmen und auf die brennende Kuh werfen

*3.Mose 14,6.

7. und soll *seine Kleider waschen und seinen Leib mit Wasser baden und darnach ins Lager gehen und unrein sein bis an den Abend. *3.Mose 16,28.

8. Und der sie verbrannt hat, soll auch seine Kleider mit Wasser waschen und seinen Leib in Wasser baden und unrein sein bis an den Abend.

9. Und ein reiner Mann soll die Asche von der Kuh aufraffen und sie schütten draußen vor dem Lager an eine reine Stätte, daß sie daselbst verwahret werde für die Gemeinde der Kinder Israel zum Sprengwasser; denn es ist ein Sündopfer.

10. Und derselbe, der die Asche der Kuh aufgerafft hat, soll seine Kleider waschen und unrein sein bis an den Abend. Dies soll ein ewiges Recht sein den Kindern Israel und den Fremdlingen, die unter euch wohnen.

11. Wer nun irgend einen toten Menschen anrührt, der wird sieben Tage unrein sein.

12. Der soll sich hiemit entsündigen am dritten Tage und am siebenten Tage, so wird er rein; und wo er sich nicht am dritten Tage und am siebenten Tage entsündigt, so wird er nicht rein werden.

13. Wenn aber jemand irgend einen toten Menschen anrührt und sich nicht entsündigen wollte, der *verunreinigt die Wohnung des Herrn, und solche Seele soll

ausgerottet werden aus Israel. Darum daß
das Sprengwasser nicht über ihn gesprenget ist, so ist er unrein; seine Unreinigkeit
bleibt an ihm. *3.Mose 15,31.
14. Das ist das Gesetz: Wenn ein Mensch
in der Hütte stirbt, soll jeder, der in die
Hütte geht, und wer in der Hütte ist, unrein sein sieben Tage.
15. Und alles offene Gerät, das keinen
Deckel noch Band hat, ist unrein.
16. Auch wer anrührt auf dem Felde einen, der erschlagen ist mit dem Schwert,
oder einen Toten oder eines Menschen Gebein oder ein Grab, der ist unrein sieben
Tage.
17. So sollen sie nun für den Unreinen
nehmen Asche von diesem verbrannten
Sündopfer und fließendes Wasser darauf
tun in ein Gefäß.
18. Und ein reiner Mann soll Isop nehmen und ins Wasser tauchen und die Hütte besprengen und alle Geräte und alle
Seelen, die darin sind; also auch den, der
eines Toten Gebein oder einen Erschlagenen oder Toten oder ein Grab angerührt
hat.
19. Es soll aber der Reine den Unreinen
am dritten Tage und am siebenten Tage
besprengen und ihn am siebenten Tage
entsündigen; und er soll seine Kleider waschen und sich im Wasser baden, so wird
er am Abend rein.
20. Welcher aber unrein sein wird und
sich nicht entsündigen will, des Seele soll
ausgerottet werden aus der Gemeinde;
denn er hat das Heiligtum des Herrn verunreinigt und ist mit Sprengwasser nicht
besprengt; darum ist er unrein.
21. Und dies soll ihnen ein ewiges Recht
sein. Und der auch, der mit dem Sprengwasser gesprengt hat, soll seine Kleider
waschen; und wer das Sprengwasser anrührt, der soll unrein sein bis an den
Abend.
22. Und alles, was der Unreine anrührt,
wird unrein werden; und welche Seele ihn
anrühren wird, soll unrein sein bis an den
Abend.

Das 20. Kapitel

Wasser aus dem Felsen. Die Edomiter verweigern den Durchzug. Mirjams und Aarons Tod.

1. Und die Kinder Israel kamen mit der
ganzen Gemeinde in *die Wüste Zin im
ersten Monat, und das Volk lag zu Kades.
Und Mirjam starb daselbst und ward daselbst begraben. *K.13,21.
2. Und die Gemeinde hatte *kein Wasser,
und sie versammelten sich wider Mose
und Aaron. *2.Mose 17,1–7.
3. Und das Volk haderte mit Mose und
sprach: Ach, daß wir umgekommen wären, da unsere Brüder umkamen vor dem
Herrn!
4. Warum habt ihr die Gemeinde des
Herrn in diese Wüste gebracht, daß wir
hier sterben mit unserm Vieh?
5. Und warum habt ihr uns aus Ägypten
geführt an diesen bösen Ort, da man nicht
säen kann, da weder Feigen noch Weinstöcke noch Granatäpfel sind und dazu
kein Wasser zu trinken?
6. Mose und Aaron gingen von der Gemeinde zur Tür der Hütte des Stifts und
fielen auf ihr Angesicht, und die *Herrlichkeit des Herrn erschien ihnen.
*K.14,10.
7. Und der Herr redete mit Mose und
sprach:
8. Nimm den Stab und versammle die
Gemeinde, du und dein Bruder Aaron, und
redet mit dem Fels vor ihren Augen; der
wird sein Wasser geben. Also sollst du ihnen Wasser aus dem Fels bringen und die
Gemeinde tränken und ihr Vieh.
9. Da nahm Mose den Stab vor dem
Herrn, wie er ihm geboten hatte.
10. Und Mose und Aaron versammelten
die Gemeinde vor den Fels, und er sprach
zu ihnen: Höret, ihr Ungehorsamen, werden wir euch auch Wasser bringen aus
diesem Fels? Ps.106,33.
11. Und Mose hob seine Hand auf und
schlug den Fels mit dem Stab zweimal. Da
ging viel Wasser heraus, daß die Gemeinde trank und ihr Vieh.
12. Der Herr aber sprach zu Mose und
Aaron: Darum daß ihr nicht an mich geglaubt habt, mich zu heiligen vor den Kindern Israel, sollt ihr diese Gemeinde nicht
in das Land bringen, das ich ihnen geben
werde. K.27,14; 5.Mose 1,37; 3,26; 4,21; 32,51.
13. Das ist das *Haderwasser, darüber
die Kinder Israel mit dem Herrn haderten
und er geheiligt ward an ihnen. *Ps.81,8.
14. Und Mose sandte Botschaft aus Kades
*zu dem König der Edomiter: Also läßt dir
dein Bruder Israel sagen: Du weißt alle die
Mühsal, die uns betroffen hat,
*1.Mose 32,4; Richt.11,17. †5.Mose 23,8.
15. daß unsre Väter nach Ägypten hinabgezogen sind und wir lange Zeit in Ägypten gewohnt haben, und die Ägypter behandelten uns und unsre Väter übel.
16. Und wir schrieen zu dem Herrn; der
hat unsre Stimme erhört und einen *Engel gesandt und uns aus Ägypten geführt.

Und siehe, wir sind zu Kades, in der Stadt
an deinen Grenzen. *2. Mose 23,20.
17. Laß *uns durch dein Land ziehen.
Wir wollen nicht durch Äcker noch Weinberge gehen, auch nicht Wasser aus den Brunnen trinken; die Landstraße wollen wir ziehen, weder zur Rechten noch zur Linken weichen, bis wir durch deine Grenze kommen. *K. 21,22.
18. Edom aber sprach zu ihnen: Du sollst nicht durch mich ziehen, oder ich will dir mit dem Schwert entgegenziehen.
19. Die Kinder Israel sprachen zu ihm: Wir wollen auf der gebahnten Straße ziehen, und so wir von deinem Wasser trinken, wir und unser Vieh, so wollen wir's bezahlen; wir wollen nichts denn nur zu Fuße hindurchziehen.
20. Er aber sprach: Du sollst nicht herdurchziehen. Und die Edomiter zogen aus, ihnen entgegen, mit mächtigem Volk und starker Hand.
21. Also weigerten sich die Edomiter, Israel zu vergönnen, durch ihr Gebiet zu ziehen. Und Israel wich von ihnen.
22. Und die Kinder Israel brachen auf von Kades und kamen mit der ganzen Gemeinde an den Berg Hor.
23. Und der Herr redete mit Mose und Aaron am Berge Hor, an den Grenzen des Landes der Edomiter, und sprach:
24. Laß sich Aaron sammeln zu seinem Volk; denn er soll nicht in das Land kommen, das ich den Kindern Israel gegeben habe, darum daß ihr meinem Munde ungehorsam gewesen seid bei dem Haderwasser.
25. Nimm aber Aaron und seinen Sohn Eleasar und führe sie auf den Berg Hor
26. und zieh Aaron seine Kleider aus und *zieh sie Eleasar an, seinem Sohne. Und Aaron soll sich daselbst sammeln und sterben. *3. Mose 21,10.
27. Da tat Mose, wie ihm der Herr geboten hatte, und sie stiegen auf den Berg Hor vor der ganzen Gemeinde.
28. Und Mose zog Aaron seine Kleider aus und zog sie Eleasar an, seinem Sohne. Und Aaron *starb daselbst oben auf dem Berge. Mose aber und Eleasar stiegen herab vom Berge. *K. 33,38; 5. Mose 10,6.
29. Und da die ganze Gemeinde sah, daß Aaron dahin war, beweinten sie ihn dreißig Tage, das ganze Haus Israel.

Das 21. Kapitel

Die eherne Schlange. Sieg über Sihon und Og.

1. Und da der Kanaaniter, der König von Arad, der gegen Mittag wohnte, hörte, daß Israel hereinkommt durch den Weg der Kundschafter, stritt er wider Israel und führte etliche gefangen.
2. Da gelobte Israel dem Herrn ein Gelübde und sprach: Wenn du dies Volk unter meine Hand gibst, so will ich ihre Städte *verbannen.
*5. Mose 13,16; Jos. 6,17; Richt. 1,17; 1. Sam. 15,3.
3. Und der Herr erhörte die Stimme Israels und gab die Kanaaniter, und sie verbannten sie samt ihren Städten und hießen die Stätte *Horma. *K. 14,45.
4. Da zogen sie von dem Berge Hor auf dem Wege gegen das Schilfmeer, daß sie um der Edomiter Land hinzögen. Und das Volk ward *verdrossen auf dem Wege
*K. 11,1–6; 14,2.
5. und redete wider Gott und wider Mose: Warum hast du uns aus Ägypten geführt, daß wir sterben in der Wüste? Denn es ist kein Brot noch Wasser hier, und unsre Seele ekelt vor dieser magern Speise.
6. Da sandte der Herr feurige Schlangen unter das Volk; die bissen das Volk, daß viel Volks in Israel starb. 1. Kor. 10,9.
7. Da kamen sie zu Mose und sprachen: Wir haben gesündigt, daß wir wider den Herrn und wider dich geredet haben; bitte den Herrn, daß er die Schlangen von uns nehme. Mose bat für das Volk.
8. Da sprach der Herr zu Mose: Mache dir eine eherne Schlange und richte sie zum Zeichen auf; wer gebissen ist und sieht sie an, der soll leben. Joh. 3,14.
9. Da machte Mose eine eherne Schlange und richtete sie auf zum Zeichen; und wenn jemanden eine Schlange biß, so sah er die eherne Schlange an und blieb leben.
10. Und die Kinder Israel zogen aus und lagerten sich in Oboth.
11. Und von Oboth zogen sie aus und lagerten sich in Ije-Abarim, in der Wüste, Moab gegenüber gegen der Sonne Aufgang.
12. Und von da zogen sie und lagerten sich am Bach Sered.
13. Von da zogen sie und lagerten sich diesseits am Arnon, der in der Wüste ist und herauskommt von der Grenze der Amoriter; denn der Arnon ist die Grenze Moabs zwischen Moab und den Amoritern.
14. Daher heißt es in dem *Buch von den Kriegen des Herrn: »Das Vaheb in Supha und die Bäche Arnon *Jos. 10,13.
15. und die Quelle der Bäche, welche reicht hinan zur Stadt Ar und lenkt sich und ist die Grenze Moabs.«
16. Und von da zogen sie zum Brunnen. Das ist der Brunnen, davon der Herr zu

Mose sagte: Sammle das Volk, ich will ihnen Wasser geben.

17. Da sang Israel dieses Lied: »Brunnen, steige auf! Singet von ihm!

18. Das ist der Brunnen, den die Fürsten gegraben haben; die Edlen im Volk haben ihn gegraben mit dem Zepter, mit ihren Stäben.« Und von dieser Wüste zogen sie gen Matthana;

19. und von Matthana gen Nahaliel; und von Nahaliel gen Bamoth;

20. und von Bamoth in das Tal, das im Felde Moab liegt, zu dem hohen Berge Pisga, der gegen die Wüste sieht.

21. Und Israel sandte Boten zu Sihon, dem König der Amoriter, und ließ ihm sagen: 5. Mose 2,26–37.

22. Laß mich durch dein Land ziehen. Wir wollen nicht weichen in die Äcker noch in die Weingärten, wollen auch Brunnenwasser nicht trinken; die Landstraße wollen wir ziehen, bis wir durch deine Grenze kommen. K. 20,17.

23. Aber Sihon gestattete den Kindern Israel nicht den Zug durch sein Gebiet, sondern sammelte all sein Volk und zog aus, Israel entgegen in die Wüste; und als er gen Jahza kam, stritt er wider Israel.

24. Israel aber schlug ihn mit der Schärfe des Schwerts und nahm sein Land ein vom Arnon an bis an den Jabbok und bis an die Kinder Ammon; denn die Grenzen der Kinder Ammon waren fest.

25. Also nahm Israel alle diese Städte und wohnte in allen Städten der Amoriter, zu Hesbon und in allen seinen Ortschaften.

26. Denn Hesbon war die Stadt Sihons, des Königs der Amoriter, und er hatte zuvor mit dem König der Moabiter gestritten und ihm all sein Land abgewonnen bis zum Arnon.

27. Daher sagt man im Lied: »Kommt gen Hesbon, daß man die Stadt Sihons baue und aufrichte;

28. denn Feuer ist aus Hesbon gefahren, eine Flamme von der Stadt Sihons, die hat gefressen Ar der Moabiter und die Bürger der Höhen am Arnon.

29. Weh dir, Moab! Du Volk des *Kamos bist verloren; man hat seine Söhne in die Flucht geschlagen und seine Töchter gefangen geführt Sihon, dem König der Amoriter.

*Richt. 11,24; 1. Kön. 11,7.

30. Ihre Herrlichkeit ist zunichte worden von Hesbon bis gen Dibon; sie verstört bis gen Nophah, die da langt bis gen Medeba.«

31. Also wohnte Israel im Lande der Amoriter.

32. Und Mose sandte aus Kundschafter gen Jaser, und sie gewannen seine Ortschaften und nahmen die Amoriter ein, die darin waren,

33. und wandten sich und zogen hinauf den Weg nach Basan. Da zog aus, ihnen entgegen, Og, der König von Basan, mit allem seinem Volk, zu streiten in Edrei.

5. Mose 3,1–11.

34. Und der Herr sprach zu Mose: Fürchte dich nicht vor ihm; denn ich habe ihn in deine Hand gegeben mit Land und Leuten, und du sollst mit ihm tun, wie du mit Sihon, dem König der Amoriter, getan hast, der zu Hesbon wohnte. Ps. 136,17–22.

35. Und sie schlugen ihn und seine Söhne und all sein Volk, bis daß keiner übrig blieb, und nahmen das Land ein.

Das 22. Kapitel

Bileam soll den Israeliten fluchen.
Seine Eselin redet.

1. Darnach zogen die Kinder Israel und lagerten sich in das Gefilde Moab jenseit des Jordans, gegenüber Jericho.

2. Und Balak, der Sohn Zippors, sah alles, was Israel getan hatte den Amoritern;

3. und die Moabiter fürchteten sich sehr vor dem Volk, das so groß war, und den Moabitern graute vor den Kindern Israel,

4. und sie sprachen zu den Ältesten der Midianiter: Nun wird dieser Haufe auffressen, was um uns ist, wie ein Ochse Kraut auf dem Felde auffrißt. Balak aber, der Sohn Zippors, war zu der Zeit König der Moabiter.

5. Und er sandte Boten aus zu Bileam, dem Sohn Beors, gen Pethor, der wohnte an dem Strom im Lande der Kinder seines Volks, daß sie ihn forderten, und ließ ihm sagen: Siehe, es ist ein Volk aus Ägypten gezogen, das bedeckt das Angesicht der Erde und liegt mir gegenüber.

Jos. 24,9; Micha 6,5.

6. So komm nun und verfluche mir das Volk (denn es ist mir zu mächtig), ob ich's schlagen möchte und aus dem Lande vertreiben; denn ich weiß, daß, welchen du segnest, der ist gesegnet, und welchen du verfluchst, der ist verflucht.

7. Und die Ältesten der Moabiter gingen hin mit den Ältesten der Midianiter und hatten den *Lohn des Wahrsagers in ihren Händen und kamen zu Bileam und sagten ihm die Worte Balaks. *2. Petr. 2,15.

8. Und er sprach zu ihnen: Bleibt hier

DIE EHERNE SCHLANGE 4. Mose 21, 9

über Nacht, so will ich euch wieder sagen, wie mir der Herr sagen wird. Also blieben die Fürsten der Moabiter bei Bileam.
9. Und Gott kam zu Bileam und sprach: Wer sind die Leute, die bei dir sind?
10. Bileam sprach zu Gott: Balak, der Sohn Zippors, der Moabiter König, hat zu mir gesandt:
11. Siehe, ein Volk ist aus Ägypten gezogen und bedeckt das Angesicht der Erde; so komm nun und fluche ihm, ob ich mit ihm streiten möge und sie vertreiben.
12. Gott aber sprach zu Bileam: Gehe nicht mit ihnen, verfluche das Volk auch nicht; denn es ist gesegnet.
13. Da stand Bileam des Morgens auf und sprach zu den Fürsten Balaks: Gehet hin in euer Land; denn der Herr will's nicht gestatten, daß ich mit euch ziehe.
14. Und die Fürsten der Moabiter machten sich auf, kamen zu Balak und sprachen: Bileam weigert sich, mit uns zu ziehen.
15. Da sandte Balak noch größere und herrlichere Fürsten, denn jene waren.
16. Da die zu Bileam kamen, sprachen sie zu ihm: Also läßt dir sagen Balak, der Sohn Zippors: Wehre dich doch nicht, zu mir zu ziehen;
17. denn ich will dich hoch ehren, und was du mir sagst, das will ich tun; komm doch und fluche mir diesem Volk.
18. Bileam antwortete und sprach zu den Dienern Balaks: *Wenn mir Balak sein Haus voll Silber und Gold gäbe, so könnte ich doch nicht übertreten das Wort des Herrn, meines Gottes, Kleines oder Großes zu tun. *1. Kön. 13,8.
19. So bleibt doch nun hier auch ihr diese Nacht, daß ich erfahre, was der Herr weiter mit mir reden werde.
20. Da kam Gott des Nachts zu Bileam und sprach zu ihm: Sind die Männer gekommen, dich zu rufen, so mache dich auf und zieh mit ihnen; doch was ich dir sagen werde, das sollst du tun.
21. Da stand Bileam des Morgens auf und sattelte seine Eselin und zog mit den Fürsten der Moabiter.
22. Aber der Zorn Gottes ergrimmte, daß er hinzog. Und der Engel des Herrn trat in den Weg, daß er ihm widerstünde. Er aber ritt auf seiner Eselin, und zwei Knechte waren mit ihm.

23. Und die Eselin sah den Engel des Herrn im Wege stehen und *ein bloßes Schwert in seiner Hand. Und die Eselin wich aus dem Wege und ging auf dem Felde; Bileam aber schlug sie, daß sie in den Weg sollte gehen. *1.Mose 3,24; Jos.5,13.

24. Da trat der Engel des Herrn in den Pfad bei den Weinbergen, da auf beiden Seiten Wände waren.

25. Und da die Eselin den Engel des Herrn sah, drängte sie sich an die Wand und klemmte Bileam den Fuß an der Wand; und er schlug sie noch mehr.

26. Da ging der Engel des Herrn weiter und trat an einen engen Ort, da kein Weg war zu weichen, weder zur Rechten noch zur Linken.

27. Und da die Eselin den Engel des Herrn sah, fiel sie auf ihre Kniee unter Bileam. Da ergrimmte der Zorn Bileams, und er schlug die Eselin mit dem Stabe.

28. Da tat der Herr der Eselin den Mund auf, und sie sprach zu Bileam: Was habe ich dir getan, daß du mich geschlagen hast nun dreimal? 2.Petr.2,16.

29. Bileam sprach zur Eselin: Daß du mich höhnest! ach, daß ich jetzt ein Schwert in der Hand hätte, ich wollte dich erwürgen!

30. Die Eselin sprach zu Bileam: Bin ich nicht deine Eselin, darauf zu geritten bist zu deiner Zeit bis auf diesen Tag? Habe ich auch je gepflegt, dir also zu tun? Er sprach: Nein.

31. Da öffnete der Herr dem Bileam die Augen, daß er den Engel des Herrn sah im Wege stehen und ein bloßes Schwert in seiner Hand, und er neigte und bückte sich mit seinem Angesicht.

32. Und der Engel des Herrn sprach zu ihm: Warum hast du deine Eselin geschlagen nun dreimal? Siehe, ich bin ausgegangen, daß ich dir widerstehe; denn dein Weg ist vor mir verkehrt.

33. Und die Eselin hat mich gesehen und ist mir dreimal gewichen; sonst, wo sie nicht vor mir gewichen wäre, so wollte ich dich auch jetzt erwürgt und die Eselin lebendig erhalten haben.

34. Da sprach Bileam zu dem Engel des Herrn: Ich habe gesündigt; denn ich habe es nicht gewußt, daß du mir entgegenstandest im Wege. Und nun, so dir's nicht gefällt, will ich wieder umkehren.

35. Der Engel des Herrn sprach zu ihm: Zieh hin mit den Männern; aber nichts anderes, denn was ich zu dir sagen werde, sollst du reden. Also zog Bileam mit den Fürsten Balaks.

36. Da Balak hörte, daß Bileam kam, zog er aus ihm entgegen in die Stadt der Moabiter, die da liegt an der Grenze des Arnon, welcher ist an der äußersten Grenze,

37. und sprach zu ihm: Habe ich nicht zu dir gesandt und dich fordern lassen? Warum bist du denn nicht zu mir gekommen? Meinst du, ich könnte dich nicht ehren?

38. Bileam antwortete ihm: Siehe, ich bin gekommen zu dir; aber wie kann ich etwas anderes reden, als was mir Gott in den Mund gibt? Das muß ich reden.

39. Also zog Bileam mit Balak, und sie kamen in die Gassenstadt.

40. Und Balak opferte Rinder und Schafe und sandte davon an Bileam und an die Fürsten, die bei ihm waren.

41. Und des Morgens nahm Balak den Bileam und führte ihn hin auf die Höhe *Baals, daß er von da sehen konnte das Ende des Volks. *K.23,28.

Das 23. Kapitel

Bileams Fluch wird von Gott zweimal in Segen verwandelt.

1. Und Bileam sprach zu Balak: Baue mir hier sieben Altäre und schaffe mir her sieben Farren und sieben Widder.

2. Balak tat, wie ihm Bileam sagte; und beide, Balak und Bileam, opferten je auf einem Altar einen Farren und einen Widder.

3. Und Bileam sprach zu Balak: Tritt zu deinem Brandopfer; ich will hingehen, ob vielleicht mir der Herr begegne, daß ich dir ansage, was er mir zeigt. Und ging hin eilend.

4. Und Gott begegnete Bileam; er aber sprach zu ihm: Sieben Altäre habe ich zugerichtet und je auf einem Altar einen Farren und einen Widder geopfert.

5. Der Herr aber gab das Wort dem Bileam in den Mund und sprach: Gehe wieder zu Balak und rede also.

6. Und da er wieder zu ihm kam, siehe, da stand er bei seinem Brandopfer samt allen Fürsten der Moabiter.

7. Da hob er an seinen Spruch und sprach: Aus Syrien hat mich Balak, der Moabiter König, holen lassen von dem Gebirge gegen Aufgang: Komm, verfluche mir Jakob! komm, schilt Israel!

8. Wie soll ich fluchen, dem Gott nicht flucht? Wie soll ich schelten, den der Herr nicht schilt?

9. Denn von der Höhe der Felsen sehe ich ihn wohl, und von den Hügeln schaue ich ihn. Siehe, das Volk wird besonders woh-

BILEAM UND DIE ESELIN 4. Mose 22, 31

nen und nicht unter die Heiden gerechnet
werden.
10. Wer kann zählen den *Staub Jakobs
und die Zahl des vierten Teils Israels?
†Meine Seele müsse sterben des Todes der
Gerechten, und mein Ende werde wie dieser Ende! *1. Mose 13,16. †K. 31,8.
11. Da sprach Balak zu Bileam: Was tust
du an mir? Ich habe dich holen lassen, zu
fluchen meinen Feinden; und siehe, du
segnest.
12. Er antwortete und sprach: Muß ich
nicht das halten und reden, was mir der
Herr in den Mund gibt? K. 22,38.
13. Balak sprach zu ihm: Komm doch
mit mir an einen andern Ort, von wo du
nur sein Ende sehest und es nicht ganz
sehest, und fluche mir ihm daselbst.
14. Und er führte ihn auf einen freien
Platz auf der Höhe Pisga und baute sieben
Altäre und opferte je auf einem Altar einen
Farren und einen Widder.
15. Und [Bileam] sprach zu Balak: Tritt
her zu deinem Brandopfer; ich will dort
warten.
16. Und der Herr begegnete Bileam und
gab ihm das Wort in seinen Mund und
sprach: Gehe wieder zu Balak und rede
also.
17. Und da er wieder zu ihm kam, siehe,
da stand er bei seinem Brandopfer samt
den Fürsten der Moabiter. Und Balak
sprach zu ihm: Was hat der Herr gesagt?
18. Und er hob an seinen Spruch und
sprach: Stehe auf, Balak, und höre! nimm
zu Ohren, was ich sage, du Sohn Zippors!
19. Gott ist nicht ein Mensch, daß er
lüge, noch ein Menschenkind, daß ihn etwas gereue. Sollte er etwas sagen und
nicht tun? Sollte er etwas reden und nicht
halten? 1. Sam. 15,29.
20. Siehe, zu segnen bin ich hergebracht; er segnet, und ich kann's nicht
wenden.
21. Man sieht keine Mühe in Jakob und
keine Arbeit in Israel. Der Herr, sein Gott,
ist bei ihm und das Drommeten des Königs unter ihm.
22. Gott hat sie aus Ägypten geführt; seine Freudigkeit ist wie eines Einhorns.
23. Denn es ist kein Zauberer in Jakob
und kein Wahrsager in Israel. Zu seiner
Zeit wird Jakob gesagt und Israel, was Gott
tut.

24. Siehe, das Volk wird aufstehen *wie
ein junger Löwe und wird sich erheben
wie ein Löwe; es wird sich nicht legen, bis
es den Raub fresse und das Blut der Erschlagenen saufe. *K.24,9.
25. Da sprach Balak zu Bileam: Du sollst
ihm weder fluchen noch es segnen.
26. Bileam antwortete und sprach zu Balak: Habe ich dir nicht gesagt, alles, was
der Herr reden würde, das würde ich tun?
V. 12.
27. Balak sprach zu ihm: Komm doch,
ich will dich an einen andern Ort führen,
ob's vielleicht Gott gefalle, daß du daselbst
mir sie verfluchest.
28. Und er führte ihn auf die Höhe des
Berges *Peor, welcher gegen die Wüste
sieht. *K.25,3.
29. Und Bileam sprach zu Balak: Baue
mir hier sieben Altäre und schaffe mir
sieben Farren und sieben Widder. V. 1.
30. Balak tat, wie Bileam sagte, und opferte je auf einem Altar einen Farren und
einen Widder.

Das 24. Kapitel

Bileam weissagt nochmals Gutes über Israel: der Stern aus Jakob.

1. Da nun Bileam sah, daß es dem Herrn
gefiel, daß er Israel segnete, ging er nicht
aus, wie vormals, nach Zauberei, sondern
richtete sein Angesicht stracks zu der Wüste,
2. hob auf seine Augen und sah Israel,
wie sie lagen nach ihren Stämmen. Und
der Geist Gottes kam auf ihn,
3. und er hob an seinen Spruch und
sprach: Es sagt Bileam, der Sohn Beors, es
sagt der Mann, dem die *Augen geöffnet
sind, *1. Sam. 9,9.
4. es sagt der Hörer göttlicher Rede, der
des Allmächtigen Offenbarung sieht, dem
die Augen geöffnet werden, wenn er niederkniet: Jes. 50,4.
5. Wie fein sind deine Hütten, Jakob, und
deine Wohnungen, Israel!
6. Wie die Täler, die sich ausbreiten, wie
die Gärten an den Wassern, wie die Aloe-
bäume, die der Herr pflanzt, wie die Zedern an den Wassern.
7. Es wird Wasser aus seinem Eimer fließen, und sein Same wird ein großes Wasser werden; sein König wird höher werden
denn Agag, und sein Reich wird sich erheben.
8. Gott hat ihn aus Ägypten geführt; seine Freudigkeit ist wie eines Einhorns. Er
wird die Heiden, seine Verfolger, fressen
und ihre Gebeine zermalmen und mit seinen Pfeilen zerschmettern.
9. Er *hat sich niedergelegt wie ein Löwe
und wie ein junger Löwe; wer will sich
wider ihn auflehnen? Gesegnet †sei, der
dich segnet, und verflucht, der dir flucht!
*K. 23,24; 1. Mose 49,9. †1. Mose 12,3.
10. Da ergrimmte Balak im Zorn wider
Bileam und schlug die Hände zusammen
und sprach zu ihm: Ich habe dich gefordert, daß du meinen Feinden fluchen solltest; und siehe, du hast sie nun dreimal
gesegnet.
11. Und nun hebe dich an deinen Ort! Ich
gedachte, ich wollte dich ehren; aber der
Herr hat dir die Ehre verwehrt.
12. Bileam antwortete ihm: Habe ich
nicht auch zu deinen Boten gesagt, die du
zu mir sandtest, und gesprochen:
13. Wenn mir Balak sein Haus voll Silber
und Gold gäbe, so könnte ich doch an des
Herrn Wort nicht vorüber, Böses oder Gutes zu tun nach meinem Herzen; sondern
was der Herr reden würde, das würde ich
auch reden? K. 22.18.
14. Und nun siehe, ich ziehe zu meinem
Volk. So komm, ich will dir verkündigen,
was dies Volk deinem Volk tun wird zur
letzten Zeit.
15. Und *er hob an seinen Spruch und
sprach: Es sagt Bileam, der Sohn Beors, es
sagt der Mann, dem die Augen geöffnet
sind, *V. 3.4.
16. es sagt der Hörer göttlicher Rede,
und der die Erkenntnis hat des Höchsten,
der die Offenbarung des Allmächtigen
sieht und dem die Augen geöffnet werden,
wenn er niederkniet:
17. Ich sehe ihn, aber nicht jetzt; ich
schaue ihn, aber nicht von nahe. Es wird
ein *Stern aus Jakob aufgehen und ein
Zepter aus Israel aufkommen und wird
†zerschmettern die Fürsten der Moabiter
und verstören alle Kinder des Getümmels.
*Matth. 2,2; Luk. 1,78. †2. Sam. 8,2; Amos 2,2.
18. Edom *wird er einnehmen, und Seir
wird seinen Feinden unterworfen sein; Israel aber wird Sieg haben.
*2. Sam. 8,14; Amos 9,11.12.
19. Aus Jakob wird *der Herrscher kommen und umbringen, was übrig ist von
den Städten. *Micha 5,1.7.8.
20. Und da er sah die Amalekiter, hob er
an seinen Spruch und sprach: Amalek, die
Ersten unter den Heiden; aber *zuletzt
wirst du gar umkommen.
*2. Mose 17,14.
21. Und da er sah die *Keniter, hob er an
seinen Spruch und sprach: Fest ist deine

Wohnung, und †hast dein Nest in einen
Fels gelegt. *1.Sam.15,6. †Obad.3.
22. Aber, o Kain, du wirst verbrannt werden, wenn Assur dich gefangen wegführen wird.
23. Und er hob abermals an seinen Spruch und sprach: Ach, wer wird leben, wenn Gott solches tun wird?
24. Und Schiffe aus *Chittim werden verderben den Assur und Eber; er aber wird auch umkommen. *1.Makk.1,1.
25. Und Bileam *machte sich auf und zog hin und kam wieder an seinen Ort, und Balak zog seinen Weg. *K.31,8.16.

Das 25. Kapitel

Bestrafung der Unzucht und Abgötterei Israels.

1. Und Israel wohnte in Sittim. Und das Volk hob an zu huren mit der Moabiter Töchtern,
2. welche luden das *Volk zum Opfer ihrer Götter. Und das Volk aß und betete ihre Götter an. *K.31,16.
3. Und Israel hängte sich an den Baal-Peor. Da ergrimmte des Herrn Zorn über Israel, 5.Mose 4,3.
4. und er sprach zu Mose: Nimm alle Obersten des Volks und *hänge sie dem Herrn auf an der Sonne, auf daß der grimmige Zorn des Herrn von Israel gewandt werde. *2.Sam.21,6.9; 5.Mose 21,22.23.
5. Und Mose sprach zu den Richtern Israels: Erwürge ein jeglicher seine Leute, die sich an den Baal-Peor gehängt haben.
6. Und siehe, ein Mann aus den Kindern Israel kam und brachte unter seine Brüder eine Midianitin vor den Augen Mose's und der ganzen Gemeinde der Kinder Israel, die da weinten vor der Tür der Hütte des Stifts.
7. Da das sah Pinehas, der Sohn Eleasars, des Sohnes Aarons, des Priesters, stand er auf aus der Gemeinde und nahm einen Spieß in seine Hand
8. und ging dem israelitischen Mann nach hinein in die Kammer und durchstach sie beide, den israelitischen Mann und das Weib, durch ihren Bauch. Da hörte die Plage auf von den Kindern Israel.
9. Und es wurden getötet in der Plage 24000. 1.Kor.10,8.
10. Und der Herr redete mit Mose und sprach:
11. Pinehas, der Sohn Eleasars, des Sohnes Aarons, des Priesters, hat meinen Grimm von den Kindern Israel gewendet durch seinen Eifer um mich, daß ich nicht in meinem Eifer die Kinder Israel vertilgte.
12. Darum sage: Siehe, ich gebe ihm meinen Bund des Friedens; 1.Chron.9,20.
13. und er soll haben und sein Same nach ihm den Bund eines ewigen Priestertums, darum daß er für seinen Gott geeifert und die Kinder Israel versöhnt hat. Ps.106,30.31.
14. Der israelitische Mann aber, der erschlagen ward mit der Midianitin, hieß Simri, der Sohn Salus, der Fürst eines Vaterhauses der Simeoniter.
15. Das midianitische Weib, das auch erschlagen ward, hieß Kosbi, eine Tochter *Zurs, der ein Fürst war eines Geschlechts unter den Midianitern. *K.31,8.
16. Und der Herr redete mit Mose und sprach:
17. Tut den Midianitern Schaden und schlagt sie; K.31,2–10.
18. denn sie haben euch Schaden getan mit ihrer List, die sie wider euch geübt haben durch den Peor und durch ihre Schwester Kosbi, die Tochter des Fürsten der Midianiter, die erschlagen ist am Tag der Plage um des Peor willen.

Das 26. Kapitel

Neue Zählung der Stämme des Volks wegen der Verteilung des Landes.

1. Und es geschah, nach der Plage sprach der Herr zu Mose und Eleasar, dem Sohn des Priesters Aaron:
2. Nehmt die Summe der ganzen Gemeinde der Kinder Israel, von zwanzig Jahren und darüber, nach ihren Vaterhäusern, alle, die ins Heer zu ziehen taugen in Israel. K.1,2–47.
3. Und Mose redete mit ihnen samt Eleasar, dem Priester, in dem Gefilde der Moabiter, an dem Jordan gegenüber Jericho,
4. die zwanzig Jahre alt waren und darüber, wie der Herr dem Mose geboten hatte und den Kindern Israel, die aus Ägypten gezogen waren.
5. Ruben, der Erstgeborene Israels. Die Kinder Rubens aber waren: Henoch, von dem das Geschlecht der Henochiter kommt; Pallu, von dem das Geschlecht der Palluiter kommt; 1.Mose 46,8–27; 1.Chron.4–7.
6. Hezron, von dem das Geschlecht der Hezroniter kommt; Charmi, von dem das Geschlecht der Charmiter kommt.
7. Das sind die Geschlechter von Ruben, und ihre Zahl war 43730.
8. Aber die Kinder Pallus waren: Eliab.
9. Und die Kinder Eliabs waren: Nemuel und Dathan und Abiram. Das ist *der Da-

than und Abiram, die Vornehmen in der Gemeinde, die sich wider Mose und Aaron auflehnten in der Rotte Korahs, da sie sich wider den Herrn auflehnten *K.16.

10. und die Erde ihren Mund auftat und sie verschlang mit Korah, da die Rotte starb, da das Feuer zweihundertundfünfzig Männer fraß und sie ein Zeichen wurden.

11. Aber die Kinder Korahs starben nicht.

12. Die Kinder Simeons in ihren Geschlechtern waren: Nemuel, daher kommt das Geschlecht der Nemueliter: Jamin, daher kommt das Geschlecht der Jaminiter; Jachin, daher das Geschlecht der Jachiniter kommt;

13. Serah, daher das Geschlecht der Serahiter kommt; Saul, daher das Geschlecht der Sauliter kommt.

14. Das sind die Geschlechter von Simeon, 22200.

15. Die Kinder Gads in ihren Geschlechtern waren: Ziphon, daher das Geschlecht der Ziphoniter kommt; Haggi, daher das Geschlecht der Haggiter kommt; Suni, daher das Geschlecht der Suniter kommt;

16. Osni, daher das Geschlecht der Osniter kommt; Eri, daher das Geschlecht der Eriter kommt;

17. Arod, daher das Geschlecht der Aroditer kommt; Ariel, daher das Geschlecht der Arieliter kommt.

18. Das sind die Geschlechter der Kinder Gads, an ihrer Zahl 40500.

19. Die Kinder Juda's: Ger und Onan, welche beide starben im Lande Kanaan.
1.Mose 38,7.10.

20. Es waren aber die Kinder Juda's in ihren Geschlechtern: Sela, daher das Geschlecht der Selaniter kommt; Perez, daher das Geschlecht der Pereziter kommt; Serah, daher das Geschlecht der Serahiter kommt.

21. Aber die Kinder des *Perez waren: Hezron, daher das Geschlecht der Hezroniter kommt; Hamul, daher das Geschlecht der Hamuliter kommt.
*Ruth.4,18.

22. Das sind die Geschlechter Juda's, an ihrer Zahl 76500.

23. Die Kinder Isaschars in ihren Geschlechtern waren: Thola, daher das Geschlecht der Tholaiter kommt; Phuva, daher das Geschlecht der Phuvaniter kommt;

24. Jasub, daher das Geschlecht der Jasubiter kommt; Simron, daher das Geschlecht der Simroniter kommt.

25. Das sind die Geschlechter Isaschars, an der Zahl 64300.

26. Die Kinder Sebulons in ihren Geschlechtern waren: Sered, daher das Geschlecht der Serediter kommt; Elon, daher das Geschlecht der Eloniter kommt; Jahleel, daher das Geschlecht der Jahleeliter kommt.

27. Das sind die Geschlechter Sebulons, an ihrer Zahl 60500.

28. Die Kinder Josephs in ihren Geschlechtern waren: Manasse und Ephraim.

29. Die Kinder aber Manasses waren: Machir, daher kommt das Geschlecht der Machiriter; Machir zeugte Gilead, daher kommt das Geschlecht der Gileaditer.
Jos.17,1–3.

30. Dies sind aber die Kinder Gileads: Hieser, daher kommt das Geschlecht der Hieseriter; Helek, daher kommt das Geschlecht der Helekiter;

31. Asriel, daher kommt das Geschlecht der Asrieliter; Sichem, daher kommt das Geschlecht der Sichemiter;

32. Semida, daher kommt das Geschlecht der Semiditer; Hepher, daher kommt das Geschlecht der Hepheriter.

33. Zelophehad aber war Hephers Sohn und hatte keine Söhne, sondern *Töchter; die hießen: Mahela, Noa, Hogla, Milka und Thirza. *K.27,1.

34. Das sind die Geschlechter Manasses, an ihrer Zahl 52700.

35. Die Kinder Ephraims in ihren Geschlechtern waren: Suthelah, daher kommt das Geschlecht der Suthelahiter; Becher, daher kommt das Geschlecht der Becheriter; Thahan, daher kommt das Geschlecht der Thahaniter.

36. Die Kinder aber Suthelahs waren: Eran, daher kommt das Geschlecht der Eraniter.

37. Das sind die Geschlechter der Kinder Ephraims, an ihrer Zahl 32500. Das sind die Kinder Josephs in ihren Geschlechtern.

38. Die Kinder Benjamins in ihren Geschlechtern waren: Bela, daher kommt das Geschlecht der Belaiter; Asbel, daher kommt das Geschlecht der Asbeliter; Ahiram, daher kommt das Geschlecht der Ahiramiter;

39. Supham, daher kommt das Geschlecht der Suphamiter; Hupham, daher kommt das Geschlecht der Huphamiter.

40. Die Kinder aber Belas waren: Ard und Naeman, daher kommt das Geschlecht der Arditer und Naemaniter.

41. Das sind die Kinder Benjamins in ihren Geschlechtern, an der Zahl 45600.
42. Die Kinder Dans in ihren Geschlechtern waren: Suham, daher kommt das Geschlecht der Suhamiter.
43. Das sind die Geschlechter Dans in ihren Geschlechtern, allesamt an der Zahl 64400.
44. Die Kinder Assers in ihren Geschlechtern waren: Jimna, daher kommt das Geschlecht der Jimniter; Jiswi, daher kommt das Geschlecht der Jiswiter; Beria, daher kommt das Geschlecht der Beriiter.
45. Aber die Kinder Berias waren: Heber, daher kommt das Geschlecht der Hebriter; Melchiel, daher kommt das Geschlecht der Melchieliter.
46. Und die Tochter Assers hieß Sarah.
47. Das sind die Geschlechter der Kinder Assers, an ihrer Zahl 53400.
48. Die Kinder Naphthalis in ihren Geschlechtern waren: Jahzeel, daher kommt das Geschlecht der Jahzeeliter; Guni, daher kommt das Geschlecht der Guniter;
49. Jezer, daher kommt das Geschlecht der Jezeriter; Sillem, daher kommt das Geschlecht der Sillemiter.
50. Das sind die Geschlechter von Naphthali, an ihrer Zahl 45400.
51. Das ist die Summe der Kinder Israel: 601730.
52. Und der Herr redete mit Mose und sprach:
53. Diesen sollst du das Land austeilen zum Erbe nach der Zahl der Namen.
54. Vielen sollst du viel zum Erbe geben, und wenigen wenig; jeglichen soll man geben nach ihrer Zahl.
55. Doch man soll das Land durchs *Los teilen; nach den Namen der Stämme ihrer Väter sollen sie Erbe nehmen.

*K.33,54; Jos.14,2.

56. Denn nach dem Los sollst du ihr Erbe austeilen zwischen den vielen und den wenigen.
57. Und das ist die Summe der Leviten in ihren Geschlechtern: Gerson, daher das Geschlecht der Gersoniter; Kahath, daher das Geschlecht der Kahathiter; Merari, daher das Geschlecht der Merariter.

2.Mose 6,16–25.

58. Dies sind die Geschlechter Levis: das Geschlecht der Libniter, das Geschlecht der Hebroniter, das Geschlecht der Maheliter, das Geschlecht der Musiter, das Geschlecht der Korahiter. Kahath zeugte Amram.
59. Und Amrams Weib hieß Jochebed, eine Tochter Levis, die ihm geboren ward in Ägypten; und sie gebar dem Amram Aaron und Mose und ihre Schwester Mirjam.
60. Dem Aaron aber ward geboren: Nadab, Abihu, Eleasar und Ithamar.
61. Nadab *aber und Abihu starben, da sie fremdes Feuer opferten vor dem Herrn.

*3.Mose 10,1.2.

62. Und ihre Summe war 23000, alles Mannsbilder, von einem Monat und darüber. Denn sie wurden nicht gezählt unter die Kinder Israel; denn man gab ihnen kein Erbe unter den Kindern Israel.
63. Das ist die Summe der Kinder Israel, die Mose und Eleasar, der Priester, zählten im Gefilde der Moabiter, an dem Jordan gegenüber Jericho;
64. unter welchen war keiner aus der Summe, da Mose und Aaron, der Priester, die Kinder Israel zählten in der Wüste Sinai. K.3,1–39.
65. Denn der Herr hatte ihnen gesagt, sie sollten des Todes sterben in der Wüste. Und blieb keiner übrig als Kaleb, der Sohn Jephunnes, und Josua, der Sohn Nuns.

K.14,22–38.

Das 27. Kapitel

Erbrecht der Töchter.
Josua zum Nachfolger Mose's geweiht.

1. Und *die Töchter Zelophehads, des Sohnes Hephers, des Sohnes Gileads, des Sohnes Machirs, des Sohnes Manasses, unter den Geschlechtern Manasses, des Sohnes Josephs, mit Namen Mahela, Noa, Hogla, Milka und Thirza, kamen herzu

*K.26,33; 36,2; Jos.17,3–6.

2. und traten vor Mose und vor Eleasar, den Priester, und vor die Fürsten und die ganze Gemeinde vor der Tür der Hütte des Stifts und sprachen:
3. Unser Vater ist gestorben in der Wüste und war nicht mit unter der Gemeinde, die sich wider *den Herrn empörte in der Rotte Korahs, sondern ist an †seiner Sünde gestorben, und hatte keine Söhne.

*K.16,2. †K.26,65.

4. Warum soll denn unsers Vaters Name unter seinem Geschlecht untergehen, weil er keinen Sohn hat? Gebet uns auch ein Gut unter unsers Vaters Brüdern!
5. Mose brachte ihre Sache vor den Herrn. 3.Mose 24,12.
6. Und der Herr sprach zu ihm:
7. Die Töchter Zelophehads haben recht geredet; du sollst ihnen ein Erbgut unter ihres Vaters Brüdern geben und sollst ihres Vaters Erbe ihnen zuwenden.

8. Und sage den Kindern Israel: Wenn jemand stirbt und hat nicht Söhne, so sollt ihr sein Erbe seiner Tochter zuwenden.
9. Hat er keine Tochter, sollt ihr's seinen Brüdern geben.
10. Hat er keine Brüder, sollt ihr's seines Vaters Brüdern geben.
11. Hat er nicht Vatersbrüder, sollt ihr's seinen nächsten Blutsfreunden geben, die ihm angehören in seinem Geschlecht, daß sie es einnehmen. Das soll den Kindern Israel ein Gesetz und Recht sein, wie der Herr dem Mose geboten hat.
12. Und der Herr sprach zu Mose: *Steig auf dies Gebirge Abarim und besiehe das Land, das ich den Kindern Israel geben werde. *5. Mose 32,48.49.
13. Und wenn du es gesehen hast, sollst du dich sammeln zu deinem Volk, wie dein Bruder Aaron *versammelt ist, *K. 20,24.28.
14. dieweil ihr meinem Wort ungehorsam gewesen seid in der Wüste Zin bei dem Hader der Gemeinde, da ihr mich heiligen solltet durch das Wasser vor ihnen. Das ist das Haderwasser zu Kades in der Wüste Zin. K. 20,12.13.
15. Und Mose redete mit dem Herrn und sprach:
16. Der Herr, der Gott *der Geister alles Fleisches, wolle einen Mann setzen über die Gemeinde, *K. 16,22.
17. der vor ihnen her aus und ein gehe und sie aus und ein führe, daß die Gemeinde des Herrn nicht sei wie die Schafe ohne Hirten. Matth. 9,36.
18. Und der Herr sprach zu Mose: *Nimm Josua zu dir, den Sohn Nuns, einen Mann, in dem der Geist ist, und lege deine Hände auf ihn *5. Mose 3,21; 34,9.
19. und stelle ihn vor den Priester Eleasar und vor die ganze Gemeinde und gebiete ihm vor ihren Augen,
20. und *lege von deiner Herrlichkeit auf ihn, daß ihm gehorche die ganze Gemeinde der Kinder Israel. *2. Kön. 2,9.15.
21. Und er soll treten vor den Priester Eleasar, der soll für ihn ratfragen durch die Weise des *Lichts vor dem Herrn. Nach desselben Mund sollen aus und ein ziehen er und alle Kinder Israel mit ihm und die ganze Gemeinde. *2. Mose 28,30.
22. Mose tat, wie ihm der Herr geboten hatte, und nahm Josua und stellte ihn vor den Priester Eleasar und vor die ganze Gemeinde
23. und legte seine Hand auf ihn und gebot ihm, wie der Herr mit Mose geredet hatte.

Das 28. Kapitel

Wiederholung der Gesetze über tägliches, Sabbat-, Neumond-, Passah- und Pfingstopfer.

1. Und der Herr redete mit Mose und sprach:
2. Gebiete den Kindern Israel und sprich zu ihnen: Die Opfer *meines Brots, welches mein Opfer des süßen Geruchs ist, sollt ihr halten zu seiner Zeit, daß ihr mir's opfert. *3. Mose 21,6.
3. Und sprich zu ihnen: Das sind die Opfer, die ihr dem Herrn opfern sollt: jährige Lämmer, die ohne Fehl sind, täglich zwei zum täglichen Brandopfer, 2. Mose 29,38–42.
4. ein Lamm des Morgens, das andere gegen Abend;
5. dazu ein zehntel Epha Semmelmehl *zum Speisopfer, mit Öl gemengt, das gestoßen ist, ein viertel Hin. *3. Mose 2,1.
6. Das ist das tägliche Brandopfer, das ihr am Berge Sinai opfertet, zum süßen Geruch ein Feuer dem Herrn.
7. Dazu sein Trankopfer je zu einem Lamm ein viertel Hin. Im Heiligtum soll man den Wein des Trankopfers opfern dem Herrn.
8. Das andere Lamm sollst du gegen Abend zurichten; mit dem Speisopfer wie am Morgen und mit seinem Trankopfer sollst du es machen zum Opfer des süßen Geruchs dem Herrn.
9. Am *Sabbattag aber zwei jährige Lämmer ohne Fehl und zwei Zehntel Semmelmehl zum Speisopfer, mit Öl gemengt, und sein Trankopfer. *Matth. 12,5.
10. Das ist das Brandopfer eines jeglichen Sabbats außer dem täglichen Brandopfer samt seinem Trankopfer.
11. Aber des ersten Tages eurer Monate sollt ihr dem Herrn ein Brandopfer opfern: zwei junge Farren, einen Widder, sieben jährige Lämmer ohne Fehl; K. 10,10.
12. und je *drei Zehntel Semmelmehl zum Speisopfer, mit Öl gemengt, zu einem Farren; und zwei Zehntel Semmelmehl zum Speisopfer, mit Öl gemengt, zu dem einen Widder; *V. 20,28; K. 15,2–13.
13. und je ein Zehntel Semmelmehl zum Speisopfer, mit Öl gemengt, zu einem Lamm. Das ist ein Brandopfer des süßen Geruchs, ein Opfer dem Herrn.
14. Und ihr Trankopfer soll sein ein halbes Hin Wein zum Farren, ein drittel Hin zum Widder, ein viertel Hin zum Lamm. Das ist das Brandopfer eines jeglichen Monats im Jahr.
15. Dazu soll man einen *Ziegenbock zum Sündopfer dem Herrn machen außer

WEIHUNG DES JOSUA 4. Mose 27, 22.23

dem täglichen Brandopfer und seinem
Trankopfer. *V. 22.
16. Aber am vierzehnten Tage des ersten
Monats ist *das Passah des Herrn.
*3. Mose 23,5–14.
17. Und am fünfzehnten Tage desselben
Monats ist Fest. Sieben Tage soll man ungesäuertes Brot essen.
18. Der erste Tag soll *heilig heißen, daß
ihr zusammenkommt; keine Dienstarbeit
sollt ihr an dem tun *V. 25.26.
19. und sollt dem Herrn Brandopfer tun:
zwei junge Farren, einen Widder, sieben
jährige Lämmer ohne Fehl;
20. samt ihren Speisopfern: *drei Zehntel Semmelmehl, mit Öl gemengt, zu einem Farren, und zwei Zehntel zu dem
Widder, *V. 12.
21. und je ein Zehntel auf ein Lamm unter den sieben Lämmern;
22. dazu *einen Bock zum Sündopfer,
daß ihr versöhnt werdet. *V. 15.
23. Und sollt solches tun außer dem
Brandopfer am Morgen, welches das tägliche Brandopfer ist.
24. Nach dieser Weise sollt ihr alle Tage,
die sieben Tage lang, das Brot opfern zum
Opfer des süßen Geruchs dem Herrn außer dem täglichen Brandopfer, dazu sein
Trankopfer.
25. Und der siebente Tag soll bei euch
heilig heißen, daß ihr zusammenkommt;
keine Dienstarbeit sollt ihr da tun.
26. Und der Tag der *Erstlinge, wenn ihr
opfert das neue Speisopfer dem Herrn,
wenn eure Wochen um sind, soll heilig
heißen, daß ihr zusammenkommt; keine
Dienstarbeit sollt ihr da tun
*3. Mose 23,15–21.
27. und sollt dem Herrn Brandopfer tun
zum süßen Geruch: zwei junge Farren,
einen Widder, sieben jährige Lämmer;
28. samt ihrem Speisopfer: drei Zehntel
Semmelmehl, mit Öl gemengt, zu einem
Farren, zwei Zehntel zu dem Widder,
29. und je ein Zehntel zu einem Lamm
der sieben Lämmer;
30. und *einen Ziegenbock, euch zu versöhnen. *V. 15.
31. Dies sollt ihr tun außer dem täglichen Brandopfer mit seinem Speisopfer.
Ohne Fehl soll's sein, dazu ihre Trankopfer.

Das 29. Kapitel

Wiederholung der Gesetze von den Opfern am Drommetentag, Versöhnungstag und Laubhüttenfest.

1. Und der erste Tag des siebenten Monats soll bei euch heilig heißen, daß ihr zusammenkommt; keine Dienstarbeit sollt ihr da tun – *es ist euer Drommetentag– *3. Mose 23,24.25.

2. und sollt Brandopfer tun zum süßen Geruch dem Herrn: einen jungen Farren, einen Widder, sieben jährige Lämmer ohne Fehl;

3. dazu ihr Speisopfer: drei Zehntel Semmelmehl, mit Öl gemengt, zu dem Farren, zwei Zehntel zu dem Widder,

4. und ein Zehntel auf ein jegliches Lamm der sieben Lämmer;

5. auch einen Ziegenbock zum Sündopfer, euch zu versöhnen–

6. außer dem Brandopfer des Monats und seinem Speisopfer und außer dem täglichen Brandopfer mit seinem Speisopfer und mit ihrem Trankopfer, wie es recht ist–, zum süßen Geruch. Das ist ein Opfer dem Herrn.

7. Der *zehnte Tag dieses siebenten Monats soll bei euch auch heilig heißen, daß ihr zusammenkommt; und sollt eure Leiber kasteien und keine Arbeit da tun, *3. Mose 23,27–32.

8. sondern Brandopfer dem Herrn zum süßen Geruch opfern; einen jungen Farren, einen Widder, sieben jährige Lämmer ohne Fehl;

9. mit ihren Speisopfern: drei Zehntel Semmelmehl, mit Öl gemengt, zu dem Farren, zwei Zehntel zu dem Widder,

10. und ein Zehntel je zu einem der sieben Lämmer;

11. dazu einen Ziegenbock zum Sündopfer, – außer *dem Sündopfer der Versöhnung und dem täglichen Brandopfer mit seinem Speisopfer und mit ihrem Trankopfer. *3. Mose 16,11–22.

12. *Der fünfzehnte Tag des siebenten Monats soll bei euch heilig heißen, daß ihr zusammenkommt; keine Dienstarbeit sollt ihr an dem tun und sollt dem Herrn sieben Tage feiern *3. Mose 23,34–43.

13. und sollt dem Herrn Brandopfer tun zum Opfer des süßen Geruchs dem Herrn: dreizehn junge Farren, zwei Widder, vierzehn jährige Lämmer ohne Fehl;

14. samt ihrem Speisopfer; drei Zehntel Semmelmehl, mit Öl gemengt, je zu einem der dreizehn Farren, zwei Zehntel je zu einem der zwei Widder,

15. und ein Zehntel je zu einem der vierzehn Lämmer;

16. dazu einen Ziegenbock zum Sündopfer, – außer dem täglichen Brandopfer mit seinem Speisopfer und seinem Trankopfer.

17. Am zweiten Tage: zwölf junge Farren, zwei Widder, vierzehn jährige Lämmer ohne Fehl;

18. mit ihrem Speisopfer und Trankopfer zu den Farren, zu den Widdern und zu den Lämmern in ihrer Zahl, wie es recht ist;

19. dazu einen Ziegenbock zum Sündopfer, – außer dem täglichen Brandopfer mit seinem Speisopfer und mit ihrem Trankopfer.

20. Am dritten Tage: elf Farren, zwei Widder, vierzehn jährige Lämmer ohne Fehl;

21. mit ihren Speisopfern und Trankopfern zu den Farren, zu den Widdern und zu den Lämmern in ihrer Zahl, wie es recht ist;

22. dazu einen Bock zum Sündopfer, – außer dem täglichen Brandopfer mit seinem Speisopfer und seinem Trankopfer.

23. Am vierten Tage: zehn Farren, zwei Widder, vierzehn jährige Lämmer ohne Fehl;

24. samt ihren Speisopfern und Trankopfern zu den Farren, zu den Widdern und zu den Lämmern in ihrer Zahl, wie es recht ist;

25. dazu einen Ziegenbock zum Sündopfer, – außer dem täglichen Brandopfer mit seinem Speisopfer und seinem Trankopfer.

26. Am fünften Tage: neun Farren, zwei Widder, vierzehn jährige Lämmer ohne Fehl;

27. samt ihren Speisopfern und Trankopfern zu den Farren, zu den Widdern und zu den Lämmern in ihrer Zahl, wie es recht ist;

28. dazu einen Bock zum Sündopfer, – außer dem täglichen Brandopfer mit seinem Speisopfer und seinem Trankopfer.

29. Am sechsten Tage: acht Farren, zwei Widder, vierzehn jährige Lämmer ohne Fehl;

30. samt ihren Speisopfern und Trankopfern zu den Farren, zu den Widdern und zu den Lämmern in ihrer Zahl, wie es recht ist;

31. dazu einen Bock zum Sündopfer, – außer dem täglichen Brandopfer mit seinem Speisopfer und seinem Trankopfer.

32. Am siebenten Tage: sieben Farren,

zwei Widder, vierzehn jährige Lämmer ohne Fehl;
33. samt ihren Speisopfern und Trankopfern zu den Farren, zu den Widdern und zu den Lämmern in ihrer Zahl, wie es recht ist;
34. dazu einen Bock zum Sündopfer, – außer dem täglichen Brandopfer mit seinem Speisopfer und seinem Trankopfer.
35. Am achten soll der Tag der Versammlung sein; keine Dienstarbeit sollt ihr da tun
36. und sollt Brandopfer opfern zum Opfer des süßen Geruchs dem Herrn: einen Farren, einen Widder, sieben jährige Lämmer ohne Fehl;
37. samt ihren Speisopfern und Trankopfern zu dem Farren, zu dem Widder und zu den Lämmern in ihrer Zahl, wie es recht ist;
38. dazu einen Bock zum Sündopfer, – außer dem täglichen Brandopfer mit seinem Speisopfer und seinem Trankopfer.
39. Solches sollt ihr dem Herrn tun auf eure Feste, außerdem, was ihr gelobt und freiwillig gebt zu Brandopfern, Speisopfern, Trankopfern und Dankopfern.

Das 30. Kapitel

Gesetz von Gelübden.

1. Und Mose sagte den Kindern Israel alles, was ihm der Herr geboten hatte.
2. Und Mose redete mit den Fürsten der Stämme der Kinder Israel und sprach: Das ist's, was der Herr geboten hat:
3. Wenn jemand dem Herrn *ein Gelübde tut oder einen Eid schwört, daß er seine Seele verbindet, der soll sein Wort nicht aufheben, sondern alles tun, wie es zu seinem Munde ist ausgegangen.

*3. Mose 27,2–25; 5. Mose 23,22; Richt. 11,35; Pred. 5,3.4.

4. Wenn ein Weib dem Herrn ein Gelübde tut und sich verbindet, solange sie in ihres Vaters Hause und ledig ist,
5. und ihr Gelübde und Verbündnis, das sie nimmt auf ihre Seele, kommt vor ihren Vater, und er schweigt dazu, so gilt all ihr Gelübde und all ihr Verbündnis, das sie ihrer Seele aufgelegt hat.
6. Wo aber ihr Vater ihr wehrt des Tages, wenn er's hört, so gilt kein Gelübde noch Verbündnis, das sie auf ihre Seele genommen hat; und der Herr wird ihr gnädig sein, weil ihr Vater ihr gewehrt hat.
7. Wird sie aber eines Mannes und hat ein Gelübde auf sich oder ist ihr aus ihren Lippen ein Verbündnis entfahren über ihre Seele,
8. und der Mann hört es, und schweigt desselben Tages still, so gilt ihr Gelübde und Verbündnis, das sie auf ihre Seele genommen hat.
9. Wo aber ihr Mann ihr wehrt des Tages, wenn er's hört, so ist ihr Gelübde los, das sie auf sich hat, und das Verbündnis, das ihr aus ihren Lippen entfahren ist über ihre Seele; und der Herr wird ihr gnädig sein.
10. Das Gelübde einer Witwe und Verstoßenen, alles Verbündnis, das sie nimmt auf ihre Seele, das gilt auf ihr.
11. Wenn eine in ihres Mannes Hause gelobt oder sich mit einem Eide verbindet über ihre Seele,
12. und ihr Mann hört es, und schweigt dazu und wehrt es nicht, so gilt all dasselbe Gelübde und alles Verbündnis, das sie auflegt ihrer Seele.
13. Macht's aber ihr Mann des Tages los, wenn er's hört, so gilt das nichts, was aus ihren Lippen gegangen ist, was sie gelobt oder wozu sie sich verbunden hat über ihre Seele; denn ihr Mann hat's losgemacht, und der Herr wird ihr gnädig sein.
14. Alle Gelübde und Eide, die verbinden, den Leib zu kasteien, mag ihr Mann bekräftigen oder aufheben also:
15. wenn er dazu schweigt von einem Tage zum andern, so bekräftigt er alle ihre Gelübde und Verbündnisse, die sie auf sich hat, darum daß er geschwiegen hat des Tages, da er's hörte;
16. wird er's aber aufheben, nachdem er's gehört hat, so soll er ihre Missetat tragen.
17. Das sind die Satzungen, die der Herr dem Mose geboten hat zwischen Mann und Weib, zwischen Vater und Tochter, solange sie noch ledig ist in ihres Vaters Hause.

Das 31. Kapitel

Sieg über die Midianiter und große Beute.

1. Und der Herr redete mit Mose und sprach:
2. Räche *die Kinder Israel an den Midianitern, daß du †darnach dich sammelst zu deinem Volk. *K. 25,17. †K. 27,13.
3. Da redete Mose mit dem Volk und sprach: Rüstet unter euch Leute zum Heer wider die Midianiter, daß sie den Herrn rächen an den Midianitern,
4. aus jeglichem Stamm tausend, daß ihr aus allen Stämmen Israels in das Heer schickt.

5. Und sie nahmen aus den Tausenden Israels je tausend eines Stammes, zwölftausend gerüstet zum Heer.

6. Und Mose schickte sie mit *Pinehas, dem Sohn Eleasars, des Priesters, ins Heer und die heiligen Geräte und die †Halldrommeten in seiner Hand. *K.25,7. K.10,2.

7. Und sie führten das Heer wider die Midianiter, wie der Herr dem Mose geboten hatte, und *erwürgten alles, was männlich war. *5. Mose 20,13.

8. Dazu die Könige der Midianiter erwürgten sie samt ihren Erschlagenen, nämlich Evi, Rekem, Zur, Hur und Reba, die fünf Könige der Midianiter. Bileam, den Sohn Beors, erwürgten sie auch mit dem Schwert. Jos. 13,21.22; K.22,5.

9. Und die Kinder Israel nahmen gefangen die Weiber der Midianiter und ihre Kinder; all ihr Vieh, alle ihre Habe und alle ihre Güter raubten sie,

10. und verbrannten mit Feuer alle ihre Städte ihrer Wohnung und alle Zeltdörfer.

11. Und nahmen allen Raub und alles, was zu nehmen war, Menschen und Vieh,

12. und brachten's zu Mose und zu Eleasar, dem Priester, und zu der Gemeinde der Kinder Israel, nämlich die Gefangenen und das genommene Vieh und das geraubte Gut ins Lager auf der Moabiter Gefilde, das am Jordan liegt gegenüber Jericho.

13. Und Mose und Eleasar, der Priester, und alle Fürsten der Gemeinde gingen ihnen entgegen, hinaus vor das Lager.

14. Und Mose ward zornig über die Hauptleute des Heeres, die Hauptleute über tausend und über hundert waren, die aus dem Heer und Streit kamen,

15. und sprach zu ihnen: Warum habt ihr alle Weiber leben lassen?

16. Siehe, haben nicht dieselben die Kinder Israel durch Bileams Rat abwendig gemacht, daß sie sich versündigten am Herrn über dem Peor und eine Plage der Gemeinde des Herrn widerfuhr?
K.25,1; Offenb.2,14.

17. So erwürget nun alles, *was männlich ist unter den Kindern, und alle Weiber, die Männer erkannt und beigelegen haben; *Richt. 21,11.

18. aber alle Kinder, die weiblich sind und nicht Männer erkannt haben, die laßt für euch leben.

19. Und lagert euch draußen vor dem Lager sieben Tage, alle, die jemand erwürgt oder die Erschlagene angerührt haben, daß ihr euch entsündigt am dritten und siebenten Tage, samt denen, die ihr gefangen genommen habt. K.19,11.

20. Und alle Kleider und alles Gerät von Fellen und alles Pelzwerk und alles hölzerne Gefäß sollt ihr entsündigen.

21. Und Eleasar, der Priester, sprach zu dem Kriegsvolk, das in den Streit gezogen war: Das ist das Gesetz, welches der Herr dem Mose geboten hat:

22. Gold, Silber, Erz, Eisen, Zinn und Blei

23. und alles, was das Feuer leidet, sollt ihr durchs Feuer lassen gehen und reinigen; nur daß es mit dem Sprengwasser entsündigt werde. Aber alles, was nicht Feuer leidet, sollt ihr durchs Wasser gehen lassen.

24. Und sollt eure Kleider waschen am siebenten Tage, so werdet ihr rein; darnach sollt ihr ins Lager kommen.

25. Und der Herr redete mit Mose und sprach:

26. Nimm die Summe des Raubes der Gefangenen, an Menschen und an Vieh, du und Eleasar, der Priester, und die obersten Väter der Gemeinde;

27. und gib die Hälfte denen, die ins Heer ausgezogen sind und die Schlacht getan haben, und die andere Hälfte der Gemeinde. Jos. 22,8; 1. Sam. 30,24.

28. Du sollst aber dem Herrn heben von den Kriegsleuten, die ins Heer gezogen sind, je von fünf Hunderten eine Seele, an Menschen, Rindern, Eseln und Schafen.

29. Von ihrer Hälfte sollst du es nehmen und dem Priester Eleasar geben zur Hebe dem Herrn.

30. Aber von der Hälfte der Kinder Israel sollst du je ein Stück von fünfzigen nehmen, an Menschen, Rindern, Eseln und Schafen und von allem Vieh, und sollst es den Leviten geben, die des Dienstes warten an der Wohnung des Herrn.

31. Und Mose und Eleasar, der Priester, taten, wie der Herr dem Mose geboten hatte.

32. Und es war die übrige Ausbeute, die das Kriegsvolk geraubt hatte, 675 000 Schafe,

33. 72 000 Rinder,

34. 61 000 Esel

35. und der Mädchen, die nicht Männer erkannt hatten, 32 000 Seelen.

36. Und die Hälfte, die denen, so ins Heer gezogen waren, gehörte, war an der Zahl 337 500 Schafe;

37. davon wurden dem Herrn 675 Schafe.

38. Desgleichen 36 000 Rinder; davon wurden dem Herrn 72.

39. Desgleichen 30 500 Esel; davon wurden dem Herrn 61.

40. Desgleichen Menschenseelen, 16000 Seelen; davon wurden dem Herrn 32 Seelen.
41. Und Mose gab solche Hebe des Herrn dem Priester Eleasar, wie ihm der Herr geboten hatte.
42. Aber die andere Hälfte, die Mose den Kindern Israel zuteilte von den Kriegsleuten,
43. nämlich die Hälfte, der Gemeinde zuständig, war auch 337500 Schafe,
44. 36000 Rinder,
45. 30500 Esel
46. und 16000 Menschenseelen.
47. Und Mose nahm von dieser Hälfte der Kinder Israel je ein Stück von fünfzigen, sowohl des Viehs als der Menschen, und gab's den Leviten, die des Dienstes warteten an der Wohnung des Herrn, wie der Herr dem Mose geboten hatte.
48. Und es traten herzu die Hauptleute über die Tausende des Kriegsvolks, nämlich die über tausend und über hundert waren, zu Mose
49. und sprachen zu ihm: Deine Knechte haben die Summe genommen der Kriegsleute, die unter unsern Händen gewesen sind, und fehlt nicht einer.
50. Darum bringen wir dem Herrn Geschenke, was ein jeglicher gefunden hat von goldenem Geräte, Ketten, Armgeschmeide, Ringe, Ohrenringe und Spangen, daß unsre Seelen versöhnt werden vor dem Herrn.
51. Und Mose samt dem Priester Eleasar nahm von ihnen das Gold von allerlei Geräte.
52. Und alles Goldes Hebe, das sie dem Herrn hoben, war 16750 Lot von den Hauptleuten über tausend und hundert.
53. Denn die Kriegsleute hatten geraubt ein jeglicher für sich.
54. Und Mose mit Eleasar, dem Priester, nahm das Gold von den Hauptleuten über tausend und hundert, und brachten es in die Hütte des Stifts zum Gedächtnis der Kinder Israel vor dem Herrn.

Das 32. Kapitel

Verteilung des Ostjordanlandes.
(Vgl. 5. Mose 3,12–22.)

1. Die Kinder Ruben und die Kinder Gad hatten sehr viel Vieh und sahen das Land Jaser und Gilead an als gute Stätte für ihr Vieh
2. und kamen und sprachen zu Mose und zu dem Priester Eleasar und zu den Fürsten der Gemeinde:
3. Das Land Ataroth, Didon, Jaser, Nimra, Hesbon, Eleale, Sebam, Nebo und Beon,
4. das der Herr geschlagen hat vor der Gemeinde Israel, ist gut zur Weide; und wir, deine Knechte, haben Vieh.
5. Und sprachen weiter: Haben wir Gnade vor dir gefunden, so gib dies Land deinen Knechten zu eigen, so wollen wir nicht über den Jordan ziehen.
6. Mose sprach zu ihnen: Eure Brüder sollen in den Streit ziehen, und ihr wollt hier bleiben?
7. Warum macht ihr der Kinder Israel Herzen abwendig, daß sie nicht hinüberziehen in das Land, das ihnen der Herr geben wird?
8. Also taten auch eure Väter, da ich sie aussandte von Kades-Barnea, das Land zu schauen; K. 13.
9. und da sie hinaufgekommen waren bis an den Bach Eskol und sahen das Land, machten sie das Herz der Kinder Israel abwendig, daß sie nicht in das Land wollten, das ihnen der Herr geben wollte.
10. Und des Herrn Zorn ergrimmte zur selben Zeit, und er schwur und sprach:
11. Diese *Leute, die aus Ägypten gezogen sind, von zwanzig Jahren und darüber, sollen wahrlich das Land nicht sehen, das ich Abraham, Isaak und Jakob geschworen habe, darum daß sie mir nicht treulich nachgefolgt sind;

*K. 14,22–38; 26,65.

12. ausgenommen Kaleb, den Sohn Jephunnes, des Kenisiters, und Josua, den Sohn Nuns; denn sie sind dem Herrn treulich nachgefolgt.
13. Also ergrimmte des Herrn Zorn über Israel, und er ließ sie hin und her in der Wüste ziehen vierzig Jahre, bis daß ein Ende ward all des Geschlechts, das übel getan hatte vor dem Herrn.
14. Und siehe, ihr seid aufgetreten an eurer Väter Statt, daß der Sünder desto mehr seien und ihr auch den Zorn und Grimm des Herrn noch mehr macht wider Israel.
15. Denn wo ihr euch von ihm wendet, so wird er auch noch länger sie lassen in der Wüste, und ihr werdet dies Volk alles verderben.
16. Da traten sie herzu und sprachen: Wir wollen nur Schafhürden hier bauen für unser Vieh und Städte für unsre Kinder;
17. wir aber wollen uns rüsten vornan vor den Kindern Israel her, bis daß wir sie bringen an ihren Ort. Unsre Kinder sollen

in den verschlossenen Städten bleiben um
der Einwohner willen des Landes.
18. Wir wollen nicht heimkehren, bis die
Kinder Israel einnehmen ein jeglicher
sein Erbe.
19. Denn wir wollen nicht mit ihnen erben jenseit des Jordans, sondern unser
Erbe soll uns diesseit des Jordans gegen
Morgen gefallen sein.
20. Mose sprach zu ihnen: Wenn ihr das
tun wollt, daß ihr *euch rüstet zum Streit
vor dem Herrn, *Jos. 1,13–15.
21. so ziehet über den Jordan vor dem
Herrn, wer unter euch gerüstet ist, bis daß
er seine Feinde austreibe von seinem Angesicht
22. und das Land untertan werde dem
Herrn; darnach sollt ihr umwenden und
unschuldig sein vor dem Herrn und vor
Israel und sollt dies Land also haben zu
eigen vor dem Herrn.
23. Wo ihr aber nicht also tun wollt, siehe, so werdet ihr euch an dem Herrn versündigen und werdet eurer Sünde innewerden, wenn sie euch finden wird.
24. So bauet nun Städte für eure Kinder
und Hürden für euer Vieh und tut, was ihr
geredet habt.
25. Die Kinder Gad und die Kinder Ruben sprachen zu Mose: Deine Knechte sollen tun, wie mein Herr geboten hat.
26. Unsre Kinder, Weiber, Habe und all
unser Vieh sollen in den Städten Gileads
sein;
27. wir aber, deine Knechte, wollen alle
gerüstet zum Heer in den Streit ziehen vor
dem Herrn, wie mein Herr geredet hat.
28. Da gebot Mose ihrethalben dem Priester Eleasar und Josua, dem Sohn Nuns,
und den obersten Vätern der Stämme der
Kinder Israel
29. und sprach zu ihnen: *Wenn die Kinder Gad und die Kinder Ruben mit euch
über den Jordan ziehen, alle gerüstet zum
Streit vor dem Herrn, und das Land euch
untertan ist, so gebet ihnen das Land Gilead zu eigen; *Jos. 4,12.
30. ziehen sie aber nicht mit euch gerüstet, so sollen sie unter euch erben im
Lande Kanaan.
31. Die Kinder Gad und die Kinder Ruben antworteten und sprachen: Wie der
Herr redete zu deinen Knechten, so wollen wir tun.
32. Wir wollen gerüstet ziehen vor dem
Herrn ins Land Kanaan und unser Erbgut
besitzen diesseit des Jordans.
33. Also gab Mose den Kindern Gad und
den Kindern Ruben und dem halben
Stamm Manasses, des Sohnes Josephs, das
Königreich Sihons, des Königs der Amoriter, und das Königreich Ogs, des Königs
von Basan, das Land samt den Städten in
dem ganzen Gebiete umher. Jos. 13,8–31.
34. Da bauten die Kinder Gad Dibon, Ataroth, Aroer,
35. Atroth-Sophan, Jaser, Jogbeha,
36. Beth-Nimra und Beth-Haran, verschlossene Städte und Schafhürden.
37. Die Kinder Ruben bauten Hesbon,
Eleale, Kirjathaim,
38. Nebo, Baal-Meon, und änderten die
Namen, und Sibma, und gaben den Städten Namen, die sie bauten.
39. Und die Kinder Machirs, des Sohnes
Manasses, gingen nach Gilead und gewannen's und vertrieben die Amoriter, die darin waren.
40. Da gab Mose dem Machir, dem Sohn
Manasses, Gilead; und er wohnte darin.
41. Jair aber, der Sohn Manasses, ging
hin und gewann ihre Dörfer und hieß sie
Dörfer Jairs. 5. Mose 3,14.
42. Nobah ging hin und gewann Knath
mit seinen Ortschaften und hieß sie Nobah nach seinem Namen.

Das 33. Kapitel

Verzeichnis der Lagerstätten.
Ausrottung der Kanaaniter befohlen.

1. Das sind die Reisen der Kinder Israel,
da sie aus Ägyptenland gezogen sind mit
ihrem Heer durch Mose und Aaron.
2. Und Mose beschrieb ihren Auszug, wie
sie zogen nach dem Befehl des Herrn, und
dies sind die Reisen ihres Zuges.
3. Sie zogen aus von *Raemses am fünfzehnten Tage des ersten Monats, dem
zweiten Tage der Ostern, †durch eine hohe Hand, daß es alle Ägypter sahen,
*2. Mose 1,11. †2. Mose 14,8.
4. als sie eben die Erstgeburt begruben,
die der Herr unter ihnen geschlagen hatte;
denn der Herr hatte auch an *ihren Göttern Gericht geübt. *2. Mose 12,12.
5. Als sie von Raemses auszogen, lagerten sie sich in Sukkoth. 2. Mose 12,37.
6. Und zogen aus von Sukkoth und lagerten sich in Etham, welches liegt an dem
Ende der Wüste. 2. Mose 13,20.
7. Von Etham zogen sie aus und blieben
in Pihachiroth, welches liegt gegen Baal-
Zephon, und lagerten sich gegen Migdol.
2. Mose 14,2.
8. Von *Hachiroth zogen sie aus und gingen mitten durchs Meer in die Wüste und

reisten drei Tagereisen in der Wüste
Etham und lagerten sich †in Mara.
*2.Mose 14,22. †2.Mose 15,23.
9. Von Mara zogen sie aus und kamen
gen Elim; da waren zwölf Wasserbrunnen
und siebzig Palmen; und lagerten sich daselbst. 2.Mose 15,27.
10. Von Elim zogen sie aus und lagerten
sich an das Schilfmeer.
11. Von dem Schilfmeer zogen sie aus
und lagerten sich in der Wüste Sin.
2.Mose 16,1.
12. Von der Wüste Sin zogen sie aus und
lagerten sich in Dophka.
13. Von Dophka zogen sie aus und lagerten sich in Alus.
14. Von Alus zogen sie aus und lagerten
sich in Raphidim; daselbst hatte das Volk
kein Wasser zu trinken. 2.Mose 17,1.
15. Von Raphidim zogen sie aus und lagerten sich in der Wüste Sinai. 2.Mose 19,1.
16. Von Sinai zogen sie aus und lagerten
sich bei den Lustgräbern. K.11,34.
17. Von den Lustgräbern zogen sie aus
und lagerten sich in Hazeroth. K.11,35.
18. Von Hazeroth zogen sie aus und lagerten sich in Rithma. K.12,16.
19. Von Rithma zogen sie aus und lagerten sich in Rimmon-Perez.
20. Von Rimmon-Perez zogen sie aus
und lagerten sich in Libna.
21. Von Libna zogen sie aus und lagerten
sich in Rissa.
22. Von Rissa zogen sie aus und lagerten
sich in Kehelatha.
23. Von Kehelatha zogen sie aus und lagerten sich im Gebirge Sepher.
24. Vom Gebirge Sepher zogen sie aus
und lagerten sich in Harada.
25. Von Harada zogen sie aus und lagerten sich in Makheloth.
26. Von Makheloth zogen sie aus und lagerten sich in Thahath.
27. Von Thahath zogen sie aus und lagerten sich in Tharah.
28. Von Tharah zogen sie aus und lagerten sich in Mithka.
29. Von Mithka zogen sie aus und lagerten sich in Hasmona.
30. Von Hasmona zogen sie aus und lagerten sich in Moseroth.
31. Von Moseroth zogen sie aus und lagerten sich in Bne-Jaakan. 5.Mose 10,6.
32. Von Bne-Jaakan zogen sie aus und
lagerten sich in Horgidgad.
33. Von Horgidgad zogen sie aus und lagerten sich in Jotbatha. 5.Mose 10,7.
34. Von Jotbatha zogen sie aus und lagerten sich in Abrona.
35. Von Abrona zogen sie aus und lagerten sich in Ezeon-Geber.
36. Von Ezeon-Geber zogen sie aus und
lagerten sich in der Wüste Zin, das ist
Kades. K.20,1.
37. Von Kades zogen sie aus und lagerten
sich an dem Berge Hor, an der Grenze des
Landes Edom. K.20,22–29.
38. Da ging der Priester Aaron auf den
Berg Hor nach dem Befehl des Herrn und
starb daselbst im vierzigsten Jahr des Auszugs der Kinder Israel aus Ägyptenland am
ersten Tage des fünften Monats,
39. da er 123 Jahre alt war.
40. Und der König der Kanaaniter zu
Arad, der da wohnte gegen Mittag des Landes Kanaan, hörte, daß die Kinder Israel
kamen. K.21,1.
41. Und von dem Berge Hor zogen sie aus
und lagerten sich in Zalmona.
42. Von Zalmona zogen sie aus und lagerten sich in Phunon.
43. Von Phunon zogen sie aus und lagerten sich in Oboth. K.21,10.
44. Von Oboth zogen sie aus und lagerten sich in Ije-Abarim, in der Moabiter
Gebiet. K.21,11.
45. Von Ijim zogen sie aus und lagerten
sich in Dibon-Gad.
46. Von Dibon-Gad zogen sie aus und
lagerten sich in Almon-Diblathaim.
47. Von Almon-Diblathaim zogen sie aus
und lagerten sich in dem Gebirge Abarim
vor dem Nebo. K.21,20.
48. Von dem Gebirge Abarim zogen sie
aus und lagerten sich in das Gefilde der
Moabiter an dem Jordan gegenüber Jericho. K.22,1; 5.Mose 32,49.
49. Sie lagerten sich aber am Jordan von
Beth-Jesimoth an bis an Abel-Sittim, im
Gefilde der Moabiter. K.25,1.
50. Und der Herr redete mit Mose in dem
Gefilde der Moabiter an dem Jordan gegenüber Jericho und sprach:
51. Rede mit den Kindern Israel und
sprich zu ihnen: Wenn ihr über den Jordan gegangen seid in das Land Kanaan,
52. so sollt ihr alle Einwohner vertreiben
vor eurem Angesicht und alle ihre Säulen
und alle ihre gegossenen Bilder zerstören
und alle ihre Höhen vertilgen,
53. daß ihr also das Land einnehmet und
darin wohnet; denn euch habe ich das
Land gegeben, daß ihr's einnehmet.
54. Und sollt das Land austeilen durchs
*Los unter eure Geschlechter. Denen, deren viele sind, sollt ihr desto mehr zuteilen, und denen, deren wenige sind, sollt
ihr desto weniger zuteilen. Wie das Los

einem jeglichen daselbst fällt, so soll er's
haben; nach den Stämmen eurer Väter
sollt ihr's austeilen. *K.26,55.
55. Werdet ihr aber die Einwohner des
Landes nicht vertreiben vor eurem Angesicht, so werden euch die, so ihr überbleiben laßt, zu Dornen werden in euren Augen und zu Stacheln in euren Seiten und
werden euch drängen in dem Lande, darin
ihr wohnet. Jos.23,13.
56. So wird's dann gehen, daß ich euch
gleich tun werde, wie ich gedachte ihnen
zu tun.

Das 34. Kapitel

Grenzen des Landes Kanaan.
Wie und durch wen es auszuteilen sei.

1. Und der Herr redete mit Mose und
sprach:
2. Gebiete den Kindern Israel und sprich
zu ihnen: Wenn ihr ins Land Kanaan
kommt, so soll dies das Land sein, das
euch zum Erbteil fällt, das Land Kanaan
nach seinen Grenzen. 2.Mose 23,31.
3. Die Ecke gegen Mittag soll anfangen
an *der Wüste Zin bei Edom, daß eure
Grenze gegen Mittag sei vom Ende des
Salzmeers, das gegen Morgen liegt,
*Jos.15,1.
4. und daß die Grenze sich lenke mittagwärts von der Steige Akrabbim und gehe
durch Zin, und ihr Ausgang sei mittagwärts von Kades-Barnea und gelange zum
Dorf Adar und gehe durch Azmon
5. und lenke sich von Azmon an den
Bach Ägyptens, und ihr Ende sei an dem
Meer.
6. Aber die Grenze gegen Abend soll diese
sein, nämlich das große Meer. Das sei eure
Grenze gegen Abend.
7. Die Grenze gegen Mitternacht soll diese sein: ihr sollt messen von dem großen
Meer bis an den Berg Hor,
8. und von dem Berge Hor messen, bis
man kommt gen Hamath, daß der Ausgang der Grenze sei gen Zedad
9. und die Grenze ausgehe gen Siphron
und ihr Ende sei am Dorfe Enan. Das sei
eure Grenze gegen Mitternacht.
10. Und sollt euch messen die Grenze
gegen Morgen vom Dorf Enan gen Se-
pham,
11. und die Grenze gehe herab von Se-
pham gen Ribla morgenwärts von Ain;
darnach gehe sie herab und lenke sich an
die Seite des *Meers Kinnereth gegen
Morgen *Luk.5,1.
12. und komme herab an den Jordan,
daß ihr Ende sei das Salzmeer. Das sei
euer Land mit seiner Grenze umher.
13. Und Mose gebot den Kindern Israel
und sprach: Das ist das Land, das ihr
durchs Los unter euch teilen sollt, das der
Herr geboten hat den neun Stämmen und
dem halben Stamm zu geben.
14. Denn der Stamm der Kinder Ruben
nach ihren Vaterhäusern und der Stamm
der Kinder Gad nach ihren Vaterhäusern
und der halbe Stamm Manasse haben ihr
Teil genommen. K.32,33.
15. Also haben die zwei Stämme und der
halbe Stamm ihr Erbteil dahin, diesseit
des Jordans gegenüber Jericho gegen Morgen.
16. Und der Herr redete mit Mose und
sprach:
17. Das sind die Namen der Männer, die
das Land unter euch teilen sollen: der
Priester Eleasar und Josua, der Sohn
Nuns. Jos.14,1; 21,1; 5.Mose 1,38.
18. Dazu sollt ihr nehmen von einem
jeglichen Stamm einen Fürsten, das Land
auszuteilen.
19. Und das sind der Männer Namen: Kaleb, der Sohn Jephunnes, des Stammes
Juda; K.13,6.30.
20. Samuel, der Sohn Ammihuds, des
Stammes Simeon;
21. Elidad, der Sohn Chislons, des Stammes Benjamin;
22. Bukki, der Sohn Joglis, Fürst des
Stammes der Kinder Dan;
23. Hanniel, der Sohn Ephods, Fürst des
Stammes der Kinder Manasse, von den
Kindern Joseph;
24. Kemuel, der Sohn Siphtans, Fürst
des Stammes der Kinder Ephraim;
25. Elizaphan, der Sohn Parnachs, Fürst
des Stammes der Kinder Sebulon;
26. Paltiel, der Sohn Assans, Fürst des
Stammes der Kinder Isaschar;
27. Ahihud, der Sohn Selomis, Fürst des
Stammes der Kinder Asser;
28. Pedahel, der Sohn Ammihuds, Fürst
des Stammes der Kinder Naphthali.
29. Dies sind die, denen der Herr gebot,
daß sie den Kindern Israel Erbe austeilten
im Lande Kanaan.

Das 35. Kapitel

Von den Städten der Leviten und den
Freistädten.

1. Und der Herr redete mit Mose auf dem
Gefilde der Moabiter am Jordan gegenüber
Jericho und sprach:
2. Gebiete den Kindern Israel, daß sie
*den Leviten Städte geben von ihren Erb-
gütern zur Wohnung; *K.18,20; Jos.21,2.

3. dazu die Vorstädte um die Städte her
sollt ihr den Leviten auch geben, daß sie in
den Städten wohnen und in den Vorstädten ihr Vieh und Gut und allerlei Tiere
haben.
4. Die Weite aber der Vorstädte, die ihr
den Leviten gebt, soll tausend Ellen draußen vor der Stadtmauer umher haben.
5. So sollt ihr nun messen außen an der
Stadt von der Ecke gegen Morgen 2000
Ellen und von der Ecke gegen Mittag 2000
Ellen und von der Ecke gegen Abend 2000
Ellen und von der Ecke gegen Mitternacht
2000 Ellen, daß die Stadt in der Mitte sei.
Das sollen ihre Vorstädte sein.
6. Und unter den Städten, die ihr den
Leviten geben werdet, sollt ihr sechs Freistädte geben, daß dahinein fliehe, wer einen Totschlag getan hat. Über dieselben
sollt ihr noch zweiundvierzig Städte geben, 2.Mose 21,13; 5.Mose 4,41; 19,2.9; Jos.20.
7. daß alle Städte, die ihr den Leviten
gebt, seien achtundvierzig mit ihren Vorstädten.
8. Und sollt derselben desto mehr geben
von denen, die viel besitzen unter den Kindern Israel, und desto weniger von denen,
die wenig besitzen; ein jeglicher nach seinem Erbteil, das ihm zugeteilt wird, soll
Städte den Leviten geben. K.26,54.
9. Und der Herr redete mit Mose und
sprach:
10. Rede mit den Kindern Israel und
sprich zu ihnen: Wenn ihr über den Jordan ins Land Kanaan kommt,
11. sollt ihr Städte auswählen, daß sie
Freistädte seien, wohin fliehe, wer einen
Totschlag unversehens tut.
12. Und sollen unter euch solche Freistädte sein vor dem Bluträcher, daß der
nicht sterben müsse, der einen Totschlag
getan hat, bis daß er vor der Gemeinde vor
Gericht gestanden sei.
13. Und der Städte, die ihr geben werdet
zu Freistädten, sollen sechs sein.
14. Drei sollt ihr geben diesseit des Jordans und drei im Lande Kanaan.
15. Das sind die sechs Freistädte, den
Kindern Israel und den Fremdlingen und
den Beisassen unter euch, daß dahin fliehe, wer einen Totschlag getan hat unversehens.
16. Wer jemand mit einem Eisen schlägt,
daß er stirbt, der ist ein Totschläger und
soll des Todes sterben.
17. Wirft er ihn mit einem Stein, mit
dem jemand mag getötet werden, daß er
davon stirbt, so ist er ein Totschläger und
soll des Todes sterben.
18. Schlägt er ihn aber mit einem Holz,
mit dem jemand mag totgeschlagen werden, daß er stirbt, so ist er ein Totschläger
und soll des Todes sterben.
19. Der Rächer des Bluts soll den Totschläger zum Tode bringen; wo er ihm
begegnet, soll er ihn töten.
20. Stößt er ihn aus Haß oder wirft etwas
auf ihn aus List, daß er stirbt,
21. oder schlägt ihn aus Feindschaft mit
seiner Hand, daß er stirbt, so soll er des
Todes sterben, der ihn geschlagen hat;
denn er ist ein Totschläger. Der Rächer
des Bluts soll ihn zum Tode bringen, wo er
ihm begegnet.
22. Wenn er ihn aber ungefähr stößt, ohne Feindschaft, oder wirft irgend etwas auf
ihn unversehens
23. oder wirft irgend einen Stein auf ihn,
davon man sterben mag, und er hat's nicht
gesehen, also daß er stirbt, und er ist nicht
sein Feind, hat ihm auch kein Übles gewollt,
24. so soll die Gemeinde richten zwischen dem, der geschlagen hat, und dem
Rächer des Bluts nach diesen Rechten.
25. Und die Gemeinde soll den Totschläger erretten von der Hand des Bluträchers
und soll ihn wiederkommen lassen zu der
Freistadt, dahin er geflohen war; und er
soll daselbst bleiben, bis daß der Hohepriester sterbe, den *man mit dem heiligen Öl gesalbt hat. *3.Mose 21,10.
26. Wird aber der Totschläger aus seiner
Freistadt Grenze gehen, dahin er geflohen
ist,
27. und der Bluträcher findet ihn außerhalb der Grenze seiner Freistadt und
schlägt ihn tot, so soll er des Bluts nicht
schuldig sein.
28. Denn er sollte in seiner Freistadt
bleiben bis an den Tod des Hohenpriesters, und nach des Hohenpriesters Tod
wieder zum Lande seines Erbguts kommen.
29. Das soll euch ein Recht sein bei euren
Nachkommen, überall, wo ihr wohnet.
30. Den Totschläger soll man töten nach
dem Mund zweier Zeugen. Ein Zeuge soll
nicht aussagen über eine Seele zum Tode.
5.Mose 17,6; 19,15.
31. Und ihr sollt keine Versühnung nehmen für die Seele des Totschlägers; denn
er ist des Todes schuldig, und er soll des
Todes sterben.
32. Und sollt keine Versühnung nehmen
für den, der zur Freistadt geflohen ist, daß
er wiederkomme, zu wohnen im Lande,
bis der Priester sterbe.

33. Und schändet das Land nicht, darin ihr wohnet; denn wer blutschuldig ist, der schändet das Land, und das Land kann vom Blut nicht versöhnt werden, das darin vergossen wird, außer *durch das Blut des, der es vergossen hat. *1. Mose 9,6.

34. Verunreinigt das Land nicht, darin ihr wohnet, darin ich auch wohne; denn ich bin der Herr, *der unter den Kindern Israel wohnt. *2. Mose 29,45.

Das 36. Kapitel

Erbtöchter sollen nicht außerhalb des väterlichen Stammes heiraten.

1. Und die obersten Väter des Geschlechts der Kinder Gileads, des Sohnes Machirs, der Manasses Sohn war, von den Geschlechtern der Kinder Joseph, traten herzu und redeten vor Mose und vor den Fürsten, den obersten Vätern der Kinder Israel,

2. und sprachen: Meinem Herrn hat der Herr geboten, daß man das Land zum Erbteil geben sollte *durchs Los den Kindern Israel; auch ward meinem Herrn †geboten von dem Herrn, daß man das Erbteil Zelophehads, unsers Bruders, seinen Töchtern geben soll. *K. 26,55. K. 27,6.7.

3. Wenn sie jemand aus den Stämmen der Kinder Israel zu Weibern nimmt, so wird unserer Väter Erbteil weniger werden, und soviel sie haben, wird zu dem Erbteil kommen des Stammes, dahin sie kommen; also wird das Los unsers Erbteils verringert.

4. Wenn denn nun das *Halljahr der Kinder Israel kommt, so wird ihr Erbteil zu dem Erbteil des Stammes kommen, da sie sind; also wird das Erbteil des Stammes unserer Väter verringert, soviel sie haben. *3. Mose 25,10–13.

5. Mose gebot den Kindern Israel nach dem Befehl des Herrn und sprach: Der Stamm der Kinder Joseph hat recht geredet.

6. Das ist's, was der Herr gebietet den Töchtern Zelophehads und spricht: Laß sie freien, wie es ihnen gefällt; allein daß sie freien unter dem Geschlecht des Stammes ihres Vaters,

7. auf daß nicht die Erbteile der Kinder Israel fallen von einem Stamm zum andern; denn ein jeglicher unter den Kindern Israel soll anhangen an dem Erbe des Stammes seiner Väter.

8. Und alle Töchter, die Erbteil besitzen unter den Stämmen der Kinder Israel, sollen freien einen von dem Geschlecht des Stammes ihres Vaters, auf daß ein jeglicher unter den Kindern Israel seiner Väter Erbe behalte

9. und nicht ein Erbteil von einem Stamm falle auf den andern, sondern ein jeglicher hange an seinem Erbe unter den Stämmen der Kinder Israel.

10. Wie der Herr dem Mose geboten hatte, so taten die Töchter Zelophehads,

11. *Mahela, Thirza, Hogla, Milka und Noa, und freiten die Kinder ihrer Vettern, *K. 26,33.

12. des Geschlechts der Kinder Manasses, des Sohnes Josephs. Also blieb ihr Erbteil an dem Stamm des Geschlechts ihres Vaters.

13. Das sind die Gebote und Rechte, die der Herr gebot durch Mose den Kindern Israel auf dem Gefilde der Moabiter am Jordan gegenüber Jericho.

Das fünfte Buch Mose

Das 1. Kapitel

Gottes Guttaten und Israels Undank.

1. Das sind die Worte, die Mose redete zum ganzen Israel jenseit des Jordans in der Wüste, auf dem Gefilde gegen das Schilfmeer, zwischen Pharan und Tophel, Laban, Hazeroth und Disahab.

2. Elf Tagereisen von Horeb, durch den Weg des Gebirges Seir, bis gen Kades-Barnea.

3. Und es geschah im vierzigsten Jahr, am ersten Tage des elften Monats, da redete Mose mit den Kindern Israel alles, wie ihm der Herr an sie geboten hatte,

4. nachdem er Sihon, den König der Amoriter, geschlagen hatte, der zu Hesbon wohnte, dazu Og, den König von Basan, der zu Astharoth und zu Edrei wohnte. 4. Mose 21,21–35.

5. Jenseit des Jordans, im Lande der Moabiter, fing an Mose auszulegen dies Gesetz und sprach:

6. Der Herr, unser Gott, redete mit uns

am Berge Horeb und sprach: Ihr *seid lang genug an diesem Berge gewesen;
*4.Mose 10,11.12.
7. wendet euch und ziehet hin, daß ihr zu dem Gebirge der Amoriter kommt und zu allen ihren Nachbarn im Gefilde, auf Bergen und in Gründen, gegen Mittag und gegen die Anfurt des Meers, ins Land Kanaan und zum Berge Libanon, bis an das große Wasser Euphrat.
8. Siehe da, ich habe euch das Land, das da vor euch liegt, gegeben; gehet hinein und nehmet es ein, das der Herr euren Vätern Abraham, Isaak und Jakob geschworen hat, daß er's ihnen und ihrem Samen nach ihnen geben wollte.
9. Da sprach ich zu derselben Zeit zu euch: Ich kann euch nicht allein ertragen;
2.Mose 18,18; 4.Mose 11,14.
10. denn der Herr, euer Gott, hat euch gemehrt, daß ihr heutigestages seid *wie die Menge der Sterne am Himmel.
*K.10,22; 1.Mose 15,5.
11. Der Herr, eurer Väter Gott, mache euer noch viel tausend mehr und segne euch, wie er euch verheißen hat!
12. Wie kann ich allein solche Mühe und Last und Hader von euch ertragen?
13. Schaffet her weise, verständige und erfahrene Leute unter euren Stämmen, die will ich über euch zu Häuptern setzen.
14. Da antwortetet ihr mir und sprachet: Das ist ein gut Ding, davon du sagst, daß du es tun willst.
15. Da nahm ich die Häupter eurer Stämme, weise und erfahrene Männer, und setzte sie über euch zu Häuptern über tausend, über hundert, über fünfzig und über zehn, und zu Amtleuten unter euren Stämmen,
16. und gebot euren Richtern zur selben Zeit und sprach: Verhöret eure Brüder, und *richtet recht zwischen jedermann und seinem Bruder und dem Fremdlinge.
*3.Mose 19,15.
17. Keine *Person sollt ihr im Gericht ansehen, sondern sollt den Kleinen hören wie den Großen, und vor niemandes Person euch scheuen; denn das Gerichtamt ist †Gottes. Wird aber euch eine Sache zu hart sein, die lasset an mich gelangen, daß ich sie höre. *K.16,19. †2.Mose 21,6.
18. Also gebot ich euch zu der Zeit alles, was ihr tun sollt.
19. Da zogen wir aus von Horeb und wandelten durch die ganze Wüste, die groß und grausam ist, wie ihr gesehen habt, auf der Straße zum Gebirge der Amoriter, wie uns der Herr, unser Gott, geboten hatte, und kamen bis gen *Kades-Barnea. *4.Mose 20,1.
20. Da sprach ich zu euch: Ihr seid an das Gebirge der Amoriter gekommen, das uns der Herr, unser Gott, geben wird.
21. Siehe da das Land vor dir, das der Herr, dein Gott, dir gegeben hat; zieh hinauf und nimm's ein, wie der Herr, deiner Väter Gott, dir verheißen hat. Fürchte dich nicht und laß dir nicht grauen. K.9,23.
22. Da kamet ihr zu mir alle und spracht: Laßt uns *Männer vor uns hin senden, die uns das Land erkunden und uns wieder sagen, durch welchen Weg wir hineinziehen sollen und die Städte, da wir hineinkommen sollen. *4.Mose 13,2.
23. Das gefiel mir wohl, und ich nahm aus euch zwölf Männer, von jeglichem Stamm einen.
24. Da diese weggingen und hinaufzogen auf das Gebirge und an den Bach Eskol kamen, da besahen sie es
25. und nahmen Früchte des Landes mit sich und brachten sie herab zu uns und sagten uns wieder und sprachen: Das Land ist gut, das der Herr, unser Gott, uns gegeben hat.
26. Aber ihr wolltet nicht hinaufziehen und wurdet ungehorsam dem Munde des Herrn, eures Gottes, 4.Mose 14.
27. und murrtet in euren Hütten und spracht: Der Herr ist uns gram; darum hat er uns aus Ägyptenland geführt, daß er uns in der Amoriter Hände gebe, uns zu vertilgen.
28. Wo sollen wir hinauf? Unsre Brüder haben unser Herz verzagt gemacht und gesagt, das Volk sei größer und höher denn wir; die Städte seien groß und bis an den Himmel vermauert; dazu haben wir Enakiter daselbst gesehen. K.9,1.2.
29. Ich sprach aber zu euch: Entsetzet euch nicht und fürchtet euch nicht vor ihnen.
30. Der Herr, euer Gott, zieht vor euch hin und wird für euch streiten, wie er mit euch getan hat in Ägypten vor euren Augen 2.Mose 14,14.25; Jos. 10,14.
31. und in der Wüste, da du gesehen hast, wie dich der Herr, dein Gott, getragen hat, wie ein Mann seinen Sohn trägt, durch allen Weg, daher ihr gewandelt seid, bis ihr an diesen Ort kamet.
K.8,5; 2.Mose 19,4.
32. Aber das galt nichts bei euch, daß ihr an den Herrn, euren Gott, hättet geglaubt,
33. der vor euch her ging, euch die Stätte zu weisen, wo ihr euch lagern solltet, des Nachts im Feuer, daß er euch den Weg

zeigte, den ihr gehen solltet, und des
Tages in der Wolke. 2. Mose 13,21.
34. Als aber der Herr euer Geschrei hörte, ward er zornig und schwur und sprach:
35. Es soll keiner dieses bösen Geschlechts das gute Land sehen, das ich
ihren Vätern zu geben geschworen habe;
36. außer Kaleb, dem Sohn Jephunnes,
der soll es sehen, und ihm will ich geben
das Land, darauf er getreten ist, und seinen Kindern, darum daß er treulich dem
Herrn gefolgt ist.
37. Auch ward der Herr über mich zornig
um euretwillen und sprach: Du sollst auch
nicht hineinkommen. 4. Mose 20,12.
38. Aber Josua, der Sohn Nuns, der dein
Diener ist, der soll hineinkommen. Denselben stärke; denn *er soll Israel das Erbe
austeilen. *4. Mose 34,17.
39. Und eure Kinder, davon ihr sagtet,
sie würden ein Raub werden, und eure
Söhne, die heutigestages weder Gutes
noch Böses verstehen, die sollen hineinkommen; denselben will ich's geben, und
sie sollen's einnehmen.
40. Ihr aber wendet euch und ziehet
nach der Wüste den Weg zum Schilfmeer.
41. Da antwortetet ihr und sprachet zu
mir: Wir haben an dem Herrn gesündigt;
wir wollen hinauf und streiten, wie uns
der Herr, unser Gott, geboten hat. Da ihr
euch nun rüstetet, ein jeglicher mit seinen Waffen, und waret an dem, daß ihr
hinaufzöget aufs Gebirge,
42. sprach der Herr zu mir: Sage ihnen,
daß sie nicht hinaufziehen, auch nicht
streiten – denn ich bin nicht unter euch –,
auf daß ihr nicht geschlagen werdet von
euren Feinden.
43. Da ich euch das sagte, gehorchtet ihr
nicht und wurdet ungehorsam dem Munde des Herrn und waret vermessen und
zoget hinauf aufs Gebirge.
44. Da zogen die Amoriter aus, die auf
dem Gebirge wohnten, euch entgegen,
und jagten euch, wie die Bienen tun, und
schlugen euch zu Seir bis gen Horma.
45. Da ihr nun wiederkamet und weintet
vor dem Herrn, wollte der Herr eure Stimme nicht hören und neigte seine Ohren
nicht zu euch.
46. Also bliebet ihr in Kades eine lange
Zeit.

Das 2. Kapitel

Zug durch die Wüste bis zum Sieg über Sihon.

1. Da wandten wir uns und *zogen aus
zur Wüste auf der Straße zum Schilfmeer,
wie der Herr zu †mir sagte, und umzogen
das Gebirge Seir eine lange Zeit.
*4. Mose 21,4. †K. 1,40.
2. Und der Herr sprach zu mir:
3. Ihr habt dies Gebirge nun genug umzogen; wendet euch gegen Mitternacht.
4. Und gebiete dem Volk und sprich: Ihr
werdet durch das Land eurer *Brüder, der
Kinder Esau, ziehen, die zu Seir wohnen;
und sie werden sich vor euch fürchten.
Aber verwahret euch mit Fleiß,
*4. Mose 20,14.
5. daß ihr sie nicht bekrieget; denn ich
werde euch ihres Landes nicht einen Fuß-
breit geben; denn das *Gebirge Seir habe
ich den Kindern Esau zu besitzen gegeben. *1. Mose 36,8.43.
6. Speise sollt ihr um Geld von ihnen
kaufen, daß ihr esset, und Wasser sollt ihr
um Geld von ihnen kaufen, daß ihr trinket.
7. Denn der Herr, dein Gott, hat dich
gesegnet in allen Werken deiner Hände.
Er hat dein Reisen durch diese große Wüste zu Herzen genommen, und vierzig
Jahre ist der Herr, dein Gott, bei dir gewesen, daß dir nichts gemangelt hat.
8. Da wir nun von unsern Brüdern, den
Kindern Esau, weitergezogen waren, die
auf dem Gebirge Seir wohnten, auf dem
Wege des Gefildes von Elath und Ezeon-
Geber, wandten wir uns und gingen durch
den Weg der Wüste der Moabiter.
9. Da sprach der Herr zu mir: Du sollst
den Moabitern nicht Schaden tun noch sie
bekriegen; denn ich will dir ihres Landes
nichts zu besitzen geben; denn ich habe Ar
den *Kindern Lot zu besitzen gegeben.
*1. Mose 19,37.
10. (Die Emiter haben vorzeiten darin
gewohnt; das war ein großes, starkes und
hohes Volk wie die *Enakiter. *K. 1,28.
11. Man hielt sie auch für Riesen gleich
wie die Enakiter; und die Moabiter heißen
sie Emiter.
12. Auch wohnten vorzeiten in *Seir die
Horiter; und die Kinder Esau vertrieben
und vertilgten sie vor sich her und wohnten an ihrer Statt, gleich wie Israel dem
Lande seiner Besitzung tat, das ihnen der
Herr gab.) *1. Mose 14,6; 36,20.
13. So macht euch nun auf und ziehet
durch den Bach Sered! Und wir zogen hindurch. 4. Mose 21,12.
14. Die Zeit aber, die wir von Kades-Barnea zogen, bis wir durch den Bach Sered
kamen, war achtunddreißig Jahre, bis daß
alle die Kriegsleute gestorben waren im
Lager, wie *der Herr ihnen geschworen
hatte. *K. 1,34.

15. Dazu war auch die Hand des Herrn wider sie, daß sie umkämen aus dem Lager, bis daß ihrer ein Ende würde.
16. Und da aller der Kriegsleute ein Ende war und sie gestorben waren unter dem Volk,
17. redete der Herr mit mir und sprach:
18. Du wirst heute durch das Gebiet der Moabiter ziehen bei Ar 4. Mose 21,13.
19. und wirst nahe kommen gegen die Kinder Ammon. Denen sollst du nicht Schaden tun noch sie bekriegen; denn ich will dir des Landes der Kinder Ammon nichts zu besitzen geben; denn ich habe es *den Kindern Lot zu besitzen gegeben.
*1. Mose 19,38.
20. (Es ist auch gehalten für der Riesen Land, und haben auch vorzeiten Riesen darin gewohnt, und die Ammoniter heißen sie Samsummiter.
21. Das war ein großes, starkes und hohes Volk wie die Enakiter; und der Herr vertilgte sie vor ihnen und ließ sie ihr Land besitzen, daß sie an ihrer Statt da wohnten,
22. gleich wie er getan hat mit den Kindern Esau, die auf dem Gebirge Seir wohnen, da er die Horiter vor ihnen vertilgte und ließ sie ihr Land besitzen, daß sie da an ihrer Statt wohnten bis auf diesen Tag.
23. Und die *Kaphthoriter zogen aus Kaphthor und vertilgten die †Avviter, die in Dörfern wohnten bis gen Gaza, und wohnten an ihrer Statt daselbst.)
*1. Mose 10,14. †Jos. 13,3.
24. Macht euch auf und ziehet aus und gehet über den Bach Arnon. Siehe, ich habe Sihon, den König der Amoriter zu Hesbon, in deine Hände gegeben mit seinem Lande. Hebe an einzunehmen, und streite wider ihn.
25. Heutigestages will ich anheben, daß sich vor dir fürchten und erschrecken sollen alle Völker unter dem ganzen Himmel, daß, wenn sie von dir hören, ihnen bange und wehe werden soll vor dir.
26. Da sandte ich Boten aus der Wüste von Kedemoth zu Sihon, dem König zu Hesbon, mit friedlichen Worten und ließ ihm sagen: 4. Mose 21,21–26.
27. Ich will durch dein Land ziehen, und wo die Straße geht, will ich gehen; ich will weder zur Rechten noch zur Linken ausweichen.
28. Speise sollst du mir um Geld verkaufen, daß ich esse, und Wasser sollst du mir um Geld geben, daß ich trinke. Ich will nur zu Fuß hindurchgehen –
29. wie mir die Kinder Esau getan haben, die zu Seir wohnen, und die Moabiter, die zu Ar wohnen –, bis daß ich komme über den Jordan, in das Land, das uns der Herr, unser Gott, geben wird.
30. Aber Sihon, der König zu Hesbon, wollte uns nicht durchziehen lassen; denn der Herr, dein Gott, verhärtete seinen Mut und verstockte ihm sein Herz, auf daß er ihn in deine Hände gäbe, wie es heutigestages ist.
31. Und der Herr sprach zu mir: Siehe, ich habe angefangen, dahinzugeben vor dir Sihon mit seinem Lande; hebt an, einzunehmen und zu besitzen sein Land.
32. Und Sihon zog aus, uns entgegen, mit allem seinem Volk zum Streit gen Jahza.
33. Aber der Herr, unser Gott, gab ihn dahin vor uns, daß wir ihn schlugen mit seinen Kindern und seinem ganzen Volk.
34. Da gewannen wir zu der Zeit alle seine Städte und verbannten alle Städte, Männer, Weiber und Kinder und ließen niemand übrigbleiben.
35. Allein das Vieh raubten wir für uns und die Ausbeute der Städte, die wir gewannen.
36. Von Aroer an, das am Ufer des Bachs Arnon liegt, und von der Stadt am Bach bis gen Gilead war keine Stadt, die sich vor uns schützen konnte; der Herr, unser Gott, gab alles dahin vor uns.
37. Allein zu dem Lande der Kinder Ammon kamst du nicht, weder zu allem, was am Bach Jabbok war, noch zu den Städten auf dem Gebirge noch zu allem, das uns der Herr, unser Gott, verboten hatte.

Das 3. Kapitel

Sieg über Og von Basan. Die Verteilung des Ostjordanlandes. Mose soll nicht ins Land kommen.

1. Und wir wandten uns und zogen hinauf den Weg nach Basan. Und *Og, der König von Basan, zog aus, uns entgegen, mit allem seinem Volk, zu streiten bei Edrei. *4. Mose 21,33–35.
2. Aber der Herr sprach zu mir: Fürchte dich nicht vor ihm, denn ich habe ihn und all sein Volk mit seinem Lande in deine Hände gegeben; und du sollst mit ihm tun, wie du mit Sihon, dem König der Amoriter, getan hast, der zu Hesbon saß.
3. Also gab der Herr, unser Gott, auch den König Og von Basan in unsre Hände mit allem seinem Volk, daß wir ihn schlugen, bis daß ihm nichts übrigblieb.
4. Da gewannen wir zu der Zeit alle seine Städte (und war keine Stadt, die wir ihm nicht nahmen): sechzig Städte, die ganze

Gegend Argob, das Königreich Ogs von Basan.
5. Alle diese Städte waren fest mit hohen Mauern, Toren und Riegeln, außer sehr vielen anderen Flecken ohne Mauern.
6. Und wir verbannten sie, gleich wie wir mit Sihon, dem König zu Hesbon, taten. Alle Städte verbannten wir, mit Männern, Weibern und Kindern.
7. Aber alles Vieh und den Raub der Städte raubten wir für uns. K.20,14.
8. Also nahmen wir zu der Zeit das Land aus der Hand der zwei Könige der Amoriter, jenseit des Jordans, von dem Bach Arnon an bis an den Berg Hermon
9. (welchen die Sidonier Sirjon heißen, aber die Amoriter heißen ihn Senir), K.4,48; Ps.29,6; 1.Chron.5,23.
10. alle Städte auf der Ebene und das ganze Gilead und das ganze Basan bis gen Salcha und Edrei, die Städte des Königreichs Ogs von Basan.
11. (Denn allein der König Og von Basan war noch übrig von den Riesen. Siehe, sein eisernes Bett ist zu Rabba der Kinder Ammon, neun Ellen lang und vier Ellen breit nach eines Mannes Ellenbogen.)
12. Solches Land nahmen wir ein zu derselben Zeit. Von Aroer an, das am Bach Arnon liegt, gab ich's den Rubenitern und Gaditern samt dem halben Gebirge Gilead mit seinen Städten. 4.Mose 32,33–42.
13. Aber das übrige Gilead und das ganze Basan, das Königreich Ogs, gab ich dem halben Stamm Manasse, die ganze Gegend Argob (dieses ganze Basan heißt der Riesen Land).
14. Jair, der Sohn Manasses, nahm die ganze Gegend Argob bis an die Grenze der Gessuriter und Maachathiter und hieß das Basan nach seinem Namen Dörfer Jairs bis auf den heutigen Tag.
15. Machir aber gab ich Gilead.
16. Und den Rubenitern und Gaditern gab ich des Gileads einen Teil bis an den Bach Arnon, die Mitte des Bachs, der die Grenze ist, und bis an den Bach Jabbok, der die Grenze ist der Kinder Ammon;
17. dazu das Gefilde und den Jordan, der die Grenze ist, von Kinnereth an bis an das Meer am Gefilde, das Salzmeer, unten am Berge Pisga gegen Morgen.
18. Und ich gebot euch zu der Zeit und sprach: Der Herr, euer Gott, hat euch dies Land gegeben einzunehmen; so ziehet nun gerüstet vor euren Brüdern, den Kindern Israel, her, was streitbar ist –
19. allein eure Weiber und Kinder und das Vieh (denn ich weiß, daß ihr viel Vieh habt) laßt in euren Städten bleiben, die ich euch gegeben habe –,
20. bis daß der Herr eure Brüder auch zur Ruhe bringe wie euch, daß sie auch das Land einnehmen, das ihnen der Herr, euer Gott, geben wird jenseit des Jordans; so sollt ihr dann wiederkehren zu eurer Besitzung, die ich euch gegeben habe.
21. Und *Josua gebot ich zu derselben Zeit und sprach: Deine Augen haben gesehen alles, was der Herr, euer Gott, diesen zwei Königen getan hat. Also wird der Herr auch allen Königreichen tun, da du hin ziehst. *4.Mose 27,18.22.
22. Fürchtet euch nicht vor ihnen; denn der Herr, euer Gott, streitet für euch. K.1,30.
23. Und ich bat den Herrn zu derselben Zeit und sprach:
24. Herr Herr, du hast angehoben, zu erzeigen deinem Knecht deine Herrlichkeit und deine starke Hand. Denn wo ist ein Gott im Himmel und auf Erden, der es deinen Werken und deiner Macht könnte nachtun?
25. Laß mich hinübergehen und sehen das gute Land jenseit des Jordans, dies gute Gebirge und den Libanon.
26. Aber der Herr war erzürnt auf mich um euretwillen und erhörte mich nicht, sondern sprach zu mir: Laß es genug sein! rede mir davon nicht mehr! 4.Mose 20,12.
27. Steige auf die Höhe des Berges Pisga, und hebe deine Augen auf gegen Abend und gegen Mitternacht und gegen Mittag und gegen Morgen, und siehe es mit Augen; denn du wirst nicht über diesen Jordan gehen.
28. Und gebiete dem Josua, daß er getrost und unverzagt sei; denn er soll über den Jordan ziehen vor dem Volk her und soll ihnen das Land austeilen, das du sehen wirst. K.31,3.7.
29. Also blieben wir im Tal gegenüber Beth-Peor.

Das 4. Kapitel

Ermahnung zum Gehorsam gegen das Gesetz. Aussonderung von drei Freistädten jenseit des Jordans.

1. Und nun höre, Israel, die Gebote und Rechte, die ich euch lehre, daß ihr sie tun sollt, auf daß ihr lebet und hineinkommet und das Land einnehmet, das euch der Herr, euer Väter Gott, gibt.
2. Ihr sollt nichts dazutun zu dem, was ich euch gebiete, und sollt auch nichts davontun, auf daß ihr bewahren möget die Gebote des Herrn, eures Gottes, die ich

euch gebiete.

K. 13,1; Spr. 30,6; Offenb. 22,18.19.

3. Eure Augen haben gesehen, was der Herr getan hat wider den Baal-Peor; denn alle, die dem Baal-Peor folgten, hat der Herr, dein Gott, vertilgt unter euch.

4. Mose 25,3–9.

4. Aber ihr, die ihr dem Herrn, eurem Gott, anhinget, lebet alle heutigestages.

5. Siehe, ich habe euch gelehrt Gebote und Rechte, wie mir der Herr, mein Gott, geboten hat, daß ihr also tun sollt in dem Lande, darein ihr kommen werdet, daß ihr's einnehmet.

6. So behaltet's nun und tut es. Denn das wird eure Weisheit und Verstand sein bei allen Völkern, wenn sie hören werden alle diese Gebote, daß sie müssen sagen: Ei, welch weise und verständige Leute sind das und ein herrlich Volk!

7. Denn wo ist so ein herrlich Volk, zu dem Götter also nahe sich tun als der Herr, unser Gott, so oft wir ihn anrufen?

K. 33,29; 2. Sam. 7,23.

8. Und wo ist so ein herrlich Volk, das so gerechte Sitten und Gebote habe wie all dies Gesetz, das ich euch heutigestages vorlege?

9. Hüte dich nur und bewahre deine Seele wohl, daß du nicht *vergessest der Geschichten, die deine Augen gesehen haben, und daß sie nicht aus deinem Herzen kommen all dein Leben lang. Und sollst deinen Kindern und Kindeskindern kundtun *Ps. 103,2.

10. den Tag, da du *vor dem Herrn, deinem Gott, standest an dem Berge Horeb, da der Herr zu mir sagte: Versammle mir das Volk, daß sie meine Worte hören und lernen mich fürchten alle ihre Lebtage auf Erden und †lehren ihre Kinder.

*2. Mose 19,17. †K. 6,7; 11,19.

11. Und ihr tratet herzu und standet unten an dem Berge; der Berg brannte aber bis mitten an den Himmel, und war da Finsternis, Wolken und Dunkel.

12. Und der Herr redete mit euch mitten aus dem Feuer. Die Stimme seiner Worte hörtet ihr; aber keine Gestalt sahet ihr außer der Stimme.

13. Und er verkündigte euch seinen Bund, den er euch gebot zu tun, nämlich die Zehn Worte, und *schrieb sie auf zwei steinerne Tafeln. *2. Mose 31,18.

14. Und der Herr gebot mir zur selben Zeit, daß ich euch lehren sollte Gebote und Rechte, daß ihr darnach tätet in dem Lande, darein ihr ziehet, daß ihr's einnehmet.

15. So bewahret nun eure Seelen wohl, denn ihr habt keine Gestalt gesehen des Tages, da der Herr mit euch redete aus dem Feuer auf dem Berge Horeb,

16. auf daß ihr euch nicht verderbet und macht euch irgend ein *Bild, das gleich sei einem Mann oder Weib *2. Mose 20,4.

17. oder Vieh auf Erden oder Vogel unter dem Himmel

18. oder Gewürm auf dem Lande oder Fisch im Wasser unter der Erde, –

19. daß du auch nicht deine Augen aufhebest gen Himmel und sehest *die Sonne und den Mond und die Sterne, das ganze Heer des Himmels, und fallest ab und betest sie an und dienest ihnen, welche der Herr, dein Gott, verordnet hat allen Völkern unter dem ganzen Himmel. *K. 17,3.

20. Euch aber hat der Herr angenommen und aus dem eisernen Ofen, nämlich aus Ägypten, geführt, daß ihr *sein Erbvolk sollt sein, wie es ist an diesem Tag.

*2. Mose 19,5.6.

21. Und der Herr war so erzürnt über mich um eures Tuns willen, daß er schwur, ich sollte nicht über den Jordan gehen noch in das gute Land kommen, das dir der Herr, dein Gott, zum Erbteil geben wird, K. 3,26.

22. sondern ich muß in diesem Lande sterben und werde nicht über den Jordan gehen; ihr aber werdet hinübergehen und solch gutes Land einnehmen.

23. So hütet euch nun, daß ihr des Bundes des Herrn, eures Gottes, nicht vergesset, den er mit euch gemacht hat, und nicht Bilder machet irgend einer Gestalt, wie der Herr, dein Gott, geboten hat.

24. Denn der Herr, dein Gott, ist ein verzehrendes Feuer und ein eifriger Gott.

K. 9,3; 2. Mose 20,5; Jes. 10,17; Hebr. 12,29.

25. Wenn ihr nun Kinder zeuget und Kindeskinder und im Lande wohnet und verderbet euch und machet euch Bilder irgend einer Gestalt, daß ihr übel tut vor dem Herrn, eurem Gott, und ihr ihn erzürnet:

26. so *rufe ich heutigestages über euch zu Zeugen Himmel und Erde, daß ihr werdet bald umkommen von dem Lande, in welches ihr gehet über den Jordan, daß ihr's einnehmet; ihr werdet nicht lange darin bleiben, sondern werdet vertilgt werden. *K. 30,19; 31,28; 32,1.

27. Und der Herr wird euch zerstreuen unter die Völker, und wird euer ein geringer Haufe übrig sein unter den Heiden, dahin euch der Herr treiben wird.

28. Daselbst wirst du dienen den Göt-

tern, die Menschenhände-Werk sind, Holz
und Stein, die weder sehen noch hören
noch essen noch riechen.
K.28,36; Ps.115,4–7.
29. Wenn du aber daselbst den Herrn,
deinen Gott, suchen wirst, so wirst du ihn
finden, wenn du ihn wirst von ganzem
Herzen und von ganzer Seele suchen.
Ps.27,8; Jer.29,13.14.
30. Wenn du geängstet sein wirst und
dich treffen werden alle diese Dinge in den
letzten Tagen, so wirst du dich bekehren
zu dem Herrn, deinem Gott, und seiner
Stimme gehorchen. 3.Mose 26,40.
31. Denn der Herr, dein Gott, ist ein
barmherziger Gott; er wird dich nicht lassen noch verderben, wird auch nicht vergessen des Bundes, den er deinen Vätern
geschworen hat.
32. Denn frage nach den vorigen Zeiten,
die vor dir gewesen sind, von dem Tage an,
da Gott den Menschen auf Erden geschaffen hat, von einem Ende des Himmels
zum andern, ob je ein solch großes Ding
geschehen oder desgleichen je gehört sei,
33. daß ein Volk *Gottes Stimme gehört
habe aus dem Feuer reden, wie du gehört
hast, und dennoch lebest?
*2.Mose 20,1.19.
34. oder ob Gott versucht habe hineinzugehen und sich ein Volk mitten aus einem
Volk zu nehmen *durch Versuchungen,
durch Zeichen, durch Wunder, durch
Streit und durch eine mächtige Hand und
durch einen ausgereckten Arm und durch
sehr schreckliche Taten, wie das alles der
Herr, euer Gott, für euch getan hat in
Ägypten vor deinen Augen?
*K.7,19.
35. Du hast's gesehen, auf daß du wissest, daß der Herr allein Gott ist und keiner mehr. K.32,39.
36. Vom Himmel hat er dich seine Stimme hören lassen, daß er dich züchtigte;
und auf Erden hat er dir gezeigt sein großes Feuer, und seine Worte hast du aus
dem Feuer gehört.
37. Darum daß er deine Väter geliebt und
ihren Samen nach ihnen erwählt hat, hat
er dich ausgeführt *mit seinem Angesicht
durch seine große Kraft aus Ägypten,
*2.Mose 33,14.
38. daß er vertriebe vor dir her große
Völker und stärkere, denn du bist, und
dich hineinbrächte, daß er dir ihr Land
gäbe zum Erbteil, wie es heutigestages
steht.
39. So sollst du nun heutigestages wissen und zu Herzen nehmen, daß der Herr
Gott ist oben im Himmel und unten auf
Erden und keiner mehr;
40. daß du haltest seine Rechte und Gebote, die ich dir heute gebiete: so wird dir's
und deinen Kindern nach dir wohl gehen,
daß dein Leben lange währe in dem Lande,
das dir der Herr, dein Gott gibt ewiglich.
41. Da sonderte Mose drei *Städte aus
jenseit des Jordans, gegen der Sonne Aufgang, *4.Mose 35,6–29; K.19,2–13.
42. daß dahin flöhe, wer seinen Nächsten
totschlägt unversehens und ihm zuvor
nicht feind gewesen ist; der soll in der
Städte eine fliehen, daß er lebendig bleibe:
43. Bezer in der Wüste im ebnen Lande
unter den Rubenitern und Ramoth in Gilead unter den Gaditern und Golan in Basan unter den Manassitern.
44. Das ist das Gesetz, das Mose den Kindern Israel vorlegte.
45. Das sind die Zeugnisse und Gebote
und Rechte, die Mose den Kindern Israel
sagte, da sie aus Ägypten gezogen waren,
46. jenseit des Jordans, im Tal gegenüber
Beth-Peor, im Lande Sihons, des Königs
der Amoriter, der zu Hesbon saß, den Mose und die Kinder Israel schlugen, da sie
aus Ägypten gezogen waren,
47. und nahmen sein Land ein, dazu das
Land Ogs, des Königs von Basan, der zwei
Könige der Amoriter, die jenseit des Jordans waren, gegen der Sonne Aufgang,
48. von Aroer an, welches an dem Ufer
liegt des Bachs Arnon, bis an den Berg
*Sion, das ist der Hermon, *K.3,8.9.
49. und alles Blachfeld jenseit des Jordans, gegen Aufgang der Sonne, bis an das
Meer im Blachfelde, unten am Berge Pisga.

Das 5. Kapitel

Wiederholung der zehn Gebote Gottes.

1. Und Mose rief das ganze Israel und
sprach zu ihnen: Höre, Israel, die Gebote
und Rechte, die ich heute vor euren Ohren
rede, und lernet sie und behaltet sie, daß
ihr darnach tut!
2. Der Herr, unser Gott, hat einen Bund
mit uns gemacht am Horeb
K.28,69; 2.Mose 19,5.
3. und hat nicht mit unsern Vätern diesen Bund gemacht, sondern mit uns, die
wir hier sind heutigestages und alle leben.
K.29,14.
4. Er hat von Angesicht zu Angesicht mit
euch aus dem Feuer auf dem Berge geredet. V.21; 2.Mose 19,19.
5. Ich stand zu derselben Zeit zwischen
dem Herrn und euch, daß ich euch ansag-

te des Herrn Wort; denn *ihr fürchtetet
euch vor dem Feuer und ginget nicht auf
den Berg. Und er sprach: 2. Mose 19,16.
(V. 6–28: vgl. 2. Mose 20.)
6. Ich bin der Herr, dein Gott, der dich
aus Ägyptenland geführt hat, aus dem
Diensthause.
7. Du sollst keine anderen Götter haben
vor mir. K. 11,16.28.
8. Du sollst dir *kein Bildnis machen,
keinerlei Gleichnis, weder des, das oben
im Himmel, noch des, das unten auf Erden, noch des, das im Wasser unter der
Erde ist. *K. 27,15.
9. Du sollst sie nicht anbeten noch ihnen
dienen. Denn ich, der Herr, dein Gott, bin
ein eifriger Gott, der die Missetat der Väter
heimsucht über die Kinder ins dritte und
vierte Glied, die mich hassen,
10. und Barmherzigkeit erzeige in viel
tausend, die mich lieben und meine Gebote halten.
11. Du sollst den Namen des Herrn, deines Gottes, nicht mißbrauchen; denn der
Herr wird den nicht ungestraft lassen, der
seinen Namen mißbraucht.
12. Den Sabbattag sollst du halten, daß
du ihn heiligest, wie dir der Herr, dein
Gott, geboten hat.
13. Sechs Tage sollst du arbeiten und alle
deine Werke tun.
14. Aber am siebenten Tage ist der Sabbat des Herrn, deines Gottes. Da sollst du
keine Arbeit tun noch dein Sohn noch
deine Tochter noch dein Knecht noch deine Magd noch dein Ochse noch dein Esel
noch all dein Vieh noch dein Fremdling,
der in deinen Toren ist, auf daß dein
Knecht und deine Magd ruhe gleich wie
du.
15. Denn du sollst gedenken, *daß du
auch Knecht in Ägyptenland warest und
der Herr, dein Gott, dich von dort ausgeführt hat mit einer mächtigen Hand und
ausgerecktem Arm. Darum hat dir der
Herr, dein Gott, geboten, daß du den Sabbattag halten sollst. *K. 15,15; 16,12; 24,18.
16. Du sollst deinen Vater und deine
Mutter ehren, wie dir der Herr, dein Gott,
geboten hat, auf daß du lange lebest und
daß dir's wohl gehe in dem Lande, das dir
der Herr, dein Gott, geben wird.
17. Du sollst nicht töten.
[18.] Du sollst nicht ehebrechen.
[19.] Du sollst nicht stehlen.
[20.] Du sollst kein falsch Zeugnis reden
wider deinen Nächsten.
18. [21.] Laß dich nicht gelüsten deines
Nächsten Weibes. Du sollst nicht begehren deines Nächsten Haus, Acker, Knecht,
Magd, Ochsen, Esel noch alles, was sein
ist.
19. [22.] Das sind die Worte, die der Herr
redete zu eurer ganzen Gemeinde auf dem
Berge, aus dem Feuer und der Wolke und
dem Dunkel, mit großer Stimme, und tat
nichts dazu und schrieb sie auf zwei *steinerne Tafeln und gab sie mir. *2. Mose 31,18.
20. [23.] Da ihr aber die Stimme aus der
Finsternis hörtet und den Berg mit Feuer
brennen sahet, tratet ihr zu mir, alle Obersten unter euren Stämmen und eure Ältesten,
21. [24.] und spracht: Siehe, der Herr,
unser Gott, hat uns lassen sehen seine
Herrlichkeit und seine Majestät; und wir
haben *seine Stimme aus dem Feuer gehört. Heutigestages haben wir gesehen,
daß Gott mit Menschen redet, und sie lebendig bleiben. *K. 4,33.
22. [25.] Und nun, warum sollen wir
sterben, daß uns dies große Feuer verzehre? Wenn wir des Herrn, unsers Gottes,
Stimme weiter hören, so müssen wir sterben.
23. [26.] Denn was ist alles Fleisch, daß
es hören möge die Stimme des lebendigen
Gottes aus dem Feuer reden wie wir, und
lebendig bleibe?
24. [27.] Tritt du hinzu und höre alles,
was der Herr, unser Gott, sagt, und sage es
uns. Alles, was der Herr, unser Gott, mit
dir reden wird, das wollen wir hören und
tun.
25. [28.] Da aber der Herr eure Worte
hörte, die ihr mit mir redetet, sprach er zu
mir: Ich habe gehört die Worte dieses
Volks, die sie mit dir geredet haben; es ist
alles gut, was sie geredet haben.
26. [29.] Ach, daß sie ein solch Herz hätten, mich zu fürchten, und zu halten alle
meine Gebote ihr Leben lang, auf daß es
ihnen wohl ginge und ihren Kindern ewiglich! K. 29,3; 4. Mose 11,29.
27. [30.] Gehe hin und sage ihnen: Gehet
heim in eure Hütten.
28. [31.] Du aber sollst hier vor mir stehen, daß ich mit dir rede alle Gesetze und
Gebote und Rechte, die du sie lehren
sollst, daß sie darnach tun in dem Lande,
das ich ihnen geben werde einzunehmen.
29. [32.] So habt nun acht, daß ihr tut,
wie euch der Herr, euer Gott, geboten hat,
und weicht nicht, weder zur Rechten noch
zur Linken, K. 4,2; 28,14; Jos. 1,7; Spr. 4,27.
30. [33.] sondern wandelt in allen Wegen, die euch der Herr, euer Gott, geboten
hat, auf daß ihr leben möget und es euch

wohl gehe und ihr lange lebet in dem Lande, das ihr einnehmen werdet.

Das 6. Kapitel

Erklärung des ersten Gebots, von der Liebe Gottes.

1. Dies sind aber die Gesetze und Gebote und Rechte, die der Herr, euer Gott, geboten hat, daß ihr sie lernen und tun sollt in dem Lande, dahin ihr ziehet, es einzunehmen,
2. daß du den Herrn, deinen Gott, fürchtest und haltest alle seine Rechte und Gebote, die ich dir gebiete, du und deine Kinder und deine Kindeskinder, alle eure Lebtage, auf daß ihr lange lebet.
3. Israel, du sollst hören und behalten, daß du es tust, daß dir's wohl gehe und du sehr vermehrt werdest, wie der Herr, deiner Väter Gott, dir verheißen hat ein Land, darin Milch und Honig fließt.
4. Höre, Israel, der Herr, unser Gott, ist ein einiger Herr. Mark. 12,29; 1. Kor. 8,4.6.
5. Und du sollst den Herrn, deinen Gott, liebhaben von ganzem Herzen, von ganzer Seele, von allem Vermögen.
K. 10,12; Matth. 22,37.
6. Und diese Worte, die ich dir heute gebiete, sollst du zu Herzen nehmen
K. 11,18–20.
7. und *sollst sie deinen Kindern einschärfen und davon reden, wenn du in deinem Hause sitzest oder auf dem Wege gehst, wenn du dich niederlegst oder aufstehst, *1. Mose 18,19.
8. und sollst sie binden zum Zeichen auf deine Hand, und sollen dir ein Denkmal vor deinen Augen sein, 2. Mose 13,9.
9. und sollst sie über deines Hauses Pfosten schreiben und an die Tore.
10. Wenn dich nun der Herr, dein Gott, in das Land bringen wird, das er deinen Vätern Abraham, Isaak und Jakob geschworen hat dir zu geben, große und feine Städte, die du nicht gebaut hast,
11. und Häuser, alles Guts voll, die du nicht gefüllt hast, und ausgehauene Brunnen, die du nicht ausgehauen hast, und Weinberge und Ölberge, die du nicht gepflanzt hast, daß du essest und satt werdest: K. 8,10.
12. so hüte dich, daß du nicht des Herrn vergessest, der dich aus Ägyptenland, aus dem Diensthaus, geführt hat;
13. sondern du sollst den Herrn, deinen Gott, fürchten und ihm dienen und bei seinem Namen schwören.
K. 10,20; Matth. 4,10.
14. Und sollst nicht andern Göttern nachfolgen der Völker, die um euch her sind –
15. denn der Herr, dein Gott, ist ein *eifriger Gott unter dir –, daß nicht der Zorn des Herrn, deines Gottes, über dich ergrimme und vertilge dich von der Erde.
*2. Mose 20,5.
16. Ihr *sollt den Herrn, euren Gott, nicht versuchen, wie ihr ihn †versuchtet zu Massa, *Matth. 4,7. †2. Mose 17,2.7.
17. sondern sollt halten die Gebote des Herrn, eures Gottes, und seine Zeugnisse und seine Rechte, die er geboten hat,
18. daß du tust, was recht und gut ist vor den Augen des Herrn, auf daß dir's wohl gehe und du hineinkommest und einnehmest das gute Land, das der Herr geschworen hat deinen Vätern,
19. daß er verjage alle deine Feinde vor dir, wie der Herr geredet hat.
2. Mose 23,27.28.
20. Wenn dich nun dein Sohn heute oder morgen fragen wird und sagen: Was sind das für Zeugnisse, Gebote und Rechte, die euch der Herr, unser Gott, geboten hat?
2. Mose 13,14.
21. so sollst du *deinem Sohn sagen: Wir waren Knechte des Pharao in Ägypten, und der Herr führte uns aus Ägypten mit mächtiger Hand, *Ps. 44,2.
22. und der Herr tat große und böse Zeichen und Wunder an Ägypten und Pharao und allem seinem Hause vor unsern Augen
23. und führte uns von dannen, auf daß er uns einführte und gäbe uns das Land, das er unsern Vätern geschworen hatte;
24. und der Herr hat uns geboten, zu tun nach allen diesen Rechten, daß wir den Herrn, unsern Gott, fürchten, auf daß es uns wohl gehe alle unsre Lebtage, wie es geht heutigestages;
25. und es wird unsre Gerechtigkeit sein vor dem Herrn, unserm Gott, so wir tun und halten alle diese Gebote, wie er uns geboten hat.

Das 7. Kapitel

Warnung vor Freundschaft mit den Abgöttern und vor Schonung derselben.

1. Wenn dich der Herr, dein Gott, in das Land bringt, darein du kommen wirst, es *einzunehmen, und ausrottet viele Völker vor dir her, die Hethiter, Girgasiter, Amoriter, Kanaaniter, Pheresiter, Heviter und Jebusiter, sieben Völker, die größer und stärker sind denn du, *K. 31,3.
2. und wenn sie der Herr, dein Gott, vor dir dahingibt, daß du sie schlägst, so sollst

du sie *verbannen, daß du keinen Bund
mit ihnen machest noch ihnen Gunst erzeigest. *4.Mose 21,2.
3. Und sollst dich mit ihnen nicht befreunden: eure Töchter sollt ihr nicht geben ihren Söhnen, und ihre Töchter sollt ihr nicht nehmen euren Söhnen.
2.Mose 23,32; 34,15.16.
4. Denn sie werden eure Söhne mir abfällig machen, daß sie andern Göttern dienen; so wird dann des Herrn Zorn ergrimmen über euch und euch bald vertilgen.
5. Sondern also sollt ihr mit ihnen tun: ihre Altäre sollt ihr zerreißen, ihre Säulen zerbrechen, ihre Haine abhauen und ihre Götzen mit Feuer verbrennen. K.12,2.3.
6. Denn du bist ein heiliges Volk dem Herrn, deinem Gott. Dich hat der Herr, dein Gott, erwählt zum Volk des Eigentums aus allen Völkern, die auf Erden sind. 2.Mose 19,5.6.
7. Nicht hat euch der Herr angenommen und euch erwählt, darum daß euer mehr wäre als alle Völker – denn du bist das kleinste unter allen Völkern –; Eph.2,8.
8. sondern darum, daß er euch geliebt hat und daß er seinen Eid hielte, den er euren Vätern geschworen hat, hat er euch ausgeführt mit mächtiger Hand und hat dich erlöst von dem Hause des Dienstes, aus der Hand Pharaos, des Königs in Ägypten.
9. So sollst du nun wissen, daß der Herr, dein Gott, ein Gott ist, ein treuer Gott, der den Bund und die Barmherzigkeit hält denen, die ihn lieben und seine Gebote halten, in tausend Glieder, 2.Mose 20,6.
10. und vergilt denen, die ihn hassen, ins Angesicht, daß er sie umbringe, und säumt sich nicht, daß er denen vergelte ins Angesicht, die ihn hassen.
11. So halte nun die Gebote und Gesetze und Rechte, die ich dir heute gebiete, daß du darnach tust. K.5,29; 6,17.
12. Und wenn ihr diese Rechte hört und haltet sie und darnach tut, so wird der Herr, dein Gott, auch halten den Bund und die Barmherzigkeit, die er deinen Vätern geschworen hat, 2.Mose 23,22–31.
13. und wird dich lieben und segnen und mehren und wird die Frucht deines Leibes segnen und die Frucht deines Landes, dein Getreide, Most und Öl, die Früchte deiner Kühe und die Früchte deiner Schafe in dem Lande, das er deinen Vätern geschworen hat dir zu geben.
14. Gesegnet wirst du sein über alle Völker. Es wird niemand unter dir unfruchtbar sein noch unter deinem Vieh.
15. Der Herr wird von dir tun alle Krankheit und wird keine böse Seuche der Ägypter dir auflegen, die du erfahren hast, und wird sie allen deinen Hassern auflegen.
16. Du wirst alle Völker verzehren, die der Herr, dein Gott, dir geben wird. Du sollst ihrer nicht schonen und ihren Göttern nicht dienen; denn das würde dir ein Strick sein. Jos.23,13.
17. Wirst du aber in deinem Herzen sagen: Dieses Volks ist mehr, denn ich bin; wie kann ich sie vertreiben?
4.Mose 13,31; 14,1–4.
18. so fürchte dich nicht vor ihnen. Gedenke, was der Herr, dein Gott, Pharao und allen Ägyptern getan hat
19. durch große Versuchungen, die du mit Augen gesehen hast, und durch Zeichen und Wunder, durch mächtige Hand und ausgereckten Arm, womit dich der Herr, dein Gott, ausführte. Also wird der Herr, dein Gott, allen Völkern tun, vor denen du dich fürchtest. K.4,34.
20. Dazu wird der Herr, dein Gott, Hornissen unter sie senden, bis umgebracht werde, was übrig ist und sich verbirgt vor dir. 2.Mose 23,28–30.
21. Laß dir nicht grauen vor ihnen; denn der Herr, dein Gott, ist unter dir, der große und schreckliche Gott.
22. Er, der Herr, dein Gott, wird diese Leute ausrotten vor dir, einzeln nacheinander. Du kannst sie nicht eilend vertilgen, auf daß sich nicht wider dich mehren die Tiere auf dem Felde.
23. Der Herr, dein Gott, wird sie vor dir dahingeben und wird sie mit großer Schlacht erschlagen, bis er sie vertilge,
24. und wird dir ihre Könige in deine Hände geben, und du sollst ihren Namen umbringen unter dem Himmel. Es wird dir niemand widerstehen, bis du sie vertilgest.
25. Die Bilder ihrer Götter sollst du mit Feuer verbrennen, und sollst nicht begehren des Silbers oder Goldes, das daran ist, oder es zu dir nehmen, daß du dich nicht darin verstrickest; denn solches ist dem Herrn, deinem Gott, ein Greuel.
26. Darum sollst du nicht in dein *Haus den Greuel bringen, daß du nicht wie dasselbe verbannt werdest; sondern du sollst einen Ekel und Greuel daran haben, denn es ist verbannt. *Jos.7,11.

Das 8. Kapitel

Ermahnung zur Dankbarkeit gegen den Herrn.

1. Alle Gebote, die ich dir heute gebiete, sollt ihr halten, daß ihr darnach tut, auf

daß ihr lebet und gemehrt werdet und hineinkommet und einnehmet das Land, das der Herr euren Vätern geschworen hat.
2. Und gedenke alles des Weges, durch den dich der Herr, dein Gott, geleitet hat diese vierzig Jahre in der Wüste, auf daß er dich demütigte und *versuchte, daß kund würde, was in deinem Herzen wäre, ob du seine Gebote halten würdest oder nicht.
*K.13,4; Richt.2,22.
3. Er demütigte dich und ließ dich hungern und *speiste dich mit Man, das du und deine Väter nie gekannt hattet; auf daß er dir kundtäte, daß †der Mensch nicht lebt vom Brot allein, sondern von allem, was aus dem Mund des Herrn geht.
*2.Mose 16,13–15. †Matth.4,4.
4. Deine Kleider sind nicht veraltet an dir, und deine Füße sind nicht geschwollen diese vierzig Jahre. K.29,4.
5. So erkennst du ja in deinem Herzen, daß der Herr, dein Gott, dich gezogen hat, *wie ein Mann seinen Sohn zieht. *K.1,31.
6. So halte nun die Gebote des Herrn, deines Gottes, daß du in seinen Wegen wandelst und fürchtest ihn.
7. Denn der Herr, dein Gott, führt dich in ein gutes Land, ein Land, darin Bäche und Brunnen und Seen sind, die an den Bergen und in den Auen fließen;
8. ein Land, darin Weizen, Gerste, Weinstöcke, Feigenbäume und Granatäpfel sind; ein Land, darin Ölbäume und Honig wachsen;
9. ein Land, da du Brot genug zu essen hast, da dir nichts mangelt; ein Land, des Steine Eisen sind, da du Erz aus den Bergen hauest.
10. Und wenn du gegessen hast und satt bist, sollst du den Herrn, deinen Gott, loben für das gute Land, das er dir gegeben hat.
11. So hüte dich nun, daß du des Herrn, deines Gottes, nicht vergessest, damit daß du seine Gebote und seine Gesetze und Rechte, die ich dir heute gebiete, nicht hältst;
12. daß, wenn du nun gegessen hast und satt bist und schöne Häuser erbaust und darin wohnst
13. und deine Rinder und Schafe und Silber und Gold und alles, was du hast, sich mehrt,
14. daß dann dein Herz sich nicht überhebe und du vergessest des Herrn, deines Gottes, der dich aus Ägyptenland geführt hat, aus dem Diensthause,
15. und dich geleitet hat durch die große und grausame Wüste, da *feurige Schlangen und Skorpione und eitel Dürre und kein Wasser war, und ließ dir †Wasser aus dem harten Felsen gehen
*4.Mose 21,6. †2.Mose 17,6.
16. und speiste dich mit Man in der Wüste, von welchem deine Väter nichts gewußt haben, auf daß er dich demütigte und versuchte, daß er dir hernach wohltäte.
17. Du möchtest sonst sagen in deinem Herzen: Meine Kräfte und meiner Hände Stärke haben mir dies Vermögen ausgerichtet.
18. Sondern gedenke an den Herrn, deinen Gott; denn er ist's, der dir Kräfte gibt, solch mächtige Taten zu tun, auf daß er *hielte seinen Bund, den er deinen Vätern geschworen hat, wie es geht heutigestages. *K.4,31.
19. Wirst du aber des Herrn, deines Gottes, vergessen und andern Göttern nachfolgen und ihnen dienen und sie anbeten, so bezeuge ich heute über euch, daß ihr umkommen werdet;
20. eben wie die Heiden, die der Herr umbringt vor eurem Angesicht, so werdet ihr auch umkommen, darum daß ihr nicht gehorsam seid der Stimme des Herrn, eures Gottes.

Das 9. Kapitel

Ermahnung zur Demut vor dem Herrn.

1. Höre, Israel, du wirst heute über den Jordan gehen, daß du hineinkommest, einzunehmen das Land der Völker, die größer und stärker sind denn du, *große Städte, vermauert bis in den Himmel,
*K.1,28.
2. ein großes, *hohes Volk, die Enakiter, die du kennst, von denen du auch gehört hast: Wer kann wider die Kinder Enak bestehen? *4.Mose 13,32.33.
3. So sollst du wissen heute, daß der Herr, dein Gott, vor dir her geht, ein *verzehrendes Feuer. Er wird sie vertilgen und wird sie unterwerfen vor dir her, und du wirst sie vertreiben und umbringen bald, wie dir der Herr geredet hat. *K.4,24.
4. Wenn nun der Herr, dein Gott, sie ausgestoßen hat vor dir her, so sprich nicht *in deinem Herzen: Der Herr hat mich hereingeführt, dies Land einzunehmen, um meiner Gerechtigkeit willen, – so doch der Herr diese Heiden vertreibt vor dir her †um ihres gottlosen Wesens willen. *K.8,17. †1.Mose 15,16.
5. Denn du kommst nicht herein, ihr

Land einzunehmen, um deiner Gerechtigkeit und deines aufrichtigen Herzens willen; sondern der Herr, dein Gott, vertreibt diese Heiden um ihres gottlosen Wesens willen, daß er das Wort halte, das der Herr geschworen hat deinen Vätern Abraham, Isaak und Jakob.

6. So wisse nun, daß der Herr, dein Gott, dir nicht um deiner Gerechtigkeit willen dies gute Land gibt einzunehmen, sintemal du ein *halsstarriges Volk bist. *2.Mose 32,9.

7. Gedenke, und vergiß nicht, wie du den Herrn, deinen Gott, erzürntest in der Wüste. Von dem Tage an, da du aus Ägyptenland zogst, bis ihr gekommen seid an diesen Ort, seid ihr ungehorsam gewesen dem Herrn.

8. Denn am Horeb erzürntet ihr den Herrn also, daß er vor Zorn euch vertilgen wollte, 2.Mose 32.

9. da ich auf den Berg gegangen war, die steinernen Tafeln zu empfangen, die Tafeln des Bundes, den der Herr mit euch machte, und ich vierzig Tage und vierzig Nächte auf dem Berge blieb und kein Brot aß und kein Wasser trank

10. und mir der Herr die zwei steinernen Tafeln gab, mit dem Finger Gottes beschrieben, und darauf alle Worte, die der Herr mit euch aus dem Feuer auf dem Berge geredet hatte am Tage der Versammlung.

11. Und nach den vierzig Tagen und vierzig Nächten gab mir der Herr die zwei steinernen Tafeln des Bundes

12. und sprach zu mir: Mache dich auf, gehe eilend hinab von hinnen; denn dein Volk, das du aus Ägypten geführt hast, hat's verderbt. Sie sind schnell getreten von dem Wege, den ich ihnen geboten habe: sie haben sich ein gegossenes Bild gemacht.

13. Und der Herr sprach zu mir: Ich sehe, daß dies Volk ein halsstarriges Volk ist.

14. Laß ab von mir, daß ich sie vertilge und ihren Namen austilge unter dem Himmel; ich will aus dir ein stärkeres und größeres Volk machen, denn dieses ist.

15. Und als ich mich wandte und von dem Berge ging, der mit Feuer brannte, und die zwei Tafeln des Bundes auf meinen beiden Händen hatte,

16. da sah ich, und siehe, da hattet ihr euch an dem Herrn, eurem Gott, versündigt, daß ihr euch ein gegossenes Kalb gemacht hattet und schnell von dem Wege getreten waret, den euch der Herr geboten hatte.

17. Da faßte ich beide Tafeln und warf sie aus beiden Händen und zerbrach sie vor euren Augen

18. und fiel nieder vor dem Herrn, wie zuerst, vierzig Tage und vierzig Nächte, und aß kein Brot und trank kein Wasser um all eurer Sünden willen, die ihr getan hattet, da ihr solches Übel tatet vor dem Herrn, ihn zu erzürnen.

K.10,10; 2.Mose 34,28.

19. Denn ich *fürchtete mich vor dem Zorn und Grimm, mit dem der Herr über euch erzürnt war, daß er euch vertilgen wollte. Aber der Herr erhörte mich auch dasmal. *Hebr.12,21.

20. Auch war der Herr sehr zornig über Aaron, also daß er ihn vertilgen wollte; aber ich bat auch für Aaron zur selbigen Zeit.

21. Aber eure Sünde, das Kalb, das ihr gemacht hattet, nahm ich und zerschmelzte es mit Feuer und zerschlug es und zermalmte es, bis es Staub ward, und warf den Staub in den Bach, der vom Berge fließt.

22. So erzürntet ihr den Herrn auch zu Thabeera und zu Massa und bei den Lustgräbern. 2.Mose 17,7; 4.Mose 11,3.34.

23. Und da er euch aus Kades-Barnea sandte und sprach: Gehet hinauf und nehmet das Land ein, das ich euch gegeben habe! waret ihr ungehorsam dem Mund des Herrn, eures Gottes, und glaubtet an ihn nicht und gehorchtet seiner Stimme nicht. 4.Mose 13,2.31; K.14,1–4.

24. Denn ihr seid ungehorsam dem Herrn gewesen, solange ich euch gekannt habe. V.7.

25. Also fiel ich nieder vor dem Herrn die vierzig Tage und vierzig Nächte, die ich dalag; denn der Herr sprach, er wollte euch vertilgen. V.18.

26. Ich aber bat den Herrn und sprach: Herr Herr, verderbe dein Volk und dein Erbteil nicht, das du durch deine große Kraft erlöst und mit mächtiger Hand aus Ägypten geführt hast!

27. Gedenke an deine Knechte Abraham, Isaak und Jakob! Sieh nicht an die Härtigkeit und das gottlose Wesen und Sünde dieses Volks,

28. daß nicht das Land sage, daraus du uns geführt hast: Der Herr konnte sie nicht in das Land bringen, das er ihnen verheißen hatte, und hat sie darum ausgeführt, daß er ihnen gram war, daß er sie tötete in der Wüste! 4.Mose 14,16.

29. Denn sie sind dein Volk und dein Erbteil, das du mit deinen großen Kräften und

mit deinem ausgereckten Arm hast ausgeführt.

Das 10. Kapitel

Die neuen Tafeln. Was fordert der Herr von Israel? Beschneidung des Herzens.

1. Zu derselben Zeit sprach der Herr zu mir: *Haue dir zwei steinerne Tafeln wie die ersten und komm zu mir auf den Berg und mache dir †eine hölzerne Lade,
*2. Mose 34,1. †2. Mose 25,10.

2. so will ich auf die Tafeln schreiben die Worte, die auf den ersten waren, die du *zerbrochen hast; und du sollst sie in die Lade legen. *2. Mose 32,19.

3. Also machte ich eine Lade von Akazienholz und hieb zwei steinerne Tafeln, wie die ersten waren, und ging auf den Berg und hatte die zwei Tafeln in meinen Händen.

4. Da schrieb er auf die Tafeln, wie die erste Schrift war, die Zehn Worte, die der Herr zu euch redete aus dem Feuer auf dem Berge *zur Zeit der Versammlung; und der Herr gab sie mir. *K. 9,10.

5. Und ich wandte mich und ging vom Berge und legte die Tafeln in die Lade, die ich gemacht hatte, daß sie daselbst wären, wie mir der Herr geboten hatte.

6. Und die Kinder Israel *zogen aus von Beeroth-Bne-Jaakan gen Moser. Daselbst starb †Aaron, und ist daselbst begraben; und sein Sohn Eleasar ward für ihn Priester. *4. Mose 33,32.33. †4. Mose 20,28.

7. Von da zogen sie aus gen Gudegoda, von Gudegoda gen Jotbatha, ein Land, da Bäche sind.

8. Zur selben Zeit sonderte der Herr den Stamm Levi aus, die Lade des Bundes des Herrn zu tragen und zu stehen *vor dem Herrn, ihm zu dienen und †in seinem Namen zu segnen bis auf diesen Tag.
*K. 18,5.7. †4. Mose 6,23–27.

9. Darum sollen die Leviten kein Teil noch Erbe haben mit ihren Brüdern; denn der Herr ist ihr Erbe, wie der Herr, dein Gott, ihnen geredet hat. 4. Mose 18,20.

10. Ich aber stand auf dem Berge, wie das erstemal, *vierzig Tage und vierzig Nächte; und der Herr erhörte mich auch dasmal und wollte dich nicht verderben.
*K. 9,9.

11. Er sprach aber zu mir: Mache dich auf und gehe hin, daß du vor dem Volk herziehest, daß sie hineinkommen und das Land einnehmen, das ich ihren Vätern geschworen habe ihnen zu geben.

12. Nun, Israel, was *fordert der Herr, dein Gott, von dir, denn daß du den Herrn, deinen Gott, fürchtest, daß du in allen seinen Wegen wandelst und liebest ihn und dienest dem Herrn, deinem Gott, von ganzem Herzen und von ganzer Seele,
*Micha 6,8.

13. daß du die Gebote des Herrn haltest und seine Rechte, die ich dir heute gebiete, auf daß dir's wohl gehe?

14. Siehe, der Himmel und aller Himmel Himmel und die Erde und alles, was darinnen ist, das ist des Herrn, deines Gottes;

15. dennoch *hat er allein zu deinen Vätern Lust gehabt, daß er sie liebte, und hat ihren Samen erwählt nach ihnen, euch, aus allen Völkern, wie es heutigestages steht. *K. 7,6.

16. So *beschneidet nun eure Herzen und seid fürder nicht halsstarrig. *K. 30,6.

17. Denn der Herr, euer Gott, ist ein Gott aller Götter und Herr über alle Herren, ein großer Gott, mächtig und schrecklich, der keine Person achtet und kein Geschenk nimmt

18. und schafft Recht den Waisen und Witwen und hat die Fremdlinge lieb, daß er ihnen Speise und Kleider gebe.

19. Darum sollt ihr auch die Fremdlinge lieben; denn ihr seid auch Fremdlinge gewesen in Ägyptenland. 2. Mose 22,20–23.

20. Den Herrn, deinen Gott, sollst du fürchten, ihm sollst du dienen, ihm sollst du anhangen und bei seinem Namen schwören.

21. Er ist dein Ruhm und dein Gott, der bei dir solche große und schreckliche Dinge getan hat, die deine Augen gesehen haben.

22. Deine Väter zogen hinab nach Ägypten mit *siebzig Seelen; aber nun hat dich der Herr, dein Gott, †gemehrt wie die Sterne am Himmel. *1. Mose 46,27. †K. 1,10.

Das 11. Kapitel

Erinnerung an die Wunder, die Gott an seinem Volk getan. Segen des Gehorsams, Fluch des Ungehorsams.

1. So sollst du nun den Herrn, deinen Gott, lieben und seine Gesetze, seine Weise, seine Rechte und seine Gebote halten dein Leben lang.

2. Und erkennet heute, was eure Kinder nicht wissen noch gesehen haben, nämlich die Züchtigung des Herrn, eures Gottes, seine Herrlichkeit, dazu seine mächtige Hand und ausgereckten Arm

3. und seine Zeichen und Werke, die er getan hat unter den Ägyptern, an Pharao, dem König in Ägypten, und an allem seinem Lande;

4. und was er an der Macht der Ägypter
getan hat, an ihren Rossen und Wagen, da
er das Wasser des Schilfmeers über sie
führte, da sie euch nachjagten und sie der
Herr umbrachte bis auf diesen Tag;
2.Mose 14,25.27.
5. und was er euch getan hat in der Wüste, bis ihr an diesen Ort gekommen seid;
6. was er Dathan und Abiram getan hat,
den Kindern Eliabs, des Sohnes Rubens,
wie die Erde ihren Mund auftat und verschlang sie mit Gesinde und Hütten und
allem ihrem Gut, das sie erworben hatten,
mitten unter dem ganzen Israel.
4.Mose 16,31–35.
7. Denn eure Augen haben die großen
Werke des Herrn gesehen, die er getan
hat.
8. Darum sollt ihr alle die Gebote halten,
die ich dir heute gebiete, auf daß ihr gestärkt werdet, hineinzukommen und das
Land einzunehmen, dahin ihr ziehet, daß
ihr's einnehmet;
9. und daß du lange lebest in dem Lande,
das der Herr euren Vätern geschworen hat
ihnen zu geben und ihrem Samen ein
*Land, darin Milch und Honig fließt.
*2.Mose 3,17.
10. Denn das Land, da du hin kommst, es
einzunehmen, ist nicht wie Ägyptenland,
davon ihr ausgezogen seid, da du deinen
Samen säen und selbst tränken mußtest
wie einen Kohlgarten;
11. sondern es hat Berge und Auen, die
der Regen vom Himmel tränkt, –
12. auf welch Land der Herr, dein Gott,
acht hat und die Augen des Herrn, deines
Gottes, immerdar sehen, von Anfang des
Jahrs bis ans Ende. Ps.65,10.11.
13. Werdet ihr nun meine Gebote hören,
die ich euch heute gebiete, daß ihr den
Herrn, euren Gott, liebet und ihm dienet
von ganzem Herzen und von ganzer Seele,
3.Mose 26,3–39.
14. so will ich eurem Lande Regen geben
zu seiner Zeit, Frühregen und Spätregen,
daß du einsammelst dein Getreide, deinen
Most und dein Öl,
15. und will deinem Vieh Gras geben auf
deinem Felde, daß ihr esset und satt werdet.
16. Hütet euch aber, daß sich euer Herz
nicht überreden lasse, daß ihr abweichet
und dienet andern Göttern und betet sie
an,
17. und daß dann der Zorn des Herrn
ergrimme über euch und schließe den
Himmel zu, daß kein Regen komme und
die Erde ihr Gewächs nicht gebe und ihr
bald umkommet von dem guten Lande,
das euch der Herr gegeben hat.
3.Mose 26,19; K.28,23.
18. So *fasset nun diese Worte zu Herzen
und in eure Seele und bindet sie zum Zeichen auf eure Hand, daß sie ein Denkmal
vor euren Augen seien. *K.6,6–9.
19. Und lehret sie eure Kinder, daß du
davon redest, wenn du in deinem Hause
sitzest oder auf dem Wege gehst, wenn du
dich niederlegst und wenn du aufstehst;
20. und schreibe sie an die Pfosten deines
Hauses und an deine Tore,
21. daß du und deine Kinder lange leben
in dem Lande, das der Herr deinen Vätern
geschworen hat ihnen zu geben, solange
die Tage vom Himmel auf Erden währen.
22. Denn wo ihr diese Gebote alle werdet
halten, die ich euch gebiete, daß ihr darnach tut, daß ihr den Herrn, euren Gott,
liebet und wandelt in allen seinen Wegen
und ihm anhanget,
23. so wird der Herr alle diese Völker vor
euch her ausstoßen, daß ihr größere und
stärkere Völker vertreibet, denn ihr seid.
K.7,1.2.
24. Alle Örter, darauf eure Fußsohle
tritt, sollen euer sein; von der Wüste an
und von dem Berge Libanon und von dem
Wasser Euphrat bis ans Meer gegen Abend
soll eure Grenze sein.
25. Niemand wird euch widerstehen
können. Furcht und Schrecken vor euch
wird der Herr über alles Land kommen
lassen, darauf ihr tretet, wie er euch verheißen hat.
26. Siehe, ich lege euch heute vor den
Segen und den Fluch: K.30,1.15.
27. den Segen, so ihr gehorchet den Geboten des Herrn, eures Gottes, die ich
euch heute gebiete; K.28,2.15.
28. den Fluch aber, so ihr nicht gehorchen werdet den Geboten des Herrn, eures
Gottes, und abweichet von dem Wege, den
ich euch heute gebiete, daß ihr andern
Göttern nachwandelt, die ihr nicht kennet.
29. Wenn dich der Herr, dein Gott, in das
Land bringt, da du hineinkommst, daß du
es einnehmest, so sollst du den Segen
sprechen lassen auf dem Berge *Garizim
und den Fluch auf dem Berge Ebal,
*K.27,12.13; Jos.8,33.34.
30. welche sind jenseit des Jordans, der
Straße nach gegen der Sonne Niedergang,
im Lande der Kanaaniter, die auf dem
Blachfelde wohnen, Gilgal gegenüber, bei
dem *Hain More. *1.Mose 12,6.
31. Denn ihr werdet über den Jordan ge-

hen, daß ihr hineinkommt, das Land einzunehmen, das euch der Herr, euer Gott, gegeben hat, daß ihr's einnehmet und darin wohnet.

32. So haltet nun, daß ihr tut nach allen Geboten und Rechten, die ich euch heute vorlege.

Das 12. Kapitel

Ort und Weise des wahren Gottesdienstes.
Ausrottung des Götzendienstes.

1. Das sind die Gebote und Rechte, die ihr halten sollt, daß ihr darnach tut in dem Lande, das der Herr, deiner Väter Gott, dir gegeben hat einzunehmen, solange ihr auf Erden lebt.

2. Verstöret *alle Orte, da die Heiden, die ihr vertreiben werdet, ihren Göttern gedient haben, es sei auf hohen Bergen, auf Hügeln oder unter grünen Bäumen, *K. 7,5.25.

3. und reißet um ihre Altäre und zerbrechet ihre Säulen und verbrennet mit Feuer ihre Haine, und die Bilder ihrer Götter zerschlaget, und vertilget ihren Namen aus demselben Ort.

4. Ihr sollt dem Herrn, eurem Gott, nicht also tun;

5. sondern den Ort, den der Herr, euer Gott, erwählen wird aus allen euren Stämmen, daß er seinen Namen daselbst läßt wohnen, sollt ihr aufsuchen und dahin kommen

6. und eure Brandopfer und eure andern Opfer und eure Zehnten und eurer Hände Hebe und eure Gelübde und eure freiwilligen Opfer und die Erstgeburt eurer Rinder und Schafe dahin bringen.

7. Und sollt daselbst vor dem Herrn, eurem Gott, essen und fröhlich sein, ihr und euer Haus, über alles, was eure Hand vor sich bringt, darin dich der Herr, dein Gott, gesegnet hat.

8. Ihr sollt der keins tun, das wir heute allhier tun, ein jeglicher, was ihn recht dünkt.

9. Denn ihr seid bisher noch nicht zur Ruhe gekommen noch zu dem Erbteil, das dir der Herr, dein Gott, geben wird.

10. Ihr werdet aber über den Jordan gehen und in dem Lande wohnen, das euch der Herr, euer Gott, wird zum Erbe austeilen, und er wird euch Ruhe geben von allen euren Feinden um euch her, und ihr *werdet sicher wohnen. *1. Kön. 5,5.

11. Wenn nun der Herr, dein Gott, einen Ort erwählt, daß sein Name daselbst wohne, sollt ihr dahin bringen alles, was ich euch gebiete: eure Brandopfer, eure andern Opfer, eure Zehnten, eurer Hände Hebe und all eure freien Gelübde, die ihr dem Herrn geloben werdet.

12. Und sollt fröhlich sein vor dem Herrn, eurem Gott, ihr und eure Söhne und eure Töchter und eure Knechte und eure Mägde und die *Leviten, die in euren Toren sind; denn sie haben kein Teil noch Erbe mit euch. *4. Mose 18,20.24.

13. Hüte dich, daß du nicht deine Brandopfer opferst an allen Orten, die du siehst;

14. sondern an dem Ort, den der Herr erwählt in irgend einem deiner Stämme, da sollst du dein Brandopfer opfern und tun alles, was ich dir gebiete.

15. Doch magst du schlachten und Fleisch essen in allen deinen Toren, nach aller Lust deiner Seele, nach dem Segen des Herrn, deines Gottes, den er dir gegeben hat; beide, der Reine und der Unreine, mögen's essen, wie man *Reh oder Hirsch ißt. *V. 22; K. 14,5.

16. Nur das Blut sollst du nicht essen, sondern auf die Erde gießen wie Wasser. 3. Mose 3,17.

17. Du darfst aber nicht essen in deinen Toren vom Zehnten deines Getreides, deines Mosts, deines Öls, noch von der Erstgeburt deiner Rinder, deiner Schafe, oder von irgend einem deiner Gelübde, die du gelobt hast, oder von deinem freiwilligen Opfer, oder von der Hebe deiner Hand;

18. sondern *vor dem Herrn, deinem Gott, sollst du solches essen an dem Ort, den der Herr, dein Gott, erwählt, du und deine Söhne, deine Töchter, deine Knechte, deine Mägde und der Levit, der in deinem Tor ist, und sollst fröhlich sein vor dem Herrn, deinem Gott, über alles, was deine Hand vor sich bringt. *K. 14,23.

19. Und hüte dich, daß du den Leviten nicht verlassest, solange du in deinem Lande lebest. V. 12; K. 14,27.

20. Wenn aber der Herr, dein Gott, deine Grenze erweitern wird, wie er dir verheißen hat, und du sprichst: Ich will Fleisch essen, weil deine Seele Fleisch zu essen gelüstet, so iß Fleisch nach aller Lust deiner Seele.

21. Ist aber die Stätte fern von dir, die der Herr, dein Gott, erwählt hat, daß er seinen Namen daselbst wohnen lasse, so schlachte von deinen Rindern oder Schafen, die dir der Herr gegeben hat, wie ich dir geboten habe, und iß es in deinen Toren nach aller Lust deiner Seele.

22. Wie man Reh oder Hirsch ißt, magst du es essen; beide, der Reine und der Unreine, mögen's zugleich essen. V. 15.

23. Allein merke, daß du das Blut nicht
essest, denn das Blut ist die Seele; darum
sollst du die Seele nicht mit dem Fleisch
essen, V.16.
24. sondern sollst es auf die Erde gießen
wie Wasser.
25. Und sollst es darum nicht essen, daß
dir's wohl gehe und deinen Kindern nach
dir, weil du getan hast, was recht ist vor
dem Herrn.
26. Aber wenn du etwas heiligen willst
von dem Deinen oder geloben, so sollst du
es aufladen und bringen an den Ort, den
der Herr erwählt hat,
27. und dein Brandopfer mit Fleisch und
Blut tun auf dem Altar des Herrn, deines
Gottes. Das Blut *deiner andern Opfer soll
gegossen werden auf den Altar des Herrn,
deines Gottes, und das Fleisch sollst du
essen. *V.6.
28. Sieh zu, und höre alle diese Worte,
die ich dir gebiete, auf daß dir's wohl gehe
und deinen Kindern nach dir ewiglich,
weil du getan hast, was recht und gefällig
ist vor dem Herrn, deinem Gott.
29. Wenn der Herr, dein Gott, vor dir her
die Heiden ausrottet, daß du hinkommst,
ihr Land einzunehmen, und es eingenommen hast und darin wohnst,
30. so hüte dich, daß du nicht in den
Strick fallest ihnen nach, nachdem sie vertilgt sind vor dir, und nicht fragest nach
ihren Göttern und sprechest: Wie diese
Völker haben ihren Göttern gedient, also
will ich auch tun. K.7,16.
31. Du sollst nicht also dem Herrn, deinem Gott, tun; denn sie haben ihren Göttern getan alles, was dem Herrn ein Greuel
ist und was er haßt, denn sie haben auch
ihre Söhne und Töchter mit Feuer verbrannt ihren Göttern.

Das 13. Kapitel

Strafe der falschen Propheten und der Verführer zum Götzendienste.

1. [K.12,32.] Alles, was ich euch gebiete,
das sollt ihr halten, daß ihr darnach tut.
Ihr *sollt nichts dazutun noch davontun.
*K.4,2.
2. [1.] Wenn ein Prophet oder Träumer
unter euch wird aufstehen und gibt dir ein
Zeichen oder Wunder,
3. [2.] und das Zeichen oder Wunder
kommt, davon er dir gesagt hat, und er
spricht: Laß uns andern Göttern folgen,
die ihr nicht kennet, und ihnen dienen:
4. [3.] so sollst du nicht gehorchen den
Worten solches Propheten oder Träumers;
denn der Herr, euer Gott, *versucht euch,
daß er erfahre, ob ihr ihn von ganzem
Herzen und von ganzer Seele liebhabt.
*K.8,2.
5. [4.] Denn ihr sollt dem Herrn, eurem
Gott, folgen und ihn fürchten und seine
Gebote halten und seiner Stimme gehorchen und ihm dienen und ihm anhangen.
6. [5.] Der *Prophet aber oder der Träumer soll sterben – darum daß er euch von
dem Herrn, eurem Gott, der euch aus
Ägyptenland geführt und dich von dem
Diensthause erlöst hat, abzufallen gelehrt
und dich aus dem Wege verführt hat, den
der Herr, dein Gott, geboten hat, darin zu
wandeln –, †auf daß du das Böse von dir
tust. *K.18,20. †1.Kor.5,9.13.
7. [6.] Wenn dich dein Bruder, deiner
Mutter Sohn, oder dein Sohn oder deine
Tochter oder das Weib in deinen Armen
oder dein Freund, der dir ist wie dein
Herz, heimlich überreden würde und sagen: Laß uns gehen und andern Göttern
dienen! – die du nicht kennst noch deine
Väter,
8. [7.] von den Göttern der Völker, die
um euch her sind, sie seien dir nahe oder
ferne, von einem Ende der Erde bis an das
andere –
9. [8.] so willige nicht darein und gehorche ihm nicht. Auch soll dein Auge seiner
nicht schonen, und sollst dich seiner nicht
erbarmen noch ihn verbergen,
10. [9.] sondern sollst ihn erwürgen.
Deine Hand soll die erste über ihm sein,
daß man ihn töte, und darnach die Hand
des ganzen Volks. K.17,7.
11. [10.] Man soll ihn zu Tode steinigen –
denn er hat dich wollen verführen von
dem Herrn, deinem Gott, der dich aus
Ägyptenland, aus dem Diensthaus, geführt hat –,
12. [11.] auf daß ganz Israel höre und
fürchte sich und man nicht mehr solch
Übel vornehme unter euch.
13. [12.] Wenn du hörst von irgend einer
Stadt, die dir der Herr, dein Gott, gegeben
hat, darin zu wohnen, daß man sagt:
14. [13.] Es sind etliche heillose Leute
ausgegangen unter dir und haben die Bürger ihrer Stadt verführt und gesagt: Laßt
uns gehen und andern Göttern dienen! –
die ihr nicht kennet –
15. [14.] so sollst du fleißig suchen, forschen und fragen. Und so sich findet die
Wahrheit, daß es gewiß also ist, daß der
Greuel unter euch geschehen ist,
16. [15.] so sollst du die Bürger derselben Stadt schlagen mit des Schwertes
Schärfe und sie *verbannen mit allem,

was darin ist, und ihr Vieh mit der Schärfe des Schwerts. *4. Mose 21,2.

17. [16.] Und allen ihren Raub sollst du sammeln mitten auf die Gasse und mit Feuer verbrennen, die Stadt und allen ihren Raub miteinander, dem Herrn, deinem Gott, daß sie auf einem Haufen liege ewiglich und nie wieder gebaut werde.

18. [17.] Und laß nichts von dem Bann *an deiner Hand hangen, auf daß der Herr von dem Grimm seines Zorns abgewendet werde und gebe dir Barmherzigkeit und erbarme sich deiner und mehre dich, wie er deinen Vätern geschworen hat; *Jos. 7.

19. [18.] darum daß du der Stimme des Herrn, deines Gottes, gehorcht hast, zu halten alle seine Gebote, die ich dir heute gebiete, daß du tust, was recht ist vor den Augen des Herrn, deines Gottes.

Das 14. Kapitel

Verbot heidnischer Trauergebräuche. Reine und unreine Speisen (vgl. 3. Mose 11). Zehnten.

1. Ihr seid Kinder des Herrn, eures Gottes; ihr *sollt euch nicht Male stechen noch kahl scheren über den Augen über einem Toten. *3. Mose 19,27.28.

2. Denn du bist ein heiliges Volk dem Herrn, deinem Gott; und der Herr hat dich erwählt, daß du sein Eigentum seist, aus allen Völkern, die auf Erden sind.

3. Du sollst keinen Greuel essen.

4. Das sind aber die Tiere, die ihr essen sollt: Ochs, Schaf, Ziege,

5. Hirsch, Reh, Büffel, Steinbock, Gemse, Auerochs und *Elen;

*vielleicht soviel als Springbock.

6. und alles Tier, das seine Klauen spaltet und wiederkäut, sollt ihr essen.

7. Das sollt ihr aber nicht essen von dem, das wiederkäut, und von dem, das die Klauen spaltet: das Kamel, der Hase und Kaninchen, die wiederkäuen und doch die Klauen nicht spalten, sollen euch unrein sein;

8. das Schwein, ob es wohl die Klauen spaltet, so wiederkäut es doch nicht: es soll euch unrein sein. Ihr Fleisch sollt ihr nicht essen, und ihr Aas sollt ihr nicht anrühren.

9. Das ist, was ihr essen sollt von allem, das in Wassern ist: alles, was Floßfedern und Schuppen hat, sollt ihr essen.

10. Was aber keine Floßfedern noch Schuppen hat, sollt ihr nicht essen; denn es ist euch unrein.

11. Alle reinen Vögel esset.

12. Das sind sie aber, die ihr nicht essen sollt: der Adler, der Habicht, der Fischaar,

13. der Taucher, der Weih, der Geier mit seiner Art

14. und alle Raben mit ihrer Art,

15. der Strauß, die Nachteule, der Kuckuck, der Sperber mit seiner Art,

16. das Käuzlein, der Uhu, die Fledermaus,

17. die Rohrdommel, der Storch, der Schwan,

18. der Reiher, der Häher mit seiner Art, der Wiedehopf, die Schwalbe.

19. Und alles, was Flügel hat und kriecht, soll euch unrein sein, und sollt es nicht essen.

20. Die reinen Vögel dürft ihr essen.

21. Ihr sollt *kein Aas essen – dem Fremdling in deinem Tor magst du's geben, daß er's esse oder daß er's verkaufe einem Ausländer –; denn du bist ein heiliges Volk dem Herrn, deinem Gott. Du sollst †das Böcklein nicht kochen in der Milch seiner Mutter.

*2. Mose 22,30. †2. Mose 23,19.

22. Du sollst alle Jahre den Zehnten absondern alles Ertrages deiner Saat, der aus deinem Acker kommt, 3. Mose 27,30.

23. und sollst davon essen vor dem Herrn, deinem Gott, an dem Ort, den er erwählt, daß sein Name daselbst wohne, nämlich vom Zehnten deines Getreides, deines Mosts, deines Öls und von der Erstgeburt deiner Rinder und deiner Schafe, auf daß du lernest fürchten den Herrn, deinen Gott, dein Leben lang. K. 12,18.

24. Wenn aber des Weges dir zu viel ist, daß du solches nicht hintragen kannst, darum daß der Ort dir zu ferne ist, den der Herr, dein Gott, erwählt hat, daß er seinen Namen daselbst wohnen lasse (denn der Herr, dein Gott, hat dich gesegnet):

25. so gib's hin um Geld und fasse das Geld in deine Hand und gehe an den Ort, den der Herr, dein Gott erwählt hat,

26. und gib das Geld um alles, was deine Seele gelüstet, es sei um Rinder, Schafe, Wein, starken Trank oder um alles, das deine Seele wünscht, und iß daselbst vor dem Herrn, deinem Gott, und sei fröhlich, du und dein Haus

27. und der Levit, der in deinem Tor ist (den sollst du nicht verlassen, denn er hat kein Teil noch Erbe mit dir). K. 12,19.

28. Alle drei Jahre sollst du aussondern alle Zehnten deines Ertrages desselben Jahrs und sollst's lassen in deinem Tor.

K. 26,12–15.

29. So soll kommen der Levit (der kein Teil noch Erbe mit dir hat) und der Fremdling und der Waise und die Witwe,

die in deinem Tor sind, und essen und sich sättigen, auf daß dich der Herr, dein Gott, segne in allen Werken deiner Hand, die du tust.

Das 15. Kapitel

Vom Erlaßjahr, von Losgebung erkaufter Knechte. Heiligung der Erstgeburt des Viehs.

1. Alle sieben Jahre sollst du ein Erlaßjahr halten. 2.Mose 23,10.11.

2. Also soll's aber zugehen mit dem Erlaßjahr: wenn einer seinem Nächsten etwas borgte, der soll's ihm erlassen und soll's nicht einmahnen von seinem Nächsten oder von seinem Bruder; denn es heißt das Erlaßjahr dem Herrn.

3. Von einem Fremden magst du es einmahnen; aber dem, der dein Bruder ist, sollst du es erlassen.

4. Es sollte allerdinge kein Armer unter euch sein; denn der Herr wird dich segnen in dem Lande, das dir der Herr, dein Gott, geben wird zum Erbe einzunehmen,

5. allein, daß du der Stimme des Herrn, deines Gottes, gehorchest und haltest alle diese Gebote, die ich dir heute gebiete, daß du darnach tust.

6. Denn der Herr, dein Gott, wird dich segnen, wie er dir verheißen hat; *so wirst du vielen Völkern leihen, und du wirst von niemand borgen; du wirst über viele Völker herrschen, und über dich wird niemand herrschen. *K.28,12.

7. Wenn deiner Brüder irgend einer arm ist in irgend einer Stadt in deinem Lande, das der Herr, dein Gott, dir geben wird, so sollst du dein Herz nicht verhärten noch deine Hand zuhalten gegen deinen armen Bruder, 1.Joh.3,17.

8. sondern sollst sie ihm auftun und ihm leihen, nach dem er Mangel hat. Luk.6,34.35.

9. Hüte dich, daß nicht in deinem Herzen eine böse Tücke sei, daß du sprechest: Es naht herzu das siebente Jahr, das Erlaßjahr, – und sehest deinen armen Bruder unfreundlich an und gebest ihm nicht; so wird er über dich zu dem Herrn rufen, und es wird dir Sünde sein.

10. Sondern du sollst ihm geben und dein Herz nicht verdrießen lassen, daß du ihm gibst; denn um solches willen wird dich der Herr, dein Gott, segnen in allen deinen Werken und in allem, was du vornimmst.

11. Es werden allezeit *Arme sein im Lande; †darum gebiete ich dir und sage, daß du deine Hand auftust deinem Bruder, der bedrängt und arm ist in deinem Lande. *Matth.26,11. †Jes.58,7; Jak.2,15.16.

12. Wenn sich dein Bruder, ein Hebräer oder eine Hebräerin, dir verkauft, so soll er dir sechs Jahre dienen; im siebenten Jahr sollst du ihn frei losgeben. 2.Mose 21,2.

13. Und wenn du ihn frei losgibst, sollst du ihn nicht leer von dir gehen lassen,

14. sondern sollst ihm auflegen von deinen Schafen, von deiner Tenne, von deiner Kelter, daß du gebest von dem, das dir der Herr, dein Gott, gesegnet hat.

15. Und gedenke, *daß du auch Knecht warst in Ägyptenland und der Herr, dein Gott, dich erlöst hat; darum gebiete ich dir solches heute. *K.5,15.

16. Wird er aber zu dir sprechen: Ich will nicht ausziehen von dir; denn ich habe dich und dein Haus lieb (weil ihm wohl bei dir ist),

17. so nimm einen Pfriemen und bohre ihm durch sein Ohr an der Tür und laß ihn ewiglich deinen Knecht sein. Mit deiner Magd sollst du auch also tun.

18. Und laß dich's nicht schwer dünken, daß du ihn frei losgibst – denn er hat dir als ein zwiefältiger Tagelöhner sechs Jahre gedient –; so wird der Herr, dein Gott, dich segnen in allem, was du tust.

19. Alle *Erstgeburt, die unter deinen Rindern und Schafen geboren wird, was ein Männlein ist, sollst du dem Herrn, deinem Gott, heiligen. Du sollst nicht akkern mit dem Erstling deiner Ochsen und nicht scheren die Erstlinge deiner Schafe. *2.Mose 13,2.

20. Vor dem Herrn, deinem Gott, sollst du sie essen jährlich an der Stätte, die der Herr erwählt, du und dein Haus. K.14,23.

21. Wenn's aber einen Fehl hat, daß es hinkt oder blind ist, oder sonst irgend einen bösen Fehl, so sollst du es nicht opfern dem Herrn, deinem Gott; 3.Mose 22,20.

22. sondern in deinem Tor sollst du es essen, *du seist unrein oder rein, wie man Reh und Hirsch ißt. *K.12,15.22.

23. Allein daß du sein Blut nicht essest, sondern auf die Erde gießest wie Wasser. 3.Mose 3,17; K.12,16.23.24.

Das 16. Kapitel

Von den drei jährlichen Hauptfesten; von den Richtern und Amtleuten. (V.1–17: vgl. 2.Mose 23,14–17; 34,18–24; 3.Mose 23.)

1. Halte den Monat Abib, daß du Passah haltest dem Herrn, deinem Gott; denn im Monat Abib hat dich der Herr, dein Gott, aus Ägypten geführt *bei der Nacht. *2.Mose 12.

2. Und sollst dem Herrn, deinem Gott,

das Passah schlachten, Schafe und Rinder, an der Stätte, die der Herr erwählen wird, daß sein Name daselbst wohne.

3. Du sollst kein Gesäuertes auf das Fest essen. Sieben Tage sollst du ungesäuertes Brot des Elends essen – denn mit Furcht bist du aus Ägyptenland gezogen –, auf daß du des Tages deines Auszugs aus Ägyptenland gedenkest dein Leben lang.

4. Es soll in sieben Tagen kein Sauerteig gesehen werden in allen deinen Grenzen und soll auch nichts vom Fleisch, das des Abends am ersten Tage geschlachtet ist, über Nacht bleiben bis an den Morgen.

5. Du darfst nicht Passah schlachten in irgend deiner Tore einem, die dir der Herr, dein Gott, gegeben hat;

6. sondern an der Stätte, die der Herr, dein Gott, erwählen wird, daß sein Name daselbst wohne, da sollst du das Passah schlachten des Abends, wenn die Sonne ist untergegangen, zu der Zeit, als du aus Ägypten zogst.

7. Und sollst's kochen und essen an der Stätte, die der Herr, dein Gott, erwählen wird, und darnach dich wenden des Morgens und heimgehen in deine Hütten.

8. Sechs Tage sollst du Ungesäuertes essen, und am siebenten Tag ist die Versammlung des Herrn, deines Gottes; da sollst du keine Arbeit tun.

9. Sieben Wochen sollst du dir zählen, und anheben zu zählen, wenn man anfängt mit der Sichel in der Saat.

10. Und sollst halten das Fest der Wochen dem Herrn, deinem Gott, daß du eine freiwillige Gabe deiner Hand gebest, nach dem dich der Herr, dein Gott, gesegnet hat;

11. und sollst fröhlich sein vor dem Herrn, deinem Gott, du und dein Sohn, deine Tochter, dein Knecht, deine Magd und der Levit, der in deinem Tor ist, der Fremdling, der Waise und die Witwe, die unter dir sind, *an der Stätte, die der Herr, dein Gott, erwählen wird, daß sein Name da wohne. *V.16; 2.Mose 20,24.

12. Und *gedenke, daß du Knecht in Ägypten gewesen bist, daß du haltest und tuest nach diesen Geboten. *K.5,15.

13. Das Fest der Laubhütten sollst du halten sieben Tage, wenn du hast eingesammelt von deiner Tenne und von deiner Kelter,

14. und *sollst fröhlich sein auf deinem Fest, du und dein Sohn, deine Tochter, dein Knecht, deine Magd, der Levit, der Fremdling, der Waise und die Witwe, die in deinem Tor sind. *V.11; K.26,11.

15. Sieben Tage sollst du dem Herrn, deinem Gott, das Fest halten an der Stätte, die der Herr erwählen wird. Denn der Herr, dein Gott, wird dich segnen in allem deinem Einkommen und in allen Werken deiner Hände; darum sollst du fröhlich sein.

16. Dreimal des Jahrs soll alles, was männlich ist unter dir, vor dem Herrn, deinem Gott, erscheinen, an der Stätte, die der Herr erwählen wird: aufs Fest der ungesäuerten Brote, aufs Fest der Wochen und aufs Fest der Laubhütten; sie sollen aber nicht leer vor dem Herrn erscheinen,

17. ein jeglicher nach der Gabe seiner Hand, nach dem Segen, den dir der Herr, dein Gott, gegeben hat.

18. Richter und Amtleute sollst du dir setzen in allen deinen Toren, die dir der Herr, dein Gott, geben wird unter deinen Stämmen, daß sie das Volk richten mit rechtem Gericht. K.20,8.9; 4.Mose 11,16.

19. Du sollst das Recht nicht beugen und sollst auch keine Person ansehen noch Geschenke nehmen; denn die Geschenke machen die Weisen blind und verkehren die Sachen der Gerechten. K.1.17.

20. Was recht ist, dem sollst du nachjagen, auf daß du leben und einnehmen mögest das Land, das dir der Herr, dein Gott, geben wird.

21. Du sollst keinen Hain von Bäumen pflanzen bei dem Altar des Herrn, deines Gottes, den du dir machst. K.7,5.

22. Du sollst dir keine Säule aufrichten, welche der Herr, dein Gott, haßt. 3.Mose 26,1.

Das 17. Kapitel

Strafe der Abgötterei. Oberstes Gericht der Priester. Königsgesetz.

1. Du sollst dem Herrn, deinem Gott, keinen Ochsen oder Schaf opfern, das einen Fehl oder irgend etwas Böses an sich hat; denn es ist dem Herrn, deinem Gott, ein Greuel. 3.Mose 22,20.

2. Wenn unter dir in der Tore einem, die dir der Herr, dein Gott, geben wird, jemand gefunden wird, Mann oder Weib, der da übel tut vor den Augen des Herrn, deines Gottes, daß er seinen Bund übertritt K.13,7–12.

3. und hingeht und dient andern Göttern und betet sie an, es sei *Sonne oder Mond oder allerlei Heer des Himmels, was ich nicht geboten habe, *K.4,19.

4. und es wird dir angesagt, und du hörst

es, so sollst du wohl darnach fragen. Und
wenn du findest, daß es gewiß wahr ist,
daß solcher Greuel in Israel geschehen ist,
5. so sollst du den Mann oder das Weib
ausführen, die solches Übel getan haben,
zu deinem Tor und sollst sie zu Tode steinigen.
6. Auf zweier oder dreier Zeugen Mund
soll sterben, wer des Todes wert ist; aber
auf eines Zeugen Mund soll er nicht sterben. 4.Mose 35,30; Hebr. 10,28.
7. Die Hand der Zeugen soll die erste
sein, ihn zu töten, und darnach die Hand
alles Volks, daß du das Böse von dir tust.
8. Wenn eine Sache vor Gericht dir zu
schwer sein wird, zwischen Blut und Blut,
zwischen Handel und Handel, zwischen
Schaden und Schaden, und was Streitsachen sind in deinen Toren, so sollst du
dich aufmachen und hinaufgehen zu der
Stätte, die der Herr, dein Gott, erwählen
wird,
9. und zu den *Priestern, den Leviten,
und zu dem Richter, der zur Zeit sein
wird, kommen und fragen; die sollen dir
das Urteil sprechen. *2.Chron. 19,8.11.
10. Und du sollst tun nach dem, was sie
dir sagen an der Stätte, die der Herr erwählen wird, und sollst es halten, daß du
tust nach allem, was sie dich lehren werden.
11. Nach dem Gesetz, das sie dich lehren,
und nach dem Recht, das sie dir sagen,
sollst du dich halten, daß du davon *nicht
abweichest, weder zur Rechten noch zur
Linken. *V.20.
12. Und wo jemand vermessen handeln
würde, daß er dem Priester nicht gehorchte, der daselbst in des Herrn, deines Gottes, Amt steht, oder dem Richter, der soll
sterben, und sollst das Böse aus Israel tun,
13. daß es alles Volk höre und sich fürchte und nicht mehr vermessen sei.
14. Wenn du in das Land kommst, das dir
der Herr, dein Gott, geben wird, und
nimmst es ein und wohnst darin und wirst
*sagen: Ich will einen König über mich
setzen, wie alle Völker um mich her haben, *1.Sam. 8,5.6.
15. so sollst du den zum König über dich
setzen, den der Herr, dein Gott, erwählen
wird. Du sollst aber aus deinen Brüdern
einen zum König über dich setzen. Du
darfst nicht irgend einen Fremden, der
nicht dein Bruder ist, über dich setzen.
16. Allein daß er nicht viele Rosse halte
und führe das Volk nicht wieder nach
Ägypten um der *Menge der Rosse willen;
weil der Herr euch gesagt hat, daß ihr
hinfort nicht wieder diesen Weg kommen
sollt. *1.Kön. 10,25.28.
17. Er soll auch *nicht viele Weiber nehmen, daß sein Herz nicht abgewandt werde, und soll auch nicht viel Silber und
Gold sammeln. *1.Kön. 11,4.
18. Und wenn er nun sitzen wird auf dem
Stuhl seines Königreichs, soll er dies andere Gesetz von den Priestern, den Leviten, nehmen und in ein Buch schreiben
lassen.
19. Das soll bei ihm sein, und er soll
darin lesen sein Leben lang, auf daß er
lerne fürchten den Herrn, seinen Gott,
daß er halte alle Worte dieses Gesetzes
und diese Rechte, daß er darnach tue.
20. Er soll sein Herz nicht erheben über
seine Brüder und soll nicht *weichen von
dem Gebot, weder zur Rechten noch zur
Linken, auf daß er seine Tage verlängere
in seinem Königreich, er und seine Kinder
in Israel. *K. 5,29.

Das 18. Kapitel

Unterhalt der Priester.
Warnung vor Zauberei und Wahrsagerei.
Verheißung des rechten Propheten.

1. Die Priester, die Leviten des ganzen
Stammes Levi, sollen nicht Teil noch Erbe
haben mit Israel. Die Opfer des Herrn und
sein Erbteil sollen sie essen.
K. 10,9; 4.Mose 18,8–20; 1.Kor. 9,13.
2. Darum sollen sie kein Erbe unter ihren Brüdern haben, daß der Herr ihr Erbe
ist, wie er ihnen geredet hat.
3. Das soll aber das Recht der Priester
sein an dem Volk, an denen, die da opfern,
es sei Ochse oder Schaf, daß man dem
Priester gebe den Arm und beide Kinnbakken und den Wanst
4. und die Erstlinge deines Korns, deines
Mosts und deines Öls und die Erstlinge
von der Schur deiner Schafe.
5. Denn der Herr, dein Gott, hat ihn erwählt aus allen deinen Stämmen, daß er
stehe am Dienst im Namen des Herrn, er
und seine Söhne ewiglich.
6. Wenn ein Levit kommt aus irgend einem deiner Tore oder sonst irgend aus
ganz Israel, da er ein Gast ist, und kommt
nach aller Lust seiner Seele an den Ort,
den der Herr erwählen wird,
7. daß er diene im Namen des Herrn,
seines Gottes, wie alle seine Brüder, die
Leviten, die daselbst vor dem Herrn stehen:
8. die sollen gleichen Teil zu essen haben, ohne was einer hat von dem verkauften Gut seiner Väter.

9. Wenn du in das Land kommst, das dir
der Herr, dein Gott, geben wird, so sollst
du nicht lernen tun die Greuel dieser Völker,
10. daß nicht jemand unter dir gefunden
werde, der seinen Sohn oder Tochter
durchs Feuer gehen lasse, oder ein Weissager oder ein Tagewähler oder der auf
Vogelgeschrei achte oder ein Zauberer.
3.Mose 18,21; 19,26.31; 20,27.
11. oder Beschwörer oder Wahrsager
oder Zeichendeuter oder *der die Toten
frage. *1.Sam.28,11.
12. Denn wer solches tut, der ist dem
Herrn ein Greuel, und um solcher Greuel
willen vertreibt sie der Herr, dein Gott, vor
dir her.
13. Du aber sollst rechtschaffen sein mit
dem Herrn, deinem Gott. 1.Mose 6,9; Ps.15,2.
14. Denn diese Völker, deren Land du
einnehmen wirst, gehorchen den Tagewählern und Weissagern; aber du sollst
dich nicht also halten gegen den Herrn,
deinen Gott.
15. Einen Propheten wie mich wird der
Herr, dein Gott, dir erwecken aus dir und
aus deinen Brüdern; dem sollt ihr gehorchen. 4.Mose 12,6–8; Joh.1,45; 6,14;
Apg.3,22; 7,37; Hebr.12,24.
16. Wie du denn von dem Herrn, deinem
Gott, *gebeten hast am Horeb am Tage der
Versammlung und sprachst: Ich will hinfort nicht mehr hören die Stimme des
Herrn, meines Gottes, und das große Feuer nicht mehr sehen, daß ich nicht sterbe.
*2.Mose 20,19; Hebr.12,19.
17. Und der Herr sprach zu mir: Sie haben wohl geredet. K.5,25.
18. Ich will ihnen einen Propheten, wie
du bist, erwecken aus ihren Brüdern und
meine Worte in seinen Mund geben; der
soll zu ihnen reden alles, was ich ihm
gebieten werde.
19. Und wer meine Worte nicht hören
wird, die er in meinem Namen reden wird,
von dem will ich's fordern.
20. Doch wenn ein Prophet vermessen
ist, zu reden in *meinem Namen, was ich
ihm nicht geboten habe zu reden, und
wenn einer †redet in dem Namen anderer
Götter, derselbe Prophet soll sterben.
*Jer.14,15. †K.13,6.
21. Ob du aber in deinem Herzen sagen
würdest: Wie kann ich merken, welches
Wort der Herr nicht geredet hat?
22. Wenn der Prophet redet in dem Namen des Herrn, und es wird nichts daraus
und es kommt nicht, das ist das Wort, das
der Herr nicht geredet hat; der Prophet
hat's aus Vermessenheit geredet, darum
scheue dich nicht vor ihm.

Das 19. Kapitel

Freistädte. Unverletzbarkeit der Grenze.
Strafe falscher Zeugen.
(V.1–13; vgl. 4.Mose 35,6–34; Jos.20.)

1. Wenn der Herr, dein Gott, die Völker
ausgerottet hat, welcher Land dir der
Herr, dein Gott, geben wird, daß du es
einnehmest und in ihren Städten und
Häusern wohnest,
2. sollst du dir drei Städte aussondern in
dem Lande, das dir der Herr, dein Gott,
geben wird einzunehmen. K.4,41–43.
3. Und sollst den Weg dahin zurichten
und das Gebiet deines Landes, das dir der
Herr, dein Gott, austeilen wird, in drei
Kreise scheiden, daß dahin fliehe, wer einen Totschlag getan hat.
4. Und also soll's sein mit der Sache des
Totschlägers, der dahin flieht, daß er lebendig bleibe: wenn jemand seinen Nächsten schlägt, nicht vorsätzlich, und hat
zuvor keinen Haß auf ihn gehabt,
5. sondern als wenn jemand mit seinem
Nächsten in den Wald ginge, Holz zu hau-
en, und seine Hand holte mit der Axt aus,
das Holz abzuhauen, und das Eisen führe
vom Stiel und träfe seinen Nächsten, daß
er stürbe: der soll in dieser Städte eine
fliehen, daß er lebendig bleibe,
6. auf daß nicht der Bluträcher dem Totschläger nachjage, weil sein Herz erhitzt
ist, und ergreife ihn, weil der Weg so ferne
ist, und schlage ihn tot, so er doch nicht
des Todes schuldig ist, weil er keinen Haß
zuvor wider ihn getragen hat.
7. Darum gebiete ich dir, daß du drei
Städte aussonderst.
8. Und so der Herr, dein Gott, deine
Grenze erweitern wird, wie er deinen Vätern geschworen hat, und gibt dir alles
Land, das er geredet hat deinen Väter zu
geben
9. (so du anders alle diese Gebote halten
wirst, daß du darnach tust, die ich dir
heute gebiete, daß du den Herrn, deinen
Gott, liebest und in seinen Wegen wandelst dein Leben lang), so sollst du noch
drei Städte tun zu diesen dreien,
10. auf daß nicht unschuldig Blut in deinem Lande vergossen werde, das dir der
Herr, dein Gott, zum Erbe gibt, und Blutschulden auf dich kommen.
11. Wenn aber jemand Haß trägt wider
seinen Nächsten und lauert auf ihn und
macht sich über ihn und schlägt ihn tot
und flieht in dieser Städte eine,

12. so sollen die Ältesten in seiner Stadt hinschicken und ihn von da holen lassen und ihn in die Hände des Bluträchers geben, daß er sterbe.
13. Deine Augen sollen ihn nicht verschonen, und sollst das unschuldige Blut aus Israel tun, daß dir's wohl gehe.
14. Du sollst deines *Nächsten Grenze nicht zurücktreiben, die die Vorfahren gesetzt haben in deinem Erbteil, das du erbest in dem Lande, das dir der Herr, dein Gott, gegeben hat einzunehmen. *K.27,17.
15. Es soll kein einzelner Zeuge wider jemand auftreten über irgend eine Missetat oder Sünde, es sei welcherlei Sünde es sei, die man tun kann, sondern in dem Mund zweier oder dreier Zeugen soll die Sache bestehen. K.17,6; Joh.8,17; 2.Kor.13,1.
16. Wenn ein frevler Zeuge wider jemand auftritt, über ihn zu bezeugen eine Übertretung.
17. so sollen die beiden Männer, die eine Sache miteinander haben, vor dem Herrn, *vor den Priestern und Richtern stehen, die zur selben Zeit sein werden; *K.17,9.
18. und die Richter sollen wohl forschen. Und wenn der falsche Zeuge hat ein falsches Zeugnis wider seinen Bruder gegeben,
19. so sollet ihr ihm tun, wie er gedachte seinem Bruder zu tun, daß du das Böse von dir wegtust,
20. auf daß es die andern hören, sich fürchten und nicht mehr solche böse Stücke vornehmen zu tun unter dir.
21. Dein Auge soll sein nicht schonen: *Seele um Seele, Auge um Auge, Zahn um Zahn, Hand um Hand, Fuß um Fuß.
*2.Mose 21,23–25.

Das 20. Kapitel

Gesetze über den Krieg, Freiheit vom Kriegsdienst und das Verhalten gegen feindliche Städte.

1. Wenn du in einen Krieg ziehst wider deine Feinde und siehst Rosse und Wagen eines Volks, das größer ist als du, so fürchte dich nicht vor ihnen; denn der Herr, dein Gott, der dich aus Ägyptenland geführt hat, ist mit dir.
2. Wenn ihr nun hinzukommt zum Streit, so soll der Priester herzutreten und mit dem Volk reden
3. und zu ihnen sprechen: Israel, höre zu! Ihr geht heute in den Streit wider eure Feinde; euer Herz verzage nicht, fürchtet euch nicht und erschreckt nicht und laßt euch nicht grauen vor ihnen;
4. denn der Herr, euer Gott, geht mit euch, daß er für euch streite mit euren Feinden, euch zu helfen.
5. Aber die *Amtleute sollen mit dem Volk reden und sagen: Welcher ein neues Haus gebaut hat und hat's noch nicht eingeweiht, der gehe hin und bleibe in seinem Hause, auf daß er nicht sterbe im Krieg und ein anderer weihe es ein.
*K.16,18.
6. Welcher einen Weinberg gepflanzt hat und hat *seine Früchte noch nicht genossen, der gehe hin und bleibe daheim, daß er nicht im Kriege sterbe und ein anderer genieße seine Früchte.
*K.28,30; 3.Mose 19,24.25.
7. Welcher ein Weib sich verlobt hat und *hat sie noch nicht heimgeholt, der gehe hin und bleibe daheim, daß er nicht im Kriege sterbe und ein anderer hole sie heim. *K.24,5.
8. Und die Amtleute sollen weiter mit dem Volk reden und sprechen: *Welcher sich fürchtet und ein verzagtes Herz hat, der gehe hin und bleibe daheim, auf daß er nicht auch seinen Brüder Herz feig mache, wie sein Herz ist. *Richt.7,3.
9. Und wenn die Amtleute ausgeredet haben mit dem Volk, so sollen sie die Hauptleute vor das Volk an die Spitze stellen.
10. Wenn du vor eine Stadt ziehst, sie zu bestreiten, so sollst du ihr den *Frieden anbieten. *4.Mose 21,21.22.
11. Antwortet sie dir friedlich und tut dir auf, so soll all das Volk, das darin gefunden wird, dir zinsbar und untertan sein.
12. Will sie aber nicht friedlich mit dir handeln und will mit dir kriegen, so belagere sie.
13. Und wenn sie der Herr, dein Gott, dir in die Hand gibt, so sollst du alles, was männlich darin ist, mit des Schwertes Schärfe schlagen. 4.Mose 31,7.17.
14. Allein die Weiber, die Kinder und das Vieh und alles, was in der Stadt ist, und allen Raub sollst du unter dich austeilen und sollst essen von der Ausbeute deiner Feinde, die dir der Herr, dein Gott, gegeben hat.
15. Also sollst du allen Städten tun, die sehr ferne von dir liegen und nicht von den Städten dieser Völker hier sind.
16. Aber in den Städten dieser Völker, die dir der Herr, dein Gott, zum Erbe geben wird, sollst du *nichts leben lassen, was Odem hat, *Jos.10,40.
17. sondern sollst sie verbannen, nämlich die *Hethiter, Amoriter, Kanaaniter, Pheresiter, Heviter und Jebusiter, wie dir der Herr, dein Gott, geboten hat, *K.7,1.2.

18. auf daß sie euch nicht lehren tun alle die Greuel, die sie ihren Göttern tun, und ihr euch versündigt an dem Herrn, eurem Gott.
19. Wenn du vor einer Stadt lange Zeit liegen mußt, wider die du streitest, sie zu erobern, so sollst du die Bäume nicht verderben, daß du mit Äxten dran fährst; denn du kannst davon essen, darum sollst du sie nicht ausrotten. Ist's doch Holz auf dem Felde und nicht Mensch, daß es vor dir ein Bollwerk sein könnte.
20. Welches aber Bäume sind, von denen du weißt, daß man nicht davon ißt, die sollst du verderben und ausrotten und Bollwerk daraus bauen wider die Stadt, die mit dir kriegt, bis daß du ihrer mächtig werdest.

Das 21. Kapitel

Vom unbekannten Totschlage; von weiblichen Gefangenen; vom Erstgeburtsrecht bei Söhnen von zwei Weibern; von ungehorsamen Söhnen und von Gehenkten.

1. Wenn man einen Erschlagenen findet in dem Lande, das dir der Herr, dein Gott geben wird einzunehmen, und er liegt im Felde und man weiß nicht, wer ihn erschlagen hat,
2. so sollen deine Ältesten und Richter hinausgehen und von dem Erschlagenen messen bis an die Städte, die umher liegen.
3. Welche Stadt die nächste ist, deren Älteste sollen eine junge Kuh von den Rindern nehmen, mit der man nicht gearbeitet und die noch nicht am Joch gezogen hat,
4. und sollen sie hinabführen in einen kiesigen Grund, der weder bearbeitet noch besät ist, und daselbst im Grund ihr den Hals brechen.
5. Da sollen herzukommen die Priester, die Kinder Levi; denn der Herr, dein Gott, hat sie erwählt, daß sie ihm dienen und in seinem Namen segnen, und nach *ihrem Mund sollen alle Sachen und alle Schäden gerichtet werden. *K. 17,8.9.
6. Und alle Ältesten der Stadt sollen herzutreten zu dem Erschlagenen und ihre Hände *waschen über die junge Kuh, der im Grund der Hals gebrochen ist, *Matth. 27,24.
7. und sollen antworten und sagen: »Unsre Hände haben dies Blut nicht vergossen, so haben's auch unsre Augen nicht gesehen.
8. Sei gnädig deinem Volk Israel, das du, Herr, erlöst hast; lege nicht das unschuldige Blut auf dein Volk Israel!« So werden sie über dem Blut versöhnt sein.
9. Also sollst du das *unschuldige Blut von dir tun, daß du tust, was recht ist vor den Augen des Herrn. *4. Mose 35,33.
10. Wenn du in einen Streit ziehst wider deine Feinde, und der Herr, dein Gott, gibt sie dir in deine Hände, daß du ihre Gefangenen wegführst,
11. und siehst unter den Gefangenen ein schönes Weib und hast Lust zu ihr, daß du sie zum Weibe nehmest,
12. so führe sie in dein Haus und laß sie ihr Haar abscheren und ihre Nägel beschneiden
13. und die Kleider ablegen, darin sie gefangen ist, und laß sie sitzen in deinem Hause und beweinen einen Monat lang ihren Vater und ihre Mutter; darnach gehe zu ihr und nimm sie zur Ehe und laß sie dein Weib sein.
14. Wenn du aber nicht mehr Lust zu ihr hast, so sollst du sie gehen lassen, wohin sie will, und nicht um Geld verkaufen noch versetzen, darum daß du sie gedemütigt hast.
15. Wenn jemand zwei Weiber hat, eine, die *er liebhat, und eine, die er haßt, und sie ihm Kinder gebären, beide, die liebe und die unwerte, daß der Erstgeborene von der unwerten ist, *1. Mose 29,30.
16. und die Zeit kommt, daß er seinen Kindern das Erbe austeile, so kann er nicht den Sohn der liebsten zum erstgeborenen Sohn machen für den erstgeborenen Sohn der unwerten,
17. sondern er soll den Sohn der unwerten für den ersten Sohn erkennen, daß er ihm zwiefältig gebe von allem, was vorhanden ist; denn derselbe ist der Erstling seiner *Kraft, und der Erstgeburt Recht ist sein. *1. Mose 49,3.
18. Wenn jemand einen eigenwilligen und ungehorsamen Sohn hat, der seines Vaters und seiner Mutter Stimme nicht gehorcht und, wenn sie ihn züchtigen, ihnen nicht gehorchen will,
19. so sollen ihn Vater und Mutter greifen und zu den Ältesten der Stadt führen und zu dem Tor des Orts,
20. und zu den Ältesten der Stadt sagen: Dieser unser Sohn ist eigenwillig und ungehorsam und gehorcht unsrer Stimme nicht und ist ein Schlemmer und Trunkenbold.
21. So sollen ihn *steinigen alle Leute der Stadt, daß er sterbe, und sollst also das Böse von dir tun, daß es ganz Israel höre und sich fürchte. *K. 13,11.12.

22. Wenn jemand eine Sünde getan hat, die des Todes würdig ist, und wird getötet, und man hängt ihn an ein Holz,

23. so soll sein Leichnam nicht *über Nacht an dem Holz bleiben, sondern du sollst ihn desselben Tages begraben – denn †ein Gehenkter ist verflucht bei Gott –, auf daß du dein Land nicht verunreinigst, das dir der Herr, dein Gott, gibt zum Erbe. *Jos. 8,29; 10,27. †Gal. 3,13.

Das 22. Kapitel

Vermischte Vorschriften, besonders der Menschenliebe und des Mitleidens mit Tieren. Gesetze wegen Sünden der Unkeuschheit.

1. Wenn du deines Bruders Ochsen oder Schaf siehst irregehen, so sollst du dich nicht entziehen von ihnen, sondern sollst sie wieder zu deinem Bruder führen. 2. Mose 23,4.

2. Wenn aber dein Bruder dir nicht nahe ist und du kennst ihn nicht, so sollst du sie in dein Haus nehmen, daß sie bei dir seien, bis sie dein Bruder suche, und sollst sie ihm dann wiedergeben.

3. Also sollst du tun mit seinem Esel, mit seinem Kleid und mit allem Verlorenen, das dein Bruder verliert und du findest; du kannst dich nicht entziehen.

4. Wenn du deines Bruders Esel oder Ochsen siehst fallen auf dem Wege, so sollst du dich nicht von ihm entziehen, sondern sollst ihm aufhelfen.

5. Ein Weib soll nicht Mannsgewand tragen, und ein Mann soll nicht Weiberkleider antun; denn wer solches tut, der ist dem Herrn, deinem Gott, ein Greuel.

6. Wenn du auf dem Wege findest ein Vogelnest auf einem Baum oder auf der Erde, mit Jungen oder mit Eiern, und daß die Mutter auf den Jungen oder auf den Eiern sitzt, so sollst du nicht die Mutter mit den Jungen nehmen,

7. sondern sollst die *Mutter fliegen lassen und die Jungen nehmen, auf daß dir's wohl gehe und du lange lebest. *3. Mose 22,28.

8. Wenn du ein neues Haus baust, so mache eine Lehne darum auf deinem Dache, auf daß du nicht Blut auf dein Haus ladest, wenn jemand herabfiele.

9. Du sollst deinen *Weinberg nicht mit mancherlei besäen, daß nicht dem Heiligtum verfalle die Fülle, der Same, den du gesät hast, samt dem Ertrage des Weinbergs. *3. Mose 19,19.

10. Du sollst nicht ackern zugleich mit einem Ochsen und Esel.

11. Du sollst nicht anziehen ein gemengtes Kleid, von Wolle und Leinen zugleich. 3. Mose 19,19.

12. Du sollst dir Quasten machen an den vier Zipfeln deines Mantels, mit dem du dich bedeckst. 4. Mose 15,38.

13. Wenn jemand ein Weib nimmt und wird ihr gram, wenn er zu ihr gegangen ist,

14. und legt ihr etwas Schändliches auf und bringt ein böses Geschrei über sie aus und spricht: Das Weib habe ich genommen, und da ich mich zu ihr tat, fand ich sie nicht Jungfrau,

15. so sollen Vater und Mutter der Dirne sie nehmen und vor die Ältesten der Stadt in dem Tor hervorbringen der Dirne Jungfrauschaft.

16. Und der Dirne Vater soll zu den Ältesten sagen: Ihr habe diesem Mann meine Tochter zum Weibe gegeben; nun ist er ihr gram geworden

17. und legt ein schändlich Ding auf sie und spricht: »Ich habe deine Tochter nicht Jungfrau gefunden«; hier ist die Jungfrauschaft meiner Tochter. Und sollen das Kleid vor den Ältesten der Stadt ausbreiten.

18. So sollen die Ältesten der Stadt den Mann nehmen und züchtigen

19. und um hundert *Silberlinge büßen und dieselben der Dirne Vater geben, darum daß er eine Jungfrau in Israel berüchtigt hat; und er soll sie zum Weibe haben, daß er sie sein Leben lang nicht lassen möge. *V. 29.

20. Ist's aber die Wahrheit, daß die Dirne nicht ist Jungfrau gefunden,

21. so soll man sie heraus vor die Tür ihres Vaters Hauses führen, und die Leute der Stadt sollen sie zu Tode steinigen, darum daß sie eine *Torheit in Israel begangen und in ihres Vaters Hause gehurt hat; und sollst das Böse von dir tun. 1. Mose 34,7.

22. Wenn jemand gefunden wird, der bei einem *Weibe schläft, die einen Ehemann hat, so sollen sie beide sterben, der Mann und das Weib, bei dem er geschlafen hat; und sollst das Böse von Israel tun. *3. Mose 20,10.

23. Wenn eine Dirne jemand verlobt ist, und ein Mann kriegt sie in der Stadt und schläft bei ihr,

24. so sollt ihr sie alle beide zu der Stadt Tor ausführen und sollt sie beide steinigen, daß sie sterben – die Dirne darum, daß sie nicht geschrieen hat, da sie doch in der Stadt war; den Mann darum, daß er seiner Nächsten Weib geschändet hat –; und sollst das Böse von dir tun.

25. Wenn aber jemand eine verlobte Dirne auf dem Felde kriegt und ergreift sie und schläft bei ihr, so soll der Mann allein sterben, der bei ihr geschlafen hat,
26. und der Dirne sollst du nichts tun; denn sie hat keine Sünde des Todes wert getan, sondern gleich wie jemand sich wider seinen Nächsten erhöbe und schlüge ihn tot, so ist dies auch.
27. Denn er fand sie auf dem Felde, und die verlobte Dirne schrie, und war niemand, der ihr half.
28. Wenn jemand an eine Jungfrau kommt, die nicht verlobt ist, und ergreift sie und schläft bei ihr, und es findet sich also,
29. so *soll, der bei ihr geschlafen hat, ihrem Vater fünfzig Silberlinge geben und soll sie zum Weibe haben, darum daß er sie geschwächt hat; er kann sie nicht lassen sein Leben lang. *2. Mose 22,15.

Das 23. Kapitel

Aufnahme und Nichtaufnahme in die Gemeinde des Herrn. Verschiedene andere Gesetze.

1. [K.22,30] Niemand soll seines Vaters Weib nehmen und nicht aufdecken seines Vaters Decke. 3. Mose 18,8.
2. [1.] Es soll kein Zerstoßener noch Verschnittener in die Gemeinde des Herrn kommen.
3. [2.] Es soll auch kein Hurenkind in die Gemeinde des Herrn kommen, auch nach dem zehnten Glied, sondern soll allewege nicht in die Gemeinde des Herrn kommen.
4. [3.] Die Ammoniter und Moabiter sollen nicht in die Gemeinde des Herrn kommen, auch nach dem zehnten Glied; sondern sie sollen nimmermehr hineinkommen,
5. [4.] darum daß sie euch nicht entgegenkamen mit Brot und Wasser auf dem Wege, da ihr aus Ägypten zoget, vielmehr wider euch dingten den *Bileam, den Sohn Beors von Pethor aus Mesopotamien, daß er dich verfluchen sollte.
*4. Mose 22,5.6.
6. [5.] Aber der Herr, dein Gott, wollte Bileam nicht hören und wandelte dir den Fluch in den Segen, darum daß dich der Herr, dein Gott, liebhatte.
7. [6.] Du sollst nicht ihren Frieden noch ihr Bestes suchen dein Leben lang ewiglich.
8. [7.] Den Edomiter sollst du nicht für einen Greuel halten; er *ist dein Bruder. Den Ägypter sollst du auch nicht für einen Greuel halten; denn du bist ein Fremdling in seinem Lande gewesen. *1. Mose 25,25.26.
9. [8.] Die Kinder, die sie im dritten Glied zeugen, sollen in die Gemeinde des Herrn kommen.
10. [9.] Wenn du ausziehst wider deine Feinde und ein Lager aufschlägst, so hüte dich vor allem Bösen.
11. [10.] Wenn jemand unter dir ist, der nicht *rein ist, daß ihm des Nachts etwas widerfahren ist, der soll hinaus vor das Lager gehen und nicht wieder hineinkommen, *3. Mose 15,16.18.
12. [11.] bis er vor abends sich mit Wasser bade; und wenn die Sonne untergegangen ist, soll er wieder ins Lager gehen.
13. [12.] Und du sollst draußen vor dem Lager einen Ort haben, dahin du zur Not hinausgehst.
14. [13.] Und sollst eine Schaufel haben, und wenn du dich draußen setzen willst, sollst du damit graben; und wenn du gesessen hast, sollst zu zuscharren, was von dir gegangen ist.
15. [14.] Denn der Herr, dein Gott, *wandelt unter deinem Lager, daß er dich errette und gebe deine Feinde vor dir dahin. Darum soll dein Lager heilig sein, daß nichts Schändliches unter dir gesehen werde und er sich von dir wende.
*3. Mose 26,12.
16. [15.] Du sollst den Knecht nicht seinem Herrn überantworten, der von ihm zu dir sich entwandt hat.
17. [16.] Er soll bei dir bleiben an dem Ort, den er erwählt in deiner Tore einem, wo es ihm gefällt; und sollst ihn *nicht schinden. *2. Mose 22,20.
18. [17.] Es soll keine Hure sein unter den Töchtern Israels und kein Hurer unter den Söhnen Israels.
3. Mose 19,29; 1. Kön. 14,24.
19. [18.] Du sollst keinen Hurenlohn noch *Hundegeld in das Haus des Herrn, deines Gottes, bringen aus irgend einem Gelübde; denn das ist dem Herrn, deinem Gott, beides ein Greuel.
*3. Mose 18,22; Offenb. 22,15.
20. [19.] Du sollst von deinem Bruder nicht Zinsen nehmen, weder mit Geld noch mit Speise noch mit allem, womit man wuchern kann.
2. Mose 22,24; 3. Mose 25,36.
21. [20.] Von dem Fremden magst du Zinsen nehmen, aber nicht von deinem Bruder, auf daß dich der Herr, dein Gott, segne in allem, was du vornimmst in dem Lande, dahin du kommst, es einzunehmen.

22. [21.] Wenn du dem Herrn, deinem Gott, ein Gelübde tust, so sollst du es nicht verziehen zu halten; denn der Herr, dein Gott, wird's von dir fordern, und es wird dir Sünde sein. 4. Mose 30,3.
23. [22.] Wenn du das Geloben unterwegs läßt, so ist dir's keine Sünde.
24. [23.] Aber was zu deinen Lippen ausgegangen ist, sollst du halten und darnach tun, wie du dem Herrn, deinem Gott, freiwillig gelobt hast, was du mit deinem Mund geredet hast.
25. [24.] Wenn du in deines Nächsten Weinberg gehst, so magst du Trauben essen nach deinem Willen, bis du satt hast; aber du sollst nichts in dein Gefäß tun.
26. [25.] Wenn du in die Saat deines Nächsten gehst, so magst du mit der Hand Ähren abrupfen; aber mit der Sichel sollst du nicht darin hin und her fahren. Matth. 12,1.

Das 24. Kapitel

Scheidebrief. Verschiedene Gesetze, besonders zum Besten der Armen, Waisen und Fremdlinge.

1. Wenn jemand ein Weib nimmt und ehelicht sie, und sie nicht Gnade findet vor seinen Augen, weil er etwas Schändliches an ihr gefunden hat, *so soll er einen Scheidebrief schreiben und ihr in die Hand geben und sie aus seinem Hause entlassen. *Matth. 5,31.32; 19,7.
2. Wenn sie dann aus seinem Hause gegangen ist und hingeht und wird eines andern Weib,
3. und der andere Mann ihr auch gram wird und einen Scheidebrief schreibt und ihr in die Hand gibt und sie aus seinem Hause läßt, oder so der andere Mann stirbt, der sie sich zum Weibe genommen hatte:
4. so kann sie ihr erster Mann, der sie entließ, nicht wiederum nehmen, daß sie sein Weib sei, nachdem sie unrein ist – denn solches ist ein Greuel vor dem Herrn –, auf daß du nicht eine Sünde über das Land bringst, das dir der Herr, dein Gott, zum Erbe gegeben hat.
5. Wenn jemand kurz zuvor ein Weib genommen hat, der *soll nicht in die Heerfahrt ziehen, und man soll ihm nichts auflegen. Er soll frei in seinem Hause sein ein Jahr lang, daß er fröhlich sei mit seinem Weibe, das er genommen hat. *K. 20,7.
6. Du sollst nicht zum Pfande nehmen den unteren und oberen Mühlstein; denn damit hättest du das Leben zum Pfand genommen.
7. Wenn jemand gefunden wird, der aus seinen Brüdern, aus den Kindern Israel, eine *Seele stiehlt und versetzt oder verkauft sie: solcher Dieb soll sterben, daß du das Böse von dir tust. *2. Mose 21,16.
8. Hüte dich bei der Plage des Aussatzes, daß du mit Fleiß haltest und tust alles, was dich die *Priester, die Leviten, lehren; wie ich ihnen geboten habe, so sollt ihr's halten und darnach tun. *3. Mose 13; 14,2.
9. Bedenke, was der Herr, dein Gott, tat mit Mirjam auf dem Wege, da ihr aus Ägypten zoget. 4. Mose 12,10–15.
10. Wenn du deinem Nächsten irgend eine Schuld borgst, so sollst du nicht in sein Haus gehen und ihm ein Pfand nehmen,
11. sondern du sollst außen stehen, und er, dem du borgst, soll sein Pfand zu dir herausbringen.
12. Ist er aber ein Dürftiger, so sollst du dich nicht schlafen legen über seinem Pfand,
13. sondern *sollst ihm sein Pfand wiedergeben, wenn die Sonne untergeht, daß er in seinem Kleide schlafe und segne dich. Das wird dir vor dem Herrn, deinem Gott, eine Gerechtigkeit sein. *2. Mose 22,25.
14. Du sollst dem Dürftigen und Armen *seinen Lohn nicht vorenthalten, er sei von deinen Brüdern oder den Fremdlingen, die in deinem Lande und in deinen Toren sind, *3. Mose 19,13.
15. sondern sollst ihm seinen Lohn des Tages geben, daß die Sonne nicht darüber untergehe (denn er ist dürftig und erhält seine Seele damit), auf daß er nicht wider dich den Herrn anrufe und es dir Sünde sei.
16. Die Väter sollen nicht für die Kinder noch die Kinder für die Väter sterben, sondern ein jeglicher soll für seine Sünde sterben. 2. Kön. 14,6; Hesek. 18,19.20.
17. Du sollst das Recht des Fremdlings und des Waisen nicht beugen und sollst der Witwe nicht das Kleid zum Pfand nehmen. 2. Mose 22,20.21.
18. Denn du sollst *gedenken, daß du Knecht in Ägypten gewesen bist und der Herr, dein Gott, dich von dort erlöst hat; darum gebiete ich dir, daß du solches tust. *K. 16,12.
19. Wenn du auf deinem Acker geerntet und eine Garbe vergessen hast auf dem Acker, so sollst du nicht umkehren, dieselbe zu holen, sondern sie soll des Fremdlings, des Waisen und der Witwe sein, auf daß dich der Herr, dein Gott, segne in allen Werken deiner Hände. 3. Mose 19,9.10.
20. Wenn du deine Ölbäume hast geschüttelt, so sollst du nicht nachschüt-

teln; es soll des Fremdlings, des Waisen und der Witwe sein.
21. Wenn du deinen Weinberg gelesen hast, so sollst du nicht nachlesen; es soll des Fremdlings, des Waisen und der Witwen sein.
22. Und sollst gedenken, daß du Knecht in Ägyptenland gewesen bist; darum gebiete ich dir, daß du solches tust.

Das 25. Kapitel

Vermischtes, vorzüglich das Gebot der Heirat mit des Bruders Witwe und das Verbot unrichtigen Maßes und Gewichts. Ausrottung der Amalekiter.

1. Wenn ein Hader ist zwischen Männern, so soll man sie vor Gericht bringen und sie richten und den Gerechten gerecht sprechen und den Gottlosen verdammen.
2. Und so der Gottlose Schläge verdient hat, soll ihn der Richter heißen niederfallen, und man soll ihm vor dem Richter eine Zahl Schläge geben nach dem Maß seiner Missetat.
3. Wenn man ihm *vierzig Schläge gegeben hat, soll man nicht mehr schlagen, auf daß nicht, so man mehr Schläge gibt, er zuviel geschlagen werde und dein Bruder verächtlich vor deinen Augen sei.
*2. Kor. 11,24.
4. Du *sollst dem Ochsen, der da drischt, nicht das Maul verbinden.
*1. Kor. 9,9; 1. Tim. 5,18.
5. Wenn Brüder beieinander wohnen und einer stirbt ohne Kinder, so soll des Verstorbenen Weib nicht einen fremden Mann draußen nehmen; sondern ihr Schwager soll sich zu ihr tun und sie zum Weibe nehmen und sie ehelichen.
Ruth. 4,5; Matth. 22,24.
6. Und den ersten Sohn, den sie gebiert, soll er bestätigen nach dem Namen seines verstorbenen Bruders, daß sein Name nicht vertilgt werde aus Israel.
7. Gefällt es aber dem Manne nicht, daß er seine Schwägerin nehme, so soll sie, seine Schwägerin, hinaufgehen unter das Tor vor die Ältesten und sagen: Mein Schwager weigert sich, seinem Bruder einen Namen zu erwecken in Israel, und will mich nicht ehelichen.
8. So sollen ihn die Ältesten der Stadt fordern und mit ihm reden. Wenn er dann darauf besteht und spricht: Es gefällt mir nicht, sie zu nehmen, –
9. so soll seine Schwägerin zu ihm treten vor den Ältesten und ihm einen Schuh ausziehen von seinen Füßen und ihn anspeien und soll antworten und sprechen: Also soll man tun einem jeden Mann, der seines Bruders Haus nicht erbauen will!
10. Und sein Name soll in Israel heißen »des Barfüßers Haus«.
11. Wenn zwei Männer miteinander hadern und des einen Weib läuft zu, daß sie ihren Mann errette von der Hand dessen, der ihn schlägt, und streckt ihre Hand aus und ergreift ihn bei seiner Scham,
12. so sollst du ihr die Hand abhauen, und dein Auge soll sie nicht verschonen.
13. Du sollst nicht zweierlei Gewicht in deinem Sack, groß und klein, haben;
3. Mose 19,35.36.
14. und in deinem Hause soll nicht zweierlei Scheffel, groß und klein, sein.
15. Du sollst ein völlig und recht Gewicht und einen völligen und rechten Scheffel haben, auf daß dein Leben lang währe in dem Lande, das dir der Herr, dein Gott, geben wird.
16. Denn wer solches tut, der ist dem Herrn, deinem Gott, ein *Greuel wie alle, die übel tun. *Micha 6,11.
17. Gedenke, was dir die Amalekiter taten auf dem Wege, da ihr aus Ägypten zoget, 2. Mose 17,8–16.
18. wie sie dich angriffen auf dem Wege und schlugen die letzten deines Heeres, alle die Schwachen, die dir hinten nachzogen, da du müde und matt warst, und fürchteten Gott nicht.
19. Wenn nun der Herr, dein Gott, dich zur Ruhe bringt von allen deinen Feinden umher im Lande, das dir der Herr, dein Gott, gibt zum Erbe einzunehmen, so *sollst du das Gedächtnis der Amalekiter austilgen unter dem Himmel. Das vergiß nicht! *1. Sam. 15,2.3.

Das 26. Kapitel

Sprüche bei Darbringung der Erstlingsfrucht und des Zehnten. Ermahnung zum Gehorsam gegen Gott.

1. Wenn du in das Land kommst, das dir der Herr, dein Gott, zum Erbe geben wird, und nimmst es ein und wohnst darin,
2. so *sollst du nehmen allerlei erste Früchte des Landes, die aus der Erde kommen, die der Herr, dein Gott, dir gibt, und sollst sie in einen Korb legen und hingehen an den Ort, den der Herr, dein Gott, erwählen wird, daß sein Name daselbst wohne, *2. Mose 23,19; 34,26; 3. Mose 2,14.
3. und sollst zu dem Priester kommen, der zu der Zeit da ist, und zu ihm sagen: Ich bekenne heute dem Herrn, deinem Gott, daß ich gekommen bin in das Land,

das der Herr unsern Vätern geschworen
hat uns zu geben.
4. Und der Priester soll den Korb nehmen von deiner Hand und vor dem Altar des Herrn, deines Gottes, niedersetzen.
5. Da sollst du antworten und sagen vor dem Herrn, deinem Gott: Mein Vater war ein Syrer und nahe dem Umkommen und *zog hinab nach Ägypten und war daselbst ein Fremdling mit geringem Volk und ward daselbst ein großes, starkes und zahlreiches Volk. *1. Mose 46,5.
6. Aber die Ägypter behandelten uns übel und zwangen uns und legten einen harten Dienst auf uns.
7. Da schrieen wir zu dem Herrn, dem Gott unsrer Väter; und der Herr erhörte unser Schreien und sah unser Elend, unsre Angst und Not
8. und führte uns aus Ägypten mit mächtiger Hand und ausgerecktem Arm und mit großem Schrecken, durch Zeichen und Wunder
9. und brachte uns an diesen Ort und gab uns dies Land, darin Milch und Honig fließt.
10. Nun bringe ich die ersten Früchte des Landes, die du, Herr, mir gegeben hast. Und sollst sie lassen vor dem Herrn, deinem Gott, und anbeten vor dem Herrn, deinem Gott,
11. und fröhlich sein über allem Gut, das dir der Herr, dein Gott, gegeben hat und deinem Hause, du und der Levit und der Fremdling, der bei dir ist. K. 16,11.14.
12. Wenn du alle Zehnten deines Einkommens zusammengebracht hast im dritten Jahr, das ist ein Zehnten-Jahr, so sollst du dem Leviten, dem Fremdling, dem Waisen und der Witwe geben, daß sie essen in deinem Tor und satt werden.
K. 14,27–29.
13. Und sollst sprechen vor dem Herrn, deinem Gott: Ich habe gebracht, was geheiligt ist, aus meinem Hause und habe es gegeben den Leviten, den Fremdlingen, den Waisen und den Witwen nach all deinem Gebot, das du mir geboten hast; ich habe deine Gebote nicht übertreten noch vergessen;
14. ich habe nichts davon gegessen in meinem Leide und habe nichts davongetan in Unreinigkeit; ich habe nicht zu den Toten davon gegeben; ich bin der Stimme des Herrn, meines Gottes, gehorsam gewesen und habe getan alles, wie du mir geboten hast.
15. Siehe herab von deiner heiligen Wohnung, vom Himmel, und segne dein Volk Israel und das Land, das du uns gegeben hast, wie du unsern Vätern geschworen hast, ein Land, darin Milch und Honig fließt.
16. Heutigestages gebietet dir der Herr, dein Gott, daß du tust nach allen diesen Geboten und Rechten, daß du sie hältst und darnach tust von ganzem Herzen und von ganzer Seele.
17. Dem Herrn hast du heute zugesagt, daß er dein Gott sei, daß du wollest in allen seinen Wegen wandeln und halten seine Gesetze, Gebote und Rechte und seiner Stimme gehorchen.
18. Und der Herr hat dir heute zugesagt, daß du sein eigen Volk sein sollst, wie er dir verheißen hat, so du alle seine Gebote hältst
19. und daß er dich zum *höchsten machen werde und du †gerühmt, gepriesen und geehrt werdest über alle Völker, die er gemacht hat, daß du dem Herrn, deinem Gott, ein heiliges Volk seist, wie er geredet hat. *K. 28,1. †K. 4,6.

Das 27. Kapitel

Denksteine des Gesetzes.
Der Fluch vom Berge Ebal.

1. Und Mose gebot samt den Ältesten Israels dem Volk und sprach: Haltet alle Gebote, die ich euch heute gebiete.
2. Und zu der Zeit, wenn ihr über den Jordan geht in das Land, das dir der Herr, dein Gott, geben wird, sollst du große Steine aufrichten und sie mit Kalk tünchen
3. und darauf schreiben alle Worte dieses Gesetzes, wenn du hinüberkommst, auf daß du kommest in das Land, das der Herr, dein Gott, dir geben wird, ein Land, darin Milch und Honig fließt, wie der Herr, deiner Väter Gott, dir verheißen hat.
4. Wenn ihr nun über den Jordan geht, so sollt ihr solche Steine aufrichten (davon ich euch heute gebiete) auf dem Berge Ebal und mit Kalk tünchen.
5. Und sollst daselbst dem Herrn, deinem Gott, *einen steinernen Altar bauen, darüber kein Eisen fährt. *2. Mose 20,25.
6. Von ganzen Steinen sollst du diesen Altar dem Herrn, deinem Gott, bauen und Brandopfer darauf opfern dem Herrn, deinem Gott.
7. Und sollst Dankopfer opfern und daselbst essen und *fröhlich sein vor dem Herrn, deinem Gott. *K. 12,7.
8. Und sollst auf die Steine alle Worte dieses Gesetzes schreiben, klar und deutlich.

9. Und Mose und die Priester, die Leviten, redeten mit dem ganzen Israel und sprachen: Merke und höre zu, Israel! *Heute, dieses Tages, bist du ein Volk des Herrn, deines Gottes, geworden,
*K.26,18.19.
10. daß du der Stimme des Herrn, deines Gottes, gehorsam seist und tust nach seinen Geboten und Rechten, die ich dir heute gebiete.
11. Und Mose gebot dem Volk desselben Tages und sprach:
12. Diese sollen stehen auf dem Berge Garizim, zu segnen das Volk, wenn ihr über den Jordan gegangen seid: Simeon, Levi, Juda, Isaschar, Joseph und Benjamin. K.11,29.
13. Und diese sollen stehen auf dem Berge Ebal, zu fluchen: Ruben, Gad, Asser, Sebulon, Dan und Naphthali.
14. Und die Leviten sollen anheben und sagen zu jedermann von Israel mit lauter Stimme:
15. Verflucht sei, wer einen *Götzen oder ein gegossenes Bild macht, einen Greuel des Herrn, ein Werk von den Händen der Werkmeister, und stellt es verborgen auf! Und alles Volk soll antworten und sagen: Amen. *2.Mose 20,23; 34,17.
16. Verflucht sei, wer seinen Vater oder seine Mutter unehrt! Und alles Volk soll sagen: Amen. 2.Mose 21,17.
17. Verflucht sei, wer seines Nächsten Grenze verengert! Und alles Volk soll sagen: Amen. K.19,14.
18. Verflucht sei, wer einen Blinden irren macht auf dem Wege! Und alles Volk soll sagen: Amen. 3.Mose 19,14.
19. Verflucht sei, wer das Recht des Fremdlings, des Waisen und der Witwe beugt! Und alles Volk soll sagen: Amen.
3.Mose 22,20.21.
20. Verflucht sei, wer bei seines Vaters Weibe liegt, daß er aufdecke die Decke seines Vaters! Und alles Volk soll sagen: Amen. 3.Mose 18,8.
21. Verflucht sei, wer irgend bei einem Vieh liegt! Und alles Volk soll sagen: Amen. 2.Mose 22,18.
22. Verflucht sei, wer bei seiner Schwester liegt, die seines Vaters oder seiner Mutter Tochter ist! Und alles Volk soll sagen: Amen. 3.Mose 18,9.11.
23. Verflucht sei, wer bei seiner Schwiegermutter liegt! Und alles Volk soll sagen: Amen. 3.Mose 18,17.
24. Verflucht sei, wer seinen Nächsten heimlich erschlägt! Und alles Volk soll sagen: Amen. 4.Mose 35,20.
25. Verflucht sei, wer Geschenke nimmt, daß er unschuldiges Blut vergießt! Und alles Volk soll sagen: Amen.
K.16,19; 2.Mose 23,8.
26. Verflucht sei, wer nicht alle Worte dieses Gesetzes erfüllt, daß er darnach tue! Und alles Volk soll sagen: Amen.
Gal.3,10.

Das 28. Kapitel

Verheißener Segen, gedrohter Fluch.
(Vgl. 3.Mose 26.)

1. Und wenn du der Stimme des Herrn, deines Gottes, gehorchen wirst, daß du hältst und tust alle seine Gebote, die ich dir heute gebiete, so wird dich der Herr, dein Gott, zum höchsten machen über alle Völker auf Erden, K.26,19.
2. und werden über dich kommen alle diese Segen und werden dich treffen, darum daß du der Stimme des Herrn, deines Gottes, bist gehorsam gewesen.
3. Gesegnet wirst du sein in der Stadt, gesegnet auf dem Acker.
4. Gesegnet wird sein die Frucht deines Leibes, die Frucht deines Landes und die Frucht deines Viehs, die Früchte deiner Rinder und die Früchte deiner Schafe.
5. Gesegnet wird sein dein Korb und dein Backtrog.
6. Gesegnet wirst du sein, wenn du eingehst, gesegnet, wenn du ausgehst.
Ps.121,8.
7. Und der Herr wird deine Feinde, die sich wider dich auflehnen, vor dir schlagen; durch einen Weg sollen sie ausziehen wider dich, und durch sieben Wege vor dir fliehen.
8. Der Herr wird gebieten *dem Segen, daß er mit dir sei in deinem Keller und in allem, was du vornimmst, und wird dich segnen in dem Lande, das dir der Herr, dein Gott, gegeben hat. *3.Mose 25,21.
9. Der Herr wird dich ihm *zum heiligen Volk aufrichten, wie er dir geschworen hat, darum daß du die Gebote des Herrn, deines Gottes, hältst und wandelst in seinen Wegen, *2.Mose 19,5.6.
10. daß alle Völker auf Erden werden sehen, daß du nach dem Namen des Herrn genannt bist, und werden sich vor dir fürchten.
11. Und der Herr wird machen, daß du Überfluß an Gütern haben wirst, an der Frucht deines Leibes, an der Frucht deines Viehs, an der Frucht deines Ackers, in dem Lande, das der Herr deinen Vätern geschworen hat dir zu geben.

12. Und der Herr wird dir seinen guten
Schatz auftun, den Himmel, daß er deinem Land Regen gebe zu seiner Zeit und daß er segne alle Werke deiner Hände. Und du wirst vielen *Völkern leihen; du aber wirst von niemand borgen. *K. 15,6.
13. Und der Herr wird dich zum Haupt
machen und nicht zum Schwanz, und du wirst oben schweben und nicht unten liegen, darum daß du gehorsam bist den Geboten des Herrn, deines Gottes, die ich dir heute gebiete zu halten und zu tun,
14. und nicht weichst von irgend einem
Wort, das ich euch heute gebiete, weder zur Rechten noch zur Linken, damit du andern Göttern nachwandelst, ihnen zu dienen. K. 5,29.
15. Wenn du aber nicht gehorchen wirst
der Stimme des Herrn, deines Gottes, daß du hältst und tust alle seine Gebote und Rechte, die ich dir heute gebiete, so werden alle diese Flüche über dich kommen und dich treffen. Dan. 9,11.
16. Verflucht wirst du sein in der Stadt,
verflucht auf dem Acker.
17. Verflucht wird sein dein Korb und
dein Backtrog.
18. Verflucht wird sein die Frucht deines
Leibes, die Frucht deines Landes, die Frucht deiner Rinder und die Frucht deiner Schafe.
19. Verflucht wirst du sein, wenn du ein-
gehst, verflucht, wenn du ausgehst.
20. Der Herr wird unter dich senden Un-
fall, Unruhe und Unglück in allem, was du vor die Hand nimmst, was du tust, bis du vertilgt werdest und bald untergehest um deines bösen Wesens willen, darum daß du mich verlassen hast.
21. Der Herr wird dir die Pestilenz an-
hängen, bis daß er dich vertilge in dem Lande, dahin du kommst, es einzunehmen.
22. Der Herr wird dich schlagen mit Dar-
re, Fieber, Hitze, Brand, *Dürre, giftiger Luft und Gelbsucht und wird dich verfolgen, bis er dich umbringe. *1. Kön. 17,7.
23. Dein Himmel, der über deinem
Haupt ist, wird ehern sein und die Erde unter dir eisern. K. 11,17.
24. Der Herr wird deinem Lande Staub
und Asche für Regen geben vom Himmel auf dich, bis du vertilgt werdest.
25. Der Herr wird dich vor deinen Fein-
den schlagen; durch einen Weg wirst du zu ihnen ausziehen, und durch sieben Wege wirst du vor ihnen fliehen und wirst zerstreut werden unter alle Reiche auf Erden.
26. Dein Leichnam wird eine Speise sein
allen Vögeln des Himmels und allen Tieren auf Erden, und niemand wird sein, der sie scheucht.
27. Der Herr wird dich schlagen *mit
Drüsen Ägyptens, mit Feigwarzen, mit Grind und Krätze, daß du nicht kannst heil werden. *2. Mose 9,9.
28. Der Herr wird dich schlagen mit
Wahnsinn, Blindheit und Rasen des Herzens;
29. und wirst tappen am Mittag, wie ein
Blinder tappt im Dunkeln; und wirst auf deinem Wege kein Glück haben; und wirst Gewalt und Unrecht leiden müssen dein Leben lang, und niemand wird dir helfen.
30. Ein Weib wirst du dir vertrauen las-
sen; aber ein anderer wird bei ihr schlafen. Ein Haus wirst du *bauen; aber du wirst nicht darin wohnen. Einen †Weinberg wirst du pflanzen; aber du wirst seine Früchte nicht genießen. *Jes. 65,22. †K. 20,6.
31. Dein Ochse wird vor deinen Augen
geschlachtet werden; aber du wirst nicht davon essen. Dein Esel wird vor deinem Angesicht mit Gewalt genommen und dir nicht wiedergegeben werden. Dein Schaf wird deinen Feinden gegeben werden, und niemand wird dir helfen.
32. Deine Söhne und deine Töchter wer-
den einem andern Volk gegeben werden, daß deine Augen zusehen und verschmachten über ihnen täglich; und wird keine Stärke in deinen Händen sein.
33. Die *Früchte deines Landes und alle
deine Arbeit wird ein Volk verzehren, das du nicht kennst, und wirst Unrecht leiden und zerstoßen werden dein Leben lang
*Richt. 6,3.
34. und wirst unsinnig werden vor dem,
das deine Augen sehen müssen.
35. Der Herr wird dich schlagen mit bö-
sen Drüsen an den Knieen und Waden, daß du nicht kannst geheilt werden, von den Fußsohlen an bis auf den Scheitel.
36. Der Herr wird dich und deinen Kö-
nig, den du über dich gesetzt hast, treiben unter ein Volk, das du nicht kennst noch deine Väter; und wirst *daselbst dienen andern Göttern: Holz und Steinen. *K. 4,28.
37. Und wirst ein *Scheusal und ein
Sprichwort und Spott sein unter allen Völkern, dahin dich der Herr getrieben hat.
*1. Kön. 9,7.
38. Du wirst *viel Samen ausführen auf
das Feld, und wenig einsammeln; denn die Heuschrecken werden's abfressen.
*Jer. 12,13; Micha 6,15.
39. Weinberge wirst du pflanzen und

bauen, aber keinen Wein trinken noch lesen; denn die Würmer werden's verzehren.
40. Ölbäume wirst du haben in allen deinen Grenzen; aber du wirst dich nicht salben mit Öl, denn dein Ölbaum wird ausgerissen werden.
41. Söhne und Töchter wirst du zeugen, und doch nicht haben; denn sie werden gefangen weggeführt werden.
42. Alle deine Bäume und Früchte deines Landes wird das Ungeziefer fressen.
43. Der Fremdling, der bei dir ist, wird über dich steigen und immer oben schweben; du aber wirst heruntersteigen und immer unterliegen.
44. Er wird dir leihen, du aber wirst ihm nicht leihen; er wird das Haupt sein, und du wirst der Schwanz sein. V. 12,13.
45. Und alle diese Flüche werden über dich kommen und dich verfolgen und treffen, bis du vertilgt werdest, darum daß du der Stimme des Herrn, deines Gottes, nicht gehorcht hast, daß du seine Gebote und Rechte hieltest, die er dir geboten hat.
46. Darum werden Zeichen und Wunder an dir sein und an deinem Samen ewiglich,
47. daß du dem Herrn, deinem Gott, nicht gedient hast mit Freude und Lust deines Herzens, da du allerlei genug hattest.
48. Und du wirst deinem Feinde, den dir der Herr zuschicken wird, dienen in Hunger und Durst, in Blöße und allerlei Mangel; und er wird ein eisernes Joch auf deinen Hals legen, bis daß er dich vertilge.
49. Der Herr wird ein Volk *über dich schicken von ferne, von der Welt Ende, wie ein Adler fliegt, †des Sprache du nicht verstehst, *Jer. 5,15. †Jes. 33,19.
50. ein freches Volk, das nicht ansieht die Person des Alten noch schont der Jünglinge. Dan. 8,23; Klagel. 5,12.
51. Es wird verzehren die Frucht deines Viehs und die Frucht deines Landes, bis du vertilgt werdest; und wird dir nichts übriglassen an Korn, Most, Öl, an Früchten der Rinder und Schafe, bis daß dich's umbringe;
52. und wird dich ängsten in allen deinen Toren, bis daß es niederwerfe deine hohen und festen Mauern, darauf du dich verlässest, in allem deinem Lande; und wirst geängstet werden in allen deinen Toren, in deinem ganzen Lande, das dir der Herr, dein Gott, gegeben hat.
53. Du wirst *die Frucht deines Leibes essen, das Fleisch deiner Söhne und deiner Töchter, die dir der Herr, dein Gott, gegeben hat, in der Angst und Not, womit dich dein Feind bedrängen wird,
*2. Kön. 6,28.29; Klagel. 2,20; 4,10.
54. daß ein Mann, der zuvor sehr zärtlich und in Üppigkeit gelebt hat unter euch, wird seinem Bruder und dem Weibe in seinen Armen und dem Sohne, der noch übrig ist von seinen Söhnen, nicht gönnen,
55. zu geben jemand unter ihnen von dem Fleisch seiner Söhne, das er ißt, sintemal ihm nichts übrig ist von allem Gut in der Angst und Not, womit dich dein Feind bedrängen wird in allen deinen Toren.
56. Ein Weib unter euch, das zuvor zärtlich und in Üppigkeit gelebt hat, daß sie nicht versucht hat, ihre Fußsohle auf die Erde zu setzen, vor Zärtlichkeit und Wohlleben, die wird dem Manne in ihren Armen und ihrem Sohne und ihrer Tochter nicht gönnen
57. die Nachgeburt, die zwischen ihren eigenen Beinen ist ausgegangen, dazu ihre Söhne, die sie geboren hat; denn sie werden sie vor Mangel an allem heimlich essen in der Angst und Not, womit dich dein Feind bedrängen wird in deinen Toren.
58. Wo du nicht wirst halten, daß du tust alle diese Worte dieses Gesetzes, die in diesem Buch geschrieben sind, daß du fürchtest diesen herrlichen und schrecklichen Namen, den Herrn, deinen Gott,
59. so wird der Herr erschrecklich mit dir umgehen, mit Plagen auf dich und deinen Samen, mit großen und langwierigen Plagen, mit bösen und langwierigen Krankheiten,
60. und wird dir zuwenden alle *Seuchen Ägyptens, davor du dich fürchtest, und sie werden dir anhangen; *V. 27.
61. dazu alle Krankheiten und alle Plagen, die nicht geschrieben sind in dem Buch dieses Gesetzes, wird der Herr über dich kommen lassen, bis du vertilgt werdest.
62. Und wird euer ein geringer Haufe übrigbleiben – die ihr zuvor gewesen seid *wie die Sterne am Himmel nach der Menge –, darum daß du nicht gehorcht hast der Stimme des Herrn, deines Gottes.
*K. 1,10.
63. Und wie sich der Herr über euch zuvor freute, daß er euch Gutes täte und mehrte euch, also wird er sich über *euch freuen, daß er euch umbringe und vertilge; und werdet verstört werden von dem

Lande, in das du jetzt einziehst, es einzunehmen. *Spr. 1,26.
64. Denn der Herr wird dich zerstreuen
unter alle Völker von einem Ende der Welt
bis ans andere; und wirst daselbst andern
Göttern dienen, die du nicht kennst noch
deine Väter: Holz und Steinen.
65. Dazu wirst du unter denselben Völkern kein bleibend Wesen haben, und deine Fußsohlen werden keine Ruhe haben.
Denn der Herr wird dir daselbst ein beben-
des Herz geben und verschmachtete Augen und eine verdorrte Seele,
66. daß dein Leben wird vor dir schweben. Nacht und Tag wirst du dich fürchten
und deines Lebens nicht sicher sein.
67. Des Morgens wirst du sagen: Ach,
daß es Abend wäre! des Abends wirst du
sagen: Ach, daß es Morgen wäre! vor
Furcht deines Herzens, die dich schrecken
wird, und vor dem, was du mit deinen
Augen sehen wirst.
68. Und der Herr wird dich mit Schiffen
wieder nach Ägypten führen, den Weg,
davon ich gesagt habe: *Du sollst ihn
nicht mehr sehen. Und ihr werdet daselbst
euren Feinden zu Knechten und Mägden
verkauft werden, und wird kein Käufer
dasein. *K. 17,16; Hos. 8,13.
69. [K. 29,1.] Dies sind die Worte des
Bundes, den der Herr dem Mose geboten
hat zu machen mit den Kindern Israel in
der Moabiter Lande, zum andernmal,
nachdem er denselben mit ihnen gemacht
hatte *am Horeb. *K. 5,2.

Das 29. Kapitel

Erneuerung des Bundes.

1. [2.] Und Mose rief das ganze Israel und
sprach zu ihnen: Ihr *habt gesehen alles,
was der Herr getan hat in Ägypten vor
euren Augen dem Pharao mit allen seinen
Knechten und seinem ganzen Lande,
*2. Mose 19,4.
2. [3.] die großen Versuchungen, die deine Augen gesehen haben, daß es große
Zeichen und Wunder waren.
3. [4.] Und der Herr hat euch bis auf
diesen heutigen Tag noch nicht gegeben
*ein Herz, das verständig wäre, Augen, die
da sähen, und Ohren, die da hörten.
*K. 5,26; Jes. 6,9.10.
4. [5.] Er hat euch vierzig Jahre in der
Wüste lassen wandeln: eure Kleider sind
an euch nicht veraltet, und dein Schuh ist
nicht veraltet an deinen Füßen; K. 8,2.4.
5. [6.] ihr habt kein Brot gegessen und
keinen Wein getrunken noch starkes Getränk, auf daß du wissest, daß ich der
Herr, euer Gott, bin.
6. [7.] Und da ihr kamet an diesen Ort,
zog aus der König Sihon zu Hesbon und
der König Og von Basan uns entgegen, mit
uns zu streiten; und wir haben sie geschlagen 4. Mose 21,21–35.
7. [8.] und ihr Land eingenommen und
zum Erbteil gegeben den Rubenitern und
Gaditern und dem halben Stamm der Manassiter. 4. Mose 32.
8. [9.] So haltet nun die Worte dieses
Bundes und tut darnach, auf daß ihr weise
handeln möget in allem eurem Tun.
9. [10.] Ihr stehet heute alle vor dem
Herrn, eurem Gott, die Obersten eurer
Stämme, eure Ältesten, eure Amtleute,
ein jeder Mann in Israel,
10. [11.] eure Kinder, eure Weiber, dein
Fremdling, der in deinem Lager ist (beide,
dein Holzhauer und dein Wasserschöp-
fer),
11. [12.] daß du tretest in den Bund des
Herrn, deines Gottes, und in den Eid, den
der Herr, dein Gott, heute mit dir macht,
12. [13.] auf daß er dich heute ihm zum
Volk aufrichte und er dein Gott sei, wie er
dir verheißen hat und wie er deinen Vätern Abraham, Isaak und Jakob geschworen hat.
13. [14.] Denn ich mache diesen Bund
und diesen Eid nicht mit euch allein, K. 5,3.
14. [15.] sondern sowohl mit euch, die
ihr heute hier seid und mit uns stehet vor
dem Herrn, unserm Gott, als auch mit
denen, die heute nicht mit uns sind.
15. [16.] Denn ihr wißt, wie wir in Ägyptenland gewohnt haben und mitten durch
die Heiden gezogen sind, durch welche ihr
zoget,
16. [17.] und sahet ihre Greuel und ihre
Götzen – Holz und Stein, Silber und
Gold –, die bei ihnen waren.
17. [18.] Daß nicht vielleicht ein Mann
oder ein Weib oder ein Geschlecht oder ein
Stamm unter euch sei, des Herz heute
sich von dem Herrn, unserm Gott, gewandt habe, daß er hingehe und diene den
Göttern dieser Völker und werde vielleicht
eine *Wurzel unter euch, die da Galle und
Wermut trage, *Hebr. 12,15.
18. [19.] und ob er schon höre die Worte
dieses Fluches, dennoch sich segne in seinem Herzen und spreche: Es geht mir
wohl, dieweil ich wandle, wie es mein Herz
dünkt, – auf daß die Trunkenen mit den
Durstigen dahinfahren!
19. [20.] Da wird der Herr dem nicht
gnädig sein; sondern dann wird sein Zorn

und Eifer rauchen über solchen Mann und werden sich auf ihn legen *alle Flüche, die in diesem Buch geschrieben sind; und der Herr wird seinen Namen austilgen unter dem Himmel *K.28,15–68.
20. [21.] und wird ihn absondern zum Unglück aus allen Stämmen Israels, laut aller Flüche des Bundes, der in dem Buch dieses Gesetzes geschrieben ist.
21. [22.] So werden dann sagen die Nachkommen eurer Kinder, die nach euch aufkommen werden, und die Fremden, die aus fernen Landen kommen, wenn sie die Plagen dieses Landes sehen und die Krankheiten, womit sie der Herr beladen hat
22. [23.] (daß er all ihr Land mit Schwefel und Salz verbrannt hat, daß es nicht besät werden kann noch etwas wächst noch Kraut darin aufgeht, gleich wie *Sodom und Gomorra, Adama und Zeboim umgekehrt sind, die der Herr in seinem Zorn und Grimm umgekehrt hat),
*1.Mose 19,24; Hos.11,8.
23. [24.] so werden alle Völker sagen: Warum hat der Herr diesem Lande also getan? Was ist das für ein so großer, grimmiger Zorn?
24. [25.] So wird man sagen: Darum daß sie den Bund des Herrn, des Gottes ihrer Väter, verlassen haben, den er mit ihnen machte, da er sie aus Ägyptenland führte,
25. [26.] und sind hingegangen und haben andern Göttern gedient und sie angebetet (solche Götter, die sie nicht kennen und die er ihnen nicht verordnet hat),
26. [27.] darum ist des Herrn Zorn ergrimmt über dies Land, daß er über sie hat kommen lassen alle Flüche, die in diesem Buch geschrieben stehen;
27. [28.] und der Herr hat sie aus ihrem Lande gestoßen mit großem Zorn, Grimm und Ungnade und hat sie in ein ander Land geworfen, wie es steht heutigestages.
28. [29.] Das *Geheimnis ist des Herrn, unsers Gottes; †was aber offenbart ist, das ist unser und unserer Kinder ewiglich, daß wir tun sollen alle Worte dieses Gesetzes. *K.32,34. †Ps.147,19.20.

Das 30. Kapitel

Mose verkündigt den Bußfertigen Gnade und Segen, den Widerspenstigen Fluch und Strafe.

1. Wenn nun über dich kommt dies alles, es sei der Segen oder der Fluch, *die ich dir vorgelegt habe, und du in dein Herz gehst, wo du unter den Heiden bist, dahin dich der Herr, dein Gott, verstoßen hat,
*K.28.
2. und *bekehrst dich zu dem Herrn, deinem Gott, daß du seiner Stimme gehorchest, du und deine Kinder, von ganzem Herzen und von ganzer Seele, in allem, was ich dir heute gebiete, *3.Mose 26,40.
3. so wird der Herr, dein Gott, *dein Gefängnis wenden und sich deiner erbarmen und wird dich wieder †versammeln aus allen Völkern, dahin dich der Herr, dein Gott, verstreut hat.
*Jer.29,14; Amos 9,14. †Jer.32,37.
4. Wenn du bis an der Himmel Ende verstoßen wärest, so wird dich doch der Herr, dein Gott, von dort sammeln und dich von dort holen
5. und wird dich in das Land bringen, das deine Väter besessen haben, und wirst es einnehmen, und er wird dir Gutes tun und dich mehren über deine Väter.
6. Und der Herr, dein Gott, *wird dein Herz beschneiden und das Herz deiner Nachkommen, daß du den Herrn, deinen Gott, liebest von ganzem Herzen und von ganzer Seele, auf daß du leben mögest.
*K.10,16; Jer.4,4; Hesek.11,19; Röm.2,29; Kol.2,11.
7. Aber diese Flüche wird der Herr, dein Gott, alle auf deine Feinde legen und auf die, so dich hassen und verfolgen;
8. du aber wirst dich bekehren und der Stimme des Herrn gehorchen, daß du tust alle seine Gebote, die ich dir heute gebiete.
9. Und der Herr, dein Gott, wird dir Glück geben in allen Werken deiner Hände, an der Frucht deines Leibes, an der Frucht deines Viehs, an der Frucht deines Landes, daß dir's zugut komme. Denn der Herr wird sich wenden, daß er sich über dich freue, dir zugut, wie er sich über deine Väter gefreut hat,
10. darum daß du der Stimme des Herrn, deines Gottes, gehorchest, zu halten seine Gebote und Rechte, die geschrieben stehen im Buch dieses Gesetzes, so du dich wirst bekehren zu dem Herrn, deinem Gott, von ganzem Herzen und von ganzer Seele.
11. Denn das Gebot, das ich dir heute gebiete, ist dir nicht verborgen noch zu ferne
12. noch *im Himmel, daß du möchtest sagen: Wer will uns in den Himmel fahren und es uns holen, daß wir's hören und tun? *Röm.10,6.8.
13. Es ist auch nicht jenseits des Meers, daß du möchtest sagen: Wer will uns über das Meer fahren und es uns holen, daß wir's hören und tun?
14. Denn es ist das Wort gar nahe bei dir,

in deinem Munde und in deinem Herzen,
daß du es tust.
15. Siehe, ich *habe dir heute vorgelegt
das Leben und das Gute, den Tod und das
Böse, *K.11,26;28,2.15.
16. der ich dir heute gebiete, daß du den
Herrn, deinen Gott, liebest und wandelst
in seinen Wegen und seine Gebote, Gesetze und Rechte haltest und leben mögest
und gemehrt werdest und dich der Herr,
dein Gott, segne in dem Lande, in das du
einziehst, es einzunehmen.
17. Wendest du aber dein Herz und gehorchst nicht, sondern lässest dich verführen, daß du andere Götter anbetest
und ihnen dienest,
18. so verkündige ich euch heute, daß
ihr *umkommen und nicht lange in dem
Lande bleiben werdet, dahin zu einziehst
über den Jordan, es einzunehmen. *K.4,26.
19. Ich nehme *Himmel und Erde heute
über euch zu Zeugen: ich habe euch Leben
und Tod, Segen und Fluch vorgelegt, daß
du das Leben erwählest und du und dein
Same leben möget, K.4,26.
20. daß ihr den Herrn, euren Gott, liebet
und seiner Stimme gehorchet und ihm
anhanget. Denn das ist dein Leben und
dein langes Alter, daß du in dem Lande
wohnest, das der Herr deinen Vätern Abraham, Isaak und Jakob geschworen hat ihnen zu geben.

Das 31. Kapitel

Mose legt sein Amt nieder und ordnet Josua an seine Stelle.

1. Und Mose ging hin und redete diese
Worte mit dem ganzen Israel
2. und sprach zu ihnen: Ich bin heute
*hundertundzwanzig Jahre alt; ich kann
nicht mehr aus und ein gehen; dazu †hat
der Herr zu mir gesagt: Du sollst nicht
über diesen Jordan gehen.
*K.34,7. †4.Mose 20,12.
3. Der Herr, dein Gott, wird selber vor dir
her gehen; er wird selber diese Völker vor
dir her vertilgen, daß du ihr Land einnehmest. Josua, der soll vor dir hinübergehen, wie der Herr geredet hat. K.3,28.
4. Und der Herr wird ihnen tun, wie er
getan hat Sihon und Og, den Königen der
Amoriter, und ihrem Lande, welche er
vertilgt hat. 4.Mose 21,21–35.
5. Wenn sie nun der Herr vor euch dahingeben wird, so sollt ihr ihnen tun
*nach allem Gebot, das ich euch geboten
habe. *K.7,2.
6. Seid getrost und unverzagt, fürchtet
euch nicht und laßt euch nicht vor ihnen
grauen; denn der Herr, dein Gott, wird
selber mit dir wandeln und wird die Hand
nicht abtun noch dich verlassen.
7. Und Mose rief Josua und sprach zu
ihm vor den Augen des ganzen Israel: Sei
getrost und unverzagt; denn du wirst dies
Volk in das Land bringen, das der Herr
ihren Vätern geschworen hat ihnen zu geben, und du wirst es unter sie austeilen.
Jos.1,6.
8. Der Herr aber, der selber vor euch her
geht, der wird mit dir sein und wird die
Hand nicht abtun noch dich verlassen.
Fürchte dich nicht und erschrick nicht.
9. Und Mose schrieb dies Gesetz und
gab's den Priestern, den Kindern Levi, die
die Lade des Bundes des Herrn trugen,
und allen Ältesten Israels
10. und gebot ihnen und sprach: Je nach
sieben Jahren, zur Zeit des Erlaßjahrs, am
Fest der Laubhütten, K.15,1.
11. wenn das ganze Israel kommt, zu erscheinen vor dem Herrn, deinem Gott, an
dem Ort, den er erwählen wird, sollst du
dies Gesetz vor dem ganzen Israel ausrufen lassen vor ihren Ohren,
12. nämlich vor der Versammlung des
Volks (der Männer, Weiber und Kinder
und deines Fremdlings, der in deinem Tor
ist), auf daß sie es hören und lernen den
Herrn, euren Gott, fürchten und es halten, daß sie tun alle Worte dieses Gesetzes,
13. und daß ihre Kinder, die es nicht
wissen, es auch hören und lernen den
Herrn, euren Gott, fürchten alle Tage, die
ihr in dem Lande lebet, darin ihr gehet
über den Jordan, es einzunehmen.
14. Und der Herr sprach zu Mose: Siehe,
deine Zeit ist herbeigekommen, daß du
sterbest. Rufe Josua und tretet in die Hütte des Stifts, daß ich ihm Befehl tue. Mose
ging hin mit Josua, und sie traten in die
Hütte des Stifts.
15. Der Herr aber erschien in der Hütte
in einer *Wolkensäule, und die Wolkensäule stand in der Hütte Tür. *2.Mose 40,34.
16. Und der Herr sprach zu Mose: Siehe,
du wirst schlafen mit deinen Vätern; und
dies Volk wird aufkommen und wird abfallen zu fremden Göttern des Landes, darein
sie kommen, und wird mich verlassen und
den Bund fahren lassen, den ich mit ihm
gemacht habe.
17. So wird mein Zorn ergrimmen über
sie zur selben Zeit, und ich werde sie verlassen und mein Antlitz vor ihnen verbergen, daß sie verzehrt werden. Und wenn
sie dann viel Unglück und Angst treffen
wird, werden sie sagen: Hat mich nicht

dies Übel alles betreten, weil mein Gott
nicht mit mir ist?
18. Ich aber werde mein Antlitz verbergen zu der Zeit um alles Bösen willen, das sie getan haben, daß sie sich zu andern Göttern gewandt haben.
19. So schreibt euch nun *dies Lied und lehret es die Kinder Israel und leget es in ihren Mund, daß mir das Lied ein Zeuge sei unter den Kindern Israel. *K.32.
20. Denn ich will sie in das Land bringen, das ich ihren Vätern geschworen habe, darin Milch und Honig fließt. Und wenn sie essen und satt und *fett werden, so werden sie sich wenden zu andern Göttern und ihnen dienen und mich lästern und meinen Bund fahren lassen. *K.32,15.
21. Und wenn sie dann viel Unglück und Angst betreten wird, so soll dies Lied ihnen antworten zum Zeugnis; denn es soll nicht vergessen werden aus dem Mund ihrer Nachkommen. Denn ich *weiß ihre Gedanken, mit denen sie schon jetzt umgehen, ehe ich sie in das Land bringe, das ich geschworen habe. *Ps.139,2.
22. Also schrieb Mose dies Lied zur selben Zeit und lehrte es die Kinder Israel.
23. Und befahl Josua, dem Sohn Nuns, und sprach: Sei getrost und unverzagt; denn du sollst die Kinder Israel in das Land führen, das ich ihnen geschworen habe, und ich will mit dir sein.
24. Da nun Mose die Worte dieses Gesetzes ganz ausgeschrieben hatte in ein Buch,
25. gebot er den Leviten, die die Lade des Zeugnisses des Herrn trugen, und sprach:
26. Nehmt das Buch dieses Gesetzes und legt es an die Seite der Lade des Bundes des Herrn, eures Gottes, daß es daselbst ein Zeuge sei wider dich.
27. Denn ich kenne deinen Ungehorsam und deine Halsstarrigkeit. Siehe, wo ich noch heute mit euch lebe, seid ihr ungehorsam gewesen wider den Herrn; wie viel mehr nach meinem Tode!
28. So versammelt nun vor mich alle Ältesten eurer Stämme und eure Amtleute, daß ich diese Worte vor ihren Ohren rede *und Himmel und Erde wider sie zu Zeugen nehme. *K.32,1.
29. Denn ich weiß, daß ihr's nach meinem Tode verderben werdet und aus dem Wege treten, den ich euch geboten habe. So wird euch dann Unglück begegnen hernach, darum daß ihr übel getan habt vor den Augen des Herrn, daß ihr ihn erzürntet durch eurer Hände Werk.
30. Also redete Mose die Worte dieses Liedes ganz aus vor den Ohren der ganzen Gemeinde Israel:

Das 32. Kapitel

Das Lied Mose's. Gott bereitet ihn auf seinen Tod.

1. Merkt auf, ihr Himmel, ich will reden, und die Erde höre die Rede meines Mundes. K.31,28; Jes.1,2.
2. Meine Lehre triefe wie der Regen, und meine Rede fließe wie Tau, wie der Regen auf das Gras und wie die Tropfen auf das Kraut. Jes.55,10.11.
3. Denn ich will den Namen des Herrn preisen. Gebt unserm Gott allein die Ehre!
4. Er ist ein Fels. Seine Werke sind unsträflich; denn alles, was er tut, das ist recht. Treu ist Gott und kein Böses an ihm; gerecht und fromm ist er.
5. Die verkehrte und böse Art fällt von ihm ab; sie sind Schandflecken und nicht seine Kinder. Jes.1,2–4.
6. Dankest du also dem Herrn, deinem Gott, du toll und töricht Volk? *Ist er nicht dein Vater und dein Herr? Ist's nicht er allein, der dich gemacht und bereitet hat? *2.Mose 4,22; Jes.63,16; Mal.1,6.
7. Gedenke der vorigen Zeit bis daher und betrachte, was er getan hat an den alten Vätern. Frage deinen Vater, der wird dir's verkündigen, deine Ältesten, die werden dir's sagen. Ps.77,12.
8. Da der Allerhöchste *die Völker zerteilte und zerstreute der Menschen Kinder, da †setzte er die Grenzen der Völker nach der Zahl der Kinder Israel. *1.Mose 11,8. †Apg.17,26.
9. Denn des Herrn Teil ist sein Volk, Jakob ist sein Erbe.
10. Er fand ihn in der Wüste, in der dürren Einöde, da es heult. Er umfing ihn und hatte acht auf ihn; *er behütete ihn wie seinen Augapfel. *Ps.17,8; Sach.2,12.
11. Wie ein *Adler ausführt seine Jungen und über ihnen schwebt, breitete er seine Fittiche aus und nahm ihn und trug ihn auf seinen Flügeln. *Ps.36,8; 2.Mose 19,4.
12. Der Herr allein leitete ihn, und kein fremder Gott war mit ihm.
13. Er ließ ihn hoch herfahren auf Erden und nährte ihn mit den Früchten des Feldes und ließ ihn Honig saugen aus *den Felsen und Öl aus den harten Steinen, *Ps.81,17.
14. Butter von den Kühen und Milch von den Schafen samt dem Fetten von den Lämmern und feiste Widder und Böcke mit fetten Nieren und Weizen und tränkte ihn mit gutem Traubenblut.
15. Da aber *Jesurun fett ward, ward er

übermütig. †Er ist fett und dick und stark
geworden und hat den Gott fahren lassen,
der ihn gemacht hat. Er hat den Fels seines Heils gering geachtet

*Ehrenname Israels. – Jes. 44,2. †K. 31,20.

16. und hat ihn zum Eifer gereizt durch
fremde Götter; durch Greuel hat er ihn
erzürnt.
17. Sie haben den Teufeln geopfert und
nicht ihrem Gott, den Göttern, die sie
nicht kannten, den neuen, die zuvor nicht
gewesen sind, die eure Väter nicht geehrt
haben.
18. Deinen Fels, der dich gezeugt hat,
hast du aus der Acht gelassen und hast
vergessen Gottes, der dich gemacht hat.
19. Und da es der Herr sah, ward er zornig über seine Söhne und Töchter,
20. und er sprach: Ich will mein Antlitz
vor ihnen verbergen, will sehen, was ihnen zuletzt widerfahren wird; denn es ist
eine verkehrte Art, es sind untreue Kinder.
21. Sie haben mich gereizt an dem, *das
nicht Gott ist; mit ihrer Abgötterei haben
sie mich erzürnt. †Und ich will sie wieder
reizen an dem, das nicht ein Volk ist; an
einem törichten Volk will ich sie erzürnen. *Jer. 2,11. †Röm. 10,19.
22. Denn ein Feuer ist angegangen
durch meinen Zorn und wird brennen bis
in die unterste Hölle und wird verzehren
das Land mit seinem Gewächs und wird
anzünden die Grundfesten der Berge.
23. Ich will alles Unglück über sie häufen, ich will alle meine Pfeile in sie schießen. Ps. 91,5.
24. Vor Hunger sollen sie verschmachten und verzehrt werden vom Fieber und
von jähem Tod. Ich will der Tiere Zähne
unter sie schicken und der Schlangen Gift.
25. Auswendig wird sie das Schwert berauben und inwendig der Schrecken, beide, Jünglinge und Jungfrauen, die Säuglinge mit dem grauen Mann.
26. Ich wollte sagen: »Wo sind sie? ich
werde ihr Gedächtnis aufheben unter den
Menschen«,
27. wenn ich nicht den Zorn der Feinde
scheute, daß nicht ihre Feinde stolz würden und möchten sagen: Unsre Macht ist
hoch, und der Herr hat nicht solches alles
getan.
28. Denn es ist ein Volk, darin kein Rat
ist, und ist kein Verstand in ihnen.

Jes. 27,11; Jer. 4,22.

29. O, daß sie weise wären und vernähmen solches, daß sie verstünden, was ihnen hernach begegnen wird!
30. Wie gehet's zu, daß einer wird ihrer
tausend jagen, und zwei werden zehntausend flüchtig machen? Ist's nicht also, daß
sie ihr Fels verkauft hat und der Herr sie
übergeben hat? 3. Mose 26,8.36.37.
31. Denn unser Fels ist nicht wie ihr
Fels, – des sind unsre Feinde selbst Richter.
32. Denn ihr Weinstock ist vom Weinstock zu Sodom und von dem Acker Gomorras; ihre Trauben sind Galle, sie haben
bittere Beeren; Jes. 1,10.
33. ihr Wein ist Drachengift und wütiger
Ottern Galle.
34. Ist solches nicht bei mir verborgen
und versiegelt in meinen Schätzen?

K. 29,28.

35. Die *Rache ist mein; ich will vergelten. Zu seiner Zeit soll ihr Fuß gleiten;
denn die Zeit ihres Unglücks ist nahe, und
was über sie kommen soll, eilt herzu.

*Ps. 94,1; Röm. 12,19; Hebr. 10,30.

36. Denn der Herr wird sein Volk richten, und über seine Knechte wird er sich
erbarmen. Denn er wird ansehen, daß ihre
Macht dahin ist und beides, *das Verschlossene und Verlassene, weg ist.

*1. Kön. 14,10.

37. Und man wird sagen: Wo sind ihre
Götter, ihr Fels, auf den sie trauten?
38. Welche das Fett ihrer Opfer aßen und
tranken den Wein ihrer Trankopfer, *laßt
sie aufstehen und euch helfen und euch
schützen! *Richt. 10,14.
39. Sehet ihr nun, daß *ich's allein bin
und ist kein Gott neben mir! Ich †kann
töten und lebendig machen, ich kann
schlagen und kann heilen, und ist niemand, der aus meiner Hand errette.

*K. 4,35; Jes. 45,5. †2. Mose 15,26;
1. Sam. 2,6; Hiob 5,18; Hos. 6,1.2.

40. Denn ich will meine Hand in den
Himmel heben und will sagen: Ich lebe
ewiglich. 2. Mose 6,8; Hesek. 33,11.
41. Wenn ich den Blitz meines Schwerts
wetzen werde und meine Hand zur Strafe
greifen wird, so will ich mich wieder rächen an meinen Feinden und denen, die
mich hassen, vergelten.
42. Ich will meine Pfeile mit Blut trunken machen – und mein Schwert soll
Fleisch fressen –, mit dem Blut der Erschlagenen und Gefangenen, von dem
entblößten Haupt des Feindes.
43. Jauchzet *alle, die ihr sein Volk seid;
denn er wird das Blut seiner Knechte rächen und wird sich an seinen Feinden rächen und gnädig sein dem Lande seines
Volkes. *Röm. 15,10.

44. Und Mose kam und redete alle Worte dieses Liedes vor den Ohren des Volks, er und Josua, der Sohn Nuns.

45. Da nun Mose solches alles ausgeredet hatte zum ganzen Israel,

46. sprach er zu ihnen: Nehmet zu Herzen alle Worte, die ich euch heute bezeuge, daß *ihr euren Kindern befehlt, daß sie halten und tun alle Worte dieses Gesetzes. *K.6,7.

47. Denn es ist nicht ein vergebliches Wort an euch, sondern es ist euer *Leben; und solches Wort wird euer Leben verlängern in dem Lande, da ihr hin gehet über den Jordan, daß ihr's einnehmet.
*3.Mose 18,5.

48. Und der Herr redete mit Mose desselben Tages und sprach:

49. Gehe auf das Gebirge *Abarim, auf den Berg Nebo, der da liegt im Moabiterland, gegenüber Jericho, und schaue das Land Kanaan, das ich den Kindern Israel zum Eigentum geben werde,
*4.Mose 27,12; 33,48.

50. und stirb auf dem Berge, wenn du hinaufgekommen bist, und versammle dich zu deinem Volk, gleich wie *dein Bruder Aaron starb auf dem Berge Hor und sich zu seinem Volk versammelte,
*4.Mose 20,23–29.

51. darum daß ihr euch an mir versündigt habt unter den Kindern Israel bei dem Haderwasser zu Kades in der Wüste Zin, daß ihr mich nicht heiligtet unter den Kindern Israel; 4.Mose 20,12.13.

52. denn du sollst das Land vor dir sehen, das ich den Kindern Israel gebe, aber du sollst nicht hineinkommen. K.34,4.

Das 33. Kapitel

Mose's letzter Segen und Weissagung über die zwölf Stämme.

1. Dies ist der Segen, damit Mose, der Mann Gottes, *die Kinder Israel vor seinem Tod segnete. *1.Mose 49.

2. Und er sprach: Der Herr ist vom Sinai gekommen und ist ihnen aufgegangen von Seir; er ist hervorgebrochen von dem Berge Pharan und *ist gekommen mit viel tausend Heiligen; zu seiner rechten Hand ist ein feuriges Gesetz an sie. *Judas 14.

3. Wie hat er die Leute so lieb! Alle seine Heiligen sind in deiner Hand; sie werden sich setzen zu deinen Füßen und werden lernen von deinen Worten.

4. Mose hat uns das Gesetz geboten, das Erbe der Gemeinde Jakobs.

5. Und *Er ward König über †Jesurun, **als sich versammelten die Häupter des Volks samt den Stämmen Israels.
*2.Mose 15,18. †Ehrenname Israels. Jes.44,2.
**2.Mose 19,7.8.

6. Ruben lebe, und sterbe nicht, und er sei ein geringer Haufe.

7. Dies ist der Segen Juda's. Und er sprach: Herr, erhöre die Stimme Juda's und mache ihn zum Regenten in seinem Volk und laß seine Macht groß werden, und ihm müsse wider seine Feinde geholfen werden.

8. Und zu Levi sprach er: *Dein Recht und dein Licht bleibe bei deinem heiligen Mann, den du †versucht hast zu Massa, da ihr hadertet am Haderwasser.
*2.Mose 28,30. †2.Mose 17; 4.Mose 20.

9. Wer *von seinem Vater und von seiner Mutter spricht: Ich sehe ihn nicht, und von seinem Bruder: Ich kenne ihn nicht, und von seinem Sohn: Ich weiß nicht, – die halten deine Rede und bewahren deinen Bund; *Matth.10,37; 2.Mose 32,26–29.

10. die werden Jakob deine Rechte lehren und Israel dein Gesetz; die werden Räuchwerk vor deine Nase legen und ganze Opfer auf deinen Altar.

11. Herr, segne sein Vermögen und laß dir gefallen die Werke seiner Hände; zerschlage den Rücken derer, die sich wider ihn auflehnen, und derer, die ihn hassen, daß sie nicht aufkommen.

12. Und zu Benjamin sprach er: Der Geliebte des Herrn wird sicher wohnen; allezeit wird er über ihm halten und wird zwischen seinen Schultern wohnen.

13. Und zu Joseph sprach er: Sein Land liegt im Segen des Herrn: da sind edle Früchte vom Himmel, vom Tau, und von der Tiefe, die unten liegt; –

14. da sind edle Früchte von der Sonne – und edle, reife Früchte der Monde –

15. und von den hohen Bergen von alters her und von den Hügeln für und für –

16. und edle Früchte von der Erde und dem, was darinnen ist. Die Gnade des, der *in dem Busch wohnte, komme auf das Haupt Josephs und auf den Scheitel des †Geweihten unter seinen Brüdern.
*2.Mose 3,2. †1.Mose 49,26.

17. Seine Herrlichkeit ist wie eines erstgeborenen Stiers, und seine Hörner sind wie Einhornshörner; mit denselben wird er die Völker stoßen zuhauf bis an des Landes Enden. Das sind die Zehntausende Ephraims und die Tausende Manasses.

18. Und zu Sebulon sprach er: Sebulon, freue dich deines Auszugs; aber Isaschar, freue dich deiner Hütten.

19. Sie werden die Völker auf den Berg

MOSE ERBLICKT DAS GELOBTE LAND 5. Mose 34, 1–4

rufen und daselbst opfern Opfer der Gerechtigkeit. Denn sie werden die Menge des Meers saugen und die versenkten Schätze im Sande.
20. Und zu Gad sprach er: Gelobt sei, der Gad Raum macht! Er liegt wie ein Löwe und raubt den Arm und den Scheitel,
21. und er ersah sich das erste Erbe – denn daselbst war ihm eines Fürsten Teil aufgehoben–, und er kam mit den Obersten des Volks und vollführte die Gerechtigkeit des Herrn und seine Rechte an Israel. 4.Mose 32.
22. Und zu Dan sprach er: Dan, ein junger Löwe, der herausspringt von Basan.
23. Und zu Naphthali sprach er: Naphthali wird genug haben, was er begehrt, und wird voll Segens des Herrn sein; gegen Abend und Mittag wird sein Besitz sein.
24. Und zu Asser sprach er: Asser sei gesegnet unter den Söhnen; er sei angenehm seinen Brüdern und tauche seinen Fuß in Öl.
25. Eisen und Erz sei dein Riegel; dein Alter sei wie deine Jugend.
26. Es ist kein Gott wie der Gott *Jesuruns. Der im Himmel sitzt, der sei deine Hilfe, und des Herrlichkeit in Wolken ist.
*Jes.44,2.
27. Zuflucht ist bei dem alten Gott und unter den ewigen Armen. Und er wird vor dir her deinen Feind austreiben und sagen: Sei vertilgt!
28. Israel *wird sicher allein wohnen; der Brunnen Jakobs wird sein in dem Lande, da Korn und Most ist, dazu sein Himmel wird mit Tau triefen. *4.Mose 23,9.
29. Wohl dir, Israel! Wer ist dir gleich? O Volk, das du durch den Herrn selig wirst, der deiner Hilfe Schild und das Schwert deines Sieges ist! Deinen Feinden wird's fehlen; aber du wirst auf ihren Höhen einhertreten. K.4,7.8; Ps.33,12; 144,15.

Das 34. Kapitel

Mose's Tod.

1. Und Mose ging von dem Gefilde der Moabiter auf den Berg Nebo, auf die Spitze des Gebirges Pisga, gegenüber Jericho. Und der Herr *zeigte ihm das ganze Land Gilead bis gen Dan *K.3,27.
2. und das ganze Naphthali und das Land

Ephraim und Manasse und das ganze Land
Juda bis an das Meer gegen Abend
3. und das Mittagsland und die Gegend
der Ebene Jerichos, der Palmenstadt, bis
gen Zoar.
4. Und der Herr sprach zu ihm: Dies ist
das Land, das ich Abraham, Isaak und Jakob geschworen habe und gesagt: *Ich will es deinem Samen geben. Du hast es mit deinen Augen gesehen; aber du sollst nicht hinübergehen. *1. Mose 12,7.
5. Also starb Mose, der Knecht des Herrn, daselbst im Lande der Moabiter nach dem Wort des Herrn. K. 32,50.
6. Und er *begrub ihn im Tal im Lande der Moabiter gegenüber Beth-Peor. Und niemand hat sein Grab erfahren bis auf diesen heutigen Tag. *Judas 9.
7. Und Mose war 120 Jahre alt, da er starb. Seine Augen waren nicht dunkel geworden, und seine Kraft war nicht verfallen.
8. Und die Kinder Israel beweinten Mose im Gefilde der Moabiter *dreißig Tage; und es wurden vollendet die Tage des Weinens und Klagens über Mose. *4. Mose 20,29.
9. *Josua aber, der Sohn Nuns, ward erfüllt mit dem Geist der Weisheit; denn Mose hatte seine Hände auf ihn gelegt. Und die Kinder Israel gehorchten ihm und taten, wie der Herr dem Mose geboten hatte. *4. Mose 27,18.
10. Und es stand hinfort kein Prophet in Israel auf wie Mose, den der Herr erkannt hätte *von Angesicht zu Angesicht,
*2. Mose 33,11; 4. Mose 12,6-8.
11. zu allerlei Zeichen und Wundern, dazu ihn der Herr sandte, daß er sie täte in Ägyptenland an Pharao und an allen seinen Knechten und an allem seinem Lande
12. und zu aller dieser mächtigen Hand und den schrecklichen Taten, die Mose tat vor den Augen des ganzen Israels.

Das Buch Josua

Das 1. Kapitel

Josua wird von Gott in seinem Beruf gestärkt.
Das Volk verspricht ihm Gehorsam.

1. Nach dem Tod Mose's, des Knechts des Herrn, sprach der Herr zu Josua, dem Sohn Nuns, Mose's Diener:
2. Mein Knecht Mose ist *gestorben; so mache dich nun auf und zieh über diesen Jordan, du und dies ganze Volk, in das Land, das ich ihnen, den Kindern Israel, gegeben habe. *5. Mose 34,5.
3. Alle Stätten, darauf eure Fußsohlen treten werden, habe ich euch gegeben, wie ich Mose geredet habe. 5. Mose 11,24.
4. Von der Wüste an und diesem Libanon bis an das große Wasser Euphrat – das ganze Land der Hethiter –, bis an das große Meer gegen Abend sollen eure Grenzen sein.
5. Es soll dir niemand widerstehen dein Leben lang. Wie ich mit Mose gewesen bin, also will ich auch mit dir sein. Ich *will dich nicht verlassen noch von dir weichen. *5. Mose 31,8; Hebr. 13,5.
6. Sei *getrost und unverzagt; denn du sollst diesem Volk das Land austeilen, das ich ihren Vätern geschworen habe, daß ich's ihnen geben wollte.
*5. Mose 3,28; 31,7.23
7. Sei nur getrost und sehr freudig, daß du haltest und tuest allerdinge nach dem Gesetz, das dir Mose, mein Knecht, geboten hat. Weiche nicht davon, weder *zur Rechten noch zur Linken, †auf daß du weise handeln mögest in allem, was du tun sollst. *5. Mose 5,29. †1. Kön. 2,3.
8. Und laß das Buch dieses Gesetzes nicht von deinem Munde kommen, sondern *betrachte es Tag und Nacht, auf daß du haltest und tuest allerdinge nach dem, was darin geschrieben steht. Alsdann wird es dir gelingen in allem, was du tust, und wirst weise handeln können. *Ps. 1,2.3.
9. Siehe, ich habe dir geboten, daß du getrost und freudig seist. Laß dir nicht grauen und entsetze dich nicht; denn der Herr, dein Gott, ist mit dir in allem, was du tun wirst.
10. Da gebot Josua den Hauptleuten des Volks und sprach:
11. Gehet durch das Lager und gebietet dem Volk und sprecht: Schaffet euch Vorrat; denn über drei Tage werdet ihr über diesen Jordan gehen, daß ihr hineinkommt und das Land einnehmt, das euch der Herr, euer Gott, geben wird.
12. Und zu den Rubenitern, Gaditern und dem halben Stamm Manasse sprach Josua:
13. Gedenket an das Wort, das *euch Mose, der Knecht des Herrn, sagte und

DER TOD MOSE'S 5. Mose 34, 5.6

sprach: Der Herr, euer Gott, hat euch zur Ruhe gebracht und dies Land gegeben.
*4. Mose 32,20.

14. Eure Weiber und Kinder und Vieh laßt in dem Lande bleiben, das euch Mose gegeben hat, diesseit des Jordans; ihr aber sollt vor euren Brüdern herziehen gerüstet, was streitbare Männer sind, und ihnen helfen,

15. bis daß der Herr eure Brüder auch zur Ruhe bringt wie euch, daß sie auch einnehmen das Land, das ihnen der Herr, euer Gott, geben wird. Alsdann sollt ihr wieder umkehren in euer Land, das euch Mose, der Knecht des Herrn, gegeben hat zu besitzen diesseit des Jordans, gegen der Sonne Aufgang.

16. Und sie antworteten Josua und sprachen: Alles, was du uns geboten hast, das wollen wir tun; und wo du uns hin sendest, da wollen wir hin gehen.

17. Wie wir Mose gehorsam sind gewesen, so wollen wir dir auch gehorsam sein; allein, daß der Herr, dein Gott, nur mit dir sei, wie er mit Mose war.

18. Wer deinem Mund ungehorsam ist und nicht gehorcht deinen Worten in allem, was du uns gebietest, der soll sterben. *Sei nur getrost und unverzagt! *V. 6.

Das 2. Kapitel

Rahab rettet zwei israelitische Kundschafter in Jericho gegen das Versprechen, mit ihrer Familie verschont zu werden.

1. Josua aber, der Sohn Nuns, hatte zwei Kundschafter heimlich ausgesandt von Sittim und ihnen gesagt: Gehet hin, besehet das Land und Jericho. Die gingen hin und kamen *in das Haus einer Hure, die hieß Rahab, und kehrten zu ihr ein.
*Jak. 2,25; Hebt. 11,31.

2. Da ward dem König zu Jericho gesagt: Siehe, es sind in dieser Nacht Männer hereingekommen von den Kindern Israel, das Land zu erkunden.

3. Da sandte der König zu Jericho zu Rahab und ließ ihr sagen: Gib die Männer heraus, die zu dir in dein Haus gekommen sind; denn sie sind gekommen, das ganze Land zu erkunden.

4. Aber das Weib verbarg die zwei Männer und sprach also: Es sind ja Männer zu mir hereingekommen; aber ich wußte nicht, woher sie waren.

5. Und da man die Tore wollte zuschließen, da es finster war, gingen sie hinaus,
daß ich nicht weiß, wo sie hingegangen
sind. Jagt ihnen eilend nach, denn ihr werdet sie ergreifen.
6. Sie aber ließ sie auf das Dach steigen
und verdeckte sie unter die Flachsstengel,
die sie auf dem Dache ausgebreitet hatte.
7. Aber die Männer jagten ihnen nach auf
dem Wege zum Jordan bis an die Furt; und
man schloß das Tor zu, da die hinaus waren, die ihnen nachjagten.
8. Und ehe denn die Männer sich schlafen legten, stieg sie zu ihnen hinauf auf
das Dach
9. und sprach zu ihnen: Ich weiß, daß
der Herr euch das Land gegeben hat;
*denn ein Schrecken ist über uns gefallen
vor euch, und alle Einwohner des Landes
sind vor euch feig geworden.
*2. Mose 23,27.
10. Denn wir haben gehört, wie der Herr
hat *das Wasser im Schilfmeer ausgetrocknet vor euch her, da ihr aus Ägypten
zoget, und †was ihr den zwei Königen der
Amoriter, Sihon und Og, jenseit des Jordans getan habt, wie ihr sie verbannt habt.
*2. Mose 14,21. †4. Mose 21,24.35.
11. Und seit wir solches gehört haben,
*ist unser Herz verzagt und ist kein Mut
mehr in jemand vor euch; denn †der Herr,
euer Gott, ist Gott oben im Himmel und
unten auf Erden.
*K. 5,1; 2. Mose 15,14.15. †5. Mose 4,39.
12. So schwöret mir nun bei dem Herrn,
daß, weil ich an euch Barmherzigkeit getan habe, ihr auch *an meines Vaters Hause Barmherzigkeit tut; und gebt mir ein
gewisses Zeichen, *K. 6,23.25.
13. daß ihr leben lasset meinen Vater,
meine Mutter, meine Brüder und meine
Schwestern und alles, was sie haben, und
errettet unsre Seelen vom Tode.
14. Die Männer sprachen zu ihr: Tun wir
nicht Barmherzigkeit und Treue an dir,
wenn uns der Herr das Land gibt, so soll
unsre Seele für euch des Todes sein, sofern
du unser Geschäft nicht verrätst.
15. Da ließ sie dieselben am Seil durchs
Fenster hernieder; denn ihr Haus war an
der Stadtmauer, und sie wohnte auch auf
der Mauer.
16. Und sie sprach zu ihnen: Gehet auf
das Gebirge, daß euch nicht begegnen, die
euch nachjagen, und verbergt euch daselbst drei Tage, bis daß die wiederkommen, die euch nachjagen; darnach gehet
eure Straße.
17. Die Männer aber sprachen zu ihr: Wir
wollen aber des Eides los sein, den du von
uns genommen hast,
18. wenn wir kommen ins Land und du
nicht dies rote Seil in das Fenster knüpfst,
womit du uns herniedergelassen hast, und
zu dir ins Haus versammelst deinen Vater,
deine Mutter, deine Brüder und deines
Vaters ganzes Haus.
19. Und wer zur Tür deines Hauses herausgeht, des Blut sei auf seinem Haupt,
und wir unschuldig; aber aller, die in deinem Hause sind, so eine Hand an sie gelegt wird, so soll ihr Blut auf unserm
Haupt sein.
20. Und so du etwas von diesem unserm
Geschäft wirst aussagen, so wollen wir des
Eides los sein, den du von uns genommen
hast.
21. Sie sprach: Es sei, wie ihr sagt, – und
ließ sie gehen. Und sie gingen hin. Und sie
knüpfte das rote Seil ins Fenster.
22. Sie aber gingen hin und kamen aufs
Gebirge und blieben drei Tage daselbst, bis
daß die wiederkamen, die ihnen nachjagten. Denn sie hatten sie gesucht auf allen
Straßen, und doch nicht gefunden.
23. Also kehrten die zwei Männer wieder
und gingen vom Gebirge und fuhren über
und kamen zu Josua, dem Sohn Nuns, und
erzählten ihm alles, wie sie es gefunden
hatten,
24. und sprachen zu Josua: Der Herr hat
uns alles Land in unsre Hände gegeben; so
sind auch alle Einwohner des Landes feig
vor uns. V. 9.

Das 3. Kapitel

Israel geht trockenen Fußes durch den Jordan.

1. Und Josua machte sich früh auf, und
sie zogen aus *Sittim und kamen an den
Jordan, er und alle Kinder Israel, und blieben daselbst über Nacht, ehe sie hinüber-
zogen. *4. Mose 25,1.
2. Nach drei Tagen aber gingen die
Hauptleute durchs Lager
3. und geboten dem Volk und sprachen:
Wenn ihr sehen werdet die Lade des Bundes des Herrn, eures Gottes, und die Priester aus den Leviten sie tragen, so ziehet
aus von eurem Ort und folget ihr nach,
4. doch daß zwischen euch und ihr
Raum sei bei zweitausend Ellen. Ihr sollt
nicht zu ihr nahen, auf daß ihr wisset, auf
welchem Wege ihr gehen sollt; denn ihr
seid den Weg bisher nicht gegangen.
5. Und Josua sprach zum Volk: *Heiliget
euch; denn morgen wird der Herr ein
Wunder unter euch tun. *2. Mose 19,10.
6. Und zu den Priestern sprach er: Traget

RETTUNG DER KUNDSCHAFTER Josua 2, 15

*die Lade des Bundes und gehet vor dem
Volk her. Da trugen sie die Lade des Bundes und gingen vor dem Volk her. *K. 6,6.

7. Und der Herr sprach zu Josua: Heute
will ich anfangen, dich *groß zu machen
vor dem ganzen Israel, daß sie wissen,
†wie ich mit Mose gewesen bin, also sei ich
auch mit dir. *K. 4,14. †K. 1,5.17.

8. Und du gebiete den Priestern, die die
Lade des Bundes tragen, und sprich: Wenn
ihr kommt vorn ins Wasser des Jordans, so
stehet still.

9. Und Josua sprach zu den Kindern Israel: Herzu! und höret die Worte des Herrn,
eures Gottes!

10. Und sprach: Dabei sollt ihr merken,
daß ein lebendiger Gott unter euch ist,
und daß er vor euch austreiben wird die
Kanaaniter, Hethiter, Heviter, Pheresiter,
Girgasiter, Amoriter und Jebusiter.

11. Siehe, die Lade des Bundes des Herrschers über alle Welt wird vor euch her
gehen in den Jordan.

12. So nehmet nun zwölf Männer aus
den Stämmen Israels, aus jeglichem
Stamm einen.

13. Wenn dann die Fußsohlen der Priester, die des Herrn Lade, des Herrschers
über alle Welt, tragen, in des Jordans Wasser sich lassen, so wird sich das Wasser,
das von oben herabfließt im Jordan, abreißen, daß es auf einem Haufen stehen bleibe.

14. Da nun das Volk auszog aus seinen
Hütten, daß sie über den Jordan gingen,
und die Priester die Lade des Bundes vor
dem Volk her trugen

15. und an den Jordan kamen und ihre
Füße vorn ins Wasser tauchten (der Jordan aber war voll an allen seinen Ufern die
ganze Zeit der Ernte),

16. da *stand das Wasser, das von oben
herniederkam, aufgerichtet auf einem
Haufen, sehr ferne, bei der Stadt Adam,
die zur Seite Zarthans liegt; aber das Wasser, das zum Meer hinunterlief, zum Salzmeer, das nahm ab und verfloß. Also ging
das Volk hinüber, Jericho gegenüber.
*2. Mose 14,21; Ps. 114,3.

17. Und die Priester, die die Lade des
Bundes des Herrn trugen, standen still im
Trockenen mitten im Jordan. Und ganz
Israel ging trocken durch, bis das ganze
Volk alles über den Jordan kam.

Das 4. Kapitel

Denksteine des wunderbaren Durchgangs durch den Jordan.

1. Da nun das Volk ganz über den Jordan gegangen war, sprach der Herr zu Josua:

2. Nehmt euch zwölf Männer, aus jeglichem Stamm einen,

3. und gebietet ihnen und sprecht: Hebt auf aus dem Jordan zwölf Steine von dem Ort, da die Füße der Priester stillgestanden sind, und bringt sie mit euch hinüber, daß ihr sie in der Herberge lasset, da ihr diese Nacht herbergen werdet.

4. Da rief Josua die zwölf Männer, die er verordnet hatte aus den Kinden Israel, aus jeglichem Stamm einen,

5. und sprach zu ihnen: Gehet hinüber vor die Lade des Herrn, eures Gottes, mitten in den Jordan und hebe ein jeglicher einen Stein auf seine Achsel, nach der Zahl der Stämme der Kinder Israel,

6. daß sie ein Zeichen seien unter euch. Wenn *eure Kinder hernach ihre Väter fragen werden und sprechen: Was tun diese Steine da? *2. Mose 12,26.

7. so sollt ihr ihnen sagen: Weil das Wasser des Jordans abgerissen ist vor der Lade des Bundes des Herrn, da sie durch den Jordan ging, sollen diese Steine den Kindern Israel ein ewiges Gedächtnis sein.

8. Da taten die Kinder Israel, wie ihnen Josua geboten hatte, und trugen zwölf Steine mitten aus dem Jordan, wie der Herr zu Josua gesagt hatte, nach der Zahl der Stämme der Kinder Israel, und brachten sie mit sich hinüber in die Herberge und ließen sie daselbst.

9. Und Josua richtete zwölf Steine auf mitten im Jordan, da die Füße der Priester gestanden waren, die die Lade des Bundes trugen; die sind noch daselbst bis auf diesen Tag.

10. Denn die Priester, die die Lade trugen, standen mitten im Jordan, bis daß alles ausgerichtet ward, was der Herr dem Josua geboten hatte dem Volk zu sagen; wie denn Mose Josua geboten hatte. Und das Volk eilte und ging hinüber.

11. Da nun das Volk ganz hinübergegangen war, da ging die Lade des Herrn auch hinüber und die Priester vor dem Volk her.

12. Und die Rubeniter und Gaditer und der halbe Stamm Manasse gingen gerüstet vor den Kindern Israel her, wie Mose zu ihnen geredet hatte. 4. Mose 32,21.29.

13. Bei 40000 Gerüstete zum Heer gingen vor dem Herrn zum Streit auf das Gefilde Jerichos.

14. An dem *Tage machte der Herr den Josua groß vor dem ganzen Israel; und sie fürchteten ihn, wie sie Mose fürchteten, sein Leben lang. *K. 3,7.

15. Und der Herr sprach zu Josua:

16. Gebiete den Priestern, die die Lade des Zeugnisses tragen, daß sie aus dem Jordan heraufsteigen.

17. Also gebot Josua den Priestern und sprach: Steigt herauf aus dem Jordan!

18. Und da die Priester, die die Lade des Bundes des Herrn trugen, aus dem Jordan heraufstiegen und mit ihren Fußsohlen aufs Trockne traten, kam das Wasser des Jordans wieder an seine Stätte und floß wie zuvor an allen seinen Ufern.

19. Es war aber der zehnte Tag des ersten Monats, da das Volk aus dem Jordan heraufstieg; und sie lagerten sich *in Gilgal, gegen Morgen vor der Stadt Jericho. *K. 5,9.

20. Und die zwölf Steine, die sie aus dem Jordan genommen hatten, richtete Josua auf zu Gilgal

21. und sprach zu den Kindern Israel: *Wenn eure Kinder hernach ihre Väter fragen werden und sagen: Was sollen diese Steine? *V. 6.

22. so sollt ihr's ihnen kundtun und sagen: Israel ging trocken durch den Jordan,

23. da der Herr, euer Gott, das Wasser des Jordans austrocknete vor euch, bis ihr hinüberginget, gleichwie der Herr, euer Gott, tat *in dem Schilfmeer, das er vor uns austrocknete, bis wir hindurchgingen, *2. Mose 14,21.22.

24. auf daß alle Völker auf Erden die Hand des Herrn erkennen, wie mächtig sie ist, daß ihr den Herrn, euren Gott, fürchtet allezeit.

Das 5. Kapitel

Furcht der Kanaaniter. Beschneidung und Passahfest im Lande Kanaan. Das Manna hört auf. Dem Josua erscheint der Engel Gottes.

1. Da nun alle Könige der Amoriter, die jenseit des Jordans gegen Abend wohnten, und alle Könige der Kanaaniter am Meer hörten, wie der Herr *das Wasser des Jordans hatte ausgetrocknet vor den Kindern Israel, bis daß sie hinübergingen, †verzagte ihr Herz, und war kein Mut mehr in ihnen vor den Kindern Israel. *K. 3,16. †K. 2,24.

2. Zu der Zeit sprach der Herr zu Josua: Mache dir steinerne *Messer und beschneide die Kinder Israel zum andernmal. *2. Mose 4,25.

ISRAEL DURCHQUERT DEN JORDAN Josua 3, 15–17

3. Da machte sich Josua steinerne Messer und beschnitt die Kinder Israel auf dem Hügel Araloth.

4. Und das ist die Sache, darum Josua sie beschnitt: alles Volk, das aus Ägypten gezogen war, die Männer, alle Kriegsleute, waren gestorben in der Wüste auf dem Wege, da sie aus Ägypten zogen.

5. Denn alles Volk, das auszog, war beschnitten; aber alles Volk, das in der Wüste geboren war, auf dem Wege, da sie aus Ägypten zogen, das war nicht beschnitten.

6. Denn die Kinder Israel wandelten vierzig Jahre in der Wüste, bis daß *das ganze Volk der Kriegsmänner, die aus Ägypten gezogen waren, umkamen, darum daß sie der Stimme des Herrn nicht gehorcht hatten; wie denn der Herr ihnen geschworen hatte, daß sie das Land nicht sehen sollten, welches der Herr ihren Vätern geschworen hatte uns zu geben, ein Land, darin Milch und Honig fließt.

*4.Mose 14,22.23.

7. Deren Kinder, die an ihrer Statt waren aufgekommen, beschnitt Josua; denn sie hatten Vorhaut und waren auf dem Wege nicht beschnitten.

8. Und da das ganze Volk beschnitten war, blieben sie an ihrem Ort im Lager, bis sie heil wurden.

9. Und der Herr sprach zu Josua: Heute habe ich die Schande Ägyptens von euch gewendet. Und dieselbe Stätte ward Gilgal genannt bis auf diesen Tag.

10. Und als die Kinder Israel also in Gilgal das Lager hatten, hielten sie Passah am vierzehnten Tage des Monats am Abend auf dem Gefilde Jerichos

2.Mose 12,6; 3.Mose 23,5.

11. und aßen vom Getreide des Landes am Tag nach dem Passah, nämlich ungesäuertes Brot und geröstete Körner, ebendesselben Tages.

12. Und das Man hörte auf des andern Tages, da sie des Landes Getreide aßen, daß die Kinder Israel kein Man mehr hatten, sondern sie aßen vom Getreide des Landes Kanaan in demselben Jahr.

2.Mose 16,35.

13. Und es begab sich, da Josua bei Jericho war, daß er seine Augen aufhob und ward gewahr, daß *ein Mann ihm gegen überstand und hatte ein bloßes Schwert in seiner Hand. Und Josua ging zu ihm und

sprach zu ihm: Gehörst du uns an oder unsern Feinden? *4. Mose 22,23.31.

14. Er sprach: Nein, sondern ich bin ein *Fürst über das Heer des Herrn und bin jetzt gekommen. Da fiel Josua auf sein Angesicht zur Erde und betete an und sprach zu ihm: Was sagt mein Herr seinem Knecht? *2. Mose 14,19.

15. Und der Fürst über das Heer des Herrn sprach zu Josua: *Zieh deine Schuhe aus von deinen Füßen; denn die Stätte, darauf du stehst, ist heilig. Und Josua tat also. *2. Mose 3,5.

Das 6. Kapitel

Jericho wird erobert und zerstört, Rahab und ihr Haus verschont.

1. Jericho aber war verschlossen und verwahrt vor den Kindern Israel, daß niemand aus oder ein kommen konnte.

2. Aber der Herr sprach zu Josua: Siehe da, ich habe Jericho samt seinem König und seinen Kriegsleuten in deine Hand gegeben.

3. Laß alle Kriegsmänner rings um die Stadt her gehen einmal, und tue sechs Tage also.

4. Und laß sieben Priester sieben *Posaunen des Halljahrs tragen vor der Lade her, und am siebenten Tag gehet siebenmal um die Stadt, und laß die Priester die Posaunen blasen. 3. Mose 25,9.

5. Und wenn man das Halljahrshorn bläst und es lange tönt, daß ihr die Posaune hört, so soll das ganze Volk ein großes Feldgeschrei machen, so werden der Stadt Mauern umfallen, und das Volk soll hineinsteigen, ein jeglicher stracks vor sich.

6. Da rief Josua, der Sohn Nuns, die Priester und sprach zu ihnen: Traget die Lade des Bundes, und sieben Priester lasset sieben Halljahrsposaunen tragen vor der Lade des Herrn.

7. Zum Volk aber sprach er: Ziehet hin und gehet um die Stadt; und wer gerüstet ist, gehe vor der Lade des Herrn her.

8. Da Josua solches dem Volk gesagt hatte, trugen die sieben Priester sieben Halljahrsposaunen vor der Lade des Herrn her und gingen und bliesen die Posaunen; und die Lade des Bundes des Herrn folgte ihnen nach.

9. Und wer gerüstet war, ging vor den Priestern her, die die Posaunen bliesen; und der Haufe folgte der Lade nach, und man blies Posaunen.

10. Josua aber gebot dem Volk und sprach: Ihr sollt kein Feldgeschrei machen noch eure Stimme hören lassen, noch soll ein Wort aus eurem Mund gehen bis auf den Tag, da ich zu euch sagen werde: Macht ein Feldgeschrei! so macht dann ein Feldgeschrei.

11. Also ging die Lade des Herrn rings um die Stadt einmal, und sie kamen in das Lager und blieben darin über Nacht.

12. Und Josua machte sich des Morgens früh auf, und die Priester trugen die Lade des Herrn.

13. So trugen die sieben Priester die sieben Halljahrsposaunen vor der Lade des Herrn her und gingen und bliesen Posaunen; und wer gerüstet war, ging vor ihnen her, und der Haufe folgte der Lade des Herrn, und man blies Posaunen.

14. Des andern Tages gingen sie auch einmal um die Stadt und kamen wieder ins Lager. Also taten sie sechs Tage.

15. Am siebenten Tag aber, da die Morgenröte aufging, machten sie sich früh auf und gingen nach derselben Weise siebenmal um die Stadt, daß sie desselben einen Tages siebenmal um die Stadt kamen.

16. Und beim siebentenmal, da die Priester die Posaunen bliesen, sprach Josua zum Volk: Macht ein Feldgeschrei; denn der Herr hat euch die Stadt gegeben.

17. Aber diese Stadt und alles, was darin ist, soll dem Herrn *verbannt sein. Allein die Hure Rahab †soll leben bleiben und alle, die mit ihr im Haus sind; denn sie hat die Boten verborgen, die wir aussandten.

*4. Mose 21,2. †K. 2,12.13; Hebr. 11,31.

18. Allein hütet euch *vor dem Verbannten, daß ihr euch nicht verbannt, so ihr des Verbannten etwas nehmt, und macht das Lager Israels verbannt und bringt's in Unglück. *3. Mose 27,28; 5. Mose 13,18.

19. Aber alles Silber und Gold samt dem ehernen und eisernen Geräte soll dem Herrn geheiligt sein, daß es zu des Herrn Schatz komme.

20. Da machte das Volk ein Feldgeschrei, und man blies Posaunen. Denn als das Volk den Hall der Posaune hörte, machte es ein großes Feldgeschrei. Und die *Mauern fielen um, und das Volk erstieg die Stadt, ein jeglicher stracks vor sich. Also gewannen sie die Stadt *Hebr. 11,30.

21. und verbannten alles, was in der Stadt war, mit der Schärfe des Schwerts: Mann und Weib, jung und alt, Ochsen, Schafe und Esel.

22. Aber Josua sprach zu den zwei Männern, die das Land ausgekundschaftet hatten: Gehet in das Haus der Hure und führet das Weib von dort heraus mit allem,

DER ENGEL GOTTES Josua 5, 13–15

was sie hat, *wie ihr geschworen habt.
*K.2,14.
23. Da gingen die Jünglinge, die Kundschafter, hinein und führten Rahab heraus
samt Vater und Mutter und Brüdern und
alles, was sie hatte, und alle ihre Geschlechter und ließen sie draußen, außerhalb des Lagers Israels. 4.Mose 31,19.
24. Aber die Stadt verbrannten sie mit
Feuer und alles, was darin war. Allein das
Silber und Gold und eherne und eiserne
Geräte taten sie zum Schatz in das Haus
des Herrn.
25. *Rahab aber, die Hure, samt dem
Hause ihres Vaters und alles, was sie hatte,
†ließ Josua leben. Und sie wohnt in Israel
bis auf diesen Tag, darum daß sie die Boten verborgen hatte, die Josua auszukundschaften gesandt hatte gen Jericho.
*Matth.1,5. †Richt.1,25.
26. Zu der Zeit schwur Josua und sprach:
Verflucht sei der Mann vor dem Herrn, der
sich aufmacht und diese Stadt Jericho wieder baut! Wenn *er ihren Grund legt, das
koste ihn seinen ersten Sohn; und wenn er
ihre Tore setzt, das koste ihn seinen jüngsten Sohn! *1.Kön.16,34.
27. Also war der Herr mit Josua, daß man
von ihm sagte in allen Landen.

Das 7. Kapitel

Achans Diebstahl am Verbannten bringt Unglück über das Volk und wird mit Steinigung bestraft.

1. Aber die Kinder Israel vergriffen sich
an dem Verbannten; denn Achan, der
Sohn Charmis, des Sohnes Sabids, des
Sohnes Serahs, vom Stamm Juda, nahm
des *Verbannten etwas. Da ergrimmte der
Zorn des Herrn über die Kinder Israel.
*K.6,18.
2. Und Josua sandte Männer aus von Jericho gen Ai, das bei Beth-Aven liegt, gegen
Morgen vor Beth-El, und sprach zu ihnen:
Gehet hinauf und erkundet das Land! –
und da sie hinaufgegangen waren und Ai
erkundet hatten,
3. kamen sie wieder zu Josua und sprachen zu ihm: Laß nicht das ganze Volk
hinaufziehen, sondern bei zwei- oder
dreitausend Mann, daß sie hinaufziehen
und schlagen Ai, daß nicht das ganze Volk
sich daselbst bemühe; denn ihrer ist wenig.

4. Also zogen hinauf des Volks bei 3000
Mann, und sie flohen vor den Männern zu
Ai.
5. Und die von Ai schlugen ihrer bei 36
Mann und jagten sie vor dem Tor bis gen
Sabarim und schlugen sie den Weg herab.
Da ward dem Volk das Herz verzagt und
ward zu Wasser.
6. Josua aber zerriß seine Kleider und
fiel auf sein Angesicht zur Erde vor der
Lade des Herrn bis auf den Abend samt den
Ältesten Israels, und sie warfen Staub auf
ihre Häupter.
7. Und Josua sprach: Ach Herr Herr, warum hast du dies Volk über den Jordan
geführt, daß du uns in die Hände der Amoriter gäbest, uns umzubringen? O, daß
wir's uns hätten gefallen lassen, jenseit
des Jordans zu bleiben!
8. Ach, mein Herr, was soll ich sagen,
weil Israel seinen Feinden den Rücken
kehrt?
9. Wenn das die Kanaaniter und alle Einwohner des Landes hören, so werden sie
uns umringen und auch unsern Namen
ausrotten von der Erde. Was willst du
denn für deinen großen Namen tun?

2. Mose 32,12.

10. Da sprach der Herr zu Josua: Stehe
auf! Warum liegst du also auf deinem Angesicht?
11. Israel hat sich versündigt, sie haben
meinen Bund übertreten, den ich ihnen
geboten habe, und haben des Verbannten
etwas genommen und gestohlen und es
verleugnet und unter ihre Geräte gelegt.
12. Die Kinder Israel können nicht stehen vor ihren Feinden, sondern müssen
ihren Feinden den Rücken kehren; denn
sie sind im Bann. Ich werde hinfort nicht
mit euch sein, wo ihr nicht den Bann aus
euch vertilget.
13. Stehe auf und heilige das Volk und
sprich: *Heiliget euch auf morgen. Denn
also sagt der Herr, der Gott Israels: Es ist
ein Bann unter dir, Israel; darum kannst
du nicht stehen vor deinen Feinden, bis
daß ihr den Bann von euch tut.

*K. 3,5.

14. Und sollt euch früh herzumachen,
ein Stamm nach dem andern; und welchen Stamm der Herr treffen wird, der soll
sich herzumachen, ein Geschlecht nach
dem andern; und welch Geschlecht der
Herr treffen wird, das soll sich herzumachen, ein Haus nach dem andern; und
welch Haus der Herr treffen wird, das soll
sich herzumachen, ein Hauswirt nach
dem andern.
15. Und welcher gefunden wird im Bann,
den soll man mit Feuer verbrennen mit
allem, was er hat, darum daß er den Bund
des Herrn übertreten und eine Torheit in
Israel begangen hat.
16. Da machte sich Josua des Morgens
früh auf und brachte Israel herzu, einen
Stamm nach dem andern; und es ward
getroffen der Stamm Juda.

1. Sam. 10,20.21; 14,41.42.

17. Und da er die Geschlechter in Juda
herzubrachte, ward getroffen *das Geschlecht der Serahiter. Und da er das Geschlecht der Serahiter herzubrachte, einen Hauswirt nach dem andern, ward Sabdi getroffen. *4. Mose 26,20.
18. Und da er sein Haus herzubrachte,
einen Wirt nach dem andern, ward getroffen Achan, der Sohn Charmis, des Sohnes
Sabdis, des Sohnes Serahs, aus dem
Stamm Juda.
19. Und Josua sprach zu Achan: Mein
Sohn, gib dem Herrn, dem Gott Israels,
die Ehre und gib ihm das Lob und sage mir
an: Was hast du getan? und leugne mir
nichts.
20. Da antwortete Achan Josua und
sprach: Wahrlich, ich habe mich versündigt an dem Herrn, dem Gott Israels. Also
und also habe ich getan:
21. ich sah unter dem Raub einen köstlichen babylonischen Mantel und zweihundert Silberlinge und eine goldene Stange,
fünfzig Lot am Gewicht; des gelüstete
mich, und ich nahm es. Und siehe, es ist
verscharrt in die Erde in meiner Hütte
und das Silber darunter.
22. Da sandte Josua Boten hin, die liefen
zur Hütte; und siehe, es war verscharrt in
seiner Hütte und das Silber darunter.
23. Und sie nahmen's aus der Hütte und
brachten's zu Josua und zu allen Kindern
Israel und schütteten es vor den Herrn.
24. Da nahm Josua und das ganze Israel
mit ihm Achan, den Sohn Serahs, samt
dem Silber, Mantel und der goldenen
Stange, seine Söhne und Töchter, seine
Ochsen und Esel und Schafe, seine Hütte
und alles, was er hatte, und führten sie
hinauf ins Tal Achor.
25. Und Josua sprach: Weil du uns betrübt hast, so betrübe dich der Herr an
diesem Tage. Und das ganze Israel steinigte ihn und verbrannte sie mit Feuer. Und
da sie sie gesteinigt hatten,
26. machten sie über sie einen großen
Steinhaufen, der bleibt bis auf diesen Tag.
Also kehrte sich der Herr von dem Grimm
seines Zorns. Daher heißt derselbe

ZERSTÖRUNG JERICHOS Josua 6, 20

Ort das Tal Achor bis auf diesen Tag.
Jes.65,10; Hos.2,17.

Das 8. Kapitel

Eroberung der Stadt Ai. Auf dem Berge Garizim und Ebal wird der Segen und Fluch ausgerufen.

1. Und der Herr sprach zu Josua: Fürchte dich nicht und zage nicht! Nimm mit dir alles Kriegsvolk und mache dich auf und zieh hinauf gen Ai! Siehe da, ich habe den König zu Ai samt seinem Volk, seiner Stadt und seinem Lande in deine Hände gegeben.

2. Du sollst mit Ai und seinem König tun, wie *du mit Jericho und seinem König getan hast, nur daß ihr ihren Raub und ihr Vieh unter euch teilen sollt. Aber stelle einen Hinterhalt hinter der Stadt.
*K.6,21.

3. Da machte sich Josua auf und alles Kriegsvolk, hinaufzuziehen gen Ai. Und Josua erwählte 30 000 streitbare Männer und sandte sie aus bei der Nacht

4. und gebot ihnen und sprach: Sehet zu, ihr sollt der Hinterhalt sein hinter der Stadt; macht euch aber nicht allzu ferne von der Stadt und seid allesamt bereit!

5. Ich aber und alles Volk, das mit mir ist, wollen uns zu der Stadt machen. Und wenn sie uns entgegen herausfahren wie das erstemal, so wollen wir vor ihnen fliehen,

6. daß sie uns nachfolgen heraus, bis daß wir sie von der Stadt hinwegreißen. Denn sie werden gedenken, wir fliehen vor ihnen *wie das erstemal. Und wenn wir vor ihnen fliehen, *K.7,5.

7. sollt ihr euch aufmachen aus dem Hinterhalt und die Stadt einnehmen; denn der Herr, euer Gott, wird sie in eure Hände geben.

8. Wenn ihr aber die Stadt eingenommen habt, so steckt sie an mit Feuer und tut nach dem Wort des Herrn. Sehet, ich habe es euch geboten.

9. Also sandte sie Josua hin; und sie gingen hin auf den Hinterhalt und hielten zwischen Beth-El und Ai abendwärts von Ai. Josua aber blieb die Nacht unter dem Volk

10. und machte sich des Morgens früh auf und ordnete das Volk und zog hinauf mit den Ältesten Israels vor dem Volk her gen Ai.

11. Und alles Kriegsvolk, das bei ihm war, zog hinauf, und sie traten herzu und kamen gegen die Stadt und lagerten sich gegen Mitternacht vor Ai, daß nur ein Tal war zwischen ihnen und Ai.
12. Er hatte aber bei 5000 Mann genommen und auf den Hinterhalt gestellt zwischen Beth-El und Ai abendwärts von der Stadt.
13. Und sie stellten das Volk des ganzen Lagers, das gegen Mitternacht vor der Stadt war, also, daß sein letztes reichte bis gegen den Abend von der Stadt. Und Josua ging hin in derselben Nacht mitten in das Tal.
14. Als aber der König zu Ai das sah, eilten die Männer der Stadt und machten sich früh auf und zogen heraus, Israel zu begegnen zum Streit, er mit allem seinem Volk, an einem bestimmten Ort vor dem Gefilde. Denn er wußte nicht, daß ihm ein Hinterhalt gelegt war hinter der Stadt.

15. Josua aber und ganz Israel stellten sich, als würden sie geschlagen vor ihnen, und flohen auf dem Wege zur Wüste.
16. Da ward das ganze Volk in der Stadt zuhauf gerufen, daß es ihnen sollte nachjagen.
17. Und sie jagten Josua nach und wurden von der Stadt hinweggerissen, daß nicht ein Mann übrigblieb in Ai und Beth-El, der nicht ausgezogen wäre, Israel nachzujagen; und ließen die Stadt offen stehen, daß sie Israel nachjagten.
18. Da sprach der Herr zu Josua: Recke aus die Lanze in deiner Hand gegen Ai; denn ich will sie in deine Hand geben. Und da Josua die Lanze in seiner Hand gegen die Stadt ausreckte,
19. da brach der Hinterhalt eilends auf aus seinem Ort, und liefen, nachdem er seine Hand ausreckte, und kamen in die Stadt und gewannen sie und eilten und steckten sie mit Feuer an.
20. Und die Männer von Ai wandten sich und sahen hinter sich und sahen den Rauch der Stadt aufgehen gen Himmel und hatten nicht Raum, zu fliehen, weder hin noch her. Und das Volk, das zur Wüste floh, kehrte sich um gegen die, so ihnen nachjagten.
21. Denn da Josua und das ganze Israel sah, daß der Hinterhalt die Stadt gewonnen hatte, weil der Stadt Rauch aufging, kehrten sie wieder um und schlugen die Männer von Ai.
22. Und die in der Stadt kamen auch heraus ihnen entgegen, daß sie mitten unter Israel kamen, von dorther und von hieher; und sie schlugen sie, bis daß niemand unter ihnen übrigblieb noch entrinnen konnte,
23. und griffen den König zu Ai lebendig und brachten ihn zu Josua.
24. Und da Israel alle Einwohner zu Ai erwürgt hatte auf dem Felde und in der Wüste, die ihnen nachgejagt hatten, und alle durch die Schärfe des Schwerts fielen, bis daß sie alle umkamen, da kehrte sich ganz Israel gegen Ai und schlugen es mit der Schärfe des Schwerts.
25. Und alle, die des Tages fielen, beide, Männer und Weiber, der waren 12000, alles Leute von Ai.
26. Josua aber zog nicht wieder zurück seine Hand, mit der er die Lanze ausgereckt hatte, bis daß verbannt wurden alle Einwohner Ais. 2.Mose 17,11–13.
27. Nur das Vieh und den Raub der Stadt teilte Israel aus unter sich nach dem Wort des Herrn, das er Josua geboten hatte.
28. Und Josua brannte Ai aus und machte einen Haufen daraus ewiglich, der noch heute daliegt,
29. und ließ den König zu Ai an einen Baum hängen bis an den Abend. Da aber die Sonne war untergegangen, gebot er, daß man seinen *Leichnam vom Baum täte; und sie warfen ihn unter der Stadt Tor und machten einen großen Steinhaufen auf ihn, der bis auf diesen Tag da ist.
*K.10,27; 5.Mose 21,23.
30. Da baute Josua dem Herrn, dem Gott Israels, einen Altar auf dem *Berge Ebal
*5.Mose 27,2–8.
31. (wie Mose, der Knecht des Herrn, geboten hatte den Kindern Israel, wie geschrieben steht im Gesetzbuch Mose's: einen Altar von ganzen Steinen, die mit keinem Eisen behauen waren) und opferte dem Herrn darauf Brandopfer und Dankopfer
32. und schrieb daselbst auf die Steine das andere Gesetz, das Mose den Kindern Israel vorgeschrieben hatte.
33. Und das ganze Israel mit seinen Ältesten und Amtleuten und Richtern standen zu beiden Seiten der Lade, gegenüber den Priestern aus Levi, die die Lade des Bundes des Herrn trugen, die Fremdlinge sowohl als die Einheimischen, eine Hälfte neben dem Berge *Garizim und die andere Hälfte neben dem Berge Ebal, wie Mose, der Knecht des Herrn, vormals geboten hatte zu segnen das Volk Israel.
*5.Mose 11,29; 27,12.13.
34. Darnach ließ er ausrufen alle Worte

AI WIRD ZERSTÖRT Josua 8, 18.19

des Gesetzes vom Segen und Fluch, wie es geschrieben steht im Gesetzbuch.
35. Es war kein Wort, das Mose geboten hatte, das Josua nicht hätte lassen ausrufen vor der ganzen Gemeinde Israel und vor den Weibern und Kindern und Fremdlingen, die unter ihnen wandelten.

Das 9. Kapitel

Die Gibeoniter erlangen durch List Freundschaft mit Israel und werden zu beständiger Knechtschafft bestimmt.

1. Da nun das hörten alle Könige, die jenseit des Jordans waren auf den Gebirgen und in den Gründen und an allen Anfurten des großen Meers, auch die neben dem Berge Libanon waren, nämlich die Hethiter, Amoriter, Kanaaniter, Pheresiter, Heviter und Jebusiter,
2. sammelten sie sich einträchtig zuhauf, daß sie wider Josua und wider Israel stritten.
3. Aber die Bürger zu Gibeon, da sie hörten, was Josua mit *Jericho und †Ai getan hatte, erdachten sie eine List,

*K. 6,20.21. †K. 8,26.28.

4. gingen hin und versahen sich mit Speise und nahmen alte Säcke auf ihre Esel
5. und alte, zerrissene, geflickte Weinschläuche und alte, geflickte Schuhe an ihre Füße und zogen alte Kleider an, und alles Brot, das sie mit sich nahmen, war hart und schimmlig.
6. Und gingen zu Josua ins Lager gen Gilgal und sprachen zu ihm und zum ganzen Israel: Wir kommen aus fernen Landen; so macht nun einen Bund mit uns.
7. Da sprach das ganze Israel zu dem *Heviter: Vielleicht möchtest du unter uns wohnend werden; wie könnte ich dann †einen Bund mit dir machen?

*K. 11,19. †2. Mose 23,32.

8. Sie aber sprachen zu Josua: Wir sind deine Knechte. Josua sprach zu ihnen: Wer seid ihr, und woher kommt ihr?
9. Sie sprachen: Deine Knechte sind aus sehr fernen Landen gekommen um des Namens willen des Herrn, deines Gottes; denn wir haben sein Gerücht gehört und alles, was er in Ägypten getan hat,
10. und alles, was er den zwei Königen der Amoriter jenseit des Jordans getan hat: Sihon, dem König zu Hesbon, und

Og, dem König von Basan, der zu Astharoth wohnte. 4.Mose 21,21–35.

11. Darum sprachen unsere Ältesten und alle Einwohner unsers Landes: Nehmet Speise mit euch auf die Reise und gehet hin, ihnen entgegen, und sprecht zu ihnen: Wir sind eure Knechte. So macht nun einen Bund mit uns.

12. Dies unser Brot, das wir aus unsern Häusern zu unsrer Speise nahmen, war noch frisch, da wir auszogen zu euch, nun aber, siehe, ist es hart und schimmlig;

13. und diese Weinschläuche füllten wir neu, und siehe, sie sind zerrissen; und diese unsre Kleider und Schuhe sind alt geworden über der sehr langen Reise.

14. Da nahmen die Hauptleute ihre Speise an und fragten *den Mund des Herrn nicht. *4.Mose 27,21.

15. Und Josua machte Frieden mit ihnen und richtete einen Bund mit ihnen auf, daß sie leben bleiben sollten. Und die Obersten der Gemeinde schwuren ihnen. V.7.

16. Aber über drei Tage, nachdem sie mit ihnen einen Bund gemacht hatten, kam es vor sie, daß jene nahe bei ihnen waren und würden unter ihnen wohnen.

17. Denn da die Kinder Israel fortzogen, kamen sie des dritten Tages zu ihren Städten – die hießen Gibeon, Kaphira, Beeroth und Kirjath-Jearim –

18. und schlugen sie nicht, darum daß ihnen die Obersten der Gemeinde geschworen hatten bei dem Herrn, dem Gott Israels. Da aber die ganze Gemeinde wider die Obersten murrte,

19. sprachen alle Obersten zu der ganzen Gemeinde: Wir haben ihnen geschworen bei dem Herrn, dem Gott Israels; darum können wir sie nicht antasten.

20. Aber das wollen wir tun: laßt sie leben, daß nicht ein Zorn über uns komme um des Eides willen, den wir ihnen getan haben. 2.Sam. 21,1.2.

21. Und die Obersten sprachen zu ihnen: Laßt sie leben, daß sie Holzhauer und Wasserträger seien der ganzen Gemeinde, wie ihnen die Obersten gesagt haben.

22. Da rief sie Josua und redete mit ihnen und sprach: Warum habt ihr uns betrogen und gesagt, ihr seid sehr ferne von uns, so ihr doch unter uns wohnet?

23. Darum sollt ihr verflucht sein, daß unter euch nicht aufhören Knechte, die Holz hauen und Wasser tragen zum Hause meines Gottes.

24. Sie antworteten Josua und sprachen: Es ist deinen Knechten angesagt, daß der Herr, dein Gott, Mose, seinem Knecht, geboten habe, daß er euch das ganze Land geben und vor euch her alle Einwohner des Landes vertilgen wolle. Da fürchteten wir für unser Leben vor euch sehr und haben solches getan.

25. Nun aber, siehe, wir sind in deinen Händen; was dich gut und recht dünkt uns zu tun, das tue.

26. Und er tat ihnen also und errettete sie vor der Kinder Israel Hand, daß sie sie nicht erwürgten.

27. Also machte sie Josua desselben Tages zu *Holzhauern und Wasserträgern für die Gemeinde und den Altar des Herrn bis auf diesen Tag, an dem Ort, den er erwählen würde. *5.Mose 29,10.

Das 10. Kapitel

Wunderbarer Sieg Josuas über fünf Amoriterkönige. Weitere Erfolge.

1. Da aber Adoni-Zedek, der König zu Jerusalem, hörte, daß *Josua Ai gewonnen und es verbannt hatte und Ai samt seinem König getan hatte, gleich wie er Jericho und seinem König getan hatte, und †daß die zu Gibeon Frieden mit Israel gemacht hatten und unter sie gekommen waren, *K.8. †K.9.

2. fürchteten sie sich sehr; denn Gibeon war eine große Stadt wie eine königliche Stadt und größer als Ai, und alle seine Bürger streitbar.

3. Und er sandte zu Hoham, dem König zu Hebron, und zu Piream, dem König zu Jarmuth, und zu Japhia, dem König zu Lachis, und zu Debir, dem König zu Eglon, und ließ ihnen sagen:

4. Kommt herauf zu mir und helft mir, daß wir Gibeon schlagen; denn es hat mit Josua und den Kindern Israel Frieden gemacht.

5. Da kamen zuhauf und zogen hinauf die fünf Könige der Amoriter – der König zu Jerusalem, der König zu Hebron, der König zu Jarmuth, der König zu Lachis, der König zu Eglon – mit allem ihrem Heerlager und belagerten Gibeon und stritten dawider.

6. Aber die zu Gibeon sandten zu Josua ins Lager gen Gilgal und ließen ihm sagen: Zieh deine Hand nicht ab von deinen Knechten; komm zu uns herauf eilend, rette uns und hilf uns! denn es haben sich wider uns versammelt alle Könige der Amoriter, die auf dem Gebirge wohnen.

7. Josua zog hinauf von Gilgal und alles Kriegsvolk mit ihm und alle streitbaren Männer.

JOSUAS SIEG BEI GIBEON Josua 10, 11–13

8. Und der Herr sprach zu Josua: Fürchte
dich nicht vor ihnen, denn ich habe sie in
deine Hände gegeben; niemand unter ihnen wird vor dir stehen können.
9. Also kam Josua plötzlich über sie;
denn die ganze Nacht zog er herauf von
Gilgal.
10. Aber der Herr schreckte sie vor Israel, daß sie eine große Schlacht schlugen
zu Gibeon und jagten ihnen nach den Weg
hinan zu Beth-Horon und schlugen sie bis
gen Aseka und Makkeda.
11. Und da sie vor Israel flohen den Weg
herab zu Beth-Horon, ließ der Herr einen
*großen Hagel vom Himmel auf sie fallen
bis gen Aseka, daß sie starben. Und viel
mehr starben ihrer vor dem Hagel, als die
Kinder Israel mit dem Schwert erwürgten.

*2. Mose 9,22–25.

12. Da redete Josua mit dem Herrn des
Tages, da der Herr die Amoriter dahingab
vor den Kindern Israel, und sprach vor
dem gegenwärtigen Israel: »Sonne, stehe
still zu Gibeon, und Mond, im Tal Ajalon!«
13. Da *stand die Sonne und der Mond
still, bis daß sich das Volk an seinen Feinden rächte. Ist dies nicht geschrieben im
†Buch des Frommen? Also stand die Sonne mitten am Himmel und verzog unter-
zugehen beinahe einen ganzen Tag.

*Hab. 3,11. †2. Sam. 1,18.

14. Und war kein Tag diesem gleich, weder zuvor noch darnach, da der Herr der
Stimme eines Mannes gehorchte; denn
der *Herr stritt für Israel.

*V. 42; 2. Mose 14,25.

15. Josua aber zog wieder ins Lager gen
Gilgal und das ganze Israel mit ihm.
16. Aber diese fünf Könige waren geflohen und hatten sich versteckt in die Höhle
zu Makkeda.
17. Da ward Josua angesagt: Wir haben
die fünf Könige gefunden, verborgen in
der Höhle zu Makkeda.
18. Josua sprach: So wälzt große Steine
vor das Loch der Höhle und bestellt Männer davor, die sie hüten.
19. Ihr aber stehet nicht still, sondern
jagt euren Feinden nach und schlagt ihre
Nachzügler und laßt sie nicht in ihre Städte kommen; denn der Herr, euer Gott, hat
sie in eure Hände gegeben.
20. Und da Josua und die Kinder Israel
vollendet hatten diese sehr große

Schlacht an ihnen und sie ganz geschlagen – und was übrigblieb von ihnen, in die festen Städte gekommen war –,

21. da kam alles Volk wieder ins Lager zu Josua gen Makkeda mit Frieden, und wagte niemand vor den Kindern Israel seine Zunge zu regen.

22. Josua aber sprach: Macht auf das Loch der Höhle und bringt hervor die fünf Könige zu mir!

23. Sie taten also und brachten die fünf Könige zu ihm aus der Höhle: den König zu Jerusalem, den König zu Hebron, den König zu Jarmuth, den König zu Lachis, den König zu Eglon.

24. Da aber die fünf Könige zu ihm herausgebracht waren, rief Josua das ganze Israel und sprach zu den Obersten des Kriegsvolks, die mit ihm zogen: Kommt herzu und setzt eure Füße auf die Hälse dieser Könige. Und sie kamen herzu und setzten ihre Füße auf ihre Hälse.

25. Und Josua sprach zu ihnen: Fürchtet euch nicht und erschrecket nicht, seid getrost und unverzagt; denn also wird der Herr allen euren Feinden tun, wider die ihr streitet.

26. Und Josua schlug sie darnach und tötete sie und hing sie an fünf Bäume; und sie hingen an den Bäumen bis zum Abend.

27. Da aber die *Sonne war untergegangen, gebot er, daß man sie von den Bäumen nähme und würfe sie in die Höhle, darin sie sich verkrochen hatten. Und sie legten große Steine vor der Höhle Loch; die sind noch da bis auf diesen Tag.

*K. 8,29; 5. Mose 21,23.

28. Desselben Tages gewann Josua auch Makkeda und schlug es mit der Schärfe des Schwerts, dazu seinen König, und verbannte es und alle Seelen, die darin waren, und ließ niemand übrigbleiben und tat dem König zu Makkeda, wie *er dem König zu Jericho getan hatte. *K. 6,21.

29. Da zog Josua und das ganze Israel mit ihm von Makkeda gen Libna und stritt dawider.

30. Und der Herr gab dieses auch in die Hand Israels mit seinem König; und er schlug es mit der Schärfe des Schwerts und alle Seelen, die darin waren, und ließ niemand darin übrigbleiben und tat seinem König, wie er dem König zu Jericho getan hatte.

31. Darnach zog Josua und das ganze Israel mit ihm von Libna gen Lachis und belagerten und bestritten es.

32. Und der Herr gab Lachis auch in die Hände Israels, daß sie es des andern Tages gewannen und schlugen es mit der Schärfe des Schwerts und alle Seelen, die darin waren, allerdinge wie sie Libna getan hatten.

33. Zu derselben Zeit zog Horam, der König zu Geser, hinauf, Lachis zu helfen; aber Josua schlug ihn mit allem seinem Volk, bis daß niemand übrigblieb.

34. Und Josua zog von Lachis samt dem ganzen Israel gen Eglon und belagerte und bestritt es

35. und gewann es desselben Tages und schlug es mit der Schärfe des Schwerts und verbannte alle Seelen, die darin waren, desselben Tages, allerdinge wie er Lachis getan hatte.

36. Darnach zog Josua hinauf samt dem ganzen Israel von Eglon gen Hebron und bestritt es

37. und gewann es und schlug es mit der Schärfe des Schwerts und seinen König mit allen seinen Städten und alle Seelen, die darin waren, und ließ niemand übrigbleiben, allerdinge wie er Eglon getan hatte, und verbannte es und alle Seelen, die darin waren.

38. Da kehrte Josua wieder um samt dem ganzen Israel gen Debir und bestritt es

39. und gewann es samt seinem König und alle seine Städte; und schlugen es mit der Schärfe des Schwerts und verbannten alle Seelen, die darin waren, und ließ niemand übrigbleiben. Wie er Hebron getan hatte, so tat er auch Debir und seinem König, und wie er Libna und seinem König getan hatte.

40. Also schlug Josua alles Land auf dem Gebirge und gegen Mittag und in den Gründen und an den Abhängen mit allen ihren Königen und ließ niemand übrigbleiben und *verbannte alles, was Odem hatte, wie der Herr, der Gott Israels, geboten hatte. *4. Mose 21.2; 5. Mose 20,16–18.

41. Und schlug sie von Kades-Barnea an bis gen Gaza und das ganze Land *Gosen bis gen Gibeon *K. 11,16.

42. und gewann alle diese Könige mit ihrem Lande auf einmal; denn der *Herr, der Gott Israels, stritt für Israel. *V. 14.

43. Und Josua zog wieder ins Lager gen Gilgal mit dem ganzen Israel. V. 15.

Das 11. Kapitel

Ausrottung vieler kanaanitischer Stämme.

1. Da aber Jabin, der König zu Hazor, solches hörte, sandte er zu Jobab, dem König zu Madon, und zum König zu Simron und zum König zu Achsaph

DIE GEFANGENEN FÜNF KÖNIGE Josua 10, 23

2. und zu den Königen, die gegen Mitternacht auf dem Gebirge und auf dem Gefilde gegen Mittag von Kinneroth und in den
Gründen und in Naphoth-Dor am Meer
wohnten,
3. zu den Kanaanitern gegen Morgen
und Abend, den Amoritern, Hethitern,
Pheresitern und Jebusitern auf dem Gebirge, dazu den Hevitern unten am Berge
Hermon im Lande Mizpa.
4. Diese zogen aus mit allem ihrem Heer,
ein großes Volk, so viel als des Sandes am
Meer, und sehr viel Rosse und Wagen.
5. Alle diese Könige versammelten sich
und kamen und lagerten sich zuhauf an
das Wasser Merom, zu streiten mit Israel.
6. Und der Herr sprach zu Josua: Fürchte
dich nicht vor ihnen! denn morgen um
diese Zeit will ich sie alle erschlagen geben
vor den Kindern Israel; ihre Rosse sollst
du lähmen und ihre Wagen mit Feuer verbrennen.
7. Und Josua kam plötzlich über sie und
alles Kriegsvolk mit ihm am Wasser Merom, und überfielen sie.
8. Und der Herr gab sie in die Hände
Israels, und schlugen sie und jagten sie bis
gen Groß-Sidon und *bis an die warmen
Wasser und bis an die Ebene Mizpa gegen
Morgen und schlugen sie, bis daß niemand unter ihnen übrigblieb. *K. 13,6.
9. Da tat ihnen Josua, wie der Herr ihm
gesagt hatte, und lähmte ihre Rosse und
verbrannte ihre Wagen
10. und kehrte um zu derselben Zeit und
gewann Hazor und schlug seinen König
mit dem Schwert; denn Hazor war vormals die Hauptstadt aller dieser Königreiche.
11. Und sie schlugen alle Seelen, die darin waren, mit der Schärfe des Schwerts
und *verbannten sie, und er ließ nichts
übrigbleiben, das Odem hatte, und verbrannte Hazor mit Feuer. *4. Mose 21,2.
12. Dazu gewann Josua alle Städte dieser
Könige mit ihren Königen und schlug sie
mit der Schärfe des Schwerts und verbannte sie, wie Mose, der Knecht des
Herrn, geboten hatte.
13. Doch verbrannten die Kinder Israel
keine Städte, die auf Hügeln standen, sondern Hazor allein verbrannte Josua.
14. Und allen Raub dieser Städte und das
Vieh teilten die Kinder Israel unter sich;

aber alle Menschen schlugen sie mit der Schärfe des Schwerts, bis sie die vertilgten, und ließen nichts übrigbleiben, das Odem hatte.

15. Wie der Herr dem Mose, seinem Knecht, und Mose Josua geboten hatte, so tat Josua, daß nichts fehlte an allem, was der Herr dem Mose geboten hatte.

16. Also nahm Josua alles dies Land ein, das Gebirge und alles, was gegen Mittag liegt, und *alles Land Gosen und die Gründe und das Gefilde und das Gebirge Israel mit seinen Gründen, *K. 10,41.

17. von dem kahlen Gebirge an, das aufsteigt gen Seir, bis gen Baal-Gad in der Ebene beim Berge Libanon, unten am Berge Hermon. Alle ihre Könige gewann er und schlug sie und tötete sie.

18. Er stritt aber eine lange Zeit mit diesen Königen.

19. Es war aber keine Stadt, die sich mit Frieden ergab den Kindern Israel, ausgenommen die *Heviter, die zu Gibeon wohnten; sondern sie gewannen sie alle mit Streit. *K. 9,15.

20. Und das geschah also von dem Herrn, daß ihr Herz verstockt würde, mit Streit zu begegnen den Kindern Israel, auf daß sie verbannt würden und ihnen keine Gnade widerführe, *sondern vertilgt würden, wie der Herr dem Mose geboten hatte.

*5. Mose 7,2.

21. Zu der Zeit kam Josua und *rottete aus die Enakiter von dem Gebirge, von Hebron, von Debir, von Anab und von allem Gebirge Juda und von allem Gebirge Israel und verbannte sie mit ihren Städten

*4. Mose 13,22; 5. Mose 1,28.

22. und ließ keine Enakiter übrigbleiben im Lande der Kinder Israel; außer zu Gaza, zu *Gath, zu Asdod, da blieben ihrer übrig. *1. Sam. 17,4.

23. Also nahm Josua alles Land ein, allerdinge wie der Herr zu Mose geredet hatte, und gab es Israel zum Erbe, einem jeglichen Stamm sein Teil. Und *der Krieg hörte auf im Lande. *K. 14,15.

Das 12. Kapitel

Einunddreißig besiegte Könige auf beiden Seiten des Jordans.

1. Dies sind die Könige des Landes, die die Kinder Israel schlugen und nahmen ihr Land ein jenseit des Jordans gegen der Sonne Aufgang von dem Bach Arnon an bis an den Berg Hermon und das ganze Gefilde gegen Morgen:

2. *Sihon, der König der Amoriter, der zu Hesbon wohnte und herrschte von Aroer an, das am Ufer liegt des Bachs Arnon, und von der Mitte des Tals an und über das halbe Gilead bis an den Bach Jabbok, der die Grenze ist der Kinder Ammon,

*4. Mose 21,24.

3. und über das Gefilde bis an das Meer Kinneroth gegen Morgen und bis an das Meer im Gefilde, nämlich das Salzmeer, gegen Morgen, des Weges gen Beth-Jesimoth, und gegen Mittag unten an den Abhängen des Gebirges Pisga.

4. Dazu das Gebiet des Königs Og von Basan, der noch von den Riesen übrig war und wohnte zu Astharoth und Edrei

4. Mose 21,33; 5. Mose 3,11.

5. und herrschte über den Berg Hermon, über Salcha und über ganz Basan bis an die Grenze der Gessuriter und Maachathiter und über das halbe Gilead, da die Grenze war Sihons, des Königs zu Hesbon.

6. Mose, der Knecht des Herrn, und die Kinder Israel schlugen sie. Und Mose, der Knecht des Herrn, gab *ihr Land einzunehmen den Rubenitern, Gaditern und dem halben Stamm Manasse. *4. Mose 32,33.

7. Dies sind die Könige des Landes, die Josua schlug und die Kinder Israel, diesseit des Jordans gegen Abend, von Baal-Gad an auf der Ebene beim Berge Libanon bis an das kahle Gebirge, das aufsteigt gen Seir (und Josua gab das Land den Stämmen Israels einzunehmen, einem jeglichen sein Teil,

8. was auf den Gebirgen, in den Gründen, Gefilden, an den Abhängen, in der Wüste und gegen Mittag war: die *Hethiter, Amoriter, Kanaaniter, Pheresiter, Heviter und Jebusiter): *K. 11,3.

9. der König zu *Jericho, der König zu †Ai, das zur Seite an Beth-El liegt,

*K. 6,2. †K. 8,29.

10. der König zu Jerusalem, der König zu Hebron, K. 10,1.3.

11. der König zu Jarmuth, der König zu Lachis, K. 10,3.

12. der König zu Eglon, der König zu Geser, K. 10,3.26.33.

13. der König zu *Debir, der König zu Geder, *K. 10,39; Richt. 1,11.

14. der König zu *Horma, der König zu †Arad, *Richt. 1,17. †4. Mose 21,1.

15. der König zu *Libna, der König zu Adullam, *K. 10,29.30.

16. der König zu *Makkeda, der König zu Beth-El, *K. 10,28.

17. der König zu Thappuah, der König zu Hepher,

18. der König zu *Aphek, der König zu Lasaron, *K. 15,53; 1. Sam. 4,1.

AUFTEILUNG DES LANDES UNTER DIE STÄMME Josua 13, 7

19. der König zu Madon, der König zu Hazor, K. 11,1.10.
20. der König zu Simron-Meron, der König zu Achsaph, K. 11,1.
21. der König zu Thaanach, der König zu Megiddo,
22. der König zu Kedes, der König zu Jokneam am Karmel,
23. der König zu *Naphoth-Dor, der König der Heiden zu Gilgal, *K. 11,2.
24. der König zu Thirza. Das sind einunddreißig Könige.

Das 13. Kapitel

Verteilung des Landes. Erbteile der dritthalb Stämme jenseit des Jordans.

1. Da nun Josua alt war und wohl betagt, sprach der Herr zu ihm: Du bist alt geworden und wohl betagt, und des Landes ist noch sehr viel übrig einzunehmen,
2. nämlich alle Kreise der Philister und ganz Gessur,
3. vom Sihor an, der vor Ägypten fließt, bis an die Grenze Ekrons gegen Mitternacht, die den Kanaanitern zugerechnet wird, fünf Herren der Philister, nämlich der Gaziter, der Asdoditer, der Askaloniter, der Gathiter, der Ekroniter, und die Avviter;
4. von Mittag an aber das ganze Land der Kanaaniter und Meara der Sidonier bis gen Aphek, bis an die Grenze der Amoriter;
5. dazu das Land der Gebaliter und der ganze Libanon gegen der Sonne Aufgang, von Baal-Gad an unter dem Berge Hermon, bis man kommt gen Hamath.
6. Alle, die auf dem Gebirge wohnen, vom Libanon an *bis an die warmen Wasser, alle Sidonier: ich will sie vertreiben vor den Kindern Israel lose nur darum, sie auszuteilen unter Israel, wie ich dir geboten habe. *K. 11,8.
7. So teile nun dies Land zum Erbe unter die neun Stämme und unter den halben Stamm Manasse.
8. Denn *die Rubeniter und Gaditer haben mit dem andern halben Manasse ihr Erbteil empfangen, das ihnen Mose gab jenseit des Jordans, gegen Aufgang, wie ihnen dasselbe Mose, der Knecht des Herrn, gegeben hat, *V. 15–32.
9. von Aroer an, das am Ufer des Bachs Arnon liegt, und von der Stadt mitten im

Tal und die ganze Ebene Medeba bis gen Dibon

10. und alle Städte Sihons, des Königs der Amoriter, der zu Hesbon saß, bis an die Grenze der Kinder Ammon,

11. dazu Gilead und das Gebiet von Gessur und Maacha und den ganzen Berg Hermon und das ganze Basan bis gen Salcha

12. (das ganze Reich Ogs von Basan, der zu Astharoth und Edrei saß, welcher noch übrig war von den Riesen. Mose aber schlug sie und vertrieb sie.

13. Die Kinder Israel vertrieben aber die zu Gessur und zu Maacha nicht, sondern es wohnten beide, Gessur und Maacha, unter den Kindern Israel bis auf diesen Tag).

14. Aber *dem Stamm der Leviten gab er kein Erbteil; denn das Opfer des Herrn, des Gottes Israels, ist ihr Erbteil, wie er ihnen geredet hat. *V.33.

15. Also gab Mose dem Stamm der Kinder Ruben nach ihren Geschlechtern, 4. Mose 32.

16. daß ihr Gebiet war von Aroer an, das am Ufer des Bachs Arnon liegt, und von der Stadt mitten im Tal mit allem ebenen Felde bis gen Medeba,

17. Hesbon und alle seine Städte, die im ebenen Felde liegen, Dibon, Bamoth-Baal und Beth-Baal-Meon,

18. Jahza, Kedemoth, Mephaath,

19. Kirjathaim, Sibma, Zereth-Sahar auf dem Berge im Tal,

20. Beth-Peor, die Abhänge am Pisga und Beth-Jesimoth

21. und alle Städte auf der Ebene und das ganze Reich Sihons, des Königs der Amoriter, der zu Hesbon saß, den Mose schlug samt den Fürsten Midians – Evi, Rekem, Zur, Hur und Reba –, den Gewaltigen des Königs Sihon, die im Lande wohnten.

22. Auch *Bileam, den Sohn Beors, den Weissager, erwürgten die Kinder Israel mit dem Schwert samt den Erschlagenen. *4. Mose 22,5; 31,8.

23. Und die Grenze der Kinder Ruben war der Jordan. Das ist das Erbteil der Kinder Ruben nach ihren Geschlechtern, die Städte und ihre Dörfer.

24. Dem Stamm der Kinder Gad nach ihren Geschlechtern gab Mose,

25. daß ihr Gebiet war Jaser und alle Städte in Gilead und das halbe Land der Kinder Ammon bis gen Aroer, welches liegt vor Rabba,

26. und von Hesbon bis gen Ramath-Mizpe und Betonim, und von Mahanaim bis an die Grenze Debirs,

27. im Tal aber Beth-Haram, Beth-Nimra, Sukkoth und Zaphon, was übrig war von dem Reich Sihons, des Königs zu Hesbon, daß der Jordan die Grenze war bis ans Ende des Meers Kinnereth, jenseit des Jordans gegen Aufgang.

28. Das ist das Erbteil der Kinder Gad nach ihren Geschlechtern, die Städte und ihre Dörfer.

29. Dem halben Stamm der Kinder Manasse nach ihren Geschlechtern gab Mose,

30. daß ihr Gebiet war von Mahanaim an: das ganze Basan, das ganze Reich Ogs, des Königs von Basan, und alle Flecken *Jairs, die in Basan liegen, nämlich sechzig Städte. *Richt. 10,3.4.

31. Und das halbe Gilead, Astharoth, Edrei, die Städte des Königreichs Ogs von Basan, gab es den Kindern Machirs, des Sohnes Manasses, das ist der Hälfte der Kinder Machirs, nach ihren Geschlechtern.

32. Das ist es, was Mose ausgeteilt hat in dem Gefilde Moabs, jenseit des Jordans vor Jericho gegen Aufgang.

33. Aber dem *Stamm Levi gab Mose kein Erbteil; denn der Herr, der Gott Israels, ist ihr Erbteil, wie er ihnen geredet hat. *4. Mose 18,20.21.

Das 14. Kapitel

Austeilung des Landes vollzogen. Kalebs Erbteil.

1. Dies ist es aber, was die Kinder Israel eingenommen haben im Lande Kanaan, das unter sie ausgeteilt haben der Priester *Eleasar und Josua, der Sohn Nuns, und die obersten Väter unter den Stämmen der Kinder Israel. *4. Mose 34,17.

2. Sie teilten es aber *durchs Los unter sie, wie der Herr durch Mose geboten hatte, zu geben den zehnthalb Stämmen. *4. Mose 26,55.

3. Denn den zwei Stämmen und dem halben Stamm hatte Mose Erbteil gegeben jenseit des Jordans; den Leviten aber hatte er kein Erbteil unter ihnen gegeben. K. 13,14–33.

4. Denn die Kinder Josephs wurden zwei Stämme, Manasse und Ephraim; den Leviten aber gaben sie kein Teil im Lande, sondern *Städte, darin zu wohnen, und Vorstädte für ihr Vieh und ihre Habe. *K. 21.

5. Wie der Herr dem Mose geboten hatte, so taten die Kinder Israel und teilten das Land.

6. Da traten herzu die Kinder Juda zu Josua zu Gilgal, und Kaleb, der Sohn Jephunnes, der Kenisiter, sprach zu ihm: Du

weißt, was *der Herr zu Mose, dem Manne
Gottes, sagte meinet- und deinetwegen in
Kades-Barnea. *4.Mose 14,24; 5.Mose 1,36.
7. Ich war vierzig Jahre alt, da mich Mose, der Knecht des Herrn, aussandte von
Kades-Barnea, das Land zu erkunden, und
ich ihm Bericht gab nach meinem Gewissen. 4.Mose 13,6.30.
8. Aber meine Brüder, die mit mir hinaufgegangen waren, machten dem Volk
das Herz verzagt; ich aber folgte dem
Herrn, meinem Gott, treulich.
9. Da schwur Mose desselben Tages und
sprach: Das Land, darauf du mit deinem
Fuß getreten hast, soll dein und deiner
Kinder Erbteil sein ewiglich, darum daß
du dem Herrn, meinem Gott, treulich gefolgt bist.
10. Und nun siehe, der Herr hat mich
leben lassen, wie er geredet hat. Es sind
nun fünfundvierzig Jahre, daß der Herr
solches zu Mose sagte, die Israel in der
Wüste gewandelt ist. Und nun siehe, ich
bin heute fünfundachtzig Jahre alt
11. und bin noch *heutigestages so
stark, als ich war des Tages, da mich Mose
aussandte; wie meine Kraft war dazumal,
also ist sie auch jetzt, zu streiten und aus
und ein zu gehen. *5.Mose 34,7.
12. So gib mir nun dies Gebirge, davon
der Herr geredet hat an jenem Tage; denn
du hast's gehört am selben Tage. Denn es
wohnen die Enakiter droben, und sind
große und feste Städte. Ob der Herr mit
mir sein wollte, daß ich sie vertriebe, wie
der Herr geredet hat. K.11,21.
13. Da segnete ihn Josua und gab *also
Hebron Kaleb, dem Sohn Jephunnes, zum
Erbteil. *K.15,13–19; 21,11.12.
14. Daher ward Hebron Kalebs, des Sohnes Jephunnes, des Kenisiters, Erbteil bis
auf diesen Tag, darum daß er dem Herrn,
dem Gott Israels, treulich gefolgt war.
15. Aber Hebron hieß vorzeiten Stadt des
Arba, der ein großer Mensch war unter
den Enakitern. Und *der Krieg hatte aufgehört im Lande. *K.11,23.

Das 15. Kapitel

Grenzen und Städte des Stammes Juda.

1. Das Los des Stammes der Kinder Juda
nach ihren Geschlechtern war an der
*Grenze Edoms bei der Wüste Zin, mittag-
wärts, am Ende des Landes gegen Mittag,
*4.Mose 34,3–5.
2. daß ihre Mittagsgrenze war von der
Ecke an dem Salzmeer – das ist, von der
Zunge, die mittagwärts geht –
3. und geht aus mittagwärts von der Steige Akrabbim und geht durch Zin und geht
hinauf im Mittag von Kades-Barnea und
geht durch Hezron und geht hinauf gen
Adar und lenkt sich um gen Karkaa
4. und geht durch Azmon und kommt
hinaus an den Bach Ägyptens, daß das
Ende der Grenze das Meer wird. Das sei
eure Grenze gegen Mittag.
5. Aber die Morgengrenze ist das Salzmeer bis an des Jordans Ende. Die Grenze
gegen Mitternacht ist von der Zunge des
Meers, die am Ende des Jordans ist,
6. und geht herauf gen Beth-Hogla und
zieht sich mitternachtwärts von Beth-Araba und kommt *herauf zum Stein Bohans,
des Sohnes Rubens, *K.18,17.
7. und geht herauf gen Debir vom Tal
Achor und wendet sich mitternachtwärts
gen Gilgal, welches liegt gegenüber der
Steige Adummim, die mittagwärts vom
Wasser liegt; darnach geht sie zu dem
Wasser En-Semes und kommt hinaus zum
*Brunnen Rogel; *2.Sam.17,17.
8. darnach geht sie herauf zum *Tal des
Sohnes Hinnoms an der Mittagseite des
Jebusiters, das ist Jerusalem, und kommt
herauf auf die Spitze des Berges, der vor
dem Tal Hinnom liegt abendwärts, welcher stößt an die Ecke des Tals Rephaim
gegen Mitternacht zu; *2.Chron.28,3.
9. darnach kommt sie von des Berges
Spitze zu den Wasserbrunnen Nephtoa
und kommt heraus zu den Städten des
Gebirges Ephron und neigt sich gen *Baala, das ist Kirjath-Jearim, *V.60.
10. und lenkt sich herum von Baala gegen Abend zum Gebirge Seir und geht an
der Mitternachtseite des Gebirges Jearim,
das ist Chesalon, und kommt herab gen
Beth-Semes und geht durch Thimna
11. und bricht heraus an der Seite
Ekrons her mitternachtwärts und zieht
sich gen Sichron und geht über den Berg
Baala und kommt heraus gen Jabneel, daß
ihr Ende ist das Meer.
12. Die Grenze aber gegen Abend ist das
große Meer. Das ist die Grenze der Kinder
Juda umher nach ihren Geschlechtern.
(V.13–19: vgl. Richt.1,10–15.)
13. Kaleb *aber, dem Sohn Jephunnes,
ward sein Teil gegeben unter den Kindern
Juda, wie der Herr dem Josua befahl, nämlich die Stadt des Arba, des Vaters Enaks,
das ist Hebron. *K.14,6–15.
14. Und Kaleb vertrieb von da die drei
Söhne Enaks: Sesai, Ahiman und Thalmai,
geboren von Enak,
15. und zog von dort hinauf zu den Ein-

wohnern Debirs. Debir aber hieß vorzeiten Kirjath-Sepher.
16. Und Kaleb sprach: Wer Kirjath-Sepher schlägt und gewinnt, dem will ich meine Tochter Achsa zum Weibe geben.
17. Da gewann es Othniel, der Sohn des Kenas, der Bruder Kalebs; und er gab ihm seine Tochter Achsa zum Weibe.
18. Und es begab sich, da sie einzog, beredete sie ihn, einen Acker zu fordern von ihrem Vater. Und sie stieg vom Esel; da sprach Kaleb zu ihr: Was ist dir?
19. Sie sprach: Gib mir einen Segen! Denn du hast mir ein Mittagsland gegeben; gib mir auch Wasserquellen! Da gab er ihr die Quellen oben und unten.
20. Dies ist das Erbteil des Stammes der Kinder Juda nach ihren Geschlechtern.
21. Und die Städte des Stammes der Kinder Juda von einer Ecke zu der andern, an der Grenze der Edomiter gegen Mittag, waren diese: Kabzeel, Eder, Jagur,
22. Kina, Dimona, Ad-Ada,
23. Kedes, Hazor, Ithnan,
24. Siph, Telem, Bealoth,
25. Hazor-Hadatta, Karioth-Hezron, das ist Hazor,
26. Amam, Sema, Molada,
27. Hazar-Gadda, Hesmon, Beth-Pelet,
28. Hazar-Sual, Beer-Seba, Bisjothja,
29. Baala, Ijim, Ezem,
30. Eltholad, Chesil, Horma,
31. Ziklag, Madmanna, Sansanna,
32. Lebaoth, Silhim, Ain, Rimmon. Das sind neunundzwanzig Städte und ihre Dörfer.
33. In den Gründen aber war *Esthaol, Zora, Asna, *Richt. 13,25; 16,31.
34. Sanoah, En-Gannim, Tappuah, Enam,
35. Jarmuth, Adullam, Socho, Aseka,
36. Saaraim, Adithaim, Gedera, Gederothaim. Das sind vierzehn Städte und ihre Dörfer.
37. Zenan, Hadasa, Migdal-Gad,
38. Dilean, Mizpe, Joktheel,
39. Lachis, Bozkath, Eglon,
40. Chabbon, Lahmas, Kithlis,
41. Gederoth, Beth-Dagon, Naema, Makkeda. Das sind sechzehn Städte und ihre Dörfer.
42. Libna, Ether, Asan,
43. Jephthah, Asna, Nezib,
44. Kegila, *Achsib, Maresa. Das sind neun Städte und ihre Dörfer. *K. 19,29.
45. *Ekron mit seinen Ortschaften und Dörfern. *1. Sam. 5,10.
46. Von Ekron und ans Meer, alles, was an Asdod und seine Dörfer reicht:
47. *Asdod mit seinen Ortschaften und Dörfern, †Gaza mit seinen Ortschaften und Dörfern bis an das Wasser Ägyptens; und das große **Meer ist seine Grenze.
*1. Sam 5,1. †Richt. 1,18. **4. Mose 34,6.
48. Auf dem Gebirge aber war Samir, Jatthir, Socho.
49. Danna, Kirjath-Sanna, das ist Debir,
50. Anab, Esthemo, Anim,
51. Gosen, Holon, Gilo. Das sind elf Städte und ihre Dörfer.
52. Arab, Duma, Esean,
53. Janum, Beth-Thappuah, Apheka,
54. Humta, Kirjath-Arba, das ist Hebron, Zior. Das sind neun Städte und ihre Dörfer.
55. Maon, Karmel, Siph, Jutta,
56. Jesreel, Jokdeam, Sanoah,
57. Hakain, Gibea, Thimna. Das sind zehn Städte und ihre Dörfer.
58. Halhul, Beth-Zur, Gedor,
59. Maarath, Beth-Anoth, Elthekon. Das sind sechs Städte und ihre Dörfer.
60. *Kirjath-Baal, das ist Kirjath-Jearim, Harabba; zwei Städte und ihre Dörfer.
*K. 9,17; 18,14.
61. In der Wüste aber war Beth-Araba, Middin, Sechacha,
62. Nibsan und die Salzstadt und Engedi. Das sind sechs Städte und ihre Dörfer.
63. Die Jebusiter aber wohnten zu Jerusalem, und die Kinder Juda konnten sie nicht vertreiben; *also blieben die Jebusiter mit den Kindern Juda zu Jerusalem bis auf diesen Tag. *K. 18,28; 2. Sam. 5,6.

Das 16. Kapitel

Erbteil der Ephraimiter.

1. Und das Los fiel den Kindern Joseph aufgangwärts vom Jordan gegenüber Jericho bis zum Wasser bei Jericho, und die Wüste, die heraufgeht von Jericho durch das Gebirge gen Beth-El;
2. und kommt von Beth-El heraus gen Lus und geht durch zur Grenze des Arachiters gen Ataroth
3. und zieht sich hernieder abendwärts zu der Grenze des Japhletiters bis an die Grenze des niedern Beth-Horon und bis gen Geser; und das Ende ist am Meer.
4. Das haben zum Erbteil genommen die Kinder Josephs, Manasse und Ephraim.
5. Die Grenze der Kinder Ephraim nach ihren Geschlechtern, die Grenze ihres Erbteil aufgangwärts, war Ataroth-Adar bis zum obern Beth-Horon
6. und geht aus gegen Abend bei Michmethath, das gegen Mitternacht liegt; da-

selbst lenkt sie sich herum gegen Aufgang
gen Thaanath-Silo und geht da durch aufgangwärts gen Janoha
7. und kommt herab von Janoha gen Ataroth und Naarath und stößt an Jericho
und geht aus am Jordan;
8. von Thappuah geht sie abendwärts
zum Bach Kana; und ihr Ende ist am
Meer. Das ist das Erbteil des Stammes der
Kinder Ephraim nach ihren Geschlechtern,
9. dazu alle Städte mit ihren Dörfern,
welche für die Kinder Ephraim ausgesondert waren unter dem Erbteil der Kinder
Manasse. K.17,9.
10. Und sie vertrieben die Kanaaniter
nicht, die zu Geser wohnten; also blieben
die Kanaaniter unter Ephraim bis auf diesen Tag und wurden zinsbar. 1.Kön.9,16.

Das 17. Kapitel

Erbteil der andern Hälfte Manasses.

1. Und das Los fiel dem Stamm Manasse,
denn er ist Josephs erster Sohn, und fiel
auf Machir, den ersten Sohn Manasses,
den Vater Gileads, denn er war ein streitbarer Mann; darum ward ihm Gilead und
Basan. 4.Mose 26,29; K.13,31.
2. Den andern Kindern aber Manasses
nach ihren Geschlechtern fiel es auch,
nämlich den Kindern Abiesers, den Kindern Heleks, den Kindern Asriels, den
Kindern Sichems, den Kindern Hephers
und den Kindern Semidas. Das sind die
Kinder Manasses, des Sohnes Josephs, die
Männer, nach ihren Geschlechtern.
3. Aber *Zelophehad, der Sohn Hephers,
des Sohnes Gileads, des Sohnes Machirs,
des Sohnes Manasses, hatte keine Söhne,
sondern Töchter, und ihre Namen sind
diese: Mahela, Noa, Hogla, Milka, Thirza;
*4.Mose 26,33; 27,1.
4. und sie traten vor den Priester Eleasar
und vor Josua, den Sohn Nuns, und vor die
Obersten und sprachen: Der Herr hat Mose geboten, daß er uns solle Erbteil geben
unter unsern Brüdern. Und man gab ihnen Erbteil unter den Brüdern ihres Vaters nach dem Befehl des Herrn.
5. Es fielen aber auf Manasse zehn Meß-
schnüre – außer dem Lande Gilead und
Basan, das jenseit des Jordans liegt –;
6. denn die Töchter Manasses nahmen
Erbteil unter seinen Söhnen, und das
Land Gilead ward den andern Kindern Manasses.
7. Und die Grenze Manasses war von Asser an gen Michmethath, das vor Sichem
liegt, und reicht zur Rechten an die von
En-Thappuah –
8. denn das Land Thappuah ward dem
Manasse; aber Thappuah an der Grenze
Manasses ward den Kindern Ephraim –;
9. darnach kommt sie herab zum Bach
Kana zur Mittagseite des Bachs – die Städte daselbst sind Ephraims *unter den
Städten Manasses –; die Grenze Manasses
aber geht weiter an der Mitternachtseite
des Baches und endet am Meer.
*K.16,9.
10. Dem Ephraim ward's gegen Mittag
und dem Manasse gegen Mitternacht, und
das Meer ist seine Grenze; und sie sollen
stoßen an Asser von Mitternacht und an
Isaschar von Morgen.
11. So hatte nun *Manasse unter Isaschar und Asser: Beth-Sean und seine Ortschaften, Jibleam und seine Ortschaften
und die zu Dor und seine Ortschaften und
die zu †Endor und seine Ortschaften und
die zu Thaanach und seine Ortschaften
und die zu Megiddo und seine Ortschaften
und den dritten Teil Nepheths.
*Richt.1,27. †1.Sam.28,7.
12. Und die Kinder Manasse *konnten
diese Städte nicht einnehmen; sondern
die Kanaaniter blieben wohnen in dem
Lande. *K.15,63.
13. Da aber die Kinder Israel mächtig
wurden, machten sie die Kanaaniter zinsbar und vertrieben sie nicht. K.16,10.
14. Da redeten die Kinder Joseph mit Josua und sprachen: Warum hast du mir nur
ein Los und eine Schnur des Erbteils gegeben? Und ich bin doch ein großes Volk, wie
mich der Herr so gesegnet hat.
15. Da sprach Josua zu ihnen: Weil du
ein großes Volk bist, so gehe hinauf in den
Wald und haue um daselbst im Lande der
Pheresiter und Riesen, weil dir das Gebirge Ephraim zu enge ist.
16. Da sprachen die Kinder Joseph: Das
Gebirge wird nicht Raum genug für uns
sein, und es sind eiserne Wagen bei allen
Kanaanitern, die im Tal des Landes wohnen: bei denen zu Beth-Sean und seinen
zugehörigen Orten und bei denen im Tal
Jesreel.
17. Josua sprach zum Hause Josephs, zu
Ephraim und Manasse: Du bist ein großes
Volk; und weil du so groß bist, sollst du
nicht nur ein Los haben,
18. sondern das Gebirge soll dein sein, da
der Wald ist, den haue um; und er wird
dein sein bis an seine Enden, wenn du die
Kanaaniter vertreibst, die eiserne Wagen
haben und mächtig sind.

Das 18. Kapitel

Stiftshütte zu Silo. Verteilung des noch übrigen Landes. Benjamins Erbteil.

1. Und es versammelte sich die ganze Gemeinde der Kinder Israel gen *Silo und richteten daselbst auf die Hütte des Stifts, und das Land war ihnen unterworfen.
*Richt. 21,19; 1. Sam. 1,3; 4,4.

2. Und es waren noch sieben Stämme der Kinder Israel, denen sie ihr Erbteil nicht ausgeteilt hatten.

3. Und Josua sprach zu den Kindern Israel: Wie lange seid ihr so laß, daß ihr nicht hingeht, das Land einzunehmen, das euch der Herr, eurer Väter Gott, gegeben hat?

4. Schafft euch aus jeglichem Stamm drei Männer, daß ich sie sende und sie sich aufmachen und durchs Land gehen und es aufschreiben nach ihren Erbteilen und zu mir kommen.

5. Teilet das Land in sieben Teile. Juda soll bleiben auf seiner Grenze von Mittag her, und das Haus Josephs soll bleiben auf seiner Grenze von Mitternacht her.

6. Ihr aber schreibt die sieben Teile der Lande auf und bringt sie zu mir hieher, so will ich euch das Los werfen hier vor dem Herrn, unserm Gott.

7. Denn *die Leviten haben kein Teil unter euch, sondern das Priestertum des Herrn ist ihr Erbteil. Gad aber und Ruben und der halbe Stamm Manasse haben ihr Teil genommen jenseit des Jordans, gegen Morgen, das ihnen Mose, der Knecht des Herrn, gegeben hat. *K. 13,14–33.

8. Da machten sich die Männer auf, daß sie hingingen; und Josua gebot ihnen, da sie hin wollten gehen, das Land aufzuschreiben, und sprach: Gehet hin und durchwandelt das Land und schreibt es auf und kommt wieder zu mir, daß ich euch hier das Los werfe vor dem Herrn zu Silo.

9. Also gingen die Männer hin und durchzogen das Land und schrieben es auf in einen Brief nach den Städten in sieben Teile und kamen zu Josua ins Lager gen Silo.

10. Da warf Josua das Los über sie zu Silo vor dem Herrn und teilte daselbst das Land aus unter die Kinder Israel, einem jeglichen sein Teil.

11. Und das Los des Stammes der Kinder Benjamin fiel nach ihren Geschlechtern, und die Grenze ihres Loses ging aus zwischen den Kindern Juda und den Kindern Joseph.

12. Und ihre Grenze war an der Seite gegen Mitternacht vom Jordan an und geht herauf an der Mitternachtseite Jerichos und kommt aufs Gebirge abendwärts und geht aus nach der Wüste *Beth-Aven
*K. 7,2.

13. und geht von da gen Lus, an der Seite her an Lus mittagwärts, das ist *Beth-El, und kommt hinab gen Ataroth-Adar an den Berg, der gegen Mittag liegt von dem niederen Beth-Horon. *1. Mose 12,8; 28,19.

14. Darnach neigt sie sich und lenkt sich um zur Seite des Abends gegen Mittag von dem Berge an, der vor Beth-Horon mittagwärts liegt, und endet an Kirjath-Baal, das ist Kirjath-Jearim, die Stadt der Kinder Juda. Das ist die Seite gegen Abend.
K. 15,6–9.

15. Aber die Seite gegen Mittag ist von Kirjath-Jearim an und geht aus gegen Abend und kommt hinaus zum Wasserbrunnen Nephthoa

16. und geht herab an des Berges Ende, der vor dem Tal des Sohnes Hinnoms liegt, am Grunde Rephaim gegen Mitternacht, und geht herab durchs Tal Hinnom an der Mittagseite des Jebusiters und kommt hinab zum Brunnen Rogel

17. und zieht sich mitternachtwärts und kommt hinaus gen En-Semes und kommt hinaus gen Geliloth, das gegenüber der Steige Adummim liegt, und kommt herab zum Stein Bohans, des Sohnes Rubens,

18. und geht zur Seite hin neben dem Gefilde, das gegen Mitternacht liegt, und kommt hinab aufs Gefilde

19. und geht an der Seite Beth-Hoglas, das gegen Mitternacht liegt, und ihr Ende ist an der Zunge des Salzmeers gegen Mitternacht, an dem Ende des Jordans gegen Mittag. Das ist die Mittagsgrenze.

20. Aber die Seite gegen Morgen soll der Jordan enden. Das ist das Erbteil der Kinder Benjamin in ihren Grenzen umher und nach ihren Geschlechtern.

21. Die Städte aber des Stammes der Kinder Benjamin nach ihren Geschlechtern sind diese: Jericho, Beth-Hogla, Emek-Keziz,

22. Beth-Araba, Zemaraim, Beth-El,

23. Avvim, Happara, Ophra,

24. Kaphar-Ammonai, Ophni, Geba. Das sind zwölf Städte und ihre Dörfer.

25. Gibeon, Rama, Beeroth,

26. Mizpe, Kaphira, Moza,

27. Rekem, Jerpeel, Thareala,

28. Zela, Eleph und *die Jebusiter, das ist Jerusalem, Gibeath, Kirjath. Vierzehn Städte und ihre Dörfer. Das ist das Erbteil der Kinder Benjamin nach ihren Geschlechtern. *K. 15,63; Richt. 1,21.

Das 19. Kapitel

Der übrigen sechs Stämme und
Josuas Erbteil.

1. Darnach fiel das zweite Los auf den
Stamm der Kinder Simeon nach ihren Geschlechtern; und ihr Erbteil war unter
dem Erbteil der Kinder Juda.
2. Und es ward ihnen zum Erbteil Beer-
Seba, Seba, Molada,
3. Hazar-Sual, Bala, Ezem,
4. Eltholad, Bethul, Horma,
5. Ziklag, Beth-Markaboth, Hazar-Susa,
6. Beth-Lebaoth, Saruhen. Das sind dreizehn Städte und ihre Dörfer.
7. Ain, Rimmon, Ether, Asan. Das sind
vier Städte und ihre Dörfer.
8. Dazu alle Dörfer, die um diese Städte
liegen, bis gen Baalath-Beer-Ramath gegen Mittag. Das ist das Erbteil des Stammes der Kinder Simeon nach ihren Geschlechtern.
9. Denn der Kinder Simeon Erbteil ist
unter dem Erbteil der Kinder Juda. Weil
das Erbteil der Kinder Juda ihnen zu groß
war, darum erbten die Kinder Simeon unter ihrem Erbteil.
10. Das dritte Los fiel auf die Kinder Sebulon nach ihren Geschlechtern; und die
Grenze ihres Erbteils war bis gen Sarid
11. und geht hinauf abendwärts gen Ma-
reala und stößt an Dabbeseth und stößt an
den Bach, der vor Jokneam fließt,
12. und wendet sich von Sarid gegen der
Sonne Aufgang bis an die Grenze Kisloth-
Thabor und kommt hinaus gen Dabrath
und reicht hinauf gen Japhia,
13. und von da geht sie gegen Aufgang
durch Gath-Hepher, Eth-Kazin und
kommt hinaus gen Rimmon, Mithoar und
Nea
14. und lenkt sich herum mitternachtwärts gen Hannathon und endet im Tal
Jephthah-El,
15. und Kattath, *Nahalal, Simron, Je-
deala und Bethlehem. Das sind zwölf Städte und ihre Dörfer. *Richt. 1,30.
16. Das ist das Erbteil der Kinder Sebulon nach ihren Geschlechtern; das sind
ihre Städte und Dörfer.
17. Das vierte Los fiel auf die Kinder Isaschar nach ihren Geschlechtern.
18. Und ihr Gebiet war Jesreel, Chesul-
loth, *Sunem, *2. Kön. 4,8.
19. Hapharaim, Sion, Anaharath,
20. Rabbith, Kisjon, Ebez,
21. Remeth, En-Gannim, En-Hadda,
Beth-Pazez,
22. und die Grenze stößt an Thabor, Sa-
hazima, Beth-Semes, und ihr Ende ist am
Jordan. Sechzehn Städte und ihre Dörfer.
23. Das ist das Erbteil des Stammes der
Kinder Isaschar nach ihren Geschlechtern, die Städte und ihre Dörfer.
24. Das fünfte Los fiel auf den Stamm der
Kinder Asser nach ihren Geschlechtern.
25. Und ihr Gebiet war Helkath, Hali,
Beten, Achsaph,
26. Allammelech, Amead, Miseal, und
die Grenze stößt an den Karmel am Meer
und an Sihor-Libnath
27. und wendet sich gegen der Sonne
Aufgang gen Beth-Dagon und stößt an Sebulon und an das Tal Jephthah-El mitternachtwärts, Beth-Emek, Negiel und
kommt hinaus gen Kabul zur Linken,
28. Ebron, Rehob, Hammon, Kana bis an
Groß-Sidon
29. und wendet sich gen Rama bis zu der
festen Stadt Tyrus und wendet sich gen
Hosa und endet am Meer in der Gegend
von *Achsib *K. 15,44; Richt. 1,31.
30. und schließt ein Umma, Aphek, Rehob. Zweiundzwanzig Städte und ihre
Dörfer.
31. Das ist das Erbteil des Stammes der
Kinder Asser nach ihren Geschlechtern,
die Städte und ihre Dörfer.
32. Das sechste Los fiel auf die Kinder
Naphthali nach ihren Geschlechtern.
33. Und ihre Grenze war von Heleph, von
den Eichen bei Zaanannim an, Adami-Ne-
keb, Jabneel bis gen Lakkum und endet
am Jordan,
34. und die Grenze wendet sich zum
Abend gen Asnoth-Thabor und kommt
von da hinaus gen Hukkok und stößt an
Sebulon gegen Mittag und an Asser gegen
Abend und an Juda am Jordan gegen der
Sonne Aufgang;
35. und feste Städte sind: Ziddim, Zer,
Hammath, Rakkath, Kinnereth,
36. Adama, Rama, Hazor,
37. Kedes, Edrei, En-Hazor,
38. Jereon, Migdal-El, Horem, *Beth-
Anath, Beth-Semes. Neunzehn Städte und
ihre Dörfer. *Richt. 1,33.
39. Das ist das Erbteil des Stammes der
Kinder Naphthali nach ihren Geschlechtern, die Städte und ihre Dörfer.
40. Das siebente Los fiel auf den Stamm
der Kinder Dan nach ihren Geschlechtern.
41. Und das Gebiet ihres Erbteils waren
Zora, Esthaol, Ir-Semes,
42. Saalabbin, Ajalon, Jethla, Richt. 1,35.
43. Elon, Thimnatha, Ekron,
44. Eltheke, Gibbethon, Baalath,
45. Jehud, Bne-Barak, Gath-Rimmon,

46. Me-Jarkon, Rakkon mit den Grenzen
gegen *Japho. *Jona 1,3.
47. Und an demselben endet das Gebiet
der Kinder Dan. Und die Kinder Dan zogen hinauf und stritten wider Lesem und gewannen und schlugen es mit der Schärfe des Schwerts und nahmen es ein und wohnten darin und *nannten es Dan nach ihres Vaters Namen. *Richt. 18,27.29.
48. Das ist das Erbteil des Stammes der Kinder Dan nach ihren Geschlechtern, die Städte und ihre Dörfer.
49. Und da sie das ganze Land ausgeteilt hatten nach seinen Grenzen, gaben die Kinder Israel Josua, dem Sohn Nuns, ein Erbteil unter ihnen
50. und gaben ihm nach dem Befehl des Herrn die Stadt, die er forderte, nämlich *Thimnath-Serah auf dem Gebirge Ephraim. Da baute er die Stadt und wohnte darin. *K. 24,30.
51. Das sind die Erbteile, die *Eleasar, der Priester, und Josua, der Sohn Nuns, und die Obersten der Vaterhäuser unter den Stämmen durchs Los den Kindern Israel austeilten zu †Silo vor dem Herrn, vor der Tür der Hütte des Stifts; und vollendeten also das Austeilen des Landes.
*K. 14,1. †K. 18,1.

Das 20. Kapitel

Verordnung wegen der Freistädte.

1. Und der Herr redete mit Josua und sprach:
2. Sage den Kindern Israel: Gebt unter euch Freistädte, davon ich durch *Mose euch gesagt habe, *4. Mose 35,6–29.
3. dahin fliehen möge ein Totschläger, der eine Seele unversehens und unwissend schlägt, daß sie unter euch frei seien vor dem Bluträcher.
4. Und der da flieht zu der Städte einer, soll stehen draußen vor der Stadt Tor und vor den Ältesten der Stadt seine Sache ansagen; so sollen sie ihn zu sich in die Stadt nehmen und ihm Raum geben, daß er bei ihnen wohne.
5. Und wenn der Bluträcher ihm nachjagt, sollen sie den Totschläger nicht in seine Hände übergeben, weil er unwissend seinen Nächsten geschlagen hat und ist ihm zuvor nicht feind gewesen.
6. So soll er in der Stadt wohnen, bis daß er stehe vor der Gemeinde vor Gericht, und bis daß der Hohepriester sterbe, der zur selben Zeit sein wird. Alsdann soll der Totschläger wiederkommen in seine Stadt und in sein Haus, zur Stadt, davon er geflohen ist.
7. Da heiligten sie *Kedes in Galiläa, auf dem Gebirge Naphthali, und Sichem auf dem Gebirge Ephraim und †Kirjath-Arba, das ist Hebron, auf dem Gebirge Juda;
*K. 19,37. †K. 15,13.
8. und jenseit des Jordans, da Jericho liegt, gegen Aufgang, gaben sie Bezer in der Wüste auf der Ebene aus dem Stamm Ruben und Ramoth in Gilead aus dem Stamm Gad und Golan in Basan aus dem Stamm Manasse. 5. Mose 4,43.
9. Das waren die Städte, bestimmt allen Kindern Israel und den Fremdlingen, die unter ihnen wohnten, daß dahin fliehe, wer eine Seele unversehens schlägt, daß er nicht sterbe durch den Bluträcher, bis daß er vor der Gemeinde gestanden sei.

Das 21. Kapitel

Wohnung der Leviten.
Die Verheißung ist erfüllt.

1. Da traten herzu die obersten Väter unter den Leviten zu dem *Priester Eleasar und Josua, dem Sohn Nuns, und zu den obersten Vätern unter den Stämmen der Kinder Israel *K. 14,1.
2. und redeten mit ihnen zu Silo im Lande Kanaan und sprachen: Der *Herr hat geboten durch Mose, daß man uns Städte geben solle, zu wohnen, und ihre Vorstädte zu unserm Vieh. *4. Mose 35,2–8.
3. Da gaben die Kinder Israel den Leviten von ihren Erbteilen nach dem Befehl des Herrn diese Städte und ihre Vorstädte.
(V. 4–42: vgl. 1. Chron. 6,39–66.)
4. Und das Los fiel auf die Geschlechter der Kahathiter, und wurden den Kindern Aarons, des Priesters, aus den Leviten durchs Los dreizehn Städte von dem Stamm Juda, von dem Stamm Simeon und von dem Stamm Benjamin.
5. Den andern Kinder Kahaths aber wurden durchs Los zehn Städte von den Geschlechtern des Stammes Ephraim, von dem Stamme Dan und von dem halben Stamm Manasse.
6. Aber den Kindern Gersons wurden durchs Los dreizehn Städte von den Geschlechtern des Stammes Isaschar, von dem Stamm Asser und von dem Stamm Naphthali und von dem halben Stamm Manasse in Basan.
7. Den Kindern Meraris nach ihren Geschlechtern wurden zwölf Städte von dem Stamm Ruben, von dem Stamm Gad und von dem Stamm Sebulon.
8. Also gaben die Kinder Israel den Leviten durchs Los diese Städte und ihre Vor-

städte, wie der Herr durch Mose geboten hatte.

9. Von dem Stamm der Kinder Juda und von dem Stamm der Kinder Simeon gaben sie diese Städte, die sie mit ihren Namen nannten,

10. den Kindern Aarons, vom Geschlecht der Kahathiter, aus den Kindern Levi; denn das erste Los ward ihnen.

11. So gaben sie ihnen nun die Stadt des Arba, des Vaters Enaks, das ist Hebron auf dem Gebirge Juda, und ihre Vorstädte um sie her. K.20,7.

12. Aber den Acker der Stadt und ihre Dörfer gaben sie *Kaleb, dem Sohn Jephunnes, zu seinem Erbe. *K.14,14; 15,13.

13. Also gaben sie den Kindern Aarons, des Priesters, die Freistadt der Totschläger, Hebron, und seine Vorstädte, Libna und seine Vorstädte,

14. Jatthir und seine Vorstädte, Esthemoa und seine Vorstädte,

15. Holon und seine Vorstädte, Debir und seine Vorstädte,

16. Ain und seine Vorstädte, Jutta und seine Vorstädte, *Beth-Semes und seine Vorstädte – neun Städte von diesen zwei Stämmen –; *1.Sam.6,12.15.

17. von dem Stamm Benjamin aber gaben sie vier Städte: Gibeon und seine Vorstädte, Geba und seine Vorstädte,

18. *Anathoth und seine Vorstädte, Almon und seine Vorstädte – *Jer.1,1.

19. daß alle Städte der Kinder Aarons, der Priester, waren dreizehn mit ihren Vorstädten.

20. Den Geschlechtern aber der andern Kinder Kahath, den Leviten, wurden durch ihr Los vier Städte von dem Stamm Ephraim;

21. sie gaben ihnen die Freistadt der Totschläger, *Sichem, und seine Vorstädte auf dem Gebirge Ephraim, Geser und seine Vorstädte, *K.20,7.

22. Kibzaim und seine Vorstädte, Beth-Horon und seine Vorstädte.

23. Von dem Stamme Dan vier Städte: Eltheke und seine Vorstädte, Gibbethon und seine Vorstädte,

24. Ajalon und seine Vorstädte, Gath-Rimmon und seine Vorstädte.

25. Von dem halben Stamm Manasse zwei Städte: Thaanach und seine Vorstädte, Gath-Rimmon und seine Vorstädte –

26. daß alle Städte der Geschlechter der andern Kinder Kahath waren zehn mit ihren Vorstädten.

27. Den Kindern aber Gerson aus den Geschlechtern der Leviten wurden gegeben von dem halben Stamm Manasse zwei Städte: die Freistadt für die Totschläger, *Golan in Basan, und seine Vorstädte, Beesthra und seine Vorstädte. *K.20,8.

28. Von dem Stamm Isaschar vier Städte: Kisjon und seine Vorstädte, Dabrath und seine Vorstädte,

29. Jarmuth und seine Vorstädte, En-Gannim und seine Vorstädte.

30. Von dem Stamm Asser vier Städte: Miseal und seine Vorstädte, Abdon und seine Vorstädte,

31. Helkath und seine Vorstädte, Rehob und seine Vorstädte.

32. Von dem Stamm Naphthali drei Städte: die Freistadt für die Totschläger, *Kedes in Galiläa, und seine Vorstädte, Hammoth-Dor und seine Vorstädte, Karthan und seine Vorstädte – *K.20,7.

33. daß alle Städte des Geschlechts der Gersoniter waren dreizehn mit ihren Vorstädten.

34. Den Geschlechtern aber der Kinder Merari, den andern Leviten, wurden gegeben von dem Stamm Sebulon vier Städte: Jokneam und seine Vorstädte, Kartha und seine Vorstädte,

35. Dimna und seine Vorstädte, Nahalal und seine Vorstädte.

36. Von dem Stamm Ruben vier Städte: *Bezer und seine Vorstädte, Jahza und seine Vorstädte, *K.20,8.

37. Kedemoth und seine Vorstädte, Mephaath und seine Vorstädte.

38. Von dem Stamm Gad vier Städte: die Freistadt für die Totschläger, *Ramoth in Gilead, und seine Vorstädte, *K.20,8.

39. Mahanaim und seine Vorstädte, Hesbon und seine Vorstädte, Jaser und seine Vorstädte –

40. daß alle Städte der Kinder Merari nach ihren Geschlechtern, der andern Leviten, nach ihrem Los waren zwölf.

41. Alle Städte der Leviten unter dem Erbe der Kinder Israel waren achtundvierzig mit ihren Vorstädten.

42. Und eine jegliche dieser Städte hatte ihre Vorstadt um sich her, eine wie die andere.

43. Also gab der Herr Israel alles Land, das er *geschworen hatte ihren Vätern zu geben, und sie nahmen's ein und wohnten darin. *1.Mose 12,7.

44. Und der Herr gab ihnen Ruhe von allen umher, wie er ihren Vätern geschworen hatte, und stand ihrer Feinde keiner wider sie, sondern alle ihre Feinde gab er in ihre Hände.

45. Und es *fehlte nichts an allem Guten,

das der Herr dem Hause Israel verheißen
hatte. Es kam alles. *K.23,14.

Das 22. Kapitel

Die dritthalb Stämme errichten am Jordan einen Altar; das übrige Volk eifert dagegen, wird aber besänftigt.

1. Da rief Josua die Rubeniter und Gaditer und den halben Stamm Manasse
2. und sprach zu ihnen: Ihr habt alles gehalten, was euch Mose, der Knecht des Herrn, *geboten hat, und gehorcht meiner Stimme in allem, was ich euch geboten habe. *4. Mose 32,20–22; 5. Mose 3,18–20.
3. Ihr habt eure Brüder nicht verlassen eine lange Zeit her bis auf diesen Tag und habt gehalten an dem Gebot des Herrn, eures Gottes.
4. Weil nun der Herr, euer Gott, hat eure Brüder zur Ruhe gebracht, wie er ihnen geredet hat, so wendet euch nun und ziehet hin in eure Hütten im Lande eures Erbes, das euch Mose, der Knecht des Herrn, gegeben hat jenseit des Jordans.
5. Haltet aber nur an mit Fleiß, daß ihr tut nach dem Gebot und Gesetz, das euch Mose, der Knecht des Herrn, geboten hat, daß ihr den Herrn, euren Gott, liebet und wandelt auf allen seinen Wegen und seine Gebote haltet und ihm anhanget und ihm dienet von ganzem Herzen und von ganzer Seele.
6. Also segnete sie Josua und ließ sie gehen; und sie gingen zu ihren Hütten.
7. Dem halben Stamm Manasse hatte Mose gegeben in Basan; der andern Hälfte gab Josua unter ihren Brüdern diesseit des Jordans gegen Abend. Und da er sie ließ gehen zu ihren Hütten und sie gesegnet hatte,
8. sprach er zu ihnen: Ihr kommt wieder heim mit großem Gut zu euren Hütten, mit sehr viel Vieh, Silber, Gold, Erz, Eisen und Kleidern; so teilt nun den Raub eurer Feinde mit euren Brüdern. 4. Mose 31,27.
9. Also kehrten um die Rubeniter, Gaditer und der halbe Stamm Manasse und gingen von den Kindern Israel aus Silo, das im Lande Kanaan liegt, daß sie ins Land Gilead zögen zum Lande ihres Erbes, das sie erbten nach Befehl des Herrn durch Mose.
10. Und da sie kamen in die Kreise am Jordan, die im Lande Kanaan liegen, bauten die Rubeniter, Gaditer und der halbe Stamm Manasse daselbst am Jordan einen großen, schönen Altar.
11. Da aber die Kinder Israel hörten sagen: Siehe, die Kinder Ruben, die Kinder Gad und der halbe Stamm Manasse haben einen Altar gebaut gegenüber dem Land Kanaan, in den Kreisen am Jordan, diesseit der Kinder Israel,
12. da versammelten sie sich mit der ganzen Gemeinde zu Silo, daß sie wider sie hinaufzögen mit einem Heer.
13. Und sandten zu ihnen ins Land Gilead *Pinehas, den Sohn Eleasars, des Priesters, *4. Mose 25,7.
14. und mit ihm zehn oberste Fürsten unter ihren Vaterhäusern, aus jeglichem Stamm Israels einen.
15. Und da sie zu ihnen kamen ins Land Gilead, redeten sie mit ihnen und sprachen:
16. So läßt euch sagen die ganze Gemeinde des Herrn: Wie versündigt ihr euch also an dem Gott Israels, daß ihr euch heute kehret von dem Herrn damit, daß ihr euch einen Altar bauet, daß ihr abfallet von dem Herrn?

5. Mose 12,13.14; 3. Mose 17,8.9.

17. Ist's uns zu wenig *an der Missetat über dem Peor, von welcher wir noch auf diesen Tag nicht gereinigt sind und kam eine Plage unter die Gemeinde des Herrn? *4. Mose 25.
18. Und ihr wendet euch heute von dem Herrn weg und seid heute abtrünnig geworden von dem Herrn, auf daß er heute oder morgen über die ganze Gemeinde Israel erzürne.
19. Dünket euch das Land eures Erbes unrein, so kommt herüber in das Land, das der Herr hat, da die Wohnung des Herrn steht, und macht euch ansässig unter uns; und werdet nicht abtrünnig von dem Herrn und von uns, daß ihr euch einen Altar bauet außer dem Altar des Herrn, unsers Gottes.
20. Versündigte sich nicht *Achan, der Sohn Serahs, am Verbannten? und der Zorn kam über die ganze Gemeinde Israel, und er ging nicht allein unter über seiner Missetat. *K.7.
21. Da antworteten die Kinder Ruben und die Kinder Gad und der halbe Stamm Manasse und sagten zu den *Häuptern über die Tausende Israels: *4. Mose 1,16; 10,4.
22. Der starke Gott, der Herr, der starke Gott, der Herr, weiß es; so wisse es Israel auch: Fallen wir ab oder sündigen wider den Herrn, so helfe er uns heute nicht!
23. Und so wir darum den Altar gebaut haben, daß wir uns von dem Herrn wenden wollten, Brandopfer oder Speisopfer darauf opfern oder Dankopfer darauf tun, so fordere es der Herr.

24. Und so wir's nicht vielmehr aus Sorge darum getan haben, daß wir sprachen: Heut oder morgen möchten eure Kinder zu unsern Kindern sagen: »Was geht euch der Herr, der Gott Israels, an?
25. Der Herr hat den Jordan zur Grenze gesetzt zwischen uns und euch Kindern Ruben und Gad; ihr habt kein Teil am Herrn.« Damit würden eure Kinder unsre Kinder von der Furcht des Herrn weisen.
26. Darum sprachen wir: Laßt uns einen Altar bauen, nicht zum Brandopfer noch zu andern Opfern,
27. sondern daß er ein *Zeuge sei zwischen uns und euch und unsern Nachkommen, daß wir dem Herrn Dienst tun mögen vor ihm mit unsern Brandopfern, Dankopfern und andern Opfern und eure Kinder heut oder morgen nicht sagen dürfen zu unsern Kindern: Ihr habt kein Teil an dem Herrn. *K.24,27.
28. Wenn sie aber also zu uns sagen würden oder zu unsern Nachkommen heut oder morgen, so könnten wir sagen: Sehet das Gleichnis des Altars des Herrn, den unsre Väter gemacht haben, nicht zum Brandopfer noch zu andern Opfern, sondern zum Zeugen zwischen uns und euch.
29. Das sei ferne von uns, daß wir abtrünnig werden von dem Herrn, daß wir uns heute wollten von ihm wenden und einen Altar bauen zum Brandopfer und zum Speisopfer und andern Opfern, außer dem Altar des Herrn, unsers Gottes, der vor seiner Wohnung steht.
30. Da aber Pinehas, der Priester, und die Obersten der Gemeinde, die Häupter über die Tausende Israels, die mit ihm waren, hörten diese Worte, die die Kinder Ruben, Gad und Manasse sagten, gefielen sie ihnen wohl.
31. Und Pinehas, der Sohn Eleasars, des Priesters, sprach zu den Kindern Ruben, Gad und Manasse: Heute erkennen wir, daß der Herr unter uns ist, daß ihr euch nicht an dem Herrn versündigt habt in dieser Tat. Nun habt ihr die Kinder Israel errettet aus der Hand des Herrn.
32. Da zogen Pinehas, der Sohn Eleasars, des Priesters, und die Obersten aus dem Lande Gilead von den Kindern Ruben und Gad wieder ins Land Kanaan zu den Kindern Israel und sagten's ihnen an.
33. Das gefiel den Kindern Israel wohl, und lobten den Gott der Kinder Israel und sagten nicht mehr, daß sie hinauf wollten ziehen mit einem Heer wider sie, zu verderben das Land, darin die Kinder Ruben und Gad wohnten.
34. Und die Kinder Ruben und Gad hießen den Altar: Daß er Zeuge sei zwischen uns, daß der Herr Gott sei.

Das 23. Kapitel

Josua versammelt das ganze Israel, um es zu vermahnen.

1. Und nach langer Zeit, da der Herr hatte Israel zur *Ruhe gebracht vor allen ihren Feinden umher und Josua nun alt und wohl betagt war, *K.21,44.
2. berief er das ganze Israel, ihre Ältesten, Häupter, Richter und Amtleute, und sprach zu ihnen: Ich bin alt und wohl betagt,
3. und ihr habt gesehen alles, was der Herr, euer Gott, getan hat an allen diesen Völkern vor euch her; denn der Herr, euer Gott, hat selber für euch gestritten.
4. Sehet, ich habe euch diese noch übrigen Völker durchs Los zugeteilt, einem jeglichen Stamm sein Erbteil, vom Jordan an, und alle Völker, die ich ausgerottet habe, und am großen Meer gegen der Sonne Untergang.
5. Und der Herr, euer Gott, wird sie ausstoßen vor euch und von euch vertreiben, daß ihr ihr Land einnehmet, wie euch der Herr, euer Gott, geredet hat.
6. So seid nun sehr getrost, daß ihr haltet und tut alles, was geschrieben steht im Gesetzbuch Mose's, daß ihr nicht davon *weichet, weder zur Rechten noch zur Linken, *5.Mose 5,29.
7. auf daß ihr nicht unter diese übrigen Völker kommet, die bei euch sind, und *nicht gedenket noch schwöret bei dem Namen ihrer Götter noch ihnen dienet noch sie anbetet, *2.Mose 23,13.24.
8. sondern dem Herrn, eurem Gott, anhanget, wie ihr bis auf diesen Tag getan habt.
9. Der Herr hat vor euch vertrieben große und mächtige Völker, und niemand hat euch widerstanden bis auf diesen Tag.
3.Mose 26,7.8; 5.Mose 28,7.
10. Euer einer jagt tausend; denn der Herr, euer Gott, streitet für euch, wie er euch geredet hat.
11. Darum so behütet aufs fleißigste eure Seelen, daß ihr den Herrn, euren Gott, liebhabet.
12. Denn wo ihr euch umwendet und diesen übrigen Völkern anhanget und euch mit ihnen verheiratet, daß ihr unter sie und sie unter euch kommen:
13. so wisset, daß der Herr, euer Gott, wird nicht mehr alle diese Völker vor euch vertreiben; sondern sie werden euch zum

*Strick und Netz und zur Geißel in euren Seiten werden und zum Stachel in euren Augen, bis daß er euch umbringe hinweg von dem guten Lande, das euch der Herr, euer Gott, gegeben hat.

*4.Mose 33,55; 5.Mose 7,16; Richt.2,3.

14. Siehe, ich gehe heute dahin *wie alle Welt; und ihr sollt wissen von ganzem Herzen und von ganzer Seele, daß nicht †ein Wort gefehlt hat an all dem Guten, das der Herr, euer Gott, euch verheißen hat. Es ist alles gekommen und keins ausgeblieben. *1.Kön.2,2. †K.21,45.

15. Gleichwie nun alles Gute gekommen ist, das der Herr, euer Gott, euch verheißen hat, also wird der Herr auch über euch kommen lassen alles Böse, bis er euch vertilge von diesem guten Lande, das euch der Herr, euer Gott, gegeben hat,

16. wenn ihr übertretet den Bund des Herrn, eures Gottes, den er euch geboten hat, und hingehet und andern Göttern dienet und sie anbetet, daß der Zorn des Herrn über euch ergrimmt und euch bald umbringt hinweg von dem guten Lande, das er euch gegeben hat.

Das 24. Kapitel

Josuas letzter Landtag, Sein und Eleasars Tod.
Begräbnis der Gebeine Josephs.

1. Josua versammelte alle Stämme Israels gen Sichem und berief die Ältesten von Israel, die Häupter, Richter und Amtleute. Und da sie vor Gott getreten waren,

2. sprach er zum ganzen Volk: So sagt der Herr, der Gott Israels: Eure Väter wohnten vorzeiten jenseit des Stroms, *Tharah, Abrahams und Nahors Vater, und †dienten andern Göttern.

*1.Mose 11,26. †1.Mose 31,19; 35,2.

3. Da nahm ich euren Vater Abraham jenseit des Stroms und ließ ihn wandern im ganzen Lande Kanaan und mehrte ihm seinen Samen und gab im Isaak.

4. Und Isaak gab ich Jakob und Esau und gab Esau *das Gebirge Seir zu besitzen. †Jakob aber und seine Kinder zogen hinab nach Ägypten. *1.Mose 32,4. †1.Mose 46,6.

5. Da sandte ich Mose und Aaron und plagte Ägypten, wie ich unter ihnen getan habe. 2.Mose 3,10.

6. Darnach *führte ich euch und eure Väter aus Ägypten. Und da ihr ans Meer kamt und die Ägypter euren Vätern nachjagten mit Wagen und Reitern ans Schilfmeer, *2.Mose 12,33.

7. da schrieen sie zum Herrn; der setzte eine Finsternis zwischen euch und die Ägypter und führte das Meer über sie, und es bedeckte sie. Und eure Augen haben gesehen, was ich an den Ägyptern getan habe. Und ihr habt gewohnt in der Wüste eine lange Zeit. 2.Mose 14,10.

8. Und ich habe euch gebracht in das Land der Amoriter, die jenseit des Jordans wohnten; und da sie wider euch stritten, gab ich sie in eure Hände, daß ihr ihr Land besaßet, und vertilgte sie vor euch her.

4.Mose 21,25.31.

9. Da machte sich auf Balak, der Sohn Zippors, der Moabiter König, und stritt wider Israel und sandte hin und ließ rufen Bileam, den Sohn Beors, daß er euch verfluchte. 4.Mose 22.

10. Aber ich wollte ihn nicht hören. Und er segnete euch, und ich errettete euch aus seinen Händen. 4.Mose 23,11.20.

11. Und da ihr über den Jordan gingt und gen Jericho kamt, stritten wider euch die Bürger von Jericho, die Amoriter, Pheresiter, Kanaaniter, Hethiter, Girgasiter, Heviter und Jebusiter; aber ich gab sie in eure Hände. K.3,14; 6,1.

12. Und sandte *Hornissen vor euch her; die trieben sie aus vor euch her, die zwei Könige der Amoriter, nicht durch dein Schwert noch durch deinen Bogen.

*2.Mose 23,28.

13. Und ich habe euch ein Land gegeben, daran ihr nicht gearbeitet habt, und Städte, die ihr nicht gebaut habt, daß ihr darin wohnt und esset von Weinbergen und Ölbäumen, die ihr nicht gepflanzt habt.

5.Mose 6,10.11.

14. So fürchtet nun den Herrn und dienet ihm treulich und rechtschaffen und laßt fahren die Götter, denen eure Väter gedient haben jenseit des Stroms und in Ägypten, und dienet dem Herrn.

V.2; 2.Mose 32.

15. Gefällt es euch aber nicht, daß ihr dem Herrn dienet, so *erwählet euch heute, wem ihr dienen wollt: den Göttern, denen eure Väter gedient haben jenseit des Stroms, oder den Göttern der Amoriter, in deren Lande ihr wohnet. Ich aber und mein Haus wollen dem Herrn dienen.

*Matth.6,24.

16. Da antwortete das Volk und sprach: Das sei ferne von uns, daß wir den Herrn verlassen und andern Göttern dienen!

17. Denn der Herr, unser Gott, hat uns und unsre Väter aus Ägyptenland geführt, aus dem Diensthause, und hat vor unsern Augen solche große Zeichen getan und uns behütet auf dem ganzen Wege, den wir gezogen sind, und unter allen Völkern, durch welche wir gegangen sind,

18. und hat ausgestoßen vor uns her alle Völker der Amoriter, die im Lande wohnten. Darum wollen wir auch dem Herrn dienen; denn er ist unser Gott.
19. Josua sprach zum Volk: Ihr *könnt dem Herrn nicht dienen; denn er ist ein heiliger Gott, ein †eifriger Gott, der eurer Übertretungen und Sünden nicht schonen wird. *5. Mose 5,26. †2. Mose 20,5.
20. Wenn ihr aber den Herrn verlaßt und fremden Göttern dient, so wird er sich wenden und euch plagen und euch umbringen, nachdem er euch Gutes getan hat.
21. Das Volk aber sprach zu Josua: Nicht also, sondern wir wollen dem Herrn dienen.
22. Da sprach Josua zum Volk: Ihr seid Zeugen über euch, daß ihr den Herrn euch erwählt habt, daß ihr ihm dienet. Und sie sprachen: Ja.
23. So tut *nun von euch die fremden Götter, die unter euch sind, und neiget euer Herz zu dem Herrn, dem Gott Israels. *1. Mose 35,2.
24. Und das Volk sprach zu Josua: Wir wollen dem Herrn, unserm Gott, dienen und seiner Stimme gehorchen.
25. Also machte Josua desselben Tages *einen Bund mit dem Volk und legte ihnen Gesetze und Rechte vor zu Sichem. *2. Kön. 23,3.
26. Und Josua schrieb dies alles ins Gesetzbuch Gottes und nahm einen großen Stein und richtete ihn auf daselbst unter *einer Eiche, die bei dem Heiligtum des Herrn war, *1. Mose 35,4; Richt. 9,6.
27. und sprach zum ganzen Volk: Siehe, dieser Stein soll *Zeuge sein über uns, denn er hat gehört alle Rede des Herrn, die er mit uns geredet hat; und soll ein Zeuge über euch sein, daß ihr euren Gott nicht verleugnet. *K. 22,27; 1. Mose 31,48.
28. Also ließ Josua das Volk gehen, einen jeglichen in sein Erbteil.
29. Und es begab sich nach dieser Geschichte, daß Josua, der Sohn Nuns, der Knecht des Herrn, starb, da er 110 Jahre alt war.
30. Und man begrub ihn in der Grenze seines Erbteils zu *Thimnath-Serah, das auf dem Gebirge Ephraim liegt mitternachtwärts vom Berge Gaas. *K. 19,50.
31. Und Israel *diente dem Herrn, solange Josua lebte und die Ältesten, welche noch lange Zeit lebten nach Josua, die alle Werke des Herrn wußten, die er an Israel getan hatte. *Richt. 2,7.
32. Die Gebeine *Josephs, welche die Kinder Israel hatten aus Ägypten gebracht, begruben sie zu Sichem in dem Stück Feld, das †Jakob kaufte von den Kindern Hemors, des Vaters Sichems, um hundert Groschen, und das der Kinder Josephs Erbteil ward. *1. Mose 50,25. †1. Mose 33,19.
33. Eleasar, der Sohn Aarons, starb auch, und sie begruben ihn zu Gibea, der Stadt seines Sohnes Pinehas, die ihm gegeben war auf dem Gebirge Ephraim.

Das Buch der Richter

Das 1. Kapitel

Der Stamm Juda hebt nach Josuas Tod den Krieg an. Nicht alle Kanaaniter werden vertrieben.

1. Nach dem Tod Josuas fragten die Kinder Israel den Herrn und sprachen: Wer *soll unter uns zuerst hinaufziehen, Krieg zu führen wider die Kanaaniter? *K. 20,18.
2. Der Herr sprach: Juda soll hinaufziehen. Siehe, ich habe das Land in seine Hand gegeben.
3. Da sprach Juda zu seinem Bruder Simeon: Zieh mit mir hinauf in mein Los und laß uns wider die Kanaaniter streiten, so will ich wieder mit dir ziehen in dein Los. Also zog Simeon mit ihm.
4. Da nun Juda hinaufzog, gab der Herr die Kanaaniter und Pheresiter in ihre Hände, und sie schlugen zu Besek 10000 Mann.
5. Und fanden den Adoni-Besek zu Besek und stritten wider ihn und schlugen die Kanaaniter und Pheresiter.
6. Aber Adoni-Besek floh, und sie jagten ihm nach; und da sie ihn ergriffen, hieben sie ihm die Daumen ab an seinen Händen und Füßen.
7. Da sprach Adoni-Besek: Siebzig Könige mit abgehauenen Daumen ihrer Hände und Füße lasen auf unter meinem Tisch. Wie ich nun getan habe, so hat mir Gott wieder vergolten. Und man brachte ihn gen Jerusalem; daselbst starb er.
8. Aber die Kinder Juda stritten wider

Jerusalem und gewannen es und schlugen
es mit der Schärfe des Schwerts und zündeten die Stadt an.
9. Darnach zogen die Kinder Juda herab,
zu streiten wider die Kanaaniter, die auf
dem Gebirge und gegen Mittag und in den
Gründen wohnten.
Jos. 10,40; 11,22 (V. 10–15: vgl. Jos. 15,13–19.)
10. Und Juda zog hin wider die Kanaaniter, die zu Hebron wohnten (Hebron aber
hieß vorzeiten Kirjath-Arba), und sie
schlugen den Sesai und Ahiman und Thalmai.
11. Und zogen von da wider die Einwohner zu Debir (Debir aber hieß vorzeiten
Kirjath-Sepher).
12. Und Kaleb sprach: Wer Kirjath-Sepher schlägt und gewinnt, dem will ich
meine Tochter Achsa zum Weibe geben.
13. Da gewann es Othniel, der Sohn des
Kenas, Kalebs jüngerer Bruder. Und er
gab ihm seine Tochter Achsa zum Weibe.
14. Und es begab sich, da sie einzog, beredete sie ihn, einen Acker zu fordern von
ihrem Vater. Und sie stieg vom Esel; da
sprach Kaleb zu ihr: Was ist dir?
15. Sie sprach: Gib mir einen Segen!
Denn du hast mir ein Mittagsland gegeben; gib mir auch Wasserquellen! Da gab
er ihr die Quellen oben und unten.
16. Und die Kinder des *Keniters, Mose's
Schwagers, zogen herauf aus der Palmenstadt mit den Kindern Juda in die Wüste
Juda, die da liegt gegen Mittag der Stadt
†Arad, und gingen hin und wohnten unter
dem Volk. *K. 4,11.17; 4. Mose 10,29. †Jos. 12,14.
17. Und Juda zog hin mit seinem Bruder
Simeon, und sie schlugen die Kanaaniter
zu Zephath und *verbannten sie und
nannten die Stadt Horma. *4. Mose 21,2.
18. Dazu gewann Juda Gaza mit seinem
Zugehör und Askalon mit seinem Zugehör
und Ekron mit seinem Zugehör.
19. Und der Herr war mit Juda, daß er
das Gebirge einnahm; denn er konnte die
Einwohner im Grunde nicht vertreiben,
darum daß sie eiserne Wagen hatten.
20. Und sie *gaben dem Kaleb Hebron,
wie Mose gesagt hatte; und er vertrieb
daraus die drei Söhne des Enak.
*Jos. 14,6–15.
21. Aber die Kinder Benjamin vertrieben
die Jebusiter nicht, die zu Jerusalem
wohnten; sondern die Jebusiter wohnten
bei den Kindern Benjamin zu Jerusalem
bis auf diesen Tag. V. 8; Jos. 15,63; 18,28.
22. Desgleichen zogen auch die Kinder
Joseph hinauf gen Beth-El, und der Herr
war mit ihnen.
23. Und das Haus Josephs ließ auskund-
schaften Beth-El, *das vorzeiten Lus hieß.
*1. Mose 28,19.
24. Und die Wächter sahen einen Mann
aus der Stadt gehen und sprachen zu ihm:
Weise uns, wo wir in die Stadt kommen, so
wollen wir Barmherzigkeit an dir tun.
25. Und da er ihnen zeigte, wo sie in die
Stadt kämen, schlugen sie die Stadt mit
der Schärfe des Schwertes; aber *den
Mann und all sein Geschlecht ließen sie
gehen. *Jos. 6,25.
26. Da zog derselbe Mann ins Land der
Hethiter und baute eine Stadt und hieß sie
Lus; die heißt noch heutigestages also.
27. Und Manasse vertrieb nicht Beth-Sean mit den zugehörigen Orten noch Thaanach mit den zugehörigen Orten noch die
Einwohner zu Dor mit den zugehörigen
Orten noch die Einwohner zu Jibleam mit
den zugehörigen Orten noch die Einwohner zu Megiddo mit den zugehörigen Orten; und die Kanaaniter blieben wohnen
im Lande. Jos. 17,11–13.
28. Da aber Israel mächtig ward, machte
es die Kanaaniter zinsbar und vertrieb sie
nicht.
29. Desgleichen vertrieb auch Ephraim
die Kanaaniter nicht, die zu Geser wohnten, sondern die Kanaaniter wohnten unter ihnen zu Geser. Jos. 16,10.
30. Sebulon vertrieb auch nicht die Einwohner von Kitron und *Nahalol; sondern
die Kanaaniter wohnten unter ihnen und
waren zinsbar. *Jos. 19,15.
31. Asser vertrieb die Einwohner zu Akko
nicht noch die Einwohner zu Sidon, zu
Ahelab, zu Achsib, zu Helba, zu Aphik und
zu Rehob;
32. sondern die Asseriter wohnten unter
den Kanaanitern, die im Lande wohnten,
denn sie vertrieben sie nicht.
33. Naphthali vertrieb die Einwohner
nicht zu Beth-Semes noch zu Beth-Anath,
sondern wohnte unter den Kanaanitern,
die im Lande wohnten. *Aber die zu Beth-
Semes und zu Beth-Anath wurden zinsbar. *Jos. 19,38.
34. Und die Amoriter drängten die Kinder Dan aufs Gebirge und ließen nicht zu,
daß sie herunter in den Grund kämen.
35. Und die Amoriter blieben wohnen auf
dem Gebirge Heres, zu *Ajalon und zu
Saalbim. Doch ward ihnen die Hand des
Hauses Joseph zu schwer, und wurden
zinsbar. *Jos. 19,42.
36. Und die Grenze der Amoriter war, da
man gen Akrabbim hinaufgeht, von dem
Fels an und weiter hinauf.

Das 2. Kapitel

Israels Ungehorsam und Reue, Wankelmut und Strafe. Richter.

1. Es kam aber der Engel des Herrn herauf von Gilgal gen Bochim und sprach: Ich habe euch aus Ägypten heraufgeführt und in das Land gebracht, das ich euren Vätern geschworen habe, und sprach, ich wollte meinen Bund mit euch nicht brechen ewiglich;
2. ihr aber solltet keinen Bund machen mit den Einwohnern dieses Landes und *ihre Altäre zerbrechen. Aber ihr habt meiner Stimme nicht gehorcht. Warum habt ihr das getan? *5. Mose 7,2–5.
3. Da sprach ich auch: Ich will sie nicht vertreiben vor euch, daß sie euch zum Strick werden und ihre Götter zum Netz. Jos. 23,13.
4. Und da der Engel des Herrn solche Worte geredet hatte zu allen Kindern Israel, hob das Volk seine Stimme auf und weinte,
5. und hießen die Stätte Bochim und opferten daselbst dem Herrn.
6. Als Josua das Volk von sich gelassen hatte und die Kinder Israel hingezogen waren, ein jeglicher in sein Erbteil, das Land einzunehmen,
7. diente das Volk dem Herrn, solange Josua lebte und die Ältesten, die noch lange nach Josua lebten und alle die großen Werke des Herrn gesehen hatten, die er Israel getan hatte. Jos. 24,31.
8. Da nun Josua, der Sohn Nuns, gestorben war, der Knecht des Herrn, als er 110 Jahre alt war,
9. begruben sie ihn in den Grenzen seines Erbteils zu Thimnath-Heres auf dem Gebirge Ephraim, mitternachtwärts vom Berge Gaas. Jos. 24,29.30.
10. Da auch alle, die zu der Zeit gelebt hatten, zu ihren Vätern versammelt wurden, kam nach ihnen ein anderes Geschlecht auf, das den Herrn nicht kannte noch die Werke, die er an Israel getan hatte.
11. Da taten die Kinder Israel übel vor dem Herrn und dienten den Baalim
12. und verließen den Herrn, ihrer Väter Gott, der sie aus Ägyptenland geführt hatte, und folgten andern Göttern nach von den Göttern der Völker, die um sie her wohnten, und beteten sie an und erzürnten den Herrn;
13. denn sie verließen je und je den Herrn und dienten Baal und den Astharoth.
14. So ergrimmte denn der Zorn des Herrn über Israel und gab sie in die Hand der Räuber, daß diese sie beraubten, und verkaufte sie in die Hände ihrer Feinde umher. Und sie konnten nicht mehr ihren Feinden widerstehen;
15. sondern wo sie hinaus wollten, da war des Herrn Hand wider sie zum Unglück, wie denn *der Herr ihnen gesagt und geschworen hatte. Und wurden hartgedrängt. *3. Mose 26,17; 5. Mose 28,20.
16. Wenn dann der Herr Richter auferweckte, die ihnen halfen aus der Räuber Hand, Apg. 13,20.
17. so gehorchten sie den Richtern auch nicht, sondern liefen andern Göttern nach und beteten sie an und wichen bald von dem Wege, darauf ihre Väter gegangen waren, des Herrn Geboten zu gehorchen, und taten nicht wie dieselben.
18. Wenn aber der Herr ihnen Richter erweckte, so war der Herr mit dem Richter und half ihnen aus ihrer Feinde Hand, solange der Richter lebte. Denn es jammerte den Herrn ihr Wehklagen über die, so sie zwangen und drängten.
19. Wenn aber der Richter starb, so wandten sie sich und verderbten es mehr denn ihre Väter, daß sie andern Göttern folgten, ihnen zu dienen und sie anzubeten; sie ließen nicht von ihrem Vornehmen noch von ihrem halsstarrigen Wesen.
20. Darum ergrimmte denn des Herrn Zorn über Israel, daß er sprach: Weil dies Volk meinen Bund übertreten hat, den ich ihren Vätern geboten habe, und gehorchen meiner Stimme nicht,
21. so will ich auch hinfort die Heiden nicht vertreiben, die Josua hat gelassen, da er starb,
22. daß ich *Israel durch sie versuche, ob sie auf dem Wege des Herrn bleiben, daß sie darin wandeln, wie ihre Väter geblieben sind, oder nicht. *K. 3,1.4; 5. Mose 8,2.
23. Also ließ der Herr diese Heiden, daß er sie nicht bald vertrieb, die er nicht hatte in Josuas Hand übergeben.

Das 3. Kapitel

Israels Abgötterei und Unterjochung. Befreiung durch Othniel, Ehud und Samgar.

1. Dies sind die Heiden, die der Herr ließ bleiben – daß er durch sie Israel *versuchte, alle, die nicht wußten um die Kriege Kanaans, *K. 2,22.
2. und daß die Geschlechter der Kinder Israel wüßten und lernten streiten, die zuvor nichts darum wußten –,

3. nämlich die *fünf Fürsten der Philister und alle Kanaaniter und Sidonier und Heviter, die am Berge Libanon wohnten, von dem Berge Baal-Hermon an, bis wo man kommt gen Hamath. *Jos. 13,3.

4. Dieselben blieben, Israel durch sie zu versuchen, daß es kund würde, ob sie den Geboten des Herrn gehorchten, die er ihren Vätern geboten hatte durch Mose.

5. Da nun die Kinder Israel also wohnten unter den Kanaanitern, Hethitern, Amoritern, Pheresitern, Hevitern und Jebusitern,

6. nahmen sie jener Töchter zu Weibern und gaben ihre Töchter jenen Söhnen und dienten jener Göttern. 5. Mose 7,3.

7. Und die Kinder Israel taten übel vor dem Herrn und vergaßen des Herrn, ihres Gottes, und dienten den Baalim und den Ascheroth.

8. Da ergrimmte der Zorn des Herrn über Israel, und er verkaufte sie unter die Hand Kusan-Risathaims, des Königs von Mesopotamien; und dienten also die Kinder Israel dem Kusan-Risathaim acht Jahre.

9. Da schrieen die Kinder Israel zu dem Herrn; und der Herr erweckte ihnen einen Heiland, der sie erlöste: *Othniel, den Sohn des Kenas, Kalebs jüngsten Bruder. *K. 1,13.

10. Und *der Geist des Herrn kam auf ihn, und er ward Richter in Israel und zog aus zum Streit. Und der Herr gab den König von Mesopotamien, Kusan-Risathaim, in seine Hand, daß seine Hand über ihn zu stark ward. *K. 6,34.

11. Da ward das Land still vierzig Jahre. Und Othniel, der Sohn des Kenas, starb.

12. Aber die Kinder Israel taten fürder übel vor dem Herrn. Da stärkte der Herr den Eglon, den König der Moabiter, wider Israel, darum daß sie übel taten vor dem Herrn.

13. Und er sammelte zu sich die Kinder Ammon und die Amalekiter und zog hin und schlug Israel und nahm ein die *Palmenstadt. *K. 1,16.

14. Und die Kinder Israel dienten Eglon, dem König der Moabiter, achtzehn Jahre.

15. Da schrieen sie zu dem Herrn; und der Herr erweckte ihnen einen Heiland: Ehud, den Sohn Geras, den Benjaminiten, der war links. Und da die Kinder Israel durch ihn Geschenk sandten Eglon, dem König der Moabiter,

16. machte sich Ehud ein zweischneidiges Schwert, eine Elle lang, und gürtete es unter sein Kleid auf seine rechte Hüfte

17. und brachte das Geschenk dem Eglon, dem König der Moabiter. Eglon aber war ein sehr fetter Mann.

18. Und da er das Geschenk hatte überantwortet, ließ er das Volk von sich, die das Geschenk getragen hatten,

19. und kehrte um von den Götzen zu Gilgal und ließ ansagen: Ich habe, o König, dir was Heimliches zu sagen. Er aber hieß schweigen, und gingen aus von ihm alle, die um ihn standen.

20. Und Ehud kam zu ihm hinein. Er aber saß oben in der Sommerlaube, die für ihn allein war. Und Ehud sprach: Ich habe Gottes Wort an dich. Da stand er auf vom Stuhl.

21. Ehud aber reckte seine linke Hand aus und nahm das Schwert von seiner rechten Hüfte und stieß es ihm in seinen Bauch,

22. daß auch das Heft der Schneide nach hineinfuhr und das Fett das Heft verschloß; denn er zog das Schwert nicht aus seinem Bauch.

23. Aber Ehud ging zum Saal hinaus und tat die Tür der Sommerlaube hinter sich zu und verschloß sie.

24. Da er nun hinaus war, kamen seine Knechte und sahen, daß die Tür verschlossen war, und sprachen: Er ist vielleicht zu Stuhl gegangen in der Kammer an der Sommerlaube.

25. Da sie aber so lange harrten, bis sie sich schämten (denn niemand tat die Tür der Laube auf), nahmen sie den Schlüssel und schlossen auf; siehe, da lag ihr Herr auf der Erde tot.

26. Ehud aber war entronnen, dieweil sie verzogen, und ging an den Götzen vorüber und entrann bis gen Seira.

27. Und da er hineinkam, blies er die Posaune auf dem Gebirge Ephraim. Und die Kinder Israel zogen mit ihm vom Gebirge und er vor ihnen her,

28. und sprach zu ihnen: Jaget mir nach; denn der Herr hat euch die Moabiter, eure Feinde, in eure Hände gegeben! Und sie jagten ihm nach und gewannen die Furten am Jordan, die gen Moab gehen, und ließen niemand hinüber

29. und schlugen die Moabiter zu der Zeit, bei 10000 Mann, allzumal die besten und streitbare Männer, daß nicht einer entrann.

30. Also wurden die Moabiter zu der Zeit unter die Hand der Kinder Israel gedämpft. Und das Land war still achtzig Jahre.

31. Darnach war Samgar, der Sohn An-

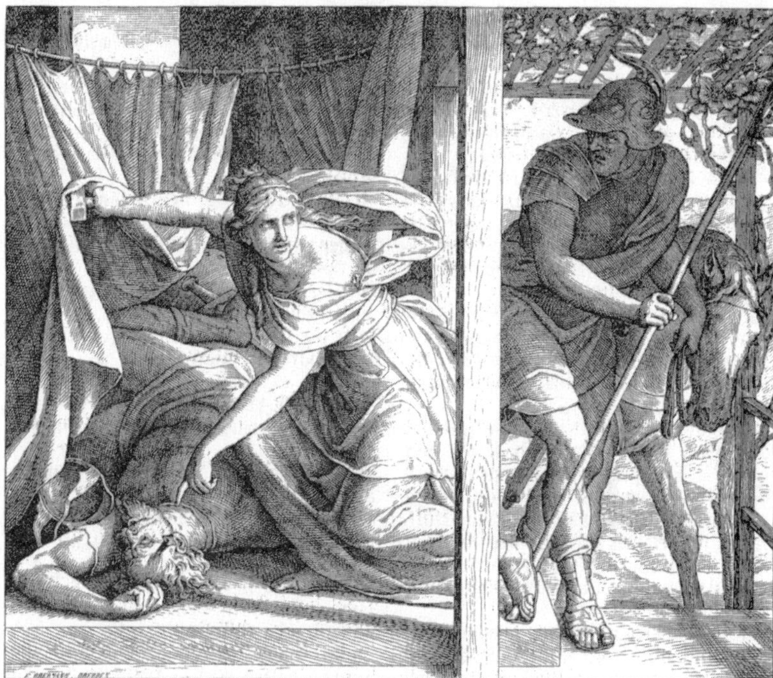

JAEL FÜHRT BARAK ZUM TOTEN SISERA Richter 4, 21.22

aths; der schlug sechshundert Philister mit einem Ochsenstecken, und auch er erlöste Israel.

Das 4. Kapitel

Jabin unterdrückt Israel, wird von Barak und Debora besiegt. Sisera von Jael getötet.

1. Aber die Kinder Israel taten fürder übel vor dem Herrn, da Ehud gestorben war.
2. Und der Herr verkaufte sie in die Hand Jabins, des Königs der Kanaaniter, der zu Hazor saß; und sein Feldhauptmann war Sisera, und er wohnte zu Haroseth der Heiden.
3. Und die Kinder Israel schrieen zum Herrn; denn er hatte neunhundert eiserne Wagen und zwang die Kinder Israel mit Gewalt zwanzig Jahre.
4. Zu der Zeit war Richterin in Israel die Prophetin Debora, das Weib Lapidoths.
5. Und sie wohnte unter der Palme Deboras zwischen Rama und Beth-El auf dem Gebirge Ephraim. Und die Kinder Israel kamen zu ihr hinauf vor Gericht.
6. Diese sandte hin und ließ rufen Barak, den Sohn Abinoams von Kedes-Naphthali, und ließ ihm sagen: Hat dir nicht der Herr, der Gott Israels, geboten: Gehe hin und zieh auf den Berg Thabor und nimm zehntausend Mann mit dir von den Kindern Naphthali und Sebulon?
7. Denn ich will Sisera, den Feldhauptmann Jabins, zu dir ziehen an das Wasser Kison mit seinen Wagen und mit seiner Menge und will ihn in deine Hände geben.
8. Barak sprach zu ihr: Wenn du mit mir ziehst, so will ich ziehen; ziehst du aber nicht mit mir, so will ich nicht ziehen.
9. Sie sprach: Ich will mit dir ziehen; aber der Preis wird nicht dein sein auf dieser Reise, die du tust, sondern der Herr wird Sisera in eines Weibes Hand übergeben. Also machte sich Debora auf und zog mit Barak gen Kedes.
10. Da rief Barak Sebulon und Naphthali gen Kedes, und es zogen hinauf ihm nach 10000 Mann. Debora zog auch mit ihm.
11. (Heber aber, der Keniter, war von den *Kenitern, von den Kindern †Hobabs, Mose's Schwager, weggezogen und hatte seine Hütte aufgeschlagen bei den Eichen zu Zaanannim neben Kedes.)

*K. 1,16. †4. Mose 10,29.

12. Da ward Sisera angesagt, daß Barak, der Sohn Abinoams, auf den Berg Thabor gezogen wäre.
13. Und er rief alle seine Wagen zusammen, neunhundert eiserne Wagen, und alles Volk, das mit ihm war, von Haroseth der Heiden an das Wasser Kison.
14. Debora aber sprach zu Barak: Auf! das ist der Tag, da dir der Herr den Sisera hat in deine Hand gegeben; denn der Herr wird vor dir her ausziehen. Also zog Barak von dem Berge Thabor herab und die 10000 Mann ihm nach.
15. Aber der Herr erschreckte den Sisera samt allen seinen Wagen und ganzem Heer vor der Schärfe des Schwertes Baraks, daß Sisera von seinem Wagen sprang und floh zu Fuß.
16. Barak aber jagte nach den Wagen und dem Heer bis gen Haroseth der Heiden. Und alles Heer Siseras fiel vor der Schärfe des Schwerts, daß nicht einer übrigblieb.
17. Sisera aber floh zu Fuß in die Hütte Jaels, des Weibes Hebers, des Keniters. Denn der König Jabin zu Hazor und das Haus Hebers, des Keniters, standen miteinander im Frieden.
18. Jael aber ging heraus, Sisera entgegen, und sprach zu ihm: Weiche, mein Herr, weiche zu mir und fürchte dich nicht! Und er wich zu ihr ein in ihre Hütte, und sie deckte ihn zu mit einer Decke.
19. Er aber sprach zu ihr: Gib mir doch ein wenig Wasser zu trinken, denn mich dürstet. Da tat sie auf einen Milchtopf und gab ihm zu trinken und deckte ihn zu.
20. Und er sprach zu ihr: Tritt in der Hütte Tür, und wenn jemand kommt und fragt, ob jemand hier sei, so sprich: Niemand.
21. Da nahm Jael, das Weib Hebers, einen Nagel von der Hütte und einen Hammer in ihre Hand und ging leise zu ihm hinein und schlug ihm den Nagel durch seine Schläfe, daß er in die Erde drang. Er aber war entschlummert, ward ohnmächtig und starb.
22. Da aber Barak Sisera nachjagte, ging Jael heraus, ihm entgegen, und sprach zu ihm: Gehe her! ich will dir den Mann zeigen, den du suchst. Und da er zu ihr hineinkam, lag Sisera tot, und der Nagel steckte in seiner Schläfe.
23. Also dämpfte Gott zu der Zeit Jabin, der Kanaaniter König, vor den Kindern Israel.
24. Und die Hand der Kinder Israel ward immer stärker wider Jabin, der Kanaaniter König, bis sie ihn ausrotteten.

Das 5. Kapitel

Der Debora und Baraks Triumphlied.

1. Da sang Debora und Barak, der Sohn Abinoams, zu der Zeit und sprachen:
2. Lobet den Herrn, daß Israel wieder frei ist worden und das Volk willig dazu gewesen ist.
3. Höret zu, ihr Könige, und merket auf, ihr Fürsten! Ich will, dem Herrn will ich singen; dem Herrn, dem Gott Israels, will ich spielen.
4. Herr, da du von *Seir auszogst und einhergingst vom Felde Edoms, da †erzitterte die Erde, der Himmel troff, und die Wolken troffen von Wasser.

*5. Mose 33,2. †Hab. 3,3–6.

5. Die Berge ergossen sich vor dem Herrn, der Sinai vor dem Herrn, dem Gott Israels. Ps. 68,9.
6. Zu den Zeiten *Samgars, des Sohnes Anaths, zu den Zeiten Jaels waren verlassen die Wege; und die da auf Straßen gehen sollten, die wandelten durch krumme Wege. *K. 3,31.
7. Es gebrach, an Regiment gebrach's in Israel, bis daß ich, Debora, aufkam, bis ich aufkam, eine Mutter in Israel.
8. Ein Neues hat Gott erwählt, er hat die Tore bestritten. Es war *kein Schild noch Speer unter vierzigtausend in Israel zu sehen. *1. Sam. 13,19.22.
9. Mein Herz ist mit den Gebietern Israels, mit denen, die willig waren unter dem Volk. Lobet den Herrn!
10. Da ihr auf *schönen Eselinnen reitet, die ihr auf Teppichen sitzet, und die ihr auf dem Wege geht: singet! *K. 10,4; 12,14.
11. Da die Schützen schreien zwischen den Schöpf-Rinnen, da sage man von der Gerechtigkeit des Herrn, von der Gerechtigkeit seines Regiments in Israel. Da zog des Herrn Volk herab zu den Toren.
12. Wohlauf, wohlauf, Debora! Wohlauf, wohlauf, und singe ein Lied! Mache dich auf, Barak, und fange deine Fänger, du Sohn Abinoams!
13. Da zog herab, was übrig war von Herrlichen im Volk; der Herr zog mit mir herab unter den Helden.
14. Aus Ephraim die, so ihre Wurzel haben in *Amalek, und nach dir Benjamin in deinem Volk; von †Machir zogen Gebieter herab und von Sebulon, die den Führerstab hielten. *K. 12,15. †Jos. 17,1.
15. Und Fürsten zu Isaschar waren mit Debora. Und Isaschar war wie Barak, in den Grund gesandt ihm nach. Ruben hielt hoch von sich und sonderte sich von uns.

16. Warum bleibst du zwischen den Hürden, zu hören das Blöken der Herden, und hältst groß von dir und sonderst dich von uns?

17. Gilead blieb jenseit des Jordans. Und warum wohnt Dan unter den Schiffen? Asser saß an der Anfurt des Meers und blieb an seinen zerrissenen Ufern.

18. Sebulons Volk aber wagte seine Seele in den Tod, Naphthali auch auf der Höhe des Gefilds.

19. Die Könige kamen und stritten; da stritten die Könige der Kanaaniter zu Thaanach am Wasser Megiddos; aber sie brachten keinen Gewinn davon.

20. Vom Himmel ward wider sie gestritten; die Sterne in ihren Bahnen stritten wider Sisera.

K.4,15; 2.Mose 14,25; Jos.10,14.42.

21. Der Bach Kison wälzte sie, der Bach Kedumim, der Bach Kison. Tritt, meine Seele, auf die Starken!

22. Da rasselten der Pferde Füße von dem Jagen ihrer mächtigen Reiter.

23. Fluchet der Stadt Meros, sprach der Engel des Herrn; fluchet ihren Bürgern, daß sie nicht kamen dem Herrn zu Hilfe, zu Hilfe dem Herrn unter den Helden!

24. Gesegnet sei unter den Weibern Jael, das Weib Hebers, des Keniters; gesegnet sei sie in der Hütte unter den Weibern!

25. Milch gab sie, da er Wasser forderte, und Butter brachte sie dar in einer herrlichen Schale. K.4,19.

26. Sie griff mit ihrer Hand den Nagel und mit ihrer Rechten den Schmiedhammer und schlug Sisera durch sein Haupt und zerquetschte und durchbohrte seine Schläfe.

27. Zu ihren Füßen krümmte er sich, fiel nieder und legte sich; er krümmte sich, fiel nieder zu ihren Füßen; wie er sich krümmte, so lag er verderbt.

28. Die Mutter Siseras sah zum Fenster hinaus und heulte durchs Gitter: Warum verzieht sein Wagen, daß er nicht kommt? Wie bleiben die Räder seiner Wagen so dahinten?

29. Die weisesten unter ihren Frauen antworteten, da sie ihre Klageworte immer wiederholte:

30. Sollen sie denn nicht finden und austeilen den Raub, einem jeglichen Mann eine Dirne oder zwei zur Ausbeute und Sisera bunte gestickte Kleider zur Ausbeute, gestickte bunte Kleider um den Hals zur Ausbeute?

31. Also müssen umkommen, Herr, alle deine Feinde! Die ihn aber liebhaben, müssen sein, wie die Sonne aufgeht in ihrer Macht! – Und das Land war still *vierzig Jahre. *K.3,11.

Das 6. Kapitel

Gideon zum Richter berufen.

1. Und da die Kinder Israel übel taten vor dem Herrn, gab sie der Herr unter die Hand der Midianiter sieben Jahre.

2. Und da der Midianiter Hand zu stark ward über Israel, machten die Kinder Israel für sich Klüfte in den Gebirgen und Höhlen und Festungen.

3. Und *wenn Israel etwas säte, so kamen die Midianiter und Amalekiter und die aus dem Morgenlande herauf über sie

*5.Mose 28,33.

4. und lagerten sich wider sie und verderbten das Gewächs auf dem Lande bis hinan gen Gaza und ließen nichts übrig von Nahrung in Israel, weder Schafe noch Ochsen noch Esel.

5. Denn sie kamen herauf mit ihrem Vieh und Hütten wie eine große Menge Heuschrecken, daß weder sie noch ihre Kamele zu zählen waren, und fielen ins Land, daß sie es verderbten.

6. Also ward Israel sehr gering vor den Midianitern. Da schrieen die Kinder Israel zu dem Herrn.

7. Als sie aber zu dem Herrn schrieen um der Midianiter willen,

8. sandte der Herr einen Propheten zu ihnen, der sprach zu ihnen: So spricht der Herr, der Gott Israels: Ich habe euch aus Ägypten geführt und aus dem Diensthause gebracht

9. und habe euch errettet von der Ägypter Hand und von der Hand aller, die euch drängten, und habe sie vor euch her ausgestoßen und ihr Land euch gegeben

10. und sprach zu euch: Ich bin der Herr, euer Gott; fürchtet nicht der Amoriter Götter, in deren Lande ihr wohnet. Und ihr habt meiner Stimme nicht gehorcht.

11. Und der Engel des Herrn kam und setzte sich unter eine Eiche zu Ophra, die war des Joas, des Abiesriters; und sein Sohn Gideon drosch Weizen in der Kelter, daß er ihn bärge vor den Midianitern.

12. Da erschien ihm der Engel des Herrn und sprach zu ihm: Der Herr mit dir, du streitbarer Held!

13. Gideon aber sprach zu ihm: Mein Herr, ist der Herr mit uns, warum ist uns denn solches alles widerfahren? Und wo sind alle seine Wunder, die uns unsre Väter erzählten und sprachen: Der Herr hat uns aus Ägypten geführt? Nun aber hat

uns der Herr verlassen und unter der Midianiter Hände gegeben.
14. Der Herr aber wandte sich zu ihm
und sprach: *Gehe hin in dieser deiner
Kraft; du sollst Israel erlösen aus der Midianiter Händen. Siehe, ich habe dich gesandt. *1. Sam. 12,11; Hebr. 11,32.
15. Er aber sprach zu ihm: Mein Herr,
womit soll ich Israel erlösen? Siehe, meine
Freundschaft ist die geringste in Manasse,
und ich bin der Kleinste in meines Vaters
Hause.
16. Der Herr aber sprach zu ihm: *Ich
will mit dir sein, daß du die Midianiter
schlagen sollst wie einen einzelnen Mann.
*2. Mose 3,12.
17. Er aber sprach zu ihm: Habe ich Gnade vor dir gefunden, so mache mir doch
ein Zeichen, daß du es seist, der mit mir
redet;
18. weiche *nicht, bis ich zu dir komme
und bringe mein Speisopfer und es vor dir
hinlege. Er sprach: Ich will bleiben, bis
daß du wiederkommst. *K. 13,15.
19. Und Gideon kam und richtete zu ein
Ziegenböcklein und ein Epha ungesäuerten Mehls und legte das Fleisch in einen
Korb und tat die Brühe in einen Topf und
brachte es zu ihm heraus unter die Eiche
und trat herzu.
20. Aber der Engel Gottes sprach zu ihm:
Nimm das Fleisch und das Ungesäuerte
und lege es hin auf den Fels, der hier ist,
und gieß die Brühe aus. Und er tat also.
21. Da reckte der Engel des Herrn den
Stecken aus, den er in der Hand hatte, und
rührte mit der Spitze das Fleisch und das
Ungesäuerte an. Und *das Feuer fuhr aus
dem Fels und verzehrte das Fleisch und
das Ungesäuerte. Und der Engel des Herrn
verschwand aus seinen Augen. *3. Mose 9,24.
22. Da nun Gideon sah, daß es der Engel
des Herrn war, sprach er: Ach Herr Herr!
habe ich also den Engel des Herrn von
Angesicht gesehen?
23. Aber der Herr sprach zu ihm: *Friede
sei mit dir! Fürchte dich nicht; du wirst
nicht sterben. *K. 13,22.
24. Da baute Gideon daselbst dem Herrn
einen Altar und hieß ihn: Der Herr ist der
Friede. Der steht noch bis auf den heutigen Tag zu Ophra, der Stadt der Abiesriter.
25. Und in derselben Nacht sprach der
Herr zu ihm: Nimm einen Farren unter
den Ochsen, die deines Vaters sind, und
einen andern Farren, der siebenjährig ist,
und *zerbrich den Altar Baals, der deines
Vaters ist, und haue ab das Ascherabild,
das dabeisteht, *2. Kön. 11,18; 23,12–15.
26. und baue dem Herrn, deinem Gott,
oben auf der Höhe dieses Felsens einen
Altar und rüste ihn zu und nimm den
andern Farren und opfere ein Brandopfer
mit dem Holz des Ascherabildes, das du
abgehauen hast.
27. Da nahm Gideon zehn Männer aus
seinen Knechten und tat, wie ihm der
Herr gesagt hatte. Aber er fürchtete sich,
solches zu tun des Tages, vor seines Vaters
Haus und den Leuten in der Stadt, und
tat's bei der Nacht.
28. Da nun die Leute in der Stadt des
Morgens früh aufstanden, siehe, da war
der Altar Baals zerbrochen und das
Ascherabild dabei abgehauen und der andere Farre ein Brandopfer auf dem Altar,
der gebaut war.
29. Und einer sprach zu dem andern:
Wer hat das getan? Und da sie suchten,
und nachfragten, ward gesagt: Gideon, der
Sohn des Joas, hat das getan.
30. Da sprachen die Leute der Stadt zu
Joas: Gib deinen Sohn heraus; er muß
sterben, daß er den Altar Baals zerbrochen
und das Ascherabild dabei abgehauen hat.
31. Joas aber sprach zu allen, die bei ihm
standen: Wollt ihr um Baal hadern? Wollt
ihr ihm helfen? Wer um ihn hadert, der
soll dieses Morgens sterben. *Ist er Gott,
so rechte er um sich selbst, daß sein Altar
zerbrochen ist. *1. Kön. 18,21.
32. Von dem Tag an hieß man ihn Jerubbaal und sprach: Baal rechte mit ihm, daß
er seinen Altar zerbrochen hat.
33. Da nun alle Midianiter und Amalekiter und die aus dem Morgenland sich zuhauf versammelt hatten und zogen herüber und lagerten sich im Grunde Jesreel,
34. erfüllte *der Geist des Herrn den Gideon; und er ließ die Posaune blasen und
rief die Abiesriter, daß sie ihm folgten,
*K. 3,10; 29; 13,25.
35. und sandte Botschaft zu ganz Manasse und rief sie an, daß sie ihm auch nachfolgten. Er sandte auch Botschaft zu Asser
und Sebulon und Naphthali; die kamen
herauf, ihm entgegen.
36. Und Gideon sprach zu Gott: Willst du
Israel durch meine Hand erlösen, wie du
geredet hat,
37. so will ich ein Fell mit der Wolle auf
die Tenne legen. Wird der Tau auf dem Fell
allein sein und die ganze Erde umher trokken, so will ich merken, daß du Israel
erlösen wirst durch meine Hand, wie du
geredet hast.
38. Und es geschah also. Und da er des
andern Morgens früh aufstand, drückte er

DAS OPFER DES GIDEON Richter 6, 21.22

den Tau aus vom Fell und füllte eine Schale voll des Wassers.
39. Und Gideon sprach zu Gott: *Dein Zorn ergrimme nicht wider mich, daß ich noch einmal rede. Ich will's nur noch einmal versuchen mit dem Fell. Es sei allein auf dem Fell trocken und Tau auf der ganzen Erde. *1. Mose 18,30.
40. Und Gott tat also dieselbe Nacht, daß es trocken war allein auf dem Fell und Tau auf der ganzen Erde.

Das 7. Kapitel

Gideon erhält den Sieg über die Midianiter.

1. Da machte sich *Jerubbaal, das ist Gideon, früh auf und alles Volk, das mit ihm war, und lagerten sich an den Brunnen Harod, daß er das Heer der Midianiter hatte gegen Mitternacht von dem Hügel More im Grund. *K. 6,32.
2. Der Herr aber sprach zu Gideon: Des Volks ist zu viel, das mit dir ist, daß ich sollte Midian in ihre Hände geben; Israel möchte sich rühmen wider mich und sagen: Meine Hand hat mich erlöst.
3. So laß nun ausrufen vor den Ohren des Volks und sagen: *Wer blöde und verzagt ist, der kehre um und hebe sich alsbald vom Gebirge Gilead. Da kehrten des Volks um 22000, daß nur 10000 übrigblieben. *5. Mose 20,8.
4. Und der Herr sprach zu Gideon: Des Volks ist noch zu viel. Führe sie hinab ans Wasser, daselbst will ich sie dir prüfen. Und von welchem ich dir sagen werde, daß er mit dir ziehen soll, der soll mit dir ziehen; von welchem aber ich sagen werde, daß er nicht mit dir ziehen soll, der soll nicht ziehen.
5. Und er führte das Volk hinab ans Wasser. Und der Herr sprach zu Gideon: Wer mit seiner Zunge Wasser leckt, wie ein Hund leckt, den stelle besonders; desgleichen, wer auf seine Kniee fällt, zu trinken.
6. Da war die Zahl derer, die geleckt hatten aus der Hand zum Mund, dreihundert Mann; das andere Volk alles hatte knieend getrunken.
7. Und der Herr sprach zu Gideon: Durch *die dreihundert Mann, die geleckt haben, will ich euch erlösen und die Midianiter in deine Hände geben; aber das andere Volk laß alles gehen an seinen Ort. *1. Sam. 14,6.

8. Und sie nahmen Zehrung für das Volk mit sich und ihre Posaunen. Aber die andern Israeliten ließ er alle gehen, einen jeglichen in seine Hütte; die dreihundert Mann aber behielt er. Und das Heer der Midianiter lag unten vor ihm im Grunde.

9. Und der Herr sprach in derselben Nacht zu ihm: Stehe auf und gehe hinab zum Lager; denn ich habe es in deine Hände gegeben.

10. Fürchtest du dich aber hinabzugehen, so laß deinen Diener Pura mit dir hinabgehen zum Lager,

11. daß du hörest, was sie reden. Darnach werden deine Hände stark sein, und du wirst hinabziehen zum Lager. Da ging Gideon mit seinem Diener Pura hinab vorn an den Ort der Schildwächter, die im Lager waren.

12. Und die Midianiter und Amalekiter und alle aus dem Morgenland hatten sich niedergelegt im Grunde wie eine Menge Heuschrecken; und ihre Kamele waren nicht zu zählen vor der Menge wie der Sand am Ufer des Meers.

13. Da nun Gideon kam, siehe, da *erzählte einer einem andern einen Traum und sprach: Siehe, mir hat geträumt: mich deuchte, ein geröstetes Gerstenbrot wälzte sich zum Heer der Midianiter; und da es kam an die Gezelte, schlug es dieselben und warf sie nieder und kehrte sie um, das Oberste zu unterst, daß das Gezelt lag.

*1.Mose 40,9.16.

14. Da antwortete der andere: Das ist nichts anderes denn das Schwert Gideons, des Sohnes des Joas, des Israeliten. Gott hat die Midianiter in seine Hände gegeben mit dem ganzen Heer.

15. Da Gideon den hörte solchen Traum erzählen und seine Auslegung, betete er an und kam wieder ins Heer Israels und sprach: Macht euch auf, denn der Herr hat *das Heer der Midianiter in eure Hände gegeben. *Jes.9,3.

16. Und er teilte die dreihundert Mann in drei Haufen und gab einem jeglichen eine Posaune in seine Hand und leere Krüge und Fackeln darin

17. und sprach zu ihnen: Sehet auf mich und tut auch also; und siehe, wenn ich vor das Lager komme, wie ich tue, so tut ihr auch.

18. Wenn ich die Posaune blase und alle, die mit mir sind, so sollt ihr auch die Posaunen blasen ums ganze Heer und sprechen: Hie Herr und Gideon!

19. Also kam Gideon und hundert Mann mit ihm vor das Lager, zu Anfang der mittelsten Nachtwache, da sie eben die Wächter aufgestellt hatten, und bliesen mit Posaunen und zerschlugen die Krüge in ihren Händen.

20. Also bliesen alle drei Haufen mit Posaunen und zerbrachen die Krüge. Sie hielten aber die Fackeln in ihrer linken Hand und die Posaunen in ihrer rechten Hand, daß sie bliesen, und riefen: Hie Schwert des Herrn und Gideons!

21. Und ein jeglicher stand auf seinem Ort um das Lager her. Da ward das ganze Heer laufend, und schrieen und flohen.

22. Und indem die dreihundert Mann bliesen die Posaunen, schaffte der Herr, daß im ganzen Heer eines jeglichen Schwert wider den andern war. Und das Heer floh bis Beth-Sitta gen Zereda, bis an die Grenze von Abel-Mehola bei Tabbath.

23. Und die Männer Israels von Naphthali, von Asser und vom ganzen Manasse wurden zuhauf gerufen und jagten den Midianitern nach.

24. Und Gideon sandte Botschaft auf das ganze Gebirge Ephraim und ließ sagen: Kommt herab, den Midianitern entgegen, und gewinnt das Wasser vor ihnen bis gen Beth-Bara und auch den Jordan. Da eilten zusammen alle, die von Ephraim waren, und gewannen das Wasser vor ihnen bis gen Beth-Bara und den Jordan

25. und fingen zwei Fürsten der Midianiter, Oreb und Seeb, und erwürgten Oreb auf dem Fels Oreb und Seeb in der Kelter Seeb, und jagten die Midianiter und brachten die Häupter Orebs und Seebs zu Gideon über den Jordan.

Das 8. Kapitel

Gideon verfolgt den Feind und richtet falschen Gottesdienst an. Seine Kinder und sein Tod.

1. Und die Männer von *Ephraim sprachen zu ihm: Warum hast du uns das getan, daß du uns nicht riefst, da du in den Streit zogst wider die Midianiter? Und zankten mit ihm heftig. *K.12,1.

2. Er aber sprach zu ihnen: Was habe ich jetzt getan, das eurer Tat gleich sei? Ist nicht die Nachlese Ephraims besser denn die ganze Weinernte *Abiesers? *K.6,11.15.

3. Gott hat die Fürsten der Midianiter, Oreb und Seeb, in eure Hände gegeben. Wie hätte ich können das tun, was ihr getan habt? Da er solches redete, ließ ihr Zorn von ihm ab.

4. Da nun Gideon an den Jordan kam, ging er hinüber mit den dreihundert Mann, die bei ihm waren; die waren müde und jagten nach.

GIDEON BESIEGT DIE MIDIANITER Richter 7, 19–21

5. Und er sprach zu den Leuten zu Sukkoth: Gebt doch dem Volk, das unter mir ist, etliche Brote; denn sie sind müde, daß ich nachjage den Königen der Midianiter, Sebah und Zalmuna.
6. Aber die Obersten zu Sukkoth sprachen: Sind die Fäuste Sebahs und Zalmunas schon in deinen Händen, daß wir deinem Heer sollen Brot geben?
7. Gideon sprach: Wohlan, wenn der Herr Sebah und Zalmuna in meine Hand gibt, will ich euer Fleisch mit Dornen aus der Wüste und mit Hecken zerdreschen.
8. Und er zog von da hinauf gen Pnuel und redete auch also zu ihnen. Und die Leute zu Pnuel antworteten ihm gleich wie die zu Sukkoth.
9. Und er sprach auch zu den Leuten zu Pnuel: Komme ich mit Frieden wieder, so will ich diesen Turm zerbrechen.
10. Sebah aber und Zalmuna waren zu Karkor und ihr Heer mit ihnen, bei 15 000, alle, die übriggeblieben waren vom ganzen Heer derer aus Morgenland; denn 120 000 waren gefallen, die das Schwert ausziehen konnten.
11. Und Gideon zog hinauf auf der Straße derer, die in Hütten wohnen, gegen Morgen von Nobah und Jogbeha, und schlug das Heer; denn das Heer war sicher.
12. Und Sebah und Zalmuna flohen; aber er jagte ihnen nach und fing die zwei Könige der Midianiter, Sebah und Zalmuna, und schreckte das ganze Heer.
13. Da nun Gideon, der Sohn des Joas, wiederkam vom Streit, ehe die Sonne heraufgekommen war,
14. fing er einen Knaben aus den Leuten zu Sukkoth und fragte ihn; der schrieb ihm auf die Obersten zu Sukkoth und ihre Ältesten, siebenundsiebzig Mann.
15. Und er kam zu den Leuten zu Sukkoth und sprach: Siehe, hier ist Sebah und Zalmuna, über welchen ihr mein spottetet und sprachet: Ist denn Sebahs und Zalmunas Faust schon in deinen Händen, daß wir deinen Leuten, die müde sind, Brot geben sollen?
16. Und er nahm die Ältesten der Stadt und Dornen aus der Wüste und Hecken und ließ es die Leute zu Sukkoth fühlen.
17. Und den Turm Pnuels zerbrach er und erwürgte die Leute der Stadt.

18. Und er sprach zu Sebah und Zalmuna: Wie waren die Männer, die ihr erwürgtet zu Thabor? Sie sprachen: Sie waren wie du und ein jeglicher schön wie eines Königs Kinder.
19. Er aber sprach: Es sind meine Brüder, meiner Mutter Söhne, gewesen. So wahr der Herr lebt, wo ihr sie hättet leben lassen, wollte ich euch nicht erwürgen.
20. Und sprach zu seinem erstgeborenen Sohn, Jether: Stehe auf und erwürge sie! Aber der Knabe zog sein Schwert nicht; denn er fürchtete sich, weil er noch ein Knabe war.
21. Sebah aber und Zalmuna sprachen: Stehe du auf und mache dich an uns; denn darnach der Mann ist, ist auch seine Kraft. Also stand Gideon auf und erwürgte Sebah und Zalmuna und nahm die Spangen, die an ihrer Kamele Hälsen waren.
22. Da sprachen zu Gideon etliche in Israel: Sei Herr über uns, du und dein Sohn und deines Sohnes Sohn, weil du uns von der Midianiter Hand erlöst hast.
23. Aber Gideon sprach zu ihnen: Ich will nicht Herr sein über euch, und mein Sohn soll auch nicht Herr über euch sein, sondern der Herr soll Herr über euch sein.
24. Gideon aber sprach zu ihnen: Eins begehre ich von euch: ein jeglicher gebe mir die Stirnbänder, die er geraubt hat. (Denn weil es Ismaeliter waren, hatten sie goldene Stirnbänder.)
25. Sie sprachen: Die wollen wir geben; und breiteten ein Kleid aus, und ein jeglicher warf die Stirnbänder darauf, die er geraubt hatte.
26. Und die goldenen Stirnbänder, die er forderte, machten am Gewichte 1700 Lot Gold, ohne die Spangen und Ketten und Purpurkleider, die der Midianiter Könige tragen, und ohne die Halsbänder ihrer Kamele.
27. Und Gideon machte *einen Leibrock daraus und setzte ihn in seine Stadt zu Ophra. Und ganz Israel trieb damit Abgötterei daselbst, und er geriet Gideon und seinem Hause zum Fall.
*K.17,5; 2.Mose 28,6–14.
28. Also wurden die Midianiter gedemütigt vor den Kindern Israel und hoben ihren Kopf nicht mehr empor. Und das Land war still *vierzig Jahre, solang Gideon lebte. *K.3,11; 5,31.
29. Und Jerubbaal, der Sohn des Joas, ging hin und wohnte in seinem Hause.
30. Und Gideon hatte siebzig Söhne, die aus seiner Hüfte gekommen waren; denn er hatte viele Weiber.
31. Und sein Kebsweib, das er zu Sichem hatte, gebar ihm auch einen Sohn; den nannte er Abimelech.
32. Und Gideon, der Sohn des Joas, starb in gutem Alter und ward begraben in seines Vaters Joas Grab zu Ophra, *der Stadt der Abiesriter. *K.6,11.
33. Da aber Gideon gestorben war, kehrten sich die Kinder Israel um und liefen den Baalim nach und machten sich Baal-Berith zum Gott. K.2,11; 9,4.
34. Und die Kinder Israel gedachten nicht an den Herrn, ihren Gott, der sie errettet hatte von der Hand aller ihrer Feinde umher,
35. und *taten nicht Barmherzigkeit an dem Hause des Jerubbaal Gideon, wie er alles Gute an Israel getan hatte.
*K.9,5.19.24.

Das 9. Kapitel

Abimelechs Brudermord, Königtum und schmähliches Ende. Jothams Fabel.

1. Abimelech *aber, der Sohn Jerubbaals, ging hin gen Sichem zu den Brüdern seiner Mutter und redete mit ihnen und mit dem ganzen Geschlecht des Vaterhauses seiner Mutter und sprach:
*K.8,31.
2. Redet doch vor den Ohren aller Männer zu Sichem: Was ist euch besser, daß siebzig Männer, alle Kinder Jerubbaals, über euch Herren seien, oder daß ein Mann über euch Herr sei? Gedenkt auch dabei, daß ich euer Gebein und Fleisch bin.
3. Da redeten die Brüder seiner Mutter von ihm alle diese Worte vor den Ohren aller Männer zu Sichem. Und ihr Herz neigte sich Abimelech nach; denn sie gedachten: Er ist unser Bruder.
4. Und sie gaben ihm siebzig Silberlinge aus dem Hause *Baal-Beriths. Und Abimelech dingte damit lose, leichtfertige Männer, die ihm nachfolgten. *K.8,33.
5. Und er kam in seines Vaters Haus gen Ophra und erwürgte seine Brüder, die Kinder Jerubbaals, siebzig Mann, auf einem Stein. Es blieb aber übrig Jotham, der jüngste Sohn Jerubbaals; denn er war versteckt.
6. Und es versammelten sich alle Männer von Sichem und das ganze Haus Millo, gingen hin und machten Abimelech zum König bei der hohen *Eiche, die zu Sichem steht. *Jos.24,26.
7. Da das angesagt ward dem Jotham, ging er hin und trat auf die Höhe des

Berges Garizim und hob auf seine Stimme, rief und sprach zu ihnen: Höret mich, ihr Männer zu Sichem, daß euch Gott auch höre!

8. Die Bäume gingen hin, daß sie einen König über sich salbten, und sprachen zum Ölbaum: Sei unser König!

9. Aber der Ölbaum antwortete ihnen: Soll ich meine Fettigkeit lassen, die beide, Götter und Menschen, an mir preisen, und hingehen, daß ich schwebe über den Bäumen?

10. Da sprachen die Bäume zum Feigenbaum: Komm du und sei unser König!

11. Aber der Feigenbaum sprach zu ihnen: Soll ich meine Süßigkeit und meine gute Frucht lassen und hingehen, daß ich über den Bäumen schwebe?

12. Da sprachen die Bäume zum Weinstock: Komm du und sei unser König!

13. Aber der Weinstock sprach zu ihnen: Soll ich meinen Most lassen, der Götter und Menschen fröhlich macht, und hingehen, daß ich über den Bäumen schwebe?

14. Da sprachen alle Bäume zum *Dornbusch: Komm du und sei unser König!
*2. Kön. 14,9.

15. Und der Dornbusch sprach zu den Bäumen: Ist's wahr, daß ihr mich zum König salbt über euch, so kommt und vertraut euch unter meinen Schatten; wo nicht, so gehe Feuer aus dem Dornbusch und verzehre die Zedern Libanons.

16. Habt ihr nun recht und redlich getan, daß ihr Abimelech zum König gemacht habt, und habt ihr wohl getan an Jerubbaal und seinem Hause und habt ihm getan, wie er um euch verdient hat

17. (denn mein Vater hat gestritten um euretwillen und seine Seele dahingeworfen von sich, daß er euch errettete von der Midianiter Hand;

18. und ihr lehnet euch auf heute wider meines Vaters Haus und erwürget seine Kinder, siebzig Mann, auf einem Stein und macht euch Abimelech, seiner Magd Sohn, zum König über die Männer zu Sichem, weil er euer Bruder ist);

19. habt ihr nun recht und redlich gehandelt an Jerubbaal und an seinem Hause an diesem Tage: So seid fröhlich über Abimelech und er sei fröhlich über euch;

20. wo nicht, *so gehe Feuer aus von Abimelech und verzehre die Männer zu Sichem und das Haus Millo, und gehe auch Feuer aus von den Männern zu Sichem und vom Haus Millo und verzehre Abimelech. *V. 57.

21. Und Jotham floh vor seinem Bruder Abimelech und entwich und ging gen Beer und wohnte daselbst.

22. Als nun Abimelech drei Jahre über Israel geherrscht hatte,

23. sandte Gott einen bösen Willen zwischen Abimelech und den Männern zu Sichem. Und die Männer zu Sichem wurden Abimelech untreu,

24. auf daß der Frevel, an den siebzig Söhnen Jerubbaals begangen, und ihr Blut käme auf Abimelech, ihren Bruder, der sie erwürgt hatte, und auf die Männer zu Sichem, die ihm seine Hand dazu gestärkt hatten, daß er seine Brüder erwürgte. V. 5.

25. Und die Männer zu Sichem stellten einen Hinterhalt auf den Spitzen der Berge und beraubten alle, die auf der Straße zu ihnen wandelten. Und es ward Abimelech angesagt.

26. Es kam aber Gaal, der Sohn Ebeds, und seine Brüder und zogen zu Sichem ein. Und die Männer zu Sichem verließen sich auf ihn

27. und zogen heraus aufs Feld und lasen ab ihre Weinberge und kelterten und machten einen Tanz und gingen in ihres Gottes Haus und aßen und tranken und fluchten dem Abimelech.

28. Und Gaal, der Sohn Ebeds, sprach: Wer ist Abimelech, und was ist Sichem, daß wir ihm dienen sollten? Ist er nicht Jerubbaals Sohn und hat Sebul, seinen Knecht, hergesetzt? Dienet den Leuten *Hemors, des Vaters Sichems! Warum sollten wir jenem dienen? *1. Mose 34,2.

29. Wollte Gott, das Volk wäre unter meiner Hand, daß ich den Abimelech vertriebe! Und es ward Abimelech gesagt: Mehre dein Heer und zieh aus!

30. Denn Sebul, der Oberste in der Stadt, da er die Worte Gaals, des Sohnes Ebeds, hörte, ergrimmte er in seinem Zorn

31. und sandte Botschaft zu Abimelech heimlich und ließ ihm sagen: Siehe, Gaal, der Sohn Ebeds, und seine Brüder sind gen Sichem gekommen und machen dir die Stadt aufrührerisch.

32. So mache dich nun auf bei der Nacht, du und dein Volk, das bei dir ist, und mache einen Hinterhalt auf sie im Felde.

33. Und des Morgens, wenn die Sonne aufgeht, so mache dich früh auf und überfalle die Stadt. Und wo er und das Volk, das bei ihm ist, zu dir hinauszieht, so tue mit ihm, wie es deine Hand findet.

34. Abimelech stand auf bei der Nacht und alles Volk, das bei ihm war, und hielt auf Sichem mit vier Haufen.

35. Und Gaal, der Sohn Ebeds, zog heraus und trat vor die Tür an der Stadt Tor. Aber Abimelech machte sich auf aus dem Hinterhalt samt dem Volk, das mit ihm war.
36. Da nun Gaal das Volk sah, sprach er zu Sebul: Siehe, da kommt ein Volk von der Höhe des Gebirges hernieder. Sebul aber sprach zu ihm: Du siehst die Schatten der Berge für Leute an.
37. Gaal redete noch mehr und sprach: Siehe, ein Volk kommt hernieder aus der Mitte des Landes, und ein Haufe kommt auf dem Wege zur Zaubereiche.
38. Da sprach Sebul zu ihm: Wo ist nun hier dein Maul, das da sagte: Wer ist Abimelech, daß wir ihm dienen sollten? Ist das nicht das Volk, das du verachtet hast? Zieh nun aus und streite mit ihm!
39. Gaal zog aus vor den Männern zu Sichem her und stritt mit Abimelech.
40. Aber Abimelech jagte ihn, daß er floh vor ihm; und fielen viel Erschlagene bis an die Tür des Tors.
41. Und Abimelech blieb zu Aruma. Sebul aber verjagte den Gaal und seine Brüder, daß sie zu Sichem nicht durften bleiben.
42. Am Morgen aber ging das Volk heraus aufs Feld. Da das Abimelech ward angesagt,
43. nahm er das Kriegsvolk und teilte es in drei Haufen und machte einen Hinterhalt auf sie im Felde. Als er nun sah, daß das Volk aus der Stadt ging, erhob er sich über sie und schlug sie.
44. Abimelech aber und die Haufen, die bei ihm waren, überfielen sie und traten an die Tür des Stadttors; und zwei der Haufen überfielen alle, die auf dem Felde waren, und schlugen sie.
45. Da stritt Abimelech wider die Stadt denselben ganzen Tag und gewann sie und erwürgte das Volk, das darin war, und zerbrach die Stadt und säte Salz darauf.
46. Da das hörten alle Männer des Turms zu Sichem, gingen sie in die Festung des Hauses des Gottes *Berith. *V. 4; K. 8,33.
47. Da das Abimelech hörte, daß sich alle Männer des Turms zu Sichem versammelt hatten,
48. ging er auf den Berg Zalmon mit allem seinem Volk, das bei ihm war, und nahm eine Axt in seine Hand und hieb einen Ast von den Bäumen und hob ihn auf und legte ihn auf seine Achsel und sprach zu allem Volk, das mit ihm war: Was ihr gesehen habt, daß ich tue, das tut auch ihr eilend wie ich.
49. Da hieb alles Volk ein jeglicher einen Ast ab und folgten Abimelech nach und legten sie an die Festung und steckten's an mit Feuer, daß auch alle Männer des Turms zu Sichem starben, bei tausend Mann und Weib.
50. Abimelech aber zog gen Thebez und belagerte es und gewann es.
51. Es war aber ein starker Turm mitten in der Stadt. Auf den flohen alle Männer und Weiber und alle Bürger der Stadt und schlossen hinter sich zu und stiegen auf das Dach des Turms.
52. Da kam Abimelech zum Turm und stritt dawider und nahte sich zur Tür des Turms, daß er ihn mit Feuer verbrennte.
53. Aber ein Weib warf einen Mühlstein Abimelech auf den Kopf und zerbrach ihm den Schädel.
54. Da rief Abimelech eilend dem Diener, der seine Waffen trug, und sprach zu ihm: *Zieh dein Schwert aus und töte mich, daß man nicht von mir sage: Ein Weib hat ihn erwürgt. Da durchstach ihn sein Diener, und er starb. *1. Sam. 31,4.
55. Da aber die Israeliten, die mit ihm waren, sahen, daß Abimelech tot war, ging ein jeglicher an seinen Ort.
56. Also bezahlte Gott Abimelech das Übel, das er an seinem Vater getan hatte, da er seine siebzig Brüder erwürgte; V. 5.
57. desgleichen alles Übel der Männer Sichems vergalt ihnen Gott auf ihren Kopf, und es kam über sie *der Fluch Jothams, des Sohnes Jerubbaals. *V. 20.

Das 10. Kapitel

Die Richter Thola und Jair. Die Philister und Ammoniter bedrängen das abgöttische Israel.

1. Nach Abimelech machte sich auf, zu helfen Israel, Thola, ein Mann von Isaschar, ein Sohn Phuas, des Sohnes Dodos. Und er wohnte zu Samir auf dem Gebirge Ephraim
2. und richtete Israel dreiundzwanzig Jahre und starb und ward begraben zu Samir.
3. Nach ihm machte sich auf *Jair, ein Gileaditer, und richtete Israel zweiundzwanzig Jahre. *4. Mose 32,41.
4. Der hatte dreißig Söhne auf dreißig *Eselsfüllen reiten; und sie hatten dreißig Städte, die heißen Dörfer Jairs bis auf diesen Tag und liegen in Gilead. *K. 12,14.
5. Und Jair starb und ward begraben zu Kamon.
6. Aber die Kinder Israel taten fürder übel vor dem Herrn und dienten den Baa-

ABIMELECHS TOD Richter 9, 53

lim und den Astharoth und den Göttern
von Syrien und den Göttern von Sidon
und den Göttern Moabs und den Göttern
der Kinder Ammon und den Göttern der
Philister und verließen den Herrn und
dienten ihm nicht.
7. Da ergrimmte der Zorn des Herrn
über Israel, und er verkaufte sie unter die
Hand der Philister und der Kinder Ammon.
8. Und sie zertraten und zerschlugen die
Kinder Israel von dem Jahr an wohl achtzehn
Jahre, nämlich alle Kinder Israel jenseit
des Jordans, im Lande der Amoriter,
das in Gilead liegt.
9. Dann zogen die Kinder Ammon über
den Jordan und stritten wider Juda, Benjamin
und das Haus Ephraim, also daß Israel
sehr geängstigt ward.
10. Da schrieen die Kinder Israel zu dem
Herrn und sprachen: Wir haben an dir
gesündigt; denn wir haben unsern Gott
verlassen und den Baalim gedient.
11. Aber der Herr sprach zu den Kinden
Israel: Haben euch nicht auch gezwungen
die Ägypter, die Amoriter, die Kinder Ammon,
die Philister,

12. die Sidonier, die Amalekiter und
Maoniter, und ich half euch aus ihren
Händen, da ihr zu mir schrieet?
13. Und doch habt ihr mich verlassen
und anderen Göttern gedient; darum will
ich euch nicht mehr helfen.
14. Gehet hin und schreiet die Götter an,
die ihr erwählt habt; laßt euch dieselben
helfen zur Zeit eurer Trübsal.
5.Mose 32,37.38; Jer.2,28.
15. Aber die Kinder Israel sprachen zu
dem Herrn: Wir haben gesündigt, mache
es nur du mit uns, wie dir's gefällt; allein
errette uns zu dieser Zeit.
16. Und sie *taten von sich die fremden
Götter und dienten dem Herrn. Und †es
jammerte ihn, daß Israel so geplagt ward.
*1.Mose 35,2–4. †K.2,18.
17. Und die Kinder Ammon kamen zuhauf
und lagerten sich in Gilead; aber die
Kinder Israel versammelten sich und lagerten
sich zu Mizpa.
18. Und die Obersten des Volks zu Gilead
sprachen untereinander: Welcher anfängt
zu streiten wider die Kinder Ammon, der
soll das *Haupt sein über alle, die in Gilead
wohnen. *K.11,6–11.

Das 11. Kapitel

Jephthahs Richteramt, Sieg und Gelübde.

1. Jephthah, ein Gileaditer, war ein streitbarer Held, aber ein Hurenkind. Gilead aber hatte Jephthah gezeugt.

2. Da aber das Weib Gileads ihm Kinder gebar und des Weibes Kinder groß wurden, stießen sie Jephthah aus und sprachen zu ihm: Du *sollst nicht erben in unsers Vaters Haus; denn du bist eines andern Weibes Sohn. *1. Mose 21,10.

3. Da floh er vor seinen Brüdern und wohnte im Lande Tob. Und *es sammelten sich zu ihm lose Leute und zogen aus mit ihm. *K. 9,4; 1. Sam. 22,2.

4. Und über etliche Zeit hernach stritten die Kinder Ammon mit Israel.

5. Da nun die Kinder Ammon also stritten mit Israel, gingen die Ältesten von Gilead hin, daß sie Jephthah holten aus dem Lande Tob,

6. und sprachen zu ihm: Komm und sei unser Hauptmann, daß wir streiten wider die Kinder Ammon.

7. Aber Jephthah sprach zu den Ältesten von Gilead: Seid ihr es nicht, die mich hassen und aus meines Vaters Haus gestoßen haben? Und nun kommt ihr zu mir, weil ihr in Trübsal seid?

8. Die Ältesten von Gilead sprachen zu Jephthah: Darum kommen wir nun wieder zu dir, daß du mit uns ziehest und helfest uns streiten wider die Kinder Ammon und seist unser *Haupt über alle, die in Gilead wohnen. *K. 10,18.

9. Jephthah sprach zu den Ältesten von Gilead: So ihr mich wieder holet, zu streiten wider die Kinder Ammon, und der Herr sie vor mir dahingeben wird, soll ich dann euer Haupt sein?

10. Die Ältesten von Gilead sprachen zu Jephthah: Der Herr sei Zuhörer zwischen uns, wo wir nicht tun, wie du gesagt hast.

11. Also ging Jephthah mit den Ältesten von Gilead; und das Volk setzte ihn zum Haupt und Obersten über sich. Und Jephthah redete solches alles *vor dem Herrn zu Mizpa. *K. 20,1.

12. Da sandte Jephthah Botschaft zum König der Kinder Ammon und ließ ihm sagen: Was hast du mit mir zu schaffen, daß du kommst zu mir, wider mein Land zu streiten?

13. Der König der Kinder Ammon antwortete den Boten Jephthahs: Darum daß Israel mein Land genommen hat, da sie aus Ägypten zogen, vom Arnon an bis an den Jabbok und bis an den Jordan; so gib mir's nun wieder mit Frieden.

14. Jephthah aber sandte noch mehr Boten zum König der Kinder Ammon,

15. die sprachen zu ihm: So spricht Jephthah: Israel hat kein Land genommen, weder den Moabitern noch den Kindern Ammon. 5. Mose 2,9.19.

16. Denn da sie aus Ägypten zogen, wandelte Israel durch die Wüste bis ans Schilfmeer und kam gen Kades

17. und sandte Boten zum König der Edomiter und sprach: Laß mich durch dein Land ziehen. Aber der Edomiter König erhörte sie nicht. Auch sandten sie zum König der Moabiter; der wollte auch nicht. Also blieb Israel in Kades 4. Mose 20,14–21.

18. und wandelte in der Wüste. Und sie umzogen das Land der Edomiter und Moabiter und kamen von der Sonne Aufgang an der Moabiter Land und lagerten sich jenseit des Arnon und kamen nicht an die Grenze der Moabiter; denn der Arnon ist der Moabiter Grenze. 4. Mose 21,13.

19. Und Israel sandte Boten zu Sihon, dem König der Amoriter zu Hesbon, und ließ ihm sagen: Laß uns durch dein Land ziehen bis an meinen Ort. 4. Mose 2,21–31; 5. Mose 2,26–37.

20. Aber Sihon vertraute Israel nicht, durch sein Gebiet zu ziehen, sondern versammelte all sein Volk und lagerte sich zu Jahza und stritt mit Israel.

21. Der Herr aber, der Gott Israels, gab den Sihon mit allem seinem Volk in die Hände Israels, daß sie sie schlugen. Also nahm Israel ein alles Land der Amoriter, die in demselben Lande wohnten.

22. Und sie nahmen alles Gebiet der Amoriter ein vom Arnon an bis an den Jabbok und von der Wüste an bis an den Jordan.

23. So hat nun der Herr, der Gott Israels, die Amoriter vertrieben vor seinem Volk Israel; und du willst ihr Land einnehmen?

24. Du sollst deren Land einnehmen, die dein Gott *Kamos vertriebe, und uns lassen einnehmen das Land aller, die der Herr, unser Gott, vor uns vertrieben hat. *4. Mose 21,29.

25. Meinst du, daß du besser recht habest denn *Balak, der Sohn Zippors, der Moabiter König? Hat derselbe auch je gerechtet oder gestritten wider Israel? *4. Mose 22,2.

26. Dieweil Israel nun dreihundert Jahre gewohnt hat in Hesbon und in Aroer und ihren Ortschaften und allen Städten, die am Arnon liegen, warum errettetet ihr's nicht in dieser Zeit?

DIE HEIMKEHR DES JEPHTHAH Richter 11, 34.35

27. Ich habe nichts an dir gesündigt, und
du tust so übel an mir, daß du wider mich
streitest. Der Herr, der da Richter ist, richtet heute zwischen Israel und den Kindern
Ammon.
28. Aber der König der Kinder Ammon
erhörte die Rede Jephthahs nicht, die er zu
ihm sandte.
29. Da kam der *Geist des Herrn auf
Jephthah, und er zog durch Gilead und
Manasse und durch Mizpe, das in Gilead
liegt, und von Mizpe, das in Gilead liegt
auf die Kinder Ammon. *K. 6,34.
30. Und Jephthah gelobte dem Herrn ein
Gelübde und sprach: Gibst du die Kinder
Ammon in meine Hand:
31. was zu meiner Haustür heraus mir
entgegengeht, wenn ich mit Frieden wiederkomme von den Kindern Ammon, das
soll des Herrn sein, und ich will's zum
Brandopfer opfern.
32. Also zog Jephthah auf die Kinder Ammon, wider sie zu streiten. Und der Herr
gab sie in seine Hände.
33. Und er schlug sie von Aroer an, bis wo
man kommt gen Minnith, zwanzig Städte,
und bis an den Plan der Weinberge, eine
sehr große Schlacht. Und wurden also die
Kinder Ammon gedemütigt vor den Kindern Israel.
34. Da nun Jephthah kam gen Mizpa zu
seinem Hause, siehe, da geht seine Tochter heraus ihm entgegen mit Pauken und
Reigen; und sie war sein einziges Kind,
und er hatte sonst keinen Sohn noch
Tochter.
35. Und da er sie sah, zerriß er seine
Kleider und sprach: Ach, meine Tochter,
wie beugst du mich und betrübst mich!
Denn ich habe meinen *Mund aufgetan
gegen den Herrn und kann's nicht widerrufen. *4. Mose 30,3.
36. Sie aber sprach: Mein Vater, hast du
deinen Mund aufgetan gegen den Herrn,
so tue mir, wie es aus deinem Mund gegangen ist, nachdem der Herr dich gerächt hat an deinen Feinden, den Kindern
Ammon.
37. Und sie sprach zu ihrem Vater: Du
wollest mir das tun, daß du mir lassest
zwei Monate, daß ich von hinnen hinabge-
he auf die Berge und meine Jungfrauschaft beweine mit meinen Gespielen.
38. Er sprach: Gehe hin! und ließ sie

zwei Monate gehen. Da ging sie hin mit
ihren Gespielen und beweinte ihre Jungfrauschaft auf den Bergen.
39. Und nach zwei Monaten kam sie wieder zu ihrem Vater. Und er tat ihr, wie er
gelobt hatte; und sie war nie eines Mannes
schuldig geworden. Und es ward eine Gewohnheit in Israel,
40. daß die Töchter Israel jährlich hingehen, zu klagen um die Tochter Jephthahs,
des Gileaditers, des Jahrs vier Tage.

Das 12. Kapitel

Niederlage der Ephraimiter. Ebzan, Elon und Abdon, Richter in Israel.

1. Und die von *Ephraim kamen zuhauf
und gingen mitternachtwärts und sprachen zu Jephthah: Warum bist du in den
Streit gezogen wider die Kinder Ammon
und hast uns nicht gerufen, daß wir mit
dir zögen? Wir wollen dein Haus samt dir
mit Feuer verbrennen. *K.8,1.
2. Jephthah sprach zu ihnen: Ich und
mein Volk hatten eine große Sache mit
den Kindern Ammon, und ich schrie euch
an, aber ihr halft mir nicht aus ihren Händen.
3. Da ich nun sah, daß ihr nicht helfen
wolltet, stellte ich meine *Seele in meine
Hand und zog hin wider die Kinder Ammon, und der Herr gab sie in meine Hand.
Warum kommt ihr nun zu mir herauf,
wider mich zu streiten? *K.5,18; 9,17.
4. Und Jephthah sammelte alle Männer
in Gilead und stritt wider Ephraim. Und
die Männer in Gilead schlugen Ephraim,
darum daß sie sagten: Seid doch ihr Gileaditer unter Ephraim und Manasse als die
Flüchtigen Ephraims.
5. Und die Gileaditer nahmen ein die
Furten des Jordans vor Ephraim. Wenn
nun die Flüchtigen Ephraims sprachen:
Laß mich hinübergehen! so sprachen die
Männer von Gilead zu ihm: Bist du ein
Ephraimiter? Wenn er dann antwortete:
Nein!
6. hießen sie ihn sprechen: Schiboleth;
so sprach er: Siboleth und konnte es nicht
recht reden; alsdann griffen sie ihn und
schlugen ihn an den Furten des Jordans,
daß zu der Zeit von Ephraim fielen 42000.
7. Jephthah aber richtete Israel sechs
Jahre. Und Jephthah, der Gileaditer, starb
und ward begraben in den Städten zu Gilead.
8. Nach diesem richtete Israel Ebzan von
Bethlehem.
9. Der hatte dreißig Söhne, und dreißig
Töchter gab er hinaus, und dreißig Töchter nahm er von außen seinen Söhnen; er
richtete Israel sieben Jahre
10. und starb und ward begraben zu
Bethlehem.
11. Nach diesem richtete Israel Elon, ein
Sebuloniter; er richtete Israel zehn Jahre
12. und starb und ward begraben zu Ajalon im Lande Sebulon.
13. Nach diesem richtete Israel Abdon,
ein Sohn Hillels, ein Pirathoniter.
14. Der hatte vierzig Söhne und dreißig
Enkel, die auf siebzig Eselsfüllen ritten; er
richtete Israel acht Jahre
15. und starb und ward begraben zu Pira-
thon im Lande Ephraim auf dem Gebirge
der Amalekiter.

Das 13. Kapitel

Simsons Geburt, durch einen Engel angekündigt.

1. Und die Kinder Israel taten fürder übel
vor dem Herrn; und der Herr gab sie in die
Hände der Philister vierzig Jahre.
2. Es war aber ein Mann zu Zora von
einem Geschlecht der Daniter, mit Namen
Manoah; und sein Weib war unfruchtbar
und gebar nicht.
3. Und der Engel des Herrn erschien dem
Weibe und sprach zu ihr: Siehe, du bist
unfruchtbar und gebierst nicht; aber du
wirst schwanger werden und einen Sohn
gebären.
4. So hüte dich nun, daß du nicht *Wein
noch starkes Getränk trinkest und nichts
†Unreines essest; *4.Mose 6,3. †3.Mose 11.
5. denn du wirst schwanger werden und
einen Sohn gebären, dem kein *Schermesser soll aufs Haupt kommen. Denn der
Knabe wird ein Geweihter Gottes sein von
Mutterleibe an; und er wird anfangen, Israel zu erlösen aus der Philister Hand.
*4.Mose 6,2–5; 1.Sam. 1,11.
6. Da kam das Weib und sagte es ihrem
Mann an und sprach: Es kam ein Mann
Gottes zu mir, und seine Gestalt war anzusehen wie ein Engel Gottes, gar erschrecklich, daß ich ihn nicht fragte, woher oder
wohin; und er sagte mir nicht, wie er hieße.
7. Er sprach aber zu mir: Siehe, du wirst
schwanger werden und einen Sohn gebären. So trinke nun keinen Wein noch starkes Getränk und iß nichts Unreines; denn
der Knabe soll ein Geweihter Gottes sein
von Mutterleibe an bis an seinen Tod.
8. Da bat Manoah den Herrn und sprach:
Ach Herr, laß den Mann Gottes wieder zu

uns kommen, den du gesandt hast, daß er uns lehre, was wir mit dem Knaben tun sollen, der geboren soll werden.

9. Und Gott erhörte die Stimme Manoahs; und der Engel Gottes kam wieder zum Weibe. Sie saß aber auf dem Felde, und ihr Mann Manoah war nicht bei ihr.

10. Da lief sie eilend und sagte es ihrem Mann an und sprach zu ihm: Siehe, der Mann ist mir erschienen, der jenes Tages zu mir kam.

11. Manoah machte sich auf und ging seinem Weibe nach und kam zu dem Mann und sprach zu ihm: Bist du der Mann, der mit dem Weibe geredet hat? Er sprach: Ja.

12. Und Manoah sprach: Wenn nun kommen wird, was du geredet hast, welches soll des Knaben Weise und Werk sein?

13. Der Engel des Herrn sprach zu Manoah: Vor allem, was ich dem Weibe gesagt habe, soll sie sich hüten.

14. Sie soll nicht essen, was aus dem Weinstock kommt, und soll keinen Wein noch starkes Getränk trinken und nichts Unreines essen; alles, was ich ihr geboten habe, soll sie halten. V.4.

15. Manoah sprach zum Engel des Herrn: *Laß dich doch halten; wir wollen dir ein Ziegenböcklein zurichten. *K.6,18.

16. Aber der Engel des Herrn antwortete Manoah: Wenn du gleich mich hier hältst, so esse ich doch von deiner Speise nicht. Willst du aber dem Herrn ein Brandopfer tun, so magst du es opfern. Denn Manoah wußte nicht, daß es der Engel des Herrn war.

17. Und Manoah sprach zum Engel des Herrn: *Wie heißest du? daß wir dich preisen, wenn nun kommt, was du geredet hast. *1.Mose 32,30.

18. Aber der Engel des Herrn sprach zu ihm: Warum fragst du nach meinem Namen, der doch wundersam ist?

19. Da nahm Manoah ein Ziegenböcklein und Speisopfer und opferte es auf einem Fels dem Herrn. *Und Er tat wunderbares – Manoah aber und sein Weib sahen zu –; *K.6,21.

20. denn da die Lohe auffuhr vom Altar gen Himmel, fuhr der Engel des Herrn in der Lohe des Altars hinauf. Da das Manoah und sein Weib sahen, fielen sie zur Erde auf ihr Angesicht.

21. Und der Engel des Herrn erschien nicht mehr Manoah und seinem Weibe. Da erkannte Manoah, daß es der Engel des Herrn war,

22. und sprach zu seinem Weibe: Wir müssen *des Todes sterben, daß wir Gott gesehen haben. *K.6,22.23; 2.Mose 33,20.

23. Aber sein Weib antwortete ihm: Wenn der Herr Lust hätte, uns zu töten, so hätte er das Brandopfer und Speisopfer nicht genommen von unsern Händen; er hätte uns auch nicht solches alles erzeigt noch uns solches hören lassen, wie jetzt geschehen ist.

24. Und das Weib gebar einen Sohn und hieß ihn Simson. Und der Knabe wuchs, und der Herr segnete ihn.

25. Und der *Geist des Herrn fing an, ihn zu treiben im Lager Dan zwischen Zora und Esthaol. *K.6,34; 14,6.19; 15,14.

Das 14. Kapitel

Simsons Kampf mit dem Löwen, Hochzeit und Rätsel.

1. Simson ging hinab gen Thimnath und sah ein Weib zu Thimnath unter den Töchtern der Philister.

2. Und da er heraufkam, sagte er's an seinem Vater und seiner Mutter und sprach: Ich habe ein Weib gesehen zu Thimnath unter den Töchtern der Philister; gebt mir nun diese zum Weibe.

3. Sein Vater und seine Mutter sprachen zu ihm: Ist denn nun kein Weib unter den Töchtern deiner Brüder und in allem deinem Volk, daß du hingehst und nimmst ein Weib *bei den Philistern, die unbeschnitten sind? Simson sprach zu seinem Vater: Gib mir diese; denn sie gefällt meinen Augen. *2.Mose 34,16.

4. Aber sein Vater und seine Mutter wußten nicht, daß es von dem Herrn wäre; denn er suchte Ursache wider die Philister. Die Philister aber herrschten zu der Zeit über Israel.

5. Also ging Simson hinab mit seinem Vater und seiner Mutter gen Thimnath. Und als sie kamen an die Weinberge zu Thimnath, siehe, da kam ein junger Löwe brüllend ihm entgegen.

6. Und der *Geist des Herrn geriet über ihn, und er zerriß ihn, wie man ein Böcklein zerreißt, und hatte doch gar nichts in seiner Hand. Und sagte es nicht an seinem Vater noch seiner Mutter, was er getan hatte. *K.13,25.

7. Da er nun hinabkam, redete er mit dem Weibe, und sie gefiel Simson in seinen Augen.

8. Und nach etlichen Tagen kam er wieder, daß er sie nähme; und trat aus dem Wege, daß er das Aas des Löwen besähe. Siehe, da war ein Bienenschwarm in dem Leibe des Löwen und Honig.

9. Und er nahm ihn in seine Hand und aß davon unterwegs und ging zu seinem Vater und zu seiner Mutter und gab ihnen, daß sie auch aßen. Er sagte ihnen aber nicht an, daß er den Honig aus des Löwen Leibe genommen hatte.
10. Und da sein Vater hinabkam zu dem Weibe, machte Simson daselbst eine Hochzeit, wie die Jünglinge zu tun pflegen.
11. Und da sie ihn sahen, gaben sie ihm dreißig Gesellen zu, die bei ihm sein sollten.
12. Simson aber sprach zu ihnen: Ich will euch ein Rätsel aufgeben. Wenn ihr mir das erratet und trefft diese sieben Tage der Hochzeit, so will ich euch dreißig Hemden geben und dreißig Feierkleider.
13. Könnt ihr's aber nicht erraten, so sollt ihr mir dreißig Hemden und dreißig Feierkleider geben. Und sie sprachen zu ihm: Gib dein Rätsel auf; laß uns hören!
14. Er sprach zu ihnen: Speise ging von dem Fresser und Süßigkeit von dem Starken. Und sie konnten in drei Tagen das Rätsel nicht erraten.
15. Am siebenten Tage sprachen sie zu Simsons Weibe: Überrede deinen Mann, daß er uns sage das Rätsel, oder wir werden dich und deines Vaters Haus mit Feuer verbrennen. Habt ihr uns hieher geladen, daß ihr uns arm machet? Oder nicht?
16. Da weinte Simsons Weib vor ihm und sprach: Du bist mir gram und hast mich nicht lieb. Du hast den Kindern meines Volks ein Rätsel aufgegeben und hast mir's nicht gesagt. Er aber sprach zu ihr: Siehe, ich habe es meinem Vater und meiner Mutter nicht gesagt und sollte dir's sagen?
17. Und sie weinte die sieben Tage vor ihm, da sie Hochzeit hatten; aber am siebenten Tage sagte er's ihr, denn sie *drängte ihn. Und sie sagte das Rätsel ihres Volkes Kindern. *K. 16,16.17.
18. Da sprachen die Männer der Stadt zu ihm am siebenten Tage, ehe die Sonne unterging: Was ist süßer denn Honig? Was ist stärker denn der Löwe? Aber er sprach zu ihnen: Wenn ihr nicht hättet mit meinem Kalb gepflügt, ihr hättet mein Rätsel nicht getroffen.
19. Und der Geist des Herrn geriet über ihn, und er ging hinab gen Askalon und schlug dreißig Mann unter ihnen und nahm ihr Gewand und gab Feierkleider denen, die das Rätsel erraten hatten. Und ergrimmte in seinem Zorn und ging herauf in seines Vaters Haus.
20. Aber Simsons Weib ward * einem seiner Gesellen gegeben, der ihm zugehörte.
*K. 15,2.

Das 15. Kapitel

Simson fügt den Philistern großen Schaden zu.

1. Es begab sich aber nach etlichen Tagen, um die Weizenernte, daß Simson sein Weib besuchte mit einem Ziegenböcklein. Und als er gedachte: Ich will zu meinem Weibe gehen in die Kammer, wollte ihn ihr Vater nicht hinein lassen
2. und sprach: Ich meinte, du wärest ihr gram geworden, und habe sie *deinem Freunde gegeben. Sie hat aber eine jüngere Schwester, die ist schöner denn sie; die laß dein sein für diese.
*K. 14,20.
3. Da sprach Simson zu ihnen: Ich habe einmal eine gerechte Sache wider die Philister; ich will euch Schaden tun.
4. Und Simson ging hin und fing dreihundert Füchse und nahm Brände und kehrte je einen Schwanz zum andern und tat einen Brand je zwischen zwei Schwänze
5. und zündete die Brände an mit Feuer und ließ sie unter das Korn der Philister und zündete also an die Garben samt dem stehenden Korn und Weinberge und Ölbäume.
6. Da sprachen die Philister: Wer hat das getan? Da sagte man: Simson, der Eidam des Thimniters; darum daß er ihm sein Weib genommen und seinem Freunde gegeben hat. Da zogen die Philister hinauf und verbrannten sie samt ihrem Vater mit Feuer.
7. Simson aber sprach zu ihnen: Wenn ihr solches tut, so will ich mich an euch rächen und darnach aufhören, –
8. und schlug sie hart, an Schultern und Lenden. Und zog hinab und wohnte in der Steinkluft zu Etam.
9. Da zogen die Philister hinauf und lagerten sich an Juda und ließen sich nieder zu Lehi.
10. Aber die von Juda sprachen: Warum seid ihr wider uns heraufgezogen? Sie antworteten: Wir sind heraufgekommen, Simson zu binden, daß wir ihm tun, wie er uns getan hat.
11. Da zogen dreitausend Mann von Juda hinab in die Steinkluft zu Etam und sprachen zu Simson: Weißt du nicht, daß die Philister über uns herrschen? Warum hast du denn das an uns getan? Er sprach zu ihnen: Wie sie mir getan haben, so habe ich ihnen wieder getan.

SIMSONS HELDENTAT Richter 14, 5.6

12. Sie sprachen zu ihm: Wir sind herabgekommen, dich zu binden und in der Philister Hände zu geben. Simson sprach zu ihnen: So schwöret mir, daß ihr mir kein Leid tun wollt.

13. Sie antworteten ihm: Wir wollen dir kein Leid tun, sondern wollen dich nur binden und in ihre Hände geben und wollen dich nicht töten. Und sie banden ihn mit zwei neuen Stricken und führten ihn herauf vom Fels.

14. Und da er kam bis gen Lehi, jauchzten die Philister ihm entgegen. Aber der *Geist des Herrn geriet über ihn, und die Stricke an seinen Armen wurden wie Fäden, die das Feuer versengt hat, daß die Bande an seinen Händen zerschmolzen. *K. 14,6.

15. Und er fand einen frischen Eselskinnbacken; da reckte er seine Hand aus und nahm ihn und schlug damit tausend Mann.

16. Und Simson sprach: Da liegen sie bei Haufen; durch eines Esels Kinnbacken habe ich tausend Mann geschlagen.

17. Und da er das ausgeredet hatte, warf er den Kinnbacken aus seiner Hand und hieß die Stätte Ramath-Lehi [das ist Kinnbackenhöhe].

18. Da ihn aber sehr dürstete, rief er den Herr an und sprach: Du hast solch großes Heil gegeben durch die Hand deines Knechtes; nun aber muß ich Durstes sterben und in der Unbeschnittenen Hände fallen.

19. Da spaltete Gott die Höhlung in Lehi, daß Wasser herausging; und als er trank, kam *sein Geist wieder, und er ward erquickt. Darum heißt er noch heutigestages »des Anrufers Brunnen«, der in Lehi ist. *1. Sam. 30,12.

20. Und er *richtete Israel zu der Philister Zeit zwanzig Jahre. *K. 16,31.

Das 16. Kapitel

Simsons Fall, Elend und letzte Rache.

1. Simson ging hin gen Gaza und sah daselbst eine Hure und kam zu ihr.

2. Da ward den Gazitern gesagt: Simson ist hereingekommen. Und sie umgaben ihn und ließen auf ihn lauern die ganze Nacht in der Stadt Tor und waren die ganze Nacht still und sprachen: Harre; mor-

gen, wenn's licht wird, wollen wir ihn erwürgen.

3. Simson aber lag bis zu Mitternacht. Da stand er auf zu Mitternacht und ergriff beide Türen an der Stadt Tor samt den beiden Pfosten und hob sie aus mit den Riegeln und legte sie auf seine Schultern und trug sie hinauf auf die Höhe des Berges vor Hebron.

4. Darnach gewann er ein Weib lieb am Bach Sorek, die hieß Delila.

5. Zu der kamen der Philister Fürsten hinauf und sprachen zu ihr: *Überrede ihn und siehe, worin er solche große Kraft hat und womit wir ihn übermögen, daß wir ihn binden und zwingen, so wollen wir dir geben ein jeglicher 1100 Silberlinge.

*K. 14,15.

6. Und Delila sprach zu Simson: Sage mir doch, worin deine große Kraft sei und womit man dich binden möge, daß man dich zwinge?

7. Simson sprach zu ihr: Wenn man mich bände mit sieben Seilen von frischem Bast, die noch nicht verdorrt sind, so würde ich schwach und wäre wie ein anderer Mensch.

8. Da brachten der Philister Fürsten zu ihr hinauf sieben Seile von frischem Bast, die noch nicht verdorrt waren; und sie band ihn damit.

9. (Man lauerte ihm aber auf bei ihr in der Kammer.) Und sie sprach zu ihm: Die Philister über dir, Simson! Er aber *zerriß die Seile, wie eine flächsene Schnur zerreißt, wenn sie ans Feuer riecht; und es ward nicht kund, wo seine Kraft wäre.

*K. 15,14.

10. Da sprach Delila zu Simson: Siehe, du hast mich getäuscht und mir gelogen; nun, so sage mir doch, womit kann man dich binden?

11. Er antwortete ihr: Wenn sie mich bänden mit neuen Stricken, damit nie eine Arbeit geschehen ist, so würde ich schwach und wie ein anderer Mensch.

12. Da nahm Delila neue Stricke und band ihn damit und sprach: Philister über dir, Simson! (Man lauerte ihm aber auf in der Kammer.) Und er zerriß sie von seinen Armen herab wie einen Faden.

13. Delila aber sprach zu ihm: Bisher hast du mich getäuscht und mir gelogen. Sage mir doch, womit kann man dich binden? Er antwortete ihr: Wenn du die sieben Locken meines Hauptes zusammenflöchtest mit einem Gewebe und heftetest sie mit dem Nagel ein.

14. Und sie sprach zu ihm: Philister über dir, Simson! Er aber wachte auf von seinem Schlaf und zog die geflochtenen Locken mit Nagel und Gewebe heraus.

15. Da sprach sie zu ihm: Wie kannst du sagen, du habest mich lieb, so dein Herz doch nicht mit mir ist? Dreimal hast du mich getäuscht und mir nicht gesagt, worin deine große Kraft sei.

16. Da sie ihn aber *drängte mit ihren Worten alle Tage und ihn zerplagte, ward seine Seele matt bis an den Tod,

*K. 14,17.

17. und er sagte ihr sein ganzes Herz und sprach zu ihr: Es ist nie *ein Schermesser auf mein Haupt gekommen; denn ich bin ein Geweihter Gottes von Mutterleibe an. Wenn man mich schöre, so wiche meine Kraft von mir, daß ich schwach würde und wie alle anderen Menschen. *K. 13,5.

18. Da nun Delila sah, daß er ihr all sein Herz offenbart hatte, sandte sie hin und ließ der Philister Fürsten rufen und sagen: Kommt noch einmal herauf; denn er hat mir all sein Herz offenbart. Da kamen der Philister Fürsten zu ihr herauf und brachten das Geld mit sich in ihrer Hand.

19. Und sie ließ ihn entschlafen auf ihrem Schoß und rief einem, der ihm die sieben Locken seines Hauptes abschöre. Und sie fing an, ihn zu zwingen; da war seine Kraft von ihm gewichen.

20. Und sie sprach zu ihm: Philister über dir, Simson! Da er nun von seinem Schlaf erwachte, gedachte er: Ich will ausgehen, wie ich mehrmals getan habe, ich will mich losreißen; und wußte nicht, *daß der Herr von ihm gewichen war.

*1. Sam. 16,14.

21. Aber die Philister griffen ihn und stachen ihm die Augen aus und führten ihn hinab gen Gaza und banden ihn mit zwei ehernen Ketten, und er mußte mahlen im Gefängnis.

22. Aber das Haar seines Hauptes fing an, wieder zu wachsen, wo es geschoren war.

23. Da aber der Philister Fürsten sich versammelten, ihrem Gott *Dagon ein großes Opfer zu tun und sich zu freuen, sprachen sie: Unser Gott hat uns unsern Feind Simson in unsere Hände gegeben.

*1. Sam. 5,2.

24. Desgleichen, als ihn das Volk sah, lobten sie ihren Gott; denn sie sprachen: Unser Gott hat uns unsern Feind in unsre Hände gegeben, der unser Land verderbte und unser viele erschlug.

25. Da nun ihr Herz guter Dinge war, sprachen sie: Laßt Simson holen, daß er vor uns spiele. Da holten sie Simson aus

SIEG ÜBER DIE PHILISTER Richter 15, 16

dem Gefängnis, und er spielte vor ihnen,
und sie stellten ihn zwischen die Säulen.
26. Simson aber sprach zu dem Knaben,
der ihn bei der Hand leitete: Laß mich,
daß ich die Säulen taste, auf welchen das
Haus steht, daß ich mich dranlehne.
27. Das Haus aber war voll Männer und
Weiber. Es waren auch der Philister Fürsten alle da und auf dem Dach bei dreitausend, Mann und Weib, die zusahen, wie
Simson spielte.
28. Simson aber rief den Herrn an und
sprach: Herr Herr, gedenke mein und stärke mich doch, Gott, diesmal, daß ich für meine beiden Augen mich einmal räche an den Philistern!
29. Und er faßte die zwei Mittelsäulen,
auf welche das Haus gesetzt war und darauf es sich hielt, eine in seine rechte und die andere in seine linke Hand,
30. und sprach: Meine Seele sterbe mit
den Philistern! und neigte sich kräftig. Da fiel das Haus auf die Fürsten und auf alles Volk, das darin war, daß der Toten mehr waren, die in seinem Tod starben, denn die bei seinem Leben starben.
31. Da kamen seine Brüder hernieder
und seines Vaters ganzes Haus und hoben ihn auf und trugen ihn hinauf und begruben ihn in seines Vaters Manoah Grab, zwischen *Zora und Esthaol. Er †richtete aber Israel zwanzig Jahre.

*K. 13,25. †K. 15,20.

Das 17. Kapitel

Micha richtet Götzendienst an.

1. Es war ein Mann auf dem Gebirge
Ephraim, mit Namen Micha.
2. Der sprach zu seiner Mutter: Die tau-
sendundhundert Silberlinge, die dir genommen worden sind und derenthalben du den *Fluch gesprochen und auch vor meinen Ohren gesagt hast, siehe, das Geld ist bei mir; ich habe es genommen. Da sprach seine Mutter: Gesegnet sei mein Sohn dem Herrn!

*3. Mose 5,1.

3. Also gab er seiner Mutter die tausend-
undhundert Silberlinge wieder. Und seine Mutter sprach: Ich habe das Geld dem Herrn geheiligt von meiner Hand für meinen Sohn, daß man ein Bildnis und einen Abgott machen soll; darum so gebe ich's dir nun wieder.

4. Aber er gab seiner Mutter das Geld wieder. Da nahm seine Mutter zweihundert Silberlinge und tat sie zu dem *Goldschmied; der machte ihr ein Bild und einen Abgott, das war darnach im Hause Michas. *Jes. 40,19.

5. Und der Mann Micha hatte also ein Gotteshaus; und machte einen *Leibrock und Hausgötzen und füllte seiner Söhne einem die Hand, daß er sein Priester ward. *K. 8,27.

6. Zu der Zeit war *kein König in Israel, und ein jeglicher tat, was ihn recht deuchte. *K. 18,1; 19,1; 21,25.

7. Es war aber ein Jüngling von Bethlehem-Juda unter dem Geschlecht Juda's, und er war *ein Levit und war fremd daselbst. *K. 18,3.

8. Er zog aber aus der Stadt Bethlehem-Juda, zu wandern, wo er hin konnte. Und da er aufs Gebirge Ephraim kam zum Hause Michas, daß er seiner Wege ginge,

9. fragte ihn Micha: Wo kommst du her? Er antwortete ihm: Ich bin ein Levit von Bethlehem-Juda und wandere, wo ich hin kann.

10. Micha sprach zu ihm: Bleibe bei mir, du sollst mein Vater und mein Priester sein; ich will dir jährlich zehn Silberlinge und deine Kleidung und Nahrung geben. Und der Levit ging hin.

11. Der Levit trat an, zu bleiben bei dem Mann; und er hielt den Jüngling gleich wie einen Sohn.

12. Und Micha füllte dem Leviten die Hand, daß er sein Priester ward, und war also im Haus Michas.

13. Und Micha sprach: Nun weiß ich, daß mir der Herr wird wohltun, weil ich einen Leviten zum Priester habe.

Das 18. Kapitel

Der Stamm Dan erobert Lais und richtet daselbst den Götzendienst des Micha auf.

1. Zu der Zeit war *kein König in Israel. Und der Stamm der Daniter suchte sich ein Erbteil, da sie wohnen möchten; †denn es war bis auf den Tag noch kein Erbe für sie gefallen unter den Stämmen Israels. *K. 17,6. †K. 1,34.

2. Und die Kinder Dan sandten aus ihren Geschlechtern von ihren Enden fünf streitbare Männer von *Zora und Esthaol, das Land zu erkunden und zu erforschen, und sprachen zu ihnen: Ziehet hin und erforschet das Land. Und sie kamen auf das Gebirge Ephraim ans Haus Michas und blieben über Nacht daselbst. *K. 13,25.

3. Und da sie bei dem Gesinde Michas waren, erkannten sie die Stimme des Jünglings, *des Leviten; und sie wichen von ihrem Wege dahin ab und sprachen zu ihm: Wer hat dich hiehergebracht? Was machst du da? Und was hast du hier? *K. 17,7.

4. Er antwortete ihnen: So und so hat Micha an mir getan und hat mich gedingt, daß ich sein Priester sei.

5. Sie sprachen zu ihm: Frage doch Gott, daß wir erfahren, ob unser Weg, den wir wandeln, auch wohl geraten werde.

6. Der Priester antwortete ihnen: Ziehet hin mit Frieden; euer Weg, den ihr ziehet, ist recht vor dem Herrn.

7. Da gingen die fünf Männer hin und kamen gen Lais und sahen das Volk, das darin war, sicher wohnen auf die Weise wie die Sidonier, still und sicher; und war niemand, der ihnen Leid täte im Lande oder Herr über sie wäre, und waren ferne von den Sidoniern und hatten nichts mit Leuten zu tun.

8. Und sie kamen zu ihren Brüdern gen Zora und Esthaol; und ihre Brüder sprachen zu ihnen: Wie steht's mit euch?

9. Sie sprachen: Auf, laßt uns zu ihnen hinaufziehen! denn wir haben das Land besehen, das ist sehr gut. Darum eilet und seid nicht faul zu ziehen, daß ihr kommt, das Land einzunehmen.

10. Wenn ihr kommt, werdet ihr zu einem sichern Volke kommen, und das Land ist weit und breit; denn Gott hat's in eure Hände gegeben, einen solchen Ort, da nichts gebricht an alle dem, was auf Erden ist.

11. Da zogen von da aus den Geschlechtern Dan von Zora und Esthaol sechshundert Mann, gerüstet mit ihren Waffen zum Streit,

12. und zogen hinauf und lagerten sich zu Kirjath-Jearim in Juda. Daher nannten sie die Stätte das Lager Dan bis auf diesen Tag, das hinter Kirjath-Jearim ist.

13. Und von da gingen sie auf *das Gebirge Ephraim und kamen zum Hause Michas. *K. 17,1.

14. Da antworteten die fünf Männer, die ausgegangen waren, das Land Lais zu erkunden, und sprachen zu ihren Brüdern: Wisset ihr auch, daß in diesen Häusern *ein Leibrock, Hausgötzen, Bildnis und Abgott sind? Nun möget ihr denken, was euch zu tun ist. *K. 17,4.5.

15. Sie kehrten da ein und kamen an das

DIE PHILISTER ÜBERWÄLTIGEN SIMSON Richter 16, 21

Haus des Jünglings, des Leviten, in Michas
Haus und grüßten ihn freundlich.
16. Aber die sechshundert Gerüsteten
mit ihren Waffen, die von den Kindern
Dan waren, standen vor dem Tor.
17. Und die fünf Männer, die das Land zu
erkunden ausgezogen waren, gingen hinauf und kamen dahin und nahmen das
Bild, den Leibrock, die Hausgötzen und
den Abgott. Dieweil stand der Priester vor
dem Tor bei den sechshundert Gerüsteten
mit ihren Waffen.
18. Als nun jene ins Haus Michas gekommen waren und nahmen das Bild, den
Leibrock, die Hausgötzen und den Abgott,
sprach der Priester zu ihnen: Was macht
ihr?
19. Sie antworteten ihm: Schweige und
halte das Maul zu und ziehe mit uns, daß
du unser Vater und Priester seist. Ist dir's
besser, daß du in des einen Mannes Haus
Priester seist oder unter einem ganzen
Stamm und Geschlecht in Israel?
20. Das gefiel dem Priester wohl, und er
nahm den Leibrock, die Hausgötzen und
das Bild und kam mit unter das Volk.
21. Und da sie sich wandten und hinzo-
gen, schickten sie die Kindlein und das
Vieh und was sie Köstliches hatten, vor
sich her.
22. Da sie nun fern von Michas Haus kamen, wurden die Männer zuhauf gerufen,
die in den Häusern waren bei Michas
Haus, und folgten den Kindern Dan nach
und riefen den Kindern Dan.
23. Sie aber wandten ihr Antlitz um und
sprachen zu Micha: Was ist dir, daß du
also zuhauf kommst?
24. Er antwortete: Ihr habt meine Götter
genommen, die ich gemacht hatte, und
den Priester und ziehet hin; und was habe
ich nun mehr? Und ihr fragt noch, was mir
fehle?
25. Aber die Kinder Dan sprachen zu
ihm: Laß deine Stimme nicht hören bei
uns, daß nicht auf dich stoßen zornige
Leute und deine Seele und deines Hauses
Seele nicht hingerafft werde!
26. Also gingen die Kinder Dan ihres Weges. Und Micha, da er sah, daß sie ihm zu
stark waren, wandte er sich und kam wieder zu seinem Hause.
27. Sie aber nahmen, was Micha gemacht hatte, und den Priester, den er hat-

te, und kamen an Lais, an ein stilles, sicheres Volk, und schlugen es mit der Schärfe des Schwerts und verbrannten die Stadt mit Feuer.

28. Und war niemand, der sie errettete; denn sie lag fern von Sidon, und sie hatten mit den Leuten nichts zu schaffen; und sie lag im Grunde, welcher an Beth-Rehob liegt. Da bauten sie die Stadt und wohnten darin

29. und nannten sie *Dan nach dem Namen ihres Vaters Dan, der Israel geboren war. (Und die Stadt hieß vorzeiten Lais.)

*Jos. 19,47.

30. Und die Kinder *Dan richteten für sich auf das Bild. Und Jonathan, der Sohn Gersons, des Sohnes Manasses, und seine Söhne waren Priester unter dem Stamm der Daniter bis an die Zeit, da sie aus dem Lande gefangen geführt wurden.

*1. Kön. 12,29.

31. Also setzten sie unter sich das Bild Michas, das er gemacht hatte, so lange, als das Haus Gottes war zu *Silo. *Jos. 18,1.

Das 19. Kapitel

Greueltat der Einwohner von Gibea im Stamme Benjamin.

1. Zu der Zeit war *kein König in Israel. Und ein levitischer Mann war Fremdling an der Seite des Gebirges Ephraim und hatte sich ein Kebsweib genommen von Bethlehem-Juda. *K. 17,6.

2. Und da sie hatte neben ihm gehurt, lief sie von ihm zu ihres Vaters Hause gen Bethlehem-Juda und war daselbst vier Monate lang.

3. Und ihr Mann machte sich auf und zog ihr nach, daß er freundlich mit ihr redete und sie wieder zu sich holte; und hatte einen Knecht und ein Paar Esel mit sich. Und sie führte ihn in ihres Vaters Haus. Da ihn aber der Dirne Vater sah, ward er froh und empfing ihn.

4. Und sein Schwiegervater, der Dirne Vater, hielt ihn, daß er drei Tage bei ihm blieb; sie aßen und tranken und blieben des Nachts da.

5. Des vierten Tages erhoben sie sich des Morgens früh, und er machte sich auf und wollte ziehen. Da sprach der Dirne Vater zu seinem Eidam: Labe dein Herz zuvor mit einem Bissen Brot, darnach sollt ihr ziehen.

6. Und sie setzten sich und aßen beide miteinander und tranken. Da sprach der Dirne Vater zu dem Mann: Bleib doch über Nacht und laß dein Herz guter Dinge sein.

7. Da aber der Mann aufstand und wollte ziehen, nötigte ihn sein Schwiegervater, daß er über Nacht dablieb.

8. Des Morgens am fünften Tage machte er sich früh auf und wollte ziehen. Da sprach der Dirne Vater: Labe doch dein Herz und laß uns verziehen, bis sich der Tag neigt. Und aßen also die beiden miteinander.

9. Und der Mann machte sich auf und wollte ziehen mit seinem Kebsweib und mit seinem Knechte. Aber sein Schwiegervater, der Dirne Vater, sprach zu ihm: Siehe, der Tag hat sich geneigt, und es will Abend werden; bleib über Nacht. Siehe, hier ist Herberge noch diesen Tag; bleibe hier über Nacht und laß dein Herz guter Dinge sein. Morgen stehet ihr früh auf und ziehet eures Weges zu deiner Hütte.

10. Aber der Mann wollte nicht über Nacht bleiben, sondern machte sich auf und zog hin und kam bis vor *Jebus, das ist Jerusalem, und sein Paar Esel beladen und sein Kebsweib mit ihm.

*K. 1,21; 1. Chron. 11,4.

11. Da sie nun nahe bei Jebus kamen, sank der Tag sehr dahin. Und der Knecht sprach zu seinem Herrn: Komm doch und laß uns in diese Stadt der Jebusiter einkehren und über Nacht darin bleiben.

12. Aber sein Herr sprach zu ihm: Wir wollen nicht in der Fremden Stadt einkehren, die nicht sind von den Kindern Israel, sondern wollen hinüber gen Gibea.

13. Und sprach zu seinem Knechte: Gehe weiter, daß wir hinzukommen an einen Ort und über Nacht zu Gibea oder zu Rama bleiben.

14. Und sie zogen weiter und wandelten, und die Sonne ging ihnen unter, hart bei Gibea, das da liegt in Benjamin.

15. Und sie kehrten daselbst ein, daß sie hineinkämen und über Nacht zu Gibea blieben. Da er aber hineinkam, setzte er sich in der Stadt Gasse; denn es war niemand, der sie die Nacht im Hause beherbergen wollte.

16. Und siehe, da kam ein alter Mann von seiner Arbeit vom Felde am Abend, und er war auch vom Gebirge Ephraim und ein Fremdling zu Gibea; aber die Leute des Orts waren Benjaminiter.

17. Und da er seine Augen aufhob und sah den Gast auf der Gasse, sprach er zu ihm: Wo willst du hin? Und wo kommst du her?

18. Er aber antwortete ihm: Wir reisen von Bethlehem-Juda, bis wir kommen an die Seite des Gebirges Ephraim, daher ich bin; und ich bin gen Bethlehem-Juda ge-

RACHE UND TOD DES SIMSON Richter 16, 29.30

zogen und ziehe jetzt zum Hause des Herrn, und niemand will mich herbergen.
19. Wir haben Stroh und Futter für unsre Esel und Brot und Wein für mich und deine Magd und für den Knecht, der mit deinem Diener ist, daß uns nichts gebricht.
20. Der alte Mann sprach: Friede sei mit dir! Alles, was dir mangelt, findest du bei mir; bleibe nur nicht über Nacht auf der Gasse.
21. Und führte ihn in sein Haus und gab den Eseln Futter, und sie wuschen ihre Füße und aßen und tranken.
22. Und da ihr Herz nun guter Dinge war, siehe, da kamen die Leute der Stadt, böse Buben, und umgaben das Haus und pochten an die Tür und sprachen zu dem alten Mann, dem Hauswirt: Bringe den Mann heraus, der in dein Haus gekommen ist, daß wir ihn erkennen. 1. Mose 19,4.5.
23. Aber der Mann, der Hauswirt, ging zu ihnen heraus und sprach zu ihnen: Nicht, *meine Brüder, tut nicht so übel; nachdem dieser Mann in mein Haus gekommen ist, tut nicht eine solche Torheit!

*1. Mose 19,7.

24. Siehe, ich habe eine Tochter, noch eine Jungfrau, und dieser ein Kebsweib; die will ich euch herausbringen. Die mögt ihr zu Schanden machen, und tut mit ihr, was euch gefällt; aber an diesem Mann tut nicht eine solche Torheit.
25. Aber die Leute wollten ihm nicht gehorchen. Da faßte der Mann sein Kebsweib und brachte sie zu ihnen hinaus. Die erkannten sie und trieben ihren Mutwillen an ihr die ganze Nacht bis an den Morgen; und da die Morgenröte anbrach, ließen sie sie gehen.
26. Da kam das Weib hart vor morgens und fiel nieder vor der Tür am Hause des Mannes, darin ihr Herr war, und lag da, bis es licht ward.
27. Da nun ihr Herr des Morgens aufstand und die Tür auftat am Hause und herausging, daß er seines Weges zöge, siehe, da lag sein Kebsweib vor der Tür des Hauses und ihre Hände auf der Schwelle.
28. Er aber sprach zu ihr: Stehe auf, laß uns ziehen! Aber sie antwortete nicht. Da nahm er sie auf den Esel, machte sich auf und zog an seinen Ort.
29. Als er nun heimkam, nahm er ein

Messer und faßte sein Kebsweib und zerstückte sie mit Gebein und mit allem in
zwölf Stücke und sandte sie in alle Grenzen Israels. 1. Sam. 11,7.
30. Wer das sah, der sprach: Solches ist
nicht geschehen noch gesehen, seit der
Zeit die Kinder Israel aus Ägyptenland gezogen sind, bis auf diesen Tag. Nun bedenkt euch über dem, gebt Rat und sagt
an!

Das 20. Kapitel

Der Stamm Benjamin von den übrigen Stämmen bekriegt und beinahe ausgerottet.

1. Da zogen die Kinder Israel aus und
versammelten sich zuhauf wie ein Mann,
von Dan bis gen Beer-Seba und vom Lande
Gilead zu dem Herrn *gen Mizpa;
*K. 11,11; 1. Sam 7,5.
2. und traten zuhauf die Obersten des
ganzen Volks aller Stämme Israels in der
Gemeinde Gottes, 400 000 Mann zu Fuß,
die das Schwert auszogen.
3. Aber die Kinder Benjamin hörten, daß
die Kinder Israel hinauf gen Mizpa gezogen waren. Und die Kinder Israel sprachen: Saget, wie ist das Übel zugegangen?
4. Da antwortete der Levit, des Weibes
Mann, die erwürgt war, und sprach: Ich
kam gen *Gibea in Benjamin mit meinem
Kebsweibe, über Nacht dazubleiben.
*K. 19,15.
5. Da machten sich wider mich auf die
Bürger zu Gibea und umgaben mich im
Hause des Nachts und gedachten, mich zu
erwürgen; und haben mein Kebsweib geschändet, daß sie gestorben ist.
6. Da faßte ich mein Kebsweib und zerstückte es und sandte es in alle Felder des
Erbes Israels; denn sie haben einen Mutwillen und eine Torheit getan in Israel.
7. Siehe, da seid ihr Kinder Israel alle;
schafft euch Rat und tut hiezu!
8. Da machte sich alles Volk auf wie ein
Mann und sprach: Es soll niemand in seine
Hütte gehen noch in sein Haus kehren;
9. sondern das wollen wir jetzt tun wider
Gibea:
10. Laßt uns losen und nehmen zehn
Mann von hundert, und hundert von tausend, und tausend von zehntausend aus
allen Stämmen Israels, daß sie Speise nehmen für das Volk, daß es komme und tue
mit Gibea-Benjamin nach all seiner Torheit, die es in Israel getan hat.
11. Also versammelten sich zu der Stadt
alle Männer Israels, wie ein Mann verbunden.
12. Und die Stämme Israels sandten
Männer zu allen Geschlechtern Benjamins und ließen ihnen sagen: Was ist das
für eine Bosheit, die bei euch geschehen
ist?
13. So gebt nun her die Männer, die bösen Buben zu Gibea, daß wir sie töten und
das Übel aus Israel tun! Aber die Kinder
Benjamin wollten nicht gehorchen der
Stimme ihrer Brüder, der Kinder Israel;
14. sondern sie versammelten sich aus
den Städten gen Gibea, auszuziehen in
den Streit wider die Kinder Israel.
15. Und wurden des Tages gezählt der
Kinder Benjamin aus den Städten 26 000
Mann, die das Schwert auszogen, ohne die
Bürger zu Gibea; deren wurden siebenhundert gezählt, auserlesene Männer.
16. Und unter allem diesem Volk waren
siebenhundert Mann auserlesen, die links
waren und konnten mit der Schleuder ein
Haar treffen, daß sie nicht fehlten.
17. Aber derer von Israel (ohne die von
Benjamin) wurden gezählt 400 000 Mann,
die das Schwert führten, und alle streitbare Männer.
18. Die machten sich auf und zogen hinauf gen *Beth-El und fragten Gott und
sprachen: †Wer soll vor uns hinaufziehen,
den Streit anzufangen mit den Kindern
Benjamin? Der Herr sprach: Juda soll anfangen. *V. 26.27; K. 21,2. †K. 1,1.2.
19. Also machten sich die Kinder Israel
des Morgens auf und lagerten sich vor
Gibea.
20. Und ein jeder Mann von Israel ging
heraus, zu streiten mit Benjamin, und
schickten sich, zu streiten wider Gibea.
21. Da fielen die Kinder Benjamin heraus
aus Gibea und schlugen des Tages unter
Israel 22 000 zu Boden.
22. Aber das Volk der Männer von Israel
ermannte sich und stellte sich auf, noch
weiter zu streiten am selben Ort, da sie
sich des vorigen Tages gestellt hatten.
23. Und die Kinder Israel zogen hinauf
und weinten vor dem Herrn bis an den
Abend und fragten den Herrn und sprachen: Sollen wir wieder nahen, zu streiten
mit den Kindern Benjamin, unsern Brüdern? Der Herr sprach: Ziehet hinauf zu
ihnen!
24. Und da die Kinder Israel sich machten an die Kinder Benjamin des andern
Tages,
25. *fielen die Benjaminiter heraus aus
Gibea ihnen entgegen desselben Tages
und schlugen von den Kindern Israel noch
18 000 zu Boden, die alle das Schwert
führten. *1. Mose 49,27.

DER RAUB DER FRAUEN Richter 21, 23

26. Da zogen alle Kinder Israel hinauf
und alles Volk und kamen gen *Beth-El
und weinten und blieben daselbst vor dem
Herrn und fasteten den Tag bis zum Abend
und opferten Brandopfer und Dankopfer
vor dem Herrn. *V. 18.
27. Und die Kinder Israel fragten den
Herrn (es war aber daselbst die Lade des
Bundes Gottes zu der Zeit,
28. und *Pinehas, der Sohn Eleasars, Aarons Sohn, stand vor ihm zu der Zeit) und
sprachen: Sollen wir weiter ausziehen, zu
streiten mit den Kindern Benjamin, unsern Brüdern, oder sollen wir ablassen?
Der Herr sprach: Ziehet hinauf; morgen
will ich sie in eure Hände geben. *Jos. 22,13.
29. Und die Kinder Israel stellten einen
Hinterhalt auf Gibea umher.
30. Und zogen also die Kinder Israel hinauf des dritten Tages gegen die Kinder
Benjamin und stellten sich wider Gibea
wie zuvor zweimal.
31. Da fuhren die Kinder Benjamin heraus, dem Volk entgegen, und wurden losgerissen von der Stadt und fingen an, zu
schlagen und zu verwunden etliche vom
Volk, wie zuvor zweimal, im Felde auf zwei
Straßen, deren eine gen Beth-El, die andere gen Gibea geht, bei dreißig Mann in
Israel.
32. Da gedachten die Kinder Benjamin:
Sie sind geschlagen vor uns wie vorhin.
Aber die Kinder Israel sprachen: Laßt uns
fliehen, daß wir sie von der Stadt reißen
auf die Straßen!
33. Da machten sich auf alle Männer von
Israel von ihrem Ort und stellten sich zu
Baal-Thamar. Und der Hinterhalt Israels
brach hervor an seinem Ort, von der Höhle Geba,
34. und kamen gen Gibea 10 000 Mann,
auserlesen aus ganz Israel, daß der Streit
hart ward; sie aber wußten nicht, daß sie
das Unglück treffen würde.
35. Also schlug der Herr den Benjamin
vor den Kindern Israel, daß die Kinder
Israel auf den Tag verderbten 25 100 Mann
in Benjamin, die alle das Schwert führten.
36. Denn da die Kinder Benjamin sahen,
daß sie geschlagen waren, gaben ihnen die
Männer Israels Raum; denn sie verließen
sich auf den Hinterhalt, den sie bei Gibea
aufgestellt hatten.
37. Und der Hinterhalt eilte auch und

brach hervor auf Gibea zu und zog hinan und schlug die ganze Stadt mit der Schärfe des Schwerts.

38. Sie hatten aber abgeredet miteinander, die Männer von Israel und der Hinterhalt, mit dem Schwert über sie zu fallen, wenn der Rauch von der Stadt sich erhöbe.

39. Da nun die Männer von Israel sich wandten im Streit und Benjamin anfing zu schlagen und verwundeten in Israel bei dreißig Mann und gedachten: Sie sind vor uns geschlagen wie im vorigen Streit,

40. da fing an sich zu erheben von der Stadt ein Rauch stracks über sich. Und Benjamin wandte sich hinter sich, und siehe, da ging die Stadt ganz auf gen Himmel.

41. Und die Männer von Israel wandten sich auch um. Da erschraken die Männer Benjamins; denn sie sahen, daß sie das Unglück treffen wollte.

42. Und wandten sich vor den Männern Israels auf den Weg zur Wüste; aber der Streit folgte ihnen nach, und die von den Städten hineingekommen waren, die verderbten sie drinnen.

43. Und sie umringten Benjamin und jagten ihm nach bis gen Menuha und zertraten sie bis vor Gibea gegen der Sonne Aufgang.

44. Und es fielen von Benjamin 18000 Mann, die alle streitbare Männer waren.

45. Da wandten sie sich und flohen zu der Wüste, an den Fels Rimmon; aber auf derselben Straße schlugen sie 5000 Mann und folgten ihnen hintennach bis gen Gideom und schlugen ihrer 2000.

46. Und also fielen des Tages von Benjamin 25000 Mann, die das Schwert führten und alle streitbare Männer waren.

47. Nur sechshundert Mann wandten sich und flohen zur Wüste, zum Fels Rimmon, und blieben *im Fels Rimmon vier Monate. *K.21,13.

48. Und die Männer Israels kamen wieder zu den Kindern Benjamin und schlugen mit der Schärfe des Schwerts die in der Stadt, Leute und Vieh und alles, was man fand; und alle Städte, die man fand, verbrannte man mit Feuer.

Das 21. Kapitel

Wie der Stamm Benjamin wieder erbaut worden.

1. Aber die Männer Israels hatten zu *Mizpa geschworen und gesagt: Niemand soll seine Tochter den Benjaminitern zum Weibe geben. *V.7,18; K.20,1.

2. Und das Volk kam gen *Beth-El und blieb da bis zum Abend vor Gott, und sie hoben auf ihre Stimme und weinten sehr *K.20,18.

3. und sprachen: O Herr, Gott von Israel, warum ist das geschehen in Israel, daß heute Israel um einen Stamm kleiner geworden ist?

4. Des andern Morgens machte sich das Volk früh auf und baute da einen Altar und opferte Brandopfer und Dankopfer.

5. Und die Kinder Israel sprachen: Wer ist irgend von den Stämmen Israels, der nicht mit der Gemeinde ist *heraufgekommen zum Herrn? Denn es war ein großer Eid geschehen, daß, wer nicht hinaufkäme zum Herrn gen Mizpa, der sollte des Todes sterben. *K.20,1.

6. Und es reute die Kinder Israel über Benjamin, ihre Brüder, und sie sprachen: Heute ist ein Stamm von Israel abgebrochen.

7. Wie wollen wir ihnen tun, daß die Übriggebliebenen Weiber kriegen? Denn wir haben *geschworen bei dem Herrn, daß wir ihnen von unsern Töchtern nicht Weiber geben. *V.1.

8. Und sprachen: Wer ist irgend von den Stämmen Israels, die nicht hinaufgekommen sind zum Herrn gen Mizpa? Und siehe, da war im Lager der Gemeinde niemand gewesen von Jabes in Gilead.

9. Denn sie zählten das Volk, und siehe, da war kein Bürger von Jabes in Gilead.

10. Da sandte die Gemeinde zwölftausend Mann dahin von streitbaren Männern und geboten ihnen und sprachen: Gehet hin und schlaget mit der Schärfe des Schwerts die Bürger zu Jabes in Gilead mit Weib und Kind.

11. Doch also sollt ihr tun: alles, was männlich ist, und alle Weiber, die beim Mann gelegen haben, verbannet. 4.Mose 21,2; 31,17.

12. Und sie fanden bei den Bürgern zu Jabes in Gilead vierhundert Dirnen, die Jungfrauen waren und bei keinem Mann gelegen hatten; die brachten sie ins Lager gen Silo, das da liegt im Lande Kanaan.

13. Da sandte die ganze Gemeinde hin und ließ reden mit den Kindern Benjamin, die *im Fels Rimmon waren, und sagten ihnen Frieden zu. *K.20,47.

14. Also kamen die Kinder Benjamin wieder zu der Zeit. Und sie gaben ihnen die Weiber, die sie hatten erhalten von den Weibern zu Jabes in Gilead; aber es waren ihrer also nicht genug für sie.

15. Da reute es das Volk über Benjamin,

daß der Herr einen Riß gemacht hatte in
den Stämmen Israels.
16. Und die Ältesten der Gemeinde sprachen: Was wollen wir tun, daß die Übriggebliebenen Weiber kriegen? Denn die
Weiber in Benjamin sind vertilgt.
17. Und sprachen: Die übrigen von Benjamin müssen ja ihr Erbe behalten, daß
nicht ein Stamm ausgetilgt werde von Israel.
18. Und wir können ihnen unsre Töchter
nicht zu Weibern geben; denn die Kinder
Israel haben *geschworen und gesagt:
Verflucht sei, wer den Benjaminitern ein
Weib gibt! *V. 1.7.
19. Und sie sprachen: Siehe, es ist ein
Jahrfest des Herrn zu Silo, das mitternachtwärts liegt von Beth-El, gegen der
Sonne Aufgang von der Straße, da man
hinaufgeht von Beth-El gen Sichem, und
mittagwärts liegt von Lebona.
20. Und sie geboten den Kindern Benjamin und sprachen: Gehet hin und lauert
in den Weinbergen.
21. Wenn ihr dann seht, daß die Töchter
Silos heraus mit Reigen zum Tanz gehen,
so fahret hervor aus den Weinbergen und
nehme ein jeglicher sich ein Weib von den
Töchtern Silos und gehet hin ins Land
Benjamin.
22. Wenn aber ihre Väter oder Brüder
kommen, mit uns zu rechten, wollen wir
zu ihnen sagen: Gönnt sie uns; denn wir
hatten nicht für jeden ein Weib genommen im Streit. Auch habt nicht ihr sie
ihnen gegeben; sonst wäret ihr jetzt schuldig.
23. Die Kinder Benjamin taten also und
nahmen Weiber nach ihrer Zahl von den
Reigen, die sie raubten, und zogen hin
und wohnten in ihrem Erbteil und bauten
die Städte und wohnten darin.
24. Auch die Kinder Israel machten sich
von dannen zu der Zeit, ein jeglicher zu
seinem Stamm und zu seinem Geschlecht, und zogen von da aus, ein jeglicher zu seinem Erbteil.
25. Zu der Zeit *war kein König in Israel;
ein jeglicher tat, was ihn recht deuchte.
*K. 17,6.

Das Buch Ruth

Das 1. Kapitel

Ruth reist mit Naemi nach Bethlehem.

1. Zu der Zeit, da die Richter regierten,
ward eine Teuerung im Lande. Und ein
Mann von Bethlehem-Juda zog wallen in
der Moabiter Land mit seinem Weibe und
seinen zwei Söhnen.
2. Der hieß Elimelech und sein Weib
Naemi und seine zwei Söhne Mahlon und
Chiljon; die waren Ephrather von Bethlehem-Juda. Und da sie kamen ins Land der
Moabiter, blieben sie daselbst.
3. Und Elimelech, der Naemi Mann,
starb, und sie blieb übrig mit ihren zwei
Söhnen.
4. Die nahmen moabitische Weiber; eine
hieß Orpa, die andere Ruth. Und da sie
daselbst gewohnt hatten ungefähr zehn
Jahre,
5. starben sie alle beide, Mahlon und
Chiljon, daß das Weib überlebte beide
Söhne und ihren Mann.
6. Da machte sie sich auf mit ihren zwei
Schwiegertöchtern und zog wieder aus
der Moabiter Lande; denn sie hatte erfahren im Moabiterlande, daß der Herr sein
Volk hatte heimgesucht und ihnen Brot
gegeben.
7. Und ging aus von dem Ort, da sie gewesen war, und ihre beiden Schwieger-
töchter mit ihr. Und da sie ging auf dem
Wege, daß sie wiederkäme ins Land Juda,
8. sprach sie zu ihren beiden Schwiegertöchtern: Gehet hin und kehret um, eine
jegliche zu ihrer Mutter Haus. Der Herr
tue an euch Barmherzigkeit, wie ihr an
den Toten und an mir getan habt!
9. Der Herr gebe euch, daß ihr *Ruhe
findet, eine jegliche in ihres Mannes Hause! Und küßte sie. Da hoben sie ihre Stimme auf und weinten *K. 3,1.

10. und sprachen zu ihr: Wir wollen mit dir zu deinem Volk gehen.

11. Aber Naemi sprach: Kehret um, meine Töchter! warum wollt ihr mit mir gehen? Wie kann ich fürder Kinder in meinem Leibe haben, die eure Männer sein könnten?

12. Kehret um, meine Töchter, und gehet hin! denn ich bin nun zu alt, daß ich einen Mann nehme. Und wenn ich spräche: Es ist zu hoffen, daß ich diese Nacht einen Mann nehme und Kinder gebäre, –

13. wie könntet ihr doch harren, bis sie groß würden? wie wolltet ihr verziehen, daß ihr nicht Männer solltet nehmen? Nicht, meine Töchter! denn mich jammert euer sehr; denn *des Herrn Hand ist über mich ausgegangen. *Hiob 19,21.

14. Da hoben sie ihre Stimme auf und weinten noch mehr. Und Orpa küßte ihre Schwiegermutter; Ruth aber blieb bei ihr.

15. Sie aber sprach: Siehe, deine Schwägerin ist umgewandt zu ihrem Volk und zu ihrem Gott; kehre du auch um, deiner Schwägerin nach.

16. Ruth antwortete: Rede mir nicht ein, daß ich dich verlassen sollte und von dir umkehren. *Wo du hin gehst, da will ich auch hin gehen; wo du bleibst, da bleibe ich auch. Dein Volk ist mein Volk, und dein Gott ist mein Gott. *2. Sam. 15,21.

17. Wo du stirbst, da sterbe ich auch, da will ich auch begraben werden. Der Herr tue mir dies und das, der Tod muß mich und dich scheiden.

18. Als sie nun sah, daß sie fest im Sinn war, mit ihr zu gehen, ließ sie ab, mit ihr davon zu reden.

19. Also gingen die beiden miteinander, bis sie gen Bethlehem kamen. Und da sie nach Bethlehem hineinkamen, regte sich die ganze Stadt über ihnen und sprach: Ist das die Naemi?

20. Sie aber sprach zu ihnen: Heißet mich nicht Naemi, sondern *Mara; denn der Allmächtige hat mich sehr betrübt. *2. Mose 15,23.

21. Voll zog ich aus, aber leer hat mich der Herr wieder heimgebracht. Warum heißt ihr mich denn Naemi, so mich doch der Herr gedemütigt und der Allmächtige betrübt hat?

22. Es war aber um die Zeit, daß die Gerstenernte anging, da Naemi mit ihrer Schwiegertochter Ruth, der Moabitin, wiederkam vom Moabiterlande gen Bethlehem.

Das 2. Kapitel

Ruth liest Ähren auf des Boas Feld und findet Gnade vor ihm.

1. Es war auch ein Mann, ein Verwandter des Mannes der Naemi, von dem Geschlecht Elimelechs, mit Namen Boas; der war ein wohlhabender Mann.

2. Und Ruth, die Moabitin, sprach zu Naemi: Laß mich aufs Feld gehen und Ähren auflesen dem nach, vor dem ich Gnade finde. Sie aber sprach zu ihr: Gehe hin, meine Tochter.

3. Sie ging hin, kam und las auf, den Schnittern nach, auf dem Felde. Und es begab sich eben, daß dasselbe Feld war des Boas, der von dem Geschlecht Elimelechs war.

4. Und siehe, Boas kam eben von Bethlehem und sprach zu den Schnittern: Der Herr mit euch! Sie antworteten: Der Herr segne dich!

5. Und Boas sprach zu seinem Knechte, der über die Schnitter gestellt war: Wes ist die Dirne?

6. Der Knecht, der über die Schnitter gestellt war, antwortete und sprach: Es ist die Dirne, die Moabitin, die mit Naemi wiedergekommen ist von der Moabiter Lande.

7. Denn sie sprach: Laßt mich doch auflesen und sammeln unter den Garben, den Schnittern nach; und ist also gekommen und dagestanden vom Morgen an bis her und bleibt wenig daheim.

8. Da sprach Boas zu Ruth: Hörst du es, meine Tochter? Du sollst nicht gehen auf einen andern Acker, aufzulesen, und gehe auch nicht von hinnen, sondern halte dich zu meinen Dirnen.

9. Und siehe, wo sie schneiden im Felde, da gehe ihnen nach. Ich habe meinen Knechten geboten, daß dich niemand antaste. Und so dich dürstet, so gehe hin zu dem Gefäß und trinke von dem, was meine Knechte schöpfen.

10. Da fiel sie auf ihr Angesicht und beugte sich nieder zur Erde und sprach zu ihm: Womit habe ich die Gnade gefunden vor deinen Augen, daß du mich ansiehst, die ich doch fremd bin?

11. Boas antwortete und sprach zu ihr: Es ist mir angesagt alles, was du getan hast an deiner Schwiegermutter nach deines Mannes Tod: daß du *verlassen hast deinen Vater und deine Mutter und dein Vaterland und bist zu einem Volk gezogen, das du zuvor nicht kanntest. *K. 1,16.17.

12. Der Herr vergelte dir deine Tat, und

RUTH REIST MIT NAEMI Ruth 1, 17

dein Lohn müsse vollkommen sein bei dem Herrn, dem Gott Israels, zu welchem du gekommen bist, daß du unter seinen Flügeln Zuversicht hättest.

13. Sie sprach: Laß mich Gnade vor deinen Augen finden, mein Herr; denn du hast mich getröstet und deine Magd freundlich angesprochen, so ich doch nicht bin wie deiner Mägde eine.

14. Boas sprach zu ihr, da Essenszeit war: Mache dich hier herzu und iß vom Brot und tauche deinen Bissen in den Essig. Und sie setzte sich zur Seite der Schnitter. Er aber legte ihr geröstete Körner vor, und sie aß und ward satt und ließ übrig.

15. Und da sie sich aufmachte, zu lesen, gebot Boas seinen Knechten und sprach: Laßt sie auch zwischen den Garben lesen und beschämt sie nicht;

16. und auch von den Haufen laßt übrigbleiben und laßt liegen, daß sie es auflese, und niemand schelte sie darum.

3. Mose 19,9.

17. Also las sie auf dem Felde bis zum Abend und schlug's aus, was sie aufgelesen hatte; und es war bei einem Epha Gerste.

18. Und sie hob's auf und kam in die Stadt; und ihre Schwiegermutter sah es, was sie gelesen hatte. Da zog sie hervor und gab ihr, was ihr übriggeblieben war, davon sie satt war geworden.

19. Da sprach ihre Schwiegermutter zu ihr: Wo hast du heute gelesen, und wo hast du gearbeitet? Gesegnet sei, der dich angesehen hat! Sie aber sagte es ihrer Schwiegermutter, bei wem sie gearbeitet hätte, und sprach: Der Mann, bei dem ich heute gearbeitet habe, heißt Boas.

20. Naemi aber sprach zu ihrer Schwiegertochter: Gesegnet sei er dem Herrn! denn er hat seine Barmherzigkeit nicht gelassen an den Lebendigen und an den Toten. Und Naemi sprach zu ihr: Der Mann gehört uns zu und ist unser Erbe.

21. Ruth, die Moabitin, sprach: Er sprach auch das zu mir: Du sollst dich zu meinen Leuten halten, bis sie mir alles eingeerntet haben.

22. Naemi sprach zu Ruth, ihrer Schwiegertochter: Es ist gut, meine Tochter, daß du mit seinen Dirnen ausgehst, auf daß nicht jemand dir dreinrede auf einem andern Acker.

23. Also hielt sie sich zu den Dirnen des Boas, daß sie las, bis daß die Gerstenernte und Weizenernte aus war; und kam wieder zu ihrer Schwiegermutter.

Das 3. Kapitel

Ruth befolgt Naemis Rat.

1. Und Naemi, ihre Schwiegermutter, sprach zu ihr: Meine Tochter, ich will dir *Ruhe schaffen, daß dir's wohl gehe.

*K. 1,9.

2. Nun, der Boas, unser Verwandter, bei des Dirnen du gewesen bist, worfelt diese Nacht Gerste auf seiner Tenne.

3. So bade dich und salbe dich und lege dein Kleid an und gehe hinab auf die Tenne; gib dich dem Manne nicht zu erkennen, bis er ganz gegessen und getrunken hat.

4. Wenn er sich dann legt, so merke den Ort, da er sich hin legt, und komm und decke auf zu seinen Füßen und lege dich, so wird er dir wohl sagen, was du tun sollst.

5. Sie sprach zu ihr: Alles, was du mir sagst, will ich tun.

6. Sie ging hinab zur Tenne und tat alles, wie ihre Schwiegermutter geboten hatte.

7. Und da Boas gegessen und getrunken hatte, ward sein Herz guter Dinge, und er kam und legte sich hinter einen Kornhaufen; und sie kam leise und deckte auf zu seinen Füßen und legte sich.

8. Da es nun Mitternacht ward, erschrak der Mann und beugte sich vor; und siehe, ein Weib lag zu seinen Füßen.

9. Und er sprach: Wer bist du? Sie antwortete: Ich bin Ruth, deine Magd. *Breite deine Decke über deine Magd; denn du bist der Erbe. *5. Mose 25,5; Hesek. 16,8.

10. Er aber sprach: Gesegnet seist du dem Herrn, meine Tochter! Du hast deine Liebe hernach besser erzeigt denn *zuvor, daß du nicht bist den Jünglingen nachgegangen, weder reich noch arm.

*K. 2,11.

11. Nun, meine Tochter, fürchte dich nicht. Alles, was du sagst, will ich dir tun; denn die ganze Stadt meines Volkes weiß, daß du ein tugendsam Weib bist.

12. Nun, es ist wahr, daß ich der Erbe bin; aber es ist einer näher denn ich.

13. Bleibe über Nacht. Morgen, so er dich nimmt, wohl; gelüstet's ihn aber nicht, dich zu nehmen, so will ich dich nehmen, so wahr der Herr lebt. Schlaf bis zum Morgen.

14. Und sie schlief bis zum Morgen zu seinen Füßen. Und sie stand auf, ehe denn einer den andern erkennen konnte; und er gedachte, daß nur niemand innewerde, daß das Weib in die Tenne gekommen sei.

15. Und sprach: Lange her den Mantel, den du anhast, und halt ihn. Und sie hielt ihn. Und er maß sechs Maß Gerste und legte es auf sie. Und er kam in die Stadt.

16. Sie aber kam zu ihrer Schwiegermutter; die sprach: Wie steht's mit dir, meine Tochter? Und sie sagte ihr alles, was ihr der Mann getan hatte,

17. und sprach: Diese sechs Maß Gerste gab er mir; denn er sprach: Du sollst nicht leer zu deiner Schwiegermutter kommen.

18. Sie aber sprach: Sei still, meine Tochter, bis du erfährst, wo es hinaus will; denn der Mann wird nicht ruhen, er bringe es denn heute zu Ende.

Das 4. Kapitel

Des Boas Heirat mit Ruth wird vollzogen und gesegnet. Geschlechtsregister Davids.

1. Boas ging hinauf ins Tor und setzte sich daselbst. Und siehe, da der Erbe vorüberging, von welchem er geredet hatte, sprach Boas: Komm und setze dich hierher! Und er kam und setzte sich.

2. Und er nahm zehn Männer von den Ältesten der Stadt und sprach: Setzt euch her! Und sie setzten sich.

3. Da sprach er zu dem Erben: Naemi, die vom Lande der Moabiter wiedergekommen ist, bietet feil das Stück Feld, das unsers Bruders war, Elimelechs.

4. Darum gedachte ich's vor deine Ohren zu bringen und zu sagen: Willst du es beerben, so kaufe es vor den Bürgern und vor den Ältesten meines Volks; willst du es aber nicht beerben, so sage mir's, daß ich's wisse. Denn es ist kein Erbe außer dir, und ich nach dir. Er sprach: Ich will's beerben. 3. Mose 25,25.

5. Boas sprach: Welches Tages du das Feld kaufst von der Hand Naemis, so mußt du auch Ruth, die Moabitin, des Verstorbenen Weib, nehmen, daß du dem Verstorbenen einen *Namen erweckest auf sein Erbteil. *5. Mose 25,5.6.

6. Da sprach er: Ich vermag es nicht zu beerben, daß ich nicht vielleicht mein Erbteil verderbe. Beerbe du, was ich beerben soll; denn ich vermag es nicht zu beerben.

7. Es *war aber von alters her eine solche Gewohnheit in Israel: wenn einer ein Gut nicht beerben noch erkaufen wollte, auf daß eine Sache bestätigt würde, so zog er

RUTH FINDET GNADE VOR BOAS Ruth 2, 8

seinen Schuh aus und gab ihn dem andern; das war das Zeugnis in Israel.
*5.Mose 25,7–10.

8. Und der Erbe sprach zu Boas: Kaufe du es! und zog seinen Schuh aus.

9. Und Boas sprach zu den Ältesten und zu allem Volk: Ihr seid heute Zeugen, daß ich alles gekauft habe, was dem Elimelech, und alles, was Chiljon und Mahlon gehört hat, von der Hand Naemis;

10. dazu auch Ruth, die Moabitin, Mahlons Weib, habe ich mir erworben zum Weibe, daß ich dem Verstorbenen einen Namen erwecke auf sein Erbteil und sein Namen nicht ausgerottet werde unter seinen Brüdern und aus dem Tor seines Orts; Zeugen seid ihr des heute.

11. Und alles Volk, das im Tor war, samt den Ältesten sprachen: Wir sind Zeugen. Der Herr mache das Weib, das in dein Haus kommt, wie Rahel und Lea, die beide das Haus Israels gebaut haben; und wachse sehr in Ephratha und werde gepriesen zu Bethlehem.

12. Und dein Haus werde wie das Haus des *Perez, den Thamar dem Juda gebar, von dem Samen, den dir der Herr geben wird von dieser Dirne. *1.Mose 38,29.

13. Also nahm Boas die Ruth, daß sie sein Weib ward. Und da er zu ihr einging, *gab ihr der Herr, daß sie schwanger ward und gebar einen Sohn. *Ps. 127,3.

14. Da sprachen die Weiber zu Naemi: Gelobt sei der Herr, der dir nicht hat lassen abgehen einen Erben zu dieser Zeit, daß sein Name in Israel bliebe.

15. Der wird dich erquicken und dein Alter versorgen. Denn deine Schwiegertochter, die dich geliebt hat, hat ihn geboren, welche dir besser ist als sieben Söhne.

16. Und Naemi nahm das Kind und legte es auf ihren Schoß und ward seine Wärterin.

17. Und ihre Nachbarinnen gaben ihm einen Namen und sprachen: Naemi ist ein Kind geboren; und hießen ihn Obed. Der ist der Vater Isais, welcher ist Davids Vater. Matth. 1,5.6; Luk. 3,32.

18. Dies ist das Geschlecht des Perez: Perez zeugte Hezron; 1.Mose 46,12; 1.Chron. 2,5.

19. Hezron zeugte Ram; Ram zeugte Amminadab; 1.Chron. 2,9–15.

20. Amminadab zeugte *Nahesson; Nahesson zeugte Salma; *4.Mose 1,7.

21. Salma zeugte Boas; Boas zeugte Obed;

22. Obed zeugte Isai; Isai zeugte David.
1.Sam. 16,1.11–13.

Das erste Buch Samuel

Das 1. Kapitel

Hannas Gebet und Erhörung.
Samuels Geburt und Weihe zum Dienst am Heiligtum.

1. Es war ein Mann von Ramathaim-Zophim, vom Gebirge Ephraim, der hieß Elkana, ein Sohn Jerohams, des Sohnes Elihus, des Sohnes Thohus, des Sohnes Zuphs, ein Ephraimiter.
1.Chron. 6,11.12.19.20.

2. Und er hatte zwei Weiber; eine hieß Hanna, die andere Peninna. Peninna aber hatte Kinder, und Hanna hatte keine Kinder. 1.Mose 29,31.

3. Und derselbe Mann ging jährlich hinauf von seiner Stadt, daß er anbetete und opferte dem Herrn Zebaoth zu *Silo. Daselbst waren aber Priester des Herrn Hophni und Pinehas, die zwei Söhne Elis.
*Jos. 18,1.

4. Und des Tages, da Elkana opferte, gab er seinem Weibe Peninna und allen ihren Söhnen und Töchtern Stücke.

5. Aber Hanna gab er ein Stück traurig; denn er hatte Hanna lieb, aber der Herr hatte ihren Leib verschlossen.

6. Und ihre Widersacherin betrübte und reizte sie sehr, darum daß der Herr ihren Leib verschlossen hatte.

7. Also ging's alle Jahre; wenn sie hinaufzog zu des Herrn Hause, betrübte jene sie also; so weinte sie dann und aß nichts.

8. Elkana aber, ihr Mann, sprach zu ihr: Hanna, warum weinst du, und warum issest du nichts, und warum ist dein Herz so traurig? Bin ich dir nicht besser denn zehn Söhne?

9. Da stand Hanna auf, nachdem sie gegessen hatten zu Silo und getrunken. (Eli aber, der Priester, saß auf einem Stuhl an der Pfoste des Tempels des Herrn.)

10. Und sie war von Herzen betrübt und betete zum Herrn und weinte sehr

11. und gelobte ein Gelübde und sprach: Herr Zebaoth, wirst du deiner Magd Elend ansehen und an mich gedenken und deiner Magd nicht vergessen und wirst deiner Magd einen Sohn geben, so will ich ihn dem Herrn geben sein Leben lang und soll kein *Schermesser auf sein Haupt kommen. *4.Mose 6,2–21.

12. Und da sie lange betete vor dem Herrn, hatte Eli acht auf ihren Mund.

13. Denn Hanna redete in ihrem Herzen; allein ihre Lippen regten sich, und ihre Stimme hörte man nicht. Da meinte Eli, sie wäre trunken,

14. und sprach zu ihr: Wie lange willst du trunken sein? Laß den Wein von dir kommen, den du bei dir hast!

15. Hanna aber antwortete und sprach: Nein, mein Herr, ich bin ein betrübtes Weib. Wein und starkes Getränk habe ich nicht getrunken, sondern habe *mein Herz vor dem Herrn ausgeschüttet.
*Ps. 62,9.

16. Du wollest deine Magd nicht achten wie ein loses Weib; denn ich habe aus meinem großen Kummer und Traurigkeit geredet bisher.

17. Eli antwortete und sprach: Gehe hin mit Frieden; der Gott Israels wird dir geben deine Bitte, die du von ihm gebeten hast.

18. Sie sprach: Laß deine Magd Gnade finden vor deinen Augen. Also ging das Weib hin ihres Wegs und aß und sah nicht mehr so traurig.

19. Und des Morgens früh machten sie sich auf; und da sie angebetet hatten vor dem Herrn, kehrten sie wieder um und kamen heim gen Rama. Und Elkana erkannte sein Weib Hanna, und der Herr *gedachte an sie. *1.Mose 30,22.

20. Und da die Tage um waren, ward Hanna schwanger und gebar einen Sohn und hieß ihn Samuel: »denn ich habe ihn von dem Herrn erbeten.«

21. Und da der Mann Elkana hinaufzog mit seinem ganzen Hause, daß er dem Herrn opferte das jährliche Opfer und sein Gelübde,

22. zog Hanna nicht mit hinauf, sondern sprach zu ihrem Mann: Bis der Knabe entwöhnt werde, so will ich ihn bringen, daß er vor dem Herrn erscheine und bleibe daselbst ewiglich.

23. Elkana, ihr Mann, sprach zu ihr: So tue, wie dir's gefällt: bleib, bis du ihn ent-

HANNA BETET IM TEMPEL 1. Samuel 1, 10–12

wöhnst; der Herr bestätige aber, was er
geredet hat. Also blieb das Weib und säugte ihren Sohn, bis sie ihn entwöhnte,
24. und brachte ihn mit sich hinauf,
nachdem sie ihn entwöhnt hatte, mit drei
Farren, mit einem Epha Mehl und einem
Krug Wein; und brachte ihn in das Haus
des Herrn zu Silo. Der Knabe war aber
noch jung.
25. Und sie schlachteten einen Farren
und brachten den Knaben zu Eli.
26. Und sie sprach: Ach, mein Herr, so
wahr deine Seele lebt, mein Herr, ich bin
das Weib, das hier bei dir stand, zu dem
Herrn zu beten.
27. Um diesen Knaben bat ich. Nun hat
der Herr *meine Bitte gegeben, die ich
von ihm bat. *V. 17.
28. Darum *gebe ich ihn dem Herrn wieder sein Leben lang, weil er vom Herrn
erbeten ist. Und sie beteten daselbst den
Herrn an. *V. 11.

Das 2. Kapitel

Lobgesang der Hanna. Bosheit der Söhne Elis.
Ankündigung des Gerichts.

1. Und Hanna betete und sprach: Mein
Herz ist fröhlich in dem Herrn; mein Horn
ist erhöht in dem Herrn. Mein Mund hat
sich weit aufgetan über meine Feinde;
denn ich freue mich deines Heils.
Luk. 1,46–55.
2. Es ist niemand heilig wie der Herr,
außer dir ist keiner; und ist kein Hort, wie
unser Gott ist.
3. Laßt euer großes Rühmen und Trotzen, noch gehe freches Reden aus eurem
Munde; denn der Herr ist ein Gott, der es
merkt, und läßt solch Vornehmen nicht
gelingen.
4. Der Bogen der Starken ist zerbrochen,
und die Schwachen sind umgürtet mit
Stärke.
5. Die da satt waren, sind ums Brot
Knechte geworden, und die Hunger litten,
hungert nicht mehr; ja die Unfruchtbare
hat sieben geboren, und die viele Kinder
hatte, hat abgenommen.
6. Der Herr *tötet und macht lebendig,
führt in die Hölle und wieder heraus.
*5. Mose 32,39.
7. Der Herr macht arm und macht reich;
er *erniedrigt und erhöht. *Ps. 75,8.
8. Er hebt *auf den Dürstigen aus dem

Staub und erhöht den Armen aus dem
Kot, daß er ihn setze unter die Fürsten
und den Stuhl der Ehre erben lasse. Denn
der Welt Grundfesten sind des Herrn, und
er hat den Erdboden darauf gesetzt.
*Ps. 113,7.8.
9. Er wird behüten die Füße seiner Heiligen, aber die Gottlosen müssen zunichte
werden in Finsternis; denn *viel Vermögen hilft doch niemand. *Ps. 33,16.
10. Die mit dem Herrn hadern, müssen
zugrunde gehen; über ihnen wird er donnern im Himmel. Der Herr wird richten
der Welt Enden und wird Macht geben
seinem König und *erhöhen das Horn seines Gesalbten. *Ps. 132,17.
11. Elkana aber ging hin gen Rama in
sein Haus; und der Knabe war des Herrn
Diener vor dem Priester Eli.
12. Aber die Söhne Elis waren böse Buben; die fragten nicht nach dem Herrn
13. noch nach dem Recht der Priester an
das Volk. Wenn jemand etwas opfern wollte, so kam des Priesters Diener, wenn das
Fleisch kochte, und hatte eine *Gabel mit
drei Zacken in seiner Hand *2. Mose 27,3.
14. und stieß in den Tiegel oder Kessel
oder Pfanne oder Topf; und was er mit der
Gabel hervorzog, das nahm der Priester
davon. Also taten sie dem ganzen Israel,
die dahinkamen zu Silo.
15. Desgleichen, ehe denn sie *das Fett
anzündeten, kam des Priesters Diener und
sprach zu dem, der das Opfer brachte: Gib
mir das Fleisch, dem Priester zu braten;
denn ich will nicht gekochtes Fleisch von
dir nehmen, sondern rohes. *3. Mose 3,3–5.
16. Wenn dann jemand zu ihm sagte:
Laß erst das Fett anzünden und nimm
darnach, was dein Herz begehrt, so sprach
er zu ihm: Du sollst mir's jetzt geben; wo
nicht, so will ich's mit Gewalt nehmen.
17. Darum war die Sünde der jungen
Männer sehr groß vor dem Herrn; denn
die Leute lästerten das Opfer des Herrn.
18. Samuel aber war ein Diener vor dem
Herrn; und der Knabe war umgürtet mit
einem leinenen Leibrock.
19. Dazu machte ihm seine Mutter ein
kleines Oberkleid und brachte es ihm hinauf zu seiner Zeit, wenn sie mit ihrem
Mann hinaufging, zu opfern das jährliche
Opfer.
20. Und Eli segnete Elkana und sein
Weib und sprach: Der Herr gebe dir Samen von diesem Weibe um der Bitte willen, die sie vom Herrn gebeten hat. Und sie
gingen an ihren Ort.
21. Und der Herr suchte Hanna heim,
daß sie schwanger ward und gebar drei
Söhne und zwei Töchter. Aber Samuel,
der Knabe, *nahm zu bei dem Herrn.
*Luk. 1,80.
22. Eli aber war sehr alt und erfuhr alles,
was seine Söhne taten dem ganzen Israel,
und daß sie schliefen bei den *Weibern,
die da dienten vor der Tür der Hütte des
Stifts. *2. Mose 38,8.
23. Und er sprach zu ihnen: Warum tut
ihr solches? Denn ich höre euer böses Wesen von diesem ganzen Volk.
24. Nicht, meine Kinder; das ist nicht ein
gutes Gerücht, das ich höre. Ihr macht des
Herrn Volk übertreten.
25. Wenn jemand wider einen Menschen
sündigt, so kann's der Richter schlichten.
Wenn aber jemand wider den Herrn sündigt, wer kann für ihn bitten? Aber sie
gehorchten ihres Vaters Stimme nicht;
denn der Herr war willens, sie zu töten.
26. Aber der Knabe Samuel *nahm im-
mermehr zu und war angenehm bei dem
Herrn und bei den Menschen. *Luk. 2,52.
27. Es kam aber ein Mann Gottes zu Eli
und sprach zu ihm: So spricht der Herr:
Ich habe mich offenbart deines Vaters
Hause, da sie noch in Ägypten waren, in
Pharaos Hause,
28. und habe ihn daselbst mir erwählt
vor allen Stämmen Israels zum Priestertum, daß er opfern sollte auf meinem Altar
und Räuchwerk anzünden und den Leibrock vor mir tragen, und habe deines Vaters Hause gegeben *alle Feuer der Kinder
Israel. *4. Mose 18,8.
29. Warum tretet ihr denn mit Füßen
meine Schlachtopfer und Speisopfer, die
ich geboten habe in der Wohnung? Und du
ehrst deine Söhne mehr denn mich, daß
ihr euch mästet von dem Besten aller
Speisopfer meines Volkes Israel.
30. Darum spricht der Herr, der Gott Israels: Ich *habe geredet, dein Haus und
deines Vaters Haus sollten wandeln vor
mir ewiglich. Aber nun spricht der Herr:
Es sei fern von mir! sondern wer mich
ehret, den will ich auch ehren; wer aber
mich verachtet, der soll wieder verachtet
werden. *2. Mose 28,1.
31. Siehe, *es wird die Zeit kommen, daß
ich will entzweibrechen deinen Arm und
den Arm deines Vaterhauses, daß kein Alter sei in deinem Hause, *1. Kön. 2,27.
32. und daß du sehen wirst deinen Widersacher in der Wohnung bei allerlei Gutem, das Israel geschehen wird, und wird
kein Alter sein in deines Vaters Hause
ewiglich.

33. Doch will ich dir *nicht einen jeglichen von meinem Altar ausrotten, auf daß deine Augen verschmachten und deine Seele sich gräme; und alle Menge deines Hauses sollen sterben, wenn sie Männer geworden sind. *K.22,20.
34. Und das soll dir ein Zeichen sein, das über deine zwei Söhne, Hophni und Pinehas, kommen wird: *auf einen Tag werden sie beide sterben. *K.4,11.
35. Ich aber will mir einen treuen Priester erwecken, der soll tun, wie es meinem Herzen und meiner Seele gefällt; dem will ich ein beständiges Haus bauen, daß er vor meinem Gesalbten wandle immerdar.
36. Und wer übrig ist von deinem Hause, der wird kommen und vor jenem niederfallen um einen silbernen Pfennig und ein Stück Brot und wird sagen: Laß mich doch zu einem Priesterteil, daß ich einen Bissen Brot esse.

Das 3. Kapitel

Samuel empfängt die erste Offenbarung und wird als treuer Prophet des Herrn erkannt.

1. Und da Samuel, der Knabe, dem Herrn diente unter Eli, war des Herrn Wort *teuer zu derselben Zeit, und war wenig Weissagung. *Amos 8,11.
2. Und es begab sich, zur selben Zeit lag Eli an seinem Ort, und seine Augen fingen an, dunkel zu werden, daß er nicht sehen konnte.
3. Und Samuel hatte sich gelegt im Tempel des Herrn, da die Lade Gottes war, und die Lampe Gottes war noch nicht verloschen.
4. Und der Herr rief Samuel. Er aber antwortete: Siehe, hier bin ich!
5. und lief zu Eli und sprach: Siehe, hier bin ich! du hast mich gerufen. Er aber sprach: Ich habe nicht gerufen; gehe wieder hin und lege dich schlafen. Und er ging hin und legte sich schlafen.
6. Der Herr rief abermals: Samuel! Und Samuel stand auf und ging zu Eli und sprach: Siehe, hier bin ich! du hast mich gerufen. Er aber sprach: Ich habe nicht gerufen, mein Sohn; gehe wieder hin und lege dich schlafen.
7. Aber Samuel kannte den Herrn noch nicht, und des Herrn Wort war ihm noch nicht offenbart.
8. Und der Herr rief Samuel wieder, zum drittenmal. Und er stand auf und ging zu Eli und sprach: Siehe, hier bin ich! du hast mich gerufen. Da merkte Eli, daß der Herr den Knaben rief,
9. und sprach zu ihm: Gehe wieder hin und lege dich schlafen; und so du gerufen wirst, so sprich: Rede, Herr, denn dein Knecht hört. Samuel ging hin und legte sich an seinen Ort.
10. Da kam der Herr und trat dahin und rief wie vormals: Samuel, Samuel! Und Samuel sprach: Rede, denn dein Knecht hört.
11. Und der Herr sprach zu Samuel: Siehe, ich tue ein Ding in Israel, daß, wer das hören wird, dem werden seine beiden Ohren gellen.
12. An dem Tage will ich erwecken über Eli, was ich wider sein Haus geredet habe; ich will's anfangen und vollenden.
13. Denn ich habe es ihm angesagt, daß ich Richter sein will über sein Haus ewiglich um der Missetat willen, daß er wußte, wie seine Kinder schändlich hielten, und hat ihnen nicht gewehrt. K.2,27–36.
14. Darum habe ich dem Hause Eli geschworen, daß die Missetat des Hauses Eli solle nicht versöhnt werden weder mit Schlachtopfer noch mit Speisopfer ewiglich.
15. Und Samuel lag bis an den Morgen und tat die Türen auf im Hause des Herrn. Samuel aber fürchtete sich, das Gesicht Eli anzusagen.
16. Da rief ihn Eli und sprach: Samuel, mein Sohn! Er antwortete: Siehe, hier bin ich!
17. Er sprach: Was ist das Wort, das dir gesagt ist? Verschweige mir nichts. Gott tue dir dies und das, wo du mir etwas verschweigst, das dir gesagt ist.
18. Da sagte es ihm Samuel alles an und verschwieg ihm nichts. Er aber sprach: Es ist der Herr; *er tue, was ihm wohl gefällt. *2. Sam. 15,26.
19. Samuel aber nahm zu, und der Herr war mit ihm, und fiel keines unter allen seinen Worten auf die Erde.
20. Und ganz Israel von Dan an bis gen Beer-Seba erkannte, daß Samuel ein treuer Prophet des Herrn war.
21. Und der Herr erschien hinfort zu Silo; denn der Herr war Samuel offenbart worden zu Silo durchs Wort des Herrn. [K.4,1.] Und Samuel fing an, zu predigen dem ganzen Israel.

Das 4. Kapitel

Israels Niederlage durch die Philister; Entführung der Bundeslade. Tod Elis und seiner Söhne.

1. Israel aber zog aus, den Philistern entgegen, in den Streit und lagerte sich bei

Eben-Ezer. Die Philister aber hatten sich
gelagert zu *Aphek *Jos. 15,53.
2. und stellten sich gegen Israel. Und der
Streit teilte sich weit, und Israel ward von
den Philistern geschlagen; und sie schlugen in der Ordnung im Felde bei viertausend Mann.
3. Und da das Volk ins Lager kam, sprachen die Ältesten Israels: Warum hat uns
der Herr heute schlagen lassen vor den
Philistern? Laßt uns zu uns *nehmen die
Lade des Bundes des Herrn von Silo und
laßt sie unter uns kommen, daß sie uns
helfe von der Hand unsrer Feinde. *K. 14,18.
4. Und das Volk sandte gen Silo und ließ
von da holen die Lade des Bundes des
Herrn Zebaoth, der *über den Cherubim
sitzt. Und es waren da die zwei Söhne Elis
mit der Lade des Bundes Gottes, Hophni
und Pinehas. *2. Sam. 6,2.
5. Und da die Lade des Bundes des Herrn
in das Lager kam, jauchzte das ganze Israel mit einem großen Jauchzen, daß die
Erde erschallte.
6. Da aber die Philister hörten das Geschrei solches Jauchzens, sprachen sie:
Was ist das Geschrei solches großen
Jauchzens in der Hebräer Lager? Und da
sie erfuhren, daß die Lade des Herrn ins
Lager gekommen wäre,
7. fürchteten sie sich und sprachen: Gott
ist ins Lager gekommen; und sprachen
weiter: Wehe uns! denn es ist zuvor nicht
also gestanden.
8. Wehe uns! Wer will uns erretten von
der Hand dieser mächtigen Götter? Das
sind die Götter, die Ägypten schlugen mit
allerlei Plage in der Wüste.
9. So seid nun getrost und Männer, ihr
Philister, daß ihr nicht dienen müsset den
Hebräern, wie sie euch *gedient haben!
Seid Männer und streitet! *Richt. 13,1.
10. Da stritten die Philister, und Israel
ward geschlagen, und ein jeglicher floh in
seine Hütte; und es war eine sehr große
Schlacht, daß aus Israel fielen 30000
Mann Fußvolk.
11. Und die Lade Gottes ward genommen, und die zwei Söhne Elis, Hophni und
Pinehas, starben.
12. Da lief einer von Benjamin aus dem
Heer und kam gen Silo desselben Tages
und hatte seine Kleider zerrissen und hatte Erde auf sein Haupt gestreut.
13. Und siehe, als er hineinkam, saß Eli
auf dem Stuhl, daß er auf den Weg sähe;
denn sein Herz war zaghaft über der Lade
Gottes. Und da der Mann in die Stadt kam,
sagte er's an, und die ganze Stadt schrie.
14. Und da Eli das laute Schreien hörte,
fragte er: Was ist das für ein lautes Getümmel? Da kam der Mann eilend und sagte es
Eli an.
15. Eli war aber 98 Jahre alt, und seine
*Augen waren dunkel, daß er nicht sehen
konnte. *K. 3,2.
16. Der Mann aber sprach zu Eli: Ich
komme und bin heute aus dem Heer geflohen. Er aber sprach: Wie gehet's zu, mein
Sohn?
17. Da antwortete der Verkündiger und
sprach: Israel ist geflohen vor den Philistern, und ist eine große Schlacht im Volk
geschehen, und deine zwei Söhne, Hophni
und Pinehas, sind gestorben; dazu die Lade Gottes ist genommen.
18. Da er aber der Lade Gottes gedachte,
fiel er zurück vom Stuhl am Tor und brach
seinen Hals entzwei und starb; denn er
war alt und ein schwerer Mann. Er richtete aber Israel vierzig Jahre.
19. Seine Schwiegertochter aber, des Pinehas Weib, war schwanger und sollte
bald gebären. Da sie das Gerücht hörte,
daß die Lade Gottes genommen und ihr
Schwiegervater und ihr Mann tot war,
krümmte sie sich und gebar; denn es kam
sie ihre Wehe an.
20. Und da sie jetzt starb, sprachen die
Weiber, die neben ihr standen: *Fürchte
dich nicht, du hast einen jungen Sohn.
Aber sie antwortete nichts und nahm's
auch nicht zu Herzen. *1. Mose 35,17.
21. Und sie hieß den Knaben Ikabod und
sprach: *Die Herrlichkeit ist dahin von
Israel! – weil die Lade Gottes genommen
war, und wegen ihres Schwiegervaters
und ihres Mannes. *Ps. 78,61.
22. Und sprach abermals: Die Herrlichkeit ist dahin von Israel; denn die Lade
Gottes ist genommen!

Das 5. Kapitel

Die Bundeslade im Tempel Dagons.
Plage der Philister.

1. Die Philister aber nahmen die Lade
Gottes und brachten sie von Eben-Ezer
gen Asdod
2. in das Haus Dagons und stellten sie
neben *Dagon. *Richt. 16,23.
3. Und da die von Asdod des andern Morgens früh aufstanden, fanden sie Dagon
auf seinem Antlitz liegen auf der Erde vor
der Lade des Herrn. Aber sie nahmen den
Dagon und setzten ihn wieder an seinen
Ort.
4. Da sie aber des andern Morgens früh

PROPHEZEIUNG DES HERRN 1. Samuel 3, 11

aufstanden, fanden sie Dagon abermals
auf seinem Antlitz liegen auf der Erde vor
der Lade des Herrn, aber sein Haupt und
seine beiden Hände abgehauen auf der
Schwelle, daß der Rumpf allein dalag.
5. Darum treten die Priester Dagons und
alle, die in Dagons Haus gehen, nicht auf
die Schwelle Dagons zu Asdod bis auf diesen Tag.
6. Aber die Hand des Herrn ward schwer
über die von Asdod und verderbte sie und
schlug *sie mit bösen Beulen, Asdod und
sein Gebiet. *Ps. 78,66.
7. Da aber die Leute zu Asdod sahen, daß
es so zuging, sprachen sie: Laßt die Lade
des Gottes Israels nicht bei uns bleiben;
denn seine Hand ist zu hart über uns und
unsern Gott Dagon.
8. Und sie sandten hin und versammelten alle Fürsten der Philister zu sich und
sprachen: Was sollen wir mit der Lade des
Gottes Israels machen? Da antworteten
sie: Laßt die Lade des Gottes Israels nach
Gath tragen. Und sie trugen die Lade des
Gottes Israels dahin.
9. Da sie aber dieselbe dahin getragen
hatten, ward durch die Hand des Herrn in
der Stadt ein sehr großer Schrecken, und
er schlug die Leute in der Stadt, beide,
klein und groß, also daß an ihnen Beulen
ausbrachen.
10. Da sandten sie die Lade des Herrn
gen Ekron. Da aber die Lade Gottes gen
Ekron kam, schrieen die von Ekron: Sie
haben die Lade Gottes hergetragen zu mir,
daß sie mich töte und mein Volk.
11. Da sandten sie hin und versammelten alle Fürsten der Philister und sprachen: Sendet die Lade des Gottes Israels
wieder an ihren Ort, daß sie mich und
mein Volk nicht töte. Denn die Hand Gottes machte einen sehr großen Schrecken
mit Würgen in der ganzen Stadt.
12. Und welche Leute nicht starben, die
wurden geschlagen mit Beulen, daß das
Geschrei der Stadt auf gen Himmel ging.

Das 6. Kapitel

Die Bundeslade kommt mit Weihgeschenken wieder zurück.

1. Also war die Lade des Herrn sieben
Monate im Lande der Philister.
2. Und die Philister riefen ihre Priester

und Weissager und sprachen: Was sollen
wir mit der Lade des Herrn machen? Lehret uns, womit sollen wir sie an ihren Ort
senden?
3. Sie sprachen: Wollt ihr die Lade des
Gottes Israels senden, so sendet sie nicht
leer, sondern sollt ihm vergelten ein
Schuldopfer; so werdet ihr gesund werden
und wird euch kund werden, warum seine
Hand nicht von euch läßt.
4. Sie aber sprachen: Welches ist das
Schuldopfer, das wir ihm geben sollen?
Sie antworteten: Fünf goldene Beulen und
fünf goldene Mäuse nach der Zahl *der
fünf Fürsten der Philister; denn es ist einerlei Plage gewesen über euch alle und
über eure Fürsten. *Jos. 13,3.
5. So müsset ihr nun machen Bilder eurer Beulen und eurer Mäuse, die euer Land
verderbt haben, daß ihr dem Gott Israels
die Ehre gebet; vielleicht wird seine Hand
leichter werden über euch und über euren
Gott und über euer Land.
6. Warum verstockt ihr euer Herz, wie
*die Ägypter und Pharao ihr Herz ver-
stockten? Ist's nicht also: da er seine
Macht an ihnen bewies, †ließen sie sie
fahren, daß sie hingingen?
*2. Mose 8,11. †2. Mose 12,31.
7. So nehmet nun und machet einen
neuen Wagen und zwei junge, säugende
Kühe, auf die nie ein Joch gekommen ist,
und spannet sie an den Wagen und laßt
ihre Kälber hinter ihnen daheimbleiben.
8. Und nehmet die Lade des Herrn und
legt sie auf den Wagen; und die goldenen
Kleinode, die ihr ihm zum Schuldopfer
gebet, tut in ein Kästlein neben ihre Seite.
Und sendet sie hin und laßt sie gehen.
9. Und sehet zu: geht sie hin auf dem
Weg ihrer Grenze gen Beth-Semes, so hat
er uns all das große Übel getan; wo nicht,
so werden wir wissen, daß seine Hand uns
nicht gerührt hat, sondern es ist uns ungefähr widerfahren.
10. Die Leute taten also und nahmen
zwei junge, säugende Kühe und spannten
sie an einen Wagen und behielten ihre
Kälber daheim
11. und legten die Lade des Herrn auf
den Wagen und das Kästlein mit den goldenen Mäusen und mit den Bildern ihrer
Beulen.
12. Und die Kühe gingen geradeswegs
auf Beth-Semes zu auf einer Straße und
gingen und blökten und wichen nicht weder zur Rechten noch zur Linken; und die
Fürsten der Philister gingen ihnen nach
bis an die Grenze von Beth-Semes.
13. Die Beth-Semiter aber schnitten
eben in der Weizenernte im Grund, und
hoben ihre Augen auf und sahen die Lade
und freuten sich, sie zu sehen.
14. Der Wagen aber kam auf den Acker
Josuas, des Beth-Semiters, und stand daselbst still. Und war ein großer Stein daselbst. Und sie spalteten das Holz vom
Wagen und opferten die Kühe dem Herrn
zum Brandopfer.
15. Die Leviten aber hoben die Lade des
Herrn herab und das Kästlein, das neben-
dran war, darin die goldenen Kleinode waren, und setzten sie auf den großen Stein.
Aber die Leute zu Beth-Semes opferten
dem Herrn desselben Tages Brandopfer
und andere Opfer.
16. Da aber die fünf Fürsten der Philister
zugesehen hatten, zogen sie wiederum
gen Ekron desselben Tages.
17. Dies sind aber die goldenen Beulen,
die die Philister dem Herrn zum Schuldopfer gaben: Asdod eine, Gaza eine, Askalon eine, Gath eine und Ekron eine;
18. und goldene Mäuse nach der Zahl
aller Städte der Philister unter den fünf
Fürsten, der gemauerten Städte und der
Dörfer. Und Zeuge ist der große Stein,
darauf sie die Lade des Herrn ließen, bis
auf diesen Tag auf dem Acker Josuas, des
Beth-Semiters.
19. Und etliche zu Beth-Semes wurden
geschlagen, darum daß sie die *Lade des
Herrn angesehen hatten. Und er schlug
des Volks fünfzigtausend und siebzig
Mann. Da trug das Volk Leid, daß der Herr
so eine große Schlacht im Volk getan hatte. *4. Mose 4,20; 2. Sam. 6,6.7.
20. Und die Leute zu Beth-Semes sprachen: Wer kann stehen vor dem Herrn,
solchem heiligen Gott? Und zu wem soll er
von uns ziehen?
21. Und sie sandten Boten zu den Bürgern Kirjath-Jearims und ließen ihnen sagen: Die Philister haben die Lade des
Herrn wiedergebracht; kommet herab
und holet sie zu euch hinauf.

Das 7. Kapitel

Israels Buße und Sieg über die Philister;
Eben-Ezer. Samuels Richteramt.

1. Also kamen die Leute von Kirjath-Jearim und holten die Lade des Herrn hinauf
und brachten sie ins Haus Abinadabs auf
dem Hügel; und seinen Sohn Eleasar heiligten sie, daß er die Lade des Herrn hütete.
2. Und von dem Tage an, da die Lade des

ELIS TOD 1. Samuel 4, 16–18

Herrn zu *Kirjath-Jearim blieb, verzog
sich die Zeit so lange, bis es zwanzig Jahre
wurden; und das ganze Haus Israel weinte
vor dem Herrn. *1. Chron. 13,6.
3. Samuel aber sprach zum ganzen Hause Israel: So ihr euch mit ganzem Herzen
bekehret zu dem Herrn, so *tut von euch
die fremden Götter und die Astharoth und
richtet euer Herz zu dem Herrn und dienet ihm allein, so wird er euch erretten
aus der Philister Hand.
*1. Mose 35,2; Jos. 24,23.
4. Da taten die Kinder Israel von sich die
*Baalim und die Astharoth und dienten
dem Herrn allein. *Richt. 10,6.16.
5. Samuel aber sprach: Versammelt das
ganze Israel gen *Mizpa, daß ich für euch
bitte zum Herrn. *K. 10,17; Richt. 11,11; 20,1.
6. Und sie kamen zusammen gen Mizpa
und schöpften Wasser und gossen's aus
vor dem Herrn und fasteten denselben Tag
und sprachen daselbst: Wir haben an dem
Herrn gesündigt. Also richtete Samuel die
Kinder Israel zu Mizpa.
7. Da aber die Philister hörten, daß die
Kinder Israel zusammengekommen waren gen Mizpa, zogen die Fürsten der Philister hinauf wider Israel. Da das die Kinder Israel hörten, fürchteten sie sich vor
den Philistern
8. und sprachen zu Samuel: *Laß nicht
ab, für uns zu schreien zu dem Herrn,
unserm Gott, daß er uns helfe aus der
Philister Hand. *K. 12,23.
9. Samuel nahm ein Milchlämmlein und
opferte dem Herrn ein ganzes Brandopfer
und schrie zum Herrn für Israel; und der
Herr erhörte ihn.
10. Und indem Samuel das Brandopfer
opferte, kamen die Philister herzu, zu
streiten wider Israel. Aber der Herr ließ
donnern einen großen Donner über die
Philister desselben Tages und schreckte
sie so, daß sie vor Israel geschlagen wurden.
11. Da zogen die Männer Israels aus von
Mizpa und jagten die Philister und schlugen sie bis unter Beth-Kar.
12. Da nahm Samuel einen Stein und
setzte ihn zwischen Mizpa und Sen und
hieß ihn Eben-Ezer und sprach: Bis hieher hat uns der Herr geholfen.
13. Also wurden die Philister gedämpft
und kamen nicht mehr in die Grenze Isra-

els; und die Hand des Herrn war wider die Philister, solange Samuel lebte.
14. Also wurden Israel die Städte wieder, die die Philister ihnen genommen hatten, von Ekron an bis gen Gath, samt ihrem Gebiet; die errettete Israel von der Hand der Philister. Und Israel hatte Frieden mit den Amoritern.
15. Samuel aber richtete Israel sein Leben lang
16. und zog jährlich umher zu Beth-El und Gilgal und Mizpa. Und wenn er Israel an allen diesen Orten gerichtet hatte,
17. kam er wieder gen Rama (denn da war sein Haus) und richtete Israel daselbst und baute dem Herrn daselbst einen Altar.

Das 8. Kapitel

Israel begehrt einen König;
Samuel verkündigt des Königs Recht.

1. Da aber Samuel alt ward, setzte er seine Söhne zu Richtern über Israel.
2. Sein erstgeborener Sohn hieß Joel und der andere Abia, und sie waren Richter zu Beer-Seba. 1.Chron. 6,13.
3. Aber seine Söhne wandelten nicht in seinem Wege, sondern neigten sich zum Geiz und nahmen Geschenke und beugten das Recht. 5.Mose 16,19.
4. Da versammelten sich alle Ältesten in Israel und kamen gen *Rama zu Samuel *K. 7,17.
5. und sprachen zu ihm: Siehe, du bist alt geworden, und deine Söhne wandeln nicht in deinen Wegen; so *setze nun einen König über uns, der uns richte, wie alle Heiden haben.
*5.Mose 17,14; Hos. 13,10; Apg. 13,21.
6. Das gefiel Samuel übel, daß sie sagten: Gib uns einen König, der uns richte. Und Samuel betete vor dem Herrn.
7. Der Herr aber sprach zu Samuel: Gehorche der Stimme des Volks in allem, was sie zu dir gesagt haben; denn sie haben nicht dich, sondern mich verworfen, daß ich nicht soll König über sie sein.
8. Sie tun dir, wie sie immer getan haben von dem Tage an, da ich sie aus Ägypten führte, bis auf diesen Tag, und sie mich verlassen und andern Göttern gedient haben.
9. So gehorche nun ihrer Stimme. Doch bezeuge ihnen und verkündige ihnen das Recht des Königs, der über sie herrschen wird.
10. Und Samuel sagte alle Worte des Herrn dem Volk, das von ihm einen König forderte,
11. und sprach: Das wird des Königs Recht sein, der über euch herrschen wird: Eure Söhne wird er nehmen zu seinem Wagen und zu Reitern, und daß sie vor seinem Wagen her laufen,
12. und zu Hauptleuten über tausend und über fünfzig und zu Ackerleuten, die ihm seinen Acker bauen, und zu Schnittern in seiner Ernte, und daß sie seine Kriegswaffen und was zu seinen Wagen gehört, machen.
13. Eure Töchter aber wird er nehmen, daß sie Salbenbereiterinnen, Köchinnen und Bäckerinnen seien.
14. Eure besten Äcker und Weinberge und Ölgärten wird er nehmen und seinen Knechten geben.
15. Dazu von eurer Saat und euren Weinbergen wird er den Zehnten nehmen und seinen Kämmerern und Knechten geben.
16. Und eure Knechte und Mägde und eure schönsten Jünglinge und eure Esel wird er nehmen und seine Geschäfte damit ausrichten.
17. Von euren Herden wird er den Zehnten nehmen, und ihr müßt seine Knechte sein.
18. Wenn ihr dann schreien werdet zu der Zeit über euren König, den ihr euch erwählt habt, so wird euch der Herr zu derselben Zeit nicht erhören.
19. Aber das Volk weigerte sich, zu gehorchen der Stimme Samuels, und sprachen: Mitnichten, sondern es soll ein König über uns sein,
20. daß wir auch seien wie alle Heiden, daß uns unser König richte und vor uns her ausziehe und unsere Kriege führe.
21. Und da Samuel alle Worte des Volks gehört hatte, sagte er sie vor den Ohren des Herrn.
22. Der Herr aber sprach zu Samuel: *Gehorche ihrer Stimme und mache ihnen einen König. Und Samuel sprach zu den Männern Israels: Gehet hin, ein jeglicher in seine Stadt. *V. 7.9.

Das 9. Kapitel

Saul kommt zu Samuel.

1. Es war aber ein Mann von Benjamin mit Namen Kis, ein Sohn Abiels, des Sohnes Zerors, des Sohnes Bechoraths, des Sohnes Aphiahs, des Sohnes eines Benjaminiters, ein wohlhabender Mann.
2. Der hatte einen Sohn mit Namen Saul; der war ein junger, schöner Mann, und war kein schönerer unter den Kindern Israel, eines Hauptes länger denn alles Volk.

3. Es hatte aber Kis, der Vater Sauls, seine Eselinnen verloren; und er sprach zu seinem Sohn Saul: Nimm der Knechte einen mit dir, mache dich auf, gehe hin und suche die Eselinnen.
4. Und sie gingen durch das Gebirge Ephraim und durch das Land Salisa, und fanden sie nicht; sie gingen durch das Land *Saalim, und sie waren nicht da; sie gingen durchs Land Benjamin, und fanden sie nicht. *Joh. 3,23.
5. Da sie aber kamen ins Land Zuph, sprach Saul zu dem Knechte, der mit ihm war: Komm, laß uns wieder heimgehen; mein *Vater möchte von den Eselinnen lassen und um uns sorgen. *K. 10,2.
6. Er aber sprach: Siehe, es ist ein berühmter Mann Gottes in dieser Stadt; alles, was er sagt, das geschieht. Nun laß uns dahin gehen; vielleicht sagt er uns unsern Weg, den wir gehen.
7. Saul aber sprach zu seinem Knechte: Wenn wir schon hingehen, was bringen wir dem Mann? Denn das Brot ist dahin aus unserm Sack; so haben wir sonst keine Gabe, die wir dem Mann Gottes bringen. Was haben wir?
8. Der Knecht antwortete Saul wieder und sprach: Siehe, ich habe ein Viertel eines Silberlings bei mir; das wollen wir dem Mann Gottes geben, daß er uns unsern Weg sage.
9. (Vorzeiten in Israel, wenn man ging, Gott zu fragen, sprach man: Kommt, laßt uns gehen zu dem *Seher! Denn die man jetzt Propheten heißt, die hieß man vorzeiten Seher.)
*2. Kön. 17,13; 1. Chron. 9,22; 4. Mose 24,3.
10. Saul sprach zu seinem Knecht: Du hast wohl geredet; komm, laß uns gehen! Und da sie hingingen zu der Stadt, da der Mann Gottes war,
11. und zur Stadt hinaufstiegen, fanden sie Dirnen, die herausgingen, Wasser zu schöpfen. Zu denselben sprachen sie: Ist der Seher hier?
12. Sie antworteten ihnen und sprachen: Ja, siehe, da ist er; eile, denn er ist heute in die Stadt gekommen, weil das Volk heute zu opfern hat auf der Höhe.
13. Wenn ihr in die Stadt kommt, so werdet ihr ihn finden, ehe denn er hinaufgeht auf die Höhe, zu essen. Denn das Volk wird nicht essen, bis er komme, sintemal er segnet das Opfer; darnach essen die, so geladen sind. Darum so gehet hinauf, denn jetzt werdet ihr ihn eben antreffen.
14. Und da sie hinauf zur Stadt kamen und in die Stadt eintraten, siehe, da ging Samuel heraus, ihnen entgegen, und wollte auf die Höhe gehen.
15. Aber der Herr hatte Samuels Ohren offenbart einen Tag zuvor, ehe denn Saul kam, und gesagt:
16. Morgen um diese Zeit will ich einen Mann zu dir senden aus dem Lande Benjamin; den sollst du zum Fürsten salben über mein Volk Israel, daß er mein Volk erlöse von der Philister Hand. Denn ich habe mein Volk angesehen, und sein Geschrei ist vor mich gekommen.
17. Da nun Samuel Saul ansah, antwortete ihm der Herr: Siehe, das ist der Mann, von dem ich dir gesagt habe, daß er über mein Volk herrsche.
18. Da trat Saul zu Samuel unter dem Tor, und sprach: Sage mir, wo ist hier des Sehers Haus?
19. Samuel antwortete Saul und sprach: Ich bin der Seher. Gehe vor mir hinauf auf die Höhe, denn ihr sollt heute mit mir essen; morgen will ich dich lassen gehen, und alles, was in deinem Herzen ist, will ich dir sagen.
20. Und um die Eselinnen, die du vor drei Tagen verloren hast, bekümmere dich jetzt nicht: sie sind gefunden. Und wes wird sein alles, was das Beste ist in Israel? Wird's nicht dein und deines Vaters ganzen Hauses sein?
21. Saul antwortete: Bin ich nicht ein Benjaminiter und von einem der geringsten Stämme Israels, und mein Geschlecht das *kleinste unter allen Geschlechtern der Stämme Benjamin? Warum sagst du denn mir solches? *K. 15,17.
22. Samuel aber nahm Saul und seinen Knecht und führte sie in den Speisesaal und setzte sie obenan unter die, so geladen waren; der waren bei dreißig Mann.
23. Und Samuel sprach zu dem Koch: Gib her das Stück, das ich dir gab und befahl, du solltest es bei dir behalten.
24. Da trug der Koch eine Schulter auf und was daranhing. Und er legte es Saul vor und sprach: Siehe, das ist übrig; lege vor dich und iß; denn es ist für dich aufbehalten eben auf diese Zeit, da ich das Volk lud. Also aß Saul mit Samuel des Tages.
25. Und da sie hinabgegangen waren von der Höhe zur Stadt, redete er mit Saul auf dem Dache.
26. Und sie standen früh auf; und da die Morgenröte aufging, rief Samuel dem Saul auf dem Dach und sprach: Auf! daß ich dich gehen lasse. Und Saul machte sich auf, und die beiden gingen miteinander hinaus, er und Samuel.

27. Und da sie kamen hinab an der Stadt Ende, sprach Samuel zu Saul: Sage dem Knecht, daß er uns vorangehe (und er ging voran); du aber stehe jetzt still, daß ich dir kundtue, was Gott gesagt hat.

Das 10. Kapitel

Saul von Samuel zum König gesalbt und vorgestellt.

1. Da nahm Samuel ein Ölglas und goß auf sein Haupt und küßte ihn und sprach: Siehst du, daß dich der Herr zum Fürsten über sein Erbteil gesalbt hat?
2. Wenn du jetzt von mir gehst, so wirst du zwei Männer finden bei dem *Grabe Rahels, in der Grenze Benjamins, zu Zelzah; die werden zu dir sagen: Die Eselinnen sind gefunden, die du zu suchen bist gegangen; und siehe, dein Vater hat die Esel aus der Acht gelassen und sorgt um euch und spricht: Was soll ich um meinen Sohn tun? *1. Mose 35,19.
3. Und wenn du dich von da fürbaß wendest, so wirst du kommen zu der Eiche Thabor; daselbst werden dich antreffen drei Männer, die hinaufgehen zu Gott gen Beth-El. Einer trägt drei Böcklein, der andere drei Laibe Brot, der dritte einen Krug mit Wein.
4. Und sie werden dich freundlich grüßen und dir zwei Brote geben. Die sollst du von ihren Händen nehmen.
5. Darnach wirst du kommen zu dem Hügel Gottes, da der Philister Schildwacht ist; und wenn du daselbst in die Stadt kommst, wird dir begegnen ein Haufe Propheten, von der Höhe herabkommend, und vor ihnen her Psalter und Pauke und Flöte und Harfe, und sie werden weissagen.
6. Und der Geist des Herrn wird über dich geraten, daß du mit ihnen weissagst; da wirst du ein anderer Mann werden. V. 10.
7. Wenn dir nun diese Zeichen kommen, so tue, was dir unter die Hand kommt; denn Gott ist mit dir.
8. Du sollst aber vor mir hinabgehen gen Gilgal; siehe, da will ich zu dir hinabkommen, zu opfern Brandopfer und Dankopfer. *Sieben Tage sollst du harren, bis ich zu dir komme und dir kundtue, was du tun sollst. *K. 13,8.
9. Und da er seine Schultern wandte, daß er von Samuel ginge, gab ihm Gott ein anderes Herz, und alle diese Zeichen kamen auf denselben Tag.
10. Und da sie kamen an den Hügel, siehe, da kam ihm ein Prophetenhaufe entgegen; und der Geist *Gottes geriet über ihn, daß er unter ihnen weissagte. *K. 19,20–24.
11. Da ihn aber sahen alle, die ihn vormals gekannt hatten, daß er mit den Propheten weissagte, sprachen sie alle untereinander: Was ist dem Sohn des Kis geschehen? Ist Saul auch unter den Propheten?
12. Und einer daselbst antwortete und sprach: Wer ist ihr Vater? Daher ist das Sprichwort gekommen: Ist Saul auch unter den Propheten?
13. Und da er ausgeweissagt hatte, kam er auf die Höhe.
14. Es sprach aber Sauls Vetter zu ihm und zu seinem Knecht: Wo seid ihr hin gegangen? Sie antworteten: Die Eselinnen zu suchen; und da wir sahen, daß sie nicht da waren, kamen wir zu Samuel.
15. Da sprach der Vetter Sauls: Sage mir, was sagte euch Samuel?
16. Saul antwortete seinem Vetter: Er sagte uns, daß die Eselinnen gefunden wären. Aber von dem Königreich sagte er ihm nicht, was Samuel gesagt hatte.
17. Samuel aber berief das Volk zum Herrn gen Mizpa
18. und sprach zu den Kindern Israel: So sagt der Herr, der Gott Israels: Ich habe Israel aus Ägypten geführt und euch von der Ägypter Hand errettet und von der Hand aller Königreiche, die euch zwangen.
19. Und ihr habt heute *euren Gott verworfen, der euch aus all eurem Unglück und Trübsal geholfen hat, und sprecht zu ihm: Setze einen König über uns. Wohlan! so tretet nun vor den Herrn nach euren Stämmen und Freundschaften. *K. 8,7.
20. Da nun Samuel alle Stämme Israels herzubrachte, ward getroffen der Stamm Benjamin. K. 14,41.42; Jos. 7,16.
21. Und da er den Stamm Benjamin herzubrachte mit seinen Geschlechtern, ward getroffen das Geschlecht Matris, und ward getroffen Saul, der Sohn des Kis. Und sie suchten ihn; aber sie fanden ihn nicht.
22. Da fragten sie fürder den Herrn: Wird er auch noch herkommen? Der Herr antwortete: Siehe, er hat sich bei dem Geräte versteckt.
23. Da liefen sie hin und holten ihn von dort. Und da er unter das Volk trat, war er eines Hauptes länger denn alles Volk.
24. Und Samuel sprach zu allem Volk: Da sehet ihr, welchen der Herr erwählt hat; denn ihm ist keiner gleich in allem Volk. Da jauchzte alles Volk und sprach: *Glück zu dem König! *1. Kön. 1,25.

SALBUNG DES SAUL 1. Samuel 10, 1

25. Samuel aber sagte dem Volk *alle
Rechte des Königreichs und schrieb's in
ein Buch und legte es vor den Herrn. Und
Samuel ließ alles Volk gehen, einen jeglichen in sein Haus. *K.8,11; 5.Mose 17,14–20.
26. Und Saul ging auch heim gen Gibea,
und ging mit ihm des Heeres ein Teil,
welcher Herz Gott rührte.
27. Aber *etliche lose Leute sprachen:
Was sollte uns dieser helfen? und verachteten ihn und brachten ihm kein Geschenk. Aber er tat, als hörte er's nicht.
*K. 11,12.

Das 11. Kapitel

Sauls erster Sieg über die Ammoniter; Großmut gegen seine Verächter, Dankopfer in Gilgal.

1. Es zog aber herauf Nahas, der Ammoniter, und belagerte Jabes in Gilead. Und
alle Männer zu *Jabes sprachen zu Nahas:
Mache einen Bund mit uns, so wollen wir
dir dienen. *K.31,11.
2. Aber Nahas, der Ammoniter, antwortete ihnen: Darin will ich mit euch einen
Bund machen, daß ich euch allen das
rechte *Auge aussteche und bringe damit
Schmach über ganz Israel. *Jer.39,7.
3. Da sprachen zu ihm die Ältesten zu
Jabes: Gib uns sieben Tage, daß wir Boten
senden in alles Gebiet Israels; ist dann
niemand, der uns rette, so wollen wir zu
dir hinausgehen.
4. Da kamen die Boten gen Gibea Sauls
und redeten solches vor den Ohren des
Volks. Da hob alles Volk seine Stimme auf
und weinte.
5. Und siehe, da kam Saul vom Felde
hinter den Rindern her und sprach: Was
ist dem Volk, daß es weint? Da erzählten
sie ihm die Sache der Männer von Jabes.
6. Da *geriet der Geist Gottes über ihn,
als er solche Worte hörte, und sein Zorn
ergrimmte sehr, *Richt.14,6.
7. und er nahm ein Paar Ochsen und
zerstückte sie und sandte in alles Gebiet
Israels durch die Boten und ließ sagen:
Wer nicht auszieht, Saul und Samuel
nach, des Rindern soll man also tun. Da
fiel die Furcht des Herrn auf das Volk, daß
sie auszogen gleich wie ein Mann.
Richt.19,29.
8. Und er musterte sie zu Besek; und der
Kinder Israel waren 300 000 Mann und der
Kinder Juda 30 000.

9. Und sie sagten den Boten, die gekommen waren: Also sagt den Männern zu Jabes in Gilead: Morgen soll euch Hilfe geschehen, wenn die Sonne beginnt heiß zu scheinen. Da die Boten kamen und verkündigten das den Männern zu Jabes, wurden sie froh.

10. Und die Männer von Jabes sprachen: Morgen wollen wir zu euch hinausgehen, daß ihr uns tut alles, was euch gefällt.

11. Und des andern Morgens stellte Saul das Volk in drei Haufen, und sie kamen ins Lager um die Morgenwache und schlugen die Ammoniter, bis der Tag heiß ward; welche aber übrigblieben, wurden also zerstreut, daß ihrer nicht zwei beieinander blieben.

12. Da sprach das Volk zu Samuel: Wer sind die, die da sagten: Sollte *Saul über uns herrschen? Gebt sie her, die Männer, daß wir sie töten. *K. 10,27.

13. Saul aber sprach: Es soll auf diesen Tag niemand sterben; denn der *Herr hat heute Heil gegeben in Israel. *K. 14,45.

14. Samuel sprach zum Volk: Kommt, laßt uns gen *Gilgal gehen und das Königreich daselbst erneuen. *K. 10,8.

15. Da ging alles Volk gen Gilgal und machten daselbst Saul zum König vor dem Herrn zu Gilgal und opferten Dankopfer vor dem Herrn. Und Saul samt allen Männern Israels freuten sich daselbst gar sehr.

Das 12. Kapitel

Samuel legt sein Richteramt feierlich nieder.

1. Da sprach Samuel zum ganzen Israel: Siehe, ich *habe eurer Stimme gehorcht in allem, was ihr mir gesagt habt, und †habe einen König über euch gemacht.
*K. 8,7.22. †K. 11,15.

2. Und nun siehe, da zieht euer König vor euch her. Ich aber bin alt und grau geworden, und meine Söhne sind bei euch, und ich bin vor euch her gegangen von meiner Jugend auf bis auf diesen Tag.

3. Siehe, hier bin ich; antwortet wider mich vor dem Herrn und seinem Gesalbten, ob ich jemandes Ochsen oder Esel genommen habe? ob ich jemand habe Gewalt oder Unrecht getan? ob ich von jemandes Hand ein Geschenk genommen habe und mir die Augen blenden lassen? so will ich's euch wiedergeben. 4. Mose 16,15.

4. Sie sprachen: Du hast uns keine Gewalt noch Unrecht getan und von niemandes Hand etwas genommen.

5. Er sprach zu ihnen: Der Herr sei Zeuge wider euch und sein Gesalbter heutigestages, daß ihr nichts in meiner Hand gefunden habt. Sie sprachen: Ja, Zeugen sollen sie sein.

6. Und Samuel sprach zum Volk: Ja, der Herr, der Mose und Aaron gemacht hat und eure Väter aus Ägyptenland geführt hat.

7. So tretet nun her, daß ich mit euch rechte vor dem Herrn über alle Wohltat des Herrn, die er an euch und euren Vätern getan hat.

8. Als Jakob nach Ägypten gekommen war, schrieen eure Väter zu dem Herrn, und er sandte Mose und Aaron, daß sie eure Väter aus Ägypten führten und sie an diesem Ort wohnen ließen. 2. Mose 3,7.

9. Aber da sie des Herrn, ihres Gottes, vergaßen, verkaufte er sie unter die Gewalt *Siseras, des Feldhauptmanns zu Hazor, und unter die Gewalt der †Philister und unter die Gewalt des **Königs der Moabiter, die stritten wider sie.
*Richt. 4,2. †Richt. 10,7; 13,1. **Richt. 3,12.

10. Und sie schrieen zum Herrn und sprachen: Wir haben gesündigt, daß wir den Herrn verlassen und den Baalim und den Astharoth gedient haben; nun aber errette uns von der Hand unserer Feinde, so wollen wir dir dienen.

11. Da sandte der Herr *Jerubbaal, Bedan, †Jephthah und **Samuel und errettete euch von eurer Feinde Händen umher und ließ euch sicher wohnen.
*Richt. 6,14. †Richt. 11,20. **K. 7,3.

12. Da ihr aber sahet, daß Nahas, der König der Kinder Ammon, wider euch kam, spracht ihr zu mir: *Mitnichten, sondern ein König soll über uns herrschen! so doch der Herr, euer Gott, euer König war. *K. 8,19.

13. Nun, da habt ihr euren König, den ihr erwählt und erbeten habt; denn siehe, der Herr hat einen König über euch gesetzt.

14. Werdet ihr nun den Herrn fürchten und ihm dienen und seiner Stimme gehorchen und dem Munde des Herrn nicht ungehorsam sein, so werdet ihr und euer König, der über euch herrscht, dem Herrn, eurem Gott, folgen.

15. Werdet ihr aber des Herrn Stimme nicht gehorchen, sondern seinem Munde ungehorsam sein, so wird die Hand des Herrn wider euch sein wie wider eure Väter.–

16. Tretet auch nun her und sehet das große Ding, das der Herr vor euren Augen tun wird.

17. Ist nicht jetzt Weizenernte? Ich will aber den Herrn anrufen, daß er soll donnern und regnen lassen, daß ihr innewerdet und sehen sollt das große Übel, das ihr vor des Herrn Augen getan habt, daß ihr euch einen König erbeten habt.

18. Und da Samuel den Herrn anrief, ließ der Herr donnern und regnen desselben Tages. Da fürchtete das ganze Volk sehr den Herrn und Samuel

19. und sprachen alle zu Samuel: Bitte für deine Knechte den Herrn, deinen Gott, daß wir nicht sterben; denn über alle unsre Sünden haben wir auch das Übel getan, daß wir uns einen König erbeten haben.

20. Samuel aber sprach zum Volk: Fürchtet euch nicht! Ihr habt zwar das Übel alles getan; doch weichet nicht hinter dem Herrn ab, sondern dienet dem Herrn von ganzem Herzen

21. und folget nicht dem Eitlen nach; denn es nützt nicht und *kann nicht erretten, weil es ein eitel Ding ist.

*5. Mose 32,37.38.

22. Aber der Herr verläßt sein Volk nicht um seines großen Namens willen; denn es hat dem Herrn gefallen, *euch ihm selbst zum Volk zu machen. *2. Mose 19,6.

23. Es sei aber auch ferne von mir, mich also an dem Herrn zu versündigen, daß ich sollte *ablassen, für euch zu beten und euch zu lehren den guten und richtigen Weg. *K. 7,8.

24. *Fürchtet nur den Herrn und dienet ihm treulich von ganzem Herzen; denn ihr habt gesehen, wie große Dinge er an euch tut. *2. Kön. 17,39.

25. Werdet ihr aber übel handeln, so werdet ihr und euer König verloren sein.

Das 13. Kapitel

Jonathan schlägt die Philister. Sauls voreiliges Opfer von Samuel betraft. Neuer Krieg.

1. Saul war ein Jahr König gewesen; und da er zwei Jahre über Israel regiert hatte,

2. erwählte er sich 3000 Mann aus Israel. Zweitausend waren mit Saul zu Michmas und auf dem Gebirge Beth-El und eintausend mit Jonathan zu Gibea-Benjamin; das andere Volk aber ließ er gehen, einen jeglichen in seine Hütte.

3. *Jonathan aber schlug die Schildwacht der Philister, die zu Gibea war. Das kam vor die Philister. Und Saul ließ die Posaunen blasen im ganzen Lande und sagen: Das laßt die Hebräer hören!

*K. 14,49.

4. Und ganz Israel hörte sagen: Saul hat der Philister Schildwacht geschlagen, und Israel ist stinkend geworden vor den Philistern. Und alles Volk wurde zuhauf gerufen Saul nach gen Gilgal.

5. Da versammelten sich die Philister, zu streiten mit Israel, 30 000 Wagen, 6000 Reiter und sonst Volk, so viel wie Sand am Rand des Meers, und zogen herauf und lagerten sich zu Michmas, gegen Morgen vor Beth-Aven.

6. Da das sahen die Männer Israels, daß sie in Nöten waren (denn dem Volk war bange), verkrochen sie sich in die Höhlen und Klüfte und Felsen und Löcher und Gruben.

7. Es gingen aber auch Hebräer über den Jordan ins Land Gad und Gilead. Saul aber war noch zu Gilgal, und alles Volk ward hinter ihm verzagt.

8. Da harrte er *sieben Tage auf die Zeit, von Samuel bestimmt. Und da Samuel nicht kam gen Gilgal, zerstreute sich das Volk von ihm. *K. 10,8.

9. Da sprach Saul: Bringet mir her Brandopfer und Dankopfer. Und er opferte Brandopfer.

10. Als er aber das Brandopfer vollendet hatte, siehe, da kam Samuel. Da ging Saul hinaus ihm entgegen, ihn zu grüßen.

11. Samuel aber sprach: Was hast du getan? Saul antwortete ihm: Ich sah, daß das Volk sich von mir zerstreute, und du kamst nicht zu bestimmter Zeit, und die Philister waren versammelt zu Michmas.

12. Da sprach ich: Nun werden die Philister zu mir herabkommen gen Gilgal, und ich habe das Angesicht des Herrn nicht erbeten; da wagte ich's und opferte Brandopfer.

13. Samuel aber sprach zu Saul: Du hast töricht getan und nicht gehalten des Herrn, deines Gottes, Gebot, das er dir geboten hat; denn er hätte dein Reich bestätigt über Israel für und für.

14. Aber nun wird dein Reich nicht bestehen. Der Herr hat sich *einen Mann ersucht nach seinem Herzen; dem hat der Herr geboten, Fürst zu sein über sein Volk; denn du hast des Herrn Gebot nicht gehalten. *Apg. 13,22.

15. Und Samuel machte sich auf und ging von Gilgal gen Gibea-Benjamin. Aber Saul zählte das Volk, das bei ihm war, bei sechshundert Mann.

16. Saul aber und sein Sohn Jonathan und das Volk, das bei ihm war, blieben zu Gibea-Benjamin. Die Philister aber hatten sich gelagert zu Michmas.

17. Und aus dem Lager der Philister zo-

gen drei Haufen, das Land zu verheeren. Einer wandte sich auf die Straße gen Ophra ins Land Sual;
18. der andere wandte sich auf die Straße Beth-Horons; der dritte wandte sich auf die Straße, die da reicht bis an das Tal Zeboim an der Wüste.
19. Es ward aber *kein Schmied im ganzen Lande Israel gefunden – denn die Philister gedachten, die Hebräer möchten Schwert und Spieß machen–; *Richt. 5,8.
20. und ganz Israel mußte hinabziehen zu den Philistern, wenn jemand hatte eine Pflugschar, Haue, Beil oder Sense zu schärfen.
21. Und die Schneiden an den Sensen und Hauen und Gabeln und Beilen waren abgearbeitet und die Stachel stumpf geworden.
22. Da nun der Streittag kam, ward kein Schwert noch Spieß gefunden in des ganzen Volkes Hand, das mit Saul und Jonathan war; nur Saul und sein Sohn hatten Waffen.
23. Und eine Wache der Philister zog heraus an den engen Weg von Michmas.

Das 14. Kapitel

Heldentat Jonathans. Sauls unzeitiger Eifer. Seine Kriege und sein Haus.

1. Es begab sich eines Tages, daß Jonathan, der Sohn Sauls, sprach zu seinem Knaben, der sein Waffenträger war: Komm, laß uns hinübergehen zu der Philister Wache, die da drüben ist! und sagte es seinem Vater nicht an.
2. Saul aber blieb zu Gibea am Ende unter einem Granatbaum, der in der Vorstadt war; und des Volks, das bei ihm war, waren bei sechshundert Mann.
3. Und Ahia, der Sohn Ahitobs, des Bruders Ikabods, des Sohnes des *Pinehas, des Sohnes Elis, des Priesters des Herrn zu Silo, trug den Leibrock. Das Volk wußte auch nicht, daß Jonathan war hingegangen. *K. 4,19.21.
4. Es waren aber an dem Wege, da Jonathan suchte hinüberzugehen zu der Philister Wache, zwei spitze Felsen, einer diesseits, der andere jenseits; der eine hieß Bozez, der andere Sene.
5. Und einer sah von Mitternacht gegen Michmas und der andere von Mittag gegen Geba.
6. Und Jonathan sprach zu seinem Waffenträger: Komm, laß uns hinübergehen zu der Wache dieser Unbeschnittenen! Vielleicht wird der Herr etwas durch uns ausrichten; denn es ist *dem Herrn nicht schwer, durch viel oder wenig zu helfen. *Richt. 7,7; 2. Chron. 14,10.
7. Da antwortete ihm sein Waffenträger: Tue alles, was in deinem Herzen ist; fahre hin. Siehe, ich bin mit dir, wie dein Herz will.
8. Jonathan sprach: Wohlan! Wenn wir hinüberkommen zu den Leuten und ihnen ins Gesicht kommen,
9. werden sie dann sagen: Stehet still, bis wir an euch gelangen! so wollen wir an unserm Ort stehenbleiben und nicht zu ihnen hinaufgehen.
10. Werden sie aber sagen: Kommt zu uns herauf! so wollen wir zu ihnen hinaufsteigen, so hat sie uns der Herr in unsre Hände gegeben. Und das soll uns zum Zeichen sein.
11. Da sie nun der Philister Wache beide ins Gesicht kamen, sprachen die Philister: Siehe, die Hebräer sind aus den Löchern gegangen, darin sie sich verkrochen hatten.
12. Und die Männer der Wache antworteten Jonathan und seinem Waffenträger und sprachen: Kommt herauf zu uns, so wollen wir's euch wohl lehren! Da sprach Jonathan zu seinem Waffenträger: Steige mir nach! der Herr hat sie gegeben in die Hände Israels.
13. Und Jonathan kletterte mit Händen und mit Füßen hinauf und und sein Waffenträger ihm nach. Da *fielen sie vor Jonathan darnieder, und sein Waffenträger würgte ihm immer nach, *3. Mose 26,7.8.
14. also daß derer, die Jonathan und sein Waffenträger zuerst erschlug, waren bei zwanzig Mann, beinahe auf einer halben Hufe Acker, die ein Joch pflügt.
15. Und es kam ein Schrecken ins Lager auf dem Felde und ins ganze Volk; die Wache und die streifenden Rotten erschraken auch, also daß das Land erbebte; denn es war ein Schrecken von Gott.
16. Und die Wächter Sauls zu Gibea-Benjamin sahen, daß der Haufe zerrann und verlief sich und ward zerschmissen.
17. Saul sprach zu dem Volk, das bei ihm war: Zählet und sehet, wer von uns sei weggegangen! Und da sie zählten, siehe, da war Jonathan und sein Waffenträger nicht da.
18. Da sprach Saul zu Ahia: Bringe herzu die *Lade Gottes! (Denn die Lade Gottes war zu der Zeit bei den Kindern Israel.) *K. 4,3.
19. Und da Saul noch redete mit dem Priester, da ward das Getümmel und das Laufen in der Philister Lager größer. Und

Saul sprach zum Priester: Zieh deine
Hand ab!
20. Und Saul rief und alles Volk, das mit
ihm war, und sie kamen zum Streit; und
siehe, da ging *eines jeglichen Schwert
wider den andern und war ein sehr großes
Getümmel. *Richt. 7,22; 2. Chron. 20,23.
21. Auch die Hebräer, die bisher bei den
Philistern gewesen waren und mit ihnen
im Lager hinaufgezogen waren umher, taten sich zu denen von Israel, die mit Saul
und Jonathan waren.
22. Und alle Männer von Israel, die sich
auf dem Gebirge Ephraim verkrochen hatten, da sie hörten, daß die Philister flohen,
strichen hinter ihnen her im Streit.
23. Also half der Herr zu der Zeit Israel.
Und der Streit währte bis gen Beth-Aven.
24. Und da die Männer Israels matt waren desselben Tages, beschwor Saul das
Volk und sprach: Verflucht sei jedermann,
wer etwas ißt bis zum Abend, daß ich mich
an meinen Feinden räche! Da aß das ganze
Volk nichts.
25. Und das ganze Land kam in den Wald.
Es war aber Honig auf dem Erdboden.
26. Und da das Volk hineinkam in den
Wald, siehe, da floß der Honig. Aber niemand tat davon mit der Hand zu seinem
Munde; denn das Volk fürchtete sich vor
dem Eide.
27. Jonathan aber hatte nicht gehört,
daß sein Vater das Volk beschworen hatte,
und reckte seinen Stab aus, den er in seiner Hand hatte, und tauchte mit der Spitze in den Honigseim und wandte seine
Hand zu seinem Munde; da wurden seine
Augen wacker.
28. Da antwortete einer des Volks und
sprach: Dein Vater hat das Volk beschworen und gesagt: Verflucht sei jedermann,
der heute etwas ißt! Und das Volk war matt
geworden.
29. Da sprach Jonathan: Mein Vater hat
das Land ins Unglück gebracht; sehet, wie
wacker sind meine Augen geworden, daß
ich ein wenig dieses Honigs gekostet habe.
30. Weil aber das Volk heute nicht hat
dürfen essen von der Beute seiner Feinde,
die es gefunden hat, so hat auch nun die
Schlacht nicht größer werden können wider die Philister.
31. Sie schlugen aber die Philister des
Tages von Michmas bis gen Ajalon. Und
das Volk ward sehr matt.
32. Und das Volk fiel über die Beute her
und nahmen Schafe und Rinder und Kälber und schlachteten auf der Erde und
aßen so *blutig. *3. Mose 3,17.
33. Da verkündigte man Saul: Siehe, das
Volk versündigt sich am Herrn, daß es
Blut ißt. Er sprach: Ihr habt übel getan;
wälzet her zu mir jetzt einen großen
Stein.
34. Und Saul sprach weiter: Zerstreuet
euch unter das Volk und saget ihnen, daß
ein jeglicher seinen Ochsen und sein
Schaf zu mir bringe, und schlachtet allhier, daß ihr esset und euch nicht versün-
diget an dem Herrn mit dem Blutessen. Da
brachte alles Volk ein jeglicher seinen
Ochsen mit seiner Hand herzu des Nachts
und schlachteten daselbst.
35. Und Saul baute dem Herrn einen Altar. (Das ist der erste Altar, den er dem
Herrn baute.)
36. Und Saul sprach: Laßt uns hinabziehen den Philistern nach bei der Nacht und
sie berauben, bis daß es lichter Morgen
wird, daß wir niemand von ihnen übriglassen. Sie antworteten: Tue alles, was dir
gefällt. Aber der Priester sprach: Laßt uns
hierher zu Gott nahen.
37. Und Saul *fragte Gott: Soll ich hinabziehen den Philistern nach? Und willst du
sie geben in Israels Hände? Aber er antwortete ihm zu der Zeit nicht. *V. 18; K. 23,9.
38. Da sprach Saul: Laßt herzutreten alle
Obersten des Volks, und erfahret und sehet, an welchem die Sünde sei zu dieser
Zeit;
39. denn so wahr der Herr lebt, der Heiland Israels, und ob sie gleich an meinem
Sohn Jonathan wäre, so soll er sterben!
Und niemand antwortete ihm aus dem
ganzen Volk.
40. Und er sprach zu dem ganzen Israel:
Seid ihr auf jener Seite; ich und mein
Sohn Jonathan wollen sein auf dieser Seite. Das Volk sprach zu Saul: Tue, was dir
gefällt.
41. Und Saul sprach zu dem Herrn, dem
Gott Israels: Schaffe Recht! Da ward Jonathan und Saul *getroffen; aber das Volk
ging frei aus. *K. 10,20.
42. Saul sprach: Werfet über mich und
meinen Sohn Jonathan! Da ward Jonathan
getroffen.
43. Und Saul sprach zu Jonathan: Sage
mir, *was hast du getan? Jonathan sagte es
ihm und sprach: Ich habe ein wenig Honig
gekostet mit dem Stabe, den ich in meiner
Hand hatte; und siehe, ich muß darum
sterben. *Jos. 7,19.
44. Da sprach Saul: Gott tue mir dies und
das, Jonathan, du mußt des Todes sterben.
45. Aber das Volk sprach zu Saul: Sollte
Jonathan sterben, der ein solch groß Heil

in Israel getan hat? Das sei ferne! So wahr der Herr lebt, es soll kein Haar von seinem Haupt auf die Erde fallen; denn Gott hat's heute durch ihn getan. Also erlöste das Volk Jonathan, daß er nicht sterben mußte.

46. Da zog Saul herauf von den Philistern, und die Philister zogen an ihren Ort.

47. Aber da Saul das Reich über Israel eingenommen hatte, stritt er wider alle seine Feinde umher: wider die Moabiter, wider die Kinder Ammon, wider die Edomiter, wider die Könige Zobas, wider die Philister; und wo er sich hin wandte, da übte er Strafe.

48. Und er hatte Sieg und schlug die Amalekiter und errettete Israel von der Hand aller, die sie zwackten.

49. Saul aber hatte *Söhne: Jonathan, Iswi, Malchisua. Und seine zwei Töchter hießen also: die erstgeborene Merab und die jüngere Michal. *1.Chron. 9,39.

50. Und das Weib Sauls hieß Ahinoam, eine Tochter des Ahimaaz. Und *sein Feldhauptmann hieß Abner, ein Sohn Ners, Sauls Vetters. *K.17,55.

51. Kis aber war Sauls Vater; Ner aber, Abners Vater, war ein Sohn Abiels.

52. Es war aber ein harter Streit wider die Philister, solange Saul lebte. Und wo Saul sah einen starken und rüstigen Mann, den nahm er zu sich.

Das 15. Kapitel

Saul schlägt die Amalekiter, wird aber wegen Ungehorsams gegen Gottes Gebot verworfen.

1. Samuel aber sprach zu Saul: Der *Herr hat mich gesandt, daß ich dich zum König salbte über sein Volk Israel; so höre nun die Stimme der Worte des Herrn. *K.10,1.

2. So spricht der Herr Zebaoth: Ich habe bedacht, was Amalek Israel tat und wie er ihm den Weg verlegte, da er aus Ägypten zog. 2.Mose 17,8–16; 5.Mose 25,17–19.

3. So zieh nun hin und schlage die *Amalekiter und verbanne sie mit allem, was sie haben; schone ihrer nicht, sondern töte Mann und Weib, Kinder und Säuglinge, Ochsen und Schafe, Kamele und Esel! *4.Mose 21,2.

4. Saul ließ solches vor das Volk kommen; und er zählte sie zu Telaim: 200000 Mann Fußvolk und 10000 Mann aus Juda.

5. Und da Saul kam zu der Amalekiter Stadt, machte er einen Hinterhalt am Bach

6. und ließ den *Kenitern sagen: Gehet hin, weichet und ziehet herab von den Amalekitern, daß ich euch nicht mit ihnen aufräume; denn ihr tatet Barmherzigkeit an allen Kindern Israel, da sie aus Ägypten zogen. Also machten sich die Keniter von den Amalekitern. *Richt. 1,16.

7. Da schlug Saul die Amalekiter von Hevila an bis gen Sur, das vor Ägypten liegt,

8. und griff Agag, der Amalekiter König, lebendig, und alles Volk verbannte er mit des Schwertes Schärfe.

9. Aber Saul und das Volk verschonten den Agag, und was gute Schafe und Rinder und gemästet war, und die Lämmer und alles, was gut war, und wollten's nicht verbannen; was aber schnöde und untüchtig war, das verbannten sie.

10. Da geschah des Herrn Wort zu Samuel und sprach:

11. Es reut mich, daß ich Saul zum König gemacht habe; denn er hat sich hinter mir abgewandt und meine Worte nicht erfüllt. Darob ward Samuel zornig und schrie zu dem Herrn die ganze Nacht.

12. Und Samuel machte sich früh auf, daß er Saul am Morgen begegnete. Und ihm ward angesagt, daß Saul gen Karmel gekommen wäre und hätte sich ein Siegeszeichen aufgerichtet und wäre herumgezogen und gen Gilgal hinabgekommen.

13. Als nun Samuel zu Saul kam, sprach Saul zu ihm: Gesegnet seist du dem Herrn! Ich habe des Herrn Wort erfüllt.

14. Samuel antwortete: Was ist denn das für ein Blöken der Schafe in meinen Ohren und ein Brüllen der Rinder, die ich höre?

15. Saul sprach: Von den Amalekitern haben sie sie gebracht; denn das Volk verschonte die besten Schafe und Rinder um des Opfers willen des Herrn, deines Gottes; das andere haben wir verbannt.

16. Samuel aber antwortete Saul: Laß dir sagen, was der Herr mit mir geredet hat diese Nacht. Er sprach: Sage an!

17. Samuel sprach: Ist's nicht also? Da *du klein warst vor deinen Augen, wurdest du das Haupt unter den Stämmen Israels, und der Herr salbte dich zum König über Israel? *K.9,21.

18. Und der Herr sandte dich auf den Weg und sprach: Zieh hin und verbanne die Sünder, die Amalekiter, und streite wider sie, bis du sie vertilgest!

19. Warum hast du nicht gehorcht der Stimme des Herrn, sondern hast dich zum Raub gewandt und übel gehandelt vor den Augen des Herrn?

20. Saul antwortete Samuel: Habe ich

VERWERFUNG DES SAUL 1. Samuel 15, 26–28

doch der Stimme des Herrn gehorcht und bin hingezogen des Weges, den mich der Herr sandte, und habe Agag, der Amalekiter König, gebracht und die Amalekiter verbannt;
21. aber das Volk hat vom Raub genommen, Schafe und Rinder, das Beste unter dem Verbannten, dem Herrn, deinem Gott, zu opfern in Gilgal.
22. Samuel aber sprach: Meinst du, daß der Herr Lust habe am Opfer und Brandopfer gleich wie am Gehorsam gegen die Stimme des Herrn? Siehe, *Gehorsam ist besser denn Opfer, und Aufmerken besser denn das Fett von Widdern;

*Hos. 6,6; Jes. 1,11; Matth. 9,13; 12,7.

23. denn Ungehorsam ist eine Zaubereisünde, und Widerstreben ist Abgötterei und Götzendienst. Weil du nun des Herrn Wort verworfen hast, hat *er dich auch verworfen, daß du nicht König seist.

*K. 16,1.

24. Da sprach Saul zu Samuel: Ich habe gesündigt, daß ich des Herrn Befehl und deine Worte übertreten habe; denn ich fürchtete das Volk und gehorchte ihrer Stimme.
25. Und nun vergib mir die Sünde und kehre mit mir um, daß ich den Herrn anbete.
26. Samuel sprach zu Saul: Ich will nicht mit dir umkehren; denn du hast des Herrn Wort verworfen, und der Herr hat dich auch verworfen, daß du nicht König seist über Israel.
27. Und als sich Samuel umwandte, daß er wegginge, ergriff er ihn bei einem Zipfel seines Rocks, und er zerriß.
28. Da sprach Samuel zu ihm: Der Herr hat das Königreich Israel heute von dir *gerissen und deinem Nächsten gegeben, der besser ist denn du. *K. 28,17.
29. Auch lügt der Held in Israel nicht, und es gereut ihn nicht; denn er ist nicht ein Mensch, daß ihn etwas gereuen sollte.

4. Mose 23,19.

30. Er aber sprach: Ich habe gesündigt; aber ehre mich doch jetzt vor den Ältesten meines Volks und vor Israel und kehre mit mir um, daß ich den Herrn, deinen Gott, anbete.
31. Also kehrte Samuel um und folgte Saul nach, daß Saul den Herrn anbetete.
32. Samuel aber sprach: Laßt her zu mir

bringen Agag, der Amalekiter König. Und
Agag ging zu ihm getrost und sprach: Also
muß man des Todes Bitterkeit vertreiben.
33. Samuel sprach: Wie dein Schwert
Weiber ihrer Kinder beraubt hat, also soll
auch deine Mutter der Kinder beraubt sein
unter den Weibern. Also zerhieb Samuel
den Agag zu Stücken vor dem Herrn in
Gilgal.
34. Und Samuel ging hin gen Rama; Saul
aber zog hinauf zu seinem Hause zu Gibea
Sauls.
35. Und Samuel sah Saul fürder nicht
mehr bis an den Tag seines Todes. Aber
doch trug Samuel Leid um Saul, daß es
den Herrn gereut hatte, daß er Saul zum
König über Israel gemacht hatte.

Das 16. Kapitel

Davids Berufung und erste Salbung zum König. Sein Saitenspiel erquickt den schwermütigen Saul.

1. Und der Herr sprach zu Samuel: Wie
lange trägst du Leid um Saul, *den ich
verworfen habe, daß er nicht König sei
über Israel? Fülle dein Horn mit Öl und
gehe hin: ich will dich senden zu dem
Bethlehemiter Isai; denn unter seinen
Söhnen habe ich mir einen König ersehen. *K.15,23.35.
2. Samuel aber sprach: Wie soll ich hingehen? Saul wird's erfahren und mich erwürgen. Der Herr sprach: Nimm ein Kalb
von den Rindern zu dir und sprich: Ich bin
gekommen, dem Herrn zu opfern.
3. Und sollst Isai zum Opfer laden; da will
ich dir weisen, was du tun sollst, daß du
mir salbest, welchen ich dir sagen werde.
4. Samuel tat, wie ihm der Herr gesagt
hatte, und kam gen Bethlehem. Da entsetzten sich die Ältesten der Stadt und
gingen ihm entgegen und sprachen: *Ist's
Friede, daß du kommst? *2.Kön.9,18.
5. Er sprach: Ja, ich bin gekommen, dem
Herrn zu opfern; heiliget euch und
kommt mit mir zum Opfer. Und er heiligte
den Isai und seine Söhne und lud sie zum
Opfer.
6. Da sie nun hereinkamen, sah er den
Eilab an und gedachte, der sei vor dem
Herrn sein Gesalbter.
7. Aber der Herr sprach zu Samuel: Siehe
nicht an *seine Gestalt noch seine große
Person; ich habe ihn verworfen. Denn es
geht nicht, wie ein Mensch sieht: ein
Mensch sieht, was vor Augen ist; der †Herr
aber sieht das Herz an. *Apg.10,34. †Ps.7,10.
8. Da rief Isai den Abinadab und ließ ihn
an Samuel vorübergehen. Und er sprach:
Diesen hat der Herr auch nicht erwählt.
9. Da ließ Isai vorübergehen Samma. Er
aber sprach: Diesen hat der Herr auch
nicht erwählt.
10. Da ließ Isai seine *sieben Söhne an
Samuel vorübergehen. Aber Samuel
sprach zu Isai: Der Herr hat der keinen
erwählt. *1.Chron.2,13–15.
11. Und Samuel sprach zu Isai: Sind das
die Knaben alle? Er aber sprach: Es ist
noch übrig *der jüngste; und siehe, er
hütet die Schafe. Da sprach Samuel zu
Isai: Sende hin und laß ihn holen; denn
wir werden uns nicht setzen, bis er hieher-
komme. *K.17,14.
12. Da sandte er hin und ließ ihn holen.
Und er war bräunlich, mit schönen Augen
und guter Gestalt. Und der Herr sprach:
Auf! und salbe ihn; denn er ist's.
13. Da nahm Samuel sein Ölhorn und
*salbte ihn mitten unter seinen Brüdern.
Und der Geist des Herrn geriet über David
von dem Tage an und fürder. Samuel aber
machte sich auf und ging gen Rama.
*2.Sam.2,4; 5,3.
14. Der Geist aber des Herrn wich von
Saul, und ein böser Geist vom Herrn
machte ihn sehr unruhig. K.18,10.
15. Da sprachen die Knechte Sauls zu
ihm: Siehe, ein böser Geist von Gott
macht dich sehr unruhig;
16. unser Herr sage seinen Knechten, die
vor ihm stehen, daß sie einen Mann suchen, der auf der Harfe wohl spielen könne, auf daß, wenn der böse Geist Gottes
über dich kommt, er mit seiner Hand spiele, daß es besser mit dir werde. 2.Kön.3,15.
17. Da sprach Saul zu seinen Knechten:
sehet nach einem Mann, der des Saitenspiels kundig ist, und bringet ihn zu mir.
18. Da antwortete der Jünglinge einer
und sprach: Siehe, ich habe gesehen einen
Sohn Isais, des Bethlehemiten, der ist des
Saitenspiels kundig; ein rüstiger Mann
und streitbar und verständig in seinen Reden und schön, und der Herr ist mit ihm.
19. Da sandte Saul Boten zu Isai und ließ
ihm sagen: Sende deinen Sohn David zu
mir, der bei den Schafen ist.
20. Da nahm Isai einen Esel mit Brot und
einen Schlauch Wein und ein Ziegenböcklein und sandte es Saul durch seinen Sohn
David.
21. Also kam David zu Saul und diente
vor ihm, und er gewann ihn sehr lieb, und
er ward sein Waffenträger.
22. Und Saul sandte zu Isai und ließ ihm

DAVIDS SALBUNG 1. Samuel 16, 12

sagen: Laß David vor mir bleiben; denn er hat Gnade gefunden vor meinen Augen.

23. Wenn nun der *Geist Gottes über Saul kam, so nahm David die Harfe und spielte mit seiner Hand; so erquickte sich Saul, und es ward besser mit ihm, und der böse Geist wich von ihm. *V. 14.

Das 17. Kapitel

David und Goliath.

1. Die Philister sammelten ihre Heere zum Streit und kamen zusammen zu Socho in Juda und lagerten sich zwischen Socho und Aseka bei Ephes-Dammim.

2. Aber Saul und die Männer Israels kamen zusammen und lagerten sich im Eichgrunde und rüsteten sich zum Streit gegen die Philister.

3. Und die Philister standen auf einem Berge jenseits und die Israeliten auf einem Berge diesseits, daß ein Tal zwischen ihnen war.

4. Da trat hervor aus den Lagern der Philister ein Riese mit Namen Goliath *von Gath, sechs Ellen und eine Handbreit hoch; *Jos. 11,22.

5. und er hatte einen ehernen Helm auf seinem Haupt und einen schuppichten Panzer an, und das Gewicht seines Panzers war 5000 Lot Erz,

6. und hatte eherne Beinharnische an seinen Schenkeln und einen ehernen Schild auf seinen Schultern.

7. Und der Schaft seines Spießes war wie ein Weberbaum, und das Eisen seines Spießes hatte sechshundert Lot Eisen; und sein Schildträger ging vor ihm her.

8. Und er stand und rief zu dem Heer Israels und sprach zu ihnen: Was seid ihr ausgezogen, euch zu rüsten in einen Streit? Bin ich nicht ein Philister und ihr Sauls Knechte? Erwählet einen unter euch, der zu mir herabkomme.

9. Vermag er wider mich zu streiten und schlägt mich, so wollen wir eure Knechte sein; vermag ich aber wider ihn und schlage ihn, so sollt ihr unsre Knechte sein, daß ihr uns dienet.

10. Und der Philister sprach: Ich habe heutigestages dem Heere Israels *Hohn gesprochen: Gebt mir einen und laßt uns miteinander streiten.

*2. Kön. 19,4.16.

11. Da Saul und ganz Israel diese Rede des Philisters hörten, entsetzten sie sich und fürchteten sich sehr.

12. David aber war *jenes ephrathischen Mannes Sohn von Bethlehem-Juda, der hieß Isai; der hatte acht Söhne und war ein alter Mann zu Sauls Zeiten und war betagt unter den Männern. *K. 16.

13. Und die drei ältesten Söhne Isais waren mit Saul in den Streit gezogen und hießen mit Namen: *Eliab, der erstgeborene, Abinadab, der andere, und Samma, der dritte. *K. 16,6.8.9.

14. David aber war der jüngste. Da aber die drei ältesten mit Saul in den Krieg zogen,

15. ging David ab und zu von Saul, daß er die Schafe seines Vaters hütete zu Bethlehem.

16. Aber der Philister trat herzu frühmorgens und abends und stellte sich dar vierzig Tage.

17. Isai aber sprach zu seinem Sohn David: Nimm für deine Brüder dieses Epha geröstete Körner und diese zehn Brote und lauf ins Heer zu deinen Brüdern,

18. und diese zehn frischen Käse und bringe sie dem Hauptmann und besuche deine Brüder, ob's ihnen wohl gehe, und nimm, was sie dir befehlen.

19. Saul aber und sie und alle Männer Israels waren im Eichgrunde und stritten wider die Philister.

20. Da machte sich David des Morgens früh auf und ließ die Schafe dem Hüter und trug und ging hin, wie ihm Isai geboten hatte, und kam zur Wagenburg. Und das Heer war ausgezogen und hatte sich gerüstet, und sie schrieen im Streit.

21. Denn Israel hatte sich gerüstet; so waren die Philister wider ihr Heer auch gerüstet.

22. Da ließ David das Gefäß, das er trug, unter dem Hüter des Gerätes und lief zu dem Heer und ging hinein und grüßte seine Brüder.

23. Und da er noch mit ihnen redete, siehe, da trat herauf der Riese mit Namen Goliath, der Philister von Gath, aus der Philister Heer und redete wie vorhin, und David hörte es.

24. Aber jedermann in Israel, wenn er den Mann sah, floh er vor ihm und fürchtete sich sehr.

25. Und jedermann in Israel sprach: Habt ihr den Mann gesehen herauftreten? Denn er ist heraufgetreten, Israel Hohn zu sprechen. Und wer ihn schlägt, den will der König sehr reich machen und ihm seine Tochter geben und will seines Vaters Haus freimachen in Israel.

26. Da sprach David zu den Männern, die bei ihm standen: Was wird man dem tun, der diesen Philister schlägt und die Schande von Israel wendet? Denn wer ist der Philister, dieser Unbeschnittene, der das Heer des lebendigen Gottes höhnt?

27. Da sagte ihm das Volk wie vorhin: So wird man tun dem, der ihn schlägt.

28. Und Eliab, sein ältester Bruder, hörte ihn reden mit den Männern und ergrimmte mit Zorn wider David und sprach: Warum bist du herabgekommen? und wem hast du die wenigen Schafe dort in der Wüste gelassen? Ich kenne deine Vermessenheit wohl und deines Herzens Bosheit. Denn du bist herabgekommen, daß du den Streit sehest.

29. David antwortete: Was habe ich denn nun getan? Ist mir's nicht befohlen?

30. und wandte sich von ihm gegen einen andern und sprach, wie er vorhin gesagt hatte. Da antwortete ihm das Volk wie vorhin.

31. Und da sie die Worte hörten, die David sagte, verkündigten sie es vor Saul, und er ließ ihn holen.

32. Und David sprach zu Saul: Es entfalle keinem Menschen das Herz um deswillen; dein Knecht soll hingehen und mit dem Philister streiten.

33. Saul aber sprach zu David: Du kannst nicht hingehen wider diesen Philister, mit ihm zu streiten; denn du bist ein Knabe, dieser aber ist ein Kriegsmann von seiner Jugend auf.

34. David aber sprach zu Saul: Dein Knecht hütete die Schafe seines Vaters, und es kam ein Löwe und ein Bär und trug ein Schaf weg von der Herde;

35. und ich lief ihm nach und schlug ihn und errettete es aus seinem Maul. Und da er sich über mich machte, ergriff ich ihn bei seinem Bart und schlug ihn und tötete ihn.

36. Also hat dein Knecht geschlagen beide, den Löwen und den Bären. So soll nun dieser Philister, der Unbeschnittene, sein gleich wie deren einer; denn er hat geschändet das Heer des lebendigen Gottes.

37. Und David sprach: Der Herr, der mich von dem Löwen und Bären errettet hat, der wird mich auch erretten von diesem Philister.

38. Und Saul sprach zu David: Gehe hin, der Herr sei mit dir! Und Saul zog David seine Kleider an und setzte ihm einen

DAVID BESIEGT GOLIATH 1. Samuel 17, 50.51

ehernen Helm auf sein Haupt und legte
ihm einen Panzer an.
39. Und David gürtete sein Schwert über
seine Kleider und fing an zu gehen; denn
er hatte es nie versucht. Da sprach David
zu Saul: Ich kann nicht also gehen, denn
ich bin's nicht gewohnt, und legte es von
sich
40. und nahm *seinen Stab in seine
Hand und erwählte fünf glatte Steine aus
dem Bach und tat sie in die Hirtentasche,
die er hatte, und in den Sack und nahm die
Schleuder in seine Hand und machte sich
zu dem Philister. *1. Chron. 11,23.
41. Und der Philister ging auch einher
und machte sich zu David und sein Schildträger vor ihm her.
42. Da nun der Philister sah und schaute
David an, verachtete er ihn; denn er war
ein Knabe, *bräunlich und schön.
*K. 16,12.
43. Und der Philister sprach zu David:
Bin ich denn ein Hund, daß du mit Stekken zu mir kommst? und fluchte dem David bei seinem Gott
44. und sprach zu David: Komm her zu
mir, ich will dein *Fleisch geben den Vögeln unter dem Himmel und den Tieren
auf dem Felde! *Hesek. 29,5.
45. David aber sprach zu dem Philister:
Du kommst zu mir mit Schwert, Spieß
und Schild; ich aber komme zu dir im
Namen des Herrn Zebaoth, des Gottes des
Heeres Israels, das du gehöhnt hast.
46. Heutigestages wird dich der Herr in
meine Hand überantworten, daß ich dich
schlage und nehme dein Haupt von dir
und gebe die Leichname des Heeres der
Philister heute den Vögeln unter dem
Himmel und dem Wild auf Erden, daß
alles Land innewerde, daß Israel einen
Gott hat,
47. und daß alle diese Gemeinde innewerde, daß der Herr nicht durch Schwert
noch Spieß hilft; denn der Streit ist des
Herrn, und er wird euch geben in unsre
Hände.
48. Da sich nun der Philister aufmachte
und daherging und nahte sich gegen David, eilte David und lief auf das Heer zu,
dem Philister entgegen.
49. Und David tat seine Hand in die Tasche und nahm einen Stein daraus und
schleuderte und traf den Philister an seine

Stirn, daß der Stein in seine Stirn fuhr
und er zur Erde fiel auf sein Angesicht.
50. Also überwand David den Philister
mit der Schleuder und mit dem Stein und
schlug ihn und tötete ihn. Und da David
kein Schwert in seiner Hand hatte,
51. lief er und trat zu dem Philister und
nahm sein Schwert und zog's aus der
Scheide und tötete ihn und hieb ihm den
Kopf damit ab. Da aber die Philister sahen,
daß ihr Stärkster tot war, flohen sie.
52. Und die Männer Israels und Juda's
machten sich auf und riefen und jagten
den Philistern nach, bis man kommt ins
Tal und bis an die Tore Ekrons. Und die
Philister fielen erschlagen auf dem Wege
zu den Toren bis gen Gath und gen Ekron.
53. Und die Kinder Israel kehrten um
von dem Nachjagen der Philister und beraubten ihr Lager.
54. David aber nahm des Philisters
Haupt und brachte es gen Jerusalem; seine Waffen aber legte er in seine Hütte.
55. Da aber Saul David sah ausgehen wider den Philister, sprach er zu *Abner,
seinem Feldhauptmann: Wes Sohn ist der
Knabe? Abner aber sprach: So wahr deine
Seele lebt, König, ich weiß es nicht.
*K. 14,50.
56. Der König sprach: So frage darnach,
wes Sohn der Jüngling sei.
57. Da nun David wiederkam von der
Schlacht des Philisters, nahm ihn Abner
und brachte ihn vor Saul, und er hatte des
Philisters Haupt in seiner Hand.
58. Und Saul sprach zu ihm: Wes Sohn
bist du, Knabe? David sprach: Ich bin ein
Sohn deines Knechtes Isai, des Bethlehemiten.

Das 18. Kapitel

David gewinnt Jonathan zum Freund, wird vom Volke gerühmt, von Saul gehaßt, mit Michal verheiratet.

1. Und da er hatte ausgeredet mit Saul,
verband sich das Herz Jonathans mit dem
Herzen Davids, und Jonathan gewann ihn
lieb wie sein eigen Herz.
2. Und Saul *nahm ihn des Tages und
ließ ihn nicht wieder zu seines Vaters
Haus kommen. *K. 16,22; 17,15.
3. Und *Jonathan und David machten einen Bund miteinander; denn er hatte ihn
lieb wie sein eigen Herz.
K. 19,1; 20,17; 23,18; 2. Sam. 1,26; 21,7.
4. Und Jonathan zog aus seinen Rock,
den er anhatte, und gab ihn David, dazu
seinen Mantel, sein Schwert, seinen Bogen und seinen Gürtel.
5. Und David zog aus, wohin ihn Saul
sandte, und *hielt sich klüglich. Und Saul
setzte ihn über die Kriegsleute; und er
gefiel wohl allem Volk, auch den Knechten
Sauls. *V. 14.
6. Es begab sich aber, da er wiedergekommen war von des Philisters Schlacht,
daß die *Weiber aus allen Städten Israels
waren gegangen mit Gesang und Reigen,
dem König Saul entgegen, mit Pauken,
mit Freuden und mit Geigen.
*Richt. 11,34.
7. Und die Weiber sangen gegeneinander
und spielten und sprachen: Saul hat tausend geschlagen, aber *David zehntausend. *K. 21,12; 29,5.
8. Da ergrimmte Saul sehr, und gefiel
ihm das Wort übel und sprach: Sie haben
David zehntausend gegeben und mir tausend; das Königreich will noch sein werden!
9. Und Saul sah David sauer an von dem
Tage und hinfort.
10. Des andern Tags geriet *der böse
Geist von Gott über Saul, und er raste
daheim im Hause; David aber spielte auf
den Saiten mit seiner Hand, wie er täglich
pflegte. Und Saul hatte einen Spieß in der
Hand *K. 16,14.
11. und *schoß ihn und gedachte: Ich
will David an die Wand spießen. David
aber wandte sich zweimal von ihm.
*K. 19,10; 20,33.
12. Und Saul fürchtete sich vor David;
denn der Herr war mit ihm und war von
Saul gewichen.
13. Da tat ihn Saul von sich und setzte
ihn zum Fürsten über tausend Mann; und
er zog aus und ein vor dem Volk.
14. Und David hielt sich *klüglich in allem seinem Tun, und der Herr war mit
ihm. *V. 5.
15. Da nun Saul sah, daß er sich so klüglich hielt, scheute er sich vor ihm.
16. Aber ganz Israel und Juda hatte David
lieb; denn er zog aus und ein vor ihnen
her.
17. Und Saul sprach zu David: Siehe,
meine größte Tochter Merab will ich dir
zum Weibe geben; sei mir nur tapfer und
führe des Herrn Kriege. Denn Saul gedachte: Meine Hand soll nicht an ihm sein,
sondern die Hand der Philister.
18. David aber antwortete Saul: Wer bin
ich? und was ist mein Leben und das Geschlecht meines Vaters in Israel, daß ich
des Königs Eidam werden soll?
19. Da aber die Zeit kam, daß Merab, die
Tochter Sauls, sollte David gegeben wer-

den, *ward sie Adriel, dem Meholathiter, zum Weibe gegeben. *Richt. 15,2.

20. Aber Michal, Sauls Tochter, hatte den David lieb. Da das Saul angesagt ward, sprach er: Das ist recht;

21. ich will sie ihm geben, daß sie ihm zum Fall gerate und der Philister Hände über ihn kommen. Und sprach zu David: Du sollst heute mit der andern mein Eidam werden.

22. Und Saul gebot seinen Knechten: Redet mit David heimlich und sprecht: Siehe, der König hat Lust zu dir, und alle seine Knechte lieben dich; so sei nun *des Königs Eidam. *K. 22,14.

23. Und die Knechte Sauls redeten solche Worte vor den Ohren Davids. David aber sprach: Dünkt euch das ein Geringes, des Königs Eidam zu sein? Ich aber bin ein armer, geringer Mann.

24. Und die Knechte Sauls sagten es ihm wieder und sprachen: Solche Worte hat David geredet.

25. Saul sprach: So sagt zu David: Der König begehrt keine Morgengabe, nur hundert Vorhäute von den Philistern, daß man sich räche an des Königs Feinden. Denn Saul trachtete, David zu fällen durch der Philister Hand.

26. Da sagten seine Knechte David an solche Worte, und deuchte David die Sache gut, daß er des Königs Eidam würde. Und die Zeit war noch nicht aus,

27. da machte sich David auf und zog hin mit seinen Männern und schlug unter den Philistern zweihundert Mann. Und David brachte ihre Vorhäute dem König in voller Zahl, daß er des Königs Eidam würde. Da gab ihm Saul seine Tochter Michal zum Weibe.

28. Und Saul sah und merkte, daß der Herr mit David war. Und Michal, Sauls Tochter, hatte ihn lieb.

29. Da *fürchtete sich Saul noch mehr vor David und ward sein Feind sein Leben lang. *V. 12.

30. Und da der Philister Fürsten auszogen, handelte David klüglicher denn alle Knechte Sauls, wenn sie auszogen, daß sein Name hoch gepriesen ward.

Das 19. Kapitel

David wird von Saul verfolgt und entflieht zu Samuel. Saul auch unter den Propheten.

1. Saul aber redete mit seinem Sohn Jonathan und mit allen seinen Knechten, daß sie David sollten töten. Aber Jonathan, Sauls Sohn, *hatte David sehr lieb *K. 18,3.

2. und verkündigte es ihm und sprach: Mein Vater Saul trachtet darnach, daß er dich töte. Nun, so bewahre dich morgen und bleib verborgen und verstecke dich.

3. Ich aber will herausgehen und neben meinem Vater stehen auf dem Felde, da du bist, und von dir mit meinem Vater reden; und was ich sehe, will ich dir kundtun.

4. Und Jonathan redete das Beste von David mit seinem Vater Saul und sprach zu ihm: Es versündige sich der König nicht an seinem Knechte David; denn er hat keine Sünde wider dich getan, und sein Tun ist dir sehr nütze,

5. und er hat sein Leben in seine Hand gesetzt und *schlug den Philister, und der Herr tat ein großes Heil dem ganzen Israel. Das hast du gesehen und dich des gefreut. Warum willst du dich denn an unschuldigem Blut versündigen, daß du David ohne Ursache tötest? *K. 17,50.

6. Da gehorchte Saul der Stimme Jonathans und schwur: So wahr der Herr lebt, er soll nicht sterben!

7. Da rief Jonathan David und sagte ihm alle diese Worte und brachte ihn zu Saul, daß er vor ihm war wie zuvor.

8. Es erhob sich aber wieder ein Streit, und David zog aus und stritt wider die Philister und tat eine große Schlacht, daß sie vor ihm flohen.

9. Aber der böse Geist vom Herrn kam über Saul, und er saß in seinem Hause und hatte einen Spieß in der Hand; David aber spielte auf den Saiten mit der Hand. K. 18,10.11.

10. Und Saul trachtete, David mit dem Spieß an die Wand zu spießen. Er aber riß sich von Saul, und der Spieß fuhr in die Wand. David aber floh und entrann dieselbe Nacht.

11. *Saul sandte aber Boten zu Davids Haus, daß sie ihn verwahrten und töteten am Morgen. Das verkündigte dem David sein Weib Michal und sprach: Wirst du nicht diese Nacht deine Seele erretten, so mußt du morgen sterben. *Ps. 59,1.

12. Da ließ ihn Michal durchs Fenster hernieder, daß er hinging, entfloh und entrann.

13. Und Michal nahm ein Götzenbild und legte es ins Bett und legte ein Ziegenfell zu seinen Häupten und deckte es mit Kleidern zu.

14. Da sandte Saul Boten, daß sie David holten. Sie aber sprach: Er ist krank.

15. Saul aber sandte Boten, nach David

zu sehen, und sprach: Bringet ihn herauf
zu mir mit dem Bette, daß er getötet werde!
16. Da nun die Boten kamen, siehe, da
lag das Bild im Bette und ein Ziegenfell zu
seinen Häupten.
17. Da sprach Saul zu Michal: Warum
hast du mich betrogen und meinen Feind
gelassen, daß er entrönne? Michal sprach
zu Saul: Er sprach zu mir: Laß mich gehen, oder ich töte dich!
18. David aber entfloh und entrann und
kam zu Samuel nach Rama und sagte ihm
an alles, was ihm Saul getan hatte. Und er
ging hin mit Samuel, und sie blieben zu
Najoth.
19. Und es ward Saul angesagt: Siehe,
David ist zu Najoth in Rama.
20. Da sandte Saul Boten, daß sie David
holten; und sie sahen den Chor der Propheten weissagen, und Samuel war ihr
Vorsteher. Da kam der Geist Gottes auf die
Boten Sauls, daß sie auch weissagten.
K. 10,10–12.
21. Da das Saul ward angesagt, sandte er
andere Boten; die weissagten auch. Da
sandte er die dritten Boten; die weissagten
auch.
22. Da ging er selbst auch gen Rama. Und
da er kam zum großen Brunnen, der zu
Seku ist, fragte er und sprach: Wo ist Samuel und David? Da ward ihm gesagt: Siehe, zu Najoth in Rama.
23. Und er ging dahin gen Najoth in Rama. Und der Geist Gottes kam auch auf
ihn, und er ging einher und weissagte, bis
er kam gen Najoth in Rama.
24. Und er zog auch seine Kleider aus
und weissagte auch vor Samuel und fiel
bloß nieder den ganzen Tag und die ganze
Nacht. Daher spricht man: Ist Saul auch
unter den Propheten?

Das 20. Kapitel

David und Jonathan befestigen ihren Freundschaftsbund.

1. David aber floh von Najoth in Rama
und kam und redete vor Jonathan: Was
habe ich getan? Was habe ich mißgehandelt? Was habe ich gesündigt vor deinem
Vater, daß er nach meinem Leben steht?
2. Er aber sprach zu ihm: Das sei ferne;
du sollst nicht sterben. Siehe, mein Vater
tut nichts, weder Großes noch Kleines,
das er nicht meinen Ohren offenbare; warum sollte denn mein Vater dies vor mir
verbergen? Es wird nicht so sein.
3. Da schwur David weiter und sprach:
Dein Vater weiß wohl, daß ich Gnade vor
deinen Augen gefunden habe; darum wird
er denken: Jonathan soll solches nicht
wissen, es möchte ihn bekümmern. Wahrlich, so wahr der Herr lebt, und so wahr
deine Seele lebt, es ist nur ein Schritt
zwischen mir und dem Tode.
4. Jonathan sprach zu David: Ich will an
dir tun, was dein Herz begehrt.
5. David sprach zu ihm: Siehe, morgen
ist der Neumond, da ich mit dem König zu
Tisch sitzen sollte; so laß mich, daß ich
mich auf dem Felde verberge bis an den
Abend des dritten Tages.
6. Wird dein Vater nach mir fragen, so
sprich: David bat mich, daß er gen Bethlehem, zu seiner Stadt, laufen möchte; denn
es ist ein jährlich Opfer daselbst dem ganzen Geschlecht.
7. Wird er sagen: Es ist gut, so steht es
wohl um deinen Knecht. Wird er aber ergrimmen, so wirst du merken, daß Böses
bei ihm beschlossen ist.
8. So tue nun Barmherzigkeit an deinem
Knecht; denn du hast mit mir, deinem
Knecht, einen *Bund im Herrn gemacht.
Ist aber eine Missetat an mir, so töte du
mich; denn warum wolltest du mich zu
deinem Vater bringen? *K. 18,3.
9. Jonathan sprach: Das sei ferne von dir,
daß ich sollte merken, daß Böses bei meinem Vater beschlossen wäre über dich zu
bringen, und sollte es dir nicht ansagen.
10. David aber sprach: Wer will mir's ansagen, so dir dein Vater etwas Hartes antwortet?
11. Jonathan sprach zu David: Komm,
laß uns hinaus aufs Feld gehen! Und gingen beide hinaus aufs Feld.
12. Und Jonathan sprach zu David: Herr,
Gott Israels, wenn ich erforsche an meinem Vater morgen und am dritten Tage,
daß es wohl steht mit David, und nicht
hinsende zu dir und es vor deinen Ohren
offenbare,
13. so tue der Herr dem Jonathan dies
und jenes. Wenn aber das Böse meinem
Vater gefällt wider dich, so will ich's auch
vor deinen Ohren offenbaren und dich ziehen lassen, daß du mit Frieden weggehest.
Und der Herr sei mit dir, wie er mit meinem Vater gewesen ist.
14. Tue ich's nicht, so tue keine Barmherzigkeit des Herrn an mir, solange ich
lebe, auch nicht, so ich sterbe.
15. Und wenn der Herr die Feinde Davids
ausrotten wird, einen jeglichen aus dem
Lande, so reiße du deine Barmherzigkeit
nicht von meinem Hause ewiglich.

SAUL VERSUCHT, DAVID ZU TÖTEN 1. Samuel 19, 10

16. Also machte Jonathan einen Bund
mit dem Hause Davids und sprach: Der
Herr fordere es von der Hand der Feinde
Davids.
17. Und Jonathan fuhr fort und schwur
David, so *lieb hatte er ihn; denn er hatte
ihn so lieb wie seine Seele. *K. 18,3.
18. Und Jonathan sprach zu ihm: Morgen ist der Neumond, so wird man nach
dir fragen; denn man wird dich vermissen,
wo du zu sitzen pflegst.
19. Des dritten Tages aber komm bald
hernieder und gehe an einen Ort, da du
dich verbergest am Werktage, und setze
dich an den Stein Asel.
20. So will ich zu seiner Seite drei Pfeile
schießen, als ob ich nach dem Ziele schösse.
21. Und siehe, ich will den Knaben senden: Gehe hin, suche die Pfeile! Werde ich
zum Knaben sagen: Siehe, die Pfeile liegen hierwärts hinter dir, hole sie! so
komm, denn es ist Friede und hat keine
Gefahr, so wahr der Herr lebt.
22. Sage ich aber zum Jüngling: Siehe,
die Pfeile liegen dortwärts vor dir! so gehe
hin, denn der Herr hat dich lassen gehen.
23. Was aber du und ich miteinander geredet haben, da ist der Herr zwischen mir
und dir ewiglich.
24. David verbarg sich im Felde. Und da
der Neumond kam, setzte sich der König
zu Tische, zu essen.
25. Da sich aber der König gesetzt hatte
an seinen Ort, wie er gewohnt war, an der
Wand, stand Jonathan auf; Abner aber
setzte sich an die Seite Sauls. Und man
vermißte David an seinem Ort.
26. Und Saul redete des Tages nichts;
denn er gedachte: Es ist ihm etwas widerfahren, daß er nicht rein ist.
3. Mose 15; 5. Mose 23,11.
27. Des andern Tages nach dem Neumond, da man David vermißte an seinem
Ort, sprach Saul zu seinem Sohn Jonathan: Warum ist der Sohn Isais nicht zu
Tisch gekommen, weder gestern noch
heute?
28. Jonathan antwortete Saul: Er bat
mich sehr, daß er gen Bethlehem ginge,
29. und sprach: Laß mich gehen; denn
unser Geschlecht hat zu opfern in der
Stadt, und mein Bruder hat mir's selbst
geboten; habe ich nun Gnade vor deinen

Augen gefunden, so will ich hinweg und
meine Brüder sehen. Darum ist er nicht
gekommen zu des Königs Tisch.
30. Da ergrimmte der Zorn Sauls wider
Jonathan, und er sprach zu ihm: Du unge-
horsamer Bösewicht! Ich weiß wohl, daß
du den Sohn Isais auserkoren hast, dir und
deiner Mutter, die dich geboren hat, zur
Schande.
31. Denn solange der Sohn Isais lebt auf
Erden, wirst du, dazu auch dein Königreich, nicht bestehen. So sende nun hin
und laß ihn herholen zu mir; denn er muß
sterben.
32. Jonathan antwortete seinem Vater
Saul und sprach zu ihm: Warum soll er
sterben? Was hat er getan?
33. Da *schoß Saul den Spieß nach ihm,
daß er ihn spießte. Da merkte Jonathan,
daß bei seinem Vater gänzlich beschlossen
war, David zu töten, *K. 18,11.
34. und stand auf vom Tische mit grimmigem Zorn und aß des andern Tages
nach dem Neumond kein Brot; denn er
war bekümmert um David, daß ihn sein
Vater also verdammte.
35. Des Morgens ging Jonathan hinaus
aufs Feld, dahin er David bestimmt hatte,
und ein kleiner Knabe mit ihm;
36. und sprach zu dem Knaben: Lauf und
suche mir die Pfeile, die ich schieße! Da
aber der Knabe lief, schoß er einen Pfeil
über ihn hin.
37. Und als der Knabe kam an den Ort,
dahin Jonathan den Pfeil geschossen hatte, rief ihm Jonathan nach und sprach:
Der Pfeil liegt dortwärts vor dir.
38. Und rief abermals ihm nach: Rasch!
eile, und stehe nicht still! Da las der Knabe
Jonathans die Pfeile auf und brachte sie zu
seinem Herrn.
39. Und der Knabe wußte nichts darum;
allein Jonathan und David wußten um die
Sache.
40. Da gab Jonathan seine Waffen seinem
Knaben und sprach zu ihm: Gehe hin und
trage sie in die Stadt.
41. Da der Knabe hineinkam, stand David auf vom Ort gegen Mittag und fiel *auf
sein Antlitz zur Erde und beugte sich dreimal nieder, und sie küßten sich miteinander und weinten miteinander, David aber
am allermeisten. *1. Mose 33,3.4.
42. Und Jonathan sprach zu David: Gehe
hin mit Frieden! Was wir beide geschworen haben im Namen des Herrn und gesagt: Der Herr sei zwischen mir und dir,
zwischen meinem Samen und deinem Samen, – das bleibe ewiglich.

Das 21. Kapitel

David erhält vom Priester Ahimelech die Schaubrote und Goliaths Schwert; flieht zum König Achis.

1. [K. 20,43.] Und Jonathan machte sich
auf und kam in die Stadt.
2. [1.] David aber kam gen Nobe zum
Priester Ahimelech. Und Ahimelech entsetzte sich, da er David entgegenging, und
sprach zu ihm: Warum kommst du allein
und ist kein Mann mit dir?
3. [2.] David sprach zu Ahimelech, dem
Priester: Der König hat mir eine Sache
befohlen und sprach zu mir: Laß niemand
wissen, warum ich dich gesandt habe und
was ich dir befohlen habe. Denn ich habe
auch meine Leute an den und den Ort
beschieden.
4. [3.] Hast du nun etwas unter deiner
Hand, ein Brot oder fünf, die gib mir in
meine Hand, oder was du findest.
5. [4.] Der Priester antwortete David und
sprach: Ich habe kein gemeines Brot unter
meiner Hand, sondern *heiliges Brot;
wenn sich nur die Leute †von Weibern
enthalten hätten!
*3. Mose 24,5–9. †3. Mose 22,3–7; 2. Mose 19,15.
6. [5.] David antwortete dem Priester
und sprach zu ihm: Es sind die Weiber drei
Tage uns versperrt gewesen, da ich auszog, und der Leute Zeug war heilig; ist
aber dieser Weg unheilig, so wird er heute
geheiligt werden an dem Zeuge.
7. [6.] Da gab ihm der Priester von dem
heiligen Brot, weil kein anderes da war
denn die Schaubrote, die man vor dem
Herrn abhob, daß man anderes frisches
Brot auflegte des Tages, da man sie wegnahm. Matth. 12,3.
8. [7.] Es war aber des Tages ein Mann
drinnen versperrt vor dem Herrn aus den
Knechten Sauls, mit Namen *Doeg, ein
Edomiter, der mächtigste unter den Hirten Sauls. *K. 22,9.18.
9. [8.] Und David sprach zu Ahimelech:
Ist nicht hier unter deiner Hand ein Spieß
oder Schwert? Ich habe mein Schwert und
meine Waffen nicht mit mir genommen;
denn die Sache des Königs war eilend.
10. [9.] Der Priester sprach: Das Schwert
des Philisters Goliath, den *du schlugst
im Eichgrunde, das ist hier, gewickelt in
einen Mantel hinter dem Leibrock. Willst
du das, so nimm's hin; denn es ist hier
kein anderes als das. David sprach: Es ist
seinesgleichen nicht; gib mir's! *K. 17,50.51.
11. [10.] Und David machte sich auf und
floh vor Saul und kam zu Achis, dem König zu *Gath. *Ps. 56,1.

DER BUND VON DAVID UND JONATHAN 1. Samuel 20, 41.42

12. [11.] Aber die Knechte des Achis
sprachen zu ihm: Das ist der David, des
Landes König, von dem sie sangen im Reigen und sprachen: Saul schlug tausend,
David aber zehntausend. K. 18,7; 29,5.
13. [12.] Und David nahm die Rede zu
Herzen und fürchtete sich sehr vor Achis,
dem König zu Gath,
14. [13.] und verstellte seine *Gebärde
vor ihnen und tobte unter ihren Händen
und stieß sich an die Tür am Tor, und sein
Geifer floß ihm in den Bart. *Ps. 34,1.
15. [14.] Da sprach Achis zu seinen
Knechten: Siehe, ihr sehet, daß der Mann
unsinnig ist; warum habt ihr ihn zu mir
gebracht?
16. [15.] Habe ich der Unsinnigen zu wenig, daß ihr diesen herbrächtet, daß er
neben mir rasete? Sollte der in mein Haus
kommen?

Das 22. Kapitel

David flieht weiter. Saul läßt durch den Verräter Doeg fünfundachtzig Priester töten.

1. David ging von dannen und entrann in
die Höhle *Adullam. Da das seine Brüder
hörten und das ganze Haus seines Vaters,
kamen sie zu ihm hinab dahin.
*Ps. 57,1.
2. Und es versammelten sich zu ihm allerlei Männer, die in Not und Schulden
und betrübten Herzens waren; und er war
ihr Oberster, daß bei vierhundert Mann
bei ihm waren. Richt. 11,3.
3. Und David ging von da gen Mizpe in
der Moabiter Land und sprach zu der Moabiter König: Laß meinen Vater und meine Mutter bei euch aus und ein gehen, bis
ich erfahre, was Gott mit mir tun wird.
4. Und er ließ sie vor dem König der
Moabiter, daß sie bei ihm blieben, solange
David sich barg an sicherem Orte.
5. Aber der Prophet Gad sprach zu David:
Bleibe nicht verborgen, sondern gehe hin
und komm ins Land *Juda. Da ging David
hin und kam in den Wald Hereth.
*K. 23,14; Ps. 63,1.
6. Und es kam vor Saul, daß David und
die Männer, die bei ihm waren, wären hervorgekommen. Und Saul saß zu Gibea unter dem Baum auf der Höhe und hatte
seinen Spieß in der Hand, und alle seine
Knechte standen neben ihm.

7. Da sprach Saul zu seinen Knechten, die neben ihm standen: Höret, ihr Benjaminiter! wird auch der Sohn Isais euch allen Äcker und Weinberge geben und euch alle über tausend und über hundert zu Obersten machen,
8. daß ihr euch alle verbunden habt wider mich und ist niemand, der es meinen Ohren offenbarte, weil auch *mein Sohn einen Bund gemacht hat mit dem Sohn Isais? Ist niemand unter euch, den es kränke meinethalben und der es meinen Ohren offenbare? Denn mein Sohn hat meinen Knecht wider mich auferweckt, daß er mir nachstellt, wie es am Tage ist. *K. 18,3.
9. Da antwortete *Doeg, der Edomiter, der neben den Knechten Sauls stand, und sprach: Ich sah den Sohn Isais, daß er gen Nobe kam zu Ahimelech, dem Sohn Ahitobs. *V. 22; Ps. 52,2.
10. Der fragte den Herrn für ihn und *gab ihm Speise und das Schwert Goliaths, des Philisters. *K. 21,7–10.
11. Da sandte der König hin und ließ rufen Ahimelech, den Priester, den Sohn Ahitobs, und seines Vaters ganzes Haus, die Priester, die zu Nobe waren. Und sie kamen alle zum König.
12. Und Saul sprach: Höre, du Sohn Ahitobs! Er sprach: Hier bin ich, mein Herr.
13. Und Saul sprach zu ihm: Warum habt ihr einen Bund wider mich gemacht, du und der Sohn Isais, daß du ihm Brot und Schwert gegeben und Gott für ihn gefragt hast, daß du ihn erweckest, daß er mir nachstelle, wie es am Tage ist?
14. Ahimelech antwortete dem König und sprach: Und wer ist unter allen deinen Knechten wie David, der getreu ist und des *Königs Eidam und geht in deinem Gehorsam und ist herrlich gehalten in deinem Hause? *K. 18,22.27.
15. Habe ich denn heute erst angefangen, Gott für ihn zu fragen? Das sei ferne von mir! Der König lege solches seinem Knecht nicht auf noch meines Vaters ganzem Hause; denn dein Knecht hat von allem diesem nichts gewußt, weder Kleines noch Großes.
16. Aber der König sprach: Ahimelech, du mußt des Todes sterben, du und deines Vaters ganzes Haus.
17. Und der König sprach zu seinen Trabanten, die neben ihm standen: Wendet euch und tötet des Herrn Priester! denn ihre Hand ist auch mit David, und da sie wußten, daß er floh, haben sie mir's nicht eröffnet. Aber die Knechte des Königs wollten ihre Hände nicht an die Priester des Herrn legen, sie zu erschlagen.
18. Da sprach der König zu Doeg: Wende du dich und erschlage die Priester! Doeg, der Edomiter, wandte sich und erschlug die Priester, daß des Tages starben fünfundachtzig Männer, die leinene Leibröcke trugen.
19. Und *die Stadt der Priester, Nobe, schlug er mit der Schärfe des Schwerts, Mann und Weib, Kinder und Säuglinge, Ochsen und Esel und Schafe. *K. 21,2.
20. Es entrann aber ein Sohn Ahimelechs, des Sohnes Ahitobs, der hieß Abjathar, und floh David nach
21. und verkündigte ihm, daß Saul die Priester des Herrn erwürgt hätte.
22. David aber sprach zu Abjathar: Ich wußte es wohl an dem Tage, da der Edomiter *Doeg da war, daß er's würde Saul ansagen. Ich bin schuldig an allen Seelen in deines Vaters Hause. *V. 9.
23. Bleibe bei mir und fürchte dich nicht; wer nach meinem Leben steht, der soll auch nach deinem Leben stehen, und sollst mit mir bewahrt werden.

Das 23. Kapitel

David befreit die Stadt Kegila von den Philistern, wird verraten, verfolgt und wunderbar errettet.

1. Und es ward David angesagt: Siehe, die Philister streiten wider *Kegila und berauben die Tennen. *Jos. 15,44.
2. Da fragte David den Herrn und sprach: Soll ich hingehen und diese Philister schlagen? Und der Herr sprach zu David: Gehe hin! du wirst die Philister schlagen und Kegila erretten.
3. Aber die Männer bei David sprachen zu ihm: Siehe, wir fürchten uns hier in Juda, und wollen hingehen gen Kegila zu der Philister Heer?
4. Da fragte David wieder den Herrn, und der Herr antwortete ihm und sprach: Auf, zieh hinab gen Kegila! denn ich will die Philister in deine Hände geben.
5. Also zog David samt seinen Männern gen Kegila und stritt wider die Philister und trieb ihnen ihr Vieh weg und *tat eine große Schlacht an ihnen. Also errettete David die zu Kegila. *K. 19,8.
6. Denn da Abjathar, der Sohn Ahimelechs, *floh zu David gen Kegila, trug er den Leibrock mit sich hinab. *K. 22,20.
7. Da ward Saul angesagt, daß David gen Kegila gekommen wäre, und er sprach: Gott hat ihn in meine Hände übergeben, daß er eingeschlossen ist, nun er in eine

Stadt gekommen ist, mit Türen und Riegeln verwahrt.
8. Und Saul ließ alles Volk rufen zum Streit hinab gen Kegila, daß sie David und seine Männer belagerten.
9. Da aber David merkte, daß Saul Böses über ihn gedachte, sprach er zu dem Priester Abjathar: *Lange den Leibrock her!
*K.30,7.
10. Und David sprach: Herr, Gott Israels, dein Knecht hat gehört, daß Saul darnach trachte, daß er gen Kegila komme, die Stadt zu verderben um meinetwillen.
11. Werden mich auch die Bürger zu Kegila überantworten in seine Hände? Und wird auch Saul herabkommen, wie dein Knecht gehört hat? Das verkündige, Herr, Gott Israels, deinem Knecht! Und der Herr sprach: Er wird herabkommen.
12. David sprach: Werden aber die Bürger zu Kegila mich und meine Männer überantworten in die Hände Sauls? Der Herr sprach: Ja.
13. Da machte sich David auf samt seinen Männern, deren bei sechshundert waren, und zogen aus von Kegila und wandelten, wo sie hin konnten. Da nun Saul angesagt ward, daß David von Kegila entronnen war, ließ er sein Ausziehen anstehen.
14. David aber blieb *in der Wüste verborgen und blieb auf dem Berge in der Wüste Siph. Saul aber suchte ihn sein Leben lang; aber Gott gab ihn nicht in seine Hände. *V.19; K.24,1.
15. Und David sah, daß Saul ausgezogen war, sein Leben zu suchen. Aber David war in der Wüste Siph, in der Heide.
16. Da machte sich Jonathan auf, der Sohn Sauls, und ging hin zu David in die Heide und stärkte seine Hand in Gott
17. und sprach zu ihm: Fürchte dich nicht; meines Vaters Sauls Hand wird dich nicht finden, und du wirst König werden über Israel, so will ich der nächste um dich sein; auch *weiß solches mein Vater wohl.
*K.20,30.31; 24,21.
18. Und sie *machten beide einen Bund miteinander vor dem Herrn; und David blieb in der Heide, aber Jonathan zog wieder heim. *K.18,3.
19. Aber die *Siphiter zogen hinauf zu Saul gen Gibea und sprachen: Ist nicht David bei uns verborgen an sicherem Orte in der Heide, auf dem Hügel Hachila, der zur Rechten liegt an der Wüste?
*K.26,1; Ps.54,2.
20. So komme nun der König hernieder nach all seines Herzens Begehr, so wollen wir ihn überantworten in des Königs Hände.
21. Da sprach Saul: Gesegnet seid ihr dem Herrn, daß ihr euch meiner erbarmt habt!
22. So gehet nun hin und werdet's noch gewisser, daß ihr wisset und sehet, an welchem Ort seine Füße gewesen sind und wer ihn daselbst gesehen habe; denn mir ist gesagt, daß er listig ist.
23. Besehet und erkundet alle Örter, da er sich verkriecht, und kommet wieder zu mir, wenn ihr's gewiß seid, so will ich mit euch ziehen. Ist er im Lande, so will ich nach ihm forschen unter allen Tausenden in Juda.
24. Da machten sie sich auf und gingen gen Siph vor Saul hin. David aber und seine Männer waren in der Wüste Maon, auf dem Gefilde zur Rechten der Wüste.
25. Da nun Saul hinzog mit seinen Männern, zu suchen, ward's David angesagt; und er machte sich den Fels hinab und blieb in der Wüste Maon. Da das Saul hörte, jagte er David nach in die Wüste Maon.
26. Und Saul mit seinen Männern ging an einer Seite des Berges, David mit seinen Männern an der andern Seite des Berges. Da David aber eilte, dem Saul zu entgehen, da umringte Saul samt seinen Männern David und seine Männer, daß er sie griffe.
27. Aber es kam ein Bote zu Saul und sprach: Eile und komm! denn die Philister sind ins Land gefallen.
28. Da kehrte sich Saul von dem Nachjagen Davids und zog hin, den Philistern entgegen; daher hieß man den Ort Sela-Mahlekoth [d.h. Scheidefels].

Das 24. Kapitel

David schont Saul in der Höhle und bringt ihn zur Erkenntnis seines Unrechts. (Vgl. K.26.)

1. Und David zog hinauf von dannen und barg sich auf den Berghöhen zu Engedi.
2. Da nun Saul wiederkam von den Philistern, ward ihm gesagt: Siehe, David ist in der Wüste Engedi.
3. Und Saul nahm dreitausend junger Mannschaft aus ganz Israel und zog hin, David samt seinen Männern zu suchen auf den Felsen der Gemsen.
4. Und da er kam zu den Schafhürden am Wege, war daselbst eine Höhle, und Saul ging hinein, seine Füße zu decken. *David aber und seine Männer saßen hinten in der Höhle. *Ps.142,1.
5. Da sprachen die Männer Davids zu

ihm: Siehe, das ist der Tag, davon der Herr
dir gesagt hat: »Siehe, ich will deinen
Feind in deine Hände geben, daß du mit
ihm tust, was dir gefällt.« Und David stand
auf und schnitt leise einen Zipfel vom
Rock Sauls.
6. Aber darnach schlug ihm sein Herz,
daß er den Zipfel Sauls hatte abgeschnitten,
7. und er sprach zu seinen Männern: Das
lasse der Herr ferne von mir sein, daß ich
das tun sollte und meine *Hand legen an
meinen Herrn, den Gesalbten des Herrn;
denn er ist der Gesalbte des Herrn.

*2. Sam. 1,14; Ps. 105,15.

8. Und David wies seine Männer von sich
mit Worten und ließ sie nicht sich wider
Saul auflehnen. Da aber Saul sich aufmachte
aus der Höhle und ging des Weges,
9. machte sich darnach David auch auf
und ging aus der Höhle und rief Saul hintennach
und sprach: Mein Herr König!
Saul sah hinter sich. Und David neigte sein
Antlitz zur Erde und fiel nieder
10. und sprach zu Saul: Warum gehorchst
du der Menschen Wort, die da
sagen: David sucht dein Unglück?
11. Siehe, heutigestages sehen deine Augen,
daß dich der Herr heute hat in meine
Hand gegeben in der Höhle, und es ward
gesagt, daß ich dich sollte erwürgen. Aber
es ward dein verschont; denn ich sprach:
Ich will meine Hand nicht an meinen
Herrn legen; denn er ist der Gesalbte des
Herrn.
12. Mein Vater, siehe doch den Zipfel von
deinem Rock in meiner Hand, daß ich
dich nicht erwürgen wollte, da ich den
Zipfel von deinem Rock schnitt. Erkenne
und sieh, daß nichts Böses in meiner
Hand ist noch keine Übertretung. Ich habe
auch an dir nicht gesündigt, und du jagst
meine Seele, daß du sie wegnehmest.
13. Der Herr wird Richter sein zwischen
mir und dir und mich an dir rächen; aber
meine Hand soll nicht über dir sein.

Röm. 12,19; 1. Petr. 2,23.

14. Wie man sagt nach dem alten Sprichwort:
»Von Gottlosen kommt Untugend.«
Aber meine Hand soll nicht über dir sein.
15. Wem ziehst du nach, König von Israel?
Wem jagst du nach? Einem toten
Hund, einem einzigen Floh.
16. Der Herr sei Richter und richte zwischen
mir und dir und sehe darein und
führe meine Sache aus und rette mich von
deiner Hand.
17. Als nun David solche Worte zu Saul
hatte ausgeredet, sprach Saul: Ist das
nicht deine Stimme, mein Sohn David?
Und Saul hob auf seine Stimme und weinte
18. und sprach zu David: Du bist gerechter
denn ich: du hast mir Gutes bewiesen;
ich aber habe dir Böses bewiesen;
19. und du hast mir heute angezeigt, wie
du Gutes an mir getan hast, daß mich der
Herr hatte in deine Hände beschlossen
und du mich doch nicht erwürgt hast.
20. Wie sollte jemand seinen Feind finden
und ihn lassen einen guten Weg gehen?
Der Herr vergelte dir Gutes für diesen
Tag, wie du an mir getan hast.
21. Nun siehe, *ich weiß, daß du König
werden wirst, und das Königreich Israel
wird in deiner Hand bestehen: *K. 23,17.
22. so schwöre mir nun bei dem Herrn,
daß du nicht ausrottest meinen Samen
nach mir und meinen Namen nicht austilgest
von meines Vaters Hause.
23. Und David schwur Saul. Da zog Saul
heim; David aber mit seinen Männern
machte sich hinauf auf die Berghöhe.

Das 25. Kapitel

Samuels Tod. Nabals Torheit, Abigails Klugheit.

1. Und *Samuel starb; und das ganze Israel
versammelte sich und trug Leid um
ihn, und sie begruben ihn in seinem Hause
zu Rama. David aber machte sich auf
und zog hinab in die Wüste Pharan.

*K. 28,3.

2. Und es war ein Mann zu Maon und sein
Wesen zu Karmel; und der Mann war sehr
großen Vermögens und hatte dreitausend
Schafe und tausend Ziegen. Und es begab
sich eben, daß er seine Schafe schor zu
Karmel.
3. Und er hieß Nabal; sein Weib aber hieß
Abigail und war ein Weib guter Vernunft
und schön von Angesicht; der Mann aber
war hart und boshaft in seinem Tun und
war einer von Kaleb.
4. Da nun David in der Wüste hörte, daß
Nabal seine Schafe schor,
5. sandte er aus zehn Jünglinge und
sprach zu ihnen: Gehet hinauf gen Karmel;
und wenn ihr zu Nabal kommt, so
grüßet ihn von mir freundlich
6. und sprecht: Glück zu! Friede sei mit
dir und deinem Hause und mit allem, was
du hast!
7. Ich habe gehört, daß du Schafscherer
hast. Nun, deine Hirten, die du hast, sind
mit uns gewesen; wir haben sie nicht verhöhnt,
und hat ihnen nichts gefehlt an

DAVID VERSCHONT DEN SAUL 1. Samuel 24, 4–7

der Zahl, solange sie zu Karmel gewesen sind –
8. frage deine Jünglinge darum, die werden's dir sagen –, und laß die Jünglinge Gnade finden vor deinen Augen; denn wir sind auf einen guten Tag gekommen. Gib deinen Knechten und deinem Sohn David, was deine Hand findet.
9. Und da die Jünglinge Davids hinkamen und in Davids Namen alle diese Worte mit Nabal geredet hatten, hörten sie auf.
10. Aber Nabal antwortete den Knechten Davids und sprach: Wer ist der David? und wer ist der Sohn Isais? Es werden jetzt der Knechte viel, die sich von ihren Herren reißen.
11. Sollte ich mein Brot, Wasser und Fleisch nehmen, das ich für meine Scherer geschlachtet habe, und den Leuten geben, die ich nicht kenne, wo sie her sind?
12. Da kehrten sich die Jünglinge Davids wieder auf ihren Weg; und da sie wieder zu ihm kamen, sagten sie ihm solches alles.
13. Da sprach David zu seinen Männern: Gürte ein jeglicher sein Schwert um sich! Und ein jeglicher gürtete sein Schwert um sich, und David gürtete sein Schwert auch um sich, und zogen ihm nach hinauf bei vierhundert Mann; aber zweihundert blieben bei dem Geräte.
14. Aber der Abigail, Nabals Weib, sagte an der Jünglinge einer und sprach: Siehe, David hat Boten gesandt aus der Wüste, unsern Herrn zu grüßen; er aber schnaubte sie an.
15. Und sie sind uns doch sehr nützliche Leute gewesen und haben uns nicht verhöhnt, und hat uns nichts gefehlt an der Zahl, solange wir bei ihnen gewandelt haben, wenn wir auf dem Felde waren;
16. sondern sie sind unsre Mauern gewesen Tag und Nacht, solange wir die Schafe bei ihnen gehütet haben.
17. So merke nun und siehe, was du tust; denn es ist gewiß ein Unglück vorhanden über unsern Herrn und über sein ganzes Haus; und er ist ein heilloser Mann, dem niemand etwas sagen darf.
18. Da eilte Abigail und nahm zweihundert Brote und zwei Krüge Wein und fünf gekochte Schafe und fünf Scheffel Mehl und hundert Rosinenkuchen und zweihundert Feigenkuchen und lud's auf Esel
19. und sprach zu ihren Jünglingen: Ge-

het vor mir hin; siehe, ich will kommen hernach. Und sie sagte ihrem Mann Nabal nichts davon.

20. Und als sie auf dem Esel ritt und hinabzog im Dunkel des Berges, siehe, da kam David und seine Männer hinab ihr entgegen, daß sie auf sie stieß.

21. David aber hatte geredet: Wohlan, ich habe umsonst behütet alles, was dieser hat in der Wüste, daß nichts gefehlt hat an allem, was er hat; und er bezahlt mir Gutes mit Bösem.

22. Gott tue dies und noch mehr den Feinden Davids, wo ich diesem bis zum lichten Morgen übriglasse einen, *der männlich ist, aus allem, was er hat.

*1. Kön. 14,10.

23. Da nun Abigail David sah, stieg sie eilend vom Esel und fiel vor David auf ihr Antlitz und beugte sich nieder zur Erde

24. und fiel zu seinen Füßen und sprach: Ach, mein Herr, mein sei diese Missetat, und laß deine Magd reden vor deinen Ohren und höre die Worte deiner Magd!

25. Mein Herr setze nicht sein Herz wider diesen Nabal, den heillosen Mann; denn er ist ein Narr, wie sein Name heißt, und Narrheit ist bei ihm. Ich aber, deine Magd, habe die Jünglinge meines Herrn nicht gesehen, die du gesandt hast.

26. Nun aber, mein Herr, so wahr der Herr lebt und so wahr deine Seele lebt, der Herr hat dich verhindert, daß du nicht kämest in Blutschuld und dir mit eigener Hand hülfest. So müssen nun werden wie Nabal deine Feinde und die meinem Herrn übelwollen.

27. Hier ist der Segen, den deine Magd meinem Herrn hergebracht hat; den gib den Jünglingen, die unter meinem Herrn wandeln.

28. Vergib deiner Magd die Übertretung. Denn der Herr wird meinem Herrn ein beständiges Haus machen; denn du führst des Herrn Kriege; und laß kein Böses an dir gefunden werden dein Leben lang.

29. Und wenn sich ein Mensch erheben wird, dich zu verfolgen, und nach deiner Seele steht, so wird die Seele meines Herrn eingebunden sein im Bündlein der Lebendigen bei dem Herrn, deinem Gott; aber die Seele deiner Feinde wird geschleudert werden mit der Schleuder.

30. Wenn denn der Herr all das Gute meinem Herrn tun wird, was er dir geredet hat, und gebieten, daß du ein *Herzog seist über Israel, *2. Sam. 5,2.

31. so wird's dem Herzen meines Herrn nicht ein Anstoß noch Ärgernis sein, daß du Blut vergossen ohne Ursache und dir selber geholfen; so wird der Herr meinem Herrn wohltun und wirst an deine Magd gedenken.

32. Da sprach David zu Abigail: Gelobt sei der Herr, der Gott Israels, der dich heutigestages hat mir entgegengesandt;

33. und gesegnet sei deine Rede, und gesegnet seist du, daß du mir heute gewehrt hast, daß ich nicht in Blutschuld gekommen bin und mir mit eigener Hand geholfen habe.

34. Wahrlich, so wahr der Herr, der Gott Israels, lebt, der mich verhindert hat, daß ich nicht übel an dir täte: wärest du nicht eilend mir begegnet, so wäre dem Nabal nicht übriggeblieben bis auf diesen lichten Morgen einer, der männlich ist.

35. Also nahm David von ihrer Hand, was sie ihm gebracht hatte, und sprach zu ihr: Zieh mit Frieden hinauf in dein Haus; siehe, ich habe deiner Stimme gehorcht und deine Person angesehen.

36. Da aber Abigail zu Nabal kam, siehe, da hatte er ein Mahl zugerichtet in seinem Hause wie eines Königs Mahl, und sein Herz war guter Dinge bei ihm selbst, und er war sehr trunken. Sie aber sagte ihm nichts, weder klein noch groß, bis an den lichten Morgen.

37. Da es aber Morgen ward und der Wein von Nabal gekommen war, sagte ihm sein Weib solches. Da erstarb sein Herz in seinem Leibe, daß er ward wie ein Stein.

38. Und über zehn Tage schlug ihn der Herr, daß er starb.

39. Da das David hörte, daß Nabal tot war, sprach er: Gelobt sei der Herr, der meine Schmach gerächt hat an Nabal und seinen Knecht abgehalten hat von dem Übel; und der Herr hat dem Nabal das Übel auf seinen Kopf vergolten. Und David sandte hin und ließ mit Abigail reden, daß er sie zum Weibe nähme.

40. Und da die Knechte Davids zu Abigail kamen gen Karmel, redeten sie mit ihr und sprachen: David hat uns zu dir gesandt, daß er dich zum Weibe nehme.

41. Sie stand auf und fiel nieder auf ihr Angesicht zur Erde und sprach: Siehe, hier ist deine Magd, daß sie diene den Knechten meines Herrn und ihre Füße wasche.

42. Und Abigail eilte und machte sich auf und ritt auf einem Esel, und fünf Dirnen, die unter ihr waren, und zog den Boten Davids nach und ward *sein Weib.

*K. 27,3; 30,5.

43. Auch hatte David Ahinoam von Jes-

DIE KLUGHEIT VON ABIGAIL 1. Samuel 25, 23.24

reel genommen; und waren beide seine
Weiber.
44. Saul aber hatte Michal, seine Tocher,
Davids Weib, *Phalti, dem Sohn des Lais
von Gallim, gegeben. *2. Sam. 3,15.

Das 26. Kapitel

David nimmt Sauls Spieß und Wasserbecher und beschämt ihn zum zweitenmal durch Schonung seines Lebens. (Vgl. K. 24.)

1. Die aber von *Siph kamen zu Saul gen
Gibea und sprachen: Ist nicht David verborgen auf dem Hügel Hachila vor der
Wüste? *K. 23,19; Ps. 54,2.
2. Da machte sich Saul auf und zog herab
zur Wüste Siph und mit ihm dreitausend
junger Mannschaft in Israel, daß er David
suchte in der Wüste Siph,
3. und lagerte sich auf dem Hügel Hachila, der vor der Wüste liegt am Wege. David
aber blieb in der Wüste. Und da er merkte,
daß Saul ihm nachkam in die Wüste,
4. sandte er Kundschafter aus und erfuhr, daß Saul gewiß gekommen wäre.
5. Und David machte sich auf und kam an
den Ort, da Saul sein Lager hielt, und sah
die Stätte, da Saul lag mit *seinem Feldhauptmann Abner, dem Sohn Ners. (Denn
Saul lag in der Wagenburg und das Heervolk um ihn her.) *K. 14,50; 17,55.
6. Da antwortete David und sprach zu
Ahimelech, dem Hethiter, und zu Abisai,
dem Sohn der Zeruja, dem Bruder Joabs:
Wer will mit mir hinab zu Saul ins Lager?
Abisai sprach: Ich will mit dir hinab.
7. Also kamen David und Abisai zum Volk
des Nachts. Und siehe, Saul lag und schlief
in der Wagenburg, und sein Spieß steckte
in der Erde zu seinen Häupten; Abner aber
und das Volk lag um ihn her.
8. Da sprach Abisai zu David: Gott hat
deinen Feind heute in deine Hand beschlossen; *so will ich ihn nun mit dem
Spieß stechen in die Erde einmal, daß er's
nicht mehr bedarf. *2. Sam. 16,9.
9. David aber sprach zu Abisai: Verderbe
ihn nicht; denn wer will die Hand an den
Gesalbten des Herrn legen und ungestraft
bleiben?
10. Weiter sprach David: *So wahr der
Herr lebt, wo der †Herr nicht ihn schlägt,
oder seine Zeit kommt, daß er sterbe oder
in einen Streit ziehe und komme um,
*K. 28,10. †K. 24,13.

11. so lasse der Herr ferne von mir sein,
daß ich meine Hand sollte an den Gesalbten des Herrn legen. So nimm nun den
Spieß zu seinen Häupten und den Wasserbecher und laß uns gehen.
12. Also nahm David den Spieß und den
Wasserbecher zu den Häupten Sauls und
ging hin, und war niemand, der es sah
noch merkte noch erwachte, sondern sie
schliefen alle; denn es war ein *tiefer
Schlaf vom Herrn auf sie gefallen.
*1.Mose 2,21; 15,12.
13. Da nun David auf die andere Seite
hinübergekommen war, trat er auf des
Berges Spitze von ferne, daß ein weiter
Raum war zwischen ihnen,
14. und schrie das Volk an und Abner,
den Sohn Ners, und sprach: Hörst du
nicht, Abner? Und Abner antwortete und
sprach: Wer bist du, daß du so schreist
gegen den König?
15. Und David sprach zu Abner: Bist du
nicht ein Mann? und wer ist dir gleich in
Israel? Warum hast du denn nicht behütet
deinen Herrn, den König? Denn es ist des
Volks einer hineingekommen, deinen
Herrn, den König, zu verderben.
16. Es ist aber nicht fein, was du getan
hast. So wahr der Herr lebt, ihr seid Kinder des Todes, daß ihr euren Herrn, den
Gesalbten des Herrn, nicht behütet habt.
Nun siehe, hier ist der Spieß des Königs
und der Wasserbecher, die zu seinen
Häupten waren.
17. Da erkannte Saul die Stimme Davids
und sprach: Ist das nicht deine Stimme,
mein Sohn David? David sprach: Es ist
meine Stimme, mein Herr König.
18. Und sprach weiter: Warum verfolgt
mein Herr also seinen Knecht? Was habe
ich getan? und was Übels ist in meiner
Hand?
19. So höre doch nun mein Herr, der
König, die Worte seines Knechtes: Reizt
dich der Herr wider mich, so lasse man ihn
ein Speisopfer riechen; tun's aber Menschenkinder, so seien sie verflucht vor
dem Herrn, daß sie mich heute verstoßen,
daß ich nicht hafte in des Herrn Erbteil,
und sprechen: Gehe hin, diene andern
Göttern!
20. So falle nun mein Blut nicht auf die
Erde, ferne von dem Angesicht des Herrn.
Denn der König Israels ist ausgezogen, zu
suchen einen Floh, wie man ein Rebhuhn
jagt auf den Bergen.
21. Und Saul sprach: Ich habe gesündigt;
komm wieder, mein Sohn David, ich will
dir fürder kein Leid tun, darum daß meine
Seele heutigestages teuer gewesen ist in
deinen Augen. Siehe, ich habe töricht und
sehr unweise getan.
22. David antwortete und sprach: Siehe,
hier ist der Spieß des Königs; es gehe der
Jünglinge einer herüber und hole ihn.
23. Der Herr aber wird einem jeglichen
vergelten nach seiner Gerechtigkeit und
seinem Glauben. Denn der Herr hat dich
heute in meine Hand gegeben; ich aber
wollte meine Hand nicht an den Gesalbten
des Herrn legen.
24. Und wie heute deine Seele in meinen
Augen groß geachtet gewesen, so werde
meine Seele groß geachtet vor den Augen
des Herrn, und er errette mich von aller
Trübsal.
25. Saul sprach zu David: Gesegnet seist
du, mein Sohn David; du wirst's tun und
hinausführen. David aber ging seine Straße, und Saul kehrte wieder an seinen Ort.

Das 27. Kapitel

Davids Aufenthalt zu Ziklag im Lande der
Philister.

1. David aber gedachte in seinem Herzen: Ich werde der Tage einen Saul in die
Hände fallen; es ist mir nichts besser,
denn ich entrinne in der Philister Land,
daß Saul von mir ablasse, mich fürder zu
suchen im ganzen Gebiet Israels; so werde
ich seinen Händen entrinnen.
2. Und machte sich auf und ging hinüber
samt den sechshundert Mann, die bei ihm
waren, zu *Achis, dem Sohn Maochs, dem
König zu Gath. *K.21,11; 1.Kön. 2,39.
3. Also blieb David bei Achis zu Gath mit
seinen Männern, ein jeglicher mit seinem
Hause, David auch mit seinen *zwei Weibern, Ahinoam, der Jesreelitin, und Abigail, des Nabals Weib, der Karmelitin.
*K.25,40–43.
4. Und da Saul angesagt ward, daß David
gen Gath geflohen wäre, suchte er ihn
nicht mehr.
5. Und David sprach zu Achis: Habe ich
Gnade vor deinen Augen gefunden, so laß
mir geben einen Raum in der Städte einer
auf dem Lande, daß ich darin wohne; was
soll dein Knecht in der königlichen Stadt
bei dir wohnen?
6. Da gab ihm Achis des Tages *Ziklag.
Daher gehört Ziklag den Königen Juda's
bis auf diesen Tag. *Jos. 15,31; Richt. 1,19.
7. Die Zeit aber, die David in der Philister
Lande wohnte, ist ein Jahr und vier Monate.
8. David aber zog hinauf samt seinen
Männern und fiel ins Land der Gessuriter

SAMUEL ERSCHEINT DEM SAUL 1. Samuel 28, 16–20

und Girsiter und Amalekiter; denn diese
waren von alters her die Einwohner dieses
Landes, wo man kommt gen Sur bis an
Ägyptenland.
9. Da aber David das Land schlug, ließ er
weder Mann noch Weib leben und nahm
Schafe, Rinder, Esel, Kamele und Kleider
und kehrte wieder und kam zu Achis.
10. Wenn dann Achis sprach: Seid ihr
heute nicht eingefallen? so sprach David:
In das Mittagsland Juda's und in das Mittagsland der Jerahmeeliter und in das Mittagsland der Keniter.
11. David aber ließ weder Mann noch
Weib lebendig gen Gath kommen und gedachte: Sie mögen wider uns reden und
schwätzen. Also tat David, und das war
seine Weise, solange er wohnte in der Philister Lande.
12. Darum glaubte Achis David und gedachte: Er hat sich *stinkend gemacht vor
seinem Volk Israel, darum soll er immer
mein Knecht sein. *1.Mose 34,30; 2.Mose 5,21.

Das 28. Kapitel

Saul bei dem Weibe zu Endor.

1. Und es begab sich zu derselben Zeit,
daß die Philister ihr Heer versammelten,
in den Streit zu ziehen wider Israel. Und
Achis sprach zu David: Du sollst wissen,
daß du und deine Männer sollt mit mir
ausziehen ins Heer.
2. David sprach zu Achis: Wohlan, du
sollst erfahren, was dein Knecht tun wird.
Achis sprach zu David: Darum will ich
dich zum Hüter meines Haupts setzen
mein Leben lang.
3. Samuel aber war *gestorben, und
ganz Israel hatte Leid um ihn getragen
und ihn begraben in seiner Stadt Rama.
Und Saul hatte †aus dem Lande vertrieben
die Wahrsager und Zeichendeuter.

*K.25,1. †2.Mose 22,17.

4. Da nun die Philister sich versammelten und kamen und lagerten sich zu Sunem, versammelte Saul auch das ganze
Israel, und sie lagerten sich zu Gilboa.
5. Da aber Saul der Philister Heer sah,
fürchtete er sich, und sein Herz verzagte
sehr.
6. Und er ratfragte den Herrn; aber der
Herr antwortete ihm nicht, weder durch
Träume noch *durchs Licht noch durch
Propheten. *2.Mose 28,30; K.14,37; 23,9.

7. Da sprach Saul zu seinen Knechten: Sucht mir ein Weib, die einen *Wahrsagergeist hat, daß ich zu ihr gehe und sie frage. Seine Knechte sprachen zu ihm: Siehe, zu Endor ist ein Weib, die hat einen Wahrsagergeist. *Apg. 16,16.
8. Und Saul wechselte seine Kleider und zog andere an und ging hin und zwei Männer mit ihm, und sie kamen bei der Nacht zu dem Weibe, und er sprach: Weissage mir doch durch den Wahrsagergeist und bringe mir herauf, den ich dir sage.
9. Das Weib sprach zu ihm: Siehe, du weißt wohl, was Saul getan hat, wie er die Wahrsager und Zeichendeuter ausgerottet hat vom Lande; warum willst du denn meine Seele in das Netz führen, daß ich getötet werde?
10. Saul aber schwur ihr bei dem Herrn und sprach: So wahr der Herr lebt, es soll dir dies nicht zur Missetat geraten.
11. Da sprach das Weib: Wen soll ich dir denn heraufbringen? Er sprach: Bringe mir Samuel herauf.
12. Da nun das Weib Samuel sah, schrie sie laut und sprach zu Saul: Warum hast du mich betrogen? Du bist Saul.
13. Und der König sprach zu ihr: Fürchte dich nicht! Was siehst du? Das Weib sprach zu Saul: Ich sehe Götter heraufsteigen aus der Erde.
14. Er sprach: Wie ist er gestaltet? Sie sprach: Es kommt ein alter Mann herauf und ist bekleidet mit einem Priesterrock. Da erkannte Saul, daß es Samuel war, und neigte sich mit seinem Antlitz zur Erde und fiel nieder.
15. Samuel aber sprach zu Saul: Warum hast du mich unruhig gemacht, daß du mich heraufbringen lässest? Saul sprach: Ich bin sehr geängstet: die Philister streiten wider mich, und Gott ist von mir gewichen und antwortet mir nicht, weder durch Propheten noch durch Träume; darum habe ich dich lassen rufen, daß du mir weisest, was ich tun soll.
16. Samuel sprach: Was willst du mich fragen, weil der Herr von dir gewichen und dein Feind geworden ist?
17. Der Herr wird dir tun, wie er durch mich geredet hat, und wird das Reich von deiner Hand reißen und David, deinem Nächsten, geben.
18. Darum daß du der Stimme des Herrn nicht gehorcht und den Grimm seines Zorns nicht ausgerichtet hast wider *Amalek, darum hat dir der Herr solches jetzt getan. *K. 15,18.19.
19. Dazu wird der Herr Israel mit dir auch geben in der Philister Hände. *Morgen wirst du und deine Söhne mit mir sein. Auch wird der Herr das Lager Israels in der Philister Hände geben. *K. 31,6.
20. Da fiel Saul zur Erde, so lang er war, und erschrak sehr vor den Worten Samuels, daß keine Kraft mehr in ihm war; denn er hatte nichts gegessen den ganzen Tag und die ganze Nacht.
21. Und das Weib ging hinein zu Saul und sah, daß er sehr erschrocken war, und sprach zu ihm: Siehe, deine Magd hat deiner Stimme gehorcht, und ich habe meine Seele in meine Hand gesetzt, daß ich deinen Worten gehorchte, die du zu mir sagtest.
22. So gehorche auch nun du deiner Magd Stimme. Ich will dir einen Bissen Brot vorsetzen, daß du essest, daß du zu Kräften kommest und deine Straße gehest.
23. Er aber weigerte sich und sprach: Ich will nicht essen. Da nötigten ihn seine Knechte und das Weib, daß er ihrer Stimme gehorchte. Und er stand auf von der Erde und setzte sich aufs Bett.
24. Das Weib aber hatte daheim ein gemästetes Kalb; da eilte sie und schlachtete es und nahm Mehl und knetete es und buk's ungesäuert
25. und brachte es herzu vor Saul und vor seine Knechte. Und da sie gegessen hatten, standen sie auf und gingen die Nacht.

Das 29. Kapitel

David wird von den Philistern zurückgeschickt.

1. Die Philister aber versammelten alle ihre Heere zu *Aphek; und Israel lagerte sich zu Ain in Jesreel. *K. 4,1.
2. Und die Fürsten der Philister gingen daher mit Hunderten und mit Tausenden; David aber und seine Männer gingen hintennach bei Achis.
3. Da sprachen die Fürsten der Philister: Was sollen diese Hebräer? Achis sprach zu ihnen: Ist nicht das David, der Knecht Sauls, des Königs Israels, der nun bei mir gewesen ist Jahr und Tag, und ich habe nichts an ihm gefunden, seit der Zeit, daß er abgefallen ist, bis her?
4. Aber die Fürsten der Philister wurden zornig auf ihn und sprachen zu ihm: Laß den Mann umkehren und an seinem Ort bleiben, dahin du ihn bestellt hast, daß er nicht mit uns hinabziehe zum Streit und unser Widersacher werde im Streit. Denn woran könnte er seinem Herrn größeren

SAUL STÜRZT SICH INS SCHWERT 1. Samuel 31, 3.4

Gefallen tun als an den Köpfen dieser Männer?
5. Ist er nicht der David, von dem sie
*sangen im Reigen: Saul hat tausend geschlagen, David aber zehntausend? *K. 18,7.
6. Da rief Achis David und sprach zu ihm:
So wahr der Herr lebt, ich halte dich für redlich, und dein Ausgang und Eingang mit mir im Heer gefällt mir wohl, und habe nichts Arges an dir gespürt, seit der Zeit, daß du zu mir gekommen bist, bis her; aber du gefällst den Fürsten nicht.
7. So kehre nun um und gehe hin mit
Frieden, auf daß du nicht übel tust vor den Augen der Fürsten der Philister.
8. David aber sprach zu Achis: Was habe
ich getan, und was hast du gespürt an deinem Knecht seit der Zeit, daß ich vor dir gewesen bin, bis her, daß ich nicht sollte kommen und streiten wider die Feinde meines Herrn, des Königs?
9. Achis antwortete und sprach zu David:
Ich weiß es wohl; denn du gefällst meinen Augen *wie ein Engel Gottes. Aber der Philister Fürsten haben gesagt: Laß ihn nicht mit uns hinauf in den Streit ziehen.

*2. Sam. 19,28.

10. So mache dich nun morgen früh auf
und die Knechte deines Herrn, die mit dir gekommen sind; und wenn ihr euch morgen früh aufgemacht habt, da es licht ist, so gehet hin.
11. Also machten sich David und seine
Männer früh auf, daß sie des Morgens hingingen und wieder in der Philister Land kämen. Die Philister aber zogen hinauf gen Jesreel.

Das 30. Kapitel

Die Amalekiter haben Ziklag geplündert;
David jagt ihnen den Raub ab.

1. Da nun David des dritten Tages kam
gen Ziklag mit seinen Männern, waren die Amalekiter eingefallen ins Mittagsland und in Ziklag und hatten Ziklag geschlagen und mit Feuer verbrannt
2. und hatten die Weiber daraus wegge-
führt, beide, klein und groß; sie hatten aber niemand getötet, sondern weggetrieben, und waren dahin ihres Weges.
3. Da nun David samt seinen Männern
zur Stadt kam und sah, daß sie mit Feuer verbrannt war und ihre Weiber, Söhne und Töchter gefangen waren,

4. hoben David und das Volk, das bei ihm
war, ihre Stimme auf und weinten, bis sie
nicht mehr weinen konnten.
5. Denn Davids *zwei Weiber waren auch
gefangen: Ahinoam, die Jesreelitin, und
Abigail, Nabals Weib, des Karmeliten.
*K.25,42.43.
6. Und David war sehr geängstet, denn
das Volk wollte ihn steinigen; denn des
ganzen Volkes Seele war unwillig, ein jeglicher um seiner Söhne und Töchter willen. David aber stärkte sich in dem Herrn,
seinem Gott,
7. und sprach zu Abjathar, dem Priester,
Ahimelechs Sohn: *Bringe mir her den
Leibrock. Und da Abjathar den Leibrock zu
David gebracht hatte, *K.23,9.
8. fragte David den Herrn und sprach:
Soll ich den Kriegsleuten nachjagen, und
werde ich sie ergreifen? Er sprach: Jage
ihnen nach! du wirst sie ergreifen und
Rettung tun.
9. Da zog David hin und die sechshundert Mann, die bei ihm waren; und da sie
kamen an den Bach Besor, blieben etliche
stehen.
10. David aber und die vierhundert Mann
jagten nach; die zweihundert Mann aber,
die stehenblieben, waren zu müde, über
den Bach Besor zu gehen.
11. Und sie fanden einen ägyptischen
Mann auf dem Felde; den führten sie zu
David und gaben ihm Brot, daß er aß, und
tränkten ihn mit Wasser
12. und gaben ihm ein Stück Feigenkuchen und zwei Rosinenkuchen. Und da er
gegessen hatte, *kam sein Geist wieder zu
ihm; denn er hatte in drei Tagen und drei
Nächten nichts gegessen und kein Wasser
getrunken. *Richt. 15,19.
13. David sprach zu ihm: Wes bist du?
und woher bist du? Er sprach: Ich bin ein
ägyptischer Jüngling, eines Amalekiters
Knecht, und mein Herr hat mich verlassen; denn ich ward krank vor drei Tagen.
14. Wir sind eingefallen in das Mittagsland der *Krether und in Juda und in das
Mittagsland †Kalebs und haben Ziklag mit
Feuer verbrannt.
*2. Sam. 8,18. †Jos. 14,13.
15. David sprach zu ihm: Willst du mich
hinabführen zu diesen Kriegsleuten? Er
sprach: Schwöre mir bei Gott, daß du
mich nicht tötest noch in meines Herrn
Hand überantwortest, so will ich dich hinabführen zu diesen Kriegsleuten.
16. Und er führte ihn hinab. Und siehe,
sie hatten sich zerstreut auf dem ganzen
Lande, aßen und tranken und feierten
über all dem großen Raub, den sie genommen hatten aus der Philister und Juda's
Lande.
17. Und David schlug sie vom Morgen an
bis an den Abend gegen den andern Tag,
daß ihrer keiner entrann, außer vierhundert Jünglinge; die stiegen auf die Kamele
und flohen.
18. Also errettete David alles, was die
Amalekiter genommen hatten, und seine
zwei Weiber;
19. und fehlte an keinem, weder klein
noch groß noch Söhne noch Töchter noch
Beute noch alles, das sie genommen hatten; David brachte es alles wieder.
20. Und David nahm die Schafe und Rinder und trieb das Vieh vor sich her, und sie
sprachen: Das ist Davids Raub.
21. Und da David zu den zweihundert
Männern kam, die zu müde gewesen, David nachzufolgen, und am Bach Besor geblieben waren, gingen sie heraus, David
entgegen und dem Volk, das mit ihm war.
Und David trat zum Volk und grüßte sie
freundlich.
22. Da antworteten, was böse und lose
Leute waren unter denen, die mit David
gezogen waren, und sprachen: Weil sie
nicht mit uns gezogen sind, soll man ihnen nichts geben von der Beute, die wir
errettet haben; sondern ein jeglicher führe sein Weib und seine Kinder und gehe
hin.
23. Da sprach David: Ihr sollt nicht so
tun, meine Brüder, mit dem, was uns der
Herr gegeben hat, und hat uns behütet
und diese Kriegsleute, die wider uns gekommen waren, in unsre Hände gegeben.
24. Wer sollte euch darin gehorchen?
*Wie das Teil derjenigen, die in den Streit
hinabgezogen sind, so soll auch sein das
Teil derjenigen, die bei dem Geräte geblieben sind, und soll gleich geteilt werden.
*4. Mose 31,27.
25. Das ist seit der Zeit und forthin in
Israel Sitte und Recht geworden bis auf
diesen Tag.
26. Und da David gen Ziklag kam, sandte
er von der Beute den Ältesten in Juda,
seinen Freunden, und sprach: Siehe, da
habt ihr den Segen aus der Beute der Feinde des Herrn! –
27. nämlich denen zu Beth-El, denen zu
Ramoth im Mittagsland, denen zu Jatthir,
28. denen zu Aroer, denen zu Siphamoth, denen zu Esthemoa,
29. denen zu Rachal, denen in den Städten der Jerahmeeliter, denen in den Städten der Keniter,

30. denen zu Horma, denen zu Bor-Asan, denen zu Athach,
31. denen zu Hebron und allen Orten, da David gewandelt hatte mit seinen Männern.

Das 31. Kapitel

Sauls und seiner Söhne Untergang.
(V. 1–13; vgl. 1. Chron. 10,1–12.)

1. Die Philister aber stritten wider Israel; und die Männer Israels flohen vor den Philistern und fielen erschlagen auf dem Gebirge Gilboa.
2. Und die Philister hingen sich an Saul und seine Söhne und erschlugen Jonathan und Abinadab und Malchisua, die Söhne Sauls.
3. Und der Streit ward hart wider Saul, und die Schützen trafen auf ihn mit Bogen, und er ward sehr verwundet von den Schützen.
4. Da sprach Saul zu seinem Waffenträger: Zieh *dein Schwert aus und erstich mich damit, daß nicht diese Unbeschnittenen kommen und mich erstechen und treiben ihren Spott mit mir. Aber sein Waffenträger wollte nicht; denn er fürchtete sich sehr. Da nahm Saul das Schwert und fiel hinein. *Richt. 9,54.
5. Da nun sein Waffenträger sah, daß Saul tot war, fiel er auch in sein Schwert und starb mit ihm.
6. Also starb Saul und seine drei Söhne und sein Waffenträger und alle seine Männer zugleich auf diesen Tag.
7. Da aber die Männer Israels, die jenseit des Grundes und gegen den Jordan hin waren, sahen, daß die Männer Israels geflohen waren, und daß Saul und seine Söhne tot waren, verließen sie die Städte und flohen auch; so kamen die Philister und wohnten darin.
8. Des andern Tages kamen die Philister, die Erschlagenen auszuziehen, und fanden Saul und seine drei Söhne liegen auf dem Gebirge Gilboa
9. und hieben ihm sein Haupt ab und zogen ihm seine Waffen ab und sandten sie in der Philister Land umher, zu verkündigen im Hause ihrer Götzen und unter dem Volk,
10. und legten seine Rüstung in das Haus der Astharoth; aber seinen Leichnam hingen sie auf die Mauer zu Beth-Sean.
11. Da die zu *Jabes in Gilead hörten, was die Philister Saul getan hatten, *K. 11,1–11.
12. machten sie sich auf, was streitbare Männer waren, und gingen die ganze Nacht und nahmen die Leichname Sauls und seiner Söhne von der Mauer zu Beth-Sean und brachten sie gen Jabes und verbrannten sie daselbst
13. und nahmen ihre Gebeine und begruben sie unter den Baum zu Jabes und *fasteten sieben Tage. *2. Sam. 1,12.

Das zweite Buch Samuel

Das 1. Kapitel

David läßt den Überbringer von Sauls Krone hinrichten.
Sein Trauerlied über Saul und Jonathan.

1. Nach dem Tode Sauls, da David von der Amalekiter Schlacht wiedergekommen und zwei Tage zu Ziklag geblieben war,
2. siehe, da kam am dritten Tag ein Mann aus dem Heer von Saul mit zerrissenen Kleidern und Erde auf seinem Haupt. Und da er zu David kam, fiel er zur Erde und beugte sich nieder.
3. David aber sprach zu ihm: Wo kommst du her? Er sprach zu ihm: Aus dem Heer Israels bin ich entronnen.
4. David sprach zu ihm: Sage mir, wie geht es zu? Er sprach: Das Volk ist geflohen vom Streit, und ist viel Volks gefallen; dazu ist auch Saul tot und sein Sohn Jonathan.
5. David sprach zu dem Jüngling, der ihm solches sagte: Woher weißt du, daß Saul und sein Sohn Jonathan tot sind?
6. Der Jüngling, der ihm solches sagte, sprach: Ich kam von ungefähr aufs Gebirge *Gilboa, und siehe, Saul lehnte sich auf seinen Spieß, und die Wagen und Reiter jagten hinter ihm her. *1. Sam. 31,1–3.
7. Und er wandte sich um und sah mich und rief mich. Und ich sprach: Hier bin ich.
8. Und er sprach zu mir: Wer bist du? Ich sprach zu ihm: Ich bin ein Amalekiter.
9. Und er sprach zu mir: Tritt zu mir und töte mich; denn ich bin bedrängt umher, und mein Leben ist noch ganz in mir.
10. Da trat ich zu ihm und tötete ihn; denn ich wußte wohl, daß er nicht leben

konnte nach seinem Fall; und nahm die Krone von seinem Haupt und das Armgeschmeide von seinem Arm und habe es hergebracht zu dir, meinem Herrn.
11. Da faßte David seine Kleider und *zerriß sie, und alle Männer, die bei ihm waren, *1. Mose 37,29.
12. und trugen Leid und weinten und *fasteten bis an den Abend über Saul und Jonathan, seinen Sohn, und über das Volk des Herrn und über das Haus Israel, daß sie durchs Schwert gefallen waren. *1. Sam. 31,13.
13. Und David sprach zu dem Jüngling, der es ihm ansagte: Wo bist du her? Er sprach: Ich bin eines Fremdlings, eines Amalekiters, Sohn.
14. David sprach zu ihm: Wie, daß du dich nicht gefürchtet hast, deine Hand zu legen an den Gesalbten des Herrn, ihn zu verderben! 1. Sam. 24,7.
15. Und David sprach zu seiner Jünglinge einem: Herzu, und *schlag ihn! Und er schlug ihn, daß er starb. *K. 4,10.12.
16. Da sprach David zu ihm: *Dein Blut sei über deinen Kopf; denn dein Mund hat wider dich selbst geredet und gesprochen: Ich habe den Gesalbten des Herrn getötet. *1. Kön. 2,23.33.
17. Und David klagte diese Klage über Saul und Jonathan, seinen Sohn,
18. und befahl, man sollte die Kinder Juda das *Bogenlied lehren. Siehe, es steht geschrieben im †Buch der Redlichen: *V. 22. †Jos. 10,13.
19. »Die Edelsten in Israel sind auf deiner Höhe erschlagen. Wie sind die Helden gefallen!
20. *Sagt's nicht an zu Gath, verkündet's nicht auf den Gassen zu Askalon, daß sich nicht freuen die Töchter der Philister, daß nicht frohlocken die Töchter der †Unbeschnittenen. *Micha 1,10. †1. Sam. 18,6.
21. Ihr Berge zu Gilboa, es müsse weder tauen noch regnen auf euch noch Äcker sein, davon *Hebopfer kommen; denn daselbst ist den Helden ihr Schild abgeschlagen, der Schild Sauls, als wäre er nicht gesalbt mit Öl. *4. Mose 15,18–21.
22. Der Bogen Jonathans hat nie gefehlt, und das Schwert Sauls ist nie leer wiedergekommen von dem Blut der Erschlagenen und vom Fett der Helden.
23. Saul und Jonathan, holdselig und lieblich in ihrem Leben, sind auch im Tode nicht geschieden; schneller waren sie denn die Adler und stärker denn die Löwen.
24. Ihr Töchter Israels, weinet über Saul, der euch kleidete mit Scharlach säuberlich und schmückte euch mit goldenen Kleinoden an euren Kleidern.
25. Wie sind die Helden so gefallen im Streit! Jonathan ist auf deinen Höhen erschlagen.
26. Es ist mir leid um dich, mein Bruder Jonathan: ich habe große Freude und Wonne an dir gehabt; deine Liebe ist mir sonderlicher gewesen, denn Frauenliebe ist.
27. Wie sind die Helden gefallen und die Streitbaren umgekommen!«

Das 2. Kapitel

David König über Juda, Is-Boseth über Israel. Abner tötet Asahel.

1. Nach dieser Geschichte *fragte David den Herrn und sprach: Soll ich hinauf in der Städte Juda's eine ziehen? Und der Herr sprach zu ihm: Zieh hinauf! David sprach: Wohin? Er sprach: Gen Hebron. *1. Sam. 30,8.
2. Also zog David dahin mit seinen *zwei Weibern, Ahinoam, der Jesreelitin, und Abigail, Nabals, des Karmeliten, Weib. *1. Sam. 25,42.43.
3. Dazu die Männer, die bei ihm waren, führte David hinauf, einen jeglichen mit seinem Hause, und sie wohnten in den Städten Hebrons.
4. Und die Männer Juda's kamen und *salbten daselbst David zum König über das Haus Juda. Und da es David ward angesagt, daß †die von Jabes in Gilead Saul begraben hatten, *K. 5,3; 1. Sam. 16,13. †1. Sam. 31,12.
5. sandte er Boten zu ihnen und ließ ihnen sagen: Gesegnet seid ihr dem Herrn, daß ihr solche Barmherzigkeit an eurem Herrn, Saul, getan und ihn begraben habt.
6. So tue nun an euch der Herr Barmherzigkeit und Treue; und ich will euch auch Gutes tun, darum daß ihr solches getan habt.
7. So seien nun eure Hände getrost, und seiet freudig; denn euer Herr, Saul ist tot; so hat mich das Haus Juda zum König gesalbt über sich.
8. Abner aber, der Sohn Ners, *der Sauls Feldhauptmann war, nahm Is-Boseth, Sauls Sohn, und führte ihn gen Mahanaim *1. Sam. 14,50.
9. und machte ihn zum König über Gilead, über die Asuriter, über Jesreel, Ephraim, Benjamin und über ganz Israel.
10. Und Is-Boseth, Sauls Sohn, war vierzig Jahre alt, da er König ward über Israel,

DAVIDS KRÖNUNG 2. Samuel 2, 4

und regierte zwei Jahre. Aber das Haus Juda hielt es mit David.

11. Die Zeit aber, da David König war zu Hebron über das Haus Juda, war sieben Jahre und sechs Monate.

12. Und Abner, der Sohn Ners, zog aus samt den Knechten Is-Boseths, des Sohnes Sauls, von Mahanaim gen Gibeon;

13. und Joab, der Zeruja Sohn, zog aus samt den Knechten Davids; und sie stießen aufeinander am Teich zu Gibeon, und lagerten sich diese auf dieser Seite des Teichs, jene auf jener Seite.

14. Und Abner sprach zu Joab: Laß sich die Leute aufmachen und vor uns spielen. Joab sprach: Es gilt wohl.

15. Da machten sich auf und gingen hin an der Zahl zwölf aus Benjamin auf Is-Boseths Teil, des Sohnes Sauls, und zwölf von den Knechten Davids.

16. Und ein jeglicher ergriff den andern bei dem Kopf und stieß ihm sein Schwert in seine Seite, und fielen miteinander; daher der Ort genannt wird: Helkath-Hazzurim, der zu Gibeon ist.

17. Und es erhob sich ein sehr harter Streit des Tages. Abner aber und die Männer Israels wurden geschlagen vor den Knechten Davids.

18. Es *waren aber drei Söhne der Zeruja daselbst: Joab, Abisai und Asahel. Asahel aber war von leichten Füßen wie ein Reh auf dem Felde *1. Chron. 2,16.

19. und jagte Abner nach und wich nicht weder zur Rechten noch zur Linken von Abner.

20. Da wandte sich Abner um und sprach: Bist du Asahel? Er sprach: Ja.

21. Abner sprach zu ihm: Hebe dich entweder zur Rechten oder zur Linken und nimm für dich der Leute einen und nimm ihm seine Waffen. Aber Asahel wollte nicht von ihm ablassen.

22. Da sprach Abner weiter zu Asahel: Hebe dich von mir! Warum willst du, daß ich dich zu Boden schlage? Und wie dürfte ich mein Antlitz aufheben vor deinem Bruder Joab?

23. Aber er weigerte sich zu weichen. Da *stach ihn Abner mit dem Schaft des Spießes in seinen Bauch, daß der Spieß hinten ausging; und er fiel daselbst und starb vor ihm. Und wer an den Ort kam, da Asahel tot lag, der stand still. *K. 3,27.

24. Aber Joab und Abisai jagten Abner nach, bis die Sonne unterging. Und da sie kamen auf den Hügel Amma, der vor Giah liegt auf dem Wege zur Wüste Gibeon,
25. versammelten sich die Kinder Benjamins hinter Abner her und wurden ein Haufe und traten auf eines Hügels Spitze.
26. Und Abner rief zu Joab und sprach: Soll denn das Schwert ohne Ende fressen? Weißt du nicht, daß hernach möchte mehr Jammer werden? Wie lange willst du dem Volk nicht sagen, daß es ablasse von seinen Brüdern?
27. Joab sprach: So wahr Gott lebt, hättest du heute morgen so gesagt, das Volk hätte ein jeglicher von seinem Bruder abgelassen.
28. Und Joab blies die Posaune, und alles Volk stand still und jagte nicht mehr Israel nach und stritten auch nicht mehr.
29. Abner aber und seine Männer gingen die ganze Nacht über das Blachfeld und gingen über den Jordan und wandelten durchs ganze Bithron und kamen gen Mahanaim.
30. Joab aber wandte sich von Abner und versammelte das ganze Volk; und es fehlten an den Knechten Davids neunzehn Mann und Asahel.
31. Aber die Knechte Davids hatten geschlagen unter Benjamin und den Männern Abners, daß dreihundertundsechzig Mann waren tot geblieben.
32. Und sie hoben Asahel auf und begruben ihn in seines Vaters Grab zu Bethlehem. Und Joab mit seinen Männern gingen die ganze Nacht, daß ihnen das Licht anbrach zu Hebron.

Das 3. Kapitel

Davids Söhne. Abner geht zu David über, wird aber von Joab umgebracht.

1. Und es war ein langer Streit zwischen dem Hause Sauls und dem Hause Davids. David *aber nahm immer mehr zu, und das Haus Sauls nahm immer mehr ab.
*K.5,10.
2. Und es wurden David *Kinder geboren zu Hebron: Sein erstgeborener Sohn: †Amnon, von Ahinoam, der Jesreelitin;
*1. Chron. 3,1–4. †K. 13,1.
3. der zweite: Chileab, von Abigail, Nabals Weib, des Karmeliten; der dritte: Absalom, der Sohn Maachas, der Tochter Thalmais, des Königs zu Gessur;
4. der vierte: *Adonia, der Sohn der Haggith; der fünfte: Sephatja, der Sohn der Abital; *1. Kön. 1,5.
5. der sechste: Jethream, von Egla, dem Weibe Davids. Diese sind David geboren zu Hebron.
6. Als nun der Streit war zwischen dem Hause Sauls und dem Hause Davids, stärkte Abner das Haus Sauls.
7. Und Saul hatte ein Kebsweib, die hieß *Rizpa, eine Tochter Ajas. Und Is-Boseth sprach zu Abner: Warum hast du dich getan zu meines Vaters Kebsweib? *K.21,8.
8. Da ward Abner sehr zornig über diese Worte Is-Boseths und sprach: Bin ich denn ein Hundskopf, der ich wider Juda an dem Hause Sauls, deines Vaters, und an seinen Brüdern und Freunden Barmherzigkeit tue und habe dich nicht in Davids Hände gegeben? Und du rechnest mir heute eine Missetat zu um ein Weib?
9. Gott tue Abner dies und das, wenn ich nicht tue, wie der Herr dem David geschworen hat,
10. daß das Königreich vom Hause Sauls genommen werde und der Stuhl Davids aufgerichtet werde über Isreael und Juda von Dan bis gen Beer-Seba.
11. Da konnte er fürder ihm kein Wort mehr antworten, so fürchtete er sich vor ihm.
12. Und Abner sandte Boten zu David für sich und ließ ihm sagen: Wes ist das Land? Und sprach: Mach deinen Bund mit mir; siehe, meine Hand soll mit dir sein, daß ich zu dir kehre das ganze Israel.
13. Er sprach: Wohl, ich will einen Bund mit dir machen. Aber eins bitte ich von dir, daß du mein Angesicht nicht sehest, du bringest denn zuvor zu mir Michal, Sauls Tochter, wenn du kommst, mein Angesicht zu sehen.
14. Auch sandte David Boten zu Is-Boseth, dem Sohn Sauls, und ließ ihm sagen: Gib mir mein *Weib Michal, die ich mir verlobt habe mit hundert Vorhäuten der Philister. *1. Sam. 18,25–27.
15. Is-Boseth sandte hin und ließ sie nehmen von dem *Mann Paltiel, dem Sohn des Lais. *1. Sam. 25,44.
16. Und ihr Mann ging mit ihr und weinte hinter ihr bis gen Bahurim. Da sprach Abner zu ihm: Kehre um und gehe hin! Und er kehrte um.
17. Und Abner hatte eine Rede mit den Ältesten in Israel und sprach: Ihr habt schon längst nach David getrachtet, daß er König wäre über euch.
18. So tut's nun; denn der Herr hat von David gesagt: Ich will mein Volk Israel erretten durch die Hand Davids, meines Knechtes, von der Philister Hand und von aller ihrer Feinde Hand.

19. Auch redete Abner vor den Ohren Benjamins und ging auch hin, zu reden vor den Ohren Davids zu Hebron alles, was Israel und dem ganzen Hause Benjamin wohl gefiel.

20. Da nun Abner gen Hebron zu David kam und mit ihm zwanzig Mann, machte ihnen David ein Mahl.

21. Und Abner sprach zu David: Ich will mich aufmachen und hingehen, daß ich das ganze Israel zu meinem Herrn, dem König, sammle und daß sie einen Bund mit dir machen, auf daß du König seist, wie es deine Seele begehrt. Also ließ David Abner von sich, daß er hinginge mit Frieden.

22. Und siehe, die Knechte Davids und Joab kamen von einem Streifzuge und brachten mit sich eine große Beute. Abner aber war nicht mehr bei David zu Hebron, sondern er hatte ihn von sich gelassen, daß er mit Frieden weggegangen war.

23. Da aber Joab und das ganze Heer mit ihm war gekommen, ward ihm angesagt, daß Abner, der Sohn Ners, zum König gekommen war und er hatte ihn von sich gelassen, daß er mit Frieden war weggegangen.

24. Da ging Joab zum König hinein und sprach: Was hast du getan? Siehe, Abner ist zu dir gekommen; warum hast du ihn von dir gelassen, daß er ist weggegangen?

25. Kennst du Abner, den Sohn Ners, nicht? Denn er ist gekommen, dich zu überreden, daß er erkennte deinen Ausgang und Eingang und erführe alles, was du tust.

26. Und da Joab von David ausging, sandte er Boten Abner nach, daß sie ihn wiederum holten, von Bor-Hassira; und David wußte nichts darum.

27. Als nun Abner wieder gen Hebron kam, führte ihn Joab mitten unter das Tor, daß er heimlich mit ihm redete, und *stach ihn daselbst in den Bauch, daß er starb, um seines Bruders †Asahel Bluts willen. *1. Kön. 2,5. †K. 2,23.

28. Da das David hernach erfuhr, sprach er: Ich bin unschuldig und mein Königreich vor dem Herrn ewiglich an dem Blut Abners, des Sohnes Ners;

29. es falle aber auf den Kopf Joabs und auf seines Vaters ganzes Haus, und müsse nicht aufhören im Hause Joabs, der einen Eiterfluß und Aussatz habe und am Stabe gehe und durchs Schwert falle und an Brot Mangel habe.

30. Also erwürgten Joab und sein Bruder Abisai Abner, darum daß er ihren Bruder Asahel getötet hatte im Streit zu Gibeon.

31. David aber sprach zu Joab und allem Volk, das mit ihm war: Zerreißet eure Kleider und gürtet Säcke um euch und traget Leid um Abner! Und der König ging dem Sarge nach.

32. Und da sie Abner begruben zu Hebron, *hob der König seine Stimme auf und weinte bei dem Grabe Abners, und weinte auch alles Volk. *1. Sam. 30,4.

33. Und der König klagte um Abner und sprach: Mußte Abner sterben, wie ein Ruchloser stirbt?

34. Deine Hände waren nicht gebunden, deine Füße waren nicht in Fesseln gesetzt; du bist gefallen, wie man vor bösen Buben fällt. Da beweinte ihn alles Volk noch mehr.

35. Da nun alles Volk hineinkam, mit David zu essen, da es noch hoch am Tage war, schwur David und sprach: Gott tue mir dies und das, wo ich Brot oder etwas koste, ehe die Sonne untergeht.

36. Und alles Volk erkannte es, und gefiel ihnen auch wohl, wie alles, was der König tat, dem ganzen Volke wohl gefiel;

37. und alles Volk und ganz Israel merkten des Tages, daß es nicht vom König war, daß Abner, der Sohn Ners, getötet ward.

38. Und der König sprach zu seinen Knechten: Wisset ihr nicht, daß auf diesen Tag *ein Fürst und Großer gefallen ist in Israel? *1. Sam. 26,15.

39. Ich aber bin noch zart und erst gesalbt zum König. Aber die Männer, die Kinder der Zeruja, sind mir verdrießlich. Der Herr vergelte dem, der Böses tut, nach seiner Bosheit.

Das 4. Kapitel

Is-Boseth wird ermordet. David rächt seinen Tod.

1. Da aber der Sohn Sauls hörte, daß Abner zu Hebron tot wäre, wurden seine Hände laß, und ganz Israel erschrak.

2. Es waren aber zwei Männer, Hauptleute der streifenden Rotten unter dem Sohn Sauls; einer hieß Baana, der andere Rechab, Söhne Rimmons, des Beerothiters, aus den Kindern Benjamin. (Denn Beeroth ward auch unter Benjamin gerechnet;

3. und die Beerothiter waren geflohen gen Gitthaim und wohnten daselbst gastweise bis auf den heutigen Tag.)

4. Auch hatte Jonathan, der Sohn Sauls, einen Sohn, der war lahm an den Füßen und war fünf Jahre alt, da das Geschrei von Saul und Jonathan aus Jesreel kam und

seine Amme ihn aufhob und floh; und indem sie eilte und floh, fiel er und ward
hinkend; und er hieß Mephiboseth. K.9,3.
5. So gingen nun hin die Söhne Rimmons, des Beerothiters, Rechab und Baana, und kamen zum Hause Is-Boseths, da
der Tag am heißesten war; und er lag auf
seinem Lager am Mittag.
6. Und sie kamen ins Haus, Weizen zu
holen, und stachen ihn in den Bauch und
entrannen.
7. Denn da sie ins Haus kamen, lag er auf
seinem Bette in seiner Schlafkammer;
und sie stachen ihn tot und hieben ihm
den Kopf ab und nahmen seinen Kopf und
gingen hin des Weges auf dem Blachfelde
die ganze Nacht
8. und brachten das Haupt Is-Boseths zu
David gen Hebron und sprachen zum König: Siehe, da ist das Haupt Is-Boseths,
Sauls Sohnes, deines Feindes, der nach
deiner Seele stand; der Herr hat heute
meinen Herrn, den König, gerächt an Saul
und an seinem Samen.
9. Da antwortete ihnen David: So wahr
der Herr lebt, der meine Seele aus aller
Trübsal erlöst hat,
10. ich *griff den, der mir verkündigte
und sprach: Saul ist tot! und meinte, er
wäre ein guter Bote, und erwürgte ihn zu
Ziklag, dem ich sollte Botenlohn geben.
*K.1,15.
11. Und diese gottlosen Leute haben einen gerechten Mann in seinem Hause auf
seinem Lager erwürgt. Ja, sollte ich das
Blut nicht fordern von euren Händen und
euch von der Erde tun?
12. Und David gebot seinen Jünglingen;
die erwürgten sie und hieben ihnen Hände
und Füße ab und hingen sie auf am Teich
zu Hebron. Aber das Haupt Is-Boseths
nahmen sie und begruben's in Abners
Grab zu Hebron.

Das 5. Kapitel

Die übrigen Stämme salben David.
Jerusalem erobert. Davids Haus und Siege.
(V.1–10: vgl. 1.Chron. 11,1–9.)

1. Und es kamen alle Stämme Israels zu
David gen Hebron und sprachen: Siehe,
*wir sind deines Gebeins und deines Flei-
sches. *K.19,13.
2. Dazu auch vormals, da Saul über uns
König war, führtest du Israel aus und ein.
So hat der Herr dir gesagt: Du sollst mein
Volk Israel hüten und sollst ein *Herzog
sein über Israel. *1.Sam. 13,14; 25,30.
3. Und es kamen alle Ältesten in Israel
zum König gen Hebron. Und der König
David machte mit ihnen einen Bund zu
Hebron vor dem Herrn, und *sie salbten
David zum König über Israel.
*K.2,4; 1.Sam. 16,13.
4. Dreißig Jahre war David alt, da er König ward, und regierte vierzig Jahre.
1.Kön. 2,11; 1.Chron. 29,27.
5. Zu Hebron regierte er sieben Jahre
und sechs Monate über Juda; aber zu Jerusalem regierte er dreiunddreißig Jahre
über ganz Israel und Juda.
6. Und der König zog hin mit seinen
Männern gen Jerusalem wider die Jebusiter, die im Lande wohnten. Sie aber sprachen zu David: Du wirst nicht hier hereinkommen, sondern Blinde und Lahme werden dich abtreiben. Damit meinten sie
aber, daß David nicht würde dahinein
kommen.
7. David aber gewann die Burg Zion, das
ist Davids Stadt.
8. Da sprach David desselben Tages: Wer
die Jebusiter schlägt und erlangt die Dach-
rinnen, die Lahmen und Blinden, denen
die Seele Davids feind ist...! Daher spricht
man: Laß keinen Blinden und Lahmen ins
Haus kommen.
9. Also wohnte David auf der Burg und
hieß sie Davids Stadt. Und David baute
ringsumher von Millo an einwärts.
10. Und *David nahm immer mehr zu,
und der Herr, der Gott Zebaoth, war mit
ihm. *K.3,1. (V.11–25: vgl. 1.Chron. 14,1–16.)
11. Und Hiram, der König zu Tyrus,
sandte Boten zu David und Zedernbäume
und Zimmerleute und Steinmetzen, daß
sie David ein Haus bauten.
12. Und David merkte, daß ihn der Herr
zum König über Israel bestätigt hatte und
sein Königreich erhöht um seines Volks
Israel willen.
13. Und David nahm noch mehr Weiber
und Kebsweiber zu Jerusalem, nachdem
er von Hebron gekommen war; und wurden ihm noch mehr Söhne und Töchter
geboren.
14. Und das sind die Namen derer, die
ihm zu Jerusalem geboren sind: Sammua,
Sobab, *Nathan, †Salomo,
*Luk.3,31. †Matth.1,6.
15. Jibhar, Elisua, Nepheg, Japhia,
16. Elisama, Eljada, Eliphelet.
17. Und da die Philister hörten, daß man
David zum König über Israel gesalbt hatte,
zogen sie alle herauf, David zu suchen. Da
das David erfuhr, zog er hinab in eine
Burg.
18. Aber die Philister kamen und ließen
sich nieder im Grunde Rephaim.

19. Und David fragte den Herrn und sprach: Soll ich hinaufziehen wider die Philister? und willst du sie in meine Hand geben? Der Herr sprach zu David: Zieh hinauf! Ich will die Philister in deine Hände geben. 1.Sam.30,8.

20. Und David kam gen Baal-Perazim und schlug sie daselbst und sprach: Der Herr hat meine Feinde vor mir voneinander gerissen, wie die Wasser reißen. Daher hieß man denselben Ort Baal-Perazim.

21. Und sie ließen ihre Götzen daselbst; David aber und seine Männer hoben sie auf.

22. Die Philister aber zogen abermals herauf und ließen sich nieder im Grunde Rephaim.

23. Und David fragte den Herrn; der sprach: Du sollst nicht hinaufziehen, sondern komm von hinten zu ihnen, daß du an sie kommest gegenüber den Maulbeerbäumen.

24. Und wenn du hören wirst das Rauschen auf den Wipfeln der Maulbeerbäume einhergehen, so eile; denn der Herr ist dann ausgegangen vor dir her, zu schlagen das Heer der Philister.

25. David tat, wie der Herr ihm geboten hatte, und schlug die Philister von Geba an, bis man kommt gen Geser.

Das 6. Kapitel

Abholung der Bundeslade nach Jerusalem. Michals Spott.
(V. 1–11: vgl. 1.Chron. 13.)

1. Und David sammelte abermals alle junge Mannschaft in Israel, 30000,

2. und machte sich auf und ging hin mit allem Volk, das bei ihm war, gen *Baal in Juda, daß er die Lade Gottes von da heraufholte, deren Name heißt: †Der Name des Herrn Zebaoth wohnt darauf über den Cherubim. *Jos.15,9. †2.Mose 25,22.

3. Und sie ließen die Lade Gottes führen auf einem neuen Wagen und holten sie *aus dem Hause Abinadabs, der auf dem Hügel wohnte. Usa aber und Ahjo, die Söhne Abinadabs, trieben den neuen Wagen. *1.Sam.7,1.

4. Und da sie ihn mit der Lade Gottes aus dem Hause Abinadabs führten, der auf dem Hügel wohnte, und Ahjo vor der Lade her ging,

5. spielte David und das ganze Haus Israel vor dem Herrn her mit allerlei Saitenspiel von Tannenholz, mit Harfen und Psaltern und Pauken und Schellen und Zimbeln.

6. Und da sie kamen zur Tenne Nachons, griff Usa zu und hielt die Lade Gottes; denn die Rinder traten beiseit aus.

7. Da ergrimmte des Herrn Zorn über Usa, und Gott schlug ihn daselbst um seines Frevels willen, daß er daselbst *starb bei der Lade Gottes. *4.Mose 4,15; 1.Sam. 6,19.

8. Da ward David betrübt, daß der Herr den Usa so wegriß, und man hieß die Stätte Perez-Usa bis auf diesen Tag.

9. Und David fürchtete sich vor dem Herrn des Tages und sprach: Wie soll die Lade des Herrn zu mir kommen?

10. Und wollte sie nicht lassen zu sich bringen in die Stadt Davids, sondern ließ sie bringen ins Haus Obed-Edoms, des Gathiters.

11. Und da die Lade des Herrn drei Monate blieb im Hause Obed-Edoms, des Gathiters, segnete ihn der Herr und sein ganzes Haus. (V. 12–16: vgl. 1.Chron. 15.)

12. Und es ward dem König David angesagt, daß der Herr das Haus Obed-Edoms segnete und alles, was er hatte, um der Lade Gottes willen. Da ging er hin und holte die Lade Gottes aus dem Hause Obed-Edoms herauf in die Stadt Davids mit Freuden.

13. Und da sie einhergegangen waren mit der Lade des Herrn sechs Gänge, opferte man einen Ochsen und ein fettes Schaf. 1.Kön. 8,5.

14. Und David tanzte mit aller Macht vor dem Herrn her und war begürtet mit einem leinenen Leibrock.

15. Und David samt dem ganzen Israel führten die Lade des Herrn herauf mit Jauchzen und Posaunen.

16. Und da die Lade des Herrn in die Stadt Davids kam, guckte Michal, die Tochter Sauls, durchs Fenster und sah den König David springen und tanzen vor dem Herrn und verachtete ihn in ihrem Herzen. (V. 17–19: vgl. 1.Chron. 16.)

17. Da sie aber die Lade des Herrn hineinbrachten, stellten sie die an ihren Ort mitten in der Hütte, die David für sie hatte aufgeschlagen. Und David opferte Brandopfer und Dankopfer vor dem Herrn.

18. Und da David hatte ausgeopfert die Brandopfer und Dankopfer, *segnete er das Volk in dem Namen des Herrn Zebaoth *1.Kön. 8,55.

19. und teilte aus allem Volk, der ganzen Menge Israels, sowohl Mann als Weib, einem jeglichen einen Brotkuchen und ein Stück Fleisch und ein halbes Maß Wein. Da kehrte alles Volk heim, ein jeglicher in sein Haus.

20. Da aber David wiederkam, sein Haus

zu grüßen, ging Michal, die Tochter
Sauls, heraus ihm entgegen und sprach:
Wie herrlich ist heute der König von Israel
gewesen, der sich vor den Mägden seiner
Knechte entblößt hat, wie sich die losen
Leute entblößen!
21. David aber sprach zu Michal: Ich will
vor dem Herrn spielen, der mich erwählt
hat vor deinem Vater und vor allem seinem Hause, daß er mir befohlen hat, *ein
Fürst zu sein über das Volk des Herrn,
über Israel, *K.5,2.
22. und will noch geringer werden denn
also und will niedrig sein in meinen Augen
und mit den Mägden, von denen du geredet hast, zu Ehren kommen.
23. Aber Michal, Sauls Tochter, hatte
kein Kind bis an den Tag ihres Todes.

Das 7. Kapitel

David will einen Tempel bauen und empfängt
die Verheißung von dem ewigen Königreich
seines Samens. Sein Gebet.
(Vgl. 1.Chron. 17.)

1. Da nun der König in seinem Hause saß
und der Herr ihm Ruhe gegeben hatte von
allen seinen Feinden umher,
2. sprach er zu dem Propheten Nathan:
Siehe, ich wohne in einem Zedernhause,
und die Lade Gottes wohnt unter den Teppichen. Ps.132.
3. Nathan sprach zu dem König: Gehe
hin; alles, was du in deinem Herzen hast,
das tue; denn der Herr ist mit dir.
4. Des Nachts aber kam das Wort des
Herrn zu Nathan und sprach:
5. Gehe hin und sage zu meinem Knechte David: So spricht der Herr: Solltest du
mir *ein Haus bauen, daß ich darin wohne? *1.Chron. 22,8; 1.Kön. 5,17.
6. Habe ich doch in keinem *Hause gewohnt seit dem Tage, da ich die Kinder
Israel aus Ägypten führte, bis auf diesen
Tag, sondern ich habe gewandelt in der
Hütte und Wohnung.
*1.Kön 8,16.27; Jes.66,1.
7. Wo ich mit allen Kindern Israel hin
wandelte, habe ich auch je geredet mit
irgend der Stämme Israels einem, dem ich
befohlen habe, mein Volk Israel zu weiden, und gesagt: Warum bauet ihr mir
nicht ein Zedernhaus?
8. So sollst du nun so sagen meinem
Knechte David: So spricht der Herr Zebaoth: Ich habe dich genommen von den
Schafhürden, daß du sein solltest ein
Fürst über mein Volk Israel,
1.Sam. 16,11–13.
9. und bin mit dir gewesen, wo du hin
gegangen bist, und habe alle deine Feinde
vor dir ausgerottet und habe dir einen
großen Namen gemacht wie der Name der
Großen auf Erden.
10. Und ich will meinem Volk Israel einen Ort setzen und will es pflanzen, daß es
daselbst wohne und nicht mehr in der Irre
gehe, und es die Kinder der Bosheit nicht
mehr drängen wie vormals und seit der
Zeit, daß ich Richter über mein Volk Israel
verordnet habe;
11. und will dir Ruhe geben von allen
deinen Feinden. Und der Herr verkündigt
dir, daß der Herr dir ein Haus machen
will.
12. Wenn nun deine Zeit hin ist, daß du
mit deinen Vätern schlafen liegst, will ich
deinen Samen nach dir erwecken, der von
deinem Leibe kommen soll; dem will ich
sein Reich bestätigen. 1.Kön. 8,20; Jes. 9,6.
13. *Der soll meinem Namen ein Haus
bauen, und ich will den Stuhl seines Königreichs bestätigen ewiglich.
*1.Kön. 5,19; 6,12; Ps.89,4.5.
14. Ich *will sein Vater sein, und er soll
mein Sohn sein. Wenn er eine Missetat
tut, will ich ihn mit Menschenruten und
mit der Menschenkinder Schlägen strafen; *Ps.89,27; Hebr.1,5; Luk.1,32.
15. aber meine Barmherzigkeit soll nicht
von ihm entwandt werden, *wie ich sie
entwandt habe von Saul, den ich vor dir
habe weggenommen. *1.Sam. 15,23.26.
16. Aber dein Haus und dein Königreich
soll beständig sein ewiglich vor dir, und
dein Stuhl soll ewiglich bestehen.
Ps.72,17; Jes.55,3.
17. Da Nathan alle diese Worte und all
dies Gesicht David gesagt hatte,
18. kam David, der König, und blieb vor
dem Herrn und sprach: *Wer bin ich, Herr
Herr, und was ist mein Haus, daß du mich
bis hieher gebracht hast? *1.Mose 32,11.
19. Dazu hast du das zu wenig geachtet,
Herr Herr, sondern hast dem Hause deines Knechtes noch von fernem Zukünfti-
gem geredet, und das nach Menschenweise, Herr Herr!
20. Und was soll David mehr reden mit
dir? Du erkennst deinen Knecht, Herr
Herr!
21. Um deines Wortes willen und nach
deinem Herzen hast du solche große Dinge alle getan, daß du sie deinem Knecht
kundtätest.
22. Darum bist du auch groß geachtet,
Herr, Gott; denn es ist keiner wie du und
ist kein Gott als du, nach allem, was wir
mit unsern Ohren gehört haben.

DAVID HOLT DIE BUNDESLADE EIN 2. Samuel 6, 14–16

23. Denn wo *ist ein Volk auf Erden wie
dein Volk Israel, um welches willen Gott
ist hingegangen, sich ein Volk zu erlösen
und sich einen Namen zu machen und
solch große und schreckliche Dinge zu
tun in deinem Lande vor deinem Volk,
welches du dir erlöst hast von Ägypten,
von den Heiden und ihren Göttern?

*5. Mose 4,7.

24. Und du hast dir dein Volk Israel zubereitet, dir zum Volk in Ewigkeit; und du,
Herr, bist ihr Gott geworden.
25. So bekräftige nun, Herr, Gott, das
Wort in Ewigkeit, das du über deinen
Knecht und über sein Haus geredet hast,
und tue, wie du geredet hast!
26. So wird dein Name groß werden in
Ewigkeit, daß man wird sagen: Der Herr
Zebaoth ist der Gott über Israel, und das
Haus deines Knechtes David wird bestehen vor dir.
27. Denn du, Herr Zebaoth, du Gott Israels, hast das *Ohr deines Knechtes geöffnet und gesagt: Ich will dir ein Haus bau-
en. Darum hat dein Knecht sein Herz gefunden, daß er dies Gebet zu dir betet.

*Jes. 50,5.

28. Nun, Herr Herr, du bist Gott, und
deine Worte werden Wahrheit sein. Du
hast solches Gute über deinen Knecht geredet. 1. Kön. 8,26.
29. So hebe nun an und segne das Haus
deines Knechtes, daß es ewiglich vor dir
sei; denn du, Herr Herr, hast's geredet,
und mit deinem Segen wird deines Knechtes Haus gesegnet werden ewiglich.

Das 8. Kapitel

Davids Siege und Schätze. Bestellung der Ämter.
(Vgl. 1. Chron. 18.)

1. Und es begab sich darnach, daß David
die Philister schlug und schwächte sie und
nahm den Dienstzaum von der Philister
Hand.
2. Er schlug auch die Moabiter also zu
Boden, daß er zwei Teile zum Tod brachte
und einen Teil am Leben ließ. Also wurden
die Moabiter David untertänig, daß sie
ihm Geschenke zutrugen.
3. David schlug auch Hadadeser, den
Sohn Rehobs, König zu Zoba, da er hinzog, seine Macht wieder zu holen an dem
Wasser Euphrat.

4. Und David fing aus ihnen 1700 Reiter und 20000 Mann Fußvolk und *verlähmte alle Rosse der Wagen und behielt übrig hundert Wagen. *Jos. 11,9.
5. Es kamen aber die Syrer von Damaskus, zu helfen Hadadeser, dem König zu Zoba; und David schlug der Syrer 22000 Mann
6. und legte Volk in das Syrien von Damaskus. Also ward Syrien David untertänig, daß sie ihm Geschenke zutrugen. Denn der Herr half David, wo er hin zog.
7. Und David nahm die goldenen Schilde, die Hadadesers Knechte gehabt hatten, und brachte sie gen Jerusalem.
8. Aber von Betah und Berothai, den Städten Hadadesers, nahm der König David sehr viel Erz.
9. Da aber Thoi, der König zu Hamath, hörte, daß David hatte alle Macht des Hadadeser geschlagen,
10. sandte er Joram, seinen Sohn, zu David, ihn freundlich zu grüßen und ihn zu segnen, daß er wider Hadadeser gestritten und ihn geschlagen hatte (denn Thoi hatte einen Streit mit Hadadeser); und er hatte mit sich silberne, goldene und eherne Kleinode,
11. welche der König David auch dem Herrn heiligte samt dem Silber und Gold, das er heiligte von allen Heiden, die er unter sich gebracht:
12. von Syrien, von Moab, von den Kindern Ammon, von den Philistern, von Amalek, von der Beute Hadadesers, des Sohnes Rehobs, Königs zu Zoba.
13. Auch machte sich David einen Namen, da er wiederkam von der Syrer Schlacht und schlug im Salztal 18000 Mann, Ps. 60,2.
14. und legte Volk in ganz Edom, und ganz Edom war David unterworfen; denn der Herr half David, wo er hin zog. 1. Mose 27,40.
15. Also war David König über ganz Israel, und er schaffte Recht und Gerechtigkeit allem Volk.
16. Joab, der Zeruja Sohn, war über das Heer; Josaphat aber, der Sohn Ahiluds, war Kanzler; K. 20,23–26.
17. Zadok, der Sohn Ahitobs, und Ahimelech, der Sohn Abjathars, waren Priester; Seraja war Schreiber;
18. Benaja, der Sohn Jojadas, war über die *Krether und Plether, und die Söhne Davids waren †Priester.

*Leibwache. K. 15,18; 1. Sam. 30,14. †1. Kön. 4,5.

Das 9. Kapitel

Guttätigkeit Davids gegen Mephiboseth.

1. Und David sprach: Ist auch noch jemand übriggeblieben von dem Hause Sauls, daß ich Barmherzigkeit an ihm tue um Jonathans willen?
2. Es war aber ein Knecht vom Hause Sauls, der hieß *Ziba; den riefen sie zu David. Und der König sprach zu ihm: Bist du Ziba? Er sprach: Ja, dein Knecht. *K. 16,1.
3. Der König sprach: Ist noch jemand vom Hause Sauls, daß ich Gottes Barmherzigkeit an ihm tue? Ziba sprach zum König: *Es ist noch da ein Sohn Jonathans, lahm an den Füßen. *K. 4,4.
4. Der König sprach zu ihm: Wo ist er? Ziba sprach zum König: Siehe, er ist zu Lo-Dabar im Hause *Machirs, des Sohnes Ammiels. *K. 17,27.
5. Da sandte der König David hin und ließ ihn holen von Lo-Dabar aus dem Hause Machirs, des Sohnes Ammiels.
6. Da nun Mephiboseth, der Sohn Jonathans, des Sohnes Sauls, zu David kam, fiel er auf sein Angesicht und beugte sich nieder. David aber sprach: Mephiboseth! Er sprach: Hier bin ich, dein Knecht.
7. David sprach zu ihm: Fürchte dich nicht; denn ich will Barmherzigkeit an dir tun um Jonathans, deines Vaters, willen und will dir allen Acker deines Vaters Saul wiedergeben; du aber sollst täglich an meinem Tisch das Brot essen.
8. Er aber fiel nieder und sprach: Wer bin ich, dein Knecht, daß du dich wendest zu einem *toten Hunde, wie ich bin? *1. Sam. 24,15.
9. Da rief der König Ziba, den Diener Sauls, und sprach zu ihm: Alles, was Saul gehört hat und seinem ganzen Hause, habe ich dem Sohn deines Herrn gegeben.
10. So arbeite ihm nun seinen Acker, du und deine Kinder und Knechte, und bringe es ein, daß es das Brot sei des Sohnes deines Herrn, daß er sich nähre; aber Mephiboseth, deines Herrn Sohn, soll täglich das Brot essen an meinem Tisch. Ziba aber hatte fünfzehn Söhne und zwanzig Knechte.
11. Und Ziba sprach zum König: Alles, wie mein Herr, der König, seinem Knechte geboten hat, so soll dein Knecht tun. Und Mephiboseth [sprach David] *esse an meinem Tische wie der Königskinder eins. *K. 19,29.
12. Und Mephiboseth hatte einen kleinen Sohn, der hieß Micha. Aber alles, was im

Hause Zibas wohnte, das diente Mephiboseth.
13. Mephiboseth aber wohnte zu Jerusalem; denn er aß täglich an des Königs
Tisch, und er *hinkte mit seinen beiden
Füßen. *V.3.

Das 10. Kapitel

Die Ammoniter verhöhnen Davids Gesandte
und werden samt ihren Hilfsvölkern geschlagen.
(Vgl. 1. Chron. 19.)

1. Und es begab sich darnach, daß der
König der Kinder Ammon starb, und sein
Sohn Hanun ward König an seiner Statt.
2. Da sprach David: Ich will Barmherzigkeit tun an Hanun, dem Sohn des Nahas,
wie sein Vater an mir Barmherzigkeit getan hat. Und sandte hin und ließ ihn trösten durch seine Knechte über seinen Vater. Da nun die Knechte Davids ins Land
der Kinder Ammon kamen,
3. sprachen die Gewaltigen der Kinder
Ammon zu ihrem Herrn, Hanun: Meinst
du, daß David deinen Vater ehren wolle,
daß er Tröster zu dir gesandt hat? Meinst
du nicht, daß er darum hat seine Knechte
zu dir gesandt, daß er die Stadt erforsche
und erkunde und umkehre?
4. Da nahm Hanun die Knechte Davids
und schor ihnen den Bart halb und schnitt
ihnen die Kleider halb ab bis an den Gürtel
und ließ sie gehen.
5. Da das David ward angesagt, sandte er
ihnen entgegen; denn die Männer waren
sehr geschändet. Und der König ließ ihnen sagen: Bleibt zu Jericho, bis euer Bart
gewachsen; so kommt dann wieder.
6. Da aber die Kinder Ammon sahen, daß
sie vor David stinkend waren geworden,
sandten sie hin und dingten die Syrer des
Hauses Rehob und die Syrer zu Zoba,
20000 Mann Fußvolk, und von dem König
Maachas 1000 Mann und von Is-Tob
12000 Mann.
7. Da das David hörte, sandte er Joab mit
dem ganzen Heer der Kriegsleute.
8. Und die Kinder Ammon zogen aus und
rüsteten sich zum Streit vor dem Eingang
des Tors. Die Syrer aber von Zoba, von
Rehob, von Is-Tob und von Maacha waren
allein im Felde.
9. Da Joab nun sah, daß der Streit auf ihn
gestellt war vorn und hinten, erwählte er
aus aller jungen Mannschaft in Israel und
stellte sich wider die Syrer.
10. Und das übrige Volk tat er unter die
Hand seines Bruders Abisai, daß er sich
rüstete wider die Kinder Ammon,
11. und sprach: Werden mir die Syrer
überlegen sein, so komm mir zu Hilfe;
werden aber die Kinder Ammon dir überlegen sein, so will ich dir zu Hilfe kommen.
12. Sei getrost und laß uns stark sein für
unser Volk und für die Städte unsers Gottes; der Herr aber tue, was ihm gefällt.
13. Und Joab machte sich herzu mit dem
Volk, das bei ihm war, zu streiten wider die
Syrer; und sie flohen vor ihm.
14. Und da die Kinder Ammon sahen,
daß die Syrer flohen, flohen sie auch vor
Abisai und zogen in die Stadt. Also kehrte
Joab um von den Kindern Ammon und
kam gen Jerusalem.
15. Und da die Syrer sahen, daß sie geschlagen waren vor Israel, kamen sie zuhauf.
16. Und Hadadeser sandte hin und
brachte heraus die Syrer jenseit des
Stroms und führte herein ihre Macht; und
Sobach, der Feldhauptmann Hadadesers,
zog vor ihnen her.
17. Da das David ward angesagt, sammelte er zuhauf das ganze Israel und zog über
den Jordan und kam gen Helam. Und die
Syrer stellten sich wider David, mit ihm zu
streiten.
18. Aber die Syrer flohen vor Israel. Und
David verderbte der Syrer 700 Wagen und
40000 Reiter; dazu Sobach, den Feldhauptmann, schlug er, daß er daselbst
starb.
19. Da aber die Könige, die unter Hadadeser waren, sahen, daß sie geschlagen
waren vor Israel, machten sie Frieden mit
Israel und wurden ihnen untertan. Und
die Syrer fürchteten sich, den Kindern
Ammon mehr zu helfen.

Das 11. Kapitel

Davids Ehebruch und Blutschuld.

1. Und da das Jahr um kam, zur Zeit,
wann die Könige pflegen auszuziehen,
sandte David Joab und seine Knechte mit
ihm und das ganze Israel, daß sie die Kinder Ammon verderbten und Rabba belagerten. David aber blieb zu Jerusalem.
1. Chron. 20,1.
2. Und es begab sich, *daß David um den
Abend aufstand von seinem Lager und
ging auf dem Dach des Königshauses und
sah vom Dach ein Weib sich waschen; und
das Weib war sehr schöner Gestalt.
*Matth. 5,28.29.
3. Und David sandte hin und ließ nach

dem Weibe fragen, und man sagte: Ist das
nicht Bath-Seba, die Tochter Eliams, das
Weib *Urias, des Hethiters? *K.23,39.
4. Und David sandte Boten hin und ließ
sie holen. Und da sie zu ihm hineinkam,
schlief er bei ihr. *Sie aber reinigte sich
von ihrer Unreinigkeit und kehrte wieder
zu ihrem Hause. *3.Mose 15,18.
5. Und das Weib ward schwanger und
sandte hin und ließ David verkündigen
und sagen: Ich bin schwanger geworden.
6. David aber sandte zu Joab: Sende zu
mir Uria, den Hethiter. Und Joab sandte
Uria zu David.
7. Und da Uria zu ihm kam, fragte David,
ob es mit Joab und mit dem Volk und mit
dem Streit wohl stünde?
8. Und David sprach zu Uria: Gehe hinab
in dein Haus und wasche deine Füße. Und
da Uria zu des Königs Haus hinausging,
folgte ihm nach des Königs Geschenk.
9. Aber Uria legte sich schlafen vor der
Tür des Königshauses, da alle Knechte seines Herrn lagen, und ging nicht hinab in
sein Haus.
10. Da man aber David ansagte: Uria ist
nicht hinab in sein Haus gegangen, sprach
David zu ihm: Bist du nicht über Feld
hergekommen? Warum bist du nicht hinab in dein Haus gegangen?
11. Uria aber sprach zu David: Die *Lade
und Israel und Juda bleiben in Zelten, und
Joab, mein Herr, und meines Herrn
Knechte liegen zu Felde, und ich sollte in
mein Haus gehen, daß ich äße und tränke
und bei meinem Weibe läge? So wahr du
lebst und deine Seele lebt, ich tue solches
nicht. *1.Sam. 4,4.
12. David sprach zu Uria: So bleibe auch
heute hier; morgen will ich dich lassen
gehen. So blieb Uria zu Jerusalem des
Tages und des andern dazu.
13. Und David lud ihn, daß er vor ihm aß
und trank, und machte ihn trunken. Aber
des Abends ging er aus, daß er sich schlafen legte auf sein Lager mit seines Herrn
Knechten, und ging nicht hinab in sein
Haus.
14. Des Morgens schrieb David einen
Brief an Joab und sandte ihn durch Uria.
15. Er schrieb aber also in den Brief:
Stellet Uria an den Streit, da er am härtesten ist, und wendet euch hinter ihm ab,
daß er erschlagen werde und sterbe.
16. Als nun Joab um die Stadt lag, stellte
er Uria an den Ort, wo er wußte, daß
streitbare Männer waren.
17. Und da die Männer der Stadt herausfielen und stritten wider Joab, fielen etliche des Volks von den Knechten Davids,
und Uria, der Hethiter, starb auch.
18. Da sandte Joab hin und ließ David
ansagen allen Handel des Streits
19. und gebot dem Boten und sprach:
Wenn du allen Handel des Streits hast
ausgeredet mit dem König
20. und siehst, daß der König sich erzürnt und zu dir spricht: Warum habt ihr
euch so nahe zur Stadt gemacht mit dem
Streit? Wisset ihr nicht, wie man pflegt
von der Mauer zu schießen?
21. Wer schlug Abimelech, den Sohn Jerubbeseths? *Warf nicht ein Weib einen
Mühlstein auf ihn von der Mauer, daß er
starb zu Thebez? Warum habt ihr euch so
nahe zur Mauer gemacht? so sollst du sagen: Dein Knecht Uria, der Hethiter, ist
auch tot. *Richt. 9,53.
22. Der Bote ging hin und kam und sagte
an David alles, darum ihn Joab gesandt
hatte.
23. Und der Bote sprach zu David: Die
Männer nahmen überhand wider uns und
fielen zu uns heraus aufs Feld; wir aber
waren an ihnen bis vor die Tür des Tors;
24. und die Schützen schossen von der
Mauer auf deine Knechte und töteten etliche von des Königs Knechten; dazu ist
Uria, dein Knecht, der Hethiter, auch tot.
25. David sprach zu dem Boten: So sollst
du zu Joab sagen: Laß dir das nicht übel
gefallen; denn das Schwert frißt jetzt diesen, jetzt jenen. Fahre fort mit dem Streit
wider die Stadt, daß du sie zerbrechest,
und seid getrost.
26. Und da Urias Weib hörte, daß ihr
Mann, Uria, tot war, trug sie Leid um ihren Eheherrn.
27. Da sie aber ausgetrauert hatte, sandte David hin und ließ sie in sein Haus
holen, und sie ward sein Weib und gebar
ihm einen Sohn. Aber die Tat gefiel dem
Herrn übel, die David tat. 2.Mose 20,13.14.

Das 12. Kapitel

Nathans Bußpredigt; David bekennt seine
Sünde und empfängt Vergebung.
Salomos Geburt. Eroberung von Rabba.

1. Und der Herr sandte Nathan zu David.
Da der zu ihm kam, sprach er zu ihm: Es
waren zwei Männer in einer Stadt, einer
reich, der andere arm.
2. Der Reiche hatte sehr viele Schafe und
Rinder;
3. aber der Arme hatte nichts denn ein
einziges kleines Schäflein, das er gekauft
hatte. Und er nährte es, daß es groß ward
bei ihm und bei seinen Kindern zugleich:

DAVID BETRACHTET BATH-SEBA 2. Samuel 11, 2

er aß von seinem Bissen und trank von
seinem Becher und schlief in seinem
Schoß, und er hielt es wie eine Tochter.
4. Da aber zu dem reichen Mann ein Gast
kam, schonte er zu nehmen von seinen
Schafen und Rindern, daß er dem Gast
etwas zurichtete, der zu ihm gekommen
war, und nahm das Schaf des armen Mannes und richtete es zu dem Mann, der zu
ihm gekommen war.
5. Da ergrimmte David mit großem Zorn
wider den Mann und sprach zu Nathan: So
wahr der Herr lebt, der Mann ist ein Kind
des Todes, der das getan hat!
6. Dazu soll er das Schaf vierfältig bezahlen, darum daß er solches getan und nicht
geschont hat. 2. Mose 21,37.
7. Da sprach Nathan zu David: *Du bist
der Mann! So spricht der Herr, der Gott
Israels: Ich habe dich zum König gesalbt
über Israel und habe dich errettet aus der
Hand Sauls, *1. Kön. 20,40.
8. und habe dir deines Herrn Haus gegeben, dazu seine Weiber in deinen Schoß,
und habe dir das Haus Israel und Juda
gegeben; und ist das zu wenig, will ich
noch dies und das dazutun.
9. Warum hast du denn das Wort des
Herrn verachtet, daß du solches Übel vor
seinen Augen tatest? Uria, den Hethiter,
hast du erschlagen mit dem Schwert; sein
Weib hast du dir zum Weib genommen;
ihn aber hast du erwürgt mit dem Schwert
der Kinder Ammon.

K. 11; 1. Kön. 15,5.

10. Nun, so soll von deinem Hause das
*Schwert nicht lassen ewiglich, darum
daß du mich verachtet hast und das Weib
Urias, des Hethiters, genommen hast, daß
sie dein Weib sei.

*K. 13,28.29; 18,14; 2. Kön. 25,7.

11. So spricht der Herr: Siehe, ich will
Unglück über dich erwecken aus deinem
eigenen Hause und will deine Weiber nehmen vor deinen Augen und will sie deinem
Nächsten geben, daß er bei deinen Weibern *schlafen soll an der lichten Sonne.

*K. 16,22; Hiob 31,9.10.

12. Denn du hast es heimlich getan; ich
aber will dies tun vor dem ganzen Israel
und an der Sonne.
13. Da sprach David zu Nathan: *Ich habe gesündigt wider den Herrn. Nathan
sprach zu David: So †hat auch der Herr

deine Sünde weggenommen; du wirst
nicht sterben. *K.24,10. †Ps.51,3.
14. Aber weil du die Feinde des Herrn
hast durch diese Geschichte lästern gemacht, wird der *Sohn, der dir geboren
ist, des Todes sterben. *K.11,27.
15. Und Nathan ging heim. Und der Herr
schlug das Kind, das Urias Weib David
geboren hatte, daß es todkrank ward.
16. Und David suchte Gott um des Knäbleins willen und fastete und ging hinein
und lag über Nacht auf der Erde.
17. Da standen auf die Ältesten seines
Hauses und wollten ihn aufrichten von der
Erde; er wollte aber nicht und aß auch
nicht mit ihnen.
18. Am siebenten Tage aber starb das
Kind. Und die Knechte Davids fürchteten
sich ihm anzusagen, daß das Kind tot wäre; denn sie gedachten: Siehe, da das Kind
noch lebendig war, redeten wir mit ihm,
und er gehorchte unsrer Stimme nicht;
wie viel mehr wird er sich wehe tun, so wir
sagen: Das Kind ist tot.
19. Da aber David sah, daß seine Knechte
leise redeten, und merkte, daß das Kind
tot wäre, sprach er zu seinen Knechten: Ist
das Kind tot? Sie sprachen: Ja.
20. Da stand David auf von der Erde und
wusch sich und salbte sich und tat andere
Kleider an und ging in das Haus des Herrn
und betete an. Und da er wieder heimkam,
hieß er ihm Brot auftragen und aß.
21. Da sprachen seine Knechte zu ihm:
Was ist das für ein Ding, das du tust? Da
das Kind lebte, fastetest du und weintest;
nun es aber gestorben ist, stehst du auf
und issest?
22. Er sprach: Um das Kind fastete ich
und weinte, da es lebte; denn ich gedachte:
Wer weiß, ob mir der Herr nicht gnädig
wird, daß das Kind lebendig bleibe?
23. Nun es aber tot ist, was soll ich fasten? Kann ich es auch wiederum holen?
Ich werde wohl zu ihm fahren; es kommt
aber nicht wieder zu mir.
24. Und da David sein Weib Bath-Seba
getröstet hatte, ging er zu ihr hinein und
schlief bei ihr. Und sie gebar einen Sohn,
den hieß er Salomo. Und der Herr liebte
ihn.
25. Und er tat ihn unter die Hand Nathans, des Propheten; der hieß ihn Jedidja, um des Herrn willen.

(V.26–31: vgl. 1.Chron. 20,1–3.)

26. So stritt nun Joab wider *Rabba der
Kinder Ammon und gewann die königliche Stadt *Jer.49,2.
27. und sandte Boten zu David und ließ
ihm sagen: Ich habe gestritten wider Rabba und habe auch gewonnen die Wasserstadt.
28. So nimm nun zuhauf das übrige Volk
und belagere die Stadt und gewinne sie,
auf daß ich sie nicht gewinne und ich den
Namen davon habe.
29. Also nahm David alles Volk zuhauf
und zog hin und stritt wider Rabba und
gewann es
30. und nahm die Krone seines Königs
von seinem Haupt, die am Gewicht einen
Zentner Gold hatte und Edelgesteine, und
sie ward David auf sein Haupt gesetzt; und
er führte aus der Stadt sehr viel Beute.
31. Aber das Volk drinnen führte er heraus und legte sie unter eiserne Sägen und
Zacken und eiserne Keile und verbrannte
sie in Ziegelöfen. So tat er allen Städten
der Kinder Ammon. Da kehrte David und
alles Volk wieder gen Jerusalem.

Das 13. Kapitel

Amnons Sünde und Tod. Absaloms Flucht.

1. Und es begab sich darnach, daß *Absalom, der Sohn Davids, hatte eine schöne
Schwester, die hieß Thamar; und Amnon,
der Sohn Davids, gewann sie lieb. *K.3,2.3.
2. Und dem Amnon ward wehe, als wollte
er krank werden um Thamars, seiner
Schwester, willen. Denn sie war eine
Jungfrau, und es deuchte Amnon schwer
sein, daß er ihr etwas sollte tun.
3. Amnon aber hatte einen Freund, der
hieß Jonadab, ein Sohn *Simeas, Davids
Bruders; und derselbe Jonadab war ein
sehr weiser Mann. *1.Sam.16,9.
4. Der sprach zu ihm: Warum wirst du so
mager, du Königssohn, von Tage zu Tage?
Magst du mir's nicht ansagen? Da sprach
Amnon zu ihm: Ich habe Thamar, meines
Bruders Absalom Schwester, liebgewonnen.
5. Jonadab sprach zu ihm: Lege dich auf
dein Bett und stelle dich krank. Wenn
dann dein Vater kommt, dich zu besuchen, so sprich zu ihm: Laß doch meine
Schwester Thamar kommen, daß sie mir
zu essen gebe und mache vor mir das Essen, daß ich zusehe und von ihrer Hand
esse.
6. Also legte sich Amnon und stellte sich
krank. Da nun der König kam, ihn zu
besuchen, sprach Amnon zum König: Laß
doch meine Schwester Thamar kommen,
daß sie vor mir einen Kuchen oder zwei
mache und ich von ihrer Hand esse.
7. Da sandte David nach Thamar ins
Haus und ließ ihr sagen: Gehe hin ins

SÜNDENBEKENNTNIS DAVIDS 2. Samuel 12, 13

Haus deines Bruders Amnon und mache
ihm eine Speise.
8. Thamar ging hin ins Haus ihres Bruders Amnon; er aber lag zu Bett. Und sie
nahm einen Teig und knetete und bereitete es vor seinen Augen und buk die Kuchen.
9. Und sie nahm die Pfanne und schüttete es vor ihm aus; aber er weigerte sich zu
essen. Und Amnon sprach: Laßt jedermann von mir hinausgehen. Und es ging
jedermann von ihm hinaus.
10. Da sprach Amnon zu Thamar: Bringe
das Essen in die Kammer, daß ich von
deiner Hand esse. Da nahm Thamar die
Kuchen, die sie gemacht hatte, und brachte sie zu Amnon, ihrem Bruder, in die
Kammer.
11. Und da sie es zu ihm brachte, daß er
äße, ergriff er sie und sprach zu ihr:
*Komm her, meine Schwester, schlaf bei
mir! *3. Mose 18,9.
12. Sie aber sprach zu ihm: Nicht, mein
Bruder, schwäche mich nicht, denn so tut
man nicht in Israel; tue nicht eine solche
*Torheit! *5. Mose 22,21.
13. Wo will ich mit meiner Schande hin?
Und du wirst sein wie die Toren in Israel.
Rede aber mit dem König; der wird mich
dir nicht versagen.
14. Aber er wollte ihr nicht gehorchen
und überwältigte sie und schwächte sie
und schlief bei ihr.
15. Und Amnon ward ihr überaus gram,
daß der Haß größer war, denn vorhin die
Liebe war. Und Amnon sprach zu ihr: Mache dich auf und hebe dich!
16. Sie aber sprach zu ihm: Das Übel ist
größer denn das andere, das du an mir
getan hast, daß du mich ausstößest. Aber
er gehorchte ihrer Stimme nicht,
17. sondern rief seinen Knaben, der sein
Diener war, und sprach: Treibe diese von
mir hinaus und schließ die Tür hinter ihr
zu!
18. Und sie hatte einen bunten Rock an;
denn solche Röcke trugen des Königs
Töchter, welche Jungfrauen waren. Und
da sie sein Diener hinausgetrieben und die
Tür hinter ihr zugeschlossen hatte,
19. warf Thamar *Asche auf ihr Haupt
und zerriß den bunten Rock, den sie anhatte, und legte ihre Hand auf das Haupt
und ging daher und schrie. *Hiob 2,12.

20. Und ihr Bruder Absalom sprach zu
ihr: Ist dein Bruder Amnon bei dir gewesen? Nun, meine Schwester, schweig still; es ist dein Bruder, und nimm die Sache nicht so zu Herzen. Also blieb Thamar einsam in Absaloms, ihres Bruders, Hause.
21. Und da der König David solches alles
hörte, ward er sehr zornig. Aber Absalom redete nicht mit Amnon, weder Böses noch Gutes;
22. denn Absalom war Amnon gram, darum daß er seine Schwester Thamar geschwächt hatte.
23. Über zwei Jahre aber hatte Absalom
Schafscherer zu Baal-Hazor, das bei Ephraim liegt; und Absalom lud alle Kinder des Königs
24. und kam zum König und sprach: Siehe, dein Knecht hat Schafscherer; der König wolle samt seinen Knechten mit seinem Knecht gehen.
25. Der König aber sprach zu Absalom:
Nicht, mein Sohn, laß uns nicht alle gehen, daß wir dich nicht beschweren. Und da er ihn nötigte, wollte er doch nicht gehen, sondern segnete ihn.
26. Absalom sprach: Soll denn nicht
mein Bruder Amnon mit uns gehen? Der König sprach zu ihm: Warum soll er mit dir gehen?
27. Da nötigte ihn Absalom, daß er mit
ihm ließ Amnon und alle Kinder des Königs.
28. Absalom aber gebot seinen Leuten
und sprach: Sehet darauf, wenn Amnon guter Dinge wird von dem Wein und ich zu euch spreche: Schlagt Amnon! und tötet ihn, daß ihr euch nicht fürchtet; denn ich hab's euch geheißen. Seid getrost und frisch daran! 3. Mose 20,17.
29. Also taten die Leute Absaloms dem
Amnon, wie ihnen Absalom geboten hatte. Da standen alle Kinder des Königs auf, und ein jeglicher setzte sich auf sein Maultier und flohen.
30. Und da sie noch auf dem Wege waren,
kam das Gerücht vor David, daß Absalom hätte alle Kinder des Königs erschlagen, daß nicht einer von ihnen übrig wäre.
31. Da stand der König auf und zerriß
seine Kleider und legte sich auf die Erde; und alle seine Knechte, die um ihn her standen, zerrissen ihre Kleider.
32. Da hob Jonadab an, der Sohn Simeas,
des Bruders Davids, und sprach: Mein Herr denke nicht, daß alle jungen Männer, die Kinder des Königs, tot sind, sondern Amnon ist allein tot. Denn Absalom hat's bei sich behalten von dem Tage an, da er seine Schwester Thamar schwächte.
33. So nehme nun mein Herr, der König,
solches nicht zu Herzen, daß alle Kinder des Königs tot seien, sondern Amnon ist allein tot.
34. Absalom aber floh. Und der Diener
auf der Warte hob seine Augen auf und sah; und siehe, ein großes Volk kam auf dem Wege nacheinander an der Seite des Berges.
35. Da sprach Jonadab zum König: Sie-
he, die Kinder des Königs kommen; wie dein Knecht gesagt hat, so ist's ergangen.
36. Und da er hatte ausgeredet, siehe, da
kamen die Kinder des Königs und hoben ihre Stimme auf und weinten. Der König und alle seine Knechte weinten auch gar sehr.
37. Absalom aber floh und zog zu *Thalmai, dem Sohn Ammihuds, dem König zu Gessur. Er aber trug Leid über seinen Sohn alle Tage. *K.3,3; 14,23.
38. Da aber Absalom geflohen war und
gen Gessur gezogen, blieb er daselbst drei Jahre.
39. Und der König David hörte auf, aus-
zuziehen wider Absalom; denn er hatte sich getröstet über Amnon, daß er tot war.

Das 14. Kapitel

Joab erwirkt Gnade für Absalom durch ein Weib von Thekoa.

1. Joab aber, der Zeruja Sohn, merkte,
daß des Königs Herz war wider Absalom,
2. und sandte hin gen Thekoa und ließ
holen von dort ein kluges Weib und sprach zu ihr: Trage Leid und zieh Trauerkleider an und salbe dich nicht mit Öl, sondern stelle dich wie ein Weib, das eine lange Zeit Leid getragen hat über einen Toten;
3. und sollst zum König hineingehen
und mit ihm reden so und so. Und Joab gab ihr ein, was sie reden sollte.
4. Und da das Weib von Thekoa mit dem
König reden wollte, fiel sie auf ihr Antlitz zur Erde und beugte sich nieder und sprach: Hilf mir, König!
5. Der König sprach zu ihr: Was ist dir?
Sie sprach: Ach, ich bin eine Witwe, und mein Mann ist gestorben.
6. Und deine Magd hatte zwei Söhne, die
zankten miteinander auf dem Felde, und da kein Retter war, schlug einer den andern und tötete ihn.
7. Und siehe, nun steht auf die ganze
Freundschaft wider deine Magd und sagen: Gib her den, der seinen Bruder erschlagen hat, *daß wir ihn töten für die

DAVIDS KIND STIRBT 2. Samuel 12, 19

Seele seines Bruders, den er erwürgt hat, und auch den Erben vertilgen; und wollen meinen Funken auslöschen, der noch übrig ist, daß meinem Mann kein Name und nichts übriges bleibe auf Erden.

*5. Mose 19,11–13.

8. Der König sprach zum Weibe: Gehe heim, ich will für dich gebieten.

9. Und das Weib von Thekoa sprach zum König: Mein Herr König, die Missetat sei auf mir und meines Vaters Hause; der König aber und sein Stuhl sei unschuldig.

10. Der König sprach: Wer wider dich redet, den bringe zu mir, so soll er nicht mehr dich antasten.

11. Sie sprach: Der König gedenke an den Herrn, deinen Gott, daß der Bluträcher nicht noch mehr Verderben anrichte und sie meinen Sohn nicht vertilgen. Er sprach: So wahr der Herr lebt, *es soll kein Haar von deinem Sohn auf die Erde fallen.

*1. Sam. 14,45; 1. Kön. 1,52.

12. Und das Weib sprach: Laß deine Magd meinem Herrn König etwas sagen: Er sprach: Sage an!

13. Das Weib sprach: Warum bist du also gesinnt wider Gottes Volk? Denn da der König ein solches geredet hat, ist er wie ein Schuldiger, dieweil er seinen Verstoßenen nicht wieder holen läßt.

14. Denn wir sterben des Todes und sind wie Wasser, so in die Erde verläuft, das man nicht aufhält; und *Gott will nicht das Leben wegnehmen, sondern bedenkt sich, daß nicht das Verstoßene auch von ihm verstoßen werde. *Hesek. 18,23.

15. So bin ich nun gekommen, mit meinem Herrn König solches zu reden; denn das Volk macht mir bang. Denn deine Magd gedachte: Ich will mit dem König reden; vielleicht wird er tun, was seine Magd sagt.

16. Denn er wird seine Magd erhören, daß er mich errette von der Hand aller, die mich samt meinem Sohn vertilgen wollen vom Erbe Gottes.

17. Und deine Magd gedachte: Meines Herrn, des Königs, Wort soll mir ein Trost sein; denn mein Herr, der König, ist *wie ein Engel Gottes, daß er Gutes und Böses hören kann. Darum wird der Herr, dein Gott, mit dir sein. *K. 19,28.

18. Der König antwortete und sprach zum Weibe: Leugne mir nicht, was ich

dich frage. Das Weib sprach: Mein Herr, der König, rede.

19. Der König sprach: Ist nicht die Hand Joabs mit dir in diesem allem? Das Weib antwortete und sprach: So wahr deine Seele lebt, mein Herr König, es ist nicht anders, weder zur Rechten noch zur Linken, denn wie mein Herr, der König, geredet hat. Denn dein Knecht Joab hat mir's geboten, und er hat solches alles deiner Magd eingegeben;

20. daß ich diese Sache also wenden sollte, das hat dein Knecht Joab gemacht. Aber mein Herr ist weise wie die Weisheit eines *Engels Gottes, daß er merkt alles auf Erden. *V. 17.

21. Da sprach der König zu Joab: Siehe, ich habe solches getan; so gehe hin und bringe den Knaben Absalom wieder.

22. Da fiel Joab auf sein Antlitz zur Erde und beugte sich nieder und dankte dem König und sprach: Heute merkt dein Knecht, daß ich Gnade gefunden habe vor deinen Augen, mein Herr König, da der König tut, was sein Knecht sagt.

23. Also machte sich Joab auf und zog gen *Gessur und brachte Absalom gen Jerusalem. *K. 13,37.

24. Aber der König sprach: Laß ihn wieder in sein Haus gehen und mein Angesicht nicht sehen. Also kam Absalom wieder in sein Haus und sah des Königs Angesicht nicht.

25. Es war aber in ganz Israel kein Mann so schön wie Absalom, und er hatte dieses Lob vor allen; von seiner Fußsohle an bis auf seinen Scheitel war nicht ein Fehl an ihm.

26. Und wenn man sein Haupt schor (das geschah gemeiniglich alle Jahre; denn es war ihm zu schwer, daß man's abscheren mußte), so wog sein Haupthaar zweihundert Lot nach dem königlichen Gewicht.

27. Und Absalom wurden drei Söhne geboren und eine Tochter, die hieß *Thamar und war ein Weib schön von Gestalt. *K. 13,1.

28. Also blieb Absalom zwei Jahre zu Jerusalem, daß er des Königs Angesicht nicht sah.

29. Und Absalom sandte nach Joab, daß er ihn zum König sendete; und er wollte nicht zu ihm kommen. Er aber sandte zum andernmal; immer noch wollte er nicht kommen.

30. Da sprach er zu seinen Knechten: Sehet das Stück Acker Joabs neben meinem, und er hat Gerste darauf; so gehet hin und steckt's mit Feuer an. Da steckten die Knechte Absaloms das Stück mit Feuer an.

31. Da machte sich Joab auf und kam zu Absalom ins Haus und sprach zu ihm: Warum haben deine Knechte mein Stück mit Feuer angesteckt?

32. Absalom sprach zu Joab: Siehe, ich sandte nach dir und ließ dir sagen: Komm her, daß ich dich zum König sende und sagen lasse: Warum bin ich von Gessur gekommen? Es wäre mir besser, daß ich noch da wäre. So laß mich nun das Angesicht des Königs sehen; ist aber eine Missetat an mir, so töte mich.

33. Und Joab ging hinein zum König und sagte es ihm an. Und er rief Absalom, daß er hinein zum König kam; und er fiel nieder vor dem König auf sein Antlitz zur Erde, und der König küßte Absalom.

Das 15. Kapitel

Absaloms Aufruhr. Davids Flucht.

1. Und es begab sich darnach, daß Absalom ließ sich machen einen Wagen und Rosse und fünfzig Mann, die seine Trabanten waren. 1. Kön. 1,5.

2. Auch machte sich Absalom des Morgens früh auf und trat an den Weg bei dem Tor. Und wenn jemand einen Handel hatte, daß er zum König vor Gericht kommen sollte, rief ihn Absalom zu sich und sprach: Aus welcher Stadt bist du? Wenn dann der sprach: Dein Knecht ist aus der Stämme Israels einem,

3. so sprach Absalom zu ihm: Siehe, deine Sache ist recht und schlecht; aber du hast keinen, der dich hört, beim König.

4. Und Absalom sprach: O, wer setzt mich zum Richter im Lande, daß jedermann zu mir käme, der eine Sache und Gerichtshandel hat, daß ich ihm zum Recht hülfe!

5. Und wenn jemand sich zu ihm tat, daß er wollte vor ihm niederfallen, so reckte er seine Hand aus und ergriff ihn und küßte ihn.

6. Auf die Weise tat Absalom dem ganzen Israel, wenn sie kamen vor Gericht zum König, und stahl also das Herz der Männer Israels.

7. Nach vierzig Jahren sprach Absalom zum König: Ich will hingehen und mein Gelübde zu Hebron ausrichten, das ich dem Herrn gelobt habe.

8. Denn dein Knecht tat ein *Gelübde, da ich zu †Gessur in Syrien wohnte, und sprach: Wenn mich der Herr wieder gen Jerusalem bringt, so will ich dem Herrn

einen Gottesdienst tun.

*1.Mose 28,20. †K.13,38.

9. Der König sprach zu ihm: *Gehe hin mit Frieden. Und er machte sich auf und ging gen Hebron. *1.Sam.20,42.

10. Absalom aber hatte Kundschafter ausgesandt in alle Stämme Israels und lassen sagen: Wenn ihr der Posaune Schall hören werdet, so sprecht: Absalom ist König geworden zu Hebron.

11. Es gingen aber mit Absalom zweihundert Mann von Jerusalem, die geladen waren; aber sie gingen in ihrer Einfalt und wußten nichts um die Sache.

12. Absalom aber sandte auch nach *Ahithophel, dem Giloniten, Davids Rat, aus seiner Stadt Gilo. Da er nun die Opfer tat, ward der Bund stark, und das Volk lief zu und mehrte sich mit Absalom. *K.23,34.

13. Da kam einer, der sagte es David an und sprach: Das Herz jedermanns in Israel folgt Absalom nach.

14. David sprach aber zu allen seinen Knechten, die bei ihm waren zu Jerusalem: Auf, laßt uns *fliehen! denn hier wird kein Entrinnen sein vor Absalom; eilet, daß wir gehen, daß er uns nicht übereile und ergreife uns und treibe ein Unglück auf uns und schlage die Stadt mit der Schärfe des Schwerts. *Ps.3,1.

15. Da sprachen die Knechte des Königs zu ihm: Was mein Herr, der König, erwählt, siehe, hier sind deine Knechte.

16. Und der König zog hinaus und sein ganzes Haus ihm nach. Er ließ aber zehn Kebsweiber zurück, das Haus zu bewahren.

17. Und da der König und alles Volk, das ihm nachfolgte, hinauskamen, blieben sie stehen am äußersten Hause.

18. Und alle seine Knechte gingen an ihm vorüber; dazu alle *Krether und Plether und alle Gathiter, sechshundert Mann, die von Gath ihm nachgefolgt waren, gingen an dem König vorüber.

*Leibwache. K.8,18.

19. Und der König sprach zu *Itthai, dem Gathiter: Warum gehst du auch mit uns? Kehre um und bleibe bei dem König; denn du bist fremd und von deinem Ort gezogen hieher. *K.18,2.

20. Gestern bist du gekommen, und heute sollte ich dich mit uns hin und her ziehen lassen? Denn ich will gehen, wohin ich gehen kann. Kehre um und deine Brüder mit dir; dir widerfahre Barmherzigkeit und Treue.

21. Itthai antwortete und sprach: So wahr der Herr lebt, und so wahr mein Herr König lebt, an welchem Ort mein Herr, der König, sein wird, es gerate zum Tod oder zum Leben, da wird dein Knecht auch sein.

22. David sprach zu Itthai: So komm und gehe mit. Also ging Itthai, der Gathiter, und alle seine Männer und der ganze Haufe Kinder, die mit ihm waren.

23. Und das ganze Land weinte mit lauter Stimme, und alles Volk ging mit. Und der König ging über den Bach *Kidron, und alles Volk ging vor auf dem Wege, der zur Wüste geht. *Joh.18,1.

24. Und siehe, Zadok war auch da und alle Leviten, die bei ihm waren, und trugen die Lade des Bundes Gottes und stellten sie dahin. Aber Abjathar trat empor, bis daß alles Volk zur Stadt hinauskam.

25. Aber der König sprach zu Zadok: Bringe die Lade Gottes wieder in die Stadt. Werde ich Gnade finden vor dem Herrn, so wird er mich wieder holen und wird mich sie sehen lassen und sein Haus.

26. Spricht er aber also: Ich habe nicht Lust zu dir, – siehe, hier bin ich. *Er mache es mit mir, wie es ihm wohl gefällt.

*K.10,12; 1.Sam. 3,18.

27. Und der König sprach zu dem Priester Zadok: O du Seher, kehre um wieder in die Stadt mit Frieden und mit euch eure beiden Söhne, Ahimaaz, dein Sohn, und *Jonathan, der Sohn Abjathars!

*1.Kön. 1,42.

28. Siehe, ich will verziehen auf dem blachen Felde in der Wüste, bis daß Botschaft von euch komme, und sage mir an.

29. Also brachten Zadok und Abjathar die Lade Gottes wieder gen Jerusalem und blieben daselbst.

30. David aber ging, den Ölberg hinan und weinte, und sein Haupt war verhüllt, und er ging barfuß. Dazu alles Volk, das bei ihm war, hatte ein jeglicher sein Haupt verhüllt und gingen hinan und weinten.

31. Und da es David angesagt ward, daß Ahithophel im Bund mit Absalom war, sprach er: Herr, mache den Ratschlag Ahithophels zur Narrheit!

32. Und da David auf die Höhe kam, da man Gott pflegte anzubeten, siehe, da begegnete ihm Husai, der Arachiter, mit zerrissenem Rock und Erde auf seinem Haupt.

33. Und David sprach zu ihm: Wenn du mit mir gehst, wirst du mir eine Last sein.

34. Wenn du aber wieder in die Stadt gingest und sprächest zu Absalom: Ich bin dein Knecht, ich will des Königs sein; der ich deines Vaters Knecht war zu der Zeit,

will nun dein Knecht sein: so *würdest du
mir zugut den Ratschlag Ahithophels zunichte machen. *K.17,7.
35. Auch sind Zadok und Abjathar, die
Priester, mit dir. Alles, was du hörtest aus
des Königs Hause, würdest du ansagen
den Priestern Zadok und Abjathar.
36. Siehe, es sind bei ihnen ihre zwei
Söhne: Ahimaaz, Zadoks, und Jonathan,
Abjathars Sohn. Durch die kannst du mir
entbieten, was du hören wirst. K.17,15–17.
37. Also kam Husai, der *Freund Davids,
in die Stadt; und Absalom kam gen Jerusalem. *1.Chron. 27,33.

Das 16. Kapitel

Ziba verleumdet den Mephiboseth. Simei flucht David. Absalom befolgt den schändlichen Rat des Ahithophel.

1. Und da David ein wenig von der Höhe
gegangen war, siehe, da begegnete ihm
*Ziba, der Diener Mephiboseths, mit ei-
nem Paar Esel, gesattelt, darauf waren
zweihundert Brote und hundert Rosinenkuchen und hundert Feigenkuchen und
ein Krug Wein. *K.9,2.
2. Da sprach der König zu Ziba: Was
willst du damit machen? Ziba sprach: Die
Esel sollen für das Haus des Königs sein,
darauf zu reiten, und die Brote und Feigenkuchen für die Diener, zu essen, und
der Wein, zu trinken, wenn sie müde werden in der Wüste.
3. Der König sprach: Wo ist der Sohn
deines Herrn? *Ziba sprach zum König:
Siehe, er blieb zu Jerusalem; denn er
sprach: Heute wird mir das Haus Israel
meines Vaters Reich wiedergeben.
*K.19,27.
4. Der König sprach zu Ziba: Siehe, es
soll dein sein alles, was Mephiboseth hat.
Ziba sprach: Ich neige mich; laß mich
Gnade finden vor dir, mein Herr König.
5. Da aber der König David bis gen Bahurim kam, siehe, da ging ein Mann daselbst
heraus, vom Geschlecht des Hauses Sauls,
der hieß Simei, der Sohn Geras; der ging
heraus und *fluchte
*1.Kön. 2,8; 2.Mose 22,27.
6. und warf David mit Steinen und alle
Knechte des Königs David. Denn alles
Volk und alle Gewaltigen waren zu seiner
Rechten und zur Linken.
7. So sprach aber Simei, da er fluchte:
Heraus, heraus, du Bluthund, du heilloser
Mann!
8. Der Herr hat dir vergolten alles Blut
des Hauses Sauls, daß du an seiner Statt
bist König geworden. Nun hat der Herr
das Reich gegeben in die Hand deines Sohnes Absalom; und siehe, nun steckst du in
deinem Unglück; denn du bist ein Bluthund.
9. Aber Abisai, der Zeruja Sohn, sprach
zu dem König: Sollte dieser tote Hund
meinem Herrn, dem König fluchen? *Ich
will hingehen und ihm den Kopf abreißen.
*1.Sam. 26,8.
10. Der König sprach: Ihr Kinder der
Zeruja, *was habe ich mit euch zu schaffen? Laßt ihn fluchen; denn der Herr hat's
ihn geheißen: Fluche David! Wer kann
nun sagen: Warum tust du also? *K.19,23.
11. Und David sprach zu Abisai und zu
allen seinen Knechten: Siehe, mein Sohn,
der von meinem Leibe gekommen ist,
steht mir nach meinem Leben; warum
nicht auch jetzt der Benjaminiter? Laßt
ihn, daß er fluche; denn der Herr hat's ihn
geheißen.
12. Vielleicht wird der Herr mein Elend
ansehen und mir mit Gutem vergelten
sein heutiges Fluchen.
13. Also ging David mit seinen Leuten
des Weges; aber Simei ging an des Berges
Seite her ihm gegenüber und fluchte und
warf mit Steinen nach ihm und besprengte ihn mit Erdenklößen.
14. Und der König kam hinein mit allem
Volk, das bei ihm war, müde und erquickte
sich daselbst.
15. Aber Absalom und alles Volk der
Männer Israels kamen gen Jerusalem und
Ahithophel mit ihm.
16. Da aber Husai, der Arachiter, *Davids
Freund, zu Absalom hineinkam, sprach er
zu Absalom: †Glück zu, Herr König!
Glück zu, Herr König!
*K.15,37. †1.Sam. 10,24.
17. Absalom aber sprach zu Husai: Ist das
deine Barmherzigkeit an deinem Freunde? Warum bist du nicht mit deinem
Freunde gezogen?
18. Husai aber sprach zu Absalom: Nicht
also, sondern welchen der Herr erwählt
und dies Volk und alle Männer in Israel,
des will ich sein und bei ihm bleiben.
19. Zum andern, wem sollte ich dienen?
Sollte ich nicht vor seinem Sohn dienen?
Wie ich vor deinem Vater gedient habe, so
will ich auch vor dir sein.
20. Und Absalom sprach zu Ahithophel:
Ratet zu, was sollen wir tun?
21. Ahithophel sprach zu Absalom: Gehe
hinein zu den Kebsweibern deines Vaters,
*die er zurückgelassen hat, das Haus zu
bewahren, so wird das ganze Israel hören,

DAVID WIRD GELÄSTERT 2. Samuel 16, 5–10

daß du dich bei deinem Vater hast stinkend gemacht, und wird aller Hand, die bei dir sind, desto kühner werden. *K. 15,16.
22. Da machten sie Absalom eine Hütte auf dem Dache, und *Absalom ging hinein zu den Kebsweibern seines Vaters vor den Augen des ganzen Israel.
*K. 12,11; 3. Mose 18,8.
23. Zu der Zeit, wenn Ahithophel einen Rat gab, das war, als wenn man Gott um etwas hätte gefragt; also waren alle Ratschläge Ahithophels bei David und bei Absalom.

Das 17. Kapitel

Ahithophels schlauer Rat wird vereitelt.
Sein schmähliches Ende.

1. Und Ahithophel sprach zu Absalom: Ich will zwölftausend Mann auslesen und mich aufmachen und David *nachjagen bei der Nacht *Ps. 71,11.
2. und will ihn überfallen, weil er matt und laß ist. Wenn ich ihn dann erschrekke, daß alles Volk, das bei ihm ist, flieht, will ich den König allein schlagen
3. und alles Volk wieder zu dir bringen. Wenn dann jedermann zu dir gebracht ist, wie du begehrst, so bleibt alles Volk mit Frieden.
4. Das deuchte Absalom gut und alle Ältesten in Israel.
5. Aber Absalom sprach: Lasset doch *Husai, den Arachiten, auch rufen und hören, was er dazu sagt. *K. 16,16.
6. Und da Husai hinein zu Absalom kam, sprach Absalom zu ihm: Solches hat Ahithophel geredet; sage du, sollen wir's tun oder nicht?
7. Da sprach Husai zu Absalom: Es ist nicht ein guter Rat, den Ahithophel auf diesmal gegeben hat.
8. Und Husai sprach weiter: Du kennst deinen Vater wohl und seine Leute, daß sie stark sind und zornigen Gemüts wie ein Bär auf dem Felde, dem die Jungen geraubt sind; dazu ist dein Vater ein Kriegsmann und wird sich nicht säumen mit dem Volk.
9. Siehe, er hat sich jetzt vielleicht verkrochen irgend in einer Grube oder sonst an einem Ort. Wenn's dann geschähe, daß es das erstemal übel geriete und käme ein Geschrei und spräche: Es ist das Volk, wel-

ches Absalom nachfolgt, geschlagen worden,
10. so würde jedermann verzagt werden, der auch sonst ein Krieger ist und ein Herz hat wie ein Löwe. Denn es weiß ganz Israel, daß dein Vater stark ist und Krieger, die bei ihm sind.
11. Aber das rate ich, daß du zu dir versammlest ganz Israel von Dan an bis gen Beer-Seba, so viel als der Sand am Meer, und deine Person ziehe unter ihnen.
12. So wollen wir ihn überfallen, an welchem Ort wir ihn finden, und wollen über ihn kommen, wie der Tau auf die Erde fällt, daß wir von ihm und allen seinen Männern nicht einen übriglassen.
13. Wird er sich aber in eine Stadt versammeln, so soll das ganze Israel Stricke an die Stadt werfen und sie in den Bach reißen, daß man nicht ein Kieselein da finde.
14. Da sprach Absalom und jedermann in Israel: Der Rat Husais, des Arachiten, ist besser denn Ahithophels Rat. Aber *der Herr schickte es also, daß der gute Rat Ahithophels verhindert wurde, auf daß der Herr Unglück über Absalom brächte.
*K. 15,31.34.
15. Und Husai sprach zu Zadok und Abjathar, den Priestern: So und so hat Ahithophel Absalom und den Ältesten in Israel geraten;ich aber habe so und so geraten.
16. So sendet nun eilend hin und lasset David ansagen und sprecht: Bleibe nicht über Nacht auf dem blachen Felde der Wüste, sondern mache dich hinüber, daß der König nicht verschlungen werde und alles Volk, das bei ihm ist.
17. Jonathan aber und Ahimaaz standen bei dem Brunnen *Rogel, und eine Magd ging hin und sagte es ihnen an. Sie aber gingen hin und sagten's dem König David an; denn sie durften sich nicht sehen lassen, daß sie in die Stadt kämen. *1. Kön. 1,9.
18. Es sah sie aber ein Knabe und sagte es Absalom an. Aber die beiden gingen eilend hin und kamen in eines Mannes Haus zu Bahurim; der hatte einen Brunnen in seinem Hofe. Dahinein stiegen sie,
19. und das Weib nahm und breitete eine Decke über des Brunnens Loch und breitete Grütze darüber, daß man es nicht merkte.
20. Da nun die Knechte Absaloms zum Weibe ins Haus kamen, sprachen sie: Wo ist Ahimaaz und Jonathan? Das Weib sprach zu ihnen: Sie gingen über das Wässerlein. Und da sie suchten, und nicht fanden, gingen sie wieder gen Jerusalem.
21. Und da sie weg waren, stiegen jene aus dem Brunnen und gingen hin und sagten's David, dem König, an und sprachen zu David: Machet euch auf und gehet eilend über das Wasser; denn so und so hat Ahithophel wider euch Rat gegeben.
22. Da machte sich David auf und alles Volk, das bei ihm war, und gingen über den Jordan, bis es lichter Morgen ward, und fehlte nicht an einem, der nicht über den Jordan gegangen wäre.
23. Als aber Ahithophel sah, daß sein Rat nicht ausgeführt ward, sattelte er seinen Esel, machte sich auf und zog heim in seine Stadt und beschickte sein Haus und *erhängte sich und starb und ward begraben in seines Vaters Grab. *Matth. 27,5.
24. Und David kam gen Mahanaim. Und Absalom zog über den Jordan und alle Männer Israels mit ihm.
25. Und Absalom hatte *Amasa an Joabs Statt gesetzt über das Heer. Es war aber Amasa eines Mannes Sohn, der hieß Jethra, ein Israeliter, welcher einging zu Abigail, der Tochter des Nahas, der Schwester der Zeruja, Joabs Mutter. *K. 19,14.
26. Israel aber und Absalom lagerten sich in Gilead.
27. Da David gen Mahanaim gekommen war, da brachten Sobi, der Sohn des Nahas von Rabba der Kinder Ammon, und *Machir, der Sohn Ammiels von Lo-Dabar, und †Barsillai, ein Gileaditer von Roglim,
*K. 9,4. †1. Kön. 2,7.
28. Bettwerk, Becken, irdene Gefäße, Weizen, Gerste, Mehl, geröstete Körner, Bohnen, Linsen, Grütze,
29. Honig, Butter, Schafe und Rinderkäse zu David und zu dem Volk, das bei ihm war, zu essen. Denn sie gedachten: Das Volk wird hungrig, *müde und durstig sein in der Wüste. *K. 16,2.

Das 18. Kapitel

Absalom geschlagen und durch Joab getötet.
Botschaft Chusis.

1. Und David ordnete das Volk, das bei ihm war, und setzte über sie Hauptleute, über tausend und über hundert,
2. und stellte des Volks einen dritten Teil unter Joab und einen dritten Teil unter Abisai, den Sohn der Zeruja, Joabs Bruder, und einen dritten Teil unter *Itthai, den Gathiter. Und der König sprach zum Volk: Ich will auch mit euch ausziehen. *K. 15,19.
3. Aber das Volk sprach: Du sollst nicht ausziehen; denn ob wir gleich fliehen oder die Hälfte sterben, so werden sie unser nicht achten; denn du bist wie unser zehn-

DAS SCHICKSAL ABSALOMS 2. Samuel 18, 9

tausend; so ist's nun besser, daß du uns
von der Stadt aus helfen mögest.
4. Der König sprach zu ihnen: Was euch
gefällt, das will ich tun. Und der König trat
ans Tor, und alles Volk zog aus bei Hunderten und bei Tausenden.
5. Und der König gebot Joab und Abisai
und Itthai und sprach: *Fahret mir säuberlich mit dem Knaben Absalom! Und
alles Volk hörte es, da der König gebot
allen Hauptleuten um Absalom. *V. 12.
6. Und da das Volk hinauskam aufs Feld,
Israel entgegen, erhob sich der Streit im
Walde Ephraim.
7. Und das Volk Israel ward daselbst geschlagen vor den Knechten Davids, daß
desselben Tages eine große Schlacht geschah, 20000 Mann.
8. Und war daselbst der Streit zerstreut
auf allem Lande; und der Wald fraß viel
mehr Volks des Tages, denn das Schwert
fraß.
9. Und Absalom begegnete den Knechten
Davids und ritt auf einem Maultier. Und da
das Maultier unter eine große Eiche mit
dichten Zweigen kam, blieb sein Haupt an
der Eiche hangen, und er schwebte zwischen Himmel und Erde; aber sein Maultier lief unter ihm weg.
10. Da das ein Mann sah, sagte er's Joab
an und sprach: Siehe, ich sah Absalom an
einer Eiche hangen.
11. Und Joab sprach zu dem Manne, der's
ihm hatte angesagt: Siehe, sahst du das,
warum schlugst du ihn nicht daselbst zur
Erde? so wollte ich dir von meinetwegen
zehn Silberlinge und einen Gürtel gegeben haben.
12. Der Mann sprach zu Joab: Wenn du
mir tausend Silberlinge in meine Hand
gewogen hättest, so wollte ich dennoch
meine Hand nicht an des Königs Sohn
gelegt haben; denn *der König gebot dir
und Abisai und Itthai vor unsern Ohren
und sprach: Hütet euch, daß nicht jemand
dem Knaben Absalom . . .! *V. 5.
13. Oder wenn ich etwas Falsches getan
hätte auf meiner Seele Gefahr, weil dem
König nichts verhohlen wird, würdest du
selbst wider mich gestanden sein.
14. Joab sprach: Ich kann nicht so lange
bei dir verziehen. Da nahm Joab drei Spieße in seine Hand und stieß sie Absalom ins
Herz, da er noch lebte an der Eiche.

15. Und zehn Knappen, Joabs Waffenträger, machten sich umher und schlugen ihn zu Tod.

16. Da blies Joab die Posaune und brachte das Volk wieder, daß es nicht weiter Israel nachjagte; denn Joab wollte des Volks schonen.

17. Und sie nahmen Absalom und warfen ihn in dem Wald in eine große Grube und legten einen sehr großen Haufen Steine auf ihn. Und das ganze Israel floh, ein jeglicher in seine Hütte.

18. Absalom aber hatte sich eine Säule aufgerichtet, da er noch lebte; die steht im Königsgrunde. Denn er sprach: Ich habe keinen Sohn, darum soll dies meines Namens Gedächtnis sein; und er hieß die Säule nach seinem Namen, und sie heißt auch bis auf diesen Tag Absaloms Mal.

19. *Ahimaaz, der Sohn Zadoks, sprach: Laß mich doch laufen und dem König verkündigen, daß der Herr ihm Recht verschafft hat von seiner Feinde Händen.

*K. 15,36; 17,17.

20. Joab aber sprach zu ihm: Du bringst heute keine gute Botschaft. Einen andern Tag sollst du Botschaft bringen, und heute nicht; denn des Königs Sohn ist tot.

21. Aber zu Chusi sprach Joab: Gehe hin und sage dem König an, was du gesehen hast. Und Chusi neigte sich vor Joab und lief.

22. Ahimaaz aber, der Sohn Zadoks, sprach abermals zu Joab: Wie, wenn ich auch liefe dem Chusi nach? Joab sprach: Was willst du laufen, mein Sohn? Komm her, die Botschaft wird dir nichts einbringen.

23. Wie, wenn ich liefe? Er sprach zu ihm: So laufe doch! Also lief Ahimaaz geradeswegs und kam Chusi vor.

24. David aber saß zwischen den beiden Toren. Und der Wächter ging aufs Dach des Tors an der Mauer und hob seine Augen auf und sah einen Mann laufen allein

25. und rief und sagte es dem König an. Der König aber sprach: Ist er allein, so ist eine gute Botschaft in seinem Munde. Und da derselbe immer näher kam,

26. sah der Wächter einen andern Mann laufen, und rief in das Tor und sprach: Siehe, ein Mann läuft allein. Der König aber sprach: Der ist auch ein guter Bote.

27. Der Wächter sprach: Ich sehe des ersten Lauf wie den Lauf des Ahimaaz, des Sohnes Zadoks. Und der König sprach: Es ist ein guter Mann und bringt eine gute Botschaft.

28. Ahimaaz aber rief und sprach zum König: Friede! Und fiel nieder vor dem König auf sein Antlitz zur Erde und sprach: Gelobt sei der Herr, dein Gott, der die Leute, die ihre Hand wider meinen Herrn, den König, aufhoben, übergeben hat.

29. Der König aber sprach: Geht es auch wohl dem Knaben Absalom? Ahimaaz sprach: Ich sah ein großes Getümmel, da des Königs Knecht Joab mich, deinen Knecht, sandte, und weiß nicht, was es war.

30. Der König sprach: Gehe herum und tritt daher. Und er ging herum und stand allda.

31. Siehe, da kam Chusi und sprach: Hier gute Botschaft, mein Herr König! Der Herr hat dir heute Recht verschafft von der Hand aller, die sich wider dich auflehnten.

32. Der König aber sprach zu Chusi: Geht es dem Knaben Absalom auch wohl? Chusi sprach: Es müsse allen Feinden meines Herrn Königs gehen, wie es dem Knaben geht, und allen, die sich wider dich auflehnen, übel zu tun.

Das 19. Kapitel

Davids Wehklage.
Er wird von Juda als König zurückgeführt.
Seine königliche Großmut und Dankbarkeit.

1. [K. 18,33.] Da ward der König traurig und ging hinauf auf den Söller im Tor und weinte, und im Gehen sprach er also: Mein Sohn Absalom! mein Sohn, mein Sohn Absalom! Wollte Gott, ich wäre für dich gestorben! O Absalom, mein Sohn, mein Sohn!

2. [1.] Und es ward Joab angesagt: Siehe, der König weint und trägt Leid um Absalom.

3. [2.] Und ward aus dem Sieg des Tages ein Leid unter dem ganzen Volk; denn das Volk hatte gehört des Tages, daß sich der König um seinen Sohn bekümmerte.

4. [3.] Und das Volk stahl sich weg an dem Tage in die Stadt, wie sich ein Volk wegstiehlt, das zu Schanden geworden ist, wenn's im Streit geflohen ist.

5. [4.] Der König aber hatte sein Angesicht verhüllt und schrie laut: Ach, mein Sohn Absalom! Absalom, mein Sohn, mein Sohn!

6. [5.] Joab aber kam zum König ins Haus und sprach: Du hast heute schamrot gemacht alle deine Knechte, die heute deine, deiner Söhne, deiner Töchter, deiner Weiber und deiner Kebsweiber Seele errettet haben,

7. [6.] daß du liebhast, die dich hassen,
und hassest, die dich liebhaben. Denn du
läßt heute merken, daß dir's nicht gelegen
ist an den Hauptleuten und Knechten.
Denn ich merke heute wohl: wenn dir nur
Absalom lebte und wir heute alle tot wären, das wäre dir recht.
8. [7.] So mache dich nun auf und gehe
heraus und rede mit deinen Knechten
freundlich. Denn ich schwöre dir bei dem
Herrn: Wirst du nicht herausgehen, es
wird kein Mann bei dir bleiben diese Nacht
über. Das wird dir ärger sein denn alles
Übel, das über dich gekommen ist von
deiner Jugend auf bis hieher.
9. [8.] Da machte sich der König auf und
setzte sich ins Tor. Und man sagte es allem
Volk: Siehe, der König sitzt im Tor. Da
kam alles Volk vor den König. Aber Israel
war geflohen, ein jeglicher in seine Hütte.
10. [9.] Und es zankte sich alles Volk in
allen Stämmen Israels und sprachen: Der
König hat uns errettet von der Hand unsrer Feinde und erlöste uns von der Philister Hand und hat müssen aus dem Lande
fliehen vor Absalom.
11. [10.] So ist Absalom, den wir über
uns gesalbt hatten, gestorben im Streit.
Warum seid ihr nun so still, daß ihr den
König nicht wieder holet?
12. [11.] Der König aber sandte zu Zadok
und Abjathar, den Priestern, und ließ ihnen sagen: Redet mit den Ältesten in Juda
und sprecht: Warum wollt ihr die letzten
sein, den König wieder zu holen in sein
Haus? (Denn die Rede des ganzen Israel
war vor den König gekommen in sein
Haus.)
13. [12.] Ihr seid meine Brüder, mein
Bein und mein Fleisch; warum wollt ihr
denn die letzten sein, den König wieder zu
holen?
14. [13.] Und zu *Amasa sprecht: †Bist
du nicht mein Bein und mein Fleisch?
Gott tue mir dies und das, wo du nicht
sollst sein Feldhauptmann vor mir dein
Leben lang an Joabs Statt.
*K. 17,25. †1. Chron. 2,16.17.
15. [14.] Und er neigte das Herz aller
Männer Juda's wie eines Mannes; und sie
sandten hin zum König: Komm wieder, du
und alle deine Knechte!
16. [15.] Also kam der König wieder. Und
da er an den Jordan kam, waren die Männer Juda's gen Gilgal gekommen, hinabzuziehen dem König entgegen, daß sie
den König über den Jordan führten.
17. [16.] Und *Simei, der Sohn Geras,
der Benjaminiter, der zu Bahurim wohnte, eilte und zog mit den Männern Juda's
hinab, dem König David entgegen;
*1. Kön. 2,8.
18. [17.] und waren tausend Mann mit
ihm von Benjamin, dazu auch *Ziba, der
Diener des Hauses Sauls, mit seinen fünfzehn Söhnen und zwanzig Knechten; und
sie gingen durch den Jordan vor den König hin; *K. 16,1–4; 9,2.10.
19. [18.] und die Fähre war hinübergegangen, daß sie das Gesinde des Königs
hinüberführten und täten, was ihm gefiele. Simei aber, der Sohn Geras, fiel vor
dem König nieder, da er über den Jordan
fuhr,
20. [19.] und sprach zum König: Mein
Herr, rechne mir nicht zu die Missetat und
gedenke nicht, daß dein Knecht dich be-
leidigte des Tages, da mein Herr, der König, aus Jerusalem ging, und der König
nehme es nicht zu Herzen. K. 16,5.
21. [20.] Denn dein Knecht erkennt, daß
ich gesündigt habe. Und siehe, ich bin
heute zuerst gekommen unter dem ganzen Hause Joseph, daß ich meinem Herrn,
dem König, entgegen herabzöge.
22. [21.] Aber Abisai, der Zeruja Sohn,
antwortete und sprach: Und Simei sollte
darum nicht sterben, so er doch dem Gesalbten des Herrn geflucht hat?
23. [22.] David aber sprach: Was habe ich
mit euch zu schaffen, ihr Kinder der Zeruja, daß ihr mir heute wollt zum Satan
werden? Sollte heute jemand sterben in
Israel? Meinst du, ich wisse nicht, daß ich
heute König bin geworden über Israel?
K. 16,10.
24. [23.] Und der König sprach zu Simei:
Du sollst nicht sterben. Und der König
schwur ihm.
25. [24.] Mephiboseth, *der Sohn Sauls,
kam auch herab, dem König entgegen.
Und er hatte seine Füße und seinen Bart
nicht gereinigt und seine Kleider nicht
gewaschen von dem Tage an, da der König
weggegangen war, bis an den Tag, da er
mit Frieden kam. *K. 9,6.
26. [25.] Da er nun von Jerusalem kam,
dem König zu begegnen, sprach der König
zu ihm: Warum bist du nicht mit mir
gezogen, Mephiboseth?
27. [26.] Und er sprach: Mein Herr König, mein Knecht hat mich betrogen.
Denn dein Knecht gedachte, ich will einen
Esel satteln und darauf reiten und zum
König ziehen; denn dein Knecht ist lahm.
28. [27.] Dazu hat er *deinen Knecht an-
gegeben vor meinem Herrn, dem König.
Aber mein Herr, der König, ist †wie ein

Engel Gottes; tue, was dir wohl gefällt.
*K.16,3. †K.14,17.
29. [28.] Denn all meines Vaters Haus ist
nichts gewesen als Leute des Todes vor
meinem Herrn, dem König; *so hast du
deinen Knecht gesetzt unter die, so an
deinem Tisch essen. Was habe ich weiter
Gerechtigkeit oder weiter zu schreien zu
dem König? *K.9,11.
30. [29.] Der König sprach zu ihm: Was
redest du noch weiter von deinem Dinge?
Ich habe es *gesagt: Du und Ziba teilet den
Acker miteinander. *K.9,9.10; 16,4.
31. [30.] Mephiboseth sprach zum König: Er nehme ihn auch ganz dahin, nachdem mein Herr König mit Frieden heimgekommen ist.
32. [31.] Und *Barsillai, der Gileaditer,
kam herab von Roglim und führte den
König über den Jordan, daß er ihn über
den Jordan geleitete. *1. Kön. 2,7.
33. [32.] Und Barsillai war sehr alt, wohl
achtzig Jahre, der hatte den König versorgt, als er zu Mahanaim war; denn er
war ein Mann von großem Vermögen.
K.17,27.
34. [33.] Und der König sprach zu Barsillai: Du sollst mit mir hinüberziehen; ich
will dich versorgen bei mir zu Jerusalem.
35. [34.] Aber Barsillai sprach zum König: Was ist's noch, das ich zu leben habe,
daß ich mit dem König sollte hinauf gen
Jerusalem ziehen?
36. [35.] Ich bin heute achtzig Jahre alt.
Wie sollte ich kennen, was gut oder böse
ist, oder schmecken, was ich esse oder
trinke, oder hören, was die Sänger oder
Sängerinnen singen? Warum sollte dein
Knecht meinen Herrn König fürder beschweren?
37. [36.] Dein Knecht soll ein wenig gehen mit dem König über den Jordan. Warum will mir der König eine solche Vergeltung tun?
38. [37.] Laß deinen Knecht umkehren,
daß ich sterbe in meiner Stadt bei meines
Vaters und meiner Mutter Grab. Siehe, da
ist dein Knecht Chimham; den laß mit
meinem Herrn König hinüberziehen, und
tue ihm, was dir wohl gefällt.
39. [38.] Der König sprach: Chimham
soll mit mir hinüberziehen, und ich will
ihm tun, was dir wohl gefällt; auch alles,
was du von mir begehrst, will ich dir tun.
40. [39.] Und da alles Volk über den Jordan war gegangen und der König auch,
küßte der König den Barsillai und segnete
ihn; und er kehrte wieder an seinen Ort.
41. [40.] Und der König zog hinüber gen
Gilgal, und Chimham zog mit ihm. Und
alles Volk Juda hatte den König hinübergeführt; aber des Volks Israel war nur die
Hälfte da.
42. [41.] Und siehe, da kamen alle Männer Israels zum König und sprachen zu
ihm: Warum haben dich unsre Brüder, die
Männer Juda's, gestohlen und haben den
König und sein Haus über den Jordan geführt und alle Männer Davids mit ihm?
43. [42.] Da antworteten die von Juda
denen von Israel: Der *König gehört uns
nahe zu; was zürnet ihr darum? Meinet
ihr, daß wir von dem König Nahrung oder
Geschenke empfangen haben? *V.12,13.
44. [43.] So antworteten dann die von
Israel denen von Juda und sprachen: Wir
haben zehnmal mehr beim König, dazu
auch bei David, denn ihr. Warum hast du
mich denn so gering geachtet? Und haben
wir nicht zuerst davon geredet, uns unsern König zu holen? Aber die von Juda
redeten härter denn die von Israel.

Das 20. Kapitel

Untergang des Aufrührers Seba.
Amasas Ermordung durch Joab. Davids Diener.

1. Es traf sich aber, daß daselbst ein heilloser Mann war, der hieß Seba, ein Sohn
Bichris, ein Benjaminiter; der blies die
Posaune und sprach: Wir haben keinen
Teil an David noch Erbe am Sohn Isais.
Ein jeglicher hebe sich zu seiner Hütte, o
Israel!
2. Da fiel von David jedermann in Israel,
und sie folgten Seba, dem Sohn Bichris.
Aber die Männer Juda's hingen an ihrem
König vom Jordan an bis gen Jerusalem.
3. Da aber der König David heimkam gen
Jerusalem, nahm er die zehn *Kebsweiber, die er hatte zurückgelassen, das Haus
zu bewahren, und tat sie in eine Verwahrung und versorgte sie; aber er ging nicht
zu ihnen ein. Und sie waren also verschlossen bis an ihren Tod und lebten als
Witwen. *K.16,21.
4. Und der König sprach zu Amasa: Berufe mir alle Männer in Juda auf den dritten
Tag, und du sollst auch hier stehen!
5. Und Amasa ging hin, Juda zu berufen;
aber er verzog die Zeit, die er ihm bestimmt hatte.
6. Da sprach David zu Abisai: Nun wird
uns Seba, der Sohn Bichris, mehr Leides
tun denn Absalom. Nimm du die Knechte
deines Herrn und jage ihm nach, daß er
nicht etwa für sich feste Städte finde und
entrinne aus unsern Augen.

7. Da zogen sie aus, ihm nach, die Männer Joabs, dazu die *Krether und Plether und alle Starken. Sie zogen aber aus von Jerusalem, nachzujagen Seba, dem Sohn Bichris. *Leibwache.
8. Da sie aber bei dem großen Stein waren zu Gibeon, kam Amasa vor ihnen her. Joab aber war gegürtet über seinem Kleide, das er anhatte, und hatte darüber ein Schwert gegürtet, das hing an seiner Hüfte in der Scheide; das ging gerne aus und ein.
9. Und Joab sprach zu Amasa: *Friede mit dir, mein Bruder! Und Joab faßte mit seiner rechten Hand Amasa bei dem Bart, daß er ihn küßte. *Ps.28,3.
10. Und *Amasa hatte nicht acht auf das Schwert in der Hand Joabs; und er stach ihn damit in den Bauch, daß sein Eingeweide sich auf die Erde schüttete, und gab ihm keinen Stich mehr, und er starb. Joab aber und sein Bruder Abisai jagten nach Seba, dem Sohn Bichris. 1. Kön. 2,5.
11. Und es trat ein Mann von den Leuten Joabs neben ihn und sprach: Wer's mit Joab hält und für David ist, der folge Joab nach!
12. Amasa aber lag im Blut gewälzt mitten auf der Straße. Da aber der Mann sah, daß alles Volk da stehenblieb, wandte er Amasa von der Straße auf den Acker und warf Kleider auf ihn, weil er sah, daß, wer an ihn kam, stehenblieb.
13. Da er nun aus der Straße getan war, folgte jedermann Joab nach, Seba, dem Sohn Bichris, nachzujagen.
14. Und er zog durch alle Stämme Israels gen Abel und Beth-Maacha und ganz Habberim; und sie versammelten sich und folgten ihm nach
15. und kamen und belagerten ihn zu Abel-Beth-Maacha und schütteten einen Wall gegen die Stadt hin, daß er bis an die Vormauer langte; und alles Volk, das mit Joab war, stürmte und wollte die Mauer niederwerfen.
16. Da rief eine weise Frau aus der Stadt: Höret! höret! Sprecht zu Joab, daß er hieherzu komme; ich will mit ihm reden.
17. Und da er zu ihr kam, sprach die Frau: Bist du Joab? Er sprach: Ja. Sie sprach zu ihm: Höre die Rede deiner Magd. Er sprach: Ich höre.
18. Sie sprach: Vorzeiten sprach man: Wer fragen will, der frage zu Abel; und so ging's wohl aus.
19. Ich bin eine von den friedsamen und treuen Städten in Israel; und du willst die Stadt und Mutter in Israel töten? Warum willst du das Erbteil des Herrn verschlingen?
20. Joab antwortete und sprach: Das sei ferne, das sei ferne von mir, daß ich verschlingen und verderben sollte! Es steht nicht also;
21. sondern ein Mann vom Gebirge Ephraim mit Namen Seba, der Sohn Bichris, hat sich empört wider den König David. Gebt ihn allein her, so will ich von der Stadt ziehen. Die Frau sprach zu Joab: Siehe, sein Haupt soll zu dir über die Mauer geworfen werden.
22. Und die Frau kam hinein zu allem Volk mit ihrer Weisheit. Und sie hieben Seba, dem Sohn Bichris, den Kopf ab und warfen ihn zu Joab. Da blies er die Posaune, und sie zerstreuten sich von der Stadt, ein jeglicher in seine Hütte. Joab aber kam wieder gen Jerusalem zum König.
23. Joab aber war über das ganze Heer Israels. Benaja, der Sohn Jojadas, war über die *Krether und Plether.
*Leibwache. K. 8,16–18.
24. Adoram *war Rentmeister. Josaphat, der Sohn Ahiluds, war Kanzler. *1. Kön. 4,6.
25. Seja war Schreiber. Zadok und Abjathar waren Priester;
26. dazu war Ira, der Jairiter, Davids Priester.

Das 21. Kapitel

Teuerung wegen einer Blutschuld Sauls an den Gibeonitern. Rizpa. Siege über die Philister.

1. Es war auch eine Teuerung zu Davids Zeiten drei Jahre aneinander. Und David suchte das Angesicht des Herrn; und der Herr sprach: Um Sauls willen und um des Bluthauses willen, daß er die Gibeoniter getötet hat.
2. Da ließ der König die Gibeoniter rufen und sprach zu ihnen. (Die Gibeoniter aber waren nicht von den Kindern Israel, sondern übrig von den Amoritern; aber *die Kinder Israel hatten ihnen geschworen, und Saul suchte sie zu schlagen in seinem Eifer für die Kinder Israel und Juda.)
*Jos. 9,15.19.
3. So sprach nun David zu den Gibeonitern: Was soll ich euch tun? und womit soll ich sühnen, daß ihr das Erbteil des Herrn segnet?
4. Die Gibeoniter sprachen zu ihm: Es ist uns nicht um Gold noch Silber zu tun an Saul und seinem Hause und steht uns nicht zu, jemand zu töten in Israel. Er sprach: Was sprecht ihr denn, daß ich euch tun soll?
5. Sie sprachen zum König: Den Mann,

der uns verderbt und zunichte gemacht hat, sollen wir vertilgen, daß ihm nichts bleibe in allen Grenzen Israels.

6. Gebet uns sieben Männer aus seinem Hause, daß wir sie *aufhängen dem Herrn zu Gibea Sauls, des Erwählten des Herrn. Der König sprach: Ich will sie geben.

*4. Mose 25,4.

7. Aber der König verschonte Mephiboseth, den Sohn Jonathans, des Sohnes Sauls, um *des Eides willen des Herrn, der zwischen ihnen war, zwischen David und Jonathan, dem Sohn Sauls.

*1. Sam. 20,15–17.

8. Aber die zwei Söhne *Rizpas, der Tochter Ajas, die sie Saul geboren hatte, Armoni und Mephiboseth, dazu die fünf Söhne Merabs, der Tochter Sauls, die sie dem †Adriel geboren hatte, dem Sohn Barsillais, des Meholathiters, nahm der König *K. 3,7. †1. Sam. 18,19.

9. und gab sie in die Hand der Gibeoniter; die hingen sie auf dem Berge vor dem Herrn. Also fielen diese sieben auf einmal und starben zur Zeit der ersten Ernte, wann die Gerstenernte angeht.

10. Da nahm Rizpa, die Tochter Ajas, einen Sack und breitete ihn auf den Fels am Anfang der Ernte, bis daß Wasser vom Himmel über sie troff, und ließ des Tages die Vögel des Himmels nicht auf ihnen ruhen noch des Nachts die Tiere des Feldes.

11. Und es ward David angesagt, was Rizpa, die Tochter Ajas, Sauls Kebsweib, getan hatte.

12. Und David ging hin und nahm die Gebeine Sauls und die Gebeine Jonathans, seines Sohnes, von den Bürgern zu Jabes in Gilead (die *sie vom Platz am Tor Beth-Seans gestohlen hatten, dahin sie die Philister gehängt hatten zu der Zeit, da die Philister Saul schlugen auf dem Berge Gilboa), *1. Sam. 31,12.

13. und brachte sie von da herauf; und sie sammelten sie zuhauf mit den Gebeinen der Gehängten

14. und begruben die Gebeine Sauls und seines Sohnes Jonathan im Lande Benjamin zu Zela im Grabe seines Vaters Kis und taten alles, wie der König geboten hatte. *Also ward Gott nach diesem dem Lande wieder versöhnt. *K. 24,25.

15. Es erhob sich aber wieder ein Krieg von den Philistern wider Israel; und David zog hinab und seine Knechte mit ihm und stritten wider die Philister. Und David ward müde.

16. Und Jesbi zu Nob (welcher war der Kinder Raphas einer, und das Gewicht seines Speers war dreihundert Gewicht Erzes, und er hatte neue Waffen), der gedachte David zu schlagen.

17. Aber *Abisai, der Zeruja Sohn, half ihm und schlug den Philister tot. Da schwuren ihm die Männer Davids und sprachen: Du sollst nicht mehr mit uns ausziehen in den Streit, daß nicht die Leuchte in Israel verlösche.

*K. 23,19. (V. 18–22: vgl. 1. Chron. 20,4–8.)

18. Darnach erhob sich noch ein Krieg zu Gob mit den Philistern. Da schlug Sibbechai, der Husathiter, den Saph, welcher auch der Kinder Raphas einer war.

19. Und es erhob sich noch ein Krieg zu Gob mit den Philistern. Da schlug Elhanan, der Sohn Jaere-Orgims, ein Bethlehemiter, den Goliath, den Gathiter, welcher hatte einen *Spieß, des Stange war wie ein Weberbaum. *1. Sam. 17,7.

20. Und es erhob sich noch ein Krieg zu Gath. Da war ein langer Mann, der hatte sechs Finger an seinen Händen und sechs Zehen an seinen Füßen, das ist vierundzwanzig an der Zahl; und er war auch geboren dem Rapha.

21. Und da er *Israel Hohn sprach, schlug ihn Jonathan, der Sohn Simeas, des Bruders Davids. *1. Sam. 17,10.

22. Diese vier waren geboren dem Rapha zu Gath und fielen durch die Hand Davids und seiner Knechte.

Das 22. Kapitel

Lobgesang Davids für die Errettung von seinen Feinden. (Vgl. Ps. 18.)

1. Und David redete vor dem Herrn die Worte dieses Liedes zur Zeit, da ihn der Herr errettet hatte von der Hand aller seiner Feinde und von der Hand Sauls, und sprach:

2. Der Herr ist mein Fels und meine Burg und mein Erretter.

3. Gott ist mein Hort, auf den ich traue, mein Schild und Horn meines Heils, mein Schutz und meine Zuflucht, mein Heiland, der du mir hilfst vor dem Frevel.

4. Ich rufe an den Herrn, den Hochgelobten, so werde ich von meinen Feinden erlöst.

5. Es hatten mich umfangen die Schmerzen des Todes, und die Bäche des Verderbens erschreckten mich.

6. Der Hölle Bande umfingen mich, und des Todes Stricke überwältigten mich.

7. Da mir angst war, rief ich den Herrn an und schrie zu meinem Gott; da erhörte

DAVIDS OPFER 2. Samuel 23, 15.16

er meine Stimme von seinem Tempel, und
mein Schreien kam vor ihn zu seinen Ohren.
8. Die Erde bebte und ward bewegt; die
Grundfesten des Himmels regten sich und
bebten, da er zornig war.
9. Dampf ging auf von seiner Nase und
verzehrend Feuer von seinem Munde, daß
es davon blitzte.
10. Er neigte den Himmel und fuhr herab, und Dunkel war unter seinen Füßen.
11. Und er fuhr auf dem Cherub und flog
daher, und er schwebte auf den Fittichen
des Windes.
12. Sein Gezelt um ihn her war finster
und schwarze, dicke Wolken.
13. Von dem Glanz vor ihm brannte es
mit Blitzen.
14. Der Herr donnerte vom Himmel, und
der Höchste ließ seinen Donner aus.
15. Er schoß seine Strahlen und zerstreute sie; er ließ blitzen und schreckte
sie.
16. Da sah man das Bett der Wasser, und
des Erdbodens Grund ward aufgedeckt vor
dem Schelten des Herrn, von dem Odem
und Schnauben seiner Nase.
17. Er streckte seine Hand aus von der
Höhe und holte mich und zog mich aus
großen Wassern.
18. Er errettete mich von meinen starken Feinden, von meinen Hassern, die mir
zu mächtig waren,
19. die mich überwältigten zur Zeit meines Unglücks; und der Herr ward meine
Zuversicht.
20. Und er führte mich aus in das Weite,
er riß mich heraus; denn er hatte Lust zu
mir.
21. Der Herr tut wohl an mir nach meiner Gerechtigkeit; er vergilt mir nach der
Reinigkeit meiner Hände.
22. Denn ich halte die Wege des Herrn
und bin nicht gottlos wider meinen Gott.
23. Denn alle seine Rechte habe ich vor
Augen, und seine Gebote werfe ich nicht
von mir;
24. sondern ich bin ohne Tadel vor ihm
und hüte mich vor Sünden.
25. Darum vergilt mir der Herr nach
meiner Gerechtigkeit, nach meiner Reinigkeit vor seinen Augen.
26. Bei den Heiligen bist du heilig, bei
den Frommen bist du fromm.

27. bei den Reinen bist du rein, und bei
den Verkehrten bist du verkehrt.
28. Denn du hilfst dem elenden Volk,
und mit deinen Augen erniedrigst du die
Hohen.
29. Denn du, Herr, bist meine Leuchte;
der Herr macht meine Finsternis licht.
30. Denn mit dir kann ich Kriegsvolk
zerschlagen und mit meinem Gott über
die Mauer springen.
31. Gottes Wege sind vollkommen; des
Herrn Reden sind durchläutert. Er ist ein
Schild allen, die ihm vertrauen.
32. Denn wo ist ein Gott außer dem
Herrn, und wo ist ein Hort außer unserm
Gott?
33. Gott stärkt mich mit Kraft und weist
mir einen Weg ohne Tadel.
34. Er macht meine Füße gleich den Hirschen und stellt mich auf meine Höhen.
35. Er lehrt meine Hände streiten und
lehrt meinen Arm den ehernen Bogen
spannen.
36. Du gibst mir den Schild deines Heils;
und wenn du mich demütigst, machst du
mich groß.
37. Du machst unter mir Raum zu gehen, daß meine Knöchel nicht wanken.
38. Ich will meinen Feinden nachjagen
und sie vertilgen und will nicht umkehren, bis ich sie umgebracht habe.
39. Ich will sie umbringen und zerschmettern; sie sollen mir nicht widerstehen und müssen unter meine Füße fallen.
40. Du kannst mich rüsten mit Stärke
zum Streit; du kannst unter mich werfen,
die sich wider mich setzen.
41. Du gibst mir meine Feinde in die
Flucht, daß ich verstöre, die mich hassen.
42. Sie sehen sich um – aber da ist kein
Helfer – nach dem Herrn; aber er antwortet ihnen nicht.
43. Ich will sie zerstoßen wie Staub auf
der Erde; wie Kot auf der Gasse will ich sie
verstäuben und zerstreuen.
44. Du hilfst mir von dem zänkischen
Volk und behütest mich, daß ich ein
Haupt sei unter den Heiden; ein Volk, das
ich nicht kannte, dient mir.
45. Den Kindern der Fremde hat's wider
mich gefehlt; sie gehorchen mir mit gehorsamen Ohren.
46. Die Kinder der Fremde sind verschmachtet und kommen mit Zittern aus
ihren Burgen.
47. Der Herr lebt, und gelobt sei mein
Hort; und Gott, der Hort meines Heils,
werde erhoben,
48. der Gott, der mir Rache gibt und
wirft die Völker unter mich.
49. Er hilft mir aus von meinen Feinden.
Du erhöhest mich aus denen, die sich wider mich setzen; du hilfst mir von den
Frevlern.
50. Darum will ich dir danken, Herr, unter den Heiden und deinem Namen lobsingen,
51. der seinem Könige großes Heil beweist und wohltut seinem Gesalbten, David und seinem Samen ewiglich.

Das 23. Kapitel

Davids letzte Worte; seine Helden.

1. Dies sind die letzten Worte Davids: Es
sprach David, der Sohn Isais, es sprach der
Mann, der hoch erhoben ist, der Gesalbte
des Gottes Jakobs, lieblich mit Psalmen
Israels.
2. Der Geist des Herrn hat durch mich
geredet, und seine Rede ist auf meiner
Zunge.
3. Es hat der Gott Israels zu mir gesprochen, der Hort Israels hat geredet: Ein
Gerechter herrscht unter den Menschen,
er herrscht in der Furcht Gottes
4. und ist wie das Licht des Morgens,
wenn die Sonne aufgeht, am Morgen ohne
Wolken, da vom Glanz nach dem Regen
das Gras aus der Erde wächst.
5. Denn ist mein Haus nicht also bei
Gott? Denn er hat mir einen ewigen Bund
gesetzt, der in allem wohl geordnet und
gehalten wird. All mein Heil und all mein
Begehren, das wird er wachsen lassen.
6. Aber die heillosen Leute sind allesamt
wie die ausgeworfenen Disteln, die man
nicht mit Händen fassen kann;
7. sondern wer die angreifen soll, muß
Eisen und Spießstange in der Hand haben;
sie werden mit Feuer verbrannt an ihrem
Ort. (V. 8–39: vgl. 1. Chron. 11,10–41.)
8. Dies sind die Namen der Helden Davids: Jasobeam, der Sohn Hachmonis, ein
Vornehmster unter den Rittern; er hob
seinen Spieß auf und schlug achthundert
auf einmal.
9. Nach ihm war Eleasar, der Sohn Dodos, des Sohnes Ahohis, unter den drei
Helden mit David. Da sie Hohn sprachen
den Philistern und daselbst versammelt
waren zum Streit und die Männer Israels
hinaufzogen,
10. da stand er und schlug die Philister,
bis daß seine Hand müde am Schwert er-
starrte. Und der Herr gab ein großes Heil

DIE PESTILENZ 2. Samuel 24, 15

zu der Zeit, daß das Volk umwandte ihm nach, zu rauben.
11. Nach ihm war Samma, der Sohn Ages, des Harariters. Da die Philister sich versammelten in eine Rotte – und war daselbst ein Stück Acker voll Linsen, und das Volk floh vor den Philistern –,
12. da trat er mitten auf das Stück und errettete es und schlug die Philister; und Gott gab ein großes Heil.
13. Und diese drei Vornehmsten unter dreißigen kamen hinab in der Ernte zu David in die Höhle Adullam, und die Rotte der Philister lag im Grund Rephaim.
14. David aber war dazumal an sicherem Ort; aber der Philister Volk lag zu Bethlehem.
15. Und David ward lüstern und sprach: Wer will mir Wasser zu trinken holen aus dem Brunnen zu Bethlehem unter dem Tor?
16. Da brachen die drei Helden ins Lager der Philister und schöpften Wasser aus dem Brunnen zu Bethlehem unter dem Tor und trugen's und brachten's David. Aber er wollte es nicht trinken, sondern goß es aus dem Herrn
17. und sprach: Das lasse der Herr fern von mir sein, daß ich das tue! Ist's nicht das Blut der Männer, die ihr Leben gewagt haben und dahin gegangen sind? Und wollte es nicht trinken. Das taten die drei Helden.
18. Abisai, Joabs Bruder, der *Zeruja Sohn, war auch ein Vornehmster unter den Rittern: er hob seinen Spieß auf und schlug dreihundert, und war auch berühmt unter dreien

*K.21,17.

19. und der Herrlichste unter dreien und war ihr Oberster; aber er kam nicht bis an jene drei.
20. Und Benaja, der Sohn Jojadas, des Sohnes Is-Hails, von großen Taten, von *Kabzeel, der schlug zwei Helden der Moabiter und ging hinab und schlug einen Löwen im Brunnen zur Schneezeit.

*Jos.15,21; Neh.11,25.

21. Und schlug auch einen ägyptischen ansehnlichen Mann, der hatte einen Spieß in seiner Hand. Er aber ging zu ihm hinab mit einem Stecken und riß dem Ägypter den Spieß aus der Hand und erwürgte ihn mit seinem eigenen Spieß.

22. Das tat Benaja, der Sohn Jojadas, und
war berühmt unter den drei Helden
23. und herrlicher denn die dreißig; aber
er kam nicht bis an jene drei. Und David
machte ihn zum heimlichen Rat.
24. *Asahel, der Bruder Joabs, war unter
den dreißig; Elhanan, der Sohn Dodos, zu
Bethlehem; *K.2,18.
25. Samma, der Harodieter; Elika, der
Haroditer;
26. Helez, der Paltiter; Ira, der Sohn des
Ikkes, des Thekoiters;
1.Chron.27,9.10.
27. Abieser, der Anathothiter; Mebunnai,
der Husathiter;
28. Zalmon, der Ahohiter; Maherai, der
Netophathiter;
29. Heleb, der Sohn Baanas, der Netophathiter; Itthai, der Sohn Ribais, von Gibea der Kinder Benjamin;
30. Benaja, der Pirathoniter; Hiddai, von
Nahale-Gaas;
31. Abi-Albon, der Arbathiter; Asmaveth,
der Barhumiter;
32. Eljahba, der Saalboniter; die Kinder
Jasen und Jonathan;
33. Samma, der Harariter; Ahiam, der
Sohn Sarars, der Harariter;
34. Eliphelet, der Sohn Ahasbais, des
Maachathiters; Eliam, *der Sohn Ahithophels, des Giloniters; *K.15,12.
35. Hezrai, der Karmeliter; Paerai, der
Arbiter;
36. Jigeal, der Sohn Nathans, von Zoba;
Bani, der Gaditer;
37. Zelek, der Ammoniter; Naharai, der
Beerothiter, der Waffenträger Joabs, des
Sohnes der Zeruja;
38. Ira, der Jethriter; Gareb, der Jethriter;
39. Uria, *der Hethiter. Das sind allesamt siebenunddreißig. *K.11,3.

Das 24. Kapitel

Davids Volkszählung wird mit Pestilenz gestraft.
Opfer auf der Tenne Aravnas.
(Vgl. 1.Chron.21.)

1. Und der Zorn des Herrn ergrimmte
*abermals wider Israel, und er reizte Da-
vid wider sie, daß er sprach: Gehe hin,
zähle Israel und Juda! *K.21,1.
2. Und der König sprach zu Joab, seinem
Feldhauptmann: Gehe umher in allen
Stämmen Israels von Dan an bis gen Beer-
Seba und zähle das Volk, daß ich wisse,
wieviel sein ist!
3. Joab sprach zu dem König: Der Herr,
dein Gott, tue zu diesem Volk, wie es jetzt
ist, noch hundertmal soviel, daß mein
Herr, der König, seiner Augen Lust daran
sehe; aber was hat mein Herr König zu
dieser Sache Lust?
4. Aber des Königs Wort stand fest wider
Joab und die Hauptleute des Heeres. Also
zog Joab aus und die Hauptleute des Heeres von dem König, daß sie das Volk Israel
zählten.
5. Und sie gingen über den Jordan und
lagerten sich zu Aroer, zur Rechten der
Stadt, die am Bach Gad liegt, und gen
Jaser hin,
6. und kamen gen Gilead und ins Nieder-
land Hodsi, und kamen gen Dan-Jaan und
um Sidon her,
7. und kamen zu der festen Stadt Tyrus
und allen Städten der Heviter und Kanaaniter, und kamen hinaus an den Mittag
Juda's gen Beer-Seba,
8. und *durchzogen das ganze Land und
kamen nach neun Monaten und zwanzig
Tagen gen Jerusalem.
*Jos.18,9.
9. Und Joab gab dem König die Summe
des Volks, das gezählt war. Und es waren in
Israel 800000 starke Männer, die das
Schwert auszogen, und in Juda 500000
Mann.
10. Und das Herz schlug David, nachdem
das Volk gezählt war. Und David sprach
zum Herrn: Ich habe schwer gesündigt,
daß ich das getan habe; und nun, Herr,
nimm weg die Missetat deines Knechtes;
denn ich habe sehr töricht getan.
11. Und da David des Morgens aufstand,
kam des Herrn Wort zu Gad, dem Propheten, Davids Seher, und sprach:
12. Gehe hin und rede mit David: So
spricht der Herr: Dreierlei bringe ich zu
dir; erwähle dir deren eins, daß ich es dir
tue.
13. Gad kam zu David und sagte es ihm
an und sprach zu ihm: Willst du, *daß
sieben Jahre Teuerung in dein Land komme? oder daß du drei Monate vor deinen
Widersachern fliehen müssest und sie
dich verfolgen? oder daß drei Tage Pestilenz in deinem Lande sei? So merke nun
und siehe, was ich wieder sagen soll dem,
der mich gesandt hat.
*Jer.24,10; 29,17; Hesek.6,12.
14. David sprach zu Gad: Es ist mir sehr
angst, aber laß uns in die Hand des Herrn
fallen, denn seine Barmherzigkeit ist
groß; ich will nicht in der Menschen Hand
fallen.
15. Also ließ der Herr Pestilenz in Israel

kommen vom Morgen an bis zur bestimmten Zeit, daß des Volks starb von Dan an bis gen Beer-Seba 70000 Mann.
16. Und da der Engel seine Hand ausstreckte über Jerusalem, daß er es verderbte, reute den Herrn das Übel, und er sprach zum Engel, zu dem Verderber im Volk: Es ist genug; laß nun deine Hand ab! Der Engel aber des Herrn war bei der Tenne Aravnas, des Jebusiters.
17. Da aber David den Engel sah, der das Volk schlug, sprach er zum Herrn: Siehe, ich habe gesündigt, ich habe die Missetat getan; was haben diese Schafe getan? Laß deine Hand wider mich und meines Vaters Haus sein! 4. Mose 16,22.
18. Und Gad kam zu David zur selben Zeit und sprach zu ihm: Gehe hinauf und richte dem Herrn einen Altar auf in der Tenne Aravnas, des Jebusiters!
19. Also ging David hinauf, wie Gad gesagt und der Herr geboten hatte.
20. Und da Aravna sich wandte, sah er den König mit seinen Knechten zu ihm herüberkommen und fiel nieder auf sein Angesicht zur Erde
21. und sprach: Warum kommt mein Herr, der König, zu seinem Knecht? David sprach: Zu kaufen von dir die Tenne und zu bauen dem Herrn einen Altar, daß die Plage vom Volk aufhöre.
22. Aber Aravna sprach zu David: Mein Herr, der König, nehme und opfere, wie es ihm gefällt: siehe, da ist ein Rind zum Brandopfer und Schleifen und Geschirr vom Ochsen zu Holz.
23. Das alles gab Aravna, der König, dem König. Und Aravna sprach zum König: Der Herr, dein Gott, lasse dich ihm angenehm sein.
24. Aber der König sprach zu Aravna: Nicht also, sondern ich will dir's abkaufen um seinen Preis; denn ich will dem Herrn, meinem Gott, nicht Brandopfer tun, das ich umsonst habe. Also kaufte David die Tenne und das Rind um fünfzig Silberlinge
25. und baute daselbst dem Herrn einen Altar und opferte Brandopfer und Dankopfer. Und *der Herr ward dem Land versöhnt, und die Plage hörte auf von dem Volk Israel. *K. 21,14.

Das erste Buch von den Königen

Das 1. Kapitel

Davids Entkräftung.
Adonia will Thronerbe werden.
Salomos Salbung zum König.

1. Und da der König David alt war und wohl betagt, konnte er nicht warm werden, ob man ihn gleich mit Kleidern bedeckte.
2. Da sprachen seine Knechte zu ihm: Laßt sie meinem Herrn, dem König, eine Dirne, eine Jungfrau, suchen, die vor dem König stehe und sein pflege und schlafe in seinen Armen und wärme meinen Herrn, den König.
3. Und sie suchten eine schöne Dirne im ganzen Gebiet Israels und fanden Abisag von Sunem und brachten sie dem König.
4. Und sie war eine sehr schöne Dirne und pflegte des Königs und diente ihm. Aber der König erkannte sie nicht.
5. *Adonia aber, der Sohn der Haggith, erhob sich und sprach: Ich will König werden! und †machte sich Wagen und Reiter und fünfzig Mann zu Trabanten vor ihm her. *2. Sam. 3,4. †2. Sam. 15,1.
6. Und sein Vater hatte ihn nie bekümmert sein Leben lang, daß er hätte gesagt: Warum tust du also? Und er war auch ein sehr schöner Mann und war geboren nächst nach Absalom.
7. Und hatte seinen Rat mit Joab, dem Sohn der Zeruja, und mit Abjathar, dem Priester; die halfen Adonia. K. 2,22.
8. Aber Zadok, der Priester, und Benaja, der Sohn Jojadas, und Nathan, der Prophet, und Simei und Rei und die Helden Davids waren nicht mit Adonia.
9. Und da Adonia Schafe und Rinder und gemästetes Vieh opferte bei dem Stein Soheleth, der neben dem *Brunnen Rogel liegt, lud er alle seine Brüder, des Königs

Söhne, und alle Männer Juda's, des Königs Knechte. Jos. 15,7.
10. Aber den Propheten Nathan und Benaja und die Helden und Salomo, seinen Bruder, lud er nicht.
11. Da sprach Nathan zu Bath-Seba, Salomos Mutter: Hast du nicht gehört, daß Adonia, der Sohn der Haggith, ist König geworden? Und unser Herr David weiß nichts darum.
12. So komm nun, ich will dir einen Rat geben, daß du deine Seele und deines Sohnes Salomo Seele errettest.
13. Auf, und gehe zum König David hinein und sprich zu ihm: Hast du nicht, mein Herr König, deiner Magd geschworen und geredet: Dein Sohn Salomo soll nach mir König sein, und er soll auf meinem Stuhl sitzen? Warum ist denn Adonia König geworden?
14. Siehe, wenn du noch da bist und mit dem König redest, will ich dir nach hineinkommen und vollends deine Worte ausreden.
15. Und Bath-Seba ging hinein zum König in die Kammer. Und der König war sehr alt, und Abisag von Sunem diente dem König.
16. Und Bath-Seba neigte sich und fiel vor dem König nieder. Der König aber sprach: Was ist dir?
17. Sie sprach zu ihm: Mein Herr, du hast deiner Magd geschworen bei dem Herrn, deinem Gott: Dein Sohn Salomo soll König sein nach mir und auf meinem Stuhl sitzen.
18. Nun aber siehe, Adonia ist König geworden, und, mein Herr König, du weißt nichts darum.
19. Er hat Ochsen und gemästetes Vieh und viele Schafe geopfert und hat geladen alle Söhne des Königs, dazu Abjathar, den Priester, und Joab, den Feldhauptmann; aber deinen Knecht Salomo hat er nicht geladen. V. 9,10.
20. Du aber, mein Herr König, die Augen des ganzen Israel sehen auf dich, daß du ihnen anzeigest, wer auf dem Stuhl meines Herrn Königs nach ihm sitzen soll.
21. Wenn aber mein Herr König mit seinen Vätern entschlafen ist, so werden ich und mein Sohn Salomo *müssen Sünder sein. 2. Mose 5,16.
22. Als sie aber noch redete mit dem König, kam der Prophet Nathan.
23. Und sie sagten's dem König an: Siehe, da ist der Prophet Nathan. Und als er hinein vor den König kam, fiel er vor dem König nieder auf sein Angesicht zur Erde
24. und sprach: Mein Herr König, hast du gesagt: Adonia soll nach mir König sein und auf meinem Stuhl sitzen?
25. Denn er ist heute hinabgegangen und hat geopfert Ochsen und Mastvieh und viele Schafe und hat alle Söhne des Königs geladen und die Hauptleute, dazu den Priester Abjathar. Und siehe, sie essen und trinken vor ihm und sagen: *Glück zu dem König Adonia! *2. Sam. 16,16.
26. Aber mich, deinen Knecht, und Zadok, den Priester, und Benaja, den Sohn Jojadas, und deinen Knecht Salomo hat er nicht geladen. V. 10.
27. Ist das von meinem Herrn, dem König, befohlen, und hast du es deine Knechte nicht wissen lassen, wer auf dem Stuhl meines Herrn, des Königs, nach ihm sitzen soll?
28. Der König David antwortete und sprach: Rufet mir Bath-Seba! Und sie kam hinein vor den König. Und da sie vor dem König stand,
29. schwur der König und sprach: So wahr der Herr lebt, der meine Seele erlöst hat aus aller Not,
30. ich will heute tun, wie ich dir geschworen habe bei dem Herrn, dem Gott Israels, und geredet, daß Salomo, dein Sohn, soll nach mir König sein, und er soll auf meinem Stuhl sitzen für mich.
31. Da neigte sich Bath-Seba mit ihrem Antlitz zur Erde und fiel vor dem König nieder und sprach: Glück meinem Herrn, König David, ewiglich!
32. Und der König David sprach: Rufet mir den Priester Zadok und den Propheten Nathan und Benaja, den Sohn Jojadas! Und da sie hineinkamen vor den König,
33. sprach der König zu ihnen: Nehmet mit euch eures Herrn Knechte und setzet meinen Sohn Salomo auf mein Maultier und führet ihn hinab gen Gihon.
34. Und der Priester Zadok samt dem Propheten Nathan salbe ihn daselbst zum König über Israel. Und blaset mit den Posaunen und sprecht: Glück dem König Salomo!
35. Und ziehet ihm nach herauf, und er soll kommen und sitzen auf meinem Stuhl und König sein für mich; und ich will ihm gebieten, daß er Fürst sei über Israel und Juda.
36. Da antwortete Benaja, der Sohn Jojadas, dem König und sprach: Amen! Es sage der Herr, der Gott meines Herrn, des Königs, auch also!
37. Wie der Herr mit meinem Herrn, dem König, gewesen ist, so sei er auch mit

SALBUNG SALOMOS 1. Könige 1, 39

Salomo, daß sein Stuhl größer werde
denn der Stuhl meines Herrn, des Königs
David.
38. Da gingen hinab der Priester Zadok
und der Prophet Nathan und Benaja, der
Sohn Jojadas, und *die Krether und Plether
und setzten Salomo auf das Maultier
des Königs David und führten ihn gen
Gihon. *Leibwache. 2. Sam. 8,18.
39. Und der Priester Zadok nahm das Ölhorn
aus der Hütte und salbte Salomo.
Und sie bliesen mit der Posaune, und alles
Volk sprach: Glück dem König Salomo!
1. Chron. 23,1; 29,22.
40. Und alles Volk zog ihm nach herauf,
und das Volk pfiff mit Flöten und war sehr
fröhlich, daß die Erde von ihrem Geschrei
erscholl.
41. Und Adonia hörte es und alle, die er
geladen hatte, die bei ihm waren; und sie
hatten schon gegessen. Und da Joab der
Posaune Schall hörte, sprach er: Was will
das Geschrei und Getümmel der Stadt?
42. Da er aber noch redete, siehe, da
kam *Jonathan, der Sohn Abjathars, des
Priesters. Und Adonia sprach: Komm
herein, denn du bist ein redlicher Mann
und bringst gute Botschaft.
*2. Sam. 15,27.36.
43. Jonathan antwortete und sprach zu
Adonia: Ja, unser Herr, der König David,
hat Salomo zum König gemacht
44. und hat mit ihm gesandt den Priester
Zadok und den Propheten Nathan und Benaja,
den Sohn Jojadas, und die *Krether
und Plether; und sie haben ihn auf des
Königs Maultier gesetzt; *Leibwache.
45. und Zadok, der Priester, samt dem
Propheten Nathan hat ihn gesalbt zum
König zu Gihon, und sind von da heraufgezogen
mit Freuden, daß die Stadt voll
Getümmels ist. Das ist das Geschrei, das
ihr gehört habt.
46. Dazu sitzt Salomo auf dem königlichen
Stuhl. 1. Chron. 28,5.
47. Und die Knechte des Königs sind hineingegangen,
zu segnen unsern Herrn,
den König David, und haben gesagt: Dein
Gott mache Salomo einen bessern Namen,
denn dein Name ist, und mache seinen
Stuhl größer denn deinen Stuhl! Und der
König hat angebetet auf dem Lager.
48. Auch hat der König also gesagt: Gelobt
sei der Herr, der Gott Israels, der

heute hat lassen einen sitzen auf meinem
Stuhl, daß es meine Augen gesehen haben. K.3,6.
49. Da erschraken und machten sich auf
alle, die bei Adonia geladen waren, und
gingen hin, ein jeglicher seinen Weg.
50. Aber Adonia fürchtete sich vor Salomo und machte sich auf, ging hin und
faßte die Hörner des Altars.
51. Und es ward Salomo angesagt: Siehe,
Adonia fürchtet den König Salomo; und
siehe, er *faßt die Hörner des Altars und
spricht: Der König Salomo schwöre mir
heute, daß er seinen Knecht nicht töte mit
dem Schwert. *K.2,28.
52. Salomo sprach: Wird er redlich sein,
*so soll kein Haar von ihm auf die Erde
fallen; wird aber Böses an ihm gefunden,
so soll er sterben. *2.Sam.14,11.
53. Und der König Salomo sandte hin
und ließ ihn herab vom Altar holen. Und
da er kam, fiel er vor dem König Salomo
nieder. Salomo aber sprach zu ihm: Gehe
in dein Haus!

Das 2. Kapitel

Davids letzter Wille und Tod.
Salomos Nachfolge;
seine Strenge beim Antritt der Regierung.

1. Als nun die Zeit herbeikam, daß David
sterben sollte, gebot er seinem Sohn Salomo und sprach:
2. Ich gehe hin den Weg aller Welt; so sei
getrost und sei ein Mann
3. und warte des Dienstes des Herrn, deines Gottes, daß du wandelst in seinen Wegen und haltest seine Sitten, Gebote und
Rechte und Zeugnisse, wie *geschrieben
steht im Gesetz Mose's, auf daß du klug
seist in allem, was du tust und wo du dich
hin wendest; *5.Mose 17,14–20; Jos.1,7; 23,6.
4. auf daß der Herr sein Wort erwecke,
das er über mich geredet hat und gesagt:
Werden deine Kinder ihre Wege behüten,
daß sie vor mir treulich und von ganzem
Herzen und von ganzer Seele wandeln, so
soll dir nimmer gebrechen ein Mann auf
dem Stuhl Israels.
5. Auch weißt du wohl, was mir getan hat
Joab, der Sohn der Zeruja, was er tat den
zwei Feldhauptmännern Israels, *Abner,
dem Sohn Ners, und †Amasa, dem Sohn
Jethers, die er erwürgt hat und vergoß
Kriegsblut im Frieden und tat Kriegsblut
an seinen Gürtel, der um seine Lenden
war, und an seine Schuhe, die an seinen
Füßen waren. *2.Sam.3,27. †2.Sam.20,10.
6. Tue nach deiner Weisheit, daß du seine grauen Haare nicht mit Frieden hinunter in die Grube bringest. 1.Mose 42,38.
7. Aber den Kindern Barsillais, des Gileaditers, sollst du Barmherzigkeit beweisen,
daß sie an deinem Tisch essen. Denn also
nahten sie zu mir, da ich vor Absalom,
deinem Bruder, floh.
2.Sam.17,27; 19,32–41.
8. Und siehe, du hast bei dir *Simei, den
Sohn Geras, den Benjaminiter, von Bahurim, der mir schändlich fluchte zu der
Zeit, da ich gen Mahanaim ging. Er aber
kam herab mir entgegen am Jordan. Da
schwur ich ihm bei dem Herrn und
sprach: Ich will dich nicht töten mit dem
Schwert. *2.Sam.16,5; 19,17–24.
9. Du aber laß ihn nicht unschuldig sein;
denn du bist ein weiser Mann und wirst
wohl wissen, was du ihm tun sollst, daß du
seine grauen Haare mit Blut hinunter in
die Grube bringest. V.6; Ps.101,4.8.
10. Also entschlief David mit seinen Vätern und ward begraben in der Stadt Davids. Apg.13,36.
11. Die Zeit aber, die David König gewesen ist über Israel, ist vierzig Jahre: sieben
Jahre war er König zu Hebron und dreiunddreißig Jahre zu Jerusalem.
2.Sam.5,4.5; 1.Chron.29,27.
12. Und Salomo saß auf dem Stuhl seines
Vaters David, und sein Königreich ward
sehr beständig.
13. Aber Adonia, der Sohn der Haggith,
kam hinein zu Bath-Seba, der Mutter Salomos. Und sie sprach: Kommst du auch
mit Frieden? Er sprach: Ja!
14. und sprach: Ich habe mit dir zu reden. Sie sprach: Sage an!
15. Er sprach: Du weißt, daß *das Königreich mein war und ganz Israel hatte sich
auf mich gerichtet, daß ich König sein
sollte; aber nun ist das Königreich gewandt und meines Bruders geworden, –
von dem Herrn ist's ihm geworden.
*K.1,5–40.
16. Nun bitte ich eine Bitte von dir; du
wollest mein Angesicht nicht beschämen.
Sie sprach zu ihm: Sage an!
17. Er sprach: Rede mit dem König Salomo, denn er wird dein Angesicht nicht
beschämen, daß er mir gebe *Abisag von
Sunem zum Weibe. *K.1,3; 2.Sam.3,7.
18. Bath-Seba sprach: Wohl, ich will mit
dem König deinethalben reden.
19. Und Bath-Seba kam hinein zum König Salomo, mit ihm zu reden Adonias
halben. Und der König stand auf und ging
ihr entgegen und neigte sich vor ihr und
setzte sich auf seinen Stuhl. Und es ward

der Mutter des Königs ein Stuhl gesetzt,
daß sie sich setzte zu seiner Rechten.
20. Und sie sprach: Ich bitte eine kleine
Bitte von dir; du wollest mein Angesicht
nicht beschämen. Der König sprach zu
ihr: Bitte, meine Mutter; ich will dein Angesicht nicht beschämen.
21. Sie sprach: Laß Abisag von Sunem
deinem Bruder Adonia zum Weibe geben.
22. Da antwortete der König Salomo und
sprach zu seiner Mutter: Warum bittest du
um Abisag von Sunem für Adonia? Bitte
ihm das Königreich auch; denn *er ist
mein älterer Bruder und hat den Priester
Abjathar und Joab, den Sohn der Zeruja.

*K. 1,6.7.

23. Und der König Salomo schwur bei
dem Herrn und sprach: Gott tue mir dies
und das, Adonia soll das wider sein Leben
geredet haben!
24. Und nun, so wahr der Herr lebt, der
mich bestätigt hat und sitzen lassen auf
dem Stuhl meines Vaters David und der
mir ein Haus gemacht hat, wie er geredet
hat, heute soll Adonia sterben!
25. Und der König sandte hin Benaja,
den Sohn Jojadas; der schlug ihn, daß er
starb.
26. Und zu dem Priester Abjathar sprach
der König: Gehe hin gen *Anathoth zu
deinem Acker; †denn du bist des Todes.
Aber ich will dich heute nicht töten; denn
du hast die **Lade des Herrn Herrn vor
meinem Vater David getragen und hast
mitgelitten, wo mein Vater gelitten hat.

*Jer. 1,1. †K. 1,7.
**1. Sam. 22,20; 30,7; 2. Sam. 15,24.

27. Also verstieß Salomo den Abjathar,
daß er nicht durfte Priester des Herrn
sein, auf daß erfüllet würde des Herrn
Wort, das er über das Haus Elis geredet
hatte zu Silo. 1. Sam. 2,31.32.
28. Und dies Gerücht kam vor Joab; denn
Joab hatte an Adonia gehangen, wiewohl
nicht an Absalom. Da floh Joab in die Hütte des Herrn und *faßte die Hörner des
Altars. *K. 1,51.
29. Und es ward dem König Salomo angesagt, daß Joab zur Hütte des Herrn geflohen wäre, und siehe, er steht *am Altar.
Da sandte Salomo hin Benaja, den Sohn
Jojadas, und sprach: Gehe, schlage ihn!

*2. Mose 21,14.

30. Und da Benaja zur Hütte des Herrn
kam, sprach er zu ihm: So sagt der König:
Gehe heraus! Er sprach: Nein, hier will ich
sterben. Und Benaja sagte solches dem
König wieder und sprach: So hat Joab geredet, und so hat er mir geantwortet.
31. Der König sprach zu ihm: Tue, wie er
geredet hat, und schlage ihn und begrabe
ihn, daß du das Blut, das Joab ohne Ursache vergossen hat, von mir tust und von
meines Vaters Hause;
32. und der Herr bezahle ihm sein Blut
auf seinen Kopf, daß er zwei Männer erschlagen hat, die gerechter und besser waren denn er, und hat sie erwürgt mit dem
Schwert, daß mein Vater David nichts darum wußte: Abner, den Sohn Ners, den
Feldhauptmann über Israel, und Amasa,
den Sohn Jethers, den Feldhauptmann
über Juda; V. 5.
33. daß ihr Blut bezahlt werde auf den
Kopf Joabs und seines Samens ewiglich,
aber David und sein Same, sein Haus und
sein Stuhl Frieden habe ewiglich von dem
Herrn.
34. Und Benaja, der Sohn Jojadas, ging
hinauf und schlug ihn und tötete ihn. Und
er ward begraben in seinem Hause in der
Wüste.
35. Und der König setzte *Benaja, den
Sohn Jojadas, an seine Statt über das
Heer, und Zadok, den Priester, setzte der
König an die Statt Abjathars. *K. 4,4.
36. Und der König sandte hin und ließ
Simei rufen und sprach zu ihm: Baue dir
ein Haus zu Jerusalem und wohne daselbst und gehe von da nicht heraus, weder hieher noch daher.
37. Welches Tages du wirst hinausgehen
und über den Bach Kidron gehen, so wisse, daß du des Todes sterben mußt; dein
Blut sei auf deinem Kopf!
38. Simei sprach zum König: Das ist eine
gute Meinung; wie mein Herr, der König,
geredet hat, so soll dein Knecht tun. Also
wohnte Simei zu Jerusalem lange Zeit.
39. Es begab sich aber über drei Jahre,
daß zwei Knechte dem Simei entliefen zu
Achis, dem Sohn Maachas, dem König zu
Gath. Und es ward Simei angesagt: Siehe,
deine Knechte sind zu Gath.
40. Da machte sich Simei auf und sattelte seinen Esel und zog hin gen Gath zu
Achis, daß er seine Knechte suchte. Und
da er hinkam, brachte er seine Knechte
von Gath.
41. Und es ward Salomo angesagt, daß
Simei hingezogen wäre von Jerusalem gen
Gath und wiedergekommen.
42. Da sandte der König hin und ließ
Simei rufen und sprach zu ihm: Habe ich
dir nicht geschworen bei dem Herrn und
dir bezeugt und gesagt, welches Tages du
würdest ausziehen und hierhin oder dahin
gehen, daß du wissen solltest, du müßtest

des Todes sterben? Und du sprachst zu mir: Ich habe eine *gute Meinung gehört. *V.38.
43. Warum hast du denn nicht dich gehalten nach dem Eid des Herrn und dem Gebot, das ich dir geboten habe?
44. Und der König sprach zu Simei: Du weißt alle die Bosheit, der dir dein Herz bewußt ist, die du *meinem Vater David getan hast; der Herr hat deine Bosheit bezahlt auf deinen Kopf, *V.8.
45. und der König Salomo ist gesegnet, und der Stuhl Davids wird beständig sein vor dem Herrn ewiglich.
46. Und der König gebot Benaja, dem Sohn Jojadas; der ging hinaus und schlug ihn, daß er starb. Und *das Königreich ward bestätigt durch Salomos Hand.
*2.Chron. 1,1.

Das 3. Kapitel

Salomos Ehe, Gebet und Urteil.
(V.1–4: vgl. 2.Chron. 1,1–6.)

1. Und Salomo verschwägerte sich mit Pharao, dem König in Ägypten, und nahm Pharaos Tochter und brachte sie in die Stadt Davids, bis er ausbaute sein Haus und des Herrn Haus und die Mauer um Jerusalem her. 5.Mose 23,8.
2. Aber das Volk opferte noch auf den Höhen; denn es war noch kein Haus gebaut dem Namen des Herrn bis auf die Zeit.
3. Salomo aber hatte den Herrn lieb und wandelte nach den Sitten seines Vaters David, nur daß er auf den Höhen opferte und räucherte.
4. Und der König ging hin gen Gibeon, daselbst zu opfern; denn das war *die vornehmste Höhe. Und Salomo opferte tausend Brandopfer auf demselben Altar.
*1.Chron. 21,29. (V.5–15: vgl. 2.Chron. 1,7–12)
5. Und *der Herr erschien Salomo zu Gibeon im Traum des Nachts, und Gott sprach: Bitte, was ich dir geben soll! *K.9,2.
6. Salomo sprach: Du hast an meinem Vater David, deinem Knecht, große Barmherzigkeit getan, wie er denn vor dir gewandelt ist in Wahrheit und Gerechtigkeit und mit richtigem Herzen vor dir, und hast ihm diese große Barmherzigkeit gehalten und ihm einen Sohn gegeben, *der auf seinem Stuhl säße, wie es denn jetzt geht. *K.1,48.
7. Nun Herr, mein Gott, du hast deinen Knecht zum König gemacht an meines Vaters David Statt. So bin ich ein junger Knabe, weiß nicht weder meinen Ausgang noch Eingang.
8. Und dein Knecht ist unter dem Volk, das du erwählt hast, einem Volke, *so groß, daß es niemand zählen noch beschreiben kann vor der Menge. *K.4,20.
9. So wollest du deinem Knecht geben ein *gehorsames Herz, daß er dein Volk richten möge und verstehen, was gut und böse ist. Denn wer vermag dies dein mächtiges Volk zu richten? *Ps.143,10.
10. Das gefiel dem Herrn wohl, daß Salomo um ein solches bat.
11. Und Gott sprach zu ihm: Weil du solches bittest und bittest nicht um langes Leben noch um Reichtum noch um deiner Feinde Seele, sondern um Verstand, Gericht zu hören,
12. siehe, so habe ich getan nach deinen Worten. Siehe, ich habe dir ein weises und verständiges Herz gegeben, daß deinesgleichen vor dir nicht gewesen ist und nach dir nicht aufkommen wird. Spr.2,3–6.
13. Dazu, was du nicht gebeten hast, habe ich dir auch gegeben, sowohl Reichtum als Ehre, daß deinesgleichen keiner unter den Königen ist zu deinen Zeiten.
Spr.3,13–16; Matth.6,33.
14. Und so du wirst in meinen Wegen wandeln, daß du hältst meine Sitten und Gebote, wie dein Vater David gewandelt hat, so will ich dir geben ein langes Leben.
15. Und da Salomo erwachte, siehe, da war es ein Traum. Und er kam gen Jerusalem und trat vor die Lade des Bundes des Herrn und opferte Brandopfer und Dankopfer und machte ein großes Mahl allen seinen Knechten.
16. Zu der Zeit kamen zwei Huren zum König und traten vor ihn.
17. Und das eine Weib sprach: Ach, mein Herr, ich und dies Weib wohnten in einem Hause, und ich gebar bei ihr im Hause.
18. Und über drei Tage, da ich geboren hatte, gebar sie auch. Und wir waren beieinander, daß kein Fremder mit uns war im Hause, nur wir beide.
19. Und dieses Weibes Sohn starb in der Nacht; denn sie hatte ihn im Schlaf erdrückt.
20. Und sie stand in der Nacht auf und nahm meinen Sohn von meiner Seite, da deine Magd schlief, und legte ihn an ihren Arm, und ihren toten Sohn legte sie an meinen Arm.
21. Und da ich des Morgens aufstand, meinen Sohn zu säugen, siehe, da war er tot. Aber am Morgen sah ich ihn genau an, und siehe, es war nicht mein Sohn, den ich geboren hatte.
22. Das andere Weib sprach: Nicht also;

DAS URTEIL DES SALOMO 1. Könige 3, 24–27

mein Sohn lebt, und dein Sohn ist tot.
Jene aber sprach: Nicht also; dein Sohn ist
tot, und mein Sohn lebt. Und redeten also
vor dem König.
23. Und der König sprach: Diese spricht:
Mein Sohn lebt, und dein Sohn ist tot; jene
spricht: Nicht also; dein Sohn ist tot, und
mein Sohn lebt.
24. Und der König sprach: Holet mir ein
Schwert her! Und da das Schwert vor den
König gebracht ward,
25. sprach der König: Teilet das lebendige Kind in zwei Teile und gebt dieser die
Hälfte und jener die Hälfte.
26. Da sprach das Weib, des Sohn lebte,
zum König (denn ihr *mütterliches Herz
entbrannte über ihren Sohn): Ach, mein
Herr, gebt ihr das Kind lebendig und tötet
es nicht! Jene aber sprach: Es sei weder
mein noch dein; laßt es teilen!

*Jes. 49,15.

27. Da antwortete der König und sprach:
Gebet dieser das Kind lebendig und tötet's
nicht; die ist seine Mutter.
28. Und das Urteil, das der König gefällt
hatte, erscholl vor dem ganzen Israel, und
sie fürchteten sich vor dem König; denn
sie sahen, daß die Weisheit Gottes in ihm
war, Gericht zu halten.

Das 4. Kapitel

Salomos Amtleute.

1. Also war Salomo König über ganz
Israel.
2. Und dies waren seine Fürsten: Asarja,
der Sohn *Zadoks, des Priesters, *K. 2,35.
3. Elihoreph und Ahija, die Söhne Sisas,
waren Schreiber. Josaphat, der Sohn Ahiluds, war Kanzler.
4. *Benaja, der Sohn Jojadas, war Feldhauptmann. Zadok und Abjathar waren
Priester. *K. 2,35; 2. Sam. 23,20.
5. Asarja, der Sohn Nathans, war über die
Amtleute. Sabud, der Sohn Nathans, war
Priester, des Königs Freund.
6. Ahisar war Hofmeister, *Adoniram,
der Sohn Abdas, war Rentmeister. *K. 5,28.
7. Und Salomo hatte zwölf Amtleute über
ganz Israel, die den König und sein Haus
versorgten. Ein jeder hatte des Jahrs einen
Monat lang zu versorgen;
8. und hießen also: der Sohn Hurs auf
dem Gebirge Ephraim;

9. der Sohn Dekers zu Makaz und zu Saalbim und zu Beth-Semes und zu Elon und Beth-Hanan;
10. der Sohn Heseds zu Arubboth, und hatte dazu Socho und das ganze Land Hepher;
11. der Sohn *Abinadabs über die ganze Herrschaft zu Dor, und hatte Taphath, Salomos Tochter, zum Weibe; *1. Sam. 16,8.
12. Baana, der Sohn Ahiluds, zu Thaanach und zu Megiddo und über ganz Beth-Sean, welches liegt neben Zarthan unter Jesreel, von Beth-Sean bis an Abel-Mehola, bis jenseit Jokmeams;
13. der Sohn Gebers zu Ramoth in Gilead, und hatte *die Flecken Jairs, des Sohnes Manasses, in Gilead und hatte die Gegend Argob, die in Basan liegt, sechzig große Städte, vermauert und mit ehernen Riegeln; *4. Mose 32,41.
14. Ahinadab, der Sohn Iddos, zu Mahanaim;
15. Ahimaaz in Naphthali, und der nahm auch Salomos Tochter Basmath zum Weibe;
16. Baana, der Sohn Husais, in Asser und zu Aloth;
17. Josaphat, der Sohn Paruahs, in Isaschar;
18. Simei, der Sohn Elas, in Benjamin;
19. Geber, der Sohn Uris, im Lande Gilead, im Lande Sihons, des Königs der Amoriter, und Ogs, des Königs von Basan (ein Amtmann war in demselben Lande).
20. Juda aber und Israel, deren war viel *wie der Sand am Meer, und sie aßen und tranken und waren fröhlich.

*K. 3,8; 1. Mose 13,16; 22,17.

Das 5. Kapitel

Salomos Macht und Weisheit; sein Bund mit Hiram bei der Vorbereitung zum Tempelbau.

1. [K. 4,21.] Also war Salomo ein Herr über alle Königreiche, von dem Strom an bis zu der Philister Lande und bis an die Grenze Ägyptens, die ihm Geschenke zubrachten und ihm dienten sein Leben lang.
2. [22.] Und Salomo mußte täglich zur Speisung haben dreißig Kor Semmelmehl, sechzig Kor anderes Mehl,
3. [23.] zehn gemästete Rinder und zwanzig Weiderinder und hundert Schafe, ausgenommen Hirsche und Rehe und Gemsen und gemästetes Federvieh.
4. [24.] Denn er herrschte im ganzen Lande diesseit des Stromes, von Tiphsah bis gen Gaza, über alle Könige diesseit des Stromes, und hatte Frieden von allen seinen Untertanen umher,
5. [25.] daß Juda und Israel *sicher wohnten, ein jeglicher unter †seinem Weinstock und unter seinem Feigenbaum, von Dan bis gen Beer-Seba, solange Salomo lebte. *3. Mose 25,18. †2. Kön. 18,31.
6. [26.] Und Salomo hatte 40 000 Wagenpferde und 12 000 Reisige.
7. [27.] Und die Amtleute versorgten den König Salomo und alles, was zum Tisch des Königs gehörte, ein jeglicher in seinem Monat, und ließen nichts fehlen.
8. [28.] Auch Gerste und Stroh für die Rosse und Renner brachten sie an den Ort, da er war, ein jeglicher nach seinem Befehl.
9. [29.] Und Gott gab Salomo sehr große Weisheit und Verstand und reichen Geist wie Sand, der am Ufer des Meeres liegt, K. 3,12.
10. [30.] daß die Weisheit Salomos größer war denn aller, die gegen Morgen wohnen, und aller Ägypter Weisheit.
11. [31.] Und er war weiser denn alle Menschen, auch weiser denn Ethan, der Esrahiter, Heman, Chalkol und Darda, die Söhne Mahols, und war berühmt unter allen Heiden umher.
12. [32.] Und er *redete dreitausend Sprüche, und seiner Lieder waren tausendundfünf. *Pred. 12,9.
13. [33.] Und er redete von Bäumen, von der Zeder an auf dem Libanon bis an den Isop, der aus der Wand wächst. Auch redete er von Vieh, von Vögeln, von Gewürm und von Fischen.
14. [34.] Und es kamen aus allen Völkern, *zu hören die Weisheit Salomos, von allen Königen auf Erden, die von seiner Weisheit gehört hatten.

*K. 10,1.6. (V. 15–30: vgl. 2. Chron. 2.)

15. [1.] Und Hiram, der König zu Tyrus, sandte seine Knechte zu Salomo; denn er hatte gehört, daß sie ihn zum König gesalbt hatten an seines Vaters Statt. Denn Hiram *liebte David sein Leben lang.

*2. Sam. 5,11.

16. [2.] Und Salomo sandte zu Hiram und ließ ihm sagen:
17. [3.] Du weißt, daß mein Vater David nicht konnte bauen ein Haus dem Namen des Herrn, seines Gottes, um des Krieges willen, der um ihn her war, bis sie der Herr unter seiner Füße Sohlen gab.
18. [4.] Nun aber hat mir der Herr, mein Gott, Ruhe gegeben umher, daß kein Widersacher noch böses Hindernis mehr ist.
19. [5.] Siehe, so habe ich gedacht, ein

Haus zu bauen dem Namen des Herrn,
meines Gottes, wie *der Herr geredet hat
zu meinem Vater David und gesagt: Dein
Sohn, den ich an deine Statt setzen werde
auf deinen Stuhl, der soll meinem Namen
das Haus bauen. *2. Sam. 7,13.
20. [6.] So befiehl nun, daß man mir
Zedern aus dem Libanon haue, und daß
deine Knechte mit meinen Knechten sei-
en. Und den Lohn deiner Knechte will ich
dir geben, alles, wie du sagst. Denn du
weißt, daß bei uns niemand ist, der Holz
zu hauen wisse wie die Sidonier.
21. [7.] Da Hiram aber hörte die Worte
Salomos, freute er sich hoch und sprach:
*Gelobt sei der Herr heute, der David ei-
nen weisen Sohn gegeben hat über dies
große Volk. *K. 10,9.
22. [8.] Und Hiram sandte zu Salomo
und ließ ihm sagen: Ich habe gehört, was
du zu mir gesandt hast. Ich will tun nach
allem deinem Begehr mit Zedern- und
Tannenholz.
23. [9.] Meine Knechte sollen die Stämme vom Libanon hinabbringen ans Meer,
und ich will sie in Flöße legen lassen auf
dem Meer bis an den Ort, den du mir wirst
ansagen lassen, und will sie daselbst ab-
binden, und du sollst's holen lassen. Aber
du sollst auch mein Begehr tun und Speise
geben meinem Gesinde.
24. [10.] Also gab Hiram Salomo Zedern-
und Tannenholz nach allem seinem Begehr.
25. [11.] Salomo aber gab Hiram 20000
Kor Weizen, zu essen für sein Gesinde,
und 20 Kor gestoßenen Öls. Solches gab
Salomo jährlich dem Hiram.
26. [12.] Und der Herr *gab Salomo
Weisheit, †wie er ihm geredet hatte. Und
es war Friede zwischen Hiram und Salomo, und sie machten beide einen Bund
miteinander. *V. 9. †K. 3,12.
27. [13.] Und Salomo hob Fronarbeiter
aus von ganz Israel, und ihre Zahl war
30000 Mann,
28. [14.] und sandte sie auf den Libanon,
je einen Monat 10000, daß sie einen Monat auf dem Libanon waren und zwei Monate daheim. Und *Adoniram war über
solche Anzahl. *K. 4,6.
29. [15.] Und Salomo hatte 70000, die
Last trugen, und 80000, die Steine hieben
auf dem Berge,
30. [16.] ohne die obersten Amtleute Salomos, die über das Werk gesetzt waren:
3300, welche über das Volk herrschten,
das da am Werk arbeitete.
31. [17.] Und der König gebot, daß sie
große und köstliche Steine ausbrächen,
gehauene Steine zum Grund des Hauses.
32. [18.] Und die Bauleute Salomos und
die Bauleute Hirams und *die Gebaliter
hieben aus und bereiteten zu Holz und
Steine, zu bauen das Haus.
*Jos. 13,5; Hesek. 27,9.

Das 6. Kapitel

Bau des Tempels
(Vgl. 2. Chron. 3,1–13.)

1. Im 480. Jahr nach dem Ausgang der
Kinder Israel aus Ägyptenland, im vierten
Jahr des Königreichs Salomos über Israel,
im Monat *Siv, das ist der zweite Monat,
ward das Haus dem Herrn gebaut.
*April, Mai.
2. Das Haus aber, das der König Salomo
dem Herrn baute, war sechzig Ellen lang,
zwanzig Ellen breit und dreißig Ellen
hoch.
3. Und er *baute eine Halle vor dem
Tempel, zwanzig Ellen lang nach der Breite des Hauses und zehn Ellen breit vor
dem Hause her. *K. 7,15–21; Joh. 10,23.
4. Und er machte an das Haus Fenster
mit festen Stäben davor.
5. Und er baute einen Umgang an der
Wand des Hauses ringsumher, daß er um
den Tempel und um den Chor her ging,
und machte Seitengemächer umher.
6. Der unterste Gang war fünf Ellen weit
und der mittelste sechs Ellen weit und der
dritte sieben Ellen weit; denn er machte
Absätze außen am Hause umher, daß die
Balken nicht in die Wände des Hauses eingriffen.
7. Und da das Haus gesetzt ward, waren
die Steine zuvor ganz zugerichtet, daß
man keinen Hammer noch Beil noch irgend ein eisernes Werkzeug zum Bauen
hörte.
8. Eine Tür aber war zur rechten Seite
mitten am Hause, daß man durch eine
Wendeltreppe hinaufging auf den Mittelgang und vom Mittelgang auf den dritten.
9. Also baute er das Haus und vollendete
es; und er deckte das Haus mit Balken und
Tafelwerk von Zedern.
10. Und er baute die Gänge um das ganze
Haus herum, je fünf Ellen hoch, und verband sie mit dem Hause durch Balken von
Zedernholz.
11. Und es geschah des Herrn Wort zu
Salomo und sprach:
12. Also sei es mit dem Hause, das du
baust: Wirst du in meinen Geboten wandeln und nach meinen Rechten tun und
alle meine Gebote halten, darin zu wan-

deln, *so will ich mein Wort mit dir bestätigen, wie ich deinem Vater David geredet
habe, *2.Sam.7,13.
13. und will wohnen unter den Kindern
Israel und will mein Volk Israel nicht verlassen. *2.Mose 29,45.
14. Und Salomo baute das Haus und vollendete es. Apg.7,47.
15. Er baute die Wände des Hauses inwendig mit Brettern von Zedern; von des
Hauses Boden an bis an die Decke täfelte
er es mit Holz inwendig, und den Boden
des Hauses täfelte er mit Tannenbrettern.
16. Und er baute von der hintern Seite
des Hauses an zwanzig Ellen mit zedernen
Brettern vom Boden bis an die Decke und
baute also inwendig den Chor, das Allerheiligste.
17. Aber das Haus des Tempels (vor dem
Chor) war vierzig Ellen lang.
18. Inwendig war das ganze Haus eitel
Zedern mit gedrehten Knoten und Blumenwerk, daß man keinen Stein sah.
19. Aber den Chor bereitete er inwendig
im Haus, daß man die Lade des Bundes des
Herrn dahin täte.
20. Und vor dem Chor, der zwanzig Ellen
lang, zwanzig Ellen weit und zwanzig Ellen hoch war und überzogen mit lauterem
Gold, täfelte er den Altar mit Zedern.
21. Und Salomo überzog das Haus inwendig mit lauterem Gold und zog goldene Riegel vor dem Chor her, den er mit
Gold überzogen hatte,
22. also daß das ganze Haus ganz mit
Gold überzogen war; dazu auch den ganzen Altar vor dem Chor überzog er mit
Gold.
23. Er machte auch im Chor zwei Cherubim, zehn Ellen hoch, von Ölbaumholz.
*2.Mose 37,7–9.
24. Fünf Ellen hatte ein Flügel eines jeglichen Cherubs, daß zehn Ellen waren von
dem Ende seines einen Flügels zum Ende
seines andern Flügels.
25. Also hatte der andere Cherub auch
zehn Ellen, und war einerlei Maß und einerlei Gestalt beider Cherubim;
26. auch war ein jeglicher Cherub zehn
Ellen hoch.
27. Und er tat die Cherubim inwendig ins
Haus. Und die Cherubim breiteten ihre
Flügel aus, daß eines Flügels rührte an
diese Wand und des andern Cherubs Flügel rührte an die andere Wand; aber mitten im Hause rührte ein Flügel an den
andern.
28. Und er überzog die Cherubim mit
Gold.
29. Und an allen Wänden des Hauses um
und um ließ er Schnitzwerk machen von
ausgehöhlten Cherubim, Palmen und
Blumenwerk inwendig und auswendig.
30. Auch überzog er den Boden des Hauses mit goldenen Blechen inwendig und
auswendig.
31. Und im Eingang des Chors machte er
zwei Türen von Ölbaumholz mit fünf-
eckigen Pfosten
32. und ließ Schnitzwerk darauf machen
von Cherubim, Palmen und Blumenwerk
und überzog sie mit goldenen Blechen.
33. Also machte er auch im Eingang des
Tempels viereckige Pfosten von Ölbaumholz
34. und zwei Türen von Tannenholz, daß
eine jegliche Tür zwei Blatt hatte aneinander hangen in ihren Angeln,
35. und machte Schnitzwerk darauf von
Cherubim, Palmen und Blumenwerk und
überzog es mit Gold, genau wie es eingegraben war.
36. Und er baute auch den inneren Hof
von drei Reihen behauener Steine und von
einer Reihe zederner Balken.
37. Im *vierten Jahr, im Monat Siv, ward
der Grund gelegt am Hause des Herrn,
*V.1.
38. und im elften Jahr, im Monat *Bul
(das ist der achte Monat), ward das Haus
bereitet, wie es sein sollte, daß sie sieben
Jahre daran bauten. *Oktober, November.

Das 7. Kapitel

Bau der königlichen Paläste; die beiden Säulen und die Geräte des Tempels.

1. Aber an seinem Hause baute Salomo
dreizehn Jahre, daß er's ganz ausbaute.
K.9,10.
2. Nämlich er baute *das Haus vom Wald
Libanon, hundert Ellen lang, fünfzig Ellen
weit und dreißig Ellen hoch. Auf vier Reihen von zedernen Säulen legte er den Boden von zedernen Balken, *Jes,22,8.
3. und deckte mit Zedern die Gemächer
auf den Säulen, und der Gemächer waren
fünfundvierzig, je fünfzehn in einer Reihe.
4. Und Gebälk lag in drei Reihen, und
waren Fenster einander gegenüber dreimal.
5. Und alle Türen waren in ihren Pfosten
viereckig, und die Fenster waren einander
gegenüber dreimal.
6. Er baute auch eine Halle von Säulen,
fünfzig Ellen lang und dreißig Ellen breit,
und noch eine Halle vor diese mit Säulen
und einem Aufgang davor,

BAU DES TEMPELS 1. Könige 6, 14

7. und baute auch eine Halle zum Richtstuhl, darin man Gericht hielt, und täfelte sie vom Boden bis zur Decke mit Zedern.
8. Dazu sein Haus, darin er wohnte, im Hinterhof, hinten an der Halle, gemacht wie die andern. Und machte auch ein Haus wie die Halle der Tochter Pharaos, *die Salomo zum Weibe genommen hatte.
*K.3,1.
9. Solches alles waren köstliche Steine, nach dem Winkeleisen gehauen, mit Sägen geschnitten auf allen Seiten, vom Grund bis an das Dach und von außen bis zum großen Hof.
10. Die Grundfeste aber waren auch köstliche und große Steine, zehn und acht Ellen groß,
11. und darauf köstliche Steine, nach dem Winkeleisen gehauen, und Zedern.
12. Aber der große Hof umher hatte drei Reihen behauene Steine und eine Reihe von zedernen Balken wie auch *der innere Hof am Hause des Herrn und die Halle am Hause. *K.6,36.
13. Und der König Salomo sandte hin und hieß holen *Hiram von Tyrus,
*2.Chron. 2,12.13.
14. einer Witwe Sohn aus dem Stamm Naphthali, und sein Vater war ein Mann von Tyrus gewesen; der war *ein Meister im Erz, voll Weisheit, Verstand und Kunst, zu arbeiten allerlei Erzwerk. Da der zum König Salomon kam, machte er alle seine Werke. *1.Mose 4,22; 2.Mose 31,3.4.
(V. 15–21: vgl. 2.Chron. 3,15–17.)
15. Und machte zwei eherne Säulen, eine jegliche achtzehn Ellen hoch, und ein Faden von zwei Ellen war das Maß um jegliche Säule her. 2.Kön.25,17.
16. Und machte zwei Knäufe, von Erz gegossen, oben auf die Säulen zu setzen, und ein jeglicher Knauf war fünf Ellen hoch.
17. Und es war an jeglichem Knauf oben auf den Säulen Gitterwerk, sieben geflochtene Reife wie Ketten.
18. Und machte an jeglichem Knauf zwei Reihen Granatäpfel umher an dem Gitterwerk, womit der Knauf bedeckt ward.
19. Und die Knäufe waren wie die Lilien, vor der Halle, vier Ellen groß.
20. Und die Granatäpfel in den Reihen umher waren zweihundert, oben und unten an dem Gitterwerk, das um den Bauch

des Knaufs her ging, an jeglichem Knauf
auf beiden Säulen.
21. Und er richtete die Säulen auf vor der
Halle des Tempels. Und die er zur rechten
Hand setzte, hieß er Jachin, und die er zur
linken Hand setzte, hieß er Boas.
22. Und es stand also oben auf den Säulen wie Lilien. Also ward vollendet das
Werk der Säulen.

(V.23–26: vgl. 2.Chron. 4,2–5.)

23. Und er machte ein Meer, gegossen,
von einem Rand zum andern zehn Ellen
weit, rundumher, und fünf Ellen hoch,
und eine Schnur dreißig Ellen lang war
das Maß ringsum.
24. Und um das Meer gingen Knoten an
seinem Rande rings ums Meer her, je zehn
auf eine Elle; der Knoten aber waren zwei
Reihen gegossen.
25. Und es stand auf zwölf Rindern, deren drei gegen Mitternacht gewandt waren, drei gegen Abend, drei gegen Mittag
und drei gegen Morgen – und das Meer
obendrauf –, daß alle ihre Hinterteile inwendig waren.
26. Seine Dicke aber war eine Hand breit,
und sein Rand war wie eines Bechers
Rand, wie eine aufgegangene Lilie, und
gingen darein zweitausend Bath.

(V.27–39: vgl. 2.Chron. 4,6.10.)

27. Er machte auch zehn eherne Gestühle, ein jegliches vier Ellen lang und breit
und drei Ellen hoch.
28. Es war aber das Gestühl also gemacht, daß es Seiten hatte zwischen den
Leisten.
29. Und an den Seiten zwischen den Leisten waren Löwen, Ochsen und Cherubim. Und die Seiten, daran die Löwen und
Ochsen waren, hatten Leisten oben und
unten, dazu herabhangende Kränze.
30. Und ein jegliches Gestühl hatte vier
eherne Räder mit ehernem Gestell. Und
auf den vier Ecken waren Achseln gegossen, eine jegliche der andern gegenüber,
unten an den Kessel gelehnt.
31. Aber der Hals mitten auf dem Gestühl war eine Elle hoch und rund, anderthalb Ellen weit, und waren Buckeln an
dem Hals, in Feldern, die viereckig waren
und nicht rund.
32. Die vier Räder aber standen unten an
den Seiten, und die Achsen der Räder waren am Gestühl. Ein jegliches Rad war
anderthalb Ellen hoch.
33. Und es waren Räder wie Wagenräder.
Und ihre Achsen, Naben, Speichen und
Felgen waren alle gegossen.
34. Und die vier Achseln auf den vier Ek-
ken eines jeglichen Gestühls waren auch
am Gestühl.
35. Und am Hals oben auf dem Gestühl,
eine halbe Elle hoch, rundumher, waren
Leisten und Seiten am Gestühl.
36. Und er ließ auf die Fläche der Seiten
und Leisten graben Cherubim, Löwen und
Palmenbäume, nach dem auf jeglichem
Raum war, und Kränze ringsumher daran.
37. Auf die Weise machte er zehn Gestühle, gegossen; einerlei Maß und Gestalt
war an allen.
38. Und er machte zehn eherne Kessel,
daß vierzig Bath in einen Kessel ging, und
jeder war vier Ellen groß; und auf jeglichem Gestühl war ein Kessel.
39. Und setzte fünf Gestühle an die rechte Ecke des Hauses und die andern fünf an
die linke Ecke; aber das Meer setzte er zur
Rechten vornan gegen Mittag.

(V.40–47: vgl. 2.Chron. 4,11–18.)

40. Und Hiram machte auch Töpfe,
Schaufeln, Becken und vollendete also alle
Werke, die der König Salomo am Hause
des Herrn machen ließ:
41. die zwei Säulen und die kugeligen
Knäufe oben auf den zwei Säulen; und die
zwei Gitterwerke, zu bedecken die zwei
kugeligen Knäufe auf den Säulen;
42. und die vierhundert Granatäpfel an
den zwei Gitterwerken, je zwei Reihen
Granatäpfel an einem Gitterwerk, zu bedecken die zwei kugeligen Knäufe auf den
Säulen;
43. dazu die zehn Gestühle und zehn
Kessel obendrauf;
44. und das Meer und zwölf Rinder unter
dem Meer;
45. und die Töpfe, Schaufeln und Bek-
ken. Und alle diese Gefäße, die Hiram dem
König Salomo machte zum Hause des
Herrn, waren von geglättetem Erz.
46. In der Gegend am Jordan ließ sie der
König gießen in dicker Erde, zwischen
Sukkoth und Zarthan.
47. Und Salomo ließ alle Gefäße unge-
wogen vor der sehr großen Menge des
Erzes. (V.48–51: vgl. 2.Chron. 4,19–5,1.)
48. Auch machte Salomo alles Gerät, das
zum Hause des Herrn gehörte: einen goldenen Altar, einen goldenen Tisch, darauf
die Schaubrote liegen;
49. fünf Leuchter zur rechten Hand und
fünf Leuchter zur linken vor dem Chor,
von lauterem Gold, mit goldenen Blumen,
Lampen und Schneuzen;
50. dazu Schalen, Messer, Becken, Löffel
und Pfannen von lauterem Gold. Auch waren die Angeln an der Tür am Hause in-

wendig, im Allerheiligsten, und an der Tür des Hauses des Tempels golden.

51. Also ward vollendet alles Werk, das der König Salomo machte am Hause des Herrn. Und Salomo brachte hinein, was sein Vater David geheiligt hatte von Silber und Gold und Gefäßen, und legte es in den Schatz des Hauses des Herrn.

Das 8. Kapitel

Einweihung des Tempels und Gebet Salomos.
(V. 1–11: vgl. 2. Chron. 5.)

1. Da versammelte der König Salomo zu sich die Ältesten in Israel, alle Obersten der Stämme und Fürsten der Vaterhäuser unter den Kindern Israel gen Jerusalem, die Lade des Bundes des Herrn heraufzubringen aus der Stadt Davids, das ist Zion.

2. Und es versammelten sich zum König Salomo alle Männer in Israel im Monat Ethanim, am Fest, das ist der siebente Monat.

3. Und da alle Ältesten Israels kamen, hoben die Priester die Lade des Herrn auf

4. und brachten sie hinauf, dazu die Hütte des Stifts und alle Geräte des Heiligtums, das in der Hütte war. Das taten die Priester und Leviten.

5. Und der König Salomo und die ganze Gemeinde Israel, die zu ihm sich versammelt hatte, gingen mit ihm vor der Lade her und opferten Schafe und Rinder, so viel, daß man's nicht zählen noch rechnen konnte. 2. Sam. 6,13.

6. Also brachten die Priester die Lade des Bundes des Herrn an ihren Ort, in den Chor des Hauses, in das Allerheiligste, unter die Flügel der Cherubim.

7. Denn die Cherubim breiteten die Flügel aus an dem Ort, da die Lade stand, und bedeckten die Lade und ihre Stangen von obenher.

8. Und die Stangen waren so lang, daß ihre Knäufe gesehen wurden in dem Heiligtum vor dem Chor, aber außen wurden sie nicht gesehen, und waren daselbst bis auf diesen Tag. 2. Mose 25,13–15.

9. Und war nichts in der Lade denn nur die zwei steinernen Tafeln Mose's, die er hineingelegt hatte am Horeb, da der Herr mit den Kindern Israel einen Bund machte, da sie aus Ägyptenland gezogen waren. Hebr. 9,4.

10. Da aber die Priester aus dem Heiligtum gingen, erfüllte die Wolke das Haus des Herrn,

11. daß die Priester nicht konnten stehen und des Amts pflegen vor der Wolke; denn die Herrlichkeit des Herrn erfüllte das Haus des Herrn.
2. Mose 40,34.35. (V. 12–53: vgl. 2. Chron. 6,1–40.)

12. Da sprach Salomo: Der Herr hat geredet, er *wolle im Dunkel wohnen.
*5. Mose 4,11; 2. Mose 20,21.

13. So habe ich nun ein Haus gebaut dir zur Wohnung, einen Sitz, daß du ewiglich da wohnest.

14. Und der König wandte sein Angesicht und segnete die ganze Gemeinde Israel; und die ganze Gemeinde Israel stand.

15. Und er sprach: Gelobt sei der Herr, der Gott Israels, der durch seinen Mund meinem Vater David geredet und durch seine Hand erfüllt hat und gesagt:

16. Von dem Tage an, da ich mein Volk Israel aus Ägypten führte, habe ich keine Stadt erwählt unter irgend einem Stamm Israels, daß mir ein Haus gebaut würde, daß mein Name da wäre; David aber habe ich erwählt, daß er über mein Volk Israel sein sollte.

17. Und mein Vater David hatte es zwar im Sinn, daß er ein Haus baute dem Namen des Herrn, des Gottes Israels; 2. Sam. 7.

18. aber der Herr sprach zu meinem Vater David: Daß du im Sinn hast, meinem Namen ein Haus zu bauen, hast du wohl getan, daß du dir solches vornahmst.

19. Doch du sollst nicht das Haus bauen; sondern dein Sohn, der aus deinen Lenden kommen wird, der soll meinem Namen ein Haus bauen.

20. Und der Herr hat sein Wort bestätigt, das er geredet hat; denn ich bin aufgekommen an meines Vaters David Statt und sitze auf dem Stuhl Israels, wie der Herr geredet hat, und habe gebaut ein Haus dem Namen des Herrn, des Gottes Israels,

21. und habe daselbst eine Stätte zugerichtet der Lade, darin der Bund des Herrn ist, den er gemacht hat mit unsern Vätern, da er sie aus Ägyptenland führte.

22. Und Salomo trat vor den Altar des Herrn gegenüber der ganzen Gemeinde Israel und breitete seine Hände aus gen Himmel

23. und sprach: Herr, Gott Israels, es ist kein Gott, weder droben im Himmel noch unten auf Erden, dir gleich, der du hältst den Bund und die Barmherzigkeit deinen Knechten, die vor dir wandeln von ganzem Herzen;

24. der du hast gehalten deinem Knecht, meinem Vater David, was du ihm geredet hast. Mit deinem Mund hast du es geredet, und mit deiner Hand hast du es erfüllt, wie es steht an diesem Tage.

25. Nun, Herr, Gott Israels, halte deinem
Knecht, meinem Vater David, was du ihm
verheißen hast und gesagt: Es soll dir
nicht gebrechen an einem Mann vor mir,
der da sitze auf dem Stuhl Israels, so doch,
daß deine Kinder ihren Weg bewahren,
daß sie vor mir wandeln, wie du vor mir
gewandelt hast.
26. Nun, Gott Israels, laß deine Worte
wahr werden, die du deinem Knecht, meinem Vater David, geredet hast.
27. Denn sollte in Wahrheit Gott auf Erden wohnen? Siehe, *der Himmel und aller Himmel Himmel können dich nicht
fassen; wie sollte es denn dies Haus tun,
das ich gebaut habe?

*Jes. 66,1; Apg. 7,49; 17,24.

28. Wende dich aber zum Gebet deines
Knechtes und zu seinem Flehen, Herr,
mein Gott, auf daß du hörest das Lob und
Gebet, das dein Knecht heute vor dir tut;
29. daß deine *Augen offen stehen über
dies Haus Nacht und Tag, über die Stätte,
davon †du gesagt hast: Mein Name soll da
sein. Du wollest hören das Gebet, das dein
Knecht an dieser Stätte tut,

*Sach. 12,4. †2. Mose 20,24; 5. Mose 12,5.11.

30. und wollest erhören das Flehen deines Knechtes und deines Volkes Israel, das
sie hier tun werden an dieser Stätte; und
wenn du es hörst in deiner Wohnung, im
Himmel, wollest du gnädig sein.
31. Wenn jemand wider seinen Nächsten
sündigt und es wird ihm ein Eid aufgelegt,
den er schwören soll, und der Eid kommt
vor deinen Altar in diesem Hause:
32. so wollest du hören im Himmel und
Recht schaffen deinen Knechten, den
Gottlosen zu verdammen und seinen
Wandel auf seinen Kopf zu bringen und
den Gerechten gerecht zu sprechen, ihm
zu geben nach seiner Gerechtigkeit.
33. Wenn dein Volk Israel vor seinen
Feinden geschlagen wird, weil sie an dir
gesündigt haben, und sie bekehren sich zu
dir und bekennen deinen Namen und beten und flehen zu dir in diesem Hause:
34. so wollest du hören im Himmel und
der Sünde deines Volkes Israel gnädig sein
und sie wiederbringen in das Land, das du
ihren Vätern gegeben hast.
35. Wenn *der Himmel verschlossen
wird, daß es nicht regnet, weil sie an dir
gesündigt haben, und sie werden beten an
diesem Ort und deinen Namen bekennen
und sich von ihren Sünden bekehren, weil
du sie drängest: *K. 17,1.
36. so wollest du hören im Himmel und
gnädig sein der Sünde deiner Knechte und
deines Volkes Israel, daß du ihnen den
guten Weg weisest, darin sie wandeln sollen, und lassest regnen auf das Land, das
du deinem Volk zum Erbe gegeben hast.
37. Wenn eine Teuerung oder Pestilenz
oder Dürre oder Brand oder Heuschrekken oder Raupen im Lande sein werden,
oder sein Feind im Lande seine Tore belagert, oder irgend eine Plage oder Krankheit da ist;
38. wer dann bittet und fleht, es seien
sonst Menschen oder dein ganzes Volk Israel, die da gewahr werden ihrer Plage, ein
jeglicher in seinem Herzen, und breitet
seine Hände aus zu diesem Hause:
39. so wollest du hören im Himmel, in
dem Sitz, da du wohnst, und gnädig sein
und schaffen, daß du gebest einem jeglichen, wie er gewandelt hat, wie du sein
Herz erkennst – denn *du allein kennst
das Herz aller Kinder der Menschen –,

*Ps. 7,10; 139,1.2.

40. auf daß sie dich fürchten allezeit, solange sie in dem Lande leben, das du unsern Vätern gegeben hast.
41. Wenn auch ein Fremder, der nicht
von deinem Volk Israel ist, kommt aus
fernem Lande um deines Namens willen

4. Mose 15,14–16.

42. (denn sie werden hören von deinem
großen Namen und von deiner mächtigen
Hand und von deinem ausgereckten Arm),
und kommt, daß er bete vor diesem Hause:
43. so wollest du hören im Himmel, im
Sitz deiner Wohnung, und tun alles, darum der Fremde dich anruft, auf daß alle
Völker auf Erden deinen Namen erkennen, daß sie auch dich fürchten wie dein
Volk Israel und daß sie innewerden, wie
dies Haus nach deinem Namen genannt
sei, daß ich gebaut habe.
44. Wenn dein Volk auszieht in den
Streit wider seine Feinde des Weges, den
du sie senden wirst, und sie werden beten
zum Herrn nach der Stadt hin, die du
erwählt hast, und nach dem Hause, das ich
deinem Namen gebaut habe:
45. so wollest du ihr Gebet und Flehen
hören im Himmel und Recht schaffen.
46. Wenn sie an dir sündigen werden
(denn *es ist kein Mensch, der nicht sündigt), und du erzürnst und gibst sie dahin
vor ihren Feinden, daß sie sie gefangen
führen in der Feinde Land, fern oder nahe,

*Röm. 3,23.

47. und sie in ihr Herz schlagen in dem
Lande, da sie gefangen sind, und bekehren
sich und flehen zu dir im Lande ihres

Gefängnisses und sprechen: Wir haben gesündigt und übelgetan und sind gottlos gewesen, Dan.9,5.
48. und bekehren sich also zu dir von ganzem Herzen und von ganzer Seele in ihrer Feinde Land, die sie weggeführt haben, und beten zu dir nach ihrem Lande hin, das du ihren Vätern gegeben hast, nach der Stadt hin, die du erwählt hast, und nach dem Hause, das ich deinem Namen gebaut habe:
49. so wollest du ihr Gebet und Flehen hören im Himmel, vom Sitz deiner Wohnung, und Recht schaffen
50. und deinem Volk gnädig sein, das an dir gesündigt hat, und allen ihren Übertretungen, damit sie wider dich übertreten haben, und Barmherzigkeit geben vor denen, die sie gefangen halten, daß sie sich ihrer erbarmen;
51. denn sie sind dein Volk und dein Erbe, die du aus Ägypten, aus dem eisernen Ofen, geführt hast.
52. Laß deine Augen offen sein auf das Flehen deines Knechtes und deines Volkes Israel, daß du sie hörest in allem, darum sie dich anrufen;
53. denn du hast sie dir abgesondert zum Erbe aus allen Völkern auf Erden, wie du geredet hast durch Mose, deinen Knecht, da du unsre Väter aus Ägypten führtest, Herr Herr!
54. Und da Salomo all dies Gebet und Flehen hatte vor dem Herrn ausgebetet, stand er auf von dem Altar des Herrn und ließ ab vom Knieen und Hände-Ausbreiten gen Himmel
55. und trat dahin und *segnete die ganze Gemeinde Israel mit lauter Stimme und sprach: *2.Sam.6,18.
56. Gelobet sei der Herr, der seinem Volk Israel Ruhe gegeben hat, wie er geredet hat. Es ist *nicht eins dahingefallen aus allen seinen guten Worten, die er geredet hat durch seinen Knecht Mose. *Jos.21,45.
57. Der Herr, unser Gott, sei mit uns, wie er gewesen ist mit unsern Vätern. Er verlasse uns nicht und ziehe die Hand nicht ab von uns,
58. zu neigen unser Herz zu ihm, daß wir wandeln in allen seinen Wegen und halten seine Gebote, Sitten und Rechte, die er unsern Vätern geboten hat.
59. Und diese Worte, die ich vor dem Herrn gefleht habe, müssen nahekommen dem Herrn, unserm Gott, Tag und Nacht, daß er Recht schaffe seinem Knecht und seinem Volk Israel, ein jegliches zu seiner Zeit,
60. auf daß alle Völker auf Erden erkennen, daß der Herr Gott ist und keiner mehr.
61. Und euer Herz sei rechtschaffen mit dem Herrn, unserm Gott, zu wandeln in seinen Sitten und zu halten seine Gebote, wie es heute geht.

(V.62–66: vgl. 2.Chron. 7,4–10.)

62. Und der König samt dem ganzen Israel opferten vor dem Herrn Opfer.
63. Und Salomo opferte Dankopfer, die er dem Herrn opferte, 22000 Ochsen und 120000 Schafe. Also weihten sie das Haus des Herrn ein, der König und alle Kinder Israel.
64. Desselben Tages weihte der König die Mitte des Hofes, der vor dem Hause des Herrn war, damit, daß er Brandopfer, Speisopfer und das Fett der Dankopfer daselbst ausrichtete. Denn der eherne Altar, der vor dem Herrn stand, war zu klein zu dem Brandopfer, Speisopfer und zum Fett der Dankopfer.
65. Und Salomo machte zu der Zeit ein Fest und alles Israel mit ihm – eine große Versammlung, von der Grenze Hamaths an bis an den Bach Ägyptens – vor dem Herrn, unserm Gott, sieben Tage und abermals sieben Tage, das waren vierzehn Tage.
66. Und er ließ das Volk des achten Tages gehen. Und sie segneten den König und gingen hin zu ihren Hütten fröhlich und gutes Muts über all dem Guten, das der Herr an David, seinem Knecht, und an seinem Volk Israel getan hatte.

Das 9. Kapitel

Gott redet mit Salomo. Feste Städte. Schiffahrt.
(V.1–9: vgl. 2.Chron. 7,11–22.)

1. Und da Salomo hatte ausgebaut des Herrn Haus und des Königs Haus und alles, was er begehrte und Lust hatte zu machen,
2. erschien ihm der Herr zum andernmal, wie er ihm erschienen war zu Gibeon K.3,5.
3. Und der Herr sprach zu ihm: Ich habe dein Gebet und Flehen gehört, das du vor mir gefleht hast, und habe dies Haus geheiligt, das du gebaut hast, daß *ich meinen Namen dahin setze ewiglich; und meine Augen und mein Herz sollen da sein allewege. *K.8,29.
4. Und du, so du vor mir wandelst, wie dein Vater David gewandelt hat, mit rechtschaffenem Herzen und aufrichtig, daß du tust alles, was ich dir geboten habe, und meine Gebote und meine Rechte hältst:

5. so will ich bestätigen den Stuhl deines Königreichs über Israel ewiglich, wie *ich deinem Vater David geredet habe und gesagt: Es soll dir nicht gebrechen an einem Mann auf dem Stuhl Israels. *2. Sam. 7,12.

6. Werdet ihr euch aber von mir abwenden, ihr und eure Kinder, und nicht halten meine Gebote und Rechte, die ich euch vorgelegt habe, und hingehen und andern Göttern dienen und sie anbeten:

7. so werde ich Israel *ausrotten von dem Lande, das ich ihnen gegeben habe; und das †Haus, das ich geheiligt habe meinem Namen, will ich verwerfen von meinem Angesicht; und Israel wird ein Sprichwort und eine Fabel sein unter allen Völkern. *5. Mose 4,26; 8,19.20. †Matth. 23,38.

8. Und das Haus wird eingerissen werden, daß alle, die vorübergehen, werden sich entsetzen und zischen und sagen: Warum hat der Herr diesem Lande und diesem Hause also getan?

9. so wird man antworten: Darum daß sie den Herrn, ihren Gott, verlassen haben, der ihre Väter aus Ägyptenland führte, und haben angenommen andere Götter und sie angebetet und ihnen gedient, – darum hat der Herr all dies Übel über sie gebracht. (V. 10–28: vgl. 2. Chron. 8.)

10. Da nun die zwanzig Jahre um waren, in welchen Salomo die zwei Häuser baute, des Herrn Haus und des Königs Haus, K. 6,38; 7,1.

11. dazu Hiram, der König zu Tyrus, Salomo Zederbäume und Tannenbäume und Gold nach allem seinem Begehr brachte: da gab der König Salomo Hiram zwanzig Städte im Lande Galiläa.

12. Und Hiram zog aus von Tyrus, die Städte zu besehen, die ihm Salomo gegeben hatte; und sie gefielen ihm nicht,

13. und er sprach: Was sind das für Städte, mein Bruder, die du mir gegeben hast? Und hieß sie das Land Kabul bis auf diesen Tag.

14. Und Hiram hatte dem König gesandt hundertundzwanzig Zentner Gold.

15. Und also verhielt sich's mit den Fronleuten, die der König Salomo aushob, zu bauen des Herrn Haus und sein Haus und Millo und die Mauer Jerusalems und Hazor und Megiddo und Geser.

16. Denn Pharao, der König in Ägypten, war heraufgekommen und hatte *Geser gewonnen und mit Feuer verbrannt und die Kanaaniter erwürgt, die in der Stadt wohnten, und hatte sie seiner †Tochter, Salomos Weib, zum Geschenk gegeben. *Jos. 16,10. †K. 3.1.

17. Also baute Salomo Geser und das niedre Beth-Horon

18. und Baalath und Thamar in der Wüste im Lande

19. und alle Städte der Kornhäuser, die Salomo hatte, und alle Städte der Wagen und die *Städte der Reiter, und wozu er Lust hatte zu bauen zu Jerusalem, im Libanon und im ganzen Lande seiner Herrschaft. *K. 10,26.

20. Und alles übrige Volk von den Amoritern, Hethitern, Pheresitern, Hevitern und Jebusitern, die nicht von den Kindern Israel waren –

21. derselben Kinder, die sie hinter sich übrigbleiben ließen im Lande, die die Kinder Israel nicht konnten verbannen –: die machte Salomo zu *Fronleuten bis auf diesen Tag. *Jos. 16,10.

22. Aber von den Kindern Israel machte er nicht Knechte, sondern ließ sie Kriegsleute und seine Knechte und Fürsten und Ritter und über seine Wagen und Reiter sein.

23. Und der obersten Amtsleute, die über Salomos Geschäfte waren, deren waren fünfhundertundfünfzig, die über das Volk herrschten, das die Geschäfte ausrichtete.

24. Und die Tochter Pharaos zog herauf von der Stadt Davids in ihr Haus, das er für sie gebaut hatte. Da baute er auch Millo.

25. Und Salomo opferte des Jahrs dreimal Brandopfer und Dankopfer auf dem Altar, den er dem Herrn gebaut hatte, und räucherte auf ihm vor dem Herrn. Und ward also das Haus fertig.

26. Und Salomo machte auch Schiffe zu Ezeon-Geber, das bei Eloth liegt am Ufer des Schilfmeers im Lande der Edomiter.

27. Und Hiram sandte seine Knechte *im Schiff, die gute Schiffsleute und auf dem Meer erfahren waren, mit den Knechten Salomos; *K. 10,11.

28. und sie kamen gen *Ophir und holten daselbst vierhundertundzwanzig Zentner Gold und brachten's dem König Salomo. *1. Mose 10,29.

Das 10. Kapitel

Besuch der Königin von Reicharabien.
Salomos Reichtum und Herrlichkeit.
(V. 1–28: vgl. 2. Chron. 9,1–28.)

1. Und da das Gerücht von Salomo und von dem Namen des Herrn kam vor die Königin von Reicharabien, kam sie, Salomo zu versuchen mit Rätseln. Matth. 12,42.

2. Und sie kam gen Jerusalem mit sehr

BESUCH DER KÖNIGIN VON ARABIEN 1. Könige 10, 8

vielem Volk, mit Kamelen, die Spezerei
trugen und viel Gold und Edelsteine. Und
da sie zum König Salomo hineinkam, redete sie mit ihm alles, was sie sich vorgenommen hatte.
3. Und Salomo sagte es ihr alles, und war
dem König nichts verborgen, das er ihr
nicht sagte.
4. Da aber die Königin von Reicharabien
sah alle Weisheit Salomos und das Haus,
das er gebaut hatte,
5. und die Speise für seinen Tisch und
seiner Knechte Wohnung und seiner Diener Amt und ihre Kleider und seine
Schenken und seine Brandopfer, die er in
dem Haus des Herrn opferte, konnte sie
sich nicht mehr enthalten
6. und sprach zum König: Es ist wahr,
was ich in meinem Land gehört habe von
deinem Wesen und von deiner Weisheit.
7. Und ich habe es nicht wollen glauben,
bis ich gekommen bin und habe es mit
meinen Augen gesehen. Und siehe, es ist
mir nicht die Hälfte gesagt. Du hast mehr
Weisheit und Gut, denn das Gerücht ist,
das ich gehört habe.
8. Selig sind deine Leute und deine
Knechte, die allezeit vor dir stehen und
deine Weisheit hören. Luk. 10,23.
9. *Gelobt sei der Herr, dein Gott, der zu
dir Lust hat, daß er dich auf den Stuhl
Israels gesetzt hat; darum daß der Herr
Israel liebhat ewiglich, hat er dich zum
König gesetzt, daß du Gericht und Recht
haltest. *K. 5,21.
10. Und sie gab dem König hundertundzwanzig Zentner Gold und sehr viel Spezerei und Edelgestein. Es kam nicht mehr so
viel Spezerei, als die Königin von Reicharabien dem König Salomo gab.
11. Dazu die Schiffe Hirams, die Gold aus
Ophir führten, brachten sehr viel Sandelholz und Edelgestein. K. 9,27.28.
12. Und der König ließ machen von Sandelholz, Pfeiler im Hause des Herrn und
im Hause des Königs und Harfen und Psalter für die Sänger. Es kam nicht mehr
solch Sandelholz, ward auch nicht gesehen bis auf diesen Tag.
13. Und der König Salomo gab der Königin von Reicharabien alles, was sie begehrte und bat, außer was er ihr von selbst gab.
Und sie wandte sich und zog in ihr Land
samt ihren Knechten.

14. Des Goldes aber, das Salomo in einem Jahr bekam, war am Gewicht sechshundertundsechsundsechzig Zentner,
15. außer was von den Krämern und dem Handel der Kaufleute und von allen Königen Arabiens und von den Landpflegern kam.
16. Und der König Salomo *ließ machen zweihundert Schilde vom besten Golde – sechshundert Lot Gold tat er zu einem Schilde – *K. 14,26.
17. und dreihundert Tartschen vom besten Golde, je drei Pfund Gold zu einer Tartsche. Und der König tat sie in das Haus vom Wald Libanon.
18. Und der König machte einen großen Stuhl von Elfenbein und überzog ihn mit dem edelsten Golde.
19. Und der Stuhl hatte sechs Stufen, und das Haupt hinten am Stuhl war rund, und waren Lehnen auf beiden Seiten um den Sitz, und zwei Löwen standen an den Lehnen.
20. Und zwölf Löwen standen auf den sechs Stufen auf beiden Seiten. Solches ist nie gemacht in allen Königreichen.
21. Alle Trinkgefäße des Königs Salomo waren golden, und alle Gefäße im Hause vom Wald Libanon waren auch lauter Gold; denn das Silber achtete man zu den Zeiten Salomos für nichts.
22. Denn die Meerschiffe des Königs, die auf dem Meer mit den Schiffen Hirams fuhren, kamen in drei Jahren einmal und brachten Gold, Silber, Elfenbein, Affen und Pfauen.
23. Also ward der König Salomo größer an Reichtum und Weisheit denn alle Könige auf Erden.
24. Und alle Welt begehrte Salomo zu sehen, daß sie die Weisheit hörten, die ihm Gott in sein Herz gegeben hatte.
25. Und jedermann brachte ihm Geschenke – silberne und goldene Geräte, Kleider und Waffen, Würze, Rosse, Maultiere – jährlich.

(V. 26–29: vgl. 2. Chron. 1,14–17.)

26. Und Salomo brachte zuhauf Wagen und Reiter, daß er hatte 1400 Wagen und *12 000 Reiter, und legte sie in die Wagenstadte und zum König nach Jerusalem. *K. 5,6.
27. Und der König machte, daß des Silbers zu Jerusalem so viel war wie die Steine und Zedernholz so viel wie die wilden Feigenbäume in den Gründen.
28. Und man brachte dem Salomo Pferde aus Ägypten und allerlei Ware; und die Kaufleute des Königs kauften die Ware
29. und brachten's aus Ägypten heraus, je einen Wagen um sechshundert Silberlinge und ein Pferd um hundertundfünfzig. Also brachte man sie auch allen Königen der Hethiter und den Königen von Syrien durch ihre Hand.

Das 11. Kapitel

Salomos Weiber, Abgötterei, Feinde und Tod.

1. Aber der König Salomo liebte viel *ausländische Weiber: die Tochter Pharaos und moabitische, ammonitische, edomitische, sidonische und hethitische – *5. Mose 17,17.
2. von solchen Völkern, *davon der Herr gesagt hatte den Kindern Israel: Gehet nicht zu ihnen und laßt sie nicht zu euch kommen; sie werden gewiß eure Herzen neigen ihren Göttern nach. An diesen hing Salomo mit Liebe. *2. Mose 34,16.
3. Und er hatte siebenhundert Weiber zu Frauen und dreihundert Kebsweiber; und seine Weiber neigten sein Herz.
4. Und da er nun alt war, neigten seine Weiber sein Herz fremden Göttern nach, daß sein Herz nicht ganz war mit dem Herrn, seinem Gott, wie das Herz seines Vaters David.
5. Also wandelte Salomo Asthoreth, der Göttin derer von Sidon, nach und Milkom, dem Greuel der Ammoniter.
6. Und Salomo tat, was dem Herrn übel gefiel, und folgte nicht gänzlich dem Herrn wie sein Vater David.
7. Da baute Salomo eine Höhe *Kamos, dem Greuel der Moabiter, auf dem Berge, der vor Jerusalem liegt, und Moloch, dem Greuel der Ammoniter. *4. Mose 21,29; 2. Kön. 23,13.
8. Also tat Salomo allen seinen ausländischen Weibern, die ihren Göttern räucherten und opferten.
9. Der Herr aber ward zornig über Salomo, daß sein Herz von dem Herrn, dem Gott Israels, abgewandt war, der ihm *zweimal erschienen war *K. 3,5; 9,2.
10. und ihm solches geboten hatte, daß er nicht andern Göttern nachwandelte, und daß er doch nicht gehalten hatte, was ihm der Herr geboten hatte.
11. Darum sprach der Herr zu Salomo: Weil solches bei dir geschehen ist, und hast meinen Bund und meine Gebote nicht gehalten, die ich dir geboten habe, so will *ich auch das Königreich von dir reißen und deinem Knecht geben. *1. Sam. 15,28.

DIE ABGÖTTEREI DES SALOMO 1. Könige 11, 8

12. Doch bei deiner Zeit will ich's nicht tun um deines Vaters David willen; sondern von der Hand deines Sohnes will ich's reißen. *K. 12,19.
13. Doch ich will nicht das ganze Reich abreißen; einen Stamm will ich deinem Sohn geben um Davids willen, meines Knechtes, und um Jerusalems willen, das ich erwählt habe.
14. Und der Herr erweckte Salomo einen Widersacher, Hadad, den Edomiter, vom königlichen Geschlecht in Edom.
15. Denn da *David in Edom war und Joab, der Feldhauptmann, hinaufzog, die Erschlagenen zu begraben, schlug er, was ein Mannsbild war in Edom.
*2. Sam. 8,14.
16. (Denn Joab blieb sechs Monate daselbst und das ganze Israel, bis er ausrottete alles, was ein Mannsbild war in Edom.)
17. Da floh Hadad und mit ihm etliche Männer der Edomiter von seines Vaters Knechten, daß sie nach Ägypten kämen; Hadad aber war ein junger Knabe.
18. Und sie machten sich auf von Midian und kamen gen Pharan und nahmen Leute mit sich aus Pharan und kamen nach Ägypten zu Pharao, dem König in Ägypten; der gab ihm ein Haus und Nahrung und wies ihm ein Land an.
19. Und Hadad fand große Gnade vor dem Pharao, daß er ihm auch seines Weibes Thachpenes, der Königin, Schwester zum Weibe gab.
20. Und die Schwester der Thachpenes gebar ihm Genubath, seinen Sohn; und Thachpenes zog ihn auf im Hause Pharaos, daß Genubath war im Hause Pharaos unter den Kindern Pharaos.
21. Da nun Hadad hörte in Ägypten, daß David entschlafen war mit seinen Vätern und daß Joab, der Feldhauptmann, tot war, sprach er zu Pharao: Laß mich in mein Land ziehen!
22. Pharao sprach zu ihm: Was fehlt dir bei mir, daß du willst in dein Land ziehen? Er sprach: Nichts; aber laß mich ziehen!
23. Auch erweckte ihm Gott einen Widersacher, Reson, den Sohn Eljadas, der von seinem Herrn, Hadadeser, dem König zu Zoba, geflohen war,
24. und sammelte wider ihn Männer und ward ein Hauptmann der Kriegsknechte, da *sie David erwürgte; und sie zogen gen

Damaskus und wohnten daselbst und regierten zu Damaskus. *2.Sam. 8,3; 10,18.
25. Und er war Israels Widersacher, solange Salomo lebte. Das kam zu dem
Schaden, den Hadad tat; und Reson hatte
einen Haß wider Israel und ward König
über Syrien.
26. Dazu Jerobeam, der Sohn Nebats, ein
Ephraimiter von Zereda, Salomos Knecht
(und seine Mutter hieß Zeruga, eine Witwe), der hob auch die Hand auf wider den
König.
27. Und das ist die Sache, darum er die
Hand wider den König aufhob: da Salomo
*Millo baute, verschloß er die Lücke an
der Stadt Davids, seines Vaters. *K.9,15.24.
28. Und Jerobeam war ein streitbarer
Mann. Und da Salomo sah, daß der Jüngling tüchtig war, setzte er ihn über alle
Lastarbeit des Hauses Joseph.
29. Es begab sich aber zu der Zeit, daß
Jerobeam ausging von Jerusalem, und es
traf ihn an der Prophet Ahia von Silo auf
dem Wege und hatte einen neuen Mantel
an, und waren die beiden allein im Felde.
30. Und Ahia faßte den neuen Mantel,
den er anhatte, und riß ihn in zwölf
Stücke
31. und sprach zu Jerobeam: Nimm zehn
Stücke zu dir! Denn so spricht der Herr,
der Gott Israels: Siehe, ich will das Königreich von der Hand Salomos reißen und
dir zehn Stämme geben – K.12,15; 14,2.
32. einen Stamm soll er haben um meines Knechtes David willen und um der
Stadt Jerusalem willen, die ich erwählt
habe aus allen Stämmen Israels –
33. darum daß sie mich verlassen und
angebetet haben Asthoreth, die Göttin der
Sidonier, Kamos, den Gott der Moabiter,
und Milkom, den Gott der Kinder Ammon,
und nicht gewandelt haben in meinen Wegen, daß sie täten, was mir wohl gefällt,
meine Gebote und Rechte, wie David, sein
Vater.
34. Ich will aber nicht das ganze Reich
aus seiner Hand nehmen; sondern ich will
ihn zum Fürsten machen sein Leben lang
*um Davids, meines Knechts, willen, den
ich erwählt habe, der meine Gebote und
Rechte gehalten hat. *2.Sam. 7,12.
35. Aus der Hand seines Sohnes will ich
das Königreich nehmen und will dir zehn
Stämme K.12,16.
36. und seinem Sohn einen Stamm geben, auf daß David, mein Knecht, vor mir
eine Leuchte habe allewege in der Stadt
Jerusalem, die ich mir erwählt habe, daß
ich meinen Namen dahin stellte.
37. So will ich nun dich nehmen, daß du
regierest über alles, was dein Herz begehrt, und sollst König sein über Israel.
38. Wirst *du nun gehorchen allem, was
ich dir gebieten werde, und in meinen
Wegen wandeln und tun, was mir gefällt,
daß du haltest meine Rechte und Gebote,
wie mein Knecht David getan hat: so will
ich mit dir sein und dir ein beständiges
Haus bauen, wie ich David gebaut habe,
und will dir Israel geben *K.9,4.
39. und will den Samen Davids um deswillen demütigen, doch nicht ewiglich.
40. Salomo aber trachtete, Jerobeam zu
töten. Da machte sich Jerobeam auf und
floh nach Ägypten zu *Sisak, dem König in
Ägypten, und blieb in Ägypten, bis daß
Salomo starb.
*K.14,25. (V.41–43: vgl. 2.Chron. 9,29–31.)
41. Was mehr von Salomo zu sagen ist,
und alles, was er getan hat, und seine
Weisheit, das ist geschrieben in der Chronik von Salomo.
42. Die Zeit aber, die Salomo König war
zu Jerusalem über ganz Israel, ist vierzig
Jahre.
43. Und Salomo entschlief mit seinen Vätern und ward begraben in der Stadt Davids, seines Vaters. Und sein Sohn Rehabeam ward König an seiner Statt.

Das 12. Kapitel

Zehn Stämme fallen von Rehabeam ab und
wählen Jerobeam zum König;
dessen Abgötterei.
(V.1–19: vgl. 2.Chron.10.)

1. Und Rehabeam zog gen Sichem; denn
das ganze Israel war gen Sichem gekommen, ihn zum König zu machen.
2. Und Jerobeam, der Sohn Nebats, hörte
das, da er noch in Ägypten war, *dahin er
vor dem König Salomo geflohen war, und
blieb in Ägypten. *K.11,40.
3. Und sie sandten hin und ließen ihn
rufen. Und Jerobeam samt der ganzen Gemeinde Israel kamen und redeten mit
Rehabeam und sprachen:
4. Dein Vater hat unser Joch zu hart gemacht; so mache du nun den harten
Dienst und das schwere Joch leichter, das
er uns aufgelegt hat, so wollen wir dir
untertan sein.
5. Er aber sprach zu ihnen: Gehet hin bis
an den dritten Tag, dann kommt wieder zu
mir. Und das Volk ging hin.
6. Und der König Rehabeam hielt einen
Rat *mit den Ältesten, die vor seinem Vater Salomo standen, da er lebte, und

REHABEAM UND JEROBEAM 1. Könige 12, 12–20

sprach: Wie ratet ihr, daß wir diesem Volk
eine Antwort geben? *Spr. 12,5.
7. Sie sprachen zu ihm: Wirst du heute
diesem Volk einen Dienst tun und ihnen
zu Willen sein und sie erhören und ihnen
gute Worte geben, so werden sie dir untertänig sein dein Leben lang.
8. Aber er ließ außer acht der Ältesten
Rat, den sie ihm gegeben hatten, und hielt
einen Rat mit den Jungen, die mit ihm
aufgewachsen waren und vor ihm standen.
9. Und er sprach zu ihnen: Was ratet ihr,
daß wir antworten diesem Volk, die zu mir
gesagt haben: Mache das Joch leichter, das
dein Vater auf uns gelegt hat?
10. Und die Jungen, die mit ihm aufgewachsen waren, sprachen zu ihm: Du
sollst zu dem Volk, das zu dir sagt: »Dein
Vater hat unser Joch zu schwer gemacht;
mache du es uns leichter«, also sagen:
Mein kleinster Finger soll dicker sein denn
meines Vaters Lenden.
11. Nun, mein Vater hat auf euch ein
schweres Joch geladen; ich aber will des
noch mehr über euch machen: mein Vater
hat euch mit Peitschen gezüchtigt; ich
will euch mit *Skorpionen züchtigen.
*Stachelpeitschen.
12. Also kam Jerobeam samt dem ganzen
Volk zu Rehabeam *am dritten Tage, wie
der König gesagt hatte und gesprochen:
Kommt wieder zu mir am dritten Tage.
*V. 5.
13. Und der König gab dem Volk eine
harte Antwort und ließ außer acht den
Rat, den ihm die Ältesten gegeben hatten,
14. und redete mit ihnen nach dem Rat
der Jungen und sprach: Mein Vater hat
euer Joch schwer gemacht; ich aber will
des noch mehr über euch machen: mein
Vater hat euch mit Peitschen gezüchtigt;
ich aber will euch mit Skorpionen züchtigen.
15. Also gehorchte der König dem Volk
nicht; denn es war also gewandt von dem
Herrn, auf daß *er sein Wort bekräftigte,
das er durch Ahia von Silo geredet hatte zu
Jerobeam, dem Sohn Nebats.
*K. 11,31.
16. Da *aber das ganze Israel sah, daß
der König sie nicht hören wollte, gab das
Volk dem König eine Antwort und sprach:
†Was haben wir für Teil an David oder

Erbe am Sohn Isais? Israel, hebe dich zu
deinen Hütten! So siehe nun du zu deinem
Hause, David! Also ging Israel in seine
Hütten, *Spr. 15,1. †2. Sam. 20,1.
17. daß Rehabeam regierte nur über die
Kinder Israel, die in den Städten Juda's
wohnten.
18. Und da der König Rehabeam hinsandte Adoram, den Rentmeister, warf ihn
ganz Israel mit Steinen zu Tode. Aber der
König Rehabeam stieg stracks auf einen
Wagen, daß er flöhe gen Jerusalem.
19. Also fiel Israel ab vom Hause David
bis auf diesen Tag.
20. Da nun ganz Israel hörte, daß Jerobeam war wiedergekommen, sandten sie hin
und ließen ihn rufen zu der ganzen Gemeinde und machten ihn zum König über
das ganze Israel. Und folgte niemand dem
Hause David als der Stamm Juda allein.

(V. 21–24: vgl. 2. Chron. 11,1–4.)

21. Und da Rehabeam gen Jerusalem
kam, sammelte er das ganze Haus Juda
und den Stamm Benjamin, 180 000 junge,
streitbare Mannschaft, wider das Haus Israel zu streiten und das Königreich wieder
an Rehabeam, den Sohn Salomos, zu bringen.
22. Es kam aber Gottes Wort zu Semaja,
dem Mann Gottes, und sprach:
23. Sage Rehabeam, dem Sohn Salomos,
dem König Juda's, und zum ganzen Hause
Juda und Benjamin und dem andern Volk
und sprich:
24. So spricht der Herr: Ihr sollt nicht
hinaufziehen und streiten wider eure Brüder, die Kinder Israel; jedermann gehe
wieder heim; denn solches ist von mir
geschehen. Und sie gehorchten dem Wort
des Herrn und kehrten um, daß sie hingingen, wie der Herr gesagt hatte.
25. Jerobeam aber baute Sichem auf dem
Gebirge Ephraim und wohnte darin, und
zog von da heraus und baute *Pnuel.
*1. Mose 32,31.
26. Jerobeam aber gedachte in seinem
Herzen: Das Königreich wird nun wieder
zum Hause David fallen.
27. Wenn dies Volk soll hinaufgehen, Opfer zu tun in des Herrn Hause zu Jerusalem, so wird sich das Herz dieses Volks
wenden zu ihrem Herrn Rehabeam, dem
König Juda's, und sie werden mich erwürgen und wieder zu Rehabeam, dem König
Juda's, fallen.
28. Und der König hielt einen Rat und
machte zwei goldene Kälber und sprach
zu ihnen: Es ist euch zuviel, hinauf gen
Jerusalem zu gehen; siehe, *da sind deine
Götter, Israel, die dich aus Ägyptenland
geführt haben. *2. Mose 32,4.8.
29. Und er setzte eins zu Beth-El, und
das andere tat er gen Dan. *Richt. 18,30.
30. Und *das geriet zur Sünde; denn das
Volk ging hin vor das eine bis gen Dan.
*K. 14,16.
31. Er machte auch ein Haus der Höhen
und machte Priester aus allem Volk, die
nicht von den Kindern Levi waren.
32. Und er machte ein Fest am fünfzehnten Tage des achten Monats wie das Fest in
Juda und opferte auf dem Altar. So tat er
zu Beth-El, daß man den Kälbern opferte,
die er gemacht hatte, und stiftete zu Beth-
El die Priester der Höhen, die er gemacht
hatte,
33. und opferte auf dem Altar, den er
gemacht hatte zu Beth-El, am fünfzehnten Tage des achten Monats, welchen er
aus seinem Herzen erdacht hatte, und
machte den Kindern Israel ein Fest und
opferte auf dem Altar und räucherte.

Das 13. Kapitel

Reich Israel, Ein Prophet aus Juda weissagt wider die Abgötterei zu Beth-El, tut ein Zeichen an Jerobeam, wird aber hernach verführt und von einem Löwen getötet.

1. Und siehe, ein Mann Gottes kam von
Juda durch das Wort des Herrn gen Beth-
El; und Jerobeam stand bei dem Altar, zu
räuchern.
2. Und er rief wider den Altar durch das
Wort des Herrn und sprach: Altar, Altar! so
spricht der Herr: Siehe, es wird ein Sohn
vom Hause David geboren werden mit Namen Josia; der *wird auf dir opfern die
Priester der Höhen, die auf dir räuchern,
und wird Menschengebeine auf dir verbrennen. *2. Kön. 23,16.
3. Und er gab des Tages ein Wunderzeichen und sprach: Das ist das Wunderzeichen, daß solches der Herr geredet hat:
Siehe, der Altar wird reißen und die Asche
verschüttet werden, die darauf ist.
4. Da aber der König das Wort von dem
Mann Gottes hörte, der wider den Altar zu
Beth-El rief, reckte er seine Hand aus bei
dem Altar und sprach: Greift ihn! Und seine Hand verdorrte, die er wider ihn ausgereckt hatte, und er konnte sie nicht wieder
zu sich ziehen.
5. Und der Altar riß, und die Asche ward
verschüttet vom Altar nach dem Wunderzeichen, das der Mann Gottes gegeben
hatte durch das Wort des Herrn.
6. Und der König hob an und sprach zu

dem Mann Gottes: *Bitte das Angesicht
des Herrn, deines Gottes, und bitte für
mich, daß meine Hand wieder zu mir
komme. Da bat der Mann Gottes das Angesicht des Herrn; und dem König ward seine Hand wieder zu ihm gebracht und
ward, wie sie zuvor war. *2.Mose 8,4.8.
7. Und der König redete mit dem Mann
Gottes: Komm mit mir heim und labe
dich; ich will dir ein Geschenk geben.
8. Aber der Mann Gottes sprach zum König: *Wenn du mir auch dein halbes Haus
gäbest, so käme ich doch nicht mit dir;
denn ich will an diesem Ort kein Brot
essen noch Wasser trinken. *4.Mose 22,18.
9. Denn also ist mir geboten durch des
Herrn Wort und gesagt: Du sollst kein
Brot essen und kein Wasser trinken und
nicht wieder den Weg kommen, den du
gegangen bist.
10. Und er ging weg einen andern Weg
und kam nicht wieder den Weg, den er gen
Beth-El gekommen war.
11. Es wohnte aber ein alter Prophet zu
Beth-El; zu dem kamen seine Söhne und
erzählten ihm alle Werke, die der Mann
Gottes getan hatte des Tages zu Beth-El,
und die Worte, die er zum König geredet
hatte.
12. Und ihr Vater sprach zu ihnen: Wo ist
der Weg, den er gezogen ist? Und seine
Söhne zeigten ihm den Weg, den der
Mann Gottes gezogen war, der von Juda
gekommen war.
13. Er aber sprach zu seinen Söhnen:
Sattelt mir den Esel! Und da sie ihm den
Esel sattelten, ritt er darauf
14. und zog dem Mann Gottes nach und
fand ihn unter einer Eiche sitzen und
sprach zu ihm: Bist du der Mann Gottes,
der von Juda gekommen ist? Er sprach: Ja.
15. Er sprach zu ihm: Komm mit mir
heim und iß Brot!
16. Er aber sprach: Ich kann nicht mit
dir umkehren und mit dir kommen; ich
will auch nicht Brot essen noch Wasser
trinken mit dir an diesem Ort.
17. Denn es ist mit mir geredet worden
durch das Wort des Herrn: *Du sollst daselbst weder Brot essen noch Wasser trinken; du sollst nicht wieder den Weg gehen,
den du gegangen bist. *V.9.
18. Er sprach zu ihm: Ich bin auch ein
Prophet wie du, und ein Engel hat mit mir
geredet durch des Herrn Wort und gesagt:
Führe ihn wieder mit dir heim, daß er
Brot esse und Wasser trinke. Er log ihm
aber
19. und führte ihn wieder zurück, daß
er Brot aß und Wasser trank in seinem
Hause.
20. Und da sie zu Tische saßen, kam das
Wort des Herrn zu dem Propheten, der ihn
wieder zurückgeführt hatte;
21. und er rief dem Mann Gottes zu, der
von Juda gekommen war, und sprach: So
spricht der Herr: Darum daß du dem Munde des Herrn bist ungehorsam gewesen
und hast nicht gehalten das Gebot, das dir
der Herr, dein Gott, geboten hat,
22. und bist umgekehrt, hast Brot gegessen und Wasser getrunken an dem Ort,
davon er dir sagte: Du sollst weder Brot
essen noch Wasser trinken, – so soll dein
Leichnam nicht in deiner Väter Grab kommen.
23. Und nachdem er Brot gegessen und
getrunken hatte, sattelte man den Esel
dem Propheten, den er wieder zurückgeführt hatte.
24. Und da er wegzog, fand ihn ein *Löwe
auf dem Wege und tötete ihn; und sein
Leichnam lag geworfen in dem Wege, und
der Esel stand neben ihm, und der Löwe
stand neben dem Leichnam. *K.20,36.
25. Und da Leute vorübergingen, sahen
sie den Leichnam in den Weg geworfen
und den Löwen bei dem Leichnam stehen,
und kamen und sagten es in der Stadt,
darin der alte Prophet wohnte.
26. Da das der Prophet hörte, der ihn
wieder zurückgeführt hatte, sprach er: Es
ist der Mann Gottes, der dem Munde des
Herrn ist ungehorsam gewesen. Darum
hat ihn der Herr dem Löwen gegeben; der
hat ihn zerrissen und getötet nach dem
Wort, das ihm der Herr gesagt hat.
27. Und sprach zu seinen Söhnen: Sattelt
mir den Esel! Und da sie ihn gesattelt hatten,
28. zog er hin und fand seinen Leichnam
in den Weg geworfen und den Esel und
den Löwen neben dem Leichnam stehen.
Der Löwe hatte nichts gefressen vom
Leichnam und den Esel nicht zerrissen.
29. Da hob der Prophet den Leichnam
des Mannes Gottes auf und legte ihn auf
den Esel und führte ihn wieder zurück
und kam in die Stadt des alten Propheten,
daß sie ihn beklagten und begrüben.
30. Und er legte den Leichnam in sein
Grab; und sie beklagten ihn: *Ach, Bruder! *Jer.22,18.
31. Und da sie ihn begraben hatten,
sprach er zu seinen Söhnen: Wenn ich
sterbe, so begrabt mich in dem Grabe,
darin der Mann Gottes begraben ist, und
legt mein Gebein neben sein Gebein.

32. Denn es wird geschehen, was er geschrieen hat wider den Altar zu Beth-El durch das Wort des Herrn und wider alle Häuser der Höhen, die in den Städten Samarias sind.
33. Aber nach dieser Geschichte kehrte sich Jerobeam nicht von seinem bösen Wege, sondern machte wieder Priester der Höhen aus *allem Volk. Zu wem er Lust hatte, dessen Hand †füllte er, und der ward Priester der Höhen.

*K. 12,31. †2. Mose 28,41.

34. Und *dies geriet zur Sünde dem Hause Jerobeam, daß es verderbt und von der Erde vertilgt ward. *K. 12,30.

Das 14. Kapitel

Reich Israel, Weissagung des Ahia wider Jerobeam. Jerobeam stirbt.
Reich Juda, Rehabeams Regierung, Sünde und ihre Strafe.

1. Zu der Zeit war Abia, der Sohn Jerobeams, krank.
2. Und Jerobeam sprach zu seinem Weibe: Mache dich auf und verstelle dich, daß niemand merke, daß du Jerobeams Weib bist, und gehe hin gen Silo; siehe, daselbst ist der Prophet Ahia, der *mir geredet hat, daß ich sollte König sein über dies Volk.

*K. 11,31.

3. Und nimm mit dir zehn Brote und Kuchen und einen Krug mit Honig und komm zu ihm, daß er dir sage, wie es dem Knaben gehen wird.
4. Und das Weib Jerobeams tat also und machte sich auf und ging hin gen Silo und kam ins Haus Ahias. Ahia aber konnte nicht sehen; denn seine Augen waren starr vor Alter.
5. Aber der Herr sprach zu Ahia: Siehe, das Weib Jerobeams kommt, daß sie von dir eine Sache frage um ihren Sohn; denn er ist krank. So rede nun mit ihr so und so. Da sie nun hineinkam, stellte sie sich fremd.
6. Als aber Ahia hörte das Rauschen ihrer Füße zur Tür hereingehen, sprach er: Komm herein, du Weib Jerobeams! Warum stellst du dich so fremd? Ich bin zu dir gesandt als ein harter Bote.
7. Gehe hin und sage Jerobeam: So spricht der Herr, der Gott Israels: Ich *habe dich erhoben aus dem Volk und zum Fürsten über mein Volk Israel gesetzt

*K. 11,37; 16,2.

8. und habe das Königreich von Davids Haus gerissen und dir gegeben. Du aber bist nicht gewesen wie mein Knecht David, der meine Gebote hielt und wandelte mir nach von ganzem Herzen, daß er tat, was mir nur wohl gefiel, –
9. und hast übel getan über alle, die vor dir gewesen sind, bist hingegangen und hast dir andere Götter gemacht und gegossene Bilder, daß du mich zum Zorn reizest, und hast mich hinter deinen Rükken geworfen.
10. Darum siehe, *ich will Unglück über das Haus Jerobeam führen und ausrotten von Jerobeam alles, was männlich ist, den †Verschlossenen und Verlassenen in Israel, und will die Nachkommen des Hauses Jerobeam ausfegen, wie man Kot ausfegt, bis es ganz mit ihm aus sei.

*K. 15,29 + K. 21,21.

11. Wer von Jerobeam stirbt in der Stadt, *den sollen die Hunde fressen: wer aber auf dem Felde stirbt, den sollen die Vögel des Himmels fressen; denn der Herr hat's geredet. *K. 16,4; 21,24.
12. So mache du dich auf und gehe heim; und wenn dein Fuß zur Stadt eintritt, wird das Kind sterben.
13. Und es wird ihn das ganze Israel beklagen, und werden ihn begraben; denn dieser allein von Jerobeam wird zu Grabe kommen, darum daß etwas Gutes an ihm erfunden ist vor dem Herrn, dem Gott Israels, im Hause Jerobeams.
14. Der Herr aber wird sich einen König über Israel erwecken, *der wird das Haus Jerobeams ausrotten an dem Tage. Und was ist's, das schon jetzt geschieht!

*K. 15,29.

15. Und der Herr wird Israel schlagen, gleich wie das Rohr im Wasser bewegt wird, und wird Israel *ausreißen aus diesem guten Lande, das er ihren Vätern gegeben hat, und wird sie zerstreuen jenseit des Stromes, darum daß sie ihre Ascherabilder gemacht haben, den Herrn zu erzürnen. *2. Kön. 17,23.
16. Und er wird Israel übergeben um der Sünden willen Jerobeams, der da gesündigt hat und *Israel hat sündigen gemacht. *K. 12,30; 13,34.
17. Und das Weib Jerobeams machte sich auf, ging hin und kam gen Thirza. Und da sie auf die Schwelle des Hauses kam, starb der Knabe.
18. Und sie begruben ihn, und ganz Israel beklagte ihn nach dem Wort des Herrn, das er geredet hatte durch seinen Knecht Ahia, den Propheten.
19. Was mehr von Jerobeam zu sagen ist, wie er gestritten und regiert hat, siehe, das ist geschrieben in der Chronik der Könige Israels.

20. Die Zeit aber, die Jerobeam regierte,
sind zweiundzwanzig Jahre; und er entschlief mit seinen Vätern, und *sein Sohn Nadab ward König an seiner Statt.

*K. 15,25. (V. 21–31: vgl. 2. Chron. 12.)

21. So war Rehabeam, der Sohn Salomos, König in *Juda. Einundvierzig Jahre alt war Rehabeam, da er König ward, und regierte siebzehn Jahre zu Jerusalem, in der Stadt, die der Herr erwählt hatte aus allen Stämmen Israels, daß er seinen Namen dahin stellte. Seine Mutter hieß Naema, eine Ammonitin. *K. 12,17.

22. Und Juda tat, was dem Herrn übel gefiel, und sie reizten ihn zum Eifer mehr denn alles, das ihre Väter getan hatten mit ihren Sünden, die sie taten.

23. Denn sie bauten sich auch Höhen, Säulen und Ascherabilder *auf allen hohen Hügeln und unter allen grünen Bäumen. *2. Kön. 16,4.

24. Es waren auch *Hurer im Lande; und sie taten alle die Greuel der Heiden, die der Herr vor den Kindern Israel vertrieben hatte. *5. Mose 23,18.

25. Aber im fünften Jahr des Königs Rehabeam zog *Sisak, der König in Ägypten, heraufwider Jerusalem, *K. 11,40.

26. und nahm die Schätze aus dem Hause des Herrn und aus dem Hause des Königs und alles, was zu nehmen war, und nahm alle goldenen Schilde, *die Salomo hatte lassen machen; *K. 10,16.

27. an deren Statt ließ der König Rehabeam eherne Schilde machen und befahl sie unter die Hand der obersten Trabanten, die die Tür hüteten am Hause des Königs.

28. Und so oft der König in das Haus des Herrn ging, trugen sie die Trabanten und brachten sie wieder in der Trabanten Kammer.

29. Was aber mehr von Rehabeam zu sagen ist und alles, was er getan hat, siehe, das ist geschrieben in der Chronik der Könige Juda's.

30. Es war aber Krieg zwischen Rehabeam und Jerobeam ihr Leben lang. K. 15,6.

31. Und Rehabeam entschlief mit seinen Vätern und ward begraben mit seinen Vätern in der Stadt Davids. Und *seine Mutter hieß Naema, eine Ammonitin. Und sein Sohn Abiam ward König an seiner Statt. *V. 21.

Das 15. Kapitel

Reich Juda, Abiam, Asa.
Reich Israel, Nadab, Baesa.
(V. 1–8: vgl. 2. Chron. 13.)

1. Im achtzehnten Jahr des Königs Jerobeam, des Sohnes Nebats, ward Abiam König in Juda,

2. und regierte drei Jahre zu Jerusalem. Seine Mutter hieß Maacha, eine Tochter Abisaloms.

3. Und er wandelte in allen Sünden seines Vaters, die er vor ihm getan hatte, und sein Herz war nicht rechtschaffen an dem Herrn, seinem Gott, wie das Herz seines Vaters David.

4. Denn um Davids willen gab der Herr, sein Gott, ihm eine Leuchte zu Jerusalem, daß er seinen Sohn nach ihm erweckte und Jerusalem erhielt, K. 11,36.

5. darum daß David getan hatte, was dem Herrn wohl gefiel, und nicht gewichen war von allem, was er ihm gebot sein Leben lang, außer *in dem Handel mit Uria, dem Hethiter. *2. Sam. 11,27; 12,9.

6. Es war aber Krieg zwischen Rehabeam und Jerobeam sein Leben lang. K. 14,30.

7. Was aber mehr von Abiam zu sagen ist und alles, was er getan hat, siehe, das ist geschrieben in der Chronik der Könige Juda's. Es war aber Krieg zwischen Abiam und Jerobeam.

8. Und Abiam entschlief mit seinen Vätern, und sie begruben ihn in der Stadt Davids. Und Asa, sein Sohn, ward König an seiner Statt.

9. Im zwanzigsten Jahr des Königs Jerobeam über Israel ward Asa König in Juda,

10. und regierte einundvierzig Jahre zu Jerusalem. Seine Mutter hieß *Maacha, eine Tochter Abisaloms.

*V. 2. (V. 11–15: vgl. 2. Chron. 14,1–4; 15,16–18.)

11. Und Asa tat, was dem Herrn wohl gefiel, wie sein Vater David,

12. und tat die *Hurer aus dem Lande und tat ab alle Götzen, die seine Väter gemacht hatten. *K. 14,24; 22,47.

13. Dazu setzte er auch seine Mutter Maacha ab, daß sie nicht mehr Herrin war, weil sie ein Greuelbild gemacht hatte der Aschera. Und Asa rottete aus ihr Greuelbild und verbrannte es am Bach Kidron.

14. Aber *die Höhen taten sie nicht ab. Doch war das Herz Asas rechtschaffen an dem Herrn sein Leben lang. K. 22,44.

15. Und das Silber und Gold und Gefäß, das sein Vater geheiligt hatte, und was von ihm selbst geheiligt war, brachte er ein zum Hause des Herrn.

(V. 16–24: vgl. 2. Chron. 16,1–6; 11–14.)

16. Und es war Streit zwischen Asa und Baesa, dem König Israels, ihr Leben lang.

17. Baesa aber, der König Israels, zog herauf wider Juda und baute Rama, daß niemand sollte aus und ein ziehen auf Asas Seite, des Königs Juda's.

18. Da nahm Asa alles *Silber und Gold, das übrig war im Schatz des Hauses des Herrn und im Schatz des Hauses des Königs, und gab's in seiner Knechte Hände und sandte sie zu Benhadad, dem Sohn Tabrimmons, des Sohnes Hesjons, dem König von Syrien, der zu Damaskus wohnte, und ließ ihm sagen: *2. Kön. 12,19; 16,8.

19. Es ist ein Bund zwischen mir und dir und zwischen meinem Vater und deinem Vater; darum schicke ich dir ein Geschenk, Silber und Gold, daß du fahren lassest den Bund, den du mit Baesa, dem König Israels, hast, daß er von mir abziehe.

20. Benhadad gehorchte dem König Asa und sandte seine Hauptleute wider die Städte Israels und schlug *Ijon und Dan und Abel-Beth-Maacha, das ganze Kinneroth samt dem ganzen Lande Naphthali. *2. Kön. 15,29.

21. Da das Baesa hörte, ließ er ab zu bauen Rama und zog wieder gen Thirza.

22. Der König Asa aber bot auf das ganze Juda, niemand ausgenommen, und sie nahmen die Steine und das Holz von Rama weg, womit Baesa gebaut hatte; und der König Asa baute damit Deba-Benjamin und Mizpa.

23. Was aber mehr von Asa zu sagen ist und alle seine Macht und alles, was er getan hat, und die *Städte, die er gebaut hat, siehe, das ist geschrieben in der Chronik der Könige Juda's. Nur war er in seinem Alter an seinen Füßen krank. *2. Chron. 14,5.

24. Und Asa entschlief mit seinen Vätern und ward begraben mit seinen Vätern in der Stadt Davids, seines Vaters. Und *Josaphat, sein Sohn, ward König an seiner Statt. *K. 22,41.

25. Nadab aber, der Sohn Jerobeams, ward König über Israel im zweiten Jahr Asas, des Königs Juda's, und regierte über Israel zwei Jahre K. 14,20.

26. und tat, was dem Herrn übel gefiel, und wandelte in dem Wege seines Vaters und in seiner Sünde, durch die er Israel hatte sündigen gemacht. K. 12,30.

27. Aber Baesa, der Sohn Ahias, aus dem Hause Isaschar, machte *einen Bund wider ihn und erschlug ihn zu Gibbethon, welches den Philistern gehört. Denn Nadab und das ganze Israel belagerten Gibbethon. *K. 16,9.

28. Also tötete ihn Baesa im dritten Jahr Asas, des Königs Juda's, und ward König an seiner Statt.

29. Als er nun König war, schlug er das ganze Haus Jerobeam und ließ nichts übrig, was Odem hatte, von Jerobeam, bis er ihn vertilgte, nach *dem Wort des Herrn, das er geredet hatte durch seinen Knecht Ahia von Silo, *K. 14,10.11.

30. um der Sünden willen Jerobeams, die er tat und durch die er Israel sündigen machte, mit dem Reizen, durch das er den Herrn, den Gott Israels, erzürnte.

31. Was aber mehr von Nadab zu sagen ist und alles, was er getan hat, siehe, das ist geschrieben in der Chronik der Könige Israels.

32. Und es war Krieg zwischen Asa und Baesa, dem König Israels, ihr Leben lang. V. 16.

33. Im dritten Jahr Asas, des Königs Juda's, ward Baesa, der Sohn Ahias, König über das ganze Israel zu Thirza vierundzwanzig Jahre; V. 28.

34. und tat, was dem Herrn übel gefiel, und wandelte in dem Wege Jerobeams und in seiner Sünde, durch die er Israel hatte sündigen gemacht. V. 26.

Das 16. Kapitel

Reich Israel, Baesas Tod: die Könige Ela, Simri, Omri und Ahab. Samaria und Jericho erbaut.

1. Es kam aber das Wort des Herrn zu Jehu, dem Sohn Hananis, wider Baesa und sprach: V. 7

2. Darum daß *ich dich aus dem Staub erhoben habe und zum Fürsten gemacht über mein Volk Israel und du wandelst in dem Wege Jerobeams und machst mein Volk Israel sündigen, daß du mich erzürnst durch ihre Sünden, *K. 14,7.

3. siehe, so will ich die Nachkommen Baesas und die Nachkommen seines Hauses wegnehmen und will dein Haus machen wie das *Haus Jerobeams, des Sohnes Nebats. *K. 15,29.

4. Wer von Baesa stirbt in der Stadt, den sollen die Hunde fressen; und wer von ihm stirbt auf dem Felde, den sollen die Vögel des Himmels fressen. K. 14,11.

5. Was aber mehr von Baesa zu sagen ist und was er getan hat, und seine Macht, siehe, das ist geschrieben in der Chronik der Könige Israels.

6. Und Baesa entschlief mit seinen Vätern und ward begraben zu Thirza. Und sein Sohn Ela ward König an seiner Statt.

7. Auch kam das Wort des Herrn durch
den Propheten *Jehu, den Sohn Hananis,
über Baesa und über sein Haus und wider
alles Übel, das er tat vor dem Herrn, ihn zu
erzürnen durch die Werke seiner Hände,
daß es würde wie das Haus Jerobeam, und
darum daß er dieses geschlagen hatte.
*V. 1.
8. Im sechsundzwanzigsten Jahr Asas,
des Königs Juda's, ward Ela, der Sohn Baesas, König über Israel zu Thirza zwei
Jahre. V. 6.
9. Aber sein Knecht Simri, der Oberste
über die Hälfte der Wagen, machte *einen
Bund wider ihn. Er aber war zu Thirza,
trank und war trunken im Hause Arzas,
des Vogts zu Thirza. *K. 15,27.
10. Und *Simri kam hinein und schlug
ihn tot im siebenundzwanzigsten Jahr
Asas, des Königs Juda's, und †ward König
an seiner Statt.
*2. Kön. 9,31. †2. Kön. 15,10.14.25.30.
11. Und da er König war und auf seinem
Stuhl saß, schlug er das ganze Haus Baesa
– und ließ nichts übrig, was männlich
war –, dazu seine Erben und seine Freunde.
12. Also vertilgte Simri das ganze Haus
Baesa nach dem Wort des Herrn, das er
über Baesa geredet hatte durch den Propheten Jehu, V. 1–4.
13. um aller Sünden willen Baesas und
seines Sohnes Ela, die sie taten und durch
die sie Israel sündigen machten, den
Herrn, den Gott Israels, zu erzürnen
durch ihre Abgötterei.
14. Was aber mehr von Ela zu sagen ist
und alles, was er getan hat, siehe, das ist
geschrieben in der Chronik der Könige
Israels.
15. Im siebenundzwanzigsten Jahr Asas,
des Königs Juda's, ward Simri König sieben Tage zu Thirza. Und das Volk lag vor
*Gibbethon der Philister. *K. 15,27.
16. Da aber das Volk im Lager hörte sagen, daß Simri einen Bund gemacht und
auch den König erschlagen hätte, da
machte ganz Israel desselben Tages Omri,
den Feldhauptmann, zum König über Israel im Lager. V. 9,10.
17. Und Omri zog herauf und das ganze
Israel mit ihm von Gibbethon und belagerten Thirza.
18. Da aber Simri sah, daß die Stadt würde gewonnen werden, ging er in den Palast
im Hause des Königs und verbrannte sich
mit dem Hause des Königs und starb
19. um seiner Sünden willen, die er getan hatte, daß er tat, was dem Herrn übel
gefiel, und wandelte in dem Wege Jerobeams und in seiner Sünde, die er tat, daß er
Israel sündigen machte.
20. Was aber mehr von Simri zu sagen ist
und wie er einen Bund machte, siehe, das
ist geschrieben in der Chronik der Könige
Israels.
21. Dazumal teilte sich das Volk Israel in
zwei Teile. Eine Hälfte hing an Thibni,
dem Sohn Ginaths, daß sie ihn zum König
machten; die andere Hälfte aber hing an
Omri.
22. Aber das Volk, das an Omri hing,
ward stärker denn das Volk, das an Thibni
hing, dem Sohn Ginaths. Und Thibni
starb; da ward Omri König.
23. Im einunddreißigsten Jahr Asas, des
Königs Juda's, ward Omri König über Israel zwölf Jahre, und regierte zu Thirza
sechs Jahre.
24. Er kaufte den Berg Samaria von Semer um zwei Zentner Silber und baute auf
den Berg und hieß die Stadt, die er baute,
nach dem Namen Semers, des Berges
Herrn, Samaria.
25. Und Omri tat, was dem Herrn übel
gefiel und *war ärger denn alle, die vor
ihm gewesen waren, *Micha 6,16.
26. und wandelte in allen Wegen Jerobeams, des Sohnes Nebats, und in seinen
Sünden, durch die er Israel sündigen
machte, daß sie den Herrn, den Gott Israels, erzürnten in ihrer Abgötterei. K. 12,30.
27. Was aber mehr von Omri zu sagen ist
und alles, was er getan hat, und seine
Macht, die er geübt hat, siehe, das ist geschrieben in der Chronik der Könige Israels.
28. Und Omri entschlief mit seinen Vätern und ward begraben zu Samaria. Und
Ahab, sein Sohn, ward König an seiner
Statt.
29. Im achtunddreißigsten Jahr Asas,
des Königs Juda's, ward Ahab, der Sohn
Omris, König über Israel, und regierte
über Israel zu Samaria zweiundzwanzig
Jahre
30. und tat, was dem Herrn übel gefiel,
über alle, die vor ihm gewesen waren.
31. Und es war ihm ein Geringes, *daß er
wandelte in der Sünde Jerobeams, des
Sohnes Nebats, und nahm dazu Isebel, die
Tochter Ethbaals, des Königs zu Sidon,
zum Weibe und ging hin und diente Baal
und betete ihn an *V. 26.
32. und richtete Baal einen Altar auf im
Hause Baals, das er ihm baute zu Samaria,
2. Kön. 3,2; 10,27.28.
33. und machte ein Ascherabild; daß

Ahab mehr tat, den Herrn, den Gott Israels, zu erzürnen, denn alle Könige Israels, die vor ihm gewesen waren.
34. Zur selben Zeit baute Hiel von Beth-El Jericho. Es kostete ihn seinen ersten Sohn, Abiram, da er den Grund legte, und seinen jüngsten Sohn, Segub, da er die Türen setzte, nach *dem Wort des Herrn, das er geredet hatte durch Josua, den Sohn Nuns. *Jos. 6,26.

Das 17. Kapitel

Reich Israel, Elia verkündigt Dürre, wird von Raben gespeist, ernährt durch ein Wunder die Witwe zu Zarpath und erweckt ihren Sohn.

1. Und es sprach Elia, der Thisbiter, aus den Bürgern Gileads, zu Ahab: So wahr der Herr, der Gott Israels, lebt, vor dem ich stehe, es *soll diese Jahre weder Tau noch Regen kommen, ich sage es denn.
*Jak. 5,17; Offenb. 11,6.
2. Und das Wort des Herrn kam zu ihm und sprach:
3. Gehe weg von hinnen und wende dich gegen Morgen und verbirg dich am Bach Krith, der gegen den Jordan fließt;
4. und sollst vom Bach trinken; und ich habe den Raben geboten, daß sie dich daselbst sollen versorgen.
5. Er aber ging hin und tat nach dem Wort des Herrn und ging weg und setzte sich am Bach Krith, der gegen den Jordan fließt.
6. Und die Raben brachten ihm Brot und Fleisch des Morgens und des Abends, und er trank vom Bach.
7. Und es geschah nach etlicher Zeit, daß der Bach vertrocknete; denn es war kein Regen im Lande.
8. Da kam das Wort des Herrn zu ihm und sprach:
9. Mache dich auf und gehe gen Zarpath, welches bei Sidon liegt, und bleibe daselbst; denn ich habe daselbst einer Witwe geboten, daß sie dich versorge.
Luk. 4,25.26.
10. Und er machte sich auf und ging gen Zarpath. Und da er kam an das Tor der Stadt, siehe, da war eine Witwe und las Holz auf. Und er rief ihr und sprach: Hole mir ein wenig Wasser im Gefäß, daß ich trinke!
11. Da sie aber hinging, zu holen, rief er ihr und sprach: Bringe mir auch einen Bissen Brot mit!
12. Sie sprach: *So wahr der Herr, dein Gott, lebt, ich habe nichts Gebackenes, nur eine Handvoll Mehl im Kad und ein wenig Öl im Krug. Und siehe, ich habe ein Holz oder zwei aufgelesen und gehe hinein und will mir und meinem Sohn zurichten, daß wir essen und sterben.
*K. 18,10.
13. Elia sprach zu ihr: Fürchte dich nicht! Gehe hin und mach's, wie du gesagt hast. Doch mache mir am ersten ein kleines Gebackenes davon und bringe mir's heraus; dir aber und deinem Sohn sollst du darnach auch machen.
14. Denn also spricht der Herr, der Gott Israels: Das Mehl im Kad soll nicht verzehrt werden, und dem *Ölkrug soll nichts mangeln bis auf den Tag, da der Herr regnen lassen wird auf Erden.
*2. Kön. 4,2–4.
15. Sie ging hin und machte, wie Elia gesagt hatte. Und er aß und sie auch und ihr Haus eine Zeitlang.
16. Das Mehl im Kad ward nicht verzehrt, und dem Ölkrug mangelte nichts nach dem Wort des Herrn, das er geredet hatte durch Elia.
17. Und nach diesen Geschichten ward des Weibes, seiner Hauswirtin, Sohn krank, und seine Krankheit war so sehr hart, daß kein Odem mehr in ihm blieb.
18. Und sie sprach zu Elia: Was habe ich mit dir zu schaffen, du Mann Gottes? Du bist zu mir hereingekommen, daß meiner Missetat gedacht und mein Sohn getötet würde. Luk. 5,8.
19. Er sprach zu ihr: Gib mir her deinen Sohn! Und er nahm ihn von ihrem Schoß und ging hinauf auf den Söller, da er wohnte, und legte ihn auf sein Bett
20. und rief den Herrn an und sprach: Herr, mein Gott, hast du auch der Witwe, bei der ich ein Gast bin, so übel getan, daß du ihren Sohn tötetest?
21. Und er maß sich über dem Kinde dreimal und rief den Herrn an und sprach: Herr, mein Gott, laß die Seele dieses Kindes wieder zu ihm kommen!
2. Kön. 4,34; Apg. 20,10.
22. Und der Herr erhörte die Stimme Elia's; und die Seele des Kindes kam wieder zu ihm, und es ward lebendig.
23. Und Elia nahm das Kind und brachte es hinab vom Söller ins Haus und *gab's seiner Mutter und sprach: Siehe da, dein Sohn lebt! *Luk. 7,15; Hebr. 11,35.
24. Und das Weib sprach zu Elia: Nun erkenne ich, daß du ein Mann Gottes bist, und des Herrn Wort in deinem Munde ist Wahrheit.

ELIA WIRD VON RABEN VERSORGT 1. Könige 17, 6

Das 18. Kapitel

Elia und Obadja.
Das Gottesurteil auf dem Karmel.

1. Und über eine lange Zeit kam das Wort des Herrn zu Elia, im dritten Jahr, und sprach: Gehe hin und zeige dich Ahab, daß ich regnen lasse auf Erden.

2. Und Elia ging hin, daß er sich Ahab zeigte. Es war aber eine große Teuerung zu Samaria.

3. Und Ahab rief Obadja, seinen Hofmeister. (Obadja aber *fürchtete den Herrn sehr. *V. 12.

4. Denn da Isebel die Propheten des Herrn ausrottete, nahm Obadja hundert Propheten und versteckte sie in Höhlen, hier fünfzig und da fünfzig, und versorgte sie mit Brot und Wasser.)

5. So sprach nun Ahab zu Obadja: Zieh durchs Land zu allen Wasserbrunnen und Bächen, ob wir möchten Heu finden und die Rosse und Maultiere erhalten, daß nicht das Vieh alles umkomme.

6. Und sie teilten sich ins Land, daß sie es durchzogen. Ahab zog allein auf einem Weg und Obadja auch allein den andern Weg.

7. Da nun Obadja auf dem Wege war, siehe, da begegnete ihm Elia; und da er ihn erkannte, fiel er auf sein Antlitz und sprach: Bist du nicht mein Herr Elia?

8. Er sprach: Ja. Gehe hin und sage deinem Herrn: Siehe, Elia ist hier!

9. Er aber sprach: Was habe ich gesündigt, daß du deinen Knecht willst in die Hände Ahabs geben, daß er mich töte?

10. *So wahr der Herr, dein Gott, lebt, es ist kein Volk noch Königreich, dahin mein Herr nicht gesandt hat, dich zu suchen; und wenn sie sprachen: Er ist nicht hier, nahm er einen Eid von dem Königreich und Volk, daß man dich nicht gefunden hätte. *K. 17,12.

11. Und du sprichst nun: Gehe hin, sage deinem Herrn: Siehe, Elia ist hier!

12. Wenn ich nun hinginge von dir, so würde dich der Geist des Herrn wegnehmen, weiß nicht, wohin; und wenn ich dann käme und sagte es Ahab an und er fände dich nicht, so erwürgte er mich. Aber dein Knecht *fürchtet den Herrn von seiner Jugend auf. *V. 3.

13. Ist's meinem Herrn nicht angesagt, was ich getan habe, da Isebel die Prophe-

ten des Herrn erwürgte? daß ich der Propheten des Herrn hundert versteckte, hier fünfzig und da fünfzig, in Höhlen und versorgte sie mit Brot und Wasser?
14. Und du sprichst nun: Gehe hin, sage deinem Herrn: Elia ist hier! daß er mich erwürge.
15. Elia sprach: *So wahr der Herr Zebaoth lebt, vor dem ich stehe, ich will mich ihm heute zeigen.
*K.17,1; 2.Kön.3,14.
16. Da ging Obadja hin Ahab entgegen und sagte es ihm an. Und Ahab ging hin Elia entgegen.
17. Und da Ahab Elia sah, sprach Ahab zu ihm: Bist du, der Israel verwirrt?
*Amos 7,10; Apg.16,20.
18. Er aber sprach: Ich verwirre Israel nicht, sondern du und deines Vaters Haus, damit daß ihr des Herrn Gebote verlassen habt und *wandelt den Baalim nach.
*K.16,31.32.
19. Wohlan, so sende nun hin und versammle zu mir das ganze Israel auf den Berg Karmel und die vierhundertundfünfzig Propheten Baals, auch die vierhundert Propheten *der Aschera, die vom Tisch Isebels essen. *K.16,33.
20. Also sandte Ahab hin unter alle Kinder Israel und versammelte die Propheten auf den Berg Karmel.
21. Da trat Elia zu allem Volk und sprach: Wie lange hinket ihr auf beide Seiten? Ist der Herr Gott, so wandelt ihm nach; ist's aber Baal, so wandelt ihm nach. Und das Volk antwortete ihm nichts.
Jos.24,15; Matth.6,24.
22. Da sprach Elia zum Volk: Ich bin allein übriggeblieben als Prophet des Herrn; aber der Propheten Baals sind vierhundertundfünfzig Mann.
23. So gebt uns nun zwei Farren und laßt sie erwählen einen Farren und ihn zerstücken und aufs Holz legen und kein Feuer daran legen; so will ich den andern Farren nehmen und aufs Holz legen und auch kein Feuer daran legen.
24. So rufet ihr an den Namen eures Gottes, und ich will den Namen des Herrn anrufen. Welcher Gott nun mit Feuer antworten wird, der sei Gott. Und das ganze Volk antwortete und sprach: Das ist recht.
25. Und Elia sprach zu den Propheten Baals: Erwählet ihr einen Farren und richtet zu am ersten, denn euer ist viel; und rufet eures Gottes Namen an und leget kein Feuer daran.
26. Und sie nahmen den Farren, den man ihnen gab, und richteten zu und riefen an den Namen Baals vom Morgen an bis an den Mittag und sprachen: Baal, erhöre uns! Aber es war da keine Stimme noch Antwort. Und sie hinkten um den Altar, den sie gemacht hatten.
27. Da es nun Mittag ward, spottete ihrer Elia und sprach: Rufet laut! denn er ist ein Gott; er dichtet oder hat zu schaffen oder ist über Feld oder schläft vielleicht, daß er aufwache.
28. Und sie riefen laut und ritzten sich mit Messern und Pfriemen nach ihrer Weise, bis daß ihr Blut herabfloß.
29. Da aber der Mittag vergangen war, *weissagten sie bis †um die Zeit, da man das Speisopfer tun sollte; und war da keine Stimme noch Antwort noch Aufmerken.
*1.Sam.18,10. †4.Mose 28,4.5.
30. Da sprach Elia zu allem Volk: Kommt her, alles Volk, zu mir! Und da alles Volk zu ihm trat, baute er den Altar des Herrn wieder auf, der zerbrochen war,
31. und nahm *zwölf Steine nach der Zahl der Stämme der Kinder Jakobs (zu welchem das Wort des Herrn redete und sprach: †Du sollst Israel heißen),
*2.Mose 24,4. †1.Mose 32,29.
32. und baute von den Steinen einen Altar im Namen des Herrn und machte um den Altar her eine Grube, zwei Kornmaß weit,
33. und richtete das Holz zu und zerstückte den Farren und legte ihn aufs Holz
34. und sprach: Holet vier Kad Wasser voll und gießet es auf das Brandopfer und aufs Holz! Und sprach: Tut's noch einmal! Und sie taten's noch einmal. Und er sprach: Tut's zum drittenmal! Und sie taten's zum drittenmal.
35. Und das Wasser lief um den Altar her, und die Grube ward auch voll Wasser.
36. Und da die Zeit war, Speisopfer zu opfern, trat Elia, der Prophet, herzu und sprach: Herr, Gott Abrahams, Isaaks und Israels, laß heute kund werden, daß du Gott in Israel bist und ich dein Knecht, und daß ich solches alles nach deinem Wort getan habe!
37. Erhöre mich, Herr, erhöre mich, daß dies Volk wisse, daß du, Herr, Gott bist, daß du ihr Herz darnach bekehrest!
38. Da fiel *das Feuer des Herrn herab und fraß Brandopfer, Holz, Steine und Erde und leckte das Wasser auf in der Grube. *3.Mose 9,24.
39. Da das alles Volk sah, fiel es auf sein Angesicht und sprach: Der Herr ist Gott, der Herr ist Gott!
40. Elia aber sprach zu ihnen: *Greift die

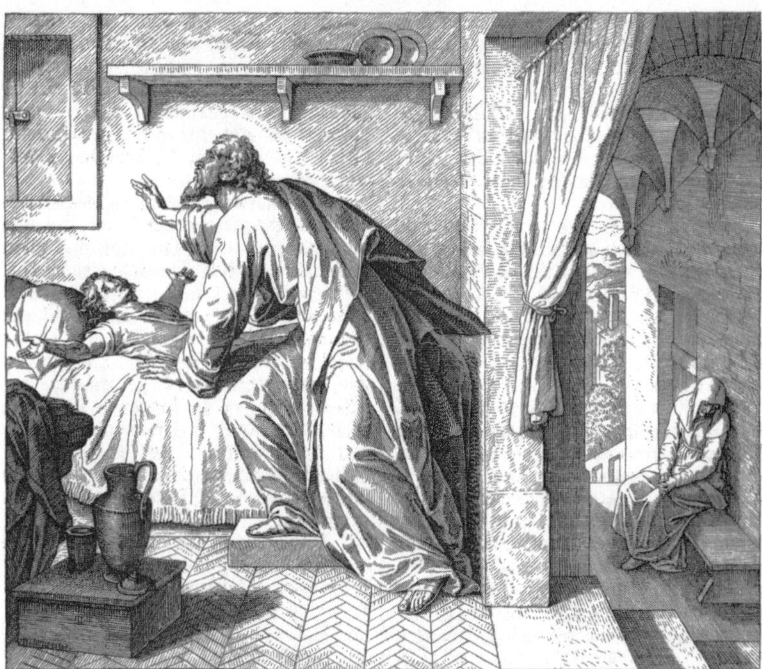

ELIA ERWECKT EINEN KNABEN ZUM LEBEN 1. Könige 17, 21.22

Propheten Baals, daß ihrer keiner entrinne! Und sie griffen sie. Und Elia führte sie hinab an den Bach Kison und schlachtete sie daselbst. *5. Mose 13,6; 2. Kön. 10,25.
41. Und Elia sprach zu Ahab: Zieh hinauf, iß und trink; denn es rauscht, als wollte es sehr regnen.
42. Und da Ahab hinaufzog, zu essen und zu trinken, ging Elia auf des Karmels Spitze und bückte sich zur Erde und tat sein Haupt zwischen seine Kniee Jak. 5,18.
43. und sprach zu seinem Diener: Gehe hinauf und schaue zum Meer zu! Er ging hinauf und schaute und sprach: Es ist nichts da. Er sprach: Gehe wieder hin siebenmal!
44. Und beim siebentenmal sprach er: Siehe, es geht eine kleine Wolke auf aus dem Meer wie eines Mannes Hand. Er sprach: Gehe hinauf und sage Ahab: Spanne an und fahre hinab, daß dich der Regen nicht ergreife!
45. Und ehe man zusah, ward der Himmel schwarz von Wolken und Wind, und kam ein großer Regen. Ahab aber fuhr und zog gen Jesreel.
46. Und die Hand des Herrn kam über Elia, und er gürtete seine Lenden und lief vor Ahab hin, bis er kam gen Jesreel.

Das 19. Kapitel

Elia flieht vor Isebel. Gott erscheint ihm am Berge Horeb. Elisa wird sein Jünger.

1. Und Ahab sagte Isebel an alles, was Elia getan hatte und *wie er hatte alle Propheten Baals mit dem Schwert erwürgt. *K. 18,40.
2. Da sandte Isebel einen Boten zu Elia und ließ ihm sagen: Die Götter tun mir dies und das, wo ich nicht morgen um diese Zeit deiner Seele tue wie dieser Seelen einer.
3. Da er das sah, machte er sich auf und ging hin um seines Lebens willen und kam gen Beer-Seba in Juda und ließ seinen Diener daselbst.
4. Er aber ging hin in die Wüste eine Tagereise und kam hinein und setzte sich unter einen Wacholder und bat, daß seine Seele stürbe, und sprach: Es ist genug, *so nimm nun, Herr, meine Seele; ich bin nicht besser denn meine Väter.

*Hiob 7,16; Jona 4,3; Phil. 1,23.

5. Und legte sich und schlief unter dem Wacholder. Und siehe, ein Engel rührte ihn an und sprach zu ihm: Stehe auf und iß!

6. Und er sah sich um, und siehe, zu seinen Häupten lag ein geröstetes Brot und eine Kanne mit Wasser. Und da er gegessen und getrunken hatte, legte er sich wieder schlafen.

7. Und der Engel des Herrn kam zum andernmal wieder und rührte ihn an und sprach: Stehe auf und iß! denn du hast einen großen Weg vor dir.

8. Und er stand auf und aß und trank und ging durch Kraft derselben Speise *vierzig Tage und vierzig Nächte bis an den Berg Gottes Horeb, *2. Mose 24,18.

9. und kam daselbst in eine Höhle und blieb daselbst über Nacht. Und siehe, das Wort des Herrn kam zu ihm und sprach zu ihm: Was machst du hier, Elia?

10. Er sprach: *Ich habe geeifert um den Herrn, den Gott Zebaoth; denn die Kinder Israel haben deinen Bund verlassen und deine Altäre zerbrochen und deine Propheten mit dem Schwert erwürgt, und †ich bin allein übriggeblieben, und sie stehen darnach, daß sie mir mein Leben nehmen. *Jes. 49,4; Röm. 11,3. †K. 18,22.

11. Er sprach: Gehe heraus und tritt auf den Berg vor den Herrn! Und siehe, der Herr ging *vorüber und ein großer, starker Wind, der die Berge zerriß und die Felsen zerbrach, vor dem Herrn her; der Herr aber war nicht im Winde. Nach dem Winde aber kam ein Erdbeben; aber der Herr war nicht im Erdbeben. *2. Mose 33,22.

12. Und nach dem Erdbeben kam ein Feuer; aber der Herr war nicht im Feuer. Und nach dem Feuer kam ein *stilles, sanftes Sausen. *2. Mose 34,6.

13. Da das Elia hörte, verhüllte er sein Antlitz mit seinem Mantel und ging heraus und trat in die Tür der Höhle. Und siehe, da kam eine Stimme zu ihm und sprach: Was hast du hier zu tun, Elia?

14. Er sprach: Ich habe um den Herrn, den Gott Zebaoth, *geeifert; denn die Kinder Israel haben deinen Bund verlassen, deine Altäre zerbrochen, deine Propheten mit dem Schwert erwürgt, und ich bin allein übriggeblieben, und sie stehen darnach, daß sie mir das Leben nehmen. *V. 10; Ps. 69,10.

15. Aber der Herr sprach zu ihm: Gehe wiederum deines Weges durch die Wüste gen Damaskus und gehe hinein und salbe *Hasael zum König über Syrien, *2. Kön. 8,13.15.

16. und *Jehu, den Sohn Nimsis, zum König über Israel, und †Elisa, den Sohn Saphats, von Abel-Mehola, zum Propheten an deiner Statt. *2. Kön. 9,2.3. †V. 19.

17. Und es soll geschehen, daß, wer dem Schwert Hasaels entrinnt, den soll Jehu töten, und wer dem Schwert Jehus entrinnt, den soll Elisa töten.

18. Und *ich will lassen übrigbleiben siebentausend in Israel; alle Kniee, die sich nicht gebeugt haben vor Baal, und allen Mund, der ihn nicht geküßt hat. *Röm. 11,4.

19. Und er ging von dannen und fand Elisa, den Sohn Saphats, daß er pflügte mit zwölf Jochen vor sich hin; und er war selbst bei dem zwölften. Und Elia ging zu ihm und warf seinen Mantel auf ihn.

20. Er aber ließ die Rinder und lief Elia nach und sprach: *Laß mich meinen Vater und meine Mutter küssen, so will ich dir nachfolgen. Er sprach zu ihm: Gehe hin und komme wieder; bedenke, was ich dir getan habe! *Luk. 9,61.

21. Und er lief wieder von ihm und nahm ein Joch Rinder und opferte es und kochte das Fleisch mit dem Holzwerk an den Rindern und gab's dem Volk, daß sie aßen. Und machte sich auf und folgte Elia nach und diente ihm.

Das 20. Kapitel

Reich Israel, Zwiefacher Krieg und Sieg Ahabs wider den syrischen König Benhadad.

1. Und Benhadad, der König von Syrien, versammelte alle seine Macht, und waren zweiunddreißig Könige mit ihm und Roß und Wagen, und zog herauf und belagerte Samaria und stritt dawider

2. und sandte Boten zu Ahab, dem König Israels, in die Stadt

3. und ließ ihm sagen: So spricht Benhadad: Dein Silber und dein Gold ist mein, und deine Weiber und deine besten Kinder sind auch mein.

4. Der König Israels antwortete und sprach: Mein Herr König, wie du geredet hast! Ich bin dein und alles, was ich habe.

5. Und die Boten kamen wieder und sprachen: So spricht Benhadad: Weil ich zu dir gesandt habe und lassen sagen: Dein Silber und dein Gold, deine Weiber und deine Kinder sollst du mir geben,

6. so will ich morgen um diese Zeit meine Knechte zu dir senden, daß sie dein Haus und deiner Untertanen Häuser durchsuchen; und was dir lieblich ist, sollen sie in ihre Hände nehmen und wegtragen.

TOD DER PROPHETEN BAALS 1. Könige 18, 40

7. Da rief der König Israels alle Ältesten
des Landes und sprach: *Merket und sehet, wie böse er's vornimmt! Er hat zu mir
gesandt um meine Weiber und Kinder,
Silber und Gold, und ich habe ihm nichts
verweigert. *2. Kön. 5,7.
8. Da sprachen zu ihm alle Alten und
alles Volk: Du sollst nicht gehorchen noch
bewilligen.
9. Und er sprach zu den Boten Benhadads: Saget meinem Herrn, dem König:
Alles, was du am ersten deinem Knecht
entboten hast, will ich tun; aber dies kann
ich nicht tun. Und die Boten gingen hin
und sagten solches wieder.
10. Da sandte Benhadad zu ihm und ließ
ihm sagen: Die Götter tun mir dies und
das, wo der Staub Samarias genug sein
soll, daß alles Volk unter mir eine Handvoll davonbringe.
11. Aber der König Israels antwortete
und sprach: Saget: Der den Harnisch anlegt, soll sich nicht rühmen wie der, der
ihn hat abgelegt.
12. Da das Benhadad hörte und er eben
trank mit den Königen in den Gezelten,
sprach er zu seinen Knechten: Schicket
euch! Und sie schickten sich wider die
Stadt.
13. Und siehe, ein Prophet trat zu Ahab,
dem König Israels, und sprach: So spricht
der Herr: Du hast ja gesehen all diesen
großen Haufen. Siehe, ich will ihn heute
in deine Hand geben, daß du wissen sollst,
ich sei der Herr.
14. Ahab sprach: Durch wen? Er sprach:
So spricht der Herr: Durch die Leute der
Landvögte. Er sprach: Wer soll den Streit
anheben? Er sprach: Du.
15. Da zählte er die Leute der Landvögte,
und ihrer waren 232, und zählte nach ihnen das ganze Volk aller Kinder Israel,
7000 Mann.
16. Und sie zogen aus am Mittag. Benhadad aber trank und war trunken im Gezelt
samt den zweiunddreißig Königen, die
ihm zu Hilfe gekommen waren.
17. Und die Leute der Landvögte zogen
am ersten aus. Benhadad aber sandte aus,
und die sagten ihm an und sprachen: Es
ziehen Männer aus Samaria.
18. Er sprach: Greifet sie lebendig, sie
seien um Friedens oder um Streits willen
ausgezogen!

19. Da aber die Leute der Landvögte waren ausgezogen und das Heer ihnen nach,
20. schlug ein jeglicher, wer ihm vor-
kam. Und die Syrer flohen, und Israel jagte
ihnen nach. Und Benhadad, der König von
Syrien, entrann mit Rossen und Reitern.
21. Und der König Israels zog aus und
schlug Roß und Wagen, daß er an den
Syrern eine große Schlacht tat.
22. Da trat *der Prophet zum König Israels und sprach zu ihm: Gehe hin und stärke dich und merke und siehe, was du tust!
Denn der König von Syrien wird wider
dich heraufziehen, wenn das Jahr um ist.
*V. 13.
23. Denn die Knechte des Königs von
Syrien sprachen zu ihm: Ihre Götter sind
Berggötter; darum haben sie uns überwunden. O daß wir mit ihnen auf der Ebene streiten müßten! *Was gilt's, wir wollten sie überwinden! *V. 25.
24. Tue also: Tue die Könige weg, einen
jeglichen von seinem Ort, und stelle Landpfleger an ihre Stätte
25. und ordne dir ein Heer, wie das Heer
war, das du verloren hast, und Roß und
Wagen, wie jene waren, und laß uns wider
sie streiten auf der Ebene. Was gilt's, wir
wollen ihnen obliegen! Er gehorchte ihrer
Stimme und tat also.
26. Als nun das Jahr um war, ordnete
Benhadad die Syrer und zog herauf gen
Aphek, wider Israel zu streiten.
27. Und die Kinder Israel ordneten sich
auch und versorgten sich und zogen hin
ihnen entgegen und lagerten sich gegen
sie wie zwei kleine Herden Ziegen. Der
Syrer aber war das Land voll.
28. Und es trat *der Mann Gottes herzu
und sprach zum König Israels: So spricht
der Herr: Darum daß die Syrer haben gesagt, der Herr sei ein Gott der Berge und
nicht ein Gott der Gründe, so habe ich all
diesen großen Haufen in deine Hand gegeben, daß ihr wisset, ich sei der Herr. *V. 22.
29. Und sie lagerten sich stracks gegen
jene, sieben Tage. Am siebenten Tage zogen sie zuhauf in den Streit; und die Kinder Israel schlugen der Syrer 100000
Mann Fußvolk auf einen Tag.
30. Und die übrigen flohen gen Aphek in
die Stadt; und die Mauer fiel auf die übrigen 27000 Mann. Und Benhadad floh auch
in die Stadt von einer Kammer in die
andere.
31. Da sprachen seine Knechte zu ihm:
Siehe, wir haben gehört, daß die Könige
des Hauses Israel barmherzige Könige
sind; so laßt uns Säcke um unsre Lenden
tun und Stricke um unsre Häupter und
zum König Israels hinausgehen; vielleicht
läßt er deine Seele leben.
32. Und sie gürteten Säcke um ihre Lenden und Stricke um ihre Häupter und kamen zum König Israels und sprachen:
Benhadad, dein Knecht, läßt dir sagen:
Laß doch meine Seele leben! Er aber
sprach: Lebt er noch, so ist er mein Bruder.
33. Und die Männer nahmen eilend das
Wort von ihm und deuteten's für sich und
sprachen: Ja, dein Bruder Benhadad. Er
sprach: Kommt und bringt ihn! Da ging
Benhadad zu ihm heraus. Und er ließ ihn
auf den Wagen sitzen.
34. Und Benhadad sprach zu ihm: Die
Städte, die mein Vater deinem Vater genommen hat, will ich dir wiedergeben;
und mache dir Gassen zu Damaskus, wie
mein Vater zu Samaria getan hat. So will
ich (sprach Ahab) mit einem Bund dich
ziehen lassen. Und er machte mit ihm
einen Bund und ließ ihn ziehen.
35. Da sprach ein Mann unter den Kindern der Propheten zu seinem Nächsten
durch das Wort des Herrn: Schlage mich
doch! Er aber weigerte sich, ihn zu schlagen.
36. Da sprach er zu ihm: Darum daß du
der Stimme des Herrn nicht hast gehorcht, siehe, so wird dich ein *Löwe
schlagen, wenn du von mir gehst. Und da
er von ihm abging, fand ihn ein Löwe und
schlug ihn. *K. 13,24.
37. Und er fand einen andern Mann und
sprach: Schlage mich doch! Und der Mann
schlug ihn wund.
38. Da ging der Prophet hin und trat zum
König an den Weg und verstellte sein Angesicht mit einer Binde.
39. Und da der König vorüberzog, schrie
er den König an und sprach: Dein Knecht
war ausgezogen mitten in den Streit. Und
siehe, ein Mann war gewichen und brachte
einen Mann zu mir und sprach: Verwahre
diesen Mann; wo man ihn wird vermissen,
so soll *deine Seele anstatt seiner Seele
sein, oder du sollst einen Zentner Silber
darwägen. *2. Kön. 10,24.
40. Und da dein Knecht hie und da zu tun
hatte, war der nicht mehr da. Der König
Israels sprach zu ihm: Das ist dein Urteil;
du hast's selbst gefällt.
41. Da tat er eilend die Binde von seinem
Angesicht; und der König Israels kannte
ihn, daß er der Propheten einer war.
42. Und er sprach zu ihm: So spricht der
Herr: Darum daß du hast den verbannten

ELIA BEGEGNET GOTT AUF DEM BERGE HOREB 1. Könige 19, 11–13

Mann von dir gelassen, wird deine Seele für seine Seele sein und dein Volk für sein Volk.

43. Aber der König Israels zog hin voll Unmuts und zornig in sein Haus und kam gen Samaria.

Das 21. Kapitel

Reich Israel, Tyrannei Ahabs und Isebels wider Naboth. Strafdrohung durch Elia.

1. Nach diesen Geschichten begab sich's, daß Naboth, ein Jesreeliter, einen Weinberg hatte zu Jesreel, bei dem Palast Ahabs, des Königs zu Samaria.

2. Und Ahab redete mit Naboth und sprach: Gib mir deinen Weinberg; ich will mir einen Kohlgarten daraus machen, weil er so nahe an meinem Hause liegt. Ich will dir einen bessern Weinberg dafür geben, oder, so dir's gefällt, will ich dir Silber dafür geben, soviel er gilt.

3. Aber Naboth sprach zu Ahab: Das lasse der Herr fern von mir sein, daß ich dir meiner Väter Erbe sollte geben!

4. Da kam Ahab heim voll Unmuts und zornig um des Wortes willen, das Naboth, der Jesreeliter, zu ihm hatte gesagt und gesprochen: Ich will dir meiner Väter Erbe nicht geben. Und er legte sich auf sein Bett und wandte sein Antlitz und aß kein Brot.

5. Da kam zu ihm hinein Isebel, sein Weib, und redete mit ihm: Was ist's, daß dein Geist so voll Unmuts ist und daß du nicht Brot issest?

6. Er sprach zu ihr: Ich habe mit Naboth, dem Jesreeliten, geredet und gesagt: Gib mir deinen Weinberg um Geld, oder, so du Lust dazu hast, will ich dir einen andern dafür geben. Er aber sprach: Ich will dir meinen Weinberg nicht geben.

7. Da sprach Isebel, sein Weib, zu ihm: Was wäre für ein Königreich in Israel, wenn du nicht tätig wärest! Stehe auf und iß Brot und sei gutes Muts! Ich will dir den Weinberg Naboths, des Jesreeliten, verschaffen.

8. Und sie schrieb Briefe unter Ahabs Namen und versiegelte sie mit seinem Siegel und sandte sie zu den Ältesten und Obersten in seiner Stadt, die um Naboth wohnten.

9. Und schrieb also in den Briefen: Lasset ein Fasten ausschreien und setzet Naboth obenan im Volk

10. und stellet zwei lose Buben vor ihn,
die da zeugen und sprechen: Du hast Gott
und den König *gelästert! und führet ihn
hinaus und steiniget ihn, daß er sterbe.
*Hiob 1,5; 2. Mose 22,27.
11. Und die Ältesten und Obersten seiner
Stadt, die in seiner Stadt wohnten, taten,
wie ihnen Isebel entboten hatte, wie sie in
den Briefen geschrieben hatte, die sie zu
ihnen sandte,
12. und ließen ein Fasten ausschreien
und ließen Naboth obenan unter dem Volk
sitzen.
13. Da kamen die zwei losen Buben und
stellten sich vor ihn und zeugten wider
Naboth vor dem Volk und sprachen: Naboth hat Gott und den König gelästert. Da
führten sie ihn vor die Stadt hinaus und
steinigten ihn, daß er starb.
14. Und sie entboten Isebel und ließen
ihr sagen: Naboth ist gesteinigt und tot.
15. Da aber Isebel hörte, daß Naboth gesteinigt und tot war, sprach sie zu Ahab:
Stehe auf und nimm ein den Weinberg
Naboths, des Jesreeliten, welchen er sich
weigerte dir um Geld zu geben; denn Naboth lebt nimmer, sondern ist tot.
16. Da Ahab hörte, daß Naboth tot war,
stand er auf, daß er hinabginge zum Weinberge Naboths, des Jesreeliten, und ihn
einnähme.
17. Aber das Wort des Herrn kam zu Elia,
dem Thisbiter, und sprach:
18. Mache dich auf und gehe hinab, Ahab, dem König Israels, entgegen, der zu
Samaria ist – siehe, er ist im Weinberge
Naboths, dahin er ist hinabgegangen, daß
er ihn einnehme –,
19. und rede mit ihm und sprich: So
spricht der Herr: Du hast totgeschlagen,
dazu auch in Besitz genommen. Und sollst
mit ihm reden und sagen: So spricht der
Herr: An der Stätte, da Hunde das Blut
Naboths geleckt haben, *sollen auch Hunde dein Blut lecken. *K. 22,38.
20. Und Ahab sprach zu Elia: Hast du
mich gefunden, mein Feind? Er aber
sprach: Ja, ich habe dich gefunden, darum
daß du dich verkauft hast, nur Übles zu
tun vor dem Herrn.
21. Siehe, ich will Unglück über dich
bringen und deine Nachkommen wegnehmen und will *von Ahab ausrotten, was
männlich ist, den, der verschlossen und
übriggelassen ist in Israel, *2. Kön. 9,7.8.
22. und will dein Haus machen wie das
Haus Jerobeams, des Sohnes Nebats, und
wie das Haus Baesas, des Sohnes Ahias,
um des Reizes willen, durch das du mich
erzürnt und Israel sündigen gemacht
hast. K. 15,29; 16,11.12.
23. Und über Isebel redete der Herr auch
und sprach: *Die Hunde sollen Isebel fressen an der Mauer Jesreels. *2. Kön. 9,33–36.
24. Wer von Ahab *stirbt in der Stadt,
den sollen die Hunde fressen; und wer auf
dem Felde stirbt, den sollen die Vögel unter dem Himmel fressen. *K. 14,11.
25. (Also war niemand, der sich so gar
verkauft hätte, übel zu tun vor dem Herrn,
wie Ahab; denn sein Weib Isebel überredete ihn also.
26. Und er machte sich zum großen
Greuel, daß er den Götzen nachwandelte
allerdinge, wie die Amoriter getan hatten,
die der Herr vor den Kindern Israel vertrieben hatte.)
27. Da aber Ahab solche Worte hörte,
zerriß er seine Kleider und legte einen
Sack an seinen Leib und fastete und schlief
im Sack und ging jämmerlich einher.
28. Und das Wort des Herrn kam zu Elia,
dem Thisbiter, und sprach:
29. Hast du nicht gesehen, wie sich Ahab
vor mir bückt? Weil er sich nun vor mir
bückt, will ich das Unglück nicht einführen bei seinem Leben; aber *bei seines
Sohnes Leben will ich Unglück über sein
Haus führen. *2. Kön. 9,22.26.

Das 22. Kapitel

Krieg gegen die Syrer. Der Prophet Micha weissagt Niederlage. Ahabs Untergang. Josaphats Regierung in Juda. Ahasja in Israel.

1. Und es vergingen drei Jahre, daß kein
Krieg war zwischen den Syrern und Israel.
(V. 2–35: vgl. 2. Chron. 18,2–34.)
2. Im dritten Jahr aber *zog Josaphat,
der König Juda's, hinab zum König Israels. *V. 41.
3. Und der König Israels sprach zu seinen
Knechten: Wisset ihr nicht, daß *Ramoth
in Gilead unser ist; und wir sitzen still und
nehmen es nicht von der Hand des Königs
von Syrien? *Jos. 21,38.
4. Und sprach zu Josaphat: Willst du mit
mir ziehen in den Streit gen Ramoth in
Gilead? Josaphat sprach zum König Israels: *Ich will sein wie du, und mein Volk
wie dein Volk, und meine Rosse wie deine
Rosse. *2. Kön. 3,7; 2. Chron. 19,2.
5. Und Josaphat sprach zum König Israels: Frage doch heute um das Wort des
Herrn!
6. Da sammelte der König Israels Propheten bei vierhundert Mann und sprach
zu ihnen: Soll ich gen Ramoth in Gilead

TOD DES AHAB 1. Könige 22, 34

ziehen, zu streiten, oder soll ich's lassen anstehen? Sie sprachen: Zieh hinauf! der Herr wird's in die Hand des Königs geben.
7. Josaphat aber sprach: Ist hier kein Prophet des Herrn mehr, daß wir durch ihn fragen? 2. Kön. 3,11.
8. Der König Israels sprach zu Josaphat: Es ist noch ein Mann, Micha, der Sohn Jemlas, durch den man den Herrn fragen kann. Aber ich bin ihm gram; denn er weissagt mir kein Gutes, sondern eitel Böses. Josaphat sprach: Der König rede nicht also.
9. Da rief der König Israels einen Kämmerer und sprach: Bringe eilend her Micha, den Sohn Jemlas!
10. Der König aber Israels und Josaphat, der König Juda's, saßen ein jeglicher auf seinem Stuhl, mit ihren Kleidern angezogen, auf dem Platz vor der Tür am Tor Samarias; und alle Propheten weissagten vor ihnen.
11. Und Zedekia, der Sohn Knaenas, hatte sich eiserne Hörner gemacht und sprach: So spricht der Herr: Hiemit wirst du die Syrer stoßen, bis du sie aufräumst.
12. Und alle Propheten weissagten also und sprachen: Ziehe hinauf gen Ramoth in Gilead und fahre glücklich! Der Herr wird's in die Hand des Königs geben.
13. Und der Bote, der hingegangen war, Micha zu rufen, sprach zu ihm: Siehe, der Propheten Reden sind einträchtig gut für den König; so laß nun dein Wort auch sein wie das Wort derselben und rede Gutes.
14. Micha sprach: So wahr der Herr lebt, ich will reden, was der Herr mir sagen wird.
15. Und da er zum König kam, sprach der König zu ihm: Micha, sollen wir gen Ramoth in Gilead ziehen, zu streiten, oder sollen wir's lassen anstehen? Er sprach zu ihm: Ja, ziehe hinauf und fahre glücklich! der Herr wird's in die Hand des Königs geben.
16. Der König sprach abermals zu ihm: Ich beschwöre dich, daß du mir nichts denn die Wahrheit sagest im Namen des Herrn.
17. Er sprach: Ich sah ganz Israel zerstreut auf den Bergen wie die Schafe, die keinen Hirten haben. Und der Herr sprach: Diese haben keinen Herrn; ein jeglicher kehre wieder heim mit Frieden.

18. Da sprach der König Israels zu Josaphat: Habe *ich dir nicht gesagt, daß er mir nichts Gutes weissagt, sondern eitel Böses? *V.8.
19. Er sprach: Darum höre nun das Wort des Herrn! Ich sah den Herrn sitzen auf seinem Stuhl und alles himmlische Heer neben ihm stehen zu seiner Rechten und Linken. *Offenb.5,11.
20. Und der Herr sprach: Wer will Ahab überreden, daß er hinaufziehe und falle zu Ramoth in Gilead? Und einer sagte dies, der andere das.
21. Da ging ein *Geist heraus und trat vor den Herrn und sprach: Ich will ihn überreden. Der Herr sprach zu ihm: Womit? *Jes.19,14.
22. Er sprach: Ich will ausgehen und will *ein falscher Geist sein in aller seiner Propheten Munde. Er sprach: Du sollst ihn überreden und sollst's ausrichten; gehe aus und tue also! *Joh.8,44; Offenb.16,14.
23. Nun siehe, der Herr hat einen falschen Geist gegeben in aller dieser deiner Propheten Mund; und der Herr hat Böses über dich geredet.
24. Da trat herzu Zedekia, der Sohn Knaenas, und schlug Micha auf den Backen und sprach: Wie? ist der Geist des Herrn von mir gewichen, daß er mit dir redete?
25. Micha sprach: Siehe, du wirst's sehen an dem Tage, wenn du von einer Kammer in die andere gehen wirst, daß du dich verkriechest.
26. Der König Israels sprach: Nimm Micha und laß ihn bleiben bei Amon, dem Obersten der Stadt, und bei Joas, dem Sohn des Königs,
27. und sprich: So spricht der König: Diesen setzet ein in den Kerker und speist ihn mit Brot und Wasser der Trübsal, bis ich mit Frieden wiederkomme.
28. Micha sprach: Kommst du mit Frieden wieder, so hat der Herr nicht durch mich geredet. Und sprach: Höret zu, alles Volk!
29. Also zog der König Israels und Josaphat, der König Juda's, hinauf gen Ramoth in Gilead.
30. Und der König Israels sprach zu Josaphat: Ich will mich verstellen und in den Streit kommen; du aber habe deine Kleider an. Und der König Israels verstellte sich und zog in den Streit.
31. Aber der König von Syrien gebot den Obersten über seine Wagen – deren waren zweiunddreißig – und sprach: Ihr sollt nicht streiten wider Kleine noch Große, sondern wider den König Israels allein.
32. Und da die Obersten der Wagen Josaphat sahen, meinten sie, er wäre der König Israels, und fielen auf ihn mit Streiten; aber Josaphat schrie.
33. Da aber die Obersten der Wagen sahen, daß er nicht der König Israels war, wandten sie sich von ihm.
34. Ein Mann aber spannte den Bogen von ungefähr und schoß den König Israels zwischen Panzer und Wehrgehänge. Und er sprach zu seinem Fuhrmann: *Wende deine Hand und führe mich aus dem Heer, denn ich bin wund! *2.Chron.35,23.
35. Und der Streit nahm überhand desselben Tages, und der König stand auf dem Wagen gegen die Syrer und starb des Abends. Und das Blut floß von den Wunden mitten in den Wagen.
36. Und man ließ ausrufen im Heer, da die Sonne unterging, und sagen: Ein jeglicher gehe in seine Stadt und in sein Land.
37. Also starb der König und ward gen Samaria gebracht. Und sie begruben ihn zu Samaria.
38. Und da sie den Wagen wuschen bei dem Teich Samarias, *leckten die Hunde sein Blut (es wuschen ihn aber die Huren) nach dem Wort des Herrn, das er geredet hatte. *K.21,19; 2.Kön.9,25.
39. Was mehr von Ahab zu sagen ist und alles, was er getan hat, und das elfenbeinerne Haus, das er baute, und alle Städte, die er gebaut hat, siehe, das ist geschrieben in der Chronik der Könige Israels.
40. Also entschlief Ahab mit seinen Vätern; und sein Sohn Ahasja ward König an seiner Statt. V.52.

(V.41–51: vgl. 2.Chron. 20,31–21,1.)

41. Und Josaphat, der Sohn Asas, ward König über Juda im vierten Jahr Ahabs, des Königs Israels, K.15,24.
42. und war fünfunddreißig Jahre alt, da er König ward, und regierte fünfundzwanzig Jahre zu Jerusalem. Seine Mutter hieß Asuba, eine Tochter Silhis.
43. Und er wandelte in allem Wege seines Vaters Asa und wich nicht davon; und er tat, was dem Herrn wohl gefiel.
44. Doch tat er die Höhen nicht weg, und das Volk opferte und räucherte noch auf den Höhen. K.15,14; 2.Kön.12,4.
45. Und er hatte Frieden mit dem König Israels.
46. Was aber mehr von Josaphat zu sagen ist und seine Macht, was er getan und wie er gestritten hat, siehe, das ist geschrieben in der Chronik der Könige Juda's.
2.Chron. 17–20.
47. Auch tat er aus dem Lande, was noch

übrige Hurer waren, die zu der Zeit seines
Vaters Asa waren übriggeblieben. K.15,12.
48. Und es war kein König in Edom; ein
Landpfleger war König.
49. Und Josaphat hatte Schiffe lassen
machen aufs Meer, die *nach Ophir gehen
sollten, Gold zu holen. Aber sie gingen
nicht; denn sie wurden zerbrochen zu
Ezeon-Geber. *K.9,28.
50. Dazumal sprach Ahasja, der Sohn
Ahabs, zu Josaphat: Laß meine Knechte
mit deinen Knechten in Schiffen fahren!
Josaphat aber wollte nicht.
51. Und Josaphat entschlief mit seinen
Vätern und ward begraben mit seinen Vätern in der Stadt Davids, seines Vaters;
und *Joram, sein Sohn, ward König an
seiner Statt. *2.Kön.8,16.
52. Ahasja, der Sohn Ahabs, ward König
über Israel zu Samaria im siebzehnten
Jahr Josaphats, des Königs Juda's, und regierte über Israel zwei Jahre; V.40.
53. und er tat, was dem Herrn übel gefiel,
und wandelte in dem Wege seines Vaters
und seiner Mutter und in dem *Wege Jerobeams, des Sohnes Nebats, der Israel sündigen machte, *K.12,30.
54. und diente Baal und betete ihn an
und erzürnte den Herrn, den Gott Israels,
wie sein Vater tat. K.16,31–33.

Das zweite Buch von den Königen

Das 1. Kapitel

Reich Israel, Ahasjas Krankheit und Tod.
Elia läßt Feuer vom Himmel fallen.

1. Es fielen aber die Moabiter ab von Israel, da Ahab tot war. K.3,5.
2. Und *Ahasja fiel durch das Gitter in
seinem Söller zu Samaria und ward krank;
und sandte Boten und sprach zu ihnen:
Gehet hin und †fragt Baal-Sebub, den
Gott zu Ekron, ob ich von dieser Krankheit genesen werde.
*1.Kön.22,52. †Jes.19,3.
3. Aber der Engel des Herrn redete mit
Elia, dem Thisbiter: Auf! und begegne den
Boten des Königs zu Samaria und sprich
zu ihnen: *Ist denn nun kein Gott in Israel, daß ihr hingehet, zu fragen Baal-Sebub, den Gott Ekrons? *Jes.28,19.
4. Darum so spricht der Herr: Du sollst
nicht von dem Bette kommen, darauf du
dich gelegt hast, sondern sollst des Todes
sterben. Und Elia ging weg.
5. Und da die Boten wieder zu ihm kamen, sprach er zu ihnen: Warum kommt
ihr wieder?
6. Sie sprachen zu ihm: Es kam ein Mann
herauf uns entgegen und sprach zu uns:
Gehet wiederum hin zu dem König, der
euch gesandt hat, und sprecht zu ihm: So
spricht der Herr: Ist denn kein Gott in
Israel, daß du hinsendest, zu fragen Baal-Sebub, den Gott Ekrons? Darum sollst du
nicht kommen von dem Bette, darauf du
dich gelegt hast, sondern sollst des Todes
sterben.
7. Er sprach zu ihnen: Wie war der Mann
gestaltet, der euch begegnete und solches
zu euch sagte?
8. Sie sprachen zu ihm: Er hatte eine
*rauhe Haut an und einen ledernen Gürtel
um seine Lenden. Er aber sprach: Es ist
Elia, der Thisbiter. *Sach.13,4; Matth.3,4.
9. Und er sandte hin zu ihm einen Hauptmann über fünfzig samt seinen fünfzigen.
Und da der zu ihm hinaufkam, siehe, da
saß er oben auf dem Berge. Er aber sprach
zu ihm: Du Mann Gottes, der König sagt:
Du sollst herabkommen!
10. Elia antwortete dem Hauptmann
über fünfzig und sprach zu ihm: Bin ich
ein Mann Gottes, so *falle Feuer vom
Himmel und fresse dich und deine fünfzig.
Da fiel Feuer vom Himmel und fraß ihn
und seine fünfzig. *Luk.9,54; Offenb.11,5.
11. Und er sandte wiederum einen andern Hauptmann über fünfzig zu ihm
samt seinen fünfzigen. Der antwortete
und sprach zu ihm: Du Mann Gottes, so
spricht der König: Komm eilends herab!
12. Elia antwortete und sprach: Bin ich
ein Mann Gottes, so falle Feuer vom Himmel und fresse dich und deine fünfzig. Da
fiel das Feuer Gottes vom Himmel und
fraß ihn und seine fünfzig.
13. Da sandte er wiederum den dritten
Hauptmann über fünfzig samt seinen
fünfzigen. Da der zu ihm hinaufkam,
beugte er seine Kniee gegen Elia und flehte ihn an und sprach zu ihm: Du Mann
Gottes, laß meine Seele und die Seele deiner Knechte, dieser fünfzig, vor dir etwas
gelten.
14. Siehe, das Feuer ist vom Himmel ge-

fallen und hat die ersten zwei Hauptmänner über fünfzig mit ihren fünfzigen gefressen; nun aber laß meine Seele etwas gelten vor dir.

15. Da sprach der Engel des Herrn zu Elia: Gehe mit ihm hinab und fürchte dich nicht vor ihm! Und er machte sich auf und ging mit ihm hinab zum König.

16. Und er sprach zu ihm: So spricht der Herr: Darum *daß du hast Boten hingesandt und lassen fragen Baal-Sebub, den Gott zu Ekron, als wäre kein Gott in Israel, dessen Wort man fragen möchte, so sollst du von dem Bette nicht kommen, darauf du dich gelegt hast, sondern sollst des Todes sterben. *V.3,4.

17. Also starb er nach dem Wort des Herrn, das Elia geredet hatte. Und *Joram ward König an seiner Statt im zweiten Jahr Jorams, des Sohnes Josaphats, des Königs Juda's; denn er hatte keinen Sohn. *K.3,1.

18. Was aber mehr von Ahasja zu sagen ist, das er getan hat, siehe, das ist geschrieben in der Chronik der Könige Israels.

Das 2. Kapitel

Reich Israel, Elia's Himmelfahrt. Elisa heilt die Quelle zu Jericho und flucht den Knaben zu Beth-El.

1. Da aber der Herr wollte Elia im Wetter gen Himmel holen, gingen Elia und Elisa von Gilgal.

2. Und Elia sprach zu Elisa: Bleib doch hier; denn der Herr hat mich gen Beth-El gesandt. Elisa aber sprach: So wahr der Herr lebt und deine Seele, ich verlasse dich nicht. Und da sie hinab gen Beth-El kamen,

3. gingen der Propheten Kinder, die zu Beth-El waren, heraus zu Elisa und sprachen zu ihm: Weißt du auch, daß der Herr wird deinen Herrn heute von deinen Häupten nehmen? Er aber sprach: Ich weiß es auch wohl; schweigt nur still.

4. Und Elia sprach zu ihm: Elisa, bleib doch hier; denn der Herr hat mich gen Jericho gesandt. Er aber sprach: So wahr der Herr lebt und deine Seele, ich verlasse dich nicht. Und da sie gen Jericho kamen,

5. traten der Propheten Kinder, die zu Jericho waren, zu Elisa und sprachen zu ihm: Weißt du auch, daß der Herr wird deinen Herrn heute von deinen Häupten nehmen? Er aber sprach: Ich weiß es auch wohl; schweigt nur still.

6. Und Elia sprach zu ihm: Bleib doch hier; denn der Herr hat mich gesandt an den Jordan. Er aber sprach: So wahr der Herr lebt und deine Seele, ich verlasse dich nicht. Und gingen die beiden miteinander.

7. Aber fünfzig Männer unter der Propheten Kindern gingen hin und traten gegenüber von ferne; aber die beiden standen am Jordan.

8. Da nahm Elia seinen Mantel und wikkelte ihn zusammen und schlug ins Wasser; das *teilte sich auf beide Seiten, daß die beiden trocken hindurchgingen.
*2. Mose 14,21.22; Jos. 3,16.

9. Und da sie hinüberkamen, sprach Elia zu Elisa: Bitte, was ich dir tun soll, ehe ich von dir genommen werde. Elisa sprach: Daß mir werde ein *zwiefältig Teil von deinem Geiste. *5. Mose 21,17.

10. Er sprach: Du hast ein Hartes gebeten. Doch, so du mich sehen wirst, wenn ich von dir genommen werde, so wird's ja sein; wo nicht, so wird's nicht sein.

11. Und da sie miteinander gingen und redeten, siehe, da kam ein feuriger Wagen mit feurigen Rossen, die schieden die beiden voneinander; und Elia fuhr also im Wetter gen Himmel. 1. Mose 5,24.

12. Elisa aber sah es und schrie: *Mein Vater, mein Vater, Wagen Israels und seine Reiter! und sah ihn nicht mehr. Und er faßte seine Kleider und zerriß sie in zwei Stücke, *K. 13,14.

13. und hob auf den *Mantel Elia's, der ihm entfallen war, und kehrte um und trat an das Ufer des Jordans *V. 8.

14. und nahm den Mantel Elia's, der ihm entfallen war, und schlug ins Wasser und sprach: Wo ist nun der Herr, der Gott Elia's? und schlug ins Wasser; da teilte sich's auf beide Seiten, und Elisa ging hindurch.

15. Und da ihn sahen der Propheten Kinder, *die gegenüber zu Jericho waren, sprachen sie: Der †Geist Elia's ruht auf Elisa; und gingen ihm entgegen und fielen vor ihm nieder zur Erde *V. 5,7. †Luk. 1,17.

16. und sprachen zu ihm: Siehe, es sind unter deinen Knechten fünfzig Männer, starke Leute, die laß gehen und deinen Herrn suchen; vielleicht hat ihn der Geist des Herrn genommen und irgend auf einen Berg oder irgend in ein Tal geworfen. Er aber sprach: Laßt nicht gehen!

17. Aber sie nötigten ihn, bis daß er nachgab und sprach: Laßt hingehen! Und sie sandten hin fünfzig Männer und suchten ihn drei Tage; aber sie fanden ihn nicht.

18. Und kamen wieder zu ihm, da er

GOTT HOLT DEN ELIA IN DEN HIMMEL 2. Könige 2, 11

noch zu Jericho war; und er sprach zu
ihnen: Sagte ich euch nicht, ihr solltet
nicht hingehen?
19. Und die Männer der Stadt sprachen
zu Elisa: Siehe, es ist gut wohnen in dieser
Stadt, wie mein Herr sieht; aber es ist
böses Wasser und das Land unfruchtbar.
20. Er sprach: Bringet mir her eine neue
Schale und tut Salz darein! Und sie brachten's ihm.
21. Da ging er hinaus zu der Wasserquelle und warf das Salz hinein und sprach: So
spricht der Herr: Ich habe dies Wasser
gesund gemacht; es soll hinfort kein Tod
noch Unfruchtbarkeit daher kommen.
22. Also ward das Wasser gesund bis auf
diesen Tag nach dem Wort Elisas, das er
redete.
23. Und er ging hinauf gen Beth-El. Und
als er auf dem Wege hinanging, kamen
kleine Knaben zur Stadt heraus und spotteten sein und sprachen zu ihm: Kahlkopf,
komm herauf! Kahlkopf, komm herauf!
24. Und er wandte sich um; und da er sie
sah, fluchte er ihnen im Namen des Herrn.
Da kamen zwei Bären aus dem Walde und
zerrissen der Kinder zweiundvierzig.
25. Von da ging er auf den *Berg Karmel
und kehrte um von da gen Samaria.

*K. 4,25.

Das 3. Kapitel

Reich Israel, Jorams Regierung und Krieg mit
Josaphat, König von Juda, wider die Moabiter.

1. Joram, der Sohn Ahabs, ward König
über Israel zu Samaria im achtzehnten
Jahr Josaphats, des Königs Juda's, und regierte zwölf Jahre. K. 1,17.
2. Und er tat, was dem Herrn übel gefiel;
doch nicht wie sein Vater und seine Mutter. Denn er tat weg die Säule *Baals, die
sein Vater machen ließ. *1. Kön. 16,32.
3. Aber er blieb hangen *an den Sünden
Jerobeams, des Sohnes Nebats, der Israel
sündigen machte, und ließ nicht davon.

*1. Kön. 12,30.

4. Mesa aber, der Moabiter König, hatte
viele Schafe und zinste dem König Israels
Wolle von 100 000 Lämmern und von
100 000 Widdern.
5. Da aber Ahab tot war, fiel der Moabiter
König ab vom König Israels.
6. Da zog zur selben Zeit aus der König

Joram von Samaria und ordnete das ganze
Israel
7. und sandte hin zu Josaphat, dem König Juda's, und ließ ihm sagen: Der Moabiter König ist von mir abgefallen; komm mit mir, zu streiten wider die Moabiter! Er sprach: Ich will hinaufkommen; *ich bin wie du, und mein Volk wie dein Volk, und meine Rosse wie deine Rosse. *1. Kön. 22,4.
8. Und er sprach: Welchen Weg wollen wir hinaufziehen? Er sprach: Den Weg durch die Wüste Edom.
9. Also zog hin der König Israels, der König Juda's und der König Edoms. Und da sie sieben Tagereisen zogen, hatte das Heer und das Vieh, das unter ihnen war, kein Wasser.
10. Da sprach der König Israels: O wehe! der Herr hat diese drei Könige geladen, daß er sie in der Moabiter Hände gebe.
11. Josaphat *aber sprach: Ist kein Prophet des Herrn hier, daß wir den Herrn durch ihn ratfragen? Da antwortete einer unter den Knechten des Königs Israels und sprach: Hier ist †Elisa, der Sohn Saphats, der Elia Wasser auf die Hände goß.
*1. Kön. 22,5.7. †1. Kön. 19,19.21.
12. Josaphat sprach: Des Herrn Wort ist bei ihm. Also zogen zu ihm hinab der König Israels und Josaphat und der König Edoms.
13. Elisa aber sprach zum König Israels: Was hast du mit mir zu schaffen? Gehe hin zu den Propheten deines Vaters und zu den Propheten deiner Mutter! Der König Israels sprach zu ihm: Nein! denn der Herr hat diese drei Könige geladen, daß er sie in der Moabiter Hände gebe.
14. Elisa sprach: *So wahr der Herr Zebaoth lebt, vor dem ich stehe, wenn ich nicht Josaphat, den König Juda's ansähe, ich wollte dich †nicht ansehen noch achten. *1. Kön. 18,15. †Ps. 15,4.
15. So bringet mir nun einen Spielmann! Und da der Spielmann auf den Saiten spielte, kam die Hand des Herrn auf ihn,
16. und er sprach: So spricht der Herr: Macht hier und da Gräben an diesem Bach!
17. Denn so spricht der Herr: Ihr werdet keinen Wind noch Regen sehen; dennoch soll der Bach voll Wasser werden, daß ihr und euer Gesinde und euer Vieh trinket.
18. Dazu ist das ein Geringes vor dem Herrn; er wird auch die Moabiter in eure Hände geben,
19. daß ihr schlagen werdet alle festen Städte und alle auserwählten Städte und werdet fällen alle guten Bäume und werdet verstopfen alle Wasserbrunnen und werdet allen guten Acker mit Steinen verderben.
20. Des Morgens aber, zur Zeit, da man Speisopfer opfert, siehe, da kam ein Gewässer des Weges von Edom und füllte das Land mit Wasser.
21. Da aber alle Moabiter hörten, daß die Könige heraufzogen, wider sie zu streiten, beriefen sie alle, die zur Rüstung alt genug und darüber waren, und traten an die Grenze.
22. Und da sie sich des Morgens früh aufmachten und die Sonne aufging über dem Gewässer, deuchte die Moabiter das Gewässer ihnen gegenüber rot zu sein wie Blut;
23. und sie sprachen: Es ist Blut! Die Könige haben sich mit dem Schwert verderbt, und einer wird den andern geschlagen haben. Hui, Moab, mache dich nun auf zur Ausbeute!
24. Aber da sie zum Lager Israels kamen, machte sich Israel auf und schlug die Moabiter; und sie flohen vor ihnen. Aber sie kamen hinein und schlugen Moab.
25. Die Städte *zerbrachen sie, und ein jeglicher warf seine Steine auf alle guten Äcker und machten sie voll und verstopften alle Wasserbrunnen und fällten alle guten Bäume, bis daß nur die Steine von Kir-Hareseth übrigblieben; und es umgaben die Stadt die Schleuderer und warfen auf sie. *V. 19.
26. Da aber der Moabiter König sah, daß ihm der Streit zu stark war, nahm er siebenhundert Mann zu sich, die das Schwert auszogen, durchzubrechen wider den König Edoms; aber sie konnten nicht.
27. Da nahm er seinen ersten Sohn, der an seiner Statt sollte König werden, und opferte ihn zum Brandopfer auf der Mauer. Da kam ein großer Zorn über Israel, daß sie von ihm abzogen und kehrten wieder in ihr Land.

Das 4. Kapitel

Reich Israel, Elisa mehrt das Öl der Witwe, verheißt der Sunamitin einen Sohn, erweckt ihn vom Tode, macht schädliche Speisen gesund und speist viele mit wenigem.

1. Und es schrie ein Weib unter den Weibern der Kinder der Propheten zu Elisa und sprach: Dein Knecht, mein Mann, ist gestorben – so weißt du, daß er, dein Knecht, den Herrn fürchtete –; nun kommt der Schuldherr und will meine beiden Kinder nehmen zu leibeigenen Knechten.

2. Elisa sprach zu ihr: Was soll ich dir tun? Sage mir, was hast du im Hause? Sie sprach: Deine Magd hat nichts im Hause denn einen *Ölkrug. *1. Kön. 17,12.
3. Er sprach: Gehe hin und bitte draußen von allen deinen Nachbarinnen leere Gefäße, und derselben nicht wenig,
4. und gehe hinein und schließe die Tür zu hinter dir und deinen Söhnen und gieße in alle Gefäße; und wenn du sie gefüllt hast, so gib sie hin.
5. Sie ging hin und schloß die Tür zu hinter sich und ihren Söhnen; die brachten ihr die Gefäße zu, so goß sie ein.
6. Und da die Gefäße voll waren, sprach sie zu ihrem Sohn: Lange mir noch ein Gefäß her! Er sprach zu ihr: Es ist kein Gefäß mehr hier. Da stand das Öl.
7. Und sie ging hin und sagte es dem Mann Gottes an. Er sprach: Gehe hin, verkaufe das Öl und bezahle deinen Schuldherrn; du aber und deine Söhne nähret euch von dem übrigen.
8. Und es begab sich zu der Zeit, daß Elisa ging gen *Sunem. Daselbst war eine reiche Frau; die hielt ihn, daß er bei ihr aß. Und so oft er daselbst durchzog, kehrte er zu ihr ein und aß bei ihr.
*Jos. 19,18.
9. Und sie sprach zu ihrem Mann: Siehe, ich merke, daß dieser Mann Gottes heilig ist, der immerdar hier durchgeht.
10. Laß uns ihm eine kleine bretterne Kammer oben machen und ein Bett, Tisch, Stuhl und Leuchter hineinsetzen, auf daß er, wenn er zu uns kommt, dahin sich tue.
11. Und es begab sich zu der Zeit, daß er hineinkam und legte sich oben in die Kammer und schlief darin
12. und sprach zu seinem Diener Gehasi: Rufe die Sunamitin! Und da er sie rief, trat sie vor ihn.
13. Er sprach zu ihm: Sage ihr: Siehe, du hast uns allen diesen Dienst getan; was soll ich dir tun? Hast du eine Sache an den König oder an den Feldhauptmann? Sie sprach: Ich wohne unter meinem Volk.
14. Er sprach: Was ist ihr denn zu tun? Gehasi sprach: Ach, sie hat keinen Sohn, und ihr Mann ist alt.
15. Er sprach: Rufe sie! Und da er sie rief, trat sie in die Tür.
16. Und er sprach: Um diese Zeit über ein Jahr sollst du einen *Sohn herzen. Sie sprach: Ach nicht, mein Herr, du Mann Gottes! lüge deiner Magd nicht!
*1. Mose 18,10.14.
17. Und die Frau ward schwanger und gebar einen Sohn um dieselbe Zeit über ein Jahr, wie ihr Elisa geredet hatte.
18. Da aber das Kind groß ward, begab sich's, daß es hinaus zu seinem Vater zu den Schnittern ging
19. und sprach zu seinem Vater: O mein Haupt, mein Haupt! Er sprach zu seinem Knecht: Bringe ihn zu seiner Mutter!
20. Und er nahm ihn und brachte ihn hinein zu seiner Mutter, und sie setzte ihn auf ihren Schoß bis an den Mittag; da starb er.
21. Und sie ging hinauf und legte ihn aufs Bett des Mannes Gottes, schloß zu und ging hinaus
22. und rief ihren Mann und sprach: Sende mir der Knechte einen und eine Eselin; ich will zu dem Mann Gottes, und wiederkommen.
23. Er sprach: Warum willst du zu ihm? Ist doch heute nicht Neumond noch Sabbat. Sie sprach: Es ist gut.
24. Und sie sattelte die Eselin und sprach zum Knecht: Treibe fort und säume mich nicht mit dem Reiten, wie ich dir sage!
25. Also zog sie hin und kam zu dem Mann Gottes *auf den Berg Karmel. Als aber der Mann Gottes sie kommen sah, sprach er zu seinem Diener Gehasi: Siehe, die Sunamitin ist da! *K. 2,25.
26. So laufe ihr nun entgegen und frage sie, ob's ihr und ihrem Mann und Sohn wohl gehe. Sie sprach: Wohl.
27. Da sie aber zu dem Mann Gottes auf den Berg kam, hielt sie ihn bei seinen Füßen; Gehasi aber trat herzu, daß er sie abstieße. Aber der Mann Gottes sprach: Laß sie! denn ihre Seele ist betrübt, und der Herr hat mir's verborgen und nicht angezeigt.
28. Sie sprach: Wann habe ich einen Sohn gebeten von meinem Herrn? *Sagte ich nicht, du solltest mich nicht täuschen?
*V. 16.
29. Er sprach zu Gehasi: Gürte deine Lenden und nimm meinen Stab in deine Hand und gehe hin (so dir jemand begegnet, so *grüße ihn nicht, und grüßt dich jemand, so danke ihm nicht), und lege meinen Stab auf des Knaben Antlitz.
*Luk. 10,4.
30. Die Mutter aber des Knaben sprach: So wahr der Herr lebt und deine Seele, ich lasse nicht von dir! Da machte er sich auf und ging ihr nach.
31. Gehasi aber ging vor ihnen hin und legte den Stab dem Knaben aufs Antlitz; da war aber keine Stimme noch Fühlen. Und er ging wiederum ihm entgegen und zeig-

te ihm an und sprach: Der Knabe ist nicht aufgewacht.
32. Und da Elisa ins Haus kam, siehe, da lag der Knabe tot auf seinem Bett.
33. Und er ging hinein und schloß die Tür zu für sie beide und *betete zu dem Herrn *Apg. 9,40.
34. und stieg hinauf und legte sich auf das Kind und legte seinen Mund auf des Kindes Mund und seine Augen auf seine Augen und seine Hände auf seine Hände und breitete sich also über ihn, daß des Kindes Leib warm ward. 1. Kön. 17,21.
35. Er aber stand wieder auf und ging im Haus einmal hieher und daher und stieg hinauf und breitete sich über ihn. Da schnaubte der Knabe siebenmal; darnach tat der Knabe seine Augen auf.
36. Und er rief Gehasi und sprach: Rufe die Sunamitin! Und da er sie rief, kam sie hinein zu ihm. Er sprach: *Da nimm hin deinen Sohn! *Luk. 7,15; Hebr. 11,35.
37. Da kam sie und fiel zu seinen Füßen und beugte sich nieder zur Erde und nahm ihren Sohn und ging hinaus.
38. Da aber Elisa wieder gen Gilgal kam, ward Teuerung im Lande, und die Kinder der Propheten wohnten vor ihm. Und er sprach zu seinem Diener: Setze zu einen großen Topf und koche ein Gemüse für die Kinder der Propheten!
39. Da ging einer aufs Feld, daß er Kraut läse, und fand wilde Ranken und las davon Koloquinten sein Kleid voll; und da er kam, schnitt er's in den Topf zum Gemüse, denn sie kannten's nicht.
40. Und da sie es ausschütteten für die Männer, zu essen, und sie von dem Gemüse aßen, schrieen sie und sprachen: O Mann Gottes, der Tod im Topf! denn sie konnten's nicht essen.
41. Er aber sprach: Bringet Mehl her! Und er tat's in den Topf und sprach: Schütte es dem Volk vor, daß sie essen! Da war nichts Böses in dem Topf.
42. Es kam aber ein Mann von Baal-Salisa und brachte dem Mann Gottes Erstlingsbrot, nämlich zwanzig Gerstenbrote, und neues Getreide in seinem Kleid. Er aber sprach: Gib's dem Volk, daß sie essen!
43. Sein Diener sprach: Wie *soll ich hundert Mann von dem geben? Er sprach: Gib dem Volk, daß sie essen! Denn so spricht der Herr: Man wird essen, und es wird übrigbleiben.
*Joh. 6,9; Matth. 15,33.
44. Und er legte es ihnen vor, daß sie aßen; und es blieb noch übrig nach dem Wort des Herrn. Matth. 16,9.10.

Das 5. Kapitel

Reich Israel, Elisa heilt den aussätzigen Naeman von Syrien und bestraft den Gehasi wegen seines Geizes mit dem Aussatz.

1. Naeman, der Feldhauptmann des Königs von Syrien, war ein trefflicher Mann vor seinem Herrn und hoch gehalten; denn durch ihn gab der Herr Heil in Syrien. Und er war ein gewaltiger Mann, und aussätzig.
2. Die Kriegsleute aber in Syrien waren herausgefallen und hatten eine junge Dirne weggeführt aus dem Lande Israel; die war im Dienst des Weibes Naemans.
3. Die sprach zu ihrer Frau: Ach, daß mein Herr wäre bei dem Propheten zu Samaria! der würde ihn von seinem Aussatz losmachen.
4. Da ging er hinein zu seinem Herrn und sagte es ihm an und sprach: So und so hat die Dirne aus dem Lande Israel geredet.
5. Der König von Syrien sprach: So zieh hin, ich will dem König Israels einen Brief schreiben. Und er zog hin und nahm mit sich zehn Zentner Silber und sechstausend Goldgulden und zehn Feierkleider
6. und brachte den Brief dem König Israels, der lautete also: Wenn dieser Brief zu dir kommt, siehe, so wisse, ich habe meinen Knecht Naeman zu dir gesandt, daß du ihn von seinem Aussatz losmachest.
7. Und da der König Israels den Brief las, zerriß er seine Kleider und sprach: Bin ich denn Gott, daß ich töten und lebendig machen könnte, daß er zu mir schickt, daß ich den Mann von seinem Aussatz losmache? *Merket und sehet, wie sucht er Ursache wider mich! *1. Kön. 20,7.
8. Da das Elisa, der Mann Gottes, hörte, daß der König Israels seine Kleider zerrissen hatte, sandte er zu ihm und ließ ihm sagen: Warum hast du deine Kleider zerrissen? Laß ihn zu mir kommen, daß er innewerde, daß ein Prophet in Israel ist.
9. Also kam Naeman mit Rossen und Wagen und hielt vor der Tür am Hause Elisas.
10. Da sandte Elisa einen Boten zu ihm und ließ ihm sagen: Gehe hin und wasche dich siebenmal im Jordan, so wird dir dein Fleisch wieder erstattet und rein werden.
11. Da erzürnte Naeman und zog weg und sprach: Ich meinte, er sollte zu mir herauskommen und hertreten und den Namen des Herrn, seines Gottes, anrufen und mit seiner Hand über die Stätte fahren und den Aussatz also abtun.
12. Sind nicht die Wasser Amana und Pharphar zu Damaskus besser denn alle

AUFERWECKUNG DES SOHNES DER SUNAMITIN 2. Könige 4, 37

Wasser in Israel, daß ich mich darin wüsche und rein würde? Und wandte sich und
zog weg mit Zorn.
13. Da machten sich seine Knechte zu
ihm, redeten mit ihm und sprachen: Lieber Vater, wenn dich der Prophet etwas
Großes hätte geheißen, solltest du es
nicht tun? Wie viel mehr, so er zu dir sagt:
Wasche dich, so wirst du rein!
14. Da stieg er ab und *taufte sich im
Jordan siebenmal, wie der Mann Gottes
geredet hatte; †und sein Fleisch ward wieder erstattet wie das Fleisch eines jungen
Knaben, und er ward rein.

*tauchte sich unter. †Luk. 4,27.

15. Und er kehrte wieder zu dem Mann
Gottes samt seinem ganzen Heer. Und da
er hineinkam, trat er vor ihn und sprach:
Siehe, ich weiß, daß kein Gott ist in allen
Landen, außer in Israel; so nimm nun den
*Segen von deinem Knecht. *V. 5.
16. Er aber sprach: So wahr der Herr
lebt, vor dem ich stehe, ich nehme es
nicht. Und er nötigte ihn, daß er's nähme;
aber er wollte nicht.
17. Da sprach Naeman: Möchte denn deinem Knecht nicht gegeben werden dieser
Erde eine Last, soviel zwei Maultiere tragen? Denn dein Knecht will nicht mehr
andern Göttern opfern und Brandopfer
tun, sondern dem Herrn.
18. Nur darin wolle der Herr deinem
Knecht gnädig sein: wo ich anbete im
Hause Rimmons, wenn mein Herr ins
Haus Rimmons geht, daselbst anzubeten,
und *er sich an meine Hand lehnt. *K. 7,2.
19. Er sprach zu ihm: Zieh hin mit Frieden! Und als er von ihm weggezogen war
ein Feld Wegs auf dem Lande,
20. gedachte Gehasi, der Diener Elisas,
des Mannes Gottes: Siehe, mein Herr hat
diesen Syrer Naeman verschont, daß er
nichts von ihm hat genommen, das er
gebracht hat. So wahr der Herr lebt, ich
will ihm nachlaufen und etwas von ihm
nehmen.
21. Also jagte Gehasi dem Naeman nach.
Und da Naeman sah, daß er ihm nachlief,
stieg er vom Wagen ihm entgegen und
sprach: Steht es wohl?
22. Er sprach: Ja. Aber mein Herr hat
mich gesandt und läßt dir sagen: Siehe,
jetzt sind zu mir gekommen vom Gebirge
Ephraim zwei Jünglinge aus der Prophe-

ten Kindern; gib ihnen einen Zentner Silber und zwei Feierkleider!
23. Naeman sprach: Nimm lieber zwei Zentner! Und er nötigte ihn und band zwei Zentner Silber in zwei Beutel und zwei Feierkleider und gab's zweien seiner Diener; die trugen's vor ihm her.
24. Und da er kam an den Hügel, nahm er's von ihren Händen und legte es beiseit im Hause und ließ die Männer gehen.
25. Und da sie weg waren, trat er vor seinen Herrn. Und Elisa sprach zu ihm: Woher, Gehasi? Er sprach: Dein Knecht ist weder hieher noch daher gegangen.
26. Er aber sprach zu ihm: Ist nicht mein Herz mitgegangen, da der Mann umkehrte von seinem Wagen dir entgegen? War das die Zeit, Silber und Kleider zu nehmen, Ölgärten, Weinberge, Schafe, Rinder, Knechte und Mägde?
27. Aber der Aussatz Naemans wird dir anhangen und deinem Samen ewiglich. Da ging er von ihm hinaus aussätzig wie Schnee.

Das 6. Kapitel

Reich Israel, Elisa macht ein Eisen schwimmend. Die Syrer werden mit Blindheit geschlagen. Hungersnot in Samaria.

1. Die Kinder der Propheten sprachen zu Elisa: Siehe, der Raum, da wir vor dir wohnen, ist uns zu enge.
2. Laß uns an den Jordan gehen und einen jeglichen daselbst Holz holen, daß wir uns daselbst eine Stätte bauen, da wir wohnen. Er sprach: Gehet hin!
3. Und einer sprach: Gehe lieber mit deinen Knechten! Er sprach: Ich will mitgehen.
4. Und er ging mit ihnen. Und da sie an den Jordan kamen, hieben sie Holz ab.
5. Und da einer ein Holz fällte, fiel das Eisen ins Wasser. Und er schrie und sprach: O weh, mein Herr! dazu ist's entlehnt.
6. Aber der Mann Gottes sprach: Wo ist's entfallen? Und da er ihm den Ort zeigte, schnitt er ein Holz ab und stieß dahin. Da schwamm das Eisen.
7. Und er sprach: Heb's auf! Da reckte er seine Hand aus und nahm's.
8. Und der König von Syrien führte einen Krieg wider Israel und beratschlagte sich mit seinen Knechten und sprach: Wir wollen uns lagern da und da.
9. Aber der Mann Gottes sandte zum König Israels und ließ ihm sagen: Hüte dich, daß du nicht an dem Ort vorüberziehst; denn die Syrer ruhen daselbst.
10. So sandte denn der König Israels hin an den Ort, den ihm der Mann Gottes gesagt und vor dem er ihn gewarnt hatte, und war daselbst auf der Hut; und tat das nicht einmal oder zweimal allein.
11. Da ward das Herz des Königs von Syrien voll Unmuts darüber, und er rief seine Knechte und sprach zu ihnen: Wollt ihr mir denn nicht ansagen: Wer von den Unsern hält es mit dem König Israels?
12. Da sprach seiner Knechte einer: Nicht also, mein Herr König; sondern Elisa, der Prophet in Israel, sagt alles dem König Israels, was du in der Kammer redest, da dein Lager ist.
13. Er sprach: So gehet hin und sehet, wo er ist, daß ich hinsende und lasse ihn holen. Und sie zeigten ihm an und sprachen: Siehe, er ist zu Dothan.
14. Da sandte er hin Rosse und Wagen und eine große Macht. Und da sie bei der Nacht hinkamen, umgaben sie die Stadt.
15. Und der Diener des Mannes Gottes stand früh auf, daß er sich aufmachte und auszöge; und siehe, da lag eine Macht um die Stadt mit Rossen und Wagen. Da sprach sein Diener zu ihm: O weh, mein Herr! wie wollen wir nun tun?
16. Er sprach: Fürchte dich nicht! denn derer ist mehr, die bei uns sind, als derer, die bei ihnen sind. 2. Chron. 32,7.
17. Und Elisa betete und sprach: Herr, öffne ihm die Augen, daß er sehe! Da öffnete der Herr dem Diener die Augen, daß er sah; und siehe, da war der Berg voll feuriger Rosse und Wagen um Elisa her.
18. Und da sie zu ihm hinabkamen, bat Elisa und sprach: Herr, schlage dies Volk mit Blindheit! Und *er schlug sie mit Blindheit nach dem Wort Elisas.

*1. Mose 19,11.

19. Und Elisa sprach zu ihnen: Dies ist nicht der Weg noch die Stadt. Folget mir nach! ich will euch führen zu dem Mann, den ihr sucht. Und führte sie gen Samaria.
20. Und da sie gen Samaria kamen, sprach Elisa: Herr, öffne diesen die Augen, daß sie sehen! Und der Herr öffnete ihnen die Augen, daß sie sahen; und siehe, da waren sie mitten in Samaria.
21. Und der König Israels, da er sie sah, sprach er zu Elisa: Mein Vater, soll ich sie schlagen?
22. Er sprach: Du sollst sie nicht schlagen. Schlägst du denn die, welche du mit deinem Schwert und Bogen gefangen hast? *Setze ihnen Brot und Wasser vor, daß sie essen und trinken, und laß sie zu ihrem Herrn ziehen!

*Spr. 25,21; 2. Chron. 28,15.

23. Da ward ein großes Mahl zugerichtet. Und da sie gegessen und getrunken
hatten, ließ er sie gehen, daß sie zu ihrem
Herrn zogen. Seit dem kamen streifende
Rotten der Syrer nicht mehr ins Land
Israel.
24. Nach diesem begab sich's, daß Benhadad, der König von Syrien, all sein Heer
versammelte und zog herauf und belagerte Samaria.
25. Und es war eine große Teuerung zu
Samaria. Sie aber belagerten die Stadt, bis
daß ein Eselskopf achtzig Silberlinge und
ein viertel Kab Taubenmist fünf Silberlinge galt.
26. Und da der König Israels auf der Mauer einherging, schrie ihn ein Weib an und
sprach: Hilf mir, mein Herr König!
27. Er sprach: Hilft dir der Herr nicht,
woher soll ich dir helfen? von der Tenne
oder von der Kelter?
28. Und der König sprach zu ihr: Was ist
dir? Sie sprach: Dies Weib sprach zu mir:
Gib deinen Sohn her, daß wir heute essen;
morgen wollen wir meinen Sohn essen.
29. So haben wir meinen Sohn gekocht
und gegessen. Und ich sprach zu ihr am
andern Tage: Gib deinen Sohn her und laß
uns essen! Aber sie hat ihren Sohn versteckt. 5.Mose 28,53.
30. Da der König die Worte des Weibes
hörte, zerriß er seine Kleider, indem er
auf der Mauer ging. Da sah alles Volk, daß
er darunter einen Sack am Leibe anhatte.
31. Und er sprach: Gott tue mir dies und
das, wo das Haupt Elisas, des Sohnes Saphats, heute auf ihm stehen wird!
32. Elisa aber saß in seinem Hause, und
die Ältesten saßen bei ihm. Und der König
sandte einen Mann vor sich her. Aber ehe
der Bote zu ihm kam, sprach er zu den
Ältesten: Habt ihr gesehen, wie dies Mord-
kind hat hergesandt, daß er mein Haupt
abreiße? Sehet zu, wenn der Bote kommt,
daß ihr die Tür zuschließt und stoßet ihn
mit der Tür weg! Siehe, das Rauschen der
Füße seines Herrn folgt ihm nach.
33. Da er noch also mit ihnen redete,
siehe, da kam der Bote zu ihm hinab; und
er sprach: Siehe, solches Übel *kommt
von dem Herrn! Was soll ich mehr von
dem Herrn erwarten? *Amos 3,6.

Das 7. Kapitel

Elisa verkündigt auf den andern Tag wohlfeile Zeit in Samaria, welche nach der vom Herrn wunderbar bewirkten Flucht der Syrer erfolgt.

1. Elisa aber sprach: Höret des Herrn
Wort! *So spricht der Herr: Morgen um
diese Zeit wird ein Scheffel Semmelmehl
einen Silberling gelten und zwei Scheffel
Gerste einen Silberling unter dem Tor zu
Samaria. *V. 16.
2. Da antwortete der Ritter, auf *dessen
Hand sich der König lehnte, dem Mann
Gottes und sprach: Und wenn der Herr
Fenster am Himmel machte, wie könnte
solches geschehen? Er sprach: Siehe da,
mit deinen Augen wirst du es sehen, und
nicht davon essen! *V. 17; K. 5,18.
3. Und es waren vier aussätzige Männer
an der Tür *vor dem Tor; und einer sprach
zum andern: Was wollen wir hier bleiben,
bis wir sterben? *3. Mose 13,46.
4. Wenn wir gleich gedächten, in die
Stadt zu kommen, so ist Teuerung in der
Stadt, und wir müßten doch daselbst sterben; bleiben wir aber hier, so müssen wir
auch sterben. So laßt uns nun hingehen
und zu dem Heer der Syrer fallen. Lassen
sie uns leben, so leben wir; *töten sie uns,
so sind wir tot. *Esth. 4,16.
5. Und sie machten sich in der Frühe auf,
daß sie zum Heer der Syrer kämen. Und da
sie vorn an den Ort des Heeres kamen,
siehe, da war niemand.
6. Denn der Herr hatte die Syrer lassen
hören ein *Geschrei von Rossen, Wagen
und großer Heereskraft, daß sie untereinander sprachen: Siehe, der König Israels
hat wider uns gedingt die Könige der Hethiter und die Könige der Ägypter, daß sie
über uns kommen sollen. *K. 19,7.
7. Und sie machten sich auf und flohen in
der Frühe und ließen ihre Hütten, Rosse
und Esel im Lager, wie es stand, und flohen mit ihrem Leben davon.
8. Als nun die Aussätzigen an den Ort des
Lagers kamen, gingen sie in der Hütten
eine, aßen und tranken und nahmen Silber, Gold und Kleider und gingen hin und
verbargen's und kamen wieder und gingen
in eine andere Hütte und nahmen daraus
und gingen hin und verbargen's.
9. Aber einer sprach zum andern: Laßt
uns nicht also tun; dieser Tag ist ein Tag
guter Botschaft. Wo wir das verschweigen
und harren, bis daß es lichter Morgen
wird, wird unsre Missetat gefunden werden; so laßt uns nun hingehen, daß wir
kommen und es ansagen dem Hause des
Königs.
10. Und da sie kamen, riefen sie am Tor
der Stadt und sagten's ihnen an und sprachen: Wir sind zum Lager der Syrer gekommen, und siehe, es ist niemand da und
keine Menschenstimme, sondern Rosse

und Esel angebunden und die Hütten, wie sie stehen.

11. Da rief man den Torhütern zu, daß sie es drinnen ansagten im Hause des Königs.

12. Und der König stand auf in der Nacht und sprach zu seinen Knechten: Laßt euch sagen, wie die Syrer mit uns umgehen. Sie wissen, daß wir Hunger leiden, und sind aus dem Lager gegangen, daß sie sich im Felde verkröchen, und denken: Wenn sie aus der Stadt gehen, wollen wir sie lebendig greifen und in die Stadt kommen.

13. Da antwortete seiner Knechte einer und sprach: Man nehme fünf Rosse von denen, die noch drinnen sind übriggeblieben. Siehe, es wird ihnen gehen, wie aller Menge Israels, so drinnen übriggeblieben oder schon dahin ist. Die laßt uns senden und sehen.

14. Da nahmen sie zwei Wagen mit Rossen, und der König sandte sie dem Heere der Syrer nach und sprach: Ziehet hin und sehet!

15. Und da sie ihnen nachzogen bis an den Jordan, siehe, da lag der Weg voll Kleider und Geräte, welche dir Syrer von sich geworfen hatten, da sie eilten. Und da die Boten wiederkamen und sagten's dem König an,

16. ging das Volk hinaus und beraubte das Lager der Syrer. Und es galt ein Scheffel Semmelmehl einen Silberling und zwei Scheffel Gerste auch einen Silberling *nach dem Wort des Herrn. *V. 1.

17. Aber der König bestellte den Ritter, auf dessen Hand er sich lehnte, unter das Tor. Und das Volk zertrat ihn im Tor, daß er starb, wie der Mann Gottes geredet hatte, da der König zu ihm hinabkam. V. 2.

18. Und es geschah, wie der Mann Gottes dem König gesagt hatte, da er sprach: Morgen um diese Zeit werden zwei Scheffel Gerste einen Silberling gelten und ein Scheffel Semmelmehl einen Silberling unter dem Tor zu Samaria,

19. und der Ritter dem Mann Gottes antwortete und sprach: Siehe, wenn der Herr Fenster am Himmel machte, wie möchte solches geschehen? Er aber sprach: Siehe, mit deinen Augen wirst du es sehen, und nicht davon essen!

20. Und es ging ihm eben also; denn das Volk zertrat ihn im Tor, daß er starb.

Das 8. Kapitel

Siebenjährige Teuerung. Die Sunamitin, Hasael König in Syrien. Reich Juda. Die Könige Joram und Ahasja.

1. Elisa redete mit dem Weibe, *dessen Sohn er hatte lebendig gemacht, und sprach: Mache dich auf und gehe hin mit deinem Hause und wohne in der Fremde, wo du kannst; denn der Herr wird eine Teuerung rufen, die wird ins Land kommen sieben Jahre lang. *K. 4,35.

2. Das Weib machte sich auf und tat, wie der Mann Gottes sagte, und zog hin mit ihrem Hause und wohnte in der Philister Land sieben Jahre.

3. Da aber die sieben Jahre um waren, kam das Weib wieder aus der Philister Land; und sie ging aus, den König anzurufen um ihr Haus und ihren Acker.

4. Der König aber redete mit Gehasi, dem Diener des Mannes Gottes, und sprach: Erzähle mir alle großen Taten, die Elisa getan hat!

5. Und indem er dem König erzählte, wie er hätte einen Toten lebendig gemacht, siehe, da kam eben dazu das Weib, dessen Sohn er hatte lebendig gemacht, und rief den König an um ihr Haus und ihren Akker. Da sprach Gehasi: Mein Herr König, dies ist das Weib, und dies ist ihr Sohn, den Elisa hat lebendig gemacht.

6. Und der König fragte das Weib; und sie erzählte es ihm. Da gab ihr der König einen Kämmerer und sprach: Schaffe ihr wieder alles, was ihr gehört; dazu alles Einkommen des Ackers, seit der Zeit, daß sie das Land verlassen hat, bis hieher!

7. Und Elisa kam gen Damaskus. Da lag Benhadad, der König von Syrien, krank; und man sagte es ihm an und sprach: Der Mann Gottes ist hergekommen.

8. Da sprach der König zu Hasael: Nimm Geschenke mit dir und gehe dem Mann Gottes entgegen und frage den Herrn durch ihn und sprich, ob ich von dieser Krankheit möge genesen.

9. Hasael ging ihm entgegen und nahm Geschenke mit sich und allerlei Güter zu Damaskus, eine Last für vierzig Kamele. Und da er kam, trat er vor ihn und sprach: Dein Sohn Benhadad, der König von Syrien, hat mich zu dir gesandt und läßt dir sagen: Kann ich auch von dieser Krankheit genesen?

10. Elisa sprach zu ihm: Gehe hin und sage ihm: Du wirst genesen! Aber der Herr hat mir gezeigt, daß er des Todes sterben wird.

11. Und der Mann Gottes schaute ihn starr und lange an und *weinte.
*Luk. 19,41.
12. Da sprach Hasael: Warum weint mein Herr? Er sprach: Ich weiß, was für Übel du den Kindern Israel tun wirst: *du wirst ihre festen Städte mit Feuer verbrennen und ihre junge Mannschaft mit dem Schwert erwürgen und ihre jungen Kinder töten und ihre schwangeren Weiber zerhauen. *K. 10,32.
13. Hasael sprach: Was ist dein Knecht, *der Hund, daß er solch großes Ding tun sollte? Elisa sprach: Der Herr hat mir gezeigt, †daß du König von Syrien sein wirst. *1. Sam. 24,15. †1. Kön. 19,15.
14. Und er ging weg von Elisa und kam zu seinem Herrn; der sprach zu ihm: Was sagte dir Elisa? Er sprach: Er sagte mir: »Du wirst genesen.«
15. Des andern Tages aber nahm er die Bettdecke und tauchte sie in Wasser und breitete sie über sein Angesicht; da starb er, und Hasael ward König an seiner Statt.
(V. 16–22: vgl. 2. Chron. 21,1.5–10.)
16. Im fünften Jahr Jorams, des Sohnes Ahabs, des Königs Israels, ward Joram, der Sohn Josaphats, König in Juda.
1. Kön. 22,51.
17. Zweiunddreißig Jahre alt war er, da er König ward. Und regierte acht Jahre zu Jerusalem
18. und wandelte auf dem Wege der Könige Israels, wie das Haus Ahab tat; denn *Ahabs Tochter war sein Weib. Und er tat, was dem Herrn übel gefiel; *V. 26.
19. aber der Herr wollte Juda nicht verderben um seines Knechtes David willen, wie *er ihm verheißen hatte, ihm zu geben eine Leuchte unter seinen Kindern immerdar. *2. Sam. 7,11–16; 1. Kön. 11,36.
20. Zu seiner Zeit fielen die Edomiter ab von Juda und machten einen König über sich.
21. Da zog Joram gen Zair und alle Wagen mit ihm und machten sich des Nachts auf und schlug die Edomiter, die um ihn her waren, dazu die Obersten über die Wagen, daß das Volk floh in seine Hütten.
22. Doch blieben die Edomiter abtrünnig von Juda bis auf diesen Tag. Auch fiel zur selben Zeit ab Libna.
23. Was aber mehr von Joram zu sagen ist und alles, was er getan hat, siehe, das ist geschrieben in der Chronik der Könige Juda's.
24. Und Joram entschlief mit seinen Vätern und ward begraben mit seinen Vätern in der Stadt Davids. Und Ahasja, sein Sohn, ward König an seiner Statt.
(V. 25–29: vgl. 2. Chron. 22,1–6.)
25. Im zwölften Jahr Jorams, des Sohnes Ahabs, des Königs Israels, ward Ahasja, der Sohn Jorams, König in Juda.
26. Zweiundzwanzig Jahre alt war Ahasja, da er König ward, und regierte ein Jahr zu Jerusalem. Seine Mutter hieß *Athalja, eine Tochter Omris, des Königs Israels.
*V. 18; K. 11,1.
27. Und er wandelte auf dem Wege des Hauses Ahab und tat, was dem Herrn übel gefiel, wie das Haus Ahab; denn er war Schwager im Hause Ahab.
28. Und er zog mit Joram, dem Sohn Ahabs, in den Streit wider Hasael, den König von Syrien, gen Ramoth in Gilead; aber die Syrer schlugen Joram.
29. Da kehrte Joram, der König, um, *daß er sich heilen ließe zu Jesreel von den Wunden, die ihm die Syrer geschlagen hatten zu Rama, da er mit Hasael, dem König von Syrien, stritt. Und †Ahasja, der Sohn Jorams, der König Juda's, kam hinab, zu besuchen Joram, den Sohn Ahabs, zu Jesreel; denn er lag krank.
*K. 9,15. †K. 9,16.21

Das 9. Kapitel

Reich Israel, Jehu, zum König gesalbt, tötet Joram, Ahasja und Isebel.

1. Elisa aber, der Prophet, rief der Propheten Kinder einen und sprach zu ihm: Gürte deine Lenden und nimm diesen Ölkrug mit dir und gehe hin gen Ramoth in Gilead.
2. Und wenn du dahin kommst, wirst du daselbst sehen Jehu, den Sohn Josaphats, des Sohnes Nimsis. Und gehe hinein und heiße ihn aufstehen unter seinen Brüdern und führe ihn in die innerste Kammer
3. und nimm den Ölkrug und schütte es auf sein Haupt und sprich: So sagt der Herr: *Ich habe dich zum König über Israel gesalbt. Und sollst die Tür auftun und fliehen und nicht verziehen. *1. Kön. 19,16.
4. Und der Jüngling, der Diener des Propheten, ging hin gen Ramoth in Gilead.
5. Und da er hineinkam, siehe, da saßen die Hauptleute des Heeres. Und er sprach: Ich habe dir, Hauptmann, was zu sagen. Jehu sprach: Welchem unter uns allen? Er sprach: Dir, Hauptmann.
6. Da stand er auf und ging hinein. Er aber schüttete das Öl auf sein Haupt und sprach zu ihm: So sagt der Herr, der Gott Israels: Ich habe dich zum König gesalbt über des Herrn Volk Israel.
7. Und du sollst *das Haus Ahabs, deines

Herrn, schlagen, daß ich das Blut der Propheten, meiner Knechte, und das Blut aller Knechte des Herrn räche, das die Hand Isebels vergossen hat, *1. Kön. 21,22.
8. daß das ganze Haus Ahab umkomme. Und ich will von Ahab ausrotten, was männlich ist, den Verschlossenen und Verlassenen in Israel, 1. Kön. 14,10.
9. und will das Haus Ahab machen wie *das Haus Jerobeams, des Sohnes Nebats, und wie †das Haus Baesas, des Sohnes Ahias. *1. Kön. 15,29. †1. Kön. 16,3.11.
10. Und die *Hunde sollen Isebel fressen auf dem Acker zu Jesreel, und soll sie niemand begraben. Und er tat die Tür auf und floh. *1. Kön. 21,23.
11. Und da Jehu herausging zu den Knechten seines Herrn, sprach man zu ihm: Steht es wohl? Warum ist dieser Rasende zu dir gekommen? Er sprach zu ihnen: Ihr kennt doch den Mann wohl und was er sagt.
12. Sie sprachen: Das ist nicht wahr; sage es uns aber an! Er sprach: So und so hat er mit mir geredet und gesagt: So spricht der Herr: Ich habe dich zum König über Israel gesalbt.
13. Da eilten sie und nahm *ein jeglicher sein Kleid und legte es unter ihn auf die hohen Stufen und bliesen mit der Posaune und sprachen: Jehu ist König geworden! *Matth. 21,7.
14. Also machte Jehu, der Sohn Josaphats, des Sohnes Nimsis, einen Bund wider Joram. Joram aber hatte mit ganz Israel vor Ramoth in Gilead gelegen wider Hasael, den König von Syrien.
15. Und Joram, der König, war wiedergekommen, daß er sich heilen ließe zu Jesreel von den Wunden, *die ihm die Syrer geschlagen hatten, da er stritt mit Hasael, dem König von Syrien. Und Jehu sprach: Ist's euer Wille, so soll niemand entrinnen aus der Stadt, daß er hingehe und es ansage zu Jesreel. *K. 8,28.29.
16. Und er fuhr und zog gen Jesreel, denn Joram lag daselbst; so war *Ahasja, der König Juda's, hinabgezogen, Joram zu besuchen. *K. 8,29.
17. Der Wächter aber, der auf dem Turm zu Jesreel stand, sah den Haufen Jehus kommen und sprach: Ich sehe einen Haufen. Da sprach Joram: Nimm einen Reiter und sende ihnen entgegen und sprich: Ist's Friede?
18. Und der Reiter ritt ihm entgegen und sprach: So sagt der König: Ist's Friede? Jehu sprach: Was geht dich der Friede an? Wende dich hinter mich! Der Wächter verkündigte und sprach: Der Bote ist zu ihnen gekommen und kommt nicht wieder.
19. Da sandte er einen andern Reiter. Da der zu ihnen kam, sprach er: So spricht der König: Ist's Friede? Jehu sprach: Was geht dich der Friede an? Wende dich hinter mich!
20. Das verkündigte der Wächter und sprach: Er ist zu ihnen gekommen und kommt nicht wieder. Und es ist ein Treiben wie das Treiben Jehus, des Sohnes Nimsis; denn er treibt, wie wenn er unsinnig wäre.
21. Da sprach Joram: Spannet an! Und man spannte seinen Wagen an. Und sie zogen aus, Joram, der König Israels, und Ahasja, der König Juda's, ein jeglicher auf seinem Wagen, daß sie Jehu entgegenkämen; und sie trafen ihn an auf dem *Acker Naboths, des Jesreeliten. *1. Kön. 21,1.
22. Und da Joram Jehu sah, sprach er: Jehu, ist's Friede? Er aber sprach: Was Friede? Deiner Mutter Isebel Abgötterei und Zauberei wird immer größer.
23. Da wandte Joram seine Hand und floh und sprach zu Ahasja: Es ist Verräterei, Ahasja!
24. Aber Jehu faßte den Bogen und schoß Joram zwischen die Arme, daß der Pfeil durch sein Herz ausfuhr, und er fiel in seinen Wagen.
25. Und er sprach zu seinem Ritter Bidekar: Nimm und wirf ihn auf den Acker Naboths, des Jesreeliten! Denn ich gedenke, daß du mit mir auf einem Wagen seinem Vater Ahab nachfuhrst, da *der Herr solchen Spruch über ihn tat: *1. Kön. 21,19.
26. Was gilt's (sprach der Herr), ich will dir das Blut Naboths und seiner Kinder, das ich gestern sah, vergelten auf diesem Acker. So nimm nun und wirf ihn auf den Acker nach dem Wort des Herrn.
27. *Da das Ahasja, der König Juda's, sah, floh er des Weges zum Hause des Gartens. Jehu aber jagte ihm nach und hieß ihn auch schlagen in dem Wagen auf der Höhe Gur, die bei Jibleam liegt. Und er floh gen Megiddo und starb daselbst. *2. Chron. 22,7–9.
28. Und seine Knechte *ließen ihn führen gen Jerusalem und begruben ihn in seinem Grabe mit seinen Vätern in der Stadt Davids. *K. 14,20; 23,30.
29. Ahasja aber regierte über Juda im elften Jahr Jorams, des Sohnes Ahabs.
30. Und da Jehu gen Jesreel kam und Isebel das erfuhr, schminkte sie ihr Angesicht und schmückte ihr Haupt und guckte zum Fenster hinaus.

ISEBEL WIRD ZU TODE GESTÜRZT 2. Könige 9, 33

31. Und da Jehu unter das Tor kam,
sprach sie: *Ist's Simri wohl gegangen,
der seinen Herrn erwürgte?
*1. Kön. 16,10.18.
32. Und er hob sein Angesicht auf zum
Fenster und sprach: Wer hält's hier mit
mir? Da sahen zwei oder drei Kämmerer
zu ihm heraus.
33. Er sprach: Stürzet sie herab! Und sie
stürzten sie herab, daß die Wand und die
Rosse mit ihrem Blut besprengt wurden;
und sie ward zertreten.
34. Und da er hineinkam und gegessen
und getrunken hatte, sprach er: Sehet
doch nach der Verfluchten und begrabet
sie; denn sie ist eines Königs Tochter!
35. Da sie aber hingingen, sie zu begraben, fanden sie nichts von ihr denn den
Schädel und die Füße und ihre flachen
Hände;
36. und sie kamen wieder und sagten's
ihm an. Er aber sprach: Es ist, was der
Herr *geredet hat durch seinen Knecht
Elia, den Thisbiter, und gesagt: Auf dem
Acker Jesreels sollen die Hunde der Isebel
Fleisch fressen; *V. 10; 1. Kön. 21,23.
37. und das Aas Isebels soll wie Kot auf
dem Felde sein im Acker Jesreels, daß man
nicht sagen könne: Das ist Isebel.

Das 10. Kapitel

Jehu rottet das Haus Ahabs aus, befreundet sich mit Jonadab, vertilgt den Baalsdienst, aber nicht den sonstigen Götzendienst.

1. Ahab aber hatte siebzig Söhne zu Samaria. Und Jehu schrieb Briefe und sandte
sie gen Samaria, zu den Obersten der
Stadt Jesreel, zu den Ältesten und Vormündern Ahabs, die lauteten also:
2. Wenn dieser Brief zu euch kommt, bei
denen eures Herrn Söhne sind und Wagen, Rosse, feste Städte und Rüstung,
3. so sehet, welcher der beste und ge-
schickteste sei unter den Söhnen eures
Herrn, und setzet ihn auf seines Vaters
Stuhl und streitet für eures Herrn Haus.
4. Sie aber fürchteten sich gar sehr und
sprachen: Siehe, zwei Könige konnten
ihm nicht widerstehen; wie wollen wir
denn stehen?
5. Und die über das Haus und über die
Stadt waren und die Ältesten und Vor-
münder sandten hin zu Jehu und ließen

ihm sagen: Wir sind deine Knechte; wir wollen alles tun, was du uns sagst; wir wollen niemand zum König machen. Tue, was dir gefällt.
6. Da schrieb er den andern Brief an sie, der lautete also: So ihr mein seid und meiner Stimme gehorcht, so nehmet die Häupter von den Männern, eures Herrn Söhnen, und bringet sie zu mir morgen um diese Zeit gen Jesreel. (Der Söhne aber des Königs waren siebzig Mann, und die Größten der Stadt zogen sie auf.)
7. Da nun der Brief zu ihnen kam, nahmen sie des Königs Söhne und schlachteten die siebzig Mann und legten ihre Häupter in Körbe und schickten sie zu ihm gen Jesreel.
8. Und da der Bote kam und sagte es ihm an und sprach: Sie haben die Häupter der Königskinder gebracht, sprach er: Legt sie auf zwei Haufen vor die Tür am Tor bis morgen.
9. Und des Morgens, da er ausging, trat er dahin und sprach zu allem Volk: Ihr seid ja gerecht. Siehe, habe ich wider meinen Herrn einen Bund gemacht und ihn erwürgt, wer hat denn diese alle geschlagen?
10. So erkennet ihr ja, daß kein Wort des Herrn ist auf die Erde gefallen, das der Herr geredet hat wider *das Haus Ahab; und der Herr hat getan, wie er geredet hat durch seinen Knecht Elia. *1. Kön. 21,22.
11. Also schlug Jehu alle übrigen vom Hause Ahab zu Jesreel, alle seine Großen, seine Verwandten und seine Priester, bis daß ihm nicht einer übrigblieb;
12. und machte sich auf, zog hin und kam gen Samaria. Unterwegs aber war ein Hirtenhaus.
13. Da traf Jehu an die Brüder Ahasjas, des Königs Juda's, und sprach: Wer seid Ihr? Sie sprachen: Wir sind Brüder Ahasjas und ziehen hinab, zu grüßen des Königs Kinder und der Königin Kinder.
2. Chron. 22,8.
14. Er aber sprach: Greifet sie lebendig! Und sie griffen sie lebendig und schlachteten sie bei dem Brunnen am Hirtenhaus, zweiundvierzig Mann, und er ließ nicht einen von ihnen übrig.
15. Und da er von dannen zog, fand er *Jonadab, den Sohn Rechabs, der ihm begegnete; und er grüßte ihn und sprach zu ihm: Ist dein Herz richtig wie mein Herz mit deinem Herzen? Jonadab sprach: Ja. – Ist's also, so gib mir deine Hand! – Und er gab ihm seine Hand. Und er ließ ihn zu sich auf den Wagen sitzen *Jer. 35,6.
16. und sprach: Komm mit mir und siehe meinen Eifer um den Herrn! Und sie führten ihn mit ihm auf seinem Wagen.
17. Und da er gen Samaria kam, schlug er alles, was übrig war von Ahab zu Samaria, bis daß er ihn vertilgte nach dem *Wort des Herrn, das er zu Elia geredet hatte. *1. Kön. 21,21.22.
18. Und Jehu versammelte alles Volk und ließ ihnen sagen: Ahab *hat Baal wenig gedient; Jehu will ihm besser dienen.
*1. Kön. 16,31–33.
19. So laßt nun rufen alle Propheten Baals, alle seine Knechte und alle seine Priester zu mir, daß man niemand vermisse; denn ich habe ein großes Opfer dem Baal zu tun. Wen man vermissen wird, der soll nicht leben. Aber Jehu tat solches mit Hinterlist, daß er die Diener Baals umbrächte.
20. Und Jehu sprach: Heiliget dem Baal das Fest! Und sie ließen es ausrufen.
21. Auch sandte Jehu in ganz Israel und ließ alle Diener Baals kommen, daß niemand übrig war, der nicht gekommen wäre. Und sie gingen in das Haus Baals, daß das Haus Baals voll ward an allen Enden.
22. Da sprach er zu denen, die über das Kleiderhaus waren: Bringet allen Dienern Baals Kleider heraus! Und sie brachten die Kleider heraus.
23. Und Jehu ging in das Haus Baals mit *Jonadab, dem Sohn Rechabs, und sprach zu den Dienern Baals: Forschet und sehet zu, daß nicht hier unter euch sei jemand von des Herrn Dienern, sondern Baals Diener allein! *V. 15.
24. Und da sie hineinkamen, Opfer und Brandopfer zu tun, bestellte sich Jehu außen achtzig Mann und sprach: Wenn der Männer jemand entrinnt, die ich unter eure Hände gebe, so *soll für seine Seele dessen Seele sein. *1. Kön. 20,39.
25. Da er nun die Brandopfer vollendet hatte, sprach Jehu zu den Trabanten und Rittern: Gehet hinein und *schlaget jedermann; laßt niemand herausgehen! Und sie schlugen sie mit der Schärfe des Schwerts. Und die Trabanten und Ritter warfen sie weg und gingen zur Stadt des Hauses Baals *1. Kön. 18,40.
26. und *brachten heraus die Säulen in dem Hause Baals und verbrannten sie
*K. 11,18.
27. und zerbrachen *die Säule Baals samt dem Hause Baals und machten heimliche Gemächer daraus bis auf diesen Tag. *K. 3,2.
28. Also vertilgte Jehu den Baal aus Israel;

29. aber von den *Sünden Jerobeams,
des Sohnes Nebats, der Israel sündigen
machte, ließ Jehu nicht, von den goldenen
Kälbern zu Beth-El und zu Dan.
*1.Kön. 12,26–33.
30. Und der Herr sprach zu Jehu: Darum
daß du willig gewesen bist zu tun, was mir
gefallen hat, und hast am Hause Ahab getan alles, was in meinem Herzen war, *sollen dir auf dem Stuhl Israels sitzen deine
Kinder ins vierte Glied. *K.15,12.
31. Aber doch hielt Jehu nicht, daß er im
Gesetz des Herrn, des Gottes Israels, wandelte von ganzem Herzen; denn er ließ
nicht von den Sünden Jerobeams, der Israel hatte sündigen gemacht.
32. Zur selben Zeit fing der Herr an, Israel zu mindern; denn *Hasael schlug sie in
allen Grenzen Israels, *K.8,12.
33. vom Jordan gegen der Sonne Aufgang, das ganze Land Gilead der Gaditer,
Rubeniter und Manassiter, von Aroer an,
das am Bach Arnon liegt, so Gilead wie
Basan.
34. Was aber mehr von Jehu zu sagen ist
und alles, was er getan hat, und alle seine
Macht, siehe, das ist geschrieben in der
Chronik der Könige Israels.
35. Und Jehu entschlief mit seinen Vätern, und sie begruben ihn zu Samaria.
Und *Joahas, sein Sohn, ward König an
seiner Statt. *K.13,1.
36. Die Zeit aber, die Jehu über Israel
regiert hat zu Samaria, sind achtundzwanzig Jahre.

Das 11. Kapitel

Reich Juda, Tyrannei der Athalja.
Joas wird König; Athalja getötet.
(Vgl. 2.Chron. 22,10–23,21.)

1. Athalja aber, *Ahasjas Mutter, da sie
sah, daß ihr †Sohn tot war, machte sie
sich auf und brachte um alle aus dem
königlichen Geschlecht. *K.8,26. †K.9,27.
2. Aber Joseba, die Tochter des Königs
Joram, Ahasjas Schwester, nahm Joas, den
Sohn Ahasjas, und stahl ihn aus des Königs Kindern, die getötet wurden, und tat
ihn mit seiner Amme in die Bettkammer;
und sie verbargen ihn vor Athalja, daß er
nicht getötet ward.
3. Und er war mit ihr versteckt im Hause
des Herrn sechs Jahre. Athalja aber war
Königin im Lande.
4. Im siebenten Jahr aber sandte hin Jojada und nahm die Obersten über hundert
von den Leibwächtern und den Trabanten
und ließ sie zu sich ins Haus des Herrn
kommen und machte einen Bund mit ihnen und nahm einen Eid von ihnen im
Hause des Herrn und zeigte ihnen des
Königs Sohn
5. und gebot ihnen und sprach: Das ist's,
was ihr tun sollt: Ein dritter Teil von euch,
die ihr des Sabbats antretet, soll der Hut
warten im Hause des Königs,
6. und ein dritter Teil soll sein am Tor
Sur, und ein dritter Teil am Tor, das hinter
den Trabanten ist, und sollt der Hut warten am Hause Massah.
7. Aber die zwei Teile euer aller, die des
Sabbats abtreten, sollen der Hut warten
im Hause des Herrn um den König.
8. Und sollt rings um den König euch
machen, ein jeglicher mit seiner Wehre in
der Hand – und wer herein zwischen die
Reihen kommt, der sterbe –, und sollt bei
dem König sein, wenn er aus und ein geht.
9. Und die Obersten über hundert taten
alles, was ihnen Jojada, der Priester, geboten hatte, und nahmen zu sich ihre Männer, die des Sabbats antraten mit denen,
die des Sabbats abtraten, und kamen zu
dem Priester Jojada.
10. Und der Priester gab den Hauptleuten Spieße und *Schilde, die dem König
David gehört hatten und in dem Hause des
Herrn waren. *2.Sam.8,7.
11. Und die Trabanten standen um den
König her, ein jeglicher mit seiner Wehre
in der Hand, von dem Winkel des Hauses
zur Rechten bis zum Winkel zur Linken,
zum Altar zu und zum Hause.
12. Und er ließ des Königs Sohn hervorkommen und setzte ihm eine Krone auf
und *gab ihm das Zeugnis, und sie machten ihn zum König und salbten ihn und
schlugen die Hände zusammen und sprachen: Glück zu dem König!
*5.Mose 17,18.19.
13. Und da Athalja hörte das Geschrei des
Volks, das zulief, kam sie zum Volk in das
Haus des Herrn
14. und sah. Siehe, da stand der König an
der Säule, wie es Gewohnheit war, und die
Obersten und die Drommeter bei dem König; und alles Volk des Landes war fröhlich, und man blies mit Drommeten.
Athalja aber zerriß ihre Kleider und rief:
Aufruhr, Aufruhr!
15. Aber der Priester Jojada gebot den
Obersten über hundert, die über das Heer
gesetzt waren, und sprach zu ihnen: Führet sie zwischen den Reihen hinaus; und
wer ihr folgt, der sterbe des Schwerts!
Denn der Priester hatte gesagt, sie sollte
nicht im Hause des Herrn sterben.
16. Und sie machten ihr Raum zu beiden

Seiten; und sie ging hinein des Weges, *da
die Rosse zum Hause des Königs gehen,
und ward daselbst getötet. *Neh.3,28.
17. Da machte Jojada einen Bund zwischen dem Herrn und dem König und dem Volk, daß sie des Herrn Volk sein sollten; also auch zwischen dem König und dem Volk.
18. Da ging alles Volk des Landes in das *Haus Baals und brachen seine Altäre ab und zerbrachen seine Bildnisse gründlich, und Matthan, den Priester Baals, erwürgten sie vor den Altären. Der Priester aber bestellte die Ämter im Hause des Herrn
*K.10,26.27; Richt.6,25.
19. und nahm die Obersten über hundert und die Leibwächter und die Trabanten und alles Volk des Landes, und sie führten den König hinab vom Hause des Herrn und kamen durchs Tor der Trabanten zum Königshause; und er setzte sich auf der Könige Stuhl.
20. Und alles Volk im Lande war fröhlich, und die Stadt war still; Athalja aber töteten sie mit dem Schwert in des Königs Hause.

Das 12. Kapitel

Reich Juda, Joas König. Ausbesserung des Tempels. Joas wird getötet.
(Vgl. 2.Chron. 24.)

1. [K.11,21.] Und Joas war sieben Jahre alt, da er König ward.
2. [1.] Im siebenten Jahr Jehus ward Joas König, und regierte vierzig Jahre zu Jerusalem. Seine Mutter hieß Zibja von Beer-Seba.
3. [2.] Und Joas tat, was recht war und dem Herrn wohl gefiel, solange ihn der Priester Jojada lehrte,
4. [3.] nur, daß sie die Höhen nicht abtaten; denn das Volk opferte und räucherte noch auf den Höhen. K.14,4; 1.Kön.22,44.
5. [4.] Und Joas sprach zu den Priestern: Alles Geld, das geheiligt wird, daß es in das Haus des Herrn gebracht werde, das gang und gäbe ist, das Geld, das jedermann gibt in der Schätzung seiner Seele, und alles Geld, das jedermann von freiem Herzen opfert, daß es in des Herrn Haus gebracht werde,
6. [5.] das laßt die Priester zu sich nehmen, einen jeglichen von seinem Bekannten. Davon sollen sie bessern, was baufällig ist am Hause, wo sie finden, daß es baufällig ist.
7. [6.] Da aber die Priester bis ins dreiundzwanzigste Jahr des Königs Joas nicht besserten, was baufällig war am Hause,
8. [7.] rief der König Joas den Priester Jojada samt den Priestern und sprach zu ihnen: Warum bessert ihr nicht, was baufällig ist am Hause? So sollt ihr nun nicht zu euch nehmen das Geld, ein jeglicher von seinen Bekannten, sondern sollt's geben zu dem, das baufällig ist am Hause.
9. [8.] Und die Priester willigten darein, daß sie nicht vom Volk Geld nähmen und das Baufällige am Hause besserten.
10. [9.] Da nahm der Priester Jojada eine Lade und bohrte oben ein Loch darein und setzte sie zur rechten Hand neben den Altar, da man in das Haus des Herrn geht. Und die Priester, die an der Schwelle hüteten, taten darein alles Geld, das zu des Herrn Haus gebracht ward.
11. [10.] Wenn sie dann sahen, daß viel Geld in der Lade war, so kam des Königs Schreiber herauf mit dem Hohenpriester, und banden das Geld zusammen und zählten es, was für des Herrn Haus gefunden ward.
12. [11.] Und man übergab das Geld bar den Werkmeistern, die da bestellt waren zu dem Hause des Herrn; und sie gaben's heraus den Zimmerleuten und Bauleuten, die da arbeiteten am Hause des Herrn,
13. [12.] nämlich den Maurern und Steinmetzen und denen, die da Holz und gehauene Steine kaufen sollten, daß das Baufällige am Hause des Herrn gebessert würde, und für alles, was not war, um am Hause zu bessern.
14. [13.] Doch ließ man nicht machen silberne Schalen, Messer, Becken, Drommeten noch irgend ein goldenes oder silbernes Gerät im Hause des Herrn von solchem Geld, das zu des Herrn Hause gebracht ward;
15. [14.] sondern man gab's den Arbeitern, daß sie damit das Baufällige am Hause des Herrn besserten.
16. [15.] Auch *brauchten die Männer nicht Rechnung zu tun, denen man das Geld übergab, daß sie es den Arbeitern gäben; sondern sie handelten auf Glauben.
*K.22,7.
17. [16.] Aber das Geld von Schuldopfern und Sündopfern ward nicht zum Hause des Herrn gebracht; denn es gehörte den Priestern.
18. [17.] Zu der Zeit zog *Hasael, der König von Syrien, herauf und stritt wider Gath und gewann es. Und da Hasael sein Angesicht stellte, nach Jerusalem hinaufzuziehen, *K.10,32.
19. [18.] nahm Joas, der König Juda's, all das *Geheiligte, das seine Väter Josaphat,

Joram und Ahasja, die Könige Juda's, geheiligt hatten, und was er geheiligt hatte, dazu alles Gold, das man fand im Schatz in des Herrn Hause und in des Königs Hause, und schickte es Hasael, dem König von Syrien. Da zog er ab von Jerusalem.
*1.Kön. 15,18.
20. [19.] Was aber mehr von Joas zu sagen ist und alles, was er getan hat, das ist geschrieben in der Chronik der Könige Juda's.
21. [20.] Und *seine Knechte empörten sich und machten einen Bund und schlugen ihn im Hause Millo, da man hinabgeht zu Silla. *K.14,5.
22. [21.] Denn Josachar, der Sohn Simeaths, und Josabad, der Sohn Somers, seine Knechte, schlugen ihn tot. Und man begrub ihn mit seinen Vätern in der Stadt Davids. Und *Amazja, sein Sohn, ward König an seiner Statt. *K.14,1.

Das 13. Kapitel

Reich Israel, Joahas und Joas. Elisa stirbt.
Sein Leichnam weckt einen Toten auf.

1. Im dreiundzwanzigsten Jahr des Joas, des Sohnes Ahasjas, des Königs Juda's, ward Joahas, der Sohn Jehus, König über Israel zu Samaria siebzehn Jahre; K.10,35.
2. und er tat, was dem Herrn übel gefiel, und wandelte nach den Sünden Jerobeams, des Sohnes Nebats, der Israel sündigen machte, und ließ nicht davon.
1.Kön. 12,26–33.
3. Und des Herrn Zorn ergrimmte über Israel, und er gab sie unter die Hand *Hasaels, des Königs von Syrien, und Benhadads, des Sohnes Hasaels, die ganze Zeit.
*K.10,32.
4. Aber Joahas bat des Herrn Angesicht. Und der Herr erhörte ihn; denn er sah den Jammer Israels an, wie sie der König von Syrien drängte.
5. Und der Herr gab Israel einen *Heiland, der sie aus der Gewalt der Syrer führte, daß die Kinder Israel in ihren Hütten wohnten wie zuvor. *K.14,27.
6. Doch ließen sie nicht von der Sünde des Hauses Jerobeams, der Israel sündigen machte, sondern wandelten darin. Auch blieb stehen *das Ascherabild zu Samaria.
*1.Kön. 16,33.
7. Denn es war des Volks des Joahas nicht mehr übriggeblieben als fünfzig Reiter, zehn Wagen und 10000 Mann Fußvolk. Denn der König von Syrien hatte sie umgebracht und hatte sie gemacht wie Staub beim Dreschen.
8. Was aber mehr von Joahas zu sagen ist und alles, was er getan hat, und seine Macht, siehe, das ist geschrieben in der Chronik der Könige Israels.
9. Und Joahas entschlief mit seinen Vätern, und man begrub ihn zu Samaria. Und sein Sohn Joas ward König an seiner Statt.
10. Im siebenunddreißigsten Jahr des Joas, des Königs in Juda, ward Joas, der Sohn des Joahas, König über Israel zu Samaria sechzehn Jahre;
11. und er tat, was dem Herrn übel gefiel, und ließ nicht von allen Sünden Jerobeams, des Sohnes Nebats, der Israel sündigen machte, sondern wandelte darin. V.2.
12. Was aber mehr von Joas zu sagen ist und was er getan hat und seine Macht, wie er mit Amazja, dem König Juda's, gestritten hat, siehe, das ist geschrieben in der Chronik der Könige Israels. K.14,8–16.
13. Und Joas entschlief mit seinen Vätern, und *Jerobeam saß auf seinem Stuhl. Joas aber ward begraben zu Samaria bei den Königen Israels. *K.14,23.
14. Elisa aber ward krank, daran er auch starb. Und Joas, der König Israels, kam zu ihm hinab und weinte vor ihm und sprach: Mein *Vater, mein Vater! Wagen Israels und seine Reiter. *K.2,12.
15. Elisa aber sprach zu ihm: Nimm den Bogen und Pfeile! Und da er den Bogen und die Pfeile nahm,
16. sprach er zum König Israels: Spanne mit deiner Hand den Bogen! Und er spannte mit seiner Hand. Und Elisa legte seine Hand auf des Königs Hand
17. und sprach: Tu das Fenster auf gegen Morgen! Und er tat's auf. Und Elisa sprach: Schieß! Und er schoß. Er aber sprach: Ein Pfeil des Heils vom Herrn, ein Pfeil des Heils wider die Syrer; und du wirst die Syrer schlagen zu Aphek, bis sie aufgerieben sind.
18. Und er sprach: Nimm die Pfeile! Und da er sie nahm, sprach er zum König Israels: Schlage die Erde! Und er schlug dreimal und stand still.
19. Da ward der Mann Gottes zornig auf ihn und sprach: Hättest du fünf- oder sechsmal geschlagen, so würdest du die Syrer geschlagen haben, bis sie aufgerieben wären; nun aber wirst du sie dreimal schlagen.
20. Da aber Elisa gestorben war und man ihn begraben hatte, fielen die Kriegsleute der Moabiter ins Land desselben Jahrs.
21. Und es begab sich, daß man einen Mann begrub; da sie aber die Kriegsleute

sahen, warfen sie den Mann in Elisas Grab.
Und da er hinabkam und die Gebeine Elisas berührte, ward er lebendig und trat auf
seine Füße.
22. Also zwang nun Hasael, der König
von Syrien, Israel, solange Joahas lebte.
23. Aber der Herr tat ihnen Gnade und
erbarmte sich ihrer und wandte sich zu
ihnen *um seines Bundes willen mit Abraham, Isaak und Jakob und wollte sie nicht
verderben, verwarf sie auch nicht von seinem Angesicht bis auf diese Stunde.
*3. Mose 26,42.
24. Und Hasael, der König von Syrien,
starb, und sein Sohn Benhadad ward König an seiner Statt.
25. Joas aber nahm wieder die Städte aus
der Hand Benhadads, des Sohnes Hasaels,
die er aus der Hand seines Vaters Joahas
genommen hatte mit Streit. *Dreimal
schlug ihn Joas und brachte die Städte
Israels wieder. *V. 19.

Das 14. Kapitel

Reich Juda, Amazja und Asarja Könige.
Reich Israel, Jerobeam der Zweite König.
(V. 1–22: vgl. 2. Chron. 25–26,2.)

1. Im zweiten Jahr des Joas, des Sohnes
des Joahas, des Königs über Israel, *ward
Amazja König, der Sohn des Joas, des Königs in Juda. *K. 12,22.
2. Fünfundzwanzig Jahre alt war er, da er
König ward, und regierte neunundzwanzig Jahre zu Jerusalem. Seine Mutter hieß
Joaddan von Jerusalem.
3. Und er tat, was dem Herrn wohl gefiel,
doch nicht wie sein Vater David; sondern
wie sein Vater Joas tat er auch. K. 12,3.4.
4. Denn die *Höhen wurden nicht abgetan; sondern das Volk opferte und räucherte noch auf den Höhen. *K. 15,4.
5. Da er nun des Königreichs mächtig
ward, schlug er seine Knechte, die seinen
Vater, den König, geschlagen hatten.
K. 12,21.22.
6. Aber die Kinder der Totschläger tötete
er nicht, wie es denn *geschrieben steht
im Gesetzbuch Mose's, da der Herr geboten hat und gesagt: Die Väter sollen nicht
um der Kinder willen sterben, und die
Kinder sollen nicht um der Väter willen
sterben; sondern ein jeglicher soll um seiner Sünde willen sterben. *5. Mose 24,16.
7. Er schlug auch der Edomiter im Salztal 10000 und gewann die Stadt Sela mit
Streit und hieß sie Joktheel bis auf diesen
Tag.
8. Da sandte Amazja Boten zu Joas, dem
Sohn des Joahas, des Sohnes Jehus, dem
König über Israel, und ließ ihm sagen:
Komm her, wir wollen uns miteinander
messen!
9. Aber Joas, der König Israels, sandte zu
Amazja, dem König Juda's, und ließ ihm
sagen: Der *Dornstrauch, der im Libanon
ist, sandte zur Zeder im Libanon und ließ
ihr sagen: Gib deine Tochter meinem
Sohn zum Weibe! Aber das Wild auf dem
Felde im Libanon lief über den Dornstrauch und zertrat ihn. Richt. 9,14.
10. Du hast die Edomiter geschlagen; des
überhebt sich dein Herz. Habe den Ruhm
und bleibe daheim! Warum ringst du nach
Unglück, daß du fällst und Juda mit dir?
11. Aber Amazja gehorchte nicht. Da zog
Joas, der König Israels, herauf; und sie
maßen sich miteinander, er und Amazja,
der König Juda's, zu Beth-Semes, das in
Juda liegt.
12. Aber Juda ward geschlagen vor Israel,
daß ein jeglicher floh in seine Hütte.
13. Und Joas, der König Israels, griff
Amazja, den König in Juda, den Sohn Joas,
des Sohnes des Ahasja, zu Beth-Semes
und kam gen Jerusalem und riß ein die
Mauer Jerusalems von dem Tor Ephraim
an bis an das Ecktor, vierhundert Ellen
lang,
14. und nahm alles Gold und Silber und
Gerät, das gefunden ward im Hause des
Herrn und im Schatz des Königshauses,
dazu die Geiseln, und zog wieder gen Samaria.
15. Was aber mehr von Joas zu sagen ist,
was er getan hat, und seine Macht, und wie
er mit Amazja, dem König Juda's, gestritten hat, siehe, das ist geschrieben in der
Chronik der Könige Israels.
16. Und Joas entschlief mit seinen Vätern
und ward begraben zu Samaria unter den
Königen Israels. Und sein Sohn Jerobeam
ward König an seiner Statt. K. 13,13.
17. Amazja aber, der Sohn des Joas, des
Königs in Juda, lebte nach dem Tod des
Joas, des Sohnes des Joahas, des Königs
über Israel, fünfzehn Jahre.
18. Was aber mehr von Amazja zu sagen
ist, das ist geschrieben in der Chronik der
Könige Juda's.
19. Und sie machten einen Bund *wider
ihn zu Jerusalem; er aber floh gen Lachis.
Und sie sandten hin, ihm nach, gen Lachis
und töteten ihn daselbst. *K. 12,20.21; 21,23.
20. Und sie brachten ihn auf Rossen, und
er ward begraben zu Jerusalem bei seinen
Vätern in der Stadt Davids. K. 9,28.
21. Und das ganze Volk Juda's nahm

Asarja in seinem sechzehnten Jahr und machten ihn zum König anstatt seines Vaters Amazja. K. 15,1.2.
22. Er baute *Elath und brachte es wieder zu Juda, nachdem der König mit seinen Vätern entschlafen war. *K. 16,6.
23. Im fünfzehnten Jahr Amazjas, des Sohnes des Joas, des Königs in Juda, ward *Jerobeam, der Sohn des Joas, König über Israel zu Samaria einundvierzig Jahre; *V. 16; Hos. 1,1; Amos 1,1.
24. und er tat, was dem Herrn übel gefiel, und ließ nicht ab von allen Sünden Jerobeams, des Sohnes Nebats, der Israel sündigen machte. 1. Kön. 12,26–33.
25. Er aber brachte wieder herzu das Gebiet Israels von Hamath an bis ans Meer, das im blachen Felde liegt, nach dem Wort des Herrn, des Gottes Israels, das er geredet hatte durch seinen Knecht *Jona, den Sohn Amitthais, den Propheten, der von Gath-Hepher war. *Jona 1,1.
26. Denn der Herr sah an den elenden Jammer Israels, daß auch die Verschlossenen und Verlassenen dahin waren und kein Helfer war in Israel. 5. Mose 32,36.
27. Und der Herr hatte nicht geredet, daß er wollte den Namen Israels austilgen unter dem Himmel, und *half ihnen durch Jerobeam, den Sohn des Joas. *K. 13,5.
28. Was aber mehr von Jerobeam zu sagen ist und alles, was er getan hat, und seine Macht, wie er gestritten hat, und wie er Damaskus und Hamath wiedergebracht an Juda in Israel, siehe, das ist geschrieben in der Chronik der Könige Israels.
29. Und Jerobeam entschlief mit seinen Vätern, mit den Königen Israels. Und sein Sohn *Sacharja ward König an seiner Statt. *K. 15,8.

Das 15. Kapitel

Reich Juda, Asarja oder Usia und Jotham Könige.
Reich Israel, Die Könige Sacharja, Sallum, Menahem, Pekahja und Pekah.
Anfang der assyrischen Gefangenschaft.
(V. 1–7: vgl. 2. Chron. 26,1.3–23.)

1. Im siebenundzwanzigsten Jahr Jerobeams, des Königs Israels, ward König Asarja, der Sohn Amazjas, des Königs Juda's; K. 14,21.
2. und war sechzehn Jahre alt, da er König ward, und regierte zweiundfünfzig Jahre zu Jerusalem. Seine Mutter hieß Jecholja von Jerusalem.
3. Und er tat, was dem Herrn wohl gefiel, ganz wie sein Vater Amazja,
4. nur, daß sie die Höhen nicht abtaten; denn das Volk opferte und räucherte noch auf den Höhen. K. 14,3.4.
5. Der Herr plagte aber den König, daß er aussätzig war bis an seinen Tod, und *wohnte in einem besondern Hause. Jotham aber, des Königs Sohn, regierte das Haus und richtete das Volk im Lande. *3. Mose 13,46.
6. Was aber mehr von Asarja zu sagen ist und alles, was er getan hat, siehe, das ist geschrieben in der Chronik der Könige Juda's.
7. Und Asarja entschlief mit seinen Vätern; und man begrub ihn bei seinen Vätern in der Stadt Davids. Und sein Sohn *Jotham ward König an seiner Statt. *V. 32.
8. Im achtunddreißigsten Jahr Asarjas, des Königs Juda's, ward König Sacharja, der Sohn Jerobeams, über Israel zu Samaria sechs Monate; K. 14,29.
9. und er tat, was dem Herrn übel gefiel, wie seine Väter getan hatten. Er *ließ nicht ab von den Sünden Jerobeams, des Sohnes Nebats, der Israel sündigen machte. *1. Kön. 12,26–33.
10. Und Sallum, der Sohn des Jabes, machte einen Bund wider ihn und *schlug ihn vor dem Volk und tötete ihn und ward König an seiner Statt. *V. 14; Amos 7,9.
11. Was aber mehr von Sacharja zu sagen ist, siehe, das ist geschrieben in der Chronik der Könige Israels.
12. Und das ist's, was *der Herr zu Jehu geredet hatte: Dir sollen Kinder ins vierte Glied sitzen auf dem Stuhl Israels. Und ist also geschehen. *K. 10,30.
13. Sallum aber, der Sohn des Jabes, ward König im neununddreißigsten Jahr Usias, des Königs in Juda, und regierte einen Monat zu Samaria.
14. Denn Menahem, der Sohn Gadis, zog herauf von *Thirza und kam gen Samaria und schlug Sallum, den Sohn des Jabes, zu Samaria und tötete ihn und ward König an seiner Statt. *1. Kön. 16,17.
15. Was aber mehr von Sallum zu sagen ist und seinem Bund, den er anrichtete, siehe, das ist geschrieben in der Chronik der Könige Israels.
16. Dazumal schlug Menahem Tiphsah und alle, die darin waren, und ihr Gebiet von Thirza aus, darum daß sie ihn nicht wollten einlassen, und schlug alle ihre Schwangeren und zerriß sie.
17. Im neununddreißigsten Jahr Asarjas, des Königs Juda's, ward König Menahem, der Sohn Gadis, über Israel zehn Jahre zu Samaria;
18. und er tat, was dem Herrn übel gefiel.

Er ließ sein Leben lang nicht von den
Sünden Jerobeams, des Sohnes Nebats,
der Israel sündigen machte. V. 9.
19. Und es kam Phul, der König von Assyrien, ins Land. Und Menahem gab dem
Phul tausend Zentner Silber, daß er's mit
ihm hielte und befestigte ihm das Königreich.
20. Und Menahem setzte ein *Geld in
Israel auf die Reichsten, fünfzig Silberlinge auf einen jeglichen Mann, daß er's dem
König von Assyrien gäbe. Also zog der König von Assyrien wieder heim und blieb
nicht im Lande. *K. 23,35.
21. Was aber mehr von Menahem zu sagen ist und alles, was er getan hat, siehe,
das ist geschrieben in der Chronik der
Könige Israels.
22. Und Menahem entschlief mit seinen
Vätern, und Pekahja, sein Sohn, ward König an seiner Statt.
23. Im fünfzigsten Jahr Asarjas, des Königs in Juda, ward König Pekahja, der
Sohn Menahems, über Israel zu Samaria
zwei Jahre;
24. und er tat, was dem Herrn übel gefiel;
denn er ließ nicht von der Sünde Jerobeams, des Sohnes Nebats, der Israel sündigen machte. V. 9.
25. Und es machte Pekah, der Sohn Remaljas, sein Ritter, einen Bund wider ihn
und schlug ihn zu Samaria im Palast des
Königshauses samt Argob und Arje – und
mit ihm waren fünfzig Mann von den Kindern Gileads – und tötete ihn und ward
König an seiner Statt. V. 10,14.30.
26. Was aber mehr von Pekahja zu sagen
ist und alles, was er getan hat, siehe, das
ist geschrieben in der Chronik der Könige
Israels.
27. Im zweiundfünfzigsten Jahr Asarjas,
des Königs Juda's, ward König Pekah, der
Sohn Remaljas, über Israel zu Samaria
zwanzig Jahre;
28. und er tat, was dem Herrn übel gefiel;
denn er ließ nicht von der Sünde Jerobeams, des Sohnes Nebats, der Israel sündigen machte. V. 9.
29. Zu den Zeiten Pekahs, des Königs
Israels, kam Thiglath-Pileser, der König
von Assyrien, und nahm Ijon, Abel-Beth-
Maacha, Janoah, Kedes, Hazor, Gilead und
Galiläa, das ganze Land Naphthali, und
führte sie weg nach Assyrien. 1. Chron. 5,26.
30. Und *Hosea, der Sohn Elas, †machte
einen Bund wider Pekah, den Sohn Remaljas, und schlug ihn tot und ward König
an seiner Statt im zwanzigsten Jahr Jothams, des Sohnes Usias. *K. 17,1. †V. 25.
31. Was aber mehr von Pekah zu sagen
ist und alles, was er getan hat, siehe, das
ist geschrieben in der Chronik der Könige
Israels. (V. 32–36.38: vgl. 2. Chron. 27.)
32. Im zweiten Jahr Pekahs, des Sohnes
Remaljas, des Königs über Israel, ward
König *Jotham, der Sohn Usias, des Königs in Juda. *V. 5,7.
33. Er war fünfundzwanzig Jahre alt, da
er König ward, und regierte sechzehn Jahre zu Jerusalem. Seine Mutter hieß Jerusa, eine Tochter Zadoks.
34. Und er tat, was dem Herrn wohl gefiel, ganz wie sein Vater *Usia getan hatte,
*K. 15,3.4.
35. nur, daß sie die Höhen nicht abtaten;
denn das Volk opferte und räucherte noch
auf den Höhen. Er baute das obere Tor am
Hause des Herrn.
36. Was aber mehr von Jotham zu sagen
ist, und alles, was er getan hat, siehe, das
ist geschrieben in der Chronik der Könige
Juda's.
37. Zu der Zeit hob der Herr an, zu senden gegen Juda *Rezin, den König von
Syrien, und Pekah, den Sohn Remaljas.
*K. 16,5.
38. Und Jotham entschlief mit seinen Vätern und ward begraben bei seinen Vätern
in der Stadt Davids, seines Vaters. Und
Ahas, sein Sohn, ward König an seiner
Statt.

Das 16. Kapitel

Reich Juda, Ahas König.
(Vgl. 2. Chron. 28.)

1. Im siebzehnten Jahr Pekahs, des Sohnes Remaljas, ward König *Ahas, der Sohn
Jothams, des Königs in Juda. *K. 15,38.
2. Zwanzig Jahre war Ahas alt, da er König ward, und regierte sechzehn Jahre zu
Jerusalem; und er tat nicht, was dem
Herrn, seinem Gott, wohl gefiel, wie sein
Vater David;
3. denn er wandelte auf dem Wege der
Könige Israels. Dazu *ließ er seinen Sohn
durchs Feuer gehen nach den Greueln der
Heiden, die der Herr vor den Kindern Israel vertrieben hatte, *K. 21,6; 3. Mose 18,21.
4. und tat Opfer und räucherte auf den
Höhen und auf den Hügeln und unter allen grünen Bäumen.
5. Dazumal zogen *Rezin, der König von
Syrien, und Pekah, der Sohn Remaljas,
König in Israel, hinauf gen Jerusalem, zu
streiten, und belagerten Ahas; aber sie
konnten es nicht gewinnen. *Jes. 7,1–9.
6. Zu derselben Zeit brachte Rezin, Kö-

nig von Syrien, *Elath wieder an Syrien
und stieß die Juden aus Elath; aber die
Syrer kamen und wohnten darin bis auf
diesen Tag. *K.14,22.
7. Aber Ahas sandte Boten zu *Thiglath-
Pileser, dem König von Assyrien, und ließ
ihm sagen: Ich bin dein Knecht und dein
Sohn; komm herauf und hilf mir aus der
Hand des Königs von Syrien und des Königs Israels, die sich wider mich haben
aufgemacht! *K.15,29.
8. Und Ahas *nahm das Silber und Gold,
das in dem Hause des Herrn und in den
Schätzen des Königshauses gefunden
ward, und sandte dem König von Assyrien
Geschenke. 1.Kön.15,18.
9. Und der König von Assyrien gehorchte
ihm und zog herauf gen Damaskus und
gewann es und führte es weg gen Kir und
tötete Rezin.
10. Und der König Ahas zog entgegen
Thiglath-Pileser, dem König von Assyrien,
gen Damaskus. Und da er einen Altar sah,
der zu Damaskus war, sandte der König
Ahas desselben Altars Ebenbild und
Gleichnis zum Priester Uria, wie derselbe
gemacht war.
11. Und Uria, der Priester, baute einen
Altar und machte ihn, wie der König Ahas
zu ihm gesandt hatte von Damaskus, bis
der König Ahas von Damaskus kam.
12. Und da der König von Damaskus kam
und den Altar sah, opferte er darauf
13. und zündete darauf an sein Brandopfer und Speisopfer und goß darauf sein
Trankopfer und ließ das Blut der Dankopfer, die er opferte, auf den Altar sprengen.
14. Aber den ehernen Altar, der vor dem
Herrn stand, tat er weg, daß er nicht stände zwischen dem Altar und dem Hause des
Herrn, sondern setzte ihn an die Seite des
Altars gegen Mitternacht.
15. Und der König Ahas gebot Uria, dem
Priester, und sprach: Auf dem großen Altar sollst du anzünden die Brandopfer des
Morgens und die Speisopfer des Abends
und die Brandopfer des Königs und sein
Speisopfer und die Brandopfer alles Volks
im Lande samt ihrem Speisopfer und
Trankopfer; und alles Blut der Brandopfer
und das Blut aller andern Opfer sollst du
darauf sprengen; aber mit dem ehernen
Altar will ich denken, was ich mache.
16. Uria, der Priester, tat alles, was ihn
der König Ahas hieß.
17. Und der König Ahas brach ab die Seiten an den Gestühlen und tat die Kessel
oben davon; und das Meer tat er von den
ehernen Ochsen, die darunter waren, und
setzte es auf ein steinernes Pflaster.
1.Kön.7,23–39.
18. Dazu die bedeckte Sabbathalle, die
sie am Hause gebaut hatten, und den äußeren Eingang des Königs wandte er zum
Hause des Herrn, dem König von Assyrien
zu Dienst.
19. Was aber mehr von Ahas zu sagen ist,
was er getan hat, siehe, das ist geschrieben
in der Chronik der Könige Juda's.
20. Und Ahas entschlief mit seinen Vätern und ward begraben bei seinen Vätern
in der Stadt Davids. Und *Hiskia, sein
Sohn, ward König an seiner Statt. *K.18,1.

Das 17. Kapitel

Reich Israel, Hosea, letzter König. Die assyrische Gefangenschaft als Strafe für Israels Abfall. Entstehung der neuen Samariter.

1. Im zwölften Jahr des Ahas, des Königs
in Juda, ward König über Israel zu Samaria Hosea, der Sohn Elas, neun Jahre;
K.15,30.
2. und er tat, was dem Herrn übel gefiel,
doch nicht wie die Könige Israels, die vor
ihm waren.
3. Wider denselben zog herauf *Salmanasser, der König von Assyrien. Und Hosea
ward ihm untertan, daß er ihm Geschenke
gab. K.18,9–12.
4. Da aber der König von Assyrien inneward, daß Hosea einen Bund anrichtete
und hatte Boten zu So, dem König in
Ägypten, gesandt und nicht darreichte Geschenke dem König von Assyrien, wie alle
Jahre, griff er ihn und legte ihn ins Gefängnis. Hos.12,2.
5. Nämlich der König von Assyrien zog
über das ganze Land und gen Samaria und
belagerte es drei Jahre.
6. Und im neunten Jahr Hoseas gewann
der König von Assyrien Samaria und führte Israel weg nach Assyrien und setzte sie
nach Halah und an den Habor, an das
Wasser Gosan und in die Städte der Meder.
7. Denn die Kinder Israel sündigten wider den Herrn, ihren Gott, der sie aus
Ägyptenland geführt hatte, aus der Hand
Pharaos, des Königs in Ägypten, und
fürchteten andere Götter
8. und wandelten *nach der Heiden Weise, die der Herr vor den Kindern Israel
vertrieben hatte, und taten wie die Könige
Israels; *K.16,3.
9. und die Kinder Israel schmückten ihre
Sachen wider den Herrn, ihren Gott, die
doch nicht gut waren, also daß sie sich
Höhen bauten in allen Städten, von den
Wachttürmen bis zu den festen Städten,

10. und richteten Säulen auf und Ascherabilder auf allen hohen Hügeln und unter *allen grünen Bäumen,
*K.16,4; 1.Kön.14,23.
11. und räucherten daselbst auf allen Höhen wie *die Heiden, die der Herr vor ihnen weggetrieben hatte, und trieben böse Stücke, den Herrn zu erzürnen, *V.8.
12. und dienten den Götzen, davon der Herr zu ihnen gesagt hatte: *Ihr sollt solches nicht tun; *2.Mose 20,2.3; 23,13.
13. und wenn der Herr bezeugte in Israel und Juda durch alle Propheten und Schauer und ließ ihnen sagen: Kehret um von euren bösen Wegen und haltet meine Gebote und Rechte nach allem Gesetz, das ich euren Vätern geboten habe und das ich zu euch gesandt habe durch meine Knechte, die Propheten:
14. so gehorchten sie nicht, sondern härteten ihren Nacken gleich dem Nacken ihrer Väter, die nicht glaubten an den Herrn, ihren Gott;
15. dazu verachteten sie seine Gebote und seinen Bund, den er mit ihren Vätern gemacht hatte, und seine Zeugnisse, die er unter ihnen tat, und wandelten ihrer Eitelkeit nach und wurden eitel den Heiden nach, die um sie her wohnten, von welchen ihnen der Herr *geboten hatte, sie sollten nicht wie sie tun; *2.Mose 23,24.
16. aber sie verließen alle Gebote des Herrn, ihres Gottes, und *machten sich zwei gegossene Kälber und ein Ascherabild und beteten an alles Heer des Himmels und dienten Baal *1.Kön.12,28; 16,33.
17. und ließen *ihre Söhne und Töchter durchs Feuer gehen und gingen mit Weissagen und Zaubern um und verkauften sich, zu tun, was dem Herrn übel gefiel, ihn zu erzürnen: *K.16,3.
18. da ward der Herr sehr zornig über Israel und tat sie von seinem Angesicht, daß nichts übrigblieb denn der Stamm Juda allein.
19. (Dazu hielten auch die von Juda nicht die Gebote des Herrn, ihres Gottes, und wandelten in den Sitten, darnach Israel getan hatte.)
20. Darum verwarf der Herr allen Samen Israels und drängte sie und gab sie in die Hände der Räuber, bis daß er sie verwarf von seinem Angesicht.
21. Denn *Israel ward gerissen vom Hause Davids; und sie machten zum König Jerobeam, den Sohn Nebats. Derselbe wandte Israel ab vom Herrn und machte, daß sie schwer sündigten. *1.Kön.12,20.
22. Also wandelten die Kinder Israel in allen Sünden Jerobeams, die er angerichtet hatte, und ließen nicht davon,
23. bis der Herr Israel von seinem Angesicht tat, *wie er geredet hatte durch alle seine Knechte, die Propheten. Also ward Israel aus seinem Lande weggeführt nach Assyrien bis auf diesen Tag. *5.Mose 28,63.64.
24. Der König aber von Assyrien ließ kommen Leute von Babel, von Kutha, von Avva, von Hamath und Sepharvaim und setzte sie in die Städte in Samaria anstatt der Kinder Israel. Und sie nahmen Samaria ein und wohnten in desselben Städten.
25. Da sie aber anhoben daselbst zu wohnen und den Herrn nicht fürchteten, sandte der Herr Löwen unter sie, die erwürgten sie.
26. Und sie ließen dem König von Assyrien sagen: Die Heiden, die du hast hergebracht und die Städte Samarias damit besetzt, wissen nichts von der Weise des Gottes im Lande; darum hat er Löwen unter sie gesandt, und siehe, dieselben töten sie, weil sie nicht wissen um die Weise des Gottes im Lande.
27. Der König von Assyrien gebot und sprach: Bringet dahin der Priester einen, die von dort sind weggeführt, und ziehet hin und wohnet daselbst, und er lehre sie die Weise des Gottes im Lande.
28. Da kam der Priester einer, die von Samaria weggeführt waren, und wohnte zu Beth-El und lehrte sie, wie sie den Herrn fürchten sollten.
29. Aber ein jegliches Volk machte seinen Gott und taten sie in die Häuser auf den Höhen, die die Samariter gemacht hatten, ein jegliches Volk in ihren Städten, darin sie wohnten.
30. Die von Babel machten Sukkoth-Benoth; die von Chut machten Nergal; die von Hamath machten Asima;
31. die von Avva machten Nibehas und Tharthak; die von Sepharvaim *verbrannten ihre Söhne dem Adrammelech und Anammelech, den Göttern derer von Sepharvaim. *V.17.
32. Und weil sie den Herrn auch fürchteten, machten sie sich Priester auf den Höhen aus allem Volk unter ihnen; die opferten für sie in den Häusern auf den Höhen.
33. Also fürchteten sie den Herrn und dienten auch den Göttern nach eines jeglichen Volkes Weise, von wo sie hergebracht waren.
34. Und bis auf diesen Tag tun sie nach der alten Weise, daß sie weder den Herrn fürchten noch ihre Sitten und Rechte tun nach dem Gesetz und Gebot, das der Herr

geboten hat den Kindern Jakobs, welchem
er den Namen Israel gab.
35. Und er machte einen Bund mit ihnen
und gebot ihnen und sprach: Fürchtet keine andern Götter und betet sie nicht an
und dienet ihnen nicht und opfert ihnen
nicht; *2.Mose 23,24.
36. sondern den Herrn, der euch aus
Ägyptenland geführt hat mit großer Kraft
und ausgerecktem Arm, den fürchtet, den
betet an, und dem opfert;
37. und die Sitten, Rechte, Gesetze und
Gebote, die er euch hat aufschreiben lassen, die haltet, daß ihr darnach tut allewege und nicht andere Götter fürchtet;
38. und des Bundes, den er mit euch gemacht hat, vergesset nicht, daß ihr nicht
andere Götter fürchtet;
39. sondern fürchtet den Herrn, euren
Gott; der wird euch erretten von allen euren Feinden. 5.Mose 6,12–19.
40. Aber diese gehorchten nicht, sondern taten nach ihrer vorigen Weise.
41. Also fürchteten diese Heiden den
Herrn und dienten auch ihren Götzen.
Also taten auch ihre Kinder und Kindeskinder, wie ihre Väter getan haben, bis auf
diesen Tag.

Das 18. Kapitel

Reich Juda, Hiskia König. Jerusalem von Sanherib belagert.

1. Im dritten Jahr Hoseas, des Sohnes
Elas, des Königs über Israel, ward König
*Hiskia, der Sohn des Ahas, des Königs in
Juda. *K.16,20.
2. Er war fünfundzwanzig Jahre alt, da er
König ward, und regierte neunundzwanzig Jahre zu Jerusalem. Seine Mutter hieß
Abi, eine Tochter Sacharjas. 2.Chron.29,1.2.
3. Und *er tat, was dem Herrn wohl gefiel, wie sein Vater David. *K.20,3.
4. *Er tat ab die †Höhen und zerbrach
die Säulen und rottete das Ascherabild aus
und zerstieß die eherne Schlange, die
**Mose gemacht hatte; denn bis zu der
Zeit hatten ihr die Kinder Israel geräuchert, und man hieß sie Nehusthan.
*2.Chron.31,1. †K.15,35. **4.Mose 21,8.9.
5. Er vertraute dem Herrn, dem Gott Israels, *daß nach ihm seinesgleichen nicht
war unter allen Königen Juda's noch vor
ihm gewesen. *K.23,25.
6. Er hing dem Herrn an und wich nicht
von ihm ab und hielt seine Gebote, die der
Herr dem Mose geboten hatte.
7. Und der Herr war mit ihm; und wo er
auszog, handelte er klüglich. Dazu ward er
abtrünnig vom König von Assyrien und
war ihm nicht untertan.
8. Er schlug auch die Philister bis gen
Gaza und ihr Gebiet von den Wachttürmen an bis an die festen Städte.
9. Im vierten Jahr Hiskias, des Königs in
Juda (das war das siebente Jahr Hoseas,
des Sohnes Elas, des Königs über Israel),
da zog Salmanasser, der König von Assyrien, herauf wider Samaria und belagerte
es K.17,3–6.
10. und gewann es nach drei Jahren; im
sechsten Jahr Hiskias, das ist im neunten
Jahr Hoseas, des Königs Israels, da ward
Samaria gewonnen.
11. Und der König von Assyrien führte
Israel weg gen Assyrien und setzte sie nach
Halah und an den Habor, an das Wasser
Gosan und in die Städte der Meder,
12. darum daß sie nicht gehorcht hatten
der Stimme des Herrn, ihres Gottes, und
übertreten hatten seinen Bund und alles,
was Mose, der Knecht des Herrn, geboten
hatte; deren hatten sie keines gehört noch
getan. (V.13–37: vgl. 2.Chron.32,1–19; Jes.36.)
13. Im vierzehnten Jahr aber des Königs
Hiskia zog herauf Sanherib, der König von
Assyrien, wider alle festen Städte Juda's
und nahm sie ein.
14. Da sandte Hiskia, der König Juda's,
zum König von Assyrien gen Lachis und
ließ ihm sagen: Ich habe mich *versündigt. Kehre um von mir; was du mir auf-
legst, will ich tragen. Da legte der König
von Assyrien Hiskia, dem König Juda's,
dreihundert Zentner Silber auf und dreißig Zentner Gold. *V.7.
15. Also gab Hiskia all das Silber, das im
Hause des Herrn und in den Schätzen des
Königshauses gefunden ward. K.16,8.
16. Zur selben Zeit zerbrach Hiskia, der
König Juda's, die Türen am Tempel des
Herrn und die Bleche, die er selbst hatte
darüberziehen lassen, und gab sie dem
König von Assyrien.
17. Und der König von Assyrien sandte
den Tharthan und den Erzkämmerer und
den Erzschenken von Lachis zum König
Hiskia mit großer Macht gen Jerusalem,
und sie zogen herauf. Und da sie hinkamen, hielten sie an der Wasserleitung des
oberen Teichs, der da liegt an der Straße
bei dem Acker des Walkmüllers,
18. und riefen nach dem König. Da kam
heraus zu ihnen Eljakim, der Sohn Hilkias, der Hofmeister, und Sebna, der
Schreiber, und Joah, der Sohn Asaphs, der
Kanzler.
19. Und der Erzschenke sprach zu ihnen:

Sagt doch dem König Hiskia: So spricht
der große König, der König von Assyrien:
Was ist das für ein Trotz, darauf du dich
verlässest?
20. Meinst du, es sei noch Rat und
Macht, zu streiten? Worauf verlässest du
denn nun dich, daß du mir abtrünnig geworden bist?
21. Siehe, verlässest du dich auf diesen
zerstoßenen Rohrstab, auf Ägypten, welcher, so sich jemand darauf lehnt, wird er
ihm in die Hand gehen und sie durchbohren? Also ist Pharao, der König in Ägypten,
allen, die sich auf ihn verlassen.
22. Ob ihr aber wollet zu mir sagen: Wir
verlassen uns auf den Herrn, unsern Gott!
ist's denn nicht der, dessen Höhen und
Altäre Hiskia hat abgetan und gesagt zu
Juda und zu Jerusalem: *Vor diesem Altar,
der zu Jerusalem ist, sollt ihr anbeten?
*2. Mose 20,24; 5. Mose 12,14.
23. Wohlan, nimm eine Wette an mit
meinem Herrn, dem König von Assyrien:
ich will dir zweitausend Rosse geben, ob
du könntest Reiter dazu geben.
24. Wie willst du denn bleiben vor der
geringsten Hauptleute einem von meines
Herrn Untertanen? Und du verlässest dich
auf Ägypten um der Wagen und Reiter
willen.
25. Meinst du aber, ich sei ohne den
Herrn heraufgezogen, daß ich diese Stätte
verderbe? Der Herr hat mich's geheißen:
Ziehe hinauf in dies Land und verderbe es!
26. Da sprach Eljakim, der Sohn Hilkias,
und Sebna und Joah zum Erzschenken:
Rede mit deinen Knechten auf syrisch,
denn wir verstehen's; und rede nicht mit
uns auf jüdisch vor den Ohren des Volks,
das auf der Mauer ist.
27. Aber der Erzschenke sprach zu ihnen: Hat mich denn mein Herr zu deinem
Herrn oder zu dir gesandt, daß ich solche
Worte rede? und nicht vielmehr zu den
Männern, die auf der Mauer sitzen, daß sie
mit euch ihren eigenen Mist fressen und
ihren Harn saufen?
28. Also stand der Erzschenke auf und
redete mit lauter Stimme auf jüdisch und
sprach: Höret das Wort des großen Königs, des Königs von Assyrien!
29. So spricht der König: Laßt euch Hiskia nicht betrügen; denn er vermag euch
nicht zu erretten von meiner Hand.
30. Und laßt euch Hiskia nicht vertrösten auf den Herrn, daß er sagt: Der Herr
wird uns erretten, und diese Stadt wird
nicht in die Hände des Königs von Assyrien gegeben werden.
31. Gehorchet Hiskia nicht! Denn so
spricht der König von Assyrien: Nehmet
an meine Gnade und kommet zu mir heraus, so soll jedermann *von seinem Weinstock und seinem Feigenbaum essen und
von seinem Brunnen trinken, *1. Kön. 5,5.
32. bis ich komme und hole euch in ein
Land, das eurem Lande gleich ist, darin
Korn, Most, Brot, Weinberge, Ölbäume
und Honig sind; so werdet ihr leben bleiben und nicht sterben. Gehorchet Hiskia
nicht; denn er verführt euch, daß er
spricht: Der Herr wird uns erretten.
33. Haben auch die *Götter der Heiden
ein jeglicher sein Land errettet von der
Hand des Königs von Assyrien?
*Jes. 10,10.11.
34. Wo sind die Götter zu Hamath und
Arpad? Wo sind die Götter zu Sepharvaim,
Hena und Iwwa? Haben sie auch Samaria
errettet von meiner Hand?
35. Wo ist ein Gott unter aller Lande Göttern, die ihr Land haben von meiner Hand
errettet, daß der Herr sollte Jerusalem von
meiner Hand erretten?
36. Das Volk aber schwieg still und antwortete ihm nichts; denn der König hatte
geboten und gesagt: Antwortet ihm
nichts.
37. Da kamen Eljakim, der Sohn Hilkias,
der Hofmeister, und Sebna, der Schreiber,
und Joah, der Sohn Asaphs, der Kanzler,
zu Hiskia mit zerrissenen Kleidern und
sagten ihm an die Worte des Erzschenken.

Das 19. Kapitel

Hiskia betet. Jesaja verheißt Rettung.
Wunderbare Niederlage der Assyrer. Sanherib
kommt um.
(Vgl. Jes. 37; 2. Chron. 32,20–23.)

1. Da der König Hiskia das hörte, zerriß
er seine Kleider und legte einen Sack an
und ging in das Haus des Herrn
2. und sandte Eljakim, den Hofmeister,
und Sebna, den Schreiber, samt den Ältesten der Priester, mit Säcken angetan, zu
dem Propheten Jesaja, dem Sohn des
Amoz;
3. und sie sprachen zu ihm: So sagt Hiskia: Das ist ein Tag der Not, des Scheltens
und Lästerns; die Kinder sind gekommen
an die Geburt und ist keine Kraft da, zu
gebären.
4. Ob vielleicht der Herr, dein Gott, hören wollte alle Worte des Erzschenken,
den sein Herr, der König von Assyrien,
gesandt hat, *Hohn zu sprechen dem lebendigen Gott und zu schelten mit Worten, die der Herr, dein Gott, gehört hat: so

erhebe dein Gebet für die übrigen, die
noch vorhanden sind. *K. 18,35.
5. Und da die Knechte des Königs Hiskia
zu Jesaja kamen,
6. sprach Jesaja zu ihnen: So sagt eurem
Herrn: So spricht der Herr: Fürchte dich
nicht vor den Worten, die du gehört hast,
womit mich die Knechte des Königs von
Assyrien gelästert haben.
7. Siehe, ich will ihm einen Geist geben,
daß er *ein Gerücht hören wird und wieder in sein Land ziehen, und will ihn
durchs Schwert fällen in seinem Lande.
*V. 9,35–37.
8. Und da der Erzschenke wiederkam,
fand er den König von Assyrien streiten
wider Libna; denn er hatte gehört, daß er
von Lachis gezogen war.
9. Und da er hörte von Thirhaka, dem
König der Mohren: Siehe, er ist ausgezogen, mit dir zu streiten, sandte er abermals Boten zu Hiskia und ließ ihm sagen:
10. So sagt Hiskia, dem König Judas: Laß
dich deinen Gott nicht betrügen, auf den
du dich verlässest und sprichst: *Jerusalem wird nicht in die Hand des Königs von
Assyrien gegeben werden. *K. 18,30.
11. Siehe, du hast gehört, was die Könige
von Assyrien getan haben allen Landen
und sie verbannt; und du solltest errettet
werden?
12. Haben *der Heiden Götter auch sie
errettet, welche meine Väter haben verderbt: Gosan, Haran, Rezeph und die Kinder Edens, die zu Thelassar waren?
*K. 18,33.34.
13. Wo ist der König zu Hamath, der
König zu Arpad und der König der Stadt
Sepharvaim, von Hena und Iwwa?
14. Und da Hiskia den Brief von den Boten empfangen und gelesen hatte, ging er
hinauf zum Hause des Herrn und breitete
ihn aus vor dem Herrn
15. und betete vor dem Herrn und
sprach: Herr, Gott Israels, *der du über
den Cherubim sitzest, du bist allein Gott
über alle Königreiche auf Erden, du hast
Himmel und Erde gemacht.
*2. Mose 25,22; Ps. 80,2.
16. Herr, neige deine Ohren und höre;
tue deine Augen auf und siehe, und höre
die Worte Sanheribs, der hergesandt hat,
*Hohn zu sprechen dem lebendigen Gott.
*V. 4; 1. Sam. 17,10.
17. Es ist wahr, Herr, die Könige von
Assyrien haben die Heiden mit dem
Schwert umgebracht und ihr Land
18. und haben ihre Götter ins Feuer geworfen. Denn es waren nicht Götter, sondern Werke von Menschenhänden, Holz
und Stein; darum haben sie sie vertilgt.
19. Nun aber, Herr, unser Gott, hilf uns
aus seiner Hand, auf daß alle Königreiche
auf Erden erkennen, daß du, Herr, allein
Gott bist.
20. Da sandte Jesaja, der Sohn des Amoz,
zu Hiskia und ließ ihm sagen: So spricht
der Herr, der Gott Israels: Was du zu mir
gebetet hast um Sanherib, den König von
Assyrien, das habe ich gehört.
21. Das ist's, was der Herr wider ihn geredet hat: Die Jungfrau, die Tochter Zion,
verachtet dich und spottet dein; die Tochter Jerusalem schüttelt ihr Haupt dir
nach.
22. Wen hast du gehöhnt und gelästert?
Über wen hast du deine Stimme erhoben?
Du hast deine Augen erhoben wider den
Heiligen in Israel.
23. Du hast den Herrn durch deine Boten
gehöhnt und gesagt: »Ich bin durch die
Menge meiner Wagen auf die Höhen der
Berge gestiegen, auf den innersten Libanon; ich habe seine hohen Zedern und
auserlesenen Tannen abgehauen und bin
gekommen an seine äußerste Herberge,
an den Wald seines Baumgartens.
24. Ich habe gegraben und ausgetrunken
die fremden Wasser und werde austrocknen mit meinen Fußsohlen alle Flüsse
Ägyptens.«
25. Hast du aber nicht gehört, daß ich
solches lange zuvor getan habe, und von
Anfang habe ich's bereitet? Nun aber habe
ich's kommen lassen, daß feste Städte
werden fallen in einen wüsten Steinhaufen,
26. und die darin wohnen, matt werden
und sich fürchten und schämen müssen
und werden wie das Gras auf dem Felde
und wie das grüne Kraut, wie Gras auf den
Dächern, das verdorrt, ehe denn es reif
wird.
27. Ich weiß dein Wohnen, dein Aus- und
Einziehen und daß du tobst wider mich.
28. Weil du denn wider mich tobst und
dein Übermut vor meine Ohren heraufgekommen ist, so will ich dir einen Ring an
deine Nase legen und ein Gebiß in dein
Maul und will dich den Weg wieder zurückführen, da du her gekommen bist.
29. Und das sei dir ein Zeichen: In diesem
Jahr iß, was von selber wächst; im andern
Jahr, was noch aus den Wurzeln wächst;
im dritten Jahr säet und erntet, und pflanzet Weinberge und esset ihre Früchte.
30. Und was vom Hause Juda's errettet
und übriggeblieben ist, wird förder unter

sich wurzeln und über sich Frucht tragen.
31. Denn von Jerusalem werden ausgehen, die übriggeblieben sind, und die Erretteten vom Berge Zion. *Der Eifer des Herrn Zebaoth wird solches tun. *Jes.9,6.
32. Darum spricht der Herr vom König von Assyrien also: Er soll nicht in diese Stadt kommen und keinen Pfeil hineinschießen und mit keinem Schilde davorkommen und soll keinen Wall darum schütten;
33. sondern er soll den Weg wiederum ziehen, den er gekommen ist, und soll in diese Stadt nicht kommen; der Herr sagt's.
34. Und *ich will diese Stadt beschirmen, daß ich ihr helfe um meinetwillen und um Davids, meines Knechts, willen. *K.20,6.
35. Und in derselben Nacht fuhr aus der Engel des Herrn und schlug im Lager von Assyrien 185000 Mann. Und da sie sich des Morgens früh aufmachten, siehe, da lag's alles eitel tote Leichname.
36. Also brach Sanherib, der König von Assyrien, auf und zog weg und kehrte um und blieb zu Ninive.
37. Und da er anbetete im Hause Nisrochs, seines Gottes, *erschlugen ihn mit dem Schwert Adrammelech und Sarezer, seine Söhne, und sie entrannen ins Land Ararat. Und sein Sohn Asar-Haddon ward König an seiner Statt. *V.7.

Das 20. Kapitel

Hiskias Krankheit und Lebensverlängerung.
Eitelkeit vor den Gesandten aus Babel und Tod.
(Vgl. Jes.38; 39; 2.Chron.32,24–33.)

1. Zu der Zeit ward Hiskia todkrank. Und der Prophet Jesaja, der Sohn des Amoz, kam zu ihm und sprach zu ihm: So spricht der Herr: Beschicke dein Haus; denn du wirst sterben und nicht leben bleiben!
2. Er aber wandte sein Antlitz zur Wand und betete zum Herrn und sprach:
3. Ach, Herr, gedenke doch, daß ich vor dir treulich gewandelt habe und mit rechtschaffenem Herzen und habe getan, was dir wohl gefällt. Und Hiskia weinte sehr.
4. Da aber Jesaja noch nicht zur Stadt halb hinausgegangen war, kam des Herrn Wort zu ihm und sprach:
5. Kehre um und sage Hiskia, dem Fürsten meines Volks: So spricht der Herr, der Gott deines Vaters David: Ich habe dein Gebet gehört und deine Tränen gesehen. Siehe, ich will dich gesund machen – am dritten Tage wirst du hinauf in das Haus des Herrn gehen –
6. und will fünfzehn Jahre zu deinem Leben tun und dich und *diese Stadt erretten von dem König von Assyrien und diese Stadt beschirmen um meinetwillen und um meines Knechtes David willen. *K.19,34.
7. Und Jesaja sprach: Bringet her ein Pflaster von Feigen! Und da sie das brachten, legten sie es auf die Drüsen; und er ward gesund.
8. Hiskia aber sprach zu Jesaja: Welches ist das Zeichen, daß mich der Herr wird gesund machen und ich in des Herrn Haus hinaufgehen werde am dritten Tage?
9. Jesaja sprach: Das Zeichen wirst du haben vom Herrn, daß der Herr tun wird, was er geredet hat: Soll der Schatten zehn Stufen fürdergehen oder zehn Stufen zurückgehen?
10. Hiskia sprach: Es ist leicht, daß der Schatten zehn Stufen niederwärts gehe; das will ich nicht, sondern daß er zehn Stufen hinter sich zurückgehe.
11. Da rief der Prophet Jesaja den Herrn an; und der Schatten ging hinter sich zurück zehn Stufen am Zeiger des Ahas, die er war niederwärts gegangen.
12. Zu der Zeit sandte Berodach-Baladan, der Sohn Baladans, König zu Babel, Briefe und Geschenke zu Hiskia; denn er hatte gehört, daß Hiskia krank gewesen war.
13. Hiskia aber war fröhlich mit ihnen und zeigte ihnen das ganze Schatzhaus, Silber, Gold, Spezerei und das beste Öl, und das Zeughaus und alles, was in seinen Schätzen vorhanden war. Es war nichts in seinem Hause und in seiner ganzen Herrschaft, das ihnen Hiskia nicht zeigte.
14. Da kam Jesaja, der Prophet, zum König Hiskia und sprach zu ihm: Was haben diese Leute gesagt? und woher sind sie zu dir gekommen? Hiskia sprach: Sie sind aus fernen Landen zu mir gekommen, von Babel.
15. Er sprach: Was haben sie gesehen in deinem Hause? Hiskia sprach: Sie haben alles gesehen, was in meinem Hause ist, und ist nichts in meinen Schätzen, was ich ihnen nicht gezeigt hätte.
16. Da sprach Jesaja zu Hiskia: Höre des Herrn Wort:
17. Siehe, es kommt die Zeit, daß *alles wird gen Babel weggeführt werden aus deinem Hause und was deine Väter gesammelt haben bis auf diesen Tag; und wird nichts übriggelassen werden, spricht der Herr. *K.24,13.14.
18. Dazu von den Kindern, die von dir

DER ENGEL DES HERRN TÖTET DIE ASSYRER 2. Könige 19, 35

kommen, die du zeugen wirst, werden sie
nehmen, daß sie *Kämmerer seien im Palast des Königs zu Babel. *Dan.1,3.4.
19. Hiskia aber sprach zu Jesaja: *Das ist
gut, was der Herr geredet hat, – und
sprach weiter: Es wird doch Friede und
Treue sein zu meinen Zeiten. *1.Sam.3,18.
20. Was mehr von Hiskia zu sagen ist
und alle seine Macht und was er getan hat
und der Teich und die Wasserleitung,
durch die er Wasser in die Stadt geleitet
hat, siehe, das ist geschrieben in der Chronik der Könige Juda's.
21. Und Hiskia entschlief mit seinen Vätern; und Manasse, sein Sohn, ward König
an seiner Statt.

Das 21. Kapitel

Reich Juda, Manasse und Amon Könige.
(Vgl. 2. Chron. 33.)

1. Manasse war zwölf Jahre alt, da er König ward, und regierte fünfundfünfzig
Jahre zu Jerusalem. Seine Mutter hieß
Hephzibah.
2. Und er tat, was dem Herrn übel gefiel,
nach den Greueln der Heiden, die der Herr
vor den Kindern Israel vertrieben hatte,
3. und baute wieder die Höhen, die sein
Vater Hiskia hatte zerstört, und richtete
dem Baal Altäre auf und machte ein
Ascherabild, *wie Ahab, der König Israels,
getan hatte, und betete an alles Heer des
Himmels und diente ihnen. *1.Kön.16,32.
4. Und baute Altäre im Hause des Herrn,
davon der *Herr gesagt hatte: Ich will meinen Namen zu Jerusalem setzen; V.7.
5. und er baute allem Heer des Himmels
*Altäre in beiden Höfen am Hause des
Herrn. *K.23,12.
6. Und ließ *seinen Sohn durchs Feuer
gehen und achtete auf Vogelgeschrei und
Zeichen und hielt Wahrsager und Zeichendeuter und tat des viel, das dem
Herrn übel gefiel, ihn zu erzürnen. *K.16,3.
7. Er setzte auch das Bild der Aschera,
das er gemacht hatte, in das Haus, von
welchem der Herr zu David und zu Salomo, seinem Sohn, *gesagt hatte: In dies
Haus und nach Jerusalem, das ich erwählt
habe aus allen Stämmen Israels, will ich
meinen Namen setzen ewiglich;
*1.Kön.8,29; 9,3.
8. und will den Fuß Israels nicht mehr
bewegen lassen von dem Lande, das ich

ihren Vätern gegeben habe, – so doch, daß
sie halten und tun nach allem, was ich
geboten habe, und nach allem Gesetz, das
mein Knecht Mose ihnen geboten hat.
9. Aber sie gehorchten nicht; sondern
Manasse verführte sie, daß sie ärger taten
denn die Heiden, die der Herr vor den
Kindern Israel vertilgt hatte.
10. Da redete der Herr durch seine
Knechte, die Propheten, und sprach:
11. Darum daß Manasse, der König Juda's,
hat diese Greuel getan, die ärger sind
denn alle Greuel, so die Amoriter getan
haben, die vor ihm gewesen sind, und hat
auch Juda sündigen gemacht mit seinen
Götzen;
12. darum spricht der Herr, der Gott Israels,
also: Siehe, ich will Unglück über
Jerusalem und Juda bringen, daß, *wer es
hören wird, dem sollen seine beiden Ohren
gellen; *1. Sam. 3,11; Jer. 19,3.
13. und will über Jerusalem die Meßschnur
Samarias ziehen und das Richtblei
des Hauses Ahab; und will Jerusalem ausschütten,
wie man Schüsseln ausschüttet,
und will sie umstürzen;
14. und ich will die übrigen meines Erbteils
verstoßen und sie geben in die Hände
ihrer Feinde, daß sie ein Raub und Reißen
werden aller ihrer Feinde, –
15. darum daß sie getan haben, was mir
übel gefällt, und haben mich erzürnt von
dem Tage an, da ihre Väter aus Ägypten
gezogen sind, bis auf diesen Tag.
16. Auch *vergoß Manasse sehr viel unschuldiges
Blut, bis daß Jerusalem allerorten
voll ward, – außer der Sünde, durch
die er Juda sündigen machte, daß sie taten,
was dem Herrn übel gefiel
*K. 24,4.
17. Was aber mehr von Manasse zu sagen
ist und alles, was er getan hat, und seine
Sünde, die er tat, siehe, das ist geschrieben
in der Chronik der Könige Juda's.
18. Und Manasse entschlief mit seinen
Vätern und ward begraben im Garten an
seinem Hause, im Garten Usas. Und sein
Sohn Amon ward König an seiner Statt.
19. Zweiundzwanzig Jahre alt war Amon,
da er König ward, und regierte zwei Jahre
zu Jerusalem. Seine Mutter hieß Mesullemeth,
eine Tochter des Haruz von Jotba.
20. Und er tat, was dem Herrn übel gefiel,
wie sein Vater Manasse getan hatte,
21. und wandelte in allem Wege, den sein
Vater gewandelt hatte, und diente den
Götzen, welchen sein Vater gedient hatte,
und betete sie an
22. und verließ den Herrn, seiner Väter
Gott, und wandelte nicht im Wege des
Herrn.
23. Und seine Knechte machten einen
Bund wider Amon und töteten den König
in seinem Hause. K. 14,19.
24. Aber das Volk im Lande schlug alle,
die den Bund gemacht hatten wider den
König Amon. Und das Volk im Lande
machte Josia, seinen Sohn, zum König an
seiner Statt.
25. Was aber Amon mehr getan hat, siehe,
das ist geschrieben in der Chronik der
Könige Juda's.
26. Und man begrub ihn in seinem Grabe
*im Garten Usas; und sein Sohn Josia
ward König an seiner Statt. *V. 18.

Das 22. Kapitel

Reich Juda, Josia König. Das Gesetzbuch wird gefunden. Die Prophetin Hulda.
(Vgl. 2. Chron. 34,1–28.)

1. Josia war acht Jahre alt, da er König
ward, und regierte einunddreißig Jahre zu
Jerusalem. Seine Mutter hieß Jedida, eine
Tochter Adajas von Bozkath.
2. Und er tat, *was dem Herrn wohl gefiel,
und wandelte in allem Wege seines
Vaters David und †wich nicht, weder zur
Rechten noch zur Linken.
*K. 18,3. †5. Mose 5,29.
3. Und im achtzehnten Jahr des Königs
Josia sandte der König hin Saphan, den
Sohn Azaljas, des Sohnes Mesullams, den
Schreiber, in das Haus des Herrn und
sprach:
4. Gehe hinauf zu dem Hohenpriester
Hilkia, daß er abgebe alles Geld, das zum
Hause des Herrn gebracht ist, das die Türhüter
gesammelt haben vom Volk,
5. daß man es gebe den Werkmeistern,
die bestellt sind im Hause des Herrn, und
sie es geben den Arbeitern am Hause des
Herrn, daß sie bessern, was baufällig ist
am Hause,
6. nämlich den Zimmerleuten und Bauleuten
und Maurern und denen, die da
Holz und gehauene Steine kaufen sollen,
das Haus zu bessern;
7. doch daß man keine Rechnung von
ihnen nehme von dem Geld, das unter ihre
Hand getan wird, sondern daß sie auf
Glauben handeln. K. 12,16.
8. Und der Hohepriester Hilkia sprach zu
dem Schreiber Saphan: Ich habe das Gesetzbuch
gefunden im Hause des Herrn.
Und Hilkia gab das Buch Saphan, daß er's
läse.
9. Und Saphan, der Schreiber, kam zum

SAPHAN LIEST AUS DEM GESETZBUCH 2. Könige 22, 10.11

König und gab ihm Bericht und sprach: Deine Knechte haben das Geld ausgeschüttet, das im Hause gefunden ist, und haben's den Werkmeistern gegeben, die bestellt sind am Hause des Herrn.

10. Auch sagte Saphan, der Schreiber, dem König und sprach: Hilkia, der Priester, gab mir ein Buch. Und Saphan las es vor dem König.

11. Da aber der König hörte die Worte im Gesetzbuch, zerriß er seine Kleider.

12. Und der König gebot Hilkia, dem Priester, und Ahikam, dem Sohn Saphans, und Achbor, dem Sohn Michajas, und Saphan, dem Schreiber, und Asaja, dem Knecht des Königs, und sprach:

13. Gehet hin und fraget den Herrn für mich, für das Volk und für ganz Juda um die Worte dieses Buchs, das gefunden ist; denn es ist ein großer Grimm des Herrn, der über uns entbrannt ist, darum daß unsre Väter nicht gehorcht haben den Worten dieses Buchs, daß sie täten alles, was darin geschrieben ist.

14. Da gingen hin Hilkia, der Priester, Ahikam, Achbor, Saphan und Asaja zu der Prophetin Hulda, dem Weibe Sallums, des Sohnes Thikwas, des Sohnes Harhas, des Hüters der Kleider, und sie wohnte zu Jerusalem im andern Teil; und sie redeten mit ihr.

15. Sie aber sprach zu ihnen: So spricht der Herr, der Gott Israels: Saget dem Mann, der euch zu mir gesandt hat:

16. So spricht der Herr: Siehe, ich will Unglück über diese Stätte und ihre Einwohner bringen, alle Worte des Gesetzes, die der König Juda's hat lassen lesen.

17. Darum daß sie mich verlassen und andern Göttern geräuchert haben, mich zu erzürnen mit allen Werken ihrer Hände, darum wird mein Grimm sich wider diese Stätte entzünden und nicht ausgelöscht werden. 5. Mose 31,29; 32,21–23.

18. Aber dem König Juda's, der euch gesandt hat, den Herrn zu fragen, sollt ihr so sagen: So spricht der Herr, der Gott Israels:

19. Darum daß dein Herz erweicht ist über den Worten, die du gehört hast, und hast dich gedemütigt vor dem Herrn, da du hörtest, was ich geredet habe wider diese Stätte und ihre Einwohner, daß sie sollen eine Verwüstung und ein Fluch

sein, und hast deine Kleider zerrissen und hast geweint vor mir, so habe ich's auch erhört, spricht der Herr.

20. Darum *will ich dich zu deinen Vätern sammeln, daß du mit Frieden in dein Grab versammelt werdest und deine Augen nicht sehen all das Unglück, das ich über diese Stätte bringen will. Und sie sagten es dem König wieder. *Jes. 57,1.2.

Das 23. Kapitel

Josia erneuert den Bund des Volks mit Gott, schafft den Götzendienst ab und hält das Passah; sein Tod. Joahas und Jojakim.
(Vgl. 2. Chron. 34,29–36,5.)

1. Und der König sandte hin, und es versammelten sich zu ihm alle Ältesten in Juda und Jerusalem.

2. Und der König ging hinauf ins Haus des Herrn und alle Männer von Juda und alle Einwohner zu Jerusalem mit ihm, Priester und Propheten, und alles Volk, klein und groß; und man las vor ihren Ohren alle Worte aus dem Buch des Bundes, das im Hause des Herrn gefunden war.

3. Und der König trat an *die Säule und machte einen †Bund vor dem Herrn, daß sie sollten wandeln dem Herrn nach und halten seine Gebote, Zeugnisse und Rechte von ganzem Herzen und von ganzer Seele, daß sie aufrichteten die Worte dieses Bundes, die geschrieben standen in diesem Buch. Und alles Volk trat in den Bund. *K. 11,14. †Jos. 24,25.

4. Und der König gebot dem Hohenpriester Hilkia und den nächsten Priestern nach ihm und den Hütern an der Schwelle, daß sie sollten aus dem Tempel des Herrn tun alle Geräte, die *dem Baal und der Aschera und allem Heer des Himmels gemacht waren. Und sie verbrannten sie außen vor Jerusalem im Tal Kidron, und ihr Staub ward getragen gen Beth-El. *K. 21,3.

5. Und er tat ab die Götzenpfaffen, welche die Könige Juda's hatten eingesetzt, zu räuchern auf den Höhen in den Städten Juda's und um Jerusalem her, auch die Räucherer des Baal und der Sonne und des Mondes und der Planeten und alles Heeres am Himmel.

6. Und ließ das Ascherabild aus dem Hause des Herrn führen hinaus vor Jerusalem an den Bach Kidron und verbrannte es am Bach Kidron und machte es zu Staub und warf den Staub auf die Gräber der gemeinen Leute.

7. Und er brach ab die Häuser der *Hurer, die an dem Hause des Herrn waren, darin die Weiber wirkten Häuser für die Aschera. *1. Kön. 14,24.

8. Und er ließ kommen alle Priester aus den Städten Juda's und verunreinigte die Höhen, da die Priester räucherten, von Geba an bis gen Beer-Seba, und brach ab die Höhen an den Toren, die an der Tür des Tors Josuas, des Stadtvogts, waren und zur Linken, wenn man zum Tor der Stadt geht.

9. Doch durften die Priester der Höhen nicht opfern auf dem Altar des Herrn zu Jerusalem, sondern aßen ungesäuertes Brot unter ihren Brüdern.

10. Er verunreinigte auch das Thopheth im Tal der Kinder Hinnom, daß *niemand seinen Sohn oder seine Tochter dem Moloch durchs Feuer ließe gehen. *K. 17,17; 3. Mose 18,21.

11. Und tat ab die Rosse, welche die Könige Juda's hatten der Sonne gesetzt am Eingang des Hauses des Herrn, an der Kammer Nethan-Melechs, des Kämmerers, die im Parwarim war; und die Wagen der Sonne verbrannte er mit Feuer.

12. Und die *Altäre auf dem Dach, dem Söller des Ahas, die die Könige Juda's gemacht hatten, und die Altäre, die Manasse gemacht hatte in den zwei Höfen des Hauses des Herrn, brach der König ab, und lief von dannen und warf ihren Staub in den Bach Kidron. *K. 16,10.11; 21,4.5; 2. Chron. 28,24.

13. Auch die Höhen, die vor Jerusalem waren, zur Rechten am Berge des Verderbens, die *Salomo, der König Israels, gebaut hatte der Asthoreth, dem Greuel von Sidon, und Kamos, dem Greuel von Moab, und Milkom, dem Greuel der Kinder Ammon, verunreinigte der König. *1. Kön. 11,7.

14. und zerbrach die Säulen und rottete aus die Ascherabilder und füllte ihre Stätte mit Menschenknochen.

15. Auch den Altar zu Beth-El, die Höhe, die *Jerobeam gemacht hatte, der Sohn Nebats, der Israel sündigen machte, denselben Altar brach er ab und die Höhe und verbrannte die Höhe und machte sie zu Staub und verbrannte das Ascherabild. *1. Kön. 12,32.

16. Und Josia wandte sich und sah die Gräber, die da waren auf dem Berge, und sandte hin und ließ die Knochen aus den Gräbern holen und verbrannte sie auf dem Altar und verunreinigte ihn *nach dem Wort des Herrn, das der Mann Gottes ausgerufen hatte, der solches ausrief. *1. Kön. 13.2.

17. Und er sprach: Was ist das für ein
Grabmal, das ich sehe? Und die Leute in
der Stadt sprachen zu ihm: Es ist das Grab
des *Mannes Gottes, der von Juda kam
und rief solches aus, das du getan hast
wider den Altar zu Beth-El. *1.Kön.13,30.
18. Und er sprach: Laßt ihn liegen; niemand bewege seine Gebeine! Also wurden
seine Gebeine errettet mit den Gebeinen
des Propheten, der von Samaria gekommen war.
19. Er tat auch weg alle Häuser der Höhen in den Städten Samarias, welche die
Könige Israels gemacht hatten, [den
Herrn] zu erzürnen, und tat mit ihnen
ganz, wie er zu Beth-El getan hatte.
20. Und er opferte alle Priester der Höhen, die daselbst waren, auf den Altären
und verbrannte also Menschengebeine
darauf und kam wieder gen Jerusalem.
21. Und der König gebot dem Volk und
sprach: Haltet dem Herrn, eurem Gott,
Passah, *wie es geschrieben steht in diesem Buch des Bundes! *2.Mose 12.
22. Denn es war kein Passah so gehalten
wie dieses von der Richter Zeit an, die
Israel gerichtet haben, und in allen Zeiten
der Könige Israels und der Könige Juda's;
23. sondern im achtzehnten Jahr des Königs Josia wird dies Passah gehalten dem
Herrn zu Jerusalem.
24. Auch fegte Josia aus alle Wahrsager,
Zeichendeuter, Bilder und Götzen und alle Greuel, die im Lande Juda und zu Jerusalem gesehen wurden, auf daß er aufrichtete *die Worte des Gesetzes, die geschrieben standen in dem Buch, das Hilkia, der
Priester, fand im Hause des Herrn.
*3.Mose 20,27; 5.Mose 29,16.17.
25. *Seinesgleichen war vor ihm kein
König gewesen, der so von ganzem Herzen, von ganzer Seele, von allen Kräften
sich zum Herrn bekehrte nach allem Gesetz Mose's; und nach ihm kam seinesgleichen nicht auf. *K.18,5.
26. Doch kehrte sich der Herr nicht von
dem Grimm seines großen Zorns, mit
dem er über Juda erzürnt war um all der
Reizungen willen, durch die ihn *Manasse
gereizt hatte. *K.21,11–16.
27. Und der Herr sprach: Ich will Juda
auch von meinem Angesicht tun, *wie ich
Israel weggetan habe, und will diese Stadt
verwerfen, die ich erwählt hatte, Jerusalem, und das Haus, †davon ich gesagt habe: Mein Name soll daselbst sein.
*K.17,18. †1.Kön.8,29.
28. Was aber mehr von Josia zu sagen ist
und alles, was er getan hat, siehe, das ist
geschrieben in der Chronik der Könige
Juda's.
29. Zu seiner Zeit zog Pharao Necho, der
König in Ägypten, herauf wider den König
von Assyrien an das Wasser Euphrat. Aber
der König Josia zog ihm entgegen, und
starb zu Megiddo, da er ihn gesehen hatte.
30. Und seine Knechte führten ihn tot
von Megiddo und *brachten ihn gen Jerusalem und begruben ihn in seinem Grabe.
Und das Volk im Lande nahm Joahas, den
Sohn Josias, und salbten ihn und machten
ihn zum König an seines Vaters Statt.
*K.9,28.
31. Dreiundzwanzig Jahre war Joahas
alt, da er König ward, und regierte drei
Monate zu Jerusalem. Seine Mutter hieß
Hamutal, eine Tochter Jeremia's von Libna.
32. Und er tat, was dem Herrn übel gefiel, wie seine Väter getan hatten.
33. Aber Pharao Necho *legte ihn ins Gefängnis zu Ribla im Lande Hamath, daß er
nicht regieren sollte zu Jerusalem, und
legte eine Schatzung aufs Land: hundert
Zentner Silber und einen Zentner Gold.
*Hesek.19,4.
34. Und Pharao Necho machte zum König Eljakim, den Sohn Josias, anstatt seines Vaters Josia und wandte seinen Namen
in Jojakim. Aber Joahas nahm er und
brachte ihn nach Ägypten; daselbst starb
er.
35. Und Jojakim gab das Silber und Gold
Pharao. Doch *schätzte er das Land, daß
er solch Silber gäbe nach Befehl Pharaos;
einen jeglichen nach seinem Vermögen
schätzte er am Silber und Gold unter dem
Volk im Lande, daß er es dem Pharao Necho gäbe. *K.15,20.
36. Fünfundzwanzig Jahre alt war Jojakim, da er König ward, und regierte elf
Jahre zu Jerusalem. Seine Mutter hieß
Sebuda, eine Tochter Pedajas von Ruma.
37. Und er tat, was dem Herrn übel gefiel, wie seine Väter getan hatten.

Das 24. Kapitel

Reich Juda, Jojakim, Jojachin und Zedekia.
Belagerung Jerusalems durch Nebukadnezar.
Anfang der babylonischen Gefangenschaft.
(Vgl. 2.Chron. 36,6–13.)

1. Zu seiner Zeit zog herauf Nebukadnezar, der König zu Babel, und Jojakim ward
ihm untertänig drei Jahre; und er wandte
sich und ward abtrünnig von ihm.
2. Und der Herr ließ auf ihn Kriegsknechte kommen aus Chaldäa, aus Syrien,

aus Moab und aus den Kindern Ammon und ließ sie nach Juda kommen, daß sie es verderbten, nach dem Wort des Herrn, das er geredet hatte durch seine Knechte, die Propheten.

3. Es geschah aber Juda also *nach dem Wort des Herrn, daß er sie von seinem Angesicht täte um der Sünden willen Manasses, die er getan hatte;

*K.21,10–16; 23,26.27.

4. auch um des unschuldigen Blutes willen, das er vergoß und machte Jerusalem voll mit unschuldigem Blut, wollte der Herr nicht vergeben.

5. Was aber mehr zu sagen ist von Jojakim und alles, was er getan hat, siehe, das ist geschrieben in der Chronik der Könige Juda's.

6. Und Jojakim entschlief mit seinen Vätern; und sein Sohn Jojachin ward König an seiner Statt.

7. Und der König in Ägypten zog nicht mehr aus seinem Lande; denn der König zu Babel hatte ihm genommen alles, was dem König in Ägypten gehörte vom Bach Ägyptens an bis an das Wasser Euphrat.

8. Achtzehn Jahre alt war Jojachin, da er König ward, und regierte drei Monate zu Jerusalem. Seine Mutter hieß Nehusta, eine Tochter Elnathans von Jerusalem.

9. Und er tat, was dem Herrn übel gefiel, wie sein Vater getan hatte. K.23,37.

10. Zu der Zeit zogen herauf die Knechte Nebukadnezars, des Königs zu Babel, gen Jerusalem und kamen an die Stadt mit Bollwerk.

11. Und Nebukadnezar kam zur Stadt, da seine Knechte sie belagerten.

12. Aber Jojachin, der König Juda's, ging heraus zum König von Babel mit seiner Mutter, mit seinen Knechten, mit seinen Obersten und Kämmerern; und der König von Babel nahm ihn gefangen im achten Jahr seines Königreichs.

13. Und *nahm von dannen heraus alle Schätze im Hause des Herrn und im Hause des Königs und zerschlug alle goldenen Gefäße, die Salomo, der König Israels, gemacht hatte im Tempel des Herrn, wie denn der Herr geredet hatte.

*K.20,17.

14. Und führte weg das ganze Jerusalem, alle Obersten, alle Gewaltigen, 10 000 Gefangene, und alle Zimmerleute und alle Schmiede und ließ nichts übrig denn geringes Volk des Landes.

15. Und er *führte weg Jojachin gen Babel, die Mutter des Königs, die Weiber des Königs und seine Kämmerer; dazu die Mächtigen im Lande führte er auch gefangen von Jerusalem gen Babel,

*Jer.22,26; 24,1; K.25,27.

16. und was der besten Leute waren, siebentausend, und die Zimmerleute und Schmiede, tausend, alles starke Kriegsmänner; und der König von Babel brachte sie gen Babel.

17. Und der König von Babel machte Matthanja, Jojachins Oheim, zum König an seiner Statt und wandelte seinen Namen in Zedekia.

18. Einundzwanzig Jahre alt war Zedekia, da er König ward, und regierte elf Jahre zu Jerusalem. Seine Mutter hieß Hamutal, eine Tochter Jeremia's von Libna. Jer.52,1–3.

19. Und er tat, was dem Herrn übel gefiel, wie Jojakim getan hatte.

K.23,37.

20. Denn es geschah also mit Jerusalem und Juda aus dem Zorn des Herrn, bis daß *er sie von seinem Angesicht würfe. Und Zedekia ward abtrünnig vom König zu Babel. *K.23,27.

Das 25. Kapitel

Zerstörung Jerusalems,
babylonische Gefangenschaft.
Der Statthalter Gedalja von Ismael ermordet.
Jojachin vom König zu Babel begnadigt.
(V. 1–21; vgl. Jer.52,4–27; 39,1–10;
2.Chron.36,17–20.)

1. Und es begab sich im neunten Jahr seines Königreichs, am zehnten Tage des zehnten Monats, kam Nebukadnezar, der König zu Babel, mit aller seiner Macht wider Jerusalem; und sie lagerten sich dawider und bauten Bollwerke darum her.

2. Also ward die Stadt belagert bis ins elfte Jahr des Königs Zedekia.

3. Aber am neunten Tage des [vierten] Monats ward der Hunger stark in der Stadt, daß das Volk des Landes nichts zu essen hatte.

4. Da brach man in die Stadt; und alle Kriegsmänner flohen bei der Nacht auf dem Wege durch das Tor zwischen den zwei Mauern, der zu des Königs Garten geht. Aber die Chaldäer lagen um die Stadt. Und er floh des Weges zum blachen Felde.

5. Aber die Macht der Chaldäer jagte dem König nach, und sie ergriffen ihn im blachen Felde zu Jericho, und alle Kriegsleute, die bei ihm waren, wurden von ihm zerstreut.

6. Sie aber griffen den König und führten

DER WEG IN DIE BABYLONISCHE GEFANGENSCHAFT 2. Könige 25, 10.11

ihn hinauf zum König von Babel gen Ribla; und sie sprachen ein Urteil über ihn.
7. Und sie schlachteten die Kinder Zedekias vor seinen Augen und blendeten Zedekia die Augen und banden ihn mit Ketten und führten ihn gen Babel.
8. Am siebenten Tage des fünften Monats, das ist das neunzehnte Jahr Nebukadnezars, des Königs zu Babel, kam Nebusaradan, der Hauptmann der Trabanten, des Königs zu Babel Knecht, gen Jerusalem
9. und verbrannte das Haus des Herrn und das Haus des Königs und alle Häuser zu Jerusalem; alle großen Häuser verbrannte er mit Feuer.
10. Und die ganze Macht der Chaldäer, die mit dem Hauptmann war, zerbrach die Mauern um Jerusalem her.
11. Das andere Volk aber, das übrig war in der Stadt, und die zum König von Babel fielen, und den andern Haufen führte Nebusaradan, der Hauptmann, weg.
12. Und von den Geringsten im Lande ließ der Hauptmann Weingärtner und Akkerleute.
13. Aber die ehernen Säulen am Hause des Herrn und die Gestühle und das eherne Meer, das am Hause des Herrn war, zerbrachen die Chaldäer, und führten das Erz gen Babel. Jer. 27,19–22.
14. Und die Töpfe, Schaufeln, Messer, Löffel und alle ehernen Gefäße, womit man diente, nahmen sie weg.
15. Dazu nahm der Hauptmann die Pfannen und Becken, was golden und silbern war,
16. die zwei Säulen, das Meer und die Gestühle, die Salomo gemacht hatte zum Hause des Herrn. Es war nicht zu wägen das Erz aller dieser Gefäße.
1. Kön. 7,15.23.27.
17. Achtzehn Ellen hoch war eine Säule, und ihr Knauf darauf war auch ehern und drei Ellen hoch, und das Gitterwerk und die Granatäpfel an dem Knauf umher war alles ehern. Auf die Weise war auch die andere Säule mit dem Gitterwerk.
18. Und der Hauptmann nahm den obersten Priester Seraja und den Priester Zephanja, den nächsten nach ihm, und die drei Türhüter
19. und einen Kämmerer aus der Stadt, der gesetzt war über die Kriegsmänner,

und fünf Männer, die stets vor dem König waren, die in der Stadt gefunden wurden, und den Schreiber des Feldhauptmanns, der das Volk im Lande zum Heere aufbot, und sechzig Mann vom Volk auf dem Lande, die in der Stadt gefunden wurden;

20. diese nahm Nebusaradan, der Hauptmann, und brachte sie zum König von Babel gen Ribla.

21. Und der König von Babel schlug sie tot zu *Ribla im Lande Hamath. Also ward Juda weggeführt aus seinem Lande.
*K.23,33.

(V.22–26; vgl. Jer.40,5.7–9; 41,1–7; 43,5–7.)

22. Aber über das übrige Volk im Lande Juda, das Nebukadnezar, der König von Babel, übrigließ, setzte er Gedalja, den Sohn Ahikams, des Sohnes Saphans.

23. Da nun alle Hauptleute des Kriegsvolks und die Männer hörten, daß der König von Babel Gedalja eingesetzt hatte, kamen sie zu Gedalja gen Mizpa, nämlich Ismael, der Sohn Nethanjas, und Johanan, der Sohn Kareahs, und Seraja, der Sohn Thanhumeths, der Netophathiter, und Jaasanja, der Sohn eines Maachathiters, samt ihren Männern.

24. Und Gedalja schwur ihnen und ihren Männern und sprach zu ihnen: Fürchtet euch nicht, untertan zu sein den Chaldäern; bleibet im Lande und seid untertänig dem König von Babel, wo wird's euch wohl gehen!

25. Aber im siebenten Monat kam Ismael, der Sohn Nethanjas, des Sohnes Elisamas, vom königlichen Geschlecht, und zehn Männer mit ihm, und sie schlugen Gedalja tot, dazu die Juden und Chaldäer, die bei ihm waren zu Mizpa.

26. Da machte sich auf alles Volk, klein und groß, und die Obersten des Kriegsvolks und kamen nach Ägypten; denn sie fürchteten sich vor den Chaldäern.

(V.27–30: vgl. Jer.52,31–34.)

27. Aber im siebenunddreißigsten Jahr, *nachdem Jojachin, der König Juda's, weggeführt war, am siebenundzwanzigsten Tage des zwölften Monats, hob Evil-Merodach, der König zu Babel, im ersten Jahr seines Königreichs das Haupt Jojachins, des Königs Juda's, aus dem Kerker hervor *K.24,15.

28. und redete freundlich mit ihm und setzte seinen Stuhl über die Stühle der Könige, die bei ihm waren zu Babel,

29. und wandelte die Kleider seines Gefängnisses, und er aß allewege vor ihm sein Leben lang;

30. und es ward ihm sein Teil bestimmt, das man ihm allewege gab vom König, auf einen jeglichen Tag sein ganzes Leben lang.

Das erste Buch der Chronik

Das 1. Kapitel

Geschlechtsregister der Erzväter von Adam bis Isaak. Die Kinder Esau und die edomitischen Könige.

1. Adam, Seth, Enos, 1.Mose 5.
2. Kenan, Mahalaleel, Jared,
3. Henoch, Methusalah, Lamech,
4. Noah, Sem, Ham, Japheth.

5. Die Kinder Japhets sind diese: Gomer, Magog, Madai, Javan, Thubal, Mesech, Thiras. 1.Mose 10,2–5.

6. Die Kinder aber Gomers sind: Askenas, Riphath, Thogarma.

7. Die Kinder Javans sind: Elisa, Tharsisa, die Chittiter, die Dodaniter.

8. Die Kinder Hams sind: Chus, Mizraim, Put, Kanaan. 1.Mose 10,6–20.

9. Die Kinder aber von Chus sind: Seba, Hevila, Sabtha, Ragma, Sabthecha. Die Kinder aber Ragmas sind: Saba und Dedan.

10. Chus aber zeugte Nimrod; der fing an, gewaltig zu sein auf Erden.

11. Mizraim zeugte die Luditer, die Anamiter, die Lehabiter, die Naphthuhiter,

12. Die Pathrusiter, die Kasluhiter, von welchen sind ausgegangen die Philister, und die Kaphthoriter.

13. Kanaan aber zeugte Sidon, seinen ersten Sohn, und Heth,

14. den Jebusiter, den Amoriter, den Girgasiter,

15. den Heviter, den Arkiter, den Siniter,

16. den Arvaditer, den Zemariter und den Hamathiter.

17. Die Kinder Sems sind diese: Elam, Assur, Arphachsad, Lud, Aram, Uz, Hul, Gether und Mesech. 1.Mose 10,21–31.

18. Arphachsad aber zeugte Salah; Salah zeugte Eber.

19. Eber aber wurden zwei Söhne geboren: der eine hieß Peleg, darum daß zu

seiner Zeit das Land zerteilt ward, und sein Bruder hieß Joktan.
20. Joktan aber zeugte Almodad, Saleph, Hazarmaveth, Jarah,
21. Hadoram, Usal, Dikla,
22. Ebal, Abimael, Saba,
23. Ophir, Hevila und Jobab. Diese alle sind Kinder Joktans.
24. *Sem, Arphachsad, Salah,
*V. 17; 1. Mose 11,10–26.
25. Eber, Peleg, Regu,
26. Serug, Nahor, Tharah,
27. Abram, das ist Abraham.
28. Die Kinder aber Abrahams sind: Isaak und Ismael. 1. Mose 21,3; 16,15.
29. Dies ist ihr Geschlecht: der erste Sohn Ismaels, Nebajoth, – Kedar, Adbeel, Mibsam, 1. Mose 25,13–16.
30. Misma, Duma, Massa, Hadad, Thema,
31. Jetur, Naphis, Kedma. Das sind die Kinder Ismaels.
32. Die Kinder aber Keturas, des Kebsweibes Abrahams: die gebar Simran, Joksan, Medan, Midian, Jesbak, Suah. Aber die Kinder Joksans sind: Saba und Dedan.
1. Mose 25,1–3.
33. Und die Kinder Midians sind: Epha, Epher, Hanoch, Abida, Eldaa. Diese alle sind Kinder der Ketura.
34. Abraham zeugte Isaak. Die Kinder aber Isaaks sind: Esau und Israel.
1. Mose 25,19–26.
35. Die Kinder Esaus sind: Eliphas, Reguel, Jeus, Jaelam, Korah.
1. Mose 36,10–19.
36. Die Kinder des Eliphas sind: Theman, Omar, Zephi, Gaetham, Kenas, Thimna, Amalek.
37. Die Kinder Reguels sind: Nahath, Serah, Samma und Missa.
38. Die Kinder Seirs sind: Lotan, Sobal, Zibeon, Ana, Dison, Ezer, Disan.
1. Mose 36,20–30.
39. Die Kinder Lotans sind: Hori, Homam; und Thimna war eine Schwester Lotans.
40. Die Kinder Sobals sind: Aljan, Manahath, Ebal, Sephi, Onam. Die Kinder Zibeons sind: Aja und Ana.
41. Die Kinder Anas: Dison. Die Kinder Disons sind: Hamran, Esban, Jethran, Cheran.
42. Die Kinder Ezers sind: Bilhan, Saawan, Jaakan. Die Kinder Disans sind: Uz und Aran.
43. Dies sind die Könige, die regiert haben im Lande Edom, ehe denn ein König regierte unter den Kindern Israel: Bela, der Sohn Beors; und seine Stadt hieß Dinhaba. 1. Mose 36,31–43.
44. Und da Bela starb, ward König an seiner Statt Jobab, der Sohn Serahs von Bozra.
45. Und da Jobab starb, ward König an seiner Statt Husam aus der Themaniter Lande.
46. Da Husam starb, ward König an seiner Statt Hadad, der Sohn Bedads, der die Midianiter schlug in der Moabiter Feld; und seine Stadt hieß Awith.
47. Da Hadad starb, ward König an seiner Statt Samla von Masrek.
48. Da Samla starb, ward König an seiner Statt Saul von Rehoboth am Strom.
49. Da Saul starb, ward König an seiner Statt Baal-Hanan, der Sohn Achbors.
50. Da Baal-Hanan starb, ward König an seiner Statt Hadad, und seine Stadt hieß Pagi; und sein Weib hieß Mehetabeel, eine Tochter Matreds, die Mesahabs Tochter war.
51. Da aber Hadad starb, wurden Fürsten zu Edom: Fürst Thimna, Fürst Alwa, Fürst Jetheth,
52. Fürst Oholibama, Fürst Ela, Fürst Pinon,
53. Fürst Kenas, Fürst Theman, Fürst Mibzar,
54. Fürst Magdiel, Fürst Iram. Das sind die Fürsten zu Edom.

Das 2. Kapitel

Söhne Jakobs und Juda's.
(Vgl. K. 4.)

1. Dies sind die Kinder Israels: Ruben, Simeon, Levi, Juda, Isaschar, Sebulon,
1. Mose 35,22–26.
2. Dan, Joseph, Benjamin, Naphthali, Gad, Asser.
3. Die Kinder Juda's sind: Ger, Onan, Sela. Die drei wurden ihm geboren von der Kanaanitin, der Tochter Suas. Ger aber, der erste Sohn Juda's, war böse vor dem Herrn; darum tötete er ihn. 1. Mose 38,1–7.
4. Thamar aber, seine Schwiegertochter, gebar ihm Perez und Serah, daß aller Kinder Juda's waren fünf. 1. Mose 38,29.30.
5. Die Kinder des Perez sind: Hezron und Hamul. 1. Mose 46,12.
6. Die Kinder aber Serahs sind: Simri, Ethan, Heman, Chalkol, Dara. Diese alle sind fünf.
7. Die Kinder Charmis sind: Achan, welcher Israel betrübte, da er sich am Verbannten vergriff. Jos. 7.
8. Die Kinder Ethans sind: Asarja.
9. Die Kinder aber Hezrons, *die ihm

geboren, sind: Jerahmeel, Ram, †Chalubai. *Ruth 4,19–22; Matth. 1,3. †V. 18,42.
10. Ram aber zeugte Amminadab. Ammindab zeugte Nahesson, den Fürsten der Kinder Juda.
11. Nahesson zeugte Salma. Salma zeugte Boas.
12. Boas zeugte Obed. Obed zeugte Isai.
13. Isai zeugte seinen ersten Sohn, Eliab; Abinadab, den zweiten; Simea, den dritten; 1. Sam. 16,6–10.
14. Nathanael, den vierten; Raddai, den fünften;
15. Ozem, den sechsten; David, den siebenten. 1. Sam. 17,12.
16. Und ihre Schwestern waren: Zeruja und Abigail. Die Kinder Zerujas sind: Abisai, Joab, Asahel, die drei.
2. Sam. 2,18.
17. Abigail aber gebar Amasa. Der Vater aber Amasas war Jether, ein Ismaeliter.
2. Sam. 17,25.
18. *Kaleb, der Sohn Hezrons, zeugte mit Asuba, seiner Frau, und mit Jerigoth; und dies sind derselben Kinder: Jeser, Sobab und Ardon. *V. 9.42.
19. Da aber Asuba starb, nahm Kaleb Ephrath; die gebar ihm Hur. V. 50.
20. Hur zeugte Uri. Uri zeugte Bezaleel.
2. Mose 31,2.
21. Darnach kam Hezron zu der Tochter Machirs, des Vaters Gileads, und er nahm sie, da er sechzig Jahre alt war; und sie gebar ihm Segub.
22. Segub aber zeugte Jair; der hatte dreiundzwanzig Städte im Lande Gilead.
Richt. 10,3.
23. Aber die Gessuriter und Syrer nahmen ihnen die *Flecken Jairs, dazu Kenath mit seinen Ortschaften, sechzig Städte. Diese alle sind Kinder Machirs, des Vaters Gileads. *1. Kön. 4,13.
24. Nach dem Tode Hezrons in Kaleb Ephratha gebar Hezrons Weib Abia ihm *Ashur, den Vater Thekoas. *K. 4,5.
25. *Jerahmeel, der erste Sohn Hezrons, hatte Kinder: den ersten, Ram, Buna, Oren und Ozem und Ahia. *V. 9.
26. Und Jerahmeel hatte noch ein anderes Weib, die hieß Atara; die ist die Mutter Onams.
27. Die Kinder aber Rams, des ersten Sohnes Jerahmeels, sind: Maaz, Jamin und Eker.
28. Aber Onam hatte Kinder: Sammai und Jada. Die Kinder aber Sammais sind: Nadab und Abisur.
29. Das Weib aber Abisurs hieß Abihail, die ihm gebar Achban und Molid.
30. Die Kinder aber Nadabs sind: Seled und Appaim; und Seled starb ohne Kinder.
31. Die Kinder Appaims sind: Jesei. Die Kinder Jeseis sind: Sesan. Die Kinder Sesans sind: Ahelai.
32. Die Kinder aber Jadas, des Bruders Sammais sind: Jether und Jonathan; Jether aber starb ohne Kinder.
33. Die Kinder aber Jonathans sind: Peleth und Sasa. Das sind die Kinder Jerahmeels.
34. Sesan aber hatte nicht Söhne, sondern Töchter. Und Sesan hatte einen ägyptischen Knecht, der hieß Jarha.
35. Und Sesan gab Jarha, seinem Knecht, seine Tochter zum Weibe; die gebar ihm Atthai.
36. Atthai zeugte Nathan. Nathan zeugte Sabad.
37. Sabad zeugte Ephlal. Ephlal zeugte Obed.
38. Obed zeugte Jehu. Jehu zeugte Asarja.
39. Asarja zeugte Helez. Helez zeugte Eleasa.
40. Eleasa zeugte Sisemai. Sisemai zeugte Sallum.
41. Sallum zeugte Jekamja. Jekamja zeugte Elisama.
42. Die Kinder *Kalebs, des Bruders Jerahmeels, sind: Mesa, sein erster Sohn, der ist der Vater Siphs, und die Kinder Maresas, des Vaters Hebrons. *V. 18.
43. Die Kinder aber Hebrons sind: Korah, Thappuah, Rekem und Sama.
44. Sama aber zeugte Raham, den Vater Jorkeams, Rekem zeugte Sammai.
45. Der Sohn aber Sammais hieß Maon, und Maon war der Vater Beth-Zurs.
46. Epha aber, das Kebsweib Kalebs, gebar Haran, Moza und Gases. Haran aber zeugte Gases.
47. Die Kinder aber Jahdais sind: Regem, Jotham, Gesan, Pelet, Epha und Saaph.
48. Aber Maacha, das Kebsweib Kalebs, gebar Seber und Thirhena
49. und gebar auch Saaph, den Vater Madmannas, und Sewa, den Vater Machbenas und den Vater Gibeas. Aber Achsa war *Kalebs Tochter. *Jos. 15,16; Richt. 1,12.
50. Dies waren die Kinder Kalebs: die Söhne *Hurs, des ersten Sohnes von der Ephratha; Sobal, der Vater Kirjath-Jearims; *V. 19.
51. Salma, den Vater Bethlehems; Hareph, der Vater Bethgaders.
52. Und Sobal, der Vater Kirjath-Jearims, hatte Söhne: Haroe und die Hälfte der Manahthiter.

53. Die Freundschaften aber zu Kirjath-Jearim waren die Jethriter, Puthiter, Sumathiter und Misraiter. Von diesen sind ausgegangen die *Zorathiter und Esthaoliter. *K. 4,2.

54. Die Kinder Salmas sind Bethlehem und die *Netophathiter, Atharoth des Hauses Joabs und die Hälfte der Manahthiter, das sind die Zoraiter. *K. 9,16.

55. Und die Freundschaften der Schreiber, die zu Jabez wohnten, sind die Thireathiter, Simeathiter, Suchathiter. Das sind die *Kiniter, die da gekommen sind von Hammath, dem Vater des Hauses †Rechabs. *Richt. 1,16. †Jer. 35.

Das 3. Kapitel

Verzeichnis der Söhne Davids und der Könige Juda's.

1. Dies sind die Kinder Davids, die ihm zu Hebron geboren sind: der erste: Amnon, von Ahinoam, der Jesreelitin; der zweite: Daniel, von Abigail, der Karmelitin; 2. Sam. 3,2–5.

2. der dritte: Absalom, der Sohn Maachas, der Tochter Thalmais, des Königs zu Gessur; der vierte: Adonia, der Sohn Haggiths;

3. der fünfte: Sephatja, von Abital; der sechste: Jethream, von seinem Weibe Egla.

4. Diese sechs sind ihm geboren zu Hebron; denn er regierte daselbst sieben Jahre und sechs Monate; aber zu Jerusalem regierte er dreiunddreißig Jahre.

5. Und diese *sind ihm geboren zu Jerusalem: Simea, Sobab, Nathan, Salomo, die vier von Bath-Sua, der Tochter Ammiels; *K. 14,4–7; 2. Sam. 5,14–16.

6. dazu Jibhar, Elisama, Eliphelet,

7. Nogah, Nepheg, Japhia,

8. Elisama, Eljada, Eliphelet, die neun.

9. Das sind alles Kinder Davids, ohne was der Kebsweiber Kinder waren. Und *Thamar war ihre Schwester. *2. Sam. 13,1.

10. Salomos Sohn war Rehabeam; des Sohn war Abia; des Sohn war Asa; des Sohn war Josaphat; Matth. 1,7–12.

11. des Sohn war Joram; des Sohn war Ahasja; des Sohn war Joas;

12. des Sohn war Amazja; des Sohn war Asarja; des Sohn war Jotham;

13. des Sohn war Ahas; des Sohn war Hiskia; des Sohn war Manasse;

14. des Sohn war Amon; des Sohn war Josia.

15. Josias Söhne aber waren: der erste: Johanan, der zweite: Jojakim, der dritte: Zedekia, der vierte: Sallum.

16. Aber die Kinder Jojakims waren: Jechonja; des Sohn war Zedekia.

17. Die Kinder aber Jechonjas, der *gefangen ward, waren: Sealthiel, *2. Chron. 36,10.

18. Malchiram, Pedaja, Seneazzar, Jekamja, Hosama, Nedabja.

19. Die Kinder Pedajas waren: *Serubabel und Simei. Die Kinder Serubabels waren: Mesullam und Hananja und ihre Schwester Selomith; *Esra 3,2.8.

20. dazu Hasuba, Ohel, Berechja, Hasadja, Jusab-Hesed, die fünf.

21. Die Kinder aber Hananjas waren: Pelatja und Jesaja, die Söhne Rephajas, die Söhne Arnans, die Söhne Obadjas, die Söhne Sechanjas.

22. Die Kinder aber Sechanjas waren Semaja. Die Kinder Semajas waren: Hattus, Jigeal, Bariah, Nearja, Saphat, die sechs.

23. Die Kinder aber Nearjas waren: Eljoenai, Hiskia, Asrikam, die drei.

24. Die Kinder aber Eljoenais waren: Hodavja, Eljasib, Pelaja, Akkub, Johanan, Delaja, Anani, die sieben.

Das 4. Kapitel

Nachkommen Juda's und Simeons.

1. Die Kinder Juda's waren: Perez, Hezron, Karmi, Hur und Sobal. K. 2,4.5.7.19.50.

2. Reaja aber, der Sohn Sobals, zeugte Jahath. Jahath zeugte Ahumai und Lahad. Das sind die *Freundschaften der Zorathiter. *K. 2,53.

3. Und dies ist der Stamm des Vaters Etams: Jesreel, Jisma, Jidbas; und ihre Schwester hieß Hazlelponi;

4. und Pnuel, der Vater Gedors, und Eser, der Vater Husas. Das sind die Kinder Hurs, *des ersten Sohnes der Ephratha, des Vaters Bethlehems. *K. 2,19.50.

5. Ashur aber, der Vater Thekoas, hatte zwei Weiber: Helea und Naera.

6. Und Naera gebar ihm Ahussam, Hepher, Themni, Ahastari. Das sind die Kinder Naeras.

7. Aber die Kinder Heleas waren: Zereth, Jizhar und Ethnan.

8. Koz aber zeugte Anub und Hazobeba und die Freundschaft Aharhels, des Sohnes Harums.

9. Jaebez aber war herrlicher denn seine Brüder; und seine Mutter hieß ihn Jaebez, denn sie sprach: Ich habe ihn mit Kummer geboren.

10. Und Jaebez rief den Gott Israels an und sprach: *Ach, daß du mich segnetest und meine Grenze mehrtest und deine

Hand mit mir wäre und schaffest mit dem Übel, daß mich's nicht bekümmere! Und Gott ließ kommen, was er bat.
*1. Mose 28,20.
11. Kalub aber, der Bruder Suhas, zeugte Mehir; der ist der Vater Esthons.
12. Esthon aber zeugte Beth-Rapha, Paseah und Thehinna, den Vater der Stadt Nahas; das sind die Männer von Recha.
13. Die Kinder des *Kenas waren: Othniel und Seraja. Die Kinder aber Othniels waren: Hathath. *Jos. 15,17; Richt. 1,13.
14. Und Meonothai zeugte Ophra. Und Seraja zeugte Joab, den Vater des Tals der Zimmerleute; denn sie waren Zimmerleute.
15. Die Kinder aber *Kalebs, des Sohnes Jephunnes, waren: Iru, Ela und Naam und die Kinder des Ela und Kenas.
*4. Mose 13,6; 14,6.
16. Die Kinder aber Jehallel-Els waren: Siph, Sipha, Thirja und Asareel.
17. Die Kinder aber Esras waren: Jether, Mered, Epher und Jalon. Und das sind die Kinder Bithjas, der Tochter Pharaos, die der Mered nahm: sie gebar Mirjam, Sammai, Jesbah, den Vater Esthemoas.
18. Und sein jüdisches Weib gebar Jered, den Vater Gedors; Heber, den Vater Sochos; Jekuthiel, den Vater Sanoahs.
19. Die Kinder des Weibes Hodijas, der Schwester Nahams, waren: der Vater Kegilas, der Garmiter, und Esthemoa, der Maachathiter.
20. Die Kinder Simons waren: Amnon und Rinna, Ben-Hanan und Thilon. Die Kinder Jeseis waren: Soheth und Ben-Soheth.
21. Die Kinder aber *Selas, des Sohnes Juda's waren: Ger, der Vater Lechas, Laeda, der Vater Maresas, und die Freundschaft der Leinweber von dem Hause Asbeas; *K. 2,3.
22. dazu Jokim und die Männer von Koseba, und Joas und Saraph, die da Herren wurden über Moab, und sie kehrten nach Lahem zurück, wie die alte Rede lautet.
23. Sie waren Töpfer und wohnten unter Pflanzungen und Zäunen bei dem König zu seinem Geschäft und blieben daselbst.
24. Die Kinder Simeons waren: Nemuel, Jamin, Jarib, Serah, Saul; 1. Mose 46,10.
25. des Sohn war Sallum; des Sohn war Mibsam; des Sohn war Misma.
26. Die Kinder aber Mismas waren: Hammuel; des Sohn war Sakkur; des Sohn war Simei.
27. Und Simei hatte sechzehn Söhne und sechs Töchter; aber seine Brüder hatten nicht viel Kinder, und alle ihre Freundschaften mehrten sich nicht so wie die Kinder Juda's.
28. Sie wohnten aber zu Beer-Seba, Molada, Hazar-Sual, Jos. 19,2–8.
29. Bilha, Ezem, Tholad,
30. Bethuel, Horma, Ziklag,
31. Beth-Markaboth, Hasar-Susim, Beth-Birei, Saaraim. Dies waren ihre Städte bis auf den König David, dazu ihre Dörfer.
32. Etam, Ain, Rimmon, Thochen, Asan, die fünf Städte,
33. und alle Dörfer, die um diese Städte her waren, bis gen Baal; das ist ihre Wohnung, und sie hatten ihr eigenes Geschlechtsregister.
34. Und Mesobab, Jamlech, Josa, der Sohn Amazjas,
35. Joel, Jehu, der Sohn Josibjas, des Sohnes Serajas, des Sohnes Asiels,
36. Eljoenai, Jaekoba, Jesohaja, Asaja, Adiel, Ismeel und Benaja,
37. Sisa, der Sohn Sipheis, des Sohnes Allons, des Sohnes Jedajas, des Sohnes Simris, des Sohnes Semajas:
38. diese, die mit Namen genannt sind, waren Fürsten in ihren Geschlechtern; und ihre Vaterhäuser breiteten sich aus in die Menge.
39. Und sie zogen hin, daß sie gen Gedor kämen, bis gegen Morgen des Tals, daß sie Weide suchten für ihre Schafe,
40. und fanden fette und gute Weide und ein Land, weit von Raum, *still und ruhig; denn vormals wohnten daselbst die von Ham. *Richt. 18,7.
41. Und die jetzt mit Namen aufgezeichnet sind, kamen zur Zeit *Hiskias, des Königs Juda's, und schlugen jener Hütten und die Meuniter, die daselbst gefunden wurden, und verbannten sie bis auf diesen Tag und wohnten an ihrer Statt; denn es war Weide daselbst für ihre Schafe.
*2. Kön. 18,1.
42. Auch gingen aus ihnen, aus den Kindern Simeons, fünfhundert Männer zu dem Gebirge Seir mit ihren Obersten: Pelatja, Nearja, Rephaja und Usiel, den Kindern Jeseis,
43. und *schlugen die übrigen Entronnenen der Amalekiter und wohnten daselbst bis auf diesen Tag. *1. Sam. 15,3.8.

Das 5. Kapitel

Von Ruben, Gad, Manasse und Levi.

1. Die Kinder Rubens, des ersten Sohnes Israels (denn er war der erste Sohn; aber

damit daß er seines Vaters Bett entweihte,
ward seine Erstgeburt gegeben den Kindern Josephs, des Sohnes Israels, und er
ward nicht aufgezeichnet zur Erstgeburt;
1. Mose 35,22; 49,4.
2. denn Juda, der mächtig war unter seinen Brüdern, dem ward das Fürstentum
vor ihm gegeben, und Joseph die Erstgeburt). 1. Mose 49,8.10.22; 5. Mose 33,7.13–17.
3. So sind nun die Kinder Rubens, des
ersten Sohnes Israels: Henoch, Pallu,
Hezron und Charmi. 2. Mose 6,14.
4. Die Kinder aber Joels waren: Semaja;
des Sohn war Gog; des Sohn war Simei;
5. des Sohn war Micha; des Sohn war
Reaja; des Sohn war Baal;
6. des Sohn war Beera, welchen gefangen
wegführte *Thilgath-Pilneser, der König
von Assyrien; er aber war ein Fürst unter
den Rubenitern. *V. 26.
7. Aber seine Brüder unter seinen Geschlechtern, da sie nach ihrer Geburt aufgezeichnet wurden, waren: Jeiel, der
Oberste, und Sacharja
8. und Bela, der Sohn des Asas, des Sohnes Semas, des Sohnes Joels; der wohnte
zu Aroer und bis gen Nebo und Baal-Meon
9. und wohnte gegen Aufgang, bis man
kommt an die Wüste am Wasser Euphrat;
denn ihres Viehs war viel im Lande Gilead.
10. Und zur Zeit Sauls führten sie Krieg
wider die Hagariter, daß die fielen durch
ihre Hand, und wohnten in deren Hütten
auf der ganzen Morgengrenze von Gilead.
11. Die Kinder Gads aber wohnten ihnen
gegenüber im Lande Basan bis gen Salcha:
12. Joel, der Vornehmste, und Sapham,
der andere, Jaenai und Saphat zu Basan.
13. Und ihre Brüder nach ihren Vaterhäusern waren: Michael, Mesullam, Seba,
Jorai, Jaekan, Sia und Eber, die sieben.
14. Dies sind die Kinder Abihails, des
Sohnes Huris, des Sohnes Jaroahs, des
Sohnes Gileads, des Sohnes Michaels, des
Sohnes Jesisais, des Sohnes Jahdos, des
Sohnes des Bus.
15. Ahi, der Sohn Abdiels, des Sohnes
Gunis, war ein Oberster in ihren Vaterhäusern,
16. und sie wohnten zu Gilead in Basan
und in seinen Ortschaften und in allen
Fluren Sarons bis an ihre Enden.
17. Diese wurden alle aufgezeichnet zur
*Zeit Jothams, des Königs in Juda, und
†Jerobeams, des Königs über Israel.
*2. Kön. 15,32. †2. Kön. 14,23.
18. Der Kinder Ruben, der Gaditer und
des halben Stammes Manasse, was streitbare Männer waren, die Schild und
Schwert führen und Bogen spannen konnten und streitkundig waren, deren waren
44760, die ins Heer zogen.
19. Und sie stritten mit den Hagaritern
und mit Jetur, Naphis und Nodab;
20. und es ward ihnen geholfen wider sie,
und die Hagariter wurden gegeben in ihre
Hände und alle, die mit ihnen waren.
Denn sie schrieen zu Gott im Streit, und
er ließ sich erbitten; denn sie vertrauten
ihm.
21. Und sie führten weg ihr Vieh – 5000
Kamele, 250000 Schafe, 2000 Esel – und
100000 Menschenseelen.
22. Denn es fielen viele Verwundete;
denn der Streit war von Gott. Und sie
wohnten an ihrer Statt bis zur Zeit, da sie
gefangen weggeführt wurden.
23. Die Kinder aber des halben Stammes
Manasse wohnten im Lande von Basan an
bis gen Baal-Hermon und *Senir und den
Berg Hermon; und ihrer waren viel.
*5. Mose 3,9.
24. Und diese waren die Häupter ihrer
Vaterhäuser: Epher, Jesei, Eliel, Asriel, Jeremia, Hodavja, Jahdiel, gewaltige Männer und berühmte Häupter in ihren Vaterhäusern.
25. Und da sie sich an dem Gott ihrer
Väter versündigten und abfielen zu den
Götzen der Völker im Lande, die Gott vor
ihnen vertilgt hatte,
26. erweckte der Gott Israels den Geist
*Phuls, des Königs von Assyrien, und den
Geist †Thilgath-Pilnesers, des Königs von
Assyrien; der führte weg die Rubeniter,
Gaditer und den halben Stamm Manasse
und brachte sie gen Halah und an den
Habor und gen Hara und ans Wasser Gosan bis auf diesen Tag.
*2. Kön. 15,19. †2. Kön. 15,29.
27. [K. 6,1.] Die Kinder Levis waren:
Gerson, Kahath und Merari. K. 6,1.3.
28. [2.] Die Kinder aber Kahaths waren:
Amram, Jizhar, Hebron und Usiel.
29. [3.] Die Kinder Amrams waren: Aaron, Mose und Mirjam. Die Kinder Aarons
waren: Nadab, Abihu, Eleasar und Ithamar. 2. Mose 6,20.23.25; K. 6,35–38.
30. [4.] Eleasar zeugte Pinehas. Pinehas
zeugte Abisua.
31. [5.] Abisua zeugte Bukki. Bukki
zeugte Usi.
32. [6.] Usi zeugte Serahja. Serahja zeugte Merajoth.
33. [7.] Merajoth zeugte Amarja. Amarja
zeugte Ahitob.
34. [8.] Ahitob zeugte Zadok. Zadok
zeugte Ahimaaz. 2. Sam. 8,17; 15,27.36.

35. [9.] Ahimaaz zeugte Asarja. Asarja
zeugte Johanan.
36. [10.] Johanan zeugte Asarja, den, der
Priester war in dem Hause, das Salomo
baute zu Jerusalem.
37. [11.] Asarja zeugte Amarja. Amarja
zeugte Ahitob.
38. [12.] Ahitob zeugte Zadok. Zadok
zeugte Sallum.
39. [13.] Sallum zeugte *Hilkia. Hilkia
zeugte Asarja. *2 Kön. 22,4.
40. [14.] Asarja zeugte *Seraja. Seraja
zeugte †Jozadak.
*2. Kön. 25,18; Esra 7,1. †Neh. 12,26.
41. [15.] Jozadak aber ward mit weggeführt, *da der Herr Juda und Jerusalem
durch Nebukadnezar ließ gefangen wegfü-
ren. *2. Kön. 25,21.

Das 6. Kapitel

Namen und Wohnung der Kinder Levi und Aaron.

1. [16.] So sind nun die Kinder Levis diese: Gerson, Kahath, Merari.
K. 5,27; 2. Mose 6,16–19.
2. [17.] So hießen aber die Kinder Gersons: Libni und Simei.
3. [18.] Aber die Kinder Kahaths heißen:
Amram, Jizhar, Hebron und Usiel.
4. [19.] Die Kinder Meraris heißen: Maheli und Musi. Das sind die Geschlechter
der Leviten nach ihren Vaterhäusern.
5. [20.] Gersons Sohn war Libni; des
Sohn war Jahath; des Sohn war Simma;
6. [21.] des Sohn war Joah; des Sohn war
Iddo; des Sohn war Serah; des Sohn war
Jeathrai.
7. [22.] Kahaths Sohn aber war Amminadab; des Sohn war *Korah; des Sohn
war Assir; *2. Mose 6,24.
8. [23.] des Sohn war Elkana; des Sohn
war Abiasaph; des Sohn war Assir;
9. [24.] des Sohn war Thahath; des Sohn
war Uriel; des Sohn war Usia; des Sohn war
Saul.
10. [25.] Die Kinder Elkanas waren:
Amasai und Ahimoth;
11. [26.] des Sohn war Elkana; des Sohn
war Elkana von Zoph; des Sohn war Nahath;
12. [27.] des Sohn war Eliab; des Sohn
war Jeroham; des Sohn war Elkana.
1. Sam. 1,1.
13. [28.] Und die Kinder Samuels waren:
der Erstgeborene Vasni und Abia.
1. Sam. 8,2.
14. [29.] Meraris Sohn war Maheli; des
Sohn war Libni; des Sohn war Simei; des
Sohn war Usa;
15. [30.] des Sohn war Simea; des Sohn
war Haggia; des Sohn war Asaja.
16. [31.] Dies sind aber, die David bestellte, zu singen im Hause des Herrn, als die
Lade zur Ruhe gekommen war;
17. [32.] und sie dienten vor der Wohnung der Hütte des Stifs mit Singen, bis
daß Salomo das Haus des Herrn baute zu
Jerusalem, und standen nach ihrer Weise
in ihrem Amt.
18. [33.] Und dies sind sie, die da standen, und ihre Kinder: von den Kindern
Kahaths war *Heman, der Sänger, der
Sohn Joels, des Sohnes Samuels, *K. 15,17.
19. [34.] des Sohnes Elkanas, des Sohnes
Jerohams, des Sohnes Eliels, des Sohnes
Thoahs,
20. [35.] des Sohnes Zuphs, des Sohnes
Elkanas, des Sohnes Mahaths, des Sohnes
Amasais,
21. [36.] des Sohnes Elkanas, des Sohnes
Joels, des Sohnes Asarjas, des Sohnes Zephanjas,
22. [37.] des Sohnes Thahaths, des Sohnes Assirs, des Sohnes Abiasaphs, des Sohnes Korahs,
23. [38.] des Sohnes Jizhars, des Sohnes
Kahaths, des Sohnes Levis, des Sohnes
Israels.
24. [39.] Und sein Bruder *Asaph stand
zu seiner Rechten. Und er, der Asaph, war
ein Sohn Berechjas, des Sohnes Simeas,
*K. 15,17.
25. [40.] des Sohnes Michaels, des Sohnes Baesejas, des Sohnes Malchias,
26. [41.] des Sohnes Athnis, des Sohnes
Serahs, des Sohnes Adajas,
27. [42.] des Sohnes Ethans, des Sohnes
Simmas, des Sohnes Simeis,
28. [43.] des Sohnes Jahaths, des Sohnes
Gersons, des Sohnes Levis.
29. [44.] Ihre Brüder aber, die Kinder
Meraris, standen zur Linken: nämlich
*Ethan, der Sohn Kusis, des Sohnes Ab-
dis, des Sohnes Malluchs, *K. 15,17.
30. [45.] des Sohnes Hasabjas, des Sohnes Amazjas, des Sohnes Hilkias,
31. [46.] des Sohnes Amzis, des Sohnes
Banis, des Sohnes Semers,
32. [47.] des Sohnes Mahelis, des Sohnes
Musis, des Sohnes Meraris, des Sohnes
Levis.
33. [48.] Ihre Brüder aber, die Leviten,
waren gegeben zu allerlei Amt an der
Wohnung des Hauses Gottes.
34. [49.] Aaron aber und seine Söhne waren im Amt, anzuzünden auf dem Brandopferaltar und auf dem Räucheraltar und
zu allem Geschäft im Allerheiligsten und

zu versöhnen Israel, wie Mose, der Knecht Gottes, geboten hatte. 2. Mose 28,1; 3. Mose 16.
35. [50.] Dies sind aber die Kinder Aarons: Eleasar, sein Sohn; des Sohn war Pinehas; des Sohn war Abisua; K. 5,29–34.
36. [51.] des Sohn war Bukki; des Sohn war Usi; des Sohn war Serahja;
37. [52.] des Sohn war Merajoth; des Sohn war Amarja; des Sohn war Ahitob;
38. [53] des Sohn war Zadok; des Sohn war Ahimaaz. (V. 39–66: vgl. Jos. 21.)
39. [54.] Und dies ist ihre Wohnung und Sitz in ihren Grenzen, nämlich der Kinder Aaron, des Geschlechts der Kahathiter; denn das Los fiel ihnen zu,
40. [55.] und sie gaben ihnen Hebron im Lande Juda und derselben Vorstädte umher.
41. [56.] Aber das Feld der Stadt und ihre Dörfer gaben sie Kaleb, dem Sohn Jephunnes.
42. [57.] So gaben sie nun den Kindern Aaron die Freistädte Hebron und Libna samt ihren Vorstädten, Jatthir und Esthemoa mit ihren Vorstädten,
43. [58.] Hilen, Debir,
44. [59.] Asan und Beth-Semes mit ihren Vorstädten;
45. [60.] und aus dem Stamm Benjamin: Geba, Alemeth und Anathoth mit ihren Vorstädten, – daß aller Städte in ihren Geschlechtern waren dreizehn.
46. [61.] Aber den andern Kindern Kahaths nach ihren Geschlechtern wurden durchs Los [aus dem Stamm Ephraim, aus dem Stamm Dan und] aus dem halben Stamm Manasse zehn Städte. V. 51–55.
47. [62.] Den Kindern Gerson nach ihren Geschlechtern wurden aus dem Stamm Isaschar und aus dem Stamm Asser und aus dem Stamm Naphthali und aus dem Stamm Manasse in Basan dreizehn Städte. V. 56–61.
48. [63.] Den Kindern Merari nach ihren Geschlechtern wurden durchs Los aus dem Stamm Ruben und aus dem Stamm Gad und aus dem Stamm Sebulon zwölf Städte. V. 62–66.
49. [64.] Und die Kinder Israel gaben den Leviten die Städte mit ihren Vorstädten,
50. [65.] nämlich durchs Los aus dem Stamm der Kinder Juda und aus dem Stamm der Kinder Simeon und aus dem Stamm der Kinder Benjamin die Städte, die sie mit Namen bestimmten. V. 40–45.
51. [66.] Aber den Geschlechtern der Kinder Kahath wurden Städte ihres Gebiets aus dem Stamm Ephraim.
52. [67.] So gaben sie nun ihnen, dem Geschlecht der andern Kinder Kahath, die Freistädte: Sichem auf dem Gebirge Ephraim, Geser,
53. [68.] Jokmeam, Beth-Horon,
54. [69.] Ajalon und Gath-Rimmon mit ihren Vorstädten.
55. [70.] Dazu aus dem halben Stamm Manasse: Aner und Bileam mit ihren Vorstädten.
56. [71.] Aber den Kindern Gerson gaben sie aus dem Geschlecht des halben Stammes Manasse: Golan in Basan und Astharoth mit ihren Vorstädten.
57. [72.] Aus dem Stamm Isaschar: Kedes, Dabrath,
58. [73.] Ramoth und Anem mit ihren Vorstädten.
59. [74.] Aus dem Stamm Asser: Masal, Abdon.
60. [75.] Hukok und Rehob mit ihren Vorstädten.
61. [76.] Aus dem Stamm Naphthali: Kedes in Galiläa, Hammon und Kirjathaim mit ihren Vorstädten.
62. [77.] Den andern Kindern Merari gaben sie aus dem Stamm Sebulon: Rimmono und Thabor mit ihren Vorstädten;
63. [78.] und jenseit des Jordans gegenüber Jericho, gegen der Sonne Aufgang am Jordan, aus dem Stamm Ruben: Bezer in der Wüste, Jahza,
64. [79.] Kedemoth und Mephaat mit ihren Vorstädten.
65. [80.] Aus dem Stamm Gad: Ramoth in Gilead, Mahanaim,
66. [81.] Hesbon und Jaser mit ihren Vorstädten.

Das 7. Kapitel

Geschlechtsregister der sechs übrigen Söhne Jakobs.

1. Die Kinder Isaschars waren: Thola, Phua, Jasub und Simron, die vier.
1. Mose 46,13; 4. Mose 26,23.24.
2. Die Kinder aber Tholas waren: Usi, Rephaja, Jeriel, Jahemai, Jibsam und Samuel, Häupter in ihren Vaterhäusern von Thola und gewaltige Männer in ihrem Geschlecht, an der Zahl zu Davids Zeiten 22 600.
3. Die Kinder Usis waren: Jisrahja. Aber die Kinder Jisrahjas waren: Michael, Obadja, Joel und Jissia, die fünf, und waren alle Häupter.
4. Und mit ihnen unter ihrem Geschlecht nach ihren Vaterhäusern waren gerüstetes Heervolk zum Streit 36 000; denn sie hatten viel Weiber und Kinder.
5. Und ihre Brüder in allen Geschlech-

tern Isaschars waren gewaltige Männer, und wurden alle aufgezeichnet, 87000.
6. Die Kinder *Benjamins waren: Bela, Becher und Jediael, die drei.
*K. 8,1.2; 1.Mose 46,21.
7. Aber die Kinder Belas waren: Ezbon, Usi, Usiel, Jerimoth und Iri, die fünf, Häupter in ihren Vaterhäusern, gewaltige Männer. Und wurden aufgezeichnet 22034.
8. Die Kinder Bechers waren: Semira, Joas, Elieser Eljoenai, Omri, Jerimoth, Abia, Anathoth und Alemeth; die waren alle Kinder des Becher.
9. Und wurden aufgezeichnet in ihren Geschlechtern nach den Häuptern ihrer Vaterhäuser, gewaltige Männer, 20200.
10. Die Kinder aber Jediaels waren: Bilhan, Bilhans Kinder aber waren: Jeus, Benjamin, Ehud, Knaena, Sethan, Tharsis und Ahisahar.
11. Die waren alle Kinder Jediaels, Häupter der Vaterhäuser, gewaltige Männer, 17200, die ins Heer auszogen, zu streiten.
12. Und Suppim und Huppim waren Kinder Irs; Husim aber waren Kinder Ahers.
13. Die Kinder Naphthalis waren: Jahziel, Guni, Jezer und Sallum, Kinder von Bilha. 1.Mose 46,24.
14. Die Kinder Manasses sind diese: Asriel, welchen gebar sein syrisches Kebsweib; auch gebar sie Machir, den Vater Gileads. 4.Mose 26,29–33.
15. Und Machir gab Huppim und Suppim Weiber; und seine Schwester hieß Maacha. Sein anderer Sohn hieß Zelophehad; und Zelophehad *hatte Töchter.
4.Mose 27,1.
16. Und Maacha, das Weib Machirs, gebar einen Sohn, den hieß sie Peres; und sein Bruder hieß Seres, und desselben Söhne waren Ulam und Rekem.
17. Ulams Sohn aber war Bedan. Das sind die Kinder Gileads, des Sohnes Machirs, des Sohnes Manasses.
18. Und seine Schwester Molecheth gebar Ishod, Abieser und Mahela.
19. Und Semida hatte diese Kinder: Ahjan, Sichem, Likhi und Aniam.
20. Die Kinder Ephraims waren diese: Suthela (des Sohn war Bered; des Sohn war Thahath; des Sohn war Eleada; des Sohn war Thahath; 4.Mose 26,35.
21. des Sohn war Sebad; des Sohn war Suthela) und Eser und Elead. Und die Männer zu Gath, die Einheimischen im Lande, erwürgten sie, darum daß sie hinabgezogen waren, ihr Vieh zu nehmen.
22. Und ihr Vater Ephraim trug lange Zeit Leid, und seine Brüder kamen, ihn zu trösten.
23. Und er ging ein zu seinem Weibe; die ward schwanger und gebar einen Sohn, den hieß er Beria, darum daß es in seinem Hause übel zuging.
24. Seine Tochter aber war Seera; die baute das niedere und obere Beth-Horon und Usen-Seera.
25. Des Sohn war Repha und Reseph; des Sohn war Thelah; des Sohn war Thahan;
26. des Sohn war Laedan; des Sohn war *Ammihud, des Sohn war Elisama;
*4.Mose 1,10.
27. des Sohn war Nun; des Sohn war Josua. 4.Mose 13,8.
28. Und ihre Habe und Wohnung war Beth-El und seine Ortschaften, und gegen Aufgang Naeran, und gegen Abend Geser und seine Ortschaften, Sichem und seine Ortschaften bis gen Ajja und seine Ortschaften, Jos. 16,1.10.
29. und an der Seite der Kinder Manasse Beth-Sean und seine Ortschaften, Thaanach und seine Ortschaften, Megiddo und seine Ortschaften, Dor und seine Ortschaften. In diesen wohnten die Kinder Josephs, des Sohnes Israels. Jos. 17,11.
30. Die Kinder Assers waren diese: Jimna, Jiswa, Jiswi, Beria und Serah, ihre Schwester. 1.Mose 46,17.
31. Die Kinder Berias waren: Heber und Malchiel, das ist der Vater Birsawiths.
32. Heber aber zeugte Japhlet, Semer, Hotham und Sua, ihre Schwester.
33. Die Kinder Japhlets waren: Pasach, Bimehal und Aswath; das waren die Kinder Japhlets.
34. Die Kinder Semers waren: Ahi, Rohga, Jehubba und Aram.
35. Und die Kinder seines Bruders Helem waren: Zophah, Jimna, Seles und Amal.
36. Die Kinder Zophahs waren: Suah, Harnepher, Sual, Beri, Jimra,
37. Bezer, Hod, Samma, Silsa, Jethran und Beera.
38. Die Kinder Jethers waren: Jephunne, Phispa und Ara.
39. Die Kinder Ullas waren: Arah, Hanniel und Rizia.
40. Diese waren alle Kinder Assers, Häupter ihrer Väterhäuser, auserlesene, gewaltige Männer und Häupter über Fürsten. Und wurden aufgezeichnet ins Heer zum Streit an ihrer Zahl 26000 Mann.

Das 8. Kapitel

Das Haus Benjamin und Saul.

1. Benjamin aber zeugte Bela, seinen ersten Sohn; Asbal, den zweiten; Ahrah, den dritten; I. Mose 46,21.
2. Noha, den vierten; Rapha, den fünften.
3. Und Bela hatte Kinder: Addar, Gera, Abihud,
4. Abisua, Naeman, Ahoah,
5. Gera, Sephuphan und Huram.
6. Dies sind die Kinder Ehuds (die da Häupter waren der Vaterhäuser unter den Bürgern zu Geba und zogen weg gen Manahath,
7. nämlich: Naeman, Ahia und Gera, derselbe führte sie weg): und er zeugte Usa und Ahihud.
8. Und Saharaim zeugte im Lande Moab, da er von sich gelassen hatte seine Weiber Husim und Baara,
9. und er zeugte von Hodes, seinem Weibe: Jobab, Zibja, Mesa, Malcham,
10. Jeuz, Sachja und Mirma. Das sind seine Kinder, Häupter der Vaterhäuser.
11. Von Husim aber zeugte er Abitob und Elpaal.
12. Die Kinder aber Elpaals waren: Eber, Miseam und Semer. Derselbe baute Ono und Lod und ihre Ortschaften.
13. Und Beria und Sema waren Häupter der Vaterhäuser unter den Bürgern zu Ajalon; sie verjagten die zu Gath.
14. Ahjo aber, Sasak, Jeremoth,
15. Sebadja, Arad, Ader,
16. Michael, Jispa und Joha, das sind Kinder Berias.
17. Sebadja, Mesullam, Hiski, Heber,
18. Jismerai, Jislia, Jobab, das sind Kinder Elpaals.
19. Jakim, Sichri, Sabdi,
20. Eljoenai, Zilthai, Eliel,
21. Adaja, Braja und Simrath, das sind die Kinder Simeis.
22. Jispan, Eber, Eliel,
23. Abdon, Sichri, Hanan,
24. Hananja, Elam, Anthothja,
25. Jephdeja und Pnuel, das sind die Kinder Sasaks.
26. Samserai, Seharja, Athalja,
27. Jaeresja, Elia und Sichri, das sind Kinder Jerohams.
28. Das sind die Häupter der Vaterhäuser ihrer Geschlechter, die zu Jerusalem wohnten.
29. Aber zu Gibeon wohnte der Vater Gibeons, und sein Weib hieß Maacha, K. 9,35–44.
30. und sein erster Sohn war Abdon, Zur, Kis, Baal, Nadab,
31. Gedor, Ahjo und Secher;
32. Mikloth aber zeugte Simea. Und auch sie wohnten ihren Brüdern gegenüber zu Jerusalem mit ihnen.
33. Ner zeugte Kis. *Kis zeugte Saul. Saul zeugte Jonathan, Malchisua, Abinadab und Esbaal. *1. Sam. 14,51.
34. Der Sohn aber Jonathans war Merib-Baal. Merib-Baal zeugte Micha.
35. Die Kinder Michas waren: Pithon, Melech, Tharea und Ahas.
36. Ahas aber zeugte Joadda. Joadda zeugte Alemeth, Asmaveth und Simri. Simri zeugte Moza.
37. Moza zeugte Binea; des Sohn war Rapha; des Sohn war Eleasa; des Sohn war Azel.
38. Azel aber hatte sechs Söhne; die hießen: Asrikam, Bochru, Ismael, Searja, Obadja, Hanan. Die waren alle Söhne Azels.
39. Die Kinder Eseks, seines Bruders, waren: Ulam, sein erster Sohn; Jeus, der andere; Eliphelet, der dritte.
40. Die Kinder aber Ulams waren gewaltige Leute und *geschickt mit Bogen und hatten viele Söhne und Sohnes-Söhne: hundertundfünfzig. Die sind alle von den Kindern Benjamins. *K. 12,2.

Das 9. Kapitel

Einwohner zu Jerusalem und Gibeon.
Die Ämter am Heiligtum.

1. Und das ganze Israel ward aufgezeichnet, und siehe, sie sind aufgeschrieben im Buch der Könige Israels; und Juda ward weggeführt gen Babel um seiner Missetat willen. 2. Kön. 24,15.16.
2. Und die zuerst wohnten auf ihren Gütern und Städten, waren Israel, Priester, Leviten und *Tempelknechte.
*Jos. 9,23; Esra 8,20.
3. Und zu Jerusalem wohnten etliche der Kinder Juda, etliche der Kinder Benjamin, etliche der Kinder Ephraim und Manasse:
Neh. 11,3–19.
4. nämlich aus den Kindern des Perez, des Sohnes Juda's, war Uthai, der Sohn Ammihuds, des Sohnes Omris, des Sohnes Imris, des Sohnes Banis, –
5. von den Selanitern aber Asaja, der erste Sohn, und seine Söhne, –
6. von den Kindern Serah: Jeguel und seine Brüder, 690;
7. von den Kindern Benjamin: Sallu, der Sohn Mesullams, des Sohnes Hodavjas, des Sohnes Hasnuas,
8. und Jibneja, der Sohn Jerohams, und Ela, der Sohn Usis, des Sohnes Michris,

und Mesullam, der Sohn Sephatjas, des Sohnes Reguels, des Sohnes Jibnejas,
9. dazu ihre Brüder in ihren Geschlechtern, 956. Alle diese Männer waren Häupter in ihren Vaterhäusern.
10. Von den Priestern aber: Jedaja, Jojarib, Jachin
11. und Asarja, der Sohn *Hilkias, des Sohnes Mesullams, des Sohnes Zadoks, des Sohnes Merajoths, des Sohnes Ahitobs, ein Fürst im Hause Gottes, *K. 5,39.
12. und Adaja, der Sohn Jerohams, des Sohnes Pashurs, des Sohnes Malchias, und Maesai, der Sohn Adiels, des Sohnes Jahseras, des Sohnes Mesullams, des Sohnes Mesillemiths, des Sohnes Immers,
13. dazu ihre Brüder, Häupter ihrer Vaterhäuser, 1760, tüchtige Leute im Geschäft des Amtes im Hause Gottes.
14. Von den Leviten aber aus den Kindern Meraris: Semaja, der Sohn Hassubs, des Sohnes Asrikams, des Sohnes Hasabjas,
15. und Bakbakkar, Heres und Galal und Matthanja, der Sohn Michas, des Sohnes Sichris, des Sohnes Asaphs,
16. und Obadja, der Sohn Semajas, des Sohnes Galals, des Sohnes Jeduthuns, und Berechja, der Sohn Asas, des Sohnes Elkanas, der in den Dörfern der *Netophathiter wohnte. *K. 2,54.
17. Die Pförtner aber waren: Sallum, Akkub, Talmon, Ahiman mit ihren Brüdern; und Sallum war der Oberste,
18. und er hat bisher am Tor des Königs gegen Aufgang gewartet. Dies sind die Pförtner in den Lagern der Kinder Levi.
19. Und Sallum, der Sohn Kores, des Sohnes Abiasaphs, des Sohnes Korahs, und seine Brüder aus seinem Vaterhause, die Korahiter, waren im Geschäft des Amts, daß sie warteten an der Schwelle der Hütte, *wie auch ihre Väter im Lager des Herrn des Eingangs gewartet hatten.
*4. Mose 4,18–20.
20. Pinehas aber, der Sohn Eleasars, war vorzeiten Fürst über sie, darum daß der Herr mit ihm gewesen war. 4. Mose 25,7–13.
21. Sacharja aber, der Sohn Meselemjas, war Hüter am Tor der Hütte des Stifts.
22. Alle diese waren auserlesen zu Hütern an der Schwelle, 212; die waren aufgezeichnet in ihren Dörfern. Und David und Samuel, *der Seher, setzten sie ein auf Glauben, *1. Sam. 9,9.11.
23. daß sie und ihre Kinder hüten sollten die Tore am Hause des Herrn, nämlich an dem Hause der Hütte, daß sie sein warteten.
24. Es waren aber solche Torwärter gegen die vier Winde gestellt: gegen Morgen, gegen Abend, gegen Mitternacht, gegen Mittag.
25. Ihre Brüder aber waren auf ihren Dörfern, daß sie hereinkämen allezeit je des siebenten Tages, bei ihnen zu sein.
26. Denn auf Glauben waren diese die vier obersten Torhüter. Und die Leviten waren über die Kammern und Schätze ihm Hause Gottes.
27. Auch blieben sie über Nacht um das Haus Gottes; denn es gebührte ihnen die Hut, daß sie alle Morgen auftäten.
28. Und etliche aus ihnen waren über das Gerät des Amts; denn sie trugen's gezählt aus und ein.
29. Und ihrer etliche waren bestellt über die Gefäße und über alles heilige Gerät, über Semmelmehl, über Wein, über Öl, über Weihrauch, über Spezereien.
30. Aber der Priester Kinder machten etliche das *Salböl mit Spezereien.
*2. Mose 30,23–25.
31. Und Matthithja aus den Leviten, dem ersten Sohn Sallums, des Korahiters, waren vertraut die Pfannen.
32. Aus den Kahathitern aber, ihren Brüdern, waren etliche über die Schaubrote, sie zuzurichten auf alle Sabbate.
3. Mose 24,5.8.
33. *Jene aber sind die Sänger, die Häupter der Vaterhäuser der Leviten, die in den Kammern keinen Dienst hatten; denn Tag und Nacht waren sie in ihrem Geschäft.
*V. 14–16.
34. Das sind die Häupter der Vaterhäuser unter den Leviten in ihren Geschlechtern. Diese wohnten zu Jerusalem.
35. Zu Gibeon wohnten Jeiel, der Vater Gibeons; sein Weib hieß Maacha
K. 8,29–38.
36. und sein erster Sohn Abdon, Zur, Kis, Baal, Ner, Nadab,
37. Gedor, Ahjo, Sacharja, Mikloth;
38. Mikloth aber zeugte Simeam. Und sie wohnten auch ihren Brüdern gegenüber zu Jerusalem unter den Ihren.
39. Ner aber zeugte Kis. Kis zeugte Saul. Saul zeugte Jonathan, Malchisua, Abinadab, Esbaal.
40. Der Sohn aber Jonathans war Merib-Baal. Merib-Baal aber zeugte Micha.
41. Die Kinder Michas waren: Pithon, Melech und Tharea.
42. Ahas zeugte Jaera, Jaera zeugte Alemeth, Asmaveth und Simri. Simri zeugte Moza.
43. Moza zeugte Binea; des Sohn war Ra-

phaja; des Sohn war Eleasa; des Sohn war
Azel.
44. Azel aber hatte sechs Söhne; die hießen: Asrikam, Bochru, Ismael, Searja,
Obadja, Hanan. Das sind die Kinder Azels.

Das 10. Kapitel

Sauls Untergang im Streit wider die Philister.
(1. Sam. 31.)

1. Die Philister stritten wider Israel. Und
die von Israel flohen vor den Philistern
und fielen erschlagen auf dem Gebirge
Gilboa.
2. Aber die Philister hingen sich an Saul
und seine Söhne hinter ihnen her und
erschlugen Jonathan, Abinadab und Malchisua, die Söhne Sauls.
3. Und der Streit ward hart wider Saul;
und die Bogenschützen kamen an ihn,
daß er von den Schützen verwundet ward.
4. Da sprach Saul zu seinem Waffenträger: Zieh dein Schwert aus und erstich
mich damit, daß diese Unbeschnittenen
nicht kommen und schändlich mit mir
umgehen! Aber sein Waffenträger wollte
nicht; denn er fürchtete sich sehr. Da
nahm Saul sein Schwert und fiel hinein.
5. Da aber sein Waffenträger sah, daß
Saul tot war, fiel er auch ins Schwert und
starb.
6. Also starb Saul und seine drei Söhne
und sein ganzes Haus zugleich.
7. Da aber die Männer Israels, die im
Grunde wohnten, sahen, daß sie geflohen
waren und daß Saul und seine Söhne tot
waren, verließen sie ihre Städte und flohen, und die Philister kamen und wohnten darin.
8. Des andern Morgens kamen die Philister, die Erschlagenen auszuziehen, und
fanden Saul und seine Söhne liegen auf
dem Gebirge Gilboa
9. und zogen ihn aus und hoben auf sein
Haupt und seine Waffen und sandten's ins
Land der Philister umher und ließen's verkündigen vor ihren Götzen und dem Volk
10. und legten seine Waffen ins Haus ihres Gottes, und seinen Schädel hefteten
sie ans Haus Dagons.
11. Da aber alle die zu Jabes in Gilead
hörten alles, was die Philister Saul getan
hatten,
12. machten sie sich auf, alle streitbaren
Männer, und *nahmen die Leichname
Sauls und seiner Söhne und brachten sie
gen Jabes und begruben ihre Gebeine unter der Eiche zu Jabes und fasteten sieben
Tage. *2. Sam. 2,5.
13. Also starb Saul in seiner Missetat, die
er wider den Herrn getan hatte *an dem
Wort des Herrn, das er nicht hielt; auch
†daß er die Wahrsagerin fragte
*1. Sam. 15,11 †1. Sam. 28,8.
14. und fragte den Herrn nicht, darum
tötete er ihn und wandte das Königreich
zu David, dem Sohn Isais.

Das 11. Kapitel

David wird einmütig zum König gesalbt, erobert
und bewohnt die Burg Zion. Seine Helden.
(V. 1–9: vgl. 2. Sam. 5,1–10.)

1. Und ganz Israel sammelte sich zu David gen Hebron und sprach: Siehe, *wir
sind dein Bein und dein Fleisch.
*1. Mose 29,14.
2. Auch schon, da Saul König war, führtest du Israel aus und ein. So hat der Herr,
dein Gott, dir geredet: Du sollst mein Volk
Israel weiden, und du sollst Fürst sein
über mein Volk Israel.
3. Also kamen alle Ältesten Israels zum
König gen Hebron. Und David machte einen Bund mit ihnen zu Hebron vor dem
Herrn. Und sie salbten David zum König
über Israel *nach dem Wort des Herrn
durch Samuel. *1. Sam. 15,1.3.12.
4. Und David zog hin und das ganze Israel gen Jerusalem, das ist Jebus; denn die
Jebusiter wohnten daselbst im Lande.
5. Und die Bürger zu Jebus sprachen zu
David: Du sollst nicht hereinkommen. David aber gewann die Burg Zion, das ist
Davids Stadt.
6. Und David sprach: Wer die Jebusiter
am ersten schlägt, der soll ein Haupt und
Oberster sein. Da erstieg sie am ersten
Joab, der Zeruja Sohn, und ward Hauptmann.
7. David aber wohnte auf der Burg; daher
heißt man sie Davids Stadt.
8. Und er baute die Stadt umher, von
Millo an bis ganz umher. Joab aber ließ
leben die übrigen in der Stadt.
9. Und David nahm immer mehr zu, und
der Herr Zebaoth war mit ihm.
(V. 10–41: vgl. 2. Sam. 23,8–39.)
10. Dies sind die Obersten unter den Helden Davids, die sich redlich mit ihm hielten in seinem Königreiche bei ganz Israel,
daß man ihn zum König machte nach dem
Wort des Herrn über Israel.
11. Und dies ist die Zahl der Helden Davids: *Jasobeam, der Sohn Hachmonis,
der Vornehmste unter den dreißig; er hob
seinen Spieß auf und schlug dreihundert
auf einmal. *K. 27,2.
12. Nach ihm war *Eleasar, der Sohn Do-

dos, der Ahohiter; und er war unter den
drei Helden. *K. 27,4.
13. Dieser war mit David zu Pas-Dam-
mim, da die Philister sich daselbst versammelt hatten zum Streit. Und es war da ein
Stück Acker voll Gerste. Und das Volk floh
vor den Philistern.
14. Und sie traten mitten aufs Stück und
erretteten es und schlugen die Philister;
und der Herr gab ein großes Heil.
15. Und drei aus den dreißig Vornehmsten zogen hinab zum Felsen zu David in
die *Höhle Adullam; aber der Philister Lager lag im Grunde Rephaim. *1. Sam. 22,1.
16. David aber war an sicherem Ort; und
die Schildwacht der Philister war dazumal
zu Bethlehem.
17. Und David ward lüstern und sprach:
Wer will mir Wasser zu trinken geben aus
dem Brunnen zu Bethlehem unter dem
Tor?
18. Da brachen die drei in der Philister
Lager und schöpften Wasser aus dem
Brunnen zu Bethlehem unter dem Tor
und trugen's und brachten's zu David. Er
aber wollte es nicht trinken, sondern goß
es aus dem Herrn
19. und sprach: Das lasse mein Gott fern
von mir sein, daß ich solches tue und
trinke das Blut dieser Männer in ihres Lebens Gefahr; denn sie haben's mit ihres
Lebens Gefahr hergebracht! Darum wollte
er's nicht trinken. Das taten die drei Helden.
20. Abisai, der Bruder Joabs, der war der
Vornehmste unter dreien; und er hob seinen Spieß auf und schlug dreihundert.
Und er war unter dreien berühmt,
21. und er, der dritte, herrlicher denn die
zwei, und war ihr Oberster; aber bis an
jene drei kam er nicht.
22. Benaja, der Sohn Jojadas, des Sohnes
Is-Hails, von großen Taten, von Kabzeel,
er schlug zwei Helden der Moabiter und
ging hinab und schlug einen Löwen mitten im Brunnen zur Schneezeit.
23. Er schlug auch einen ägyptischen
Mann, der war fünf Ellen groß und hatte
einen Spieß in der Hand *wie ein Weberbaum. Aber er ging zu ihm hinab mit einem Stecken und nahm ihm den Spieß
aus der Hand und tötete ihn mit seinem
eigenen Spieß. *1. Sam. 17,7.40.51.
24. Das tat Benaja, der Sohn Jojadas, und
war berühmt unter drei Helden K. 27,5.6.
25. und war der Herrlichste unter den
dreißig; aber an jene drei kam er nicht.
David aber machte ihn zum heimlichen
Rat.
26. Die streitbaren Helden sind diese:
Asahel, der Bruder Joabs; Elhanan, der
Sohn Dodos von Bethlehem;
27. Sammoth, der Haroriter; Helez der
Peloniter; K. 27,8.10.
28. Ira, der Sohn des Ikkes, der Thekoiter; Abieser, der Anathothiter;
29. Sibbechai, der Husathiter; Ilai, der
Ahohiter;
30. Maherai, der Netophathiter; Heled,
der Sohn Baanas, der Netophathiter;
31. Ithai, der Sohn Ribais, von Gibea der
Kinder Benjamin; Benaja, der Pirathoniter;
32. Hurai, von Nahale-Gaas; Abiel, der
Arbathiter;
33. Asmaveth, der Baherumiter; Eljahba,
der Saalboniter;
34. die Kinder Hasems, des Gisoniters;
Jonathan, der Sohn Sages, der Harariter;
35. Ahiam, der Sohn Sachars, der Harariter; Eliphal, der Sohn Urs;
36. Hepher, der Macherathiter; Ahia, der
Peloniter;
37. Hezro, der Karmeliter; Naerai, der
Sohn Asbais;
38. Joel, der Bruder Nathans; Mibehar,
der Sohn Hagris;
39. Zelek, der Ammoniter; Naherai, der
Berothiter, der Waffenträger Joabs, des
Sohnes der Zeruja;
40. Ira, der Jethriter; Gareb, der Jethriter;
41. *Uria, der Hethiter; Sabad, der Sohn
Ahelais; *2. Sam. 11,3.
42. Adina, der Sohn Sisas, der Rubeniter,
ein Hauptmann der Rubeniter – und dreißig waren unter ihm –;
43. Hanan, der Sohn Maachas; Josaphat,
der Mithniter;
44. Usia, der Asthrathiter; Sama und
Jaiel, die Söhne Hothams, des Aroeriters;
45. Jediael, der Sohn Simris; Joha, sein
Bruder, der Thiziter;
46. Eliel, der Maheviter; Jeribai und Jo-
sawja, die Söhne Elnaams; Jethma, der
Moabiter;
47. Eliel, Obed, Jaesiel von Mezobaja.

Das 12. Kapitel

Davids Beistand an streitbaren Männern.

1. Auch kamen diese zu David gen *Ziklag, da er noch abgesondert war von Saul,
dem Sohn des Kis, und sie waren auch
unter den Helden, die zum Streit halfen,
*1. Sam. 27,6.
2. mit *Bogen gerüstet, geschickt mit
beiden Händen, auf Steine und auf Pfeile

und Bogen: von den Brüdern Sauls, die
aus Benjamin waren: *K. 8,40.
3. der Vornehmste Ahieser und Joas, die
Kinder Samaas, des Gibeathiters, Jesiel
und Pelet, die Kinder Asmaveths, Baracha
und Jehu, der Anathothiter,
4. Jismaja, der Gibeoniter, gewaltig unter den dreißig und über die dreißig. Jeremia, Jahasiel, Johanan, Josabad, der Gede-
rathiter,
5. Eleusai, Jerimoth, Bealja, Semarja,
Sephatja, der Harophiter,
6. Elkana, Jissia, *Asareel, Joeser, Jasobeam, die Korahiter, *K. 25,18.
7. Joela und Sebadja, die Kinder Jerohams von Gedor.
8. Von den Gaditern sonderten sich aus
zu David und nach dem sichern Ort in der
Wüste, da er sich verborgen hatte, starke
Helden und Kriegsleute, die Schild und
Spieß führten, und ihr Angesicht wie der
Löwen, und *schnell wie die Rehe auf den
Bergen: *2. Sam. 2,18.
9. der erste: Eser, der zweite: Obadja, der
dritte: Eliab,
10. der vierte: Masmanna, der fünfte: Jeremia,
11. der sechste: Atthai, der siebente:
Eliel,
12. der achte: Johanan, der neunte: Elsabad,
13. der zehnte: Jeremia, der elfte: Mach-
bannai.
14. Diese waren von den Kindern Gad,
Häupter im Heer, der Kleinste über hundert und der Größte über tausend.
15. Die sind's, die über den Jordan gingen im ersten Monat, da er voll war an
beiden Ufern, und verjagten alle, die in
den Gründen wohnten, gegen Morgen und
gegen Abend.
16. Es kamen aber auch Kinder Benjamins und Juda's zu David an seinen sichern Ort.
17. David aber ging heraus zu ihnen, und
antwortete und sprach zu ihnen: Kommt
ihr im Frieden zu mir und mir zu helfen,
so soll mein Herz mit euch sein; kommt
ihr aber mit List und mir zuwider zu sein,
da doch kein Frevel an mir ist, so sehe der
Gott unserer Väter darein und strafe es.
18. Aber der Geist ergriff Amasai, den
Hauptmann unter den dreißig: Dein sind
wir, David, und mit dir halten wir's, du
Sohn Isais, Friede, Friede sei mit dir! Friede sei mit deinen Helfern! denn dein Gott
hilft dir. Da nahm sie David an und setzte
sie zu Häuptern über die Kriegsleute.
19. Und von Manasse fielen zu David, da
er kam mit den Philistern wider Saul zum
Streit und half ihnen nicht. Denn die
*Fürsten der Philister ließen ihn mit Be-
dacht von sich und sprachen: Wenn er zu
seinem Herrn Saul fiele, so möchte es uns
unsern Hals kosten. *1. Sam. 29,4.
20. Da er nun gen Ziklag zog, fielen zu
ihm von Manasse Adna, Josabad, Jediael,
Michael, Josabad, Elihu, Zilthai, Häupter
über tausend in Manasse.
21. Und sie halfen David wider die
Kriegsleute; denn sie waren alle streitbare
Helden und wurden Hauptleute über das
Heer.
22. Auch kamen alle Tage etliche zu David, ihm zu helfen, bis daß es ein großes
Heer ward wie ein Heer Gottes.
23. Und dies ist die Zahl der Häupter,
gerüstet zum Heer, die zu David gen Hebron kamen, das Königreich Sauls zu ihm
zu wenden nach dem Wort des Herrn:
24. der Kinder Juda, die Schild und
Spieß trugen, waren 6800, gerüstet zum
Heer;
25. der Kinder Simeon, streitbare Helden zum Heer, 7100;
26. der Kinder Levi 4600,
27. und Jojada, der Fürst unter denen
von Aaron, mit 3700.
28. Zadok, ein junger streitbarer Held
mit seines Vaters Hause, zweiundzwanzig
Oberste; 2. Sam, 15,24; K. 5,34.
29. der Kinder Benjamin, Sauls Brüder,
3000 (denn bis auf die Zeit hielten ihrer
noch viel an dem Hause Saul);
30. der Kinder Ephraim 20800, streitbare Helden und berühmte Männer in ihren
Vaterhäusern;
31. des halben Stammes Manasse 18000,
die mit Namen genannt wurden, daß sie
kämen und machten David zum König;
32. der Kinder Isaschar, die verständig
waren und rieten, was zu jeder Zeit Israel
tun sollte, zweihundert Hauptleute; und
alle ihre Brüder folgten ihrem Wort;
33. von Sebulon, die ins Heer zogen zum
Streit, gerüstet mit allerlei Waffen zum
Streit, 50000, sich in die Ordnung zu
schicken einträchtig;
34. von Naphthali tausend Hauptleute
und mit ihnen, die Schild und Spieß führten, 37000;
35. von Dan, zum Streit gerüstet, 28600;
36. von Asser, die ins Heer zogen, gerüstet zum Streit, 40000;
37. von jenseit des Jordans, von den Rubenitern, Gaditern und dem halben
Stamm Manasse, mit allerlei Waffen zum
Streit, 120000.

38. Alle diese Kriegsleute, die das Heer ordneten, kamen von ganzem Herzen gen Hebron, David zum König zu machen über ganz Israel. Auch war alles andere Israel eines Herzens, daß man David zum König machte.

39. Und sie waren daselbst bei David drei Tage, aßen und tranken; denn ihre Brüder hatten für sie zubereitet.

40. Auch welche die nächsten um sie waren, bis hin an Isaschar, Sebulon und Naphthali, die brachten Brot auf Eseln, Kamelen, Maultieren und Rindern, Speise von Mehl, Kuchen von Feigen und Rosinen, Wein, Öl, Rinder, Schafe die Menge; denn es war eine Freude in Israel.

Das 13. Kapitel

David holt die Bundeslade ein und setzt sie im Hause Obed-Edoms nieder.
(2. Sam. 6,1–11.)

1. Und David hielt einen Rat mit den Hauptleuten über tausend und über hundert und mit allen Fürsten

2. und sprach zu der ganzen Gemeinde Israel: Gefällt es euch und ist's von dem Herrn, unserm Gott, so laßt uns allenthalben ausschicken zu unsern andern Brüdern in allen Landen Israels und mit ihnen zu den Priestern und Leviten in den Städten, da sie Vorstädte haben, daß sie zu uns versammelt werden,

3. und laßt uns die Lade unseres Gottes zu uns wieder holen; denn zu den Zeiten Sauls fragten wir nicht nach ihr.

4. Da sprach die ganze Gemeinde, man sollte also tun; denn solches gefiel allem Volk wohl.

5. Also versammelte David das ganze Israel, vom Sihor Ägyptens an, bis man kommt gen Hamath, die Lade Gottes zu holen von Kirjath-Jearim.

6. Und David zog hinauf mit ganz Israel gen *Baala, nach Kirjath-Jearim, welches liegt in Juda, daß er von da heraufbrächte die Lade Gottes, des Herrn, der auf den Cherubim sitzt, da der Name angerufen wird. *Jos. 15,9.

7. Und sie ließen die Lade Gottes auf einem neuen Wagen führen aus dem Hause Abinadabs. Usa aber und sein Bruder trieben den Wagen.

8. David aber und das ganze Israel spielten vor Gott her aus ganzer Macht mit Liedern, mit Harfen, mit Psaltern, mit Pauken, mit Zimbeln und mit Posaunen.

9. Da sie aber kamen zur Tenne Chidon, reckte Usa seine Hand aus, die Lade zu halten; denn die Rinder schritten beiseit aus.

10. Da erzürnte der Grimm des Herrn über Usa, und er schlug ihn, darum daß er seine Hand hatte ausgereckt an die Lade, daß er daselbst starb vor Gott.

11. Da ward David traurig, daß der Herr den Usa so wegriß, und hieß die Stätte Perez-Usa bis auf diesen Tag.

12. Und David fürchtete sich vor Gott des Tages und sprach: Wie soll ich die Lade Gottes zu mir bringen?

13. Darum ließ er die Lade Gottes nicht zu sich bringen in die Stadt Davids, sondern lenkte sie hin ins Haus Obed-Edoms, des Gathiters.

14. Also blieb die Lade Gottes bei Obed-Edom in seinem Haus drei Monate. Und der Herr segnete das Haus Obed-Edoms und alles, was er hatte.

Das 14. Kapitel

Davids Palast, Weiber, Kinder und Siege über die Philister.
(V. 1–16: vgl. 2. Sam. 5,11–25.)

1. Und Hiram, der König zu Tyrus, sandte Boten zu David und Zedernholz, Maurer und Zimmerleute, daß sie ihm ein Haus bauten.

2. Und David merkte, daß ihn der Herr zum König über Israel bestätigt hatte; denn sein Königreich stieg auf um seines Volks Israel willen.

3. Und David nahm noch mehr Weiber zu Jerusalem und zeugte noch mehr Söhne und Töchter.

4. Und die ihm zu Jerusalem geboren wurden, hießen also: Sammua, Sobab, Nathan, Salomo,

5. Jibhar, Elisua, Elpelet,

6. Nogah, Nepheg, Japhia,

7. Elisama, Baeljada, Eliphelet.

8. Und da die Philister hörten, daß David zum König gesalbt war über ganz Israel, zogen sie alle herauf, David zu suchen. Da das David hörte, zog er aus gegen sie.

9. Und die Philister kamen und ließen sich nieder im Grunde Rephaim.

10. David aber fragte Gott und sprach: Soll ich hinaufziehen wider die Philister? und willst du sie in meine Hand geben? Der Herr sprach zu ihm: Zieh hinauf? ich habe sie in deine Hände gegeben.

11. Und da sie hinaufzogen gen Baal-Perazim, schlug sie David daselbst. Und David sprach: Gott hat meine Feinde durch meine Hand zertrennt, wie sich das Wasser trennt. Daher hießen sie die Stätte Baal-Perazim.

12. Und sie ließen ihre Götter daselbst; da hieß sie David mit *Feuer verbrennen.
*5. Mos. 7,5.25.
13. Aber die Philister machten sich wieder heran und ließen sich nieder im Grunde.
14. Und David fragte abermals Gott; und Gott sprach zu ihm: Du sollst nicht hinaufziehen hinter ihnen her, sondern lenke dich von ihnen, daß du an sie kommest gegenüber den Maulbeerbäumen.
15. Wenn du dann wirst hören das Rauschen oben auf den Maulbeerbäumen einhergehen, so fahre heraus zum Streit; denn Gott ist da vor dir ausgezogen, zu schlagen der Philister Heer.
16. Und David tat, wie ihm Gott geboten hatte; und sie schlugen das Heer der Philister von Gibeon an bis gen Geser.
17. Und Davids Name ging aus in alle Lande, und der Herr ließ seine Furcht über alle Heiden kommen.

Das 15. Kapitel

Die Bundeslade wird an ihren Ort gebracht.

1. Und er baute sich Häuser in der Stadt Davids und bereitete der Lade Gottes eine Stätte und breitete eine Hütte über sie.
2. Dazumal sprach David: Die Lade Gottes soll niemand tragen außer den Leviten; denn diese hat der Herr erwählt, daß sie die Lade Gottes tragen und ihm dienen ewiglich.
3. Da versammelte David das ganze Israel gen Jerusalem, daß sie die Lade des Herrn hinaufbrächten an die Stätte, die er dazu bereitet hatte.
4. Und David brachte zuhauf die Kinder Aaron und die Leviten:
5. aus den Kindern Kahath: Uriel, den Obersten, samt seinen Brüdern, 120;
6. aus den Kindern Merari: Asaja, den Obersten, samt seinen Brüdern, 220;
7. aus den Kindern Gerson: Joel, den Obersten, samt seinen Brüdern, 130;
8. aus den Kindern Elizaphan: Semaja, den Obersten, samt seinen Brüdern, 200;
9. aus den Kindern Hebron: Eliel, den Obersten, samt seinen Brüdern, 80;
10. aus den Kindern Usiel: Amminadab, den Obersten, samt seinen Brüdern, 112.
11. Und David *rief Zadok und Abjathar, die Priester, und die Leviten, nämlich Uriel, Asaja, Joel, Semaja, Eliel, Amminadab,
*2. Sam. 15,29.
12. und sprach zu ihnen: Ihr seid die Häupter der Vaterhäuser unter den Leviten; so heiliget nun euch und eure Brüder, daß ihr die Lade des Herrn, des Gottes Israels heraufbringet an den Ort, den ich ihr bereitet habe;
13. denn das erstemal, da ihr nicht da waret, machte *der Herr, unser Gott, einen Riß unter uns, darum daß wir ihn nicht suchten, wie sich's gebührt.
*K. 13,9.10.
14. Also heiligten sich die Priester und Leviten, daß sie die Lade des Herrn des Gottes Israels, heraufbrächten.
15. Und die Kinder Levi trugen die Lade Gottes auf ihren Achseln mit den Stangen daran, wie *Mose geboten hatte nach dem Wort des Herrn. *2. Mose 25,14; 4. Mose 4,15.
16. Und David sprach zu den Obersten der Leviten, daß sie ihre Brüder zu Sängern bestellen sollten mit Saitenspielen, mit Psaltern, Harfen und hellen Zimbeln, daß sie laut sängen und mit Freuden.
17. Da bestellten die Leviten Heman, den Sohn Joels, und aus seinen Brüdern Asaph, den Sohn Berechjas, und aus den Kindern Meraris, ihren Brüdern, Ethan, den Sohn Kusajas,
18. und mit ihnen ihre Brüder der zweiten Ordnung: Sacharja, Ben-Jaesiel, Semiramoth, Jehiel, Unni, Eliab, Benaja, Maaseja, Matthithja, Eliphelehu, Mikneja, Obed-Edom, Jeiel, die Torhüter.
19. Denn *Heman, Asaph und Ethan waren Sänger mit ehernen Zimbeln, hell zu klingen; *K. 6,18.24.29; 25,1.
20. Sacharja aber, Asiel, Semiramoth, Jehiel, Unni, Eliab, Maaseja und Benaja mit Psaltern, nachzusingen;
21. Matthithja aber, Eliphelehu, Mikneja, Obed-Edom, Jeiel und Asasja mit Harfen von acht Saiten, vorzusingen;
22. Chenanja aber, der Leviten Oberster, der Sangmeister, daß er sie unterwiese, zu singen; denn er war verständig.
23. Und Berechja und Elkana waren Torhüter der Lade.
24. Aber Sebanja, Josaphat, Nathanael, Amasai, Sacharja, Benaja, Elieser, die Priester, bliesen mit Drommeten vor der Lade Gottes; und Obed-Edom und Jehia waren Torhüter der Lade.
(V. 25–29: vgl. 2. Sam. 6,12–16.)
25. Also gingen hin David und die Ältesten in Israel und die Obersten über die Tausende, heraufzuholen die Lade des Bundes des Herrn aus dem Hause Obed-Edoms mit Freuden.
26. Und da Gott den Leviten half, die die Lade des Bundes des Herrn trugen, opferte man sieben Farren und sieben Widder.
27. Und David hatte einen leinenen Rock

an, dazu alle Leviten, die die Lade trugen, und die Sänger und Chenanja, der Sangmeister mit den Sängern; auch hatte David einen leinenen Leibrock darüber.
28. Also brachte das ganze Israel die Lade des Bundes des Herrn hinauf mit Jauchzen, Posaunen, Drommeten und hellen Zimbeln, mit Psaltern und Harfen.
29. Da nun die Lade des Bundes des Herrn in die Stadt Davids kam, sah Michal, die Tochter Sauls, zum Fenster heraus; und da sie den König David sah hüpfen und spielen, verachtete sie ihn in ihrem Herzen.

Das 16. Kapitel

Davids Lobgesang bei Heimholung der Bundeslade. Bestellung des Gottesdienstes.
(V. 1–3.43: vgl. 2. Sam. 6,17–19.)

1. Und da sie die Lade Gottes hineinbrachten, setzten sie sie in die Hütte, die ihr David aufgerichtet hatte, und opferten Brandopfer und Dankopfer vor Gott.
2. Und da David die Brandopfer und Dankopfer ausgerichtet hatte, segnete er das Volk im Namen des Herrn
3. und teilte aus jedermann in Israel, Männern und Weibern, einen Laib Brot und ein Stück Fleisch und ein halbes Maß Wein.
4. Und er bestellte etliche Leviten zu Dienern vor der Lade des Herrn, daß sie priesen, dankten und lobten den Herrn, den Gott Israels:
5. nämlich Asaph, den ersten, Sacharja, den andern, Jeiel, Semiramoth, Jehiel, Matthithja, Eliab, Benaja, Obed-Edom und Jeiel mit Psaltern und Harfen, Asaph aber mit hellen Zimbeln,
6. Benaja aber und Jahasiel, die Priester, mit Drommeten allezeit vor der Lade des Bundes Gottes.
7. Zu der Zeit bestellte David zum ersten, dem Herrn zu danken, durch Asaph und seine Brüder: (V. 8–22: vgl. Ps. 105,1–15.)
8. Danket dem Herrn, prediget seinen Namen; tut kund unter den Völkern sein Tun!
9. Singet und spielet ihm; dichtet von allen seinen Wundern!
10. Rühmet seinen heiligen Namen; es freue sich das Herz derer, die den Herrn suchen!
11. Fraget nach dem Herrn und nach seiner Macht; suchet sein Angesicht allezeit!
12. Gedenket seiner Wunderwerke, die er getan hat, seiner Wunder und der Gerichte seines Mundes,
13. ihr, der Same Israels, seines Knechtes, ihr Kinder Jakobs, seine Auserwählten!
14. Er ist der Herr, unser Gott; er richtet in aller Welt.
15. Gedenket ewiglich seines Bundes, was er verheißen hat in tausend Geschlechter,
16. den er gemacht hat mit Abraham, und seines Eides mit Isaak;
17. und stellte es Jakob zum Recht und Israel zum ewigen Bund
18. und sprach: Dir will ich das Land Kanaan geben, das Los eures Erbteils, –
19. da sie wenig und gering waren und Fremdlinge darin.
20. Und sie zogen von einem Volk zum andern und aus einem Königreich zum andern Volk.
21. Er ließ niemand ihnen Schaden tun und *strafte Könige um ihretwillen.
*1. Mose 12,17; 20,3; 26,9.
22. »Tastet meine Gesalbten nicht an und tut meinen Propheten kein Leid!«
(V. 23–33: vgl. Ps. 96.)
23. Singet dem Herrn, alle Lande; verkündiget täglich sein Heil!
24. Erzählet unter den Heiden seine Herrlichkeit, unter allen Völkern seine Wunder!
25. Denn der Herr ist groß und sehr löblich und herrlich über alle Götter.
26. Denn aller Heiden Götter sind Götzen; der Herr aber hat den Himmel gemacht.
27. Es stehet herrlich und prächtig vor ihm und gehet gewaltig und fröhlich zu an seinem Ort.
28. Bringet *her dem Herrn, ihr Völker, bringet her dem Herrn Ehre und Macht!
*Ps. 29,1.2.
29. Bringet her dem Herrn die Ehre seines Namens; bringet Geschenke und kommt vor ihn und betet den Herrn an in heiligem Schmuck!
30. Es fürchte ihn alle Welt; er hat den Erdboden bereitet, daß er nicht bewegt wird.
31. Es freue sich der Himmel, und die Erde sei fröhlich; und man sage unter den Heiden, daß der Herr regieret.
32. Das Meer brause und was darinnen ist; und das Feld sei fröhlich und alles, was darauf ist.
33. Und lasset jauchzen alle Bäume im Walde vor dem Herrn; denn er kommt, zu richten die Erde.
(V. 34–36: vgl. Ps. 106,1.47.48.)
34. Danket dem Herrn; denn er ist

freundlich, und seine Güte währet ewiglich.
35. Und sprecht: Hilf uns, Gott, unser Heiland, und sammle uns und errette uns aus den Heiden, daß wir deinem heiligen Namen danken und dir Lob sagen.
36. Gelobet sei der Herr, der Gott Israels, von Ewigkeit zu Ewigkeit! Und alles Volk sagte: Amen! und: Lobe den Herrn!

Ps. 41,14.

37. Also ließ er daselbst vor der Lade des Bundes des Herrn den Asaph und seine Brüder, zu dienen vor der Lade allezeit, einen jeglichen Tag sein Tagewerk,
38. aber Obed-Edom und ihre Brüder, achtundsechzig, und Obed-Edom, den Sohn Jedithuns, und Hosa zu Torhütern.
39. Und Zadok, den Priester, und seine Brüder, die Priester, ließ er vor der Wohnung des Herrn *auf der Höhe zu Gibeon,

*K.21,29.

40. daß sie dem Herrn täglich Brandopfer täten auf dem Brandopferaltar, *des Morgens und des Abends, wie geschrieben steht im Gesetz des Herrn, das er an Israel geboten hat, – *2.Mose 29,38.39.
41. und mit ihnen Heman und Jedithun und die andern Erwählten, die mit Namen benannt waren, zu danken dem Herrn, daß seine Güte währet ewiglich, –
42. und mit ihnen Heman und Jedithun mit Drommeten und Zimbeln zu klingen und mit Saitenspielen Gottes. Die Kinder aber Jedithun machte er zu Torhütern.
43. Also zog alles Volk heim, ein jeglicher in sein Haus; und David kehrte auch heim, sein Haus zu grüßen.

Das 17. Kapitel

David will einen Tempel bauen und empfängt die Verheißung von dem ewigen Königreich seines Samens.
(Vgl. 2. Sam. 7.)

1. Es begab sich, da David in seinem Hause wohnte, sprach er zu dem Propheten Nathan: Siehe, ich wohne in einem Zedernhause, und die Lade des Bundes des Herrn ist unter Teppichen.
2. Nathan sprach zu David: Alles, was in deinem Herzen ist, das tue; denn Gott ist mit dir.
3. Aber in derselben Nacht kam das Wort Gottes zu Nathan und sprach:
4. Gehe hin und sage David, meinem Knecht: So spricht der Herr: Du sollst mir nicht ein Haus bauen zur Wohnung.
5. Denn ich habe in keinem Hause gewohnt von dem Tage an, da ich die Kinder Israel ausführte, bis auf diesen Tag; sondern ich bin gewesen, wo die Hütte gewesen ist und die Wohnung.
6. Wo ich wandelte im ganzen Israel, habe ich auch zu der Richter einem in Israel je gesagt, denen ich gebot zu weiden mein Volk, und gesprochen: Warum baut ihr mir nicht ein Zedernhaus?
7. So sprich nun also zu meinem Knecht David: So spricht der Herr Zebaoth: Ich habe dich genommen von der Weide hinter den Schafen, daß du solltest sein ein Fürst über mein Volk Israel,
8. und bin mit dir gewesen, wo du hin gegangen bist, und habe deine Feinde ausgerottet vor dir und habe dir einen Namen gemacht, wie die Großen auf Erden Namen haben.
9. Und ich will meinem Volk Israel eine Stätte setzen und will es pflanzen, daß es daselbst wohnen soll und nicht mehr bewegt werde; und die bösen Leute sollen es nicht mehr schwächen wie vormals und zu den Zeiten, da ich den Richtern gebot über mein Volk Israel.
10. Und ich will alle deine Feinde demütigen und verkündige dir, daß der Herr dir ein Haus bauen will.
11. Wenn aber deine Tage aus sind, daß du hingehst zu deinen Vätern, so will ich deinen Samen nach dir erwecken, der deiner Söhne einer sein soll; dem will ich sein Königreich bestätigen.
12. Der soll mir ein Haus bauen, und ich will seinen Stuhl bestätigen ewiglich.

K.22,10; 28,6.

13. Ich will sein Vater sein, und er soll mein Sohn sein. Und ich will meine Barmherzigkeit nicht von ihm wenden, wie ich sie von dem gewandt habe, der vor dir war;
14. sondern ich will ihn setzen in mein Haus und in mein Königreich ewiglich, daß sein Stuhl beständig sei ewiglich.
15. Und da Nathan nach allen diesen Worten und all diesem Gesicht mit David redete,
16. kam der König David und blieb vor dem Herrn und sprach: *Wer bin ich, Herr, Gott, und was ist mein Haus, daß du mich bis hieher gebracht hast?

*1.Mose 32,11.

17. Und das hat dich noch zu wenig gedeucht, Gott, sondern du hast über das Haus deines Knechtes noch von fernem Zukünftigen geredet; und du hast mich angesehen nach Menschenweise, der du in der Höhe Gott der Herr bist.
18. Was soll David mehr sagen zu dir, daß du deinen Knecht herrlich machst? Du erkennst deinen Knecht.

19. Herr, um deines Knechtes willen, nach deinem Herzen hast du alle solche großen Dinge getan, daß du kundtätest alle Herrlichkeit.
20. Herr, es ist deinesgleichen nicht und ist kein Gott denn du, nach allem, was wir mit unsern Ohren gehört haben.
21. Und wo ist ein Volk auf Erden wie dein Volk Israel, um welches willen Gott hingegangen ist, sich ein Volk zu erlösen und sich selbst einen Namen zu machen von großen und schrecklichen Dingen, Heiden auszustoßen vor deinem Volk her, das du aus Ägypten erlöst hast?
22. Und du hast dir dein Volk Israel zum Volk gemacht ewiglich; und du, Herr, bist ihr Gott geworden.
23. Nun, Herr, das Wort, das du geredet hast über deinen Knecht und über sein Haus, werde wahr ewiglich, und tue, wie du geredet hast.
24. Und dein Name werde wahr und groß ewiglich, daß man sage: Der Herr Zebaoth, der Gott Israels, ist Gott in Israel, und das Haus deines Knechtes David ist beständig vor dir.
25. Denn du, mein Gott, hast das Ohr deines Knechtes geöffnet, daß du ihm ein Haus bauen willst; darum hat dein Knecht Mut gefunden, daß er vor dir betet.
26. Nun, Herr, du bist Gott und hast solch Gutes deinem Knecht geredet.
27. Nun hebe an, zu segnen das Haus deines Knechtes, daß es ewiglich sei vor dir; denn was du, Herr, segnest, das ist gesegnet ewiglich.

Das 18. Kapitel

David erbeutet in glücklichen Kriegen Gold, Silber und Erz und widmet solches für den Tempelbau. Seine Beamten und Priester. (Vgl. 2. Sam. 8.)

1. Nach diesem schlug David die Philister und demütigte sie und nahm Gath und seine Ortschaften aus der Philister Hand.
2. Auch schlug er die Moabiter, daß die Moabiter David untertänig wurden und Geschenke brachten.
3. Er schlug auch Hadadeser, den König zu Zoba in Hamath, da er hinzog, sein Zeichen aufzurichten am Wasser Euphrat.
4. Und David gewann ihm ab 1000 Wagen, 7000 Reiter und 20000 Mann zu Fuß. Und David verlähmte alle Rosse der Wagen und behielt hundert Wagen übrig.
5. Und die Syrer von Damaskus kamen, dem Hadadeser, dem König zu Zoba, zu helfen. Aber David schlug der Syrer 22000 Mann
6. und legte Volk in das Syrien von Damaskus, daß die Syrer David untertänig wurden und brachten ihm Geschenke. Denn der Herr half David, wo er hin zog.
7. Und David nahm die goldenen Schilde, die Hadadesers Knechte gehabt hatten, und brachte sie gen Jerusalem.
8. Auch nahm David aus den Städten Hadadesers, Tibehath und Chun, sehr viel Erz, davon Salomo das *eherne Meer und die Säulen und ehernen Gefäße machte.

*I. Kön. 7,23.15.

9. Und da Thou, der König zu Hamath, hörte, daß David alle Macht Hadadesers, des Königs zu Zoba, geschlagen hatte,
10. sandte er seinen Sohn Hadoram zum König David und ließ ihn grüßen und segnen, daß er mit Hadadeser gestritten und ihn geschlagen hatte (denn Thou hatte einen Streit mit Hadadeser); und er hatte mit sich allerlei goldene, silberne und eherne Gefäße.
11. Auch diese heiligte der König David dem Herrn mit dem Silber und Gold, das er den Heiden genommen hatte: den Edomitern, Moabitern, Ammonitern, Philistern und Amalekitern.
12. Und Abisai, der Zeruja Sohn, schlug der Edomiter im Salztal 18000
13. und legte Volk in Edom, daß alle Edomiter David untertänig waren. Denn der Herr half David, wo er hin zog.
14. Also regierte David über das ganze Israel und handhabte Gericht und Gerechtigkeit allem seinem Volk.
15. Joab, der Zeruja Sohn, war über das Heer; Josaphat, der Sohn Ahiluds, war Kanzler;
16. Zadok, der Sohn Ahitobs, und *Abimelech, der Sohn Abjathars, waren Priester, Sawsa war Schreiber; *K. 24,6.
17. Benaja, der Sohn Jojadas, war über die *Krether und Plether, und die Söhne Davids waren die Ersten zur Hand des Königs. *Leibwache.

Das 19. Kapitel

David rächt an den Ammonitern die Beschimpfung seiner Gesandten. (Vgl. 2. Sam. 10.)

1. Und nach diesem starb Nahas, der König der Kinder Ammon, und sein Sohn ward König an seiner Statt.
2. Da gedachte David: Ich will Barmherzigkeit tun an Hanon, dem Sohn des Nahas; denn sein Vater hat an mir Barmherzigkeit getan. Und sandte Boten hin, ihn

zu trösten über seinen Vater. Und da die Knechte Davids ins Land der Kinder Ammon kamen zu Hanon, ihn zu trösten,
3. sprachen die Fürsten der Kinder Ammon zu Hanon: Meinst du, daß David deinen Vater ehre vor deinen Augen, daß er Tröster zu dir gesandt hat? Ja, seine Knechte sind gekommen zu dir, zu forschen und umzukehren und zu erkunden das Land.
4. Da nahm Hanon die Knechte Davids und schor sie und schnitt ihre Kleider halb ab bis an die Lenden und ließ sie gehen.
5. Und etliche gingen hin und sagten es David an von den Männern. Er aber sandte ihnen entgegen; denn die Männer waren sehr geschändet. Und der König sprach: Bleibet zu Jericho, bis euer Bart wachse; so kommt dann wieder.
6. Da aber die Kinder Ammon sahen, daß sie waren stinkend geworden vor David, sandten sie hin, beide, Hanon und die Kinder Ammon, tausend Zentner Silber, Wagen und Reiter zu dingen aus Mesopotamien, aus dem Syrien von Maacha und aus Zoba.
7. Und dingten 32000 Wagen und den König von Maacha mit seinem Volk; die kamen und lagerten sich vor Medeba. Und die Kinder Ammon sammelten sich auch aus ihren Städten und kamen zum Streit.
8. Da das David hörte, sandte er hin Joab mit dem ganzen Heer der Helden.
9. Die Kinder Ammon aber waren ausgezogen und rüsteten sich zum Streit vor der Stadt Tor. Die Könige aber, die gekommen waren, hielten im Felde besonders.
10. Da nun Joab sah, daß vor und hinter ihm Streit wider ihn war, erwählte er aus aller jungen Mannschaft in Israel und stellte sich gegen die Syrer.
11. Das übrige Volk aber tat er unter die Hand Abisais, seines Bruders, daß sie sich rüsteten wider die Kinder Ammon,
12. und sprach: Wenn mir die Syrer zu stark werden, so komm mir zu Hilfe; wo aber die Kinder Ammon dir zu stark werden, will ich dir helfen.
13. Sei getrost und laß uns getrost handeln für unser Volk und für die Städte unseres Gottes; *der Herr tue, was ihm gefällt. *1.Sam.3,18.
14. Und Joab machte sich herzu mit dem Volk, das bei ihm war, gegen die Syrer zu streiten; und sie flohen vor ihm.
15. Da aber die Kinder Ammon sahen, daß die Syrer flohen, flohen sie auch vor Abisai, seinem Bruder, und zogen in die Stadt. Joab aber kam gen Jerusalem.
16. Da aber die Syrer sahen, daß sie vor Israel geschlagen waren, sandten sie Boten hin und brachten heraus die Syrer jenseit des Stroms; und Sophach, der Feldhauptmann Hadadesers, zog vor ihnen her.
17. Da das David angesagt ward, sammelte er zuhauf das ganze Israel und zog über den Jordan; und da er an sie kam, rüstete er sich wider sie. Und David rüstete sich gegen die Syrer zum Streit, und sie stritten mit ihm.
18. Aber die Syrer flohen vor Israel. Und David verderbte der Syrer 7000 Wagen und 40000 Mann zu Fuß; dazu tötete er Sophach, den Feldhauptmann.
19. Und da die Knechte Hadadasers sahen, daß sie vor Israel geschlagen waren, machten sie Frieden mit David und wurden seine Knechte. Und die Syrer wollten den Kindern Ammon nicht mehr helfen.

Das 20. Kapitel

Eroberung der ammonitischen Stadt Rabba.
Drei Siege über die Philister.
(V. 1–3: vgl. 2.Sam. 11,1; 12,26–31.)

1. Und da das Jahr um war, zur Zeit, wann die Könige ausziehen, führte Joab die Heermacht und verderbte der Kinder Ammon Land, kam und belagerte Rabba; David aber blieb zu Jerusalem. Und Joab schlug Rabba und zerbrach es.
2. Und David nahm die Krone seines Königs von seinem Haupt und fand daran einen Zentner Gold und Edelsteine; und sie ward David auf sein Haupt gesetzt. Auch führte er aus der Stadt sehr viel Raub.
3. Aber das Volk drinnen führte er heraus und zerteilte sie mit Sägen und eisernen Dreschwagen und Keilen. Also tat David allen Städten der Kinder Ammon. Und David zog samt dem Volk wieder gen Jerusalem. (V. 4–8: vgl. 2.Sam. 21,18–22.)
4. Darnach erhob sich ein Streit zu Geser mit den Philistern. Dazumal schlug *Sibechai, der Husathiter, den Sippai, der aus den Kindern der Riesen war, und sie wurden gedemütigt. *K.27,11.
5. Und es erhob sich noch ein Streit mit den Philistern. Da schlug Elhanan, der Sohn Jairs, den Lahemi, den Bruder Goliaths, den Gathiter, welcher hatte eine Spießstange wie ein Weberbaum.
6. Abermals ward ein Streit zu Gath. Da war ein großer Mann, der hatte je sechs Finger und sechs Zehen, die machen vierundzwanzig; und er war auch von den Riesen geboren

7. und *höhnte Israel. Aber Jonathan,
der Sohn Simeas, des Bruders Davids,
schlug ihn. *1.Sam. 17,10.
8. Diese waren geboren von den Riesen
zu Gath und fielen durch die Hand Davids
und seiner Knechte.

Das 21. Kapitel

Davids Volkszählung wird durch die Pest bestraft.
Sein Opfer auf der Tenne Ornans (Aravnas).
(Vgl. 2. Sam. 24.)

1. Und der Satan stand wider Israel und
reizte David, daß er Israel zählen ließe.
2. Und David sprach zu Joab und zu des
Volkes Obersten: Gehet hin, zählet Israel
von Beer-Seba an bis gen Dan und bringt
es zu mir, daß ich wisse, wieviel ihrer sind.
3. Joab sprach: Der Herr tue zu seinem
Volk, wie sie jetzt sind, hundertmal soviel;
aber, mein Herr König, sind sie nicht alle
meines Herrn Knechte? Warum fragt
denn mein Herr darnach? *Warum soll
eine Schuld auf Israel kommen?
*2.Mose 30,12.
4. Aber des Königs Wort stand fest wider
Joab. Und Joab zog aus und wandelte
durch das ganze Israel und kam gen Jerusalem
5. und gab die Zahl des gezählten Volks
David. Und es waren des ganzen Israels
1100 mal 1000 Mann, die das Schwert auszogen, und Juda's 470000 Mann, die das
Schwert auszogen.
6. Levi aber und Benjamin zählte er
nicht unter ihnen; denn es war dem Joab
des Königs Wort ein Greuel.
7. Aber solches *gefiel Gott übel, und er
schlug Israel. *K.27,24.
8. Und David sprach zu Gott: Ich habe
schwer gesündigt, daß ich das getan habe.
Nun aber nimm weg die Missetat deines
Knechtes; denn ich habe sehr töricht getan.
9. Und der Herr redete mit Gad, dem
Seher Davids, und sprach:
10. Gehe hin, rede mit David und sprich:
So spricht der Herr: Dreierlei lege ich dir
vor; erwähle dir eins, daß ich es dir tue.
11. Und da Gad zu David kam, sprach er
zu ihm: So spricht der Herr: Erwähle dir
12. entweder drei Jahre Teuerung, oder
drei Monate Flucht vor deinen Widersachern und vor dem Schwert deiner Feinde, daß dich's ergreife, oder drei Tage das
Schwert des Herrn und Pestilenz im Lande, daß der Engel des Herrn verderbe in
allen Grenzen Israels. So siehe nun zu,
was ich antworten soll dem, der mich gesandt hat.
13. David sprach zu Gad: Mir ist sehr
angst, doch ich will in die Hand des Herrn
fallen, denn seine Barmherzigkeit ist sehr
groß, und will nicht in Menschenhände
fallen.
14. Da ließ der Herr Pestilenz in Israel
kommen, daß 70000 Mann fielen aus
Israel.
15. Und Gott sandte den Engel gen Jerusalem, sie zu verderben. Und im Verderben sah der Herr darein und reute ihn das
Übel, und er sprach zum Engel, dem Verderber: Es ist genug; laß deine Hand ab!
Der Engel aber des Herrn stand bei der
Tenne Ornans, des Jebusiters.
16. Und David hob seine Augen auf und
sah den Engel des Herrn stehen zwischen
Himmel und Erde und ein bloßes Schwert
in seiner Hand ausgereckt über Jerusalem. Da fielen David und die Ältesten, mit
Säcken bedeckt, auf ihr Antlitz.
17. Und David sprach zu Gott: Bin ich's
nicht, der das Volk zählen hieß? Ich bin,
der gesündigt und das Übel getan hat; diese Schafe aber, was haben sie getan? Herr,
mein Gott, laß deine Hand wider mich
und meines Vaters Haus, und nicht wider
dein Volk sein, es zu plagen!
18. Und der Engel des Herrn sprach zu
Gad, daß er David sollte sagen, daß David
hinaufgehen und dem Herrn einen Altar
aufrichten sollte in der Tenne Ornans, des
Jebusiters.
19. Also ging David hinauf nach dem
Wort Gads, das er geredet hatte in des
Herrn Namen.
20. Ornan aber, da er sich wandte und
sah den Engel, und seine vier Söhne mit
ihm, versteckten sich; denn Ornan drosch
Weizen.
21. Als nun David zu Ornan ging, sah
Ornan und ward Davids gewahr und ging
heraus aus der Tenne und fiel vor David
nieder mit seinem Antlitz zur Erde.
22. Und David sprach zu Ornan: Gib mir
den Platz der Tenne, daß ich einen Altar
dem Herrn darauf baue; um volles Geld
sollst du mir ihn geben, auf daß die *Plage
unter dem Volk aufhöre.
*4.Mose 25,8.
23. Ornan aber sprach zu David: Nimm
dir und mache, mein Herr König, wie dir's
gefällt: siehe, ich gebe das Rind zum
Brandopfer und das Geschirr zu Holz und
Weizen zum Speisopfer; das alles gebe ich.
24. Aber der König David sprach zu Ornan: Nicht also, sondern um volles Geld

will ich's kaufen; denn ich will nicht, was dein ist, nehmen für den Herrn und will's nicht umsonst haben zum Brandopfer.
25. Also gab David Ornan um den Platz Gold, am Gewicht sechshundert Lot.
26. Und David baute daselbst dem Herrn einen Altar und opferte Brandopfer und Dankopfer. Und da er den Herrn anrief, *erhörte er ihn durch das Feuer vom Himmel auf den Altar des Brandopfers.

*1.Kön. 18,24.

27. Und der Herr sprach zum Engel, daß er sein Schwert in seine Scheide kehrte.
28. Zur selben Zeit, da David sah, daß ihn der Herr erhört hatte auf der Tenne Ornans, des Jebusiters, pflegte er daselbst zu opfern.
29. Denn die Wohnung des Herrn, die Mose in der Wüste gemacht hatte, und der Brandopferaltar war zu der Zeit *auf der Höhe zu Gibeon. *K. 16,39.
30. David aber konnte nicht hingehen vor denselben, Gott zu suchen, so war er erschrocken *vor dem Schwert des Engels des Herrn. *V. 16.

Das 22. Kapitel

David macht Anstalten zum künftigen Tempelbau und ermahnt seinen Sohn Salomo.

1. Und David sprach: Hier soll das Haus Gottes des Herrn sein und dies der Altar zum Brandopfer Israels. 2.Chron. 3,1.
2. Und David hieß versammeln *die Fremdlinge, die im Lande Israel waren, und bestellte Steinmetzen, Steine zu hauen, das Haus Gottes zu bauen.

*2.Chron. 2.16.

3. Und David bereitete viel Eisen zu Nägeln an die Türen in den Toren und zu Klammern und so viel Erz, daß es nicht zu wägen war,
4. auch Zedernholz ohne Zahl; denn die von Sidon und Tyrus brachten viel Zedernholz zu David.
5. Denn David gedachte: Mein Sohn Salomo *ist jung und zart; das Haus aber, das dem Herrn soll gebaut werden, soll groß sein, daß sein Name und Ruhm erhoben werde in allen Landen; darum will ich ihm Vorrat schaffen. Also schaffte David viel Vorrat vor seinem Tode. *K. 29,1.
6. Und er rief seinem Sohn Salomo und gebot ihm, zu bauen das Haus des Herrn, des Gottes Israels,
7. und sprach zu ihm: Mein Sohn, *ich hatte es im Sinn, dem Namen des Herrn, meines Gottes, ein Haus zu bauen.

*K. 17,1–14; 28,2–7.

8. Aber das Wort des Herrn kam zu mir und sprach: Du hast viel Blut vergossen und große Kriege geführt; darum sollst du meinem Namen nicht ein Haus bauen, weil du so viel Blut auf die Erde vergossen hast vor mir.
9. Siehe, der Sohn, der dir geboren soll werden, der wird ein Mann der Ruhe sein; denn ich will ihn ruhen lassen von all seinen Feinden umher, denn er soll Salomo heißen; denn ich will Frieden und Ruhe geben über Israel sein Leben lang.
10. Der soll meinem Namen ein Haus bauen. Er soll mein Sohn sein, und ich will sein Vater sein. Und ich will seinen königlichen Stuhl über Israel bestätigen ewiglich.
11. So wird nun, mein Sohn, der Herr mit dir sein, und es wird dir gelingen, daß du dem Herrn, deinem Gott, ein Haus bauest, wie er von dir geredet hat.
12. Auch wird der Herr dir geben Klugheit und Verstand und wird dir Israel befehlen, daß du haltest das Gesetz des Herrn, deines Gottes.
13. Dann aber wirst du Glück haben, wenn du dich hältst, daß du tust nach den Geboten und Rechten, die der Herr dem Mose geboten hat an Israel. Sei getrost und unverzagt, fürchte dich nicht und zage nicht! 1.Kön. 2,2.3.
14. Siehe, *ich habe in meiner Mühsal geschafft zum Hause des Herrn 100 000 Zentner Gold und 1000 mal 1000 Zentner Silber, dazu Erz und Eisen ohne Zahl; denn es ist zu viel. Auch Holz und Steine habe ich zugerichtet; des magst du noch mehr machen. *K. 29,2.
15. So hast du viel Arbeiter, Steinmetzen und Zimmerleute an Stein und Holz und allerlei Meister in allerlei Arbeit,
16. an Gold, Silber, Erz und Eisen ohne Zahl. So mache dich auf und richte es aus; der Herr wird mit dir sein!
17. Und David gebot allen Obersten Israels, daß sie seinem Sohn Salomo hülfen.
18. »Ist nicht der Herr, euer Gott, mit euch und *hat euch Ruhe gegeben umher? Denn er hat die Einwohner des Landes in meine Hand gegeben, und das Land ist unterworfen dem Herrn und seinem Volk. *V. 9; K. 23,25.
19. So richtet nun euer Herz und eure Seele, den Herrn, euren Gott, zu suchen. Und macht euch auf und bauet Gott dem Herrn ein Heiligtum, daß man die Lade des Bundes des Herrn und die heiligen Gefäße Gottes in das Haus bringe, das dem Namen des Herrn gebaut soll werden.«

Das 23. Kapitel

Der Leviten Zahl, Ordnung und Amt.

1. Also machte David seinen Sohn Salomo zum König über Israel, da er alt und des Lebens satt war. 1. Kön. 1,28–40.
2. Und David versammelte alle Obersten in Israel und die Priester und Leviten.
3. Und man zählte die Leviten von dreißig Jahren und darüber; und ihre Zahl war von Haupt zu Haupt, was Männer waren, 38000.
4. »Aus diesen sollen 24000 dem Werk am Hause des Herrn vorstehen und 6000 Amtleute und Richter sein
5. und 4000 Torhüter und 4000 Lobsänger des Herrn mit Saitenspielen, die ich gemacht habe, Lob zu singen.«
6. Und David machte Ordnungen unter den Kindern Levi, nämlich unter Gerson, Kahath und Merari. K. 6,1.2.
7. Die Gersoniten waren: Laedan und Simei.
8. Die Kinder *Laedans: der erste, Jehiel, Setham und Joel, die drei. *K. 26,21.
9. Die Kinder Simeis waren: Salomith, Hasiel und Haran, die drei. Diese waren die Häupter der Vaterhäuser von Laedan.
10. Und diese waren Simeis Kinder: Jahath, Sina, Jeus und Beria. Diese vier waren Simeis Kinder.
11. Jahath aber war der erste, Sina der andere. Aber Jeus und Beria hatten nicht viele Kinder; darum wurden sie für ein Vaterhaus gerechnet.
12. Die Kinder Kahaths waren: Amram, Jizhar, Hebron und Usiel, die vier. K. 5,28.29.
13. Die Kinder Amrams waren: Aaron und Mose. Aaron aber *ward abgesondert, daß er geheiligt würde zum Hochheiligen, er und seine Söhne ewiglich, zu räuchern vor dem Herrn und zu dienen und zu †segnen in dem Namen des Herrn ewiglich. *K. 6,34; Hebr. 5,4. †5. Mose 10,8.
14. Und Mose's, *des Mannes Gottes, Kinder wurden genannt unter der Leviten Stamm. *5. Mose 33,1.
15. Die Kinder aber Mose's waren: Gersom und Elieser. 2. Mose 18,3.4.
16. Die Kinder Gersoms: der erste war Sebuel. K. 26,24.
17. Die Kinder Eliesers: der erste war Rehabja. Und Elieser hatte keine andern Kinder; aber der *Kinder Rehabjas waren überaus viele. *K. 24,21–30.
18. Die Kinder Jizhars waren: Salomith, der erste.
19. Die Kinder Hebrons waren: Jeria, der erste; Amarja, der zweite; Jahasiel, der dritte; und Jakmeam, der vierte.
20. Die Kinder Usiels waren: Micha, der erste, und Jissia, der andere.
21. Die Kinder *Meraris waren: Maheli und Musi. Die Kinder Mahelis waren: Eleasar und Kis. *K. 6,4.
22. Eleasar aber starb und hatte keine Söhne, sondern Töchter; und die Kinder des Kis, ihre Brüder, nahmen sie.
23. Die Kinder Musis waren: Maheli, Eder und Jeremoth, die drei.
24. Das sind die Kinder Levi nach ihren Vaterhäusern, nämlich die Häupter der Vaterhäuser, die gerechnet wurden nach der Namen Zahl von Haupt zu Haupt, welche taten das Geschäft des Amts im Hause des Herrn, von zwanzig Jahren und darüber.
25. Denn David sprach: Der Herr, der Gott Israels, hat seinem Volk Ruhe gegeben und wird *zu Jerusalem wohnen ewiglich. *Joel 4,21.
26. So wurden auch die Kinder Levi gezählt von zwanzig Jahren und darüber, da sie ja die Wohnung nicht mehr zu tragen hatten mit all ihrem Geräte ihres Amts,
27. sondern nach den letzten Worten Davids,
28. daß sie stehen sollten unter der Hand der Kinder Aaron, zu dienen im Hause des Herrn in den Vorhöfen und Kammern und zur Reinigung von allerlei Heiligem und zu allem Werk des Amts im Hause Gottes
29. und zum Schaubrot, zum Semmelmehl für das Speisopfer, zu den ungesäuerten Fladen, zur Pfanne, zum Rösten und zu allem Gewicht und Maß.
30. und zu stehen des Morgens, zu danken und zu loben den Herrn, und des Abends auch also, Ps. 92,3.
31. und alle Brandopfer dem Herrn zu opfern auf die Sabbate, Neumonde und Feste, nach der Zahl und Gebühr allewege vor dem Herrn,
32. daß sie des Dienstes an der Hütte des Stiftes warteten und des Heiligtums und der Kinder Aaron, ihrer Brüder, zu dienen im Hause des Herrn.

Das 24. Kapitel

Die Häupter der vierundzwanzig Priesterordnungen und der Leviten.

1. Aber dies waren die *Ordnungen der Kinder Aaron. Die Kinder †Aarons waren: Nadab, Abihu, Eleasar und Ithamar. *K. 23,6. †K. 25,29.
2. Aber Nadab und Abihu starben vor ih-

rem Vater und hatten keine Kinder. Und
Eleasar und Ithamar wurden Priester.
3.Mose 10,1.2.12.
3. Und es *ordneten sie David und Zadok
aus den Kindern Eleasars und Ahimelech
aus den Kindern Ithamars nach ihrer Zahl
und ihrem Amt. *2.Chron. 8,14.
4. Und wurden der Kinder Eleasars mehr
gefunden an Häuptern der Männer denn
der Kinder Ithamars. Und er ordnete sie
also: sechzehn aus den Kindern Eleasars
zu Obersten ihrer Vaterhäuser und acht
aus den Kindern Ithamars nach ihren Vaterhäusern.
5. Er ordnete sie aber durchs Los, darum
daß beide aus Eleasars und Ithamars Kindern Oberste waren im Heiligtum und
Oberste vor Gott.
6. Und der Schreiber Semaja, der Sohn
Nathanaels, aus den Leviten, schrieb sie
auf vor dem König und vor den Obersten
und vor Zadok, dem Priester, und vor
*Ahimelech, dem Sohn Abjathars, und vor
den Obersten der Vaterhäuser unter den
Priestern und Leviten, nämlich je ein Vaterhaus für Eleasar und das andere für
Ithamar. *K. 18,16.
7. Und das erste Los fiel auf Jojarib, das
zweite auf Jedaja,
8. das dritte auf Harim, das vierte auf
Seorim,
9. das fünfte auf Malchia, das sechste auf
Mijamin,
10. das siebente auf Hakkoz, das achte
auf *Abia, *Luk. 1,5.
11. das neunte auf Jesua, das zehnte auf
Sechanja,
12. das elfte auf Eljasib, das zwölfte auf
Jakim,
13. das dreizehnte auf Huppa, das vierzehnte auf Jesebeab,
14. das fünfzehnte auf Bilga, das sechzehnte auf Immer,
15. das siebzehnte auf Hesir, das achtzehnte auf Hapizzez,
16. das neunzehnte auf Pethaja, das
zwanzigste auf Jeheskel,
17. das einundzwanzigste auf Jachin, das
zweiundzwanzigste auf Gamul,
18. das dreiundzwanzigste auf Delaja,
das vierundzwanzigste auf Maasja.
19. Das ist ihre Ordnung nach ihrem
Amt, zu gehen in das Haus des Herrn nach
ihrer Weise unter ihrem Vater Aaron, wie
ihm der Herr, der Gott Israels, geboten
hat.
20. Aber unter den andern Kindern Levi
war unter den Kindern Amrams Subael.
Unter den Kindern Subaels war Jehdeja.
21. Unter den Kindern Rehabjas war der
erste: Jissia. K. 23,17–23; 26,25.
22. Aber unter den Jizharitern war Selomoth. Unter den Kindern Selomoths war
Jahath.
23. Die Kinder Hebrons waren: Jeria, der
erste; Amarja, der zweite; Jahasiel, der
dritte; Jakmeam, der vierte.
24. Die Kinder Usiels waren: Micha. Unter den Kindern Michas war Samir.
25. Der Bruder Michas war: Jissia. Unter
den Kindern Jissias war Sacharja.
26. Die Kinder Meraris waren: Maheli
und Musi, die Kinder Jaesias, seines Sohnes.
27. Die Kinder Meraris von Jaesia, seinem Sohn, waren: Soham, Sakkur und
Ibri.
28. Maheli aber hatte Eleasar; der hatte
keine Söhne.
29. Von Kis: unter den Kindern des Kis
war: Jerahmeel.
30. Die Kinder Musis waren: Maheli,
Eder und Jeremoth. Das sind die Kinder
der Leviten nach ihren Vaterhäusern.
31. Und man warf für sie auch das Los
neben ihren Brüdern, den Kindern Aaron,
vor dem König David und Zadok und Ahimelech und vor den Obersten der Vaterhäuser unter den Priestern und Leviten,
*für den jüngsten Bruder ebensowohl als
für den Obersten in den Vaterhäusern.
*K. 25,8.

Das 25. Kapitel

Vierundzwanzig Ordnungen der heiligen Sänger.

1. Und David samt den Feldhauptleuten
sonderten ab zu Ämtern die Kinder
*Asaphs, Hemans und Jedithuns, die Propheten mit Harfen, Psaltern und Zimbeln;
und sie wurden gezählt zum Werk nach
ihrem Amt. *K. 15,19.
2. Unter den Kindern Asaphs waren: Sakkur, Joseph, Nethanja, Asarela, Kinder
Asaphs, unter Asaph, der da weissagte bei
dem König.
3. Von Jedithun: die Kinder Jedithuns
waren: Gedalja, Sori, Jesaja, Hasabja, Mattithja, Simei, die sechs, unter ihrem Vater Jedithun, mit Harfen, der da weissagte,
zu danken und zu loben den Herrn.
4. Von Heman: die Kinder Hemans waren: Bukkia, Matthanja, Usiel, Sebuel, Jerimoth, Hananja, Hanani, Eliatha, Giddalthi, Romamthi-Eser, Josbekasa, Mallothi, Hothir und Mahesioth.
5. Diese waren alle Kinder Hemans, *des
Schauers des Königs in den Worten Gottes, das Horn zu erheben; denn Gott hatte

Heman vierzehn Söhne und drei Töchter
gegeben. *K.21,9; 2.Chron. 35,15.
6. Diese waren alle unter ihren Vätern
Asaph, Jedithun und Heman, zu singen im
Hause des Herrn mit Zimbeln, Psaltern
und Harfen, nach dem Amt im Hause Gottes bei dem König.
7. Und es war ihre Zahl samt ihren Brüdern, die im Gesang des Herrn gelehrt
waren, allesamt Meister, 288.
8. Und sie warfen das Los über ihre Ämter zugleich, dem Jüngeren wie dem Älteren, dem Lehrer wie dem Schüler. K.24,31.
9. Und das erste Los fiel unter Asaph auf
Joseph. Das zweite auf Gedalja samt seinen Brüdern und Söhnen; derer waren
zwölf.
10. Das dritte auf Sakkur samt seinen
Söhnen und Brüdern; derer waren zwölf.
11. Das vierte auf Jizri samt seinen Söhnen und Brüdern; derer waren zwölf.
12. Das fünfte auf Nethanja samt seinen
Söhnen und Brüdern; derer waren zwölf.
13. Das sechste auf Bukkia samt seinen
Söhnen und Brüdern; derer waren zwölf.
14. Das siebente auf Jesarela samt seinen
Söhnen und Brüdern; derer waren zwölf.
15. Das achte auf Jesaja samt seinen Söhnen und Brüdern; derer waren zwölf.
16. Das neunte auf Matthanja samt seinen Söhnen und Brüdern; derer waren
zwölf.
17. Das zehnte auf Simei samt seinen
Söhnen und Brüdern; derer waren zwölf.
18. Das elfte auf Asareel samt seinen
Söhnen und Brüdern; derer waren zwölf.
19. Das zwölfte auf Hasabja samt seinen
Söhnen und Brüdern; derer waren zwölf.
20. Das dreizehnte auf Subael samt seinen Söhnen und Brüdern; derer waren
zwölf.
21. Das vierzehnte auf Matthithja samt
seinen Söhnen und Brüdern; derer waren
zwölf.
22. Das fünfzehnte auf Jeremoth samt
seinen Söhnen und Brüdern; derer waren
zwölf.
23. Das sechzehnte auf Hananja samt
seinen Söhnen und Brüdern; derer waren
zwölf.
24. Das siebzehnte auf Josbekasa samt
seinen Söhnen und Brüdern; derer waren
zwölf.
25. Das achtzehnte auf Hanani samt seinen Söhnen und Brüdern; derer waren
zwölf.
26. Das neunzehnte auf Mallothi samt
seinen Söhnen und Brüdern; derer waren
zwölf.
27. Das zwanzigste auf Eliatha samt seinen Söhnen und Brüdern; derer waren
zwölf.
28. Das einundzwanzigste auf Hothir
samt seinen Söhnen und Brüdern; derer
waren zwölf.
29. Das zweiundzwanzigste auf Giddalthi
samt seinen Söhnen und Brüdern; derer
waren zwölf.
30. Das dreiundzwanzigste auf Mahesioth samt seinen Söhnen und Brüdern;
derer waren zwölf.
31. Das vierundzwanzigste auf Romamthi-Eser samt seinen Söhnen und Brüdern; derer waren zwölf.

Das 26. Kapitel

Bestellung der Torhüter, Schatzmeister und Richter.

1. Von den Ordnungen der *Torhüter.
Unter den Korahitern war Meselemja, der
Sohn Kores, aus den Kinder Asaph.
*2.Chron. 8,14; 35,15.
2. Die Kinder aber Meselemjas waren
diese: der Erstgeborene: Sacharja, der
zweite: Jediael, der dritte: Sebadja, der
vierte: Jathniel,
3. der fünfte: Elam, der sechste: Johanan, der siebente: Eljoenai.
4. Die Kinder aber Obed-Edoms waren
diese: der Erstgeborene: Semaja, der zweite: Josabad, der dritte: Joah, der vierte:
Sachar, der fünfte: Nathanael,
5. der sechste: Ammiel, der siebente: Isaschar, der achte: Pegulthai; denn Gott hatte ihn gesegnet.
6. Und seinem Sohn Semaja wurden
auch Söhne geboren, die im Hause ihres
Vaters herrschten; denn es waren tüchtige
Leute.
7. So waren nun die Kinder Semajas:
Othni, Rephael, Obed und Elsabad, dessen
Brüder tüchtige Leute waren, Elihu und
Samachja.
8. Diese waren alle aus den Kindern
Obed-Edoms; sie samt ihren Kindern und
Brüdern, tüchtige Leute, geschickt zu
Ämtern, waren zweiundsechzig von Obed-
Edom.
9. Meselemja hatte Kinder und Brüder,
tüchtige Männer, achtzehn.
10. Hosa aber aus den Kindern Meraris
hatte Kinder: den Vornehmsten: Simri
(denn der Erstgeborene war er nicht, aber
sein Vater setzte ihn zum Vornehmsten),
11. den zweiten: Hilkia, den dritten: Te-
balja, den vierten: Sacharja. Aller Kinder
und Brüder Hosas waren dreizehn.

12. Dies sind die Ordnungen der Torhüter nach den Häuptern der Männer im Amt neben ihren Brüdern, zu dienen im Hause des Herrn.
13. Und das Los ward geworfen, *dem Jüngeren wie dem Älteren, unter ihren Vaterhäusern zu einem jeglichen Tor.
*K.25,8.
14. Das Los gegen Morgen fiel auf Meselemja; aber seinem Sohn Sacharja, der ein kluger Rat war, warf man auch das Los, und es fiel ihm gegen Mitternacht,
15. Obed-Edom aber gegen Mittag und seinen Söhnen bei dem Vorratshause,
16. und Suppim und Hosa gegen Abend bei dem Tor Salecheth, da man die Straße hinaufgeht, da eine Hut neben der andern steht.
17. Gegen Morgen waren der Leviten sechs, gegen Mitternacht des Tages vier, gegen Mittag des Tages vier, bei dem Vorratshause aber je zwei und zwei,
18. am Parbar aber gegen Abend vier an der Straße und zwei am Parbar.
19. Dies sind die Ordnungen der Torhüter unter den Kindern der Korahiter und den Kindern Merari.
20. Von den Leviten aber war Ahia über die Schätze des Hauses Gottes und über die Schätze, die geheiligt wurden.
21. Von den Kindern *Laedan, den Kindern des Gersoniten Laedan, waren Häupter der Vaterhäuser die Jehieliten. *K.23,8.
22. Die Kinder der Jehieliten waren: Setham und sein Bruder Joel über die Schätze des Hauses des Herrn.
23. Unter den Amramiten, Jizhariten, Hebroniten und Usieliten
24. war *Sebuel, der Sohn Gersoms, des Sohnes Mose's, Fürst über die Schätze.
*K.23,16.
25. Aber sein *Bruder Elieser hatte einen Sohn, Rehabja; des Sohn war Jesaja; des Sohn war Joram; des Sohn war Sichri; des Sohn war Selomith. *K.23,17.
26. Derselbe Selomith und seine Brüder waren über alle Schätze des Geheiligten, welches geheiligt hatte der König David und die Häupter der Vaterhäuser, die Obersten über tausend und über hundert und die Obersten im Heer.
27. (Von Krieg und Raub hatten sie es geheiligt, zu bessern das Haus des Herrn.)
28. Auch alles, was Samuel, der Seher, und Saul, der Sohn des Kis, und Abner, der Sohn Ners, und Joab, der Zeruja Sohn, geheiligt hatten, alles Geheiligte war unter der Hand Selomiths und seiner Brüder.
29. Unter den Jizhariten waren Chenanja und seine Söhne zum Werk draußen über Israel Amtleute und Richter.
30. Unter den Hebroniten aber waren Hasabja und seine Brüder, tüchtige Leute, 1700, über die Ämter Israels diesseit des Jordans gegen Abend, zu allerlei Geschäft des Herrn und zu dienen dem König.
31. Unter den Hebroniten war Jeria, der Vornehmste unter den Hebroniten seines Geschlechts unter den Vaterhäusern (es wurden aber unter ihnen gesucht und gefunden im vierzigsten Jahr des Königreichs Davids tüchtige Männer zu Jaser in Gilead),
32. und seine Brüder, tüchtige Männer, 2700 Oberste der Vaterhäuser. Und David setzte sie über die Rubeniter, Gaditer und den halben Stamm Manasse zu allen Händeln Gottes und des Königs.

Das 27. Kapitel

Anführer von zwölf Ordnungen des Heeres, Stammesfürsten, Hofdiener und Beamte Davids. (V.2–15: vgl. K.11,11–31.)

1. Dies sind aber die Kinder Israel nach ihrer Zahl, die Häupter der Vaterhäuser und die Obersten über tausend und über hundert, und ihre Amtleute, die dem König dienten, nach ihren Ordnungen, die ab und zu zogen, einen jeglichen Monat eine, in allen Monaten des Jahres. Eine jegliche Ordnung aber hatte 24000.
2. Über die erste Ordnung des ersten Monats war Jasobeam, der Sohn Sabdiels; und unter seiner Ordnung waren 24000.
3. Er war aus den Kindern Perez und war der Oberste über alle Hauptleute der Heere im ersten Monat.
4. Über die Ordnung des zweiten Monats war Dodai, der Ahohiter, und Mikloth war Fürst über seine Ordnung; und unter seiner Ordnung waren 24000.
5. Der dritte Feldhauptmann des dritten Monats, der Oberste, war Benaja, der Sohn Jojadas, des Priesters; und unter seiner Ordnung waren 24000.
6. Das ist der Benaja, der Held unter den dreißigen und über die dreißig; und seine Ordnung war unter seinem Sohn Ammisabad.
7. Der vierte im vierten Monat war Asahel, Joabs Bruder, und nach ihm Sebadja, sein Sohn: und unter seiner Ordnung waren 24000.
8. Der fünfte im fünften Monat war Samehuth, der Jisrahiter; und unter seiner Ordnung waren 24000.

9. Der sechste im sechsten Monat war Ira, der Sohn des Ikkes, der Thekoiter; und unter seiner Ordnung waren 24000.
10. Der siebente im siebenten Monat war Helez, der Peloniter, aus den Kindern Ephraim; und unter seiner Ordnung waren 24000.
11. Der achte im achten Monat war *Sibechai, der Husathiter, aus den Serahitern; und unter seiner Ordnung waren 24000.
12. Der neunte im neunten Monat war Abieser, der Anathothiter, aus den Benjaminitern; und unter seiner Ordnung waren 24000.
13. Der zehnte im zehnten Monat war Maherai, der Netophathiter, aus den Serahitern; und unter seiner Ordnung waren 24000.
14. Der elfte im elften Monat war Benaja, der Pirathoniter, aus den Kindern Ephraim; und unter seiner Ordnung waren 24000.
15. Der zwölfte im zwölften Monat war Heldai, der Netophathiter, aus Othniel; und unter seiner Ordnung waren 24000.
16. Über die Stämme Israels aber waren diese: unter den Rubenitern war Fürst: Elieser, der Sohn Sichris; unter den Simeonitern war Sephatja, der Sohn Maachas;
17. unter den Leviten war Hasabja, der Sohn Kemuels; unter den Aaroniten war Zadok;
18. unter Juda war Elihu aus den Brüdern Davids; unter Isaschar war Omri, der Sohn Michaels;
19. unter Sebulon war Jismaja, der Sohn Obadjas; unter Naphthali war Jeremoth, der Sohn Asriels;
20. unter den Kindern Ephraim war Hosea, der Sohn Asasjas; unter dem halben Stamm Manasse war Joel, der Sohn Pedajas;
21. unter dem halben Stamm Manasse in Gilead war Iddo, der Sohn Sacharjas; unter Benjamin war Jaesiel, der Sohn Abners;
22. unter Dan war Asareel, der Sohn Jerohams. Das sind die Fürsten der Stämme Israels.
23. Aber David nahm nicht die Zahl derer, die von zwanzig Jahren und darunter waren; denn *der Herr hatte verheißen, Israel zu mehren wie die Sterne am Himmel. *1. Mose 22,17.
24. Joab aber, der Zeruja Sohn, der hatte angefangen zu zählen, und vollendete es nicht; denn es kam darum *ein Zorn über Israel. Darum kam die Zahl nicht in die Chronik des Königs David. *K. 21,14.
25. Über den Schatz des Königs war Asmaveth, der Sohn Adiels; und über die Schätze auf dem Lande in Städten, Dörfern und Türmen war Jonathan, der Sohn Usias.
26. Über die Ackerleute, das Land zu bauen, war Esri, der Sohn Chelubs.
27. Über die Weinberge war Simei, der Ramathiter; über die Weinkeller und Schätze des Weins war Sabdi, der Sephamiter.
28. Über die Ölgärten und Maulbeerbäume in den Auen war Baal-Hanan, der Gaderiter. Über den Ölschatz war Joas.
29. Über die Weiderinder zu Saron war Sitrai, der Saroniter; aber über die Rinder in den Gründen war Saphat, der Sohn Adlais.
30. Über die Kamele war Obil, der Ismaeliter. Über die Esel war Jehdeja, der Meronothiter.
31. Über die Schafe war Jasis, der Hagariter. Diese waren alle Oberste über die Güter des Königs David.
32. Jonathan aber, Davids Vetter, war Rat, ein verständiger und gelehrter Mann. Und Jehiel, der Sohn Hachmonis, war bei den Söhnen des Königs.
33. *Ahitophel war auch Rat des Königs †Husai, der Arachiter, war des Königs Freund. *2. Sam. 15,12 †2. Sam. 15,37.
34. Nach Ahithophel war Jojada, der Sohn Benajas, und Abjathar. *Joab aber war Feldhauptmann des Königs.
*2. Sam. 8,16.

Das 28. Kapitel

David stellt dem Volk Salomo als seinen Nachfolger vor und gibt ihm ein Vorbild und Vorräte zum Tempel.

1. Und David versammelte gen Jerusalem alle Obersten Israels, nämlich die Fürsten der Stämme, die Fürsten der Ordnungen, die dem König dienten, die Fürsten über tausend und über hundert, die Fürsten über die Güter und das Vieh des Königs und seiner Söhne mit den Kämmerern, die Kriegsmänner und alle ansehnlichen Männer.
2. Und David, der König, stand auf und sprach: Höret mir zu, meine Brüder und mein Volk! *Ich hatte mir vorgenommen, ein Haus zu bauen, da ruhen sollte die Lade des Bundes des Herrn und der Schemel der Füße unsres Gottes, und hatte mich geschickt, zu bauen. *K. 22,7–10.

3. Aber Gott ließ mir sagen: *Du sollst
meinem Namen nicht ein Haus bauen;
denn du bist ein Kriegsmann und hast
Blut vergossen. *2. Sam. 7,5.
4. Nun hat der Herr, der Gott Israels,
mich erwählt aus meines Vaters ganzem
Hause, daß ich König über Israel sein sollte ewiglich. Denn er hat *Juda erwählt
zum Fürstentum, und im Hause Juda
†meines Vaters Haus, und unter meines
Vaters Kindern hat er Gefallen gehabt an
mir, daß er mich über ganz Israel zum
König machte. *1. Mose 49,10. †1. Sam. 16,1.12.
5. Und unter allen meinen Söhnen (denn
der Herr hat mir viele Söhne gegeben) hat
er meinen Sohn Salomo erwählt, daß er
sitzen soll auf dem Stuhl des Königreichs
des Herrn über Israel,
6. und hat zu mir geredet: *Dein Sohn
Salomo soll mein Haus und meine Vorhöfe bauen; denn ich habe ihn mir erwählt
zum Sohn, und will sein Vater sein
*K. 17,11–14.
7. und will sein Königreich bestätigen
ewiglich, so er wird anhalten, daß er tue
nach meinen Geboten und Rechten, wie es
heute steht.
8. Nun vor dem ganzen Israel, der Gemeinde des Herrn, und vor den Ohren
unseres Gottes: So haltet und sucht alle
Gebote des Herrn, eures Gottes, auf daß
ihr besitzet das gute Land und es vererbet
auf eure Kinder nach euch ewiglich.
9. Und du, mein Sohn Salomo, erkenne
den Gott deines Vaters und diene ihm mit
ganzem Herzen und mit williger Seele.
Denn *der Herr sucht alle Herzen und
versteht aller Gedanken Dichten. Wirst du
ihn suchen, so wirst du ihn finden; wirst
du ihn aber verlassen, so wird er dich verwerfen ewiglich. *Ps. 7,10.
10. So siehe nun zu; denn der Herr hat
dich erwählt, daß du ein Haus bauest zum
Heiligtum. Sei getrost und mache es!
11. Und David gab seinem Sohn Salomo
ein *Vorbild der Halle des Tempels und
seiner Häuser und der Gemächer und Söller und Kammern inwendig und des Hauses des Gnadenstuhls, *2. Mose 25,9.
12. dazu Vorbilder alles dessen, was bei
ihm in seinem Gemüt war, nämlich der
Vorhöfe am Hause des Herrn und aller
Gemächer umher für die Schätze im Hause Gottes und für die Schätze des Geheiligten,
13. und der Ordnungen der Priester und
Leviten, und aller Geschäfte und Geräte
der Ämter im Hause des Herrn,
14. und des goldenen Zeuges nach dem
Goldgewicht zu allerlei Geräte eines jeglichen Amts, und alles silbernen Zeuges
nach dem Gewicht zu allerlei Geräte eines
jeglichen Amts,
15. und das Gewicht für die goldenen
Leuchter und goldenen Lampen, für jeglichen Leuchter und seine Lampen sein Gewicht, also auch für die silbernen Leuchter, für den Leuchter und seine Lampen,
nach dem Amt eines jeglichen Leuchters;
16. auch gab er das Gewicht des Goldes
für die Tische der Schaubrote, für jeglichen Tisch sein Gewicht, also auch des
Silbers für die silbernen Tische,
17. und für die Gabeln, Becken und Kannen von lauterem Golde und für die goldenen Becher, für jeglichen Becher sein Gewicht, und für die silbernen Becher, für
jeglichen Becher sein Gewicht,
18. und für den Räucheraltar vom aller-
lautersten Golde sein Gewicht, auch ein
Vorbild des Wagens, nämlich der goldenen
Cherubim, daß sie sich ausbreiteten und
bedeckten oben die Lade des Bundes des
Herrn.
19. »Das alles ist mir beschrieben gegeben von der Hand des Herrn, daß es mich
unterwiese über alle Werke des Vorbil-
des.«
20. Und David sprach zu seinem Sohn
Salomo: *Sei getrost und unverzagt und
mache es; fürchte dich nicht und zage
nicht! Gott der Herr, mein Gott, wird mit
dir sein und wird die Hand nicht abziehen
noch dich verlassen, bis du alle Werke
zum Amt im Hause des Herrn vollendest.
*K. 22,13; 5. Mose 31,6.
21. Siehe da, die Ordnungen der Priester
und Leviten zu allen Ämtern im Hause
Gottes sind mit dir zu allem Geschäft und
sind willig und weise zu allen Ämtern,
dazu die Fürsten und alles Volk zu allen
deinen Händeln.

Das 29. Kapitel

Reiche Beisteuer zum Tempelbau. Davids Dankgebet. Salomos Salbung. Davids Tod.

1. Und der König David sprach zu der
ganzen Gemeinde: Gott hat Salomo, meiner Söhne einen, erwählt, der *noch jung
und zart ist; das Werk aber ist groß; denn
es ist nicht eines Menschen Wohnung,
sondern Gottes des Herrn. *K. 22,5.
2. Ich aber habe aus allen meinen Kräften zugerichtet zum Hause Gottes Gold zu
goldenem, Silber zu silbernem, Erz zu
ehernem, Eisen zu eisernem, Holz zu höl-
zernem Geräte, Onyxsteine und eingefaß-

te Steine, Rubine und bunte Steine und
allerlei Edelsteine und Marmelsteine die
Menge.
3. Über das, aus Wohlgefallen am Hause
meines Gottes, habe ich eigenen Gutes
Gold und Silber,
4. 3000 Zentner Gold von Ophir und
7000 Zentner lauteres Silber, das gebe ich
zum heiligen Hause Gottes außer allem,
was ich zugerichtet habe, die Wände der
Häuser zu überziehen,
5. das golden werde, was golden, und silbern, was silbern sein soll, und zu allerlei
Werk durch die Hand der Werkmeister.
Und wer ist nun *willig, seine Hand heute
dem Herrn zu füllen? 2. Mose 35,5.
6. Da waren die Fürsten der Vaterhäuser,
die Fürsten der Stämme Israels, die Fürsten über tausend und über hundert und
die Fürsten über des Königs Geschäfte
willig
7. und gaben zum Amt im Hause Gottes
5000 Zentner Gold und 10 000 Goldgulden
und 10 000 Zenter Silber, 18 000 Zentner
Erz und 100 000 Zentner Eisen.
8. Und bei welchem *Steine gefunden
wurden, die gaben sie zum Schatz des
Hauses des Herrn unter die Hand Jehiels,
des Gersoniten. *2. Mose 35,27.
9. Und das Volk ward fröhlich, daß sie
willig waren; denn sie gaben's von ganzem
Herzen dem Herrn freiwillig. Und David,
der König, freute sich auch hoch
10. und lobte den Herrn und sprach vor
der ganzen Gemeinde: Gelobet seist du,
Herr, Gott Israels, unsers Vaters, ewiglich.
11. Dir, Herr, gebührt die Majestät und
Gewalt, Herrlichkeit, Sieg und Dank.
Denn alles, was im Himmel und auf Erden
ist, daß ist dein. Dein, Herr, ist das Reich,
und du bist erhöht über alles zum Obersten. Offenb. 4,11; 5,13.
12. Reichtum und Ehre ist vor dir; du
herrschest über alles: *in deiner Hand
steht Kraft und Macht; in deiner Hand
steht es, jedermann groß und stark zu
machen. *2. Chron. 20,6.
13. Nun, unser Gott, wir danken dir und
rühmen den Namen deiner Herrlichkeit.
14. Denn was bin ich? Was ist mein Volk,
daß wir sollten vermögen, freiwillig so viel
zu geben? Denn von dir ist alles gekommen, und von deiner Hand haben wir dir's
gegeben.
15. Denn *wir sind Fremdlinge und Gäste vor dir wie unsre Väter alle. Unser
Leben auf Erden ist wie †ein Schatten,
und ist kein Aufhalten.
*Ps. 39,13; Hebr. 11,13. †Hiob 14,2.
16. Herr, unser Gott, aller dieser Haufe,
den wir zugerichtet haben, dir ein Haus zu
bauen, deinem heiligen Namen, ist von
deiner Hand gekommen, und ist alles
dein.
17. Ich weiß, mein Gott, daß du das
*Herz prüfest, und Aufrichtigkeit ist dir
angenehm. Darum habe ich dies alles aus
aufrichtigem Herzen freiwillig gegeben
und habe jetzt mit Freuden gesehen dein
Volk, das hier vorhanden ist, daß es dir
freiwillig gegeben hat. *K. 28,9.
18. Herr, Gott unsrer Väter, Abrahams,
Isaaks und Israels, bewahre ewiglich solchen Sinn und Gedanken im Herzen deines Volks und richte ihre Herzen zu dir.
19. Und meinem Sohn Salomo gib ein
rechtschaffenes Herz, daß er halte deine
Gebote, Zeugnisse und Rechte, daß er alles tue und baue diese Wohnung, die ich
zugerichtet habe.
20. Und David sprach zur ganzen Gemeinde: Lobet den Herrn, euren Gott! Und
die ganze Gemeinde lobte den Herrn, den
Gott ihrer Väter; und sie neigten sich und
fielen nieder vor dem Herrn und vor dem
König
21. und opferten dem Herrn Opfer. Und
des andern Morgens opferten sie Brandopfer: tausend Farren, tausend Widder, tausend Lämmer mit ihren Trankopfern und
opferten die Menge unter dem ganzen Israel
22. und aßen und tranken desselben
Tages vor dem Herrn mit großen Freuden
und machten *zum zweitenmal Salomo,
den Sohn Davids, zum König und salbten
ihn dem Herrn zum Fürsten und Zadok
zum Priester. *K. 23,1.
23. Also saß Salomo auf dem Stuhl des
Herrn als ein König an seines Vaters David
Statt und ward glücklich; und ganz Israel
ward ihm gehorsam.
K. 28,5; 1. Kön. 1,35.39.
24. Und alle Obersten und Gewaltigen,
auch alle Kinder des Königs David taten
sich unter den König Salomo.
25. Und der Herr machte Salomo immer
größer vor dem ganzen Israel und gab ihm
ein prächtiges Königreich, wie keiner vor
ihm über Israel gehabt hatte. 2. Chron. 1,1.
26. So ist nun David, der Sohn Isais, König gewesen über ganz Israel.
27. Die Zeit aber, die er König über Israel
gewesen ist, ist vierzig Jahre: zu Hebron
regierte er sieben Jahre und zu Jerusalem
dreiunddreißig Jahre. 1. Kön. 2,11.
28. Und er starb in gutem Alter, gesättigt
mit Leben, Reichtum und Ehre. Und sein

Sohn Salomo ward König an seiner Statt.
29. Die Geschichten aber des Königs David, beide, die ersten und letzten, siehe,
die sind geschrieben in den Geschichten
Samuels, des Sehers, und in den Geschichten des Propheten Nathan und in
den Geschichten *Gads, des Schauers,
*K.21,9.
30. mit allem seinem Königreich und
seiner Gewalt und den Zeiten, die ergangen sind über ihn und über Israel und alle
Königreiche in den Landen.

Das zweite Buch der Chronik

Das 1. Kapitel

Salomo opfert zu Gibeon; Gott erscheint ihm und gibt ihm auf sein Gebet Weisheit und Reichtum.
(V. 1–6: vgl. 1. Kön. 3,1–4.)

1. Und Salomo, der Sohn Davids, *ward
in seinem Reich bekräftigt; und der Herr,
sein Gott, war mit ihm und machte ihn
immer größer. *1. Kön. 2,12.46.
2. Und Salomo redete mit dem ganzen
Israel, mit den Obersten über tausend und
hundert, mit den Richtern und mit allen
Fürsten in Israel, mit den Obersten der
Vaterhäuser,
3. daß sie hingingen, Salomo und die
ganze Gemeinde mit ihm, zu der Höhe,
die zu Gibeon war; denn daselbst war die
Hütte des Stifts Gottes, die Mose, der
Knecht des Herrn, gemacht hatte in der
Wüste. 1. Chron. 16,39; 21,29.
4. (Aber die Lade Gottes hatte David heraufgebracht von Kirjath-Jearim an den
Ort, den er ihr bereitet hatte; denn er hatte
ihr eine Hütte aufgeschlagen zu Jerusalem.) 1. Chron. 13,6; 15,3.28; 16,1.
5. Aber der *eherne Altar, den Bezaleel,
der Sohn Uris, des Sohnes Hurs, gemacht
hatte, war †daselbst vor der Wohnung des
Herrn; und Salomo und die Gemeinde
pflegten ihn zu suchen. *2. Mose 38,1–8. †V. 3.
6. Und Salomo opferte auf dem ehernen
Altar vor dem Herrn, der vor der Hütte des
Stifts stand, tausend Brandopfer.

(V. 7–12: vgl. 1. Kön. 3,5–15.)

7. In derselben Nacht aber erschien Gott
Salomo und sprach zu ihm: Bitte, was soll
ich dir geben?
8. Und Salomo sprach zu Gott: Du hast
große Barmherzigkeit an meinem Vater
David getan und hast mich an seiner Statt
zum König gemacht;
9. so laß nun, Herr, Gott, deine Worte
wahr werden an meinem Vater David,
denn du hast mich zum König gemacht
über ein Volk, des so viel ist als Staub auf
Erden.
10. So gib mir nun Weisheit und Erkenntnis, daß ich vor diesem Volk aus und
ein gehe; denn wer kann dies dein großes
Volk richten?
11. Da sprach Gott zu Salomo: Weil du
das im Sinn hast und hast nicht um Reichtum noch um Gut noch um Ehre noch um
deiner Feinde Seele noch um langes Leben
gebeten, sondern hast um Weisheit und
Erkenntnis gebeten, daß du mein Volk
richten mögest, darüber ich dich zum König gemacht habe,
12. so sei dir Weisheit und Erkenntnis
gegeben; dazu will ich dir Reichtum und
Gut und Ehre geben, daß deinesgleichen
unter den Königen vor dir nicht gewesen
ist noch werden soll nach dir.
13. Also kam Salomo von der Höhe, die
zu Gibeon war, von der Hütte des Stifts,
gen Jerusalem und regierte über Israel.

(V. 14–17: vgl. 1. Kön. 10,26–29.)

14. Und Salomo sammelte sich Wagen
und Reiter, daß er zuwege brachte tau-
sendundvierhundert Wagen und zwölftausend Reiter, und legte sie in die Wagenstädte und zu dem König nach Jerusalem.
15. Und der König *machte, daß des Silbers und Goldes so viel war zu Jerusalem
wie die Steine und der Zedern wie die
Maulbeerbäume in den Gründen. *K. 9,27.
16. Und man brachte Salomo Rosse aus
Ägypten und allerlei Ware, und die Kaufleute des Königs kauften die Ware
17. und brachten's aus Ägypten heraus,
je einen Wagen um sechshundert Silberlinge, ein Roß um hundertundfünfzig. Also brachten sie auch allen Königen der
Hethiter und den Königen von Syrien.
18. [K. 2,1.] Und Salomo gedachte zu
bauen ein Haus dem Namen des Herrn
und ein Haus seines Königreichs.

Das 2. Kapitel

Salomos Vertrag mit dem König Hiram von Tyrus wegen des Tempelbaues.
(Vgl. 1. Kön. 5,15–30.)

1. [2.] Und Salomo zählte ab 70 000, die

da Last trugen, und 80000, die da Steine hieben auf dem Berge, und 3600 Aufseher über sie.
2. [3.] Und Salomo sandte zu Hiram, dem König von Tyrus, und ließ ihm sagen: Wie *du mit meinem Vater David tatest und ihm sandtest Zedern, daß er sich ein Haus baute, darin er wohnte–.

*1. Chron. 14,1.

3. [4.] Siehe, ich will dem Namen des Herrn, meines Gottes, ein Haus bauen, das ihm geheiligt werde, gutes Räuchwerk vor ihm zu räuchern und Schaubrote allewege zuzurichten und Brandopfer des Morgens und des Abends auf die Sabbate und Neumonde und auf die Feste des Herrn, unseres Gottes, ewiglich für Israel.
4. [5.] Und das Haus, das ich bauen will, soll groß sein; denn *unser Gott ist größer als alle Götter. *Ps. 86,8.
5. [6.] Aber wer vermag's, daß er ihm ein Haus baue? denn *der Himmel und aller Himmel Himmel können ihn nicht fassen. Wer sollte ich denn sein, daß ich ihm ein Haus baue? es sei denn, um vor ihm zu räuchern. *K. 6,18; 1. Kön. 8,27.
6. [7.] So sende mir nun einen weisen Mann, zu arbeiten mit Gold, Silber, Erz, Eisen, rotem Purpur, Scharlach und blauem Purpur und der da wisse einzugraben mit den Weisen, die bei mir sind in Juda und Jerusalem, welche mein Vater David bestellt hat.
7. [8.] Und sende mir Zedern-, Tannen- und Sandelholz vom Libanon; denn ich weiß, daß deine Knechte das Holz zu hauen wissen auf dem Libanon. Und siehe, meine Knechte sollen mit deinen Knechten sein,
8. [9.] daß man mir viel Holz zubereite; denn das Haus, das ich bauen will, soll groß und sonderlich sein.
9. [10.] Und siehe, ich will den Zimmerleuten, deinen Knechten, die das Holz hauen, 20000 Kor Weizen und 20000 Kor Gerste und 20000 Bath Wein und 20000 Bath Öl geben.
10. [11.] Da sprach Hiram,der König zu Tyrus, durch Schrift und sandte zu Salomo: Darum daß der Herr sein Volk liebt, hat er dich über sie zum König gemacht.
11. [12.] Und Hiram sprach weiter: Gelobt sei der Herr, der Gott Israels, der Himmel und Erde gemacht hat, daß er dem König David hat einen weisen, klugen und verständigen Sohn gegeben, der dem Herrn ein Haus baue und ein Haus seines Königreichs.
12. [13.] So sende ich nun einen weisen Mann, der Verstand hat, Hiram, meinen Meister
13. [14.] (der ein Sohn ist eines Weibes aus den Töchtern Dans, und dessen Vater ein Tyrer gewesen ist); der *weiß zu arbeiten an Gold, Silber, Erz, Eisen, Steinen, Holz, rotem und blauem Purpur, köstlicher weißer Leinwand und Scharlach und einzugraben allerlei und allerlei kunstreich zu machen, was man ihm aufgibt, mit deinen Weisen und mit den Weisen meines Herrn, des Königs David, deines Vaters. *2. Mose 31,2–6.
14. [15.] So sende nun mein Herr Weizen, Gerste, Öl und Wein seinen Knechten, wie er geredet hat;
15. [16.] so wollen wir das Holz hauen auf dem Libanon, wieviel es not ist, und wollen's auf Flößen bringen im Meer gen Japho; von da magst du es hinauf gen Jerusalem bringen.
16. [17.] Und Salomo zählte alle Fremdlinge im Land Israel nach dem, daß David, sein Vater, sie gezählt hatte; und wurden gefunden 153600.
17. [18.] Und er machte aus denselben 70000 Träger und 80000 Hauer auf dem Berge und 3600 Aufseher, die das Volk zum Dienst anhielten. Jos. 9,27.

Das 3. Kapitel

Beschreibung des Tempelbaues.
(Vgl. 1. Kön. 6; 7,15–22.)

1. Und Salomo fing an zu bauen das Haus des Herrn zu Jerusalem auf dem *Berge Morija, der David, seinem Vater, gezeigt war, welchen David zubereitet hatte zum Raum †auf er Tenne Ornans, des Jebusiters. *1. Mose 22,2. †1. Chron. 21,18–26.
2. Er fing aber an zu bauen im zweiten Monat am zweiten Tage im vierten Jahr seines Königreichs.
3. Und also legte Salomo den Grund, zu bauen das Haus Gottes: die Länge sechzig Ellen nach altem Maß, die Weite zwanzig Ellen.
4. Und die Halle vor der Weite des Hauses her war zwanzig Ellen lang, die Höhe aber war hundertundzwanzig Ellen; und er überzog sie inwendig mit lauterem Golde.
5. Das große Haus aber täfelte er mit Tannenholz und überzog's mit dem besten Golde und machte darauf Palmen und Kettenwerk
6. und überzog das Haus mit edlen Steinen zum Schmuck; das Gold aber war Parwaim-Gold.
7. Und überzog das Haus, die Balken und die Schwellen samt seinen Wänden und

Türen mit Gold und ließ Cherubim
schnitzen an die Wände.
8. Er machte auch das Haus des Allerheiligsten – des Länge war zwanzig Ellen
nach der Weite des Hauses, und seine Weite war auch zwanzig Ellen – und überzog's
mit dem besten Golde bei sechshundert
Zentner.
9. Und gab auch zu Nägeln fünfzig Lot
Gold am Gewicht und überzog die Söller
mit Gold.
10. Er machte auch im Hause des Allerheiligsten zwei Cherubim nach der Bild-
ner Kunst und überzog sie mit Gold.
11. Und die Länge der Flügel an den Cherubim war zwanzig Ellen, daß ein Flügel
fünf Ellen hatte und rührte an die Wand
des Hauses und der andere Flügel auch
fünf Ellen hatte und rührte an den Flügel
des andern Cherubs.
12. Also hatte auch der eine Flügel des
andern Cherubs fünf Ellen und rührte an
die Wand des Hauses und sein anderer
Flügel auch fünf Ellen und rührte an den
Flügel des andern Cherubs,
13. das diese Flügel der Cherubim waren
ausgebreitet zwanzig Ellen weit; und sie
standen auf ihren Füßen, und ihr Antlitz
war gewandt zum Hause hin.
14. Er machte auch einen Vorhang von
blauem und rotem Purpur, von Scharlach
und köstlichem weißen Leinwerk und
machte Cherubim darauf. 2. Mose 26,31.
15. Und er machte vor dem Hause zwei
Säulen, fünfunddreißig Ellen lang und der
Knauf obendrauf fünf Ellen,
16. und machte Ketten zum Gitterwerk
und tat sie oben an die Säulen und machte
hundert Granatäpfel und tat sie an die
Ketten
17. und richtete die Säulen auf vor dem
Tempel, eine zur Rechten und die andere
zur Linken, und hieß die zur Rechten Jachin und die zur Linken Boas.

Das 4. Kapitel

Beschreibung einzelner Teile und Geräte des Tempels.
(Vgl. 1. Kön. 7,23–50.)

1. Er machte auch *einen ehernen Altar,
zwanzig Ellen lang und breit und zehn
Ellen hoch. *K. 7,7.
2. Und er machte ein gegossenes Meer,
von einem Rand zum andern zehn Ellen
weit, rundumher, und fünf Ellen hoch;
und ein Maß von dreißig Ellen mochte es
umher begreifen.
3. Und Knoten waren unter ihm umher,
je zehn auf einer Elle; und es waren zwei
Reihen Knoten um das Meer her, die mit
angegossen waren.
4. Es stand aber auf zwölf Ochsen, also
daß drei gewandt waren gegen Mitternacht, drei gegen Abend, drei gegen Mittag und drei gegen Morgen – und das Meer
oben auf ihnen –, und alle ihre Hinterteile
waren inwendig.
5. Seine Dicke war eine Hand breit, und
sein Rand war wie eines Bechers Rand und
eine aufgegangene Lilie, und es faßte
dreitausend Bath.
6. Und er machte zehn Kessel; deren
setzte er fünf zur Rechten und fünf zur
Linken, darin zu waschen, daß sie darin
abspülten, was zum Brandopfer gehört;
das Meer aber, daß sich die Priester darin
wüschen.
7. Er machte auch zehn goldene Leuchter, wie sie sein sollten, und setzte sie in
den Tempel, fünf zur Rechten und fünf zur
Linken,
8. und machte zehn Tische und tat sie in
den Tempel, fünf zur Rechten und fünf zur
Linken, und machte hundert goldene Bek-
ken.
9. Er machte auch einen Hof für die Priester und einen großen Vorhof und Türen
in den Vorhof und überzog die Türen mit
Erz
10. und setzte das Meer an die rechte
Ecke gegen Morgen mittagwärts.
11. Und Huram machte Töpfe, Schaufeln
und Becken. Also vollendete Huram die
Arbeit, die er dem König Salomo tat im
Hause Gottes,
12. nämlich die zwei Säulen mit den Kugeln und Knäufen oben auf beiden Säulen;
und beide Gitterwerke, zu bedecken beide
Kugeln der Knäufe oben auf den Säulen;
13. und die vierhundert Granatäpfel an
den beiden Gitterwerken, zwei Reihen
Granatäpfel an jeglichem Gitterwerk, zu
bedecken beide Kugeln der Knäufe, die
oben auf den Säulen waren.
14. Auch machte er die Gestühle und die
Kessel auf den Gestühlen
15. und das Meer und zwölf Ochsen darunter;
16. dazu Töpfe, Schaufeln, Gabeln und
alle ihre Gefäße machte Huram, der Meister, dem König Salomo zum Hause des
Herrn von geglättetem Erz.
17. In der Gegend des Jordans ließ sie der
König gießen in dicker Erde, zwischen
Sukkoth und Zaredatha.
18. Und Salomo machte aller dieser Gefäße sehr viel, daß des Erzes Gewicht
nicht zu erforschen war.

19. Und Salomo machte alles Gerät zum Hause Gottes, nämlich den goldenen Altar und die Tische mit den Schaubroten darauf;
20. die Leuchter mit ihren Lampen von lauterem Gold, daß sie brennten vor dem Chor, wie sich's gebührt;
21. und die Blumen und die Lampen und die Schneuzen waren golden, das war alles völliges Gold;
22. dazu die Messer, Becken, Löffel und Näpfe waren lauter Gold. Und der Eingang, nämlich seine Tür inwendig zu dem Allerheiligsten und die Türen am Hause des Tempels, waren golden.

Das 5. Kapitel

Einweihung des Tempels.
(Vgl. 1. König 7,51–8,11.)

1. Also ward alle Arbeit vollbracht, die Salomo tat am Hause des Herrn. Und Salomo brachte hinein alles, *was sein Vater David geheiligt hatte, nämlich Silber und Gold und allerlei Geräte, und legte es in den Schatz im Hause Gottes.
*1. Chron. 28,14–18.
2. Da versammelte Salomo alle Ältesten in Israel, alle Hauptleute der Stämme, Fürsten der Vaterhäuser unter den Kindern Israel gen Jerusalem, daß sie die Lade des Bundes des Herrn hinaufbrächten aus der Stadt Davids, das ist Zion.
3. Und es versammelten sich zum König alle Männer Israels *am Fest, das ist im siebenten Monat, *3. Mose 23,24.
4. und kamen alle Ältesten Israels. Und die Leviten hoben die Lade auf
5. und brachten sie hinauf samt der Hütte des Stifts und allem heiligen Gerät, das in der Hütte war; es brachten sie hinauf die Priester, die Leviten.
6. Aber der König Salomo und die ganze Gemeinde Israel, zu ihm versammelt vor der Lade, opferten Schafe und Ochsen, so viel, daß es niemand zählen noch rechnen konnte.
7. Also brachten die Priester die Lade des Bundes des Herrn an ihre Stätte, in den Chor des Hauses, in das Allerheiligste, unter die Flügel der Cherubim,
8. daß die Cherubim ihre Flügel ausbreiteten über die Stätte der Lade; und die Cherubim bedeckten die Lade und ihre Stangen von obenher.
9. Die Stangen aber waren so lang, daß man ihre Knäufe sah von der Lade her vor dem Chor; aber außen sah man sie nicht. Und sie war daselbst bis auf diesen Tag.
10. Und *war nichts in der Lade außer den zwei Tafeln, die Mose am Horeb hineingetan hatte, da der Herr einen Bund machte mit den Kindern Israel, da sie aus Ägypten zogen. *Hebr. 9,4.
11. Und die Priester gingen heraus aus dem Heiligen – denn alle Priester, die vorhanden waren, hatten sich geheiligt, also das auch die Ordnungen nicht gehalten wurden–;
12. und die Leviten, die Sänger alle, *Asaph, Heman und Jedithun und ihre Kinder und Brüder, angezogen mit feiner Leinwand, standen gegen Morgen des Altars mit Zimbeln, Psaltern und Harfen, und bei ihnen hundertundzwanzig Priester, die mit Drommeten bliesen;
*1. Chron. 15,19; 16,37.41.42; 25,1–7.
13. Und es war, als wäre es einer, der drommetete und sänge, als hörte man eine Stimme loben und danken dem Herrn. Und da die Stimme sich erhob von den Drommeten, Zimbeln und Saitenspielen und von dem Loben des Herrn, *daß er gütig ist und seine Barmherzigkeit ewig währet, da ward das Haus des Herrn erfüllt mit einer Wolke, *1. Chron. 16,34.
14. daß die Priester nicht stehen konnten, zu dienen vor der Wolke; denn die Herrlichkeit des Herrn erfüllte das Haus Gottes. K. 7,1.3.

Das 6. Kapitel

Gebet Salomos bei der Tempelweihe.
(Vgl. 1. Kön. 8,12–53.)

1. Da sprach Salomo: Der Herr hat geredet, er wolle wohnen im Dunkel.
2. So habe ich nun ein Haus gebaut dir zur Wohnung, und einen Sitz, da du ewiglich wohnest.
3. Und der König wandte sein Antlitz und segnete die ganze Gemeinde Israel; denn die ganze Gemeinde Israel stand.
4. Und er sprach: Gelobet sei der Herr, der Gott Israels, der durch seinen Mund meinem Vater David geredet und es mit seiner Hand erfüllt hat, da er sagte:
5. Seit der Zeit, da ich mein Volk aus Ägyptenland geführt habe, habe ich keine Stadt erwählt in allen Stämmen Israels, ein Haus zu bauen, daß mein Name daselbst wäre, und habe auch keinen Mann erwählt, daß er Fürst wäre über mein Volk Israel;
6. aber Jerusalem habe ich erwählt, daß mein Name daselbst sei, und David habe ich erwählt, daß er über mein Volk Israel sei.

7. Und da es mein Vater David im Sinn
hatte, ein Haus zu bauen dem Namen des
Herrn, des Gottes Israels, 2. Sam. 7,2–13.
8. sprach der Herr zu meinem Vater David: Du hast wohl getan, daß du im Sinn
hast, meinem Namen ein Haus zu bauen.
9. Doch du sollst das Haus nicht bauen;
sondern dein Sohn, der aus deinen Lenden
kommen wird, soll meinem Namen das
Haus bauen.
10. So hat nun der Herr sein Wort bestätigt, das er geredet hat; denn ich bin aufgekommen an meines Vaters David Statt und
sitze auf dem Stuhl Israels, wie der Herr
geredet hat, und habe ein Haus gebaut
dem Namen des Herrn, des Gottes Israel,
11. und habe hinein getan die Lade, darin der Bund des Herrn ist, den er mit den
Kindern Israel gemacht hat.
12. Und er trat vor den Altar des Herrn
vor der ganzen Gemeinde Israel und breitete seine Hände aus
13. (denn Salomo hatte eine eherne Kan-
zel gemacht und gesetzt mitten in den
Vorhof, fünf Ellen lang und breit und drei
Ellen hoch; auf dieselbe trat er und fiel
nieder auf seine Kniee vor der ganzen Gemeinde Israel und breitete seine Hände
aus gen Himmel)
14. und sprach: Herr, Gott Israels, es ist
kein Gott dir gleich, weder im Himmel
noch auf Erden, der du hältst den Bund
und die Barmherzigkeit deinen Knechten,
die vor dir wandeln aus ganzem Herzen.
15. Du hast gehalten deinem Knechte
David, meinem Vater, was du ihm geredet
hast; mit deinem Munde hast du es geredet, und mit deiner Hand hast du es erfüllt, wie es heutigestages steht.
16. Nun, Herr, Gott Israels, halte deinem
Knechte David, meinem Vater, was du ihm
*verheißen hast und gesagt: Es soll dir
nicht gebrechen an einem Manne vor mir,
der auf dem Stuhl Israels sitze, doch sofern deine Kinder ihren Weg bewahren,
daß sie wandeln in meinem Gesetz, wie du
vor mir gewandelt hast. *2. Sam. 7,16.
17. Nun, Herr, Gott Israels, laß dein
Wort wahr werden, daß du deinem Knechte David geredet hast.
18. Denn sollte in Wahrheit Gott bei den
Menschen auf Erden wohnen? Siehe, der
Himmel und aller Himmel Himmel können dich nicht fassen; wie sollte es denn
das Haus tun, das ich gebaut habe? K. 2,5.
19. Wende dich aber, Herr, mein Gott, zu
dem Gebet deines Knechtes und zu seinem Flehen, daß du erhörest das Bitten
und Beten, das dein Knecht vor dir tut;
20. daß deine Augen offen seien über dies
Haus Tag und Nacht, über die Stätte, dahin *du deinen Namen zu stellen verheißen hast; daß du hörest das Gebet, das
dein Knecht an dieser Stätte tun wird.
*2. Mose 20,24.
21. So höre nun das Flehen deines
Knechtes und deines Volkes Israel, das sie
bitten werden an dieser Stätte; höre es
aber von der Stätte deiner Wohnung, vom
Himmel. Und wenn du es hörst, wollest du
gnädig sein.
22. Wenn jemand wider seinen Nächsten
sündigen wird und *es wird ihm ein Eid
aufgelegt, den er schwören soll, und der
Eid kommt vor deinen Altar in diesem
Hause: *2. Mose 22,10.
23. so wollest du hören vom Himmel und
deinem Knechte Recht verschaffen, daß
du dem Gottlosen vergeltest und gebest
seinen Wandel auf seinen Kopf und recht-
fertigest den Gerechten und gebest ihm
nach seiner Gerechtigkeit.
24. Wenn dein Volk Israel *vor seinen
Feinden geschlagen wird, weil sie an dir
gesündigt haben, und sie bekehren sich
und bekennen deinen Namen, bitten und
flehen vor dir in diesem Hause:
*5. Mose 28,25.
25. so wollest du hören vom Himmel und
gnädig sein der Sünde deines Volkes Israel
und sie wieder in das Land bringen, das du
ihnen und ihren Vätern gegeben hast.
26. Wenn der *Himmel zugeschlossen
wird, daß es nicht regnet, weil sie an dir
gesündigt haben, und sie bitten an dieser
Stätte und bekennen deinen Namen und
bekehren sich von ihren Sünden, weil du
sie gedemütigt hast: *5 Mose 28, 23.24.
27. so wollest du hören im Himmel und
gnädig sein der Sünde deiner Knechte und
deines Volkes Israel, daß du sie den guten
Weg lehrest, darin sie wandeln sollen, und
regnen lassest auf dein Land, das du deinem Volk gegeben hast zu besitzen.
28. Wenn eine Teuerung im Land wird
oder Pestilenz oder Dürre, Brand, Heuschrecken, Raupen, oder wenn sein Feind
im Lande seine Tore belagert oder irgend
eine Plage oder Krankheit da ist;
29. wer dann bittet oder fleht, es seien
allerlei Menschen oder dein ganzes Volk
Israel, so jemand seine Plage und Schmerzen fühlt und seine Hände ausbreitet zu
diesem Hause:
30. so wollest du hören vom Himmel,
vom Sitz deiner Wohnung, und gnädig
sein und jedermann geben nach all seinem
Wandel, nach dem du sein Herz erkennst

(denn *du allein erkennst das Herz der
Menschenkinder), *1. Chron. 29,17; Ps. 7,10.
31. auf daß sie dich fürchten und wandeln in deinen Wegen alle Tage, solange sie leben in dem Lande, das du unsern Vätern gegeben hast.
32. Wenn auch ein Fremder, der nicht von deinem Volk Israel ist, kommt aus fernen Landen um deines großen Namens und deiner mächtigen Hand und deines ausgereckten Armes willen und betet vor diesem Hause:
33. so wollest du hören vom Himmel, vom Sitz deiner Wohnung, und tun alles, warum er dich anruft, auf daß alle Völker auf Erden deinen Namen erkennen und dich fürchten wie dein Volk Israel und innewerden, daß dies Haus, das ich gebaut habe, nach deinem Namen genannt sei.
34. Wenn dein Volk auszieht in den Streit wider seine Feinde des Weges, den du sie senden wirst, und *sie zu dir beten nach dieser Stadt hin, die du erwählt hast, und nach dem Hause, das ich deinem Namen gebaut habe: *Dan. 6,11.
35. so wollest du ihr Gebet und Flehen hören vom Himmel und ihnen zu ihrem Recht helfen.
36. Wenn sie an dir sündigen werden (sintemal kein Mensch ist, der nicht sündige), und du über sie erzürnst und gibst sie dahin vor ihren Feinden, daß sie sie gefangen wegführen in ein fernes oder nahes Land,
37. und sie in ihr Herz schlagen in dem Lande, darin sie gefangen sind, und bekehren sich und flehen zu dir im Lande ihres Gefängnisses und sprechen: *Wir haben gesündigt, übel getan und sind gottlos gewesen, *Dan. 9,5.
38. und sich also von ganzem Herzen und von ganzer Seele zu dir bekehren im Lande ihres Gefängnisses, da man sie gefangen hält, und sie beten nach ihrem Lande hin, das du ihren Vätern gegeben hast, und nach der Stadt hin, die du erwählt hast, und nach dem Hause, das ich deinem Namen gebaut habe:
39. so wollest du ihr Gebet und Flehen hören vom Himmel, vom Sitz deiner Wohnung, und ihnen zu ihrem Recht helfen und deinem Volk gnädig sein, das an dir gesündigt hat.
40. So laß nun, mein Gott, deine Augen offen sein und deine Ohren aufmerken auf das Gebet an dieser Stätte.
41. So mache dich nun auf, Herr, Gott, zu deiner Ruhe, du und die Lade deiner Macht. Laß deine Priester, Herr, Gott, mit Heil angetan werden und deine Heiligen sich freuen über dem Guten. Ps. 132,8.9.
42. Du, Herr, Gott, wende nicht weg das Antlitz deines Gesalbten; gedenke an die Gnaden, deinem *Knechte David verheißen. 2. Sam. 7,13.

Das 7. Kapitel

Ende der Tempelweihe.
Zweite Erscheinung Gottes.

1. Und da Salomo ausgebetet hatte, *fiel ein Feuer vom Himmel und verzehrte das Brandopfer und die andern Opfer; und †die Herrlichkeit des Herrn erfüllte das Haus,
*3. Mose 9,24; 1. Kön. 18,38. †2. Mose 40,34.
2. daß die Priester nicht konnten hineingehen ins Haus des Herrn, weil die Herrlichkeit des Herrn füllte des Herrn Haus.
3. Auch sahen alle Kinder Israel das Feuer herabfallen und die Herrlichkeit des Herrn über dem Hause, und fielen auf ihre Kniee mit dem Antlitz zur Erde aufs Pflaster und beteten an und dankten dem Herrn, daß er *gütig ist und seine Barmherzigkeit ewiglich währet.
*K. 5,13; Ps. 136. (V. 4–10: vgl. 1. Kön. 8, 62–66.)
4. Der König aber und alles Volk opferten vor dem Herrn;
5. denn der König Salomo opferte 22000 Ochsen und 120000 Schafe. Und also weihten sie das Haus Gottes ein, der König und alles Volk.
6. Aber die Priester standen in ihrem Dienst und die Leviten mit den Saitenspielen des Herrn, die der König David hatte machen lassen, dem Herrn zu danken, daß seine Barmherzigkeit ewiglich währet, mit den Psalmen Davids durch ihre Hand; und die Priester bliesen Drommeten ihnen gegenüber, und das ganze Israel stand.
7. Und Salomo heiligte die Mitte des Hofes, der vor dem Hause des Herrn war; denn er hatte daselbst Brandopfer und das Fett der Dankopfer ausgerichtet. Denn der eherne Altar, den Salomo hatte machen lassen, konnte nicht alle Brandopfer, Speisopfer und das Fett fassen.
8. Und Salomo hielt zu derselben Zeit ein Fest sieben Tage lang und das ganze Israel mit ihm – eine sehr große Gemeinde, von Hamath an bis an den Bach Ägyptens –
9. und hielt am achten Tage eine Versammlung; denn die *Einweihung des Altars hielten sie sieben Tage und das Fest auch sieben Tage. *4. Mose 7,10.
10. Aber am dreiundzwanzigsten Tage des siebenten Monats ließ er das Volk

heimgehen in ihre Hütten fröhlich und
gutes Muts über allem Guten, das der Herr
an David, Salomo und seinem Volk Israel
getan hatte. (V. 11–22: vgl. 1. Kön. 9,1–9.)
11. Also vollendete Salomo das Haus des
Herrn und das Haus des Königs; und alles,
was in sein Herz gekommen war, zu machen im Hause des Herrn und in seinem
Hause, gelang ihm.
12. Und der Herr erschien Salomo des
Nachts und sprach zu ihm: Ich habe dein
Gebet erhört und diese *Stätte mir erwählt zum Opferhause. *5. Mose 12,5.
13. Siehe, wenn ich den Himmel zuschließe, daß es nicht regnet, oder heiße
die Heuschrecken das Land fressen oder
lasse eine Pestilenz unter mein Volk kommen,
14. und mein Volk sich demütigt, das
nach meinem Namen genannt ist, daß sie
beten und mein Angesicht suchen und
sich von ihren bösen Wegen bekehren
werden: so will ich vom Himmel hören
und ihre Sünde vergeben und ihr Land
heilen.
15. So sollen nun meine Augen offen sein
und meine Ohren aufmerken auf das Gebet an dieser Stätte. K. 6,40.
16. So habe ich nun dies Haus erwählt
und geheiligt, daß mein Name daselbst
sein soll ewiglich, und meine Augen und
mein Herz soll da sein allewege.
17. Und so du wirst vor mir wandeln, wie
dein Vater David gewandelt hat, daß du
tust alles, was ich dich heiße, und hältst
meine Gebote und Rechte:
18. so will ich den Stuhl deines Königreichs bestätigen, wie ich mich deinem
Vater David verbunden habe und *gesagt:
Es soll dir nicht gebrechen an einem Manne, der über Israel Herr sei. *2. Sam. 7,12.16.
19. Werdet ihr euch aber umkehren und
meine Rechte und Gebote, die ich euch
vorgelegt habe, verlassen und hingehen
und andern Göttern dienen und sie anbeten:
20. so werde ich sie auswurzeln aus meinem Lande, das ich ihnen gegeben habe;
und dies Haus, das ich meinem Namen
geheiligt habe, werde ich von meinem Angesicht werfen und werde es zum *Sprichwort machen und zur Fabel unter allen
Völkern. *5. Mose 28,37.
21. Und vor diesem Hause, das das höchste gewesen ist, werden sich entsetzen alle, die vorübergehen und sagen: *Warum
ist der Herr mit diesem Lande und diesem
Hause also verfahren?
*5. Mose 29,23–26; Jer. 22,8.9.
22. So wird man sagen: Darum daß sie
den Herrn, ihrer Väter Gott, verlassen haben, der sie aus Ägyptenland geführt hat,
und haben sich an andere Götter gehängt
und sie angebetet und ihnen gedient, –
darum hat er all dies Unglück über sie
gebracht.

Das 8. Kapitel

Salomos Städtebau, Ordnung im Gottesdienst,
Schiffahrt.
(Vgl. 1. Kön. 9,10–28.)

1. Und nach zwanzig Jahren, in welchen
Salomo des Herrn Haus und sein Haus
baute,
2. baute er auch die Städte, die Huram
Salomo gab, und ließ die Kinder Israel
darin wohnen.
3. Und Salomo zog gen Hamath-Zoba
und ward desselben mächtig
4. und baute Thadmor in der Wüste und
alle Kornstädte, die er baute in Hamath;
5. er baute auch Ober- und Nieder-Beth-
Horon, die feste Städte waren mit Mauern,
Türen und Riegeln;
6. auch Baalath und alle Kornstädte, die
Salomo hatte, und alle Wagen- und Reiter-
städte und alles, wozu Salomo Lust hatte
zu bauen zu Jerusalem und auf dem Libanon und im ganzen Lande seiner Herrschaft.
7. Alles übrige Volk von den Hethitern,
Amoritern, Pheresitern, Hevitern und Jebusitern, die nicht von den Kindern Israel
waren –
8. ihre Kinder, die sie hinterlassen hatten im Lande, *die die Kinder Israel nicht
vertilgt hatten –, machte Salomo zu Fronleuten bis auf diesen Tag. *Jos. 16,10.
9. Aber von den Kindern Israel machte
Salomo nicht Knechte zu seiner Arbeit;
sondern sie waren Kriegsleute und Oberste über seine Ritter und über seine Wagen
und Reiter.
10. Und der obersten Amtleute des Königs Salomo waren zweihundertundfünfzig, die über das Volk herrschten.
11. Und die Tochter Pharaos ließ Salomo
heraufholen aus der Stadt Davids in das
Haus, das er für sie gebaut hatte. Denn er
sprach: Mein Weib soll mir nicht wohnen
im Hause Davids, des Königs Israels; denn
es ist geheiligt, weil die Lade des Herrn
hineingekommen ist.
12. *Von dem an opferte Salomo dem
Herrn Brandopfer auf dem Altar des
Herrn, den †er gebaut hatte vor der Halle,
*K. 1,3–6 †K. 4,1.

13. ein jegliches auf seinen Tag zu opfern nach dem *Gebot Mose's, auf die Sabbate, Neumonde und bestimmten Zeiten des Jahres dreimal, nämlich aufs Fest der ungesäuerten Brote, aufs Fest der Wochen und aufs Fest der Laubhütten.

*4. Mose 28,2.9.11.17.26; 29,12.

14. Und er bestellte die *Priester in ihren Ordnungen zu ihrem Amt, wie es David, sein Vater, bestimmt hatte, und die Leviten zu ihrem Dienst, daß sie lobten und dienten vor den Priestern, jegliche auf ihren Tag, und die Torhüter in ihren Ordnungen, jegliche auf ihr Tor; denn also hatte es David, der Mann Gottes, befohlen.

*1. Chron. 23–26.

15. Und es ward nicht gewichen vom Gebot des Königs über die Priester und Leviten in allerlei Sachen und bei den Schätzen.

16. Also ward bereitet alles Geschäft Salomos von dem Tage an, da des Herrn Haus gegründet ward, bis er's vollendete, daß des Herrn Haus ganz bereitet ward.

17. Da zog Salomo gen Ezeon-Geber und gen Eloth an dem Ufer des Meeres im Lande Edom.

18. Und Huram sandte ihm Schiffe durch seine Knechte, die des Meeres kundig waren; und sie fuhren mit den Knechten Salomos gen Ophir und holten von da vierhundertundfünfzig Zentner Gold und brachten's dem König Salomo.

Das 9. Kapitel

Salomo wird von der Königin von Reicharabien besucht und beschenkt. Sein Reichtum und Tod. (V. 1–28: vgl. 1. Kön. 10,1–28.)

1. Und da die Königin von Reicharabien das Gerücht von Salomo hörte, kam sie mit sehr vielem Volk gen Jerusalem, mit Kamelen, die Gewürze und Gold die Menge trugen und Edelsteine, Salomo mit Rätseln zu versuchen. Und da sie zu Salomo kam, redete sie mit ihm alles, was sie sich hatte vorgenommen.

2. Und der König sagte ihr alles, was sie fragte, und war Salomo nichts verborgen, das er ihr nicht gesagt hätte.

3. Und da die Königin von Reicharabien sah die Weisheit Salomos und das Haus, das er gebaut hatte,

4. die Speise für seinen Tisch, die Wohnung für seine Knechte, die Ämter seiner Diener und ihre Kleider, seine Schenken mit ihren Kleidern und seinen Gang, da man hinaufging ins Haus des Herrn, konnte sie sich nicht mehr enthalten.

5. und sie sprach zum König: Es ist wahr, was ich gehört habe in meinem Lande von deinem Wesen und von deiner Weisheit.

6. Ich wollte aber ihren Worten nicht glauben, bis ich gekommen bin und habe es mit meinen Augen gesehen. Und siehe, es ist mir nicht die Hälfte gesagt deiner großen Weisheit. Es ist mehr an dir denn das Gerücht, das ich gehört habe.

7. Selig sind deine Männer und selig diese deine Knechte, die allewege vor dir stehen und deine Weisheit hören. Luk. 10,23.

8. Der Herr, dein Gott, sei gelobt, der dich liebhat, daß er dich auf seinen Stuhl zum König gesetzt hat dem Herrn, deinem Gott. Das macht, dein Gott hat Israel lieb, daß er es ewiglich aufrichte; darum hat er dich über sie zum König gesetzt, daß du Recht und Redlichkeit handhabest.

9. Und sie gab dem König hundertundzwanzig Zentner Gold und sehr viel Gewürze und Edelsteine. Es waren keine Gewürze wie diese, die die Königin von Reicharabien dem König Salomo gab.

10. Dazu die Knechte Hurams und die Knechte Salomos, die Gold aus Ophir brachten, die brachten auch Sandelholz und Edelsteine.

11. Und Salomo ließ aus dem Sandelholz Treppen im Hause des Herrn und im Hause des Königs machen und Harfen und Psalter für die Sänger. Es waren vormals nie gesehen solche Hölzer im Lande Juda.

12. Und der König Salomo gab der Königin von Reicharabien alles, was sie begehrte und bat, außer was sie zum König gebracht hatte. Und sie wandte sich und zog in ihr Land mit ihren Knechten.

13. Des Goldes aber, das Salomo in einem Jahr gebracht ward, war sechshundertundsechsundsechzig Zentner,

14. außer was die Krämer und Kaufleute brachten. Und alle Könige der Araber und die Landpfleger brachten Gold und Silber zu Salomo.

15. Daher machte der König Salomo zweihundert Schilde vom besten Golde, daß sechshundert Lot Gold auf einen Schild kam,

16. und dreihundert Tartschen vom besten Golde, daß dreihundert Lot Gold zu einer Tartsche kam.

17. Und der König tat sie ins Haus vom Walde Libanon. Und der König machte einen großen elfenbeinernen Stuhl und überzog ihn mit lauterem Golde.

18. Und der Stuhl hatte sechs Stufen und einen goldenen Fußschemel am Stuhl und hatte Lehnen auf beiden Seiten um

den Sitz, und zwei Löwen standen neben den Lehnen.
19. Und zwölf Löwen standen daselbst auf den sechs Stufen zu beiden Seiten. Ein solches ist nicht gemacht in allen Königreichen.
20. Und alle Trinkgefäße des Königs Salomo waren golden, und alle Gefäße des Hauses vom Walde Libanon waren lauteres Gold; denn das Silber ward für nichts gerechnet zur Zeit Salomos.
21. Denn die Schiffe des Königs fuhren auf dem Meer mit den Knechten Hurams und kamen in drei Jahren einmal und brachten Gold, Silber, Elfenbein, Affen und Pfauen.
22. Also ward der König Salomo größer denn alle Könige auf Erden an Reichtum und Weisheit.
23. Und alle Könige auf Erden suchten das Angesicht Salomos, seine Weisheit zu hören, die ihm Gott in sein Herz gegeben hatte.
24. Und sie brachten ihm ein jeglicher sein Geschenk – silberne und goldene Gefäße, Kleider, Waffen, Gewürz, Rosse und Maultiere – jährlich.
25. Und Salomo hatte *viertausend Wagenpferde und zwölftausend Reisige; und man legte sie in die Wagenstädte und zu dem König nach Jerusalem.

*K. 1,14–17; 1. Kön. 5,6.

26. Und er war ein Herr über alle Könige vom Strom an bis an der Philister Land und bis an die Grenze Ägyptens.
27. Und der König machte, daß des Silbers so viel war zu Jerusalem wie die Steine und der Zedern so viel wie die Maulbeerbäume in den Gründen.
28. Und man brachte ihm Rosse aus Ägypten und aus allen Ländern.

(V. 29–31: vgl. 1. Kön. 11,41–43.)

29. Was aber mehr von Salomo zu sagen ist, beides, sein erstes und sein letztes, siehe, das ist geschrieben in den Geschichten des Propheten Nathan und in den Prophezeiungen *Ahias von Silo und in den Geschichten Jeddis, des Schauers, wider Jerobeam, den Sohn Nebats. *1. Kön. 11,29.
30. Und Salomo regierte zu Jerusalem über ganz Israel vierzig Jahre.
31. Und Salomo entschlief mit seinen Vätern, und man begrub ihn in der Stadt Davids, seines Vaters. Und Rehabeam, sein Sohn, ward König an seiner Statt.

Das 10. Kapitel

Rehabeam wird König. Trennung des Reichs.
(Vgl. 1. Kön. 12,1–19.)

1. Rehabeam zog gen Sichem; denn ganz Israel war gen Sichem gekommen, ihn zum König zu machen.
2. Und da das Jerobeam hörte, der Sohn Nebats – der in Ägypten war, *dahin er vor dem König Salomo geflohen war –, kam er wieder aus Ägypten. *1. Kön. 11,40.
3. Und sie sandten hin und ließen ihn rufen. Und Jerobeam kam mit dem ganzen Israel, und sie redeten mit Rehabeam und sprachen:
4. Dein Vater hat unser Joch zu hart gemacht; so erleichtere nun du den harten Dienst deines Vaters und das schwere Joch, das er auf uns gelegt hat, so wollen wir dir untertänig sein.
5. Er sprach zu ihnen: Über drei Tage kommet wieder zu mir. Und das Volk ging hin.
6. Und der König Rehabeam ratfragte die Ältesten, die vor seinem Vater Salomo gestanden waren, da er am Leben war, und sprach: Wie ratet ihr, daß ich diesem Volk Antwort gebe?
7. Sie redeten mit ihm und sprachen: Wirst du diesem Volk freundlich sein und sie gütig behandeln und ihnen gute Worte geben, so werden sie dir untertänig sein allewege.
8. Er aber ließ außer acht den Rat der Ältesten, den sie ihm gegeben hatten, und ratschlagte mit den Jungen, die mit ihm aufgewachsen waren und vor ihm standen,
9. und sprach zu ihnen: Was ratet ihr, daß wir diesem Volk antworten, die mit mir geredet haben und sagen: Erleichtere das Joch, das dein Vater auf uns gelegt hat?
10. Die Jungen aber, die mit ihm aufgewachsen waren, redeten mit ihm und sprachen: So sollst du sagen zu dem Volk, das mit dir geredet hat und spricht: »Dein Vater hat unser Joch zu schwer gemacht; mache du unser Joch leichter«, und sprich zu ihnen: Mein kleinster Finger soll dicker sein denn meines Vaters Lenden.
11. Hat nun mein Vater auf euch ein schweres Joch geladen, so will ich eures Joches mehr machen: mein Vater hat euch mit Peitschen gezüchtigt, ich aber mit *Skorpionen. *Stachelpeitschen.
12. Als nun Jerobeam und alles Volk zu Rehabeam kam am dritten Tage, wie denn der König gesagt hatte: Kommt wieder zu mir am dritten Tage,

13. antwortete ihnen der König hart.
Und der König Rehabeam ließ außer acht
den Rat der Ältesten
14. und redete mit ihnen nach dem Rat
der Jungen und sprach: Hat mein Vater
euer Joch schwer gemacht, so will ich
noch mehr dazu machen: mein Vater hat
euch mit Peitschen gezüchtigt, ich aber
mit Skorpionen.
15. Also gehorchte der König dem Volk
nicht; denn es war also von Gott gewandt,
auf daß der Herr sein Wort bestätigte, das
*er geredet hatte durch Ahia von Silo zu
Jerobeam, dem Sohn Nebats.

*1. Kön. 11,29.31.

16. Da aber das ganze Israel sah, daß
ihnen der König nicht gehorchte, antwortete das Volk dem König und sprach: Was
haben wir für Teil an David oder Erbe am
Sohn Isais? Jedermann von Israel zu seiner Hütte! So siehe nun du zu deinem
Hause, David! Und das ganze Israel ging in
seine Hütten,
17. also daß Rehabeam nur über die Kinder Israel regierte, die in den Städten Juda's wohnten.
18. Aber der König Rehabeam sandte Hadoram, den Rentmeister; aber die Kinder
Israel steinigten ihn zu Tode. Und der König Rehabeam stieg stracks auf seinen Wagen, daß er flöhe gen Jerusalem.
19. Also fiel Israel ab vom Hause Davids
bis auf diesen Tag.

Das 11. Kapitel

Gott verbietet Rehabeam einen Krieg gegen Israel. Seine Festungen; sein Anhang bei den Priestern; seine Weiber und Kinder.
(V. 1–4: vgl. 1. Kön. 12,21–24.)

1. Und da Rehabeam gen Jerusalem
kam, versammelte er das Haus Juda und
Benjamin – 180000 junger Mannschaft,
die streitbar waren–, wider Israel zu streiten, daß sie das Königreich wieder an Rehabeam brächten.
2. Aber des Herrn Wort kam zu Semaja,
dem Mann Gottes, und sprach:
3. Sage Rehabeam, dem Sohn Salomos,
dem König Juda's, und dem ganzen Israel,
das in Juda und Benjamin ist, und sprich:
4. So spricht der Herr: Ihr sollt nicht
hinaufziehen noch wider eure Brüder
streiten; ein jeglicher gehe wieder heim;
denn das ist von mir geschehen. Sie gehorchten den Worten des Herrn und ließen ab von dem Zug wider Jerobeam.
5. Rehabeam aber wohnte zu Jerusalem
und baute Städte zu Festungen in Juda,
6. nämlich: Bethlehem, Etam, Thekoa,
7. Beth-Zur, Socho, Adullam,
8. Gath, Maresa, Siph,
9. Adoraim, Lachis, Aseka,
10. Zora, Ajalon und Hebron, welche waren die festen Städte in Juda und Benjamin;
11. und machte sie stark und setzte Fürsten darein und Vorrat von Speise, Öl und
Wein.
12. Und in allen Städten schaffte er
Schilde und Spieße und machte sie sehr
stark. Und Juda und Benjamin waren unter ihm.
13. Auch machten sich zu ihm die Priester und Leviten aus ganz Israel und allem
ihrem Gebiet;
14. denn die Leviten verließen ihre Vorstädte und Habe und kamen zu Juda gen
Jerusalem. Denn Jerobeam und seine Söhne *verstießen sie, daß sie vor dem Herrn
nicht des Priesteramts pflegen konnten.

*K. 13,9.

15. Er *stiftete sich aber Priester zu den
Höhen und zu den Feldteufeln und Kälbern, die er machen ließ. *1. Kön. 12,31.
16. Und nach ihnen kamen aus allen
Stämmen Israels, die ihr Herz gaben, daß
sie nach dem Herrn, dem Gott Israels,
fragten, gen Jerusalem, daß sie opferten
dem Herrn, dem Gott ihrer Väter.
17. Und stärkten also das Königreich Juda und befestigten Rehabeam, den Sohn
Salomos, drei Jahre lang; denn sie wandelten in dem Wege Davids und Salomos drei
Jahre.
18. Und Rehabeam nahm Mahalath, die
Tochter Jerimoths, des Sohnes Davids,
zum Weibe und Abihail, die Tochter
*Eliabs, des Sohnes Isais. *1. Sam. 16.6.
19. Die gebar ihm diese Söhne: Jeus, Semarja und Saham.
20. Nach der nahm er Maacha, die Tochter Absaloms; die gebar ihm Abia, Atthai,
Sisa und Selomith.
21. Aber Rehabeam hatte Maacha, die
Tochter Absaloms, lieber denn alle seine
Weiber und Kebsweiber; denn er hatte
achtzehn Weiber und sechzig Kebsweiber
und zeugte achtundzwanzig Söhne und
sechzig Töchter.
22. Und Rehabeam setzte Abia, den Sohn
Maachas, zum Haupt und Fürsten unter
seinen Brüdern; denn er gedachte ihn
zum König zu machen.
23. Und er handelte klüglich und verteilte alle seine Söhne in die Lande Juda und
Benjamin in alle festen Städte, und er gab
ihnen Nahrung die Menge und nahm ihnen viele Weiber. K. 21,3.

Das 12. Kapitel

Rehabeam von Sisak, dem König in Ägypten, besiegt; seine weitere Regierung und Tod. (Vgl. 1. Kön. 14,21–31.)

1. Da aber das Königreich Rehabeams befestigt und bekräftigt ward, verließ er das Gesetz des Herrn und ganz Israel mit ihm.
2. Aber im fünften Jahr des Königs Rehabeam zog herauf Sisak, der König in Ägypten, wider Jerusalem (denn sie hatten sich versündigt am Herrn)
3. mit 1200 Wagen und 60000 Reitern, und das Volk war nicht zu zählen, das mit ihm kam aus Ägypten: Libyer, Suchiter und Mohren.
4. Und er gewann die *festen Städte, die in Juda waren, und kam bis gen Jerusalem. *K. 11,5–10.
5. Da kam Semaja, der Prophet, zu Rehabeam und zu den Obersten Juda's, die sich gen Jerusalem versammelt hatten vor Sisak, und sprach zu ihnen: So spricht der Herr: Ihr habt mich verlassen; darum habe ich euch auch verlassen in Sisaks Hand.
6. Da demütigten sich die Obersten in Israel mit dem König und sprachen: Der Herr ist gerecht.
7. Als aber der Herr sah, daß sie sich demütigten, kam das Wort des Herrn zu Semaja und sprach: Sie haben sich gedemütigt; darum will ich sie nicht verderben, sondern ich will ihnen ein wenig Errettung geben, daß mein Grimm nicht triefe auf Jerusalem durch Sisak.
8. Doch sollen sie ihm untertan sein, daß sie innewerden, was es sei, mir dienen und den Königreichen in den Landen dienen.
9. Also zog Sisak, der König in Ägypten, herauf gen Jerusalem und nahm die Schätze im Hause des Herrn und die Schätze im Hause des Königs und nahm alles weg und nahm auch die goldenen Schilde, die Salomo machen ließ.
10. An deren Statt ließ der König Rehabeam eherne Schilde machen und befahl sie den Obersten der Trabanten, die an der Tür des Königshauses hüteten.
11. Und so oft der König in des Herrn Haus ging, kamen die Trabanten und trugen sie und brachten sie wieder in der Trabanten Kammer.
12. Und weil er sich demütigte, wandte sich des Herrn Zorn von ihm, daß nicht alles verderbt ward. Denn es war in Juda noch etwas Gutes.
13. Also ward Rehabeam, der König, bekräftigt in Jerusalem und regierte. Einundvierzig Jahre alt war Rehabeam, da er König ward, und regierte siebzehn Jahre zu Jerusalem in der Stadt, die der Herr erwählt hatte aus allen Stämmen Israels, daß er seinen *Namen dahin stellte. Seine Mutter hieß Naema, eine Ammonitin.

*K. 6,20.

14. Und er handelte übel und schickte sein Herz nicht, daß er den Herrn suchte.
15. Die Geschichten aber Rehabeams, beide, die ersten und die letzten, sind geschrieben in den Geschichten Semajas, des Propheten, und *Iddos, des Schauers, und aufgezeichnet, dazu die Kriege Rehabeams und Jerobeams ihr Leben lang.

*K. 13,22.

16. Und Rehabeam entschlief mit seinen Vätern und ward begraben in der Stadt Davids. Und sein Sohn Abia ward König an seiner Statt.

Das 13. Kapitel

Abia besiegt Jerobeam. (Vgl. 1. Kön. 15,1–8.)

1. Im achtzehnten Jahr des Königs Jerobeam ward Abia König in Juda,
2. und regierte drei Jahre zu Jerusalem. Seine Mutter hieß Michaja, eine Tochter Uriels von Gibea. Und es erhob sich ein Streit zwischen Abia und Jerobeam.
3. Und Abia rüstete sich zu dem Streit mit 400000 junger Mannschaft, starke Leute zum Kriege. Jerobeam aber rüstete sich, mit ihm zu streiten mit 800000 junger Mannschaft, starke Leute.
4. Und Abia machte sich auf oben auf den Berg Zemaraim, welcher liegt auf dem Gebirge Ephraim, und sprach: Höret mir zu, Jerobeam und ganz Israel!
5. Wisset ihr nicht, daß der Herr, der Gott Israels, hat das Königreich zu Israel David gegeben ewiglich, ihm und seinen Söhnen durch einen *Salzbund?

*3 Mose 2,13; 4. Mose 18,19.

6. Aber Jerobeam, der Sohn Nebats, der Knecht Salomos, Davids Sohnes, warf sich auf und ward seinem Herrn abtrünnig.
7. Und haben sich zu ihm geschlagen lose Leute und böse Buben und haben sich gestärkt wider Rehabeam, den Sohn Salomos; denn Rehabeam war jung und eines blöden Herzens, daß er sich vor ihnen nicht wehrte.
8. Nun denkt ihr euch zu setzen wider das Reich des Herrn unter den Söhnen Davids, weil euer ein großer Haufe ist und habt *goldene Kälber, die euch Jerobeam zu Göttern gemacht hat. *1. Kön. 12,28.
9. Habt ihr nicht die Priester des Herrn, die Kinder Aaron, und die Leviten ausge-

stoßen und habt euch *eigene Priester
gemacht wie die Völker in den Landen?
Wer da kommt, seine Hand zu füllen mit
einem jungen Farren und sieben Widdern,
der wird Priester derer, die nicht Götter
sind. *K. 11,15.
10. Mit uns aber ist der Herr, unser Gott,
den wir nicht verlassen, und die Priester,
die dem Herrn dienen, die Kinder Aaron,
und die Leviten in ihrem Geschäft,
11. die anzünden dem Herrn *alle Morgen Brandopfer und alle Abende, dazu das
gute Räuchwerk, und bereitete Brote auf
den reinen Tisch, und der goldene Leuchter mit seinen Lampen, die da alle Abende
angezündet werden. Denn wir halten die
Gebote des Herrn, unsers Gottes; ihr aber
habt ihn verlassen. *4. Mose 28,3–8.
12. Siehe, mit uns ist an der Spitze Gott
und seine Priester und die *Halldromme-
ten, daß man wider euch drommete. Ihr
Kinder Israel, streitet nicht wider den
Herrn, eurer Väter Gott; denn es wird
euch nicht gelingen. *4. Mose 10,9.
13. Aber Jerobeam machte einen Hinterhalt umher, daß er von hinten an sie käme, daß sie vor Juda waren und der Hinterhalt hinter Juda.
14. Da sich nun Juda umwandte, siehe,
da war vorn und hinten Streit. Da schrieen
sie zum Herrn, und die Priester dromme-
teten mit den Drommeten,
15. und jedermann in Juda erhob Geschrei. Und da jedermann in Juda schrie,
schlug Gott Jerobeam und das ganze Israel
vor Abia und Juda.
16. Und die Kinder Israel flohen vor Juda, und Gott gab sie in ihre Hände,
17. daß Abia mit seinem Volk eine große
Schlacht an ihnen tat, und fielen aus Israel
Erschlagene 500 000 junger Mannschaft.
18. Also wurden die Kinder Israel gedemütigt zu der Zeit; aber die Kinder Juda
wurden getrost, denn sie verließen sich
auf den Herrn, ihrer Väter Gott.
19. Und Abia jagte Jerobeam nach und
gewann ihm Städte ab: Beth-El mit seinen
Ortschaften, Jesana mit seinen Ortschaften und Ephron mit seinen Ortschaften,
20. daß Jerobeam fürder nicht zu Kräften kam, solange Abia lebte. Und der Herr
plagte ihn, daß er starb.
21. Abia aber ward mächtig, und er nahm
vierzehn Weiber und zeugte zweiundzwanzig Söhne und sechzehn Töchter.
22. Was aber mehr von Abia zu sagen ist
und seine Wege und sein Tun, das ist geschrieben in der Historie *des Propheten
Iddo. *K. 12,15.
23. [K. 14,1.] Und Abia entschlief mit seinen Vätern, und sie begruben ihn in der
Stadt Davids. Und Asa, sein Sohn, ward
König an seiner Statt. Zu dessen Zeiten
war das Land still zehn Jahre.

Das 14. Kapitel

Asa schafft die Abgötterei ab und siegt über die Mohren.
(V. 1–4: vgl. 1. Kön. 15,11.12.)

1. [2.] Und Asa tat, was recht war und
dem Herrn, seinem Gott, wohl gefiel,
2. [3.] und tat weg die fremden Altäre
und die Höhen und zerbrach die Säulen
und hieb die Ascherabilder ab
3. [4.] und ließ Juda sagen, daß sie den
Herrn, den Gott ihrer Väter, suchten und
täten nach dem Gesetz und Gebot.
4. [5.] Und er tat weg aus allen Städten
Juda's die Höhen und die Sonnensäulen;
denn das Königreich war still vor ihm.
5. [6.] Und er baute feste Städte in Juda,
weil das Land still und kein Streit wider
ihn war in denselben Jahren; denn *der
Herr gab ihm Ruhe. *K. 15,15.
6. [7.] Und er sprach zu Juda: Laßt uns
diese Städte bauen und Mauern darumher
führen und Türme, Türen und Riegel, weil
das Land noch offen vor uns ist; denn wir
haben den Herrn, unsern Gott, gesucht,
und er hat uns Ruhe gegeben umher. Also
bauten sie, und es ging glücklich vonstatten.
7. [8.] Und Asa hatte eine Heereskraft,
die Schild und Spieß trugen, aus Juda
300 000 und aus Benjamin, die Schilde
trugen und mit dem Bogen schießen
konnten, 280 000; und diese waren alle
starke Helden.
8. [9.] Es zog aber wider sie aus Serah,
der Mohr, mit einer Heereskraft, 1000 mal
1000, dazu dreihundert Wagen, und sie
kamen bis gen Maresa.
9. [10.] Und Asa zog aus, ihm entgegen;
und sie rüsteten sich zum Streit im Tal
Zephatha bei Maresa.
10. [11.] Und Asa rief an den Herrn, seinen Gott, und sprach: Herr, *es ist bei dir
kein Unterschied, zu helfen unter vielen
oder da keine Kraft ist. Hilf uns, Herr,
unser Gott; denn wir verlassen uns auf
dich, und in deinem Namen sind wir gekommen wider diese Menge. Herr, unser
Gott, wider dich vermag kein Mensch etwas. *1. Sam. 14,6.
11. [12.] Und der Herr schlug die Mohren
vor Asa und vor Juda, daß sie flohen.
12. [13.] Und Asa samt dem Volk, das bei

ihm war, jagte ihnen nach bis gen Gerar.
Und die Mohren fielen, daß ihrer keiner
lebendig blieb; sondern sie wurden geschlagen vor dem Herrn und vor seinem
Heerlager. Und sie trugen sehr viel Raub
davon.
13. [14.] Und er schlug alle Städte um
Gerar her; denn die Furcht des Herrn kam
über sie. Und sie beraubten alle Städte;
denn es war viel Raub darin.
14. [15.] Auch schlugen sie die Hütten
des Viehs und führten weg Schafe die Menge und Kamele und kamen wieder gen
Jerusalem.

Das 15. Kapitel

Asa fährt fort, den Gottesdienst zu reinigen, und hält ein Dankfest wegen des erhaltenen Sieges.

1. Und auf Asarja, den Sohn Odeds, kam
der Geist Gottes.
2. Der ging hinaus Asa entgegen und
sprach zu ihm: Höret mir zu, Asa und ganz
Juda und Benjamin. Der Herr ist mit euch,
weil ihr mit ihm seid; und wenn ihr ihn
sucht, wird er sich von euch finden lassen.
Werdet ihr aber ihn verlassen, so wird er
euch auch verlassen.
3. Es werden aber viel Tage sein in Israel,
daß kein rechter Gott, kein Priester, der
da lehrt, und kein Gesetz sein wird. Hos. 3,4.
4. Und wenn sie sich bekehren in ihrer
Not zu dem Herrn, dem Gott Israels, und
werden ihn suchen, so wird er sich finden
lassen. Jer. 29,13.14.
5. Zu der Zeit wird's nicht wohl gehen
dem, der aus und ein geht; denn es werden
große Getümmel sein über alle, die auf
Erden wohnen.
6. Denn ein Volk wird das andere zerschlagen und eine Stadt die andere; denn
Gott wird sie erschrecken mit allerlei
Angst. Luk. 21,10.
7. Ihr aber seid getrost und tut eure Hände nicht ab; denn euer Werk hat seinen
Lohn. 1. Kor. 15,58.
8. Da aber Asa hörte diese Worte und die
Weissagung Odeds, des Propheten, ward
er getrost und tat weg die Greuel aus dem
ganzen Lande Juda und Benjamin und aus
den Städten, die er gewonnen hatte auf
dem Gebirge Ephraim, und erneuerte den
Altar des Herrn, der vor der Halle des
Herrn stand,
9. und versammelte das ganze Juda und
Benjamin und die Fremdlinge bei ihnen
aus Ephraim, Manasse und Simeon. Denn
es fielen zu ihm aus Israel die Menge, als
sie sahen, daß der Herr, sein Gott, mit ihm
war.
10. Und sie versammelten sich gen Jerusalem im dritten Monat des fünfzehnten
Jahres des Königreichs Asas
11. und opferten desselben Tages dem
Herrn von dem Raub, den sie gebracht
hatten, siebenhundert Ochsen und siebentausend Schafe.
12. Und sie traten in den Bund, daß sie
suchten den Herrn, ihrer Väter Gott, von
ganzem Herzen und von ganzer Seele;
Jos. 24,25.
13. und wer nicht würde den Herrn, den
Gott Israels, suchen, sollte sterben, klein
und groß, Mann und Weib.
14. Und sie schwuren dem Herrn mit
lauter Stimme, mit Freudengeschrei, mit
Drommeten und Posaunen.
15. Und das ganze Juda war fröhlich über
dem Eide; denn sie hatten geschworen von
ganzem Herzen, und sie suchten ihn mit
ganzem Willen. Und er ließ sich von ihnen
finden, und *der Herr gab ihnen Ruhe
umher.
*K. 14,5.6; 20,30. (V. 16–18: vgl. 1. Kön. 15,13–15.)
16. Auch setzte Asa, der König, ab Maacha, seine Mutter, daß sie nicht mehr Herrin war, weil sie der Aschera ein Greuelbild
gestiftet hatte. Und Asa rottete ihr Greuelbild aus und zerstieß es und verbrannte es
am Bach Kidron.
17. Aber die Höhen in Israel wurden
nicht abgetan; doch war das Herz Asas
rechtschaffen sein Leben lang.
18. Und er brachte ein, was sein Vater
geheiligt und was er geheiligt hatte, ins
Haus Gottes: Silber, Gold und Gefäße.
19. Und es war kein Streit bis in das fünfunddreißigste Jahr des Königreichs Asas.

Das 16. Kapitel

Asa, von Baesa bekriegt, versündigt sich an Gott und seinem Propheten. Sein Tod.
(V. 1–6: vgl. 1. Kön. 15,16–22.)

1. Im sechsunddreißigsten Jahr des Königreichs Asas zog herauf Baesa, der König Israels, wider Juda und baute Rama,
daß er Asa, dem König Juda's, wehrte aus
und ein zu ziehen.
2. Aber Asa nahm aus dem Schatz im
Hause des Herrn und im Hause des Königs
Silber und Gold und sandte zu Benhadad,
dem König von Syrien, der zu Damaskus
wohnte, und ließ ihm sagen:
3. Es ist ein Bund zwischen mir und dir,
zwischen meinem und deinem Vater; dar-

um habe ich dir Silber und Gold gesandt, daß du den Bund mit Baesa, dem König Israels, fahren lassest, daß er von mir abziehe.
4. Benhadad gehorchte dem König Asa und sandte seine Heerfürsten wider die Städte Israels; die schlugen Ijon, Dan und Abel-Maim und alle Kornstädte Naphthalis.
5. Da Baesa das hörte, ließ er ab, Rama zu bauen, und hörte auf von seinem Werk.
6. Aber der König Asa nahm zu sich das ganze Juda, und sie trugen die Steine und das Holz von Rama, womit Baesa baute; und er baute damit Geba und Mizpa.
7. Zu der Zeit kam Hanani, der Seher, zu Asa, dem König Juda's, und sprach zu ihm: Daß du dich *auf den König von Syrien verlassen hast und dich nicht auf den Herrn, deinen Gott, verlassen, darum ist die Macht des Königs von Syrien deiner Hand entronnen. *Jer. 17,5.
8. Waren nicht die Mohren und Libyer eine große Menge mit sehr viel Wagen und Reitern? Doch gab sie der Herr in deine Hand, da du dich auf ihn verließest.
K. 14,8–12.
9. Denn des Herrn Augen schauen alle Lande, daß er stärke die, so von ganzem Herzen an ihm sind. Du hast töricht getan; darum wirst du auch von nun an Kriege haben.
10. Aber Asa ward zornig über den Seher und *legte ihn ins Gefängnis; denn er grollte ihm über diesem Stück. Und Asa unterdrückte etliche des Volks zu der Zeit.
*K. 18,26; Matth. 14,3.

(V. 11–14: vgl. 1. Kön. 15,23.24.)

11. Die Geschichten aber Asas, beide, die ersten und die letzten, siehe, die sind geschrieben im Buch von den Königen Juda's und Israels.
12. Und Asa ward krank an seinen Füßen im neununddreißigsten Jahr seines Königsreichs, und seine Krankheit nahm sehr zu; und er suchte auch in seiner Krankheit den Herrn nicht, sondern die Ärzte.
13. Also entschlief Asa mit seinen Vätern und starb im einundvierzigsten Jahr seines Königreichs.
14. Und man begrub ihn in seinem Grabe, das er sich hatte lassen graben in der Stadt Davids. Und sie legten ihn auf sein Lager, welches man gefüllt hatte mit gutem Räuchwerk und allerlei Spezerei, nach der Kunst des Salbenbereiters gemacht, und *machten ihm einen sehr großen Brand. *K. 21,19; Jer. 34,5.

Das 17. Kapitel

Josaphats fromme und gesegnete Regierung.

1. Und sein Sohn Josaphat ward König an seiner Statt und ward mächtig wider Israel. 1. Kön. 15,24.
2. Und er legte Kriegsvolk in alle festen Städte Juda's und setzte Amtleute im Lande Juda und in den Städten Ephraims, die sein Vater Asa gewonnen hatte.
3. Und der Herr war mit Josaphat; denn er wandelte in den vorigen Wegen seines Vaters David und suchte nicht die Baalim,
4. sondern den Gott seines Vaters, und wandelte in seinen Geboten und nicht nach den Werken Israels.
5. Darum bestätigte ihm der Herr das Königreich; und ganz Juda gab Josaphat Geschenke, und er *hatte Reichtum und Ehre die Menge. *K. 18,1.
6. Und da sein Herz mutig ward in den Wegen des Herrn, tat er fürder ab die Höhen und Ascherabilder aus Juda.
7. Im dritten Jahr seines Königreichs sandte er seine Fürsten Ben-Hail, Obadja, Sacharja, Nathanael und Michaja, daß sie lehren sollten in den Städten Juda's;
8. und mit ihnen die Leviten Semaja, Nethanja, Sebadja, Asael, Semiramoth, Jonathan, Adonia, Tobia und Tob-Adonia; und mit ihnen die Priester Elisama und Joram.
9. Und sie lehrten in Juda und hatten das Gesetzbuch des Herrn mit sich und zogen umher in allen Städten Juda's und lehrten das Volk.
10. Und es kam die Furcht des Herrn über alle Königreiche in den Landen, die um Juda her lagen, daß sie nicht stritten wider Josaphat.
11. Und die Philister brachten Josaphat *Geschenke, eine Last Silber; und die Araber brachten ihm 7700 Widder und 7700 Böcke. *1. Kön. 5,1.
12. Also nahm Josaphat zu und ward immer größer; und er baute in Juda Burgen und Kornstädte
13. und hatte viel Vorrat in den Städten Juda's und streitbare Männer und gewaltige Leute zu Jerusalem.
14. Und dies war die Ordnung nach ihren Vaterhäusern: in Juda waren Oberste über tausend: Adna, ein Oberster, und mit ihm waren 300 000 gewaltige Männer;
15. neben ihm war Johanan, der Oberste, und mit ihm waren 280 000;
16. neben ihm war Amasja, der Sohn Sichris, der Freiwillige des Herrn, und mit ihm waren 200 000 gewaltige Männer; –
17. und von den Kindern Benjamin war

Eljada, ein gewaltiger Mann, und mit ihm
waren 200000, die mit Bogen und Schild
gerüstet waren;
18. neben ihm war Josabad, und mit ihm
waren 180000 Gerüstete zum Heer.
19. Diese dienten alle dem König, außer
denen, die der König noch gelegt hatte in
die festen Städte im ganzen Juda.

Das 18. Kapitel

Josaphats Zug mit Ahab gegen die Syrer.
Micha weissagt Niederlage. Ahabs Untergang.
(Vgl. 1. Kön. 22.)

1. Und Josaphat hatte *große Reichtümer und Ehre und verschwägerte sich mit
Ahab. *K. 17,5.
2. Und nach etlichen Jahren zog er hinab
zu Ahab gen Samaria. Und Ahab ließ für
ihn und für das Volk, das bei ihm war, viel
Schafe und Ochsen schlachten. Und er beredete ihn, daß er hinauf gen Ramoth in
Gilead zöge.
3. Und Ahab, der König Israels, sprach zu
Josaphat, dem König Juda's: Zieh mit mir
gen Ramoth in Gilead! Er sprach zu ihm:
Ich bin wie du, und mein Volk wie dein
Volk; wir wollen mit dir in den Streit.
4. Aber Josaphat sprach zum König Israels: Frage doch heute des Herrn Wort!
2. Kön. 3,11.
5. Und der König Israels sammelte der
Propheten vierhundert Mann und sprach
zu ihnen: Sollen wir gen Ramoth in Gilead
ziehen in den Streit, oder soll ich's lassen
anstehen? Sie sprachen: Zieh hinauf! Gott
wird sie in des Königs Hand geben.
6. Josaphat aber sprach: Ist nicht irgend
noch ein Prophet des Herrn hier, daß wir
durch ihn fragen?
7. Der König Israels sprach zu Josaphat:
Es ist noch ein Mann, daß man den Herrn
durch ihn frage – aber ich bin ihm gram;
denn er weissagt über mich kein Gutes,
sondern allewege Böses –, nämlich Micha,
der Sohn Jemlas. Josaphat sprach: Der König rede nicht also.
8. Und der König Israels rief seiner Kämmerer einen und sprach: Bringe eilend her
Micha, den Sohn Jemlas!
9. Und der König Israels und Josaphat,
der König Juda's, saßen ein jeglicher auf
seinem Stuhl, mit ihren Kleidern angezogen. Sie saßen aber auf dem Platz vor der
Tür am Tor zu Samaria; und alle Propheten weissagten vor ihnen.
10. Und Zedekia, der Sohn Knaenas,
machte sich eiserne Hörner und sprach:
So spricht der Herr: Hiemit wirst du die
Syrer stoßen, bis du sie aufreibst.
11. Und alle Propheten weissagten auch
also und sprachen: Zieh hinauf gen Ramoth in Gilead! es wird dir gelingen; der
Herr wird sie geben in des Königs Hand.
12. Und der Bote, der hingegangen war,
Micha zu rufen, redete mit ihm und
sprach: Siehe, der Propheten Reden sind
einträchtig gut für den König; laß doch
dein Wort auch sein wie derselben eines
und rede Gutes.
13. Micha aber sprach: So wahr der Herr
lebt, was mein Gott sagen wird, das will
ich reden.
14. Und da er zum König kam, sprach der
König zu ihm: Micha, sollen wir gen Ramoth in Gilead in den Streit ziehen, oder
soll ich's lassen anstehen? Er sprach: Ja,
ziehet hinauf! es wird euch gelingen; es
wird euch in eure Hände gegeben werden.
15. Aber der König sprach zu ihm: Ich
beschwöre dich noch einmal, daß du mir
nichts denn die Wahrheit sagest im Namen des Herrn.
16. Da sprach er: Ich sah das ganze Israel
zerstreut auf den Bergen wie Schafe, die
keinen Hirten haben. Und der Herr
sprach: Diese haben keinen Herrn; es kehre ein jeglicher wieder heim mit Frieden.
17. Da sprach der König Israels zu Josaphat: Sagte ich dir nicht: Er weissagt über
mich kein Gutes, sondern Böses?
18. Er aber sprach: Darum höret des
Herrn Wort! Ich sah den Herrn sitzen auf
seinem Stuhl, und alles himmlische Heer
stand zu seiner Rechten und zu seiner
Linken.
19. Und der Herr sprach: Wer will Ahab,
den König Israels, überreden, daß er hinaufziehe und falle zu Ramoth in Gilead?
Und da dieser so und jener anders sagte,
20. kam ein Geist hervor und trat vor den
Herrn und sprach: Ich will ihn überreden.
Der Herr aber sprach zu ihm: Womit?
21. Er sprach: Ich will ausfahren und ein
falscher Geist sein in aller seiner Propheten Mund. Und er sprach: Du wirst ihn
überreden und wirst es ausrichten; fahre
hin und tue also!
22. Nun siehe, der Herr hat einen falschen Geist gegeben in dieser deiner Propheten Mund, und der Herr hat Böses wider dich geredet.
23. Da trat herzu *Zedekia, der Sohn
Knaenas, und schlug Micha auf den Bak-
ken und sprach: Welchen Weg ist der Geist
des Herrn von mir gegangen, daß er durch
dich redete? *V. 10.
24. Micha sprach: Siehe, du wirst es sehen des Tages, wenn du von einer Kam-

mer in die andere gehen wirst, daß du dich versteckest.

25. Aber der König Israels sprach: Nehmet Micha und laßt ihn bleiben bei Amon, dem Stadtvogt, und bei Joas, dem Sohn des Königs,

26. und saget: So spricht der König: *Leget diesen ins Gefängnis und speiset ihn mit Brot und Wasser der Trübsal, bis ich wiederkomme mit Frieden. *K. 16,10.

27. Micha sprach: Kommst du mit Frieden wieder, so hat der Herr nicht durch mich geredet. Und er sprach: Höret, ihr Völker alle!

28. Also zog hinauf der König Israels und Josaphat, der König Juda's, gen Ramoth in Gilead.

29. Und der König Israels sprach zu Josaphat: Ich will mich verkleiden und in den Streit kommen; du aber habe deine Kleider an. Und der König Israels verkleidete sich, und sie kamen in den Streit.

30. Aber der König von Syrien hatte den Obersten über seine Wagen geboten: Ihr sollt nicht streiten, weder gegen klein noch gegen groß, sondern gegen den König Israels allein.

31. Da nun die Obersten der Wagen Josaphat sahen, dachten sie: Es ist der König Israels! und umringten ihn, wider ihn zu streiten. Aber Josaphat schrie; und der Herr half ihm, und Gott wandte sie von ihm.

32. Denn da die Obersten der Wagen sahen, daß er nicht der König Israels war, wandten sie sich von ihm ab.

33. Es spannte aber ein Mann seinen Bogen von ungefähr und schoß den König Israels zwischen Panzer und Wehrgehänge. Da sprach er zu seinem Fuhrmann: Wende deine Hand und führe mich aus dem Heer, denn ich bin wund!

34. Und der Streit nahm zu des Tages. Und der König Israels stand auf seinem Wagen gegen die Syrer bis an den Abend und starb, da die Sonne unterging.

Das 19. Kapitel

Josaphat, von Jehu wegen seiner Gemeinschaft mit Ahab bestraft, stellt wahren Gottesdienst und gute Rechtspflege her

1. Josaphat aber, der König Juda's, kam wieder heim mit Frieden gen Jerusalem.

2. Und es ging ihm entgegen hinaus Jehu, der Sohn Hananis, der Schauer, und sprach zum König Josaphat: Sollst du so dem Gottlosen helfen, und lieben, die den Herrn hassen? Und um deswillen ist über dir der Zorn vom Herrn.

3. Aber doch ist etwas *Gutes an dir gefunden, daß du die Ascherabilder hast ausgefegt aus dem Lande und hast dein Herz gerichtet, Gott zu suchen. K. 17,3–6.

4. Also blieb Josaphat zu Jerusalem. Und er zog wiederum aus unter das Volk von Beer-Seba an bis auf das Gebirge Ephraim und brachte sie wieder zu dem Herrn, ihrer Väter Gott.

5. Und er bestellte Richter im Lande in allen festen Städten Juda's, in einer jeglichen Stadt etliche,

6. und sprach zu den Richtern: Sehet zu, was ihr tut! denn ihr haltet das Gericht nicht den Menschen, sondern dem Herrn; und er ist mit euch im Gericht.

7. Darum laßt die Furcht des Herrn bei euch sein und hütet euch und tut's; denn bei dem Herrn, unserm Gott, ist kein Unrecht noch Ansehen der Person noch Annehmen des Geschenks.

2. Mose 18,21; 5. Mose 10,17.

8. Auch bestellte Josaphat zu Jerusalem etliche aus den Leviten und Priestern und aus den Obersten der Vaterhäuser in Israel *über das Gericht des Herrn und über die Streitsachen und ließ sie zu Jerusalem wohnen, *5. Mose 17,8.9; 19,17.

9. und er gebot ihnen und sprach: tut also in der Furcht des Herrn, treulich und mit rechtem Herzen.

10. In allen Sachen, die zu euch kommen von euren Brüdern, die in ihren Städten wohnen, zwischen Blut und Blut, zwischen Gesetz und Gebot, zwischen Sitten und Rechten, sollt ihr sie unterrichten, daß sie sich nicht verschulden am Herrn und ein Zorn über euch und eure Brüder komme. Tut also, so werdet ihr euch nicht verschulden.

11. Siehe, Amarja, der oberste Priester, ist über euch in allen Sachen des Herrn, und Sebadja, der Sohn Ismaels, der Fürst im Hause Juda's, in allen Sachen des Königs, und als Amtleute habt ihr die Leviten vor euch. Seid getrost und tut's, und der Herr wird mit dem Guten sein.

Das 20. Kapitel

Josaphats Sieg über die Ammoniter und Moabiter; sein Bund mit Ahasja

1. Nach diesem kamen die Kinder Moab, die Kinder Ammon und mit ihnen auch Meuniter, wider Josaphat zu streiten.

2. Und man kam und sagte es Josaphat an und sprach: Es kommt wider dich eine große Menge von jenseit des Meeres, von Syrien; und siehe, sie sind zu Hazezon-Thamar, das ist Engedi.

3. Josaphat aber fürchtete sich und stellte sein Angesicht, zu suchen den Herrn,
und ließ ein Fasten ausrufen unter ganz
Juda.
4. Und Juda kam zusammen, den Herrn
zu suchen; auch kamen sie aus allen Städten Juda's, den Herrn zu suchen. K. 15,9–15.
5. Und Josaphat trat unter die Gemeinde
Juda's und Jerusalems im Hause des
Herrn vor dem neuen Hofe
6. und sprach: Herr, unsrer Väter Gott,
bist du nicht Gott im Himmel und Herrscher in allen Königreichen der Heiden?
Und *in deiner Hand ist Kraft und Macht,
und ist †niemand, der wider dich zu stehen vermöge. *1. Chron. 29,12. †K. 14,10.
7. Hast du, unser Gott, nicht die Einwohner dieses Landes vertrieben vor deinem
Volk Israel und hast es gegeben dem Samen Abrahams, deines Liebhabers, ewiglich,
8. daß sie darin gewohnt und dir ein Heiligtum für deinen Namen darin gebaut
haben und gesagt:
9. Wenn *ein Unglück, Schwert, Strafe,
Pestilenz oder Teuerung über uns kommt,
sollen wir stehen vor diesem Hause vor dir
(denn dein Name ist in diesem Hause) und
schreien zu dir in unsrer Not, so wollest
du hören und helfen? *K. 6,28–30.
10. Nun siehe, die Kinder Ammon und
Moab und die vom Gebirge Seir, *durch
welche du die Kinder Israel nicht ziehen
ließest, da sie aus Ägyptenland zogen, sondern sie mußten von ihnen weichen und
durften sie nicht vertilgen;
*5. Mose 2,4.5.9.19.
11. und siehe, sie lassen uns das entgelten und kommen, uns auszustoßen aus
deinem Erbe, das du uns gegeben hast.
12. Unser Gott, willst du sie nicht richten? Denn in uns ist nicht Kraft gegen
diesen großen Haufen, der wider uns
kommt. Wir wissen nicht, was wir tun
sollen; sondern unsre Augen sehen nach
dir.
13. Und das ganze Juda stand vor dem
Herrn mit ihren Kindern, Weibern und
Söhnen.
14. Aber auf Jahasiel, den Sohn Sacharjas, des Sohnes Benajas, des Sohnes Jehiels, des Sohnes Matthanjas, den Leviten
aus den Kindern Asaph, kam der Geist des
Herrn mitten in der Gemeinde,
15. und er sprach: Merket auf, ganz Juda
und ihr Einwohner zu Jerusalem und du,
König Josaphat! So spricht der Herr zu
euch: Ihr sollt euch nicht fürchten noch
zagen vor diesem großen Haufen; denn
*ihr streitet nicht, sondern Gott.
*2. Mose 14,14.
16. Morgen sollt ihr zu ihnen hinabziehen; und siehe, sie ziehen die Höhe von
Ziz herauf, und ihr werdet auf sie treffen,
wo das Tal endet, vor der Wüste Jeruel.
17. Aber ihr werdet nicht streiten in dieser Sache. Tretet nur hin und stehet und
sehet das Heil des Herrn, der mit euch ist,
Juda und Jerusalem. Fürchtet euch nicht
und zaget nicht. Morgen ziehet aus wider
sie; der Herr ist mit euch.
18. Da beugte sich Josaphat mit seinem
Antlitz zur Erde, und ganz Juda und die
Einwohner zu Jerusalem fielen vor dem
Herrn nieder und beteten den Herrn an.
19. Und die Leviten aus den Kindern der
Kahathiter, nämlich von den Kindern der
Korahiter, machten sich auf, zu loben den
Herrn, den Gott Israels, mit lauter Stimme gen Himmel.
20. Und sie machten sich des Morgens
früh auf und zogen aus zur Wüste Thekoa.
Und da sie auszogen, stand Josaphat und
sprach: Höret mir zu, Juda und ihr Einwohner zu Jerusalem! *Glaubet an den
Herrn, euren Gott, so werdet ihr sicher
sein; und glaubet seinen Propheten, so
werdet ihr Glück haben. *Jes. 28,16.
21. Und er unterwies das Volk und bestellte die Sänger dem Herrn, daß sie lobten in heiligem Schmuck und vor den Gerüsteten her zögen und sprächen: *Danket dem Herrn; denn seine Barmherzigkeit währet ewiglich. *Ps. 106,1.
22. Und da sie anfingen mit Danken und
Loben, ließ der Herr einen Hinterhalt
kommen über die Kinder Ammon und Moab und die vom Gebirge Seir, die wider
Juda gekommen waren, und sie wurden
geschlagen.
23. Da standen die Kinder Ammon und
Moab wider die vom Gebirge Seir, sie zu
verbannen und zu vertilgen. Und da sie die
vom Gebirge Seir hatten alle aufgerieben,
*half einer dem andern zum Verderben.
*1. Sam. 14,20.
24. Da aber Juda an die Warte kam an der
Wüste, wandten sie sich gegen den Haufen; und siehe, da lagen die Leichname auf
der Erde, daß keiner entronnen war.
25. Und Josaphat kam mit seinem Volk,
ihren Raub auszuteilen, und sie fanden
unter ihnen so viel Güter und Kleider und
köstliche Geräte und nahmen sich's, daß
es auch nicht zu tragen war. Und teilten
drei Tage den Raub aus; denn es war viel.
26. Am vierten Tag aber kamen sie zusammen im Lobetal; denn daselbst lobten

sie den Herrn. Daher heißt die Stätte Lobetal bis auf diesen Tag.

27. Also kehrte jedermann von Juda und Jerusalem wieder um und Josaphat an der Spitze, daß sie gen Jerusalem zögen mit Freuden; denn der Herr hatte ihnen eine Freude gegeben an ihren Feinden.

28. Und sie zogen in Jerusalem ein mit Psaltern, Harfen und Drommeten zum Hause des Herrn.

29. Und die Furcht Gottes kam über alle Königreiche in den Landen, da sie hörten, daß der Herr wider die Feinde Israels gestritten hatte.

30. Also war das Königreich Josaphats still, und *Gott gab ihm Ruhe umher.

*K. 15,15. (V. 31–K. 21,1: vgl. 1. Kön. 22,41–51.)

31. Und Josaphat regierte über Juda und war fünfunddreißig Jahre alt, da er König ward, und regierte fünfundzwanzig Jahre zu Jerusalem. Seine Mutter hieß Asuba, eine Tochter Silhis.

32. Und er wandelte in dem Wege seines Vaters Asa und ließ nicht davon, daß er tat, was dem Herrn wohl gefiel.

33. Nur die Höhen wurden nicht abgetan; denn das Volk hatte sein Herz noch nicht geschickt zu dem Gott ihrer Väter.

34. Was aber mehr von Josaphat zu sagen ist, beides, das erste und das letzte, siehe, das ist geschrieben in den Geschichten Jehus, des Sohnes Hananis, die aufgenommen sind ins Buch der Könige Israels.

35. Darnach vereinigte sich Josaphat, der König Juda's, mit *Ahasja, dem König Israels, welcher war gottlos in seinem Tun. *1. Kön. 22,52–54.

36. Und er vereinigte sich mit ihm, Schiffe zu machen, daß sie aufs Meer führen; und sie machten Schiffe zu Ezeon-Geber.

37. Aber Elieser, der Sohn Dodavas von Maresa, weissagte wider Josaphat und sprach: Darum daß du dich mit Ahasja vereinigt hast, hat der Herr deine Werke zerrissen. Und die Schiffe wurden zerbrochen und konnten nicht aufs Meer fahren.

Das 21. Kapitel

Jorams gottlose Regierung; Abfall der Edomiter: Brief Elia's; Jorams Tod.
(Vgl. 2. Kön. 8,16–22.)

1. Und Josaphat entschlief mit seinen Vätern und ward begraben bei seinen Vätern in der Stadt Davids. Und sein Sohn Joram ward König an seiner Statt.

2. Und er hatte Brüder, Josaphats Söhne: Asarja, Jehiel, Sacharja, Asarja, Michael und Sephatja; diese alle waren Kinder Josaphats, des Königs in Juda.

3. Und ihr Vater gab ihnen viel Gaben von Silber, Gold und Kleinoden, mit festen Städten in Juda; aber das Königreich gab er Joram, denn der war der Erstgeborene.

4. Da aber Joram aufkam über das Königreich seines Vaters und mächtig ward, erwürgte er seine Brüder alle mit dem Schwert, dazu auch etliche Oberste in Israel.

5. Zweiunddreißig Jahre alt war Joram, da er König ward, und regierte acht Jahre zu Jerusalem

6. und wandelte in dem Wege der Könige Israels, wie das Haus Ahab getan hatte; denn Ahabs Tochter war sein Weib. Und er tat, was dem Herrn übel gefiel;

7. aber der Herr wollte das Haus David nicht verderben um des Bundes willen, den er mit *David gemacht hatte, und wie er verheißen hatte, ihm †eine Leuchte zu geben und seinen Kindern immerdar.

*2. Sam. 7,12. †1. Kön. 11,36; Ps. 132,17.

8. Zu seiner Zeit fielen die Edomiter ab von Juda und machten über sich einen König.

9. Da zog Joram hinüber mit seinen Obersten und alle Wagen mit ihm und machte sich des Nachts auf und schlug die Edomiter um ihn her und die Obersten der Wagen.

10. Doch blieben die Edomiter abtrünnig von Juda bis auf diesen Tag. Zur selben Zeit fiel Libna auch von ihm ab; denn er verließ den Herrn, seiner Väter Gott.

11. Auch machte er Höhen auf den Bergen in Juda und machte die zu Jerusalem abgöttisch und verführte Juda.

12. Es kam aber Schrift zu ihm von dem Propheten Elia, die lautete also: So spricht der Herr, der Gott deines Vaters David: Darum daß du nicht gewandelt hast in den Wegen deines Vaters Josaphat noch in den Wegen Asas, des Königs in Juda,

13. sondern wandelst in dem Wege der Könige Israels und machst Juda und die zu Jerusalem abgöttisch nach der Abgötterei des Hauses Ahab, und hast dazu deine Brüder, deines Vaters Haus, erwürgt, die besser waren denn du:

14. siehe, so wird dich der Herr mit einer großen Plage schlagen an deinem Volk, an deinen Kindern, an deinen Weibern und an aller deiner Habe;

15. du aber wirst viel Krankheit haben in deinem Eingeweide, bis daß dein Einge-

weide vor Krankheit herausgehe in Jahr und Tag.

16. Also erweckte der Herr wider Joram den Geist der Philister und Araber, die neben den Mohren wohnen;

17. und sie zogen herauf und brachen ein in Juda und führten weg alle Habe, die vorhanden war im Hause des Königs, dazu seine Söhne und seine Weiber, daß ihm kein Sohn übrigblieb, außer Joahas, sein jüngster Sohn.

18. Und nach dem allem plagte ihn der Herr in seinem Eingeweide mit solcher Krankheit, die nicht zu heilen war.

19. Und da das währte von Tag zu Tag, als die Zeit zweier Jahre um war, ging sein Eingeweide von ihm in seiner Krankheit, und er starb in schlimmen Schmerzen. Und sie machten ihm keinen Brand, *wie sie seinen Vätern getan hatten. *K. 16,14.

20. *Zweiunddreißig Jahre alt war er, da er König ward, und regierte acht Jahre zu Jerusalem und wandelte, daß es nicht fein war. Und sie begruben ihn in der Stadt Davids, aber †nicht in der Könige Gräbern. *V. 5. †K. 24,25.

Das 22. Kapitel

Ahasjas schlechte Regierung und Untergang.
Seiner Mutter Athalja Mordtat.
(V. 1–6: vgl. 2. Kön. 8,25–29.)

1. Und die zu Jerusalem machten zum König Ahasja, seinen jüngsten Sohn, an seiner Statt. Denn die Kriegsleute, die aus den Arabern zum Lager kamen, hatten die ersten alle erwürgt; darum ward König Ahasja, der Sohn Jorams, des Königs in Juda.

2. Zweiundzwanzig Jahre alt war Ahasja, da er König ward, und regierte ein Jahr in Jerusalem. Seine Mutter hieß Athalja, die Tochter Omris.

3. Und er wandelte auch in den Wegen des Hauses Ahab; denn seine Mutter hielt ihn dazu, daß er gottlos war.

4. Darum tat er, was dem Herrn übel gefiel, wie das Haus Ahab. Denn sie waren seine Ratgeber nach seines Vaters Tode, daß sie ihn verderbten.

5. Und er wandelte nach ihrem Rat. Und er zog hin mit Joram, dem Sohn Ahabs, dem König Israels, in den Streit gen Ramoth in Gilead wider Hasael, den König von Syrien. Aber die Syrer schlugen Joram.

6. daß er umkehrte, sich heilen zu lassen zu Jesreel; denn er hatte Wunden, die ihm geschlagen waren zu Rama, da er stritt mit Hasael, dem König von Syrien. Und Ahasja, der Sohn Jorams, der König Juda's, zog hinab, zu besuchen Joram, den Sohn Ahabs, zu Jesreel, der krank lag.

7. Denn es war von Gott Ahasja der Unfall zugefügt, daß er zu Joram käme und also mit Joram auszöge wider Jehu, den Sohn Nimsis, *welchen der Herr gesalbt hatte, auszurotten das Haus Ahab.
*1. Kön. 19,16; 2. Kön. 9,6.

8. Da nun Jehu Strafe übte am Hause Ahab, fand er etliche Oberste aus Juda und die Kinder der Brüder Ahasjas, die Ahasja dienten, und erwürgte sie. 2. Kön. 10,12–14.

9. Und er suchte Ahasja, und sie fingen ihn, da er sich versteckt hatte zu Samaria. Und er ward zu Jehu gebracht; der tötete ihn, und man begrub ihn. Denn sie sprachen: Er ist Josaphats Sohn, der nach dem Herrn trachtete von ganzem Herzen. Und es war niemand mehr aus dem Hause Ahasja, der tüchtig war zum Königreich.
2. Kön. 9,27–29. (V. 10–12: vgl. 2. Kön. 11,1–3.)

10. Da aber Athalja, die Mutter Ahasjas, sah, daß ihr Sohn tot war, machte sie sich auf und brachte um alle vom königlichen Geschlecht im Hause Juda.

11. Aber Josabeath, die Königstochter, nahm Joas, den Sohn Ahasjas, und stahl ihn unter den Kindern des Königs, die getötet wurden, und tat ihn mit seiner Amme in die Bettkammer. Also verbarg ihn Josabeath, die Tochter des Königs Joram, des Priesters Jojada Weib (denn sie war Ahasjas Schwester), vor Athalja, daß er nicht getötet ward.

12. Und er war bei ihnen im Hause Gottes versteckt sechs Jahre, solange Athalja Königin war im Lande.

Das 23. Kapitel

Joas wird vom Priester Jojada zum König gesalbt;
Athalja getötet und der Baalsdienst zerstört.
(Vgl. 2. Kön. 11,4–20.)

1. Aber im siebenten Jahr faßte Jojada einen Mut und nahm die Obersten über hundert, nämlich Asarja, den Sohn Jerohams, Ismael, den Sohn Johanans, Asarja, den Sohn Obeds, Maaseja, den Sohn Adajas, und Elisaphat, den Sohn Sichris, mit sich zum Bund.

2. Die zogen umher in Juda und brachten die Leviten zuhauf aus allen Städten Juda's und die Obersten der Vaterhäuser in Israel, daß sie kämen gen Jerusalem.

3. Und die ganze Gemeinde machte einen Bund im Hause Gottes mit dem König. Und er sprach zu ihnen: Siehe, des

Königs Sohn soll König sein, wie der Herr
geredet hat über die Kinder Davids.
4. So sollt ihr nun also tun: Der dritte
Teil von euch, die des Sabbats antreten
von den Priestern und Leviten, sollen die
Torhüter sein an der Schwelle,
5. und der dritte Teil im Hause des Königs, und der dritte Teil am Grundtor;
aber alles Volk soll sein in den Höfen am
Hause des Herrn.
6. Und daß niemand in das Haus des
Herrn gehe; nur die Priester und Leviten,
die da dienen, die sollen hineingehen –
denn sie sind heilig –, und alles Volk tue
nach dem Gebot des Herrn.
7. Und die Leviten sollen sich rings um
den König her machen, ein jeglicher mit
seiner Wehre in der Hand – und wer ins
Haus geht, der sei des Todes –, und sie
sollen bei dem König sein, wenn er aus
und ein geht.
8. Und die Leviten und ganz Juda taten,
wie der Priester Jojada geboten hatte, und
nahm ein jeglicher seine Leute, die des
Sabbats antraten, mit denen, die des Sabbats abtraten. Denn Jojada, der Priester,
ließ die Ordnungen nicht auseinander gehen.
9. Und Jojada, der Priester, gab den
Obersten über hundert die Spieße und
Schilde und Waffen des Königs David, die
im Hause Gottes waren,
10. und stellte alles Volk, einen jeglichen
mit seiner Waffe in der Hand, von dem
rechten Winkel des Hauses bis zum linken
Winkel, zum Altar und zum Hause hin,
um den König her.
11. Und sie brachten des Königs Sohn
hervor und setzten ihm die Krone auf und
gaben ihm das Zeugnis und machten ihn
zum König. Und Jojada samt seinen Söhnen salbten ihn und sprachen: Glück zu
dem König!
12. Da aber Athalja hörte das Geschrei
des Volks, das zulief und den König lobte,
ging sie zum Volk im Hause des Herrn.
13. Und sie sah, und siehe, der König
stand an seiner Stätte im Eingang und die
Obersten und die Drommeten um den König; und alles Volk des Landes war fröhlich, und man blies Drommeten, und die
Sänger mit allerlei Saitenspiel sangen
Lob. Da zerriß sie ihre Kleider und rief:
Aufruhr, Aufruhr!
14. Aber Jojada, der Priester, machte
sich heraus mit den Obersten über hundert, die über das Heer waren, und sprach
zu ihnen: Führet sie zwischen den Reihen
hinaus; und wer ihr nachfolgt, den soll
man mit dem Schwert töten! Denn der
Priester hatte befohlen, man sollte sie
nicht töten im Hause des Herrn.
15. Und sie machten ihr Raum zu beiden
Seiten; und da sie kam zum Eingang des
Roßtors am Hause des Königs, töteten sie
sie daselbst.
16. Und Jojada machte *einen Bund zwischen ihm und allem Volk und dem König,
daß sie des Herrn Volk sein sollten.
*K. 15,12.
17. Da ging alles Volk ins Haus Baals und
brachen es ab, und seine Altäre und Bilder
zerbrachen sie, und erwürgten Mathan,
den Priester Baals, vor den Altären.
18. Und Jojada bestellte die Ämter im
Hause des Herrn unter den Priestern und
den Leviten, die David verordnet hatte
zum Hause des Herrn, Brandopfer zu tun
dem Herrn, wie es geschrieben steht im
Gesetz Mose's, mit Freuden und *mit Liedern, die David gedichtet, – *K. 29,30.
19. und stellte Torhüter in die Tore am
Hause des Herrn, daß niemand hineinkä-
me, der sich verunreinigt hätte an irgend
einem Dinge.
20. Und er nahm die Obersten über hundert und die Mächtigen und Herren im
Volk und alles Volk des Landes und führte
den König hinab vom Hause des Herrn,
und sie brachten ihn durch das hohe Tor
am Hause des Königs und ließen den König sich auf den königlichen Stuhl setzen.
21. Und alles Volk des Landes war fröhlich, und die Stadt war still; aber Athalja
ward mit dem Schwert erwürgt.

Das 24. Kapitel

Des Königs Joas löbliche Taten, Abgötterei,
Strafe und Tod.
(Vgl. 2. Kön. 12.)

1. Joas war sieben Jahre alt, da er König
ward, und regierte vierzig Jahre zu Jerusalem. Seine Mutter hieß Zibja von Beer-
Seba.
2. Und Joas tat, was dem Herrn wohl gefiel, solange der Priester Jojada lebte.
3. Und Jojada gab ihm zwei Weiber, und
er zeugte Söhne und Töchter.
4. Darnach nahm sich Joas vor, das Haus
des Herrn zu erneuern,
5. und versammelte die Priester und Leviten und sprach zu ihnen: Ziehet aus zu
allen Städten Juda's und sammelt Geld aus
ganz Israel, das Haus eures Gottes zu bessern jährlich, und eilet, solches zu tun.
Aber die Leviten eilten nicht.
6. Da rief der König Jojada, den Vornehmsten, und sprach zu ihm: Warum

hast du nicht acht auf die Leviten, daß sie
einbringen von Juda und Jerusalem die
Steuer, *die Mose, der Knecht des Herrn,
gesetzt hat, die man sammelte unter Israel
zu der Hütte des Stifts? *2.Mose 30,12.13.
7. Denn die gottlose Athalja und *ihre
Söhne haben das Haus Gottes zerrissen,
und alles, was zum Hause des Herrn geheiligt war, haben sie an die Baalim gebracht. *K.22,3.4.
8. Da befahl der König, daß man eine
Lade machte und setzte sie außen ins Tor
am Hause des Herrn,
9. und ließ ausrufen in Juda und zu Jerusalem, daß man dem Herrn einbringen
sollte die Steuer, die von *Mose, dem
Knecht Gottes, auf Israel gelegt war in der
Wüste. *V.6.
10. Da freuten sich alle Obersten und alles Volk und brachten's und warfen's in die
Lade, bis sie voll ward.
11. Und wenn's Zeit war, daß man die
Lade herbringen sollte durch die Leviten
nach des Königs Befehl (wenn sie sahen,
daß viel Geld darin war), so kam der
Schreiber des Königs und wer vom vornehmsten Priester Befehl hatte, und
schütteten die Lade aus und trugen sie
wieder hin an ihren Ort. So taten sie alle
Tage, daß sie Geld die Menge zuhauf
brachten.
12. Und der König und Jojada gaben's
den Werkmeistern, die da schafften am
Hause des Herrn; dieselben dingten Steinmetzen und Zimmerleute, zu erneuern
das Haus des Herrn; auch Meister in Eisen
und Erz, zu bessern das Haus des Herrn.
13. Und die Arbeiter arbeiteten, daß die
Besserung im Werk zunahm durch ihre
Hand, und machten das Haus Gottes ganz
fertig und wohl zugerichet.
14. Und da sie es vollendet hatten, brachten sie das übrige Geld vor den König und
Jojada; davon machte man Gefäße zum
Hause des Herrn, Gefäße zum Dienst und
zu Brandopfern, Löffel und goldene und
silberne Geräte. Und sie opferten Brandopfer bei dem Hause des Herrn allewege,
solange Jojada lebte.
15. Und Jojada ward alt und des Lebens
satt und starb, und war hundertunddreißig Jahre alt, da er starb.
16. Und sie begruben ihn in der Stadt
Davids unter die Könige, darum daß er
hatte wohl getan an Israel und an Gott und
seinem Hause.
17. Und nach dem Tode Jojadas kamen
die Obersten in Juda und bückten sich vor
dem König; da hörte der König auf sie.
18. Und sie verließen das Haus des
Herrn, des Gottes ihrer Väter, und dienten
den Ascherabildern und Götzen. Da kam
der Zorn über Juda und Jerusalem um
dieser ihrer Schuld willen.
19. Er sandte aber Propheten zu ihnen,
daß sie sich zu dem Herrn bekehren sollten, und die zeugten wider sie; aber sie
nahmen's nicht zu Ohren.
20. Und der Geist Gottes erfüllte Sacharja, den Sohn Jojadas, des Priesters. Der
trat oben über das Volk und sprach zu
ihnen: So spricht Gott: Warum übertretet
ihr die Gebote des Herrn und wollt kein
Gelingen haben? Denn ihr habt den Herrn
verlassen, so wird er euch wieder verlassen.
21. Aber sie machten einen Bund wider
ihn und steinigten ihn, nach dem Gebot
des Königs, im Hofe am Hause des Herrn.
Matth. 23,35; Hebr. 11,37.
22. Und der König Joas gedachte nicht an
die Barmherzigkeit, die Jojada, sein Vater,
an ihm getan hatte, sondern erwürgte seinen Sohn. Da er aber starb, sprach er: Der
Herr wird's sehen und heimsuchen.
23. Und da das Jahr um war, zog herauf
das Heer der Syrer, und sie kamen gen
Juda und Jerusalem und brachten um alle
Obersten im Volk, und allen ihren Raub
sandten sie dem König zu Damaskus.
24. Denn der Syrer Macht kam mit wenig
Männern; doch gab der Herr in ihre Hand
eine sehr große Macht, darum, daß sie den
Herrn, ihrer Väter Gott, verlassen hatten.
Auch übten sie an Joas Strafe.
25. Und da sie von ihm zogen, ließen sie
ihn in großer Krankheit zurück. Es machten aber seine Knechte einen Bund wider
ihn um des Blutes willen der Kinder Jojadas, des Priesters, und erwürgten ihn auf
seinem Bette, und er starb. Und man begrub ihn in der Stadt Davids, aber *nicht
in der Könige Gräbern. *K.21,20.
26. Die aber den Bund wider ihn machten, waren diese: Sabad, der Sohn Simeaths, der Ammonitin, und Josabad, der
Sohn Simriths, der Moabitin.
27. Aber seine Söhne und die Summe,
die unter ihm gesammelt ward, und der
Bau des Hauses Gottes, siehe, die sind
geschrieben in der Historie im Buch der
Könige. Und sein Sohn Amazja ward König an seiner Statt.

Das 25. Kapitel

Amazja König in Juda.
(Vgl. 2.Kön. 14,1–20.)

1. Fünfundzwanzig Jahre alt war Amaz-

ja, da er König ward, und regierte neunundzwanzig Jahre zu Jerusalem. Seine Mutter hieß Joaddan von Jerusalem.
2. Und er tat, was dem Herrn wohl gefiel, doch nicht von ganzem Herzen.
3. Da nun sein Königreich bekräftigt war, erwürgte er *seine Knechte, die den König, seinen Vater, geschlagen hatten.

*K.24,25.

4. Aber ihre Kinder tötete er nicht; denn also steht's *geschrieben im Gesetz, im Buch Mose's, da der Herr gebietet und spricht: Die Väter sollen nicht sterben für die Kinder noch die Kinder für die Väter; sondern ein jeglicher soll um seiner Sünde willen sterben. *5.Mose 24,16.
5. Und Amazja brachte zuhauf Juda und stellte sie nach den Vaterhäusern, nach den Obersten über tausend und über hundert unter ganz Juda und Benjamin, und zählte sie von zwanzig Jahren und darüber und fand ihrer 300 000 auserlesen, die ins Heer ziehen und Spieß und Schild führen konnten.
6. Dazu nahm er an aus Israel 100 000 starke Kriegsleute um hundert Zentner Silber.
7. Es kam aber ein Mann Gottes zu ihm und sprach: König, laß nicht das Heer Israels mit dir kommen; denn der Herr ist nicht mit Israel, mit allen Kindern Ephraim;
8. sondern zieh du hin, daß du Kühnheit beweisest im Streit. Sollte Gott dich fallen lassen vor deinen Feinden? Denn bei Gott steht die Kraft zu helfen und fallen zu lassen.
9. Amazja sprach zum Mann Gottes: Was soll man denn tun mit den hundert Zentnern, die ich den Kriegsknechten von Israel gegeben habe? Der Mann Gottes sprach: Der Herr hat noch mehr, das er dir geben kann, denn dies.
10. Da sonderte Amazja die Kriegsknechte ab, die zu ihm aus Ephraim gekommen waren, daß sie an ihren Ort hingingen. Da ergrimmte ihr Zorn wider Juda sehr, und sie zogen wieder an ihren Ort mit grimmigem Zorn.
11. Und Amazja ward getrost und führte sein Volk aus und zog aus ins Salztal und schlug der Kinder von Seir zehntausend.
12. Und die Kinder Juda fingen ihrer zehntausend lebendig; die führten sie auf die Spitze eines Felsen und stürzten sie von der Spitze des Felsen, daß sie alle zerbarsten.
13. Aber die Kriegsknechte, die Amazja hatte wiederum lassen ziehen, daß sie nicht mit seinem Volk zum Streit zögen, fielen ein in die Städte Juda's, von Samaria an bis gen Beth-Horon, und schlugen ihrer dreitausend und nahmen viel Raub.
14. Und da Amazja wiederkam von der Edomiter Schlacht, brachte er die Götter der Kinder von Seir und stellte sie sich zu Göttern und betete an vor ihnen und räucherte ihnen.
15. Da ergrimmte der Zorn des Herrn über Amazja, und er sandte einen Propheten zu ihm; der sprach zu ihm: Warum suchst du die Götter des Volks, die ihr Volk nicht konnten erretten von deiner Hand?
16. Und da er mit ihm redete, sprach er zu ihm: Hat man dich zu des Königs Rat gemacht? Höre auf; warum willst du geschlagen sein? Da hörte der Prophet auf und sprach: Ich merke wohl, daß Gott sich beraten hat, dich zu verderben, weil du solches getan hast und gehorchst meinem Rat nicht.
17. Und Amazja, der König Juda's, ward Rats und sandte hin zu Joas, dem Sohn des Joahas, des Sohnes Jehus, dem König Israels, und ließ ihm sagen: Komm, wir wollen uns miteinander messen!
18. Aber Joas, der König Israels, sandte zu Amazja, dem König Juda's, und ließ ihm sagen: Der *Dornstrauch im Libanon sandte zur Zeder im Libanon und ließ ihr sagen: Gib deine Tochter meinem Sohn zum Weibe! Aber das Wild im Libanon lief über den Dornstrauch und zertrat ihn.

*Richt. 9,14.

19. Du gedenkst: Siehe, ich habe die Edomiter geschlagen; des überhebt sich dein Herz, und du suchst Ruhm. Nun bleib daheim! Warum ringst du nach Unglück, daß du fallest und Juda mit dir?
20. Aber Amazja gehorchte nicht; denn es geschah von Gott, daß sie dahingegeben würden, darum daß sie die Götter der Edomiter gesucht hatten.
21. Da zog Joas, der König Israels, herauf; und sie maßen sich miteinander, er und Amazja, der König Juda's, zu Beth-Semes, das in Juda liegt.
22. Aber Juda ward geschlagen vor Israel, und sie flohen, ein jeglicher in seine Hütte.
23. Aber Amazja, den König in Juda, den Sohn des Joas, griff Joas, der Sohn des Joahas, der König über Israel, zu Beth-Semes und brachte ihn gen Jerusalem und riß ein die Mauer zu Jerusalem vom Tor Ephraim an bis an das Ecktor, vierhundert Ellen lang.
24. Und alles Gold und Silber und alle

Gefäße, die vorhanden waren im Hause
Gottes bei Obed-Edom und in dem Schatz
im Hause des Königs, und die Geiseln
nahm er mit sich gen Samaria.
25. Und Amazja, der Sohn des Joas, der
König in Juda, lebte nach dem Tode des
Joas, des Sohnes Joahas, des Königs in
Israel, fünfzehn Jahre.
26. Was aber mehr von Amazja zu sagen
ist, das erste und das letzte, siehe, das ist
geschrieben im Buch der Könige Juda's
und Israels.
27. Und von der Zeit an, da Amazja von
dem Herrn wich, *machten sie einen
Bund wider ihn zu Jerusalem; er aber floh
gen Lachis. Da sandten sie ihm nach gen
Lachis und töteten ihn daselbst. *K.24,25.
28. Und sie brachten ihn auf Rossen und
begruben ihn bei seinen Vätern in der
Stadt Juda's.

Das 26. Kapitel

Usia oder Asarja regiert zuerst gut und glücklich, wird aber übermütig und mit dem Aussatz bestraft.
(Vgl. 2. Kön. 14, 21.22; 15,1–7.)

1. Da nahm das ganze Volk Juda Usia, der
war sechzehn Jahre alt, und machten ihn
zum König an seines Vaters Amazja Statt.
2. Derselbe baute Eloth und brachte es
wieder an Juda, nachdem der König entschlafen war mit seinen Vätern.
3. Sechzehn Jahre alt war Usia, da er König ward, und regierte zweiundfünfzig
Jahre zu Jerusalem. Seine Mutter hieß
Jecholja von Jerusalem.
4. Und er tat, was dem Herrn wohl gefiel,
wie sein Vater Amazja getan hatte. K.25,2.
5. Und er suchte Gott, solange Sacharja
lebte, der Lehrer in den Gesichten Gottes;
und solange er den Herrn suchte, ließ es
ihm Gott gelingen.
6. Denn er zog aus und stritt wider die
Philister und riß nieder die Mauer zu Gath
und die Mauer zu Jabne und die Mauer zu
Asdod und baute Städte um Asdod und
unter den Philistern.
7. Denn Gott half ihm wider die Philister,
wider die Araber, die zu Gur-Baal wohnten, und wider die Meuniter.
8. Und die Ammoniter gaben Usia Geschenke, und er ward berühmt so weit, bis
man kommt nach Ägypten; denn er ward
immer stärker und stärker.
9. Und Usia baute Türme zu Jerusalem
am Ecktor und am Taltor und am Winkel
und befestigte sie.
10. Er baute auch Türme in der Wüste
und grub viele Brunnen; denn er hatte viel
Vieh, sowohl in den Auen als auf den Ebenen, auch Ackerleute und Weingärtner an
den Bergen und am Karmel; denn er hatte
Lust zum Ackerwerk.
11. Und Usia hatte eine Macht zum
Streit, die ins Heer zogen, von Kriegsknechten, in der Zahl gerechnet durch
Jeiel, den Schreiber, und Masseja, den
Amtmann, unter der Hand Hananjas aus
den Obersten des Königs.
12. Und die Zahl der Häupter der Vaterhäuser unter den starken Kriegern war
2600,
13. und unter ihrer Hand die Heeres-
macht 307500, zum Streit geschickt in
Heereskraft, zu helfen dem König wider
die Feinde.
14. Und Usia schaffte ihnen für das ganze
Heer Schilde, Spieße, Helme, Panzer, Bogen und Schleudersteine
15. und machte zu Jerusalem kunstvolle
Geschütze, die auf den Türmen und Ecken
sein sollten, zu schießen mit Pfeilen und
großen Steinen. Und sein Name kam weit
aus, darum daß ihm wunderbar geholfen
ward, bis er mächtig ward.
16. Und da er mächtig geworden war,
*überhob sich sein Herz zu seinem Ver-
derben; denn er vergriff sich an dem
Herrn, seinem Gott, und ging in den Tempel des Herrn, zu räuchern auf dem Räucheraltar. *K.25,19.
17. Aber Asarja, der Priester, ging ihm
nach und achtzig Priester des Herrn mit
ihm, ansehnliche Leute,
18. und standen wider Usia, dem König,
und sprachen zu ihm: Es gebührt dir,
Usia, nicht, zu räuchern dem Herrn, sondern den Priestern, *Aarons Kindern, die
zu räuchern geheiligt sind. Gehe heraus
aus dem Heiligtum; denn du vergreifst
dich, und es wird dir keine Ehre sein vor
dem Gott dem Herrn. *4. Mose 18,7.
19. Aber Usia ward zornig und hatte ein
Räuchfaß in der Hand. Und da er mit den
Priestern zürnte, fuhr der Aussatz aus seiner Stirn vor den Priestern im Hause des
Herrn, vor dem Räucheraltar.
20. Und Asarja, der oberste Priester,
wandte das Haupt zu ihm und alle Priester, und siehe, da war er aussätzig an
seiner Stirn; und sie stießen ihn von dannen. Er eilte auch selbst, herauszugehen;
denn seine Plage war vom Herrn.
21. Also war Usia, der König, aussätzig
bis an seinen Tod und *wohnte in einem
besonderen Hause aussätzig; denn er ward
verstoßen vom Hause des Herrn. Jotham
aber, sein Sohn, stand des Königs Hause

vor und richtete das Volk im Lande.
*4. Mose 5,2.

22. Was aber mehr von Usia zu sagen ist, beides, das erste und das letzte, hat beschrieben der Prophet *Jesaja, der Sohn des Amoz. *Jes. 1,1; 6,1.

23. Und Usia entschlief mit seinen Vätern, und sie begruben ihn bei seinen Vätern im Acker bei dem Begräbnis der Könige; denn sie sprachen: Er ist aussätzig. Und Jotham, sein Sohn, ward König an seiner Statt.

Das 27. Kapitel

Jothams gute und glückliche Regierung.
(Vgl. 2. Kön. 15,32–36.38.)

1. Jotham war fünfundzwanzig Jahre alt, da er König ward, und regierte sechzehn Jahre zu Jerusalem. Seine Mutter hieß Jerusa, eine Tochter Zadoks.

2. Und er tat, was dem Herrn wohl gefiel, ganz wie sein Vater Usia getan hatte, *nur ging er nicht in den Tempel des Herrn; das Volk aber verderbte sich noch immer.
*K. 26,16.

3. Er baute das obere Tor am Hause des Herrn, und an der Mauer des Ophel baute er viel,

4. und baute die Städte auf dem Gebirge Juda, und in den Wäldern *baute er Burgen und Türme. *K. 26,10.

5. Und er stritt mit dem König der Kinder Ammon, und er ward ihrer mächtig, daß ihm die Kinder Ammon dasselbe Jahr gaben 100 Zentner Silber, 10000 Kor Weizen und 10000 Kor Gerste. So viel gaben ihm die Kinder Ammon auch im zweiten und im dritten Jahr.

6. Also ward Jotham mächtig; denn er richtete seine Wege vor dem Herrn, seinem Gott.

7. Was aber mehr von Jotham zu sagen ist und alle seine Streite und seine Wege, siehe, das ist geschrieben im Buch der Könige Israels und Juda's.

8. Fünfundzwanzig Jahre alt war er, da er König ward, und regierte sechzehn Jahre zu Jerusalem.

9. Und Jotham entschlief mit seinen Vätern, und sie begruben ihn in der Stadt Davids. Und sein Sohn Ahas ward König an seiner Statt.

Das 28. Kapitel

Des Ahas abgöttische Regierung; der Prophet Oded; Strafgerichte Gottes über Ahas.
(Vgl. 2. Kön. 16.)

1. Ahas war zwanzig Jahre alt, da er König ward, und regierte sechzehn Jahre zu Jerusalem und tat nicht, was dem Herrn wohl gefiel, wie sein Vater David,

2. sondern wandelte in den Wegen der Könige Israels. Dazu machte er gegossene Bilder den Baalim

3. und räucherte im Tal der Kinder Hinom und verbrannte seine Söhne mit Feuer nach *dem Greuel der Heiden, die der Herr vor den Kindern Israel vertrieben hatte, *5. Mose 18,9.10.12.

4. und opferte und räucherte auf den Höhen und *auf den Hügeln und unter allen grünen Bäumen. 1. Kön. 14,23.

5. Darum gab ihn der Herr, sein Gott, in die Hand des Königs von Syrien, daß sie ihn schlugen und einen großen Haufen von den Seinen gefangen wegführten und gen Damaskus brachten. Auch ward er gegeben unter die Hand des Königs Israels, daß er einen großen Schlag an ihm tat.

6. Denn Pekah, der Sohn Remaljas, schlug in Juda 120000 auf einen Tag, die alle streitbare Leute waren, darum daß sie den Herrn, ihrer Väter Gott, verließen.

7. Und Sichri, ein Gewaltiger in Ephraim, erwürgte Maaseja, einen Königssohn, und Asrikam, den Hausfürsten, und Elkana, den nächsten nach dem König.

8. Und die Kinder Israel führten gefangen weg von ihren Brüdern 200000 Weiber, Söhne und Töchter und nahmen dazu großen Raub von ihnen und brachten den Raub gen Samaria.

9. Es war aber daselbst ein Prophet des Herrn, der hieß Oded; der ging heraus, dem Heer entgegen, das gen Samaria kam, und sprach zu ihnen: Siehe, weil der Herr, euer Väter Gott, über Juda zornig ist, hat er sie in eure Hände gegeben; ihr aber habt sie erwürgt so greulich, daß es in den Himmel reicht. 1. Mose 18,21; Esra 9,6.

10. Nun gedenkt ihr, die Kinder Juda's und Jerusalems euch zu unterwerfen zu Knechten und zu Mägden. Ist das denn nicht Schuld bei euch wider den Herrn, euren Gott?

11. So gehorchet mir nun und bringet die Gefangenen wieder hin, die ihr habt weggeführt aus euren Brüdern; denn des Herrn Zorn ist über euch ergrimmt.

12. Da machten sich auf etliche unter den Vornehmsten der Kinder Ephraim: Asarja, der Sohn Johanans, Berechja, der Sohn Mesillemoths, Jehiskia, der Sohn Sallums, und Amasa, der Sohn Hadlais, wider die, so aus dem Heer kamen,

13. und sprachen zu ihnen: Ihr sollt die Gefangenen nicht hereinbringen; denn

ihr gedenkt nur, Schuld vor dem Herrn
über uns zu bringen, auf daß ihr unsrer
Sünden und Schuld desto mehr machet;
denn es ist schon der Schuld zu viel und
der Zorn über Israel ergrimmt.
14. Da ließen die Geharnischten die Gefangenen und den Raub vor den Obersten
und vor der ganzen Gemeinde.
15. Da standen auf die Männer, die jetzt
mit Namen genannt sind, und nahmen die
Gefangenen; und *alle, die bloß unter ihnen waren, zogen sie an von dem Geraub-
ten und kleideten sie und zogen ihnen
Schuhe an und gaben ihnen zu essen und
zu trinken und salbten sie und führten sie
auf Eseln alle, die schwach waren, und
brachten sie gen Jericho, zur Palmenstadt, zu ihren Brüdern und kamen wieder
gen Samaria. *Spr. 25,21.22.
16. Zu derselben Zeit sandte der König
Ahas zu den Königen von Assyrien, daß sie
ihm hülfen.
17. Und es kamen abermals die Edomiter
und schlugen Juda und führten etliche
weg.
18. Auch fielen die Philister ein in die
Städte in der Aue und dem Mittagslande
Juda's und gewannen Beth-Semes, Ajalon,
Gederoth und Socho mit ihren Ortschaften und Thimna mit seinen Ortschaften
und Gimso mit seinen Ortschaften und
wohnten darin.
19. Denn der Herr demütigte Juda um
des Ahas willen, des Königs Juda's, darum
daß er die Zucht auflöste in Juda und vergriff sich am Herrn.
20. Und es kam wider ihn Thilgath-Pilneser, der König von Assyrien; der bedrängte
ihn, und stärkte ihn nicht.
21. Denn Ahas plünderte das Haus des
Herrn und das Haus des Königs und der
Obersten und gab es dem König von Assyrien; aber es half ihm nichts.
22. Dazu in seiner Not machte der König
Ahas des Vergreifens am Herrn noch mehr
23. und opferte den Göttern zu Damaskus, die ihn geschlagen hatten, und
sprach: Die Götter der Könige von Syrien
helfen ihnen; darum will ich ihnen opfern,
daß sie mir auch helfen, – so doch dieselben ihm und dem ganzen Israel zum Fall
waren.
24. Und Ahas brachte zuhauf die Gefäße
des Hauses Gottes und zerschlug die Gefäße im Hause Gottes und schloß die Türen
zu am Hause des Herrn und machte sich
Altäre in allen Winkeln zu Jerusalem.
25. Und in den Städten Juda's hin und
her machte er Höhen, zu räuchern andern
Göttern, und reizte den Herrn, seiner Väter Gott.
26. Was aber mehr von ihm zu sagen ist
und alle seine Wege, beide, die ersten und
letzten, siehe, da ist geschrieben im Buch
der Könige Juda's und Israels.
27. Und Ahas entschlief mit seinen Vätern, und sie begruben ihn in der Stadt zu
Jerusalem; denn sie brachten ihn *nicht
in die Gräber der Könige Israels. Und sein
Sohn Hiskia ward König an seiner Statt.
*K.21,20.

Das 29. Kapitel

Hiskia stellt den rechten Gottesdienst wieder her.

1. Hiskia ward fünfundzwanzig Jahre alt,
da er König ward, und regierte neunundzwanzig Jahre zu Jerusalem. Seine Mutter
hieß Abia, eine Tochter Sacharjas.
2.Kön. 18,1–3.
2. Und er tat, was dem Herrn wohl gefiel,
wie sein Vater David.
3. Er tat auf die Türen am Hause des
Herrn im ersten Monat des ersten Jahres
seines Königreichs und befestigte sie
4. und brachte hinein die Priester und
Leviten und versammelte sie auf der breiten Gasse gegen Morgen
5. und sprach zu ihnen: Höret mir zu, ihr
Leviten! Heiliget euch nun, daß ihr heiliget das Haus des Herrn, des Gottes eurer
Väter, und tut heraus den Unflat aus dem
Heiligtum.
6. Denn unsre Väter haben sich vergriffen und getan, was dem Herrn, unserm
Gott, übel gefällt, und haben ihn verlassen; denn sie haben ihr Angesicht von der
Wohnung des Herrn gewandt und ihr den
Rücken zugekehrt
7. und *haben die Türen an der Halle
zugeschlossen und die Lampen ausgelöscht und kein Räuchwerk geräuchert
und kein Brandopfer getan im Heiligtum
dem Gott Israels. *K. 28,24.
8. Daher ist der Zorn des Herrn über Juda und Jerusalem gekommen, und er hat
sie dahingegeben in Zerstreuung und Verwüstung, daß man sie anpfeift, wie ihr mit
euren Augen seht.
9. Denn siehe, um deswillen sind unsre
Väter gefallen durchs Schwert; unsre Söhne, Töchter und Weiber sind weggeführt.
K.28,5–8.
10. Nun habe ich im Sinn, einen Bund zu
machen mit dem Herrn, dem Gott Israels,
daß sein Zorn und Grimm sich von uns
wende.
11. Nun, meine Söhne, seid nicht lässig;

denn euch hat der Herr erwählt, daß ihr vor ihm stehen sollt und daß ihr seine Diener und Räucherer seid.
12. Da machten sich auf die Leviten: Mahath, der Sohn Amasais, und Joel, der Sohn Asarjas, aus den Kindern der Kahathiter; aus den Kindern aber Merari: Kis, der Sohn Abdis, und Asarja, der Sohn Jehallel-Els; aber aus den Kindern der Gersoniter: Joah, der Sohn Simmas, und Eden, der Sohn Joahs;
13. und aus den Kindern Elizaphan: Simri und Jeiel; und aus den Kindern Asaph: Sacharja und Matthanja;
14. und aus den Kindern Heman: Jehiel und Simei; und aus den Kindern Jeduthun: Semaja und Usiel.
15. Und sie versammelten ihre Brüder und heiligten sich und gingen hinein nach dem Gebot des Königs aus dem Wort des Herrn, zu reinigen das Haus des Herrn.
16. Die Priester aber gingen hinein inwendig ins Haus des Herrn, zu reinigen, und taten alle Unreinigkeit, die im Tempel des Herrn gefunden ward, auf den Hof am Hause des Herrn, und die Leviten nahmen sie auf und trugen sie hinaus in den Bach Kidron.
17. Sie fingen aber an am ersten Tag des ersten Monats, sich zu heiligen, und am achten Tage des Monats gingen sie in die Halle des Herrn und heiligten das Haus des Herrn acht Tage und vollendeten es am sechzehnten Tage des ersten Monats.
18. Und sie gingen hinein zum König Hiskia und sprachen: Wir haben gereinigt das ganze Haus des Herrn, den Brandopferaltar und alle seine Geräte, den Tisch der Schaubrote und alle seine Geräte.
19. Und alle Gefäße, die der König Ahas, da er König war, besudelt hatte, da er sich versündigte, die haben wir zugerichtet und geheiligt; siehe, sie sind vor dem Altar des Herrn.
20. Da machte sich der König Hiskia früh auf und versammelte die Obersten der Stadt und ging hinauf zum Hause des Herrn;
21. und sie brachten herzu sieben Farren, sieben Widder, sieben Lämmer und sieben Ziegenböcke zum Sündopfer für das Königreich, für das Heiligtum und für Juda. Und er sprach zu den Priestern, den Kindern Aaron, daß sie opfern sollten auf dem Altar des Herrn.
22. Da schlachteten sie die Rinder, und die Priester nahmen das Blut und sprengten es auf den Altar; und schlachteten die Widder und sprengten das Blut auf den Altar; und schlachteten die Lämmer und sprengten das Blut auf den Altar;
23. und brachten die Böcke zum Sündopfer vor den König und die Gemeinde und legten ihre Hände auf sie,
24. und die Priester schlachteten sie und taten ihr Blut zur Entsündigung auf den Altar, zu versöhnen das ganze Israel. Denn der König hatte befohlen, Brandopfer und Sündopfer zu tun für das ganze Israel.
25. Und er stellte die Leviten auf im Hause des Herrn mit Zimbeln, Psaltern und Harfen, wie es *David befohlen hatte und Gad, der Schauer des Königs, und der Prophet Nathan; denn es war des Herrn Gebot durch seine Propheten. *1.Chron.25,1.
26. Und die Leviten standen mit den Saitenspielen Davids und die Priester mit den Drommeten.
27. Und Hiskia ließ Brandopfer tun auf dem Altar. Und um die Zeit, da man anfing das Brandopfer, fing auch an der Gesang des Herrn und die Drommeten und dazu mancherlei Saitenspiel Davids, des Königs Israels.
28. Und die ganze Gemeinde betete an; und der Gesang der Sänger und das Drommeten der Drommeter währte alles, bis das Brandopfer ausgerichtet war.
29. Da nun das Brandopfer ausgerichtet war, beugte sich der König und alle, die sich bei ihm fanden, und beteten an.
30. Und der König Hiskia samt den Obersten ließ die Leviten den Herrn loben mit den *Liedern Davids und Asaphs, des Schauers. Und sie lobten mit Freuden und neigten sich und beteten an. *K.23,18.
31. Und Hiskia antwortete und sprach: Nun habt ihr eure Hände gefüllt dem Herrn; tretet hinzu und bringet her die Opfer und Lobopfer zum Hause des Herrn. Und die Gemeinde brachte herzu Opfer und Lobopfer, und jedermann freiwilligen Herzens Brandopfer.
32. Und die Zahl der Brandopfer, die die Gemeinde herzubrachte, war siebzig Rinder, hundert Widder und zweihundert Lämmer, und solches alles zum Brandopfer dem Herrn.
33. Und sie heiligten sechshundert Rinder und dreitausend Schafe.
34. Aber der Priester waren zu wenig, und konnten nicht allen Brandopfern die Haut abziehen; darum halfen ihnen ihre Brüder, die Leviten, bis das Werk ausgerichtet ward und bis sich die Priester heiligten; denn die Leviten waren eifriger, sich zu heiligen, als die Priester.
K.30,3.16.17.

35. Auch war der Brandopfer viel mit
dem *Fett der Dankopfer und mit den
†Trankopfern zu den Brandopfern. Also
ward das Amt am Hause des Herrn fertig.
*3. Mose, 3,3.16.17 †4.Mose 15,5.7.10.
36. Und Hiskia freute sich samt allem
Volk dessen, was Gott dem Volke bereitet
hatte; denn es geschah eilend.

Das 30. Kapitel

Ausrufung und Feier des Passah.

1. Und Hiskia sandte hin zum ganzen
Israel und Juda und schrieb Briefe an
Ephraim und Manasse, daß sie kämen
zum Hause des Herrn gen Jerusalem,
*Passah zu halten dem Herrn, dem Gott
Israels. *K.35,1.
2. Und der König hielt einen Rat mit seinen Obersten und der ganzen Gemeinde
zu Jerusalem, das Passah zu halten im
*zweiten Monat. *V.15.
3. Denn sie konnten's nicht halten zur
selben Zeit, darum daß der Priester nicht
genug geheiligt waren und das Volk noch
nicht zuhauf gekommen war gen Jerusalem.
4. Und es gefiel dem König wohl und der
ganzen Gemeinde,
5. und sie bestellten, daß solches ausgerufen würde durch ganz Israel von Beer-Seba an bis gen Dan, daß sie kämen, Passah zu halten dem Herrn, dem Gott Israels, zu Jerusalem; denn es war lange nicht
gehalten, wie es geschrieben steht.
6. Und die Läufer gingen hin und mit den
Briefen von der Hand des Königs und seiner Obersten durch ganz Israel und Juda
nach dem Befehl des Königs und sprachen: Ihr Kinder Israel, bekehret euch zu
dem Herrn, dem Gott Abrahams, Isaaks
und Israels, so wird es sich kehren zu den
Entronnenen, die noch übrig unter euch
sind aus der Hand der Könige von Assyrien.
7. Und seid nicht wie eure Väter und Brüder, die sich am Herrn, ihrer Väter Gott,
vergriffen, daß er sie dahingab in die Verwüstung, wie ihr selber sehet.
8. So seid nun nicht halsstarrig wie eure
Väter; sondern gebet eure Hand dem
Herrn und kommet zu seinem Heiligtum,
das er geheiligt hat ewiglich, und dienet
dem Herrn, eurem Gott, so wird sich der
Grimm seines Zorns von euch wenden.
9. Denn so ihr euch bekehret zu dem
Herrn, so werden eure Brüder und Kinder
Barmherzigkeit haben vor denen, die sie
gefangen halten, daß sie wieder in dies
Land kommen. Denn der Herr, euer Gott,
ist gnädig und barmherzig und wird sein
Angesicht nicht von euch wenden, so ihr
euch zu ihm bekehret.
10. Und die Läufer gingen von einer
Stadt zur andern im Lande Ephraim und
Manasse und bis gen Sebulon; aber sie
verlachten sie und spotteten ihrer.
11. Doch etliche von Asser und Manasse
und Sebulon demütigten sich und kamen
gen Jerusalem.
12. Auch kam Gottes Hand über Juda,
daß er ihnen gab einerlei Herz, zu tun
nach des Königs und der Obersten Gebot
aus dem Wort des Herrn.
13. Und es kam zuhauf gen Jerusalem ein
großes Volk, zu halten das Fest der ungesäuerten Brote im zweiten Monat, eine
sehr große Gemeinde.
14. Und sie machten sich auf und taten
ab die Altäre, die zu Jerusalem waren, und
alle Räuchwerke taten sie weg und warfen
sie in den Bach Kidron;
15. und sie schlachteten das Passah am
vierzehnten Tage des *zweiten Monats.
Und die Priester und Leviten bekannten
ihre Schande und heiligten sich und
brachten die Brandopfer zum Hause des
Herrn *4.Mose 9,11.
16. und standen in ihrer Ordnung, wie
sich's gebührt, nach dem Gesetz Mose's,
des Mannes Gottes. Und die Priester
sprengten das Blut von der Hand der *Leviten. *K.29,34.
17. Denn ihrer waren viele in der Gemeinde, die sich nicht geheiligt hatten;
darum schlachteten die Leviten das Passah für alle, die nicht rein waren, daß sie
dem Herrn geheiligt würden.
18. Auch war des Volks viel von Ephraim,
Manasse, Isaschar, und Sebulon, die nicht
rein waren, sondern aßen das Osterlamm,
aber nicht, wie *geschrieben steht. Denn
Hiskia bat für sie und sprach: Der Herr,
der gütig ist, wolle gnädig sein *2.Mose 12.
19. allen, die ihr Herz schicken, Gott zu
suchen, den Herrn, den Gott ihrer Väter,
wiewohl nicht in heiliger Reinigkeit.
20. Und der Herr erhörte Hiskia und
heilte das Volk.
21. Also hielten die Kinder Israel, die zu
Jerusalem gefunden wurden, das Fest der
ungesäuerten Brote sieben Tage mit großer Freude. Und die Leviten und Priester
lobten den Herrn alle Tage mit starken
Saitenspielen des Herrn.
22. Und Hiskia redete *herzlich mit allen
Leviten, die verständig waren im Dienste
des Herrn. Und sie aßen das Fest über,

sieben Tage, und opferten Dankopfer und dankten dem Herrn, ihrer Väter Gott.
*K.32,6.
23. Und die ganze Gemeinde ward Rats, noch andere sieben Tage zu halten, und hielten auch die sieben Tage mit Freuden.
24. Denn Hiskia, der König Juda's, gab eine *Hebe für die Gemeinde: tausend Farren und siebentausend Schafe; die Obersten aber gaben eine Hebe für die Gemeinde: tausend Farren und zehntausend Schafe. Auch hatten sich der Priester viele geheiligt. *K.35,7.
25. Und es freuten sich die ganze Gemeinde Juda's, die Priester und Leviten und die ganze Gemeinde, die aus Israel gekommen waren, und die Fremdlinge, die aus dem Lande Israel gekommen waren und die in Juda wohnten,
26. und war eine große Freude zu Jerusalem; denn seit der Zeit Salomos, des Sohnes Davids, des Königs Israels, war solches zu Jerusalem nicht gewesen.
27. Und die Priester und die Leviten standen auf und segneten das Volk, und ihre Stimme ward erhört, und ihr Gebet kam hinein vor seine heilige Wohnung im Himmel.

Das 31. Kapitel

Abschaffung der Abgötterei und Versorgung der Priester und Leviten.

1. Und da dies alles ward ausgerichtet, zogen hinaus alle Israeliten, die unter den Städten Juda's gefunden wurden, und zerbrachen die Säulen und hieben die Aschebilder ab und *brachen ab die Höhen und Altäre aus dem ganzen Juda, Benjamin, Ephraim und Manasse, bis sie sie ganz aufräumten. Und die Kinder Israel zogen alle wieder zu ihrem Gut in ihre Städte. *5. Mose 7,5; 2. Kön. 18,4.
2. Hiskia aber bestellte die Priester und Leviten nach ihren Ordnungen, einen jeglichen nach seinem Amt, beider, der Priester und Leviten, zu Brandopfern und Dankopfern, daß sie dienten, dankten und lobten in den Toren des Lagers des Herrn.
3. Und der König gab seinen Teil von seiner Habe zu Brandopfern des Morgens und des Abends und zu Brandopfern am Sabbat und an den Neumonden und Festen, wie es *geschrieben steht im Gesetz des Herrn. *4. Mose 28; 29.
4. Und er sprach zu dem Volk, das zu Jerusalem wohnte, daß sie ihren Teil gäben den Priestern und Leviten, auf daß sie könnten desto härter halten am Gesetz des Herrn.
5. Und da das Wort ausging, gaben die Kinder Israel viel *Erstlinge von Getreide, Most, Öl, Honig und allerlei Ertrag des Feldes, und allerlei †Zehnten brachten sie viel hinein. *2. Mose 23,19. †5. Mose 14,22.23.
6. Und die Kinder Israel und Juda, die in den Städten Juda's wohnten, brachten auch Zehnten von Rindern und Schafen und Zehnten von dem Geheiligten, das sie dem Herrn, ihrem Gott, geheiligt hatten, und machten hier einen Haufen und da einen Haufen.
7. Im dritten Monat fingen sie an, Haufen aufzuschütten, und im siebenten Monat richteten sie es aus.
8. Und da Hiskia mit den Obersten hineinging und sahen die Haufen, lobten sie den Herrn und sein Volk Israel.
9. Und Hiskia fragte die Priester und Leviten um die Haufen.
10. Und Asarja, der Priester, der Vornehmste im Hause Zadok, sprach zu ihm: Seit der Zeit, da man angefangen hat, die Hebe zu bringen ins Haus des Herrn, haben wir gegessen und sind satt geworden, und ist noch viel übriggeblieben; denn der Herr hat sein Volk gesegnet, darum ist dieser Haufe übriggeblieben.
11. Da befahl der König, daß man Kammern zubereiten sollte am Hause des Herrn. Und sie bereiteten sie zu
12. und taten hinein die Hebe, die Zehnten und das Geheiligte treulich. Und über dasselbe war Fürst Chananja, der Levit, und Simei, sein Bruder, der nächste nach ihm;
13. und Jehiel, Asasja, Nahath, Asahel, Jerimoth, Josabad, Eliel, Jismachja, Mahath und Benaja, verordnet zur Hand Chananjas und Simeis, seines Bruders, nach Befehl des Königs Hiskia und Asarjas, des Fürsten im Hause Gottes.
14. Und Kore, der Sohn Jimnas, der Levit, der Torhüter gegen Morgen, war über die freiwilligen Gaben Gottes, die dem Herrn zur Hebe gegeben wurden, und über die hochheiligen.
15. Und unter seiner Hand waren: Eden, Minjamin, Jesua, Semaja, Amarja und Sechanja in den Städten der Priester, auf Treu und Glauben, daß sie geben sollten ihren Brüdern nach ihren Ordnungen, dem jüngsten wie dem ältesten,
16. ausgenommen, die aufgezeichnet waren als Mannsbilder drei Jahre alt und darüber, alle, die in das Haus des Herrn gingen nach Gebühr eines jeglichen Tages zu ihrem Amt in ihrem Dienst nach ihren Ordnungen

17. (die Priester aber wurden aufgezeichnet nach ihren Vaterhäusern, und die Leviten von zwanzig Jahren und darüber waren in ihrem Dienst nach ihren Ordnungen);
18. dazu denen, die aufgezeichnet wurden als ihre Kinder, Weiber, Söhne und Töchter unter der ganzen Menge. Denn sie heiligten treulich das Geheiligte.
19. Auch waren Männer mit Namen benannt unter den Kindern Aaron, den Priestern, auf den Feldern der Vorstädte in allen Städten, daß sie Teile gäben allen Mannsbildern unter den Priestern und allen, die unter die Leviten aufgezeichnet wurden.
20. Also tat Hiskia im ganzen Juda und tat, was gut, recht und wahrhaftig war vor dem Herrn, seinem Gott.
21. Und in allem Tun, das er anfing, am Dienst des Hauses Gottes nach dem Gesetz und Gebot, zu suchen seinen Gott, handelte er von ganzem Herzen; *darum hatte er auch Glück. *Ps. 1,3.

Das 32. Kapitel

Jerusalem von Sanherib belagert und wunderbar errettet.
Des Hiskia Krankheit, Ehrgeiz und Tod.
(Vgl. 2. Kön. 18,13–20.21; Jes. 36–39.)

1. Nach diesen Geschichten und dieser *Treue kam Sanherib, der König von Assyrien, und zog nach Juda und lagerte sich vor die festen Städte und gedachte, sie zu sich zu reißen. *K. 31,20.
2. Und da Hiskia sah, daß Sanherib kam und sein Angesicht stand zu streiten wider Jerusalem,
3. ward er Rats mit seinen Obersten und Gewaltigen, zuzudecken die Wasser der Brunnen, die draußen vor der Stadt waren; und sie halfen ihm.
4. Und es versammelte sich ein großes Volk und deckten zu alle Brunnen und den Bach, der mitten durchs Land fließt, und sprachen: Daß die Könige von Assyrien nicht viel Wasser finden, wenn sie kommen.
5. Und er ward getrost und baute alle Mauern, wo *sie lückig waren, und machte Türme darauf und baute draußen noch die andere Mauer und befestigte Millo an der Stadt Davids und machte viel Waffen und Schilde *K. 25,23.
6. und setzte Hauptleute zum Streit über das Volk und sammelte sie zu sich auf die breite Gasse am Tor der Stadt und redete *herzlich mit ihnen und sprach: *K. 30,22.
7. Seid getrost und frisch, fürchtet euch nicht und zaget nicht vor dem König von Assyrien noch vor all dem Haufen, der bei ihm ist; denn *es ist ein Größerer mit uns als mit ihm: *2. Kön. 6,16.
8. mit ihm ist *ein fleischlicher Arm; mit uns aber ist der Herr, unser Gott, daß er uns helfe und führe unsern Streit. Und das Volk verließ sich auf die Worte Hiskias, des Königs Juda's. *Jer. 17,5.7.
9. Darnach sandte Sanherib, der König von Assyrien, seine Knechte gen Jerusalem (denn er lag vor Lachis und alle seine Herrschaft mit ihm) zu Hiskia, dem König Juda's, und zum ganzen Juda, das zu Jerusalem war, und ließ ihm sagen:
10. So spricht Sanherib, der König von Assyrien: Wes vertröstet ihr euch, die ihr wohnet in dem belagerten Jerusalem?
11. Hiskia beredet euch, daß er euch gebe in den Tod durch Hunger und Durst, und spricht: Der Herr, unser Gott, wird uns erretten von der Hand des Königs von Assyrien.
12. Ist er nicht der Hiskia, der seine Höhen und Altäre weggetan hat und gesagt zu Juda und Jerusalem: Vor einem Altar sollt ihr anbeten und darauf räuchern?
13. Wisset ihr nicht, was ich und meine Väter getan haben allen Völkern in den Ländern? Haben auch die Götter der Heiden in den Ländern können ihre Länder erretten von meiner Hand?
14. Wer ist unter allen Göttern dieser Heiden, die meine Väter verbannt haben, der sein Volk habe können erretten von meiner Hand, daß euer Gott euch sollte können erretten von meiner Hand?
15. So laßt euch nun Hiskia nicht betrügen und laßt euch durch solches nicht bereden und glaubt ihm nicht. Denn so kein Gott aller Heiden und Königreiche hat sein Volk können von meiner und meiner Väter Hand erretten, so werden euch auch eure Götter nicht erretten von meiner Hand.
16. Dazu redeten seine Knechte noch mehr wider Gott den Herrn und wider seinen Knecht Hiskia.
17. Auch schrieb er Briefe, Hohn zu sprechen dem Herrn, dem Gott Israels, und redete von ihm und sprach: Wie die Götter der Heiden in den Ländern ihr Volk nicht haben errettet von meiner Hand, so wird auch der Gott Hiskias sein Volk nicht erretten von meiner Hand.
18. Und sie riefen mit lauter Stimme auf jüdisch zum Volk zu Jerusalem, das auf der Mauer war, sie furchtsam zu machen

und zu erschrecken, daß sie die Stadt gewönnen,
19. und redeten wider den Gott Jerusalems wie wider die Götter der Völker auf Erden, die Menschenhände Werk waren.
20. Aber der König Hiskia und der Prophet Jesaja, der Sohn des Amoz, beteten dawider und schrieen gen Himmel.
21. Und der Herr sandte einen Engel, der vertilgte alle Gewaltigen des Heeres und Fürsten und Obersten im Lager des Königs von Assyrien, daß er mit Schanden wieder in sein Land zog. Und da er in seines Gottes Haus ging, fällten ihn daselbst durchs Schwert, die von seinem eigenen Leibe gekommen waren.
22. Also half der Herr dem Hiskia und denen zu Jerusalem aus der Hand Sanheribs, des Königs von Assyrien, und aller andern und gab ihnen Ruhe umher,
23. daß viele dem Herrn Geschenke brachten gen Jerusalem und Kleinode Hiskia, dem König Juda's. Und er ward darnach erhoben vor allen Heiden.
24. Zu der Zeit ward Hiskia todkrank. Und er bat den Herrn; der redete zu ihm und gab ihm ein Wunderzeichen.
25. Aber Hiskia vergalt nicht, wie ihm gegeben war; denn *sein Herz überhob sich. Darum kam der Zorn über ihn und über Juda und Jerusalem. *K.26,16.
26. Aber Hiskia demütigte sich, daß sein Herz sich überhoben hatte, samt denen zu Jerusalem; darum kam der Zorn des Herrn nicht über sie, solange Hiskia lebte.
27. Und Hiskia hatte sehr großen Reichtum und Ehre und machte sich Schätze von Silber, Gold, Edelsteinen, Gewürzen, Schilden und allerlei köstlichem Geräte
28. und Vorratshäuser zu dem Ertrag an Getreide, Most und Öl und Ställe für allerlei Vieh und Hürden für die Schafe,
29. und er baute sich Städte und hatte Vieh an Schafen und Rindern die Menge; denn Gott gab ihm sehr großes Gut.
30. Er ist der Hiskia, der die obere Wasserquelle in Gihon zudeckte und leitete sie hinunter abendwärts von der Stadt Davids; denn Hiskia war glücklich in allen seinen Werken.
31. Da aber die Botschafter der Fürsten von Babel zu ihm gesandt waren, zu fragen nach dem Wunder, das im Lande geschehen war, verließ ihn Gott also, daß er ihn versuchte, auf daß kund würde alles, was in seinem Herzen war.
32. Was aber mehr von Hiskia zu sagen ist und seine Barmherzigkeit, siehe, das ist geschrieben in dem Gesicht des Propheten Jesaja, des Sohnes des Amoz, im Buch der Könige Juda's und Israels.
33. Und Hiskia entschlief mit seinen Vätern, und sie begruben ihn, wo man hinangeht zu den Gräbern der Kinder Davids. Und ganz Juda und die zu Jerusalem *taten ihm Ehre in seinem Tod. Und sein Sohn Manasse ward König an seiner Statt.
*K. 16,14.

Das 33. Kapitel

Manasses Abgötterei, Gefangenschaft, Bekehrung und Gebet.
Sein abgöttischer Nachfolger Amon ermordet.
(Vgl. 2. Kön. 21.)

1. Manasse war zwölf Jahre alt, da er König ward, und regierte fünfundfünfzig Jahre zu Jerusalem
2. und tat, was dem Herrn übel gefiel, nach *den Greueln der Heiden, die der Herr vor den Kindern Israel vertrieben hatte, *5. Mose 18,9.
3. und baute wieder die Höhen, *die sein Vater Hiskia abgebrochen hatte, und stiftete den Baalim Altäre und machte Ascherabilder und betete an alles Heer des Himmels und diente ihnen. *2. Kön. 18,4.
4. Er baute auch Altäre im Hause des Herrn, davon der Herr *geredet hat: Zu Jerusalem soll mein Name sein ewiglich;
*5. Mose 12,5.11; 1. Kön. 9,3.
5. und baute Altäre allem Heer des Himmels in beiden Höfen am Hause des Herrn.
6. Und er ließ seine Söhne durchs Feuer gehen im Tal des Sohnes Hinnoms und wählte Tage und achtete auf Vogelgeschrei und zauberte und stiftete Wahrsager und Zeichendeuter und tat viel, was dem Herrn übel gefiel, ihn zu erzürnen.
7. Er setzte auch das Bild des Götzen, das er machen ließ, ins Haus Gottes, davon Gott zu David geredet hatte und zu Salomo, seinem Sohn: In diesem Hause zu Jerusalem, das ich erwählt habe vor allen Stämmen Israels, will ich meinen Namen setzen ewiglich;
8. und will nicht mehr den Fuß Israels lassen weichen von dem Lande, das ich ihren Vätern bestellt habe, sofern sie sich halten, daß sie tun alles, was ich ihnen geboten habe, in allem Gesetz und den Geboten und Rechten durch Mose.
9. Aber Manasse verführte Juda und die zu Jerusalem, daß sie ärger taten denn die Heiden, die der Herr vor den Kindern Israel vertilgt hatte.
10. Und wenn der Herr mit Manasse und

seinem Volk reden ließ, merkten sie nicht
darauf.
11. Darum ließ der Herr über sie kommen die Fürsten des Heeres des Königs
von Assyrien; die nahmen Manasse gefangen mit Fesseln und banden ihn mit Ketten und brachten ihn gen Babel.
12. Und da er in der Angst war, flehte er
vor dem Herrn, seinem Gott, und demütigte sich sehr vor dem Gott seiner Väter
13. und bat und flehte zu ihm. Da erhörte er sein Flehen und brachte ihn wieder
gen Jerusalem zu seinem Königreich. Da
erkannte Manasse, daß *der Herr Gott ist.
*1. Kön. 18,39.
14. Darnach baute er die äußere Mauer
an der Stadt Davids abendwärts an Gihon
im Tal und wo man zum Fischtor eingeht
und umher an den Ophel und machte sie
sehr hoch und legte Hauptleute in die festen Städte Juda's
15. und tat weg die fremden Götter und
den Götzen aus dem Hause des Herrn und
alle Altäre, die er gebaut hatte auf dem
Berge des Hauses des Herrn und zu Jerusalem, und warf sie hinaus vor die Stadt
16. und richtete zu den Altar des Herrn
und opferte darauf Dankopfer und Lobopfer und befahl Juda, daß sie dem Herrn,
dem Gott Israels, dienen sollten.
17. Doch opferte das Volk noch auf den
Höhen, wiewohl dem Herrn, ihrem Gott.
18. Was aber mehr von Manasse zu sagen
ist und sein Gebet zu seinem Gott und die
Reden der Schauer, die mit ihm redeten
im Namen des Herrn, des Gottes Israels,
siehe, die sind unter den Geschichten der
Könige Israels.
19. Und sein Gebet und Flehen und alle
seine Sünde und Missetat und die Stätten,
darauf er die Höhen baute und Ascherabilder und Götzen stiftete, ehe denn er gedemütigt ward, siehe, die sind geschrieben
unter den Geschichten der Schauer.
20. Und Manasse entschlief mit seinen
Vätern, und sie begruben ihn in seinem
Hause. Und sein Sohn Amon ward König
an seiner Statt.
21. Zweiundzwanzig Jahre alt war Amon,
da er König ward, und regierte zwei Jahre
zu Jerusalem
22. und tat, was dem Herrn übel gefiel,
wie sein Vater Manasse getan hatte. Und
Amon opferte allen Götzen, die sein Vater
Manasse gemacht hatte, und diente ihnen.
23. Aber er demütigte sich nicht vor dem
Herrn, wie *sich sein Vater Manasse gedemütigt hatte; denn er, Amon, machte der
Schuld viel. *V. 12.
24. Und seine Knechte machten einen
Bund wider ihn und töteten ihn in seinem
Hause.
25. Da schlug das Volk im Lande alle, die
den Bund wider den König Amon gemacht
hatten. Und das Volk im Lande machte
Josia, seinen Sohn, zum König an seiner
Statt.

Das 34. Kapitel

Josia zerstört den Götzendienst
und bessert den Tempel.
Vorlesung des wiedergefundenen Gesetzbuches.
Die Prophetin Hulda. Erneuerung des Bundes.
(Vgl. 2. Kön. 22,1–23,20.)

1. Acht Jahre alt war Josia, da er König
ward, und regierte einunddreißig Jahre zu
Jerusalem
2. und *tat, was dem Herrn wohl gefiel,
und wandelte in den Wegen seines Vaters
David und wich weder zur Rechten noch
zu Linken. *K. 29,2.
3. Denn im achten Jahr seines Königreichs, da er noch jung war, fing er an zu
suchen den Gott seines Vaters David, und
im zwölften Jahr fing er an zu reinigen
Juda und Jerusalem von den Höhen und
Ascherabildern und Götzen und gegossenen Bildern
4. und ließ vor sich abbrechen die Altäre
der Baalim, und die *Sonnensäulen obendrauf hieb er ab, und die Ascherabilder
und Götzen und gegossenen Bilder zerbrach er und machte sie zu Staub und
streute sie auf die Gräber derer, die ihnen
geopfert hatten, *K. 14,4; 3. Mose 26,30.
5. und *verbrannte die Gebeine der Priester auf ihren Altären und reinigte also
Juda und Jerusalem, 1. Kön. 13,2.
6. dazu in den Städten Manasses,
Ephraims, Simeons und bis an Naphthali
in ihren Wüsten umher.
7. Und da er die Altäre und Ascherabilder
abgebrochen und die Götzen klein zermalmt und alle Sonnensäulen abgehauen
hatte im ganzen Lande Israel, kam er wieder gen Jerusalem.
8. Im achtzehnten Jahr seines Königreichs, da er das Land und das Haus gereinigt hatte, sandte er Saphan, den Sohn
Azaljas, und Maaseja, den Stadtvogt, und
Joah, den Sohn des Joahas, den Kanzler,
zu bessern das Haus des Herrn, seines
Gottes.
9. Und sie kamen zu dem Hohenpriester
Hilkia; und man gab ihnen das Geld, das
zum Hause Gottes gebracht war, welches
die Leviten, die an der Schwelle hüteten,

gesammelt hatten von Manasse, Ephraim und von allen übrigen in Israel und vom ganzen Juda und Benjamin und von denen, die zu Jerusalem wohnten;

10. und sie gaben's unter die Hände den Werkmeistern, die bestellt waren am Hause des Herrn. Die gaben's denen, die da arbeiteten am Hause des Herrn, wo es baufällig war, daß sie das Haus besserten,

11. nämlich den Zimmerleuten und Bauleuten, gehauene Steine zu kaufen und Holz zu Klammern und Balken an den Häusern, welche die Könige Juda's verderbt hatten.

12. Und die Männer arbeiteten am Werk treulich. Und es waren über sie verordnet Jahath und Obadja, die Leviten aus den Kindern Meraris, Sacharja und Mesullam aus den Kindern der Kahathiten, das Werk zu treiben (und waren alle Leviten, die des Saitenspiels kundig waren).

13. Aber über die Lastträger und Treiber zu allerlei Arbeit in allen Ämtern waren aus den Leviten die Schreiber, Amtleute und Torhüter.

14. Und da sie das Geld herausnahmen, das zum Hause des Herrn eingelegt war, fand Hilkia, der Priester, das Buch des Gesetzes des Herrn, das durch Mose gegeben war.

15. Und Hilkia antwortete und sprach zu Saphan, dem Schreiber: Ich habe das Gesetzbuch gefunden im Hause des Herrn. Und Hilkia gab das Buch Saphan.

16. Saphan aber brachte es zum König und gab dem König Bericht und sprach: Alles, was unter die Hände deiner Knechte gegeben ist, das machen sie.

17. Und sie haben das Geld zuhauf geschüttet, das im Hause des Herrn gefunden ist, und haben's gegeben denen, die verordnet sind, und den Arbeitern.

18. Und Saphan, der Schreiber, sagte dem König an und sprach: Hilkia, der Priester, hat mir ein Buch gegeben. Und Saphan las daraus vor dem König.

19. Und da der König die Worte des Gesetzes hörte, zerriß er seine Kleider.

20. Und der König gebot Hilkia und Ahikam, dem Sohn Saphans, und Abdon, dem Sohn Michas, und Saphan, dem Schreiber, und Asaja, dem Knecht des Königs, und sprach:

21. Gehet hin, fraget den Herrn für mich und für die übrigen in Israel und Juda über die Worte des Buches, das gefunden ist; denn der Grimm des Herrn ist groß, der über uns entbrannt ist, daß unsre Väter nicht gehalten haben das Wort des Herrn, daß sie täten, wie geschrieben steht in diesem Buch.

22. Da ging Hilkia hin samt den andern, die der König gesandt hatte, zu der Prophetin Hulda, dem Weibe Sallums, des Sohnes Thokehaths, des Sohnes Hasras, des Kleiderhüters, die zu Jerusalem wohnte im andern Teil, und redeten solches mit ihr.

23. Und sie sprach zu ihnen: So spricht der Herr, der Gott Israels: Saget dem Manne, der euch zu mir gesandt hat:

24. So *spricht der Herr: Siehe, ich will Unglück bringen über diesen Ort und die Einwohner, alle die Flüche, die geschrieben stehen in dem Buch, das man vor dem König Juda's gelesen hat,

*3. Mose 26,14–29; 5. Mose 28,15–68.

25. darum daß sie mich verlassen haben und andern Göttern geräuchert, daß sie mich erzürnten mit allerlei Werken ihrer Hände. Und mein Grimm ist entbrannt über diesen Ort und soll nicht ausgelöscht werden.

26. Und zum König Juda's, der euch gesandt hat, den Herrn zu fragen, sollt ihr also sagen: So spricht der Herr, der Gott Israels, von den Worten, die du gehört hast:

27. Darum daß dein Herz weich geworden ist und *hast dich gedemütigt vor Gott, da du seine Worte hörtest wider diesen Ort und wider die Einwohner, und hast dich vor mir gedemütigt und deine Kleider zerrissen und vor mir geweint, so habe ich dich auch erhört, spricht der Herr. *K. 32,12.

28. Siehe, ich will dich sammeln zu deinen Vätern, daß du in dein Grab mit Frieden gesammelt werdest, daß deine Augen nicht sehen all das Unglück, das ich über diesen Ort und die Einwohner bringen will. Und sie sagten's dem König wieder.

29. Da sandte der König hin und ließ zuhauf kommen alle Ältesten in Juda und Jerusalem.

30. Und der König ging hinauf ins Haus des Herrn und alle Männer Juda's und Einwohner zu Jerusalem, die Priester, die Leviten und alles Volk, klein und groß; und wurden vor ihren Ohren gelesen alle Worte im Buch des Bundes, das im Hause des Herrn gefunden war.

31. Und der König trat an seinen Ort und machte *einen Bund vor dem Herrn, daß man dem Herrn nachwandeln sollte, zu halten seine Gebote, Zeugnisse und Rechte von ganzem Herzen und von ganzer Seele, zu tun nach allen Worten des Bun-

des, die geschrieben standen in diesem
Buch. *K.15,12; Jos.24,25.
32. Und *er ließ in den Bund treten alle,
die zu Jerusalem und in Benjamin vorhanden waren. Und die Einwohner zu Jerusalem taten nach dem Bund Gottes, des Gottes ihrer Väter. *2.Kön.23,3.
33. Und Josia tat weg alle Greuel aus allen
Landen der Kinder Israel und schaffte, daß alle, die in Israel gefunden wurden, dem Herrn, ihrem Gott, dienten. Solange Josia lebte, wichen sie nicht von dem Herrn, ihrer Väter Gott.

Das 35. Kapitel

Josia hält feierliches Passah und kommt im Krieg gegen Pharao Necho um.
(Vgl. 2.Kön. 23,21–30.)

1. Und Josia hielt dem Herrn Passah zu
Jerusalem, und sie schlachteten das Passah am vierzehnten Tage des ersten Monats.
2. Und er bestellte die Priester zu ihrem
Dienst und stärkte sie zu ihrem Amt im Hause des Herrn
3. und sprach zu den Leviten, die ganz
Israel lehrten und dem Herrn geheiligt waren: Tut die heilige Lade ins *Haus, das Salomo, der Sohn Davids, der König Israels, gebaut hat. Ihr sollt sie nicht auf den Schultern tragen. So dienet nun dem Herrn, eurem Gott, und seinem Volk Israel *1.Kön.6,1.
4. und bereitet euch nach euren Vater-
häusern in euren Ordnungen, wie sie vorgeschrieben sind von David, dem König Israels, und seinem Sohn Salomo,
5. und stehet im Heiligtum nach den
Ordnungen der Vaterhäuser eurer Brüder, vom Volk geboren, je eine Ordnung eines Vaterhauses der Leviten,
6. und schlachtet das Passah und heiliget
euch und bereitet es für eure Brüder, daß sie tun nach dem Wort des Herrn durch Mose.
7. Und Josia gab zur *Hebe für den ge-
meinen Mann Lämmer und junge Ziegen (alles zu dem Passah für alle, die vorhanden waren, an der Zahl 30000) und 3000 Rinder, alles von dem Gut des Königs. *K.30,24.
8. Seine Fürsten aber gaben zur Hebe
freiwillig für das Volk und für die Priester und Leviten. Hilkia, Sacharja und Jehiel, die Fürsten im Hause Gottes, gaben den Priestern zum Passah 2600 Lämmer und Ziegen, dazu 300 Rinder.
9. Aber Chananja, Semaja, Nathanael
und seine Brüder, Hasabja, Jeiel und Josabad, der Leviten Oberste, gaben zur Hebe den Leviten zum Passah 5000 Lämmer und Ziegen und dazu 500 Rinder.
10. Also ward der Gottesdienst beschickt;
und die Priester standen an ihrer Stätte und die Leviten in ihren Ordnungen nach dem Gebot des Königs.
11. Und sie schlachteten das Passah, und
die Priester nahmen das Blut von ihren Händen und sprengten, und die Leviten zogen die Haut ab.
12. Und die Brandopfer taten sie davon,
daß sie die gäben unter die Teile der Vaterhäuser des Volks, dem Herrn zu opfern, wie es geschrieben steht im Buche Mose's. So taten sie mit den Rindern auch.
13. Und sie kochten das Passah am Feuer
wie sich's gebührt. Aber was geheiligt war, kochten sie in Töpfen, Kesseln und Pfannen, und sie machten's eilend für alles Volk.
14. Darnach aber bereiteten sie auch für
sich und für die Priester. Denn die Priester, die Kinder Aaron, schafften an dem Brandopfer und Fetten bis in die Nacht; darum mußten die Leviten für sich und für die Priester, die Kinder Aaron, zubereiten.
15. Und die *Sänger, die Kinder Asaph,
standen an ihrer Stätte nach dem Gebot Davids und Asaphs und Hemans und Jedithuns, des Schauers des Königs und †die Torhüter an allen Toren, und sie wichen nicht von ihrem Amt; denn die Leviten, ihre Brüder, bereiteten zu für sie.
*I.Chron. 25,1. †1.Chron 26,1.
16. Also ward beschickt aller Gottes-
dienst des Herrn des Tages, daß man Passah hielt und Brandopfer tat auf dem Altar des Herrn nach dem Gebot des Königs Josia.
17. Also hielten die Kinder Israel, die
vorhanden waren, Passah zu der Zeit und das Fest der ungesäuerten Brote sieben Tage.
18. Es war aber kein *Passah gehalten in
Israel wie das, von der Zeit an Samuels, des Propheten; und kein König in Israel hatte solch Passah gehalten, wie Josia Passah hielt und die Priester, Leviten, ganz Juda und was von Israel vorhanden war und die Einwohner zu Jerusalem *K.30,26.
19. Im achtzehnten Jahr des Königreichs
Josias ward dies Passah gehalten.
20. Nach diesem, da Josia das Haus zuge-
richtet hatte, zog Necho, der König in Ägypten, herauf, zu streiten wider Karchemis am Euphrat. Und Josia zog aus, ihm entgegen.

21. Aber er sandte Boten zu ihm und ließ ihm sagen: Was habe ich mit dir zu tun, König Juda's? Ich komme jetzt nicht wider dich, sondern wider das Haus, mit dem ich Krieg habe; und Gott hat gesagt, ich soll eilen. Laß ab von Gott, der mit mir ist, daß er dich nicht verderbe!

22. Aber Josia wandte sein Angesicht nicht von ihm, sondern stellte sich, mit ihm zu streiten, und gehorchte nicht den Worten Nechos aus dem Munde Gottes und kam, mit ihm zu streiten auf der Ebene bei Megiddo.

23. Aber die Schützen schossen den König Josia, und der König sprach zu seinen Knechten: Führet mich hinüber; denn ich bin sehr wund!

24. Und seine Knechte taten ihn von dem Wagen und führten ihn auf seinem andern Wagen und brachten ihn gen Jerusalem; und er starb und ward begraben in den Gräbern seiner Väter. Und ganz Juda und Jerusalem trugen Leid um Josia.

25. Und *Jeremia beklagte Josia, und alle Sänger und Sängerinnen redeten in ihren Klageliedern über Josia bis auf diesen Tag und machten eine Gewohnheit daraus in Israel. Siehe, es ist geschrieben unter den Klageliedern. *Jer. 22,10.11.

26. Was aber mehr von Josia zu sagen ist und seine Barmherzigkeit nach der Vorschrift im Gesetz des Herrn

27. und seine Geschichten, beide, die ersten und letzten, siehe, das ist geschrieben im Buch der Könige Israels und Juda's.

Das 36. Kapitel

Joahas, Jojakim, Jojachin, Zedekia.
Babylonische Gefangenschaft.
Erlaubnis zur Rückkehr durch Cyrus (Kores).
(V. 1–20: vgl. 2. Kön. 23,30–25,21.)

1. Und das Volk im Lande nahm Joahas, den Sohn Josias, und machte ihn zum König an seines Vaters Statt zu Jerusalem.

2. Dreiundzwanzig Jahre alt war Joahas, da er König ward. Und regierte drei Monate zu Jerusalem;

3. denn der König in Ägypten setzte ihn ab zu Jerusalem und büßte das Land um hundert Zentner Silber und einen Zentner Gold.

4. Und der König in Ägypten machte Eljakim, seinen Bruder, zum König über Juda und Jerusalem und wandelte seinen Namen in Jojakim. Aber seinen Bruder Joahas nahm Necho und brachte ihn nach Ägypten.

5. Fündundzwanzig Jahre alt war Jojakim, da er König ward. Und regierte elf Jahre zu Jerusalem und tat, was dem Herrn, seinem Gott, übel gefiel.

6. Und Nebukadnezar, der König zu Babel, zog wider ihn herauf und band ihn mit Ketten, daß er ihn gen Babel führte. Jer. 22,18.

7. Auch brachte Nebukadnezar etliche Gefäße des Hauses des Herrn gen Babel und tat sie in seinen Tempel zu Babel. Esra 1,7.

8. Was aber mehr von Jojakim zu sagen ist und seine Greuel, die er tat und die an ihm gefunden wurden, siehe, die sind geschrieben im Buch der Könige Israels und Juda's. Und sein Sohn Jojachin ward König an seiner Statt.

9. Acht Jahre alt war Jojachin, da er König ward. Und regierte drei Monate und zehn Tage zu Jerusalem und tat, was dem Herrn übel gefiel.

10. Da aber das Jahr um kam, sandte hin Nebukadnezar und ließ ihn gen Babel holen mit den köstlichen Gefäßen im Hause des Herrn und machte Zedekia, seinen Bruder, zum König über Juda und Jerusalem. Jer. 22,24–30.

11. Einundzwanzig Jahre alt war Zedekia, da er König ward. Und regierte elf Jahre zu Jerusalem Jer. 52,1–27.

12. und tat, was dem Herrn, seinem Gott, übel gefiel, und demütigte sich nicht vor dem Propheten Jeremia, der da redete aus dem Munde des Herrn. Jer. 37; 38.

13. Dazu ward er abtrünnig von Nebukadnezar, dem König zu Babel, der einen Eid bei Gott von ihm genommen hatte, und ward halsstarrig und verstockte sein Herz, daß er sich nicht bekehrte zu dem Herrn, dem Gott Israels.

14. Auch alle Obersten unter den Priestern samt dem Volk machten des Sündigens viel *nach allerlei Greueln der Heiden und verunreinigten das Haus des Herrn, das er geheiligt hatte zu Jerusalem. *5. Mose 18,9.

15. Und der Herr, ihrer Väter Gott, sandte zu ihnen durch seine Boten früh und immerfort; denn er schonte seines Volks und seiner Wohnung.

16. Aber sie spotteten der Boten Gottes und verachteten seine Worte und äfften seine Propheten, bis der Grimm des Herrn über sein Volk wuchs, daß kein Heilen mehr da war. Luk. 20,10–12; Apg. 7,52.

17. Denn er führte über sie den König der Chaldäer und ließ erwürgen ihre junge Mannschaft mit dem Schwert im Hause ihres Heiligtums und verschonte weder die Jünglinge noch die Jungfrauen, weder

die Alten noch die Großväter; alle gab er
sie in seine Hand.
18. Und alle Gefäße im Hause Gottes,
groß und klein, die Schätze im Hause des
Herrn und die Schätze des Königs und
seiner Fürsten, alles ließ er gen Babel führen.
19. Und sie verbrannten das Haus Gottes
und brachen ab die Mauer zu Jerusalem,
und alle ihre Paläste brannten sie mit Feuer aus, daß alle ihre köstlichen Geräte
verderbt wurden.
20. Und er führte weg gen Babel, wer
vom Schwert übriggeblieben war, und sie
wurden seine und seiner Söhne Knechte,
bis das Königreich der Perser aufkam,
21. daß erfüllt würde das Wort des Herrn
durch *den Mund Jeremia's, bis das Land
an seinen Sabbaten genug hätte. Denn die
ganze Zeit über, da es wüste lag, hatte es
Sabbat, bis daß siebzig Jahre voll wurden.
3.Mose 26,34. *Jer. 25,8–11.
(V. 22.23: vgl. Esra 1,1–3.)
22. Aber im ersten Jahr des Kores, des
Königs in Persien (daß erfüllt würde das
Wort des Herrn, durch *den Mund Jeremia's geredet), erweckte der Herr den
Geist des †Kores, des Königs in Persien,
daß er ließ ausrufen durch sein ganzes
Königreich, auch durch Schrift, und sagen: *Jer. 29,10. †Jes. 44,28.
23. So spricht Kores, der König in Persien: Der Herr, der Gott des Himmels, hat
mir alle Königreiche der Erde gegeben,
und er hat mir befohlen, ihm ein Haus zu
bauen zu Jerusalem in Juda. Wer nun unter euch seines Volks ist, mit dem sei der
Herr, sein Gott, und er ziehe hinauf.

Das Buch Esra

Das 1. Kapitel

Cyrus gibt den Juden Freiheit zur Rückkehr, um den Tempel zu bauen.

1. Im ersten Jahr des Kores, des Königs
in Persien (daß erfüllt würde das Wort des
Herrn, durch den Mund *Jeremia's geredet), erweckte der Herr den Geist des Kores, des Königs in Persien, daß er ließ
ausrufen durch sein ganzes Königreich,
auch durch Schrift, und sagen:
2.Chron. 36,22.23. *Jer. 25,11; 29,10.
2. So spricht Kores, der König in Persien: Der Herr, der Gott des Himmels, hat
mir alle Königreiche der Erde gegeben,
und er hat mir befohlen, ihm ein Haus zu
bauen zu Jerusalem in Juda. Jes. 44,28; 45,1.
3. Wer nun unter euch seines Volks ist,
mit dem sei sein Gott, und er ziehe hinauf
gen Jerusalem in Juda und baue das Haus
des Herrn, des Gottes Israels. Er ist der
Gott, der zu Jerusalem ist.
4. Und wer noch übrig ist an allen Orten,
da er Fremdling ist, dem sollen helfen die
Leute seines Orts mit Silber und Gold, Gut
und Vieh, außer dem, was sie aus freiem
Willen geben zum Hause Gottes zu Jerusalem.
5. Da machten sich auf die Obersten der
Vaterhäuser aus Juda und Benjamin und
die Priester und Leviten, alle, deren Geist
Gott erweckte, hinaufzuziehen und zu
bauen das Haus des Herrn zu Jerusalem.
6. Und alle, die um sie her waren, stärkten ihre Hände mit silbernem und goldenem Geräte, mit Gut und Vieh und Kleinoden, außer dem, was sie freiwillig gaben.
7. Und der König Kores tat heraus die
Gefäße des Hauses des Herrn, die Nebukadnezar aus Jerusalem genommen und
in seines Gottes Haus getan hatte.
8. Aber Kores, der König in Persien, tat
sie heraus durch Mithredath, den Schatzmeister; der zählte sie dar *Sesbazar, dem
Fürsten Juda's. *K. 2,2.63; 5,14.
9. Und dies ist ihre Zahl: 30 goldene Bek-
ken und 1000 silberne Becken, 29 Messer,
10. 30 goldene Becher und der andern,
silbernen Becher 410 und anderer Gefäße
1000,
11. daß aller Gefäße, golden und silbern,
waren 5400. Alle brachte sie Sesbazar herauf mit denen, die aus der Gefangenschaft
von Babel heraufgezogen gen Jerusalem.

Das 2. Kapitel

Verzeichnis der zurückkehrenden Juden, ihre Beisteuer zum Tempelbau. (Vgl. Neh. 7,5–73.)

1. Dies sind die Kinder der Landschaft,
die heraufzogen aus der Gefangenschaft,
die Nebukadnezar, der König zu Babel,
hatte gen Babel geführt und die wieder
gen Jerusalem und nach Juda kamen, ein
jeglicher in seine Stadt,

2. und kamen mit *Serubabel, Jesua, Nehemia, Seraja, Reelaja, Mardochai, Bilsa, Mispar, Bigevai, Rehum und Baana. Dies ist nun die Zahl der Männer des Volkes Israel: *K. 1,8; V. 63.
3. der Kinder Parevs 2172;
4. der Kinder Sephatja 372;
5. der Kinder Arah 775;
6. der Kinder Pahath-Moab, von den Kindern Jesua, Joab, 2812;
7. der Kinder Elam 1254;
8. der Kinder Satthu 945;
9. der Kinder Sakkai 760;
10. der Kinder Bani 642;
11. der Kinder Bebai 623;
12. der Kinder Asgad 1222;
13. der Kinder Adonikam 666;
14. der Kinder Bigevai 2056;
15. der Kinder Adin 454;
16. der Kinder Ater von Hiskia 98;
17. der Kinder Bezai 323;
18. der Kinder Jorah 112;
19. der Kinder Hasum 223;
20. der Kinder von Gibbar 95;
21. der Kinder von Bethlehem 123;
22. der Männer von Netopha 56;
23. der Männer von Anathoth 128;
24. der Kinder von Asmaveth 42;
25. der Kinder von Kirjath-Arim, Kaphira und Beeroth 743;
26. der Kinder von Rama und Geba 621;
27. der Männer von Michmas 122;
28. der Männer von Beth-El und Ai 223;
29. der Kinder von Nebo 52;
30. der Kinder Magbis 156;
31. der Kinder des andern Elam 1254;
32. der Kinder Harim 320;
33. der Kinder von Lod, Hadid und Ono 725;
34. der Kinder von Jericho 345;
35. der Kinder von Senaa 3630.
36. Der Priester: der Kinder Jedaja vom Hause Jesua 973;
37. der Kinder Immer 1052;
38. der Kinder Pashur 1247;
39. der Kinder Harim 1017.
40. Der Leviten: der Kinder *Jesua und Kadmiel von den Kindern Hodavja 74. *Neh. 12,8.
41. Der Sänger: Der Kinder Asaph 128.
42. Der Kinder der Torhüter: die Kinder Sallum, die Kinder Ater, die Kinder Talmon, die Kinder Akkub, die Kinder Hatita und die Kinder Sobai, allesamt 139.
43. Der *Tempelknechte: die Kinder Ziha, die Kinder Hasupha, die Kinder Tabbaoth, *K. 8,20.
44. die Kinder Keros, die Kinder Siaha, die Kinder Padon,
45. die Kinder Lebana, die Kinder Hagaba, die Kinder Akkub,
46. die Kinder Hagab, die Kinder Samlai, die Kinder Hanan,
47. die Kinder Giddel, die Kinder Gahar, die Kinder Reaja,
48. die Kinder Rezin, die Kinder Nekoda, die Kinder Gassam,
49. die Kinder Usa, die Kinder Paseah, die Kinder Besai,
50. die Kinder Asna, die Kinder der Meuniter, die Kinder der Nephusiter,
51. die Kinder Bakbuk, die Kinder Hakupha, die Kinder Harhur,
52. die Kinder Bazluth, die Kinder Mehida, die Kinder Harsa,
53. die Kinder Barkos, die Kinder Sisera, die Kinder Themah,
54. die Kinder Neziah, die Kinder Hatipha.
55. Die Kinder der *Knechte Salomos: die Kinder Sotai, die Kinder Sophereth, die Kinder Peruda, *1. Kön. 9,21.
56. die Kinder Jaala, die Kinder Darkon, die Kinder Giddel,
57. die Kinder Sephatja, die Kinder Hattil, die Kinder Pochereth von Zebaim, die Kinder Ami.
58. Aller *Tempelknechte und Kinder der Knechte Salomos waren zusammen 392 *Jos. 9,23.
59. Und diese zogen auch mit herauf von Thel-Melah, Thel-Harsa, Cherub, Addon und Immer, aber sie konnten nicht anzeigen ihr Vaterhaus noch ihr Geschlecht, ob sie aus Israel wären:
60. die Kinder Delaja, die Kinder Tobia, die Kinder Nekoda, 652.
61. Und von den Kindern der Priester: die Kinder Habaja, die Kinder Hakkoz, die Kinder Barsillai, der aus den Töchtern *Barsillais, des Gileaditers, ein Weib nahm und ward unter ihrem Namen genannt. *2. Sam. 19,32.
62. Die suchten ihre Geburtsregister, und fanden keine; darum wurden sie untüchtig geachtet zum Priestertum.
63. Und der *Landpfleger sprach zu ihnen, sie sollten nicht essen vom Hochheiligen, bis ein Priester aufstände mit †dem Licht und Recht. *V. 2. †2. Mose 28,30.
64. Der ganzen Gemeinde wie ein Mann waren 42360,
65. ausgenommen ihre Knechte und Mägde; derer waren 7337, dazu 200 Sänger und Sängerinnen.
66. Und hatten 736 Rosse, 245 Maultiere,
67. 435 Kamele und 6720 Esel.

DIE HEIMKEHRENDEN JUDEN ERBLICKEN JERUSALEM Esra 1, 1–5

68. Und etliche Oberste der Vaterhäuser, da sie kamen zum Hause des Herrn zu Jerusalem, gaben sie freiwillig zum Hause Gottes, daß man's setzte auf seine Stätte,
69. und gaben nach ihrem Vermögen zum Schatz fürs Werk 61 000 Goldgulden und 5000 Pfund Silber und 100 Priesterröcke.
70. Also setzten sich die Priester und die Leviten und die vom Volk und die Sänger und die Torhüter und die Tempelknechte in ihre Städte und alles Israel in seine Städte.

Das 3. Kapitel

Errichtung des Brandopferaltars. Feier des Laubhüttenfestes. Grundlegung des Tempels.

1. Und da herbeikam der siebente Monat und die Kinder Israel nun in ihren Städten waren, kam das Volk zusammen *wie ein Mann gen Jerusalem. *K.2,64.
2. Und es machten sich auf *Jesua, der Sohn Jozadaks, und seine Brüder, die Priester, und †Serubabel, der Sohn Sealthiels, und seine Brüder und bauten den Altar des Gottes Israels, Brandopfer darauf zu opfern, wie es **geschrieben steht im Gesetz Mose's, des Mannes Gottes,

*K.2,2. †1.Chron. 3,17–19.
**2.Mose 27,1; 3.Mose 6,2.

3. und richteten zu den Altar auf seine Stätte (denn es war ein Schrecken unter ihnen vor den Völkern in den Ländern) und opferten dem Herrn Brandopfer darauf des Morgens und des Abends.
4. Und hielten der *Laubhütten Fest, wie geschrieben steht, und taten Brandopfer †alle Tage nach der Zahl, wie sich's gebührt, einen jeglichen Tag sein Opfer,

*3.Mose 23,34. †4.Mose 29,12–38.

5. darnach auch die täglichen Brandopfer und der Neumonde und aller Festtage des Herrn, die geheiligt sind, und allerlei freiwillige Opfer, die sie dem Herrn freiwillig taten.
6. Am ersten Tag des siebenten Monats fingen sie an, dem Herrn Brandopfer zu tun. Aber der Grund des Tempels des Herrn war noch nicht gelegt.
7. Sie gaben aber Geld den Steinmetzen und Zimmerleuten und Speise und Trank und Öl denen zu Sidon und zu Tyrus, daß sie Zedernholz von Libanon aufs Meer gen

Japho brächten nach dem Befehl des Kores, des Königs in Persien, an sie.

8. Im zweiten Jahr ihrer Ankunft am Hause Gottes zu Jerusalem, im zweiten Monat, fingen an Serubabel, der Sohn Sealthiels, und Jesua, der Sohn Jozadaks, und die übrigen ihrer Brüder, Priester und Leviten, und alle, die aus der Gefangenschaft gekommen waren gen Jerusalem, und bestellten die Leviten von zwanzig Jahren und darüber, zu treiben das Werk am Hause des Herrn.

9. Und Jesua stand mit seinen Söhnen und Brüdern und Kadmiel mit seinen Söhnen, die Kinder Juda, wie ein Mann, vorzustehen den Arbeitern am Hause Gottes, desgleichen die Kinder Henadad mit ihren Kindern und ihren Brüdern, die Leviten. Neh. 10,10.

10. Und da die Bauleute den Grund legten am Tempel des Herrn, standen die Priester in ihren Kleidern mit Drommeten und die Leviten, die Kinder Asaph, mit Zimbeln, zu loben den Herrn mit dem Gedicht Davids, des Königs über Israel,

11. und sangen umeinander und lobten und dankten dem Herrn, *daß er gütig ist und seine Barmherzigkeit ewiglich währet über Israel. Und alles Volk jauchzte laut beim Lobe des Herrn, daß der Grund am Hause des Herrn gelegt war.

*2. Chron. 5,13; 7,3; Ps. 118,1.

12. Aber viele der alten Priester und Leviten und Obersten der Vaterhäuser, die das *vorige Haus gesehen hatten, da nun dies Haus vor ihren Augen gegründet ward, weinten sie laut. Viele aber jauchzten mit Freuden, daß das Geschrei hoch erscholl,

*Hagg. 2,3.

13. also daß das Volk nicht unterscheiden konnte das Jauchzen mit Freuden und das laute Weinen im Volk; denn das Volk jauchzte laut, daß man das Geschrei ferne hörte.

Das 4. Kapitel

Hindernisse des Baues am Tempel und an den Mauern Jerusalems; Anklage gegen die Juden.

1. Da aber die Widersacher Juda's und Benjamins hörten, daß die Kinder der Gefangenschaft dem Herrn, dem Gott Israels, den Tempel bauten,

2. kamen sie zu Serubabel und zu den Obersten der Vaterhäuser und sprachen zu ihnen: Wir wollen mit euch bauen; denn wir suchen euren Gott gleichwie ihr, und wir haben ihm geopfert, seit der Zeit, da *Asar-Haddon, der König von Assyrien, uns hat heraufgebracht.

*2. Kön. 17,24.33; 19,37.

3. Aber Serubabel und Jesua und die andern Obersten der Vaterhäuser in Israel antworteten ihnen: Es ziemt sich nicht, uns und euch, das Haus unsers Gottes zu bauen; sondern wir wollen allein bauen dem Herrn, dem Gott Israels, wie *uns Kores, der König in Persien, geboten hat.

*K. 1,3.

4. Da hinderte das Volk im Lande die Hand des Volkes Juda und schreckten sie ab im Bauen

5. und dingten Ratgeber wider sie und verhinderten ihren Rat, solange Kores, der König in Persien, lebte, *bis an das Königreich des Darius, des Königs in Persien. *V. 24.

6. Und da Ahasveros König ward, im Anfang seines Königreichs, schrieben sie eine Anklage wider die von Juda und Jerusalem.

7. Und zu den Zeiten Arthahsasthas schrieb Bislam, Mithredath, Tabeel und die andern ihres Rats an Arthahsastha, den König in Persien. Die Schrift aber des Briefes war syrisch, und er war auf syrisch verdolmetscht.

8. Rehum, der Kanzler, und Simsai, der Schreiber, schrieben diesen Brief wider Jerusalem an Arthahsastha, den König:

9. Wir, Rehum, der Kanzler, und Simsai, der Schreiber, und die andern des Rats: die von Dina, von Apharsach, von Tarpal, von Persien, von Erech, von Babel, von Susan, von Deha und von Elam,

10. und die andern Völker, *welche der große und berühmte Asnaphar herübergebracht und gesetzt hat in die Stadt Samaria und in die andern Orte diesseit des Wassers, und so fort. *V. 2.

11. Und dies ist der Inhalt des Briefes, den sie dem König Arthahsastha sandten: Deine Knechte, die Männer diesseit des Wassers, und so fort.

12. Es sei kund dem König, daß die Juden, die von dir zu uns heraufgekommen sind gen Jerusalem, in die aufrührerische und böse Stadt, bauen sie und machen ihre Mauern und führen sie aus dem Grunde.

13. So sei nun dem König kund: Wo diese Stadt gebaut wird und die Mauern wieder gemacht, so werden sie Schoß, Zoll und jährliche Zinse nicht geben, und ihr Vornehmen wird den Königen Schaden bringen.

14. Nun wir aber das Salz des Königshauses essen und die Schmach des Königs

GRÜNDUNG DES TEMPELS Esra 3, 10–13

nicht länger wollen sehen, darum schik-
ken wir hin und lassen's dem König zu
wissen tun,
15. daß man lasse suchen in den Chroniken deiner Väter, so wirst du finden in
denselben Chroniken und erfahren, daß
diese Stadt aufrührerisch und schädlich
ist den Königen und Landen und macht,
daß andere auch abfallen, von alters her, –
darum die Stadt auch zerstört ist.
16. Darum tun wir dem König zu wissen,
daß, wo diese Stadt gebaut wird und ihre
Mauern gemacht, so wirst du vor ihr
nichts behalten diesseit des Wassers.
17. Da sandte der König eine Antwort an
Rehum, den Kanzler, und Simsai, den
Schreiber, und die andern ihres Rats, die
in Samaria wohnten und in den andern
Orten jenseit des Wassers: Friede und
Gruß!
18. Der Brief, den ihr uns zugeschickt
habt, ist deutlich von mir gelesen.
19. Und ist von mir befohlen, daß man
suchen sollte. Und man hat gefunden, daß
diese Stadt von alters her wider die Könige
sich empört hat und Aufruhr und Abfall
darin geschieht.
20. Auch sind mächtige Könige zu Jerusalem gewesen, die geherrscht haben über
alles, das jenseit des Wassers ist, daß ihnen Zoll, Schoß und jährliche Zinse gegeben wurden.
21. So tut nun nach diesem Befehl: Wehret denselben Männern, daß die Stadt
nicht gebaut werde, bis daß von mir der
Befehl gegeben werde!
22. So sehet nun zu, daß ihr nicht lässig
hierin seid, damit nicht größerer Schade
entstehe dem König!
23. Da nun der Brief des Königs Arthahsastha gelesen ward vor Rehum und Simsai, dem Schreiber, und ihrem Rat, zogen
sie eilend hinauf gen Jerusalem zu den
Juden und wehrten ihnen mit Arm und
Gewalt.
24. Da hörte auf das Werk am Hause Gottes zu Jerusalem und blieb nach bis ins
zweite Jahr des *Darius, des Königs in
Persien. *V. 5; K. 6,15.

Das 5. Kapitel

Fortsetzung des Tempelbaues auf die Weissagung der Propheten Haggai und Sacharja. Bericht deshalb an den König Darius.

1. Es weissagten aber die Propheten Haggai und Sacharja, der Sohn Iddos, den Juden, die in Juda und Jerusalem waren, im Namen des Gottes Israels.
Hagg. 1,1; Sach. 1,1.
2. Da machten sich auf Serubabel, der Sohn Sealthiels, und Jesua, der Sohn Jozadaks, und fingen an, zu bauen das Haus Gottes zu Jerusalem, und mit ihnen die Propheten Gottes, die sie stärkten.
3. Zu der Zeit kam zu ihnen Thathnai, der Landpfleger diesseit des Wassers, und Sethar-Bosnai und ihr Rat und sprachen also zu ihnen: Wer hat euch befohlen, dies Haus zu bauen und seine Mauern zu machen?
4. Da sagten wir ihnen, wie die Männer hießen, die diesen Bau taten.
5. Aber das *Auge ihres Gottes war über den Ältesten der Juden, daß ihnen nicht gewehrt ward, bis daß man die Sache an Darius gelangen ließe und darüber eine Schrift wiederkäme.
*5. Mose 11,12; 1. Kön. 8,29.
6. Dies ist aber der Inhalt des Briefes Thathnais, des Landpflegers diesseit des Wassers, und Sethar-Bosnais und ihres Rats, derer von Apharsach, die diesseit des Wassers waren, an den König Darius.
7. Und die Worte, die sie zu ihm sandten, lauteten also: Dem König Darius allen Frieden!
8. Es sei kund dem König, daß wir ins jüdische Land gekommen sind zu dem Hause des großen Gottes, welches man baut mit behauenen Steinen, und Balken legt man in die Wände, und das Werk geht frisch vonstatten unter ihrer Hand.
9. Wir aber haben die Ältesten gefragt und zu ihnen gesagt also: Wer hat euch befohlen, dies Haus zu bauen und seine Mauern zu machen?
10. Auch fragten wir, wie sie hießen, auf daß wir sie dir kundtäten und die Namen der Männer aufschrieben, die ihre Obersten waren.
11. Sie aber gaben uns solche Worte zur Antwort und sprachen: Wir sind Knechte des Gottes Himmels und der Erde und bauen das Haus, das vormals vor vielen Jahren gebaut war, das ein großer König Israels gebaut hat und aufgerichtet.
12. Aber da unsere Väter den Gott des Himmels erzürnten, gab er sie in die Hand Nebukadnezars, des Königs zu Babel, des Chaldäers; der *zerbrach dies Haus und führte das Volk weg gen Babel. *2. Kön. 25,9.
13. Aber im ersten Jahr des Kores, des Königs zu Babel, befahl derselbe König Kores, dies Haus Gottes zu bauen. K. 1,1.
14. Denn auch die goldenen und silbernen Gefäße im Hause Gottes, die Nebukadnezar aus dem Tempel zu Jerusalem nahm und brachte sie in den Tempel zu Babel, nahm der König Kores aus dem Tempel zu Babel und gab sie Sesbazar mit Namen, den er zum Landpfleger setzte,
K. 1,8.
15. und sprach zu ihm: Diese Gefäße nimm, zieh hin und bringe sie in den Tempel zu Jerusalem und laß das Haus Gottes bauen an seiner Stätte.
16. Da kam derselbe Sesbazar und legte den Grund am Hause Gottes zu Jerusalem. Seit der Zeit baut man, und es ist noch nicht vollendet.
17. Gefällt es nun dem König, so lasse er suchen in dem Schatzhause des Königs, das zu Babel ist, ob's von dem König Kores befohlen sei, das Haus Gottes zu Jerusalem zu bauen, und sende zu uns des Königs Meinung darüber.

Das 6. Kapitel

Auf die günstige Antwort des Darius wird der Tempel vollendet und eingeweiht und das Passahfest gefeiert.

1. Da befahl der König Darius, daß man suchen sollte in der Kanzlei im Schatzhause des Königs, die zu Babel lag.
2. Da fand man zu Ahmetha im Schloß, das in Medien liegt, ein Buch, und stand also darin eine Geschichte geschrieben:
3. Im ersten Jahr des Königs Kores befahl der König Kores, das Haus Gottes zu Jerusalem zu bauen als eine Stätte, da man opfert, und den Grund zu legen; zur Höhe sechzig Ellen und zur Weite auch sechzig Ellen; K. 1,1.
4. und drei Reihen von behauenen Steinen und eine Reihe von Holz; und die Kosten sollen vom Hause des Königs gegeben werden;
5. dazu die goldenen und silbernen Gefäße des Hauses Gottes, die Nebukadnezar aus dem Tempel zu Jerusalem genommen und gen Babel gebracht hat, soll man wiedergeben, daß sie wiedergebracht werden in den Tempel zu Jerusalem an ihre Statt im Hause Gottes.
6. So haltet euch nun fern von ihnen, du, Thathnai, Landpfleger jenseit des Wassers, und Sethar-Bosnai und ihr andern

des Rats, ihr von Apharsach, die ihr jenseit
des Wassers seid.
7. Laßt sie arbeiten am Hause Gottes,
daß der Juden Landpfleger und ihre Ältesten das Haus Gottes bauen an seiner Stätte.
8. Auch ist von mir befohlen, was man den Ältesten der Juden tun soll, zu bauen das Haus Gottes: nämlich, daß man aus des Königs Gütern von den Renten jenseit des Wassers mit Fleiß nehme und gebe es den Leuten und daß man ihnen nicht wehre;
9. und wenn sie bedürfen junge Farren, Widder oder Lämmer zum Brandopfer dem Gott des Himmels, Weizen, Salz, Wein und Öl, nach dem Wort der Priester zu Jerusalem soll man ihnen geben jeglichen Tag seine Gebühr – und daß solches nicht lässig geschehe! –,
10. daß sie opfern zum süßen Geruch dem Gott des Himmels und bitten für das Leben des Königs und seiner Kinder.
11. Von mir ist solcher Befehl geschehen. Und welcher Mensch diese Worte verändert, von des Hause soll man einen Balken nehmen und aufrichten und ihn daran hängen, und sein Haus soll dem Gericht verfallen sein um der Tat willen.
12. Der Gott aber, der seinen Namen daselbst wohnen läßt, bringe um alle Könige und jegliches Volk, das seine Hand ausreckt, daran zu ändern und zu brechen das Haus Gottes in Jerusalem. Ich, Darius, habe dies befohlen, daß es mit Fleiß getan werde.
13. Das taten mit Fleiß Thathnai, der Landpfleger jenseit des Wassers, und Sethar-Bosnai mit ihrem Rat, zu welchen der König Darius gesandt hatte.
14. Und die Ältesten der Juden bauten; und es ging vonstatten durch die Weissagung des Propheten Haggai und Sacharja, des Sohnes Iddos, und sie bauten und richteten auf nach dem Befehl Gottes Israels und nach dem Befehl des Kores, Darius und Arthahsastha, der Könige in Persien,
15. und vollendeten das Haus bis an den dritten Tag des Monats Adar, das war das sechste Jahr des Königreichs *des Königs Darius. *K.4,24.
16. Und die Kinder Israel, die Priester, die Leviten und die andern Kinder der Gefangenschaft hielten *Einweihung des Hauses Gottes mit Freuden

*4.Mose 7,10; 1.Kön. 8,62–66.

17. und opferten auf die Einweihung des Hauses Gottes hundert Farren, zweihundert Widder, vierhundert Lämmer und *zum Sündopfer für ganz Israel zwölf Ziegenböcke nach der Zahl der Stämme Israels *K.8,35.
18. und bestellten die Priester und die Leviten in ihren Ordnungen, zu dienen Gott, der zu Jerusalem ist, wie es *geschrieben steht im Buch Mose's.

*4.Mose 3,6; 8,24.

19. Und die Kinder der Gefangenschaft hielten *Passah am vierzehnten Tage des ersten Monats; *2.Mose 12,6.
20. denn die Priester und Leviten hatten sich gereinigt wie ein Mann, daß sie alle rein waren, und schlachteten das Passah für alle Kinder der Gefangenschaft und für ihre Brüder, die Priester, und für sich.
21. Und die Kinder Israel, die aus der Gefangenschaft waren wiedergekommen, und alle, die sich zu ihnen abgesondert hatten von der Unreinigkeit der Heiden im Lande, zu suchen den Herrn, den Gott Israels, aßen
22. und hielten das Fest der ungesäuerten Brote sieben Tage mit Freuden; denn der Herr hatte sie fröhlich gemacht und das Herz des Königs von Assyrien zu ihnen gewandt, daß sie gestärkt würden im Werk am Hause Gottes, der der Gott Israels ist.

Das 7. Kapitel

Esra erhält von Artaxerxes Erlaubnis und Unterstützung zur Einrichtung des Gottesdienstes.

1. Nach diesen Geschichten, da Arthahsastha, der König in Persien, regierte, zog herauf von Babel Esra, der Sohn *Serajas, des Sohnes Asarjas, des Sohnes Hilkias,

*1.Chron. 5,40.

2. des Sohnes Sallums, des Sohnes Zadoks, des Sohnes Ahitobs,
3. des Sohnes Amarjas, des Sohnes Asarjas, des Sohnes Merajoths,
4. des Sohnes Serahjas, des Sohnes Usis, des Sohnes Bukkis,
5. des Sohnes Abisuas, des Sohnes des Pinehas, des Sohnes Eleasars, des Sohnes Aarons, des obersten Priesters.
6. Esra aber war ein geschickter Schriftgelehrter im Gesetz Mose's, das der Herr, der Gott Israels, gegeben hatte. Und der König gab ihm alles, was er forderte, nach *der Hand des Herrn, seines Gottes, über ihm. *V. 9.28; K. 8,18.22; Neh. 2,8.
7. Und es zogen herauf etliche der Kinder Israel und der Priester und der Leviten, der Sänger, der Torhüter und der *Tempelknechte gen Jerusalem, im siebenten Jahr Arthahsasthas, des Königs. *K.2,43.
8. Und er kam gen Jerusalem im fünften

Monat, nämlich des siebenten Jahres des
Königs.
9. Denn am ersten Tage des ersten Monats ward er Rats, heraufzuziehen von Babel, und am ersten Tage des fünften Monats kam er gen Jerusalem *nach der guten Hand Gottes über ihm. *V.6.
10. Denn Esra schickte sein Herz, zu suchen das Gesetz des Herrn und zu tun, und zu lehren in Israel Gebote und Rechte.
11. Und dies ist der Inhalt des Briefes, den der König Arthahsastha gab Esra, dem Priester, dem Schriftgelehrten, der ein Lehrer war in den Worten des Herrn und seiner Gebote über Israel:
12. Arthahsastha, *König aller Könige, Esra, dem Priester und Schriftgelehrten im Gesetz des Gottes des Himmels, Friede und Gruß! *Hesek. 26,7.
13. Von mir ist befohlen, daß alle, die da willig sind in meinem Reich, des Volks Israel und der Priester und Leviten, gen Jerusalem zu ziehen, daß die mit dir ziehen,
14. dieweil du vom König und seinen sieben Ratsherren gesandt bist, zu besichtigen Juda und Jerusalem nach dem Gesetz Gottes, das unter deiner Hand ist,
15. und hinzubringen Silber und Gold, das der König und seine Ratsherren freiwillig geben dem Gott Israels, des Wohnung zu Jerusalem ist,
16. und allerlei Silber und Gold, das du finden kannst in der ganzen Landschaft Babel, mit dem, was das Volk und die Priester freiwillig geben zum Hause ihres Gottes zu Jerusalem.
17. Alles das nimm und kaufe mit Fleiß von dem Gelde Farren, Widder, Lämmer und die Speisopfer und Trankopfer dazu, daß man opfre auf dem Altar beim Hause eures Gottes zu Jerusalem.
18. Dazu was dir und deinen Brüdern mit dem übrigen Gelde zu tun gefällt, das tut nach dem Willen eures Gottes.
19. Und die Gefäße, die dir gegeben sind zum Amt im Hause deines Gottes, überantworte vor Gott zu Jerusalem.
20. Auch was mehr not sein wird zum Hause deines Gottes, das dir vorfällt auszugeben, das laß geben aus der Kammer des Königs.
21. Ich, König Arthahsastha, habe dies befohlen den Schatzmeistern jenseit des Wassers, daß, was Esra von euch fordern wird, der Priester und Schriftgelehrte im Gesetz des Gottes des Himmels, daß ihr das fleißig tut,
22. bis auf hundert Zentner Silber und auf hundert Kor Weizen und auf hundert Bath Wein und auf hundert Bath Öl und Salz ohne Maß.
23. Alles, was gehört zum Gesetz des Gottes des Himmels, daß man dasselbe fleißig tue zum Hause des Gottes des Himmels, daß nicht ein Zorn komme über das Königreich des Königs und seiner Kinder.
24. Und euch sei kund, daß ihr nicht Macht habt, Zins, Zoll und jährliche Rente zu legen auf irgend einen Priester, Leviten, Sänger, Torhüter, Tempelknecht und Diener im Hause dieses Gottes.
25. Du aber, Esra, nach der Weisheit deines Gottes, die unter deiner Hand ist, setze Richter und Pfleger, die alles Volk richten, das jenseit des Wassers ist, alle, die das Gesetz deines Gottes wissen; und welche es nicht wissen, die lehret es.
26. Und ein jeglicher, der nicht mit Fleiß tun wird das Gesetz deines Gottes und das Gesetz des Königs, der soll sein Urteil um der Tat willen haben, es sei zum Tod oder in die Acht oder zur Buße am Gut oder ins Gefängnis.
27. Gelobet sei der Herr, unsrer Väter Gott, der solches hat dem König eingegeben, daß er das Haus des Herrn zu Jerusalem ziere,
28. und hat zu mir Barmherzigkeit geneigt vor dem König und seinen Ratsherren und vor allen Gewaltigen des Königs! Und ich ward getrost *nach der Hand des Herrn, meines Gottes, über mir und versammelte Häupter aus Israel, daß sie mit mir hinaufzögen. *V.6.

Das 8. Kapitel

Esras Reisegefährten,
Fasten und Weihgeschenke.
Ankunft in Jerusalem.

1. Dies sind die Häupter ihrer Vaterhäuser und ihr Geschlecht, die mit mir heraufzogen von Babel zu den Zeiten, da der König Arthahsastha regierte: K.7,1.7.
2. von den Kindern Pinehas: Gersom; von den Kindern Ithamar: Daniel; von den Kindern David: Hattus,
3. von den Kindern *Sechanja, von den Kindern Pareos: Sacharja und mit ihm Mannsbilder, gerechnet 150; *1.Chron. 3,22.
4. von den Kindern *Pahath-Moab: Eljoenai, der Sohn Serahjas, und mit ihm 200 Mannsbilder; *K.2,6.
5. von den Kindern [*Satthu:] Sechanja, der Sohn Jahasiels, und mit ihm 300 Mannsbilder; *K.2,8.

6. von den Kindern Adin: Ebed, der Sohn Jonathans, und mit ihm 50 Mannsbilder;
7. von den Kindern Elam: Jesaja, der Sohn Athaljas, und mit ihm 70 Mannsbilder;
8. von den Kindern Sephatja: Sebadja, der Sohn Michaels, und mit ihm 80 Mannsbilder;
9. von den Kindern Joab: Obadja, der Sohn Jehiels, und mit ihm 218 Mannsbilder;
10. von den Kindern [*Bani:] Selomith, der Sohn Josiphjas, und mit ihm 160 Mannsbilder; *K.2,10.
11. von den Kindern Bebai: Sacharja, der Sohn Bebais, und mit ihm 28 Mannsbilder;
12. von den Kindern Asgad: Johanan, der Sohn Hakkatans, und mit ihm 110 Mannsbilder;
13. von den Kindern Adonikams die letzten, und hießen also: Eliphelet, Jeiel und Semaja, und mit ihnen 60 Mannsbilder;
14. von den Kindern Bigevai: Uthai und Sabbud und mit ihnen 70 Mannsbilder.
15. Und ich versammelte sie ans Wasser, das gen Ahava kommt; und wir blieben drei Tage daselbst. Und da ich achthatte aufs Volk und die Priester, fand ich keine Leviten daselbst.
16. Da sandte ich hin Elieser, Ariel, Semaja, Elnathan, Jarib, Elnathan, Nathan, Sacharja und Mesullam, die Obersten, und Jojarib und Elnathan, die Lehrer,
17. und sandte sie aus zu Iddo, dem Obersten, gen Kasphia, daß sie uns holten Diener für das Haus unsers Gottes. Und ich gab ihnen ein, was sie reden sollten mit Iddo und seinen Brüdern, den *Tempelknechten, zu Kasphia. *K.2,43.
18. Und sie brachten uns, *nach der guten Hand unsers Gottes über uns, einen klugen Mann aus den Kindern Maheli, des Sohnes Levis, des Sohnes Israels, und Serebja mit seinen Söhnen und Brüdern, achtzehn, *K.7,6.
19. und Hasabja und mit ihm Jesaja von den Kindern Merari mit seinen Brüdern und ihren Söhnen, zwanzig,
20. und von den *Tempelknechten, die David und die Fürsten gaben, zu dienen den Leviten, zweihundertundzwanzig, alle mit Namen genannt. *1.Chron. 9,2.
21. Und ich ließ daselbst am Wasser bei Ahava ein Fasten ausrufen, daß wir uns demütigten vor unserm Gott, zu suchen von ihm einen richtigen Weg für uns und unsre Kinder und alle unsre Habe.
22. Denn ich schämte mich, vom König Geleit und Reiter zu fordern, uns wider die Feinde zu helfen auf dem Wege. Denn wir hatten dem König gesagt: *Die Hand unsers Gottes ist zum Besten über alle, die ihn suchen, und seine Stärke und Zorn über alle, die ihn verlassen. *K.7,6.
23. Also fasteten wir und suchten solches von unserm Gott, und er hörte uns.
24. Und ich sonderte zwölf aus von den obersten Priestern, dazu Serebja und Hasabja und mit ihnen ihrer Brüder zehn,
25. und wog ihnen dar das Silber und Gold und die Gefäße zur Hebe für das Haus unsers Gottes, welche der König und seine Ratsherren und Fürsten und ganz Israel, das vorhanden war, zur Hebe gegeben hatten.
26. Und wog ihnen dar unter ihre Hand 650 Zentner Silber und an silbernen Gefäßen 100 Zentner und an Gold 100 Zentner,
27. 20 goldene Becher, 1000 Goldgulden wert, und zwei gute eherne, köstliche Gefäße, lauter wie Gold.
28. Und sprach zu ihnen: Ihr seid heilig dem Herrn, so sind die Gefäße auch heilig; dazu das frei gegebene Silber und Gold dem Herrn, eurer Väter Gott.
29. So wachet und bewahret es, bis daß ihr's darwäget vor den obersten Priestern und Leviten und den Obersten der Vaterhäuser in Israel zu Jerusalem in die Kammern des Hauses des Herrn.
30. Da nahmen die Priester und Leviten das gewogene Silber und Gold und die Gefäße, daß sie es brächten gen Jerusalem zum Hause unsers Gottes.
31. Also brachen wir auf von dem Wasser Ahava am zwölften Tage des ersten Monats, daß wir gen Jerusalem zögen. Und die Hand unsers Gottes war über uns und errettete uns von der Hand der Feinde und derer, die uns nachstellten auf dem Wege.
32. Und wir kamen gen Jerusalem und blieben daselbst drei Tage.
33. Aber am vierten Tage wurden dargewogen das Silber und Gold und die Gefäße ins Haus unsers Gottes unter die Hand des Priesters Meremoth, des Sohnes Urias, und mit ihm Eleasar, dem Sohn des Pinehas, und mit ihnen Josabad, dem Sohn Jesuas, und Noadja, dem Sohn Binuis, den Leviten,
34. nach Zahl und Gewicht eines jeglichen; und das Gewicht ward zu der Zeit alles aufgeschrieben.
35. Und die Kinder der Gefangenschaft, die aus der Gefangenschaft gekommen waren, opferten Brandopfer dem Gott Is-

raels: zwölf Farren für das ganze Israel, 96 Widder, 77 Lämmer, zwölf Böcke zum Sündopfer, alles zum Brandopfer dem Herrn.

36. Und sie überantworteten *des Königs Befehle den Amtleuten des Königs und den Landpflegern diesseit des Wassers. Und diese halfen dem Volk und dem Hause Gottes. *K. 7,12–26.

Das 9. Kapitel

Heiraten mit fremden Weibern.
Esras Trauer und Bußgebet.

1. Da das alles war ausgerichtet, traten zu mir die Obersten und sprachen: Das Volk Israel und die Priester und Leviten sind nicht abgesondert von den Völkern in den Ländern nach ihren Greueln, nämlich der Kanaaniter, Hethiter, Pheresiter, Jebusiter, Ammoniter, Moabiter, Ägypter und Amoriter;

2. denn sie *haben derselben Töchter genommen sich und ihren Söhnen und den heiligen Samen gemein gemacht mit den Völkern in den Ländern. Und die Hand der Obersten und Ratsherren war die vornehmste in dieser Missetat.

*V. 11.12; Neh. 13,23.

3. Da ich solches hörte, *zerriß ich mein Kleid und meinen Rock und raufte mein Haupthaar und Bart aus und saß bestürzt.

*1. Mose 37,34.

4. Und es versammelten sich zu mir alle, die des Herrn Wort, des Gottes Israels, fürchteten, um der Vergreifung willen, derer, die gefangen gewesen waren; und ich saß bestürzt bis an das Abendopfer.

5. Und um das Abendopfer stand ich auf von meinem Elend und zerriß mein Kleid und meinen Rock und fiel auf meine Kniee und breitete meine Hände aus zu dem Herrn, meinem Gott,

6. und sprach: Mein Gott, ich *schäme mich und scheue mich, meine Augen aufzuheben zu dir, mein Gott; denn †unsre Missetat ist über unser Haupt gewachsen, und unsre Schuld ist groß bis in den Himmel. *Dan. 9,7.8. †Ps. 38,5.

7. Von der Zeit unsrer Väter an sind wir in großer Schuld gewesen bis auf diesen Tag, und um unsrer Missetat willen sind wir und unsre Könige und Priester gegeben in die Hand der Könige in den Ländern, ins Schwert, ins Gefängnis, in Raub und in Scham des Angesichts, wie es heutigestages geht.

8. Nun aber ist einen kleinen Augenblick Gnade von dem Herrn, unserm Gott, geschehen, daß uns noch Entronnene übriggelassen sind, daß er uns gebe einen *Nagel an seiner heiligen Stätte, daß unser Gott unsre Augen erleuchte, und gebe uns ein wenig Leben, da wir Knechte sind.

*Jes. 22,23.

9. Denn wir sind Knechte, und unser Gott hat uns nicht verlassen, ob wir Knechte sind, und hat Barmherzigkeit zu uns geneigt vor den Königen in Persien, daß sie uns das Leben gelassen haben und erhöht das Haus unsers Gottes und aufgerichtet seine Verstörung und uns gegeben einen *Zaun in Juda und Jerusalem.

*Jes. 5,5.

10. Nun, was sollen wir sagen, unser Gott, nach diesem, daß wir deine Gebote verlassen haben,

11. die du durch deine Knechte, die Propheten, geboten hast und gesagt: Das Land, darein ihr kommt, es zu erben, ist ein *unreines Land durch die Unreinigkeit der Völker in den Ländern in ihren Greueln, womit sie es an allen Enden voll Unreinigkeit gemacht haben.

*3. Mose 18,24.25.

12. So *sollt ihr nun eure Töchter nicht geben ihren Söhnen, und ihre Töchter sollt ihr euren Söhnen nicht nehmen; und suchet nicht ihren Frieden noch ihr Gutes ewiglich, auf daß ihr mächtig werdet und esset das Gut im Lande und vererbet es auf eure Kinder ewiglich. *5. Mose 7,2.3.

13. Und nach dem allem, was über uns gekommen ist um unsrer bösen Werke und großer Schuld willen, hast du, unser Gott, unsre Missetat verschont und hast uns eine Errettung gegeben, wie es da steht.

14. Sollten wir wiederum deine Gebote lassen fahren, daß wir uns mit den Völkern dieser Greuel befreundeten? Wirst du nicht über uns zürnen, bis daß es ganz aus sei, daß nichts Übriges noch keine Errettung sei?

15. Herr, Gott Israels, du bist gerecht; denn wir sind übriggeblieben als Errettete, wie es heutigestages steht. Siehe, wir sind vor dir in unsrer Schuld; denn um deswillen ist nicht zu bestehen vor dir.

Neh. 9,33.

Das 10. Kapitel

Die fremden Weiber werden von den Israeliten ausgesondert.

1. Und da Esra also betete und bekannte, weinte und vor dem Hause Gottes lag, sammelten sich zu ihm aus Israel eine

sehr große Gemeinde von Männern und Weibern und Kindern; denn das Volk weinte sehr.

2. Und Sechanja, der Sohn Jehiels, aus den Kindern Elam, antwortete und sprach zu Esra: Wohlan, wir haben uns an unserm Gott vergriffen, daß wir fremde Weiber aus den Völkern des Landes genommen haben. Nun, es ist noch Hoffnung für Israel über dem.

3. So laßt uns nun einen Bund machen mit unserm Gott, daß wir alle Weiber und die von ihnen geboren sind, hinaustun nach dem Rat des Herrn und derer, die die Gebote unsers Gottes fürchten, daß man tue nach dem Gesetz.

4. So mache dich auf! denn dir gebührt's; wir wollen mit dir sein. Sei getrost und tue es!

5. Da stand Esra auf und nahm einen Eid von den Obersten der Priester und Leviten und des ganzen Israels, daß sie nach diesem Wort tun sollten. Und sie schwuren.

6. Und Esra stand auf vor dem Hause Gottes und ging in die Kammer Johanans, des Sohnes Eljasibs. Und da er dahin kam, aß er kein Brot und trank kein Wasser; denn er trug Leid um die Vergreifung derer, die gefangen gewesen waren.

7. Und sie ließen ausrufen durch Juda und Jerusalem zu allen, die gefangen gewesen waren, daß sie sich gen Jerusalem versammelten.

8. Und welcher nicht käme in drei Tagen nach dem Rat der Obersten und Ältesten, des Habe sollte alle verbannt sein und er abgesondert von der Gemeinde der Gefangenen.

9. Da versammelten sich alle Männer Juda's und Benjamins gen Jerusalem in drei Tagen, das ist am zwanzigsten Tage des neunten Monats. Und alles Volk saß auf der Straße vor dem Hause Gottes und zitterte um der Sache willen und vom Regen.

10. Und Esra, der Priester, stand auf und sprach zu ihnen: Ihr habt euch vergriffen, daß ihr fremde Weiber genommen habt, daß ihr der Schuld Israels noch mehr machtet.

11. So bekennet nun dem Herrn, eurer Väter Gott, und tut sein Wohlgefallen und scheidet euch von den Völkern des Landes und von den fremden Weibern.

12. Da antwortete die ganze Gemeinde und sprach mit lauter Stimme: Es geschehe, wie du uns gesagt hast.

13. Aber des Volks ist viel, und Regenzeit, und man kann nicht draußen stehen; so ist's auch nicht eines oder zweier Tage Werk, denn wir haben viel gemacht solcher Übertretung.

14. Laßt uns unsere Obersten bestellen für die ganze Gemeinde, daß alle, die in unsern Städten fremde Weiber genommen haben, zu bestimmten Zeiten kommen und die Ältesten einer jeglichen Stadt und ihre Richter mit ihnen, bis daß von uns gewendet werde der Zorn unseres Gottes um dieser Sache willen.

15. (Nur Jonathan, der Sohn Asahels, und Jahseja, der Sohn Tikwas, setzten sich dawider, und Mesullam und Sabthai, der Levit, halfen ihnen).

16. Und die Kinder der Gefangenschaft taten also. Und der Priester Esra und Männer, welche die Häupter ihrer Vaterhäuser waren, alle mit Namen genannt, wurden ausgesondert und setzten sich am ersten Tage des zehnten Monats, zu erforschen diese Sache;

17. und sie richteten's aus an allen Männern, die fremde Weiber hatten, bis zum ersten Tage des ersten Monats.

18. Und es wurden gefunden unter den Kindern der Priester, die fremde Weiber genommen hatten, nämlich unter den Kindern *Jesuas, des Sohnes Jozadaks, und seinen Brüdern: Maaseja, Elieser, Jarib und Gedalja *K.3,2; 9,2.

19. – und sie gaben ihre Hand darauf, daß sie die Weiber wollten ausstoßen und zu ihrem Schuldopfer einen Widder für ihre Schuld geben–;

20. unter den Kindern Immer: Hanani und Sebadja;

21. unter den Kindern Harim: Maaseja, Elia, Semaja, Jehiel und Usia;

22. unter den Kindern Pashur: Eljoenai, Maaseja, Ismael, Nathanael, Josabad und Eleasa;

23. unter den Leviten: Josabad, Simei und Kelaja (er ist der Kelita), Pethahja, Juda und Elieser;

24. unter den Sängern: Eljasib; unter den Torhütern: Sallum, Telem und Uri.

25. Von Israel unter den Kindern Pareos: Ramja, Jesia, Malchia, Mijamin, Eleasar, Malchia und Benaja;

26. unter den Kindern Elam: Matthanja, Sacharja, Jehiel, Abdi, Jeremoth und Elia;

27. unter den Kindern Satthu: Eljoenai, Eljasib, Matthanja, Jeremoth, Sabad und Asisa;

28. unter den Kindern Bebai: Johanan, Hananja, Sabbai und Athlai;

29. unter den Kindern Bani: Mesullam, Malluch, Adaja, Jasub, Seal und Jeremoth;

30. unter den Kindern Pahath-Moab: Ad-

na, Chelal, Benaja, Maaseja, Matthanja,
Bezaleel, Binnui und Manasse;
31. unter den Kindern Harim: Elieser,
Jissia, Malchia, Semaja, Simeon,
32. Benjamin, Malluch und Semarja;
33. unter den Kindern Hasum: Matthnai,
Matthattha, Sabad, Eliphelet, Jeremai,
Manasse und Simei;
34. unter den Kindern Bani: Maedai, Amram, Uel
35. Benaja, Bedja, Cheluhi,
36. Vanja, Meremoth, Eljasib,
37. Matthanja, Matthnai, Jaesai,
38. Bani, Binnui, Simei,
39. Selemja, Nathan, Adaja,
40. Machnadbai, Sasai, Sarai,
41. Asareel, Selemja, Semarja,
42. Sallum, Amarja und Joseph;
43. unter den Kindern Nebo: Jeiel, Matthithja, Sabad, Sebina, Jaddai, Joel und
Benaja.
44. Diese alle hatten fremde Weiber genommen; und waren etliche unter denselben Weibern, die Kinder getragen hatten.

Das Buch Nehemia

Das 1. Kapitel

Nehemias Gebet für sein unglückliches Vaterland.

1. Dies sind die Geschichten Nehemias,
des Sohnes Hachaljas. Es geschah im Monat Chislev des zwanzigsten Jahres, da ich
war zu Susan auf dem Schloß,
2. da kam Hanani, einer meiner Brüder,
mit etlichen Männern aus Juda. Und ich
fragte sie, wie es den Juden ginge, die
errettet und übrig waren von der Gefangenschaft, und wie es zu Jerusalem ginge.
3. Und sie sprachen zu mir: Die übrigen
von der Gefangenschaft sind daselbst im
Lande in großem Unglück und Schmach;
die *Mauern Jerusalems sind zerbrochen
und seine Tore mit Feuer verbrannt.
*2. Chron. 36,19.
4. Da ich aber solche Worte hörte, *saß
ich und weinte und trug Leid etliche Tage
und fastete und betete vor dem Gott des
Himmels *K. 9,1; Esra 9,3.
5. und sprach: Ach Herr, Gott des Himmels, *großer und schrecklicher Gott, der
da hält den Bund und die Barmherzigkeit
denen, die ihn lieben und seine Gebote
halten, *K. 4,8; Dan 9,4.
6. laß doch deine Ohren aufmerken und
deine Augen offen sein, daß du hörest das
Gebet deines Knechtes, das ich nun vor dir
bete Tag und Nacht für die Kinder Israel,
deine Knechte, und bekenne die Sünden
der Kinder Israel, die wir an dir getan
haben; und ich und meines Vaters Haus
haben auch gesündigt.
7. Wir haben an dir mißgehandelt, daß
wir nicht gehalten haben die Gebote, Befehle und Rechte, die du geboten hast deinem Knecht Mose.
8. Gedenke aber doch des Wortes, das du
deinem Knecht Mose gebotest und
sprachst: Wenn ihr euch versündigt, so
will ich euch unter die Völker streuen.
9. Wo ihr euch aber bekehret zu mir und
haltet meine Gebote und tut sie, und ob
ihr *verstoßen wäret bis an der Himmel
Ende, so will ich euch doch von da versammeln und will euch bringen an den Ort,
den ich erwählt habe, daß mein Name
daselbst wohne. *5. Mose 30,4.
10. Sie sind doch ja deine Knechte und
dein Volk, die du erlöst hast durch deine
große Kraft und mächtige Hand.
11. Ach Herr, laß deine Ohren aufmerken auf das Gebet deines Knechtes und auf
das Gebet deiner Knechte, die da begehren
deinen Namen zu fürchten; und laß es
deinem Knechte heute gelingen und gib
ihm Barmherzigkeit vor diesem Manne!
Denn ich war des Königs Schenke.

Das 2. Kapitel

Nehemia erlangt Gewalt und Briefe, Jerusalem zu bauen.

1. Im Monat Nisan des zwanzigsten Jahres des Königs Arthahsastha, da Wein vor
ihm stand, hob ich den Wein auf und gab
dem König; und ich sah traurig vor ihm.
2. Da sprach der König zu mir: Warum
siehst du so übel? Du bist ja nicht krank?
Das ist's nicht, sondern du bist schwermü-
tig. Ich aber fürchtete mich gar sehr
3. und sprach zum König: Der König lebe ewiglich! Sollte ich nicht übel sehen?
Die Stadt, da das Begräbnis meiner Väter
ist, liegt wüste, und ihre Tore sind mit
Feuer verzehrt.
4. Da sprach der König zu mir: Was for-

derst du denn? Da betete ich zu dem Gott
des Himmels
5. und sprach zum König: Gefällt es dem
König und ist dein Knecht angenehm vor
dir, so wollest du mich senden nach Juda
zu der Stadt des Begräbnisses meiner Väter, daß ich sie baue.
6. Und der König sprach zu mir und die
Königin, die neben ihm saß: Wie lange
wird deine Reise währen, und wann wirst
du wiederkommen? Und es gefiel dem König, daß er mich hinsendete. Und ich setzte ihm eine bestimmte Zeit
7. und sprach zum König: Gefällt es dem
König, so gebe man mir Briefe an die
Landpfleger jenseit des Wassers, daß sie
mich hinübergeleiten, bis ich komme
nach Juda,
8. und Briefe an Asaph, den *Holzfürsten
des Königs, daß er mir Holz gebe zu Balken der Pforten an der Burg beim Tempel
und zu der Stadtmauer und zum Hause,
da ich einziehen soll. Und der König gab
mir †nach der guten Hand meines Gottes
über mir. *Forstmeister. †Esra 7,6.
9. Und da ich kam zu den Landpflegern
jenseit des Wassers, gab ich ihnen des Königs Briefe. Und der König sandte mit mir
Hauptleute und Reiter.
10. Da aber das hörten Saneballat, der
Horoniter, und Tobia, der ammonitische
Knecht, verdroß es sie sehr, daß ein
Mensch gekommen wäre, der Gutes suchte für die Kinder Israel.
11. Und da ich gen Jerusalem kam und
drei Tage da gewesen war,
12. machte ich mich des Nachts auf und
wenig Männer mit mir (denn ich sagte
keinem Menschen, was mir mein Gott eingegeben hatte zu tun an Jerusalem), und
war kein Tier mit mir, ohne das, darauf ich
ritt.
13. Und ich ritt zum Taltor aus bei der
Nacht und gegen den Drachenbrunnen
und an das Misttor; und es tat mir wehe,
daß die Mauern Jerusalems eingerissen
waren und die Tore mit Feuer verzehrt.
14. Und ging hinüber zu dem *Brunnentor und zu des Königs Teich; und war
da nicht Raum meinem Tier, daß es unter
mir hätte gehen können. *K. 3,15.
15. Da zog ich bei Nacht den Bach hinan;
und es tat mir wehe, die Mauern also zu
sehen. Und kehrte um und kam zum Taltor wieder heim.
16. Und die Obersten wußten nicht, wo
ich hin ging oder was ich machte; denn ich
hatte bis daher den Juden und den Priestern, den Ratsherren und den Obersten
und den andern, die am Werk arbeiteten,
nichts gesagt.
17. Und ich sprach zu ihnen: Ihr seht das
Unglück, darin wir sind, daß Jerusalem
wüste liegt und seine Tore sind mit Feuer
verbrannt. Kommt, laßt uns die Mauern
Jerusalems bauen, daß wir nicht mehr eine Schmach seien!
18. Und sagte ihnen an die Hand meines
Gottes, die gut über mir war, dazu die
Worte des Königs, die er zu mir geredet
hatte. Und sie sprachen: So laßt uns auf
sein und bauen! Und ihre Hände wurden
gestärkt zum Guten.
19. Da aber das Saneballat, der Horoniter, und Tobia, der ammonitische Knecht,
und Gesem, der Araber, hörten, spotteten
sie unser und verachteten uns und sprachen: Was ist das, das ihr tut? Wollt ihr
von dem König abfallen?
20. Da antwortete ich ihnen und sprach:
Der Gott des Himmels wird es uns gelingen lassen; denn wir, seine Knechte, haben uns aufgemacht und bauen; ihr aber
habt *kein Teil noch Recht noch Gedächtnis in Jerusalem. *Eph. 2,12.

Das 3. Kapitel

Beschreibung des Baues der Stadtmauer von Jerusalem.

1. Und Eljasib, der Hohepriester, machte
sich auf mit seinen Brüdern, den Priestern, und sie bauten das Schaftor. Sie
heiligten es und setzten seine Türen ein;
sie heiligten es aber bis an den Turm Mea,
bis an den Turm Hananeel.
2. Neben ihm bauten die Männer von Jericho. Und daneben baute Sakkur, der
Sohn Imris.
3. Aber das Fischtor bauten die Kinder
von Senaa; sie deckten es und setzten seine Türen ein, Schlösser und Riegel.
4. Neben ihnen baute Meremoth, der
Sohn Urias, des Sohnes des Hakkoz. Neben ihnen baute Mesullam, der Sohn Berechjas, des Sohnes Mesesabeels. Neben
ihnen baute Zadok, der Sohn Baanas.
5. Neben ihnen bauten die von Thekoa;
aber ihre Vornehmeren brachten ihren
Hals nicht zum Dienst ihrer Herren.
6. Das alte Tor baute Jojada, der Sohn
Paseahs, und Mesullam, der Sohn Besod-
jas; sie deckten es und setzten ein seine
Türen und Schlösser und Riegel.
7. Neben ihnen bauten Melatja von Gibeon und Jadon von Meronoth, die Männer
von Gibeon und von Mizpa, am Stuhl des
Landpflegers diesseit des Wassers.

8. Daneben baute Usiel, der Sohn Harha-
jas, der Goldschmied. Neben ihm baute
Hananja, der Sohn der Salbenbereiter;
und sie bauten aus zu Jerusalem bis an die
breite Mauer.
9. Neben ihm baute Rephaja, der Sohn
Hurs, der Oberste des halben Kreises von
Jerusalem.
10. Neben ihm baute Jedaja, der Sohn
Harumaphs, gegenüber seinem Hause.
Neben ihm baute Hattus, der Sohn Hasab-
nejas.
11. Aber Malchia, der Sohn Harims, und
Hassub, der Sohn Pahath-Moabs, bauten
ein anderes Stück und den Ofenturm.
12. Daneben baute Sallum, der Sohn des
Halohes, der Oberste des andern halben
Kreises von Jerusalem, er und seine Töchter.
13. Das Taltor bauten Hanun und die
Bürger von Sanoah – sie bauten's und
setzten ein seine Türen, Schlösser und
Riegel – und tausend Ellen an der Mauer
bis an das Misttor.
14. Das Misttor aber baute Malchia, der
Sohn Rechabs, der Oberste des Kreises
von Beth-Cherem; er baute es und setzte
ein seine Türen, Schlösser und Riegel.
15. Aber das Brunnentor baute Sallun,
der Sohn Chol-Hoses, der Oberste des
Kreises von Mizpa – er baute es und deckte
es und setzte ein seine Türen, Schlösser
und Riegel–, dazu die Mauer am *Teich
Siloah bei dem Garten des Königs bis an
die Stufen, die von der Stadt Davids herabgehen. *Joh. 9,7.
16. Nach ihm baute Nehemia, der Sohn
Asbuks, der Oberste des halben Kreises
von Beth-Zur, bis gegenüber den Gräbern
Davids und bis an den Teich, den man
gemacht hatte, und bis an das Haus der
Helden.
17. Nach ihm bauten die Leviten, Rehum, der Sohn Banis. Neben ihm baute
Hasabja, der Oberste des halben Kreises
von Kegila, für seinen Kreis.
18. Nach ihm bauten ihre Brüder, Bav-
vai, der Sohn Henadads, der Oberste des
andern halben Kreises von Kegila.
19. Neben ihm baute Eser, der Sohn Jesuas, der Oberste zu Mizpa, ein anderes
Stück den Winkel hinan gegenüber dem
Zeughaus.
20. Nach ihm auf dem Berge baute Baruch, der Sohn Sabbais, ein anderes Stück
vom Winkel bis an die Haustür *Eljasibs,
des Hohenpriesters. *V. 1.
21. Nach ihm baute *Meremoth, der
Sohn Urias, des Sohnes des Hakkoz, ein
anderes Stück von der Haustür Eljasibs bis
an das Ende des Hauses Eljasibs. *Esra 8,33.
22. Nach ihm bauten die Priester, die
Männer aus der Gegend.
23. Nach dem baute Benjamin und Hassub gegenüber ihrem Hause. Nach dem
baute Asarja, der Sohn Maasejas, des Sohnes Ananjas, neben seinem Hause.
24. Nach ihm baute Binnui, der Sohn
Henadads, ein anderes Stück vom Hause
Asarjas bis an den Winkel und bis an die
Ecke.
25. Palal, der Sohn Usais, gegenüber
dem Winkel und dem obern Turm, der
vom Königshause heraussieht bei dem
*Kerkerhofe. Nach ihm Pedaja, der Sohn
des Pareos. *Jer. 32,2; 33,1.
26. Die Tempelknechte aber wohnten am
Ophel bis an das Wassertor gegen Morgen,
da der Turm heraussieht.
27. Nach dem bauten die von Thekoa ein
anderes Stück gegenüber dem großen
Turm, der heraussieht, und bis an die
Mauer des Ophel.
28. Aber von dem *Roßtor an bauten die
Priester, ein jeglicher gegenüber seinem
Hause. *2. Kön. 11,16.
29. Nach dem baute Zadok, der Sohn Immers, gegenüber seinem Hause. Nach ihm
baute Semaja, der Sohn Sechanjas, der
Hüter des Tores gegen Morgen.
30. Nach ihm baute Hananja, der Sohn
Selemjas, und Hanun, der Sohn Zalaphs,
der sechste, ein anderes Stück. Nach ihm
baute Mesullam, der Sohn Berechjas, gegenüber seiner Kammer.
31. Nach ihm baute Malchia, der Sohn
des Goldschmieds, bis an das Haus der
Tempelknechte und der Krämer, gegenüber dem Ratstor und bis an den Söller an
der Ecke.
32. Und zwischen dem Söller an der Ecke
und dem Schaftor bauten die Goldschmiede und die Krämer.
33. [K. 4,1.] Da aber Saneballat hörte,
daß wir die Mauer bauten, ward er zornig
und sehr entrüstet und *spottete der Juden *K. 2,19.
34. [2.] und sprach vor seinen Brüdern
und den Mächtigen zu Samaria: Was machen die ohnmächtigen Juden? Wird man
sie so lassen? Werden sie opfern? Werden
sie es diesen Tag vollenden? Werden sie die
Steine lebendig machen, die Schutthau-
fen und verbrannt sind?
35. [3.] Aber Tobia, der Ammoniter, neben ihm sprach: Laß sie nur bauen; wenn
Füchse hinaufzögen, die zerrissen wohl
ihre steinerne Mauer.–

MAUERBAU UND VERTEIDIGUNG DER STADT Nehemia 4, 10–12

36. [4.] Höre, unser Gott, wie verachtet
sind wir! *Kehre ihren Hohn auf ihren
Kopf, daß du sie gebest in Verachtung im
Lande ihrer Gefangenschft. Ps. 7,17.
37. [5.] Decke ihre Missetat nicht zu, und
ihre Sünde vertilge nicht vor dir; denn sie
haben vor den Bauleuten dich erzürnt.
38. [6.] Aber wir bauten die Mauer und
fügten sie ganz aneinander bis an die halbe
Höhe. Und das Volk gewann ein Herz zu
arbeiten.

Das 4. Kapitel

Der Bau geht ungeachtet des Spottes und des Widerstandes fort.

1. [7.] Da aber Saneballat und Tobia und
die Araber und Ammoniter und Asdoditer
hörten, daß die Mauern zu Jerusalem zu-
gemacht wurden und daß sie die Lücken
angefangen hatten zu verschließen, wurden sie sehr zornig,
2. [8.] und machten allesamt einen Bund
zuhaufen, daß sie kämen und stritten wider Jerusalem und richteten darin Verwirrung an.
3. [9.] Wir aber beteten zu unserm Gott
und stellten Hut gegen sie Tag und Nacht
vor ihnen.
4. [10.] Und Juda sprach: Die Kraft der
Träger ist zu schwach, und des Schuttes
ist zu viel; wir können an der Mauer nicht
bauen.
5. [11.] Unsre Widersacher aber gedachten: Sie sollen's nicht wissen noch sehen,
bis wir mitten unter sie kommen und sie
erwürgen und das Werk hindern.
6. [12.] Da aber die Juden, die neben ihnen wohnten, kamen – und sagten's uns
wohl zehnmal – aus allen Orten, da sie um
uns wohnten,
7. [13.] da stellte ich unten an die Örter
hinter der Mauer in die Gräben das Volk
nach ihren Geschlechtern mit ihren
Schwertern, Spießen und Bogen.
8. [14.] Und ich besah es und machte
mich auf und sprach zu den Ratsherren
und Obersten und dem andern Volk:
Fürchtet euch nicht vor ihnen; gedenket
an den *großen, schrecklichen Herrn und
streitet für eure Brüder, Söhne, Töchter,
Weiber und Häuser! *K. 1,5.
9. [15.] Da aber unsere Feinde hörten,
daß es uns kund war geworden *und Gott

ihren Rat zunichte gemacht hatte, kehrten wir alle wieder zur Mauer, ein jeglicher zu seiner Arbeit. *Hiob 5,12.

10. [16.] Und es geschah hinfürder, daß der Jünglinge die Hälfte taten die Arbeit, die andere Hälfte hielten Spieße, Schilde, Bogen und Panzer. Und die Obersten standen hinter dem ganzen Hause Juda,

11. [17.] die da bauten an der Mauer. Und die da Last trugen von denen, die ihnen aufluden, – mit einer Hand taten sie die Arbeit, und mit der andern hielten sie die Waffe.

12. [18.] Und ein jeglicher, der da baute, hatte sein Schwert an seine Lenden gegürtet und baute also; und der mit der Posaune blies, war neben mir.

13. [19.] Und ich sprach zu den Ratsherren und Obersten und zum andern Volk: Das Werk ist groß und weit, und wir sind zerstreut auf der Mauer, ferne voneinander.

14. [20.] An welchem Ort ihr nun die Posaune tönen hört, dahin versammelt euch zu uns. Unser Gott wird für uns streiten.

15. [21.] So arbeiteten wir am Werk, und ihre Hälfte hielt die Spieße von dem Aufgang der Morgenröte, bis die Sterne hervorkamen.

16. [22.] Auch sprach ich zu der Zeit zum Volk: Ein jeglicher bleibe mit seinen Leuten über Nacht zu Jerusalem, daß sie uns des Nachts der Hut und des Tages der Arbeit warten.

17. [23.] Aber ich und meine Brüder und meine Leute und die Männer an der Hut hinter mir, wir zogen unsre Kleider nicht aus; ein jeglicher ließ das Baden anstehen.

Das 5. Kapitel

Nehemia tut die Beschwerden der Armen ab.
Seine Uneigenützigkeit als Statthalter.

1. Und es erhob sich ein großes Geschrei des Volks und ihrer Weiber wider ihre Brüder, die Juden.

2. Und waren etliche, die da sprachen: Unsrer Söhne und Töchter sind viel; laßt uns Getreide nehmen und essen, daß wir leben.

3. Aber etliche sprachen: Laßt uns unsre Äcker, Weinberge und Häuser versetzen und Getreide nehmen in der Teuerung.

4. Etliche aber sprachen: Wir haben Geld entlehnt zum Schoß für den König auf unsre Äcker und Weinberge;

5. nun ist doch wie unsrer Brüder Leib auch unser Leib und wie ihre Kinder unsre Kinder, und siehe, wir müssen unsre Söhne und Töchter unterwerfen dem Dienst, und sind schon unsrer Töchter etliche unterworfen, und ist kein Vermögen in unsern Händen, und unsere Äcker und Weinberge sind der andern geworden.

6. Da ich aber ihr Schreien und solche Worte hörte, ward ich sehr zornig.

7. Und mein Herz ward Rats mit mir, daß ich schalt die Ratsherren und die Obersten und sprach zu ihnen: Wollt ihr einer auf den andern *Wucher treiben? Und ich brachte eine große Gemeinde wider sie zusammen *2. Mose 22,24.

8. und sprach zu ihnen: Wir haben unsre Brüder, die Juden, erkauft, die den Heiden verkauft waren, nach unserm Vermögen; und ihr wollt auch eure Brüder verkaufen, und sie sollen uns verkauft werden? Da schwiegen sie und fanden nichts zu antworten.

9. Und ich sprach: Es ist nicht gut, was ihr tut. Solltet ihr nicht in der Furcht Gottes wandeln um des Hohnes willen der Heiden, unsrer Feinde?

10. Ich und meine Brüder und meine Leute haben ihnen auch Geld geliehen und Getreide; laßt uns doch diese Schuld erlassen.

11. So gebt ihnen nun heutigestages wieder ihre Äcker, Weinberge, Ölgärten und Häuser und den Hundertsten am Gelde, am Getreide, am Most und am Öl, den ihr von ihnen zu fordern habt.

12. Da sprachen sie: Wir wollen's wiedergeben und wollen nichts von ihnen fordern und wollen tun, wie du gesagt hast. Und ich rief die Priester und nahm einen Eid von ihnen, daß sie also tun sollten.

13. Auch schüttelte ich meinen Busen aus und sprach: Also schüttle Gott aus jedermann von seinem Hause und von seiner Arbeit, der dies Wort nicht handhabt, daß er sei ausgeschüttelt und leer. Und die ganze Gemeinde sprach: Amen! und lobte den Herrn. Und das Volk tat also.

14. Auch von der Zeit an, da mir befohlen ward, ihr Landpfleger zu sein im Lande Juda, nämlich vom zwanzigsten Jahr an bis in das zweiunddreißigste Jahr des Königs Arthahsastha, das sind zwölf Jahre, nährte ich mich und meine Brüder nicht von der Landpfleger Kost.

15. Denn die vorigen Landpfleger, die vor mir gewesen waren, hatten das Volk beschwert und hatten von ihnen genommen Brot und Wein, dazu auch vierzig Silberlinge; auch waren ihre Leute mit

Gewalt gefahren über das Volk. Ich tat aber nicht also um der Furcht Gottes willen.

16. Auch arbeitete ich an der Mauer Arbeit und kaufte keinen Acker; und alle meine Leute mußten daselbst an die Arbeit zuhauf kommen.

17. Dazu waren der Juden und Obersten hundertundfünzig an meinem Tisch und die zu uns kamen aus den Heiden, die um uns her sind.

18. Und man gebrauchte für mich des Tages einen Ochsen und sechs erwählte Schafe und Vögel und je innerhalb zehn Tagen allerlei Wein die Menge. Dennoch forderte ich nicht der Landpfleger Kost; denn der Dienst war schwer auf dem Volk.

19. Gedenke *mir, mein Gott, zum Besten alles, was ich diesem Volk getan habe!

*K. 13,14.22.31.

Das 6. Kapitel

Nehemia weicht den Nachstellungen seiner Feinde aus und vollendet die Stadtmauer.

1. Und da Saneballat, Tobia und Gesem, der Araber, und unsre anderen Feinde erfuhren, daß ich die Mauer gebaut hatte und keine Lücke mehr dran wäre, wiewohl ich die Türen zu der Zeit noch nicht eingehängt hatte in den Toren,

2. sandten Saneballat und Gesem zu mir und ließen mir sagen: Komm und laß uns zusammenkommen in den Dörfern in der Fläche Ono! Sie gedachten mir aber Böses zu tun.

3. Ich aber sandte Boten zu ihnen und ließ ihnen sagen: Ich habe ein großes Geschäft auszurichten, ich kann nicht hinabkommen; es möchte das Werk nachbleiben, wo ich die Hand abtäte und zu euch hinabzöge.

4. Sie sandten aber viermal zu mir auf die Weise, und ich antwortete ihnen auf diese Weise.

5. Da sandte Saneballat zum fünftenmal zu mir seinen Diener mit einem offenen Brief in seiner Hand.

6. Darin war geschrieben: Es ist vor die Heiden gekommen, und Gesem hat's gesagt, daß du und die Juden gedenket abzufallen, darum du die Mauer baust, und du wollest also ihr König werden;

Esra 4,12.

7. und du habest dir Propheten bestellt, die von dir ausrufen sollen zu Jerusalem und sagen: Er ist der König Juda's. Nun, solches wird vor den König kommen. So komm nun und laß uns miteinander ratschlagen!

8. Ich aber sandte zu ihm und ließ ihm sagen: Solches ist nicht geschehen, was du sagst; du hast es aus deinem Herzen erdacht.

9. Denn sie alle wollten uns furchtsam machen und gedachten: Sie sollen die Hand abtun vom Geschäft, daß es nicht fertig werde. Aber nun stärke meine Hände!

10. Und ich kam ins Haus Semajas, des Sohnes Delajas, des Sohnes Mehetabeels; und er hatte sich verschlossen und sprach: Laß uns zusammenkommen im Hause Gottes mitten im Tempel und die Türen des Tempels zuschließen; denn sie werden kommen, dich zu erwürgen, und werden bei der Nacht kommen, daß sie dich erwürgen.

11. Ich aber sprach: Sollte ein solcher Mann fliehen? Sollte ein solcher Mann, wie ich bin, in den Tempel gehen, daß er lebendig bleibe? Ich will nicht hineingehen.

12. Denn ich merkte, daß ihn Gott nicht gesandt hatte. Denn er sagte wohl Weissagung auf mich; aber Tobia und Saneballat hatten ihm Geld gegeben.

13. Darum nahm er Geld, auf daß ich mich fürchten sollte und also tun und *sündigen, daß sie ein böses Gerücht hätten, damit sie mich lästern möchten.

*4. Mose 18,7.

14. *Gedenke, mein Gott, des Tobia und Saneballat nach diesen seinen Werken, auch der Propheten Noadja und der andern Propheten, die mich wollten abschrecken! *K. 3,36.37.

15. Und die Mauer ward fertig am fünfundzwanzigsten Tage des Monats Elul in zweiundfünfzig Tagen.

16. Und da alle unsere Feinde das hörten, fürchteten sich alle Heiden, die um uns her waren, und der Mut entfiel ihnen; denn sie merkten, daß dies Werk von Gott war.

17. Auch waren zu derselben Zeit viele der Obersten Juda's, deren Briefe gingen zu Tobia und von Tobia zu ihnen.

18. Denn ihrer waren viel in Juda, die ihm geschworen waren; denn er war ein Eidam Sechanjas, des Sohnes Arahs, und sein Sohn Johanan hatte die Tochter Mesullams, des Sohnes Berechjas.

19. Und sie sagten Gutes von ihm vor mir und brachten meine Reden aus zu ihm. So sandte denn Tobia Briefe, mich abzuschrecken.

Das 7. Kapitel

Bestellung der Hüter der Stadt. Volkszählung. Freiwillige Beiträge.

1. Da wir nun die Mauer gebaut hatten, hängte ich die Türen ein und wurden bestellt die Torhüter, Sänger und Leviten.
2. Und ich gebot meinem Bruder Hanani und Hananja, dem Burgvogt zu Jerusalem (denn er war ein treuer Mann und gottesfürchtig vor vielen andern),
3. und sprach zu ihnen: Man soll die Tore Jerusalems nicht auftun, bis daß die Sonne heiß wird; und wenn man noch auf der Hut steht, soll man die Türen zuschlagen und verriegeln. Und es wurden Hüter bestellt aus den Bürgern Jerusalems, ein jeglicher auf seine Hut seinem Hause gegenüber.
4. Die Stadt aber war weit von Raum und groß, aber wenig Volk darin, und die Häuser waren nicht gebaut.
5. Und mein Gott gab mir ins Herz, daß ich versammelte die Ratsherren und die Obersten und das Volk, sie zu verzeichnen. Und ich fand das Geschlechtsregister derer, die vorhin heraufgekommen waren, und fand darin geschrieben:

(V. 6–73; vgl Esra 2.)

6. Dies sind die Kinder der Landschaft, die heraufgekommen sind aus der Gefangenschaft, die Nebukadnezar, der König zu Babel, hatte weggeführt, und die wieder gen Jerusalem und nach Juda kamen, ein jeglicher in seine Stadt,
7. und sind gekommen mit Serubabel, Jesua, Nehemia, Asarja, Raamja, Nahamani, Mardochai, Bilsan, Mispereth, Bigevai, Nehum und Baana. Dies ist die Zahl der Männer vom Volk Israel:
8. der Kinder Pareos waren 2172;
9. der Kinder Sephatja 372;
10. der Kinder Arah 652;
11. der Kinder Pahath-Moab von den Kindern Jesua und Joab 2818;
12. der Kinder Elam 1254;
13. der Kinder Satthu 845;
14. der Kinder Sakkai 760;
15. der Kinder Binnui 648;
16. der Kinder Bebai 628;
17. der Kinder Asgad 2322;
18. der Kinder Adonikam 667;
19. der Kinder Bigevai 2067;
20. der Kinder Adin 655;
21. der Kinder Ater von Hiskia 98;
22. der Kinder Hasum 328;
23. der Kinder Bezai 324;
24. der Kinder Hariph 112;
25. der Kinder von Gibeon 95;
26. der Männer von Bethlehem und Netopha 188;
27. der Männer von Anathoth 128;
28. der Männer von Beth-Asmaveth 42;
29. der Männer von Kirjath-Jearim, Kaphira und Beeroth 743;
30. der Männer von Rama und Geba 621;
31. der Männer von Michmas 122;
32. der Männer von Beth-El und Ai 123;
33. der Männer vom andern Nebo 52;
34. der Kinder des andern Elam 1254;
35. der Kinder Harim 320;
36. der Kinder von Jericho 345;
37. der Kinder von Lod, Hadid und Ono 721;
38. der Kinder von Senaa 3930.
39. Der Priester: der Kinder Jedaja, vom Hause Jesua, 973;
40. der Kinder Immer 1052;
41. der Kinder Pashur 1247;
42. der Kinder Harim 1017.
43. Die Leviten: der Kinder Jesua von Kadmiel, von den Kindern Hodavja, 74.
44. Die Sänger: der Kinder Asaph 148.
45. Die Torhüter waren: die Kinder Sallum, die Kinder Ater, die Kinder Talmon, die Kinder Akkub, die Kinder Hatita, die Kinder Sobai, allesamt 138.
46. Die Tempelknechte: die Kinder Ziha, die Kinder Hasupha, die Kinder Tabbaoth,
47. die Kinder Keros, die Kinder Sia, die Kinder Padon,
48. die Kinder Lebana, die Kinder Hagaba, die Kinder Salmai,
49. die Kinder Hanan, die Kinder Giddel, die Kinder Gahar,
50. die Kinder Reaja, die Kinder Rezin, die Kinder Nekoda,
51. die Kinder Gassam, die Kinder Usa, die Kinder Paseah,
52. die Kinder Besai, die Kinder der Meuniter, die Kinder der Nephusiter,
53. die Kinder Bakbuk, die Kinder Hakupha, die Kinder Harhur,
54. die Kinder Bazlith, die Kinder Mehida, die Kinder Harsa,
55. die Kinder Barkos, die Kinder Sisera, die Kinder Themah,
56. die Kinder Neziah, die Kinder Hatipha.
57. Die Kinder der Knechte Salomos waren: die Kinder Sotai, die Kinder Sophereth, die Kinder Perida,
58. die Kinder Jaala, die Kinder Darkon, die Kinder Giddel,
59. die Kinder Sephatja, die Kinder Hattil, die Kinder Pochereth von Zebaim, die Kinder Amon.

60. Aller Tempelknechte und Kinder der
Knechte Salomos waren 392.
61. Und diese zogen auch mit herauf von
Thel-Melah, Thel-Harsa, Cherub, Addon
und Immer, aber sie konnten nicht anzeigen ihr Vaterhaus noch ihr Geschlecht, ob
sie aus Israel wären:
62. die Kinder Delaja, die Kinder Tobia
und die Kinder Nekoda, 642.
63. Und von den Priestern waren die Kinder Habaja, die Kinder Hakkoz, die Kinder
Barsillai, der aus den Töchtern Barsillais,
des Gileaditers, ein Weib nahm und ward
nach ihrem Namen genannt.
64. Diese suchten ihr Geburtsregister;
und da sie es nicht fanden, wurden sie
untüchtig geachtet zum Priestertum.
65. Und der Landpfleger sprach zu ihnen, sie sollten nicht essen vom Hochheiligen, bis daß ein Priester aufkäme mit
dem Licht und Recht.
66. Der ganzen Gemeinde wie ein Mann
waren 42360,
67. ausgenommen ihre Knechte und
Mägde; derer waren 7337, dazu 245 Sänger und Sängerinnen.
68. Und sie hatten 736 Rosse, 245 Maultiere,
69. 435 Kamele, 6720 Esel.
70. Und etliche Obersten der Vaterhäuser gaben zum Werk. *Der Landpfleger
gab zum Schatz tausend Goldgulden,
fünfzig Becken, fünfhundertunddreißig
Priesterröcke. *V.65.
71. Und etliche Obersten der Vaterhäuser gaben zum Schatz fürs Werk zwanzigtausend Goldgulden, zweitausend und
zweihundert Pfund Silber.
72. Und das andere Volk gab zwanzigtausend Goldgulden und zweitausend Pfund
Silber und siebenundsechzig Priesterröcke.
73. Und die Priester und die Leviten, die
Torhüter, die Sänger und die vom Volk
und die Tempelknechte und ganz Israel
setzten sich in ihre Städte.

Das 8. Kapitel

Großer Eindruck, den die Vorlesung des Gesetzes auf das Volk macht.
Feier des Laubhüttenfestes.

1. Da nun herzukam der siebente Monat
und die Kinder Israel in ihren Städten
waren, versammelte sich das ganze Volk
wie ein Mann auf die breite Gasse vor dem
Wassertor und sprachen zu *Esra, dem
Schriftgelehrten, daß er das Buch des Gesetzes Mose's holte, das der Herr Israel
geboten hat. *Esra 7,6.
2. Und Esra, der Priester, brachte das Gesetz vor die Gemeinde, Männer und Weiber und alle, die es vernehmen konnten,
am ersten Tage des siebenten Monats
5.Mose 31,10–13.
3. und las daraus auf der breiten Gasse,
die vor dem Wassertor ist, vom lichten
Morgen an bis auf den Mittag, vor Mann
und Weib und wer's vernehmen konnte.
Und des ganzen Volks Ohren waren zu
dem Gesetzbuch gekehrt.
4. Und Esra, der Schriftgelehrte, stand
auf einem hölzernen, hohen Stuhl, den sie
gemacht hatten, zu predigen, und standen
neben ihm Matthithja, Sema, Anaja, Uria,
Hilkia und Maaseja zu seiner Rechten,
aber zu seiner Linken Pedaja, Misael, Malchia, Hasum, Hasbaddana, Sacharja und
Mesullam.
5. Und Esra tat das Buch auf vor dem
ganzen Volk – denn er ragte über alles
Volk–; und da er's auftat, stand alles Volk.
6. Und Esra lobte den Herrn, den großen
Gott. Und alles Volk antwortete: Amen,
amen! mit ihren Händen empor und neigten sich und beteten den Herrn an mit
dem Antlitz zur Erde.
7. Und Jesua, Bani, Serebja, Jamin, Akkub, Sabthai, Hodia, Maaseja, Kelita, Asarja, Josabad, Hanan, Pelaja und die Leviten
machten, daß das Volk aufs Gesetz merkte; und das Volk stand auf seiner Stätte.
8. Und sie lasen im Gesetzbuch Gottes
klar und verständlich, daß man verstand,
was gelesen ward.
9. Und Nehemia, der da ist *der Landpfleger, und Esra, der Priester, der
Schriftgelehrte, und die Leviten, die das
Volk aufmerken machten, sprachen zu allem Volk: Dieser Tag ist heilig dem Herrn,
eurem Gott; darum seid nicht traurig und
weinet nicht! Denn alles Volk weinte, da
sie die Worte des Gesetzes hörten. *K.5,14.
10. Darum sprach er zu ihnen: Gehet hin
und esset das Fette und trinket das Süße
und sendet denen auch Teile, die nichts
für sich bereitet haben; denn dieser Tag ist
heilig unserm Herrn. Und bekümmert
euch nicht; denn die Freude am Herrn ist
eure Stärke.
11. Und die Leviten stillten alles Volk
und sprachen: Seid still, denn der Tag ist
heilig; bekümmert euch nicht!
12. Und alles Volk ging hin, daß es äße,
tränke und Teile sendete und eine große
Freude machte; denn sie hatten die Worte
verstanden, die man ihnen hatte kundgetan.
13. Und des andern Tages versammelten

sich die Obersten der Vaterhäuser unter
dem ganzen Volk und die Priester und
Leviten zu Esra, dem Schriftgelehrten,
daß er sie in den Worten des Gesetzes
unterrichtete.
14. Und sie fanden *geschrieben im Gesetz, das der Herr durch Mose geboten
hatte, daß die Kinder Israel in Laubhütten
wohnen sollten am Fest im siebenten Monat *3. Mose 23,42.
15. und sollten's lassen laut werden und
ausrufen in allen ihren Städten und zu
Jerusalem und sagen: Gehet hinaus auf die
Berge und holet Ölzweige, Balsamzweige,
Myrtenzweige, Palmenzweige und Zweige
von dichten Bäumen, daß man Laubhütten mache, wie es geschrieben steht.
16. Und das Volk ging hinaus und holten
und machten sich Laubhütten, ein jeglicher auf seinem Dach und in ihren Höfen
und in den Höfen am Hause Gottes und
*auf der breiten Gasse am Wassertor und
auf der breiten Gasse am Tor Ephraim.
*V. 1.
17. Und die ganze Gemeinde derer, die
aus der Gefangenschaft waren wiedergekommen, machten Laubhütten und
wohnten darin. Denn die Kinder Israel
hatten seit der Zeit Josuas, des Sohnes
Nuns, bis auf diesen Tag nicht also getan;
und es war eine sehr große Freude.
18. Und ward im Gesetzbuch Gottes gelesen alle Tage, vom ersten Tag an bis auf
den letzten; und sie hielten das Fest sieben
Tage und am achten Tage die Versammlung, wie sich's gebührt.

Das 9. Kapitel

Öffentliche Buße des Volks.

1. Am vierundzwanzigsten Tage dieses
Monats kamen die Kinder Israel zusammen mit Fasten und Säcken und Erde auf
ihnen
2. und sonderten den Samen Israels ab
von allen fremden Kindern und traten hin
und bekannten ihre Sünden und ihrer Väter Missetaten.
3. Und standen auf an ihrer Stätte, und
man las im Gesetzbuch des Herrn, ihres
Gottes, ein Viertel des Tages; und ein
Viertel bekannten sie und beteten an den
Herrn, ihren Gott.
4. Und auf dem hohen Platz für die Leviten standen auf Jesua, Bani, Kadmiel, Sebanja, Bunni, Serebja, Bani und Chenani
und schrieen laut zu dem Herrn, ihrem
Gott.
5. Und die Leviten Jesua, Kadmiel, Bani,
Hasabneja, Serebja, Hodia, Sebanja, Pethahja sprachen: Auf! lobet den Herrn, euren Gott, von Ewigkeit zu Ewigkeit, und
man lobe den Namen deiner Herrlichkeit,
der erhaben ist über allen Preis und
Ruhm.
6. Herr, du bist's allein, du hast gemacht
den Himmel und aller Himmel Himmel
mit allem ihrem Heer, die Erde und alles,
was darauf ist, die Meere und alles, was
darinnen ist; du machst alles lebendig,
und das himmlische Heer betet dich an.
7. Du bist der Herr, Gott, der du Abram
erwählt hast und ihn *von Ur in Chaldäa
ausgeführt und †Abraham genannt
*1. Mose 11,31. †1. Mose 17,5.
8. und sein Herz treu vor dir gefunden
und einen Bund mit ihm gemacht, seinem
Samen zu geben das Land der Kanaaniter,
Hethiter, Amoriter, Pheresiter, Jebusiter
und Girgasiter; und hast dein Wort gehalten, denn du bist gerecht. 1. Mose 15,18–21.
9. Und du hast angesehen das Elend unsrer Väter in Ägypten und ihr Schreien erhört am Schilfmeer 2. Mose 3,7.
10. und Zeichen und Wunder getan an
Pharao und allen seinen Knechten und an
allem Volk seines Landes – denn du er-
kanntest, daß sie stolz wider sie waren –
und hast dir einen Namen gemacht, wie er
jetzt ist.
11. Und hast das Meer vor ihnen zerrissen, daß sie mitten im Meer trocken hindurchgingen, und ihre Verfolger in die
Tiefe geworfen wie Steine in mächtige
Wasser 2. Mose 14,21; 15,5.10.
12. und sie geführt des Tages in einer
Wolkensäule und des Nachts in einer Feuersäule, ihnen zu leuchten auf dem Wege,
den sie zogen. 2. Mose 13,21.
13. Und bist herabgestiegen auf den Berg
Sinai und hast mit ihnen vom Himmel
geredet und gegeben ein wahrhaftiges
Recht und ein rechtes Gesetz und gute
Gebote und Sitten 2. Mose 19,18; 20,1.
14. und deinen heiligen Sabbat ihnen
kundgetan und Gebote, Sitten und Gesetz
ihnen geboten durch deinen Knecht Mose,
15. und hast ihnen *Brot vom Himmel
gegeben, da sie hungerte, und †Wasser
aus dem Felsen lassen gehen, da sie dür
stete, und ihnen geredet, sie sollten hineingehen und das Land einnehmen, darüber du deine Hand hobst, es ihnen zu
geben. *2. Mose 16,4.14. †2. Mose 17,6.
16. Aber unsre Väter wurden stolz und
*halsstarrig, daß sie deinen Geboten nicht
gehorchten, *2. Mose 32,9.
17. und weigerten sich zu hören und ge-

AUSZUG DER FREMDEN AUS JERUSALEM Nehemia 9, 1.2

dachten auch nicht an deine Wunder, die du an ihnen tatest; sondern sie wurden halsstarrig und warfen ein *Haupt auf, daß sie sich zurückwendeten zu ihrer Dienstbarkeit in ihrer Ungeduld. Aber du, mein Gott, vergabst und warst †gnädig, barmherzig, geduldig und von großer Barmherzigkeit und verließest sie nicht.

*4. Mose 14,4. †2. Mose 34,6.

18. Und ob sie wohl ein gegossenes Kalb machten und sprachen: Das ist dein Gott, der dich aus Ägyptenland geführt hat! und taten große Lästerungen: 2. Mose 32,4.

19. doch verließest du sie nicht in der Wüste nach deiner großen Barmherzigkeit, und die Wolkensäule wich nicht von ihnen des Tages, sie zu führen auf dem Wege, noch die Feuersäule des Nachts, ihnen zu leuchten auf dem Wege, den sie zogen.

20. Und du *gabst ihnen deinen guten Geist, sie zu unterweisen; und dein Man wandtest du nicht von ihrem Munde, und gabst ihnen Wasser, da sie dürstete.

*4. Mose 11,25.

21. Vierzig Jahre versorgtest du sie in der Wüste, daß ihnen nichts mangelte. *Ihre Kleider veralteten nicht, und ihre Füße zerschwollen nicht. *5. Mose 8,4.

22. Und gabst ihnen Königreiche und Völker und teiltest sie hieher und daher, daß sie einnahmen das Land *Sihons, des Königs zu Hesbon, und das Land Ogs, des Königs von Basan. *4. Mose 21,24.35.

23. Und vermehrtest ihre Kinder wie die Sterne am Himmel und brachtest sie in das Land, das du ihren Vätern verheißen hattest, daß sie einziehen und es einnehmen sollten.

24. Und die Kinder zogen hinein und nahmen das Land ein; und du demütigtest vor ihnen die Einwohner des Landes, die Kanaaniter, und gabst sie in ihre Hände, ihre Könige und die Völker im Lande, daß sie mit ihnen täten nach ihrem Willen.

Jos. 12.

25. Und sie gewannen *feste Städte und ein fettes Land und nahmen Häuser ein von allerlei Güter, ausgehauene Brunnen, Weinberge, Ölgärten und Bäume, davon man ißt, die Menge, und sie aßen und wurden †satt und fett und lebten in Wonne durch deine große Güte.

*5. Mose 6,10.11. †5. Mose 32,15.

26. Aber sie wurden ungehorsam und widerstrebten dir und warfen dein Gesetz hinter sich zurück und erwürgten deine Propheten, die ihnen zeugten, daß sie sollten sich zu dir bekehren, und taten große Lästerungen.
27. Darum gabst du sie in die Hand ihrer Feinde, die sie ängsteten. Und zur Zeit ihrer Angst schrieen sie zu dir; und du erhörtest sie vom Himmel, und durch deine große Barmherzigkeit *gabst du ihnen Heilande, die ihnen halfen aus ihrer Feinde Hand. *Richt. 3,9.15.
28. Wenn sie aber zur Ruhe kamen, taten sie wieder übel vor dir. So verließest du sie in ihrer Feinde Hand, daß sie über sie herrschten. So schrieen sie dann wieder zur dir; und du erhörtest sie vom Himmel und errettetest sie nach deiner großen Barmherzigkeit vielmal. Richt. 2,18–21.
29. Und du ließest ihnen bezeugen, daß sie sich bekehren sollten zu deinem Gesetz. Aber sie waren stolz und gehorchten deinen Geboten nicht und sündigten an deinen Rechten (*durch welche ein Mensch lebt, so er sie tut) und kehrten dir den Rücken zu und wurden halsstarrig und gehorchten nicht. *3. Mose 18,5.
30. Und du verzogst viele Jahre über ihnen und ließest ihnen bezeugen durch deinen Geist in deinen Propheten; aber sie nahmen's nicht zu Ohren. Darum hast du sie gegeben in die Hand der Völker in den Ländern. Jer. 7,25.26; 44,4–6.
31. Aber nach deiner großen Barmherzigkeit hast du es nicht gar aus mit ihnen gemacht noch sie verlassen; denn du bist ein gnädiger und barmherziger Gott. Klagel. 3,22.
32. Nun, unser Gott, du großer Gott, *mächtig und schrecklich, der du hältst Bund und Barmherzigkeit, achte nicht gering alle die Mühsal, die uns getroffen hat, unsre Könige, Fürsten, Priester, Propheten, Väter und dein ganzes Volk von der Zeit an der Könige von Assyrien bis auf diesen Tag. *K. 1,5.
33. Du bist gerecht in allem, was du über uns gebracht hast; denn du hast recht getan, wir aber sind gottlos gewesen. Esra 9,15; Dan. 9,5.7.
34. Und unsre Könige, Fürsten, Priester und Väter haben nicht nach deinem Gesetz getan und nicht achtgehabt auf deine Gebote und Zeugnisse, die du hast ihnen lassen bezeugen.
35. Und sie haben dir nicht gedient in ihrem Königreich und in deinen großen Gütern, die du ihnen gabst, und in dem weiten und fetten Lande, das du ihnen dargegeben hast, und haben sich nicht bekehrt von ihrem bösen Wesen.
36. Siehe, wir sind heutigestages Knechte, und in dem Lande, das du unsern Vätern gegeben hast, zu essen seine Früchte und Güter, siehe, da sind wir Knechte.
37. Und sein Ertrag mehrt sich den Königen, die du über uns gesetzt hast um unsrer Sünden willen; und sie herrschen über unsre Leiber und unser Vieh nach ihrem Willen, und wir sind in großer Not.

Das 10. Kapitel

Das Volk verpflichtet sich eidlich zur Beobachtung des Gesetzes.

1. [K. 9,38.] Und in diesem allem machen wir einen festen Bund und schreiben und lassen's unsere Fürsten, Leviten und Priester versiegeln.
2. [1.] Die Versiegler aber waren: Nehemia, der Landpfleger, der Sohn Hachaljas, und Zedekia,
3. [2.] Seraja, Asarja, Jeremia,
4. [3.] Pashur, Amarja, Malchia,
5. [4.] Hattus, Sebanja, Malluch,
6. [5.] Harim, Meremoth, Obadja,
7. [6.] Daniel, Ginthon, Baruch,
8. [7.] Mesullam, Abia, Mijamin,
9. [8.] Maasja, Bilgai und Semaja – das waren die Priester;
10. [9.] die Leviten aber waren: Jesua, der Sohn Asanjas, Binnui von den Kindern Henadads, Kadmiel
11. [10.] und ihre Brüder: Sechanja, Hodia, Kelita, Pelaja, Hanan
12. [11.] Micha, Rehob, Hasabja,
13. [12.] Sakkur, Serebja, Sebanja,
14. [13.] Hodia, Bani und Beninu;
15. [14.] die Häupter im Volk waren: *Pareos, †Pahath-Moab, Elam, Satthu, Bani, *Esra 2,3. †Esra 2,6.
16. [15.] Bunni, Asgad, Bebai,
17. [16.] Adonia, Bigevai, Adin,
18. [17.] Ater, Hiskia, Assur,
19. [18.] Hodja, Hasum, Bezai,
20. [19.] Hariph, Anathoth, Nobai,
21. [20.] Magpias, Mesullam, Hesir,
22. [21.] Mesesabeel, Zadok, Jaddua,
23. [22.] Pelatja, Hanan, Anaja,
24. [23.] Hosea, Hananja, Hassub,
25. [24.] Halohes, Pilha, Sobek,
26. [25.] Rehum, Hasabna, Maaseja,
27. [26.] Ahia, Hanan, Anan,
28. [27.] Malluch, Harim und Baana.
29. [28.] Und das andere Volk – *Priester, Leviten, Torhüter, Sänger, Tempelknechte und alle, die sich von den Völkern in den

Landen abgesondert hatten zum Gesetz Gottes – samt ihren Weibern, Söhnen und Töchtern, alle, die es verstehen konnten,
*Esra 2,70.
30. [29.] hielten sich zu ihren Brüdern, den Mächtigen, und kamen, daß sie schwuren und sich mit einem Eide verpflichteten, zu wandeln im Gesetz Gottes, das durch Mose, den Knecht Gottes, gegeben ist, daß sie es hielten und tun wollten nach allen Geboten, Rechten und Sitten des Herrn, unsers Herrschers;
31. [30.] und daß wir den Völkern im Lande unsere Töchter nicht geben noch ihre Töchter unsern Söhnen nehmen wollten;
32. [31.] auch wenn die Völker im Lande *am Sabbattage bringen Ware und allerlei Getreide zu verkaufen, daß wir's nicht von ihnen nehmen wollten am Sabbat und den heiligen Tagen; und daß wir das siebente Jahr von aller Hand Beschwerung freilassen wollten. *K. 13,15.16; Amos 8,5.
33. [32.] Und wir legten ein Gebot auf uns, daß wir jährlich einen dritten Teil eines Silberlings gäben zum Dienst im Hause unsers Gottes,
34. [33.] nämlich zu Schaubrot, zu täglichem Speisopfer, zu täglichem Brandopfer, zum Opfer des Sabbats, der Neumonde und Festtage und zu dem Geheiligten und zum Sündopfer, damit Israel versöhnt werde, und zu allem Geschäft im Hause unsers Gottes.
35. [34.] Und wir warfen das Los unter den Priestern, Leviten und dem Volk um das Opfer des Holzes, das man zum Hause unsers Gottes bringen sollte jährlich nach unsern Vaterhäusern auf bestimmte Zeit, zu brennen auf dem Altar des Herrn, unsers Gottes, wie es im Gesetz *geschrieben steht. *3. Mose 6,5.
36. [35.] Und wir wollen jährlich bringen die Erstlinge unsers Landes und die Erstlinge aller Früchte auf allen Bäumen zum Hause des Herrn; 2. Mose 23,19.
37. [36.] und die Erstlinge unsrer Söhne und unsers Viehs, wie es im Gesetz *geschrieben steht, und die Erstlinge unsrer Rinder und unsrer Schafe wollen wir zum Hause unsers Gottes bringen den Priestern, die im Hause unsers Gottes dienen.
*2. Mose 13,2.
38. [37.] Auch wollen wir bringen das Erste unsers Teiges und unsre Hebopfer und Früchte von allerlei Bäumen, Most und Öl den Priestern in die Kammern am Hause unsers Gottes und den *Zehnten unsers Landes den Leviten, daß die Leviten den Zehnten haben in allen Städten unsers Ackerwerks. *4. Mose 18,21.
39. [38.] Und der Priester, der Sohn Aarons, soll mit den Leviten sein, wenn sie den Zehnten nehmen, daß die Leviten *den Zehnten ihrer Zehnten heraufbringen zum Hause unsers Gottes in die Kammern im Vorratshause.
*4. Mose 18,26.28.
40. [39.] Denn die Kinder Israel und die Kinder Levi sollen die Hebe des Getreides, Mosts und Öls herauf in die Kammern bringen. Daselbst sind die Gefäße des Heiligtums und die Priester, die da dienen, und die Torhüter und Sänger. So wollen wir das Haus unsers Gottes nicht verlassen.

Das 11. Kapitel

Verzeichnis der neuen Einwohner in der Stadt und auf dem Lande.

1. Und die *Obersten des Volks wohnten zu Jerusalem. Das andere Volk aber warf das Los darum, daß unter zehn ein Teil gen Jerusalem, in die heilige Stadt, zöge zu wohnen, und neun Teile in den Städten wohnten. *K. 7,5.
2. Und das Volk segnete alle die Männer, die willig waren, zu Jerusalem zu wohnen.
(V. 3–19: vgl. 1. Chron. 9,2–17.)
3. Dies sind die Häupter in der Landschaft, die zu Jerusalem und in den Städten Juda's wohnten. (Sie wohnten aber ein jeglicher in seinem Gut, das in ihren Städten war; nämlich Israel, Priester, Leviten, Tempelknechte und die *Kinder der Knechte Salomos.) *K. 7,57.
4. Und zu Jerusalem wohnten etliche der Kinder Juda und Benjamin. Von den Kindern Juda: Athaja, der Sohn Usias, des Sohnes Sacharjas, des Sohnes Amarjas, des Sohnes Sephatjas, des Sohnes Mahalaleels, aus den Kindern Perez,
5. und Maaseja, der Sohn Baruchs, des Sohnes Chol-Hoses, des Sohnes Hasajas, des Sohnes Adajas, des Sohnes Jojaribs, des Sohnes Sacharjas, des Sohnes des Selaniters.
6. Aller Kinder Perez, die zu Jerusalem wohnten, waren 468, tüchtige Leute.
7. Dies sind die Kinder Benjamin: Sallu, der Sohn Mesullams, des Sohnes Joeds, des Sohnes Pedajas, des Sohnes Kolajas, des Sohnes Maasejas, des Sohnes Ithiels, des Sohnes Jesaja's,
8. und nach ihm Gabbai, Sallai, 928;
9. und Joel, der Sohn Sichris, war ihr Vorsteher, und Juda, der Sohn Hasnuas, über den andern Teil der Stadt.

10. Von den Priestern wohnten daselbst
Jedaja, der Sohn Jojaribs, Jachin,
11. Seraja, der Sohn Hilkias, des Sohnes
Mesullams, des Sohnes Zadoks, des Sohnes Merajoths, des Sohnes Ahitobs, ein Fürst im Hause Gottes,
12. und ihre Brüder, die im Hause schafften, derer waren 822; und Adaja, der Sohn Jerohams, des Sohnes Pelaljas, des Sohnes Amzis, des Sohnes Sacharjas, des Sohnes Pashurs, des Sohnes Malchias,
13. und seine Brüder, Oberste der Vaterhäuser, 242; und Amassai, der Sohn Asareels, des Sohnes Ahsais, des Sohnes Mesillemoths, des Sohnes Immers,
14. und ihre Brüder, gewaltige Männer, 128; und ihr Vorsteher war Sabdiel, der Sohn Gedolims.
15. Von den Leviten: Semaja, der Sohn Hassubs, des Sohnes Asrikams, des Sohnes Hasabjas, des Sohnes Bunnis,
16. und Sabthai und Josabad, aus der Leviten Obersten, an den äußerlichen Geschäften im Hause Gottes,
17. und Matthanja, der Sohn Michas, des Sohnes Sabdis, des Sohnes Asaphs, der das Haupt war, Dank anzuheben zum Gebet, und Bakbukja, der andere unter seinen Brüdern, und Abda, der Sohn Sammuas, des Sohnes Galals, des Sohnes Jedithuns.
18. Alle Leviten in der heiligen Stadt waren 284.
19. Und die Torhüter: Akkub und Talmon und ihre Brüder, die in den Toren hüteten, waren 172.
20. Das andere Israel aber, Priester und Leviten, waren in allen Städten Juda's, ein jeglicher in seinem Erbteil.
21. Und die Tempelknechte wohnten am Ophel; und Ziha und Gispa waren über die Tempelknechte.
22. Der Vorsteher aber über die Leviten zu Jerusalem war Usi, der Sohn Banis, des Sohnes Hasabjas, des Sohnes Matthanjas, des Sohnes Michas, aus den Kindern Asaphs, den Sängern, für das Geschäft im Hause Gottes.
23. Denn es war des Königs Gebot über sie, daß man den Sängern treulich gäbe, einen jeglichen Tag seine Gebühr.
24. Und Pethahja, der Sohn Mesesabeels, aus den Kindern Serahs, des Sohnes Juda's, war zu Handen des Königs in allen Geschäften an das Volk.
25. Und der Kinder Juda, die außen auf den Dörfern auf ihrem Lande waren, wohnten etliche zu *Kirjath-Arba und seinen Ortschaften und zu Dibon und seinen Ortschaften und zu Kabzeel und seinen Ortschaften *Jos. 20,7; 21,11.
26. und zu Jesua, Molada, Beth-Pelet,
27. Hazar-Sual, Beer-Seba und ihren Ortschaften
28. und zu *Ziklag und Mechona und ihren Ortschaften *Jos. 15,31.
29. und zu En-Rimmon, Zora, Jarmuth,
30. Sanoah, Adullam und ihren Dörfern, zu Lachis und auf seinem Felde, zu Aseka und seinen Ortschaften. Und sie lagerten sich von Beer-Seba an bis ans Tal Hinnom.
31. Die Kinder Benjamin aber wohnten von Geba an zu Michmas, Aja, *Beth-El und seinen Ortschaften *Jos. 18,22.
32. und zu Anathoth, Nob, Ananja,
33. Hazor, Rama, Gitthaim,
34. Hadid, Zeboim, Neballat,
35. Lod und Ono im Tal der Zimmerleute.
36. Und etliche Leviten, die Teile in Juda hatten, wohnten unter Benjamin.

Das 12. Kapitel

Namen der Priester und Leviten.
Einweihung der Stadtmauer.
Verordnete Aufseher über die Gaben für den Tempel.

1. Dies sind die Priester und Leviten, die *mit Serubabel, dem Sohn Sealthiels, und mit Jesua heraufzogen: Seraja, Jeremia, Esra, *Esra 2,2.
2. Amarja, Malluch, Hattus,
3. Sechanja, Rehum, Meremoth,
4. Iddo, Ginthoi, *Abia, *Luk. 1,5.
5. Mijamin, Maadja, Bilga,
6. Semaja, Jojarib, Jedaja,
7. Sallu, Amok, Hilkia und Jedaja. Dies waren die Häupter unter den Priestern und ihren Brüdern zu den Zeiten Jesuas.
8. Die Leviten aber waren diese: Jesua, Binnui, Kadmiel, Serebja, Juda und Matthanja – der hatte des *Dankamt mit seinen Brüdern–; *K. 11,17.
9. Bakbukja und Unni, ihre Brüder, waren ihnen gegenüber zum Dienst.
10. *Jesua zeugte Jojakim, Jojakim zeugte †Eljasib, Eljasib zeugte Jojada, *V. 1.26. †K. 3,1.20.
11. Jojada zeuge Jonathan, Jonathan zeugte Jaddua.
12. Und zu den Zeiten Jojakims waren diese Oberste der Vaterhäuser unter den Priestern: nämlich von Seraja war Meraja, von Jeremia war Hananja,
13. von Esra war Mesullam, von Amarja war Johanan,
14. von Malluch war Jonathan, von Sebanja war Joseph,

15. von Harim war Adna, von Merajoth
war Helkai,
16. von Iddo war Sacharja, von Ginthon
war Mesullam,
17. von Abia war Sichri, von Minjamin-
Moadja war Piltai,
18. von Bilga war Sammua, von Semaja
war Jonathan,
19. von Jojarib war Matthnai, von Jedaja
war Usi,
20. von Sallai war Kallai, von Amok war
Eber,
21. von Hilkia war Hasabja, von Jedaja
war Nathanael.
22. Und *zu den Zeiten Eljasibs, Jojadas,
Johanans und Jadduas wurden die Obersten der Vaterhäuser unter den Leviten
aufgeschrieben und die Priester, unter
dem Königreich des Darius, des Persers.
*V. 10.11.
23. Es wurden aber die Kinder Levi, die
Obersten der Vaterhäuser, aufgeschrieben
in die Chronik bis zur Zeit Johanans, des
Sohnes Eljasibs.
24. Und dies waren die Obersten unter
den Leviten: Hasabja, Serebja und Jesua,
der Sohn Kadmiels; und ihre Brüder neben ihnen, verordnet, zu loben und zu
danken, wie es *David, der Mann Gottes,
geboten hatte, eine Ordnung um die andere *1. Chron. 25; 2. Chron. 29,25.
25. waren *Matthanja, Bakbukja, Obadja. Aber Mesullam, Talmon und Akkub, die
†Torhüter, hatten die Hut an den **Vorratskammern der Tore.
*K. 11,17.19. †2. Chron. 8,14. **1. Chron. 26,15.17.
26. Diese waren zu den Zeiten *Jojakims,
des Sohnes Jesuas, des Sohnes †Jozadaks,
und zu den **Zeiten Nehemias, des Landpflegers, und des Priesters Esra, des
Schriftgelehrten.
*V. 10. †1. Chron. 5,40.41. **K. 5,14; Esra 7,1–6.
27. Und bei der Einweihung der Mauer
zu Jerusalem suchte man die Leviten aus
allen ihren Orten, daß man sie gen Jerusalem brächte, zu halten Einweihung in
Freuden, mit Danken, mit Singen, mit
Zimbeln, Psaltern und Harfen.
28. Und es versammelten sich die Kinder
der Sänger von der Gegend um Jerusalem
her und von den Höfen der Netophathiter
29. und von Beth-Gilgal und von den Äk-
kern zu Geba und Asmaveth; denn die
Sänger hatten sich Höfe gebaut um Jerusalem her.
30. Und die Priester und Leviten reinigten sich und reinigten das Volk, die Tore
und die Mauer.
31. Und ich ließ die Fürsten Juda's oben
auf die Mauer steigen und bestellte zwei
große Dankchöre. Die einen gingen hin
zur Rechten oben auf der Mauer zum
*Misttor hin, *K. 2,13; 3,13.
32. und ihnen ging nach Hosaja und die
Hälfte der Fürsten Juda's
33. und Asarja, Esra, Mesullam,
34. Juda, Benjamin, Semaja und Jeremia
35. und etliche der Priester-Kinder mit
Drommeten, dazu Sacharja, der Sohn Jonathans, des Sohnes Semajas, des Sohnes
Matthanjas, des Sohnes Michajas, des
Sohnes Sakkurs, des Sohnes Asaphs,
36. und seine Brüder: Semaja, Asareel,
Milalai, Gilalai, Maai, Nathanael und Juda,
Hanani, mit den Saitenspielen Davids, des
Mannes Gottes, Esra aber, der Schriftgelehrte, vor ihnen her.
37. Und zogen zum Brunnentor hin und
gingen stracks vor sich auf den Stufen zur
Stadt Davids, die Mauer hinauf zu dem
Hause Davids hinan und bis an das *Wassertor gegen Morgen. *K. 3,26.
38. Der andere Dankchor ging ihnen gegenüber, und ich ihm nach und die Hälfte
des Volks, oben auf der Mauer zum *Ofenturm hinan und bis an die breite Mauer
*K. 3,11.
39. und zum Tor Ephraim hinan und
zum alten Tor und zum Fischtor und zum
Turm Hananeel und zum Turm Mea bis an
das Schaftor, und blieben stehen im Ker-
kertor.
40. Und standen also die zwei Dankchöre
am Hause Gottes, und ich und die Hälfte
der Obersten mit mir,
41. und die Priester, nämlich Eljakim,
Maaseja, Minjamin, Michaja, Eljoenai, Sacharja, Hananja mit Drommeten,
42. und Maaseja, Semaja, Eleasar, Usi,
Johanan, Malchia, Elam und Eser. Und die
Sänger sangen laut, und Jisrahja war der
Vorsteher.
43. Und es wurden desselben Tages große Opfer geopfert, und sie waren fröhlich;
denn Gott hatte ihnen eine große Freude
gemacht, daß sich auch Weiber und Kinder freuten, und man hörte die Freude
Jerusalems ferne.
44. Zu der Zeit wurden verordnet Männer über die Vorratskammern, *darin die
Heben, Erstlinge und Zehnten waren, daß
sie sammeln sollten von den Äckern um
die Städte her, auszuteilen nach dem Gesetz für die Priester und Leviten; denn
Juda hatte eine Freude an den Priestern
und Leviten, daß sie standen *K. 10,37; 13,5.
45. und warteten des Dienstes ihres Gottes und des Dienstes der Reinigung. Und

die Sänger und Torhüter standen nach dem Gebot Davids und seines Sohnes Salomo;
46. denn vormals, zu den *Zeiten Davids und Asaphs, wurden gestiftet die obersten Sänger und Loblieder und Dank zu Gott. *1. Chron. 25.
47. Aber ganz Israel gab den Sängern und Torhütern Teile zu den Zeiten Serubabels und Nehemias, einen jeglichen Tag sein Teil; und sie gaben Geheiligtes für die Leviten, die Leviten aber gaben *Geheiligtes für die Kinder Aaron. *K. 10,39.

Das 13. Kapitel

Nehemia stellt mit großem Eifer verschiedene Mißbräuche ab.

1. Und es ward zu der Zeit gelesen das Buch Mose vor den Ohren des Volks und ward gefunden darin *geschrieben, daß die Ammoniter und Moabiter sollen nimmermehr in die Gemeinde Gottes kommen, *5. Mose 23,4–6.
2. darum daß sie den Kindern Israel nicht entgegenkamen mit Brot und Wasser und *dingten wider sie Bileam, daß er sie verfluchen sollte; aber unser Gott wandte den Fluch in einen Segen. *4. Mose 22,5.6.
3. Da sie nun dies Gesetz hörten, schieden sie alle Fremdlinge von Israel.
4. Und vor dem hatte der Priester Eljasib, der gesetzt war über die Kammern am Hause unsers Gottes, ein Verwandter des Tobia, demselben eine große Kammer gemacht;
5. und dahin hatten sie zuvor gelegt Speisopfer, Weihrauch, Geräte und die Zehnten vom Getreide, Most und Öl, die Gebühr der Leviten, Sänger und Torhüter, dazu die Hebe der Priester.
6. Aber bei diesem allem war ich nicht zu Jerusalem; denn im zweiunddreißigsten Jahr Arthahsasthas, des Königs zu Babel, kam ich zum König, und nach etlicher Zeit erwarb ich vom König,
7. daß ich gen Jerusalem zog. Und ich merkte, daß nicht gut war, was Eljasib an Tobia getan hatte, da er sich eine Kammer machte im Hofe am Hause Gottes;
8. und es verdroß mich sehr, und ich warf alle Geräte vom Haus Tobia's hinaus vor die Kammer
9. und hieß, daß sie die Kammern reinigten; und ich brachte wieder dahin *das Gerät des Hauses Gottes, das Speisopfer und den Weihrauch. *K. 10,40.
10. Und ich erfuhr, daß der Leviten Teile ihnen nicht gegeben waren, derhalben die Leviten und Sänger, die das Geschäft des Amts ausrichten sollten, geflohen waren, ein jeglicher zu seinem Acker.
11. Da schalt ich die Obersten und sprach: Warum ist das Haus Gottes *verlassen? Aber ich versammelte sie und stellte sie an ihre Stätte. *K. 10,40.
12. Da brachte ganz Juda die Zehnten vom Getreide, Most und Öl zum Vorrat. *4. Mose 18,21.
13. Und ich setzte über die Vorräte Selemja, den Priester, und Zadok, den Schriftgelehrten, und aus den Leviten Pedaja und ihnen zur Hand Hanan, den Sohn Sakkurs, des Sohnes Matthanjas; denn sie wurden für treu gehalten, und ihnen ward befohlen, ihren Brüdern auszuteilen.
14. *Gedenke, mein Gott, mir daran und tilge nicht aus meine Barmherzigkeit, die ich an meines Gottes Hause und an seinem Dienst getan habe! *V. 31; K. 5,19.
15. Zur selben Zeit sah ich in Juda Kelter treten am Sabbat und Garben hereinbringen und Esel, beladen mit Wein, Trauben, Feigen und allerlei Last, gen Jerusalem bringen am Sabbattag. Und ich zeugte wider sie des Tages, da sie die Nahrung verkauften. *K. 10,32; Jer. 17,21–27.
16. Es wohnten auch Tyrer darin; die brachten Fische und allerlei Ware und verkauften's am Sabbat den Kindern Juda's in Jerusalem.
17. Da schalt ich die Obersten in Juda und sprach zu ihnen: Was ist das für ein böses Ding, das ihr tut, und brecht den Sabbattag?
18. Taten nicht eure Väter also, und unser Gott führte all dies Unglück über uns und über diese Stadt? Und ihr macht des Zorns über Israel noch mehr, daß ihr den Sabbat brecht!
19. Und da es in den Toren zu Jerusalem dunkel ward vor dem Sabbat, hieß ich die Türen zuschließen und befahl, man sollte sie nicht auftun bis nach dem Sabbat. Und ich bestellte meiner Leute etliche an die Tore, daß man keine Last hereinbrächte am Sabbattage.
20. Da blieben die Krämer und Verkäufer mit allerlei Ware über Nacht draußen vor Jerusalem, ein Mal oder zwei.
21. Da zeugte ich wider sie und sprach zu ihnen: Warum bleibt ihr über Nacht um die Mauer? Werdet ihr's noch einmal tun, so will ich die Hand an euch legen. Von der Zeit an kamen sie des Sabbats nicht.
22. Und ich sprach zu den Leviten, daß sie sich reinigten und kämen und hüteten

die Tore, zu heiligen den Sabbattag. Mein Gott, *gedenke mir des auch und schone mein nach deiner großen Barmherzigkeit!
*V. 14.
23. Ich sah auch zu der Zeit Juden, die Weiber genommen hatten von Asdod, Ammon und Moab.
24. Und ihre Kinder redeten die Hälfte asdodisch und konnten nicht jüdisch reden, sondern nach der Sprache eines jeglichen Volks.
25. Und ich schalt sie und fluchte ihnen und schlug etliche Männer und raufte sie und nahm einen Eid von ihnen bei Gott: Ihr *sollt eure Töchter nicht geben ihren Söhnen noch ihre Töchter nehmen euren Söhnen oder euch selbst. *5. Mose 7,3.
26. Hat nicht Salomo, der König Israels, daran gesündigt? Und war doch in vielen Heiden kein König ihm gleich, und er war seinem Gott lieb, und Gott setzte ihn zum König über ganz Israel; dennoch *machten ihn die ausländischen Weiber sündigen. *1. Kön. 11,3–8.
27. Und von euch muß man das hören, daß ihr solch groß Übel tut, euch an unserm Gott zu vergreifen und ausländische Weiber zu nehmen?
28. Und einer aus den Kindern *Jojadas, des Sohnes Eljasibs, des Hohenpriesters, war †Saneballats, des Horoniters, Eidam; aber ich jagte ihn von mir.
*K. 11,10. †K. 2,19.
29. Gedenke an sie, mein Gott, daß sie das Priestertum befleckt haben und den Bund des Priestertums und der Leviten!
30. Also reinigte ich sie von allem Ausländischen und bestellte den Dienst der Priester und Leviten, einen jeglichen zu seinem Geschäft,
31. und für die Opfergaben an Holz zu bestimmten Zeiten und für die Erstlinge. *Gedenke meiner, mein Gott, im Besten!
*V. 14.22; K. 5,19.

Das Buch Esther

Das 1. Kapitel

Die persische Königin Vasthi wird von ihrem Gemahl Ahasveros (Xerxes) verstoßen.

1. Zu den Zeiten des Ahasveros (der da König war von Indien bis an Mohrenland über hundertundsiebenundzwanzig Länder)
2. und da er auf seinem königlichen Stuhl saß zu Schloß Susan,
3. im dritten Jahr seines Königreichs, machte er bei sich ein Mahl allen seinen Fürsten und Knechten, den Gewaltigen in Persien und Medien, den Landpflegern und Obersten in seinen Ländern,
4. daß er sehen ließe den herrlichen Reichtum seines Königreichs und die köstliche Pracht seiner Majestät viele Tage lang, hundertundachtzig Tage.
5. Und da die Tage aus waren, machte der König ein Mahl allem Volk, das zu Schloß Susan war, Großen und Kleinen, sieben Tage lang im Hofe des Gartens am Hause des Königs.
6. Da hingen weiße, rote und blaue Tücher, mit leinenen und scharlachnen Seilen gefaßt, in silbernen Ringen auf Marmorsäulen. Die Bänke waren golden und silbern auf Pflaster von grünem, weißem, gelbem und schwarzem Marmor.
7. Und das Getränk trug man in goldenen Gefäßen und immer andern und andern Gefäßen, und königlichen Wein die Menge, wie denn der König vermochte.
8. Und man setzte niemand, was er trinken sollte; denn der König hatte allen Vorstehern in seinem Hause befohlen, daß ein jeglicher sollte tun, wie es ihm wohl gefiele.
9. Und die Königin Vasthi machte auch ein Mahl für die Weiber im königlichen Hause des Königs Ahasveros.
10. Und am siebenten Tage, da der König guten Muts war vom Wein, hieß er Mehuman, Bistha, Harbona, Bigtha, Abagtha, Sethar und Charkas, die sieben Kämmerer, die vor dem König Ahasveros dienten,
11. daß sie die Königin Vasthi holten vor den König mit der königlichen Krone, daß er den Völkern und Fürsten zeigte ihre Schöne; denn sie war schön.
12. Aber die Königin Vasthi wollte nicht kommen nach dem Wort des Königs durch seine Kämmerer. Da ward der König sehr zornig, und sein Grimm entbrannte in ihm.
13. Und der König sprach zu den Weisen, die sich auf die *Zeiten verstanden (denn des Königs Sachen mußten geschehen vor

allen, die sich auf Recht und Händel verstanden; *1. Chron. 12,32.
14. die nächsten aber bei ihm waren Charsena, Sethar, Admatha, Tharsis, Meres, Marsena und Memuchan, die sieben Fürsten der Perser und Meder, die das Angesicht des Königs sahen und saßen obenan im Königreich),
15. was für ein Recht man an der Königin Vasthi tun sollte, darum daß sie nicht getan hatte nach dem Wort des Königs durch seine Kämmerer.
16. Da sprach Memuchan vor dem König und den Fürsten: Die Königin Vasthi hat nicht allein an dem König übel getan, sondern auch an allen Fürsten und an allen Völkern in allen Landen des Königs Ahasveros.
17. Denn es wird solche Tat der Königin auskommen zu allen Weibern, daß sie ihre Männer verachten vor ihren Augen und werden sagen: Der König Ahasveros hieß die Königin Vasthi vor sich kommen; aber sie wollte nicht.
18. So werden nun die Fürstinnen in Persien und Medien auch so sagen zu allen Fürsten des Königs, wenn sie solche Tat der Königin hören; so wird sich Verachtens und Zorns genug erheben.
19. Gefällt es dem König, so lasse man ein königlich Gebot von ihm ausgehen und schreiben nach der Perser und Meder Gesetz, welches man nicht *darf übertreten: daß Vasthi nicht mehr vor den König Ahasveros komme, und der König gebe ihre königliche Würde einer andern, die besser ist denn sie. *Dan. 6,9.
20. Und es erschalle dieser Befehl des Königs, den er geben wird, in sein ganzes Reich, welches groß ist, daß alle Weiber ihre Männer in Ehren halten, unter Großen und Kleinen.
21 Das gefiel dem König und den Fürsten; und der König tat nach dem Wort Memuchans.
22. Da wurden Briefe ausgesandt in alle Länder des Königs, in *ein jegliches Land nach seiner Schrift und zu jeglichem Volk nach seiner Sprache: daß †ein jeglicher Mann der Oberherr in seinem Hause sei und ließe reden nach der Sprache seines Volks. *K. 3,12; 8,9. †1. Mose 3,16.

Das 2. Kapitel

Esther wird zu königlichen Ehren erhoben. Mardochai, ihr Erzieher, entdeckt eine Verschwörung wider den König.

1. Nach diesen Geschichten, da der Grimm des Königs Ahasveros sich gelegt hatte, gedachte er an Vasthi, was sie getan hatte und was über sie beschlossen war.
2. Da sprachen die Diener des Königs, die ihm dienten: Man suche dem König junge, schöne Jungfrauen,
3. und der König bestelle Männer in allen Landen seines Königreichs, daß sie allerlei junge, schöne Jungfrauen zusammenbringen gen Schloß Susan ins Frauenhaus unter die Hand Hegais, des Königs Kämmerers, der der Weiber wartet, und man gebe ihnen ihren Schmuck;
4. und welche Dirne dem König gefällt, die werde Königin an Vasthis Statt. Das gefiel dem König, und er tat also.
5. Es war aber ein jüdischer Mann zu Schloß Susan, der hieß Mardochai, ein Sohn Jairs, des Sohnes Simeis, des Sohnes des *Kis, ein Benjaminiter, *1. Sam. 14,51.
6. der mit weggeführt war von Jerusalem, da Jechonja, der König Juda's, weggeführt ward, welchen Nebukadnezar, der König zu Babel, wegführte.
2. Kön. 24,15.16.
7. Und er war ein Vormund der Hadassa, das ist Esther, einer Tochter seines *Oheims; denn sie hatte weder Vater noch Mutter. Und sie war eine schöne und feine Dirne. Und da ihr Vater und Mutter starb, nahm sie Mardochai auf zur Tochter. *V. 15.
8. Da nun das Gebot und Gesetz des Königs laut ward und viel Dirnen zuhaufe gebracht wurden gen Schloß Susan unter die Hand Hegais, ward Esther auch genommen zu des Königs Hause unter die Hand Hegais, des Hüters der Weiber.
9. Und die Dirne gefiel ihm, und sie fand Barmherzigkeit vor ihm. Und er eilte mit ihrem Schmuck, daß er ihr ihren Teil gäbe und sieben feine Dirnen von des Königs Hause dazu. Und er tat sie mit ihren Dirnen an den besten Ort im Frauenhaus.
10. Und Esther sagte ihm nicht an ihr Volk und ihre Freundschaft; denn Mardochai hatte ihr geboten, sie sollte es nicht ansagen.
11. Und Mardochai wandelte alle Tage vor dem Hofe am Frauenhaus, daß er erführe, ob's Esther wohl ginge und was ihr geschehen würde.
12. Wenn aber die bestimmte Zeit einer jeglichen Dirne kam, daß sie zum König Ahasveros kommen sollte, nachdem sie zwölf Monate im Frauen-Schmücken gewesen war (denn ihr Schmücken mußte so viel Zeit haben, nämlich sechs Monate mit Balsam und Myrrhe und sechs Monate mit guter Spezerei, so waren denn die Weiber geschmückt):

ESTHER WIRD KÖNIGIN Esther 2, 17

13. alsdann ging die Dirne zum König, und alles, was sie wollte, mußte man ihr geben, daß sie damit vom Frauenhaus zu des Königs Haus ginge.
14. Und wenn eine des Abends hineinkam, die ging des Morgens von ihm in das andere Frauenhaus unter die Hand des Saasgas, des Königs Kämmerers, des Hüters der Kebsweiber. Und sie durfte nicht wieder zum König kommen, es lüstete denn den König und er ließe sie mit Namen rufen.
15. Da nun die Zeit Esthers herankam, der Tochter Abihails, des Oheims Mardochais (die er zur Tochter hatte aufgenommen), daß sie zum König kommen sollte, begehrte sie nichts, denn was Hegai, des Königs Kämmerer, der Weiber Hüter, sprach. Und Esther fand Gnade vor allen, die sie ansahen.
16. Es ward aber Esther genommen zum König Ahasveros ins königliche Haus im zehnten Monat, der da heißt *Tebeth, im siebenten Jahr seines Königreichs.

*Dezember/Januar.

17. Und der König gewann Esther lieb über alle Weiber, und sie fand Gnade und Barmherzigkeit vor ihm vor allen Jungfrauen. Und er setzte die königliche Krone auf ihr Haupt und machte sie zur Königin an Vasthis Statt.
18. Und der König machte ein großes Mahl allen seinen Fürsten und Knechten – das war ein Mahl um Esthers willen – und ließ die Länder ruhen und gab königliche Geschenke aus.
19. Und da man das anderemal Jungfrauen versammelte, saß Mardochai im Tor des Königs.
20. Und Esther hatte noch nicht angesagt ihre Freundschaft noch ihr Volk, wie ihr denn Mardochai geboten hatte; denn Esther tat nach dem Wort Mardochais, gleich als da er ihr Vormund war. V. 10.
21. Zur selben Zeit, da Mardochai im Tor des Königs saß, wurden zwei Kämmerer des Königs, Bigthan und Theres, die die Tür hüteten, zornig und trachteten, ihre Hände an den König Ahasveros zu legen.
22. Das ward Mardochai kund, und er sagte es an der Königin Esther, und Esther sagte es dem König in Mardochais Namen.
23. Und da man nachforschte, ward's gefunden, und sie wurden beide an Bäume

gehängt. Und es ward geschrieben in die *Chronik vor dem König. *K. 6,1.2.

Das 3. Kapitel

Hamans Ehrgeiz und Anschlag zur Vertilgung der Juden.

1. Nach diesen Geschichten machte der König Ahasveros Haman groß, den Sohn Hammedathas, den Agagiter, und erhöhte ihn und setzte seinen Stuhl über alle Fürsten, die bei ihm waren.

2. Und alle Knechte des Königs, die im Tor des Königs waren, beugten die Kniee und fielen vor Haman nieder; denn der König hatte es also geboten. Aber Mardochai beugte die Kniee nicht und fiel nicht nieder.

3. Da sprachen des Königs Knechte, die im Tor des Königs waren, zu Mardochai: Warum übertrittst du des Königs Gebot?

4. Und da sie solches täglich zu ihm sagten und er ihnen nicht gehorchte, sagten sie es Haman an, daß sie sähen, ob solch Tun Mardochais bestehen würde; denn er hatte ihnen gesagt, daß er ein Jude wäre.

5. Und da Haman sah, daß Mardochai ihm nicht die Kniee beugte noch vor ihm niederfiel, ward er voll Grimms.

6. Und verachtete es, daß er an Mardochai allein sollte die Hand legen, denn sie hatten ihm das Volk Mardochais angesagt; sondern er trachtete, das Volk Mardochais, alle Juden, so im ganzen Königreich des Ahasveros waren, zu vertilgen.

7. Im ersten Monat, das ist der Monat Nisan, im zwölften Jahr des Königs Ahasveros, ward das *Pur, das ist das Los, geworfen vor Haman, von einem Tage auf den andren und von Monat zu Monat bis auf den zwölften, das ist der Monat Adar. *K. 9,24.

8. Und Haman sprach zum König Ahasveros: Es ist ein Volk, zerstreut und teilt sich unter alle Völker in allen Ländern deines Königreichs, und ihr Gesetz ist anders denn aller Völker, und tun nicht nach des Königs Gesetzen; es ziemt dem König nicht, sie also zu lassen.

9. Gefällt es dem König, so lasse er schreiben, daß man sie umbringe; so will ich zehntausend Zentner Silber darwägen unter die Hand der Amtleute, daß man's bringe in die Kammer des Königs.

10. Da tat der König seinen *Ring von der Hand und gab ihn Haman, dem Sohn Hammedathas, dem Agagiter, der Juden Feind. *K. 8,2.

11. Und der König sprach zu Haman: Das Silber sei dir gegeben, dazu das Volk, daß du damit tust, was dir gefällt.

12. Da rief man die Schreiber des Königs am dreizehnten Tage des ersten Monats; und ward geschrieben, wie Haman befahl, an die Fürsten des Königs und zu den Landpflegern hin und her in den Ländern und zu den Hauptleuten eines jeglichen Volks in den Ländern hin und her, *nach der Schrift eines jeglichen Volks und nach ihrer Sprache, im Namen des Königs Ahasveros und mit des Königs Ring versiegelt. *K. 1,22.

13. Und die Briefe wurden gesandt durch die Läufer in alle Länder des Königs, zu vertilgen, zu erwürgen und umzubringen alle Juden, jung und alt, Kinder und Weiber, auf einen Tag, nämlich auf den dreizehnten Tag des zwölften Monats, das ist der Monat Adar, und ihr Gut zu rauben.

14. Also war der Inhalt der Schrift: daß ein Gebot gegeben wäre in allen Ländern, allen Völkern zu eröffnen, daß sie auf denselben Tag bereit wären.

15. Und die Läufer gingen aus eilend nach des Königs Wort, und zu Schloß Susan ward das Gebot angeschlagen. Und der König und Haman saßen und tranken; aber die Stadt Susan ward bestürzt.

Das 4. Kapitel

Mardochai bewegt Esther zu dem Entschluß, den König um Zurücknahme des Mordbefehls gegen die Juden zu bitten.

1. Da Mardochai erfuhr alles, was geschehen war, zerriß er seine Kleider und legte einen Sack an und Asche und ging hinaus mitten in die Stadt und schrie laut und kläglich.

2. Und kam bis vor das Tor des Königs; denn es durfte niemand zu des Königs Tor eingehen, der einen Sack anhatte.

3. Und in allen Ländern, an welchen Ort des Königs Wort und Gebot gelangte, war ein großes Klagen unter den Juden, und viele fasteten, weinten, trugen Leid und lagen in Säcken und in der Asche.

4. Da kamen die Dirnen Esthers und ihre Kämmerer und sagten's ihr an. Da erschrak die Königin sehr. Und sie sandte Kleider, daß Mardochai sie anzöge und den Sack von sich ablegte; er aber nahm sie nicht.

5. Da rief Esther Hathach unter des Königs Kämmerern, der vor ihr stand, und gab ihm Befehl an Mardochai, daß sie erführe, was das wäre und warum er so täte.

6. Da ging Hathach hinaus zu Mardochai

in die Gasse der Stadt, die vor dem Tor des
Königs war.
7. Und Mardochai sagte ihm alles, was
ihm begegnet wäre, und die *Summe des
Silbers, das Haman versprochen hatte in
des Königs Kammer darzuwägen um der
Juden willen, sie zu vertilgen *K.3,9.
8. und gab ihm die Abschrift des Gebots,
das zu Susan angeschlagen war, sie zu
vertilgen, daß er's Esther zeigte und ihr
ansagte und geböte ihr, daß sie zum König
hineinginge und flehte zu ihm und täte
eine Bitte an ihn um ihr Volk.
9. Und da Hathach hineinkam und sagte
Esther die Worte Mardochais,
10. sprach Esther zu Hathach und gebot
ihm an Mardochai:
11. Es wissen alle Knechte des Königs
und das Volk in den Landen des Königs,
daß, wer zum König hineingeht inwendig
in den Hof, er sei Mann oder Weib, der
nicht gerufen ist, der soll stracks nach
dem Gebot sterben; es sei denn, daß der
König *das goldene Zepter gegen ihn rek-
ke, damit er lebendig bleibe. Ich aber bin
nun in dreißig Tagen nicht gerufen, zum
König hineinzukommen. *K.5,2; 8,4.
12. Und da die Worte Esthers wurden
Mardochai angesagt,
13. hieß Mardochai Esther wieder sagen:
Gedenke nicht, daß du dein Leben errettest, weil du im Hause des Königs bist, vor
allen Juden;
14. denn wo du wirst zu dieser Zeit
schweigen, so wird eine Hilfe und Errettung von einem andern Ort her den Juden
entstehen, und du und deines Vaters Haus
werdet umkommen. Und *wer weiß, ob du
nicht um dieser Zeit willen zur königlichen Würde gekommen bist? *1. Mose 45,7.
15. Esther hieß Mardochai antworten:
16. So gehe hin und versammle alle Juden, die zu Susan vorhanden sind, und
fastet für mich, daß ihr nicht esset und
trinket in drei Tagen, weder Tag noch
Nacht; ich und meine Dirnen wollen auch
also fasten. Und also will ich zum König
hineingehen wider das Gebot; *komme
ich um, so komme ich um. *2. Kön. 7,4.
17. Mardochai ging hin und tat alles, was
ihm Ester geboten hatte.

Das 5. Kapitel

Esther geht zum König.
Haman stellt Mardochai nach dem Leben.

1. Und am dritten Tag zog sich Esther
königlich an und trat in den innern Hof
am Hause des Königs gegenüber dem
Hause des Königs. Und der König saß auf
seinem königlichen Stuhl im königlichen
Hause, gegenüber der Tür des Hauses.
2. Und da der König sah Esther, die Königin, stehen im Hofe, fand sie Gnade vor
seinen Augen. Und der *König reckte das
goldene Zepter in seiner Hand gegen Esther. Da trat Esther herzu und rührte die
Spitze des Zepters an. *K.4,11; 8,4.
3. Da sprach der König zu ihr: Was ist
dir, Esther, Königin? und was forderst du?
Auch die Hälfte des Königreichs soll dir
gegeben werden.
4. Esther sprach: *Gefällt es dem König,
so komme der König und Haman heute zu
dem Mahl, das ich zugerichtet habe.
*K.1,19.
5. Der König sprach: Eilet, daß Haman
tue, was Esther gesagt hat! Da nun der
König und Haman zu dem Mahl kamen,
das Esther zugerichtet hatte,
6. sprach der König zu Esther, da er
Wein getrunken hatte: *Was bittest du,
Esther? Es soll dir gegeben werden. Und
was forderst du? Auch die Hälfte des Königreichs, es soll geschehen. *K.9,12.
7. Da antwortete Esther und sprach: Meine Bitte und Begehr ist:
8. Habe ich Gnade gefunden vor dem König, und so es dem König gefällt, mir zu
geben meine Bitte und zu tun mein Begehren, so komme der König und Haman
zu dem Mahl, das ich für sie zurichten
will; so will ich morgen tun, was der König
gesagt hat.
9. Da ging Haman des Tages hinaus fröhlich und gutes Muts. Und da er sah Mardochai im Tor des Königs, daß er nicht aufstand noch sich vor ihm bewegte, ward er
voll Zorns über Mardochai.
10. Aber er hielt an sich. Und da er heimkam, sandte er hin und ließ holen seine
Freunde und sein Weib Seres
11. und zählte ihnen auf die Herrlichkeit
seines Reichtums und die Menge seiner
Kinder und alles, wie ihn der König so
groß gemacht hätte und daß er über die
Fürsten und Knechte des Königs erhoben
wäre.
12. Auch sprach Haman: Und die Königin Esther hat niemand lassen kommen
mit dem König zum Mahl, das sie zugerichtet hat, als mich; und bin auch morgen zu ihr geladen mit dem König.
13. Aber an dem allem habe ich keine
Genüge, solange ich sehe den Juden Mardochai am Königstor sitzen.
14. Da sprachen zu ihm sein Weib Seres
und alle seine Freunde: Man mache einen

Baum, fünfzig Ellen hoch, und morgen sage dem König, daß man Mardochai daran hänge; so kommst du mit dem König fröhlich zum Mahl. Das gefiel Haman wohl, und er ließ einen Baum zurichten.

Das 6. Kapitel

Haman muß den Mardochai im Namen des Königs öffentlich ehren.

1. In derselben Nacht konnte der König nicht schlafen und hieß die Chronik mit den Historien bringen. Da die wurden vor dem König gelesen,
2. fand sich's geschrieben, wie *Mardochai hatte angesagt, daß die zwei Kämmerer des Königs, Bigthan und Theres, die an der Schwelle hüteten, getrachtet hätten, die Hand an den König Ahasveros zu legen. *K.2,21–23.
3. Und der König sprach: Was haben wir Mardochai Ehre und Gutes dafür getan? Da sprachen die Diener des Königs, die ihm dienten: Es ist ihm nichts geschehen.
4. Und der König sprach: Wer ist im Hofe? Haman aber war in den Hof gegangen, draußen vor des Königs Hause, daß er dem König sagte, *Mardochai zu hängen an den Baum, den er ihm zubereitet hatte. *K.5,14.
5. Und des Königs Diener sprachen zu ihm: Siehe, Haman steht im Hofe. Der König sprach: Laßt ihn hereingehen!
6. Und da Haman hineinkam, sprach der König zu ihm: Was soll man dem Mann tun, den der König gerne wollte ehren? Haman aber gedachte in seinem Herzen: Wem sollte der König anders gern wollen Ehre tun denn mir?
7. Und Haman sprach zum König: Dem Mann, den der König gerne wollte ehren,
8. soll man königliche Kleider bringen, die der König pflegt zu tragen, und ein Roß, darauf der König reitet, und soll eine königliche Krone auf sein Haupt setzen;
9. und man soll solch Kleid und Roß geben in die Hand eines Fürsten des Königs, daß derselbe den Mann anziehe, den der König gern ehren wollte, und führe ihn auf dem Roß in der Stadt Gassen und lasse rufen vor ihm her: So wird man tun dem Mann, den der König gerne ehren will.
10. Der König sprach zu Haman: Eile und nimm das Kleid und Roß, wie du gesagt hast, und tu also mit Mardochai, dem Juden, der vor dem Tor des Königs sitzt; und laß nichts fehlen an allem, was du geredet hast!
11. Da nahm Haman das Kleid und Roß und zog Mardochai an und führte ihn auf der Stadt Gassen und rief vor ihm her: So wird man tun dem Mann, den der König gerne ehren will.
12. Und Mardochai kam wieder an das Tor des Königs. Haman aber eilte nach Hause, trug Leid mit verhülltem Kopf
13. und erzählte seinem Weibe Seres und seinen Freunden allen alles, was ihm begegnet war. Da sprachen zu ihm seine Weisen und sein Weib Seres: Ist Mardochai vom Geschlecht der Juden, vor dem du zu fallen angehoben hast, so vermagst du nichts an ihm, sondern du wirst vor ihm fallen.
14. Da sie aber noch mit ihm redeten, kamen herbei des Königs Kämmerer und trieben Haman, zum Mahl zu kommen, das *Esther zugerichtet hatte. *K.5,8.

Das 7. Kapitel

Haman wird an den Baum gehängt, den er für Mardochai errichtet hatte.

1. Und da der König mit Haman kam zum Mahl, *das die Königin Esther zugerichtet hatte, *K.5,8; 6,14.
2. sprach der König zu Esther auch des andern Tages, da er Wein getrunken hatte: Was bittest du, Königin Esther, daß man dir's gebe? Und was forderst du? Auch das halbe Königreich, es soll geschehen.
3. Esther, die Königin, antwortete und sprach: Habe ich Gnade vor dir gefunden, o König, und gefällt es dem König, so gib mir mein Leben um meiner Bitte willen und mein Volk um meines Begehrens willen.
4. Denn wir sind verkauft, ich und mein Volk, daß wir vertilgt, erwürgt und umgebracht werden. Und wären wir doch nur zu Knechten und Mägden verkauft, so wollte ich schweigen; so würde der Feind doch dem König nicht schaden.
5. Der König Ahasveros redete und sprach zu der Königin Esther: Wer ist der, oder wo ist der, der solches in seinen Sinn nehmen dürfe, also zu tun?
6. Esther sprach: Der Feind und Widersacher ist dieser böse Haman. Haman entsetzte sich vor dem König und der Königin.
7. Und der König stand auf vom Mahl und vom Wein in seinem Grimm und ging in den Garten am Hause. Und Haman stand auf und bat die Königin Esther um sein Leben; denn er sah, daß ihm ein Unglück vom König schon bereitet war.
8. Und da der König wieder aus dem Gar-

EHRUNG DES MARDOCHAI Esther 6, 11

ten am Hause in den Saal, da man gegessen hatte, kam, lag Haman an der Bank, darauf Esther saß. Da sprach der König: Will er auch der Königin Gewalt tun bei mir im Hause? Da das Wort aus des Königs Munde ging, verhüllten sie Haman das Antlitz.

9. Und Harbona, der Kämmerer einer vor dem König, sprach: Siehe, es steht ein Baum im Hause Hamans, fünfzig Ellen hoch, den er Mardochai gemacht hatte, der Gutes für den König geredet hat. Der König sprach: Laßt ihn dran hängen!

10. Also hängte man Haman an den Baum, den er Mardochai gemacht hatte. Da legte sich des Königs Zorn.

Das 8. Kapitel

Mardochais Erhöhung.
Neuer königlicher Befehl zu Gunsten der Juden.

1. An dem Tage gab der König Ahasveros der Königin Esther das Haus Hamans, des Judenfeindes. Und Mardochai kam vor den König; denn Esther sagte an, wie er ihr zugehörte.

2. Und der König tat ab seinen *Fingerreif, den er von Haman hatte genommen, und gab ihn Mardochai. Und Esther setzte Mardochai über das Haus Hamans. *K.3,10.

3. Und Esther redete weiter vor dem König und fiel ihm zu den Füßen und weinte und flehte ihn an, daß er zunichte machte die Bosheit Hamans, des Agagiters, und seine Anschläge, die er wider die Juden erdacht hatte.

4. Und der König *reckte das goldene Zepter gegen Esther. Da stand Esther auf und trat vor den König *K.5,2.

5. und sprach: Gefällt es dem König und habe ich Gnade gefunden vor ihm und ist's gelegen dem König und ich gefalle ihm, so schreibe man, daß die Briefe der Anschläge Hamans, des Sohnes Hammedathas, des Agagiters, widerrufen werden, die er geschrieben hat, die Juden umzubringen in allen Landen des Königs.

6. Denn wie kann ich zusehen dem Übel, das mein Volk treffen würde? Und wie kann ich zusehen, daß mein Geschlecht umkomme?

7. Da sprach der König Ahasveros zur Königin Esther und zu Mardochai, dem Juden: Siehe, ich habe Esther das Haus

Hamans gegeben, und ihn hat man an
einen Baum gehängt, darum daß er seine
Hand hat an die Juden gelegt;
8. so schreibt nun ihr für die Juden, wie
es euch gefällt, in des Königs Namen und
versiegelt's mit des Königs Ringe. Denn
die Schriften, die in des Königs Namen
geschrieben und mit des Königs Ringe
versiegelt wurden, durfte niemand widerrufen.
9. Da wurden gerufen des Königs Schreiber zu der Zeit im dritten Monat, das ist
der Monat *Sivan, am dreiundzwanzigsten Tage, und wurde geschrieben, wie
Mardochai gebot, an die Juden und an die
Fürsten, Landpfleger und Hauptleute in
den Landen von Indien bis an Mohrenland, nämlich hundertundsiebenundzwanzig Länder, einem †jeglichen Lande
nach seiner Schrift, einem jeglichen Volk
nach seiner Sprache, und den Juden nach
ihrer Schrift und Sprache.
*Mai/Juni. †K. 1,22.
10. Und es ward geschrieben in des Königs Ahasveros Namen und mit des Königs
Ring versiegelt. Und er sandte die Briefe
durch die reitenden Boten auf jungen
Maultieren,
11. darin der König den Juden Macht
gab, in welchen Städten sie auch waren,
sich zu versammeln und zu stehen für ihr
Leben und zu vertilgen, zu erwürgen und
umzubringen alle Macht des Volks und
Landes, die sie ängsteten, samt den Kindern und Weibern, und ihr Gut zu rauben
12. auf einen Tag in allen Ländern des
Königs Ahasveros, nämlich am dreizehnten Tage des zwölften Monats, das ist der
Monat Adar.
13. Der Inhalt aber der Schrift war, daß
ein Gebot gegeben wäre in allen Landen,
zu eröffnen allen Völkern, daß die Juden
auf den Tag bereit sein sollten, sich zu
rächen an ihren Feinden.
14. Und die reitenden Boten auf den
Maultieren ritten aus schnell und eilend
nach dem Wort des Königs, und das Gebot
ward zu Schloß Susan angeschlagen.
15. Mardochai aber ging aus von dem
König in königlichen Kleidern, blau und
weiß, und mit einer großen goldenen Krone, angetan mit einem Leinen- und Purpurmantel; und die Stadt Susan jauchzte
und war fröhlich.
16. Den Juden aber war Licht und Freude
und Wonne und Ehre gekommen.
17. Und in allen Landen und Städten, an
welchen Ort des Königs Wort und Gebot
gelangte, da ward Freude und Wonne unter den Juden, Wohlleben und gute Tage,
daß viele aus den Völkern im Lande Juden
wurden; *denn die Furcht vor den Juden
war über sie gekommen. *2. Mose 15,14–16.

Das 9. Kapitel

Die Juden rächen sich an ihren Feinden und
stiften ein Fest zum Gedächtnis ihrer Rettung.

1. Im zwölften Monat, das ist der Monat
Adar, am dreizehnten Tage, den des Königs Wort und Gebot bestimmt hatte, daß
man's tun sollte, ebendesselben Tages, da
die Feinde der Juden hofften, sie zu überwältigen, wandte sich's, daß die Juden ihre Feinde überwältigen sollten.
2. Da versammelten sich die Juden in
ihren Städten in allen Landen des Königs
Ahasveros, daß sie die Hand legten an die,
so ihnen übelwollten. Und niemand konnte ihnen widerstehen; denn *ihre Furcht
war über alle Völker gekommen. *K. 8,17.
3. Auch alle Obersten in den Landen und
Fürsten und Landpfleger und Amtleute
des Königs halfen den Juden; denn die
Furcht vor Mardochai war über sie gekommen.
4. Denn Mardochai war groß im Hause
des Königs, und sein Gerücht erscholl in
allen Ländern, wie er zunähme und groß
würde.
5. Also schlugen die Juden an allen ihren
Feinden eine Schwertschlacht und würg-
ten und brachten um und taten nach ihrem Willen an denen, die ihnen feind waren.
6. Und zu Schloß Susan erwürgten die
Juden und brachten um fünfhundert
Mann;
7. dazu erwürgten sie Parsandatha, Dal-
phon, Aspatha,
8. Poratha, Adalja, Aridatha,
9. Parmastha, Arisai, Aridai, Vajesatha,
10. die zehn Söhne Hamans, des Sohnes
Hammedathas, des Judenfeindes. Aber an
die Güter legten sie ihre Hände nicht.
11. Zu derselben Zeit kam die Zahl der
Erwürgten zu Schloß Susan vor den König.
12. Und der König sprach zu der Königin
Esther: Die Juden haben zu Schloß Susan
fünfhundert Mann erwürgt und umgebracht und die zehn Söhne Hamans; was
werden sie tun in den andern Ländern des
Königs? *Was bittest du, daß man dir gebe? und was forderst du mehr, daß man
tue? *K. 5,6; 7,2.
13. Esther sprach: Gefällt's dem König,
so lasse er auch morgen die Juden zu Su-

san tun nach dem heutigen Gebot, und die zehn Söhne Hamans soll man an den Baum hängen.
14. Und der König hieß also tun. Und das Gebot ward zu Susan angeschlagen, und die zehn Söhne Hamans wurden gehängt.
15. Und die Juden zu Susan versammelten sich auch am vierzehnten Tage des Monats Adar und erwürgten zu Susan dreihundert Mann; aber an ihre Güter legten sie ihre Hände nicht.
16. Aber die andern Juden in den Ländern des Königs kamen zusammen und standen für ihr Leben, daß sie Ruhe schafften vor ihren Feinden, und erwürgten ihrer Feinde fünfundsiebzigtausend; aber an ihre Güter legten sie ihre Hände nicht.
17. Das geschah am dreizehnten Tage des Monats Adar, und sie ruhten am vierzehnten Tage desselben Monats; den machte man zum Tage des Wohllebens und der Freude.
18. Aber die Juden zu Susan waren zusammengekommen am dreizehnten und vierzehnten Tage und ruhten am fünfzehnten Tage; und den Tag machte man zum Tage des Wohllebens und der Freude.
19. Darum machten die Juden, die auf den Dörfern und Flecken wohnten, den vierzehnten Tag des Monats Adar zum Tage des Wohllebens und der Freude, und sandte einer dem andern Geschenke.
20. Und Mardochai schrieb diese Geschichten auf und sandte Briefe an alle Juden, die in allen Ländern des Königs Ahasveros waren, nahen und fernen,
21. daß sie annähmen und hielten den vierzehnten und fünfzehnten Tag des Monats Adar jährlich,
22. nach den Tagen, darin die Juden zur Ruhe gekommen waren von ihren Feinden, und nach dem Monat, darin ihre Schmerzen in Freude und ihr Leid in gute Tage verkehrt war; daß sie dieselben halten sollten als Tage des Wohllebens und der Freude und einer dem andern Geschenke schicken und den Armen mitteilen.
23. Und die Juden nahmen's an, was sie angefangen hatten zu tun und was Mardochai an sie schrieb:
24. wie Haman, der Sohn Hammedathas, der Agagiter, aller Juden Feind, gedacht hatte, alle Juden umzubringen, und das *Pur, das ist das Los, werfen lassen, sie zu schrecken und umzubringen; *K. 3,7.
25. und wie Esther zum König gegangen war und derselbe durch Briefe geboten hatte, daß seine bösen Anschläge, die er wider die Juden gedacht, auf seinen Kopf gekehrt würden; und *wie man ihn und seine Söhne an den Baum gehängt hatte.
*V. 14; K. 7,10.
26. Daher sie diese Tage Purim nannten nach dem Namen des Loses. Und nach allen Worten dieses Briefes und dem, was sie selbst gesehen hatten und was an sie gelangt war,
27. richteten die Juden es auf und nahmen's auf sich und auf ihre Nachkommen und auf alle, die sich zu ihnen taten, daß sie nicht unterlassen wollten, zu halten diese zwei Tage jährlich, wie die vorgeschrieben und bestimmt waren;
28. daß diese Tage nicht zu vergessen, sondern zu halten seien bei Kindeskindern, bei allen Geschlechtern, in allen Ländern und Städten. Es sind die Tage Purim, welche nicht sollen übergangen werden unter den Juden, und ihr Gedächtnis soll nicht umkommen bei ihren Nachkommen.
29. Und die Königin Esther, die Tochter Abihails, und Mardochai, der Jude, schrieben mit ganzem Ernst, um es zu bestätigen, diesen zweiten Brief von Purim;
30. und er sandte die Briefe zu allen Juden in den hundertundsiebenundzwanzig Ländern des Königreichs des Ahasveros mit freundlichen und treuen Worten:
31. daß sie annähmen die Tage Purim auf ihre bestimmte Zeit, wie Mardochai, der Jude, über sie bestätigt hatte und die Königin Esther, und wie sie für sich selbst und für ihre Nachkommen bestätigt hatten die Geschichte der Fasten und ihres Schreiens.
32. Und Esther befahl, die Geschichte dieser Purim zu bestätigen. Und es ward in ein Buch geschrieben.

Das 10. Kapitel

Der mächtige Mardochai befördert das Wohl seines Volkes.

1. Und der König Ahasveros legte Zins aufs Land und auf die Inseln im Meer.
2. Aber alle Werke seiner Gewalt und Macht und die *große Herrlichkeit Mardochais, die ihm der König gab, siehe, das ist geschrieben in der Chronik der Könige in Medien und Persien. *K. 8,2.15.
3. Denn Mardochai, der Jude, war der nächste nach dem König Ahasveros und groß unter den Juden und angenehm unter der Menge seiner Brüder, der für sein Volk Gutes suchte und redete das Beste für sein ganzes Geschlecht.

Das Buch Hiob

Das 1. Kapitel

Wohlstand des frommen Hiob;
seine Gelassenheit in schweren Prüfungen.

1. Es war ein Mann im Lande *Uz, der
hieß †Hiob. Derselbe war **schlecht und
recht, gottesfürchtig und mied das Böse.

*1.Mose 10,23; 22,21; 36,28; Jer.25,20;
Klagel. 4,21. †Hesek. 14,14.20. **schlicht, gerade.

2. Und zeugte sieben Söhne und drei
Töchter;
3. und seines Viehs waren siebentausend
Schafe, dreitausend Kamele, fünfhundert
Joch Rinder und fünfhundert Eselinnen,
und er hatte sehr viel Gesinde; und er war
herrlicher denn alle, die gegen Morgen
wohnten.
4. Und seine Söhne gingen hin und
machten ein Mahl, ein jeglicher in seinem
Hause auf seinen Tag, und sandten hin
und luden ihre drei Schwestern, mit ihnen
zu essen und zu trinken.
5. Und wenn die Tage des Mahles um
waren, sandte Hiob hin und heiligte sie
und machte sich des Morgens früh auf und
opferte Brandopfer nach ihrer aller Zahl;
denn Hiob gedachte: Meine Söhne möchten gesündigt und Gott abgesagt haben in
ihrem Herzen. Also tat Hiob allezeit.
6. Es begab sich aber auf einen Tag, da
die *Kinder Gottes kamen und vor den
Herrn traten, kam der †Satan auch unter
ihnen. *K.2,1; 1.Kön.22,19–22.

†1.Chron.21,1; Sach.3,1.

7. Der Herr aber sprach zu dem Satan:
Wo kommst du her? Der Satan antwortete
dem Herrn und sprach: Ich habe das Land
umher durchzogen.
8. Der Herr sprach zum Satan: Hast du
nicht achtgehabt auf meinen Knecht
Hiob? Denn es ist seinesgleichen nicht im
Lande, schlecht und recht, gottesfürchtig
und meidet das Böse.
9. Der Satan antwortete dem Herrn und
sprach: Meinst du, daß Hiob *umsonst
Gott fürchtet? *Ps.73,13.
10. Hast du doch ihn, sein Haus und alles, was er hat, ringsumher verwahrt. Du
hast das Werk seiner Hände gesegnet, und
sein Gut hat sich ausgebreitet im Lande.
11. Aber recke deine Hand aus und taste
an alles, was er hat: was gilt's, er wird dir
ins Angesicht absagen?
12. Der Herr sprach zum Satan: Siehe,
alles, was er hat, sei in deiner Hand; nur an
ihn selbst lege deine Hand nicht. Da ging
der Satan aus von dem Herrn.
13. Des Tages aber, da seine Söhne und
Töchter aßen und Wein tranken in ihres
Bruders Hause, des Erstgeborenen,
14. kam ein Bote zu Hiob und sprach:
Die Rinder pflügten, und die Eselinnen
gingen neben ihnen auf der Weide,
15. da fielen die aus *Saba herein und
nahmen sie und schlugen die Knechte mit
der Schärfe des Schwerts; und ich bin allein entronnen, daß ich dir's ansagte.

*1.Mose 10,7.28; 25,3.

16. Da der noch redete, kam ein anderer
und sprach: Das Feuer Gottes fiel vom
Himmel und verbrannte Schafe und
Knechte und verzehrte sie; und ich bin
allein entronnen, daß ich dir's ansagte.
17. Da der noch redete, kam einer und
sprach: Die *Chaldäer machten drei Rotten und überfielen die Kamele und nahmen sie und schlugen die Knechte mit der
Schärfe des Schwerts; und ich bin allein
entronnen, daß ich dir's ansagte.

*1.Mose 11,28.

18. Da der noch redete, kam einer und
sprach: Deine Söhne und Töchter aßen
und tranken im Hause ihres Bruders, des
Erstgeborenen,
19. und siehe, da kam ein großer Wind
von der Wüste her und stieß auf die vier
Ecken des Hauses und warf's auf die jungen Leute, daß sie starben; und ich bin
allein entronnen, daß ich dir's ansagte.
20. Da stand Hiob auf und *zerriß sein
Kleid und raufte sein Haupt, und fiel auf
die Erde und betete an *1.Mose 37,34.
21. und sprach: Ich bin *nackt von meiner Mutter Leibe gekommen, nackt werde
ich wieder dahinfahren. Der Herr hat's
gegeben, der Herr hat's genommen; der
Name des Herrn sei gelobt!

*Pred.5,14; 1.Tim.6,7.

22. In diesem allem sündigte Hiob nicht
und tat nichts Törichtes wider Gott.

Das 2. Kapitel

Hiob vom Satan vor Gott weiter verklagt,
mit Krankheit geschlagen, von seinem Weibe
gekränkt und von drei Freunden besucht.

1. Es begab sich aber des Tages, da die
Kinder Gottes kamen und traten vor den

DIE PRÜFUNGEN DES HIOB Hiob 1, 21

Herrn, daß der Satan auch unter ihnen
kam und vor den Herrn trat. K. 1,6.
2. Da sprach der Herr zu dem Satan: Wo
kommst du her? Der Satan antwortete
dem Herrn und sprach: Ich habe das Land
umher durchzogen.
3. Der Herr sprach zu dem Satan: Hast
du nicht acht auf meinen Knecht Hiob
gehabt? Denn es ist seinesgleichen im
Lande nicht, *schlecht und recht, gottesfürchtig und meidet das Böse und hält
noch fest an seiner Frömmigkeit; du aber
hast mich bewogen, daß ich ihn ohne Ursache verderbt habe. *K. 1,1.
4. Der Satan antwortete dem Herrn und
sprach: Haut für Haut; und alles, was ein
Mann hat, läßt er für sein Leben.
5. Aber recke deine Hand aus und taste
sein Gebein und Fleisch an: was gilt's, er
wird dir ins Angesicht absagen?
6. Der Herr sprach zu dem Satan: Siehe
da, er sei in deiner Hand; doch schone
seines Lebens!
7. Da fuhr der Satan aus vom Angesicht
des Herrn und schlug Hiob mit bösen
Schwären von der Fußsohle an bis auf
seinen Scheitel.
8. Und er nahm eine Scherbe und schab-
te sich und saß in der Asche.
9. Und sein *Weib sprach zu ihm: Hältst
du noch fest an deiner Frömmigkeit? Ja,
sage Gott ab und stirb! *K. 19,17.
10. Er aber sprach zu ihr: Du redest, wie
die närrischen Weiber reden. Haben wir
Gutes empfangen von Gott und sollten das
Böse nicht auch annehmen? *In diesem
allem versündigte sich Hiob nicht mit seinen Lippen. *K. 1,22; Jak. 5,11.
11. Da aber die drei Freunde Hiobs hörten all das Unglück, das über ihn gekommen war, kamen sie, ein jeglicher aus seinem Ort: Eliphas von *Theman, Bildad
von †Suah und Zophar von **Naema.
Denn sie wurden eins, daß sie kämen, ihn
zu beklagen und zu trösten.
*1. Mose 36,15; Jer. 49,7.
†1. Mose 25,2. **Jos. 15,41.
12. Und da sie ihre Augen aufhoben von
ferne, kannten sie ihn nicht und hoben auf
ihre Stimme und weinten, und ein jeglicher zerriß sein Kleid, und sie sprengten
Erde auf ihr Haupt gen Himmel
13. und saßen mit ihm auf der Erde sieben Tage und sieben Nächte und redeten

nichts mit ihm; denn sie sahen, daß der Schmerz sehr groß war.

Das 3. Kapitel

Hiobs Klage.

1. Darnach tat Hiob seinen Mund auf und verfluchte seinen Tag.
2. Und Hiob sprach:
3. Der *Tag müsse verloren sein, darin ich geboren bin, und die Nacht, welche sprach: Es ist ein Männlein empfangen!
*Jer. 20,14–18.
4. Derselbe Tag müsse finster sein, und Gott von obenherab müsse nicht nach ihm fragen; kein Glanz müsse über ihn scheinen!
5. Finsternis und Dunkel müssen ihn überwältigen, und dicke Wolken müssen über ihm bleiben, und der Dampf am Tage mache ihn gräßlich!
6. Die Nacht müsse Dunkel einnehmen; sie müsse sich nicht unter den Tagen des Jahres freuen noch in die Zahl der Monden kommen!
7. Siehe, die Nacht müsse einsam sein und kein Jauchzen darin sein!
8. Es müssen sie verfluchen die Verflucher des Tages und die da bereit sind, zu erregen den Leviathan!
9. Ihre Sterne müssen finster sein in ihrer Dämmerung; sie hoffe aufs Licht, und es komme nicht, und müsse nicht sehen die Wimpern der Morgenröte,
10. darum daß sie nicht verschlossen hat die Tür des Leibes meiner Mutter und nicht verborgen das Unglück vor meinen Augen!
11. Warum bin ich nicht gestorben von Mutterleib an? Warum bin ich nicht verschieden, da ich aus dem Leibe kam?
12. Warum hat man mich auf den Schoß gesetzt? Warum bin ich mit Brüsten gesäugt?
13. So läge ich doch nun und wäre still, schliefe und hätte Ruhe
14. mit den Königen und Ratsherren auf Erden, die das Wüste bauen,
15. oder mit den Fürsten, die Gold haben und deren Häuser voll Silber sind.
16. Oder wie eine unzeitige Geburt, die man verborgen hat, wäre ich gar nicht, wie Kinder, die das Licht nie gesehen haben.
17. Daselbst müssen doch aufhören die Gottlosen mit Toben; daselbst ruhen doch, die viel Mühe gehabt haben.
18. Da haben doch miteinander Frieden die Gefangenen und hören nicht die Stimme des Drängers.
19. Da sind beide, klein und groß, und der Knecht ist frei von seinem Herrn.
20. Warum ist das Licht gegeben dem Mühseligen und das Leben den betrübten Herzen
21. (die des Todes warten, und er kommt nicht, und grüben ihn wohl aus dem Verborgenen, Offenb. 9,6.
22. die sich sehr freuten und fröhlich wären, wenn sie ein Grab bekämen),
23. dem Manne, dessen Weg verborgen ist und vor ihm von Gott *verzäunt ward?
*K. 19,8.
24. Denn wenn ich essen soll, muß ich seufzen, und mein Heulen fährt heraus wie Wasser.
25. Denn was ich gefürchtet habe, ist über mich gekommen, und was ich sorgte, hat mich getroffen.
26. War ich nicht glückselig? War ich nicht fein stille? Hatte ich nicht gute Ruhe? Und es kommt solche Unruhe!

Das 4. Kapitel

Des Eliphas' erste Rede:
Gott straft keinen Unschuldigen.

1. Da antwortete Eliphas von Theman und sprach:
2. Du hast's vielleicht nicht gern, so man versucht, mit dir zu reden; aber wer kann sich's enthalten?
3. Siehe, du hast viele unterwiesen und lässige Hände gestärkt;
4. deine Rede hat die Gefallenen aufgerichtet, und die bebenden Kniee hast du gekräftigt.
5. Nun es aber an dich kommt, wirst du weich; und nun es dich trifft, erschrickst du.
6. Ist nicht deine Gottesfurcht dein Trost, deine Hoffnung die Unsträflichkeit deiner Wege?
7. Gedenke doch, wo ist ein Unschuldiger umgekommen? oder wo sind die Gerechten je vertilgt?
8. Wie ich wohl gesehen habe: die da Mühe pflügten und Unglück säten, ernteten es auch ein; Spr. 22,8.
9. durch den Odem Gottes sind sie umgekommen und vom Geist seines Zorns vertilgt.
10. Das Brüllen der Löwen und die Stimme der großen Löwen und die Zähne der jungen Löwen sind zerbrochen.
11. Der Löwe ist umgekommen, daß er

HIOB WIRD VON KRANKHEITEN HEIMGESUCHT Hiob 2, 7–11

nicht mehr raubt, und die Jungen der Löwin sind zerstreut.
12. Und zu mir ist gekommen ein heimlich Wort, und mein Ohr hat ein Wörtlein
davon empfangen.
13. Da ich Gesichte betrachtete in der
Nacht, wenn der Schlaf auf die Leute fällt,
14. da kam mich Furcht und Zittern an,
und alle meine Gebeine erschraken.
1.Mose 15,12.
15. Und da der Geist an mir vorüberging,
standen mir die Haare zu Berge an meinem Leibe.
16. Da stand ein Bild vor meinen Augen,
und ich kannte seine Gestalt nicht; es war
still, und ich hörte eine Stimme:
17. Wie kann ein Mensch gerecht sein
vor Gott? oder ein Mann rein sein vor dem,
der ihn gemacht hat?
18. Siehe, unter seinen Knechten ist keiner ohne Tadel, und seine Boten zeiht er
der Torheit: K.15,15.
19. wie viel mehr, die in *Lehmhäusern
wohnen und auf Erde gegründet sind und
werden von den Würmern gefressen!
*2.Kor.5,1.
20. Es währt vom Morgen bis an den
Abend, so werden sie zerschlagen; und ehe
sie es gewahr werden, sind sie gar dahin,
21. und ihre Nachgelassenen vergehen
und sterben auch unversehens.

Das 5. Kapitel

Fortsetzung: der Gottlose geht zugrunde; wer sich beugt unter Gott, der wird errettet.

1. Rufe doch! was gilt's, ob einer dir antworte? Und an welchen von den Heiligen
willst du dich wenden?
2. Einen Toren aber erwürgt wohl der
Unmut, und den Unverständigen tötet der
Eifer.
3. Ich sah einen Toren eingewurzelt, und
ich fluchte plötzlich seinem Hause.
Ps.37,35.36.
4. Seine Kinder werden fern sein vom
Heil und werden zerschlagen werden im
Tor, da kein Erretter sein wird.
5. Seine Ernte wird essen der Hungrige
und auch aus den Hecken sie holen, und
sein Gut werden die Durstigen aussaufen.
6. Denn Mühsal aus der Erde nicht geht
und Unglück aus dem Acker nicht wäch-
set;
7. sondern der Mensch wird zu Unglück

geboren, wie die Vögel schweben, empor-
zufliegen.
8. Ich aber würde zu Gott mich wenden
und meine Sache vor ihn bringen,
9. der *große Dinge tut, die nicht zu
erforschen sind, und Wunder, die nicht zu
zählen sind: *K.9,10.
10. der den Regen aufs Land gibt und
läßt Wasser kommen auf die Gefilde;
11. der *die Niedrigen erhöht und den
Betrübten emporhilft. *Ps.75,8; Luk.1,52.
12. Er macht zunichte die Anschläge der
Listigen, daß es ihre Hand nicht ausführen kann;
13. und er fängt die Weisen in ihrer Li-
stigkeit und stürzt der Verkehrten Rat,
1.Kor.3,19.
14. daß sie des Tages in der Finsternis
laufen und tappen am Mittag wie in der
Nacht. Jes.59,9.10.
15. Er hilft dem Armen von dem
Schwert, von ihrem Munde und von der
Hand des Mächtigen,
16. und ist des Armen Hoffnung, daß die
Bosheit wird ihren Mund müssen zuhalten.
17. Siehe, selig ist der Mensch, den Gott
straft; darum weigere dich der Züchtigung
des Allmächtigen nicht. Spr.3,11; Ps.94,12.
18. Denn er verletzt und verbindet; er
zerschlägt, und seine Hand heilt.
5.Mose 32,39; Hos.6,1.
19. Aus sechs Trübsalen wird er dich erretten, und in der siebenten wird dich kein
Übel rühren: Spr.24,16.
20. in der Teuerung wird er dich vom
Tod erlösen und im Kriege von des
Schwertes Hand;
21. er wird dich verbergen vor der Geißel
der Zunge, daß du dich nicht fürchtest vor
dem Verderben, wenn es kommt;
22. im Verderben und Hunger wirst du
lachen und dich vor den wilden Tieren im
Lande nicht fürchten;
23. sondern dein Bund wird sein mit den
Steinen auf dem Felde, und die wilden
Tiere auf dem Lande werden Frieden mit
dir halten. Hos.2,20; Jes.11,6–9.
24. Und wirst erfahren, daß deine Hütte
Frieden hat, und wirst deine Behausung
versorgen und nichts vermissen,
25. und wirst erfahren, daß deines Samens wird viel werden und deine Nachkommen wie das Gras auf Erden,
26. und wirst im Alter zu Grabe kommen, wie Garben eingeführt werden zu
seiner Zeit.
27. Siehe, das haben wir erforscht und ist
also; dem gehorche und merke du dir's.

Das 6. Kapitel

Hiob rechtfertigt seinen Jammer und klagt über die Härte der Freunde.

1. Hiob antwortete und sprach:
2. Wenn man doch meinen Unmut wöge
und mein Leiden zugleich in die Waage
legte!
3. Denn nun ist es schwerer als Sand am
Meer; darum gehen meine Worte irre.
4. Denn die Pfeile des Allmächtigen stekken in mir: derselben Gift muß mein Geist
trinken, und die Schrecknisse Gottes sind
auf mich gerichtet. Ps.38,3.
5. Das Wild schreit nicht, wenn es Gras
hat; der Ochse blökt nicht, wenn er sein
Futter hat.
6. Kann man auch essen, was ungesalzen
ist? Oder wer mag kosten das Weiße um
den Dotter?
7. Was meine Seele widerte anzurühren,
das ist meine Speise, mir zum Ekel.
8. O, daß meine Bitte geschähe und Gott
gäbe mir, was ich hoffe!
9. Daß Gott anfinge und zerschlüge
mich und ließe seine Hand gehen und
zerscheiterte mich!
10. So hätte ich noch Trost – und wollte
bitten in meiner Krankheit, daß er nur
nicht schonte–, habe ich doch nicht verleugnet die Reden des Heiligen.
11. Was ist meine Kraft, daß ich möge
beharren? und welches ist mein Ende, daß
meine Seele geduldig sollte sein?
12. Ist doch meine Kraft nicht steinern
und mein Fleisch nicht ehern.
13. Habe ich doch nirgend Hilfe, und
mein Vermögen ist dahin.
14. Wer Barmherzigkeit seinem Nächsten weigert, der verläßt des Allmächtigen
Furcht.
15. Meine *Brüder trügen wie ein Bach,
wie Wasserströme, die vergehen, *Ps.38,12.
16. die trübe sind vom Eis, in die der
Schnee sich birgt:
17. zur Zeit, wenn sie die Hitze drückt,
versiegen sie; wenn es heiß wird, vergehen
sie von ihrer Stätte.
18. Die Reisezüge gehen ab vom Wege,
sie treten aufs Ungebahnte und kommen
um;
19. die Reisezüge von *Thema blickten
nach ihnen, die Karawanen von †Saba
hofften auf sie: *1.Mose 25,15. †K.1,15.
20. aber sie wurden zu Schanden über
ihrer Hoffnung und mußten sich schämen, als sie dahin kamen.
21. So seid ihr jetzt ein Nichts geworden,
und weil ihr Jammer sehet, fürchtet ihr
euch.

22. Habe ich auch gesagt: Bringet her und von eurem Vermögen schenket mir
23. und errettet mich aus der Hand des Feindes und erlöset mich von der Hand der Gewalttätigen?
24. Lehret mich, so will ich schweigen; und was ich nicht weiß, darin unterweiset mich.
25. Warum tadelt ihr rechte Rede? Wer ist unter euch, der sie strafen könnte?
26. Gedenket ihr, Worte zu strafen? Aber eines Verzweifelnden Rede ist für den Wind.
27. Ihr fielet wohl über einen armen Waisen her und grübet eurem Nächsten Gruben.
28. Doch weil ihr habt angehoben, sehet auf mich, ob ich vor euch mit Lügen bestehen werde.
29. Antwortet, was recht ist; meine Antwort wird noch recht bleiben.
30. Ist denn auf meiner Zunge Unrecht, oder sollte mein Gaumen Böses nicht merken?

Das 7. Kapitel

Fortsetzung: Hiob bittet Gott, entweder seinem Leben ein Ende zu machen oder sein zu schonen.

1. Muß nicht der Mensch immer im Streit sein auf Erden, und sind seine Tage nicht wie eines Tagelöhners? K. 14,6.
2. Wie ein Knecht sich sehnet nach dem Schatten und ein Tagelöhner, daß seine Arbeit aus sei,
3. also habe ich wohl ganze Monden vergeblich gearbeitet, und elender Nächte sind mir viel geworden.
4. Wenn ich mich legte, sprach ich: Wann werde ich aufstehen? Und der Abend ward mir lang; ich wälzte mich und wurde des satt bis zur Dämmerung.
5. Mein Fleisch ist um und um wurmig und kotig; meine Haut ist verschrumpft und zunichte geworden.
6. Meine Tage sind leichter dahingeflogen denn eine Weberspule und sind vergangen, daß kein Aufhalten dagewesen ist. Jes. 38,12.
7. Gedenke, daß mein Leben ein Wind ist und meine Augen nicht wieder Gutes sehen werden.
8. Und kein lebendiges Auge wird mich mehr schauen; sehen deine Augen nach mir, so bin ich nicht mehr.
9. Eine Wolke vergeht und fährt dahin: also, wer in die Hölle hinunterfährt, kommt nicht wieder herauf
10. und *kommt nicht wieder in sein Haus, und †sein Ort kennt ihn nicht mehr. *K. 10,21; 14,10–12; 16,22. †Ps. 103,16.
11. Darum will auch ich meinem Munde nicht wehren; ich will reden in der Angst meines Herzens und will klagen in der Betrübnis meiner Seele.
12. Bin ich denn ein Meer oder ein Meerungeheuer, daß du mich so verwahrest?
13. Wenn ich gedachte: Mein Bett soll mich trösten, mein Lager soll mir meinen Jammer erleichtern, –
14. so erschrecktest du mich mit Träumen und machtest mir Grauen durch Gesichte,
15. daß meine Seele wünschte erstickt zu sein und meine Gebeine den Tod.
16. Ich begehre nicht mehr zu leben. Laß ab von mir, denn meine Tage sind eitel. 1. Kön. 19,4.
17. Was ist ein Mensch, daß du ihn groß achtest und bekümmerst dich um ihn? K. 14,1–5; Ps. 8,5.
18. Du suchst ihn täglich heim und versuchst ihn alle Stunden.
19. Warum tust du dich nicht von mir und lässest mich nicht, bis ich nur meinen Speichel schlinge?
20. Habe ich gesündigt, was tue ich dir damit, o du Menschenhüter? Warum machst du mich zum Ziel deiner Anläufe, daß ich mir selbst eine Last bin?
21. Und warum vergibst du mir meine Missetat nicht und nimmst nicht weg meine Sünde? Denn nun werde ich mich in die Erde legen, und wenn du mich morgen suchst, werde ich nicht dasein.

Das 8. Kapitel

Bildads erste Rede:
nur Buße ist für Hiob der Weg zum Glück;
die Gottlosen gehen unter.

1. Da antwortete Bildad von Suah und sprach:
2. Wie lange willst du solches reden und sollen die Reden deines Mundes so einen stolzen Mut haben?
3. Meinst du, daß Gott unrecht richte oder der Allmächtige das Recht verkehre? K. 34,10.
4. Haben deine Söhne vor ihm gesündigt, so hat er sie verstoßen um ihrer Missetat willen. K. 1,18.19.
5. So du aber dich beizeiten zu Gott tust und zu dem Allmächtigen flehst,
6. und so du rein und fromm bist, so wird er *aufwachen zu dir und wird wieder aufrichten deine Wohnung um deiner Gerechtigkeit willen; *Ps. 35,23.

7. und was du zuerst wenig gehabt hast,
wird hernach gar sehr zunehmen. K.42,10.
8. Denn frage die vorigen Geschlechter
und merke auf das, was ihre Väter erforscht haben;
9. denn wir sind von gestern her und
wissen nichts; unser Leben ist ein *Schatten auf Erden. *Ps.102,12.
10. Sie werden dich's lehren und dir sagen und ihre Rede aus ihrem Herzen hervorbringen:
11. »Kann auch Rohr aufwachsen, wo es
nicht feucht steht? oder Schilf wachsen
ohne Wasser?
12. Sonst wenn's noch in der Blüte ist,
ehe es abgehauen wird, verdorrt es vor
allem Gras.
13. So geht es allen denen, die Gottes
vergessen; und die Hoffnung der Heuchler
wird verloren sein. K.11,20; 18,14; Spr.10,28.
14. Denn seine Zuversicht vergeht, und
seine Hoffnung ist eine Spinnwebe.
15. Er verläßt sich auf sein Haus, und
wird doch nicht bestehen; er wird sich
daran halten, aber doch nicht stehenbleiben.
16. Er steht voll Saft im Sonnenschein,
und seine Reiser wachsen hervor in seinem Garten.
17. Seine Saat steht dick bei den Quellen
und sein Haus auf Steinen.
18. Wenn er ihn aber verschlingt von seiner Stätte, wird sie sich gegen ihn stellen,
als kennte sie ihn nicht.
19. Siehe, das ist die Freude seines Wesens; und aus dem Staube werden andere
wachsen.«
20. Darum siehe, daß Gott nicht verwirft
die Frommen und erhält nicht die Hand
der Boshaften,
21. bis daß dein Mund von Lachens werde und deine Lippen voll Jauchzens.
Ps.126,2.
22. Die dich aber hassen, werden zu
Schanden werden, und der Gottlosen Hütte wird nicht bestehen.

Das 9. Kapitel

Hiobs zweite Gegenrede:
mit dem Allmächtigen kann niemand rechten.

1. Hiob antwortete und sprach:
2. Ja, ich weiß gar wohl, daß es also ist
und daß *ein Mensch nicht recht behalten
mag gegen Gott. *K.25,4.
3. Hat er Lust, mit ihm zu hadern, so
kann er ihm auf tausend nicht eins antworten. Ps.19,13.
4. Er ist weise und mächtig; wem ist's je
gelungen, der sich wider ihn gelegt hat?
5. Er versetzt Berge, ehe sie es innewerden, die er in seinem Zorn umkehrt.
6. Er bewegt die Erde aus ihrem Ort, daß
ihre Pfeiler zittern.
7. Er spricht zur Sonne, so geht sie nicht
auf, und versiegelt die Sterne.
8. Er *breitet den Himmel aus allein und
geht auf den Wogen des Meers. *Jes.40,22.
9. Er macht den Wagen am Himmel und
*Orion und die Plejaden und die Sterne
gegen Mittag. *K.38,31; Amos 5,8; Jes.13,10.
10. Er tut große Dinge, die nicht zu erforschen sind, und Wunder, deren keine
Zahl ist. K.5,9.
11. Siehe, er geht an mir vorüber, ehe
ich's gewahr werde, und wandelt vorbei,
ehe ich's merke.
12. Siehe, wenn er hinreißt, wer will ihm
wehren? Wer will zu ihm sagen: Was
machst du?
13. Er ist Gott; seinen Zorn kann niemand stillen; unter ihn mußten sich beugen die Helfer *Rahabs. *K.26,12.
14. Wie sollte ich denn ihm antworten
und Worte finden gegen ihn?
15. Wenn ich auch recht habe, kann ich
ihm dennoch nicht antworten, sondern
ich müßte um mein Recht flehen.
16. Wenn ich ihn schon anrufe, und er
mir antwortet, so glaube ich doch nicht,
daß er meine Stimme höre.
17. Denn er fährt über mich mit Ungestüm und macht mir der Wunden viel ohne Ursache.
18. Er läßt meinen Geist sich nicht erquicken, sondern macht mich voll Betrübnis.
19. Will man Macht, so ist er zu mächtig;
will man Recht, wer will mein Zeuge sein?
V.33.
20. Sage ich, daß ich gerecht bin, so verdammt er mich doch; bin ich unschuldig,
so macht er mich doch zu Unrecht.
21. Ich bin unschuldig! ich frage nicht
nach meiner Seele, begehre keines Lebens
mehr.
22. Es ist eins, darum sage ich: Er bringt
um beide, den Frommen und den Gottlosen. K.8,20; Pred.9,2.3.
23. Wenn er anhebt zu geißeln, so dringt
er alsbald zum Tod und spottet der Anfechtung der Unschuldigen.
24. Das Land aber wird gegeben unter die
Hand des Gottlosen, und der Richter Antlitz verhüllt er. Ist's nicht also, wer anders
sollte es tun?
25. Meine Tage sind schneller gewesen
denn ein Läufer; sie sind geflohen und
haben nichts Gutes erlebt.

26. Sie sind dahingefahren wie die Rohrschiffe, wie ein Adler fliegt zur Speise.
27. Wenn ich gedenke: Ich will meiner Klage vergessen und meine Gebärde lassen fahren und mich erquicken, –
28. so fürchte ich alle meine Schmerzen, weil ich weiß, daß du mich nicht unschuldig sein lässest.
29. Ich muß ja doch ein Gottloser sein; warum mühe ich mich denn so vergeblich?
30. Wenn ich mich gleich mit Schneewasser wüsche und reinigte meine Hände mit Lauge,
31. so wirst du mich doch tauchen in Kot, und werden mir meine Kleider greulich anstehen.
32. Denn er ist nicht meinesgleichen, dem ich antworten könnte, daß wir vor Gericht miteinander kämen.
33. Es ist zwischen uns kein Schiedsmann, der seine Hand auf uns beide lege.
34. Er nehme von mir seine Rute und lasse seinen Schrecken von mir,
35. daß ich möge reden und mich nicht vor ihm fürchten dürfe; denn ich weiß, daß ich kein solcher bin.

Das 10. Kapitel

Fortsetzung: Hiob klagt, daß Gott sein Geschöpf so schwer heimsuche.

1. Meine Seele verdrießt mein Leben; ich will meiner Klage bei mir ihren Lauf lassen und reden in der Betrübnis meiner Seele
2. und zu Gott sagen: Verdamme mich nicht! laß mich wissen, warum du mit mir haderst.
3. Gefällt dir's, daß du Gewalt tust und mich verwirfst, den deine Hände gemacht haben, und bringst der Gottlosen Vornehmen zu Ehren?
4. Hast du denn auch fleischliche Augen, *oder siehst du, wie ein Mensch sieht?
*1.Sam.16,7.
5. Oder ist deine Zeit wie eines Menschen Zeit, oder deine Jahre wie eines Mannes Jahre?
6. daß du nach meiner Missetat fragest und suchest meine Sünde,
7. so du doch weißt, wie ich nicht gottlos sei, so doch niemand ist, der aus deiner Hand erretten könne.
8. *Deine Hände haben mich bereitet und gemacht alles, was ich um und um bin; und du wolltest mich verderben?
*Ps.139,14.
9. Gedenke doch, daß du mich aus *Lehm gemacht hast; und wirst mich wieder zu Erde machen?
*K.33,6; 1.Mose 2,7; 3,19.
10. Hast du mich nicht wie Milch hingegossen und wie Käse lassen gerinnen?
11. Du hast mir Haut und Fleisch angezogen; mit Gebeinen und Adern hast du mich zusammengefügt.
12. Leben und Wohltat hast du an mir getan, und dein Aufsehen bewahrt meinen Odem.
13. Aber dies verbargst du in deinem Herzen – ich weiß, daß du solches im Sinn hattest –:
14. wenn ich sündigte, so wolltest du es bald merken und meine Missetat nicht ungestraft lassen.
15. Bin ich gottlos, dann wehe mir! bin ich gerecht, so darf ich doch mein Haupt nicht aufheben, als der ich voll Schmach bin und sehe mein Elend.
16. Und wenn ich es aufrichte, so jagst du mich *wie ein Löwe und handelst wiederum wunderbar an mir. *Jes.38,13.
17. Du erneuest deine Zeugen wider mich und machst deines Zorns viel auf mich; es zerplagt mich eins über das andere in Haufen.
18. Warum hast du mich aus Mutterleib kommen lassen? Ach, daß ich wäre umgekommen und mich nie ein Auge gesehen hätte! K.3,3.11; Jer.20,14.
19. So wäre ich, als die nie gewesen sind, von Mutterleibe zum Grabe gebracht.
20. Ist denn mein Leben nicht kurz? So höre er auf und lasse ab von mir, daß ich ein wenig erquickt werde,
21. ehe denn ich hingehe und komme *nicht wieder, ins Land der Finsternis und des Dunkels, *K.7,10.
22. ins Land, da es stockfinster ist und da keine Ordnung ist, und wenn's hell wird, so ist es wie Finsternis.

Das 11. Kapitel

Zophars erste Rede: Hiob soll sich vor dem allwissenden Gott demütigen.

1. Da antwortete Zophar von Naema und sprach:
2. Wenn einer lang geredet, muß er nicht auch hören? Muß denn ein Schwätzer immer recht haben?
3. Müssen die Leute zu deinem eitlen Gerede schweigen, daß du spottest und niemand dich beschäme?
4. Du sprichst: Meine Rede ist rein, und lauter bin ich vor deinen Augen.
K.9,21; 10,7.

5. Ach, daß Gott mit dir redete und täte seine Lippen auf K.38,1.
6. und zeigte dir die *heimliche Weisheit! Denn er hätte noch wohl mehr an dir zu tun, auf daß du wissest, daß er deiner Sünden nicht aller gedenkt. *Ps.51,8.
7. Meinst du, daß du wissest, was Gott weiß, und wollest es so vollkommen treffen wie der Allmächtige?
8. Es ist höher denn der Himmel; was willst du tun? tiefer denn die Hölle; was kannst du wissen?
9. länger denn die Erde und breiter denn das Meer.
10. So er daherfährt und gefangen legt und Gericht hält, wer will's ihm wehren?
11. Denn er kennt die losen Leute, er sieht die Untugend, und sollte es nicht merken?
12. Ein unnützer Mensch bläht sich, und ein geborener Mensch will sein wie ein junges Wild.
13. Wenn du dein Herz richtetest und deine Hände zu ihm ausbreitetest;
14. wenn du die Untugend, die in deiner Hand ist, fern von dir tätest, daß in deiner Hütte kein Unrecht bliebe:
15. so möchtest du dein Antlitz aufheben ohne Tadel und würdest fest sein und dich nicht fürchten.
16. Dann würdest du der Mühsal vergessen und so wenig gedenken als des Wassers, das vorübergeht;
17. und die Zeit deines Lebens würde aufgehen wie der Mittag, und das Finstere würde ein lichter Morgen werden;
18. und dürftest dich dessen trösten, daß Hoffnung da sei; würdest dich umsehen und in Sicherheit schlafen legen;
19. würdest *ruhen, und niemand würde dich aufschrecken; und viele würden vor dir flehen. *Ps.3,6; 4,9.
20. Aber die Augen der Gottlosen werden verschmachten, und sie werden nicht entrinnen können; denn *Hoffnung wird ihrer Seele fehlen. *K.8,13.

Das 12. Kapitel

Hiobs dritte Gegenrede: er schilt die aufgeblasene Weisheit der Freunde und überbietet sie in Schilderung der unumschränkten Macht Gottes.

1. Da antwortete Hiob und sprach:
2. Ja, ihr seid die Leute, mit euch wird die Weisheit sterben!
3. Ich habe so wohl ein Herz als ihr und bin nicht geringer denn ihr; und wer ist, der solches nicht wisse?
4. Ich muß von meinem Nächsten verlacht sein, der ich Gott anrief, und er erhörte mich. Der Gerechte und Fromme muß verlacht sein
5. und ist ein verachtet Lichtlein vor den Gedanken der Stolzen, steht aber, daß sie sich daran ärgern.
6. Der Verstörer Hütten habe die Fülle, und Ruhe haben, die wider Gott toben, die ihren Gott in der Faust führen.
7. Frage doch das Vieh, das wird dich's lehren, und die Vögel unter dem Himmel, die werden dir's sagen;
8. oder rede mit der Erde, die wird dich's lehren, und die Fische im Meer werden dir's erzählen.
9. Wer erkennte nicht an dem allem, daß des Herrn Hand solches gemacht hat?
10. daß in seiner Hand ist die Seele alles dessen, was da lebt, und der Geist des Fleisches aller Menschen? 4.Mose 16,22.
11. Prüft nicht das Ohr die Rede? und der Mund schmeckt die Speise?
12. Ja, »bei den Großvätern ist die Weisheit, und der Verstand bei den Alten.« K.8,8.
13. Bei ihm ist Weisheit und Gewalt, Rat und Verstand.
14. Siehe, wenn er zerbricht, so hilft kein Bauen; wenn er jemand einschließt, kann niemand aufmachen.
15. Siehe, *wenn er das Wasser verschließt, so wird alles dürr; und wenn er's ausläßt, so †kehrt es das Land um. *1.Kön.17,1.7. †1.Mose 7,19–23.
16. Er ist stark und führt es aus. Sein ist, der da irrt und der da verführt.
17. Er führt die Klugen wie einen Raub und macht die Richter toll.
18. Er löst auf der Könige Zwang und bindet mit einem Gurt ihre Lenden.
19. Er führt die Priester wie einen Raub und bringt zu Fall die Festen.
20. Er entzieht die Sprache den Bewährten und nimmt weg den Verstand der Alten.
21. Er schüttet Verachtung auf die Fürsten und macht den Gürtel der Gewaltigen los.
22. Er öffnet die finstern Gründe und bringt heraus das Dunkel an das Licht.
23. Er macht etliche zum großen Volk und bringt sie wieder um. Er breitet ein Volk aus und treibt es wieder weg.
24. Er nimmt weg den Mut der Obersten des Volks im Lande und macht sie irre auf einem Unwege, da kein Weg ist,
25. daß sie in der Finsternis tappen ohne Licht; und macht sie irre wie die Trunkenen. K.5,14.

Das 13. Kapitel

Fortsetzung: Hiob warnt die Freunde vor der Gerechtigkeit Gottes und beginnt nicht ohne Grauen vor dessen Majestät seine Rede an Gott.

1. Siehe, das hat alles mein Auge gesehen und mein Ohr gehört, und ich habe es verstanden.
2. Was ihr wißt, das weiß ich auch; und bin nicht geringer denn ihr. K.12,3.
3. Doch wollte ich gern zu dem Allmächtigen reden und wollte gern mit Gott rechten.
4. Aber ihr deutet's fälschlich und seid alle unnütze Ärzte.
5. Wollte Gott, ihr schwieget, so wäret ihr weise. Spr.17,28.
6. Höret doch meine Verantwortung und merket auf die Sache, davon ich rede!
7. Wollt ihr Gott verteidigen mit Unrecht und für ihn List brauchen?
8. Wollt ihr seine Person ansehen? Wollt ihr Gott vertreten?
9. Wird's euch auch wohl gehen, wenn er euch richten wird? Meinet ihr, daß ihr ihn täuschen werdet, wie man einen Menschen täuscht?
10. Er wird euch strafen, wo ihr heimlich Person ansehet.
11. Wird er euch nicht erschrecken, wenn er sich wird hervortun, und wird seine Furcht nicht über euch fallen?
12. Eure Denksprüche sind Aschensprüche; eure Bollwerke werden wie Lehmhaufen sein.
13. Schweiget mir, daß ich rede, es komme über mich, was da will.
14. Was soll ich mein Fleisch mit meinen Zähnen davontragen und meine Seele in meine Hände legen?
15. Siehe, er wird mich doch erwürgen, und ich habe nichts zu hoffen; doch will ich meine Wege vor ihm verantworten.
16. Er wird ja mein Heil sein; denn es kommt kein Heuchler vor ihn.
17. Höret meine Rede, und meine Auslegung gehe ein zu euren Ohren.
18. Siehe, ich bin zum Rechtsstreit gerüstet; ich weiß, daß ich recht behalten werde.
19. Wer ist, der mit mir rechten könnte? Denn dann wollte ich schweigen und verscheiden.
20. Zweierlei tu mir nur nicht, so will ich mich vor dir nicht verbergen:
21. laß deine Hand fern von mir sein, und dein Schrecken erschrecke mich nicht! K.9,34.
22. Dann rufe, ich will dir antworten; oder ich will reden, antworte du mir!
23. Wie viel ist meiner Missetaten und Sünden? Laß mich wissen meine Übertretung und Sünde.
24. Warum verbirgst du dein Antlitz und hältst mich für deinen Feind? K.19,11.
25. Willst du wider ein fliegend Blatt so ernst sein und einen dürren Halm verfolgen?
26. Denn du schreibst mir Betrübnis an und willst über mich bringen die *Sünden meiner Jugend. *Ps.25,7.
27. Du hast meinen Fuß in den Stock gelegt und hast acht auf alle meine Pfade und siehest auf die Fußtapfen meiner Füße,
28. der ich doch wie Moder vergehe und wie ein Kleid, das die Motten fressen.

Das 14. Kapitel

Schluß: Hiob klagt über die Nichtigkeit des Menschen und sucht vergeblich eine tröstliche Hoffnung.

1. Der Mensch, vom Weibe geboren, lebt kurze Zeit und ist voll Unruhe,
2. *geht auf wie eine Blume und fällt ab, flieht wie ein Schatten und bleibt nicht. *Ps.90,5.
3. Und du tust deine Augen über einen solchen auf, daß du mich vor dir ins Gericht ziehest.
4. Kann wohl ein Reiner kommen von den Unreinen? Auch nicht einer. Ps.14,3.
5. Er hat seine bestimmte Zeit, die Zahl *seiner Monden steht bei dir; du hast †ein Ziel gesetzt, das wird er nicht überschreiten. *Ps.31,16. †Ps.39,5.
6. So tu dich von ihm, daß er Ruhe habe, bis daß seine Zeit komme, deren er *wie ein Tagelöhner wartet. *K.7,1.2.
7. Ein Baum hat Hoffnung, wenn er schon abgehauen ist, daß er sich wieder erneue, und seine Schößlinge hören nicht auf.
8. Ob seine Wurzel in der Erde veraltet und sein Stamm in dem Staub erstirbt,
9. so grünt er doch wieder vom Geruch des Wassers und wächst daher, als wäre er erst gepflanzt.
10. Aber der Mensch stirbt und ist dahin; er verscheidet, und wo ist er?
11. Wie ein Wasser ausläuft aus dem See, und wie ein Strom versiegt und vertrocknet,
12. so ist ein Mensch, wenn er sich legt, und wird nicht aufstehen und wird nicht aufwachen, solange der Himmel bleibt, noch von seinem Schlaf erweckt werden. K.7,10; 19,25.
13. Ach, daß du mich in der Hölle ver-

decktest und *verbärgest, bis dein Zorn sich lege, und setztest mir ein Ziel, daß du an mich dächtest! *Jes. 26,20; Ps. 27,5; 31,21.
14. Wird ein toter Mensch wieder leben? Alle Tage meines *Streites wollte ich harren, bis daß meine Veränderung komme! *K. 7,1.
15. Du würdest rufen, und ich dir antworten; es würde dich verlangen nach dem Werk deiner Hände.
16. Jetzt aber zählst du meine Gänge. Hast du nicht acht auf meine Sünden?
17. Du hast meine Übertretung in einem Bündlein versiegelt und meine Missetat zusammengefaßt. Hos. 13,12.
18. Zerfällt doch ein Berg und vergeht, und ein Fels wird von seinem Ort versetzt;
19. Wasser wäscht Steine weg, und seine Fluten flößen die Erde weg: aber des Menschen *Hoffnung ist verloren; *Röm. 5,5.
20. denn du stößest ihn gar um, daß er dahinfährt, veränderst sein Wesen und lässest ihn fahren.
21. Sind seine Kinder in Ehren, das weiß er nicht; oder ob sie gering sind, des wird er nicht gewahr.
22. Nur sein eigen Fleisch macht ihm Schmerzen, und seine Seele ist ihm voll Leides.

Das 15. Kapitel

Des Eliphas' zweite Rede:
er straft Hiobs vermessene Reden und schildert das Unheil der Gottlosen.

1. Da antwortete Eliphas von Theman und sprach:
2. Soll ein weiser Mann so aufgeblasene Worte reden und seinen Bauch so blähen mit leeren Reden?
3. Du verantwortest dich mit Worten, die nicht taugen, und dein Reden ist nichts nütze.
4. Du hast die Furcht fahren lassen und redest verächtlich vor Gott.
5. Denn deine Missetat lehrt deinen Mund also, und hast erwählt eine listige Zunge.
6. Dein Mund verdammt dich, und nicht ich; deine Lippen zeugen wider dich.
7. Bist du der erste Mensch geboren? bist du vor allen Hügeln empfangen?
8. Hast du Gottes heimlichen Rat gehört und die Weisheit an dich gerissen?
K. 11,7; Röm. 11,33.
9. Was weißt du, das wir nicht wissen? was verstehst du, das nicht bei uns sei?
K. 13,2.
10. Es sind Graue und Alte unter uns, die länger gelebt haben denn dein Vater.
11. Sollten Gottes Tröstungen so gering vor dir gelten und ein Wort, in Lindigkeit zu dir gesprochen?
12. Was nimmt dein Herz vor? was siehst du so stolz?
13. Was setzt sich dein Mut wider Gott, daß du solche Reden aus deinem Munde lässest?
14. Was ist ein Mensch, daß er sollte rein sein, und daß der sollte gerecht sein, der vom Weibe geboren ist? K. 14,4.
15. Siehe, unter seinen Heiligen ist keiner ohne Tadel, und die Himmel sind nicht rein vor ihm. K. 4,18.19.
16. Wie viel weniger ein Mensch, der ein Greuel und schnöde ist, der Unrecht säuft wie Wasser.
17. Ich will dir's zeigen, höre mir zu; und ich will dir erzählen, was ich gesehen habe,
18. was die Weisen gesagt haben und ihren Vätern nicht verhohlen gewesen ist,
19. welchen allein das Land gegeben war, daß kein Fremder durch sie gehen durfte:
20. »Der *Gottlose bebt sein Leben lang, und dem Tyrannen ist die Zahl seiner Jahre verborgen. *1. Mose 4,14.
21. Was er hört, das schreckt ihn; und wenn's gleich Friede ist, fürchtet er sich, der Verderber komme,
22. glaubt nicht, daß er möge dem Unglück entrinnen, und versieht sich immer des Schwerts.
23. Er zieht hin und her nach Brot, und es dünkt ihn immer, die Zeit seines Unglücks sei vorhanden.
24. Angst und Not schrecken ihn und schlagen ihn nieder wie ein König mit einem Heer.
25. Denn er hat seine Hand wider Gott gestreckt und wider den Allmächtigen sich gesträubt.
26. Er läuft mit dem Kopf an ihn und ficht halsstarrig wider ihn.
27. Er brüstet sich wie ein fetter Wanst und macht sich feist und dick.
Ps. 73,7.18–20.
28. Er wohnt in verstörten Städten, in Häusern, da man nicht bleiben darf, die auf einem Haufen liegen sollen.
Jos. 6,26.
29. Er wird nicht reich bleiben, und sein Gut wird nicht bestehen, und sein Glück wird sich nicht ausbreiten im Lande.
30. Unfall wird nicht von ihm lassen. Die Flamme wird seine Zweige verdorren, und er wird ihn durch den Odem seines Mundes wegnehmen.
31. Er wird nicht bestehen, denn er ist in

seinem eiteln Dünkel betrogen; und eitel wird sein Lohn werden.
32. Er wird ein Ende nehmen vor der Zeit; und sein Zweig wird nicht grünen.
33. Er wird abgerissen werden wie eine unzeitige Traube vom Weinstock, und wie ein Ölbaum seine Blüte abwirft.
34. Denn der Heuchler Versammlung wird einsam bleiben; und das Feuer wird fressen die Hütten derer, die Geschenke nehmen.
35. Sie gehen schwanger mit Unglück und gebären Mühsal, und ihr Schoß bringt Trug.« Ps. 7,15; Jes. 59,4.

Das 16. Kapitel

Hiobs vierte Gegenrede: von seinen Freunden nicht verstanden klagt er seinen Jammer Gott.

1. Hiob antwortete und sprach:
2. Ich habe solches oft gehört. Ihr seid allzumal leidige Tröster!
3. Wollen die leeren Worte kein Ende haben? Oder was macht dich so frech, also zu reden?
4. Ich könnte auch wohl reden wie ihr. Wäre eure Seele an meiner Seele Statt, so wollte ich auch Worte wider euch zusammenbringen und *mein Haupt also über euch schütteln. *Ps. 22,8.
5. Ich wollte euch stärken mit dem Munde und mit meinen Lippen trösten.
6. Aber wenn ich schon rede, so schont mein der Schmerz nicht; lasse ich's anstehen, so geht er nicht von mir.
7. Nun aber macht er mich müde und verstört alles, was ich bin.
8. Er hat mich runzlig gemacht, das zeugt wider mich; und mein Elend steht wider mich auf und verklagt mich ins Angesicht.
9. Sein Grimm zerreißt, und der mir gram ist, *beißt die Zähne über mich zusammen; mein Widersacher funkelt mit seinen Augen auf mich. *Ps. 35,16; 112,10.
10. Sie haben *ihren Mund aufgesperrt wider mich und haben mich schmählich auf meine Backen geschlagen; sie haben ihren Mut miteinander an mir gekühlt. *Ps. 22,8.
11. Gott hat mich übergeben dem Ungerechten und hat mich in der Gottlosen Hände lassen kommen.
12. Ich war in Frieden, aber er hat mich zunichte gemacht; er hat mich beim Hals genommen und zerstoßen und hat *mich ihm zum Ziel aufgerichtet. *Klagel. 3,12.
13. Er hat mich umgeben mit seinen Schützen; er hat meine Nieren gespalten und nicht verschont; er hat meine Galle auf die Erde geschüttet.
14. Er hat mir eine Wunde über die andere gemacht; er ist an mich gelaufen wie ein Gewaltiger.
15. Ich habe einen *Sack um meine Haut genäht und habe mein Horn in den Staub gelegt. *1. Mose 37,34.
16. Mein Antlitz ist geschwollen von Weinen, und meine Augenlider sind verdunkelt,
17. wiewohl kein Frevel in meiner Hand ist und mein Gebet ist rein.
18. Ach Erde, bedecke mein Blut nicht! und mein Geschrei finde keine Ruhestätte! 1. Mose 4,10.
19. Auch siehe da, mein Zeuge ist im Himmel; und der mich kennt, ist in der Höhe.
20. Meine Freunde sind meine Spötter; aber mein Auge tränt zu Gott, Klagel. 3,14.
21. daß er entscheiden möge zwischen dem Mann und Gott, zwischen dem Menschenkind und seinem Freunde.
22. Denn die bestimmten Jahre sind gekommen, *und ich gehe hin des Weges, den ich nicht wiederkommen werde. *K. 10,21.

Das 17. Kapitel

Fortsetzung: Hiob sieht nichts um sich als Jammer und nichts vor sich als das Grab.

1. Mein Odem ist schwach, und meine Tage sind abgekürzt; das Grab ist da.
2. Fürwahr, Gespött umgibt mich, und auf ihrem Hadern muß mein Auge weilen.
3. Sei du selbst mein Bürge bei dir; wer will mich sonst vertreten? K. 16,19.
4. Denn du hast ihrem Herzen den Verstand verborgen; darum wirst du ihnen nicht den Sieg geben.
5. Es rühmt wohl einer seinen Freunden die Ausbeute; aber seiner Kinder Augen werden verschmachten.
6. Er hat mich zum *Sprichwort unter den Leuten gemacht, und ich muß mir ins Angesicht speien lassen. *K. 30,9.
7. Mein Auge ist dunkel geworden vor Trauern, und alle meine Glieder sind wie ein Schatten. Ps. 6,8.
8. Darüber werden die Gerechten sich entsetzen, und die Unschuldigen werden sich entrüsten wider die Heuchler.
9. Aber der Gerechte wird seinen Weg behalten; und wer reine Hände hat, wird an Stärke zunehmen.
10. Wohlan, so kehret euch alle her und kommt; ich werde doch keinen Weisen unter euch finden.

11. Meine Tage sind vergangen; meine
Anschläge sind zerrissen, die mein Herz
besessen haben.
12. Sie wollen aus der Nacht Tag machen
und aus dem Tage Nacht.
13. Wenn ich gleich lange harre, so ist
doch bei den Toten mein Haus, und in der
Finsternis ist mein Bett gemacht;
14. die Verwesung heiße ich meinen Vater und die *Würmer meine Mutter und
meine Schwester: *K.4,19.
15. was soll ich denn harren? und wer
achtet mein Hoffen?
16. Hinunter zu den Toten wird es fahren
und wird mit mir in dem Staub liegen.

Das 18. Kapitel

Bildads zweite Rede: er schildert nach einer bittern Anrede an Hiob den unvermeidlichen Untergang der Gottlosen.

1. Da antwortete Bildad von Suah und
sprach:
2. Wann wollt ihr der Reden ein Ende
machen? Merket doch; darnach wollen wir
reden.
3. Warum werden wir geachtet wie Vieh
und sind so unrein vor euren Augen?
K.17,4.10.
4. Willst du vor Zorn bersten? Meinst du,
daß um deinetwillen die Erde verlassen
werde und der Fels von seinem Ort versetzt werde?
5. Und doch wird das Licht der Gottlosen
verlöschen, und der Funke seines Feuers
wird nicht leuchten.
V.18; K.21,17; Ps.73,18–20; Spr.13,9; 24,20.
6. Das Licht wird finster werden in seiner
Hütte, und seine Leuchte über ihm verlöschen.
7. Seine kräftigen Schritte werden in die
Enge kommen, und sein Anschlag wird
ihn fällen.
8. Denn er ist mit seinen Füßen in den
Strick gebracht und wandelt im Netze.
9. Der Strick wird seine Ferse halten,
und die Schlinge wird ihn erhaschen.
10. Sein Strick ist gelegt in die Erde, und
seine Falle auf seinem Gang.
11. Um und um wird ihn schrecken
plötzliche Furcht, daß er nicht weiß, wo
er hinaus soll. 3.Mose 26,36.
12. Hunger wird seine Habe sein, und
Unglück wird ihm bereit sein und anhangen.
13. Die Glieder seines Leibes werden verzehrt werden; seine Glieder wird verzehren der Erstgeborene des Todes.
14. Seine Hoffnung wird aus seiner Hütte ausgerottet werden, und es wird ihn
treiben zum König des Schreckens.
15. In seiner Hütte wird nichts bleiben;
über seine Stätte wird Schwefel gestreut
werden.
16. Von unten werden verdorren seine
Wurzeln, und von oben abgeschnitten seine Zweige.
17. Sein Gedächtnis wird vergehen in
dem Lande, und er wird keinen Namen
haben auf der Gasse. Spr.10,7.
18. Er wird vom Licht in die Finsternis
vertrieben und vom Erdboden verstoßen
werden.
19. Er wird keine Kinder haben und keine Enkel unter seinem Volk; es wird ihm
keiner übrigbleiben in seinen Gütern.
20. Die nach ihm kommen, werden sich
über *seinen Tag entsetzen; und die vor
ihm sind, wird eine Furcht ankommen.
*Ps.37,13.
21. Das ist die Wohnung des Ungerechten; und dies ist die Stätte des, der Gott
nicht achtet.

Das 19. Kapitel

Hiobs fünfte Gegenrede: er klagt über die Härte der Freunde, schildert sein tiefes Elend, erhebt sich aber zuletzt zu der seligen Gewißheit, daß sein Erlöser lebt.

1. Hiob antwortete und sprach:
2. Wie lange plagt ihr doch meine Seele
und peinigt mich mit Worten?
3. Ihr habt mich nun zehnmal gehöhnt
und schämt euch nicht, daß ihr mich also
umtreibt.
4. Irre ich, so irre ich mir.
5. Wollt ihr wahrlich euch über mich erheben und wollt meine Schmach mir beweisen,
6. so merkt doch einmal, daß mir Gott
Unrecht tut und hat mich mit seinem
Jagdstrick umgeben.
7. Siehe, ob ich schon schreie über Frevel, so werde ich doch nicht erhört; ich
rufe, und ist kein Recht da. K.30,20.
8. Er hat meinen Weg verzäunt, daß ich
nicht kann hinübergehen, und hat Finsternis auf meinen Steig gestellt.
Klagel.3,7.9.
9. Er hat meine Ehre mir ausgezogen
und die Krone von meinem Haupt genommen.
10. Er hat mich zerbrochen um und um
und läßt mich gehen und hat ausgerissen
meine Hoffnung wie einen Baum.
11. Sein Zorn ist über mich ergrimmt,
und *er achtet mich für seinen Feind.
*K.13,24; 33,10.

12. Seine Kriegsscharen sind miteinander gekommen und haben ihren Weg wider mich gebahnt und haben sich um meine Hütte hergelagert. K.30,12.
13. Er hat meine Brüder fern von mir getan, und meine Verwandten sind mir fremd geworden. Ps.69,9; 31,12.
14. Meine Nächsten haben sich entzogen, und meine Freunde haben mein vergessen. Ps.38,12.
15. Meine Hausgenossen und meine Mägde achten mich für fremd; ich bin unbekannt geworden vor ihren Augen.
16. Ich rief meinem Knecht, und er antwortete mir nicht; ich mußte ihn anflehen mit eigenem Munde.
17. Mein Odem ist zuwider meinem *Weibe, und ich bin ein Ekel den Kindern meines Leibes. *K.2,9.
18. Auch die jungen Kinder geben nichts auf mich; wenn ich ihnen widerstehe, so geben sie mir böse Worte. K.30,1.
19. Alle meine Getreuen haben einen Greuel an mir; und die ich liebhatte, haben sich wider mich gekehrt. V.13.
20. Mein Gebein hanget mir an Haut und Fleisch, und ich kann meine Zähne mit der Haut nicht bedecken. Ps.102,6.
21. Erbarmet euch mein, erbarmet euch mein, ihr meine Freunde! denn *die Hand Gottes hat mich getroffen. *Ruth 1,13.
22. Warum verfolgt ihr mich gleich wie Gott und könnt meines Fleisches nicht satt werden? Ps.27,2.
23. Ach daß meine Reden geschrieben würden! ach daß sie in ein Buch gestellt würden!
24. mit einem eisernen Griffel auf Blei und zu ewigem Gedächtnis in einen Fels gehauen würden!
25. Aber ich *weiß, daß mein †Erlöser lebt; und als der letzte wird er über dem Staube sich erheben.*)

*) Die zweite Hälfte dieses Verses lautet bei Luther: und er wird mich hernach aus der Erde aufwecken.

*2.Tim.1,12. †Jes.41,14; Hos.13,14.

26. Und nachdem diese meine Haut zerschlagen ist, werde ich ohne mein Fleisch *Gott sehen.*) *Ps.17,15; 73,24.

*) Luther: Und werde darnach mit dieser meiner Haut umgeben werden und werde in meinem Fleisch Gott sehen.

27. Denselben werde ich mir sehen, und meine Augen werden ihn schauen, und kein Fremder. Darnach sehnen sich meine Nieren in meinem Schoß. 1.Joh.3,2.
28. Wenn ihr sprecht: Wie wollen wir ihn verfolgen und eine Sache wider ihn finden?
29. so fürchtet euch vor dem Schwert; denn das Schwert ist der Zorn über die Missetaten, auf daß ihr wisset, daß ein Gericht sei.

Das 20. Kapitel

Zophars zweite Rede. Er wiederholt den Satz: die Freude der Gottlosen währt nicht lange. (Vgl. K.15; 18.)

1. Da antwortete Zophar von Naema und sprach:
2. Darauf muß ich antworten und kann nicht harren.
3. Denn ich muß hören, wie man mich straft und tadelt; aber der Geist meines Verstandes soll für mich antworten.
4. Weißt du nicht, daß es allezeit so gegangen ist, seitdem Menschen auf Erden gewesen sind:
5. daß der Ruhm der Gottlosen stehet nicht lange und die Freude des Heuchlers währet einen Augenblick?
6. Wenngleich seine Höhe in den Himmel reicht und sein Haupt an die Wolken rührt, Ps.37,35.
7. so wird er doch zuletzt umkommen *wie Kot, daß die, welche ihn gesehen haben, werden sagen: Wo ist er? *1.Kön.14,10.
8. Wie ein Traum vergeht, so wird er auch nicht zu finden sein, und wie ein Gesicht in der Nacht verschwindet. Ps.73,20.
9. Welch Auge ihn gesehen hat, wird ihn nicht mehr sehen; und seine Stätte wird ihn nicht mehr schauen. Ps.37,10.
10. Seine Kinder werden betteln gehen, und seine Hände müssen seine Habe wieder hergeben. K.27,14.
11. Seine Gebeine werden seine heimlichen Sünden wohl bezahlen, und sie werden sich mit ihm in die Erde legen.
12. Wenn ihm die Bosheit in seinem Munde wohl schmeckt, daß er sie birgt unter seiner Zunge,
13. daß er sie hegt und nicht losläßt und sie zurückhält in seinem Gaumen,
14. so wird seine Speise inwendig im Leibe sich verwandeln in Otterngalle.
15. Die Güter, die er verschlungen hat, muß er wieder ausspeien, und Gott wird sie aus seinem Bauch stoßen.
16. Er wird der Ottern Gift saugen, und die Zunge der Schlange wird ihn töten.
17. Er wird nicht sehen die Ströme noch die Wasserbäche, die mit Honig und Butter fließen.

18. Er wird *arbeiten, und des nicht genießen; und seine Güter werden andern, daß er deren nicht froh wird.
*5. Mose 28,30–33.
19. Denn er hat unterdrückt und verlassen den Armen; er hat Häuser an sich gerissen, die er nicht erbaut hat.
20. Denn sein Wanst konnte nicht voll werden; so wird er mit seinem köstlichen Gut nicht entrinnen.
21. Nichts blieb übrig vor seinem Fressen; darum wird sein gutes Leben keinen Bestand haben.
22. Wenn er gleich die Fülle und genug hat, wird ihm doch angst werden; aller Hand Mühsal wird über ihn kommen.
23. Es wird ihm der Wanst einmal voll werden, wenn er wird den Grimm seines Zorns über ihn senden und über ihn wird regnen lassen seine Speise.
24. Er wird fliehen vor dem eisernen Harnisch, und der eherne Bogen wird ihn verjagen.
25. Ein bloßes Schwert wird durch ihn ausgehen; und des Schwertes Blitz, der ihm bitter sein wird, wird mit Schrecken über ihn fahren. Ps. 7,13; 5. Mose 32,41.
26. Es ist keine Finsternis da, die ihn verdecken möchte. Es wird ihn *ein Feuer verzehren, das nicht angeblasen ist; und wer übrig ist in seiner Hütte, dem wird's übel gehen. *5. Mose 32,22.
27. Der Himmel wird seine Missetat eröffnen, und die Erde wird sich wider ihn setzen.
28. Das Getreide in seinem Hause wird weggeführt werden, zerstreut am Tage seines Zorns.
29. Das ist der Lohn eines gottlosen Menschen bei Gott und das Erbe, das ihm zugesprochen wird von Gott.

Das 21. Kapitel

Hiobs sechste Gegenrede: es geht doch den Gottlosen oft gut bis zum Gericht.

1. Hiob antwortete und sprach:
2. Höret doch meiner Rede zu und laßt mir das anstatt eurer Tröstungen sein!
3. Vertragt mich, daß ich auch rede, und spottet darnach mein!
4. Handle ich denn mit einem Menschen? oder warum sollte ich nicht ungeduldig sein?
5. Kehret euch her zu mir; ihr werdet erstarren und die Hand auf den Mund legen müssen.
6. Wenn ich daran gedenke, so erschrekke ich, und Zittern kommt mein Fleisch an.
7. Warum leben denn die Gottlosen, werden alt und nehmen zu mit Gütern?
Ps. 37; 73; Jer. 12,1.
8. Ihr Same ist sicher um sie her, und ihre Nachkömmlinge sind bei ihnen.
9. Ihr Haus hat Frieden vor der Furcht, und Gottes Rute ist nicht über ihnen.
10. Seinen Stier läßt man zu, und es mißrät ihm nicht; seine Kuh kalbt und ist nicht unfruchtbar.
11. Ihre jungen Kinder lassen sie ausgehen wie eine Herde, und ihre Knaben hüpfen.
12. Sie jauchzen mit Pauken und Harfen und sind fröhlich mit Flöten.
13. Sie werden alt bei guten Tagen und erschrecken kaum einen Augenblick vor dem Tode,
14. die doch sagen zu Gott: »Hebe dich von uns, wir wollen von deinen Wegen nicht wissen! K. 22,17.
15. Wer ist der Allmächtige, daß wir ihm dienen sollten? oder was sind wir gebessert, so wir ihn anrufen?«
16. »Aber siehe, ihr Glück steht nicht in ihren Händen; darum *soll der Gottlosen Sinn ferne von mir sein.« K. 22,18.
17. Wie oft geschieht's denn, daß die *Leuchte der Gottlosen verlischt und ihr †Unglück über sie kommt? daß er Herzeleid über sie austeilt in seinem Zorn?
*K. 18,5. †K. 18,12.
18. daß sie werden wie Stoppeln vor dem Winde und wie Spreu, die der Sturmwind wegführt? Ps. 1,4.
19. »Gott spart desselben Unglück auf seine *Kinder.« Er vergelte es ihm selbst, daß er's innewerde. *K. 20,10; 2. Mose 20,5.
20. Seine Augen mögen sein Verderben sehen, und vom Grimm des Allmächtigen möge er trinken.
21. Denn was ist ihm gelegen an seinem Hause nach ihm, wenn die Zahl seiner Monden ihm zugeteilt ist?
22. Wer will Gott lehren, der *auch die Hohen richtet? *Pred. 5,7.
23. Dieser stirbt frisch und gesund in allem Reichtum und voller Genüge,
24. sein Melkfaß ist voll Milch, und seine Gebeine werden gemästet mit Mark;
25. jener aber stirbt mit betrübter Seele und hat nie mit Freuden gegessen;
26. und liegen gleich miteinander in der Erde, und Würmer decken sie zu.
K. 3,13–19.
27. Siehe, ich kenne eure Gedanken wohl und euer frevles Vornehmen wider mich.
28. Denn ihr sprecht: »Wo ist das Haus

des Fürsten? und wo ist die Hütte, da die Gottlosen wohnten?«
29. Habt ihr denn die Wanderer nicht befragt und nicht gemerkt ihre Zeugnisse?
30. Denn der Böse wird erhalten am Tage des Verderbens, und am Tage des Grimms bleibt er.
31. Wer will ihm ins Angesicht sagen, was er verdient? wer will ihm vergelten, was er tut?
32. Und er wird zu Grabe geleitet und hält Wache auf seinem Hügel.
33. Süß sind ihm die Schollen des Tales, und alle Menschen ziehen ihm nach; und derer, die ihm vorangegangen sind, ist keine Zahl.
34. Wie tröstet ihr mich so vergeblich, und eure Antworten finden sich unrecht!

Das 22. Kapitel

Des Eliphas' letzte Rede: er beschuldigt Hiob geradezu grober Sünden, warnt ihn vor vermessenem Sinn und mahnt zur Buße.

1. Da antwortete Eliphas von Theman und sprach:
2. Kann denn ein Mann Gott etwas nützen? Nur sich selber nützt ein Kluger.
3. Meinst du, dem Allmächtigen liege daran, daß du gerecht seist? Was hilft's ihm, wenn deine Wege ohne Tadel sind?
4. Meinst du, wegen deiner Gottesfurcht strafe er dich und gehe mit dir ins Gericht?
5. Nein, deine Bosheit ist zu groß, und deiner Missetaten ist kein Ende.
6. Du hast etwa deinem Bruder ein Pfand genommen ohne Ursache; du hast den Nackten die Kleider ausgezogen;
K.24,9.10; 2.Mose 22,25.26; Jes.58.7.
7. du hast die Müden nicht getränkt mit Wasser und hast dem Hungrigen dein Brot versagt; Matth.25,42.43.
8. du hast Gewalt im Lande geübt und prächtig darin gesessen;
9. die Witwen hast du leer lassen gehen und die Arme der Waisen zerbrochen.
K.29,12.
10. Darum bist du mit Stricken umgeben, und Furcht hat dich plötzlich erschreckt.
11. Solltest du denn nicht die Finsternis sehen und die Wasserflut, die dich bedeckt?
12. Ist nicht Gott hoch droben im Himmel? Siehe die Sterne an droben in der Höhe!
13. Und du sprichst: »Was weiß Gott? Sollte er, was im Dunkel ist, richten können?
14. Die Wolken sind seine Vordecke, und er sieht nicht; er wandelt im Umkreis des Himmels.«
15. Achtest du wohl auf den Weg, darin vorzeiten die Ungerechten gegangen sind?
16. die vergangen sind, *ehe denn es Zeit war, und †das Wasser hat ihren Grund weggewaschen; *K.15,32.33. †1.Mose 7,21.
17. die zu Gott sprachen: »Hebe dich von uns! was sollte der Allmächtige uns tun können?« K.21,14.
18. so er doch ihr Haus mit Gütern füllte. Aber *der Gottlosen Rat sei ferne von mir.
*K.21,16.
19. Die Gerechten werden es sehen und sich freuen, und der Unschuldige wird ihrer spotten: Ps.107,42.
20. »Fürwahr, unser Widersacher ist verschwunden; und sein Übriggelassenes hat das Feuer verzehrt.«
21. So vertrage dich nun mit ihm und habe Frieden; daraus wird dir viel Gutes kommen.
22. Höre das Gesetz von seinem Munde und fasse seine Reden in dein Herz.
23. Wirst du dich bekehren zu dem Allmächtigen, so wirst du aufgebaut werden. Tue nur Unrecht ferne hinweg von deiner Hütte K.8,5–7; 11,14–19.
24. und wirf in den Staub dein Gold und zu den Steinen der Bäche das *Ophirgold,
*1.Kön.9,28.
25. so wird der Allmächtige dein Gold sein und wie Silber, das dir zugehäuft wird.
26. Dann wirst *du deine Lust haben an dem Allmächtigen und dein Antlitz zu Gott aufheben. *Ps.37,4.
27. So wirst du ihn bitten, und er wird dich hören, und wirst deine Gelübde bezahlen. Ps.50,14.15.
28. Was du wirst vornehmen, wird er dir lassen gelingen; und das Licht wird auf deinem Wege scheinen.
29. Denn *die sich demütigen, die erhöht er; und wer seine Augen niederschlägt, der wird genesen. *1.Petr.5,5.
30. Auch der nicht unschuldig war, wird errettet werden; er wird aber errettet um deiner Hände Reinigkeit willen. Ps.18,21.25.

Das 23. Kapitel

Hiobs siebente Gegenrede: er verlangt, wiewohl ohne Hoffnung, Gott möge ihn vor seinen Richterstuhl stellen.

1. Hiob antwortete und sprach:
2. Meine Rede bleibt noch betrübt; meine Macht ist schwach über meinem Seufzen.

3. Ach daß ich wüßte, wie ich ihn finden und zu seinem Stuhl kommen möchte
4. und das Recht vor ihm sollte vorlegen und den Mund voll Verantwortung fassen
5. und erfahren die Reden, die er mir antworten, und vernehmen, was er mir sagen würde!
6. Will er mit großer Macht mit mir rechten? Er stelle sich nicht so gegen mich,
7. sondern lege mir's gleich vor, so will ich mein Recht wohl gewinnen.
8. Aber gehe ich nun stracks vor mich, so ist er nicht da; gehe ich zurück, so spüre ich ihn nicht;
9. ist er zur Linken, so schaue ich ihn nicht; verbirgt er sich zur Rechten, so sehe ich ihn nicht.
10. Er aber kennt meinen Weg wohl. Er versuche mich, so will ich erfunden werden wie das Gold. Ps. 17,3; 139,23.24.
11. Denn ich setze meinen Fuß auf seine Bahn und halte seinen Weg und weiche nicht ab
12. und trete nicht von dem Gebot seiner Lippen und bewahre die Reden seines Mundes mehr denn mein eigen Gesetz.
13. Doch er ist einig; wer will ihm wehren? Und er macht's, wie er will.
14. Denn er wird vollführen, was mir bestimmt ist, und hat noch viel dergleichen im Sinne.
15. Darum erschrecke ich vor ihm; und wenn ich's bedenke, so fürchte ich mich vor ihm.
16. Gott hat mein Herz blöde gemacht, und der Allmächtige hat mich erschreckt.
17. Denn die Finsternis macht kein Ende mit mir, und das Dunkel will vor mir nicht verdeckt werden.

Das 24. Kapitel

Fortsetzung: Gottes Nachsicht gegen die Gottlosen ist ein Rätsel.

1. Warum sind von dem Allmächtigen nicht Zeiten vorbehalten, und warum sehen, die ihn kennen, seine Tage nicht?
2. Man verrückt die Grenzen, raubt die Herde und weidet sie. 5. Mose 27,17.
3. Sie treiben der Waisen Esel weg und nehmen der Witwe Ochsen zum Pfande.
4. Die Armen müssen ihnen weichen, und die Dürftigen im Lande müssen sich verkriechen.
5. Siehe, wie Wildesel in der Wüste gehen sie hinaus an ihr Werk und suchen Nahrung; die Einöde gibt ihnen Speise für ihre Kinder.
6. Sie ernten auf dem Acker, was er trägt, und lesen den Weinberg des Gottlosen.
7. Sie liegen in der Nacht nackt ohne Gewand und haben keine Decke im Frost.
8. Sie müssen sich zu den Felsen halten, wenn ein Platzregen von den Bergen auf sie gießt, weil sie sonst keine Zuflucht haben.
9. Man reißt das Kind von den Brüsten und macht's zum Waisen und macht die Leute arm mit Pfänden.
10. Den Nackten lassen sie ohne Kleider gehen, und den Hungrigen nehmen sie die Garben. Jes. 58,7.
11. Sie zwingen sie, Öl zu machen auf ihrer Mühle und ihre Kelter zu treten, und *lassen sie doch Durst leiden. *Jak. 5,4.
12. Sie machen die Leute in der Stadt seufzend und die Seele der Erschlagenen schreiend, und Gott stürzt sie nicht.
13. Jene sind abtrünnig geworden vom Licht und kennen seinen Weg nicht und kehren nicht wieder zu seiner Straße.
14. Wenn der Tag anbricht, steht auf der Mörder und erwürgt den Armen und Dürftigen; und des Nachts ist er wie ein Dieb.
15. Das Auge des Ehebrechers hat acht auf das Dunkel, und er spricht: »Mich sieht kein Auge«, und verdeckt sein Antlitz.
16. Im Finstern bricht man in die Häuser ein; des Tages verbergen sie sich miteinander und scheuen das Licht.
17. Denn wie wenn der Morgen käme, ist ihnen allen die Finsternis; denn sie sind bekannt mit den Schrecken der Finsternis.
18. »Er *fährt leicht wie auf einem Wasser dahin; seine Habe wird gering im Lande, und er baut seinen Weinberg nicht. *1. Mose 49,4.
19. Der Tod nimmt weg, die da sündigen, wie die Hitze und Dürre das Schneewasser verzehrt.
20. Der Mutterschoß vergißt sein; die Würmer haben ihre Lust an ihm. Sein wird nicht mehr gedacht; er wird zerbrochen wie ein fauler Baum,
21. er, der beleidigt hat die Einsame, die nicht gebiert, und hat der Witwe kein Gutes getan.«
22. Aber Gott erhält die Mächtigen durch seine Kraft, daß sie wieder aufstehen, wenn sie am Leben verzweifelten.
23. Er gibt ihnen, daß sie sicher seien und eine Stütze haben; und seine Augen sind über ihren Wegen.
24. Sie sind hoch erhöht, und über ein kleines sind sie nicht mehr; sinken sie hin,

so werden sie weggerafft wie alle andern, und wie das Haupt an den Ähren werden sie abgeschnitten.
25. Ist's nicht also? Wohlan, wer will mich Lügen strafen und bewähren, daß meine Rede nichts sei?

Das 25. Kapitel

Bildads letzte Rede: was ist der Mensch vor Gott!

1. Da antwortete Bildad von Suah und sprach:
2. Ist nicht Herrschaft und Schrecken bei ihm, der Frieden macht unter seinen Höchsten?
3. Wer will seine Kriegsscharen zählen? und über wen geht nicht auf sein Licht?
4. Und wie kann ein Mensch gerecht vor Gott sein? und wie kann rein sein eines Weibes Kind? K. 9,2.
5. Siehe, auch der Mond scheint nicht helle, und die Sterne sind nicht rein vor seinen Augen: K. 15,15.
6. wie viel weniger ein Mensch, die Made, und ein Menschenkind, der Wurm! K. 4,19.20.

Das 26. Kapitel

Hiobs achte Gegenrede: er zeigt, wie auch er die unergründliche Majestät Gottes anerkenne.

1. Hiob antwortete und sprach:
2. Wie stehest du dem bei, der keine Kraft hat, hilfst dem, der keine Stärke in den Armen hat!
3. Wie gibst du Rat dem, der keine Weisheit hat, und tust kund Verstandes die Fülle!
4. Zu wem redest du? und wes Odem geht von dir aus?
5. Die Toten ängsten sich tief unter den Wassern und denen, die darin wohnen.
6. Das Grab ist aufgedeckt vor ihm, und der Abgrund hat keine Decke. Spr. 15,11.
7. Er breitet aus die Mitternacht über das Leere und hängt die Erde an nichts.
8. Er faßt das Wasser zusammen in seine Wolken, und die Wolken zerreißen darunter nicht. Ps. 104,3.
9. Er verhüllt seinen Stuhl und breitet seine Wolken davor.
10. Er hat um das Wasser ein Ziel gesetzt, bis wo Licht und Finsternis sich scheiden. K. 38,10.11; Spr. 8,27–29.
11. Die Säulen des Himmels zittern und entsetzen sich vor seinem Schelten.
12. Vor seiner Kraft wird das Meer plötzlich ungestüm, und durch seinen Verstand zerschmettert er Rahab.
13. Am Himmel wird's schön durch seinen Wind, und seine Hand durchbohrt die *flüchtige Schlange. *Jes. 27,1.
14. Siehe, also geht sein Tun, und nur ein geringes Wörtlein davon haben wir vernommen. Wer will aber den Donner seiner Macht verstehen?

Das 27. Kapitel

Hiobs Schlußreden: er beteuert seine Unschuld und zeigt, wie vergänglich das Glück der Gottlosen sei.

1. Und Hiob fuhr fort und hob an seine Sprüche und sprach:
2. So wahr Gott lebt, der mir mein Recht weigert, und der Allmächtige, der meine Seele betrübt;
3. solange mein Odem in mir ist und der Hauch von Gott in meiner Nase ist:
4. meine Lippen sollen nichts Unrechtes reden, und meine Zunge soll keinen Betrug sagen. Ps. 34,14.
5. Das sei ferne von mir, daß ich euch recht gebe; bis daß mein Ende kommt, will ich nicht weichen von meiner Unschuld.
6. Von meiner Gerechtigkeit, die ich habe, will ich nicht lassen; mein *Gewissen beißt mich nicht meines ganzen Lebens halben. *Apg. 24,16; 1. Kor. 4,4.
7. Aber mein Feind müsse erfunden werden als ein Gottloser, und der sich wider mich auflehnt, als ein Ungerechter.
8. Denn was ist die Hoffnung des Heuchlers, wenn Gott mit ihm ein Ende macht und seine Seele hinreißt? Luk. 12,20.
9. Meinst du, daß Gott sein Schreien hören wird, wenn die Angst über ihn kommt?
10. Oder kann er an dem Allmächtigen seine Lust haben und Gott allezeit anrufen?
11. Ich will euch lehren von der Hand Gottes; und was bei dem Allmächtigen gilt, will ich nicht verhehlen.
12. Siehe, ihr haltet euch alle für klug; warum bringt ihr denn solch unnütze Dinge vor?
13. Das ist der Lohn eines gottlosen Menschen bei Gott und das Erbe der Tyrannen, das sie von dem Allmächtigen nehmen werden:
14. wird er viele Kinder haben, so werden sie des Schwertes sein; und seine Nachkömmlinge werden des Brots nicht satt haben. K. 21,19.
15. Die ihm übrigbleiben, wird die Seuche ins Grab bringen; und seine Witwen werden nicht weinen.

16. Wenn er Geld zusammenbringt wie Staub und sammelt Kleider wie Lehm,
17. so wird er es wohl bereiten; *aber der Gerechte wird es anziehen, und der Unschuldige wird das Geld austeilen.

*Spr. 13,22.

18. Er baut sein Haus wie eine Spinne, und wie ein Wächter eine Hütte macht.
19. Der Reiche, wenn er sich legt, wird er's nicht mitraffen; er wird seine Augen auftun, und da wird nichts sein.
20. Es wird ihn Schrecken überfallen wie Wasser; des Nachts wird ihn das Ungewitter wegnehmen.
21. Der Ostwind wird ihn wegführen, daß er dahinfährt; und Ungestüm wird ihn von seinem Ort treiben.
22. Er wird solches über ihn führen und wird sein nicht schonen; vor seiner Hand muß er fliehen und wieder fliehen.
23. Man wird über ihn mit den Händen klatschen und über ihn zischen, wo er gewesen ist.

Das 28. Kapitel

Das in der Natur Verborgene kann der Mensch ergründen; die Weisheit Gottes ist unergründlich; der Weg zu ihr ist Gottesfurcht.

1. Es hat das Silber seine Gänge, und das Gold, das man läutert, seinen Ort.
2. Eisen bringt man aus der Erde, und aus den Steinen schmelzt man Erz.
3. Man macht der Finsternis ein Ende und findet zuletzt das Gestein tief verborgen.
4. Man bricht einen Schacht von da aus, wo man wohnt; darin hangen und schweben sie als die Vergessenen, da kein Fuß hin tritt, fern von den Menschen.
5. Man zerwühlt unten die Erde wie mit Feuer, darauf doch oben Speise wächst.
6. Man findet Saphir an etlichen Örtern, und Erdenklöße, da Gold ist.
7. Den Steig kein Adler erkannt hat und kein Geiersauge gesehen;
8. es hat das stolze Wild nicht darauf getreten und ist kein Löwe darauf gegangen.
9. Auch legt man die Hand an die Felsen und gräbt die Berge um.
10. Man reißt Bäche aus den Felsen; und alles, was köstlich ist, sieht das Auge.
11. Man *wehrt dem Strome des Wassers und bringt, das darinnen verborgen ist, ans Licht. *V. 25.
12. Wo will man aber die Weisheit finden? und wo ist die Stätte des Verstandes?
13. Niemand weiß, wo sie liegt, und sie wird nicht gefunden im Lande der Lebendigen.
14. Die Tiefe spricht: »Sie ist in mir nicht«; und das Meer spricht: »Sie ist nicht bei mir.«
15. Man kann nicht Gold um sie geben noch Silber darwägen, sie zu bezahlen.

Spr. 3,14.15; 8,10.11.

16. Es gilt ihr nicht gleich *ophirisch Gold oder köstlicher Onyx und Saphir.

*1. Kön. 9,28.

17. Gold und Glas kann man ihr nicht vergleichen noch um sie golden Kleinod wechseln.
18. Korallen und Kristall achtet man gegen sie nicht. Die Weisheit ist höher zu wägen denn Perlen.
19. *Topas aus Mohrenland wird ihr nicht gleich geschätzt, und das reinste Gold gilt ihr nicht gleich. *2. Mose 28,17.
20. Woher kommt denn die Weisheit? und wo ist die Stätte des Verstandes?
21. Sie ist verhohlen vor den Augen aller Lebendigen, auch verborgen den Vögeln unter dem Himmel.
22. Der Abgrund und der Tod sprechen: »Wir haben mit unsern Ohren ihr Gerücht gehört.«
23. Gott weiß den Weg dazu und kennt ihre Stätte. Spr. 8,22–31.
24. Denn er sieht die Enden der Erde und schaut alles, was unter dem Himmel ist.
25. Da er dem Winde sein Gewicht machte und setzte dem *Wasser sein gewisses Maß; *K. 26,10.
26. da er dem Regen ein Ziel machte und dem Blitz und Donner den Weg:
27. da sah er sie und verkündigte sie, bereitete sie und ergründete sie
28. und sprach zum Menschen: Siehe, die Furcht des Herrn, das ist Weisheit; und meiden das Böse, das ist Verstand.

Ps. 111,10; Spr. 1,7.

Das 29. Kapitel

Hiob schildert sein voriges Glück.

1. Und Hiob hob abermals an seine Sprüche und sprach:
2. O daß ich wäre wie in den vorigen Monden, in den Tagen, da mich Gott behütete;
3. da seine Leuchte über meinem Haupt schien und ich bei seinem Licht in der Finsternis ging; Ps. 18,29.
4. wie ich war in der Reife meines Lebens, da *Gottes Geheimnis über meiner Hütte war; *Ps. 25,14.

5. da der Allmächtige doch mit mir war und meine Kinder um mich her;
6. da ich meine Tritte wusch in Butter und die Felsen mir Ölbäche gossen;
7. da ich ausging zum Tor in der Stadt und mir ließ meinen Stuhl auf der Gasse bereiten;
8. da mich die Jungen sahen und sich versteckten, und die Alten vor mir aufstanden;
9. da die Obersten aufhörten zu reden und legten ihre Hand auf ihren Mund;
10. da die Stimme der Fürsten sich verkroch und ihre Zunge an ihrem Gaumen klebte!
11. Denn wessen Ohr mich hörte, der pries mich selig; und wessen Auge mich sah, der rühmte mich.
12. Denn ich errettete den Armen, der da schrie, und den Waisen, der keinen Helfer hatte. 3.Mose 19,18; 2.Mose 22,20.21.
13. Der Segen des, der verderben sollte, kam über mich; und ich erfreute das Herz der Witwe.
14. Gerechtigkeit war mein Kleid, das ich anzog wie einen Rock; und mein Recht war mein fürstlicher Hut.
15. Ich war des Blinden Auge und des Lahmen Fuß.
16. Ich war ein *Vater der Armen; und die Sache des, den ich nicht kannte, die erforschte ich. *K.31,18; Sir.4,10.
17. Ich zerbrach die Backenzähne des Ungerechten und riß den Raub aus seinen Zähnen. Ps.58,7.
18. Ich gedachte: »Ich will in meinem Nest ersterben und meiner Tage viel machen wie Sand.«
19. Meine Wurzel war aufgetan dem Wasser, und der Tau blieb über meinen Zweigen.
20. Meine Herrlichkeit erneute sich immer an mir, und mein Bogen ward immer stärker in meiner Hand.
21. Sie hörten mir zu und schwiegen und warteten auf meinen Rat.
22. Nach meinen Worten redete niemand mehr, und meine Rede troff auf sie.
23. Sie warteten auf mich wie auf den Regen und sperrten ihren Mund auf als nach dem Spätregen.
24. Wenn ich mit ihnen lachte, wurden sie nicht zu kühn darauf; und das Licht meines Angesichts machte mich nicht geringer.
25. Wenn ich zu ihrem Geschäft wollte kommen, so mußte ich obenan sitzen und wohnte wie ein König unter Kriegsknechten, da ich tröstete, die Leid trugen.

Das 30. Kapitel

Hiob beschreibt sein jetziges Unglück.

1. Nun aber lachen mein, die jünger sind denn ich, deren Väter ich verachtet hätte, sie zu stellen unter meine Schafhunde; K.29,8–11.
2. deren Vermögen ich für nichts hielt; die nicht zum Altar kommen konnten;
3. die vor Hunger und Kummer einsam flohen in die Einöde, neulich verdarben und elend wurden;
4. die da Nesseln ausraufen um die Büsche, und Ginsterwurzel ist ihre Speise;
5. aus der Menschen Mitte werden sie weggetrieben, man schreit über sie wie über einen Dieb;
6. in grausigen Tälern wohnen sie, in den Löchern der Erde und Steinritzen;
7. zwischen den Büschen rufen sie, und unter den Disteln sammeln sie sich:
8. die Kinder gottloser und verachteter Leute, die man aus dem Lande weggetrieben.
9. Nun bin ich ihr Spottlied geworden und muß ihr Märlein sein. K.17,6; Ps.69,13; Klagel.3,63.
10. Sie haben einen Greuel an mir und machen sich ferne von mir und scheuen sich nicht, *vor meinem Angesicht zu speien. *Matth.26,67.
11. Sie haben ihr Seil gelöst und mich zunichte gemacht und ihren Zaum vor mir abgetan.
12. Zur Rechten haben sich Buben wider mich gesetzt und haben meinen Fuß ausgestoßen und haben wider mich einen Weg gemacht, mich zu verderben.
13. Sie haben meine Steige zerbrochen; es war ihnen so leicht, mich zu beschädigen, daß sie keiner Hilfe dazu bedurften.
14. Sie sind gekommen wie zu einer weiten Lücke der Mauer herein und sind ohne Ordnung dahergefallen.
15. Schrecken hat sich gegen mich gekehrt und hat verfolgt wie der Wind meine Herrlichkeit; und wie eine Wolke zog vorüber mein glückseliger Stand.
16. Nun aber *gießt sich aus meine Seele über mich, und mich hat ergriffen die elende Zeit. *Ps.42,5.
17. Des Nachts wird mein Gebein durchbohrt allenthalben; und die mich nagen, legen sich nicht schlafen.
18. Mit großer Gewalt werde ich anders und anders gekleidet, und ich werde damit umgürtet wie mit meinem Rock. K.7,5.
19. Man hat mich in den Kot getreten

und gleich geachtet dem Staub und der
Asche.
20. *Schreie ich zu dir, so antwortest du
mir nicht; trete ich hervor, so achtest du
nicht auf mich. *K.19,7; Ps.22,3.
21. Du bist mir verwandelt in einen
Grausamen und zeigst an mit der Stärke
deiner Hand, daß du mir gram bist.
22. Du hebst mich auf und lässest mich
auf dem Winde fahren und zerschmelzest
mich kräftig.
23. Denn ich weiß, du wirst mich dem
Tod überantworten; da ist das bestimmte
Haus aller Lebendigen.
24. Aber wird einer nicht die Hand ausstrecken unter Trümmern und nicht
schreien vor seinem Verderben?
25. Ich weinte ja über den, der harte Zeit
hatte; und meine Seele jammerte der Armen.
26. Ich *wartete des Guten, und es
kommt das Böse; ich hoffte aufs Licht, und
es kommt Finsternis. *Jer. 14,19.
27. Meine Eingeweide sieden und hören
nicht auf; mich hat überfallen die elende
Zeit.
28. Ich gehe schwarz einher, und brennt
mich doch die Sonne nicht; ich stehe auf
in der Gemeinde und schreie.
29. Ich bin ein Bruder der Schakale und
ein Geselle der Strauße.
30. Meine Haut über mir ist schwarz geworden, und meine Gebeine sind verdorrt
vor Hitze.
31. Meine Harfe ist eine Klage geworden
und meine Flöte ein Weinen. Ps.30,12.

Das 31. Kapitel

Schluß der Reden Hiobs: er beteuert seinen unsträflichen Wandel vor Gott und Menschen.

1. Ich habe einen Bund gemacht mit
meinen Augen, daß ich nicht achtete auf
eine Jungfrau. Matth.5,28.29.
2. Was gäbe mir Gott sonst als Teil von
oben und was für ein Erbe der Allmächtige
von der Höhe?
3. Wird nicht der Ungerechte Unglück
haben und ein Übeltäter verstoßen werden?
4. Sieht er nicht meine Wege und zählt
alle meine Gänge? K.23,10.
5. Habe ich gewandelt in Eitelkeit, oder
hat mein Fuß geeilt zum Betrug?
6. So wäge man mich auf rechter Waage,
so wird Gott erfahren meine Unschuld.
7. Ist *mein Gang gewichen aus dem Wege und mein Herz meinen Augen nachgefolgt und klebt ein Flecken an meinen
Händen, *Ps.7,4–6.
8. so müsse ich säen, und ein anderer
esse es; und mein Geschlecht müsse ausgewurzelt werden.
9. Hat sich mein Herz lassen reizen zum
Weibe und habe ich an meines Nächsten
Tür gelauert,
10. so müsse mein Weib von einem andern geschändet werden, und andere müssen bei ihr liegen;
5.Mose 28,30; 2.Sam.12,11.
11. denn das ist ein Frevel und eine Missetat für die Richter.
12. Denn das wäre ein Feuer, das bis in
den Abgrund verzehrte und all mein Einkommen auswurzelte.
13. Hab ich verachtet das Recht meines
Knechts oder meiner Magd, wenn sie eine
Sache wider mich hatten?
14. Was wollte ich tun, wenn Gott sich
aufmachte, und was würde ich antworten,
wenn er heimsuchte?
15. Hat ihn nicht auch der gemacht, der
mich in Mutterleibe machte, und hat ihn
im Schoße ebensowohl bereitet? Eph.6,9.
16. Habe ich den Dürftigen ihr Begehren
versagt und die Augen der Witwe lassen
verschmachten? K.29,12.
17. Hab ich meinen Bissen allein gegessen, und hat nicht der Waise auch davon
gegessen?
18. Denn ich habe mich von Jugend auf
gehalten wie ein Vater, und von meiner
Mutter Leib an hab ich gerne getröstet.
19. Hab ich jemand sehen umkommen,
daß er kein Kleid hatte, und den Armen
ohne Decke gehen lassen? Jes.58,7.
20. Haben mich nicht gesegnet seine
Lenden, da er von den Fellen meiner Lämmer erwärmt ward?
21. Hab ich meine Hand an den Waisen
gelegt, weil ich sah, daß ich *im Tor Helfer hatte? *K.29,7.
22. So falle meine Schulter von der Achsel, und mein Arm breche von der Röhre.
23. Denn ich fürchte Gottes Strafe über
mich und könnte seine Last nicht ertragen. K.32,22.
24. Hab ich das Gold zu meiner Zuversicht gemacht und *zu dem Goldklumpen
gesagt: »Mein Trost«? *Ps.52,9.
25. Hab ich mich gefreut, daß ich großes
Gut hatte und meine Hand allerlei erworben hatte?
26. Hab ich das Licht angesehen, wenn
es hell leuchtete, und den Mond, wenn er
voll ging, 5.Mose 4,19.
27. daß mich mein Herz heimlich bere-

det hätte, ihnen *Küsse zuzuwerfen mit
meiner Hand? *1.Kön.19,18.
28. was auch eine Missetat ist vor den
Richtern; denn damit hätte ich verleugnet
Gott in der Höhe.
29. Hab ich mich gefreut, wenn's meinem Feinde übel ging, und habe mich überhoben, darum daß ihn Unglück betreten hatte? Ps.35,13; Spr.24,17.
30. Denn ich ließ meinen Mund nicht sündigen, daß ich verwünschte mit einem Fluch seine Seele. 1.Petr.3,9.
31. Haben nicht die Männer in meiner Hütte müssen sagen: »Wo ist einer, der von seinem Fleisch nicht wäre gesättigt worden?«
32. Draußen mußte der Gast nicht bleiben, sondern meine Tür tat ich dem Wanderer auf. 1.Mose 19,2; Hebr.13,2.
33. Hab ich meine Übertretungen nach Menschenweise zugedeckt, daß ich heimlich meine Missetat verbarg?
34. Hab ich mir grauen lassen vor der großen Menge, und hat die Verachtung der Freundschaften mich abgeschreckt, daß ich stille blieb und nicht zur Tür ausging?
35. O hätte ich einen, der mich anhört! Siehe, meine Unterschrift – der Allmächtige antworte mir! – und siehe die Schrift, die mein Verkläger geschrieben! K.23,3–7.
36. Wahrlich, dann wollte ich sie auf meine Achsel nehmen und mir wie eine Krone umbinden;
37. ich wollte alle meine Schritte ihm ansagen und wie ein Fürst zu ihm nahen.
38. Wird mein Land wider mich schreien und werden miteinander seine Furchen weinen;
39. hab ich seine Früchte unbezahlt gegessen und das Leben der Ackerleute sauer gemacht: K.24,11.
40. so mögen mir Disteln wachsen für Weizen und Dornen für Gerste.
Die Worte Hiobs haben ein Ende.

Das 32. Kapitel

Elihus erste Rede: er erklärt, warum er trotz seiner Jugend das Schweigen bricht.

1. Da hörten die drei Männer auf, Hiob zu antworten, weil er sich für gerecht hielt.
2. Aber Elihu, der Sohn Baracheels von *Bus, des Geschlechts Rams, ward zornig über Hiob, daß †er seine Seele gerechter hielt denn Gott.
*1.Mose 22,21. †K.9,20; 13,18; 19,6.7; 23,7; 27,2.6; 31,35.
3. Auch ward er zornig über seine drei Freunde, daß sie keine Antwort fanden und doch Hiob *verdammten.
*K.15,5; 18,21; 20,29; 22,5.
4. Denn Elihu hatte geharrt, bis daß sie mit Hiob geredet hatten, weil sie älter waren als er.
5. Darum, da er sah, daß keine Antwort war im Munde der drei Männer, ward er zornig.
6. Und so antwortete Elihu, der Sohn Baracheels von Bus, und sprach: Ich bin jung, ihr aber seid alt; darum habe ich mich gescheut und gefürchtet, mein Wissen euch kundzutun.
7. Ich dachte: *Laß das Alter reden, und die Menge der Jahre laß Weisheit beweisen. *K.12,12.
8. Aber der Geist ist es in den Leuten und der Odem des Allmächtigen, der sie verständig macht.
9. Die Großen sind nicht die Weisesten, und die Alten verstehen nicht das Recht.
10. Darum will ich auch reden; höre mir zu. Ich will mein Wissen auch kundtun.
11. Siehe, ich habe geharrt auf das, was ihr geredet habt; ich habe aufgemerkt auf eure Einsicht, bis ihr träfet die rechte Rede,
12. und habe achtgehabt auf euch. Aber siehe, da ist keiner unter euch, der Hiob zurechtweise oder seiner Rede antworte.
13. Saget nur nicht: »Wir haben Weisheit getroffen; Gott muß ihn schlagen, kein Mensch.«
14. Gegen mich hat er seine Worte nicht gerichtet, und mit euren Reden will ich ihm nicht antworten.
15. Ach! sie sind verzagt, können nicht mehr antworten; sie können nicht mehr reden.
16. Weil ich denn geharrt habe, und sie konnten nicht reden (denn sie stehen still und antworten nicht mehr),
17. will ich auch mein Teil antworten und will mein Wissen kundtun.
18. Denn ich bin der Reden so voll, daß mich der Odem in meinem Innern ängstet.
19. Siehe, mein Inneres ist wie der Most, der zugestopft ist, der die neuen Schläuche zerreißt.
20. Ich muß reden, daß ich mir Luft mache; ich muß meine Lippen auftun und antworten.
21. Ich will niemands Person ansehen und will keinem Menschen schmeicheln.
22. Denn ich weiß nicht zu schmeicheln; leicht würde mich sonst mein Schöpfer dahinraffen.

Das 33. Kapitel

Fortsetzung: Elihu straft Hiob wegen seiner Selbstrechtfertigung. Gottes Züchtigung dient zum Heil der Seele.

1. Höre doch, Hiob, meine Rede und
merke auf alle meine Worte!
2. Siehe, ich tue meinen Mund auf, und
meine Zunge redet in meinem Munde.
3. Mein Herz soll recht reden, und meine
Lippen sollen den reinen Verstand sagen.
4. Der Geist Gottes hat mich gemacht,
und der Odem des Allmächtigen hat mir
das Leben gegeben.
5. Kannst du, so antworte mir; rüste dich
gegen mich und stelle dich.
6. Siehe, ich bin Gottes ebensowohl als
du, und *aus Lehm bin ich auch gemacht.
*K. 10,9.
7. Siehe, du darfst vor mir nicht erschrecken,
und meine Hand soll dir nicht
zu schwer sein.
8. Du hast geredet vor meinen Ohren; die
Stimme deiner Reden mußte ich hören:
9. »Ich bin rein, ohne Missetat, unschuldig
und habe keine Sünde; K. 16,17; 27,6; 31.
10. siehe, er hat eine Sache wider mich
gefunden, er achtet mich für seinen Feind;
K. 13,24; 19,11.
11. er hat meinen Fuß in den Stock gelegt
und hat acht auf alle meine Wege.«
K. 13,27.
12. Siehe, darin hast du nicht recht,
muß ich dir antworten; denn Gott ist
mehr als ein Mensch.
13. Warum willst du mit ihm zanken,
daß er dir nicht Rechenschaft gibt alles
seines Tuns?
14. Denn in einer Weise redet Gott und
wieder in einer andern, nur achtet man's
nicht.
15. Im Traum, im Nachtgesicht, wenn
der Schlaf auf die Leute fällt, wenn sie
schlafen auf dem Bette,
16. da öffnet er das Ohr der Leute und
schreckt sie und züchtigt sie,
K. 36,10; Ps. 16,7.
17. daß er den Menschen von seinem
Vornehmen wende und behüte ihn vor
Hoffart Ps. 119,67.71.
18. und verschone seine Seele vor dem
Verderben und sein Leben, daß es nicht
ins Schwert falle.
19. Auch straft er ihn mit Schmerzen auf
seinem Bette und alle seine Gebeine heftig
20. und richtet ihm sein Leben so zu,
daß ihm vor der Speise ekelt, und seine
Seele, daß sie nicht Lust zu essen hat.
21. Sein Fleisch verschwindet, daß
man's nimmer sehen kann; und seine Gebeine
werden zerschlagen, daß man sie
nicht gern ansieht,
22. daß seine Seele naht zum Verderben
und sein Leben zu den Toten.
23. So dann für ihn ein Engel als Mittler
eintritt, einer aus tausend, zu verkündigen
dem Menschen, wie er solle recht tun,
Hebr. 1,14.
24. so wird er ihm gnädig sein und sagen:
»Erlöse ihn, daß er nicht hinunterfahre
ins Verderben; denn ich habe eine Versöhnung
gefunden.«
25. Sein Fleisch wird wieder grünen wie
in der Jugend, und er wird wieder jung
werden. Ps. 103,5.
26. Er wird Gott bitten; der wird ihm
Gnade erzeigen und wird ihn sein Antlitz
sehen lasssen mit Freuden und wird dem
Menschen nach seiner Gerechtigkeit vergelten.
27. Er wird vor den Leuten bekennen
und sagen: »Ich hatte gesündigt und das
Recht verkehrt; aber es ist mir nicht vergolten
worden.
28. Er hat meine Seele erlöst, daß sie
nicht führe ins Verderben, sondern mein
Leben das Licht sähe.« V. 18.
29. Siehe, das alles tut Gott zwei- oder
dreimal mit einem jeglichen,
30. daß er seine Seele zurückhole aus
dem verderben und erleuchte ihn mit dem
Licht der Lebendigen. Ps. 56,14; 103,4.
31. Merke auf, Hiob, und höre mir zu
und schweige, daß ich rede!
32. Hast du aber was zu sagen, so antworte
mir; sage an! ich wollte dich gern
rechtfertigen.
33. Hast du aber nichts, so höre mir zu
und schweige; ich will dich die Weisheit
lehren.

Das 34. Kapitel

Elihus zweite Rede: er straft Hiobs vermessene Worte. Der Allmächtige beugt das Recht nicht.

1. Und es hob an Elihu und sprach:
2. Höret, ihr Weisen, meine Rede, und
ihr Verständigen, merkt auf mich!
3. Denn das Ohr prüft die Rede, und der
Mund schmeckt die Speise. K. 12,11.
4. Laßt uns ein Urteil finden, daß wir
erkennen unter uns, was gut sei.
5. Denn Hiob hat gesagt: »Ich bin gerecht,
und *Gott weigert mir mein Recht;
K. 33,9. *K. 27,2.
6. ich muß *lügen, ob ich wohl recht
habe, und bin gequält von meinen †Pfeilen,
ob ich wohl nichts verschuldet habe.«
*K. 9,15.20. †K. 6,4.

7. Wer ist ein solcher wie Hiob, der da
Spötterei trinkt wie Wasser K.15,16.
8. und auf dem Wege geht mit den Übeltätern und wandelt mit den gottlosen Leuten? Ps.1,1.
9. Denn er hat gesagt: »Wenn jemand
schon fromm ist, so gilt er doch nichts bei
Gott.« K.9,22.
10. Darum höret mir zu, ihr weisen Leute: Es sei ferne, daß Gott sollte gottlos
handeln und der Allmächtige ungerecht:
11. sondern er vergilt dem Menschen,
darnach er verdient hat, und trifft einen
jeglichen nach seinem Tun. Röm.2,6.
12. Ohne Zweifel, Gott verdammt niemand mit Unrecht, und der Allmächtige
beugt das Recht nicht. K.19,6.
13. Wer hat, was auf Erden ist, verordnet, und wer hat den ganzen Erdboden
gesetzt?
14. So er nur an sich dächte, seinen Geist
und Odem an sich zöge,
15. so würde alles Fleisch miteinander
vergehen, und der Mensch würde wieder
zu Staub werden.
1.Mose3,19; Ps.104,29.
16. Hast du nun Verstand, so höre das
und merke auf die Stimme meiner Reden.
17. Kann auch, der das Recht haßt, regieren? Oder willst du den, der gerecht
und mächtig ist, verdammen?
18. Sollte einer zum König sagen: »Du
heilloser Mann!« und zu den Fürsten: »Ihr
Gottlosen!«?
19. Und er sieht nicht an die Person der
Fürsten und kennt den Herrlichen nicht
mehr als den Armen; denn sie sind alle
seiner Hände Werk.
20. Plötzlich müssen die Leute sterben
und zu Mitternacht erschrecken und vergehen; die Mächtigen werden weggenommen nicht durch Menschenhand.
21. Denn seine Augen sehen auf eines
jeglichen Wege, und er schaut alle ihre
Gänge. K.31,4; Spr.5,21.
22. Es ist keine Finsternis noch Dunkel,
daß sich da möchten verbergen die Übeltäter. Ps.139,11.12.
23. Denn er darf auf den Menschen nicht
erst lange achten, daß er vor Gott ins Gericht komme.
24. Er bringt die Stolzen um, ohne erst
zu forschen, und stellt andere an ihre
Statt:
25. darum daß er kennt ihre Werke und
kehrt sie um des Nachts, daß sie zerschlagen werden.
26. Er straft sie ab wie die Gottlosen an
einem Ort, da man es sieht:
27. darum daß sie von ihm weggewichen
sind und verstanden seiner Wege keinen,
28. daß das Schreien der Armen mußte
vor ihn kommen und er das Schreien der
Elenden hörte. 2.Mose22,22.
29. Wenn er Frieden gibt, wer will verdammen? und wenn er das Antlitz verbirgt, wer will ihn schauen unter den Völkern und Leuten allzumal?
30. Denn er läßt nicht über sie regieren
einen Heuchler, das Volk zu drängen.
31. Denn zu Gott muß man sagen: »Ich
habe gebüßt, ich will nicht übel tun.
32. Habe ich's nicht getroffen, so lehre
du mich's besser; habe ich unrecht gehandelt, ich will's nicht mehr tun.« K.40,5.
33. Soll er nach deinem Sinn vergelten?
Denn du verwirfst alles; du hast zu wählen, und nicht ich. Weißt du nun was, so
sage an.
34. Verständige Leute werden zu mir sagen und ein weiser Mann, der mir zuhört:
35. »Hiob redet mit Unverstand, und seine Worte sind nicht klug.« K.38,2.
36. O, daß Hiob versucht würde bis ans
Ende! darum daß er sich zu ungerechten
Leuten kehrt.
37. Denn er hat über seine Sünde dazu
noch *gelästert; er treibt Spott unter uns
und macht seiner Reden viel wider Gott.
*V.5.

Das 35. Kapitel

Elihus dritte Rede: der Mensch schadet mit seiner Klage nur sich selbst. Gott hält ein recht Gericht.

1. Und es hob an Elihu und sprach:
2. Achtest du das für recht, daß du
sprichst: »Ich bin gerechter denn Gott?«
K.32,2.
3. Denn du sprichst: »Wer gilt bei dir
etwas? Was hilft es, ob ich nicht sündige?«
K.34,9.
4. Ich will dir antworten ein Wort und
deinen Freunden mit dir.
5. Schaue gen Himmel und siehe; und
schaue an die Wolken, daß sie dir zu hoch
sind.
6. Sündigst du, was kannst du ihm schaden? Und ob deiner Missetaten viel ist, was
kannst du ihm tun? K.7,20.
7. Und ob du gerecht seist, was kannst du
ihm geben, oder was wird er von deinen
Händen nehmen? Röm.11,35.
8. Einem Menschen, wie du bist, mag
wohl etwas tun deine Bosheit, und einem
Menschenkind deine Gerechtigkeit.
9. Man schreit, daß viel Gewalt geschieht, und ruft über den Arm der Großen;

10. aber man fragt nicht: »Wo ist Gott, mein Schöpfer, der *Lobgesänge gibt in der Nacht; *Ps. 42,9; Apg. 16,25.
11. der uns klüger macht denn das Vieh auf Erden und weiser denn die Vögel unter dem Himmel?«
12. Da schreien sie über den Hochmut der Bösen, und er wird sie nicht erhören.
13. Denn Gott wird das Eitle nicht erhören, und der Allmächtige wird es nicht ansehen. Joh. 9,31.
14. *Nun sprichst du gar, du werdest ihn nicht sehen. Aber es ist ein Gericht vor ihm, harre sein nur! *K. 23,8.9.
15. ob auch sein Zorn so bald nicht heimsucht und er sich's nicht annimmt, daß so viel Laster da sind. Pred. 8,11.
16. Darum hat Hiob seinen Mund umsonst aufgesperrt und gibt stolzes Gerede vor mit Unverstand.

Das 36. Kapitel

Elihus letzte Rede: er verweist noch einmal auf die Gerechtigkeit und Größe Gottes.

1. Elihu redete weiter und sprach:
2. Harre mir noch ein wenig, ich will dir's zeigen; denn ich habe noch von Gottes wegen etwas zu sagen.
3. Ich will mein Wissen weither holen und beweisen, daß mein Schöpfer recht habe.
4. Meine Reden sollen ohne Zweifel nicht falsch sein; mein Verstand soll ohne Tadel vor dir sein.
5. Siehe, Gott ist mächtig, und verachtet doch niemand; er ist mächtig von Kraft des Herzens.
6. Den Gottlosen erhält er nicht, sondern hilft dem Elenden zum Recht. Ps. 72,4.12.
7. Er wendet seine Augen nicht von dem Gerechten; sondern mit Königen auf dem Thron läßt er sie sitzen immerdar, daß sie hoch bleiben.
8. Und wenn sie gefangen liegen in Stökken und elend gebunden mit Stricken,
9. so verkündigt er ihnen, was sie getan haben, und ihre Untugenden, daß sie sich überhoben,
10. und *öffnet ihnen das Ohr zur Zucht und sagt ihnen, daß sie sich von dem Unrechten bekehren sollen. *K. 33,16.
11. Gehorchen sie und dienen ihm, so werden sie bei guten Tagen alt werden und mit Lust leben.
12. Gehorchen sie nicht, so werden sie ins Schwert fallen und vergehen in Unverstand.
13. Die Heuchler werden voll Zorns; sie schreien nicht, wenn er sie gebunden hat.
14. So wird ihre Seele in der Jugend sterben und ihr Leben unter den Hurern.
15. Aber den Elenden wird er in seinem Elend erretten und dem Armen das *Ohr öffnen in der Trübsal. *V. 10.
16. Und auch dich lockt er aus dem Rachen der Anst in weiten Raum, da keine Bedrängnis mehr ist; und an deinem Tische, voll alles Guten, wirst du Ruhe haben.
17. Du aber machst die Sache der Gottlosen gut, daß ihre Sache und ihr Recht erhalten wird.
18. Siehe zu, daß nicht vielleicht Zorn dich verlocke zum Hohn oder die Größe des Lösegelds dich verleite.
19. Meinst du, daß er deine Gewalt achte oder Gold oder irgend eine Stärke oder Vermögen?
20. Du darfst der Nacht nicht begehren, welche Völker wegnimmt von ihrer Stätte.
21. Hüte dich und kehre dich nicht zum Unrecht, wie du denn vor Elend angefangen hast.
22. Siehe, Gott ist zu hoch in seiner Kraft; wo ist ein *Lehrer, wie er ist? Ps. 25,9.
23. Wer will ihm weisen seinen Weg, und wer will zu ihm sagen: »Du tust Unrecht?«
24. Gedenke, daß du sein Werk erhebest, davon die Leute singen.
25. Denn alle Menschen sehen es; die Leute schauen's von ferne.
26. Siehe, Gott ist groß und unbekannt; seiner Jahre Zahl kann niemand erforschen.
27. Er macht das Wasser zu kleinen Tropfen und treibt seine Wolken zusammen zum Regen, K. 5,10.
28. daß die Wolken fließen und triefen sehr auf die Menschen.
29. Wenn er sich vornimmt, die Wolken auszubreiten wie sein hoch Gezelt, Ps. 104,3.
30. siehe, so breitet er aus sein Licht über dieselben und bedeckt alle Enden des Meeres. Ps. 18,15.16.
31. Denn damit schreckt er die Leute und gibt doch Speise in Fülle.
32. Er deckt den Blitz wie mit Händen und heißt ihn doch wieder kommen.
33. Davon zeugt sein Geselle, des Donners Zorn in den Wolken.

Das 37. Kapitel

Schluß der Rede Elihus: Gottes Majestät im Gewitter.

1. Des entsetzt sich mein Herz und bebt.

2. O höret doch, wie sein Donner zürnt,
und was für Gespräch von seinem Munde
ausgeht! Ps.29,3.
3. Er läßt ihn hinfahren unter allen Himmeln, und sein Blitz scheint auf die Enden der Erde.
4. Ihm nach brüllt der Donner, und er donnert mit seinem großen Schall; und wenn sein Donner gehört wird, kann man's nicht aufhalten.
5. Gott donnert mit seinem großen Donner wunderbar und tut große Dinge und wird doch nicht erkannt.
6. Er spricht *zum Schnee, so ist er bald auf Erden, und zum †Platzregen, so ist der Platzregen da mit Macht.
*Ps.147,16. †K. 38,28.
7. Aller Menschen Hand hält er verschlossen, daß die Leute lernen, was er tun kann.
8. Das wilde Tier geht in die Höhle und bleibt an seinem Ort. Ps.104,22.
9. Von Mittag her kommt Wetter und von Mitternacht Kälte.
10. Vom Odem Gottes kommt Frost, und große Wasser ziehen sich eng zusammen.
11. Die Wolken beschwert er mit Wasser, und durch das Gewölk bricht sein Licht.
12. Er kehrt die Wolken, wo er hin will, daß sie schaffen alles, was er ihnen gebeut, auf dem Erdboden:
13. es sei zur Züchtigung über ein Land oder zur Gnade, läßt er sie kommen.
14. Da merke auf, Hiob, stehe und vernimm die Wunder Gottes!
15. Weißt du, wie Gott solches über sie bringt und wie er das Licht aus seinen Wolken läßt hervorbrechen? K.38.
16. Weißt du, wie sich die Wolken ausstreuen, die Wunder des, der vollkommen ist an Wissen?
17. Du, des Kleider warm sind, wenn das Land still ist vom Mittagswinde,
18. ja, du wirst mit ihm den Himmel ausbreiten, der fest ist wie ein gegossener Spiegel.
19. Zeige uns, was wir ihm sagen sollen; denn wir können nichts vorbringen vor Finsternis.
20. Wer wird ihm erzählen, daß ich wolle reden? So jemand redet, der wird verschlungen.
21. Jetzt sieht man das Licht nicht, das am Himmel hell leuchtet; wenn aber der Wind weht, so wird's klar.
22. Von Mitternacht kommt Gold; um Gott her ist schrecklicher Glanz.
23. Den Allmächtigen aber können wir nicht finden, der so groß ist von Kraft; das Recht und eine gute Sache beugt er nicht.
K.28,12–28.
24. Darum müssen ihn fürchten die Leute; und er sieht keinen an, wie weise sie sind.

Das 38. Kapitel

Erste Rede des Herrn aus dem Wetter: er beschreibt die Wunder in der Schöpfung und Regierung der Welt und schlägt Hiobs Vorwitz darnieder.

1. Und der Herr *antwortete Hiob aus dem Wetter und sprach: *K.31,35.
2. Wer ist der, der den Ratschluß verdunkelt mit Worten ohne Verstand? K.34,35.
3. Gürte deine Lenden wie ein Mann; ich will dich fragen, lehre mich! K.40,7.
4. Wo warest du, da ich die Erde gründete? Sage an, bist du so klug!
5. Weißt du, *wer ihr das Maß gesetzt hat, oder wer über sie eine Richtschnur gezogen hat? *Spr.30,4.
6. Worauf stehen ihre Füße versenkt, oder wer hat ihr einen Eckstein gelegt,
7. da mich die Morgensterne miteinander lobten und jauchzten alle Kinder Gottes?
8. Wer hat das Meer mit Türen verschlossen, da es herausbrach wie aus Mutterleib,
9. da ich's mit Wolken kleidete und in Dunkel einwickelte wie in Windeln,
10. da ich ihm den Lauf brach mit meinem Damm und setzte ihm Riegel und Türen Spr.8,29.
11. und sprach: *»Bis hieher sollst du kommen und nicht weiter; hier sollen sich legen deine stolzen Wellen!«? *Ps.104,8.9.
12. Hast du bei deiner Zeit dem Morgen geboten und der Morgenröte ihren Ort gezeigt,
13. daß sie die Ecken der Erde fasse und die Gottlosen herausgeschüttelt werden?
14. Sie wandelt sich wie Ton unter dem Siegel, und alles steht da wie im Kleide.
15. Und den Gottlosen wird ihr Licht genommen, und der Arm der Hoffärtigen wird zerbrochen.
16. Bist du in den Grund des Meeres gekommen und in den Fußtapfen der Tiefe gewandelt?
17. Haben sich dir des Todes Tore je aufgetan, oder hast du gesehen die Tore der Finsternis?
18. Hast du vernommen, wie breit die Erde sei? Sage an, weißt du solches alles!
19. Welches ist der Weg, da das Licht wohnt, und welches ist der Finsternis Stätte,
20. daß du mögest ergründen seine

Grenze und merken den Pfad zu seinem Hause?
21. Du weißt es ja; denn zu der Zeit wurdest du geboren, und deiner Tage sind viel.
22. Bist du gewesen, da der Schnee her kommt, oder hast du gesehen, wo der Hagel herkommt,
23. die ich habe aufbehalten bis auf die Zeit der Trübsal und auf den *Tag des Streites und Krieges? *Jos. 10,11.
24. Durch welchen Weg teilt sich das Licht und fährt der Ostwind hin über die Erde?
25. Wer hat dem Platzregen seinen Lauf ausgeteilt und den Weg dem Blitz und Donner K. 28,26.
26. und läßt regnen aufs Land, da niemand ist, in der Wüste, da kein Mensch ist,
27. daß er füllt die Einöde und Wildnis und macht, daß Gras wächst?
28. Wer ist des Regens Vater? Wer hat die Tropfen des Taues gezeugt?
29. Aus wes Leib ist das Eis gegangen, und wer hat *den Reif unter dem Himmel gezeugt, *Ps. 147,16.
30. daß das Wasser verborgen wird wie unter Steinen und die Tiefe oben gefriert?
31. Kannst du die Bande der Sieben Sterne zusammenbinden oder das Band des *Orion auflösen? *K. 9,9.
32. Kannst du den Morgenstern hervorbringen zu seiner Zeit oder den Bären am Himmel samt seinen Jungen heraufführen?
33. Weißt du des Himmels Ordnungen, oder bestimmst du seine Herrschaft über die Erde?
34. Kannst du deine Stimme zu der Wolke erheben, daß dich die Menge des Wassers bedecke?
35. Kannst du die Blitze auslassen, daß sie hinfahren und sprechen zu dir: Hier sind wir?
36. Wer gibt die Weisheit in das Verborgene? Wer gibt verständige Gedanken?
37. Wer ist so weise, der die Wolken zählen könnte? Wer kann die Wasserschläuche am Himmel ausschütten? 1. Mose 7,11.
38. wenn der Staub begossen wird, daß er zuhauf läuft und die Schollen aneinander kleben?
39. Kannst du der Löwin ihren Raub zu jagen geben und die jungen Löwen sättigen,
40. wenn sie *sich legen in ihre Stätten und ruhen in der Höhle, da sie lauern? *K. 37,8.
41. Wer bereitet dem Raben die Speise, wenn seine Jungen zu Gott rufen und fliegen irre, weil sie nicht zu essen haben? Ps. 147,9.

Das 39. Kapitel

Fortsetzung: die Wunder der Tierwelt bezeugen Gottes Weisheit.

1. Weißt du die Zeit, wann die Gemsen auf den Felsen gebären? oder hast du gemerkt, wann die *Hinden schwanger gehen? *Hirschkühe.
2. Hast du gezählt ihre Monden, wann sie voll werden? oder weißt du die Zeit, wann sie gebären?
3. Sie beugen sich, lassen aus ihre Jungen und werden los ihre Wehen.
4. Ihre Jungen werden feist und groß im Freien und gehen aus und kommen nicht wieder zu ihnen.
5. Wer hat den Wildesel so frei lassen gehen, wer hat die Bande des Flüchtigen gelöst,
6. dem ich die Einöde zum Hause gegeben habe und die Wüste zur Wohnung?
7. Er verlacht das Getümmel der Stadt; das Pochen des Treibers hört er nicht.
8. Er schaut nach den Bergen, da seine Weide ist, und sucht, wo es grün ist.
9. Meinst du, das Einhorn werde dir dienen und werde bleiben an deiner Krippe?
10. Kannst du ihm dein Seil anknüpfen, die Furchen zu machen, daß es hinter dir brache in Tälern?
11. Magst du dich auf das Tier verlassen, daß es so stark ist, und wirst es dir lassen arbeiten?
12. Magst du ihm trauen, daß es deinen Samen dir wiederbringe und in deine Scheune sammle?
13. Der Fittich des Straußes hebt sich fröhlich. Dem frommen Storch gleicht er an Flügeln und Federn.
14. Doch läßt er seine Eier auf der Erde und läßt sie die heiße Erde ausbrüten.
15. Er vergißt, daß sie möchten zertreten werden und ein wildes Tier sie zerbreche.
16. Er wird so hart gegen seine Jungen, als wären sie nicht sein, achtet's nicht, daß er umsonst arbeitet.
17. Denn Gott hat ihm die Weisheit genommen und hat ihm keinen Verstand zugeteilt.
18. Zu der Zeit, da er hoch auffährt, verlacht er beide, Roß und Mann.
19. Kannst du dem Roß Kräfte geben oder seinen Hals zieren mit seiner Mähne?
20. Läßt du es aufspringen wie die Heuschrecken? Schrecklich ist sein prächtiges Schnauben.

21. Es stampft auf den Boden und ist
freudig mit Kraft und zieht aus, den Geharnischten entgegen.
22. Es spottet der Furcht und erschrickt
nicht und flieht vor dem Schwert nicht,
23. wenngleich über ihm klingt der Köcher und glänzen beide, Spieß und Lanze.
24. Es zittert und tobt und scharrt in die
Erde und läßt sich nicht halten bei der Drommete Hall.
25. So oft die Drommete klingt, spricht
es: Hui! und wittert den Streit von ferne, das Schreien der Fürsten und Jauchzen.
26. Fliegt der Habicht durch deinen Verstand und breitet seine Flügel gegen Mittag?
27. Fliegt der Adler auf deinen Befehl so
hoch, daß er sein Nest in der Höhe macht?
28. In Felsen wohnt er und bleibt auf den
Zacken der Felsen und auf Berghöhen.
29. Von dannen schaut er nach der Speise, und seine Augen sehen ferne.
30. Seine Jungen saufen Blut, und *wo
Erschlagene liegen, da ist er.

Hab. 1,8; Matth. 24,28.

Das 40. Kapitel

Hiob demütigt sich vor Gott. Zweite Rede des Herrn aus dem Wetter: er schildert seine Macht an dem Behemoth (Nilpferd) und dem Leviathan (Krokodil).

1. [K. 39,31.] Und der Herr antwortete
Hiob und sprach:
2. [32.] *Will mit dem Allmächtigen
rechten der Haderer? Wer Gott tadelt, soll's der nicht verantworten? *Jes. 45,9.
3. [33.] Hiob aber antwortete dem Herrn
und sprach:
4. [34.] Siehe, ich bin zu leichtfertig gewesen; was soll ich antworten? Ich will meine Hand auf meinen Mund legen.
5. [35.] Ich habe einmal geredet, und will
nicht antworten; zum andernmal will ich's nicht mehr tun.
6. [1.] Und der Herr antwortete Hiob aus
dem Wetter und sprach:
7. [2.] Gürte wie ein Mann deine Lenden;
ich will dich fragen, lehre mich! K. 38,3.
8. [3.] Solltest du mein Urteil zunichte
machen und mich verdammen, daß du gerecht seist?
9. [4.] Hast du einen Arm wie Gott, und
kannst mit gleicher Stimme donnern, wie er tut? K. 37,5.
10. [5.] Schmücke dich mit Pracht und
erhebe dich; ziehe Majestät und Herrlichkeit an!
11. [6.] Streue aus den Zorn deines
Grimmes; schaue an die Hochmütigen, wo sie sind, und demütige sie!
12. [7.] Ja, schaue die Hochmütigen, wo
sie sind, und beuge sie; und zermalme die Gottlosen, wo sie sind!
13. [8.] Verscharre sie miteinander in der
Erde und versenke ihre Pracht ins Verborgene,
14. [9.] so will ich dir auch bekennen,
daß dir deine rechte Hand helfen kann.
15. [10.] Siehe da den *Behemoth, den
ich neben dir gemacht habe; er frißt Gras wie ein Ochse. *das Nilpferd.
16. [11.] Siehe, seine Kraft ist in seinen
Lenden und sein Vermögen in den Sehnen seines Bauches.
17. [12.] Sein Schwanz streckt sich wie
eine Zeder; die Sehnen seiner Schenkel sind dicht geflochten.
18. [13.] Seine Knochen sind wie eherne
Röhren; seine Gebeine sind wie eiserne Stäbe.
19. [14.] Er ist der Anfang der Wege Gottes; der ihn gemacht hat, der gab ihm sein Schwert.
20. [15.] Die Berge tragen ihm Kräuter,
und alle wilden Tiere spielen daselbst.
21. [16.] Er liegt gern im Schatten, im
Rohr und im Schlamm verborgen.
22. [17.] Das Gebüsch bedeckt ihn mit
seinem Schatten, und die Bachweiden umgeben ihn.
23. [18.] Siehe, er schluckt in sich den
Strom und achtet's nicht groß; läßt sich dünken, er wolle den Jordan mit seinem Munde ausschöpfen.
24. [19.] Fängt man ihn wohl vor seinen
Augen und durchbohrt ihm mit Stricken seine Nase?
25. [20.] Kannst du den *Leviathan ziehen mit dem Hamen und seine Zunge mit einer Schnur fassen? *Jes. 27,1.
26. [21.] Kannst du ihm eine Angel in die
Nase legen und mit einem Stachel ihm die Backen durchbohren?
27. [22.] Meinst du, er werde dir viel Flehens machen oder dir heucheln?
28. [23.] Meinst du, daß er einen Bund
mit dir machen werde, daß du ihn immer zum Knecht habest?
29. [24.] Kannst du mit ihm spielen wie
mit einem Vogel oder ihn für deine Dirnen anbinden?
30. [25.] Meinst du, die Genossen werden
ihn zerschneiden, daß er unter die Kaufleute zerteilt wird?
31. [26.] Kannst du mit Spießen füllen
seine Haut und mit Fischerhaken seinen Kopf?

32. [27.] Wenn du deine Hand an ihn legst, so gedenke, daß es ein Streit ist, den du nicht ausführen wirst.

Das 41. Kapitel

Fortsetzung der Schilderung des Leviathan.

1. [K.40,28.] Siehe, die Hoffnung wird jedem fehlen; schon wenn er seiner ansichtig wird, stürzt er zu Boden.
2. [1.] Niemand ist so kühn, daß er ihn reizen darf; wer ist denn, der vor mir stehen könne?
3. [2.] Wer hat mir etwas zuvor getan, daß ich's ihm vergelte? Es ist mein, was unter allen Himmeln ist.
4. [3.] Dazu muß ich nun sagen, wie groß, wie mächtig und wohlgeschaffen er ist.
5. [4.] Wer kann ihm sein Kleid aufdekken? und wer darf es wagen, ihm zwischen die Zähne zu greifen?
6. [5.] Wer kann die Kinnbacken seines Antlitzes auftun? Schrecklich stehen seine Zähne umher.
7. [6.] Seine stolzen Schuppen sind wie feste Schilde, fest und eng ineinander.
8. [7.] Eine rührt an die andere, daß nicht ein Lüftlein dazwischen geht.
9. [8.] Es hängt eine an der andern, und halten sich zusammen, daß sie sich nicht voneinander trennen.
10. [9.] Sein Niesen glänzt wie ein Licht; seine Augen sind wie die Wimpern der Morgenröte.
11. [10.] Aus seinem Munde fahren Fakkeln, und feurige Funken schießen heraus.
12. [11.] Aus seiner Nase geht Rauch wie von heißen Töpfen und Kesseln.
13. [12.] Sein Odem ist wie lichte Lohe, und aus seinem Munde gehen Flammen.
14. [13.] Auf seinem Halse wohnt die Stärke, und vor ihm her hüpft die Angst.
15. [14.] Die Gliedmaßen seines Fleisches hangen aneinander und halten hart an ihm, daß er nicht zerfallen kann.
16. [15.] Sein Herz ist so hart wie ein Stein und so fest wie ein unterer Mühlstein.
17. [16.] Wenn er sich erhebt, so entsetzen sich die Starken; und wenn er daherbricht, so ist keine Gnade da.
18. [17.] Wenn man zu ihm will mit dem Schwert, so regt er sich nicht, oder mit Spieß, Geschoß und Panzer.
19. [18.] Er achtet Eisen wie Stroh, und Erz wie faules Holz.
20. [19.] Kein Pfeil wird ihn verjagen; die Schleudersteine sind ihm wie Stoppeln.
21. [20.] Die Keule achtet er wie Stoppeln; er spottet der bebenden Lanze.
22. [21.] Unten an ihm sind scharfe Scherben; er fährt wie mit einem Dreschwagen über den Schlamm.
23. [22.] Er macht, daß der tiefe See siedet wie ein Topf, und rührt ihn ineinander, wie man eine Salbe mengt.
24. [23.] Nach ihm leuchtet der Weg; er macht die Tiefe ganz grau.
25. [24.] Auf Erden ist seinesgleichen niemand; er ist gemacht, ohne Furcht zu sein.
26. [25.] Er verachtet alles, was hoch ist; er ist ein König über alles stolze Wild.

Das 42. Kapitel

Hiobs Buße. Gott rechtfertigt ihn gegen seine Freunde und segnet ihn mehr denn zuvor.

1. Und Hiob antwortete dem Herrn und sprach:
2. Ich erkenne, daß du alles vermagst und nichts, das du dir vorgenommen, ist dir zu schwer.
3. »*Wer ist der, der den Ratschluß verhüllt mit Unverstand?« Darum †bekenne ich, daß ich habe unweise geredet, was mir zu hoch ist und ich nicht vestehe.

*K.38,2. †Spr. 28,13; 1.Joh. 1,9.

4. »So höre nun, laß mich reden; ich will dich fragen, lehre mich!« K.38,3.
5. Ich hatte von dir mit den Ohren gehört; aber nun hat mein Auge dich gesehen.
6. Darum spreche ich mich schuldig und tue Buße in Staub und Asche.
7. Da nun der Herr diese Worte mit Hiob geredet hatte, sprach er zu Eliphas von Theman: Mein Zorn ist ergrimmt über dich und über deine zwei Freunde; denn ihr habt nicht recht von mir geredet wie mein Knecht Hiob.
8. So nehmet nun sieben Farren und sieben Widder und gehet hin zu meinem Knecht Hiob und opfert Brandopfer für euch und lasset meinen Knecht Hiob für euch *bitten. Denn ihn will ich ansehen, daß ich an euch nicht tue nach eurer Torheit; denn ihr habt nicht recht von mir geredet wie mein Knecht Hiob. Hesek. 14,14.
9. Da gingen hin Eliphas von Theman, Bildad von Suah und Zophar von Naema und taten, wie der Herr ihnen gesagt hatte; und der Herr sah an Hiob.
10. Und der Herr wandte das Gefängnis Hiobs, da er bat für seine Freunde. Und der Herr gab Hiob *zwiefältig so viel, als er gehabt hatte. *K.8,7.

DIE WOHLTATEN DES HERRN AN HIOB Hiob 42, 10–13

11. Und es kamen zu ihm alle seine Brüder und alle seine Schwestern und alle, die ihn vormals kannten, und aßen mit ihm in seinem Hause und kehrten sich zu ihm und trösteten ihn über alles Übel, das der Herr über ihn hatte kommen lassen. Und ein jeglicher gab ihm einen schönen Groschen und ein goldenes Stirnband.

12. Und der Herr segnete hernach Hiob mehr denn zuvor, daß er kriegte vierzehntausend Schafe und sechstausend Kamele und tausend Joch Rinder und tausend Eselinnen.

13. Und er kriegte sieben Söhne und drei Töchter;

14. und hieß die erste Jemima, die andere Kezia und die dritte Keren-Happuch.

15. Und wurden nicht so schöne Weiber gefunden in allen Landen wie die Töchter Hiobs. Und ihr Vater gab *ihnen Erbteil unter ihren Brüdern. 4.Mose 27,8–11.

16. Und Hiob lebte nach diesem hundertundvierzig Jahre, daß er sah Kinder und Kindeskinder bis in das vierte Glied.

17. Und Hiob starb alt und lebenssatt.
1.Mose 25,8.

Der Psalter

Erstes Buch

Der 1. Psalm

Seligkeit der Frommen. Unseligkeit der Gottlosen.

1. Wohl dem, der nicht wandelt im Rat der Gottlosen noch tritt auf den Weg der Sünder noch sitzt, da die Spötter sitzen,
Ps. 119,1; 26,4; Spr. 4,14; Jer. 15,17.

2. sondern hat *Lust zum Gesetz des Herrn und †redet von seinem Gesetz Tag und Nacht!
*Ps. 119,35.47.70.97. †Jos. 1,8; 5.Mose 6,7.

3. Der ist *wie ein Baum, gepflanzt an

den Wasserbächen, der seine Frucht
bringt zu seiner Zeit, und seine Blätter
verwelken nicht; und was er macht, das
gerät wohl. *Ps.92,13–16; Jer.17,8.
4. Aber so sind die Gottlosen nicht, sondern wie Spreu, die der Wind verstreut.
Ps. 35,5; Hiob 21,18; Hos. 13,3
5. Darum bleiben die Gottlosen nicht im
Gericht noch die Sünder in der Gemeinde
der Gerechten.
6. Denn der Herr *kennt den Weg der
Gerechten; aber der Gottlosen Weg vergeht. *Ps.37,18; Hiob 23,10; 2.Tim.2,19.

Der 2. Psalm

Weissagung von dem Reich des Sohnes Gottes und dem Sieg über seine Feinde.

1. Warum toben die Heiden, und die Völker reden so vergeblich? Apg.4,25–30.
2. Die Könige der Erde lehnen sich auf,
und die Herren ratschlagen miteinander
wider den Herrn und seinen Gesalbten:
Offenb.11,18; 19,19.
3. »Lasset uns zerreißen ihre Bande und
von uns werfen ihre Seile!«
Jer.2,20; 5,5; Luk.19,14.
4. Aber der im Himmel wohnt, lachet
ihrer, und der Herr spottet ihrer.
Ps.37,13; 59,9.
5. Er wird einst mit ihnen reden in seinem Zorn, und mit seinem Grimm wird er
sie schrecken. Jes.34.
6. »Aber ich habe meinen König eingesetzt auf meinem heiligen Berg Zion.«
7. Ich will von der Weise predigen, daß
der Herr zu mir gesagt hat: *»Du bist
mein Sohn, heute habe ich dich gezeuget;
*Ps.89,27–30; Apg.13,33; Hebr.1,5; 5,5.
8. heische von mir, so will ich dir die
Heiden zum Erbe geben und der Welt Enden zum Eigentum. Dan.7,13.14.
9. Du sollst sie mit *einem eisernen Zepter zerschlagen; wie Töpfe sollst du sie
zerschmeißen.« *Offenb.2,27; 12,5; 19,15.
10. So lasset euch nun weisen, ihrKöni-
ge, und lasset euch züchtigen, ihr Richter
auf Erden!
11. Dienet dem Herrn mit Furcht und
freuet euch mit Zittern!
Phil.2,12; Hebr.12,28.
12. *Küsset den Sohn, daß er nicht zürne und ihr umkommet auf dem Wege;
denn sein Zorn wird bald entbrennen.
†Aber wohl allen, die auf ihn trauen!
*1.Sam.10,1. †Ps.34,9; 84,13; Jes.30,18.

Der 3. Psalm

Zuversicht zu Gott gegen alle Feinde.

1. Ein Psalm Davids, da er floh vor seinem Sohn Absalom. 2.Sam.15,14.
2. Ach Herr, wie sind meiner Feinde so
viel und setzen sich so viele wider mich!
3. Viele sagen von meiner Seele: Sie hat
keine Hilfe bei Gott. (Sela.)
4. Aber du, Herr, bist der Schild für mich
und der mich zu Ehren setzt und mein
Haupt aufrichtet. Ps.84,12.
5. Ich rufe an mit meiner Stimme den
Herrn; so erhört er mich von seinem heiligen Berge. (Sela.)
6. Ich liege und schlafe und erwache;
denn der Herr hält mich. Ps.4,9; Spr.3,24.
7. Ich fürchte mich nicht vor viel Tausenden, die sich umher wider mich legen.
Ps.27,3.
8. Auf, Herr, und hilf mir, mein Gott!
denn du schlägst alle meine Feinde auf
den Backen und zerschmetterst der Gottlosen Zähne. Ps.58,7.
9. Bei dem Herrn findet man Hilfe. Dein
Segen komme über dein Volk! (Sela.)
Jer.3,23.

Der 4. Psalm

Davids Abendgebet, voll Glaubensmut gegen die Feinde. Gott beschämt den Kleinmut der Freunde.

1. Ein Psalm Davids, vorzusingen, auf
Saitenspiel.
2. Erhöre mich, wenn ich rufe, Gott meiner Gerechtigkeit, der du mich tröstest in
Angst; sei mir gnädig und erhöre mein
Gebet!
3. Liebe Herren, wie lange soll meine Ehre geschändet werden? Wie habt ihr das
Eitle so lieb und die Lüge so gern! (Sela.)
4. Erkennet doch, daß der Herr seine
Heiligen *wunderbar führt; der Herr hört,
wenn ich ihn anrufe. *Ps.17,7.
5. Zürnet ihr, *so sündiget nicht. Redet
mit eurem Herzen †auf eurem Lager und
harret. (Sela.) *Eph.4,26. †Ps.16,7.
6. *Opfert Gerechtigkeit und hoffet auf
den Herrn. *Ps.51,19.21.
7. Viele sagen: »Wer wird uns Gutes sehen lassen?« Aber, Herr, *erhebe über uns
das Licht deines Antlitzes!
*4.Mose 6,25.26.
8. Du erfreuest mein Herz, ob jene gleich
viel Wein und Korn haben.
9. Ich *liege und schlafe ganz mit Frieden; denn allein du, Herr, hilfst mir, daß
ich sicher wohne. *3.Mose 26,6; Ps.3,6.

Der 5. Psalm

Davids Morgengebet, voll Vertrauen auf des gerechten Gottes Hilfe gegen seine gottlosen Feinde.

1. Ein Psalm Davids, vorzusingen für das Erbe.
2. Herr, höre meine Worte, merke auf meine Rede!
3. Vernimm mein Schreien, mein *König und mein Gott; denn ich will vor dir beten. *Ps. 84,4.
4. Herr, frühe wollest du meine Stimme hören; frühe will ich mich zu dir schicken und aufmerken.
5. Denn du bist nicht ein Gott, dem gottlos Wesen gefällt; wer böse ist, bleibt nicht vor dir.
6. Die Ruhmredigen bestehen nicht vor deinen Augen; du bist feind allen Übeltätern.
7. Du bringst die Lügner um; der Herr hat Greuel an den Blutgierigen und Falschen.
8. Ich aber will in dein Haus gehen auf deine große Güte und anbeten gegen deinen heiligen Tempel in deiner Furcht. Ps. 26,8.
9. Herr, leite mich in deiner Gerechtigkeit um meiner Feinde willen; richte deinen Weg vor mir her.
10. Denn in ihrem Munde ist nichts Gewisses; ihr Inwendiges ist Herzeleid. Ihr *Rachen ist ein offenes Grab; mit ihren Zungen heucheln sie. Röm. 3,13.
11. Sprich sie schuldig, Gott, daß sie fallen von ihrem Vornehmen. Stoße sie aus um ihrer großen Übertretungen willen; denn sie sind dir widerspenstig.
12. Laß sich freuen alle, die auf dich trauen; ewiglich laß sie rühmen, denn du beschirmst sie; fröhlich laß sein in dir, die deinen Namen lieben. Ps. 40,17.
13. Denn du, Herr, segnest die Gerechten; du *krönest sie mit Gnade wie mit einem Schilde. *Ps. 103,4.

Der 6. Psalm

Bußgebet unter Leiden des Körpers und der Seele. Hoffnung auf des Herrn Hilfe.

1. Ein Psalm Davids, vorzusingen auf acht Saiten.
2. Ach Herr, strafe mich nicht in deinem Zorn und züchtige mich nicht in deinem Grimm! Ps. 38,2; Jer. 10,24.
3. Herr, sei mir gnädig, denn ich bin schwach; heile mich, Herr, denn meine Gebeine sind erschrocken, Ps. 51,10.
4. und meine Seele ist sehr erschrocken. Ach du, Herr, wie lange! Ps. 13,2.3.
5. Wende dich, Herr, und errette meine Seele; hilf mir um deiner Güte willen!
6. Denn im Tode gedenkt man dein nicht; wer will dir bei den Toten danken? Ps. 30,10; 88,11; 115,17.
7. Ich bin so müde vom Seufzen; ich schwemme mein Bett die ganze Nacht und netze mit meinen Tränen mein Lager.
8. Meine Gestalt ist verfallen vor Trauern und ist alt geworden; denn ich werde allenthalben geängstet. Ps. 31,10; Hiob 17,7.
9. Weichet von mit, alle Übeltäter; denn der Herr hört mein Weinen,
10. der Herr hört mein Flehen; mein Gebet nimmt der Herr an.
11. Es müssen alle meine Feinde zu Schanden werden und sehr erschrecken, sich zurückkehren und zu Schanden werden plötzlich. Ps. 35,4.26; 40,15.

Der 7. Psalm

Der gerechte Gott rettet Davids Unschuld gegen den ungerechten Feind.

1. Die Unschuld Davids, davon er sang dem Herrn wegen der Worte des Chus, des Benjaminiten. 1. Sam. 24,10; 26,19; 2. Sam. 16,5–11.
2. Auf dich, Herr, traue ich, mein Gott. Hilf mir von allen meinen Verfolgern und errette mich,
3. daß sie nicht *wie Löwen meine Seele erhaschen und zerreißen, weil kein Erretter da ist. *Ps. 10,8.9.
4. Herr, mein Gott, habe ich solches getan und ist Unrecht in meinen Händen; Hiob 31,7–34.
5. habe ich Böses vergolten denen, so friedlich mit mir lebten, oder die, so mir ohne Ursache feind waren, beschädigt:
6. so verfolge mein Feind meine Seele und ergreife sie und trete mein Leben zu Boden und lege meine Ehre in den Staub. (Sela.)
7. Stehe auf, Herr, in deinem Zorn, erhebe dich über den Grimm meiner Feinde und wache auf zu mir, der du Gericht verordnet hast,
8. daß sich die Völker um dich sammeln; und über ihnen kehre wieder zur Höhe.
9. Der Herr ist Richter über die Völker. Richte mich, Herr, nach *meiner Gerechtigkeit und Frömmigkeit! *Ps. 18,21–27.
10. Laß der *Gottlosen Bosheit ein Ende werden und fördere die Gerechten; denn

du, gerechter Gott, †prüfst Herzen und Nieren.

*Ps. 104,35. †Jer. 11,20; 17,10; Offenb. 2,23.

11. Mein Schild ist bei Gott, der den frommen Herzen hilft. Ps. 3,4.

12. Gott ist ein rechter Richter und ein Gott, der täglich droht. Ps. 9,5.

13. Will man sich nicht bekehren, so hat er sein Schwert gewetzt und seinen Bogen gespannt und zielt

5. Mose 32,41; Klagel. 2,4; 3,12.

14. und hat darauf gelegt tödliche Geschosse; seine Pfeile hat er zugerichtet, zu verderben.

15. Siehe, der hat Böses im Sinn; mit Unglück ist er schwanger und wird Lüge gebären.

16. Er hat eine Grube gegraben und ausgehöhlt und ist in die Grube gefallen, die er gemacht hat. Spr. 26,27.

17. Sein Unglück wird auf seinen Kopf kommen und sein Frevel auf seinen Scheitel fallen.

18. Ich danke dem Herrn um seiner Gerechtigkeit willen und will loben den Namen des Herrn, des Allerhöchsten.

Der 8. Psalm

Gottes Größe in der Schöpfung. Des Menschensohnes Niedrigkeit und Hoheit.

1. Ein Psalm Davids, vorzusingen, auf der Gittith.

2. Herr, unser Herrscher, wie herrlich ist dein Name in allen Landen, du, den man lobet im Himmel!

3. *Aus dem Munde der jungen Kinder und Säuglinge hast du eine Macht zugerichtet um deiner Feinde willen, daß du vertilgest den Feind und den Rachgierigen. *Matth. 21,16.

4. Wenn ich sehe die *Himmel, deiner Finger Werk, den Mond und die Sterne, die du bereitet hast: *Ps. 19,2.

5. *was ist der Mensch, daß du seiner gedenkst, und des Menschen Kind, daß du dich seiner annimmst?

*Ps. 144,3; Hebr. 2,6–9.

6. Du hast ihn wenig niedriger gemacht denn Gott, und mit Ehre und Schmuck hast du ihn gekrönt. 1. Mose 1,26.

7. Du hast ihn zum Herrn gemacht über deiner Hände Werk; alles hast du unter seine Füße getan: Matth. 28,18; 1. Kor. 15,27.

8. Schafe und Ochsen allzumal, dazu auch die wilden Tiere,

9. die Vögel unter dem Himmel und die Fische im Meer und was im Meer geht.

10. Herr, unser Herrscher, wie herrlich ist dein Name in allen Landen!

Der 9. Psalm

Danklied für die Rettung von Feinden und Bitte um weiteren Beistand.

1. Ein Psalm Davids, von der schönen Jugend, vorzusingen.

2. Ich danke dem Herrn von ganzem Herzen und erzähle alle deine Wunder.

3. Ich freue mich und bin fröhlich in dir und lobe deinen Namen, du Allerhöchster,

4. daß du meine Feinde hinter sich getrieben hast; sie sind gefallen und umgekommen vor dir.

5. Denn du führest mein Recht und meine Sache aus; du sitzest auf dem Stuhl, ein *rechter Richter. *Ps. 7,12.

6. Du schiltst die Heiden und bringst die Gottlosen um; ihren Namen vertilgst du immer und ewiglich.

7. Die Schwerter des Feindes haben ein Ende; die Städte hast du umgekehrt; *ihr Gedächtnis ist umgekommen samt ihnen.

*Ps. 34,17.

8. Der Herr aber bleibt ewiglich; er hat seinen Stuhl bereitet zum Gericht,

Ps. 103,19.

9. und er wird den Erdboden recht richten und die Völker regieren rechtschaffen.

Ps. 96,13.

10. Und der Herr ist des Armen Schutz, ein Schutz in der Not.

11. Darum hoffen auf dich, die deinen Namen kennen; denn du verlässest nicht, die dich, Herr, suchen.

12. Lobet den Herrn, *der zu Zion wohnt; verkündiget unter den Völkern sein Tun!

*Ps. 132,13.

13. Denn er gedenkt und *fragt nach ihrem Blut; er vergißt nicht des Schreiens der Armen. *1. Mose 4,10.

14. Herr, sei mir gnädig; siehe an mein Elend unter den Feinden, der du mich erhebst aus den Toren des Todes,

15. auf daß ich *erzähle all deinen Preis in den Toren der Tochter Zion, †daß ich fröhlich sei über deine Hilfe.

*Ps. 22,23; 40,10.11. †Ps. 13,6.

16. Die Heiden sind versunken in der Grube, die sie zugerichtet hatten; ihr Fuß ist gefangen in dem Netz, das sie gestellt hatten. Ps. 7,16.

17. So erkennt man, daß der Herr Recht schafft. Der Gottlose ist verstrickt in dem Werk seiner Hände. (Zwischenspiel. Sela.)

Ps. 7,17.

18. Ach daß die Gottlosen müßten zur Hölle gekehrt werden, alle Heiden, die Gottes vergessen!

19. Denn er wird des Armen nicht so

ganz vergessen, und die Hoffnung der Elenden wird nicht verloren sein ewiglich.
Ps. 22,25; 10,17.18.
20. Herr, stehe auf, daß die Menschen nicht Oberhand haben; laß alle Heiden vor dir gerichtet werden!
21. Gib ihnen, Herr, einen Meister, daß die Heiden *erkennen, daß sie Menschen sind. (Sela.) *Ps. 59,14.

Der 10. Psalm

Klage über den Verzug der göttlichen Hilfe bei dem Übermut der Feinde und Gebet um Errettung der Unterdrückten.

1. Herr, warum trittst du so ferne, verbirgst dich zur Zeit der Not? Ps. 44,25.
2. Weil der Gottlose Übermut treibt, muß der Elende leiden; sie hängen sich aneinander und erdenken böse Tücke.
3. Denn der Gottlose rühmt sich seines Mutwillens, und der Geizige sagt dem Herrn ab und lästert ihn.
4. Der Gottlose meint in seinem Stolz, er frage nicht darnach; in allen seinen Tükken hält er Gott für nichts.
5. Er fährt fort mit seinem Tun immerdar; deine Gerichte sind *ferne von ihm; er handelt trotzig mit allen seinen Feinden. *Amos 6,3.
6. Er spricht in seinem Herzen: Ich werde nimmermehr darniederliegen; es wird für und für keine Not haben. Ps. 73,4–8.
7. Sein *Mund ist voll Fluchens, Falschheit und Trugs; seine Zunge richtet Mühe und Arbeit an. *Röm. 3,14.
8. Er sitzt und lauert in den Dörfern; er erwürgt die Unschuldigen heimlich; seine Augen spähen nach den Armen.
9. Er lauert im Verborgenen wie ein Löwe in der Höhle; er lauert, daß er den Elenden erhasche, und er hascht ihn, wenn er ihn in sein Netz zieht. Ps. 17,12.
10. Er zerschlägt und drückt nieder und stößt zu Boden den Armen mit Gewalt.
11. Er spricht in seinem Herzen: Gott hat's vergessen; er hat sein Antlitz verborgen, er *wird's nimmermehr sehen.
*Ps. 94,7.
12. Stehe auf, Herr; Gott, erhebe deine Hand; vergiß der Elenden nicht!
13. Warum soll der Gottlose Gott lästern und in seinem Herzen sprechen: Du fragest nicht darnach?
14. Du siehest ja, denn du schauest das Elend und den Jammer; es steht in deinen Händen. Die Armen befehlen's dir; du bist der *Waisen Helfer. *Ps. 68,6; 2. Mose 22,22.
15. Zerbrich den Arm des Gottlosen und suche heim das Böse, so wird man sein *gottlos Wesen nimmer finden.
*Ps. 37,10.36.
16. Der *Herr ist König immer und ewiglich; die Heiden müssen aus seinem Land umkommen. *Ps. 99,1.
17. Das Verlangen der Elenden hörst du, Herr; ihr Herz ist gewiß, daß dein Ohr darauf merket,
18. daß du Recht schaffest dem Waisen und Armen, daß der Mensch nicht mehr trotze auf Erden.

Der 11. Psalm

In der Bedrängnis durch seine Feinde traut David auf den Herrn.

1. Ein Psalm Davids, vorzusingen.
Ich traue auf den Herrn. Wie sagt ihr denn zu meiner Seele: Fliehet wie ein Vogel auf eure Berge? 1. Sam. 26,20.
2. Denn siehe, die Gottlosen spannen den Bogen und legen ihre Pfeile auf die Sehnen, damit heimlich zu schießen die Frommen. Ps. 37,14; 64,4.5.
3. Denn sie reißen den Grund um; was sollte der Gerechte ausrichten?
4. Der *Herr ist in seinem heiligen Tempel, des †Herrn Stuhl ist im Himmel; seine Augen sehen darauf, seine Augenlider prüfen die Menschenkinder.
*Hab. 2,20. †Jes. 66,1; Ps. 33,13.14.
5. Der Herr prüft den Gerechten; seine Seele *haßt den Gottlosen und die gerne freveln. *Ps. 5,5.
6. Er wird *regnen lassen über die Gottlosen Blitze, Feuer und Schwefel und wird ihnen ein Wetter zum Lohn geben.
*1. Mose 19,24.
7. Der Herr ist gerecht und hat *Gerechtigkeit lieb; †die Frommen werden schauen sein Angesicht. *Ps. 33,5. †Ps. 17,15.

Der 12. Psalm

Klage über die Abnahme der Frommen und die Übermacht der Bösen. Vertrauen auf göttliche Hilfe.

1. Ein Psalm Davids, vorzusingen, auf acht Saiten.
2. Hilf, Herr! die Heiligen haben abgenommen, und der Gläubigen ist wenig unter den Menschenkindern.
3. Einer redet mit dem andern unnütze Dinge; sie heucheln und lehren aus uneinigem Herzen.
4. Der Herr wolle ausrotten alle Heuchelei und die Zunge, die da stolz redet,
5. die da sagen: Unsere Zunge soll Oberhand haben, uns gebührt zu reden; wer ist unser Herr? Ps. 73,8.9.
6. Weil denn die Elenden verstört werden

und die Armen seufzen, will ich auf, spricht der Herr; ich will eine Hilfe schaffen dem, der sich darnach sehnt.
7. Die Rede des Herrn ist lauter wie durchläutert Silber im irdenen Tiegel, bewähret siebenmal. Ps. 19,9.
8. Du, Herr, wollest sie bewahren und uns behüten vor diesem Geschlecht ewiglich!
9. Denn es wird allenthalben voll Gottloser, wo solche nichtswürdigen Leute unter den Menschen herrschen. Spr. 28,12.

Der 13. Psalm

Sehnsucht nach lange verzögerter Hilfe unter dem Druck der Feinde. Zuversichtliche Hoffung auf Gottes Güte.

1. Ein Psalm Davids, vorzusingen.
2. Herr, wie lange willst du mein so gar vergessen? Wie lange verbirgst du dein Antlitz vor mir? Ps. 77,8; Hab. 1,2.
3. Wie lange soll ich sorgen in meiner Seele und mich ängsten in meinem Herzen täglich? Wie lange soll sich mein Feind über mich erheben?
4. Schaue doch und erhöre mich, Herr, mein Gott! Erleuchte meine Augen, daß ich nicht im Tode entschlafe,
5. daß nicht mein Feind rühme, er sei mein mächtig geworden, und meine Widersacher sich nicht freuen, daß ich niederliege.
6. Ich hoffe aber darauf, daß du so gnädig bist; mein Herz *freut sich, daß du so gerne hilfst. Ich will dem Herrn singen, daß er so wohl an mir tut. *Ps. 9,15.

Der 14. Psalm

Seufzen nach Erlösung aus dem allgemeinen Verderben der Menschen.
(Vgl. Ps. 53.)

1. Ein Psalm Davids, vorzusingen.
Die Toren sprechen in ihrem Herzen: Es ist kein Gott. Sie taugen nichts und sind ein Greuel mit ihrem Wesen; da ist keiner, der Gutes tue.
2. Der *Herr schaut vom Himmel auf der Menschen Kinder, daß er sehe, ob jemand klug sei und nach Gott frage. *Ps. 33,13.
3. Aber sie sind alle abgewichen und allesamt untüchtig; da ist keiner, der Gutes tue, auch nicht einer.
1. Mose 6,12; Röm. 3,10–12.
4. Will denn der Übeltäter keiner das merken, die *mein Volk fressen, daß sie sich nähren; aber den Herrn rufen sie nicht an? *Micha 3,3.
5. Da fürchten sie sich; denn Gott ist bei dem Geschlecht der Gerechten.
6. Ihr schändet des Armen Rat; aber Gott ist seine Zuversicht. Ps. 12,6.
7. Ach daß die Hilfe aus Zion über Israel käme und der Herr sein gefangen Volk erlösete! So würde Jakob fröhlich sein und Israel sich freuen.

Der 15. Psalm

Wer bleibt vor Gott?
(Vgl. Ps. 24,3–5.)

1. Ein Psalm Davids.
Herr, wer wird wohnen in deiner *Hütte? Wer wird bleiben auf deinem heiligen Berge? *Ps. 84,5.
2. *Wer ohne Tadel einhergeht und recht tut und redet die Wahrheit von Herzen; *Jes. 33,15.
3. wer mit seiner Zunge nicht verleumdet und seinem Nächsten kein Arges tut und seinen Nächsten nicht schmäht;
4. wer die Gottlosen für nichts achtet, sondern ehrt die Gottesfürchtigen; wer sich selbst zum Schaden schwört und hält es;
5. wer *sein Geld nicht auf Wucher gibt und nimmt nicht Geschenke wider den Unschuldigen; wer das tut, der wird wohl bleiben. *2. Mose 22,24.

Der 16. Psalm

Das schöne Erbteil des Heiligen und seine Errettung vom Tod.

1. Ein gülden Kleinod Davids.
Bewahre mich, Gott; denn ich traue auf dich.
2. Ich habe gesagt zu dem Herrn: Du bist ja der Herr; ich weiß von keinem Gute außer dir. Ps. 73,25.
3. An den Heiligen, so auf Erden sind, und der Herrlichen, an denen hab ich all mein Gefallen.
4. Aber jene, die einem andern nacheilen, werden groß Herzeleid haben. Ich will ihre Trankopfer mit Blut nicht opfern noch ihren Namen in meinem Munde führen.
5. Der Herr aber ist mein Gut und *mein Teil; du erhältst mein Erbteil. *Klagel. 3,24.
6. Das Los ist mir gefallen aufs Liebliche; mir ist ein schön Erbteil geworden.
7. Ich lobe den Herrn, der mir geraten hat; auch *züchtigen mich meine Nieren des Nachts. *Ps. 4,5; 17,3.
8. Ich habe den Herrn allezeit vor Augen; denn er ist mir zur Rechten, so werde ich fest bleiben.
9. Darum freut sich mein Herz, und meine *Ehre ist fröhlich; auch mein Fleisch wird sicher liegen. *1. Mose 49,6.

10. Denn du wirst meine Seele nicht dem Tode lassen und nicht zugeben, daß dein Heiliger verwese. Apg. 2,25–32; 13,35–37.
11. Du tust mir kund den Weg zum Leben; vor dir ist Freude die Fülle und liebliches Wesen zu deiner Rechten ewiglich.

Der 17. Psalm

Gebet der Unschuld um Errettung von der Arglist mächtiger und reicher Feinde.

1. Ein Gebet Davids.
Herr, erhöre die Gerechtigkeit, merke auf mein Schreien; vernimm mein Gebet, das nicht aus falschem Munde geht.
2. Sprich du in meiner Sache und schaue du aufs Recht. Ps. 43,1.
3. Du *prüfst mein Herz und siehst nach ihm des Nachts und läuterst mich, und findest nichts. Ich habe mir vorgesetzt, daß mein Mund nicht soll übertreten. *Ps. 16,7; 139,1.
4. Ich bewahre mich in dem Wort deiner Lippen vor Menschenwerk, vor dem Wege des Mörders.
5. Erhalte meinen Gang auf deinen Fußsteigen, daß meine Tritte nicht gleiten.
6. Ich rufe zu dir, daß du, Gott, wollest mich erhören; neige deine Ohren zu mir, höre meine Rede.
7. Beweise deine *wunderbare Güte, du Heiland derer, die dir vertrauen, wider die, so sich wider deine rechte Hand setzen. *Ps. 4,4.
8. Behüte mich *wie einen Augapfel im Auge, beschirme mich unter dem Schatten deiner Flügel *5. Mose 32,10.
9. vor den Gottlosen, die mich verstören, vor meinen Feinden, die um und um nach meiner Seele stehen.
10. Ihr Herz schließen sie zu; mit ihrem Munde reden sie stolz.
11. Wo wir gehen, so umgeben sie uns; ihre Augen richten sie dahin, daß sie uns zur Erde stürzen;
12. gleichwie ein Löwe, der des Raubs begehrt, wie ein junger Löwe, der in der Höhle sitzt. Ps. 10,9.
13. Herr, mache dich auf, überwältige ihn und demütige ihn; errette meine Seele von dem Gottlosen mit deinem Schwert,
14. von den Leuten mit deiner Hand, Herr, von den Leuten dieser Welt, welche ihr Teil haben in ihrem Leben, welchen du den *Bauch füllst mit deinem Schatz, die da Söhne die Fülle haben und lassen ihr übriges ihren Kindern. *Luk. 16,25; Phil. 3,19.
15. Ich aber will schauen dein Antlitz in Gerechtigkeit; ich will satt werden, wenn ich erwache, an deinem Bilde.

Der 18. Psalm

Dank für wunderbare Errettung und Vertrauen auf Gottes starke Hilfe.
(Vgl. 2. Sam. 22.)

1. Ein Psalm, vorzusingen, Davids, des Knechtes des Herrn, welcher hat dem Herrn die Worte dieses Liedes geredet zur Zeit, da ihn der Herr errettet hatte von der Hand aller seiner Feinde und von der Hand Sauls,
2. und sprach: Herzlich lieb habe ich dich, Herr, meine Stärke!
3. Herr, mein *Fels, meine Burg, mein Erretter, mein Gott, mein Hort, auf den ich traue, mein Schild und Horn meines Heils und mein Schutz! *5. Mose 32,4.
4. Ich rufe an den Herrn, den Hochgelobten, so werde ich von meinen Feinden erlöst.
5. Es umfingen mich des *Todes Bande, und die Bäche des Verderbens erschreckten mich. *Ps. 116,3.
6. Der Hölle Bande umfingen mich, und des Todes Stricke überwältigten mich.
7. Da mir angst war, rief ich den Herrn an und schrie zu meinem Gott; da erhörte er meine Stimme von seinem Tempel, und mein Schreien kam vor ihn zu seinen Ohren.
8. Die Erde bebte und ward bewegt, und die Grundfesten der Berge regten sich und bebten, da er zornig war.
9. Dampf ging auf von seiner Nase und verzehrend Feuer von seinem Munde, daß es davon blitzte. 2. Mose 19,18.
10. Er *neigte den Himmel und fuhr herab, und Dunkel war unter seinen Füßen. *Ps. 144,5.
11. Und er fuhr auf dem *Cherub und flog daher; er schwebte auf den Fittichen des Windes. *Ps. 99,1.
12. Sein *Gezelt um ihn her war finster und schwarze, dicke Wolken, darin er verborgen war. *Jes. 50,3.
13. Vom Glanz vor ihm trennten sich die Wolken mit Hagel und Blitzen.
14. Und der Herr donnerte im Himmel, und der Höchste ließ seinen Donner aus mit Hagel und Blitzen.
15. Er schoß seine Strahlen und zerstreute sie; er ließ sehr blitzen und schreckte sie. 1. Sam. 7,10.
16. Da sah man das Bett der Wasser, und des Erdbodens Grund ward aufgedeckt, Herr, von deinem Schelten, von dem Odem und Schnauben deiner Nase.
17. Er *streckte seine Hand aus von der Höhe und holte mich und †zog mich aus großen Wassern. *Ps. 144,7. †Ps. 69,2.3.

18. Er errettete mich von meinen starken Feinden, von meinen Hassern, die mir zu mächtig waren,
19. die mich überwältigten zur Zeit meines Unglücks; und der Herr ward meine Zuversicht.
20. Und er führte mich aus ins Weite, er riß mich heraus; denn er hatte Lust zu mir. V. 37.
21. Der Herr tut wohl an mir nach meiner Gerechtigkeit; er vergilt mir nach der Reinigkeit meiner Hände.
22. Denn ich halte die Wege des Herrn und bin nicht gottlos wider meinen Gott.
23. Denn alle seine Rechte habe ich vor Augen und, seine Gebote werfe ich nicht von mir; 5. Mose 17,19.
24. sondern ich *bin ohne Tadel vor ihm und hüte mich vor Sünden. *Ps. 15,2.
25. Darum vergilt mir der Herrn nach meiner Gerechtigkeit, nach der Reinigkeit meiner Hände vor seinen Augen.
26. Bei den Heiligen bist du heilig, und bei den Frommen bist du fromm,
27. und bei den Reinen bist du rein, und bei den Verkehrten bist du verkehrt.
28. Denn du hilfst dem elenden Volk, und die hohen Augen erniedrigst du. Hiob 22,29.
29. Denn du erleuchtest meine Leuchte; der Herr, mein Gott, macht meine Finsternis licht.
30. Denn mit dir kann ich Kriegsvolk zerschlagen und mit meinem Gott über die Mauer springen. Ps. 60,14.
31. Gottes Wege sind vollkommen; die *Reden des Herrn sind durchläutert. Er ist ein Schild allen, die ihm vertrauen. *Ps. 19,9.
32. Denn wo ist ein Gott außer dem Herrn, oder ein Hort außer unserm Gott?
33. Gott rüstet mich mit Kraft und macht meine Wege ohne Tadel.
34. Er macht meine Füße gleich den Hirschen und stellt mich auf meine Höhen.
35. Er lehrt meine Hand streiten und lehrt meinen Arm einen ehernen Bogen spannen. Ps. 144,1.
36. Du gibst mir den Schild deines Heils, und deine Rechte stärkt mich; und *wenn du mich demütigst, machst du mich groß. *Spr. 15,33.
37. Du machst *unter mir Raum zu gehen, daß meine Knöchel nicht wanken. *Ps. 31,9.
38. Ich will meinen Feinden nachjagen und sie ergreifen, und nicht umkehren, bis ich sie umgebracht habe.
39. Ich will sie zerschmettern; sie sollen mir nicht widerstehen und müssen unter meine Füße fallen.
40. Du kannst mich rüsten mit Stärke zum Streit; du kannst unter mich werfen, die sich wider mich setzen.
41. Du gibst mir meine Feinde in die Flucht, daß ich meine Hasser verstöre.
42. Sie rufen – aber da ist kein Helfer – zum Herrn; aber er antwortet ihnen nicht. Spr. 1,28.
43. Ich will sie zerstoßen wie Staub vor dem Winde; ich will sie wegräumen wie den Kot auf der Gasse.
44. Du hilfst mir von dem zänkischen Volk und machst mich zum Haupt unter den Heiden; ein Volk, das ich nicht kannte, dient mir;
45. es gehorcht mir mit gehorsamen Ohren. Ja, den Kindern der Fremde hat's wider mich gefehlt;
46. die Kinder der Fremde verschmachten und kommen mit Zittern aus ihren Burgen.
47. Der Herr lebt, und gelobt sei mein Hort; und erhoben werde der Gott meines Heils,
48. der Gott, der mir Rache gibt und zwingt die Völker unter mich;
49. der micht errettet von meinen Feinden und erhöht mich aus denen, die sich wider mich setzen; du hilfst mir von den Frevlern.
50. Darum *will ich dir danken, Herr, unter den Heiden und deinem Namen lobsingen, *Röm. 15,9.
51. der seinem König großes Heil beweist und wohltut seinem Gesalbten, David und seinem Samen ewiglich. 2. Sam. 7,12–16.

Der 19. Psalm

Herrlichkeit Gottes in der Natur und in seinem Wort. Bitte um Sündenvergebung und um Bewahrung vor Unrecht.

1. Ein Psalm Davids, vorzusingen.
2. Die Himmel erzählen die Ehre Gottes, und die Feste verkündigt seiner Hände Werk. Röm. 1,20.
3. Ein Tag sagt's dem andern, und eine Nacht tut's kund der andern.
4. Es ist keine Sprache noch Rede, da man nicht ihre Stimme höre.
5. Ihre *Schnur geht aus in alle Lande und ihre Rede an der Welt Ende. Er hat der Sonne eine Hütte an ihnen gemacht; *Richtschnur. Röm. 10,18.
6. und dieselbe geht heraus wie ein Bräutigam aus seiner Kammer und freut sich, wie ein Held zu laufen den Weg.

7. Sie geht auf an einem Ende des Himmels und läuft um bis wieder an sein Ende, und bleibt nichts vor ihrer Hitze verborgen. Ps. 104,19.
8. Das Gesetz des Herrn ist vollkommen und erquickt die Seele; das Zeugnis des Herrn ist gewiß und macht die Unverständigen weise. Ps. 119,50.130.
9. Die Befehle des Herrn sind richtig und erfreuen das Herz; die *Gebote des Herrn sind lauter und erleuchten die Augen.
*Ps. 12,7; 18,31; 119,105.
10. Die Furcht des Herrn ist rein und bleibt ewiglich; die Rechte des Herrn sind wahrhaftig, allesamt gerecht.
11. Sie sind köstlicher denn Gold und viel feines Gold; sie sind süßer denn Honig und Honigseim. Ps. 119,72.
12. Auch wird dein Knecht durch sie erinnert; und wer sie hält, der hat großen Lohn.
13. Wer kann merken, wie oft er fehlet? Verzeihe mir die verborgenen Fehle!
Hiob 9,3; Ps. 130,3.
14. Bewahre auch deinen Knecht vor den Stolzen, daß sie nicht über mich herrschen, so werde ich *ohne Tadel sein und unschuldig bleiben großer Missetat.
*Ps. 18,24.
15. Laß dir wohl gefallen die Rede meines Mundes und das Gespräch meines Herzen vor dir, Herr, mein Hort und mein Erlöser.

Der 20. Psalm

Gebet des Volks für seinen König zur Zeit einer Kriegsnot.

1. Ein Psalm Davids, vorzusingen.
2. Der Herr erhöre dich in der Not; der *Name des Gottes Jakobs schütze dich!
*Spr. 18,10.
3. Er sende dir Hilfe vom Heiligtum und stärke dich aus Zion.
4. Er gedenke all deines Speisopfers, und dein Brandopfer müsse vor ihm fett sein. (Sela.)
5. Er gebe dir, was dein Herz begehrt, und erfülle alle deine Anschläge. Ps. 21.3.
6. Wir rühmen, daß du uns hilfst, und im Namen unseres Gottes werfen wir Panier auf. Der Herr gewähre dir alle deine Bitten!
7. Nun merke ich, daß der Herr seinem Gesalbten hilft und erhört ihn in seinem heiligen Himmel; *seine rechte Hand hilft mit Macht. *2. Mose 15,6.
8. Jene verlassen sich auf Wagen und Rosse; wir aber denken an den Namen des Herrn, unseres Gottes. 5. Mose 20,1; Jes. 31,1.
9. Sie sind niedergestürzt und gefallen; wir aber stehen aufgerichtet.
10. Hilf, Herr, dem König und erhöre uns, wenn wir rufen!

Der 21. Psalm

Danklied für die dem König von Gott verliehenen Wohltaten und Siege.

1. Ein Psalm Davids, vorzusingen.
2. Herr, der König freut sich in deiner Kraft, und wie sehr fröhlich ist er über deine Hilfe!
3. Du gibst ihm seines Herzens Wunsch und weigerst nicht, was sein Mund bittet. (Sela.) Ps. 20,5; 37,4.
4. Denn du überschüttest ihn mit gutem Segen; du setztest eine goldene *Krone auf sein Haupt. *Ps. 132,18.
5. Er bittet Leben von dir; so gibst du ihm langes Leben immer und ewiglich.
6. Er hat große Ehre an deiner Hilfe; du legest Lob und Schmuck auf ihn.
7. Denn du setzest ihn zum Segen ewiglich; du erfreust ihn mit Freude vor deinem Antlitz.
8. Denn der König hofft auf den Herrn und wird durch die Güte des Höchsten fest bleiben.
9. Deine Hand wird finden alle deine Feinde; deine Rechte wird finden, die dich hassen.
10. Du wirst sie machen wie einen Feuerofen, wenn du dreinsehen wirst; der Herr wird sie verschlingen in seinem Zorn; Feuer wird sie fressen.
11. Ihre *Frucht wirst du umbringen vom Erdboden und ihren Samen von den Menschenkindern. *Ps. 109,13.
12. Denn sie gedachten dir Übles zu tun und machten Anschläge, die sie nicht konnten ausführen. Jes. 8,10.
13. Denn du wirst machen, daß sie den Rücken kehren; *mit deiner Sehne wirst du gegen ihr Antlitz zielen. *Ps. 7,13.
14. Herr, erhebe dich in deiner Kraft, so wollen wir singen und loben deine Macht.

Der 22. Psalm

Leiden und Herrlichkeit des Gerechten. (Christi Leidenspsalm.)

1. Ein Psalm Davids, vorzusingen; von der *Hinde, die früh gejagt wird.
*Hirschkuh.
2. Mein *Gott, mein Gott, warum hast du mich verlassen? Ich heule; aber meine Hilfe ist ferne. *Matth. 27,46.
3. Mein Gott, des Tages rufe ich, so antwortest du nicht; und des Nachts schweige ich auch nicht.

4. Aber du bist heilig, der du wohnest
unter dem Lobe Israels.
5. Unsre Väter hofften auf dich; und da
sie hofften, halfst du ihnen aus.
6. Zu dir schrieen sie und wurden errettet; sie hofften auf dich und *wurden nicht
zu Schanden. *Ps. 25,2.3.
7. Ich aber bin ein Wurm und kein
Mensch, ein *Spott der Leute und Verachtung des Volks.
*Ps. 69,8; Jes. 53,3; Matth. 27,39–44.
8. Alle, die mich sehen, spotten mein,
sperren das Maul auf und schütteln den
Kopf: Hiob 16,4.10.
9. »Er klage es dem Herrn; der helfe ihm
aus und errette ihn, hat er Lust zu ihm.«
10. Denn du hast mich aus meiner Mutter Leibe gezogen; du warst meine Zuversicht, da ich noch an meiner Mutter Brüsten war. Ps. 71,6.
11. Auf dich bin ich geworfen von Mutterleib an; du bist mein Gott von meiner
Mutter Schoß an.
12. Sei nicht ferne von mir, denn Angst
ist nahe; denn es ist hier kein Helfer.
13. Große Farren haben mich umgeben,
gewaltige Stiere haben mich umringt.
14. Ihren Rachen sperren sie auf wider
mich wie ein brüllender und reißender
Löwe.
15. Ich bin ausgeschüttet wie Wasser, alle meine Gebeine haben sich zertrennt;
mein Herz ist in meinem Leibe wie zerschmolzen Wachs. Luk. 22,44.
16. Meine Kräfte sind vertrocknet wie eine Scherbe, und meine Zunge klebt an
meinem Gaumen, und du legst mich in
des Todes Staub. Joh. 19,28.
17. Denn Hunde haben mich umgeben,
und der Bösen Rotte hat mich umringt;
*sie haben meine Hände und die Füße
durchgraben. *Joh. 20,25.27.
18. Ich kann alle meine Gebeine zählen;
sie aber schauen und sehen ihre Lust an
mir.
19. Sie *teilen meine Kleider unter sich
und werfen das Los um mein Gewand.
*Joh. 19,24.
20. Aber du, Herr, sei nicht ferne; meine
Stärke, eile, mir zu helfen!
21. Errette meine Seele vom Schwert,
meine einsame von den Hunden!
*Ps. 35,17.
22. Hilf mir aus dem Rachen des Löwen
und errette mich von den Einhörnern!
23. Ich will deinen Namen predigen meinen Brüdern; ich will dich in der Gemeinde rühmen. Ps. 9,15; Hebr. 2,12; Joh. 20,17.
24. Rühmet den Herrn, die ihr ihn fürchtet; es ehre ihn aller Same Jakobs, und vor
ihm scheue sich aller Same Israels.
25. Denn er hat nicht verachtet noch
*verschmäht das Elend des Armen und
sein Antlitz vor ihm nicht verborgen; und
da er zu ihm schrie, hört er's.
*Ps. 9,13; Hebr. 5,7.
26. Dich will ich preisen in der großen
Gemeinde; ich will *meine Gelübde bezahlen vor denen, die ihn fürchten.
*Ps. 116,14.
27. Die *Elenden sollen essen, daß sie
satt werden; und die nach dem Herrn fragen, werden ihn preisen; euer Herz soll
ewiglich leben. *Ps. 69,33.
28. Es werden gedenken und sich zum
Herrn bekehren aller Welt Enden und vor
ihm anbeten alle Geschlechter der Heiden.
29. Denn des Herrn ist das Reich, und er
herrscht unter den Heiden.
30. Alle Fetten auf Erden werden essen
und anbeten, vor ihm werden die *Kniee
beugen alle, die im Staube liegen, und die,
so kümmerlich leben. *Phil. 2,10.
31. Er wird einen Samen haben, der ihm
dient; vom Herrn wird man verkündigen
zu Kindeskind. Jes. 53.10.
32. Sie werden kommen und seine Gerechtigkeit predigen *dem Volk, das geboren wird, †daß er's getan hat.
*Ps. 110,3. †Joh. 19,30.

Der 23. Psalm

Der gute Hirte

1. Ein Psalm Davids.
Der Herr ist mein *Hirte; mir wird nichts
mangeln. *1. Mose 48,15; Joh. 10,12–16.
2. Er weidet mich auf einer grünen Aue
und führet mich zum frischen Wasser.
Hesek. 34,14; Offenb. 7,17.
3. Er *erquicket meine Seele; er führet
mich auf rechter Straße um seines Namens willen. *Jer. 31,25.
4. Und ob ich schon wanderte im finstern
Tal, *fürchte ich kein Unglück; denn du
bist bei mir, dein Stecken und Stab trösten
mich. *Ps. 46,3.
5. Du bereitest vor mir einen Tisch im
Angesicht meiner Feinde. Du salbest mein
Haupt mit Öl und schenkest mir voll ein.
Ps. 36,9.
6. Gutes und Barmherzigkeit werden
mir folgen mein Leben lang, und ich werde bleiben im Hause des Herrn immerdar.
Ps. 84,4.5.

Der 24. Psalm

Einzug des Königs der Ehren.
(Vgl. 2. Sam. 6.)

1. Ein Psalm Davids.
Die *Erde ist des Herrn und was darinnen ist, der Erdboden und was darauf wohnt. *Ps. 50.12; 1. Kor. 10,26.
2. Denn er hat ihn an die Meere gegründet und an den Wassern bereitet. 1. Mose 1,9.10.
3. Wer wird auf des Herrn Berg gehen, und wer wird stehen an seiner heiligen Stätte? Ps. 15.
4. Der unschuldige Hände hat und reines Herzens ist; der nicht Lust hat zu loser Lehre und schwört nicht fälschlich:
5. der wird den Segen vom Herrn empfangen und *Gerechtigkeit von dem Gott seines Heils. *Jes. 48,18.
6. Das ist das Geschlecht, das nach ihm fragt, das da sucht dein Antlitz, Gott Jakobs. (Sela.) Röm. 2,28.29.
7. Machet die *Tore weit und die Türen der Welt hoch, daß der König der Ehren einziehe! *Jes. 40,3.4.
8. Wer ist derselbe König der Ehren? Es ist der Herr, stark und mächtig, der Herr, mächtig im Streit.
9. Machet die Tore weit und die Türen in der Welt hoch, daß der König der Ehren einziehe!
10. Wer ist derselbe König der Ehren? Es ist der Herr Zebaoth; er ist der König der Ehren. (Sela.)

Der 25. Psalm

Gebet um Gottes Schutz, gnädige Leitung und Vergebung der Sünden.

1. Ein Psalm Davids.
Nach dir, Herr, verlangt mich.
2. Mein Gott, ich hoffe auf dich; laß mich nicht zu Schanden werden, daß sich meine Feinde nicht freuen über mich.
3. Denn *keiner wird zu Schanden, der dein harret; aber zu Schanden müssen sie werden, die leichtfertigen Verächter. *Jes. 49,23.
4. Herr, zeige mir deine Wege und lehre mich deine Steige; Ps. 27,11.
5. leite mich in deiner Wahrheit und lehre mich! Denn du bist der Gott, der mir hilft; täglich harre ich dein.
6. Gedenke, Herr, an deine Barmherzigkeit und an deine Güte, die von der Welt her gewesen ist.
7. *Gedenke nicht der Sünden meiner Jugend und meiner Übertretungen; gedenke aber mein nach deiner Barmherzigkeit um deiner Güte willen! *Hiob 13,26.
8. Der Herr ist gut und fromm; darum unterweist er die Sünder auf dem Wege.
9. Er leitet die Elenden recht und lehrt die Elenden seinen Weg.
10. Die Wege des Herrn sind eitel Güte und Wahrheit denen, die seinen Bund und seine Zeugnisse halten.
11. Um deines Namens willen, Herr, sei gnädig meiner Missetat, die da groß ist.
12. Wer ist der, der den Herrn fürchtet? Er *wird ihn unterweisen den besten Weg. *Ps. 32,8.
13. Seine Seele wird im Guten wohnen, und sein *Same wird das Land besitzen. *Ps. 37,9.
14. Das *Geheimnis des Herrn ist unter denen, die ihn fürchten; und seinen Bund läßt er sie wissen. *Hiob 29,4.
15. Meine Augen sehen stets zu dem Herrn; denn er wird meinen Fuß aus dem Netze ziehen.
16. Wende dich zu mir und sei mir gnädig; denn ich bin einsam und elend.
17. Die Angst meines Herzens ist groß; führe mich aus meinen Nöten!
18. Siehe an meinen Jammer und mein Elend und vergib mir alle meine Sünden!
19. Siehe, daß meiner Feinde so viel sind und hassen mich aus Frevel. Ps. 35,19.
20. Bewahre meine Seele und errette mich, laß mich nicht zu Schanden werden; denn ich traue auf dich. Ps. 16,1.
21. *Schlecht und Recht, das behüte mich; denn ich harre dein. *Hiob 1,1.
22. Gott, erlöse Israel aus aller seiner Not! Ps. 130,8.

Der 26. Psalm

Gebet um Rettung der Unschuld.

1. Ein Psalm Davids.
Herr, schaffe mir Recht; denn ich bin unschuldig! Ich hoffe auf den Herrn; darum werde ich nicht fallen.
2. Prüfe mich, Herr, und versuche mich; läutere meine Nieren und mein Herz. Ps. 17,3.
3. Denn deine Güte ist vor meinen Augen, und ich wandle in deiner Wahrheit.
4. Ich *sitze nicht bei den eitlen Leuten und habe nicht Gemeinschaft mit den Falschen. Ps. 1,1.
5. Ich hasse die Versammlung der Boshaften und sitze nicht bei den Gottlosen.
6. Ich wasche meine Hände in Unschuld und *halte mich, Herr, zu deinem Altar, *Ps. 122.

7. da man hört die Stimme des Dankens, und da man predigt alle deine Wunder.
8. Herr, ich habe lieb die Stätte deines Hauses und den Ort, da deine Ehre wohnt.
Ps. 27,4.
9. Raffe meine Seele nicht hin mit den Sündern noch mein Leben mit den Blutdürstigen,
10. welche mit böser Tücke umgehen und nehmen gern Geschenke.
11. Ich aber wandle unschuldig. Erlöse mich und sei mir gnädig!
12. Mein Fuß geht richtig. *Ich will dich loben, Herr, in den Versammlungen.
*Ps. 22,23.

Der 27. Psalm

Auch in Kriegsnot ist David im Herrn geborgen.

1. Ein Psalm Davids.
Der Herr ist mein Licht und mein Heil; vor wem sollte ich mich fürchten! Der Herr ist meines Lebens Kraft; vor wem sollte mir grauen! Ps. 56,5; Jes. 12,2.
2. So die Bösen, meine Widersacher und Feinde, an mich wollen, *mein Fleisch zu fressen, müssen sie anlaufen und fallen.
*Hiob 19,22.
3. Wenn *sich schon ein Heer wider mich legt, so fürchtet sich dennoch mein Herz nicht; wenn sich Krieg wider mich erhebt, so verlasse ich mich auf ihn.
*Ps. 3,7.
4. Eins bitte ich vom Herrn, das hätte ich gerne; daß ich *im Hause des Herrn bleiben möge mein Leben lang, zu schauen die schönen Gottesdienste des Herrn und seinen Tempel zu betrachten.
*Ps. 23,6; 26,6–8; 42,5; 63,3; 84,4.5.
5. Denn er *deckt mich in seiner Hütte zur bösen Zeit, er verbirgt mich heimlich in seinem Gezelt und †erhöht mich auf einem Felsen, *Ps. 31,21. †Ps. 40,3.
6. und wird nun erhöhen mein Haupt über meine Feinde, die um mich sind; so will ich in seiner Hütte Lob opfern, ich will singen und lobsagen dem Herrn.
7. Herr, höre meine Stimme, wenn ich rufe; sei mir gnädig und erhöre mich!
8. Mein Herz hält dir vor *dein Wort: »Ihr sollt mein Antlitz suchen.« Darum suche ich auch, Herr, dein Antlitz.
*5. Mose 4,29.
9. Verbirg dein Antlitz nicht vor mir und verstoße nicht im Zorn deinen Knecht; denn du bist meine Hilfe. Laß mich nicht und tue nicht von mir die Hand ab, Gott, mein Heil!
10. Denn mein Vater und meine Mutter verlassen mich; aber der Herr nimmt mich auf. Jes. 49,15.
11. Herr, weise mir deinen Weg und leite mich auf richtiger Bahn um meiner Feinde willen. Ps. 25,4; 86,11; 139,24.
12. Gib mich nicht in den Willen meiner Feinde; denn es stehen falsche Zeugen wider mich und tun mir Unrecht ohne Scheu.
13. Ich glaube aber doch, daß ich sehen werde das Gute des Herrn im *Lande der Lebendigen. *Ps. 142,6; Jes. 38,11.
14. Harre des Herrn! Sei getrost und unverzagt und harre des Herrn! Ps. 31,25.

Der 28. Psalm

Bitte um Errettung von Gottlosen. Dank für die Erhörung.

1. Ein Psalm Davids.
Wenn ich rufe zu dir, Herr, mein Hort, so schweige mir nicht, auf daß nicht, wo du schweigst, ich gleich werde denen, die in die Grube fahren. Ps. 143,7.
2. Höre die Stimme meines Flehens, wenn ich zu dir schreie, wenn ich meine Hände aufhebe zu deinem heiligen Chor.
1. Kön. 8,30; Klagel. 3,41.
3. Raffe mich nicht hin mit den Gottlosen und mit den Übeltätern, die freundlich reden mit ihrem Nächsten und haben Böses im Herzen. Ps. 26,9.
4. Gib ihnen nach ihrer Tat und nach ihrem bösen Wesen; gib ihnen nach den Werken ihrer Hände; vergilt ihnen, was sie verdient haben.
5. Denn sie wollen nicht *achten auf das Tun des Herrn noch auf die Werke seiner Hände; darum wird er sie zerbrechen und nicht aufbauen. *Jes. 5,12.
6. Gelobt sei der Herr; denn er hat erhört die Stimme meines Flehens.
7. Der Herr ist meine Stärke und mein Schild; auf ihn hofft mein Herz, und mir ist geholfen. Und mein Herz ist fröhlich und ich will ihm danken mit meinem Lied.
Ps. 18,2.3.
8. Der Herr ist ihre Stärke; er ist die Stärke, die seinem Gesalbten hilft.
9. Hilf deinem Volk und *segne dein Erbe und weide sie und erhöhe sie ewiglich!
*Ps. 29,11.

Der 29. Psalm

Herrlichkeit Gottes im Gewitter.

1. Ein Psalm Davids.
Bringet her dem Herrn, ihr *Gewaltigen, bringet her dem Herrn Ehre und Stärke!
*Ps. 89,7; 103,20.
2. Bringet dem Herrn die Ehre seines

Namens; betet an den Herrn *in heiligem
Schmuck! *Ps. 110,3.
3. Die *Stimme des Herrn geht über den
Wassern; der Gott der Ehren donnert, der
Herr über großen Wassern. *Hiob 37,2.
4. Die Stimme des Herrn geht mit
Macht; die Stimme des Herrn geht herrlich.
5. Die Stimme des Herrn zerbricht die
Zedern; der Herr zerbricht die Zedern im
Libanon.
6. Und macht sie hüpfen wie ein Kalb,
den Libanon und *Sirjon wie ein junges
Einhorn. *5. Mose 3,8.9.
7. Die Stimme des Herrn sprüht Feuerflammen.
8. Die Stimme des Herrn erregt die Wüste; der Herr erregt die Wüste Kades.
9. Die Stimme des Herrn erregt die
*Hinden und entblößt die Wälder; und in
seinem Tempel sagt ihm alles Ehre.
*Hirschkühe.
10. Der Herr sitzt, eine *Sintflut anzurichten; und der Herr bleibt ein König in
Ewigkeit. *große Flut.
11. Der *Herr wird seinem Volke Kraft
geben; der Herr wird sein Volk segnen mit
Frieden. *Ps. 28,8.9.

Der 30. Psalm

Danklied für die Rettung des Lebens.

1. Ein Psalm, zu singen von der Einweihung des Hauses, von David.
2. Ich preise dich, Herr; denn du hast
mich erhöht und lässest meine Feinde
sich nicht über mich freuen. Ps. 35,19.24.
3. Herr, mein Gott, da ich schrie zu dir,
machtest du mich gesund.
4. Herr, *du hast meine Seele aus der
Hölle geführt; du hast mich lebend erhalten, da jene in die Grube fuhren.
*Ps. 116,3.4.
5. Ihr Heiligen, lobsinget dem Herrn;
danket und preiset seine Heiligkeit!
6. Denn sein *Zorn währt einen Augenblick, und lebenslang seine Gnade; den
Abend lang währt das Weinen, aber des
Morgens ist Freude. *Jes. 54,7.
7. Ich aber sprach, da mir's wohl ging:
Ich werde nimmermehr darniederliegen.
8. Denn, Herr, durch dein Wohlgefallen
hattest du meinen Berg stark gemacht;
aber da du dein Antlitz verbargest, erschrak ich.
9. Zu dir, Herr, rief ich, und zum Herrn
flehte ich:
10. Was ist nütze an meinem Blut, wenn
ich *zur Grube fahre? Wird dir auch der
Staub danken und deine Treue verkündigen? *Ps. 6,6.
11. Herr, höre und sei mir gnädig! Herr,
sei mein Helfer!
12. Du hast mir meine Klage verwandelt
in einen Reigen; du hast mir meinen Sack
ausgezogen und mich mit Freude gegürtet, Joh. 16,20.
13. auf daß dir *lobsinge meine Ehre
und nicht stille werde. Herr, mein Gott,
ich will dir danken in Ewigkeit. *Ps. 16,9.

Der 31. Psalm

Hoffnung läßt nicht zu Schanden werden.

1. Ein Psalm Davids, vorzusingen.
2. Herr, auf dich traue ich, laß mich
nimmermehr zu Schanden werden; errette mich durch deine Gerechtigkeit!
3. Neige deine Ohren zu mir, eilend hilf
mir! Sei mir ein starker *Fels und eine
Burg, daß du mir helfest! *Ps. 18,3.
4. Denn du bist mein Fels und meine
Burg, und *um deines Namens willen wollest du mich leiten und führen. *Ps. 23,3.
5. Du wollest mich aus dem Netze ziehen, das sie mir gestellt haben; denn du
bist meine Stärke. Ps. 25,15.
6. *In deine Hände befehle ich meinen
Geist; du hast mich erlöst, Herr, du treuer
Gott. *Luk. 23,46.
7. Ich hasse, die da halten auf eitle Götzen; ich aber hoffe auf den Herrn.
8. Ich freue mich und bin fröhlich über
deine Güte, daß du mein Elend ansiehst
und erkennst meine Seele in der Not
9. und übergibst mich nicht in die Hände
des Feindes; du *stellst meine Füße auf
weiten Raum. *Ps. 18,37.
10. Herr, sei mir gnädig, denn mir ist
angst; meine Gestalt ist verfallen vor Trauern, dazu meine Seele und mein Leib.
Ps. 6,8.
11. Denn mein Leben hat abgenommen
vor Betrübnis und meine Zeit vor Seufzen;
meine Kraft ist verfallen vor meiner Missetat, und meine Gebeine sind verschmachtet.
12. Es geht mir so übel, daß ich bin eine
große Schmach geworden meinen Nachbarn und eine Scheu meinen Verwandten;
die mich sehen auf der Gasse, fliehen vor
mir. Ps. 69,11–13.
13. Mein ist vergessen im Herzen wie eines Toten; ich bin geworden wie ein zerbrochenes Gefäß.
14. Denn ich höre, wie mich viele schelten, Schrecken ist um und um; sie ratschlagen miteinander über mich und den-

ken, mir das Leben zu nehmen.
Jer. 20,10; 46,5.
15. Ich aber, Herr, hoffe auf dich und
spreche: Du bist mein Gott!
16. *Meine Zeit steht in deinen Händen.
Errette mich von der Hand meiner Feinde
und von denen, die mich verfolgen.
*Ps. 139,16.
17. Laß *leuchten dein Antlitz über deinen Knecht; hilf mir durch deine Güte!
*4. Mose 6,25; Ps. 80,4.
18. Herr, laß mich nicht zu Schanden
werden; denn ich rufe dich an. Die Gottlosen müssen zu Schanden werden und
schweigen in der Hölle.
19. Verstummen müssen falsche Mäuler,
die da reden wider den Gerechten frech,
stolz und höhnisch.
20. Wie groß ist deine Güte, die du verborgen hast für die, so dich fürchten, und
erzeigest vor den Leuten denen, die auf
dich trauen!
21. Du *verbirgst sie heimlich bei dir vor
jedermanns Trotz; du verdeckst sie in der
Hütte vor den zänkischen Zungen.
*Ps. 27,5.
22. Gelobt sei der Herr, daß er hat eine
*wunderbare Güte mir bewiesen in einer
festen Stadt. *Ps. 17,7.
23. Denn *ich sprach in meinem Zagen:
Ich bin von deinen Augen verstoßen. Dennoch hörtest du meines Flehens Stimme,
da ich zu dir schrie. *Ps. 116,11.
24. Liebet den Herrn, alle seine Heiligen!
Die Gläubigen behütet der Herr und vergilt reichlich dem, der Hochmut übt.
25. Seid getrost und unverzagt, alle, die
ihr des Herrn harret! Ps. 27,14.

Der 32. Psalm

Seligkeit der Sündenvergebung.

1. Eine Unterweisung Davids.
Wohl *dem, dem die Übertretungen vergeben sind, dem die Sünde bedeckt ist!
*Röm. 4,6–9.
2. Wohl dem Menschen, dem der Herr
die Missetat nicht zurechnet, in des Geist
kein Falsch ist!
3. Denn da ich's wollte verschweigen,
*verschmachteten meine Gebeine durch
mein täglich Heulen. *Ps. 31,11; 51,10.
4. Denn deine Hand war Tag und Nacht
schwer auf mir, daß mein Saft vertrocknete, wie es im Sommer dürre wird. (Sela.)
5. Darum bekannte ich dir meine Sünde
und verhehlte meine Missetat nicht. Ich
sprach: Ich will dem Herrn meine Übertretungen bekennen. Da vergabst du mir die
Missetat meiner Sünde. (Sela.) Spr. 28,13.
6. Um deswillen werden alle Heiligen zu
dir beten zur rechten Zeit; darum, wenn
große Wasserfluten kommen, werden sie
nicht an dieselben gelangen.
7. Du bist mein Schirm; du wirst mich
vor Angst behüten, daß ich errettet gar
fröhlich rühmen kann. (Sela.)
8. »Ich will dich unterweisen und dir den
Weg zeigen, den du wandeln sollst; ich will
dich mit meinen Augen leiten.« Ps. 25,12.
9. Seid nicht wie Rosse und Maultiere,
die nicht verständig sind, welchen man
Zaum und Gebiß muß ins Maul legen,
wenn sie nicht zu dir wollen. Spr. 26,3.
10. Der Gottlose hat viel Plage; wer aber
auf den Herrn hofft, den wird die Güte
umfangen.
11. Freuet euch des Herrn und seid fröhlich, ihr Gerechten, und rühmet, alle ihr
Frommen. Ps. 33,1.

Der 33. Psalm

Lob der allmächtigen Güte Gottes.

1. Freuet euch des Herrn, ihr Gerechten;
die Frommen sollen ihn preisen. Ps. 32,11.
2. Danket dem Herrn mit Harfen und
lobsinget *ihm auf dem Psalter von zehn
Saiten. *Ps. 92,4.
3. Singet ihm *ein neues Lied; machet's
gut auf Saitenspiel mit Schall.
*Ps. 40,4; 96,1; 98,1; Offenb. 5,9.
4. Denn des Herrn Wort ist wahrhaftig;
und was er zusagt, das hält er gewiß.
5. Er liebt Gerechtigkeit und Gericht; die
Erde ist voll der Güte des Herrn.
6. Der Himmel ist durch das Wort des
Herrn gemacht und all sein Heer durch
den Geist seines Mundes. 1. Mose 1,6.14.
7. Er *hält das Wasser im Meer zusammen wie in einem Schlauch und legt die
Tiefen in das Verborgene. *Ps. 104,9.
8. Alle Welt fürchtet den Herrn; und vor
ihm scheue sich alles, was auf dem Erdboden wohnt.
9. Denn so er spricht, so geschiehts; so er
gebeut, so stehet's da.
10. Der Herr macht zunichte der Heiden
Rat und wendet die Gedanken der Völker.
11. Aber der Rat des Herrn bleibt ewiglich, seines Herzens Gedanken für und
für.
12. Wohl dem Volk, des Gott der Herr ist,
dem Volk, das er zum Erbe erwählt hat!
5. Mose 33,29.
13. Der Herr schaut vom Himmel und
sieht aller Menschen Kinder.

14. Von seinem festen Thron sieht er auf alle, die auf Erden wohnen.
15. Er lenkt ihnen allen das Herz; er merkt auf alle ihre Werke.
16. Einem Könige hilft nicht seine große Macht; ein Riese wird nicht errettet durch seine große Kraft. 1. Sam. 17.
17. Rosse helfen auch nicht, und ihre große Stärke errettet nicht. Ps. 20,8.
18. Siehe, des Herrn Auge sieht auf die, so ihn fürchten, die auf seine Güte hoffen,
Ps. 34,16.18.
19. daß er ihre Seele errette vom Tode und *ernähre sie in der Teuerung.
*Ps. 34,10.11.
20. Unsre Seele harret auf den Herrn; er ist unsre Hilfe und Schild.
Ps. 3,4.
21. Denn unser Herz freut sich sein, und wir trauen auf seinen heiligen Namen.
22. Deine Güte, Herr, sei über uns, wie wir auf dich hoffen.

Der 34. Psalm

Ermunterung zum Preis der Hilfe Gottes und zur Gottesfurcht.

1. Ein Psalm Davids, da *er seine Gebärde verstellte vor Abimelech, als der ihn von sich trieb und er wegging.
*1. Sam. 21,14–16.
2. Ich will den Herrn loben allezeit; sein Lob soll immerdar in meinem Munde sein.
3. Meine Seele soll sich rühmen des Herrn, daß es die Elenden hören und sich freuen.
4. Preiset mit mir den Herrn und laßt uns miteinander seinen Namen erhöhen.
5. Da ich den Herrn suchte, antwortete er mir und errettete mich aus aller meiner Furcht.
6. Welche auf ihn sehen, die werden erquickt, und ihr Angesicht wird nicht zu Schanden.
7. Da dieser Elende rief, hörte der Herr und half ihm aus allen seinen Nöten.
8. Der Engel des Herrn lagert sich um die her, so ihn fürchten, und hilft ihnen aus.
1. Mose 32,2; Ps. 91,11.
9. *Schmecket und sehet, wie freundlich der Herr ist. Wohl dem, der auf ihn traut!
*1. Petr. 2,3.
10. Fürchtet den Herrn, ihr seine Heiligen! denn *die ihn fürchten, haben keinen Mangel. *Ps. 37,19.
11. Reiche müssen darben und hungern; aber die den Herrn suchen, haben keinen Mangel an irgendeinem Gut.
Ps. 33,18.19; 37,25; Luk. 1,53.
12. Kommt her, Kinder, höret mir zu; ich will euch die Furcht des Herrn lehren:
13. *Wer ist, der Leben begehrt und gerne gute Tage hätte? *1. Petr. 3,10–12.
14. Behüte deine Zunge vor Bösem und deine Lippen, daß sie nicht Trug reden.
15. Laß vom Bösen und tue Gutes; suche Frieden und jage ihm nach. Ps. 37,27.
16. Die Augen des Herrn merken auf die Gerechten und seine Ohren auf ihr Schreien;
17. das Antlitz aber des Herrn steht wider die, so Böses tun, daß er *ihr Gedächtnis ausrotte von der Erde. *Spr. 10,7.
18. Wenn die [Gerechten] schreien, so hört der Herr und errettet sie aus all ihrer Not.
19. Der Herr ist nahe bei denen, die zerbrochnes Herzens sind, und hilft denen, die ein zerschlagen Gemüt haben.
Ps. 51,19.
20. Der Gerechte muß viel leiden; aber der Herr hilft ihm aus dem allem. 2. Kor. 1,5.
21. Er bewahrt ihm alle seine Gebeine, daß deren nicht eins zerbrochen wird.
22. Den Gottlosen wird das Unglück töten; und die den Gerechten hassen, werden Schuld haben.
23. Der Herr erlöst die Seele seiner Knechte; und alle, die auf ihn trauen, werden keine Schuld haben.

Der 35. Psalm

Gebet um Errettung von boshaften Feinden.

1. Ein Psalm Davids.
Herr, hadere mit meinen Haderern; streite wider meine Bestreiter.
2. Ergreife Schild und Waffen und mache dich auf, mir zu helfen! Ps. 7,13.14.
3. Zücke den Spieß und schütze mich wider meine Verfolger! Sprich zu meiner Seele: Ich bin deine Hilfe!
4. Es müssen sich schämen und gehöhnt werden, die nach meiner Seele stehen; es müssen zurückkehren und zu Schanden werden, die mir übelwollen. Ps. 40,15.
5. Sie müssen werden wie Spreu vor dem Winde, und der Engel des Herrn stoße sie weg.
6. Ihr Weg müsse finster und schlüpfrig werden, und der Engel des Herrn verfolge sie.
7. Denn sie haben mir *ohne Ursache ihr Netz gestellt, mich zu verderben, und haben ohne Ursache meiner Seele Gruben zugerichtet. *V. 19.
8. Er müsse unversehens überfallen werden; und sein Netz, das er gestellt hat,

müsse ihn fangen; und er müsse darin überfallen werden. Ps. 9,16.
9. Aber meine Seele müsse sich freuen des Herrn und sei fröhlich über seine Hilfe.
10. Alle meine Gebeine müssen sagen: Herr, wer ist deinesgleichen? Der du den Elenden errettest von dem, der ihm zu stark ist, und den Elenden und Armen von seinen Räubern.
11. Es treten frevle Zeugen auf; die zeihen mich, des ich nicht schuldig bin.
12. Sie *tun mir Arges um Gutes, mich in Herzeleid zu bringen. *Ps. 38,21.
13. Ich aber, wenn *sie krank waren, zog einen Sack an, tat mir wehe mit Fasten und betete stets von Herzen;
*Röm. 12,15; Hiob 31,29.
14. ich hielt mich, als wäre es mein Freund und Bruder; ich ging traurig wie einer, der Leid trägt über seine Mutter.
15. Sie aber freuen sich über meinen Schaden und rotten sich; es rotten sich die Hinkenden wider mich ohne meine Schuld; sie zerreißen und hören nicht auf.
16. Mit denen, die da heucheln und spotten um des Bauches willen, *beißen sie ihre Zähne zusammen über mich.
*Hiob 16,9.
17. Herr, wie lange willst du zusehen? Errette doch meine Seele aus ihrem Getümmel und *meine einsame von den jungen Löwen! *Ps. 22,21.
18. Ich will dir danken in der großen Gemeinde, und unter vielem Volk will ich dich rühmen. Ps. 22,23.
19. Laß sich nicht über mich freuen, die mir unbillig feind sind, noch mit den Augen spotten, die *mich ohne Ursache hassen! *Ps. 25,19; 69,5; Joh. 15,25.
20. Denn sie trachten Schaden zu tun und suchen falsche Anklagen wider die Stillen im Lande
21. und sperren ihr Maul weit auf wider mich und sprechen: »Da, da! das sehen wir gerne.« Ps. 40,16.
22. Herr, du siehst es, schweige nicht; Herr, sei nicht ferne von mir!
23. Erwecke dich und wache auf zu meinem Recht und zu meiner Sache, mein Gott und Herr! Ps. 44,24.
24. Herr, mein Gott, richte mich nach deiner Gerechtigkeit, daß sie sich über mich nicht freuen.
25. Laß sie nicht sagen in ihrem Herzen: »Da, da! das wollten wir.« Laß sie nicht sagen: »Wir haben ihn verschlungen.«
26. Sie müssen sich *schämen und zu Schanden werden alle, die sich meines Übels freuen; sie müssen mit Schande und Scham gekleidet werden, die sich wider mich rühmen. *V. 4.
27. Rühmen und freuen müssen sich, die mir gönnen, daß ich recht behalte, und immer sagen: Der Herr sei hoch gelobt, der seinem Knechte wohlwill. Ps. 40,17.
28. Und meine Zunge soll reden von deiner Gerechtigkeit und dich täglich preisen.

Der 36. Psalm

Klage über die Gottlosen.
Güte Gottes gegen die Frommen.

1. Ein Psalm Davids, des Knechts des Herrn, vorzusingen.
2. Es ist aus Grund meines Herzens von der Gottlosen Wesen gesprochen, daß *keine Gottesfurcht bei ihnen ist.
*Röm. 3,18.
3. Sie schmücken sich untereinander selbst, daß sie ihre böse Sache fördern und andere verunglimpfen.
4. Alle ihre Worte sind schädlich und erlogen; sie lassen sich auch nicht weisen, daß sie Gutes täten;
5. sondern sie trachten auf ihrem Lager nach Schaden und stehen fest auf dem bösen Weg und scheuen kein Arges.
Micha 2,1.
6. Herr, deine Güte reicht, soweit der Himmel ist, und deine Wahrheit, soweit die Wolken gehen. Ps. 57,11; 108,5.
7. Deine Gerechtigkeit steht wie die *Berge Gottes und dein Recht wie eine große Tiefe. Herr, du hilfst Menschen und Vieh. *Ps. 125,1.2.
8. Wie teuer ist deine Güte, Gott, daß Menschenkinder unter dem Schatten deiner Flügel Zuflucht haben!
9. Sie werden trunken von den reichen Gütern deines Hauses, und du tränkest sie mit Wonne als mit einem Strom. Ps. 23,5.
10. Denn bei dir ist *die Quelle des Lebens, und in deinem Licht sehen wir das Licht. *Jer. 2,13.
11. Breite deine Güte über die, die dich kennen, und deine Gerechtigkeit über die Frommen.
12. Laß mich nicht von den Stolzen untertreten werden, und die Hand der Gottlosen stürze mich nicht;
13. sondern laß sie, die Übeltäter, daselbst fallen, daß sie verstoßen werden und nicht bleiben mögen.

Der 37. Psalm

Das Glück der Gottlosen soll den Frommen nicht zum Ärgernis gereichen.
(Vgl. Ps. 49; 73; Buch Hiob.)

1. Ein Psalm Davids.
Erzürne dich nicht über die Bösen; sei nicht neidisch auf die Übeltäter. Spr. 24,19.
2. Denn wie das Gras werden sie bald abgehauen, und wie das grüne Kraut werden sie verwelken.
3. Hoffe auf den Herrn und tue Gutes; *bleibe im Lande und nähre dich redlich. *V. 27.29.
4. Habe deine Lust am Herrn; der wird dir geben, was dein Herz wünschet.
5. Befiehl dem Herrn deine Wege und hoffe auf ihn; er wird's wohl machen 1. Petr. 5,7.
6. und wird deine Gerechtigkeit hervorbringen wie das Licht und dein Recht wie den Mittag. Ps. 97,11; 112,4; Hiob 11,17.
7. Sei stille dem Herrn und warte auf ihn; erzürne dich nicht über den, dem sein Mutwille glücklich fortgeht. Ps. 73,3.
8. Steh ab vom Zorn und laß den Grimm; erzürne dich nicht, daß du nicht auch übel tust.
9. Denn die Bösen werden ausgerottet; die aber des Herrn harren, *werden das Land erben. *V. 11.22.29.34.
10. Es ist noch um ein kleines, so ist der Gottlose nimmer; und wenn du nach seiner Stätte sehen wirst, wird er weg sein. V. 35.
11. Aber die Elenden werden das Land erben und Lust haben in großem Frieden. V. 9; Matth. 5,5.
12. Der Gottlose droht dem Gerechten und beißt seine Zähne zusammen über ihn.
13. Aber der Herr lacht sein; denn er sieht, daß *sein Tag kommt. *Hiob 18,20.
14. Die Gottlosen ziehen das Schwert aus und spannen ihren Bogen, daß sie fällen den Elenden und Armen und schlachten die Frommen. Ps. 11,2.
15. Aber ihr Schwert wird in ihr Herz gehen, und ihr Bogen wird zerbrechen.
16. Das wenige, das ein Gerechter hat, ist besser als das große Gut vieler Gottlosen. Spr. 15,16.
17. Denn der Gottlosen Arm wird zerbrechen; aber der Herr erhält die Gerechten.
18. Der Herr kennt die Tage der Frommen, und ihr Gut wird ewiglich bleiben.
19. Sie werden nicht zu Schanden in der bösen Zeit, und in der Teuerung werden sie genug haben. Ps. 33,19.
20. Denn die Gottlosen werden umkommen; und die Feinde des Herrn, wenn sie gleich sind wie eine köstliche Aue, werden sie doch vergehen, wie der Rauch vergeht. Ps. 68,3.
21. Der Gottlose borgt, und bezahlt nicht; der Gerechte aber ist barmherzig und gibt.
22. Denn seine Gesegneten erben das Land; aber seine Verfluchten werden ausgerottet. V. 9.
23. Von dem Herrn wird solches Mannes Gang gefördert, und er hat Lust an seinem Wege.
24. Fällt er, so wird er nicht weggeworfen; denn der Herr hält ihn bei der Hand. Spr. 24,16.
25. Ich bin jung gewesen und alt geworden und habe noch nie gesehen den Gerechten verlassen oder seinen Samen nach Brot gehen. Ps. 34,10.11.
26. Er ist allezeit barmherzig und leihet gerne, und sein Same wird gesegnet sein.
27. Laß vom Bösen und tue Gutes und bleibe wohnen immerdar. Ps. 34,15.
28. Denn der Herr hat das Recht lieb und verläßt seine Heiligen nicht; ewiglich werden sie bewahrt; aber der Gottlosen Same wird ausgerottet. Ps. 11,7.
29. Die Gerechten erben das Land und bleiben ewiglich darin. Jes. 60,21.
30. Der Mund des Gerechten redet die Weisheit, und seine Zunge lehrt das Recht.
31. Das Gesetz seines Gottes ist in seinem Herzen; seine Tritte gleiten nicht. Ps. 40,9.
32. Der Gottlose lauert auf den Gerechten und gedenkt ihn zu töten. Ps. 10,8–10.
33. Aber der Herr läßt ihn nicht in seinen Händen und verdammt ihn nicht, wenn er verurteilt wird. Ps. 34,23.
34. Harre auf den Herrn und halte seinen Weg, so wird er dich erhöhen, daß du das Land erbest; du wirst es sehen, daß die Gottlosen ausgerottet werden. V. 9.
35. Ich habe gesehen einen Gottlosen, der war trotzig und breitete sich aus und grünte wie ein Lorbeerbaum. Hiob 5,3–5; 20,6.7; Hesek. 31,3–14.
36. Da man vorüberging, siehe, da war er dahin; ich fragte nach ihm, da ward er nirgend gefunden. V. 10.
37. Bleibe fromm und halte dich recht; denn solchem wird's zuletzt wohl gehen. 1. Mose 39,8.9.
38. Die Übertreter aber werden vertilgt miteinander, und die Gottlosen werden zuletzt ausgerottet.

39. Aber der Herr hilft den Gerechten; der ist ihre Stärke in der Not. Ps. 46,2.
40. Und der Herr wird ihnen beistehen und wird sie erretten; er wird sie von den Gottlosen erretten und ihnen helfen; denn sie trauen auf ihn. Luk. 18,8.

Der 38. Psalm

Klage unter schwerer Heimsuchung durch Leiden und Feindschaft. Bitte um Hilfe. (Vgl. Ps. 6)

1. Ein Psalm Davids, zum Gedächtnis.
2. Herr, strafe mich nicht in deinem Zorn und züchtige mich nicht in deinem Grimm!
3. Denn *deine Pfeile stecken in mir, und †deine Hand drückt mich.
*Hiob 6,4. †Ps. 32,4.
4. Es ist nichts Gesundes an meinem Leibe vor deinem Drohen und ist kein Friede in meinen *Gebeinen vor meiner Sünde.
*Ps. 51,10.
5. Denn meine Sünden gehen über mein Haupt; wie eine schwere Last sind sie mir zu schwer geworden. Klagel. 1,14.
6. Meine Wunden stinken und eitern vor meiner Torheit.
7. Ich gehe krumm und sehr gebückt; den ganzen Tag gehe ich traurig.
8. Denn meine Lenden verdorren ganz, und ist nichts Gesundes an meinem Leibe.
9. Es ist mir gar anders denn zuvor, und bin sehr zerstoßen. Ich heule vor Unruhe meines Herzens.
10. Herr, vor dir ist alle meine Begierde, und mein Seufzen ist dir nicht verborgen.
11. Mein Herz bebt, meine Kraft hat mich verlassen, und das Licht meiner Augen ist nicht bei mir.
12. Meine Lieben und Freunde treten zurück und scheuen meine Plage, und meine Nächsten stehen mir ferne.
Ps. 31,12; Hiob 19,14.
13. Und die mir nach dem Leben trachten, stellen mir nach; und die mir übelwollen, reden, wie sie Schaden tun wollen, und gehen mit eitel Listen um.
14. Ich aber muß sein wie ein Tauber und nicht hören, und wie ein Stummer, der seinen Mund nicht auftut, Ps. 39,3.
15. und muß sein wie einer, der nicht hört und der keine Widerrede in seinem Munde hat.
16. Aber ich harre, Herr, auf dich; du, Herr, mein Gott, wirst erhören.
17. Denn ich denke: Daß sie sich ja nicht über mich freuen! Wenn mein Fuß wankte, würden sie sich hoch rühmen wider mich.
18. Denn ich bin zu Leiden gemacht, und mein Schmerz ist immer vor mir.
19. Denn ich zeige meine Missetat an und sorge wegen meiner Sünde.
Ps. 32,5.
20. Aber meine Feinde leben und sind mächtig; die mich unbillig hassen, derer ist viel.
21. Und die mir Arges tun um Gutes, setzen sich wider mich, darum daß ich ob dem Guten halte. Ps. 35,12.
22. Verlaß mich nicht, Herr! Mein Gott, sei nicht ferne von mir!
23. Eile, mir beizustehen, Herr, meine Hilfe!

Der 39. Psalm

Entschluß zum geduldigen Schweigen im Blick auf die Hinfälligkeit des Menschen. Bitte um göttlichen Trost.

1. Ein Psalm Davids, vorzusingen, für *Jeduthun. *1. Chron. 25,1.3.
2. Ich habe mir vorgesetzt: Ich will mich hüten, daß ich nicht sündige mit meiner Zunge. Ich will meinen Mund zäumen, weil ich muß den Gottlosen vor mir sehen.
3. Ich bin verstummt und still und schweige der Freuden und muß mein Leid in mich fressen. Ps. 38,14.
4. Mein Herz ist entbrannt in meinem Leibe, und wenn ich daran gedenke, werde ich entzündet; ich rede mit meiner Zunge.
5. Aber, Herr, lehre doch mich, daß es ein Ende mit mir haben muß und mein Leben ein Ziel hat und ich davon muß.
Ps. 90,12; Hiob 14,5.
6. Siehe, *meine Tage sind einer Hand breit bei dir, und mein Leben ist wie nichts vor dir. Wie gar nichts sind alle Menschen, die doch so sicher leben! (Sela.) *Ps. 90,5.
7. Sie gehen daher wie ein *Schemen und machen sich viel vergebliche Unruhe; sie †sammeln, und wissen nicht, wer es einnehmen wird.
*Schatten. †Pred. 2,18.21; Luk. 12,18–20.
8. Nun, Herr, wes soll ich mich trösten? Ich hoffe auf dich.
9. Errette mich von aller meiner Sünde und laß mich nicht den Narren ein Spott werden.
10. Ich will schweigen und meinen Mund nicht auftun; denn du hast's getan.
2. Sam. 16,10.
11. Wende deine Plage von mir; denn ich bin verschmachtet von der Strafe deiner Hand.
12. Wenn du einen züchtigst um der Sünde willen, so wird seine Schöne verzehrt wie von den Motten. Ach wie gar

nichts sind doch alle Menschen! (Sela.)
V. 6.

13. Höre mein Gebet, Herr, und vernimm mein Schreien und schweige nicht über meinen Tränen; denn *ich bin dein Pilgrim und dein Bürger wie alle meine Väter. *3. Mose 25,23; Ps. 119,19; 1. Petr. 2,11; Hebr. 11,13.

14. Laß ab von mir, daß ich mich erquikke, ehe denn ich hinfahre und nicht mehr hier sei. Hiob 10,20.

Der 40. Psalm

Der gerettete Fromme opfert Gott Dank, Gehorsam und Bitte.

1. Ein Psalm Davids, vorzusingen.
2. Ich harrte des Herrn; und er neigte sich zu mir und hörte mein Schreien
3. und zog mich aus der grausamen Grube und aus dem Schlamm und stellte meine Füße auf einen Fels, daß ich gewiß treten kann;
4. und hat mir ein *neues Lied in meinen Mund gegeben, zu loben unsern Gott. Das werden viele sehen und den Herrn fürchten und auf ihn hoffen. *Ps. 33,3.
5. Wohl dem, der seine Hoffnung setzt auf den Herrn und sich nicht wendet zu den Hoffärtigen und denen, die mit Lügen umgehen!
6. Herr, mein Gott, groß sind deine Wunder und deine Gedanken, die du an uns beweisest. Dir ist nichts gleich. Ich will sie verkündigen und davon sagen; aber sie sind nicht zu zählen. Ps. 139,17.18.
7. *Opfer und Speisopfer gefallen dir nicht; aber die †Ohren hast du mir aufgetan. Du willst weder Brandopfer noch Sündopfer. *Ps. 51,18; Hebr. 10,5–10. †Jes. 50,5.
8. Da sprach ich: Siehe, ich komme; im Buch ist von mir geschrieben.
9. Deinen Willen, mein Gott, tue ich gern, und dein Gesetz habe ich in meinem Herzen.
10. Ich will predigen die Gerechtigkeit in der großen Gemeinde; siehe, ich will mir meinen Mund nicht stopfen lassen, Herr, das weißt du. Ps. 22,23.26.
11. Deine Gerechtigkeit verberge ich nicht in meinem Herzen; von deiner Wahrheit und von deinem Heil rede ich; ich verhehle deine Güte und Treue nicht vor der großen Gemeinde.
12. Du aber, Herr, wollest deine Barmherzigkeit von mir nicht wenden; laß deine Güte und Treue allewege mich behüten.
13. Denn es hat mich umgeben Leiden ohne Zahl; es haben mich meine Sünden ergriffen, daß ich nicht sehen kann; ihrer ist mehr denn Haare auf meinem Haupt, und mein Herz hat mich verlassen.
(V. 14–18: vgl. Ps. 70.)
14. Laß dir's gefallen, Herr, daß du mich errettest; eile, Herr, mir zu helfen!
15. Schämen müssen sich und zu Schanden werden, die mir nach meiner Seele stehen, daß sie die umbringen; zurück müssen sie fallen und zu Schanden werden, die mir Übles gönnen. Ps. 6,11.
16. Sie müssen in ihrer Schande erschrecken, die über mich schreien: »Da, da!« Ps. 35,21.25.
17. Es müssen dein sich freuen und fröhlich sein alle, die nach dir fragen; und die dein Heil lieben, müssen sagen allewege: »Der Herr sei hoch gelobt!«
18. Denn *ich bin arm und elend; der Herr aber sorgt für mich. Du bist mein Helfer und Erretter; mein Gott, verziehe nicht! *Ps. 109,22.

Der 41. Psalm

Klage in Krankheit über schadenfrohe Feinde und treulose Freunde.

1. Ein Psalm Davids, vorzusingen.
2. Wohl dem, der sich des Dürftigen annimmt! Den wird der Herr erretten zur bösen Zeit. Spr. 19,17.
3. Der Herr wird ihn bewahren und beim Leben erhalten und es ihm lassen wohl gehen auf Erden und wird ihn nicht geben in seiner Feinde Willen.
4. Der Herr wird ihn erquicken auf seinem Siechbette; du hilfst ihm von aller seiner Krankheit.
5. Ich sprach: Herr, sei mir gnädig, heile meine Seele; denn ich habe an dir gesündigt. Ps. 6,3.
6. Meine Feinde reden Arges wider mich: »Wann wird er sterben und sein Name vergehen?«
7. Sie kommen, daß sie schauen, und meinen's doch nicht von Herzen; sondern suchen etwas, das sie lästern mögen, gehen hin und tragen's aus.
8. Alle, die mich hassen, raunen miteinander wider mich und denken Böses über mich.
9. Sie haben ein Bubenstück über mich beschlossen: »Wenn er liegt, soll er nicht wieder aufstehen.«
10. Auch mein Freund, dem ich mich vertraute, der *mein Brot aß, tritt mich unter die Füße.
*Ps. 55,14; Joh. 13,18; Apg. 1,16.
11. Du aber, Herr, sei mir gnädig und hilf mir auf, so will ich sie bezahlen.

12. Dabei merke ich, daß du Gefallen an mir hast, daß mein Feind über mich nicht jauchzen wird.
13. Mich aber erhältst du um meiner Frömmigkeit willen und stellst mich vor dein Angesicht ewiglich.

---

14. Gelobet sei der Herr, der Gott Israels, von nun an bis in Ewigkeit! Amen, amen.
Ps. 72,18; 89,53; 106,48; 150,6.

Zweites Buch

Der 42. Psalm

Sehnsucht nach dem Heiligtum im fremden Lande.

1. Eine Unterweisung der Kinder Korah, vorzusingen.
2. Wie der Hirsch schreit nach frischem Wasser, so schreit meine Seele, Gott, zu dir.
3. Meine Seele dürstet nach Gott, nach dem lebendigen Gott. Wann werde ich dahin kommen, daß ich Gottes Angesicht schaue? Ps. 84,3.
4. Meine Tränen sind meine Speise Tag und Nacht, weil man täglich zu mir sagt: *Wo ist nun dein Gott? *Ps. 79,10.
5. Wenn ich denn des innewerde, so schütte ich mein Herz aus bei mir selbst; denn ich *wollte gerne hingehen mit dem Haufen und mit ihnen wallen zum Hause Gottes mit Frohlocken und Danken unter dem Haufen derer, die da feiern. *Ps. 27,4.
6. Was betrübst du dich, meine Seele, und bist so unruhig in mir? Harre auf Gott! denn ich werde ihm noch danken, daß er mir hilft mit seinem Angesicht.
V. 12; Ps. 43,5.
7. Mein Gott, betrübt ist meine Seele in mir; darum gedenke ich an dich im Lande am Jordan und Hermonim, auf dem kleinen Berg.
8. Deine *Fluten rauschen daher, daß hier eine Tiefe und da eine Tiefe brausen; alle deine Wasserwogen und Wellen gehen über mich. *Ps. 88,8.
9. Der Herr hat des Tages verheißen seine Güte, und des Nachts singe ich ihm und bete zu dem Gott meines Lebens.
10. Ich sage zu Gott, meinem *Fels: Warum hast du mein vergessen? †Warum muß ich so traurig gehen, wenn mein Feind mich drängt? *5. Mose 32,4. †Ps. 43,2.
11. Es ist als ein Mord in meinen Gebeinen, daß mich meine Feinde schmähen, wenn sie täglich zu mir sagen: Wo ist nun dein Gott?
12. Was betrübst du dich, meine Seele, und bist so unruhig in mir? Harre auf Gott! denn ich werde ihm noch danken, daß er meines Angesichts Hilfe und mein Gott ist. V. 6.

Der 43. Psalm

Fortsetzung.

1. Richte *mich, Gott, und führe meine Sache wider das unheilige Volk und errette mich von den falschen und bösen Leuten! *Ps. 26,1.
2. Denn du bist der Gott meiner Stärke; warum verstößest du mich? *Warum lässest du mich so traurig gehen, wenn mich mein Feind drängt? *Ps. 42,10.
3. Sende dein Licht und deine Wahrheit, daß sie mich leiten und bringen zu *deinem heiligen Berg und zu deiner Wohnung, *Ps. 15,1.
4. daß ich hineingehe zum Altar Gottes, zu dem Gott, der *meine Freude und Wonne ist, und dir, Gott, auf der Harfe danke, mein Gott. *Ps. 63,6.
5. Was betrübst du dich, meine Seele, und bist so unruhig in mir? Harre auf Gott! denn ich werde ihm noch danken, daß er meines Angesichts Hilfe und mein Gott ist. Ps. 42,6.12.

Der 44. Psalm

Klage, daß Gott sein Volk verstoßen habe.

1. Eine Unterweisung der Kinder Korah, vorzusingen.
2. Gott, wir haben's mit unsern Ohren gehört, unsre Väter haben's uns erzählt, was du getan hast zu ihren Zeiten vor alters. 5. Mose 6,20–25.
3. Du hast mit deiner Hand die Heiden vertrieben, aber sie hast du eingesetzt; du hast die Völker verderbt, aber sie hast du ausgebreitet.
4. Denn sie haben das Land nicht eingenommen durch ihr Schwert, und ihr Arm half ihnen nicht, sondern deine Rechte, dein Arm und das Licht deines Angesichts; denn du hattest Wohlgefallen an ihnen.
5. Du, Gott, bist mein König, der du Jakob Hilfe verheißest. Ps. 74,12.
6. Durch dich wollen wir unsre Feinde zerstoßen; in deinem Namen wollen wir untertreten, die sich wider uns setzen.
7. Denn ich verlasse mich nicht auf meinen Bogen, und mein Schwert kann mir nicht helfen; Ps. 20,8.
8. sondern du hilfst uns von unsern Feinden und machst zu Schanden, die uns hassen.
9. Wir wollen täglich rühmen von Gott

KLAGEN UND GEBET DES DAVID Psalm 42, 3

und deinem Namen danken ewiglich. (Sela.)
10. Warum verstößest du uns denn nun
und lässest uns zu Schanden werden und
ziehst nicht aus unter unserm Heer?
11. Du lässest uns fliehen vor unserm
Feind, daß uns berauben, die uns hassen.
12. Du lässest uns auffressen wie Schafe
und zerstreuest uns unter die Heiden.
13. Du verkaufst dein Volk umsonst und
nimmst nichts dafür.
14. Du machst uns zur Schmach unsern
Nachbarn, zum Spott und Hohn denen,
die um uns her sind. Ps. 79,4; 1. Kön. 9,7.
15. Du machst uns zum Beispiel unter
den Heiden und daß die Völker das Haupt
über uns schütteln.
16. Täglich ist meine Schmach vor mir,
und mein Antlitz ist voller Scham,
17. daß ich die Schänder und Lästerer
hören und die Feinde und Rachgierigen
sehen muß.
18. Dies alles ist über uns gekommen;
und wir haben doch dein nicht vergessen
noch untreu in deinem Bund gehandelt.
19. Unser Herz ist nicht abgefallen noch
unser Gang gewichen von deinem Weg,
20. daß du uns so zerschlägst am Ort der
Schakale und bedeckst uns mit Finsternis.
21. Wenn wir den Namen unsers Gottes
vergessen hätten und unsre Hände aufgehoben zum fremden Gott,
22. würde das Gott nicht finden? Er
kennt ja unsers Herzens Grund. Ps. 7,10.
23. Denn wir werden ja um deinetwillen
täglich erwürgt und sind geachtet wie
Schlachtschafe. Röm. 8,36.
24. Erwecke dich, Herr! Warum schläfst
du? Wache auf und verstoße uns nicht so
gar! Ps. 35,23.
25. Warum verbirgst du dein Antlitz, vergissest unsers Elends und unsrer Drang-
sal? Ps. 10,1.
26. Denn unsre Seele ist gebeugt zur Erde; unser Leib klebt auf dem Erdboden.
27. Mache dich auf, hilf uns und erlöse
uns um deiner Güte willen!

Der 45. Psalm

Loblied auf den Gesalbten Gottes und dessen Braut.

1. Ein Brautlied und Unterweisung der
Kinder Korah, *von den Rosen, vorzusingen. *Ps. 69,1.

2. Mein Herz dichtet ein feines Lied; ich will singen von einem König; meine Zunge ist ein Griffel eines guten Schreibers.
3. Du bist der Schönste unter den Menschenkindern, holdselig sind deine Lippen; darum segnet dich Gott ewiglich.
Hohesl. 5,10–16.
4. Gürte dein Schwert an deine Seite, du Held, und schmücke dich schön!
5. Es müsse dir gelingen in deinem Schmuck. Zieh einher der Wahrheit zugut, und *die Elenden bei Recht zu erhalten, so wird deine rechte Hand Wunder vollbringen. *Ps. 72,4.
6. Scharf sind deine Pfeile, daß die Völker vor dir niederfallen; sie dringen ins Herz der Feinde des Königs.
7. *Gott, dein Stuhl bleibt immer und ewig; das Zepter deines Reichs ist ein gerades Zepter. *2. Sam. 7,13; Hebr. 1,8.9.
8. Du liebest Gerechtigkeit und hassest gottlos Wesen; darum hat dich Gott, dein Gott, gesalbt mit Freudenöl mehr denn deine Gesellen.
9. Deine Kleider sind eitel Myrrhe, Aloe und Kassia, wenn du aus den *elfenbeinernen Palästen dahertrittst in deiner schönen Pracht. *Amos 3,15.
10. In deinem Schmuck gehen der Könige Töchter; die Braut steht zu deiner Rechten in eitel köstlichem Gold.
11. Höre, Tochter, sieh und neige deine Ohren; vergiß deines Volks und deines Vaterhauses, 1. Mose 2,24.
12. so wird der König Lust an deiner Schöne haben; denn er ist dein Herr, und du sollst ihn anbeten.
13. Die Tochter Tyrus wird mit Geschenk dasein; die Reichen im Volk werden vor dir flehen.
14. Des Königs Tochter drinnen ist ganz herrlich; sie ist mit goldenen Gewändern gekleidet.
15. Man führt sie in gestickten Kleidern zum König; und ihre Gespielen, die Jungfrauen, die ihr nachgehen, führt man zu dir.
16. Man führt sie mit Freuden und Wonne, und sie gehen in des Königs Palast.
17. An deiner Väter Statt werden deine Söhne sein; die wirst du zu Fürsten setzen in aller Welt.
18. Ich will deines Namens gedenken von Kind zu Kindeskind; darum werden dir danken die Völker immer und ewiglich.

Der 46. Psalm

Ein' feste Burg ist unser Gott.

1. Ein Lied der Kinder Korah, von der Jugend, vorzusingen.
2. Gott ist unsre Zuversicht und Stärke, eine Hilfe in den großen Nöten, die uns getroffen haben.
3. Darum fürchten wir uns nicht, wenngleich die Welt unterginge und die Berge mitten ins Meer sänken,
4. wenngleich das Meer wütete und wallte und von seinem Ungestüm die Berge einfielen. (Sela.)
5. Dennoch soll die Stadt Gottes fein lustig bleiben mit ihren Brünnlein, da die heiligen Wohnungen des Höchsten sind.
Ps. 48,3; 2. Kön. 19,21; Jes. 12,3.
6. Gott ist bei ihr drinnen, darum wird sie fest bleiben; Gott hilft ihr früh am Morgen.
7. Die Heiden müssen verzagen und die Königreiche fallen; das Erdreich muß vergehen, wenn er sich hören läßt.
8. Der Herr Zebaoth ist mit uns; der Gott Jakobs ist unser Schutz. (Sela.)
9. *Kommet her und schauet die Werke des Herrn, der auf Erden solch Zerstören anrichtet, *2. Kön. 19,35.
10. der den *Kriegen steuert in aller Welt, der Bogen zerbricht, Spieße zerschlägt und Wagen mit Feuer verbrennt.
*Ps. 76,4.
11. Seid stille und erkennet, daß ich Gott bin. Ich will Ehre einlegen unter den Heiden; ich will Ehre einlegen auf Erden.
12. Der Herr Zebaoth ist mit uns; der Gott Jakobs ist unser Schutz. (Sela.)

Der 47. Psalm

Gott ist König.

1. Ein Psalm der Kinder Korah, vorzusingen.
2. Frohlocket mit Händen, alle Völker, und jauchzet Gott mit fröhlichem Schall!
3. Denn der Herr, der Allerhöchste ist erschrecklich, ein großer König auf dem ganzen Erdboden.
4. Er zwingt die Völker unter uns und die Leute unter unsere Füße.
5. Er erwählt uns unser Erbteil, die Herrlichkeit Jakobs, den er liebt. (Sela.) Ps. 16,6.
6. Gott fährt auf mit Jauchzen und der Herr mit heller Posaune. Ps. 68,19.
7. Lobsinget, lobsinget Gott; lobsinget, lobsinget unserm König!
8. Denn Gott ist König auf dem ganzen Erdboden; lobsinget ihm klüglich! Ps. 93,1.

9. Gott ist König über die Heiden; Gott
sitzt auf seinem heiligen Stuhl.
10. Die Fürsten unter den Völkern sind
versammelt zu einem Volk des Gottes
Abraham; denn Gottes sind die *Schilde
auf Erden; er hat sich sehr erhöht.
*Ps. 89,19.

Der 48. Psalm

Freude Zions über Gottes Hilfe in Kriegsnot.

1. Ein Psalmlied der Kinder Korah.
2. Groß ist der Herr und hochberühmt in
der Stadt unseres Gottes, auf seinem heiligen Berge. Ps. 46,5.
3. Schön ragt empor der Berg Zion, des
sich das ganze Land *tröstet; an der Seite
gegen Mitternacht liegt die †Stadt des großen Königs. *Klagel. 2,15. †Matth. 5,35.
4. Gott ist in ihrem Palästen bekannt,
daß er der Schutz sei.
5. Denn siehe, Könige waren versammelt
und sind miteinander vorübergezogen.
2. Kön. 19.
6. Sie haben sich verwundert, da sie solches sahen; sie haben sich entsetzt und
sind davongestürzt.
7. Zittern ist sie daselbst angekommen,
Angst wie eine Gebärerin.
8. Du zerbrichst Schiffe im Meer durch
den Ostwind.
9. Wie wir gehört haben, so sehen wir's
an der Stadt des Herrn Zebaoth, an der
Stadt unsers Gottes; Gott erhält sie ewiglich. (Sela.)
10. Gott, wir gedenken deiner Güte in
deinem Tempel.
11. Gott, wie dein Name, so ist auch dein
Ruhm bis an der Welt Enden; deine Rechte
ist voll Gerechtigkeit.
12. Es freue sich der Berg Zion, und die
Töchter Juda's seien fröhlich um deiner
Gerichte willen.
13. Machet euch um Zion und umfanget
sie, zählet ihre Türme;
14. achtet mit Fleiß auf ihre Mauern,
durchwandelt ihre Paläste, auf daß ihr davon verkündiget den Nachkommen,
15. daß *dieser Gott sei unser Gott immer und ewiglich. Er führt uns wie die
Jugend. *Jes. 25,9.

Der 49. Psalm

Das Glück der Gottlosen nimmt mit dem Tode
ein Ende.
(Vgl. Ps. 37; 73.)

1. Ein Psalm der Kinder Korah, vorzusingen.
2. Höret zu, alle Völker; merket auf, alle,
die in dieser Zeit leben,
3. beide, gemeiner Mann und Herren,
beide, reich und arm, miteinander!
4. Mein Mund soll von Weisheit reden
und mein Herz von Verstand sagen.
5. Ich will einem Spruch mein Ohr neigen und kundtun mein Rätsel beim Klange der Harfe. Ps. 78,2.
6. Warum sollte ich mich fürchten in bösen Tagen, wenn mich die Missetat meiner
Untertreter umgibt,
7. die sich verlassen auf ihr Gut und trotzen auf ihren großen Reichtum?
8. Kann doch einen Bruder niemand erlösen noch ihn vor Gott versöhnen
9. (denn es kostet zuviel, ihre Seele zu
erlösen; man muß es lassen anstehen
ewiglich), Matth. 16,26.
10. daß er fortlebe immerdar und die
Grube nicht sehe.
11. Denn man wird sehen, daß die Weisen sterben sowohl als die Toren und Narren umkommen und müssen ihr Gut andern lassen. Pred. 2,16; 6,2.
12. Das ist ihr Herz, daß ihre Häuser
währen immerdar, ihre Wohnungen bleiben für und für; und haben große Ehre auf
Erden.
13. Dennoch kann ein Mensch nicht bleiben in solchem Ansehen, sondern *muß
davon wie ein Vieh. *Pred. 3,19; 2. Petr. 2,12.
14. Dies ihr Tun ist eitel Torheit; doch
loben's ihre Nachkommen mit ihrem
Munde. (Sela.)
15. Sie liegen in der Hölle wie Schafe, der
Tod weidet sie; aber die Frommen werden
gar bald über sie herrschen, und ihr Trotz
muß vergehen; in der Hölle müssen sie
bleiben.
16. Aber Gott wird meine Seele *erlösen
aus der Hölle Gewalt; denn er hat mich
angenommen. (Sela.) *Hos. 13,14.
17. Laß dich's nicht irren, ob einer reich
wird, ob die Herrlichkeit seines Hauses
groß wird. Hiob 21,7–15.
18. Denn er wird nichts in seinem Sterben mitnehmen, und seine Herrlichkeit
wird ihm nicht nachfahren. Pred. 5,13.14.
19. Er tröstet sich wohl dieses guten Lebens, und man preiset's, wenn einer sich
gütlich tut; Luk. 16,19–31.
20. aber doch fahren sie ihren Vätern
nach und sehen das Licht nimmermehr.
21. Kurz, wenn ein Mensch in Ansehen
ist und hat keinen Verstand, so fährt er
davon wie ein Vieh. V. 13.

Der 50. Psalm

Das wahre Dankopfer. (Vgl. 1.Sam. 15,22.)

1. Ein Psalm *Asaphs. *1.Chron.25,1.
Gott, der Herr, der Mächtige, redet und ruft der Welt vom Aufgang der Sonne bis zu ihrem Niedergang.
2. Aus Zion bricht an der schöne Glanz Gottes.
3. Unser Gott kommt und schweigt nicht. Fressend Feuer geht vor ihm her und um ihn her ein großes Wetter.
Ps. 96,13.
4. Er ruft Himmel und Erde, daß er sein Volk richte: Jes. 1,2.
5. »Versammelt mir meine Heiligen, die den Bund mit mir gemacht haben beim Opfer.« 2.Mose 24,4–8.
6. Und die Himmel werden seine Gerechtigkeit verkündigen; denn Gott ist Richter. (Sela.)
7. »Höre, mein Volk, laß mich reden; Israel, laß mich unter dir zeugen: Ich, Gott, bin dein Gott.
8. Deines Opfers halben strafe ich dich nicht, sind doch deine Brandopfer immer vor mir. Jes. 1,11.
9. Ich will nicht von deinem Hause Farren nehmen noch Böcke aus deinen Ställen.
10. Denn alle Tiere im Walde sind mein und das Vieh auf den Bergen, da sie bei tausend gehen.
11. Ich kenne alle Vögel auf den Bergen, und allerlei Tier auf dem Felde ist vor mir.
12. Wo mich hungerte, wollte ich dir nicht davon sagen; denn der Erdboden ist mein und alles, was darinnen ist.
13. Meinst du, daß ich Ochsenfleisch essen wolle oder Bocksblut trinken?
14. Opfere Gott Dank und bezahle dem Höchsten deine Gelübde
15. und rufe mich an in der Not, so will ich dich erretten, so sollst du mich preisen.« Ps. 81,8; 91,15; Hiob 22,27.
16. Aber zum Gottlosen spricht Gott: »Was verkündigst du meine Rechte und nimmst meinen Bund in deinen Mund,
Röm. 2,21–23.
17. so du doch Zucht hassest und wirfst meine Worte hinter dich?
18. Wenn du einen Dieb siehst, so läufst du mit ihm und hast *Gemeinschaft mit den Ehebrechern. *Eph. 5,11.
19. Deinen Mund lässest du Böses reden, und deine Zunge treibt Falschheit.
20. Du sitzest und redest wider deinen Bruder; deiner Mutter Sohn verleumdest du.
21. Das tust du, und ich *schweige; da meinst du, ich werde sein gleichwie du. Aber ich will dich strafen und will dir's unter Augen stellen. *Ps. 73,11.
22. Merket doch das, die ihr Gottes vergesset, daß ich nicht einmal hinraffe und sei kein Retter da.
23. Wer Dank opfert, der preiset mich; und da ist der Weg, daß ich ihm zeige das Heil Gottes.«

Der 51. Psalm

Bußgebet Davids.

1. Ein Psalm Davids, vorzusingen;
2. da der Prophet Nathan zu ihm kam, als er war zu Bath-Seba eingegangen.
2.Sam. 12.
3. Gott, sei mir gnädig nach deiner Güte und tilge meine Sünden nach deiner großen Barmherzigkeit. Luk. 18,13.
4. Wasche mich wohl von meiner Missetat und reinige mich von meiner Sünde.
5. Denn ich erkenne meine Missetat, und meine Sünde ist immer vor mir. Ps. 32,5.
6. An dir allein habe ich gesündigt und übel vor dir getan, *auf daß du recht behaltest in deinen Worten und rein bleibest, wenn du gerichtet wirst.
*Röm. 3,4.19.
7. Siehe, ich bin in sündlichem Wesen geboren, und meine Mutter hat mich in Sünden empfangen. Joh. 3,6.
8. Siehe, du hast Lust zur Wahrheit, die im Verborgenen liegt; du lässest mich wissen die heimliche Weisheit.
9. Entsündige mich mit *Isop, daß ich rein werde; wasche mich, †daß ich schneeweiß werde.
*3.Mose 14,6.7. †Jes. 1,18.
10. Laß mich hören Freude und Wonne, daß die Gebeine fröhlich werden, die du zerschlagen hast. Ps. 32,3.4.
11. Verbirg dein Antlitz von meinen Sünden und tilge alle meine Missetaten.
12. Schaffe in mir, Gott, ein reines Herz und gib mir einen neuen, gewissen Geist.
Hesek. 36,26.
13. Verwirf mich nicht von deinem Angesicht und nimm deinen heiligen Geist nicht von mir.
14. Tröste mich wieder mit deiner Hilfe, und mit einem freudigen Geist rüste mich aus.
15. Ich will die Übertreter deine Wege lehren, daß sich die Sünder zu dir bekehren.
16. Errette mich von den Blutschulden, Gott, der du mein Gott und Heiland bist,

BUSSE UND BITTE DES DAVID Psalm 51, 4

daß meine Zunge deine Gerechtigkeit rühme.

17. Herr, tue meine Lippen auf, daß mein Mund deinen Ruhm verkündige.

18. Denn du hast nicht Lust zum Opfer – ich wollte dir's sonst wohl geben –, und Brandopfer gefallen dir nicht.

Ps. 40,7; 50,8–13.

19. Die Opfer, die Gott gefallen, sind ein geängsteter Geist; ein geängstet und zerschlagen Herz wirst du, Gott, nicht verachten. Ps. 34,19.

20. Tue wohl an Zion nach deiner Gnade; baue die Mauern zu Jerusalem.

21. Dann werden dir gefallen die Opfer der Gerechtigkeit, die Brandopfer und ganzen Opfer; dann wird man Farren auf deinem Altar opfern.

Der 52. Psalm

Des Frommen Trost beim Trotz des Verleumders.

1. Eine Unterweisung Davids, vorzusingen;

2. da Doeg, der Edomiter, kam und sagte Saul an und sprach: David ist in Ahimelechs Haus gekommen. 1. Sam. 22,9–19.

3. Was trotzest du denn, du Tyrann, daß du kannst Schaden tun; so doch Gottes Güte noch täglich währt?

4. Deine Zunge trachtet nach Schaden und schneidet mit Lügen wie ein scharfes Schermesser.

5. Du redest lieber Böses denn Gutes, und Falsches denn Rechtes. (Sela.)

6. Du redest gerne alles, was zu verderben dient, mit falscher Zunge.

7. Darum wird dich Gott auch ganz und gar zerstören und zerschlagen und aus deiner Hütte reißen und aus dem Lande der Lebendigen ausrotten. (Sela.)

8. Und die Gerechten werden es sehen und sich fürchten und werden sein lachen:

Ps. 91,8.

9. »Siehe, das ist der Mann, der Gott nicht für seinen Trost hielt, sondern verließ sich auf seinen großen Reichtum und war mächtig, Schaden zu tun.«

10. Ich aber werde bleiben wie ein grüner Ölbaum im Hause Gottes, verlasse mich auf Gottes Güte immer und ewiglich.

Ps. 92,13–16.

11. Ich danke dir ewiglich, denn du kannst's wohl machen; ich will harren auf

deinen Namen, denn deine Heiligen haben
Freude daran.

Der 53. Psalm

Seufzen nach Erlösung aus dem allgemeinen Verderben der Menschen.
(Vgl. Ps. 14.)

1. Eine Unterweisung Davids, im Chor
umeinander vorzusingen.
2. Die Toren sprechen in ihrem Herzen:
Es ist kein Gott. Sie taugen nichts und
sind ein Greuel geworden in ihrem bösen
Wesen; da ist keiner, der Gutes tut.
3. Gott schaut vom Himmel auf der Menschen Kinder, daß er sehe, ob jemand klug
sei, der nach Gott frage.
4. Aber sie sind alle abgefallen und allesamt untüchtig; da ist keiner, der Gutes
tue, auch nicht einer.
5. Wollen denn die Übeltäter sich nicht
sagen lassen, die mein Volk fressen, daß
sie sich nähren? Gott rufen sie nicht an.
6. Da fürchten sie sich aber, wo nichts zu
fürchten ist; denn Gott zerstreut die Gebeine derer, die dich belagern. Du machst
sie zu Schanden; denn Gott verschmäht
sie.
7. Ach daß die Hilfe aus Zion über Israel
käme und Gott sein gefangen Volk erlösete! So würde sich Jakob freuen und Israel
fröhlich sein.

Der 54. Psalm

Gebet um Errettung.

1. Eine Unterweisung Davids, vorzusingen, auf Saitenspiel;
2. da die von Siph kamen und sprachen
zu Saul: David hat sich bei uns verborgen.
2. Sam. 23,19; 26,1.
3. Hilf mir, Gott, durch deinen Namen
und schaffe mir Recht durch deine Gewalt.
4. Gott, erhöre mein Gebet, vernimm die
Rede meines Mundes.
5. Denn Stolze setzen sich wider mich,
und Trotzige stehen mir nach meiner Seele und haben Gott nicht vor Augen. (Sela.)
6. Siehe, Gott steht mir bei, der Herr
erhält meine Seele.
7. Er wird die Bosheit meinen Feinden
bezahlen. Verstöre sie durch deine Treue!
8. So will ich dir ein Freudenopfer tun
und deinem Namen, Herr, danken, daß er
so tröstlich ist.
9. Denn du errettest mich aus aller meiner Not, daß *mein Auge an meinen Feinden Lust sieht. *Ps. 59,11.

Der 55. Psalm

Gebet wider die falschen Brüder. Trost in Gott.

1. Eine Unterweisung Davids, vorzusingen, auf Saitenspiel.
2. Gott, höre mein Gebet und verbirg
dich nicht vor meinem Flehen.
3. Merke auf mich und erhöre mich, wie
ich so kläglich zage und heule,
4. daß der Feind so schreit und der Gottlose drängt; denn sie wollen mir eine Tük-
ke beweisen und sind mir heftig gram.
5. Mein Herz ängstet sich in meinem Leibe, und des Todes Furcht ist auf mich
gefallen.
6. Furcht und Zittern ist mich angekommen, und Grauen hat mich überfallen.
7. Ich sprach: O hätte ich Flügel wie Tauben, daß ich flöge und wo bliebe! Ps. 11,1.
8. Siehe, so wollte ich ferne wegfliehen
und in der Wüste bleiben. (Sela.)
9. Ich wollte eilen, daß ich entrönne vor
dem Sturmwind und Wetter.
10. Mache ihre Zunge *uneins, Herr,
und laß sie untergehen; denn ich sehe
Frevel und Hader in der Stadt.
*2. Sam. 17,14.
11. Solches geht Tag und Nacht um und
um auf ihren Mauern, und Mühe und Arbeit ist drinnen.
12. Schadentun regieret drinnen; Lügen
und Trügen läßt nicht von ihrer Gasse.
13. Wenn mich doch mein Feind schän-
dete, wollte ich's leiden; und wenn mein
Hasser wider mich pochte, wollte ich mich
vor ihm verbergen.
14. Du aber bist mein Geselle, mein
Freund und Verwandter,
Ps. 41,10; 2. Sam. 15,12.
15. die wir freundlich miteinander waren
unter uns; wir wandelten im Hause Gottes
unter der Menge.
16. Der Tod übereile sie, daß sie lebendig
in die Hölle fahren; denn es ist eitel Bosheit unter ihrem Haufen.
17. Ich aber will zu Gott rufen, und der
Herr wird mir helfen.
18. Des Abends, Morgens und Mittags
will ich klagen und heulen, so wird er
meine Stimme hören.
19. Er erlöst meine Seele von denen, die
an mich wollen, und schafft ihr Ruhe;
denn ihrer viele sind wider mich.
20. Gott wird hören und sie demütigen,
*der allewege bleibt. (Sela.) Denn sie wer-
den nicht anders und fürchten Gott nicht.
*Ps. 102,27.
21. Sie legen ihre Hände an seine Friedsamen und entheiligen seinen Bund.

DAVID FLEHT UM VERGEBUNG SEINER SÜNDEN Psalm 51, 11

22. Ihr Mund ist glätter denn Butter, und
haben doch Krieg im Sinn; ihre Worte
sind gelinder denn Öl, und sind doch bloße Schwerter. Jer. 9,7; Ps. 57,5.
23. Wirf dein Anliegen auf den Herrn; der
wird dich versorgen und wird den Gerechten nicht ewiglich in Unruhe lassen.
1. Petr. 5,7.
24. Aber, Gott, du wirst sie hinunterstoßen in die tiefe Grube: die Blutgierigen
und Falschen werden ihr Leben nicht *zur
Hälfte bringen. Ich aber hoffe auf dich.
*Ps. 102,25.

Der 56. Psalm

Gebet um Trost in der Verfolgung.

1. Ein gülden Kleinod Davids, von der
stummen Taube unter den Fremden, da
*ihn die Philister griffen zu Gath.
*1. Sam. 21,11–16.
2. Gott, sei mir gnädig, denn Menschen
schnauben wider mich; täglich streiten sie
und ängsten mich.
3. Meine Feinde schnauben täglich; denn
viele streiten stolz wider mich.
4. Wenn ich mich fürchte, so hoffe ich
auf dich.
5. Ich will Gottes Wort rühmen; auf Gott
will ich hoffen und mich nicht fürchten;
was sollte mir Fleisch tun?
Ps. 27,1; 118,6; Jes. 12,2; 51,12; Hebr. 13,6.
6. Täglich fechten sie meine Worte an; all
ihre Gedanken sind, daß sie mir übel tun.
7. Sie halten zuhauf und lauern und haben acht auf meine Fersen, wie sie meine
Seele erhaschen.
8. Sollten sie mit ihrer Bosheit entrinnen? Gott, *stoße solche Leute ohne alle
Gnade hinunter! *Ps. 55,24.
9. Zähle die Wege meiner Flucht; fasse
meine Tränen in deinen Krug. Ohne Zweifel, du zählst sie.
10. Dann werden sich meine Feinde
müssen zurückkehren, wenn ich rufe; so
werde ich inne, daß du mein Gott bist.
11. Ich will rühmen Gottes Wort; ich will
rühmen des Herrn Wort.
12. Auf Gott hoffe ich und fürchte mich
nicht; was können mir die Menschen tun?
13. Ich habe dir, Gott, gelobt, daß ich dir
danken will;
14. denn *du hast meine Seele vom Tode

errettet, meine Füße vom Gleiten, daß ich wandle vor Gott im Licht der Lebendigen.
*Ps. 116,8; Hiob 33,30.

Der 57. Psalm

Gebet Davids um Hilfe. Preis der Güte Gottes.

1. Ein gülden Kleinod Davids, vorzusingen; daß er nicht umkäme, da *er vor Saul floh in die Höhle. *1. Sam. 22,1.
2. Sei mir gnädig, Gott, sei mir gnädig! denn auf dich traut meine Seele, und unter dem Schatten deiner Flügel habe ich Zuflucht, bis daß das Unglück vorübergehe. Ps. 91,1.2.
3. Ich rufe zu Gott, dem Allerhöchsten, zu Gott, der meines Jammers ein Ende macht.
4. Er sendet vom Himmel und hilft mir von der Schmähung des, der wider mich schnaubt. (Sela.) Gott sendet seine Güte und Treue.
5. Ich liege mit meiner Seele unter den Löwen; die Menschenkinder sind Flammen, ihre Zähne sind Spieße und Pfeile und ihre Zungen scharfe Schwerter.
6. Erhebe dich, Gott, über den Himmel, und deine Ehre über alle Welt.
7. Sie stellen meinem Gange Netze und drücken meine Seele nieder; sie graben vor mir eine Grube, und fallen selbst hinein. (Sela.)
Ps. 7,16. (V. 8–12: vgl. Ps. 108,2–6.)
8. Mein Herz ist bereit, Gott, mein Herz ist bereit, daß ich singe und lobe.
9. Wache auf, *meine Ehre, wache auf, Psalter und Harfe! Mit der Frühe will ich aufwachen. *Ps. 16,9.
10. Herr, ich will dir danken unter den Völkern; ich will dir lobsingen unter den Leuten.
11. Denn deine Güte ist, soweit der Himmel ist, und deine Wahrheit, soweit die Wolken gehen. Ps. 36,6.
12. Erhebe dich, Gott, über den Himmel, und deine Ehre über alle Welt.

Der 58. Psalm

Gott ist noch Richter auf Erden.

1. Ein gülden Kleinod Davids, vorzusingen, daß er nicht umkäme.
2. Seid ihr denn stumm, daß ihr nicht reden wollt, was recht ist, und richten, was gleich ist, ihr Menschenkinder? Ps. 82.
3. Ja, mutwillig tut ihr Unrecht im Lande und gehet stracks durch, mit euren Händen zu freveln.
4. Die Gottlosen sind verkehrt von Mutterschoß an; die Lügner irren von Mutterleib an.
5. Ihr Wüten ist gleichwie das Wüten einer Schlange, wie eine taube Otter, die ihr Ohr zustopft,
6. daß sie nicht höre die Stimme des Zauberers, des Beschwörers, der wohl beschwören kann. Pred. 10,11.
7. Gott, zerbrich ihre Zähne in ihrem Maul; zerstoße, Herr, das Gebiß der jungen Löwen!
8. Sie werden zergehen wie Wasser, das dahinfließt. Sie zielen mit ihren Pfeilen; aber dieselben zerbrechen.
9. Sie vergehen, wie eine Schnecke verschmachtet; wie eine unzeitige Geburt eines Weibes sehen sie die Sonne nicht.
10. Ehe eure Dornen reif werden am Dornstrauch, wird sie ein Zorn so frisch wegreißen.
11. Der Gerechte wird sich freuen, wenn er solche Rache sieht, und wird seine Füße baden in des Gottlosen Blut,
12. daß die Leute werden sagen: Der Gerechte wird ja seiner Frucht genießen; *es ist ja noch Gott Richter auf Erden. *Ps. 7,9.

Der 59. Psalm

Gebet um Beistand Gottes gegen boshafte Nachstellungen.

1. Ein gülden Kleinod Davids, daß er nicht umkäme, da *Saul hinsandte und ließ sein Haus verwahren, daß er ihn tötete. *1. Sam. 19,11.
2. Errette mich, mein Gott, von meinen Feinden und schütze mich vor denen, so sich wider mich setzen.
3. Errette mich von den Übeltätern und hilf mir von den Blutgierigen.
4. Denn siehe, Herr, sie lauern auf meine Seele; die Starken sammeln sich wider mich ohne meine Schuld und Missetat.
5. Sie laufen ohne meine Schuld und bereiten sich. *Erwache und begegne mir und siehe drein. *Ps. 44,24.
6. Du, Herr, Gott Zebaoth, Gott Israels, wache auf und suche heim alle Heiden; sei der keinem gnädig, die so verwegene Übeltäter sind. (Sela.)
7. Des Abends heulen sie wiederum wie die Hunde und laufen in der Stadt umher.
V. 15.
8. Siehe, sie plaudern miteinander; Schwerter sind in ihren Lippen: »Wer sollte es hören?«
9. Aber du, Herr, wirst ihrer lachen und aller Heiden spotten. Ps. 2,4.

10. Vor ihrer Macht halte ich mich zu dir; denn Gott ist mein Schutz.
11. Gott erzeigt mir reichlich seine Güte; Gott läßt mich *meine Lust sehen an meinen Feinden. *Ps. 54,9.
12. Erwürge sie nicht, daß es mein Volk nicht vergesse; zerstreue sie aber mit deiner Macht, Herr, unser Schild, und stoße sie hinunter!
13. Das Wort ihrer Lippen ist eitel Sünde, darum müssen sie gefangen werden in ihrer Hoffart; denn sie reden eitel Fluchen und Lügen.
14. Vertilge sie ohne alle Gnade; vertilge sie, daß sie nicht seien und innewerden, daß Gott Herrscher sei in Jakob, in aller Welt. (Sela.)
15. Des Abends heulen sie wiederum wie die Hunde und laufen in der Stadt umher.
V. 7.
16. Sie laufen hin und her um Speise und murren, wenn sie nicht satt werden.
17. Ich aber will von deiner Macht singen und des Morgens rühmen deine Güte; denn du bist mir Schutz und Zuflucht in meiner Not.
18. Ich will dir, mein Hort, lobsingen; denn du, Gott, bist mein Schutz und mein gnädiger Gott.

Der 60. Psalm

Gebet in Kriegszeiten.

1. Ein gülden Kleinod Davids, vorzusingen; von der Rose des Zeugnisses, zu lehren;
2. da er gestritten hatte mit den Syrern zu Mesopotamien und mit den Syrern von Zoba; da Joab umkehrte und schlug der Edomiter im Salztal zwölftausend.
2. Sam. 8,3.13; 10,13.18.
3. Gott, der du uns verstoßen und zerstreut hast und zornig warst, tröste uns wieder.
4. Der du die Erde bewegt und zerrissen hast, heile ihre Brüche, die so zerschellt ist.
5. Denn du hast deinem Volk Hartes erzeigt; du *hast uns einen Trunk Weins gegeben, daß wir taumelten; *Jes. 51,17.22.
6. du hast aber doch ein *Panier gegeben denen, die dich fürchten, welches sie aufwarfen und das sie sicher machte. (Sela.)
*Ps. 20,6. (V. 7–14; vgl. Ps. 108,7–14.)
7. Auf daß deine Lieben erledigt werden, hilf mit deiner Rechten und erhöre uns.
8. Gott redete in seinem Heiligtum, des bin ich froh, und will teilen Sichem und abmessen das Tal Sukkoth.
9. Gilead ist mein, mein ist Manasse, Ephraim ist die Macht meines Hauptes, *Juda ist mein Zepter, *1. Mose 49,10.
10. Moab ist mein Waschbecken, meinen Schuh strecke ich über Edom, Philistäa jauchzt mir zu.
11. Wer will mich führen in eine feste Stadt? Wer geleitet mich bis nach Edom?
12. Wirst du es nicht tun, Gott, der du uns verstößest und ziehst nicht aus, Gott, mit unserm Heer?
13. Schaff uns Beistand in der Not; denn Menschenhilfe ist nichts nütze.
14. Mit Gott wollen wir Taten tun. Er wird unsre Feinde untertreten.

Der 61. Psalm

Gebet des bedrängten Königs.

1. Ein Psalm Davids, vorzusingen, auf Saitenspiel.
2. Höre, Gott, mein Schreien und merke auf mein Gebet!
3. Hienieden auf Erden rufe ich zu dir, wenn mein Herz in Angst ist, du wollest mich führen auf einen hohen Felsen.
4. Denn du bist meine Zuversicht, ein starker Turm vor meinen Feinden.
Ps. 18,2.3; 71,3.
5. Laß mich wohnen in deiner Hütte ewiglich und Zuflucht haben unter deinen Fittichen. (Sela.) Ps. 63,3.
6. Denn du, Gott, hörst meine Gelübde; du belohnst die wohl, die deinen Namen fürchten.
7. Du wollest dem König langes Leben geben, daß seine Jahre währen immer für und für, Ps. 21,5.
8. daß er *immer bleibe vor Gott. Erzeige ihm Güte und Treue, die ihn behüten.
*2. Sam. 7,16.
9. So will ich deinem Namen lobsingen ewiglich, daß ich meine Gelübde bezahle täglich.

Der 62. Psalm

Stille Hoffnungen zu Gott.
Nichtigkeit der Menschen.

1. Ein Psalm Davids für *Jeduthun, vorzusingen. *Ps. 39,1.
2. Meine Seele ist stille zu Gott, der mir hilft. Jes. 30,15.
3. Denn er ist mein Hort, meine Hilfe, mein Schutz, daß mich kein Fall stürzen wird, wie groß er ist.
4. Wie lange stellet ihr alle einem nach, daß ihr ihn erwürget – als eine hangende Wand und zerrissene Mauer?

5. Sie denken nur, wie sie ihn dämpfen, fleißigen sich der Lüge; geben gute Worte, aber im Herzen fluchen sie. (Sela.)
6. Aber sei nur stille zu Gott, meine Seele; denn er ist meine Hoffnung.
7. Er ist mein Hort, meine Hilfe und mein Schutz, daß ich nicht fallen werde.
Ps. 18,2.3.
8. Bei Gott ist mein Heil, meine Ehre, der Fels meiner Stärke, *meine Zuversicht ist auf Gott. *Ps. 61,4.
9. Hoffet auf ihn allezeit, liebe Leute, schüttet euer Herz vor ihm aus; Gott ist unsre Zuversicht. (Sela.)
10. Aber Menschen sind ja nichts, große Leute fehlen auch; sie wiegen weniger denn nichts, soviel ihrer ist.
11. Verlasset euch nicht auf Unrecht und Frevel, haltet euch nicht zu solchem, das eitel ist; *fällt euch Reichtum zu, so hänget das Herz nicht daran.
*Matth. 19,22; Luk. 12,19.20; 1.Tim. 6,17.
12. Gott hat ein Wort geredet, das habe ich etlichemal gehört: daß Gott allein mächtig ist.
13. Und du, Herr, bist gnädig und bezahlst einem jeglichen, wie er's verdient.
Röm. 2,6–11.

Der 63. Psalm

Sehnsucht nach Gott in seinem Heiligtum.

1. Ein Psalm Davids, da *er war in der Wüste Juda. *1. Sam. 22,5; 23,14; 24,1.
2. Gott, du bist mein Gott; frühe wache ich zu dir. *Es dürstet meine Seele nach dir; mein Fleisch verlangt nach dir in einem trockenen und dürren Lande, da kein Wasser ist. *Ps. 42,3; 143,6.
3. Daselbst sehe ich nach dir in deinem Heiligtum, wollte gerne schauen deine Macht und Ehre.
4. Denn deine Güte ist besser denn Leben; meine Lippen preisen dich.
5. Daselbst wollte ich dich gerne loben mein Leben lang und meine Hände in deinem Namen aufheben.
6. Das wäre meines Herzens Freude und Wonne, wenn ich dich mit fröhlichem Munde loben sollte.
7. Wenn ich mich zu Bette lege, so denke ich an dich; wenn ich erwache, so rede ich von dir.
8. Denn du bist mein Helfer, und unter dem Schatten deiner Flügel frohlocke ich.
9. Meine Seele hanget dir an; deine rechte Hand erhält mich.
10. Sie aber stehen nach meiner Seele, mich zu überfallen; sie werden unter die Erde hinunterfahren.
11. Sie werden ins Schwert fallen und den Füchsen zuteil werden.
12. Aber der König freut sich in Gott. Wer bei ihm schwört, wird gerühmt werden; denn die Lügenmäuler sollen verstopft werden.

Der 64. Psalm

Gebet Davids um göttlichen Schutz gegen Verleumder.

1. Ein Psalm Davids, vorzusingen.
2. Höre, Gott, meine Stimme in meiner Klage; behüte mein Leben vor dem grausamen Feinde.
3. Verbirg mich vor der Versammlung der Bösen, vor dem Haufen der Übeltäter,
4. welche ihre *Zunge schärfen wie ein Schwert, die mit ihren giftigen Worten zielen wie mit Pfeilen, *Ps. 57,5.
5. daß sie heimlich schießen den Frommen; plötzlich schießen sie auf ihn ohne alle Scheu. Ps. 11,2.
6. Sie sind kühn mit ihren bösen Anschlägen und sagen, wie sie Stricke legen wollen, und *sprechen: Wer kann sie sehen? *Ps. 94,7.
7. Sie erdichten Schalkheit und halten's heimlich, sind verschlagen und haben geschwinde Ränke.
8. Aber Gott wird sie plötzlich schießen, daß es ihnen wehe tun wird.
9. Ihre *eigene Zunge wird sie fällen, daß ihrer spotten wird, wer sie sieht. *Ps. 7,16.
10. Und alle Menschen werden sich fürchten und sagen: »Das hat Gott getan!« und merken, daß es sein Werk sei.
11. Die Gerechten werden sich des Herrn freuen und auf ihn trauen, und alle frommen Herzen werden sich des rühmen.

Der 65. Psalm

Danklied des Volkes Gottes für geistlichen und leiblichen Segen.

1. Ein Psalm Davids, ein Lied, vorzusingen.
2. Gott, man lobt dich in der Stille zu Zion, und dir bezahlt man Gelübde.
3. Du erhörst Gebet; darum kommt alles Fleisch zu dir.
4. Unsre Missetat drückt uns hart; du wollest unsre Sünde vergeben.
5. Wohl dem, den du erwählst und zu dir lässest, daß er wohne in deinen Höfen; der hat reichen Trost von deinem Hause, deinem heiligen Tempel. Ps. 84.
6. Erhöre uns nach der wunderbaren Gerechtigkeit, Gott, unser Heil, der du bist Zuversicht aller auf Erden und ferne am Meer;

7. der die Berge fest setzt in seiner Kraft
und gerüstet ist mit Macht;
8. der du stillest das Brausen des Meers,
das Brausen seiner Wellen und das Toben
der Völker, Ps.89,10.
9. daß sich entsetzen, die an den Enden
wohnen, vor deinen Zeichen. Du machst
fröhlich, was da webet, gegen Morgen und
gegen Abend.
10. Du suchest das Land heim und wässerst es und machst es sehr reich. Gottes
*Brünnlein hat Wassers die Fülle. Du lässest ihr Getreide wohl geraten; denn also
bauest du das Land. Ps.46,5.
11. Du tränkest seine Furchen und
feuchtest sein Gepflügtes; mit Regen
machst du es weich und segnest sein Gewächs. Ps.104,13–16.
12. Du krönest das Jahr mit deinem Gut,
und deine Fußtapfen triefen von Fett.
13. Die Weiden in der Wüste sind auch
fett, daß sie triefen, und die Hügel sind
umher lustig.
14. Die Anger sind voll Schafe, und die
Auen stehen dick mit Korn, daß man
jauchzet und singet.

Der 66. Psalm

Dank gegen Gott für die wunderbare Führung seines Volks.

1. Ein Psalmlied, vorzusingen.
Jauchzet Gott, alle Lande!
2. Lobsinget zu Ehren seinem Namen;
rühmet ihn herrlich!
3. Sprechet zu Gott: »Wie wunderbar
sind deine Werke! Es wird deinen Feinden
fehlen vor deiner großen Macht.
4. Alles Land bete dich an und lobsinge
dir, lobsinge deinem Namen.« (Sela.)
5. Kommet her und sehet an die Werke
Gottes, der so wunderbar ist mit seinem
Tun unter den Menschenkindern.
6. Er verwandelte das Meer ins Trockene,
daß man zu Fuß über das Wasser ging;
dort freuten wir uns sein.
2.Mose 14,21; Jos.3,17.
7. Er herrscht mit seiner Gewalt ewiglich; seine Augen schauen auf die Völker.
Die Abtrünnigen werden sich nicht erhöhen können. (Sela.)
8. Lobet, ihr Völker, unsern Gott; lasset
seinen Ruhm weit erschallen,
9. der unsre Seelen im Leben erhält und
läßt unsere Füße nicht gleiten.
10. Denn, Gott, du hast uns versucht und
*geläutert, wie das Silber geläutert wird;
*Spr.17,3.
11. du hast uns lassen in den Turm werfen; du hast auf unsere Lenden eine Last
gelegt;
12. du hast Menschen lassen über unser
Haupt fahren; *wir sind in Feuer und Wasser gekommen: aber du hast uns ausgeführt und erquickt. *Jes.43,2.
13. Darum will ich mit Brandopfern gehen in dein Haus und dir meine Gelübde
bezahlen,
14. wie ich meine Lippen habe aufgetan
und mein Mund geredet hat in meiner
Not.
15. Ich will dir Brandopfer bringen von
feisten Schafen samt dem Rauch von Widdern; ich will opfern Rinder mit Böcken.
(Sela.)
16. Kommet her, höret zu alle, die ihr
Gott fürchtet; ich will erzählen, was er an
meiner Seele getan hat.
17. Zu ihm rief ich mit meinem Munde,
und pries ihn mit meiner Zunge.
18. Wo ich Unrechtes vorhätte in meinem Herzen, so würde der Herr nicht hören; Spr.28,9; Joh.9,31.
19. aber Gott hat mich erhört und gemerkt auf mein Flehen.
20. Gelobt sei Gott, der mein Gebet nicht
verwirft noch seine Güte von mir wendet.

Der 67. Psalm

Preis des göttlichen Segens über alle Völker.

1. Ein Psalmlied, vorzusingen, auf Saitenspiel.
2. Gott sei uns gnädig und segne uns; er
lasse uns sein Antlitz leuchten (Sela),
4.Mose 6,24.25.
3. daß man auf Erden erkenne seinen
Weg, unter allen Heiden sein Heil.
4. Es danken dir, Gott, die Völker; es danken dir alle Völker. Ps.117,1.
5. Die Völker freuen sich und jauchzen,
daß du die Leute recht richtest und regierest die Leute auf Erden. (Sela.)
6. Es danken dir, Gott, die Völker; es danken dir alle Völker.
7. Das *Land gibt sein Gewächs. Es segne
uns Gott, unser Gott. *Ps.65,10.
8. Es segne uns Gott, und *alle Welt
fürchte ihn! *Ps.33,8.

Der 68. Psalm

Siegeslied.

1. Ein Psalmlied Davids, vorzusingen.
2. Es stehe Gott auf, daß seine Feinde
zerstreut werden, und die ihn hassen, vor
ihm fliehen. 4.Mose 10,35.
3. Vertreibe sie, wie der Rauch vertrieben

wird; wie das Wachs zerschmilzt vom Feuer, so müssen umkommen die Gottlosen
vor Gott.
4. Die Gerechten aber müssen sich freu-
en und fröhlich sein vor Gott und von
Herzen sich freuen.
5. Singt Gott, lobsinget seinen Namen!
*Machet Bahn dem, der durch die Wüste
herfährt – er heißt Herr –, und freuet euch
vor ihm, *Jes.57,14.
6. der ein Vater ist der Waisen und ein
Richter der Witwen. Er ist Gott in seiner
heiligen Wohnung, Ps.10,14.
7. ein Gott, der den Einsamen das Haus
voll Kinder gibt, der die Gefangenen ausführt zu rechter Zeit und läßt die Abtrünnigen bleiben in der Dürre.
8. Gott, da du vor deinem Volk herzogst,
da du einhergingst in der Wüste (Sela),
2.Mose 13,21; Richt.5,4.5.
9. da bebte die Erde, und die Himmel
troffen vor Gott, dieser Sinai vor dem
Gott, der Israels Gott ist. 2.Mose 19,16–18.
10. Du gabst, Gott, einen gnädigen Regen; und dein Erbe, das dürre war, er-
quicktest du,
11. daß deine Herde darin wohnen könne. Gott, du labtest die Elenden mit deinen Gütern.
12. Der Herr gab das Wort mit großen
Scharen *Evangelisten: *Jes.52,7.
13. »Die Könige der Heerscharen flohen
eilends, und die Hausehre teilte den Raub
aus.
14. Wenn ihr *zwischen den Hürden la-
get, so glänzte es wie der Taube Flügel, die
wie Silber und Gold schimmern.
*Richt.5,16.
15. Als der Allmächtige die Könige im
Lande zerstreute, da ward es helle, wo es
dunkel war.«
16. Ein Gebirge Gottes ist das Gebirge
Basans; ein großes Gebirge ist das Gebirge
Basans.
17. Was sehet ihr scheel, ihr großen Gebirge, auf den Berg, *da Gott Lust hat zu
wohnen? Und der Herr bleibt auch immer
daselbst. *Ps.132,13.
18. Der *Wagen Gottes sind vieltausendmal tausend; der Herr ist unter ihnen am
heiligen Sinai. *2.Kön.6,17; Dan.7,10.
19. Du *bist in die Höhe gefahren und
hast das Gefängnis gefangen; du hast Gaben empfangen für die Menschen, auch
die Abtrünnigen, auf daß Gott der Herr
daselbst wohne. *Eph.4,8–10.
20. Gelobet sei der Herr täglich. Gott legt
uns eine Last auf; aber er hilft uns auch.
(Sela.) 1.Kor.10,13.
21. Wir haben einen Gott, der da hilft,
und den Herrn Herrn, der vom Tode errettet.
22. Ja, Gott wird den Kopf seiner Feinde
zerschmettern, den Haarschädel derer,
die da fortfahren in ihrer Sünde.
23. Der Herr hat gesagt: »Aus Basan will
ich sie wieder holen, aus der Tiefe des
Meeres will ich sie holen,
24. daß dein Fuß in der Feinde Blut ge-
färbt werde und deine Hunde es lecken.«
25. Man sieht, Gott, *wie du einher-
ziehst, wie du, mein Gott und König, ein-
herziehst im Heiligtum.
*2.Sam.6,13.14; Ps.24,7.
26. Die Sänger gehen vorher, darnach
die Spielleute unter den *Jungfrauen, die
da pauken: *2.Mose 15,20.
27. »Lobet den Herrn in den Versammlungen, *ihr vom Brunnen Israels!«
*Jes.48,1.
28. Da herrscht unter ihnen der kleine
Benjamin, die Fürsten Juda's mit ihren
Haufen, die Fürsten Sebulons, die Fürsten
Naphthalis.
29. Dein Gott hat dein Reich aufgerichtet; das wollest du, Gott, uns stärken, denn
es ist dein Werk.
30. Um deines Tempels willen zu Jerusalem werden dir *die Könige Geschenke
zuführen. *Ps.72,10.15.
31. Schilt das Tier im Rohr, die Rotte der
Ochsen mit ihren Kälbern, den Völkern,
die da zertreten um Geldes willen. Er zerstreut die Völker, die da gerne kriegen.
32. Die Fürsten aus Ägypten werden
kommen; Mohrenland wird seine Hände
ausstrecken zu Gott. Jes.19,21; Ps.87,4.
33. Ihr Königreiche auf Erden, singet
Gott, lobsinget dem Herrn (Sela),
34. dem, der da fährt im Himmel allenthalben vom Anbeginn! Siehe, er wird seinem Donner Kraft geben.
35. Gebet *Gott die Macht! Seine Herrlichkeit ist über Israel, und seine Macht in
den Wolken. *Ps.29,1.
36. Gott ist wundersam in seinem Heiligtum. Er ist Gott Israels; *er wird dem Volk
Macht und Kraft geben. Gelobt sei Gott!
*Ps.29,11.

Der 69. Psalm

Der Knecht des Herrn im tiefsten Leiden.

1. Ein Psalm Davids, *von den Rosen,
vorzusingen. *Ps.45,1.
2. Gott, hilf mir; denn das Wasser geht
mir bis an die Seele.
3. Ich versinke in tiefem Schlamm, da

kein Grund ist; ich bin im tiefen Wasser,
und die Flut will mich ersäufen.
4. Ich habe mich müde geschrieen, mein
Hals ist heiser; das Gesicht vergeht mir,
daß ich so lange muß harren auf meinen
Gott.
5. *Die mich ohne Ursache hassen, deren
ist mehr, denn ich Haare auf dem Haupt
habe. Die mir unbillig feind sind und mich
verderben, sind mächtig. Ich muß bezahlen, was ich nicht geraubt habe.
*Ps.35,19; Joh.15,25.
6. Gott, du weißt meine Torheit, und
meine Schulden sind dir nicht verborgen.
7. Laß nicht zu Schanden werden an
mir, die dein harren, Herr Herr Zebaoth!
Laß nicht schamrot werden an mir, die
dich suchen, Gott Israels!
8. Denn *um deinetwillen trage ich
Schmach; mein Angesicht ist voller
Schande. *Ps.44,23.
9. Ich bin fremd *geworden meinen Brüdern und unbekannt meiner Mutter Kindern. *Ps.38,12; Hiob 19,13.
10. Denn *der Eifer um dein Haus hat
mich gefressen; und die †Schmähungen
derer, die dich schmähen, sind auf mich
gefallen. *Joh.2,17. †Röm.15,3.
11. Und ich weine und faste bitterlich;
und man spottet mein dazu.
12. Ich habe einen Sack angezogen; aber
sie treiben Gespött mit mir.
13. Die im Tor sitzen, schwatzen von
mir, und in den Zechen singt man von
mir. Hiob 30,9.
14. Ich aber bete, Herr, zu dir zur *angenehmen Zeit; Gott, durch deine große Güte erhöre mich mit deiner treuen Hilfe.
*Jes.49,8.
15. Errette mich aus dem Kot, daß ich
nicht versinke; daß ich errettet werde von
meinen Hassern und aus dem tiefen Wasser;
16. daß mich die Wasserflut nicht ersäufe und die Tiefe nicht verschlinge und das
Loch der Grube nicht über mir zusammengehe.
17. Erhöre mich, Herr, denn deine Güte
ist tröstlich; wende dich zu mir nach deiner großen Barmherzigkeit
18. und verbirg dein Angesicht nicht vor
deinem Knechte, denn mir ist angst; erhöre mich eilend.
19. Mache dich zu meiner Seele und erlöse sie; erlöse mich um meiner Feinde
willen.
20. Du weißt meine Schmach, Schande
und Scham; meine Widersacher sind alle
vor dir.
21. Die Schmach bricht mir mein Herz
und kränkt mich. Ich warte, ob's jemand
jammere – aber da ist niemand –, und auf
*Tröster – aber ich finde keine.
*Klagel.1,2.9.
22. Und sie geben mir Galle zu essen und
Essig zu trinken in meinem großen Durst.
Matth.27,34.48.
23. Ihr Tisch werde vor ihnen zum
Strick, zur Vergeltung und zu einer Falle.
Röm.11,9.10.
24. Ihre Augen müssen finster werden,
daß sie nicht sehen, und ihre Lenden laß
immer wanken.
25. Gieße deine Ungnade auf sie, und
dein grimmiger Zorn ergreife sie.
26. Ihre Wohnung müsse wüst werden,
und sei niemand, der in ihren Hütten
wohne. Apg.1,20.
27. Denn sie verfolgen, den du *geschlagen hast, und rühmen, daß du die Deinen
übel schlagest. *Jes.53,4.
28. Laß sie in eine Sünde über die andere
fallen, daß sie nicht kommen zu deiner
Gerechtigkeit. Röm.1,24.
29. Tilge sie aus dem *Buch der Lebendigen, daß sie mit den Gerechten nicht angeschrieben werden. *Luk.10,20.
30. Ich aber bin elend, und mir ist wehe.
Gott, deine Hilfe schütze mich!
31. Ich will den Namen Gottes loben mit
einem Lied und will ihn hoch ehren mit
Dank.
32. Das wird dem Herrn besser gefallen
denn ein Farre, der Hörner und Klauen
hat. Ps.50,8–14.
33. Die Elenden sehen's und freuen sich;
und die Gott suchen, denen wird das Herz
leben. Ps.22,27.
34. Denn der Herr hört die Armen und
verachtet seine Gefangenen nicht.
35. Es lobe ihn Himmel, Erde und Meer
und alles, was sich darin regt.
36. Denn Gott wird Zion helfen und die
Städte Juda's bauen, daß man daselbst
wohne und sie besitze.
37. Und der Same seiner Knechte wird
sie ererben, und die seinen Namen lieben,
werden darin bleiben.

Der 70. Psalm

Bitte Davids um Hilfe gegen seine Feinde.
(Vgl. Ps.40,14–18.)

1. Ein Psalm Davids, vorzusingen, zum
*Gedächtnis. *Ps.38,1.
2. Eile, Gott, mich zu erretten, Herr, mir
zu helfen!
3. Es müssen sich schämen und zu

Schanden werden, die nach meiner Seele stehen; sie müssen zurückkehren und gehöhnt werden, die mir Übles wünschen,
4. daß sie müssen wiederum zu Schanden werden, die da über mich schreien: »Da, da!«
5. Sich freuen und fröhlich müssen sein an dir, die nach dir fragen, und die dein Heil lieben, immer sagen: Hoch gelobt sei Gott!
6. Ich aber bin elend und arm. Gott, eile zu mir, denn du bist mein Helfer und Erretter; mein Gott, verziehe nicht!

Der 71. Psalm

Gebet um Gottes Gnade bei herannahendem Alter.

1. Herr, ich traue auf dich; laß mich nimmermehr zu Schanden werden.
2. Errette mich durch deine Gerechtigkeit und hilf mir aus; neige deine Ohren zu mir und hilf mir!
3. Sei mir ein starker Hort, dahin ich immer fliehen möge, der du zugesagt hast mir zu helfen; denn du bist mein *Fels und meine Burg. *Ps. 18,3; 31,3.4.
4. Mein Gott, hilf mir aus der Hand des Gottlosen, aus der Hand des Ungerechten und Tyrannen.
5. Denn du bist meine Zuversicht, Herr Herr, meine Hoffnung von meiner Jugend an.
6. Auf dich habe ich mich verlassen von Mutterleibe an; du hast mich aus meiner Mutter Leibe gezogen. Mein Ruhm ist immer von dir. Ps. 22,10.
7. Ich bin vor vielen wie ein *Wunder; aber du bist meine starke Zuversicht. *Ps. 4,4.
8. Laß meinen Mund deines Ruhmes und deines Preises voll sein täglich.
9. Verwirf mich nicht in meinem Alter; verlaß mich nicht, wenn ich schwach werde. V. 18.
10. Denn meine Feinde reden wider mich, und die auf meine Seele lauern, beraten sich miteinander
11. und sprechen: »Gott hat ihn verlassen; jaget nach und ergreifet ihn, denn da ist kein Erretter.«
12. Gott, sei nicht ferne von mir; mein Gott, eile, mir zu helfen!
13. Schämen müssen sich und umkommen, die meiner Seele zuwider sind; mit Schande und Hohn müssen sie überschüttet werden, die mein Unglück suchen.
14. Ich aber will immer harren und will immer deines Ruhmes mehr machen.
15. Mein Mund soll verkündigen deine Gerechtigkeit, täglich deine Wohltaten, die ich nicht alle zählen kann. V. 8; Ps. 40,6.
16. Ich gehe einher in der Kraft des Herrn Herrn; ich preise deine Gerechtigkeit allein.
17. Gott, du hast mich von Jugend auf gelehrt, und *bis hieher verkündige ich deine Wunder. *1. Sam. 7,12.
18. Auch verlaß mich nicht, Gott, *im Alter, wenn ich grau werde, bis ich deinen Arm verkündige Kindeskindern und deine Kraft allen, die noch kommen sollen. *V. 9; Jes. 46,4.
19. Gott, deine Gerechtigkeit ist hoch, der du große Dinge tust. Gott, wer ist dir gleich? 2. Mose 15,11.
20. Denn du lässest mich erfahren viele und große Angst und machst mich wieder lebendig und holst mich wieder aus der Tiefe der Erde herauf. 1. Sam. 2,6.
21. Du machst mich sehr groß und tröstest mich wieder.
22. So danke ich auch dir mit Psalterspiel für deine Treue, mein Gott; ich lobsinge dir auf der Harfe, du Heiliger in Israel.
23. Meine Lippen und meine Seele, die du erlöst hast, sind fröhlich und lobsingen dir.
24. Auch dichtet meine Zunge täglich von deiner Gerechtigkeit; denn schämen müssen sich und zu Schanden werden, die mein Unglück suchen.

Der 72. Psalm

Loblied auf den großen Friedefürsten und sein Reich.

1. Des Salomo.
Gott, gib dein Gericht dem König und deine Gerechtigkeit des Königs Sohne,
2. daß er dein Volk richte mit Gerechtigkeit und deine Elenden rette.
3. Laß die Berge den Frieden bringen unter das Volk und die Hügel die Gerechtigkeit. Ps. 85,9–14.
4. Er wird das elende Volk bei Recht erhalten und den Armen helfen und die Lästerer zermalmen. V. 12.
5. Man wird dich fürchten, solange die Sonne und der Mond währt, von Kind zu Kindeskindern.
6. Er wird herabfahren wie der Regen auf die Aue, wie die Tropfen, die das Land feuchten.
7. Zu seinen Zeiten wird blühen der Gerechte und großer Friede, bis daß der Mond nimmer sei.

8. Er wird herrschen von einem Meer bis ans andere und von dem Strom an bis zu der Welt Enden. Sach. 9,10.
9. Vor ihm werden sich neigen die in der Wüste, und *seine Feinde werden Staub lecken. *Jes. 49,23.
10. Die Könige zu Tharsis und auf den Inseln werden Geschenke bringen; die Könige aus Reicharabien und Seba werden Gaben zuführen. Ps. 68,30; Jes. 60,9.
11. Alle Könige werden ihn anbeten; alle Heiden werden ihm dienen. Ps. 2,8.10–12.
12. Denn er wird den Armen erretten, der da schreit, und den Elenden, der keinen Helfer hat. Hiob 36,15; Ps. 35,10.
13. Er wird gnädig sein den Geringen und Armen, und den Seelen der Armen wird er helfen.
14. Er wird ihre Seele aus dem Trug und Frevel erlösen, und ihr *Blut wird teuer geachtet werden vor ihm. *Ps. 9,13.
15. Er wird leben, und man wird ihm vom *Gold aus Reicharabien geben. Und man wird immerdar †für ihn beten; täglich wird man ihn segnen. *V. 10. †Ps. 84,10.
16. Auf Erden, oben auf den Bergen, wird das Getreide dick stehen; seine Frucht wird rauschen wie der Libanon, und sie werden grünen in den Städten wie das Gras auf Erden.
17. Sein Name wird ewiglich bleiben; solange die Sonne währt, wird sein Name auf die Nachkommen reichen, und sie *werden durch denselben gesegnet sein; alle Heiden werden ihn preisen.
*1. Mose 12,3; 22,18.

---

18. Gelobet sei Gott der Herr, der Gott Israels, der allein Wunder tut;
19. und gelobet sei sein herrlicher Name ewiglich; und alle Lande müssen seiner Ehre voll werden! Amen, amen.
Ps. 41,14; Jes. 6,3.
20. Ein Ende haben die Gebete Davids, des Sohnes Jsais.

Drittes Buch.

Der 73. Psalm

Anfechtung und Trost des Frommen beim Glück der Gottlosen.
(Vgl. Ps. 37; 49; Buch Hiob.)

1. Ein Psalm Asaphs.
Isarel hat dennoch Gott zum Trost, wer nur reines Herzens ist.
2. Ich aber hätte schier gestrauchelt mit meinen Füßen; mein Tritt wäre beinahe geglitten. Ps. 94,18.
3. Denn es verdroß mich der Ruhmredigen, da ich sah, daß es den *Gottlosen so wohl ging. *Hiob 21,7.
4. Denn sie sind in keiner Gefahr des Todes, sondern stehen fest wie ein Palast.
5. Sie sind nicht in Unglück wie andere Leute und werden nicht wie andere Menschen geplagt.
6. Darum muß ihr Trotzen köstlich Ding sein, und ihr Frevel muß wohl getan heißen.
7. Ihre Person *brüstet sich wie ein fetter Wanst; sie tun, was sie nur gedenken.
*Hiob 15,27.
8. Sie achten alles für nichts und reden übel davon und reden und lästern hoch her.
9. Was sie reden, das muß vom Himmel herab geredet sein; was sie sagen, das muß gelten auf Erden.
10. Darum fällt ihnen ihr Pöbel zu und laufen ihnen zu mit Haufen wie Wasser
11. und sprechen: »Was sollte Gott nach jenen fragen? Was sollte der Höchste ihrer achten?« Ps. 10,11.
12. Siehe, das sind die Gottlosen; die sind glückselig in der Welt und werden reich.
13. Soll es denn umsonst sein, daß mein Herz unsträflich lebt und ich meine Hände in Unschuld wasche, –
14. und bin geplagt täglich, und meine Strafe ist alle Morgen da?
15. Ich hätte auch schier so gesagt wie sie; aber siehe, damit hätte ich verdammt alle deine Kinder, die je gewesen sind.
16. Ich dachte ihm nach, daß ich's begreifen möchte; aber es war mir zu schwer,
17. bis daß ich ging in das Heiligtum Gottes und merkte auf ihr Ende.
18. Ja, du setzest sie aufs Schlüpfrige und stürzest sie zu Boden.
19. Wie werden sie so plötzlich zunichte! Sie gehen unter und nehmen ein Ende mit Schrecken.
20. Wie ein Traum, wenn einer erwacht, so machst du, Herr, ihr Bild in der Stadt verschmäht.
21. Da es mir wehe tat im Herzen und mich stach in meinen Nieren,
22. da war ich ein Narr und wußte nichts; ich war wie ein Tier vor dir.
23. Dennoch bleibe ich stets an dir; denn du hälst mich bei meiner rechten Hand,
Röm. 8,35–39.
24. du leitest mich nach deinem Rat und nimmst mich endlich mit Ehren an.
25. Wenn ich nur dich habe, so frage ich nichts nach Himmel und Erde.

26. Wenn mir gleich Leib und Seele verschmachtet, so bist du doch, Gott, allezeit meines Herzens Trost und mein Teil.
Ps. 16,5.
27. Denn siehe, die von dir weichen, werden umkommen; du bringest um alle, die von dir abfallen.
28. Aber das ist meine Freude, daß ich mich zu Gott halte und meine Zuversicht setze auf den Herrn Herrn, daß ich verkündige all dein Tun.

Der 74. Psalm

Gebet um Hilfe bei schrecklicher Verwüstung des Heiligtums.

1. Eine Unterweisung Asaphs.
Gott, warum verstößest du uns so gar und bist so grimmig zornig über die Schafe deiner Weide?
2. Gedenke an deine Gemeinde, die du vor alters erworben und dir zum Erbteil erlöst hast, an den Berg *Zion, darauf du wohnest. *Ps. 132,13.
3. Hebe auf deine Schritte zu dem, was so lange wüst liegt. Der Feind hat alles verderbt im Heiligtum.
4. Deine Widersacher brüllen in deinen Häusern und setzen ihre Götzen darein.
5. Man sieht die Äxte obenher blinken, wie man in einen Wald haut;
6. sie zerhauen alle seine Tafelwerke mit Beil und *Barte. *Streitaxt.
7. Sie verbrennen dein Heiligtum; sie entweihen und werfen zu Boden die Wohnung deines Namens. 2. Kön. 25,9.
8. Sie sprechen in ihrem Herzen: »Laßt uns sie plündern!« Sie verbrennen alle Häuser Gottes im Lande. Ps. 83,13.
9. Unsere Zeichen sehen wir nicht, und kein Prophet predigt mehr, und keiner ist bei uns, der weiß, wie lange.
10. Ach Gott, wie lange soll der Widersacher schmähen und der Feind deinen Namen so gar verlästern?
11. Warum wendest du deine Hand ab? Ziehe von deinem Schoß deine Rechte und mache ein Ende.
12. Gott ist ja mein König von alters her, der alle Hilfe tut, die auf Erden geschieht.
13. Du *zertrennst das Meer durch deine Kraft und zerbrichst die Köpfe der Drachen im Wasser. *2. Mose 14,21; 15,8–10.
14. Du zerschlägst die Köpfe der Walfische und gibst sie zur Speise dem Volk in der Einöde.
15. Du *lässest quellen Brunnen und Bäche; du lässest versiegen starke Ströme.
*Ps. 104.10.
16. Tag und Nacht ist dein; du machst, daß *Sonne und Gestirn ihren gewissen Lauf haben. *Ps. 104,19.
17. Du setzest einem jeglichen Lande seine Grenze; Sommer und Winter machst du.
18. So gedenke doch des, daß der Feind den Herrn schmäht und ein töricht Volk lästert deinen Namen.
19. Du wollest nicht dem Tier geben die Seele deiner Turteltaube, und der Herde deiner Elenden nicht so gar vergessen.
20. Gedenke an den Bund; denn das Land ist allenthalben jämmerlich verheert, und die Häuser sind zerrissen.
21. Laß den Geringen nicht mit Schanden davongehen; laß die Armen und Elenden rühmen deinen Namen.
22. Mache dich auf, Gott, und führe aus deine Sache; gedenke an die Schmach, die dir täglich von den Toren widerfährt.
23. Vergiß nicht des Geschreis deiner Feinde; das Toben deiner Widersacher wird je länger, je größer.

Der 75. Psalm

Dank für Gottes Gericht über die Stolzen.

1. Ein Psalm und Lied Asaphs, daß er nicht umkäme, vorzusingen.
2. Wir danken dir, Gott, wir danken dir und verkündigen deine Wunder, daß dein Name so nahe ist. Jes. 46,13.
3. »Denn zu seiner Zeit, so werde ich recht richten.
4. Das Land zittert und alle, die darin wohnen; aber ich halte seine Säulen fest.« (Sela.)
5. Ich sprach zu den Ruhmredigen: Rühmet nicht so! und zu den Gottlosen: Pochet nicht auf Gewalt!
6. pochet nicht so hoch auf eure Gewalt, redet nicht halsstarrig,
7. es habe keine Not, weder vom Aufgang noch vom Niedergang noch von dem Gebirge in der Wüste.
8. Denn Gott ist Richter, der diesen erniedrigt und jenen erhöht.
1. Sam. 2,7.
9. Denn der Herr hat einen Becher in der Hand und mit starkem Wein voll eingeschenkt und schenkt aus demselben; aber die Gottlosen müssen alle trinken und die Hefen aussaufen. Ps. 60,5.
10. Ich aber will verkündigen ewiglich und lobsingen dem Gott Jakobs.
11. »Und will alle Gewalt der Gottlosen zerbrechen, daß die Gewalt des Gerechten erhöht werde.«

Der 76. Psalm

Preis des himmlischen Richters.

1. Ein Psalmlied Asaphs, auf Saitenspiel, vorzusingen.
2. Gott ist in Juda bekannt; in Israel ist sein Name herrlich.
3. Zu Salem ist sein Gezelt, und seine Wohnung zu Zion. Ps.132,13.
4. Daselbst zerbricht er die Pfeile des Bogens, Schild, Schwert und Streit. (Sela.) Ps.46,10.
5. Du bist herrlicher und mächtiger denn die Raubeberge.
6. Die Stolzen müssen beraubt werden und entschlafen, und alle Krieger müssen die Hand lassen sinken.
7. Von deinem Schelten, Gott Jakobs, sinkt in Schlaf Roß und Wagen.
8. Du bist erschrecklich. Wer kann vor dir stehen, wenn du zürnest?
9. Wenn du das Urteil lässest hören vom Himmel, so erschrickt das Erdreich und wird still, Ps.46,11; Hab.2,20.
10. wenn Gott sich aufmacht, zu richten, daß er helfe allen Elenden auf Erden. (Sela.)
11. Wenn Menschen wider dich wüten, so legst du Ehre ein; und wenn sie noch mehr wüten, bist du auch noch gerüstet.
12. Gelobet und haltet dem Herrn, eurem Gott; alle, die ihr um ihn her seid, bringet Geschenke dem *Schrecklichen, *2.Mose 15,11; 5.Mose 7,21.
13. der den Fürsten den Mut nimmt und schrecklich ist unter den Königen auf Erden.

Der 77. Psalm

Seufzen in schwerer Not; Trost aus Gottes früherer Barmherzigkeit gegen sein Volk.

1. Ein Psalm Asaphs für *Jeduthun, vorzusingen. *Ps.62,1.
2. Ich schreie mit meiner Stimme zu Gott; zu Gott schreie ich, und er erhört mich.
3. In der Zeit meiner Not suche ich den Herrn: meine Hand ist des Nachts ausgereckt und läßt nicht ab; denn meine Seele will sich nicht trösten lassen.
4. Wenn ich betrübt bin, so denke ich an Gott; wenn mein Herz in Ängsten ist, so rede ich. (Sela.)
5. Meine Augen hältst du, daß sie wachen; ich bin so ohnmächtig, daß ich nicht reden kann.
6. Ich denke der alten Zeit, der vorigen Jahre. Ps.143,5.
7. Ich denke des Nachts an mein Saitenspiel und rede mit meinem Herzen; mein Geist muß forschen.
8. Wird denn der Herr ewiglich verstoßen und keine Gnade mehr erzeigen? Ps.85,6.
9. Ist's denn ganz und gar aus mit seiner Güte, und hat die Verheißung ein Ende?
10. Hat Gott vergessen, gnädig zu sein, und seine Barmherzigkeit vor Zorn verschlossen? (Sela.)
11. Aber doch sprach ich: Ich muß das leiden; die rechte Hand des Höchsten kann alles ändern.
12. Darum gedenke ich an die Taten des Herrn; ja, ich gedenke an deine vorigen Wunder
13. und rede von allen deinen Werken und sage von deinem Tun.
14. Gott, dein Weg ist heilig. Wo ist so ein mächtiger Gott, als du, Gott, bist? 2.Mose 15,11.
15. Du bist der Gott, der Wunder tut; du hast deine Macht bewiesen unter den Völkern.
16. Du hast dein Volk erlöst mit Macht, die Kinder Jakobs und Josephs. (Sela.)
17. Die Wasser sahen dich, Gott, die Wasser sahen dich und ängsteten sich, und die Tiefen tobten.
18. Die dicken Wolken gossen Wasser, die Wolken donnerten, und die Strahlen fuhren daher.
19. Es donnerte im Himmel, deine Blitze leuchteten auf dem Erdboden; das Erdreich regte sich und bebte davon.
20. Dein Weg war im Meer und dein Pfad in großen Wassern, und man spürte doch deinen Fuß nicht.
21. Du *führtest dein Volk wie eine Herde Schafe durch Mose und Aaron. *2.Mose 12,37; 14,22.

Der 78. Psalm

Die Treue Gottes in der Führung seines ungehorsamen Volks.
(Vgl. Ps.105; 106.)

1. Eine Unterweisung Asaphs.
Höre, mein Volk, mein Gesetz; neiget eure Ohren zu der Rede meines Mundes!
2. Ich will meinen Mund auftun zu Sprüchen und alte Geschichten aussprechen, Ps.49,4.5; Matth.13,35.
3. die wir gehört haben und wissen *und unsre Väter uns erzählt haben, *2.Mose 13,14; 5.Mose 4,9.10.
4. daß wir's nicht verhalten sollten ihren Kindern, die hernach kommen, und ver-

kündigten den Ruhm des Herrn und seine Macht und Wunder, die er getan hat.
5. Er richtete ein Zeugnis auf in Jakob
und gab ein Gesetz in Israel, das er unsern Vätern gebot zu lehren ihre Kinder,
6. auf daß es die Nachkommen lernten
und die Kinder, die noch sollten geboren werden; wenn sie aufkämen, daß sie es auch ihren Kindern verkündigten,
7. daß sie setzten auf Gott ihre Hoffnung
und nicht vergäßen der Taten Gottes und seine Gebote hielten
8. und nicht würden wie ihre Väter, eine
*abtrünnige und ungehorsame Art, welchen ihr Herz nicht fest war und ihr Geist nicht treulich hielt an Gott,

*5. Mose 32,5.6.

9. wie die Kinder Ephraim, die geharnischt den Bogen führten, abfielen zur Zeit des Streits.
10. Sie hielten den Bund Gottes nicht
und wollten nicht in seinem Gesetz wandeln
11. und vergaßen seiner Taten und seiner Wunder, die er ihnen erzeigt hatte.
12. Vor ihren Vätern tat er Wunder in
Ägyptenland, im Felde *Zoan. *Jes. 19,11.
13. Er zerteilte das Meer und ließ sie
hindurchgehen und stellte das Wasser wie eine Mauer. 2. Mose 14,21.22.
14. Er *leitete sie des Tages mit einer
Wolke und des Nachts mit einem hellen Feuer. *2. Mose 13,21.
15. Er riß die Felsen in der Wüste und
tränkte sie mit Wasser die Fülle

2. Mose 17,6; 4. Mose 20,7–11.

16. und ließ Bäche aus den Felsen fließen, daß sie hinabflossen wie Wasserströme.
17. Dennoch sündigten sie weiter wider
ihn und erzürnten den Höchsten in der Wüste.
18. und versuchten Gott in ihrem Herzen, daß sie Speise forderten für ihre Seelen, 2. Mose 16,3; 4. Mose 11,4.
19. und redeten wider Gott und sprachen: »Ja, Gott sollte wohl können einen Tisch bereiten in der Wüste?
20. Siehe, er hat wohl den Felsen geschlagen, daß Wasser flossen und Bäche sich ergossen; aber wie kann er Brot geben und seinem Volk Fleisch verschaffen?«
21. Da nun das der Herr hörte, entbrannte er, und *Feuer ging an in Jakob, und Zorn kam über Israel, *4. Mose 11,1.
22. daß sie nicht glaubten an Gott und
hofften nicht auf seine Hilfe.
23. Und er gebot den Wolken droben und
tat auf die Türen des Himmels
24. und ließ das Man auf sie regnen, zu
essen, und gab ihnen Himmelsbrot.

2. Mose 16,4.14.15.

25. Sie aßen Engelbrot; er sandte ihnen
Speise die Fülle.
26. Er ließ wehen den Ostwind unter
dem Himmel und erregte durch seine Stärke den Südwind
27. und ließ Fleisch auf sie regnen wie
Staub und Vögel wie Sand am Meer
28. und ließ sie fallen unter ihr Lager
allenthalben, da sie wohnten.
29. Da aßen sie und wurden allzu satt; er
ließ sie ihre Lust büßen.
30. Da sie nun ihre Lust gebüßt hatten
und noch davon aßen,
31. da kam der Zorn Gottes über sie und
erwürgte die Vornehmsten unter ihnen und schlug darnieder die Besten in Israel.

4. Mose 11,33.

32. Aber über das alles sündigten sie
noch mehr und glaubten nicht an seine Wunder.
33. Darum ließ er sie dahinsterben, daß
sie nichts erlangten und mußten ihr Leben lang geplagt sein. 4. Mose 14,23.
34. Wenn er sie erwürgte, suchten sie
ihn und kehrten sich zu Gott
35. und gedachten, daß Gott ihr Hort ist
und Gott der Höchste ihr Erlöser ist,
36. und heuchelten ihm mit ihrem Munde und und logen ihm mit ihrer Zunge;
37. aber ihr Herz war nicht fest an ihm,
und hielten nicht treulich an seinem Bunde.
38. Er aber war barmherzig und vergab
die Missetat und vertilgte sie nicht und wandte oft seinen Zorn ab und ließ nicht seinen ganzen Zorn gehen.
39. Denn er gedachte, daß sie Fleisch
sind, ein Wind, der dahinfährt und nicht wiederkommt. Ps. 103,14–16.
40. Wie oft erzürnten sie ihn in der Wüste und entrüsteten ihn in der Einöde!

4. Mose 14,22.

41. Sie versuchten Gott immer wieder
und meisterten den Heiligen in Israel.
42. Sie gedachten nicht an seine Hand
des Tages, da er sie erlöste von den Feinden;
43. wie er denn seine Zeichen in Ägypten
getan hatte und seine *Wunder im Lande Zoan; *V. 12.
44. da er ihr Wasser in Blut wandelte,
daß sie ihre Bäche nicht trinken konnten;

2. Mose 7,19.20.

45. da er Ungeziefer unter sie schickte,
das sie fraß, und Frösche, die sie verderbten, 2. Mose 8,2.20.

46. und gab ihre Gewächse den Raupen und ihre Saat den Heuschrecken;
2. Mose 10,13.
47. da er ihre Weinstöcke mit Hagel schlug und ihre Maulbeerbäume mit Schloßen; 2. Mose 9,25.
48. da er ihr Vieh schlug mit Hagel und ihre Herden mit Wetterstrahlen;
49. da er böse Engel unter sie sandte in seinem grimmigen Zorn und ließ sie toben und wüten und Leid tun;
50. da er seinen Zorn ließ fortgehen und ihre Seele vor dem Tode nicht verschonte und übergab ihr Leben der Pestilenz;
2. Mose 9,15.
51. da er alle Erstgeburt in Ägypten schlug, die Erstlinge ihrer Kraft in den Hütten Hams, 2. Mose 12,29.
52. und ließ sein Volk ausziehen wie Schafe und führte sie wie eine Herde in der Wüste. Ps. 77,21.
53. Und er leitete sie sicher, daß sie sich nicht fürchteten; aber ihre Feinde bedeckte das Meer. 2. Mose 14,19.22.27.
54. Und er brachte sie zu seiner heiligen Grenze, zu diesem Berge, den seine Rechte erworben hat, 2. Mose 15,17.
55. und vertrieb vor ihnen her die Völker und ließ ihnen das Erbe austeilen und ließ in jener Hütten die Stämme Israels wohnen.
56. Aber sie versuchten und erzürnten Gott den Höchsten und hielten seine Zeugnisse nicht
57. und fielen zurück und verachteten alles wie ihre Väter und hielten nicht, *gleichwie ein loser Bogen, *Hos. 7,16.
58. und erzürnten ihn mit ihren Höhen und reizten ihn mit ihren Götzen.
5. Mose 32,21.
59. Und da das Gott hörte, entbrannte er und verwarf Israel ganz,
60. daß er seine Wohnung zu Silo ließ fahren, die Hütte, da er unter Menschen wohnte, 1. Sam. 1,3; 4,11.
61. und gab seine Macht ins Gefängnis und seine Herrlichkeit in die Hand des Feindes
62. und übergab sein Volk ins Schwert und entbrannte über sein Erbe.
63. Ihre junge Mannschaft fraß das Feuer, und ihre Jungfrauen mußten ungefreit bleiben.
64. Ihre *Priester fielen durchs Schwert, und waren keine Witwen, die da weinen sollten. *1. Sam. 4,17.20.
65. Und der Herr erwachte wie ein Schlafender, wie ein Starker jauchzet, der vom Wein kommt,
66. und schlug seine Feinde zurück und hängte ihnen eine ewige Schande an.
67. Und er verwarf die Hütte Josephs und erwählte nicht den Stamm *Ephraim, *V. 9.
68. sondern erwählte den Stamm Juda, den Berg Zion, welchen er liebte.
2. Chron. 6,6.
69. Und baute sein Heiligtum hoch, wie die Erde, die ewiglich fest stehen soll.
70. Und erwählte seinen Knecht David und nahm ihn von den Schafställen;
1. Sam. 16,11.12.
71. von den säugenden Schafen holte er ihn, daß er sein Volk Jakob weiden sollte und sein Erbe Israel. 2. Sam. 7,8.
72. Und er weidete sie auch mit aller Treue und regierte sie mit allem Fleiß.

Der 79. Psalm

Klage wider die Zerstörer Jerusalems.
(Vgl. Ps. 7,4.)

1. Ein Psalm Asaphs.
Gott, es sind Heiden in dein Erbe gefallen; die haben deinen heiligen Tempel verunreinigt und aus Jerusalem Steinhaufen gemacht.
2. Sie haben die Leichname deiner Knechte den Vögeln unter dem Himmel zu fressen gegeben und das Fleisch deiner Heiligen den Tieren im Lande.
3. Sie haben Blut vergossen um Jerusalem her wie Wasser; und war niemand, der begrub.
4. Wir sind unsern Nachbarn eine Schmach geworden, ein Spott und Hohn denen, die um uns sind. Ps. 44,14.
5. Herr, wie lange willst du so gar zürnen und deinen Eifer wie Feuer brennen lassen? Ps. 80,5.
6. Schütte deinen Grimm auf die Heiden, die dich nicht kennen, und auf die Königreiche, die deinen Namen nicht anrufen.
Jer. 10,25.
7. Denn sie haben Jakob aufgefressen und seine Häuser verwüstet.
8. Gedenke nicht unsrer vorigen Missetaten; erbarme dich unser bald, denn wir sind sehr dünn geworden.
9. Hilf du uns, Gott, unser Helfer, um deines Namens Ehre willen; errette uns und vergib uns unsre Sünden um deines Namens willen!
10. Warum lässest du die Heiden sagen: *»Wo ist nun ihr Gott?« Laß unter den Heiden vor unsern Augen kund werden die Rache des Bluts deiner Knechte, das vergossen ist. *Ps. 42,4; 115,2., Joel 2,17.
11. Laß vor dich kommen das Seufzen

der Gefangenen; nach deinem großen Arm erhalte die Kinder des Todes Ps. 102,21.

12. und vergilt unsern Nachbarn siebenfältig in ihren Busen ihr Schmähen, damit sie dich, Herr, geschmäht haben. Ps. 137,7.

13. Wir aber, dein Volk und Schafe deiner Weide, werden dir danken ewiglich und verkündigen deinen Ruhm für und für.

Der 80. Psalm

Gebet um Erhaltung Israels als des Weinstocks Gottes.

1. Ein Psalm und Zeugnis Asaphs, von den *Rosen, vorzusingen. *Ps. 45,1.

2. Du Hirte Israels, höre, der du Joseph hütest wie Schafe; erscheine, der *du sitzest über den Cherubim!
*1. Sam. 4,4; Ps. 99,1.

3. Erwecke deine Gewalt, der du vor Ephraim, Benjamin und Manasse bist, und komm uns zu Hilfe!

4. Gott, tröste uns und laß leuchten dein Antlitz; so genesen wir. V. 8,20.

5. Herr, Gott Zebaoth, wie lange willst du zürnen bei dem Gebet deines Volks?

6. Du speisest sie mit Tränenbrot und tränkest sie mit großem Maß voll Tränen. Ps. 102,10.

7. Du setzest uns unsern Nachbarn zum Zank, und unsre Feinde spotten unser.

8. Gott Zebaoth, tröste uns, laß leuchten dein Antlitz; so genesen wir. V. 4,20.

9. Du hast einen Weinstock aus Ägypten geholt und hast vertrieben die Heiden und denselben gepflanzt. Jes. 5,1–7; Hos. 10,1.

10. Du hast vor ihm die Bahn gemacht und hast ihn lassen einwurzeln, daß er das Land erfüllt hat.

11. Berge sind mit seinem Schatten bedeckt und mit seinen Reben die Zedern Gottes.

12. Du hast sein Gewächs ausgebreitet bis an das Meer und seine Zweige bis an den Strom.

13. Warum hast du denn seinen Zaun zerbrochen, daß ihn zerreißt alles, was vorübergeht? Ps. 89,42.

14. Es haben ihn zerwühlt die wilden Säue, und die wilden Tiere haben ihn verderbt.

15. Gott Zebaoth, wende dich doch, schaue vom Himmel und siehe an und suche heim diesen Weinstock

16. und halt ihn im Bau, den deine Rechte gepflanzt hat und den du dir fest erwählt hast.

17. Siehe drein und schilt, daß des Brennens und Reißens ein Ende werde.

18. Deine Hand schütze das Volk deiner Rechten und die Leute, die du dir fest erwählt hast;

19. so wollen wir nicht von dir weichen. Laß uns leben, so wollen wir deinen Namen anrufen.

20. Herr, Gott Zebaoth, tröste uns, laß dein Antlitz leuchten; so genesen wir.
V. 4.8.

Der 81. Psalm

Die wahre Festfeier.

1. Auf der Gittith, vorzusingen, Asaphs.

2. Singet fröhlich Gott, der unsre Stärke ist; jauchzet dem Gott Jakobs!

3. Hebet an mit Psalmen und gebet her die Pauken, liebliche Harfen mit Psaltern!

4. Blaset im Neumond die Posaune, in unserm Fest der Laubhütten!
3. Mose 23,24.34.

5. Denn solches ist eine Weise in Israel und ein Recht des Gottes Jakobs.

6. Solches hat er zum Zeugnis gesetzt unter Joseph, da sie aus Ägyptenland zogen und fremde Sprache gehört hatten,

7. da ich ihre Schulter von der Last entledigt hatte und ihre Hände der Körbe los wurden.

8. Da du mich in der Not anriefest, half ich dir aus; ich erhörte dich, da dich das Wetter überfiel, und versuchte dich am *Haderwasser. (Sela.)
*2. Mose 17,7; 4. Mose 20,13.

9. Höre, mein Volk, ich will unter dir zeugen; Israel, du sollst mich hören,

10. daß unter dir kein anderer Gott sei und du keinen fremden Gott anbetest.
2. Mose 20,2.3.

11. Ich bin der Herr, dein Gott, der dich aus Ägyptenland geführt hat: Tue deinen Mund weit auf, laß mich ihn füllen!

12. Aber mein Volk gehorcht nicht meiner Stimme, und Israel will mich nicht.

13. So habe ich sie gelassen in ihres Herzens Dünkel, daß sie wandeln nach ihrem Rat. Apg. 14,16.

14. Wollte mein Volk mir gehorsam sein und Israel auf meinem Wege gehen,

15. so wollte ich ihre Feinde bald dämpfen und meine Hand über ihre Widersacher wenden,

16. und denen, die den Herrn hassen, müßte es wider sie fehlen; ihre Zeit aber würde ewiglich währen,

17. und ich würde sie mit dem besten Weizen speisen und mit Honig aus dem Felsen sättigen. 5. Mose 32,13.

Der 82. Psalm

Drohende Anrede Gottes an ungerechte Obrigkeiten.

1. Ein Psalm Asaphs.
Gott steht in der Gemeinde Gottes und ist Richter unter *den Göttern. *V. 6.
2. Wie lange wollt ihr unrecht richten und die Person der Gottlosen vorziehen? (Sela.) 5. Mose 1,17.
3. Schaffet Recht dem Armen und dem Waisen und helfet dem Elenden und Dürftigen zum Recht. Jes. 1,17.
4. Errettet den Geringen und Armen und erlöset ihn aus der Gottlosen Gewalt.
5. Aber sie lassen sich nicht sagen und achten's nicht; sie gehen immer hin im Finstern; darum müssen alle Grundfesten des Landes wanken.
6. Ich habe wohl gesagt: *Ihr seid ›Götter‹ und allzumal Kinder des Höchsten; *V. 1; 2. Mose 21,6; Joh. 10,34.
7. aber ihr werdet sterben wie Menschen und wie ein Tyrann zugrunde gehen.
8. Gott, mache dich auf und richte den Erdboden; denn du bist Erbherr über alle Heiden!

Der 83. Psalm

Gebet um Beistand wider die Feinde Israels.

1. Ein Psalmlied Asaphs.
2. Gott, schweige doch nicht also und sei doch nicht so still; Gott, halt doch nicht so inne!
3. Denn siehe, deine Feinde toben, und die dich hassen, richten den Kopf auf.
4. Sie machen listige Anschläge wider dein Volk und ratschlagen wider deine *Verborgenen. *Ps. 27,5; 35,20.
5. »Wohl her!« sprechen sie; »laßt uns sie ausrotten, daß sie kein Volk seien, daß des Namens Israel nicht mehr gedacht werde!«
6. Denn sie haben sich miteinander vereinigt und einen Bund wider dich gemacht,
7. die Hütten der Edomiter und Ismaeliter, der Moabiter und Hagariter,
8. der Gebaliter, Ammoniter und Amalekiter, die Philister samt denen zu Tyrus;
9. Assur hat sich auch zu ihnen geschlagen; sie helfen den Kindern Lot. (Sela.)
10. Tue ihnen wie den Midianitern, wie Sisera, wie Jabin am Bach Kison, Richt. 7,22; 4,15.21.23.
11. die vertilgt wurden bei Endor und wurden zu Kot auf der Erde.
12. Mache ihre Fürsten wie Oreb und Seeb, alle ihre Obersten wie Sebah und Zalmuna, Richt. 7,25; 8,21.
13. die da sagen: Wir wollen die *Häuser Gottes einnehmen. *Ps. 74,8.
14. Gott, mache sie wie einen Wirbel, wie Stoppeln vor dem Winde.
15. Wie ein Feuer den Wald verbrennt und wie eine Flamme die Berge anzündet:
16. also verfolge sie mit deinem Wetter und erschrecke sie mit deinem Ungewitter.
17. Mache ihr Angesicht voll Schande, daß sie nach deinem Namen fragen müssen, o Herr.
18. Schämen müssen sie sich und erschrecken auf immer und zu Schanden werden und umkommen;
19. so werden sie erkennen, daß du mit deinem Namen heißest Herr allein und der Höchste in aller Welt. Hos. 12,6.

Der 84. Psalm

Sehnsucht nach dem Heiligtum.

1. Ein Psalm der Kinder Korah, auf der Gittith, vorzusingen. 1. Chron. 26,1.
2. Wie lieblich sind deine Wohnungen, Herr Zebaoth!
3. Meine Seele verlangt und sehnt sich nach den Vorhöfen des Herrn; mein Leib und Seele freuen sich in dem lebendigen Gott. Ps. 42,3.5.
4. Denn der Vogel hat ein Haus gefunden und die Schwalbe ihr Nest, da sie Junge hecken: deine Altäre, Herr Zebaoth, *mein König und mein Gott. *Ps. 5,3.
5. Wohl denen, die in deinem Hause wohnen; die loben dich immerdar. (Sela.) Ps. 65,5.
6. Wohl den Menschen, die dich für ihre Stärke halten und von Herzen dir nachwandeln,
7. die durch das Jammertal gehen und machen daselbst Brunnen; und die Lehrer werden mit viel Segen geschmückt.
8. Sie erhalten einen Sieg nach dem andern, daß man sehen muß, der rechte Gott sei zu Zion.
9. Herr, Gott Zebaoth, höre mein Gebet; vernimm's, Gott Jakobs! (Sela.)
10. Gott, unser Schild, schaue doch; siehe an das Antlitz deines Gesalbten! Ps. 72,15.
11. Denn ein Tag in deinen Vorhöfen ist besser denn sonst tausend; ich will lieber der Tür hüten in meines Gottes Hause denn wohnen in der Gottlosen Hütten. Ps. 27,4.
12. Denn Gott der Herr ist Sonne und *Schild; der Herr gibt Gnade und Ehre:

†er wird kein Gutes mangeln lassen den Frommen. *Ps.3,4. †Ps.34,11.
13. Herr Zebaoth, wohl dem Menschen, der sich auf dich verläßt!

Der 85. Psalm

Bitte des vormals begnadigten Volkes um neuen Segen.

1. Ein Psalm der Kinder Korah, vorzusingen.
2. Herr, der du bist vormals gnädig gewesen deinem Lande und hast die Gefangenen Jakobs erlöst;
3. der du die Missetat vormals vergeben hast deinem Volk und alle ihre Sünde bedeckt (Sela); Ps.89,50.
4. der du vormals hast allen deinen Zorn aufgehoben und dich gewendet von dem Grimm deines Zorns:
5. tröste uns, Gott, unser Heiland, und laß ab von deiner Ungnade über uns!
6. Willst du denn ewiglich über uns zürnen und deinen Zorn gehen lassen für und für? Ps.77,8.
7. Willst du uns denn nicht wieder erquicken, daß sich dein Volk über dich freuen möge?
8. Herr, erzeige uns deine Gnade und hilf uns!
9. Ach, daß ich hören sollte, was Gott der Herr redet; daß er Frieden zusagte seinem Volk und seinen Heiligen, auf daß sie nicht auf eine Torheit geraten! Ps.72,3.
10. Doch ist ja seine Hilfe nahe denen, die ihn fürchten, daß in unserm Lande Ehre wohne;
11. daß Güte und Treue einander begegnen, Gerechtigkeit und Friede sich küssen;
12. daß Treue auf der Erde wachse und Gerechtigkeit vom Himmel schaue;
13. daß uns auch der Herr Gutes tue und unser Land sein Gewächs gebe;
14. daß Gerechtigkeit fürder vor ihm bleibe und im Schwange gehe.

Der 86. Psalm

Gebet in großer Bedrängnis.

1. Ein Gebet Davids.
Herr, neige deine Ohren und erhöre mich; denn ich bin elend und arm.
2. Bewahre meine Seele; *denn ich bin heilig. Hilf du, mein Gott, deinem Knechte, der sich verläßt auf dich. *Ps.18,21–27.
3. Herr, sei mir gnädig; denn ich rufe täglich zu dir! Ps.6,3.
4. Erfreue die Seele deines Knechts; denn nach dir, Herr, verlangt mich.
5. Denn du, Herr, bist gut und gnädig, von großer Güte allen, die dich anrufen. V.15.
6. Vernimm, Herr, mein Gebet und merke auf die Stimme meines Flehens.
7. In der Not rufe ich dich an; du wollest mich erhören. Ps.50,15.
8. Herr, es ist dir keiner gleich unter den Göttern, und ist niemand, der tun kann wie du. Ps.71,19.
9. Alle Heiden, die du gemacht hast, werden kommen und vor dir anbeten, Herr, und deinen Namen ehren,
10. daß du so groß bist und Wunder tust und allein Gott bist.
11. Weise mir, Herr, deinen Weg, daß ich wandle in deiner Wahrheit; erhalte mein Herz bei dem einen, daß ich deinen Namen fürchte. Ps.27,11.
12. Ich danke dir, Herr, mein Gott, von ganzem Herzen und ehre deinen Namen ewiglich.
13. Denn deine Güte ist groß über mich; du hast meine Seele errettet aus der tiefen Hölle.
14. Gott, es setzen sich die Stolzen wider mich, und der Haufe der Gewalttätigen steht mir nach meiner Seele, und haben dich nicht vor Augen.
15. Du aber, Herr, Gott, bist barmherzig und gnädig, geduldig und von großer Güte und Treue. 2.Mose 34,6.
16. Wende dich zu mir, sei mir gnädig; stärke deinen Knecht mit deiner Kraft und hilf dem *Sohn deiner Magd! *Ps.116,16.
17. Tu ein Zeichen an mir, daß mir's wohl gehe, daß es sehen, die mich hassen, und sich schämen müssen, daß du mir beistehst, Herr, und tröstest mich.

Der 87. Psalm

Verherrlichung Zions durch die Bekehrung der Heiden.

1. Ein Psalmlied der Kinder Korah.
Sie ist fest gegründet auf den heiligen Bergen.
2. Der Herr liebt die Tore Zions über alle Wohnungen Jakobs.
3. Herrliche Dinge werden in dir gepredigt, du Stadt Gottes. (Sela.)
4. Ich will predigen lassen *Rahab und Babel, daß sie mich kennen sollen. Siehe, die Philister und Tyrer samt den †Mohren werden daselbst geboren. *Jes.30,7. †Ps.68,32.
5. Man wird zu Zion sagen, daß allerlei

Leute darin geboren werden und daß er, der Höchste, sie baue.
6. Der Herr wird zählen, wenn er aufschreibt die Völker: »Diese sind daselbst geboren.« (Sela.)
7. Und die Sänger wie die im Reigen werden alle in dir singen, eins ums andere.

Der 88. Psalm

Gebet in schwerer Anfechtung und naher Todesgefahr.

1. Ein Psalmlied der Kinder Korah, vorzusingen, von der Schwachheit der Elenden.
Eine Unterweisung Hemans, des Esrahiten.
2. Herr, Gott, mein Heiland, ich schreie Tag und Nacht vor dir.
3. Laß mein Gebet vor dich kommen; neige deine Ohren zu meinem Geschrei.
4. Denn meine Seele ist voll Jammers, und mein Leben ist nahe am Tode.
5. Ich bin geachtet gleich denen, die in die Grube fahren; ich bin ein Mann, der keine Hilfe hat.
6. Ich liege unter den Toten verlassen wie die Erschlagenen, die im Grabe liegen, deren du nicht mehr gedenkst und die von deiner Hand abgesondert sind.
7. Du hast mich in die Grube hinuntergelegt, in die Finsternis und in die Tiefe.
8. Dein Grimm drückt micht; du drängst mich mit allen deinen *Fluten. (Sela.) *Ps.42,8.
9. Meine Freunde hast du ferne von mir getan; du hast mich ihnen zum Greuel gemacht. Ich liege gefangen und kann nicht herauskommen. V.19; Ps.31,12; 38,12.
10. Meine Gestalt ist jämmerlich vor Elend. Herr, ich rufe dich an täglich; ich breite meine Hände aus zu dir.
11. Wirst du denn unter den Toten Wunder tun, oder werden die Verstorbenen aufstehen und dir danken? (Sela.) Ps.6,6.
12. Wird man in Gräbern erzählen deine Güte, und deine Treue im Verderben?
13. Mögen denn deine Wunder in der Finsternis erkannt werden oder deine Gerechtigkeit in dem Lande, da man nichts gedenkt?
14. Aber ich schreie zu dir, Herr, und mein Gebet kommt frühe vor dich.
15. Warum verstößest du, Herr, meine Seele und verbirgst dein Antlitz vor mir?
16. Ich bin elend und ohnmächtig, daß ich so verstoßen bin; ich leide deine Schrecken, daß ich schier verzage.
17. Dein Grimm geht über mich; dein Schrecken drückt mich.
18. Sie umgeben mich täglich wie Wasser und umringen mich miteinander.
19. Du machst, daß meine Freunde und Nächsten und meine Verwandten sich ferne von mir halten um solches Elends willen. V.9.

Der 89. Psalm

Trost für das Haus Davids aus Gottes Verheißung. (Vgl. 2.Sam.7,8–16.)

1. Eine Unterweisung Ethans, des Esrahiten.
2. Ich will singen von der Gnade des Herrn ewiglich und seine Wahrheit verkündigen mit meinem Munde für und für
3. und sage also: Daß eine ewige Gnade wird aufgehen, und du wirst deine Wahrheit treulich halten im Himmel.
4. »Ich habe einen Bund gemacht mit meinem Auserwählten; ich habe David, meinem Knechte, geschworen: Ps.132,11; Jes.55,3; Apg.2,30.
5. Ich will deinen Samen bestätigen ewiglich und deinen Stuhl bauen für und für.« (Sela.)
6. Und die Himmel werden, Herr, deine Wunder preisen und deine Wahrheit in der Gemeinde der Heiligen.
7. Denn wer mag in den Wolken dem Herrn gleich gelten, und gleich sein unter den *Kindern Gottes dem Herrn? *Hiob 1,6.
8. Gott ist sehr mächtig in der Versammlung der Heiligen und wunderbar über alle, die um ihn sind.
9. Herr, Gott Zebaoth, wer ist wie du ein mächtiger Gott? Und deine Wahrheit ist um dich her. Ps.115,3.
10. Du *herrschest über das ungestüme Meer; du stillest seine Wellen, wenn sie sich erheben. *Matth.8,26; Ps.65,8.
11. Du schlägst *Rahab zu Tod; du zerstreust deine Feinde mit deinem starken Arm. *Ps.87,4.
12. Himmel und Erde ist dein; du hast gegründet den Erdboden und was darinnen ist. Ps.24,1.
13. Mitternacht und Mittag hast du geschaffen; Thabor und Hermon jauchzen in deinem Namen.
14. Du hast einen gewaltigen Arm; stark ist deine Hand, und hoch ist deine Rechte.
15. Gerechtigkeit und Gericht ist deines Stuhles Festung; Gnade und Wahrheit sind vor deinem Angesicht. Ps.97,2.
16. Wohl dem Volk, das jauchzen kann! Herr, sie werden im Licht deines Antlitzes wandeln;
17. sie werden über deinen Namen täg-

lich fröhlich sein und in deiner Gerechtigkeit herrlich sein.
18. Denn du bist der Ruhm ihrer Stärke, und durch deine Gnade wirst du unser Horn erhöhen.
19. Denn des Herrn ist unser *Schild, und des Heiligen in Israel ist unser König. *Ps.47,10.
20. Dazumal redetest du im Gesicht zu deinem Heiligen und sprachst: »Ich habe einen Helden erweckt, der helfen soll; ich habe erhöht einen Auserwählten aus dem Volk. V.4; 1.Sam.13,14.
21. Ich habe gefunden meinen Knecht David; ich habe ihn gesalbt mit meinem heiligen Öl. 1.Sam.16,13.
22. Meine Hand soll ihn erhalten, und mein Arm soll ihn stärken.
23. Die Feinde sollen ihn nicht überwältigen, und die Ungerechten sollen ihn nicht dämpfen;
24. sondern ich will seine Widersacher schlagen vor ihm her, und die ihn hassen, will ich plagen;
25. aber meine Wahrheit und Gnade soll bei ihm sein, und *sein Horn soll in meinem Namen erhoben werden. *1.Sam.2,10; Ps.132,17.
26. Ich will seine Hand über das Meer stellen und seine Rechte über die Wasser. Ps.72,8.
27. Er wird mich nennen also: Du bist mein Vater, mein Gott und Hort, der mir hilft. 2.Sam.7,14.
28. Und ich will ihn zum ersten Sohn machen, allerhöchst unter den Königen auf Erden.
29. Ich will ihm ewiglich bewahren meine Gnade, und mein Bund soll ihm fest bleiben. Jes.54,10.
30. Ich will ihm ewiglich Samen geben und seinen Stuhl, solange der Himmel währt, erhalten.
31. Wo aber seine Kinder mein Gesetz verlassen und in meinen Rechten nicht wandeln,
32. so sie meine Ordnungen entheiligen und meine Gebote nicht halten,
33. so will ich ihre Sünde mit der Rute heimsuchen und ihre Missetat mit Plagen;
34. aber meine Gnade will ich nicht von ihm wenden und meine Wahrheit nicht lassen trügen.
35. Ich will meinen Bund nicht entheiligen, und nicht ändern, was aus meinem Munde gegangen ist.
36. Ich habe einmal geschworen bei meiner Heiligkeit – ich will David nicht lügen –:
37. Sein Same soll ewig sein und sein Stuhl vor mir wie die Sonne; Ps.72,17.
38. wie der Mond soll er ewiglich erhalten sein, und gleich wie der Zeuge *in den Wolken gewiß sein.« (Sela.) *1.Mose 9,13.
39. Aber nun verstößest du und verwirfst und zürnest mit deinem Gesalbten. Ps.44,10–25; 74; 79.
40. Du zerstörst den Bund deines Knechtes und trittst seine Krone zu Boden.
41. Du zerreißest alle seine Mauern und lässest seine Festen zerbrechen.
42. Es *berauben ihn alle, die vorübergehen; er ist seinen Nachbarn ein Spott geworden. *Ps.80,13.
43. Du erhöhest die Rechte seiner Widersacher und erfreuest alle seine Feinde.
44. Auch hast du die Kraft seines Schwerts weggenommen und lässest ihn nicht siegen im Streit.
45. Du zerstörst seine Reinigkeit und wirfst seinen Stuhl zu Boden.
46. Du verkürzest die Zeit seiner Jugend und bedeckest ihn mit Hohn. (Sela.)
47. Herr, wie lange willst du dich so gar verbergen und deinen Grimm wie Feuer brennen lassen? Ps.85,6.
48. Gedenke, wie *kurz mein Leben ist. Warum willst du alle Menschen umsonst geschaffen haben? *Ps.90,9.10.
49. Wo ist jemand, der da lebt und den Tod nicht sähe? der seine Seele errette aus des Todes Hand? (Sela.)
50. Herr, wo ist deine *vorige Gnade, die du David geschworen hast in deiner Wahrheit? *Ps.85,2.
51. Gedenke, Herr, an die Schmach deiner Knechte, die ich trage in meinem Schoß von so vielen Völkern allen,
52. mit der, Herr, deine Feinde schmähen, mit der sie schmähen die Fußtapfen deines Gesalbten.

---

53. Gelobet sei der Herr ewiglich! Amen, amen. Ps.41,14.

Viertes Buch

Der 90. Psalm

Gottes Ewigkeit, der sündigen Menschen Vergänglichkeit. Gebet um Gnade.

1. Ein Gebet Mose's, des Mannes Gottes. Herr, Gott, du bist unsre Zuflucht für und für.
2. Ehe denn die Berge wurden und die Erde und die Welt geschaffen wurden, bist du, Gott, von Ewigkeit zu Ewigkeit,
3. der du die Menschen lässest sterben

und sprichst: *Kommt wieder, Menchenkinder! *Pred.1,4; 12,7.

4. Denn tausend Jahre sind vor dir wie der Tag, der gestern vergangen ist, und wie eine Nachtwache. 2.Petr.3,8.

5. Du lässest sie dahinfahren wie einen Strom; sie sind wie ein Schlaf, gleichwie *ein Gras, das doch bald welk wird,
*Ps.102,12; 103,15; Hiob 14,2; Jes.40,6.7.

6. das da frühe blüht und bald welk wird und des Abends abgehauen wird und verdorrt.

7. Das macht dein Zorn, daß wir so vergehen, und dein Grimm, daß wir so plötzlich dahinmüssen.

8. Denn unsre Missetaten stellst du vor dich, unsre unerkannte Sünde ins Licht vor deinem Angesicht.

9. Darum fahren alle unsre Tage dahin durch deinen Zorn; wir bringen unsre Jahre zu wie ein Geschwätz.

10. Unser Leben währet siebzig Jahre, und wenn's hoch kommt, so sind's achtzig Jahre, und wenn's köstlich gewesen ist, so ist es *Mühe und Arbeit gewesen; denn es fähret schnell dahin, als flögen wir davon.
*Pred.1,3.8.

11. Wer glaubt aber, daß du so sehr zürnest, und wer fürchtet sich vor solchem deinem Grimm?

12. Lehre uns bedenken, daß wir sterben müssen, auf daß wir klug werden. Ps.39,5.

13. Herr, kehre dich doch wieder zu uns und sei deinen Knechten gnädig!

14. Fülle uns frühe mit deiner Gnade, so wollen wir rühmen und fröhlich sein unser Leben lang.

15. Erfreue uns nun wieder, nachdem du uns so lange plagest, nachdem wir so lange Unglück leiden.

16. Zeige deinen Knechten deine Werke und deine Ehre ihren Kindern.

17. Und der Herr, unser Gott, sei uns freundlich und fördere das Werk unsrer Hände bei uns; ja, das Werk unsrer Hände wolle er fördern!

Der 91. Psalm

Schutz des allmächtigen Gottes unter allen Gefahren.

1. Wer unter dem Schirm des Höchsten sitzt und unter dem Schatten des Allmächtigen bleibt,

2. der spricht zu dem Herrn: Meine Zuversicht und meine Burg, mein Gott, auf den ich hoffe. Ps.18,3.

3. Denn er errettet dich vom *Strick des Jägers und von der schädlichen Pestilenz.
*Ps.124,7.

4. Er wird dich mit seinen Fittichen dekken, und deine Zuversicht wird sein unter seinen Flügeln. Seine Wahrheit ist Schirm und Schild,

5. daß du nicht erschrecken müssest vor dem Grauen der Nacht, vor den Pfeilen, die des Tages fliegen,

6. vor der Pestilenz, die im Finstern schleicht, vor der Seuche, die im Mittage verderbt.

7. Ob tausend fallen zu deiner Seite und zehntausend zu deiner Rechten, so wird es doch dich nicht treffen.

8. Ja du wirst mit deinen Augen deine Lust sehen und schauen, wie den Gottlosen vergolten wird. Ps.54,9.

9. Denn der Herr ist deine Zuversicht; der Höchste ist deine Zuflucht.

10. Es wird dir kein Übel begegnen, und keine Plage wird zu deiner Hütte sich nahen.

11. Denn er hat seinen Engeln befohlen über dir, daß sie dich behüten auf allen deinen Wegen, Matth.4,6.

12. daß sie dich auf den Händen tragen und du deinen Fuß nicht an einen Stein stoßest.

13. Auf Löwen und Ottern wirst du gehen, und treten auf junge Löwen und Drachen. Luk.10,19.

14. »Er begehrt mein, so will ich ihm aushelfen; er kennt meinen Namen, darum will ich ihn schützen.

15. Er ruft mich an, so will ich ihn erhören; ich bin bei ihm in der Not; ich will ihn herausreißen und zu Ehren bringen.

16. Ich will ihn sättigen mit langem leben und will ihm zeigen mein Heil.«

Der 92. Psalm

Lob Gottes, der die Gottlosen straft und die Frommen segnet.

1. Ein Psalmlied auf den Sabbattag.

2. Das ist ein köstlich Ding, dem Herrn danken, und lobsingen deinem Namen, du Höchster, Ps.147,1.

3. des Morgens deine Gnade und des Nachts deine Wahrheit verkündigen

4. *auf den zehn Saiten und Psalter, mit Spielen auf der Harfe. *Ps.33,2.

5. Denn, Herr, du lässest mich fröhlich singen von deinen Werken, und ich rühme die Geschäfte deiner Hände.

6. Herr, wie sind deine Werke so groß! Deine Gedanken sind so sehr tief.
Ps.104,24; Jes.55,9.

7. Ein Törichter glaubt das nicht, und ein Narr achtet solches nicht.

8. Die Gottlosen grünen wie das Gras, und die Übeltäter blühen alle, bis sie vertilgt werden immer und ewiglich. Ps. 37,2.
9. Aber du, Herr, bist der Höchste und bleibest ewiglich. Ps. 97,9.
10. Denn siehe, deine Feinde, Herr, siehe, deine Feinde werden umkommen; und alle Übeltäter müssen zerstreut werden.
11. Aber mein Horn wird erhöht werden wie eines Einhorns, und ich werde *gesalbt mit frischem Öl. *Ps. 23,5.
12. Und mein Auge wird seine Lust sehen an meinen Feinden; und mein Ohr wird seine Lust hören an den Boshaften, die sich wider mich setzen. Ps. 91,8.
13. Der Gerechte wird grünen wie ein Palmbaum; er wird wachsen wie eine Zeder auf dem Libanon. Ps. 52,10.
14. Die gepflanzt sind in dem Hause des Herrn, werden in den Vorhöfen unsers Gottes grünen. Ps. 84,3.
15. Und wenn sie gleich alt werden, werden sie dennoch blühen, *fruchtbar und frisch sein, *Ps. 1,3.
16. daß sie verkündigen, daß der Herr so fromm ist, mein Hort, und ist kein Unrecht an ihm. 5. Mose 32,4.

Der 93. Psalm

Herrlichkeit des Reiches Gottes.

1. Der *Herr ist König und herrlich geschmückt; der Herr ist geschmückt und hat ein Reich angefangen, soweit die Welt ist, und zugerichtet, daß es bleiben soll.
*2. Mose 15,18; Ps. 97,1; 99,1; 96,10.
2. Von Anbeginn steht dein Stuhl fest; du bist ewig.
3. Herr, die Wasserströme erheben sich, die Wasserströme erheben ihr Brausen, die Wasserströme heben empor die Wellen.
4. Die Wasserwogen im Meer sind groß und brausen mächtig; der Herr aber ist noch größer in der Höhe.
5. Dein *Wort ist eine rechte Lehre. Heiligkeit ist die Zierde deines Hauses, o Herr, ewiglich. *Ps. 19,8–11.

Der 94. Psalm

Gebet gegen die Unterdrücker des Volkes Gottes.

1. Herr, Gott, des *die Rache ist, Gott, des die Rache ist, erscheine! *5. Mose 32,35.
2. Erhebe dich, du *Richter der Welt; vergilt den Hoffärtigen, was sie verdienen!
*1. Mose 18,25.
3. Herr, wie lange sollen die Gottlosen, wie lange sollen die Gottlosen prahlen
4. und so trotzig reden, und alle Übeltäter sich so rühmen?
5. Herr, sie zerschlagen dein Volk und plagen dein Erbe;
6. Witwen und Fremdlinge erwürgen sie und töten die Waisen
7. und sagen: »Der Herr siehet's nicht, und der Gott Jakobs achtet's nicht.«
Ps. 10,11.
8. Merket doch, ihr Narren unter dem Volk! Und ihr Toren, wann wollt ihr klug werden? Ps. 92,7.
9. Der das Ohr gepflanzt hat, sollte der nicht hören? Der das Auge gemacht hat, sollte der nicht sehen? 2. Mose 4,11.
10. Der die Heiden züchtigt, sollte der nicht strafen, – der die Menschen lehrt, was sie wissen?
11. Aber der Herr weiß die Gedanken der Menschen, daß sie eitel sind. 1. Kor. 3,20.
12. Wohl dem, den du, Herr, züchtigst und lehrst ihn durch dein Gesetz,
Ps. 19,12–14; Hiob 5,17.
13. daß er Geduld habe, wenn's übel geht, bis dem Gottlosen die Grube bereitet werde! Ps. 37,7.
14. Denn der Herr wird sein Volk nicht verstoßen noch sein Erbe verlassen.
15. Denn Recht muß doch Recht bleiben, und dem werden alle frommen Herzen zufallen.
16. Wer steht bei mir wider die Boshaften? Wer tritt zu mir wider die Übeltäter?
17. Wo der Herr mir nicht hülfe, so läge meine Seele *schier in der †Stille
*bald. †Ps. 115,17.
18. Ich sprach: Mein Fuß hat gestrauchelt; aber deine Gnade, Herr, hielt mich.
19. Ich hatte viel Bekümmernisse in meinem Herzen; aber deine Tröstungen ergötzten meine Seele. 2. Kor. 1,4.5.
20. Du wirst ja nimmer eins mit dem schädlichen Stuhl, der das Gesetz übel deutet.
21. Sie rüsten sich wider die Seele des Gerechten und verdammen unschuldig Blut.
22. Aber der Herr ist mein Schutz; mein Gott ist der Hort meiner Zuversicht.
23. Und er wird ihnen ihr Unrecht vergelten und wird sie um ihre Bosheit vertilgen; der Herr, unser Gott, wird sie vertilgen.

Der 95. Psalm

Einladung zum Lobe Gottes. Warnung vor Ungehorsam.

1. Kommt herzu, laßt uns dem Herrn frohlocken und jauchzen dem Hort unsers Heils!
2. Lasset uns mit Danken vor sein Ange-

sicht kommen und mit Psalmen ihm
jauchzen!
3. Denn der Herr ist ein großer Gott und
ein großer König über alle Götter. Ps.96,4.
4. Denn in seiner Hand ist, was unten in
der Erde ist; und die Höhen der Berge sind
auch sein.
5. Denn sein ist das Meer, und er hat's
gemacht; und seine Hände haben das
Trockene bereitet.
6. Kommt, laßt uns anbeten und knieen
und niederfallen vor dem Herrn, der uns
gemacht hat.
7. Denn *er ist unser Gott und wir das
Volk seiner Weide und Schafe seiner
Hand. †Heute, so ihr seine Stimme höret,
*Ps.100,3; Joh.10,27.28. †Hebr.3,7; 4,7.
8. so verstocket euer Herz nicht, wie zu
Meriba geschah, wie zu Massa in der Wüste,
9. da mich eure Väter versuchten, mich
prüften und sahen mein Werk.
2.Mose 17,2.7.
10. Vierzig Jahre hatte ich Mühe mit diesem Volk und sprach: Es sind Leute, deren
Herz immer den Irrweg will und die meine
Wege nicht lernen wollen!
11. daß ich schwur in meinem Zorn: Sie
sollen nicht zu meiner Ruhe kommen.
4.Mose 14,22.23.

Der 96. Psalm

Verkündigung des Reiches Gottes unter den Heiden.
(Vgl. 1.Chron.16,23–33.)

1. Singet dem Herrn ein *neues Lied;
singet dem Herrn, alle Welt! *Ps.33,3.
2. Singet dem Herrn und lobet seinen
Namen; verkündiget von Tag zu Tage sein
Heil!
3. Erzählet unter den Heiden seine Ehre,
unter allen Völkern seine Wunder!
4. Denn der Herr ist groß und hoch zu
loben, wunderbar über alle Götter.
5. Denn alle Götter der Völker sind Götzen; aber der Herr hat den Himmel gemacht.
6. Es stehet herrlich und prächtig vor
ihm und gehet gewaltig und löblich zu in
seinem Heiligtum.
7. Ihr Völker, bringet her dem Herrn,
bringet her dem Herrn Ehre und Macht!
8. Bringet her dem Herrn die Ehre seines
Namens; *bringet Geschenke und kommt
in seine Vorhöfe! *Ps.72,10.
9. Betet an den Herrn in heiligem
Schmuck; es fürchte ihn alle Welt!
10. Saget unter den Heiden, daß der
Herr König sei und habe sein Reich, soweit die Welt ist, bereitet, daß es bleiben
soll, und richtet die Völker recht. Ps.93,1.
11. Der Himmel freue sich, und die Erde
sei fröhlich; das Meer brause und was darinnen ist; Ps.98,7–9; Jes.49,13.
12. das Feld sei fröhlich und alles, was
darauf ist; und lasset rühmen alle Bäume
im Walde
13. vor dem Herrn; denn er kommt,
denn er kommt, zu richten das Erdreich.
Er wird den Erdboden richten mit Gerechtigkeit und die Völker mit seiner Wahrheit. Apg.17,31.

Der 97. Psalm

Zions Freude, daß Gott der Höchste ist in allen Landen.

1. Der Herr ist König; des freue sich das
Erdreich und seien fröhlich die Inseln,
soviel ihrer sind. Ps.93,1.
2. Wolken und Dunkel ist um ihn her;
*Gerechtigkeit und Gericht ist seines
Stuhles Festung. *Ps.89,15.
3. Feuer geht vor ihm her und zündet an
umher seine Feinde. Hab.3,3–6.
4. Seine Blitze leuchten auf den Erdboden; das Erdreich siehet's und erschrickt.
5. Berge zerschmelzen wie Wachs vor
dem Herrn, vor dem Herrscher des ganzen
Erdbodens.
6. Die Himmel verkündigen seine Gerechtigkeit, und alle Völker sehen seine
Ehre. Ps.19,2.
7. Schämen müssen sich alle, die den
Bildern dienen und sich der Götzen rühmen. *Betet ihn an, alle Götter! *Hebr.1,6.
8. Zion hört es und ist froh; und die
Töchter Juda's sind fröhlich, Herr, über
dein Regiment. Phil.4,4.5.
9. Denn du, Herr, bist der Höchste in
allen Landen; du bist hoch erhöht über
alle Götter. Ps.96,4.
10. Die ihr den Herrn liebet, *hasset das
Arge! Der Herr bewahrt die Seelen seiner
Heiligen; von der Gottlosen Hand wird er
sie erretten. *Amos 5,14.15.
11. Dem Gerechten muß das Licht immer wieder aufgehen und Freude den
frommen Herzen. Ps.112,4.
12. Ihr Gerechten, freuet euch des Herrn
und danket ihm und preiset seine Heiligkeit!

Der 98. Psalm

Jubellied von den Siegen des Herrn in aller Welt.

1. Ein Psalm.
Singet dem Herrn ein *neues Lied; denn
er tut Wunder. Er siegt mit seiner Rechten
und mit seinem heiligen Arm. *Ps.33,3.

2. Der Herr läßt sein Heil verkündigen; vor den Völkern läßt er seine Gerechtigkeit offenbaren.
3. Er gedenkt an seine Gnade und Wahrheit dem Hause Israel; aller *Welt Enden sehen das Heil unsers Gottes.
*Jes. 52,10.
4. Jauchzet dem Herrn, alle Welt; singet, rühmet und lobet!
5. Lobet den Herrn mit Harfen, mit Harfen und Psalmen!
6. Mit Drommeten und Posaunen jauchzet vor dem Herrn, dem *König!
4. Mose 23,21.
7. Das Meer brause und was darinnen ist, der Erdboden und die darauf wohnen.
Ps. 96,11–13.
8. Die Wasserströme frohlocken, und alle Berge seien fröhlich
9. vor dem Herrn; denn er kommt, das Erdreich zu richten. Er wird den Erdboden richten mit Gerechtigkeit und die Völker mit Recht.

Der 99. Psalm

Heiligkeit waltet im Reiche des Herrn.

1. Der *Herr ist König, darum zittern die Völker; er sitzt auf den †Cherubim, darum bebt die Welt. *Ps. 93,1. †Ps. 80,2.
2. Der Herr ist groß zu Zion und hoch über alle Völker.
3. Man danke deinem großen und wunderbaren Namen, der da heilig ist.
4. Im Reich dieses Königs hat man das Recht lieb. Du gibst Frömmigkeit, du *schaffest Gericht und Gerechtigkeit in Jakob. *Jes. 9,6.
5. Erhebet den Herrn, unsern Gott, betet an zu seinem Fußschemel; denn er ist heilig.
6. Mose und Aaron unter seinen Priestern und Samuel unter denen, die seinen Namen anrufen, sie riefen an den Herrn, und er erhörte sie. Jer. 15,1.
7. Er redete mit ihnen durch eine Wolkensäule; sie hielten seine Zeugnisse und Gebote, die er ihnen gab.
8. Herr, du bist unser Gott, du erhörtest sie; du, Gott, vergabst ihnen und straftest ihr Tun.
9. Erhöhet den Herrn, unsern Gott, und betet an zu seinem heiligen Berge; denn der Herr, unser Gott, ist heilig.

Der 100. Psalm

Loblied für das Volk Gottes.

1. Ein Dankpsalm.
Jauchzet dem Herrn, alle Welt!
2. Dienet dem Herrn mit Freuden; kommt vor sein Angesicht mit Frohlokken!
3. Erkennet, daß der Herr Gott ist! Er hat uns gemacht – und nicht wir selbst – zu seinem Volk und zu Schafen seiner Weide.
Ps. 95,7.
4. Gehet zu seinen Toren ein mit Danken, zu seinen Vorhöfen mit Loben; danket ihm, lobet seinen Namen!
5. Denn der Herr ist freundlich, und seine Gnade währet ewig und seine Wahrheit für und für. Ps. 106,1.

Der 101. Psalm

Davids Regentenspiegel.

1. Ein Psalm Davids.
Von Gnade und Recht will ich singen und dir, Herr, lobsagen.
2. Ich handle vorsichtig und redlich bei denen, die mir zugehören, und wandle treulich in meinem Hause.
3. Ich nehme mir keine böse Sache vor; ich hasse den Übertreter und lasse ihn nicht bei mir bleiben. Spr. 20,8.28.
4. Ein verkehrtes Herz muß von mir weichen; den Bösen leide ich nicht.
5. Der seinen Nächsten heimlich verleumdet, den vertilge ich; ich mag den nicht, der stolze Gebärde und hohen Mut hat.
6. Meine Augen sehen nach den Treuen im Lande, daß sie bei mir wohnen; und habe gerne fromme Diener. Spr. 22,11.
7. Falsche Leute halte ich nicht in meinem Hause; die Lügner gedeihen nicht bei mir.
8. Jeden Morgen will ich vertilgen alle Gottlosen im Lande, daß ich alle Übeltäter ausrotte aus der Stadt des Herrn. Spr. 20,26.

Der 102. Psalm

Bußfertiges Gebet um Wiederherstellung Zions.

1. Ein Gebet des Elenden, so er betrübt ist und seine Klage vor dem Herrn ausschüttet.
2. Herr, höre mein Gebet und laß mein Schreien zu dir kommen!
3. Verbirg dein Antlitz nicht vor mir in der Not, neige deine Ohren zu mir; wenn ich dich anrufe, so erhöre mich bald!
4. Denn meine Tage sind vergangen wie ein Rauch, und meine Gebeine sind verbrannt wie ein Brand.
5. Mein Herz ist geschlagen und verdorrt wie Gras, daß ich auch vergesse, mein Brot zu essen.
6. Mein Gebein klebt an meinem Fleisch vor Heulen und Seufzen. Hiob 19,20.
7. Ich bin gleich wie eine Rohrdommel in

der Wüste; ich bin gleich wie ein Käuzlein in den verstörten Stätten.
8. Ich wache und bin wie ein einsamer Vogel auf dem Dache.
9. Täglich schmähen mich meine Feinde; und die mich verspotten, schwören bei mir.
10. Denn ich esse Asche wie Brot und mische meinen Trank mit Weinen Ps.80,6.
11. vor deinem Drohen und Zorn, daß du mich aufgehoben und zu Boden gestoßen hast.
12. Meine Tage sind dahin wie ein Schatten, und ich verdorre wie Gras.
Ps.90,5; Hiob 14,2.
13. Du aber, Herr, bleibst ewiglich und dein Gedächtnis für und für.
14. Du wollest dich aufmachen und über Zion erbarmen; denn es ist Zeit, daß du ihr gnädig seist, und die Stunde ist gekommen. Ps.14,7.
15. Denn deine Knechte wollten gerne, daß sie gebaut würde, und sähen gerne, daß ihre Steine und Kalk zugerichtet würden,
16. daß die Heiden den Namen des Herrn fürchten und alle Könige auf Erden deine Ehre,
17. daß der Herr Zion baut und erscheint in seiner Ehre.
18. Er wendet sich zum Gebet der Verlassenen und verschmäht ihr Gebet nicht.
19. Das werde geschrieben auf die Nachkommen; und das Volk, das geschaffen soll werden, wird den Herrn loben.
20. Denn er schaut von seiner heiligen Höhe, und der Herr sieht vom Himmel auf die Erde,
21. daß er das Seufzen des Gefangenen höre und losmache die *Kinder des Todes,
Ps.79,11.
22. auf daß sie zu Zion predigen den Namen des Herrn und sein Lob zu Jerusalem,
23. wenn die Völker zusammenkommen und die Königreiche, dem Herrn zu dienen. Ps.87,4.
24. Er demütigt auf dem Wege meine Kraft; er verkürzt meine Tage.
25. Ich sage: Mein Gott, nimm mich nicht weg in der *Hälfte meiner Tage! Deine Jahre währen für und für. *Ps.55,24.
26. Du hast vormals die Erde gegründet, und die Himmel sind deiner Hände Werk.
Hebr.1,10–12; Ps.90,2.
27. Sie werden vergehen, aber du bleibest. Sie werden alle veralten wie ein Gewand; sie werden verwandelt wie ein Kleid, wenn du sie verwandeln wirst.
2.Petr.3,10.
28. Du aber bleibst, wie du bist, und deine Jahre nehmen kein Ende. V.13.
29. Die Kinder deiner Knechte werden bleiben, und ihr Same wird vor dir gedeihen. 1.Joh.2,17.

Der 103. Psalm

Preis der Barmherzigkeit des Herrn gegen sündige und schwache Menschen.

1. Ein Psalm Davids.
Lobe den Herrn, meine Seele, und was in mir ist, seinen heiligen Namen!
2. Lobe den Herrn, meine Seele, und vergiß nicht, was er dir Gutes getan hat:
3. der dir alle deine Sünden *vergibt und heilet alle deine Gebrechen, *Ps.32,1.
4. der dein Leben vom Verderben erlöst, der *dich krönet mit Gnade und Barmherzigkeit, *Ps.5,13.
5. der deinen Mund fröhlich macht, und du wieder jung wirst *wie ein Adler.
*Jes.40,31.
6. Der Herr schafft Gerechtigkeit und Gericht allen, die Unrecht leiden.
7. Er hat seine Wege Mose wissen lassen, die Kinder Israel sein Tun. 2.Mose 33,13.
8. Barmherzig und gnädig ist der Herr, geduldig und von großer Güte.
2.Mose 34,6; Ps.86,15.
9. Er wird nicht immer hadern noch ewiglich Zorn halten. Jes.57,16.
10. Er handelt nicht mit uns nach unsern Sünden und vergilt uns nicht nach unsrer Missetat.
11. Denn so hoch der Himmel über der Erde ist, läßt er seine Gnade walten über die, so ihn fürchten. Ps.36,6.
12. So ferne der Morgen ist vom Abend, läßt er unsre Übertretungen von uns sein.
13. Wie sich ein Vater über Kinder erbarmt, so erbarmt sich der Herr über die, so ihn fürchten.
14. Denn er kennt, was für ein Gemächte wir sind; er gedenkt daran, *daß wir Staub sind. *Hiob 10,9; 1.Mose 2,7; 3,19.
15. Ein Mensch ist in seinem Leben wie Gras, er blühet wie eine Blume auf dem Felde; Ps.90,5.6; 1.Petr.1,24.25.
16. wenn der Wind darüber geht, so ist sie nimmer da, und ihre Stätte kennet sie nicht mehr.
17. Die Gnade aber des Herrn währet von Ewigkeit zu Ewigkeit über die, so ihn fürchten, und seine Gerechtigkeit auf Kindeskind Klagel.3,22; Luk.1,50.
18. bei denen, die seinen Bund halten und gedenken an seine Gebote, daß sie darnach tun.
19. Der Herr hat seinen Stuhl im Him-

mel bereitet, und sein Reich herrscht über alles.

20. Lobet den Herrn, ihr seine Engel, ihr *starken Helden, †die ihr seinen Befehl ausrichtet, daß man höre auf die Stimme seines Worts! *Ps. 29,1. †Dan. 7,10.

21. Lobet den Herrn, alle seine Heerscharen, seine Diener, die ihr seinen Willen tut!

22. Lobet den Herr, *alle seine Werke, an allen Orten seiner Herrschaft! Lobe den Herrn, meine Seele! *Ps. 148.

Der 104. Psalm

Preis Gottes aus den Werken der Schöpfung.
(Vgl. 1. Mose 1.)

1. Lobe den Herrn, meine Seele! Herr, mein Gott, du bist sehr herrlich; du bist schön und prächtig geschmückt.

2. Licht ist dein Kleid, das du anhast; du breitest aus den Himmel wie einen Teppich;

3. du wölbest es oben mit Wasser; du fährst auf den Wolken wie auf einem Wagen und gehst auf den Fittichen des Windes;

4. der du machst Winde zu deinen Engeln und zu deinen Dienern Feuerflammen; Hebr. 1,7.

5. der du das Erdreich gegründet hast auf seinen Boden, daß es bleibt immer und ewiglich.

6. Mit der Tiefe decktest du es wie mit einem Kleide, und Wasser standen über den Bergen.

7. Aber von deinem Schelten flohen sie, von deinem Donner fuhren sie dahin. Hiob. 38,8–11.

8. Die Berge gingen hoch hervor, und die Täler setzten sich herunter zum Ort, den du ihnen gegründet hast.

9. Du hast eine Grenze gesetzt, darüber kommen sie nicht und dürfen nicht wiederum das Erdreich bedecken.

10. Du lässest Brunnen quellen in den Gründen, daß die Wasser zwischen den Bergen hinfließen,

11. daß alle Tiere auf dem Felde trinken und das Wild seinen Durst lösche.

12. An denselben sitzen die Vögel des Himmels und singen unter den Zweigen.

13. Du feuchtest die Berge von obenher; du machst das Land voll Früchte, die du schaffest;

14. du lässest Gras wachsen für das Vieh und Saat zu Nutz den Menschen, daß du Brot aus der Erde bringest, Ps. 147,8.

15. und *daß der Wein erfreue des Menschen Herz, daß seine Gestalt schön werde vom Öl und das Brot des Menschen Herz stärke; *Richt. 9,13; Pred. 10,19.

16. daß die Bäume des Herrn voll Saft stehen, die Zedern Libanons, die er gepflanzt hat.

17. Daselbst nisten die Vögel, und die Reiher wohnen auf den Tannen.

18. Die hohen Berge sind der Gemsen Zuflucht, und die Steinklüfte der Kaninchen.

19. Du hast den Mond gemacht, das Jahr darnach zu teilen; *die Sonne weiß ihren Niedergang. *Ps. 19,7; 74,16.

20. Du machst Finsternis, daß es Nacht wird; da regen sich alle wilden Tiere,

21. die jungen Löwen, die da brüllen nach dem Raub und ihre Speise suchen von Gott.

22. Wenn aber die Sonne aufgeht, heben sie sich davon und legen sich in ihre Höhlen.

23. So geht dann der Mensch aus an seine Arbeit und an sein Ackerwerk bis an den Abend.

24. Herr, wie sind deine Werke so groß und viel! Du hast sie alle weislich geordnet, und die Erde ist voll deiner Güter.

25. Das Meer, das so groß und weit ist, da wimmelt's ohne Zahl, große und kleine Tiere.

26. Daselbst gehen die Schiffe; da sind Walfische, die du gemacht hast, daß sie darin spielen.

27. Es wartet alles auf dich, daß du ihnen Speise gebest zu seiner Zeit. Ps. 145,15.16.

28. Wenn du ihnen gibst, so sammeln sie; wenn du deine Hand auftust, so werden sie mit Gut gesättigt.

29. Verbirgst du dein Angesicht, so erschrecken sie; du nimmst weg ihren Odem, so vergehen sie und werden wieder zu Staub. 1. Mose 3,19.

30. Du lässest aus deinen Odem, so werden sie geschaffen, und du erneuest die Gestalt der Erde.

31. Die Ehre des Herrn ist ewig; der Herr hat Wohlgefallen an seinen Werken.

32. Er schaut die Erde an, so bebt sie; er rührt die Berge an, so rauchen sie. Ps. 144,5.

33. Ich will dem Herrn singen mein Leben lang und meinen Gott loben, solange ich bin.

34. Meine Rede müsse ihm wohl gefallen. Ich freue mich des Herrn.

35. Der Sünder müsse ein Ende werden auf Erden, und die Gottlosen nicht mehr sein. Lobe den Herrn, meine Seele! Halleluja!

DAVID LOBT DEN HERRN Psalm 104, 1

Der 105. Psalm

Preis Gottes für seine Wohltaten an Israel.
(Vgl. Ps. 78; V. 1–15: vgl. 1. Chron. 16,8–22.)

1. Danket dem Herrn und prediget seinen Namen; verkündiget sein Tun unter den Völkern! Jes. 12,4.
2. Singet von ihm und lobet ihn; redet von allen seinen Wundern!
3. Rühmet seinen heiligen Namen; es freue sich das Herz derer, die den Herrn suchen!
4. Fraget nach dem Herrn und nach seiner Macht; suchet sein Antlitz allewege!
5. Gedenket seiner Wunderwerke, die er getan hat, seiner Wunder und der Gerichte seines Mundes,
6. ihr, der Same Abrahams, seines Knechtes, ihr Kinder Jakobs, seine Auserwählten!
7. Er ist der Herr, unser Gott; er richtet in aller Welt.
8. Er gedenkt ewiglich an seinen Bund, des Worts, das er verheißen hat auf tausend Geschlechter,
9. den er gemacht hat mit Abraham, und des Eides mit Isaak;
10. und stellte es Jakob zu einem Rechte und Israel zum ewigen Bunde
11. und sprach: »Dir will ich das Land Kanaan geben, das Los eures Erbes,« 1. Mose 12,7.
12. da sie wenig und gering waren und Fremdlinge darin.
13. Und sie zogen von Volk zu Volk, von einem Königreiche zum andern Volk.
14. Er ließ keinen Menschen ihnen Schaden tun und strafte Könige um ihretwillen. 1. Mose 12,17; 20,3.7.
15. »Tastet meine Gesalbten nicht an und tut meinen Propheten kein Leid!«
16. Und er ließ eine Teuerung ins Land kommen und entzog allen Vorrat des Brots. 1. Mose 41,54.
17. Er sandte einen Mann vor ihnen hin; Joseph ward zum Knecht verkauft. 1. Mose 37,28.
18. Sie zwangen seine Füße in den Stock, sein Leib mußte in Eisen liegen,
19. bis daß sein Wort kam und die Rede des Herrn ihn durchläuterte.
20. Da sandte der König hin und ließ ihn losgeben; der Herr über Völker hieß ihn herauslassen. 1. Mose 41,14.

21. Er setzte ihn zum Herrn über sein Haus, zum Herrscher über alle seine Güter,
22. daß er seine Fürsten unterwiese nach seiner Weise und seine Ältesten Weisheit lehrte.
23. Und Israel zog nach Ägypten, und Jakob ward ein Fremdling im Lande Hams. 1.Mose 46,1.
24. Und er ließ sein Volk sehr wachsen und machte sie mächtiger denn ihre Feinde. 2.Mose 1,7.12.
25. Er verkehrte jener Herz, daß sie seinem Volk gram wurden und dachten, seine Knechte mit List zu dämpfen.
26. Er sandte seinen Knecht Mose, Aaron, den er hatte erwählt.
27. Dieselben taten seine Zeichen unter ihnen und seine Wunder im Lande Hams.
2.Mose 3–12.
28. Er ließ Finsternis kommen und machte es finster; und sie waren nicht ungehorsam seinen Worten.
29. Er verwandelte ihre Wasser in Blut und tötete ihre Fische.
30. Ihr Land wimmelte Frösche heraus in den Kammern ihrer Könige.
31. Er sprach: da kam Ungeziefer, Stechmücken in all ihr Gebiet.
32. Er gab ihnen Hagel zum Regen, Feuerflammen in ihrem Lande
33. und schlug ihre Weinstöcke und Feigenbäume und zerbrach die Bäume in ihrem Gebiet.
34. Er sprach: da kamen Heuschrecken und Käfer ohne Zahl.
35. Und sie fraßen alles Gras in ihrem Lande und fraßen die Früchte auf ihrem Felde.
36. Er schlug alle Erstgeburt in Ägypten, alle Erstlinge ihrer Kraft.
37. Und er führte sie aus mit *Silber und Gold; und war kein Gebrechlicher unter ihren Stämmen.
*2.Mose 12,35.
38. Ägypten ward froh, daß sie auszogen; denn ihre Furcht war auf sie gefallen.
39. Er breitete eine Wolke aus zur Decke und ein Feuer, des Nachts zu leuchten.
2.Mose 13,21.
40. Sie baten: da ließ er Wachteln kommen; und er sättigte sie mit Himmelsbrot.
2.Mose 16,13–15; Joh.6,31.
41. Er öffnete den Felsen: da flossen Wasser heraus, daß Bäche liefen in der dürren Wüste. 2.Mose 17,6.
42. Denn er gedachte an sein heiliges Wort, das er Abraham, seinem Knechte, hatte geredet.
43. Also führte er sein Volk aus in Freuden und seine Auserwählten in Wonne
44. und gab ihnen die Länder der Heiden, daß sie die Güter der Völker einnahmen,
45. auf daß sie halten sollen seine Rechte und seine Gesetze bewahren. Halleluja!

Der 106. Psalm

Danklied für die Gnade Gottes bei allen Übertretungen Israels.
(V.1.47.48: vgl.1.Chron.16,34–36.)

1. Halleluja!
Danket dem Herrn; denn er ist freundlich, und seine Güte währet ewiglich.
Ps.107,1; 118,1; 136,1.
2. Wer kann die großen Taten des Herrn ausreden und alle seine löblichen Werke preisen?
3. Wohl denen, die das Gebot halten und tun immerdar recht!
4. Herr, gedenke mein nach der Gnade, die du deinem Volk verheißen hast; beweise uns deine Hilfe,
5. daß wir sehen mögen die Wohlfahrt deiner Auserwählten und uns freuen, daß es deinem Volk wohl geht, und uns rühmen mit deinem Erbteil.
6. Wir haben gesündigt samt unsern Vätern; wir haben mißgehandelt und sind gottlos gewesen. Dan.9,5.
7. Unsre Väter in Ägypten wollten deine Wunder nicht verstehen; sie gedachten nicht an deine große Güte und waren ungehorsam am Meer, am Schilfmeer.
2.Mose 14,11.2.
8. Er half ihnen aber um seines Namens willen, daß er seine Macht bewiese.
9. Und er schalt das Schilfmeer: da ward's trocken, und führte sie durch die Tiefen wie in einer Wüste
10. und half ihnen von der Hand des, der sie haßte, und erlöste sie von der Hand des Feindes;
11. und die Wasser ersäuften ihre Widersacher, daß nicht einer übrig blieb.
12. Da glaubten sie an seine Worte und sangen sein Lob. 2.Mose 15.
13. Aber sie vergaßen bald seiner Werke; sie warteten nicht auf seinen Rat.
14. Und sie wurden lüstern in der Wüste und versuchten Gott in der Einöde.
4.Mose 11,4–6.
15. Er aber gab ihnen ihre Bitte und sandte ihnen genug, bis ihnen davor ekelte.
16. Und sie empörten sich wider Mose im Lager, wider Aaron, den Heiligen des Herrn. 4.Mose 16.

17. Die Erde tat sich auf und verschlang
Dathan und deckte zu die Rotte Abirams,
18. und Feuer ward unter ihrer Rotte angezündet, die Flamme verbrannte die
Gottlosen.
19. Sie machten ein Kalb am Horeb und
beteten an das gegossene Bild
2. Mose 32.
20. und verwandelten ihre Ehre in ein
Gleichnis eines Ochsen, der Gras frißt.
Röm. 1,23.
21. Sie *vergaßen Gottes, ihres Heilands, der so große Dinge in Ägypten getan hatte, *5. Mose 32,18.
22. Wunder im Lande Hams und
schreckliche Werke am Schilfmeer.
23. Und er sprach, er wollte sie vertilgen,
wo nicht Mose, sein Auserwählter, *in den
Riß getreten wäre vor ihm, seinen Grimm
abzuwenden, auf daß er sie nicht gar verderbte. *Hesek. 13,5.
24. Und sie verachteten das liebe Land,
sie glaubten seinem Wort nicht
4. Mose 14,2–4.
25. und murrten in ihren Hütten; sie gehorchten der Stimme des Herrn nicht.
26. Und er hob auf seine Hand wider sie,
daß er sie niederschlüge in der Wüste
27. und würfe ihren Samen unter die
Heiden und zerstreute sie in die Länder.
28. Und sie hingen sich an den Baal-Peor
und aßen von den Opfern der toten Götzen
4. Mose 25,3.
29. und erzürnten ihn mit ihrem Tun; da
brach auch die Plage unter sie.
30. Da trat Pinehas herzu und schlichte-
te die Sache; da ward die Plage gesteuert.
31. Das ward ihm gerechnet zur Gerechtigkeit für und für ewiglich.
1. Mose 15,6; 4. Mose 25,12.
32. Und sie erzürnten ihn am Haderwasser, und Mose ging es übel um ihretwillen.
4. Mose 20,2–13.
33. Denn sie betrübten ihm sein Herz,
daß ihm etliche Worte entfuhren.
34. Auch vertilgten sie die Völker nicht,
wie sie doch *der Herr geheißen hatte;
*5. Mose 7,1.2; 12,2.3; Richt. 1,28.
35. sondern sie mengten sich unter die
Heiden und lernten derselben Werke
36. und dienten ihren Götzen; die wurden ihnen zum Fallstrick.
37. Und sie opferten ihre Söhne und ihre
Töchter den Teufeln 3. Mose 18,21.
38. und vergossen unschuldig Blut, das
Blut ihrer Söhne und ihrer Töchter, die sie
opferten den Götzen Kanaans, daß das
Land mit Blutschulden befleckt ward;
39. und verunreinigten sich mit ihren
Werken und wurden abgöttisch mit ihrem
Tun.
40. Da ergrimmte der Zorn des Herrn
über sein Volk, und er gewann einen Greuel an seinem Erbe
41. und gab sie in die Hand der Heiden,
daß über sie herrschten, die ihnen gram
waren. Richt. 2,14.
42. Und ihre Feinde ängsteten sie; und
sie wurden gedemütigt unter ihre Hände.
43. Er errettete sie oftmals; aber sie erzürnten ihn mit ihrem Vornehmen und
wurden wenig um ihrer Missetat willen.
44. Und er sah ihre Not an, da er ihre
Klage hörte,
45. und gedachte an seinen Bund, den er
mit ihnen gemacht hatte; und es reute ihn
nach seiner großen Güte,
46. und er ließ sie zur Barmherzigkeit
kommen vor allen, die sie gefangen hatten.
47. Hilf uns, Herr, unser Gott, und bringe uns zusammen aus den Heiden, daß wir
danken deinem heiligen Namen und rühmen dein Lob. 5. Mose 30,3.
48. Gelobet sei der Herr, der Gott Israels,
von Ewigkeit zu Ewigkeit, und alles Volk
spreche: Amen, halleluja! Ps. 41,14.

Fünftes Buch

Der 107. Psalm

Danklied der Erlösten, die zum Herrn riefen in ihrer Not.

1. Danket *dem Herrn; denn er ist
freundlich, und seine Güte währet ewiglich. *Ps. 106,1.
2. So sollen sagen, die erlöst sind durch
den Herrn, die er aus der Not erlöst hat
3. und die er aus den Ländern zusammengebracht hat vom Aufgang, vom Niedergang, von Mitternacht und vom Meer.
4. Die irregingen in der Wüste, in unge-
bahntem Wege, und fanden keine Stadt,
da sie wohnen konnten,
5. hungrig und durstig, und ihre Seele
verschmachtete;
6. die zum Herrn riefen in ihrer Not, und
er errettete sie aus ihren Ängsten
V. 13.19.28.
7. und führte sie einen richtigen Weg,
daß sie gingen zur Stadt, da sie wohnen
konnten:
8. die sollen dem Herrn danken für seine
Güte und für seine Wunder, die er an den
Menschenkindern tut, V. 15.21.31.
9. daß er sättigt die durstige Seele und

füllt die hungrige Seele mit Gutem.
Luk. 1,53.
10. Die da sitzen mußten in Finsternis
und Dunkel, gefangen im Zwang und Eisen,
11. darum daß sie Gottes Geboten ungehorsam gewesen waren und das Gesetz des Höchsten geschändet hatten,
12. dafür ihr Herz mit Unglück geplagt werden mußte, daß sie dalagen und ihnen niemand half;
13. die zum Herrn riefen in ihrer Not,
und er half ihnen aus ihren Ängsten V. 6.
14. und führte sie aus Finsternis und Dunkel und zerriß ihre Bande:
15. die sollen dem Herrn danken für seine Güte und für seine Wunder, die er an den Menschenkindern tut, V. 8.
16. daß er zerbricht eherne Türen und zerschlägt eiserne Riegel.
17. Die Narren, so geplagt waren um ihrer Übertretung willen und um ihrer Sünden willen,
18. daß ihnen ekelte vor aller Speise und sie todkrank wurden;
19. die zum Herrn riefen in ihrer Not,
und er half ihnen aus ihren Ängsten, V. 6.
20. er sandte sein Wort und machte sie gesund und errettete sie, daß sie nicht starben:
21. die sollen dem Herrn danken für seine Güte und für seine Wunder, die er an den Menschenkindern tut, V. 8.
22. und Dank opfern und erzählen seine Werke mit Freuden. Ps. 50,14.
23. Die mit Schiffen auf dem Meer fuhren und trieben ihren Handel in großen Wassern;
24. die des Herrn Werke erfahren haben und seine Wunder im Meer,
25. wenn er sprach und einen Sturmwind erregte, der die Wellen erhob,
26. und sie gen Himmel fuhren und in den Abgrund fuhren, daß ihre Seele vor Angst verzagte,
27. daß sie taumelten und wankten wie ein Trunkener und wußten keinen Rat mehr;
28. die zum Herrn schrieen in ihrer Not,
und er führte sie aus ihren Ängsten
V. 6.
29. und stillte das Ungewitter, daß die Wellen sich legten
30. und sie froh wurden, daß es still geworden war und er sie zu Lande brachte nach ihrem Wunsch:
31. die sollen dem Herrn danken für seine Güte und für seine Wunder, die er an den Menschenkindern tut, V. 8.
32. und ihn bei der Gemeinde preisen und bei den Alten rühmen.
33. Er machte Bäche trocken und ließ Wasserquellen versiegen,
34. daß ein fruchtbar Land zur Salzwüste wurde um der Bosheit willen derer, die darin wohnten.
35. Er machte das Trockene wiederum wasserreich und im dürren Lande Wasserquellen
36. und hat die Hungrigen dahingesetzt, daß sie eine Stadt zurichteten, da sie wohnen konnten,
37. und Acker besäen und Weinberge pflanzen möchten und die jährlichen Früchte gewönnen.
38. Und er segnete sie, daß sie sich sehr mehrten, und gab ihnen viel Vieh.
39. Sie waren niedergedrückt und geschwächt von dem Bösen, das sie gezwungen und gedrungen hatte.
40. Er schüttete Verachtung auf die Fürsten und ließ sie irren in der Wüste, da kein Weg ist,
41. und schützte den Armen vor Elend und mehrte sein Geschlecht wie eine Herde.
42. Solches *werden die Frommen sehen und sich freuen; und aller Bosheit wird das Maul gestopft werden. *Hiob 22,19.20.
43. Wer ist weise und behält dies? So werden sie merken, wie viel Wohltaten der Herr erzeigt.

Der 108. Psalm

Preis der göttlichen Güte und Treue, Bitte um Sieg gegen die Feinde.

1. Ein Psalmlied Davids.
(V. 2–6: vgl. Ps. 57,8–12.)
2. Gott, es ist mein rechter Ernst; ich will singen und dichten, *meine Ehre auch.
*Ps. 16,9.
3. Wohlauf, Psalter und Harfe! Ich will mit der Frühe auf sein.
4. Ich will dir danken, Herr, unter den Völkern; ich will dir lobsingen unter den Leuten.
5. Denn deine Gnade reicht, soweit der Himmel ist, und deine Wahrheit, soweit die Wolken gehen.
6. Erhebe dich, Gott, über den Himmel, und deine Ehre über alle Lande.
(V. 7–14: vgl. Ps. 60,7–14.)
7. Auf daß deine lieben Freunde erledigt werden, hilf mit deiner Rechten und erhöre mich!
8. Gott redete in seinem Heiligtum, des bin ich froh, und will Sichem teilen und das Tal Sukkoth abmessen.

9. Gilead ist mein, Manasse ist auch
mein, und Ephraim ist die Macht meines
Hauptes, Juda ist mein Zepter,
10. Moab ist mein Waschbecken, ich will
meinen Schuh über Edom strecken, über
die Philister will ich jauchzen.
11. Wer will mich führen in eine feste
Stadt? Wer wird mich leiten bis nach
Edom?
12. Wirst du es nicht tun, Gott, der du
uns verstößest und ziehest nicht aus,
Gott, mit unserm Heer?
13. Schaffe uns Beistand in der Not; denn
Menschenhilfe ist nichts nütze.
14. Mit Gott wollen wir Taten tun; er
wird unsre Feinde untertreten.

Der 109. Psalm

Gebet des Verfolgten um Bestrafung seiner Feinde und um des Herrn Gnade in seinem Elend.

1. Ein Psalm Davids, vorzusingen.
Gott, mein Ruhm, schweige nicht!
2. Denn sie haben ihr gottloses und falsches Maul wider mich aufgetan und reden wider mich mit falscher Zunge;
3. und sie reden giftig wider mich allenthalben und streiten wider mich ohne Ursache.
4. Dafür, daß ich sie liebe, sind sie wider
mich; ich aber bete.
5. Sie bewiesen mir Böses um Gutes und
Haß um Liebe. Ps. 35,12.
6. Setze Gottlose über ihn; und der Satan
müsse stehen zu seiner Rechten.
7. Wenn er gerichtet wird, müsse er verdammt ausgehen, und sein Gebet müsse
Sünde sein.
8. Seiner Tage müssen wenige werden,
und *sein Amt müsse ein anderer empfangen. *Apg. 1,20.
9. Seine Kinder müssen Waisen werden
und sein Weib eine Witwe.
10. Seine Kinder müssen in der Irre gehen und betteln und suchen, als die verdorben sind.
11. Es müsse der Wucherer aussaugen
alles, was er hat; und Fremde müssen seine Güter rauben.
12. Und niemand müsse ihm Gutes tun,
und niemand erbarme sich seiner Waisen.
13. Seine Nachkommen müssen ausgerottet werden; ihr Name werde im andern
Glied vertilgt.
14. Seiner Väter Missetat müsse gedacht
werden vor dem Herrn, und seiner Mutter
Sünde müsse nicht ausgetilgt werden.
2. Mose 20,5.
15. Der Herr müsse sie nimmer aus den
Augen lassen, und *ihr Gedächtnis müsse
ausgerottet werden auf Erden, *Spr. 10,7.
16. darum, daß er so gar keine Barmherzigkeit hatte, sondern verfolgte den Elenden und Armen und den Betrübten, daß er
ihn tötete.
17. Und er wollte den Fluch haben, der
wird ihm auch kommen; er wollte den
Segen nicht, so wird er auch ferne von ihm
bleiben.
18. Er zog an den Fluch wie sein Hemd;
der ist in sein Inwendiges gegangen wie
*Wasser, und wie Öl in seine Gebeine;
*4. Mose 5,22.
19. so werde er ihm wie ein Kleid, das er
anhabe, und wie ein Gürtel, mit dem er
allewege sich gürte.
20. So geschehe denen vom Herrn, die
mir zuwider sind und reden Böses wider
meine Seele.
21. Aber du, Herr Herr, sei du mit mir
um deines Namens willen; denn deine
Gnade ist mein Trost: errette mich!
22. Denn ich bin arm und elend; mein
Herz ist zerschlagen in mir.
23. Ich fahre dahin wie ein Schatten, der
vertrieben wird, und werde verjagt wie die
Heuschrecken.
24. Meine Kniee sind schwach von Fasten, und mein Fleisch ist mager und hat
kein Fett.
25. Und ich muß ihr Spott sein; wenn sie
mich sehen, *schütteln sie ihren Kopf.
*Ps. 22,8.
26. Stehe mir bei, Herr, mein Gott! hilf
mir nach deiner Gnade,
27. daß sie innewerden, daß dies sei deine Hand, daß du, Herr, solches tust.
28. Fluchen sie, so *segne du. Setzen sie
sich wider mich, so sollen sie zu Schanden
werden; aber dein Knecht müsse sich freu-
en. *Matth. 5,11.
29. Meine Widersacher müssen mit
Schmach angezogen werden und mit ihrer Schande bekleidet werden wie mit einem Rock. Ps. 35,26.
30. Ich will dem Herrn sehr danken mit
meinem Munde und ihn rühmen unter
vielen.
31. Denn er steht dem Armen zur Rechten, daß er ihm helfe von denen, die sein
Leben verurteilen.

Der 110. Psalm

Christus der ewige König und Hohepriester.
(Vgl. Matth. 22,44; Apg. 2,34.55; Hebr. 1,13; 5,6.)

1. Ein Psalm Davids.
Der Herr sprach zu meinem Herrn: »Setze dich zu meiner Rechten, bis ich deine

Feinde zum Schemel deiner Füße lege.«
Phil. 2,8.9; 1. Kor. 15,25; Hebr. 10,12.13.
2. Der Herr wird das Zepter deines Reiches senden aus *Zion: »Herrsche unter deinen Feinden!« *Ps. 2,6.
3. Nach deinem Sieg wird dir dein Volk willig opfern *in heiligem Schmuck. Deine Kinder werden dir geboren wie der Tau aus der Morgenröte. *Ps. 29,2.
4. Der Herr hat geschworen, und es wird ihn nicht gereuen: »Du bist ein Priester ewiglich nach der Weise Melchisedeks.«
1. Mose 14,18–20; Hebr. 5,10; 6,20; 7,17.21.
5. Der Herr zu deiner Rechten wird zerschmettern die Könige am Tage seines Zorns; Ps. 2,2.5.9.
6. er wird richten unter den Heiden; er wird ein großes Schlagen unter ihnen tun; er wird zerschmettern das Haupt über große Lande.
7. Er wird trinken vom Bach auf dem Wege; darum wird er das Haupt emporheben.

Der 111. Psalm

Danklied für den leiblichen und geistlichen Segen Gottes.

1. Halleluja!
Ich danke dem Herrn von ganzem Herzen im Rat der Frommen und in der Gemeinde.
2. Groß sind die Werke des Herrn; wer ihrer achtet, der hat eitel Lust daran.
Ps. 104,24.
3. Was er ordnet, das ist löblich und herrlich; und seine Gerechtigkeit bleibt ewiglich.
4. Er hat ein Gedächtnis gestiftet seiner Wunder, der gnädige und barmherzige Herr.
5. Er gibt Speise denen, die ihn fürchten; er gedenkt ewiglich an seinen Bund.
Ps. 145,15.
6. Er läßt verkündigen seine gewaltigen Taten seinem Volk, daß er ihnen gebe das Erbe der Heiden.
7. Die Werke seiner Hände sind Wahrheit und Recht; alle seine Gebote sind rechtschaffen.
8. Sie werden erhalten immer und ewiglich und geschehen treulich und redlich.
9. Er sendet eine Erlösung seinem Volk; er verheißt, daß sein Bund ewiglich bleiben soll. Heilig und hehr ist sein Name.
10. Die Furcht des Herrn ist der Weisheit Anfang. Das ist eine feine Klugheit, wer darnach tut; des Lob bleibt ewiglich.
Spr. 1,7.

Der 112. Psalm

Glückseligkeit der Gottesfürchtigen und Barmherzigen.

1. Halleluja!
Wohl dem, der den Herrn fürchtet, der große Lust hat zu seinen Geboten! Ps. 1,1.
2. Des Same wird gewaltig sein auf Erden; das Geschlecht der Frommen wird gesegnet sein. Spr. 20,7.
3. Reichtum und die Fülle wird in ihrem Hause sein, und ihre Gerechtigkeit bleibt ewiglich.
4. Den Frommen geht *das Licht auf in der Finsternis von dem Gnädigen, Barmherzigen und Gerechten. *Ps. 37,6.
5. Wohl dem, der barmherzig ist und gerne leihet und richtet seine Sachen aus, daß er niemand unrecht tue! Ps. 41,2.
6. Denn er wird ewiglich bleiben; des Gerechten wird nimmermehr vergessen.
7. Wenn eine Plage kommen will, so fürchtet er sich nicht; sein Herz hofft unverzagt auf den Herrn.
8. Sein Herz ist getrost und fürchtet sich nicht, bis *er seine Lust an seinen Feinden sieht. *Ps. 91,8.
9. Er *streut aus und gibt den Armen; seine Gerechtigkeit bleibt ewiglich, sein Horn wird erhöht mit Ehren. *2. Kor. 9,9.
10. Der Gottlose wird's sehen, und es wird ihn verdrießen; *seine Zähne wird er zusammenbeißen und vergehen. Denn was die Gottlosen gerne wollten, das ist verloren. *Ps. 35,16.

Der 113. Psalm

Den Demütigen gibt Gott Gnade.

1. Halleluja!
Lobet, ihr Knechte des Herrn, lobet den Namen des Herrn!
2. Gelobet sei des Herrn Name von nun an bis in Ewigkeit!
3. Vom Aufgang der Sonne bis zu ihrem Niedergang sei gelobet der Name des Herrn!
4. Der Herr ist hoch über alle Heiden; seine Ehre geht, soweit der Himmel ist.
5. Wer ist wie der Herr, unser Gott? der sich so hoch gesetzt hat
2. Mose 15,11; Jes. 57,15.
6. und auf das Niedrige sieht im Himmel und auf Erden; Luk. 1,48.
7. der den Geringen aufrichtet aus dem Staube und erhöht den Armen aus dem Kot, 1. Mose 41,40.41; 1. Sam. 2,8.
8. daß er ihn setze neben die Fürsten, neben die Fürsten seines Volks;
9. der die Unfruchtbare im Hause woh-

nen macht, daß sie eine fröhliche Kindermutter wird. Halleluja!
1.Mose 21,2; 1.Sam.1,20; 2,21; Luk.1,57.58.

Der 114. Psalm

Wunder Gottes bei der Ausführung seines Volkes aus Ägypten.

1. Da Israel aus Ägypten zog, das Haus Jakob aus dem fremden Volk, 2.Mose 12,41.
2. da ward Juda sein Heiligtum, Israel seine Herrschaft.
3. Das Meer sah es und floh; der Jordan wandte sich zurück;
2.Mose 14,21,22; Jos.3,13.16.
4. die Berge hüpften wie die Lämmer, die Hügel wie die jungen Schafe. Ps.68,9.
5. Was war dir, du Meer, daß du flohest, und du, Jordan, daß du dich zurückwandtest,
6. ihr Berge, daß ihr hüpftet wie die Lämmer, ihr Hügel wie die jungen Schafe?
7. Vor dem Herrn bebte die Erde, vor dem Gott Jakobs, 2.Mose 19,18.
8. der den Fels wandelte in einen Wassersee und die Steine in Wasserbrunnen.
2.Mose 17,6.

Der 115. Psalm

Gott allein die Ehre!

1. Nicht uns, Herr, nicht uns, sondern deinem Namen gib Ehre um deine Gnade und Wahrheit!
2. Warum sollen die Heiden sagen: Wo ist nun ihr Gott? Ps.42,4.
3. Aber unser Gott ist im Himmel; er kann schaffen, was er will.
(V.4–11: vgl. Ps.135,15–20.)
4. Jener Götzen aber sind Silber und Gold, von Menschenhänden gemacht.
5.Mose 4,28; Jes.44,9–20.
5. Sie haben Mäuler, und reden nicht; sie haben Augen, und sehen nicht;
6. sie haben Ohren, und hören nicht; sie haben Nasen, und riechen nicht;
7. sie haben Hände, und greifen nicht; Füße haben sie, und gehen nicht; sie reden nicht durch ihren Hals.
8. Die solche machen, sind ihnen gleich, und alle, die auf sie hoffen.
9. Aber *Israel hoffe auf den Herrn! Der ist ihre Hilfe und Schild. *Ps.118,2.
10. Das Haus *Aaron hoffe auf den Herrn! Der ist ihre Hilfe und Schild.
Ps.118,3.
11. Die den Herrn *fürchten, hoffen auf den Herrn! Der ist ihre Hilfe und Schild.
*Ps.118,4.
12. Der Herr denkt an uns und segnet uns; er segnet das Haus Israel, er segnet das Haus Aaron;
13. er segnet, die den Herrn fürchten, Kleine und Große.
14. Der Herr segne euch je mehr und mehr, euch und eure Kinder!
15. Ihr seid die Gesegneten des Herrn, der Himmel und Erde gemacht hat.
16. Der Himmel allenthalben ist des Herrn; aber die Erde hat er den Menschenkindern gegeben.
17. Die Toten werden dich, Herr, nicht loben, noch die hinunterfahren in die Stille; Ps.6,6; Jes.38,18.
18. sondern wir loben den Herrn von nun an bis in Ewigkeit. Halleluja!

Der 116. Psalm

Dank und Gelübde für die Errettung aus großer Lebensgefahr.

1. Das ist mir lieb, daß der Herr meine Stimme und mein Flehen hört.
2. Denn er neigte sein Ohr zu mir; darum will ich mein Leben lang ihn anrufen.
3. *Stricke des Todes hatten mich umfangen, und Ängste der Hölle hatten mich getroffen; ich kam in Jammer und Not.
*V.8; Ps.18,6.
4. Aber ich rief an den Namen des Herrn: O Herr, errette meine Seele!
5. Der Herr ist gnädig und gerecht, und unser Gott ist barmherzig.
6. Der Herr behütet die Einfältigen; wenn ich unterliege, so hilft er mir.
7. *Sei nun wieder zufrieden, meine Seele; denn der Herr tut dir Gutes. *Ps.42,6.
8. Denn du hast meine Seele aus dem Tode gerissen, mein Auge von den Tränen, meinen Fuß vom Gleiten.
9. Ich werde wandeln vor dem Herrn im Lande der Lebendigen. Ps.27,13; 56,14.
10. *Ich glaube, darum rede ich; ich werde aber sehr geplagt. *2.Kor.4,13.
11. Ich sprach in meinem Zagen: *Alle Menschen sind Lügner. *Röm.3,4.
12. Wie soll ich dem Herrn vergelten alle seine Wohltat, die er an mir tut?
13. Ich will den Kelch des Heils nehmen und des Herrn Namen predigen.
14. Ich will meine Gelübde dem Herrn bezahlen vor allem seinem Volk. Ps.22,26.
15. Der Tod seiner Heiligen ist wertgehalten vor dem Herrn. Ps.72,14.
16. O Herr, ich bin dein Knecht; ich bin dein Knecht, deiner Magd Sohn. Du hast meine Bande zerrissen.
17. Dir will ich Dank opfern und des Herrn Namen predigen.

18. Ich will meine Gelübde dem Herrn bezahlen vor allem seinem Volk,
19. in den Höfen am Hause des Herrn, in dir, Jerusalem. Halleluja!

Der 117. Psalm

Aufruf zum Lobe Gottes.

1. Lobet den Herrn, alle Heiden; preiset ihn, alle Völker! Röm. 15,11.
2. Denn seine Gnade und Wahrheit waltet über uns in Ewigkeit. Halleluja!
2. Mose 34,6.

Der 118. Psalm

Siegesfreude der Gerechten.

1. Danket dem Herrn; denn er ist freundlich, und seine Güte währet ewiglich.
Ps. 107,1.
2. Es sage nun Israel: Seine Güte währet ewiglich. Ps. 115,9–13.
3. Es sage nun das Haus Aaron: Seine Güte währet ewiglich.
4. Es sagen nun, die den Herrn fürchten: Seine Güte währet ewiglich.
5. In der Angst rief ich den Herrn an, und der Herr erhörte mich und tröstete mich.
6. Der Herr ist mit mir, darum fürchte ich mich nicht; was können mir Menschen tun? Ps. 56,5; Hebr. 13,6.
7. Der Herr ist mit mir, mir zu helfen; und ich will meine Lust sehen an meinen Feinden. Ps. 54,9.
8. Es ist gut, auf den Herrn vertrauen, und nicht sich verlassen auf Menschen.
9. Es ist gut, auf den Herrn vertrauen, und nicht sich verlassen auf Fürsten.
Ps. 146,3.
10. Alle Heiden umgeben mich; aber im Namen des Herrn will ich sie zerhauen.
11. Sie umgeben mich allenthalben; aber im Namen des Herrn will ich sie zerhauen.
12. Sie umgeben mich wie Bienen; aber sie erlöschen wie *ein Feuer in Dornen; im Namen des Herrn will ich sie zerhauen.
*Jes. 33,12.
13. Man stößt mich, daß ich fallen soll; aber der Herr hilft mir.
14. Der Herr ist meine Macht und mein Psalm und ist mein Heil. 2. Mose 15,2.
15. Man singt mit Freuden vom Sieg in den Hütten der Gerechten: »Die Rechte des Herrn behält den Sieg;
16. die Rechte des Herrn ist erhöht; die Rechte des Herrn behält den Sieg!«
17. Ich werde nicht sterben, sondern leben und des Herrn Werke verkündigen.
18. Der Herr züchtigt mich wohl; aber er gibt mich dem Tode nicht. 2. Kor. 6,9.
19. Tut mir auf die Tore der Gerechtigkeit, daß ich dahin eingehe und dem Herrn danke.
20. Das ist das Tor des Herrn; die Gerechten werden dahin eingehen.
21. Ich danke dir, daß du mich demütigst und hilfst mir. Ps. 119,71.
22. Der Stein, den die Bauleute verworfen haben, ist zum Eckstein geworden.
Jes. 28,16; Matth. 21,42.
23. Das ist vom Herrn geschehen und ist ein Wunder vor unsern Augen.
24. Dies ist der Tag, den der Herr macht; lasset uns freuen und fröhlich darinnen sein.
25. O Herr, hilf! o Herr, laß wohl gelingen!
26. Gelobt sei, der da kommt im Namen des Herrn! Wir segnen euch, die ihr vom Hause des Herrn seid. Matth. 21,9; 23,39.
27. Der Herr ist Gott, der uns erleuchtet. Schmücket das Fest mit Maien bis an die Hörner des Altars!
28. Du bist mein Gott, und ich danke dir; mein Gott, ich will dich preisen.
29. Danket dem Herrn; denn er ist freundlich, und seine Güte währet ewiglich.

Der 119. Psalm

Die Herrlichkeit des Wortes Gottes.
(Auch »güldenes Abc« genannt, da im Grundtext je 8 Verse den gleichen Anfangsbuchstaben nach der Ordnung des Alphabets tragen.)

1. Wohl denen, die ohne Tadel leben, die im Gesetz des Herrn wandeln!
Ps. 1,1.2; 112,1.
2. Wohl denen, die seine Zeugnisse halten, die ihn von ganzem Herzen suchen!
3. Denn welche auf seinen Wegen wandeln, die tun kein Übel.
4. Du hast geboten, fleißig zu halten deine Befehle.
5. O daß mein Leben deine Rechte mit ganzem Ernst hielte!
6. Wenn ich schaue allein auf deine Gebote, so werde ich nicht zu Schanden.
7. Ich danke dir von rechtem Herzen, daß du mich lehrest die Rechte deiner Gerechtigkeit.
8. Deine Rechte will ich halten; verlaß mich nimmermehr.
9. Wie wird ein Jüngling seinen Weg unsträflich gehen? Wenn er sich hält nach deinen Worten.
10. Ich suche dich von ganzem Herzen; laß mich nicht abirren von deinen Geboten.
11. Ich behalte dein Wort in meinem Herzen, auf daß ich nicht wider dich sündige.

12. Gelobet seist du, Herr! *Lehre mich
deine Rechte! *V.26.64.68.
13. Ich will mit meinen Lippen erzählen
alle Rechte deines Mundes.
14. Ich freue mich des Weges deiner
Zeugnisse wie über allerlei Reichtum.
15. Ich rede von dem, was du befohlen
hast, und schaue auf deine Wege.
16. Ich habe *Lust zu deinen Rechten
und †vergesse deiner Worte nicht.
*V.24; Röm.7,22. †V.61.
17. Tue wohl deinem Knecht, daß ich
lebe und dein Wort halte.
18. Öffne mir die Augen, daß ich sehe die
Wunder an deinem Gesetz.
19. Ich *bin ein Gast auf Erden; verbirg
deine Gebote nicht vor mir. *Ps.39,13.
20. Meine Seele ist zermalmt vor Verlangen nach deinen Rechten allezeit.
21. Du schiltst die Stolzen; *verflucht
sind, die von deinen Geboten abirren.
*5.Mose 27,26.
22. Wende von mir Schmach und Verachtung; denn ich halte deine Zeugnisse.
23. Es sitzen auch die Fürsten und reden
wider mich; aber dein Knecht redet von
deinen Rechten.
24. Ich habe Lust zu deinen Zeugnissen;
die sind meine Ratsleute. V.35.
25. Meine Seele liegt im Staube; erquikke mich nach deinem Wort.
26. Ich erzähle meine Wege, und du erhörst mich; lehre mich deine Rechte.
27. Unterweise mich den Weg deiner Befehle, so will ich reden von deinen Wundern.
28. Ich gräme mich, daß mir das Herz
verschmachtet; stärke mich nach deinem
Wort.
29. Wende von mir den falschen Weg und
gönne mir dein Gesetz.
30. Ich habe den Weg der Wahrheit erwählt; deine Rechte habe ich vor mich
gestellt.
31. Ich hange an deinen Zeugnissen;
Herr, laß mich nicht zu Schanden werden!
32. Wenn du mein Herz tröstest, so laufe
ich den Weg deiner Gebote.
33. Zeige mir, Herr, den Weg deiner
Rechte, daß ich sie bewahre bis ans Ende.
34. Unterweise mich, daß ich bewahre
dein Gesetz und halte es von ganzem Herzen.
35. Führe mich auf dem Steige deiner
Gebote; denn ich habe Lust dazu. V.47.
36. Neige mein Herz zu deinen Zeugnissen, und nicht zum Geiz.
37. Wende meine Augen ab, daß sie nicht
sehen nach unnützer Lehre; sondern erquicke mich auf deinem Wege.
38. Laß deinen Knecht dein Gebot fest
für dein Wort halten, daß ich dich fürchte.
39. Wende von mir die Schmach, die ich
scheue; denn deine Rechte sind lieblich.
40. Siehe, ich begehre deiner Befehle; erquicke mich mit deiner Gerechtigkeit.
41. Herr, laß mir deine Gnade widerfahren, deine Hilfe nach deinem Wort,
42. daß ich antworten möge meinem Lästerer; denn ich verlasse mich auf dein
Wort.
43. Und nimmt ja nicht von meinem
Munde das Wort der Wahrheit; denn ich
hoffe auf deine Rechte.
44. Ich will dein Gesetz halten allewege,
immer und ewiglich.
45. Und ich wandle fröhlich; denn ich
suche deine Befehle.
46. Ich rede von deinen Zeugnissen vor
Königen und schäme mich nicht
Matth.10,18; Röm.1,16.
47. und habe Lust an deinen Geboten,
und sie sind mir lieb, V.70.
48. und hebe meine Hände auf zu deinen
Geboten, die mir lieb sind, und rede von
deinen Rechten.
49. Gedenke deinem Knechte an dein
Wort, auf welches du mich lässest hoffen.
50. Das ist mein Trost in meinem Elend;
denn dein Wort *erquickt mich. *Ps.19,8.
51. Die Stolzen haben ihren Spott an
mir; dennoch weiche ich nicht von deinem Gesetz.
52. Herr, wenn ich gedenke, wie du von
der Welt her gerichtet hast, so werde ich
getröstet.
53. Ich bin entbrannt über die Gottlosen,
die dein Gesetz verlassen.
54. Deine Rechte sind mein Lied in dem
Hause meiner Wallfahrt.
55. Herr, ich gedenke des Nachts an deinen Namen und halte dein Gesetz.
56. Das ist mein Schatz, daß ich deine
Befehle halte.
57. Ich habe gesagt: »Herr, das soll mein
Erbe sein, daß ich deine Worte halte.«
58. Ich flehe vor deinem Angesicht von
ganzem Herzen; sei mir gnädig nach deinem Wort.
59. Ich betrachte meine Wege und kehre
meine Füße zu deinen Zeugnissen.
60. Ich eile und säume mich nicht, zu
halten deine Gebote.
61. Der Gottlosen Rotte beraubt mich;
aber *ich vergesse deines Gesetzes nicht.
*V.83.
62. Zur Mitternacht stehe ich auf, dir zu

danken für die Rechte deiner Gerechtigkeit. Ps. 42,9.
63. Ich halte mich zu denen, die dich fürchten und deine Befehle halten.
64. Herr, die Erde ist voll deiner Güte; lehre mich deine Rechte. Ps. 33,5.
65. Du tust Gutes deinem Knechte, Herr, nach deinem Wort. V. 17.41.
66. Lehre mich heilsame Sitten und Erkenntnis; denn ich glaube deinen Geboten.
67. Ehe ich gedemütigt ward, irrte ich; nun aber halte ich dein Wort. V. 75; Jes. 28,19.
68. Du bist gütig und freundlich; lehre mich deine Rechte. V. 12.
69. Die Stolzen erdichten Lügen über mich; ich aber halte von ganzem Herzen deine Befehle. V. 78.
70. Ihr Herz ist dick wie Schmer; *ich aber habe Lust an deinem Gesetz. *V. 77.
71. Es ist mir lieb, daß du mich gedemütigt hast, daß ich deine Rechte lerne. Ps. 118,21.
72. Das Gesetz deines Mundes ist mir lieber denn viel tausend Stück Gold und Silber. Ps. 19,11.
73. Deine Hand hat mich gemacht und bereitet; unterweise mich, daß ich deine Gebote lerne.
74. Die dich fürchten, sehen mich und freuen sich; denn ich hoffe auf dein Wort.
75. Herr, ich weiß, daß deine Gerichte recht sind; du *hast mich treulich gedemütigt. *V. 67.
76. Deine Gnade müsse mein Trost sein, wie du deinem Knecht zugesagt hast. Ps. 109,21.
77. Laß mir deine Barmherzigkeit widerfahren, daß ich lebe; denn *ich habe Lust zu deinem Gesetz. *V. 143.
78. Ach daß die Stolzen müßten zu Schanden werden, die mich mit Lügen niederdrücken! ich aber rede von deinen Befehlen. V. 85.86.
79. Ach daß sich müßten zu mir halten, die dich fürchten und deine Zeugnisse kennen!
80. Mein Herz bleibe rechtschaffen in deinen Rechten, daß ich nicht zu Schanden werde.
81. Meine Seele verlangt nach deinem Heil; ich hoffe auf dein Wort.
82. Meine Augen sehnen sich nach deinem Wort und sagen: Wann tröstest du mich?
83. Denn ich bin wie ein Schlauch im Rauch; deiner Rechte vergesse ich nicht. V. 93.
84. Wie lange soll dein Knecht warten? Wann willst du Gericht halten über meine Verfolger?
85. Die Stolzen graben mir Gruben, sie, die nicht sind nach deinem Gesetz. V. 69.
86. Deine Gebote sind eitel Wahrheit. Sie verfolgen mich mit Lügen; hilf mir!
87. Sie haben mich schier umgebracht auf Erden; ich aber verlasse deine Befehle nicht.
88. Erquicke mich durch deine Gnade, daß ich halte die Zeugnisse deines Mundes. V. 149.
89. Herr, dein Wort bleibt ewiglich, soweit der Himmel ist; Jes. 40,8.
90. deine Wahrheit währet für und für. Du hast die Erde zugerichtet, und sie bleibt stehen.
91. Es bleibt täglich nach deinem Wort; denn es muß dir alles dienen.
92. Wo dein Gesetz nicht mein Trost gewesen wäre, so wäre ich vergangen in meinem Elend. V. 50; Jer. 15,16.
93. Ich will deine Befehle nimmermehr vergessen; denn du erquickest mich damit. V. 109.
94. Ich bin dein, hilf mir! denn ich suche deine Befehle. V. 45.
95. Die Gottlosen lauern auf mich, daß sie mich umbringen; ich aber merke auf deine Zeugnisse.
96. Ich habe alles Dinges ein Ende gesehen; aber dein Gebot währet.
97. Wie habe ich dein Gesetz so lieb! Täglich rede ich davon. Ps. 1,2.
98. Du machst mich mit deinem Gebot weiser, als meine Feinde sind; denn es ist ewiglich mein Schatz. 5. Mose 4,6.
99. Ich bin gelehrter denn alle meine Lehrer; denn deine Zeugnisse sind meine Rede.
100. Ich bin klüger denn die Alten; denn ich halte deine Befehle.
101. Ich wehre meinem Fuß alle bösen Wege, daß ich dein Wort halte.
102. Ich weiche nicht von deinen Rechten; denn du lehrest mich.
103. Dein Wort ist meinem Munde süßer denn Honig. Ps. 19,11.
104. Dein Wort macht mich klug; darum hasse ich alle falschen Wege.
105. Dein Wort ist meines Fußes Leuchte und ein Licht auf meinem Wege. 2. Petr. 1,19.
106. Ich schwöre und will's halten, daß ich die Rechte deiner Gerechtigkeit halten will.
107. Ich bin sehr gedemütigt; Herr, erquicke mich nach deinem Wort! V. 67.71.

108. Laß dir gefallen, Herr, das willige Opfer meines Mundes und lehre mich deine Rechte. Ps. 19,15.
109. Ich trage meine Seele immer in meinen Händen, und ich vergesse deines Gesetzes nicht. V. 141.
110. Die Gottlosen legen mir Stricke; ich aber irre nicht von deinen Befehlen.
111. Deine Zeugnisse sind mein ewiges Erbe; denn sie sind meines Herzens Wonne.
112. Ich neige mein Herz, zu tun nach deinen Rechten immer und ewiglich.
113. Ich *hasse die Flattergeister und liebe dein Gesetz. *Ps. 31,7.
114. Du bist mein Schirm und Schild; ich hoffe auf dein Wort. Ps. 3,4.
115. Weichet von mir, ihr Boshaften! Ich will halten die Gebote meines Gottes.
116. Erhalte mich durch dein Wort, daß ich lebe; und laß mich nicht zu Schanden werden über meiner Hoffnung.
117. Stärke mich, daß ich genese, so will ich stets meine Lust haben an deinen Rechten.
118. Du zertrittst alle, die von deinen Rechten abirren; denn ihre Trügerei ist eitel Lüge.
119. Du wirfst alle Gottlosen auf Erden weg wie Schlacken; darum liebe ich deine Zeugnisse.
120. Ich fürchte mich vor dir, daß mir die Haut schaudert, und entsetze mich vor deinen Gerichten.
121. Ich halte über Recht und Gerechtigkeit; übergib mich nicht denen, die mir wollen Gewalt tun.
122. Vertritt du deinen Knecht und tröste ihn; mögen mir die Stolzen nicht Gewalt tun. Ps. 19,14.
123. Meine Augen sehnen sich nach deinem Heil und nach dem Wort deiner Gerechtigkeit.
124. Handle mit deinem Knechte nach deiner Gnade und lehre mich deine Rechte.
125. Ich bin dein Knecht; unterweise mich, daß ich erkenne deine Zeugnisse.
126. Es ist Zeit, daß der Herr dazutue; sie haben dein Gesetz zerrissen.
127. Darum liebe ich dein Gebot über Gold und über feines Gold. Ps. 19,11.
128. Darum halte ich stracks alle deine Befehle; ich hasse allen falschen Weg.
129. Deine Zeugnisse sind wunderbar; darum hält sie meine Seele.
130. Wenn dein Wort offenbar wird, so erfreut es und macht klug die Einfältigen. Ps. 19,8.
131. Ich sperre meinen Mund auf und lechze nach deinen Geboten; denn mich verlangt darnach.
132. Wende dich zu mir und sei mir gnädig, wie du pflegst zu tun denen, die deinen Namen lieben.
133. Laß meinen *Gang gewiß sein in deinem Wort und laß kein Unrecht über mich herrschen. *Ps. 17,5.
134. Erlöse mich von der Menschen Frevel, so will ich halten deine Befehle.
135. Laß dein Antlitz leuchten über deinen Knecht und lehre mich deine Rechte.
136. Meine Augen fließen mit Wasser, daß man dein Gesetz nicht hält.
137. Herr, du bist gerecht, und dein Wort ist recht.
138. Du hast die Zeugnisse deiner Gerechtigkeit und die Wahrheit hart geboten.
139. Ich habe mich schier zu Tode geeifert, daß meine Widersacher deiner Worte vergessen. Ps. 69,10.
140. Dein Wort ist wohl geläutert, und dein Knecht hat es lieb.
141. Ich bin gering und verachtet; ich vergesse aber nicht deiner Befehle. V. 153.
142. Deine Gerechtigkeit ist eine ewige Gerechtigkeit, und dein Gesetz ist Wahrheit.
143. Angst und Not haben mich getroffen; ich habe aber Lust an deinen Geboten. V. 174.
144. Die Gerechtigkeit deiner Zeugnisse ist ewig; unterweise mich, so lebe ich.
145. Ich rufe von ganzem Herzen; erhöre mich, Herr, daß ich deine Rechte halte.
146. Ich rufe zu dir; hilf mir, daß ich deine Zeugnisse halte.
147. Ich komme in der Frühe und schreie; auf dein Wort hoffe ich. V. 114.
148. Ich wache auf, wenn's noch Nacht ist, zu sinnen über dein Wort.
149. Höre meine Stimme nach deiner Gnade; Herr, erquicke mich nach deinen Rechten. V. 88.154.159.
150. Meine boshaften Verfolger nahen herzu und sind ferne von deinem Gesetz.
151. Herr, du bist nahe, und deine Gebote *sind eitel Wahrheit. *V. 86.
152. Längst weiß ich, daß du deine Zeugnisse für ewig gegründet hast.
153. Siehe mein Elend und errette mich; hilf mir aus, denn *ich vergesse deines Gesetzes nicht. *V. 176.
154. Führe meine Sache und erlöse mich; erquicke mich durch dein Wort.
155. Das Heil ist ferne von den Gottlosen; denn sie achten deine Rechte nicht.

156. Herr, deine Barmherzigkeit ist groß; erquicke mich nach deinen Rechten.
157. Meiner Verfolger und Widersacher sind viele; ich weiche aber nicht von deinen Zeugnissen.
158. Ich sehe die Verächter, und es tut mir wehe, daß sie dein Wort nicht halten.
159. Siehe, ich liebe deine Befehle; Herr, erquicke mich nach deiner Gnade.
160. Dein *Wort ist nichts denn Wahrheit; alle Rechte deiner Gerechtigkeit währen ewiglich. *Joh. 17,17.
161. Die Fürsten verfolgen mich ohne Ursache, und mein Herz fürchtet sich vor deinen Worten.
162. Ich freue mich über dein Wort wie einer, der eine große Beute kriegt.
163. Lügen bin ich gram und habe Greuel daran; aber dein Gesetz habe ich lieb.
164. Ich lobe dich des Tages siebenmal um der Rechte willen deiner Gerechtigkeit.
165. Großen Frieden haben, die dein Gesetz lieben; sie werden nicht straucheln.
166. Herr, ich warte auf dein Heil und tue nach deinen Geboten. 1.Mose 49,18.
167. Meine Seele hält deine Zeugnisse und liebt sie sehr.
168. Ich halte deine Befehle und deine Zeugnisse; denn alle meine Wege sind vor dir. Ps. 18,22.
169. Herr, laß meine Klage vor dich kommen; unterweise mich nach deinem Wort.
170. Laß mein Flehen vor dich kommen; errette mich nach deinem Wort.
171. Meine Lippen sollen loben, wenn du mich deine Rechte lehrest.
172. Meine Zunge soll *ihr Gespräch haben von deinem Wort; denn alle deine Gebote sind recht. *Ps. 1,2; Spr. 6,22.
173. Laß mir deine Hand beistehen; denn ich habe erwählt deine Befehle.
174. Herr, mich verlangt nach deinem Heil, und *ich habe Lust an deinem Gesetz. *V. 16.
175. Laß meine Seele leben, daß sie dich lobe, und deine Rechte mir helfen.
176. Ich bin wie *ein verirrtes und verlorenes Schaf. Suche deinen Knecht; denn †ich vergesse deiner Gebote nicht.

*Jes. 53,6. †V. 16.

Der 120. Psalm

Wider die Verleumder.

1. Ein Lied im höhern Chor.
Ich rufe zu dem Herrn in meiner Not, und er erhört mich.
2. Herr, errette meine Seele von den Lügenmäulern, von den falschen Zungen.
3. Was kann dir die falsche Zunge tun, und was kann sie ausrichten?
4. Sie ist wie scharfe Pfeile eines Starken, wie Feuer in Wacholdern.
5. Wehe mir, daß ich ein Fremdling bin unter Mesech; ich muß wohnen unter den Hütten Kedars.
6. Es wird meiner Seele lang, zu wohnen bei denen, die den Frieden hassen.
7. Ich halte Frieden; aber wenn ich rede, so fangen sie Krieg an.

Der 121. Psalm

Gott, der treue Menschenhüter.

1. Ein Lied im höhern Chor.
Ich hebe meine Augen auf zu den Bergen, von welchen mir Hilfe kommt.
2. Meine Hilfe kommt von dem Herrn, der Himmel und Erde gemacht hat.
3. Er wird deinen Fuß nicht gleiten lassen; und der dich behütet, schläft nicht.
4. Siehe, der Hüter Israels schläft noch schlummert nicht.
5. Der Herr behütet dich; der Herr ist dein Schatten über deiner rechten Hand,
6. daß dich des Tages die Sonne nicht steche noch der Mond des Nachts.
7. Der Herr behüte dich vor allem Übel, er behüte deine Seele; 4.Mose 6,24.
8. der Herr behüte deinen Ausgang und Eingang von nun an bis in Ewigkeit.

Der 122. Psalm

Herrlichkeit Jerusalems.

1. Ein Lied Davids im höhern Chor.
Ich freue mich über die, so mir sagten: Lasset uns ins Haus des Herrn gehen! Ps. 26,6–8.
2. Unsre Füße stehen in deinen Toren, Jerusalem.
3. Jerusalem ist gebaut, daß es eine Stadt sei, da man zusammenkommen soll,
4. da die Stämme hinaufgehen, die Stämme des Herrn, wie geboten ist dem Volk Israel, zu danken dem Namen des Herrn.
5. Denn daselbst stehen die Stühle zum Gericht, die Stühle des Hauses David.
6. Wünschet *Jerusalem Glück! Es möge wohl gehen denen, die dich lieben! *Sach. 4,7.
7. Es möge Friede sein in deinen Mauern und Glück in deinen Palästen!
8. Um meiner Brüder und Freunde willen will ich dir Frieden wünschen.

9. Um des Hauses willen des Herrn, unsers Gottes, will ich dein Bestes suchen.

Der 123. Psalm

Sehnsucht nach Hilfe unter Schmach und Spott.

1. Ein Lied im höhern Chor.
Ich hebe meine Augen auf zu dir, der du im Himmel sitzest.
2. Siehe! Wie die Augen der Knechte auf die Hände ihrer Herren sehen, wie die Augen der Magd auf die Hände ihrer Frau, also sehen unsre Augen auf den Herrn, unsern Gott, bis er uns gnädig werde.
3. Sei uns gnädig, Herr, sei uns gnädig! denn wir sind sehr voll Verachtung.
4. Sehr voll ist unsre Seele von der Stolzen Spott und der Hoffärtigen Verachtung.

Der 124. Psalm

Gott mit uns in der Not.

1. Ein Lied Davids im höhern Chor.
Wo der Herr nicht bei uns wäre – so sage Israel –,
2, wo der Herr nicht bei uns wäre, wenn die Menschen sich wider uns setzen:
3. so verschlängen sie uns lebendig, wenn ihr Zorn über uns ergrimmte;
4. so ersäufte uns Wasser, Ströme gingen über unsre Seele; Ps. 42,8; 69,16.
5. es gingen Wasser allzu hoch über unsre Seele.
6. Gelobet sei der Herr, daß er uns nicht gibt zum Raub in ihre Zähne!
7. Unsre Seele ist entronnen wie ein Vogel dem Stricke des Voglers; der Strick ist zerrissen, und wir sind los.
8. Unsre Hilfe steht im Namen des Herrn, der Himmel und Erde gemacht hat. Ps. 121,2.

Der 125. Psalm

Hoffnung läßt nicht zu Schanden werden.

1. Ein Lied im höhern Chor.
Die auf den Herrn hoffen, die werden nicht fallen, sondern ewig bleiben wie der Berg Zion.
2. Um Jerusalem her sind Berge, und der Herr ist um sein Volk her von nun an bis in Ewigkeit. Ps. 36,7.
3. Denn der Gottlosen Zepter wird nicht bleiben über dem Häuflein der Gerechten, auf daß die Gerechten ihre Hand nicht ausstrecken zur Ungerechtigkeit.
4. Herr, tue wohl den guten und frommen Herzen!
5. Die aber abweichen auf ihre krummen Wege, wird der Herr wegtreiben mit den Übeltätern. *Friede sei über Israel!
*Gal. 6,16.

Der 126. Psalm

Erlösung der Gefangenen Zions.

1. Ein Lied im höhern Chor.
Wenn der Herr die *Gefangenen Zions erlösen wird, so werden wir sein wie die Träumenden. *Ps. 14,7.
2. Dann wird unser Mund voll Lachens und unsre Zunge voll Rühmens sein. Da wird man sagen unter den Heiden: Der Herr hat Großes an ihnen getan!
3. Der Herr hat Großes an uns getan; des sind wir fröhlich.
4. Herr, bringe wieder unsre Gefangenen, wie du die Bäche wiederbringst im Mittagslande.
5. Die mit Tränen säen, werden mit Freuden ernten. Matth. 5,4.
6. Sie gehen hin und weinen und tragen edlen Samen und kommen mit Freuden und bringen ihre Garben. Jes. 35,10.

Der 127. Psalm

An Gottes Segen ist alles gelegen.

1. Ein Lied Salomos im höhern Chor.
Wo der Herr nicht das Haus baut, so arbeiten umsonst, die daran bauen. Wo der Herr nicht die Stadt behütet, so wacht der Wächter umsonst.
2. Es ist umsonst, daß ihr früh aufstehet und hernach lange sitzet und esset euer Brot mit Sorgen; denn seinen Freunden gibt er's schlafend. Spr. 10,22.
3. Siehe, Kinder sind eine Gabe des Herrn, und Leibesfrucht ist ein Geschenk.
1. Mose 33,5; Ps. 128,3.4.
4. Wie die Pfeile in der Hand eines Starken, also geraten die jungen Knaben.
5. Wohl dem, der seinen Köcher derselben voll hat! Die werden nicht zu Schanden, wenn sie mit ihren Feinden handeln im Tor.

Der 128. Psalm

Segen des Frommen im Hausstande.

1. Ein Lied im höhern Chor.
Wohl dem, der den Herrn fürchtet und auf seinen Wegen geht!
2. Du wirst dich nähren deiner Hände Arbeit; wohl dir, du hast es gut.
3. Dein Weib wird sein wie ein fruchtbarer Weinstock drinnen in deinem Hause,

deine Kinder wie Ölzweige um deinen Tisch her. Ps. 127,3.
4. Siehe, also wird gesegnet der Mann, der den Herrn fürchtet.
5. Der Herr wird dich segnen aus Zion, daß du sehest das Glück Jerusalems dein Leben lang,
6. und sehest deiner Kinder Kinder. *Friede über Israel! *Ps. 125,5.

Der 129. Psalm

Die Dränger Israels müssen zu Schanden werden.

1. Ein Lied im höhern Chor.
Sie haben mich oft gedrängt von meiner Jugend auf – so sagte Israel –,
2. sie haben mich oft gedrängt von meiner Jugend auf; aber sie haben mich nicht übermocht.
3. Die Pflüger haben auf meinem Rücken geackert und ihre Furchen lang gezogen. Jes. 50,6; 51,23.
4. Der Herr, der gerecht ist, hat der Gottlosen Seile abgehauen.
5. Ach daß müßten zu Schanden werden und zurückkehren alle, die Zion gram sind!
6. Ach daß sie müßten sein wie das Gras auf den Dächern, welches verdorrt, ehe man es ausrauft,
7. von welchem der Schnitter seine Hand nicht füllt noch der Garbenbinder seinen Arm
8. und die vorübergehen nicht sprechen: »Der *Segen des Herrn sei über euch! wir segnen euch im Namen des Herrn«! *Ruth. 2,4.

Der 130. Psalm

Aus tiefer Not.

1. Ein Lied im höhern Chor.
Aus der *Tiefe rufe ich, Herr, zu dir. *Ps. 69,3.
2. Herr, höre meine Stimme, laß deine Ohren merken auf die Stimme meines Flehens!
3. So du willst, Herr, Sünden zurechnen, Herr, wer wird bestehen? Ps. 19,13.
4. Denn bei dir ist *die Vergebung, daß man dich fürchte. *Jes. 55,7; Röm. 6,1.2.
5. Ich harre des Herrn; meine Seele harret, und ich hoffe auf sein Wort.
6. Meine Seele wartet auf den Herrn von einer Morgenwache bis zur andern.
7. Israel, hoffe auf den Herrn! denn bei dem Herrn ist die Gnade und viel Erlösung bei ihm,
8. und er wird Israel erlösen aus allen seinen Sünden. Matth. 1,21.

Der 131. Psalm

Gläubige Herzensdemut.

1. Ein Lied Davids im höhern Chor.
Herr, mein Herz ist nicht hoffärtig, und meine Augen sind nicht stolz; ich wandle nicht in großen Dingen, die mir zu hoch sind.
2. Ja, ich habe meine Seele gesetzt und gestillt; so ist meine Seele in mir wie ein entwöhntes Kind bei seiner Mutter.
3. Israel, hoffe auf den Herrn von nun an bis in Ewigkeit! Ps. 130,7.

Der 132. Psalm

Gebet für Davids Haus im Blick auf die Verheißung Gottes.

1. Ein Lied im höhern Chor.
Gedenke, Herr, an David und an all sein Leiden,
2. der dem Herrn schwur und gelobte dem Mächtigen Jakobs: 2. Sam. 7.
3. »Ich will nicht in die Hütte meines Hauses gehen noch mich aufs Lager meines Bettes legen,
4. ich will meine Augen nicht schlafen lassen noch meine Augenlieder schlummern,
5. bis ich eine Stätte finde für den Herrn, zur Wohnung dem Mächtigen Jakobs.« Apg. 7,46.
6. Siehe, wir hörten von ihr in Ephratha; wir haben sie gefunden auf dem *Felde des Waldes. *1. Sam. 7,1; 2. Sam. 6,3.
7. Wir wollen in seine Wohnung gehen und anbeten vor seinem Fußschemel.
8. Herr, mache dich auf zu deiner Ruhe, du und die Lade deiner Macht! 4. Mose 10,35; 2. Chron. 6,41.42.
9. Deine Priester laß sich kleiden mit Gerechtigkeit und deine Heiligen sich freuen.
10. Wende nicht weg das Antlitz deines Gesalbten um deines Knechtes David willen.
11. Der Herr *hat David einen wahren Eid geschworen – davon wird er sich nicht wenden –: »Ich will dir auf deinen Stuhl setzen die Frucht deines Leibes. *Ps. 89,4.
12. Werden deine Kinder meinen Bund halten und mein Zeugnis, das ich sie lehren werde, so sollen auch ihre Kinder auf deinem Stuhl sitzen ewiglich.«
13. Denn der Herr hat Zion erwählt und hat Lust, daselbst zu wohnen. Ps. 68,17; 76,3.
14. »Dies ist meine Ruhe ewiglich, hier will ich wohnen; denn es gefällt mir wohl.
15. Ich will ihre Speise segnen und ihren Armen Brot genug geben.

16. Ihre Priester will ich mit Heil kleiden, und ihre Heiligen sollen fröhlich sein.
17. Daselbst *soll aufgehen das Horn Davids; ich habe meinem Gesalbten eine Leuchte zugerichtet. *Luk. 1,69; Ps. 89,25.
18. Seine Feinde will ich mit Schanden kleiden; aber über ihm soll blühen seine Krone.«

Der 133. Psalm

Segen der brüderlichen Eintracht.

1. Ein Lied Davids im höhern Chor.
Siehe, wie fein und lieblich ist's, daß Brüder einträchtig beieinander wohnen!
2. wie der köstliche *Balsam ist, der vom Haupt Aarons herabfließt in seinen ganzen Bart, der herabfließt in sein Kleid,
*2. Mose 29,7; 30,23–30.
3. wie der Tau, der vom Hermon herabfällt auf die Berge Zions. Denn daselbst verheißt der Herr Segen und Leben immer und ewiglich.

Der 134. Psalm

Nächtliches Loblied im Tempel

1. Ein Lied im höhern Chor.
Siehe, lobet den Herrn, alle Knechte des Herrn, die ihr stehet des Nachts im Hause des Herrn!
2. Hebet eure Hände auf im Heiligtum und lobet den Herrn!
3. Der Herr segne dich aus Zion, der Himmel und Erde gemacht hat! Ps. 115,15.

Der 135. Psalm

Allmacht Gottes, Ohnmacht der Götzen.

1. Hallelujah!
Lobet den Namen des Herrn, lobet, ihr Knechte des Herrn,
2. die ihr stehet im Hause des Herrn, in den Höfen des Hauses unsers Gottes!
3. Lobet den Herrn, denn der Herr ist freundlich; lobsinget seinem Namen, denn er ist lieblich!
4. Denn der Herr hat sich Jakob erwählt, Israel zu seinem Eigentum.
2. Mose 19,5.6; 5. Mose 7,6.
5. Denn ich weiß, daß der Herr groß ist und unser Herr vor allen Göttern. Ps. 86,8.
6. Alles, was er will, das tut er, im Himmel und auf Erden, im Meer und in allen Tiefen;
7. der die Wolken läßt aufsteigen vom Ende der Erde, der die Blitze samt dem Regen macht, der den Wind aus seinen Vorratskammern kommen läßt; Jer. 10,13.
8. der die Erstgeburten schlug in Ägypten, beider, der Menschen und des Viehes,
2. Mose 12,29.
9. und ließ seine Zeichen und Wunder kommen über dich, Ägyptenland, über Pharao und alle seine Knechte; Ps. 78,43–52.
10. der viele Völker schlug und tötete mächtige Könige:
11. Sihon, der Amoriter König, und Og, den König von Basan, und alle Königreiche in Kanaan; 4. Mose 21,21–35.
12. und gab ihr Land zum Erbe, zum Erbe seinem Volk Israel. Jos. 12.
13. Herr, dein Name währet ewiglich; dein Gedächtnis, Herr, währet für und für.
Ps. 102,13.
14. Denn der Herr wird sein Volk richten und seinen Knechten gnädig sein.
5. Mose 32,36.43. (V. 15–20: vgl. Ps. 115,4–11.)
15. Der Heiden Götzen sind Silber und Gold, von Menschenhänden gemacht.
16. Sie haben Mäuler, und reden nicht; sie haben Augen, und sehen nicht;
17. sie haben Ohren, und hören nicht; auch ist kein Odem in Ihrem Munde.
18. Die solche machen, sind gleich also, alle, die auf solche hoffen.
19. Das Haus Israel lobe den Herrn! Lobet den Herrn, ihr vom Hause Aaron!
*Ps. 118,2–4.
20. Ihr vom Hause Levi, lobet den Herrn! Die ihr den Herrn fürchtet, lobet den Herrn!
21. Gelobet sei der Herr aus Zion, der zu Jerusalem wohnt! Halleluja!

Der 136. Psalm

Preis der ewigen Güte Gottes und seiner Wunder.

1. Danket dem Herrn; denn er ist freundlich – denn seine Güte währet ewiglich.
Ps. 106,1.
2. Danket dem Gott aller Götter – denn seine Güte währet ewiglich.
3. Danket dem Herrn aller Herren – denn seine Güte währet ewiglich –,
4. der große Wunder tut allein – denn seine Güte währet ewiglich –;
5. der die Himmel weislich gemacht hat – denn seine Güte währet ewiglich –;
6. der die Erde auf Wasser ausgebreitet hat – denn seine Güte währet ewiglich –;
7. der große Lichter gemacht hat – denn seine Güte währet ewiglich –:
1. Mose 1,14–18.
8. die Sonne, dem Tage vorzustehen – denn seine Güte währet ewiglich –,
9. den Mond und Sterne, der Nacht vor-

zustehen – denn seine Güte währet ewiglich –;
10. der Ägypten schlug an ihren Erstgeburten – denn seine Güte währet ewiglich – Ps. 78,51; 135,8–12.
11. und führte Israel heraus – denn seine Güte währet ewiglich –
12. durch mächtige Hand und ausgereckten Arm – denn seine Güte währet ewiglich –;
13. der das Schilfmeer teilte in zwei Teile – denn seine Güte währet ewiglich –
14. und ließ Israel hindurchgehen – denn seine Güte währet ewiglich –;
15. der Pharao und sein Heer ins Schilfmeer stieß – denn seine Güte währet ewiglich –;
16. der sein Volk führte durch die Wüste – denn seine Güte währet ewiglich –;
17. der große Könige schlug – denn seine Güte währet ewiglich –
18. und erwürgte mächtige Könige – denn seine Güte währet ewiglich –:
19. Sihon, der Amoriter König – denn seine Güte währet ewiglich –
20. und Og, den König von Basan – denn seine Güte währet ewiglich –,
21. und gab ihr Land zum Erbe – denn seine Güte währet ewiglich –,
22. zum Erbe seinem Knecht Israel – denn seine Güte währet ewiglich –;
23. denn er dachte an uns, da wir unterdrückt waren – denn seine Güte währet ewiglich –,
24. und erlöste uns von unsern Feinden – denn seine Güte währet ewiglich –;
25. der *allem Fleisch Speise gibt – denn seine Güte währet ewiglich. *Ps. 145,15.
26. Danket dem Gott des Himmels – denn seine Güte währet ewiglich.

Der 137. Psalm

Wehklage der Gefangenen zu Babel.

1. An den Wassern zu Babel saßen wir und weinten, wenn wir an Zion gedachten.
2. Unsere Harfen hingen wir an die Weiden, die daselbst sind.
3. Denn dort hießen uns singen, die uns gefangen hielten, und in unserm Heulen fröhlich sein: »Singet uns ein Lied von Zion!«
4. Wie sollten wir des Herrn Lied singen in fremden Landen?
5. Vergesse ich dein, Jerusalem, so werde meiner Rechten vergessen. Jer. 51,50.
6. Meine Zunge soll an meinem Gaumen kleben, wo ich dein nicht gedenke, wo ich nicht lasse Jerusalem meine höchste Freude sein.
7. Herr, gedenke den Kindern Edom den Tag Jerusalems, die da sagten: »Rein ab, rein ab bis auf ihren Boden!«
Ps. 79,12; Obad. 10–15.
8. Du verstörte Tochter Babel, wohl dem, der dir vergilt, wie du uns getan hast!
9. Wohl dem, der deine jungen Kinder nimmt und zerschmettert sie an dem Stein! Jes. 13,16.

Der 138. Psalm

Danklied für die göttliche Hilfe in der Not.

1. Davids.
Ich danke dir von ganzem Herzen; vor den Göttern will ich dir lobsingen.
2. Ich will anbeten zu deinem heiligen Tempel und deinem Namen danken für deine Güte und Treue; denn du hast deinen Namen über alles herrlich gemacht durch dein Wort. Ps. 26,8.
3. Wenn ich dich anrufe, so erhörst du mich und gibst meiner Seele große Kraft.
4. Es danken dir, Herr, alle Könige auf Erden, daß sie hören das Wort deines Mundes, Jes. 2,3.
5. und singen auf den Wegen des Herrn, daß die Ehre des Herrn groß sei.
6. Denn der Herr ist hoch und sieht auf das Niedrige und kennt den Stolzen von ferne. Ps. 113,5.6.
7. Wenn ich mitten in der Angst wandle, so erquickst du mich und streckst deine Hand über den Zorn meiner Feinde und hilfst mir mit deiner Rechten.
8. Der Herr wird's *für mich vollführen. Herr, deine Güte ist ewig. Das Werk deiner Hände wollest du nicht lassen. *Phil. 1,6.

Der 139. Psalm

Von Gottes Allwissenheit und Allgegenwart.

1. Ein Psalm Davids, vorzusingen.
Herr, du erforschest mich und kennest mich. V. 23; Ps. 7,10.
2. Ich sitze oder stehe auf, so weißt du es; du *verstehest meine Gedanken von ferne.
Jer. 17,10.
3. Ich gehe oder liege, so bist du um mich und siehest alle meine Wege.
4. Denn siehe, es ist kein Wort auf meiner Zunge, das du, Herr, nicht alles wissest.
5. Von allen Seiten umgibst du mich und hältst deine Hand über mir.
6. Solche Erkenntnis ist mir zu wunderbar und zu hoch; ich kann sie nicht begreifen.
7. Wo soll ich hin gehen vor deinem Geist, und wo soll ich hin fliehen vor deinem Angesicht?

8. Führe ich gen Himmel, so bist du da.
Bettete ich mir in die Hölle, siehe, so bist
du auch da.
9. Nähme ich Flügel der Morgenröte und
*bliebe am äußersten Meer, *Jona 1,3.
10. so würde mich doch deine Hand daselbst führen und deine Rechte mich halten.
11. Spräche ich: Finsternis möge mich
decken! so muß die Nacht auch Licht um
mich sein. Hiob 34,22.
12. Denn auch Finsternis nicht finster ist
bei dir, und die Nacht leuchtet wie der
Tag, Finsternis ist wie das Licht.
Jak. 1,17.
13. Denn du hast meine Nieren bereitet
und hast mich gebildet im Mutterleibe.
14. Ich danke dir dafür, daß ich wunderbar gemacht bin; wunderbar sind deine
Werke, und das erkennet meine Seele
wohl.
15. Es war dir mein Gebein nicht verhohlen, da ich im Verborgenen gemacht ward,
da ich gebildet ward unten in der Erde.
Pred. 11,5.
16. Deine Augen sahen mich, da ich noch
unbereitet war, und *alle Tage waren auf
dein Buch geschrieben, die noch werden
sollten, als derselben keiner da war.
*Hiob 14,5.
17. Aber wie köstlich sind vor mir, Gott,
*deine Gedanken! Wie ist ihrer so eine
große Summe! *Jes. 55,9.
18. Sollte ich sie zählen, so würde *ihrer
mehr sein, denn des Sandes. †Wenn ich
aufwache, bin ich noch bei dir.
*Ps. 40,6. †Ps. 63,7.
19. Ach Gott, daß du tötetest die Gottlosen, und die Blutgierigen von mir weichen
müßten!
20. Denn sie reden von dir lästerlich, und
deine Feinde erheben sich ohne Ursache.
21. Ich hasse ja, Herr, die dich hassen,
und es verdrießt mich an ihnen, daß sie
sich wider dich setzen.
22. Ich hasse sie in rechtem Ernst; sie
sind mir zu Feinden geworden.
23. Erforsche mich, Gott, und erfahre
mein Herz; prüfe mich und erfahre, wie
ich's meine. V. 1.
24. Und siehe, ob ich auf bösem Wege
bin, und leite mich auf ewigem Wege.
Ps. 27,11.

Der 140. Psalm

Gebet um Hilfe bei den Nachstellungen listiger Feinde.

1. Ein Psalm Davids, vorzusingen.
2. Errette mich, Herr, von den bösen
Menschen; behüte mich vor den freveln
Leuten,
3. die Böses gedenken in ihrem Herzen
und täglich Krieg erregen.
4. Sie schärfen ihre Zunge wie eine
Schlange; *Otterngift ist unter ihren Lippen. (Sela.) *Röm. 3,13.
5. Bewahre mich, Herr, vor der Hand der
Gottlosen; behüte mich vor den freveln
Leuten, die meinen Gang gedenken um-
zustoßen.
6. Die Hoffärtigen legen mir Stricke und
breiten mir Seile aus zum Netz und stellen
mir Fallen an den Weg. (Sela.)
7. Ich aber sage zum Herrn: *Du bist
mein Gott; Herr, vernimm die Stimme
meines Flehens! *Ps. 22,11.
8. Herr Herr, meine starke Hilfe, du beschirmst mein Haupt zur Zeit des Streits.
9. Herr, laß dem Gottlosen seine Begierde nicht; stärke seinen Mutwillen nicht:
sie möchten sich des überheben. (Sela.)
10. Das Unglück, davon meine Feinde
ratschlagen, müsse auf ihren Kopf fallen.
Ps. 7,17.
11. Er wird Strahlen über sie schütten;
er wird sie mit Feuer tief in die Erde schlagen, daß sie nicht mehr aufstehen.
12. Ein böses Maul wird kein Glück haben auf Erden; ein frevler, böser Mensch
wird verjagt und gestürzt werden.
13. Denn ich weiß, daß der Herr wird des
Elenden Sache und der Armen Recht ausführen.
14. Auch werden die Gerechten deinem
Namen danken, und die Frommen werden
vor deinem Angesicht bleiben.

Der 141. Psalm

Bitte um göttliche Bewahrung vor den Bösen.

1. Ein Psalm Davids.
Herr, ich rufe zu dir; eile zu mir; vernimm meine Stimme, wenn ich dich anrufe.
2. Mein Gebet müsse vor dir taugen wie
ein *Räuchopfer, mein Händeaufheben
wie ein †Abendopfer.
2. Mose 30,7. †2. Mose 29,39.
3. Herr, behüte meinen Mund und bewahre meine Lippen. Ps. 39,2.
4. *Neige mein Herz nicht auf etwas
Böses, ein gottloses Wesen zu führen mit
den Übeltätern, daß ich nicht esse von
dem was ihnen geliebt. *Ps. 119,36.
5. Der Gerechte schlage mich freundlich
und *strafe mich; das wird mir so wohl tun
wie Balsam auf meinem Haupt; denn ich
bete stets, daß sie mir nicht Schaden tun.
*3. Mose 19,17; Spr, 27,5.6.

6. Ihre Führer müssen gestürzt werden über einen Fels; so wird man dann meine Rede hören, daß sie lieblich sei.
7. Unsere Gebeine sind zerstreut bis zur Hölle, wie wenn einer das Land pflügt und zerwühlt.
8. Denn auf dich, Herr Herr, sehen meine Augen; ich traue auf dich, verstoße meine Seele nicht.
9. Bewahre mich vor dem Stricke, den sie mir gelegt haben, und vor der Falle der Übeltäter.
10. Die Gottlosen müssen in ihr eigen Netz fallen miteinander, ich aber immer vorübergehen. Ps. 7,16.

Der 142. Psalm

Seufzen nach der Hilfe Gottes in großer Angst.

1. Eine Unterweisung Davids, ein Gebet, da er in der Höhle war.
1. Sam. 24.4.
2. Ich schreie zum Herrn mit meiner Stimme; ich flehe zum Herrn mit meiner Stimme;
3. ich schütte meine Rede vor ihm aus und zeige an vor ihm meine Not.
4. Wenn mein Geist in *Ängsten ist, so nimmst du dich meiner an. Sie legen mir Stricke auf dem Wege, darauf ich gehe.
*Ps. 138,7.
5. Schaue zur Rechten und siehe! da will mich niemand kennen. Ich kann nicht entfliehen; niemand nimmt sich meiner Seele an.
6. Herr, zu dir schreie ich und sage: Du bist meine Zuversicht, mein Teil im *Lande der Lebendigen. *Ps. 27,13.
7. Merke auf meine Klage, denn ich werde sehr geplagt; *errette mich von meinen Verfolgern, denn sie sind mir zu mächtig.
*Ps. 7,2.
8. Führe meine Seele aus dem Kerker, daß ich danke deinem Namen. Die Gerechten werden sich zu mir sammeln, wenn du mir wohltust.

Der 143. Psalm

Gebet um göttliche Errettung und Leitung.

1. Ein Psalm Davids.
Herr, erhöre mein Gebet, vernimm mein Flehen um deiner Wahrheit willen, erhöre mich um deiner Gerechtigkeit willen
2. und gehe nicht ins Gericht mit deinem Knechte; denn vor dir ist kein Lebendiger gerecht. Ps. 130,3; Hiob 9,2.
3. Denn der Feind verfolgt meine Seele und schlägt mein Leben zu Boden; er legt mich ins Finstere wie die, so längst tot sind.
4. Und mein Geist ist in mir geängstet; mein Herz ist mir in meinem Leibe verzehrt.
5. Ich *gedenke an die vorigen Zeiten; ich rede von allen deinen Taten und sage von den Werken deiner Hände. *Ps. 77,6.
6. Ich breite meine Hände aus zu dir; meine *Seele dürstet nach dir wie ein dürres Land. (Sela.) *Ps. 42,2.3; 63,2.
7. Herr, erhöre mich bald, mein Geist vergeht; verbirg dein Antlitz nicht von mir, daß ich nicht gleich werde denen, die in die Grube fahren. *Ps. 28,1.
8. Laß mich frühe hören deine Gnade; denn ich hoffe auf dich. Tue mir kund den Weg, darauf ich gehen soll; denn mich verlangt nach dir.
9. Errette mich, mein Gott, von meinen Feinden; zu dir habe ich Zuflucht.
10. Lehre mich tun nach deinem Wohlgefallen, denn du bist mein Gott; dein guter Geist führe mich auf ebener Bahn.
Ps. 25,5.
11. Herr, *erquicke mich um deines Namens willen; führe meine Seele aus der Not um deiner Gerechtigkeit willen
*Ps. 23,3; 119,25.
12. und verstöre meine Feinde um deiner Güte willen und bringe um alle, die meine Seele ängsten; denn *ich bin dein Knecht. *Ps. 116,16.

Der 144. Psalm

Bitte um Schutz und Segen Gottes für sein Volk.

1. Ein Psalm Davids.
Gelobet sei der Herr, mein Hort, *der meine Hände lehrt streiten und meine Fäuste kriegen, *Ps. 18,35.
2. meine Güte und meine Burg, mein Schutz und mein Erretter, mein Schild, auf den ich traue, der mein Volk unter mich zwingt. Ps. 18,3.
3. Herr, was ist der Mensch, daß du dich sein annimmst, und des Menschen Kind, daß du ihn so achtest? Ps. 8,5.
4. Ist doch der Mensch gleich wie nichts; seine Zeit fährt dahin wie *ein Schatten.
*Hiob 14,2.
5. Herr, *neige deine Himmel und fahre herab; †rühre die Berge an, daß sie rauchen; *Ps. 18,10. †Ps. 104,32.
6. laß blitzen und zerstreue sie; schieße deine Strahlen und schrecke sie;
7. strecke deine Hand aus von der Höhe und erlöse mich und errette mich von großen Wassern, von der Hand der Kinder der Fremde,

8. deren Mund redet unnütz, und ihre Werke sind falsch. V. 11.
9. Gott, ich will dir ein neues Lied singen, ich will dir spielen auf dem Psalter von zehn Saiten, Ps. 33,2.3.
10. der du den Königen Sieg gibst und erlösest deinen Knecht David vom mörderischen Schwert des Bösen.
11. Erlöse mich auch und errette mich von der Hand der Kinder der Fremde – *deren Mund redet unnütz, und ihre Werke sind falsch –, *V. 8.
12. daß unsere Söhne aufwachsen in ihrer Jugend wie die *Pflanzen, und unsere Töchter seien wie die ausgehauenen Erker, womit man Paläste ziert; *Ps. 128,3.
13. daß unsere Kammern voll seien und herausgeben können einen Vorrat nach dem andern; daß unsere Schafe tragen tausend und zehntausend auf unsern Triften;
14. daß unsere Ochsen viel erarbeiten; daß kein Schade, kein Verlust noch Klage auf unsern Gassen sei.
15. Wohl dem Volk, dem es also geht! Wohl dem Volk, des Gott der Herr ist!
5. Mose 33,29.

Der 145. Psalm

Die Gnade und Gerechtigkeit in seinem Reich.

1. Ein Lob Davids.
Ich will dich erheben, mein Gott, du König, und deinen Namen loben immer und ewiglich.
2. Ich will dich täglich loben und deinen Namen rühmen immer und ewiglich.
3. Der Herr ist groß und sehr löblich, und seine Größe ist unausforschlich.
4. Kindeskinder werden deine Werke preisen und von deiner Gewalt sagen.
5. Ich will reden von deiner herrlichen schönen Pracht und von deinen Wundern,
6. daß man soll sagen von deinen herrlichen Taten und daß man erzähle deine Herrlichkeit;
7. daß man preise deine große Güte und deine Gerechtigkeit rühme.
8. Gnädig und barmherzig ist der Herr, geduldig und von großer Güte. 2. Mose 34,6.
9. Der Herr ist allen gütig und erbarmt sich aller seiner Werke. Röm. 11,32.
10. Es sollen dir danken, Herr, alle deine Werke und deine Heiligen dich loben
11. und die Ehre deines Königreichs rühmen und von deiner Gewalt reden,
12. daß den Menschenkindern deine Gewalt kund werde und die herrliche Pracht deines Königreichs. V. 5.
13. Dein Reich ist ein ewiges Reich, und deine Herrschaft währet für und für.
14. Der Herr erhält alle, die fallen, und *richtet auf alle, die niedergeschlagen sind. *Ps. 146,8; Luk. 1,52.
15. Aller Augen warten auf dich, und du gibst ihnen ihre Speise zu seiner Zeit.
Ps. 104,27.28; 136,25.
16. Du tust deine Hand auf und erfüllest alles, was lebt, mit Wohlgefallen.
17. Der Herr ist *gerecht in allen seinen Wegen und heilig in allen seinen Werken.
5. Mose 32,4.
18. Der Herr ist nahe allen, die ihn anrufen, allen, die ihn mit Ernst anrufen.
19. Er tut, was die Gottesfürchtigen begehren, und hört ihr Schreien und hilft ihnen. Spr. 10,24.
20. Der Herr behütet alle, die ihn lieben, und wird vertilgen alle Gottlosen.
21. Mein Mund soll des Herrn Lob sagen, und alles Fleisch lobe seinen heiligen Namen immer und ewiglich.

Der 146. Psalm

Die ewige Treue Gottes.

1. Halleluja!
Lobe den Herrn, meine Seele!
2. Ich will den Herrn loben, solange ich lebe, und meinem Gott lobsingen, solange ich hier bin.
3. Verlasset euch nicht auf Fürsten; sie sind Menschen, die können ja nicht helfen. Ps. 118,8.9; Jer. 17,5.
4. Denn *des Menschen Geist muß davon, und er muß wieder zu Erde werden; alsdann sind verloren alle seine Anschläge. *1. Mose 3,19; Pred. 12,7.
5. Wohl dem, des Hilfe der Gott Jakobs ist; des Hoffnung auf dem Herrn, seinem Gott, steht;
6. der Himmel, Erde, Meer und alles, was darinnen ist, gemacht hat; der Glauben hält ewiglich;
7. der Rechte schafft denen, so Gewalt leiden; der die Hungrigen speist. Der Herr löst die Gefangenen.
8. Der Herr macht die Blinden sehend. Der Herr *richtet auf, die niedergeschlagen sind. Der Herr liebt die Gerechten.
*Ps. 145,14.
9. Der Herr behütet *die Fremdlinge und †erhält Waisen und Witwen und kehrt zurück den Weg der Gottlosen.
*2. Mose 22,20.21. †Ps. 10,14; 68,6.
10. Der Herr ist König ewiglich, dein Gott, Zion, für und für. Halleluja!
Ps. 93,1.

Der 147. Psalm

Preis der leiblichen und geistlichen Segnungen Gottes.

1. Lobet den Herrn! denn unsern Gott loben, das ist ein köstlich Ding; solch Lob ist lieblich und schön. Ps. 92,2.
2. Der Herr baut Jerusalem und bringt zusammen die Verjagten Israels.
3. Er heilt, die zerbrochenen Herzens sind, und verbindet ihre Schmerzen. Jes. 61,1.
4. Er zählt die Sterne und nennt sie alle mit Namen. Jes. 40,26.
5. Unser Herr ist groß und von großer Kraft; und ist unbegreiflich, wie er regiert.
6. Der Herr richtet auf die Elenden und stößt die Gottlosen zu Boden. Luk. 1,52.
7. Singet umeinander dem Herrn mit Dank und lobet unsern Gott mit Harfen,
8. der den Himmel mit Wolken verdeckt und gibt Regen auf Erden; der Gras auf Bergen wachsen läßt;
9. der dem Vieh sein Futter gibt, den *jungen Raben, die ihn anrufen. *Hiob 38,41.
10. Er hat nicht Lust an der Stärke des Rosses noch Gefallen an eines Mannes Schenkeln.
11. Der Herr hat Gefallen an denen, die ihn fürchten, die auf seine Güte hoffen.
12. Preise, Jerusalem, den Herrn; lobe, Zion, deinen Gott!
13. Denn er macht fest die Riegel deiner Tore und segnet deine Kinder drinnen.
14. Er schafft deinen Grenzen Frieden und *sättigt dich mit dem besten Weizen. *Ps. 81,17.
15. Er sendet seine Rede auf Erden; sein Wort läuft schnell.
16. Er gibt Schnee wie Wolle, er streut Reif wie Asche. Ps. 148,8; Hiob 38,22–30.
17. Er wirft seine Schloßen wie Bissen; wer kann bleiben vor seinem Frost?
18. Er spricht, so zerschmilzt es; er läßt seinen Wind wehen, so taut es auf.
19. Er zeigt Jakob sein Wort, Israel seine Sitten und Rechte.
20. So tut er keinen Heiden, noch läßt er sie wissen seine Rechte. Halleluja! 5. Mose 4,7; Apg. 14,16; Röm. 3,2.

Der 148. Psalm

Alle Welt lobe den Herrn!

1. Halleluja!
Lobet im Himmel den Herrn; lobet ihn in der Höhe!
2. Lobet ihn, alle seine Engel; lobet ihn, all sein Heer! Ps. 103,20–22.
3. Lobet ihn, Sonne und Mond; lobet ihn, alle leuchtenden Sterne!
4. Lobet ihn, ihr Himmel allenthalben und die Wasser, die oben am Himmel sind!
5. Die sollen loben den Namen des Herrn; denn er gebot, da wurden sie geschaffen. Ps. 33,9.
6. Er hält sie immer und ewiglich; er ordnet sie, daß sie nicht anders gehen dürfen.
7. Lobet den Herrn auf Erden, ihr Walfische und alle Tiefen;
8. Feuer, Hagel, Schnee und Dampf, Sturmwinde, die sein Wort ausrichten;
9. Berge und alle Hügel, fruchtbare Bäume und alle Zedern;
10. Tiere und alles Vieh, Gewürm und Vögel;
11. ihr Könige auf Erden und alle Völker, Fürsten und alle Richter auf Erden;
12. Jünglinge und Jungfrauen, Alte mit den Jungen!
13. Die sollen loben den Namen des Herrn; denn sein Name allein ist hoch, sein Lob geht, soweit Himmel und Erde ist.
14. Und er erhöht das *Horn seines Volks. Alle seine Heiligen sollen loben, die Kinder Israel, das Volk, das ihm dient. Halleluja! *Ps. 132,17.

Der 149. Psalm

Zion lobe den Herrn!

1. Halleluja.
Singet *dem Herrn ein neues Lied; die Gemeinde der Heiligen soll ihn loben. *Ps. 96,1.
2. Israel freue sich des, *der es gemacht hat; die Kinder Zions seien fröhlich über ihren †König. *Ps. 100,3. †Ps. 93,1.
3 Sie sollen loben seinen Namen im Reigen; mit Pauken und Harfen sollen sie ihm spielen.
4. Denn der Herr hat Wohlgefallen an seinem Volk; er hilft den Elenden herrlich.
5. Die Heiligen sollen fröhlich sein und preisen und rühmen auf ihren Lagern.
6. Ihr Mund soll Gott erheben, und sie sollen scharfe Schwerter in ihren Händen haben,
7. daß sie Rache üben unter den Heiden, Strafe unter den Völkern;
8. Ihre Könige zu binden mit Ketten und ihre Edlen mit eisernen Fesseln;
9. daß sie ihnen tun das Recht, davon geschrieben ist. Solche Ehre werden alle seine Heiligen haben. Halleluja!

Der 150. Psalm

Alles, was Odem hat, lobe den Herrn!

1. Halleluja!
Lobet den Herrn in seinem Heiligtum; lobet ihn in der Feste seiner Macht!
2. Lobet ihn in seinen Taten; lobet ihn in seiner großen Herrlichkeit!
3. Lobet ihn mit Posaunen; lobet ihn mit Psalter und Harfe!
4. Lobet ihn mit Pauken und Reigen; lobet ihn mit Saiten und Pfeifen!
5. Lobet ihn mit hellen Zimbeln; lobet ihn mit wohlklingenden Zimbeln!
6. Alles, was Odem hat, lobe den Herrn! Halleluja! Ps. 41,14; Offenb. 5,13.

Die Sprüche Salomos

Das 1. Kapitel

Freundlicher Ruf der Weisheit. Warnung vor Verführung. Strafe der Ungehorsamen.

1. Dies sind die Sprüche Salomos, des Königs in Israel, des Sohnes Davids,
1. Kön. 5,9–12.
2. zu lernen Wiesheit und Zucht, Verstand,
3. Klugheit, Gerechtigkeit, Recht und Schlecht;
4. daß die Unverständigen klug und die Jünglinge vernünftig und vorsichtig werden.
5. Wer weise ist, der hört zu und bessert sich; und wer verständig ist, der läßt sich raten.
6. daß er verstehe die Sprüche und ihre Deutung, die Lehre der Weisen und ihre Beispiele.
7. *Des Herrn Furcht ist Anfang der Erkenntnis. Die Ruchlosen verachten Weisheit und Zucht.
*K. 9,10; Ps. 111,10; Hiob 28,28.
8. Mein Kind, gehorche der Zucht deines Vaters, und verlaß nicht das Gebot deiner Mutter. K. 6,20.
9. Denn solches ist ein schöner Schmuck deinem Haupt und eine Kette an deinem Halse. K. 4,9.
10. Mein Kind, wenn dich die bösen Buben locken, so folge nicht.
11. Wenn sie sagen: »Gehe mit uns! wir wollen auf Blut lauern und den Unschuldigen ohne Ursache nachstellen;
12. wir wollen sie lebendig verschlingen wie die Hölle und die Frommen wir die, so hinunter in die Grube fahren;
13. wir wollen großes Gut finden; wir wollen unsre Häuser mit Raub füllen;
14. wage es mit uns! es soll unser aller ein Beutel sein«:
15. mein Kind, wandle den Weg nicht mit ihnen; wehre deinem Fuß vor ihrem Pfad.
16. Denn ihre Füße laufen zum Bösen und eilen, Blut zu vergießen.
17. Denn es ist vergeblich, das Netz auswerfen vor den Augen der Vögel.
18. Sie aber lauern auf ihr eigen Blut und stellen sich selbst nach dem Leben.
19. Also geht es allen, die nach Gewinn geizen, daß ihr Geiz ihnen das Leben nimmt.
20. Die Weisheit klagt draußen und läßt sich hören auf den Gassen;
21. sie ruft in dem Eingang des Tores, vorn unter dem Volk; sie redet ihre Worte in der Stadt: K. 8,1.
22. Wie lange wollt ihr Unverständigen unverständig sein und die Spötter Lust zu Spötterei haben und die Ruchlosen die Lehre hassen?
23. Kehret euch zu meiner Strafe. Siehe, ich will euch heraussagen meinen Geist und euch meine Worte kundtun.
24. Weil ich denn rufe, und ihr weigert euch, ich recke meine Hand aus, und niemand achtet darauf, Jes. 65,2.12.
25. und laßt fahren allen meinen Rat und wollet meine Strafe nicht:
26. so will ich auch lachen in eurem Unglück und euer spotten, wenn da kommt, was ihr fürchtet, K. 3,34.
27. wenn über euch kommt wie ein Sturm, was ihr fürchtet, und euer Unglück als ein Wetter, wenn über euch Angst und Not kommt.
28. Dann werden sie nach mir rufen, aber ich werde nicht antworten; sie werden mich suchen, und nicht finden.
Jes. 59,2; Micha 3,4.
29. Darum daß sie haßten die Lehre und wollten des Herrn Furcht nicht haben,
30. wollten meinen Rat nicht und lästerten alle meine Strafe:
31. so sollen sie essen von den Früchten ihres Wesens und ihres Rats satt werden.
Jes. 3,10.11.

32. Was die Unverständigen gelüstet, tötet sie, und der Ruchlosen Glück bringt sie um. K. 8,36.
33. Wer aber mir gehorcht, wird sicher bleiben und genug haben und kein Unglück fürchten. K. 8,34.

Das 2. Kapitel

Ermahnung, Weisheit ernstlich zu suchen und sich dadurch vor Verführern zu bewahren.

1. Mein Kind, so du willst meine Rede annehmen und meine Gebote bei dir behalten,
2. daß dein Ohr auf Weisheit achthat, und du dein Herz mit Fleiß dazu neigest;
3. ja, so du mit Fleiß *darnach rufest und darum betest; *Jak. 1,5.
4. so du sie suchest wie Silber und nach ihr forschest wie nach Schätzen:
5. alsdann wirst du die Furcht des Herrn verstehen und Gottes Erkenntnis finden.
6. Denn der Herr gibt Weisheit, und aus seinem Munde kommt Erkenntnis und Verstand.
7. Er läßt's den *Aufrichtigen gelingen und beschirmt die Frommen *Pred. 7,29.
8. und behütet die, so recht tun, und bewahrt den Weg seiner Heiligen.
9. Alsdann wirst du verstehen Gerechtigkeit und Recht und Frömmigkeit und allen guten Weg.
10. Denn Weisheit wird in dein Herz eingehen, daß du gerne lernest;
11. guter Rat wird dich bewahren, und Verstand wird dich behüten,
12. daß du nicht geratest auf den Weg der Bösen noch unter die verkehrten Schwätzer,
13. die da verlassen die rechte Bahn und gehen finstere Wege,
14. die sich freuen, Böses zu tun, und sind fröhlich in ihrem bösen, verkehrten Wesen,
15. welche ihren Weg verkehren und folgen ihrem Abwege;
16. daß *du nicht geratest an eines andern Weib, an eine Fremde, †die glatte Worte gibt *K. 6,24; 7,5. †K. 5,3.
17. und verläßt den Freund ihrer Jugend und vergißt den Bund ihres Gottes
18. (denn ihr Haus neigt sich zum Tod und ihre Gänge zu den Verlorenen; K. 5,5.6.
19. alle, die zu ihr eingehen, kommen nicht wieder und ergreifen den Weg des Lebens nicht);
20. auf daß du wandelst auf gutem Wege und bleibest auf der rechten Bahn.
21. Denn die Gerechten werden im Lande wohnen, und die Frommen werden darin bleiben; Ps. 37,9.29; Matth. 5,5.
22. aber die Gottlosen werden aus dem Lande ausgerottet, und die Verächter werden daraus vertilgt. Ps. 37,10.22.

Das 3. Kapitel

Segen der Gottesfurcht und Weisheit.

1. Mein Kind, vergiß meines Gesetzes nicht, und dein Herz behalte meine Gebote.
2. Denn sie werden dir langes Leben und gute Jahre und Frieden bringen; K. 4,10; 3. Mose 18,5.
3. Gnade und Treue werden dich nicht lassen. *Hänge sie an deinen Hals und schreibe sie auf die Tafel deines Herzens, K. 6,21; 7,3; 5. Mose 6,8; Jer. 31,33.
4. so wirst du Gunst und Klugheit finden, die Gott und Menschen gefällt. Luk. 2,52.
5. Verlaß dich auf den Herrn von ganzem Herzen und verlaß dich nicht auf deinen Verstand;
6. sondern gedenke an ihn in allen deinen Wegen, so wird er dich recht führen.
7. *Dünke dich nicht, weise zu sein, sondern fürchte den Herrn und weiche vom Bösen. *Jes. 5,21.
8. Das wird deinem Leibe gesund sein und deine Gebeine erquicken. K. 4,22.
9. Ehre den Herrn von deinem Gut und von den Erstlingen all deines Einkommens, 2. Mose 23,19.
10. so werden deine Scheunen voll werden und deine Kelter mit Most übergehen.
11. Mein Kind, verwirf die Zucht des Herrn nicht und sei nicht ungeduldig über seine Strafe. Hiob 5,17–19; Hebr. 12,5.6.
12. Denn welchen der Herr liebt, den straft er, und hat doch Wohlgefallen an ihm wie ein Vater am Sohn. Offenb. 3,19.
13. Wohl dem Menschen, der Weisheit findet, und dem Menschen, der Verstand bekommt! Matth. 13,44.
14. Denn es ist besser, sie zu erwerben, als Silber; und ihr Ertrag ist besser als Gold. K. 8,10.19.
15. Sie ist edler denn Perlen; und alles, was du wunschen magst, ist ihr nicht zu vergleichen. Matth. 13,45.46.
16. Langes Leben ist zu ihrer rechten Hand; zu ihrer Linken ist Reichtum und Ehre. V. 2.
17. Ihre Wege sind liebliche Wege, und alle ihre Steige sind Friede.
18. Sie ist ein Baum des Lebens allen, die sie ergreifen; und selig sind, die sie halten.

19. Denn der Herr hat die Erde durch Weisheit gegründet und durch seinen Rat die Himmel bereitet. K. 8,24–30.
20. Durch seine Weisheit sind die Tiefen zerteilt und die Wolken mit Tau triefend gemacht.
21. Mein Kind, laß sie nicht von deinen Augen weichen, so wirst du glückselig und klug werden.
22. Das wird deiner Seele Leben sein und ein *Schmuck deinem Halse. *K. 1,9.
23. Dann wirst du sicher wandeln auf deinem Wege, daß dein Fuß sich nicht stoßen wird.
24. Legst du dich, so wirst du dich nicht fürchten, sondern süß schlafen, Ps. 3,6; 4,9.
25. daß du dich nicht fürchten darfst vor plötzlichem Schrecken noch vor dem Sturm der Gottlosen, wenn er kommt.
26. Denn der Herr ist *dein Trotz; der behütet deinen Fuß, daß er nicht gefangen werde. *K. 10,29.
27. Weigere dich nicht, dem Dürftigen Gutes zu tun, so deine Hand von Gott hat, solches zu tun.
28. Sprich nicht zu deinem Nächsten: »Gehe hin und komm wieder; morgen will ich dir geben«, so du es doch wohl hast.
29. Trachte nicht Böses wider deinen Nächsten, der auf Treue bei dir wohnt.
30. Hadere nicht mit jemand ohne Ursache, so er dir kein Leid getan hat.
31. Eifere nicht einem Frevler nach und erwähle seiner Wege keinen;
32. denn der Herr hat Greuel an dem Abtrünnigen, und *sein Geheimnis ist bei den Frommen. *Ps. 25,14.
33. Im Hause des Gottlosen ist der Fluch des Herrn; aber das Haus der Gerechten wird gesegnet.
34. Er wird der Spötter spotten; aber den Elenden wird er Gnade geben.
K. 1,26; 1. Petr. 5,5.
35. Die Weisen werden Ehre erben; aber wenn die Narren hochkommen, werden sie doch zu Schanden.

Das 4. Kapitel

Väterliche Erinnerungen, die Lehren der Weisheit zu befolgen.

1. Höret, meine Kinder, die Zucht eures Vaters; merkt auf, daß ihr lernet und klug werdet!
2. Denn ich gebe euch eine gute Lehre; verlasset mein Gesetz nicht.
3. Denn ich war meines Vaters Sohn, ein zarter und ein einziger vor meiner Mutter.
4. Und er lehrte mich und sprach: Laß dein Herz meine Worte aufnehmen; *halte meine Gebote, so wirst du leben.
*3. Mose 18,5.
5. Nimm an Weisheit, nimm an Verstand; *vergiß nicht und weiche nicht von der Rede meines Mundes. *K. 3,1.
6. Verlaß sie nicht, so wird sie dich bewahren; liebe sie, so wird sie dich behüten.
7. Denn der Weisheit Anfang ist, wenn man sie gerne hört und die Klugheit lieber hat als alle Güter.
8. Achte sie hoch, so wird sie dich erhöhen, und wird dich zu Ehren bringen, wo du sie herzest.
9. Sie wird dein Haupt schön schmücken und wird dich zieren mit einer prächtigen Krone. K. 1,9.
10. So höre, mein Kind, und nimm an meine Rede, so *werden deiner Jahre viel werden. *K. 3,2.
11. Ich will dich den Weg der Weisheit führen; ich will dich auf rechter Bahn leiten, Ps. 32,8; 27,11.
12. daß, wenn du gehst, dein Gang dir nicht sauer werde, und wenn du läufst, daß du nicht anstoßest.
13. Fasse die Zucht, laß nicht davon; bewahre sie, denn sie ist dein Leben.
14. Komm nicht auf der Gottlosen Pfad und tritt nicht auf den Weg der Bösen.
K. 1,10; Ps. 1,1.
15. Laß ihn fahren und gehe nicht darin; weiche von ihm und gehe vorüber.
16. Denn sie schlafen nicht, sie haben denn übel getan; und sie ruhen nicht, sie haben denn Schaden getan.
17. Denn sie nähren sich von gottlosem Brot und trinken vom Wein des Frevels.
18. Aber der Gerechten Pfad glänzt wie das Licht, das immer heller leuchtet bis auf den vollen Tag.
19. Der Gottlosen Weg aber ist wie Dunkel; sie wissen nicht, wo sie fallen werden.
K. 13,9; 24,20.
20. Mein Sohn, merke auf meine Worte und neige dein Ohr zu meiner Rede.
21. Laß sie nicht von deinen Augen fahren; behalte sie in deinem Herzen.
22. Denn sie sind das Leben denen, die sie finden, und gesund ihrem ganzen Leibe. K. 3,8. 13–16.
23. Behüte dein Herz mit allem Fleiß; denn daraus geht das Leben.
24. Tue von dir den verkehrten Mund und laß das Lästermaul ferne von dir sein.
25. Laß deine Augen stracks vor sich sehen und deine Augenlider richtig vor dir hin blicken.
26. Laß deinen Fuß gleich vor sich gehen, so gehst du gewiß. Hebr. 12,13.

27. Wanke weder zur Rechten noch zur Linken; wende deinen Fuß vom Bösen.
5.Mose 5,29.

Das 5. Kapitel

Warnung vor Unzucht.

1. Mein Kind, merke auf meine Weisheit; neige dein Ohr zu meiner Lehre,
2. daß du bewahrest guten Rat und dein Mund wisse Unterschied zu halten.
3. Denn die Lippen der Hure sind süß wie Honigseim, und ihre Kehle ist glätter als Öl, K.2,16–19.
4. aber hernach bitter wie Wermut und scharf wie ein zweischneidiges Schwert.
5. Ihre Füße laufen zum Tod hinunter; ihre Gänge führen ins Grab.
6. Sie geht nicht stracks auf dem Wege des Lebens; unstet sind ihre Tritte, daß sie nicht weiß, wo sie geht.
7. So gehorchet mir nun, meine Kinder, und weichet nicht von der Rede meines Mundes.
8. Laß deine Wege ferne von ihr sein, und nahe nicht zur Tür ihres Hauses,
9. daß du nicht den Fremden gebest deine Ehre und deine Jahre dem Grausamen;
10. daß sich nicht Fremde von deinem Vermögen sättigen und deine Arbeit nicht sei in eines andern Haus,
11. und müssest hernach seufzen, wenn du Leib und Gut verzehrt hast,
12. und sprechen: »Ach, wie habe ich die Zucht gehaßt, und wie hat mein Herz die Strafe verschmäht!
13. wie habe ich nicht gehorcht der Stimme meiner Lehrer und mein Ohr nicht geneigt zu denen, die mich lehrten!
14. Ich bin schier in alles Unglück gekommen vor allen Leuten und allem Volk.«
15. Trink Wasser aus deiner Grube und Flüsse aus deinem Brunnen.
16. Laß deine Brunnen herausfließen und die Wasserbäche auf die Gassen.
17. Habe du aber sie allein, und kein Fremder mit dir.
18. Dein Born sei gesegnet, und freue dich des Weibes deiner Jugend.
19. Sie ist lieblich wie eine *Hinde und holdselig wie ein Reh. †Laß dich ihre Liebe allezeit sättigen und ergötze dich allewege in ihrer Liebe. *Hirschkuh. †Pred. 9,9.
20. Mein Kind, warum willst du dich an der Fremden ergötzen und herzest eine andere?
21. Denn jedermanns Wege sind offen vor dem Herrn, und er mißt alle ihre Gänge.
22. Die Missetat der Gottlosen wird ihn fangen, und er wird mit dem Strick seiner Sünde gehalten werden.
23. Er wird sterben, darum daß er sich nicht will ziehen lassen; und um seiner großen Torheit willen wird's ihm nicht wohl gehen.

Das 6. Kapitel

Warnung vor Bürgschaft, vor Trägheit, vor Bosheit und Ehebruch.

1. Mein Kind, wirst du Bürge für deinen Nächsten und hast deine Hand bei einem Fremden verhaftet, K. 11,15; 17,18; 20,16.
2. so bist du verknüpft durch die Rede deines Mundes und gefangen mit den Reden deines Mundes.
3. So tue doch, mein Kind, also und errette dich – denn du bist deinem Nächsten in die Hände gekommen –: eile, dränge und treibe deinen Nächsten.
4. Laß deine Augen nicht schlafen noch deine Augenlider schlummern.
5. Errette dich wie ein Reh von der Hand und wie ein Vogel aus der Hand des Voglers.
6. Gehe hin zur Ameise, du Fauler; siehe ihre Weise an und lerne! K. 10,4; 20,4.
7. Ob sie wohl keinen Fürsten noch Hauptmann noch Herrn hat,
8. bereitet sie doch ihr Brot im Sommer und sammelt ihre Speise in der Ernte.
9. Wie lange liegst du, Fauler? Wann willst du aufstehen von deinem Schlaf?
10. Ja, schlafe noch ein wenig, schlummere ein wenig, schlage die Hände ineinander ein wenig, daß du schlafest,
K. 24,33.34.
11. so wird dich die Armut übereilen wie ein Fußgänger und der Mangel wie ein gewappneter Mann.
12. Ein heilloser Mensch, ein schädlicher Mann geht mit *verstelltem Munde,
*K. 10,31.32.
13. *winkt mit Augen, deutet mit Füßen, zeigt mit Fingern, *K. 10,10.
14. trachtet allezeit Böses und Verkehrtes in seinem Herzen und richtet Hader an.
15. Darum wird ihm plötzlich sein Verderben kommen, und er wird schnell zerbrochen werden, daß keine Hilfe dasein wird.
16. Diese sechs Stücke haßt der Herr, und am siebenten hat er einen Greuel:
17. hohe Augen, falsche Zunge, Hände, die unschuldig Blut vergießen,
18. Herz, das mit böser Tücke umgeht, Füße, die behende sind, Schaden zu tun,

19. falscher Zeuge, der frech Lügen redet, und wer Hader zwischen Brüdern anrichtet.
20. Mein Kind, bewahre die Gebote deines Vaters und laß nicht fahren das Gesetz deiner Mutter. K. 1,8.
21. Binde sie zusammen auf dein Herz allewege und hänge sie an deinen Hals, K. 3,3.
22. wenn du gehst, daß die dich geleiten; wenn du dich legst, daß sie dich bewahren; wenn du aufwachst, *daß sie zu dir sprechen. *Ps. 119,172.
23. Denn das Gebot ist eine Leuchte und das Gesetz ein Licht, und die Strafe der Zucht ist der Weg des Lebens,
24. auf daß du bewahrt werdest vor dem bösen Weibe, vor der glatten Zunge der Fremden. K. 2,16.
25. Laß dich ihre Schöne nicht gelüsten in deinem Herzen und verfange dich nicht an ihren Augenlidern.
26. Denn eine Hure bringt einen ums Brot; aber eines andern Weib fängt das edle Leben.
27. Kann auch jemand ein Feuer im Busen behalten, daß seine Kleider nicht brennen?
28. Wie sollte jemand auf Kohlen gehen, daß seine Füße nicht verbrannt würden?
29. Also gehet's dem, der zu seines Nächsten Weib geht; es bleibt keiner ungestraft, der sie berührt. K. 5,10–14.
30. Es ist einem Diebe nicht so große Schmach, ob er stiehlt, seine Seele zu sättigen, weil ihn hungert;
31. und ob er ergriffen wird, gibt er's siebenfältig wieder und legt dar alles Gut in seinem Hause.
32. Aber wer mit einem Weibe die Ehe bricht, der ist ein Narr; der bringt sein Leben in das Verderben. 1. Kor. 6,18.
33. Dazu trifft ihn Plage und Schande, und seine Schande wird nicht ausgetilgt.
34. Denn der Grimm des Mannes eifert, und schont nicht zur Zeit der Rache
35. und sieht keine Person an, die da versöhne, und nimmt's nicht an, ob du viel schenken wolltest.

Das 7. Kapitel

Beschreibung der Verführung zur Unzucht und ihrer traurigen Folgen.

1. Mein Kind, behalte meine Rede und verbirg meine Gebote bei dir.
2. Behalte meine Gebote, so wirst du leben, und mein Gesetz wie deinen Augapfel.
3. Binde sie an deine Finger; schreibe sie auf die Tafel deines Herzens. K. 3,3.
4. Sprich zur Weisheit: »Du bist meine Schwester«, und nenne die Klugheit deine Freundin,
5. daß du behütet werdest vor dem fremden Weibe, vor einer andern, die glatte Worte gibt. K. 2,16.
6. Denn am Fenster meines Hauses guckte ich durchs Gitter
7. und sah unter den Unverständigen und ward gewahr unter den Kindern eines törichten Jünglings,
8. der ging auf der Gasse an einer Ecke und trat daher auf dem Wege bei ihrem Hause,
9. in der Dämmerung, am Abend des Tages, da es Nacht ward und dunkel war.
10. Und siehe, da begegnete ihm ein Weib im Hurenschmuck, listig,
11. wild und unbändig, daß ihre Füße in ihrem Hause nicht bleiben können.
12. Jetzt ist sie draußen, jetzt auf der Gasse, und lauert an allen Ecken.
13. Und erwischte ihn und küßte ihn unverschämt und sprach zu ihm:
14. Ich habe *Dankopfer für mich heute bezahlt für meine Gelübde. *2. Mose 3,3.4.
15. Darum bin ich herausgegangen, dir zu begegnen, dein Angesicht zu suchen, und habe dich gefunden.
16. Ich habe mein Bett schön geschmückt mit bunten Teppichen aus Ägypten.
17. Ich habe mein Lager mit Myrrhe, Aloe und Zimt besprengt.
18. Komm, laß uns genug buhlen bis an den Morgen und laß uns der Liebe pflegen.
19. Denn der Mann ist nicht daheim; er ist einen fernen Weg gezogen.
20. Er hat den Geldsack mit sich genommen; er wird erst aufs Fest wieder heimkommen.
21. Sie überredete ihn mit vielen Worten und gewann ihn mit ihrem glatten Munde.
22. Er folgt ihr alsbald nach, wie ein Ochse zur Fleischbank geführt wird, und wie zur Fessel, womit man die Narren züchtigt,
23. bis sie ihm mit dem Pfeil die Leber spaltet; wie ein Vogel zum Strick eilt und weiß nicht, daß es ihm das Leben gilt.
24. So gehorchet mir nun, meine Kinder, und merket auf die Rede meines Mundes.
25. Laß dein Herz nicht weichen auf ihren Weg und laß dich nicht verführen auf ihrer Bahn.
26. Denn sie hat viele verwundet und ge-

fällt, und sind allerlei Mächtige von ihr
erwürgt.
27. Ihr Haus sind Wege zum Grab, da
man hinunterfährt in des Todes Kammern. K. 2,18.19.

Das 8. Kapitel

Einladung und Verheißung der Weisheit, die von Ewigkeit her bei Gott ist.

1. Ruft nicht die Weisheit, und die Klugheit läßt sich hören? K. 1,20–33.
2. Öffentlich am Wege und an der Straße steht sie.
3. An den Toren bei der Stadt, da man zur Tür eingeht, schreit sie:
4. O ihr Männer, ich schreie zu euch und rufe den Leuten.
5. Merkt, ihr Verständigen, auf Klugheit und, ihr Toren, nehmt es euch zu Herzen!
6. Höret, denn ich will reden, was fürstlich ist, und lehren, was recht ist.
7. Denn mein Mund soll die Wahrheit reden, und meine Lippen sollen hassen, was gottlos ist.
8. Alle Reden meines Mundes sind gerecht; es ist nichts Verkehrtes noch Falsches darin.
9. Sie sind alle gerade denen, die sie verstehen, und richtig denen, die es annehmen wollen.
10. Nehmet an meine Zucht lieber denn Silber, und die Lehre achtet höher denn köstliches Gold. K. 3,14.
11. Denn Weisheit ist besser als Perlen; und alles, was man wünschen mag, kann ihr nicht gleichen.
12. Ich, Weisheit, wohne bei der Klugheit, und ich weiß guten Rat zu geben.
13. Die Furcht des Herrn haßt das Arge, die Hoffart, den Hochmut und bösen Weg; und ich bin feind dem verkehrten Munde. K. 6,12–19.
14. Mein ist beides, Rat und Tat; ich habe Verstand und Macht.
15. Durch mich regieren die Könige und setzen die Ratsherren das Recht. K. 16,12; Pred. 10,16.
16. Durch mich herrschen die Fürsten und alle Regenten auf Erden.
17. Ich liebe, die mich lieben; und die mich frühe suchen, finden mich.
18. Reichtum und Ehre ist bei mir, währendes Gut und Gerechtigkeit. K. 3,16.
19. Meine Frucht ist besser denn Gold und feines Gold und mein Ertrag besser denn auserlesenes Silber.
20. Ich wandle auf dem rechten Wege, auf der Straße des Rechts,
21. daß ich wohl versorge, die mich lieben, und ihre Schätze voll mache.
22. Der Herr hat mich gehabt im Anfang seiner Wege; ehe er etwas schuf, war ich da. Hiob 28,27.
23. Ich bin eingesetzt von Ewigkeit, von Anfang, von der Erde.
24. Da die Tiefen noch nicht waren, da war ich schon geboren, da die Brunnen noch nicht mit Wasser quollen.
25. Ehe denn die Berge eingesenkt waren, vor den Hügeln war ich geboren,
26. da er die Erde noch nicht gemacht hatte und was darauf ist, noch die Berge des Erdbodens.
27. Da er die Himmel bereitete, war ich daselbst, da er die *Tiefe mit seinem Ziel faßte. *Hiob 26,10.
28. Da er die Wolken droben festete, da er festigte die Brunnen der Tiefe,
29. da er dem Meer das Ziel setzte und den Wassern, daß sie nicht überschreiten seinen Befehl, da er den Grund der Erde legte: Hiob 38,10.11; Ps. 104,9.
30. da war ich der Werkmeister bei ihm und hatte meine Lust täglich und spielte vor ihm allezeit
31. und spielte auf seinem Erdboden, und *meine Lust ist bei den Menschenkindern. *5. Mose 33,3.
32. So gehorchet mir nun, meine Kinder. Wohl denen, die meine Wege halten!
33. Höret die Zucht und werdet weise und lasset sie nicht fahren.
34. Wohl dem Menschen, der mir gehorcht, daß er wache an meiner Tür täglich, daß er warte an den Pfosten meiner Tür.
35. Wer mich findet, der findet das Leben und wird Wohlgefallen vom Herrn erlangen. K. 3,2.
36. Wer aber an mir sündigt, der verletzt seine Seele. Alle, die mich hassen, lieben den Tod.

Das 9. Kapitel

Freundlicher Ruf der Weisheit; Warnung vor der Lockung der Torheit.

1. Die Weisheit baute ihr Haus und hieb sieben Säulen,
2. schlachtete ihr Vieh und trug ihren Wein auf und bereitete den Tisch Matth. 22,4.
3. und sandte ihre Dirnen aus, zu rufen oben auf den Höhen der Stadt:
4. »Wer unverständig ist, der mache sich hieher!« und zum Narren sprach sie:
5. »Kommet, zehret von meinem Brot und trinket den Wein, den ich schenke;

6. verlasset das unverständige Wesen, so werdet ihr leben, und gehet auf den Wege der Klugheit.« K. 1,22.
7. Wer den Spötter züchtigt, der muß Schande auf sich nehmen; und wer den Gottlosen straft, der muß gehöhnt werden.
8. Strafe den Spötter nicht, er haßt dich; strafe den Weisen, er wird dich lieben. K. 23,9.
9. Gib dem Weisen, so wird er noch weiser werden; lehre den Gerechten, so wird er in der Lehre zunehmen.
10. Der Weisheit Anfang ist des Herrn Furcht, und den Heiligen erkennen ist Verstand. K. 1,7.
11. Denn durch mich werden deiner Tage viel werden und werden dir die Jahre des Lebens mehr werden. K. 3,2.16.
12. Bist du weise, so bist du dir weise; bist du ein Spötter, so wirst du es allein tragen.
13. Es ist aber ein törichtes, wildes Weib, voll Schwätzens, und weiß nichts;
14. die sitzt in der Tür ihres Hauses auf dem Stuhl, oben in der Stadt,
15. zu laden alle, die vorübergehen und richtig auf ihrem Wege wandeln:
16. »Wer unverständig ist, der mache sich hieher!« und zum Narren spricht sie:
17. »Die gestohlenen Wasser sind süß, und das verborgene Brot schmeckt wohl.« K. 20,17.
18. Er weiß aber nicht, daß daselbst Tote sind und ihre Gäste in der tiefen Grube.

Das 10. Kapitel

Segen der Gerechtigkeit, Unsegen der Sünde.

1. Dies sind die Sprüche Salomos.
Ein weiser Sohn ist seines Vaters Freude; aber ein törichter Sohn ist seiner Mutter Grämen. K. 15,20; 17,21.25.
2. Unrecht Gut hilft nicht; aber Gerechtigkeit errettet vom Tode.
3. Der Herr läßt die Seele des Gerechten *nicht Hunger leiden; er stößt aber weg der Gottlosen Begierde. *Ps. 37,19.25.
4. Lässige Hand macht arm; aber der Fleißigen Hand macht reich. K. 6,6–11; 12,24.27; 19,15; 28,19.
5. Wer im Sommer sammelt, der ist klug; wer aber in der Ernte schläft, wird zu Schanden.
6. Den Segen hat das Haupt des Gerechten; aber den Mund der Gottlosen wird ihr Frevel überfallen.
7. Das Gedächtnis der Gerechten bleibt im Segen; aber *der Gottlosen Name wird verwesen. *Hiob 18,17; Ps. 9,6.
8. Wer weise von Herzen ist, nimmt die Gebote an; wer aber ein Narrenmaul hat, wird geschlagen.
9. Wer unschuldig lebt, der lebt sicher; wer aber verkehrt ist auf seinen Wegen, wird offenbar werden.
10. Wer *mit Augen winkt, wird Mühsal anrichten; und der ein Narrenmaul hat, wird geschlagen. *K. 6,13.
11. Des Gerechten Mund ist ein Brunnen des Lebens; aber den Mund der Gottlosen wird ihr Frevel überfallen. V. 31; K. 13,14.
12. Haß erregt Hader; aber *Liebe deckt zu alle Übertretungen. *1. Petr. 4,8.
13. In den Lippen des Verständigen findet man Weisheit; aber auf den Rücken des Narren gehört eine Rute.
14. Die Weisen bewahren die Lehre; aber der Narren Mund ist nahe dem Schrecken.
15. Das Gut des Reichen ist seine feste Stadt; aber die Armen macht die Armut blöde. K. 18,11.
16. Der Gerechte braucht sein Gut zum Leben; aber *der Gottlose braucht sein Einkommen zur Sünde. *Luk. 16,19.
17. Die Zucht halten ist der Weg zum Leben; wer aber der Zurechtweisung nicht achtet, der bleibt in der Irre.
18. Falsche Mäuler bergen Haß; und wer verleumdet, der ist ein Narr.
19. Wo viel Worte sind, da geht's ohne Sünde nicht ab; wer aber seine Lippen hält, ist klug.
20. Des Gerechten Zunge ist köstliches Silber; aber der Gottlosen Herz ist wie nichts.
21. Des Gerechten Lippen weiden viele; aber die Narren werden an ihrer Torheit sterben.
22. Der Segen des Herrn macht reich ohne Mühe. Ps. 127,2.
23. Ein Narr treibt Mutwillen und hat noch dazu seinen Spott; aber der Mann ist weise, der aufmerkt.
24. *Was der Gottlose fürchtet, das wird ihm begegnen; und †was die Gerechten begehren, wird ihnen gegeben. *K. 1,27. †Ps. 37,4.
25. Der Gottlose ist wie ein Wetter, das vorübergeht und nicht mehr ist; der Gerechte aber besteht ewiglich.
26. Wie der Essig den Zähnen und der Rauch den Augen tut, so tut der Faule denen, die ihn senden.
27. Die Furcht des Herrn mehrt die Tage; aber die Jahre der Gottlosen werden verkürzt. K. 9,11; 14,27.

28. *Das Warten der Gerechten wird Freude werden; aber †der Gottlosen Hoffnung wird verloren sein.
*Ps. 9,19. †Hiob 8,13.
29. Der Weg des Herrn ist des Frommen Trotz; aber die Übeltäter sind blöde. K. 3,26.
30. *Der Gerechte wird nimmermehr umgestoßen; aber †die Gottlosen werden nicht im Lande bleiben. *Ps. 112,6. †K. 2,22.
31. Der Mund des Gerechten bringt Weisheit; aber die Zunge der Verkehrten wird ausgerottet. V. 11; Ps. 37,30.
32. Die Lippen der Gerechten lehren heilsame Dinge; aber der Gottlosen Mund ist verkehrt.

Das 11. Kapitel

Glück des Frommen, Unglück des Bösen.

1. Falsche Waage ist dem Herrn ein Greuel; aber völliges Gewicht ist sein Wohlgefallen. K. 16,11; 20,10; 3. Mose 19,35.
2. Wo Stolz ist, da ist auch Schmach; aber Weisheit ist bei den Demütigen.
K. 16,18; 18,12.
3. Unschuld wird die Frommen leiten; aber die Bosheit wird die Verächter verstören. Ps. 52,7.
4. Gut hilft nicht am Tage des Zorns; aber Gerechtigkeit errettet vom Tod.
K. 10,2.
5. Die Gerechtigkeit des Frommen macht seinen Weg eben; aber der Gottlose wird fallen durch sein gottloses Wesen.
6. Die Gerechtigkeit der Frommen wird sie erretten; aber die Verächter werden gefangen in ihrer Bosheit.
7. Wenn der gottlose Mensch stirbt, ist seine Hoffnung verloren, und das Harren der Ungerechten wird zunichte. K. 10,28.
8. Der Gerechte wird aus der Not erlöst, und der Gottlose kommt an seine Statt.
K. 21,18; Jes. 43,3.
9. Durch den Mund des Heuchlers wird sein Nächster verderbt; aber die Gerechten merken's und werden erlöst.
10. Eine Stadt freut sich, wenn's den Gerechten wohl geht; und wenn die Gottlosen umkommen, wird man froh.
11. Durch den Segen der Frommen wird eine Stadt erhoben; aber durch den Mund der Gottlosen wird sie zerbrochen.
K. 28,12; 29,2.
12. Wer seinen Nächsten schändet, ist ein Narr; aber ein verständiger Mann schweigt still.
13. Ein Verleumder verrät, was er heimlich weiß; aber wer eines getreuen Herzens ist, verbirgt es.
14. Wo nicht Rat ist, da geht das Volk unter; wo aber viel Ratgeber sind, da geht es wohl zu.
15. Wer für einen andern Bürge wird, der wird Schaden haben; wer aber sich vor Geloben hütet, ist sicher. K. 6,1.2.
16. Ein holdselig Weib erlangt Ehre; aber die Tyrannen erlangen Reichtum.
17. Ein barmherziger Mann tut sich selber Gutes; aber ein unbarmherziger betrübt auch sein eigen Fleisch.
18. Der Gottlosen Arbeit wird fehlschlagen; aber wer Gerechtigkeit sät, das ist gewisses Gut.
19. Gerechtigkeit fördert zum Leben; aber dem Übel nachjagen fördert zum Tod.
K. 19,23.
20. Der Herr hat Greuel an den verkehrten Herzen, und Wohlgefallen an den Frommen.
21. Den Bösen hilft nichts, wenn sie auch alle Hände zusammentäten; aber der Gerechten Same wird errettet werden.
22. Ein schönes Weib ohne Zucht ist wie eine Sau mit einem goldenen Haarband.
K. 31,30.
23. Der Gerechten Wunsch muß doch wohl geraten, und der Gottlosen Hoffen wird Unglück. V. 7.
24. Einer teilt aus, und hat immer mehr; ein anderer kargt, da er nicht soll, und wird doch ärmer.
25. Die Seele, die da reichlich segnet, wird gelabt; und wer reichlich tränkt, der wird auch getränkt werden. K. 19,17.
26. Wer Korn innehält, dem fluchen die Leute; aber Segen kommt über den, der es verkauft.
27. Wer da Gutes sucht, dem widerfährt Gutes; wer aber nach Unglück ringt, dem wird's begegnen.
28. Wer sich auf seinen Reichtum verläßt, der wird untergehen; aber die Gerechten werden grünen wie ein Blatt.
PS. 52,9.10.
29. Wer sein eigen Haus betrübt, der wird Wind zum Erbteil haben; und ein Narr muß ein Knecht des Weisen sein.
30. Die Furcht des Gerechten ist *ein Baum des Lebens, und ein Weiser gewinnt die Herzen. *K. 3,18; 15,4.
31. So der Gerechte auf Erden leiden muß, wie viel mehr der Gottlose und Sünder! 1. Petr. 4,17.18.

Das 12. Kapitel

Betragen des Weisen und des Toren.

1. Wer sich gern läßt strafen, der wird klug werden; wer aber ungestraft sein will, der bleibt ein Narr. K. 13,1.18.

2. Wer fromm ist, der bekommt Trost vom Herrn; aber ein Ruchloser verdammt sich selbst.
3. Ein gottlos Wesen fördert den Menschen nicht; aber die Wurzel der Gerechten wird bleiben. V.12.
4. Ein *tugendsam Weib ist eine Krone ihres Mannes; aber eine böse ist wie Eiter in seinem Gebein. *K.31,10–31.
5. Die Gedanken der Gerechten sind redlich; aber die Anschläge der Gottlosen sind Trügerei. 1.Kön.12,6–19.
6. Der Gottlosen Reden richten Blutvergießen an; aber der Frommen Mund errettet.
7. Die Gottlosen werden umgestürzt und nicht mehr sein; aber das Haus der Gerechten bleibt stehen. K.10,25; Hiob 8,13–19.
8. Eines weisen Mannes Rat wird gelobt; aber die da tückisch sind, werden zu Schanden.
9. Wer gering ist und wartet des Seinen, der ist besser, denn der groß sein will, und des Brots mangelt.
10. Der Gerechte erbarmt sich seines Viehs; aber das Herz der Gottlosen ist unbarmherzig. 2.Mose 23,5.
11. Wer seinen Acker baut, der wird Brot die Fülle haben; wer aber unnötigen Sachen nachgeht, der ist ein Narr. K.28,19.
12. Des Gottlosen Lust ist, Schaden zu tun; aber die Wurzel der Gerechten wird Frucht bringen. V.3.
13. Der Böse wird gefangen in seinen eigenen falschen Worten; aber der Gerechte entgeht der Angst.
14. Viel Gutes kommt dem Mann durch die Frucht des Mundes; und *dem Menschen wird vergolten, nach dem seine Hände verdient haben. *Röm.2,6.
15. Dem Narren gefällt seine Weise wohl; aber wer auf Rat hört, der ist weise.
16. Ein Narr zeigt seinen Zorn alsbald; aber wer die Schmach birgt, ist klug.
17. Wer wahrhaftig ist, der sagt frei, was recht ist; aber ein falscher Zeuge betrügt.
18. Wer unvorsichtig herausfährt, sticht wie ein Schwert; aber die Zunge der Weisen ist heilsam. K.13,3.
19. Wahrhaftiger Mund besteht ewiglich; aber die falsche Zunge besteht nicht lange.
20. Die, so Böses raten, betrügen; aber die zum Frieden raten, schaffen Freude.
21. Es wird dem Gerechten kein Leid geschehen; aber die Gottlosen werden voll Unglück sein.
22. *Falsche Mäuler sind dem Herrn ein Greuel; die aber treulich handeln, gefallen ihm wohl. *K.6,17.
23. Ein verständiger Mann trägt nicht Klugheit zur Schau; aber das Herz der Narren ruft seine Narrheit aus. K.29,11.
24. Fleißige Hand wird herrschen; die aber lässig ist, wird müssen zinsen. K.10,4.
25. Sorge im Herzen kränkt; aber *ein freundliches Wort erfreut. *K.16,24.
26. Der Gerechte hat's besser denn sein Nächster; aber der Gottlosen Weg verführt sie.
27. Einem Lässigen gerät sein Handel nicht; aber ein fleißiger Mensch wird reich. V.24.
28. Auf dem Wege der Gerechtigkeit ist Leben, und auf ihrem gebahnten Pfad ist kein Tod.

Das 13. Kapitel

Fernere Beschreibung des weisen und törichten Verhaltens.

1. Ein weiser Sohn läßt sich vom Vater züchtigen; aber ein Spötter gehorcht der Strafe nicht. K.1,8; 12,1.
2. *Die Frucht des Mundes genießt man; aber die Verächter denken nur zu freveln. *K.12,14.
3. Wer seinen Mund bewahrt, der bewahrt sein Leben; wer aber mit seinem Maul herausfährt, der kommt in Schrekken. K.12,18; 21,23.
4. Der Faule begehrt, und kriegt's doch nicht; aber die Fleißigen kriegen genug. K.10,4.
5. Der Gerechte ist der Lüge feind; aber der Gottlose schändet und schmäht sich selbst.
6. Die Gerechtigkeit behütet den Unschuldigen; aber das gottlose Wesen bringt zu Fall den Sünder.
7. Mancher ist arm bei großem Gut, und mancher ist reich bei seiner Armut. Matth.5,3; Offenb.2,9; 3,17.
8. Mit Reichtum kann einer sein Leben erretten; aber ein Armer hört kein Schelten.
9. Das Licht der Gerechten brennt fröhlich; aber *die Leuchte der Gottlosen wird auslöschen. *K.24,20; Hiob 5,14; 18,5.6.18.
10. Unter den *Stolzen ist immer Hader; aber †Weisheit ist bei denen, die sich raten lassen. *K.28,25. †K.1,5.
11. Reichtum wird wenig, wo man's vergeudet; was man aber zusammenhält, das wird groß.
12. Die Hoffnung, die sich verzieht, ängstet das Herz; wenn's aber kommt, was man begehrt, das ist ein Baum des Lebens.
13. Wer das Wort verachtet, der verderbt

sich selbst; wer aber das Gebot fürchtet, dem wird's vergolten.

14. Die Lehre des Weisen ist eine Quelle des Lebens, zu meiden die Stricke des Todes. K.10,11; 14,27.

15. Feine Klugheit schafft Gunst; aber der Verächter Weg bringt Wehe.

16. Ein Kluger tut alles mit Vernunft; ein *Narr aber breitet Narrheit aus. *K.12,23; 15,2.

17. Ein gottloser Bote bringt Unglück; aber ein treuer Bote ist heilsam.

18. Wer Zucht läßt fahren, der hat Armut und Schande; wer sich gerne strafen läßt, wird zu Ehren kommen. K.12,1.

19. Wenn's kommt, was man begehrt, das tut dem Herzen wohl; aber das Böse meiden ist den Toren ein Greuel.

20. Wer mit den Weisen umgeht, der wird weise; wer aber der Narren Geselle ist, der wird Unglück haben.

21. Unglück verfolgt die Sünder; aber den Gerechten wird Gutes vergolten.

22. Der Gute wird vererben auf Kindeskind; aber des Sünders Gut wird für den *Gerechten gespart. *K.14,14.19; 28,8; Pred. 2,26.

23. Es ist viel Speise in den Furchen der Armen; aber die unrecht tun, verderben.

24. Wer seine Rute schont, der haßt seinen Sohn; wer ihn aber liebhat, der züchtigt ihn bald. K.22,15.

25. Der Gerechte ißt, daß seine Seele satt wird; der Gottlosen Bauch aber hat nimmer genug. Ps.34,11.

Das 14. Kapitel

Lob der wahren Weisheit im menschlichen Leben.

1. Durch weise Weiber wird das Haus erbaut; eine Närrin aber zerbricht's mit ihrem Tun.

2. Wer den Herrn fürchtet, der wandelt auf rechter Bahn; wer ihn aber verachtet, der geht auf Abwegen.

3. Narren reden tyrannisch; aber die Weisen bewahren ihren Mund.

4. Wo nicht Ochsen sind, da ist die Krippe rein; aber wo der Ochse geschäftig ist, da ist viel Einkommen.

5. Ein treuer Zeuge lügt nicht; aber ein falscher Zeuge redet frech Lügen.

6. Der Spötter sucht Weisheit, und findet sie nicht; aber dem Verständigen ist die Erkenntnis leicht.

7. Gehe von dem Narren; denn du lernst nichts von ihm.

8. Das ist des Klugen Weisheit, daß er auf seinen Weg merkt; aber der Narren Torheit ist eitel Trug.

9. Die Narren treiben das Gespött mit der Sünde; aber die Frommen haben Lust an den Frommen.

10. Das Herz kennt sein eigen Leid, und in seine Freude kann sich kein Fremder mengen.

11. Das *Haus der Gottlosen wird vertilgt; aber die †Hütte der Frommen wird grünen. *Hiob 18,14. †K.12,7.

12. Es gefällt manchem ein Weg wohl; aber endlich bringt er ihn zum Tode.

13. Auch beim Lachen kann das Herz trauern, und nach der Freude kommt Leid.

14. Einem losen Menschen wird's gehen, wie er handelt; aber ein Frommer wird über ihn sein.

15. Ein Unverständiger glaubt alles; aber ein Kluger merkt auf seinen Gang.

16. Ein Weiser fürchtet sich und meidet das Arge; ein Narr aber fährt trotzig hindurch.

17. Ein Ungeduldiger handelt törich; aber ein Bedächtiger haßt es.

18. Die Unverständigen erben Narrheit; aber es ist der Klugen Krone, *vorsichtig handeln. *Eph.5,15.

19. Die Bösen müssen sich bücken vor den Guten und die Gottlosen in den Toren des Gerechten.

20. Einen *Armen hassen auch seine Nächsten; aber die Reichen haben viel Freunde. *K.19,4.7.

21. Der Sünder verachtet seinen Nächsten; aber *wohl dem, der sich der Elenden erbarmt! *Ps.41,2.

22. Die mit bösen Ränken umgehen, werden fehlgehen; die aber Gutes denken, denen wird Treue und Güte widerfahren.

23. Wo man arbeitet, da ist genug; wo man aber mit Worten umgeht, da ist Mangel. K.10,4.

24. Den Weisen ist ihr Reichtum eine Krone; aber die Torheit der Narren bleibt Torheit.

25. Ein treuer Zeuge errettet das Leben; aber ein falscher Zeuge betrügt. K.12,17.

26. Wer den Herrn fürchtet, der hat eine sichere Festung, und seine Kinder werden auch beschirmt. K.18,10.

27. Die Furcht des Herrn ist eine Quelle des Lebens, daß man meide die Stricke des Todes. K.13,14.

28. Wo ein König viel Volks hat, das ist seine Herrlichkeit; wo aber wenig Volks ist, das macht einen Herrn blöde.

29. Wer geduldig ist, der ist weise; wer

aber ungeduldig ist, der offenbart seine Torheit. K.16,32; 19,11.
30. Ein gütiges Herz ist des Leibes Leben; aber Neid ist *Eiter in den Gebeinen. *K.12,4.
31. Wer *dem Geringen Gewalt tut, der lästert desselben Schöpfer; aber †wer sich des Armen erbarmt, der ehrt Gott. *K.17,5. †K.19,17.
32. Der Gottlose besteht nicht in seinem Unglück; aber der Gerechte ist auch in seinem Tod getrost.
33. Im Herzen des Verständigen ruht Weisheit, und wird offenbar unter den Narren.
34. Gerechtigkeit erhöhet ein Volk; aber die Sünde ist der Leute Verderben.
35. Ein *kluger Knecht gefällt dem König wohl; aber einem schändlichen Knecht ist er feind. *1.Mose 41,38.

Das 15. Kapitel

Weisheit bringt Heil; Torheit und Sünde schafft nur Unheil.

1. Eine linde Antwort stillt den Zorn; aber ein hartes Wort richtet Grimm an. V.18; 1.Kön. 12,13.16.
2. Der Weisen Zunge macht die Lehre lieblich; der *Narren Mund speit eitel Narrheit. *K.12,23.
3. Die Augen des Herrn schauen an allen Orten beide, die Bösen und Frommen.
4. Eine heilsame Zunge ist ein Baum des Lebens; aber eine lügenhafte macht Herzeleid.
5. Der Narr lästert die Zucht seines Vaters; wer aber Strafe annimmt, der wird klug werden. V.32; K.13,1.
6. In des Gerechten Haus ist Guts genug; aber in dem Einkommen des Gottlosen ist Verderben.
7. Der Weisen Mund streut guten Rat; aber der Narren Herz ist nicht richtig.
8. Der Gottlosen Opfer ist dem Herrn ein Greuel; aber das Gebet der Frommen ist ihm angenehm. V.29; K.21,27; 28,9; 1.Mose 4,4.5; Jes.1,11.15; Luk.18,9–14.
9. Des Gottlosen Weg ist dem Herrn ein Greuel; wer aber der Gerechtigkeit nachjagt, den liebt er. K.11,20.
10. Den Weg verlassen bringt böse Züchtigung, und wer die Strafe haßt, der muß sterben. K.10,17; 29,1.
11. *Hölle und Abgrund ist vor dem Herrn; wie viel mehr der Menschen Herzen! *Hiob 26,6; Ps.139,8; Jer.17,10.
12. Der Spötter liebt den nicht, der ihn straft, und geht nicht zu den Weisen. K.9,8; 13,1.
13. Ein fröhlich Herz macht ein fröhlich Angesicht; aber wenn das Herz bekümmert ist, so fällt auch der Mut. V.15.
14. Ein kluges Herz handelt bedächtig; aber der Narren Mund geht mit Torheit um.
15. Ein Betrübter hat nimmer einen guten Tag; aber ein guter Mut ist ein täglich Wohlleben. V.13; K.17,22.
16. Es ist besser ein wenig mit der Furcht des Herrn denn großer Schatz, darin Unruhe ist. K.16,8; 17,1; Ps.37,16.
17. Es ist besser ein Gericht Kraut mit Liebe denn ein gemästeter Ochse mit Haß.
18. Ein zorniger Mann richtet Hader an; ein Geduldiger aber stillt den Zank. V.1; K.26,21; 29,22.
19. *Der Weg des Faulen ist dornig; aber der Weg der Frommen ist wohl gebahnt. *K.24,30.31.
20. Ein weiser Sohn erfreut den Vater, und ein törichter Mensch ist seiner Mutter Schande. K.10,1.
21. Dem Toren ist die Torheit eine Freude; aber ein anständiger Mann bleibt auf dem rechten Wege.
22. Die Anschläge werden zunichte, wo nicht Rat ist; wo aber viel Ratgeber sind, bestehen sie. K.11,14.
23. Es ist einem Mann eine Freude, wenn er richtig antwortet; und ein Wort zu seiner Zeit ist sehr lieblich.
24. Der Weg des Lebens geht überwärts für den Klugen, auf daß er meide die Hölle unterwärts.
25. Der Herr wird das Haus der Hoffärtigen zerbrechen und die Grenze der Witwe bestätigen.
26. Die Anschläge des Argen sind dem Herrn ein Greuel; aber freundlich reden die Reinen.
27. Der Geizige verstört sein eigen Haus; wer aber Geschenke haßt, der wird leben. Ps. 15,5.
28. Das Herz des Gerechten ersinnt, was zu antworten ist; aber der Mund der Gottlosen schäumt Böses.
29. Der Herr ist fern von den Gottlosen; aber der Gerechten Gebet erhört er. V.8; Joh. 9,31.
30. Freundlicher Anblick erfreut das Herz; eine *gute Botschaft labt das Gebein. *K.25,25.
31. Das Ohr, das da hört die Strafe des Lebens, wird unter den Weisen wohnen.
32. Wer sich nicht ziehen läßt, der macht sich selbst zunichte; wer aber auf Strafe hört, der wird klug. V.5.
33. Die *Furcht des Herrn ist Zucht zur

Weisheit; und †ehe man zu Ehren kommt, muß man zuvor leiden. *K.1,7. †K.18,12.

Das 16. Kapitel

Gott sieht auf des Menschen Tun.

1. Der Mensch setzt sich's wohl vor im Herzen; aber vom Herrn kommt, was die Zunge reden soll.
2. Einen jeglichen dünken seine Wege rein; aber der Herr wägt die Geister. K.21,2.
3. Befiehl dem Herrn deine Werke, so werden deine Anschläge fortgehen. Ps.37,5.
4. Der Herr macht alles zu bestimmtem Ziel, auch den Gottlosen für den bösen Tag.
5. Ein stolzes Herz ist dem Herrn ein Greuel und wird nicht ungestraft bleiben, *wenn sie sich gleich alle aneinander hängen. *K.11,21.
6. Durch Güte und Treue wird Missetat versöhnt, und durch die Furcht des Herrn meidet man das Böse.
7. Wenn jemands Wege dem Herrn wohl gefallen, so macht er auch seine Feinde mit ihm zufrieden. 1.Mose 31,24; 33,4.
8. Es ist besser wenig mit Gerechtigkeit denn viel Einkommen mit Unrecht. K.15,16.
9. Des Menschen Herz erdenkt sich seinen Weg; aber der Herr allein gibt, daß er fortgehe. K.19,21.
10. Weissagung ist in dem Munde des Königs; sein Mund fehlt nicht im Gericht.
11. Rechte Waage und Gewicht ist vom Herrn; und alle Pfunde im Sack sind seine Werke. K.11,1.
12. Den Königen ist Unrecht tun ein Greuel; denn *durch Gerechtigkeit wird der Thron befestigt. *K.20,28; 25,5; 29,14.
13. Recht raten gefällt den Königen; und wer aufrichtig redet, wird geliebt.
14. Des Königs Grimm ist ein Bote des Todes; aber ein weiser Mann wird ihn versöhnen. K.20,2.
15. Wenn des Königs Angesicht freundlich ist, das ist Leben, und seine Gnade ist wie ein Spätregen. K.19,12.
16. Nimm an die Weisheit, denn sie ist besser als Gold; und Verstand haben ist edler als Silber. K.3,14; 8,10.11.19.
17. Der Frommen Weg meidet das Arge; und wer seinen Weg bewahrt, der erhält sein Leben.
18. Wer zu Grunde gehen soll, der wird zuvor stolz; und Hochmut kommt vor dem Fall. K.18,12.
19. Es ist besser, niedriges Gemüts sein mit den Elenden, denn Raub austeilen mit den Hoffärtigen.
20. Wer eine Sache klüglich führt, der findet Glück; und wohl dem, der sich auf den Herrn verläßt!
21. Ein Verständiger wird gerühmt für einen weisen Mann, und liebliche Reden lehren wohl.
22. *Klugheit ist ein Brunnen des Lebens dem, der sie hat; aber die Zucht der Narren ist Narrheit. *K.13,14; 14,27.
23. Ein weises Herz redet klug und lehrt wohl.
24. Die Reden des Freundlichen sind Honigseim, trösten die Seele und erfrischen die Gebeine. K.12,25.
25. Manchem gefällt ein Weg wohl; aber zuletzt bringt er ihn zum Tode. K.14,12.
26. Mancher kommt zu großem Unglück durch sein eigen Maul. K.18,7.
27. Ein loser Mensch gräbt nach Unglück, und in seinem Maul brennt Feuer.
28. Ein verkehrter Mensch richtet Hader an, und ein Verleumder macht Freunde uneins. K.6,14.19.
29. Ein Frevler lockt seinen Nächsten und führt ihn auf keinen guten Weg. K.1,10–14.
30. Wer mit den Augen winkt, denkt nichts Gutes; und wer mit den Lippen andeutet, vollbringt Böses. K.6,13.
31. Graue Haare sind eine Krone der Ehren, die auf dem Wege der Gerechtigkeit gefunden wird. K.20,29.
32. Ein Geduldiger ist besser denn ein Starker, und der seines Mutes Herr ist, denn der Städte gewinnt. K.14,29.
33. Das Los wird geworfen in den Schoß; aber es fällt, wie der Herr will.

Das 17. Kapitel

Weisheit und Torheit, besonders im Reden.

1. Es ist ein trockener Bissen, daran man sich genügen läßt, besser denn ein Haus voll Geschlachtetes mit Hader. K.15,16.17; 16,8.
2. Ein kluger Knecht wird herrschen über unfleißige Erben und wird unter den Brüdern das Erbe austeilen.
3. Wie das Feuer Silber und der Ofen Gold, also prüft der Herr die Herzen. Ps. 66,10.
4. Ein Böser achtet auf böse Mäuler, und ein Falscher gehorcht gern schädlichen Zungen.
5. Wer des Dürftigen spottet, der höhnt desselben Schöpfer; und wer sich über eines andern Unglück freut, wird nicht ungestraft bleiben. K.14,31.
6. *Der Alten Krone sind Kindeskinder,

und der Kinder Ehre sind ihre Väter.
*Ps. 128,6.
7. Es steht einem Narren nicht wohl an, von hohen Dingen reden, viel weniger einem Fürsten, daß er gern lügt.
8. Wer zu schenken hat, dem ist's wie ein Edelstein; wo er sich hin kehrt, ist er klug geachtet.
9. Wer Sünde zudeckt, der macht Freundschaft; wer aber die Sache aufrührt, der macht Freunde uneins.
10. Schelten bringt mehr ein an dem Verständigen denn hundert Schläge an dem Narren.
11. Ein bitterer Mensch trachtet, eitel Schaden zu tun; aber es wird ein grimmiger Engel über ihn kommen.
12. Es ist besser, einem Bären begegnen, dem die Jungen geraubt sind, denn einem Narren in seiner Narrheit.
13. Wer Gutes mit Bösem vergilt, von dessen Hause wird Böses nicht lassen.
Ps. 109,5.
14. Wer Hader anfängt, ist gleich dem, der dem Wasser den Damm aufreißt. Laß du vom Hader, ehe du drein gemengt wirst.
15. Wer den Gottlosen gerechtspricht und den Gerechten verdammt, die sind beide dem Herrn ein Greuel. Jes. 5,23.
16. Was soll dem Narren Geld in der Hand, Weisheit zu kaufen, so er doch ein Narr ist?
17. Ein Freund liebt allezeit, und als ein Bruder wird er in der Not erfunden.
K. 18,24.
18. Es ist ein Narr, der in die Hand gelobt und Bürge wird für seinen Nächsten. K. 6,1.
19. Wer Zank liebt, der liebt Sünde; und wer seine Tür hoch macht, ringt nach Einsturz.
20. Ein verkehrtes Herz findet nichts Gutes; und der verkehrter Zunge ist, wird in Unglück fallen.
21. Wer einen Narren zeugt, der hat Grämen; und eines Narren Vater hat keine Freude. K. 10,1.
22. Ein fröhlich Herz macht das Leben lustig; aber ein betrübter Mut vertrocknet das Gebein. K. 15,13.15.
23. Der Gottlose nimmt heimlich gern Geschenke, zu beugen den Weg des Rechts.
24. Ein Verständiger gebärdet sich weise; ein Narr wirft die Augen hin und her.
K. 4,25.
25. Ein törichter Sohn ist seines Vaters Trauer und Betrübnis der Mutter, die ihn geboren hat. V. 21.
26. Es ist nicht gut, daß man den Gerechten schindet, noch den Edlen zu schlagen, der recht handelt.
27. Ein Vernünftiger mäßigt seine Rede, und ein verständiger Mann ist kaltes Muts.
K. 10,19; Jak. 1,19.
28. Ein Narr, wenn er schwiege, würde auch für weise gerechnet, und verständig, wenn er das Maul hielte. Hiob 13,5.

Das 18. Kapitel

Freundschaft und Verträglichkeit.

1. Wer sich absondert, der sucht, was ihn gelüstet, und setzt sich wider alles, was gut ist.
2. Ein Narr hat nicht Lust am Verstand, sondern kundzutun, was in seinem Herzen steckt.
3. Wo der Gottlose hin kommt, da kommt Verachtung und Schmach mit Hohn.
4. Die Worte in eines Mannes Munde sind wie tiefe Wasser, und die Quelle der Weisheit ist ein voller Strom.
5. Es ist nicht gut, die Person des Gottlosen achten, zu beugen den Gerechten im Gericht. 5. Mose 1,17.
6. Die Lippen des Narren bringen Zank, und sein Mund ringt nach Schlägen.
7. Der Mund des Narren schadet ihm selbst, und seine Lippen fangen seine eigene Seele. K. 13,3; 16,26.
8. Die Worte des Verleumders sind Schläge und gehen einem durchs Herz.
K. 26,22.
9. Wer lässig ist in seiner Arbeit, der ist ein Bruder des, der das Seine umbringt.
K. 10,4.
10. Der Name des Herrn ist ein festes Schloß; der Gerechte läuft dahin und wird beschirmt. K. 14,26; Ps. 20,2.
11. Das Gut des Reichen ist ihm eine feste Stadt und wie eine hohe Mauer in seinem Dünkel. K. 10,15.
12. *Wenn einer zu Grunde gehen soll, wird sein Herz zuvor stolz; und †ehe man zu Ehren kommt, muß man zuvor leiden.
*K. 16,18. †K. 15,33.
13. Wer antwortet, ehe er hört, dem ist's Narrheit und Schande.
14. Wer ein fröhlich Herz hat, der weiß sich in seinem Leiden zu halten; wenn aber der Mut liegt, wer kann's tragen?
K. 15,13.15.
15. Ein verständiges Herz weiß sich vernünftig zu halten; und die Weisen hören gern, wie man vernünftig handelt.
16. Das Geschenk des Menschen macht

ihm Raum und bringt ihn vor die großen
Herren. 1.Mose 43,11.
17. Ein jeglicher ist zuerst in seiner Sache gerecht; kommt aber sein Nächster
hinzu, so findet sich's.
18. Das Los *stillt den Hader und scheidet zwischen den Mächtigen. *K.16,33.
19. Ein verletzter Bruder hält härter
denn eine feste Stadt, und Zank hält härter
denn Riegel am Palast.
20. Einem Mann wird vergolten, darnach
sein Mund geredet hat, und er wird gesättigt von der Frucht seiner Lippen.
K.12,14; 13,2.
21. Tod und Leben steht in der Zunge
Gewalt; wer sie liebt, der wird von ihrer
Frucht essen. K.13,3.
22. Wer eine Ehefrau findet, der findet
etwas Gutes und kann guter Dinge sein im
Herrn. K.19,14; 31,10.
23. Ein Armer redet mit Flehen, ein Reicher antwortet stolz.
24. Ein treuer Freund liebt mehr und
steht fester bei denn ein Bruder.

Das 19. Kapitel

Fromme Armut. Schaden der Torheit, der
Faulheit und der Spötterei.

1. Ein Armer, der in seiner Frömmigkeit
wandelt, ist besser denn ein Verkehrter
mit seinen Lippen, der doch ein Narr ist.
K.28,6.
2. Wo man nicht mit Vernunft handelt,
da geht's nicht wohl zu; und wer schnell
ist mit Füßen, der tut sich Schaden.
3. Die Torheit eines Menschen verleitet
seinen Weg, und doch tobt sein Herz wider
den Herrn. Klagel. 3,39.
4. Gut macht viel Freunde; aber der Arme wird von seinen Freunden verlassen.
K.14,20.
5. Ein falscher Zeuge bleibt nicht ungestraft; und wer Lügen frech redet, wird
nicht entrinnen.
V.9; K.21,28; 5.Mose 19,18–21.
6. Viele schmeicheln der Person des Fürsten; und alle sind Freunde des, der Geschenke gibt.
7. Den Armen hassen alle seine Brüder;
wie viel mehr halten sich seine Freunde
von ihm fern! Und wer sich auf Worte
verläßt, dem wird nichts. V.4.
8. Wer klug wird, liebt sein Leben; und
der Verständige findet Gutes.
9. Ein falscher Zeuge bleibt nicht ungestraft; und wer frech Lügen redet, wird
umkommen. V.5.
10. Dem Narren steht nicht wohl an, gute Tage haben, viel weniger einem Knecht,
zu herrschen über Fürsten.
11. Wer geduldig ist, der ist ein kluger
Mensch, und ist ihm eine Ehre, daß er
Untugend überhören kann.
12. Die Ungnade des Königs ist wie das
Brüllen eines jungen Löwen; aber seine
Gnade ist wie Tau auf dem Grase.
K.20,2; 16,14.15.
13. Ein *törichter Sohn ist seines Vaters
Herzeleid und ein zänkisches Weib ein stetiges Triefen. *K.10,1.
14. Haus und Güter vererben die Eltern;
aber ein vernünftiges Weib kommt vom
Herrn. K.18,22.
15. Faulheit bringt Schlafen, und eine
lässige Seele wird Hunger leiden.
K.10,4; 23,21.
16. Wer das Gebot bewahrt, der bewahrt
sein Leben; wer aber seines Weges nicht
achtet, wird sterben. K.16,17.
17. Wer sich des Armen erbarmt, der leihet dem Herrn; der wird ihm wieder Gutes
vergelten. K.14,31; Ps.41,2–4; Matth.25,40.
18. Züchtige deinen Sohn, solange Hoffnung da ist; aber laß deine Seele nicht
bewegt werden, ihn zu töten. Eph.6,4.
19. Großer Grimm muß Schaden leiden;
denn willst du ihm steuern, so wird er
noch größer.
20. Gehorche dem Rat, und nimm Zucht
an, daß du hernach weise seist.
21. Es sind viel Anschläge in eines Mannes Herzen; aber der Rat des Herrn besteht. K.16,9; Jer.10,23.
22. Ein Mensch hat Lust an seiner Wohltat; und ein Armer ist besser denn ein
Lügner.
23. Die Furcht des Herrn fördert zum
Leben, und wird satt bleiben, daß kein
Übel sie heimsuchen wird. K.14,27.
24. Der Faule verbirgt seine Hand im
Topfe und bringt sie nicht wieder zum
Munde. K.26,15.
25. Schlägt man den Spötter, so wird der
Unverständige klug; straft man einen Verständigen, so wird er vernünftig. K.21,11.
26. Wer Vater verstört und Mutter verjagt, der ist ein schändliches und verfluchtes Kind.
27. Laß ab, mein Sohn, zu hören die
Zucht, und doch abzuirren von vernünftiger Lehre. Jak.1,22.
28. Ein loser Zeuge spottet des Rechts,
und der Gottlosen Mund verschlingt das
Unrecht.
29. Den Spöttern sind Strafen bereitet,
und Schläge auf der Narren Rücken.
K.26,3.

Das 20. Kapitel

Warnung vor Völlerei und ungestümem Wesen.

1. Der Wein macht lose Leute, und starkes Getränk macht wild; wer dazu Lust
hat, wird nimmer weise. K.23,29–35; 31,5.
2. Das Schrecken des Königs ist wie das
Brüllen eines jungen Löwen; wer ihn erzürnt, der sündigt wider sein Leben.
K.16,14; 19,12.
3. Es ist dem Mann eine Ehre, vom Hader
bleiben; aber die gern hadern, sind allzumal Narren.
4. Um der Kälte willen will der Faule
nicht pflügen; so muß er in der Ernte
betteln und nichts kriegen. K.6,6–8.
5. Der Rat im Herzen eines Mannes ist
wie tiefe Wasser; aber ein Verständiger
kann's merken, was er meint. K.18,4.
6. Viele Menschen werden fromm gerühmt; aber wer will finden einen, der
rechtschaffen fromm sei?
7. Ein Gerechter, der in seiner Frömmigkeit wandelt, des Kindern wird's wohl gehen nach ihm. K.14,26; Ps.112,2.
8. Ein König, der auf dem Stuhl sitzt, zu
richten, zerstreut alles Arge mit seinen
Augen. Ps.101,3–8.
9. Wer kann sagen: Ich bin rein in meinem Herzen und lauter von meiner Sünde? K.28,13; 30,12.
10. Mancherlei Gewicht und Maß ist beides Greuel dem Herrn. V.23; K.11,1.
11. Auch einen Knaben kennt man an
seinem Wesen, ob er fromm und redlich
werden will. K.22,6.
12. Ein hörend Ohr und sehend Auge, die
macht beide der Herr.
13. Liebe den Schlaf nicht, daß du nicht
arm werdest; laß deine Augen wacker sein,
so wirst du Brot genug haben. K.6,10.
14. »Böse, böse!« spricht man, wenn
man's hat; aber wenn's weg ist, so rühmt
man es dann.
15. Es gibt Gold und viel Perlen; aber ein
vernünftiger Mund ist ein edles Kleinod.
16. Nimm dem sein Kleid, der für einen
andern Bürge wird, und pfände ihn um des
Fremden willen. K.6,1–5; 27,13.
17. Das gestohlene Brot schmeckt dem
Manne wohl; aber hernach wird ihm der
Mund voll Kieselsteine werden. K.9,17.
18. Anschläge bestehen, wenn man sie
mit Rat führt, und Krieg soll man mit
Vernunft führen. K.24,6.
19. Sei unverworren mit dem, der Heimlichkeit offenbart, und mit dem Verleumder und mit dem falschen Maul.
20. Wer seinem Vater und seiner Mutter
flucht, des Leuchte wird verlöschen mitten in der Finsternis. 2.Mose 21,17.
21. Das Erbe, darnach man zuerst sehr
eilt, wird zuletzt nicht gesegnet sein.
22. Sprich nicht: Ich will Böses vergelten! Harre des Herrn, der wird dir helfen.
K.24,29; Röm. 12,17–19.
23. Mancherlei Gewicht ist ein Greuel
dem Herrn, und eine falsche Waage ist
nicht gut. V.10.
24. Jedermanns Gänge kommen vom
Herrn. Welcher Mensch versteht seinen
Weg?
25. Es ist dem Menschen ein Strick, sich
mit Heiligem übereilen und erst nach dem
Gelobten überlegen.
26. Ein weiser König zerstreut die Gottlosen und bringt das Rad über sie. Ps.101,8.
27. Eine Leuchte des Herrn ist des Menschen *Geist; die geht durch alle Kammern des Leibes. *1.Kor.2,11.
28. Fromm und wahrhaftig sein behütet
den König, und sein Thron besteht durch
Frömmigkeit. K.16,12.
29. Der Jünglinge Stärke ist ihr Preis;
und *graues Haar ist der Alten Schmuck.
*K.16,31.
30. Man muß dem Bösen wehren mit
harter Strafe und mit ernsten Schlägen,
die man fühlt.

Das 21. Kapitel

Gottes Vorsehung lenkt die Herzen und Wege der Menschen.

1. Des Königs Herz ist in der Hand des
Herrn wie Wasserbäche, und er *neigt es,
wohin er will. *Ps.33,15.
2. Einen jeglichen dünkt sein Weg recht;
aber der Herr wägt die Herzen.
K.16,2; 24,12.
3. Wohl und recht tun ist dem Herrn
lieber denn Opfer.
1.Sam. 15,22; Jes. 1,11–18; Hos. 6,6.
4. Hoffärtige Augen und stolzer Mut, die
Leuchte der Gottlosen, ist Sünde. Jes.2,11.
5. *Die Anschläge eines Emsigen bringen Überfluß; wer aber allzu †jach ist,
dem wird's mangeln. *K.22,29. †rasch.
6. Wer Schätze sammelt mit Lügen, der
wird fehlgehen und ist unter denen, die
den Tod suchen. K.10,2.
7. Der Gottlosen Rauben wird sie schrekken; denn sie wollten nicht tun, was recht
war.
8. Wer mit Schuld beladen ist, geht
krumme Wege; wer aber rein ist, des Werk
ist recht.
9. Es ist besser, wohnen im Winkel auf

dem Dach, denn bei einem zänkischen Weibe in einem Hause beisammen.
V. 19; K. 25,24.
10. Die Seele des Gottlosen wünscht Arges und gönnt seinem Nächsten nichts.
11. Wenn der Spötter gestraft wird, so werden die Unverständigen weise; und wenn man einen Weisen unterrichtet, so wird er vernünftig. K. 19,25.
12. Der Gerechte hält sich weislich gegen des Gottlosen Haus; aber die Gottlosen denken nur, Schaden zu tun.
13. Wer seine Ohren verstopft vor dem Schreien des Armen, der wird auch rufen, und nicht erhört werden.
14. Eine heimliche Gabe stillt den Zorn, und ein Geschenk im Schoß den heftigen Grimm. 1. Sam. 25,18.
15. Es ist dem Gerechten eine Freude, zu tun, was recht ist, aber eine Furcht den Übeltätern.
16. Ein Mensch, der vom Wege der Klugheit irrt, der wird bleiben in der Toten Gemeinde.
17. Wer gern in Freuden lebt, dem wird's mangeln; und wer Wein und Öl liebt, wird nicht reich. K. 23,21.
18. Der Gottlose muß für den Gerechten gegeben werden und der Verächter für die Frommen. K. 11,8.
19. Es ist besser, wohnen im wüsten Lande denn bei einem zänkischen und zornigen Weibe. V. 9.
20. Im Hause des Weisen ist ein lieblicher Schatz und Öl; aber ein Narr verschlemmt es.
21. Wer der Gerechtigkeit und Güte nachjagt, der findet Leben, Gerechtigkeit und Ehre.
22. Ein Weiser gewinnt die Stadt der Starken und stürzt ihre Macht, darauf sie sich verläßt. K. 24,5.
23. Wer seinen Mund und seine Zunge bewahrt, der bewahrt seine Seele vor Angst. K. 13,3.
24. Der stolz und vermessen ist, heißt ein Spötter, der im Zorn Stolz beweist.
25. Der Faule stirbt über seinem Wünschen; denn seine Hände wollen nichts tun. K. 13,4.
26. Er wünscht den ganzen Tag; aber der Gerechte gibt, und versagt nicht.
27. Der Gottlosen Opfer ist ein Greuel; denn es wird in Sünden geopfert. K. 15,8.
28. *Ein lügenhafter Zeuge wird umkommen; aber wer sich sagen läßt, den läßt man auch allezeit wiederum reden.
*K. 19,5.9.
29. Der Gottlose fährt mit dem Kopf hindurch; aber wer fromm ist, des Weg wird bestehen.
30. Es hilft keine Weisheit, kein Verstand, kein Rat wider den Herrn.
Ps. 33,10.11.
31. Rosse werden zum Streittage bereitet; aber der Sieg kommt vom Herrn.
Ps. 33,17; Jes. 31,1.3.

Das 22. Kapitel

Vom guten Namen, wie er erworben und verloren wird.

1. Ein guter Ruf ist köstlicher denn großer Reichtum, und Gunst besser denn Silber und Gold. Pred. 7,1.
2. Reiche und Arme müssen untereinander sein; der Herr hat sie alle gemacht.
3. Der Kluge sieht das Unglück und verbirgt sich; die Unverständigen gehen hindurch und werden beschädigt. K. 27,12.
4. Wo man leidet in des Herrn Furcht, da ist Reichtum, Ehre und Leben.
5. Stachel und Stricke sind auf dem Wege des Verkehrten; wer aber sich davon fernhält, bewahrt sein Leben.
6. Wie man einen Knaben gewöhnt, so läßt er nicht davon, wenn er alt wird.
K. 20,11.
7. Der Reiche herrscht über die Armen; und wer borgt, ist des Leihers Knecht.
8. Wer Unrecht sät, der wird Mühsal ernten und wird durch die Rute seiner Bosheiten umkommen. Hiob 4,8.
9. Ein gütiges Auge wird gesegnet; denn er gibt von seinem Brot den Armen.
K. 19,17.
10. Treibe den Spötter aus, so geht der Zank weg, so hört auf Hader und Schmähung. K. 26,20; 1. Mose 21,9.10.
11. Wer ein treues Herz und liebliche Rede hat, des Freund ist der König.
Ps. 101,6.
12. Die Augen des Herrn behüten guten Rat; aber die Worte des Verächters verkehrt er.
13. Der Faule spricht: Es ist ein Löwe draußen; ich möchte erwürgt werden auf der Gasse. K. 26,13.
14. Der Huren Mund ist eine tiefe Grube; wem der Herr ungnädig ist, der fällt hinein. K. 5,3.4; 23,27.
15. Torheit steckt dem Knaben im Herzen; aber die Rute der Zucht wird sie fern von ihm treiben. K. 23,14; 29,17.
16. Wer dem Armen unrecht tut, daß seines Guts viel werde, der wird auch einem Reichen geben, und Mangel haben.
17. Neige deine Ohren und höre die Wor-

te der Weisen und nimm zu Herzen meine Lehre.
18. Denn es wird dir sanft tun, wo du sie wirst im Sinne behalten, und sie werden miteinander durch deinen Mund wohl geraten.
19. Daß deine Hoffnung sei auf den Herrn, erinnere ich dich an solches heute dir zugut.
20. Habe ich dir's nicht mannigfaltig vorgeschrieben mit Raten und Lehren,
21. daß ich dir zeigte einen gewissen Grund der Wahrheit, daß du recht antworten könntest denen, die dich senden?
22. Beraube den Armen nicht, ob er wohl arm ist, und unterdrücke den Elenden nicht im Tor.
23. Denn der Herr wird ihre Sache führen und wird ihre Untertreter untertreten.
K.23,11.
24. Geselle dich nicht zum Zornigen und halte dich nicht zu einem grimmigen Mann; K.29,22.
25. du möchtest seinen Weg lernen und an deiner Seele Schaden nehmen.
26. Sei nicht bei denen, die ihre Hand verhaften und für Schuld Bürge werden;
K.6,1.
27. denn wo du es nicht hast, zu bezahlen, so wird man dir dein Bett unter dir wegnehmen.
28. Verrücke nicht die vorigen Grenzen, die deine Väter gemacht haben.
K.23,10; 5.Mose 27,17.
29. Siehst du einen Mann behend in seinem Geschäft, der wird vor den Königen stehen und wird nicht stehen vor den Unedlen. K.21,5.

Das 23. Kapitel

Lehren der Lebensweisheit und Frömmigkeit.

1. Wenn du sitzest und issest mit einem Herrn, so merke, wen du vor dir hast,
2. und setze ein Messer an deine Kehle, wenn du gierig bist.
3. Wünsche dir nichts von seinen feinen Speisen; denn es ist falsches Brot.
4. Bemühe dich nicht, reich zu werden, und laß ab von deinen Fündlein.
K.28,22; Pred. 9,11.
5. Laß deine Augen nicht fliegen nach dem, was du nicht haben kannst; denn dasselbe macht sich Flügel wie ein Adler und fliegt gen Himmel.
6. Iß nicht Brot bei einem Neidischen und wünsche dir von seinen feinen Speisen nichts.
7. Denn wie ein Gespenst ist er inwendig; er spricht: Iß und trink! und sein Herz ist doch nicht mit dir.
8. Deine Bissen, die du gegessen hattest, mußt du ausspeien, und mußt deine freundlichen Worte verloren haben.
9. Rede nicht vor des Narren Ohren; denn er verachtet die Klugheit deiner Rede. K.9,8.
10. Verrücke nicht die vorigen Grenzen und gehe nicht auf der Waisen Acker.
K.22,28.
11. Denn ihr Erlöser ist mächtig; der wird ihre Sache wider dich ausführen.
12. Gib dein Herz zur Zucht und deine Ohren zu vernünftiger Rede.
13. Laß nicht ab, den Knaben zu züchtigen; denn wenn du ihn mit der Rute haust, so wird man ihn nicht töten.
14. Du haust ihn mit der Rute; aber du errettest seine Seele vom Tode.
K.13,24; 22,15.
15. Mein Sohn, wenn dein Herz weise ist, so freut sich auch mein Herz;
16. und meine Nieren sind froh, wenn deine Lippen reden, was recht ist.
17. Dein Herz folge nicht den Sündern, sondern sei täglich in der Furcht des Herrn.
18. Denn es wird dir hernach gut sein, und dein Warten wird nicht trügen.
19. Höre, mein Sohn, und sei weise und richte dein Herz in den Weg.
20. Sei nicht unter den Säufern und Schlemmern; Luk.21,34.
21. denn die *Säufer und Schlemmer verarmen, und ein †Schläfer muß zerrissene Kleider tragen.
*V.29–35; K.21,17. †K.20,13.
22. Gehorche deinem Vater, der dich gezeugt hat, und verachte deine Mutter nicht, wenn sie alt wird. K.1,8.
23. Kaufe Wahrheit, und verkaufe sie nicht, Weisheit, Zucht und Verstand.
24. Der Vater eines Gerechten freut sich; und wer einen Weisen gezeugt hat, ist fröhlich darüber. K.10,1.
25. Laß sich deinen Vater und deine Mutter freuen, und fröhlich sein, die dich geboren hat.
26. Gib mir, mein Sohn, dein Herz, und laß deinen Augen meine Wege wohl gefallen.
27. Denn eine Hure ist eine tiefe Grube, und eine Ehebrecherin ist ein enger Brunnen. K.22,14.
28. Auch lauert sie wie ein Räuber, und die Frechen unter den Menschen sammelt sie zu sich. K.7,12.
29. Wo ist Weh? wo ist Leid? wo ist Zank?

wo ist Klagen? wo sind Wunden ohne Ursache? wo sind trübe Augen?
30. Wo man beim Wein liegt und kommt, auszusaufen, was eingeschenkt ist.
K.20,1; Jes. 5,11.22.
31. Siehe den Wein nicht an, daß er so rot ist und im Glase so schön steht. Er geht glatt ein;
32. aber darnach beißt er wie eine Schlange und sticht wie eine Otter.
33. So werden deine Augen nach andern Weibern sehen, und dein Herz wird verkehrte Dinge reden,
34. und wirst sein wie einer, der mitten im Meer schläft, und wie einer schläft oben auf dem Mastbaum.
35. »Sie schlagen mich, aber es tut mir nicht weh; sie klopfen mich, aber ich fühle es nicht. *Wann will ich aufwachen, daß ich's mehr treibe?« *Jes. 56,12.

Das 24. Kapitel

Ermahnungen, besonders zur Geduld und Verträglichkeit.

1. Folge nicht bösen Leuten und wünsche nicht, bei ihnen zu sein;
2. denn ihr Herz trachtet nach Schaden, und ihre Lippen raten zu Unglück.
3. Durch Weisheit wird ein Haus gebaut und durch Verstand erhalten.
4. Durch ordentliches *Haushalten werden die Kammern voll aller köstlichen, lieblichen Reichtümer. *K.31,10–31.
5. Ein weiser Mann ist stark, und ein vernünftiger Mann ist mächtig von Kräften.
6. Denn mit Rat muß man Krieg führen; und wo viel Ratgeber sind, da ist der Sieg.
K.20,18; 11,14.
7. Weisheit ist dem Narren zu hoch; er darf seinen Mund im Tor nicht auftun.
8. Wer sich vornimmt, Böses zu tun, den heißt man billig einen Erzbösewicht.
9. Des Narren Tücke ist Sünde, und der Spötter ist ein Greuel vor den Leuten.
10. Der ist nicht stark, der in der Not nicht fest ist.
11. Errette die, so man töten will; und entzieh dich nicht von denen, die man würgen will. Hiob 29,12; Ps. 82,4.
12. Sprichst du: »Siehe, wir verstehen's nicht!«, meinst du nicht, *der die Herzen wägt, merkt es, und der auf deine Seele achthat, kennt es und †vergilt dem Menschen nach seinem Werk?
*K. 16,2; 1. Sam. 16,7. †Röm. 2,6.
13. Iß, mein Sohn, Honig, denn er ist gut, und Honigseim ist süß in deinem Halse.
14. Also lerne die Weisheit für deine Seele. Wenn du sie findest, so *wird's hernach wohl gehen, und deine Hoffnung wird nicht umsonst sein. *K.23,18.
15. Laure nicht als ein Gottloser auf das Haus des Gerechten; verstöre seine Ruhe nicht.
16. Denn *ein Gerechter fällt siebenmal, und steht wieder auf; aber die Gottlosen versinken im Unglück. *Hiob 5,19; Ps. 37,24.
17. Freue dich des Falles deines Feindes nicht, und dein Herz sei nicht froh über seinem Unglück; Hiob 31,29.
18. der Herr möchte es sehen, und es möchte ihm übel gefallen und er seinen Zorn von ihm wenden.
19. Erzürne dich nicht über die Bösen und eifere nicht über die Gottlosen.
K. 3,31; Ps. 37,1; 73,3.
20. Denn der Böse hat nichts zu hoffen, und die Leuchte der Gottlosen wird verlöschen. K. 13,9.
21. Mein Kind, fürchte den Herrn und den König und menge dich nicht unter die Aufrührer. 1. Petr. 2,17.
22. Denn ihr Verderben wird plötzlich entstehen; und wer weiß, wann beider Unglück kommt? Röm. 13,2.
23. Dies sind auch Worte von Weisen. Die Person ansehen im Gericht ist nicht gut. 3. Mose 19,15.
24. Wer zum Gottlosen spricht: »Du bist fromm«, dem fluchen die Leute, und das Volk haßt ihn.
25. Welche aber strafen, die gefallen wohl, und kommt ein reicher Segen auf sie.
26. Eine richtige Antwort ist wie ein lieblicher Kuß. K. 15,23.
27. Richte draußen dein Geschäft aus und bearbeite deinen Acker; darnach baue dein Haus.
28. Sei nicht Zeuge ohne Ursache wider deinen Nächsten und betrüge nicht mit deinem Munde. K. 19,5.
29. Sprich nicht: »Wie man mir tut, so will ich wieder tun und einem jeglichen sein Werk vergelten.« K. 20,22.
30. Ich ging am Acker des Faulen vorüber und am Weinberg des Narren;
31. und siehe, da waren eitel Nesseln darauf, und er stand voll Disteln, und die Mauer war eingefallen.
32. Da ich das sah, nahm ich's zu Herzen und schaute und lernte daran.
33. Du willst ein wenig schlafen und ein wenig schlummern und ein wenig die Hände zusammentun, daß du ruhest;
K. 6,9–11.

34. aber es wird dir deine Armut kommen wie ein Wanderer und dein Mangel wie ein gewappneter Mann. K. 10,4.

Das 25. Kapitel

Wahre Ehre ist der Lohn der Weisheit.

1. Dies sind auch Sprüche Salomos, die hinzugesetzt haben die Männer Hiskias, des Königs in Juda.
2. Es ist Gottes Ehre, eine Sache verbergen; aber der Könige Ehre ist's, eine Sache erforschen.
3. Der Himmel ist hoch und die Erde tief; aber der Könige Herz ist unerforschlich.
4. Man tue den Schaum vom Silber, so wird ein reines Gefäß daraus.
5. Man tue den Gottlosen hinweg vor dem König, so wird *sein Thron mit Gerechtigkeit befestigt. *K. 16,12.
6. Prange nicht vor dem König und tritt nicht an den Ort der Großen.
7. Denn es ist dir besser, daß man zu dir sage: Tritt hier herauf! als daß du vor dem Fürsten erniedrigt wirst, daß es deine Augen sehen müssen. Luk. 14,7–11.
8. Fahre nicht bald heraus, zu zanken; denn was willst du hernach machen, wenn dich dein Nächster beschämt hat?
9. Führe deine Sache mit deinem Nächsten, und offenbare nicht eines andern *Heimlichkeit, *K. 20,19.
10. auf daß nicht übel von dir spreche, der es hört, und dein böses Gerücht nimmer ablasse.
11. Ein Wort, geredet zu seiner Zeit, ist wie goldene Äpfel auf silbernen Schalen. K. 15,23.
12. Wer einem Weisen gehorcht, der ihn straft, das ist wie ein goldenes Stirnband und goldenes Halsband.
13. Wie die Kühle des Schnees zur Zeit der Ernte, so ist ein getreuer Bote dem, der ihn gesandt hat, und erquickt seines Herrn Seele.
14. Wer viel verspricht, und hält nicht, der ist wie Wolken und Wind ohne Regen. 2. Petr. 2,17.
15. Durch Geduld wird ein Fürst versöhnt, und eine linde Zunge bricht die Härtigkeit. K. 15,1.
16. Findest du Honig, so iß davon, soviel dir genug ist, daß du nicht zu satt werdest und speiest ihn aus.
17. Entzieh deinen Fuß vom Hause deines Nächsten; er möchte dein überdrüssig und dir gram werden.
18. Wer wider seinen Nächsten falsch Zeugnis redet, der ist ein Spieß, Schwert und scharfer Pfeil. K. 19.5.
19. Die Hoffnung auf einen Treulosen zur Zeit der Not ist wie ein fauler Zahn und gleitender Fuß.
20. Wer einem betrübten Herzen Lieder singt, das ist, wie wenn einer das Kleid ablegt am kalten Tage, und wie Essig auf der Kreide.
21. Hungert deinen Feind, so speise ihn mit Brot; dürstet ihn, so tränke ihn mit Wasser. Röm. 12,20; Matth. 5,44.
22. Denn du wirst feurige Kohlen auf sein Haupt häufen, und der Herr wird dir's vergelten.
23. Der Nordwind bringt Ungewitter, und die heimliche Zunge macht saures Angesicht.
24. Es ist besser, im Winkel auf dem Dache sitzen denn bei einem zänkischen Weibe in einem Hause beisammen. K. 21,9.19.
25. Eine gute Botschaft aus fernen Landen ist wie kalt Wasser einer durstigen Seele.
26. Ein Gerechter, der vor einem Gottlosen fällt, ist wie ein getrübter Brunnen und eine verderbte Quelle.
27. Wer zu viel Honig ißt, das ist nicht gut; und wer schwere Dinge erforscht, dem wird's zu schwer
28. Ein Mann, der seinen Geist nicht halten kann, ist wie eine offene Stadt ohne Mauern. K. 29,11.

Das 26. Kapitel

Törichte, faule und falsche Leute sind keiner Ehre wert.

1. Wie der Schnee im Sommer und Regen in der Ernte, also reimt sich dem Narren Ehre nicht. V. 8.
2. Wie ein Vogel dahinfährt und eine Schwalbe fliegt, also ein unverdienter Fluch trifft nicht.
3. Dem Roß eine Geißel und dem Esel einen Zaum und dem Narren eine Rute auf den Rücken! Ps. 32,9; K. 10,13.
4. Antworte dem Narren nicht nach seiner Narrheit, daß du ihm nicht auch gleich werdest.
5. Antworte aber dem Narren nach seiner Narrheit, daß er sich nicht weise lasse dünken.
6. Wer eine Sache durch einen törichten Boten ausrichtet, der ist wie ein Lahmer an den Füßen und nimmt Schaden.
7. Wie einem Krüppel das Tanzen, also steht den Narren an, von Weisheit reden.
8. Wer einem Narren Ehre antut, das ist, als wenn einer einen edlen Stein auf den Rabenstein würfe. V. 1.

9. Ein Spruch in eines Narren Mund ist wie ein Dornzweig, der in eines Trunkenen Hand sticht.
10. Ein guter Meister macht ein Ding recht; aber wer einen Stümper dingt, dem wird's verderbt.
11. Wie *ein Hund sein Gespeites wieder frißt, also ist der Narr, der seine Narrheit wieder treibt. *2.Petr.2,22.
12. Wenn du einen siehst, der sich weise dünkt, da ist an einem Narren mehr Hoffnung denn an ihm. K.3,7.
13. Der Faule spricht: Es ist ein junger Löwe auf dem Wege und ein Löwe auf den Gassen. K.22,13.
14. Ein Fauler wendet sich im Bette wie die Tür in der Angel. K.6,9–11.
15. Der Faule verbirgt seine Hand in dem Topf, und wird ihm sauer, daß er sie zum Munde bringe. K.19,24.
16. Ein Fauler dünkt sich weiser denn sieben, die da Sitten lehren.
17. Wer vorgeht und sich mengt in fremden Hader, der ist wie einer, der den Hund bei den Ohren zwackt.
18. Wie ein Unsinniger mit Geschoß und Pfeilen schießt und tötet,
19. also tut ein falscher Mensch mit seinem Nächsten und spricht darnach: Ich habe gescherzt.
20. Wenn nimmer Holz da ist, so verlischt das Feuer; und wenn der Verleumder weg ist, so hört der Hader auf. K.22,10.
21. Wie die Kohlen eine Glut und Holz ein Feuer, also facht ein zänkischer Mann Hader an. K.15,18.
22. Die Worte des Verleumders sind wie Schläge, und sie gehen durchs Herz. K.18.8.
23. Brünstige Lippen und böses Herz ist wie eine Scherbe, mit Silberschaum überzogen.
24. Der Feind verstellt sich mit seiner Rede, und im Herzen ist er falsch.
25. Wenn er seine Stimme holdselig macht, so glaube ihm nicht; denn es sind sieben Greuel in seinem Herzen.
26. Wer den Haß heimlich hält, Schaden zu tun, des Bosheit wird vor der Gemeinde offenbar werden.
27. Wer eine Grube macht, der wird hineinfallen; und wer einen Stein wälzt, auf den wird er zurückkommen. Ps. 7,16; Pred. 10,8.
28. Eine falsche Zunge haßt den, der sie straft; und ein Heuchelmaul richtet Verderben an.

Das 27. Kapitel

Warnung vor Selbstruhm und Vermessenheit.

1. Rühme dich nicht des morgenden Tages; denn du weißt nicht, was heute sich begeben mag. Jak.4,13.14.
2. Laß dich einen andern loben, und nicht deinen Mund – einen Fremden, und nicht deine eigenen Lippen. 2.Kor.10,12.
3. Stein ist schwer, und Sand ist Last; aber des Narren Zorn ist schwerer denn die beiden.
4. Zorn ist ein wütig Ding, und Grimm ist ungestüm; aber wer kann vor dem Neid bestehen?
5. Offene Strafe ist besser denn heimliche Liebe.
6. Die Schläge des Liebhabers meinen's recht gut; aber die Küsse des Hassers sind gar zu reichlich. Ps.141,5.
7. Eine satte Seele zertritt wohl Honigseim; aber einer hungrigen Seele ist alles Bittere süß.
8. Wie ein Vogel, der aus seinem Nest weicht, also ist, wer von seiner Stätte weicht.
9. Das Herz freut sich an Salbe und Räuchwerk; aber ein Freund ist lieblich um Rats willen der Seele.
10. Deinen Freund und deines Vaters Freund verlaß nicht, und *gehe nicht ins Haus deines Bruders, wenn dir's übel geht; denn ein Nachbar in der Nähe ist besser als ein Bruder in der Ferne. *K.14,20.
11. Sei weise, mein Sohn, so freut sich mein Herz, so will ich antworten dem, der mich schmäht.
12. Ein Kluger sieht das Unglück und verbirgt sich; aber die Unverständigen gehen hindurch und leiden Schaden. K.21,29; 22,3.
13. Nimm dem sein Kleid, der für einen andern Bürge wird, und pfände ihn um der Fremden willen. K.20,16.
14. Wenn einer seinen Nächsten des Morgens früh mit lauter Stimme segnet, das wird ihm für einen Fluch gerechnet.
15. Ein zänkisches Weib und stetiges Triefen, wenn's sehr regnet, werden wohl miteinander verglichen. K.19,13; 25,24.
16. Wer sie aufhält, der hält den Wind und will das Öl mit der Hand fassen.
17. Ein Messer wetzt das andere und ein Mann den andern.
18. Wer seinen Feigenbaum bewahrt, der ißt Früchte davon; und wer seinen Herrn bewahrt, wird geehrt.
19. Wie das Spiegelbild im Wasser ist ge-

genüber dem Angesicht, also ist eines Menschen Herz gegenüber dem andern.
20. *Hölle und Abgrund werden nimmer voll, und †der Menschen Augen sind auch unersättlich. *K.30,15.16. †Pred. 1,8.
21. Ein Mann wird durch den Mund des, der ihn lobt, bewährt wie das Silber im Tiegel und das Gold im Ofen.
22. Wenn du den Narren im Mörser zerstießest mit dem Stämpfel wie Grütze, so ließe doch seine Narrheit nicht von ihm.
23. Auf deine Schafe habe acht und nimm dich deiner Herden an.
24. Denn *Gut währt nicht ewiglich, und die Krone währt nicht für und für.
*1.Tim. 6,7.
25. Das Heu ist weggeführt, und wiederum ist Gras da und wird Kraut auf den Bergen gesammelt.
26. Die Lämmer kleiden dich, und die Böcke geben dir das Geld, einen Acker zu kaufen.
27. Du hast Ziegenmilch genug zu deiner Speise, zur Speise deines Hauses und zur Nahrung deiner Dirnen.

Das 28. Kapitel

Segen der Frömmigkeit und Rechtschaffenheit; Unsegen der Gottlosigkeit.

1. Der Gottlose flieht, und niemand jagt ihn; der Gerechte aber ist getrost wie ein junger Löwe.
2. Um des Landes Sünde willen werden viele Änderungen der Fürstentümer; aber um der Leute willen, die verständig und vernünftig sind, bleiben sie lange.
3. Ein armer Mann, der die Geringen bedrückt, ist wie ein Mehltau, der die Frucht verderbt.
4. Die das Gesetz verlassen, loben den Gottlosen; die es aber bewahren, sind unwillig auf sie. Ps. 49,14.
5. Böse Leute merken nicht aufs Recht; die aber nach dem Herrn fragen, merken auf alles.
6. Es ist besser ein Armer, der in seiner Frömmigkeit geht, denn ein Reicher, der in verkehrten Wegen geht. K.19,1.
7. Wer das Gesetz bewahrt, ist ein verständiges Kind; wer aber der Schlemmer Geselle ist, schändet seinen Vater.
8. Wer sein Gut mehrt mit Wucher und Zins, der sammelt es für den, der sich der Armen erbarmt. K.13,22.
9. Wer sein Ohr abwendet, das Gesetz zu hören, des Gebet ist ein Greuel. K.21,27.
10. Wer die Frommen verführt auf bösem Wege, der wird in seine Grube fallen; aber die Frommen werden Gutes ererben.
11. Ein Reicher dünkt sich, weise zu sein; aber ein verständiger Armer durchschaut ihn.
12. Wenn die Gerechten Oberhand haben, so geht's sehr fein zu; wenn aber Gottlose aufkommen, wendet sich's unter den Leuten. K.11,10.11.
13. Wer seine Missetat leugnet, dem wird es nicht gelingen; wer sie aber bekennt und läßt, der wird Barmherzigkeit erlangen. Ps. 32,3-5; 1.Joh. 1,8.9.
14. Wohl dem, der sich allewege fürchtet; wer aber sein Herz verhärtet, wird in Unglück fallen.
15. Ein Gottloser, der über ein armes Volk regiert, das ist ein brüllender Löwe und gieriger Bär.
16. Wenn ein Fürst ohne Verstand ist, so geschieht viel Unrecht; wer aber den Geiz haßt, der wird lange leben.
17. Ein Mensch, der am Blut einer Seele schuldig ist, der wird flüchtig sein bis zur Grube, und niemand halte ihn auf.
1.Mose 4,14.
18. Wer fromm einhergeht, dem wird geholfen; wer aber verkehrtes Weges ist, wird auf einmal fallen.
19. Wer seinen Acker baut, wird Brot genug haben; wer aber dem Müßiggang nachgeht, wird Armut genug haben.
K.6,6-11; 10,4; 12,11.
20. Ein treuer Mann wird viel gesegnet; wer *aber eilt, reich zu werden, wird nicht unschuldig bleiben. *V.22; K.20,21.
21. Person ansehen ist nicht gut; und mancher tut übel auch wohl um ein Stück Brot.
22. Wer eilt zum Reichtum und ist neidisch, der weiß nicht, daß Mangel ihm begegnen wird. V.20; K.23,4; 1.Tim. 6,9.
23. Wer einen Menschen straft, wird hernach Gunst finden, mehr denn der da heuchelt.
24. Wer seinem Vater oder seiner Mutter etwas nimmt und spricht, es sei nicht Sünde, der ist des Verderbers Geselle.
Matth. 15,5.
25. Ein Stolzer erweckt Zank; wer aber auf den Herrn sich verläßt, wird gelabt.
26. Wer sich auf sein *Herz verläßt, ist ein Narr; wer aber mit Weisheit geht, wird entrinnen. *K.3,5.
27. Wer dem Armen gibt, dem wird nichts mangeln; wer aber seine Augen abwendet, der wird viel verflucht. 2.Kor. 9,6.9.
28. Wenn die Gottlosen aufkommen, so verbergen sich die Leute; wenn sie aber umkommen, werden der Gerechten viel.
K.29.2.

Das 29. Kapitel

Weisheit bringt Segen; Torheit und Sünde stiftet Verderben.

1. Wer wider die Strafe halsstarrig ist, der wird plötzlich verderben ohne alle Hilfe. K. 15,10.
2. Wenn der Gerechten viel sind, freut sich das Volk; wenn aber der Gottlose herrscht, seufzt das Volk. K. 11,10.
3. Wer Weisheit liebt, erfreut seinen Vater; *wer aber mit Huren umgeht, kommt um sein Gut. *Luk. 15,13.
4. Ein König richtet das Land auf durchs Recht; *ein geiziger aber verderbt es. *Jes. 32,7.
5. Wer mit seinem Nächsten heuchelt, der breitet ein Netz aus für seine Tritte.
6. Wenn ein Böser sündigt, verstrickt er sich selbst; aber ein Gerechter freut sich und hat Wonne.
7. Der Gerechte erkennt die Sache der Armen; der Gottlose achtet keine Vernunft.
8. Die Spötter bringen frech eine Stadt in Aufruhr; aber die Weisen stillen den Zorn.
9. Wenn ein Weiser mit einem Narren zu rechten kommt, *er zürne oder lache, so hat er nicht Ruhe. *Matth. 11,17.
10. Die Blutgierigen hassen den Frommen; aber die Gerechten suchen sein Heil.
11. Ein Narr schüttet seinen Geist ganz aus; aber ein Weiser hält an sich. K. 25,28; 12,23.
12. Ein Herr, der zu Lügen Lust hat, des Diener sind alle gottlos.
13. Arme und Reiche begegnen einander: beider Augen erleuchtet der Herr.
14. Ein König, der die Armen treulich richtet, des Thron wird ewig bestehen. K. 16,12.
15. Rute und Strafe gibt Weisheit; aber ein Knabe, sich selbst überlassen, macht seiner Mutter Schande. V. 17; K. 22,15.
16. Wo viel Gottlose sind, da sind viel Sünden; aber die *Gerechten werden ihren Fall erleben. *Ps. 37,36.
17. Züchtige deinen Sohn, so wird er dich ergötzen und wird deiner Seele sanft tun. K. 23,13.
18. Wo keine Weissagung ist, wird das Volk wild und wüst; wohl aber dem, der das Gesetz handhabt!
19. Ein Knecht läßt sich mit Worten nicht züchtigen; denn ob er's gleich versteht, nimmt er sich's doch nicht an.
20. Siehst du einen, der *schnell ist, zu reden, da ist am Narren mehr Hoffnung denn an ihm. *Pred. 5,1.2; Jak. 1,19.
21. Wenn ein Knecht von Jugend auf zärtlich gehalten wird, so will er darnach ein Junker sein.
22. Ein zorniger Mann richtet Hader an, und ein Grimmiger tut viel Sünde. K. 15,18; 26,21.
23. Der Hoffart des Menschen wird ihn stürzen; aber der Demütige wird Ehre empfangen. Matth. 23,12; 1. Petr. 5,5.
24. Wer mit Dieben teilhat, *den Fluch aussprechen hört, und sagt's nicht an, der haßt sein Leben. *3. Mose 5,1.
25. Vor Menschen sich scheuen bringt zu Fall; wer sich aber auf den Herrn verläßt, wird beschützt.
26. Viele suchen das Angesicht eines Fürsten; aber eines jeglichen Gericht kommt vom Herrn.
27. Ein ungerechter Mann ist dem Gerechten ein Greuel; und wer rechtes Weges ist, der ist des Gottlosen Greuel.

Das 30. Kapitel

Agurs Bekenntnis, Bitte und weise Sprüche.

1. Dies sind die Worte Agurs, des Sohnes Jakes. Lehre und Rede des Mannes:
Ich habe mich gemüht, o Gott; ich habe mich gemüht, o Gott, und ablassen müssen.
2. Denn ich bin der allernärrischste, und Menschenverstand ist nicht bei mir;
3. ich habe Weisheit nicht gelernt, daß ich den Heiligen erkennete.
4. Wer fährt hinauf gen Himmel und herab? Wer faßt den Wind in seine Hände? Wer bindet die Wasser in ein Kleid? Wer hat alle Enden der Welt gestellt? Wie heißt er? Und wie heißt sein Sohn? Weißt du das? Hiob 38.
5. Alle Worte Gottes sind durchläutert; er ist ein Schild denen, die auf ihn trauen. Ps. 12,7; 18,31.
6. Tue nichts zu seinen Worten, daß er dich nicht strafe und werdest lügenhaft erfunden. 5. Mose 4,2.
7. Zweierlei bitte ich von dir; das wollest du mir nicht weigern, ehe denn ich sterbe:
8. Abgötterei und Lüge laß ferne von mir sein; Armut und Reichtum gib mir nicht, laß mich aber mein beschieden *Teil Speise dahinnehmen. *1. Tim. 6,6–8; Matth. 6,11.
9. Ich möchte sonst, wo ich zu satt würde, verleugnen und sagen: Wer ist der Herr? Oder wo ich zu arm würde, möchte ich stehlen und mich an dem Namen meines Gottes vergreifen.
10. Verleumde den Knecht nicht bei sei-

nem Herrn, daß er dir nicht fluche und du
die Schuld tragen müssest.
11. Es ist eine Art, die ihrem Vater flucht
und ihre Mutter nicht segnet;
12. eine Art, die sich rein dünkt, und ist
doch von ihrem Kot nicht gewaschen;
K.20,9.
13. eine Art, die ihre Augen hoch trägt
und ihre Augenlider emporhält; K.21,4.
14. eine Art, die Schwerter für Zähne hat
und Messer für Backenzähne und verzehrt
die Elenden im Lande und die Armen unter den Leuten.
15. Blutegel hat zwei Töchter: Bring her,
bring her! Drei Dinge sind nicht zu sättigen, und das vierte spricht nicht: Es ist
genug:
16. die Hölle, der Frauen verschlossene
Mutter, die Erde wird nicht Wassers satt,
und das Feuer spricht nicht: Es ist genug.
17. Ein Auge, das den Vater verspottet,
und verachtet der Mutter zu gehorchen,
das müssen die Raben am Bach aushacken
und die jungen Adler fressen. K.20,20.
18. Drei sind mir zu wunderbar, und das
vierte verstehe ich nicht: K.6,16.
19. des Adlers Weg am Himmel, der
Schlange Weg auf einem Felsen, des Schiffes Weg mitten im Meer und eines Mannes
Weg an einer Jungfrau.
20. Also ist auch der Weg der Ehebrecherin; die verschlingt und wischt ihr Maul
und spricht: Ich habe kein Böses getan.
21. Ein Land wird durch dreierlei unruhig, und das vierte kann es nicht ertragen:
22. ein Knecht, wenn er König wird; ein
Narr, wenn er zu satt ist; Pred.10,6.
23. eine Verschmähte, wenn sie geehelicht wird; und eine Magd, wenn sie ihrer
Frau Erbin wird.
24. Vier sind klein auf Erden und klüger
denn die Weisen:
25. die Ameisen – ein schwaches Volk;
dennoch schaffen sie im Sommer ihre
Speise –, K.6,6–8; 10,5.
26. Kaninchen – ein schwaches Volk;
dennoch legt es sein Haus in den Felsen –,
27. Heuschrecken – haben keinen König; dennoch ziehen sie aus ganz in Haufen –,
28. die Spinne – wirkt mit ihren Händen
und ist in der Könige Schlössern.
29. Dreierlei haben einen feinen Gang,
und das vierte geht wohl:
30. der Löwe, mächtig unter den Tieren
und kehrt nicht um vor jemand;
31. ein Windhund von guten Lenden,
und ein Widder, und ein König, wider den
sich niemand darf legen.
32. Bist du ein Narr gewesen und zu
hoch gefahren und hast Böses vorgehabt,
so lege die Hand aufs Maul.
33. Wenn man Milch stößt, so macht
man Butter daraus; und wer die Nase hart
schneuzt, zwingt Blut heraus; und wer
den Zorn reizt, zwingt Hader heraus.

Das 31. Kapitel

Mütterliche Unterweisung für einen König.
Lob des tugendsamen Weibes.

1. Dies sind die Worte des Königs Lamuel, die Lehre, die ihn seine Mutter lehrte.
2. Ach mein Auserwählter, ach du Sohn
meines Leibes, ach mein gewünschter
Sohn,
3. laß nicht den Weibern deine Kraft und
gehe die Wege nicht, darin sich die Könige
verderben! 5.Mose 17,17; 1.Kön. 11,1.
4. O, nicht den Königen, Lamuel, nicht
den Königen ziemt es, Wein zu trinken,
noch den Fürsten starkes Getränk! K.20,1.
5. Sie möchten trinken und der Rechte
vergessen und verändern die Sache aller
elenden Leute.
6. Gebt starkes Getränk denen, die am
Umkommen sind, und den Wein den betrübten Seelen,
7. daß sie trinken und ihres Elends vergessen und ihres Unglücks nicht mehr gedenken.
8. Tue deinen Mund auf für die Stummen
und für die Sache aller, die verlassen sind.
Hiob 29,12.15.
9. Tue deinen Mund auf und richte recht
und räche den Elenden und Armen.
10. Wem ein tugendsam Weib beschert
ist, die ist viel edler denn die köstlichsten
Perlen. K.12,4; 18,22.
11. Ihres Mannes Herz darf sich auf sie
verlassen, und Nahrung wird ihm nicht
mangeln.
12. Sie tut ihm Liebes und kein Leides
ihr Leben lang.
13. Sie geht mit Wolle und Flachs um
und arbeitet gern mit ihren Händen.
14. Sie ist wie ein Kaufmannsschiff, das
seine Nahrung von ferne bringt.
15. Sie steht vor Tage auf und gibt Speise
ihrem Hause und Essen ihren Dirnen.
16. Sie denkt nach einem Acker und
kauft ihn und pflanzt einen Weinberg von
den Früchten ihrer Hände.
17. Sie gürtet ihre Lenden mit Kraft und
stärkt ihre Arme.
18. Sie merkt, wie ihr Handel Frommen
bringt; ihre Leuchte verlischt des Nachts
nicht.

19. Sie streckt ihre Hand nach dem Rokken, und ihre Finger fassen die Spindel.

20. Sie breitet ihre Hände aus zu dem Armen und reicht ihre Hand dem Dürftigen.

21. Sie fürchtet für ihr Haus nicht den Schnee; denn ihr ganzes Haus hat zwiefache Kleider.

22, Sie macht sich selbst Decken; feine Leinwand und Purpur ist ihr Kleid.

23. Ihr Mann ist bekannt in den Toren, wenn er sitzt bei den Ältesten des Landes.

24. Sie macht einen Rock und verkauft ihn; einen Gürtel gibt sie dem Krämer.
Apg. 9,39.

25. Kraft und Schöne sind ihr Gewand, und sie *lacht des kommenden Tages.
*Hiob 5,22; Matth. 6,34.

26. Sie tut ihren Mund auf mit Weisheit, und auf ihrer Zunge ist holdselige Lehre.

27. Sie schaut, wie es in ihrem Hause zugeht, und ißt ihr Brot nicht mit Faulheit.

28. Ihre Söhne stehen auf und preisen sie selig; ihr Mann lobt sie:

29. »Viele Töchter halten sich tugendsam; du aber übertriffst sie alle.«

30. Lieblich und schön sein ist nichts; ein Weib, das den Herrn fürchtet, soll man loben. K. 11,22.

31. Sie wird gerühmt werden von den Früchten ihrer Hände, und ihre Werke werden sie loben in den Toren.

Der Prediger Salomo

Das 1. Kapitel

Eitelkeit aller irdischen Dinge.

1. Dies sind die Reden des Predigers, des Sohnes Davids, des Königs zu Jerusalem.

2. Es ist alles ganz eitel, sprach der Prediger, es ist alles ganz eitel.

3. Was hat der Mensch für Gewinn von all seiner Mühe, die er hat unter der Sonne?
K. 2,22.

4. Ein Geschlecht vergeht, das andere kommt; die Erde bleibt aber ewiglich.
Ps. 90,3.

5. Die Sonne geht auf und geht unter und läuft an ihren Ort, daß sie wieder daselbst aufgehe.

6. Der Wind geht gen Mittag und kommt herum zur Mitternacht und wieder herum an den Ort, da er anfing.

7. Alle Wasser laufen ins Meer, doch wird das Meer nicht voller; an den Ort, da sie her fließen, fließen sie wieder hin.

8. Es sind alle Dinge so voll *Mühe, daß es niemand ausreden kann. Das Auge sieht sich nimmer satt, und das Ohr hört sich nimmer satt. *Ps. 90,10.

9. Was ist's, das geschehen ist? Eben das hernach geschehen wird. Was ist's, das man getan hat? Eben das man hernach wieder tun wird; und geschieht nichts Neues unter der Sonne.

10. Geschieht auch etwas, davon man sagen möchte: Siehe, das ist neu? Es ist zuvor auch geschehen in den langen Zeiten, die vor uns gewesen sind.

11. Man gedenkt nicht derer, die zuvor gewesen sind; also auch derer, so hernach kommen, wird man nicht gedenken bei denen, die darnach sein werden.

12. Ich, der Prediger, war König über Israel zu Jerusalem V. 1.

13. und richtete mein Herz, zu suchen und zu forschen weislich alles, was man unter dem Himmel tut. Solche unselige Mühe hat Gott den Menschenkindern gegeben, daß sie sich darin müssen quälen.

14. Ich sah an alles Tun, das unter der Sonne geschieht; und siehe, es war alles eitel und Haschen nach Wind.

15. Krumm kann nicht *schlicht werden noch, was fehlt, gezählt werden.
*gerade. K. 7,13.

16. Ich sprach in meinem Herzen: Siehe, ich bin herrlich geworden und habe mehr Weisheit denn alle, die vor mir gewesen sind zu Jerusalem, und mein Herz hat viel gelernt und erfahren.

17. Und richtete auch mein Herz darauf, daß ich erkennte Weisheit und erkennte Tollheit und Torheit. Ich ward aber gewahr, daß solches auch Mühe um Wind ist. K. 2,12; 7,25.

18. Denn wo viel Weisheit ist, da ist viel Grämens; und wer viel lernt, der muß viel leiden.

Das 2. Kapitel

Irdisches Vergnügen, selbst der frohe Genuß der Arbeit ist eitel.

1. Ich sprach in meinem Herzen: Wohl-

an, ich will wohl leben und gute Tage haben! Aber siehe, das war auch eitel.
2. Ich sprach zum Lachen: Du bist toll! und zur Freude: Was machst du?
3. Da dachte ich in meinem Herzen, meinen Leib *mit Wein zu pflegen, doch also, daß mein Herz mich mit Weisheit leitete, und zu ergreifen, was Torheit ist, bis ich lernte, was den Menschen gut wäre, daß sie tun sollten, solange sie unter dem Himmel leben. *Spr.31,4.
4. Ich tat große Dinge: ich baute Häuser, pflanzte Weinberge;
5. ich machte mir Gärten und Lustgärten und pflanzte allerlei fruchtbare Bäume darein;
6. ich machte mir Teiche, daraus zu wässern den Wald der grünenden Bäume;
7. ich hatte Knechte und Mägde und auch Gesinde, im Hause geboren; ich hatte eine größere Habe an Rindern und Schafen denn alle, die vor mir zu Jerusalem gewesen waren;
8. ich sammelte mir auch Silber und Gold und von den Königen und Ländern einen Schatz; ich schaffte mir Sänger und Sängerinnen und die Wonne der Menschen, allerlei Saitenspiel;
9. und nahm zu *über alle, die vor mir zu Jerusalem gewesen waren; auch blieb meine Weisheit bei mir; *1.Kön.10,23.
10. und alles, was meine Augen wünschten, das ließ ich ihnen und wehrte meinem Herzen keine Freude, daß es fröhlich war von aller meiner Arbeit; und das hielt ich für mein Teil von aller meiner Arbeit.
11. Da ich aber ansah alle meine Werke, die meine Hand getan hatte, und die Mühe, die ich gehabt hatte, siehe, *da war es alles eitel und Haschen nach Wind und kein Gewinn unter der Sonne. *K.1,14.
12. Da wandte ich mich, zu sehen *die Weisheit und die Tollheit und Torheit. Denn wer weiß, was der für ein Mensch werden wird nach dem König, den sie schon bereit gemacht haben? *K.1,17.
13. Da sah ich, daß die Weisheit die Torheit übertraf wie das Licht die Finsternis;
14. daß *dem Weisen seine Augen im Haupt stehen, aber die Narren in der Finsternis gehen; und merkte doch, daß es einem geht wie dem andern. *Spr.17,24.
15. Da dachte ich in meinem Herzen: Weil es denn mir geht wie dem Narren, warum habe ich denn nach Weisheit getrachtet? Da dachte ich in meinem Herzen, daß solches auch eitel sei.
16. Denn man gedenkt des Weisen nicht immerdar, ebensowenig wie des Narren, und die künftigen Tage vergessen alles; und wie der Narr stirbt, also auch der Weise. Ps.49,11.
17. Darum verdroß mich zu leben; denn es gefiel mir übel, was unter der Sonne geschieht, daß alles eitel ist und Haschen nach Wind.
18. Und mich verdroß alle meine Arbeit, die ich unter der Sonne hatte, daß ich dieselbe einem Menschen lassen müßte, der nach mir sein sollte. V.21.26; Ps.39,7.
19. Denn wer weiß, ob er weise oder toll sein wird? Und soll doch herrschen in aller meiner Arbeit, die ich weislich getan habe unter der Sonne. Das ist auch eitel.
20. Darum wandte ich mich, daß mein Herz abließe von aller Arbeit, die ich tat unter der Sonne.
21. Denn es muß ein Mensch, der seine Arbeit mit Weisheit, Vernunft und Geschicklichkeit getan hat, sie einem andern zum Erbteil lassen, der nicht daran gearbeitet hat. Das ist auch eitel und ein großes Unglück.
22. Denn was kriegt der Mensch von aller seiner Arbeit und Mühe seines Herzens, die er hat unter der Sonne?
23. Denn alle seine Lebtage hat er Schmerzen mit Grämen und Leid, daß auch sein Herz des Nachts nicht ruht. Das ist auch eitel.
24. Ist's *nun nicht besser dem Menschen, daß er esse und trinke und seine Seele guter Dinge sei in seiner Arbeit? Aber solches sah ich auch, daß es von Gottes Hand kommt.
K.3,12.22; 5,17; 8,15; 9,7.
25. Denn wer kann fröhlich essen und sich ergötzen ohne ihn?
26. Denn dem Menschen, der ihm gefällt, gibt er Weisheit, Vernunft und Freude; aber dem Sünder gibt er Mühe, daß *er sammele und häufe, und es doch dem gegeben werde, der Gott gefällt. Darum ist das auch eitel und Haschen nach Wind.
*Spr.13,22; 28,8.

Das 3. Kapitel

Alles Tun der Menschen hat seine Zeit;
Gottes Tun besteht.
Fürchte Gott und sei zufrieden mit deinem Teil!

1. Ein jegliches hat seine Zeit, und alles Vornehmen unter dem Himmel hat seine Stunde. K.8,6.
2. Geboren werden und sterben, pflanzen und ausrotten, was gepflanzt ist,
3. würgen und heilen, brechen und bauen,

4. weinen und lachen, klagen und tanzen,

5. Steine zerstreuen und Steine sammeln, herzen und ferne sein von Herzen,

6. suchen und verlieren, behalten und wegwerfen,

7. zerreißen und zunähen, schweigen und reden,

8. lieben und hassen, Streit und Friede hat seine Zeit.

9. Man arbeite, wie man will, so hat man keinen Gewinn davon.

10. Ich sah die Mühe, die Gott den Menschen gegeben hat, daß sie darin geplagt werden.

11. Er aber tut alles fein zu seiner Zeit und läßt ihr Herz sich ängsten, wie es gehen solle in der Welt; denn der Mensch kann doch nicht treffen das Werk, das Gott tut, weder Anfang noch Ende. K.8,17.

12. Darum merkte ich, *daß nichts Besseres darin ist denn fröhlich sein und sich gütlich tun in seinem Leben. K.2,24.

13. Denn ein jeglicher Mensch, der da ißt und trinkt und hat guten Mut in aller seiner Arbeit, das ist eine Gabe Gottes.

14. Ich merkte, daß alles, was Gott tut, das besteht immer: man kann nichts dazutun noch abtun; und solches tut Gott, daß man sich vor ihm fürchten soll.

15. Was geschieht, das ist zuvor geschehen, und was geschehen wird, ist auch zuvor geschehen; und Gott sucht wieder auf, was vergangen ist.

16. Weiter sah ich unter der Sonne Stätten des Gerichts, da war ein gottlos Wesen, und Stätten der Gerechtigkeit, da waren Gottlose.

17. Da dachte ich in meinem Herzen: Gott muß richten den Gerechten und den Gottlosen; denn es hat alles Vornehmen seine Zeit und alle Werke. K.12,14.

18. Ich sprach in meinem Herzen: Es geschieht wegen der Menschenkinder, auf daß Gott sie prüfe und sie sehen, daß sie an sich selbst sind wie das Vieh.

19. Denn es geht dem Menschen *wie dem Vieh: wie dies stirbt, so stirbt er auch, und haben alle einerlei Odem, und der Mensch hat nichts mehr als das Vieh; denn es ist alles eitel. *Ps.49,13.21.

20. Es fährt alles an einen Ort; es *ist alles von Staub gemacht und wird wieder zu Staub. *1.Mose 3,19.

21. Wer weiß, ob der Odem der Menschen aufwärts fahre und der Odem des Viehes unterwärts unter die Erde fahre? K.12,7.

22. So sah ich denn, daß nichts Besseres ist, als daß ein Mensch fröhlich sei in seiner Arbeit; denn das ist sein Teil. Denn wer will ihn dahin bringen, daß er sehe, was nach ihm geschehen wird?

Das 4. Kapitel

Der Arme ist ohne Trost, der Fleißige ohne Ruhe, selbst der König ohne Sicherheit.

1. Ich wandte mich und sah an alles Unrecht, das geschah unter der Sonne; und siehe, da waren Tränen derer, so Unrecht litten und hatten keinen Tröster; und die ihnen Unrecht taten, waren zu mächtig, daß sie keinen Tröster haben konnten.

2. Da lobte ich die Toten, die schon gestorben waren, mehr denn die Lebendigen, die noch das Leben hatten; Hiob 3,11.

3. und besser denn alle beide ist, der noch nicht ist und des Bösen nicht innewird, das unter der Sonne geschieht. K.6,3.

4. Ich sah an Arbeit und Geschicklichkeit in allen Sachen: da neidet einer den andern. Das ist auch eitel und Haschen nach Wind.

5. Ein Narr schlägt die Finger ineinander und verzehrt sich selbst. Spr.6,10.

6. Es ist besser eine Hand voll mit Ruhe denn beide Fäuste voll mit Mühe und Haschen nach Wind. Spr.15,16.

7. Ich *wandte mich und sah die Eitelkeit unter der Sonne. *K.2,12.

8. Es ist ein einzelner, und nicht selbander, und hat weder Kind noch Bruder; doch ist seines Arbeitens kein Ende, und seine Augen werden Reichtums nicht satt. Wem arbeite ich doch und breche meiner Seele ab? Das ist auch eitel und eine böse Mühe.

9. So ist's ja besser zwei als eins; denn sie genießen doch ihrer Arbeit wohl.

10. Fällt ihrer einer, so hilft ihm sein Gesell auf. Weh dem, der allein ist! Wenn er fällt, so ist kein anderer da, der ihm aufhelfe.

11. Auch wenn zwei beieinander liegen, wärmen sie sich; wie kann ein einzelner warm werden?

12. Einer mag überwältigt werden, aber zwei mögen widerstehen; und eine dreifältige Schnur reißt nicht leicht entzwei.

13. Ein armes Kind, das weise ist, ist besser denn ein alter König, der ein Narr ist und weiß sich nicht zu hüten.

14. Es *kommt einer aus dem Gefängnis zum Königreich; und einer, der in seinem Königreich geboren ist, verarmt. *1.Mose 41,14.

15. Und ich sah, daß alle Lebendigen unter der Sonne wandelten bei dem andern,

dem Kinde, das an jenes Statt sollte aufkommen.

16. Und des Volks, das vor ihm ging, war kein Ende und des, das ihm nachging; und wurden sein doch nicht froh. Das ist *auch eitel und Mühe um Wind. *K.1,14.

17. Bewahre deinen Fuß, wenn du zum Hause Gottes gehst, und komme, daß du hörest. Das *ist besser als der Narren Opfer; denn sie wissen nicht, was sie Böses tun. *1.Sam.15,22.

Das 5. Kapitel

Warnung vor unbedachtsamem Reden. Eitelkeit des Reichtums. Genügsamkeit.

1. Sei *nicht schnell mit deinem Munde und laß dein Herz nicht eilen, etwas zu reden vor Gott; denn Gott ist im Himmel, und du auf Erden; darum laß deiner Worte wenig sein. *Jak.1,19.

2. Denn wo viel Sorgen ist, da kommen Träume; und *wo viel Worte sind, da hört man den Narren. *K.10,14; Spr.10,19.

3. Wenn du Gott *ein Gelübde tust, so verzieh nicht, es zu halten; denn er hat kein Gefallen an den Narren. Was du gelobst, das halte. *5.Mose 23,22.

4. Es ist besser, du gelobest nichts, denn daß du nicht hältst, was du gelobest.

5. Laß deinem Mund nicht zu, daß er dein Fleisch verführe; und sprich vor dem *Engel nicht: Es war ein Versehen. Gott möchte erzürnen über deine Stimme und verderben alle Werke deiner Hände. *Mal.2,7.

6. Wo viel Träume sind, da ist Eitelkeit und viel Worte; aber fürchte du Gott.

7. Siehst du dem Armen Unrecht tun und Recht und Gerechtigkeit im Lande wegreißen, wundere dich des Vornehmens nicht; denn es ist noch ein hoher Hüter über den Hohen und sind noch Höhere über die beiden.

8. Und immer ist's Gewinn für ein Land, wenn ein König da ist über das Feld, das man baut.

9. Wer Geld liebt, wird Geldes nimmer satt; und wer Reichtum liebt, wird keinen Nutzen davon haben. Das ist auch eitel. Spr.28,11.

10. Denn wo viel Guts ist, da sind viele, die es essen; und was genießt davon, der es hat, außer daß er's mit Augen ansieht?

11. Wer arbeitet, dem ist der Schlaf süß, er habe wenig oder viel gegessen; aber die Fülle des Reichen läßt ihn nicht schlafen.

12. Es ist ein böses Übel, das ich sah unter der Sonne: Reichtum, behalten zum Schaden dem, der ihn hat.

13. Denn der Reiche kommt um mit großem Jammer; und so er einen Sohn gezeugt hat, dem bleibt nichts in der Hand.

14. Wie er nackt ist von seiner Mutter Leibe gekommen, so fährt er wieder hin, wie er gekommen ist, und nimmt nichts mit sich von seiner Arbeit in seiner Hand, wenn er hinfährt. Hiob 1,21; Ps.49,18.

15. Das ist ein böses Übel, daß er hinfährt, wie er gekommen ist. Was hilft's ihm denn, daß er in den Wind gearbeitet hat?

16. Sein Leben lang hat er im Finstern gegessen und in großem Grämen und Krankheit und Verdruß.

17. So *sehe ich nun das für gut an, daß es fein sei, wenn man ißt und trinkt und gutes Muts ist in aller Arbeit, die einer tut unter der Sonne sein Leben lang, das ihm Gott gibt; denn das ist sein Teil. *K.2,24; Spr.15,15.

18. Denn welchem Menschen Gott Reichtum und Güter gibt und die Gewalt, daß er davon ißt und trinkt für sein Teil und fröhlich ist in seiner Arbeit, das ist eine Gottesgabe.

19. Denn er denkt nicht viel an die Tage seines Lebens, weil Gott sein Herz erfreut.

Das 6. Kapitel

Reichtum und Ehre sind auch eitel.

1. Es ist ein Unglück, das ich sah unter der Sonne, und ist gemein bei den Menschen:

2. einer, dem Gott Reichtum, Güter und Ehre gegeben hat und mangelt ihm keins, das sein Herz begehrt; und Gott gibt doch ihm nicht Macht, es zu genießen, sondern *ein anderer verzehrt es; das ist eitel und ein böses Übel. *K.2,18.

3. Wenn einer gleich hundert Kinder zeugte und hätte so langes Leben, daß er viele Jahre überlebte, und seine Seele sättigte sich des Guten nicht und bliebe ohne Grab, von dem spreche ich, daß eine unzeitige Geburt besser sei denn er.

4. Denn in Nichtigkeit kommt sie, und in Finsternis fährt sie dahin, und ihr Name bleibt in Finsternis bedeckt,

5. auch hat sie die Sonne nicht gesehen noch gekannt; so hat sie mehr Ruhe denn jener.

6. Ob er auch zweitausend Jahre lebte, und genösse keines Guten: kommt's nicht alles an einen Ort?

7. Alle Arbeit des Menschen ist für seinen Mund; aber doch wird die Seele nicht davon satt.

8. Denn was hat ein Weiser mehr als ein
Narr? Was hilft's dem Armen, daß er weiß
zu wandeln vor den Lebendigen?
9. Es ist besser, das gegenwärtige Gut
gebrauchen, denn nach anderm gedenken. Das ist auch Eitelkeit und Haschen
nach Wind.
10. Was da ist, des Name ist zuvor genannt, und es ist bestimmt, was ein
Mensch sein wird; und er kann nicht hadern mit dem, der ihm zu mächtig ist.
11. Denn es ist des eitlen Dings zuviel;
was hat ein Mensch davon?
12. [K. 7,1] Denn wer weiß, was dem
Menschen nütze ist im Leben, solange er
lebt in seiner Eitelkeit, welches dahinfährt
wie ein *Schatten? Oder wer will dem
Menschen sagen, was nach ihm kommen
wird unter der Sonne?

*1. Chron. 29,15; Ps. 90,5.

Das 7. Kapitel

Empfehlung der Weisheit, Zufriedenheit und Einfachheit.

1. [2.] Ein *guter Ruf ist besser denn
gute Salbe, und der Tag des Todes denn
der Tag der Geburt. *Spr. 22,1.
2. [3.] Es ist besser, in das Klagehaus
gehen, denn in das Trinkhaus; in jenem ist
das Ende aller Menschen, und der Lebendige nimmt's zu Herzen.
3. [4.] Es ist Trauern besser als Lachen;
denn durch Trauern wird das Herz gebessert.
4. [5.] Das Herz der Weisen ist im Klagehause, und das Herz der Narren im Hause
der Freude.
5. [6.] Es ist besser, hören das Schelten
des Weisen, denn hören den Gesang der
Narren.
6. [7.] Denn das Lachen der Narren ist
wie das Krachen der Dornen unter den
Töpfen; und das ist auch eitel.
7. [8.] Ein Widerspenstiger macht einen
Weisen unwillig und verderbt ein mildtätiges Herz.
8. [9.] Das Ende eines Dinges ist besser
denn sein Anfang. Ein geduldiger Geist ist
besser denn ein hoher Geist.
9. [10.] Sei nicht *schnelles Gemüts, zu
zürnen; denn Zorn ruht im Herzen eines
Narren. *Jak. 1,19.
10. [11.] Sprich nicht: Was ist's, daß die
vorigen Tage besser waren als diese? denn
du fragst solches nicht weislich.
11. [12.] Weisheit ist gut mit einem Erbgut und hilft, daß sich einer der Sonne
freuen kann.
12. [13.] Denn wie Weisheit beschirmt,
so beschirmt Geld auch; aber die Weisheit
gibt das Leben dem, der sie hat. Spr. 3,2.
13. [14.] Siehe an die Werke Gottes; denn
wer kann das *schlicht machen, was er
krümmt? *gerade. K. 1,15.
14. [15.] Am guten Tage sei guter Dinge,
und den bösen Tag nimm auch für gut;
denn diesen schafft Gott neben jenem, daß
der Mensch nicht wissen soll, was künftig
ist.
15. [16.] Allerlei habe ich gesehen in den
Tagen meiner Eitelkeit. *Da ist ein Gerechter, und geht unter in seiner Gerechtigkeit; und ist ein Gottloser, der lange
lebt in seiner Bosheit. *K. 8,14; Ps. 73,12.13.
16. [17.] Sei nicht allzu gerecht und
nicht allzu weise, daß du dich nicht verderbest.
17. [18.] Sei nicht allzu gottlos und narre
nicht, daß du nicht sterbest zur Unzeit.
18. [19.] Es ist gut, daß du dies fassest
und jenes auch nicht aus deiner Hand lässest; denn wer Gott fürchtet, der entgeht
dem allem.
19. [20.] Die Weisheit stärkt den Weisen
mehr denn zehn Gewaltige, die in der
Stadt sind.
20. [21.] Denn es ist kein Mensch so gerecht auf Erden, daß er Gutes tue und
nicht sündige. Ps. 14,3.
21. [22.] Gib auch nicht acht auf alles,
was man sagt, daß du nicht hören müssest
deinen Knecht dir fluchen.
22. [23.] Denn dein Herz weiß, daß du
andern auch oftmals geflucht hast.
23. [24.] Solches alles habe ich versucht
mit Weisheit. Ich gedachte, ich will weise
sein; sie blieb aber ferne von mir.
24. [25.] Alles, was da ist, das ist ferne
und ist sehr tief; wer will's finden?
25. [26.] Ich kehrte mein Herz, zu erfahren und erforschen und zu suchen Weisheit und Kunst, zu erfahren der Gottlosen
Torheit und Irrtum der Tollen,
26. [27.] und fand, daß bitterer sei denn
der Tod ein solches Weib, dessen Herz
Netz und Strick ist und deren Hände Bande sind. Wer Gott gefällt, der wird ihr
entrinnen; aber der Sünder wird durch sie
gefangen. Spr. 2,16–22.
27. [28.] Schau, das habe ich gefunden,
spricht der Prediger, eins nach dem andern, daß ich Erkenntnis fände.
28. [29.] Und meine Seele sucht noch
und hat's nicht gefunden: unter tausend
habe ich einen Mann gefunden; aber ein
Weib habe ich unter den allen nicht gefunden.

29. [30.] Allein schaue das: ich habe gefunden, daß Gott den Menschen hat *aufrichtig gemacht; aber sie suchen viele Künste.

Das 8. Kapitel

Gehorsam gegen die Obrigkeit. Denen, die Gott fürchten, geht's dennoch wohl.

1. Wer ist wie der Weise, und wer kann die Dinge auslegen? Die Weisheit des Menschen erleuchtet sein Angesicht; aber ein freches Angesicht wird gehaßt.
2. Halte das Wort des Königs und den Eid Gottes.
3. Eile nicht, zu gehen von seinem Angesicht, und bleibe nicht in böser Sache; denn er tut, was er will.
4. In des Königs Wort ist Gewalt; und wer mag zu ihm sagen: Was machst du?
5. Wer das Gebot hält, der wird nichts Böses erfahren; aber eines Weisen Herz weiß Zeit und Weise.
6. Denn ein *jeglich Vornehmen hat seine Zeit und Weise; denn des Unglücks des Menschen ist viel bei ihm. *K. 3,1.
7. Denn er weiß nicht, was geschehen wird; und *wer will ihm sagen, was es werden soll? *K. 10,14.
8. Ein Mensch hat nicht Macht über den Geist, den Geist zurückzuhalten, und hat nicht Macht über den Tag des Todes, und keiner wird losgelassen im Streit; und das gottlose Wesen errettet den Gottlosen nicht.
9. Das habe ich alles gesehen, und richtete mein Herz auf alle Werke, die unter der Sonne geschehen. Ein Mensch herrscht zuzeiten über den andern zu seinem Unglück.
10. Und da sah ich Gottlose, die begraben wurden und zur Ruhe kamen; aber es wandelten hinweg von heiliger Stätte und wurden vergessen in der Stadt die, so recht getan hatten. Das ist auch eitel.
11. Weil nicht alsbald geschieht ein Urteil über die bösen Werke, dadurch wird das Herz der Menschen voll Böses zu tun. Hiob 35,15.
12. Ob ein Sünder hundertmal Böses tut und lange lebt, so weiß ich doch, daß es wohl gehen wird denen, die Gott fürchten, die sein Angesicht scheuen. Ps. 73,17–26.
13. Aber dem Gottlosen wird es nicht wohl gehen; und wie ein Schatten werden nicht lange leben, die sich vor Gott nicht fürchten.
14. Es ist eine Eitelkeit, die auf Erden geschieht: es sind Gerechte, denen geht es, als hätten sie Werke der Gottlosen, – und sind Gottlose, denen geht es, als hätten sie Werke der Gerechten. Ich sprach: Das ist auch eitel. K. 7,15.
15. Darum lobte ich die Freude, *daß der Mensch nichts Besseres hat unter der Sonne denn essen und trinken und fröhlich sein; und solches werde ihm von der Arbeit sein Leben lang, das ihm Gott gibt unter der Sonne. *K. 2,24.
16. Ich gab mein Herz, zu wissen die Weisheit und zu schauen die Mühe, die auf Erden geschieht, daß auch einer weder Tag noch Nacht den Schlaf sieht mit seinen Augen.
17. Und ich sah alle Werke Gottes, daß ein Mensch das Werk nicht finden kann, das unter der Sonne geschieht; und je mehr der Mensch arbeitet, zu suchen, je weniger er findet. Wenn er gleich spricht: »Ich bin weise und weiß es«, so kann er's doch nicht finden. K. 3,11.

Das 9. Kapitel

Laß dich nicht irren die äußerliche Gleichheit der Frommen und der Bösen! Genieße fröhlich Gottes Gaben und tue, was dir befohlen ist: die Weisheit triumphiert.

1. Denn ich habe solches alles zu Herzen genommen, zu forschen das alles, daß Gerechte und Weise und ihre Werke sind in Gottes Hand; kein Mensch kennt weder die Liebe noch den Haß irgend eines, den er vor sich hat.
2. Es begegnet dasselbe einem wie dem andern: dem Gerechten wie dem Gottlosen, dem Guten und Reinen wie dem Unreinen, dem, der opfert, wie dem, der nicht opfert; wie es dem Guten geht, so geht's auch dem Sünder; wie es dem, der schwört, geht, so geht's auch dem, der den Eid fürchtet. K. 2,14; Hiob 9,22.
3. Das ist ein böses Ding unter allem, was unter der Sonne geschieht, daß es einem geht wie dem andern; *daher auch das Herz der Menschen voll Arges wird, und Torheit ist in ihrem Herzen, dieweil sie leben; darnach müssen sie sterben. *K. 8,11.
4. Denn bei allen Lebendigen ist, was man wünscht: Hoffnung; denn ein lebendiger Hund ist besser als ein toter Löwe.
5. Denn die Lebendigen wissen, daß sie sterben werden; die Toten aber wissen nichts, sie haben auch keinen Lohn mehr – denn ihr Gedächtnis ist vergessen,
6. daß man sie nicht mehr liebt noch haßt noch neidet – und haben kein Teil mehr auf der Welt an allem, was unter der Sonne geschieht.

7. So gehe hin und iß dein Brot mit Freuden, trink deinen Wein mit gutem Mut; denn dein Werk gefällt Gott. K.5,17.
8. Laß deine Kleider immer weiß sein und laß deinem Haupt Salbe nicht mangeln.
9. Brauche das Leben *mit deinem Weibe, das du liebhast, solange du das eitle Leben hast, das dir Gott unter der Sonne gegeben hat, solange dein eitel Leben währt; denn das ist dein Teil im Leben und in deiner Arbeit, die du tust unter der Sonne. *Spr.5,18.
10. Alles, was dir vor Handen kommt zu tun, das tue frisch; denn bei den Toten, dahin du fährst, ist weder Werk, Kunst, Vernunft noch Weisheit.
11. Ich wandte mich und sah, wie es unter der Sonne zugeht, daß zum Laufen nicht hilft schnell zu sein, zum Streit hilft nicht stark sein, zur Nahrung hilft nicht geschickt sein, zum Reichtum hilft nicht klug sein; daß einer angenehm sei, dazu hilft nicht, daß er ein Ding wohl kann; sondern alles liegt an Zeit und Glück.
Jer.10,23.
12. Auch weiß der Mensch seine Zeit nicht; sondern, wie die Fische gefangen werden mit einem verderblichen Hamen, und wie die Vögel mit einem Strick gefangen werden, so werden auch die Menschen berückt zur bösen Zeit, wenn sie plötzlich über sie fällt.
13. Ich habe auch diese Weisheit gesehen unter der Sonne, die mich groß deuchte:
14. daß eine kleine Stadt war und wenig Leute darin, und kam ein großer König und belagerte sie und baute große Bollwerke darum,
15. und ward darin gefunden ein armer, weiser Mann, der errettete dieselbe Stadt durch seine Weisheit; und kein Mensch gedachte desselben armen Mannes.
16. Da sprach ich: »Weisheit ist ja besser denn Stärke; doch wird des Armen Weisheit verachtet und seinen Worten nicht gehorcht.«
17. Der Weisen Worte, in Stille vernommen, sind besser denn der Herren Schreien unter den Narren.
18. Weisheit ist besser denn Harnisch; aber ein einziger Bube verderbt viel Gutes.

Das 10. Kapitel

Weisheit und Torheit bei Hohen und Niedern.

1. Schädliche Fliegen verderben gute Salben; also wiegt ein wenig Torheit schwerer denn Weisheit und Ehre.
2. Des Weisen Herz ist zu seiner Rechten; aber des Narren Herz ist zu seiner Linken.
3. Auch ob der Narr selbst närrisch ist in seinem Tun, doch hält er jedermann für einen Narren.
4. Wenn eines Gewaltigen Zorn wider dich ergeht, *so laß dich nicht entrüsten; denn Nachlassen stillt großes Unglück.
*Ps.37,1; Spr.24,10.
5. Es ist ein Unglück, das ich sah unter der Sonne, gleich einem Versehen, das vom Gewaltigen ausgeht:
6. daß ein Narr sitzt in großer Würde, und die Reichen in Niedrigkeit sitzen.
Spr.30,21.22.
7. Ich sah Knechte auf Rossen, und Fürsten zu Fuß gehen wie Knechte.
8. Aber *wer eine Grube macht, der wird selbst hineinfallen; und wer den Zaun zerreißt, den wird eine Schlange stechen.
*Spr.26,27.
9. Wer Steine wegwälzt, der wird Mühe damit haben; und wer Holz spaltet, der wird davon verletzt werden.
10. Wenn ein Eisen stumpf wird und an der Schneide ungeschliffen bleibt, muß man's mit Macht wieder schärfen; also folgt auch Weisheit dem Fleiß.
11. Ein Schwätzer ist nichts Besseres denn eine *Schlange, die ohne Beschwörung sticht. *Ps.58,5.6.
12. Die Worte aus dem Mund eines Weisen sind holdselig; aber des Narren Lippen verschlingen ihn selbst.
13. Der Anfang seiner Worte ist Narrheit, und das Ende ist schädliche Torheit.
14. Ein Narr macht *viele Worte; aber der Mensch weiß nicht, was gewesen ist, und †wer will ihm sagen, was nach ihm werden wird? *K.5,2. †K.8,7.
15. Die Arbeit der Narren wird ihnen sauer, weil sie nicht wissen in die Stadt zu gehen.
16. Weh dir, Land, dessen König *ein Kind ist, und dessen Fürsten in der Frühe speisen! *Jes.3,4.
17. Wohl dir, Land, dessen König edel ist, und dessen Fürsten zu rechter Zeit speisen, zur Stärke und nicht zur Lust!
18. Denn durch Faulheit sinken die Balken, und durch lässige Hände wird das Haus triefend. Spr.19,15.
19. Das macht, sie halten Mahlzeiten, um zu lachen, und *der Wein muß die Lebendigen erfreuen, und das Geld muß ihnen alles zuwege bringen.
*Richt. 9,13; Ps.104,15.
20. Fluche *dem König nicht in deinem

Herzen und fluche dem Reichen nicht in deiner Schlafkammer; denn die Vögel des Himmels führen die Stimme fort, und die Fittiche haben, sagen's weiter.

*2. Mose 22,27.

Das 11. Kapitel

Frühe säe deinen Samen!

1. Laß dein Brot über das Wasser fahren, so wirst du es finden nach langer Zeit.

Spr. 19,17.

2. Teile aus unter sieben und unter acht; denn du weißt nicht, was für Unglück auf Erden kommen wird.

3. Wenn die Wolken voll sind, so geben sie Regen auf die Erde; und wenn der Baum fällt – er falle gegen Mittag oder Mitternacht –, auf welchen Ort er fällt, da wird er liegen.

4. Wer auf den Wind achtet, der sät nicht; und wer auf die Wolken sieht, der erntet nicht.

5. Gleichwie du nicht weißt *den Weg des Windes und wie die Gebeine in Mutterleibe bereitet werden, also kannst du auch Gottes Werk †nicht wissen, das er tut überall. *Joh. 3,8. †K. 8,17.

6. Frühe säe deinen Samen und laß deine Hand des Abends nicht ab; denn du weißt nicht, ob dies oder das geraten wird; und ob beides geriete, so wäre es desto besser.

7. Es ist das Licht süß, und den Augen lieblich, die Sonne zu sehen.

8. Wenn ein Mensch viele Jahre lebt, so sei er fröhlich in ihnen allen und gedenke der finstern Tage, daß ihrer viel sein werden; denn alles, was kommt, ist eitel.

9. So freue dich, Jüngling, in deiner Jugend und laß dein Herz guter Dinge sein in deiner Jugend. Tue, was dein Herz gelüstet und deinen Augen gefällt, und wisse, daß dich Gott um dies alles wird vor Gericht führen. K. 8,15.

10. Laß die Traurigkeit aus deinem Herzen und tue das Übel von deinem Leibe; denn Kindheit und Jugend ist eitel.

Das 12. Kapitel

Gedenke an Gott in deiner Jugend, so hast du Trost im Alter. Gottesfurcht ist die Hauptsumme aller Lehre.

1. Gedenke an deinen Schöpfer in deiner Jugend, ehe denn die bösen Tage kommen und die Jahre herzutreten, da du wirst sagen: Sie gefallen mir nicht;

2. ehe denn die Sonne und das Licht, Mond und Sterne finster werden und Wolken wieder kommen nach dem Regen;

3. zur Zeit, wenn die Hüter im Hause zittern, und sich krümmen die Starken, und müßig stehen die Müller, weil ihrer so wenig geworden sind, und finster werden, die durch das Fenster sehen,

4. und die Türen an der Gasse geschlossen werden, daß die Stimme der Mühle leise wird, und man erwacht, wenn der Vogel singt, und gedämpft sind alle Töchter des Gesangs;

5. wenn man auch vor Höhen sich fürchtet und sich scheut auf dem Wege; wenn der Mandelbaum blüht, und die Heuschrecke beladen wird, und alle Lust vergeht (denn der Mensch fährt hin, da er ewig bleibt, und die Klageleute gehen umher auf der Gasse);

6. ehe denn der silberne Strick wegkomme, und die goldene Schale zerbreche, und der Eimer zerfalle an der Quelle, und das Rad zerbrochen werde am Born.

7. Denn *der Staub muß wieder zu der Erde kommen, wie *er gewesen ist, und der Geist wieder zu Gott, der ihn gegeben hat. *K. 3,20; 1. Mose 3,19.

8. Es ist alles ganz eitel, sprach der Prediger, ganz eitel. K. 1,2.

9. Derselbe Prediger war nicht allein weise, sondern lehrte auch das Volk gute Lehre und merkte und forschte und *stellte viel Sprüche. *1. Kön. 5,12.

10. Er suchte, daß er fände angenehme Worte, und schrieb recht die Worte der Wahrheit.

11. Die Worte der Weisen sind *Stacheln und Nägel; sie sind geschrieben durch die Meister der Versammlungen und von einem Hirten gegeben. *Hebr. 4,12.

12. Hüte dich, mein Sohn, vor andern mehr; denn viel Büchermachens ist kein Ende, und viel Studieren macht den Leib müde.

13. Laßt uns die *Hauptsumme aller Lehre hören: Fürchte Gott und halte seine Gebote; denn das gehört allen Menschen zu. *1. Tim. 1,5.

14. Denn Gott wird aller Werke vor Gericht bringen, alles, was verborgen ist, es sei gut oder böse. Röm. 2,16; 1. Kor. 4,5.

Das Hohelied Salomos

Das 1. Kapitel

Innige Liebe des Freundes und der Freundin.

1. Das Hohelied Salomos.

2. Er küsse mich mit dem Kusse seines Mundes; denn deine Liebe ist lieblicher als Wein.

3. Es riechen deine Salben köstlich; dein Name ist eine ausgeschüttete Salbe, darum lieben dich die Jungfrauen.

4. Zieh mich dir nach, so laufen wir. Der König führte mich in seine Kammern. Wir freuen uns und sind fröhlich über dir; wir gedenken an deine Liebe mehr denn an den Wein. Die Frommen lieben dich.

5. Ich bin schwarz, aber gar lieblich, ihr Töchter Jerusalems, wie die Hütten Kedars, wie die Teppiche Salomos.

6. Sehet mich nicht an, daß ich so schwarz bin; denn die Sonne hat mich so verbrannt. Meiner Mutter Kinder zürnten mit mir. Sie haben mich zur Hüterin der Weinberge gesetzt; aber meinen eigenen Weinberg habe ich nicht behütet.

7. Sage mir an, du, den meine Seele liebt, wo du weidest, wo du ruhest im Mittage, daß ich nicht hin und her gehen müsse bei den Herden deiner Gesellen.

8. Weißt du es nicht, *du schönste unter den Weibern, so gehe hinaus auf die Fußtapfen der Schafe und weide deine Zicklein bei den Hirtenhäusern. *K.5,9; 6,1.

9. Ich vergleiche dich, meine Freundin, meinem Gespann an den Wagen Pharaos.

10. Deine Backen stehen lieblich in den Kettchen und dein Hals in den Schnüren.

11. Wir wollen dir goldene Ketten machen mit silbernen Pünktlein.

12. Da der König sich herwandte, gab meine Narde ihren Geruch.

13. Mein Freund ist mir ein Büschel Myrrhen, das zwischen meinen Brüsten hanget.

14. Mein Freund ist mir eine Traube von Zyperblumen in den Weingärten zu Engedi.

15. Siehe, meine Freundin, *du bist schön; schön bist du, deine Augen sind wie Taubenaugen. *K.2,14; 4,1.7; 6,4.

16. Siehe, mein Freund, du bist schön und *lieblich. Unser Bett grünt, *K.5,16.

17. unsrer Häuser Balken sind Zedern, unser Getäfel Zypressen.

Das 2. Kapitel

Sehnsucht der Freundin nach dem Freund.

1. Ich bin eine Blume zu Saron und eine Rose im Tal.

2. Wie eine Rose unter den Dornen, so ist meine Freundin unter den Töchtern.

3. Wie ein Apfelbaum unter den wilden Bäumen, so ist mein Freund unter den Söhnen. Ich sitze unter dem Schatten, des ich begehre, und seine Frucht ist meiner Kehle süß.

4. Er führt mich in den Weinkeller, und die Liebe ist sein Panier über mir.

5. Er erquickt mich mit Blumen und labt mich mit Äpfeln; denn *ich bin krank vor Liebe. *K.5,8.

6. Seine Linke liegt unter meinem Haupte, und seine Rechte herzt mich. K.8,3.

7. Ich beschwöre euch, ihr Töchter Jerusalems, bei den Rehen oder bei den *Hinden auf dem Felde, daß ihr meine Freundin nicht aufweckt noch regt, bis es ihr selbst gefällt. *Hirschkühen. K.3,5; 8,4.

8. Da ist die Stimme meines Freundes! Siehe, er kommt und hüpft auf den Bergen und springt auf den Hügeln.

9. Mein Freund ist gleich *einem Reh oder jungen Hirsch. Siehe, er steht hinter unsrer Wand und sieht durchs Fenster und guckt durchs Gitter. *V.17; K.8,14.

10. Mein Freund antwortet und spricht zu mir: Stehe auf, meine Freundin, meine Schöne, und komm her!

11. Denn siehe, der Winter ist vergangen, der Regen ist weg und dahin;

12. die Blumen sind hervorgekommen im Lande, der Lenz ist herbeigekommen, und die Turteltaube läßt sich hören in unserm Lande;

13. der Feigenbaum hat Knoten gewonnen, die Weinstöcke haben Blüten gewonnen und geben ihren Geruch. Stehe auf, meine Freundin, und komm, meine Schöne, komm her!

14. Meine Taube in den Felsklüften, in den Steinritzen, zeige mir deine Gestalt, laß mich hören deine Stimme; denn deine Stimme ist süß, und *deine Gestalt ist lieblich. *K.4,7.

15. Fanget uns die Füchse, die kleinen Füchse, die die Weinberge verderben; denn unsere Weinberge haben Blüten gewonnen.

SEHNSUCHT DER FREUNDIN Hoheslied 2, 5

16. Mein Freund ist mein, und ich bin
sein, der unter den Rosen weidet. K. 6,3.
17. Bis der Tag kühl wird und die Schatten weichen, kehre um; *werde wie ein
Reh, mein Freund, oder wie ein junger
Hirsch auf den Scheidebergen. *K. 8,14.

Das 3. Kapitel

Treue der Freundin. Herrlichkeit des Freundes.

1. Des Nachts auf meinem Lager suchte
ich, den meine Seele liebt. Ich *suchte;
aber ich fand ihn nicht. *K. 5,6.
2. Ich will aufstehen und in der Stadt
umgehen auf den Gassen und Straßen und
suchen, den meine Seele liebt. Ich suchte;
aber ich fand ihn nicht.
3. Es fanden mich die Wächter, die in der
Stadt umgehen: »Habt ihr nicht gesehen,
den meine Seele liebt?«
4. Da ich ein wenig an ihnen vorüber
war, da fand ich, den meine Seele liebt. Ich
halte ihn und will ihn nicht lassen, bis ich
ihn *bringe in meiner Mutter Haus, in die
Kammer der, die mich geboren hat.
*K. 8,2.
5. Ich beschwöre euch, ihr Töchter Jerusalems, bei den Rehen oder *Hinden auf
dem Felde, daß ihr meine Freundin nicht
aufweckt noch regt, bis es ihr selbst gefällt. *Hirschkühen. K. 2,7.
6. Wer ist die, die heraufgeht aus der
Wüste wie ein gerader Rauch, wie ein Ge-
räuch von Myrrhe, Weihrauch und allerlei
Gewürzstaub des Krämers?
7. Siehe, um das Bett Salomos her stehen sechzig Starke aus den Starken in
Israel.
8. Sie halten alle Schwerter und sind geschickt, zu streiten. Ein jeglicher hat sein
Schwert an seiner Hüfte um des Schrek-
kens willen in der Nacht.
9. Der König Salomo ließ sich eine Sänf-
te machen von Holz aus Libanon.
10. Ihre Säulen sind silbern, die Decke
golden, der Sitz purpurn, und inwendig ist
sie lieblich ausgeziert um der Töchter Jerusalems willen.
11. Gehet heraus und schauet an, ihr
Töchter Zions, den König Salomo in der
Krone, damit ihn seine Mutter gekrönt hat
am Tage seiner Hochzeit und am Tage der
Freude seines Herzens.

Das 4. Kapitel

Vorzüge der Freundin.

1. Siehe, meine Freundin, du bist schön! siehe, schön bist du! Deine Augen sind *wie Taubenaugen zwischen deinen Zöpfen. †Dein Haar ist wie eine Herde Ziegen, die gelagert sind am Berge Gilead herab.
*K.5,12. †K.6,5.
2. Deine *Zähne sind wie eine Herde Schafe mit beschnittener Wolle, die aus der Schwemme kommen, die allzumal Zwillinge haben, und es fehlt keiner unter ihnen. *K.6,6.
3. Deine Lippen sind wie eine scharlachfarbene Schnur und deine Rede lieblich. *Deine Wangen sind wie der Ritz am Granatapfel zwischen deinen Zöpfen. *K.6,7.
4. Dein Hals *ist wie der Turm Davids, mit Brustwehr gebaut, daran tausend Schilde hangen und allerlei Waffen der Starken. *K.7,5.
5. Deine *zwei Brüste sind wie zwei junge Rehzwillinge, die unter den Rosen weiden. *K.7,4.
6. *Bis der Tag kühl wird und die Schatten weichen, will ich zum Myrrhenberge gehen und zum Weihrauchhügel. *K.2,17.
7. Du bist allerdinge schön, meine Freundin, und ist kein Flecken an dir.
Ps.45,14.
8. Komm mit mir, meine Braut, vom Libanon, komm mit mir vom Libanon, tritt her von der Höhe Amana, von der Höhe Senir und Hermon, von den Wohnungen der Löwen, von den Bergen der Leoparden!
9. Du hast mir das Herz genommen, meine Schwester, liebe Braut, mit deiner Augen einem und mit deiner Halsketten einer.
10. Wie schön ist deine Liebe, meine Schwester, liebe Braut! Deine Liebe ist lieblicher denn Wein, und der Geruch deiner Salben übertrifft alle Würze.
11. Deine Lippen, meine Braut, sind wie triefender Honigseim; Honig und Milch ist unter deiner Zunge, und deiner Kleider Geruch ist wie der Geruch des Libanon.
12. Meine Schwester, liebe Braut, du bist ein verschlossener Garten, eine verschlossene Quelle, ein versiegelter Born.
13. Deine Gewächse sind wie ein Lustgarten von Granatäpfeln mit edlen Früchten, Zyperblumen mit Narden.
14. Narde und Safran, Kalmus und Zimt, mit allerlei Bäumen des Weihrauchs, Myrrhen und Aloe mit allen besten Würzen.
15. Ein Gartenbrunnen bist du, ein Born lebendiger Wasser, die vom Libanon fließen.
16. Stehe auf, Nordwind, und komm Südwind, und wehe durch meinen Garten, daß seine Würzen triefen!
[17.] Mein Freund komme in seinen Garten und esse von seinen edlen Früchten.
K.5. V.1. Ich *bin gekommen, meine Schwester, liebe Braut, in meinen Garten. Ich habe meine Myrrhe samt meinen Würzen abgebrochen; ich habe meinen Seim samt meinem Honig gegessen; ich habe meinen Wein samt meiner Milch getrunken. Esset, meine Lieben, und trinket, meine Freunde, und werdet trunken!
*K.6,2.

Das 5. Kapitel

Die Freundin hört die Stimme des Freundes, klagt über die Trennung von ihm und rühmt seine Schöne.

2. Ich schlafe; aber mein Herz wacht. Da ist die Stimme meines Freundes, der anklopft: Tue mir auf, liebe Freundin, meine Schwester, meine *Taube, meine Fromme! denn mein Haupt ist voll Tau und meine Locken voll Nachttropfen. *K.6,9.
3. Ich habe meinen Rock ausgezogen – wie soll ich ihn wieder anziehen? Ich habe meine Füße gewaschen – wie soll ich sie wieder besudeln?
4. Aber mein Freund steckte seine Hand durchs Riegelloch, und mein Innerstes erzitterte davor.
5. Da stand ich auf, daß ich meinem Freunde auftäte; meine Hände troffen von Myrrhe und meine Finger von fließender Myrrhe an dem Riegel am Schloß.
6. Und da ich meinem Freund aufgetan hatte, war er weg und hingegangen. Meine Seele war außer sich, als er redete. Ich *suchte ihn, aber ich fand ihn nicht; ich rief, aber er antwortete mir nicht. *K.3,1.
7. Es fanden mich die Hüter, die in der Stadt umgehen; die schlugen mich wund; die Hüter auf der Mauer nahmen mir meinen Schleier.
8. Ich beschwöre euch, ihr Töchter Jerusalems, findet ihr meinen Freund, so sagt ihm, *daß ich vor Liebe krank liege.
*K.2,5.
9. Was ist dein Freund vor andern Freunden, o du schönste unter den Weibern? Was ist dein Freund vor andern Freunden, daß du uns so beschworen hast?
10. Mein Freund ist weiß und rot, auserkoren unter vielen Tausenden.

11. Sein Haupt ist das feinste Gold. Seine Locken sind kraus, schwarz wie ein Rabe.
12. Seine Augen sind *wie Augen der Tauben an den Wasserbächen, mit Milch gewaschen und stehen in Fülle. *K.4,1.
13. Seine Backen sind wie Würzgärtlein, da Balsamkräuter wachsen. *Seine Lippen sind wie Rosen, die von fließender Myrrhe triefen. *Ps.45,3.
14. Seine Hände sind wie goldene Ringe, voll Türkise. Sein Leib wie reines Elfenbein, mit Saphiren geschmückt.
15. Seine Beine sind wie Marmelsäulen, gegründet auf goldenen Füßen. Seine Gestalt ist wie Libanon, auserwählt wie Zedern.
16. Seine Kehle ist süß, und er ist ganz lieblich. Ein solcher ist mein Freund; mein Freund ist ein solcher, ihr Töchter Jerusalems!
K.6. V.1. [5,17.] Wo ist denn dein Freund hin gegangen, o du schönste unter den Weibern? Wo hat sich dein Freund hin gewandt? So wollen wir mit dir ihn suchen.
2. [1.] Mein Freund ist hinabgegangen *in seinen Garten, zu den Würzgärtlein, daß er weide in den Gärten und Rosen breche. *K.4,16.
3. [2.] Mein Freund ist mein, und ich bin sein, der unter den Rosen weidet. K.2,16.

Das 6. Kapitel

Freude der Wiedervereinigung.

4. [3.] Du bist *schön, meine Freundin, wie Thirza, lieblich wie Jerusalem, schrecklich wie Heerscharen. *K.1,15.
5. [4.] Wende deine Augen von mir; denn sie verwirren mich. Deine *Haare sind wie eine Herde Ziegen, die am Berge Gilead herab gelagert sind. *K.4,1.
6. [5.] Deine *Zähne sind wie eine Herde Schafe, die aus der Schwemme kommen, die allzumal Zwillinge haben, und es fehlt keiner unter ihnen. *K.4,2.
7. [6.] Deine *Wangen sind wie ein Ritz am Granatapfel zwischen deinen Zöpfen. *K.4,3.
8. [7.] Sechzig sind der Königinnen und achtzig der Kebsweiber, und *der Jungfrauen ist keine Zahl. *Ps.45,15.
9. [8.] Aber eine ist *meine Taube, meine Fromme, eine ist ihrer Mutter die Liebste und die Auserwählte ihrer Mutter. Da sie die Töchter sahen, priesen sie dieselbe selig; die Königinnen und Kebsweiber lobten sie. *K.5,2.
10. [9.] Wer ist, die hervorbricht wie die Morgenröte, schön wie der Mond, auserwählt wie die Sonne, schrecklich wie die Heerscharen?
11. [10.] Ich bin hinab in den Nußgarten gegangen, zu schauen die Sträuchlein am Bach, zu schauen, ob der Weinstock sproßte, ob die Granatbäume blühten.
12. [11.] Ich wußte nicht, daß meine Seele mich gesetzt hatte zu den Wagen Ammi-Nadibs.
K.7. V.1. [6,12.] Kehre wieder, kehre wieder, o Sulamith! kehre wieder, kehre wieder, daß wir dich schauen! Was sehet ihr an Sulamith? Den Reigen zu Mahanaim.

Das 7. Kapitel

Wechselgespräch des Freundes und der Freundin.

2. [1.] Wie schön ist dein Gang in den Schuhen, du Fürstentochter! Deine Lenden stehen gleich aneinander wie zwei Spangen, die des Meisters Hand gemacht hat.
3. [2.] Dein Schoß ist wie ein runder Becher, dem nimmer Getränk mangelt. Dein Leib ist wie ein Weizenhaufen, umsteckt mit Rosen.
4. [3.] Deine zwei Brüste sind wie zwei junge Rehzwillinge. K.4,5.
5. [4.] Dein *Hals ist wie ein elfenbeinerner Turm. Deine Augen sind wie die Teiche zu Hesbon am Tor Bathrabbims. Deine Nase ist wie der Turm auf dem Libanon, der gen Damaskus sieht. *K.4,4.
6. [5.] Dein Haupt steht auf dir wie der Karmel. Das Haar auf deinem Haupt ist wie der Purpur des Königs, in Falten gebunden.
7. [6.] Wie *schön und wie lieblich bist du, du Liebe voller Wonne! *K.1,15; 2,14.
8. [7.] Dein Wuchs ist hoch wie ein Palmbaum und deine Brüste gleich den Weintrauben.
9. [8.] Ich sprach: Ich muß auf den Palmbaum steigen und seine Zweige ergreifen. Laß deine Brüste sein wie Trauben am Weinstock und deiner Nase Duft wie Äpfel
10. [9.] und deinen Gaumen wie guter Wein, der meinem Freunde glatt eingeht und der Schläfer Lippen reden macht.
11. [10.] Mein *Freund ist mein, und nach mir steht sein Verlangen. *K.2,16.
12. [11.] Komm, mein Freund, laß uns aufs Feld hinausgehen und auf den Dörfern bleiben, K.2,10–13.
13. [12.] daß wir früh aufstehen zu den Weinbergen, daß wir sehen, *ob der Weinstock sprosse und seine Blüten aufgehen,

ob die Granatbäume blühen; da will ich dir
meine Liebe geben. *K.6,11.
14. [13.] Die Lilien geben den Geruch,
und über unsrer Tür sind allerlei edle
Früchte. Mein Freund, ich habe dir beide,
heurige und vorjährige, behalten.

Das 8. Kapitel

Die Treue der für immer Vereinten.

1. O, daß du mir gleich einem Bruder
wärest, der meiner Mutter Brüste gesogen! Fände ich dich draußen, so wollte ich
dich küssen, und niemand dürfte mich
höhnen!
2. Ich wollt dich führen und *in meiner
Mutter Haus bringen, da du mich lehren
solltest; da wollte ich dich tränken mit
gewürztem Wein und mit dem Most meiner Granatäpfel. *K.3,4.
3. Seine Linke liegt unter meinem
Haupt, und seine Rechte herzt mich. K.2,6.
4. Ich beschwöre euch, Töchter Jerusalems, daß ihr meine Liebe nicht aufweckt
noch regt, bis es ihr selbst gefällt. K.2,7.
5. Wer ist die, die heraufsteigt von der
Wüste und lehnt sich auf ihren Freund?
Unter dem Apfelbaum weckte ich dich; da
ist dein genesen deine Mutter, da ist dein
genesen, die dich geboren hat.
6. Setze mich wie ein Siegel auf dein
Herz und wie ein Siegel auf deinen Arm.
Denn Liebe ist stark wie der Tod, und ihr
Eifer ist fest wie die Hölle. Ihre Glut ist
feurig und eine Flamme des Herrn,
7. daß auch viele Wasser nicht mögen die
Liebe auslöschen noch die Ströme sie er-
tränken. Wenn einer alles Gut in seinem
Hause um die Liebe geben wollte, so gölte
es alles nichts.
8. Unsre Schwester ist klein und hat keine Brüste. Was sollen wir unsrer Schwester tun, wenn man nun um sie werben
wird?
9. Ist sie eine Mauer, so wollen wir ein
silbernes Bollwerk darauf bauen. Ist sie
eine Tür, so wollen wir sie festigen mit
Zedernbohlen.
10. Ich bin eine Mauer, und meine Brüste sind wie Türme. Da bin ich geworden
vor seinen Augen, als die Frieden findet.
11. Salomo hat einen Weinberg zu Baal-
Hamon. Er gab den Weinberg den Hütern,
daß ein jeglicher für seine Früchte brächte tausend Silberlinge.
12. Mein eigener Weinberg ist vor mir.
Dir, Salomo, gebühren tausend, aber
zweihundert den Hütern seiner Früchte.
13. Die du wohnest in den Gärten, laß
mich deine Stimme hören; *die Genossen
merken darauf. *Ps.45,15.
14. Flieh, mein Freund, und sei *gleich
einem Reh oder jungen Hirsche auf den
Würzbergen! *K.2,9.

Der Prophet Jesaja

Das 1. Kapitel

Israels Abfall und Strafe. Aufforderung zur
Bekehrung statt bloß äußeren Gottesdienstes.
Verheißung und Drohung.

1. Dies ist das Gesicht Jesaja's, des Sohnes des Amoz, welches er sah von Juda und
Jerusalem zur Zeit Usias, Jothams, des
Ahas und Hiskia, der Könige Juda's.
2. Höret, ihr Himmel! und Erde, nimm
zu Ohren! denn der Herr redet: Ich habe
Kinder auferzogen und erhöht, und sie
sind von mir abgefallen. 5.Mose 32,1.5.6.
3. Ein Ochse kennt seinen Herrn und ein
Esel die Krippe seines Herrn; aber Israel
kennt's nicht, und mein Volk vernimmt's
nicht.
4. O weh des sündigen Volks, des Volks
von großer Missetat, des boshaften Samens, der verderbten Kinder, die den
Herrn verlassen, den Heiligen in Israel
lästern, zurückweichen!
5. Was soll man *weiter an euch schlagen, so ihr des Abweichens nur desto mehr
macht? Das ganze Haupt ist krank, das
ganze Herz ist matt. *Jer.2,30; Hesek.21,18.
6. *Von der Fußsohle bis aufs Haupt ist
nichts Gesundes an ihm, sondern Wunden
und Striemen und Eiterbeulen, die nicht
geheftet noch verbunden noch mit Öl ge-
lindert sind. *5.Mose 28,35.
7. Euer Land ist wüst, eure Städte sind
mit Feuer verbrannt; Fremde verzehren
eure Äcker vor euren Augen, und es ist
wüst wie das, so durch Fremde verheert
ist.
8. Was aber noch übrig ist von der Tochter Zion, ist wie ein Häuslein im Weinberge, wie eine Nachthütte in den Kürbisgär-
ten, wie eine verheerte Stadt.

9. *Wenn uns der Herr Zebaoth nicht ein
weniges ließe übrigbleiben, so wären wie
wie †Sodom und gleich wie Gomorra.
*Röm.9,29. †1.Mose 19,24.25; 5.Mose 29,21–27.
10. Höret des Herrn Wort, ihr Fürsten
*von Sodom! Nimm zu Ohren unsers Gottes Gesetz, du Volk von Gomorra!
*Jer.23,14; Klagel.4,6.
11. Was soll mir die Menge eurer Opfer? spricht der Herr. Ich bin satt der Brandopfer von Widdern und des Fetten von den Gemästeten und habe keine Lust zum Blut der Farren, der Lämmer und Böcke.
Ps.50,8; Spr.21,27; Jer.6,20; Amos 5,22.
12. Wenn ihr hereinkommt, zu erscheinen vor mir, wer fordert solches von euren Händen, daß ihr auf meinen Vorhof tretet?
13. Bringt nicht mehr Speisopfer so vergeblich! das Räuchwerk ist mir ein Greuel! Neumonde und Sabbate, da ihr zusammenkommt, Frevel und Festfeier mag ich nicht!
14. Meine Seele ist feind euren Neumonden und Jahrfesten; ich bin ihrer überdrüssig, ich bin's müde zu leiden.
15. Und wenn ihr schon eure Hände ausbreitet, verberge ich doch meine Augen vor euch; und ob ihr schon viel betet, höre ich euch doch nicht; denn eure Hände sind voll Blut. Spr.15,29; K.59,1–3; Joh.9,31.
16. Waschet, reiniget euch, tut euer böses Wesen von meinen Augen, laßt ab vom Bösen; Joel 2,12.13; Micha 6,6–8.
17. lernet Gutes tun, trachtet nach Recht, helfet dem Unterdrückten, schaffet dem Waisen Recht, führet der Witwe Sache. V.23; Jer.7,3–7; 1.Sam.15,22.
18. So kommt denn und laßt uns miteinander rechten, spricht der Herr. Wenn eure Sünde gleich blutrot ist, soll sie doch *schneeweiß werden; und wenn sie gleich ist wie Scharlach, soll sie doch wie Wolle werden. *K.43,25; 44,22; Ps.51,9.
19. Wollt ihr mir gehorchen, so sollt ihr des Landes Gut genießen. 3.Mose 25,18.19.
20. Weigert ihr euch aber und seid ungehorsam, so sollt ihr vom Schwert gefressen werden; denn der Mund des Herrn sagt es. 3.Mose 26,25.
21. Wie geht das zu, daß die fromme Stadt zur Hure geworden ist? Sie war voll Rechts, Gerechtigkeit wohnte darin, nun aber – *Mörder. *Matth.23,37.
22. Dein Silber ist Schaum geworden und dein Getränk mit Wasser vermischt.
23. Deine Fürsten sind Abtrünnige und Diebsgesellen; sie nehmen alle gern Geschenke und trachten nach Gaben; dem Waisen schaffen sie nicht Recht, und der Witwe Sache kommt nicht vor sie.
V.17.
24. Darum spricht der Herr Herr Zebaoth, der Mächtige in Israel: O weh! Ich werde mich trösten an meinen Feinden und mich rächen an meinen Widersachern;
25. und muß meine Hand wider dich kehren und deinen *Schaum aufs lauterste ausfegen und all dein Blei ausscheiden
*V.22; Mal.3,2.3.
26. und dir wieder Richter geben, wie zuvor waren, und Ratsherren wie im Anfang. *Alsdann wirst du eine Stadt der Gerechtigkeit und eine fromme Stadt heißen, *Sach.8,3.
27. Zion muß durch Recht erlöst werden und ihre Gefangenen durch Gerechtigkeit, K.46,13.
28. daß die Übertreter und Sünder miteinander zerbrochen werden, und die den Herrn verlassen, umkommen.
29. Denn sie müssen zu Schanden werden über den Eichen, daran ihr Lust habt, und schamrot werden über den Gärten, die ihr erwählt, K.65,3.
30. wenn ihr sein werdet wie eine Eiche mit dürren Blättern und wie ein Garten ohne Wasser,
31. wenn der Gewaltige wird sein wie Werg und sein Tun wie ein Funke und beides miteinander angezündet wird, daß niemand lösche.

Das 2. Kapitel

Aus Zion kommt Heil und Friede über alle Völker; zuvor aber ergeht das Gericht über das abgöttische Israel.

1. Dies ist's, das Jesaja der Sohn des Amoz, sah von Juda und Jerusalem:
(V.2–4: vgl. Micha 4,1–3.)
2. Es wird zur letzten Zeit der Berg, da des Herrn Haus ist, fest stehen, höher denn alle Berge, und über alle Hügel erhaben werden, und werden alle Heiden dazu laufen Jer.3,17.
3. und viele Völker hingehen und sagen: Kommt, laßt uns auf den Berg des Herrn gehen, zum Hause des Gottes Jakobs, daß er uns lehre seine Wege und wir wandeln auf seinen Steigen! Denn von Zion wird das Gesetz ausgehen, und des Herrn Wort von Jerusalem. Joh.4,22.
4. Und er wird richten unter den Heiden und strafen viele Völker. Da werden sie ihre Schwerter zu Pflugscharen und ihre Spieße zu Sicheln machen. Denn es wird kein Volk wider das andere ein Schwert

aufheben, und werden hinfort nicht mehr kriegen lernen. K. 9,4.

5. Kommt nun, ihr vom Hause Jakob, laßt uns wandeln im Lichte des Herrn!

6. Aber du hast dein Volk, das Haus Jakob, lassen fahren; denn sie treiben's mehr als die gegen den Aufgang und sind Tagewähler wie die Philister und hängen sich an die Kinder der Fremden.

7. Ihr Land ist voll Silber und Gold, und ihrer Schätze ist kein Ende; ihr Land ist voll *Rosse, und ihrer Wagen ist kein Ende. *5. Mose 17,16; Micha 5,9.

8. Auch ist ihr Land voll Götzen; sie beten an ihrer Hände Werk, das ihre Finger gemacht haben.

9. Da bückt sich der Pöbel, da demütigen sich die Herren. Das wirst du ihnen nicht vergeben.

10. *Gehe in den Felsen und verbirg dich in der Erde vor der Furcht des Herrn und vor seiner herrlichen Majestät. *V. 19.21.

11. Denn *alle hohen Augen werden erniedrigt werden, und die hohe Männer sind, werden sich bücken müssen; der Herr aber wird allein hoch sein zu der Zeit. *K. 5,15.

12. Denn der Tag des Herrn Zebaoth wird gehen über alles Hoffärtige und Hohe und über alles Erhabene, daß es erniedrigt werde;

13. auch über alle hohen und erhabenen Zedern auf dem Libanon und über alle Eichen in Basan;

14. über alle hohen Berge und über alle erhabenen Hügel;

15. über alle hohen Türme und über alle festen Mauern;

16. über alle Schiffe im Meer und über alle köstliche Arbeit:

17. daß sich bücken muß alle Höhe der Menschen und sich demütigen müssen, die hohe Männer sind, und der Herr allein hoch sei zu der Zeit.

18. Und mit den Götzen wird's ganz aus sein.

19. Da wird man in der Felsen Höhlen gehen und in der Erde Klüfte vor der Furcht des Herrn und vor seiner herrlichen Majestät, wenn er sich aufmachen wird, zu schrecken die Erde. Luk. 23,30.

20. Zu der Zeit wird jedermann wegwerfen seine silbernen und goldenen Götzen, die er sich hatte machen lassen, anzubeten, in die Löcher der Maulwürfe und der Fledermäuse,

21. auf daß er möge in die Steinritzen und Felsklüfte kriechen vor der Furcht des Herrn und *vor seiner herrlichen Majestät, wenn er sich aufmachen wird, zu schrecken die Erde. *2. Thess. 1,9.

22. So lasset nun ab von dem Menschen, der Odem in der Nase hat; denn für was ist er zu achten? 1. Mose 2,7.

Das 3. Kapitel

Gericht über die Sünden des Volks, besonders über die Eitelkeit der Weiber.

1. Denn siehe, der Herr Herr Zebaoth wird von Jerusalem und Juda nehmen allerlei *Vorrat, allen Vorrat des Brots und allen Vorrat des Wassers, *3. Mose 26,26; Hesek. 4,16.

2. Starke und Kriegsleute, Richter, Propheten, Wahrsager und Älteste,

3. Hauptleute über fünfzig und vornehme Leute, Räte und weise Werkleute und kluge Redner.

4. Und ich will ihnen Jünglinge zu Fürsten geben, und Kindische sollen über sie herrschen. Pred. 10,16.

5. Und das Volk wird Schinderei treiben, einer an dem andern und ein jeglicher an seinem Nächsten; und der Jüngere wird stolz sein wider den Alten und der geringe Mann wider den geehrten.

6. Dann wird einer seinen Bruder aus seines Vaters Hause ergreifen: Du hast Kleider; sei unser Fürst, hilf du diesem Einsturz!

7. Er aber wird zu der Zeit schwören und sagen: Ich bin kein Arzt; es ist weder Brot noch Kleid in meinem Hause: setzt mich nicht zum Fürsten im Volk!

8. Denn Jerusalem fällt dahin, und Juda liegt da, weil ihre Zunge und ihr Tun wider den Herrn ist, daß sie den Augen seiner Majestät widerstreben.

9. Ihres Wesens haben sie kein Hehl und rühmen ihre Sünde wie die zu Sodom und verbergen sie nicht. Weh ihrer Seele! denn damit *bringen sie sich selbst in alles Unglück. *Hos. 13,9.

10. Prediget von den Gerechten, daß sie es gut haben; denn sie werden die Frucht ihrer Werke essen. K. 32,17.

11. Weh aber den Gottlosen! denn sie haben es übel, und es wird ihnen vergolten werden, wie sie es verdienen.

12. Kinder sind Gebieter meines Volkes, und Weiber herrschen über sie. Mein Volk, deine Leiter verführen dich und zerstören den Weg, da du gehen sollst.

13. Aber der Herr steht da, zu rechten und ist aufgetreten, die Völker zu richten.

14. Und der Herr geht ins Gericht mit

den Ältesten seines Volks und mit seinen
Fürsten: Denn ihr habt den Weinberg verderbt, und der Raub von den Armen ist in
eurem Hause.
15. Warum zertretet ihr mein Volk und
zerschlaget die Person der Elenden?
spricht der Herr Herr Zebaoth.
16. Und der Herr spricht: Darum daß die
Töchter Zions stolz sind und gehen mit
aufgerichtetem Halse, mit geschminkten
Angesichtern, treten einher und schwänzen und haben köstliche Schuhe an ihren
Füßen, Spr. 31,30; 1. Tim. 2,9.
17. so wird der Herr den Scheitel der
Töchter Zions kahl machen, und der Herr
wird ihr Geschmeide wegnehmen.
18. Zu der Zeit wird der Herr den
Schmuck an den köstlichen Schuhen wegnehmen und die Heftel, die Spangen,
19. die Kettlein, die Armspangen, die
Hauben,
20. die Flitter, die *Gebräme, die
Schnürlein, die †Bisamäpfel, die Ohrenspangen,

---

*Randbesatz eines Kleides; hier sind wohl Schrittkettchen gemeint.
†apfelförmige Riechfläschlein.

21. die Ringe, die Haarbänder,
22. die Federkleider, die Mäntel, die
Schleier, die Beutel,
23. die Spiegel, die Koller, die Borten,
die Überwürfe;
24. und es wird Gestank für guten Geruch sein, und ein Strick für einen Gürtel,
und eine Glatze für krauses Haar, und für
einen weiten Mantel ein enger Sack; solches alles anstatt deiner Schöne.
25. Deine Mannschaft wird durchs
Schwert fallen und deine Krieger im
Streit.
26. Und ihre Tore werden trauern und
klagen, und sie wird jämmerlich sitzen auf
der Erde;
K. 4. V. 1. daß sieben Weiber werden zu
der Zeit einen Mann ergreifen und sprechen: Wir wollen uns selbst nähren und
kleiden; laß uns nur nach deinem Namen
heißen, daß unsre *Schmach von uns genommen werde, *1. Mose 30,23; 1. Sam. 1,5.6.

Das 4. Kapitel

Vom messianischen Heil.

2. In der Zeit wird des Herrn *Zweig lieb
und wert sein und die Frucht der Erde
herrlich und schön bei denen, die erhalten
werden Israel. *K. 11,1.
3. Und wer da wird übrig sein zu Zion
und übrigbleiben zu Jerusalem, der wird
heilig heißen, ein jeglicher, der *geschrieben ist unter die Lebendigen zu Jerusalem. *Luk. 10,20.
4. Dann wird der Herr den Unflat der
Töchter Zions *waschen und die Blutschulden Jerusalems vertreiben von ihr
durch den †Geist, der richten und ein Feuer anzünden wird. *Sach. 13,1. †Matth. 3,11.
5. Und der Herr wird schaffen über alle
Wohnungen des Berges Zion, und wo man
versammelt ist, *Wolke und Rauch des
Tages, und Feuerglanz, der da brenne, des
Nachts. Denn es wird ein Schirm sein über
alles, was herrlich ist,
*2. Mose 13,21; 40,34.38.
6. und wird eine *Hütte sein zum Schatten des Tages vor der Hitze und eine Zuflucht und Verbergung vor dem Wetter
und Regen. *K. 25,4.5.

Das 5. Kapitel

Gleichnis von dem unfruchtbaren Weinberg des Herrn. Drohung göttlicher Gerichte, besonders eines feindlichen Einfalls.

1. Wohlan, ich will meinem Lieben singen, ein Lied meines Geliebten von seinem *Weinberge: Mein Lieber hat einen
Weinberg an einem fetten Ort.
*K. 27,2; Ps. 80,9–16; Mark. 12,1–9.
2. Und er hat ihn verzäunt und mit Steinhaufen verwahrt und edle Reben darein
gesenkt. Er baute auch einen Turm darin
und grub eine Kelter darein und wartete,
daß er Trauben brächte; aber er brachte
Herlinge.
3. Nun richtet, ihr Bürger zu Jerusalem
und ihr Männer Juda's, zwischen mir und
meinem Weinberge.
4. Was sollte man doch mehr tun an meinem Weinberge, das ich nicht getan habe
an ihm? Warum hat er denn Herlinge gebracht, da ich wartete, daß er Trauben
brächte?
5. Wohlan, ich will euch zeigen, was ich
meinem Weinberge tun will. Seine Wand
soll weggenommen werden, daß er verwüstet werde; und sein Zaun soll zerrissen
werden, daß er zertreten werde.
6. Ich will ihn wüst liegen lassen, daß er
nicht geschnitten noch gehackt werde,
sondern Disteln und Dornen darauf wachsen, und will den Wolken gebieten, daß sie
nicht darauf regnen.
7. Des Herrn Zebaoth Weinberg aber ist
das Haus Israel, und die Männer Juda's
seine Pflanzung, daran er Lust hatte. Er
wartete auf Recht – siehe, so ist's Schinde-

rei –, auf Gerechtigkeit – siehe so ist's Klage.

8. Weh denen, die ein Haus an das andere ziehen und einen Acker zum andern bringen, bis daß kein Raum mehr da sei, daß sie allein das Land besitzen! Micha 2,2.

9. Es ist in meinen Ohren das Wort des Herrn Zebaoth: Was gilt's, wo nicht die vielen Häuser sollen wüst werden und die großen und feinen öde stehen?

10. Denn zehn Acker Weinberg sollen nur einen Eimer geben, und ein Malter Samen soll nur einen Scheffel geben.

11. Weh denen, die des Morgens früh auf sind, des Saufens sich zu fleißigen, und sitzen bis in die Nacht, daß sie der Wein erhitzt,

12. und haben *Harfen, Psalter, Pauken, Pfeifen und Wein in ihrem Wohlleben und †sehen nicht auf das Werk des Herrn und schauen nicht auf das Geschäft seiner Hände! *Amos 6,5.6. †Ps. 28,5.

13. Darum wird mein Volk müssen weggeführt werden unversehens, und werden seine Herrlichen Hunger leiden und sein Pöbel Durst leiden.

14. Daher hat die Hölle den Schlund weit aufgesperrt und den Rachen aufgetan ohne Maß, daß hinunterfahren beide, ihre Herrlichen und der Pöbel, ihre Reichen und Fröhlichen;

15. daß jedermann sich bücken müsse und jedermann gedemütigt werde und die Augen der Hoffärtigen gedemütigt werden, K. 2,11.

16. aber der Herr Zebaoth erhöht werde im Recht und Gott, der Heilige, geheiligt werde in Gerechtigkeit.

17. Da werden dann die Lämmer sich weiden an jener Statt, und Fremdlinge werden sich nähren in den Wüstungen der Fetten.

18. Weh denen, die am Unrecht ziehen mit Stricken der Lüge und an der Sünde mit Wagenseilen

19. und sprechen: *Laß eilend und bald kommen sein Werk, daß wir's sehen; laß herfahren und kommen den Anschlag des Heiligen in Israel, daß wir's innewerden!
*Jer. 17,15; 2. Petr. 3,4.

20. Weh denen, die Böses gut und Gutes böse heißen, die aus Finsternis Licht und aus Licht Finsternis machen, die aus sauer süß und aus süß sauer machen!

21. Weh denen, die bei sich selbst weise sind und halten sich selbst für klug!
Spr. 3,7; Röm. 12,17.

22. Weh denen, die Helden sind, Wein zu saufen, und Krieger in Völlerei;

23. die den Gottlosen gerechtsprechen um Geschenke willen und das Recht der Gerechten von ihnen wenden!

24. Darum, wie des Feuers Flamme Stroh verzehrt und die Lohe Stoppeln hinnimmt, also wird ihre Wurzel verfaulen und ihre Blüte auffliegen wie Staub. Denn sie verachten das Gesetz des Herrn Zebaoth und lästern die Reden des Heiligen in Israel.

25. Darum ist der Zorn des Herrn ergrimmt über sein Volk, und er reckt seine Hand über sie und schlägt sie, daß die Berge beben und ihre Leichname wie Kot auf den Gassen sind. Und in dem *allem läßt sein Zorn nicht ab, sondern seine Hand ist noch ausgereckt. *K. 9,11.

26. Denn er wird ein Panier aufwerfen unter den Heiden und dieselben locken vom Ende der Erde. Und siehe, eilend und schnell kommen sie daher,

27. und ist keiner unter ihnen müde oder schwach, keiner schlummert noch schläft; keinem geht der Gürtel auf von seinen Lenden, und keinem zerreißt ein Schuhriemen.

28. Ihre Pfeile sind scharf und alle ihre Bogen gespannt. Ihrer Rosse Hufe sind wie Felsen geachtet und ihre Wagenräder wie ein Sturmwind.

29. Ihr Brüllen ist wie das der Löwen, und sie brüllen wie junge Löwen; sie werden daherbrausen und den Raub erhaschen und davonbringen, daß niemand retten wird,

30. und werden über sie brausen zu der Zeit wie das Meer. Wenn man dann das Land ansehen wird, siehe, so ist's finster vor Angst, und das Licht scheint nicht mehr oben über ihnen.

Das 6. Kapitel

Jesaja's Gesicht der Herrlichkeit des Herrn und Berufung zum Prophetenamt.

1. Des Jahres, da der König Usia starb, sah ich den Herrn sitzen auf einem hohen und erhabenen Stuhl, und sein Saum füllte den Tempel. Joh. 12,41.

2. Seraphim standen über ihm; ein jeglicher hatte sechs Flügel: mit zweien deckten sie ihr Antlitz, mit zweien deckten sie ihre Füße, und mit zweien flogen sie.

3. Und einer *rief zum andern und sprach: Heilig, heilig, heilig ist der Herr Zebaoth; †alle Lande sind seiner Ehre voll!
*Offenb. 4,8. †Hab. 3,3.

4. daß die Überschwellen bebten von der Stimme ihres Rufens, und das Haus ward *voll Rauch. *Hesek. 10,4; Offenb. 15,8.

5. Da sprach ich: Weh mir, ich vergehe!
denn ich bin unreiner Lippen und wohne
unter einem Volk von unreinen Lippen;
denn ich habe den König, den Herrn Zebaoth, gesehen mit meinen Augen.
2. Mose 33,20.
6. Da flog der Seraphim einer zu mir und
hatte eine glühende Kohle in der Hand,
die er mit der Zange vom Altar nahm,
7. und rührte meinen Mund an und
sprach: Siehe, hiemit sind deine Lippen
gerührt, *daß deine Missetat von dir genommen werde und deine Sünde versöhnt
sei. *Sach. 3,4.
8. Und ich hörte die Stimme des Herrn,
daß er sprach: Wen soll ich senden? Wer
will unser Bote sein? Ich aber sprach: Hier
bin ich; sende mich!
9. Und er sprach: Gehe hin und sprich zu
diesem Volk: Höret, und verstehet's nicht;
sehet, und merket's nicht!
Matth. 13,11–15; Joh. 12,40; Apg. 28,26.27.
10. Verstocke das Herz dieses Volks und
laß ihre Ohren hart sein und blende ihre
Augen, daß sie nicht sehen mit ihren Augen noch hören mit ihren Ohren noch
verstehen mit ihrem Herzen und sich bekehren und genesen. 5. Mose 29,3.
11. Ich aber sprach: Herr, wie lange? Er
sprach: Bis daß die Städte wüst werden
ohne Einwohner und die Häuser ohne
Leute und das Feld ganz wüst liege.
12. Denn der Herr wird die Leute fern
wegtun, daß das Land sehr verlassen wird.
13. Und ob noch der zehnte Teil darin
bleibt, so wird es abermals verheert werden, doch wie eine Eiche und Linde, von
welchen beim Fällen noch ein Stamm
bleibt. Ein *heiliger Same wird solcher
Stamm sein. *K. 4,3.

Das 7. Kapitel

Jerusalems Not durch Syrer und Israeliten.
Trostreiche Verheißung des Immanuel.
Strafgericht durch die Assyrer.

1. Es begab sich zur Zeit des Ahas, des
Sohnes Jothams, des Sohnes Usias, des
Königs in Juda, zog *herauf Rezin, der
König von Syrien, und Pekah, der Sohn
Remaljas, der König Israels, gen Jerusalem, wider dasselbe zu streiten, konnten
es aber nicht gewinnen. *2. Kön. 15,37; 16,5.
2. Da ward dem Hause David angesagt:
Die Syrer haben sich gelagert in Ephraim.
Da bebte ihm das Herz und das Herz seines
Volks, wie die Bäume im Walde beben vom
Winde.
3. Aber der Herr sprach zu Jesaja: Gehe
hinaus, Ahas entgehen, du und dein Sohn
Sear-Jasub, an das Ende der Wasserleitung des oberen Teiches, am Wege beim
Acker des Walkmüllers,
4. und sprich zu ihm: Hüte dich und sei
*still; fürchte dich nicht, und dein Herz
sei unverzagt vor diesen zwei rauchenden
Löschbränden, vor dem Zorn Rezins und
der Syrer und des Sohnes Remaljas,
*K. 30,15.
5. daß die Syrer wider dich einen bösen
Ratschlag gemacht haben samt Ephraim
und dem Sohn Remaljas und sagen:
6. Wir wollen hinauf nach Juda und es
erschrecken und hineinbrechen und zum
König darin machen den Sohn Tabeels.
7. Denn also spricht der Herr Herr: Es
soll nicht bestehen noch also gehen;
8. sondern wie Damaskus das Haupt ist
in Syrien, so soll Rezin das Haupt zu Damaskus sein. Und über fünfundsechzig
Jahre soll es mit Ephraim aus sein, daß sie
nicht mehr ein Volk seien.
9. Und wie Samaria das Haupt ist in
Ephraim, so soll der Sohn Remaljas das
Haupt zu Samaria sein. *Gläubt ihr nicht,
so bleibt ihr nicht. *2. Chron. 20,20.
10. Und der Herr redete abermals zu
Ahas und sprach:
11. Fordere dir ein Zeichen vom Herrn,
deinem Gott, es sei unten in der Hölle oder
droben in der Höhe!
12. Aber Ahas sprach: Ich will's nicht fordern, daß ich den Herrn nicht versuche.
13. Da sprach er: Wohlan, so höret, ihr
vom Hause David: Ist's euch zu wenig, daß
ihr die Leute beleidigt, ihr müßt auch
meinen Gott beleidigen?
14. Darum so wird euch der Herr selbst
*ein Zeichen geben: †Siehe, eine Jungfrau
ist schwanger und wird einen Sohn gebären, den wird sie heißen **Immanuel.
*Micha 5,2. †Matth. 1,23. **K. 8,8.10; 9,5.
15. Butter und Honig wird er essen,
wann er weiß, Böses zu verwerfen und
Gutes zu erwählen. V. 21.22.
16. Denn ehe *der Knabe lernt Böses verwerfen und Gutes erwählen, wird das Land
verödet sein, vor dessen zwei Königen dir
graut. *K. 8,4.
17. Aber der Herr wird über dich, über
dein Volk und über deines Vaters Haus
Tage kommen lassen, die nicht gekommen sind, seit der Zeit, da Ephraim von
Juda geschieden ist, durch den König von
Assyrien.
18. Denn zu der Zeit wird der Herr zischen der Fliege am Ende der Wasser in
Ägypten und der Biene im Lande Assur,
19. daß sie kommen und alle sich legen

an die trockenen Bäche und in die Steinklüfte und in alle Hecken und in alle Büsche.
20. Zu derselben Zeit wird der Herr das Haupt und die Haare an den Füßen abscheren und den Bart abnehmen durch ein gemietetes Schermesser, nämlich durch die, so jenseit des Stroms sind, durch den König von Assyrien.
21. Zu derselben Zeit wird ein Mann eine junge Kuh und zwei Schafe ziehen
22. und wird so viel zu melken haben, daß er Butter essen wird; denn Butter und Honig wird essen, wer übrig im Lande bleiben wird.
23. Denn es wird zu der Zeit geschehen, daß, wo jetzt tausend Weinstöcke stehen, tausend Silberlinge wert, da werden Dornen und Hecken sein,
24. daß man mit Pfeilen und Bogen dahin gehen muß. Denn im ganzen Lande werden Dornen und Hecken sein,
25. daß man auch zu allen den Bergen, die man mit Hauen pflegt umzuhacken, nicht kann kommen vor Scheu der Dornen und Hecken; sondern man wird Ochsen daselbst gehen und Schafe darauf treten lassen.

Das 8. Kapitel

Trost der Gläubigen in schlimmer Zeit. Mahnung zum Glauben an den lebendigen Gott.

1. Und der Herr sprach zu mir: Nimm vor dich eine große Tafel und schreib darauf mit Menschengriffel: Raubebald, Eilebeute!
2. Und ich nahm mir zwei treue Zeugen, den Priester Uria und Sacharja, den Sohn Jeberechjas.
3. Und ich ging zu der Prophetin; die ward schwanger und gebar einen Sohn. Und der Herr sprach zu mir: Nenne ihn Raubebald, Eilebeute!
4. Denn ehe der Knabe *rufen kann: »Lieber Vater! liebe Mutter!«, soll die Macht von Damaskus und die Ausbeute Samarias weggenommen werden durch den König von Assyrien.
*K.7,16; 2.Kön. 16,9; 15,29.
5. Und der Herr redete weiter mit mir und sprach:
6. Weil dies Volk verachtet das Wasser zu Siloah, das *stille geht, und tröstet sich des Rezin und des Sohnes Remaljas,
*K.30,15.
7. siehe, so wird der Herr über sie kommen lassen starke und viele Wasser des Stromes, nämlich den König von Assyrien und alle seine Herrlichkeit, daß sie über alle ihre Bäche fahren und über alle ihre Ufer gehen,
8. und werden einreißen in Juda und schwemmen und überher laufen, bis daß sie an den Hals reichen, und werden ihre Flügel ausbreiten, daß sie dein Land o *Immanuel, füllen, soweit es ist. *K.7,14.
9. Seid böse, ihr Völker, und gebt doch die Flucht! Höret's alle, die ihr in fernen Landen seid! Rüstet euch, und gebt doch die Flucht; rüstet euch, und gebt doch die Flucht! Ps.2.
10. Beschließt einen Rat, und es werde nichts daraus; beredet euch, und es bestehe nicht; denn hier ist *Immanuel. *V.8.
11. Denn so sprach der Herr zu mir, da seine Hand über mich kam und unterwies mich, daß ich nicht sollte wandeln auf dem Wege dieses Volkes, und sprach:
12. Ihr sollt nicht sagen: Bund. Dies Volk redet von nichts denn von Bund. Fürchtet ihr euch nicht also, wie sie tun, und lasset euch nicht grauen;
13. sondern *heiliget den Herrn Zebaoth. †Den lasset eure Furcht und Schrecken sein,
*K.29,23; †Matth.10,28; Petr. 3,15.
14. so wird er ein Heiligtum sein, aber *ein Stein des Anstoßes und ein Fels des Ärgernisses den beiden Häusern Israel, zum Strick und Fall den Bürgern zu Jerusalem, *K.28,16; Rom.9,33; 1.Petr.2,7.8.
15. daß ihrer viele sich daran stoßen, fallen, zerbrechen, verstrickt und gefangen werden.
16. Binde zu das Zeugnis, versiegle das Gesetz meinen Jüngern.
17. Denn ich hoffe auf den Herrn, der sein Antlitz verborgen hat vor dem Hause Jakob; ich aber harre sein.
18. *Siehe, hier bin ich und die †Kinder, die mir der Herr gegeben hat zum Zeichen und Wunder in Israel vom Herrn Zebaoth, der auf dem Berge Zion wohnt.
*Hebr. 2,13. †K.7,3; 8,3.
19. Wenn sie aber zu euch sagen: Ihr müsset die Wahrsager und Zeichendeuter fragen, die da flüstern und murmeln [so sprecht]: *Soll nicht ein Volk seinen Gott fragen, oder soll man die Toten für die Lebendigen fragen? *2.Kön. 1,3.
20. Ja, nach dem Gesetz und Zeugnis! Werden sie das nicht sagen, so werden sie die Morgenröte nicht haben,
21. sondern werden im Lande umhergehen, hart geschlagen und hungrig. Wenn sie aber Hunger leiden, werden sie zürnen und *fluchen ihrem König und ihrem Gott *Offenb. 16,9.11.

PROPHEZEIUNG DES JESAJA Jesaja 9, 5

22. und werden über sich gaffen und unter sich die Erde ansehen und nichts finden als Trübsal und *Finsternis; denn sie sind im Dunkel der Angst und gehen irre im Finstern. *K.5,30.
23. [K.9,1.] Doch es wird nicht dunkel bleiben über denen, die in Angst sind. Hat er zur vorigen Zeit gering gemacht das *Land Sebulon und das Land Naphthali, so wird er es hernach zu Ehren bringen, den Weg am Meere, das Land jenseit des Jordans, der Heiden Galiläa.
*Matth. 4,12–16.

Das 9. Kapitel

Des Messias Geburt, Name und Reich.
Gericht über Israel.

1. [2.] Das *Volk, das im Finstern wandelt, sieht ein großes Licht; und über die da wohnen im finstern Lande, scheint es hell. *Luk. 1,79.
2. [3.] Du machst des Volkes viel; du machst groß seine Freude. Vor dir wird man sich freuen, wie man sich freut in der Ernte, wie man fröhlich ist, wenn man Beute austeilt.
3. [4.] Denn du hast das Joch ihrer Last und die Rute ihrer Schulter und den Stekken ihres Treibers zerbrochen wie *zur zeit Midians. *Richt. 7,22.
4. [5.] Denn alle Rüstung derer, die sich mit Ungestüm rüsten, und die blutigen Kleider werden verbrannt und mit Feuer verzehrt werden.
5. [6.] Denn uns ist ein Kind geboren, ein *Sohn ist uns gegeben, und die Herrschaft ist auf seiner †Schulter; und er heißt **Wunderbar, Rat, ††Kraft, Held, Ewig-Vater, Friedefürst; *K. 7,14. †K. 22,22.
**Micha 5,1; Luk. 2,7.11. ††K. 10,21.
6. [7.] auf daß seine Herrschaft groß werde und *des Friedens kein Ende auf dem †Stuhl Davids und in seinem Königreich, daß er's zurichte und stärke mit Gericht und Gerechtigkeit von nun an bis in Ewigkeit. Solches wird tun der Eifer des Herrn Zebaoth.
*K. 11; Ps. 72,3.4. †2. Sam. 7,12.13; Luk. 1,32.
7. [8.] Der Herr hat ein Wort gesandt in Jakob, und es ist in Israel gefallen,
8. [9.] daß alles Volk es innewerde, Ephraim und die Bürger zu Samaria, die da sagen in Hochmut und stolzem Sinn:

9. [10.] Ziegelsteine sind gefallen, aber wir wollen's mit Werkstücken wieder bauen; man hat Maulbeerbäume abgehauen, so wollen wir Zedern an die Stelle setzen.
10. [11.] Denn der Herr wird Rezins Kriegsvolk wider sie erhöhen und ihre Feinde zuhauf rotten:
11. [12.] die Syrer vorneher und die Philister von hintenzu, daß sie Israel fressen mit vollem Maul. *In dem allem läßt sein Zorn noch nicht ab; seine Hand ist noch ausgereckt. *V.16; K.5,25.
12. [13.] So kehrt sich das Volk auch nicht zu dem, der es schlägt, und fragen nichts nach dem Herrn Zebaoth.
13. [14.] Darum wird der Herr *abhauen von Israel beide, Kopf und Schwanz, beide, Ast und Stumpf, auf einen Tag. *K.10,33.
14. [15.] Die alten und vornehmen Leute sind der Kopf; die Propheten aber, so falsch lehren, sind der Schwanz.
15. [16.] Denn die Leiter dieses Volks sind Verführer; und die sich leiten lassen, sind verloren.
16. [17.] Darum kann sich der Herr über ihre junge Mannschaft nicht freuen noch ihrer Waisen und Witwen erbarmen; denn sie sind allzumal Heuchler und böse, und aller Mund redet Torheit. *In dem allem läßt sein Zorn noch nicht ab; seine Hand ist noch ausgereckt. *V.20.
17. [18.] Denn das gottlose Wesen ist angezündet wie Feuer und verzehrt Dornen und Hecken und brennt wie im dicken Wald und gibt hohen Rauch.
18. [19.] Im Zorn des Herrn Zebaoth ist das Land verfinstert, daß das Volk ist wie Speise des Feuers; keiner schont des andern.
19. [20.] Rauben sie zur Rechten, so leiden sie Hunger; essen sie zur Linken, so werden sie nicht satt. Ein jeglicher frißt das Fleisch seines Arms:
20. [21.] Manasse den Ephraim, Ephraim den Manasse, und sie beide miteinander wider Juda. *In dem allem läßt sein Zorn nicht ab; seine Hand ist noch ausgereckt. *K.10,4.

Das 10. Kapitel

Strafe der ungerechten Richter. Assurs Übermut und Demütigung. Bekehrung der übrigen in Israel.

1. Weh den Schriftgelehrten, die unrechte Gesetze machen und die unrechtes Urteil schreiben,
2. auf daß sie die Sache der Armen beugen und Gewalt üben am Recht der Elenden unter meinem Volk, daß die Witwen ihr Raub und die Waisen ihre Beute sein müssen!
3. Was wollt ihr tun am Tage der Heimsuchung und des Unglücks, das von fern kommt? Zu wem wollt ihr fliehen um Hilfe? Und wo wollt ihr eure Ehre lassen,
4. daß sie nicht unter die Gefangenen gebeugt werde und unter die Erschlagenen falle? In dem allem läßt sein Zorn nicht ab; *seine Hand ist noch ausgereckt. *K.5,25.
5. O weh Assur, der meines *Zornes Rute und in dessen Hand meines Grimmes Stecken ist! *K.7,20.
6. Ich will ihn senden wider ein Heuchelvolk und ihm Befehl tun wider das Volk meines Zorns, daß er's beraube und austeile und zertrete es wie Kot auf der Gasse,
7. wiewohl er's nicht so meint und sein Herz nicht so denkt; sondern sein Herz steht, zu vertilgen und auszurotten nicht wenig Völker. Sach. 1,15.
8. Denn er spricht: Sind meine Fürsten nicht allzumal Könige?
9. Ist Kalno nicht wie Karchemis? ist Hamath nicht wie Arpad? ist nicht Samaria wie Damaskus?
10. Wie meine Hand gefunden hat die Königreiche der Götzen, so doch ihre Götzen stärker waren, denn die zu Jerusalem und Samaria sind: K.36,18–20.
11. sollte ich nicht Jerusalem tun und ihren Götzen, wie ich Samaria und ihren Götzen getan habe?
12. Wenn aber der Herr all sein Werk ausgerichtet hat auf dem Berge Zion und zu Jerusalem will *ich heimsuchen die Frucht des Hochmuts des Königs von Assyrien und die Pracht seiner hoffärtigen Augen, *K.37,36.
13. darum daß er spricht: Ich habe es durch meiner Hände Kraft ausgerichtet und durch meine Weisheit, denn ich bin klug; ich habe die Länder anders geteilt und ihr Einkommen geraubt und wie ein Mächtiger die Einwohner zu Boden geworfen,
14. und meine Hand hat gefunden die Völker wie ein Vogelnest, daß ich habe alle Lande zusammengerafft, wie man Eier aufrafft, die verlassen sind, da keines eine Feder regt oder den Schnabel aufsperrt oder zischt.
15. Mag sich auch eine Axt rühmen wider den, der damit haut? oder eine Säge trotzen wider den, der sie zieht? Als ob die *Rute schwänge den, der sie hebt; als ob

der Stecken höbe den, der kein Holz ist!
*V.5.
16. Darum wird der Herr Herr Zebaoth
unter die Fetten Assurs die Darre senden,
und seine Herrlichkeit wird er anzünden,
daß sie brennen wird wie ein Feuer.
17. Und das Licht Israels wird ein Feuer
sein, und sein Heiliger wird eine Flamme
sein, und sie wird seine Dornen und Hek-
ken anzünden und verzehren auf einen
Tag. 5.Mose 4,24.
18. Und die Herrlichkeit seines Waldes
und seines Baumgartens soll zunichte
werden, von den Seelen bis aufs Fleisch,
und wird zergehen und verschwinden,
19. daß die übrigen Bäume seines Waldes können gezählt werden und ein Knabe
sie kann aufschreiben.
20. Zu der Zeit werden die Übriggebliebenen in Israel und die errettet werden im
Hause Jakob, sich nicht mehr verlassen
auf den, der sie schlägt; sondern sie werden sich verlassen auf den Herrn, den Heiligen in Israel, in der Wahrheit.
21. Die Übriggebliebenen werden sich
bekehren, ja, die Übriggebliebenen in Jakob, zu Gott, dem Starken.
22. Denn *ob dein Volk, o Israel, ist wie
Sand am Meer, sollen doch nur seine Übriggebliebenen bekehrt werden. Denn
Verderben ist beschlossen; und die Gerechtigkeit kommt überschwenglich.
*Röm. 9,27.
23. Denn *der Herr Herr Zebaoth wird
ein Verderben gehen lassen, wie beschlossen ist, im ganzen Lande. *K.28,22.
24. Darum spricht der Herr Herr Zebaoth: Fürchte dich nicht, mein Volk, das
zu Zion wohnt, vor Assur. Er wird dich mit
dem Stecken schlagen und seinen Stab
wider dich aufheben, wie in Ägypten geschah.
25. Denn es ist noch gar um ein kleines
zu tun, so wird die Ungnade und mein
Zorn über Ihre Untugend ein Ende haben.
26. Alsdann wird der Herr Zebaoth eine
Geißel über ihn erwecken wie *in der
Schlacht Midians auf dem Fels Oreb und
wird seinen Stab, †den er am Meer
brauchte, aufheben wie in Ägypten.
*Richt. 7,25. †2.Mose 14,26.
27. Zu der Zeit wird seine Last von deiner
Schulter weichen müssen und sein Joch
von deinem Halse; denn das Joch wird
bersten vor dem Fett.
28. Er kommt gen Ajath; er zieht durch
Migron; er mustert sein Gerät zu Michmas.
29. Sie ziehen durch den engen Weg,
bleiben in Geba über Nacht. Rama erschrickt; Gibea Sauls flieht.
30. Du Tochter Gallim, schreie laut!
merke auf, Laisa! du elendes Anathoth!
31. Madmena weicht; die Bürger zu Ge-
bim werden flüchtig.
32. Man bleibt vielleicht einen Tag zu
Nob, so wird er seine Hand regen wider
den Berg der Tochter Zion, wider den Hügel Jerusalems.
33. Aber siehe, der Herr Herr Zebaoth
wird die Äste mit Macht verhauen, und
was hoch aufgerichtet steht, verkürzen,
daß die Hohen erniedrigt werden.
34. Und der dicke Wald wird mit Eisen
umgehauen werden, und der Libanon
wird fallen durch den Mächtigen.

Das 11. Kapitel

Der Messias und sein Friedensreich.
Erlösung der Zerstreuten des Volks.

1. Und es wird eine *Rute aufgehen von
dem Stamm Isais und ein Zweig aus seiner
Wurzel Frucht bringen, *K.4,2; 53,2.
2. auf welchem wird ruhen *der Geist des
Herrn, der Geist der Weisheit und des Verstandes, der Geist des Rates und der Stärke, der Geist der Erkenntnis und der
Furcht des Herrn. *K.42,1; Matth. 12,18.
3. Und Wohlgeruch wird ihm sein die
Furcht des Herrn. Er wird nicht richten,
nach dem seine Augen sehen, noch Urteil
sprechen, nach dem seine Ohren hören,
4. sondern wird *mit Gerechtigkeit richten die Armen und rechtes Urteil sprechen
den Elenden im Lande und wird mit dem
Stabe †seines Mundes die Erde schlagen
und mit dem Odem seiner Lippen den
Gottlosen töten. *Ps. 72,4.12–14. †2.Thess. 2,8.
5. Gerechtigkeit wird der Gurt seiner
Lenden sein und der Glaube der Gurt seiner Hüften.
6. Die *Wölfe werden bei den Lämmern
wohnen und die Parder bei den Böcken
liegen. Ein kleiner Knabe wird Kälber und
junge Löwen und Mastvieh miteinander
treiben. *K.65,25.
7. Kühe und Bären werden auf der Weide
gehen, daß ihre Jungen beieinander liegen; und Löwen werden Stroh essen wie
die Ochsen.
8. Und ein Säugling wird seine Lust haben am Loch der Otter, und ein Entwöhn-
ter wird seine Hand stecken in die Höhle
des Basilisken.
9. Man wird nirgend Schaden tun noch
verderben auf meinem ganzen heiligen
Berge; denn das *Land ist voll Erkenntnis

des Herrn, wie Wasser das Meer bedeckt.
*Hab. 2,14.
10. Und es wird geschehen zu der Zeit,
daß die *Wurzel Isai, die da steht zum
Panier den Völkern, nach der werden die
Heiden fragen; und seine Ruhe wird Ehre
sein. *Röm. 15,12.
11. Und der Herr wird zu der Zeit zum
andernmal seine Hand ausstrecken, daß
er das übrige seines Volks erwerbe, so übriggeblieben ist von Assur, Ägypten, Pathros, Mohrenland, Elam, Sinear, Hamath
und von den Inseln des Meeres,
12. und wird ein Panier unter die Heiden
aufwerfen und zusammenbringen die Verjagten Israels und die Zerstreuten aus Juda zuhauf führen von den vier Enden des
Erdreichs;
13. und der Neid wider Ephraim wird
aufhören, und die Feinde Juda's werden
ausgerottet werden, daß Ephraim nicht
neide den Juda und Juda nicht sei wider
Ephraim. Hesek. 37,22.
14. Sie werden aber den Philistern auf
dem Halse sein gegen Abend und berauben alle die, so gegen Morgen wohnen;
Edom und Moab werden ihre Hände gegen
sie falten; die Kinder Ammon werden gehorsam sein.
15. Und der Herr wird verbannen die
Zunge des Meeres in Ägypten und wird
seine Hand lassen gehen über den Strom
mit seinem starken Winde und ihn in sieben Bäche zerschlagen, daß man mit
Schuhen dadurchgehen kann.
16. Und es wird eine Bahn sein dem übrigen seines Volks, das übriggeblieben ist
von Assur, wie *Israel geschah zu der Zeit,
da sie aus Ägyptenland zogen. *2. Mose 14,29.

Das 12. Kapitel

Danklied der Erlösten.

1. Zu derselben Zeit wirst du sagen: Ich
danke dir, Herr, daß du zornig bist gewesen über mich und dein Zorn sich gewendet hat und tröstet mich.
2. Siehe, Gott ist mein Heil, ich bin sicher und *fürchte mich nicht; denn †Gott
der Herr ist meine Stärke und mein Psalm
und ist mein Heil. *Ps. 56,5. †2. Mose 15,2.
3. Ihr werdet mit Freuden Wasser schöpfen aus den *Heilsbrunnen
*Sach. 13,1; Ps. 46,5.
4. und werdet sagen zu derselben Zeit:
*Danket dem Herrn; prediget seinen Na-
men; machet kund unter den Völkern sein
Tun; verkündiget, wie sein Name so hoch
ist. *1. Chron. 16,8; Ps. 105,1.
5. Lobsinget dem Herrn, denn er hat sich
herrlich bewiesen; solches sei kund in allen Landen.
6. Jauchze und rühme, du Einwohnerin
zu Zion; denn der Heilige Israels ist groß
bei dir.

Das 13. Kapitel

Weissagung von der Zerstörung Babels durch die Meder.

1. Dies ist die Last über *Babel, die Jesaja, der Sohn des Amoz, sah: *Jer. 50; 51.
2. Auf hohem Berge werfet Panier auf,
rufet laut *ihnen zu, winket mit der Hand,
daß sie einziehen durch die Tore der Fürsten. *V. 17.
3. Ich habe meinen Geheiligten geboten
und meine Starken gerufen zu meinem
Zorn, die da fröhlich sind in meiner Herrlichkeit.
4. Es ist ein Geschrei einer Menge auf
den Bergen wie eines großen Volks, ein
Geschrei wie eines Getümmels der versammelten Königreiche der Heiden. Der
Herr Zebaoth rüstet ein Heer zum Streit,
5. sie kommen aus fernen Landen vom
Ende des Himmels, – ja, der Herr selbst
samt den Werkzeugen seines Zorns, zu
verderben das ganze Land.
6. Heulet, *denn des Herrn Tag ist nahe;
er kommt wie eine Verwüstung vom Allmächtigen. *Joel 1,15.
7. Darum werden alle Hände laß und aller Menschen Herz wird feige sein.
8. Schrecken, Angst und Schmerzen
wird sie ankommen; es wird ihnen bange
sein wie einer Gebärerin; einer wird sich
vor dem andern entsetzen; feuerrot werden ihre Angesichter sein.
9. Denn siehe des Herrn Tag kommt
grausam, zornig, grimmig, das Land zu
verstören und die Sünder daraus zu vertilgen.
10. Denn die Sterne am Himmel und
sein *Orion scheinen nicht hell; †die Sonne geht finster auf, und der Mond scheint
dunkel. *Amos 5,8; Hiob 9,9. †Hesek.
32,7; Joel 2,10; 3,4; 4,15; Matth. 24,29.
11. Ich will den Erdboden heimsuchen
um seiner Bosheit willen und die Gottlosen um ihrer Untugend willen und will
dem Hochmut der Stolzen ein Ende machen und die Hoffart der Gewaltigen demütigen,
12. daß ein Mann teurer sein soll denn
feines Gold und ein Mensch werter denn
Goldes Stücke aus *Ophir. *1. Kön. 9,28.
13. Darum will ich den Himmel bewe-

gen, daß die Erde beben soll von ihrer Stätte durch den Grimm des Herrn Zebaoth und durch den Tag seines Zorns.

14. Und sie sollen sein wie ein verscheuchtes Reh und wie eine Herde ohne Hirten, daß sich ein jeglicher zu seinem Volk kehren und ein jeglicher in sein Land fliehen wird,

15. darum daß, wer sich da finden läßt, erstochen wird, und wer dabei ist, durchs Schwert fallen wird.

16. Es sollen *auch ihre Kinder vor ihren Augen zerschmettert, ihre Häuser geplündert und ihre Weiber geschändet werden.
*Ps. 137,8.9.

17. Denn siehe, ich will die Meder über sie erwecken, die nicht Silber suchen oder nach Gold fragen,

18. sondern die Jünglinge mit Bogen erschießen und sich der *Frucht des Leibes nicht erbarmen noch der Kinder schonen.
*V. 16.

19. Also soll Babel, das schönste unter den Königreichen, die herrliche Pracht der Chaldäer, umgekehrt werden von Gott *wie Sodom und Gomorra, *1. Mose 19,24.25.

20. daß man hinfort nicht mehr da wohne noch jemand da bleibe für und für, daß auch die Araber keine Hütten daselbst machen und die Hirten keine Hürden da aufschlagen;

21. sondern Wüstentiere werden sich da lagern, und ihre Häuser voll Eulen sein, und Strauße werden da wohnen, und Feldgeister werden da hüpfen

22. und wilde Hunde in ihren Palästen heulen und Schakale in den luftigen Schlössern. Und ihre Zeit wird bald kommen, und ihre Tage werden nicht säumen.
K. 34,10–15.

Das 14. Kapitel

Befreiung Israels, Triumphlied über den Sturz des Königs von Babel. Untergang der Assyrer und Philister.

1. Denn der Herr wird sich über Jakob erbarmen und Israel *noch fürder erwählen und sie in ihr Land setzen. Und Fremdlinge werden sich zu ihnen tun und dem Hause Jakob anhangen. *Sach. 1,17.

2. Und *die Völker werden sie nehmen und bringen an ihren Ort, daß sie das Haus Israel besitzen wird im Lande des Herrn zu Knechten und Mägden, und sie werden gefangen halten die, von welchen sie gefangen waren, und werden herrschen über ihre Dränger. *K. 49,22.

3. Und zu der Zeit, wenn dir der Herr Ruhe geben wird von deinem Jammer und Leid und von dem harten Dienst, darin du gewesen bist,

4. so wirst du ein solch Lied anheben wider den König zu Babel und sagen: Wie ist's mit dem Dränger so gar aus, und der Zins hat ein Ende!

5. Der Herr hat die Rute der Gottlosen zerbrochen, die Rute der Herrscher,

6. welche die Völker schlug im Grimm ohne Aufhören und mit Wüten herrschte über die Heiden und verfolgte ohne Barmherzigkeit.

7. Nun *ruht doch alle Welt und ist still und jauchzt fröhlich. *Hab. 2,20.

8. Auch freuen sich die Tannen über dich und die Zedern auf dem Libanon [und sagen]: »Weil du liegst, kommt niemand herauf, der uns abhaue.« K. 37,24.

9. Die Hölle drunten erzitterte vor dir, da du ihr entgegenkamst. Sie erweckt dir die Toten, alle Gewaltigen der Welt, und heißt alle Könige der Heiden von ihren Stühlen aufstehen,

10. daß dieselben alle umeinander reden und sagen zu dir: »Du bist auch geschlagen gleichwie wir, und es geht dir wie uns.«

11. Deine Pracht *ist herunter in die Hölle gefahren samt dem Klange deiner Harfen. Maden werden dein Bett sein und Würmer deine Decke. *Hesek. 32,18.19.

12. Wie bist zu vom Himmel gefallen, du schöner Morgenstern! Wie bist du zur Erde gefällt, der du die Heiden schwächtest!

13. Gedachtest du doch in deinem Herzen: »Ich will in den Himmel steigen und meinen Stuhl über die Sterne Gottes erhöhen;

14. ich will mich setzen auf den *Berg der Versammlung in der fernsten Mitternacht; ich will über die hohen Wolken fahren und gleich sein dem Allerhöchsten.« *Hesek. 28,14.

15. Ja, zur Hölle fährst du, zur tiefsten Grube.

16. Wer dich sieht, wird dich schauen und betrachten [und sagen]: »Ist das der Mann, der die Welt zittern und die Königreiche beben machte?

17. der den Erdboden zur Wüste machte und die Städte darin zerbrach und gab seine Gefangenen nicht los?«

18. Alle Könige der Heiden miteinander liegen doch mit Ehren, ein jeglicher in seinem Hause;

19. du aber bist verworfen fern von deinem Grabe wie ein verachteter Zweig, bedeckt von Erschlagenen, die mit dem

Schwert erstochen sind, die hinunterfahren zu den Steinen der Grube, wie eine zertretene Leiche.
K.34,3; Jer.22,19.

20. Du wirst nicht wie jene begraben werden, denn du hast dein Land verderbt und dein Volk erschlagen; denn man wird des Samens der Boshaften nimmermehr gedenken.

21. Richtet zu, daß man seine Kinder schlachte *um ihrer Väter Missetat willen, daß sie nicht aufkommen noch das Land erben noch den Erdboden voll Städte machen. *2.Mose 20,5.

22. Und ich will über sie kommen, spricht der Herr Zebaoth, und zu Babel ausrotten ihr Gedächtnis, ihre Übriggebliebenen, Kind und Kindeskind, spricht der Herr,

23. und will Babel machen zum Erbe der Igel und zum Wassersumpf und will sie mit einem Besen des Verderbens kehren, spricht der Herrn Zebaoth.

24. Der Herrn Zebaoth hat geschworen und gesagt: Was gilt's? es soll gehen, wie ich denke, und soll bleiben, wie ich es im Sinn habe:

25. daß Assur zerschlagen werde in meinem Lande und ich ihn zertrete auf meinen Bergen, auf daß sein Joch von ihnen genommen werde und seine Bürde von ihrem Halse komme.

26. Das ist der Anschlag, den er hat über alle Lande, und das ist die ausgereckte Hand über alle Heiden.

27. Denn der Herrn Zebaoth hat's beschlossen – wer will's wehren? –, und seine Hand ist ausgereckt – wer will sie wenden?

28. Im Jahr, *da König Ahas starb, war dies die Last: *2.Chron.28,27.

29. Freue dich nicht, du ganzes *Philisterland, daß die Rute, die dich schlug, zerbrochen ist! Denn aus der Wurzel der Schlange wird ein Basilisk kommen, und ihre Frucht wird ein feuriger fliegender Drache sein. *Jer.47.

30. Denn die Erstlinge der Dürftigen werden weiden, und die Armen sicher ruhen; aber deine Wurzel will ich mit Hunger töten, und deine Übriggebliebenen wird er erwürgen.

31. Heule, Tor! schreie, Stadt! Ganz Philisterland ist feige; denn von Mitternacht kommt ein Rauch, und ist kein Einsamer in seinen Gezelten.

32. Und was werden die Boten der Heiden hin und wieder sagen? »Zion hat der Herr gegründet, und daselbst werden die Elenden seines Volks Zuversicht haben.«

Das 15. Kapitel

Weissagung wider Moab.
(Vgl. Jer. 48.)

1. Dies ist die Last über *Moab: Des Nachts kommt Verstörung über Ar in Moab; sie ist dahin. Des Nachts kommt Verstörung über Kir in Moab; sie ist dahin. *Zeph. 2,8–11.

2. Sie gehen hinauf gen Baith und Dibon zu den Altären, daß sie weinen, und heulen über Nebo und Medeba in Moab. Aller *Haupt ist kahl geschoren; aller Bart ist abgeschnitten. *Hesek.7,18.

3. Auf ihren Gassen gehen sie mit Säcken umgürtet; auf ihren *Dächern und Straßen heulen sie alle und gehen weinend herab. *K.22,1.

4. Hesbon und Eleale schreien, daß man's zu Jahza hört. Darum wehklagen die Gerüsteten in Moab; denn es geht ihrer Seele übel.

5. *Mein Herz schreit über Moab, – seine Flüchtigen fliehen bis gen Zoar, bis zum dritten Eglath. Denn sie gehen gen Luhith hinan und weinen, und auf dem Wege nach Horonaim zu erhebt sich ein Jammergeschrei. *K.16,9–11.

6. Denn die Wasser zu Nimrim versiegen, daß das Gras verdorrt und das Kraut verwelkt und kein Grünes wächst.

7. Denn das Gut, das sie gesammelt, und alles, was sie verwahrt haben, führt man über den Weidenbach.

8. Geschrei geht um in den Grenzen Moabs; sie heulen bis gen Eglaim und heulen bei dem Born Elim.

9. Denn die Wasser zu Dimon sind voll Blut. Dazu will ich über Dimon noch mehr kommen lassen, über die, so erhalten sind in Moab, einen Löwen, und über die übrigen im Lande.

Das 16. Kapitel

Fortsetzung der Weissagung wider Moab.

1. Schickt dem Landesherrn *Lämmer von †Sela aus der Wüste zum Berge der Tochter Zion! *2.Kön.3,4. †2.Kön.14,7.

2. Aber wie ein Vogel dahinfliegt, der aus dem Nest getrieben wird, so werden sein die Töchter Moabs an den Furten des Arnon.

3. »Sammelt Rat, haltet Gericht, mache deinen Schatten des Mittags wie die Nacht; verbirg die Verjagten, und melde die Flüchtigen nicht!

4. Laß meine Verjagten bei dir herbergen; sei du für Moab ein Schirm vor dem

Verstörer, so wird der Dränger ein Ende haben, der Verstörer aufhören und der Untertreter ablassen im Lande.«

5. Es wird aber ein Stuhl bereitet werden aus Gnaden, daß einer darauf sitze in der Wahrheit, in der Hütte Davids, und richte und trachte nach Recht und fördere Gerechtigkeit.

6. Wir hören aber von dem Hochmut Moabs, daß er gar groß ist, daß auch ihr Hochmut, Stolz und Zorn größer ist denn ihre Macht.

7. Darum wird ein Moabiter über den andern heulen; allesamt werden sie heulen. Über die Grundfesten der Stadt Kir-Hareseth werden sie seufzen, ganz zerschlagen.

8. Denn Hesbon ist ein wüstes Feld geworden; der Weinstock zu Sibma ist verderbt; die Herren unter den Heiden haben seine edlen Reben zerschlagen, die da reichten bis gen Jaser und sich zogen in die Wüste; ihre Schößlinge sind zerstreut und über das Meer geführt.

9. Darum *weine ich zum Jaser und um den Weinstock zu Sibma und vergieße viel Tränen um Hesbon und Eleale. †Denn es ist ein Gesang in deinen Sommer und in deine Ernte gefallen,

*K. 15,5. †Jer. 4,19; Amos 2,2.

10. daß Freude und Wonne im Felde aufhört und in den Weinbergen jauchzt noch ruft man nicht. Man keltert keinen Wein in den Keltern; ich habe dem Gesang ein Ende gemacht.

11. Darum rauscht mein Herz über Moab wie eine Harfe und mein Inwendiges über Kir-Heres. V. 9.

12. Alsdann wird's offenbar werden, wie Moab müde ist bei den Altären und wie er zu seinem Heiligtum gegangen sei, zu beten, und doch nichts ausgerichtet habe.

13. Das ist's, was der Herr dazumal wider Moab geredet hat.

14. Nun aber redet der Herr und spricht: In drei Jahren, wie *eines Tagelöhners Jahre sind, wird die Herrlichkeit Moabs gering werden bei all der großen Menge, daß gar wenig übrigbleibe und nicht viel.

*K. 21,16.

Das 17. Kapitel

Weissagung wider Damaskus und Israel.

1. Dies ist die Last über *Damaskus: Siehe, Damaskus wird keine Stadt mehr sein, sondern ein zerfallener Steinhaufe.

*Jer. 49,23; Amos 1,3.

2. Die Städte Aroer werden verlassen sein, daß Herden daselbst weiden, die niemand scheuche.

3. Und es wird aus sein mit der Feste Ephraims; und das Königreich zu *Damaskus und das übrige in Syrien wird sein wie die Herrlichkeit der Kinder Israel, spricht der Herr Zebaoth. *K. 7,1.8.

4. Zu der Zeit wird die Herrlichkeit Jakobs dünn sein, und sein fetter Leib wird mager sein.

5. Denn sie wird sein, als wenn einer Getreide einsammelte in der Ernte, und als wenn einer mit seinem Arm die Ähren einerntete, und als wenn einer Ähren läse im Tal Rephaim

6. und eine Nachernte darin bliebe; als wenn man einen Ölbaum schüttelte, daß zwei oder drei Beeren blieben oben in dem Wipfel, oder als wenn vier oder fünf Früchte an den Zweigen hangen, spricht der Herr, der Gott Israels.

7. Zu der Zeit wird sich der Mensch halten zu dem, der ihn gemacht hat, und seine Augen werden auf den Heiligen in Israel schauen,

8. und wird sich nicht halten zu den Altären, die seine Hände gemacht haben, und nicht schauen auf das, was seine Finger gemacht haben, weder auf Ascherabilder noch Sonnensäulen.

9. Zu der Zeit werden die Städte ihrer Stärke sein wie verlassene Burgen im Wald und auf der Höhe, so verlassen wurden vor den Kindern Israel, und werden wüst sein.

10. Denn du hast vergessen des Gottes deines Heils und nicht gedacht an den *Felsen deiner Stärke. Darum setzest du lustige Pflanzen und legest ausländische Reben. *5. Mose 32,15.18.

11. Zur Zeit des Pflanzens wirst du sein wohl warten, daß dein Same zeitig wachse; aber in der Ernte, wenn du die Garben sollst erben, wirst du dafür Schmerzen eines Betrübten haben.

12. O weh der Menge so großen Volks! Wie das Meer wird es brausen; und das Getümmel der Leute wird wüten, wie große Wasser wüten.

13. Ja, wie große Wasser wüten, so werden die Leute wüten. Aber er wird sie schelten, so werden sie ferne wegfliehen, und wird sie verfolgen, wie der Spreu auf den Bergen vom Winde geschieht und wie einem Staubwirbel vom Ungewitter geschieht.

14. *Um den Abend, siehe, so ist Schrekken da; und ehe es Morgen wird, sind sie nimmer da. Das ist der Lohn unserer Räu-

ber und das Erbe derer, die uns das Unsre nehmen. *K.37,36.

Das 18. Kapitel

Mohrenland gibt Gott die Ehre.

1. Weh dem Lande, das unter den Segeln im Schatten fährt, jenseit der Wasser des Mohrenlandes,
2. das Botschafter auf dem Meer sendet und in Rohrschiffen auf den Wassern fährt! Gehet hin, ihr schnellen Boten, zum Volk, das hochgewachsen und glatt ist, zum Volk, das schrecklicher ist denn sonst irgend eins, zum Volk, das gebeut und zertritt, welchem die Wasserströme sein Land einnehmen.
3. Alle, die ihr auf Erden wohnet und im Lande sitzet, werdet sehen, wie man das Panier auf den Bergen aufwerfen wird, und hören, wie man die Drommete blasen wird.
4. Denn so spricht der Herr zu mir: Ich will stillhalten und schauen in meinem Sitz wie bei heller Hitze im Sonnenschein, wie bei Taugewölk in der Hitze der Ernte.
5. Denn vor der Ernte, wenn die Blüte vorüber ist und die Traube reift, wird man die Ranken mit *Hippen abschneiden und die Reben wegnehmen und abhauen,

*Rebmessern.

6. daß man's miteinander läßt liegen den Vögeln auf den Bergen und den Tieren im Lande, daß des Sommers die Vögel darin nisten und des Winters allerlei Tiere im Lande darin liegen.
7. Zu der Zeit wird das hochgewachsene und glatte Volk, das schrecklicher ist denn sonst irgend eins, das gebeut und zertritt, welchem die Wasserströme sein Land einnehmen, *Geschenke bringen dem Herrn Zebaoth an den Ort, da der Name des Herrn Zebaoth ist, zum Berge Zion.

*Ps. 68,30.32.

Das 19. Kapitel

Weissagung wider Ägypten. Seine Vereinigung mit Assur und Israel zur Anbetung des wahren Gottes.

1. Dies ist die Last über *Ägypten: Siehe, der Herr wird auf einer schnellen Wolke fahren und über Ägypten kommen. Da werden die Götzen in Ägypten vor ihm beben, und den Ägyptern wird das Herz feige werden in ihrem Leibe.

*Jer. 46; Hesek. 29; 30.

2. Und ich will die Ägypter aneinander hetzen, daß ein Bruder wider den andern, ein Freund wider den andern, eine Stadt wider die andere, ein Reich wider das andere streiten wird.
3. Und der Mut soll den Ägyptern in ihrem Herzen vergehen, und ich will ihre Anschläge zunichte machen. Da werden sie dann fragen ihre Götzen und *Pfaffen und Wahrsager und Zeichendeuter.

*Beschwörer.

4. Aber ich will die Ägypter übergeben in die Hand grausamer Herren, und ein harter König soll über sie herrschen, spricht der Herrscher, der Herr Zebaoth.
5. Und das Wasser in den Seen wird vertrocknen; dazu der Strom wird versiegen und verschwinden.
6. Und die Wasser werden verlaufen, daß die Flüsse Ägyptens werden gering und trocken werden, daß Rohr und Schilf verwelken,
7. und das Gras an den Wassern wird verstieben, und alle Saat am Wasser wird verdorren und zunichte werden.
8. Und die Fischer werden trauern; und alle die, so Angeln ins Wasser werfen, werden klagen; und die, so Netze auswerfen aufs Wasser, werden betrübt sein.
9. Es werden mit Schanden bestehen, die da gute Garne wirken und Netze stricken.
10. Und des Landes Pfeiler werden zerschlagen; und alle, die um Lohn arbeiten, werden bekümmert sein.
11. Die Fürsten zu Zoan sind Toren; die weisen Räte Pharaos sind im Rat zu Narren geworden. Was sagt ihr doch zu Pharao: Ich bin der Weisen Kind und komme von alten Königen her?
12. Wo sind denn nun deine Weisen? Laß sie dir's verkündigen und anzeigen, was der Herr Zebaoth über Ägypten beschlossen hat.
13. Aber die Fürsten zu Zoan sind zu Narren geworden, die Fürsten zu Noph sind betrogen; es verführen Ägypten die Ecksteine seiner Geschlechter.
14. Denn der Herr hat einen *Schwindelgeist unter sie ausgegossen, daß sie Ägypten verführen in allem ihrem Tun, wie ein Trunkenbold taumelt, wenn er speit.

*K.29,10; 1.Kön. 22,21.

15. Und Ägypten wird kein Werk haben, *das Haupt oder Schwanz, Ast oder Stumpf ausrichte. *K.9,13.
16. Zu der Zeit wird Ägypten sein wie die Weiber und sich fürchten und erschrekken, wenn der Herr Zebaoth die Hand über sie schwingen wird.
17. Und Ägypten wird sich fürchten vor dem Lande Juda, daß, wer desselben ge-

denkt, wird davor erschrecken über den
Rat des Herrn Zebaoth, den er über sie
beschlossen hat.
18. Zu der Zeit werden fünf Städte in
Ägypten reden nach der Sprache Kanaans
und *schwören bei dem Herrn Zebaoth.
Eine wird heißen Ir-Heres.

*K. 65,16; Jer. 12,16.

19. Zu derselben Zeit wird des Herrn Altar mitten in Ägyptenland sein und ein Malstein des Herrn an den Grenzen,
20. welcher wird ein Zeichen und Zeugnis sein dem Herrn Zebaoth in Ägyptenland. Denn sie werden zum Herrn schreien vor den Drängern, so wird er ihnen senden einen Heiland und Meister, der sie errette.
21. Denn der Herr wird den Ägyptern bekannt werden, und die Ägypter werden den Herrn kennen zu der Zeit und werden ihm dienen mit Opfer und Speisopfer und werden dem Herrn geloben und halten.
22. Und der Herr wird die Ägypter plagen und heilen; denn sie werden sich bekehren zum Herrn, und er wird sich erbitten lassen und sie heilen.
23. Zu der Zeit wird eine Bahn sein von Ägypten nach Assyrien, daß die Assyrer nach Ägypten und die Ägypter nach Assyrien kommen und die Ägypter samt den Assyrern Gott dienen.
24. Zu der Zeit wird Israel selbdritt sein mit den Ägyptern und Assyrern, ein Segen mitten auf Erden.
25. Denn der Herr Zebaoth wird sie segnen und sprechen: Gesegnet bist du, Ägypten, mein Volk, und du, Assur, meiner Hände Werk, und du, Israel, mein Erbe!

Röm. 15,10.

Das 20. Kapitel

Weissagung von den Siegen der Assyrer über Ägypten und Mohrenland.

1. Im Jahr, da *der Tharthan gen Asdod kam, als ihn gesandt hatte Sargon, der König von Assyrien, und stritt wider Asdod und gewann es, *2. Kön. 18,17.
2. zu derselben Zeit redete der Herr durch Jesaja, den Sohn des Amoz, und sprach: Gehe hin und zieh ab den Sack von deinen Lenden und zieh deine Schuhe aus von deinen Füßen. Und er tat also, ging nackt und barfuß. Hesek. 24,24.
3. Da sprach der Herr: Gleichwie mein Knecht Jesaja nackt und barfuß geht, zum Zeichen und Wunder dreier Jahre über Ägypten und Mohrenland,
4. also wird der König von Assyrien hintreiben das gefangene Ägypten und vertriebene Mohrenland, beide, jung und alt, nackt und barfuß, in schmählicher Blöße, zu Schanden Ägyptens.
5. Und sie werden erschrecken und mit Schanden bestehen über dem Mohrenland, darauf sie sich verließen, und über den Ägyptern, welcher sie sich rühmten.
6. Und die Einwohner dieser Küste werden sagen zu derselben Zeit: Ist das unsre Zuversicht, dahin wir flohen um Hilfe, daß wir errettet würden von dem König von Assyrien? Wie könnten denn wir entrinnen?

Das 21. Kapitel

Weissagung gegen Babel, Duma (Edom) und Arabien.

1. Dies ist die Last über die Wüste am Meer: Wie ein Wetter vom Mittag kommt, das alles umkehrt, so kommt's aus der Wüste, aus einem schrecklichen Lande.

K. 13; 14.

2. Denn mir ist ein hartes Gesicht angezeigt: der Räuber raubt, und der Verstörer verstört. Zieh herauf, Elam! belagere sie, Madai! Ich will allem Seufzen über sie ein Ende machen.
3. Derhalben sind meine Lenden voll Schmerzen, und Angst hat mich ergriffen wie eine Gebärerin; ich krümme mich, wenn ich's höre, und erschrecke, wenn ich's ansehe.
4. Mein Herz zittert, Grauen hat mich betäubt; ich habe in der lieben Nacht keine Ruhe davor.
5. Ja, richte einen Tisch zu, laß wachen auf der Warte, esset, trinket. »Machet euch auf, ihr Fürsten, schmiert den Schild!«
6. Denn der Herr sagte zu mir also: Gehe hin, stelle einen Wächter, der da schaue und ansage.
7. Er sieht aber Reiter reiten auf Rossen, Eseln und Kamelen und hat mit großem Fleiß Achtung darauf.
8. Und wie ein Löwe ruft er: Herr, *ich stehe auf der Warte immerdar des Tages und stelle mich auf meine Hut alle Nacht.

*Hab. 2,1.

9. Und siehe, da kommt einer, der fährt auf einem Wagen; *der antwortet und spricht: Babel ist gefallen, sie ist gefallen, und alle Bilder ihrer Götter sind zu Boden geschlagen. *Offenb. 18,2.
10. Meine liebe Tenne, darauf gedroschen wird! was ich gehört habe vom Herrn Zebaoth, dem Gott Israels, das verkündige ich euch.

11. Dies ist die Last über *Duma: Man ruft zu mir aus †Seir: Hüter, ist die Nacht schier hin? Hüter, ist die Nacht schier hin?
*Jer. 49,7. †5. Mose 2,5.

12. Der Hüter aber sprach: Wenn der Morgen schon kommt, so wird es doch Nacht sein. Wenn ihr schon fragt, so werdet ihr doch wieder kommen und wieder fragen.

13. Dies ist die Last über Arabien: Ihr werdet im Walde in Arabien herbergen, ihre Reisezüge der Dedaniter.

14. Bringet den Durstigen Wasser entgegen, die ihr wohnet im Lande Thema; bietet Brot den Flüchtigen.

15. Denn sie fliehen vor dem Schwert, ja, vor dem bloßen Schwert, vor dem gespannten Bogen, vor dem großen Streit.

16. Denn also spricht der Herr zur mir: Noch in einem Jahr, wie des *Tagelöhners Jahre sind, soll alle Herrlichkeit Kedars untergehen, *K. 16,14.

17. und der übrigen Schützen der Helden zu Kedar soll wenig sein; denn der Herr, der Gott Israels, hat's geredet.

Das 22. Kapitel

Jerusalem wird belagert, Sebna gestürzt und Eljakim erhöht.

1. Dies ist die Last über das Schautal: Was ist denn euch, daß ihr alle so auf *die Dächer lauft? *K. 15,3.

2. Du warst voll Getönes, eine Stadt voll Volks, eine fröhliche Stadt. Deine Erschlagenen sind nicht mit dem Schwert erschlagen und nicht im Streit gestorben;

3. alle deine Hauptleute sind vor dem Bogen gewichen und gefangen; alle, die man in dir gefunden hat, sind gefangen und fern geflohen.

4. Darum sage ich: Hebt euch von mir, laßt mich bitterlich weinen; müht euch nicht, mich zu trösten über die Verstörung der Tochter meines Volks!

5. Denn es ist ein Tag des Getümmels und der Zertretung und Verwirrung vom Herrn Herrn Zebaoth im Schautal um des Untergrabens willen der Mauer und des Geschreies am Berge.

6. Denn Elam fährt daher mit Köcher, Wagen, Leuten und Reitern, und Kir glänzt daher mit Schilden.

7. Und es wird geschehen, daß deine auserwählten Täler werden voll Wagen sein, und Reiter werden sich lagern vor die Tore.

8. Da wird der Vorhang Juda's aufgedeckt werden, daß man schauen wird zu der Zeit nach den Rüstungen im *Hause des Waldes. *1. Kön. 7,2.

9. Und ihr werdet der Risse an der Stadt Davids viel sehen und werdet das Wasser des untern *Teiches sammeln; *K. 7,3.

10. ihr werdet auch die Häuser zu Jerusalem zählen; ja, ihr werdet die *Häuser abbrechen, die Mauer zu befestigen,
*Jer. 33,4.

11. und werdet einen Graben machen zwischen beiden Mauern vom Wasser des alten Teiches. Doch sehet ihr nicht auf den, der solches tut, und schauet nicht auf den, der solches schafft von ferneher.

12. Darum wird der Herr Herr Zebaoth zu der Zeit rufen lassen, daß man weine und klage und sich das Haar abschere und Säcke anziehe.

13. Wiewohl jetzt, siehe, ist's eitel Freude und Wonne, Ochsen würgen, Schafe schlachten, Fleisch essen, Wein trinken [und ihr sprecht]: »Lasset uns *essen und trinken; wir sterben doch morgen!«
*1. Kor. 15,32.

14. Aber meinen Ohren ist vom Herrn Zebaoth offenbart: Was gilt's, ob euch diese Missetat soll vergeben werden, bis ihr sterbet? spricht der Herr Herr Zebaoth.

15. So spricht der Herr Herr Zebaoth: Gehe hinein zum Schatzmeister *Sebna, dem Hofmeister, und sprich zu ihm:
*K. 36,3.

16. Was hast du hier? wem gehörst du an, daß du dir ein Grab hier hauen lässest, als der sein Grab in der Höhe hauen läßt und als der seine Wohnung in den Felsen machen läßt?

17. Siehe, der Herr wird dich wegwerfen, wie ein Starker einen wegwirft, und wird dich greifen

18. und dich umtreiben wie eine Kugel auf weitem Lande. Daselbst wirst du sterben; daselbst werden deine köstlichen Wagen bleiben, du Schmach des Hauses deines Herrn!

19. Und ich will dich von deinem Stande stürzen, und von deinem Amt will ich dich setzen.

20. Und zu der Zeit will ich rufen meinen Knecht *Eljakim, den Sohn Hilkias,
*K. 36,3.

21. und will ihm deinen Rock anziehen und ihn mit deinem Gürtel gürten und deine Gewalt in seine Hand geben, daß er Vater sei derer, die zu Jerusalem wohnen und des Hauses Juda.

22. Und will die Schlüssel zum Hause Davids auf seine Schulter legen, daß er *auftue und niemand zuschließe, daß er

zuschließe und niemand auftue.
*Offenb. 3,7.
23. Und will ihn zum Nagel stecken an
einen festen Ort, und er soll haben den
Stuhl der Ehre in seines Vaters Hause,
24. daß man an ihn hänge alle Herrlichkeit seines Vaterhauses, Kind und Kindeskinder, alle kleinen Geräte, beide, Trinkgefäße und allerlei Krüge.
25. Zu der Zeit, spricht der Herr Zebaoth, soll der Nagel weggenommen werden, der am festen Ort steckt, daß er zerbreche und falle und seine Last umkomme. Denn der Herr sagt's.

Das 23. Kapitel

Zerstörung und Wiedererhebung von Tyrus zur Ehre Gottes.

1. Dies ist die Last über *Tyrus: Heulet,
ihr Tharsisschiffe; denn sie ist zerstört,
daß kein Haus da ist noch jemand dahin
zieht. Aus dem Lande Chittim werden sie
des gewahr werden. *Hesek. 26; 27.
2. Die Einwohner der Insel sind still geworden. Die Kaufleute zu Sidon, die
durchs Meer zogen, füllten dich,
3. und was von Früchten am Sihor und
von Getreide am Nil wuchs, brachte man
zu ihr hinein durch große Wasser; und du
warst der Heiden Markt geworden.
4. Du magst wohl erschrecken, Sidon!
denn das Meer, ja, die Feste am Meer
spricht: Ich bin nicht mehr schwanger,
ich gebäre nicht mehr; so ziehe ich keine
Jünglinge auf und erziehe keine Jungfrau-
en.
5. Sobald es die Ägypter hören, erschrekken sie über die Kunde von Tyrus.
6. Fahret hin gen Tharsis; heulet, ihr
Einwohner der Insel!
7. Ist das eure fröhliche Stadt, die sich
ihres Alters rühmte? Ihre Füße werden sie
ferne wegführen, zu wallen.
8. Wer hätte das gemeint, daß es Tyrus,
der Krone, so gehen sollte, so doch ihre
*Kaufleute Fürsten sind und ihre Krämer
die Herrlichsten im Lande? *Offenb. 18,23.
9. Der Herr Zebaoth hat's also gedacht,
auf daß er schwächte alle Pracht der lustigen Stadt und verächtlich machte alle
Herrlichen im Lande.
10. Fahr hin durch dein Land wie ein
Strom, du Tochter Tharsis! Da ist kein
*Gurt mehr. *Hiob 12,21.18.
11. Er reckt seine Hand über das Meer
und erschreckt die Königreiche. Der Herr
gebeut über Kanaan, zu vertilgen ihre
Mächtigen,
12. und spricht: Du sollst nicht mehr
fröhlich sein, du geschändete Jungfrau,
du Tochter *Sidon! Nach Chittim mache
dich auf und zieh fort; doch wirst du daselbst auch nicht Ruhe haben. *Hesek. 28,21.
13. Siehe, der Chaldäer Land, das nicht
ein Volk war – sondern Assur hat es angerichtet, zu schiffen –, die haben ihre Türme aufgerichtet und die Paläste niederge-
rissen; denn sie ist gesetzt, daß sie geschleift werden soll.
14. Heulet, ihr Tharsisschiffe! denn eure
Macht ist zerstört.
15. Zu der Zeit wird Tyrus vergessen werden siebzig Jahre, solange ein König leben
mag. Aber nach siebzig Jahren wird es mit
Tyrus gehen, wie es im Hurenlied heißt:
16. Nimm die Harfe, gehe in der Stadt
um, du vergessene Hure; mache es gut auf
dem Saitenspiel und singe getrost, auf daß
dein wieder gedacht werde!
17. Denn nach siebzig Jahren wird der
Herr Tyrus heimsuchen, daß sie wiederkomme zu ihrem Hurenlohn und Hurerei
treibe mit allen Königreichen auf Erden.
18. Aber ihr Kaufhandel und Hurenlohn
werden dem Herrn heilig sein. Man wird
sie nicht wie Schätze sammeln noch verbergen; sondern die vor dem Herrn wohnen, werden ihr Kaufgut haben, daß sie
essen und satt werden und wohl bekleidet
seien.

Das 24. Kapitel

Das Gottesgericht über die Erde. Künftige Offenbarung der Herrlichkeit des Herrn auf Zion.

1. Siehe, der Herr macht das Land leer
und wüst und wirft um, was darin ist, und
zerstreut seine Einwohner.
2. Und es geht dem Priester wie dem
Volk, dem Herrn wie dem Knecht, der
Frau wie der Magd, dem Verkäufer wie
dem Käufer, dem Leiher wie dem Borger,
dem Mahnenden wie dem Schuldner.
3. Denn das Land wird leer und beraubt
sein; denn der Herr hat solches geredet.
4. Das Land steht jämmerlich und verderbt; der Erdboden nimmt ab und verdirbt; die Höchsten des Volks im Lande
nehmen ab.
5. Das Land ist entheiligt von seinen Einwohnern; denn sie übertreten das Gesetz
und ändern die Gebote und lassen fahren
den ewigen Bund.
6. Darum frißt der Fluch das Land; denn
sie verschulden's, die darin wohnen. Darum verdorren die Einwohner des Landes,
also daß wenig Leute übrigbleiben.
7. Der Most verschwindet, der Weinstock

verschmachtet; und alle, die von Herzen
fröhlich waren, seufzen. Joel 1,12.
8. Die Freude der Pauken feiert, das
Jauchzen der Fröhlichen ist aus, und die
Freude der Harfe hat ein Ende.
Jer. 7,34; 16,9.
9. Man singt nicht beim Weintrinken,
und gutes Getränk ist bitter denen, die es
trinken.
10. Die leere Stadt ist zerbrochen; alle
Häuser sind zugeschlossen, daß niemand
hineingeht.
11. Man klagt um den Wein auf den Gassen,
daß alle Freude weg ist, alle Wonne
des Landes dahin ist.
12. Eitel Wüstung ist in der Stadt geblieben,
und die Tore stehen öde.
13. Denn es geht im Lande und im Volk
eben, wie wenn ein Ölbaum abgepflückt
ist, wie wenn man nachliest, so die Weinernte
aus ist. K. 17,6.
14. Dieselben heben ihre Stimme auf
und rühmen und jauchzen vom Meer her
über der Herrlichkeit des Herrn.
15. So preiset nun den Herrn in den
Gründen, in den Inseln des Meeres den
Namen des Herrn, des Gottes Israels.
16. Wir hören Lobgesänge vom Ende der
Erde zu Ehren dem Gerechten. Und ich
muß sagen: Wie bin ich aber so elend! wie
bin ich aber so elend! Weh mir! denn es
rauben die Räuber, ja immerfort rauben
die Räuber.
17. Darum kommt über euch, Bewohner
der Erde, Schrecken, Grube und Strick.
18. Und ob einer entflöhe vor dem Geschrei
des Schreckens, so wird er doch in
die Grube fallen; kommt er aus der Grube,
so wird er doch im Strick gefangen werden.
Denn die Fenster in der Höhe sind
aufgetan, und die Grundfesten der Erde
beben. Jer. 48,43.44; Amos 5,19.
19. Es wird die Erde mit Krachen zerbrechen,
zerbersten und zerfallen. 2. Petr. 3,10.
20. Die Erde wird taumeln *wie ein
Trunkener und wird hin und her geworfen
wie ein Hängebett; denn ihre Missetat
drückt sie, daß sie fallen muß und kann
nicht stehenbleiben. *K. 19,14.
21. Zu der Zeit wird der Herr heimsuchen
das hohe Heer, das in der Höhe ist,
und die Könige der Erde, die auf Erden
sind, Offenb. 19,18–21.
22. daß sie versammelt werden als Gefangene
in die Grube und verschlossen
werden im Kerker und nach langer Zeit
wieder heimgesucht werden.
23. Und der Mond wird sich schämen,
und die Sonne mit Schanden bestehen,
wenn der Herr Zebaoth König sein wird
auf dem Berge Zion und zu Jerusalem und
vor seinen Ältesten in der Herrlichkeit.
K. 60,19.20; Offenb. 21,23.

Das 25. Kapitel

Preis des Herrn. Freudenmahl der Völker auf Zion.

1. Herr, du bist mein Gott! dich preise
ich; ich lobe deinen Namen, denn du tust
Wunder; deine Ratschlüsse von alters her
sind treu und wahrhaftig.
2. Denn du machst die Stadt zum Steinhaufen,
die feste Stadt, daß sie auf einem
Haufen liegt, der Fremden Palast, daß sie
nicht mehr eine Stadt sei und nimmermehr
gebaut werde.
3. Darum ehrt dich ein mächtiges Volk;
die Städte gewaltiger Heiden fürchten
dich.
4. Denn du bist der Geringen Stärke, der
Armen Stärke in der Trübsal, *eine Zuflucht
vor dem Ungewitter, ein Schatten
vor der Hitze, wenn die Tyrannen wüten
wie ein Ungewitter wider eine Wand.
*K. 4,6.
5. Du demütigst der Fremden Ungestüm
wie die Hitze in einem dürren Ort; wie die
Hitze durch der Wolken Schatten, so wird
gedämpft der Tyrannen Siegesgesang.
6. Und der Herr Zebaoth wird allen Völkern
machen auf diesem Berge ein *fettes
Mahl, ein Mahl von reinem Wein, von Fett,
von Mark, von Wein, darin keine Hefe ist.
*Ps. 22,27–30; Matth. 22,2.
7. Und er wird auf diesem Berge die Hülle
wegtun, damit alle Völker verhüllt sind,
und die Decke, damit alle Heiden zugedeckt
sind.
8. Er wird *den Tod verschlingen ewiglich;
und der Herr Herr †wird die Tränen
von allen Angesichtern abwischen und
wird aufheben die Schmach seines Volks
in allen Landen; denn der Herr hat's gesagt.
*1. Kor. 15,55. †Offenb. 7,17.
9. Zu der Zeit wird man sagen: Siehe, das
ist unser Gott, auf den wir harren, und er
wird uns helfen; das ist der Herr, auf den
wir harren, daß wir uns freuen und fröhlich
seien in seinem Heil. Ps. 48,15.
10. Denn die Hand des Herrn ruht auf
diesem Berge. Moab aber wird unter ihm
zertreten werden, wie Stroh zertreten
wird und wie Kot.
11. Und er wird seine Hände ausbreiten
mitten unter sie, wie sie ein Schwimmer
ausbreitet, zu schwimmen; und wird ihre
Pracht erniedrigen mit den Armen seiner
Hände

12. und die hohen Festen eurer Mauern beugen, erniedrigen und in den Staub zu Boden werfen.

Das 26. Kapitel

Loblied des Volks Gottes und seine Hoffnung.

1. Zu der Zeit wird man ein solch Lied singen im Lande Juda: Wir haben eine feste Stadt, Mauern und Wehre sind Heil.
K. 60,18.
2. Tut die Tore auf, daß hereingehe das gerechte Volk, das den Glauben bewahrt!
Ps. 118,19.
3. Du erhältst stets Frieden nach gewisser Zusage; denn man verläßt sich auf dich.
4. Verlasset euch auf den Herrn ewiglich; denn Gott der Herr ist ein *Fels ewiglich.
*5. Mose 32,4.
5. Und er beugt die, so in der Höhe wohnen; die hohe Stadt erniedrigt er, ja er stößt sie zur Erde, daß sie im Staub liegt,
6. daß sie mit Füßen zertreten wird, ja mit Füßen der Armen, mit Fersen der Geringen.
7. Aber des Gerechten Weg ist schlicht; den Steig des Gerechten machst du richtig.
8. Denn wir warten auf dich, Herr, im Wege deiner Rechte; *des Herzens Lust steht zu deinem Namen und deinem Gedächtnis. *Ps. 37,4.
9. Von Herzen begehre ich dein des Nachts; dazu mit meinem Geist in mir wache ich früh zu dir. Denn wo dein Recht im Lande geht, so lernen die Bewohner des Erdbodens Gerechtigkeit.
10. Aber wenn den Gottlosen Gnade widerfährt, so lernen sie nicht Gerechtigkeit, sondern tun nur übel im richtigen Lande; denn sie sehen des Herrn Herrlichkeit nicht.
11. Herr, deine Hand ist erhöht; das sehen sie nicht. Wenn sie aber sehen werden den Eifer um dein Volk, so werden sie zu Schanden werden; dazu wirst du sie mit Feuer, damit du deine Feinde verzehrst, verzehren.
12. Aber uns, Herr, wirst du Frieden schaffen; denn alles, was wir ausrichten, das hast du uns gegeben.
13. Herr, unser Gott, es herrschen wohl andere Herren über uns denn du; aber wir gedenken doch allein dein und deines Namens.
14. Die Toten werden nicht lebendig, die Verstorbenen stehen nicht auf; denn du hast sie heimgesucht und vertilgt, und zunichte gemacht all ihr Gedächtnis.
15. Aber du, Herr, fährst fort unter den Heiden, du fährst immer fort unter den Heiden, beweisest deine Herrlichkeit und kommst ferne bis an der Welt Enden.
16. Herr, wenn Trübsal da ist, so sucht man dich; wenn du sie züchtigst, so rufen sie ängstlich. K. 28,19; Hos. 5,15.
17. Gleichwie *eine Schwangere, wenn sie †schier gebären soll, sich ängstet und schreit in ihren Schmerzen: so geht's uns auch, Herr, vor deinem Angesicht.
*Joh. 16,21; Offenb. 12,2. †bald.
18. Da sind wir auch *schwanger und ist uns bange, daß wir kaum Odem holen; doch können wir dem Lande nicht helfen, und Einwohner auf dem Erdboden wollen nicht geboren werden. *Micha 4,10.
19. Aber deine *Toten werden leben, meine Leichname werden auferstehen. Wachet auf und rühmet, die ihr liegt unter der Erde! Denn dein Tau ist ein Tau des grünen Feldes; aber das Land der Toten wirst du stürzen.
*Hesek. 37,1–14; Offenb. 20,12.
20. Gehe hin, mein Volk, in deine Kammer und schließ die Tür nach dir zu; verbirg dich einen kleinen Augenblick, *bis der Zorn vorübergehe. *Ps. 57,2.
21. Denn siehe, der Herr wird ausgehen von seinem Ort, heimzusuchen die Bosheit der Einwohner des Landes über sie, daß das Land wird offenbaren ihr Blut und nicht weiter verhehlen, die darin erwürgt sind.

Das 27. Kapitel

Demütigung der Weltmächte; Israels Sammlung.

1. Zu der Zeit wird der Herr heimsuchen mit seinem harten, großen und starken Schwert beide, den Leviathan, der eine flüchtige Schlange, und den Leviathan, der eine gewundene Schlange ist, und wird den Drachen im Meer erwürgen.
Offenb. 12,9; 20,2.10; Hiob 26,13.
2. Zu der Zeit wird man singen von dem *Weinberge des besten Weins: *K. 5,1.
3. Ich, der Herr, behüte ihn und feuchte ihn bald, daß man seine Blätter nicht vermisse; ich will ihn Tag und Nacht behüten.
4. Gott zürnt nicht mit mir. Ach, daß ich möchte mit den Hecken und Dornen kriegen! so wollte ich unter sie fallen und sie auf einen Haufen anstecken.
5. Er wird mich erhalten bei meiner Kraft und wird mir Frieden schaffen, Frieden wird er mir dennoch schaffen.
6. Es wird dennoch dazu kommen, daß Jakob wurzeln und Israel blühen und grü-

nen wird, daß sie den Erdboden mit
Früchten erfüllen. K. 37,31.
7. Wird er doch nicht geschlagen, wie
seine Feinde geschlagen werden, und wird
nicht erwürgt, wie seine Feinde erwürgt
werden;
8. sondern *mit Maßen richtest du sie
und lässest sie los, wenn du sie betrübt
hast mit deinem rauhen Sturm †am Tage
des Ostwinds. *Jer. 30,11. †Jer. 18,17.
9. Darum wird dadurch die Sünde Jakobs
versöhnt werden; und der Nutzen davon,
daß seine Sünden weggenommen werden,
ist der, daß er alle Altarsteine macht wie
zerstoßene Kalksteine, daß *keine
Ascherabilder noch †Sonnensäulen mehr
bleiben. *K. 31,7. †3. Mose 26,30.
10. Denn die feste Stadt muß einsam
werden, die schönen Häuser verödet und
verlassen werden wie eine Wüste, daß Kälber daselbst weiden und ruhen und daselbst Reiser abfressen.
11. Ihre Zweige werden vor Dürre brechen, daß die Weiber kommen und Feuer
damit machen werden; denn es ist ein unverständiges Volk. Darum wird sich auch
ihrer nicht erbarmen, der sie gemacht hat;
und der sie geschaffen hat, wird ihnen
nicht gnädig sein.
12. Zu der Zeit wird der Herr worfeln von
dem Ufer des Stromes bis an den Bach
Ägyptens; und ihr, Kinder Israel, werdet
versammelt werden, einer nach dem anderen.
13. Zu der Zeit wird man mit einer großen Posaune blasen; so werden kommen
die Verlorenen im Lande Assur und die
Verstoßenen im Lande Ägypten und werden den Herrn anbeten auf dem heiligen
Berge zu Jerusalem. K. 11,10–16.

Das 28. Kapitel

Gerichte über Ephraim und Juda. Der köstliche Eckstein.

1. Weh der prächtigen Krone der Trunkenen von Ephraim, der welken Blume
ihrer lieblichen Herrlichkeit, welche steht
oben über einem fetten Tal derer, die vom
Wein taumeln!
2. Siehe, ein Starker und Mächtiger vom
Herrn wie ein Hagelsturm, wie ein schäd-
liches Wetter, wie ein Wassersturm, der
mächtig einreißt, wirft sie zu Boden mit
Gewalt,
3. daß die prächtige Krone der Trunkenen von Ephraim mit Füßen zertreten
wird.
4. Und die welke Blume ihrer lieblichen
Herrlichkeit, welche steht oben über einem fetten Tal, wird sein gleichwie die
Frühfeige vor dem Sommer, welche einer
ersieht und flugs aus der Hand verschlingt.
5. Zu der Zeit wird der Herr Zebaoth sein
eine liebliche Krone und ein herrlicher
Kranz den Übriggebliebenen seines Volks
6. und ein Geist des Rechts dem, der zu
Gericht sitzt, und eine Stärke denen, die
den Streit zurücktreiben zum Tor.
7. Aber auch diese sind vom Wein toll
geworden und taumeln von starkem Getränk. Beide, Priester und Propheten, sind
toll von starkem Getränk, sind in Wein
ersoffen und taumeln von starkem Getränk; sie sind toll beim Weissagen und
wanken beim Rechtsprechen.
8. Denn alle Tische sind voll Speiens und
Unflats an allen Orten.
9. »Wen [sagen sie] will er denn lehren
Erkenntnis? wem will er zu verstehen geben die Predigt? Den Entwöhnten von der
Milch, denen, die von Brüsten abgesetzt
sind?
10. Gebeut hin, gebeut her; gebeut hin,
gebeut her; harre hier, harre da; harre
hier, harre da; hier ein wenig, da ein wenig!«
11. Wohlan, er wird einmal mit unver-
ständlichen Lippen und mit einer andern
*Zunge reden zu diesem Volk, welchem
jetzt dies gepredigt wird: *1. Kor. 14,21.
12. »So hat man *Ruhe, so erquickt man
die Müden, so wird man still«; und sie
wollen doch solche Predigt nicht.
*Matth. 11,28.29.
13. Darum soll ihnen auch des Herrn
Wort eben also werden: Gebeut hin, gebeut her; gebeut hin, gebeut her; harre
hier, harre da; harre hier, harre da; hier
ein wenig, da ein wenig, – daß sie hingehen und zurückfallen, zerbrechen, verstrickt und gefangen werden. V. 10.
14. So höret nun des Herrn Wort, ihr
Spötter, die ihr herrschet über dies Volk,
das zu Jerusalem ist.
15. Denn ihr sprecht: Wir haben mit dem
Tod einen Bund und mit der Hölle einen
Vertrag gemacht; wenn eine Flut dahergeht, wird sie uns nicht treffen; denn wir
haben die Lüge zu unsrer Zuflucht und
Heuchelei zu unserm Schirm gemacht.
16. Darum spricht der Herr Herr: Siehe,
ich *lege in Zion einen Grundstein, einen
bewährten Stein, einen köstlichen Eckstein, der wohl gegründet ist. Wer glaubt,
der flieht nicht.
*Ps. 118,22; Röm. 9,33; 10,11; 1. Petr. 2,6.

17. Und ich will das Recht zur Richtschnur und die Gerechtigkeit zum Gewicht machen; so wird der Hagel die falsche Zuflucht wegtreiben, und Wasser sollen den Schirm wegschwemmen,
18. daß euer Bund mit dem Tode los werde und euer Vertrag mit der Hölle nicht bestehe. Und wenn eine Flut dahergeht, wird sie euch zertreten; sobald sie dahergeht, wird sie euch wegnehmen.
19. Kommt sie des Morgens, so geschieht's des Morgens; also auch, sie komme des Tags oder des Nachts. Denn allein die *Anfechtung lehrt aufs Wort merken.
*K. 26,16; Ps. 119,67.
20. Denn das Bett ist so eng, daß nichts übrig ist, und die Decke so kurz, daß man sich drein schmiegen muß.
21. Denn der Herr wird sich aufmachen wie auf dem *Berge Perazim und zürnen wie im †Tal Gibeon, daß er sein Werk vollbringe auf eine fremde Weise und daß er seine Arbeit tue auf eine seltsame Weise. *2. Sam. 5,20. †1. Chron. 14,16.
22. So lasset nun euer Spotten, auf daß eure Bande nicht härter werden; denn ich habe ein *Verderben gehört, das vom Herrn Herrn Zebaoth beschlossen ist über alle Welt. *K. 10,22.23.
23. Nehmet zu Ohren und höret meine Stimme; merket auf und höret meine Rede:
24. Pflügt zur Saat oder bracht oder eggt auch ein Ackermann seinen Acker immerdar?
25. Ist's nicht also: wenn er's gleich gemacht hat, so streut er Wicken und wirft Kümmel und sät Weizen und Gerste, jegliches, wohin er's haben will, und Spelt an seinen Ort?
26. Also unterwies ihn sein Gott zum Rechten und lehrte ihn.
27. Denn man drischt die Wicken nicht mit Dreschwagen, so läßt man auch nicht das Wagenrad über den Kümmel gehen; sondern die Wicken schlägt man aus mit einem Stabe und den Kümmel mit einem Stecken.
28. Man mahlt es, daß es Brot werde, und drischt es nicht gar zunichte, wenn man's mit Wagenrädern und Pferden ausdrischt.
29. Solches geschieht auch vom Herrn Zebaoth; denn sein Rat ist wunderbar, und er führt es herrlich hinaus.

Das 29. Kapitel

Jerusalem wird geängstet, das Volk verblendet und dennoch wunderbar errettet werden.

1. Weh *Ariel, Ariel, du Stadt des Lagers Davids! Füget Jahr zu Jahr und feiert die Feste; *V. 7.8.
2. dann will ich den Ariel ängsten, daß er traurig und voll Jammers sei; und er soll mir ein rechter Ariel sein.
3. Denn ich will dich belagern ringsumher und will dich ängsten mit Bollwerk und will Wälle um dich aufführen lassen.
Luk 19,43.
4. Alsdann sollst du erniedrigt werden und aus der Erde reden und aus dem Staube mit deiner Rede murmeln, daß deine Stimme sei wie eines Zauberers aus der Erde und deine Rede aus dem Staube wispele.
5. Aber die Menge deiner Feinde soll werden wie dünner Staub und die Menge der Tyrannen wie wehende Spreu; und das soll plötzlich unversehens geschehen.
6. Denn vom Herrn Zebaoth wird Heimsuchung geschehen mit Wetter und Erdbeben und großem Donner, mit Windwirbel und Ungewitter und mit Flammen des *verzehrenden Feuers.
*K. 30,30.
7. Und wie ein Nachtgesicht im Traum, so soll sein die Menge aller Heiden, die wider Ariel streiten, samt allem ihrem Heer und Bollwerk, und die ihn ängsten.
8. Denn gleichwie einem Hungrigen träumt, daß er esse, – wenn er aber aufwacht, so ist seine Seele noch leer; und wie einem Durstigen träumt, daß er trinke, – wenn er aber aufwacht, ist er matt und durstig: also soll sein die Menge aller Heiden, die wider den Berg Zion streiten.
9. Erstarret und werdet bestürzt, verblendet euch und werdet blind! Werdet trunken, doch nicht vom Wein, taumelt, doch nicht von starkem Getränk!
10. Denn der Herr hat euch einen Geist des harten Schlafs eingeschenkt und eure Augen zugetan; eure Propheten und Fürsten samt den Sehern hat er verhüllt,
K. 6,10; 19,14; Röm. 11,8.
11. daß euch aller [Propheten] Gesichte sein werden wie die Worte eines versiegelten Buches, welches man gäbe einem, der lesen kann, und spräche: Lies doch das! und er spräche: Ich kann nicht, denn es ist versiegelt; –
12. oder gleich als wenn man's gäbe dem, der nicht lesen kann, und spräche: Lies doch das! und er spräche: Ich kann nicht lesen.
13. Und der Herr spricht: Darum daß dies Volk zu mir naht mit *seinem Munde und mit seinen Lippen mich ehrt, aber ihr Herz fern von mir ist und sie mich fürch-

ten nach Menschengeboten, die sie lehren: *K. 1,15; 58,2.3; Matth. 15,8.9.
14. so will ich auch mit diesem Volk wunderlich umgehen, aufs wunderlichste und seltsamste, daß die Weisheit seiner Weisen untergehe und der Verstand seiner Klugen verblendet werde.
K. 44,25; 1. Kor. 1,19.
15. Weh, die verborgen sein wollen vor dem Herrn, ihr Vornehmen zu verhehlen, und ihr Tun im Finstern halten und *sprechen: Wer sieht uns, und wer kennt uns?
*Ps. 10,11.
16. Wie seid ihr so verkehrt! Gleich als wenn des Töpfers *Ton gedächte und ein Werk spräche von seinem Meister: Er hat mich nicht gemacht! und ein Gemächte spräche von seinem Töpfer: Er kennt mich nicht! *K. 45,9.
17. Wohlan, es ist noch um ein klein wenig zu tun, so soll der Libanon ein *Feld werden, und das Feld soll wie ein Wald geachtet werden. *K. 32,15.
18. Und zu derselben Zeit werden die Tauben hören die Worte des Buches, und *die Augen der Blinden werden aus Dunkel und Finsternis sehen, *K. 35,5.
19. und die Elenden werden wieder Freude haben am Herrn, und die Armen unter den Menschen werden fröhlich sein in dem Heiligen Israels,
20. wenn die Tyrannen ein Ende haben, und es mit den Spöttern aus sein wird und vertilgt sein werden alle die, so wachen, Mühsal anzurichten,
21. welche die Leute sündigen machen durchs Predigen und stellen dem nach, der sie *straft im Tor, und stürzen durch Lügen den Gerechten. *Amos 5,10.
22. Darum spricht der Herr, der Abraham erlöst hat, zum Hause Jakob also: Jakob soll nicht mehr zu Schanden werden, und sein Antlitz soll sich nicht mehr schämen.
23. Denn wenn sie sehen werden ihre Kinder, die Werke meiner Hände unter ihnen, werden sie meinen Namen heiligen und werden den Heiligen in Jakob heiligen und den Gott Israels fürchten.
24. Denn die, so irrigen Geist haben, werden Verstand annehmen, und die Schwätzer werden sich lehren lassen.

Das 30. Kapitel

Wehe denen, die sich zu Ägypten flüchten!
Wohl denen, die auf des Herrn Stärke trauen!

1. Weh den *abtrünnigen Kindern, spricht der Herr, die ohne mich ratschlagen und ohne meinen Geist Schutz suchen, zu häufen eine Sünde über die andere; *K. 1,2.
2. die hinabziehen nach Ägypten und fragen meinen Mund nicht, daß sie sich stärken mit der Macht Pharaos und sich beschirmen unter dem Schatten Ägyptens!
3. Denn es soll euch die Stärke Pharaos zur Schande geraten und der Schutz unter dem Schatten Ägyptens zum Hohn.
4. Ihre Fürsten sind wohl zu Zoan gewesen und ihre Botschafter gen Hanes gekommen;
5. aber sie müssen doch alle zu Schanden werden über dem Volk, das ihnen nicht nütze sein kann, weder zur Hilfe noch sonst zu Nutz, sondern nur zu Schande und Spott.
6. Dies ist die Last über die Tiere, so gegen Mittag ziehen, da Löwen und Löwinnen sind, ja Ottern und feurige fliegende Drachen im Lande der Trübsal und Angst. Sie führen ihr Gut auf der Füllen Rücken und ihre Schätze auf der Kamele Höcker zu dem Volk, das ihnen nicht nütze sein kann.
7. Denn Ägypten ist nichts, und ihr Helfen ist vergeblich. Darum sage ich von Ägypten also: Die *Rahab wird still dazu sitzen. *Ps. 87,4; 89,11.
8. So gehe nun hin und schreib es ihnen vor auf eine Tafel und zeichne es in ein Buch, daß es bleibe für und für ewiglich.
9. Denn es ist ein ungehorsames Volk und verlogene Kinder, die nicht hören wollen des Herrn Gesetz,
10. sondern sagen zu den Sehern: Ihr sollt nichts sehen! und zu den Schauern: Ihr sollt uns nicht schauen die rechte Lehre; prediget uns aber sanft, schauet uns Täuscherei;
11. weichet vom Wege, gehet aus der Bahn; lasset den Heiligen Israels aufhören bei uns!
12. Darum spricht der Heilige Israels also: Weil ihr dies Wort verwerft und verlaßt euch auf Frevel und Mutwillen und trotzt darauf,
13. so soll euch solche Untugend sein wie ein Riß an einer hohen Mauer, wenn es beginnt zu rieseln, die plötzlich unversehens einfällt und zerschmettert,
14. wie wenn ein Topf zerschmettert würde, den man zerstößt und nicht schont, also daß man von seinen Stücken nicht eine Scherbe findet, darin man Feuer hole vom Herde oder Wasser schöpfe aus einem Brunnen.
15. Denn so spricht der Herr Herr, der

Heilige in Israel: Wenn ihr umkehrtet und
*stillebliebet, so würde euch geholfen;
durch Stillesein und Hoffen würdet ihr
stark sein. Aber ihr wollt nicht

*Ps. 37,7; 62,2; 2.Mose 14,14.

16. und sprecht: »Nein, sondern auf Rossen wollen wir fliehen« – darum werdet ihr flüchtig sein –, »und auf Rennern wollen wir reiten« – darum werden euch eure Verfolger übereilen –.

17. Denn *euer tausend werden fliehen vor eines einzigen Schelten; ja vor fünfen werdet ihr alle fliehen, bis daß ihr übrigbleibet wie ein Mastbaum oben auf einem Berge und wie ein Panier oben auf einem Hügel. *3.Mose 26,36.

18. Darum harret der Herr, daß er euch gnädig sei, und hat sich aufgemacht, daß er sich euer erbarme; denn der Herr ist ein Gott des Gerichts. Wohl allen, die sein harren!

19. Denn das Volk Zions wird zu Jerusalem wohnen. Du wirst nicht weinen: er wird dir gnädig sein, wenn *du rufst; er wird dir antworten, sobald er's hört.

*K. 65,24.

20. Und der Herr wird euch in Trübsal Brot und in Ängsten Wasser geben. Und deine Lehrer werden sich nicht mehr verbergen müssen; sondern deine Augen werden deine Lehrer sehen,

21. und deine Ohren werden hören hinter dir her das Wort sagen also: Dies ist der Weg; den gehet, sonst *weder zur Rechten noch zur Linken! *5.Mose 5,29; 28,14.

22. Und ihr *werdet entweihen eure übersilberten Götzen und die goldenen Kleider eurer Bilder und werdet sie wegwerfen wie einen Unflat und zu ihnen sagen: Hinaus! *K. 2,20; 27,9; 1.Mose 35,2.4.

23. So wird er deinem Samen, den du auf den Acker gesät hast, Regen geben und Brot von des Ackers Ertrag, und desselben volle Genüge. Und dein Vieh wird zu der Zeit weiden in einer weiten Aue.

24. Die Ochsen und Füllen, so den Acker bauen, werden gemengtes Futter essen, welches geworfelt ist mit der Wurfschaufel und Wanne.

25. Und es werden auf allen großen Bergen und auf allen großen Hügeln zerteilte Wasserströme gehen zur Zeit der großen Schlacht, wenn die Türme fallen werden.

26. Und des *Mondes Schein wird sein wie der Sonne Schein, und der Sonne Schein wird siebenmal heller sein denn jetzt, zu der Zeit, wenn der Herr den Schaden seines Volks verbinden und †seine Wunden heilen wird. *K. 60,19. †K. 61,1.

27. Siehe, des Herrn Name kommt von fern! Sein Zorn brennt und ist sehr schwer; seine Lippen sind voll Grimm und seine Zunge wie ein verzehrend Feuer,

28. und sein Odem wie eine Wasserflut, die bis an den Hals reicht: zu zerstreuen die Heiden, bis sie zunichte werden, und er wird die Völker mit einem Zaum in ihren Backen hin und her treiben.

29. Da werdet ihr singen wie in der Nacht eines heiligen Festes und euch von Herzen freuen, wie wenn man mit Flötenspiel geht zum Berge des Herrn, zum Hort Israels.

30. Und der Herr wird seine herrliche Stimme schallen lassen, daß man sehe seinen ausgereckten Arm mit zornigem Dräuen und mit *Flammen des verzehrenden Feuers, mit Wetterstrahlen, mit starkem Regen und mit Hagel. *K. 29,6.

31. Denn Assur wird erschrecken vor der Stimme des Herrn, der ihn mit der Rute schlägt.

32. Und es wird die Rute ganz durchdringen und wohl treffen, wenn sie der Herr über ihn führen wird mit Pauken und Harfen, und allenthalben wider sie streiten.

33. Denn die Grube ist von gestern her zugerichtet; ja sie ist auch dem König bereitet, tief und weit genug; der Scheiterhaufen darin hat Feuer und Holz die Menge. Der Odem des Herrn wird ihn anzünden wie ein Schwefelstrom. Offenb. 19,20.

Das 31. Kapitel

Nichtige Hilfe der Ägypter. Göttlicher Sieg wider die Assyrer.

1. Weh denen, die hinabziehen nach Ägypten um Hilfe und verlassen sich auf Rosse und hoffen auf Wagen, daß ihrer viel sind, und auf Reiter, darum daß sie sehr stark sind, und halten sich nicht zum Heiligen in Israel und fragen nichts nach dem Herrn! K. 30,1.2.

2. Er aber ist weise und bringt *Unglück herzu und †wendet seine Worte nicht, sondern wird sich aufmachen wider das Haus der Bösen und wider die Hilfe der Übeltäter. *Amos 3,6. †4.Mose 23,19.

3. Denn Ägypten ist Mensch und nicht Gott, und ihre Rosse sind Fleisch und nicht Geist. Und der Herr wird seine Hand ausrecken, daß der Helfer strauchle und der, dem geholfen wird, falle und alle miteinander umkommen.

4. Denn so spricht der Herr zu mir: Gleichwie ein Löwe und ein junger Löwe brüllt über seinem Raub, – wenn der Hir-

ten Menge ihn anschreit, so erschrickt er
vor ihrem Geschrei nicht und ist ihm auch
nicht leid vor ihrer Menge: also wird der
Herr Zebaoth herniederfahren, zu streiten
auf dem Berge Zion und auf seinem Hügel.
5. Und der Herr Zebaoth wird Jerusalem
beschirmen, wie die Vögel tun mit Flügeln, schützen, erretten, darin umgehen
und aushelfen. 5. Mose 32,11; Matth. 23,37.
6. Kehret um, ihr Kinder Israel, zu dem,
von welchem ihr sehr abgewichen seid!
7. Denn zu der Zeit wird ein *jeglicher
seine silbernen und goldenen Götzen verwerfen, welche euch eure Hände gemacht
hatten zur Sünde. *K. 2,20.
8. Und Assur soll fallen, nicht durch
*Mannes-Schwert, und soll verzehrt werden, nicht durch Menschen-Schwert, und
wird doch vor dem Schwert fliehen, und
seine junge Mannschaft wird zinsbar werden. *K. 37,36.
9. Und *sein Fels wird vor Furcht wegziehen, und seine Fürsten werden vor dem
Panier die Flucht geben, spricht der Herr,
der zu Zion Feuer und zu Jerusalem einen
Herd hat. *5. Mose 32,31.

Das 32. Kapitel

Glücklicher Zustand des Volkes Gottes unter einem gerechten König nach vorhergegangenen Gerichten.

1. Siehe, es wird ein König regieren, Gerechtigkeit anzurichten, und Fürsten werden herrschen, das Recht zu handhaben,
Jer. 23,5.
2. daß ein jeglicher unter ihnen sein
wird wie eine Zuflucht vor dem Wind und
wie ein Schirm vor dem Platzregen, wie
die Wasserbäche am dürren Ort, wie der
Schatten eines großen Felsen im trockenen Lande.
3. Und der Sehenden Augen werden sich
nicht blenden lassen, und die Ohren der
Zuhörer werden aufmerken,
4. und die Unvorsichtigen werden Klugheit lernen, und der Stammelnden Zunge
wird fertig und reinlich reden. K. 35,6.
5. Es wird nicht mehr ein Narr Fürst
heißen noch ein Geiziger Herr genannt
werden.
6. Denn ein Narr redet von Narrheit, und
sein Herz geht mit Unglück um, daß er
Heuchelei anrichte und predige vom
Herrn Irrsal, damit er die hungrigen Seelen aushungere und den Durstigen das
Trinken wehre.
7. Und des *Geizigen Regieren ist eitel
Schaden; denn er erfindet Tücke, zu verderben die Elenden mit falschen Worten,
wenn er des Armen Recht reden soll.
*Spr. 29,4.
8. Aber die Fürsten werden fürstliche Gedanken haben und darüber halten.
9. Stehet auf, ihr stolzen Frauen, höret
meine Stimme! ihr Töchter, die ihr so
sicher seid, nehmt zu Ohren meine Rede!
K. 3,16–4,1.
10. Es ist um Jahr und Tag zu tun, so
werdet ihr Sicheren zittern; denn es wird
keine Weinernte, so wird auch kein Lesen
werden.
11. Erschrecket, ihr stolzen Frauen, zittert, ihr Sicheren! es ist vorhanden Ausziehen, Blößen und Gürten um die Lenden.
12. Man wird klagen um die Äcker, ja um
die lieblichen Äcker, um die fruchtbaren
Weinstöcke.
13. Denn es werden auf dem Acker meines Volkes Dornen und Hecken wachsen,
dazu über allen Häusern der Freude in der
fröhlichen Stadt.
14. Denn die Paläste werden verlassen
sein und die Stadt, die voll Getümmel war,
einsam sein, daß die Türme und Festen
ewige Höhlen werden und dem Wild zur
Freude, den Herden zur Weide,
15. bis so lange, daß über uns ausgegossen werde der *Geist aus der Höhe. So
wird dann †die Wüste zum Acker werden
und der Acker wie ein Wald geachtet werden. *K. 44,3; Joel 3,1. †K. 29,17.
16. Und das Recht wird in der Wüste
wohnen und Gerechtigkeit auf dem Acker
hausen,
17. und der Gerechtigkeit Frucht wird
Friede sein, und der Gerechtigkeit Nutzen
wird ewige Stille und Sicherheit sein,
18. daß mein Volk in Häusern des Friedens wohnen wird, in sicheren Wohnungen und in stolzer Ruhe.
19. Aber Hagel wird sein den Wald hinab,
und die Stadt danieden wird niedrig sein.
20. Wohl euch, die ihr säet allenthalben
an den Wassern und die Füße der Ochsen
und Esel frei gehen lasset!

Das 33. Kapitel

Dem klagenden Volk Gottes wird der Untergang der Feinde verheißen, den Sündern zum Schrecken, der gläubigen Gemeinde zur Freude.

1. Weh aber dir, du Verstörer! Meinst du,
du werdest nicht verstört werden? Und du
Räuber! meinst du, man werde dich nicht
berauben? Wenn du das Verstören vollendet hast, so wirst du auch verstört werden;

wenn du des Raubens ein Ende gemacht hast, so wird man dich wieder berauben.

2. Herr, sei uns gnädig, denn auf dich harren wir; sei ihr Arm alle Morgen, dazu unser Heil zur Zeit der Trübsal!

3. Laß fliehen die *Völker vor dem großen Getümmel und die Heiden zerstreut werden, wenn du dich erhebst. *Ps. 68,2.

4. Da wird man euch aufraffen wie einen Raub, wie man die Heuschrecken aufrafft und wie die Käfer zerscheucht werden, wenn man sie überfällt.

5. Der Herr ist erhaben; denn er wohnt in der Höhe. Er hat Zion voll Gericht und Gerechtigkeit gemacht.

6. Und es wird zu deiner Zeit Glaube sein, Reichtum an Heil, Weisheit und Klugheit; die Furcht des Herrn wird sein Schatz sein.

7. Siehe, ihre Helden schreien draußen, die Boten des Friedens weinen bitterlich.

8. Die Steige sind wüst; es geht niemand mehr auf der Straße. Er hält weder Treue noch Glauben; er verwirft die Städte und achtet der Leute nicht.

9. Das Land liegt kläglich und jämmerlich, der Libanon steht schändlich zerhauen, und Saron ist wie eine Wüste, und Basan und Karmel ist öde.

10. Nun will ich mich aufmachen, spricht der Herr; nun will ich mich emporrichten, nun will ich mich erheben.

11. Mit Stroh gehet ihr schwanger, Stoppeln gebäret ihr; Feuer wird euch mit eurem Mut verzehren.

12. Und die Völker werden zu Kalk verbrannt werden, wie man abgehauene *Dornen mit Feuer ansteckt. *Ps. 118,12.

13. So höret nun ihr, die ihr ferne seid, was ich getan habe; und die ihr nahe seid, merket meine Stärke.

14. Die Sünder zu Zion sind erschrokken, Zittern ist die Heuchler angekommen [und sie sprechen]: Wer ist unter uns, der bei einem verzehrenden Feuer wohnen möge? wer ist unter uns, der bei der ewigen Glut wohne?

15. Wer in Gerechtigkeit wandelt und redet, was recht ist; wer Unrecht haßt samt dem Geiz und seine Hände abzieht, daß er nicht Geschenke nehme; wer seine Ohren zustopft, daß er nicht Blutschulden höre, und seine Augen zuhält, daß er nicht Arges sehe: Ps. 15,2–5; 24,3.4.

16. der wird in der Höhe wohnen, und Felsen werden seine Feste und Schutz sein. Sein Brot wird ihm gegeben, sein Wasser hat er gewiß.

17. Deine Augen werden den *König sehen in seiner Schöne; du wirst das Land erweitert sehen, K. 32,1.

18. daß sich dein Herz sehr verwundern wird und sagen: Wo sind nun die Schreiber? Wo sind die Vögte? Wo sind die, so die Türme zählten?

19. Du wirst das starke Volk nicht mehr sehen, das Volk von tiefer *Sprache, die man nicht vernehmen kann, und von undeutlicher Zunge, die man nicht verstehen kann. *5. Mose 28,49.

20. Schaue Zion, die Stadt unsrer Feste! Deine Augen werden Jerusalem sehen, eine sichere Wohnung; eine Hütte, die nicht weggeführt wird; ihre Nägel sollen nimmermehr ausgezogen und ihrer Seile keines zerrissen werden.

21. Denn der Herr wird mächtig daselbst bei uns sein, gleich als wären da weite Wassergräben, darüber kein Schiff mit Rudern fahren noch *Galeeren schiffen können. *große Kriegsschiffe.

22. Denn der Herr ist unser Richter, der Herr ist unser Meister, der Herr ist unser König; der hilft uns!

23. Laßt sie ihre Stricke spannen, sie werden doch nicht halten; also werden sie auch das Fähnlein nicht auf den Mastbaum ausstecken. Dann wird viel köstlicher Raub ausgeteilt werden, also daß auch die Lahmen rauben werden.

24. Und kein Einwohner wird sagen: Ich bin *schwach. Denn das Volk, das darin wohnt, wird Vergebung der Sünde haben.
*Sach. 12,8.

Das 34. Kapitel

Strafgerichte Gottes über alle Feinde seines Volks, besonders Edom.

1. Kommt herzu, ihr Heiden, und höret; ihr Völker, merkt auf! Die Erde höre zu und was darinnen ist, der Weltkreis samt seinem Gewächs!

2. Denn der Herr ist zornig über alle Heiden und grimmig über all ihr Heer. Er wird sie verbannen und zum Schlachten überantworten.

3. Und ihre Erschlagenen werden *hingeworfen werden, daß der Gestank von ihren Leichnamen aufgehen wird und die Berge von ihrem Blut fließen. *K. 14,19.

4. Und wird alles Heer des Himmels verfaulen, und der *Himmel wird zusammengerollt werden wie ein Buch, und all sein Heer wird verwelken, wie ein Blatt verwelkt am Weinstock und wie ein dürres Blatt am Feigenbaum. *Offenb. 6,13.14.

5. Denn mein Schwert ist trunken im

Himmel; und siehe, es wird herniederfahren auf *Edom und über das verbannte Volk zur Strafe. *Jer. 49,7–22.
6. Des Herrn Schwert ist voll Blut und dick von Fett, vom Blut der Lämmer und Böcke, von der Nieren Fett aus den Widdern; denn der Herr hält ein Schlachten zu Bozra und ein großes Würgen im Lande Edom.
7. Da werden die Einhörner samt ihnen herunter müssen und die Farren samt den gemästeten Ochsen. Denn ihr Land wird trunken werden von Blut und ihre Erde dick werden von Fett.
8. Denn es ist *der Tag der Rache des Herrn und das Jahr der Vergeltung, zu rächen Zion. *K. 13,6.9; 63,4.
9. Da werden Edoms Bäche zu Pech werden und seine Erde zu Schwefel; ja sein Land wird zu brennendem Pech werden, 1. Mose 19,24.
10. das weder Tag noch Nacht verlöschen wird, sondern *ewiglich wird Rauch von ihm aufgehen; und es wird für und für wüst sein, daß niemand dadurchgehen wird in Ewigkeit *Offenb. 14,11; 19,3.
11. sondern Rohrdommeln und Igel werden's innehaben, Nachteulen und Raben werden daselbst wohnen. Denn er wird eine Meßschnur darüber ziehen, daß es wüst werde, und ein Richtblei, daß es öde sei,
12. daß seine Herren heißen müssen Herren ohne Land und alle seine Fürsten ein Ende haben;
13. und werden Dornen wachsen in seinen Palästen, Nesseln und Disteln in seinen Schlössern; und es wird eine *Behausung sein der Schakale und Weide für die Strauße. *K. 13,21.22.
14. Da werden untereinander laufen Wüstentiere und wilde Hunde, und ein Feldteufel wird dem andern begegnen; der Kobold wird auch daselbst herbergen und seine Ruhe daselbst finden. Offenb. 18,2.
15. Die Natter wird auch daselbst nisten und legen, brüten und aushecken unter seinem Schatten; auch werden die Weihen daselbst zusammenkommen.
16. Suchet nun in dem Buch des Herrn und leset! es wird nicht an einem derselben fehlen; man vermißt auch nicht dies noch das. Denn er ist's, der durch meinen Mund gebeut, und sein Geist ist's, der es zusammenbringt.
17. Er wirft das Los für sie, und seine Hand teilt das Maß aus unter sie, daß sie darin erben ewiglich und darin bleiben für und für.

Das 35. Kapitel

Herrlicher Zustand des Volks Gottes nach überstandenen Leiden.

1. Aber die Wüste und Einöde wird lustig sein, und das dürre Land wird fröhlich stehen und wird blühen wie die Lilien. K. 32,15.
2. Sie wird blühen und fröhlich stehen in aller Lust und Freude. Denn die Herrlichkeit des Libanon ist ihr gegeben, der Schmuck Karmels und Sarons. Sie sehen die Herrlichkeit des Herrn, den Schmuck unseres Gottes.
3. Stärket die müden Hände und erquikket die strauchelnden Kniee! Hebr. 12,12.
4. Saget den verzagten Herzen: Seid getrost, fürchtet euch nicht! Sehet, euer Gott, der kommt zur Rache; Gott, der da vergilt, kommt und wird euch helfen. Ps. 94,1.
5. Alsdann werden der Blinden Augen aufgetan werden, und der Tauben Ohren werden geöffnet werden; K. 29,18; Matth. 11,5.
6. alsdann werden die Lahmen springen wie ein Hirsch, und der Stummen Zunge wird Lob sagen. Denn es werden Wasser in der Wüste hin und wieder fließen und Ströme im dürren Lande.
7. Und wo es zuvor trocken gewesen ist, sollen Teiche stehen; und wo es dürr gewesen ist, sollen Brunnquellen sein. Da zuvor die Schakale gelegen haben, soll Gras und Rohr und Schilf stehen. K. 41,18.
8. Und es wird daselbst *eine Bahn sein und ein Weg, welcher der heilige Weg heißen wird, daß kein Unreiner darauf gehen darf; und derselbe wird für sie sein, daß man darauf gehe, daß auch die Toren nicht irren mögen. *K. 62,10.
9. Es wird da kein Löwe sein, und wird kein reißendes Tier darauf treten noch daselbst gefunden werden; sondern man wird frei sicher daselbst gehen.
10. Die Erlösten des Herrn werden wiederkommen und gen Zion kommen mit Jauchzen; ewige Freude wird über ihrem Haupte sein; Freude und Wonne werden sie ergreifen, und Schmerz und Seufzen wird entfliehen. K. 51,11; Ps. 126,6; Offenb. 21,4.

Das 36. Kapitel

Jerusalem von Sanherib belagert.
(2. Kön. 18,13–37; 2. Chron. 32,1–19.)

1. Und es begab sich im vierzehnten Jahr des Königs Hiskia, zog der König von Assyrien, Sanherib, herauf wider alle festen Städte Juda's und gewann sie.

2. Und der König von Assyrien sandte den Erzschenken von Lachis gen Jerusalem zu dem König Hiskia mit großer Macht. Und er trat an die Wasserleitung des obern Teichs, am Wege bei dem Acker des Walkmüllers.

3. Und es ging zu ihm heraus *Eljakim, der Sohn Hilkias, der Hofmeister, und Sebna, der Schreiber, und Joah, der Sohn Asaphs, der Kanzler. *K. 22,20.

4. Und der Erzschenke sprach zu ihnen: Saget doch dem Hiskia: So spricht der *große König, der König von Assyrien: Was ist das für ein Trotz, darauf du dich verlässest? *V. 13.

5. Ich achte, du lässest dich bereden, daß du noch Rat und Macht weißt, zu streiten. Auf wen verlässest du denn dich, daß du mir bist abfällig geworden?

6. Verlässest du dich auf den zerbrochenen Rohrstab Ägypten, welcher, so jemand sich darauf lehnt, geht er ihm in die Hand und durchbohrt sie? Also tut Pharao, der König von Ägypten, allen, die sich auf ihn verlassen.

7. Willst du aber mir sagen: Wir verlassen uns auf den Herrn, unsern Gott! ist's denn nicht der, dessen Höhen und Altäre Hiskia hat abgetan und hat zu Juda und Jerusalem gesagt: Vor diesem Altar sollt ihr anbeten?

8. Wohlan, so nimm's an mit meinem Herrn, dem König von Assyrien: ich will dir zweitausend Rosse geben; laß sehen, ob du bei dir könnest ausrichten, die darauf reiten.

9. Wie willst du denn bleiben vor einem Hauptmann, der geringsten Diener einem meines Herrn? Und du verlässest dich auf Ägypten um der Wagen und Reiter willen.

10. Dazu, meinst du, daß ich ohne den Herrn bin heraufgezogen in dies Land, es zu verderben? Ja, der Herr sprach zu mir: Zieh hinauf in dies Land und verderbe es!

11. Aber Eljakim und Sebna und Joah sprachen zum Erzschenken: Rede doch mit deinen Knechten auf syrisch, denn wir verstehen's wohl, und rede nicht auf jüdisch mit uns vor den Ohren des Volks, das auf der Mauer ist.

12. Da sprach der Erzschenke: Meinst du, daß mein Herr mich zu deinem Herrn oder zu dir gesandt habe, solche Worte zu reden, und nicht vielmehr zu den Männern, die auf der Mauer sitzen, daß sie samt euch ihren eigenen Mist fressen und ihren Harn saufen?

13. Und der Erzschenke stand und rief laut auf jüdisch und sprach: Höret die Worte des *großen Königs, des Königs von Assyrien! *V. 4.

14. So spricht der König: Laßt euch Hiskia nicht betrügen; denn er kann euch nicht erretten.

15. Und laßt euch Hiskia nicht vertrösten auf den Herrn, daß er sagt: Der Herr wird uns erretten, und diese Stadt wird nicht in die Hand des Königs von Assyrien gegeben werden.

16. Gehorchet Hiskia nicht! Denn so spricht der König von Assyrien: Tut mir zu Dank und geht zu mir heraus, so sollt ihr *ein jeglicher von seinem Weinstock und von seinem Feigenbaum essen und aus seinem Brunnen trinken,
*1. Kön. 5,5; Micha 4,4.

17. bis daß ich komme und hole euch in ein Land, wie euer Land ist, ein Land, darin Korn und Most ist, ein Land, darin Brot und Weinberge sind.

18. Laßt euch Hiskia nicht bereden, daß er sagt: Der Herr wird uns erlösen. Haben auch *der Heiden Götter ein jeglicher sein Land errettet von der Hand des Königs von Assyrien? *K. 10,10; 37,12.

19. Wo sind die Götter zu Hamath und Arpad? Wo sind die Götter Sepharvaims? Haben sie auch Samaria errettet von meiner Hand?

20. Welcher unter allen Göttern dieser Lande hat sein Land errettet von meiner Hand, daß der Herr sollte Jerusalem erretten von meiner Hand?

21. Sie schwiegen aber still und antworteten ihm nichts; denn der König hatte geboten und gesagt: Antwortet ihm nichts.

22. Da kamen Eljakim, der Sohn Hilkias, der Hofmeister, und Sebna, der Schreiber, und Joah, der Sohn Asaphs, der Kanzler, mit zerrissenen Kleidern zu Hiskia und zeigten ihm an die Worte des Erzschenken.

Das 37. Kapitel

Sanheribs Macht wird auf das Gebet Hiskias in einer Nacht geschlagen.
(2. Kön. 19; 2. Chron. 32,20–23.)

1. Da aber der König Hiskia das hörte, *zerriß er seine Kleider und hüllte einen Sack um sich und ging in das Haus des Herrn *1. Mose 37,29.

2. und sandte Eljakim, den Hofmeister, und Sebna, den Schreiber, samt den Ältesten der Priester, mit Säcken umhüllt, zu dem Propheten Jesaja, dem Sohn des Amoz,

3. daß sie zu ihm sprächen: So spricht

Hiskia: Das ist ein Tag der Trübsal, des Scheltens und Lästerns, und es geht, gleich als wenn die Kinder bis an die Geburt gekommen sind und ist keine Kraft da, zu gebären.
4. Daß doch der Herr, dein Gott, hören wollte die Worte des Erzschenken, welchen sein Herr, der König von Assyrien, gesandt hat, zu lästern den lebendigen Gott und zu schelten mit solchen Worten, wie der Herr, dein Gott, gehört hat! Und du wollest ein Gebet erheben für die übrigen, so noch vorhanden sind.
5. Und die Knechte des Königs Hiskia kamen zu Jesaja.
6. Jesaja aber sprach zu ihnen: So saget eurem Herrn: Der Herr spricht also: Fürchte dich nicht vor den Worten, die du gehört hast, mit welchen mich die Knechte des Königs von Assyrien geschmäht haben.
7. Siehe, ich will ihm einen andern Mut machen, und er soll etwas hören, daß er wieder heimziehe in sein Land; und will ihn durchs Schwert fällen in seinem Lande.
8. Da aber der Erzschenke wiederkam, fand er den König von Assyrien streiten wider Libna; denn er hatte gehört, daß er von Lachis gezogen war.
9. Und es kam ein Gerücht von Thirhaka, der Mohren König, sagend: Er ist ausgezogen, wider dich zu streiten.
10. Da er nun solches hörte, sandte er Boten zu Hiskia und ließ ihm sagen: Saget Hiskia, dem König Juda's, also: Laß dich deinen Gott nicht betrügen, auf den du dich verlässest und sprichst: Jerusalem wird nicht in die Hand des Königs von Assyrien gegeben werden.
11. Siehe, du hast gehört, was die Könige von Assyrien getan haben allen Landen und sie verbannt; und solltest errettet werden?
12. Haben auch die Götter der Heiden die Lande errettet, welche meine Väter verderbt haben, als Gosan, Haran, Rezeph und die Kinder Edens zu Thelassar?
K. 36,18.
13. Wo ist der König zu Hamath und der König zu Arpad und der König der Stadt Sepharvaim, Hena und Iwa?
14. Und da Hiskia den Brief von den Boten empfangen und gelesen hatte, ging er hinauf in das Haus des Herrn und breitete ihn aus vor dem Herrn.
15. Und Hiskia betete zum Herrn und sprach:
16. Herr Zebaoth, du Gott Israels, der du über den Cherubim sitzest, du bist allein Gott über alle Königreiche auf Erden, du hast Himmel und Erde gemacht.
17. Herr, neige deine Ohren und höre doch; Herr, tue deine Augen auf und siehe doch; höre doch alle die Worte Sanheribs, die er gesandt hat, zu schmähen den lebendigen Gott.
18. Wahr ist's, Herr, die Könige von Assyrien haben wüst gemacht alle Königreiche samt ihren Landen
19. und haben ihre Götter ins Feuer geworfen; denn sie waren nicht Götter, sondern Werk von Menschenhänden, Holz und Stein. Die sind vertilgt.
20. Nun aber, Herr, unser Gott, hilf uns von seiner Hand, *auf daß alle Königreiche auf Erden erfahren, daß du Herr seist allein. *K. 40,5.
21. Da sandte Jesaja, der Sohn des Amoz, zu Hiskia und ließ ihm sagen: So spricht der Herr, der Gott Israels: Was du mich gebeten hast des Königs Sanherib halben von Assyrien,
22. so ist es das, was der Herr von ihm redet: Die Jungfrau Tochter Zion verachtet dich und spottet dein, und die Tochter Jerusalem schüttelt das Haupt dir nach.
23. Wen hast du geschmäht und gelästert? Über wen hast du die Stimme erhoben? Du hebst deine Augen empor wider den Heiligen in Israel.
24. Durch deine Knechte hast du den Herrn geschändet und sprichst: »Ich bin durch die Menge meiner Wagen heraufgezogen auf die Höhe der Berge, den innersten Libanon, und habe seine hohen *Zedern abgehauen samt seinen auserwählten Tannen und bin bis zu seiner äußersten Höhe gekommen, an den Wald seines Baumgartens. *K. 14,8.
25. Ich habe gegraben und getrunken die Wasser und werde mit meinen Fußsohlen austrocknen alle Flüsse Ägyptens.«
26. Hast du aber nicht gehört, daß ich solches lange zuvor getan habe, und von Anfang habe ich's bereitet? Jetzt aber habe ich's kommen lassen, daß feste Städte zerstört werden zu Steinhaufen
27. und ihre Einwohner schwach und zaghaft werden und mit Schanden bestehen und werden wie das Feldgras und wie das grüne Kraut, wie Gras auf den Dächern, welches verdorrt, ehe denn es reif wird.
28. Ich kenne aber deine Wohnung, deinen Auszug und Einzug und dein Toben wider mich.
29. Weil du denn wider mich tobst und

dein *Stolz herauf vor meine Ohren gekommen ist, will ich dir einen Ring an die Nase legen und ein Gebiß in dein Maul und will dich des Weges wieder heimführen, den du gekommen bist. *5.Mose 32,27.
30. Das sei dir aber das Zeichen: Iß dies Jahr, was von selber wächst; das andere Jahr, was noch aus den Wurzeln wächst; im dritten Jahr säet und erntet, pflanzt Weinberge und esset ihre Früchte.
31. Denn die Erretteten vom Hause Juda und die übrigbleiben, werden noch wiederum unter sich *wurzeln und über sich Frucht tragen. *K. 27,6.
32. Denn von Jerusalem werden noch ausgehen, die übriggeblieben sind, und die Erretteten von dem Berge Zion. Solches wird tun der Eifer des Herrn Zebaoth.
33. Darum spricht der Herr also vom König von Assyrien: Er soll nicht kommen in diese Stadt und soll auch keinen Pfeil dahin schießen und mit keinem Schilde davor kommen und soll keinen Wall um sie schütten;
34. sondern des Weges, den er gekommen ist, soll er wieder heimkehren, daß er in diese Stadt nicht komme, spricht der Herr.
35. Denn ich will diese Stadt schützen, daß ich ihr aushelfe um meinetwillen und um meines Dieners David willen.
36. Da fuhr aus der Engel des Herrn und schlug im assyrischen Lager 185000 Mann. Und da sie sich des Morgens früh aufmachten, siehe, da lag's alles eitel tote Leichname. K. 17,14; 31,8.
37. Und der König von Assyrien, Sanherib, brach auf, zog weg und kehrte wieder heim und blieb zu Ninive.
38. Es begab sich auch, da er anbetete im Hause Nisrochs, seines Gottes, erschlugen ihn seine Söhne Adrammelech und Sarezer mit dem Schwert, und sie flohen ins Land Ararat. Und sein Sohn Asar-Haddon ward König an seiner Statt.

Das 38. Kapitel

Hiskias tödliche Krankheit, Genesung und Danklied.
(V. 1–8.21.22: vgl. 2. Kön. 20,1–11; 2. Chron. 32,24.)

1. Zu der Zeit ward Hiskia todkrank. Und der Prophet Jesaja, der Sohn des Amoz, kam zu ihm und sprach zu ihm: So spricht der Herr: Bestelle dein Haus; denn du wirst sterben und nicht lebendig bleiben!
2. Da wandte Hiskia sein Angesicht zur Wand und betete zum Herrn
3. und sprach: Gedenke doch, Herr, wie ich vor dir gewandelt habe in der Wahrheit, mit *vollkommenem Herzen, und habe getan, was dir gefallen hat. Und Hiskia weinte sehr. *2. Kön. 18,3–6.
4. Da geschah das Wort des Herrn zu Jesaja und sprach:
5. Gehe hin und sage Hiskia: So spricht der Herr, der Gott deines Vaters David: Ich habe dein Gebet erhört und deine Tränen gesehen. Siehe, ich will deinen Tagen noch fünfzehn Jahre zulegen
6. und will dich samt dieser Stadt erretten von der Hand des Königs von Assyrien; denn ich will diese Stadt wohl verteidigen.
7. Und habe dir das zum Zeichen von dem Herrn, daß der Herr solches tun wird, was er geredet hat:
8. Siehe, ich will den Schatten am Sonnenzeiger des Ahas zehn Stufen zurückziehen, über welche er gelaufen ist. Und die Sonne lief zehn Stufen zurück am Zeiger, über welche sie gelaufen war.
9. Dies ist die Schrift Hiskias, des Königs von Juda, da er krank gewesen und von der Krankheit geheilt worden war.
10. Ich sprach: Nun muß ich zu der Hölle Pforten fahren in der Mitte meines Lebens, da ich gedachte, noch länger zu leben.
11. Ich sprach: Nun werde ich nicht mehr sehen den Herrn, ja, den Herrn *im Lande der Lebendigen; nun werde ich nicht mehr schauen die Menschen bei denen, die ihre Zeit leben. *Ps. 27,13.
12. Meine Zeit ist dahin und von mir weggetan wie eines Hirten Hütte. Ich reiße mein Leben ab wie ein Weber; er bricht mich ab wie einen dünnen Faden; du machst's mit mir ein Ende den Tag vor Abend. Hiob 7,6.
13. Ich dachte: Möchte ich bis morgen leben! Aber er zerbrach mir alle meine Gebeine *wie ein Löwe; denn du machst es mit mir aus den Tag vor Abend. *Hiob 10,16.
14. Ich winselte wie ein Kranich und wie eine Schwalbe und girrte wie eine Taube; meine Augen wollten mir brechen: Herr, ich leide Not; lindere mir's!
15. Was soll ich reden? Er hat mir's zugesagt und hat's auch getan! Ich werde in Demut wandeln all meine Lebtage nach solcher Betrübnis meiner Seele.
16. Herr, davon lebt man, und das Leben meines Geistes steht ganz darin; denn du ließest mich wieder stark werden und machtest mich leben.
17. Siehe, um Trost war mir sehr bange. Du aber hast dich meiner Seele herzlich angenommen, daß sie nicht verdürbe;

denn *du wirfst alle meine Sünden hinter
dich zurück. *Ps. 32,1.2; Micha 7,18.19.
18. Denn die Hölle lobt dich nicht; so
rühmt dich der Tod nicht, und die in die
Grube fahren, warten nicht auf deine
Wahrheit; Ps. 6,6.
19. sondern allein, die da leben, loben
dich, wie ich jetzt tue. Der Vater wird den
Kindern deine Wahrheit kundtun.
20. Herr, hilf mir, so wollen wir meine
Lieder singen, solange wir leben, im Hause des Herrn!
21. Und Jesaja hieß, man sollte ein Pflaster von Feigen nehmen und auf seine
Drüse legen, daß er gesund würde.
22. Hiskia aber sprach: Welch ein Zeichen ist das, daß ich hinauf zum Hause
des Herrn soll gehen!

Das 39. Kapitel

Der Eitelkeit des Hiskia wird Strafe angedroht.
(2. Kön. 20,12–19: vgl. 2. Chron. 32,25–31.)

1. Zu der Zeit sandte Merodach-Baladan,
der Sohn Baladans, König zu Babel, Briefe
und Geschenke an Hiskia; denn er hatte
gehört, daß er krank gewesen und wieder
stark geworden wäre.
2. Des freute sich Hiskia und zeigte ihnen das Schatzhaus, Silber und Gold und
Spezerei, köstliche Salben und alle seine
Zeughäuser und alle Schätze, die er hatte.
Nichts war, das ihnen Hiskia nicht zeigte
in seinem Hause und in seiner Herrschaft.
3. Da kam der Prophet Jesaja zum König
Hiskia und sprach zu ihm: Was sagen diese
Männer, und woher kommen sie zu dir?
Hiskia sprach: Sie kommen von ferne zu
mir, nämlich von Babel.
4. Er aber sprach: Was haben sie in deinem Hause gesehen? Hiskia sprach: Alles,
was in meinem Hause ist, haben sie gesehen, und ist nichts, das ich ihnen nicht
hätte gezeigt in meinen Schätzen.
5. Und Jesaja sprach zu Hiskia: Höre das
Wort des Herrn Zebaoth:
6. Siehe, es kommt die Zeit, daß alles,
was in deinem Hause ist und was deine
Väter gesammelt haben bis auf diesen Tag,
wird gen Babel gebracht werden, daß
nichts bleiben wird, spricht der Herr.
7. Dazu werden sie von deinen Kindern,
die von dir kommen werden und du zeugen wirst, nehmen, daß sie müssen Kämmerer sein am Hofe des Königs zu Babel.
8. Und Hiskia sprach zu Jesaja: Das Wort
des Herrn ist gut, das du sagst, – und
sprach: Es sei nur Friede und Treue, solange ich lebe.

Das 40. Kapitel

Der Herr kommt zur Erlösung seines Volks. Er
ist der unvergleichlich Mächtige und Herrliche.

1. Tröstet, tröstet mein Volk! spricht euer Gott;
2. redet *mit Jerusalem freundlich und
prediget ihr, daß ihre Dienstbarkeit ein
Ende hat, denn ihre Missetat ist vergeben;
denn sie hat Zwiefältiges empfangen von
der Hand des Herrn für alle ihre Sünden.
*Hos. 2,16.
3. Es ist eine Stimme eines Predigers in
der Wüste: Bereitet dem Herrn den Weg,
macht auf dem Gefilde eine ebene Bahn
unserm Gott! Luk. 3,4–6; Joh. 1,23.
4. Alle Täler sollen erhöht werden, und
alle Berge und Hügel sollen erniedrigt
werden, und was ungleich ist, soll eben,
und was höckericht ist, soll schlicht werden;
5. denn die Herrlichkeit des Herrn soll
offenbart werden, und alles Fleisch miteinander wird es sehen; denn des Herrn
Mund hat's geredet.
6. Es spricht eine Stimme: Predige! Und
er sprach: Was soll ich predigen? *Alles
Fleisch ist Gras, und alle seine Güte ist wie
eine Blume auf dem Felde.
*1. Petr. 1,23–25; Jak. 1,10.11; Ps. 90,5.6.
7. Das Grans verdorrt, die Blume verwelkt; denn des Herrn Geist bläst darein.
J, das Volk ist das Gras.
8. Das Gras verdorrt, die Blume verwelkt; aber *das Wort unsres Gottes bleibt
ewiglich. *Ps. 119,89; Luk. 21,33.
9. Zion, du Predigerin, steig auf einen
hohen Berg; Jerusalem, du Predigerin, hebe deine Stimme auf mit Macht, hebe auf
und fürchte dich nicht; sage den Städten
Juda's: Siehe, da ist euer Gott!
10. Denn siehe, der Herr Herr kommt
gewaltig, und sein Arm wird herrschen.
Siehe, sein Lohn ist bei ihm, und seine
Vergeltung ist vor ihm. K. 62,11.
11. Er wird seine Herde weiden wie ein
Hirte; er wird die Lämmer in seine Arme
sammeln und in seinem Busen tragen und
die Schafmütter führen. Joh. 10,11.12.
12. Wer mißt die Wasser mit der hohlen
Hand und faßt den Himmel mit der Spanne und begreift den Staub der Erde mit
einem Dreiling und wägt die Berge mit
einem Gewicht und die Hügel mit einer
Waage?
13. Wer unterrichtet den Geist des
Herrn, und welcher Ratgeber unterweist
ihn? 1. Kor. 2,16; Röm. 11,34.
14. Wen fragt er um Rat, der ihm Ver-

stand gebe und lehre ihn den Weg des Rechts und lehre ihn die Erkenntnis und unterweise ihn den Weg des Verstandes?
15. Siehe, die Heiden sind geachtet wie ein Tropfen, so im Eimer bleibt, und wie ein Scherflein, so in der Waage bleibt. Siehe, die Inseln sind wie ein Stäublein.
16. Der Libanon wäre zu gering zum Feuer und seine Tiere zu gering zum Brandopfer.
17. Alle Heiden sind vor ihm nichts und wie ein Nichtiges und Eitles geachtet.
18. Wem wollt ihr denn Gott nachbilden? Oder was für ein Gleichnis wollt ihr ihm zurichten? K. 44,9–20; Apg. 17,29.
19. Der Meister gießt wohl ein Bild, und der Goldschmied übergoldet's und macht silberne Ketten daran.
20. Desgleichen wer nur eine arme Gabe vermag, der wählt ein Holz, das nicht fault, und sucht einen klugen Meister dazu, der ein Bild fertige, das beständig sei.
21. Wisset ihr nicht? Hört ihr nicht? Ist's euch nicht vormals verkündigt? Habt ihr's nicht verstanden von Anbeginn der Erde?
22. Er sitzt über dem Kreis der Erde – und die darauf wohnen, sind wie Heuschrecken –; der den *Himmel ausdehnt wie ein dünnes Fell und breitet ihn aus wie eine Hütte, darin man wohnt; *Ps. 104,2.
23. der die Fürsten zunichte macht und die Richter auf Erden eitel macht,
24. als wären sie nicht gepflanzt noch gesät und als hätte ihr Stamm keine Wurzel in der Erde, daß sie, wo ein Wind unter sie weht, verdorren und sie ein Windwirbel wie Stoppeln wegführt.
25. Wem wollt ihr denn mich nachbilden, dem ich gleich sei? spricht der Heilige.
26. Hebet eure Augen in die Höhe und sehet! Wer hat solche Dinge geschaffen und führt ihr Heer bei der Zahl heraus? Er ruft sie alle *mit Namen; sein Vermögen und seine starke Kraft ist so groß, daß es nicht an einem fehlen kann. *Ps. 147,4.
27. Warum sprichst du denn, Jakob, und du, Israel, sagst: Mein Weg ist dem Herrn verborgen, und mein Recht geht vor meinem Gott vorüber?
28. Weißt du nicht? hast du nicht gehört? Der Herr, der ewige Gott, *der die Enden der Erde geschaffen hat, wird nicht müde noch matt; sein †Verstand ist unausforschlich. *K. 45,12. †V. 13.
29. Er gibt dem Müden Kraft, und Stärke genug dem Unvermögenden.
30. Die Knaben werden müde und matt, und die Jünglinge fallen;
31. aber die auf den Herrn harren, kriegen neue Kraft, daß sie auffahren mit Flügeln *wie Adler, daß sie laufen und nicht matt werden, daß sie wandeln und nicht müde werden. *Ps. 103,5.

Das 41. Kapitel

Gott beruft seinen Knecht, den Elenden zum Trost, den Heiden zur Beschämung.

1. Laß die Inseln vor mir schweigen und die Völker sich stärken! Laß sie herzutreten und nun reden; laßt uns miteinander rechten!
2. Wer hat den Gerechten vom Aufgange erweckt? Wer rief ihn, daß er ging? Wer gab die Heiden und Könige vor ihm dahin, daß er ihrer mächtig ward, und gab sie seinem Schwert wie Staub und seinem Bogen wie zerstreute Stoppeln,
V. 25; K. 44,28; 45,1.13; 46,11; 48,14.15.
3. daß er ihnen nachjagte und zog durch mit Frieden und ward des Weges noch nie müde?
4. Wer tut's und macht es und ruft alle Menschen nacheinander von Anfang her? Ich bin's, der Herr, *der Erste und der Letzte. *K. 44,6; 48,12; Offenb. 1,8.11.17.
5. Da das die Inseln sahen, fürchteten sie sich, und die Enden der Erde erschraken; sie nahten und kamen herzu.
6. Einer half dem andern und sprach zu seinem Nächsten: Sei getrost!
7. Der Zimmermann nahm den Goldschmied zu sich und machten mit dem Hammer das Blech glatt auf dem Amboß und sprachen: Das wird fein stehen! und hefteten's mit Nägeln, daß es nicht sollte wackeln.
8. Du aber, *Israel, mein Knecht, Jakob, den ich erwählt habe, du Samen Abrahams, meines †Geliebten.
*K. 43,10; 42,19; 44,1.21; 45,4; vgl. K. 42,1; †Jak. 2,23.
9. der ich dich gestärkt habe von der Welt Enden her und habe dich berufen von ihren Grenzen und sprach zu dir: Du sollst mein Knecht sein; denn ich erwähle dich, und verwerfe dich nicht,–
10. fürchte dich nicht, ich bin mit dir; weiche nicht, denn ich bin dein Gott; ich stärke dich, ich helfe dir auch, ich erhalte dich durch die rechte Hand meiner Gerechtigkeit. K. 43,1.
11. Siehe, sie sollen zu Spott und zu Schanden werden alle, die dir gram sind; sie sollen werden wie nichts; und die Leute, die mit dir hadern, sollen umkommen,
12. daß du nach ihnen fragen möchtest, und wirst sie nicht finden. Die Leute, die

mit dir zanken, sollen werden wie nichts; und die Leute, die wider dich streiten, sollen ein Ende haben.
13. Denn ich bin der Herr, dein Gott, der deine rechte Hand stärkt und zu dir spricht: Fürchte dich nicht, ich helfe dir!
14. So fürchte dich nicht, du Würmlein Jakob, ihr armer Haufe Israel.*Ich helfe dir, spricht der Herr, und dein Erlöser ist der Heilige in Israel. *K. 43,3.
15. Siehe, ich habe dich zum scharfen, neuen Dreschwagen gemacht, der Zacken hat, daß du sollst Berge zerdreschen und zermalmen und die Hügel zu Spreu machen.
16. Du sollst sie zerstreuen, daß sie der Wind wegführe und der Wirbel verwehe. Du aber wirst fröhlich sein über den Herrn und wirst dich rühmen des Heiligen in Israel.
17. Die Elenden und Armen suchen Wasser, und ist nichts da; ihre Zunge verdorrt vor Durst. Aber ich, der Herr, will sie erhören; ich, der Gott Israels, will sie nicht verlassen.
18. Sondern ich will Wasserflüsse auf den Höhen öffnen und Brunnen mitten auf den Feldern und will die Wüste zu Wasserseen machen und das dürre Land zu Wasserquellen; K. 35,1.7; 43,20.
19. ich will in der Wüste geben Zedern, Akazien, Myrten und Kiefern; ich will auf dem Gefilde geben Tannen, Buchen und Buchsbaum miteinander,
20. auf daß man sehe und erkenne und merke und verstehe zumal, daß des Herrn Hand habe solches getan und der Heilige in Israel habe solches geschaffen.
21. So lasset eure Sache herkommen, spricht der Herr; bringet her, worauf ihr stehet, spricht der König in Jakob.
22. Lasset sie herzutreten und uns verkündigen, was künftig ist. Saget an, was zuvor geweissagt ist, so wollen wir mit unserm Herzen darauf achten und merken, wie es gekommen ist; oder lasset uns doch hören, was zukünftig ist!
K. 43,8.9; 44,7.
23. Verkündiget uns, was hernach kommen wird, so wollen wir merken, daß ihr Götter seid. Wohlan, tut Gutes oder Schaden, so wollen wir davon reden und miteinander schauen.
24. Siehe, ihr seid aus nichts, und euer Tun ist auch aus nichts; und euch wählen ist ein Greuel.
25. Ich aber erwecke einen von Mitternacht, und er kommt vom Aufgang der Sonne. Er wird meinen Namen anrufen und wird über die Gewaltigen gehen wie über Lehm und wird den Ton treten wie ein Töpfer.
26. Wer kann etwas verkündigen von Anfang? – so wollen wir's vernehmen – oder weissagen zuvor? – so wollen wir sagen: Du redest recht! Aber da ist kein Verkündiger, keiner, der etwas hören ließe, keiner, der von euch ein Wort hören möge.
27. Ich bin der erste, der zu Zion sagt: Siehe, da ist's! und *Jerusalem gebe ich Prediger. *Matth. 23,34.
28. Dort aber schaue ich, aber da ist niemand; und ich sehe unter sie, aber da ist kein Ratgeber; ich frage sie, aber da antworten sie nichts.
29. Siehe, es ist alles eitel Mühe und nichts mit ihrem Tun; ihre *Götzen sind Wind und eitel. *Ps. 96,5.

Das 42. Kapitel

Der Knecht Gottes (Messias) in seiner Sanftmut ein Licht der Heiden und ein Führer des verblendeten Volks.

1. Siehe, das ist *mein Knecht – ich erhalte ihn – und mein Auserwählter, an †welchem meine Seele Wohlgefallen hat. Ich habe ihm meinen Geist gegeben; er wird das Recht unter die Heiden bringen.
*K. 49,1–6; 52,12; vgl. K. 41,8; Matth.12,18–21. †Matth. 3,17.
2. Er wird nicht schreien noch rufen, und seine Stimme wird man nicht hören auf den Gassen.
3. Das zerstoßene Rohr wird er nicht zerbrechen, und den glimmenden Docht wird er nicht auslöschen. Er wird das Recht wahrhaftig halten lehren. Ps. 34,19.
4. Er wird nicht matt werden noch verzagen, bis daß er auf Erden das Recht anrichte; und die Inseln werden auf sein Gesetz warten.
5. So spricht Gott, der Herr, der die Himmel schafft und ausbreitet, der die Erde macht und ihr Gewächs, der dem Volk, so darauf ist, den Odem gibt, und den Geist denen, die darauf gehen:
6. Ich, der Herr, habe dich gerufen in Gerechtigkeit und habe dich bei deiner Hand gefaßt und habe dich behütet und habe dich zum Bund unter das Volk gegeben zum Licht der Heiden, K. 49,6.8.
7. daß du sollst öffnen die Augen der Blinden und die Gefangenen aus dem Gefängnis führen, und die da sitzen in der Finsternis, aus dem Kerker. K. 35,5.
8. *Ich, der Herr, das ist mein Name; †und will meine Ehre keinem andern ge-

ben noch meinen Ruhm den Götzen.
*2.Mose 3,15. †K. 48,11.
9. Siehe, was ich zuvor habe verkündigt,
ist gekommen; so verkündige ich auch
Neues; ehe denn es aufgeht, lasse ich's
euch hören. K.41,2.27.
10. Singet dem Herrn ein neues Lied,
seinen Ruhm an der Welt Ende, die auf
dem Meer fahren und was darinnen ist, die
Inseln und die darin wohnen!
11. Rufet laut, ihr Wüsten und die Städte
darin samt den Dörfern, da Kedar wohnt;
es sollen jauchzen, die in Felsen wohnen,
und rufen von den Höhen der Berge!
12. Lasset sie dem Herrn die Ehre geben
und seinen Ruhm in den Inseln verkündigen.
13. Der Herr wird ausziehen wie ein Riese;
er wird den Eifer aufwecken wie ein
Kriegsmann; er wird jauchzen und tönen;
er wird seinen Feinden obliegen.
14. Ich schweige wohl eine Zeitlang und
bin still und halte an mich; nun aber will
ich wie eine Gebärerin schreien; ich will
sie verwüsten und alle verschlingen.
15. Ich will Berge und Hügel verwüsten
und all ihr Gras verdorren und will die
Wasserströme zu Inseln machen und die
Seen austrocknen.
16. Aber die Blinden will ich auf dem
Wege leiten, den sie nicht wissen; ich will
sie führen auf den Steigen, die sie nicht
kennen; ich will die Finsternis vor ihnen
her zum Licht machen und das Höckerichte
zur Ebene. Solches will ich ihnen
tun und sie nicht verlassen. K.35,5.8.
17. Aber die sich auf Götzen verlassen
und sprechen zum gegossenen Bilde: Ihr
seid unsre Götter! die sollen zurückkehren
und zu Schanden werden. K.44,9–20.
18. Höret, ihr Tauben, und schauet her,
ihr Blinden, daß ihr sehet! K.43,8.
19. Wer ist so blind wie mein Knecht,
und wer ist so taub wie mein Bote, den ich
sende? Wer ist so blind wie der Vollkommene
und so blind wie der Knecht des
Herrn? K.41,8.
20. Man *predigt wohl viel, aber sie halten's
nicht; man sagt ihnen genug, aber
sie wollen's nicht hören. *K.53,1.
21. Der Herr wollte ihnen wohl um seiner
Gerechtigkeit willen, daß er das Gesetz
herrlich und groß mache.
22. Aber es ist ein beraubtes und geplündertes
Volk; sie sind allzumal verstrickt in
Höhlen und versteckt in den Kerkern; sie
sind zum Raube geworden, und ist kein
Erretter da; geplündert, und ist niemand,
der da sage: Gib wieder her!
23. Wer ist unter euch, der solches zu
Ohren nehme, der aufmerke und höre,
was hernach kommt?
24. Wer hat Jakob übergeben zu plündern
und Israel den Räubern? Hat's nicht
der Herr getan, an dem wir gesündigt haben,
und sie wollten auf seinen Wegen
nicht wandeln und gehorchten seinem
Gesetz nicht?
25. Darum hat er über sie ausgeschüttet
den Grimm seines Zorns und eine Kriegsmacht;
und hat sie umher angezündet,
aber sie merken's nicht; und hat sie angebrannt,
aber sie nehmen's nicht zu Herzen.

Das 43. Kapitel

Gott erlöst sein Volk, wie er verheißen hat, und vergibt ihm seine Schuld aus lauter Gnade.

1. Und nun spricht der Herr, der dich
geschaffen hat, Jakob, und dich gemacht
hat, Israel: Fürchte dich nicht, denn ich
habe dich erlöst; ich habe dich bei deinem
Namen gerufen; du bist mein!
2. Denn so du durch Wasser gehst, will
ich bei dir sein, daß dich die Ströme nicht
sollen ersäufen; und so du ins Feuer gehst,
sollst du nicht brennen, und die Flamme
soll dich nicht versengen. Ps.66,12.
3. Denn ich bin der Herr, dein Gott, der
Heilige in Israel, dein Heiland. Ich habe
Ägypten für dich als Lösegeld gegeben,
Mohren und Seba *an deine Statt.
*Spr. 11,8.
4. Weil du so wert bist vor meinen Augen
geachtet, mußt du auch herrlich sein, und
ich habe dich lieb; darum gebe ich Menschen
an deine Statt und Völker für deine
Seele.
5. So *fürchte dich nun nicht; denn ich
bin bei dir. Ich will vom Morgen deinen
Samen bringen und will dich vom Abend
sammeln *K.11,11–16.
6. und will sagen gegen Mitternacht: Gib
her! und gegen Mittag: Wehre nicht! Bringe
meine Söhne von ferneher und meine
Töchter von der Welt Ende,
7. alle, die mit meinem *Namen genannt
sind, die ich geschaffen habe zu meiner
Herrlichkeit und zubereitet und gemacht.
*Jer. 14,9.
8. Laß hervortreten das blinde Volk, welches
doch Augen hat, und die Tauben, die
doch Ohren haben. K.42,18.
9. Laßt alle Heiden zusammenkommen
zuhauf und sich die Völker versammeln.
*Wer ist unter ihnen, der solches verkündigen
möge und uns hören lasse, was zuvor
geweissagt ist? Laßt sie ihre Zeugen

darstellen und beweisen, so wird man's
hören und sagen: Es ist die Wahrheit.
*K. 41,22.26.
10. Ihr aber seid meine Zeugen, spricht
der Herr, und mein *Knecht, den ich erwählt habe, auf daß ihr wisset und mir
glaubet und verstehet, daß ich's bin. Vor
mir ist kein Gott gemacht, so wird auch
nach mir keiner sein. *K. 41,8.
11. Ich, ich bin der Herr, und ist außer
mir kein Heiland. K. 44,6; 5. Mose 32,39.
12. Ich habe es verkündigt und habe
auch geholfen und habe es euch sagen
lassen, und war kein fremder [Gott] unter
euch. *Ihr seid meine Zeugen, spricht der
Herr; so bin ich Gott. *V. 10.
13. Auch bin ich, ehe denn ein Tag war,
und ist niemand, der aus meiner Hand
erretten kann. Ich wirke; wer will's abwenden?
14. So spricht der Herr, euer Erlöser, der
Heilige in Israel: Um euretwillen habe ich
gen Babel geschickt und habe alle die
Flüchtigen hinuntergetrieben und die klagenden Chaldäer in ihre Schiffe gejagt.
15. Ich bin der Herr, euer Heiliger, der
ich Israel geschaffen habe, euer König.
16. So spricht der Herr, der *im Meer
Weg und in starken Wassern Bahn macht
*2. Mose 14,22; Jos. 3,16.
17. der ausziehen läßt Wagen und Roß,
Heer und Macht, daß sie auf einem Haufen
daliegen und nicht aufstehen, daß sie verlöschen, wie ein Docht verlischt:
18. Gedenket nicht an das Alte und achtet nicht auf das Vorige!
19. Denn siehe, ich will ein Neues machen; jetzt soll es aufwachsen, und ihr
werdet's erfahren, daß ich Weg in der Wüste mache und *Wasserströme in der
Einöde, *K. 41,18.
20. daß mich das Tier auf dem Felde preise, die Schakale und Strauße. Denn ich
will Wasser in der Wüste und Ströme in
der Einöde geben, zu tränken mein Volk,
meine Auserwählten.
21. Dies Volk habe ich mir zugerichtet;
es soll meinen Ruhm erzählen. 1. Petr. 2,9.
22. Nicht, daß du mich hättest gerufen,
Jakob, oder daß du um mich gearbeitet
hättest, Israel.
23. Mir hast du nicht gebracht Schafe
deines Brandopfers noch mich geehrt mit
deinen Opfern; mich hat deines Dienstes
nicht gelüstet im Speisopfer, habe auch
nicht Lust an deiner Arbeit im Weihrauch;
K. 1,11–15.
24. mir hast du nicht um Geld Kalmus
gekauft; mich hast du mit dem Fett deiner
Opfer nicht gesättigt. Ja, mir hast du Arbeit gemacht mit deinen Sünden und hast
mir Mühe gemacht mit deinen Missetaten.
25. Ich, ich tilge deine Übertretungen
um meinetwillen und gedenke deiner
Sünden nicht. K. 44,22; Jer. 31,34.
26. Erinnere mich; laß uns miteinander
rechten; sage an, wie du gerecht willst
sein. K. 58,2; Jer. 2,35.
27. Deine Voreltern haben gesündigt,
und deine Lehrer haben wider mich mißgehandelt. Dan. 9,6.8.
28. Darum habe ich die Fürsten des Heiligtums entheiligt und habe Jakob zum
Bann gemacht und Israel zum Hohn.

Das 44. Kapitel

Ausgießung des Geistes der Gnade. Torheit des Götzendienstes. Begnadigung und Erlösung Israels.

1. So höre nun, mein Knecht Jakob, und
Israel, den ich erwählt habe! K. 41,8.
2. So spricht der Herr, der dich gemacht
und bereitet hat und der dir beisteht von
Mutterleibe an: Fürchte dich nicht, mein
Knecht Jakob, und du, *Jesurun, den ich
erwählt habe!
*Ehrenname Israels. 5. Mose 32,15; 33,5.26.
3. Denn ich will Wasser gießen auf das
Durstige und Ströme auf das Dürre: ich
will meinen Geist auf deinen Samen gießen und meinen Segen auf deine Nachkommen, K. 32,15; Joel 3,1.
4. daß sie wachsen sollen wie Gras, wie
die Weiden an den Wasserbächen.
5. Dieser wird sagen: Ich bin des Herrn!
und jener wird genannt werden mit dem
Namen Jakob; und dieser wird sich mit
seiner Hand dem Herrn zuschreiben und
wird mit dem Namen Israel genannt werden.
6. So spricht der Herr, der König Israels,
und sein Erlöser, der Herr Zebaoth: *Ich
bin der Erste, und ich bin der Letzte, und
†außer mir ist kein Gott. *K. 41,4. †K. 43,11.
7. Und wer ist mir gleich, der da rufe und
verkündige und mir's zurichte, der ich
von der Welt her die Völker setze? *Lasset
sie ihnen das Künftige und was kommen
soll, verkündigen. *K. 41,22.
8. Fürchtet euch nicht und erschrecket
nicht. Habe ich's nicht vorlängst dich hören lassen und verkündigt? Denn ihr seid
meine Zeugen. Ist auch ein Gott außer
mir? Es ist kein Hort, ich weiß ja keinen.
9. Die Götzenmacher sind allzumal eitel,
und ihr Köstliches ist nichts nütze. Sie
sind ihre Zeugen und sehen nichts, mer-

ken auch nichts; darum müssen sie zu Schanden werden.

10. Wer sind sie, die einen Gott machen und einen Götzen gießen, der nichts nütze ist? K. 45,16; Jer. 10,3–16; Ps. 115,4–8.

11. Siehe, alle ihre Genossen werden zu Schanden; denn es sind Meister aus Menschen. Wenn sie gleich alle zusammentreten, müssen sie dennoch sich fürchten und zu Schanden werden. K. 42,17.

12. Es schmiedet einer das Eisen in der Zange, arbeitet in der Glut und bereitet's mit Hämmern und arbeitet daran mit ganzer Kraft seines Arms, leidet auch Hunger, bis er nimmer kann, trinkt auch nicht Wasser, bis er matt wird. K. 40,18–20.

13. Der andere zimmert Holz und mißt es mit der Schnur und zeichnet's mit Rötelstein und behaut es und zirkelt's ab und macht's wie ein Mannsbild, wie einen schönen Menschen, der im Hause wohne.

14. Er geht frisch daran unter den Bäumen im Walde, daß er Zedern abhaue und nehme Buchen und Eichen; ja, eine Zeder, die gepflanzt und die vom Regen erwachsen ist

15. und die den Leuten Brennholz gibt, davon man nimmt, daß man sich dabei wärme, und die man anzündet und Brot dabei bäckt. Davon macht er einen Gott und betet's an; er macht einen Götzen daraus und kniet davor nieder.

16. Die Hälfte verbrennt er im Feuer, über der Hälfte ißt er Fleisch; er brät einen Braten und sättigt sich, wärmt sich auch und spricht: Hoja! ich bin warm geworden, ich sehe meine Lust am Feuer.

17. Aber das übrige macht er zum Gott, daß es sein Götze sei, davor er kniet und niederfällt und betet und spricht: Errette mich; denn du bist mein Gott!

18. Sie wissen nichts und verstehen nichts; denn sie sind verblendet, daß ihre Augen nicht sehen und ihre Herzen nicht merken können,

19. und gehen nicht in ihr Herz; keine Vernunft noch Witz ist da, daß sie doch dächten: Ich habe die Hälfte mit Feuer verbrannt und habe auf den Kohlen Brot gebacken und Fleisch gebraten und gegessen, und sollte das übrige zum Greuel machen und sollte knieen vor einem Klotz?

20. Er hat Lust an Asche, sein getäuschtes Herz verführt ihn; und er wird seine Seele nicht erretten, daß er dächte: Ist das nicht Trügerei, was meine rechte Hand treibt?

21. Daran gedenke, Jakob und Israel; denn du bist mein *Knecht. †Ich habe dich bereitet, daß du mein Knecht seist; Israel, vergiß mein nicht. *K. 41,8. †V. 2.

22. Ich *vertilge deine Missetaten wie eine Wolke und deine Sünden wie den Nebel. Kehre dich zu mir; denn ich erlöse dich. *K. 1,18; 43,25.

23. Jauchzet, ihr Himmel, denn der Herr hat's getan; rufe, du Erde hier unten; ihr Berge, frohlocket mit Jauchzen, der Wald und alle Bäume darin! denn der Herr hat Jakob erlöst und ist in Israel herrlich.
K. 49,13; 55,12; Ps. 96,11.

24. So spricht der Herr, dein Erlöser, der dich von Mutterleibe hat bereitet: Ich bin der Herr, der alles tut, der den Himmel ausbreitet allein und die Erde weit macht ohne Gehilfen;

25. der die Zeichen der Wahrsager zunichte und die Weissager toll macht; der die Weisen zurückkehrt und ihre Kunst zur Torheit macht, K. 29,14.

26. bestätigt aber das Wort seines Knechtes und vollführt den Rat seiner Boten; der zu Jerusalem spricht: Sei bewohnt! und zu den Städten Juda's: Seid gebaut! und ihre Verwüstungen richte ich auf;

27. der ich spreche zu der Tiefe: Versiege! und zu den Strömen: Vertrocknet!
2. Mose 14,21; Jos. 3,9–17.

28. der ich spreche von *Kores: Der ist mein Hirte und soll all meinen Willen vollenden, daß man sage zu Jerusalem: Sei gebaut! und zum Tempel: Sei gegründet!
*K. 45,1; Esra 1,1–3.

Das 45. Kapitel

Kores (Cyrus) das Werkzeug des Allmächtigen zur Demütigung der Abgötter und zur Erlösung Israels.

1. So spricht der Herr zu seinem Gesalbten, dem *Kores, den ich bei seiner rechten Hand ergreife, daß ich die Heiden vor ihm unterwerfe und den Königen das Schwert abgürte, auf daß vor ihm die Türen geöffnet werden und die Tore nicht verschlossen bleiben: *K. 44,28; 41,2.

2. Ich will vor dir her gehen und die Höker eben machen; ich will die ehernen Türen zerschlagen und die eisernen Riegel zerbrechen

3. und will dir geben die heimlichen Schätze und die verborgenen Kleinode, auf daß du erkennest, daß ich, der Herr, der Gott Israels, dich bei deinem Namen genannt habe,

4. um Jakobs, meines *Knechtes, willen und um Israels, meines Auserwählten, willen. Ja, ich rief dich bei deinem Namen

und nannte dich, da du mich noch nicht
kanntest. *K. 41,8.
5. Ich *bin der Herr, und sonst keiner
mehr; kein Gott ist außer mir. Ich habe
dich gerüstet, da du mich noch nicht
kanntest, *K. 44,6.
6. auf daß man erfahre, von der Sonne
Aufgang und der Sonne Niedergang, daß
außer mir keiner sei. Ich bin der Herr, und
keiner mehr;
7. der ich das Licht mache und schaffe
die Finsternis, der ich Frieden gebe und
*schaffe das Übel. Ich bin der Herr, der
solches alles tut. *Amos 3,6.
8. Träufelt, ihr Himmel, von oben, und
die Wolken regnen Gerechtigkeit. Die Erde tue sich auf und bringe Heil, und Gerechtigkeit wachse mit zu. Ich, der Herr,
schaffe es. Ps. 72,3.
9. Weh dem, der mit seinem Schöpfer
hadert, eine Scherbe wie andere irdene
Scherben. Spricht auch der *Ton zu seinem Töpfer: Was machst du? Du beweisest
deine Hände nicht an deinem Werke.
*K. 29,16; Jer. 18,6; Röm. 9,20.21.
10. Weh dem, der zum Vater sagt: Warum hast du mich gezeugt? und zum Weibe: Warum gebierst du?
11. So spricht der Herr, der Heilige in
Israel und ihr Meister: Fraget mich um das
Zukünftige; weiset meine Kinder und das
Werk meiner Hände zu mir!
12. Ich habe die Erde gemacht und den
Menschen darauf geschaffen. Ich bin's,
dessen Hände den Himmel ausgebreitet
haben, und habe allem seinem Heer geboten.
13. Ich habe ihn erweckt in Gerechtigkeit, und alle seine Wege will ich eben
machen. Er soll meine Stadt bauen und
meine Gefangenen loslassen, nicht um
Geld noch um Geschenke, spricht der
Herr Zebaoth. V. 1; K. 41,2.
14. So spricht der Herr: Der Ägypter
Handel und der Mohren und der langen
Leute zu Seba Gewerbe werden sich dir
ergeben und dein eigen sein; sie werden
dir folgen, in Fesseln werden sie gehen
und werden vor dir niederfallen und zu dir
flehen; denn bei dir ist Gott, und ist *sonst
kein Gott mehr. *V. 5.
15. Fürwahr, du bist ein verborgener
Gott, du Gott Israels, der Heiland.
Röm. 11,33.
16. Aber die Götzenmacher müssen allesamt mit Schanden und Hohn bestehen
und miteinander schamrot hingehen.
K. 44,9.11.
17. Israel aber wird erlöst durch den
Herrn, durch eine ewige Erlösung, und
wird nicht zu Schanden noch zu Spott
immer und ewiglich.
18. Denn so spricht der Herr, der den
Himmel geschaffen hat, der Gott, der die
Erde bereitet hat und hat sie gemacht und
zugerichtet – und sie nicht gemacht hat,
daß sie leer soll sein, sondern sie bereitet
hat, daß man darauf wohnen solle –: Ich
bin der Herr, und ist keiner mehr.
19. Ich habe nicht im Verborgenen geredet, im finstern Ort der Erde; ich habe
nicht zum Samen Jakobs vergeblich gesagt: Suchet mich! Denn ich bin der Herr,
der von Gerechtigkeit redet, und verkündigt, was da recht ist.
20. Laß sich versammeln und kommen
miteinander herzu die Entronnenen der
Heiden, die nichts wissen und tragen sich
mit den Klötzen ihrer Götzen und flehen
zu dem Gott, der nicht helfen kann. K. 43,9.
21. Verkündiget und machet euch herzu,
ratschlaget miteinander. Wer hat dies lassen sagen von alters her und vorlängst
verkündigt? Habe ich's nicht getan, der
Herr? Und ist *sonst kein Gott außer mir,
ein gerechter Gott und Heiland; und keiner ist außer mir. *V. 5.
22. Wendet euch zu mir, so werdet ihr
selig, aller Welt Enden; denn ich bin
Gott, und keiner mehr.
23. Ich schwöre bei mir selbst, und ein
Wort der Gerechtigkeit geht aus meinem
Munde, dabei soll es bleiben: *Mir sollen
sich alle Kniee beugen und alle Zungen
schwören *Röm. 14,11; Phil. 2,10.11.
24. und sagen: Im Herrn habe ich *Gerechtigkeit und Stärke. Solche werden
auch zu ihm kommen; aber alle, die ihm
widerstehen, müssen zu Schanden werden. *Jer. 23,6.
25. Denn im Herrn wird gerecht aller
Same Israels und wird sich *sein rühmen.
*1. Kor. 1,31.

Das 46. Kapitel

Sturz der babylonischen Götzen.
Heil Israels in seinem treuen Gott.

1. Der Bel ist gebeugt, der Nebo ist gefallen, ihre Götzen sind den Tieren und dem
Vieh zuteil geworden, daß sie sich müde
tragen an eurer Last. Jer. 50,2.
2. Ja, sie fallen und beugen sich allesamt
und können die Last nicht wegbringen;
sondern ihre Seelen müssen ins Gefängnis
gehen.
3. Höret mir zu, ihr vom Hause Jakob
und alle übrigen vom Hause Israel, die ihr

von mir getragen werdet von Mutterleibe
an und von der Mutter her auf mir liegt.
4. Ja, ich will euch tragen bis ins *Alter
und bis ihr grau werdet. Ich will es tun, ich
will heben und tragen und erretten.
*Ps. 71,18.
5. Nach wem bildet und wem vergleicht
ihr mich denn? Gegen wen messet ihr
mich, dem ich gleich sein solle?
K. 44,9–20.
6. Sie schütten das Gold aus dem Beutel
und wägen dar das Silber mit der Waage
und lohnen dem Goldschmied, daß er einen Gott daraus mache, vor dem sie knie-
en und anbeten.
7. Sie heben ihn auf die Achseln und tragen ihn und setzen ihn an seine Stätte. Da
steht er und kommt von seinem Ort nicht.
Schreit einer zu ihm, so antwortet er nicht
und hilft ihm nicht aus seiner Not.
8. An solches gedenket doch und seid
fest; ihr Übertreter, gehet in euer Herz!
9. Gedenket des Vorigen von alters her;
denn ich bin Gott, und keiner mehr, ein
Gott, desgleichen nirgend ist, K. 44,6.
10. der ich verkündige zuvor, was hernach kommen soll, und vorlängst, ehe
denn es geschieht, und sage: Mein Anschlag besteht, und ich tue alles, was mir
gefällt. K. 42,9.
11. Ich rufe einen Adler vom Aufgang
und einen Mann, der meinen Anschlag
tue, aus fernem Lande. Was ich sage, das
lasse ich kommen; was ich denke, das tue
ich auch. K. 41,2.
12. Höret mir zu, ihr von stolzem Herzen, die ihr ferne seid von meiner Gerechtigkeit.
13. Ich habe meine Gerechtigkeit nahe
gebracht; sie ist nicht ferne, und mein
Heil säumt nicht; denn ich will zu Zion das
Heil geben und in Israel meine Herrlichkeit.

Das 47. Kapitel

Untergang des übermütigen und
abergläubischen Babel.

1. Herunter, Jungfrau, du Tochter Babel,
setze dich in den Staub! setze dich auf die
Erde; denn die Tochter der Chaldäer hat
keinen Stuhl mehr. Man wird dich nicht
mehr nennen: »Du *Zarte und Üppige«.
*5. Mose 28,56.
2. Nimm die Mühle und mahle Mehl;
flicht deine Zöpfe aus, hebe die Schleppe,
entblöße den Schenkel, wate durchs Wasser,
3. daß *deine Blöße aufgedeckt und deine Schande gesehen werde. Ich will mich
rächen, und soll mir kein Mensch abbit-
ten. *Nah. 3,5.
4. [Solches tut] unser Erlöser, welcher
heißt der Herr Zebaoth, der Heilige in
Israel.
5. Setze dich in das Stille, gehe in die
Finsternis, du Tochter der Chaldäer! Denn
du sollst nicht mehr heißen »Herrin über
Königreiche«.
6. Denn da ich über mein Volk zornig
war und entweihte mein Erbe, übergab ich
sie in deine Hand; aber du bewiesest ihnen
keine Barmherzigkeit, aber über die Alten
machtest du dein Joch allzu schwer,
K. 10,5–7; Sach. 1,15.
7. und dachtest: Ich bin eine Königin
ewiglich. Du hast solches bisher noch
nicht zu Herzen gefaßt noch daran gedacht, wie es damit hernach werden sollte.
8. So höre nun dies, die du in Wollust
lebst und so sicher sitzest und *sprichst in
deinem Herzen: Ich bin's und keine mehr;
ich werde keine Witwe werden noch ohne
Kinder sein. *Offenb. 18,7; Zeph. 2,15.
9. Aber es wird dir solches beides kommen plötzlich auf einen Tag, daß du Witwe
und ohne Kinder seist; ja, vollkommen
wird es über dich kommen um der Menge
willen deiner Zauberer und um deiner Beschwörer willen, deren ein großer Haufe
bei dir ist.
10. Denn du hast dich auf deine Bosheit
verlassen, da du dachtest: Man sieht mich
nicht! Deine Weisheit und Kunst hat dich
verleitet, daß du sprachst in deinem Herzen: Ich bin's, und sonst keine!
11. Darum wird über dich ein Unglück
kommen, daß du nicht weißt, wann es
daherbricht; und wird ein Unfall auf dich
fallen, den du nicht sühnen kannst; und es
wird plötzlich ein Getümmel über dich
kommen, dessen du dich nicht versiehst.
12. So tritt nun auf mit deinen Beschwö-
rern und der Menge *deiner Zauberer, unter welchen du dich von deiner Jungend
auf bemüht hast, ob du dir könnest raten,
ob du dich könnest stärken. *Dan. 2,2.
13. Denn du bist müde vor der Menge
deiner Anschläge. Laß hertreten und dir
helfen die Meister des Himmelslaufs und
die Sterngucker, die nach den Monaten
rechnen, was über dich kommen werde.
14. Siehe, sie sind wie Stoppeln, die das
Feuer verbrennt; sie können ihr Leben
nicht erretten vor der Flamme; denn es
wird nicht eine Glut sein, dabei man sich
wärme, oder ein Feuer, darum man sitzen
möge.
15. Also sind sie, unter welchen du dich

bemüht hast, die mit dir Handel trieben, von deiner Jugend auf; ein jeglicher wird seines Ganges hier- und daher gehen, und hast keinen Helfer.

Das 48. Kapitel

Aufforderung Gottes an sein halsstarriges Volk, seine gnadenreiche Erlösung zu glauben und ihm zu gehorchen.

1. Höret das, ihr vom Hause Jakob, die ihr heißet mit Namen Israel und aus *dem Wasser Juda's geflossen seid; die ihr schwöret bei dem Namen des Herrn und gedenket des Gottes in Israel, aber nicht in der Wahrheit noch Gerechtigkeit. *K. 51,1.

2. Denn sie nennen sich aus der heiligen Stadt und trotzen auf den Gott Israels, der da heißt der Herr Zebaoth.

3. Ich habe es zuvor verkündigt, dies Zukünftige; aus meinem Munde ist's gekommen, und ich habe es lassen sagen; ich tue es auch plötzlich, daß es kommt.

4. Denn ich weiß, daß du *hart bist, und dein Nacken ist eine eiserne Ader, und deine Stirn ist ehern; *Jer. 5,3.

5. darum habe ich dir's verkündigt zuvor und habe dir es lassen sagen, ehe denn es gekommen ist, auf daß du nicht sagen könnest: Mein Götze tut's, und mein Bild und Abgott hat's befohlen.

6. Solches alles hast du gehört und siehst es, und verkündigst es doch nicht. Ich habe dir von nun an Neues sagen lassen und Verborgenes, das du nicht wußtest.

7. Nun ist's geschaffen, und nicht vorlängst, und hast nicht einen Tag zuvor davon gehört, auf daß du nicht sagen könnest: Siehe, das wußte ich wohl.

8. Denn du hörtest es nicht und wußtest es auch nicht, und dein Ohr war dazumal nicht geöffnet; ich aber wußte wohl, daß du verachten würdest und von Mutterleib an ein Übertreter genannt bist.

9. Um meines Namens willen bin ich geduldig, und um meines Ruhmes willen will ich mich dir zugut enthalten, daß du nicht ausgerottet werdest.

10. Siehe, ich will dich läutern, aber nicht wie Silber; sondern ich will dich auserwählt machen im Ofen des Elends. Ps. 66,10.

11. Um meinetwillen, ja um meinetwillen will ich's tun, daß ich nicht gelästert werde; denn *ich will meine Ehre keinem andern lassen. *K. 42,8.

12. Höre mir zu, Jakob, und du, Israel, mein Berufener: Ich bin's, *ich bin der Erste, dazu auch der Letzte. *K. 41,4.

13. Meine Hand hat den Erdboden gegründet, und meine Rechte hat den Himmel ausgespannt; was ich rufe, das steht alles da.

14. Sammelt euch alle und hört: Wer ist unter diesen, der solches verkündigt hat? Der Herr liebt *ihn; darum wird er seinen Willen an Babel und seinen Arm an den Chaldäern beweisen. *K. 41,2.

15. Ich, ja, ich habe es gesagt, ich habe ihn gerufen; ich will ihn auch kommen lassen, und sein Weg soll ihm gelingen.

16. Tretet her zu mir und höret dies! Ich habe es *nicht im Verborgenen zuvor geredet; von der Zeit an, da es ward, bin ich da. Und nun sendet mich der Herr Herr und sein Geist. *K. 45,19.

17. So spricht der Herr, dein Erlöser, der Heilige in Israel: Ich bin der Herr, dein Gott, der dich lehrt, was nützlich ist, und leitet dich auf dem Wege, den du gehst.

18. O daß du auf meine Gebote merktest; so würde dein Friede sein wie ein Wasserstrom, und deine Gerechtigkeit wie Meereswellen; 5. Mose 5,26.

19. und dein Same würde sein wie Sand, und die Sprossen deines Leibes wie Sandkörner; sein Name würde nicht ausgerottet noch vertilgt vor mir.

20. *Gehet aus von Babel, fliehet von den Chaldäern mit fröhlichem Schall; verkündiget und lasset solches hören, bringt es aus bis an der Welt Ende; sprechet: Der Herr hat seinen Knecht Jakob erlöst.
*K. 52,11; Jer. 51,6; 2. Kor. 6,17; Offenb. 18,4.

21. Sie hatten keinen Durst, da er sie leitete in der Wüste: er ließ ihnen Wasser aus dem Fels fließen; er riß den Fels, daß Wasser herausrann. 2. Mose 17,6.

22. Aber die Gottlosen, spricht der Herr, haben keinen Frieden. K. 57,21; 66,24.

Das 49. Kapitel

Der Knecht Gottes das Licht der Heiden und das Heil Israels;
Zion soll sich seines Erbarmers getrösten.

1. Höret mir zu, ihr Inseln, und ihr Völker in der Ferne, merket auf! Der Herr hat mich gerufen von Mutterleib an; er hat meines Namens gedacht, da ich noch im Schoß der Mutter war,

2. und hat meinen *Mund gemacht wie ein scharfes Schwert; †mit dem Schatten seiner Hand hat er mich bedeckt; er hat mich zum glatten Pfeil gemacht und mich in seinen Köcher gesteckt
*Offenb. 1,16; †K. 51,16.

3. und spricht zu mir: Du bist mein Knecht, Israel, durch welchen ich will gepriesen werden. V. 5; K. 42,1; vgl. K. 41,8.

4. Ich aber dachte, ich arbeitete vergeblich und brächte meine Kraft umsonst und
unnütz zu, wiewohl *meine Sache des
Herrn und mein Amt meines Gottes ist.
*1. Kön. 19,10.
5. Und nun spricht der Herr, der mich
von Mutterleib an zu seinem Knechte bereitet hat, daß ich soll Jakob zu ihm bekehren, auf daß Israel nicht weggerafft
werde (darum bin ich vor dem Herrn herrlich, und mein Gott ist meine Stärke),
6. und spricht: Es ist ein Geringes, daß
du mein Knecht bist, die Stämme Jakobs
aufzurichten und die Bewahrten Israels
wiederzubringen; sondern *ich habe dich
auch zum Licht der Heiden gemacht, daß
du seist mein Heil bis an der Welt Ende.
*K. 42,6; 60,3; Luk. 2,32; Apg. 13,47.
7. So spricht der Herr, der Erlöser Israels, sein Heiliger, zu der verachteten Seele, zu dem Volk, das man verabscheut, zu
dem Knecht, der unter den Tyrannen ist:
Könige sollen sehen und aufstehen, und
Fürsten sollen niederfallen um des Herrn
willen, der treu ist, um des Heiligen in
Israel willen, der dich erwählt hat.
8. So spricht der Herr: *Ich habe dich
erhört zur gnädigen Zeit und habe dir am
Tage des Heils geholfen und habe dich
behütet und zum †Bund unter das Volk
gestellt, daß du das Land aufrichtest und
die verstörten Erbe austeilest;
*Ps. 69,14; 2. Kor. 6,2. †K. 42,6.
9. zu sagen den Gefangenen: Geht heraus! und zu denen in der Finsternis:
Kommt hervor! daß sie am Wege weiden
und auf allen Hügeln ihre Weide haben.
10. Sie werden weder hungern noch dürsten; sie wird keine Hitze noch Sonne stechen; denn ihr Erbarmer wird sie führen
und wird sie an die Wasserquellen leiten.
Offenb. 7,16.
11. Ich will alle meine Berge zum Wege
machen, und meine Pfade sollen gebahnt
sein.
12. Siehe, diese werden von ferne kommen, und siehe, jene von Mitternacht und
diese vom Meer und jene vom Lande Si-
nim. Luk 13,29.
13. Jauchzet, ihr Himmel, freue dich,
Erde, lobet, ihr Berge, mit Jauchzen! denn
der Herr hat sein Volk getröstet und erbarmt sich seiner Elenden.
K. 44,23.
14. Zion aber spricht: Der Herr hat mich
verlassen, der Herr hat mein vergessen.
15. Kann auch ein Weib *ihres Kindleins
vergessen, daß sie sich nicht erbarme über
den Sohn ihres Leibes? Und ob sie desselben vergäße, so will ich doch dein nicht
vergessen. *1. Kön. 3,26; Jer. 31,20.
16. Siehe, in die Hände habe ich dich
gezeichnet; deine Mauern sind immerdar
vor mir.
17. Deine Baumeister werden eilen; aber
deine Zerbrecher und Verstörer werden
sich davonmachen.
18. *Hebe deine Augen auf umher und
siehe: alle diese kommen versammelt zu
dir. So wahr ich lebe, spricht der Herr, du
sollst mit diesen allen wie mit einem
Schmuck angetan werden und wirst sie
um dich legen wie eine Braut.
*K. 60,4.
19. Denn dein wüstes, verstörtes und
zerbrochenes Land wird dir alsdann zu
eng werden, darin zu wohnen, wenn deine
Verderber fern von dir weichen,
20. daß die Kinder deiner Unfruchtbarkeit werden noch sagen vor deinen Ohren:
Der Raum ist mir zu eng; rücke hin, daß
ich bei dir wohnen möge. K. 54,1.
21. Du aber wirst sagen in deinem Herzen: Wer hat mir diese geboren? Ich war
unfruchtbar, einsam, vertrieben und verstoßen. Wer hat mir diese erzogen? Siehe,
ich war allein gelassen; wo waren denn
diese?
22. So spricht der Herr Herr: Siehe, ich
will meine Hand zu den Heiden aufheben
und zu den Völkern mein Panier aufwerfen; so werden sie *deine Söhne in den
Armen herzubringen und deine Töchter
auf den Achseln hertragen. *K. 60,4.
23. Und *Könige sollen deine Pfleger,
und ihre Fürstinnen deine Säugammen
sein; sie †werden vor dir niederfallen zur
Erde aufs Angesicht und deiner Füße
Staub lecken. Da wirst du erfahren, daß
ich der Herr bin, an welchem nicht zu
Schanden werden, die auf mich harren.
*K. 60,16; †Ps. 72,9; Micha 7,17.
24. Kann man auch einem Riesen den
Raub nehmen? oder kann man dem Gerechten seine Gefangenen losmachen?
25. Denn so spricht der Herr: *Nun sollen die Gefangenen dem Riesen genommen werden und der Raub des Starken los
werden; und ich will mit deinen Haderern
hadern und deinen Kindern helfen.
*Matth. 12,29.
26. Und ich will deine Schinder speisen
mit ihrem eigenen Fleisch, und sie sollen
von ihrem eigenen Blut wie von süßem
Wein trunken werden; und alles Fleisch
soll erfahren, daß ich bin der Herr, dein
Heiland, und dein Erlöser der Mächtige in
Jakob.

Das 50. Kapitel

Israel ist durch eigene Sünde verstoßen;
der Knecht des Herrn bringt das Heil.

1. So spricht der Herr: Wo ist der *Scheidebrief eurer Mutter, mit dem ich sie entlassen hätte? Oder wer ist mein Gläubiger, dem ich euch †verkauft hätte? Siehe, ihr seid um eurer Sünden willen verkauft, und eure Mutter ist um eures Übertretens willen entlassen.

*5. Mose 24,1; K. 54,6. †K. 52,3.

2. Warum kam ich, und war niemand da? Ich rief, und niemand antwortete. Ist *meine Hand nun so kurz geworden, daß sie nicht erlösen kann? oder ist bei mir keine Kraft, zu erretten? Siehe, mit meinem Schelten mache ich das †Meer trokken und mache die Wasserströme zur Wüste, daß ihre Fische vor Wassermangel stinken und Durstes sterben.

*K. 59,1; 4. Mose 11,23. †2. Mose 14,21.

3. Ich kleide den Himmel mit Dunkel und mache seine Decke gleich einem Sack.

4. Der Herr Herr hat mir *eine gelehrte Zunge gegeben, daß ich wisse mit dem Müden zu rechter Zeit zu reden. Er weckt mich alle Morgen; er weckt mir das Ohr, daß ich höre wie ein Jünger.

*Matth. 7,28.29; 11,28.

5. Der Herr Herr hat mir das *Ohr geöffnet; und ich bin nicht ungehorsam und gehe nicht zurück. *Ps. 40,7.

6. Ich hielt meinen Rücken dar denen, die mich schlugen, und meine Wangen denen, die mich rauften; mein Angesicht verbarg ich nicht vor Schmach und Speichel. Matth. 26,67.68; Joh. 19,1.

7. Aber der Herr Herr hilft mir; darum werde ich nicht zu Schanden. Darum habe ich mein Angesicht dargeboten wie einen Kieselstein; denn ich weiß, daß ich nicht zu Schanden werde.

8. Er ist nahe, *der mich gerechtspricht; wer will mit mir hadern? Laßt uns zusammentreten; wer ist, der Recht zu mir hat? Der komme her zu mir! *Röm. 8,33.

9. Siehe, der Herr Herr hilft mir; wer ist, der mich will verdammen? Siehe, sie werden allzumal wie ein Kleid veralten, Motten werden sie fressen.

10. Wer ist unter euch, der den Herrn fürchtet, der seines Knechtes Stimme gehorche? Der im Finstern wandelt und scheint ihm kein Licht, der hoffe auf den Namen des Herrn und verlasse sich auf seinen Gott.

11. Siehe, ihr alle, die ihr ein Feuer anzündet, mit Flammen gerüstet, gehet hin in das Licht eures Feuers und in die Flammen, die ihr angezündet habt! Solches widerfährt euch von meiner Hand; in Schmerzen müßt ihr liegen.

Das 51. Kapitel

Die Gerechten kehren aus großer Trübsal heim,
und Freude ist in Zion.

1. Höret mir zu, die ihr der Gerechtigkeit nachjagt, die ihr den Herrn sucht: Schauet den Fels an, davon ihr gehauen seid, und des *Brunnens Gruft, daraus ihr gegraben seid. *K. 48,1.

2. Schauet Abraham an, euren Vater, und Sara, von welcher ihr geboren seid. Denn ich rief ihn, da er noch *einzeln war, und segnete ihn und mehrte ihn.

*Hesek. 33,24.

3. Denn der Herr tröstet Zion, er tröstet alle ihre Wüsten und macht ihre Wüste wie Eden und ihr dürres Land wie den Garten des Herrn, daß man Wonne und Freude darin findet, Dank und Lobgesang.

4. Merke auf mich, mein Volk, höret mich, meine Leute! denn von mir wird ein Gesetz ausgehen, und mein Recht will ich zum Licht der Völker gar bald stellen.

5. Denn meine Gerechtigkeit ist nahe, mein Heil zieht aus, und meine Arme werden die Völker richten. Die Inseln harren auf mich und warten auf meinen Arm.

6. Hebet eure Augen auf gen Himmel und schauet unten auf die Erde. Denn *der Himmel wird wie ein Rauch vergehen und die Erde wie ein Kleid veralten, und die darauf wohnen, werden im Nu dahinsterben. Aber mein Heil bleibt ewiglich, und meine Gerechtigkeit wird kein Ende haben. *Ps. 102,27.

7. Höret mir zu, die ihr die Gerechtigkeit kennt, du Volk, in dessen Herzen mein Gesetz ist! Fürchtet euch nicht, wenn *euch die Leute schmähen; und wenn sie euch lästern, verzaget nicht! *Matth. 5,11.

8. Denn die Motten werden sie fressen wie ein Kleid, und Würmer werden sie fressen wie wollenes Tuch; aber meine Gerechtigkeit bleibt ewiglich und mein Heil für und für.

9. Wohlauf, wohlauf, ziehe Macht an, du Arm des Herrn! Wohlauf, wie *vorzeiten, von alters her! Bist du es nicht, der die Stolzen zerhauen und den Drachen verwundet hat? *2. Mose 14,14; 15,7.

10. Bist du es nicht, der das Meer, der großen Tiefe Wasser, austrocknete, der den Grund des Meeres zum Wege machte,

daß die Erlösten dadurchgingen?
2. Mose 14,21.22.
11. Also werden die Erlösten des Herrn
wiederkehren und gen Zion kommen mit
Jauchzen, und ewige Freude wird auf ihrem Haupte sein. Wonne und Freude werden sie ergreifen; aber Trauern und Seufzen wird von ihnen fliehen. K. 35,10.
12. Ich, ich bin euer Tröster. Wer bist du
denn, daß du dich *vor Menschen fürchtest, die doch sterben, und vor Menschenkindern, die †wie Gras vergehen,
*Ps. 56,5. †K. 40,6.
13. und vergissest des Herrn, der dich
gemacht hat, der den Himmel ausbreitet
und die Erde gründet? Du aber fürchtest
dich täglich den ganzen Tag vor dem
Grimm des Wüterichs, wenn er sich vornimmt zu verderben. Wo bleibt nun der
Grimm des Wüterichs?
14. Der Gefangene wird eilends losgegeben, daß er nicht hinsterbe zur Grube,
auch keinen Mangel an Brot habe.
15. Denn ich bin der Herr, dein Gott, der
das Meer bewegt, daß seine Wellen wüten;
sein Name heißt Herr Zebaoth.
16. Ich lege mein Wort in deinen Mund
und *bedecke dich unter dem Schatten
meiner Hände, auf daß ich den Himmel
pflanze und die Erde gründe und zu Zion
spreche: Du bist mein Volk. *K. 49,2.
17. Wache auf, wache auf, stehe auf, Jerusalem, die du von der Hand des Herrn
den Kelch seines Grimmes getrunken
hast! Die Hefen des *Taumelkelchs hast
du ausgetrunken und die Tropfen geleckt.
*Ps. 60,5; 75,9; Jer. 25,15–18.
18. Es war niemand aus allen Kindern,
die sie geboren hat, der sie leitete; niemand aus allen Kindern, die sie erzogen
hat, der sie bei der Hand nähme.
19. Diese *zwei sind dir begegnet; wer
trug Leid mit dir? Da war Verstörung und
Schaden, Hunger und Schwert; wer sollte
dich trösten? *K. 47,9.
20. Deine Kinder waren *verschmachtet;
sie lagen auf allen Gassen wie ein Hirsch
im Netze, voll des Zorns vom Herrn und
des Scheltens von deinem Gott.
*Klagel. 2,11.19.
21. Darum höre dies, du Elende und
Trunkene, doch nicht von Wein!
22. So spricht dein Herrscher, der Herr,
und dein Gott, der sein Volk rächt: Siehe,
ich nehme *den Taumelkelch von deiner
Hand samt den Hefen des Kelchs meines
Grimmes; du sollst ihn nicht mehr trinken, *V. 17.
23. sondern ich will ihn deinen Schin-
dern in die Hand geben, die zu deiner
Seele sprachen: *Bücke dich, daß wir darüberhin gehen, und mache deinen Rücken
zur Erde und wie eine Gasse, daß man
darüberhin laufe. *Ps. 129,3.

Das 52. Kapitel

Zions Heil, durch Friedensboten verkündet.

1. Mache dich auf, mache dich auf, Zion!
Zieh dein Stärke an, schmücke dich herrlich, du heilige Stadt Jerusalem! Denn es
wird hinfort kein Unbeschnittener oder
Unreiner zu dir hineingehen.
2. Schüttle den Staub ab, stehe auf, du
gefangenes Jerusalem! Mache dich los von
den Banden deines Halses, du gefangene
Tochter Zion!
3. Denn also spricht der Herr: Ihr seid
umsonst verkauft; ihr sollt auch ohne
Geld gelöst werden. K. 50,1.
4. Denn so spricht der Herr Herr: Mein
Volk zog am ersten hinab nach Ägypten,
daß es daselbst ein Gast wäre; und Assur
hat ihm ohne Ursache Gewalt getan.
5. Aber wie tut man mir jetzt allhier!
spricht der Herr. Mein Volk wird umsonst
hingerafft; seine Herrscher machen eitel
Heulen, spricht der Herr, und *mein Name wird immer täglich gelästert.
*Hesek. 36,20.
6. Darum soll mein Volk meinen Namen
kennen zu derselben Zeit; denn ich bin's,
der da spricht: Hier bin ich!
7. Wie *lieblich sind auf den Bergen die
Füße der Boten, die da Frieden verkündigen, Gutes predigen, Heil verkündigen,
die da sagen zu Zion: †Dein Gott ist König!
*Nah. 2,1; Röm. 10,15; †Sach. 9,9.
8. Deine *Wächter rufen laut mit ihrer
Stimme und rühmen miteinander; denn
man wird's mit Augen sehen, wenn der
Herr Zion bekehrt.
*K. 56,10; 62,2; Hesek. 3,17.
9. Laßt fröhlich sein und miteinander
rühmen das Wüste zu Jerusalem; denn der
Herr hat sein Volk getröstet und Jerusalem gelöst.
10. Der Herr hat *offenbart seinen heiligen Arm vor den Augen aller Heiden, daß
aller Welt Enden sehen das Heil unsers
Gottes. *K. 53,1.
11. Weicht, weicht, zieht aus von dannen
und rührt kein Unreines an; geht aus von
ihr, reinigt euch, die ihr des Herrn Geräte
tragt! K. 48,20; 2. Kor. 6,17.
12. Denn ihr sollt nicht mit *Eile ausziehen noch mit Flucht wandeln; denn der
Herr wird vor euch her ziehen, und der

Gott Israels wird euch sammeln.
*2. Mose 12,11.

13. Siehe, *mein Knecht wird weislich tun und wird erhöht und sehr hoch erhaben sein. *K. 42,1.

14. Gleichwie sich viele an dir ärgern werden, weil seine Gestalt häßlicher ist denn anderer Leute und sein Ansehen denn der Menschenkinder,

15. also wird er viele Heiden besprengen, daß auch Könige werden ihren Mund vor ihm zuhalten. Denn *welchen nichts davon verkündigt ist, die werden's mit Lust sehen; und die nichts davon gehört haben, die werden's merken. *K. 65,1; Röm. 15,21.

Das 53. Kapitel

Stellvertretendes Leiden und Herrlichkeit des Knechtes Gottes.

1. Aber *wer glaubt unsrer Predigt, und wem wird der †Arm des Herrn offenbart?
*Joh. 12,38; Röm. 10,16. †K. 52,10.

2. Denn er schoß auf vor ihm wie ein Reis und wie *eine Wurzel aus dürrem Erdreich. Er hatte keine Gestalt noch Schöne; wir sahen ihn, aber da war keine Gestalt, die uns gefallen hätte. *K. 11,1.

3. Er war der *Allerverachtetste und Unwerteste, voller Schmerzen und Krankheit. Er war so verachtet, daß man das Angesicht vor ihm verbarg; darum haben wir ihn nichts geachtet.
*Ps. 22,7.8; Mark. 9,12.

4. Fürwahr, *er trug unsre Krankheit und lud auf sich unsre Schmerzen. Wir aber hielten ihn für den, der geplagt und von Gott geschlagen und gemartert wäre.
* Matth. 8,17.

5. Aber er ist um unsrer Missetat willen verwundet und um unsrer Sünde willen zerschlagen. Die Strafe liegt auf ihm, auf daß wir Frieden hätten, und durch seine Wunden sind wir geheilt. 1. Petr. 2,24.

6. Wir gingen *alle in der Irre wie Schafe, ein jeglicher sah auf seinen Weg; aber der Herr warf †unser aller Sünde auf ihn.
*1. Petr. 2,25. †2. Kor. 5,21.

7. Da er gestraft und gemartert ward, tat er seinen Mund nicht auf wie ein Lamm, das zur Schlachtbank geführt wird, und wie ein Schaf, das verstummt vor seinem Scherer und seinen Mund nicht auftut.
Joh. 1,29; Apg. 8,32

8. Er ist aber aus Angst und Gericht genommen; wer will seines Lebens Länge ausreden? Denn er ist aus dem Lande der Lebendigen weggerissen, da er um die Missetat meines Volks geplagt war.

9. Und man gab ihm bei Gottlosen sein Grab und bei Reichen, da er gestorben war, wiewohl *er niemand Unrecht getan hat noch Betrug in seinem Munde gewesen ist. *1. Petr. 2,22; 1. Joh. 3,5.

10. Aber der Herr wollte ihn also zerschlagen mit Krankheit. Wenn er sein Leben zum Schuldopfer gegeben hat, so wird *er Samen haben und in die Länge leben, und des Herrn Vornehmen wird durch seine Hand fortgehen. *Ps. 22,31.

11. Darum daß seine Seele gearbeitet hat, wird er seine Lust sehen und die Fülle haben. Und durch seine Erkenntnis wird er, mein Knecht, der Gerechte, viele *gerecht machen; denn †er trägt ihre Sünden. *Röm. 10,4; 2. Kor. 5,21. †Joh. 1,29.

12. Darum will ich ihm große Menge zur Beute geben, und er soll die Starken zum Raube haben, darum daß er sein Leben in den Tod gegeben hat und *den Übeltätern gleich gerechnet ist und er vieler Sünde getragen hat und †für die Übeltäter gebeten. *Mark. 15,28; Luk. 22,37. †Luk. 23,34.

Das 54. Kapitel

Gott verheißt seinem Volk Ausbreitung in aller Welt und sichert ihm seine ewige Gnade zu.

1. Rühme, du Unfruchtbare, die du nicht gebierst! Freue dich mit Rühmen und jauchze, die du nicht schwanger bist! Denn die Einsame hat mehr Kinder, als die den Mann hat, spricht der Herr.
K. 49,20; Gal. 4,27.

2. Mache den Raum deiner Hütte weit, und breite aus die Teppiche deiner Wohnung; spare nicht! Dehne deine Seile lang und stecke deine Nägel fest!

3. Denn du wirst ausbrechen zur Rechten und zur Linken, und dein Same wird die Heiden erben und in den verwüsteten Städten wohnen.

4. Fürchte dich nicht, denn du sollst nicht zu Schanden werden; werde nicht blöde, denn du sollst nicht zu Spott werden; sondern du wirst der Schande deiner Jungfrauschaft vergessen und der Schmach deiner *Witwenschaft nicht mehr gedenken. *Jer. 51,5.

5. Denn der dich gemacht hat, ist *dein Mann – Herr Zebaoth heißt sein Name –, und dein Erlöser der Heilige in Israel, der aller Welt Gott genannt wird. *Hos. 2,21.

6. Denn der Herr hat dich zu sich gerufen wie ein verlassenes und von Herzen betrübtes Weib und wie ein junges Weib, das *verstoßen ist, spricht dein Gott.
*K. 50,1.

7. Ich habe dich einen kleinen Augenblick verlassen; aber mit großer Barmherzigkeit will ich dich sammeln.
Ps. 30,6.
8. Ich habe mein Angesicht im Augenblick des Zorns ein wenig vor dir verborgen; aber mit ewiger Gnade will ich mich dein erbarmen, spricht der Herr, dein Erlöser. K. 60,10.
9. Denn solches soll mir sein wie das Wasser Noahs, da *ich schwur, daß die Wasser Noahs sollten nicht mehr über den Erdboden gehen. Also habe ich geschworen, daß ich nicht über dich zürnen noch dich schelten will. *1. Mose 9,11–17.
10. Denn es sollen wohl Berge weichen und Hügel hinfallen; aber meine Gnade soll nicht von dir weichen, und der *Bund meines Friedens soll nicht hinfallen, spricht der Herr, dein Erbarmer.
*Hesek. 37,26.
11. Du Elende, über die alle Wetter gehen, und du Trostlose, siehe, ich will deine Steine wie einen Schmuck legen und will deinen Grund mit Saphiren legen
12. und deine Zinnen aus Kristallen machen und deine Tore von Rubinen und alle deine Grenzen von erwählten Steinen
Offenb. 21,18–21.
13. und alle deine Kinder *gelehrt vom Herrn und großen Frieden deinen Kindern. *Joh. 6,45.
14. Du sollst durch Gerechtigkeit bereitet werden. Du wirst ferne sein von Gewalt und Unrecht, daß du dich davor nicht darfst fürchten, und von Schrecken, denn es soll nicht zu dir nahen.
15. Siehe, wer will sich wider dich rotten und dich überfallen, so sie sich ohne mich rotten? Röm. 8,31.
16. Siehe, ich schaffe es, daß der Schmied, der die Kohlen im Feuer aufbläst, eine Waffe daraus mache nach seinem Handwerk; und ich schaffe es, daß der Verderber sie zunichte mache.
17. Einer jeglichen Waffe, die wider dich zubereitet wird, soll es nicht gelingen; und alle Zunge, so sich wider dich setzt, sollst du im Gericht verdammen. Das ist das Erbe der Knechte des Herrn und ihre Gerechtigkeit von mir, spricht der Herr.

Das 55. Kapitel

Allgemeine Einladung zum Gnadenbunde Gottes. Die unfehlbare Wirkung des göttlichen Wortes.

1. Wohlan, alle, die ihr durstig seid, kommet her zum Wasser! und die ihr nicht Geld habt, kommet her, kaufet und esset; kommt her und kauft ohne Geld und umsonst beides, Wein und Milch!
Joh. 7,37; Offenb. 22,17.
2. Warum zählet ihr Geld dar, da kein Brot ist, und tut Arbeit, davon ihr nicht satt werden könnt? Höret mir doch zu und esset das Gute, so wird eure Seele am Fetten ihre Lust haben.
3. Neiget eure Ohren her und kommet her zu mir, höret, so wird eure Seele leben; denn ich will mit euch einen *ewigen Bund machen, daß ich euch gebe die †gewissen Gnaden Davids.
*Jer. 31,31–34. †Ps. 89,3–5; Apg. 13,34.
4. Siehe, ich habe ihn den Leuten zum Zeugen gestellt, zum Fürsten und Gebieter den Völkern.
5. Siehe, du wirst Heiden rufen, die du nicht kennst; und Heiden, die dich nicht kennen, werden zu dir laufen um des Herrn willen, deines Gottes, und des Heiligen in Israel, der dich herrlich gemacht hat.
6. Suchet den Herrn, solange er zu finden ist; rufet ihn an, solange er nahe ist.
Jer. 29,13.
7. Der *Gottlose lasse von seinem Wege und der Übeltäter seine Gedanken und bekehre sich zum Herrn, so wird er sich sein erbarmen, und zu unserm Gott, denn †bei ihm ist viel Vergebung.
*Hesek. 33,11. †Ps. 130,4.
8. Denn meine Gedanken sind nicht eure Gedanken, und eure Wege sind nicht meine Wege, spricht der Herr;
9. sondern soviel der Himmel höher ist denn die Erde, so sind auch meine Wege höher denn eure Wege und *meine Gedanken denn eure Gedanken. *Ps. 92,6.
10. Denn gleichwie der Regen und Schnee vom Himmel fällt und nicht wieder dahinkommt, sondern feuchtet die Erde und macht sie fruchtbar und wachsend, daß sie gibt Samen, zu säen, und Brot, zu essen:
11. also soll das Wort, so aus meinem Munde geht, auch sein. Es soll nicht wieder zu mir leer kommen, sondern tun, was mir gefällt, und soll ihm gelingen, dazu ich's sende. Matth. 13,8.
12. Denn ihr sollt in Freuden ausziehen und im Frieden geleitet werden. *Berge und Hügel sollen vor euch her frohlocken mit Ruhm und alle Bäume auf dem Felde mit den Händen klatschen. *K. 44,23.
13. Es sollen Tannen für Hecken wachsen und Myrten für Dornen; und dem Herrn soll ein Name und ewiges Zeichen sein, das nicht ausgerottet werde.

Das 56. Kapitel

Ermahnung zur Gottseligkeit. Bekehrung der Heiden. Strafe schlechter Hirten des Volks.

1. So spricht der Herr: Haltet das Recht und tut Gerechtigkeit; denn mein Heil ist nahe, daß es komme, und meine Gerechtigkeit, daß sie offenbart werde.
2. Wohl dem Menschen, der solches tut, und dem Menschenkind, der es festhält, daß er den *Sabbat halte und nicht entheilige und halte seine Hand, daß er kein Arges tue! *K. 58,13.
3. Und *der Fremde, der zum Herrn sich getan hat, soll nicht sagen: Der Herr wird mich scheiden von seinem Volk; – und der †Verschnittene soll nicht sagen: Siehe, ich bin ein dürrer Baum. *K. 14,1. †5. Mose 23,2.
4. Denn so spricht der Herr von den Verschnittenen, welche meine Sabbate halten und erwählen, was mir wohl gefällt, und meinen Bund fest fassen:
5. Ich will ihnen in meinem Hause und in meinen Mauern einen Ort und einen Namen geben, besser denn Söhne und Töchter; einen ewigen Namen will ich ihnen geben, der nicht vergehen soll.
6. Und die Fremden, die sich zum Herrn getan haben, daß sie ihm dienen und seinen Namen lieben, auf daß sie seine Knechte seien, ein jeglicher, der den Sabbat hält, daß er ihn nicht entweihe, und meinen Bund festhält,
7. die ich will zu meinem heiligen Berge bringen und will sie erfreuen in meinem Bethause, und ihre Opfer und Brandopfer sollen mir angenehm sein auf meinem Altar; denn *mein Haus wird heißen ein Bethaus allen Völkern *Mark. 11,17.
8. Der Herr Herr, der die Verstoßenen aus Israel sammelt, spricht: Ich will noch mehr zu dem Haufen derer, die versammelt sind, sammeln.
9. Alle Tiere auf dem Felde, kommet, und fresset, ja, alle Tiere im Walde!
10. Alle ihre *Wächter sind blind, sie wissen alle nichts; stumme Hunde sind sie, die nicht strafen können, sind faul, liegen und schlafen gerne.
K. 52,8; Hesek. 3,17; 33,2–9.
11. Es sind aber gierige Hunde, die nimmer satt werden können. Sie, die Hirten, wissen keinen Verstand; ein jeglicher sieht auf seinen Weg, ein *jeglicher geizt für sich in seinem Stande. *Jer. 6,13.
12. »Kommt her, laßt uns Wein holen und uns vollsaufen, und soll morgen sein wie heute *und noch viel mehr.«
*Spr. 23,35.

Das 57. Kapitel

Frieden, auch im Tod, haben die Gerechten, Unfrieden die Gottlosen.

1. Aber der Gerechte kommt um, und niemand ist, der es zu Herzen nehme; und heilige Leute werden aufgerafft, und niemand achtet darauf. *Denn die Gerechten werden weggerafft vor dem Unglück;
*2. Kön. 22,20.
2. und die richtig vor sich gewandelt haben, kommen zum Frieden und *ruhen in ihren Kammern. *K. 26,20; Dan. 12,13.
3. Und ihr, kommt herzu, ihr Kinder der Tagewählerin, ihr Same *des Ehebrechers und der Hure! *Matth. 12,39.
4. An wem wollt ihr nun eure Lust haben? Über wen wollt ihr nun das Maul aufsperren und die Zunge herausrecken? Seid ihr nicht die Kinder der Übertretung und ein falscher Same,
5. die ihr in der Brunst zu den Götzen lauft unter alle grünen Bäume und schlachtet die Kinder an den Bächen, unter den Felsklippen? Jer. 2,20.24.
6. Dein Wesen ist an den glatten Bachsteinen, die sind dein Teil; ihnen schüttest du dein Trankopfer, da du Speisopfer opferst. Sollte ich mich darüber trösten?
7. Du machst dein Lager auf einem hohen, erhabenen Berg und gehst daselbst auch hinauf, zu opfern.
8. Und hinter die Tür und den Pfosten setzest du dein Denkmal. Denn du wendest dich von mir und gehst hinauf und machst dein Lager weit und verbindest dich mit ihnen; du liebst ihr Lager, wo du sie ersiehst.
9. Du ziehst mit Öl zum König und machst viel deiner Würze und sendest deine Botschaft in die Ferne und bist erniedrigt bis zur Hölle.
10. Du zerarbeitest dich in der Menge deiner Wege und sprichst nicht: Ich lasse es; – sondern weil du Leben findest in deiner Hand, wirst du nicht müde.
11. Vor wem bist du so in Sorge und fürchtest dich also, daß du mit Lügen umgehst und denkst an mich nicht und nimmst es nicht zu Herzen? Meinst du, *ich werde allewege schweigen, daß du mich so gar nicht fürchtest? *Ps. 50,21.
12. Ich will aber deine Gerechtigkeit anzeigen und deine Werke, daß sie dir nichts nütze sein sollen.
13. Wenn du rufen wirst, so laß dir deine Götzenhaufen helfen; aber der Wind wird sie alle wegführen, und ein Hauch wird sie wegnehmen. Aber wer auf mich traut,

wird das Land erben und meinen heiligen Berg besitzen
14. und wird sagen: Machet Bahn, machet Bahn! räumet den Weg, hebet die Anstöße aus dem Wege meines Volks!
K. 62.10.
15. Denn also *spricht der Hohe und Erhabene, der ewiglich wohnt, des Name heilig ist: Der ich in der Höhe und im Heiligtum wohne und †bei denen, die zerschlagenen und demütigen Geistes sind, auf daß ich erquicke den Geist der Gedemütigten und das Herz der Zerschlagenen: *Ps. 113,5–9. †K. 66,1.2.; Ps. 51,19.
16. ich *will nicht immerdar hadern und nicht ewiglich zürnen; sondern es soll von meinem Angesicht ein Geist wehen, und ich will Odem machen. *Ps. 103,9.
17. Ich war zornig über die Untugend ihres Geizes und schlug sie, verbarg mich und zürnte; da gingen sie hin und her im Wege ihres Herzens.
18. Aber da ich ihre Wege ansah, heilte ich sie und leitete sie und gab ihnen wieder Trost und denen, die über jene Leid trugen.
19. Ich will Frucht der Lippen schaffen, die das predigen: Friede, Friede, denen in der Ferne und denen in der Nähe, spricht der Herr, und will sie heilen. Eph. 2,17.
20. Aber die Gottlosen sind wie ein ungestümes Meer, das nicht still sein kann, und dessen Wellen Kot und Unflat auswerfen.
Judas 13.
21. Die Gottlosen haben nicht Frieden, spricht mein Gott. K. 48,22.

Das 58. Kapitel

Strafe der Scheinheiligkeit.
Segen des wahren Gottesdienstes.

1. Rufe getrost, schone nicht, erhebe deine Stimme wie eine Posaune und verkündige *meinem Volk ihr Übertreten und dem Hause Jakobs ihre Sünden. *Micha 3,8.
2. Sie suchen mich täglich und wollen meine Wege wissen wie ein Volk, das Gerechtigkeit schon getan und das Recht ihres Gottes nicht verlassen hätte. Sie fordern mich *zu Recht und wollen mit ihrem Gott rechten. *K. 43,26.
3. »Warum fasten wir, und du siehst es nicht an? Warum tun wir unserm Leibe wehe, und du willst's nicht wissen?« Siehe, wenn ihr fastet, so übet ihr doch euren Willen und treibet alle eure Arbeiter.
4. Siehe, ihr fastet, daß ihr hadert und zanket und schlaget mit gottloser Faust. Wie ihr jetzt tut, fastet ihr nicht also, daß eure Stimme in der Höhe gehört würde.
5. Sollte das *ein Fasten sein, das ich erwählen soll, daß ein Mensch seinem Leibe des Tages übel tue oder seinen Kopf hänge wie ein Schilf oder auf einem Sack und in der Asche liege? Wollt ihr das ein Fasten nennen und einen Tag, dem Herrn angenehm? *Sach. 7,5; Matth. 6,16–18.
6. Das ist aber ein Fasten, das ich erwähle: Laß los, welche du mit Unrecht gebunden hast; laß ledig, welche du beschwerst; gib frei, welche du drängst; reiß weg allerlei Last;
7. brich dem Hungrigen dein Brot, und die, so im Elend sind, führe ins Haus; so du einen nackt siehst, so kleide ihn, und entzieh dich nicht von deinem Fleisch.
Matth. 25,35.
8. Alsdann wird *dein Licht hervorbrechen wie die Morgenröte, und deine Besserung wird schnell wachsen, und deine Gerechtigkeit wird vor dir her gehen, und die Herrlichkeit des Herrn wird dich zu sich nehmen. *V. 10;, Ps. 37,6.
9. Dann wirst du *rufen, so wird dir der Herr antworten; wenn du wirst schreien, wird er sagen: Siehe, hier bin ich. So du niemand bei dir beschweren wirst noch mit Fingern zeigen noch übel reden
*K. 30,19.
10. und wirst den Hungrigen lassen finden dein Herz und die elende Seele sättigen: so wird dein Licht in der Finsternis aufgehen, und dein Dunkel wird sein wie der Mittag;
11. und der Herr wird dich immerdar führen und deine Seele sättigen in der Dürre und deine Gebeine stärken; und du wirst sein *wie ein gewässerter Garten und wie eine Wasserquelle, welcher es nimmer an Wasser fehlt; *Jer. 31,12.
12. und soll durch dich gebaut werden, was lange wüst gelegen ist; und wirst Grund legen, der für und für bleibe; und sollst heißen: Der die Lücken verzäunt und die Wege bessert, daß man da wohnen möge. K. 61,4.
13. So du deinen Fuß von *dem Sabbat kehrst, daß du nicht tust, was dir gefällt an meinem heiligen Tage, und den Sabbat eine Lust heißest und den Tag, der dem Herrn heilig ist, ehrest, so du ihn also ehrest, daß du nicht tust deine Wege, noch darin erfunden werde, was dir gefällt, oder leeres Geschwätz: *K. 56,2.4.
14. alsdann wirst du Lust haben am Herrn, und ich will dich über die Höhen auf Erden schweben lassen und will dich speisen mit dem Erbe deines Vaters Jakob; denn des Herrn Mund sagt's.

Das 59. Kapitel

Verderben des gottlosen Volks;
Verheißung eines Erlösers.

1. Siehe, des Herrn Hand ist nicht zu kurz, daß er nicht helfen könne, und seine Ohren sind nicht hart geworden, daß er nicht höre; K.50,2.
2. sondern eure Untugenden scheiden euch und euren Gott voneinander, und eure Sünden verbergen das Angesicht vor euch, daß ihr nicht gehört werdet.
3. Denn *eure Hände sind mit Blut befleckt und eure Finger mit Untugend; eure Lippen reden Falsches, eure Zunge dichtet Unrechtes. *K.1,15.
4. Es ist niemand, der von Gerechtigkeit predige oder treulich richte. Man vertraut aufs Eitle und redet nichts Tüchtiges; mit Unglück sind sie schwanger und gebären Mühsal.
5. Sie brüten Basiliskeneier und wirken Spinnwebe. Ißt man von ihren Eiern, so muß man sterben; zertritt man's aber, so fährt eine Otter heraus.
6. Ihre Spinnwebe taugt nicht zu Kleidern, und ihr Gewirke taugt nicht zur Decke; denn ihr Werk ist Unrecht, und in ihren Händen ist Frevel.
7. Ihre Füße laufen zum Bösen, und sie sind schnell, unschuldig Blut zu vergießen; ihre Gedanken sind Unrecht, ihr Weg ist eitel Verderben und Schaden; Röm.3,15–17.
8. sie kennen den Weg des Friedens nicht, und ist kein Recht in ihren Gängen; sie sind verkehrt auf ihren Straßen; wer darauf geht, der hat nimmer Frieden.
9. Darum ist das Recht fern von uns, und wir erlangen die Gerechtigkeit nicht. Wir harren aufs Licht, siehe, so wird's finster, – auf den Schein, siehe, so wandeln wir im Dunkeln.
10. Wir tappen nach der Wand wie die Blinden und tappen, wie die keine Augen haben. Wir stoßen uns im Mittag wie in der Dämmerung; wir sind im Düstern wie die Toten.
11. Wir brummen alle wie die Bären und ächzen wie die Tauben; denn wir harren aufs Recht, so ist's nicht da, – aufs Heil, so ist's ferne von uns.
12. Denn unsrer Übertretungen vor dir sind zu viel, und unsre Sünden antworten wider uns. Denn unsre Übertretungen sind bei uns, und wir fühlen unsre Sünden:
13. mit Übertreten und Lügen wider den Herrn und Zurückkehren von unserm Gott und mit Reden zum Frevel und Ungehorsam, mit Trachten und Dichten falscher Worte aus dem Herzen.
14. Und das Recht ist zurückgewichen und Gerechtigkeit fern getreten; denn die Wahrheit fällt auf der Gasse, und Recht kann nicht einhergehen,
15. und die Wahrheit ist dahin; und wer vom Bösen weicht, der muß jedermanns Raub sein. Solches sieht der Herr, und es gefällt ihm übel, daß kein Recht ist.
16. Und er sieht, daß niemand da ist, und verwundert sich, daß niemand ins Mittel tritt. Darum hilft er sich selbst mit seinem Arm, und seine Gerechtigkeit steht bei ihm. K.63,5.
17. Denn er zieht Gerechtigkeit an wie einen Panzer und setzt einen Helm des Heils auf sein Haupt und zieht sich an zur Rache und kleidet sich mit Eifer wie mit einem Rock,
18. als der seinen Widersachern vergelten und seinen Feinden mit Grimm bezahlen will; ja, den Inseln will er bezahlen,
19. daß der Name des Herrn gefürchtet werde vom Niedergang und seine Herrlichkeit vom Aufgang der Sonne, wenn er kommen wird wie ein aufgehaltener Strom, den der Wind des Herrn treibt.
20. Denn denen zu Zion wird ein Erlöser kommen und denen, die sich bekehren von den Sünden in Jakob, spricht der Herr. K.1,27; Röm.11,26.
21. Und ich mache solchen Bund mit ihnen, spricht der Herr: Mein Geist, der bei dir ist, und *meine Worte, die ich in deinen Mund gelegt habe, sollen von deinem Munde nicht weichen noch von dem Munde deines Samens und Kindeskindes, spricht der Herr, von nun an bis in Ewigkeit. *Jer.1,9.

Das 60. Kapitel

Zions Herrlichkeit. Bekehrung der Heiden.
Der Herr das ewige Licht seines Volkes.

1. Mache dich auf, werde licht! denn dein Licht kommt, und die Herrlichkeit des Herrn geht auf über dir.
2. Denn siehe, Finsternis bedeckt das Erdreich und Dunkel die Völker; aber über dir geht auf der Herr, und seine Herrlichkeit erscheint über dir.
3. Und die Heiden werden in deinem *Lichte wandeln und die Könige im Glanz, der über dir aufgeht. *Offenb.21,24.
4. Hebe deine Augen auf und siehe umher: diese alle versammelt kommen zu dir. Deine Söhne werden von ferne kommen

und deine Töchter auf dem Arme hergetragen werden. K.49,18; 66,12.
5. Dann wirst du deine Lust sehen und ausbrechen, und dein Herz wird sich wundern und ausbreiten, wenn sich die Menge am Meer zu dir bekehrt und die Macht der Heiden zu dir kommt.
6. Denn die Menge der Kamele wird dich bedecken, die jungen Kamele aus Midian und Epha. Sie werden aus *Saba alle kommen, Gold und Weihrauch bringen und des Herrn Lob verkündigen.
*Ps. 72,10; Matth. 2,1–11.
7. Alle Herden in Kedar sollen zu dir versammelt werden, und die Böcke Nebajoths sollen dir dienen. Sie sollen als ein angenehmes Opfer auf meinen Altar kommen; denn ich will das Haus meiner Herrlichkeit zieren.
8. Wer sind die, welche fliegen wie die Wolken und wie die Tauben zu ihren Fenstern?
9. Die Inseln harren auf mich und die Schiffe im Meer von längsther, daß sie deine Kinder von ferne herzubringen samt ihrem Silber und Gold, dem Namen des Herrn, deines Gottes, und dem Heiligen in Israel, der dich herrlich gemacht hat.
10. Fremde werden deine Mauern bauen, und ihre Könige werden dir dienen. Denn in *meinem Zorn habe ich dich geschlagen, und in meiner Gnade erbarme ich mich über dich. *K.54,7.8.
11. Und deine Tore sollen stets offen stehen, weder Tag noch Nacht zugeschlossen werden, daß der Heiden Macht zu dir gebracht und ihre Könige herzugeführt werden. Offenb. 21,25.26.
12. Denn welche Heiden oder Königreiche dir nicht dienen wollen, die sollen umkommen und die Heiden verwüstet werden.
13. Die Herrlichkeit des Libanon soll an dich kommen, Tannen, Buchen und Buchsbaum miteinander, zu schmücken den Ort meines Heiligtums; denn ich will die Stätte meiner Füße herrlich machen.
14. Es werden auch gebückt zu dir kommen, die dich unterdrückt haben; und alle, die dich gelästert haben, werden niederfallen zu deinen Füßen und werden dich nennen eine Stadt des Herrn, ein Zion des Heiligen in Israel. K.14,2; 49,23.
15. Denn darum daß du bist die Verlassene und Gehaßte gewesen, da niemand hindurchging, will ich dich zur Pracht ewiglich machen und zur Freude für und für,
16. daß du sollst Milch von den Heiden saugen, und der *Könige Brust soll dich säugen, auf daß du erfahrest, daß ich, der Herr, bin dein Heiland und ich, der Mächtige in Jakob, bin dein Erlöser. K.49,23.
17. Ich will Gold anstatt des Erzes und Silber anstatt des Eisens bringen und Erz anstatt des Holzes und Eisen anstatt der Steine; und will zu deiner Obrigkeit den *Frieden machen und zu deinen Vögten die Gerechtigkeit. K.52,7.
18. Man soll keinen Frevel mehr hören in deinem Lande noch Schaden oder Verderben in deinen Grenzen; sondern *deine Mauern sollen Heil und deine Tore Lob heißen. K.26,1.
19. Die *Sonne soll nicht mehr des Tages dir scheinen, und der Glanz des Mondes soll dir nicht leuchten; sondern der Herr wird dein ewiges Licht und dein Gott wird dein Preis sein. *K.24,23; 30,26; Offenb. 21,23.
20. Deine Sonne wird nicht mehr untergehen noch dein Mond den Schein verlieren; denn der Herr wird dein ewiges Licht sein, und die Tage deines Leides sollen ein Ende haben.
21. Und dein Volk sollen eitel Gerechte sein; sie werden das Erdreich ewiglich besitzen, als die der Zweig meiner Pflanzung und ein Werk meiner Hände sind zum Preise.
22. Aus dem Kleinsten sollen tausend werden und aus dem Geringsten ein mächtiges Volk. Ich, der Herr, will solches zu seiner Zeit eilend ausrichten.

Das 61. Kapitel

Evangelium von der gnadenvollen Zukunft des Messias.

1. Der Geist des Herrn Herrn ist über mir, darum daß mich der Herr gesalbt hat. Er hat mich gesandt, den Elenden zu predigen, die zerbrochenen Herzen zu verbinden, zu verkündigen den Gefangenen die Freiheit, den Gebundenen, daß ihnen geöffnet werde, Matth. 11,5; Luk. 4,18.19.
2. zu verkündigen ein gnädiges *Jahr des Herrn und einen †Tag der Rache unsers Gottes, zu trösten alle Traurigen,
*3. Mose 25,10. †K.63,4.
3. zu schaffen den Traurigen zu Zion, daß ihnen Schmuck für Asche und Freudenöl für Traurigkeit und schöne Kleider für einen betrübten Geist gegeben werden, daß sie genannt werden Bäume der Gerechtigkeit, Pflanzen des Herrn zum Preise.
4. Sie werden die alten Wüstungen bauen, und was vorzeiten zerstört ist, aufrich-

ten; sie werden die verwüsteten Städte, so
für und für zerstört gelegen sind, erneuen.
5. Fremde werden stehen und eure Herde weiden, und Ausländer werden eure
Ackerleute und Weingärtner sein.
K. 60,10–16.
6. Ihr aber sollt *Priester des Herrn heißen, und man wird euch Diener unsers
Gottes nennen, und ihr werdet der Heiden
Güter essen und in ihrer Herrlichkeit
euch rühmen. *K. 66,21.
7. Für eure Schmach soll Zwiefältiges
kommen, und für die Schande sollen sie
fröhlich sein auf ihren Äckern; denn sie
sollen Zwiefältiges besitzen in ihrem Lande, sie sollen ewige Freude haben.
8. Denn ich bin der Herr, der das Rechte
liebt; und hasse räuberische Brandopfer;
und will schaffen, daß ihr Lohn soll gewiß
sein, und *einen ewigen Bund will ich mit
ihnen machen. *K. 54,10; 55,3.
9. Und man soll ihren Samen kennen unter den Heiden und ihre Nachkommen
unter den Völkern, daß, wer sie sehen
wird, soll sie kennen, daß sie ein Same
sind, gesegnet vom Herrn.
10. Ich freue mich im Herrn, und meine
Seele ist fröhlich in meinem Gott; denn er
hat mich angezogen mit *Kleidern des
Heils und mit dem Rock der Gerechtigkeit
gekleidet, wie einen Bräutigam, mit prie-
sterlichem Schmuck geziert, und wie eine
Braut, die in ihrem Geschmeide prangt.
*Matth. 22,11.12.
11. Denn gleichwie Gewächs aus der Erde wächst und Same im Garten aufgeht,
also wird Gerechtigkeit und Lob vor allen
Heiden aufgehen aus dem Herrn Herrn.

Das 62. Kapitel

Die zukünftige Herrlichkeit Zions.

1. Um Zions willen will ich nicht schweigen, und um Jerusalems willen will ich
nicht innehalten, bis daß ihre Gerechtigkeit aufgehe wie ein Glanz und ihr Heil
entbrenne wie eine Fackel,
2. daß die Heiden sehen deine Gerechtigkeit und alle Könige deine Herrlichkeit;
und du sollst mit einem *neuen Namen
genannt werden, welchen des Herrn Mund
nennen wird. *K. 65,15; Offenb. 2,17.
3. Und du wirst sein eine schöne Krone
in der Hand des Herrn und ein königlicher
Hut in der Hand deines Gottes.
4. Man soll dich nicht mehr *die Verlassene noch dein Land eine Wüstung heißen; sondern du sollst †»Meine Lust an
ihr« und dein Land »Liebes Weib« heißen;
denn der Herr hat Lust an dir, und dein
Land hat einen lieben Mann.
*K. 60,15. †Hos. 2,21.
5. Denn wie ein Mann ein Weib liebhat,
so werden dich deine Kinder liebhaben;
und wie sich ein Bräutigam freut über die
Braut, so wird sich dein Gott über dich
freuen. Zeph. 3,17.
6. O Jerusalem, ich will *Wächter auf
deine Mauern bestellen, die den ganzen
Tag und die ganze Nacht nimmer stillschweigen sollen und die des Herrn gedenken sollen, auf daß bei euch kein
Schweigen sei *K. 52,8.
7. und ihr von ihm nicht schweiget, bis
daß Jerusalem zugerichtet und gesetzt
werde zum Lobe auf Erden.
8. Der Herr hat geschworen bei seiner
Rechten und bei dem Arm seiner Macht:
Ich will dein Getreide nicht mehr deinen
Feinden zu essen geben, noch deinen
Most, daran du gearbeitet hast, die Fremden trinken lassen; K. 65,21.22.
9. sondern die, so es einsammeln, sollen's auch essen und den Herrn rühmen,
und die ihn einbringen, sollen ihn trinken
in den Vorhöfen meines Heiligtums.
10. Gehet hin, gehet hin durch die Tore!
bereitet dem Volk den Weg! machet Bahn,
*machet Bahn! räumet die Steine hinweg!
werft ein Panier auf über die Völker!
*K. 57,14.
11. Siehe, der Herr läßt sich hören bis an
der Welt Ende: *Saget der Tochter Zion:
Siehe, dein Heil kommt! siehe, †sein Lohn
ist bei ihm, und seine Vergeltung ist vor
ihm! *Sach. 9,9. †K. 40,10; Offenb. 22,12.
12. Man wird sie nennen das heilige Volk,
die *Erlösten des Herrn, und dich wird
man heißen die besuchte und unverlasse-
ne Stadt. *K. 35,10.

Das 63. Kapitel

Der Herr zertritt die Feinde. Rückblick in die alten Tage. Gebet um Erlösung.

1. Wer ist der, so von Edom kommt, mit
rötlichen Kleidern von Bozra? der so geschmückt ist in seinen Kleidern und ein-
hertritt in seiner großen Kraft? »Ich bin's,
*der Gerechtigkeit lehrt und ein Meister
ist zu helfen.« *K. 42,1.3.
2. Warum ist denn dein Gewand so rot-
farben und dein Kleid wie eines Keltertre-
ters? Offenb. 19,13.
3. »Ich trete die Kelter allein, und ist
niemand unter den Völkern mit mir. Ich
habe sie gekeltert in meinem Zorn und
zertreten in meinem Grimm. Daher ist ihr

Blut auf meine Kleider gespritzt, und ich
habe all mein Gewand besudelt.
Offenb. 14,20; Joel 4,13.
4. Denn ich habe einen Tag der Rache
mir vorgenommen; das Jahr, die Meinen
zu erlösen, ist gekommen. K. 13,9; 34,8; 61,2.
5. Und ich sah mich um, und da war kein
Helfer; und ich verwunderte mich, und
niemand stand mir bei; sondern mein Arm
mußte mir helfen, und mein Zorn stand
mir bei. K. 59,16.
6. Und ich habe die Völker zertreten in
meinem Zorn und habe sie *trunken gemacht in meinem Grimm und ihr Blut auf
die Erde geschüttet.« *K. 51,17.
7. Ich will der Gnade des Herrn gedenken
und des Lobes des Herrn in allem, was uns
der Herr getan hat, und der großen Güte
an dem Hause Israel, die er ihnen erzeigt
hat nach seiner Barmherzigkeit und großen Gnade.
8. Denn er sprach: Sie sind ja mein Volk,
*Kinder, die nicht falsch sind. Darum war
er ihr Heiland. *5. Mose 32,5.20.
9. Wer sie ängstete, der ängstete ihn
auch; und *der Engel seines Angesichts
half ihnen. Er erlöste sie, darum daß er sie
liebte und ihrer schonte. Er nahm sie auf
und trug sie allezeit von alters her.
*2. Mose 33,14.15.
10. Aber sie erbitterten und entrüsteten
seinen heiligen Geist; darum ward er ihr
Feind und stritt wider sie.
11. Und sein Volk gedachte wieder an die
vorigen Zeiten, an Mose: »Wo ist denn
nun, der sie *aus dem Meer führte samt
dem Hirten seiner Herde? Wo ist, der seinen heiligen Geist unter sie gab?
*2. Mose 14,30.
12. der Mose bei der rechten Hand führte
durch seinen herrlichen Arm? der die
Wasser trennte vor ihnen her, auf daß er
sich einen ewigen Namen machte?
13. der sie führte durch die Tiefen wie die
Rosse in der Wüste, die nicht straucheln?
14. Wie das Vieh ins Feld hinabgeht,
brachte der Geist des Herrn sie zur Ruhe;
also hast du dein Volk geführt, auf daß du
dir einen herrlichen Namen machtest.«
15. So schaue nun vom Himmel und siehe herab von deiner heiligen, herrlichen
Wohnung. Wo ist nun dein Eifer, deine
Macht? Deine große, herzliche Barmherzigkeit hält sich hart gegen mich.
16. Bist du doch unser Vater; denn Abraham weiß von uns nicht, und Israel kennt
uns nicht. Du aber, Herr, *bist unser Vater
und unser Erlöser; von alters her ist das
dein Name. *5. Mose 32,6.
17. Warum lässest du uns, Herr, irren
von deinen Wegen und unser Herz verstocken, daß wir dich nicht fürchten?
Kehre wieder um deiner Knechte willen,
um der Stämme willen deines Erbes.
18. Sie besitzen dein heiliges Volk schier
ganz; deine Widersacher zertreten dein
Heiligtum. Ps. 79,1.
19. Wir sind geworden wie solche, über
die du niemals herrschtest und die nicht
nach deinem Namen genannt wurden.

Das 64. Kapitel

Fortsetzung des Gebets um Erlösung.

1. [1.2.] Ach daß du den Himmel zerrissest und führest herab, daß die Berge vor
dir zerflössen (wie ein heißes Wasser vom
heftigen Feuer versiedet), daß dein Name
kund würde unter deinen Feinden und die
Heiden vor dir zittern müßten,
2. [3.] durch die Wunder, die du tust,
deren man sich nicht versieht, daß du
herabführest und die Berge vor dir zerflössen!
3. [4.] Wie denn von der Welt her nicht
vernommen ist noch mit Ohren gehört,
auch kein Auge gesehen hat einen Gott
außer dir, der so wohltut denen, die auf
ihn harren. 1. Kor. 2,9.
4. [5.] Du begegnetest den Fröhlichen
und denen, so Gerechtigkeit übten und
auf deinen Wegen dein gedachten. Siehe,
du zürntest wohl, da wir sündigten und
lange darin blieben; uns ward aber dennoch geholfen.
5. [6.] Aber nun sind wir allesamt wie die
Unreinen, und alle unsre Gerechtigkeit ist
wie ein unflätig Kleid. Wir sind alle verwelkt wie die Blätter, und unsre Sünden
führen uns dahin wie ein Wind.
6. [7.] Niemand ruft deinen Namen an
oder macht sich auf, daß er sich an dich
halte; denn du verbirgst dein Angesicht
vor uns und lässest uns in unsern Sünden
verschmachten.
7. [8.] Aber nun, Herr, du *bist unser
Vater; wir †sind Ton, du bist unser Töpfer;
und wir alle sind deiner Hände Werk.
*K. 63,16. †K. 45,9.
8. [9.] Herr, zürne nicht zu sehr und
denke nicht ewig der Sünde. Siehe doch
das an, daß wir alle dein Volk sind.
9. [10.] Die Städte deines Heiligtums
sind zur Wüste geworden; Zion ist zur
Wüste geworden, Jerusalem liegt zerstört.
Ps. 74,7; 79,1.
10. [11.] Das Haus unsrer Heiligkeit und
Herrlichkeit, darin dich unsre Väter ge-

lobt haben, ist mit Feuer verbrannt; und alles, was wir Schönes hatten, ist zu Schanden gemacht.

11. [12.] Herr, willst du so hart sein zu solchem und schweigen und uns so sehr niederschlagen?

Das 65. Kapitel

Antwort des Herrn: Annahme der Heiden und eines Restes von Israel, Strafe des abgefallenen Volkes.
Neuer Himmel und neue Erde.

1. Ich werde gesucht von denen, die nicht nach mir fragten; ich werde gefunden von denen, die mich nicht suchten; und zu den Heiden, die meinen Namen nicht anriefen, sage ich: Hier bin ich, hier bin ich! Röm. 10,20.

2. *Ich recke meine Hände aus den ganzen Tag zu einem ungehorsamen Volk, das †seinen Gedanken nachwandelt auf einem Wege, der nicht gut ist. *Spr. 1.24. †Jer. 3,17.

3. Ein Volk, das mich entrüstet, ist immer vor meinem Angesicht, opfert in den Gärten und räuchert auf den Ziegelsteinen,

4. sitzt unter den Gräbern und bleibt über Nacht in den Höhlen, fressen *Schweinefleisch und haben Greuelsuppen in ihren Töpfen *K. 66,17; 3. Mose 11,7.

5. und sprechen: »Bleibe daheim und rühre mich nicht an; denn ich bin für dich heilig.« Solche sollen ein Rauch werden in meinem Zorn, ein Feuer, das den ganzen Tag brenne.

6. Siehe, es steht vor mir geschrieben: Ich will nicht schweigen, sondern bezahlen; ja, ich will ihnen in ihren Busen bezahlen,

7. beide, ihre Missetaten und ihrer Väter Missetaten miteinander, spricht der Herr, die auf den Bergen geräuchert und mich auf den Hügeln geschändet haben; ich will ihnen zumessen ihr voriges Tun in ihren Busen.

8. So spricht der Herr: Gleich als wenn man Most in der Traube findet und spricht: »Verderbe es nicht, denn es ist ein Segen darin!«, also will ich *um meiner Knechte willen tun, †daß ich es nicht alles verderbe, *1. Mose 18,26. †K. 6,13.

9. sondern will aus Jakob Samen wachsen lassen und aus Juda, der meinen Berg besitze; denn meine Auserwählten sollen ihn besitzen, und meine Knechte sollen daselbst wohnen.

10. Und Saron soll eine Weide für die Herde und das Tal *Achor soll zum Viehlager werden meinem Volk, das mich sucht. *Jos. 7,26.

11. Aber ihr, die ihr den Herrn verlasset und meines heiligen Berges vergesset und richtet dem Gad einen Tisch und schenkt vom Trankopfer voll ein der *Meni, – *Schicksalsgöttin.

12. wohlan, ich will euch zählen zum Schwert, daß ihr euch alle bücken müßt zur Schlachtung, darum *daß ich rief, und ihr antwortetet nicht, daß ich redete, und ihr hörtet nicht, sondern tatet, was mir übel gefiel, und erwähltet, was mir nicht gefiel. *V. 2; K. 66,4.

13. Darum spricht der Herr Herr also: Siehe, meine Knechte sollen essen, ihr aber sollt hungern; siehe, meine Knechte sollen *trinken, ihr aber sollt dürsten; siehe, meine Knechte sollen fröhlich sein, ihr aber sollt zu Schanden werden; *K. 55,1.

14. siehe, meine Knechte sollen vor gutem Mut jauchzen, ihr aber sollt vor Herzeleid schreien und vor Jammer heulen

15. und sollt euren Namen lassen meinen Auserwählten zum Schwur; und der Herr Herr wird dich töten und seine Knechte mit *einem andern Namen nennen, *K. 62,2.

16. daß, welcher sich segnen wird auf Erden, der wird sich in dem wahrhaftigen Gott segnen, und welcher schwören wird auf Erden, der wird *bei dem wahrhaftigen Gott schwören; denn der vorigen Ängste ist vergessen, und sie sind vor meinen Augen verborgen. *K. 19,18; Jer. 4,2; 12,16.

17. Denn siehe, ich will einen neuen Himmel und eine neue Erde schaffen, daß man der vorigen nicht mehr gedenken wird noch sie zu Herzen nehmen; K. 66,22; 2. Petr. 3,13; Offenb. 21,1.

18. sondern sie werden sich ewiglich freuen und fröhlich sein über dem, was ich schaffe. Denn siehe, ich will Jerusalem schaffen zur Wonne und ihr Volk zur Freude, K. 35,10.

19. und ich will fröhlich sein über Jerusalem und mich freuen über mein Volk; und soll nicht mehr darin gehört werden die Stimme des Weinens noch die Stimme des Klagens. K. 25,8.

20. Es sollen nicht mehr dasein Kinder, die nur etliche Tage leben, oder Alte, die ihre Jahre nicht erfüllen; sondern die Knaben sollen hundert Jahr alt sterben und die Sünder hundert Jahr alt verflucht werden. Sach. 8,4.

21. Sie werden Häuser bauen und bewohnen; sie werden Weinberge pflanzen und ihre Früchte essen. K. 62,8.

22. Sie sollen nicht *bauen, was ein anderer bewohne, und nicht pflanzen, was ein anderer esse. Denn die Tage meines Volkes werden sein wie die Tage eines Baumes; und das Werk ihrer Hände wird alt werden bei meinen Auserwählten.
*5. Mose 28,30.

23. Sie sollen nicht umsonst arbeiten noch unzeitige Geburt gebären; denn sie sind der Same der Gesegneten des Herrn und ihre Nachkommen mit ihnen.

24. Und soll geschehen, ehe sie rufen, will ich antworten; wenn sie noch reden, will ich hören. K.30,19; 58,9.

25. *Wolf und Lamm sollen weiden zugleich, der Löwe wird Stroh essen wie ein Rind, und die Schlange soll Erde essen. Sie werden nicht schaden noch verderben auf meinem ganzen heiligen Berge, spricht der Herr. *K.11,6–9.

Das 66. Kapitel

Strafe der Heuchler; das Heil des neuen Jerusalems, seine Ausbreitung unter den fernsten Heiden; das letzte Gericht.

1. So spricht der Herr: *Der Himmel ist mein Stuhl und die Erde meine Fußbank; was ist's denn für ein Haus, das ihr mir bauen wollt, oder welches ist die Stätte, da ich ruhen soll? *1. Kön. 8,27; Apg. 7,49; 17,24.

2. Meine Hand hat alles gemacht, was da ist, spricht der Herr. Ich *sehe aber an den Elenden und der zerbrochenes Geistes ist und der sich fürchtet vor meinem Wort.
*K.57,15.

3. Wer einen Ochsen schlachtet, ist *eben als der einen Mann erschlüge; wer ein Schaf opfert, ist als der einem Hund den Hals bräche; wer Speisopfer bringt, ist als der Saublut opfert; wer Weihrauch anzündet, ist als der das Unrecht lobt. Solches erwählen sie in ihren Wegen, und ihre Seele hat Gefallen an ihren Greueln.
*3. Mose 17,4.

4. Darum will ich auch erwählen, was ihnen wehe tut; und was sie scheuen, will ich über sie kommen lassen, darum daß *ich rief, und niemand antwortete, daß ich redete, und sie hörten nicht und taten, was mir übel gefiel, und erwählten, was mir nicht gefiel. *K.65,12.

5. Höret des Herrn Wort, die ihr euch fürchtet vor seinem Wort: Eure Brüder, die euch hassen und *sondern euch ab um meines Namens willen, sprechen: »Laßt sehen, wie herrlich der Herr sei, laßt ihn erscheinen zu eurer Freude«; die sollen zu Schanden werden. *Luk. 6,22.

6. Man wird hören eine Stimme des Getümmels in der Stadt, eine Stimme vom Tempel, eine Stimme des Herrn, der seinen Feinden bezahlt.

7. Sie gebiert, ehe ihr wehe wird; sie ist genesen eines Knaben, ehe denn ihr Kindsnot kommt.

8. Wer hat solches je gehört? wer hat solches je gesehen? Kann auch, ehe denn ein Land die Wehen kriegt, ein Volk auf einmal geboren werden? Nun hat doch ja Zion ihre Kinder ohne Wehen geboren.

9. Sollte ich das Kind lassen die Mutter brechen und nicht auch lassen geboren werden? spricht der Herr. Sollte ich, der gebären läßt, verschließen? spricht dein Gott. K.37,3.

10. Freuet euch mit Jerusalem und seid fröhlich über sie, alle, die ihr sie liebhabt; freuet euch mit ihr, alle, die ihr über sie traurig gewesen seid! Ps. 122,6.

11. Denn dafür sollt ihr saugen und satt werden von den Brüsten ihres Trostes; ihr sollt dafür saugen und euch ergötzen an der Fülle ihrer Herrlichkeit.

12. Denn also spricht der Herr: Siehe, ich breite aus den Frieden bei ihr wie einen Strom und die Herrlichkeit der Heiden wie einen ergossenen Bach; da werdet ihr saugen. Ihr sollt auf dem Arme getragen werden, und auf den Knieen wird man euch freundlich halten. K.60,4.

13. Ich will euch trösten, wie einen seine Mutter tröstet; ja ihr sollt an Jerusalem ergötzt werden.

14. Ihr werdet's sehen, und euer Herz wird sich freuen, und euer Gebein soll grünen wie Gras. Da wird man erkennen die Hand des Herrn an seinen Knechten und den Zorn an seinen Feinden.

15. Denn siehe, der Herr wird kommen mit Feuer und seine Wagen wie ein Wetter, daß er vergelte im Grimm seines Zorns und mit Schelten in Feuerflammen.
Offenb. 19,11–15.

16. Denn der Herr wird durchs Feuer richten und durch sein Schwert alles Fleisch; und der Getöteten des Herrn wird viel sein.

17. Die sich heiligen und reinigen in den Gärten, einer hier, der andere da, und *essen Schweinefleisch, Greuel und Mäuse, sollen weggerafft werden miteinander, spricht der Herr. *K.65,4.5.

18. Und ich kenne ihre Werke und Gedanken. Es kommt die Zeit, daß ich sammle alle Heiden und Zungen, daß sie kommen und sehen meine Herrlichkeit.

19. Und ich will ein Zeichen unter sie

geben und ihrer etliche, die errettet sind, senden zu den Heiden, gen Tharsis, gen Phul und Lud zu den Bogenschützen, gen Thubal und Javan und in die Ferne zu den Inseln, da man nichts von mir gehört hat und die meine Herrlichkeit nicht gesehen haben; und sollen meine Herrlichkeit unter den Heiden verkündigen.
Matth. 28,19.

20. Und sie werden alle eure Brüder aus allen Heiden herzubringen, dem Herrn zum Speisopfer, auf Rossen und Wagen, auf Sänften, auf Maultieren und Dromedaren gen Jerusalem, zu meinem heiligen Berge, spricht der Herr, gleichwie die Kinder Israels Speisopfer in reinem Gefäß bringen zum Hause des Herrn. K. 60,3–7.

21. Und ich will auch aus ihnen nehmen *Priester und Leviten, spricht der Herr.
*K. 61,6.

22. Denn gleichwie der *neue Himmel und die neue Erde, die ich mache, vor mir stehen, spricht der Herr, also soll auch euer Same und Name stehen. *K. 65,17.

23. Und alles Fleisch wird einen Neumond nach dem andern und einen Sabbat nach dem andern kommen, anzubeten vor mir, spricht der Herr.

24. Und sie werden hinausgehen und schauen die Leichname der Leute, die an mir übel gehandelt haben; denn *ihr Wurm wird nicht sterben, und ihr Feuer wird nicht verlöschen, und werden allem Fleisch ein Greuel sein. Mark. 9,44.

Der Prophet Jeremia

Das 1. Kapitel

Jeremia wird zum Propheten berufen.

1. Dies sind die Reden Jeremia's, des Sohnes Hilkias, aus den Priestern zu Anathoth im Lande Benjamin,

2. zu welchem geschah das Wort des Herrn zur Zeit Josias, des Sohnes Amons, des Königs in Juda, im dreizehnten Jahr seines Königreichs, 2. Kön. 21,24.

3. und hernach zur Zeit des Königs in Juda, Jojakims, des Sohnes Josias, bis ans Ende des elften Jahres Zedekias, des Sohnes Josias, des Königs in Juda, bis auf die Gefangenschaft Jerusalems im fünften Monat. 2. Kön. 23,34; 24,17; 25,2.8.

4. Und des Herrn Wort geschah zu mir und sprach:

5. Ich kannte dich, ehe denn ich dich im Mutterleibe bereitete, und sonderte dich aus, ehe denn du von der Mutter geboren wurdest, und stellte dich zum Propheten unter die Völker. Jes. 49,1; Gal. 1,15.

6. Ich aber sprach: Ach Herr Herr, ich *tauge nicht, zu predigen; denn ich bin zu jung. *2. Mose 3,11; Jes. 6,5–8.

7. Der Herr sprach aber zu mir: Sage nicht: »Ich bin zu jung«; sondern du sollst gehen, wohin ich dich sende, und predigen, was ich dich heiße.

8. Fürchte dich nicht vor ihnen; denn ich bin bei dir und will dich erretten, spricht der Herr.

9. Und der Herr reckte seine Hand aus und rührte meinen Mund an und sprach zu mir: Siehe, ich *lege meine Worte in deinen Mund. *5. Mose 18,18.

10. Siehe, ich setze dich heute dieses Tages über Völker und Königreiche, daß du ausreißen, zerbrechen, verstören und verderben sollst und bauen und pflanzen.
K. 18,7–10.

11. Und es geschah des Herrn Wort zu mir und sprach: Jeremia, was siehst du? Ich sprach: Ich sehe einen erwachenden Zweig.

12. Und der Herr sprach zu mir: Du hast recht gesehen; denn ich will *wachen über mein Wort, daß ich's tue. *K. 31,28.

13. Und es geschah des Herrn Wort zum andernmal zu mir und sprach: Was siehst du? Ich sprach: Ich sehe einen heißsiedenden Topf von Mitternacht her.

14. Und der Herr sprach zu mir: Von Mitternacht wird das Unglück ausbrechen über alle, die im Lande wohnen.

15. Denn siehe, ich will rufen alle Fürsten in den Königreichen gegen Mitternacht, spricht der Herr, daß sie kommen sollen und ihre Stühle setzen vor die Tore zu Jerusalem und rings um die Mauern her und vor alle Städte Juda's.

16. Und ich will das Recht lassen über sie gehen um all ihrer Bosheit willen, daß sie mich verlassen und räuchern andern Göttern und beten an ihrer Hände Werk.

17. So begürte nun deine Lenden und mache dich auf und predige ihnen alles,

DER HERR SPRICHT ZU JEREMIA Jeremia 1, 11–16

was ich dich heiße. Erschrick nicht vor ihnen, auf daß ich dich nicht erschrecke vor ihnen;
18. denn ich will dich heute zur festen Stadt, zur eisernen Säule, zur ehernen Mauer machen im ganzen Lande wider die Könige Juda's, wider ihre Fürsten, wider ihre Priester, wider das Volk im Lande,
K. 15,20; Hesek. 3,8.9.
19. daß, wenn sie gleich wider dich streiten, sie dennoch nicht sollen wider dich siegen; denn ich bin bei dir, spricht der Herr, daß ich dich errette.

Das 2. Kapitel

Israels Undankbarkeit und Züchtigung.

1. Und des Herrn Wort geschah zu mir und sprach:
2. Gehe hin und predige öffentlich zu Jerusalem und sprich: So spricht der Herr: Ich gedenke, da du eine freundliche, junge Dirne und eine liebe Braut warst, da du mir folgtest in der Wüste, in dem Lande, da man nichts sät,
3. da Israel des Herrn eigen war und seine erste Frucht. Wer sie fressen wollte, mußte Schuld haben, und Unglück mußte über ihn kommen, spricht der Herr.
4. Höret des Herrn Wort, ihr vom Hause Jakob und alle Geschlechter vom Hause Israel.
5. So spricht der Herr: Was haben doch eure Väter Unrechtes an mir gefunden, daß sie von mir wichen und hingen an den unnützen Götzen, da sie doch nichts erlangten? Micha 6,3–5.
6. und dachten nie einmal: Wo ist der Herr, der uns aus Ägyptenland führte und leitete uns in der Wüste, im wilden, ungebahnten Lande, im dürren und finstern Lande, in dem Lande, da niemand wandelte noch ein Mensch wohnte?
7. Und ich brachte euch in ein gutes Land, daß ihr äßet seine Früchte und Güter. Und da ihr hineinkamt, verunreinigtet ihr mein Land und machtet mir mein Erbe zum Greuel.
8. Die Priester gedachten nicht: Wo ist der Herr? und die das Gesetz treiben, achteten mein nicht, und die Hirten führten die Leute von mir, und die Propheten weissagten durch Baal und hingen an den unnützen Götzen.

9. Darum muß ich noch immer mit euch
und mit euren Kindeskindern hadern,
spricht der Herr.
10. Gehet hin in die Inseln Chittim und
schauet, und sendet nach Kedar und merket mit Fleiß und schauet, ob's daselbst so
zugeht!
11. ob die Heiden ihre Götter ändern,
wiewohl sie doch nicht Götter sind! Und
mein Volk hat doch seine *Herrlichkeit
verändert um einen unnützen Götzen.
*Röm. 1,23.
12. Sollte sich doch der Himmel davor
entsetzen, erschrecken und sehr erheben,
spricht der Herr.
13. Denn mein Volk tut eine zwiefache
Sünde: mich, die *lebendige Quelle, verlassen sie und machen sich hie und da
ausgehauene Brunnen, die doch löcherig
sind und kein Wasser geben.
*K. 17,13; Ps. 36,10.
14. Ist denn Israel ein Knecht oder leibeigen, daß er jedermanns Raub sein muß?
15. Denn Löwen brüllen über ihn und
schreien und verwüsten sein Land, und
seine Städte werden verbrannt, daß niemand darin wohnt.
16. Dazu zerschlagen die von *Noph und
Thachpanhes dir den Kopf. *K. 44,1.
17. Solches *machst du dir selbst, weil
du den Herrn, deinen Gott, verlässest, so
oft er dich den rechten Weg leiten will.
*Hos. 13,9.
18. Was hilft's dir, daß du nach Ägypten
ziehst und willst vom Wasser Sihor trinken? Und was hilft's dir, daß du nach Assyrien ziehst und willst vom Wasser Euphrat
trinken?
19. Es ist deiner Bosheit Schuld, daß du
so gestäupt wirst, und deines Ungehorsams, daß du so gestraft wirst. Also mußt
du innewerden und erfahren, was es für
Jammer und Herzeleid bringt, den Herrn,
deinen Gott, verlassen und ihn nicht
fürchten, spricht der Herr Herr Zebaoth.
20. Denn du hast immerdar dein Joch
zerbrochen und deine Bande zerrissen
und gesagt: Ich will nicht so unterworfen
sein; sondern *auf allen hohen Hügeln
und unter allen grünen Bäumen liefst du
den Götzen nach.
*K. 3,6; Jes. 57,5; Hesek. 6,13.
21. Ich aber hatte dich gepflanzt zu einem süßen Weinstock, einen ganz rechtschaffenen Samen. Wie bist du mir denn
geraten zu einem bittern, wilden Weinstock? Jes. 5,1–4.
22. Und wenn du dich gleich mit Lauge
wüschest und nähmest viel Seife dazu, so
gleißt doch deine Untugend desto mehr
vor mir, spricht der Herr Herr.
23. Wie darfst du denn sagen: Ich bin
nicht unrein, ich hänge nicht an den Baalim? Siehe an, wie du es treibst im Tal, und
bedenke, wie du es ausgerichtet hast.
24. Du läufst umher wie eine Kamelstute
in der Brunst, und wie ein Wild in der
Wüste pflegt, wenn es vor großer Brunst
lechzt und läuft, daß es niemand aufhalten kann. Wer's wissen will, darf nicht weit
laufen; am Feiertage sieht man es wohl.
25. Schone doch deiner Füße, daß sie
nicht bloß, und deines Halses, daß er
nicht durstig werde. Aber du sprichst: Da
wird nichts draus; ich muß mit den Fremden buhlen und ihnen nachlaufen.
26. Wie ein Dieb zu Schanden wird,
wenn er ergriffen wird, also wird das Haus
Israel zu Schanden werden samt Ihren Königen, Fürsten, Priestern und Propheten,
27. die zum Holz sagen: Du bist mein
Vater, – und zum Stein: Du hast mich
gezeugt. Denn sie kehren mir den Rücken
zu und nicht das Angesicht. Aber wenn die
Not hergeht, sprechen sie: Auf, und hilf
uns!
28. *Wo sind aber dann deine Götter, die
du dir gemacht hast? Heiße sie aufstehen;
laß sehen, ob sie dir helfen können in
deiner Not! Denn †so manche Stadt, so
manchen Gott hast zu, Juda.
*Richt. 10,14. †K. 11,13.
29. Was wollt ihr noch recht haben wider
mich? Ihr seid alle von mir abgefallen,
spricht der Herr.
30. Alle Schläge sind verloren an euren
Kindern; sie *lassen sich doch nicht ziehen. Denn euer Schwert frißt eure Propheten wie ein wütiger Löwe. *Jes. 1,5.
31. Du böse Art, merke auf des Herrn
Wort! Bin ich denn für Israel eine Wüste
oder ödes Land? Warum spricht denn
mein Volk: Wir sind die Herren und müssen dir nicht nachlaufen?
32. Vergißt doch eine Jungfrau ihres
Schmuckes nicht noch eine Braut ihres
Schleiers; aber mein Volk vergißt mein
ewiglich.
33. Was beschönst du viel dein Tun, daß
ich dir gnädig sein soll? Unter solchem
Schein treibst du je mehr und mehr Bosheit.
34. Überdas findet man Blut der armen
und unschuldigen Seelen bei dir an allen
Orten, und das ist nicht heimlich, sondern
offenbar an diesen Orten.
35. Doch sprichst du: Ich bin unschuldig; er wende seinen Zorn von mir. Siehe,

*ich will mit dir rechten, daß du sprichst:
Ich habe nicht gesündigt. *Jes. 43,26.
36. Wie weichst du doch so gern und
läufst jetzt dahin, jetzt hieher! Aber du
wirst an Ägypten zu Schanden werden, wie
du an Assyrien zu Schanden geworden
bist.
37. Denn du mußt von dort auch wegziehen und deine Hände über dem Haupt zusammenschlagen; denn der Herr wird deine Hoffnung trügen lassen, und nichts wird dir bei ihnen gelingen.

Das 3. Kapitel

Aufforderung zur Buße.
Verheißung göttlicher Gnade.

1. Und er spricht: Wenn sich ein *Mann
von seinem Weibe scheidet, und sie zieht von ihm und nimmt einen andern Mann, darf er sie auch wieder annehmen? Ist's nicht also, daß das Land verunreinigt würde? Du aber hast mit vielen Buhlen gehurt; doch komm wieder zu mir, spricht der Herr. *5. Mose 24,1–4.
2. Hebe deine Augen auf zu den Höhen
und siehe, wie du allenthalben Hurerei treibst. An den Straßen sitzest du und lauerst auf sie wie ein Araber in der Wüste und verunreinigst das Land mit deiner Hurerei und Bosheit.
3. Darum muß auch der Frühregen ausbleiben und kein Spätregen kommen. Du hast eine Hurenstirn, du willst dich nicht mehr schämen
4. und schreist gleichwohl zu mir: »Lieber Vater, du Meister meiner Jugend!
5. willst du denn ewiglich zürnen und
nicht vom Grimm lassen?« Siehe, so redest du, und tust Böses und lässest dir nicht steuern.
6. Und der Herr sprach zu mir zur Zeit
des Königs Josia: Hast du auch gesehen, was Israel, die Abtrünnige, tat? Sie ging hin *auf alle hohen Berge und unter alle grünen Bäume und trieb daselbst Hurerei. *K. 2,20.
7. Und ich sprach, da sie solches alles
getan hatte: Bekehre dich zu mir. Aber sie bekehrte sich nicht. Und obwohl ihre Schwester Juda, die Verstockte, gesehen hat,
8. wie ich *der abtrünnigen Israel Ehebruch gestraft und sie verlassen und ihr einen Scheidebrief gegeben habe: dennoch fürchtet sich ihre †Schwester, die verstockte Juda, nicht, sondern geht hin und treibt auch Hurerei.
*2. Kön. 17,18.19. †Hesek. 23,2–11.
9. Und von dem Geschrei ihrer Hurerei
ist das Land verunreinigt; denn sie treibt Ehebruch mit Stein und Holz.
10. Und in diesem allem bekehrt sich die
verstockte Juda, ihre Schwester, nicht zu mir von ganzem Herzen, sondern heuchelt also, spricht der Herr.
11. Und der Herr sprach zu mir: Die abtrünnige Israel ist fromm gegen die verstockte Juda.
12. Gehe hin und rufe diese Worte gegen
die Mitternacht und sprich: Kehre wieder, du abtrünnige Israel, spricht der Herr, so will ich mein Antlitz nicht gegen euch verstellen. Denn *ich bin barmherzig, spricht der Herr, und will nicht ewiglich zürnen. *Ps. 103,8.9.
13. Allein erkenne deine Missetat, daß du
wider den Herrn, deinen Gott, gesündigt hast und bist hin und wieder gelaufen zu den fremden Göttern unter allen grünen Bäumen und habt meiner Stimme nicht gehorcht, spricht der Herr.
14. Bekehret euch, ihr abtrünnigen Kinder, spricht der Herr; denn ich will euch mir *vertrauen und will euch holen, †einen aus einer Stadt und zwei aus einem Geschlecht, und will euch bringen gen Zion *Hos. 2,21 †Jes. 6,13.
15. und will euch Hirten geben nach
meinem Herzen, die euch weiden sollen mit Lehre und Weisheit. K. 23,4.
16. Und es soll geschehen, wenn ihr gewachsen seid und euer viel geworden sind im Lande, so soll man, spricht der Herr, zur selben Zeit nicht mehr sagen von der Bundeslade des Herrn, auch ihrer nicht mehr gedenken noch davon predigen noch nach ihr fragen, und sie wird nicht wieder gemacht werden;
17. sondern zur selben Zeit wird man
Jerusalem heißen »Des Herrn Thron«, und *werden sich dahin sammeln alle Heiden um des Namens des Herrn willen zu Jerusalem und werden nicht mehr wandeln †nach den Gedanken ihres bösen Herzens. *Jes. 2,2–4. †Jes. 65,2.
18. Zu der Zeit wird das Haus Juda gehen
zum Hause Israel, und sie werden miteinander kommen von Mitternacht in das Land, das ich euren Vätern zum Erbe gegeben habe. Jes. 11,11–13.
19. Und ich sagte dir zu: Wie will ich dir
so viel Kinder geben und das liebe Land, das allerschönste Erbe unter den Völkern! Und ich sagte dir zu: Du wirst alsdann mich nennen *»Lieber Vater!« und nicht von mir weichen. *V. 4.
20. Aber das Haus Israel achtete mich

nicht, gleichwie ein Weib ihren Buhlen nicht mehr achtet, spricht der Herr.

21. Darum hört man ein klägliches Heulen und Weinen der Kinder Israel auf den Höhen, dafür daß sie übel getan und des Herrn, ihres Gottes, vergessen haben.

22. So kehret nun wieder, ihr abtrünnigen Kinder, so will ich euch heilen von eurem Ungehorsam. *Siehe, wir kommen zu dir; denn du bist der Herr, unser Gott.

*Hos. 6,1.

23. Wahrlich, es ist eitel Betrug mit Hügeln und mit allen Bergen. Wahrlich, es hat Israel keine Hilfe denn am Herrn, unserm Gott.

24. Und die Schande hat gefressen unsrer Väter Arbeit von unsrer Jugend auf samt ihren Schafen, Rindern, Söhnen und Töchtern.

25. Denn worauf wir uns verließen, das ist uns jetzt eitel Schande, und wessen wir uns trösteten, des müssen wir uns jetzt schämen. Denn wir sündigten damit wider den Herrn, unsern Gott, beide, wir und unsre Väter, von unsrer Jugend auf, auch bis auf diesen heutigen Tag, und gehorchten nicht der Stimme des Herrn, unsers Gottes.

Das 4. Kapitel

Wiederholte Bußpredigt. Weissagung von Verheerung des jüdischen Landes. Trauer des Propheten.

1. Willst du dich, Israel, bekehren, spricht der Herr, so bekehre dich zu mir. Und so du deine Greuel wegtust von meinem Angesicht, so sollst du nicht vertrieben werden.

2. Alsdann wirst du ohne Heuchelei recht und heilig *schwören: So wahr der Herr lebt! und die Heiden werden in ihm gesegnet werden und sich sein rühmen.

*K. 12,16; Jes. 65,16.

3. Denn so spricht der Herr zu denen in Juda und zu Jerusalem: *Pflüget ein Neues und säet nicht unter die Hecken.

*Hos. 10,12.

4. *Beschneidet euch dem Herrn und tut weg die Vorhaut eures Herzens, ihr Männer in Juda und ihr Leute zu Jerusalem, auf daß nicht mein Grimm ausfahre wie Feuer und brenne, daß niemand löschen könne, um eurer Bosheit willen.

*K. 9,25; 5. Mose 10,16.

5. Verkündiget in Juda und schreiet laut zu Jerusalem und sprecht: »Blaset die Drommete im Lande!« Ruft mit voller Stimme und sprecht: »Sammelt euch und laßt uns in die festen Städte ziehen!«

6. Werft zu Zion ein Panier auf; fliehet, und säumet nicht! *Denn ich bringe ein Unglück herzu von Mitternacht und einen großen Jammer. *K. 1,14.

7. Es fährt daher der Löwe aus seiner Hecke, und der Verstörer der Heiden zieht einher aus seinem Ort, daß er dein Land verwüste und deine Städte ausbrenne, daß niemand darin wohne.

8. Darum ziehet Säcke an, klaget und heulet; denn der grimmige Zorn des Herrn will sich nicht wenden von uns.

9. Zu der Zeit, spricht der Herr, wird dem König und den Fürsten das Herz entfallen; die Priester werden bestürzt und die Propheten erschrocken sein.

10. Ich aber sprach: Ach Herr Herr! du hast's diesem Volk und Jerusalem weit fehlgehen lassen, da sie sagten: »Es wird *Friede bei euch sein«, so doch das Schwert bis an die Seele reicht.

*K. 6,14.

11. Zu derselben Zeit wird man diesem Volk und Jerusalem sagen: »Es kommt ein dürrer Wind über das Gebirge her aus der Wüste, des Weges zu der Tochter meines Volks, nicht zum Worfeln noch zum Schwingen.«

12. Ja, ein Wind kommt, der ihnen zu stark sein wird; da will ich denn auch mit ihnen rechten.

13. »Siehe, er fährt daher wie Wolken, und seine Wagen sind wie ein Sturmwind, seine Rosse sind schneller denn Adler. Weh uns! wir müssen verstört werden.«

14. So *wasche nun, Jerusalem, dein Herz von der Bosheit, auf daß dir geholfen werde. Wie lange wollen bei dir bleiben deine leidigen Gedanken? *Jes. 1,16.

15. Denn es kommt ein Geschrei von Dan her und eine böse Botschaft vom Gebirge Ephraim.

16. Saget an den Heiden, verkündigt in Jerusalem, daß Hüter kommen aus fernen Landen und werden schreien wider die Städte Juda's.

17. Sie werden sich *um sie her lagern wie die Hüter auf dem Felde; denn sie haben mich erzürnt, spricht der Herr.

*K. 1,15; 6,3.

18. Das hast du zum Lohn für dein Wesen und dein Tun. Dann wird dein Herz fühlen, wie deine Bosheit so groß ist.

19. Wie ist mir so herzlich weh! Mein Herz pocht mir im Leibe, und habe keine Ruhe; denn meine Seele hört der Posaune Hall und eine Feldschlacht Jes. 16,9.

20. und einen Mordschrei über den andern; denn das ganze Land wird verheert,

plötzlich werden meine Hütten und meine Gezelte verstört.

21. Wie lange soll ich doch das Panier sehen und der Posaune Hall hören?

22. Aber mein Volk ist toll, und sie glauben mir nicht; töricht sind sie und achten's nicht. Weise sind sie genug, Übles zu tun; aber wohltun wollen sie nicht lernen.

23. Ich schaute das Land an, siehe, das war wüst und öde, und den Himmel, und er war finster.

24. Ich sah die Berge an, und siehe, die bebten, und alle Hügel zitterten.

25. Ich sah, und siehe, da war kein Mensch, und alle Vögel unter dem Himmel waren weggeflogen.

26. Ich sah, und siehe, das Gefilde war eine Wüste; und alle Städte darin waren zerbrochen vor dem Herrn und vor seinem grimmigen Zorn.

27. Denn so spricht der Herr: Das ganze Land soll wüst werden, und ich will's *doch nicht gar aus machen. *K.5,10.18.

28. Darum wird das Land betrübt und der Himmel droben traurig sein; denn ich habe es geredet, ich habe es beschlossen, und soll mich nicht reuen, will auch nicht davon ablassen.

29. Aus allen Städten werden sie vor dem Geschrei der Reiter und Schützen fliehen und in die dicken Wälder laufen und in die Felsen kriechen; alle Städte werden verlassen stehen, daß niemand darin wohnt.

30. Was willst du alsdann tun, du Verstörte? Wenn du dich schon mit Purpur kleiden und mit goldenen Kleinoden schmücken und dein Angesicht schminken würdest, so schmückst du dich doch vergeblich; die Buhlen werden dich verachten, sie werden dir nach dem Leben trachten.

31. Denn ich höre ein Geschrei als einer Gebärerin, eine Angst als einer, die in den ersten Kindsnöten ist, ein Geschrei der Tochter Zion, die da klagt und die Hände auswirft: »Ach, wehe mir! Ich muß schier vergehen vor den Würgern.«

Das 5. Kapitel

Mancherlei Sünden des jüdischen Volkes und die dawider gedrohten Strafen.

1. Gehet durch die Gassen zu Jerusalem und schauet und erfahret und suchet auf ihrer Straße, ob ihr jemand findet, der recht tue und nach dem Glauben frage, so will ich dir gnädig sein.

2. Und wenn sie schon sprechen: »Bei dem lebendigen Gott!«, so schwören sie doch falsch.

3. Herr, deine Augen sehen nach dem Glauben. Du *schlägst sie, aber sie fühlen's nicht; du machst es schier aus mit ihnen, aber sie bessern sich nicht. Sie haben ein †härter Angesicht denn ein Fels und wollen sich nicht bekehren.
*K.2,30. †Jes. 48,4.

4. Ich dachte aber: Wohlan, der arme Haufe ist unverständig, weiß nichts um des Herrn Weg und um ihres Gottes Recht.

5. Ich will zu den Gewaltigen gehen und mit ihnen reden; die werden um des Herrn Weg und ihres Gottes Recht wissen. – Aber sie allesamt hatten *das Joch zerbrochen und die Seile zerrissen. *K.2,20.

6. Darum wird sie auch der Löwe, der aus dem Walde kommt, zerreißen, und der Wolf aus der Wüste wird sie verderben, und der Parder wird um ihre Städte lauern; alle, die daselbst herausgehen, wird er fressen. Denn ihrer Sünden sind zuviel, und sie bleiben verstockt in ihrem Ungehorsam. 3.Mose 26,22.

7. Wie soll ich dir denn gnädig sein, weil mich deine Kinder verlassen und schwören bei dem, der nicht Gott ist? und nun ich Ihnen vollauf gegeben habe, treiben sie Ehebruch und laufen ins Hurenhaus.

8. Ein jeglicher wiehert nach seines Nächsten Weibe wie die vollen, müßigen Hengste.

9. Und *ich sollte sie um solches nicht heimsuchen? spricht der Herr, und meine Seele sollte sich nicht rächen an solchem Volk, wie dies ist? *V.29.

10. Stürmet ihre Mauern und werfet sie um und *macht's nicht gar aus! Führet ihre Reben weg, denn sie sind nicht des Herrn; *K.4,27.

11. sondern sie verachten mich, beide, das Haus Israel und das Haus Juda, spricht der Herr.

12. Sie verleugnen den Herrn und sprechen: »Das ist er nicht, und so übel wird es uns nicht gehen; Schwert und Hunger werden wir nicht sehen.

13. Ja, die Propheten sind Schwätzer und haben auch Gottes Wort nicht; es gehe über sie selbst also!«

14. Darum spricht der Herr, der Gott Zebaoth: Weil ihr solche Rede treibt, siehe, so will ich meine Worte in deinem Munde zu Feuer machen und dies Volk zu Holz, und es soll sie verzehren.

15. Siehe, ich will über euch vom Hause Israel, spricht der Herr *ein Volk von ferne bringen, ein mächtiges Volk, ein Volk von alters her, ein Volk, dessen Sprache du

nicht verstehst, und kannst nicht vernehmen, was sie reden. *K. 6,22.
16. Seine Köcher sind offene Gräber; es sind eitel Helden.
17. Sie werden deine Ernte und dein Brot verzehren; sie werden deine Söhne und Töchter fressen; sie werden deine Schafe und Rinder verschlingen; sie werden deine Weinstöcke und Feigenbäume verzehren; deine festen Städte, darauf du dich verlässest, werden sie mit dem Schwert verderben.
18. Doch will ich's, spricht der Herr, zur selben Zeit mit euch nicht gar aus machen.
19. Und ob sie würden sagen: »Warum tut uns der Herr, unser Gott, solches alles?«, sollst du ihnen antworten: Wie ihr mich verlaßt und fremden Göttern dient in eurem eigenen Lande, also sollt ihr auch Fremden dienen in einem Lande, das nicht euer ist.
20. Solches sollt ihr verkündigen im Hause Jakob und predigen in Juda und sprechen:
21. *Höret zu, ihr tolles Volk, das keinen Verstand hat, die da Augen haben, und sehen nicht, Ohren haben, und hören nicht! *Jes. 6,9.10.
22. Wollt ihr mich nicht fürchten? spricht der Herr, und vor mir nicht erschrecken, der *ich dem Meer den Sand zum Ufer setze, darin es allezeit bleiben muß, darüber es nicht gehen darf? Und ob's schon wallet, so vermag's doch nichts; und ob seine Wellen schon toben, so dürfen sie doch nicht darüberfahren.
*Hiob 38,8–11.
23. Aber dies Volk hat ein abtrünniges, ungehorsames Herz; sie bleiben abtrünnig und gehen immerfort weg
24. und sprechen nicht einmal in ihrem Herzen: Lasset uns doch den Herrn, unsern Gott, fürchten, der uns *Frühregen und Spätregen zu rechter Zeit gibt und uns die Ernte treulich und jährlich behütet. *Apg. 14,17.
25. Aber eure Missetaten hindern solches, und *eure Sünden wenden das Gute von euch. *Jes. 59,2.
26. Denn man findet unter meinem Volk Gottlose, die den Leuten nachstellen und Fallen zurichten, sie zu fangen, wie die Vogler tun.
27. Und ihre Häuser sind voller Tücke, wie ein Vogelbauer voller Lockvögel ist. Daher werden sie gewaltig und reich, fett und glatt.
28. Sie gehen mit bösen Stücken um; sie halten kein Recht, der *Waisen Sache fördern sie nicht, daß auch sie Glück hätten, und helfen den Armen nicht zum Recht.
*2. Mose 22,21; Jes. 1,23.
29. Sollte ich denn solches nicht heimsuchen, spricht der Herr, und meine Seele sollte sich nicht rächen an solchem Volk, wie dies ist? V. 9.
30. Es steht greulich und schrecklich im Lande.
31. Die Propheten weissagen falsch, und die Priester herrschen in ihrem Amt, und mein Volk hat's gern also. Wie will es euch zuletzt darob gehen?

Das 6. Kapitel

Über das sichere Volk und seine Verführer kommen grausame Feinde.

1. Fliehet, ihr Kinder Benjamin, aus Jerusalem und blaset die Drommete auf der Warte Thekoa und werft auf ein Panier über der Warte Beth-Cherem! denn es geht daher ein Unglück von Mitternacht und ein großer Jammer. K. 4,6.
2. Die Tochter Zion ist wie eine schöne und lustige Aue.
3. Aber es werden Hirten über sie kommen mit ihren Herden, die *werden Gezelte rings um sie her aufschlagen und weiden ein jeglicher an seinem Ort [und sprechen]: *K. 4,17.
4. »Rüstet euch zum Krieg wider sie! Wohlauf, laßt uns hinaufziehen, weil es noch hoch Tag ist! Ei, es will Abend werden, und die Schatten werden groß!
5. Wohlan, so laßt uns auf sein, und sollten wir bei Nacht hinaufziehen und ihre Paläste verderben!«
6. Denn also spricht der Herr Zebaoth: Fället Bäume und werfet einen Wall auf wider Jerusalem; denn sie ist eine Stadt, die heimgesucht werden soll. Ist *doch eitel Unrecht darin. *K. 5,1.
7. Denn gleichwie ein Born sein Wasser quillt, also quillt auch ihre Bosheit. Ihr Frevel und Gewalt schreit über sie, und ihr Morden und Schlagen treiben sie täglich vor mir.
8. Bessere dich, Jerusalem, ehe sich mein Herz von dir wende und ich dich zum wüsten Lande mache, darin niemand wohne!
9. So spricht der Herr Zebaoth: Was übriggeblieben ist von Israel, das muß nachgelesen werden wie am Weinstock. Der Weinleser wird eins nach dem andern in die Butten werfen.
10. Ach, mit wem soll ich doch reden und

zeugen? Daß doch jemand hören wollte! Aber ihre Ohren sind unbeschnitten; sie können's nicht hören. Siehe, sie halten des Herrn Wort für einen Spott und wollen es nicht.

11. Darum bin ich von des Herrn Dräuen so voll, daß ich's nicht lassen kann. Schütte es aus über die Kinder auf der Gasse und über die Mannschaft im Rat miteinander; denn es sollen beide, Mann und Weib, Alte und der Wohlbetagte, gefangen werden.

12. Ihre Häuser sollen den Fremden zuteil werden samt den Äckern und Weibern; denn ich will meine Hand ausstrecken, spricht der Herr, über des Landes Einwohner.

13. Denn *sie geizen allesamt, klein und groß; und beide, Propheten und Priester, gehen allesamt mit Lügen um *K. 8,10–12.

14. und trösten mein Volk in seinem Unglück, daß sie es gering achten sollen, und sagen: »Friede! Friede!«, und ist doch nicht Friede. *Hesek. 13,10.16; 1. Thess. 5,3.

15. Darum werden sie mit Schanden bestehen, daß sie solche Greuel treiben; wiewohl sie wollen ungeschändet sein und wollen sich nicht schämen. Darum müssen sie fallen auf einen Haufen; und wenn ich sie heimsuchen werde, sollen sie stürzen, spricht der Herr.

16. So spricht der Herr: Tretet auf die Wege und schauet und fraget nach den vorigen Wegen, welches der gute Weg sei, und wandelt darin, so *werdet ihr Ruhe finden für eure Seele! Aber sie sprechen: Wir †wollen's nicht tun!
*Matth. 11,29. †K. 44,16.

17. Ich habe *Wächter über euch gesetzt: Merket auf die Stimme der Drommete! Aber sie sprechen: Wir wollen's nicht tun! *Jes. 52,8; Hesek. 3,17.

18. Darum so höret, ihr Heiden, und merket samt euren Leuten!

19. Du, *Erde, höre zu! Siehe, ich will ein Unglück über dies Volk bringen, ihren verdienten Lohn, darum daß sie auf meine Worte nicht achten und mein Gesetz verwerfen. *5. Mose 32,1; Jes. 1,2.

20. Was frage ich nach dem Weihrauch aus Reicharabien und nach den guten Zimtrinden, die aus fremden Landen kommen? Eure Brandopfer sind mir nicht angenehm, und eure Opfer gefallen mir nicht. Jes. 1,11.

21. Darum spricht der Herr also: Siehe, ich will diesem Volk einen Anstoß in den Weg stellen, daran sich Väter und Kinder miteinander stoßen und ein Nachbar mit dem andern umkommen sollen.

22. So spricht der Herr: Siehe, es wird ein Volk *kommen von Mitternacht, und ein großes Volk wird sich erregen vom Ende der Erde, *K. 5,15; 5. Mose 28,49.

23. die Bogen und Lanze führen. Es ist grausam und ohne Barmherzigkeit; sie brausen daher wie ein ungestümes Meer und reiten auf Rossen, gerüstet wie Kriegsleute, wider dich, du Tochter Zion.
K. 50,42.

24. Wenn wir von ihnen hören werden, so werden uns die Fäuste entsinken; es wird uns angst und weh werden wie einer Gebärerin.

25. Es gehe ja niemand hinaus auf den Acker, niemand gehe über Feld; denn es ist allenthalben unsicher vor dem Schwert des Feindes.

26. O Tochter meines Volks, zieh Säcke an und lege dich in die Asche; trag Leid wie *um einen einzigen Sohn und klage wie die, so hoch betrübt sind! denn der Verderber kommt über uns plötzlich. *Amos 8,10.

27. Ich habe dich zum Schmelzer gesetzt unter mein Volk, das so hart ist, daß du ihr Wesen erfahren und prüfen sollst.

28. Sie sind allzumal Abtrünnige und wandeln verräterisch, *sind Erz und Eisen; alle sind sie verderbt. *Hesek. 22,18.

29. Der Blasbalg ist verbrannt, das Blei verschwindet; das Schmelzen ist umsonst, denn das Böse ist nicht davon geschieden.

30. Darum heißen sie auch ein *verworfenes Silber; denn der Herr hat sie verworfen. *Jes. 1,22.

Das 7. Kapitel

Der äußerliche Gottesdienst ohne Buße ist vor Gott ein Greuel und hält das Gericht nicht auf.

1. Dies ist das Wort, welches geschah zu Jeremia vom Herrn, und sprach:

2. Tritt ins Tor im Hause des Herrn und predige daselbst dies Wort und sprich: Höret des Herrn Wort, ihr alle von Juda, die ihr zu diesen Toren eingehet, den Herrn anzubeten!

3. So spricht der Herr Zebaoth, der Gott Israels: Bessert euer Leben und Wesen, so will ich bei euch wohnen an diesem Ort.
K. 26,13; Jes. 1,16.

4. Verlaßt euch nicht auf die Lügen, wenn sie sagen: Hier ist des Herrn Tempel, hier ist des Herrn Tempel, hier ist des Herrn Tempel!

5. sondern bessert euer Leben und Wesen, daß ihr recht tut einer gegen den andern

6. und *den Fremdlingen, Waisen und Witwen keine Gewalt tut und nicht un-

schuldiges Blut vergießt an diesem Ort,
und folgt nicht nach andern Göttern zu
eurem eigenen Schaden: *2. Mose 22,20.21.
7. so will ich immer und ewiglich bei
euch wohnen an diesem Ort, in dem Lande, das ich euren Vätern gegeben habe.
8. Aber nun verlasset ihr euch auf Lügen,
die nichts nütze sind.
9. Daneben seid ihr Diebe, Mörder,
Ehebrecher und Meineidige und räuchert dem Baal und folgt fremden Göttern nach, die ihr nicht kennt.
10. Darnach kommt ihr dann und tretet
vor mich in diesem Hause, das nach meinem Namen genannt ist, und sprecht: *Es hat keine Not mit uns, weil wir solche Greuel tun. *K. 4,10.
11. Haltet ihr denn dies Haus, das nach
meinem Namen genannt ist, für eine *Mördergrube? Siehe, ich sehe es wohl, spricht der Herr. *Matth. 21,13.
12. Gehet hin an meinen Ort zu *Silo, da
vormals mein Name gewohnt hat, und schauet, was ich daselbst getan habe um der Bosheit willen meines Volks Israel.
*Jos. 18,1; 1. Sam. 4,12; Ps. 78,60.
13. Weil ihr denn alle solche Stücke
treibt, spricht der Herr, und *ich stets euch predigen lasse, und ihr wollt nicht hören, ich rufe euch, und ihr wollt nicht antworten: Spr. 1,24; Jes. 65,12.
14. so *will ich dem Hause, das nach
meinem Namen genannt ist, darauf ihr euch verlasset, und dem Ort, den ich euren Vätern gegeben habe, eben tun, wie ich Silo getan habe, *K. 26,6.
15. und will euch von meinem Angesicht
wegwerfen, *wie ich weggeworfen habe alle eure Brüder, den ganzen Samen Ephraims. *2. Kön. 17,18.20.23.
16. Und du sollst für dies Volk nicht bit-
ten und sollst für sie keine Klage noch Gebet vorbringen, auch nicht sie vertreten vor mir; denn ich will dich nicht hören.
K. 11,14; 14,11.
17. Denn siehst du nicht, was sie tun in
den Städten Juda's und auf den Gassen zu Jerusalem?
18. Die Kinder lesen Holz, so zünden die
Väter das Feuer an, und die Weiber kneten den Teig, daß sie der *Himmelskönigin Kuchen backen, und geben Trankopfer den fremden Göttern, daß sie mir Verdruß tun. *K. 44,17.
19. Aber sie sollen nicht mir damit,
spricht der Herr, sondern sich selbst Verdruß tun und müssen zu Schanden werden.
20. Darum spricht der Herr Herr: Siehe,
mein Zorn und mein Grimm ist ausgeschüttet über diesen Ort, über Menschen und über Vieh, über Bäume auf dem Felde und über die Früchte des Landes; und der soll brennen, daß niemand löschen kann.
21. So spricht der Herr Zebaoth, der Gott
Israels: Tut eure Brandopfer und anderen Opfer zuhauf und esset Fleisch. Ps. 50,8–15.
22. Denn ich habe euren Vätern des
Tages, da ich sie aus Ägyptenland führte, weder gesagt noch geboten von Brandopfern und andern Opfern;
Micha 6,6–8; 1. Sam. 15,22.
23. sondern dies gebot ich ihnen und
sprach: Gehorchet meinem Wort, so will ich euer Gott sein, und ihr sollt mein Volk sein; und wandelt auf allen Wegen, die ich euch gebiete, auf daß es euch wohl gehe.
2. Mose 19,5.
24. Aber sie wollten nicht hören noch
ihre Ohren zuneigen, sondern wandelten nach ihrem eigenen Rat und nach ihres bösen Herzens Gedünken und gingen hinter sich und nicht vor sich. K. 11,8; Jes. 65,2.
25. Ja, von dem Tage an, da ich eure
Väter aus Ägyptenland geführt habe, bis auf diesen Tag habe ich stets zu euch gesandt alle meine Knechte, die Propheten.
26. Aber sie wollten mich nicht hören
noch ihre Ohren neigen, sondern waren halsstarrig und machten's ärger denn ihre Väter. K. 16,12.
27. Und wenn du Ihnen dies alles schon
sagst, so werden sie dich doch nicht hören; rufst du ihnen, so werden sie dir nicht antworten.
28. Darum sprich zu ihnen: Dies ist das
Volk, das den Herrn, seinen Gott, nicht hören noch sich bessern will. Der *Glaube ist untergegangen und ausgerottet von ihrem Munde. *K. 5,1.
29. Schneide deine Haare ab und wirf sie
von dir und wehklage auf den Höhen; denn der Herr hat dies Geschlecht, über das er zornig ist, verworfen und verstoßen.
30. Denn die Kinder Juda tun übel vor
meinen Augen, spricht der Herr. Sie setzen ihre Greuel in das Haus, daß nach meinem Namen genannt ist, daß sie es verunreinigen, K. 32,34.
31. und bauen die Altäre des *Thopheth
im Tal Ben-Hinnom, daß sie †ihre Söhne und Töchter verbrennen, was ich nie geboten noch in den Sinn genommen habe.
*2. Kön. 23,10. †3. Mose 18,21.
32. Darum siehe, es kommt die Zeit,
spricht der Herr, daß man's nicht mehr heißen soll Thopheth und das Tal Ben-

Hinnom, sondern Würgetal; und man
wird im Thopheth müssen begraben, weil
sonst kein Raum mehr sein wird. K. 19,6.
33. Und die Leichname dieses Volks sollen den Vögeln des Himmels und den Tieren auf Erden zur Speise werden, davon
sie niemand scheuchen wird. K. 19,7; 9,21.
34. Und ich will in den Städten Juda's
und auf den Gassen zu Jerusalem wegnehmen das Geschrei der Freude und Wonne
und die Stimme des Bräutigams und der
Braut; denn das Land soll wüst sein. K. 16,9.

Das 8. Kapitel

Die größte Schmach, Verheerung und Verbannung kommt über das Volk wegen seines Abfalls.

1. Zu derselben Zeit, spricht der Herr,
wird man die Gebeine der Könige Juda's,
die Gebeine ihrer Fürsten, die Gebeine der
Priester, die Gebeine der Propheten, die
Gebeine der Bürger zu Jerusalem aus ihren Gräbern werfen;
2. und wird sie hinstreuen unter Sonne,
Mond und alles Heer des Himmels, welche
*sie geliebt und denen sie gedient haben,
denen sie nachgefolgt sind und die sie gesucht und angebetet haben. Sie sollen
nicht wieder aufgelesen und †begraben
werden, sondern Kot auf der Erde sein.
*5. Mose 4,19. †K. 14,16.
3. Und alle übrigen von diesem bösen
Volk, an welchem Ort sie sein werden,
dahin ich sie verstoßen habe, werden lieber tot denn lebendig sein wollen, spricht
der Herr Zebaoth.
4. Darum sprich zu ihnen: So spricht der
Herr: Wo ist jemand, so er fällt, der nicht
gerne wieder aufstünde? Wo ist jemand, so
er irregeht, der nicht gerne wieder zu-
rechtkäme?
5. Dennoch will ja dies Volk zu Jerusalem
irregehen für und für. Sie halten so hart
an dem falschen Gottesdienst, daß sie sich
nicht wollen abwenden lassen.
6. Ich sehe und höre, daß sie nichts
Rechtes reden. Keiner ist, dem seine Bosheit leid wäre und der spräche: Was mache
ich doch! Sie laufen alle ihren Lauf wie ein
grimmiger Hengst im Streit.
7. Ein Storch unter dem Himmel weiß
seine Zeit, eine Turteltaube, Kranich und
Schwalbe merken ihre Zeit, wann sie wiederkommen sollen; aber mein Volk will
das Recht des Herrn nicht wissen. Jes. 1,3.
8. Wie mögt ihr doch sagen: »Wir wissen,
was recht ist, und haben die heilige Schrift
vor uns«? Ist's doch eitel Lüge, was die
Schriftgelehrten setzen.
9. Darum müssen solche Lehrer zu
Schanden, erschreckt und gefangen werden; denn was können sie Gutes lehren,
weil sie des Herrn Wort verwerfen?
10. Darum will ich ihre Weiber den
Fremden geben und ihre Äcker denen, die
sie verjagen werden. *Denn sie geizen allesamt, beide, klein und groß; und beide,
Priester und Propheten, gehen mit Lügen
um *K. 6,13–15; Jes. 56,11.
11. und trösten mein Volk in ihrem Unglück, daß sie es gering achten sollen, und
sagen: »Friede! Friede!«, und ist doch
nicht Friede.
12. Darum werden sie mit Schanden bestehen, daß sie solche Greuel treiben; wiewohl sie wollen ungeschändet sein und
wollen sich nicht schämen. Darum müssen sie fallen auf einen Haufen; und wenn
ich sie heimsuchen werde, sollen sie stürzen, spricht der Herr.
13. Ich will sie also ablesen, spricht der
Herr, daß keine Trauben am Weinstock
und keine Feigen am Feigenbaum bleiben,
ja auch die Blätter wegfallen sollen; und
was ich ihnen gegeben habe, das soll ihnen
genommen werden.
14. Wo werden wir dann wohnen? Ja,
sammelt euch dann und laßt uns in die
festen Städte ziehen, daß wir daselbst umkommen. Denn der Herr, unser Gott, wird
uns umkommen lassen und tränken mit
einem *bittern Trunk, daß wir so gesündigt haben wider den Herrn. *K. 9,14.
15. Wir hofften, es *sollte Friede werden,
so kommt nichts Gutes; wir hofften, wir
sollten heil werden, aber siehe, so ist mehr
Schaden da. *K. 14,19.
16. Man hört ihre Rosse schnauben von
Dan her; vom Wiehern ihrer Gäule erbebt
das ganze Land. Und sie fahren daher und
werden das Land auffressen mit allem, was
darin ist, die Stadt samt allen, die darin
wohnen.
17. Denn siehe, ich will Schlangen und
Basilisken unter euch senden, die nicht
*zu beschwören sind; die sollen euch ste-
chen, spricht der Herr. *Pred. 10,11.
18. Was mag mich in meinem Jammer
erquicken? Mein Herz in mir ist krank.
K. 4,19.
19. Siehe, die Tochter meines Volks wird
schreien aus fernem Lande her: »Will
denn der Herr nicht mehr Gott sein zu
Zion, oder soll sie keinen König mehr haben?« Ja, warum haben sie mich so erzürnt durch ihre Bilder und fremde, unnütze Gottesdienste?
20. »Die Ernte ist vergangen, der Som-

mer ist dahin, und uns ist keine Hilfe gekommen.«
21. Mich jammert herzlich, daß mein
Volk so verderbt ist; ich gräme mich und
gehabe mich übel.
22. Ist denn *keine Salbe in Gilead, oder
ist kein Arzt da? Warum ist denn die Tochter meines Volks nicht geheilt? K. 46,11.
23. [K. 9,1.] Ach *daß ich Wasser genug
hätte in meinem Haupte und meine Augen
Tränenquellen wären, daß ich Tag und
Nacht beweinen möchte die Erschlagenen
in meinem Volk! *K. 13,17; Klagel. 1,16.

Das 9. Kapitel

Klage über das Verderben des Volks, das mit seinem unbeschnittenen Herzen den einzigen Weg des Heils verschmäht.

1. [2.] Ach daß ich eine Herberge hätte in
der Wüste, so wollte ich mein Volk verlassen und von ihnen ziehen! Denn es sind
eitel Ehebrecher und ein frecher Haufe.
2. [3.] Sie schießen mit ihren Zungen
eitel Lüge und keine Wahrheit und treiben's mit Gewalt im Lande und gehen von
einer Bosheit zur andern und achten mich
nicht, spricht der Herr.
3. [4.] Ein jeglicher hüte sich vor seinem
Freunde und traue auch seinem Bruder
nicht; denn ein Bruder unterdrückt den
andern, und ein Freund verrät den andern. Micha 7,5.6.
4. [5.] Ein Freund täuscht den andern
und reden kein wahres Wort; sie fleißigen
sich darauf, wie einer den andern betrüge,
und ist ihnen leid, daß sie es nicht ärger
machen können.
5. [6.] Es ist allenthalben eitel Trügerei
unter ihnen, und vor Trügerei wollen sie
mich nicht kennen, spricht der Herr.
6. [7.] Darum spricht der Herr Zebaoth
also: Siehe, ich will sie schmelzen und
prüfen. Denn was soll ich sonst tun, wenn
ich ansehe die Tochter meines Volks?
7. [8.] Ihre falschen Zungen sind mörderische Pfeile; mit ihrem Munde reden sie
freundlich gegen den Nächsten, aber im
Herzen lauern sie auf ihn.
8. [9.] Sollte ich nun solches nicht heimsuchen an ihnen, spricht der Herr, und
meine Seele sollte sich nicht rächen an
solchem Volk, wie dies ist? K. 5,9.
9. [10.] Ich muß auf den Bergen weinen
und heulen und bei den Hürden in der
Wüste klagen; denn sie sind so gar verheert, daß niemand da wandelt und man
auch nicht ein Vieh schreien hört. Es ist
beides, *Vögel des Himmels und das Vieh,
alles weg. *K. 4,25; 12,4.
10. [11.] Und ich will Jerusalem zum
Steinhaufen und zur Wohnung der Schakale machen und will die Städte Juda's
wüst machen, daß niemand darin wohnen
soll. K. 26,18.
11. [12.] Wer nun *weise wäre und ließe
es sich zu Herzen gehen und verkündigte,
was des Herrn Mund zu ihm sagt, warum
das Land verderbt und verheert wird wie
eine Wüste, da niemand wandelt!
*5. Mose 32,29.
12. [13.] Und der Herr sprach: Darum
daß sie mein Gesetz verlassen, das ich
ihnen vorgelegt habe, und gehorchen
meiner Rede nicht, leben auch nicht darnach,
13. [14.] sondern folgen *ihres Herzens
Gedünken und den Baalim, wie sie ihre
Väter gelehrt haben: *K. 7,24.
14. [15.] darum spricht der Herr Zebaoth, der Gott Israels, also: Siehe, ich will
dies Volk mit Wermut speisen und mit
Galle tränken; K. 23,15.
15. [16.] ich will sie unter die Heiden
zerstreuen, welche weder sie noch ihre
Väter gekannt haben, und will das Schwert
hinter sie schicken, bis daß es aus mit
ihnen sei. 3. Mose 26,33.
16. [17.] So spricht der Herr Zebaoth:
Schaffet und bestellet Klageweiber, daß
sie kommen, und schickt nach denen, die
es wohl können,
17. [18.] daß sie eilend um uns klagen,
daß unsre Augen von Tränen rinnen und
unsre Augenlider von Wasser fließen,
18. [19.] daß man ein klägliches Geschrei höre zu Zion: Ach, wie sind wir so
gar verstört und zu Schanden geworden!
Wir müssen das Land räumen; denn sie
haben unsre Wohnungen geschleift.
19. [20.] So höret nun, ihr Weiber, des
Herrn Wort und nehmet zu Ohren seines
Mundes Rede; lehret eure Töchter weinen,
und eine lehre die andere klagen:
20. [21.] Der Tod ist zu unsern Fenstern
eingefallen und in unsre Paläste gekommen, die Kinder zu würgen auf der Gasse
und die Jünglinge auf der Straße.
21. [22.] So spricht der Herr: Sage: Der
Menschen *Leichname sollen liegen wie
der Mist auf dem Felde und wie Garben
hinter dem Schnitter, die niemand sammelt. *K. 7,33.
22. [23.] So spricht der Herr: Ein Weiser
rühme sich nicht seiner Weisheit, ein
Starker rühme sich nicht seiner Stärke,
ein Reicher rühme sich nicht seines
Reichtums;
23. [24.] sondern wer sich rühmen will,

der *rühme sich des, daß er mich wisse
und kenne, daß ich der Herr bin, der
Barmherzigkeit, Recht und Gerechtigkeit
übt auf Erden; denn solches gefällt mir,
spricht der Herr. *1. Kor. 1,31; 2. Kor. 10,17.
24. [25.] Siehe, es kommt die Zeit,
spricht der Herr, daß ich heimsuchen
werde alle, die Beschnittenen mit den Unbeschnittenen:
25. [26.] Ägypten, Juda, Edom, die Kinder Ammon, Moab und alle, die *das Haar rundumher abschneiden, die in der Wüste wohnen. Denn alle Heiden haben unbeschnittene Vorhaut; aber das ganze Israel hat ein †unbeschnittenes Herz.

*3. Mose 19,27. †K. 4,4; 5. Mose 30,6.

Das 10. Kapitel

Die Götzen und Götzendiener wird der lebendige Gott verderben, aber sein Volk mit Maßen züchtigen.

1. Höret, was der Herr zu euch vom Hause Israel redet.
2. So spricht der Herr: Ihr sollt nicht der Heiden Weise lernen und sollt euch nicht fürchten vor den Zeichen des Himmels, wie die Heiden sie fürchten.
3. Denn der Heiden Satzungen sind lauter Nichts. Denn *sie hauen im Walde einen Baum, und der Werkmeister macht Götter mit dem Beil *Jes. 44,10–20.
4. und schmückt sie mit Silber und Gold und heftet sie mit Nägeln und Hämmern, daß sie nicht umfallen.
5. Es sind ja nichts als überzogene Säulen. Sie können nicht reden; so muß man sie auch tragen, denn sie können nicht gehen. Darum sollt ihr euch nicht vor ihnen fürchten; denn sie können weder helfen noch Schaden tun.
6. Aber dir, Herr, ist niemand gleich; du bist groß, und dein Name ist groß, und kannst es mit der Tat beweisen.
7. Wer sollte dich nicht fürchten, du König der Heiden? Dir sollte man gehorchen; denn es ist unter allen Weisen der Heiden und in allen Königreichen deinesgleichen nicht.
8. Sie sind allzumal Narren und Toren; denn ein Holz muß ja ein nichtiger Gottesdienst sein.
9. Silbernes Blech bringt man aus Tharsis, Gold aus Uphas, durch den Meister und Goldschmied zugerichtet; blauen und roten Purpur zieht man ihm an, und ist alles der Weisen Werk.
10. Aber der Herr ist ein rechter Gott, ein lebendiger Gott, ein ewiger König. Vor seinem Zorn bebt die Erde, und die Heiden können sein Drohen nicht ertragen.
11. So sprecht nun zu ihnen also: Die Götter, die Himmel und Erde nicht gemacht haben, müssen vertilgt werden von der Erde und unter dem Himmel.

(V. 12–16: vgl. K. 51,15–19.)

12. Er aber hat die Erde durch seine Kraft gemacht und den Weltkreis bereitet durch seine Weisheit und den Himmel ausgebreitet durch seinen Verstand.
13. Wenn er donnert, so ist des Wassers die Menge unter dem Himmel, und er zieht die Nebel auf vom Ende der Erde; er macht die Blitze im Regen und läßt den Wind kommen aus seinen Vorratskammern. Ps. 135,7; Hiob 38,24–30.
14. Alle Menschen sind Narren mit ihrer Kunst, und alle Goldschmiede bestehen mit Schanden mit ihren Bildern; denn ihre Götzen sind Trügerei und haben kein Leben.
15. Es ist eitel Nichts und ein verführerisches Werk; sie müssen umkommen, wenn sie heimgesucht werden.
16. Aber also ist der nicht, der Jakobs *Schatz ist; sondern er ist's, der alles geschaffen hat, und Israel ist sein †Erbteil. Er heißt Herr Zebaoth.

*Ps. 16,5. †5. Mose 32,9.

17. Tue deinen Kram weg aus dem Lande, die du wohnest in der Feste.
18. Denn so spricht der Herr: Siehe, ich will die Einwohner des Landes auf diesmal wegschleudern und will sie ängsten, daß sie es fühlen sollen.
19. Ach mein Jammer und Herzeleid! Ich denke aber: Es ist meine Plage; ich *muß sie leiden. *Ps. 77,11.
20. Meine Hütte ist zerstört, und alle meine Seile sind zerrissen. Meine Kinder sind von mir gegangen und nicht mehr da. Niemand ist, der meine Hütte wieder aufrichte und mein Gezelt aufschlage.
21. Denn die Hirten sind zu Narren geworden und fragen nach dem Herrn nicht; darum können sie auch nichts Rechtes lehren, und ihre ganze Herde ist zerstreut.
22. Siehe, es kommt ein Geschrei daher und ein großes Beben aus dem Lande von Mitternacht, daß die Städte Juda's verwüstet und zur Wohnung der Schakale werden sollen.
23. Ich weiß, Herr, daß des Menschen Tun steht nicht in seiner Gewalt, und steht in niemands Macht, wie er wandle oder seinen Gang richte. Spr. 16,9; Pred. 9,11.
24. Züchtige mich, Herr, – doch mit Maßen und nicht in deinem Grimm, auf daß

du mich nicht aufreibest.
K. 46,28; Ps. 6,2; Hab. 1,12.
25. *Schütte aber deinen Zorn über die Heiden, so dich nicht kennen, und über die Geschlechter, so deinen Namen nicht anrufen. Denn sie haben Jakob aufgefressen und verschlungen; sie haben ihn weggeräumt und seine Wohnung verwüstet.
*Ps. 79,6.

Das 11. Kapitel

Gottes Bund. Treulosigkeit seines Volks.
Jeremia's Lebensgefahr.

1. Dies ist das Wort, das zu Jeremia geschah vom Herrn, und sprach:
2. Höret die Worte dieses Bundes, daß ihr sie denen in Juda und den Bürgern zu Jerusalem saget.
3. Und sprich zu ihnen: So spricht der Herr, der Gott Israels: *Verflucht sei, wer nicht gehorcht den Worten dieses Bundes,
*5. Mose 27,26.
4. den ich euren Vätern gebot des Tages, da ich sie aus Ägyptenland führte, aus dem eisernen Ofen, und sprach: Gehorchet meiner Stimme und tut, wie ich euch geboten habe, so sollt ihr mein Volk sein, und ich will euer Gott sein,
5. auf daß ich den Eid halten möge, den ich euren Vätern geschworen habe, ihnen zu geben *ein Land, darin Milch und Honig fließt, wie es denn heutigestages steht. Ich antwortete und sprach: Herr, ja, es sei also!
*2. Mose 3,8.
6. Und der Herr sprach zu mir: Predige alle diese Worte in den Städten Juda's und auf den Gassen zu Jerusalem und sprich: Höret die Worte dieses Bundes und tut darnach!
7. Denn ich habe euren Vätern gezeugt von dem Tage an, da ich sie aus Ägyptenland führte, bis auf den heutigen Tag und zeugte stets und sprach: Gehorchet meiner Stimme!
8. Aber sie gehorchten nicht, neigten auch ihre Ohren nicht; sondern ein jeglicher ging nach seines bösen Herzens Gedünken. Darum habe ich auch über sie kommen lassen alle Worte dieses Bundes, den ich geboten habe zu tun, und nach dem sie doch nicht getan haben. K. 7,24.26.
9. Und der Herr sprach zu mir: Ich weiß wohl, wie sie in Juda und zu Jerusalem sich rotten.
10. Sie kehren sich eben zu den Sünden ihrer Väter, die vormals waren, welche auch nicht gehorchen wollten meinen Worten und folgten auch andern Göttern nach und dienten ihnen. Also hat das Haus Israel und das Haus Juda meinen Bund gebrochen, den ich mit ihren Vätern gemacht habe.
11. Darum siehe, spricht der Herr, ich will ein Unglück über sie gehen lassen, dem sie nicht sollen entgehen können; und *wenn sie zu mir schreien, will ich sie nicht hören.
*Spr. 1,28; Jes. 1,15.
12. So laß denn die Städte Juda's und die Bürger zu Jerusalem hingehen und zu den Göttern schreien, denen sie geräuchert haben; aber *sie werden ihnen nicht helfen in ihrer Not.
*K. 2,28; 5. Mose 32,37.38.
13. Denn so manche Stadt, so manche Götter hast du Juda; und so manche Gassen zu Jerusalem sind, so manchen Schandaltar habt ihr aufgerichtet, dem Baal zu räuchern.
14. So bitte *du nun nicht für dies Volk und tue kein Flehen noch Gebet für sie; denn ich will sie nicht hören, wenn sie zu mir schreien in ihrer Not.
*K. 7,16; 14,11.
15. Was haben meine Freunde in meinem Hause zu schaffen? Sie treiben alle Schalkheit und meinen, das heilige Fleisch soll es von ihnen nehmen; und wenn sie übeltun, sind sie guter Dinge darüber.
16. Der Herr nannte dich einen grünen, schönen, fruchtbaren Ölbaum; aber nun hat er mit einem großen Mordgeschrei ein Feuer um ihn lassen anzünden, daß seine Äste verderben müssen.
17. Denn der Herr Zebaoth, der dich gepflanzt hat, hat dir ein Unglück gedroht um der Bosheit willen des Hauses Israel und des Hauses Juda, welche sie treiben, daß sie mich erzürnen mit ihrem Räuchern, das sie dem Baal tun.
18. Der Herr hat mir's offenbart, daß ich's weiß, und zeigte mir ihr Vornehmen,
19. nämlich, daß sie mich wie ein armes *Schaf zur Schlachtbank führen wollen. Denn ich wußte nicht, daß sie wider mich beratschlagt hatten und gesagt: Laßt uns den Baum mit seinen Früchten verderben und ihn aus dem Lande der Lebendigen ausrotten, daß seines Namens nimmermehr gedacht werde.
*Jes. 53,7.
20. Aber du, Herr Zebaoth, du gerechter Richter, der du *Nieren und Herzen prüfst, laß mich deine Rache über sie sehen; denn ich habe dir meine Sache befohlen.
*Ps. 7,10.
21. Darum spricht der Herr also wider die Männer zu *Anathoth, die dir nach deinem Leben stehen und sprechen: Weissage uns nicht im Namen des Herrn, willst

du anders nicht von unsern Händen sterben! *K.1,1.
22. darum spricht der Herr Zebaoth also: Siehe, ich will sie heimsuchen; ihre junge Mannschaft soll mit dem Schwert getötet werden, und ihre Söhne und Töchter sollen Hungers sterben, daß nichts von ihnen übrigbleibe;
23. denn ich will über die Männer zu Anathoth Unglück kommen lassen des Jahres, wann sie heimgesucht werden sollen.

Das 12. Kapitel

Trauriger Zustand des Landes wegen der Sünden seiner Einwohner.
Weissagung über benachbarte Völker.

1. Herr, wenn ich gleich mit dir rechten wollte, so behältst du doch recht; dennoch muß ich vom Recht mit dir reden. *Warum geht's doch den Gottlosen so wohl; und die Verächter haben alles die Fülle?
*Hiob 21,7; Ps. 73,3.
2. Du pflanzest sie, daß sie wurzeln und wachsen und Frucht bringen. Nahe bist du in ihrem Munde, aber ferne von ihrem Herzen;
3. mich aber, Herr, kennst du und siehst mich und prüfst mein Herz vor dir. Reiße sie weg wie Schafe, daß sie geschlachtet werden; und sondere sie aus, daß sie gewürgt werden.
4. Wie lange soll doch das Land so jämmerlich stehen und das Gras auf dem Felde allenthalben verdorren um der Einwohner Bosheit willen, daß beide, *Vieh und Vögel, nimmer da sind? Denn sie sprechen: Ja, er weiß viel, wie es uns gehen wird. *K.9,9.
5. Wenn dich die müde machen, die zu Fuße gehen, wie will dir's gehen, wenn du mit den Reitern laufen sollst? Und so du in dem Lande, da es Friede ist, Sicherheit suchst, was will mit dir werden bei dem stolzen Jordan?
6. Denn es verachten dich auch deine Brüder und deines Vaters Haus und schreien zeter! über dich. Darum vertraue du ihnen nicht, wenn sie gleich freundlich mit dir reden.
7. Ich habe mein Haus verlassen müssen und mein Erbe meiden, und was meine Seele liebt, in der Feinde Hand geben.
8. Mein Erbe ist mir geworden wie ein Löwe im Walde und brüllt wider mich; darum bin ich gram geworden.
9. Mein Erbe ist wie der sprenklige Vogel, um welchen sich die Vögel sammeln. Wohlauf, und sammelt euch, alle Feldtiere, kommet und fresset!
10. Es haben Hirten, und deren viel, meinen Weinberg verderbt und meinen Acker zertreten; sie haben meinen schönen Acker zur Wüste gemacht, sie haben's öde gemacht.
11. Ich sehe bereits, wie es so jämmerlich verwüstet ist; ja das ganze Land ist wüst. Aber es will's niemand zu Herzen nehmen.
12. Denn die Verstörer fahren daher über alle Hügel der Wüste, und das fressende Schwert des Herrn von einem Ende des Landes bis zum andern; und kein Fleisch wird Frieden haben.
13. Sie säen Weizen, aber Disteln werden sie ernten; sie lassen's sich sauer werden, aber sie werden's nicht genießen; sie werden ihres Einkommens nicht froh werden vor dem grimmigen Zorn des Herrn.
5.Mose 28,38; Hos. 8,7.
14. So spricht der Herr wider alle meine bösen Nachbarn, so das Erbteil antasten, das ich meinem Volk Israel ausgeteilt habe: Siehe, ich will sie aus ihrem Lande ausreißen und das Haus Juda aus ihrer Mitte reißen.
15. Und wenn ich sie nun ausgerissen habe, will ich mich wiederum über sie erbarmen und will einen jeglichen zu seinem Erbteil und in sein Land wiederbringen.
16. Und soll geschehen, wo sie von meinem Volk lernen werden, daß sie *schwören bei meinem Namen: »So wahr der Herr lebt!«, wie sie zuvor mein Volk gelehrt haben schwören bei Baal, so sollen sie unter meinem Volk erbaut werden.
*K.4,2; 5.Mose 6,13.
17. Wo sie aber nicht hören wollen, so will ich solches Volk ausreißen und umbringen, spricht der Herr.

Das 13. Kapitel

Strafe der Juden unter zwei Sinnbildern vorgestellt. Wegführung des Volks.

1. So spricht der Herr zu mir: Gehe hin und kaufe dir einen leinenen Gürtel und gürte damit deine Lenden und mache ihn nicht naß.
2. Und ich kaufte einen Gürtel nach dem Befehl des Herrn und gürtete ihn um meine Lenden.
3. Da geschah des Herrn Wort zum andernmal zu mir und sprach:
4. Nimm den Gürtel, den du gekauft und um deine Lenden gegürtet hast, und ma-

che dich auf und gehe hin an den Euphrat und verstecke ihn daselbst in einen Steinritz.

5. Ich ging hin und versteckte ihn am Euphrat, wie mir der Herr geboten hatte.

6. Nach langer Zeit aber sprach der Herr zu mir: Mache dich auf und gehe hin an den Euphrat und hole den Gürtel wieder, den ich dich hieß daselbst verstecken.

7. Ich ging hin an den Euphrat und grub auf und nahm den Gürtel von dem Ort, dahin ich ihn versteckt hatte; und siehe, der Gürtel war verdorben, daß er nichts mehr taugte.

8. Da geschah des Herrn Wort zu mir und sprach:

9. So spricht der Herr: Eben also will ich auch verderben die große Hoffart Juda's und Jerusalems.

10. Das böse Volk, das meine Worte nicht hören will, sondern gehen *hin nach Gedünken ihres Herzens und folgen andern Göttern, daß sie ihnen dienen und sie anbeten: sie sollen werden wie der Gürtel, der nichts mehr taugt. *K. 11,8.

11. Denn gleichwie ein Mann den Gürtel um seine Lenden bindet, also habe ich, spricht der Herr, das ganze Haus Israel und das ganze Haus Juda um mich gegürtet, daß sie mein Volk sein sollten, mir zu einem Namen, zu Lob und Ehren; aber sie wollen nicht hören.

12. So sage ihnen nun dies Wort: So spricht der Herr, der Gott Israels: Es sollen alle Krüge mit Wein gefüllt werden. So werden sie zu dir sagen: Wer weiß das nicht, daß man alle Krüge mit Wein füllen soll?

13. So sprich zu ihnen: So spricht der Herr: Siehe, ich will alle, die in diesem Lande wohnen, die Könige, die auf dem Stuhl Davids sitzen, die Priester und Propheten und alle Einwohner zu Jerusalem füllen, daß sie *trunken werden sollen; *K. 25,15–18; Jes. 51,17.

14. und will einen mit dem andern, die Väter samt den Kindern, verstreuen, spricht der Herr; und will weder schonen noch übersehen noch barmherzig sein über ihrem Verderben.

15. So höret nun und merket auf und trotzet nicht; denn der Herr hat's geredet.

16. Gebet dem Herrn, eurem Gott, die Ehre, ehe denn es finster werde und ehe eure Füße sich an den dunklen Bergen stoßen, daß ihr des Lichts wartet, so er's doch gar finster und dunkel machen wird.

17. Wollt ihr aber solches nicht hören, so muß meine Seele heimlich weinen über solche Hoffart; meine *Augen müssen von Tränen fließen, daß des Herrn Herde gefangen wird. *K. 8,23.

18. Sage dem König und der Königin: Setzt euch herunter; denn die *Krone der Herrlichkeit ist euch von eurem Haupt gefallen. *Klagel. 5,16.

19. Die Städte gegen Mittag sind verschlossen, und ist niemand, der sie auftue; das ganze Juda ist rein weggeführt.

20. Hebet eure Augen auf und sehet, wie sie von Mitternacht daherkommen. Wo ist nun die Herde, so dir befohlen war, deine herrliche Herde?

21. Was willst du sagen, wenn er dich so heimsuchen wird? Denn du hast sie so gewöhnt wider dich, daß sie Fürsten und Häupter sein wollen. Was gilt's? es wird dich Angst ankommen wie ein Weib in Kindsnöten.

22. Und wenn du in deinem Herzen sagen willst: »Warum begegnet doch mir solches?« Um der Menge willen deiner Missetaten sind dir deine *Säume aufgedeckt und ist deinen Fersen Gewalt geschehen. *Jes. 47,2.3; Hesek. 16,37.

23. Kann auch ein Mohr seine Haut wandeln oder ein Parder seine Flecken? So *könnt ihr auch Gutes tun, die ihr des Bösen gewohnt seid. *Ps. 55,20.

24. Darum will ich sie zerstreuen wie Stoppeln, die vor dem Winde aus der Wüste verweht werden.

25. Das soll dein Lohn sein und dein Teil, den ich dir zugemessen habe, spricht der Herr. Darum daß du mein vergessen hast und verlässest dich auf Lügen,

26. so will auch ich deine Säume hoch aufdecken, daß man deine Schande sehen muß. V. 22.

27. Denn ich habe gesehen deine Ehebrecherei, deine Geilheit, deine freche Hurerei, ja, deine Greuel auf Hügeln und auf Äckern. Weh dir, Jerusalem! Wann wirst du doch endlich rein werden?

Das 14. Kapitel

Ankündigung von Dürre und Hungersnot.
Jeremia's Gebet im Namen des Volks.

1. Dies ist das Wort, das der Herr zu Jeremia sagte von der teuren Zeit:

2. Juda liegt jämmerlich, ihre Tore stehen elend; es steht kläglich auf dem Lande, und ist zu Jerusalem ein großes Geschrei.

3. Die Großen schicken die Kleinen nach Wasser; aber wenn sie zum Brunnen kommen, finden sie kein Wasser und bringen

ihre Gefäße leer wieder; sie gehen traurig und betrübt und verhüllen ihre Häupter.

4. Darum daß die Erde lechzet, weil es nicht regnet auf die Erde, gehen die Ackerleute traurig und verhüllen ihre Häupter. Joel 1,11.

5. Denn auch die *Hinden, die auf dem Felde werfen, verlassen die Jungen, weil kein Gras wächst. *Hirschkühe.

6. Das Wild steht auf den Hügeln und schnappt nach der Luft wie die Drachen und verschmachtet, weil kein Kraut wächst.

7. Ach Herr, unsre Missetaten haben's ja verdient; aber hilf doch um deines Namens willen! denn unser Ungehorsam ist groß, damit wir wider dich gesündigt haben. Dan. 9,4–14.

8. Du bist der Trost Israels und sein Nothelfer; warum stellst du dich, als wärest du ein Gast im Lande und ein Fremder, der nur über Nacht darin bleibt?

9. Warum stellst du dich wie ein Held, der verzagt ist, und wie ein Riese, der nicht helfen kann? Du bist ja doch unter uns, Herr, und wir heißen *nach deinem Namen; verlaß uns nicht! *K. 15,16; Jes. 43,7.

10. So spricht der Herr von diesem Volk: Sie laufen gern hin und wieder und bleiben nicht gern daheim; darum will sie der Herr nicht, sondern er denkt nun an ihre Missetat und will ihre Sünden heimsuchen.

11. Und der Herr sprach zu mir: *Du sollst nicht für dies Volk um Gnade bitten. *K. 7,16; 11,14.

12. Denn ob sie gleich fasten, so will ich doch ihr Flehen nicht hören; und ob sie Brandopfer und Speisopfer bringen, so gefallen sie mir doch nicht, sondern ich will sie mit Schwert, Hunger und Pestilenz aufreiben. Jes. 58,3; K. 6,20.

13. Da sprach ich: Ach Herr Herr, siehe, die Propheten sagen ihnen: Ihr werdet kein Schwert sehen und keine Teuerung bei euch haben; sondern ich will euch guten Frieden geben an diesem Ort.

14. Und der Herr sprach zu mir: Die *Propheten weissagen falsch in meinem Namen; ich habe sie nicht gesandt und ihnen nichts befohlen und nichts mit ihnen geredet. Sie predigen euch falsche Gesichte, Deutungen, Abgötterei und ihres Herzens Trügerei. *K. 23,21; 27,14.15; 29,8.9.

15. Darum so spricht der Herr von den Propheten, die in *meinem Namen weissagen, so ich sie doch nicht gesandt habe, und die dennoch predigen, es werde kein Schwert noch Teuerung in dies Land kommen: Solche Propheten sollen sterben durch Schwert und Hunger. *5. Mose 18,20.

16. Und die Leute, denen sie weissagen, sollen vom Schwert und Hunger auf den Gassen zu Jerusalem hin und her liegen, daß sie niemand *begraben wird, also auch ihre Weiber, Söhne und Töchter; und ich will ihre Bosheit über sie schütten. *K. 8,2.

17. Und du sollst zu ihnen sagen dies Wort: Meine *Augen fließen von Tränen Tag und Nacht und hören nicht auf; denn die Jungfrau, die Tochter meines Volks, ist greulich zerplagt und jämmerlich geschlagen. *K. 8,23.

18. Gehe ich hinaus aufs Feld, siehe, so liegen da Erschlagene mit dem Schwert; komme ich in die Stadt, so liegen da vor Hunger Verschmachtete. Denn es müssen auch die Propheten, dazu auch die Priester in ein Land ziehen, das sie nicht kennen.

19. Hast du denn Juda verworfen, oder hat deine Seele einen Ekel an Zion? Warum hast du uns denn so geschlagen, daß uns niemand heilen kann? *Wir hofften, es sollte Friede werden; so kommt nichts Gutes. Wir hofften, wir sollten heil werden; aber siehe, so ist mehr Schaden da. *K. 8,15.

20. Herr, wir erkennen unser gottlos Wesen und unsrer Väter Missetat; denn wir haben wider dich gesündigt. V. 7.

21. Aber um deines Namens willen laß uns nicht geschändet werden; laß den Thron deiner Herrlichkeit nicht verspottet werden; gedenke doch und laß deinen Bund mit uns nicht aufhören.

22. Es ist doch ja unter der Heiden Götzen keiner, der Regen könnte geben; auch der Himmel kann nicht regnen. Du bist doch ja der Herr, unser Gott, auf den wir hoffen; denn du kannst solches alles tun.

Das 15. Kapitel

Der Untergang des Volks ist unvermeidlich;
doch der Rest soll Gnade finden.
Besonderes Trostwort für Jeremia.

1. Und der Herr sprach zu mir: Und wenngleich *Mose und Samuel vor mir stünden, so habe ich doch kein Herz zu diesem Volk; treibe sie weg von mir und laß sie hinfahren! *Ps. 99,6; Hesek. 14,14.

2. Und wenn sie zu dir sagen: Wo sollen wir hin? so sprich zu ihnen: So spricht der Herr: Wen *der Tod trifft, den treffe er; wen das Schwert trifft, den treffe es; wen der Hunger trifft, den treffe er; wen das

Gefängnis trifft, den treffe es.
*K.43,11; Sach. 11,9.
3. Denn ich will sie heimsuchen mit *viererlei Plagen, spricht der Herr: mit dem Schwert, daß sie erwürgt werden; mit Hunden, die sie schleifen sollen; mit den Vögeln des Himmels und mit Tieren auf Erden, daß sie gefressen und vertilgt werden sollen. *Hesek. 14,21.
4. Und ich will sie in allen Königreichen auf Erden hin und her treiben lassen *um Manasses willen, des Sohnes Hiskias, des Königs in Juda, um deswillen, was er zu Jerusalem begangen hat.
*2. Kön. 21,11–16; 23,26.
5. Wer will denn sich dein erbarmen, Jerusalem? Wer wird denn Mitleiden mit dir haben? Wer wird denn hingehen und dir Frieden wünschen?
6. Du hast mich verlassen, spricht der Herr, und bist von mir abgefallen; darum habe ich meine Hand ausgestreckt wider dich, daß ich dich verderben will; ich bin des Erbarmens müde.
7. Ich will sie mit der *Wurfschaufel zum Lande hinausworfeln und will mein Volk, so von seinem Wesen sich nicht bekehren will, zu eitel Waisen machen und umbringen. *Matth. 3,12.
8. Es sollen mir mehr Witwen unter ihnen werden, denn Sand am Meer ist. Ich will über die Mutter der jungen Mannschaft kommen lassen einen offenbaren Verderber und die Stadt damit plötzlich und unversehens überfallen lassen,
9. daß die, so sieben Kinder hat, soll elend sein und von Herzen seufzen. Denn *ihre Sonne soll bei hohem Tage untergehen, daß ihr Ruhm und ihre Freude ein Ende haben soll. Und die übrigen will ich ins Schwert geben vor ihren Feinden, spricht der Herr. *Amos 8,9.
10. Ach, meine Mutter, daß du mich geboren hast, wider den jedermann hadert und zankt im ganzen Lande! Habe ich doch weder auf Wucher geliehen noch genommen; doch flucht mir jedermann.
*K.20,14.
11. Der Herr sprach: Wohlan, ich will euer etliche übrigbehalten, denen es soll wieder wohl gehen, und will euch zu Hilfe kommen in der Not und Angst unter den Feinden.
12. Meinst du nicht, daß etwa ein Eisen sei, welches könnte das Eisen und Erz von Mitternacht zerschlagen?
13. Ich will aber zuvor euer Gut und eure Schätze zum Raube geben, daß ihr nichts dafür kriegen sollt, und das um aller eurer Sünden willen, die ihr in allen euren Grenzen begangen habt.
14. Und will euch zu euren Feinden bringen in ein Land, das ihr nicht kennet; denn es ist das Feuer in meinem Zorn über euch angegangen.
15. Ach Herr, du weißt es; gedenke an mich und nimm dich meiner an und räche mich an meinen Verfolgern. Nimm mich auf und verzieh nicht deinen Zorn über sie; denn du weißt, daß ich um deinetwillen geschmäht werde.
16. Dein Wort ward meine *Speise, da ich's empfing; und dein Wort ist meines Herzens Freude und Trost; denn ich bin ja nach deinem Namen genannt, Herr, Gott Zebaoth. *Hesek. 3,1–3.
17. Ich habe mich nicht zu den Spöttern gesellt noch mich mit ihnen gefreut, sondern bin allein geblieben vor deiner Hand; denn du hattest mich gefüllt mit deinem Grimm.
18. Warum währt doch mein Leiden so lange, und *meine Wunden sind so gar böse, daß sie niemand heilen kann? Du bist mir geworden wie ein Born, der nicht mehr quellen will. *K.30,12.
19. Darum spricht der Herr also: Wo du dich zu mir hältst, so will ich mich zu dir halten, und sollst mein Prediger bleiben. Und wo du die Frommen lehrest sich sondern von den bösen Leuten, so sollst du mein Mund sein. Und ehe du solltest zu ihnen fallen, so müssen sie eher zu dir fallen.
20. *Denn ich habe dich wider dies Volk zur festen, ehernen Mauer gemacht; ob sie wider dich streiten, sollen sie dir doch nichts anhaben; denn ich bin bei dir, daß ich dir helfe und dich errette, spricht der Herr, *K. 1,18.
21. und will dich erretten aus der Hand der Bösen und erlösen aus der Hand der Tyrannen.

Das 16. Kapitel

Verwüstung und Verbannung Juda's wegen seines Götzendienstes.
Israels Wiederbringung aus Babel.

1. Und des Herrn Wort geschah zu mir und sprach:
2. Du sollst kein Weib nehmen und weder Söhne noch Töchter zeugen an diesem Ort.
3. Denn so spricht der Herr von den Söhnen und Töchtern, die an diesem Ort geboren werden, dazu von ihren Müttern, die sie gebären, und von ihren Vätern, die sie zeugen in diesem Lande:

4. Sie sollen an Krankheiten sterben und weder beklagt noch begraben werden, sondern sollen Dung werden auf dem Lande, dazu durch Schwert und Hunger umkommen, und ihre Leichname sollen der Vögel des Himmels und der Tiere auf Erden Speise sein.
5. Denn so spricht der Herr: Du sollst nicht zum Trauerhaus gehen und sollst auch nirgend hin zu klagen gehen noch Mitleiden über sie haben; denn ich habe meinen Frieden von diesem Volk weggenommen, spricht der Herr, samt meiner Gnade und Barmherzigkeit,
6. daß beide, groß und klein, sollen in diesem Lande sterben und nicht begraben noch beklagt werden, und niemand wird sich über sie zerritzen und kahl scheren.
7. Und man wird auch nicht unter sie Brot austeilen bei der Klage, sie zu trösten über die Leiche, und ihnen auch nicht aus dem Trostbecher zu trinken geben über Vater und Mutter.
8. Du sollst auch in kein Trinkhaus gehen, bei ihnen zu sitzen, weder zu essen noch zu trinken.
9. Denn so spricht der Herr Zebaoth, der Gott Israels: Siehe, ich will an diesem Ort *wegnehmen vor euren Augen und bei eurem Leben die Stimme der Freude und Wonne, die Stimme des Bräutigams und der Braut. *K. 7,34.
10. Und wenn du solches alles diesem Volk gesagt hast und sie zu dir sprechen werden: Warum redet der Herr über uns all dies große Unglück? welches ist die Missetat und Sünde, damit wir wider den Herrn, unsern Gott, gesündigt haben?
11. sollst du ihnen sagen: Darum daß eure Väter mich verlassen haben, spricht der Herr, und andern Göttern gefolgt sind, ihnen gedient und sie angebetet, mich aber verlassen und mein Gesetz nicht gehalten haben
12. und ihr noch ärger tut als eure Väter. Denn siehe, ein jeglicher lebt nach seines bösen Herzens Gedünken, daß er mir nicht gehorche. K. 7,24–26.
13. Darum will ich euch aus diesem Lande stoßen in ein Land, davon weder ihr noch eure Väter gewußt haben; daselbst sollt ihr andern Göttern dienen Tag und Nacht, dieweil ich euch keine Gnade erzeigen will.
14. Darum siehe, es kommt die Zeit, spricht der Herr, daß man nicht mehr sagen wird: So wahr der Herr lebt, der die Kinder Israel aus Ägyptenland geführt hat! K. 23,7.8.
15. sondern: So wahr der Herr lebt, der die Kinder Israel geführt hat aus dem Lande der Mitternacht und aus allen Ländern, dahin er sie verstoßen hatte! Denn ich will sie wiederbringen in das Land, das ich ihren Vätern gegeben habe.
16. Siehe, ich will viel Fischer aussenden, spricht der Herr, die sollen sie fischen; und darnach will ich viel Jäger aussenden, die sollen sie fangen auf allen Bergen und auf allen Hügeln und in allen Steinritzen.
17. Denn meine Augen sehen auf alle ihre Wege, daß sie vor mir sich nicht verhehlen können; und ihre Missetat ist vor meinen Augen unverborgen.
18. Aber zuvor will ich ihre Missetat und Sünde zwiefach bezahlen, darum daß sie mein Land mit den Leichen ihrer Abgötterei verunreinigt und mein Erbe mit ihren Greueln angefüllt haben.
19. Herr, du bist meine Stärke und Kraft und meine Zuflucht in der Not. Die Heiden werden zu dir kommen von der Welt Enden und sagen: Unsre Väter haben falsche und nichtige Götter gehabt, die nichts nützen können.
20. Wie kann ein Mensch Götter machen, die doch nicht Götter sind?
21. Darum siehe, nun will ich sie lehren und meine Hand und Gewalt ihnen kundtun, daß sie erfahren sollen, ich heiße der Herr.

Das 17. Kapitel

Strafe der Abgötterei, des Vertrauens auf Menschen, des Betrugs.
Aufforderung zur Heiligung des Sabbats.

1. Die Sünde Juda's ist geschrieben mit eisernen Griffeln und mit spitzigen Demanten geschrieben und auf die Tafel ihres Herzens gegraben und auf die Hörner an ihren Altären,
2. daß ihre Kinder gedenken sollen derselben Altäre und Ascherabilder bei den grünen Bäumen, auf den hohen Bergen.
3. Aber ich will deine Höhen, beide, auf Bergen und Feldern, samt deiner Habe und allen deinen Schätzen zum Raube geben um der Sünde willen, in allen deinen Grenzen begangen.
4. Und du sollst aus deinem Erbe verstoßen werden, das ich dir gegeben habe, und will dich zu Knechten deiner Feinde machen in einem Lande, das du nicht kennst; denn ihr habt *ein Feuer meines Zorns angezündet, das ewiglich brennen wird. *K. 15,14.
5. So spricht der Herr: Verflucht ist der

Mann, der sich auf Menschen verläßt und
hält Fleisch für seinen Arm und mit seinem Herzen vom Herrn weicht.
Ps. 118,8; 146,3.
6. Der wird sein *wie die Heide in der
Wüste und wird nicht sehen den zukünftigen Trost, sondern wir bleiben in der Dürre, in der Wüste, in einem unfruchtbaren
Lande, da niemand wohnt. *K. 48,6.
7. Gesegnet aber ist der Mann, der sich
auf den Herrn verläßt und des Zuversicht
der Herr ist. Ps. 146,5.
8. Der ist wie ein Baum, am Wasser gepflanzt und am Bach gewurzelt. Denn obgleich eine Hitze kommt, fürchtet er sich
doch nicht, sondern seine Blätter bleiben
grün, und sorgt nicht, wenn ein dürres
Jahr kommt, sondern er bringt ohne Aufhören Früchte. Ps. 1,3.
9. Es ist das Herz ein trotzig und verzagt
Ding; wer kann es ergründen?
10. Ich, *der Herr, kann das Herz ergründen und die Nieren prüfen und †gebe
einem jeglichen nach seinem Tun, nach
den Früchten seiner Werke.
*Ps. 7,10. †Röm. 2,6.
11. Denn gleichwie ein Vogel, der sich
über Eier setzt und brütet sie nicht aus,
also ist der, so unrecht Gut sammelt; denn
er muß davon, wenn er's am wenigsten
achtet, und muß doch zuletzt Spott dazu
haben. Ps. 39,7.
12. Aber die Stätte unsers Heiligtums,
der Thron göttlicher Ehre, ist allezeit fest
geblieben.
13. Denn, Herr, du bist die Hoffnung Israels. Alle, die dich verlassen, müssen zu
Schanden werden, und die Abtrünnigen
müssen in die Erde geschrieben werden;
denn sie *verlassen den Herrn, die Quelle
des lebendigen Wassers. *K. 2,13.
14. Heile du mich, Herr, so werde ich
heil; hilf du mir, so ist mir geholfen; denn
du bist mein Ruhm.
15. Siehe, sie sprechen zu mir: Wo ist
denn des Herrn Wort? Laß es doch kommen! Jes. 5,19.
16. Aber ich bin nicht von dir geflohen,
daß ich nicht dein Hirte wäre; so habe ich
den bösen Tag nicht begehrt, das weißt
du; was ich gepredigt habe, das ist recht
vor dir.
17. Sei du mir nur nicht schrecklich,
meine Zuversicht in der Not!
18. Laß sie zu Schanden werden, die
mich verfolgen, und mich nicht; laß sie
erschrecken, und mich nicht; laß den Tag
des Unglücks über sie kommen und zerschlage sie zwiefach!
19. So spricht der Herr zu mir: Gehe hin
und tritt unter das Tor des Volks, dadurch
die Könige Juda's aus und ein gehen, und
unter alle Tore zu Jerusalem
20. und sprich zu ihnen: Höret des Herrn
Wort, ihr Könige Juda's und ganz Juda
und alle Einwohner zu Jerusalem, so zu
diesem Tor eingehen.
21. So spricht der Herr: Hütet euch und
tragt keine Last am Sabbattage durch die
Tore hinein zu Jerusalem
22. und führet keine Last am Sabbattage
aus euren Häusern und tut keine Arbeit,
sondern heiliget den Sabbattag, *wie ich
euren Vätern geboten habe. *Jes. 56,2; 58,13.
23. Aber sie hören nicht und neigen ihre
Ohren nicht, sondern bleiben halsstarrig,
daß sie mich ja nicht hören noch sich
ziehen lassen. K. 11,8.
24. So ihr mich hören werdet, spricht
der Herr, daß ihr keine Last traget des
Sabbattages durch dieser Stadt Tore ein,
sondern ihn heiliget, daß ihr keine Arbeit
an demselben Tage tut:
25. so sollen auch durch dieser Stadt Tore aus und ein gehen Könige und Fürsten,
die auf dem Stuhl Davids sitzen, und reiten und fahren, auf Wagen und Rossen, sie
und ihre Fürsten samt allen, die in Juda
und Jerusalem wohnen; und soll diese
Stadt ewiglich bewohnt werden;
26. und sollen kommen aus den Städten
Juda's, und die um Jerusalem her liegen,
und aus dem Lande Benjamin, aus den
Gründen und von den Gebirgen und vom
Mittag, die da bringen Brandopfer,
Schlachtopfer, Speisopfer und Weihrauch
zum Hause des Herrn.
27. Werdet ihr mich aber nicht hören,
daß ihr den Sabbattag heiliget und keine
Last traget durch die Tore zu Jerusalem
ein am Sabbattage, so will ich ein Feuer
unter ihren Toren anzünden, das die Häuser zu Jerusalem verzehren und nicht gelöscht werden soll.

Das 18. Kapitel

Buße erhält, Unbußfertigkeit verderbt.
Klage und Gebet Jeremias.

1. Dies ist das Wort, das geschah vom
Herrn zu Jeremia, und sprach:
2. Mache dich auf und gehe hinab in des
Töpfers Haus; daselbst will ich dich meine
Worte hören lassen.
3. Und ich ging hinab in des Töpfers
Haus, und siehe, er arbeitete eben auf der
Scheibe.
4. Und der Topf, den er aus dem Ton

machte, mißriet ihm unter den Händen. Da machte er einen andern Topf daraus, wie es ihm gefiel.
5. Da geschah des Herrn Wort zu mir und sprach:
6. Kann ich nicht auch also mit euch umgehen, ihr vom Hause Israel, wie dieser Töpfer? spricht der Herr. Siehe, wie der Ton ist in des Töpfers Hand, also seid auch ihr vom Hause Israel in meiner Hand.
Jes. 45,9; Röm. 9,21.
7. Plötzlich rede ich wider ein Volk und Königreich, daß ich es ausrotten, zerbrechen und verderben wolle. K. 1,10.
8. Wo sich's aber bekehrt von seiner Bosheit, dawider ich rede, so soll mich auch reuen das Unglück, das ich ihm gedachte zu tun. K. 26,3.19; Jona 3,10.
9. Und plötzlich rede ich von einem Volk und Königreich, daß ich's bauen und pflanzen wolle.
10. So es aber Böses tut vor meinen Augen, daß es meiner Stimme nicht gehorcht, so soll mich auch reuen das Gute, das ich ihm verheißen hatte zu tun.
11. So sprich nun zu denen in Juda und zu den Bürgern zu Jerusalem: So spricht der Herr: Siehe, ich bereite euch ein Unglück zu und habe Gedanken wider euch; darum *kehre sich ein jeglicher von seinem bösen Wesen und bessert euer Wesen und Tun. *K. 25,5; 7,3.
12. Aber sie sprechen: *Daraus wird nichts; wir wollen nach unsern Gedanken wandeln und ein jeglicher tun nach †Gedünken seines bösen Herzens.
*K. 6,16. †K. 3,17.
13. Darum spricht der Herr: Fragt doch unter den Heiden: Wer hat je desgleichen gehört? Daß die Jungfrau Israel so gar greuliche Dinge tut!
14. Bleibt doch der Schnee länger auf den Steinen im Felde, wenn's vom Libanon herab schneit, und das Regenwasser verschießt nicht so bald, wie mein Volk mein vergißt.
15. Sie räuchern den Göttern und richten Ärgernis an auf ihren Wegen für und für und gehen auf ungebahnten Straßen,
16. auf daß ihr Land zur Wüste werde, ihnen zur ewigen Schande, daß, wer vorübergeht, sich verwundere und den Kopf schüttle.
17. Denn ich will sie wie durch einen Ostwind zerstreuen vor ihren Feinden; ich will ihnen *den Rücken, und nicht das Antlitz zeigen, wenn sie verderben. *K. 2,27.
18. Aber sie sprechen: Kommt und laßt uns wider Jeremia ratschlagen; denn die Priester können nicht irren im Gesetz, und die Weisen können nicht fehlen mit Raten, und die Propheten können nicht unrecht lehren! Kommt her, laßt uns ihn mit der Zunge totschlagen und nichts geben auf alle seine Rede!
19. Herr, habe acht auf mich und höre die Stimme meiner Widersacher!
20. Ist's recht, daß man Gutes mit Bösem vergilt? Denn *sie haben meiner Seele eine Grube gegraben. Gedenke doch, wie ich vor dir gestanden bin, daß ich ihr Bestes redete und deinen Grimm von ihnen wendete. *Ps. 35,7.
21. So strafe nun ihre Kinder mit Hunger und laß sie ins Schwert fallen, daß ihre Weiber ohne Kinder und Witwen seien und ihre Männer zu Tode geschlagen und ihre junge Mannschaft im Streit durchs Schwert erwürgt werde;
22. daß ein Geschrei aus ihren Häusern gehört werde, wie du plötzlich habest Kriegsvolk über sie kommen lassen. Denn sie haben eine Grube gegraben, mich zu fangen, und meinen Füßen Stricke gelegt.
23. Und weil du, Herr, weißt alle ihre Anschläge wider mich, daß sie mich töten wollen, so vergib *ihnen ihre Missetat nicht und laß ihre Sünde vor dir nicht ausgetilgt werden. Laß sie vor dir gestürzt werden und handle mit ihnen nach deinem Zorn. *Ps. 109,14.15.

Das 19. Kapitel

Verwüstung Jerusalems durch Zerbrechen eines irdenen Krugs dargestellt.

1. So spricht der Herr: Gehe hin und kaufe dir einen irdenen Krug vom Töpfer, samt etlichen von den Ältesten des Volks und von den Ältesten der Priester,
2. und gehe hinaus ins Tal *Ben-Hinnom, das vor dem Ziegeltor liegt, und predige daselbst die Worte, die ich dir sage,
*V. 11; K. 7,31.
3. und sprich: Höret des Herrn Wort, ihr Könige Juda's und Bürger zu Jerusalem! So spricht der Herr Zebaoth, der Gott Israels: Siehe, ich will ein *solch Unglück über diese Stätte gehen lassen, daß, wer es hören wird, dem die Ohren klingen sollen,
*1. Sam. 3,11; 2. Kön. 21,12.
4. darum daß sie mich verlassen und diese Stätte einem fremden Gott gegeben haben und andern Göttern darin geräuchert haben, die weder sie noch ihre Väter noch die Könige Juda's gekannt haben, und haben die Stätte voll unschuldigen Bluts gemacht

5. und haben dem Baal Höhen gebaut,
ihre *Kinder zu verbrennen dem Baal zu
Brandopfern, was ich ihnen weder geboten noch davon geredet habe, was auch in
mein Herz nie gekommen ist. *K. 7,31.32.
6. Darum siehe, es wird die Zeit kommen, spricht der Herr, daß man diese
Stätte nicht mehr Thopheth noch das Tal
Ben-Hinnom, sondern Würgetal heißen
wird.
7. Und ich will den Gottesdienst Juda's
und Jerusalems an diesem Ort zerstören
und will sie durchs Schwert fallen lassen
vor ihren Feinden, unter der Hand derer,
die nach ihrem Leben stehen, und will
*ihre Leichname den Vögeln des Himmels
und den Tieren auf Erden zu fressen geben
*K. 7,33.
8. und will diese Stadt wüst machen und
zum Spott, *daß alle, die vorübergehen,
werden sich verwundern über alle ihre
Plage und ihrer spotten. *K. 18,16.
9. Ich will sie lassen *ihrer Söhne und
Töchter Fleisch fressen, und einer soll des
andern Fleisch fressen in der Not und
Angst, damit sie ihre Feinde und die, so
nach ihrem Leben stehen, bedrängen werden. *5. Mose 28,53.
10. Und du sollst den Krug zerbrechen
vor den Männern, die mit dir gegangen
sind,
11. und sprich zu ihnen: So spricht der
Herr Zebaoth: Eben *wie man eines Töpfers Gefäß zerbricht, das nicht kann wieder ganz werden, so will ich dies Volk und
diese Stadt auch zerbrechen; und sie sollen dazu im †Thopheth begraben werden,
weil sonst kein Raum sein wird, zu begraben. *Jes. 30,14. †K. 7,32.
12. So will ich mit dieser Stätte, spricht
der Herr, und ihren Einwohnern umgehen, daß diese Stadt werden soll gleich wie
das Thopheth.
13. Dazu sollen die Häuser zu Jerusalem
und die Häuser der Könige Juda's ebenso
unrein werden wie die Stätte Thopheth, ja,
alle Häuser, wo sie auf den *Dächern geräuchert haben allem Heer des Himmels
und andern Göttern Trankopfer geopfert
haben. *K. 32,29; Zeph. 1,5.
14. Und da Jeremia wieder vom Thopheth kam, dahin ihn der Herr gesandt
hatte, zu weissagen, trat er in den Vorhof
am Hause des Herrn und sprach zu allem
Volk:
15. So spricht der Herr Zebaoth, der Gott
Israels: Siehe, ich will über diese Stadt
und über alle ihre Städte all das Unglück
kommen lassen, das ich wider sie geredet
habe, darum daß sie halsstarrig sind und
meine Worte nicht hören wollen.

Das 20. Kapitel

Von Pashur mißhandelt, verkündigt Jeremia die babylonische Gefangenschaft und klagt, daß er Prophet geworden.

1. Da aber Pashur, ein Sohn Immers, der
Priester, der zum Obersten im Hause des
Herrn gesetzt war, Jeremia hörte solche
Worte weissagen,
2. schlug er den Propheten Jeremia und
legte ihn in den Stock unter dem Obertor
Benjamin, welches am Hause des Herrn
ist.
3. Und da es Morgen ward, zog Pashur
Jeremia aus dem Stock. Da sprach Jeremia
zu ihm: Der Herr heißt dich nicht Pashur,
sondern Schrecken um und um.
4. Denn so spricht der Herr: Siehe, ich
will dich zum Schrecken machen dir
selbst und allen deinen Freunden, und sie
sollen fallen durchs Schwert ihrer Feinde;
das sollst du mit deinen Augen sehen. Und
will das ganze Juda in die Hand des Königs
zu Babel übergeben; der soll sie wegführen gen Babel und mit dem Schwert töten.
5. Auch will ich alle Güter dieser Stadt
samt allem, was sie gearbeitet, und *alle
Kleinode und alle Schätze der Könige Juda's in ihrer Feinde Hand geben, daß sie
dieselben rauben, nehmen und gen Babel
bringen. *Jes. 39,6.
6. Und du, Pashur, sollst mit allen deinen
Hausgenossen gefangen gehen und gen
Babel kommen; daselbst sollst du sterben
und begraben werden samt allen deinen
Freunden, welchen du Lügen predigst.
7. Herr, du *hast mich überredet, und
ich habe mich überreden lassen; du bist
mir zu stark gewesen und hast gewonnen;
aber ich bin darüber zum Spott geworden
täglich, und jedermann verlacht mich.
*K. 1,7.
8. Denn seit ich geredet, gerufen und gepredigt habe von der Plage und Verstörung, ist mir des Herrn Wort zum Hohn
und Spott geworden täglich. Jes. 49,4.
9. Da dachte ich: Wohlan, ich will sein
nicht mehr gedenken und nicht mehr in
seinem Namen predigen. Aber es ward in
meinem Herzen wie ein brennendes Feuer, in meinen Gebeinen verschlossen, daß
ich's nicht leiden konnte, und wäre
*schier vergangen. *bald.
10. Denn ich höre, wie mich viele schelten und schrecken um und um. »Hui, verklagt ihn! Wir wollen ihn verklagen!«

sprechen alle meine Freunde und Gesellen, »ob wir ihn übervorteilen und ihm
beikommen mögen und uns an ihm rächen.« Ps.31,14.
11. Aber der Herr ist *bei mir wie ein
starker Held; darum werden meine Verfolger fallen und nicht obliegen, sondern sollen sehr zu Schanden werden, darum daß
sie so töricht handeln; ewig wird die
Schande sein, deren man nicht vergessen
wird. *K.1,8.19; 15,20.
12. Und nun, Herr Zebaoth, der du die
Gerechten prüfst, Nieren und Herz siehst,
laß mich deine Rache an ihnen sehen;
denn ich habe dir meine Sache befohlen.
K.11,20.
13. Singet dem Herrn, rühmet den
Herrn, der des Armen Leben aus der Boshaften Händen errettet!
14. Verflucht sei der Tag, darin ich geboren bin; der Tag müsse ungesegnet sein,
darin mich meine Mutter geboren hat!
K.15,10; Hiob 3,1–10; 10,18.
15. Verflucht sei der, so meinem Vater
gute Botschaft brachte und sprach: »Du
hast einen jungen Sohn«, daß er ihn fröhlich machen wollte!
16. Der Mann müsse sein *wie die Städte, so der Herr umgekehrt, und ihn nicht
gereut hat; und müsse des Morgens hören
ein Geschrei und des Mittags ein Heulen!
*1.Mose 19,24.25.
17. Daß du mich doch nicht getötet hast
im Mutterleibe, daß meine Mutter mein
Grab gewesen und ihr Leib ewig schwanger geblieben wäre!
18. Warum bin ich doch aus Mutterleibe
hervorgekommen, daß ich solchen Jammer und Herzeleid sehen muß und meine
Tage mit Schanden zubringen!

Das 21. Kapitel

Auf Zedekias Anfrage kündigt Jeremia die Zerstörung Jerusalems an und zeigt, was der einzige Weg der Rettung sei.

1. Dies ist das Wort, so vom Herrn geschah zu Jeremia, da der König Zedekia zu
ihm sandte Pashur, den Sohn Malchias,
und *Zephanja, den Sohn Maasejas, den
Priester, und ließ ihm sagen: *K.29,25.
2. Frage doch den Herrn für uns. Denn
Nebukadnezar, der König zu Babel, streitet wider uns; daß der Herr doch mit uns
tun wolle nach allen seinen Wundern, damit er von uns abzöge.
3. Jeremia sprach zu ihnen: So saget Zedekia:
4. Das spricht der Herr, der Gott Israels:
Siehe, ich will die Waffen zurückwenden,
die ihr in euren Händen habt, womit ihr
streitet wider den König zu Babel und wider die Chaldäer, welche euch draußen an
der Mauer belagert haben; und will sie
zuhauf sammeln mitten in dieser Stadt.
5. Und ich will wider euch streiten mit
ausgereckter Hand, mit starkem Arm, mit
Zorn, Grimm und großer Ungnade.
6. Und will die Bürger dieser Stadt schlagen, die Menschen und das Vieh, daß sie
sterben sollen durch eine große Pestilenz.
7. Und darnach, spricht der Herr, will ich
Zedekia, den König Juda's, samt seinen
Knechten und dem Volk, das in dieser
Stadt vor der Pestilenz, vor Schwert und
Hunger übrigbleiben wird, geben in die
Hände Nebukadnezars, des Königs zu Babel, und in die Hände ihrer Feinde, und in
die Hände derer, die ihnen nach dem Leben stehen, daß er sie mit der Schärfe des
Schwerts also schlage, daß kein Schonen
noch Gnade noch Barmherzigkeit da sei.
8. Und sage diesem Volk: So spricht der
Herr: *Siehe, ich lege euch vor den Weg
zum Leben und den Weg zum Tode.
*5.Mose 11,26.
9. Wer in dieser Stadt bleibt, der wird
sterben müssen durch Schwert, Hunger
und Pestilenz; wer aber sich hinausbegibt
zu den Chaldäern, die euch belagern, der
soll lebendig bleiben und soll sein Leben
als eine Ausbeute behalten. K.38,2.
10. Denn ich habe mein Angesicht über
diese Stadt gerichtet zum Unglück und zu
keinem Guten, spricht der Herr. Sie soll
dem König zu Babel übergeben werden,
daß er sie mit Feuer verbrenne.
11. Und höret des Herrn Wort, ihr vom
Hause des Königs in Juda!
12. Du Haus David, so spricht der Herr:
Haltet des Morgens Gericht und *errettet
den Beraubten aus des Frevlers Hand, auf
daß †mein Grimm nicht ausfahre wie ein
Feuer und brenne also, daß niemand löschen könne, um eures bösen Wesens willen. *K.22,3. †K.7,20.
13. Siehe, spricht der Herr, ich will an
dich, die du wohnest im Grunde, auf dem
Felsen der Ebene und sprichst: Wer will
uns überfallen oder in unsre Feste kommen?
14. Ich will euch heimsuchen, spricht
der Herr, nach der Frucht eures Tuns; ich
will ein Feuer anzünden in ihrem Walde,
das soll alles umher verzehren.

Das 22. Kapitel

Weissagung gegen die Könige Sallum (Joahas), Jojakim und Jechonja.

1. So spricht der Herr: Gehe hinab in das Haus des Königs in Juda und rede daselbst dies Wort
2. und sprich: Höre des Herrn Wort, du König Juda's, der du auf dem Stuhl Davids sitzest, du und deine Knechte und dein Volk, die zu diesen Toren eingehen.
3. So spricht der Herr: Haltet Recht und Gerechtigkeit, und errettet den Beraubten von des Frevlers Hand, und schindet nicht die Fremdlinge, Waisen und Witwen, und tut niemand Gewalt, und vergießt nicht unschuldig Blut an dieser Stätte. K. 21,12.
4. Werdet ihr solches tun, so sollen durch die Tore dieses Hauses einziehen Könige, die auf Davids Stuhl sitzen, zu Wagen und zu Rosse, samt ihren Knechten und ihrem Volk. K. 17,25.
5. Werdet ihr aber solchem nicht gehorchen, so habe ich bei mir selbst geschworen, spricht der Herr, dies Haus soll verstört werden.
6. Denn so spricht der Herr von dem Hause des Königs in Juda: Ein Gilead bist du mir, ein Haupt im Libanon. Was gilt's? ich will dich zur Wüste und die Städte ohne Einwohner machen.
7. Denn ich habe Verderber über dich bestellt, einen jeglichen mit seinen Waffen; die sollen deine auserwählten Zedern umhauen und ins Feuer werfen.
8. So werden viele Heiden vor dieser Stadt vorübergehen und untereinander sagen: Warum hat der Herr mit dieser großen Stadt also gehandelt?
9. Und man wird antworten: Darum daß sie den Bund des Herrn, ihres Gottes, verlassen und andere Götter angebetet und ihnen gedient haben.
10. Weinet nicht über die Toten und grämet euch nicht darum, weinet aber über den, der dahinzieht; denn er wird nimmer wiederkommen, daß er sein Vaterland sehen möchte.
11. Denn so spricht der Herr von Sallum, dem Sohn Josias, des Königs in Juda, welcher König ist anstatt seines Vaters Josia, der *von dieser Stätte hinausgezogen ist: Er wird nicht wieder herkommen,

*2. Chron. 36,3.4.

12. sondern muß sterben an dem Ort, dahin er gefangen geführt ist, und wird dies Land nicht mehr sehen.
13. Weh dem, der sein *Haus mit Sünden baut und seine Gemächer mit Unrecht, der seinen Nächsten umsonst arbeiten läßt und †gibt ihm seinen Lohn nicht

*Micha 3,10. †3. Mose 19,13.

14. und denkt: »Wohlan, ich will mir ein großes Haus bauen und weite Gemächer!« und läßt sich Fenster drein hauen und es mit Zedern täfeln und rot malen!
15. Meinst du, du wollest König sein, weil du mit Zedern prangst? Hat dein Vater nicht auch gegessen und getrunken und hielt dennoch über Recht und Gerechtigkeit, und es ging ihm wohl?
16. Er half dem Elenden und Armen zum Recht, und es ging ihm wohl. Ist's nicht also, daß solches heißt, mich recht erkennen? spricht der Herr.
17. Aber deine Augen und dein Herz stehen nicht also, sondern auf deinen Geiz, auf unschuldig Blut zu vergießen, zu freveln und unterzustoßen.
18. Darum spricht der Herr von Jojakim, dem Sohn Josias, dem König Juda's: Man wird ihn nicht beklagen: »Ach Bruder! ach Schwester!«, man wird ihn nicht beklagen: »Ach Herr! ach Edler!« K. 34,5.
19. Er soll wie ein Esel begraben werden, zerschleift und hinausgeworfen vor die Tore Jerusalems. Jes. 14,19.
20. Gehe hinauf auf den Libanon und schreie und laß dich hören zu Basan und schreie von Abarim; denn alle deine Liebhaber sind zunichte gemacht.
21. Ich habe dir's vorhergesagt, da es noch wohl um dich stand; aber du sprachst: »Ich will nicht hören.« Also hast du dein Lebtage getan, daß du meiner Stimme nicht gehorchtest.
22. Alle deine Hirten wird der Wind weiden, und deine Liebhaber ziehen gefangen dahin; da mußt du *zum Spott und zu Schanden werden um aller deiner Bosheit willen. *K. 25,9.18.
23. Die du jetzt auf dem Libanon wohnest und in Zedern nistest, wie schön wirst du sehen, wenn dir Schmerzen und Wehen kommen werden wie einer in Kindsnöten! K. 13,21.
24. So wahr ich lebe, spricht der Herr, wenn *Chonja, der Sohn Jojakims, der König Juda's, ein Siegelring wäre an meiner rechten Hand, so wollte ich dich doch abreißen *K. 24,1.
25. und in die Hände geben derer, die nach deinem Leben stehen und vor welchen du dich fürchtest, in die Hände Nebukadnezars, des Königs zu Babel, und der Chaldäer.
26. Und will *dich und deine Mutter, die dich geboren hat, in ein anderes Land trei-

ben, das nicht euer Vaterland ist, und sollt
daselbst sterben. *2.Kön.24,12.15.
27. Und in das Land, da sie von Herzen
gern wieder hin wären, sollen sie nicht
wiederkommen.
28. Wie ein elender, verachteter, versto-
ßener Mann ist doch Chonja! ein unwertes
Gefäß! Ach wie ist er doch samt seinem
Samen so vertrieben und in ein unbekann-
tes Land geworfen!
29. O Land, Land, Land, höre des Herrn
Wort!
30. So spricht der Herr: Schreibet an diesen Mann als einen, der ohne Kinder ist,
einen Mann, dem es sein Lebtage nicht
gelingt. Denn er wird das Glück nicht haben, daß jemand seines Samens auf dem
Stuhl Davids sitze und fürder in Juda herrsche.

Das 23. Kapitel

Wider die bösen Hirten. Verheißung des guten Hirten und Königs aus Davids Geschlecht. Strafe der Lügenpropheten.

1. Weh *euch Hirten, die ihr die Herde
meiner Weide umbringet und zerstreuet!
spricht der Herr.
*Hesek. 13,2–16; 34; Sach. 11,5.
2. Darum spricht der Herr, der Gott Israels, von den Hirten, die mein Volk weiden:
Ihr habt meine Herde zerstreut und verstoßen und nicht besucht. Siehe, ich will
euch heimsuchen um eures bösen Wesens
willen, spricht der Herr.
3. Und ich will die übrigen meiner Herde
sammeln aus allen Ländern, dahin ich sie
verstoßen habe, und will sie wiederbringen zu ihren Hürden, daß sie sollen wachsen und viel werden.
4. Und ich will Hirten über sie setzen, die
sie weiden sollen, daß sie sich nicht mehr
sollen fürchten noch erschrecken noch
heimgesucht werden, spricht der Herr.
K.3,15.
5. Siehe, es kommt die Zeit, spricht der
Herr, daß ich dem David ein gerechtes
*Gewächs erwecken will, und soll †ein Kö-
nig sein, der wohl regieren wird und Recht
und Gerechtigkeit auf Erden anrichten.
*Sach. 3,8; 6,12. †Jes. 32,1.
6. Zu seiner Zeit soll Juda geholfen werden und Israel sicher wohnen. Und dies
wird sein Name sein, daß man ihn nennen
wird: Der Herr unsre Gerechtigkeit.
K.33,16.
7. Darum siehe, *es wird die Zeit kommen, spricht der Herr, daß man nicht
mehr sagen wird: So wahr der Herr lebt,
der die Kinder Israels aus Ägyptenland geführt hat! *K.16,14.15.
8. sondern: So wahr der Herr lebt, der
den Samen des Hauses Israel hat heraus-
geführt und gebracht aus dem Lande der
Mitternacht und aus allen Landen, dahin
ich sie verstoßen hatte, daß sie in ihrem
Lande wohnen sollen!
9. Wider die Propheten.
Mein Herz will mir in meinem Leibe brechen, alle meine Gebeine zittern; mir ist
wie einem trunkenen Mann und wie einem, der vom Wein taumelt, vor dem
Herrn und vor seinen heiligen Worten;
10. daß das Land so voll Ehebrecher ist,
daß das Land so jämmerlich steht, daß es
so verflucht ist und die Auen in der Wüste
verdorren; und ihr Leben ist böse, und ihr
Regiment taugt nicht.
11. Denn beide, Propheten und Priester,
sind Schälke; und auch in meinem Hause
finde ich ihre Bosheit, spricht der Herr.
12. Drum ist ihr *Weg wie ein glatter
Weg im Finstern, darauf sie gleiten und
fallen; denn ich will Unglück über sie
kommen lassen, das Jahr ihrer Heimsuchung, spricht der Herr. *K.13,16; Ps.35,6.
13. Zwar bei den Propheten zu Samaria
sah ich Torheit, daß sie weissagten durch
Baal und verführten mein Volk Israel;
14. aber bei den Propheten zu Jerusalem
sehe ich Greuel, wie sie ehebrechen und
gehen mit Lügen um und *stärken die
Boshaften, auf daß sich ja niemand bekehre von seiner Bosheit. Sie sind alle vor mir
gleichwie †Sodom, und die Bürger zu Jerusalem wie Gomorra.
*Hesek. 13,22. †Jes. 1,10.
15. Darum spricht der Herr Zebaoth von
den Propheten also: *Siehe, ich will sie
mit Wermut speisen und mit Galle tränken; denn von den Propheten zu Jerusalem kommt Heuchelei aus ins ganze Land.
*K.9,14.
16. So spricht der Herr Zebaoth: Gehorchet nicht den Worten der Propheten, so
euch weissagen. Sie *betrügen euch; denn
sie predigen ihres Herzens Gesicht und
nicht aus des Herrn Munde. *K.6,14.
17. Sie sagen denen, die mich lästern:
»Der Herr hat's gesagt, es wird euch wohl
gehen«; und allen, die *nach ihres Herzens Dünkel wandeln, sagen sie: »Es wird
kein Unglück über euch kommen.«
*K.7,24.
18. Aber wer ist im Rat des Herrn gestanden, der sein Wort gesehen und gehört
habe? Wer hat sein Wort vernommen und
gehört? Jes. 40,13.

19. Siehe, es wird ein Wetter des Herrn mit Grimm kommen und ein schreckliches Ungewitter den Gottlosen auf den Kopf fallen. K.30,23.
20. Und des Herrn Zorn wird nicht nachlassen, bis er tue und ausrichte, was er im Sinn hat; zur letzten Zeit werdet ihr's wohl erfahren.
21. Ich sandte die Propheten nicht, doch liefen sie; ich redete nicht zu ihnen, doch weissagten sie. K.14,14.
22. Denn wo sie bei meinem Rat geblieben wären und hätten meine Worte meinem Volk gepredigt, so hätten sie dasselbe von seinem bösen Wesen und von seinem bösen Leben bekehrt.
23. Bin ich nur ein Gott, der nahe ist, spricht der Herr, und nicht auch ein Gott von ferneher?
24. Meinst du, daß sich jemand so heimlich verbergen könne, daß ich ihn nicht sehe? spricht der Herr. Bin ich es nicht, der Himmel und Erde füllt? spricht der Herr.
25. Ich höre es wohl, was die Propheten predigen und falsch weissagen in meinem Namen und sprechen: Mir hat geträumt, mir hat geträumt.
26. Wann wollen doch die Propheten aufhören, die falsch weissagen und ihres Herzens Trügerei weissagen
27. und wollen, daß mein Volk meines Namens vergesse über ihren Träumen, die einer dem andern erzählt? Gleichwie ihre Väter meines Namens vergaßen über dem Baal.
28. Ein Prophet, der Träume hat, der erzähle Träume; wer aber mein Wort hat, der predige mein Wort recht. Wie reimen sich Stroh und Weizen zusammen? spricht der Herr.
29. Ist mein Wort nicht wie ein Feuer, spricht der Herr, und wie ein Hammer, der Felsen zerschmeißt? Hebr. 4,12.
30. Darum siehe, ich will an die Propheten, spricht der Herr, die mein Wort stehlen einer dem andern.
31. Siehe, ich will an die Propheten, spricht der Herr, die ihr eigenes Wort führen und sprechen: Er hat's gesagt.
32. Siehe, ich will an die, so falsche Träume weissagen, spricht der Herr, und erzählen dieselben und verführen mein Volk mit ihren Lügen und losen Reden, so ich sie doch nicht gesandt und ihnen nichts befohlen habe und sie auch diesem Volk nichts nütze sind, spricht der Herr. V.21.
33. Wenn dich dies Volk oder ein Prophet oder ein Priester fragen wird und sagen: Welches ist die Last des Herrn? sollst du zu ihnen sagen, was die Last sei: Ich will euch hinwerfen, spricht der Herr.
34. Und wo ein Prophet oder Priester oder das Volk wird sagen: »Das ist die Last des Herrn«, den will ich heimsuchen und sein Haus dazu.
35. Also sollt ihr aber einer mit dem andern reden und untereinander sagen: »Was antwortet der Herr, und was sagt der Herr?«
36. Und nennt's nicht mehr »Last des Herrn«; denn einem jeglichen wird sein eigenes Wort eine »Last« sein, weil ihr also die Worte des lebendigen Gottes, des Herrn Zebaoth, unsers Gottes, verkehrt.
37. Darum sollt ihr zum Propheten also sagen: Was antwortet dir der Herr, und was sagt der Herr?
38. Weil ihr aber sprechet: »Last des Herrn«, darum spricht der Herr also: Nun ihr dies Wort eine »Last des Herrn« nennt und ich zu euch gesandt habe und sagen lassen, ihr sollt's nicht nennen »Last des Herrn«:
39. siehe, so will ich euch hinwegnehmen und euch samt der Stadt, die ich euch und euren Vätern gegeben habe, von meinem Angesicht wegwerfen
40. und will euch *ewige Schande und ewige Schmach zufügen, der nimmer vergessen soll werden. *K.20,11.

Das 24. Kapitel

Der bessere und der schlechtere Teil des jüdischen Volks unter dem Sinnbild von guten und von schlechten Feigen dargestellt.

1. Siehe, der Herr zeigte mir zwei Feigenkörbe, gestellt vor den Tempel des Herrn, nachdem *der König zu Babel, Nebukadnezar, hatte weggeführt Jechonja, den Sohn Jojakims, den König Juda's, samt den Fürsten Juda's und den Zimmerleuten und Schmieden von Jerusalem und gen Babel gebracht. *K.29,2; 2. Kön. 24,14.15.
2. In dem einen Korbe waren sehr gute Feigen, wie die ersten reifen Feigen sind; im andern Korbe waren sehr schlechte Feigen, daß man sie nicht essen konnte, so schlecht waren sie.
3. Und der Herr sprach zu mir: Jeremia, *was siehest du? Ich sprach: Feigen; die guten Feigen sind sehr gut, und die schlechten sind sehr schlecht, daß man sie nicht essen kann, so schlecht sind sie.
*K. 1,11.13.
4. Da geschah des Herrn Wort zu mir und sprach:

5. So spricht der Herr, der Gott Israels:
Gleichwie diese Feigen gut sind, also will
ich mich gnädig annehmen der Gefangenen aus Juda, welche ich habe aus dieser
Stätte lassen ziehen in der Chaldäer Land,
6. und will sie gnädig ansehen, und will
sie wieder in dies Land bringen, und *will
sie bauen und nicht abbrechen; ich will sie
pflanzen und nicht ausraufen, *K.31,28.
7. und will ihnen ein Herz geben, daß sie
mich kennen sollen, daß ich der Herr sei.
Und sie sollen mein Volk sein, so will ich
ihr Gott sein; denn sie werden sich von
ganzem Herzen zu mir bekehren.
K.31,33.34.
8. Aber *wie die schlechten Feigen so
schlecht sind, daß man sie nicht essen
kann, spricht der Herr, also will ich dahingeben Zedekia, den König Juda's, samt
seinen Fürsten, und was übrig ist zu Jerusalem und übrig in diesem Lande und die
in Ägyptenland wohnen. *K.29,17.
9. Ich will ihnen Unglück zufügen und
sie in keinem Königreich auf Erden bleiben lassen, daß sie sollen *zu Schanden
werden, zum Sprichwort, zur Fabel und
zum Fluch an allen Orten, dahin ich sie
verstoßen werde; *K.29,18.
10. und will Schwert, Hunger und Pestilenz unter sie schicken, bis sie umkommen von dem Lande, das ich ihnen und
ihren Vätern gegeben habe.

Das 25. Kapitel

Siebzigjährige Gefangenschaft der Juden.
Untergang Babels. Der Zornbecher für alle
Völker.

1. Dies ist das Wort, welches zu Jeremia
geschah über das ganze Volk Juda im vierten Jahr Jojakims, des Sohnes Josias, des
König in Juda (welches ist das erste Jahr
Nebukadnezars, des Königs zu Babel),
2. welches auch der Prophet Jeremia redete zu dem ganzen Volk Juda und zu allen
Bürgern zu Jerusalem und sprach:
3. Es ist von dem dreizehnten Jahr an
Josias, des Sohnes Amons, des Königs Juda's, des Herrn Wort zu mir geschehen bis
auf diesen Tag, und ich habe euch nun
dreiundzwanzig Jahre mit Fleiß gepredigt; aber ihr habt nie hören wollen.
4. So hat der Herr auch zu euch gesandt
alle seine Knechte, die Propheten, fleißig;
aber ihr habt nie hören wollen noch eure
Ohren neigen, daß ihr gehorchtet,
5. da er sprach: *Bekehret euch, ein jeglicher von seinem bösen Wege und von
eurem bösen Wesen, so sollt ihr in dem
Lande, das der Herr euch und euren Vätern gegeben hat, immer und ewiglich
bleiben. *K.18,11.
6. Folget nicht andern Göttern, daß ihr
ihnen dienet und sie anbetet, auf daß ihr
mich nicht erzürnet durch eurer Hände
Werk und ich euch Unglück zufügen müsse.
7. Aber ihr wolltet mir nicht gehorchen,
spricht der Herr, auf daß ihr mich ja wohl
erzürntet durch eurer Hände Werk zu eurem eigenen Unglück.
8. Darum so spricht der Herr Zebaoth:
Weil ihr denn meine Worte nicht hören
wollt,
9. siehe, so will ich ausschicken und
kommen lassen alle Völker gegen Mitternacht, spricht der Herr, auch *meinem
Knecht Nebukadnezar, den König zu Babel, und will sie bringen über dies Land
und über die, so darin wohnen, und über
alle diese Völker, so umherliegen, und will
sie verbannen und verstören und zum
Spott und zur ewigen Wüste machen,
*K.27,6.
10. und will herausnehmen allen fröhlichen Gesang, die Stimme des Bräutigams
und der Braut, die Stimme der Mühle und
das Licht der Lampe, K.16,9.
11. daß dies ganze Land wüst und zerstört liegen soll. Und sollen diese Völker
dem König zu Babel dienen *siebzig Jahre. *K.29,10; 2. Chron. 36,21; Esra 1,1; Dan. 9,2.
12. Wenn aber die siebzig Jahre um sind,
will ich den König zu Babel heimsuchen
und dies Volk, spricht der Herr, um ihre
Missetat, dazu das Land der Chaldäer, und
will es zur ewigen Wüste machen.
13. Also will ich über dies Land bringen
alle meine Worte, die ich geredet habe
wider sie (nämlich alles, was in diesem
Buch geschrieben steht, das Jeremia geweissagt hat über alle Völker).
14. Und sie sollen auch großen Völkern
und großen Königen dienen. Also will ich
ihnen vergelten nach ihrem Verdienst und
nach den Werken ihrer Hände.
15. Denn also spricht zu mir der Herr,
der Gott Israels: Nimm diesen *Becher
Wein voll Zorns von meiner Hand und
†schenke daraus allen Völkern, zu denen
ich dich sende,
*K.51,7; Jes. 51,17. †Offenb. 14,10.
16. daß sie trinken, taumeln und toll
werden vor dem Schwert, das ich unter sie
schicken will.
17. Und ich nahm den Becher von der
Hand des Herrn und schenkte allen Völkern, zu denen mich der Herr sandte,
18. nämlich Jerusalem, den Städten Ju-

da's, ihren Königen und Fürsten, daß sie wüst und zerstört liegen und ein Spott und Fluch sein sollen, wie es denn heutigestages steht;

19. auch Pharao, dem König in Ägypten, samt seinen Knechten, seinen Fürsten und seinem ganzen Volk;

20. allen Ländern gegen Abend, allen Königen im Lande Uz, allen Königen in der Philister Lande, samt Askalon, Gaza, Ekron und den übrigen zu Asdod;

21. denen von Edom, denen von Moab, den Kindern Ammon;

22. allen Königen zu Tyrus, allen Königen zu Sidon, den Königen auf den Inseln jenseits des Meeres;

23. denen von Dedan, denen von Thema, denen von Bus und allen, *die das Haar rundumher abschneiden; *K.9,25.

24. allen Königen in Arabien, allen Königen gegen Abend, die in der Wüste wohnen;

25. allen Königen in Simri, allen Königen in Elam, allen Königen in Medien;

26. allen Königen gegen Mitternacht, in der Nähe und Ferne, einem mit dem andern, und allen Königen auf Erden, die auf dem Erdboden sind; und der König zu *Sesach soll nach diesen trinken.

*Rätselname für Babel. – K.51,41.

27. Und sprich zu ihnen: So spricht der Herr Zebaoth, der Gott Israels: Trinket, daß ihr trunken werdet, speiet und niederfallt und nicht aufstehen könnt vor dem Schwert, das ich unter euch schicken will.

28. Und wo sie den Becher nicht wollen von deiner Hand nehmen und trinken, so sprich zu ihnen: Also spricht der Herr Zebaoth: Nun sollt ihr trinken!

29. Denn siehe, in der Stadt, die nach meinem Namen genannt ist, *fange ich an zu plagen; und ihr solltet ungestraft bleiben? Ihr sollt nicht ungestraft bleiben; denn ich rufe das Schwert herbei über alle, die auf Erden wohnen, spricht der Herr Zebaoth. *K.49,12; 1.Petr.4,17.

30. Und du sollst alle diese Worte ihnen weissagen und sprich zu ihnen: Der Herr *wird brüllen aus der Höhe und seinen Donner hören lassen aus seiner heiligen Wohnung; er wird brüllen über seine Hürden; er wird singen ein Lied wie die Weintreter über alle Einwohner des Landes, des Hall erschallen wird bis an der Welt Ende.

*Joel 4,16; Amos 1,2; Hos. 11,10.

31. Der Herr hat zu rechten mit den Heiden und will mit allem Fleisch Gericht halten; die Gottlosen wird er dem Schwert übergeben, spricht der Herr.

32. So spricht der Herr Zebaoth: Siehe, es wird eine Plage kommen von einem Volk zum andern, und ein großes Wetter wird erweckt werden aus einem fernen Lande.

33. Da werden die *Erschlagenen des Herrn zu derselben Zeit liegen von einem Ende der Erde bis ans andere Ende; die werden nicht beklagt noch aufgehoben noch begraben werden, sondern müssen auf dem Felde liegen und zu Dung werden.

*K.7,33.

34. Heulet nun, ihr *Hirten, und schreiet, wälzet euch in der Asche, ihr Gewaltigen über die Herde; denn die Zeit ist hier, daß ihr geschlachtet und zerstreut werdet und zerfallen müßt wie ein köstliches Gefäß. *K.23,1.

35. Und die Hirten werden nicht fliehen können, und die Gewaltigen über die Herde werden nicht entrinnen können.

36. Da werden die Hirten schreien, und die Gewaltigen über die Herde werden heulen, daß der Herr ihre Weide so verwüstet hat

37. und ihre Auen, die so wohl standen, verderbt sind vor dem grimmigen Zorn des Herrn.

38. Er hat seine Hütte verlassen wie ein junger Löwe, und ist also ihr Land zerstört vor dem Zorn des Tyrannen und vor seinem grimmigen Zorn. K.4,7.

Das 26. Kapitel

Jeremia's Bußpredigt, Anklage, Verantwortung und Verteidigung durch die Fürsten.

1. Im Anfang des Königreichs Jojakims, des Sohnes Josias, des Königs in Juda, geschah dies Wort vom Herrn und sprach:

2. So spricht der Herr: Tritt in den Vorhof am Hause des Herrn und predige allen Städten Juda's, die da hereingehen, anzubeten im Hause des Herrn, alle Worte, die ich dir befohlen habe ihnen zu sagen, und tue nichts davon;

3. ob *sie vielleicht hören wollen und sich bekehren, ein jeglicher von seinem bösen Wesen, damit mich auch reuen möchte das Übel, das ich gedenke ihnen zu tun um ihres bösen Wandels willen.

*K.36,3.

4. Und sprich zu ihnen: So spricht der Herr: Werdet ihr mir nicht gehorchen, daß ihr in meinem Gesetz wandelt, das ich euch vorgelegt habe,

5. daß ihr hört auf die Worte meiner Knechte, der Propheten, welche ich stets

zu euch gesandt habe, und ihr doch nicht
hören wolltet: K. 25,4.
6. so will ich's mit diesem Hause machen
*wie mit Silo und diese Stadt zum Fluch
allen Heiden auf Erden machen.
*K. 7,12–14; 1. Sam. 4,4.12.
7. Da nun die Priester, Propheten und
alles Volk hörten Jeremia, daß er solche
Worte redete im Hause des Herrn,
8. und Jeremia nun ausgeredet hatte alles, was ihm der Herr befohlen hatte, allem Volk zu sagen, griffen ihn die Priester,
Propheten und das ganze Volk und spachen: Du mußt sterben!
9. Warum weissagst du im Namen des
Herrn und sagst: Es wird diesem Hause
gehen wie Silo, und diese Stadt soll so
wüst werden, daß niemand mehr darin
wohne? Und das ganze Volk sammelte sich
im Hause des Herrn wider Jeremia.
10. Da solches hörten die Fürsten Juda's,
gingen sie aus des Königs Hause hinauf
ins Haus des Herrn und setzten sich vor
das neue Tor des Herrn.
11. Und die Priester und Propheten sprachen vor den Fürsten und allem Volk: Dieser ist des Todes schuldig; denn er hat
geweissagt *wider diese Stadt, wie ihr mit
euren Ohren gehört habt. *Apg. 6,13.
12. Aber Jeremia sprach zu allen Fürsten
und zu allem Volk: Der Herr hat mich
gesandt, daß ich solches alles, was ihr gehört habt, sollte weissagen wider dies
Haus und wider diese Stadt.
13. So bessert nun euer Wesen und Wandel und gehorcht der Stimme des Herrn,
eures Gottes, so wird den Herrn auch gereuen das Übel, das er wider euch geredet
hat. K. 7,3.
14. Siehe, ich bin in euren Händen; ihr
mögt es machen mit mir, wie es euch
recht und gut dünkt.
15. Doch sollt ihr wissen: Wo ihr mich
tötet, so werdet ihr unschuldig Blut laden
auf euch selbst, auf diese Stadt und ihre
Einwohner. Denn wahrlich, der Herr hat
mich zu euch gesandt, daß ich solches
alles vor euren Ohren reden soll.
16. Da sprachen die Fürsten und das ganze Volk zu den Priestern und Propheten:
Dieser ist des Todes nicht schuldig; denn
er hat zu uns geredet im Namen des
Herrn, unsers Gottes.
17. Und es standen auf etliche der Ältesten im Lande und sprachen zum ganzen
Haufen des Volks:
18. Zur Zeit Hiskias, des Königs in Juda,
war ein Prophet, Micha von Moreseth, und
sprach zum ganzen Volk Juda: So spricht
der Herr Zebaoth: Zion wird wie ein Acker
gepflügt werden, und Jerusalem wird zum
Steinhaufen werden und der Berg des
Tempels zu einer wilden Höhe. Micha 3,12.
19. Doch ließ ihn Hiskia, der König Juda's, und das ganze Juda darum nicht töten; ja sie fürchteten vielmehr den Herrn
und beteten vor dem Herrn. *Da reute
auch den Herrn das Übel, das er wider sie
geredet hatte. Darum täten wir sehr übel
wider unsre Seelen. *K. 18,8.
20. So war auch einer, der im Namen des
Herrn weissagte, Uria, der Sohn Semejas,
von Kirjath-Jearim. Derselbe weissagte
wider diese Stadt und wider dies Land
gleichwie Jeremia.
21. Da aber der König Jojakim und alle
seine Gewaltigen und die Fürsten seine
Worte hörten, wollte ihn der König töten
lassen. Und Uria erfuhr das, fürchtete sich
und floh und zog nach Ägypten.
22. Aber der König Jojakim schickte Leute nach Ägypten, Elnathan, den Sohn Achbors, und andere mit ihm;
23. die führten ihn aus Ägypten und
brachten ihn zum König Jojakim; der ließ
ihn mit dem Schwert töten und ließ seinen Leichnam unter dem gemeinen Pöbel
begraben.
24. Aber mit Jeremia war die Hand *Ahikams, des Sohnes Saphans, daß er nicht
dem Volk in die Hände kam, daß sie ihn
töteten. *2. Kön. 22,12.

Das 27. Kapitel

Jeremia fordert den König von Juda und andere Könige auf, sich nach Gottes Willen unter das Joch Babels zu beugen.

1. Im Anfang des Königreichs Zedekias,
des Sohnes Josias, des Königs in Juda,
geschah dies Wort vom Herrn zu Jeremia
und sprach:
2. So spricht der Herr zu mir: Mache dir
ein Joch und hänge es an deinen Hals
*K. 13,1.
3. und schicke es *zum König in Edom,
zum König in Moab, zum König der Kinder Ammon, zum König zu Tyrus und
zum König zu Sidon durch die Boten, so
zu Zedekia, dem König Juda's, gen Jerusalem gekommen sind, *K. 25,21.22.
4. und befiehl ihnen, daß sie ihren Herren sagen: So spricht der Herr Zebaoth,
der Gott Israels: So sollt ihr euren Herren
sagen:
5. Ich habe die Erde gemacht und Menschen und Vieh, so auf Erden sind, durch
meine große Kraft und meinen ausgestreckten Arm und gebe sie, wem ich will.

6. Nun aber habe ich alle diese Lande gegeben in die Hand *meines Knechtes Nebukadnezar, des Königs zu Babel, und habe ihm auch die wilden Tiere auf dem Felde gegeben, daß sie ihm dienen sollen. *K.25,9.

7. Und sollen alle Völker dienen ihm und seinem Sohn und seines Sohnes Sohn, bis *daß die Zeit seines Landes auch komme und er vielen Völkern und großen Königen diene. *K.25,12.

8. Welches Volk aber und Königreich dem König zu Babel, Nebukadnezar, nicht dienen will, und wer seinen Hals nicht wird unter das Joch des Königs zu Babel geben, solch Volk will ich heimsuchen mit Schwert, Hunger und Pestilenz, spricht der Herr, bis daß ich sie durch seine Hand umbringe.

9. Darum so gehorchet nicht euren Propheten, Weissagern, Traumdeutern, Tagewählern und Zauberern, die euch sagen: Ihr werdet nicht dienen müssen dem König zu Babel. K.14,13.14.

10. Denn sie weissagen euch falsch, auf daß sie euch fern aus eurem Lande bringen und ich euch ausstoße und ihr umkommt.

11. Denn welches Volk seinen Hals ergibt unter das Joch des Königs zu Babel und dient ihm, das will ich in seinem Lande lassen, daß es dasselbe baue und bewohne, spricht der Herr.

12. Und ich redete solches alles zu Zedekia, dem König Juda's, und sprach: Ergebt euren Hals unter das Joch des Königs zu Babel und dient ihm und seinem Volk, so sollt ihr lebendig bleiben.

13. Warum wollt ihr sterben, du und dein Volk, durch Schwert, Hunger und Pestilenz, wie denn der Herr geredet hat über das Volk, so dem König zu Babel nicht dienen will?

14. Darum gehorchet nicht den Worten der Propheten, die euch sagen: »Ihr werdet nicht dienen müssen dem König zu Babel!« Denn sie weissagen euch falsch, V.9.

15. und ich habe sie nicht gesandt, spricht der Herr; sondern sie weissagen falsch in meinem Namen, auf daß ich euch ausstoße und ihr umkommet samt den Propheten, die euch weissagen.

16. Und zu den Priestern und zu allem diesem Volk redete ich und sprach: So spricht der Herr: Gehorchet nicht den Worten eurer Propheten, die euch weissagen und sprechen: »Siehe, die *Gefäße aus dem Hause des Herrn werden nun bald von Babel wieder herkommen!« Denn sie weissagen euch falsch. *K.28,3; 2.Chron. 36,10.

17. Gehorchet ihnen nicht, sondern dienet dem König zu Babel, so werdet ihr lebendig bleiben. Warum soll doch diese Stadt zur Wüste werden?

18. Sind sie aber Propheten und haben sie des Herrn Wort, so laßt sie vom Herrn Zebaoth erbitten, daß die übrigen Gefäße im Hause des Herrn und im Hause des Königs in Juda und zu Jerusalem nicht auch gen Babel geführt werden.

19. Denn also spricht der Herr Zebaoth von den Säulen und vom Meer und von dem Gestühl und von den Gefäßen, die noch übrig sind in dieser Stadt, K.52,17.

20. welche Nebukadnezar, der König zu Babel, nicht wegnahm, da er *Jechonja, den Sohn Jojakims, den König Juda's, von Jerusalem wegführte gen Babel samt allen Fürsten in Juda und Jerusalem, *2.Kön. 24,14.15.

21. – denn so spricht der Herr Zebaoth, der Gott Israels, von den Gefäßen, die noch übrig sind im Hause des Herrn und im Hause des Königs in Juda und zu Jerusalem:

22. Sie sollen gen Babel geführt werden und daselbst bleiben bis auf den Tag, da ich sie *heimsuche, spricht der Herr, und ich sie wiederum herauf an diesen Ort bringen lasse. *2.Chron. 36,22; Esra 1,7–11.

Das 28. Kapitel

Ein falscher Prophet, Hananja, widerspricht dem Jeremia. Dieser kündigt ihm den Tod an, der auch im nämlichen Jahr erfolgt.

1. Und in demselben Jahr, im Anfang des Königreichs Zedekias, des Königs in Juda, im fünften Monat des vierten Jahres sprach Hananja, der Sohn Assurs, ein Prophet von Gibeon, zu mir im Hause des Herrn, in Gegenwart der Priester und alles Volks, und sagte:

2. So spricht der Herr Zebaoth, der Gott Israels: Ich habe das Joch des Königs zu Babel zerbrochen;

3. und ehe zwei Jahre um sind, will ich alle Gefäße des Hauses des Herrn, welche Nebukadnezar, der König zu Babel, hat von diesem Ort weggenommen und gen Babel geführt, wiederum an diesen Ort bringen; K.27,16.

4. dazu *Jechonja, den Sohn Jojakims, den König Juda's, samt allen Gefangenen aus Juda, die gen Babel geführt sind, will

ich auch wieder an diesen Ort bringen, spricht der Herr; denn ich will das Joch des Königs zu Babel zerbrechen. *K.27,20.
5. Da sprach der Prophet Jeremia zu dem Propheten Hananja in Gegenwart der Priester und des ganzen Volks, die im Hause des Herrn standen,
6. und sagte: Amen! der Herr tue also; der Herr bestätige dein Wort, das du geweissagt hast, daß er die Gefäße aus dem Hause des Herrn von Babel wieder bringe an diesen Ort samt allen Gefangenen.
7. Aber doch höre auch dies Wort, das ich vor deinen Ohren rede und vor den Ohren des ganzen Volks:
8. Die Propheten, die vor mir und vor dir gewesen sind von alters her, die haben wider viel Länder und große Königreiche geweissagt von Krieg, von Unglück und von Pestilenz;
9. wenn aber ein Prophet von Frieden weissagt, den wird man kennen, ob ihn der Herr wahrhaftig gesandt hat, wenn sein Wort erfüllt wird.
10. Da nahm der Prophet Hananja das Joch vom Halse des Propheten Jeremia und zerbrach's. K.27,2.
11. Und Hananja sprach in Gegenwart des ganzen Volks: So spricht der Herr: Ebenso will ich zerbrechen das Joch Nebukadnezars, des Königs zu Babel, *ehe zwei Jahre um kommen, vom Halse aller Völker. Und der Prophet Jeremia ging seines Weges.
12. Aber des Herrn Wort geschah zu Jeremia, nachdem der Prophet Hananja das Joch zerbrochen hatte vom Halse des Propheten Jeremia, und sprach:
13. Gehe hin und sage Hananja: So spricht der Herr: Du hast das hölzerne Joch zerbrochen und hast nun ein eisernes Joch an jenes Statt gemacht.
14. Denn so spricht der Herr Zebaoth, der Gott Israels: Ein eisernes Joch habe ich *allen diesen Völkern an den Hals gehängt, damit sie dienen sollen Nebukadnezar, dem König zu Babel, und müssen ihm dienen; denn ich habe ihm auch die wilden Tiere gegeben. *K.27,6.
15. Und der Prophet Jeremia sprach zum Propheten Hananja: Höre doch, Hananja! Der Herr hat dich nicht gesandt, und du hast gemacht, daß dies Volk auf Lügen sich verläßt.
16. Darum spricht der Herr also: Siehe, ich will dich vom Erdboden nehmen; dies Jahr sollst du sterben; denn *du hast sie mit deiner Rede vom Herrn abgewendet. *K.23,14; 29,32.
17. Also starb der Prophet Hananja desselben Jahres im siebenten Monat.

Das 29. Kapitel

Brief des Jeremia an die gefangenen Juden zu Babel. Strafankündigung gegen Semaja.

1. Dies sind die Worte in dem Brief, den der Prophet Jeremia sandte von Jerusalem an die übrigen Ältesten, die weggeführt waren, und an die Priester und Propheten und an das ganze Volk, das Nebukadnezar von Jerusalem hatte weggeführt gen Babel
2. (nachdem der *König Jechonja und die Königin mit den Kämmerern und Fürsten in Juda und Jerusalem samt den Zimmerleuten und Schmieden zu Jerusalem weg waren), *2.Kön.24,14.15.
3. durch Eleasa, den Sohn Saphans, und Gemarja, den Sohn Hilkias, welche Zedekia, der König Juda's, sandte gen Babel zu Nebukadnezar, dem König zu Babel:
4. So spricht der Herr Zebaoth, der Gott Israels, zu allen Gefangenen, die ich habe von Jerusalem lassen wegführen gen Babel:
5. Bauet Häuser, darin ihr wohnen mögt; pflanzet Gärten, daraus ihr die Früchte essen mögt;
6. nehmet Weiber und zeuget Söhne und Töchter; nehmet euren Söhnen Weiber und gebet eure Töchter Männern, daß sie Söhne und Töchter zeugen; mehret euch daselbst, daß euer nicht wenig sei.
7. Suchet der Stadt Bestes, dahin ich euch habe lassen wegführen, und betet für sie zum Herrn; denn wenn's ihr wohl geht, so geht's euch auch wohl.
8. Denn so spricht der Herr Zebaoth, der Gott Israels: *Laßt euch die Propheten, die bei euch sind, und die Wahrsager nicht betrügen und gehorcht euren Träumen nicht, die euch träumen. *K.14,14.
9. Denn sie weissagen euch falsch in meinem Namen; ich habe sie nicht gesandt, spricht der Herr.
10. Denn so spricht der Herr: Wenn zu Babel *siebzig Jahre aus sind, so will ich euch besuchen und will mein gnädiges Wort über euch erwecken, daß ich euch wieder an diesen Ort bringe. *K.25,11–13.
11. Denn ich weiß wohl, was ich für Gedanken über euch habe, spricht der Herr: Gedanken des Friedens und nicht des Leides, daß ich euch gebe das Ende, des ihr wartet.
12. Und ihr werdet mich anrufen und hingehen und mich bitten, und ich will euch erhören.

13. Ihr werdet mich suchen und finden. Denn so ihr mich von ganzem Herzen suchen werdet, 5. Mose 4,29; Jes. 55,6.
14. so will ich mich von euch finden lassen, spricht der Herr, und will *euer Gefängnis wenden und euch sammeln aus allen Völkern und von allen Orten, dahin ich euch verstoßen habe, spricht der Herr, und will euch wiederum an diesen Ort bringen, von dem ich euch habe lassen wegführen. *Ps. 126,4.
15. Zwar ihr meinet, der Herr habe euch zu Babel Propheten erweckt.
16. Aber also spricht der Herr vom König, der auf Davids Stuhl sitzt, und von allem Volk, das in dieser Stadt wohnt, von euren Brüdern, die nicht mit euch gefangen hinausgezogen sind,
17. – ja, also spricht der Herr Zebaoth: Siehe, ich will Schwert, Hunger und Pestilenz unter sie schicken und *will mit ihnen umgehen wie mit den schlechten Feigen, davor einen ekelt zu essen, *K. 24,8.
18. und will hinter ihnen her sein mit Schwert, Hunger und Pestilenz und will sie *in keinem Königreich auf Erden bleiben lassen, daß sie sollen zum Fluch, zum Wunder, zum Hohn und zum Spott unter allen Völkern werden, dahin ich sie verstoßen werde, *K. 24,9.10.
19. darum daß sie meinen Worten nicht gehorchen, spricht der Herr, der ich meine Knechte, die Propheten, zu euch stets gesandt habe; aber ihr wolltet nicht hören, spricht der Herr. K. 25,4.
20. Ihr aber *alle, die ihr gefangen seid weggeführt, die ich von Jerusalem habe gen Babel ziehen lassen, höret des Herrn Wort! *V. 4.
21. So spricht der Herr Zebaoth, der Gott Israels, wider Ahab, den Sohn Kolajas, und wider Zedekia, den Sohn Maasejas, *die euch falsch weissagen in meinem Namen: Siehe, ich will sie geben in die Hände Nebukadnezars, des Königs zu Babel; der soll sie totschlagen lassen vor euren Augen, *V. 8.
22. daß man wird aus ihnen einen Fluch machen unter allen Gefangenen aus Juda, die zu Babel sind, und sagen: Der Herr tue dir wie Zedekia und Ahab, welche der König zu Babel auf Feuer braten ließ,
23. darum daß sie eine Torheit in Israel begingen und trieben Ehebruch mit ihrer Nächsten Weibern und predigten falsch in meinem Namen, was ich ihnen nicht befohlen hatte. Solches weiß ich und bezeuge es, spricht der Herr.
24. Und wider Semaja von Nehalam sollst du sagen:
25. So spricht der Herr Zebaoth, der Gott Israels: Darum daß du unter deinem Namen hast Briefe gesandt an alles Volk, das zu Jerusalem ist, und an den Priester *Zephanja, den Sohn Maasejas, und an alle Priester und gesagt: *K. 21,1; 2. Kön. 25,18.
26. Der Herr hat dich zum Priester gesetzt anstatt des Priesters Jojada, daß ihr sollt Aufseher sein im Hause des Herrn über alle *Wahnsinnigen und Weissager, daß du sie in den Kerker und Stock legest. *Hos. 9,7.
27. Nun, warum strafst du denn nicht Jeremia von Anathoth, der euch weissagt?
28. darum daß er zu uns gen Babel geschickt hat und lassen sagen: Es wird noch lange währen; bauet Häuser, darin ihr wohnet, und pflanzet Gärten, daß ihr die Früchte davon esset.
29. Denn Zephanja, der Priester, hatte denselben Brief gelesen und den Propheten Jeremia lassen zuhören.
30. Darum geschah des Herrn Wort zu Jeremia und sprach:
31. Sende hin zu allen Gefangenen und laß ihnen sagen: So spricht der Herr wider Semaja von Nehalam: Darum daß euch Semaja weissagt, und ich habe ihn doch nicht gesandt, und macht, daß ihr auf Lügen vertrauet,
32. darum spricht der Herr also: Siehe, ich will Semaja von Nehalam heimsuchen samt seinem Samen, daß der Seinen keiner soll unter diesem Volk bleiben, und soll das Gute nicht sehen, das ich meinem Volk tun will, spricht der Herr; denn *er hat sie mit seiner Rede vom Herrn abgewendet. *K. 28,16.

Das 30. Kapitel

Weissagung von der Erlösung Israels und Juda's und der Zukunft des Gesalbten.

1. Dies ist das Wort, das vom Herrn geschah zu Jeremia:
2. So spricht der Herr, der Gott Israels: Schreibe dir alle Worte in ein Buch, die ich zu dir rede.
3. Denn siehe, es kommt die Zeit, spricht der Herr, daß ich *das Gefängnis meines Volkes Israel und Juda wenden will, spricht der Herr, und will sie wiederbringen in das Land, das ich ihren Vätern gegeben habe, daß sie es besitzen sollen. *K. 29,14.
4. Dies sind aber die Worte, welche der Herr redet von Israel und Juda:
5. So spricht der Herr: Wir hören ein

Geschrei des Schreckens, es ist eitel Furcht da und kein Friede.

6. Forschet doch und sehet, ob ein Mann gebären könne? Wie geht es denn zu, daß ich alle Männer sehe ihre Hände auf ihren Hüften haben *wie Weiber in Kindsnöten und alle Angesichter so bleich sind?

*Jes. 13,8.

7. Es ist *ja ein großer Tag, und seinesgleichen ist nicht gewesen, und ist eine Zeit der Angst in Jakob; doch soll ihm daraus geholfen werden.

*Joel 2,11; Zeph. 1,15.

8. Es soll aber geschehen zu derselben Zeit, spricht der Herr Zebaoth, daß ich sein *Joch von deinem Halse zerbrechen will und deine Bande zerreißen, daß er nicht mehr den Fremden dienen muß,

*K. 27,12.

9. sondern sie werden dem Herrn, ihrem Gott, dienen und ihrem König *David, welchen ich ihnen erwecken will.

*K. 23,5; Hesek. 34,23.

10. Darum *fürchte du dich nicht, mein Knecht Jakob, spricht der Herr, und entsetze dich nicht, Israel. Denn siehe, ich will dir helfen aus fernen Landen und deinem Samen aus dem Lande ihres Gefängnisses, daß Jakob soll wiederkommen, in Frieden leben und Genüge haben, und niemand soll ihn schrecken.

*K. 46,27; Jes. 44,2.

11. Denn ich bin bei dir, spricht der Herr, daß ich dir helfe. Denn ich will mit allen Heiden ein Ende machen, dahin ich dich zerstreut habe; aber mit dir will ich nicht ein Ende machen; züchtigen aber will ich dich mit *Maßen, daß du dich nicht für unschuldig haltest. *K. 10,24.

12. Denn also spricht der Herr: *Dein Schade ist verzweifelt böse, und deine Wunden sind unheilbar. *K. 15,18.

13. Deine Sache behandelt niemand, daß er dich verbände; es kann dich niemand heilen.

14. Alle deine Liebhaber vergessen dein, fragen nichts darnach. Ich habe dich geschlagen, wie ich einen Feind schlüge, mit unbarmherziger *Staupe um deiner großen Missetat und um deiner starken Sünden willen. *Züchtigung.

15. Was schreist du über deinen Schaden und über dein verzweifelt böses Leiden? Habe ich dir doch solches getan um deiner großen Missetat und um deiner starken Sünden willen.

16. Darum alle, die dich gefressen haben, sollen gefressen werden, und alle, die dich geängstet haben, sollen alle gefangen werden; und die dich beraubt haben, sollen beraubt werden, und alle, die dich geplündert haben, sollen geplündert werden.

Jes. 33,1.

17. Aber *dich will ich wieder gesund machen und deine Wunden heilen, spricht der Herr, darum daß man dich nennt die Verstoßene und Zion, nach der niemand frage. *K. 33,6.

18. So spricht der Herr: *Siehe, ich will das Gefängnis der Hütten Jakobs wenden und mich über seine Wohnungen erbarmen, und die Stadt soll wieder auf ihre Hügel gebaut werden, und der Tempel soll stehen nach seiner Weise. *V. 3.

19. Und soll von dannen herausgehen Lob- und Freudengesang; denn ich will sie mehren und nicht mindern, ich will sie herrlich machen und nicht geringer.

20. Ihre Söhne sollen sein gleichwie vormals und ihre Gemeinde vor mir gedeihen; denn ich will heimsuchen alle, die sie plagen.

21. Und ihr *Fürst soll aus ihnen herkommen und ihr Herrscher von ihnen ausgehen, und er soll zu mir nahen; denn wer ist der, so mit willigem Herzen zu mir naht? spricht der Herr. *V. 9.

22. Und ihr sollt mein Volk sein, und ich will euer Gott sein. K. 24,7.

23. Siehe, es wird ein Wetter des Herrn mit Grimm kommen; ein schreckliches Ungewitter wird den Gottlosen auf den Kopf fallen. K. 23,19.

24. Des Herrn grimmiger Zorn wird nicht nachlassen, bis er tue und ausrichte, was er im Sinn hat; zur letzten Zeit werdet ihr solches erfahren.

Das 31. Kapitel

Fernere Weissagung vom künftigen Heil Israels und Juda's und vom neuen Bund.

1. Zu derselben Zeit, spricht der Herr, will ich aller Geschlechter Israels Gott sein, und sie sollen mein Volk sein.

V. 33; K. 24,7.

2. So spricht der Herr: Das Volk, so übriggeblieben ist vom Schwert, hat Gnade gefunden in der Wüste; Israel zieht hin zu seiner Ruhe.

3. Der Herr ist mir erschienen von ferne: Ich habe dich je und je geliebt; darum habe ich dich zu mir gezogen aus lauter Güte.

4. Wohlan, ich will dich wiederum bauen, daß du sollst gebaut heißen, du Jungfrau Israel; du sollst noch fröhlich pauken und herausgehen an den Tanz.

5. Du sollst wiederum Weinberge pflanzen an den Bergen Samarias; pflanzen wird man sie und ihre Früchte genießen.
6. Denn es wird die Zeit noch kommen, daß die Hüter an dem Gebirge Ephraim werden rufen: Wohlauf, und laßt uns hinaufgehen gen Zion zu dem Herrn, unserm Gott!
7. Denn also spricht der Herr: Rufet über Jakob mit Freuden und jauchzet über das Haupt unter den Heiden; rufet laut, rühmet und sprecht: Herr, hilf deinem Volk, den übrigen in Israel!
8. Siehe, ich will sie aus dem Lande der Mitternacht bringen und will sie sammeln aus den Enden der Erde, Blinde und Lahme, Schwangere und Kindbetterinnen, daß sie in großen Haufen wieder hieher kommen sollen. Jes. 35,8–10.
9. Sie werden weinend kommen und betend, so will ich sie leiten; ich will sie leiten an den Wasserbächen auf schlichtem Wege, daß sie sich nicht stoßen; denn *ich bin Israels Vater, so ist Ephraim mein erstgeborener Sohn. *2. Kor. 6,18.
10. Höret, ihr Heiden, des Herrn Wort und verkündigt's fern in die Inseln und sprecht: Der Israel zerstreut hat, der wird's auch wieder sammeln und wird sie hüten wie ein Hirte seine Herde.
11. Denn der Herr wird Jakob erlösen und von der Hand des Mächtigen erretten.
12. Und sie werden kommen und auf der Höhe zu Zion jauchzen und werden zu den Gaben des Herrn laufen, zum Getreide, Most, Öl und jungen Schafen und Ochsen, daß ihre Seele wird sein wie ein *wasserreicher Garten und sie nicht mehr bekümmert sein sollen. *Jes. 58,11.
13. Alsdann werden die Jungfrauen fröhlich am Reigen sein, dazu die junge Mannschaft und die Alten miteinander. Denn ich will ihr Trauern in Freude verkehren und sie trösten und sie erfreuen nach ihrer Betrübnis.
14. Und ich will der Priester Herz voller Freude machen, und mein Volk soll meiner Gaben die Fülle haben, spricht der Herr.
15. So spricht der Herr: *Man hört eine klägliche Stimme und bitteres Weinen auf der Höhe; Rahel weint über ihre Kinder und will sich nicht trösten lassen über ihre Kinder, denn es ist aus mit ihnen.
*Matth. 2,18.
16. Aber der Herr spricht also: Laß dein Schreien und Weinen und die Tränen deiner Augen; denn deine Arbeit wird wohl belohnt werden, spricht der Herr. Sie sollen wiederkommen aus dem Lande des Feindes;
17. und deine Nachkommen haben viel Gutes zu erwarten, spricht der Herr; denn deine Kinder sollen wieder in ihre Grenze kommen.
18. Ich habe wohl gehört, wie Ephraim klagt: »Du hast mich gezüchtigt, und ich bin auch gezüchtigt wie ein ungebändigtes Kalb; bekehre mich du, so werde ich bekehrt; denn du, Herr, bist mein Gott.
19. Da ich bekehrt ward, tat ich Buße; denn nachdem ich gewitzigt bin, schlage ich mich auf die Hüfte. Ich bin zu Schanden geworden und stehe schamrot; denn ich muß leiden den Hohn meiner Jugend.«
20. Ist nicht Ephraim dein teurer Sohn und mein trautes Kind? Denn ich *denke noch wohl daran, was ich ihm geredet habe; darum †bricht mir mein Herz gegen ihn, daß ich mich sein erbarmen muß, spricht der Herr. *Jes. 49,15. †Hos. 11,8.
21. Richte dir Denkmale auf, setze dir Zeichen und richte dein Herz auf die gebahnte Straße, darauf du gewandelt hast; kehre wieder, Jungfrau Israel, kehre dich wieder zu diesen deinen Städten!
22. Wie lange willst du in der Irre gehen, du abtrünnige Tochter? Denn der Herr wird ein Neues im Lande erschaffen: das Weib wird den Mann umgeben.
23. So spricht der Herr Zebaoth, der Gott Israels: Man wird noch dies Wort wieder reden im Lande Juda und in seinen Städten, wenn ich ihr Gefängnis wenden werde: Der Herr segne dich, du Wohnung der Gerechtigkeit, du heiliger Berg!
24. Und Juda samt allen seinen Städten sollen darin wohnen, dazu Ackerleute und die mit Herden umherziehen;
25. denn ich *will die müden Seelen erquicken und die bekümmerten Seelen sättigen. *Matth. 11,28.
26. Darüber bin ich aufgewacht und sah auf und hatte so sanft geschlafen.
27. Siehe, es kommt die Zeit, spricht der Herr, daß ich das Haus Israel und das Haus Juda besäen will mit Menschen und mit Vieh.
28. Und gleichwie ich über sie gewacht habe, auszureuten, zu zerreißen, abzubrechen, zu verderben und zu plagen: also will ich über sie wachen, zu bauen und zu pflanzen, spricht der Herr.
29. Zu derselben Zeit wird man nicht mehr sagen: »Die Väter haben Herlinge gegessen, und der Kinder Zähne sind stumpf geworden«; Klagel. 5,7; Hesek. 18,2.

30. sondern ein jeglicher wird um seiner Missetat willen sterben,. und welcher Mensch Herlinge ißt, dem sollen seine Zähne stumpf werden.
31. Siehe, es kommt die Zeit, spricht der Herr, da will ich mit dem Hause Israel und mit dem Hause Juda einen neuen Bund machen; Hebr.8,8–12.
32. nicht, wie der Bund gewesen ist, den ich mit ihren Vätern machte, da ich sie bei der Hand nahm, daß ich sie aus Ägyptenland führte, welchen Bund sie nicht gehalten haben, und ich sie zwingen mußte, spricht der Herr;
33. sondern *das soll der Bund sein, den ich mit dem Hause Israel machen will nach dieser Zeit, spricht der Herr: †Ich will mein Gesetz in ihr Herz geben und in ihren Sinn schreiben; und **sie sollen mein Volk sein, so will ich ihr Gott sein;
*Röm.11,27. †Jes.54,13; Hebr.10,16.17. **V.1.
34. und wird keiner den andern noch ein Bruder den andern lehren und sagen: »Erkenne den Herrn«, sondern sie sollen mich alle kennen, beide, klein und groß, spricht der Herr. Denn *ich will ihnen ihre Missetat vergeben und ihrer Sünde nimmermehr gedenken. *K.33,8; Jes.43,25.
35. So spricht der Herr, der die Sonne dem Tage zum Licht gibt und den Mond und die Sterne nach ihrem Lauf der Nacht zum Licht; der das Meer bewegt, daß seine Wellen brausen – Herr Zebaoth ist sein Name –:
36. Wenn solche *Ordnungen vergehen vor mir, spricht der Herr, so soll auch †aufhören der Same Israels, daß er nicht mehr ein Volk vor mir sei ewiglich.
*K.33,25. †Röm.11,1.
37. So spricht der Herr: Wenn man den Himmel oben kann messen und den Grund der Erde erforschen, so will ich auch verwerfen den ganzen Samen Israels um alles, was sie tun, spricht der Herr.
38. Siehe, es kommt die Zeit, spricht der Herr, daß die Stadt des Herrn soll gebaut werden vom Turm Hananeel an bis ans Ecktor; Sach.14,10.
39. und die Richtschnur wird neben demselben weiter herausgehen bis an den Hügel Gareb und sich gen Goath wenden;
40. und das ganze Tal der Leichen und der Asche samt dem ganzen Acker bis an den Bach Kidron, bis zu der Ecke am Roßtor gegen Morgen, wird dem Herrn heilig sein, daß es nimmermehr zerrissen noch abgebrochen soll werden.

Das 32. Kapitel

Jeremia kauft zum Zeichen der Wiederkunft aus Babel einen Acker, betet und erhält aufs neue die göttliche Verheißung der Erlösung Israels.

1. Dies ist das Wort, das vom Herrn geschah zu Jeremia im zehnten Jahr Zedekias, des König in Juda, welches ist das achtzehnte Jahr Nebukadnezars.
2. Dazumal *belagerte das Heer des Königs zu Babel Jerusalem. Aber der Prophet Jeremia lag gefangen im Vorhof des Gefängnisses am Hause des Königs in Juda,
*2.Kön. 25,1.2.
3. dahin Zedekia, der König Juda's, ihn hatte lassen verschließen und gesagt: Warum weissagst du und sprichst: So spricht der Herr: Siehe, *ich gebe diese Stadt in die Hände des Königs zu Babel, und er soll sie gewinnen; *K.21,7; 27,6.
4. und Zedekia, der König Juda's, soll den Chaldäern nicht entrinnen, sondern ich will ihn dem König zu Babel in die Hände geben, daß er mündlich mit ihm reden und mit seinen Augen ihn sehen soll.
5. Und er wird Zedekia gen Babel führen; da soll er auch bleiben, bis daß ich ihn *heimsuche, spricht der Herr; denn ob ihr schon wider die Chaldäer streitet, soll euch doch nichts gelingen. *K.52,11.
6. Und Jeremia sprach: Es ist des Herrn Wort geschehen zu mir und spricht:
7. Siehe, Hanameel, der Sohn Sallums, deines Oheims, kommt zu dir und wird sagen: Kaufe du meinen Acker zu Anathoth; denn du hast das nächste *Freundrecht dazu, daß du ihn kaufen sollst.
3.Mose 25,25; Ruth 4,3.4.
8. Also kam Hanameel, meines Oheims Sohn, wie der Herr gesagt hatte, zu mir in den Hof des Gefängnisses und sprach zu mir: Kaufe doch meinen Acker zu Anathoth, der im Lande Benjamin liegt; denn du hast Erbrecht dazu, und du bist der nächste; kaufe du ihn! Da merkte ich, daß es des Herrn Wort wäre,
9. und kaufte den Acker von Hanameel, meines Oheims Sohn, zu Anathoth, und wog ihm das Geld dar, siebzehn Silberlinge.
10. Und ich schrieb einen Brief und versiegelte ihn und nahm Zeugen dazu und wog das Geld dar auf einer Waage
11. und nahm zu mir den versiegelten Kaufbrief nach Recht und Gewohnheit und eine offene Abschrift
12. und gab den Kaufbrief Baruch, dem Sohn Nerias, des Sohnes Maasejas, in Ge-

genwart Hanameels, meines Vetters, und
der Zeugen, die im Kaufbrief geschrieben
standen, und aller Juden, die im Hofe des
Gefängnisses saßen,
13. und befahl Baruch vor ihren Augen
und sprach:
14. So spricht der Herr Zebaoth, der Gott
Israels: Nimm diese Briefe, den versiegelten Kaufbrief samt dieser offenen Abschrift, und lege sie in ein irdenes Gefäß,
daß sie lange bleiben mögen.
15. Denn so spricht der Herr Zebaoth,
der Gott Israels: Noch soll man Häuser,
Äcker und Weinberge kaufen in diesem
Lande.
16. Und da ich den Kaufbrief hatte Baruch, dem Sohn Nerias, gegeben, betete
ich zum Herrn und sprach:
17. Ach Herr Herr, siehe, du *hast Himmel und Erde gemacht durch deine große
Kraft und durch deinen ausgestreckten
Arm, und ist †kein Ding vor dir unmöglich; *K.27,5. †Luk.1,37.
18. *der du wohltust vielen Tausenden
und vergiltst die Missetat der Väter in den
Busen ihrer Kinder nach ihnen, du großer
und starker Gott; Herr Zebaoth ist dein
Name; *2.Mose 20,5.6.
19. groß von Rat und mächtig von Tat,
und deine Augen stehen offen über alle
Wege der Menschenkinder, daß du einem
jeglichen gebest nach seinem *Wandel
und nach der Frucht seines Wesens; *Röm.2,6.
20. der du in Ägyptenland hast Zeichen
und Wunder getan bis auf diesen Tag, an
Israel und den Menschen, und hast dir
einen Namen gemacht, wie er heutigestages ist;
21. und hast dein Volk Israel aus Ägyptenland geführt durch Zeichen und Wunder, durch eine mächtige Hand, durch
ausgestreckten Arm und durch großen
Schrecken;
22. und hast ihnen dies Land gegeben,
welches du ihren Vätern geschworen hattest, daß du es ihnen geben wolltest, ein
Land, darin Milch und Honig fließt;
23. und da sie hineinkamen und es besaßen, gehorchten sie deiner Stimme nicht,
wandelten auch nicht nach deinem Gesetz; und alles, was du ihnen gebotest, daß
sie es tun sollten, das ließen sie; darum du
auch ihnen all dies Unglück ließest widerfahren:
24. siehe, diese Stadt ist belagert, daß sie
gewonnen und vor Schwert, Hunger und
Pestilenz in der Chaldäer Hände, welche
wider sie streiten, gegeben werden muß;
und wie du geredet hast, so geht es, das
siehest du,
25. und du sprichst zu mir, Herr Herr:
»Kaufe du einen Acker um Geld und nimm
Zeugen dazu«, so doch die Stadt in der
Chaldäer Hände gegeben wird.
26. Und des Herrn Wort geschah zu Jeremia und sprach:
27. Siehe, ich, der Herr, bin ein *Gott
alles Fleisches; †sollte mir etwas unmöglich sein? *4.Mose 16,22. †V.17.
28. Darum so spricht der Herr also: Siehe, ich gebe diese Stadt in der Chaldäer
Hände und in die Hand Nebukadnezars,
des Königs zu Babel; und er soll sie gewinnen. V.3.
29. Und die Chaldäer, so wider diese
Stadt streiten, werden hereinkommen
und sie mit Feuer anstecken und verbrennen samt den Häusern, wo *sie auf den
Dächern Baal geräuchert und andern Göttern Trankopfer geopfert haben, auf daß
sie mich erzürnten. *K.19,13.
30. Denn die Kinder Israel und die Kinder Juda haben von ihrer Jugend auf getan, was mir übel gefällt; und die Kinder
Israel haben mich erzürnt durch ihrer
Hände Werk, spricht der Herr.
31. Denn seitdem diese Stadt gebaut ist,
bis auf diesen Tag, hat sie mich zornig und
grimmig gemacht, daß ich sie muß von
meinem Angesicht wegtun
32. um all der Bosheit willen der Kinder
Israel und der Kinder Juda, die sie getan
haben, daß sie mich erzürnten. Sie, ihre
Könige, Fürsten, Priester und Propheten
und die in Juda und Jerusalem wohnen,
33. haben mir den Rücken und nicht das
Angesicht zugekehrt, wiewohl ich sie stets
lehren ließ; aber sie wollten nicht hören
noch sich bessern.
34. Dazu haben *sie ihre Greuel in das
Haus gesetzt, das von mir den Namen hat,
daß sie es verunreinigten, *K.7,30; 2.Kön.21,4.5.
35. und haben die Höhen des Baal gebaut
im Tal Ben-Hinnom, daß sie ihre Söhne
und Töchter dem Moloch verbrennten, davon ich ihnen nichts befohlen habe und ist
mir nie in den Sinn gekommen, daß sie
solchen Greuel tun sollten, damit sie Juda
also zu Sünden brächten. K.7,31; 19,5.
36. Und nun um deswillen spricht der
Herr, der Gott Israels, also von dieser
Stadt, davon ihr sagt, daß sie werde vor
Schwert, Hunger und Pestilenz in die
Hände des Königs zu Babel gegeben:
37. Siehe, ich will sie sammeln aus allen
Landen, dahin ich sie verstoße durch mei-

nen Zorn, Grimm und große Ungnade, und will sie wiederum an diesen Ort bringen, daß sie sollen sicher wohnen.
38. Und sie sollen mein Volk sein, so will ich ihr Gott sein; K.24,7; 30,22; 31,1.33.
39. und ich will ihnen einerlei Herz und Wesen geben, daß sie mich fürchten sollen ihr Leben lang, auf daß es ihnen und ihren Kindern nach ihnen wohl gehe; Hesek. 36,27.
40. und will einen ewigen Bund mit ihnen machen, daß ich nicht will ablassen, ihnen Gutes zu tun; und will ihnen meine Furcht ins Herz geben, daß sie nicht von mir weichen;
41. und soll meine Lust sein, daß ich ihnen Gutes tue; und ich will sie in diesem Lande pflanzen treulich, von ganzem Herzen und von ganzer Seele.
42. Denn so spricht der Herr: Gleichwie ich über dies Volk habe kommen lassen all dies große Unglück, also will ich auch alles Gute über sie kommen lassen, das ich ihnen verheißen habe.
43. Und sollen noch Äcker gekauft werden in diesem Lande, davon ihr sagt, es werde wüst liegen, daß weder Leute noch Vieh darin bleiben, und es werde in der Chaldäer Hände gegeben.
44. Dennoch wird man Äcker um Geld kaufen und verbriefen, versiegeln und bezeugen im Lande Benjamin und um Jerusalem her und in den Städten Juda's, in Städten auf den Gebirgen, in Städten in Gründen und in Städten gegen Mittag; denn ich *will ihr Gefängnis wenden, spricht der Herr. *K.29,14; 30,3.

Das 33. Kapitel

Weissagung von der Erlösung aus Babel, von dem Messias und von dem ewigen Bund Gottes.

1. Und des Herrn Wort geschah zu Jeremia zum andernmal, da er noch *im Vorhof des Gefängnisses verschlossen war, und sprach: *K.32,2.
2. So spricht der Herr, der solches macht, tut und ausrichtet – Herr ist sein Name –:
3. Rufe mich an, so will ich dir antworten und will dir anzeigen große und gewaltige Dinge, die du nicht weißt.
4. Denn so spricht der Herr, der Gott Israels, von den *Häusern dieser Stadt und von den Häusern der Könige Juda's, welche abgebrochen sind, Bollwerke zu machen zur Wehr, *Jes.22,10.
5. und von denen, so hereingekommen sind, wider die Chaldäer zu streiten, daß sie diese füllen müssen mit den Leichnamen der Menschen, welche ich in meinem Zorn und Grimm erschlagen will; denn ich habe mein Angesicht vor dieser Stadt verborgen um all ihrer Bosheit willen:
6. Siehe, ich will sie heilen und gesund machen und will ihnen Frieden und Treue die Fülle gewähren.
7. Denn ich will *das Gefängnis Juda's und das Gefängnis Israels wenden und will sie bauen wie von Anfang *K.29,14; 30,3.
8. und will sie reinigen von aller Missetat, damit sie wider mich gesündigt haben, und *will ihnen vergeben alle Missetaten, damit sie wider mich gesündigt und übertreten haben. *K.31,34.
9. Und das soll mir ein fröhlicher Name, Ruhm und Preis sein unter allen Heiden auf Erden, wenn sie hören all das Gute, das ich ihnen tue. Und sie werden sich verwundern und entsetzen über all dem Guten und über all dem Frieden, den ich ihnen geben will.
10. So spricht der Herr: An diesem Ort, davon ihr sagt: Er ist wüst, weil weder Leute noch Vieh in den Städten Juda's und auf den Gassen zu Jerusalem bleiben, die so verwüstet sind, daß weder Leute noch Bürger noch Vieh darin sind,
11. *wird man dennoch wiederum hören Geschrei von Freude und Wonne, die Stimme des Bräutigams und der Braut und die Stimme derer, so da sagen: »†Danket dem Herrn Zebaoth; denn er ist freundlich, und seine Güte währet ewiglich«, wenn sie Dankopfer bringen zum Hause des Herrn. Denn ich will des Landes Gefängnis wenden wie von Anfang, spricht der Herr. *K.7,34. †Ps.106,1; Esra 3,11.
12. So spricht der Herr Zebaoth: An diesem Ort, der so wüst ist, daß weder Leute noch Vieh darin sind, und in allen seinen Städten werden dennoch wiederum Wohnungen sein der Hirten, die da Herden weiden.
13. In *Städten auf den Gebirgen und in Städten in Gründen und in Städten gegen Mittag, im Lande Benjamin und um Jerusalem her und in Städten Juda's sollen dennoch wiederum die Herden gezählt aus und ein gehen, spricht der Herr. *K.32,44.
14. Siehe, es kommt die Zeit, spricht der Herr, daß ich das gnädige Wort erwecken will, welches ich dem Hause Israel und dem Hause Juda geredet habe.
15. In denselben Tagen und zu derselben Zeit will ich dem David ein gerechtes Gewächs aufgehen lassen, und er soll Recht

und Gerechtigkeit anrichten auf Erden.
K.23,5; Jes.4,2.
16. Zu derselben Zeit soll Juda geholfen
werden und *Jerusalem †sicher wohnen,
und man wird sie nennen: Der Herr unsre
Gerechtigkeit. *K.23,6. †5.Mose 33,28.
17. Denn so spricht der Herr: Es soll
nimmermehr fehlen, es soll einer von David sitzen auf dem Stuhl des Hauses Israel.
2.Sam. 7,12; 1.Kön. 9,5.
18. Desgleichen soll's nimmermehr fehlen, es sollen Priester und Leviten sein vor mir, die da Brandopfer tun und Speisopfer anzünden und Opfer schlachten ewiglich.
19. Und des Herrn Wort geschah zu Jeremia und sprach:
20. So spricht der Herr: Wenn mein Bund aufhören wird mit Tag und Nacht, daß nicht Tag und Nacht sei zu seiner Zeit,
K.31,35.36.
21. so wird auch mein Bund aufhören mit meinem Knechte David, daß er nicht einen Sohn habe zum König auf seinem Stuhl, und mit den Leviten und Priestern, meinen Dienern.
22. Wie *man des Himmels Heer nicht zählen noch den Sand am Meer nicht messen kann, also will ich mehren den Samen Davids, meines Knechtes, und die Leviten, die mir dienen. *1.Mose 15,5; 22,17.
23. Und des Herrn Wort geschah zu Jeremia und sprach:
24. Hast du nicht gesehen, was dies Volk redet und spricht: »Hat doch der Herr auch die zwei Geschlechter verworfen, welche er auserwählt hatte«; und lästern mein Volk, als sollten sie nicht mehr mein Volk sein.
25. So spricht der Herr: Halte ich meinen Bund nicht mit Tag und Nacht noch die Ordnungen des Himmels und der Erde, V.20.
26. so will ich auch verwerfen den Samen Jakobs und Davids, meines Knechtes, daß ich nicht aus ihrem Samen nehme, die da herrschen über den Samen Abrahams, Isaaks und Jakobs. Denn *ich will ihr Gefängnis wenden und mich über sie erbarmen. *K.32,44.

Das 34. Kapitel

Dem König Zedekia und seinem Volk wird die göttliche Strafe wegen Übertretung des Gesetzes vom Freijahr angekündigt.

1. Dies ist das Wort, das vom Herrn geschah zu Jeremia, da Nebukadnezar, der König zu Babel, samt allem seinem Heer und allen Königreichen auf Erden, so unter seiner Gewalt waren, und allen Völkern stritt wider Jerusalem und alle ihre Städte, und sprach:
2. So spricht der Herr, der Gott Israels: Gehe hin und sage Zedekia, dem König Juda's, und sprich zu ihm: So spricht der Herr: Siehe, ich will diese Stadt in die Hände des Königs zu Babel geben, und er soll sie mit Feuer verbrennen.
3. Und du sollst seiner Hand nicht entrinnen, sondern gegriffen und in seine Hand gegeben werden, daß du ihn *mit Augen sehen und mündlich mit ihm reden wirst, und gen Babel kommen. *K.32,4.
4. Doch aber höre, Zedekia, du König Juda's, des Herrn Wort: So spricht der Herr von dir: Du sollst *nicht durchs Schwert sterben, *K.52,11.
5. sondern du sollst im Frieden sterben. Und wie deinen Vätern, den vorigen Königen, die vor dir gewesen sind, so wird man auch dir einen *Brand anzünden und dich †beklagen: »Ach Herr!« denn ich habe es geredet, spricht der Herr.
*2.Chron. 16,14. †Jer.22,18.
6. Und der Prophet Jeremia redete alle diese Worte zu Zedekia, dem König Juda's, zu Jerusalem,
7. da das Heer des Königs zu Babel schon stritt *wider Jerusalem und wider alle übrigen Städte Juda's, nämlich wider Lachis und Aseka; denn diese waren noch übriggeblieben von den festen Städten Juda's.
*2.Kön. 25,1.
8. Dies ist das Wort, so vom Herrn geschah zu Jeremia, nachdem der König Zedekia einen Bund gemacht hatte mit dem ganzen Volk zu Jerusalem, ein Freijahr auszurufen, V.14.
9. daß ein jeglicher seinen Knecht und ein jeglicher seine Magd, so Hebräer und Hebräerin wären, sollte freigeben, daß kein Jude den andern leibeigen hielte.
10. Da gehorchten alle Fürsten und alles Volk, die solchen Bund eingegangen waren, daß ein jeglicher sollte seinen Knecht und seine Magd freigeben und sie nicht mehr leibeigen halten, und gaben sie los.
11. Aber darnach kehrten sie sich um und forderten die Knechte und Mägde wieder zu sich, die sie freigegeben hatten, und zwangen sie, daß sie Knechte und Mägde sein mußten.
12. Da geschah des Herrn Wort zu Jeremia vom Herrn und sprach:
13. So spricht der Herr, der Gott Israels: Ich habe einen Bund gemacht mit euren Vätern, da ich sie aus Ägyptenland, aus dem Diensthause, führte und sprach:

14. Im siebenten Jahr soll ein jeglicher seinen Bruder, der ein Hebräer ist und sich ihm verkauft und sechs Jahre gedient hat, frei von sich lassen. Aber eure Väter gehorchten mir nicht und neigten ihre Ohren nicht. 2. Mose 21,2; 5. Mose 15,12.
15. So habt ihr euch heute bekehrt und getan, was mir wohl gefiel, daß ihr ein Freijahr ließet ausrufen, ein jeglicher seinem Nächsten; und habt darüber einen Bund gemacht vor mir im Hause, das nach meinem Namen genannt ist.
16. Aber ihr seid umgeschlagen und entheiligt meinen Namen; und ein jeglicher fordert seinen Knecht und seine Magd wieder, die ihr hattet freigegeben, daß sie ihr selbst eigen wären, und zwingt sie nun, daß sie eure Knechte und Mägde sein müssen.
17. Darum spricht der Herr also: Ihr gehorchet mir nicht, daß ihr ein Freijahr ausriefet ein jeglicher seinem Bruder und seinem Nächsten; siehe, so rufe ich, spricht der Herr, euch ein Freijahr aus zum Schwert, zur Pestilenz, zum Hunger, und will euch in keinem Königreich auf Erden bleiben lassen.
18. Und will die Leute, so meinen Bund übertreten und die Worte des Bundes, den sie vor mir gemacht haben, nicht halten, so machen wie das Kalb, das sie in zwei Stücke geteilt haben und *sind zwischen den Teilen hingegangen, *1. Mose 15,10.17.
19. nämlich die Fürsten Juda's, die Fürsten Jerusalems, die Kämmerer, die Priester und das ganze Volk im Lande, so zwischen des Kalbes Stücken hingegangen sind.
20. Und will sie geben in ihrer Feinde Hand und derer, die ihnen nach dem Leben stehen, *daß ihre Leichname sollen den Vögeln unter dem Himmel und den Tieren auf Erden zur Speise werden. *K. 7,33.
21. Und Zedekia, den König Juda's, und seine Fürsten will ich geben in die Hände ihrer Feinde und derer, die ihnen nach dem Leben stehen, und dem Heer des Königs zu Babel, die jetzt von euch abgezogen sind.
22. Denn siehe, ich will ihnen befehlen, spricht der Herr, ich will *sie wieder vor diese Stadt bringen, und sollen wider sie streiten und sie gewinnen und mit Feuer verbrennen; und ich will die Städte Juda's verwüsten, daß niemand mehr da wohnen soll. *K. 37,8.

Das 35. Kapitel

Der Gehorsam der Rechabiter gegen die Gebote ihres Stammvaters wird dem Ungehorsam des jüdischen Volks gegen Gott entgegengestellt.

1. Dies ist das Wort, das vom Herrn geschah zu Jeremia zur Zeit Jojakims, des Sohnes Josias, des Königs in Juda, und sprach:
2. Gehe hin zu dem *Hause der Rechabiter und rede mit ihnen und führe sie in des Herrn Haus, in der Kapellen eine, und schenke ihnen Wein. *1. Chron. 2,55.
3. Da nahm ich Jaasanja, den Sohn Jeremia's, des Sohnes Habazinjas, samt seinen Brüdern und allen seinen Söhnen und das ganze Haus der Rechabiter
4. und führte sie in des Herrn Haus, in die Kapelle der Kinder Hanans, des Sohnes Jigdaljas, des Mannes Gottes, welche neben der Fürstenkapelle ist, über der Kapelle Maasejas, des Sohnes Sallums, des Torhüters.
5. Und ich setzte den Kindern von der Rechabiter Hause Becher voll Wein und Schalen vor und sprach zu ihnen: Trinkt Wein!
6. Sie aber antworteten: Wir trinken nicht Wein; denn unser Vater *Jonadab, der Sohn Rechabs, hat uns geboten und gesagt: Ihr und eure Kinder sollt nimmermehr Wein trinken *2. Kön. 10,15.23.
7. und kein Haus bauen, keinen Samen säen, keinen Weinberg pflanzen noch haben, sondern sollt in Hütten wohnen euer Leben lang, auf daß ihr lange lebet in dem Lande, darin ihr wallet.
8. Also gehorchen wir der Stimme unsers Vater Jonadab, des Sohnes Rechabs, in allem, was er uns geboten hat, daß wir keinen Wein trinken unser Leben lang, weder wir noch unsre Weiber noch Söhne noch Töchter,
9. und bauen auch keine Häuser, darin wir wohnten, und haben weder Weinberge noch Äcker noch Samen,
10. sondern wohnen in Hütten und gehorchen und tun alles, wie unser Vater Jonadab geboten hat.
11. Als aber Nebukadnezar, der König zu Babel, herauf ins Land zog, sprachen wir: »Kommt, laßt uns gen Jerusalem ziehen vor dem Heer der Chaldäer und der Syrer!« und sind also zu Jerusalem geblieben.
12. Da geschah des Herrn Wort zu Jeremia und sprach:
13. So spricht der Herr Zebaoth, der Gott Israels: Gehe hin und sprich zu denen in

Juda und zu den Bürgern zu Jerusalem: Wollt ihr euch denn nicht bessern, daß ihr meinen Worten gehorchet? spricht der Herr.

14. Die Worte Jonadabs, des Sohnes Rechabs, die er seinen Kindern geboten hat, daß sie nicht sollen Wein trinken, werden gehalten, und sie trinken keinen Wein bis auf diesen Tag, darum daß sie ihres Vaters Gebot gehorchen. Ich aber habe stets euch predigen lassen; doch gehorcht ihr mir nicht.

15. So habe ich auch stets zu euch gesandt alle meine Knechte, die Propheten, und lassen sagen: *Bekehret euch, ein jeglicher von seinem bösen Wesen, und bessert euren Wandel und folget nicht andern Göttern nach, ihnen zu dienen, so sollt ihr in dem Lande bleiben, welches ich euch und euren Vätern gegeben habe. Aber ihr wolltet eure Ohren nicht neigen noch mir gehorchen, *K.25,4–7.

16. so doch die Kinder Jonadabs, des Sohnes Rechabs, haben ihres Vaters Gebot, das er ihnen geboten hat, gehalten. Aber dies Volk gehorchte mir nicht.

17. Darum so spricht der Herr, der Gott Zebaoth und der Gott Israels: Siehe, ich will über Juda und über alle Bürger zu Jerusalem kommen lassen all das Unglück, das ich wider sie geredet habe, darum daß *ich zu ihnen geredet habe und sie nicht wollen hören, daß ich gerufen habe und sie mir nicht wollen antworten. *K.7,13.

18. Und zum Hause der Rechabiter sprach Jeremia: So spricht der Herr Zebaoth, der Gott Israels: Darum daß ihr dem Gebot eures Vaters Jonadab habt gehorcht und alle seine Gebote gehalten und alles getan, was er euch geboten hat,

19. darum spricht der Herr Zebaoth, der Gott Israels, also: Es soll dem Jonadab, dem Sohne Rechabs, nimmer fehlen, es soll jemand von den Seinen allezeit vor mir stehen.

Das 36. Kapitel

Die Weissagungen des Jeremia werden verbrannt, aber auf Befehl des Herrn von neuem geschrieben.

1. Im *vierten Jahr Jojakims, des Sohnes Josias, des Königs in Juda, geschah dies Wort zu Jeremia vom Herrn und sprach: *K.25,1

2. Nimm ein Buch und schreibe darein alle Reden, die ich zu dir geredet habe über Israel, über Juda und alle Völker von der Zeit an, da ich zu dir geredet habe, nämlich von der Zeit Josias an bis auf diesen Tag;

3. ob *vielleicht die vom Hause Juda, wo sie hören all das Unglück, das ich ihnen gedenke zu tun, sich bekehren wollten, ein jeglicher von seinem bösen Wesen, damit ich ihnen ihre Missetat und Sünde vergeben könnte. *K.26,3.

4. Da rief Jeremia *Baruch, den Sohn Nerias. Derselbe Baruch schrieb in ein Buch aus dem Munde Jeremia's alle Reden des Herrn, die er zu ihm geredet hatte. *K.32,12.

5. Und Jeremia gebot Baruch und sprach: Ich bin gefangen, daß ich nicht kann in des Herrn Haus gehen.

6. Du aber gehe hinein und lies das Buch, darein du des Herrn Reden aus meinem Munde geschrieben hast, vor dem Volk im Hause des Herrn am Fasttage, und sollst sie auch lesen vor den Ohren des ganzen Juda, die aus ihren Städten hereinkommen;

7. ob *sie vielleicht sich mit Beten vor dem Herrn demütigen wollten und sich bekehren, ein jeglicher von seinem bösen Wesen; denn der Zorn und Grimm ist groß, davon der Herr wider dies Volk geredet hat. *V.3.

8. Und Baruch, der Sohn Nerias, tat alles, wie ihm der Prophet Jeremia befohlen hatte, daß er die Reden des Herrn aus dem Buche läse im Hause des Herrn.

9. Es begab sich aber im fünften Jahr Jojakims, des Sohnes Josias, des Königs Juda's, im neunten Monat, daß man ein Fasten verkündigte vor dem Herrn allem Volk zu Jerusalem und allem Volk, das aus den Städten Juda's gen Jerusalem kommt.

10. Und Baruch las aus dem Buche die Reden Jeremia's im Hause des Herrn, in der Kapelle Gemarjas, des Sohnes Saphans, des Kanzlers, im obern Vorhof, vor dem neuen Tor am Hause des Herrn, vor dem ganzen Volk.

11. Da nun Michaja, der Sohn Gemarjas, des Sohnes Saphans, alle Reden des Herrn gehört hatte aus dem Buche,

12. ging er hinab in des Königs Haus, in die Kanzlei. Und siehe, daselbst saßen alle Fürsten: Elisama, der Kanzler, Delaja, der Sohn Semajas, Elnathan, der Sohn Achbors, Gemarja, der Sohn Saphans, und Zedekia, der Sohn Hananjas, samt allen Fürsten.

13. Und Michaja zeigte ihnen an alle Reden, die er gehört hatte, da Baruch las aus dem Buche vor den Ohren des Volks.

14. Da sandten alle Fürsten Judi, den

Sohn Nethanjas, des Sohnes Selemjas, des
Sohnes Chusis, nach Baruch und ließen
ihm sagen: Nimm das Buch, daraus du vor
dem Volk gelesen hast, mit dir und komme! Und Baruch, der Sohn Nerias, nahm
das Buch mit sich und kam zu ihnen.
15. Und sie sprachen zu ihm: Setze dich
und lies, daß wir's hören! Und Baruch las
ihnen vor ihren Ohren.
16. Und da sie alle die Reden hörten, entsetzten sie sich einer gegen den andern
und sprachen zu Baruch: Wir wollen alle
diese Reden dem König anzeigen.
17. Und sie fragten den Baruch: Sage
uns, wie hast du alle diese Reden aus seinem Munde geschrieben?
18. Baruch sprach zu ihnen: Er sagte vor
mir alle diese Reden aus seinem Munde,
und ich schrieb sie mit Tinte ins Buch.
19. Da sprachen die Fürsten zu Baruch:
Gehe hin und verbirg dich mit Jeremia,
daß niemand wisse, wo ihr seid.
20. Sie aber gingen hinein zum König in
den Vorhof und ließen das Buch behalten
in der Kammer Elisamas, des Kanzlers,
und sagten vor dem König an alle diese
Reden.
21. Da sandte der König den Judi, das
Buch zu holen. Der nahm es aus der Kammer Elisamas, des Kanzlers. Und Judi las
vor dem König und allen Fürsten, die bei
dem König standen.
22. Der König aber saß im Winterhause,
im neunten Monat, vor dem Kamin.
23. Wenn aber Judi drei oder vier Blatt
gelesen hatte, zerschnitt er's mit einem
Schreibmesser und warf's ins Feuer, das
im Kaminherde war, bis das Buch ganz
verbrannte im Feuer –
24. und niemand entsetzte sich noch
*zerriß seine Kleider, weder der König
noch seine Knechte, so doch alle diese
Reden gehört hatten –, *2.Kön.22,11.
25. und wiewohl Elnathan, Delaja und
Gemarja den König baten, er wolle das
Buch nicht verbrennen, gehorchte er ihnen doch nicht.
26. Dazu gebot noch der König Jerahmeel, dem Königssohn, und Seraja, dem
Sohn Asriels, und Selemja, dem Sohn Ab-
deels, sie sollten Baruch, den Schreiber,
und Jeremia, den Propheten, greifen. Aber
der Herr hatte sie verborgen.
27. Da geschah des Herrn Wort zu Jeremia, nachdem der König das Buch und die
*Reden, so Baruch hatte geschrieben aus
dem Munde Jeremia's, verbrannt hatte,
und sprach: *V.4.
28. Nimm dir wiederum ein anderes
Buch und schreib alle vorigen Reden darein, die im ersten Buch standen, welche
Jojakim, der König Juda's, verbrannt hat,
29. und sage von Jojakim, dem König
Juda's: So spricht der Herr: Du hast dies
Buch verbrannt und gesagt: Warum hast
du darein geschrieben, daß der *König
von Babel werde kommen und dies Land
verderben und machen, †daß weder Leute
noch Vieh darin mehr sein werden?
*K.25,9–11. †K.7,20; 9,9.
30. Darum spricht der Herr von Jojakim,
dem König Juda's: Es soll keiner von den
Seinen auf dem Stuhl Davids sitzen, und
sein *Leichnam soll hingeworfen des
Tages in der Hitze und des Nachts im Frost
liegen; *K.22,19.
31. und ich will ihn und seinen Samen
und seine Knechte heimsuchen um ihrer
Missetat willen; und ich will über sie und
über die Bürger zu Jerusalem und über die
in Juda kommen lassen all das Unglück,
davon ich ihnen geredet habe, und sie gehorchten doch nicht.
32. Da nahm Jeremia ein anderes Buch
und gab's Baruch, dem Sohn Nerias, dem
Schreiber. Der schrieb darein aus dem
Munde Jeremia's alle die Reden, so in dem
Buch standen, das Jojakim, der König Juda's, hatte mit Feuer verbrennen lassen;
und zu denselben wurden dergleichen Reden noch viele hinzugetan.

Das 37. Kapitel

Jeremia wird geschlagen und gefangen.

1. Und Zedekia, der Sohn Josias, ward
König anstatt Jechonjas, des Sohnes Jojakims; denn Nebukadnezar, der König zu
Babel, machte ihn zum König im Lande
Juda. 2.Kön.24,17.
2. Aber er und seine Knechte und das
Volk im Lande gehorchten nicht des
Herrn Worten, die er durch den Propheten
Jeremia redete.
3. Es sandte gleichwohl der König Zedekia Juchal, den Sohn Selemjas, und Zephanja, den Sohn Maasejas, den Priester,
zum Propheten Jeremia und ließ ihm sagen: »Bitte den Herrn, unsern Gott, für
uns! *K.42,2; Jes.37,4.
4. Denn Jeremia ging unter dem Volk aus
und ein, und niemand legte ihn ins Gefängnis.
5. Es war aber das Heer Pharaos aus
Ägypten gezogen; und die Chaldäer, so vor
Jerusalem lagen, da sie solch Gerücht gehört hatten, waren von Jerusalem abgezogen.

6. Und des Herrn Wort geschah zum Propheten Jeremia und sprach:
7. So spricht der Herr, der Gott Israels: So sagt dem König Juda's, der euch zu mir gesandt hat, mich zu fragen: Siehe, das Heer Pharaos, das euch zu Hilfe ist ausgezogen, wird wiederum heim nach Ägypten ziehen;
8. und die Chaldäer werden wiederkommen und wider diese Stadt streiten und sie gewinnen und mit Feuer verbrennen.
9. Darum spricht der Herr also: Betrüget eure Seele nicht, daß ihr denkt, die Chaldäer werden von uns abziehen; sie werden nicht abziehen.
10. Und wenn ihr schon schlüget das ganze Heer der Chaldäer, so wider euch streiten, und blieben ihrer etliche verwundet übrig, so würden sie doch, ein jeglicher in seinem Gezelt, sich aufmachen und diese Stadt mit Feuer verbrennen.
11. Als nun der Chaldäer Heer von Jerusalem war abgezogen um des Heeres willen Pharaos,
12. ging Jeremia aus Jerusalem und wollte ins Land Benjamin gehen, seinen Acker in Besitz zu nehmen unter dem Volk. K.32,9.
13. Und da er unter das Tor Benjamin kam, da war einer bestellt zum Torhüter, mit Namen Jeria, der Sohn Selemjas, des Sohnes Hananjas; der griff den Propheten Jeremia und sprach: Du willst zu den Chaldäern fallen.
14. Jeremia sprach: Das ist nicht wahr; ich will nicht zu den Chaldäern fallen. Aber Jeria wollte ihn nicht hören, sondern griff Jeremia und brachte ihn zu den Fürsten.
15. Und die Fürsten wurden zornig über Jeremia und ließen ihn *schlagen und warfen ihn ins Gefängnis im Hause Jonathans, des Schreibers; den setzten sie zum Kerkermeister. *K.20,2.
16. Also ging Jeremia in die Grube und den Kerker und lag lange Zeit daselbst.
17. Und Zedekia, der König, sandte hin und ließ ihn holen und fragte ihn heimlich in seinem Hause und sprach: Ist auch ein Wort vom Herrn vorhanden? Jeremia sprach: Ja; *denn du wirst dem König zu Babel in die Hände gegeben werden.
*K.34,21.
18. Und Jeremia sprach zum König Zedekia: Was habe ich wider dich, wider deine Knechte und wider dies Volk gesündigt, daß sie mich in den Kerker geworfen haben?
19. Wo sind nun eure Propheten, die euch weissagten und sprachen: Der König zu Babel wird nicht über euch noch über dies Land kommen?
20. Und nun, mein Herr König, höre mich und laß meine Bitte vor dir gelten und laß mich nicht wieder in Jonathans, des Schreibers, Haus bringen, daß ich nicht sterbe daselbst.
21. Da befahl der König Zedekia, daß man *Jeremia im Vorhof des Gefängnisses behalten sollte, und ließ ihm des Tages ein Laiblein Brot geben aus der Bäckergasse, bis daß alles Brot in der Stadt aufgezehrt war. Also blieb Jeremia im Vorhof des Gefängnisses. *K.32,2.

Das 38. Kapitel

Jeremia wird in eine Grube geworfen; auf Befehl des Königs wieder herausgezogen, fordert er diesen auf, sich dem Feinde zu ergeben.

1. Es hörten aber Sephatja, der Sohn Matthans, und Gedalja, der Sohn Pashurs, und Juchal, der Sohn Selemjas, und *Pashur, der Sohn Malchias, die Reden, so Jeremia zu allem Volk redete und sprach:
*K.21,1.
2. So spricht der Herr: Wer in dieser Stadt bleibt, der wird durch Schwert, Hunger und Pestilenz sterben müssen; wer aber hinausgeht zu den Chaldäern, der soll lebend bleiben und wird sein Leben wie eine Beute davonbringen. K.21,9.
3. Denn also spricht der Herr: Diese Stadt soll übergeben werden dem Heer des Königs zu Babel, und sie sollen sie gewinnen.
4. Da sprachen die Fürsten zum König: Laß doch diesen Mann töten; denn mit der Weise wendet er die Kriegsleute ab, so noch übrig sind in dieser Stadt, desgleichen das ganze Volk auch, weil er solche Worte zu ihnen sagt. Denn *der Mann sucht nicht, was diesem Volk zum Frieden, sondern was zum Unglück dient.
*Amos 7,10.
5. Der König Zedekia sprach: Siehe, er ist in euren Händen; denn der König kann nichts wider euch.
6. Da nahmen sie Jeremia und warfen ihn in die Grube Malchias, des Königssohns, die am Vorhof des Gefängnisses war, und ließen ihn an Seilen hinab in die Grube, da nicht Wasser, sondern Schlamm war; und Jeremia sank in den Schlamm.
7. Aber als *Ebed-Melech, der Mohr, ein Kämmerer in des Königs Hause, hörte, daß man Jeremia hatte in die Grube ge-

worfen, und der König eben saß im Tor
Benjamin, *K.39,16.
8. da ging Ebed-Melech aus des Königs
Hause und redete mit dem König und
sprach:
9. Mein Herr König, die Männer handeln
übel an dem Propheten Jeremia, daß sie
ihn haben in die Grube geworfen, da er
muß Hungers sterben; denn es ist kein
Brot mehr in der Stadt.
10. Da befahl der König Ebed-Melech,
dem Mohren, und sprach: Nimm dreißig
Männer mit dir von diesen und zieh den
Propheten Jeremia aus der Grube, ehe
denn er sterbe.
11. Und Ebed-Melech nahm die Männer
mit sich und ging in des Königs Haus
unter die Schatzkammer und nahm daselbst
zerrissene und vertragene alte Lumpen
und ließ sie an einem Seil hinab zu
Jeremia in die Grube.
12. Und Ebed-Melech, der Mohr, sprach
zu Jeremia: Lege diese zerrissenen und
vertragenen alten Lumpen unter deine
Achseln um das Seil. Und Jeremia tat also.
13. Und sie zogen Jeremia herauf aus der
Grube an den Stricken; und blieb also Jeremia
im Vorhof des Gefängnisses.
14. Und der König Zedekia sandte hin
und ließ den Propheten Jeremia zu sich
holen unter den dritten Eingang am Hause
des Herrn. Und der König sprach zu
Jeremia: Ich will dich etwas fragen; verhalte
mir nichts.
15. Jeremia sprach zu Zedekia: Sage ich
dir etwas, so tötest du mich doch; gebe ich
dir aber einen Rat, so gehorchst du mir
nicht.
16. Da schwur der König Zedekia dem
Jeremia heimlich und sprach: So wahr der
Herr lebt, der uns dieses Leben gegeben
hat, so will ich dich nicht töten noch *den
Männern in die Hände geben, die dir nach
deinem Leben stehen. *V.4.5.
17. Und Jeremia sprach zu Zedekia: So
spricht der Herr, der Gott Zebaoth, der
Gott Israels: Wirst du hinausgehen zu den
Fürsten des Königs zu Babel, so sollst du
leben bleiben, und diese Stadt soll nicht
verbrannt werden, sondern du und dein
Haus sollen am Leben bleiben;
18. wirst du aber nicht hinausgehen zu
den Fürsten des Königs zu Babel, so wird
diese Stadt den Chaldäern in die Hände
gegeben, und sie werden sie mit Feuer
verbrennen, und du wirst auch nicht ihren
Händen entrinnen.
19. Der König Zedekia sprach zu Jeremia:
Ich sorge mich aber, daß ich den
Juden, so zu den Chaldäern gefallen sind,
möchte übergeben werden, daß sie mein
spotten.
20. Jeremia sprach: Man wird dich nicht
übergeben. Gehorche doch der Stimme
des Herrn, die ich dir sage, so wird dir's
wohl gehen, und du wirst lebend bleiben.
21. Wirst du aber nicht hinausgehen, so
ist dies das Wort, das mir der Herr gezeigt
hat:
22. Siehe, alle Weiber, die noch vorhanden
sind in dem Hause des Königs in Juda,
werden hinaus müssen zu den Fürsten des
Königs zu Babel; diese werden dann sagen:
Ach *deine Tröster haben dich überredet
und verführt und in Schlamm geführt
und lassen dich nun stecken. *K.6,14.
23. Also werden dann alle deine Weiber
und Kinder hinaus müssen zu den Chaldäern,
und *du selbst wirst ihren Händen
nicht entgehen; sondern du wirst vom König
zu Babel gegriffen, und diese Stadt
wird mit Feuer verbrannt werden.
*K.32,4; 34,3.
24. Und Zedekia sprach zu Jeremia: Siehe
zu, daß niemand diese Rede erfahre, so
wirst du nicht sterben.
25. Und wenn's die Fürsten erführen,
daß ich mit dir geredet habe, und kämen
zu dir und sprächen: Sage an, was hast du
mit dem König geredet – leugne es uns
nicht, so wollen wir dich nicht töten –,
und was hat der König mit dir geredet?
26. so sprich: Ich habe den König gebeten,
daß er mich nicht wiederum ließe in
des Jonathan Haus führen; ich möchte
daselbst sterben.
27. Da kamen alle Fürsten zu Jeremia
und fragten ihn; und er sagte ihnen, wie
ihm der König befohlen hatte. Da ließen
sie von ihm, weil sie nichts erfahren konnten.
28. Und Jeremia blieb im Vorhof des Gefängnisses
bis auf den Tag, da Jerusalem
gewonnen ward. K.37,21.

Das 39. Kapitel

Jerusalem wird erobert, Zedekia mit ausgestochenen Augen nach Babel geführt; Jeremia, von Nebukadnezar geschützt, kündigt auch dem Ebed-Melech seine Erhaltung an. (V.1–10: vgl. K.52,4–16; 2.Kön. 25,1–12.)

1. Und es geschah, daß Jerusalem gewonnen
ward. Denn im neunten Jahr Zedekias,
des Königs in Juda, im zehnten
Monat, kam Nebukadnezar, der König zu
Babel, und all sein Heer vor Jerusalem und
belagerten es.
2. Und im elften Jahr Zedekias, am neun-

ten Tage des vierten Monats, brach man in die Stadt;
3. und zogen hinein alle Fürsten des Königs zu Babel und hielten unter dem Mitteltor, nämlich Nergal-Sarezer, Samgar-Nebo, Sarsechim, der oberste Kämmerer, Nergal-Sarezer, der Oberste der Weisen, und alle andern Fürsten des Königs zu Babel.
4. Als sie nun Zedekia, der König Juda's, sah samt seinen Kriegsleuten, flohen sie bei Nacht zur Stadt hinaus bei des Königs Garten durchs Tor zwischen den zwei Mauern und zogen des Weges zum blachen Feld.
5. Aber der Chaldäer Kriegsleute jagten ihnen nach und ergriffen Zedekia im Felde bei Jericho und fingen ihn und brachten ihn zu Nebukadnezar, dem König zu Babel, gen Ribla, das im Lande Hamath liegt; der sprach ein Urteil über ihn.
6. Und der König zu Babel ließ die Söhne Zedekias vor seinen Augen töten zu Ribla und tötete alle Fürsten Juda's.
7. Aber Zedekia ließ er die Augen ausstechen und ihn mit Ketten binden, daß er ihn gen Babel führte.
8. Und die Chaldäer verbrannten beide, des Königs Haus und der Bürger Häuser, und zerbrachen die Mauern zu Jerusalem.
9. Was aber noch von Volk in der Stadt war und was sonst zu ihnen gefallen war, die führte Nebusaradan, der Hauptmann der Trabanten, alle miteinander gen Babel gefangen.
10. Aber von dem geringen Volk, das nichts hatte, ließ zu derselben Zeit Nebusaradan, der Hauptmann, etliche im Lande Juda und gab ihnen Weinberge und Felder.
11. Aber Nebukadnezar, der König zu Babel, hatte Nebusaradan, dem Hauptmann, befohlen von Jeremia und gesagt:
12. Nimm ihn und laß dir ihn befohlen sein und tu ihm kein Leid; sondern wie er's von dir begehrt, so mache es mit ihm.
13. Da sandten hin Nebusaradan, der Hauptmann, und Nebusasban, der oberste Kämmerer, Nergal-Sarezer, der Oberste der Weisen, und alle Fürsten des Königs zu Babel
14. und ließen Jeremia holen aus dem *Vorhof des Gefängnisses und befahlen ihn †Gedalja, dem Sohn Ahikams, des Sohnes Saphans, daß er ihn hinaus in sein Haus führte. Und er blieb bei dem Volk.

*K.38,28. †K.40,5.6.

15. Es war auch des Herrn Wort geschehen zu Jeremia, als er noch im Vorhof des Gefängnisses gefangen lag, und hatte gesprochen:
16. Gehe hin und sage *Ebed-Melech, dem Mohren: So spricht der Herr Zebaoth, der Gott Israels: Siehe, ich will meine Worte kommen lassen über diese Stadt zum Unglück und zu keinem Guten, und du sollst es sehen zur selben Zeit.

*K.38,7.

17. Aber dich will ich erretten zur selben Zeit, spricht der Herr, und sollst den Leuten nicht zuteil werden, vor welchen du dich fürchtest.
18. Denn ich will dir davonhelfen, daß du *nicht durchs Schwert fallest, sondern sollst dein Leben wie eine Beute davonbringen, darum daß du mir vertraut hast, spricht der Herr. *Hiob 5,20.

Das 40. Kapitel

Jeremia bleibt bei dem Statthalter Gedalja im Lande; dieser will eine Verschwörung gegen sein Leben nicht glauben.

1. Dies ist das Wort, so vom Herrn geschah zu Jeremia, da ihn Nebusaradan, der Hauptmann, losließ zu Rama; denn er war auch mit Ketten gebunden unter allen denen, die zu Jerusalem und in Juda gefangen waren, daß man sie gen Babel wegführen sollte. K.39,11–14.
2. Da nun der Hauptmann Jeremia zu sich hatte lassen holen, sprach er zu ihm: Der Herr, dein Gott, hat dies Unglück über diese Stätte geredet
3. und hat's auch kommen lassen und getan, wie er geredet hat; denn ihr habt gesündigt wider den Herrn und seiner Stimme nicht gehorcht; darum ist euch solches widerfahren.
4. Und nun siehe, ich habe dich heute losgemacht von den Ketten, womit deine Hände gebunden waren. Gefällt dir's mit mir gen Babel zu ziehen, so komm, du sollst mir befohlen sein; gefällt dir's aber nicht, mit mir gen Babel zu ziehen, so laß es anstehen. Siehe, da hast du das ganze Land vor dir; wo dich's gut dünkt und dir gefällt, da zieh hin.
5. Denn weiter hinaus wird kein Wiederkehren sein. Darum magst du umkehren zu *Gedalja, dem Sohn Ahikams, des Sohnes Saphans, welchen der König zu Babel gesetzt hat über die Städte in Juda, und bei ihm unter dem Volk bleiben; oder gehe, wohin dir's wohl gefällt. Und der Hauptmann gab ihm Zehrung und Geschenke und ließ ihn gehen. *K.39,14.
6. Also kam Jeremia zu Gedalja, dem

Sohn Ahikams, gen Mizpa und blieb bei
ihm unter dem Volk, das im Lande noch
übrig war.
7. Da nun die Hauptleute, so auf dem
Felde sich hielten, samt ihren Leuten erfuhren, daß der König zu Babel hatte Gedalja, den Sohn Ahikams, über das Land gesetzt und über die Männer und Weiber, Kinder und die Geringen im Lande, welche nicht gen Babel geführt waren,
2. Kön. 25,22–24.
8. kamen sie zu Gedalja gen Mizpa, nämlich *Ismael, der Sohn Nethanjas, †Johanan und Jonathan, die Söhne Kareahs, und Seraja, der Sohn Thanhumeths, und die Söhne Ephais von Netopha und Jesanja, der Sohn eines Maachathiters, samt ihren Männern. *K. 41,1. †K. 41,11.
9. Und Gedalja, der Sohn Ahikams, des
Sohnes Saphans, tat ihnen und ihren Männern einen Eid und sprach: Fürchtet euch nicht, daß ihr den Chaldäern untertan sein sollt; bleibt im Lande und seid dem König zu Babel untertan, so wird's euch wohl gehen.
10. Siehe, ich wohne hier zu Mizpa, daß
ich den Chaldäern diene, die zu uns kommen; darum so sammelt ein Wein und Feigen und Öl und legt's in eure Gefäße und wohnt in euren Städten, die ihr bekommen habt.
11. Auch alle Juden, so im Lande Moab
und der Kinder Ammon und in Edom und in allen Ländern waren, da sie hörten, daß der König zu Babel hätte lassen etliche in Juda übrigbleiben und über sie gesetzt Gedalja, den Sohn Ahikams, des Sohnes Saphans,
12. kamen sie alle wieder von allen Orten, dahin sie verstoßen waren, in das Land Juda zu Gedalja gen Mizpa und sammelten ein sehr viel Wein und Sommerfrüchte.
13. Aber Johanan, der Sohn Kareahs,
samt allen den Hauptleuten, so auf dem Felde sich gehalten hatten, kamen zu Gedalja gen Mizpa
14. und sprachen zu ihm: Weißt du
auch, daß Baalis, der König der Kinder Ammon, gesandt hat Ismael, den Sohn Nethanjas, daß er dich soll erschlagen? Das wollte ihnen aber Gedalja, der Sohn Ahikams, nicht glauben.
15. Da sprach Johanan, der Sohn Kareahs, zu Gedalja heimlich zu Mizpa: Ich will hingehen und Ismael, den Sohn Nethanjas, erschlagen, daß es niemand erfahren soll. Warum soll er dich erschlagen, daß alle Juden, so zu dir versammelt sind, zerstreut werden und die noch aus Juda übriggeblieben sind, umkommen?
16. Aber Gedalja, der Sohn Ahikams,
sprach zu Johanan, dem Sohn Kareahs: Du sollst das nicht tun; es ist nicht wahr, was du von Ismael sagst.

Das 41. Kapitel

Ismael erschlägt den Gedalja und mehrere Juden und Chaldäer; Johanan verfolgt ihn. Die Juden wollen nach Ägypten ziehen.

1. Aber im siebenten Monat kam *Ismael, der Sohn Nethanjas, des Sohnes Elisamas, aus königlichem Stamm, einer von den Obersten des Königs, und zehn Männer mit ihm zu Gedalja, dem Sohn Ahikams, gen Mizpa, und sie aßen daselbst zu Mizpa miteinander. *K. 40,8; 2. Kön. 25,25.
2. Und Ismael, der Sohn Nethanjas,
machte sich auf samt den zehn Männern, die bei ihm waren, und schlugen *Gedalja, den Sohn Ahikams, des Sohnes Saphans, mit dem Schwert zu Tode, darum daß ihn der König zu Babel über das Land gesetzt hatte; *K. 40,5.
3. dazu alle Juden, die bei Gedalja waren
zu Mizpa, und die Chaldäer, die sie daselbst fanden, alle Kriegsleute, schlug Ismael.
4. Des andern Tages, nachdem Gedalja
erschlagen war und es noch niemand wußte,
5. kamen achtzig Männer von Sichem,
von Silo und Samaria und hatten die Bärte abgeschoren und ihre Kleider zerrissen und sich *zerritzt und trugen Speisopfer und Weihrauch mit sich, daß sie es brächten zum Hause des Herrn. *3. Mose 19,28.
6. Und Ismael, der Sohn Nethanjas, ging
heraus von Mizpa ihnen entgegen, ging daher und weinte. Als er nun an sie kam, sprach er zu ihnen: Ihr sollt zu Gedalja, dem Sohn Ahikams, kommen.
7. Da sie aber mitten in die Stadt kamen,
ermordete sie Ismael, der Sohn Nethanjas, und die Männer, so bei ihm waren, und warf sie in den Brunnen.
8. Aber es waren zehn Männer darunter,
die sprachen zu Ismael: Töte uns nicht; wir haben Vorrat im Acker liegen von Weizen, Gerste, Öl und Honig. Also ließ er ab und tötete sie nicht mit den andern.
9. Der Brunnen aber, darein Ismael die
Leichname der Männer warf, welche er hatte erschlagen samt dem Gedalja, ist der, den der *König Asa machen ließ wider Baesa, den König Israels; den füllte Ismael, der Sohn Nethanjas, mit den Erschlagenen. *1. Kön. 15,16.22.

10. Und was übriges Volk war zu Mizpa, auch die Königstochter, führte Ismael, der Sohn Nethanjas, gefangen weg samt allem übrigen Volk zu Mizpa, über welche Nebusaradan, der Hauptmann, hatte gesetzt Gedalja, den Sohn Ahikams, und zog hin und wollte hinüber zu den Kindern Ammon.

11. Da aber *Johanan, der Sohn Kareahs, erfuhr und alle Hauptleute des Heeres, die bei ihm waren, all das Übel, das Ismael, der Sohn Nethanjas, begangen hatte, *K. 40,8.13–16.

12. nahmen sie zu sich alle Männer und zogen hin, wider Ismael, den Sohn Nethanjas, zu streiten; und trafen ihn an dem *großen Wasser bei Gibeon. *2. Sam. 2,13.

13. Da nun alles Volk, so bei Ismael war, sah den Johanan, den Sohn Kareahs, und alle die Hauptleute des Heeres, die bei ihm waren, wurden sie froh.

14. Und das ganze Volk, das Ismael hatte von Mizpa weggeführt, wandte sich um und kehrte wiederum zu Johanan, dem Sohne Kareahs.

15. Aber Ismael, der Sohn Nethanjas, entrann dem Johanan mit acht Männern und zog zu den Kindern Ammon.

16. Und Johanan, der Sohn Kareahs, samt allen Hauptleuten des Heeres, so bei ihm waren, nahmen all das übrige Volk, so sie wiedergebracht hatten von Ismael, dem Sohn Nethanjas, aus Mizpa zu sich (weil Gedalja, der Sohn Ahikams, erschlagen war), nämlich die Kriegsmänner, Weiber und Kinder und Kämmerer, so sie von Gibeon hatten wiedergebracht;

17. und zogen hin und kehrten ein zur Herberge *Chimhams, die bei Bethlehem war, und †wollten nach Ägypten ziehen vor den Chaldäern. *2. Sam. 19,38. †K. 43,7.

18. Denn sie fürchteten sich vor ihnen, weil Ismael, der Sohn Nethanjas, Gedalja, den Sohn Ahikams, erschlagen hatte, den der König zu Babel über das Land gesetzt hatte.

Das 42. Kapitel

Jeremia verbietet auf Befehl des Herrn dem Johanan und den übrigen Juden, nach Ägypten zu ziehen.

1. Da traten herzu alle Hauptleute des Heeres, Johanan, der Sohn Kareahs, Jesanja, der Sohn Hosajas, samt dem ganzen Volk, klein und groß,

2. und sprachen zum Propheten Jeremia: Laß doch unser Gebet vor dir gelten und *bitte für uns den Herrn, deinen Gott, für alle diese übrigen (denn unser ist leider wenig geblieben von vielen, wie du uns selbst siehst mit deinen Augen), *K. 37,3.

3. daß uns der Herr, dein Gott, wolle anzeigen, wohin wir ziehen und was wir tun sollen.

4. Und der Prophet Jeremia sprach zu ihnen: Wohlan, ich will gehorchen; und siehe, ich will den Herrn, euren Gott, bitten, wie ihr gesagt habt; und alles, was euch der Herr antworten wird, das will ich euch anzeigen und will euch nichts verhalten.

5. Und sie sprachen zu Jeremia: Der Herr sei ein gewisser und wahrhaftiger Zeuge zwischen uns, wo wir nicht tun werden alles, was dir der Herr, dein Gott, an uns befehlen wird.

6. Es sei Gutes oder Böses, so wollen wir gehorchen der Stimme des Herrn, unsers Gottes, zu dem wir dich senden; auf daß es uns wohl gehe, so wir der Stimme des Herrn, unsers Gottes, gehorchen.

7. Und nach zehn Tagen geschah des Herrn Wort zu Jeremia.

8. Da rief er Johanan, den Sohn Kareahs, und alle Hauptleute des Heeres, die bei ihm waren, und alles Volk, klein und groß,

9. und sprach zu ihnen: So spricht der Herr, der Gott Israels, zu dem ihr mich gesandt habt, daß ich euer Gebet vor ihn sollte bringen:

10. Werdet ihr in diesem Lande bleiben, so will ich euch bauen und nicht zerbrechen; ich will euch pflanzen und nicht ausreuten; denn es hat mich schon gereut das Übel, das ich euch getan habe.

11. Ihr sollt euch nicht fürchten vor dem König zu Babel, vor dem ihr euch fürchtet, spricht der Herr; ihr sollt euch vor ihm nicht fürchten, denn ich will bei euch sein, daß ich euch helfe und von seiner Hand errette.

12. Ich will euch Barmherzigkeit erzeigen und mich über euch erbarmen und euch wieder in euer Land bringen.

13. Werdet ihr aber sagen: Wir wollen nicht in diesem Lande bleiben, damit ihr ja nicht gehorcht der Stimme des Herrn, eures Gottes,

14. sondern sagen: Nein, wir wollen nach Ägyptenland ziehen, daß wir keinen Krieg sehen noch der Posaune Schall hören und nicht Hunger Brots halben leiden müssen; daselbst wollen wir bleiben:

15. nun, so höret des Herrn Wort, ihr übrigen aus Juda! So spricht der Herr Zebaoth, der Gott Israels: Werdet ihr euer Angesicht richten, nach Ägyptenland zu ziehen, daß ihr daselbst bleiben wollt,

16. so soll euch das Schwert, vor dem ihr euch fürchtet, in Ägyptenland treffen, und der Hunger, des ihr euch besorgt, soll stets hinter euch her sein in Ägypten, und sollt daselbst sterben.

17. Denn sie seien, wer sie wollen, die ihr Angesicht richten, daß sie nach Ägypten ziehen, daselbst zu bleiben, die sollen sterben durchs Schwert, Hunger und Pestilenz, und soll keiner übrigbleiben noch entrinnen dem Übel, das ich über sie will kommen lassen. K. 29,17.18.

18. Denn so spricht der Herr Zebaoth, der Gott Israels: Gleichwie mein Zorn und Grimm über die Einwohner zu Jerusalem ausgeschüttet ist, so soll er auch über euch ausgeschüttet werden, wo ihr nach Ägypten ziehet, daß ihr zum Fluch, zum Wunder, Schwur und Schande werdet und diese Stätte nicht mehr sehen sollt.

19. Das Wort des Herrn gilt euch, ihr übrigen aus Juda, daß ihr nicht nach Ägypten ziehet. Darum so wisset, daß ich euch heute bezeuge;

20. ihr werdet sonst euer Leben verwahrlosen. Denn ihr habt mich gesandt zum Herrn, eurem Gott, und gesagt: Bitte den Herrn, unsern Gott, für uns; und *alles, was der Herr, unser Gott, sagen wird, das zeige uns an, so wollen wir darnach tun. *V. 5.

21. Das habe ich euch heute zu wissen getan; aber ihr wollt der Stimme des Herrn, eures Gottes, nicht gehorchen noch alle dem, das er mir an euch befohlen hat.

22. So sollt ihr nun wissen, daß ihr durch Schwert, Hunger und Pestilenz sterben müßt an dem Ort, dahin ihr gedenkt zu ziehen, daß ihr daselbst wohnen wollt.

Das 43. Kapitel

Die Juden ziehen gegen die Warnung Gottes nach Ägypten und nehmen den Propheten selbst mit, welcher dort den Einfall Nebukadnezars weissagt.

1. Da Jeremia alle Worte des Herrn, ihres Gottes, hatte ausgeredet zu allem Volk, wie ihm denn der Herr, ihr Gott, alle diese Worte an sie befohlen hatte,

2. sprachen Asarja, der Sohn Hosajas, und Johanan, der Sohn Kareahs, und alle frechen Männer zu Jeremia: Du lügst; der Herr, unser Gott, hat dich nicht zu uns gesandt noch gesagt: Ihr sollt nicht nach Ägypten ziehen, daselbst zu wohnen;

3. sondern Baruch, der Sohn Nerias, beredet dich, uns zuwider, auf daß wir den Chaldäern übergeben werden, daß sie uns töten und gen Babel wegführen.

4. Also gehorchten Johanan, der Sohn Kareahs, und alle Hauptleute des Heeres samt dem ganzen Volk der Stimme des Herrn nicht, daß sie im Lande Juda wären geblieben;

5. sondern Johanan, der Sohn Kareahs, und alle Hauptleute des Heeres nahmen zu sich alle übrigen aus Juda, so von allen Völkern, dahin sie geflohen, wiedergekommen waren, daß sie im Lande Juda wohnten,

6. nämlich Männer, Weiber und Kinder, dazu die Königstochter und alle Seelen, die Nebusaradan, der Hauptmann, bei Gedalja, dem Sohn Ahikams, des Sohnes Saphans, hatte gelassen, auch den Propheten Jeremia und Baruch, den Sohn Nerias,

7. und *zogen nach Ägyptenland, denn sie wollten der Stimme des Herrn nicht gehorchen, und kamen nach Thachpanhes. *2. Kön. 25,26.

8. Und des Herrn Wort geschah zu Jeremia zu Thachpanhes und sprach:

9. Nimm große Steine und verscharre sie im Ziegelofen, der vor der Tür am Hause Pharaos ist zu Thachpanhes, daß die Männer aus Juda zusehen;

10. und sprich zu ihnen: So spricht der Herr Zebaoth, der Gott Israels: Siehe, ich will hinsenden und *meinen Knecht Nebukadnezar, den König zu Babel, holen lassen und will seinen Stuhl oben auf diese Steine setzen, die ich verscharrt habe; und er soll sein Gezelt darüberschlagen. *K. 25,9.

11. Und er soll kommen und Ägyptenland schlagen, und töten, wen es trifft, gefangen führen, *wen es trifft, mit dem Schwert schlagen, wen es trifft. *K. 15,2.

12. Und ich will die Häuser *der Götter in Ägypten mit Feuer anstecken, daß er sie verbrenne, und wegführe. Und er soll sich Ägyptenland anziehen, wie ein Hirt sein Kleid anzieht, und mit Frieden von dannen ziehen. *K. 46,25.

13. Er soll die Bildsäulen zu Beth-Semes in Ägyptenland zerbrechen und die Götzentempel in Ägypten mit Feuer verbrennen.

Das 44. Kapitel

Die Juden in Ägypten werden wegen ihrer Abgötterei mit schweren Strafen Gottes bedroht.

1. Dies ist das Wort, das zu Jeremia geschah an alle Juden, so in Ägyptenland wohnten, nämlich so zu Migdol, zu

*Thachpanhes, zu Noph und im Lande
Pathros wohnten, und sprach: *K. 43,7.
2. So spricht der Herr Zebaoth, der Gott
Israels: Ihr habt gesehen all das Übel, das
ich habe kommen lassen über Jerusalem
und über alle Städte in Juda; und siehe,
heutigestages sind sie wüst, und wohnt
niemand darin;
3. und das um ihrer Bosheit willen, die
sie taten, daß sie mich erzürnten und hingingen und räucherten und dienten andern Göttern, welche weder sie noch ihr
noch eure Väter kannten.
4. Und ich sandte stets zu euch alle meine Knechte, die Propheten, und ließ euch
sagen: Tut doch nicht solche Greuel, die
ich hasse.
5. Sie aber gehorchten nicht, neigten
auch ihre Ohren nicht, daß sie von ihrer
Bosheit sich bekehrt und andern Göttern
nicht geräuchert hätten.
6. Darum ging auch mein Zorn und
Grimm an und entbrannte über die Städte
Juda's und über die Gassen zu Jerusalem,
daß sie zur Wüste und Öde geworden sind,
wie es heutigestages steht.
7. Nun, so spricht der Herr, der Gott Zebaoth, der Gott Israels: Warum tut ihr
doch so großes Übel wider euer eigen Leben, damit unter euch ausgerottet werden
Mann und Weib, Kind und Säugling aus
Juda und nichts von euch übrigbleibe,
8. und erzürnt mich so durch eurer Hände Werke und räuchert andern Göttern in
Ägyptenland, dahin ihr gezogen seid, daselbst zu herbergen, auf daß ihr ausgerottet und zum Fluch und zur Schmach werdet unter allen Heiden auf Erden?
9. Habt ihr vergessen das Unglück eurer
Väter, das Unglück der Könige Juda's, das
Unglück ihrer Weiber, dazu euer eigenes
Unglück und eurer Weiber Unglück, das
euch begegnet ist im Lande Juda und auf
den Gassen zu Jerusalem?
10. Noch sind sie bis auf diesen Tag nicht
gedemütigt, fürchten sich auch nicht und
wandeln nicht in meinem Gesetz und den
Rechten, die ich euch und euren Vätern
vorgestellt habe.
11. Darum spricht der Herr Zebaoth, der
Gott Israels, also: Siehe, ich will mein Angesicht wider euch richten zum Unglück,
und ganz Juda soll ausgerottet werden.
12. Und ich will die übrigen aus Juda
nehmen, so ihr Angesicht gerichtet haben, nach Ägyptenland zu ziehen, daß sie
daselbst herbergen; es soll ein Ende mit
ihnen allen werden in Ägyptenland.
*Durchs Schwert sollen sie fallen, und
durch Hunger sollen sie umkommen, beide, klein und groß; sie sollen durch
Schwert und Hunger sterben und sollen
ein Schwur, Wunder, Fluch und Schmach
werden. *K. 29,17.18.
13. Ich will auch die Einwohner in Ägyptenland mit Schwert, Hunger und Pestilenz heimsuchen, gleichwie ich zu Jerusalem getan habe,
14. daß aus den übrigen Juda's keiner
soll entrinnen noch übrigbleiben, die
doch darum hieher gekommen sind nach
Ägyptenland zur Herberge, daß sie wiederum ins Land Juda kommen möchten,
dahin sie gerne wollten wiederkommen
und wohnen; aber es soll keiner wieder
dahin kommen, außer, welche von hinnen
fliehen.
15. Da antworteten dem Jeremia alle
Männer, die da wohl wußten, daß ihre
Weiber andern Göttern räucherten, und
alle Weiber, so in großem Haufen dastanden, samt allem Volk, die in Ägyptenland
wohnten und in *Pathros, und sprachen:
*Jes. 11,11.
16. Nach dem Wort, das du im Namen
des Herrn uns sagest, wollen wir dir nicht
gehorchen;
17. sondern wir wollen tun nach allem
dem Wort, das aus unserm Munde geht,
und wollen der *Himmelskönigin räuchern und ihr Trankopfer opfern, wie wir
und unsre Väter, unsre Könige und Fürsten getan haben in den Städten Juda's
und auf den Gassen zu Jerusalem. †Da
hatten wir auch Brot genug und ging uns
wohl und sahen kein Unglück.
*K. 7,17.18. †Hos. 2,7.
18. Seit der Zeit aber, daß wir haben abgelassen, der Himmelskönigin zu räuchern und Trankopfer zu opfern, haben
wir allen Mangel gelitten und sind durch
Schwert und Hunger umgekommen.
19. Auch wenn wir der Himmelskönigin
räuchern und Trankopfer opfern, das tun
wir ja nicht ohne unsrer Männer Willen,
daß wir ihr Kuchen backen und Trankopfer opfern, auf das sie sich um uns bekümmere.
20. Da sprach Jeremia zum ganzen Volk,
Männern und Weibern und allem Volk, die
ihm so geantwortet hatten:
21. Ich meine ja, der Herr habe gedacht
an das Räuchern, so ihr in den Städten
Juda's und auf den Gassen zu Jerusalem
getrieben habt samt euren Vätern, Königen, Fürsten und allem Volk im Lande,
und hat's zu Herzen genommen,
22. daß er nicht mehr leiden konnte eu-

ren bösen Wandel und die Greuel, die ihr tatet; daher auch euer Land zur Wüste, zum Wunder und zum Fluch geworden ist, daß niemand darin wohnt, wie es heutigestages steht.
23. Darum daß ihr geräuchert habt und wider den Herrn gesündigt und der Stimme des Herrn nicht gehorchtet und in seinem Gesetz, seinen Rechten und Zeugnissen nicht gewandelt habt, darum ist auch euch solches Unglück widerfahren, wie es heutigestages steht.
24. Und Jeremia sprach zu allem Volk und zu allen Weibern: Höret des Herrn Wort, alle ihr aus Juda, so in Ägyptenland sind.
25. So spricht der Herr Zebaoth, der Gott Israels: Ihr und eure Weiber habt mit eurem Munde geredet und mit euren Händen vollbracht, was ihr sagt: Wir wollen unsre Gelübde halten, die wir gelobt haben der Himmelskönigin, daß wir ihr räuchern und Trankopfer opfern. Wohlan, ihr habt eure Gelübde erfüllt und eure Gelübde gehalten. V. 17.
26. So höret nun des Herrn Wort, ihr alle aus Juda, die ihr in Ägyptenland wohnet: Siehe, ich schwöre bei meinem großen Namen, spricht der Herr, daß mein Name nicht mehr soll durch irgend eines Menschen Mund aus Juda genannt werden in ganz Ägyptenland, der da sagt: »So wahr der Herr Herr lebt!«
27. Siehe, ich will über sie wachen zum Unglück und zu keinem Guten, daß, wer aus Juda in Ägyptenland ist, soll durch Schwert und Hunger umkommen, bis es ein Ende mit ihnen habe.
28. Welche aber dem Schwert entrinnen, die werden aus Ägyptenland ins Land Juda *wiederkommen müssen als ein geringer Haufe. Und also werden dann alle die übrigen aus Juda, so nach Ägyptenland gezogen waren, daß sie daselbst herbergten, erfahren, wessen Wort wahr geworden sei, meines oder ihres. *Jes. 11,11.
29. Und zum Zeichen, spricht der Herr, daß ich euch an diesem Ort heimsuchen will, damit ihr wisset, daß mein Wort soll wahr werden über euch zum Unglück,
30. so spricht der Herr also: Siehe, ich will Pharao Hophra, den König in Ägypten, übergeben in die Hände seiner Feinde und derer, die ihm nach seinem Leben stehen, gleichwie ich Zedekia, den König Juda's, übergeben habe in die Hand *Nebukadnezars, des Königs zu Babel, seines Feindes, und der ihm nach seinem Leben stand. *2. Chron. 36,13.20.

Das 45. Kapitel

Der Prophet tröstet den Baruch mit der göttlichen Versicherung, daß er am Leben bleiben solle.

1. Dies ist das Wort, so der Prophet Jeremia redete zu Baruch, dem Sohn Nerias, da *er diese Reden in ein Buch schrieb aus dem Munde Jeremia's im vierten Jahr Jojakims, des Sohnes Josias, des Königs in Juda, und sprach: *K. 36,4.
2. So spricht der Herr Zebaoth, der Gott Israels, von dir, Baruch:
3. Du sprichst: Weh mir, wie hat mir der Herr Jammer zu meinem Schmerz hinzugefügt! Ich seufze mich müde und finde keine Ruhe.
4. Sage ihm also: So spricht der Herr: Siehe, was ich gebaut habe, das breche ich ab; und was ich gepflanzt habe, das reute ich aus, nämlich dies mein ganzes Land.
5. Und du begehrst dir große Dinge? Begehre es nicht! Denn siehe, ich will Unglück kommen lassen über alles Fleisch, spricht der Herr; aber *deine Seele will ich dir zur Beute geben, an welchen Ort du ziehest. *K. 39,18; 43,6.

Das 46. Kapitel

Weissagung wider Ägypten, Trost für Israel.

1. Dies ist das Wort des Herrn, das zu dem Propheten Jeremia geschehen ist wider alle Heiden.
2. *Wider Ägypten.
Wider das Heer †Pharao Nechos, des Königs in Ägypten, welches lag am Wasser Euphrat zu Karchemis, das der König zu Babel, Nebukadnezar, schlug im vierten Jahr Jojakims, des Sohnes Josias, des Königs in Juda:
*Jes. 19; Hesek. 29,30. †2. Chron. 35,20.
3. Rüstet Schild und *Tartsche und ziehet in den Streit! *großer Schild.
4. Spannet Rosse an und lasset Reiter aufsitzen, setzt die Helme auf und schärft die Spieße und ziehet Panzer an!
5. Wie kommt's aber, daß ich sehe, daß sie verzagt sind und die Flucht geben und ihre Helden erschlagen sind? Sie fliehen, daß sie sich auch nicht umsehen. Schrekken ist um und um, spricht der Herr.
6. Der Schnelle kann nicht entfliehen noch der Starke entrinnen. Gegen Mitternacht am Wasser Euphrat sind sie gefallen und darniedergelegt.
7. Wer ist der, so heraufzieht wie der Nil, und seine Wellen erheben sich wie Wasserwellen?
8. Ägypten zieht herauf wie der Nil, und

seine Wellen erheben sich wie Wasserwellen, und es spricht: Ich will hinaufziehen, das Land bedecken und die Stadt verderben samt denen, die darin wohnen.

9. Wohlan, sitzt auf die Rosse, rennt mit den Wagen, laßt die Helden ausziehen, die Mohren, und aus Put, die den Schild führen, und die Schützen aus Lud!

10. Denn dies ist der Tag des Herrn Herrn Zebaoth, ein Tag der Rache, daß er sich an seinen Feinden räche, da das Schwert fressen und von ihrem Blut voll und *trunken werden wird. Denn sie müssen dem Herrn Herrn Zebaoth ein Schlachtopfer werden im Lande gegen Mitternacht am Wasser Euphrat.

*5. Mose 32,42; Jes. 34,5.

11. Gehe hinauf gen *Gilead und hole Salbe, Jungfrau, Tochter Ägyptens! Aber es ist umsonst, daß du viel arzneiest; du wirst doch nicht heil! *K. 8,22.

12. Deine Schande ist unter die Heiden erschollen, deines Heulens ist das Land voll; denn ein Held fällt über den andern und liegen beide miteinander darnieder.

13. Dies ist das Wort des Herrn, das er zu dem Propheten Jeremia redete, da Nebukadnezar, der König zu Babel, daherzog, Ägyptenland zu schlagen:

14. Verkündiget in Ägypten und saget's an zu Migdol, saget's an zu Noph und Thachpanhes und sprechet: Stelle dich zur Wehre! denn das Schwert wird fressen, was um dich her ist.

15. Wie geht's zu, daß deine Gewaltigen zu Boden fallen und können nicht bestehen? Der Herr hat sie so gestürzt.

16. Er macht, daß ihrer viel fallen, daß einer mit dem andern darniederliegt. Da sprachen sie: Wohlauf, laßt uns wieder zu unserm Volk ziehen, in unser Vaterland vor dem Schwert des Tyrannen!

17. Daselbst schrie man ihnen nach: Pharao, der König Ägyptens, liegt; er hat sein Gezelt gelassen!

18. So wahr als ich lebe, spricht der König, der Herr Zebaoth heißt: Jener wird daherziehen so hoch, wie der Berg Thabor unter den Bergen ist und wie der Karmel am Meer ist.

19. Nimm dein Wandergerät, du Einwohnerin, Tochter Ägyptens; denn Noph wird wüst und verbrannt werden, daß niemand darin wohnen wird.

20. Ägypten ist ein sehr schönes Kalb; aber es kommt von Mitternacht der Schlächter.

21. Auch die, so darin um Sold dienen, sind wie gemästete Kälber; aber sie müssen sich dennoch wenden, flüchtig werden miteinander und werden nicht bestehen; denn der Tag ihres Unfalls wird über sie kommen, die Zeit ihrer Heimsuchung.

22. Man hört sie davonschleichen wie eine Schlange; denn jene kommen mit Heereskraft und bringen Äxte über sie wie die Holzhauer.

23. Die werden hauen also in ihrem Wald, spricht der Herr, daß es nicht zu zählen ist; denn ihrer sind mehr als Heuschrecken, die niemand zählen kann.

24. Die Tochter Ägyptens steht mit Schanden; denn sie ist dem Volk von Mitternacht in die Hände gegeben.

25. Der Herr Zebaoth, der Gott Israels, spricht: Siehe, ich will heimsuchen den Amon zu No und den Pharao und Ägypten samt seinen *Göttern und Königen, ja, Pharao mit allen, die sich auf ihn verlassen, *K. 43,12.

26. daß ich sie gebe in die Hände denen, die ihnen nach ihrem Leben stehen, und in die Hände Nebukadnezars, des Königs zu Babel, und seiner Knechte. Und darnach sollst du bewohnt werden wie vor alters, spricht der Herr,

27. Aber *du, mein Knecht Jakob, fürchte dich nicht, und du, Israel, verzage nicht! Denn siehe, ich will dir aus fernen Landen und deinem Samen aus dem Lande seines Gefängnisses helfen, daß Jakob soll wiederkommen und in Frieden sein und die Fülle haben, und niemand soll ihn schrecken. *K. 30,10; Jes. 44,2.

28. Darum fürchte dich nicht, du, Jakob, mein Knecht, spricht der Herr; denn ich bin bei dir. Mit allen Heiden, dahin ich dich verstoßen habe, will ich ein Ende machen; aber mit dir will ich nicht ein Ende machen, sondern ich will dich züchtigen mit Maßen, auf daß ich dich nicht ungestraft lasse. K. 30,11.

Das 47. Kapitel

Weissagung wider die Philister, Tyrus und Sidon.

1. Dies ist das Wort des Herrn, das zum Propheten Jeremia geschah wider *die Philister, ehe denn Pharao Gaza schlug.

*Jes. 14,29–32; Hesek. 25,15–17.

2. So spricht der Herr: Siehe, es kommen Wasser herauf von Mitternacht, die eine Flut machen werden und das Land und was darin ist, die Städte und die, so darin wohnen, wegreißen werden, daß die Leute werden schreien und alle Einwohner im Lande heulen

3. vor dem Getümmel ihrer starken Rosse, so dahertraben, und vor dem Rasseln ihrer Wagen und Poltern ihrer Räder; daß sich die Väter nicht werden umsehen nach den Kindern, so verzagt werden sie sein
4. vor dem Tage, so da kommt, zu verstören alle Philister und auszureuten Tyrus und Sidon samt ihren andern Gehilfen. Denn der Herr wird die Philister, die das übrige sind aus *der Insel Kaphthor, verstören. *Amos 9,7.
5. *Gaza wird kahl werden, und Askalon samt den übrigen in ihren Gründen wird verderbt. Wie lange †ritzest du dich?
*Amos 1,6–8; Zeph. 2,4; Sach. 9,5. †K. 41,5; 48,37.
6. O du Schwert des Herrn, wann willst du doch aufhören? Fahre doch in deine Scheide und ruhe und sei still!
7. Aber wie kannst du aufhören, weil der Herr dir Befehl getan hat wider Askalon und dich wider die Anfurt am Meer bestellt?

Das 48. Kapitel

Weissagung wider Moab.
Jes. 15; 16; Hesek. 25,8–11; Amos 2,1–3; Zeph. 2,8–11.

1. Wider Moab.
So spricht der Herr Zebaoth, der Gott Israels: Weh der Stadt Nebo! denn sie ist zerstört und liegt elend; Kirjathaim ist gewonnen; die hohe Feste steht elend und ist zerrissen.
2. Der Trotz Moabs ist aus, den sie an Hesbon hatten; denn man gedenkt Böses wider sie: »Kommt, wir wollen sie ausrotten, daß sie kein Volk mehr seien.« Und du, Madmen, mußt auch verderbt werden; das Schwert wird hinter dich kommen.
3. Man hört ein Geschrei zu Horonaim von Verstören und großem Jammer.
4. Moab ist zerschlagen! Man hört ihre Kleinen schreien;
5. denn sie gehen mit Weinen den Weg hinauf gen Luhith, und die Feinde hören ein Jammergeschrei den Weg von Horonaim herab:
6. »Hebt euch weg und errettet euer Leben!« Aber du wirst sein wie die *Heide in der Wüste. *K. 17,6.
7. Darum daß du dich auf deine Gebäude verlässest und auf deine Schätze, sollst du auch gewonnen werden; und Kamos *muß hinaus gefangen wegziehen samt seinen Priestern und Fürsten.
*1. Kön. 11,7.
8. Denn der Verstörer wird über alle Städte kommen, daß nicht eine Stadt entrinnen wird. Es sollen beide, die Gründe verderbt und die Ebenen verstört werden; denn der Herr hat's gesagt.
9. Gebt Moab Federn; er wird ausgehen als flöge er; und seine Städte werden wüst liegen, daß niemand darin wohnen wird.
10. Verflucht sei, der des Herrn Werk lässig tut; verflucht sei, der sein Schwert aufhält, daß es nicht Blut vergieße!
1. Sam. 15,3.9.11.
11. Moab ist von seiner Jugend auf sicher gewesen und auf seinen Hefen stillgelegen und ist nie aus einem Faß ins andere gegossen und nie ins Gefängnis gezogen; darum ist sein Geschmack ihm geblieben und sein Geruch nicht verändert worden.
12. Darum siehe, spricht der Herr, es kommt die Zeit, daß ich ihnen will Schröter schicken, die sie ausschroten sollen und ihre Fässer ausleeren und ihre Krüge zerschmettern.
13. Und Moab soll über dem Kamos zu Schanden werden, gleichwie das Haus Israel über Beth-El zu Schanden geworden ist, darauf sie sich doch verließen.
14. Wie dürft ihr sagen: Wir sind die Helden und die rechten Kriegsleute?
15. so doch Moab muß verstört und ihre Städte erstiegen werden und ihre beste Mannschaft zur Schlachtbank herabgehen muß, spricht der König, welcher heißt der Herr Zebaoth.
16. Denn der Unfall Moabs wird bald kommen, und ihr Unglück eilt sehr.
17. Habt doch Mitleiden mit ihnen alle, die ihr um sie her wohnt und ihren Namen kennt, und sprecht: »Wie ist die starke Rute und der herrliche Stab so zerbrochen!«
18. Herab von der Herrlichkeit, du Einwohnerin, Tochter Dibon, und sitze in der Dürre! Denn der Verstörer Moabs wird zu dir hinaufkommen und deine Festen zerreißen.
19. Tritt auf die Straße und schaue, du Einwohnerin Aroers; frage die, so da fliehen und entrinnen, und sprich: »Wie geht's?«
20. Ach, Moab ist verwüstet und verderbt! Heulet und schreiet; sagt's am Arnon, daß Moab verstört sei!
21. Die Strafe ist über das ebene Land gegangen, nämlich über Holon, Jahza, Mephaath,
22. Dibon, Nebo, Beth-Diblathaim,
23. Kirjathaim, Beth-Gamul, Beth-Meon,
24. Karioth, Bozra und über alle Städte im Lande Moab, sie liegen fern oder nahe.

25. Das Horn Moabs ist abgehauen, und sein Arm ist zerbrochen, spricht der Herr.
26. Macht es *trunken (denn es hat sich wider den Herrn erhoben), daß es speien und die Hände ringen müsse, auf daß es auch zum Gespött werde. *K.25,15.
27. Denn Israel hat dein Gespött sein müssen, als wäre es unter den Dieben gefunden; und weil du solches wider dasselbe redest, sollst du auch weg müssen.
28. O ihr Einwohner in Moab, verlaßt die Städte und wohnt in den Felsen und tut wie die Tauben, so da nisten in den hohen Löchern!
29. Man hat immer gesagt von dem stolzen Moab, daß es sehr stolz sei, hoffärtig, hochmütig, trotzig und übermütig.
30. Aber der Herr spricht: Ich kenne seinen Zorn wohl, daß er nicht soviel vermag und untersteht sich, mehr zu tun, denn sein Vermögen ist.
31. Darum muß ich über Moab heulen und über das ganze Moab schreien und über die Leute zu Kir-Heres klagen.
32. Mehr als über Jaser muß ich über dich, du Weinstock zu Sibma, weinen, dessen Reben über das Meer reichten und bis ans Meer Jaser kamen. Der Verstörer ist in deine Ernte und Weinlese gefallen;
33. Freude und Wonne ist aus dem Felde weg und aus dem Lande Moab, und man wird keinen Wein mehr keltern; der Weintreter wird nicht mehr sein Lied singen
34. von des Geschreies wegen zu Hesbon bis gen Eleale, welches bis gen Jahza erschallt, von Zoar an bis gen Horonaim, bis zum dritten Eglath; denn auch die Wasser Nimrims sollen versiegen.
35. Und ich will, spricht der Herr, in Moab damit ein Ende machen, daß sie nicht mehr auf den Höhen opfern und ihren Göttern räuchern sollen.
36. Darum seufzt mein Herz über Moab wie Flöten, und über die Leute zu Kir-Heres seufzt mein Herz wie Flöten, denn das Gut, das sie gesammelt, ist zu Grunde gegangen. K.4,19; Jes.15,7; 16,11.
37. Alle Köpfe werden kahl sein und alle Bärte abgeschoren, aller Hände *zerritzt, und jedermann wird Säcke anziehen.
*K.47,5.
38. Auf allen Dächern und Gassen, allenthalben in Moab, wird man klagen; denn ich habe Moab zerbrochen wie ein unwertes Gefäß, spricht der Herr.
39. O wie ist es verderbt, wie heulen sie! Wie schändlich hängen sie die Köpfe! Und Moab ist zum Spott und zum Schrecken geworden allen, so ringsumher wohnen.
40. Denn so spricht der Herr: Siehe, er fliegt daher wie ein Adler und breitet seine Flügel aus über Moab. K.49,22.
41. Karioth ist gewonnen, und die festen Städte sind eingenommen; und das Herz der Helden in Moab wird zu derselben Zeit sein wie einer Frau Herz in Kindsnöten.
42. Denn Moab muß vertilgt werden, daß sie kein Volk mehr seien, darum daß es sich wider den Herrn erhoben hat.
43. Schrecken, Grube und Strick kommt über dich, du Einwohner in Moab, spricht der Herr.
44. Wer dem Schrecken entflieht, der wird in die Grube fallen, und wer aus der Grube kommt, der wird im Strick gefangen werden; denn ich will über Moab kommen lassen ein Jahr ihrer Heimsuchung, spricht der Herr. Jes.24,17.18.
45. Die aus der Schlacht entrinnen, werden Zuflucht suchen zu Hesbon; aber es wird *ein Feuer aus Hesbon und eine Flamme aus Sihon gehen, welche die Örter in Moab und die kriegerischen Leute verzehren wird. *4.Mose 21,28.29.
46. Weh dir, Moab! Verloren ist das Volk des Kamos; denn man hat deine Söhne und Töchter genommen und gefangen weggeführt.
47. Aber in der letzten Zeit will ich das Gefängnis Moabs wenden, spricht der Herr. Das sei gesagt von der Strafe über Moab.

Das 49. Kapitel

Weissagung wider Ammon, Edom, Damaskus, Kedar, Hazor und Elam.

1. Wider *die Kinder Ammon spricht der Herr also: Hat denn Israel nicht Kinder oder hat es keinen Erben? Warum besitzt denn †Milkom das Land Gad, und sein Volk wohnt in jener Städten?
*Hesek. 25,2–7; Amos 1,13–15: Zeph. 2,8–11. †1.Kön. 11,5.
2. Darum siehe, es kommt die Zeit, spricht der Herr, daß ich will ein Kriegsgeschrei erschallen lassen über Rabba der Kinder Ammon, daß sie soll auf einem Haufen wüst liegen und ihre Töchter mit Feuer angesteckt werden; aber Israel soll besitzen die, von denen sie besessen waren, spricht der Herr.
3. Heule, o Hesbon! denn Ai ist verstört. Schreiet, ihr Töchter Rabbas, und ziehet Säcke an, klaget und lauft auf den Mauern herum! denn *Milkom wird gefangen weggeführt samt seinen Priestern und Fürsten. *V.1.

4. Was trotzest du auf deine Auen? Deine Auen sind ersäuft, du ungehorsame Tochter, die du dich auf deine Schätze verlässest und sprichst in deinem Herzen: Wer darf sich an mich machen?
5. Siehe, spricht der Herr Zebaoth: Ich will Furcht über dich kommen lassen von allen, die um dich her wohnen, daß ein jeglicher seines Weges vor sich hinaus verstoßen werde und niemand sei, der die Flüchtigen sammle.
6. Aber darnach will ich wieder wenden das Gefängnis der Kinder Ammon, spricht der Herr. *K.48,47.

7. *Wider Edom.

So spricht der Herr Zebaoth: Ist denn keine Weisheit mehr zu Theman? ist denn kein Rat mehr bei den Klugen? ist ihre Weisheit so leer geworden?

*Jes.21,11; 34,5–15; Hesek. 25,12–14; Amos 1,11.12; Obad.

8. Fliehet, wendet euch und verkriechet euch tief, ihr Bürger zu Dedan! denn ich lasse einen Unfall über Esau kommen, die Zeit seiner Heimsuchung.
9. Es sollen Weinleser über dich kommen, die dir kein Nachlesen lassen; und Diebe des Nachts sollen über dich kommen, die sollen ihnen genug verderben.
10. Denn ich habe Esau entblößt und seine verborgenen Orte geöffnet, daß er sich nicht verstecken kann; sein Same, seine Brüder und seine Nachbarn sind verstört, daß ihre keiner mehr da ist.
11. Doch was übrigbleibt von deinen Waisen, denen will ich das Leben gönnen, und deine Witwen werden auf mich hoffen.
12. Denn so spricht der Herr: Siehe, die, so es nicht verschuldet hatten, den *Kelch zu trinken, müssen trinken; und du solltest ungestraft bleiben? Du sollst nicht ungestraft bleiben, sondern du mußt auch trinken. *K.25,15.21.
13. Denn ich habe bei mir selbst geschworen, spricht der Herr, daß Bozra soll *ein Wunder, Schmach, Wüste und Fluch werden und alle ihre Städte eine ewige Wüste. *K.44,12.
14. Ich habe gehört vom Herrn, daß eine Botschaft unter die Heiden gesandt sei: Sammelt euch und kommt her wider sie, macht euch auf zum Streit!
15. Denn siehe, ich habe dich gering gemacht unter den Heiden und verachtet unter den Menschen.
16. Dein Trotz und deines Herzens Hochmut hat dich betrogen, weil du in Felsenklüften wohnst und hohe Gebirge innehast. Wenn du denn gleich dein Nest so hoch machtest wie der Adler, dennoch will ich dich von dort herunterstürzen, spricht der Herr.
17. Also soll Edom wüst werden, daß alle die, so vorübergehen, sich wundern und pfeifen werden über alle ihre Plage; K.50,13.
18. gleichwie Sodom und Gomorra samt ihren Nachbarn umgekehrt ist, spricht der Herr, daß niemand daselbst wohnen noch kein Mensch darin hausen soll. Jes.1,9.
19. Denn siehe, er kommt herauf wie ein Löwe vom stolzen Jordan her wider die festen Hürden; denn ich will sie daraus eilends wegtreiben, und den, der erwählt ist, darübersetzen. Denn wer ist mir gleich, wer will mich meistern, und wer ist der Hirte, der mir widerstehen kann? K.50,44.
20. So höret nun den Ratschlag des Herrn, den er über Edom hat, und seine Gedanken, die er über die Einwohner in Theman hat. Was gilt's? ob nicht die Hirtenknaben sie fortschleifen werden und ihre Wohnungen zerstören,
21. daß die Erde beben wird, wenn's ineinander fällt, und ihr Geschrei wird man am Schilfmeer hören.
22. Siehe, er *fliegt herauf wie ein Adler und wird seine Flügel ausbreiten über Bozra. Zur selben Zeit wird das Herz der Helden in Edom sein wie das Herz einer Frau in Kindsnöten. *K.48,40.

23. *Wider Damaskus.

Hamath und Arpad stehen jämmerlich; sie sind verzagt, denn sie hören ein böses Geschrei; die am Meer wohnen, sind so erschrocken, daß sie nicht Ruhe haben können. *Jes.17,1; Amos 1,3–5.
24. Damaskus ist verzagt und gibt die Flucht; sie zappelt und ist in Ängsten und Schmerzen wie eine Frau in Kindsnöten.
25. Wie? ist sie nun nicht verlassen, die berühmte und fröhliche Stadt?
26. Darum werden ihre junge Mannschaft auf ihren Gassen darniederliegen und alle ihre Kriegsleute untergehen zur selben Zeit, spricht der Herr Zebaoth.
27. Und ich will in den Mauern von Damaskus ein Feuer anzünden, daß es die Paläste Benhadads verzehren soll.

28. Wider *Kedar und die †Königreiche Hazors, und welche Nebukadnezar, der König zu Babel, schlug.

So spricht der Herr: Wohlauf, ziehet herauf gegen Kedar und verstöret die gegen Morgen wohnen! *Jes.21,16.17. †Jos. 11,10.
29. Man wird ihnen ihre Hütten und Herden nehmen; ihr Gezelt, alle Geräte

und Kamele werden sie wegführen; und
man wird über sie rufen: Schrecken um
und um!
30. Fliehet, hebet euch eilends davon,
verkriechet euch tief, ihr Einwohner in
Hazor! spricht der Herr; denn Nebukadnezar, der König zu Babel, hat etwas im Sinn
wider euch und meint euch. V. 8.
31. Wohlauf, ziehet herauf wider ein
Volk, das genug hat und sicher wohnt,
spricht der Herr; sie haben weder Tür
noch Riegel und wohnen allein.
32. Ihre Kamele sollen geraubt und die
Menge ihres Viehs genommen werden;
und ich will sie zerstreuen in alle Winde,
alle, *die das Haar rundumher abschneiden; und von allen Orten her will ich ihr
Unglück über sie kommen lassen, spricht
der Herr, *K. 9,25; 25,23.
33. daß Hazor soll eine Wohnung der
Schakale und eine ewige Wüste werden,
daß niemand daselbst wohne und kein
Mensch darin hause. K. 9,10.
34. Dies ist das Wort des Herrn, welches
geschah zu Jeremia, dem Propheten, wider *Elam im Anfang des Königreichs Zedekias, des Königs in Juda, und sprach:
*K. 25,25.
35. So spricht der Herr Zebaoth: Siehe,
ich will den Bogen Elams zerbrechen, ihre
vornehmste Gewalt,
36. und will die vier Winde aus den vier
*Enden des Himmels über sie kommen
lassen und will sie in alle diese Winde
zerstreuen, daß kein Volk sein soll, dahin
nicht Vertriebene aus Elam kommen werden. *Himmelsgegenden.
37. Und ich will Elam verzagt machen
vor ihren Feinden und denen, die ihnen
nach ihrem Leben stehen, und Unglück
über sie kommen lassen mit meinem
grimmigen Zorn, spricht der Herr; und
will das Schwert hinter ihnen her schik-
ken, bis ich sie aufreibe.
38. Meinen Stuhl will ich in Elam aufrichten und will beide, den König und die
Fürsten, daselbst umbringen, spricht der
Herr.
39. Aber in der letzten Zeit will ich das
Gefängnis Elams wieder wenden, spricht
der Herr. V. 6.

Das 50. Kapitel

Weissagung vom Untergang Babels und von der Erlösung des jüdischen Volkes.

1. Dies ist das Wort, welches der Herr
durch den Propheten Jeremia geredet hat
wider Babel und das Land der Chaldäer:
Jes. 13; 14.
2. Verkündiget unter den Heiden und
laßt erschallen, werfet ein Panier auf; laßt
erschallen und verberget's nicht und
sprecht: Babel ist gewonnen, Bel steht mit
Schanden, Merodach ist zerschmettert;
ihre Götzen stehen mit Schanden, und
ihre Götter sind zerschmettert! Jes. 46,1.
3. Denn es zieht von Mitternacht ein
Volk herauf wider sie, welches wird ihr
Land zur Wüste machen, daß niemand
darin wohnen wird, sondern beide, Leute
und Vieh, davonfliehen werden.
4. In denselben Tagen und zur selben
Zeit, spricht der Herr, werden kommen
die Kinder Israel samt den Kindern Juda
und *weinend daherziehen und den
Herrn, ihren Gott, suchen. *K. 31,9.
5. Sie werden forschen nach dem Wege
gen Zion, dahin sich kehren: Kommt, wir
wollen uns zum Herrn fügen mit einem
ewigen Bunde, des nimmermehr vergessen werden soll!
6. Denn mein Volk ist wie eine verlorene
Herde; ihre Hirten haben sie verführt und
auf den Bergen in der Irre gehen lassen,
daß sie von den Bergen auf die Hügel gegangen sind und ihrer Hürden vergessen
haben.
7. Es fraßen sie alle, die sie antrafen; und
ihre Feinde sprachen: Wir tun nicht unrecht! darum daß sie sich haben versündigt an dem Herrn in der Wohnung der
Gerechtigkeit und an dem Herrn, der ihrer Väter Hoffnung ist.
8. Fliehet aus Babel und ziehet aus der
Chaldäer Lande und stellet euch als Böcke
vor der Herde her! K. 51,6.45.
9. Denn siehe, ich will große Völker in
Haufen aus dem Lande gegen Mitternacht
erwecken und wider Babel heraufbringen,
die sich wider sie sollen rüsten, welche sie
auch sollen gewinnen; ihre Pfeile sind wie
die eines guten Kriegers, der nicht fehlt.
10. Und das Chaldäerland soll ein Raub
werden, daß alle, die sie berauben, sollen
genug davon haben, spricht der Herr;
11. darum daß ihr euch des freuet und
rühmet, daß ihr mein Erbteil geplündert
habt, und hüpfet wie die jungen Kälber
und wiehert wie die starken Gäule.
5. Mose 32,27; Jes. 10,5.7.15.
12. Eure Mutter besteht mit großer
Schande, und die euch geboren hat, ist
zum Spott geworden; siehe, unter den
Heiden ist sie die geringste, wüst, dürr
und öde.
13. Denn vor dem Zorn des Herrn muß
sie unbewohnt und ganz wüst bleiben, daß
alle, so bei Babel vorübergehen, werden

sich verwundern und pfeifen über all ihre Plage. K.51,37; 49,17.

14. Rüstet euch wider Babel umher, alle Schützen, schießet in sie, sparet die Pfeile nicht; denn sie hat wider den Herrn gesündigt.

15. Jauchzet über sie um und um! Sie muß sich ergeben, ihre Grundfesten sind zerfallen, ihre Mauern sind abgebrochen; denn das ist des Herrn Rache. *Rächet euch an ihr, tut ihr, wie sie getan hat.

*Offenb. 18,6.

16. Rottet aus von Babel beide, den Säemann und den Schnitter in der Ernte, daß ein jeglicher vor dem Schwert des Tyrannen sich kehre zu seinem Volk und ein jeglicher fliehe in sein Land.

17. Israel hat müssen sein eine zerstreute Herde, die die Löwen verscheucht haben. Am ersten fraß sie der König von Assyrien; darnach überwältigte sie Nebukadnezar, der König zu Babel.

18. Darum spricht der Herr Zebaoth, der Gott Israels, also: Siehe, ich will den König von Babel heimsuchen und sein Land, gleichwie ich den König von Assyrien heimgesucht habe.

19. Israel aber will ich wieder heim zu seiner Wohnung bringen, daß sie auf Karmel und Basan weiden und ihre Seele auf dem Gebirge Ephraim und Gilead gesättigt werden soll.

20. Zur selben Zeit und in denselben Tagen wird man die Missetat Israels suchen, spricht der Herr, aber es wird keine da sein, und die Sünden Juda's, aber es wird keine gefunden werden; denn *ich will sie vergeben denen, so ich übrigbleiben lasse.

*K.31,34; 33,8.

21. Zieh hinauf wider das Land, das alles verbittert hat; zieh hinauf wider die Einwohner der Heimsuchung; verheere und verbanne ihre Nachkommen, spricht der Herr, und tue alles, was ich dir befohlen habe!

22. Es ist ein Kriegsgeschrei im Lande und großer Jammer.

23. Wie geht's zu, daß der *Hammer der ganzen Welt zerbrochen und zerschlagen ist? Wie geht's zu, daß Babel eine Wüste geworden ist unter allen Heiden. *K.51,20.

24. Ich habe dir nachgestellt, Babel; darum bist du auch gefangen, ehe du dich's versahst; du bist getroffen und ergriffen, denn du hast dem Herrn getrotzt.

25. Der Herr hat seinen Schatz aufgetan und die Waffen seines Zorns hervorgebracht; denn der Herr Herr Zebaoth hat etwas auszurichten in der Chaldäer Lande.

26. Kommet her wider sie, ihr vom Ende, öffnet ihre Kornhäuser, werfet sie in einen Haufen und verbannet sie, daß ihr nichts übrigbleibe!

27. Erwürget alle ihre Kinder, führt sie hinab zur Schlachtbank! Weh ihnen! denn ihr Tag ist gekommen, die Zeit ihrer Heimsuchung.

28. Man hört ein Geschrei der Flüchtigen und deren, so entronnen sind aus dem Lande Babel, auf daß sie verkündigen zu Zion die Rache des Herrn, unsers Gottes, die Rache seines Tempels.

29. Rufet viele wider Babel, belagert sie um und um, alle Bogenschützen, und lasset keinen davonkommen! *Vergeltet ihr, wie sie verdient hat; wie sie getan hat, so tut ihr wieder! denn sie hat stolz gehandelt wider den Herrn, den Heiligen in Israel.

*V. 15.

30. Darum soll ihre junge Mannschaft fallen auf ihren Gassen, und alle ihre Kriegsleute sollen untergehen zur selben Zeit, spricht der Herr.

31. Siehe, du Stolzer, ich will an dich, spricht der Herr Herr Zebaoth; denn dein Tag ist gekommen, die Zeit deiner Heimsuchung.

32. Da soll der Stolze stürzen und fallen, daß ihn niemand aufrichte; ich will seine Städte mit Feuer anstecken, das soll alles, was um ihn her ist, verzehren.

33. So spricht der Herr Zebaoth: Siehe, die Kinder Israel samt den Kindern Juda müssen Gewalt und Unrecht leiden; alle, die sie gefangen weggeführt haben, halten sie und wollen sie nicht loslassen.

34. Aber ihr Erlöser ist stark, der heißt Herr Zebaoth; der wird ihre Sache so ausführen, daß er das Land bebend und die Einwohner zu Babel zitternd mache.

35. Schwert soll kommen, spricht der Herr, über die Chaldäer und über die Einwohner zu Babel und über ihre Fürsten und über ihre Weisen!

36. Schwert soll kommen über ihre Weissager, daß sie zu Narren werden; Schwert soll kommen über ihre Starken, daß sie verzagen!

37. Schwert soll kommen über ihre Rosse und Wagen und alles fremde Volk, so darin ist, daß sie *zu Weibern werden! Schwert soll kommen über ihre Schätze, daß sie geplündert werden! *K.51,30.

38. Trockenheit soll kommen über ihre Wasser, daß sie versiegen! denn es ist ein Götzenland, und sie trotzen auf ihre schrecklichen Götzen.

39. Darum sollen Wüstentiere und wilde

Hunde darin wohnen und die jungen
Strauße; und es soll nimmermehr bewohnt werden und niemand darin hausen
für und für,
40. gleichwie Gott *Sodom und Gomorra samt ihren Nachbarn umgekehrt hat,
spricht der Herr, daß niemand darin wohne noch ein Mensch darin hause.
*1. Mose 19,24.25.
41. Siehe, es kommt *ein Volk von Mitternacht her; viele Heiden und viele Könige werden vom Ende der Erde sich aufmachen. *V. 9.
42. Die haben Bogen und Lanze; sie sind grausam und unbarmherzig; ihr Geschrei
ist *wie das Brausen des Meeres; sie reiten auf Rossen, gerüstet wie Kriegsmänner
wider dich, du Tochter Babel. *K. 6,23.
43. Wenn der König zu Babel ihr Gerücht hören wird, so werden ihm die Fäuste entsinken; ihm wird so angst und bange werden wie einer Frau in Kindsnöten.
44. Siehe, er kommt herauf wie ein Löwe vom stolzen Jordan wider die festen Hürden; denn ich will sie daraus eilends wegtreiben, und den, der erwählt ist, darübersetzen. Denn wer ist mir gleich, wer will mich meistern, und wer ist der Hirte, der mir widerstehen kann? K. 49,19–21.
45. So höret nun den Ratschlag des Herrn, den er über Babel hat, und seine Gedanken, die er hat über die Einwohner im Lande der Chaldäer! Was gilt's? ob nicht die Hirtenknaben sie fortschleifen werden und ihre Wohnung zerstören.
46. Und die Erde wird beben von dem Geschrei, und es wird unter den Heiden erschallen, wenn Babel gewonnen wird.

Das 51. Kapitel

Fortsetzung: Babel durch die Meder zerstört; die Juden dürfen heimkehren.

1. So spricht der Herr: Siehe, ich will einen scharfen Wind erwecken wider Babel und wider ihre Einwohner, die sich wider mich gesetzt haben.
2. Ich will auch *Worfler gen Babel schicken, die sie worfeln sollen und ihr Land ausfegen, die allenthalben um sie sein werden am Tage ihres Unglücks;
*K. 15,7.
3. denn ihre Schützen werden nicht schießen, und ihre Geharnischten werden sich nicht wehren können. So verschonet nun ihre junge Mannschaft nicht, verbannet all ihr Heer,
4. daß die Erschlagenen daliegen im Lande der Chaldäer und die Erstochenen auf ihren Gassen!
5. Denn Israel und Juda sollen nicht *Witwen von ihrem Gott, dem Herrn Zebaoth, gelassen werden. Denn jener Land hat sich hoch †verschuldet am Heiligen in Israel. *Jes. 54,4. †K. 50,11.29.
6. Fliehet aus Babel, damit ein jeglicher seine Seele errette, daß ihr nicht untergehet in ihrer Missetat! Denn dies ist die Zeit der Rache des Herrn, der ein Vergelter ist und will ihnen bezahlen.
K. 50,8; Offenb. 18,4; Jes. 48,20.
7. Ein goldener Kelch, der alle *Welt trunken gemacht hat, war Babel in der Hand des Herrn; alle Heiden haben von ihrem Wein getrunken, darum sind die Heiden so toll geworden.
*K. 25,15; Offenb. 17,4; 18,3.
8. Wie plötzlich ist *Babel gefallen und zerschmettert! Heulet über sie; nehmet auch Salbe zu ihren Wunden, ob sie vielleicht möchte heil werden! *Offenb. 18,2.
9. Wir heilen Babel; aber sie will nicht heil werden. So laßt sie fahren und laßt uns ein jeglicher in sein Land ziehen! Denn ihre Strafe reicht bis an den Himmel und langt hinauf bis an die Wolken.
10. Der Herr hat unsre Gerechtigkeit hervorgebracht; kommt, laßt uns zu Zion erzählen die Werke des Herrn, unsers Gottes!
11. Ja, schärft nun die Pfeile wohl und rüstet die Schilde! Der Herr hat den Mut der Könige *in Medien erweckt; denn seine Gedanken stehen wider Babel, daß er sie verderbe. Denn dies ist †die Rache des Herrn, die Rache seines Tempels.
*Jes. 13,17. †K. 50,28.
12. Ja, steckt nun Panier auf die Mauern zu Babel, nehmt die Wache ein, setzt Wächter, bestellt die Hut! denn der Herr gedenkt etwas und wird auch tun, was er wider die Einwohner zu Babel geredet hat.
13. Die du *an großen Wassern wohnst und große Schätze hast, dein Ende ist gekommen, und dein Geiz ist aus!
*Offenb. 17,1.
14. Der Herr Zebaoth hat bei seiner Seele geschworen: Ich will dich mit Menschen füllen, als wären's Käfer; die sollen dir ein Liedlein singen! (V. 15–19: vgl. K. 10,12–16.)
15. Er hat die Erde durch seine Kraft gemacht und den Weltkreis durch seine Weisheit bereitet und den Himmel ausgebreitet durch seinen Verstand.
16. Wenn er donnert, so ist da Wasser die Menge unter dem Himmel; er zieht die Nebel auf vom Ende der Erde; er macht die Blitze im Regen und läßt den Wind kommen aus seinen Vorratskammern.

17. Alle Menschen sind Narren mit ihrer Kunst, und alle Goldschmiede bestehen mit Schanden mit ihren Bildern; denn ihre Götzen sind Trügerei und haben kein Leben.

18. Es ist eitel Nichts und verführerisches Werk; sie müssen umkommen, wenn sie heimgesucht werden.

19. Aber also ist der nicht, der Jakobs Schatz ist; sondern der alle Dinge schafft, der ist's, und Israel ist sein Erbteil. Er heißt Herr Zebaoth.

20. Du bist *mein Hammer, meine Kriegswaffe; durch dich zerschmettere ich die Heiden und zerstöre die Königreiche;

*K.50,23; Jes.10,5.

21. durch dich zerschmettere ich Rosse und Reiter und zerschmettere Wagen und Fuhrmänner;

22. durch dich zerschmettere ich Männer und Weiber und zerschmettere Alte und Junge und zerschmettere Jünglinge und Jungfrauen;

23. durch dich zerschmettere ich Hirten und Herden und zerschmettere Bauern und Joche und zerschmettere Fürsten und Herren.

24. Und ich will Babel und allen Einwohnern in Chaldäa *vergelten alle ihre Bosheit, die sie an Zion begangen haben, vor euren Augen, spricht der Herr. *K.50,29.

25. Siehe, ich will an dich, du schädlicher Berg, der du alle Welt verderbest, spricht der Herr; ich will meine Hand über dich strecken und dich von den Felsen herabwälzen und will einen verbrannten Berg aus dir machen,

26. daß man weder Eckstein noch Grundstein aus dir nehmen könne, sondern eine ewige Wüste sollst du sein, spricht der Herr.

27. Werfet Panier auf im Lande, blaset die Posaune unter den Heiden, *heiliget die Heiden wider sie; rufet wider sie die Königreiche Ararat, Minni und †Askenas; bestellet Hauptleute wider sie; bringet Rosse herauf wie flatternde Käfer!

*Jes.13,3. †1.Mose 10,3.

28. Heiliget die Heiden wider sie, die Könige aus Medien samt allen ihren Fürsten und Herren und das ganze Land ihrer Herrschaft,

29. daß das Land erbebe und erschrecke; denn die Gedanken des Herrn wollen erfüllt werden wider Babel, daß er das Land Babel zur Wüste mache, darin niemand wohne.

30. Die Helden zu Babel werden nicht zu Felde ziehen, sondern müssen in der Festung bleiben, ihre Stärke ist aus, sie sind Weiber geworden; ihre Wohnungen sind angesteckt und ihre Riegel zerbrochen.

31. Es läuft hier einer und da einer dem andern entgegen, und eine Botschaft begegnet der andern, dem König zu Babel anzusagen, daß seine Stadt gewonnen sei bis ans Ende

32. und die Furten eingenommen und die Seen ausgebrannt sind und die Kriegsleute seien blöde geworden.

33. Denn also spricht der Herr Zebaoth, der Gott Israels: »Die Tochter Babel ist wie eine Tenne, wenn man darauf drischt; es wird ihre Ernte gar bald kommen.«

34. Nebukadnezar, der König zu Babel, hat mich gefressen und umgebracht; er hat aus mir ein leeres Gefäß gemacht; er hat mich verschlungen wie ein Drache; er hat seinen Bauch gefüllt mit meinem Köstlichsten; er hat mich verstoßen.

35. Nun aber komme über Babel der Frevel, an mir begangen und an meinem Fleische, spricht die Einwohnerin zu Zion, und mein Blut über die Einwohner in Chaldäa, spricht Jerusalem.

36. Darum spricht der Herr also: Siehe, ich will dir deine Sache ausführen und dich rächen; ich will ihr Meer austrocknen und ihre Brunnen versiegen lassen.

37. Und Babel soll zum Steinhaufen und zur Wohnung der Schakale werden, zum Wunder und zum Anpfeifen, daß niemand darin wohne. K.50,13.

38. Sie sollen miteinander brüllen wie die Löwen und schreien wie die jungen Löwen.

39. Ich will sie mit ihrem Trinken in die Hitze setzen und will sie trunken machen, daß sie fröhlich werden und einen ewigen Schlaf schlafen, von dem sie nimmermehr aufwachen sollen, spricht der Herr.

40. Ich will sie herunterführen wie Lämmer zur Schlachtbank, wie die Widder mit den Böcken.

41. Wie ist *Sesach so gewonnen und die Berühmte in aller Welt so eingenommen! Wie ist Babel so zum Wunder geworden unter den Heiden!

*Rätselname für Babel. – K.25,26.

42. Es ist ein Meer über Babel gegangen, und es ist mit seiner Wellen Menge bedeckt.

43. Ihre Städte sind zur Wüste und zu einem dürren, öden Lande geworden, zu einem Lande, darin niemand wohnt und darin kein Mensch wandelt.

44. Denn ich habe den Bel zu Babel heimgesucht und habe aus seinem Rachen

gerissen, was er verschlungen hatte; und
die Heiden sollen nicht mehr zu ihm laufen; denn es sind auch die Mauern zu Babel zerfallen. K.50,2.
45. Ziehet heraus, mein Volk, und errette ein jeglicher seine Seele vor dem grimmigen Zorn des Herrn! V.6.
46. Euer Herz möchte sonst weich werden und verzagen vor dem Geschrei, das
man im Lande hören wird; denn es wird
ein Geschrei übers Jahr gehen und darnach im andern Jahr auch ein Geschrei
über Gewalt im Lande und wird ein Fürst
wider den andern sein.
47. Darum siehe, es kommt die Zeit, daß
ich die Götzen zu Babel heimsuchen will
und ihr ganzes Land zu Schanden werden
soll und ihre Erschlagenen darin liegen
werden.
48. *Himmel und Erde und alles, was
darinnen ist, werden jauchzen über Babel,
daß ihre Verstörer von Mitternacht gekommen sind, spricht der Herr.
*Offenb. 18,20.
49. Und wie Babel in Israel die Erschlagenen gefällt hat, also sollen zu Babel die
Erschlagenen fallen im ganzen Lande.
50. So ziehet nun hin, die ihr dem
Schwert entronnen seid, und säumet euch
nicht! Gedenket des Herrn in fernem Lande und *lasset euch Jerusalem im Herzen
sein! *Ps. 137,5.
51. Wir waren zu Schanden geworden,
da wir die Schmach hören mußten und die
Scham unser Angesicht bedeckte, da die
Fremden über das Heiligtum des Hauses
des Herrn kamen.
52. Darum siehe, die Zeit kommt,
spricht der Herr, daß ich ihre Götzen
heimsuchen will, und im ganzen Lande
sollen die tödlich Verwundeten seufzen.
53. Und wenn Babel gen Himmel stiege,
und ihre Macht in der Höhe festmachte, so
sollen doch Verstörer von mir über sie
kommen, spricht der Herr.
54. Man hört ein Geschrei zu Babel und
einen großen Jammer in der Chaldäer
Lande;
55. denn der Herr verstört Babel und verderbt sie mit ihrem großen Getümmel;
ihre Wellen brausen wie ein großes Wasser, es erschallt ihr lautes Toben.
56. Denn es ist über Babel der Verstörer
gekommen, ihre Helden werden gefangen, ihre Bogen werden zerbrochen; denn
der Gott *der Rache, der Herr, bezahlt ihr.
*5. Mose 32,35.
57. Ich will ihre Fürsten, Weisen, Herren
und Hauptleute und Krieger *trunken
machen, daß sie einen ewigen Schlaf sollen schlafen, davon sie nimmermehr aufwachen, spricht der König, der da heißt
Herr Zebaoth. *V.39.
58. So spricht der Herr Zebaoth: Die
Mauern der großen Babel sollen untergra-
ben und ihre hohen Tore mit Feuer angesteckt werden, daß der Heiden Arbeit verloren sei, und daß verbrannt werde, was
die Völker mit Mühe erbaut haben.
Hab. 2,13.
59. Dies ist das Wort, das der Prophet
Jeremia befahl Seraja, dem Sohn *Nerias,
des Sohnes Maasejas, da er zog mit Zedekia, dem König in Juda, gen Babel im
vierten Jahr seines Königreichs. Und Seraja war der Marschall für die Reise.
*K.36,4.
60. Und Jeremia schrieb all das Unglück,
so über Babel kommen sollte, in ein Buch,
nämlich alle diese Worte, die wider Babel
geschrieben sind.
61. Und Jeremia sprach zu Seraja: Wenn
du gen Babel kommst, so schaue zu und
lies alle diese Worte
62. und sprich: Herr, du hast geredet wider diese Stätte, daß du sie willst ausrotten, daß niemand darin wohne, weder
Mensch noch Vieh, sondern daß sie ewiglich wüst sei.
63. Und wenn du das Buch hast ausgele-
sen, so binde einen Stein daran und wirf's
in den Euphrat Offenb. 18,21.
64. und sprich: Also soll Babel versenkt
werden und nicht wieder aufkommen von
dem Unglück, das ich über sie bringen
will, sondern vergehen.
So weit hat Jeremia geredet.

Das 52. Kapitel

Anhang: kurze Geschichte der Zerstörung Jerusalems; Begnadigung des Königs Jojachin. (V. 1–27: vgl. K.39,1–10; 2. Kön. 24,18–25,21; 2. Chron. 36,11–21.)

1. Zedekia war einundzwanzig Jahre alt,
da er König ward, und regierte elf Jahre zu
Jerusalem. Seine Mutter hieß Hamutal,
eine Tochter Jeremia's zu Libna.
2. Und er tat, was dem Herrn übel gefiel,
gleich wie Jojakim getan hatte.
3. Denn es ging des Herrn Zorn über
Jerusalem und Juda, bis er sie von seinem
Angesicht verwarf. Und Zedekia fiel ab
vom König zu Babel.
4. Aber im neunten Jahr seines Königreichs, am zehnten Tage des zehnten Monats, kam Nebukadnezar, der König zu
Babel, samt all seinem Heer wider Jerusa-

lem, und sie belagerten es und machten Bollwerke ringsumher.
5. Und blieb also die Stadt belagert bis ins elfte Jahr des Königs Zedekia.
6. Aber am neunten Tage des vierten Monats nahm der Hunger überhand in der Stadt, und hatte das Volk vom Lande nichts mehr zu essen.
7. Da brach man in die Stadt; und alle Kriegsleute gaben die Flucht und zogen zur Stadt hinaus bei der Nacht auf dem Wege durch das Tor zwischen den zwei Mauern, der zum Garten des Königs geht. Aber die Chaldäer lagen um die Stadt her.
8. Und da diese zogen des Weges zum blachen Feld, jagte der Chaldäer Heer dem König nach und ergriffen Zedekia in dem Felde bei Jericho; da zerstreute sich all sein Heer von ihm.
9. Und sie fingen den König und brachten ihn hinauf zum König zu Babel gen Ribla, das im Lande Hamath liegt; der sprach ein Urteil über ihn.
10. Allda ließ der König zu Babel die Söhne Zedekias vor seinen Augen erwürgen und erwürgte alle Fürsten Juda's zu Ribla.
11. Aber Zedekia ließ er die Augen ausstechen und ließ ihn mit zwei Ketten binden, und führte ihn also der König zu Babel gen Babel und legte ihn ins Gefängnis, bis daß er starb. K. 32,5.
12. Am zehnten Tage des fünften Monats, welches ist das neunzehnte Jahr Nebukadnezars, des Königs zu Babel, kam Nebusaradan, der Hauptmann der Trabanten, der stets um den König zu Babel war, gen Jerusalem
13. und verbrannte des Herrn Haus und des Königs Haus und alle Häuser zu Jerusalem; alle großen Häuser verbrannte er mit Feuer.
14. Und das ganze Heer der Chaldäer, so bei dem Hauptmann war, riß um alle Mauern zu Jerusalem ringsumher.
15. Aber das arme Volk und andere Volk, so noch übrig war in der Stadt, und die zum König zu Babel fielen und das übrige Handwerksvolk führte Nebusaradan, der Hauptmann, gefangen weg.
16. Und vom armen Volk auf dem Lande ließ Nebusaradan, der Hauptmann, bleiben Weingärtner und Ackerleute.
17. Aber die ehernen Säulen am Hause des Herrn und das Gestühl und das eherne Meer am Hause des Herrn zerbrachen die Chaldäer und führten all das Erz davon gen Babel. K. 27,19–22.
18. Und die Kessel, Schaufeln, Messer, Becken, Kellen und alle ehernen Gefäße, die man im Gottesdienst pflegte zu brauchen, nahmen sie weg.
19. Dazu nahm der Hauptmann, was golden und silbern war an Bechern, Räuchtöpfen, Becken, Kesseln, Leuchtern, Löffeln und Schalen.
20. Die zwei Säulen, das Meer, die zwölf ehernen Rinder darunter und die Gestühle, welche der *König Salomo hatte lassen machen zum Hause des Herrn, alles dieses Gerätes Erz war unermeßlich viel.

*1. Kön. 7,15–47.

21. Der zwei Säulen aber war eine jegliche achtzehn Ellen hoch, und eine Schnur, zwölf Ellen lang, reichte um sie her; und war eine jegliche vier Finger dick und inwendig hohl;
22. und stand auf jeglicher ein eherner Knauf, fünf Ellen hoch, und ein Gitterwerk und Granatäpfel waren an jeglichem Knauf ringsumher, alles ehern; und war eine Säule wie die andere, die Granatäpfel auch.
23. Es waren der Granatäpfel sechsundneunzig daran, und aller Granatäpfel waren hundert an einem Gitterwerk ringsumher.
24. Und der Hauptmann nahm den obersten Priester *Seraja und den Priester Zephanja, den nächsten nach ihm, und die drei Torhüter *1. Chron. 5,40.
25. und einen Kämmerer aus der Stadt, welcher über die Kriegsleute gesetzt war, und sieben Männer, welche um den König sein mußten, die in der Stadt gefunden wurden, dazu den Schreiber des Feldhauptmanns, der das Volk im Lande zum Heer aufbot, dazu sechzig Mann Landvolks, so in der Stadt gefunden wurden:
26. diese nahm Nebusaradan, der Hauptmann, und brachte sie dem König zu Babel gen Ribla.
27. Und der König zu Babel schlug sie tot zu Ribla, das im Lande Hamath liegt. Also ward Juda aus seinem Lande weggeführt.
28. Dies ist das Volk, welches Nebukadnezar weggeführt hat: im siebenten Jahr 3023 Juden; *2. Kön. 24,11–16.
29. im achtzehnten Jahr aber des Nebukadnezar 832 Seelen aus Jerusalem;
30. und im dreiundzwanzigsten Jahr des Nebukadnezar führte Nebusaradan, der Hauptmann, 745 Seelen weg aus Juda. Alle Seelen sind 4600.

(V. 31–34: vgl. 2. Kön. 25,27–30.)

31. Aber im siebenunddreißigsten Jahr, nachdem Jojachin, der König zu Juda, weggeführt war, am fünfundzwanzigsten

Tage des zwölften Monats, erhob Evil-Merodach, der König zu Babel, im Jahr, da er König ward, das Haupt Jojachins, des Königs in Juda, und ließ ihn aus dem Gefängnis
32. und redete freundlich mit ihm und setzte seinen Stuhl über der Könige Stühle, die bei ihm zu Babel waren,
33. und wandelte ihm seines Gefängnisses Kleider, daß er vor ihm aß stets sein Leben lang.
34. Und ihm ward stets sein Unterhalt vom König zu Babel gegeben, wie es ihm verordnet war, sein ganzes Leben lang bis an sein Ende.

Die Klagelieder Jeremia's

Das 1. Kapitel

Jerusalem, verödet und beschimpft, klagt und fleht um Hilfe.

1. Wie liegt die Stadt so wüst, die voll Volks war! Sie ist wie eine *Witwe, die Fürstin unter den Heiden; und die eine Königin in den Ländern war, muß nun dienen. *Jer. 51,5.
2. Sie weint des Nachts, daß ihr die Tränen über die Backen laufen; es ist *niemand unter allen ihren Freunden, der sie tröste; alle ihre Nächsten sind ihr untreu und ihre Feinde geworden. *Ps. 69,21.
3. Juda ist gefangen in Elend und schwerem Dienst; sie wohnt unter den Heiden und findet keine Ruhe; alle ihre Verfolger halten sie übel.
4. Die Straßen gen Zion liegen wüst, weil niemand auf ein Fest kommt; alle ihre Tore stehen öde, ihre Priester seufzen; ihre Jungfrauen sehen jämmerlich, und sie ist betrübt.
5. Ihre Widersacher schweben empor, ihren Feinden geht's wohl; denn der Herr hat sie voll Jammers gemacht um ihrer großen Sünden willen, und ihre Kinder sind gefangen vor dem Feinde hin gezogen.
6. Es ist von der Tochter Zion aller Schmuck dahin. Ihre Fürsten sind wie die Widder, die keine Weide finden und matt vor dem Treiber her gehen.
7. Jerusalem denkt in dieser Zeit, wie elend und verlassen sie ist und wie viel Gutes sie von alters her gehabt hat, weil all ihr Volk darniederliegt unter dem Feinde und ihr niemand hilft; ihre Feinde sehen ihre Lust an ihr und spotten ihrer *Sabbate. *3. Mose 26,34.35.
8. Jerusalem hat sich versündigt; darum muß sie sein *wie ein unrein Weib. Alle, die sie ehrten, verschmähen sie jetzt, weil sie ihre †Blöße sehen; sie aber seufzet und hat sich abgewendet. *V. 17. †Jer. 13,22.
9. Ihr Unflat klebt an ihrem Saum; sie hätte nicht gemeint, daß es ihr zuletzt so gehen würde. Sie ist ja zu greulich heruntergestoßen und hat dazu niemand, der sie tröstet. Ach Herr, siehe an mein Elend; denn der Feind prangt sehr!
10. Der Feind hat seine Hand an alle ihre Kleinode gelegt; denn sie mußte zusehen, daß die Heiden in ihr Heiligtum gingen, *von denen du geboten hast, sie sollten nicht in deine Gemeinde kommen. *5. Mose 23,4.
11. All ihr Volk seufzt und geht nach Brot; sie geben ihre Kleinode um Speise, daß sie die Seele laben. Ach Herr, siehe doch und schaue, wie schnöde ich geworden bin!
12. Euch sage ich allen, die ihr vorübergehet: Schauet doch und sehet, ob irgend ein Schmerz sei wie mein Schmerz, der mich getroffen hat; denn der Herr hat mich *voll Jammers gemacht am Tage seines grimmigen Zorns. *V. 5.
13. Er hat ein Feuer aus der Höhe in meine Gebeine gesandt und es lassen walten. Er hat meinen Füßen ein Netz gestellt und mich zurückgeprellt; er hat mich zur Wüste gemacht, daß ich täglich trauern muß.
14. Meine schweren Sünden sind durch seine Strafe erwacht und in Haufen mir auf den Hals gekommen, daß mir alle meine Kraft vergeht. Der Herr hat mich also zugerichtet, daß ich nicht aufkommen kann.
15. Der Herr hat zertreten alle meine Starken, die ich hatte; er hat über mich ein Fest ausrufen lassen, meine junge Mannschaft zu verderben. Der Herr hat der Jungfrau Tochter Juda *die Kelter getreten. *Jes. 63,3.
16. Darum weine ich so, und meine beiden Augen fließen mit Wasser, daß der Tröster, der meine Seele sollte erquicken, fern von mir ist. Meine Kinder sind dahin;

KLAGELIEDER DES JEREMIA Klagelieder 1, 1

denn der Feind hat die Oberhand gekriegt.
Jer. 8,23.
17. Zion streckt ihre Hände aus, und ist
doch niemand, der sie tröste; denn der
Herr hat rings um Jakob her seinen Feinden geboten, daß Jerusalem muß zwischen ihnen sein wie *ein unrein Weib.
*V. 8.
18. Der Herr ist gerecht; denn ich bin
seinem Munde *ungehorsam gewesen.
Höret, alle Völker, und schauet meinen
Schmerz! Meine Jungfrauen und Jünglinge sind ins Gefängnis gegangen.
*K. 3,42; 5,16.
19. Ich rief meine Freunde an, aber sie
haben mich betrogen. Meine Priester und
Ältesten in der Stadt sind verschmachtet;
denn sie *gehen nach Brot, damit sie ihre
Seele laben.
20. Ach Herr, siehe doch, wie bange ist
mir, daß mir's im Leibe davon weh tut!
Mein Herz wallt mir in meinem Leibe, weil
ich so gar ungehorsam gewesen bin. Draußen hat mich das Schwert und im Hause
hat mich der Tod zur Witwe gemacht.
21. Man hört's wohl, daß ich seufze, und
habe doch keinen Tröster; alle meine
Feinde hören mein Unglück und freuen
sich; das machst du. So laß doch den Tag
kommen, den du ausrufest, daß es *ihnen
gehen soll wie mir. *K. 4,21.
22. Laß alle ihre Bosheit vor dich kommen und richte sie zu, wie du mich um
aller meiner Missetat willen zugerichtet
hast; denn meines Seufzens ist viel, und
mein Herz ist betrübt.

Das 2. Kapitel

Trauerlied über die Verwüstung Juda's und Jerusalems.

1. Wie hat der Herr die Tochter Zion mit
seinem Zorn überschüttet! Er hat die
Herrlichkeit Israels vom Himmel auf die
Erde geworfen; er hat nicht gedacht an
seinen *Fußschemel am Tage seines
Zorns. *1. Chron. 28,2.
2. Der Herr hat alle Wohnungen Jakobs
ohne Barmherzigkeit vertilgt; er hat die
Festen der Tochter Juda abgebrochen in
seinem Grimm und geschleift; er hat entweiht beide, ihr Königreich und ihre Fürsten.
3. Er hat alle Hörner Israels in seinem

grimmigen Zorn zerbrochen; er hat seine
rechte Hand hinter sich gezogen, da der
Feind kam, und hat in Jakob ein Feuer
angesteckt, das umher verzehrt.
4. Er hat *seinen Bogen gespannt wie ein
Feind; seine rechte Hand hat er geführt
wie ein Widersacher und hat erwürgt alles,
was lieblich anzusehen war, und seinen
Grimm wie ein Feuer ausgeschüttet in der
Hütte der Tochter Zion. *Ps. 7,13.
5. Der Herr ist gleich wie ein Feind; er
hat vertilgt Israel, er hat vertilgt alle ihre
Paläste und hat seine Festen verderbt; er
hat der Tochter Juda viel Klagens und Leides gemacht.
6. Er hat sein Gezelt zerwühlt wie einen
Garten und seine Wohnung verderbt; der
Herr hat zu Zion Feiertag und Sabbat lassen vergessen und in seinem grimmigen
Zorn König und Priester schänden lassen.
7. Der Herr hat seinen Altar verworfen
und sein Heiligtum entweiht; er hat die
Mauern ihrer Paläste in des Feindes Hände
gegeben, daß sie im Hause des Herrn geschrieen haben wie an einem *Feiertag.
*V. 22.
8. Der Herr hat gedacht zu verderben die
Mauer der Tochter Zion; er hat die Richtschnur darübergezogen und seine Hand
nicht abgewendet, bis er sie vertilgte; die
Zwinger stehen kläglich, und die Mauer
liegt jämmerlich.
9. Ihre Tore liegen tief in der Erde; er hat
ihre Riegel zerbrochen und zunichte gemacht. Ihr König und ihre Fürsten sind
unter den Heiden, wo sie das Gesetz nicht
üben können und ihre Propheten kein Gesicht vom Herrn haben.
10. Die Ältesten der Tochter Zion liegen
auf der Erde und sind still; sie werfen
Staub auf ihre Häupter und haben Säcke
angezogen; die Jungfrauen von Jerusalem
hängen ihre Häupter zur Erde.
11. Ich *habe †schier meine Augen aus-
geweint, daß mir mein Leib davon wehe
tut; meine Leber ist auf die Erde ausgeschüttet über dem Jammer der Tochter
meines Volks, da die Säuglinge und Unmündigen auf den Gassen in der Stadt
verschmachteten, *Jer. 14,17. †bald.
12. da sie zu ihren Müttern sprachen: Wo
ist Brot und Wein? da sie auf den Gassen in
der Stadt verschmachteten wie die tödlich
Verwundeten und in den Armen ihrer
Mütter den Geist aufgaben.
13. Ach du Tochter Jerusalem, wem soll
ich dich vergleichen, und wofür soll ich
dich rechnen? Du Jungfrau Tochter Zion,
wem soll ich dich vergleichen, damit ich
dich trösten möchte? Denn dein Schaden
ist groß wie ein Meer; wer kann dich heilen?
14. Deine Propheten haben dir lose und
törichte Gesichte gepredigt und dir deine
Missetat nicht geoffenbart, damit sie dein
Gefängnis abgewandt hätten, sondern haben dir gepredigt lose Predigt, damit sie
dich zum Lande hinaus predigten.
Jer. 14,14–16; 23,14–22.
15. Alle, die vorübergehen, klatschen
mit Händen, pfeifen dich an und schütteln
den Kopf über die Tochter Jerusalem: Ist
das die Stadt, von der man sagt, sie sei die
*allerschönste, der sich das ganze Land
freut? *Ps. 48,3; Hesek. 16,14.
16. Alle deine Feinde sperren ihr Maul
auf wider dich, pfeifen dich an, *blecken
die Zähne und sprechen: He! wir haben sie
vertilgt; das ist der Tag, den wir †begehrt
haben; wir haben's erlangt, wir haben's
erlebt. *Hiob 16,9. †Ps. 35,25; 137,7.
17. Der Herr hat getan, was er vorhatte;
er hat sein Wort erfüllt, das er längst zuvor
geboten hat; er hat ohne Barmherzigkeit
zerstört; er hat den Feind über dich erfreut und deiner Widersacher Horn erhöht.
18. Ihr Herz schrie zum Herr. O du Mauer der Tochter Zion, laß Tag und Nacht
*Tränen herabfließen wie einen Bach; hö-
re auch nicht auf, und dein Augapfel lasse
nicht ab! *V. 11.
19. Stehe des Nachts auf und schreie;
schütte dein Herz aus in der ersten Wache
gegen den Herrn wie Wasser; hebe deine
Hände gegen ihn auf um der Seelen willen
deiner jungen Kinder, die vor Hunger verschmachten vorn an allen Gassen!
20. Herr, schaue und siehe doch, wen du
so verderbt hast! Sollen denn die Weiber
*ihres Leibes Frucht essen, die Kindlein,
so man auf Händen trägt? Sollen denn
Propheten und Priester in dem Heiligtum
des Herrn so erwürgt werden?
*5. Mose 28,53–57.
21. Es lagen in den Gassen auf der Erde
Knaben und Alte; meine Jungfrauen und
Jünglinge sind durchs Schwert gefallen.
Du hast gewürgt am Tage deines Zorns; du
hast ohne Barmherzigkeit geschlachtet.
22. Du hast meine Feinde umher gerufen
wie auf einen *Feiertag, daß niemand am
Tage des Zorns des Herrn entronnen und
übriggeblieben ist. Die ich auf den Händen
getragen und erzogen habe, die hat der
Feind umgebracht. *V. 7.

Das 3. Kapitel

Jeremia's Klage und Trost.

1. Ich bin ein elender Mann, der die Rute
seines Grimmes sehen muß.
2. Er hat mich geführt und lassen gehen
in die Finsternis und nicht ins Licht.
3. Er hat seine Hand gewendet wider
mich und handelt gar anders mit mir für
und für.
4. Er hat mir Fleisch und Haut alt gemacht und mein Gebein zerschlagen.
5. Er hat mich verbaut und mich mit
Galle und Mühe umgeben.
6. Er hat mich in Finsternis gelegt wie
die, so längst tot sind. Ps. 143,3.
7. Er hat mich vermauert, daß ich nicht
heraus kann, und mich in harte Fesseln
gelegt. Hiob 19,8.
8. Und wenn ich gleich schreie und rufe,
so stopft er die Ohren zu vor meinem Gebet. Ps. 22,3; 69,4.
9. Er hat meinen Weg vermauert mit
Werkstücken und meinen Steig umgekehrt.
10. Er hat auf mich gelauert wie ein Bär,
*wie ein Löwe im Verborgenen. *Hiob 10,16.
11. Er läßt mich des Weges fehlen. Er hat
mich zerstückt und zunichte gemacht.
12. Er hat seinen Bogen gespannt und
mich dem Pfeil zum Ziel gesteckt.
13. Er hat aus dem Köcher in meine Nieren schießen lassen.
14. Ich bin ein Spott allem meinem Volk
und täglich ihr Liedlein. Hiob 30,9.
15. Er hat mich mit Bitterkeit gesättigt
und mit Wermut getränkt.
16. Er hat meine Zähne zu kleinen Stükken zerschlagen. Er wälzt mich in der
Asche.
17. Meine Seele ist aus dem Frieden vertrieben; ich muß des Guten vergessen.
18. Ich sprach: Mein Vermögen ist dahin
und meine Hoffnung auf den Herrn.
19. Gedenke doch, wie ich so elend und
verlassen, mit Wermut und Galle getränkt
bin!
20. Du wirst ja daran gedenken; denn
meine Seele sagt mir's.
21. Das nehme ich zu Herzen, darum
hoffe ich noch:
22. Die Güte des Herrn ist's, daß wir
nicht gar aus sind; seine Barmherzigkeit
hat noch kein Ende, Neh. 9,31.
23. sondern sie ist alle Morgen neu, und
deine Treue ist groß.
24. Der Herr ist mein *Teil, spricht meine Seele; darum will ich auf ihn hoffen.
*Ps. 16,5; 73,26.
25. Denn der Herr ist freundlich dem,
der auf ihn harrt, und der Seele, die nach
ihm fragt.
26. Es ist ein köstlich Ding, geduldig sein
und auf die Hilfe des Herrn hoffen.
Röm. 12,12.
27. Es ist ein köstlich Ding einem Mann,
daß er das Joch in seiner Jugend trage;
28. daß ein Verlassener geduldig sei,
wenn ihn etwas überfällt,
29. und seinen Mund in den Staub stecke
und der Hoffnung warte
30. und lasse sich auf die Backen schlagen und viel Schmach anlegen.
31. Denn der Herr verstößt nicht ewiglich;
32. sondern er betrübt wohl, und erbarmt sich wieder nach seiner großen Güte. Jes. 54,8.
33. Denn er nicht von Herzen die Menschen plagt und betrübt,
34. als wollte er alle die Gefangenen auf
Erden gar unter seine Füße zertreten
35. und eines Mannes Recht vor dem Allerhöchsten beugen lassen
36. und eines Menschen Sache verkehren lassen, gleich als sähe es der Herr
nicht.
37. Wer darf denn sagen, daß *solches
geschehe ohne des Herrn Befehl
*Jes. 45,7; Amos 3,6.
38. und daß nicht Böses und Gutes komme aus dem Munde des Allerhöchsten?
39. Wie murren denn die Leute im Leben
also? Ein jeglicher murre wider seine Sünde!
40. Und laßt uns erforschen und prüfen
unser Wesen und uns zum Herrn bekehren!
41. Laßt uns unser Herz samt den Händen aufheben zu Gott im Himmel!
42. Wir, *wir haben gesündigt und sind
ungehorsam gewesen; darum hast du billig nicht verschont; *Ps. 106,6; Dan. 9,5.
43. sondern du hast uns mit Zorn überschüttet und verfolgt und ohne Barmherzigkeit erwürgt.
44. Du hast dich mit einer Wolke verdeckt, daß kein Gebet hindurch konnte.
45. Du hast uns zu Kot und Unflat gemacht unter den Völkern.
46. Alle unsre Feinde sperren ihr Maul
auf wider uns.
47. Wir werden gedrückt und geplagt mit
Schrecken und Angst.
48. Meine Augen rinnen mit Wasserbächen über den Jammer der Tochter meines Volks. Jer. 8,23.
49. Meine Augen fließen und können

nicht ablassen; denn es ist kein Aufhören da,
50. bis der Herr vom Himmel herabschaue und sehe darein.
51. Mein Auge frißt mir das Leben weg um die Töchter meiner Stadt. K.2,11.
52. Meine Feinde haben mich gehetzt wie einen Vogel ohne Ursache;
53. sie haben mein Leben in einer Grube schier umgebracht und Steine auf mich geworfen;
54. sie haben auch mein Haupt mit Wasser überschüttet; da sprach ich: Nun bin ich gar dahin.
55. Ich rief aber deinen Namen an, Herr, unten aus der Grube, Ps.130,1.
56. und du erhörtest meine Stimme: Verbirg deine Ohren nicht vor meinem Seufzen und Schreien!
57. Du nahest dich zu mir, wenn ich dich anrufe, und sprichst: Fürchte dich nicht!
58. Du führest, Herr, die Sache meiner Seele und erlösest mein Leben.
59. Du siehest, Herr, wie mir so Unrecht geschieht; hilf mir zu meinem Recht!
60. Du siehest alle ihre Rache und alle ihre Gedanken wider mich.
61. Herr, du hörest ihr Schmähen und alle ihre Gedanken über mich,
62. die Lippen meiner Widersacher und ihr Dichten wider mich täglich.
63. Schaue doch, sie sitzen oder stehen auf, so *singen sie von mir Liedlein. *V.14.
64. Vergilt ihnen, Herr, wie sie verdient haben! K.1,21; Ps.137,8.
65. Laß ihnen das Herz erschrecken, laß sie deinen Fluch fühlen!
66. Verfolge sie mit Grimm und vertilge sie unter dem Himmel des Herrn!

Das 4. Kapitel

Elend und Schmach Juda's.

1. Wie ist das Gold so gar verdunkelt und das feine Gold so häßlich geworden und liegen die Steine des Heiligtums vorn auf allen Gassen zerstreut! K.1,6.10.
2. Die edlen Kinder Zions, dem Golde gleich geachtet, wie sind sie nun den irdenen Töpfen gleich, die ein Töpfer macht!
3. Auch Schakale reichen die Brüste ihren Jungen und säugen sie; aber die Tochter meines Volks muß unbarmherzig sein wie ein Strauß in der Wüste.
4. Dem Säugling kelbt seine Zunge an seinem Gaumen vor Durst; die jungen Kinder heischen Brot, und ist niemand, der's ihnen breche.
5. Die zuvor leckere Speise aßen, verschmachten jetzt auf den Gassen; die zuvor in Scharlach erzogen sind, die müssen jetzt im Kot liegen.
6. Die Missetat der Tochter meines Volks ist größer denn die Sünde Sodoms, die plötzlich umgekehrt ward, und kam keine Hand dazu. 1.Mose 18,20; 19,24.25.
7. Ihre Fürsten waren reiner denn der Schnee und klarer denn Milch; ihre Gestalt war rötlicher denn Korallen; ihr Ansehen war wie Saphir.
8. Nun aber ist ihre Gestalt so dunkel vor Schwärze, daß man sie auf den Gassen nicht kennt; ihre Haut hängt an den Gebeinen, und sind so dürr wie ein Scheit.
9. Den Erwürgten durchs Schwert geschah besser als denen, so da Hungers starben, die verschmachteten und umgebracht wurden vom Mangel der Früchte des Ackers.
10. Es haben die barmherzigsten Weiber ihre Kinder selbst müssen kochen, daß sie zu essen hätten in dem Jammer der Tochter meines Volks. K.2,20.
11. Der Herr hat seinen Grimm vollbracht; er hat seinen grimmigen Zorn ausgeschüttet; er hat zu Zion ein Feuer angesteckt, das auch ihre Grundfesten verzehrt hat.
12. Es hätten's die Könige auf Erden nicht geglaubt noch alle Leute in der Welt, daß der Widersacher und Feind sollte zum Tor Jerusalems einziehen.
13. Es ist aber geschehen um der Sünden willen ihrer Propheten und um der Missetaten willen ihrer Priester, die darin der Gerechten Blut vergossen.
14. Sie gingen hin und her auf den Gassen wie die Blinden und waren mit Blut besudelt, daß man auch ihre Kleider nicht anrühren konnte;
15. man rief sie an: Weicht, ihr Unreinen, weicht, weicht, rührt nichts an! Wenn sie flohen und umherirrten, so sagte man auch unter den Heiden: Sie sollen nicht länger dableiben.
16. Des Herrn Zorn hat sie zerstreut; er will sie nicht mehr ansehen. Die Priester ehrte man nicht, und mit den *Alten übte man keine Barmherzigkeit.
*K.5,12; 5.Mose 28,50; Jes.47,6.
17. Noch gafften unsre Augen auf die nichtige Hilfe, bis sie müde wurden, da wir warteten auf ein Volk, das uns doch nicht helfen konnte.
18. Man jagte uns, daß wir auf unsern Gassen nicht gehen durften. Da kam auch unser Ende; unsre Tage sind aus, unser Ende ist gekommen.

19. Unsre Verfolger waren schneller denn die Adler unter dem Himmel; auf den Bergen haben sie uns verfolgt und in der Wüste auf uns gelauert.
20. Der Gesalbte des Herrn, der unser Trost war, ist gefangen worden, da sie uns verstörten; des wir uns trösteten, wir wollten unter seinem Schatten leben unter den Heiden. Jer.52,8.11.
21. Ja, freue dich und sei fröhlich, du Tochter Edom, die du wohnest im Lande Uz! denn der *Kelch wird auch über dich kommen; du mußt auch trunken und entblößt werden. *K.1,21; Ps.137,7; Jer.25,15.21.
22. Aber *deine Missetat hat ein Ende, du Tochter Zion; er wird dich nicht mehr lassen wegführen. Aber deine Missetat, du Tochter Edom, wird er heimsuchen und deine Sünden aufdecken. *Jes.40,2.

Das 5. Kapitel

Gebet des gedrückten Volkes um Gnade und Hilfe.

1. Gedenke, Herr, wie es uns geht; schaue und siehe an unsre Schmach!
2. Unser Erbe ist den Fremden zuteil geworden und unsre Häuser den Ausländern.
3. Wir sind Waisen und haben keinen Vater; unsre Mütter sind wie Witwen.
4. Unser Wasser müssen wir um Geld trinken; unser Holz muß man bezahlt bringen lassen.
5. Man treibt uns über Hals; und wenn wir schon müde sind, läßt man uns doch keine Ruhe.
6. Wir haben uns müssen Ägypten und Assur ergeben, auf daß wir doch Brot satt zu essen haben.
7. Unsre Väter haben gesündigt und sind nicht mehr vorhanden, und wir müssen ihre Missetaten entgelten.
2.Mose 20,5; Jer.31,29; Hesek.18,2.
8. Knechte herrschen über uns, und ist niemand, der uns von ihrer Hand errette.
9. Wir müssen unser Brot mit Gefahr unsers Lebens holen vor dem Schwert in der Wüste.
10. Unsre Haut ist verbrannt wie in einem Ofen vor dem greulichen Hunger.
11. Sie haben die Weiber zu Zion geschwächt und die Jungfrauen in den Städten Juda's.
12. Die Fürsten sind von ihnen gehenkt, und die Person der Alten hat man nicht geehrt.
13. Die Jünglinge haben Mühlsteine müssen tragen und die Knaben über dem Holztragen straucheln.
14. Es sitzen die Alten nicht mehr unter dem Tor, und die Jünglinge treiben kein Saitenspiel mehr.
15. Unsers Herzens Freude hat ein Ende; unser Reigen ist in Wehklagen verkehrt.
16. *Die Krone unsers Hauptes ist abgefallen. O weh, daß wir so gesündigt haben!
*Jer.13,18.
17. Darum ist auch unser Herz betrübt, und unsre Augen sind finster geworden
18. um des Berges Zion willen, daß er so wüst liegt, daß die Füchse darüberlaufen.
19. Aber du, Herr, der du ewiglich bleibest und dein Thron für und für,
20. warum *willst du unser so gar vergessen und uns lebenslang so gar verlassen? *Ps.13,2.
21. Bringe uns, Herr, wieder zu dir, daß wir wieder heimkommen; erneue unsre Tage wie vor alters!
22. Denn du hast uns verworfen und bist allzusehr über uns erzürnt.

Der Prophet Hesekiel

Das 1. Kapitel

Erscheinung der Herrlichkeit des Herrn über den Cherubim.

1. Im dreißigsten Jahr, am fünften Tage des vierten Monats, da ich war unter den Gefangenen am Wasser *Chebar, tat sich der Himmel auf, und Gott zeigte mir Gesichte. *K.20,15.
2. Derselbe fünfte Tag des Monats war eben im fünften Jahr, nachdem *Jojachin, der König Juda's, war gefangen weggeführt. *2.Kön.24,15.
3. Da geschah des Herrn Wort zu Hesekiel, dem Sohn Busis, dem Priester, im Lande der Chaldäer, am Wasser Chebar; daselbst kam die Hand des Herrn über ihn.
4. Und ich sah, und siehe, es kam ein ungestümer Wind von Mitternacht her mit einer großen Wolke voll Feuer, das

allenthalben umher glänzte; und mitten in dem Feuer war es lichthell.
K. 10; Offenb. 4,6–8.

5. Und darin war es gestaltet wie vier Tiere, und dieselben waren anzusehen wie Menschen.

6. Und ein jegliches hatte vier Angesichter und vier Flügel.

7. Und ihre Beine standen gerade, und ihre Füße waren gleich wie Rinderfüße und glänzten wie helles, glattes Erz.

8. Und sie hatten Menschenhände unter ihren Flügeln an ihren vier Seiten; denn sie hatten alle vier ihre Angesichter und ihre Flügel.

9. Und je einer der Flügel rührte an den andern; und wenn sie gingen, mußten sie sich nicht herumlenken, sondern wo sie hin gingen, gingen sie stracks vor sich.

10. Ihre Angesichter waren vorn gleich einem Menschen, und zur rechten Seite gleich einem Löwen bei allen vieren, und zur linken Seite gleich einem Ochsen bei allen vieren, und hinten gleich einem Adler bei allen vieren.

11. Und ihre Angesichter und Flügel waren obenher zerteilt, daß je zwei Flügel zusammenschlugen, und mit zwei Flügeln bedeckten sie ihren Leib.

12. Wo sie hin gingen, da gingen sie stracks vor sich – sie gingen aber, *wo der Geist sie hin trieb – und mußten sich nicht herumlenken, wenn sie gingen.
*V. 10.

13. Und die Tiere waren anzusehen wie feurige Kohlen, die da brennen, und wie Fackeln; und das Feuer fuhr hin zwischen den Tieren und gab einen Glanz von sich, und aus dem Feuer gingen Blitze.

14. Die Tiere aber liefen hin und her wie der Blitz.

15. Als ich die Tiere so sah, siehe, da stand ein Rad auf der Erde bei den vier Tieren und war anzusehen wie vier Räder.

16. Und die Räder waren wie ein Türkis und waren alle vier eins wie das andere, und sie waren anzusehen, als wäre ein Rad im andern.

17. Wenn sie gehen sollten, konnten sie nach allen ihren vier Seiten gehen und mußten sich nicht herumlenken, wenn sie gingen.

18. Ihre Felgen und Höhe waren schrecklich; und ihre Felgen waren voller Augen um und um an allen vier Rädern.

19. Und wenn die Tiere gingen, so gingen die Räder auch neben ihnen; und wenn die Tiere sich von der Erde emporhoben, so hoben sich die Räder auch empor.

20. Wo der Geist sie hin trieb, da gingen sie hin, und die Räder hoben sich neben ihnen empor; denn es war der Geist der Tiere in den Rädern. V. 12.

21. Wenn sie gingen, so gingen diese auch; wenn sie standen, so standen diese auch; und wenn sie sich emporhoben von der Erde, so hoben sich auch die Räder neben ihnen empor; denn es war der Geist der Tiere in den Rädern.

22. Oben aber über den Tieren war es gestaltet wie ein Himmel, wie ein Kristall, schrecklich, gerade oben über ihnen ausgebreitet, 2. Mose 24,10.

23. daß unter dem Himmel ihre Flügel einer stracks gegen den andern standen, und eines jeglichen Leib bedeckten zwei Flügel.

24. Und ich hörte die Flügel rauschen wie große Wasser und wie ein Getön des Allmächtigen, wenn sie gingen, und wie ein Getümmel in einem Heer. Wenn sie aber stillstanden, so ließen sie die Flügel nieder.

25. Und wenn sie stillstanden und die Flügel niederließen, so donnerte es in dem Himmel oben über ihnen.

26. Und über dem Himmel, so oben über ihnen war, war es gestaltet wie ein Saphir, gleichwie ein Stuhl; und auf dem Stuhl saß einer, gleichwie ein Mensch gestaltet.
V. 22.

27. Und ich sah, und es war lichthell, und inwendig war es gestaltet wie ein Feuer um und um. Von seinen Lenden überwärts und unterwärts sah ich's wie Feuer glänzen um und um.

28. Gleichwie der Regenbogen steht in den Wolken, wenn es geregnet hat, also glänzte es um und um. Dies war das Ansehen der Herrlichkeit des Herrn. Und da ich's gesehen hatte, fiel ich auf mein Angesicht und hörte einen reden. Offenb. 4,3.

Das 2. Kapitel

Hesekiels Berufung zum Prophetenamt.

1. Und er sprach zu mir: Du Menschenkind, tritt auf deine Füße, so will ich mit dir reden.

2. Und da er so mit mir redete, ward ich wieder erquickt und trat auf meine Füße und hörte dem zu, der mit mir redete.

3. Und er sprach zu mir: Du Menschenkind, ich sende dich zu den Kindern Israel, zu dem abtrünnigen Volk, so von mir abtrünnig geworden sind. Sie samt ihren Vätern haben bis auf diesen heutigen Tag wider mich getan.

DER HERR ERSCHEINT DEM HESEKIEL Hesekiel 1, 26–28

4. Aber die Kinder, zu welchen ich dich
sende, haben harte Köpfe und verstockte
Herzen. Zu denen sollst du sagen: So
spricht der Herr Herr!
5. Sie *gehorchen oder lassen's. Es ist
wohl ein ungehorsames Haus; dennoch
sollen sie wissen, daß ein Prophet unter
ihnen ist. *K.3,11.27.
6. Und du, Menschenkind, sollst dich vor
ihnen nicht fürchten noch vor ihren Worten fürchten. Es sind wohl widerspenstige
und stachlige Dornen bei dir, und du
wohnst unter Skorpionen; aber du sollst
dich nicht fürchten vor ihren Worten
noch vor ihrem Angesicht dich entsetzen,
ob sie wohl ein ungehorsames Haus sind,
7. sondern du sollst ihnen meine Worte
sagen, sie gehorchen oder lassen's; denn
es ist ein ungehorsames Volk.
8. Aber du, Menschenkind, höre du, was
ich dir sage, und sei nicht ungehorsam,
wie das ungehorsame Haus ist. Tue deinen
Mund auf und iß, was ich dir geben werde.
9. Und ich sah, und siehe, da war eine
Hand gegen mich ausgereckt, die hatte
einen zusammengelegten Brief;
Offenb. 10,8–11.
10. den breitete sie aus vor mir, und er
war beschrieben auswendig und inwendig,
und stand darin geschrieben Klage, Ach
und Wehe.

Das 3. Kapitel

Gott gibt dem Propheten einen Brief zu essen. Hesekiel wird entrückt, zum Wächter über das Haus Israel bestellt und schaut abermals die Herrlichkeit des Herrn.

1. Und er sprach zu mir: Du Menschenkind, iß, was vor dir ist, iß diesen Brief,
und gehe hin und predige dem Hause Israel! K.2,9.
2. Da tat ich meinen Mund auf, und er
gab mir den Brief zu essen
3. und sprach zu mir: Du Menschenkind,
du mußt diesen Brief, den ich dir gebe, in
deinen Leib essen und deinen Bauch damit füllen. Da aß ich ihn, und er war in
meinem Munde so süß wie Honig.
4. Und er sprach zu mir: Du Menschenkind, gehe hin zum Hause Israel und predige ihnen meine Worte.
5. Denn ich sende dich ja nicht zu einem
Volk, das eine fremde Rede und unbekannte Sprache hat, sondern zum Hause Israel;

6. ja freilich nicht zu großen Völkern, die fremde Rede und unbekannte Sprache haben, welcher Worte du nicht verstehen könntest. Und wenn ich dich gleich zu denselben sendete, würden sie dich doch gern hören.
7. Aber das Haus Israel will dich nicht hören, denn sie wollen mich selbst nicht hören; denn das ganze Haus Israel hat harte Stirnen und verstockte Herzen.
8. Siehe, ich habe dein Angesicht hart gemacht gegen ihr Angesicht und deine Stirn gegen ihre Stirn. Jer. 1,18.
9. Ja, ich habe deine Stirn so hart wie einen Demant, der härter ist denn ein Fels, gemacht. Darum fürchte dich nicht, entsetze dich auch nicht vor ihnen, daß sie so ein ungehorsames Haus sind.
10. Und er sprach zu mir: Du Menschenkind, alle meine Worte, die ich dir sage, die fasse zu Herzen und nimm sie zu Ohren!
11. Und gehe hin zu den Gefangenen deines Volks und predige ihnen und sprich zu ihnen: So spricht der Herr Herr! sie hören's oder lassen's. K. 2,5.7.
12. Und ein *Wind hob mich auf, und ich hörte hinter mir ein Getön wie eines großen Erdbebens: Gelobt sei die Herrlichkeit des Herrn an ihrem Ort!
*K. 8,3; Apg. 8,39.
13. Und war ein Rauschen von den Flügeln der Tiere, die aneinander schlugen, und auch das Rasseln der Räder, so hart bei ihnen waren, und das Getön eines großen Erdbebens.
14. Da hob mich der Wind auf und führte mich weg. Und ich fuhr dahin in bitterm Grimm, und des Herrn Hand hielt mich fest.
15. Und ich kam zu den Gefangenen, die am Wasser Chebar wohnten, gen Thel-Abib, und setzte mich zu ihnen, die da saßen, und blieb daselbst unter ihnen sieben Tage ganz traurig.
16. Und da die sieben Tage um waren, geschah des Herrn Wort zu mir und sprach:
17. Du Menschenkind, ich habe dich zum *Wächter gesetzt über das Haus Israel; du sollst aus meinem Munde das Wort hören und sie von meinetwegen warnen.
*K. 33,7–9; Jes. 52,8; Hebr. 13,17.
18. Wenn ich dem Gottlosen sage: Du mußt des Todes sterben, und du warnst ihn nicht und sagst es ihm nicht, damit sich der Gottlose vor seinem gottlosen Wesen hüte, auf daß er lebendig bleibe: so wird der Gottlose um seiner Sünde willen sterben; aber sein Blut will ich von deiner Hand fordern.
19. Wo du aber den Gottlosen warnst und er sich nicht bekehrt von seinem gottlosen Wesen und Wege, so wird er um seiner Sünde willen sterben; aber du hast deine Seele errettet.
20. Und wenn *sich ein Gerechter von seiner Gerechtigkeit wendet und tut Böses, so werde ich ihn lassen anlaufen, daß er muß sterben. Denn weil du ihn nicht gewarnt hast, wird er um seiner Sünde willen sterben müssen, und seine Gerechtigkeit, die er getan hat, wird nicht angesehen werden; aber sein Blut will ich von deiner Hand fordern. *K. 18,24.
21. Wo du aber den Gerechten warnst, daß er nicht sündigen soll, und er sündigt auch nicht, so soll er leben, denn er hat sich warnen lassen; und du hast deine Seele errettet.
22. Und *daselbst kam des Herrn Hand über mich, und er sprach zu mir: Mache dich auf und gehe hinaus ins Feld; da will ich mit dir reden. *K. 1,3.
23. Und ich machte mich auf und ging hinaus ins Feld; und siehe, da stand die Herrlichkeit des Herrn daselbst, gleichwie ich sie *am Wasser Chebar gesehen hatte; und ich fiel nieder auf mein Angesicht.
*K. 1,4.
24. Und ich ward *erquickt und trat auf meine Füße. Und er redete mit mir und sprach zu mir: Gehe hin und verschließ dich in deinem Hause! *K. 2,2.
25. Und du, Menschenkind, siehe, man wird dir Stricke anlegen und dich damit binden, daß du nicht ausgehen sollst unter sie.
26. Und ich will dir die Zunge an deinem Gaumen kleben lassen, daß du verstummen sollst und nicht mehr sie strafen könnest; denn es ist ein *ungehorsames Haus.
*K. 2,5.7.
27. Wenn ich aber mit dir reden werde, will ich dir den Mund auftun, daß du zu ihnen sagen sollst: So spricht der Herr Herr! Wer's hört, der höre es; wer's läßt, der lasse es; denn es ist ein ungehorsames Haus. V. 11.

Das 4. Kapitel

Die Belagerung Jerusalems vorgebildet.

1. Und du, Menschenkind, nimm einen Ziegel; den lege vor dich und entwirf darauf die Stadt Jerusalem
2. und mache eine Belagerung darum und baue ein Bollwerk darum und schütte

einen Wall darum und mache ein Heerlager darum und stelle Sturmböcke rings um sie her.

3. Vor dich aber nimm eine eiserne Pfanne; die laß eine eiserne Mauer sein zwischen dir und der Stadt, und richte dein Angesicht gegen sie und belagere sie. Das sei ein Zeichen dem Hause Israel.

4. Du sollst dich auch auf deine linke Seite legen und die Missetat des Hauses Israel auf dieselbe legen; soviel Tage du darauf liegst, so lange sollst du auch ihre Missetat tragen.

5. Ich will dir aber die Jahre ihrer Missetat zur Anzahl der Tage machen, nämlich dreihundertundneunzig Tage; so lange sollst du die Missetat des Hauses Israel tragen.

6. Und wenn du solches ausgerichtet hast, sollst du darnach dich auf deine rechte Seite legen und sollst tragen die Missetat des Hauses Juda vierzig Tage lang; denn ich gebe dir hier auch je einen Tag für ein Jahr.

7. Und richte dein Angesicht und deinen bloßen Arm wider das belagerte Jerusalem und weissage wider dasselbe.

8. Und siehe, ich will dir Stricke anlegen, daß du dich nicht wenden könnest von einer Seite zur andern, bis du die Tage deiner Belagerung vollendet hast.

9. So nimm nun zu dir Weizen, Gerste, Bohnen, Linsen, Hirse und Spelt und tue alles in ein Faß und mache dir Brot daraus, soviel Tage du auf deiner Seite liegst, daß du *dreihundertundneunzig Tage daran zu essen hast, *V.5.

10. also daß deine Speise, die du täglich essen sollst, sei zwanzig Lot nach dem Gewicht. Solches sollst du von einer Zeit zur andern essen.

11. Das Wasser sollst du auch nach dem Maß trinken, nämlich das sechste Teil vom Hin, und sollst solches auch von einer Zeit zur andern trinken.

12. Gerstenkuchen sollst du essen, die du vor ihren Augen auf Menschenmist backen sollst.

13. Und der Herr sprach: Also müssen die Kinder Israel ihr unreines Brot essen unter den Heiden, dahin ich sie verstoßen werde.

14. Ich aber sprach: Ach Herr Herr! siehe, meine Seele ist noch nie unrein geworden; denn ich habe von meiner Jugend auf bis auf diese Zeit kein Aas noch Zerrissenes gegessen, und ist nie unreines Fleisch in meinen Mund gekommen. Apg. 10,14.

15. Er aber sprach zu mir: Siehe, ich will dir Kuhmist für Menschenmist zulassen, darauf du dein Brot machen sollst.

16. Und sprach zu mir: Du Menschenkind, siehe, *ich will den Vorrat des Brots zu Jerusalem wegnehmen, daß sie das Brot essen müssen nach dem Gewicht und mit Kummer, und das Wasser nach dem Maß mit Kummer trinken, *K.5,16.

17. darum daß es an Brot und Wasser mangeln und einer mit dem andern trauern wird und sie in ihrer Missetat verschmachten sollen.

Das 5. Kapitel

Strafgerichte Gottes über die Stadt Jerusalem.

1. Und du, Menschenkind, nimm ein Schwert, scharf wie ein Schermesser, und fahr damit über dein Haupt und deinen Bart und nimm eine Waage und teile das Haar damit.

2. Das eine dritte Teil sollst du mit Feuer verbrennen mitten in der Stadt, wenn die Tage der Belagerung um sind; das andere dritte Teil nimm und schlag's mit dem Schwert ringsumher; das letzte dritte Teil streue in den Wind, daß ich das Schwert hinter ihnen her ausziehe.

3. Nimm aber ein klein wenig davon und binde es in deinen Mantelzipfel.

4. Und nimm wiederum etliches davon und wirf's in ein Feuer und verbrenne es mit Feuer; von dem soll ein Feuer auskommen über das ganze Haus Israel.

5. So spricht der Herr Herr: Das ist Jerusalem, das ich mitten unter die Heiden gesetzt habe und ringsumher Länder.

6. Aber es hat mein Gesetz verwandelt in gottlose Lehre mehr denn die Heiden, und meine Rechte mehr denn die Länder, so ringsumher liegen. Denn sie verwerfen mein Gesetz und wollen nicht nach meinen Rechten leben.

7. Darum spricht der Herr Herr also: Weil ihr's mehr macht denn die Heiden, so um euch her sind, und nach meinen Geboten nicht lebt und nach meinen Rechten nicht tut, sondern nach der Heiden Weise tut, die um euch her sind,

8. so spricht der Herr Herr also: Siehe, ich will auch an dich und will Recht über dich gehen lassen, daß die Heiden zusehen sollen;

9. und will also mit dir umgehen, wie ich nie getan und hinfort nicht tun werde, um aller deiner Greuel willen:

10. daß in dir die Väter ihre *Kinder und die Kinder ihre Väter fressen sollen; und will solch Recht über dich gehen lassen,

daß alle deine übrigen sollen in alle Winde zerstreut werden.

*5. Mose 28,53–55; Klagel. 4,10.

11. Darum, so wahr als ich lebe, spricht der Herr Herr, weil du mein Heiligtum mit allen deinen Greueln und Götzen *verunreinigt hast, will ich dich auch zerschlagen, und mein Auge soll dein nicht schonen, und ich will nicht gnädig sein.

*K. 8,6–18.

12. Es soll dein drittes Teil an der Pestilenz sterben und durch Hunger alle werden in dir, und das andere dritte Teil durchs Schwert fallen rings um dich her; und das letzte dritte Teil will ich in alle Winde zerstreuen und das Schwert hinter ihnen her ausziehen. V. 2.

13. Also soll mein Zorn vollendet und mein Grimm an ihnen ausgerichtet werden, daß ich *meinen Mut kühle; und sie sollen erfahren, daß ich der Herr, in meinem Eifer geredet habe, wenn ich meinen Grimm an ihnen ausgerichtet habe.

K. 16,42.

14. Ich will dich zur Wüste und zur Schmach setzen vor den Heiden, so um dich her sind, vor den Augen aller, die vorübergehen.

15. Und sollst eine *Schmach, Hohn, Beispiel und Wunder sein allen Heiden, die um dich her sind, wenn ich über dich das Recht gehen lasse mit Zorn, Grimm und zornigem Schelten (das sage ich, der Herr) *Jer. 24,9.

16. und wenn ich *böse Pfeile des Hungers unter sie schießen werde, die da schädlich sein sollen, und ich sie ausschießen werde, euch zu verderben, und den †Hunger über euch immer größer werden lasse und den Vorrat des Brots wegnehme.

*5. Mose 32,23. †K. 4,16.

17. Ja, Hunger und böse, wilde Tiere will ich unter euch schicken, die sollen euch kinderlos machen; und soll Pestilenz und Blut unter dir umgehen, und ich will das Schwert über dich bringen. Ich, der Herr, habe es gesagt. K. 14,21.

Das 6. Kapitel

Verwüstung des abgöttischen Landes.

1. Und des Herrn Wort geschah zu mir und sprach:

2. Du Menschenkind, kehre dein Angesicht *wider die Berge Israels und weissage wider sie *K. 36,1; Micha 6,1.

3. und sprich: Ihr Berge Israels, höret das Wort des Herrn Herrn! So spricht der Herr Herr zu den Bergen und Hügeln, zu den Bächen und Tälern: Siehe, ich will das Schwert über euch bringen und eure Höhen zerstören,

4. daß eure Altäre verwüstet und eure *Sonnensäulen zerbrochen werden, und will eure Erschlagenen vor eure Bilder werfen; *3. Mose 26,30.

5. ja, ich will die Leichname der Kinder Israel vor ihre Bilder hin werfen und will eure Gebeine um eure Altäre her zerstreuen.

6. Wo ihr wohnet, da sollen die Städte wüst und die Höhen zur Einöde werden; denn man wird eure Altäre wüst und zur Einöde machen und eure Götzen zerbrechen und zunichte machen und eure Sonnensäulen zerschlagen und eure Machwerke vertilgen.

7. Und sollen Erschlagene unter euch daliegen, daß ihr erfahret, ich sei der Herr.

8. Ich will aber etliche von euch übrigbleiben lassen, die dem Schwert entgehen unter den Heiden, wenn ich euch in die Länder zerstreut habe. Jes. 6,13.

9. Diese eure Entronnenen werden dann an mich gedenken unter den Heiden, da sie gefangen sein müssen, wenn ich ihr abgöttisches Herz, so von mir gewichen, und ihre abgöttischen Augen, so nach ihren Götzen gesehen, zerschlagen habe; und es wird sie gereuen die Bosheit, die sie durch alle ihre Greuel begangen haben;

5. Mose 30,2.

10. und sie sollen erfahren, daß ich der Herr sei und nicht umsonst geredet habe, solches Unglück ihnen zu tun.

11. So spricht der Herr Herr: Schlage deine Hände zusammen und stampfe mit deinem Fuße und sprich: Weh über alle Greuel der Bosheit im Hause Israel, darum sie durch Schwert, Hunger und Pestilenz fallen müssen!

12. Wer fern ist, wird an der Pestilenz sterben, und wer nahe ist, wird durchs Schwert fallen; wer aber übrigbleibt und davor behütet ist, wird Hungers sterben. Also will ich meinen Grimm unter ihnen vollenden,

13. daß ihr erfahren sollt, ich sei der Herr, wenn ihre Erschlagenen unter ihren Götzen liegen werden und um ihre Altäre her, oben auf allen Hügeln und oben *auf allen Bergen und unter allen grünen Bäumen und unter allen dichten Eichen, an welchen Orten sie allerlei Götzen süßes Räuchopfer taten. *1. Kön. 14,23.

14. Ich will meine Hand wider sie ausstrecken und das Land wüst und öde machen von der Wüste an bis gen Dibla, über-

all, wo sie wohnen; und sie sollen *erfahren, daß ich der Herr sei. *V. 7.

Das 7. Kapitel

Furchtbare Strafgerichte Gottes über Israel.

1. Und des Herrn Wort geschah zu mir
und sprach:
2. Du Menschenkind, so spricht der Herr
Herr vom Lande Israel: Das Ende kommt,
das Ende über alle vier Örter des Landes.
3. Nun kommt das Ende über dich; denn
ich will meinen Grimm über dich senden
und will dich richten, wie du verdient
hast, und will dir geben, was allen deinen
Greueln gebührt.
4. Mein Auge soll dein nicht schonen
noch übersehen; sondern ich will dir geben, wie du verdient hast, und deine Greuel sollen unter dich kommen, daß ihr erfahren sollt, ich sei der Herr.
5. So spricht der Herr Herr: Siehe, es
kommt ein Unglück über das andere!
6. Das Ende kommt, es kommt das Ende,
es ist erwacht über dich; siehe, es kommt!
7. Es geht schon auf und bricht daher
über dich, du Einwohner des Landes; die
Zeit kommt, der *Tag des Jammers ist
nahe, da kein Singen auf den Bergen sein
wird. *Joel 1,15.
8. Nun will ich bald meinen Grimm über
dich schütten und meinen Zorn an dir
vollenden und will dich richten, wie du
verdient hast, und dir geben, was deinen
Greueln allen gebührt.
9. Mein Auge soll dein nicht schonen,
und ich will nicht gnädig sein; sondern
will dir geben, wie du verdient hast, und
deine Greuel sollen unter dich kommen,
daß ihr erfahren sollt, ich sei der Herr, der
euch schlägt.
10. Siehe, der Tag, siehe, er kommt daher, er bricht an; die *Rute blüht, und der
Stolze grünt. *Jes. 10,5.
11. Der Tyrann hat sich aufgemacht zur
Rute über die Gottlosen, daß nichts von
ihnen noch von ihrem Volk noch von ihrem Haufen Trost haben wird.
12. Es kommt die Zeit, der Tag naht herzu! Der Käufer freue sich nicht, und der
Verkäufer traure nicht; denn es kommt
der Zorn über all ihren Haufen.
13. Darum soll der Verkäufer nach seinem *verkauften Gut nicht wieder trachten; denn wer da lebt, der wird's haben.
Denn die Weissagung über all ihren Haufen wird nicht zurückkehren; keiner wird
sein Leben erhalten, um seiner Missetat
willen. *3. Mose 27,24.
14. Laßt sie die Posaune nur blasen und
alles zurüsten, es wird doch niemand in
den Krieg ziehen; denn mein Grimm geht
über all ihren Haufen.
15. Draußen geht das Schwert; drinnen
geht Pestilenz und Hunger. Wer auf dem
Felde ist, der wird vom Schwert sterben;
wer aber in der Stadt ist, den wird Pestilenz und Hunger fressen.
16. Und welche unter ihnen entrinnen,
die müssen auf den Gebirgen sein und wie
die Tauben in den Gründen, die alle untereinander girren, ein jeglicher um seiner
Missetat willen.
17. Aller Hände werden dahinsinken,
und aller Kniee werden so ungewiß stehen
wie Wasser;
18. und sie werden Säcke um sich gürten
und mit Furcht überschüttet sein, und
aller Angesichter werden jämmerlich sehen und aller *Häupter kahl sein.
*Jes. 15,2; Jer. 48,37.
19. Sie werden ihr Silber hinaus auf die
Gassen werfen und ihr Gold wie Unflat
achten; denn *ihr Silber und Gold wird sie
nicht erretten am Tage des Zorns des
Herrn. Und sie werden ihre Seele davon
nicht sättigen noch ihren Bauch davon
füllen; denn es ist ihnen gewesen ein Anstoß zu ihrer Missetat. *Spr. 11,4; Zeph. 1,18.
20. Sie haben aus ihren edlen Kleinoden,
damit sie Hoffart trieben, Bilder ihrer
Greuel und Scheuel gemacht; darum will
ich's ihnen zum Unflat machen
21. und will's Fremden in die Hände geben, daß sie es rauben, und den Gottlosen
auf Erden zur Ausbeute, daß sie es entheiligen sollen.
22. Ich will mein Angesicht davon kehren, daß sie meinen Schatz entheiligen;
ja, Räuber sollen darüberkommen und es
entheiligen.
23. Mache Ketten; denn das Land ist voll
Blutschulden und die Stadt voll Frevels.
24. So will ich die Ärgsten unter den Heiden kommen lassen, daß sie sollen ihre
Häuser einnehmen, und will der Hoffart
der Gewaltigen ein Ende machen und ihre
Heiligtümer entheiligen.
25. Der Ausrotter kommt; da werden sie
Frieden suchen, und wird keiner dasein.
26. Ein Unfall wird über den andern
kommen, ein Gerücht über das andere. So
werden sie dann ein Gesicht bei den Propheten suchen; auch wird weder Gesetz
bei den Priestern noch Rat bei den Alten
mehr sein.
27. Der König wird betrübt sein, und die
Fürsten werden in Entsetzen gekleidet

sein, und die Hände des Volks im Lande werden verzagt sein. Ich will mit ihnen umgehen, wie sie gelebt haben, und will sie richten, wie sie verdient haben, daß sie erfahren sollen, ich sei der Herr.

Das 8. Kapitel

Der Prophet wird nach Jerusalem entrückt und schaut die Greuel des Götzendienstes im Tempel.

1. Und es begab sich im sechsten Jahr, am fünften Tage des sechsten Monats, daß ich saß in meinem Hause und die *Alten aus Juda saßen vor mir; daselbst fiel die Hand des Herrn Herrn auf mich. *K. 14,1.

2. Und siehe, ich sah, daß es von seinen Lenden herunterwärts war gleichwie Feuer; aber oben über seinen Lenden war es lichthell;

3. und er reckte aus gleichwie eine Hand und ergriff mich bei dem Haar meines Hauptes. Da führte mich ein *Wind zwischen Himmel und Erde und brachte mich gen Jerusalem in einem göttlichen Gesichte zu dem Tor am inneren Vorhof, das gegen Mitternacht sieht, da stand ein Bild zu Verdruß dem Hausherrn. *K. 3,12.

4. Und siehe, da war die *Herrlichkeit des Gottes Israels, wie ich sie zuvor gesehen hatte im Felde. *K. 1,4–28.

5. Und er sprach zu mir: Du Menschenkind, hebe deine Augen auf gegen Mitternacht. Und da ich meine Augen aufhob gegen Mitternacht, siehe, da stand gegen Mitternacht das verdrießliche Bild am Tor des Altars, eben da man hineingeht.

6. Und er sprach zu mir: Du Menschenkind, siehst du auch, was diese tun? Große Greuel, die das Haus Israel hier tut, daß sie mich ja fern von meinem Heiligtum treiben. Aber du wirst noch mehr große Greuel sehen.

7. Und er führte mich zur Tür des Vorhofs; da sah ich, und siehe, da war ein Loch in der Wand.

8. Und er sprach zu mir: Du Menschenkind, grabe durch die Wand. Und da ich durch die Wand grub, siehe, da war eine Tür.

9. Und er sprach zu mir: Gehe hinein und schaue die bösen Greuel, die sie allhier tun.

10. Und da ich hineinkam und sah, siehe, da waren *allerlei Bildnisse der Würmer und Tiere, eitel Scheuel, und allerlei Götzen des Hauses Israel, allenthalben umher an der Wand gemacht; *Röm. 1,23.

11. vor welchen standen siebzig Männer aus den Ältesten des Hauses Israel, und Jaasanja, der Sohn Saphans, stand auch unter ihnen; und ein jeglicher hatte sein Räuchfaß in der Hand, und ging ein dicker Nebel auf vom Räuchwerk.

12. Und er sprach zu mir: Menschenkind, siehst du, was die Ältesten des Hauses Israel tun in der Finsternis, ein jeglicher in seiner Bilderkammer? Denn *sie sagen: Der Herr sieht uns nicht, sondern der Herr hat das Land verlassen.
*K. 9,9; Ps. 94.7.

13. Und er sprach zu mir: Du sollst noch mehr große Greuel sehen, die sie tun.

14. Und er führte mich hinein zum Tor an des Herrn Hause, das gegen Mitternacht steht; und siehe, daselbst saßen Weiber, die weinten über den Thammus.

15. Und er sprach zu mir: Menschenkind, siehst du das? Aber du sollst noch größere Greuel sehen, denn diese sind.

16. Und er führte mich in den innern Hof am Hause des Herrn; und siehe, vor der Tür am Tempel des Herrn, zwischen der Halle und dem Altar, da waren bei fünfundzwanzig Männer, die ihren *Rücken gegen den Tempel des Herrn und ihr Angesicht gegen Morgen gekehrt hatten und beteten gegen der Sonne Aufgang.
*2. Chron. 29,6.

17. Und er sprach zu mir: Menschenkind, siehst du das? Ist's dem Hause Juda zu wenig, alle solche Greuel hier zu tun, daß sie auch sonst im ganzen Lande eitel Gewalt und Unrecht treiben und reizen mich immer wieder? Und siehe, sie halten die Weinrebe an die Nase.

18. Darum will ich auch wider sie mit Grimm handeln, und mein Auge soll ihrer nicht verschonen, und ich will nicht gnädig sein; und *wenn sie gleich mit lauter Stimme vor meine Ohren schreien, will ich sie doch nicht hören. *Jes. 1,15.

Das 9. Kapitel

Große Niederlage in Jerusalem, Verschonung der Frommen.

1. Und er rief mit lauter Stimme vor meinen Ohren und sprach: Laßt herzukommen die Heimsuchung der Stadt, und ein jeglicher habe eine Mordwaffe in seiner Hand.

2. Und siehe, es kamen sechs Männer auf dem Wege vom Obertor her, das gegen Mitternacht steht; und ein jeglicher hatte eine schädliche Waffe in seiner Hand. Aber es war *einer unter ihnen, der hatte Leinwand an und ein Schreibzeug an seiner Seite. Und sie gingen hinein und traten neben den ehernen Altar. *K. 10,2; Dan. 10,5.

3. Und die *Herrlichkeit des Gottes Israels erhob sich von dem Cherub, über dem sie war, zu der Schwelle am Hause und rief dem, der die Leinwand anhatte und das Schreibzeug an seiner Seite. *K. 1,4–28.

4. Und der Herr sprach zu ihm: Gehe durch die Stadt Jerusalem und *zeichne mit einem Zeichen an die Stirn die Leute, so da †seufzen und jammern über alle Greuel, so darin geschehen.
*Offenb. 7,3. †2. Petr. 2,8.

5. Zu jenen aber sprach er, daß ich's hörte: Gehet diesem nach durch die Stadt und schlaget drein; eure Augen sollen nicht schonen noch übersehen.

6. Erwürget Alte, Jünglinge, Jungfrauen, Kinder und Weiber, alles tot; aber die das Zeichen an sich haben, derer sollt ihr keinen anrühren. *Fanget aber an an meinem Heiligtum! Und sie fingen an an den alten Leuten, so vor dem Hause waren.
*1. Petr. 4,17; Jer. 25,29.

7. Und er sprach zu ihnen: Verunreinigt das Haus und macht die Vorhöfe voll Erschlagener; gehet heraus! Und sie gingen heraus und schlugen in der Stadt.

8. Und da sie ausgeschlagen hatten, war ich noch übrig. Und ich *fiel auf mein Angesicht, schrie und sprach: Ach Herr Herr, willst du denn alle übrigen in Israel verderben, daß du deinen Zorn so ausschüttest über Jerusalem? *K. 11,13.

9. Und er sprach zu mir: Es ist die Missetat des Hauses Israel und Juda allzusehr groß; es ist eitel Blutschuld im Lande und Unrecht in der Stadt. Denn sie *sprechen: Der Herr hat das Land verlassen, und der Herr sieht uns nicht. *K. 8,12.

10. Darum soll mein Auge auch nicht schonen, ich will auch nicht gnädig sein, sondern will ihr Tun auf ihren Kopf werfen.

11. Und siehe, der Mann, der die Leinwand anhatte und das Schreibzeug an seiner Seite, antwortete und sprach: Ich habe getan, wie du mir geboten hast.

Das 10. Kapitel

Die Herrlichkeit Gottes über den Cherubim.

1. Und ich sah, und siehe, an dem Himmel über dem Haupt der Cherubim *war es gestaltet wie ein Saphir, und über ihnen war es gleich anzusehen wie ein Thron.
*K. 1,22.26.

2. Und er sprach zu dem *Mann in der Leinwand: Gehe hinein zwischen die Räder unter den Cherub und fasse die Hände voll glühender Kohlen, so zwischen den Cherubim sind, und †streue sie über die Stadt. Und er ging hinein, daß ich's sah, da er hineinging. *K. 9,2. †Offenb. 8,5.

3. Die Cherubim aber standen zur Rechten am Hause, und die Wolke erfüllte den inneren Vorhof.

4. Und *die Herrlichkeit des Herrn erhob sich von dem Cherub zur Schwelle am Hause; und †das Haus ward erfüllt mit der Wolke und der Vorhof voll Glanzes von der Herrlichkeit des Herrn. *K. 1,4–28. †Jes. 6,4.

5. Und man hörte die Flügel der Cherubim rauschen bis in den äußeren Vorhof wie eine Stimme des allmächtigen Gottes, wenn er redet.

6. Und da er dem Mann in der Leinwand geboten hatte und gesagt: Nimm Feuer zwischen den Rädern unter den Cherubim! ging er hinein und trat neben das Rad.

7. Und der Cherub streckte seine Hand heraus zwischen den Cherubim zum Feuer, das zwischen den Cherubim war, nahm davon und gab's dem Mann in der Leinwand in die Hände; der empfing's und ging hinaus.

8. Und es erschien an den Cherubim gleichwie eines Menschen Hand unter ihren Flügeln.

9. Und ich sah, und siehe, vier Räder standen bei den Cherubim, bei einem jeglichen Cherub ein Rad; und die Räder waren anzusehen gleichwie ein Türkis
K. 1,15.16.

10. und waren alle vier eines wie das andere, als wäre ein Rad im andern.

11. Wenn sie gehen sollten, so konnten sie nach allen ihren vier Seiten gehen und mußten sich nicht herumlenken, wenn sie gingen; sondern wohin das erste ging, da gingen sie nach und mußten sich nicht herumlenken.

12. Und ihr ganzer Leib, Rücken, Hände und Flügel und die Räder waren voll Augen um und um; alle vier hatten ihre Räder.

13. Und die Räder wurden genannt »der Wirbel«, daß ich's hörte.

14. Ein jeglicher hatte vier Angesichter; das erste Angesicht war eines Cherubs, das andere eines Menschen, der dritte eines Löwen, das vierte eines Adlers.

15. Und die Cherubim schwebten empor. Es ist eben das Tier, das ich sah am Wasser Chebar.

16. Wenn die Cherubim gingen, so gingen die Räder auch neben ihnen; und wenn die Cherubim ihre Flügel schwangen, da sie sich von der Erde erhoben, so

lenkten sich die Räder auch nicht von ihnen.
17. Wenn jene standen, so standen diese
auch; erhoben sie sich, so erhoben sich diese auch; denn es war der Geist der Tiere in ihnen.
18. Und die Herrlichkeit des Herrn ging
wieder aus von der Schwelle am Hause und stellte sich über die Cherubim.
19. Da schwangen die Cherubim ihre
Flügel und erhoben sich von der Erde vor meinen Augen; und da sie ausgingen, gingen die Räder neben ihnen. Und sie traten in das Tor am Hause des Herrn gegen Morgen, und die Herrlichkeit des Gottes Israels war *oben über ihnen. *V.1.
20. Das ist das Tier, das ich unter dem
Gott Israels sah am Wasser Chebar; und ich merkte, daß es Cherubim wären,
21. da ein jegliches vier Angesichter hat-
te und vier Flügel und unter den Flügeln gleichwie Menschenhände.
22. Es waren ihre Angesichter gestaltet,
wie ich sie am Wasser Chebar sah, und sie gingen stracks vor sich.

Das 11. Kapitel

Die Fürsten Juda's gestraft, die Verbannten getröstet.

1. Und mich hob *ein Wind auf und
brachte mich zum Tor am Hause des Herrn, das gegen Morgen sieht; und siehe, unter dem Tor waren fünfundzwanzig Männer; und ich sah unter ihnen Jaasanja, den Sohn Assurs, und Pelatja, den Sohn Benajas, die Fürsten im Volk. *K.3,12.
2. Und er sprach zu mir: Menschenkind,
diese Leute haben unselige Gedanken und schädliche Ratschläge in dieser Stadt;
3. denn sie sprechen: »Es ist nicht so
nahe; laßt uns nur Häuser bauen! Sie ist der Topf, so sind wir das Fleisch.«
4. Darum sollst du, Menschenkind, wi-
der sie weissagen.
5. Und der Geist des Herrn fiel auf mich,
und er sprach zu mir: Sprich: So sagt der Herr: Ihr habt also geredet, ihr vom Hause Israel; und eures Geistes Gedanken kenne ich wohl.
6. Ihr habt viele erschlagen in dieser
Stadt, und ihre Gassen liegen voll Toter.
7. Darum spricht der Herr Herr also: Die
ihr darin getötet habt, die sind das Fleisch, und sie ist der Topf; aber ihr müsset hinaus.
8. Das Schwert, das ihr fürchtet, das will
ich über euch kommen lassen, spricht der Herr Herr.
9. Ich will euch von dort herausstoßen
und den Fremden in die Hand geben und will euch euer Recht tun.
10. Ihr sollt durchs Schwert fallen; an
der Grenze Israels will ich euch richten, und sollt erfahren, daß ich der Herr bin.
2.Kön. 25,20.21.
11. Die Stadt aber soll nicht euer Topf
sein noch ihr das Fleisch darin; sondern an der Grenze Israels will ich euch richten.
12. Und ihr sollt erfahren, daß ich der
Herr bin; denn ihr habt nach meinen Geboten nicht gewandelt und habt meine Rechte nicht gehalten, sondern getan nach der Heiden Weise, die um euch her sind.
13. Und da ich so weissagte, starb Pelatja,
der Sohn Benajas. Da *fiel ich auf mein Angesicht und schrie mit lauter Stimme und sprach: Ach Herr Herr, du wirst's mit den übrigen Israels gar aus machen! *K.9,8.
14. Da geschah des Herrn Wort zu mir
und sprach:
15. Du Menschenkind, zu deinen Brü-
dern und nahen Freunden und dem ganzen Haus Israel sprechen wohl die, so noch zu Jerusalem wohnen: Ihr müsset fern vom Herrn sein, aber wir haben das Land inne.
16. Darum sprich du: So spricht der Herr
Herr: Ja, *ich habe sie fern weg unter die Heiden lassen treiben und in die Länder zerstreut; doch will ich bald ihr Heiland sein in den Ländern, dahin sie gekommen sind. *K.6,8–10; Jer.24,5.6.
17. Darum sprich: So sagt der Herr Herr:
Ich will euch sammeln aus den Völkern und will euch sammeln aus den Ländern, dahin ihr zerstreut seid, und will euch das Land Israel geben. *Jer.29,14.
18. Da sollen sie kommen und alle
Scheuel und Greuel daraus wegtun.
19. Und ich will euch ein einträchtiges
Herz geben und einen neuen Geist in euch geben und will das *steinerne Herz wegnehmen aus eurem Leibe und ein fleischernes Herz geben, *K.36,26; Jer.24,7.
20. auf daß sie in meinen Sitten wandeln
und meine Rechte halten und darnach tun. Und sie sollen mein Volk sein, so will ich ihr Gott sein. Jer.31,33.
21. Denen aber, so nach ihres Herzens
Scheueln und Greueln wandeln, will ich ihr Tun auf ihren Kopf werfen, spricht der Herr Herr.
22. Da schwangen die Cherubim ihre
Flügel, und die Räder gingen neben ihnen, und die Herrlichkeit des Gottes Israel war oben über ihnen. K.1,4–28.

23. Und die Herrlichkeit des Herrn erhob
sich aus der Stadt und stellte sich auf den
Berg, der gegen Morgen vor der Stadt
liegt.
24. Und ein *Wind hob mich auf und
brachte mich im Gesicht und im Geist
Gottes nach Chaldäa zu den Gefangenen.
Und das Gesicht, so ich gesehen hatte,
verschwand vor mir. *K.3,12.
25. Und ich sagte den Gefangenen alle
Worte des Herrn, die er mir gezeigt hatte.

Das 12. Kapitel

Die Wegführung des Königs mit seinem Volk wird unter Sinnbildern vorgestellt und die schnelle Erfüllung dieser Weissagung angekündigt.

1. Und des Herrn Wort geschah zu mir
und sprach:
2. Du Menschenkind, du wohnst unter
einem ungehorsamen Haus, welches hat
wohl Augen, daß sie sehen könnten, und
wollen nicht sehen, Ohren, daß sie hören
könnten, und wollen nicht hören, sondern
es ist ein ungehorsames Haus. *Jes.6,9.10.
3. Darum, du Menschenkind, nimm dein
Wandergerät und zieh am lichten Tage
davon vor ihren Augen. Von deinem Ort
sollst du ziehen an einen andern Ort vor
ihren Augen, ob sie vielleicht merken
wollten, daß sie ein ungehorsames Haus
sind.
4. Und sollst dein Gerät heraustun wie
Wandergerät bei lichtem Tage vor ihren
Augen; und du sollst ausziehen des Abends
vor ihren Augen, gleichwie man auszieht,
wenn man wandern will;
5. und du sollst durch die Wand ausbrechen vor ihren Augen und durch dieselbe
ziehen;
6. und du sollst es auf deine Schulter
nehmen vor ihren Augen und, wenn es
dunkel geworden ist, hinaustragen; dein
Angesicht sollst du verhüllen, daß du das
Land nicht sehest. Denn ich habe dich
dem Hause Israel zum *Wunderzeichen
gesetzt. *K.24,24.27.
7. Und ich tat, wie mir befohlen war, und
trug mein Gerät heraus wie Wandergerät
bei lichtem Tage; und am Abend brach ich
mit der Hand durch die Wand; und da es
dunkel geworden war, nahm ich's auf die
Schulter und trug's hinaus vor ihren Augen.
8. Und frühmorgens geschah des Herrn
Wort zu mir und sprach:
9. Menschenkind, hat das Haus Israel,
das ungehorsame Haus, nicht zu dir gesagt: Was machst du?
10. So sprich zu ihnen: So spricht der
Herr Herr: Diese Last betrifft den Fürsten
zu Jerusalem und das ganze Haus Israel,
das darin ist.
11. Sprich: *Ich bin euer Wunderzeichen; wie ich getan habe, also soll ihnen
geschehen, daß sie wandern müssen und
gefangen geführt werden. *V.6.
12. Ihr Fürst wird seine Habe auf der
Schulter tragen im Dunkel und muß ausziehen durch die Wand, die sie zerbrechen
werden, daß sie dadurch ausziehen; sein
Angesicht wird verhüllt werden, daß er
mit keinem Auge das Land sehe. Jer.39,7.
13. Ich will auch *mein Netz über ihn
werfen, daß er in meinem Garn gefangen
werde, und will ihn gen Babel bringen in
der Chaldäer Land, das er doch nicht sehen wird, und er soll daselbst sterben.
*K.17,20; 32,3–6.
14. Und alle, die um ihn her sind, seine
Gehilfen und all seinen Anhang, will ich
unter alle Winde zerstreuen und das
Schwert hinter ihnen her ausziehen.
15. Also sollen sie erfahren, daß ich der
Herr sei, wenn ich sie unter die Heiden
verstoße und in die Länder zerstreue.
16. Aber ich will ihrer etliche *wenige
übrigbleiben lassen vor dem Schwert, dem
Hunger und der Pestilenz; die sollen jener
Greuel erzählen unter den Heiden, dahin
sie kommen werden, und sie sollen erfahren, daß ich der Herr sei. *K.6,8.
17. Und des Herrn Wort geschah zu mir
und sprach:
18. Du Menschenkind, du sollst dein
Brot essen mit Beben und dein Wasser
trinken mit Zittern und Sorgen.
19. Und sprich zum Volk im Lande: So
spricht der Herr Herr von den Einwohnern zu Jerusalem im Lande Israel: Sie
müssen ihr Brot essen in Sorgen und ihr
Wasser trinken im Elend; denn das Land
soll wüst werden von allem, was darin ist,
um des Frevels willen aller Einwohner.
20. Und die Städte, so wohl bewohnt
sind, sollen verwüstet und das Land öde
werden; also sollt ihr erfahren, daß ich der
Herr sei.
21. Und des Herrn Wort geschah zu mir
und sprach:
22. Du Menschenkind, was habt ihr für
ein Sprichwort im Lande Israel und
sprecht: Weil sich's so lange verzieht, so
wird nun hinfort nichts aus der Weissagung? 2.Petr.23,4.
23. Darum sprich zu ihnen: So spricht
der Herr Herr: Ich will das Sprichwort
aufheben, daß man es nicht mehr führen

soll in Israel. Und rede zu ihnen: Die Zeit ist nahe und alles, was geweissagt ist.

Hab. 2,3.

24. Denn es soll hinfort kein falsches Gesicht und keine Weissagung mit Schmeichelworten mehr sein im Hause Israel.
25. Denn ich bin der Herr; was ich rede, das soll geschehen und nicht länger verzogen werden; sondern bei eurer Zeit, ihr ungehorsames Haus, will ich tun, was ich rede, spricht der Herr Herr.
26. Und des Herrn Wort geschah zu mir und sprach:
27. Du Menschenkind, siehe, das Haus Israel spricht: Das Gesicht, das dieser sieht, da ist noch lange hin; und er weissagt auf die Zeit, so noch ferne ist.
28. Darum sprich zu ihnen: So spricht der Herr Herr: Was ich rede, soll nicht länger verzogen werden, sondern soll geschehen spricht der Herr Herr.

Das 13. Kapitel

Weissagung gegen die falschen Propheten und Prophetinnen.

1. Und des Herrn Wort geschah zu mir und sprach:
2. Du Menschenkind, weissage wider die Propheten Israels und sprich zu denen, so aus ihrem eigenen Herzen weissagen: Höret des Herrn Wort!
3. So spricht der Herr Herr: *Weh den tollen Propheten, die ihrem eigenen Geist folgen und haben kein Gesichte!

*Jer. 23,21.31.

4. O Israel, deine Propheten sind wie die Füchse in den Wüsten!
5. Sie treten nicht *vor die Lücken und machen sich nicht zur Hürde um das Haus Israel und stehen nicht im Streit am Tage des Herrn. *K. 22,30.
6. Ihr Gesicht ist nichts, und *ihr Weissagen ist eitel Lügen. Sie sprechen: »Der Herr hat's gesagt«, so sie doch der Herr nicht gesandt hat, und warten, daß ihr Wort bestehe. *K. 22,28; Jer. 23,32.
7. Ist's nicht also, daß euer Gesicht ist nichts und euer Weissagen ist eitel Lügen? und ihr sprecht doch: »Der Herr hat's geredet«, so ich's doch nicht geredet habe.
8. Darum spricht der Herr Herr also: Weil ihr das predigt, woraus nichts wird, und Lügen weissagt, so will ich an euch, spricht der Herr Herr.
9. Und meine Hand soll kommen über die Propheten, so das predigen, woraus nichts wird, und Lügen weissagen. Sie *sollen in der Versammlung meines Volks nicht sein und in die Zahl des Hauses Israel nicht geschrieben werden noch ins Land Israels kommen; und ihr sollt erfahren, daß ich der Herr Herr bin. *K. 14,9.
10. Darum daß sie mein Volk verführen und sagen: »Friede!«, so doch kein Friede ist. Das Volk baut die Wand, so tünchen sie dieselbe mit losem Kalk. Jer. 6,14.
11. Sprich zu den Tünchern, die mit losem Kalk tünchen, daß es abfallen wird; denn es wird ein Platzregen kommen und werden große Hagel fallen, und ein Windwirbel wird es zerreißen.
12. Siehe, so wird die Wand einfallen. Was gilt's? dann wird man zu euch sagen: Wo ist nun das Getünchte, das ihr getüncht habt?
13. So spricht der Herr Herr: Ich will einen Windwirbel reißen lassen in meinem Grimm und einen Platzregen in meinem Zorn und große Hagelsteine im Grimm; die sollen alles umstoßen.
14. Also will ich die Wand umwerfen, die ihr mit losem Kalk getüncht habt, und will sie zu Boden stoßen, daß man ihren Grund sehen soll; so fällt sie, und ihr sollt darin auch umkommen und erfahren, daß ich der Herr sei.
15. Also will ich meinen Grimm vollenden an der Wand und an denen, die sie mit losem Kalk tünchen, und will zu euch sagen: Hier ist weder Wand noch Tüncher.
16. Das sind die Propheten Israels, die Jerusalem weissagen und predigen von *Frieden, so doch kein Friede ist, spricht der Herr Herr. *V. 10.
17. Und du, Menschenkind, richte dein Angesicht wider die Töchter in deinem Volk, welche weissagen aus ihrem Herzen, und weissage wider sie
18. und sprich: So spricht der Herr Herr: Wehe euch, die ihr Kissen macht den Leuten unter die Arme und Pfühle zu den Häuptern, beide, Jungen und Alten, die Seelen zu fangen. Wenn ihr nun die Seelen gefangen habt unter meinem Volk, verheißt ihr ihnen das Leben
19. und entheiligt mich in meinem Volk um eine Handvoll Gerste und einen Bissen Brot, damit daß ihr *die Seelen zum Tode verurteilt, die doch nicht sollten sterben, und urteilt die zum Leben, die doch nicht leben sollten, durch euer Lügen unter meinem Volk, welches gern Lügen hört.

*Jes. 5,23; Spr. 17,15.

20. Darum spricht der Herr Herr: Siehe, ich will an eure Kissen, womit ihr die Seelen fanget und vertröstet, und will sie von euren Armen wegreißen und die See-

len, so ihr fanget und vertröstet, losmachen.
21. Und will eure Pfühle zerreißen und mein Volk aus eurer Hand erretten, daß ihr sie nicht mehr fangen sollt; und ihr sollt erfahren, daß ich der Herr sei.
22. Darum daß ihr das Herz der Gerechten fälschlich betrübet, die ich nicht betrübt habe, und *habt gestärkt die Hände der Gottlosen, daß sie sich von ihrem bösen Wesen nicht bekehren, damit sie lebendig möchten bleiben: *Jer.23,14.
23. darum sollt ihr nicht mehr unnütze Lehre predigen noch weissagen; sondern ich will mein Volk aus euren Händen erretten, und ihr sollt erfahren, daß ich der Herr bin.

Das 14. Kapitel

Götzendienerische Frager erhalten keine Antwort von Gott. Das Gericht über Jerusalem kann auch durch die Fürbitte der Frömmsten nicht mehr abgewendet werden.

1. Und es *kamen etliche von den Ältesten Israels zu mir und setzten sich vor mir. *K.20,1.
2. Da geschah des Herrn Wort zu mir und sprach:
3. Menschenkind, diese Leute hangen mit ihrem Herzen an ihren Götzen und halten an dem Anstoß zu ihrer Missetat; sollte ich denn ihnen antworten, wenn sie mich fragen? K.20,3.
4. Darum rede mit ihnen und sage zu ihnen: So spricht der Herr Herr: Welcher Mensch vom Hause Israel mit dem Herzen an seinen Götzen hängt und hält an dem Anstoß zu seiner Missetat und kommt zum Propheten, dem will ich, der Herr, antworten, wie er verdient hat mit seiner großen Abgötterei,
5. auf daß ich das Haus Israel fasse an ihrem Herzen, darum daß sie alle von mir gewichen sind durch Abgötterei.
6. Darum sollst du zum Hause Israel sagen: So spricht der Herr Herr: *Kehret und wendet euch von eurer Abgötterei und wendet euer Angesicht von allen euren Greueln. *Jes.31,6.
7. Denn welcher Mensch vom Hause Israel oder welcher Fremdling, so in Israel wohnt, von mir weicht und mit seinem Herzen an seinen Götzen hängt und an dem Ärgernis seiner Abgötterei hält und zum Propheten kommt, daß er durch ihn mich frage: dem will ich, der Herr, selbst antworten;
8. und will mein Angesicht wider ihn setzen, daß er soll wüst und *zum Zeichen und Sprichwort werden, und will ihn aus meinem Volk ausrotten, daß ihr erfahren sollt, ich sei der Herr. *K.5,15.
9. Wo aber ein Prophet sich betören läßt, etwas zu reden, den habe ich, der Herr, betört, und will meine Hand über ihn ausstrecken und aus meinem Volk Israel ausrotten. 1.Kön.22,20–23.
10. Also sollen sie beide ihre Missetat tragen; wie die Missetat des Fragers, also soll auch sein die Missetat des Propheten,
11. auf daß das Haus Israel nicht mehr irregehe von mir und sich nicht mehr verunreinige in aller seiner Übertretung; sondern sie sollen *mein Volk sein, und ich will ihr Gott sein, spricht der Herr Herr. *K.11,20.
12. Und des Herrn Wort geschah zu mir und sprach:
13. Du Menschenkind, wenn ein Land an mir sündigt und dazu mich verschmäht, so will ich meine Hand über dasselbe ausstrecken und den *Vorrat des Brots wegnehmen und will Teuerung hineinschikken, daß ich Menschen und Vieh darin ausrotte. *K.5,16.
14. Und *wenn dann gleich die drei Männer Noah, Daniel und Hiob darin wären, so würden sie allein ihre eigene Seele erretten durch ihre Gerechtigkeit, spricht der Herr Herr. *Jer.15,1.
15. Und wenn ich böse Tiere in das Land bringen würde, die die Leute aufräumten und es verwüsteten, daß niemand darin wandeln könnte vor den Tieren, V.21.
16. und diese drei Männer wären auch darin: so wahr ich lebe, spricht der Herr Herr, sie würden weder Söhne noch Töchter erretten, sondern allein sich selbst, und das Land müßte öde werden.
17. Oder wo ich das Schwert kommen ließe über das Land und spräche: Schwert, fahre durch das Land! und würde also Menschen und Vieh ausrotten,
18. und die drei Männer wären darin: so wahr ich lebe, spricht der Herr Herr, sie würden weder Söhne noch Töchter erretten, sondern sie allein würden errettet sein.
19. Oder so ich Pestilenz in das Land schicken und meinen Grimm über dasselbe ausschütten würde mit Blutvergießen, also daß ich Menschen und Vieh ausrotte,
20. und Noah, Daniel und Hiob wären darin: so wahr ich lebe, spricht der Herr Herr, würden sie weder Söhne noch Töchter, sondern allein ihre eigene Seele durch ihre Gerechtigkeit erretten.

21. Denn so spricht der Herr Herr: So ich *meine vier bösen Strafen, als Schwert, Hunger, böse Tiere und Pestilenz, über Jerusalem schicken werde, daß ich darin ausrotte Menschen und Vieh,

*3. Mose 26,16–25; Jer. 15,3.

22. siehe, so sollen etliche übrige darin davonkommen, die herausgebracht werden, Söhne und Töchter, und zu euch herkommen, daß ihr sehen werdet ihr Wesen und Tun und euch trösten über dem Unglück, das ich über Jerusalem habe kommen lassen samt allem andern, das ich über sie habe kommen lassen.

23. Sie werden euer Trost sein, wenn ihr sehen werdet ihr Wesen und Tun; und ihr werdet erfahren, daß ich nicht ohne Ursache getan habe, was ich darin getan habe, spricht der Herr Herr.

Das 15. Kapitel

Das nutzlose Rebholz.

1. Und des Herrn Wort geschah zu mir und sprach:

2. Du Menschenkind, was ist das Holz vom *Weinstock vor anderm Holz oder eine Rebe vor anderm Holz im Walde?

*Jer. 2,21.

3. Nimmt man es auch und macht etwas daraus? Macht man auch nur einen Nagel daraus, daran man etwas hängen kann?

4. Siehe, man wirft's ins Feuer, daß es verzehrt wird, daß das Feuer seine beiden Enden verzehrt und sein Mittles versengt; wozu sollte es nun taugen?

Joh. 15,6.

5. Siehe, da es noch ganz war, konnte man nichts daraus machen; wie viel weniger kann nun hinfort etwas daraus gemacht werden, so es das Feuer verzehrt und versengt hat!

6. Darum spricht der Herr Herr: Gleichwie ich das Holz vom Weinstock vor anderm Holz im Walde dem Feuer zu verzehren gebe, also will ich mit den Einwohnern zu Jerusalem auch umgehen

7. und will mein Angesicht wider sie setzen, daß das Feuer sie fressen soll, ob sie schon aus dem Feuer herausgekommen sind. Und ihr sollt's erfahren, daß ich der Herr bin, wenn ich mein Angesicht wider sie setze

8. und das Land wüst mache, darum daß sie mich verschmähen, spricht der Herr Herr.

Das 16. Kapitel

Jerusalems Untreue, Strafe und Wiederannahme. (Vgl. K. 23.)

1. Und des Herrn Wort geschah zu mir und sprach:

2. Du Menschenkind, offenbare der Stadt Jerusalem ihre Greuel und sprich:

3. So spricht der Herr Herr zu Jerusalem: Dein Geschlecht und deine Geburt ist aus der Kanaaniter Lande, dein Vater aus den Amoritern und deine Mutter aus den Hethitern.

4. Deine Geburt ist also gewesen: Dein Nabel, da du geboren wurdest, ist nicht verschnitten; so hat man dich auch mit Wasser nicht gebadet, daß du sauber würdest, noch mit Salz gerieben noch in Windeln gewickelt.

5. Denn niemand jammerte dein, daß er sich über dich hätte erbarmt und der Stücke eins dir erzeigt, sondern du wurdest aufs Feld geworfen. Also verachtet war deine Seele, da du geboren warst.

6. Ich aber ging vor dir vorüber und sah dich in deinem Blut liegen und sprach zu dir, da du so in deinem Blut lagst: Du sollst leben! ja, zu dir sprach ich, da du so in deinem Blut lagst: Du sollst leben!

7. Und habe dich erzogen und lassen groß werden wie ein Gewächs auf dem Felde; und warst nun gewachsen und groß und schön geworden. Deine Brüste waren gewachsen, und hattest schon lange Haare; aber du warst noch nackt und bloß.

8. Und ich ging vor dir vorüber und sah dich an; und siehe, es war die Zeit, um dich zu werben. Da *breitete ich meinen Mantel über dich und bedeckte deine Blöße. Und ich gelobte dir's und begab mich mit dir in einen †Bund, spricht der Herr Herr, daß du solltest mein sein.

*Ruth 3,9. †2. Mose 19,5.

9. Und ich badete dich mit Wasser und wusch dich von deinem Blut und salbte dich mit Balsam

10. und kleidete dich mit gestickten Kleidern und zog dir Schuhe von feinem Leder an; ich gab dir köstliche leinene Kleider und seidene Schleier

11. und zierte dich mit Kleinoden und legte dir Geschmeide an deine Arme und Kettlein an deinen Hals

12. und gab dir ein Haarband an deine Stirn und Ohrenringe an deine Ohren und eine schöne Krone auf dein Haupt.

13. So warst du geziert mit eitel Gold und Silber und gekleidet mit eitel Leinwand, Seide und Gesticktem. Du aßest auch eitel Semmel, Honig und Öl und

warst überaus schön und bekamst das Königreich.
14. Und dein Ruhm erscholl unter die Heiden deiner Schöne halben, welche ganz vollkommen war durch den Schmuck, so ich an dich gehängt hatte, spricht der Herr Herr. Klagel. 2,15.
15. Aber du verließest dich auf deine Schöne; und weil du so gerühmt warst, triebst du *Hurerei, also daß du dich einem jeglichen, wer vorüberging, gemein machtest und tatest seinen Willen. *2. Mose 34,16.
16. Und nahmst von deinen Kleidern und machtest dir bunte Altäre daraus und triebst deine Hurerei darauf, wie nie geschehen ist noch geschehen wird.
17. Du nahmst auch dein schönes Gerät, das ich dir von meinem Gold und Silber gegeben hatte, und machtest dir Mannsbilder daraus und triebst deine Hurerei mit ihnen.
18. Und nahmst deine gestickten Kleider und bedecktest sie damit, und mein Öl und Räuchwerk legtest du ihnen vor.
19. Meine Speise, die ich dir zu essen gab, Semmel, Öl, Honig, legtest du ihnen vor zum süßen Geruch. Ja es kam dahin, spricht der Herr Herr,
20. daß du nahmst *deine Söhne und Töchter, die du mir geboren hattest, und opfertest sie denselben zu fressen. Meinst du denn, daß es ein Geringes sei um deine Hurerei, *2. Kön. 16,3; Jer. 7,31.
21. daß du meine Kinder schlachtest und lässest sie denselben verbrennen?
22. Und in allen deinen Greueln und Hurerei hast du nie gedacht an die Zeit deiner Jugend, *wie bloß und nackt du warst und in deinem Blut lagst. *V. 6.7.
23. Über all diese deine Bosheit (ach weh, weh dir! spricht der Herr Herr)
24. bautest du dir Götzenkapellen und machtest dir Altäre auf allen Gassen;
25. und vornan auf allen Straßen bautest du deine Altäre und machtest deine Schöne zu eitel Greuel; du spreiztest deine Beine gegen alle, so vorübergingen, und triebst große Hurerei.
26. Erstlich triebst du Hurerei mit den Kindern Ägyptens, deinen Nachbarn, die großes Fleisch hatten, und triebst große Hurerei, mich zu reizen.
27. Ich aber streckte meine Hand aus wider dich und brach dir an deiner Nahrung ab und übergab dich in den Willen deiner Feinde, der Töchter der Philister, welche sich schämten vor deinem verruchten Wesen.
28. Darnach triebst du Hurerei mit den Kindern Assur und konntest des nicht satt werden; ja, da du mit ihnen Hurerei getrieben hattest und des nicht satt werden konntest,
29. machtest du der Hurerei noch mehr bis ins Krämerland Chaldäa; doch konntest du damit auch nicht satt werden.
30. Wie soll ich dir doch dein Herz beschneiden, spricht der Herr Herr, weil du solche Werke tust einer großen Erzhure,
31. damit daß du deine Götzenkapellen bautest vornan auf allen Straßen und deine Altäre machtest auf allen Gassen? Dazu warst du nicht wie eine andere Hure, die man muß mit Geld kaufen. V. 24.25.
32. Du Ehebrecherin, die anstatt ihres Mannes andere zuläßt!
33. Denn allen andern Huren gibt man Geld; du aber gibst allen deinen Buhlern Geld zu und schenkst ihnen, daß sie zu dir kommen allenthalben und mit dir Hurerei treiben.
34. Und findet sich an dir das Widerspiel vor andern Weibern mit deiner Hurerei, weil man dir nicht nachläuft, sondern du Geld zugibst, und man dir nicht Geld zugibt; also treibst du das Widerspiel.
35. Darum, du Hure, höre des Herrn Wort!
36. So spricht der Herr Herr: Weil du denn so milde Geld zugibst und deine Blöße durch deine Hurerei gegen deine Buhlen aufdeckst und gegen alle Götzen deiner Greuel und vergießest das Blut deiner Kinder, welche du ihnen opferst;
37. darum, siehe, will ich sammeln alle deine Buhlen, welchen du wohl gefielst, samt allen, die du für Freunde hältst, zu deinen Feinden und will sie beide wider dich sammeln allenthalben und will ihnen deine Blöße aufdecken, daß sie deine Blöße ganz sehen sollen. Jer. 13,22.26.
38. Und will das Recht der Ehebrecherinnen und Blutvergießerinnen über dich gehen und dein Blut vergießen lassen mit Grimm und Eifer.
39. Und will dich in ihre Hände geben, daß sie deine Götzenkapellen abbrechen und deine Altäre umreißen und dir deine Kleider ausziehen und dein schönes Gerät dir nehmen und dich nackt und bloß sitzen lassen.
40. Und sie sollen Haufen Leute über dich bringen, die dich steinigen und mit ihren Schwertern zerhauen
41. und deine Häuser mit Feuer verbrennen und dir dein Recht tun vor den Augen vieler Weiber. Also will ich deiner Hurerei

ein Ende machen, daß du nicht mehr
sollst Geld noch zugeben,
42. und will *meinen Mut an dir kühlen
und meinen Eifer an dir sättigen, daß ich
ruhe und nicht mehr zürnen müsse.
*K.5,13.
43. Darum daß du nicht gedacht hast an
die Zeit deiner Jugend, sondern mich mit
diesem allem gereizt, darum will ich auch
dir all dein Tun auf den Kopf legen, spricht
der Herr Herr, wiewohl ich damit nicht
getan habe nach dem Laster in deinen
Greueln.
44. Siehe, alle die, so Sprichwort pflegen
zu üben, werden von dir dies Sprichwort
sagen: »Die Tochter ist wie die Mutter.«
45. Du bist deiner Mutter Tochter, welche Mann und Kinder von sich stößt, und
bist eine Schwester deiner Schwestern,
die ihre Männer und Kinder von sich stoßen. *Eure Mutter ist eine von den Hethitern und euer Vater ein Amoriter. *V.3.
46. Samaria *ist deine große Schwester
mit ihren Töchtern, die dir zur Linken
wohnt; und Sodom ist deine kleine Schwester mit ihren Töchtern, die zu deiner
Rechten wohnt; *K.23,4.
47. wiewohl du dennoch nicht gelebt
hast nach ihrem Wesen noch getan nach
ihren Greueln. Es fehlt nicht viel, daß du
es ärger gemacht hast denn sie in allem
deinem Wesen.
48. So wahr ich lebe, spricht der Herr
Herr, Sodom, deine Schwester, samt ihren Töchtern hat nicht so getan wie du
und deine Töchter.
49. Siehe, das war deiner Schwester Sodom Missetat: Hoffart und alles vollauf
und guter Friede, den sie und ihre Töchter
hatten; aber dem Armen und Dürftigen
halfen sie nicht,
50. sondern waren stolz und taten Greuel vor mir; darum ich sie auch weggetan
habe, da ich begann dareinzusehen.
1.Mose 18,20.
51. So hat auch Samaria nicht die Hälfte
deiner Sünden getan; sondern du hast deiner Greuel so viel mehr als sie getan, daß
du deine Schwester fromm gemacht hast
gegen alle deine Greuel, die du getan hast.
52. So trage auch nun deine Schande, die
du deiner Schwester zuerkannt hast.
Durch deine Sünden, in welchen du größere Greuel denn sie getan hast, machst
du sie frömmer, denn du bist. So sei nun
auch du schamrot und trage deine Schande, daß du deine Schwestern fromm gemacht hast.
53. Ich will aber ihr *Gefängnis wenden,
nämlich das Gefängnis dieser Sodom und
ihrer Töchter und das Gefängnis dieser
Samaria und ihrer Töchter und das Gefängnis deiner Gefangenen samt ihnen,
*K.11,17.
54. daß du tragen müssest deine Schande und dich schämest alles dessen, was du
getan hast ihnen zum Troste.
55. Und deine Schwestern, diese Sodom
und ihre Töchter, sollen wieder werden,
wie sie zuvor gewesen sind, und Samaria
und ihre Töchter sollen wieder werden,
wie sie zuvor gewesen sind; dazu du auch
und deine Töchter sollt wieder werden,
wie ihr zuvor gewesen seid.
56. Und wirst nicht mehr die Sodom, deine Schwester, rühmen wie zur Zeit deines
Hochmuts,
57. da deine Bosheit noch nicht aufgedeckt war wie zur Zeit, da dich die Töchter
Syriens und die Töchter der Philister allenthalben schändeten und verachteten
dich um und um,
58. da ihr mußtet eure Laster und Greuel
tragen, spricht der Herr.
59. Denn also spricht der Herr Herr: Ich
will dir tun, wie du getan hast, daß du den
Eid verachtest und brichst den Bund.
60. Ich will aber *gedenken an meinen
Bund, den ich mit dir gemacht habe †zur
Zeit deiner Jugend, und will mit dir **einen ewigen Bund aufrichten.
*3.Mose 26,45. †Hos.2,17. **K.37,26;
Jer.31,31–34.
61. Da *wirst du an deine Wege gedenken und dich schämen, wenn du deine
großen und kleinen Schwestern zu dir
nehmen wirst, die ich dir zu Töchtern
geben werde, aber nicht aus deinem Bund.
*K.20,43.
62. Sondern ich will meinen Bund mit
dir aufrichten, daß du erfahren sollst, daß
ich der Herr sei,
63. auf daß du daran *gedenkest und
dich schämest und vor Schande nicht
mehr deinen Mund auftun dürfest, wenn
ich dir alles vergeben werde, was du getan
hast, spricht der Herr Herr. *K.26,31.32.

Das 17. Kapitel

Rätselwort von der Gegenwart und Zukunft des Hauses David.

1. Und des Herrn Wort geschah zu mir
und sprach:
2. Du Menschenkind, lege dem Hause Israel ein Rätsel vor und ein Gleichnis
3. und sprich: So spricht der Herr Herr:
Ein großer Adler mit großen Flügeln und
langen Fittichen und voll Federn, die bunt

waren, kam auf den Libanon und nahm
den Wipfel von der Zeder
4. und brach das oberste Reis ab und
führte es ins *Krämerland und setzte es in
die Kaufmannstadt. *K.16,29.
5. Er nahm auch vom Samen des Landes
und pflanzte es in gutes Land, da viel Wasser war, und setzte es lose hin.
6. Und es wuchs und ward ein *ausgebreiteter Weinstock und niedrigen Stammes; denn seine Reben bogen sich zu ihm, und seine Wurzeln waren unter ihm; und war also ein Weinstock, der Reben kriegte und Zweige. *K.19,10.
7. Und da war ein anderer großer Adler
mit großen Flügel und vielen Federn; und siehe, der Weinstock hatte Verlangen an seinen Wurzeln zu diesem Adler und streckte seine Reben aus gegen ihn, daß er gewässert würde, vom Platz, da er gepflanzt war.
8. Und war doch auf einem guten Boden
an viel Wasser gepflanzt, da er wohl hätte können Zweige bringen, Früchte tragen und ein herrlicher Weinstock werden.
9. So sprich nun: Also sagt der Herr
Herr: Sollte der geraten? Ja, man wird seine Wurzeln ausrotten und seine Früchte abreißen, und er wird verdorren, daß alle Blätter seines Gewächses verdorren werden; und es wird nicht geschehen durch großen Arm noch viel Volks, daß man ihn von seinen Wurzeln wegführe.
10. Siehe, er ist zwar gepflanzt; aber sollte er geraten? Ja, sobald der Ostwind an ihn rühren wird, wird er verdorren auf dem Platz, da er gewachsen ist.
11. Und des Herrn Wort geschah zu mir
und sprach:
12. Sprich doch zu dem ungehorsamen
Haus: Wisset ihr nicht, was das ist? Und sprich: Siehe, *es kam der König zu Babel gen Jerusalem und nahm ihren König und ihre Fürsten und führte sie weg zu sich gen Babel. *2.Kön.24,10.15.
13. Und *nahm einen vom königlichen
Geschlecht und machte einen Bund mit ihm und nahm einen Eid von ihm; aber die Gewaltigen im Lande nahm er weg, *2.Kön.24,17.
14. damit das Königreich demütig bliebe
und sich nicht erhöbe, auf daß sein Bund gehalten würde und bestünde.
15. Aber derselbe fiel von ihm ab und
sandte seine Botschaft nach Ägypten, daß man ihm Rosse und viel Volks schicken sollte. Sollte es dem geraten? Sollte er davonkommen, der solches tut? Und sollte der, so den Bund bricht, davonkommen?
16. So wahr ich lebe, spricht der Herr
Herr, an dem Ort des Königs, der ihn zum König gesetzt hat, dessen Eid er verachtet und dessen Bund er gebrochen hat, da soll er sterben, nämlich zu Babel.
17. Auch wird ihm Pharao nicht beistehen im Kriege mit großem Heer und vielem Volk, wenn man den Wall aufwerfen wird und die Bollwerke bauen, daß viel Leute umgebracht werden.
18. Denn weil er den Eid verachtet und
den Bund gebrochen hat, darauf er seine Hand gegeben hat, und solches alles tut, wird er nicht davonkommen.
19. Darum spricht der Herr Herr also: So
wahr als ich lebe, so will ich meinen Eid, den er verachtet hat, und meinen Bund, den er gebrochen hat, auf seinen Kopf bringen.
20. Denn ich will *mein Netz über ihn
werfen, und er muß in meinem Garn gefangen werden; und ich will ihn gen Babel bringen und will daselbst mit ihm rechten über dem, daß er sich also an mir vergriffen hat. *K.12,13.
21. Und alle seine Flüchtigen, die ihm
anhingen, sollen durchs Schwert fallen, und ihre übrigen sollen in alle Winde zerstreut werden; und ihr sollt's erfahren, daß ich, der Herr, es geredet habe.
22. So spricht der Herr Herr: Ich will
auch von dem Wipfel des hohen Zedernbaumes nehmen und oben von seinen Zweigen ein *zartes Reis brechen und will's auf einen hohen, erhabenen Berg pflanzen; *Jes.11,1; 53,2.
23. auf den *hohen Berg Israels will ich's
pflanzen, daß es Zweige gewinne und Früchte bringe und ein herrlicher Zedernbaum werde, also †daß allerlei Vögel unter ihm wohnen und allerlei Fliegendes unter dem Schatten seiner Zweige bleiben möge. *K.20,40. †Dan.4,9; Matth.13,32.
24. Und sollen alle Feldbäume erfahren,
daß ich, der Herr, *den hohen Baum erniedrigt und den niedrigen Baum erhöht habe und den grünen Baum ausgedörrt und den dürren Baum grünend gemacht habe. Ich, der Herr, rede es und tue es auch. *K.21,31.

Das 18. Kapitel

Jeder soll nur für seine eigene Sünde sterben.
Der Herr hat Wohlgefallen an der Bekehrung des Gottlosen.

1. Und des Herrn Wort geschah zu mir
und sprach:
2. Was treibt ihr unter euch im Lande
Israel dies Sprichwort und sprecht: *»Die

Väter haben Herlinge gegessen, aber den Kindern sind die Zähne davon stumpf geworden«? *Jer. 31,29.

3. So wahr als ich lebe, spricht der Herr Herr, solches Sprichwort soll nicht mehr unter euch gehen in Israel.

4. Denn siehe, alle Seelen sind mein; des Vaters Seele ist sowohl mein als des Sohnes Seele. Welche Seele sündigt, die soll sterben.

5. Wenn nun einer fromm ist, der recht und wohl tut,

6. der auf den Bergen nicht isset, der seine Augen nicht aufhebt zu den Götzen des Hauses Israel und *seines Nächsten Weib nicht befleckt und liegt nicht bei der Frau in ihrer Krankheit, *3. Mose 18,19.20.

7. der *niemand beschädigt, der dem †Schuldner sein Pfand wiedergibt, der niemand etwas mit Gewalt nimmt, der dem Hungrigen sein Brot mitteilt und den Nackten kleidet, *Ps. 15,3. †5. Mose 24,10–13.

8. der *nicht wuchert, der nicht Zins nimmt, der seine Hand vom Unrechten kehrt, der zwischen den Leuten recht urteilt, *2. Mose 22,24.

9. der nach meinen Rechten wandelt und meine Gebote hält, daß er ernstlich darnach tue: das ist ein frommer Mann, der soll das Leben haben, spricht der Herr Herr.

10. Wenn er aber einen Sohn zeugt, und derselbe wird ein Mörder, der Blut vergießt oder dieser Stücke eins tut,

11. und der andern Stücke keines tut, sondern auf den Bergen isset und seines Nächsten Weib befleckt,

12. die Armen und Elenden beschädigt, mit Gewalt etwas nimmt, das Pfand nicht wiedergibt, seine Augen zu den Götzen aufhebt und einen Greuel begeht,

13. auf Wucher gibt, Zins nimmt: sollte der leben? Er soll nicht leben, sondern weil er solche Greuel alle getan hat, soll er des Todes sterben; sein Blut soll auf ihm sein.

14. Wo er aber einen Sohn zeugt, der alle solche Sünden sieht, so sein Vater tut, und sich fürchtet und nicht also tut,

15. ißt nicht auf den Bergen, hebt seine Augen nicht auf zu den Götzen des Hauses Israel, befleckt nicht seines Nächsten Weib,

16. beschädigt niemand, behält das Pfand nicht, nimmt nicht mit Gewalt etwas, teilt sein Brot mit dem Hungrigen und kleidet den Nackten,

17. der seine Hand vom Unrechten kehrt, keinen Wucher noch Zins nimmt, sondern meine Gebote hält und nach meinen Rechten lebt: der soll nicht sterben um seines Vaters Missetat willen, sondern leben.

18. Aber sein Vater, der Gewalt und Unrecht geübt und unter seinem Volk getan hat, was nicht taugt, siehe, der soll sterben um seiner Missetat willen.

19. So sprecht ihr: Warum soll denn ein Sohn nicht tragen seines Vaters Missetat? Darum daß er recht und wohl getan und alle meine Rechte gehalten und getan hat, soll er leben.

20. Denn *welche Seele sündigt, die soll sterben. Der †Sohn soll nicht tragen die Missetat des Vaters, und der Vater soll nicht tragen die Missetat des Sohnes; sondern des Gerechten Gerechtigkeit soll über ihm sein, und des Ungerechten Ungerechtigkeit soll über ihm sein. *2. Mose 20,5. †4. Mose 26,11.

21. Wo sich aber der Gottlose bekehrt von allen seinen Sünden, die er getan hat, und hält alle meine Rechte und tut recht und wohl, so soll er leben und nicht sterben.

22. Es soll aller seiner Übertretung, so er begangen hat, *nicht gedacht werden; sondern er soll leben um der Gerechtigkeit willen, die er tut. *Jes. 43,25; 44,22.

23. Meinest du, daß ich *Gefallen habe am Tode des Gottlosen, spricht der Herr Herr, und nicht vielmehr, daß er sich bekehre von seinem Wesen und lebe? *V. 32; K. 33,11.

24. Und wo sich der Gerechte kehrt von seiner Gerechtigkeit und tut Böses und lebt nach allen Greueln, die ein Gottloser tut, sollte der leben? Ja, aller seiner Gerechtigkeit, die er getan hat, soll nicht gedacht werden; sondern in seiner Übertretung und Sünde, die er getan hat, soll er sterben. K. 3,20.

25. Doch sprecht ihr: Der *Herr handelt nicht recht. So höret nun, ihr vom Hause Israel: Ist's nicht also, daß ich recht habe und ihr unrecht habt? *K. 33,17–20.

26. Denn wenn der Gerechte sich kehrt von seiner Gerechtigkeit und tut Böses, so muß er sterben; er muß aber um seiner Bosheit willen, die er getan hat, sterben.

27. Wiederum, wenn sich der Gottlose kehrt von seiner Ungerechtigkeit, die er getan hat, und tut nun recht und wohl, der wird seine Seele lebendig erhalten.

28. Denn weil er sieht und bekehrt sich, von aller seiner Bosheit, die er getan hat, so soll er leben und nicht sterben.

29. Doch sprechen die vom Hause Israel:

Der Herr handelt nicht recht. Sollte ich unrecht haben? Ihr vom Hause Israel habt unrecht.
30. Darum will ich euch richten, ihr vom Hause Israel, einen jeglichen nach seinem Wesen, spricht der Herr Herr. *Darum so bekehret euch von aller eurer Übertretung, auf daß ihr nicht fallen müsset um der Missetat willen. *K.33,11; Jes.55,7.
31. Werfet von euch alle eure Übertretung, damit ihr übertreten habt, und machet euch ein * neues Herz und einen neuen Geist. Denn warum willst du sterben, du Haus Israel? *K.36,26.
32. Denn *ich habe kein Gefallen am Tode des Sterbenden, spricht der Herr Herr. Darum bekehret euch, so werdet ihr leben. *V.23.

Das 19. Kapitel

Israel eine trauernde Löwin, ein verstörter Weinstock.

1. Du aber mache eine Wehklage über die Fürsten Israels
2. und sprich: Warum liegt deine Mutter, die Löwin, unter den Löwen und erzieht ihre Jungen unter den jungen Löwen?
3. Deren eines zog sie auf, und ward ein junger Löwe daraus; der gewöhnte sich, die Leute zu zerreißen und zu fressen.
4. Da das die Heiden von ihm hörten, fingen sie ihn in ihren Gruben und führten ihn an Ketten nach Ägyptenland.
2.Kön. 23,30–34.
5. Da nun die Mutter sah, daß ihre Hoffnung verloren war, da sie lange gehofft hatte, nahm sie ein anderes aus ihren Jungen und machte einen jungen Löwen daraus.
6. Da der unter den Löwen wandelte, ward er ein junger Löwe; der gewöhnte sich auch, die Leute zu zerreißen und zu fressen. 2.Kön.24,8.9.
7. Er verderbte ihre Paläste und verwüstete ihre Städte, daß das Land und was darin ist, vor der Stimme seines Brüllens sich entsetzte.
8. Da legten sich die Heiden aus allen Ländern ringsumher und warfen ein Netz über ihn und fingen ihn in ihren Gruben
9. und stießen ihn gebunden in einen Käfig und *führten ihn zum König zu Babel; und man ließ ihn verwahren, daß seine Stimme nicht mehr gehört würde auf den Bergen Israels. *2.Kön.24,15.
10. Deine Mutter war wie ein Weinstock, gleich wie du am Wasser gepflanzt; und seine Frucht und Regen wuchsen von dem großen Wasser, K.17,6.
11. daß seine Reben so stark wurden, daß sie zu Herrenzeptern gut waren, und er ward hoch unter den Reben. Und da man sah, daß er so hoch war und viel Reben hatte,
12. ward er im Grimm ausgerissen und zu Boden geworfen; der Ostwind verdorrte seine Frucht, und seine starken Reben wurden zerbrochen, daß sie *verdorrten und verbrannt wurden. *K.15,4.
13. Nun aber ist er gepflanzt in der Wüste, in einem dürren, durstigen Lande,
14. und ist ein Feuer ausgegangen von seinen starken Reben, das verzehrte seine Frucht, daß in ihm keine starke Rebe mehr ist zu einem Herrenzepter. Das ist ein kläglich und jämmerlich Ding.

Das 20. Kapitel

Israels Ungehorsam in Vergangenheit und Gegenwart. Gericht und Verheißung.

1. Und es begab sich im siebenten Jahr, am zehnten Tage des fünften Monats, kamen *etliche aus den Ältesten Israels, den Herrn zu fragen, und setzten sich vor mir nieder. *K.14,1.
2. Da geschah des Herrn Wort zu mir und sprach.
3. Du Menschenkind, sage den Ältesten Israels und sprich zu ihnen: So spricht der Herr Herr: Seid ihr gekommen, mich zu fragen? So wahr ich lebe, ich will von euch ungefragt sein, spricht der Herr Herr.
K.14,3.
4. Aber willst du sie strafen, du Menschenkind, so magst du sie also strafen: zeige ihnen an die Greuel ihrer Väter
5. und sprich zu ihnen: So spricht der Herr Herr: Zu der Zeit, da ich Israel erwählte, erhob ich meine Hand zu dem Samen des Hauses Jakob und gab mich ihnen zu erkennen in Ägyptenland. Ja, *ich erhob meine Hand zu ihnen und sprach: Ich bin der Herr, euer Gott.
*2.Mose 6,7.8.
6. Ich erhob aber zur selben Zeit meine Hand, daß ich sie führte aus Ägyptenland in ein Land, das ich ihnen ersehen hatte, das mit Milch und Honig fließt, ein edles Land vor allen Ländern,
7. und sprach zu ihnen: Ein *jeglicher werfe weg die Greuel vor seinen Augen, und verunreinigt euch nicht an den Götzen Ägyptens! denn ich bin der Herr, euer Gott. *Jos.24,14.23.
8. Sie aber waren mir ungehorsam und wollten mir nicht gehorchen und warf ihrer keiner weg die Greuel vor seinen Au-

gen und verließen die Götzen Ägyptens nicht. Da dachte ich meinen Grimm über sie auszuschütten und all meinen Zorn über sie gehen zu lassen noch in Ägyptenland.

9. Aber ich *ließ es um meines Namens willen, daß er nicht entheiligt würde vor den Heiden, unter denen sie waren und vor denen ich mich ihnen hatte zu erkennen gegeben, daß ich sie aus Ägyptenland führen wollte. *K.36,21.22; 2.Mose 32,12.

10. Und da ich sie aus Ägyptenland geführt hatte und in die Wüste gebracht,

11. gab ich ihnen meine Gebote und lehrte sie meine Rechte, *durch welche lebt der Mensch, der sie hält. *3.Mose 18,5.

12. Ich gab ihnen auch meine Sabbate zum *Zeichen zwischen mir und ihnen, damit sie lernten, daß ich der Herr sei, der sie heiligt. *2.Mose 31,13.17.

13. Aber das Haus Israel war mir ungehorsam auch in der Wüste und lebten nicht nach meinen Geboten und verachteten meine Rechte, durch welche der Mensch lebt, der sie hält, und entheiligten meine Sabbate sehr. Da gedachte ich meinen Grimm über sie auszuschütten in der Wüste und sie ganz umzubringen.

14. Aber ich ließ es um meines Namens willen, auf daß er nicht entheiligt würde vor den Heiden, vor welchen ich sie hatte ausgeführt. V.9.

15. Und ich hob *auch meine Hand auf wider sie in der Wüste, daß ich sie nicht wollte bringen in das Land, so ich ihnen gegeben hatte, das mit Milch und Honig fließt, ein edles Land vor allen Ländern, *4.Mose 14,12.

16. darum daß sie meine Rechte verachtet und nach meinen Geboten nicht gelebt und meine Sabbate entheiligt hatten; denn sie wandelten nach den Götzen ihres Herzens.

17. Aber mein Auge verschonte sie, daß ich sie nicht verderbte noch ganz umbrächte in der Wüste.

18. Und ich sprach zu ihren Kindern in der Wüste: Ihr sollt nach eurer Väter Geboten nicht leben und ihre Rechte nicht halten und an ihren Götzen euch nicht verunreinigen.

19. Denn ich bin der Herr, euer Gott; nach meinen Geboten sollt ihr leben, und meine Rechte sollt ihr halten und darnach tun;

20. und meine Sabbate sollt ihr heiligen, daß sie seien ein Zeichen zwischen mir und euch, damit ihr wisset, daß ich, der Herr, euer Gott bin. V.12.

21. Aber die Kinder waren mir auch ungehorsam, lebten nach meinen Geboten nicht, hielten auch meine Rechte nicht, daß sie darnach täten, durch welche der Mensch lebt, der sie hält, und entheiligten meine Sabbate. Da gedachte ich, meinen Grimm über sie auszuschütten und allen meinen Zorn über sie gehen zu lassen in der Wüste.

22. Ich wandte aber meine Hand und ließ es um meines Namens willen, auf daß er nicht entheiligt würde vor den Heiden, vor welchen ich sie hatte ausgeführt. V.9.

23. Ich hob auch meine Hand auf wider sie in der Wüste, daß ich sie zerstreute unter die Heiden und zerstäubte in die Länder,

24. darum daß sie meine Gebote nicht gehalten und meine Rechte verachtet und meine Sabbate entheiligt hatten und nach den Götzen ihrer Väter sahen.

25. Darum übergab ich sie in die Lehre, die nicht gut ist, und in Rechte, darin sie kein Leben konnten haben,

26. und ließ sie unrein werden durch ihre Opfer, da *sie alle Erstgeburt durchs Feuer gehen ließen, damit ich sie verstörte und sie lernen mußten, daß ich der Herr sei. *V.31; 2.Chron. 33,6.

27. Darum rede, du Menschenkind, mit dem Hause Israel und sprich zu ihnen: So spricht der Herr Herr: Eure Väter haben mich noch weiter gelästert und mir getrotz.

28. Denn da ich sie in das Land gebracht hatte, über welches ich meine Hand aufgehoben hatte, daß ich's ihnen gäbe: wo sie einen hohen Hügel oder dichten Baum ersahen, daselbst opferten sie ihre Opfer und brachten dahin ihre verdrießlichen Gaben und räucherten daselbst ihren süßen Geruch und gossen daselbst ihre Trankopfer.

29. Ich aber sprach zu ihnen: Was soll doch die Höhe, dahin ihr gehet? Und also heißt sie bis auf diesen Tag »die Höhe«.

30. Darum sprich zum Hause Israel: So spricht der Herr Herr: Ihr verunreinigt euch in dem Wesen eurer Väter und treibt Abgötterei mit ihren Greueln

31. und verunreinigt euch an euren Götzen, welchen ihr eure Gaben opfert und *eure Söhne und Töchter durchs Feuer gehen laßt, bis auf den heutigen Tag; und ich sollte mich von euch, Haus Israel, fragen lassen? So wahr ich lebe, spricht der Herr Herr, ich will von euch ungefragt sein. *V.26; 2.Kön. 16,3; 17,17.

32. Dazu, was ihr gedenkt: »Wir wollen

tun wie die Heiden und wie andere Leute
in den Ländern: Holz und Stein anbeten«,
das soll euch fehlschlagen.
33. So wahr ich lebe, spricht der Herr
Herr, ich will über euch herrschen mit
starker Hand und ausgestrecktem Arm
und mit ausgeschüttetem Grimm
34. und will euch aus den Völkern führen
und aus den Ländern, dahin ihr verstreut
seid, sammeln mit starker Hand, mit ausgestrecktem Arm und mit ausgeschüttetem Grimm,
35. und will euch bringen in die *Wüste
der Völker und daselbst mit euch rechten
von Angesicht zu Angesicht. *Hos. 2,16.
36. Wie ich mit euren Vätern in der Wüste bei Ägypten gerechtet habe, ebenso
will ich auch mit euch rechten, spricht der
Herr Herr. 4. Mose 14,22.23.
37. Ich will euch wohl unter die Rute
bringen und euch in die Bande des Bundes
zwingen
38. und will die Abtrünnigen und so wider mich übertreten, unter euch ausfegen;
ja, aus dem Lande, da ihr jetzt wohnt, will
ich sie führen und ins Land Israel nicht
kommen lassen, daß ihr lernen sollt, ich
sei der Herr.
39. Darum, ihr vom Hause Israel, so
spricht der Herr Herr: Weil ihr denn mir ja
nicht wollt gehorchen, so fahret hin und
diene ein jeglicher seinen Götzen; aber
meinen heiligen Namen laßt hinfort ungeschändet mit euren Opfern und Götzen.
40. Denn so spricht der Herr Herr: Auf
meinem heiligen Berge, *auf dem hohen
Berge Israel, daselbst wird mir das ganze
Haus Israel, alle die im Lande sind, dienen; daselbst werden sie mir angenehm
sein, und daselbst will ich eure Hebopfer
und Erstlinge eurer Opfer fordern mit allem, was ihr mir heiligt. *K. 17,23.
41. Ihr werdet mir angenehm sein mit
dem süßen Geruch, wenn ich euch aus
den Völkern bringen und aus den Ländern
sammeln werde, dahin ihr verstreut seid,
und werde in euch geheiligt werden vor
den Heiden.
42. Und ihr werdet erfahren, daß ich der
Herr bin, wenn ich euch ins Land Israel
gebracht habe, in das Land, darüber ich
meine Hand aufhob, daß ich's euren Vätern gäbe.
43. Daselbst werdet ihr gedenken an euer
Wesen und an all euer Tun, darin ihr verunreinigt seid, und werdet Mißfallen haben über alle eure Bosheit, die ihr getan
habt. K. 36,31.32.
44. Und werdet erfahren, daß ich der
Herr bin, wenn ich mit euch tue um meines Namens willen und nicht nach eurem
bösen Wesen und schädlichen Tun, du
Haus Israel, spricht der Herr Herr.

Das 21. Kapitel

Schwert der Chaldäer wider die Juden und Ammoniter.

1. [K. 20,45.] Und des Herrn Wort geschah zu mir und sprach:
2. [46.] Du Menschenkind, richte dein
Angesicht gegen den Südwind zu und predige gegen den Mittag und weissage wider
den Wald im Felde gegen Mittag.
3. [47.] Und sprich zum Walde gegen
Mittag: Höre des Herrn Wort! So spricht
der Herr Herr: Siehe, ich will in dir ein
Feuer anzünden, das soll beide, grüne und
dürre Bäume, verzehren, daß man seine
Flamme nicht wird löschen können; sondern es soll verbrannt werden alles, was
vom Mittag gegen Mitternacht steht.
4. [48.] Und alles Fleisch soll sehen, daß
ich, der Herr, es angezündet habe und
niemand löschen kann.
5. [49.] Und ich sprach: Ach Herr Herr,
sie sagen von mir: Dieser redet eitel Rät-
selworte.
6. [1.] Und des Herrn Wort geschah zu
mir und sprach:
7. [2.] Du Menschenkind, richte dein Angesicht wider Jerusalem und predige wider die Heiligtümer und weissage wider
das Land Israel
8. [3.] und sprich zum Lande Israel: So
spricht der Herr Herr: Siehe, ich will an
dich; ich will mein Schwert aus der Scheide ziehen und will in dir ausrotten beide,
Gerechte und Ungerechte.
9. [4.] Weil ich denn in dir Gerechte und
Ungerechte ausrotte, so wird mein
Schwert aus der Scheide fahren über alles
Fleisch, vom Mittag her bis gen Mitternacht.
10. [5.] Und soll alles Fleisch erfahren,
daß ich, der Herr, mein Schwert habe aus
der Scheide gezogen; und es soll nicht
wieder eingesteckt werden.
11. [6.] Und du, Menschenkind, sollst
seufzen, bis dir die Lenden weh tun, ja,
bitterlich sollst du seufzen, daß sie es sehen.
12. [7.] Und wenn sie zu dir sagen werden: Warum seufzest du? sollst du sagen:
Um des Geschreies willen, das da kommt,
vor welchem alle Herzen verzagen und
alle Hände sinken, aller Mut fallen und alle
Kniee so ungewiß stehen werden wie Was-

ser. Siehe, es kommt und wird geschehen,
spricht der Herr Herr.
13. [8.] Und des Herrn Wort geschah zu
mir und sprach:
14. [9.] Du Menschenkind, weissage und
sprich: So spricht der Herr: Sprich: *Das
Schwert, ja, das Schwert ist geschärft und
gefegt. *K.32,20.
15. [10.] Es ist geschärft, daß es schlachten soll; es ist gefegt, daß es blinken soll. O
wie froh wollten wir sein, wenn er gleich
alle Bäume zu Ruten machte über die bösen Kinder!
16. [11.] Aber er hat ein Schwert zu fegen
gegeben, daß man es fassen soll; es ist
geschärft und gefegt, daß man's dem Totschläger in die Hand gebe.
17. [12.] Schreie und heule, du Menschenkind; denn es geht über mein Volk
und über alle Regenten in Israel, die dem
Schwert samt meinem Volk verfallen sind.
Darum schlage auf deine Lenden.
18. [13.] Denn er hat sie oft gezüchtigt;
*was hat's geholfen? Es will der bösen Kin-
der Rute nicht helfen, spricht der Herr
Herr. *Jes.1,5.
19. [14.] Und du, Menschenkind, weissage und schlage deine Hände zusammen.
Denn das Schwert wird zweifach, ja dreifach kommen, ein Würgeschwert, ein
Schwert großer Schlacht, das sie auch
treffen wird in den Kammern, dahin sie
fliehen.
20. [15.] Ich will das Schwert lassen klingen, daß die Herzen verzagen und viele
fallen sollen an allen ihren Toren. Ach, wie
glänzt es und haut daher zur Schlacht!
21. [16.] Haue drein, zur Rechten und
Linken, was vor dir ist!
22. [17.] Da will ich dann mit meinen
Händen darob frohlocken und meinen
Zorn gehen lassen. Ich, der Herr, habe es
gesagt.
23. [18.] Und des Herrn Wort geschah zu
mir und sprach:
24. [19.] Du Menschenkind, *mache
zwei Wege, durch welche kommen soll das
Schwert des Königs zu Babel; sie sollen
aber alle beide aus einem Lande gehen.
*K.4,1.
25. [20.] Und stelle ein Zeichen vorn an
den Weg zur Stadt, dahin es weisen soll;
und mache den Weg, daß das Schwert
komme gen Rabba der Kinder Ammon
und nach Juda, zu der festen Stadt Jerusalem.
26. [21.] Denn der König zu Babel wird
sich an die Wegscheide stellen, vorn an
den zwei Wegen, daß er sich wahrsagen
lasse, mit den Pfeilen das Los werfe, seinen
Abgott frage und schaue die Leber an.
27. [22.] Und die Wahrsagung wird auf
die rechte Seite gen Jerusalem deuten,
daß er solle Sturmböcke hinanführen lassen und Löcher machen und mit großem
Geschrei sie überfalle und morde, und daß
er Böcke führen solle wider die Tore und
da Wall aufschütte und Bollwerk baue.
28. [23.] Aber es wird sie solches Wahrsagen falsch dünken, er schwöre, wie teuer
er will. Er aber wird denken an die Missetat, daß er sie gewinne.
29. [24.] Darum spricht der Herr Herr
also: Darum daß euer gedacht wird um
eure Missetat und euer Ungehorsam offenbart ist, daß man eure Sünden sieht in
allem eurem Tun, ja, darum daß euer gedacht wird, werdet ihr mit Gewalt gefangen werden.
30. [25.] Und du, Fürst in Israel, der du
verdammt und verurteilt bist, dessen Tag
daherkommen wird, wenn die Missetat
zum Ende gekommen ist,
31. [26.] so spricht der Herr Herr: Tue
weg den *Hut und hebe ab die Krone!
Denn es wird weder der Hut noch die Krone bleiben; sondern †der sich erhöht hat,
soll erniedrigt werden, und der sich erniedrigt, soll erhöht werden.
*2. Mose 28,4. †K.17,24; Luk.18,14.
32. [27.] Ich will die Krone zunichte, zunichte, zunichte machen, bis *der komme, der sie haben soll; dem will ich sie
geben. *1. Mose 49,10.
32. [28.] Und du, Menschenkind, weissage und sprich: So spricht der Herr Herr
von den Kindern *Ammon und von ihrem
Schmähen; und sprich: Das Schwert, das
Schwert ist gezückt, daß es schlachten
soll; es ist gefegt, daß es würgen soll und
soll blinken, *K.25,2–7.
34. [29.] darum daß du falsche Gesichte
dir sagen lässest und Lügen weissagen,
damit du auch hingegeben werdest unter
die erschlagenen Gottlosen, welchen ihr
Tag kam, da die Missetat zum Ende gekommen war.
35. [30.] Und ob's schon wieder in die
Scheide gesteckt würde, so will ich dich
doch richten an dem Ort, da du geschaffen, und in dem Lande, da du geboren bist,
36. [31.] und will meinen Zorn über dich
schütten; ich will das Feuer meines Grimmes über dich aufblasen und will dich
Leuten, die brennen und verderben können, überantworten.
37. [32.] Du mußt dem Feuer zur Speise
werden, und dein Blut muß im Lande ver-

gossen werden, und man wird dein nicht mehr gedenken; denn ich der Herr, habe es geredet.

Das 22. Kapitel

Sünden Jerusalems und ihre Strafen.

1. Und des Herrn Wort geschah zu mir und sprach:
2. Du Menschenkind, willst du nicht strafen die *mörderische Stadt und ihr anzeigen alle ihre Greuel? *K.24,6.
3. Sprich: So spricht der Herr Herr: O Stadt, die du der Deinen Blut vergießest, auf daß deine Zeit komme, und die du Götzen bei dir machst, dadurch du dich verunreinigst!
4. Du verschuldest dich an dem Blut, das du vergießest, und verunreinigst dich an den Götzen, die du machst; damit bringst du deine Tage herzu und machst, daß deine Jahre kommen müssen. Darum will ich dich zum Spott unter den Heiden und zum Hohn in allen Ländern machen.
5. In der Nähe und in der Ferne sollen sie dein spotten, daß du ein schändlich Gerücht haben und großen Jammer leiden müssest.
6. Siehe, die Fürsten in Israel, ein jeglicher ist mächtig bei dir, Blut zu vergießen.
7. Vater und Mutter verachten sie, den Fremdlingen tun sie Gewalt und Unrecht, die Witwen und Waisen schinden sie.

2.Mose 22,20.21.

8. Du verachtest meine Heiligtümer und entheiligst meine Sabbate.
9. Verräter sind in dir, auf daß sie Blut vergießen. Sie essen auf den Bergen und handeln mutwillig in dir;
10. sie decken auf die Blöße der Väter und nötigen die Weiber in ihrer Krankheit

3.Mose 18,7.19.

11. und treiben untereinander, Freund mit Freundes Weibe, Greuel; sie schänden ihre eigene Schwiegertochter mit allem Mutwillen; sie notzüchtigen ihre eigenen Schwestern, ihres Vaters Töchter;

3.Mose 18,9.15.20.

12. sie nehmen Geschenke, auf daß sie Blut vergießen; sie *wuchern und nehmen Zins voneinander und treiben ihren Geiz wider ihren Nächsten und tun einander Gewalt und vergessen mein also, spricht der Herr Herr. *2.Mose 22,24.
13. Siehe, ich schlage meine Hände zusammen über den Geiz, den du treibst, und über das Blut, so in dir vergossen ist.
14. Meinst du aber, dein Herz möge es erleiden, oder werden es deine Hände ertragen zu der Zeit, wann ich mit dir handeln werde? Ich, der Herr, habe es geredet und will's auch tun
15. und will dich zerstreuen unter die Heiden und dich verstoßen in die Länder und will deinem Unflat ein Ende machen,
16. daß du bei den Heiden mußt verflucht geachtet werden und erfahren, daß ich der Herr sei.
17. Und des Herrn Wort geschah zu mir und sprach:
18. Du Menschenkind, das Haus Israel ist mir zu Schlacken geworden und sind alle Erz, Zinn, Eisen und Blei im Ofen; ja, zu Silberschlacken sind sie geworden.

Jes.1,22; Jer.6,28.

19. Darum spricht der Herr Herr also: Weil ihr denn alle Schlacken geworden seid, siehe, so will ich euch alle gen Jerusalem zusammentun.
20. Wie man Silber, Erz, Eisen, Blei und Zinn zusammentut im Ofen, daß man ein Feuer darunter aufblase und zerschmelze es, also will ich euch auch in meinem Zorn und Grimm zusammentun, einlegen und schmelzen.
21. Ja, ich will euch sammeln und das Feuer meines Zorns unter euch aufblasen, daß ihr darin zerschmelzen müsset.
22. Wie das Silber zerschmilzt im Ofen, so sollt ihr auch darin zerschmelzen und erfahren, daß ich, der Herr, meinen Grimm über euch ausgeschüttet habe.
23. Und des Herrn Wort geschah zu mir und sprach:
24. Du Menschenkind, sprich zu ihnen: Du bist ein Land, das nicht zu reinigen ist, wie eins, das nicht beregnet wird zur Zeit des Zorns.
25. Die Propheten, so darin sind, haben sich gerottet, *die Seelen zu fressen wie ein brüllender Löwe, wenn er raubt; sie †reißen Gut und Geld an sich und machen der Witwen viel darin.

*K.34,3.8; Ps.14,4. †Matth.23,14.

26. Ihre *Priester verkehren mein Gesetz freventlich und entheiligen mein Heiligtum; sie halten unter dem †Heiligen und Unheiligen keinen Unterschied und lehren nicht, was rein oder unrein sei, und warten meiner Sabbate nicht, und ich werde unter ihnen entheiligt.

*Zeph.3,4. †K.44,23.

27. Ihre Fürsten sind darin wie die reißenden Wölfe, Blut zu vergießen und Seelen umzubringen um ihres Geizes willen.
28. Und ihre *Propheten tünchen ihnen mit losem Kalk, predigen loses Gerede und weissagen ihnen Lügen und sagen:

»So spricht der Herr Herr«, so es doch der Herr nicht geredet hat. *K.13,6.

29. Das Volk im Lande übt Gewalt; sie rauben getrost und schinden die Armen und Elenden und tun den Fremdlingen Gewalt und Unrecht. V.7.

30. Ich suchte unter ihnen, ob jemand sich zur Mauer machte und *wider den Riß stünde vor mir für das Land, daß ich's nicht verderbte; aber ich fand keinen. *K.13,5.

31. Darum schüttete ich meinen Zorn über sie, und mit dem Feuer meines Grimmes machte ich mit ihnen ein Ende und gab ihnen also ihren Verdienst auf ihren Kopf, spricht der Herr Herr. K.21,36.

Das 23. Kapitel

Israel und Juda buhlen mit den Heiden.
Strafe der Untreue gegen Gott.
(Vgl. K.16.)

1. Und des Herrn Wort geschah zu mir und sprach:

2. Du Menschenkind, es waren zwei Weiber, einer Mutter Töchter.

3. Die trieben Hurerei in Ägypten in ihrer Jugend; daselbst ließen sie ihre Brüste begreifen und den Busen ihrer Jungfrauschaft betasten.

4. Die große heißt Ohola und ihre Schwester Oholiba. Und ich nahm sie zur Ehe, und sie gebaren mir Söhne und Töchter. Und Ohola heißt Samaria und Oholiba Jerusalem.

5. Ohola trieb Hurerei, da ich sie genommen hatte, und brannte gegen ihre Buhlen, nämlich gegen die Assyrer, die zu ihr kamen,

6. gegen die Fürsten und Herren, die mit Purpur gekleidet waren, und alle junge, liebliche Gesellen, Reisige, so auf Rossen ritten.

7. Und sie buhlte mit allen schönen Gesellen in Assyrien und verunreinigte sich mit allen ihren Götzen, wo sie auf einen entbrannte.

8. Dazu verließ sie auch nicht ihre Hurerei mit Ägypten, die bei ihr gelegen hatten von ihrer Jugend auf und die Brüste ihrer Jungfrauschaft betastet und große Hurerei mit ihr getrieben hatten.

9. Da übergab ich sie in die Hand ihrer Buhlen, den Kindern Assur, gegen welche sie brannte vor Lust.

10. Die deckten ihre Blöße auf und nahmen ihre Söhne und Töchter weg; sie aber töteten sie mit dem Schwert. Und es kam aus unter den Weibern, wie sie gestraft wäre. V.29.

11. Da es aber ihre Schwester Oholiba sah, entbrannte sie noch *viel ärger denn jene und trieb die Hurerei mehr denn ihre Schwester; *K.16,51.

12. und entbrannte gegen die Kinder Assur, nämlich die Fürsten und Herren, die zu ihr kamen wohl gekleidet, Reisige, so auf Rossen ritten, und alle junge, liebliche Gesellen.

13. Da sah ich, daß sie alle beide gleicherweise verunreinigt waren.

14. Aber diese trieb ihre Hurerei mehr. Denn da sie sah gemalte Männer an der Wand in roter Farbe, die Bilder der Chaldäer,

15. um ihre Lenden gegürtet und bunte Mützen auf ihren Köpfen, und alle gleich anzusehen wie gewaltige Leute, wie denn die Kinder Babels, die Chaldäer, tragen in ihrem Vaterlande:

16. entbrannte sie gegen sie, sobald sie ihrer gewahr ward, und schickte Botschaft zu ihnen nach Chaldäa.

17. Als nun die Kinder Babels zu ihr kamen, bei ihr zu schlafen nach der Liebe, verunreinigten sie dieselbe mit ihrer Hurerei, und sie verunreinigte sich mit ihnen, bis sie ihrer müde ward.

18. Und da ihre Hurerei und Schande so gar offenbar war, ward ich ihrer auch überdrüssig, wie ich ihrer Schwester auch war müde geworden.

19. Sie aber trieb ihre Hurerei immer mehr und gedachte an die Zeit ihrer Jugend, da sie in Ägyptenland Hurerei getrieben hatte,

20. und entbrannte gegen ihre Buhlen, welcher Brunst war wie der Esel und der Hengste Brunst.

21. Und du bestelltest deine Unzucht wie in deiner Jugend, da die in Ägypten deine Brüste begriffen und deinen Busen betasteten.

22. Darum, Oholiba, so spricht der Herr Herr: Siehe, ich will deine Buhlen, deren du müde bist geworden, wider dich erwekken und will sie ringsumher wider dich bringen,

23. nämlich die Kinder Babels und alle Chaldäer mit Hauptleuten, Fürsten und Herren und alle Assyrer mit ihnen, die schöne junge Mannschaft, alle Fürsten und Herren, Ritter und Edle, die alle auf Rossen reiten.

24. Und sie werden über dich kommen, gerüstet mit Wagen und Rädern und mit großem Haufen Volks, und werden dich belagern mit Tartschen, Schilden und Helmen um und um. Denen will ich das

Recht befehlen, daß sie dich richten sollen nach ihrem Recht. Luk. 19,43.
25. Ich will meinen Eifer über dich gehen lassen, daß sie unbarmherzig mit dir handeln sollen. Sie sollen dir Nase und Ohren abschneiden, und was übrigbleibt, soll durchs Schwert fallen. Sie sollen deine Söhne und Töchter wegnehmen und das übrige mit Feuer verbrennen.
26. Sie sollen dir deine Kleider ausziehen und deinen Schmuck wegnehmen.
27. Also will ich deiner Unzucht und deiner Hurerei mit Ägyptenland ein Ende machen, daß du deine Augen nicht mehr nach ihnen aufheben und Ägyptens nicht mehr gedenken sollst.
28. Denn so spricht der Herr Herr: Siehe, ich will dich überantworten, denen du feind geworden und deren du müde bist.
29. Die sollen wie Feinde mit dir umgehen und alles nehmen, was du erworben hast, und dich nackt und bloß lassen, daß die Schande deiner Unzucht und Hurerei offenbar werde.
30. Solches wird dir geschehen um deiner Hurerei willen, so du mit den Heiden getrieben, an deren Götzen du dich verunreinigt hast.
31. Du bist auf dem Wege deiner Schwester gegangen; darum gebe ich dir auch deren *Kelch in deine Hand. *V.33.
32. So spricht der Herr Herr: Du mußt den Kelch deiner Schwester trinken, so tief und weit er ist; du sollst zu so großem Spott und Hohn werden, daß es unerträglich sein wird.
33. Du mußt *dich des starken Tranks und Jammers vollsaufen; denn der Kelch deiner Schwester Samaria ist ein Kelch des Jammers und Trauerns.
*Jes. 51,17; Jer. 25,15.18.
34. Denselben mußt du rein austrinken, darnach die Scherben zerwerfen und deine Brüste zerreißen; denn ich habe es geredet, spricht der Herr Herr.
35. Darum so spricht der Herr Herr: Darum daß du mein vergessen und mich hinter deinen Rücken geworfen hast, so trage auch nun deine Unzucht und deine Hurerei.
36. Und der Herr sprach zu mir: Du Menschenkind, willst du nicht Ohola und Oholiba strafen und ihnen zeigen ihre Greuel?
37. Wie sie Ehebrecherei getrieben und Blut vergossen und die Ehe gebrochen haben mit den Götzen; dazu *ihre Kinder, die sie mir geboren hatten, verbrannten sie denselben zum Opfer. *Jer. 7,31.
38. Überdas haben sie mir das getan: sie haben meine Heiligtümer verunreinigt dazumal und meine Sabbate entheiligt.
39. Denn da sie ihre Kinder den Götzen geschlachtet hatten, gingen sie desselben Tages in mein Heiligtum, es zu entheiligen. Siehe, solches haben sie in meinem Hause begangen.
40. Sie haben auch Boten geschickt nach Leuten, die aus fernen Landen kommen sollten; und siehe, da sie kamen, badetest du dich und schminktest dich und schmücktest dich mit Geschmeide ihnen zu Ehren
41. und saßest auf einem herrlichen Polster, vor welchem stand ein Tisch zugerichtet; darauf legtest du mein Räuchwerk und mein Öl.
42. Daselbst erhob sich ein großes Freudengeschrei; und es gaben ihnen die Leute, so allenthalben aus großem Volk und aus der Wüste gekommen waren, Geschmeide an ihre Arme und schöne Kronen auf ihre Häupter.
43. Ich aber gedachte: Sie ist der Ehebrecherei gewohnt von alters her; sie kann von der Hurerei nicht lassen.
44. Denn man geht zu ihr ein, wie man zu einer Hure eingeht; ebenso geht man zu Ohola und Oholiba, den unzüchtigen Weibern.
45. Darum werden sie die Männer strafen, die das *Recht vollbringen, wie man die Ehebrecherinnen und Blutvergießerinnen strafen soll. Denn sie sind Ehebrecherinnen, und ihre Hände sind voll Blut. *3. Mose 20,10.
46. Also spricht der Herr Herr: Führe einen großen Haufen über sie herauf und gib sie zu Raub und Beute,
47. daß die Leute sie steinigen und mit ihren Schwertern erstechen und ihre Söhne und Töchter erwürgen und ihre Häuser mit Feuer verbrennen.
48. Also will ich der Unzucht im Lande ein Ende machen, daß alle Weiber sich warnen lassen und nicht nach solcher Unzucht tun.
49. Und man soll eure Unzucht auf euch legen, und ihr sollt eurer Götzen Sünden tragen, auf daß ihr erfahret, daß ich der Herr Herr bin.

Das 24. Kapitel

Zerstörung Jerusalems vorgebildet durch den siedenden Topf und durch den Tod des Weibes Hesekiels.

1. Und es geschah das Wort des Herrn zu mir *im neunten Jahr, am zehnten Tage

des zehnten Monats, und sprach:
*2.Kön. 25,1; Jer. 52,4.
2. Du Menschenkind, schreib diesen Tag
an, ja, eben diesen Tag; denn der König zu
Babel hat sich eben an diesem Tage wider
Jerusalem gelagert.
3. Und gib dem ungehorsamen Volk ein
Gleichnis und sprich zu ihnen: So spricht
der Herr Herr: Setze einen Topf zu, setze
zu und gieß Wasser hinein;
4. tue die Stücke zusammen darein, die
hinein sollen, alle besten Stücke, die Lenden und Schultern, und fülle ihn mit den
besten Knochenstücken;
5. nimm das Beste von der Herde und
mache ein Feuer darunter, Knochenstükke zu kochen, und laß es getrost sieden
und die Knochenstücke darin wohl kochen.
6. Darum spricht der Herr Herr: *O der
mörderischen Stadt, die ein solcher Topf
ist, da der Rost daran klebt und nicht abgehen will! Tue ein Stück nach dem andern
heraus; und darfst nicht darum losen, welches zuerst heraus soll. *V. 9.
7. Denn ihr Blut ist darin, das sie auf
einen bloßen Felsen und nicht auf die Erde verschüttet hat, da man's doch hätte
mit Erde können zuscharren.
8. Und ich habe auch darum sie lassen
das Blut auf einen bloßen Felsen schütten,
daß es nicht zugescharrt würde, auf daß
der Grimm über sie käme und es gerächt
würde.
9. Darum spricht der Herr Herr also: O
*du mörderische Stadt, welche ich will zu
einem großen Feuer machen! *Nah. 3,1.
10. Trage nur viel Holz her, zünde das
Feuer an, daß das Fleisch gar werde, und
würze es wohl, und die Knochenstücke
sollen anbrennen.
11. Lege auch den Topf leer auf die Glut,
auf daß er heiß werde und sein Erz entbrenne, ob seine Unreinigkeit zerschmelzen und sein Rost abgehen wolle.
12. Aber wie sehr er brennt, will sein
Rost doch nicht abgehen, denn es ist zuviel des Rosts; er muß im Feuer verschmelzen.
13. Deine Unreinigkeit ist so verhärtet,
daß, ob ich dich gleich gern reinigen wollte, dennoch du nicht willst dich reinigen
lassen von deiner Unreinigkeit. Darum
kannst du hinfort nicht wieder rein werden, bis mein *Grimm sich an dir gekühlt
habe. *K. 5,13.
14. Ich, der Herr, habe es geredet! Es soll
kommen, ich will's tun und nicht säumen;
ich will nicht schonen noch mich's reuen
lassen; sondern sie sollen dich richten, wie
du gelebt und getan hast, spricht der Herr
Herr.
15. Und des Herrn Wort geschah zu mir
und sprach:
16. Du Menschenkind, siehe, ich will dir
deiner Augen *Lust nehmen durch eine
Plage. Aber du sollst nicht klagen noch
weinen noch eine Träne lassen. *V. 18.
17. Heimlich magst du seufzen, aber keine Totenklage führen; sondern du sollst
deinen Schmuck anlegen und deine Schuhe anziehen. Du sollst deinen Mund nicht
verhüllen und nicht das Trauerbrot essen.
18. Und da ich des Morgens früh zum
Volke geredet hatte, starb mir am Abend
mein Weib. Und ich tat des andern Morgens, wie mir befohlen war.
19. Und das Volk sprach zu mir: Willst du
uns denn nicht anzeigen, was uns das bedeutet, was du tust?
20. Und ich sprach zu ihnen: Der Herr
hat mit mir geredet und gesagt:
21. Sage dem Hause Israel, daß der Herr
Herr spricht also: Siehe, ich will mein
Heiligtum, euren höchsten Trost, die Lust
eurer Augen und eures Herzens Wunsch,
entheiligen; und eure Söhne und Töchter,
die ihr verlassen mußtet, werden durchs
Schwert fallen.
22. Und müsset tun, wie ich getan habe:
euren Mund sollt ihr nicht verhüllen und
das Trauerbrot nicht essen,
23. sondern sollt euren Schmuck auf euer Haupt setzen und eure Schuhe anziehen. Ihr werdet nicht klagen noch weinen,
sondern über euren Sünden verschmachten und untereinander seufzen.
24. Und soll also Hesekiel euch ein
*Wunderzeichen sein, daß ihr tun müsset, wie er getan hat, wenn es nun kommen wird, damit ihr erfahret, daß ich der
Herr Herr bin. *V. 27; K. 12,11.
25. Und du, Menschenkind, zu der Zeit,
wann ich wegnehmen werde von ihnen
ihre Macht und ihren Trost, die Lust ihrer
Augen und ihres Herzens Wunsch, ihre
Söhne und Töchter,
26. ja, zur selben Zeit wird *einer, so
entronnen ist, zu dir kommen und dir's
kundtun. *K. 33,21.
27. Zur selben Zeit wird dein Mund aufgetan werden samt dem, der entronnen
ist, daß du reden sollst und nicht mehr
schweigen; denn du mußt ihr Wunderzeichen sein, daß sie erfahren, ich sei der
Herr.

Das 25. Kapitel

Weissagung wider die Ammoniter, Moabiter, Edomiter und Philister.

1. Und des Herrn Wort geschah zu mir und sprach:

2. Du Menschenkind, richte dein Angesicht gegen die Kinder *Ammon und weissage wider sie *K.21,33–37; Jer.49,1–6.

3. und sprich zu den Kindern Ammon: Höret des Herrn Herrn Wort! So spricht der Herr Herr: Darum daß ihr über mein Heiligtum sprecht: *»Ha! es ist entheiligt!« und über das Land Israel: »Es ist verwüstet!« und über das Haus Juda: »Es ist gefangen weggeführt!«,
*K.36,2; Klagel.2,16.

4. darum siehe, ich will dich den Kindern des Morgenlandes übergeben, daß sie ihre Zeltdörfer in dir bauen und ihre Wohnungen in dir machen sollen; sie sollen deine Früchte essen und deine Milch trinken.

5. Und will Rabba zum Kamelstall machen und das Land der Kinder Ammon zu Schafhürden machen; und ihr sollt erfahren, daß ich der Herr bin.

6. Denn so spricht der Herr Herr: Darum daß du mit deinen Händen geklatscht und mit den Füßen gescharrt und über das Land Israel von ganzem Herzen so höhnisch dich gefreut hast,

7. darum siehe, ich will meine Hand über dich ausstrecken und dich den Heiden zur Beute geben und dich aus den Völkern ausrotten und aus den Ländern umbringen und dich vertilgen; und sollst erfahren, daß ich der Herr bin.

8. So spricht der Herr Herr: Darum daß *Moab und Seir sprechen: Siehe, das Haus Juda ist eben wie alle Heiden! *Jes.15; Jer.48.

9. siehe, so will ich Moab zur Seite öffnen und in seinen Städten und in seinen Grenzen, das edle Land von Beth-Jesimoth, Baal-Meon und Kirjathaim,

10. und will es den Kindern des Morgenlandes zum Erbe geben samt dem Lande der Kinder Ammon, daß man der Kinder Ammon nicht mehr gedenken soll unter den Heiden.

11. Und will das Recht gehen lassen über Moab; und sie sollen erfahren, daß ich der Herr bin.

12. So spricht der Herr Herr: Darum daß sich Edom am Hause Juda gerächt hat und sich verschuldet mit seinem Rächen,
Jer.49,7–22; Obad.; Ps.137,7.

13. darum spricht der Herr Herr also: Ich will meine Hand ausstrecken über Edom und will ausrotten von ihm Menschen und Vieh und will es wüst machen von Theman bis gen Dedan und durchs Schwert fällen;

14. und will mich an Edom rächen durch mein Volk Israel, und sie sollen mit Edom umgehen nach meinem Zorn und Grimm, daß sie meine Rache erfahren sollen, spricht der Herr Herr.

15. So spricht der Herr Herr: Darum daß *die Philister sich gerächt haben und den alten Haß gebüßt nach allem ihrem Willen am Schaden meines Volks,
*Jes.14,29; Jer.47; Zeph.2,5.

16. darum spricht der Herr Herr also: Siehe, ich will meine Hand ausstrecken über die Philister und die *Krether ausrotten und will die übrigen am Ufer des Meeres umbringen; *1.Sam.30,14.

17. und will große Rache an ihnen üben und mit Grimm sie strafen, daß sie erfahren sollen, ich sei der Herr, wenn ich meine Rache an ihnen geübt habe.

Das 26. Kapitel

Weissagung von der Zerstörung der Stadt Tyrus.

1. Und es begab sich im elften Jahr, am ersten Tage des ersten Monats, geschah des Herrn Wort zu mir und sprach:

2. Du Menschenkind, darum daß Tyrus spricht über Jerusalem: *»Ha! die Pforte der Völker ist zerbrochen; es ist zu mir gewandt; ich werde nun voll werden, weil sie wüst ist!«, *K.25,3.

3. darum spricht der Herr Herr also: Siehe, ich will an dich, *Tyrus, und will viele Heiden über dich heraufbringen, gleich wie sich ein Meer erhebt mit seinen Wellen. *Jes.23.

4. Die sollen die Mauern zu Tyrus verderben und ihre Türme abbrechen; ja ich will auch ihren Staub von ihr wegfegen und will einen bloßen Fels aus ihr machen

5. und einen Ort im Meer, darauf man die Fischgarne aufspannt; denn ich habe es geredet, spricht der Herr Herr, und sie soll den Heiden zum Raub werden.

6. Und ihre Töchter, so auf dem Felde liegen, sollen durchs Schwert erwürgt werden und sollen erfahren, daß ich der Herr bin.

7. Denn so spricht der Herr Herr: Siehe, ich will über Tyrus kommen lassen Nebukadnezar, den König zu Babel, von Mitternacht her, der ein *König aller Könige ist, mit Rossen, Wagen, Reitern und mit großem Haufen Volks. *Dan.2,37.

8. Der soll deine Töchter, *so auf dem Felde liegen, mit dem Schwert erwürgen; aber wider dich wird er Bollwerke auf-

schlagen und einen Wall aufschütten und
Schilde wider dich rüsten. *V.6.
9. Er wird mit Sturmböcken deine Mauern zerstoßen und deine Türme mit seinen Werkzeugen umreißen.
10. Der Staub von der Menge seiner Pferde wird dich bedecken; so werden auch deine Mauern erbeben vor dem Getümmel seiner Rosse, Räder und Reiter, wenn er zu deinen Toren einziehen wird, wie man pflegt in eine zerrissene Stadt einzuziehen.
11. Er wird mit den Füßen seiner Rosse alle deine Gassen zertreten. Dein Volk wird er mit dem Schwert erwürgen und deine starken Säulen zu Boden reißen.
12. Sie werden dein Gut rauben und deinen Handel plündern. Deine Mauern werden sie abbrechen und deine feinen Häuser umreißen und werden deine Steine, Holz und Staub ins Wasser werfen.
13. Also will ich mit dem Getön deines Gesanges ein Ende machen, daß man *den Klang deiner Harfen nicht mehr hören soll. *Jes. 14,11.
14. Und ich will einen bloßen Fels aus dir machen und einen Ort, darauf man die Fischgarne aufspannt, daß du nicht mehr gebaut werdest; denn ich bin der Herr, der solches redet, spricht der Herr Herr.
15. So spricht der Herr Herr wider Tyrus: Was gilt's? die Inseln werden erbeben, wenn du so greulich zerfallen wirst und deine Verwundeten seufzen werden, so in dir sollen ermordet werden.
16. Alle Fürsten am Meer werden herab von ihren Stühlen steigen und ihre Röcke von sich tun und ihre gestickten Kleider ausziehen und werden in Trauerkleidern gehen und auf der Erde sitzen und werden erschrecken und sich entsetzen über deinen plötzlichen Fall.
17. Sie werden über dich wehklagen und von dir sagen: Ach, wie bist du so gar wüst geworden, du berühmte Stadt, die du am Meer lagst und so mächtig warst auf dem Meer samt deinen Einwohnern, daß sich das ganze Land vor dir fürchten mußte!
18. Ach, wie entsetzen sich die Inseln über deinen Fall! ja die Inseln im Meer erschrecken über deinen Untergang.
19. Denn so spricht der Herr Herr: Ich will dich zu einer wüsten Stadt machen wie andere Städte, darin niemand wohnt, und eine große Flut über dich kommen lassen, daß dich große Wasser bedecken,
20. und will dich hinunterstoßen zu denen, die in die Grube gefahren sind, zu dem Volk der Toten. Ich will dich unter die Erde hinabstoßen in die ewigen Wüsten zu denen, die in die Grube gefahren sind, auf daß niemand in dir wohne. Ich will dich, du Prächtige im Lande der Lebendigen,
21. ja, zum Schrecken will ich dich machen, daß du nichts mehr seist; und wenn man nach dir fragt, daß man dich ewiglich nimmer finden könne, spricht der Herr Herr.

Das 27. Kapitel

Klagelied über Tyrus.

1. Und des Herrn Wort geschah zu mir und sprach:
2. Du Menschenkind, mache *eine Wehklage über Tyrus *Jes. 23.
3. und sprich zu Tyrus, die da liegt vorn am Meer und mit vielen Inseln der Völker handelt: So spricht der Herr Herr: O Tyrus, du sprichst: Ich bin die *Allerschönste. *Hos. 9,13.
4. Deine Grenzen sind mitten im Meer, und deine Bauleute haben dich aufs allerschönste zugerichtet.
5. Sie haben all dein Tafelwerk aus Zypressenholz vom *Senir gemacht und die Zedern von dem Libanon führen lassen und deine Mastbäume daraus gemacht *5. Mose 3,8.9.
6. und deine Ruder von Eichen aus Basan und deine Bänke von Elfenbein, gefaßt in Buchsbaumholz aus den Inseln der Chittiter.
7. Dein Segel war von gestickter, köstlicher Leinwand aus Ägypten, daß es dein Panier wäre, und deine Decken von blauem und rotem Purpur aus den Inseln *Elisa. *1. Mose 10,4.
8. Die von Sidon und Arvad waren deine Ruderknechte, und hattest geschickte Leute in Tyrus, zu schiffen.
9. Die Ältesten und Klugen von *Gebal mußten deine Risse bessern. Alle Schiffe im Meer und ihre Schiffsleute fand man bei dir; die hatten ihren Handel in dir. *1. Kön. 5,32.
10. Die aus Persien, Lud und Libyen waren dein Kriegsvolk, die ihre Schilde und Helme in dir aufhingen und haben dich so schön geschmückt.
11. Die von Arvad waren unter deinem Heer rings um deine Mauern und Wächter auf deinen Türmen; die haben ihre Schilde allenthalben von deinen Mauern herabgehängt und dich so schön geschmückt.
12. Tharsis hat mit dir seinen Handel gehabt und allerlei Ware: Silber, Eisen, Zinn und Blei auf deine Märkte gebracht.

13. Javen, *Thubal und Mesech haben mit dir gehandelt und haben dir leibeigene Leute und Geräte von Erz auf deine Märkte gebracht. *K.38,2.
14. Die von Thogarma haben dir Rosse und Wagenpferde und Maulesel auf deine Märkte gebracht.
15. Die von Dedan sind deine Händler gewesen, und hast allenthalben in den Inseln gehandelt; die haben dir Elfenbein und Ebenholz verkauft.
16. Die Syrer haben bei dir geholt deine Arbeit, was du gemacht hast, und Rubine, Purpur, Teppiche, feine Leinwand und Korallen und Kristalle auf deine Märkte gebracht.
17. Juda und das Land Israel haben auch mit dir gehandelt und haben dir Weizen und Minnith und Balsam und Honig und Öl und Mastix auf deine Märkte gebracht.
18. Dazu hat auch Damaskus bei dir geholt deine Arbeit und allerlei Ware um Wein von Helbon und köstliche Wolle.
19. Dan und Javan und Mehusal haben auch auf deine Märkte gebracht Eisenwerk, Kassia und Kalmus, daß du damit handeltest.
20. Dedan hat mit dir gehandelt mit Dekken zum Reiten.
21. Arabien und alle Fürsten von *Kedar haben mit dir gehandelt mit Schafen, Widdern und Böcken. *1.Mose 25,13.
22. Die Kaufleute aus Sabe und Ragma haben mit dir gehandelt und allerlei köstliche Spezerei und Edelsteine und Gold auf deine Märkte gebracht.
23. Haran und Kanne und Eden samt den Kaufleuten aus Seba, Assur und Kilmad sind auch deine Händler gewesen.
24. Die haben alle mit dir gehandelt mit köstlichem Gewand, mit purpurnen und gestickten Tüchern, welche sie in köstlichen Kasten, von Zedern gemacht und wohl verwahrt, auf deine Märkte geführt haben.
25. Aber die Tharsisschiffe sind die vornehmsten auf deinen Märkten gewesen. Also bist du sehr reich und prächtig geworden mitten im Meer.
26. Deine Ruderer haben dich auf große Wasser geführt; ein Ostwind wird dich mitten auf dem Meer zerbrechen,
27. also daß dein Reichtum, dein Kaufgut, deine Ware, deine Schiffsleute, deine Schiffsherren und die, so deine Risse bessern und die deinen Handel treiben und alle deine Kriegsleute und alles Volk in dir mitten auf dem Meer umkommen werden zur Zeit, wann du untergehst;
28. daß auch die Anfurten erbeben werden vor dem Geschrei deiner Schiffsherren.
29. Und alle, die an den Rudern ziehen, samt den Schiffsknechten und Meistern werden aus ihren Schiffen ans Land treten
30. und laut über dich schreien, bitterlich klagen und werden Staub auf ihre Häupter werfen und sich in der Asche wälzen.
31. Sie werden sich kahl scheren über dir und Säcke um sich gürten und von Herzen bitterlich um dich weinen und trauern.
32. Es werden auch ihre Kinder über dich wehklagen: Ach! wer ist jemals auf dem Meer so still geworden wie du, Tyrus?
33. Da du deinen Handel auf dem Meer triebst, da machtest du viele Länder reich, ja, mit der Menge deiner Ware und deiner Kaufmannschaft machtest du reich die Könige auf Erden.
34. Nun aber bist du vom Meer in die rechten, tiefen Wasser gestürzt, daß dein Handel und all dein Volk in dir umgekommen ist.
35. Alle, die auf den Inseln wohnen, erschrecken über dich, und ihre Könige entsetzen sich und sehen jämmerlich.
36. Die Kaufleuten in den Ländern pfeifen dich an, daß du so *plötzlich untergegangen bist und nicht mehr aufkommen kannst. *K.28,19.

Das 28. Kapitel

Wider den König zu Tyrus.
Sidons Fall, Israels sichere Ruhe.

1. Und des Herrn Wort geschah zu mir und sprach:
2. Du Menschenkind, sage dem Fürsten zu Tyrus: So spricht der Herr Herr: Darum daß *sich dein Herz erhebt und spricht: »Ich bin Gott, ich sitze auf dem Thron Gottes mitten im Meer«, so du doch ein Mensch und nicht Gott bist – doch erhebt sich dein Herz, als wäre es eines Gottes Herz: *Dan.5,20; Apg.12,23.
3. siehe, du hältst dich für klüger denn *Daniel, daß dir nichts verborgen sei, *K.14,14.
4. und habst durch deine Klugheit und deinen Verstand solche Macht zuwege gebracht und Schätze von Gold und Silber gesammelt
5. und habest durch deine große Weisheit und Hantierung so große Macht überkommen; davon bist du so stolz geworden, daß du so mächtig bist –;
6. darum spricht der Herr Herr also: Weil

sich denn dein Herz erhebt, als wäre es
eines Gottes Herz,
7. darum, siehe, ich will Fremde über
dich schicken, nämlich die Tyrannen der
Heiden; die sollen ihr Schwert zücken
über deine schöne Weisheit und deine große Ehre zu Schanden machen.
8. Sie sollen dich hinunter in die Grube
stoßen, daß du mitten auf dem Meer sterbest wie die Erschlagenen. K.26,20.
9. Was gilt's, ob du dann vor deinem Totschläger werdest sagen: *»Ich bin Gott«,
so du doch nicht Gott, sondern ein
Mensch und in deiner Totschläger Hand
bist? *V.2.
10. Du sollst sterben wie die Unbeschnittenen von der Hand der Fremden; denn
ich habe es geredet, spricht der Herr Herr.
11. Und des Herrn Wort geschah zu mir
und sprach:
12. Du Menschenkind, *mache eine
Wehklage über den König zu Tyrus und
sprich von ihm: So spricht der Herr Herr:
Du bist ein reinliches Siegel, voller Weisheit und aus der Maßen schön. *K.27,2.
13. Du bist im Lustgarten Gottes und mit
allerlei Edelsteinen geschmückt: mit Sarder, Topas, Demant, Türkis, Onyx, Jaspis,
Saphir, Amethyst, Smaragd und Gold. Am
Tage, da du geschaffen wurdest, mußten
da bereitet sein bei dir deine Pauken und
Pfeifen.
14. Du bist wie ein Cherub, der sich weit
ausbreitet und decket; und ich habe dich
auf den heiligen *Berg Gottes gesetzt, daß
du unter den feurigen Steinen wandelst.
*Jes. 14,14.
15. Du warst ohne Tadel in deinem Tun
von dem Tage an, da du geschaffen wurdest, bis sich deine Missetat gefunden hat.
16. Denn du bist inwendig voll Frevels
geworden vor deiner großen Hantierung
und hast dich versündigt. Darum will ich
dich entheiligen von dem Berge Gottes
und will dich ausgebreiteten Cherub aus
den feurigen Steinen verstoßen.
17. Und weil sich dein Herz erhebt, daß
du so schön bist, und hast dich deine
Klugheit lassen betrügen in deiner Pracht,
darum will ich dich zu Boden stürzen und
ein Schauspiel aus dir machen vor den
Königen.
18. Denn du hast dein Heiligtum verderbt mit deiner großen Missetat und un-
rechtem Handel. Darum will ich ein Feuer
aus dir angehen lassen, das dich soll verzehren, und will dich zu Asche machen auf
der Erde, daß alle Welt zusehen soll.
19. Alle, die dich kennen unter den Heiden, werden sich über dich entsetzen, daß
du *so plötzlich bist untergegangen und
nimmermehr aufkommen kannst.
*K.27,36.
20. Und des Herrn Wort geschah zu mir
und sprach:
21. Du Menschenkind, richte dein Angesicht wider *Sidon und weissage wider sie
*Jes.23,2.12.
22. und sprich: So spricht der Herr Herr:
Siehe, ich will an dich, Sidon, und *will an
dir Ehre einlegen, daß man erfahren soll,
daß ich der Herr bin, wenn ich das Recht
über sie gehen lasse und an ihr erzeige,
daß ich heilig sei. *2. Mose 14,18.
23. Und ich will Pestilenz und Blutvergießen unter sie schicken auf ihren Gassen, und sie sollen tödlich verwundet drinnen fallen durchs Schwert, welches allenthalben über sie gehen wird; und sollen
erfahren, daß ich der Herr bin.
24. Und forthin sollen allenthalben um
das Haus Israel, da ihre Feinde sind, keine
Dornen, die da stechen, noch Stacheln,
die da wehe tun, bleiben, daß sie erfahren,
daß ich der Herr Herr bin.
25. So spricht der Herr Herr: Wenn ich
das Haus Israel wieder versammeln werde
von den Völkern, dahin sie zerstreut sind,
so will ich vor den Heiden an ihnen erzeigen, daß ich heilig bin. Und sie sollen
wohnen in ihrem Lande, das ich meinem
Knecht Jakob gegeben habe;
26. und sollen sicher darin wohnen und
Häuser bauen und Weinberge pflanzen; ja,
sicher sollen sie wohnen, wenn ich das
Recht gehen lasse über alle ihre Feinde
um und um; und sollen erfahren, daß ich,
der Herr, ihr Gott bin.

Das 29. Kapitel

Wider Ägypten.

1. Im zehnten Jahr, am zwölften Tage
des zehnten Monats, geschah des Herrn
Wort zu mir und sprach:
2. Du Menschenkind, richte dein Angesicht wider Pharao, den König in Ägypten,
und weissage wider ihn und wider ganz
Ägyptenland. Jes. 19; Jer. 46.
3. Predige und sprich: So spricht der
Herr Herr: Siehe, ich will an dich, Pharao,
du König in Ägypten, du *großer Drache,
der du in deinem Wasser liegst und
sprichst: Der Strom ist mein, und ich habe
ihn mir gemacht. *K.32,2.
4. Aber ich will dir ein *Gebiß ins Maul
legen und die Fische in deinen Wassern an
deine Schuppen hängen und will dich aus

deinem Strom herausziehen samt allen
Fisch in deinen Wassern, die an deinen
Schuppen hangen. *K.38,4; 2.Kön. 19,28.
5. Ich will dich mit den Fischen aus deinen Wassern in die Wüste wegwerfen; du
wirst aufs Land fallen und nicht wieder
aufgelesen noch gesammelt werden, sondern den Tieren auf dem Lande und den
Vögeln des Himmels zur Speise werden.
6. Und alle, die in Ägypten wohnen, sollen erfahren, daß ich der Herr bin; darum
daß sie dem Hause Israel ein *Rohrstab
gewesen sind. *2.Kön. 18,21.
7. Wenn sie ihn in die Hand faßten, so
brach er und stach sie durch die Seite;
wenn sie sich aber darauf lehnten, so zerbrach er und stach sie in die Lenden.
8. Darum spricht der Herr Herr also: Siehe, ich will das Schwert über dich kommen lassen und Leute und Vieh in dir
ausrotten.
9. Und Ägyptenland soll zur Wüste und
Öde werden, und sie sollen erfahren, daß
ich der Herr sei, darum daß du sprichst:
Der Wasserstrom ist mein, und ich bin's,
der's tut.
10. Darum, siehe, ich will an dich und an
deine Wasserströme und will Ägyptenland
wüst und öde machen von Migdol bis gen
Syene und bis an die Grenze des Mohren-
lands,
11. daß weder Vieh noch Leute darin gehen oder da wohnen sollen vierzig Jahre
lang.
12. Denn ich will Ägyptenland wüst machen wie andere wüste Länder und ihre
Städte wüst liegen lassen wie andere wüste
Städte vierzig Jahre lang; und will die
Ägypter zerstreuen unter die Heiden, und
in die Länder will ich sie verjagen.
13. Doch so spricht der Herr Herr: Wenn
die vierzig Jahre aus sein werden, will ich
die Ägypter wieder sammeln aus den Völkern, darunter sie zerstreut sollen werden,
14. und will das Gefängnis Ägyptens
wenden und sie wiederum ins Land Pathros bringen, welches ihr Vaterland ist;
und sie sollen daselbst ein kleines Königreich sein.
15. Denn sie sollen klein sein gegen andere Königreiche und nicht mehr sich erheben über die Heiden; und ich will sie
gering machen, daß sie nicht über die
Heiden herrschen sollen,
16. daß sich das Haus Israel nicht mehr
auf sie verlasse und sich damit versündige,
wenn sie sich an sie hängen; und sie sollen
erfahren, daß ich der Herr Herr bin.
17. Und es begab sich im siebenundzwanzigsten Jahr, am ersten Tage des ersten Monats, geschah des Herrn Wort zu
mir und sprach:
18. Du Menschenkind, Nebukadnezar,
der König zu Babel, hat sein Heer mit
großer Mühe vor Tyrus arbeiten lassen,
daß alle Häupter kahl und alle Schultern
wund gerieben waren; und ist doch weder
ihm noch seinem Heer seine Arbeit vor
Tyrus belohnt worden.
19. Darum spricht der Herr Herr also:
Siehe, ich will Nebukadnezar, dem König
zu Babel, Ägyptenland geben, daß er all
ihr Gut wegnehmen und sie berauben und
plündern soll, daß er seinem Heer den
Sold gebe.
20. Zum Lohn für seine Arbeit, die er
getan hat, will ich ihm das Land Ägypten
geben; denn sie haben *mir gedient,
spricht der Herr Herr. *K.30,24; Jes.10,5.
21. Zur selben Zeit will ich das Horn des
Hauses Israel wachsen lassen und will deinen Mund unter ihnen auftun, daß sie
erfahren, daß ich der Herr bin.

Das 30. Kapitel

Nebukadnezar stürzt Ägyptens Macht,
Bundesgenossen und König.

1. Und des Herrn Wort geschah zu mir
und sprach:
2. Du Menschenkind, weissage und
sprich: So spricht der Herr Herr: Heulet:
»O weh des Tages!«
3. Denn der *Tag ist nahe, ja, des Herrn
Tag ist nahe, ein finsterer Tag; die Zeit der
Heiden kommt. *Joel 1,15.
4. Und das Schwert soll über Ägypten
kommen; und Mohrenland muß erschrekken, wenn die Erschlagenen in Ägypten
fallen werden und sein Volk weggeführt
und seine Grundfesten umgerissen werden.
5. Mohrenland und Libyen und Lud mit
allerlei Volk und Chub und die aus dem
Lande des Bundes sind, sollen samt ihnen
durchs Schwert fallen.
6. So spricht der Herr: Die Schutzherren
Ägyptens müssen fallen, und die Hoffart
seiner Macht muß herunter; von Migdol
bis gen Syene sollen sie durchs Schwert
fallen, spricht der Herr Herr.
7. Und sie sollen wie andere wüste Länder wüst werden, und ihre Städte unter
andern wüsten Städten wüst liegen,
8. daß sie erfahren, daß ich der Herr sei,
wenn ich ein Feuer in Ägypten mache, daß
alle, die ihnen helfen, verstört werden.

9. Zur selben Zeit werden Boten von mir ausziehen in Schiffen, *Mohrenland zu schrecken, das jetzt so sicher ist; und wird ein Schrecken unter ihnen sein, gleich wie es Ägypten ging, da seine Zeit kam; und siehe, es kommt gewiß. *Jes. 18,2; 20,3.4.
10. So spricht der Herr Herr: Ich will die Menge in Ägypten wegräumen durch Nebukadnezar, den König zu Babel.
11. Denn er und sein Volk mit ihm, die Tyrannen der Heiden, sind herzugebracht, das Land zu verderben, und werden ihre Schwerter ausziehen wider Ägypten, daß das Land allenthalben voll Erschlagener liege.
12. Und ich will die Wasserströme trokken machen und das Land bösen Leuten verkaufen, und will das Land und was darin ist, durch Fremde verwüsten. Ich, der Herr, habe es geredet.
13. So spricht der Herr Herr: Ich will die Götzen zu Noph ausrotten und die Abgötter vertilgen, und Ägypten soll keinen Fürsten mehr haben, und ich will einen Schrecken in Ägyptenland schicken.
14. Ich will Pathros wüst machen und ein Feuer zu Zoan anzünden und das Recht über No gehen lassen
15. und will meinen Grimm ausschütten über Sin, die Festung Ägyptens, und will die Menge zu No ausrotten.
16. Ich will ein Feuer in Ägypten anzünden, und Sin soll angst und bange werden, und No soll zerrissen und Noph täglich geängstet werden.
17. Die junge Mannschaft zu On und Bubastus sollen durchs Schwert fallen und die Weiber gefangen weggeführt werden.
18. Thachpanhes wird einen finstern Tag haben, wenn ich das Joch Ägyptens daselbst zerbrechen werde, daß die Hoffart seiner Macht darin ein Ende habe; sie wird mit Wolken bedeckt werden, und ihre Töchter werden gefangen weggeführt werden.
19. Und ich will das Recht über Ägypten gehen lassen, daß sie erfahren, daß ich der Herr sei.
20. Und es begab sich im elften Jahr, am siebenten Tage des ersten Monats, geschah des Herrn Wort zu mir und sprach:
21. Du Menschenkind, ich habe den Arm Pharaos, des Königs von Ägypten, zerbrochen; und siehe, er soll nicht verbunden werden, daß er heilen möge, noch mit Binden zugebunden werden, daß er stark werde und ein Schwert fassen könne.
22. Darum spricht der Herr Herr also: Siehe, ich will an Pharao, den König von Ägypten, und will seine Arme zerbrechen, beide, den starken und den zerbrochenen, daß ihm das Schwert aus seiner Hand entfallen muß;
23. und will die Ägypter unter die Heiden zerstreuen und in die Länder verjagen.
24. Aber die Arme des Königs zu Babel will ich stärken und ihm *mein Schwert in seine Hand geben, und will die Arme Pharaos zerbrechen, daß er vor ihm winseln soll wie ein tödlich Verwundeter. *K. 29,20.
25. Ja, ich will die Arme des Königs zu Babel stärken, daß die Arme Pharaos dahinfallen, auf daß sie erfahren, daß ich der Herr sei, wenn ich mein Schwert dem König zu Babel in die Hand gebe, daß er's über Ägyptenland zücke,
26. und ich die Ägypter unter die Heiden zerstreue und in die Länder verjage, daß sie erfahren, daß ich der Herr bin.

Das 31. Kapitel

Der König von Ägypten soll ebenso wie der König von Assyrien gestürzt werden.

1. Und es begab sich im elften Jahr, am ersten Tage des dritten Monats, geschah des Herrn Wort zu mir und sprach:
2. Du Menschenkind, sage zu Pharao, dem König von Ägypten, und zu allem seinem Volk: Wem meinst du denn, daß du gleich seist in deiner Herrlichkeit?
3. Siehe, Assur war wie ein Zedernbaum auf dem Libanon, von schönen Ästen und dick von Laub und sehr hoch, daß sein Wipfel hoch stand unter großen, dichten Zweigen. Dan. 4,7–11.
4. Die Wasser machten, daß er groß ward, und die Tiefe, daß er hoch wuchs. Ihre Ströme gingen rings um seinen Stamm her und ihre Bäche zu allen Bäumen im Felde.
5. Darum ist er höher geworden als alle Bäume im Felde und kriegte viel Äste und lange Zweige; denn er hatte Wasser genug, sich auszubreiten.
6. Alle Vögel des Himmels nisteten auf seinen Ästen, und alle Tiere im Felde hatten Junge unter seinen Zweigen; und unter seinem Schatten wohnten alle großen Völker.
7. Er hatte schöne, große und lange Äste, denn seine Wurzeln hatten viel Wasser.
8. Und war ihm kein Zedernbaum gleich in Gottes Garten, und die Tannenbäume waren seinen Ästen nicht zu vergleichen, und die Kastanienbäume waren nichts gegen seine Zweige. Ja, er war so schön wie kein Baum im Garten Gottes.
9. Ich hatte ihn so schön gemacht, daß er

so viel Äste kriegte, daß ihn alle lustigen Bäume im Garten Gottes neideten.
10. Darum spricht der Herr Herr also: Weil er so hoch geworden ist, daß sein Wipfel stand unter großen, hohen, dichten Zweigen, und *sein Herz sich erhob, daß er so hoch geworden war, *K.28,2–10.
11. darum gab ich ihn dem Mächtigsten unter den Heiden in die Hände, daß der mit ihm umginge und ihn vertriebe, wie er verdient hat mit seinem gottlosen Wesen,
12. daß Fremde ihn ausrotten sollten, nämlich die Tyrannen der Heiden, und ihn zerstreuen, und seine Äste auf den Bergen und in allen Tälern liegen mußten und seine Zweige zerbrachen an allen Bächen im Lande; daß alle Völker auf Erden von seinem Schatten wegziehen mußten und ihn verlassen;
13. und alle Vögel des Himmels auf seinem umgefallenen Stamm saßen und alle Tiere im Felde sich legten auf seine Äste;
14. auf daß sich forthin kein Baum am Wasser seiner Höhe überhebe, daß sein Wipfel unter großen, dichten Zweigen stehe, und kein Baum am Wasser sich erhebe über die andern; denn sie müssen alle unter die Erde und dem Tod übergeben werden wie andere Menschen, die in die Grube fahren.
15. So spricht der Herr Herr: Zu der Zeit, da er hinunter in die Hölle fuhr, da machte ich ein Trauern, daß ihn die Tiefe bedeckte und seine Ströme stillstehen mußten und die großen Wasser nicht laufen konnten; und machte, daß der Libanon um ihn trauerte und alle Feldbäume verdorrten über ihm.
16. Ich erschreckte die Heiden, da sie ihn hörten fallen, da ich ihn hinunterstieß zur Hölle, zu denen, so in die Grube gefahren sind. Und alle lustigen Bäume unter der Erde, die edelsten und besten auf dem Libanon, und alle, die am Wasser gestanden hatten, gönnten's ihm wohl. V. 14.
17. Denn sie mußten auch mit ihm hinunter zur Hölle, zu den Erschlagenen mit dem Schwert, weil sie unter dem Schatten seines Armes gewohnt hatten unter den Heiden.
18. Wie groß meinst du denn, Pharao, daß du seist mit deiner Pracht und Herrlichkeit unter den lustigen Bäumen? Denn du mußt mit den lustigen Bäumen unter die Erde hinabfahren und unter den Unbeschnittenen liegen, so mit dem Schwert erschlagen sind. Also soll es Pharao gehen samt allem seinem Volk, spricht der Herr Herr.

Das 32. Kapitel

Die Ägypter müssen ebenso wie andere Völker in die Grube fahren.

1. Und es begab sich im zwölften Jahr, am ersten Tage des zwölften Monats, geschah des Herrn Wort zu mir und sprach:
2. Du Menschenkind, *mache eine Wehklage über Pharao, den König von Ägypten, und sprich zu ihm: Du bist gleich wie ein Löwe unter den Heiden und wie ein †Meerdrache und springst in deinen Strömen und rührst das Wasser auf mit deinen Füßen und machst seine Ströme trüb.
*K.27,2. †K.29,3.
3. So spricht der Herr Herr: Ich will mein Netz über dich auswerfen durch einen großen Haufen Volks, die dich sollen in mein Garn jagen; K.17,20.
4. und will dich aufs Land ziehen und aufs Feld werfen, daß alle Vögel des Himmels auf dir sitzen sollen und alle Tiere auf Erden von dir satt werden.
5. Und will dein Aas auf die Berge werfen und mit deiner Höhe die Täler ausfüllen.
6. Das Land, darin du schwimmst, will ich von deinem Blut rot machen bis an die Berge hinan, daß die Bäche von dir voll werden.
7. Und wenn du nun ganz dahin bist, so will ich *den Himmel verhüllen und seine Sterne verfinstern und die Sonne mit Wolken überziehen, und der Mond soll nicht scheinen. *Jes.13,10.
8. Alle Lichter am Himmel will ich über dir lassen dunkel werden, und will eine Finsternis in deinem Lande machen, spricht der Herr Herr.
9. Dazu will ich vieler Völker Herz erschreckt machen, wenn ich die Heiden deine Plage erfahren lasse und viele Länder, die du nicht kennst.
10. Viele Völker sollen sich über dich entsetzen, und ihren Königen soll vor dir grauen, wenn ich mein Schwert vor ihnen blinken lasse, und sollen plötzlich erschrecken, daß ihnen das Herz entfallen wird über deinem Fall.
11. Denn so spricht der Herr Herr: Das Schwert des Königs zu Babel soll dich treffen.
12. Und ich will dein Volk fällen durch das Schwert der Helden, durch allerlei Tyrannen der Heiden; die sollen die Herrlichkeit Ägyptens verheeren, daß all ihr Volk vertilgt werde.
13. Und ich will alle ihre Tiere umbringen an den großen Wassern, daß sie keines Menschen Fuß und keines Tieres Klaue mehr trüb machen soll.

14. Alsdann will ich ihre Wasser lauter machen, daß ihre Ströme fließen wie Öl, spricht der Herr Herr,
15. wenn ich das Land Ägypten verwüstet und alles, was im Lande ist, öde gemacht und alle, so darin wohnen, erschlagen habe, daß sie erfahren, daß ich der Herr sei.
16. Das wird der Jammer sein, den man wohl mag klagen; ja, die Töchter der Heiden werden solche Klage führen; über Ägypten und all ihr Volk wird man klagen, spricht der Herr Herr.
17. Und im zwölften Jahr, am fünfzehnten Tage desselben Monats, geschah des Herrn Wort zu mir und sprach:
18. Du Menschenkind, beweine das Volk in Ägypten und stoße es mit den Töchtern der starken Heiden hinab unter die Erde zu *denen, die in die Grube gefahren sind. *K.31,16.
19. Wo ist nun deine Wollust? Hinunter, und lege dich zu den Unbeschnittenen! Jes.14,11–19.
20. Sie werden fallen unter denen, die mit dem Schwert erschlagen sind. Das *Schwert ist schon gefaßt und gezückt über ihr ganzes Volk. *K.21,14.
21. Von ihm werden sagen in der Hölle die starken Helden mit ihren Gehilfen, die alle hinuntergefahren sind und liegen da unter den Unbeschnittenen und mit dem Schwert Erschlagenen. Jes.14,9.
22. Daselbst liegt Assur mit allen seinem Volk umher begraben, die alle erschlagen und durchs Schwert gefallen sind;
23. ihre Gräber sind tief in der *Grube, und sein Volk liegt allenthalben umher begraben, die alle erschlagen und durchs Schwert gefallen sind, vor denen sich die ganze Welt fürchtete. *Jes.14,15.
24. Da liegt auch Elam mit allem seinem Haufen umher begraben, die alle erschlagen und durchs Schwert gefallen sind und hinuntergefahren als die Unbeschnittenen unter die Erde, vor denen sich auch alle Welt fürchtete; und müssen ihre Schande tragen mit denen, die in die Grube gefahren sind.
25. Man hat sie unter die Erschlagenen gelegt samt allem ihrem Haufen, und liegen umher begraben; und sind alle, wie die Unbeschnittenen und mit dem Schwert Erschlagenen, vor denen sich auch alle Welt fürchten mußte; und müssen ihre Schande tragen mit denen, die in die Grube gefahren sind, und unter den Erschlagenen bleiben.
26. Da liegt *Mesech und Thubal mit allem ihrem Haufen umher begraben, die alle unbeschnitten und mit dem Schwert erschlagen sind, vor denen sich auch die ganze Welt fürchten mußte, *K.38,2.
27. und alle andern Helden, die unter den Unbeschnittenen gefallen und mit ihrer Kriegswehr zur Hölle gefahren sind und ihre Schwerter unter ihre Häupter haben müssen legen und deren Missetat über ihre Gebeine gekommen ist, die doch auch gefürchtete Helden waren in der ganzen Welt; also müssen sie liegen.
28. So mußt du freilich auch unter den Unbeschnittenen zerschmettert werden und unter denen, die mit dem Schwert erschlagen sind, liegen.
29. Da liegt *Edom mit seinen Königen und allen seinen Fürsten unter den Unbeschnittenen und mit dem Schwert Erschlagenen samt andern, so in die Grube gefahren sind, die doch mächtig waren. *K.25,12–14.
30. Da sind alle Fürsten von *Mitternacht und alle †Sidonier, die mit den Erschlagenen hinabgefahren sind; und ihre schreckliche Gewalt ist zu Schanden geworden, und müssen liegen unter den Unbeschnittenen und denen, so mit dem Schwert erschlagen sind, und ihre Schande tragen samt denen, die in die Grube gefahren sind. *K.38,6. †K.28,21–23.
31. Diese wird Pharao sehen und sich trösten über all sein Volk, die unter ihm mit dem Schwert erschlagen sind, und über sein ganzes Heer, spricht der Herr Herr. *Jes.14,10.
32. Denn es soll sich auch einmal alle Welt vor mir fürchten, daß Pharao und alle seine Menge liegen unter den Unbeschnittenen und mit dem Schwert Erschlagenen, spricht der Herr Herr.

Das 33. Kapitel

Von der Pflicht der geistlichen Wächter. Güte und Gerechtigkeit Gottes. Nachricht von der Zerstörung Jerusalems. Neue Strafpredigt.

1. Und des Herrn Wort geschah zu mir und sprach:
2. Du Menschenkind, predige den Kindern deines Volks und sprich zu ihnen: Wenn ich ein Schwert über das Land führen würde, und das Volk im Lande nähme einen Mann unter ihnen und machten ihn zu ihrem Wächter,
3. und er sähe das Schwert kommen über das Land und bliese die Drommete und warnte das Volk, –
4. wer nun der Drommete Hall hörte und

wollte sich nicht warnen lassen, und das
Schwert käme und nähme ihn weg: desselben Blut sei auf seinem Kopf;
5. denn er hat der Drommete Hall gehört
und hat sich dennoch nicht warnen lassen; darum sei sein Blut auf ihm. Wer sich
aber warnen läßt, der wird sein Leben davonbringen.
6. Wo aber der Wächter sähe das Schwert
kommen und die Drommete nicht bliese
noch sein Volk warnte, und das Schwert
käme und nähme etliche weg: dieselben
würden wohl um ihrer Sünde willen weggenommen; aber ihr Blut will ich von des
Wächters Hand fordern.
7. Und nun, du Menschenkind, ich habe
dich zu einem *Wächter gesetzt über das
Haus Israel, wenn du etwas aus meinem
Munde hörst, daß du sie von meinetwegen
warnen sollst.
*K.3,17–19; Jes.56,10; Hebr.13,17.
8. Wenn ich nun zu dem Gottlosen sage:
Du Gottloser mußt des Todes sterben! und
du sagst ihm solches nicht, daß sich der
Gottlose warnen lasse vor seinem Wesen,
so wird wohl der Gottlose um seines gottlosen Wesens willen sterben; aber sein
Blut will ich von deiner Hand fordern.
9. Warnest du aber den Gottlosen vor seinem Wesen, daß er sich davon bekehre,
und er will sich nicht von seinem Wesen
bekehren, so wird er um seiner Sünde
willen sterben, und du hast deine Seele
errettet.
10. Darum, du Menschenkind, sage dem
Hause Israel: Ihr sprecht also: Unsre Sünden und Missetaten liegen auf uns, daß wir
darunter vergehen; wie können wir denn
leben?
11. So sprich zu ihnen: So wahr als ich
lebe, spricht der Herr Herr, *ich habe keinen Gefallen am Tode des Gottlosen, sondern daß sich der Gottlose bekehre von
seinem Wesen und lebe. †So bekehret
euch doch nun von eurem bösen Wesen.
Warum wollt ihr sterben, ihr vom Hause
Israel? *K.18,23.31.32. †Jes.55,7; Joel 2,12.13.
12. Und du, Menschenkind, sprich zu
deinem Volk: *Wenn ein Gerechter Böses
tut, so wird's ihm nicht helfen, daß er
fromm gewesen ist; und wenn ein Gottloser fromm wird, so soll's ihm nicht schaden, daß er gottlos gewesen ist. So kann
auch der Gerechte nicht leben, wenn er
sündigt. *K.3,20; 18,24.
13. Denn wo ich zu dem Gerechten spreche, er soll leben, und er verläßt sich auf
seine Gerechtigkeit und tut Böses, so soll
aller seiner Frömmigkeit nicht gedacht
werden; sondern er soll sterben in seiner
Bosheit, die er tut.
14. Und wenn ich zum Gottlosen spreche, er soll sterben, und er bekehrt sich
von seiner Sünde und tut, was recht und
gut ist,
15. also daß der Gottlose *das Pfand wiedergibt und †bezahlt, was er geraubt hat,
und nach dem Wort des Lebens wandelt,
daß er kein Böses tut: so soll er leben und
nicht sterben, *K.18,7. †Luk.19,8.
16. und aller seiner Sünden, die er getan
hat, soll nicht gedacht werden; denn er tut
nun, was recht und gut ist; darum soll er
leben.
17. Aber dein Volk spricht: Der Herr urteilt nicht recht, so doch sie unrecht haben. K.18,25–30.
18. Denn wo der Gerechte sich kehrt von
seiner Gerechtigkeit und tut Böses, so
stirbt er ja billig darum.
19. Und wo sich der Gottlose bekehrt von
seinem gottlosen Wesen und tut, was
recht und gut ist, so soll er ja billig leben.
20. Doch sprecht ihr: Der Herr urteilt
nicht recht, so ich doch euch vom Hause
Israel einen jeglichen nach seinem Wesen
richte.
21. Und es begab sich im zwölften Jahr
unserer Gefangenschaft, am fünften Tage
des zehnten Monats, kam zu mir ein *Ent-
ronnener von Jerusalem und sprach: Die
Stadt ist geschlagen. *K.24,26.
22. Und die Hand des Herrn war über mir
des Abends, ehe der Entronnene kam, und
tat mir meinen Mund auf, bis er zu mir
kam des Morgens; und tat mir meinen
Mund auf, also daß ich nicht mehr schweigen mußte.
23. Und des Herrn Wort geschah zu mir
und sprach:
24. Du Menschenkind, die Einwohner
dieser Wüsten im Lande Israel sprechen
also: Abraham war ein *einziger Mann
und erbte dies Land; unser aber sind viele,
desto billiger gehört das Land uns zu.
*Jes.51,2; Mal.2,15.
25. Darum sprich zu ihnen: So spricht
der Herr Herr: Ihr habt Blutiges gegessen
und eure Augen zu den Götzen aufgehoben und Blut vergossen; und ihr meint,
ihr wollt das Land besitzen?
26. Ja, ihr fahret immer fort mit Morden
und übet Greuel, und einer schändet dem
andern sein Weib; und ihr meint, ihr wollt
das Land besitzen?
27. So sprich zu ihnen: So spricht der
Herr Herr: So wahr ich lebe, sollen alle, so
in den Wüsten wohnen, durchs Schwert

fallen; und die auf dem Felde sind, will ich den Tieren zu fressen geben; und die in den Festungen und Höhlen sind, sollen an der Pestilenz sterben.
28. Denn ich will das Land ganz verwüsten und seiner Hoffart und Macht ein Ende machen, daß das Gebirge Israel so wüst werde, daß niemand dadurchgehe.
29. Und sie sollen erfahren, daß ich der Herr bin, wenn ich das Land ganz verwüstet habe um aller ihrer Greuel willen, die sie üben.
30. Und du, Menschenkind, dein Volk redet über dich an den Wänden und unter den Haustüren, und einer spricht zum andern: Kommt doch und laßt uns hören, was der Herr sage!
31. Und sie werden zu dir kommen in die Versammlung und vor dir sitzen als mein Volk und werden deine Worte hören, aber *nicht darnach tun; sondern sie werden sie gern in ihrem Munde haben, und gleichwohl fortleben nach ihrem Geiz.
*Jes. 53.1; Jak. 1,22.
32. Und siehe, du mußt ihnen sein wie ein liebliches Liedlein, wie einer, der eine schöne Stimme hat und wohl spielen kann. Also werden sie deine Worte hören, und nicht darnach tun.
33. Wenn es aber kommt, was kommen soll, siehe, so werden sie erfahren, *daß ein Prophet unter ihnen gewesen ist.
*K. 2,5.

Das 34. Kapitel

Weissagung wider die untreuen Hirten. Verheißung des einzigen rechten Hirten aus dem Hause David.

1. Und des Herrn Wort geschah zu mir und sprach:
2. Du Menschenkind, weissage wider die Hirten Israels, weissage und sprich zu ihnen: So spricht der Herr Herr: Weh *den Hirten Israels, die sich selbst weiden! Sollen nicht die Hirten die Herde weiden?
*K. 13,2; Jer. 23,1–6.
3. Aber ihr fresset das Fette und kleidet euch mit der Wolle und schlachtet das Gemästete; aber die Schafe wollt ihr nicht weiden.
4. *Der Schwachen wartet ihr nicht, und die Kranken heilt ihr nicht, das Verwundete verbindet ihr nicht, das Verirrte holt ihr nicht, und das Verlorene sucht ihr nicht; sondern streng und hart †herrschet ihr über sie. *Sach. 11,16. †1. Petr. 5,3.
5. Und meine Schafe sind zerstreut, als die keinen Hirten haben, und allen wilden Tieren zur Speise geworden und gar zerstreut. Matth. 9,36.
6. Und gehen irre hin und wieder auf den Bergen und auf den hohen Hügeln und sind auf dem ganzen Lande zerstreut; und ist niemand, der nach ihnen frage oder ihrer achte.
7. Darum höret, ihr Hirten, des Herrn Wort!
8. So wahr ich lebe, spricht der Herr Herr, weil ihr meine Schafe lasset zum Raub und meine Herde allen wilden Tieren zur Speise werden, weil sie keinen Hirten haben und meine Hirten nach meiner Herde nicht fragen, sondern sind solche Hirten, *die sich selber weiden, aber meine Schafe wollen sie nicht weiden:
*V. 2.
9. darum, ihr Hirten, höret des Herrn Wort!
10. So spricht der Herr Herr: Siehe, ich will an die Hirten und will meine Herde von ihren Händen fordern und will mit ihnen ein Ende machen, daß sie nicht mehr sollen Hirten sein und sollen sich nicht mehr selbst weiden. Ich will meine Schafe erretten aus ihrem Maul, daß sie sie forthin nicht mehr fressen sollen.
11. Denn so spricht der Herr Herr: Siehe, ich will mich meiner Herde selbst annehmen und sie suchen.
12. Wie *ein Hirte seine Schafe sucht, wenn sie von seiner Herde verirrt sind, also will ich meine Schafe suchen und will sie erretten von allen Örtern, dahin sie zerstreut waren zur Zeit, da es trüb und finster war. *Luk. 15,4.
13. Ich will sie von allen Völkern ausführen und aus allen Ländern versammeln und will sie in ihr Land führen und will sie weiden auf den Bergen Israels und in allen Auen und auf allen Angern des Landes.
14. Ich will sie *auf die beste Weide führen, und ihre Hürden werden auf den hohen Bergen in Israel stehen; daselbst werden sie in sanften Hürden liegen und fette Weide haben auf den Bergen Israels.
*Ps. 23,2.
15. Ich will selbst meine Schafe weiden, und ich will sie lagern, spricht der Herr Herr.
16. Ich will das Verlorene wieder suchen und das Verirrte wiederbringen und das Verwundete verbinden und des Schwachen warten; aber was fett und stark ist, will ich vertilgen und will es weiden mit Gericht.
17. Aber zu euch, meine Herde, spricht der Herr Herr also: Siehe, *ich will richten

zwischen Schaf und Schaf und zwischen
Widdern und Böcken. *Matth.25,32.
18. Ist's euch nicht genug, so gute Weide
zu haben, daß ihr das übrige mit Füßen
tretet, und so schöne Borne zu trinken,
daß ihr auch noch dareintretet und sie
trüb macht,
19. daß meine Schafe essen müssen, was
ihr mit euren Füßen zertreten habt, und
trinken, was ihr mit euren Füßen trüb
gemacht habt?
20. Darum so spricht der Herr Herr zu
ihnen: Siehe, ich will richten zwischen
den fetten und magern Schafen,
21. darum daß ihr mit der Seite und
Schulter drängt und die Schwachen von
euch stoßt mit euren Hörnern, bis ihr sie
alle von euch zerstreut.
22. Und ich will meiner Herde helfen,
daß sie nicht mehr sollen zum Raub werden,
und will richten zwischen Schaf und
Schaf.
23. Und ich will ihnen *einen einigen
Hirten erwecken, der sie weiden soll, nämlich
meinen †Knecht David. Der wird sie
weiden und soll ihr Hirte sein,
*K.37,24; Joh.10,12–16. †Jer.30,9; Hos.3,5.
24. und ich, der Herr, will ihr Gott sein;
aber mein Knecht David soll der Fürst
unter ihnen sein; das sage ich, der Herr.
25. Und ich will einen Bund *des Friedens
mit ihnen machen und alle bösen
Tiere aus dem Lande ausrotten, daß sie in
der Wüste sicher wohnen und in den Wäldern
schlafen sollen. *K.37,26.
26. Ich will sie und alles, was um meinen
Hügel her ist, segnen und auf sie regnen
lassen zu rechter Zeit; das sollen gnädige
Regen sein,
27. daß die Bäume auf dem Felde ihre
Früchte bringen und das Land sein Gewächs
geben wird; und sie sollen sicher
auf dem Lande wohnen und sollen erfahren,
daß ich der Herr bin, wenn ich ihr
Joch zerbrochen und sie errettet habe von
der Hand derer, deren sie dienen mußten.
28. Und sie sollen nicht mehr den Heiden
zum Raub werden, und kein Tier auf Erden
soll sie mehr fressen, sondern sollen
sicher wohnen ohne alle Furcht.
29. Und ich will ihnen eine herrliche
Pflanzung aufgehen lassen, daß sie nicht
mehr sollen Hunger leiden im Lande und
ihre Schmach unter den Heiden nicht
mehr tragen sollen. K.36,30.
30. Und sie sollen erfahren, daß ich, der
Herr, *ihr Gott, bei ihnen bin und daß sie
vom Haus Israel mein Volk seien, spricht
der Herr Herr. *K.11,20.
31. Ja, ihr Menschen sollt die *Herde
meiner Weide sein, und ich will euer Gott
sein, spricht der Herr Herr. *Ps.100,3.

Das 35. Kapitel

Weissagung wider Edom.

1. Und des Herrn Wort geschah zu mir
und sprach:
2. Du Menschenkind, richte dein Angesicht
*wider das Gebirge Seir und weissage
dawider, *K.25,8.12.
3. und sprich zu ihm: So spricht der Herr
Herr: Siehe, ich will an dich, du Berg Seir,
und meine Hand wider dich ausstrecken
und will dich gar wüst machen.
4. Ich will deine Städte öde machen, daß
du sollst zur Wüste werden und erfahren,
daß ich der Herr bin.
5. Darum daß ihr ewige Feindschaft
tragt wider die Kinder Israel und triebet
sie ins Schwert zur Zeit, da es ihnen übel
ging und ihre Missetat zum Ende gekommen
war,
6. darum, so wahr ich lebe, spricht der
Herr Herr, will ich dich auch blutend machen,
und sollst dem Bluten nicht entrinnen;
*weil du Lust zum Blut hast, sollst du
dem Bluten nicht entrinnen. *Offenb.16,5.6.
7. Und ich will den Berg Seir wüst und
öde machen, daß niemand darauf wandeln
noch gehen soll.
8. Und will sein Gebirge und alle Hügel,
Täler und alle Gründe voll Toter machen,
die durchs Schwert sollen erschlagen daliegen.
9. Ja, zu einer ewigen Wüste will ich dich
machen, daß niemand in deinen Städten
wohnen soll; und ihr sollt erfahren, daß
ich der Herr bin.
10. Und darum daß du sprichst: Diese
beiden Völker mit beiden Ländern müssen
mein werden, und wir wollen sie einnehmen
– obgleich der Herr da wohnt –,
11. darum, so wahr ich lebe, spricht der
Herr Herr, will ich nach deinem Zorn und
Haß mit dir umgehen, wie du mit ihnen
umgegangen bist aus lauter Haß, und will
bei ihnen bekannt werden, wenn ich dich
gestraft habe.
12. Und du sollst erfahren, daß ich, der
Herr, all dein Lästern gehört habe, so du
geredet hast wider die Berge Israels und
gesagt: »Sie sind verwüstet und uns zu
verderben gegeben.«
13. Und ihr habt euch wider mich gerühmt
und heftig wider mich geredet; das
habe ich gehört.
14. So spricht nun der Herr Herr: Ich

will dich zur Wüste machen, daß sich alles
Land freuen soll.
15. Und wie du dich *gefreut hast über
das Erbe des Hauses Israel, darum daß es
wüst geworden, ebenso will ich mit dir
tun, daß der Berg Seir wüst sein muß
samt dem ganzen Edom; und sie sollen
erfahren, daß ich der Herr bin.
*K.25,3; Ps.137,7.

Das 36. Kapitel

Israels Erlösung. Verheißung eines neuen
Herzens und eines gesegneten Landes.

1. Und du, Menschenkind, weissage den
Bergen Israels und sprich: Höret des
Herrn Wort, ihr Berge Israels! K.6,2.
2. So spricht der Herr Herr: Darum daß
der Feind über euch rühmt: *Ha! die ewigen Höhen sind nun unser Erbe geworden! *K.25,3.
3. darum weissage und sprich: So spricht
der Herr Herr: Weil man euch allenthalben verwüstet und vertilgt, und ihr seid
den übrigen Heiden zuteil geworden und
seid den Leuten ins Maul gekommen und
ein böses Geschrei geworden,
4. darum höret, ihr Berge Israels, das
Wort des Herrn Herrn! So spricht der Herr
Herr zu den Bergen und Hügeln, zu den
Bächen und Tälern, zu den öden Wüsten
und verlassenen Städten, welche den übrigen Heiden ringsumher zum Raub und
Spott geworden sind:
5. ja, so spricht der Herr Herr: Ich habe
in meinem feurigen Eifer geredet wider
die übrigen Heiden und wider das ganze
*Edom, welche mein Land eingenommen
haben mit Freuden von ganzem Herzen
und mit Hohnlachen, es zu verheeren und
zu plündern. *K.35,15.
6. Darum weissage von dem Lande Israel
und sprich zu den Bergen und Hügeln, zu
den Bächen und Tälern: So spricht der
Herr Herr: Siehe, ich habe in meinem
Eifer und Grimm geredet, weil ihr solche
Schmach von den Heiden tragen müsset.
7. Darum spricht der Herr Herr also: Ich
hebe meine Hand auf, daß eure Nachbarn,
die Heiden umher, ihre Schande tragen
sollen.
8. Aber ihr Berge Israels sollt wieder grünen und eure Frucht bringen meinem
Volk Israel; und es soll in kurzem geschehen.
9. Denn siehe, ich will mich wieder zu
euch wenden und euch ansehen, daß ihr
gebaut und besät werdet;
10. und will bei euch der Leute viel machen, das ganze Israel allzumal; und die
Städte sollen wieder bewohnt und die Wüsten erbaut werden.
11. Ja, ich will bei euch *der Leute und
des Viehes viel machen, daß sie sich mehren und wachsen sollen. Und ich will euch
wieder bewohnt machen wie vorher und
will euch mehr Gutes tun denn zuvor je;
und ihr sollt erfahren, daß ich der Herr
sei. *V.38.
12. Ich will euch Leute herzubringen,
mein Volk Israel, die werden dich besitzen, und sollst ihr Erbteil sein und sollst
sie nicht mehr ohne Erben machen.
13. So spricht der Herr Herr: Weil man
das von euch sagt: Du hast Leute gefressen
und hast dein Volk ohne Erben gemacht,
14. darum sollst du nun nicht mehr Leute fressen noch dein Volk ohne Erben machen, spricht der Herr Herr.
15. Und ich will dich nicht mehr lassen
hören die Schmähung der Heiden, und
sollst den Spott der Heiden nicht mehr
tragen und sollst dein Volk nicht mehr
ohne Erben machen, spricht der Herr
Herr.
16. Und des Herrn Wort geschah weiter
zu mir:
17. Du Menschenkind, da das Haus Israel
in seinem Lande wohnte und es *verunreinigte mit seinem Wesen und Tun, daß ihr
Wesen vor mir war wie die Unreinigkeit
eines Weibes in ihrer Krankheit,
*3.Mose 18,25.28.
18. da schüttete ich meinen Grimm über
sie aus um des Blutes willen, das sie im
Lande vergossen, und weil sie es verunreinigt hatten durch ihre Götzen.
19. Und ich zerstreute sie unter die Heiden und zerstäubte sie in die Länder und
richtete sie nach ihrem Wesen und Tun.
20. Und sie hielten sich wie die Heiden,
zu denen sie kamen, und *entheiligten
meinen heiligen Namen, daß man von ihnen sagte: Ist das des Herrn Volk, das aus
seinem Lande hat müssen ziehen?
*Jes.52,5.
21. Aber ich *schonte meines heiligen
Namens, welchen das Haus Israel entheiligte unter den Heiden, dahin sie kamen.
*K.20,9.
22. Darum sollst du zum Hause Israel
sagen: So spricht der Herr Herr: Ich tue es
nicht um euretwillen, ihr vom Hause Israel, sondern *um meines heiligen Namens
willen, welchen ihr entheiligt habt unter
den Heiden, zu welchen ihr gekommen
seid. *Ps.115,1; Jer.14,7.
23. Denn ich will meinen großen Na-

men, der vor den Heiden entheiligt ist,
den ihr unter ihnen entheiligt habt, heilig
machen. Und *die Heiden sollen erfahren,
daß ich der Herr sei, spricht der Herr
Herr, wenn ich mich vor ihnen an euch
erzeige, daß ich heilig sei. *K.37,28.
24. Denn ich will euch aus den Heiden
holen und euch aus allen Landen versammeln und wieder in euer Land führen.
25. Und *will reines Wasser über euch
sprengen, daß ihr rein werdet; von all eurer Unreinigkeit und von allen euren Götzen will ich euch reinigen.
*Sach.13,1; Hebr.10,22.
26. Und ich will euch *ein neues Herz
und einen neuen Geist in euch geben und
will das steinerne Herz aus eurem Fleisch
wegnehmen und euch ein fleischernes
Herz geben; *K.11,19.
27. ich will meinen Geist in euch geben
und will solche Leute aus euch machen,
die in meinen Geboten wandeln und meine Rechte halten und darnach tun.
K.37,24; 39,29; Jes.44,3.
28. Und ihr sollt wohnen im Lande, das
ich euren Vätern gegeben habe, und *sollt
mein Volk sein, und ich will euer Gott
sein. *K.11,20.
29. Ich will euch von aller eurer Unreinigkeit losmachen und will dem Korn rufen und will es mehren und will euch keine
Teuerung kommen lassen.
30. Ich will die Früchte auf den Bäumen
und das Gewächs auf dem Felde mehren,
daß euch die Heiden nicht mehr verspotten mit der Teuerung. Joel.2,17.19.
31. Alsdann werdet ihr an euer böses Wesen gedenken und an euer Tun, das nicht
gut war, und wird euch eure Sünde und
Abgötterei gereuen. K.16,61.63.
32. Solches will ich tun, *nicht um euretwillen, spricht der Herr Herr, daß ihr's
wisset, sondern ihr werdet euch müssen
schämen und schamrot werden, ihr vom
Haus Israel, über eurem Wesen. *V.22.
33. So spricht der Herr Herr: Zu der Zeit,
wann ich euch reinigen werde von allen
euren Sünden, so will ich die Städte wieder besetzen, und die Wüsten sollen wieder gebaut werden.
34. Das verwüstete Land soll wieder gepflügt werden, dafür daß es verheert war;
daß es sehen sollen alle, die dadurchgehen,
35. und sagen: Dies Land war verheert,
und jetzt ist's wie der Garten Eden; und
diese Städte waren zerstört, öde und zerrissen, und stehen nun fest gebaut.
36. Und die Heiden, so um euch her übrigbleiben werden, sollen erfahren, daß
ich der Herr bin, der da baut, was zerrissen
ist, und pflanzt, was verheert war. *Ich,
der Herr, sage es und tue es auch. *K.17,24.
37. So spricht der Herr Herr: Auch darin
will ich mich vom Hause Israel finden lassen, daß ich es ihnen erzeige: ich will die
Menschen bei ihnen mehren wie eine
*Herde. *Micha2,12.
38. Wie eine heilige Herde, wie eine Herde zu Jerusalem auf ihren Festen, so sollen
die verheerten Städte voll Menschenher-
den werden und sollen erfahren, daß ich
der Herr bin.

Das 37. Kapitel

Israels Auferstehung und Wiedervereinigung.

1. Und des Herrn Hand kam über mich,
und er führte mich hinaus im Geist des
Herrn und stellte mich auf ein weites Feld,
das voller Totengebeine lag.
2. Und er führte mich allenthalben dadurch. Und siehe, des Gebeins lag sehr viel
auf dem Feld; und siehe, sie waren sehr
verdorrt.
3. Und er sprach zu mir: Du Menschenkind, meinst du auch, daß diese Gebeine
wieder lebendig werden? Und ich sprach:
Herr Herr, das weißt du wohl.
4. Und er sprach zu mir: Weissage von
diesen Gebeinen und sprich zu ihnen: Ihr
verdorrten Gebeine, höret des Herrn
Wort!
5. So spricht der Herr Herr von diesen
Gebeinen: Siehe, ich will einen *Odem in
euch bringen, daß ihr sollt lebendig werden. *Ps.104,30.
6. Ich will euch Adern geben und Fleisch
lassen über euch wachsen und euch mit
Haut überziehen und will euch Odem geben, daß ihr wieder lebendig werdet; und
ihr sollt erfahren, daß ich der Herr bin.
Jes.26,19.
7. Und ich *weissagte, wie mir befohlen
war; und siehe, da rauschte es, als ich
weissagte, und siehe, es regte sich, und die
Gebeine kamen wieder zusammen, ein
jegliches zu seinem Gebein. *V.10.
8. Und ich sah, und siehe, es wuchsen
Adern und Fleisch darauf, und sie wurden
mit Haut überzogen; es war aber noch
kein Odem in ihnen.
9. Und er sprach zu mir: Weissage zum
Winde; weissage, du Menschenkind, und
sprich zum Wind: So spricht der Herr
Herr: Wind, komm herzu aus den vier
Winden und blase diese Getöteten an, daß
sie wieder lebendig werden!

10. Und ich weissagte, wie er mir befohlen hatte. Da kam Odem in sie, und sie wurden wieder lebendig und richteten sich auf ihre Füße. Und ihrer war ein sehr großes Heer.

11. Und er sprach zu mir: Du Menschenkind, diese Gebeine sind das ganze Haus Israel. Siehe, jetzt sprechen sie: Unsre Gebeine sind verdorrt, und unsre Hoffnung ist verloren, und es ist aus mit uns.

12. Darum weissage und sprich zu ihnen: So spricht der Herr Herr: Siehe, ich will eure Gräber auftun und will euch, mein Volk, aus denselben herausholen und euch ins Land Israel bringen;

13. und ihr sollt erfahren, daß ich der Herr bin, wenn ich eure Gräber geöffnet und euch, mein Volk, aus denselben gebracht habe.

14. Und ich will meinen Geist in euch geben, daß ihr wieder leben sollt, und will euch in euer Land setzen, und sollt erfahren, daß ich der Herr bin. Ich rede es und tue es auch, spricht der Herr.

15. Und des Herrn Wort geschah zu mir und sprach:

16. Du Menschenkind, nimm dir ein Holz und schreibe darauf: Des Juda und der Kinder Israel, seiner Zugetanen. Und nimm noch ein Holz und schreibe darauf: Des Joseph, nämlich das Holz Ephraims, und des ganzen Hauses Israel, seiner Zugetanen. K.4,1.

17. Und tue eines zum andern zusammen, daß es ein Holz werde in deiner Hand.

18. So nun dein Volk zu dir wird sagen und sprechen: Willst du uns nicht zeigen, was du damit meinst?

19. so sprich zu ihnen: So spricht der Herr Herr: Siehe, ich will das Holz Josephs, welches ist in Ephraims Hand, nehmen samt seinen Zugetanen, den Stämmen Israels, und will sie zu dem Holz Juda's tun und ein Holz daraus machen, und sollen eins in meiner Hand sein.

20. Und sollst also die Hölzer, darauf du geschrieben hast, in deiner Hand halten, daß sie zusehen,

21. und sollst zu ihnen sagen: So spricht der Herr Herr: Siehe, *ich will die Kinder Israel holen aus den Heiden, dahin sie gezogen sind, und will sie allenthalben sammeln und will sie wieder in ihr Land bringen *K.36,24.

22. und will *ein Volk aus ihnen machen im Lande auf den Bergen Israels, und sie sollen allesamt einen König haben und sollen nicht mehr zwei Völker noch in zwei Königreiche zerteilt sein;
*Jes.11,12.13; Hos.2,2; Jer.3,18.

23. sollen sich auch nicht mehr verunreinigen mit ihren Götzen und Greueln und allerlei Sünden. Ich will ihnen heraushelfen aus allen Örtern, da sie gesündigt haben, und will sie reinigen; und sie *sollen mein Volk sein, und ich will ihr Gott sein. *K.36,28.

24. Und mein Knecht *David soll ihr König und ihrer aller einiger Hirte sein. Und sie sollen †wandeln in meinen Rechten und meine Gebote halten und darnach tun. *K.34,23. †K.36,27.

25. Und sie sollen wieder in dem Lande wohnen, das ich meinem Knecht Jakob gegeben habe, darin eure Väter gewohnt haben. Sie und ihre Kinder und Kindeskinder sollen darin wohnen ewiglich, und mein Knecht David soll ewiglich ihr Fürst sein.

26. Und ich will mit ihnen einen *Bund des Friedens machen, das soll ein ewiger Bund sein mit ihnen; und will sie erhalten und mehren, und mein Heiligtum soll unter ihnen sein ewiglich. *K.34,25; Jes.54,10.

27. Und ich will unter ihnen wohnen und will ihr Gott sein, und sie sollen mein Volk sein,

28. daß auch die *Heiden sollen erfahren, daß ich der Herr bin, der Israel heilig macht, wenn mein Heiligtum ewiglich unter ihnen sein wird. *K.36,36.

Das 38. Kapitel

Weissagung vom Einfall Gogs ins Land Israel und von seiner Niederlage.

1. Und des Herrn Wort geschah zu mir und sprach:

2. Du Menschenkind, wende dich gegen *Gog, der im Lande Magog ist und der oberste Fürst in †Mesech und Thubal, und weissage von ihm
*K.39,1; Offenb.20,8. †K.32,26.

3. und sprich: So spricht der Herr Herr: Siehe, ich will an dich, Gog! der du der oberste Fürst bist in Mesech und Thubal.

4. Siehe, ich will dich herumlenken und will dir *einen Zaum ins Maul legen und will dich herausführen mit allem deinem Heer, Roß und Mann, die alle wohl gekleidet sind; und ist ihrer ein großer Haufe, die alle †Tartsche und Schild und Schwert führen. *K.29,4. †großer Schild.

5. Du führst mit dir Perser, Mohren und Libyer, die alle Schild und Helm führen,

6. dazu Gomer und all sein Heer samt dem Hause Thogarma, so gegen Mitter-

nacht liegt, mit allem seinem Heer; ja, du führst ein großes Volk mit dir.
7. Wohlan, rüste dich wohl, du und alle deine Haufen, so bei dir sind, und sei du ihr Hauptmann!
8. Nach langer Zeit sollst du heimgesucht werden. Zur letzten Zeit wirst du kommen in das Land, das vom Schwert wiedergebracht und aus vielen Völkern zusammengekommen ist, nämlich auf die Berge Israels, welche lange Zeit wüst gewesen sind; und nun ist es ausgeführt aus den Völkern, und wohnen alle sicher.
9. Du wirst heraufziehen und daherkommen mit großem Ungestüm; und wirst sein wie eine Wolke, das Land zu bedekken, du und all dein Heer und das große Volk mit dir.
10. So spricht der Herr Herr: Zu der Zeit wirst du dir solches vornehmen und wirst Böses im Sinn haben
11. und gedenken: »Ich will das Land ohne Mauern überfallen und über die kommen, so still und sicher wohnen, als die alle *ohne Mauern dasitzen und haben weder Riegel noch Tore«, *Sach.2,8.
12. auf daß du rauben und plündern mögest und deine Hand lassen gehen über die verstörten Örter, so wieder bewohnt sind, und über das Volk, so aus den Heiden zusammengerafft ist und sich in die Nahrung und Güter geschickt hat und *mitten auf der Erde wohnt. *K.5,5.
13. Das reiche Arabien, Dedan und die Kaufleute von Tharsis und alle Gewaltigen, die daselbst sind, werden zu dir sagen: Ich meine ja, du seist recht gekommen, zu rauben, und hast deine Haufen versammelt, zu plündern, auf daß du wegnehmest Silber und Gold und sammlest Vieh und Güter, und großen Raub treibest.
14. Darum so weissage, du Menschenkind, und sprich zu Gog: So spricht der Herr Herr: Ist's nicht also, daß du wirst merken, wenn mein Volk Israel sicher wohnen wird?
15. So wirst du kommen aus deinem Ort, von den Enden gegen Mitternacht, du und großes Volk mit dir, alle zu Rosse, ein großer Haufe und ein mächtiges Heer,
16. und wirst heraufziehen über mein Volk Israel wie eine Wolke, das Land zu bedecken. Solches wird zur letzten Zeit geschehen. Ich will dich aber darum in mein Land kommen lassen, auf daß die Heiden mich erkennen, wie ich an dir, o Gog, geheiligt werde vor ihren Augen.
17. So spricht der Herr Herr: Du bist's, von dem ich vorzeiten gesagt habe durch meine Diener, die Propheten in Israel, die zur selben Zeit weissagten, daß ich dich über sie kommen lassen wollte.
Jes.24,21; 63,6; Joel 4,2.12; Zeph.3,8.
18. Und es wird geschehen zu der Zeit, wann Gog kommen wird über das Land Israel, spricht der Herr Herr, wird heraufziehen mein Zorn in meinem Grimm.
19. Und ich rede solches in meinem Eifer und im Feuer meines Zorns. Denn zur selben Zeit wird großes Zittern sein im Lande Israel,
20. daß vor meinem Angesicht zittern sollen die Fische im Meer, die Vögel unter dem Himmel, die Tiere auf dem Felde und alles, was sich regt und bewegt auf dem Lande, und alle Menschen, so auf der Erde sind; und sollen die Berge umgekehrt werden und die Felswände und alle Mauern zu Boden fallen.
21. Ich will aber wider ihn herbeirufen das Schwert auf allen meinen Bergen, spricht der Herr Herr, daß eines jeglichen Schwert soll wider den andern sein.
22. Und ich will ihn richten mit Pestilenz und Blut und will *regnen lassen Platzregen mit Schloßen, Feuer und Schwefel über ihn und sein Heer und über das große Volk, das mit ihm ist. *Offenb.20,9.
23. Also will ich denn herrlich, heilig und bekannt werden vor vielen Heiden, daß *sie erfahren sollen, daß ich der Herr bin. *K.29,6.

Das 39. Kapitel

Fortsetzung der Weissagung vom Untergang Gogs. Israels Wiederkehr.

1. Und du, Menschenkind, weissage wider *Gog und sprich: Also spricht der Herr Herr: Siehe, ich will an dich, Gog, der du der oberste Fürst bist in Mesech und Thubal. *K.38,2.
2. Siehe, ich will dich herumlenken und locken und aus den Enden von Mitternacht bringen und auf die Berge Israels kommen lassen.
3. Und will dir den Bogen aus deiner linken Hand schlagen und deine Pfeile aus deiner rechten Hand werfen.
4. Auf den Bergen Israels sollst du niedergelegt werden, du mit allem deinem Heer und mit dem Volk, das bei dir ist. Ich *will dich den Vögeln, woher sie fliegen, und den Tieren auf dem Felde zu fressen geben. *V.17.
5. Du sollst auf dem Felde darniederliegen; denn ich, der Herr Herr, habe es gesagt.

6. Und ich will Feuer werfen über Magog und über die, so in den Inseln sicher wohnen; und sollen's erfahren, daß ich der Herr bin.
7. Denn ich will meinen heiligen Namen kundmachen unter meinem Volk Israel und will meinen heiligen Namen nicht länger schänden lassen; sondern die Heiden sollen erfahren, daß ich der Herr bin, der Heilige in Israel.
8. Siehe, es ist gekommen und geschehen, spricht der Herr Herr; das ist der Tag, davon ich geredet habe.
9. Und die Bürger in den Städten Israels werden herausgehen und Feuer machen und verbrennen die Waffen, Schilde, *Tartschen, Bogen, Pfeile, Keulen und langen Spieße; und sie werden sieben Jahre lang Feuer damit machen,

*große Schilde. Ps.46,10.

10. daß sie nicht müssen Holz auf dem Felde holen noch im Walde hauen, sondern von den Waffen werden sie Feuer machen; und sollen die berauben, von denen sie beraubt sind, und plündern, von denen sie geplündert sind, spricht der Herr Herr.
11. Und soll zu der Zeit geschehen, da will ich Gog einen Ort geben zum Begräbnis in Israel, nämlich das Tal, da man geht am Meer gegen Morgen, also daß die, so vorübergehen, sich davor scheuen werden, weil man daselbst Gog mit seiner Menge begraben hat; und soll heißen »Gogs Haufental«.
12. Es wird sie aber das Haus Israel begraben sieben Monden lang, damit das Land gereinigt werde.
13. Ja, alles Volk im Lande wird an ihnen zu begraben haben, und sie werden Ruhm davon haben des Tages, da ich meine Herrlichkeit erzeige, spricht der Herr Herr.
14. Und sie werden Leute aussondern, die stets im Lande umhergehen und mit ihnen die Totengräber, zu begraben die übrigen auf dem Lande, auf daß es gereinigt werde; nach sieben Monden werden sie forschen.
15. Und die, so im Lande umhergehen und eines Menschen Gebein sehen, werden dabei ein Mal aufrichten, bis es die Totengräber auch in Gogs Haufental begraben.
16. So soll auch die Stadt heißen Hamona. Also werden sie das Land reinigen.
17. Nun, du Menschenkind, so spricht der Herr Herr: Sage allen Vögeln, woher sie fliegen, und allen Tieren auf dem Felde: *Sammelt euch und kommt her, findet euch allenthalben zuhauf zu meinem Schlachtopfer, das ich euch schlachte – ein großes Schlachtopfer auf den Bergen Israels –, und fresset Fleisch und saufet Blut!

*Offenb.19,17.18.

18. Fleisch der Starken sollt ihr fressen, und Blut der Fürsten auf Erden sollt ihr saufen, der Widder, der Hämmel, der Böcke, der Ochsen, die allzumal feist und wohl gemästet sind.
19. Und sollt das Fett fressen, daß ihr voll werdet, und das Blut saufen, daß ihr trunken werdet, von dem Schlachtopfer, das ich euch schlachte.
20. Sättigt euch nun an meinem Tisch von Rossen und Reitern, von Starken und allerlei Kriegsleuten, spricht der Herr Herr.
21. Und ich will meine Herrlichkeit unter die Heiden bringen, daß alle Heiden sehen sollen mein Urteil, das ich habe ergehen lassen, und meine Hand, die ich an sie gelegt habe,
22. und also das Haus Israel erfahre, daß ich der Herr, ihr Gott, bin von dem Tage an und hinfürder,
23. und die Heiden erfahren, wie das Haus Israel um seiner Missetat willen sei weggeführt. Weil sie sich an mir versündigt hatten, darum habe ich mein *Angesicht vor ihnen verborgen und habe sie übergeben in die Hände ihrer Widersacher, daß sie allzumal durchs Schwert fallen mußten.

*Jes.54,8.

24. Ich habe ihnen getan, wie ihre Sünde und Übertretung verdient haben, und also mein Angesicht vor ihnen verborgen.
25. Darum so spricht der Herr Herr: Nun will ich das Gefängnis Jakobs wenden und mich des ganzen Hauses Israel erbarmen und um meinen heiligen Namen eifern.

K.16,53–63.

26. Sie aber werden ihre Schmach und alle ihre Sünde, damit sie sich an mir versündigt haben, tragen, wenn sie nun sicher in ihrem Lande wohnen, daß sie niemand schrecke,
27. und ich sie wieder aus den Völkern gebracht und aus den Landen ihrer Feinde versammelt habe und ich an ihnen geheiligt worden bin vor den Augen vieler Heiden.
28. Also werden sie erfahren, daß ich, der Herr, ihr Gott bin, der ich sie habe lassen unter die Heiden wegführen und wiederum in ihr Land versammeln und nicht einen von ihnen dort gelassen habe.
29. Und ich will mein Angesicht nicht mehr vor ihnen verbergen; denn ich *habe

meinen Geist über das Haus Israel ausgegossen, spricht der Herr Herr.
*K.36,26.27; Jes.44,3.

Das 40. Kapitel

Gesicht vom neuen Tempel. Seine Vorhöfe, Tore und Hallen.
(Vgl. 1.Kön.6.)

1. Im fünfundzwanzigsten Jahr unsrer Gefangenschaft, am Anfang des Jahres, am zehnten Tage des Monats, im vierzehnten Jahr, nachdem die Stadt geschlagen war, eben an diesem Tage kam des Herrn Hand über mich und führte mich dahin.

2. Durch göttliche Gesichte führte er mich ins Land Israel und stellte mich auf einen sehr hohen Berg, darauf war's wie eine gebaute Stadt gegen Mittag.

3. Und da er mich dahingebracht hatte, siehe, da war ein Mann, des Ansehen war wie Erz; der hatte eine leinene Schnur und eine *Meßrute in seiner Hand und stand unter dem Tor.
*K.47,3; Sach.2,5; Offenb.21,15.

4. Und er sprach zu mir: Du Menschenkind, *siehe und höre fleißig zu und merke auf alles, was ich dir zeigen will. Denn darum bist du hergebracht, daß ich dir solches zeige, auf daß du solches alles, was du hier siehst, verkündigest dem Haus Israel. *K.44,5.

5. Und siehe, es ging eine Mauer auswendig um das Haus ringsumher. Und der Mann hatte die Meßrute in der Hand, die war sechs Ellen lang; eine jegliche Elle war eine Handbreit länger denn eine gemeine Elle. Und er maß das Gebäude in die Breite eine Rute und in die Höhe auch eine Rute.

6. Und er ging ein zum Tor, das gegen Morgen lag, und ging hinauf auf seinen Stufen und maß die Schwelle am Tor, nämlich die eine Schwelle eine Rute breit.

7. Und die Gemächer, so beiderseits neben dem Tor waren, maß er auch, nach der Länge eine Rute und nach der Breite eine Rute; und der Raum zwischen den Gemächern war fünf Ellen weit. Und er maß auch die Schwelle am Tor neben der Halle, die nach dem Haus zu war, eine Rute.

8. Und er maß die Halle am Tor, die nach dem Hause zu war, eine Rute.

9. Und maß die Halle am Tor acht Ellen und ihre Pfeiler zwei Ellen, und die Halle am Tor war nach dem Hause zu.

10. Und der Gemächer waren auf jeglicher Seite drei am Tor gegen Morgen, je eins so weit wie das andere, und die Pfeiler auf beiden Seiten waren gleich groß.

11. Darnach maß er die Weite der Tür im Tor zehn Ellen und die Länge des Tors dreizehn Ellen.

12. Und vorn an den Gemächern war Raum abgegrenzt auf beiden Seiten, je eine Elle; aber die Gemächer waren je sechs Ellen auf beiden Seiten.

13. Dazu maß er das Tor vom Dach der Gemächer auf der einen Seite bis zum Dach der Gemächer auf der andern Seite fünfundzwanzig Ellen breit; und eine Tür stand gegenüber der andern.

14. Und er machte die Pfeiler sechzig Ellen, und an den Pfeilern war der Vorhof, am Tor ringsherum.

15. Und vom Tor, da man hineingeht, bis außen vor die Halle an der innern Seite des Tors waren fünfzig Ellen.

16. Und es waren enge Fensterlein an den Gemächern und an ihren Pfeilern hineinwärts am Tor ringsumher. Also waren auch Fenster inwendig an der Halle herum, und an den Pfeilern war Palmlaubwerk.

17. Und er führte mich weiter zum äußern Vorhof, und siehe, da waren Kammern und ein Pflaster gemacht am Vorhofe herum; dreißig Kammern waren auf dem Pflaster.

18. Und es war das Pflaster zur Seite der Tore, solange die Tore waren, nämlich das untere Pflaster.

19. Und er maß die Breite von dem untern Tor an bis vor den innern Hof auswendig hundert Ellen, gegen Morgen und gegen Mitternacht.

20. Er maß auch das Tor, so gegen Mitternacht lag, am äußern Vorhof, nach der Länge und Breite.

21. Das hatte auch auf jeder Seite drei Gemächer und hatte auch seine Pfeiler und Halle, gleich so groß wie am vorigen Tor, fünfzig Ellen die Länge und fünfundzwanzig Ellen die Breite.

22. Und hatte auch seine Fenster und seine Halle und sein Palmlaubwerk, gleich wie das Tor gegen Morgen; und hatte sieben Stufen, da man hinaufging, und hatte seine Halle davor.

23. Und es waren Tore am innern Vorhof gegenüber den Toren, so gegen Mitternacht und Morgen standen; und er maß hundert Ellen von einem Tor zum andern.

24. Darnach führte er mich gegen Mittag, und siehe, da war auch ein Tor gegen Mittag; und er maß seine Pfeiler und Halle gleich wie die andern.

25. Und es waren auch Fenster an ihm und an seiner Halle umher, gleich wie jene Fenster; und es war fünfzig Ellen lang und fünfundzwanzig Ellen breit.

26. Und waren auch sieben Stufen hinauf und eine Halle davor und Palmlaubwerk an ihren Pfeilern auf jeglicher Seite.

27. Und es war auch ein Tor am innern Vorhof gegen Mittag, und er maß hundert Ellen von dem einen Mittagstor zum andern.

28. Und er führte mich weiter durchs Mittagstor in den innern Vorhof und maß dasselbe Tor gleich so groß wie die andern,

29. mit seinen Gemächern, Pfeilern und Halle und mit Fenstern an ihm und an seiner Halle, ebenso groß wie jene, ringsumher; und es war fünfzig Ellen lang und fünfundzwanzig Ellen breit.

30. Und es ging eine Halle herum, fünfundzwanzig Ellen lang und fünf Ellen breit.

31. Und die Halle, so gegen den äußern Vorhof stand, hatte auch Palmlaubwerk an den Pfeilern; es waren aber acht Stufen hinaufzugehen.

32. Darnach führte er mich zum innern Vorhof gegen Morgen und maß das Tor gleich so groß wie die andern,

33. mit seinen Gemächern, Pfeilern und Halle, gleich so groß wie die andern, und mit Fenstern an ihm und an seiner Halle ringsumher; und es war fünfzig Ellen lang und fünfundzwanzig Ellen breit.

34. Und seine Halle stand auch gegen den äußern Vorhof und Palmlaubwerk an ihren Pfeilern zu beiden Seiten und acht Stufen hinauf.

35. Darnach führte er mich zum Tor gegen Mitternacht; das maß er gleich so groß wie die andern,

36. mit seinen Gemächern, Pfeilern und Halle und ihren Fenstern ringsumher, fünfzig Ellen lang und fünfundzwanzig Ellen breit.

37. Und seine Halle stand auch gegen den äußern Vorhof und Palmlaubwerk an den Pfeilern zu beiden Seiten und acht Stufen hinauf.

38. Und unten an den Pfeilern an jedem Tor war eine Kammer mit einer Tür, darin man das Brandopfer wusch.

39. Aber in der Halle des Tors standen auf jeglicher Seite zwei Tische, darauf man die Brandopfer, Sündopfer und Schuldopfer schlachten sollte.

40. Und herauswärts zur Seite, da man hinaufgeht zum Tor gegen Mitternacht, standen auch zwei Tische und an der andern Seite unter der Halle des Tors auch zwei Tische.

41. Also standen auf jeder Seite des Tors vier Tische; das sind zusammen acht Tische, darauf man schlachtete.

42. Und noch vier Tische, zum Brandopfer gemacht, die waren aus gehauenen Steinen, je anderthalb Ellen lang und breit und eine Elle hoch, darauf man legte allerlei Geräte, womit man Brandopfer und andere Opfer schlachtete.

43. Und es gingen Leisten herum, hineinwärts gebogen, eine quere Hand hoch. Und auf die Tische sollte man das Opferfleisch legen.

44. Und außen vor dem innern Tor waren zwei Kammern im innern Vorhofe: eine an der Seite neben dem Tor zur Mitternacht, die sah gegen Mittag; die andere zur Seite des Tors gegen Mittag, die sah gegen Mitternacht.

45. Und er sprach zu mir: Die Kammer gegen Mittag gehört den Priestern, die im Hause dienen sollen;

46. aber die Kammer gegen Mitternacht gehört den Priestern, die auf dem Altar dienen. Dies sind die Kinder *Zadok, welche allein unter den Kindern Levi vor den Herrn treten sollen, ihm zu dienen.

*K.43,19; 44,15; 1.Kön. 1,8.39; 1.Chron. 5,34.

47. Und er maß den Vorhof, nämlich hundert Ellen lang und hundert Ellen breit ins Gevierte; und *der Altar stand vorn vor dem Tempel. *K.43,13.

48. Und er führte mich hinein zur *Halle des Tempels und maß die Pfeiler der Halle fünf Ellen auf jeder Seite und das Tor vierzehn Ellen, und die Wände zu beiden Seiten an der Tür drei Ellen auf jeder Seite.

*1.Kön. 6,3.

49. Aber die Halle war zwanzig Ellen lang und elf Ellen weit und hatte Stufen, da man hinaufging; und *Säulen standen an den Pfeilern, auf jeder Seite eine.

*1.Kön. 7,21.

Das 41. Kapitel

Beschreibung des inneren Tempels.
(Vgl. 1.Kön. 6.)

1. Und er führte mich hinein in den Tempel und maß die Pfeiler an den Wänden; die waren zu jeder Seite sechs Ellen breit, soweit das Haus war.

2. Und die Tür war zehn Ellen weit; aber die Wände zu beiden Seiten an der Tür waren jede fünf Ellen breit. Und er maß den Raum im Tempel; der hatte vierzig

Ellen in die Länge und zwanzig Ellen in
die Breite.
3. Und er ging inwendig hinein und maß
die Pfeiler der Tür zwei Ellen; und die Tür
hatte sechs Ellen, und die Breite zu beiden
Seiten an der Tür je sieben Ellen.
4. Und er maß zwanzig Ellen in die Länge und zwanzig Ellen in die Breite am
Tempel. Und er sprach zu mir: *Dies ist
das Allerheiligste. *K.43.12.
5. Und er maß die Wand des Hauses
sechs Ellen dick. Daran waren Gänge allenthalben herum, geteilt in Gemächer,
die waren allenthalben vier Ellen weit.
6. Und derselben Gemächer waren je
dreißig, dreimal übereinander, und reichten bis auf die Wand des Hauses, an der die
Gänge waren allenthalben herum, und
wurden also festgehalten, daß sie in des
Hauses Wand nicht eingriffen.
7. Und die Gänge rings um das Haus her
mit ihren Gemächern waren um so weiter,
je höher sie lagen; und aus dem untern
ging man in den mittlern und aus dem
mittlern in den obersten.
8. Und ich sah am Hause eine Erhöhung
ringsumher als Grundlage der Gänge, die
hatte eine volle Rute von sechs Ellen bis an
den Rand.
9. Und die Breite der Wand außen an den
Gängen war fünf Ellen; und es war ein
freigelassener Raum an den Gemächern
am Hause.
10. Und die Breite bis zu den *Kammern
war zwanzig Ellen um das Haus herum.
*K.42,1–3.
11. Und es waren zwei Türen an den Gängen nach dem freigelassenen Raum, eine
gegen Mitternacht, die andere gegen Mittag; und der freigelassene Raum war fünf
Ellen weit ringsumher.
12. Und das Gebäude am Hofraum gegen
Abend war siebzig Ellen weit, und die
Mauer des Gebäudes war fünf Ellen breit
allenthalben umher, und es war neunzig
Ellen lang.
13. Und er maß die Länge des Hauses, die
hatte hundert Ellen; und der Hofraum
samt dem Gebäude und seinen Mauern
war auch hundert Ellen lang.
14. Und die Weite der vordern Seite des
Hauses samt dem Hofraum gegen Morgen
war auch hundert Ellen.
15. Und er maß die Länge des Gebäudes
am Hofraum, welches hinter ihm liegt,
mit seinen Umgängen von einer Seite bis
zur andern hundert Ellen, und den innern
Tempel und die Hallen im Vorhofe
16. samt den Schwellen, den engen Fenstern und den drei Umgängen ringsumher; und es war Tafelwerk allenthalben
herum.
17. Er maß auch, wie hoch von der Erde
bis zu den Fenstern war und wie breit die
Fenster sein sollten; und maß vom Tor bis
zum Allerheiligsten auswendig und inwendig herum.
18. Und am ganzen Hause herum waren
Cherubim und Palmlaubwerk zwischen
die Cherubim gemacht.
19. Und ein jeder Cherub hatte zwei Angesichter: auf einer Seite wie ein Men-
schenkopf, auf der andern Seite wie ein
Löwenkopf.
20. Vom Boden an bis hinauf über die
Tür waren die Cherubim und die Palmen
geschnitzt, desgleichen an der Wand des
Tempels.
21. Und die Türpfosten im Tempel waren
viereckig, und war alles artig ineinander
gefügt.
22. Und *der hölzerne Altar war drei Ellen hoch und zwei Ellen lang und breit,
und seine Ecken und alle seine Seiten waren hölzern. Und er sprach zu mir: Das ist
der Tisch, der vor dem Herrn stehen soll.
*2.Mose 30,1–10.
23. Und die Türen am Tempel und am
Allerheiligsten
24. hatten zwei Türflügel, und ein jeder
derselben hatte zwei Blätter, die man auf
und zu tat.
25. Und waren auch Cherubim und
Palmlaubwerk daran wie an den Wänden.
Und ein hölzerner Aufgang war außen vor
der Halle.
26. Und es waren enge Fenster und viel
Palmlaubwerk herum an der Halle und an
den Wänden.

Das 42. Kapitel

Nebengebäude und Maße des Tempels.

1. Und er führte mich hinaus zum äußern Vorhof gegen Mitternacht und
brachte mich zu den Kammern, so gegenüber dem Hofraum und gegenüber dem
Gebäude nach Mitternacht zu lagen,
2. entlang den *hundert Ellen an der Tür
gegen Mitternacht; und ihre Breite war
fünfzig Ellen. *K.41,13.
3. Gegenüber den *zwanzig Ellen des innern Vorhofs und gegenüber dem †Pfla-
ster im äußern Vorhof war Umgang an
Umgang dreifach. *K.41,10. †K.40,17.
4. Und inwendig vor den Kammern war
ein Weg zehn Ellen breit vor den Türen
der Kammern; die lagen alle gegen Mitternacht.

5. Und die obern Kammern waren enger als die untern und mittlern Kammern; denn die Umgänge nahmen Raum von ihnen weg.
6. Denn es war drei Gemächer hoch, und sie hatten keine Säulen, wie die Vorhöfe Säulen hatten. Darum war von den untern und mittlern Kammern Raum weggenommen von untenan.
7. Und die Mauer außen vor den Kammern nach dem äußern Vorhof war fünfzig Ellen lang.
8. Denn die Länge der Kammern nach dem äußern Vorhof zu war fünfzig Ellen; aber gegen den Tempel waren es hundert Ellen.
9. Und unten an diesen Kammern war ein Eingang gegen Morgen, da man aus dem äußern Vorhof zu ihnen hineinging.
10. Und an der Mauer gegen Mittag waren auch Kammern gegenüber dem Hofraum und gegenüber dem Gebäude.
11. Und war auch ein Weg davor wie vor jenen Kammern, so gegen Mitternacht lagen; und war alles gleich mit der Länge, Breite und allem, was daran war, wie droben an jenen.
12. Und wie die Türen jener, also waren auch die Türen der Kammern gegen Mittag; und am Anfang des Weges war eine Tür, dazu man kommt von der Mauer, die gegen Morgen liegt.
13. Und er sprach zu mir: Die Kammern gegen Mitternacht und die Kammern gegen Mittag gegenüber dem Hofraum, das sind die heiligen Kammern, darin die Priester, welche dem Herrn nahen, die hochheiligen Opfer essen. Und sie sollen die hochheiligen Opfer, nämlich Speisopfer, Sündopfer und Schuldopfer, da hineinlegen; denn es ist eine heilige Stätte.
14. Und wenn die Priester hineingehen, sollen sie nicht wieder aus dem Heiligtum gehen in den äußern Vorhof, sondern sollen zuvor ihre Kleider, darin sie gedient haben, in den Kammern weglegen, denn sie sind heilig; und sollen ihre andern Kleider anlegen und alsdann heraus unters Volk gehen.
15. Und da er das Haus inwendig ganz gemessen hatte, führte er mich heraus zum Tor gegen Morgen und maß von demselben allenthalben herum.
16. Gegen Morgen maß er fünfhundert Ruten lang;
17. und gegen Mitternacht maß er auch fünfhundert Ruten lang;
18. desgleichen gegen Mittag auch fünfhundert Ruten;
19. und da er kam gen Abend, maß er auch fünfhundert Ruten lang.
20. Also hatte die Mauer, die er gemessen, ins Gevierte auf jeder Seite herum fünfhundert Ruten, damit das Heilige von dem Unheiligen unterschieden wäre.

Das 43. Kapitel

Des neuen Tempels Herrlichkeit.
Der Altar und seine Einweihung.

1. Und er führte mich wieder zum Tor gegen Morgen.
2. Und siehe, die Herrlichkeit des Gottes Israels kam von Morgen und brauste, wie ein großes Wasser braust; und es ward sehr licht auf der Erde von seiner Herrlichkeit.
3. Und es war eben wie das Gesicht, das ich sah, *da ich kam, daß die Stadt sollte zerstört werden, und wie das Gesicht, das ich gesehen hatte †am Wasser Chebar. Da fiel ich nieder auf mein Angesicht.

*K. 8–11. †K. 1.

4. Und *die Herrlichkeit des Herrn kam hinein zum Hause durchs †Tor gegen Morgen. *K. 11,22.23. †K. 10,19.
5. Da hob mich ein Wind auf und brachte mich in den innern Vorhof; und siehe, die *Herrlichkeit des Herrn erfüllte das Haus.

*2. Mose 40,34; 1. Kön. 8,10.11.

6. Und ich hörte einen mit mir reden vom Hause heraus, und ein Mann stand neben mir.
7. Der sprach zu mir: Du Menschenkind, das *ist der Ort meines Throns und die Stätte meiner Fußsohlen, darin ich ewiglich will wohnen unter den Kindern Israel. Und das Haus Israel soll nicht mehr meinen heiligen Namen verunreinigen, weder sie noch ihre Könige, durch ihre Abgötterei und durch die Leichen ihrer Könige in ihren Höhen, *Ps. 132,13.14.
8. welche ihre Schwelle an meine Schwelle und ihre Pfoste an meine Pfoste gesetzt haben, daß nur eine Wand zwischen mir und ihnen war; und haben also meinen heiligen Namen verunreinigt durch ihre Greuel, die sie taten, darum ich sie auch in meinem Zorn verzehrt habe.

K. 8,7–18.

9. Nun aber sollen sie ihre Abgötterei und die Leichen ihrer Könige fern von mir wegtun; und ich will ewiglich unter ihnen wohnen.
10. Und du, Menschenkind, zeige dem Haus Israel den Tempel an, daß *sie sich schämen ihrer Missetaten, und laß sie ein reinliches Muster davon nehmen.

*K. 16,61.63; 36,32.

11. Und wenn sie sich nun alles ihres Tuns schämen, so zeige ihnen die Gestalt und das Muster des Hauses und seine Ausgänge und Eingänge und alle seine Weise und alle seine Sitten und alle seine Weise und alle seine Gesetze; und schreibe es ihnen vor, daß sie alle seine Weise und alle seine Sitten halten und darnach tun.

12. Das soll aber das Gesetz des Hauses sein: auf der Höhe des Berges, soweit ihr Umfang ist, soll es das Allerheiligste sein; das ist das Gesetz des Hauses.

13. Das ist aber das Maß des *Altars nach der Elle, welche eine Handbreit länger ist denn eine gemeine Elle: sein Fuß ist eine Elle hoch und eine Elle breit; und die Leiste an seinem Rand ist eine Spanne breit umher. *K. 40,47; 2. Mose 27,1–8.

14. Und das ist seine Höhe: von dem Fuße auf der Erde bis an den untern Absatz sind zwei Ellen hoch und eine Elle breit; aber von demselben kleinern Absatz bis an den größern Absatz sind's vier Ellen hoch und eine Elle breit.

15. Und der Harel [der Gottesberg] vier Ellen hoch, und vom Ariel [dem Gottesherd] überwärts die vier Hörner.

16. Der Ariel aber war zwölf Ellen lang und zwölf Ellen breit ins Geviert.

17. Und der oberste Absatz war vierzehn Ellen lang und vierzehn Ellen breit ins Geviert; und eine Leiste ging allenthalben umher, eine halbe Elle breit; und sein Fuß war eine Elle hoch, und seine Stufen waren gegen Morgen.

18. Und er sprach zu mir: Du Menschenkind, so spricht der Herr Herr: Dies sollen die Sitten des Altars sein des Tages, da er gemacht ist, daß man Brandopfer darauf lege und Blut darauf sprenge.

19. Und den Priestern von Levi aus dem Samen *Zadoks, die da vor mich treten, daß sie mir dienen, spricht der Herr Herr, sollst du geben einen jungen Farren zum Sündopfer. 2. Mose 29. *K. 40,46.

20. Und von desselben Blut sollst du nehmen und seine vier Hörner damit besprengen und die vier Ecken an dem obersten Absatz und um die Leiste herum; damit sollst du ihn entsündigen und versöhnen.

21. Und sollst den Farren des Sündopfers nehmen und ihn verbrennen an einem Ort am Hause, der dazu verordnet ist außerhalb des Heiligtums.

22. Aber am andern Tage sollst du einen Ziegenbock opfern, der ohne Fehl sei, zu einem Sündopfer und den Altar damit entsündigen, wie er mit dem Farren entsündigt ist.

23. Und wenn das Entsündigen vollendet ist, sollst du einen jungen Farren opfern, der ohne Fehl sei, und einen Widder von der Herde ohne Fehl.

24. Und sollst sie beide vor dem Herrn opfern; und die Priester sollen Salz darauf streuen und sollen sie also opfern dem Herrn zum Brandopfer.

25. Also sollst du sieben Tage nacheinander täglich einen Bock zum Sündopfer opfern; und sie sollen einen jungen Farren und einen Widder von der Herde, die beide ohne Fehl sind, opfern.

26. Und sollen also sieben Tage lang den Altar versöhnen und ihn reinigen und *ihre Hände füllen. *2. Mose 28,41.

27. Und nach denselben Tagen sollen die Priester am achten Tag und hernach für und für auf dem Altar opfern eure Brandopfer und eure Dankopfer, so will ich euch gnädig sein, spricht der Herr Herr.

Das 44. Kapitel

Von den Priestern des neuen Tempels.

1. Und er führte mich wiederum zu dem äußern Tor des Heiligtums gegen Morgen; es war aber zugeschlossen.

2. Und der Herr sprach zu mir: Dies Tor soll zugeschlossen bleiben und nicht aufgetan werden, und soll niemand dadurchgehen; denn der Herr, der Gott Israels, ist dadurch eingegangen, darum soll es zugeschlossen bleiben.

3. Doch den *Fürsten ausgenommen; denn der Fürst soll daruntersitzen, das Brot zu essen vor dem Herrn. Durch die Halle des Tors soll er hineingehen und durch dieselbe wieder herausgehen. *K. 45,7.

4. Darnach führte er mich zum Tor gegen Mitternacht vor das Haus. Und ich sah, und siehe, des *Herrn Haus war voll der Herrlichkeit des Herrn; und ich fiel auf mein Angesicht. *K. 43,5.

5. Und der Herr sprach zu mir: Du Menschenkind, merke darauf und siehe und höre fleißig auf alles, was ich dir sagen will von allen Sitten und Gesetzen im Haus des Herrn; und merke, wie man hineingehen soll, und auf alle Ausgänge des Heiligtums.

6. Und sage dem ungehorsamen Hause Israel: So spricht der Herr Herr: Ihr macht es zuviel, ihr vom Hause Israel, mit allen euren Greueln;

7. denn ihr führt fremde Leute eines unbeschnittenen Herzens und unbeschnittenen Fleisches in mein Heiligtum, dadurch

ihr mein Haus entheiligt, wenn ihr mein
Brot, Fettes und Blut opfert, und brecht
also meinen Bund mit allen euren Greueln;
8. und haltet die Sitten meines Heiligtums nicht, sondern macht euch selbst
neue Sitten in meinem Heiligtum.
9. Darum spricht der Herr Herr also: Es
soll kein Fremder eines unbeschnittenen
Herzens und unbeschnittenen Fleisches
in mein Heiligtum kommen aus allen
Fremdlingen, so unter den Kindern Israel
sind;
10. sondern die Leviten, die von mir gewichen sind und samt Israel von mir irregegangen nach ihren Götzen, die sollen
ihre Sünde tragen,
11. und sollen in meinem Heiligtum dienen als Hüter an den Türen des Hauses
und als Diener des Hauses; und sollen nur
das Brandopfer und andere Opfer, so das
Volk herzubringt, schlachten und vor den
Leuten stehen, daß sie ihnen dienen.
12. Darum daß sie ihnen gedient vor ihren Götzen und dem Haus Israel einen
Anstoß zur Sünde gegeben haben, darum
habe ich meine Hand über sie ausgestreckt, spricht der Herr Herr, daß sie
müssen ihre Sünde tragen.
13. Und sie sollen nicht zu mir nahen,
Priesteramt zu führen, noch kommen zu
allen meinen Heiligtümern, zu den hochheiligen Opfern, sondern sollen ihre
Schande tragen und ihre Greuel, die sie
geübt haben.
14. Darum habe ich sie zu Hütern gemacht an allem Dienst des Hauses und zu
allem, was man darin tun soll.
15. Aber die Priester aus den Leviten, die
Kinder *Zadok, so die Sitten meines Heiligtums gehalten haben, da die Kinder Israel von mir abfielen, die sollen vor mich
treten und mir dienen und vor mir stehen,
daß sie mir das Fett und Blut opfern,
spricht der Herr Herr. *K. 40,46; 48,11.
16. Und sie sollen hineingehen in mein
Heiligtum und vor meinen Tisch treten,
mir zu dienen und meine Sitten zu halten.
17. Und wenn sie durch die Tore des innern Vorhofes gehen wollen, sollen sie
*leinene Kleider anziehen und nichts
Wollenes anhaben, wenn sie in den Toren
im innern Vorhofe und im Hause dienen.
*3. Mose 16,4.
18. Und sollen leinenen Schmuck auf ihrem Haupt haben und leinene Beinkleider
um ihre Lenden, und sollen sich nicht im
Schweiß gürten.
19. Und wenn sie in den äußern Vorhof
zum Volk herausgehen, *sollen sie die
Kleider, darin sie gedient haben, ausziehen und dieselben in die Kammern des
Heiligtums legen und andere Kleider anziehen und das Volk nicht heiligen in ihren eigenen Kleidern. *K. 42,14.
20. Ihr *Haupt sollen sie nicht kahl scheren, und sollen auch nicht die Haare frei
wachsen lassen, sondern sollen die Haare
umher verschneiden.
*3. Mose 19,27; 21,5.
21. Und soll auch kein *Priester Wein
trinken, wenn sie in den innern Vorhof
gehen sollen. *3. Mose 10,9.
22. Und sie sollen keine *Witwe noch
Verstoßene zur Ehe nehmen, sondern
Jungfrauen vom Samen des Hauses Israel
oder eines Priesters nachgelassene Witwe.
*3. Mose 21,7.13.14.
23. Und sie sollen mein Volk lehren, daß
sie wissen *Unterschied zu halten zwischen Heiligem und Unheiligem und zwischen Reinem und Unreinem.
*3. Mose 10,10.
24. Und wo eine Sache vor sie kommt,
sollen sie stehen und richten und nach
meinen Rechten sprechen und sollen meine Gebote und Sitten halten und alle meine Feste halten und meine Sabbate heiligen.
25. Und sollen zu keinem Toten gehen
und sich verunreinigen, nur allein zu Vater und Mutter, Sohn oder Tochter, Bruder oder Schwester, die noch keinen Mann
gehabt hat; über denen mögen sie sich
verunreinigen. 3. Mose 21,1–4.
26. Und nach seiner Reinigung soll man
ihm zählen sieben Tage.
27. Und wenn er wieder hinein zum Heiligtum geht in den innern Vorhof, daß er
im Heiligtum diene, so soll er sein Sündopfer opfern, spricht der Herr Herr.
28. Aber das Erbteil, das sie haben sollen,
das will ich selbst sein. Darum sollt ihr
ihnen kein eigen Land geben in Israel;
denn *ich bin ihr Erbteil. *4. Mose 18,20.
29. Sie sollen ihre Nahrung haben vom
Speisopfer, Sündopfer und Schuldopfer,
und alles Verbannte in Israel soll ihnen
gehören.
30. Und alle ersten Früchte und alle Hebopfer von allem, davon ihr Hebopfer
bringt, sollen den Priestern gehören. Ihr
sollt auch den Priestern die Erstlinge eures Teiges geben, damit der Segen in deinem Hause bleibe.
31. Was aber ein *Aas oder zerrissen ist,
es sei von Vögeln oder Tieren, das sollen
die Priester nicht essen. *3. Mose 22,8.

Das 45. Kapitel

Besonderes Land für das Heiligtum, die Priester, die Leviten und den Fürsten. Maß und Gewicht für die Hebopfer des Fürsten. Gesetz der Opfer.

1. Wenn ihr nun das Land durchs Los austeilt, so sollt ihr ein Hebopfer vom Lande absondern, das dem Herrn heilig sein soll, 25000 Ruten lang und 10000 breit; der Platz soll heilig sein, soweit er reicht.

2. Und von diesem sollen zum Heiligtum kommen je 500 Ruten ins Gevierte und dazu ein freier Raum umher fünfzig Ellen.

3. Und auf dem Platz der 25000 Ruten lang und 10000 breit ist, soll das Heiligtum stehen, das Allerheiligste.

4. Das übrige aber vom geheiligten Lande soll den Priestern gehören, die im Heiligtum dienen und vor den Herrn treten, ihm zu dienen, daß sie Raum zu Häusern haben, und soll auch heilig sein.

5. Aber die Leviten, so vor dem Hause dienen, sollen auch 25000 Ruten lang und 10000 breit haben zu ihrem Teil, daß sie da wohnen.

6. Und der Stadt sollt ihr auch einen Platz lassen für das ganze Haus Israel, 5000 Ruten breit und 25000 lang, neben dem geheiligten Lande.

7. Dem *Fürsten aber sollt ihr auch einen Platz geben zu beiden Seiten, neben dem geheiligten Lande und neben dem Platz der Stadt, und soll der Platz gegen Abend und gegen Morgen so weit reichen als die Teile der Stämme. *K.44,3; 48,21.22.

8. Das soll sein eigen Teil sein in Israel, damit meine Fürsten nicht mehr meinem Volk das Ihre nehmen, sondern sollen das Land dem Haus Israel lassen für ihre Stämme.

9. Denn so spricht der Herr Herr: Ihr habt's lange genug gemacht, ihr Fürsten Israels; lasset ab von Frevel und Gewalt und tut, was recht und gut ist, und tut ab von meinem Volk euer Austreiben, spricht der Herr Herr. K.46,18.

10. Ihr sollt *rechtes Gewicht und rechte Scheffel und rechtes Maß haben. *3.Mose 19,36; 5.Mose 25,15.

11. Epha und Bath sollen gleich sein, daß ein Bath den zehnten Teil vom Homer habe und das Epha auch den zehnten Teil vom Homer; denn nach dem Homer soll man sie beide messen.

12. Aber ein Lot soll zwanzig Gera haben; und eine Mina macht zwanzig Lot, fünfundzwanzig Lot und fünfzehn Lot.

13. Das soll nun das Hebopfer sein, das ihr heben sollt, nämlich den sechsten Teil eines Epha von einem Homer Weizen und den sechsten Teil eines Epha von einem Homer Gerste.

14. Und vom Öl sollt ihr geben je den zehnten Teil eines Bath vom Kor, welches zehn Bath oder ein Homer ist; denn zehn Bath machen einen Homer.

15. Und je ein Lamm von zweihundert Schafen aus der Herde auf der Weide Israels zum Speisopfer und Brandopfer und Dankopfer, zur Versöhnung für sie, spricht der Herr Herr.

16. Alles Volk im Lande soll solches Hebopfer zum Fürsten in Israel bringen.

17. Und der Fürst soll die Brandopfer, Speisopfer und Trankopfer ausrichten auf die Feste, Neumonde und Sabbate, auf alle Feiertage des Hauses Israel; er soll die Sündopfer und Speisopfer, Brandopfer und Dankopfer tun zur Versöhnung für das Haus Israel.

18. So spricht der Herr Herr: Am ersten Tage des ersten Monats sollst du nehmen einen jungen Farren, der ohne Fehl sei, und das Heiligtum entsündigen.

19. Und der Priester soll von dem Blut des Sündopfers nehmen und die Pfosten am Hause damit besprengen und die vier Ecken des Absatzes am Altar samt den Pfosten am Tor des innern Vorhofs.

20. Also sollst du auch tun am siebenten Tage des Monats wegen derer, die *geirrt haben oder verführt worden sind, daß ihr das Haus entsündiget. *3.Mose 4,2; 5,17.

21. Am *vierzehnten Tage des ersten Monats sollt ihr das Passah halten und sieben Tage feiern und ungesäuertes Brot essen. *3.Mose 23,5.

22. Und am selben Tage soll der Fürst für sich und für alles Volk im Lande einen Farren zum Sündopfer opfern.

23. Aber die sieben Tage des Festes soll er dem Herrn täglich ein Brandopfer tun: je sieben Farren und sieben Widder, die ohne Fehl seien; und je einen Ziegenbock zum Sündopfer. 4.Mose 28,19–22.

24. Zum Speisopfer aber soll er je ein Epha zu einem Farren und ein Epha zu einem Widder opfern und je ein Hin Öl zu einem Epha. K.46,5; 4.Mose 15,4.6.9.

25. Am *fünfzehnten Tage des siebenten Monats soll er sieben Tage nacheinander feiern, gleichwie jene sieben Tage, und es ebenso halten mit Sündopfer, Brandopfer, Speisopfer samt dem Öl. *3.Mose 23,34.

Das 46. Kapitel

Opfer des Fürsten. Schenkungen von seinem Erbteil. Die Opferküchen.

1. So spricht der Herr Herr: Das Tor am

innern Vorhof morgenwärts soll die sechs Werktage zugeschlossen sein; aber am Sabbattage und am Neumonde soll man's auftun.

2. Und der *Fürst soll von draußen unter die Halle des Tors treten und bei den Pfosten am Tor stehenbleiben. Und die Priester sollen sein Brandopfer und Dankopfer opfern; er aber soll auf der Schwelle des Tors anbeten und darnach wieder hinausgehen; das Tor aber soll offen bleiben bis an den Abend. *K. 44,3.

3. Desgleichen das Volk im Lande soll an der Tür desselben Tors anbeten vor dem Herrn an den Sabbaten und Neumonden.

4. Das Brandopfer aber, so der Fürst vor dem Herrn opfern soll am Sabbattage, soll sein sechs Lämmer, die ohne Fehl seien, und ein Widder ohne Fehl; 4. Mose 28.9.

5. und je ein Epha zu einem Widder zum Speisopfer, zu den Lämmern aber, soviel seine Hand gibt, zum Speisopfer, und je ein Hin Öl zu einem Epha.

6. Am Neumonde aber soll er einen jungen Farren opfern, der ohne Fehl sei, und sechs Lämmer und einen Widder auch ohne Fehl;

7. und je eine Epha zum Farren und je ein Epha zum Widder zum Speisopfer, aber zu den Lämmern so viel, als er geben mag, und je ein Hin Öl zu einem Epha. K. 45,24.

8. Und wenn der Fürst hineingeht, soll er durch die Halle des Tors hineingehen und desselben Weges wieder herausgehen.

9. Aber das Volk im Lande, so vor den Herrn kommt auf die hohen Feste und zum Tor gegen Mitternacht hineingeht, anzubeten, das soll durch das Tor gegen Mittag wieder herausgehen; und welche zum Tor gegen Mittag hineingehen, die sollen zum Tor gegen Mitternacht wieder herausgehen; und sollen nicht wieder zu dem Tor hinausgehen, dadurch sie hinein sind gegangen, sondern stracks vor sich hinausgehen.

10. Der Fürst aber soll mit ihnen hinein und heraus gehen.

11. Aber an den Feiertagen und hohen Festen soll man zum Speisopfer *je zu einem Farren ein Epha und je zu einem Widder ein Epha opfern und zu den Lämmern, soviel seine Hand gibt, und je ein Hin Öl zu einem Epha. *V. 7.

12. Wenn aber der Fürst ein freiwilliges Brandopfer oder Dankopfer dem Herrn tun wollte, so soll man ihm das Tor gegen Morgen auftun, daß er sein Brandopfer und Dankopfer opfere, wie er's sonst am Sabbat pflegt zu opfern; und wenn er wieder herausgeht, soll man das Tor nach ihm zuschließen.

13. Und er soll dem Herrn *täglich ein Brandopfer tun, nämlich ein jähriges Lamm ohne Fehl; dasselbe soll er alle Morgen opfern. *4. Mose 28,3.

14. Und soll alle Morgen den sechsten Teil von einem Epha zum Speisopfer darauftun und den dritten Teil von einem Hin Öl, auf das Semmelmehl zu träufen, dem Herrn zum Speisopfer; das soll ein ewiges Recht sein vom täglichen Opfer.

15. Und also sollen sie das Lamm samt dem Speisopfer und Öl alle Morgen opfern zum täglichen Brandopfer.

16. So spricht der Herr Herr: Wenn der Fürst seiner Söhne einem ein Geschenk gibt von seinem Erbe, dasselbe soll seinen Söhnen bleiben, und sie sollen es erblich besitzen.

17. Wo er aber seiner Knechte einem von seinem Erbteil etwas schenkt, das sollen sie besitzen bis aufs *Freijahr, und soll alsdann dem Fürsten wieder heimfallen; denn sein Teil soll allein auf seine Söhne erben. *3. Mose 25,10.

18. Es soll auch der Fürst dem Volk nichts nehmen von seinem Erbteil noch sie aus ihren eigenen Gütern stoßen, sondern soll sein eigenes Gut auf seine Kinder vererben, auf daß meines Volks nicht jemand von seinem Eigentum zerstreut werde. K. 45,8.9.

19. Und er führte mich durch den Eingang an der Seite des Tors gegen Mitternacht zu den Kammern des Heiligtums, so den Priestern gehörten; und siehe, da selbst war ein Raum in der Ecke gegen Abend.

20. Und er sprach zu mir: Dies ist der Ort, da die Priester kochen sollen das Schuldopfer und Sündopfer und das Speisopfer backen, daß sie es nicht hinaus in den äußern Vorhof tragen müssen, das Volk zu heiligen.

21. Darnach führte er mich hinaus in den äußern Vorhof und hieß mich gehen in die vier Ecken des Vorhofs.

22. Und siehe, da war in jeglicher der vier Ecken ein anderes Vorhöflein, vierzig Ellen lang und dreißig Ellen breit, alle vier einerlei Maßes.

23. Und es ging ein Mäuerlein um ein jegliches der vier; da waren Herde herum gemacht unten an den Mauern.

24. Und er sprach zu mir: Dies sind die Küchen, darin die Diener des Hauses kochen sollen, was das Volk opfert.

Das 47. Kapitel

Das segensreiche Wasser, das aus dem Tempel strömt. Grenzen des Landes.

1. Und er führte mich wieder zu der Tür
des Tempels. Und siehe, da floß *ein Wasser heraus unter der Schwelle des Tempels gegen Morgen; denn die vordere Seite des Tempels war gegen Morgen. Und das Wasser lief an der rechten Seite des Tempels neben dem Altar hin gegen Mittag.

*Joel 4,18; Sach. 14,8; Offenb. 22,1.

2. Und er führte mich hinaus zum Tor
gegen Mitternacht und brachte mich auswendig herum zum äußern Tor gegen Morgen; und siehe, das Wasser sprang heraus von der rechten Seite.
3. Und der Mann ging heraus gegen Mor-
gen und hatte die *Meßschnur in der Hand; und er maß tausend Ellen und führte mich durchs Wasser, daß mir's an die Knöchel ging. *K.40,3.
4. Und maß abermals tausend Ellen und
führte mich durchs Wasser, daß mir's an die Kniee ging. Und maß noch tausend Ellen und ließ mich dadurchgehen, daß es mir an die Lenden ging.
5. Da maß er noch tausend Ellen, und es
ward so tief, daß ich nicht mehr gründen konnte; denn das Wasser war zu hoch, daß man darüber schwimmen mußte und es nicht gründen konnte.
6. Und er sprach zu mir: Du Menschen-
kind, das hast du ja gesehen. Und er führte mich wieder zurück am Ufer des Bachs.
7. Und siehe, da standen sehr viel Bäume
am Ufer auf beiden Seiten.
8. Und er sprach zu mir: Dies Wasser, das
da gegen Morgen herausfließt, wird durchs Blachfeld fließen ins *Meer; und wenn's dahin ins Meer kommt, da sollen desselben Wasser gesund werden.

*1.Mose 14,3.

9. Ja alles, was darin lebt und webt, dahin
diese Ströme kommen, das soll leben; und es soll sehr viel Fische haben; und soll alles gesund werden und leben, wo dieser Strom hin kommt.
10. Und es werden die Fischer an demsel-
ben stehen; von Engedi bis zu En-Eglaim wird man die Fischgarne aufspannen; denn es werden daselbst sehr viel Fische von allerlei Art sein, gleichwie im großen Meer.
11. Aber die Teiche und Lachen daneben
werden nicht gesund werden, sondern gesalzen bleiben.
12. Und an demselben Strom, am Ufer
auf beiden Seiten, werden allerlei fruchtbare Bäume wachsen, und ihre Blätter werden nicht verwelken noch ihre Früchte ausgehen; und sie werden alle Monate neue Früchte bringen, denn ihr Wasser fließt aus dem Heiligtum. Ihre Frucht wird zur Speise dienen und ihre Blätter zur Arznei. Offenb. 22,2.
13. So spricht der Herr Herr: Dies sind
die Grenzen, nach denen ihr das Land sollt austeilen den zwölf Stämmen Israels; denn *zwei Teile gehören dem Stamm Joseph. *1.Mose 48,5; Jos. 17,17.
14. Und ihr sollt's gleich austeilen, ei-
nem wie dem andern; denn ich habe meine Hand aufgehoben, das Land euren Vätern und euch zum Erbteil zu geben.
15. Dies ist nun die Grenze des Landes
gegen Mitternacht: von dem großen Meer an des Weges nach Hethlon gen Zedad,

4.Mose 34,2–12.

16. Hamath, Berotha, Sibraim, das an
Damaskus und Hamath grenzt, und Hazar-Thichon, das an Hauran grenzt.
17. Das soll die Grenze sein vom Meer an
bis gen Hazar-Enon, und Damaskus und Hamath sollen das Ende sein. Das sei die Grenze gegen Mitternacht.
18. Aber die Grenze gegen Morgen sollt
ihr messen zwischen Hauran und Damaskus und zwischen Gilead und dem Lande Israel, am Jordan hinab bis ans Meer gegen Morgen. Das soll die Grenze gegen Morgen sein.
19. Aber die Grenze gegen Mittag ist von
Thamar bis ans *Haderwasser zu Kades und †den Bach hinab bis an das große Meer. Das soll die Grenze gegen Mittag sein. *4.Mose 20,13, †4.Mose 34,5.
20. Und an der Seite gegen Abend ist das
große Meer von der Grenze an bis gegenüber Hamath. Das sei die Grenze gegen Abend.
21. Also sollt ihr das Land austeilen un-
ter die Stämme Israels.
22. Und wenn ihr das Los werft, das Land
unter euch zu teilen, so sollt ihr *die Fremdlinge, die bei euch wohnen und Kinder unter euch zeugen, halten gleich wie die Einheimischen unter den Kindern Israel; *2.Mose 22,20.
23. und sie sollen auch ihren Teil am
Lande haben, ein jeglicher unter dem Stamm, dabei er wohnt, spricht der Herr Herr.

Das 48. Kapitel

Verteilung des Landes. Umfang der heiligen Stadt und Namen ihrer Tore.

1. Dies sind die Namen der Stämme: von
Mitternacht, an dem Wege nach *Heth-

lon, gen Hamath und Hazar-Enon und von Damaskus gegen Hamath, das soll Dan für seinen Teil haben, von Morgen bis gen Abend. *K.47,15.17.

2. Neben Dan soll Asser seinen Teil haben, von Morgen bis gen Abend.

3. Neben Asser soll Naphthali seinen Teil haben, von Morgen bis gen Abend.

4. Neben Naphthali soll Manasse seinen Teil haben, von Morgen bis gen Abend.

5. Neben Manasse soll Ephraim seinen Teil haben, von Morgen bis gen Abend.

6. Neben Ephraim soll Ruben seinen Teil haben, von Morgen bis gen Abend.

7. Neben Ruben soll Juda seinen Teil haben, von Morgen bis gen Abend.

8. Neben Juda aber sollt ihr einen Teil absondern, von Morgen bis gen Abend, *der 25000 Ruten breit und so lang sei, wie sonst ein Teil ist von Morgen bis gen Abend; darin soll das Heiligtum stehen. *K.45,1–8.

9. Und davon sollt ihr dem Herrn einen Teil absondern, 25000 Ruten lang und 10000 Ruten breit.

10. Und dieser heilige Teil soll den Priestern gehören, nämlich 25000 Ruten lang gegen Mitternacht und gegen Mittag und 10000 breit gegen Morgen und gegen Abend. Und das Heiligtum des Herrn soll mittendarin stehen.

11. Das soll geheiligt sein den Priestern, den Kindern Zadok, *welche meine Sitten gehalten haben und sind nicht abgefallen mit den Kindern Israel, wie die Leviten abgefallen sind. *K.44,15.

12. Und soll also dieser abgesonderte Teil des geheiligten Landes ihr eigen sein als Hochheiliges neben der Leviten Grenze.

13. Die Leviten aber sollen neben der Priester Grenze auch 25000 Ruten in die Länge und 10000 in die Breite haben; denn alle Länge soll 25000 und die Breite 10000 Ruten haben.

14. Und sollen nichts davon verkaufen noch verändern, damit des Landes Erstling nicht wegkomme; denn es ist dem Herrn geheiligt.

15. Aber die übrigen 5000 Ruten in die Breite gegen die 25000 Ruten in die Länge, das soll gemeines Land sein zur Stadt, darin zu wohnen, und zu Vorstädten; und die Stadt soll mittendarin stehen.

16. Und das soll ihr Maß sein: 4500 Ruten gegen Mitternacht und gegen Mittag, desgleichen gegen Morgen und gegen Abend auch 4500. Offenb.21,16.

17. Die Vorstadt aber soll haben 250 Ruten gegen Mitternacht und gegen Mittag, desgleichen auch gegen Morgen und gegen Abend 250 Ruten.

18. Aber das übrige an der Länge neben dem Abgesonderten und Geheiligten, nämlich 10000 Ruten gegen Morgen und 10000 gegen Abend, das gehört zum Unterhalt derer, die in der Stadt arbeiten.

19. Und Arbeiter aus allen Stämmen Israels sollen in der Stadt arbeiten.

20. Also soll die ganze Absonderung 25000 Ruten ins Gevierte sein; ein Vierteil der geheiligten Absonderung sei zu eigen der Stadt.

21. Was aber noch übrig ist auf beiden Seiten neben dem abgesonderten heiligen Teil und neben der Stadt Teil, nämlich 25000 Ruten gegen Morgen und gegen Abend neben den Teilen der Stämme, *das soll alles dem Fürsten gehören. Aber der abgesonderte heilige Teil und das Haus des Heiligtums soll mitteninnen sein. *K.45,7.

22. Was aber neben der Leviten Teil und neben der Stadt Teil zwischen der Grenze Juda's und der Grenze Benjamins liegt, das soll dem Fürsten gehören.

23. Darnach sollen die andern Stämme sein: Benjamin soll seinen Teil haben, von Morgen bis gen Abend.

24. Aber neben der Grenze Benjamins soll Simeon seinen Teil haben, von Morgen bis gen Abend.

25. Neben der Grenze Simeons soll Isaschar seinen Teil haben, von Morgen bis gen Abend.

26. Neben der Grenze Isaschars soll Sebulon seinen Teil haben, von Morgen bis gen Abend.

27. Neben der Grenze Sebulons soll Gad seinen Teil haben, von Morgen bis gen Abend.

28. Aber neben Gad ist die Grenze gegen Mittag von *Thamar bis ans Haderwasser zu Kades und den Bach hinab bis an das große Meer. *K.47,19.

29. Das ist das Land, das ihr austeilen sollt zum Erbteil unter die Stämme Israels; und das sollen ihre Erbteile sein, spricht der Herr Herr.

30. Und so weit soll die Stadt sein: 4500 Ruten gegen Mitternacht.

31. Und die Tore der Stadt sollen nach den Namen der Stämme Israels genannt werden, drei Tore gegen Mitternacht: das erste Tor Ruben, das zweite Juda, das dritte Levi. Offenb.21,12.13.

32. Also auch gegen Morgen 4500 Ruten und auch drei Tore: nämlich das erste Tor

Joseph, das zweite Benjamin, das dritte Dan.

33. Gegen Mittag auch also 4500 Ruten und auch drei Tore: das erste Tor Simeon, das zweite Isaschar, das dritte Sebulon.

34. Also auch gegen Abend 4500 Ruten und drei Tore: ein Tor Gad, das zweite Asser, das dritte Naphthali.

35. Also sollen es um und um 18000 Ruten sein. Und alsdann soll die Stadt genannt werden: *»Hier ist der Herr«.

*K. 43,7; Offenb. 21,3.

Der Prophet Daniel

Das 1. Kapitel

Daniels und seiner Freunde Erziehung am babylonischen Hofe, ihre Gewissenhaftigkeit und Weisheit.

1. Im dritten Jahr des Reiches Jojakims, des Königs in Juda, kam Nebukadnezar, der König zu Babel, vor Jerusalem und belagerte es. 2. Kön. 24,1.2.

2. Und der Herr übergab ihm Jojakim, den König Juda's, und etliche Gefäße aus dem Hause Gottes; die ließ er führen ins Land Sinear in seines Gottes Haus und tat die Gefäße in seines Gottes Schatzkammer.

3. Und der König sprach zu Aspenas, seinem obersten Kämmerer, er sollte aus den Kindern Israel vom königlichen Stamm und Herrenkindern wählen 2. Kön. 20,18.

4. Knaben, die nicht gebrechlich wären, sondern schöne, vernünftige, weise, kluge und verständige, die da geschickt wären, zu dienen an des Königs Hofe und zu lernen chaldäische Schrift und Sprache.

5. Solchen bestimmte der König, was man ihnen täglich geben sollte von seiner Speise und von dem Wein, den er selbst trank, daß sie also drei Jahre auferzogen würden und darnach vor dem König dienen sollten.

6. Unter diesen waren Daniel, Hananja, Misael und Asarja von den Kindern Juda.

7. Und der oberste Kämmerer gab ihnen Namen und nannte Daniel Beltsazar und Hananja Sadrach und Misael Mesach und Asarja Abed-Nego.

8. Aber Daniel setzte sich vor in seinem Herzen, daß er sich mit des Königs Speise und mit dem Wein, den er selbst trank, nicht verunreinigen wollte, und bat den obersten Kämmerer, daß er sich nicht müßte verunreinigen. 3. Mose 11.

9. Und Gott gab Daniel, daß ihm der oberste Kämmerer günstig und gnädig ward. 1. Mose 39,21.

10. Derselbe sprach zu ihm: Ich fürchte mich vor meinem Herrn, dem König, der euch eure Speise und Trank bestimmt hat; wo er würde sehen, daß eure Angesichter jämmerlicher wären denn der andern Knaben eures Alters, so brächtet ihr mich bei dem König um mein Leben.

11. Da sprach Daniel zu dem Aufseher, welchem der oberste Kämmerer Daniel, Hananja, Misael und Asarja befohlen hatte:

12. Versuche es doch mit deinen Knechten zehn Tage und laß uns geben Gemüse zu essen und Wasser zu trinken.

13. Und laß dann vor dir unsre Gestalt und der Knaben, so von des Königs Speise essen, besehen; und darnach du sehen wirst, darnach schaffe mit deinen Knechten.

14. Und er gehorchte ihnen darin und versuchte es mit ihnen zehn Tage.

15. Und nach den zehn Tagen waren sie schöner und besser bei Leibe denn alle Knaben, so von des Königs Speise aßen.

16. Da tat der Aufseher ihre verordnete Speise und Trank weg und gab ihnen Gemüse.

17. Aber diesen vier Knaben gab Gott Kunst und Verstand in allerlei Schrift und Weisheit; Daniel aber gab er Verstand in allen Gesichten und Träumen. Hesek. 28,3.

18. Und da die Zeit um war, die der König bestimmt hatte, daß sie sollten hineingebracht werden, brachte sie der oberste Kämmerer hinein vor Nebukadnezar.

19. Und der König redet mit ihnen, und ward unter allen niemand gefunden, der Daniel, Hananja, Misael und Asarja gleich wäre; und sie wurden des Königs Diener.

20. Und der König fand sie in allen Sachen, die er sie fragte, zehnmal klüger und verständiger denn alle Sternseher und Weisen in seinem ganzen Reich.

21. Und Daniel erlebte *das erste Jahr des Königs Kores. *Esra 1,1.

Das 2. Kapitel

Daniel legt den Traum Nebukadnezars von den vier Weltreichen und dem ewigen Reiche Gottes aus und wird sehr erhöht.
(Vgl. K. 7.)

1. Im zweiten Jahr des Reiches Nebukadnezars hatte Nebukadnezar einen Traum,
davon er erschrak, daß er aufwachte.
2. Und er hieß alle Sternseher und Weisen und Zauberer und Chaldäer zusam-
menfordern, daß sie dem König seinen
Traum sagen sollten. Und sie kamen und
traten vor den König. Jes. 47,12.13.
3. Und der König sprach zu ihnen: Ich
habe einen Traum gehabt, der hat mich
erschreckt; und ich wollte gern wissen,
was es für ein Traum gewesen sei.
4. Da sprachen die Chaldäer zum König
auf chaldäisch: Der *König lebe ewiglich!
Sage deinen Knechten den Traum, so wollen wir ihn deuten. *K3,9.
5. Der König antwortete und sprach zu
den Chaldäern: Es ist mir entfallen. Werdet ihr mir den Traum nicht anzeigen und
ihn deuten, so sollt ihr in Stücke zerhauen
und eure Häuser schändlich verstört werden.
6. Werdet ihr mir aber den Traum anzeigen und deuten, so sollt ihr Geschenke,
Gaben und große Ehre von mir haben.
Darum so sagt mir den Traum und seine
Deutung.
7. Sie antworteten wiederum und sprachen: Der König sage seinen Knechten
den Traum, so wollen wir ihn deuten.
8. Der König anwortete und sprach:
Wahrlich, ich merke es, daß ihr Frist
sucht, weil ihr seht, daß mir's entfallen
ist.
9. Aber werdet ihr mir nicht den Traum
sagen, so geht das Recht über euch, als die
ihr Lügen und Gedichte vor mir zu reden
euch vorgenommen habt, bis die Zeit vorübergehe. Darum so sagt mir den Traum,
so kann ich merken, daß ihr auch die
Deutung trefft.
10. Da antworteten die Chaldäer vor dem
König und sprachen zu ihm: Es ist kein
Mensch auf Erden, der sagen könne, was
der König fordert. So ist auch kein König,
wie groß oder mächtig er sei, der solches
von irgend einem Sternseher, Weisen oder
Chaldäer fordere.
11. Denn was der König fordert, ist zu
hoch, und ist auch sonst niemand, der es
vor dem König sagen könne, ausgenommen die Götter, die bei den Menschen
nicht wohnen.
12. Da ward der König sehr zornig und
befahl, alle Weisen zu Babel umzubringen.
13. Und das Urteil ging aus, daß man die
Weisen töten sollte; und Daniel samt seinen Gesellen ward auch gesucht, daß man
sie tötete.
14. Da erwiderte Daniel *klug und verständig dem †Arioch, dem obersten Richter des Königs, welcher auszog, zu töten
die Weisen zu Babel. *K. 1,17.20. †V. 24.
15. Und er fing an und sprach zu des
Königs Vogt, Arioch: Warum ist ein so
strenges Urteil vom König ausgegangen?
Und Arioch zeigte es dem Daniel an.
16. Da ging Daniel hinein und bat den
König, daß er ihm Frist gäbe, damit er die
Deutung dem König sagen möchte.
17. Und Daniel ging heim und zeigte solches an seinen Gesellen, Hananja, Misael
und Asarja,
18. daß sie den Gott des Himmels um
Gnade bäten solches verborgenen Dinges
halben, damit Daniel und seine Gesellen
nicht samt den andern Weisen zu Babel
umkämen.
19. Da *ward Daniel solch verborgenes
Ding durch ein Gesicht des Nachts offenbart. *V. 30.
20. Darüber lobte Daniel den Gott des
Himmels, fing an und sprach: Gelobet sei
der Name Gottes von Ewigkeit zu Ewigkeit! denn sein ist beides, Weisheit und
Stärke.
21. Er ändert Zeit und Stunde; er *setzt
Könige ab und setzt Könige ein; er gibt
den Weisen ihre Weisheit und den Verständigen ihren Verstand: *K. 4,14.22.29.
22. er offenbart, was tief und verborgen
ist; er weiß, was in der Finsternis liegt,
denn bei ihm ist eitel Licht.
23. Ich danke dir und lobe dich, Gott
meiner Väter, daß du mir Weisheit und
Stärke verleihest und jetzt offenbart hast,
darum wir dich gebeten haben; denn du
hast uns des Königs Sache offenbart.
24. Da ging Daniel hinein zu *Arioch,
der vom König Befehl hatte, die Weisen zu
Babel umzubringen, und sprach zu ihm
also: Du sollst die Weisen zu Babel nicht
umbringen, sondern führe mich hinein
zum König, ich will dem König die Deutung sagen. *V. 14.
25. Arioch brachte Daniel eilends hinein
vor den König und sprach zu ihm also: Es
ist einer gefunden unter den Gefangenen
aus Juda, der dem König die Deutung sagen kann.
26. Der König antwortete und sprach zu
Daniel, den sie Beltsazar hießen: Bist du,

der mir den Traum, den ich gesehen habe, und seine Deutung anzeigen kann?
27. Daniel fing an vor dem König und sprach: Das verborgene Ding, das der König fordert von den Weisen, Gelehrten, Sternsehern und Wahrsagern, steht in ihrem Vermögen nicht, dem König zu sagen.
28. Aber es ist ein Gott im Himmel, der kann verborgene Dinge offenbaren; der hat dem König Nebukadnezar angezeigt, was in künftigen Zeiten geschehen soll.
29. Mit deinem Traum und deinen Gesichten, da du schliefest, verhielt sich's also: Du, König, dachtest auf deinem Bette, wie es doch hernach gehen würde; und der, *so verborgene Dinge offenbart, hat dir angezeigt, wie es gehen werde. V. 22.
30. So ist mir solch verborgenes Ding offenbart, *nicht durch meine Weisheit, als wäre sie größer denn aller, die da leben; sondern darum, daß dem König die Deutung angezeigt würde und du deines Herzens Gedanken erführest. *1. Mose 41,16.
31. Du, König, sahest, und siehe, ein großes und hohes und sehr glänzendes Bild stand vor dir, das war schrecklich anzusehen.
32. Des Bildes Haupt war von feinem Golde, seine Brust und Arme waren von Silber, sein Bauch und seine Lenden waren von Erz,
33. seine Schenkel waren Eisen, seine Füße waren eines Teils Eisen und eines Teils Ton.
34. Solches sahest du, bis daß ein Stein herabgerissen ward ohne Hände; der schlug das Bild an seine Füße, die Eisen und Ton waren, und zermalmte sie.
35. Da wurden miteinander zermalmt das Eisen, Ton, Erz, Silber und Gold und wurden wie Spreu auf der Sommertenne, und der Wind verwehte sie, daß man sie nirgends mehr finden konnte. Der Stein aber, der das Bild schlug, ward ein großer Berg, daß er die ganze Welt füllte.
36. Das ist der Traum. Nun wollen wir die Deutung vor dem König sagen.
37. Du, König, bist ein *König aller Könige, dem der Gott des Himmels Königreich, Macht, Stärke und Ehre gegeben hat *Hesek. 26,7.
38. und alles, da Leute wohnen, dazu die *Tiere auf dem Felde und die Vögel unter dem Himmel in deine Hände gegeben und dir über alles Gewalt verliehen hat. Du bist das goldene Haupt. *Jer. 27,6.
39. Nach dir wird ein anderes Königreich aufkommen, geringer denn deines. Darnach das dritte Königreich, das ehern ist, welches wird über alle Lande herrschen.
40. Und das vierte wird hart sein wie Eisen; denn gleichwie Eisen alles zermalmt und zerschlägt, ja, wie Eisen alles zerbricht, also wird es auch diese alle zermalmen und zerbrechen.
41. Daß du aber gesehen hast die Füße und Zehen eines Teils Ton und eines Teils Eisen: das wird ein zerteiltes Königreich sein; doch wird von des Eisens Art darin bleiben, wie du denn gesehen hast Eisen mit Ton vermengt.
42. Und daß die Zehen an seinen Füßen eines Teils Eisen und eines Teils Ton sind: wird's zum Teil ein starkes und zum Teil ein schwaches Reich sein.
43. Und daß du gesehen hast Eisen mit Ton vermengt: werden sie sich wohl nach Menschengeblüt untereinander mengen, aber sie werden doch nicht aneinander halten, gleichwie sich Eisen mit Ton nicht mengen läßt.
44. Aber zur Zeit solcher Königreiche wird der Gott des Himmels ein Königreich aufrichten, das *nimmermehr zerstört wird; und sein Königreich wird auf kein ander Volk kommen. Es wird †alle diese Königreiche zermalmen und verstören; aber es selbst wird ewiglich bleiben;
*K. 7,14.27; Jes. 9,6. †1. Kor. 15,24; Offenb. 11,15.
45. wie du denn gesehen hast *einen Stein, ohne Hände vom Berge herabgerissen, der das Eisen, Erz, Ton, Silber und Gold zermalmte. Also hat der große Gott dem König gezeigt, wie es hernach gehen werde; und der Traum ist gewiß, und die Deutung ist recht. *V. 34.
46. Da fiel der König Nebukadnezar auf sein Angesicht und betete an vor dem Daniel und befahl, man sollte ihm Speisopfer und Räuchopfer tun.
47. Und der König antwortete Daniel und sprach: Es ist kein Zweifel, euer Gott *ist ein Gott über alle Götter und ein Herr über alle Könige, der da kann verborgene Dinge offenbaren, weil du dies verborgene Ding hast können offenbaren.
*K. 3,29; Jos. 2,11; Ps. 86,8; Jes. 42,8.9.
48. Und der König erhöhte Daniel und *gab ihm große und viele Geschenke und machte ihn zum Fürsten über die ganze Landschaft Babel und setzte ihn zum Obersten über alle Weisen zu Babel. *V. 6.
49. Und Daniel bat vom König, daß er *über die Ämter der Landschaft Babel setzen möchte Sadrach, Mesach, Abed-Nego; und er, Daniel, blieb bei dem König am Hofe. *K. 3,12.

Das 3. Kapitel

Die drei Männer im Feuerofen.

1. Der König Nebukadnezar ließ ein goldenes Bild machen, sechzig Ellen hoch und sechs Ellen breit, und ließ es setzen ins Tal Dura in der Landschaft Babel.

2. Und der König Nebukadnezar sandte nach den Fürsten, Herren, Landpflegern, Richtern, Vögten, Räten, Amtleuten und allen Gewaltigen im Lande, daß sie zusammenkommen sollten, das Bild zu weihen, das der König Nebukadnezar hatte setzen lassen.

3. Da kamen zusammen die Fürsten, Herren, Landpfleger, Richter, Vögte, Räte, Amtsleute und alle Gewaltigen im Lande, das Bild zu weihen, das der König Nebukadnezar hatte setzen lassen. Und sie mußten dem Bilde gegenübertreten, das Nebukadnezar hatte setzen lassen.

4. Und der Herold rief überlaut: Das laßt euch gesagt sein, ihr Völker, Leute und Zungen!

5. Wenn ihr hören werdet den Schall der Posaunen, Drommeten, Harfen, Geigen, Psalter, Lauten und allerlei Saitenspiel, so sollt ihr niederfallen und das goldene Bild anbeten, das der König Nebukadnezar hat setzen lassen.

6. Wer aber alsdann nicht niederfällt und anbetet, der soll von Stund an in den glühenden Ofen geworfen werden.

7. Da sie nun hörten den Schall der Posaunen, Drommeten, Harfen, Geigen, Psalter und allerlei Saitenspiel, fielen nieder alle Völker, Leute und Zungen und beteten an das goldene Bild, das der König Nebukadnezar hatte setzen lassen.

8. Von Stund an traten hinzu etliche chaldäische Männer und verklagten die Juden,

9. fingen an und sprachen zum König Nebukadnezar: Der König lebe ewiglich!

10. Du hast ein *Gebot lassen ausgehen, daß alle Menschen, wenn sie hören würden den Schall der Posaunen, Drommeten, Harfen, Geigen, Psalter, Lauten und allerlei Saitenspiel, sollten niederfallen und das goldene Bild anbeten; *K. 6,13.

11. wer aber nicht niederfiele und anbetete, sollte in einen glühenden Ofen geworfen werden.

12. Nun sind da jüdische Männer, *welche du über die Ämter der Landschaft Babel gesetzt hast: Sadrach, Mesach und Abed-Nego; die verachten dein Gebot und ehren deine Götter nicht und beten nicht an das goldene Bild, das du hast setzen lassen. *K2,49.

13. Da befahl Nebukadnezar mit Grimm und Zorn, daß man vor ihn stellte Sadrach, Mesach und Abed-Nego. Und die Männer wurden vor den König gestellt.

14. Da fing Nebukadnezar an und sprach zu ihnen: Wie? wollt ihr, Sadrach, Mesach, Abed-Nego, meinen Gott nicht ehren und das goldene Bild nicht anbeten, das ich habe setzen lassen?

15. Wohlan, schickt euch! Sobald ihr hören werdet den Schall der Posaunen, Drommeten, Harfen, Geigen, Psalter, Lauten und allerlei Saitenspiel, so fallet nieder und betet das Bild an, das ich habe machen lassen! Werdet ihr's nicht anbeten, so sollt ihr von Stund an in den glühenden Ofen geworfen werden. *Laßt sehen, wer der Gott sei, der euch aus meiner Hand erretten werde! *2. Kön. 18,35.

16. Da fingen an Sadrach, Mesach, Abed-Nego und sprachen zum König Nebukadnezar: Es ist nicht not, daß wir dir darauf antworten.

17. Siehe, unser Gott, den wir ehren, kann uns wohl erretten aus dem *glühenden Ofen, dazu auch von deiner Hand erretten. *Ps. 66,12.

18. Und wo er's nicht tun will, so sollst du dennoch wissen, daß wir deine Götter nicht ehren noch das goldene Bild, das du hast setzen lassen, anbeten wollen.

3. Mose 20,3–5.

19. Da ward Nebukadnezar voll Grimms, und sein Angesicht verstellte sich wider Sadrach, Mesach und Abed-Nego, und er befahl, man sollte den Ofen siebenmal heißer machen, denn man sonst zu tun pflegte.

20. Und befahl den besten Kriegsleuten, die in seinem Heer waren, daß sie Sadrach, Mesach und Abed-Nego bänden und in den glühenden Ofen würfen.

21. Also wurden diese Männer in ihren Mänteln, Schuhen, Hüten und andern Kleidern gebunden und in den glühenden Ofen geworfen;

22. denn des Königs Gebot mußte man eilends tun. Und man schürte das Feuer im Ofen so sehr, daß die Männer, so den Sadrach, Mesach und Abed-Nego hinaufbrachten, verdarben von des Feuers Flammen.

23. Aber die drei Männer, Sadrach, Mesach und Abed-Nego, fielen hinab in den glühenden Ofen, wie sie gebunden waren.

24. Da entsetzte sich der König Nebukadnezar und fuhr auf und sprach zu seinen Räten: Haben wir nicht drei Männer gebunden in das Feuer lassen werfen? Sie

antworteten und sprachen zum König: Ja, Herr König.

25. Er antwortete und sprach: Sehe ich doch vier Männer frei *im Feuer gehen, und sie sind unversehrt; und der vierte ist gleich, als wäre er ein †Sohn der Götter.

*Jes. 43,2 †V. 28.

26. Und Nebukadnezar trat hinzu vor das Loch des glühenden Ofens und sprach: Sadrach, Mesach, Abed-Nego, ihr Knechte Gottes des Höchsten, gehet heraus und kommet her! Da gingen Sadrach, Mesach und Abed-Nego heraus aus dem Feuer.

27. Und die Fürsten, Herren, Vögte und Räte des Königs kamen zusammen und sahen, daß das Feuer keine Macht am Leibe dieser Männer bewiesen hatte und ihr Haupthaar nicht versengt und ihre Mäntel nicht versehrt waren; ja man konnte keinen Brand an ihnen riechen. Hebr. 11,34.

28. Da fing Nebukadnezar an und sprach: Gelobet sei der Gott Sadrachs, Mesachs und Abed-Negos, *der seinen Engel gesandt und seine Knechte errettet hat, die ihm vertraut und des Königs Gebot nicht gehalten, sondern ihren Leib dargegeben haben, daß sie keinen Gott ehren noch anbeten wollen als allein ihren Gott!

*K. 6,23.

29. So sei nun dies mein Gebot: Welcher unter allen Völkern, Leuten und Zungen den Gott Sadrachs, Mesachs und Abed-Negos lästert, der soll in Stücke zerhauen und sein Haus schändlich verstört werden. Denn es ist *kein anderer Gott, der also erretten kann, als dieser. *K. 2,47.

30. Und der König gab Sadrach, Mesach und Abed-Nego große Gewalt in der Landschaft Babel.

31. König Nebukadnezar allen Völkern, Leuten und Zungen auf der ganzen Erde: Viel Friede zuvor!

32. Ich sehe es für gut an, daß ich verkündige die Zeichen und Wunder, so Gott der Höchste an mir getan hat.

33. Denn seine Zeichen sind groß, und seine Wunder sind mächtig, und sein *Reich ist ein ewiges Reich, und seine Herrschaft währet für und für. *K. 6,27.

Das 4. Kapitel

Erlaß des Königs Nebukadnezar über einen andern Traum und seine Deutung.
Des Königs Wahnsinn und Demütigung.

1. Ich, Nebukadnezar, da ich gute Ruhe hatte in meinem Hause und es wohl stand auf meiner Burg,

2. sah ich einen Traum und erschrak, und die Gedanken, die ich auf meinem Bette hatte, und das Gesicht, so ich gesehen habe, betrübten mich.

3. Und ich befahl, daß alle Weisen zu Babel vor mich hereingebracht würden, daß sie mir sagten, was der Traum bedeutete.

4. Da brachte man herein die Sternseher, Weisen, Chaldäer und Wahrsager, und ich erzählte den Traum vor ihnen; aber sie konnten mir nicht sagen, was er bedeutete, K. 2,2.

5. bis zuletzt Daniel vor mich kam, welcher Beltsazar heißt nach dem Namen meines Gottes, der *den Gott der heiligen Götter hat. Und ich erzählte vor ihm den Traum: *K. 5,11.14.

6. Beltsazar, du Oberster unter den Sternsehern, von dem ich weiß, daß du den Geist der heiligen Götter hast und *dir nichts verborgen ist, sage, was das Gesicht meines Traumes, das ich gesehen habe, bedeutet. *Hesek. 28,3.

7. Dies ist aber das Gesicht, das ich gesehen habe auf meinem Bette: siehe, es stand ein Baum mitten im Lande, der war sehr hoch. Hesek. 31,3–14.

8. Und er wurde groß und mächtig, und seine Höhe reichte bis an den Himmel, und er breitete sich aus bis ans Ende der ganzen Erde.

9. Seine Äste waren schön und trugen viel Früchte, davon alles zu essen hatte; alle Tiere auf dem Felde fanden Schatten unter ihm, und die *Vögel unter dem Himmel saßen auf seinen Ästen, und alles Fleisch nährte sich von ihm.

*V. 18; Hesek. 17,23.

10. Und ich sah ein Gesicht auf meinem Bette, und siehe, ein heiliger Wächter fuhr vom Himmel herab;

11. der rief überlaut und sprach also: *Hauet den Baum um und behaut ihm die Äste und streift ihm das Laub ab und zerstreuet seine Früchte, daß die Tiere, so unter ihm liegen, weglaufen und die Vögel von seinen Zweigen fliehen! *V. 20.

12. Doch laßt den Stock mit seinen Wurzeln in der Erde bleiben; er aber soll in eisernen und ehernen Ketten auf dem Felde im Grase und unter dem Tau des Himmels liegen und naß werden und soll sich weiden mit den Tieren von den Kräutern der Erde.

13. Und das menschliche Herz soll von ihm genommen und ein viehisches Herz ihm gegeben werden, bis daß sieben *Zeiten über ihm um sind. *K. 7,25.

14. Solches ist im Rat der Wächter beschlossen und im Gespräch der Heiligen

beratschlagt, auf daß die Lebendigen erkennen, daß der *Höchste Gewalt hat über der Menschen Königreiche und gibt sie, wem er will, und erhöht die Niedrigen zu denselben. *K. 2,21.
15. Solchen Traum habe ich, König Nebukadnezar, gesehen; du aber, Beltsazar, sage, was er bedeutet. Denn alle Weisen in meinem Königreiche können mir nicht anzeigen, was er bedeutet; du aber kannst es wohl, denn der Geist der heiligen Götter ist bei dir.
16. Da entsetzte sich Daniel, der sonst Beltsazar heißt, bei einer Stunde lang, und seine Gedanken betrübten ihn. Aber der König sprach: Beltsazar, laß dich den Traum und seine Deutung nicht betrüben. Beltsazar fing an und sprach: Ach mein Herr, daß der Traum deinen Feinden und seine Deutung deinen Widersachern gölte!
17. Der Baum, den du gesehen hast, daß er groß und mächtig ward und seine Höhe an den Himmel reichte und daß er sich über die ganze Erde breitete.
18. und seine Äste schön waren und seiner Früchte viel, davon alles zu essen hatte, und daß die Tiere auf dem Felde unter ihm wohnten und die Vögel des Himmels auf seinen Ästen saßen:
19. das bist du, König, der du so groß und mächtig geworden; denn deine Macht ist groß und reicht an den Himmel, und deine Gewalt langt bis an der Welt Ende.
20. Daß aber der König einen heiligen Wächter gesehen hat vom Himmel herabfahren und sagen: Haut den Baum um und verderbet ihn; doch den Stock mit seinen Wurzeln laßt in der Erde bleiben; er aber soll in eisernen und ehernen Ketten auf dem Felde im Grase gehen und unter dem Tau des Himmels liegen und naß werden und sich mit den Tieren auf dem Felde weiden, bis über ihm sieben Zeiten um sind, –
21. das ist die Deutung, Herr König, und solcher Rat des Höchsten geht über meinen Herrn König:
22. man wird dich von den Leuten stoßen, und mußt bei den Tieren auf dem Felde bleiben, und man wird dich Gras essen lassen wie die Ochsen, und wirst unter dem Tau des Himmels liegen und naß werden, bis über dir sieben Zeiten um sind, auf daß du erkennest, daß der Höchste Gewalt hat über der Menschen Königreiche und gibt sie, wem er will.
23. Daß aber gesagt ist, man solle dennoch den Stock des Baumes mit seinen Wurzeln bleiben lassen: dein Königreich soll dir bleiben, wenn du erkannt hast die Gewalt im Himmel.
24. Darum, Herr König, laß dir meinen Rat gefallen und mache dich los von deinen Sünden durch Gerechtigkeit und ledig von deiner Missetat durch *Wohltat an den Armen, so wird dein Glück lange währen. *Spr. 19,17; Matth. 5,7; 19,21.
25. Dies alles widerfuhr dem König Nebukadnezar.
26. Denn nach zwölf Monaten, da der König auf der königlichen Burg zu Babel ging,
27. hob er an und sprach: Das ist die große Babel, die ich erbaut habe zum königlichen Hause durch meine große Macht, zu Ehren meiner Herrlichkeit.
Spr. 16,18; Apg. 12,23.
28. Ehe der König diese Worte ausgeredet hatte, fiel eine Stimme vom Himmel: Dir, König Nebukadnezar, wird gesagt: Dein Königreich soll dir genommen werden;
29. und man wird dich von den Leuten verstoßen, und sollst bei den Tieren, so auf dem Felde gehen, bleiben; Gras wird man dich essen lassen wie Ochsen, bis daß über dir sieben Zeiten um sind, – auf daß du *erkennest, daß der Höchste Gewalt hat über der Menschen Königreich und gibt sie, wem er will. *K. 5,21.
30. Von Stund an ward das Wort vollbracht über Nebukadnezar, und er ward verstoßen von den Leuten hinweg, und er aß Gras wie Ochsen, und sein Leib lag unter dem Tau des Himmels, und er ward naß, bis sein Haar wuchs so groß wie Adlersfedern und seine Nägel wie Vogelsklauen wurden.
31. Nach dieser Zeit hob ich, Nebukadnezar, meine Augen auf gen Himmel und kam wieder zur Vernunft und lobte den Höchsten. Ich pries und ehrte den, der ewiglich lebt, des *Gewalt ewig ist und des Reich für und für währt, *K. 3,33.
32. gegen welchen alle, so auf Erden wohnen, als nichts zu rechnen sind. Er macht's, wie er will, mit den Kräften im Himmel und mit denen, so auf Erden wohnen; und niemand kann seiner Hand wehren noch zu ihm sagen: Was machst du?
33. Zur selben Zeit kam ich wieder zur Vernunft, auch zu meinen königlichen Ehren, zu meiner Herrlichkeit und zu meiner Gestalt. Und meine Räte und Gewaltigen suchten mich, und ich ward wieder in mein Königreich gesetzt; und ich überkam noch größere Herrlichkeit.

34. Darum lobe ich, Nebukadnezar, und
ehre und preise den König des Himmels;
denn all sein Tun ist Wahrheit, und seine
Wege sind recht, und *wer stolz ist, den
kann er demütigen. *K.5,20; Luk. 1,51; 18,14.

Das 5. Kapitel

Belsazers Gastmahl; die wunderbare Schrift an
der Wand; ihre Deutung durch Daniel.

1. König *Belsazer machte ein herrliches Mahl seinen tausend Gewaltigen und
soff sich voll mit ihnen. *K.7,1.
2. Und da er trunken war, hieß er die
goldenen und silbernen Gefäße herbringen, die sein Vater Nebukadnezar aus dem
Tempel zu Jerusalem weggenommen hatte, daß der König mit seinen Gewaltigen,
mit seinen Weibern und mit seinen Kebsweibern daraus tränken.
K. 1,2; 2. Chron. 36,10.
3. Also wurden hergebracht die goldenen
Gefäße, die aus dem Tempel, aus dem
Haus Gottes zu Jerusalem, genommen
waren; und der König, seine Gewaltigen,
seine Weiber und Kebsweiber tranken daraus.
4. Und da sie so soffen, lobten sie die
goldenen, silbernen, ehernen, eisernen,
hölzernen und steinernen Götter.
5. Eben zur selben Stunde gingen hervor
Finger wie einer Menschenhand, die
schrieben gegenüber dem Leuchter, auf
die getünchte Wand in dem königlichen
Saal; und der König ward gewahr der
Hand, die da schrieb.
6. Da entfärbte sich der König, und seine
Gedanken erschreckten ihn, daß ihm die
Lenden schütterten und die Beine zittter-
ten.
7. Und der König rief überlaut, *daß man
die Weisen, Chaldäer und Wahrsager hereinbringen sollte. Und er ließ den Weisen
zu Babel sagen: Welcher Mensch diese
Schrift liest und sagen kann, was sie be-
deute, der soll mit Purpur gekleidet werden und eine goldene Kette am Halse tragen und der dritte Herr sein in meinem
Königreiche. *K.2,2; 4,3.
8. Da wurden alle Weisen des Königs hereingebracht; aber sie konnten weder die
Schrift lesen noch die Deutung dem König
anzeigen.
9. Darüber erschrak der König Belsazer
noch härter und verlor ganz seine Farbe;
und seinen Gewaltigen ward bange.
10. Da ging die Königin um solcher Sache des Königs und seiner Gewaltigen willen hinein in den Saal und sprach: Der
König lebe ewiglich! Laß dich deine Gedanken nicht so erschrecken und entfärbe
dich nicht also!
11. Es ist ein Mann in deinem Königreich, der *den Geist der heiligen Götter
hat. Denn zu deines Vaters Zeit ward bei
ihm Erleuchtung gefunden, Klugheit und
Weisheit, wie der Götter Weisheit ist; und
dein Vater, König Nebukadnezar, setzte
ihn über die Sternseher, Weisen, Chaldäer
und Wahrsager, *K.4,5.
12. darum daß ein hoher Geist bei ihm
gefunden ward, dazu Verstand und Klugheit, Träume zu deuten, dunkle Spüche zu
erraten und verborgene Sachen zu offenbaren: nämlich Daniel, den der König ließ
Beltsazar nennen. So rufe man nun Daniel; der wird sagen, was es bedeutet.
Hesek. 28,3.
13. Da ward Daniel hinein vor den König
gebracht. Und der König sprach zu Daniel:
Bist du der Daniel, der Gefangenen einer
aus Juda, die der König, mein Vater, aus
Juda hergebracht hat?
14. Ich habe von dir hören sagen, daß du
den Geist der Götter habest und Erleuchtung, Verstand und hohe Weisheit bei dir
gefunden sei.
15. Nun habe ich vor mich fordern lassen
die Klugen und Weisen, daß sie mir diese
Schrift lesen und anzeigen sollen, was sie
bedeutet; und sie können mir nicht sagen,
was solches bedeutet.
16. Von dir aber höre ich, daß du könnest
Deutungen geben und das Verborgene offenbaren. Kannst du nun die Schrift lesen
und mir anzeigen, was sie bedeutet, so
sollst du mit Purpur gekleidet werden und
eine goldene Kette an deinem Halse tragen und der dritte Herr sein in meinem
Königreiche.
17. Da fing Daniel an und redete vor dem
König: Behalte deine Gaben selbst und gib
dein Geschenk einem andern; ich will dennoch die Schrift dem König lesen und anzeigen, was sie bedeutet.
18. Herr König, Gott der Höchste hat
deinem Vater, Nebukadnezar, *Königreich, Macht, Ehre und Herrlichkeit gegeben. *K.2,37; 4,22.
19. Und vor solcher Macht, die ihm gegeben war, fürchteten und scheuten sich vor
ihm alle Völker, Leute und Zungen. Er
tötete, wen er wollte; er ließ leben, wen er
wollte; er erhöhte, wen er wollte; er demütigte, wen er wollte.
20. Da sich aber sein Herz erhob und er
stolz und hochmütig ward, ward er vom
königlichen Stuhl gestoßen und verlor
seine Ehre Apg. 12,23.

21. und ward verstoßen von den Leuten
hinweg, und sein Herz ward gleich den
Tieren, und er mußte bei dem Wild laufen
und fraß Gras wie Ochsen, und sein Leib
lag unter dem Tau des Himmels, und er
ward naß, bis daß er lernte, daß *Gott der
Höchste Gewalt hat über der Menschen
Königreiche und gibt sie, wem er will.
*K.4,32.
22. Und du, Belsazer, sein Sohn, hast
dein Herz nicht gedemütigt, ob du wohl
solches alles weißt,
23. sondern hast dich wider den Herrn
des Himmels erhoben, und *die Gefäße
seines Hauses hat man vor dich bringen
müssen, und du, deine Gewaltigen, deine
Weiber und deine Kebsweiber habt daraus
getrunken, dazu die silbernen, goldenen,
ehernen, eisernen, hölzernen, steinernen
Götter gelobt, †die weder sehen noch hören noch fühlen; den Gott aber, der deinen
Odem und alle deine Wege in seiner Hand
hat, hast du nicht geehrt. *V.2. †Ps.115,4–7.
24. Darum ist von ihm gesandt diese
Hand und diese Schrift, die da verzeichnet
steht.
25. Das ist aber die Schrift, allda verzeichnet: Mene, Mene, Tekel, U-pharsin.
26. Und sie bedeutet dies: Mene, das ist:
Gott hat dein Königreich gezählt und vollendet.
27. Tekel, das ist: man hat dich in einer
Waage gewogen und zu leicht gefunden.
28. Peres, das ist: dein Königreich ist
zerteilt und den Medern und Persern gegeben. –
29. Da befahl Belsazer, daß man Daniel
mit Purpur kleiden sollte und ihm eine
goldene Kette an den Hals geben, und ließ
von ihm verkündigen, daß er der dritte
Herr sei im Königreich.
K.2,48; 1.Mose 41,42.43.
30. Aber in derselben Nacht ward der
Chaldäer König Belsazer getötet.

Das 6. Kapitel

Daniel in der Löwengrube.

1. [K.5,31.] Und Darius aus *Medien
nahm das Reich ein, da er zweiundsechzig
Jahre alt war. *K.9,1; Jes.13,17.
2. [1.] Und Darius sah es für gut an, daß
er über das ganze Königreich setzte hundertundzwanzig Landvögte.
3. [2.] Über diese setzte er drei Fürsten,
deren einer Daniel war, welchen die Landvögte sollten Rechnung tun, daß der König keinen Schaden litte.
4. [3.] Daniel aber übertraf die Fürsten
und Landvögte alle, denn es war ein hoher
Geist in ihm; darum gedachte der König,
ihn über das ganze Königreich zu setzen.
K.5,12.
5. [4.] Derhalben trachteten die Fürsten
und Landvögte darnach, wie sie eine Sache an Daniel fänden, die wider das Königreich wäre. Aber sie konnten keine Sache
noch Übeltat finden; denn er war treu, daß
man keine Schuld noch Übeltat an ihm
finden mochte.
6. [5.] Da sprachen die Männer: Wir werden keine Sache an Daniel finden außer
seinem Gottesdienst.
7. [6.] Da kamen die Fürsten und Landvögte zuhauf vor den König und sprachen
zu ihm also: *Der König Darius lebe ewiglich! *K.3,9; 5,10.
8. [7.] Es haben die Fürsten des Königreichs, die Herren, die Landvögte, die Räte
und Hauptleute alle gedacht, daß man einen königlichen Befehl solle ausgehen lassen und ein strenges Gebot stellen, daß,
wer in dreißig Tagen etwas bitten wird von
irgend einem Gott oder Menschen außer
von dir, König, allein, solle zu den Löwen
in den Graben geworfen werden.
9. [8.] Darum, lieber König, sollst du
solch Gebot bestätigen und dich unter-
schreiben, auf daß es nicht wieder geän-
dert werde, nach *dem Rechte der Meder
und Perser, welches niemand aufheben
darf. *V.16; Esth.1,19; 8,8.
10. [9.] Also unterschrieb sich der König
Darius.
11. [10.] Als nun Daniel erfuhr, daß
solch Gebot unterschrieben wäre, ging er
hinein in sein Haus (er hatte aber an seinem Söller offene Fenster *gegen Jerusalem); und er fiel des Tages †dreimal auf
seine Kniee, betete, lobte und dankte seinem Gott, wie er denn bisher zu tun pflegte. *1.Kön.8,48; Jer.51,50. †Ps.55,18.
12. [11.] Da kamen diese Männer zuhauf
und fanden Daniel beten und flehen vor
seinem Gott.
13. [12.] Und traten hinzu und redeten
mit dem König von dem königlichen Gebot: Herr König, hast du nicht ein Gebot
unterschrieben, daß, wer in dreißig Tagen
etwas bitten würde von irgend einem Gott
oder Menschen außer von dir, König, allein, solle zu den Löwen in den Graben
geworfen werden? Der König antwortete
und sprach: Es ist wahr, und das Recht der
Meder und Perser soll niemand aufheben.
K.3,10.
14. [13.] Sie antworteten und sprachen
vor dem König: Daniel, der Gefangenen
aus Juda einer, der achtet weder dich noch

DIE DEUTUNG DER SCHRIFT Daniel 5, 24–28

dein Gebot, das du verzeichnet hast; denn
er betet des Tages dreimal.
15. [14.] Da der König solches hörte,
ward er sehr betrübt und tat großen Fleiß,
daß er Daniel erlöste, und mühte sich, bis
die Sonne unterging, daß er ihn errettete.
16. [15.] Aber die Männer kamen zuhauf
zu dem König und sprachen zu ihm: Du
weißt, Herr König, daß der Meder und
Perser Recht ist, daß alle Gebote und Befehle, so der König beschlossen hat, sollen
unverändert bleiben.
17. [16.] Da befahl der König, daß man
Daniel herbrächte; und sie warfen ihn zu
den Löwen in den Graben. Der König aber
sprach zu Daniel: *Dein Gott, dem du ohne Unterlaß dienst, der helfe dir! *V.21.
18. [17.] Und sie brachten einen Stein,
den legten sie vor die Tür am Graben; den
versiegelte der König mit seinem eigenen
Ring und mit dem Ring seiner Gewaltigen,
auf daß nichts anderes mit Daniel geschähe.
19. [18.] Und der König ging weg in seine
Burg und blieb ungegessen und ließ kein
Essen vor sich bringen, konnte auch nicht
schlafen.

20. [19.] Des Morgens früh, da der Tag
anbrach, stand der König auf und ging
eilend zum Graben, da die Löwen waren.
21. [20.] Und als er zum Graben kam, rief
er Daniel mit kläglicher Stimme. Und der
König sprach zu Daniel: Daniel, du
Knecht des lebendigen Gottes, hat dich
auch dein Gott, *dem du ohne Unterlaß
dienest, können von den Löwen erlösen?
*K.3,17.
22. [21.] Daniel aber redete mit dem König: Der König lebe ewiglich! V.7.
23. [22.] Mein Gott hat seinen *Engel
gesandt, der den †Löwen den Rachen zu-
gehalten hat, daß sie mir kein Leid getan
haben; denn vor ihm bin ich unschuldig
erfunden; so habe ich auch wider dich,
Herr König, nichts getan.
*K.3, 28. †Hebr. 11,33.
24. [23.] Da ward der König sehr froh
und hieß Daniel aus dem Graben ziehen.
Und sie zogen Daniel aus dem Graben, und
man spürte keinen Schaden an ihm; denn
er *hatte seinem Gott vertraut. *Ps.37,40.
25. [24.] Da hieß der König die Männer,
so Daniel verklagt hatten, herbringen und
zu den Löwen in den Graben werfen samt

ihren Kindern und Weibern. Und ehe sie auf den Boden hinabkamen, ergriffen sie die Löwen und zermalmten alle ihre Gebeine.

26. [25.] Da ließ der König Darius schreiben allen Völkern, Leuten und Zungen auf der ganzen Erde: »Viel Friede zuvor!

27. [26.] Das ist mein Befehl, daß man in der ganzen Herrschaft meines Königreichs den Gott Daniels fürchten und scheuen soll. Denn er ist der lebendige Gott, der ewiglich bleibt, und sein Königreich ist unvergänglich, und seine Herrschaft hat kein Ende. K.3,33.

28. [27.] Er ist ein Erlöser und Nothelfer, und er tut Zeichen und Wunder im Himmel und auf Erden. Der hat Daniel von den Löwen erlöst.«

29. [28.] Und Daniel ward gewaltig im Königreich des Darius und auch im Königreich des *Kores, des Persers. *K.1,21.

Das 7. Kapitel

Daniels Traumgesicht von den vier Weltreichen und dem ewigen Reiche des Menschensohnes. (Vgl. K.2.)

1. Im ersten Jahr *Belsazers, des Königs zu Babel, hatte Daniel einen Traum und Gesichte auf seinem Bett; und er schrieb den Traum auf und verfaßte ihn also: *K.5,1.

2. Ich, Daniel, sah ein Gesicht in der Nacht, und siehe, die vier Winde unter dem Himmel stürmten widereinander auf dem großen *Meer. *Offenb.17,15.

3. Und vier große Tiere stiegen herauf aus dem Meer, ein jedes anders denn das andere. Offenb.13,1.2.

4. Das erste wie ein Löwe und hatte Flügel wie ein Adler. Ich sah zu, bis daß ihm die Flügel ausgerauft wurden; und es ward von der Erde aufgehoben, und es stand auf zwei Füßen wie ein Mensch, und ihm ward ein *menschlich Herz gegeben. *K.4,31.

5. Und siehe, das andere Tier hernach war gleich einem Bären und stand auf der einen Seite und hatte in seinem Maul unter seinen Zähnen drei große, lange Zähne. Und man sprach zu ihm: Stehe auf und friß viel Fleisch!

6. Nach diesem sah ich, und siehe, ein anderes Tier, gleich einem Parder, das hatte vier Flügel wie ein Vogel auf seinem Rücken, und das Tier hatte vier Köpfe; und ihm ward Gewalt gegeben.

7. Nach diesem sah ich in diesem Gesicht in der Nacht, und siehe, das vierte Tier war greulich und schrecklich und sehr stark und hatte große eiserne Zähne, fraß um sich und zermalmte, und das übrige zertrat's mit seinen Füßen; es war auch viel anders denn die vorigen und hatte zehn Hörner.

8. Da ich aber die Hörner schaute, siehe, da brach hervor zwischen ihnen ein anderes kleines Horn, vor welchem der vorigen Hörner drei ausgerissen wurden; und siehe, dasselbe Horn hatte Augen wie Menschenaugen und ein Maul, *das redete große Dinge. *K.11,36.

9. Solches sah ich, bis daß Stühle gesetzt wurden; und der *Alte setzte sich. Des Kleid war schneeweiß, und das Haar auf seinem Haupt wie reine Wolle; sein Stuhl war eitel Feuerflammen, und dessen Räder brannten mit Feuer *Ps.90,2.

10. Und von ihm ging aus ein langer feuriger Strahl. *Tausendmal tausend dienten ihm, und zehntausendmal zehntausend standen vor ihm. Das Gericht ward gehalten, und die Bücher wurden aufgetan. *Ps.68,18; Offenb.5,11.

11. Ich sah zu um der großen Reden willen, so das Horn redete; ich sah zu, bis das Tier getötet ward und sein Leib umkam und ins Feuer geworfen ward Offenb.19,20.

12. und der andern Tiere Gewalt auch aus war; denn es war ihnen *Zeit und Stunde bestimmt, wie lange ein jegliches währen sollte. *K.2,21.

13. Ich sah in diesem Gesichte des Nachts, und siehe, es kam einer in des Himmels Wolken wie eines *Menschen Sohn bis zu dem Alten und ward vor ihn gebracht. *Luk.21,27.

14. Der gab ihm Gewalt, Ehre und Reich, daß ihm alle Völker, Leute und Zungen dienen sollten. Seine Gewalt ist ewig, die nicht vergeht, und sein Königreich hat kein Ende.

15. Ich, Daniel, entsetzte mich davor, und solches Gesicht erschreckte mich.

16. Und ich ging zu *der einem, die dastanden, und bat ihn, daß er mir von dem allem gewissen Bericht gäbe. Und er redete mit mir und zeigte mir, was es bedeutete. *V.10.

17. Diese vier großen Tiere sind vier Reiche, so auf Erden kommen werden.

18. Aber *die Heiligen des Höchsten werden das Reich einnehmen und werden's immer und ewiglich besitzen. *V.22.

19. Darnach hätte ich gern gewußt gewissen Bericht von dem *vierten Tier, welches gar anders war denn die andern alle, sehr greulich, das eiserne Zähne und eherne Klauen hatte, das um sich fraß und

zermalmte und das übrige mit seinen Füßen zertrat; *V. 7.

20. und von den zehn Hörnern auf seinem Haupt und von dem andern, das hervorbrach, vor welchem drei abfielen; und das Horn hatte Augen und ein Maul, das große Dinge redete, und war größer, denn die neben ihm waren.

21. Und ich sah *das Horn streiten wider die Heiligen, und es behielt den Sieg wider sie, *Offenb. 13,7.

22. bis der Alte kam und Gericht hielt für die Heiligen des Höchsten, und die Zeit kam, daß die Heiligen das Reich einnahmen.

23. Er sprach also: Das vierte Tier wird das vierte Reich auf Erden sein, welches wird gar anders sein denn alle Reiche; es wird alle Lande fressen, zertreten und zermalmen.

24. Die *zehn Hörner bedeuten zehn Könige, so aus dem Reich entstehen werden. Nach ihnen aber wird ein anderer aufkommen, der wird gar anders sein denn die vorigen und wird drei Könige demütigen.
*Offenb. 17,12.

25. Er wird den *Höchsten lästern und die Heiligen des Höchsten verstören und wird sich unterstehen, Zeit und Gesetz zu ändern. Sie werden aber in seine Hand gegeben werden †eine Zeit und [zwei] Zeiten und eine halbe Zeit.
*Offenb. 13,5.6. †K. 12,7; 4,13.

26. Darnach wird das Gericht gehalten werden; da wird dann seine Gewalt weggenommen werden, daß er zugrunde vertilgt und umgebracht werde.

27. Aber das Reich, Gewalt und Macht unter dem ganzen Himmel wird dem heiligen Volk des Höchsten gegeben werden, des Reich ewig ist, und alle Gewalt wird ihm dienen und gehorchen.

28. Das war der Rede Ende. Aber ich, Daniel, ward sehr betrübt in meinen Gedanken, und meine Gestalt verfiel; doch behielt ich die Rede in meinem Herzen.

Das 8. Kapitel

Gesicht von den Reichen der Meder und Perser, der Griechen und von einem gegen das Volk Gottes grausamen König.

1. Im dritten Jahr des Königreichs des Königs Belsazer erschien mir, Daniel, ein Gesicht, nach dem, so mir zuerst erschienen war.

2. Ich war aber in solchem Gesicht zu Schloß Susan im Lande Elam, am Wasser Ulai.

3. Und ich hob meine Augen auf und sah, und siehe, ein Widder stand vor dem Wasser, der hatte zwei hohe Hörner, doch eins höher denn das andere, und das höchste wuchs am letzten.

4. Ich sah, daß der Widder mit den Hörnern stieß gegen Abend, gegen Mitternacht und gegen Mittag; und kein Tier konnte vor ihm bestehen noch von seiner Hand errettet werden, sondern er tat, was er wollte, und ward groß.

5. Und indem ich darauf merkte, siehe, so kommt ein Ziegenbock vom Abend her über die ganze Erde, daß er die Erde nicht berührte; und der Bock hatte ein ansehnliches Horn zwischen seinen Augen.

6. Und er kam bis zu dem Widder, der zwei Hörner hatte, den ich stehen sah vor dem Wasser, und er lief in seinem Zorn gewaltig auf ihn zu.

7. Und ich sah ihm zu, daß er hart an den Widder kam, und er ergrimmte über ihn und stieß den Widder und zerbrach ihm seine zwei Hörner. Und der Widder hatte keine Kraft, daß er vor ihm hätte können bestehen; sondern er warf ihn zu Boden und zertrat ihn, und niemand konnte den Widder von seiner Hand erretten.

8. Und der Ziegenbock ward sehr groß. Und da er am stärksten geworden war, zerbrach das große Horn, und wuchsen an seiner Statt ansehnliche *vier gegen die vier Winde des Himmels. *K. 7,6; 11,4.

9. Und aus einem wuchs ein *kleines Horn; das ward sehr groß gegen Mittag, gegen Morgen und gegen das †werte Land.
*K. 7,8. †K. 11,16.

10. Und es wuchs bis an des Himmels Heer und warf etliche davon und von den Sternen zur Erde und zertrat sie.

11. Ja es wuchs bis an den Fürsten des Heeres und nahm von ihm weg das tägliche Opfer und verwüstete die Wohnung seines Heiligtums. K. 11,31.

12. Es ward ihm aber solche Macht gegeben wider das tägliche Opfer um der Sünde willen, daß es die Wahrheit zu Boden schlüge und, was es tat, ihm gelingen mußte.

13. Ich hörte aber einen Heiligen reden; und ein Heiliger sprach zu dem, der da redete: Wie lange soll doch währen solch Gesicht vom täglichen Opfer und von der Sünde, um welcher willen diese Verwüstung geschieht, daß beide, das Heiligtum und das Heer, zertreten werden?

14. Und er antwortete mir: Bis 2300 Abende und Morgen um sind; dann wird das Heiligtum wieder geweiht werden.

15. Und da ich, Daniel, solch Gesicht sah und hätte es gern verstanden, siehe, da stand's vor mir wie ein Mann.

16. Und ich hörte mitten vom Ulai her einen mit Menschenstimme rufen und sprechen: *Gabriel, lege diesem das Gesicht aus, daß er's verstehe! *K.9,21.

17. Und er trat nahe zu mir. Ich erschrak aber, da er kam, und *fiel auf mein Angesicht. Er aber sprach zu mir: Merke auf, du Menschenkind! denn dies Gesicht gehört in die Zeit des Endes. *K.10,9.

18. Und da er mit mir redete, sank ich in eine Ohnmacht zur Erde auf mein Angesicht. Er aber rührte mich an und richtete mich auf, daß ich stand.

19. Und er sprach: Siehe, ich will dir zeigen, wie es gehen wird zur Zeit des letzten Zorns; denn das Ende hat seine bestimmte Zeit.

20. Der Widder mit den zwei Hörnern, den du gesehen hast, sind die Könige in Medien und Persien.

21. Der Ziegenbock aber ist der König in Griechenland. Das große Horn zwischen seinen Augen ist der erste König.

22. Daß aber vier an seiner Statt standen, da es zerbrochen war, bedeutet, daß vier Königreiche aus dem Volk entstehen werden, aber nicht so mächtig, wie er war.

23. In der letzten Zeit ihres Königreichs, wenn die Übertreter überhandnehmen, wird aufkommen ein frecher und tückischer König. K.11,21; 1.Makk.1,11.

24. Der wird mächtig sein, doch nicht durch seine Kraft; er wird greulich verwüsten, und es wird ihm gelingen, daß er's ausrichte. Er wird die Starken samt dem heiligen Volk verstören.

25. Und durch seine Klugheit wird ihm der Betrug geraten, und er wird sich in seinem Herzen erheben, und mitten im Frieden wird er viele verderben und wird sich auflehnen wider den Fürsten aller Fürsten; aber er wird ohne Hand zerbrochen werden.

26. Dies Gesicht vom Abend und Morgen, das dir gesagt ist, das ist wahr; aber du sollst das Gesicht *heimlich halten, denn es ist noch eine lange Zeit dahin. *K.12,4.

27. Und ich, Daniel, ward schwach und lag etliche Tage krank. Darnach stand ich auf und richtete aus des Königs Geschäft. Und verwunderte mich des Gesichts; und niemand war, der mir's auslegte.

Das 9. Kapitel

Daniels Bußgebet für das Volk Israel. Göttliche Offenbarung von siebzig Wochen.

1. Im ersten Jahr des *Darius, des Sohnes des Ahasveros, aus der Meder Stamm, der über das Königreich der Chaldäer König ward, *K.6,1.

2. in diesem ersten Jahr seines Königreichs merkte ich, Daniel, in den Büchern auf die Zahl der Jahre, davon der Herr geredet hatte zum Propheten Jeremia, daß Jerusalem sollte *siebzig Jahre wüst liegen. *Jer.25,11.12.

3. Und ich kehrte mich zu Gott dem Herrn, zu beten und zu flehen mit Fasten im Sack und in der Asche.

4. Ich betete aber zu dem Herrn, meinem Gott, bekannte und sprach: Ach lieber Herr, du großer und schrecklicher Gott, der du Bund und Gnade hältst denen, die dich lieben und deine Gebote halten:

5. wir haben gesündigt, unrecht getan, sind gottlos gewesen und abtrünnig geworden; wir sind von deinen Geboten und Rechten gewichen.

6. Wir gehorchten nicht deinen Knechten, den Propheten, die in deinem Namen unsern Königen, Fürsten, Vätern und allem Volk im Lande predigten.

7. Du, Herr, bist gerecht, wir aber müssen uns schämen; wie es denn jetzt geht denen von Juda und denen von Jerusalem und dem ganzen Israel, denen, die nahe und fern sind in allen Landen, dahin du sie verstoßen hast um ihrer Missetat willen, die sie an dir begangen haben.

8. Ja, Herr, wir, unsre Könige, unsre Fürsten und *unsre Väter müssen uns schämen, daß wir uns an dir versündigt haben. *Jes.43.27.

9. *Dein aber, Herr, unser Gott, ist die Barmherzigkeit und Vergebung. Denn wir sind abtrünnig geworden *Ps.130,4.

10. und gehorchten nicht der Stimme des Herrn, unsers Gottes, daß wir gewandelt hätten in seinem Gesetz, welches er uns vorlegte durch seine Knechte, die Propheten;

11. sondern das ganze Israel übertrat dein Gesetz, und sie wichen ab, daß sie deiner Stimme nicht gehorchten. Darum trifft uns auch der Fluch und Schwur, der geschrieben *steht im Gesetz Mose's, des Knechtes Gottes, weil wir an ihm gesündigt haben. *5.Mose 28,15–68; 3.Mose 26,14–39.

12. Und er hat seine Worte gehalten, die er geredet hat wider uns und unsre Richter, die uns richten sollten, daß er so gro-

ßes Unglück über uns hat gehen lassen, daß desgleichen unter dem ganzen Himmel nicht geschehen ist, wie über Jerusalem geschehen ist.

13. Gleichwie es geschrieben steht im Gesetz Mose's, so ist all dies große Unglück über uns gegangen. So beteten wir auch nicht vor dem Herrn, unserm Gott, daß wir uns von den Sünden bekehrten und auf deine Wahrheit achteten.

14. Darum ist der Herr *auch wach gewesen mit diesem Unglück und hat's über uns gehen lassen. Denn der Herr, unser Gott, ist gerecht in allen seinen Werken, die er tut; denn wir gehorchten seiner Stimme nicht. *Jer. 1,12.

15. Und nun, Herr, unser Gott, der du dein Volk aus Ägyptenland geführt hast mit starker Hand und hast dir einen Namen gemacht, wie er jetzt ist: wir haben ja gesündigt und sind leider gottlos gewesen.

16. Ach Herr, um aller deiner Gerechtigkeit willen wende ab deinen Zorn und Grimm von deiner Stadt Jerusalem und deinem heiligen Berge. Denn um unsrer Sünden willen und um unsrer Väter Missetaten willen trägt Jerusalem und dein Volk Schmach bei allen, die um uns her sind.

17. Und nun, unser Gott, höre das Gebet deines Knechtes und sein Flehen, und siehe gnädig an dein Heiligtum, das verstört ist, um des Herrn willen.

18. Neige dein Ohr, mein Gott, und höre, tue deine Augen auf und sieh, wie wir verstört sind und die Stadt, die nach deinem Namen genannt ist. Denn *wir liegen vor dir mit unserm Gebet, nicht auf unsre Gerechtigkeit, sondern auf deine große Barmherzigkeit. *Ps. 115,1.

19. Ach Herr, höre, ach Herr, sei gnädig, ach Herr, merke auf und tue es, und verzieh nicht um deiner selbst willen, mein Gott, denn deine Stadt und dein Volk ist nach *deinem Namen genannt. *Jer. 14,9.

20. Als ich noch so redete und betete und meine und meines Volks Israel Sünde bekannte und lag mit meinem Gebet vor dem Herrn, meinem Gott, um den heiligen Berg meines Gottes,

21. eben da ich so redete in meinem Gebet, flog daher der Mann *Gabriel, den ich zuvor gesehen hatte im Gesicht, und rührte mich an um die Zeit des Abendopfers. *K. 8,16.

22. Und er unterrichtete mich und redete mit mir und sprach: Daniel, jetzt bin ich ausgegangen, dich zu unterrichten.

23. Denn da du anfingst zu beten, ging dieser Befehl aus, und ich komme darum, daß ich dir's anzeige; denn du bist lieb und wert. So merke nun darauf, daß du das Gesicht verstehest.

24. Siebzig Wochen sind bestimmt über dein Volk und über deine heilige Stadt, so wird dem Übertreten gewehrt und die Sünde abgetan und die Missetat versöhnt und die ewige Gerechtigkeit gebracht und die Gesichte und Weissagung versiegelt und ein Hochheiliges gesalbt werden.

25. So wisse nun und merke: von der Zeit an, da ausgeht der Befehl, daß Jerusalem soll wiederum gebaut werden, bis auf den Gesalbten, den Fürsten, sind sieben Wochen; und zweiundsechzig Wochen, so werden die Gassen und Mauern wieder gebaut werden, wiewohl in kümmerlicher Zeit.

26. Und nach den zweiundsechzig Wochen wird der Gesalbte ausgerottet werden und nichts mehr sein. Und das Volk eines Fürsten wird kommen und die Stadt und das Heiligtum verstören, daß es ein Ende nehmen wird wie durch eine Flut; und *bis zum Ende des Streits wird's wüst bleiben. *Luk. 21,24.

27. Er wird aber vielen den Bund stärken eine Woche lang. Und mitten in der Woche wird das Opfer und Speisopfer aufhören. Und bei den Flügeln werden stehen *Greuel der Verwüstung, bis das Verderben, welches beschlossen ist, sich über die Verwüstung ergießen wird.
*K. 12,11; Matth. 24,15.

Das 10. Kapitel

Neue Offenbarung durch eine himmlische Erscheinung.

1. Im dritten Jahr des Königs *Kores aus Persien ward dem Daniel, der †Beltsazar heißt, etwas offenbart, das gewiß ist und von großen Sachen; und er merkte darauf und verstand das Gesicht wohl.
*K. 1,21. †K. 1,7.

2. Zur selben Zeit war ich, Daniel, traurig drei Wochen lang.

3. Ich aß keine leckere Speise, Fleisch und Wein kam nicht in meinen Mund, und salbte mich auch nie, bis die drei Wochen um waren.

4. Und am vierundzwanzigsten Tage des ersten Monats war ich bei dem großen Wasser *Hiddekel *Tigris.

5. und hob meine Augen auf und sah, und siehe, da stand ein *Mann in Leinwand und hatte einen goldenen Gürtel um seine Lenden. *Hesek. 9,2; Offenb. 1,13–15.

6. Sein Leib war wie ein Türkis, sein Antlitz sah wie ein Blitz, seine Augen wie feurige Fackeln, seine Arme und Füße wie helles, glattes Erz, und seine Rede war wie ein großes Getön.

7. Ich, Daniel, aber sah solch Gesicht allein, und die Männer, so bei mir waren, sahen's nicht; doch fiel ein großer Schrekken über sie, daß sie flohen und sich verkrochen.

8. Und ich blieb allein und sah dies große Gesicht. Es blieb aber keine Kraft in mir, und ich ward sehr entstellt und hatte keine Kraft mehr.

9. Und ich hörte seine Rede; und indem ich sie hörte, *sank ich ohnmächtig auf mein Angesicht zur Erde. *K. 8,17.18.

10. Und siehe, eine Hand rührte mich an und half mir auf die Kniee und auf die Hände;

11. und er sprach zu mir: Du, lieber Daniel, merke auf die Worte, die ich mit dir rede, und richte dich auf; denn ich bin jetzt zu dir gesandt. Und da er solches mit mir redete, richtete ich mich auf und zitterte.

12. Und er sprach zu mir: Fürchte dich nicht, Daniel; denn von dem ersten Tage an, da du von Herzen begehrtest zu verstehen und dich kasteitest vor deinem Gott, sind deine Worte erhört, und ich bin gekommen um deinetwillen.

13. Aber der Fürst des Königreichs im Perserland hat mir einundzwanzig Tage widerstanden; und siehe, Michael, der vornehmsten Fürsten einer, kam mir zu Hilfe; da behielt ich den Sieg bei den Königen in Persien. V. 20.21.

14. Nun aber komme ich, daß ich *dich unterrichte, wie es deinem Volk hernach gehen wird; denn das Gesicht wird erst nach etlicher Zeit geschehen. *K. 9,22.

15. Und als er solches mit mir redete, schlug ich mein Angesicht nieder zur Erde und schwieg still.

16. Und siehe, einer, gleich einem Menschen, *rührte meine Lippen an. Da tat ich meinen Mund auf und redete und sprach zu dem, der vor mir stand: Mein Herr, meine Gelenke beben mir über dem Gesicht, und ich habe keine Kraft mehr;

*Jes. 6,7; Jer. 1,9.

17. und wie kann der Knecht meines Herrn mit meinem Herrn reden, weil nun keine Kraft mehr in mir ist und ich auch keinen Odem mehr habe?

18. Da rührte einer, gleich wie ein Mensch gestaltet, mich abermals an und stärkte mich

19. und sprach: *Fürchte dich nicht du lieber Mann! Friede sei mit dir! Und sei getrost, sei getrost! Und als er mit mir redete, ermannte ich mich und sprach: Mein Herr, rede! denn du hast mich gestärkt. *Offenb. 1,17.

20. Und er sprach: Weißt du auch, warum ich zu dir gekommen bin? Jetzt will ich wieder hin und mit dem *Füsten in Perserland streiten; aber wenn ich wegziehe, siehe, so wird der Fürst von Griechenland kommen. *V. 13.

21. Doch will ich dir anzeigen, was geschrieben ist, was gewiß geschehen wird. Und es ist keiner, der mir hilft wider jene, denn euer Fürst Michael.

Das 11. Kapitel

Weissagung von den Königen in Persien, von Alexander dem Großen, den ägyptischen und syrischen Königen und besonders von Antiochus Epiphanes, dem Vorbild des Antichrists.

1. Denn ich stand ihm auch bei im ersten Jahr des Darius, des Meders, daß ich ihm hülfe und ihn stärkte.

2. Und nun *will ich dir anzeigen, was gewiß geschehen soll. Siehe, es werden noch drei Könige in Persien aufstehen; der vierte aber wird größern Reichtum haben denn alle andern; und wenn er in seinem Reichtum am mächtigsten ist, wird er alles wider das Königreich in Griechenland erregen. *K. 10,21.

3. Darnach wird ein mächtiger König aufstehen und mit großer Macht herrschen, und was er will, wird er ausrichten.

4. Und wenn er aufs Höchste gekommen ist, wird sein Reich zerbrechen und *sich in die vier Winde des Himmels zerteilen, nicht auf seine Nachkommen, auch nicht mit solcher Macht, wie seine gewesen ist; denn sein Reich wird ausgerottet und Fremden zuteil werden. *K. 8,8.22.

5. Und der König gegen Mittag, welcher ist seiner Fürsten einer, wird mächtig werden; aber gegen ihn wird einer auch mächtig sein und herrschen, dessen Herrschaft wird groß sein.

6. Nach etlichen Jahren aber werden sie sich miteinander befreunden; und die Tochter des Königs gegen Mittag wird kommen zum König gegen Mitternacht, Einigkeit zu machen. Aber ihr wird die Macht des Arms nicht bleiben, dazu wird er und sein Arm auch nicht bestehen bleiben; sondern sie wird übergeben werden samt denen, die sie gebracht haben, und mit dem, der sie erzeugt hat, und dem, der sie eine Weile mächtig gemacht hatte.

7. Es wird aber der Zweige einer von ihrem Stamm aufkommen; der wird kommen mit Heereskraft und dem König gegen Mitternacht in seine Feste fallen und wird's ausrichten und siegen.
8. Auch wird er ihre Götter und Bilder samt den köstlichen Kleinoden, silbernen und goldenen, wegführen nach Ägypten und etliche Jahre vor dem König gegen Mitternacht wohl stehenbleiben.
9. Und dieser wird ziehen in das Reich des Königs gegen Mittag, aber wieder in sein Land umkehren.
10. Aber seine Söhne werden zornig werden und große Heere zusammenbringen; und der eine wird kommen und wie eine Flut daherfahren und wiederum Krieg führen bis vor seine Feste.
11. Da wird der König gegen Mittag ergrimmen und ausziehen und mit dem König gegen Mitternacht streiten und wird solchen großen Haufen zusammenbringen, daß ihm jener Haufe wird in seine Hand gegeben,
12. und wird den Haufen wegführen. Des wird sich sein Herz überheben, daß er so viele Tausende darniedergelegt hat; aber damit wird er sein nicht mächtig werden.
13. Denn der König gegen Mitternacht wird wiederum einen größern Haufen zusammenbringen, als der vorige war; und nach etlichen Jahren wird er daherziehen mit großer Heereskraft und mit großem Gut.
14. Und zur selben Zeit werden sich viele wider den König gegen Mittag setzen; auch werden sich Abtrünnige aus deinem Volk erheben und die Weissagung erfüllen, und werden fallen.
15. Also wird der König gegen Mitternacht daherziehen und einen Wall aufschütten und eine feste Stadt gewinnen; und die Mittagsheere werden's nicht können wehren, und sein bestes Volk wird nicht können widerstehen;
16. sondern der an ihn kommt, wird seinen Willen schaffen, und niemand wird ihm widerstehen können. Er wird auch in das *werte Land kommen und wird's vollenden durch seine Hand. *K. 8,9.
17. Und wird sein Angesicht richten, daß er mit der Macht seines ganzen Königreichs komme. Aber er wird sich mit ihm vertragen und wird ihm seine Tochter zum Weibe geben, daß er ihn verderbe; aber es wird ihm nicht geraten und wird nichts daraus werden.
18. Darnach wird er sich kehren wider die Inseln und deren viele gewinnen. Aber ein Fürst wird ihn lehren aufhören mit Schmähen, daß er ihn nicht mehr schmähe.
19. Also wird er sich wiederum kehren zu den Festen seines Landes und wird sich stoßen und fallen, daß man ihn nirgend finden wird.
20. Und an seiner Statt wird einer aufkommen, der wird einen *Schergen sein herrliches Reich durchziehen lassen; aber nach wenig Tagen wird er zerbrochen werden, doch weder durch Zorn noch durch Streit. *Steuereintreiber.
21. An des Statt wird aufkommen ein Ungeachteter, welchem die Ehre des Königreichs nicht zugedacht war; der wird mitten im Frieden kommen und das Königreich mit süßen Worten einnehmen.
K. 8,23.
22. Und die Heere, die wie eine Flut daherfahren, werden von ihm wie mit einer Flut überfallen und zerbrochen werden, dazu auch der Fürst, mit dem der Bund gemacht war.
23. Denn nachdem er mit ihm befreundet ist, wird er listig gegen ihn handeln und wird heraufziehen und mit geringem Volk ihn überwältigen,
24. und es wird ihm gelingen, daß er in die besten Städte des Landes kommen wird; und wird's also ausrichten, wie es weder seine Väter nocht seine Voreltern tun konnten, mit Rauben, Plündern und Ausbeuten; und wird nach den allerfestesten Städten trachten, und das eine Zeitlang.
25. Und er wird seine Macht und sein Herz wider den König gegen Mittag erregen mit großer Heereskraft. Da wird der König gegen Mittag gereizt werden zum Streit mit einer großen, mächtigen Heereskraft; aber er wird nicht bestehen, denn es werden Verrätereien wider ihn gemacht.
26. Und eben die sein Brot essen, die werden ihn helfen verderben und sein Heer unterdrücken, daß gar viele erschlagen werden.
27. Und beider Könige Herz wird denken, wie sie einander Schaden tun, und werden an einem Tische fälschlich miteinander reden. Es wird ihnen aber nicht gelingen; denn das Ende ist noch auf eine andere Zeit bestimmt.
28. Darnach wird er wiederum heimziehen mit großem Gut und sein Herz richten wider den heiligen Bund; da wird er es ausrichten und also heim in sein Land ziehen. 1. Makk. 1,21–29.

29. Darnach wird er zu gelegener Zeit wieder gegen Mittag ziehen; aber es wird ihm zum andernmal nicht geraten wie zum erstenmal.

30. Denn es werden Schiffe aus Chittim wider ihn kommen, daß er verzagen wird und umkehren muß. Da wird er wider den heiligen Bund ergrimmen und wird's ausrichten; und wird sich umsehen und an sich ziehen, die den heiligen Bund verlassen.

31. Und es werden seine Heere daselbst stehen; die werden das Heiligtum in der Feste entweihen und das tägliche Opfer abtun und einen *Greuel der Verwüstung aufrichten.
*K. 9,27; 12,11; 1. Makk. 1,57; Matth. 24,15.

32. Und er wird heucheln und gute Worte geben den Gottlosen, so den Bund übertreten. Aber die vom *Volk, so ihren Gott kennen, werden sich ermannen und es ausrichten. *1. Makk. 2–6.

33. Und die *Verständigen im Volk werden viele andere lehren; darüber werden sie fallen durch Schwert, Feuer, Gefängnis und Raub eine Zeitlang. *K. 12,3.

34. Und wenn sie so fallen, wird ihnen eine kleine Hilfe geschehen; aber viele werden sich zu ihnen tun betrüglich.

35. Und der Verständigen werden etliche fallen, auf daß sie bewährt, rein und lauter werden, bis daß es ein Ende habe; denn es ist noch eine andere Zeit vorhanden.

36. Und der König wird tun, was er will, und wird sich *erheben und aufwerfen wider alles, was Gott ist; und wider den Gott aller Götter †wird er greulich reden; und es wird ihm gelingen, bis der Zorn aus sei; denn es muß geschehen, was beschlossen ist. *2. Thess. 2,4. †K. 7,8.25; Offenb. 13,5.6.

37. Und die Götter seiner Väter wird er nicht achten; er wird weder *Frauenliebe noch irgend eines Gottes achten; denn er wird sich wider alles aufwerfen.
*1. Tim. 4,3.

38. Aber anstatt dessen wird er den Gott der Festungen ehren; denn er wird einen Gott, davon seine Väter nichts gewußt haben, ehren mit Gold, Silber, Edelsteinen und Kleinoden

39. und wird denen, so ihm helfen die Festungen stärken mit dem fremden Gott, den er erwählt hat, große Ehre tun und sie zu Herren machen über große Güter und ihnen das Land zum Lohn austeilen.

40. Und am Ende wird sich der König gegen Mittag mit ihm messen; und der König gegen Mitternacht wird gegen ihn stürmen mit Wagen, Reitern und vielen Schiffen und wird in die Länder fallen und verderben und durchziehen

41. und wird in *das werte Land fallen, und viele werden umkommen. Diese aber werden seiner Hand entrinnen: Edom, Moab und die Vornehmsten der Kinder Ammon. *V. 16.

42. Und er wird seine Hand ausstrecken nach den Ländern, und Ägypten wird ihm nicht entrinnen;

43. sondern er wird herrschen über die goldenen und silbernen Schätze und über alle Kleinode Ägyptens; Libyer und Mohren werden in seinem Zuge sein.

44. Es wird ihn aber ein Geschrei erschrecken von Morgen und Mitternacht; und er wird mit großem Grimm ausziehen, willens, viele zu vertilgen und zu verderben.

45. Und er wird den Palast seines Gezeltes aufschlagen zwischen zwei Meeren um den werten heiligen Berg, bis es mit ihm ein Ende werde; und niemand wird ihm helfen.

Das 12. Kapitel

Die Weissagung wird versiegelt.

1. Zur selben Zeit wird der große Fürst *Michael, der für die Kinder deines Volks steht, sich aufmachen. †Denn es wird eine solche trübselige Zeit sein, wie sie nicht gewesen ist, seitdem Leute gewesen sind bis auf diese Zeit. Zur selben Zeit wird dein Volk errettet werden, alle, die im ** Buch geschrieben stehen.
*K. 10,13. †Matth. 24,21.
**2. Mose 32,32; Phil. 4,3.

2. Und viele, so unter der Erde schlafen liegen, werden aufwachen: *etliche zum ewigen Leben, etliche zu ewiger Schmach und Schande. *Joh. 5,29.

3. Die Lehrer aber *werden leuchten wie des Himmels Glanz, und die, so viele zur Gerechtigkeit weisen, wie die Sterne immer und ewiglich.
*Matth. 13,43; 1. Kor. 15,41.42.

4. Und du, Daniel, verbirg diese Worte und *versiegle diese Schrift bis auf die letzte Zeit; so werden viele darüberkommen und großen Verstand finden.
*V. 9; Offenb. 10,4.

5. Und ich, Daniel, sah, und siehe, es standen zwei andere da, einer an diesem Ufer des Wassers, der andere an jenem Ufer.

6. Und er sprach zu dem in *leinenen Kleidern, der über den Wassern des Flusses stand: Wann will's denn ein Ende sein mit solchen Wundern? *K. 10,5.

7. Und ich hörte zu dem in leinenen Kleidern, der über den Wassern des Flusses stand; und *er hob seine rechte und linke Hand auf gen Himmel und schwur bei dem, der ewiglich lebt, daß †es eine Zeit und [zwei] Zeiten und eine halbe Zeit währen soll; und wenn die Zerstreuung des heiligen Volks ein Ende hat, soll solches alles geschehen. Offenb. 10,5.6. †K. 7,25.

8. Und ich hörte es; aber ich verstand's nicht und sprach: Mein Herr, was wird darnach werden?

9. Er aber sprach: Gehe hin, Daniel; denn es ist verborgen und versiegelt bis auf die letzte Zeit.

10. Viele werden gereinigt, geläutert und bewährt werden; und die Gottlosen werden gottlos Wesen führen, und die Gottlosen alle werden's nicht achten; aber die Verständigen werden's achten.

11. Und von der Zeit an, wenn das tägliche Opfer abgetan und *ein Greuel der Verwüstung aufgerichtet wird, sind 1290 Tage. *K. 11,31; Matth. 24,15.

12. Wohl dem, der da wartet und erreicht 1335 Tage!

13. Du aber, Daniel, gehe hin, bis das Ende komme; und ruhe, daß du aufstehest zu deinem Erbteil am Ende der Tage!

Der Prophet Hosea

Das 1. Kapitel

Israels Abgötterei und Strafe.

1. Dies ist das Wort des Herrn, das geschehen ist zu Hosea, dem Sohn Beeris, zu der Zeit *des Usia, Jotham, Ahas und Hiskia, der Könige Juda's, und zur Zeit †Jerobeams, des Sohnes des Joas, des Königs in Israel. *Jes. 1,1. †2. Kön. 14,23; Amos 1,1.

2. Da der Herr anfing zu reden durch Hosea, sprach er zu ihm: Gehe hin und nimm ein *Hurenweib und Hurenkinder; denn das Land läuft vom Herrn der Hurerei nach. *K. 3,1.

3. Und er ging hin und nahm Gomer, die Tochter Diblaims, die ward schwanger und gebar ihm einen Sohn.

4. Und der Herr sprach zu ihm: Heiße ihn Jesreel; denn es ist noch um eine kleine Zeit, so will ich die Blutschulden in Jesreel heimsuchen über das *Haus Jehu und will mit dem Königreich des Hauses Israel ein Ende machen. *2. Kön. 10,30.

5. Zur selben Zeit will ich den Bogen Israels zerbrechen im Tal Jesreel.

6. Und sie ward abermals schwanger und gebar eine Tochter. Und er sprach zu ihm: Heiße sie *Lo-Ruhama; denn ich will mich †nicht mehr über das Haus Israel erbarmen, daß ich ihnen vergäbe.

*Unbegnadigte. †K. 2,3.25.

7. Doch will ich mich erbarmen über das Haus Juda und will ihnen helfen durch den Herrn, ihren Gott; ich will ihnen aber nicht helfen durch Bogen, Schwert, Streit, Rosse oder Reiter.

8. Und da sie hatte Lo-Ruhama entwöhnt, ward sie wieder schwanger und gebar einen Sohn.

9. Und er sprach: Heiße ihn *Lo-Ammi; denn ihr seid †nicht mein Volk, so will ich auch nicht der Eure sein.

*Nicht-mein-Volk. †K. 2,3.25.

Das 2. Kapitel

Bund Gottes mit seinem Volk gebrochen und erneuert.

1. [K. 1,10.] Es wird aber die Zahl der Kinder Israel sein *wie der Sand am Meer, den man weder messen noch zählen kann. Und es soll geschehen †an dem Ort, da man zu ihnen gesagt hat: »Ihr seid nicht mein Volk«, wird man zu ihnen sagen: »O ihr Kinder des lebendigen Gottes!«

*1. Mose 22,17. †Röm. 9,26.

2. [11.] Denn es werden die Kinder Juda und die Kinder Israel zuhauf kommen und werden sich miteinander an ein Haupt halten und aus dem Lande heraufziehen; denn der Tag Jesreels wird ein großer Tag sein. Jes. 11,11–13; Jer. 3,18; Hesek. 37,22.

3. [1.] Sagt euren Brüdern, sie seien *mein Volk, und zu eurer Schwester, sie sei †in Gnaden. *K. 1,9. †K. 1,6.

4. [2.] Sprecht das Urteil über eure Mutter – sie sei nicht mein Weib, und ich will sie nicht haben! –, heißt sie ihre Hurerei von ihrem Angesichte wegtun und ihre Ehebrecherei von ihren Brüsten,

Hesek. 16; 23.

5. [3.] auf daß ich sie nicht nackt ausziehe und darstelle, wie sie war, da sie geboren ward, und ich sie nicht mache wie eine

Wüste und wie ein dürres Land, daß ich sie
nicht Durstes sterben lasse
6. [4.] und mich ihrer Kinder nicht erbarme, denn sie sind Hurenkinder;
7. [5.] denn ihre Mutter ist eine Hure,
und die sie getragen hat, hält sich schändlich und spricht: Ich *will meinen Buhlen nachlaufen, die mir geben Brot, Wasser, Wolle, Flachs, Öl und Trinken.

*Jer. 44,17.

8. [6.] Darum siehe, ich will deinen Weg
mit Dornen vermachen und eine Wand davorziehen, daß sie ihren Steig nicht finden soll;
9. [7.] und wenn sie ihren Buhlen nachläuft, daß sie die nicht ergreifen, und wenn sie die sucht, sie nicht finden könne und sagen müsse: Ich will wiederum zu meinem vorigen Mann gehen, da mir besser war, denn mir jetzt ist.
10. [8.] Denn sie will nicht wissen, daß
ich es sei, der ihr gibt Korn, Most und Öl und ihr viel Silber und Gold gegeben hat, das sie haben Baal zu Ehren gebraucht.
11. [9.] Darum will ich mein Korn und
meinen Most wieder nehmen zu seiner Zeit und ihr meine Wolle und meinen Flachs entziehen, damit sie ihre Blöße bedeckt.
12. [10.] Nun will ich ihre Schande *aufdecken vor den Augen ihrer Buhlen, und niemand soll sie von meiner Hand erretten. *Jer. 13,22.26.
13. [11.] Und ich will ein Ende machen
mit allen ihren Freuden, Festen, Neumonden, Sabbaten und allen ihren Feiertagen.
14. [12.] Ich will ihre Weinstöcke und
Feigenbäume wüst machen, weil sie sagt: »Das ist mein Lohn, den mir meine Buhlen gegeben.« Ich will einen Wald daraus machen, daß es die wilden Tiere fressen sollen.
15. [13.] Also will ich heimsuchen über
sie die Tage der Baalim, denen sie Räuchopfer tut und schmückt sich mit Stirnspangen und Halsbändern und läuft ihren Buhlen nach und vergißt mein, spricht der Herr.
16. [14.] Darum siehe, ich will sie locken
und will sie in eine *Wüste führen und †freundlich mit ihr reden.

*Hesek. 20,35. †Jes. 40,2.

17. [15.] Da will ich ihr geben ihre Weinberge aus demselben Ort und das Tal *Achor zum Tor der Hoffnung. Und daselbst wird sie singen †wie zur Zeit ihrer Jugend, da sie aus Ägyptenland zog.

*Jos. 7,24–26. †2. Mose 15.1.

18. [16.] Alsdann, spricht der Herr, wirst
du mich heißen »mein Mann« und mich nicht mehr »mein Baal« heißen.
19. [17.] Denn ich will die Namen der
Baalim von ihrem Munde wegtun, daß man ihrer Namen nicht mehr gedenken soll.
20. [18.] Und ich will zur selben Zeit ihnen einen Bund machen mit den Tieren auf dem Felde, mit den Vögeln unter dem Himmel und mit dem Gewürm auf Erden und will Bogen, Schwert und Krieg vom Lande zerbrechen und will sie sicher wohnen lassen. Hesek. 34,35.
21. [19.] Ich will mich mit dir verloben in
Ewigkeit; ich will mich mit dir vertrauen in Gerechtigkeit und Gericht, in Gnade und Barmherzigkeit. Offenb. 19,7.
22. [20.] Ja, im *Glauben will ich mich
mit dir verloben, und †du wirst den Herrn erkennen. *Ps. 146,6. †Jer. 31,34.
23. [21.] Zur selben Zeit, spricht der
Herr, will ich erhören, ich will den Himmel erhören, und der Himmel soll die Erde erhören,
24. [22.] und die Erde soll Korn, Most
und Öl erhören, und diese sollen Jesreel erhören.
25. [23.] Und ich will sie mir auf Erden
zum Samen behalten und mich erbarmen über *die, so in Ungnaden war, und sagen zu dem, †das nicht mein Volk war: Du bist mein Volk; und es wird sagen: Du bist mein Gott.

*K. 1,6. †K. 1,9; Röm. 9,25; 1. Petr. 2,10.

Das 3. Kapitel

Gottes Langmut wird endlich sein Volk wiedergewinnen.

1. Und der Herr sprach zu mir: Gehe
noch einmal hin und buhle um ein buhlerisches und ehebrecherisches Weib, wie denn der Herr um die Kinder Israel buhlt, und sie doch zu fremden Göttern kehren und buhlen um eine Kanne Wein. K. 1,2.
2. Und ich ward mit ihr eins um fünfzehn
Silberlinge und anderthalb Scheffel Gerste.
3. und sprach zu ihr: Halt dich als die
Meine eine lange Zeit und hure nicht und gehöre keinem andern an; denn ich will mich auch als den Deinen halten.
4. Denn die *Kinder Israel werden lange
Zeit ohne König, ohne Fürsten, ohne Opfer, ohne Altar, ohne Leibrock und ohne Heiligtum bleiben. *2. Chron. 15,3.
5. Darnach werden sich die Kinder Israel
bekehren und den Herrn, ihren Gott, und ihren *König David suchen und werden

mit Zittern zu dem Herrn und seiner Gnade kommen in der letzten Zeit.
*Jer. 30,9.21.22; Hesek. 34,23.24.

Das 4. Kapitel

Strafrede gegen die Sünden Israels. Juda wird gewarnt, sich nicht auch zu verschulden.

1. Höret, ihr Kinder Israel, des Herrn Wort! denn der Herr hat Ursache, zu schelten, die im Lande wohnen; denn es ist keine Treue, keine Liebe, keine Erkenntnis Gottes im Lande;
2. sondern Gotteslästern, Lügen, Morden, Stehlen und Ehebrechen hat überhandgenommen, und eine Blutschuld kommt nach der andern.
3. Darum wird das Land jämmerlich stehen, und allen Einwohnern wird's übel gehen; denn es werden auch die Tiere auf dem Felde und die Vögel unter dem Himmel und die Fische im Meer weggerafft werden.
4. Doch man darf nicht schelten noch jemand strafen; denn dein Volk ist wie die, so den *Priester schelten. 5.Mose 17,12.
5. Darum sollst du bei Tage fallen und der Prophet des Nachts neben dir fallen; also will ich deine Mutter zugrunde richten.
6. Mein Volk ist dahin, darum daß es nicht lernen will. Denn du verwirfst Gottes Wort; darum will ich dich auch verwerfen, daß du nicht mein Priester sein sollst. Du vergissest das Gesetz deines Gottes; darum will ich auch deine Kinder vergessen.
7. Je mehr ihrer wird, je mehr sie wider mich sündigen; darum will ich *ihre Ehre zu Schanden machen. *Phil. 3,19.
8. Sie fressen die Sündopfer meines Volks und sind begierig nach ihren Sünden. 3.Mose 6,19.
9. Darum soll es dem Volk gleich wie dem Priester gehen; denn ich will ihr Tun heimsuchen und ihnen vergelten, wie sie verdienen,
10. daß sie werden essen, und nicht satt werden, Hurerei treiben, und sich nicht ausbreiten, darum daß sie den Herrn verlassen haben und ihn nicht achten.
11. Hurerei, Wein und Most machen toll.
12. Mein Volk fragt sein *Holz, und sein Stab soll ihm predigen; denn der †Hurerei-Geist verführt sie, daß sie wider ihren Gott Hurerei treiben. *Jer. 2,27. †K. 5,4.
13. Oben *auf den Bergen opfern sie, und auf den Hügeln räuchern sie, unter den Eichen, Linden und Buchen; denn die haben feinen Schatten. Darum werden eure Töchter auch zu Huren und eure Bräute zu Ehebrecherinnen werden. *Hesek. 6,13.
14. Und ich will's auch nicht wehren, wenn eure Töchter und Bräute geschändet und zu Huren werden, weil ihr einen andern Gottesdienst anrichtet mit den Huren und opfert mit den Bübinnen. Denn das törichte Volk will geschlagen sein.
15. Willst du, Israel, ja huren, daß sich doch nur Juda nicht auch verschulde. Gehet nicht hin gen Gilgal und kommt nicht hinauf gen *Beth-Aven und schwöret nicht: So wahr der Herr lebt!
*K. 10,5; Amos 5,5.
16. Denn Israel läuft wie eine tolle Kuh; so wird sie auch der Herr weiden lassen wie ein Lamm in der Irre.
17. Denn Ephraim hat sich zu den Götzen gesellt; so laß ihn hinfahren.
18. Sie haben sich in die Schwelgerei und Hurerei gegeben; ihre Herren haben Lust dazu, daß sie Schande anrichten.
19. Der Wind mit seinen Flügeln wird sie zusammen wegtreiben; sie müssen über ihrem Opfer zu Schanden werden.

Das 5. Kapitel

Drohung gegen beide Königreiche.

1. So höret nun dies, ihr Priester, und merke auf, du Haus Israel, und nimm zu Ohren, du Haus des Königs! denn es wird eine Strafe über euch gehen, die ihr ein Strick zu Mizpa und ein ausgespanntes Netz zu Thabor geworden seid.
2. Mit ihrem Schlachten vertiefen sie sich in ihrem Verlaufen; darum muß ich sie allesamt strafen.
3. Ich kenne Ephraim wohl, und Israel ist vor mir nicht verborgen, daß Ephraim nun eine Hure und Israel unrein ist. K. 1,2.
4. Sie denken nicht daran, daß sie sich kehren zu ihrem Gott; denn sie haben *einen Hurengeist in ihrem Herzen, und den Herrn kennen sie nicht. *K. 4,12.
5. Und die Hoffart Israels zeugt wider sie ins Angesicht. Darum sollen beide, Israel und Ephraim, fallen um ihrer Missetat willen; auch soll Juda samt ihnen fallen.
6. Alsdann werden sie kommen *mit ihren Schafen und Rindern, den Herrn zu suchen, aber ihn nicht finden; denn er hat sich von ihnen gewandt. *Jes. 1,11–15.
7. Sie verachten den Herrn und zeugen fremde Kinder; darum wird sie auch der Neumond fressen mit ihrem Erbteil.
8. Ja, blaset Posaunen zu Gibea, ja, drommetet zu Rama, ja, ruft zu *Beth-Aven: »Hinter dir, Benjamin!« *K. 4,15.

9. Denn Ephraim soll zur Wüste werden
zu der Zeit, wann ich sie strafen werde.
Davor habe ich die Stämme Israels treulich gewarnt.
10. Die Fürsten Juda's sind gleich denen,
so die Grenze verrücken; darum will ich
meinen Zorn über sie ausschütten wie
Wasser.
11. Ephraim leidet Gewalt und wird geplagt; daran geschieht ihm recht, denn er
hat sich gegeben auf *Menschengebot.
*Jes. 29,13.
12. Ich bin dem Ephraim wie eine Motte
und dem Hause Juda wie eine Made.
13. Und da Ephraim seine Krankheit und
Juda seine Wunde fühlte, zog Ephraim hin
zu *Assur und schickte zum König †Jareb;
aber er kann euch nicht helfen noch eure
Wunde heilen. *K. 7,11. †K. 10,6.
14. Denn ich bin dem Ephraim *wie ein
Löwe und dem Hause Juda wie ein junger
Löwe. Ich, †ich zerreiße sie und gehe davon; ich führe sie weg, und niemand kann
sie retten. *K. 13,7. †K. 6,1.
15. Ich will wiederum an meinen Ort gehen, bis sie ihre Schuld erkennen und
mein Angesicht suchen; *wenn's ihnen
übel geht, so werden sie mich suchen [und
sagen]: *Jes. 26,16.

Das 6. Kapitel

Gottes Züchtigung führt zur Buße.

1. Kommt, wir wollen wieder zum
Herrn; denn *er hat uns zerrissen, er wird
uns auch heilen; er hat uns geschlagen, er
wird uns auch verbinden. *K. 5,14.
2. *Er macht uns lebendig nach zwei Tagen; er wird uns am dritten Tage aufrichten, daß wir vor ihm leben werden.
*5. Mose 32,39.
3. Dann werden wir acht darauf haben
und fleißig sein, daß wir den Herrn erkennen. Denn er wird hervorbrechen wie die
schöne Morgenröte und wird zu uns kommen wie ein Regen, wie ein Spätregen, der
das Land feuchtet.
4. Was soll ich dir tun, Ephraim? Was soll
ich dir tun, Juda? Denn eure Liebe ist wie
eine Morgenwolke und wie ein Tau, der
frühmorgens vergeht.
5. Darum schlage ich sie durch die Propheten und töte sie durch meines Mundes
Rede, daß mein Recht wie das Licht hervorkomme. Jer. 23,29.
6. Denn ich habe Lust an der Liebe, und
nicht am Opfer, und an der Erkenntnis
Gottes, und nicht am Brandopfer.
1. Sam. 15,22; Matth. 9,13; 12.7.
7. Aber sie übertreten den Bund *wie
Adam; darin verachten sie mich.
*1. Mose 3,6.
8. Denn Gilead ist eine Stadt voll Abgötterei und Blutschulden.
9. Und die Priester samt ihrem Haufen
sind wie die Räuber, so da lauern auf die
Leute und würgen auf dem Wege, der gen
Sichem geht; denn sie tun, was sie wollen.
10. Ich sehe im Hause Israel, davor mir
graut; denn da *hurt Ephraim und verunreinigt sich Israel. *K. 5,3.
11. Aber auch Juda wird noch eine *Ernte vor sich haben, wenn ich †meines Volks
Gefängnis wenden werde.
*Joel 4,13. †Joel 4,1.

Das 7. Kapitel

Klage über Israel und Ankündigung der verdienten Strafen.

1. Wenn ich Israel heilen will, so findet
sich erst die Sünde Ephraims und die Bosheit Samarias, wie sie Lügen treiben und
Diebe einsteigen und Räuber draußen
plündern;
2. dennoch wollen sie nicht merken, daß
ich alle ihre Bosheit merke. Ich sehe aber
ihr Wesen wohl, das sie allenthalben treiben.
3. Sie vertrösten den König durch ihre
Bosheit und die Fürsten durch ihre Lügen;
4. und sind allesamt Ehebrecher gleichwie ein Backofen, den der Bäcker heizt,
wenn er hat ausgeknetet und läßt den Teig
durchsäuern und aufgehen.
5. Heute ist unsers Königs Fest [spre-
chen sie], da fangen die Fürsten an, *vom
Wein toll zu werden; so zieht er die Spötter zu sich. *K. 4,11.
6. Denn ihr Herz ist in heißer Andacht
wie ein Backofen, wenn sie opfern und die
Leute betrügen; ihr Bäcker schläft die
ganze Nacht, und des Morgens brennt er
lichterloh.
7. Allesamt sind sie so heißer Andacht
wie ein Backofen, als daß ihre Richter aufgefressen werden und alle ihre Könige fallen; und ist keiner unter ihnen, der mich
anrufe.
8. Ephraim mengt sich unter die Völker;
Ephraim ist wie ein Kuchen, den niemand
umwendet.
9. Fremde fressen seine Kraft, doch will
er's nicht merken; er hat auch graue Haare gekriegt, doch will er's nicht merken.
10. Und die Hoffart Israels zeugt wider
sie ins Angesichtt; dennoch bekehren sie

sich nicht zum Herrn, ihrem Gott, fragen auch nicht nach ihm in diesem allem.
11. Denn Ephraim ist wie eine verlockte Taube, die nichts merken will. Jetzt rufen sie Ägypten an, dann laufen sie zu Assur. K. 5,13; 12,2.
12. Aber indem sie hin und her laufen, will ich mein Netz über sie werfen und sie herunterholen wie die Vögel unter dem Himmel; ich will sie strafen, wie man predigt in ihrer Versammlung.
13. Weh ihnen, daß sie von mir weichen! Sie müssen verstört werden; denn sie sind von mir abtrünnig geworden! *Ich wollte sie wohl erlösen, wenn sie nicht wider mich Lügen lehrten. *Ps. 81,14.15.
14. So rufen sie mich auch nicht an von Herzen, sondern heulen auf ihren Lagern. Sie versammeln sich um Korns und Mosts willen und sind mir ungehorsam.
15. Ich lehre sie und stärke ihren Arm; aber sie denken Böses von mir.
16. Sie bekehren sich, aber nicht recht, sondern sind *wie ein falscher Bogen. Darum werden ihre Fürsten durchs Schwert fallen; ihr Drohen soll in Ägyptenland zum Spott werden. *Ps. 78,57.

Das 8. Kapitel

Der Feind bricht über das götzendienerische Volk herein.

1. Rufe *laut wie eine Posaune: Er kommt über das Haus des Herrn wie ein Adler, darum daß sie meinen Bund übertreten und von meinem Gesetze abtrünnig werden. *Jes. 58,1.
2. Dann werden sie zu mir schreien: Du bist mein Gott; wir, Israel, kennen dich!
3. Israel verwirft das Gute; darum muß sie der Feind verfolgen.
4. Sie *machen Könige, aber ohne mich; sie setzen Fürsten, und ich darf es nicht wissen. Aus ihrem Silber und Gold machen sie Götzen, daß sie ja bald ausgerottet werden. *2. Kön. 15,10.14.25.30.
5. Dein *Kalb, Samaria, verwirft er; mein Zorn ist über sie ergrimmt. Es kann nicht lange anstehen, sie müssen gestraft werden. *1. Kön. 12,28.
6. Denn das Kalb ist aus Israel hergekommen, und ein Werkmann hat's gemacht, und es kann ja kein Gott sein; darum soll das Kalb Samarias *zerpulvert werden. *2. Mose 32,20.
7. Denn sie *säen Wind und werden Ungewitter einernten; ihre Saat soll nicht aufkommen und ihr Gewächs kein Mehl geben; und ob's geben würde, sollen's doch Fremde fressen. *Jer. 12,13.
8. Israel wird aufgefressen; die Heiden gehen mit ihnen um wie mit einem *unwerten Gefäß, *Jer. 22,28.
9. darum daß sie hinauf *zum Assur laufen wie ein Wild in der Irre. Ephraim schenkt den Buhlern und gibt den Heiden Tribut. *K. 5,13; 7,11.
10. Dieselben Heiden will ich nun über sie sammeln; sie sollen der Last des Königs der Fürsten bald müde werden.
11. Denn Ephraim hat der Altäre viel gemacht zu sündigen; so sollen auch die Altäre ihm zur Sünde geraten.
12. Wenn ich ihm gleich viel tausend Gebote meines Gesetzes schreibe, so wird's geachtet wie eine fremde Lehre.
13. Ob sie schon viel *opfern und Fleisch herbringen und essen's, so hat doch der Herr kein Gefallen an ihnen; sondern er will ihrer Missetat gedenken und ihre Sünden heimsuchen; sie †sollen wieder nach Ägypten kommen! *Jes. 1,11. †K. 9,3; 5. Mose 28,68.
14. Israel vergißt seines Schöpfers und baut Paläste; so macht Juda viel feste Städte; aber ich will *Feuer in seine Städte schicken, welches soll seine Häuser verzehren. *Jer. 17,27; Amos 2,5.

Das 9. Kapitel

Die Freude ist dahin, die Vergeltung ist da.

1. Du darfst dich nicht freuen, Israel, noch rühmen wie die Völker; denn *du hurst wieder deinen Gott und suchst damit Hurenlohn, daß alle Tennen voll Getreide werden. *K. 1,2.
2. Darum sollen dich Tenne und Kelter nicht nähren, und der Most soll dir fehlen.
3. Sie sollen nicht bleiben im Lande des Herrn; sondern Ephraim *muß wieder nach Ägypten und muß in Assyrien Unreines essen, *K. 8,13.
4. wo sie dem Herrn kein Trankopfer vom Wein noch etwas zu Gefallen tun können. Ihr Opfer soll sein wie der Betrübten Brot, an welchem unrein werden alle, die davon essen; denn ihr Brot müssen sie für sich selbst essen, und es soll nicht in des Herrn Haus gebracht werden.
5. Was wollt ihr alsdann an den Jahrfesten und an den Feiertagen des Herrn tun?
6. Siehe, sie müssen weg vor dem Verstörer. Ägypten wird sie sammeln, und Moph wird sie begraben. *Nesseln werden wachsen, da jetzt ihr liebes Götzensilber steht, und Dornen in ihren Hütten. *K. 10,8.
7. Die Zeit der Heimsuchung ist gekom-

men, die Zeit der Vergeltung; des wird
Israel innewerden. Die Propheten sind
Narren, und die Rottengeister sind wahn-
sinnig um deiner großen Missetat und um
der großen feindseligen Abgötterei willen.
8. Die Wächter in Ephraim hielten sich
vormals an meinen Gott; aber nun sind sie
Propheten, die *Stricke legen auf allen
ihren Wegen durch die feindselige Abgötterei im Hause ihres Gottes. *K. 5,1.
9. Sie verderben's zu tief wie *zur Zeit
Gibeas; darum wird er ihrer Missetat gedenken und ihre Sünden heimsuchen.
*Richt. 19,22–30; 20,13.
10. Ich *fand Israel in der Wüste wie
Trauben und sah eure Väter wie die ersten
Feigen am Feigenbaum; aber hernach gingen sie zu †Baal-Peor und gelobten sich
dem schändlichen Abgott und wurden ja
so greulich wie ihre Buhlen.
*5. Mose 32,10. †4. Mose 25,3.
11. Darum muß die Herrlichkeit
Ephraims wie ein Vogel wegfliegen, daß
sie weder gebären noch tragen noch
schwanger werden sollen.
12. Und ob sie ihre Kinder gleich erzö-
gen, will ich sie doch ohne Kinder machen, daß keine Leute mehr sein sollen.
Auch weh ihnen, wenn ich von ihnen gewichen bin!
13. Ephraim, wie ich es ansehe, ist gepflanzt und *hübsch wie Tyrus, muß aber
nun seine Kinder herauslassen dem Totschläger. *Hesek. 27,3.
14. Herr, gib ihnen – was willst du ihnen
aber geben –, gib ihnen unfruchtbare Leiber und versiegte Brüste!
15. Alle ihre Bosheit geschieht zu Gilgal,
daselbst bin ich ihnen feind; und ich will
sie auch um ihres bösen Wesens willen aus
meinem Hause stoßen und ihnen nicht
mehr Liebe erzeigen; denn alle ihre Fürsten sind Abtrünnige.
16. Ephraim ist geschlagen; ihre Wurzel
ist verdorrt, daß sie keine Frucht mehr
bringen können. Und ob sie gebären würden, will ich doch die liebe Frucht ihres
Leibes töten.
17. Mein Gott wird sie verwerfen, darum
daß sie ihn nicht hören wollen; und sie
müssen unter den Heiden in der Irre gehen.

Das 10. Kapitel

Ohne Gerechtigkeit kein Heil.

1. Israel ist ein ausgebreiteter *Weinstock, der seine Frucht trägt. Aber soviel
Früchte er hatte, so viel Altäre hatte er
gemacht; wo das Land am besten war, da
stifteten sie die schönsten Bildsäulen.
*Jer. 2,21.
2. Ihr Herz ist zertrennt; nun wird sie
ihre Schuld finden. Ihre Altäre sollen zerbrochen und ihre Bildsäulen sollen zerstört werden.
3. Alsdann müssen sie sagen: Wir haben
keinen König, denn wir fürchteten den
Herrn nicht; was kann uns der König nun
helfen?
4. Sie reden und schwören vergeblich
und machen einen Bund, und solcher Rat
grünt auf allen Furchen im Felde wie gifti-
ges Kraut.
5. Die Einwohner zu Samaria sorgen um
das Kalb zu *Beth-Aven; denn sein Volk
trauert darum, und seine Götzenpfaffen
zittern seiner Herrlichkeit halben; denn
sie wird von ihnen weggeführt.
*V. 15; K. 4,15.
6. Ja, das Kalb wird nach *Assyrien gebracht zum Geschenke dem König Jareb.
Also muß Ephraim mit Schanden stehen
und Israel schändlich gehen mit seinem
Vornehmen. *K. 5,13.
7. Denn der König zu Samaria ist dahin
wie ein Schaum auf dem Wasser.
8. Die Höhen zu Aven sind vertilgt,
durch die sich Israel versündigte; *Disteln
und Dornen wachsen auf ihren Altären.
Und †sie werden sagen: Ihr Berge, bedek-
ket uns! und: Ihr Hügel, fallet über uns!
*K. 9,6. †Luk. 23,30; Offenb. 6,16.
9. Israel, du hast seit der Zeit Gibeas gesündigt; dabei sind sie auch geblieben.
Aber es soll sie ein Streit, nicht gleich dem
zu Gibea, ergreifen, so wider die bösen
Leute geschah; *K. 9,9.
10. sondern ich will sie züchtigen nach
meinem Wunsch, daß Völker sollen über
sie versammelt kommen, wenn ich sie
werde strafen um ihre zwei Sünden.
11. Ephraim ist ein Kalb, gewöhnt, daß
es gern drischt. Ich will ihm über seinen
schönen Hals fahren; ich will Ephraim reiten, Juda soll pflügen und Jakob eggen.
12. Darum säet euch Gerechtigkeit und
erntet Liebe; *pflüget ein Neues, weil es
†Zeit ist, den Herrn zu suchen, bis daß er
komme und lasse regnen über euch Gerechtigkeit. *Jer. 4,3. †Jes. 55,6.
13. Denn *ihr pflüget Böses und erntet
Übeltat und esset Lügenfrüchte.
*Hiob, 4,8.
14. Weil du dich denn verlässest auf dein
Wesen und auf die Menge deiner Helden,
so soll sich ein Getümmel erheben in deinem Volk, daß alle deine Festen verstört

werden, gleichwie Salman verstörte das
Haus Arbeels zur Zeit des Streits, da die
Mutter samt den Kindern zu Trümmern
ging.
15. Ebenso soll's euch zu Beth-El auch
gehen um eurer großen Bosheit willen,
daß der König Israels frühmorgens untergehe.

Das 11. Kapitel

Gottes brünstiges Erbarmen.

1. Da Israel jung war, hatte ich ihn lieb
und *rief ihn, meinen Sohn, aus Ägypten.
*2. Mose 4,22; Matth. 2,15.
2. Aber wenn man sie jetzt ruft, so wenden sie sich davon und opfern den Baalim
und räuchern den Bildern.
3. Ich nahm Ephraim bei seinen Armen
und leitete ihn; aber sie merkten's nicht,
wie ich ihnen half.
4. Ich ließ sie ein menschlich Joch ziehen und in Seilen der Liebe gehen und half
ihnen das Joch an ihrem Hals tragen und
gab ihnen Futter.
5. Sie sollen nicht wieder nach Ägypten
kommen, sondern Assur soll nun ihr König sein; denn sie wollen sich nicht bekehren.
6. Darum soll das Schwert über ihre
Städte kommen und soll ihre Riegel aufreiben und fressen um ihres Vornehmens
willen.
7. Mein Volk ist müde, sich zu mir zu
kehren; und wenn man ihnen predigt, so
richtet sich keiner auf.
8. Was soll ich aus dir machen, Ephraim?
Soll ich dich schützen, Israel? Soll ich
nicht billig *ein Adama aus dir machen
und dich wie Zeboim zurichten? Aber
†mein Herz ist andern Sinnes, meine
Barmherzigkeit ist zu brünstig,
*5. Mose 29,22. †Jer. 31,20.
9. daß ich nicht tun will nach meinem
grimmigen Zorn, noch mich kehren,
Ephraim gar zu verderben. Denn ich bin
Gott und nicht ein Mensch und bin der
Heilige unter dir; ich will aber nicht in die
Stadt kommen. Klagel. 3,31–36.
10. Alsdann wird man dem Herrn nachfolgen, und er *wird brüllen wie ein Löwe;
und wenn er wird brüllen so werden erschrocken kommen die †Kinder, so gegen
Abend sind. *Jes. 31,4.5; Jer. 25,30. †K. 2,1.
11. Und die in Ägypten werden auch erschrocken kommen wie Vögel, und die im
Lande Assur wie Tauben; und ich will sie
in ihre Häuser setzen, spricht der Herr.

Das 12. Kapitel

Der Stammvater Jakob ein Vorbild für sein Volk.

1. In Ephraim ist allenthalben Lügen wider mich und im Hause Israel falscher
Gottesdienst. Aber auch Juda hält nicht
fest an Gott und an dem Heiligen, der treu
ist.
2. Ephraim weidet sich am Winde und
läuft dem Ostwinde nach und macht täglich der Abgötterei und des Schadens
mehr; sie machen mit *Assur einen Bund
und bringen Balsam nach Ägypten.
*K. 7,11.
3. Darum wird der Herr mit Juda rechten
und Jakob heimsuchen nach seinem Wesen und ihm vergelten nach seinem Verdienst.
4. Er hat in Mutterleibe seinen Bruder an
der Ferse gehalten, und in seiner Kraft hat
er mit Gott gekämpft.
1. Mose, 25,22.26; 32,25–29.
5. Er kämpfte mit dem Engel und siegte,
denn er weinte und bat ihn; auch hat er
ihn ja zu Beth-El gefunden, *und daselbst
hat er mit uns geredet. *1. Mose, 35,15.
6. Aber der Herr ist der Gott Zebaoth;
Herr ist *sein Name. *Ps. 83,19.
7. So bekehre dich nun zu deinem Gott,
halte Barmherzigkeit und Recht und hoffe
stets auf deinen Gott.
8. Aber Kanaan hat eine falsche Waage in
seiner Hand und betrügt gern.
9. Und Ephraim spricht: *Ich bin reich,
ich habe genug; man wird in aller meiner
Arbeit keine Missetat finden, die Sünde
sei. *Offenb. 3,17.
10. Ich aber, der Herr, *bin dein Gott aus
Ägyptenland her, und der dich noch in den
Hütten wohnen läßt, wie man zur Festzeit
pflegt, *K. 13,4.
11. und rede zu den Propheten; und ich
bin's, der so viel Weissagung gibt und
durch die Propheten sich anzeigt.
12. In Gilead ist Abgötterei, darum werden sie zunichte; und zu Gilgal opfern sie
Ochsen, darum sollen ihre Altäre werden
wie die Steinhaufen an den Furchen im
Felde.
13. Jakob mußte *fliehen in das Land
Syrien, und †Israel mußte um ein Weib
dienen, und um ein Weib mußte er hüten.
*1. Mose 28,5. †1. Mose, 29,20.
14. Aber hernach *führte der Herr Israel
aus Ägypten durch einen Propheten und
ließ ihn hüten durch einen Propheten.
*2. Mose, 3,10.
15. Nun aber erzürnt ihn Ephraim durch
ihre Götzen; darum wird ihr Blut über sie

kommen, und ihr Herr wird ihnen vergelten die Schmach, die sie ihm antun.

Das 13. Kapitel

Erlösung vom Tod. Der Sünde Verderben.

1. Da Ephraim Schreckliches redete, ward er in Israel erhoben; darnach versündigten sie sich durch Baal und wurden darüber getötet.
2. Aber nun machen sie der Sünden viel mehr und aus ihrem Silber Bilder, wie sie es erdenken können, nämlich Götzen, welche doch eitel *Schmiedewerk sind. Dennoch predigen sie von denselben: Wer die Kälber küssen will, der soll Menschen opfern. *Jes. 44,12.
3. Darum werden sie sein *wie die Morgenwolke und wie der Tau, der frühmorgens vergeht; ja †wie die Spreu, die von der Tenne verweht wird, und wie der Rauch von dem Schornstein.

*K. 6,4. †Ps. 1,4.

4. Ich *bin aber der Herr, dein Gott, aus Ägyptenland her; und du solltest ja keinen andern Gott kennen denn mich und keinen Heiland als allein mich. *2. Mose, 20,2.3.
5. Ich nahm mich ja deiner an in der Wüste, im dürren Lande. K. 9,10.
6. Aber *weil sie geweidet sind, daß sie satt geworden sind und genug haben, erhebt sich ihr Herz; darum vergessen sie mein. *5. Mose 32,15.
7. So will ich auch werden gegen sie *wie ein Löwe, und wie ein Parder auf dem Wege will ich auf sie lauern. *K. 5,14.
8. Ich will ihnen begegnen wie ein Bär, dem seine Jungen genommen sind, und will ihr verstocktes Herz zerreißen und will sie daselbst wie ein Löwe fressen; die wilden Tiere sollen sie zerreißen.
9. Israel, *du bringst dich in Unglück; denn dein Heil steht allein bei mir.

*Jer. 2,17.

10. Wo ist dein König hin, der dir helfen möge in allen deinen Städten? und deine Richter, von denen du *sagtest: Gib mir Könige und Fürsten? *1. Sam. 8,5.
11. Wohlan, ich gab dir einen König in meinem Zorn, und will ihn dir in meinem Grimm wegnehmen.
12. Die Missetat Ephraims ist zusammengebunden, und seine Sünde ist behalten.
13. Denn es soll ihm wehe werden wie *einer Gebärerin. Er ist ein unverständig Kind; denn †wenn die Zeit gekommen ist, so will er die Mutter nicht brechen.

*Micha 4,10. †Jes. 37,3.

14. Aber ich will sie erlösen aus der Hölle und vom Tod erretten. Tod, ich will dir ein Gift sein; Hölle, ich will dir eine Pestilenz sein. Doch ist der Trost vor meinen Augen verborgen.

1. Kor. 15,54.55; 2. Tim. 1,10; Offenb. 20,14; 21,4.

15. Denn wenn er auch zwischen Brüdern *Frucht bringt, so wird doch ein †Ostwind des Herrn aus der Wüste herauffahren, daß sein Brunnen vertrocknet und seine Quelle versiegt; und er wird rauben den Schatz alles köstlichen Gerätes.

*1. Mose 49,22. †K. 4,19.

Das 14. Kapitel

Israels Bekehrung und künftige Blüte.

1. Samaria wird wüst werden, denn sie sind ihrem Gott ungehorsam; sie sollen durchs Schwert fallen, und ihre jungen Kinder zerschmettert und ihre schwangeren Weiber zerrissen werden.
2. Bekehre *dich, Israel, zu dem Herrn, deinem Gott; denn du bist gefallen um deiner Missetat willen.

*K. 12,7; Sach. 1,4.

3. Nehmet diese Worte mit euch und bekehret euch zum Herrn und sprecht zu ihm: Vergib uns alle Sünde und tue uns wohl; so wollen wir *opfern die Farren unsrer Lippen. *Hebr. 13,15.
4. Assur soll uns nicht helfen; wir wollen nicht mehr auf Rossen reiten, auch nicht mehr sagen zu den Werken unsrer Hände: »Ihr seid unser Gott«; sondern laß die Waisen bei dir Gnade finden.
5. So will ich ihr Abreten wieder heilen; gerne will ich sie lieben; denn mein Zorn soll sich von ihnen wenden.
6. Ich will Israel wie ein Tau sein, daß er soll blühen wie eine Rose, und seine Wurzeln sollen ausschlagen wie der Libanon
7. und seine Zweige sich ausbreiten, daß er so schön sei wie ein Ölbaum, und soll so guten Geruch geben wie der Libanon.
8. Und sie sollen wieder unter seinem Schatten sitzen; von Korn sollen sie sich nähren und blühen wie ein Weinstock; sein Gedächtnis soll sein wie der Wein am Libanon.
9. Ephraim, was sollen mir weiter die Götzen? Ich will ihn erhören und führen; ich will sein wie eine grünende Tanne; an mir soll man deine Frucht finden.
10. Wer ist weise, der dies verstehe, und klug, der dies merke? Denn *die Wege des Herrn sind richtig, und die Gerechten wandeln darin; aber die Übertreter fallen darin. *Ps. 25,10.

Der Prophet Joel

Das 1. Kapitel

Heuschreckenplage, ein Vorbild des Tages des Herrn. Klage und Bitte.

1. Dies ist das Wort des Herrn, das geschehen ist zu Joel, dem Sohn Pethuels.
2. Höret dies, ihr Ältesten, und merket auf, alle Einwohner im Lande, ob solches geschehen sei zu euren Zeiten oder zu eurer Väter Zeiten!
3. Saget euren Kindern davon und lasset's eure Kinder ihren Kindern sagen und diese Kinder ihren Nachkommen!
4. Was die Raupen lassen, das fressen die Heuschrecken; und was die Heuschrecken lassen, das fressen die Käfer; und was die Käfer lassen, das frißt das Geschmeiß.
5. Wachet auf, ihr Trunkenen, und weinet, und heulet, alle Weinsäufer, um den Most; denn er ist euch vor eurem Maul weggenommen.
6. Denn es zieht herauf in mein Land ein mächtiges *Volk und ohne Zahl; das hat Zähne wie Löwen und Backenzähne wie Löwinnen. *K.2,2.25.
7. Das verwüstet meinen Weinberg und streift meinen Feigenbaum ab, schält ihn und verwirft ihn, daß seine Zweige weiß dastehen.
8. Heule wie eine Jungfrau, die einen Sack anlegt um ihren Bräutigam!
9. Denn das *Speiseopfer und Trankopfer ist vom Hause des Herrn weg, und die Priester, des Herrn Diener, trauern. *V. 13; K. 2,14.
10. Das Feld ist verwüstet, und der Acker steht jämmerlich; das Getreide ist verdorben, der Wein steht jämmerlich und das Öl kläglich.
11. Die Ackerleute sehen jämmerlich, und die Weingärtner heulen um den Weizen und um die Gerste, daß aus der Ernte auf dem Felde nichts werden kann.
12. So steht der Weinstock auch jämmerlich und der Feigenbaum kläglich; dazu die Granatbäume, Palmbäume, Apfelbäume und alle Bäume auf dem Felde sind verdorrt; denn die Freude der Menschen ist zum Jammer geworden.
13. Begürtet euch und klaget, ihr Priester; heulet, ihr Diener des Altars; gehet hinein und lieget in Säcken, ihr Diener meines Gottes! denn es ist *Speisopfer und Trankopfer vom Hause eures Gottes weg. *V. 9.
14. Heiliget ein Fasten, rufet die Gemeinde zusammen; versammelt die Ältesten und alle Einwohner des Landes zum Hause des Herrn, eures Gottes, und schreiet zum Herrn!
15. O weh des Tages! denn *der Tag des Herrn ist nahe und kommt wie ein Verderben vom Allmächtigen. *K. 2,1; Jes. 13,6.
16. Ist nicht die Speise vor unsern Augen weggenommen und vom Hause unsers Gottes *Freude und Wonne? *V. 12; 5. Mose 16,11.
17. Der Same ist unter der Erde verfault, die Kornhäuser stehen wüst, die Scheuern zerfallen; denn das Getreide ist verdorben.
18. O wie seufzt das Vieh! Die Rinder sehen kläglich, denn sie haben keine Weide, und die Schafe verschmachten.
19. Herr, dich rufe ich an; denn das Feuer hat die Auen in der Wüste verbrannt, und *die Flamme hat alle Bäume auf dem Acker angezündet. *K. 2,3.
20. Es schreien auch *die wilden Tiere zu dir; denn die Wasserbäche sind ausgetrocknet und das Feuer hat die Auen in der Wüste verbrannt. *Ps. 104,11.

Das 2. Kapitel

Weitere Schilderung der Heuschreckenplage. Ermahnung zur öffentlichen Buße. Verheißung neuen Segens.

1. Blaset mit der Posaune zu Zion, rufet auf meinem heiligen Berge; erzittert, alle Einwohner im Lande! denn *der Tag des Herrn kommt und ist nahe: *K. 1,15.
2. ein finstrer Tag, ein dunkler Tag, ein wolkiger Tag, ein nebliger Tag; gleichwie sich die Morgenröte ausbreitet über die Berge, kommt *ein großes und mächtiges Volk, †desgleichen vormals nicht gewesen ist und hinfort nicht sein wird zu ewigen Zeiten für und für. *K. 1,6. †2. Mose 10,14.
3. Vor ihm her geht ein verzehrend Feuer und nach ihm *eine brennende Flamme. Das Land ist vor ihm wie ein Lustgarten, aber nach ihm wie eine wüste Einöde, und niemand wird ihm entgehen. *K. 1,19.
4. Sie sind gestaltet wie Rosse und rennen wie die Reiter.
5. Sie sprengen daher oben auf den Bergen, wie die Wagen rasseln, und wie eine Flamme lodert im Stroh, wie ein mächtiges Volk, das zum Streit gerüstet ist.

6. Die Völker werden sich vor ihm entsetzen, aller Angesichter werden bleich.

7. Sie werden laufen wie die Riesen und die Mauern ersteigen wie die Krieger; ein jeglicher wird stracks vor sich daherziehen und sich nicht säumen.

8. Keiner wird den andern irren; sondern ein jeglicher wird in seiner Ordnung daherfahren und werden durch die Waffen brechen und nicht verwundet werden.

9. Sie werden in der Stadt umherrennen, auf der Mauer laufen und in die Häuser steigen und wie ein Dieb durch die Fenster hineinkommen.

10. Vor ihm erzittert das Land und bebt der Himmel: *Sonne und Mond werden finster, und die Sterne verhalten ihren Schein. *K. 3,4; Jes. 13,10.

11. Denn der Herr wird seinen Donner vor seinem Heer lassen her gehen; denn *sein Heer ist sehr groß und mächtig, das seinen Befehl wird ausrichten; denn der Tag des Herrn ist groß und sehr erschrecklich: wer kann ihn leiden? *V. 25.

12. Doch spricht auch jetzt der Herr: *Bekehret euch zu mir von ganzem Herzen mit Fasten, mit Weinen, mit Klagen! *Hesek. 33,11.

13. Zerreißet eure Herzen und nicht eure Kleider, und bekehret euch zu dem Herrn, eurem Gott! denn *er ist gnädig, barmherzig, geduldig und von großer Güte, und ihn reut bald der Strafe. *2. Mose 34,6.

14. *Wer weiß, es mag ihn wiederum gereuen, und er mag einen Segen hinter sich lassen, zu opfern Speisopfer und Trankopfer dem Herrn, eurem Gott. *Jona 3,9.

15. Blaset mit Posaunen zu Zion, heiliget ein Fasten, rufet die Gemeinde zusammen! *K. 1,14.

16. Versammelt das Volk, heiligt die Gemeinde, sammelt die Ältesten, bringet zuhauf die jungen Kinder und die Säuglinge! Der Bräutigam gehe aus seiner Kammer und die Braut aus ihrem Gemach.

17. Laßt die Priester, des Herrn Diener, weinen zwischen Halle und Altar und sagen: Herr, schone deines Volks und laß dein Erbteil nicht zu Schanden werden, daß Heiden über sie herrschen! *Warum willst du lassen unter den Völkern sagen: Wo ist nun ihr Gott? *Ps. 79,10.

18. So wird denn der Herr um sein Land eifern und sein Volk verschonen.

19. Und der Herr wird antworten und sagen zu seinem Volk: Siehe, ich will euch Getreide, Most und Öl die Fülle schicken, daß ihr genug daran haben sollt, und will euch *nicht mehr lassen unter den Heiden zu Schanden werden, *V. 26.27.

20. und will *den von Mitternacht fern von euch treiben und ihn in ein dürres und wüstes Land verstoßen, sein Angesicht hin zum Meer gegen Morgen und sein Ende hin zum Meer gegen Abend. Er soll verfaulen und stinken; denn er hat große Dinge getan. *K. 1,4.6.

21. Fürchte dich nicht, liebes Land, sondern sei fröhlich und getrost; denn der Herr kann auch große Dinge tun.

22. Fürchtet euch nicht, ihr Tiere auf dem Felde, denn die Auen in der Wüste sollen grünen und die Bäume ihre Früchte bringen, und die Feigenbäume und Weinstöcke sollen wohl tragen.

23. Und ihr, Kinder Zions, freuet euch und seid fröhlich im Herrn, eurem Gott, der euch Lehrer zur Gerechtigkeit gibt und euch *herabsendet Frühregen und Spätregen wie zuvor, *Jer. 5,24.

24. daß die Tennen voll Korn werden und die Keltern Überfluß von Most und Öl haben sollen.

25. Und ich will euch die Jahre erstatten, welche *die Heuschrecken, Käfer, Geschmeiß und Raupen, mein großes Heer, so ich unter euch schickte, gefressen haben; *K. 1,4.

26. daß ihr zu essen genug haben sollt und den *Namen des Herrn, eures Gottes, preisen, der Wunder unter euch getan hat; und mein Volk soll nicht mehr zu Schanden werden. *5. Mose 8,10.

27. Und ihr sollt erfahren, daß ich mitten unter Israel sei und daß ich, der Herr, euer Gott sei und keiner mehr; und mein Volk soll nicht mehr zu Schanden werden.

Das 3. Kapitel

Ausgießung des heiligen Geistes.

1. Und nach diesem will ich *meinen Geist ausgießen über alles Fleisch, und eure Söhne und Töchter sollen weissagen; eure Ältesten sollen Träume haben, und eure Jünglinge sollen Gesichte sehen; *4. Mose 11,29; Jes. 44,3; Hesek. 39,29; Apg. 2,16–21; Tit. 3,6.

2. auch will ich zur selben Zeit über Knechte und Mägde meinen Geist ausgießen.

3. Und ich will Wunderzeichen geben am Himmel und auf Erden: Blut, Feuer und Rauchdampf;

4. die Sonne soll in Finsternis und der Mond in Blut verwandelt werden, ehe

denn der große und schreckliche Tag des
Herrn kommt.
K. 2,2.10.11; Matth. 24,29; Offenb. 6,12.
5. Und es soll geschehen, *wer des Herrn
Namen anrufen wird, der soll errettet wer-
den. Denn auf dem Berge Zion und zu
Jerusalem wird eine Errettung sein, wie
der Herr verheißen hat, auch bei den an-
dern übrigen, die der Herr berufen wird.
*Röm. 10,13.

Das 4. Kapitel

Strafgerichte Gottes über die Feinde. Errettung und gesegneter Zustand des Volkes Gottes.

1. [K. 3,6.] Denn siehe, in den Tagen und
zur selben Zeit, wann ich das Gefängnis
Juda's und Jerusalems wenden werde,
Hos. 6,11.
2. [7.] will ich alle Heiden zusammenbringen und will sie ins Tal *Josaphat hinabführen und will mit ihnen daselbst rechten wegen meines Volks und meines Erbteils Israel, weil sie es unter die Heiden
zerstreut und sich in mein Land geteilt.
*V. 12.14.
3. [8.] und *das Los um mein Volk geworfen haben; und haben die Knaben um
Speise gegeben und die Mägdlein um Wein
verkauft und vertrunken. *Nah. 3,10.
4. [9.] Und ihr von Tyrus und Sidon und
alle Kreise der Philister, was habt ihr mit
mir zu tun? Wollt ihr mir trotzen? Wohlan, trotzet ihr mir, so will ich's euch eilend und bald wiedervergelten auf euren
Kopf.
5. [10.] Die ihr mein Silber und Gold und
meine schönen Kleinode genommen und
in eure Tempel gebracht habt,
6. [11.] dazu auch die Kinder Juda und
die Kinder Jerusalems verkauft habt den
Griechen, auf daß ihr sie ja fern von ihren
Grenzen brächtet.
7. [12.] Siehe, ich will sie erwecken aus
dem Ort, dahin ihr sie verkauft habt, und
will's euch vergelten auf euren Kopf.
8. [13.] Und will eure Söhne und eure
Töchter wiederum verkaufen durch die
Kinder Juda; die sollen sie denen in
Reicharabien, einem Volk in fernen Landen, verkaufen; denn der Herr hat's geredet.
9. [14.] Rufet dies aus unter den Heiden!
Heiliget einen Streit! Erwecket die Starken! Lasset herzukommen und hinaufziehen alle Kriegsleute!
10. [15.] Machet aus euren Pflugscharen
Schwerter und aus euren Sicheln Spieße!
Der Schwache spreche: Ich bin stark!
Jes. 2,4.
11. [16.] Rottet euch und kommt her,
alle Heiden um und um, und versammelt
euch! Daselbst führe du hernieder, Herr,
deine Starken!
12. [17.] Die Heiden werden sich aufmachen und heraufkommen zum Tal *Josaphat; denn daselbst will ich sitzen, zu richten alle Heiden um und um. *V. 2.
13. [18.]*Schlaget die Sichel an, denn
die Ernte ist reif; kommt herab, denn die
†Kelter ist voll, und die Kufen laufen über;
denn ihre Bosheit ist groß.
*Offenb. 14,15.18. †Jes. 63,3.6.
14. [19.] Es werden Haufen über Haufen
Volks sein im Tal des Urteils; denn des
Herrn Tag ist nahe im Tal des Urteils.
15. [20.] Sonne und Mond werden sich
verfinstern, und die Sterne werden ihren
Schein verhalten. K. 2,10; 3,4.
16. [21.] Und *der Herr wird aus Zion
brüllen und aus Jerusalem seine Stimme
lassen hören, daß Himmel und Erde beben wird. Aber der Herr wird seinem Volk
eine Zuflucht sein und eine Feste den Kindern Israel. *Amos 1,2.
17. [22.] Und ihr *sollt es erfahren, daß
ich, der Herr, euer Gott, zu Zion auf meinem heiligen Berge wohne. Alsdann wird
Jerusalem heilig sein und kein Fremder
mehr durch sie wandeln.
*Hesek. 34,30.
18. [23.] Zur selben Zeit werden *die
Berge von süßem Wein triefen und die
Hügel von Milch fließen, und alle Bäche in
Juda werden voll Wasser gehen; und †wird
eine Quelle vom Hause des Herrn herausgehen, die wird das Tal Sittim wässern.
*Amos 9,13. †Hesek. 47,1; Sach. 14,8.
19. [24.] Aber Ägypten soll wüst werden
und Edom eine wüste Einöde um den
*Frevel, an den Kindern Juda begangen,
daß sie unschuldig Blut in ihrem Lande
vergossen haben. *Obad. 10.
20. [25.] Aber Juda soll ewiglich bewohnt
werden und Jerusalem für und für.
21. [26.] Und ich will ihr *Blut nicht un-
gerächt lassen. Und †der Herr wird wohnen zu Zion. *5. Mose 32,43. †Hesek. 48,35.

Der Prophet Amos

Das 1. Kapitel

Strafrede über die Nachbarn der Israeliten.

1. Dies ist's, was Amos, der unter den
*Hirten zu Thekoa war, gesehen hat über
Israel zur Zeit †Usias, des Königs in Juda,
und Jerobeams, des Sohnes des Joas, des
Königs Israels, zwei Jahre vor dem **Erdbeben.
*K. 7,14. †2. Kön. 15,1; 14,23. **Sach. 14,5.
2. Und er sprach: *Der Herr wird aus
Zion brüllen und seine Stimme aus Jerusalem hören lassen, daß die Auen der Hirten jämmerlich stehen werden und der
Karmel oben verdorren wird.
*Jer. 25,30; Joel 4,16.
3. So spricht der Herr: Um drei und vier
Frevel willen der *Damasker will ich ihrer
nicht schonen, darum daß sie Gilead mit
eisernen Zacken gedroschen haben;
*Jes. 17,1–3.
4. sondern ich will ein Feuer schicken in
das Haus Hasaels, das soll die Paläste Benhadads verzehren.
5. Und ich will die Riegel zu Damaskus
zerbrechen und die Einwohner auf dem
Felde Aven samt dem, der das Zepter hält,
aus dem Lusthause ausrotten, daß das
Volk in Syrien soll gen *Kir weggeführt
werden, spricht der Herr. *2. Kön. 16,9.
6. So spricht der Herr: Um drei und vier
Frevel willen *Gazas will ich ihrer nicht
schonen, darum daß sie die Gefangenen
alle weggeführt und an Edom überantwortet haben; *2. Chron. 28,17.18; Jer. 47,1.
7. sondern ich will ein Feuer in die Mauern zu Gaza schicken, das soll ihre Paläste
verzehren.
8. Und ich will die Einwohner aus Asdod
und den, der das Zepter hält, aus Askalon
ausrotten und meine Hand wider Ekron
kehren, daß umkommen soll, was von den
Philstern noch übrig ist, spricht der Herr.
9. So spricht der Herr: Um drei und vier
Frevel willen der Stadt *Tyrus will ich
ihrer nicht schonen, darum daß sie die
Gefangenen alle an Edom überantwortet
haben und nicht gedacht an den †Bund
der Brüder; *Jes. 23; Joel 4,4. †1. Kön. 5,26.
10. sondern ich will ein Feuer in die
Mauern zu Tyrus schicken, das soll ihre
Paläste verzehren.
11. So spricht der Herr: Um drei und vier
Frevel willen *Edoms will ich sein nicht
schonen, darum daß er seinen †Bruder
mit dem Schwert verfolgt hat und daß er
alles Erbarmen von sich getan und immer
wütet in seinem Zorn und seinen Grimm
ewig hält; *Jer. 49,7. †5. Mose 23,8; Obad. 10.
12. sondern ich will ein Feuer schicken
gen Theman, das soll die Paläste zu Bozra
verzehren.
13. So spricht der Herr: Um drei und vier
Frevel willen der Kinder *Ammon will ich
ihrer nicht schonen, darum daß sie die
Schwangeren in Gilead zerrissen haben,
damit sie ihre Grenze weiter machten;
*Jer. 49,1–6.
14. sondern ich will ein Feuer anzünden
in den Mauern Rabbas, das soll ihre Paläste verzehren, wenn man rufen wird zur
Zeit des Streits und wenn das Wetter kommen wird zur Zeit des Sturms.
15. Da wird dann ihr König samt seinen
Fürsten gefangen weggeführt werden,
spricht der Herr.

Das 2. Kapitel

Strafrede über Moab, Juda und Israel.

1. So spricht der Herr: Um drei und vier
Frevel willen *Moabs will ich ihrer nicht
schonen, darum daß sie die Gebeine des
Königs zu Edom haben zu Asche verbrannt; *Jes. 15; Jer. 48.
2. sondern ich will ein Feuer schicken
nach Moab, das soll die Paläste zu Karioth
verzehren; und Moab soll sterben im Getümmel und Geschrei und Posaunenhall.
3. Und ich will den Richter unter ihnen
ausrotten und alle ihre Fürsten samt ihm
erwürgen, spricht der Herr.
*4. Mose 24,17.
4. So spricht der Herr: Um drei und vier
Frevel willen Juda's will ich sein nicht
schonen, darum daß sie des Herrn Gesetz
verachten und seine Rechte nicht halten
und lassen sich ihre Lügen verführen, welchen ihre Väter nachgefolgt sind;
5. sondern ich will ein Feuer nach Juda
schicken, das soll die Paläste zu Jerusalem
verzehren.
6. So spricht der Herr: Um drei und vier
Frevel willen Israels will ich ihrer nicht
schonen, darum daß sie die Gerechten um
Geld und die Armen *um ein Paar Schuhe
verkaufen. *K. 8,6.
7. Sie treten *den Kopf der Armen in den

Kot und hindern den Weg der Elenden. Es
geht Sohn und Vater zur Dirne, daß sie
meinen heiligen Namen entheiligen.
*K. 8,4.
8. Und bei allen Altären schlemmen sie
auf den *verpfändeten Kleidern und trinken den Wein in ihrer Götter Hause von
den Gebüßten. *2. Mose 22,25.
9. Und ich habe doch *den Amoriter vor
ihnen her vertilgt, der so hoch war wie die
Zedern und seine Macht wie die Eichen;
und ich vertilgte oben seine Frucht und
unten seine Wurzel. *4. Mose 21,21–28.
10. Auch habe ich euch aus Ägyptenland
geführt und vierzig Jahre in der Wüste
geleitet, daß ihr der Amoriter Land besä-
ßet.
11. Und habe aus euren Kindern Propheten auferweckt und *Gottgeweihte aus euren Jünglingen. Ist's nicht also, ihr Kinder
Israel? spricht der Herr. *4. Mose 6,2–13.
12. So gebt ihr den Geweihten Wein zu
trinken und gebietet den Propheten und
sprecht: *Ihr sollt nicht weissagen!
*K. 7,13.16; Jer. 11,21.
13. Siehe, ich will's unter euch knarren
machen, wie ein Wagen voll Garben
knarrt,
14. daß der, so schnell ist, soll nicht entfliehen noch der Starke etwas vermögen
und der Mächtige nicht soll sein Leben
erretten können;
15. und die Bogenschützen sollen nicht
bestehen, und der schnell laufen kann,
soll nicht entlaufen, und der da reitet, soll
sein Leben nicht erretten;
16. und der unter den Starken der mann-
hafteste ist, soll nackt entfliehen müssen
zu der Zeit, spricht der Herr.

Das 3. Kapitel

Wie des Propheten Wort, so kommt Israels Strafe vom Herrn.

1. Höret, was der Herr mit euch redet,
ihr Kinder Israel, mit allen Geschlechtern,
die ich aus Ägyptenland geführt habe:
2. Aus *allen Geschlechtern auf Erden
habe ich allein euch erkannt; darum will
ich auch euch heimsuchen in all eurer
Missetat. *5. Mose 4,34.
3. Mögen auch zwei miteinander wandeln, sie seien denn eins untereinander?
4. Brüllt auch ein Löwe im Walde, wenn
er keinen Raub hat? Schreit auch ein junger Löwe aus seienr Höhle, er habe denn
etwas gefangen?
5. Fällt auch ein Vogel in den Strick auf
der Erde, da kein Vogler ist? Hebt man
auch den Strick auf von der Erde, der noch
nichts gefangen hat?
6. Bläst man auch die Posaune in einer
Stadt, daß sich das Volk davor nicht entsetze? Ist auch *ein Unglück in der Stadt,
das der Herr nicht tue? *Jes. 45,7; Klagel. 3,37.
7. Denn der Herr Herr tut nichts, er offenbare denn sein Geheimnis den Propheten, seinen Knechten.
8. Der Löwe brüllt; wer sollte sich nicht
fürchten? Der Herr Herr redet; wer sollte
nicht weissagen?
9. Verkündigt in den Palästen zu Asdod
und in den Palästen im Lande Ägypten und
sprecht: Sammelt euch auf die Berge Samarias und sehet, welch ein großes Zeter-
geschrei und Unrecht darin ist!
10. Sie achten keines Rechts, spricht der
Herr, sammeln Schätze von Frevel und
Raub in ihren Palästen.
11. Darum spricht der Herr Herr also:
Man wird dies Land ringsumher bedrängen und dich von deiner Macht herunter-
reißen und deine Häuser plündern.
12. So spricht der Herr: Gleichwie ein
Hirte dem Löwen zwei Kniee oder ein Ohr-
läpplein aus dem Maul reißt, also sollen
die Kinder Israel herausgerissen werden,
die zu Samaria sitzen in der Ecke des Ru-
hebettes und auf dem Lager von Damast.
13. Höret und zeuget im Hause Jakob,
spricht der Herr Herr, der Gott Zebaoth.
14. Denn zu der Zeit, wann ich die Sünden Israels heimsuchen werde, will ich die
Altäre zu Beth-El heimsuchen und die
Hörner des Altars abbrechen, daß sie zu
Boden fallen sollen,
15. und will beide, Winterhaus und Som-
merhaus, schlagen, und die *elfenbeinernen Häuser sollen untergehen und viele
Häuser verderbt werden, spricht der Herr.
*K. 6,1; 1. Kön. 22,39; Ps. 45,9.

Das 4. Kapitel

Drohung wider die Obersten in Israel.

1. Höret dies Wort, ihr fetten Kühe, die
ihr auf dem Berge Samarias seid und den
Dürftigen unrecht tut und untertretet die
Armen und sprecht zu euren Herren:
Bringe her, laß uns saufen!
2. Der Herr Herr hat geschworen bei seiner Heiligkeit: Siehe, es kommt die Zeit
über euch, daß man euch wird herausziehen mit Angeln und eure Nachkommen
mit Fischhaken.
3. Und ihr werdet zu den Lücken hinausgehen, eine jegliche vor sich hin, und gen
Harmon weggeworfen werden, spricht der
Herr.

4. Ja, kommt her gen Beth-El und treibt
Sünde, und gen Gilgal, daß ihr der Sünden viel machet, und bringet eure Opfer
des Morgens und eure Zehnten des *dritten Tages, *5. Mose 14,28.
5. und räuchert vom *Sauerteig zum
Dankopfer und ruft aus freiwillige Opfer
und verkündigt es; denn so habt ihr's
gern, ihr Kinder Israel, spricht der Herr
Herr. *3. Mose 2,11.
6. Darum habe ich euch auch in allen
euren Städten müßige Zähne gegeben
und Mangel am Brot an allen euren Orten;
doch bekehret ihr euch nicht zu mir,
spricht der Herr.
7. Auch habe ich den *Regen über euch
verhalten, da noch drei Monate waren bis
zur Ernte; und ich ließ regnen über eine
Stadt, und auf die andere Stadt ließ ich
nicht regnen; ein Acker ward beregnet,
und der andere Acker, der nicht beregnet
ward, verdorrte. *1. Kön. 17,1.
8. Und es zogen zwei, drei Städte zu einer
Stadt, daß sie Wasser trinken möchten,
und konnten nicht genug finden; doch
bekehrtet ihr euch nicht zu mir, spricht
der Herr.
9. Ich plagte euch mit *dürrer Zeit und
mit Brandkorn; so fraßen auch die †Rau-
pen alles, was in euren Gärten und Weinbergen, auf euren Feigenbäumen und Ölbäumen wuchs; doch bekehrtet ihr euch
nicht zu mir, spricht der Herr.
*Hagg. 1,11. †Joel 1,4.
10. Ich schickte Pestilenz unter euch
gleicherweise wie *in Ägypten; ich tötete
eure junge Mannschaft durchs Schwert
und ließ eure Pferde gefangen wegführen
und ließ den Gestank von eurem Heerlager in eure Nasen gehen; doch bekehrtet
ihr euch nicht zu mir, spricht der Herr.
*2. Mose 9,3.
11. Ich kehrte unter euch um, wie *Gott
Sodom und Gomorra umkehrte, daß ihr
waret wie †ein Brand, der aus dem Feuer
gerissen wird; doch bekehrtet ihr euch
nicht zu mir, spricht der Herr.
*1. Mose 19,24.25. †Sach. 3,2.
12. Darum will ich dir weiter also tun,
Israel. Weil ich denn dir also tun will, so
schicke dich, Israel, und begegne deinem
Gott.
13. Denn siehe, er ist's, der die Berge
macht, den Wind schafft und zeigt dem
Menschen, was er im Sinne hat. Er macht
die Morgenröte und die Finsternis; er tritt
einher auf den *Höhen der Erde – er heißt
Herr, Gott Zebaoth. *Micha 1,3.

Das 5. Kapitel

Klagelied und Ruf zur Buße.
Der bloße äußerliche Gottesdienst hilft nichts.

1. Höret, ihr vom Hause Israel, dies
Wort! denn ich muß dies Klagelied über
euch machen:
2. Die Jungfrau Israel ist gefallen, daß sie
nicht wieder aufstehen wird; sie ist zu Boden gestoßen, und ist niemand, der ihr
aufhelfe.
3. Denn so spricht der Herr Herr: Die
Stadt, da tausend ausgehen, soll nur hundert übrig behalten; und da hundert ausgehen, die soll nur zehn übrig behalten im
Hause Israel.
4. Darum so spricht der Herr zum Hause
Israel: *Suchet mich, so werdet ihr leben.
*Jer. 29,13.
5. Suchet nicht *Beth-El und kommet
nicht gen Gilgal und gehet nicht gen Beer-
Seba; denn Gilgal wird gefangen weggeführt werden, und Beth-El wird Beth-Aven
werden. *K. 4,4; Hos. 4,15.
6. Suchet den Herrn, so werdet ihr leben!
daß nicht ein Feuer im Hause Joseph
überhandnehme, das da verzehre und das
niemand löschen könne zu Beth-El;
7. die ihr das *Recht in Wermut verkehrt
und die Gerechtigkeit zu Boden stoßt.
*K. 6,12; Jes. 5,20.
8. Er *macht die Plejaden und den
Orion; der aus der Finsternis den Morgen
und aus dem Tag die finstere Nacht macht;
der †dem Wasser im Meer ruft und schüttet es auf den Erdboden: er heißt Herr;
*Hiob 38,31. †K. 9,6.
9. der über den Starken eine Verstörung
anrichtet und bringt eine Verstörung über
die feste Stadt.
10. Aber sie sind dem gram, der sie im
Tor straft, und halten den für einen Greuel, der heilsam lehrt. Jes. 29,21.
11. Darum, weil ihr die Armen unterdrückt und nehmt das Korn mit großen
Lasten von ihnen, so *sollt ihr in den Häusern nicht wohnen, die ihr von Werkstük-
ken gebaut habt, und den Wein nicht trinken, den ihr in den feinen Weinbergen
gepflanzt habt. *Zeph. 1,13.
12. Denn ich weiß euer Übertreten, des
viel ist, und eure Sünden, die stark sind,
wie ihr die Gerechten drängt und Blutgeld
nehmt und die Armen im Tor unterdrückt.
13. Darum muß der Kluge zur selben
Zeit schweigen; denn es ist eine böse Zeit.
14. Suchet das gute und nicht das Böse,
auf daß ihr leben möget, so wird der Herr,

der Gott Zebaoth, bei euch sein, wie ihr rühmet.

15. Hasset *das Böse und liebet das Gute; bestellet das Recht im Tor, so wird der Herr, der Gott Zebaoth, den übrigen in Joseph gnädig sein. *Ps. 34,15; Röm. 12,9.

16. Darum so spricht der Herr, der Gott Zebaoth, der Herr: Es wird in allen Gassen Wehklagen sein, und auf allen Straßen wird man sagen: »Weh! weh!«, und man wird den Ackermann zum Trauern rufen, und zum Wehklagen, wer da weinen kann.

17. In allen Weinbergen wird Wehklagen sein; denn ich will unter euch fahren, spricht der Herr.

18. Weh denen, die des Herrn Tag begehren! Was soll er euch? Denn *des Herrn Tag ist Finsternis und nicht Licht. *Joel 2,11.

19. Gleich als wenn jemand vor dem Löwen flöhe, und ein Bär begegnete ihm; und er käme in ein Haus und lehnte sich mit der Hand an die Wand, und eine Schlange stäche ihn.

20. Denn des Herrn Tag wird ja finster und nicht licht sein, dunkel und nicht hell.

21. Ich *bin euren Feiertagen gram und verachte sie und mag eure Versammlungen nicht riechen. *Jes. 1,11–15.

22. Und ob ihr mir gleich *Brandopfer und Speisopfer opfert, so habe ich kein Gefallen daran; so mag ich auch eure feisten Dankopfer nicht ansehen. *Micha 6,6.7.

23. Tue nur weg von mir das Geplärr deiner Lieder; denn ich mag dein Psalterspiel nicht hören!

24. Es soll aber das Recht offenbart werden wie Wasser und die Gerechtigkeit wie ein starker Strom.

25. Habt *ihr vom Hause Israel mir in der Wüste die vierzig Jahre lang Schlachtopfer und Speisopfer geopfert? *Apg. 7,42.43.

26. Ihr truget den Sikkuth, euren König, und Chiun, euer Bild, den Stern eurer Götter, welche ihr euch selbst gemacht hattet.

27. So will ich euch wegführen lassen jenseit Damaskus, spricht der Herr, der Gott Zebaoth heißt.

Das 6. Kapitel

Drohung gegen die Üppigkeit und den Übermut der Vornehmen in Juda und Israel.

1. Weh den Stolzen zu Zion und denen, die sich auf den Berg Samarias verlassen, den Vornehmsten des Erstlings unter den Völkern, und zu denen das Haus Israel kommt!

2. Gehet hin gen *Kalne und schauet, und von da gen Hamath, die große Stadt, und ziehet hinab gen Gath der Philister, welche bessere Königreiche gewesen sind denn diese und ihre Grenze weiter denn eure Grenze. *1. Mose 10,10.

3. Die ihr euch *weit vom bösen Tag achtet und trachtet immer nach Frevelregiment, *Ps. 10,5.

4. und schlaft auf *elfenbeinernen Lagern und pranget auf euren Ruhebetten; ihr esset die Lämmer aus der Herde und die gemästeten Kälber, *K. 3,15.

5. und spielet auf dem Psalter und erdichtet euch Lieder wie David, Jes. 5,12.

6. und trinket Wein aus den Schalen und salbet euch mit Balsam, und bekümmert euch nicht um den Schaden Josephs.

7. Darum sollen sie nun vornan gehen unter denen, die gefangen weggeführt werden, und soll das Schlemmen der Pranger aufhören.

8. Denn der Herr Herr hat geschworen bei seiner Seele, spricht der Herr, der Gott Zebaoth: Mich verdrießt die Hoffart Jakobs, und bin ihren Palästen gram; und ich will auch die Stadt übergeben mit allem, was darin ist.

9. Und wenngleich zehn Männer in einem Hause übrigbleiben, sollen sie doch sterben,

10. daß einen jeglichen sein Vetter und der ihn verbrennen will, nehmen und die Gebeine aus dem Hause tragen muß und sagen zu dem, der in den Gemächern des Hauses ist: Sind ihrer auch noch mehr da? und der wird antworten: Sie sind alle dahin! Und er wird sagen: *Sei still! denn man darf des Namens des Herrn nicht gedenken. *K. 8,3.

11. Denn siehe, der Herr hat geboten, daß man die großen Häuser schlagen soll, daß sie Risse gewinnen, und die kleinen Häuser, daß sie Lücken gewinnen.

12. Wer kann mit Rossen rennen oder mit Ochsen pflügen auf Felsen? Denn *ihr wandelt das Recht in Galle und die Frucht der Gerechtigkeit in Wermut *K. 5,7.

13. und tröstet euch des, das so gar nichts ist, und sprecht: Sind wir denn nicht stark genug mit unsern Hörnern?

14. Darum siehe, ich will über euch vom Hause Israel ein Volk erwecken, spricht der Herr, der Gott Zebaoth, das soll euch ängsten von dem Ort an, da man gen Hamath geht, bis an den Bach in der Wüste.

Das 7. Kapitel

Drei Gesichte von den künftigen Strafgerichten über Israel und Jerobeams Haus. Amos, von Amazja verklagt, kündigt auch diesem sein Strafgericht an.

1. Der Herr Herr zeigte mir ein Gesicht, und siehe, da stand einer, der machte Heuschrecken im Anfang, da das Grummet aufging; und siehe, das Grummet stand, nachdem der König hatte mähen lassen.

2. Als sie nun das Kraut im Lande gar abgefressen hatten, sprach ich: Ach Herr Herr, sei gnädig! Wer will Jakob wieder aufhelfen? denn er ist ja gering.

3. Da reute es den Herrn, und er sprach: Wohlan, es soll nicht geschehen.

4. Der Herr Herr zeigte mir ein Gesicht, und siehe, der Herr Herr rief dem Feuer, damit zu strafen; das verzehrte die große Tiefe und fraß das Ackerland.

5. Da sprach ich: Ach Herr Herr, laß ab! Wer will Jakob wieder aufhelfen? denn er ist ja gering.

6. Da reute den Herrn das auch, und der Herr Herr sprach: Es soll auch nicht geschehen.

7. Er zeigte mir abermals ein Gesicht, und siehe, der Herr stand auf einer Mauer, mit einer Bleischnur gemessen; und er hatte die Bleischnur in seiner Hand.

8. Und der Herr sprach zu mir: Was siehest du, Amos? Ich sprach: Eine *Bleischnur. Da sprach der Herr zu mir: Siehe, ich will eine Bleischnur ziehen mitten durch mein Volk Israel †und ihm nichts mehr übersehen; *Jes. 34,11. †K. 8,2.

9. sondern die Höhen Isaaks sollen verwüstet und die Heiligtümer Israels zerstört werden, und ich will mit dem Schwert mich über das Haus Jerobeam machen.

10. Da sandte Amazja, der Priester zu Beth-El, zu Jerobeam, dem König Israels, und ließ ihm sagen: Der Amos macht einen Aufruhr wider dich im Hause Israel; das Land kann seine Worte nicht ertragen. Jer. 38,4.

11. Denn so spricht Amos: Jerobeam wird durchs Schwert sterben, und Israel wird aus seinem Lande gefangen weggeführt werden.

12. Und Amazja sprach zu Amos: Du *Seher, gehe weg und flieh ins Land Juda und iß Brot daselbst und weissage daselbst. *1. Sam. 9,9.

13. Und weissage nicht mehr zu Beth-El; denn es ist des Königs Heiligtum und des Königreichs Haus.

14. Amos antwortete und sprach zu Amazja: Ich bin kein Prophet, auch keines Propheten Sohn, sondern ich bin ein *Hirt, der Maulbeeren abliest; *K. 1,1.

15. aber der Herr nahm mich von der Herde und sprach zu mir: Gehe hin und weissage meinem Volk Israel!

16. So höre nun des Herrn Wort. Du sprichst: *Weissage nicht wider Israel und predige nicht wider das Haus Isaak! *V. 13; K. 2,12.

17. Darum spricht der Herr also: Dein Weib wird in der Stadt zur Hure werden, und deine Söhne und Töchter sollen durchs Schwert fallen, und dein Acker soll durch die Schnur ausgeteilt werden; du aber sollst in einem unreinen Lande sterben, und Israel soll aus seinem Lande vertrieben werden.

Das 8. Kapitel

Die Züchtigung soll in dem wucherischen Israel ein vergebliches Hungern nach Gottes Wort erwecken.

1. Der Herr Herr zeigt mir ein Gesicht, und siehe, da stand ein Korb mit reifem Obst.

2. Und er sprach: Was siehest du, Amos?. Ich aber antwortete: Einen Korb mit reifem Obst. Da sprach der Herr zu mir: Das Ende ist gekommen über mein Volk Israel; *ich will ihm nichts mehr übersehen. *K. 7,8.

3. Und die Lieder in dem Palaste sollen in ein Heulen verkehrt werden zur selben Zeit, spricht der Herr Herr; es werden viel Leichname liegen an allen Orten, die man in der *Stille hinwerfen wird. *K. 6,10.

4. Höret dies, *die ihr den Armen unterdrückt und die Elenden im Lande verderbt *K. 2,7.

5. und sprecht: »Wann will denn der Neumond ein Ende haben, daß wir Getreide verkaufen, und *der Sabbat, daß wir Korn feilhaben mögen und das Maß verringern und den Preis steigern und die Waage fälschen, *Neh. 10,32; 13,15.

6. auf daß wir die Armen um Geld und die Dürftigen *um ein Paar Schuhe unter uns bringen und Spreu für Korn verkaufen?« *K. 2,6.

7. Der Herr hat geschworen wider die Hoffart Jakobs: Was gilt's, ob ich solcher ihrer Werke ewig vergessen werde?

8. Sollte nicht um solches willen das Land erbeben müssen und alle Einwohner trauern? Ja, es soll ganz wie *mit einem Wasser überlaufen werden und wegge-

führt und überschwemmt werden wie mit
dem Fluß Ägyptens. *K. 9,5.
9. Zur selben Zeit, spricht der Herr Herr,
will *ich die Sonne am Mittag untergehen
lassen und das Land am hellen Tage lassen
finster werden. *Jer. 15,9.
10. Ich will eure Feiertage in Trauern
und alle eure Lieder in Wehklagen verwandeln; ich will über alle Lenden den
Sack bringen und alle Köpfe kahl machen,
und will ihnen ein Trauern schaffen, *wie
man über einen einzigen Sohn hat; und
sie sollen ein jämmerlich Ende nehmen.
*Jer. 6,26.
11. Siehe, es kommt die Zeit, spricht der
Herr Herr, daß ich einen Hunger ins Land
schicken werde, nicht einen Hunger nach
Brot oder Durst nach Wasser, sondern
nach dem Wort des Herrn, zu hören;
12. daß sie hin und her von einem Meer
zum andern, von Mitternacht gegen Morgen umlaufen und des Herrn Wort suchen, *und doch nicht finden werden.
*Micha 3,7.
13. Zu der Zeit werden die schönen Jungfrauen und die Jünglinge verschmachten
vor Durst,
14. die jetzt schwören bei dem Fluch Samarias und sprechen: »So wahr dein Gott
zu Dan lebt! so wahr die Weise zu Beer-Seba lebt!« Denn sie sollen also fallen, daß
sie nicht wieder aufstehen.

Das 9. Kapitel

Schreckliches Strafgericht über Israel.
Verheißung einer gnadenreichen Zukunft.

1. Ich sah den Herrn auf dem Altar stehen, und er sprach: Schlage an den Knauf,
daß die Pfosten beben und die Stücke ihnen allen auf den Kopf fallen; und ihre
Nachkommen will ich mit dem Schwert
erwürgen, daß keiner entfliehen noch irgend einer entgehen soll.
2. Und wenn sie sich gleich in die Hölle
vergrüben, soll sie doch meine Hand von
dort holen; und wenn sie gen Himmel
führen, will ich sie doch herunterstoßen;
Ps. 139,8.
3. und wenn sie sich gleich versteckten
oben auf dem Berge Karmel, will ich sie
doch daselbst suchen und herabholen;
und wenn sie sich vor meinen Augen verbürgen im Grunde des Meers, so will ich
doch den Schlangen befehlen, die sie daselbst stechen sollen;
4. und wenn sie vor ihren Feinden hin
gefangen gingen, so will ich doch dem
Schwert befehlen, daß es sie daselbst erwürgen soll. Denn *ich will meine Augen
über sie halten zum Unglück und nicht
zum Guten. *Jer. 44,11.
5. Denn der Herr Herr Zebaoth ist ein
solcher: wenn er ein Land anrührt, so zerschmilzt es, daß alle Einwohner trauern
müssen; daß es soll ganz überlaufen werden wie mit einem *Wasser und überschwemmt werden wie mit dem Fluß
Ägyptens. *K. 8,8.
6. Er ist's, der seinen Saal in den Himmel
baut und seine Hütte auf der Erde gründet; er *ruft dem Wasser im Meer und
schüttet's auf das Erdreich, – er heißt
Herr. *K. 5,8.
7. Seid ihr Kinder Israel *mir nicht
gleichwie die Mohren? spricht der Herr.
Habe ich nicht Israel aus Ägyptenland geführt und die †Philister aus Kaphthor und
die Syrer aus Kir? *5. Mose 7,7. †Jer. 47,4.
8. Siehe, die Augen des Herrn Herrn sehen auf das sündige Königreich, daß ich's
vom Erdboden vertilge; wiewohl ich das
Haus Jakob nicht ganz und gar vertilgen
will, spricht der Herr.
9. Denn siehe, ich will befehlen und das
Haus Israel unter allen Heiden sichten lassen, gleichwie man mit einem Sieb sichtet, und kein Körnlein soll auf die Erde
fallen.
10. Alle Sünder in meinem Volk sollen
durchs Schwert sterben, die da *sagen: Es
wird das Unglück nicht so nahe sein noch
uns begegnen. *K. 6,3.
11. Zur selben Zeit *will ich die zerfallene Hütte Davids wieder aufrichten und
ihre Lücken verzäunen, und was abgebrochen ist, wieder aufrichten und will sie
bauen, wie sie vorzeiten gewesen ist,
*Apg. 15,16.17.
12. auf daß sie besitzen die übrigen zu
Edom und alle Heiden, über welche mein
Name genannt ist, spricht der Herr, der
solches tut.
13. Siehe, es kommt die Zeit, spricht der
Herr, daß man *zugleich ackern und ernten und zugleich keltern und säen wird;
und †die Berge werden von süßem Wein
triefen, und alle Hügel werden fruchtbar
sein. *3. Mose 26,5. †Joel, 4,18.
14. Denn *ich will das Gefängnis meines
Volkes Israel wenden, daß sie sollen die
wüsten Städte bauen und bewohnen,
†Weinberge pflanzen und Wein davon
trinken, Gärten machen und Früchte daraus essen. *5. Mose 30,3. †Jes. 65,21.
15. Denn ich will sie in ihr Land pflanzen, daß sie nicht mehr aus ihrem Lande
ausgerottet werden, das ich ihnen gegeben habe, spricht der Herr, dein Gott.

Der Prophet Obadja

Weissagung von der Strafe der schadenfrohen Edomiter und von der Erlösung Israels. (Vgl. Jer. 49,7–22.)

1. Dies ist das Gesicht Obadjas. So spricht der Herr Herr von Edom: Wir haben vom Herrn gehört, daß eine Botschaft unter die Heiden gesandt sei: Wohlauf, und laßt uns wider sie streiten!

2. Siehe, ich habe dich gering gemacht unter den Heiden und sehr verachtet.

3. Der Hochmut deines Herzens hat dich betrogen, weil du in der Felsen *Klüften wohnst, in deinen hohen Schlössern, und spricht in deinem Herzen: Wer will mich zu Boden stoßen? *4. Mose 24,21.

4. Wenn du gleich in die Höhe führest wie ein Adler und machtest dein Nest zwischen den Sternen, dennoch will ich dich von dort herunterstürzen, spricht der Herr.

5. Wenn Diebe oder Räuber zu Nacht über dich kommen werden, wie sollst du so zunichte werden! Ja, sie sollen genug stehlen; und wenn die Weinleser über dich kommen, so sollen sie dir kein Nachlesen übriglassen.

6. Wie sollen sie dann Esau ausforschen und seine Schätze suchen!

7. Alle deine eigenen Bundesgenossen werden dich zum Lande hinausstoßen; die Leute, auf die du deinen Trost setzest, werden dich betrügen und überwältigen; die dein Brot essen, werden dich verraten, ehe du es merken wirst.

8. Was gilt's? spricht der Herr, ich will zur selben Zeit die Weisen zu Edom zunichte machen und die Klugheit auf dem Gebirge Esau.

9. Und deine Starken zu Theman sollen zagen, auf daß alle auf dem Gebirge Esau ausgerottet werden durch Morden.

10. Um des Frevels willen, an *deinem Bruder Jakob begangen, sollst du zu allen Schanden werden und ewiglich ausgerottet sein. *Joel 4,19.

11. Zu der Zeit, da du wider ihn standest, da die Fremden sein Heer gefangen wegführten und Ausländer zu seinen Toren einzogen und über Jerusalem das Los warfen, da warst du gleich wie deren einer.

12. Du sollst nicht mehr so *deine Lust sehen an deinem Bruder zur Zeit seines Elends und sollst dich nicht freuen über die Kinder Juda zur Zeit ihres Jammers und sollst mit deinem Maul nicht so stolz reden zur Zeit ihrer Angst; *Ps. 137,7.

13. du sollst nicht zum Tor meines Volks einziehen zur Zeit ihres Jammers; du sollst nicht deine Lust sehen an ihrem Unglück zur Zeit ihres Jammers; du sollst nicht nach seinem Gut greifen zur Zeit seines Jammers;

14. du sollst nicht stehen an den Wegscheiden, seine Entronnenen zu morden; du sollst seine übrigen nicht verraten zur Zeit der Angst.

15. Denn der *Tag des Herrn ist nahe über alle Heiden. †Wie du getan hast, soll dir wieder geschehen; und wie du verdient hast, soll dir's wieder auf deinen Kopf kommen. *Joel 1,15. †Jer. 50,15.29.

16. Denn wie ihr auf meinem heiligen Berge getrunken habt, so sollen alle Heiden täglich *trinken; ja sollen's aussaufen und verschlingen und sollen sein, als wären sie nie gewesen. *Jer. 25,15.

17. Aber *auf dem Berge Zion wird eine Errettung sein, und er soll heilig sein, und das Haus Jakob soll seine Besitzer besitzen. *Joel 3,5; 4,17.

18. Und das Haus Jakob soll ein *Feuer werden und das Haus Joseph eine Flamme, aber das Haus Esau Stroh; das werden sie anzünden und verzehren, daß dem Hause Esau nichts übrigbleibe; denn der Herr hat's geredet. *Sach. 12,6.

19. Und die gegen Mittag werden das Gebirge Esau, und die in den Gründen werden die Philister besitzen; ja sie werden das Feld Ephraims und das Feld Samarias besitzen, und Benjamin das Gebirge Gilead.

20. Und die Vertriebenen dieses Heeres der Kinder Israel, so unter den Kanaanitern bis gen Zarpath sind, und die Vertriebenen der Stadt Jerusalem, die zu Sepharad sind, werden die Städte gegen Mittag besitzen.

21. Und es werden Heilande heraufkommen auf den Berg Zion, das Gebirge Esau zu richten; und das Königreich wird des Herrn sein.

Der Prophet Jona

Das 1. Kapitel

Des Propheten Berufung, Ungehorsam und Strafe.

1. Es geschah das Wort des Herrn zu *Jona, dem Sohn Amitthais, und sprach:
*2. Kön. 14,25.
2. Mache dich auf und gehe in die große Stadt Ninive und predige wider sie! denn ihre Bosheit ist heraufgekommen vor mich.
3. Aber Jona machte sich auf und floh vor dem Herrn und wollte gen Tharsis und kam hinab gen Japho. Und da er ein Schiff fand, das gen Tharsis wollte fahren, gab er Fährgeld und trat hinein, daß er mit ihnen gen Tharsis führe *vor dem Herrn.
*Ps. 139,7.9.10.
4. Da ließ der Herr einen großen Wind aufs Meer kommen, und es erhob sich ein großes Ungewitter auf dem Meer, daß man meinte, das Schiff würde zerbrechen.
5. Und die Schiffsleute fürchteten sich und schrieen, ein jeglicher zu seinem Gott, und warfen das Gerät, das im Schiff war, ins Meer, daß es leichter würde. Aber Jona war hinunter in das Schiff gestiegen, lag und schlief.
6. Da trat zu ihm der Schiffsherr und sprach zu ihm: Was schläfst du? Stehe auf, rufe deinen Gott an! ob vielleicht Gott an uns gedenken wollte, daß wir nicht verdürben.
7. Und einer sprach zum andern: Kommt, wir wollen losen, daß wir erfahren, um welches willen es uns so übel gehe. Und da sie losten, *traf's Jona.
*Spr. 16,33.
8. Da sprachen sie zu ihm: Sage uns, warum geht es uns so übel? Was ist dein Gewerbe, und wo kommst du her? Aus welchem Lande bist du, und von welchem Volk bist du?
9. Er sprach zu ihnen: Ich bin ein Hebräer und fürchte den Herrn, den Gott des Himmels, welcher *gemacht hat das Meer und das Trockene. *1. Mose, 1,9.10.
10. Da fürchteten sich die Leute sehr und spachen zu ihm: Warum hast du denn solches getan? Denn sie wußten, daß er vor dem Herrn floh; denn er hatte es ihnen gesagt.
11. Da sprachen sie zu ihm: Was sollen wir denn mit dir tun, daß uns das Meer still werde? Denn das Meer fuhr ungestüm.
12. Er sprach zu ihnen: Nehmt mich und werft mich ins Meer so wird euch das Meer still werden. Denn ich weiß, daß solch groß Ungewitter über euch kommt um meinetwillen.
13. Und die Leute trieben, daß sie wieder zu Lande kämen; aber sie konnten nicht, denn das Meer fuhr ungestüm wider sie.
14. Da riefen sie zu dem Herrn und sprachen: Ach Herr, laß uns nicht verderben um dieses Mannes Seele willen und rechne uns nicht zu unschuldig Blut! denn du, Herr, tust, wie dir's gefällt.
15. Und sie nahmen Jona und warfen ihn ins Meer; da stand das Meer still von seinem Wüten.
16. Und die Leute fürchteten den Herrn sehr und taten dem Herrn Opfer und Gelübde.

Das 2. Kapitel

Des Jona Gebet und Erlösung.

1. Aber der Herr verschaffte einen großen Fisch, Jona zu verschlingen. Und *Jona war im Leibe des Fisches drei Tage und drei Nächte. *Matth. 12,40; 16,4.
2. Und Jona betete zu dem Herrn, seinem Gott, im Leibe des Fisches.
3. Und sprach: Ich *rief zu dem Herrn in meiner Angst, und er antwortete mir; ich schrie aus dem Bauche der Hölle, und du hörtest meine Stimme. *Ps. 120,1.
4. Du warfest mich in die Tiefe mitten im Meer, daß die Fluten mich umgaben; *alle deine Wogen und Wellen gingen über mich, *Ps. 42,8.
5. daß *ich gedachte, ich wäre von deinen Augen verstoßen, ich würde deinen heiligen Tempel nicht mehr sehen.
*Ps. 31,23.
6. Wasser umgaben mich bis an mein Leben, die Tiefe umringte mich; Schilf bedeckte mein Haupt. *Ps. 18,5; 69,2.
7. Ich sank hinunter zu der Berge Gründen, die Erde hatte mich verriegelt ewiglich; *aber du hast mein Leben aus dem Verderben geführt, Herr, mein Gott.
*Ps. 103,4.
8. Da *meine Seele bei mir verzagte, gedachte ich an den Herrn; und mein Gebet kam zu dir in deinen heiligen Tempel.
*Ps. 142,4.

9. Die da *halten an dem Nichtigen, verlassen ihre Gnade. *Ps. 31,7.
10. Ich aber will mit Dank dir opfern, meine Gelübde will ich bezahlen; denn die Hilfe ist des Herrn. *Ps. 50,14; 116,17.18.
11. Und der Herr sprach zum Fische, und der spie Jona aus ans Land.

Das 3. Kapitel

Des Propheten fruchtbare Bußpredigt in Ninive.

1. Und es geschah das Wort des Herrn zum andernmal zu Jona und sprach:
2. *Mache dich auf, gehe in die große Stadt Ninive und predige ihr die Predigt, die ich dir sage! *K. 1,2.
3. Da machte sich Jona auf und ging hin gen Ninive, wie der Herr gesagt hatte. Ninive aber war eine *große Stadt vor Gott, drei Tagereisen groß. *K. 4,11.
4. Und da Jona anfing hineinzugehen eine Tagereise in die Stadt, predigte er und sprach: Es sind noch vierzig Tage, so wird Ninive untergehen.
5. Da glaubten die Leute zu Ninive an Gott und ließen predigen, man sollte fasten, und zogen Säcke an, beide, groß und klein. Matth. 12,41.
6. Und da das vor den König zu Ninive kam, stand er auf von seinem Thron und legte seinen Purpur ab und hüllte einen Sack um sich und setze sich in die Asche
7. und ließ ausrufen und sagen zu Ninive nach Befehl des Königs und seiner Gewaltigen also: Es sollen weder Mensch noch Vieh, weder Ochsen noch Schafe Nahrung nehmen, und man soll sie nicht weiden noch sie Wasser trinken lassen;
8. und sollen Säcke um sich hüllen, beide, Menschen und Vieh, und zu Gott rufen heftig; und ein jeglicher bekehre sich von seinem bösen Wege und vom Frevel seiner Hände.
9. *Wer weiß? Es möchte Gott wiederum gereuen und er sich wenden von seinem grimmigen Zorn, daß wir nicht verderben. *Joel 2,14.
10. Da aber Gott sah ihre Werke, daß sie sich bekehrten von ihrem bösen Wege, *reute ihn des Übels, das er geredet hatte ihnen zu tun, und tat's nicht. *Jer. 18,7.8.

Das 4. Kapitel

Jona wegen seiner Unzufriedenheit über die Verschonung Ninives von Gott zurechtgewiesen.

1. Das verdroß Jona gar sehr, und er ward zornig
2. und betete zum Herrn und sprach: Ach Herr, das ist's was ich sagte, da ich noch in meinem Lande war; darum ich auch wollte zuvorkommen, zu fliehen gen Tharsis; denn ich weiß, daß *du gnädig, barmherzig, langmütig und von großer Güte bist und läßt dich des Übels reuen. *2. Mose 34,6.
3. So nimm doch nun, Herr, meine Seele von mir; denn ich wollte lieber tot sein als leben. 1. Kön. 19,4.
4. Aber der Herr sprach: *Meinst du, daß du billig zürnest? *V. 9.
5. Und Jona ging zur Stadt hinaus und setzte sich morgenwärts von der Stadt und machte sich daselbst eine Hütte; darunter setzte er sich in den Schatten, bis er sähe, was der Stadt widerfahren würde.
6. Gott der Herr aber verschaffte einen Rizinus, der wuchs über Jona, daß er Schatten gäbe über sein Haupt und errettete ihn von seinem Übel; und Jona freute sich sehr über den Rizinus.
7. Aber Gott verschaffte einen Wurm des Morgens, da die Morgenröte anbrach; der stach den Rizinus, daß er verdorrte.
8. Als aber die Sonne aufgegangen war, verschaffte Gott einen dürren Ostwind; und die Sonne stach Jona auf den Kopf, daß er matt ward. Da wünschte er seiner Seele den Tod und sprach: Ich wollte lieber tot sein als leben.
9. Da sprach Gott zu Jona: *Meinst du, daß du billig zürnest um den Rizinus? Und er sprach: Billig zürne ich bis an den Tod. *V. 4.
10. Und der Herr sprach: Dich jammert des Rizinus, daran du nicht gearbeitet hast, hast ihn auch nicht aufgezogen, welcher in einer Nacht ward und in einer Nacht verdarb;
11. und mich sollte nicht jammern Ninives, solcher *großen Stadt, in welcher sind mehr den hundertundzwanzigtausend Menschen, die nicht wissen Unterschied, was rechts oder links ist, dazu auch viele Tiere? *K. 3,3.

Der Prophet Micha

Das 1. Kapitel

Verheerung der beiden Königreiche Juda und Israel um der Abgötterei willen.

1. Dies ist das Wort des Herrn, welches geschah zu *Micha von Moreseth †zur Zeit des Jotham, Ahas und Hiskia, der Könige Juda's, das er gesehen hat über Samaria und Jerusalem. *Jer. 26,18. †Jes. 1,1.

2. Höret, alle Völker! merke auf, Land, und alles, was darinnen ist! denn Gott der Herr hat mit euch zu reden, ja, der Herr aus seinem heiligen Tempel.

3. Denn siehe, der Herr wird ausgehen aus seinem Ort und herabfahren und treten *auf die Höhen im Lande, *Amos 4,13.

4. daß die Berge unter ihm schmelzen und die Täler reißen werden, gleichwie Wachs vor dem Feuer zerschmilzt, wie die Wasser, so niederwärts fließen.

5. Das alles um der Übertretung willen Jakobs und um der Sünden willen des Hauses Israel. Welches ist aber die Übertretung Jakobs? *Ist's nicht Samaria? Welches sind aber die Höhen Juda's? Ist's nicht Jerusalem? *Jer. 23,13.14.

6. Und ich will Samaria zum Steinhaufen im Felde machen, daß man ihre Steine um die Weinberge legt, und will ihre Steine ins Tal schleifen und sie bis zum Grund einbrechen.

7. Alle ihre Götzen sollen zerbrochen und all ihr *Hurenlohn soll mit Feuer verbrannt werden; und ich will alle ihre Bilder verwüsten, denn sie sind von Hurenlohn zusammengebracht und sollen auch wieder Hurenlohn werden.
*Hos. 2,7.14.

8. Darüber muß ich klagen und heulen, ich muß beraubt und bloß dahergehen; ich muß klagen wie die Schakale und trauern wie die Strauße.

9. Denn es ist kein Rat für ihre Plage, die bis gen Juda kommen und bis an meines Volks Tor, bis Jerusalem hinanreichen wird.

10. *Verkündiget's ja nicht zu Gath; laßt euer Weinen nicht hören zu Akko; in Beth-Leaphra setzt euch in die Asche.
*2. Sam. 1,20.

11. Die Einwohnerin Saphirs muß dahin mit allen Schanden; die Einwohnerin Zaenans wird nicht ausziehen; das Leid Beth-Haezels wird euch wehren, daß ihr da euch lagert.

12. Die Einwohnerin Maroths vermag sich nicht zu trösten; denn es wird das Unglück vom Herrn kommen auch bis an das Tor Jerusalems.

13. Du Stadt Lachis, spanne Renner an und fahre davon! denn du bist der Tochter Zion der Anfang zur Sünde, und in dir sind gefunden die Übertretungen Israels.

14. Du wirst dich müssen scheiden von Moreseth-Gath. Mit der Stadt Achsib wird's den Königen Israels fehlgehen.

15. Ich will dir, Maresa, den rechten Erben bringen, und die Herrlichkeit Israels soll kommen bis gen Adullam.

16. Laß die Haare abscheren und gehe kahl um deiner zarten Kinder willen; mache dich ganz kahl wie ein Adler, denn sie sind von dir gefangen weggeführt.

Das 2. Kapitel

Wehe über die Ungerechten, die am Lügenwort ihre Freude haben.
Verheißung einer Gnadenzeit.

1. Weh denen, die Schaden zu tun trachten und gehen mit bösen Tücken um *auf ihrem Lager, daß sie es früh, wenn's licht wird, vollbringen, weil sie die Macht haben. *Ps. 36,5.

2. Sie reißen Äcker an sich und nehmen Häuser, welche sie gelüstet; also treiben sie Gewalt mit eines jeden Hause und mit eines jeden Erbe.

3. Darum spricht der Herr also: Siehe, ich gedenke über dies Geschlecht Böses, daß ihr euren Hals nicht daraus ziehen und daß ihr nicht so stolz dahergehen sollt; denn es soll *eine böse Zeit sein.
*Amos, 5,13.

4. Zur selben Zeit wird man einen Spruch von euch machen und klagen: Es ist aus (wird man sagen), wir sind verstört. Meines Volkes Land wird eines fremden Herrn. Wann wird er uns die Äcker wieder zuteilen, die er uns genommen hat?

5. Jawohl, ihr werdet kein Teil behalten in der Gemeinde des Herrn.

6. Prediget nicht! *predigen sie, denn solche Predigt trifft uns nicht; wir werden nicht so zu Schanden werden. *Amos 7,16.

7. Das Haus Jakob *tröstet sich also: Meinst du, der Herr sei schnell zum Zorn? Sollte er solches tun wollen? Es ist wahr, meine Reden sind freundlich den Frommen. *Amos 6,3.

8. Aber mein Volk hat sich aufgemacht
wie ein Feind; denn sie rauben beides,
Rock und Mantel, denen, so sicher dahergehen, gleich wie die, so aus dem Kriege
kommen.
9. Ihr treibt die Weiber meines Volks aus
ihren lieben Häusern und nehmt von ihren jungen Kindern meinen Schmuck auf
immer.
10. Darum macht euch auf! Ihr müßt
davon, ihr sollt hier nicht bleiben; um
ihrer Unreinigkeit willen müssen sie un-
sanft zerstört werden.
11. Wenn ich ein Irrgeist wäre und ein
Lügenprediger und predigte, wie sie saufen und schwelgen sollten, das wäre ein
Prediger für dies Volk.
12. Ich will aber dich, Jakob, versammeln ganz und die übrigen in Israel zuhauf bringen; ich will sie wie Schafe miteinander in einen festen Stall tun und wie
eine Herde in ihre Hürden, daß es von
Menschen tönen soll. Hesek. 36,37.
13. Es wird ein Durchbrecher vor ihnen
herauffahren; sie werden durchbrechen
und zum Tor ausziehen; und ihr König
wird vor ihnen her gehen und *der Herr
vornean. *Jes. 52,12.

Das 3. Kapitel

Strafe der Häupter im weltlichen und geistlichen Stande. Ankündigung der Zerstörung Jerusalems.

1. Und ich sprach: Höret doch, ihr Häupter im Hause Jakob und ihr Fürsten im
Hause Israel! Ihr solltet's billig sein, die
das Recht wüßten.
2. Aber ihr hasset das Gute und liebet das
Arge; ihr schindet ihnen die Haut ab und
das Fleisch von den Gebeinen
3. und *fresset das Fleisch meines Volks;
und wenn ihr ihnen die Haut abgezogen
habt, zerbrecht ihr ihnen auch die Gebeine und zerlegt's wie einen Topf und wie
Fleisch in einen Kessel. *Ps. 14,4.
4. Darum, wenn ihr nun zum Herrn
schreien werdet, wird er euch nicht erhören, sondern wird sein Angesicht vor euch
verbergen zur selben Zeit, wie ihr mit eurem bösen Wesen verdient habt.
5. So spricht der Herr wider die Propheten, so mein Volk verführen: Sie predigen,
es solle wohl gehen, wo man ihnen zu
fressen gibt; wo man ihnen aber nichts ins
Maul gibt, da predigen sie, es müsse ein
Krieg kommen.
6. Darum soll euer Gesicht zur Nacht
und euer Wahrsagen zur Finsternis werden. Die Sonne soll über den Propheten
untergehen und der Tag über ihn finster
werden.
7. Und die Schauer sollen zu Schanden
und die Wahrsager zu Spott werden und
müssen alle ihren Mund verhüllen, weil da
kein Gotteswort sein wird.
8. Ich aber bin voll Kraft und Geistes des
Herrn, voll Rechts und Stärke, daß ich
Jakob sein Übertreten und Israel seine
Sünde anzeigen darf. *Jes. 58,1.
9. So höret doch dies, ihr Häupter im
Hause Jakob und ihr Fürsten im Hause
Israel, die ihr das Recht verschmähet und
alles, was aufrichtig ist, verkehret;
10. die ihr Zion *mit Blut bauet und Jerusalem mit Unrecht: *Hab. 2,12.
11. Ihre Häupter richten um Geschenke,
ihre Priester lehren um Lohn, und ihre
Propheten wahrsagen um Geld, verlassen
sich auf den Herrn und sprechen: *Ist
nicht der Herr unter uns? Es kann kein
Unglück über uns kommen. *Jer. 7,4.
12. Darum *wird Zion um euretwillen
wie ein Acker gepflügt werden, und Jerusalem wird zum Steinhaufen werden und
der Berg des Tempels zu einer wilden Höhe. *Jer. 9,10; 26,18.

Das 4. Kapitel

Vom Reich des Messias; Wiederkehr und Erlösung Israels nach hartem Weh.
(V. 1–3; vgl. Jes. 2,2–4)

1. In den letzten Tagen aber wird der
Berg, darauf des Herrn Haus ist, fest stehen, höher denn alle Berge, und über die
Hügel erhaben sein, und die Völker werden dazu laufen,
2. und viele Heiden werden gehen und
sagen: Kommt, laßt uns hinauf zum Berge
des Herrn gehen und zum Hause des Gottes Jakobs, daß er uns lehre seine Wege
und wir auf seiner Straße wandeln! Denn
aus Zion wird das Gesetz ausgehen und
des Herrn Wort *aus Jerusalem. *Luk. 24,47.
3. Er wird unter großen Völkern richten
und viele Heiden strafen in fernen Landen.
Sie werden ihre Schwerter zu Pflugscharen und ihre Spieße zu Sicheln machen.
Es wird kein Volk wider das andere ein
Schwert aufheben und werden nicht mehr
kriegen lernen.
4. Ein jeglicher wird unter seinem
*Weinstock und Feigenbaum wohnen oh-
ne Scheu; denn der Mund des Herrn Zebaoth hat's geredet. *1. Kön. 5,5; Sach. 3,10.
5. Denn ein jegliches Volk wandelt im
Namen seines Gottes; aber wir wandeln im
Namen des Herrn, unsers Gottes, immer
und ewiglich.

6. Zur selben Zeit, spricht der Herr, will ich die Lahmen versammeln und die Verstoßenen zuhauf bringen und die ich geplagt habe. *Jer. 31,8.

7. Und will die Lahmen machen, daß sie Erben haben sollen, und die Verstoßenen zum großen Volk machen; und der Herr wird König über sie sein auf dem Berge Zion von nun an bis in Ewigkeit.

8. Und du, *Turm Eder, du Feste der Tochter Zion, zu dir wird kommen und einkehren die vorige Herrschaft, das Königreich der Tochter Jerusalem.
*1. Mose 35,21.

9. Warum schreiest du denn jetzt so laut? *Ist der König nicht bei dir? oder sind deine Ratgeber alle hinweg, daß dich also das Weh angekommen ist wie eine in Kindsnöten? *Jer. 8,19.

10. Leide doch solch Weh und kreiße, du Tochter Zion, wie eine in Kindsnöten. Denn du mußt nun zur Stadt hinaus und auf dem Felde wohnen und gen Babel kommen; aber daselbst wirst du errettet werden, daselbst wird dich der Herr erlösen von deinen Feinden.

11. Nun aber werden sich viele Heiden wider dich rotten und sprechen: Sie soll entweiht werden; wir wollen unsere Lust an Zion sehen.

12. Aber sie wissen des Herrn Gedanken nicht und merken seinen Ratschlag nicht, daß er sie zuhauf gebracht hat wie Garben auf der Tenne.

13. Darum mache dich auf und drisch, du Tochter Zion! Denn ich will dir eiserne Hörner und eherne Klauen machen, und sollst viel Völker zermalmen; so will ich ihr Gut dem Herrn verbannen und ihre Habe dem Herrscher der ganzen Welt.

14. Aber nun, du Kriegerin, rüste dich! denn man wird uns belagern und den Richter Israels mit der Rute auf den Backen schlagen.

Das 5. Kapitel

Von Christi Geburtsstadt und Gnadenreich. Israels Herrlichkeit und Bekehrung.

1. Und du, *Bethlehem Ephratha, die du klein bist unter den Städten in Juda, aus dir soll mir der kommen, der in Israel Herr sei, welches Ausgang †von Anfang und von Ewigkeit her gewesen ist.
*Matth. 2,5.6 †Joh. 1,1.2.

2. Indes läßt er sie plagen bis auf die Zeit, daß *die, so gebären soll, geboren habe; da werden dann die übrigen seiner Brüder †wiederkommen zu den Kindern Israel.
*Jes. 7,14. †Jes. 11,12.

3. Er aber wird auftreten und *weiden in der Kraft des Herrn und im Sieg des Namens des Herrn, seines Gottes. Und sie werden wohnen; denn er wird zur selben Zeit herrlich werden, soweit die Welt ist.
*Hesek. 34,23.

4. Und er wird *unser Friede sein. Wenn Assur in unser Land fällt und in unsre Häuser bricht, so werden wir sieben Hirten und acht Fürsten wider ihn bestellen,
*Jes. 9,5; Eph. 2,14.

5. die das Land Assur verderben mit dem Schwert und das Land Nimrods mit ihren bloßen Waffen. Also wird er uns von Assur erretten, wenn er in unser Land fallen und in unsre Grenzen brechen wird.

6. Und es werden die übrigen aus Jakob unter vielen Völkern sein *wie ein Tau vom Herrn und wie die Tröpflein aufs Gras, das auf niemand harrt noch auf Menschen wartet. *Ps. 110,3.

7. Ja, die übrigen aus Jakob werden unter den Heiden bei vielen Völkern sein wie ein Löwe unter den Tieren im Walde, wie ein junger Löwe unter einer Herde Schafe, welchem niemand wehren kann, wenn er dadurchgeht, *zertritt und zerreißt.
*Ps. 7,3.6.

8. Denn deine Hand wird siegen wider alle deine Widersacher, daß alle deine Feinde müssen ausgerottet werden.

9. Zur selben Zeit, spricht der Herr, will ich deine Rosse von dir tun und deine Wagen zunichte machen Sach. 9,10.

10. und will die Städte deines Landes ausrotten und alle deine Festen zerbrechen.

11. Und will die Zauberer bei dir ausrotten, daß keine Zeichendeuter bei dir bleiben sollen.

12. Ich will deine Bilder und Götzen von dir ausrotten, daß du nicht mehr sollst anbeten deiner Hände Werk. *Sach. 13,2.

13. Und will deine Ascherabilder zerbrechen und deine Städte vertilgen.

14. Und ich will Rache üben mit Grimm und Zorn an allen Heiden, so nicht gehorchen wollen.

Das 6. Kapitel

Des Volkes Undank. Die Opfer, die Gott gefallen. Die Ernte einer bösen Saat.

1. Höret doch, was der Herr sagt: Mache dich auf und rechte vor *den Bergen und laß die Hügel deine Stimme hören!
*Hesek. 6,2.

2. Höret, ihr Berge, wie der Herr rechten will, und ihr starken Grundfesten der Er-

de; denn der Herr will mit seinem Volk
rechten und will Israel strafen.
3. Was habe ich dir getan, mein Volk,
und womit habe ich dich beleidigt? Das
sage mir! *Jer. 2,5.
4. Habe ich dich doch aus Ägyptenland
geführt und aus dem Diensthause erlöst
und vor dir her gesandt Mose, Aaron und
Mirjam.
5. Mein Volk, denke doch daran, was
*Balak, der König in Moab, vorhatte und
was ihm Bileam, der Sohn Beors, antwortete, von Sittim an bis gen Gilgal; daran
ihr ja merken solltet, wie der Herr euch
alles Gute getan hat. *4. Mose 22–24.
6. Womit soll ich den Herrn versöhnen,
mich bücken vor dem hohen Gott? Soll ich
*mit Brandopfern und jährigen Kälbern
ihn versöhnen?
*Jes. 1,11; Amos 5,21.22.
7. Wird wohl der Herr Gefallen haben an
viel tausend Widdern, an unzähligen Strömen Öl? Oder soll ich meinen ersten Sohn
für meine Übertretung geben, meines Leibes Frucht für die Sünde meiner Seele?
8. Es ist dir gesagt, Mensch, was gut ist
und was der Herr von dir *fordert, nämlich Gottes Wort halten und Liebe üben
und demütig sein vor deinem Gott.
*5. Mose 10,12; 1. Sam. 15,22.
9. Es wird des Herrn Stimme über die
Stadt rufen; aber wer deinen Namen
fürchtet, dem wird's gelingen. Höret, ihr
Stämme, was gepredigt wird!
10. Noch bleibt unrecht Gut in des Gottlosen Hause und das heillose *geringe
Maß. *Amos 8,5.
11. Oder sollte ich die unrechte Waage
und falsche Gewichte im Beutel billigen,
12. durch welche ihre Reichen viel Unrecht tun? Und ihre Einwohner gehen mit
Lügen um und haben falsche Zungen in
ihrem Halse.
13. Darum will ich dich auch übel plagen
und dich um deiner Sünden willen wüst
machen.
14. Du sollst nicht genug zu essen haben
und sollst verschmachten. Und was du beiseite schaffst, soll doch nicht davonkommen; und was davonkommt, will ich doch
dem Schwert überantworten.
15. Du sollst säen, und nicht ernten; du
sollst Öl keltern, und dich damit nicht
salben, und Most keltern, und nicht Wein
trinken. *5. Mose 28,30–40.
16. Denn man hält die Weise *Omris und
alle Werke des Hauses Ahab und folgt ihrem Rat. Darum will ich dich zur Wüste
machen und ihre Einwohner, daß man sie
anpfeifen soll; und ihr sollt meines Volkes
Schmach tragen. *1. Kön. 16,25.29–33.

Das 7. Kapitel

Wenig Fromme zu finden. Verheißung einer reichen göttlichen Gnade nach wohl erduldeter Züchtigung.

1. Ach, es geht mir wie einem, der im
Weinberge nachliest, da man keine Trauben findet zu essen, und wollte doch gerne
die besten Früchte haben.
2. Die *frommen Leute sind weg in diesem Lande, und die Gerechten sind nicht
mehr unter den Leuten. Sie lauern alle auf
Blut; ein jeglicher jagt den andern, daß er
ihn verderbe, *Ps. 12,2.
3. und meinen, sie tun wohl daran, wenn
sie Böses tun. Was der Fürst will, das
spricht der Richter, daß er ihm wieder
einen Dienst tun soll. Die Gewaltigen raten nach ihrem Mutwillen, Schaden zu
tun, und drehen's, wie sie wollen.
4. Der Beste unter ihnen ist wie ein Dorn
und der Redlichste wie eine Hecke. Aber
wenn der Tag deiner Prediger kommen
wird, wenn du heimgesucht sollst werden,
da werden sie dann nicht wissen, wo aus.
5. Niemand glaube seinem Nächsten,
niemand verlasse sich auf einen Freund;
bewahre die Tür deines Mundes vor der,
die in deinen Armen schläft.
6. Denn *der Sohn verachtet den Vater,
die Tochter setzt sich wider die Mutter, die
Schwiegertochter ist wider die Schwiegermutter; und des Menschen Feinde sind
sein eigenes Hausgesinde.
*Jer. 9,3.4; Matth. 10,35.36.
7. Ich aber will auf den Herrn schauen
und des Gottes meines Heils warten; mein
Gott wird mich hören.
8. *Freue dich nicht, meine Feindin, daß
ich darniederliege! Ich werde wieder aufkommen; und so ich im Finstern sitze, so
ist doch der Herr mein Licht.
*Obad. 12.
9. Ich will des Herrn Zorn tragen – denn
ich habe wider ihn gesündigt–, bis er meine Sache ausführe und mir Recht schaffe;
er wird mich ans Licht bringen, daß ich
meine Lust an seiner Gnade sehe.
*Jer. 14,7.
10. Meine Feindin wird's sehen müssen
und mit aller Schande bestehen, die jetzt
zu mir sagt: *Wo ist der Herr, dein Gott?
Meine Augen werden's sehen, daß sie dann
wie Kot auf der Gasse zertreten wird.
*Ps. 79,10.
11. Zu der Zeit werden deine Mauern ge-

baut werden, und Gottes Wort wird weit
auskommen.
12. Und zur selben Zeit werden sie von
Assur und von den Städten Ägyptens zu dir
kommen, von Ägypten bis an den Strom,
von einem Meer zum andern, von einem
Gebirge zum andern.
13. Denn das Land wird wüst sein seiner
Einwohner halben, um der Frucht willen
ihrer Werke.
14. Du aber *weide dein Volk mit deinem
Stabe, die Herde deines Erbteils, die da
†besonders wohnt im Walde, mitten auf
dem Karmel; laß sie zu Basan und Gilead
weiden wie vor alters. *K. 5,3. †4. Mose 23,9.
15. Ich will sie Wunder sehen lassen
gleichwie zur Zeit, da sie aus Ägyptenland
zogen,
16. daß es die Heiden sehen und all ihre
Gewaltigen sich schämen sollen und die
*Hand auf ihren Mund legen und ihre Ohren zuhalten. *Hiob 21,5.
17. Sie sollen *Staub lecken wie die
Schlangen und wie das Gewürm auf Erden
zitternd hervorkommen aus ihren Burgen; sie werden sich fürchten vor dem
Herrn, unserm Gott, und vor dir sich entsetzen. *Jes. 49,23.
18. Wo ist solch ein Gott, wie du bist, der
die Sünde vergibt und erläßt die Missetat
den übrigen seines Erbteils, der seinen
Zorn nicht ewiglich behält! denn er ist
barmherzig. *Ps. 103,3.8–13.
19. Er wird sich unser wieder erbarmen,
unsere Missetaten dämpfen und alle unsere Sünden in die Tiefen des Meeres werfen.
20. Du wirst dem Jakob die Treue und
Abraham die Gnade halten, wie du unsern
Vätern vorlängst *geschworen hast.
*1. Mose 22,16–18; 28,13–15; Luk. 1,73.

Der Prophet Nahum

Das 1. Kapitel

Gottes Majestät wider Assur.

1. Dies ist die Last über Ninive und das
Buch der Weissagung Nahums von Elkos.
2. Der Herr ist ein *eifriger Gott und ein
Rächer, ja, ein Rächer ist der Herr und
zornig; der Herr ist ein Rächer wider seine
Widersacher und der es seinen Feinden
nicht vergessen wird.
*2. Mose 20,5; 5. Mose 4,24.
3. Der Herr ist geduldig und von großer
Kraft, *vor welchem niemand unschuldig
ist; er ist der Herr, des Weg in Wetter und
Sturm ist und Gewölke der Staub unter
seinen Füßen, *2. Mose 34,7.
4. der das Meer schilt und trocken macht
und alle Wasser vertrocknet. Basan und
Karmel verschmachten; und was auf dem
Berge Libanon blüht, verschmachtet.
5. Die *Berge zittern vor ihm, und die
Hügel zergehen; das Erdreich bebt vor
ihm, der Weltkreis und alle, die darauf
wohnen. *Ps. 97,5.
6. Wer kann vor seinem Zorn stehen,
und wer kann vor seinem Grimm bleiben?
Sein Zorn brennt wie Feuer, und die Felsen zerspringen vor ihm.
7. Der Herr ist *gütig und eine Feste zur
Zeit der Not und †kennt die, so auf ihn
trauen. *5. Mose 4,31. †Ps. 1,6.
8. Er läßt die Flut überher laufen und
macht mit derselben Stätte ein Ende, und
seine Feinde verfolgt er mit Finsternis.
9. Was gedenkt ihr wider den Herrn? Er
wird doch ein Ende machen; es wird das
Unglück nicht zweimal kommen.
10. Denn wenn sie gleich sind wie die
Dornen, die noch ineinanderwachsen und
im besten Saft sind, so sollen sie doch
verbrannt werden wie ganz dürres Stroh.
11. Denn von dir ist gekommen der
Schalksrat, der Böses wider den Herrn gedachte.
12. So spricht der Herr. Sie kommen so
gerüstet und mächtig, wie sie wollen, so
sollen sie doch umgehauen werden und
dahinfahren. Ich habe dich gedemütigt;
aber ich will dich nicht wiederum demütigen.
13. Alsdann will ich sein Joch, das du
trägst zerbrechen und deine Bande zerreißen.
14. Aber wider dich hat der Herr geboten, daß deines Namens kein Same mehr
soll bleiben. Vom Hause deines Gottes will
ich dich ausrotten, die Götzen und Bilder
will ich dir zum Grab machen; denn du
bist zunichte geworden.

Das 2. Kapitel

Weissagung von der Zerstörung der Stadt Ninive.

1. Siehe, auf den *Bergen kommen Füße
eines guten Boten, der da Frieden verkün-

digt! Halte deine Feiertage, Juda, und bezahle deine Gelübde! denn es wird der †Arge nicht mehr über dich kommen; er ist ganz ausgerottet. *Jes. 52,7. †K. 1,11.

2. Es wird der Zerstreuer wider dich heraufziehen und die Feste belagern. Siehe wohl auf die Sraße, rüste dich aufs beste und stärke dich aufs gewaltigste.

3. Denn der Herr wird die Pracht Jakobs wiederbringen wie die Pracht Israels; denn die Ableser haben sie abgelesen und ihre Reben verderbt.

4. Die Schilde seiner Starken sind rot, sein Heervolk glänzt wie Purpur, seine Wagen leuchten wie Feuer, wenn er sich rüstet; ihre Spieße beben.

5. Die Wagen rollen auf den Gassen und rasseln auf den Straßen; sie glänzen wie Fackeln und fahren einher wie die Blitze.

6. Er aber wird an seine Gewaltigen gedenken; doch werden sie fallen, wo sie hinaus wollen, und werden eilen zur Mauer und zu dem Schirm, da sie sicher seien.

7. Aber die Tore an den Wassern werden doch geöffnet, und der Palast wird untergehen.

8. Die Königin wird gefangen weggeführt werden, und ihre Jungfrauen werden seufzen wie die Tauben und an ihre Brust schlagen.

9. Denn Ninive ist wie ein Teich voll Wasser von jeher; aber dasselbe wird verfließen müssen. »Stehet, stehet!« [werden sie rufen]; aber da wird sich niemand umwenden.

10. So raubet nun Silber, raubet Gold! denn hier ist der Schätze kein Ende und die Menge aller köstlichen Kleinode.

11. Nun muß sie rein abgelesen und geplündert werden, daß *ihr Herz muß verzagen, die Kniee schlottern, alle Lenden zittern und alle Angesichter bleich werden. *Jes. 13,7.8.

12. Wo ist nun die Wohnung der Löwen und die Weide der jungen Löwen, da der Löwe und die Löwin mit den jungen Löwen wandelten, und niemand durfte sie scheuchen?

13. Der Löwe raubte genug für seine Jungen und würgte es seinen Löwinnen; seine Höhlen füllte er mit Raub und seine Wohnung mit dem, was er zerrissen hatte.

14. Siehe, ich will an dich, spricht der Herr Zebaoth, und deine Wagen im Rauch anzünden, und das Schwert soll deine jungen Löwen fressen; und will deines Raubens ein Ende machen auf Erden, daß man deiner Boten Stimme nicht mehr hören soll.

Das 3. Kapitel

Sünden der Stadt Ninive, die Ursache des über sie ergehenden Strafgerichts.

1. Weh *der mörderischen Stadt, die voll Lügen und Räuberei ist und von ihrem Rauben nicht lassen will! *Hesek. 24,6.9.

2. Denn da wird man hören die Geißeln klappen und die Räder rasseln und die Rosse jagen und die Wagen rollen.

3. Reiter rücken herauf mit glänzenden Schwertern und mit blitzenden Spießen. Da liegen viel Erschlagene und große Haufen Leichname, daß ihrer keine Zahl ist und man über die Leichname fallen muß.

4. Das alles um der großen Hurerei willen der *schönen, lieben Hure, die mit Zauberei umgeht, die mit ihrer Hurerei die Heiden und mit ihrer Zauberei Land und Leute zu Knechten gemacht hat. *Jes. 23,16; Offenb. 17.

5. Siehe, ich will an dich, spricht der Herr Zebaoth; ich *will dir deine Säume aufdecken unter dein Angesicht und will den Heiden deine Blöße und den Köngreichen deine Schande zeigen. *Jes. 47,3.

6. Ich will dich ganz greulich machen und dich schänden und ein Schauspiel aus dir machen,

7. daß alle, die dich sehen, von dir fliehen und sagen sollen: Ninive ist zerstört; wer will Mitleiden mit ihr haben? Und wo soll ich dir Tröster suchen?

8. Meinst du, du seist besser denn die Stadt *No-Amon, die da lag an den Wassern und ringsumher Wasser hatte, deren Mauern und Feste war das Meer? *Jes. 46,25.

9. Mohren und Ägypten war ihre unzählige Macht, Put und Libyen waren ihre Hilfe.

10. Doch hat sie müssen vertrieben werden und gefangen wegziehen; und sind ihre Kinder auf allen Gassen zerschmettert worden, und um ihre Edlen warf man das *Los, und alle ihre Gewaltigen wurden in Ketten und Fesseln gelegt. *Joel 4,3.

11. Also mußt du auch *trunken werden und dich verbergen und eine Feste suchen vor dem Feinde. *Jer. 25,15.

12. Alle deine festen Städte sind wie Feigenbäume mit reifen Feigen, die, wenn man sie schüttelt, dem ins Maul fallen, der sie essen will.

13. Siehe, dein Volk soll zu Weibern werden in dir, und die Tore deines Landes sollen deinen Feinden geöffnet werden, und das Feuer soll deine Riegel verzehren.

14. Schöpfe dir Wasser, denn du wirst

belagert werden! Bessere deine Festen!
Gehe in den Ton und tritt den Lehm und
mache starke Ziegel!
15. Aber das Feuer wird dich fressen und
das Schwert töten; es wird dich abfressen
wie die Käfer, ob deines Volks schon viel
ist wie Käfer, ob deines Volks schon viel ist
wie Heuschrecken. *Joel 1,4.
16. Du hast mehr Händler, denn Sterne
am Himmel sind; aber nun werden sie sich
ausbreiten wie Käfer und davonfliegen.
17. Deiner Herren sind so viel wie Heuschrecken und deiner Hauptleute wie Käfer, die sich an die Zäune lagern in den kalten Tagen; wenn aber die Sonne aufgeht, heben sie sich davon, daß man nicht weiß, wo sie bleiben.
18. Deine Hirten werden schlafen, o König zu Assur, deine Mächtigen werden sich legen; und dein Volk wird auf den Bergen zerstreut sein, und niemand wird sie versammeln.
19. Niemand wird deinen Schaden lindern, und deine Wunde wird unheilbar sein. Alle, die solches von dir hören, werden mit ihren Händen über dich klatschen; denn über wen ist nicht deine Bosheit ohne Unterlaß gegangen?

Der Prophet Habakuk

Das 1. Kapitel

Juda's Sünde. Strafgericht durch die Chaldäer. Gebet und Klage des Propheten.

1. Dies ist die Last, welche der Prophet Habakuk gesehen hat.
2. Herr, wie lange soll ich schreien, und du willst nicht hören? Wie lange soll ich zu dir rufen über Frevel, und du willst nicht helfen?
3. Warum lässest du mich Mühsal sehen und siehest dem Jammer zu? Raub und Frevel sind vor mir. Es geht Gewalt über Recht.
4. Darum ist das Gesetz ohnmächtig, und keine rechte Sache kann gewinnen. Denn der Gottlose übervorteilt den Gerechten; darum ergehen verkehrte Urteile.
5. Schauet unter den Heiden, sehet und verwundert euch! denn ich will etwas tun zu euren Zeiten, welches ihr nicht glauben werdet, wenn man davon sagen wird. *Apg. 13,41.
6. Denn siehe, ich will die Chaldäer erwecken, ein bitteres und schnelles Volk, welches ziehen wird, soweit die Erde ist, Wohnungen einzunehmen, die nicht sein sind,
7. und wird grausam und schrecklich sein; das da gebeut und zwingt, wie es will.
8. Ihre Rosse sind schneller denn die Parder und behender denn die *Wölfe des Abends. Ihre Reiter ziehen in großen Haufen von ferne daher, als flögen sie, wie †die Adler eilen zum Aas. *Zeph. 3,3. †Matth. 24,28.
9. Sie kommen allesamt, daß sie Schaden tun; wo sie hin wollen, reißen sie hindurch wie ein Ostwind und werden Gefangene zusammenraffen wie Sand.
10. Sie werden der Könige spotten, und der Fürsten werden sie lachen. Alle Festungen werden ihnen ein Scherz sein; denn sie werden Erde aufschütten und sie gewinnen.
11. Alsdann werden sie einen neuen Mut nehmen, werden fortfahren und sich versündigen; also muß ihre Macht ihr Gott sein.
12. Aber du, Herr, mein Gott, mein Heiliger, der du von Ewigkeit her bist, *laß uns nicht sterben; sondern laß sie uns, o Herr, nur eine Strafe sein und laß sie, o unser Hort, uns nur züchtigen! *Jer. 10,24.
13. Deine Augen sind rein, daß du Übles nicht sehen magst, und dem Jammer kannst du nicht zusehen. Warum siehst du denn den Räubern zu und schweigst, daß der Gottlose verschlingt den, der frömmer als er ist,
14. und lässest die Menschen gehen wie Fische im Meer, wie Gewürm, das keinen Herrn hat?
15. Sie ziehen alles mit dem Hamen und fangen's mit ihrem Netze und sammeln's mit ihrem Garn; des freuen sie sich und sind fröhlich.
16. Darum opfern sie ihrem Netze und räuchern ihrem Garn, weil durch diese ihr Teil so fett und ihre Speise so völlig geworden ist.
17. Sollten sie derhalben ihr Netz immerdar auswerfen und nicht aufhören, Völker zu erwürgen?

Das 2. Kapitel

Trost für den Glauben. Sünden der Chaldäer. Weissagung von dem Untergang der Stolzen.

1. Hier *stehe ich auf meiner Hut und trete auf meine Feste und schaue und sehe zu, was mir gesagt werde und was meine Antwort sein solle auf mein Rechten. *Jes. 21,8.

2. Der Herr aber antwortet mir und spricht: Schreib das Gesicht und male es auf eine Tafel, daß es lesen könne, wer vorüberläuft!

3. Die Weissagung wird ja noch erfüllt werden zu seiner Zeit und wird endlich frei an den Tag kommen und nicht ausbleiben. Ob sie aber verzieht, so harre ihrer: sie wird gewiß kommen und *nicht verziehen. *2. Petr. 3,9.

4. Siehe, wer halsstarrig ist, der wird keine *Ruhe in seinem Herzen haben; †der Gerechte aber wird seines Glaubens leben. *Jes. 48,22. †Röm. 1,17; Gal. 3,11; Hebr. 10,38.

5. Aber der Wein betrügt den stolzen Mann, daß er nicht rasten kann, welcher seine Seele aufsperrt wie die Hölle und ist gerade wie der Tod, der nicht zu sättigen ist, sondern rafft sich alle Heiden und sammelt zu sich alle Völker.

6. Was gilt's aber? diese alle werden einen Spruch von ihm machen und eine Sage und Sprichwort und werden sagen: Weh dem, der sein Gut mehrt mit fremdem Gut! Wie lange wird's währen, und ladet nur viel Schulden auf sich?

7. O wie plötzlich werden aufstehen, die dich beißen, und erwachen, die dich wegstoßen! und du mußt ihnen zuteil werden.

8. Denn du hast viele Heiden beraubt; so werden dich wieder berauben alle übrigen von den Völkern *um des Menschenbluts willen und um des Frevels willen, im Lande und in der Stadt und an allen, die darin wohnen, begangen. *V. 17.

9. Weh dem, der da geizet zum Unglück seines Hauses, auf daß er sein Nest in die Höhe lege, daß er dem Unfall entrinne!

10. Aber dein Ratschlag wird zur Schande deines Hauses geraten; denn du hast zu viele Völker zerschlagen und hast mit allem Mutwillen gesündigt.

11. Denn auch die Steine in der Mauer werden schreien, und die Sparren am Balkenwerk werden ihnen antworten.

12. Weh *dem, der die Stadt mit Blut baut und richtet die Stadt mit Unrecht zu! *Jer. 22,13; Micha 3,10.

13. Wird's nicht also vom Herrn Zebaoth geschehen: was die Völker gearbeitet haben, muß mit Feuer verbrennen, und daran die Leute müde geworden sind, das muß verloren sein? Jer. 51,58.

14. Denn *die Erde wird voll werden von Erkenntnis der Ehre des Herrn, wie Wasser das Meer bedeckt. *Jes. 11,9.

15. Weh dir, der du deinem Nächsten einschenkst und mischest deinen Grimm darunter und ihn trunken machst, daß du seine Blöße sehest!

16. Du hast dich gesättigt mit Schande und nicht mit Ehre. So saufe du nun auch, daß du taumelst! denn zu dir wird *umgehen der Kelch in der Rechten des Herrn, und mußt eitel Schande haben für deine Herrlichkeit. *Jer. 25,15.26.

17. Denn der Frevel, am Libanon begangen, wird dich überfallen, und die verstörten Tiere werden dich schrecken um des Menschenbluts willen und um des Frevels willen, im Lande und in der Stadt und an allen, die darin wohnen, begangen.

18. Was wird dann helfen das Bild, das sein Meister gebildet hat, und das falsche gegossene Bild, darauf sich verläßt sein Meister, daß er stumme Götzen machte? *Jes. 44,10.

19. Weh dem, der zum Holz spricht: Wache auf! und zum stummen Steine: Stehe auf! Wie sollte es lehren? Siehe, *es ist mit Gold und Silber überzogen und ist kein Odem in ihm. *Ps. 115,4–8.

20. Aber der *Herr ist in seinem heiligen Tempel. Es sei vor †ihm still alle Welt! *Ps. 11,4. †Ps. 76,9; Sach. 2,17; Offenb. 8,1.

Das 3. Kapitel

Des Propheten Gebet voll freudiger Zuversicht.

1. Dies ist das Gebet des Propheten Habakuk für die Unschuldigen:

2. Herr, ich habe dein Gerücht gehört, daß ich mich entsetze. Herr, mache dein Werk lebendig mitten in den Jahren und laß es kund werden mitten in den Jahren. Wenn Trübsal da ist, so denke der Barmherzigkeit.

3. Gott kam vom Mittag und der Heilige vom Gebirge Pharan. (Sela.) Seines Lobes war der Himmel voll, und seiner Ehre war die Erde voll. *5. Mose 33,2; Richt. 5,4.

4. Sein Glanz war wie Licht; Strahlen gingen von seinen Händen; darin war verborgen seine Macht.

5. Vor ihm her ging Pestilenz, und Plage ging aus, wo er hin trat.

6. Er stand und maß die Erde, er schaute und machte beben die Heiden, daß zerschmettert wurden die Berge, die von al-

ters her sind, und sich bücken mußten die ewigen Hügel, da er wie vor alters einherzog. *Ps. 104,32.

7. Ich sah der Mohren Hütten in Not und der Midianiter Gezelte betrübt.

8. Warst du nicht zornig, Herr, in der Flut und dein Grimm in den Wassern und dein Zorn im Meer, da du auf deinen Rossen rittest und deine Wagen den Sieg behielten?

9. Du zogst den Bogen hervor, wie du geschworen hattest den Stämmen (Sela!), und verteiltest die Ströme ins Land.

10. Die Berge sahen dich, und ihnen ward bange; der Wasserstrom fuhr dahin, die Tiefe ließ sich hören, die Höhe hob die Hände auf. *Ps. 77,17.

11. *Sonne und Mond standen still. Deine Pfeile fuhren mit Glänzen dahin und deine Speere mit Leuchten des Blitzes. *Jos. 10,13.

12. Du zertratest das Land im Zorn und zerdroschest die Heiden im Grimm.

13. Du zogest aus, deinem Volk zu helfen, zu helfen deinem Gesalbten; du zerschmettertest das Haupt im Hause des Gottlosen und entblößtest die Grundfeste bis an den Hals. (Sela.) Ps. 18,8.16.

14. Du durchbohrtest mit seinen Speeren das Haupt seiner Scharen, die wie ein Wetter kamen, mich zu zerstreuen, und freuten sich, als fräßen sie den Elenden im Verborgenen.

15. Deine Rosse gingen im Meer, im Schlamm großer Wasser.

16. Weil ich solches höre, bebt mein Leib, meine Lippen zittern vor dem Geschrei; Eiter geht in meine Gebeine, und meine Kniee beben, dieweil ich ruhig harren muß bis auf die Zeit der Trübsal, da wir hinaufziehen zum Volk, das uns bestreitet.

17. Denn der Feigenbaum wird nicht grünen, und wird kein Gewächs sein an den Weinstöcken; die Arbeit am Ölbaum ist vergeblich, und die Äcker bringen keine Nahrung; und Schafe werden aus den Hürden gerissen, und werden keine Rinder in den Ställen sein.

18. Aber ich will mich *freuen des Herrn und fröhlich sein in Gott, meinem Heil. *Jes. 61,10.

19. Denn der Herr Herr ist meine Kraft und wird *meine Füße machen wie Hirschfüße und wird mich auf meine Höhen führen.

Vorzusingen auf meinem Saitenspiel. *Ps. 18,34.

Der Prophet Zephanja

Das 1. Kapitel

Der Tag des Zorns.

1. Dies ist das Wort des Herrn, welches geschah zu Zephanja, dem Sohn Chusis, des Sohnes Gedaljas, des Sohnes Amarjas, des Sohnes Hiskias, zur Zeit *Josias, des Sohnes Amons, des Königs in Juda. *Jer. 1,2.

2. Ich will alles aus dem Lande wegnehmen, spricht der Herr.

3. Ich will Menschen und Vieh, Vögel des Himmels und Fische im Meer wegnehmen samt *den Ärgernissen und den Gottlosen; ja, ich will die Menschen ausreuten aus dem Lande, spricht der Herr. *Matth. 13,41.

4. Ich will meine Hand ausstrecken über Juda und über alle, die zu Jerusalem wohnen; also will ich das übrige von Baal ausreuten, dazu den Namen der *Götzenpfaffen und Priester aus diesem Ort; *2. Kön. 23,5; Hos. 10,5.

5. und die, so auf den *Dächern des Himmels Heer anbeten; die es anbeten und schwören doch bei dem Herrn und zugleich bei †Milkom; *Jer. 19,13. †Jer. 49,1.

6. und die vom Herrn abfallen, und die nach dem Herrn nichts fragen und ihn nicht achten.

7. Seid *still vor dem Herrn Herrn, denn des Herrn Tag ist nahe; denn der Herr hat ein Schlachtopfer zubereitet und seine Gäste dazu geladen. *Hab. 2,20.

8. Und am Tage des Schlachtopfers des Herrn will ich heimsuchen die Fürsten und des Königs Kinder und alle, die ein fremdes Kleid tragen.

9. Auch will ich zur selben Zeit die heimsuchen, so über die Schwelle springen, die ihres Herrn Haus füllen mit Rauben und Trügen.

10. Zur selben Zeit, spricht der Herr, wird sich ein lautes Geschrei erheben von dem Fischtor her und ein Geheul von dem andern Teil der Stadt und ein großer Jammer von den Hügeln.

11. Heulet, die ihr in der Mühle wohnet; denn das ganze Krämervolk ist dahin, und alle, die Geld sammeln, sind ausgerottet.

12. Zur selben Zeit will ich Jerusalem mit Leuchten durchsuchen und will heimsuchen die Leute, die auf ihren Hefen liegen und sprechen in ihrem Herzen: Der Herr wird weder Gutes noch Böses tun.

13. Und ihre Güter sollen zum Raub werden und ihre Häuser zur Wüste. Sie *werden Häuser bauen, und nicht darin wohnen; sie werden †Weinberge pflanzen und keinen Wein davon trinken.

*Amos 5,11. †5. Mose 28,39.

14. Des *Herrn großer Tag ist nahe; er ist nahe und eilt sehr. Wenn das Geschrei vom Tage des Herrn kommen wird, so werden die Starken alsdann bitterlich schreien. *Joel 1,15.

15. Denn *dieser Tag ist ein Tag des Grimmes, ein Tag der Trübsal und Angst, ein Tag des Wetters und Ungestüms, ein Tag der Finsternis und Dunkels, ein Tag der Wolken und Nebel, *Jer. 30,7.

16. ein Tag der Posaune und Drommete wider die festen Städte und hohen Schlösser.

17. Ich will den Leuten bange machen, daß sie umhergehen sollen wie die Blinden, darum daß sie wider den Herrn gesündigt haben. Ihr Blut soll ausgeschüttet werden, als wäre es Staub, und ihr Leib, als wäre es Kot.

18. Es *wird sie ihr Silber und Gold nicht erretten können am Tage des Zorns des Herrn, sondern das ganze Land soll durch das Feuer seines Eifers verzehrt werden; denn er wird plötzlich ein Ende machen mit allen, die im Lande wohnen.

*Hesek. 7,19.

Das 2. Kapitel

Vermahnung zur Buße.
Strafgericht über die Völker.

1. Sammelt euch und kommt her, ihr feindseliges Volk,

2. ehe denn das Urteil ausgehe, daß ihr wie die Spreu bei Tage dahinfahrt; ehe denn des Herrn grimmiger Zorn über euch komme; ehe der Tag des Zorns des Herrn über euch komme.

3. Suchet den Herrn, alle ihr Elenden im Lande, die ihr seine Rechte haltet; suchet Gerechtigkeit, suchet Demut, auf daß ihr am Tage des Zorns des Herrn möget verborgen werden.

4. Denn Gaza muß verlassen und Askalon wüst werden; Asdod soll am Mittag vertrieben und Ekron ausgewurzelt werden.

5. Weh denen, so am Meer hinab wohnen, dem Volk der *Krether! Des Herrn Wort wird über euch kommen, du Kanaan, †der Philister Land; ich will dich umbringen, daß niemand mehr da wohnen soll. *1. Sam. 30,14. †Jer. 47.

6. Es sollen am Meer hinab eitel Hirtenhäuser und Schafhürden sein.

7. Und dasselbe soll den übrigen vom Hause Juda zuteil werden, daß sie darauf weiden sollen. Des Abends sollen sie sich in den Häusern Askalons lagern, wenn sie nun der Herr, ihr Gott, wiederum heimgesucht und *ihr Gefängnis gewendet hat.

*K. 3,20.

8. Ich habe das Schmähen *Moabs und das Lästern der Kinder †Ammon gehört, womit sie mein Volk geschmäht und auf seinen Grenzen sich gerühmt haben.

*Jer. 48. †Jer. 49,1.

9. Wohlan, so wahr ich lebe! spricht der Herr Zebaoth, der Gott Israels, Moab soll wie *Sodom und die Kinder Ammon wie Gomorra werden, ja wie ein Nesselstrauch und eine Salzgrube und eine ewige Wüste. Die übrigen meines Volks sollen sie berauben, und die Übriggebliebenen meines Volks sollen sie erben. *1. Mose 19,24.

10. Das soll ihnen begegnen für ihre Hoffart, daß sie des Herrn Zebaoth Volk geschmäht und sich gerühmt haben.

11. Schrecklich wird der Herr über sie sein, denn er wird alle Götter auf Erden vertilgen; und sollen ihn anbeten alle Inseln der Heiden, ein jeglicher an seinem Ort.

12. Auch sollt ihr *Mohren durch mein Schwert erschlagen werden. *Hesek. 30,9.

13. Und er wird seine Hand strecken gen Mitternacht und Assur umbringen. Ninive wird er öde machen, dürr wie eine Wüste,

Nah. 1,1.

14. daß *darin sich lagern werden allerlei Tiere bei Haufen; auch †Rohrdommeln und Igel werden wohnen in ihren Säulenknäufen, und Vögel werden in den Fenstern singen, und auf der Schwelle wird Verwüstung sein; denn die Zedernbretter sollen abgerissen werden.

*Jes. 13,21. †Jes. 34,11.

15. Das ist die fröhliche Stadt, die so sicher wohnte und sprach in ihrem Herzen: *Ich bin's, und keine mehr. Wie ist sie so wüst geworden, daß die Tiere darin wohnen! Und wer vorübergeht, pfeift sie an und klatscht mit der Hand über sie.

*Jes. 47,8.

Das 3. Kapitel

Drohung wider Jerusalem.
Trostvolle Verheißung der messianischen Zeit.

1. Weh der greulichen, unflätigen, tyran-
nischen Stadt!
2. Sie will nicht gehorchen noch sich
züchtigen lassen; sie will auf den Herrn
nicht trauen noch sich zu ihrem Gott halten.
3. Ihre Fürsten sind unter ihnen brüllen-
de Löwen und ihre Richter Wölfe am
Abend, die nichts bis auf den Morgen
übriglassen. Hesek. 22,27.
4. Ihre Propheten sind leichtfertig und
Verächter; ihre Priester entweihen das
Heiligtum und deuten das Gesetz freventlich. Micha 3,11.
5. Der Herr, der unter ihnen ist, ist gerecht und tut kein Arges. Er läßt alle Morgen seine Rechte öffentlich lehren und
läßt nicht ab; aber die bösen Leute wollen
sich nicht schämen lernen.
6. Ich habe Völker ausgerottet, ihre
Schlösser verwüstet und ihre Gassen so
leer gemacht, daß niemand darauf geht;
ihre Städte sind zerstört, daß niemand
mehr da wohnt.
7. Ich ließ dir sagen: Mich sollst du
fürchten und dich lassen züchtigen! so
würde ihre Wohnung nicht ausgerottet
und der keines kommen, womit ich sie
heimsuchen werde. Aber sie sind fleißig,
allerlei Bosheit zu üben.
8. Darum, spricht der Herr, müsset ihr
mein auch harren, bis ich mich aufmache
zu seiner Zeit, da ich auch *rechten werde
und die Heiden versammeln und die Königreiche zuhauf bringen, †meinen Zorn
über sie zu schütten, ja, allen Zorn meines
Grimmes; denn alle Welt soll durch meines Eifers Feuer verzehrt werden.
*Joel 4,2. †Ps. 79,6.
9. Alsdann will ich den Völkern reine Lippen geben, daß sie alle sollen des Herrn
Namen anrufen und ihm einträchtig dienen.
10. Man wird mir meine Anbeter, mein
zerstreutes Volk, von jenseit des Wassers
im *Mohrenlande herbeibringen zum Geschenk. *Ps. 68,32; Apg. 8,27.
11. Zur selben Zeit wirst du dich nicht
mehr schämen alles deines Tuns, womit
du wider mich übertreten hast; denn ich
will die stolzen Heiligen von dir tun, daß
du nicht mehr sollst dich überheben auf
meinem heiligen Berge.
12. Ich will in dir lassen *übrigbleiben
ein armes, geringes Volk; die werden auf
des Herrn Namen trauen. *Hesek. 6,8.
13. Die übrigen in Israel werden kein Böses tun noch Falsches reden, und man
wird in ihrem Munde keine betrügliche
Zunge finden; sondern sie sollen weiden
und ruhen ohne alle Furcht.
14. *Jauchze, du Tochter Zion! Rufe, Israel! Freue dich und sei fröhlich von ganzem Herzen, du Tochter Jerusalem!
*Sach. 9,9.
15. denn der Herr hat deine Strafe weggenommen und deine Feinde abgewendet.
Der Herr, der König Israels, ist bei dir, daß
du dich vor keinem Unglück mehr fürchten darfst.
16. Zur selben Zeit wird man sprechen
zu Jerusalem: Fürchte dich nicht! und zu
Zion: Laß deine Hände nicht laß werden!
17. denn der Herr, dein Gott, ist bei dir,
ein starker Heiland; *er wird sich über
dich freuen und dir freundlich sein und
vergeben und wird über dir mit Schall
fröhlich sein. *Jes. 62,5.
18. Die Geängsteten, so auf kein Fest
kommen, will ich zusammenbringen;
denn sie gehören dir zu und müssen
Schmach tragen.
19. Siehe, ich will's, mit allen denen aus
machen zur selben Zeit, die dich bedrängen, und *will den Hinkenden helfen und
die Verstoßenen sammeln und will sie zu
Lob und Ehren machen in allen Landen,
darin man sie verachtet. *Micha 4,7.
20. Zu der Zeit will ich euch hereinbringen und euch zu der Zeit versammeln.
Denn ich will euch zu Lob und Ehren
machen unter allen Völkern auf Erden,
wenn ich *euer Gefängnis wenden werde
vor euren Augen, spricht der Herr.
*Jer. 29,14; K. 2,7.

Der Prophet Haggai

Das 1. Kapitel

Strafpredigt bei der Nachlässigkeit im Tempelbau.

1. Im zweiten Jahr des Königs Darius, im sechsten Monat, am ersten Tage des Monats, geschah des Herrn Wort durch den Propheten Haggai zu Serubabel, dem Sohn Sealthiels, dem Fürsten Juda's, und zu Josua, dem Sohn Jozadaks, dem Hohenpriester, und sprach:

Esra 4,24; 5,1.2.

2. So spricht der Herr Zebaoth: Dies Volk spricht: Die Zeit ist noch nicht da, daß man des Herrn Haus baue.

3. Und des Herrn Wort geschah durch den Propheten Haggai:

4. Aber eure Zeit ist da, daß ihr in getäfelten Häusern wohnt, – und dies Haus muß wüst stehen? 2. Sam. 7,2.

5. Nun, so spricht der Herr Zebaoth: Schauet, wie es euch geht!

6. Ihr *säet viel, und bringet wenig ein; ihr esset, und werdet doch nicht satt; ihr trinket, und werdet doch nicht trunken; ihr kleidet euch, und könnt euch doch nicht erwärmen; und wer Geld verdient, der legt's in einen löchrigen Beutel.

*K. 2,16; 5. Mose 28,38.

7. So spricht der Herr Zebaoth: Schauet, wie es euch geht!

8. Gehet hin auf das Gebirge und holet Holz und bauet das Haus; das soll mir angenehm sein, und ich will meine Ehre erzeigen, spricht der Herr.

9. Denn ihr wartet wohl auf viel, und siehe, es wird wenig; und ob ihr's schon heimbringt, so zerstäube ich's doch. Warum das? spricht der Herr Zebaoth. Darum daß mein Haus so wüst steht und ein jeglicher eilt auf sein Haus.

10. Darum hat der Himmel über euch den *Tau verhalten und das Erdreich sein Gewächs. *1. Kön. 17,1.

11. Und ich habe die *Dürre gerufen über Land und Berge, über Korn, Most, Öl und über alles, was aus der Erde kommt, auch über Leute und Vieh und über alle Arbeit der Hände. *K. 2,17; Amos 4,9.

12. Da gehorchte Serubabel, der Sohn Sealthiels, und Josua, der Sohn Jozadaks, der Hohepriester, und alle übrigen des Volks solcher Stimme des Herrn, ihres Gottes, und den Worten des Propheten Haggai, wie ihn der Herr, ihr Gott, gesandt hatte; und das Volk fürchtete sich vor dem Herrn.

13. Da sprach Haggai, der *Engel des Herrn, der die Botschaft des Herrn hatte an das Volk: Ich bin mit euch, spricht der Herr. *Mal. 2,7.

14. Und der Herr erweckte den Geist Serubabels, des Sohnes Sealthiels, des Fürsten Juda's, und den Geist Josuas, des Sohnes Jozadaks, des Hohenpriesters, und den Geist des ganzen übrigen Volks, daß sie kamen und arbeiteten am Hause des Herrn Zebaoth, ihres Gottes,

15. [K. 2,1.] am vierundzwanzigsten Tage des sechsten Monats, im zweiten Jahr des Königs Darius.

Das 2. Kapitel

Weissagung von der künftigen Herrlichkeit des Tempels und der messianischen Zeit.

1. [2.] Am einundzwanzigsten Tage des siebenten Monats geschah des Herrn Wort durch den Propheten Haggai und sprach:

2. [3.] Sage zu Serubabel, dem Sohn Sealthiels, dem Fürsten Juda's, und zu Josua, dem Sohn Jozadaks, dem Hohenpriester, und zum übrigen Volk und sprich:

3. [4.] Wer ist unter euch übriggeblieben, der dies Haus in seiner *vorigen Herrlichkeit gesehen hat? und wie seht ihr's nun an? Ist's nicht also, es dünkt euch nichts zu sein? *Esra 3,12.

4. [5.] Und nun, Serubabel, sei getrost! spricht der Herr; sei getrost, Josua, du Sohn Jozadaks, du Hoherpriester! sei getrost, alles Volk im Lande! spricht der Herr, und arbeitet! denn ich bin mit euch, spricht der Herr Zebaoth.

5. [6.] Nach dem Wort, da ich mit euch einen *Bund machte, da ihr aus Ägypten zoget, soll mein †Geist unter euch bleiben. Fürchtet euch nicht!

*2. Mose 19,5. †Sach. 4,6.

6. [7.] Denn so spricht der Herr Zebaoth: Es ist noch ein kleines dahin, *daß ich Himmel und Erde, das Meer und das Trockene bewegen werde. *Hebr. 12,26.

7. [8.] Ja, alle Heiden will ich bewegen. Da soll dann kommen aller Heiden Bestes; und ich will dies Haus voll Herrlichkeit machen, spricht der Herr Zebaoth.

8. [9.] Denn mein ist Silber und Gold, spricht der Herr Zebaoth.

9. [10.] Es soll die Herrlichkeit dieses
letzten Hauses größer werden, denn des
ersten gewesen ist, spricht der Herr Zebaoth; und ich will Frieden geben an diesem Ort, spricht der Herr Zebaoth.
10. [11.] Am vierundzwanzigsten Tage
des neunten Monats, im zweiten Jahr des
Darius, geschah des Herrn Wort zu dem
Propheten Haggai und sprach:
11. [12.] So spricht der Herr Zebaoth:
Frage die Priester um das Gesetz und
sprich:
12. [13.] Wenn jemand heiliges Fleisch
trüge in seines Kleides Zipfel und rührte
darnach an mit seinem Zipfel Brot, Gemüse, Wein, Öl oder was es für Speise wäre:
würde es auch heilig? Und die Priester
antworteten und sprachen: Nein.
13. [14.] Haggai sprach: Wo aber jemand
von einem *Toten unrein wäre und deren
eines anrührte, würde es auch unrein? Die
Priester antworteten und sprachen: Es
würde unrein.

*3. Mose 5,2; 4. Mose 19,22.

14. [15.] Da antwortete Haggai und
sprach: Ebenalso sind dies Volk und diese
Leute vor mir auch, spricht der Herr; und
all ihrer Hände Werk und was sie opfern,
ist unrein.
15. [16.] Und nun schauet, wie es euch
gegangen ist von diesem Tage an und zuvor, ehe denn ein Stein auf den andern
gelegt ward am Tempel des Herrn:
16. [17.] daß, wenn einer zum *Kornhaufen kam, der zwanzig Maß haben sollte, so waren kaum zehn da; kam er zur
Kelter und meinte fünfzig Eimer zu
schöpfen, so waren kaum zwanzig da.

*K. 1,6.

17. [18.] Denn *ich plagte euch mit Dürre, Brandkorn und Hagel in all eurer Arbeit; dennoch kehrtet ihr euch nicht zu
mir, spricht der Herr. *K. 1,11.
18. [19.] So schauet nun darauf von diesem Tage an und zuvor, nämlich von dem
vierundzwanzigsten Tage des neunten
Monats bis an den Tag, da der Tempel des
Herrn gegründet ist; schauet darauf!
19. [20.] Denn kein Same liegt mehr in
der Scheuer, so hat auch weder Weinstock, Feigenbaum, Granatbaum noch Ölbaum getragen; aber von diesem Tage an
will ich Segen geben.
20. [21.] Und des Herrn Wort geschah
zum andernmal zu Haggai am vierundzwanzigsten Tage des Monats und sprach:
21. [22.] Sage Serubabel, dem Fürsten
Juda's, und sprich: Ich *will Himmel und
Erde bewegen *V. 6.
22. [23.] und will die Stühle der Königreiche umkehren und die mächtigen Königreiche der Heiden vertilgen und will
die Wagen mit ihren Reitern umkehren,
daß Roß und Mann fallen sollen, ein jeglicher durch des andern Schwert.
23. [24.] Zur selben Zeit, spricht der
Herr Zebaoth, will ich dich, Serubabel, du
Sohn Sealthiels, meinen Knecht, nehmen, spricht der Herr, und will dich wie
einen Siegelring halten; denn ich habe
dich erwählt, spricht der Herr Zebaoth.

Sach. 4,6.7.

Der Prophet Sacharja

Das 1. Kapitel

Ermahnung zur Buße.
Erscheinung des Engels des Herrn.

1. Im achten Monat des zweiten Jahres
des Königs Darius geschah das Wort des
Herrn zu *Sacharja, dem Sohn Berechjas,
des Sohnes Iddos, dem Propheten, und
sprach: *Esra 5,1.
2. Der Herr ist zornig gewesen über eure
Väter.
3. Und spricht zu ihnen: So spricht der
Herr Zebaoth: *Kehret euch zu mir,
spricht der Herr Zebaoth, so will ich mich
zu euch kehren, spricht der Herr Zebaoth.

*Mal. 3,7; Jak. 4,8.

4. Seid nicht wie eure Väter, welchen die
vorigen Propheten predigten und sprachen: So spricht der Herr Zebaoth: *Kehret euch von euren bösen Wegen und von
eurem bösen Tun! aber sie gehorchten
nicht und achteten nicht auf mich, spricht
der Herr. *Jer. 3,12; Hesek. 33,11.
5. Wo sind nun eure Väter? und die Propheten, leben sie auch noch?
6. Ist's aber nicht also, daß meine Worte
und meine Rechte, die ich durch meine
Knechte, die Propheten, gebot, haben eure Väter getroffen, daß sie haben müssen
umkehren und sagen: Gleichwie der Herr
Zebaoth vorhatte uns zu tun, wie wir gingen und taten, also hat er uns auch getan?

7. Am vierundzwanzigsten Tage des elften Monats, welcher ist der Monat *Sebat, im zweiten Jahr des Königs Darius, geschah das Wort des Herrn zu Sacharja, dem Sohn Berechjas, des Sohnes Iddos, dem Propheten, und sprach:

*Januar, Februar.

8. Ich sah bei der Nacht, und siehe, ein Mann saß auf einem roten Pferde, und er hielt unter den Myrten in der Aue, und hinter ihm waren rote, braune und weiße Pferde. K.6,1–8.

9. Und ich sprach: Mein Herr, wer sind diese? Und der Engel, der mit mir redete, sprach zu mir: Ich will dir zeigen, wer diese sind.

10. Und der Mann, der unter den Myrten hielt, antwortete und sprach: Diese sind es, die der Herr ausgesandt hat, die Erde zu durchziehen.

11. Sie aber antworteten dem Engel des Herrn, der unter den Myrten hielt, und sprachen: Wir haben die Erde durchzogen, und siehe, alle Länder sitzen still.

12. Da antwortete der Engel des Herrn und sprach: Herr Zebaoth, wie lange willst du denn dich nicht *erbarmen über Jerusalem und über die Städte Juda's, über welche du zornig bist gewesen diese †siebzig Jahre? *Ps. 102,14. †Dan. 9,2.

13. Und der Herr antwortete dem Engel, der mit mir redete, freundliche Worte und tröstliche Worte.

14. Und der Engel, der mit mir redete, sprach zu mir: Predige und sprich: So spricht der Herr Zebaoth: Ich eifere um Jerusalem und Zion mit großem Eifer

15. und bin sehr zornig über die stolzen Heiden; denn ich war nur ein wenig zornig, sie aber halfen zum Verderben.

Jes. 47,6.

16. Darum so spricht der Herr: *Ich will mich wieder zu Jerusalem kehren mit Barmherzigkeit, und mein Haus soll darin gebaut werden, spricht der Herr Zebaoth; dazu soll die Zimmerschnur in Jerusalem gezogen werden. *K. 8,3.

17. Und predige weiter und sprich: So spricht der Herr Zebaoth: Es soll meinen Städten wieder wohl gehen, und der Herr wird Zion wieder *trösten und wird Jerusalem †wieder erwählen.

*Jes. 40,1.2. †Jes. 14,1.

Das 2. Kapitel

Gesicht von den vier Hörnern und den vier Schmieden. Der Mann mit der Meßschnur. Fröhliche Zeit der Wiederkunft aus Babel. Berufung der Heiden.

1. [K. 1,18.] Und ich hob meine Augen auf und sah, und siehe, da waren vier Hörner.

2. [19.] Und ich sprach zu dem Engel, der mit mir redete: Wer sind diese? Er sprach zu mir: Es sind die Hörner, die Juda samt Israel und Jerusalem zerstreut haben.

3. [20.] Und der Herr zeigte mir vier Schmiede.

4. [21.] Da sprach ich: Was wollen die machen? Er sprach: Die Hörner, die Juda so zerstreut haben, daß niemand sein Haupt hat mögen aufheben, sie abzuschrecken sind diese gekommen, daß sie die Hörner der Heiden abstoßen, welche das Horn haben über das Land Juda gehoben, es zu zerstreuen.

5. [1.] Und ich hob meine Augen auf und sah, und siehe, ein Mann hatte eine *Meßschnur in der Hand. *Hesek. 40,3.

6. [2.] Und ich sprach: Wo gehst du hin? Er aber sprach zu mir: Daß ich Jerusalem messe und sehe, wie lang und weit es sein soll.

7. [3.] Und siehe, der Engel, der mit mir redete, ging heraus; und ein anderer Engel ging heraus ihm entgegen

8. [4.] und sprach zu ihm: Lauf hin und sage diesem Jüngling und sprich: Jerusalem wird bewohnt werden *ohne Mauern vor großer Menge der Menschen und Viehes, die darin sein wird. *Hesek. 38,11.

9. [5.] Und *ich will, spricht der Herr, eine feurige Mauer umher sein und will mich herrlich darin erzeigen. *K. 9,8.

10. [6.] Hui, hui! Fliehet aus dem Mitternachtlande! spricht der Herr; denn ich habe euch in die vier Winde unter dem Himmel zerstreut, spricht der Herr.

11. [7.] Hui, Zion, die du wohnest bei der Tochter Babel, entrinne!

12. [8.] Denn so spricht der Herr Zebaoth: Er hat mich gesandt nach Ehre zu den Heiden, die euch beraubt haben; denn wer euch antastet, der tastet seinen *Augapfel an. *5. Mose 32,10.

13. [9.] Denn siehe, ich will meine Hand über sie schwingen, daß sie sollen ein Raub werden denen, die ihnen gedient haben; und ihr sollt erfahren, daß mich der Herr Zebaoth gesandt hat.

14. [10.] Freue dich und sei fröhlich, du Tochter Zion! denn siehe, ich komme und will bei dir wohnen, spricht der Herr.

15. [11.] Und sollen zu der Zeit *viel Heiden zum Herrn getan werden und sollen mein Volk sein; und ich will bei dir wohnen, und sollst erfahren, daß mich der Herr Zebaoth zu dir gesandt hat. *Jes. 11,10.
16. [12.] Und der Herr wird Juda erben als sein Teil in dem heiligen Lande und *wird Jerusalem wieder erwählen. *K. 1,17.
17. [13.] Alles Fleisch sei still vor dem Herrn; denn er hat sich aufgemacht aus seiner heiligen Stätte. Hab. 2,20.

Das 3. Kapitel

Der Hohepriester Josua vor dem Engel des Herrn. Verheißung von dem Zemach (Sproß, Messias).

1. Und mir ward gezeigt der Hohepriester *Josua, stehend vor dem Engel des Herrn; und der †Satan stand zu seiner Rechten, daß er ihm wiederstünde.
*Hagg. 1,1. †Hiob 1,9; Offenb. 12,10.
2. Und der Herr sprach zu dem Satan: Der *Herr schelte dich, du Satan! ja, der Herr schelte dich, der Jerusalem erwählt hat! Ist dieser nicht ein †Brand, der aus dem Feuer errettet ist?
*Judas 9. †Am. 4,11.
3. Und Josua hatte unreine Kleider an und stand vor dem Engel,
4. welcher antwortete und sprach zu denen, die vor ihm standen: Tut die unreinen Kleider von ihm! Und er sprach zu ihm: Siehe, *ich habe deine Sünde von dir genommen und †habe dich mit Feierkleidern angezogen. *Jes. 6,7. †Jes. 61,3.
5. Und er sprach: Setzt einen reinen *Hut auf sein Haupt! Und sie setzten einen reinen Hut auf sein Haupt und zogen ihm Kleider an, und der Engel des Herrn stand da. *2. Mose 28,39.
6. Und der Engel des Herrn bezeugte Josua und sprach:
7. So spricht der Herr Zebaoth: Wirst du in meinen Wegen wandeln und meines Dienstes warten, so sollst du regieren mein Haus und meine Höfe bewahren; und ich will dir geben *von diesen, die hier stehen, daß sie dich geleiten sollen.
*Ps. 91,11.
8. Höre zu, Josua, du Hohepriester, du und deine Freunde, die vor dir sitzen; denn sie sind miteinander ein *Wahrzeichen. Denn siehe, ich will meinen Knecht †Zemach kommen lassen.
*Jes. 8,18. †K. 6,12; Jer. 23,5; 33,15.
9. Denn siehe, auf dem einen Stein, den ich vor Josua gelegt habe, sollen *sieben Augen sein. Siehe, ich will ihn aushauen, spricht der Herr Zebaoth, und will die Sünde des Landes wegnehmen auf einen Tag. *K. 4,10; Offenb. 5,6.
10. Zu derselben Zeit, spricht der Herr Zebaoth, wird *einer den andern laden unter den Weinstock und unter den Feigenbaum. *1. Kön. 5,5; Micha 4,4.

Das 4. Kapitel

Der goldene Leuchter und die zwei Ölbäume.

1. Und der Engel, der mit mir redete, kam wieder und weckte mich auf, wie einer vom Schlaf erweckt wird,
2. und sprach zu mir: *Was siehest du? Ich aber sprach: Ich sehe; und siehe, da stand ein †Leuchter, ganz golden, mit einer Schale obendarauf, daran sieben Lampen waren, und je sieben Röhren an einer Lampe;
*Jer. 1,11.13; Amos 8,2. †2. Mose 25,31–40.
3. und zwei Ölbäume dabei, einer zur Rechten der Schale, der andere zur Linken.
4. Und ich antwortete und sprach zu dem Engel, der mit mir redete: Mein Herr, was ist das?
5. Und der Engel, der mit mir redete, antwortete und sprach zu mir: Weißt du nicht, was das ist? Ich aber sprach: Nein, mein Herr.
6. Und er antwortete und sprach zu mir: Das ist das Wort des Herrn von Serubabel: Es soll nicht durch Heer oder Kraft, sondern durch meinen Geist geschehen, spricht der Herr Zebaoth.
7. Wer bist du, du großer Berg, der doch vor Serubabel eine Ebene sein muß? Und er soll aufführen den ersten Stein, daß *man rufen wird: Glück zu! Glück zu!
*Ps. 122,6.
8. Und es geschah zu mir das Wort des Herrn und sprach:
9. Die Hände *Serubabels haben dies Haus gegründet; seine Hände sollen's auch vollenden, daß ihr †erfahret, daß mich der Herr zu euch gesandt hat.
*Esra 3,8; 6,14–16. †K. 2,13.15.
10. Denn wer ist, der diese *geringen Tage verachte? Es werden mit Freuden sehen das Richtblei in Serubabels Hand jene †sieben, welche sind des Herrn Augen, die alle Lande durchziehen. *Hagg. 2,3. †K. 3,9.
11. Und ich antwortete und sprach zu ihm: Was sind die zwei Ölbäume zur Rechten und zur Linken des Leuchters?
12. Und ich antwortete zum andernmal und sprach zu ihm: Was sind die zwei Zweige der Ölbäume, welche stehen bei

den zwei goldenen Rinnen, daraus das goldene Öl herabfließt?
13. Und er sprach zu mir: Weißt du nicht, was sie sind? Ich aber sprach: Nein, mein Herr.
14. Und er sprach: Es sind die zwei Gesalbten, welche stehen bei dem Herrscher aller Lande. Offenb. 11,4.

Das 5. Kapitel

Der fliegende Brief und das Weib im Epha.

1. Und ich hob meine Augen abermals auf und sah, und siehe, da war ein fliegender Brief.
2. Und er sprach zu mir: Was siehest du? Ich aber sprach: Ich sehe einen fliegenden Brief, der ist zwanzig Ellen lang und zehn Ellen breit.
3. Und er sprach zu mir: Das ist der Fluch, welcher ausgeht über das ganze Land; denn alle Diebe werden nach diesem Briefe ausgefegt, und alle Meineidigen werden nach diesem Briefe ausgefegt.
4. Ich will ihn ausgehen lassen, spricht der Herr Zebaoth, daß er soll kommen über das Haus des Diebes und über das Haus derer, die bei meinem Namen falsch schwören; und er soll bleiben in ihrem Hause und soll's verzehren samt seinem Holz und Steinen.
5. Und der Engel, der mit mir redete, ging heraus und sprach zu mir: Hebe deine Augen auf und siehe! Was geht da heraus?
6. Und ich sprach: Was ist's? Er aber sprach: Ein *Epha geht heraus, und sprach: Das ist ihre Gestalt im ganzen Lande. *Micha 6,10.
7. Und siehe, es hob sich ein Zentner Blei; und da war ein Weib, das saß im Epha.
8. Er aber sprach: Das ist die Gottlosigkeit. Und er warf sie in das Epha und warf den Klumpen Blei oben aufs Loch.
9. Und ich hob meine Augen auf und sah, und siehe, zwei Weiber gingen heraus und hatten Flügel, die der Wind trieb – es waren aber Flügel wie Storchflügel –; und sie führten das Epha zwischen Erde und Himmel.
10. Und ich sprach zu dem Engel, der mit mir redete: Wo führen die das Epha hin?
11. Er aber sprach zu mir: Daß ihm ein Haus gebaut werde im Lande *Sinear und bereitet und es daselbst gesetzt werde auf seinen Boden. *1. Mose 11,2.

Das 6. Kapitel

Die vier Wagen. Wiederholte Verheißung von dem Zemach, der König und Priester zugleich sein soll.

1. Und ich hob meine Augen abermals auf und sah, und siehe, da waren vier Wagen, die gingen zwischen zwei Bergen hervor; die Berge aber waren ehern. K. 1,8; Offenb. 6,2–8.
2. Am ersten Wagen waren rote Rosse, am andern Wagen waren schwarze Rosse,
3. am dritten Wagen waren weiße Rosse, am vierten Wagen waren scheckige, starke Rosse.
4. Und ich antwortete und sprach zu dem Engel, der mit mir redete: Mein Herr, wer sind diese?
5. Der Engel antwortete und sprach zu mir: Es sind die vier Winde unter dem Himmel, die hervorkommen, nachdem sie gestanden haben vor dem *Herrscher aller Lande. *K. 4,14.
6. An dem die schwarzen Rosse waren, die gingen gegen Mitternacht, und die weißen gingen ihnen nach; aber die scheckigen gingen gegen Mittag.
7. Die starken gingen und zogen um, daß sie alle Lande durchzögen. Und er sprach: Gehet hin und *durchziehet die Erde! Und sie durchzogen die Erde. *K. 1,10.
8. Und er rief mich und redete mit mir und sprach: Siehe, die gegen Mitternacht ziehen, machen meinen Geist ruhen im Lande gegen Mitternacht.
9. Und des Herrn Wort geschah zu mir und sprach:
10. Nimm von den Gefangenen, von Heldai und von Tobia und von Jedaja, und komm du dieses selben Tages und gehe in Josias, des Sohnes Zephanjas, Haus, wohin sie von Babel gekommen sind,
11. und nimm Silber und Gold und mache Kronen und setze sie aufs Haupt Josuas, des Hohenpriesters, des Sohnes Jozadaks,
12. und sprich zu ihm: So spricht der Herr Zebaoth: Siehe, es ist ein Mann, der heißt *Zemach; denn unter ihm wird's wachsen, und er wird bauen des Herrn Tempel. *K. 3,8.
13. Ja, den Tempel des Herrn wird er bauen und wird den Schmuck tragen und wird sitzen und herrschen auf seinem Thron, wird auch *Priester sein auf seinem Thron, und es wird Friede sein zwischen den beiden. *Ps. 110,4.
14. Und die Kronen sollen dem Helem, Tobia, Jedaja und der Freundlichkeit des

Sohnes Zephanjas zum Gedächtnis sein im Tempel des Herrn.
15. Und es werden kommen von fern, die am Tempel des Herrn bauen werden. Da werdet ihr erfahren, daß mich der Herr Zebaoth zu euch gesandt hat. Und das soll geschehen, so ihr gehorchen werdet der Stimme des Herrn, eures Gottes.

Das 7. Kapitel

Nicht am äußerlichen Fasten, sondern an Werken der Barmherzigkeit hat Gott Gefallen.

1. Und es geschah im vierten Jahr des Königs Darius, daß des Herrn Wort geschah zu Sacharja am vierten Tage des neunten Monats, welcher heißt Chislev,
2. da die zu Beth-El, nämlich Sarezer und Regem-Melech samt ihren Leuten, sandten, zu bitten vor dem Herrn,
3. und ließen sagen den Priestern, die da waren um das Haus des Herrn Zebaoth, und den Propheten: Muß ich auch noch weinen im *fünften Monat und mich enthalten, wie ich solches getan habe nun so viel Jahre? *K. 8,19; Jer. 52,12.
4. Und des Herrn Zebaoth Wort geschah zu mir und sprach:
5. Sage allem Volk im Lande und den Priestern und sprich: Da ihr *fastetet und Leid truget im fünften und siebenten Monat diese siebzig Jahre lang, habt ihr mir so gefastet? *K. 8,19; Jes. 58,5.
6. Oder da ihr aßet und tranket, habt ihr nicht für euch selbst gegessen und getrunken?
7. Ist's nicht das, was der Herr predigen ließ durch die vorigen Propheten, da Jerusalem bewohnt war und hatte die Fülle samt ihren Städten umher und Leute wohnten gegen Mittag und in den Gründen?
8. Und des Herrn Wort geschah zu Sacharja und sprach:
9. Also sprach der Herr Zebaoth: *Richtet recht, und ein jeglicher beweise an seinem Bruder Güte und Barmherzigkeit; *Micha 6,8.
10. und *tut nicht unrecht den Witwen, Waisen, Fremdlingen und Armen; und denke keiner wider seinen Bruder etwas Arges in seinem Herzen! *2. Mose 22,20.21.
11. Aber sie wollten nicht aufmerken und kehrten mir den Rücken zu und verstockten ihre Ohren, daß sie nicht hörten,
12. und machten ihre Herzen *wie einen Demant, daß sie nicht hörten das Gesetz und die Worte, welche der Herr Zebaoth sandte in seinem Geiste durch die vorigen Propheten. Daher so großer Zorn vom Herrn Zebaoth gekommen ist; *Jes. 48,4.
13. und es ist also ergangen: gleichwie gepredigt ward, und sie nicht hörten, so wollte ich auch nicht hören, da sie riefen, spricht der Herr Zebaoth.
14. Also habe ich sie zerstreut unter alle Heiden, die sie nicht kannten, und ist das Land hinter ihnen würst geblieben, daß niemand darin wandelt noch wohnt, und ist das edle Land zur Wüstung gemacht.

Das 8. Kapitel

Verheißung künftigen Heils für das Volk Gottes, welches die Heiden reizen wird, auch den wahren Gott zu suchen.

1. Und des Herrn Wort geschah zu mir und sprach:
2. So spricht der Herr Zebaoth: *Ich eifere um Zion mit großem Eifer und eifere um sie in großem Zorn. *K. 1,14.
3. So spricht der Herr: Ich *kehre mich wieder zu Zion und will zu Jerusalem wohnen, daß Jerusalem soll eine Stadt der Wahrheit heißen und der Berg des Herrn Zebaoth ein Berg der Heiligkeit. *K. 1,16.
4. So spricht der Herr Zebaoth: Es sollen noch fürder wohnen in den Gassen zu Jerusalem alte Männer und Weiber und die an Stecken gehen vor großem Alter; Jes. 65,20.
5. und der Stadt Gassen sollen sein voll Knaben und Mädchen, die auf ihren Gassen spielen.
6. So spricht der Herr Zebaoth: Ist solches unmöglich vor den Augen dieses übrigen Volks zu dieser Zeit, sollte es darum auch *unmöglich sein vor meinen Augen? spricht der Herr Zebaoth. *Luk. 1,37.
7. So spricht der Herr Zebaoth: Siehe, ich will mein Volk erlösen vom Lande gegen Aufgang und vom Lande gegen Niedergang der Sonne;
8. und will sie herzubringen, daß sie zu Jerusalem wohnen; und sie *sollen mein Volk sein, und ich will ihr Gott sein in Wahrheit und Gerechtigkeit. *Jer. 24,7.
9. So spricht der Herr Zebaoth: *Stärket eure Hände, die ihr höret diese Worte zu dieser Zeit durch der Propheten Mund, des Tages, da der Grund gelegt ist an des Herrn Zebaoth Hause, daß der Tempel gebaut würde. *Jes. 35,3.
10. Denn vor diesen Tagen war der Menschen Arbeit vergebens, und der Tiere Arbeit war nichts, und war kein Friede vor Trübsal denen, die aus und ein zogen; son-

dern ich ließ alle Menschen gehen, einen
jeglichen wider seinen Nächsten.
11. Aber nun will ich nicht wie in den
vorigen Tagen mit den übrigen dieses
Volks fahren, spricht der Herr Zebaoth;
12. sondern sie sollen Same des Friedens
sein. Der Weinstock soll seine Frucht geben und das Land sein Gewächs geben und der Himmel soll seinen Tau geben; und ich will die übrigen dieses Volks solches alles besitzen lassen.
13. Und soll geschehen, wie ihr vom
Hause Juda und vom Hause Israel seid ein Fluch gewesen unter den Heiden, so will ich euch erlösen, daß ihr sollt *ein Segen sein. Fürchtet euch nur nicht und stärket eure Hände. *1. Mose 12,2.
14. So spricht der Herr Zebaoth: Gleich-
wie ich euch gedachte zu plagen, da mich eure Väter erzürnten, spricht der Herr Zebaoth, und es reute mich nicht,
15. also gedenke ich nun wiederum in
diesen Tagen, wohlzutun Jerusalem und dem Hause Juda. Fürchtet euch nur nicht.
16. Das ist's aber, was ihr tun sollt: *Rede
einer mit dem andern Wahrheit, und richtet recht, und schaffet Frieden in euren Toren; *Eph. 4,25.
17. und *denke keiner Arges in seinem
Herzen wider seinen Nächsten, und liebt nicht falsche Eide! denn solches alles hasse ich, spricht der Herr. *K. 7,10.
18. Und es geschah des Herrn Zebaoth
Wort zu mir und sprach:
19. So spricht der Herr Zebaoth: Die Fa-
sten des vierten, fünften, siebenten und zehnten Monats sollen dem Hause Juda zur Freude und Wonne und zu fröhlichen Jahrfesten werden; allein liebet Wahrheit und Frieden.
K. 7,3.5; Jer. 52,6.12; 41,1; 52,4.
20. So spricht der Herr Zebaoth: Weiter
werden noch kommen viele Völker und vieler Städte Bürger;
21. und werden die Bürger einer Stadt
gehen zur andern und sagen: Laßt uns gehen, zu bitten vor dem Herrn und zu suchen den Herrn Zebaoth; wir wollen auch mit euch gehen.
22. Also werden viele Völker und die Hei-
den in Haufen kommen, zu suchen den Herrn Zebaoth zu Jerusalem, zu bitten vor dem Herrn.
23. So spricht der Herr Zebaoth: Zu der
Zeit werden zehn Männer aus allerlei Sprachen der Heiden einen jüdischen Mann bei dem Zipfel ergreifen und sagen: Wir wollen mit euch gehen; denn wir hören, daß Gott mit euch ist.

Das 9. Kapitel

Demütigung der Heiden. Verheißung eines friedlichen und mächtigen Königs, des Messias.

1. Dies ist die Last, davon der Herr redet
über das Land Hadrach und die sich niederläßt auf *Damaskus (denn der Herr schaut auf die Menschen und auf alle Stämme Israels); *Jes. 17,1.
2. dazu auch über Hamath, die daran
grenzt; über *Tyrus und Sidon auch, die sehr weise sind.
*Jes. 23; Jer. 47,4; Hesek. 26–28.
3. Denn Tyrus baute sich eine Feste und
sammelte Silber wie Sand und Gold wie Kot auf der Gasse.
4. Aber siehe, der Herr wird sie verder-
ben und wird ihre Macht, die sie auf dem Meer hat, schlagen, und sie wird mit Feuer verbrannt werden.
5. Wenn *das Askalon sehen wird, wird
sie erschrecken, und Gaza wird sehr angst werden, dazu Ekron; denn ihre Zuversicht wird zu Schanden, und es wird aus sein mit dem König zu Gaza, und zu Askalon wird man nicht wohnen. *Jer. 47.
6. Zu Asdod werden Fremde wohnen;
und ich will der Philister Pracht ausrotten.
7. Und ich will ihr Blut von ihrem Munde
tun und ihre Greuel von ihren Zähnen, daß sie auch sollen unserm Gott übrigbleiben, daß sie werden wie Fürsten in Juda und Ekron wie die Jebusiter.
8. Und *ich will selbst um mein Haus das
Lager sein wider Kriegsvolk, daß es nicht dürfe hin und her ziehen, daß nicht mehr über sie fahre der Treiber; denn ich habe es nun angesehen mit meinen Augen.
*K. 2,9.
9. Aber *du, Tochter Zion, freue dich
sehr, und du, Tochter Jerusalem, jauchze! Siehe, dein König kommt zu dir, ein Gerechter und ein Helfer, arm, und reitet auf einem Esel und auf einem jungen Füllen der Eselin. *Zeph. 3,14; Matth. 21,5.
10. Denn ich will die Wagen abtun von
Ephraim und die Rosse von Jerusalem, und der Streitbogen soll zerbrochen werden; denn er wird Frieden lehren unter den Heiden; und seine Herrschaft wird sein von einem Meer bis ans andere und vom Strom bis an der Welt Ende.
Micha 5,9.
11. Auch lasse ich durchs *Blut deines
Bundes los deine Gefangenen aus der Grube, darin kein Wasser ist. *2. Mose 24,8.
12. So kehret euch nun zur Festung, ihr,
die ihr auf Hoffnung gefangen liegt; denn

auch heute verkündige ich, daß ich dir
*Zwiefältiges vergelten will. *Jes. 61,7.
13. Denn ich habe mir Juda gespannt
zum Bogen und Epraim gerüstet und will
deine Kinder, Zion, erwecken über deine
Kinder, *Griechenland, und will dich machen zu einem Schwert der Riesen.
*Dan. 8,21.22.
14. Und der Herr wird über ihnen erscheinen, und seine Pfeile werden ausfahren wie der Blitz; und der Herr Herr wird
die Posaune blasen und wird einhertreten
wie die Wetter vom Mittag.
15. Der Herr Zebaoth wird sie schützen,
daß sie um sich fressen und unter sich
treten die Schleudersteine, daß sie trinken und lärmen wie vom Wein und voll
werden wie das Becken und wie die Ecken
des Altars.
16. Und der Herr, ihr Gott, wird ihnen zu
der Zeit helfen als der Herde seines Volks;
denn wie edle Steine werden wie in seinem
Lande glänzen.
17. Denn was haben sie doch Gutes, und
was haben sie doch Schönes! Korn macht
Jünglinge und Most macht Jungfrauen
blühen.

Das 10. Kapitel

Das Volk wird aus der Gewalt der Unterdrücker befreit, gesammelt und neu gesegnet.

1. So bittet nun vom Herrn Spätregen, so
wird der Herr Gewölk machen und euch
Regen genug geben zu allem Gewächs auf
dem Felde.
2. Denn die Götzen reden, was eitel ist;
und die Wahrsager sehen Lüge und reden
vergebliche Träume, und ihr Trösten ist
nichts; darum gehen *sie in der Irre wie
eine Herde und sind verschmachtet, weil
kein Hirte da ist. *Matth. 9,36.
3. Mein Zorn ist ergrimmt über die *Hirten, und die Böcke will ich heimsuchen;
denn der Herr Zebaoth wird seine Herde
heimsuchen, das Haus Juda, und wird sie
zurichten wie ein Roß, das zum Streit
geschmückt ist. *K. 11,5.
4. Die Ecksteine, Nägel, Streitbogen, alle
Herrscher sollen aus ihnen selbst herkommen; Jer. 30,21.
5. und sie sollen sein wie die Riesen, die
den Kot auf der Gasse treten im Streit, und
sollen streiten; denn der Herr wird mit
ihnen sein, daß die Reiter zu Schanden
werden.
6. Und ich will das Haus Juda stärken
und das Haus Joseph erretten und will sie
wieder einsetzen; denn ich erbarme mich
ihrer; und sie sollen sein, wie sie waren, da
ich sie nicht verstoßen hatte. Denn ich,
der Herr, ihr Gott, will sie erhören.
7. Und Ephraim soll sein wie ein Riese,
und ihr Herz soll fröhlich werden wie vom
Wein; dazu ihre Kinder sollen's sehen und
sich freuen, daß ihr Herz am Herrn fröhlich sei.
8. Ich will Ihnen zischen und sie sammeln, denn ich will sie erlösen; und sie
sollen sich mehren, wie sie sich zuvor gemehrt haben.
9. Und ich will sie unter die Völker säen,
daß sie mein gedenken in fernen Landen;
und sie sollen mit ihren Kindern leben
und wiederkommen. Jes. 66,19.
10. Denn ich will sie wiederbringen aus
Ägyptenland und will sie sammeln aus Assyrien und will sie ins Land Gilead und
Libanon bringen, daß man nicht Raum für
sie finden wird.
11. Und er *wird durchs Meer der Angst
gehen und die Wellen im Meer schlagen,
daß alle Tiefen des Wasses vertrocknen
werden. Da soll denn erniedrigt werden
die Pracht von Assyrien, und das Zepter in
Ägypten soll aufhören.
*2. Mose 14,16; Jes. 11,15.
12. Ich will sie stärken in dem Herrn,
daß sie sollen wandeln in seinem Namen,
spricht der Herr.

Das 11. Kapitel

Wehklage über untreue Hirten des Volks. Die Stäbe Huld und Eintracht. Dreißig Silberlinge für den guten Hirten.

1. Tue deine Türen auf, Libanon, daß das
Feuer deine Zedern verzehre!
2. Heulet, ihr Tannen! denn die Zedern
sind gefallen, und die Herrlichen sind verstört. Heulet, ihr Eichen Basans! denn der
feste Wald ist umgehauen.
3. Man hört die Hirten heulen, denn ihre
Herrlichkeit ist verstört; man hört die jungen Löwen brüllen, denn die Pracht des
Jordans ist verstört.
4. So spricht der Herr, mein Gott: Hüte
die Schlachtschafe!
5. Denn ihre Herren schlachten sie und
halten's für keine Sünde, verkaufen sie
und sprechen: Gelobt sei der Herr, ich bin
nun reich! und ihre Hirten schonen ihrer
nicht. Jer. 23; Hesek. 13; 34.
6. Darum will ich auch nicht mehr schonen der Einwohner im Lande, spricht der
Herr. Und siehe, ich will die Leute lassen
einen jeglichen in der Hand des andern
und in der Hand seines Königs, daß sie das
Land zerschlagen, und will sie nicht erretten von ihrer Hand.

7. Und ich hütete die Schlachtschafe, ja, die *elenden unter den Schafen, und nahm zu mir zwei Stäbe: einen hieß ich Huld, den andern hieß ich Eintracht; und hütete die Schafe. *V. 11.
8. Und ich vertilgte drei Hirten in einem Monat. Und ich mochte sie nicht mehr; so wollten sie mich auch nicht.
9. Und ich sprach: Ich will euch nicht hüten: was da stirbt, das sterbe; was verschmachtet, das verschmachte; und die übrigen fresse ein jegliches des andern Fleisch! Jer. 15,2.
10. Und ich nahm meinen Stab Huld und zerbrach ihn, daß ich aufhöbe meinen Bund, den ich mit allen Völkern gemacht hatte.
11. Und der ward aufgehoben des Tages. Und die *elenden Schafe, die auf mich achteten, merkten dabei, daß es des Herrn Worte wäre. *V. 7.
12. Und ich sprach zu ihnen: Gefällt's euch, so bringet her, wieviel ich gelte; wo nicht, so laßt's anstehen. Und sie wogen dar, wieviel ich galt: *dreißig Silberlinge. *Matth. 26,15.
13. Und der Herr sprach zu mir: Wirf's hin, daß es dem Töpfer gegeben werde! Ei, eine treffliche Summe, der ich wert geachtet bin von ihnen! Und *ich nahm die dreißig Silberlinge und warf sie ins Haus des Herrn, daß es dem Töpfer gegeben würde. *Matth. 27,9.10.
14. Und ich zerbrach meinen andern Stab, Eintracht, daß ich aufhöbe die *Bruderschaft zwischen Juda und Israel. *Hesek. 37,22.
15. Und der Herr sprach zu mir: Nimm abermals zu dir das Gerät eines törichten Hirten.
16. Denn siehe, ich werde Hirten im Lande aufwecken, die das Verschmachtete nicht besuchen, das Zerschlagene nicht suchen und das Zerbrochene nicht heilen und das Gesunde nicht versorgen werden; aber das Fleisch der Fetten werden sie fressen und ihre Klauen zerreißen.
17. O unnütze Hirten, die die Herde verlassen! Das Schwert komme auf ihren Arm und auf ihr rechtes Auge! Ihr Arm müsse verdorren und ihr rechtes Auge dunkel werden!

Das 12. Kapitel

Mächtiger Schutz Gottes über Jerusalem. Verheißung des Geistes. Klage des Volks über den, welchen sie zerstochen haben.

1. Dies ist die Last des Wortes vom Herrn über Israel, spricht der Herr, der den Himmel ausbreitet und die Erde gründet und den Odem des Menschen in ihm macht:
2. Siehe, ich will Jerusalem zum *Taumelbecher zurichten allen Völkern, die umher sind; und auch Juda wird's gelten, wenn Jerusalem belagert wird. *Jes. 51,17.
3. Zur selben Zeit will ich Jerusalem machen zum Laststein allen Völkern; alle, die ihn wegheben wollen, sollen sich daran zerschneiden; denn es werden sich *alle Heiden auf Erden wider sie versammeln. *K. 14,2; Joel 4,12.
4. Zu der Zeit, spricht der Herr, will ich alle Rosse scheu und ihren Reitern bange machen; aber über das Haus Juda will ich meine Augen offenhaben und alle Rosse der Völker mit Blindheit plagen.
5. Und die Fürsten in Juda werden sagen in ihrem Herzen: Es seien mir nur die Bürger zu Jerusalem getrost in dem Herrn Zebaoth, ihrem Gott.
6. Zu der Zeit will ich die Fürsten Juda's machen zur Feuerpfanne im Holz und zur Fackel im *Stroh, daß sie verzehren zur Rechten und zur Linken alle Völker um und um. Und Jerusalem soll auch fürder bleiben an ihrem Ort zu Jerusalem. *Obad. 18.
7. Und der Herr wird zuerst die Hütten Juda's erretten, auf daß sich nicht hoch rühme das Haus David noch die Bürger zu Jerusalem wider Juda.
8. Zu der Zeit wird der Herr beschirmen die Bürger zu Jerusalem, und es wird geschehen, daß, welcher *schwach sein wird unter ihnen zu der Zeit, wird sein wie David; und das Haus David wird sein wie Gott, wie des Herrn Engel vor ihnen. *Jes. 33,24.
9. Und zu der Zeit werde ich gedenken, zu vertilgen alle Heiden, die wider Jerusalem gezogen sind. Offenb. 20,9.
10. Aber *über das Haus David und über die Bürger zu Jerusalem will ich ausgießen den Geist der Gnade und des Gebets; und †sie werden mich ansehen, welchen sie zerstochen haben, und werden um ihn klagen, wie man klagt um ein einziges Kind, und werden sich um ihn betrüben, wie man sich betrübt um ein erstes Kind. *Joel 3,1. †Joh. 19,37; Offenb. 1,7.
11. Zu der Zeit wird große Klage sein zu Jerusalem, wie die war bei Hadad-Rimmon im Felde *Megiddos. *2. Chron. 35,22–25.
12. Und das Land wird klagen, ein jegliches Geschlecht besonders: das Geschlecht des Hauses David besonders und

ihre Weiber besonders; das Geschlecht des
Hauses Nathan besonders und ihre Weiber
besonders;
13. das Geschlecht des Hauses Levi besonders und ihre Weiber besonders; das
Geschlecht Simeis besonders und ihre
Weiber besonders;
14. also alle übrigen Geschlechter, ein
jegliches besonders und ihre Weiber auch
besonders.

Das 13. Kapitel

Gnadenfülle des neuen Bundes. Tod des großen Hirten; Zerstreuung und Wiedersammlung seiner Herde.

1. Zu der Zeit wird das Haus David und
die Bürger zu Jerusalem einen *freien,
offenen Born haben wider die Sünde und
Unreinigkeit. *Jes. 12,3; 55,1.
2. Zu der Zeit, spricht der Herr Zebaoth,
will *ich der Götzen Namen ausrotten aus
dem Lande, daß man ihrer nicht mehr
gedenken soll; dazu will ich auch die Propheten und unreinen Geister aus dem
Lande treiben; *Micha 5,12.
3. daß es also gehen soll: wenn jemand
weiter weissagt, sollen sein Vater und seine Mutter, die ihn gezeugt haben, zu ihm
sagen: *Du sollst nicht leben, denn du
redest Falsches im Namen des Herrn; und
werden also Vater und Mutter, die ihn gezeugt haben, ihn zerstechen, wenn er
weissagt. *5. Mose 13,6.
4. Denn es soll zu der Zeit geschehen,
daß die Propheten mit Schanden bestehen
mit ihren Gesichten, wenn sie weissagen;
und sollen nicht mehr einen *härenen
Mantel anziehen, damit sie betrügen;
*2. Kön. 1,8.
5. sondern er wird müssen sagen: Ich bin
kein Prophet, sondern ein Ackermann;
denn ich habe Menschen gedient von meiner Jugend auf.
6. So man aber sagen wird zu ihm: Was
sind das für Wunden in deinen Händen?
wird er sagen: So bin ich geschlagen im
Hause derer, die mich lieben.
7. Schwert, mache dich auf über meinen
Hirten und über den Mann, der mir der
nächste ist! spricht der Herr Zebaoth.
*Schlage den Hirten, so wird die Herde
sich zerstreuen, so will ich meine Hand
kehren zu den Kleinen. *Matth. 26,31.
8. Und soll geschehen in dem ganzen
Lande, spricht der Herr, daß zwei Teile
darin sollen ausgerottet werden und untergehen, und der dritte Teil soll darin
übrigbleiben. Jes. 6,13.
9. Und ich will den dritten Teil durchs
Feuer führen und läutern, wie man Silber
läutert, und prüfen, wie man Gold prüft.
Die werden dann meinen Namen anrufen,
und ich will sie erhören. Ich will sagen: Es
ist *mein Volk; und sie werden sagen:
Herr, mein Gott! *Hos. 2,25.

Das 14. Kapitel

Not Jerusalems. Göttliche Errettung. Strafe der Feinde. Herrlichkeit und Ausbreitung des Reiches Gottes. Alles wird dem Herrn heilig.

1. Siehe, *es kommt dem Herrn die Zeit,
daß man deinen Raub austeilen wird in
dir. *Jes. 39,6.
2. Denn ich werde *alle Heiden wider
Jerusalem sammeln zum Streit. Und die
Stadt wird gewonnen, die Häuser geplündert und die Weiber geschändet werden;
und die Hälfte der Stadt wird gefangen
weggeführt werden, und das übrige Volk
wird nicht aus der Stadt ausgerottet werden. *K. 12,3.
3. Aber der Herr wird ausziehen und
streiten wider diese Heiden, gleichwie er
zu streiten pflegt zur Zeit des Streites.
Offenb. 19,19.
4. Und seine Füße werden stehen zu der
Zeit auf dem Ölberge, der vor Jerusalem
liegt gegen Morgen. Und der Ölberg wird
sich mitten entzwei spalten, vom Aufgang
bis zum Niedergang, sehr weit voneinander, daß sich eine Hälfte des Berges gegen
Mitternacht und die andere gegen Mittag
geben wird.
5. Und ihr werdet fliehen in solchem Tal
zwischen meinen Bergen – denn das Tal
zwischen den Bergen wird nahe hinanreichen an Azel – und werdet fliehen, wie ihr
vorzeiten flohet *vor dem Erdbeben zur
Zeit Usias, des Königs Juda's. Da wird
dann kommen der Herr, mein Gott, und
alle Heiligen mit dir. *Amos. 1,1.
6. Zu der Zeit wird kein Licht sein, sondern Kälte und Frost.
7. Und wird ein Tag sein – der *dem
Herrn bekannt ist – weder Tag noch
Nacht; und um den Abend wird es licht
sein. *Mark. 13,32.
8. Zu der Zeit werden lebendige Wasser
aus Jerusalem fließen, die Hälfte zum
Meer gegen Morgen und die andere Hälfte
zum Meer gegen Abend; und es wird währen des Sommers und des Winters.
Hesek. 47,1–8.
9. Und der Herr wird *König sein über
alle Lande. Zu der Zeit wird der Herr nur

einer sein und sein Name nur einer.
*Ps. 97,1; Offenb. 11,15.

10. Und man wird gehen im ganzen Lande umher wie auf einem Gefilde, von Geba nach Rimmon zu, gegen Mittag von Jerusalem. Und sie wird erhaben sein und wird bleiben an ihrem Ort, vom Tor Benjamin bis an den Ort des ersten Tors, bis an das Ecktor, und vom Turm Hananeel bis an des Königs Kelter. Jer. 31,38.

11. Und man wird darin wohnen, und *wird kein Bann mehr sein; denn †Jerusalem wird ganz sicher wohnen.
*Offenb. 22,3. †Jer. 33,16.

12. Und das wird die Plage sein, womit der Herr plagen wird alle Völker, so wider Jerusalem gestritten haben: ihr Fleisch wird verwesen, dieweil sie noch auf ihren Füßen stehen, und ihre Augen werden in den Löchern verwesen und ihre Zunge im Mund verwesen.

13. Zu der Zeit wird der Herr ein großes Getümmel unter ihnen anrichten, daß einer wird den andern bei der Hand fassen und seine Hand wider des andern Hand erheben.

14. Denn auch Juda wird wider Jerusalem streiten, und es werden versammelt werden die Güter aller Heiden, die umher sind, Gold, Silber, Kleider über die Maßen viel.

15. Und da wird dann diese Plage gehen über Rosse, Maultiere, Kamele, Esel und allerlei Tiere, die in demselben Heer sind, gleich wie jene geplagt sind.

16. Und alle übrigen unter allen Heiden, die wider Jerusalem zogen, werden jährlich heraufkommen, anzubeten *den König, den Herrn Zebaoth, und zu halten das Laubhüttenfest. *V. 9.

17. Welches Geschlecht aber auf Erden nicht heraufkommen wird gen Jerusalem, anzubeten den König, den Herrn Zebaoth, über die wird's nicht regnen.

18. Und wo das Geschlecht der Ägypter nicht heraufzöge und käme, so wird's über sie auch nicht regnen. Das wird die Plage sein, womit der Herr plagen wird alle Heiden, die nicht heraufkommen, zu halten das Laubhüttenfest.

19. Denn das wird eine Sünde sein der Ägypter und aller Heiden, die nicht heraufkommen, zu halten das Laubhüttenfest.

20. Zu der Zeit wird auf den Schellen der Rosse stehen: *Heilig dem Herrn! und werden die Kessel im Hause des Herrn gleich sein wie die Becken vor dem Altar.
*2. Mose 28,36.

21. Und es werden alle Kessel in Jerusalem und Juda dem Herrn Zebaoth heilig sein, also daß alle, die da opfern wollen, werden kommen und sie nehmen und darin kochen. Und *wird kein Kanaaniter mehr sein im Hause des Herrn Zebaoth zu der Zeit. *Offenb. 21,27.

Der Prophet Maleachi

Das 1. Kapitel

Israels Undankbarkeit. Bestrafung der Priester und des Volks wegen gesetzwidriger Opfer.

1. Dies ist die Last, die der Herr redet wider Israel durch Maleachi.

2. Ich habe euch lieb, spricht der Herr. So sprecht ihr: »Womit hast du uns lieb?« Ist nicht Esau Jakobs Bruder? spricht der Herr; *und doch habe ich Jakob lieb
*1. Mose 25,23, Röm. 9,13.

3. und hasse Esau und habe sein Gebirge öde gemacht und sein Erbe *den Schakalen zur Wüste. *Jes. 34,13.

4. Und ob Edom sprechen würde: Wir sind verderbt, aber wir wollen das Wüste wieder erbauen! so spricht der Herr Zebaoth also: Werden sie bauen, so will ich abbrechen, und es soll heißen die verdammte Grenze und ein Volk, über das der Herr zürnt ewiglich.

5. Das sollen eure Augen sehen, und ihr werdet sagen: Der Herr ist herrlich in den Grenzen Israels.

6. Ein *Sohn soll seinen Vater ehren und ein Knecht seinen Herrn. Bin ich nun Vater, wo ist meine Ehre? bin ich Herr, wo fürchtet man mich? spricht der Herr Zebaoth zu euch Priestern, die meinen Namen verachten. So sprecht ihr: »Womit verachten wir deinen Namen?«
2. Mose 20,12; Joh. 8,49.

7. Damit daß ihr opfert auf meinem Altar unreines Brot. So sprecht ihr: »Womit opfern wir dir Unreines?« Damit daß ihr sagt: »Des Herr Tisch ist verachtet.«

8. Und wenn ihr ein *Blindes opfert, so muß es nicht böse heißen; und wenn ihr

ein Lahmes oder Krankes opfert, so muß
es auch nicht böse heißen. Bringe es deinem Fürsten! was gilt's, ob du ihm gefallen werdest, oder ob er deine Person ansehen werde? spricht der Herr Zebaoth.

*3. Mose 22,20.23.

9. So bittet nun Gott, daß er uns gnädig
sei! denn solches ist geschehen von euch. Meinet ihr, er werde eure Person ansehen? spricht der Herr Zebaoth.

10. Daß doch einer unter euch die Türen
zuschlösse, damit ihr nicht umsonst auf meinem Altar Feuer anzündet! Ich habe kein Gefallen an euch, spricht der Herr Zebaoth, und das *Speisopfer von euren Händen ist mir nicht angenehm.

*K. 2,13; Jes. 1,13.

11. Aber vom Aufgang der Sonne bis zum
Niedergang soll mein Name herrlich werden unter den Heiden, und an allen Orten soll meinem Namen geräuchert und ein reines Speisopfer geopfert werden; denn mein Name soll herrlich werden unter den Heiden, spricht der Herr Zebaoth.

Jes. 60,1–7.

12. Ihr aber entheiligt ihn damit, daß ihr
sagt: »Des Herrn Tisch ist unheilig, und sein Opfer ist verachtet samt seiner Speise.«

13. Und ihr sprecht: »Siehe, es ist nur
Mühe!« und schlaget's in den Wind, spricht der Herr Zebaoth. Und ihr bringt her, was geraubt, lahm und krank ist, und opfert dann Speisopfer. Sollte mir solches gefallen von eurer Hand? spricht der Herr.

14. Verflucht sei der Betrüger, der in sei-
ner Herde ein *Männlein hat, und wenn er ein Gelübde tut, opfert er dem Herrn ein untüchtiges. Denn ich bin ein großer König, spricht der Herr Zebaoth, und mein Name ist schrecklich unter den Heiden.

*3. Mose 22,19.

Das 2. Kapitel

Strafpredigt wider die Priester und das Volk wegen ihrer Sünden, besonders der Ehe mit abgöttischen Weibern.

1. Und nun, ihr Prieser, dies Gebot gilt
euch.

2. Wo ihr's nicht höret noch zu Herzen
nehmen werdet, daß ihr meinem Namen die Ehre gebt, spricht der Herr Zebaoth, so werde ich *den Fluch unter euch schicken und euren Segen verfluchen, ja, verfluchen werde ich ihn, weil ihr's nicht wolltet zu Herzen nehmen.

*5. Mose 28,15.

3. Siehe, ich will schelten euch samt der
Saat und den Kot eurer Festopfer euch ins Angesicht werfen, und er soll an euch kleben bleiben.

4. So werdet ihr dann erfahren, daß ich
solches Gebot zu euch gesandt habe, daß es mein Bund sein sollte mit Levi, spricht der Herr Zebaoth.

5. Denn mein Bund war mit ihm zum
Leben und Frieden, und ich gab ihm die Furcht, daß er mich fürchtete und meinen Namen scheute.

6. Das Gesetz der Wahrheit war in sei-
nem Munde, und ward kein Böses in seinen Lippen gefunden. Er wandelte vor mir friedsam und aufrichtig und bekehrte viele von Sünden.

7. Denn des *Priesters Lippen sollen die
Lehre bewahren, daß man aus seinem Munde das Gesetz suche; denn er ist ein †Engel des Herrn Zebaoth.

*5. Mose 33,10. †Hagg. 1,13.

8. Ihr aber seid von dem Wege abgetreten
und ärgert viele im Gesetz und habt den Bund Levis gebrochen, spricht der Herr Zebaoth.

9. Darum habe ich auch euch gemacht,
daß ihr verachtet und unwert seid vor dem ganzen Volk, weil ihr meine Wege nicht haltet und seht Personen an im Gesetz.

10. Haben wir nicht alle *einen Vater?
Hat uns nicht †ein Gott geschaffen? Warum verachten wir denn einer den andern und entheiligen den Bund, mit unsern Vätern gemacht? *K. 1,6. †Hiob 31,15.

11. Denn Juda ist ein Verächter gewor-
den, und in Israel und zu Jerusalem geschehen Greuel. Denn Juda entheiligt, was dem Herrn heilig ist und was er liebhat, und buhlt mit eines *fremden Gottes Tochter. *Esra 9,2.

12. Aber der Herr wird den, so solches
tut, ausrotten aus der Hütte Jakobs, beide, Meister und Schüler, samt dem, der dem Herrn Zebaoth Speisopfer bringt.

13. Weiter tut ihr auch das: ihr bedeckt
den Altar des Herrn mit Tränen und Weinen und Seufzen, daß ich nicht mehr mag das *Speisopfer ansehen noch etwas Angenehmes von euren Händen empfangen.

*K. 1,10.

14. Und so sprecht ihr: »Warum das?«
Darum daß der Herr zwischen dir und dem Weib deiner Jugend Zeuge war, die du verachtest, so sie doch deine Gesellin und ein Weib deines Bundes ist.

15. Also tat *der Eine nicht, und war
doch eines großen Geistes. Was tat aber der Eine? Er suchte den †Samen, von Gott verheißen. Darum so sehet euch vor vor

eurem Geist und verachte keiner das Weib seiner Jugend.

*Jes. 51,2; Hesek. 33,24. †1. Mose 15,5.6; 21,12.

16. Wer ihr aber gram ist und *verstößt sie, spricht der Herr, der Gott Israels, der bedeckt mit Frevel sein Kleid, spricht der Herr Zebaoth. Darum so seht euch vor vor eurem Geist und verachtet sie nicht.

*5. Mose 24,1.

17. Ihr macht den Herrn unwillig durch eure *Reden. So sprecht ihr: »Womit machen wir ihn unwillig?« Damit daß ihr sprecht: »Wer Böses tut, der gefällt dem Herrn, und zu solchen hat er Lust«, oder: »Wo ist der Gott, der das strafe?«

*K. 3,13.14.

Das 3. Kapitel

Von dem Vorläufer des Messias und der Zukunft des Herrn.

1. Siehe, *ich will meinen Engel senden, der vor mir her den Weg bereiten soll. Und bald wird kommen zu seinem Tempel der Herr, den ihr suchet; und der Engel des Bundes, des ihr begehret, siehe, er kommt! spricht der Herr Zebaoth.

*Matth. 11,10; Mark. 1,2; Luk. 1,17.

2. Wer wird aber den Tag seiner Zukunft erleiden können, und wer wird bestehen, wenn er wird erscheinen? *Denn er ist wie das Feuer eines Goldschmieds und wie die Seife der Wäscher. *Jes. 1,25.

3. Er wird sitzen und schmelzen und das Silber reinigen; er wird die Kinder Levi reinigen und *läutern wie Gold und Silber. Dann werden sie dem Herrn Speisopfer bringen in Gerechtigkeit, *Sach. 13.9.

4. und wird dem Herrn wohl gefallen das Speisopfer Juda's und Jerusalems wie vormals und vor langen Jahren.

5. Und ich will zu euch kommen und euch strafen und will ein schneller Zeuge sein wider die Zauberer, Ehebrecher und Meineidigen und wider die, so Gewalt und Unrecht tun den Tagelöhnern, Witwen und Waisen und den Fremdling drücken und mich nicht fürchten, spricht der Herr Zebaoth.

6. Denn ich bin der Herr und wandle mich nicht; und es soll mit euch Kindern Jakobs nicht gar aus sein.

7. Ihr seid von eurer Väter Zeit an immerdar abgewichen von meinen Geboten und habt sie nicht gehalten. *So bekehret euch nun zu mir, so will ich mich zu euch auch kehren, spricht der Herr Zebaoth. So sprecht ihr: »Worin sollen wir uns bekehren?« *Sach. 1,3.

8. Ist's recht, daß ein Mensch Gott täuscht, wie ihr mich täuschet? So sprecht ihr: »Womit täuschen wir dich?« Am Zehnten und Hebopfer.

9. Darum seid ihr auch verflucht, *daß euch alles unter den Händen zerrinnt; denn ihr täuscht mich allesamt. *Hagg. 1,6.

10. Bringet aber die Zehnten ganz in mein Kornhaus, auf daß in meinem Hause Speise sei, und prüfet mich hierin, spricht der Herr Zebaoth, ob ich euch nicht des Himmels Fenster auftun werde und Segen herabschütten in Fülle.

11. Und ich will für euch den Fresser schelten, daß er euch die Frucht auf dem Felde nicht verderben soll und der Weinstock im Acker euch nicht unfruchtbar sei, spricht der Herr Zebaoth;

12. daß euch alle Heiden sollen selig preisen, denn ihr sollt ein wertes Land sein, spricht der Herr Zebaoth.

13. Ihr redet hart wider mich, spricht der Herr. So sprecht ihr: »Was reden wir wider dich?«

14. Damit daß ihr sagt: Es ist umsonst, daß man Gott dient; und was nützt es, daß wir sein Gebot halten und ein hartes Leben vor dem Herrn Zebaoth führen?

Ps. 73,13.14.

15. Darum preisen wir die Verächter; denn die Gottlosen nehmen zu; sie versuchen Gott, und alles geht ihnen wohl aus.

16. Aber die Gottesfürchtigen trösten sich untereinander also: Der Herr merkt und hört es, und vor ihm ist ein Denkzettel geschrieben für die, so den Herrn fürchten und an seinen Namen gedenken.

17. Sie sollen, spricht der Herr Zebaoth, des Tages, den ich machen will, mein *Eigentum sein; und ich will ihrer schonen, wie ein Mann seines Sohnes schont, der ihm dient. *2. Mose 19,5.

18. Und ihr sollt dagegen wiederum sehen, was für ein Unterschied sei zwischen dem Gerechten und dem Gottlosen, und zwischen dem, der Gott dient, und dem, der ihm nicht dient.

19. [K. 4,1.] Denn siehe, es kommt ein Tag, der brennen soll wie ein Ofen; da werden alle Verächter und Gottlosen Stroh sein, und der künftige Tag wird sie anzünden, spricht der Herr Zebaoth, und wird ihnen weder Wurzel noch Zweige lassen.

20. [2.] Euch aber, die ihr meinen Namen fürchtet, *soll aufgehen die Sonne der Gerechtigkeit und Heil unter ihren Flügeln; und ihr sollt aus und ein gehen und hüpfen wie die Mastkälber. *Luk. 1,78.

21. [3.] Ihr werdet die Gottlosen zertre-

ten; denn sie sollen Asche unter euren
Füßen werden des Tages, *den ich machen will, spricht der Herr Zebaoth. *V. 17.
22. [4.] Gedenket des Gesetzes Mose's,
meines Knechtes, das ich ihm befohlen
habe auf dem Berge Horeb an das ganze
Israel samt den Geboten und Rechten.
23. [5.] Siehe, ich *will euch senden den
Propheten Elia, †ehe denn da komme der
große und schreckliche Tag des Herrn.
*Matth. 11,14; 17,11–13. †Joel 3,4.
24. [6.] Der *soll das Herz der Väter bekehren zu den Kindern und das Herz der
Kinder zu ihren Vätern, daß ich nicht
komme und das Erdreich mit dem Bann
schlage. *Luk. 1,17.

Ende des Alten Testaments

Das
Neue Testament

Verzeichnis der Bücher des Neuen Testaments

DIE HEILIGEN DREI KÖNIGE Matthäus 2, 9–11

Evangelium des Matthäus

Das 1. Kapitel

Christi Geschlechtsregister, Name und Geburt.
(V. 1–17: vgl. Luk. 3,23–38.)

1. Dies ist das Buch von der Geburt Jesu
Christi, der da ist ein *Sohn Davids, des
Sohnes Abrahams.
*1. Chron. 17,11; 1. Mose 22,18.
2. Abraham zeugte Isaak. Isaak zeugte
Jakob. Jakob zeugte Juda und seine Brüder. 1. Mose 21,3.12; 25,26; 29,35; 49,10.
3. Juda zeugte Perez und Serah von der
Thamar. Perez zeugte Hezron. Hezron
zeugte Ram.
1. Mose 38,29.30; Ruth 4,18–22.
4. Ram zeugte Amminadab. Amminadab
zeugte Nahesson. Nahesson zeugte Salma.
5. Salma zeugte Boas von der Rahab.
*Boas zeugte Obed von der Ruth. Obed
zeugte Jesse. *Ruth 4,13–17.
6. Jesse zeugte den König David. *Der
König David zeugte Salomo von dem Weib
des Uria. *2. Sam. 12,24.
7. Salomo zeugte Rehabeam. Rehabeam
zeugte Abia. Abia zeugte Asa.
1. Chron. 3,10–16.
8. Asa zeugte Josaphat. Josaphat zeugte
Joram. Joram zeugte Usia.
9. Usia zeugte Jotham. Jotham zeugte
Ahas. Ahas zeugte Hiskia.
10. Hiskia zeugte Manasse. Manasse
zeugte Amon. Amon zeugte Josia.
11. Josia zeugte Jechonja und seine Brüder um die Zeit der babylonischen Gefangenschaft.
12. Nach der babylonischen Gefangenschaft zeugte Jechonja Sealthiel. Sealthiel
zeugte Serubabel. 1. Chron. 3,17; Esra 3,2.
13. Serubabel zeugte Abiud. Abiud zeugte Eliakim. Eliakim zeugte Asor.
14. Asor zeugte Zadok. Zadok zeugte
Achim. Achim zeugte Eliud.

15. Eliud zeugte Eleasar. Eleasar zeugte
Matthan. Matthan zeugte Jakob.
16. Jakob zeugte Joseph, den Mann Marias, von welcher ist geboren Jesus, der da
*heißt Christus. *K. 27,17.22.
17. Alle Glieder von Abraham bis auf David sind vierzehn Glieder. Von David bis
auf die babylonische Gefangenschaft sind
vierzehn Glieder. Von der babylonischen
Gefangenschaft bis auf Christus sind vierzehn Glieder.
18. Die Geburt Christi war aber also getan. Als Maria, seine Mutter, dem Joseph
vertrauet war, fand sich's, ehe er sie heim-
holte, daß sie schwanger war von dem
heiligen Geist. Luk. 1,35.
19. Joseph aber, ihr Mann, war fromm
und wollte sie nicht in Schande bringen,
gedachte aber, sie heimlich zu verlassen.
20. Indem er aber so gedachte, siehe, da
erschien ihm ein Engel des Herrn im
Traum und sprach: Joseph, du Sohn Davids, fürchte dich nicht, Maria, dein Gemahl, zu dir zu nehmen; denn *das in ihr
geboren ist, das ist von dem heiligen Geist.
*V. 18.
21. Und sie wird einen Sohn gebären, des
*Namen sollst du Jesus heißen; denn er
†wird sein Volk selig machen von ihren
Sünden. *Luk. 1,31; 2,21. †Apg. 4,12.
22. Das ist aber alles geschehen, auf daß
erfüllet würde, was der Herr durch den
*Propheten gesagt hat, der da spricht:
*Jes. 7,14.
23. »Siehe, eine Jungfrau wird schwanger sein und einen Sohn gebären, und sie
werden seinen Namen Immanuel heißen«, das ist verdolmetscht: Gott mit uns.
24. Da nun Joseph vom Schlaf erwachte,
tat er, wie ihm des Herrn Engel befohlen
hatte, und nahm sein Gemahl zu sich.
25. Und er erkannte sie nicht, bis sie ihren *ersten Sohn gebar; und hieß seinen
Namen Jesus. *Luk. 2,7.

Das 2. Kapitel

Weise aus Morgenland. Flucht nach Ägypten.
Des Herodes Kindermord.
Jesu Rückkehr und Wohnung in Nazareth.

1. Da *Jesus geboren war zu Bethlehem
im jüdischen Lande, zur Zeit des Königs
Herodes, siehe, da kamen die Weisen vom
Morgenland gen Jerusalem und sprachen:
*Luk. 2,1–7.
2. Wo ist der neugeborene König der Juden? Wir haben seinen Stern gesehen im
Morgenland und sind gekommen, ihn anzubeten. 4. Mose 24,17.
3. Da das der König Herodes hörte, erschrak er und mit ihm das ganze Jerusalem.
4. Und ließ versammeln alle Hohenpriester und Schriftgelehrten unter dem Volk
und erforschte von ihnen, wo Christus
sollte geboren werden.
5. Und sie sagten ihm: Zu Bethlehem im
jüdischen Lande; denn also steht geschrieben durch den *Propheten:
*Micha 5,1; Joh. 7,42.
6. »Und du Bethlehem im jüdischen Lande bist mit nichten die kleinste unter den
Fürsten Juda's; denn aus dir soll mir kommen der Herzog, der über mein Volk Israel
ein Herr sei.«
7. Da berief Herodes die Weisen heimlich
und erlernte mit Fleiß von ihnen, wann
der Stern erschienen wäre,
8. und wies sie gen Bethlehem und
sprach: Ziehet hin und forschet fleißig
nach dem Kindlein; und wenn ihr's findet,
so sagt mir's wieder, daß ich auch komme
und es anbete.
9. Als sie nun den König gehört hatten,
zogen sie hin. Und siehe, der Stern, den sie
im Morgenland gesehen hatten, ging vor
ihnen hin, bis daß er kam und stand oben
über, da das Kindlein war.
10. Da sie den Stern sahen, wurden sie
hoch erfreut
11. und gingen in das Haus und fanden
das Kindlein mit Maria, seiner Mutter,
und fielen nieder und beteten es an und
taten ihre Schätze auf und schenkten ihm
Gold, Weihrauch und Myrrhe.
Ps. 72,10.15; Jes. 60,6.
12. Und Gott befahl ihnen im Traum,
daß sie sich nicht sollten wieder zu Herodes lenken; und sie zogen durch einen
andern Weg wieder in ihr Land.
13. Da sie aber hinweggezogen waren,
siehe, da erschien der Engel des Herrn
dem Joseph im Traum und sprach: Stehe
auf und nimm das Kindlein und seine
Mutter zu dir und flieh nach Ägyptenland
und bleib allda, bis ich dir sage; denn es ist
vorhanden, daß Herodes das Kindlein suche, dasselbe umzubringen.
14. Und er stand auf und nahm das Kindlein und seine Mutter zu sich bei der Nacht
und entwich nach Ägyptenland.
15. Und blieb allda bis nach dem Tod des
Herodes, auf daß erfüllet würde, was der
Herr durch den *Propheten gesagt hat,
der da spricht: »Aus Ägypten habe ich meinen Sohn gerufen.« *Hos. 11,1.
16. Da Herodes nun sah, daß er von den
Weisen betrogen war, ward er sehr zornig
und schickte aus und ließ alle Kinder zu

EIN ENGEL ERSCHEINT DEM JOSEPH IM SCHLAF Matthäus 2, 13

Bethlehem töten und an seinen ganzen Grenzen, die da zweijährig und darunter waren, nach der Zeit, die er mit Fleiß von den Weisen erlernt hatte.
17. Da ist erfüllt, was gesagt ist von dem Propheten *Jeremia, der da spricht:
*Jer. 31,15.
18. »Auf dem Gebirge hat man ein Geschrei gehört, viel Klagens, Weinens und Heulens; *Rahel beweinte ihre Kinder und wollte sich nicht trösten lassen, denn es war aus mit ihnen.« *1. Mose 35,19.
19. Da aber Herodes gestorben war, siehe, da erschien der Engel des Herrn dem Joseph im Traum in Ägyptenland
20. und sprach: Stehe auf und nimm das Kindlein und seine Mutter zu dir und zieh hin in das Land Israel; *sie sind gestorben, die dem Kinde nach dem Leben standen.
*2. Mose 4,19.
21. Und er stand auf und nahm das Kindlein und seine Mutter zu sich und kam in das Land Israel.
22. Da er aber hörte, daß Archelaus im jüdischen Lande König war anstatt seines Vaters Herodes, fürchtete er sich, dahin zu kommen. Und im Traum empfing er Befehl von Gott und zog in die Örter des galiläischen Landes
23. und kam und wohnte in der Stadt, die da heißt Nazareth; auf daß erfüllet würde, was da gesagt ist durch die Propheten: Er soll Nazarenus heißen.
*Luk. 1,26; 2,39; (vgl. Jes. 11,1; 53,2); Joh. 1,46.

Das 3. Kapitel

Johannes predigt Buße und tauft Jesum.
(V. 1–12: vgl. Mark. 1,1–8; Luk. 3,1–18.)

1. Zu der Zeit kam *Johannes der Täufer und predigte in der Wüste des jüdischen Landes *Luk. 1,13.
2. und sprach: Tut Buße, das Himmelreich ist nahe herbeigekommen! K. 4,17.
3. Und er ist der, von dem der Prophet *Jesaja gesagt hat und gesprochen: »Es ist eine Stimme eines Predigers in der Wüste: Bereitet dem Herrn den Weg und machet richtig seine Steige!« *Jes. 40,3; Joh. 1,23.
4. Er aber, Johannes, hatte ein *Kleid von Kamelhaaren und einen ledernen Gürtel um seine Lenden; seine Speise aber war Heuschrecken und wilder Honig.
*2. Kön. 1,8.

5. Da ging zu ihm hinaus die Stadt Jerusalem und das ganze jüdische Land und alle Länder an dem Jordan
6. und ließen sich taufen von ihm im Jordan und bekannten ihre Sünden.
7. Als er nun viele Pharisäer und Sadduzäer sah zu seiner Taufe kommen, sprach er zu ihnen: Ihr *Otterngezüchte, wer hat denn euch gewiesen, daß ihr dem künftigen Zorn entrinnen werdet? *K.23,33.
8. Sehet zu, tut rechtschaffene Frucht der Buße!
9. Denket nur nicht, daß ihr bei euch wollt sagen: Wir haben Abraham zum Vater. Ich sage euch: Gott vermag dem Abraham aus diesen Steinen Kinder zu erwekken. Röm.2,28.29; 4,12; Joh.8,33.39.
10. Es ist schon die Axt den Bäumen an die Wurzel gelegt. Darum, welcher Baum nicht gute Frucht bringt, wird abgehauen und ins Feuer geworfen. Luk.13,7–9.
11. Ich taufe euch mit Wasser zur Buße; der aber nach mir kommt, ist stärker denn ich, dem ich auch nicht genugsam bin, seine Schuhe zu tragen; der wird euch mit dem heiligen Geist und mit Feuer taufen.
Joh.1,26.27.33; Apg.1,5.
12. Und er hat seine Wurfschaufel in der Hand: er wird seine Tenne fegen und den Weizen in seine Scheune sammeln; aber die Spreu wird er verbrennen mit ewigem Feuer. K.13,30.

(V.13–17: vgl. Mark.1,9–11; Luk.3,21.22; Joh.1,31–34.)

13. Zu der Zeit kam Jesus aus Galiläa an den Jordan zu Johannes, daß er sich von ihm taufen ließe.
14. Aber Johannes wehrte ihm und sprach: Ich bedarf wohl, daß ich von dir getauft werde, und du kommst zu mir?
15. Jesus aber antwortete und sprach zu ihm: Laß es jetzt also sein! also gebührt es uns, alle Gerechtigkeit zu erfüllen. Da ließ er's ihm zu.
16. Und da Jesus getauft war, stieg er alsbald herauf aus dem Wasser; und siehe, da tat sich der Himmel auf über ihm. Und er sah den Geist Gottes gleich als eine Taube herabfahren und über ihn kommen.
17. Und siehe, eine *Stimme vom Himmel herab sprach: Dies ist mein lieber Sohn, an welchem ich †Wohlgefallen habe. *K.17,5. †Jes.42,1.

Das 4. Kapitel

Jesus wird vom Satan versucht, tritt sein Lehramt an, beruft seine ersten Jünger und heilt Kranke aller Art.

(V.1–11: vgl. Mark.1,12.13; Luk.4,1–13.)

1. Da *ward Jesus vom Geist in die Wüste geführt, auf daß er von dem Teufel versucht würde. *Hebr.4,15.
2. Und da er *vierzig Tage und vierzig Nächte gefastet hatte, hungerte ihn.
*2.Mose 34,28; 1.Kön. 19,8.
3. Und der Versucher trat zu ihm und sprach: Bist du Gottes Sohn, so sprich, daß diese Steine Brot werden. 1.Mose 3,1–7.
4. Und er antwortete und sprach: Es steht *geschrieben: »Der Mensch lebt nicht vom Brot allein, sondern von einem jeglichen Wort, das durch den Mund Gottes geht.« *5.Mose 8,3.
5. Da führte ihn der Teufel mit sich in die *heilige Stadt und stellte ihn auf die Zinne des Tempels *K.27,53.
6. und sprach zu ihm: Bist du Gottes Sohn, so laß dich hinab; denn es steht *geschrieben: »Er wird seinen Engeln über dir Befehl tun, und sie werden dich auf den Händen tragen, auf daß du deinen Fuß nicht an einen Stein stoßest.«
*Ps.91,11.12.
7. Da sprach Jesus zu ihm: Wiederum steht auch *geschrieben: »Du sollst Gott, deinen Herrn, nicht versuchen.«
*5.Mose 6,16.
8. Wiederum führte ihn der Teufel mit sich auf einen sehr hohen Berg und zeigte ihm alle Reiche der Welt und ihre Herrlichkeit
9. und sprach zu ihm: Das alles will ich dir geben, so du niederfällst und mich anbetest.
10. Da sprach Jesus zu ihm: Hebe dich weg von mir, Satan! denn es steht *geschrieben: »Du sollst anbeten Gott, deinen Herrn, und ihm allein dienen.«
*5.Mose 6,13.
11. Da verließ ihn der Teufel; und siehe, da traten die Engel zu ihm und *dienten ihm. *Joh.1,51. Hebr.1,6.14.

(V.12–17: vgl. Mark.1,14.15; Luk.4,14.15.)

12. Da nun Jesus hörte, daß Johannes *überantwortet war, zog er in das galiläische Land. *K.14,3.
13. Und verließ die Stadt Nazareth, kam und wohnte zu Kapernaum, das da liegt am Meer, im Lande Sebulon und Naphthali,
14. auf daß erfüllet würde, was da gesagt ist durch den Propheten *Jesaja, der da spricht: *Jes.8,23; 9,1.

JOSEPH FLÜCHTET MIT DEN SEINEN NACH ÄGYPTEN Matthäus 2, 14

15. »Das Land Sebulon und das Land
Naphthali, am Wege des Meers, jenseit des
Jordans, und das heidnische Galiläa,
16. das Volk, das in Finsternis saß, hat
ein großes Licht gesehen; und die da saßen
am Ort und Schatten des Todes, denen
ist ein Licht aufgegangen.«
17. Von der Zeit an fing Jesus an, zu
predigen und zu sagen: Tut Buße; das
Himmelreich ist nahe herbeigekommen!
K.3,2. (V.18–22: vgl. Mark.1,16–20; Luk.5,1–11.)
18. Als nun Jesus an dem Galiläischen
Meer ging, sah er zwei Brüder, Simon, der
da heißt Petrus, und Andreas, seinen Bruder,
die warfen ihre Netze ins Meer; denn
sie waren Fischer.
19. Und er sprach zu ihnen: Folget mir
nach; ich will euch zu Menschenfischern
machen! K.13,47; Hesek.47,10.
20. Alsbald verließen sie ihre Netze und
folgten ihm nach. K.19,27.
21. Und da er von dannen fürbaß ging,
sah er zwei andere Brüder, Jakobus, den
Sohn des Zebedäus, und Johannes, seinen
Bruder, im Schiff mit ihrem Vater Zebedäus,
daß sie ihre Netze flickten; und er
rief sie.
22. Alsbald verließen sie das Schiff und
ihren Vater und folgten ihm nach.
23. Und *Jesus ging umher im ganzen
galiläischen Lande, lehrte in ihren Schulen
und predigte das Evangelium von dem
Reich und heilte allerlei Seuche und
Krankheit im Volk.
*Mark.1,39; Luk.4,15.44; Apg.10,38.
24. Und sein Gerücht erscholl in das ganze
Syrienland. Und sie *brachten zu ihm
allerlei Kranke, mit mancherlei Seuchen
und Qual behaftet, die Besessenen, die
Mondsüchtigen und die Gichtbrüchigen;
und er machte sie alle gesund. *Mark.6,55.
25. Und es folgte ihm nach *viel Volks
aus Galiläa, aus den Zehn Städten, von
Jerusalem, aus dem jüdischen Lande und
von jenseit des Jordans.
*Mark.3,7.8. Luk.6,17–19.

Das 5. Kapitel

Bergpredigt: Seligpreisungen.
Die rechte Gesetzeserfüllung.
(K.5–7: vgl. Luk.6,20–49.)

1. Da er aber das Volk sah, ging er auf
einen Berg und setzte sich; und seine Jünger
traten zu ihm.

2. Und er tat seinen Mund auf, lehrte sie
und sprach:
3. Selig sind, die da geistlich arm sind;
denn das Himmelreich ist ihr. Jes. 57,15.
4. Selig sind, die da Leid tragen; denn sie
sollen getröstet werden.
Ps. 126,5; Jes. 61,2; Offenb. 7,17.
5. Selig sind die Sanftmütigen; denn sie
werden das Erdreich besitzen. Ps. 37,11.
6. Selig sind, die da hungert und dürstet
nach der Gerechtigkeit; denn sie sollen
satt werden.
7. Selig sind die Barmherzigen; denn sie
werden Barmherzigkeit erlangen. Jak. 2,13.
8. Selig sind, die reines Herzens sind;
denn sie werden Gott schauen.
Ps. 51,12; 1. Joh. 3,2.3.
9. Selig sind die Friedfertigen; denn sie
werden Gottes Kinder heißen. Hebr. 12,14.
10. Selig sind, die um Gerechtigkeit willen verfolgt werden; denn das Himmelreich ist ihr. 1. Petr. 3,14.
11. Selig seid ihr, wenn euch die Menschen um meinetwillen schmähen und
verfolgen und reden allerlei Übles wider
euch, so sie daran lügen. 1. Petr. 4,14.
12. Seid fröhlich und getrost; es wird
euch im Himmel wohl belohnt werden.
Denn *also haben sie verfolgt die Propheten, die vor euch gewesen sind.
*Jak. 5,10; Hebr. 11,33–38.
13. Ihr seid das Salz der Erde. Wo nun
das Salz dumm wird, womit soll man's
salzen? Es ist hinfort zu nichts nütze,
denn daß man es hinausschütte und lasse
es die Leute zertreten.
Mark. 9,50; Luk. 14,34.35.
14. Ihr seid das Licht der Welt. Es kann
die Stadt, die auf einem Berge liegt, nicht
verborgen sein. Joh. 8,12.
15. Man zündet auch nicht ein Licht an
und setzt es unter einen Scheffel, sondern
auf einen Leuchter; so leuchtet es denn
allen, die im Hause sind. Mark. 4,21.
16. Also lasset euer Licht leuchten vor
den Leuten, daß sie eure guten Werke
sehen und euren Vater im Himmel preisen. Eph. 5,8.9; 1. Petr. 2,12.
17. Ihr sollt nicht wähnen, daß ich gekommen bin, das Gesetz oder die Propheten aufzulösen; ich bin nicht gekommen,
aufzulösen, sondern zu erfüllen.
K. 3,15; Röm. 3,31; 10,4.
18. Denn ich sage euch wahrlich: Bis daß
Himmel und Erde zergehe, wird nicht zergehen der kleinste Buchstabe noch ein
*Tüttel vom Gesetz, bis daß es alles ge-
schehe. *Strichlein. Luk. 16,17; 21,33.
19. Wer nur *eines von diesen kleinsten
Geboten auflöst und lehrt die Leute also,
der wird der Kleinste heißen im Himmelreich; wer es aber tut und lehrt, der wird
groß heißen im Himmelreich. *Jak. 2,10.
20. Denn ich sage euch: Es sei denn eure
Gerechtigkeit besser als der Schriftgelehrten und Pharisäer, so werdet ihr nicht in
das Himmelreich kommen.
21. Ihr habt gehört, daß zu den Alten
gesagt ist: »Du sollst nicht töten; wer aber
tötet, der soll des Gerichts schuldig sein.«
2. Mose 20,13; 21,12; 3. Mose 24,17; 5. Mose 17,8.
22. Ich aber sage euch: Wer mit seinem
Bruder zürnet, der ist des Gerichts schuldig; wer aber zu seinem Bruder sagt: Ra-
cha! der ist des Rats schuldig; wer aber
sagt: Du Narr! der ist des höllischen Feuers schuldig. 1. Joh. 3,15.
23. Darum, wenn du deine Gabe auf dem
Altar opferst und wirst allda eingedenk,
daß dein Bruder etwas wider dich habe,
Mark. 11,25.
24. so laß allda vor dem Altar deine Gabe
und gehe zuvor hin und versöhne dich mit
deinem Bruder, und alsdann komm und
opfre deine Gabe.
25. Sei willfährig deinem Widersacher
bald, dieweil du noch bei ihm auf dem
Wege bist, auf daß dich der Widersacher
nicht dermaleinst überantworte dem
Richter, und der Richter überantworte
dich dem Diener, und werdest in den Kerker geworfen. K. 6,14.15; 18,35; Luk. 12,58.59.
26. Ich sage dir wahrlich: Du wirst nicht
von dannen herauskommen, bis du auch
den letzten Heller bezahlest.
27. Ihr habt gehört, daß zu den Alten
gesagt ist: »Du sollst nicht ehebrechen.«
2. Mose 20,14.
28. Ich aber sage euch: Wer ein Weib
ansieht, ihrer zu begehren, der hat schon
mit ihr die Ehe gebrochen in seinem Herzen. Hiob 31,1; 2. Petr. 2,14.
29. Ärgert dich aber dein rechtes Auge,
so reiß es aus und wirf's von dir. Es ist dir
besser, daß eins deiner Glieder verderbe,
und nicht der ganze Leib in die Hölle geworfen werde. K. 18,8.9; Mark. 9,43.47; Kol. 3,5.
30. Ärgert dich deine rechte Hand, so
haue sie ab und wirf sie von dir. Es ist dir
besser, daß eins deiner Glieder verderbe,
und nicht der ganze Leib in die Hölle geworfen werde.
31. Es ist auch gesagt: »Wer sich von
seinem Weibe scheidet, der soll ihr geben
einen Scheidebrief.« K. 19,3–9; 5. Mose 24,1.
32. Ich aber sage euch: Wer sich von seinem Weibe scheidet (es sei denn um Ehebruch), der macht, daß sie die Ehe bricht;

HERODES LÄSST DIE KINDER TÖTEN Matthäus 2, 16

und wer eine Abgeschiedene freit, der
bricht die Ehe. Luk. 16,18; 1. Kor. 7,10.11.
33. Ihr habt weiter gehört, daß zu den
Alten gesagt ist: »Du sollst keinen falschen
Eid tun und sollst Gott deinen Eid halten.«
2. Mose 20,7; 3. Mose 19,12; 4. Mose 30,3.
34. Ich aber sage euch, daß ihr *überhaupt
nicht schwören sollt, weder bei dem
Himmel, denn †er ist Gottes Stuhl,
*K. 23,16–22. †Jes. 66,1; Apg. 7,49.
35. noch bei der Erde, denn sie ist seiner
Füße Schemel, noch bei Jerusalem, denn
sie ist des *großen Königs Stadt.
*Ps. 48,3.
36. Auch sollst du nicht bei deinem
Haupt schwören; denn du vermagst nicht,
ein einziges Haar weiß oder schwarz zu
machen.
37. Eure Rede aber sei: Ja, ja; nein, nein.
Was darüber ist, das ist vom Übel.
2. Kor. 1,17; Jak. 5,12.
38. Ihr habt gehört, daß da gesagt ist:
»Auge um Auge, Zahn um Zahn.«
3. Mose 24,19.20.
39. Ich aber sage euch, daß ihr nicht
widerstreben sollt dem Übel; sondern, so
dir jemand einen Streich gibt auf deinen
rechten Backen, dem biete den andern
auch dar. Joh. 18,22.23; 3. Mose 19,18.
40. Und so jemand mit dir rechten will
und deinen Rock nehmen, dem laß auch
den Mantel. 1. Kor. 6,7.
41. Und so dich jemand nötigt eine Meile,
so gehe mit ihm zwei.
42. Gib dem, der dich bittet, und wende
dich nicht von dem, der dir abborgen will.
43. Ihr habt gehört, daß gesagt ist: »Du
sollst deinen Nächsten lieben und deinen
Feind hassen.« 3. Mose 19,18.
44. Ich aber sage euch: Liebet eure
*Feinde; segnet, die euch fluchen; tut
wohl denen, die euch hassen; †bittet für
die, so euch beleidigen und verfolgen,
*2. Mose 23,4.5; Röm. 12,14.20. †Luk. 23,34; Apg. 7,59.
45. auf daß *ihr Kinder seid eures Vaters
im Himmel; denn er läßt seine Sonne aufgehen
über die Bösen und über die Guten
und läßt regnen über Gerechte und Ungerechte.
*Eph. 5,1.
46. Denn so ihr liebet, die euch lieben,
was werdet ihr für Lohn haben? Tun nicht
dasselbe auch die Zöllner?
47. Und so ihr euch nur zu euren Brü-

dern freundlich tut, was tut ihr Sonderliches? Tun nicht die Zöllner auch also?
48. Darum wollt *ihr vollkommen sein, gleichwie euer Vater im Himmel vollkommen ist. *3. Mose 19,2.

Das 6. Kapitel

Fortsetzung der Bergpredigt: vom Almosen, Beten und Fasten; Warnung vor irdischem Sinn.

1. Habt acht auf aure Almosen, daß ihr die nicht gebet vor den Leuten, daß ihr von ihnen gesehen werdet; ihr habt anders keinen Lohn bei eurem Vater im Himmel.
2. Wenn du nun Almosen gibst, sollst du nicht lassen vor dir posaunen, wie die Heuchler tun in den Schulen und auf den Gassen, auf daß sie von den Leuten gepriesen werden. Wahrlich, ich sage euch: Sie haben ihren Lohn dahin.
3. Wenn du aber Almosen gibst, so laß deine linke Hand nicht wissen, was die rechte tut, K. 25,37–40; Röm. 12,8.
4. auf daß dein Almosen verborgen sei; und dein Vater, der in das Verborgene sieht, wird dir's vergelten öffentlich.
5. Und wenn du betest, sollst du nicht sein wie die Heuchler, die da gerne stehen und beten in den Schulen und an den Ecken auf den Gassen, auf daß sie von den Leuten gesehen werden. Wahrlich, ich sage euch: Sie haben ihren Lohn dahin.
6. Wenn aber du betest, so gehe in dein Kämmerlein und *schließ die Tür zu und bete zu deinem Vater im Verborgenen; und dein Vater, der in das Verborgene sieht, wird dir's vergelten öffentlich.
*2. Kön. 4,33.
7. Und wenn ihr betet, sollt ihr nicht viel plappern wie die Heiden; denn sie meinen, sie werden erhört, wenn sie viel Worte machen. Jes. 1,15.
8. Darum sollt ihr euch ihnen nicht gleichstellen. Euer *Vater weiß, was ihr bedürfet, ehe denn ihr ihn bittet. *V. 32.
9. Darum sollt ihr also beten: *Unser Vater in dem Himmel! Dein Name werde geheiligt. *Luk. 11,2–4.
10. Dein Reich komme. *Dein Wille geschehe auf Erden wie im Himmel.
*K. 7,21; Luk. 22,42.
11. Unser täglich Brot gib uns heute.
12. Und vergib uns unsere Schulden, wie wir unsern Schuldigern vergeben.
V. 14.15; K. 18,21–35.
13. Und führe uns nicht in Versuchung, sondern erlöse uns von dem Übel. Denn *dein ist das Reich und die Kraft und die Herrlichkeit in Ewigkeit. Amen.
*1. Chron. 29,11–13.
14. Denn so ihr den Menschen ihre Fehler vergebet, so wird euch euer himmlischer Vater auch vergeben.
15. Wo ihr aber den Menschen ihre Fehler nicht vergebet, so wird euch euer Vater eure Fehler auch nicht vergeben.
Mark. 11,25.26.
16. Wenn ihr fastet, sollt ihr nicht sauer sehen wie die Heuchler; denn sie verstellen ihr Angesicht, auf daß sie vor den Leuten scheinen mit ihrem Fasten. Wahrlich, ich sage euch: Sie haben ihren Lohn dahin. Jes. 58,5–9.
17. Wenn du aber fastest, so salbe dein Haupt und wasche dein Angesicht,
18. auf daß du nicht scheinest vor den Leuten mit deinem Fasten, sondern vor deinem Vater, welcher verborgen ist; und dein Vater, der in das Verborgene sieht, wird dir's vergelten öffentlich.
19. Ihr sollt euch nicht Schätze sammeln auf Erden, da sie die Motten und der Rost fressen und da die Diebe nachgraben und stehlen.
20. Sammelt euch aber Schätze im Himmel, da sie weder Motten noch Rost fressen und da die Diebe nicht nachgraben noch stehlen. K. 19,21; Luk. 12,33.34; Kol. 3,1.2.
21. Denn wo euer Schatz ist, da ist auch euer Herz.
22. Das Auge ist des Leibes Licht. Wenn dein Auge einfältig ist, so wird dein ganzer Leib licht sein; Luk. 11,34–36.
23. ist aber dein Auge ein Schalk, so wird dein ganzer Leib finster sein. Wenn nun das Licht, das in dir ist, Finsternis ist, wie groß wird dann die Finsternis sein!
24. Niemand kann zwei Herren dienen: entweder er wird den einen hassen und den andern lieben, oder er wird dem einen anhangen und den andern verachten. Ihr könnt nicht Gott dienen und dem Mammon. Luk. 16,9.13. (V. 25–33: vgl. Luk. 12,22–31.)
25. Darum sage ich euch: *Sorget nicht für euer Leben, was ihr essen und trinken werdet, auch nicht für euren Leib, was ihr anziehen werdet. Ist nicht das Leben mehr denn die Speise? und der Leib mehr denn die Kleidung?
*Phil. 4,6; 1. Petr. 5,7; 1. Tim. 6,6; Hebr. 13,5.
26. Sehet die Vögel unter dem Himmel an: sie säen nicht, sie ernten nicht, sie sammeln nicht in die Scheunen; und euer himmlischer Vater nährt sie doch. Seid ihr denn nicht viel mehr denn sie? K. 10,29–31.
27. Wer ist aber unter euch, der seiner Länge eine Elle zusetzen möge, ob er gleich darum sorget?
28. Und warum sorget ihr für die Klei-

BERGPREDIGT Matthäus 5, 3.4

dung? Schauet die Lilien auf dem Felde, wie sie wachsen: sie arbeiten nicht, auch spinnen sie nicht.
29. Ich sage euch, daß auch *Salomo in aller seiner Herrlichkeit nicht bekleidet gewesen ist wie derselben eins. *1.Kön.10.
30. So denn Gott das Gras auf dem Felde also kleidet, das doch heute steht und morgen in den Ofen geworfen wird: sollte er das nicht viel mehr euch tun, o ihr Kleingläubigen?
31. Darum sollt ihr nicht sorgen und sagen: Was werden wir essen, was werden wir trinken, womit werden wir uns kleiden?
32. Nach solchem allem trachten die Heiden. Denn euer himmlischer Vater weiß, daß ihr des alles bedürfet.
33. Trachtet *am ersten nach dem Reich Gottes und nach seiner Gerechtigkeit, †so wird euch solches alles zufallen.
*Röm.14,17. †1.Kön. 3,13.14; Ps.37,4.25.
34. Darum sorget nicht für den andern Morgen; denn der morgende Tag wird für das Seine sorgen. Es ist genug, daß ein jeglicher Tag seine eigene Plage habe.
V.11; 2.Mose 16,19.

Das 7. Kapitel

Schluß der Bergpredigt: Vom lieblosen Richten, von der Kraft des Gebets und vom Tun des göttlichen Willens.

1. Richtet nicht, auf daß ihr nicht gerichtet werdet. Röm.2,1; 1.Kor. 4,5.
2. Denn mit welcherlei Gericht ihr richtet, werdet ihr gerichtet werden; und mit welcherlei Maß ihr messet, wird euch gemessen werden. Mark.4,24.
3. Was siehest du aber den Splitter in deines Bruders Auge, und wirst nicht gewahr des Balkens in deinem Auge?
4. Oder wie darfst du sagen zu deinem Bruder: Halt, ich will dir den Splitter aus deinem Auge ziehen, – und siehe, ein Balken ist in deinem Auge?
5. Du Heuchler, zieh am ersten den Balken aus deinem Auge; darnach siehe zu, wie du den Splitter aus deines Bruders Auge ziehest!
6. Ihr sollt das *Heiligtum nicht den Hunden geben, und eure Perlen sollt ihr nicht vor die Säue werfen, auf daß sie dieselben nicht zertreten mit ihren Füßen und sich wenden und euch zerreißen.
*K.10,11.

7. Bittet, so wird euch gegeben; suchet, so werdet ihr finden; klopfet an, so wird euch aufgetan.
Mark. 11,24; Luk. 11,5–13; Jer. 29,13.24.

8. Denn wer da bittet, der empfängt; und wer da sucht, der findet; und wer da anklopft, dem wird aufgetan.

9. Welcher ist unter euch Menschen, so ihn sein Sohn bittet ums Brot, der ihm einen Stein biete?

10. oder, so er ihn bittet um einen Fisch, der ihm eine Schlange biete?

11. So denn ihr, die ihr doch arg seid, könnt dennoch euren Kindern gute Gaben geben, wie viel mehr wird euer Vater im Himmel Gutes geben denen, die ihn bitten! Jak. 1,17.

12. Alles nun, was ihr wollt, daß euch die Leute tun sollen, das tut ihr ihnen auch. Das ist das Gesetz und die Propheten.
K. 22,39.40; Röm. 13,8–10.

13. Gehet ein durch die enge Pforte. Denn die Pforte ist weit, und der Weg ist breit, der zur Verdammnis abführet; und ihrer sind viele, die darauf wandeln.
Luk. 13,24.

14. Und die Pforte ist eng, und der Weg ist schmal, der zum Leben führet; und wenige sind ihrer, die ihn finden.
K. 19,24; Apg. 14,22.

15. Sehet euch vor vor *den falschen Propheten, die in Schafskleidern zu euch kommen, †inwendig aber sind sie reißende Wölfe. *K. 24,4.5.24. †Apg. 20,29.

16. An ihren Früchten sollt ihr sie erkennen. Kann man auch Trauben lesen von den Dornen oder Feigen von den Disteln?
Gal. 5,19–22; Jak. 3,12.

17. Also ein jeglicher guter Baum bringt gute Früchte; aber ein fauler Baum bringt arge Früchte. K. 12,33.

18. Ein guter Baum kann nicht arge Früchte bringen, und ein fauler Baum kann nicht gute Früchte bringen.

19. Ein jeglicher Baum, der nicht gute Früchte bringt, wird abgehauen und ins Feuer geworfen. K. 3,10; Joh. 15,2.6.

20. Darum an ihren Früchten sollt ihr sie erkennen.

21. Es werden *nicht alle, die zu mir sagen: Herr, Herr! in das Himmelreich kommen, sondern die den Willen tun meines Vaters im Himmel.
*Röm. 2,13; Jak. 1,22.25; 2,14.

22. Es werden viele zu mir sagen an jenem Tage: Herr, Herr! haben wir nicht in deinem Namen geweissagt, haben wir nicht in deinem Namen Teufel ausgetrieben, haben wir nicht in deinem Namen viele Taten getan?
Luk. 13,25–27; 1. Kor. 13,1.2.

23. Dann werde ich ihnen bekennen: Ich habe euch noch nie erkannt; weichet alle von mir, ihr Übeltäter! K. 25,41; 2. Tim. 2,19.

24. Darum, wer diese meine Rede hört und tut sie, den vergleiche ich einem klugen Mann, der sein Haus auf einen Felsen baute. V. 21.

25. Da nun ein Platzregen fiel und ein Gewässer kam und wehten die Winde und stießen an das Haus, fiel es doch nicht; denn es war auf einen Felsen gegründet.

26. Und wer diese meine Rede hört und tut sie nicht, der ist einem törichten Manne gleich, der sein Haus auf den Sand baute.

27. Da nun ein Platzregen fiel und kam ein Gewässer und wehten die Winde und stießen an das Haus, da fiel es und tat einen großen Fall. Hesek. 13,10.11.

28. Und es begab sich, da Jesus diese Rede vollendet hatte, *entsetzte sich das Volk über seine Lehre; *Mark. 1,22; Luk. 4,32.

29. denn er predigte gewaltig und nicht wie die Schriftgelehrten. Joh. 7,46.

Das 8. Kapitel

Jesus heilt einen Aussätzigen, eines Hauptmanns Knecht, des Petrus Schwiegermutter und andere Kranke, weist zwei Jünger zurecht, stillt den Sturm auf dem Meer, hilft zwei Besessenen.
(V. 1–4: vgl. Mark. 1,40–44; Luk. 5,12–14.)

1. Da er aber vom Berge herabging, folgte ihm viel Volks nach.

2. Und siehe, ein Aussätziger kam und betete ihn an und sprach: Herr, so du willst, kannst du mich wohl reinigen.

3. Und Jesus streckte seine Hand aus, rührte ihn an und sprach: Ich will's tun; sei gereinigt! Und alsbald ward er von seinem Aussatz rein.

4. Und Jesus sprach zu ihm: Siehe zu, *sage es niemand; sondern gehe hin und †zeige dich dem Priester und opfere die Gabe, die **Mose befohlen hat, zu einem Zeugnis über sie.
*K. 9,30; Mark. 7,36. †Luk. 17,14;
**3. Mose 14,2–32. (V. 5–13: vgl. Luk. 7,1–10.)

5. Da aber Jesus einging zu Kapernaum, trat ein Hauptmann zu ihm, der bat ihn

6. und sprach: Herr, mein Knecht liegt zu Hause und ist gichtbrüchig und hat große Qual.

7. Jesus sprach zu ihm: Ich will kommen und ihn gesund machen.

8. Der Hauptmann antwortete und

DER SEESTURM Matthäus 8, 24.25

sprach: Herr, ich bin nicht wert, daß du
unter mein Dach gehest; sondern sprich
nur ein Wort, so wird mein Knecht gesund.
9. Denn ich bin ein Mensch, der Obrigkeit untertan, und habe unter mir Kriegsknechte; und wenn ich sage zu einem: Gehe hin! so geht er; und zum andern: Komm her! so kommt er; und zu meinem Knecht: Tu das! so tut er's.
10. Da das Jesus hörte, verwunderte er sich und sprach zu denen, die ihm nachfolgten: Wahrlich ich sage euch: Solchen Glauben habe ich in Israel nicht gefunden!
K. 15,28.
11. Aber ich sage euch: Viele werden kommen vom *Morgen und vom Abend und †mit Abraham und Isaak und Jakob im Himmelreich sitzen;
*Jes. 49,12. †Luk. 13,28.29.
12. aber die Kinder des Reichs werden ausgestoßen *in die Finsternis hinaus; da wird sein Heulen und Zähneklappen.
*K. 22,13; 24,51; 25,30.
13. Und Jesus sprach zu dem Hauptmann: *Gehe hin; dir geschehe, wie du geglaubt hast. Und sein Knecht ward gesund zu derselben Stunde.
*K. 9,29; 15,28.

(V. 14–17: vgl. Mark. 1,29–34; Luk. 4,38–41.)

14. Und Jesus kam in des Petrus Haus und sah, daß seine *Schwiegermutter lag und hatte das Fieber. *1. Kor. 9,5.
15. Da griff er ihre Hand an, und das Fieber verließ sie. Und sie stand auf und diente ihnen.
16. Am Abend aber brachten sie viele Besessene zu ihm; und er trieb die Geister aus mit Worten und machte allerlei Kranke gesund,
17. auf daß erfüllet würde, was gesagt ist durch den Propheten *Jesaja, der da spricht: »Er hat unsre Schwachheiten auf sich genommen, und unsre Seuchen hat er getragen.« *Jes. 53,4.
18. Und da Jesus viel Volks um sich sah, hieß er hinüber jenseit des Meeres fahren.
Mark. 4,35; Luk. 8,22. (V. 19–22: vgl. Luk. 9,57–60.)
19. Und es trat zu ihm ein Schriftgelehrter, der sprach zu ihm: Meister, ich will dir folgen, wo du hin gehst.
20. Jesus sagt zu ihm: Die Füchse haben Gruben, und die Vögel unter dem Himmel haben Nester; aber des Menschen Sohn

*hat nicht, da er sein Haupt hin lege.
*2. Kor. 8,9.
21. Und ein anderer unter seinen Jüngern sprach zu ihm: Herr, erlaube mir, daß ich hingehe und zuvor meinen Vater begrabe. 1. Kön. 19,20.
22. Aber Jesus sprach zu ihm: Folge du mir und laß die Toten ihre Toten begraben! (V. 23–27: vgl. Mark. 4,36–41; Luk. 8,23–25.)
23. Und er trat in das Schiff, und seine Jünger folgten ihm.
24. Und siehe, da erhob sich ein großes Ungestüm im Meer, also daß auch das Schifflein mit Wellen bedeckt ward; und er schlief.
25. Und die Jünger traten zu ihm und weckten ihn auf und sprachen: Herr, hilf uns, wir verderben!
26. Da sagt er zu ihnen: *Ihr Kleingläubigen, warum seid ihr so furchtsam? Und stand auf und bedrohte den Wind und das Meer; da ward es ganz stille. *K. 14,31; 16,8.
27. Die Menschen aber verwunderten sich und sprachen: Was ist das für ein Mann, daß ihm Wind und Meer gehorsam ist? (V. 28–34: vgl. Mark. 5,1–17; Luk. 8,26–37.)
28. Und er kam jenseit des Meeres in die Gegend der Gergesener. Da liefen ihm entgegen zwei Besessene, die kamen aus den Totengräbern und waren sehr grimmig, also daß niemand diese Straße wandeln konnte.
29. Und siehe, sie schrieen und sprachen: Ach Jesu, du *Sohn Gottes, was haben wir mit dir zu tun? Bist du hergekommen, uns zu quälen, †ehe denn es Zeit ist?
*Luk. 4,41. †2. Petr. 2,4.
30. Es war aber ferne von ihnen eine große Herde Säue auf der Weide.
31. Da baten ihn die Teufel und sprachen: Willst du uns austreiben, so erlaube uns, in die Herde Säue zu fahren.
32. Und er sprach: Fahret hin! Da fuhren sie aus und fuhren in die Herde Säue. Und siehe, die ganze Herde Säue stürzte sich von dem Abhang ins Meer und ersoffen im Wasser.
33. Und die Hirten flohen und gingen hin in die Stadt und sagten das alles und wie es mit den Besessenen ergangen war.
34. Und siehe, da ging die ganze Stadt heraus Jesu entgegen. Und da sie ihn sahen, baten sie ihn, daß er aus ihrer Gegend weichen wollte.

Das 9. Kapitel

Gichtbrüchiger. Matthäus und die Jünger des Täufers. Tochter des Jairus und blutflüssiges Weib. Zwei Blinde und ein Stummer. Jesus lehrt und heilt, heißt um Arbeiter bitten.
(V. 1–8: vgl. Mark. 2,1–12; Luk. 5,17–26.)

1. Da trat er in das Schiff und fuhr wieder herüber und kam in *seine Stadt. *K. 4,13.
2. Und siehe, da brachten sie zu ihm einen Gichtbrüchigen, der lag auf einem Bette. Da nun Jesus ihren Glauben sah, sprach er zu dem Gichtbrüchigen: Sei getrost, mein Sohn; deine Sünden sind dir vergeben.
3. Und siehe, etliche unter den Schriftgelehrten sprachen bei sich selbst: Dieser lästert Gott. Mark. 2,7.
4. Da aber Jesus ihre Gedanken sah, sprach er: Warum denkt ihr so Arges in euren Herzen? K. 12,25; Joh. 2,25.
5. Welches ist leichter: zu sagen: Dir sind deine Sünden vergeben, oder zu sagen: Stehe auf und wandle?
6. Auf daß ihr aber wisset, daß des Menschen Sohn Macht habe, auf Erden die Sünden zu vergeben (sprach er zu dem Gichtbrüchigen): Stehe auf, hebe dein Bett auf und gehe heim!
7. Und er stand auf und ging heim.
8. Da das Volk das sah, verwunderte es sich und pries Gott, der solche Macht den Menschen gegeben hat.
(V. 9–13: vgl. Mark. 2,13–17; Luk. 5,27–32.)
9. Und da Jesus von dannen ging, sah er einen Menschen am Zoll sitzen, der hieß Matthäus; und sprach zu ihm: Folge mir! Und er stand auf und folgte ihm.
10. Und es begab sich, da er zu Tische saß im Hause, siehe, da kamen viele Zöllner und Sünder und saßen zu Tische mit Jesu und seinen Jüngern.
11. Da das die Pharisäer sahen, sprachen sie zu seinen Jüngern: Warum isset euer Meister mit den Zöllnern und Sündern?
Luk. 15,2.
12. Da das Jesus hörte, sprach er zu ihnen: Die Starken bedürfen des Arztes nicht, sondern die Kranken.
13. Gehet aber hin und lernet, was das sei: *»Ich habe Wohlgefallen an Barmherzigkeit und nicht am Opfer.« Ich bin †gekommen, die Sünder zur Buße zu rufen, und nicht die Gerechten.
*Hos. 6,6; 1. Sam. 15,22. †K. 18,11.
(V. 14–17; vgl. Mark. 2,18–22; Luk. 5,33–38.)
14. Indes kamen die Jünger des Johannes zu ihm und sprachen: Warum fasten wir und die *Pharisäer so viel, und deine Jünger fasten nicht? *Luk. 18,12.

JESUS HEILT ZWEI BESESSENE Matthäus 8,28–32

15. Jesus sprach zu ihnen: Wie können
die Hochzeitleute Leid tragen, solange der
Bräutigam bei ihnen ist? Es wird aber die
Zeit kommen, daß der *Bräutigam von
ihnen genommen wird; alsdann werden
sie fasten. *Joh. 3,29.
16. Niemand flickt ein altes Kleid mit
einem Lappen von neuem Tuch; denn der
Lappen reißt doch wieder vom Kleid, und
der Riß wird ärger. Joh. 1,17.
17. Man faßt auch nicht Most in alte
Schläuche; sonst zerreißen die Schläuche, und der Most wird verschüttet, und
die Schläuche kommen um. Sondern man
faßt Most in neue Schläuche, so werden
sie beide miteinander erhalten.

(V. 18–26: vgl. Mark. 5,22–43; Luk. 8,41–56.)

18. Da er solches mit ihnen redete, siehe,
da kam der Obersten einer und fiel vor ihm
nieder und sprach: Herr, meine Tochter
ist jetzt gestorben; aber komm und lege
deine Hand auf sie, so wird sie lebendig.
19. Und Jesus stand auf und folgte ihm
nach und seine Jünger.
20. Und siehe, ein Weib, das zwölf Jahre
den Blutgang gehabt, trat von hinten zu
ihm und rührte seines Kleides Saum an.
21. Denn sie sprach bei sich selbst:
Möchte ich nur *sein Kleid anrühren, so
würde ich gesund. *K. 14,36.
22. Da wandte sich Jesus um und sah sie
und sprach: Sei getrost, meine Tochter;
dein Glaube hat dir geholfen. Und das
Weib ward gesund zu derselben Stunde.
23. Und als er in des Obersten Haus kam
und sah die Pfeifer und das Getümmel des
Volks,
24. sprach er zu ihnen: Weichet! denn
das Mägdlein ist nicht tot, sondern es
schläft. Und sie verlachten ihn.
Joh. 11,11. 14.25.
25. Als aber das Volk hinausgetrieben
war, ging er hinein und ergriff es bei der
Hand; da stand das Mägdlein auf.
26. Und dies Gerücht erscholl in dasselbe
ganze Land.
27. Und da Jesus von dannen fürbaß
ging, folgten ihm zwei Blinde nach, die
schrieen und sprachen: Ach, du Sohn Davids, erbarme dich unser!
28. Und da er heimkam, traten die Blinden zu ihm. Und Jesus sprach zu ihnen:
Glaubt ihr, daß ich euch solches tun
kann? Da sprachen sie zu ihm: Herr, ja.

29. Da rührte er ihre Augen an und
sprach: Euch geschehe *nach eurem
Glauben. *K.8,13.
30. Und ihre Augen wurden geöffnet.
Und Jesus bedrohte sie und sprach: Sehet
zu, daß es niemand erfahre! K.8,4.
31. Aber sie gingen aus und machten ihn
ruchbar im selben ganzen Lande.
32. Da nun diese waren hinausgekom-
men, siehe, da brachten sie zu ihm einen
Menschen, der war stumm und besessen.
33. Und da der Teufel war ausgetrieben,
redete der Stumme. Und das Volk verwunderte sich und sprach: Solches ist noch nie
in Israel gesehen worden.
34. Aber die Pharisäer sprachen: Er
treibt die Teufel aus durch der Teufel
Obersten. K.12,24.
35. Und Jesus ging *umher in alle Städte
und Märkte, lehrte in ihren Schulen und
predigte das Evangelium von dem Reich
und heilte allerlei Seuche und allerlei
Krankheit im Volke. *K.4,23.
36. Und da *er das Volk sah, jammerte
ihn desselben; denn sie waren verschmachtet und zerstreut wie die †Schafe,
die keinen Hirten haben.
*K.14,14; Mark.6,34. †Hesek.34,5.
37. Da sprach er zu seinen Jüngern: Die
Ernte ist groß, aber wenige sind der Arbeiter. Luk.10,2.
38. Darum bittet den Herrn der Ernte,
daß er Arbeiter in seine Ernte sende.

Das 10. Kapitel

Jesus sendet seine zwölf Apostel aus und erteilt ihnen ihre Vollmacht und Anweisung.
(V.1–15: vgl. Mark.6,7–13; Luk.9,1–5.)

1. Und er rief seine zwölf Jünger zu sich
und gab ihnen Macht über die unsaubern
Geister, daß sie die austrieben und heilten
allerlei Seuche und allerlei Krankheit.
(V.2–4: vgl. Mark.3,14–19; Luk.6,13–16; Joh.1,40–49.)
2. Die Namen aber der zwölf Apostel sind
diese: der erste Simon, genannt Petrus,
und Andreas, sein Bruder; Jakobus, des
Zebedäus Sohn, und Johannes, sein Bruder;
3. Philippus und Bartholomäus; Thomas
und Matthäus, der Zöllner; Jakobus, des
Alphäus Sohn; Lebbäus, mit dem Zunamen Thaddäus;
4. Simon von Kana und Judas Ischariot,
welcher ihn verriet.
5. Diese zwölf sandte Jesus, gebot ihnen
und sprach: Gehet nicht auf der Heiden
Straße und ziehet nicht in der Samariter
Städte,
6. sondern gehet hin zu den verlorenen
Schafen aus dem Hause Israel.
K.15,24; Apg.13,46.
7. Geht aber und predigt und sprecht:
Das Himmelreich ist nahe herbeigekommen. K.4,17; Luk.10,9.
8. Macht die Kranken gesund, reinigt die
Aussätzigen, weckt die Toten auf, treibt
die Teufel aus. Umsonst habt ihr's empfangen, umsonst gebt es auch. Apg.20,33.
9. Ihr sollt nicht Gold noch Silber noch
Erz in euren Gürteln haben,
10. auch *keine Tasche zur Weg-Fahrt,
auch nicht zwei Röcke, keine Schuhe,
auch keinen Stecken. †Denn ein Arbeiter
ist seiner Speise wert.
*Luk.10,4. †1.Tim. 5,18; 4.Mose 18,31.
11. Wo ihr aber in eine Stadt oder einen
Markt geht, da erkundigt euch, ob jemand
darin sei, der es wert ist; und bei demselben bleibet, bis ihr von dannen zieht.
12. Wo *ihr aber in ein Haus geht, so
grüßet es; *Luk.10,5.6.
13. und so es das Haus wert ist, wird euer
Friede auf sie kommen. Ist es aber nicht
wert, so wird sich euer Friede wieder zu
euch wenden.
14. Und wo euch jemand nicht annehmen wird noch eure Rede hören, so geht
heraus von demselben Hause oder der
Stadt und *schüttelt den Staub von euren
Füßen. *Luk.10,10–12; Apg.13,51; 18,6.
15. Wahrlich, ich sage euch: Dem Lande
der Sodomer und Gomorrer wird es erträglicher gehen am Jüngsten Gericht
denn solcher Stadt. K.11,24; Luk.20,47.
16. Siehe, *ich sende euch wie Schafe
mitten unter die Wölfe; darum †seid klug
wie die Schlangen und ohne Falsch wie die
Tauben. *Luk.10,3. †Röm.16,19; Eph.5,15.
(V.17–22: vgl. Mark.13,9–13; Luk.21,12–17.)
17. Hütet euch aber vor den Menschen;
denn sie werden euch überantworten vor
ihre Rathäuser und werden euch geißeln
in ihren Schulen. K.24,9.
18. Und man wird euch vor Fürsten und
Könige führen um meinetwillen, zum
*Zeugnis über sie und über die Heiden.
*K.24,14; Apg.25,23; 27,24.
19. Wenn sie euch nun überantworten
werden, so sorget nicht, wie oder was ihr
reden sollt; denn es soll euch zu der Stunde gegeben werden, was ihr reden sollt.
Luk.12,11.12.
20. Denn ihr seid es nicht, die da reden,
sondern eures Vaters Geist ist es, der
durch euch redet. 1.Kor.2,4.
21. Es wird aber ein Bruder den andern
zum Tod überantworten und der Vater den

JESUS HEILT ZWEI BLINDE Matthäus 9, 27–30

Sohn, und die Kinder werden sich empören wider ihre Eltern und ihnen zum Tode helfen. V.35.
22. Und ihr müsset gehaßt werden von jedermann um meines Namens willen. Wer aber bis an das Ende beharrt, der wird selig. K.24,9.13.
23. Wenn sie euch aber in einer Stadt verfolgen, so fliehet in eine andere. Wahrlich, ich sage euch: Ihr werdet mit den Städten Israels nicht zu Ende kommen, *bis des Menschen Sohn kommt. *K.16,28.
24. Der Jünger ist nicht über seinen Meister noch der Knecht über den Herrn.
Luk.6,40; Joh.13,16; 15,20.
25. Es ist dem Jünger genug, daß er sei wie sein Meister und der Knecht wie sein Herr. *Haben sie den Hausvater Beelzebub geheißen, wie viel mehr werden sie seine Hausgenossen also heißen!
*K.12,24. (V.26–33: vgl. Luk.12,2–9.)
26. So fürchtet euch denn nicht vor ihnen. Es ist nichts verborgen, das nicht offenbar werde, und ist nichts heimlich, das man nicht wissen werde.
Mark.4,22; Luk.8,17.
27. Was ich euch sage in der Finsternis, das redet im Licht; und was ihr hört in das Ohr, das predigt auf den Dächern.
28. Und fürchtet euch nicht vor denen, die den Leib töten, und die Seele nicht können töten; fürchtet euch aber vielmehr vor *dem, der Leib und Seele verderben kann in die Hölle. *Jak.4,12.
29. Kauft man nicht zwei Sperlinge um einen Pfennig? Dennoch fällt deren keiner auf die Erde ohne euren Vater.
30. Nun aber sind auch eure Haare auf dem Haupt alle gezählt.
31. So fürchtet euch denn nicht; ihr seid besser als viele Sperlinge.
32. Wer nun mich bekennet vor den Menschen, den will ich bekennen vor meinem himmlischen Vater.
33. Wer mich aber verleugnet vor den Menschen, den will ich auch verleugnen vor meinem himmlischen Vater.
Luk.9,26. (V.34–36: vgl. Luk.12,51–53.)
34. Ihr sollt nicht wähnen, daß ich gekommen sei, Frieden zu senden auf die Erde. Ich bin nicht gekommen, Frieden zu senden, sondern das Schwert.
35. Denn ich bin gekommen, den Menschen zu erregen wider seinen Vater und

die Tochter wider ihre Mutter und die
Schwiegertochter wider ihre Schwiegermutter.
36. Und des Menschen Feinde werden
seine eigenen Hausgenossen sein. Micha 7,6.
37. Wer Vater oder Mutter mehr liebt
denn mich, der ist mein nicht wert; und
wer Sohn oder Tochter mehr liebt denn
mich, der ist mein nicht wert.
5. Mose 33,9; Luk. 14,26.27.
38. Und wer nicht sein Kreuz auf sich
nimmt und folget mir nach, der ist mein
nicht wert. K. 16,24.25.
39. Wer sein Leben findet, der wird's verlieren; und wer sein Leben verliert um
meinetwillen, der wird's finden.
Luk. 17,33; Joh. 12,25.
40. Wer euch aufnimmt, der nimmt
mich auf; und wer mich aufnimmt, der
nimmt den auf, der mich gesandt hat.
K. 18,5; Luk. 10,16; Joh. 13,20.
41. Wer einen Propheten aufnimmt in
eines Propheten Namen, der wird eines
Propheten Lohn empfangen. Wer einen
Gerechten aufnimmt in eines Gerechten
Namen, der wird eines Gerechten Lohn
empfangen.
42. Und wer dieser Geringsten einen nur
mit einem Becher kalten Wassers tränkt in
eines Jüngers Namen, wahrlich, ich sage
euch, es wird ihm nicht unbelohnt bleiben. K. 25,40; Mark. 9,41.

Das 11. Kapitel

Anfrage des Täufers und Jesu Zeugnis von ihm.
Wehe über die unbußfertigen Städte.
Lobpreisung des Vaters. Einladung der Mühseligen.

1. Und es begab sich, da Jesus solch Gebot an seine zwölf Jünger vollendet hatte,
ging er von dannen fürbaß, zu lehren und
zu predigen in ihren Städten.
(V. 2–19: vgl. Luk. 7,18–35.)
2. Da aber Johannes im *Gefängnis die
Werke Christi hörte, sandte er seiner Jünger zwei *K. 14,3.
3. und ließ ihm sagen: Bist *du, der da
kommen soll, oder sollen wir eines andern
warten? *Mal. 3,1.
4. Jesus antwortete und sprach zu ihnen:
Gehet hin und saget Johannes wieder, was
ihr sehet und höret:
5. die Blinden sehen und die Lahmen gehen, die Aussätzigen werden rein und die
Tauben hören, die Toten stehen auf und
den Armen wird das Evangelium gepredigt; Jes. 35,5.6; 61,1.
6. und selig ist, der sich nicht *an mir
ärgert. *K. 13,57; 26,31.
7. Da die hingingen, fing Jesus an, zu
reden zu dem Volk von Johannes: Was seid
ihr hinausgegangen in die *Wüste zu sehen? Wolltet ihr ein Rohr sehen, das der
Wind hin und her bewegt? *K. 3,1.5.
8. Oder was seid ihr hinausgegangen zu
sehen? Wolltet ihr einen Menschen in weichen Kleidern sehen? Siehe, die da weiche
Kleider tragen, sind in der Könige Häusern.
9. Oder was seid ihr hinausgegangen zu
sehen? Wolltet ihr einen *Propheten sehen? Ja, ich sage euch, der auch mehr ist
denn ein Prophet. *Luk. 1,76.
10. Denn dieser ist's, von dem geschrieben steht: »Siehe, ich sende meinen Engel
vor dir her, der deinen Weg vor dir bereiten soll.« Mal. 3,1.
11. Wahrlich ich sage euch: Unter allen,
die von Weibern geboren sind, ist nicht
aufgekommen, der größer sei denn Johannes der Täufer; der aber der Kleinste ist im
Himmelreich, ist größer denn er. K. 13,17.
12. Aber *von den Tagen Johannes des
Täufers bis hieher leidet das Himmelreich
Gewalt, und die Gewalt tun, die reißen es
an sich. *Luk. 16,16; 13,24.
13. Denn alle Propheten und das Gesetz
haben geweissagt bis auf Johannes.
14. Und (so ihr's wollt annehmen) er ist
Elia, der da soll zukünftig sein.
Mal. 3,23; K. 17,10–13.
15. Wer Ohren hat, zu hören, der höre!
16. Wem soll ich aber dies Geschlecht
vergleichen? Es ist den Kindlein gleich,
die an dem Markt sitzen und rufen gegen
ihre Gesellen
17. und sprechen: Wir haben euch gepfiffen, und ihr wolltet nicht tanzen; wir haben euch geklagt, und ihr wolltet nicht
weinen. Spr. 29,9.
18. Johannes ist gekommen, *aß nicht
und trank nicht; so sagen sie: Er hat den
Teufel. *K. 3,4.
19. Des Menschen Sohn ist gekommen,
*ißt und trinkt; so sagen sie: Siehe, wie ist
der Mensch ein Fresser und ein Weinsäufer, der Zöllner und der Sünder Geselle!
Und die Weisheit muß sich rechtfertigen
lassen von ihren Kindern.
*K. 9,14.15. (V. 20–24: vgl. Luk. 10,12–15.)
20. Da fing er an, die Städte zu schelten,
in welchen am meisten seiner Taten geschehen waren, und hatten sich doch
nicht gebessert:
21. Wehe dir, Chorazin! Wehe dir, Bethsaida! Wären solche Taten zu Tyrus und
Sidon geschehen, wie bei euch geschehen
sind, sie *hätten vorzeiten im Sack und in
der Asche Buße getan. *Jona 3,6.

22. Doch ich sage euch: Es wird Tyrus
und Sidon erträglicher gehen am Jüngsten Gericht als euch.
23. Und du, *Kapernaum, die du bist erhoben bis an den Himmel, du wirst bis in
die Hölle hinuntergestoßen werden. Denn
so zu Sodom die Taten geschehen wären,
die bei dir geschehen sind, sie stünde noch
heutigestages. *K.4,13; 8,5; 9,1.
24. Doch ich sage euch: Es wird der Sodomer Lande erträglicher gehen am Jüngsten Gericht als dir.
K.10,15. (V.25–27: vgl. Luk.10,21.22.)
25. Zu der Zeit antwortete Jesus und
sprach: Ich preise dich, Vater und Herr
Himmels und der Erde, daß du solches
den Weisen und Klugen verborgen hast
und hast es den Unmündigen offenbart.
1.Kor. 1,26–29.
26. Ja, Vater; denn es ist also wohlgefällig
gewesen vor dir.
27. Alle Dinge *sind mir übergeben von
meinem Vater. Und niemand kennet den
Sohn denn nur der Vater; und niemand
kennet den Vater denn nur der Sohn und
wem es der Sohn will offenbaren.
*K.28,18; Joh.3,35; 17,2; Phil.2,9.
28. Kommet her zu mir alle, die ihr
mühselig und beladen seid; ich will euch
erquicken. K.12,20; Jer.31,25.
29. Nehmet auf euch mein Joch und lernet von mir; denn ich bin sanftmütig, und
von Herzen demütig; so werdet ihr Ruhe
finden für eure Seelen.
30. Denn mein Joch ist sanft, und *meine Last ist leicht. *1.Joh.5,3.

Das 12. Kapitel

Christus verteidigt das Ährenausraufen und Heilen am Sabbat, heilt einen Besessenen, bestraft die Geisteslästerung der Pharisäer, weist die Zeichenforderung ab und zeigt, wer sein wahrer Verwandter sei.

(V.1–8: vgl. Mark.2,23–28; Luk.6,1–5.)

1. Zu der Zeit ging Jesus durch die Saat
am Sabbat; und seine Jünger waren hungrig, fingen an, *Ähren auszuraufen, und
aßen. *5.Mose 23,26.
2. Da das die Pharisäer sahen, sprachen
sie zu ihm: Siehe, deine Jünger tun, was
sich nicht ziemt am Sabbat zu tun.
2.Mose 20,10.
3. Er aber sprach zu ihnen: Habt ihr
nicht gelesen, *was David tat, da ihn und
die mit ihm waren, hungerte? *1.Sam.21,7.
4. wie er in das Gotteshaus ging und aß
die Schaubrote, die ihm doch nicht ziemte
zu essen noch denen, die mit ihm waren,
sondern *allein den Priestern? *3.Mose 24,9.
5. Oder habt ihr nicht gelesen im Gesetz,
wie die Priester am Sabbat im Tempel den
Sabbat brechen und sind doch ohne
Schuld? 4.Mose 28,9.
6. Ich sage aber euch, daß hier der ist,
der auch größer ist denn der Tempel.
7. Wenn ihr aber wüßtet, was das sei:
*»Ich habe Wohlgefallen an der Barmher-
zigkeit und nicht am Opfer«, – hättet ihr
die Unschuldigen nicht verdammt.
*Hos.6,6; K.9,13.
8. Des Menschen Sohn ist ein Herr auch
über den Sabbat.
(V.9–14: vgl. Mark.3,1–6; Luk.6,6–11.)
9. Und er ging von dannen fürbaß und
kam in ihre Schule.
10. Und siehe, da war ein Mensch, der
hatte eine verdorrte Hand. Und sie fragten
ihn und sprachen: Ist's auch recht, am
Sabbat heilen? auf daß sie eine Sache wider ihn hätten. Luk.14,3.
11. Aber er sprach zu ihnen: Wer ist unter euch, so er ein Schaf hat, das ihm am
Sabbat in eine Grube fällt, der es nicht
ergreife und aufhebe?
12. Wie viel besser ist nun ein Mensch
denn ein Schaf! Darum mag man wohl am
Sabbat Gutes tun. Luk.14,5.
13. Da sprach er zu dem Menschen:
Strecke deine Hand aus! Und er streckte
sie aus; und sie ward ihm wieder gesund
gleichwie die andere.
14. Da gingen die Pharisäer hinaus und
hielten einen Rat über ihn, wie sie ihn
umbrächten. Joh.5,16.
15. Aber da Jesus das erfuhr, wich er von
dannen. Und ihm folgte viel Volks nach,
und er heilte sie alle Mark.3,7–12.
16. und bedrohte sie, daß sie ihn nicht
meldeten, K.8,4.
17. auf daß erfüllet würde, was gesagt ist
durch den Propheten *Jesaja, der da
spricht: *Jes.42,1–4.
18. »Siehe, das ist mein Knecht, den ich
erwählt habe, und mein Liebster, *an dem
meine Seele Wohlgefallen hat; ich will
meinen Geist auf ihn legen, und er soll den
Heiden das Gericht verkündigen. *K.3,17.
19. Er wird nicht zanken noch schreien,
und man wird sein Geschrei nicht hören
auf den Gassen;
20. das zerstoßene Rohr wird er nicht
zerbrechen, und den glimmenden Docht
wird er nicht auslöschen, bis daß er ausführe das Gericht zum Sieg;
21. und die Heiden werden auf seinen
Namen hoffen.«
(V.22–45: vgl. Mark.3,22–30;
Luk.11,14–26.29–32.)
22. Da ward ein Besessener zu ihm ge-

bracht, der war blind und stumm; und er
heilte ihn, also daß der Blinde und Stumme redete und sah.
23. Und alles Volk entsetzte sich und
sprach: Ist dieser nicht Davids Sohn?
24. Aber die Pharisäer, da sie es hörten,
sprachen sie: *Er treibt die Teufel nicht
anders aus denn durch Beelzebub, der
Teufel Obersten. *K.9,34.
25. Jesus kannte aber ihre Gedanken und
sprach zu ihnen: Ein jegliches Reich, so es
mit sich selbst uneins wird, das wird wüst;
und eine jegliche Stadt oder Haus, so es
mit sich selbst uneins wird, kann's nicht
bestehen.
26. So denn ein Satan den andern austreibt, so muß er mit sich selbst uneins
sein; wie kann denn sein Reich bestehen?
27. So ich aber die Teufel durch Beelzebub austreibe, durch wen treiben sie eure
Kinder aus? Darum werden sie eure Richter sein.
28. So ich aber *die Teufel durch den
Geist Gottes austreibe, so ist ja das Reich
Gottes zu euch gekommen. *1.Joh.3,8.
29. Oder wie kann jemand in eines Starken Haus gehen und ihm seinen Hausrat
*rauben, es sei denn, daß er zuvor den
Starken binde und alsdann ihm sein Haus
beraube? *Jes.49,24.
30. Wer nicht mit mir ist, der ist wider
mich; und wer nicht mit mir sammelt, der
zerstreut. Mark.9,40.
31. Darum sage ich euch: Alle Sünde und
Lästerung wird den Menschen vergeben;
aber die Lästerung wider den Geist wird
den Menschen *nicht vergeben.
*Hebr.6,4.6; 10,26; 1.Joh. 5,16.
32. Und wer etwas redet wider des Menschen Sohn, dem wird es vergeben; aber
wer etwas redet wider den heiligen Geist,
dem wird's nicht vergeben, weder in dieser
noch in jener Welt. Luk.12,10; 1.Tim.1,13.
33. Setzt entweder einen guten Baum, so
wird die Frucht gut; oder setzt einen faulen Baum, so wird die Frucht faul. Denn
an der Frucht erkennt man den Baum.
K.7,17.
34. Ihr Otterngezüchte, wie könnt ihr
Gutes reden, dieweil ihr böse seid? Wes des
Herz voll ist, des geht der Mund über.
35. Ein guter Mensch bringt Gutes hervor aus seinem guten Schatz des Herzens;
und ein böser Mensch bringt Böses hervor
aus seinem bösen Schatz.
36. Ich sage euch aber, daß die Menschen müssen Rechenschaft geben am
Jüngsten Gericht von einem jeglichen unnützen Wort, das sie geredet haben.
37. Aus deinen Worten wirst du gerechtfertigt werden, und aus deinen Worten
wirst du verdammt werden.
38. Da antworteten etliche unter den
Schriftgelehrten und Pharisäern und
sprachen: Meister, *wir wollten gern ein
Zeichen von dir sehen. *K.16,1.
39. Und er antwortete und sprach zu ihnen: Die böse und ehebrecherische Art
sucht ein Zeichen; und es wird ihr kein
Zeichen gegeben werden denn das Zeichen des Propheten Jona.
40. Denn gleichwie Jona war drei Tage
und drei Nächte in des Walfisches Bauch,
also wird des Menschen Sohn drei Tage
und drei Nächte mitten in der Erde sein.
Jona 2,1.2.
41. Die Leute von Ninive werden auftreten am Jüngsten Gericht mit diesem Geschlecht und werden es verdammen; denn
sie taten Buße nach der Predigt des Jona.
Und siehe, hier ist mehr denn Jona. Jona 3,5.
42. Die Königin von Mittag wird auftreten am Jüngsten Gericht mit diesem Geschlecht und wird es verdammen; denn
*sie kam vom Ende der Erde, Salomos
Weisheit zu hören. Und siehe, hier ist
mehr denn Salomo. *1.Kön.10,1–10.
43. Wenn der unsaubere Geist von dem
Menschen ausgefahren ist, so durchwandelt er dürre Stätten, sucht Ruhe, und
findet sie nicht.
44. Da spricht er denn: Ich will wieder
umkehren in mein Haus, daraus ich gegangen bin. Und wenn er kommt, so findet
er's leer, gekehrt und geschmückt.
45. So geht er hin und nimmt zu sich
sieben andere Geister, die ärger sind denn
er selbst; und wenn sie hineinkommen,
wohnen sie allda; *und es wird mit demselben Menschen hernach ärger, denn es
zuvor war. Also wird's auch diesem argen
Geschlecht gehen. *2.Petr.2,20.
(V.46–50: vgl. Mark.3,31–35; Luk.8,19–21.)
46. Da er noch also zu dem Volk redete,
siehe, da standen seine Mutter und seine
Brüder draußen, die wollten mit ihm reden. K.13,55.
47. Da sprach einer zu ihm: Siehe, deine
Mutter und deine Brüder stehen draußen
und wollen mit dir reden.
48. Er antwortete aber und sprach zu
dem, der es ihm ansagte: Wer ist meine
Mutter, und wer sind meine Brüder?
Luk.2,49.
49. Und reckte die Hand aus über seine
Jünger und sprach: Siehe da, das ist meine
Mutter und meine Brüder!
50. Denn *wer den Willen tut meines Va-

ters im Himmel, der ist mein Bruder,
Schwester und Mutter. *Röm. 8,29.

Das 13. Kapitel

Sieben Gleichnisse vom Reiche Gottes. Jesus in seiner Vaterstadt verachtet.
(V. 1–23: vgl. Mark. 4,1–20; Luk. 8,4–15.)

1. An demselben Tage ging Jesus aus
dem Hause und setzte sich an das Meer.
2. Und es versammelte sich viel Volks zu
ihm, also daß er in das Schiff trat und saß,
und alles Volk stand am Ufer.
3. Und er redete zu ihnen mancherlei
durch Gleichnisse und sprach: Siehe, es
ging ein Säemann aus, zu säen.
4. Und indem er säete, fiel etliches an den
Weg; da kamen die Vögel und fraßen's auf.
5. Etliches fiel in das Steinige, wo es
nicht viel Erde hatte; und ging bald auf,
darum es nicht tiefe Erde hatte.
6. Als aber die Sonne aufging, verwelkte
es, und dieweil es nicht Wurzel hatte, ward
es dürre.
7. Etliches fiel unter die Dornen; und die
Dornen wuchsen auf und erstickten's.
8. Etliches fiel auf ein gutes Land und
trug Frucht, etliches hundertfältig, etliches sechzigfältig, etliches dreißigfältig.
9. Wer Ohren hat, zu hören, der höre!
10. Und die Jünger traten zu ihm und
sprachen: Warum redest du zu ihnen
durch Gleichnisse?
11. Er antwortete und sprach: Euch ist's
gegeben, daß ihr das Geheimnis des Himmelreichs verstehet; diesen aber ist's nicht
gegeben.
12. Denn *wer da hat, dem wird gegeben,
daß er die Fülle habe; wer aber nicht hat,
von dem wird auch genommen, was er
hat. *K. 25,29; Mark. 4,25; Luk. 8,18.
13. Darum rede ich zu ihnen durch
Gleichnisse. Denn mit sehenden Augen
sehen sie nicht, und mit hörenden Ohren
hören sie nicht; denn sie verstehen es
nicht. 5. Mose 29,3.
14. Und über ihnen wird die Weissagung
Jesaja's erfüllt, die *da sagt: »Mit den Ohren werdet ihr hören, und werdet es nicht
verstehen; und mit sehenden Augen werdet ihr sehen, und werdet es nicht vernehmen. *Jes. 6,9.10.
15. Denn dieses Volkes Herz ist verstockt, und ihre Ohren hören übel, und
ihre Augen schlummern, auf daß sie nicht
dermaleinst mit den Augen sehen und mit
den Ohren hören und mit dem Herzen
verstehen und sich bekehren, daß ich ihnen hülfe.«
16. Aber selig sind eure Augen, daß sie
sehen, und eure Ohren, daß sie hören.
Luk. 10,23.24.
17. Wahrlich, ich sage euch: Viele Propheten und Gerechte haben begehrt zu
sehen, was ihr sehet, und haben's nicht
gesehen, und zu hören, was ihr höret, und
haben's nicht gehört.
18. So höret nun ihr dieses Gleichnis von
dem Säemann:
19. Wenn jemand das Wort von dem
Reich hört und nicht versteht, so kommt
der Arge und reißt hinweg, was da gesät ist
in sein Herz; und das ist der, bei welchem
an dem Wege gesät ist.
20. Das aber auf das Steinige gesät ist,
das ist, wenn jemand das Wort hört und es
alsbald aufnimmt mit Freuden;
21. aber er hat nicht Wurzel in sich, sondern er ist wetterwendisch: wenn sich
Trübsal und Verfolgung erhebt um des
Wortes willen, so ärgert er sich alsbald.
22. Das aber unter die Dornen gesät ist,
das ist, wenn jemand das Wort hört, und
die *Sorge dieser Welt und der Betrug des
Reichtums erstickt das Wort, und er
bringt nicht Frucht. *K. 6,19–34; 1. Tim. 6,9.
23. Das aber in das gute Land gesät ist,
das ist, wenn jemand das Wort hört und
versteht es und dann auch Frucht bringt;
und etlicher trägt hundertfältig, etlicher
aber sechzigfältig, etlicher dreißigfältig.
24. Er legte ihnen ein anderes Gleichnis
vor und sprach: Das Himmelreich ist
gleich einem Menschen, der guten Samen
auf seinen Acker säte. V. 36–43.
25. Da aber die Leute schliefen, kam sein
Feind und säte Unkraut zwischen den Weizen und ging davon.
26. Da nun das Kraut wuchs und Frucht
brachte, da fand sich auch das Unkraut.
27. Da traten die Knechte zu dem Hausvater und sprachen: Herr, hast du nicht
guten Samen auf deinen Acker gesät? Woher hat er denn das Unkraut?
28. Er sprach zu ihnen: Das hat der Feind
getan. Da sprachen die Knechte: Willst du
denn, daß wir hingehen und es ausjäten?
29. Er sprach: Nein! auf daß ihr nicht
zugleich den Weizen mit ausraufet, so ihr
das Unkraut ausjätet.
30. Lasset beides miteinander wachsen
bis zu der Ernte; und um der Ernte Zeit
will ich zu den Schnittern sagen: Sammelt
zuvor das Unkraut und bindet es in Bündlein, daß man es verbrenne; aber den Weizen *sammelt mir in meine Scheuer.
*K. 3,12.

(V. 31.32: vgl. Mark. 4,30–32; Luk. 13,18.19.)

31. Ein anderes Gleichnis legte er ihnen
vor und sprach: Das Himmelreich ist
gleich einem Senfkorn, das ein Mensch
nahm und säte es auf seinen Acker;
32. welches das kleinste ist unter allem
Samen; wenn es aber erwächst, so ist es
das größte unter dem Kohl und wird ein
Baum, daß die Vögel unter dem Himmel
kommen und wohnen unter seinen Zweigen.
33. Ein anderes Gleichnis redete er zu
ihnen: Das Himmelreich ist einem Sauerteig gleich, den ein Weib nahm und vermengte ihn unter drei Scheffel Mehl, bis
daß es ganz durchsäuert ward. Luk. 13,30.21.
34. Solches *alles redete Jesus durch
Gleichnisse zu dem Volk, und ohne
Gleichnis redete er nicht zu ihnen,
*Mark. 4,33.34.
35. auf daß erfüllet würde, was gesagt ist
durch den *Propheten, der da spricht:
»Ich will meinen Mund auftun in Gleichnissen und will aussprechen die Heimlichkeiten von Anfang der Welt.« *Ps. 78,2.
36. Da ließ Jesus das Volk von sich und
kam heim. Und seine Jünger traten zu ihm
und sprachen: Deute uns *das Gleichnis
vom Unkraut auf dem Acker. *V. 24–30.
37. Er antwortete und sprach zu ihnen:
Des Menschen Sohn ist's, der da guten
Samen sät.
38. Der Acker ist die Welt. Der *gute Same sind die Kinder des Reichs. Das Unkraut sind die Kinder der Bosheit.
*1. Kor. 3,9.
39. Der Feind, der sie sät, ist der Teufel.
Die Ernte ist das Ende der Welt. Die
Schnitter sind die Engel.
40. Gleichwie man nun das Unkraut ausjätet und mit Feuer verbrennt, so wird's
auch am Ende dieser Welt gehen:
41. des Menschen Sohn wird seine Engel
senden; und *sie werden sammeln aus seinem Reich alle Ärgernisse und die da unrecht tun, *K. 25,31–46.
42. und werden sie in den Feuerofen werfen; da wird sein Heulen und Zähneklappen. K. 8,12.
43. Dann *werden die Gerechten leuchten wie die Sonne in ihres Vaters Reich.
Wer Ohren hat, zu hören, der höre!
*Dan. 12,3.
44. Abermals ist gleich das Himmelreich
einem verborgenen Schatz im Acker, welchen ein Mensch fand und verbarg ihn und
ging hin vor Freuden über denselben *und
verkaufte alles, was er hatte, und kaufte
den Acker. *K. 19,20; Luk. 14,33; Phil. 3,7.
45. Abermals ist gleich das Himmelreich
einem Kaufmann, der gute Perlen suchte.
46. Und da er eine köstliche *Perle fand,
ging er hin und verkaufte alles, was er
hatte, und kaufte sie. *Spr. 8,10.11.
47. Abermals ist gleich das Himmelreich
einem Netze, das ins Meer geworfen ist,
womit man allerlei Gattung fängt.
K. 22,9.10.
48. Wenn es aber voll ist, so ziehen sie es
heraus an das Ufer, sitzen und lesen die
guten in ein Gefäß zusammen; aber die
faulen werfen sie weg.
49. Also wird es auch am Ende der Welt
gehen: die Engel werden ausgehen und die
*Bösen von den Gerechten scheiden
*K. 25,32.
50. und werden sie in den Feuerofen werfen; da wird Heulen und Zähneklappen
sein.
51. Und Jesus sprach zu ihnen: Habt ihr
das alles verstanden? Sie sprachen: Ja,
Herr.
52. Da sprach er: Darum ein jeglicher
Schriftgelehrter, zum Himmelreich gelehrt, ist gleich einem Hausvater, der aus
seinem Schatz Neues und Altes hervorträgt. (V. 53–58: vgl. Mark. 6,1–6; Luk. 4,15–30.)
53. Und es begab sich, da Jesus diese
Gleichnisse vollendet hatte, ging er von
dannen
54. und kam in seine Vaterstadt und
lehrte sie in ihrer Schule, also auch, daß
sie sich entsetzten und sprachen: Woher
kommt diesem solche Weisheit und Taten?
55. Ist er nicht eines Zimmermanns
Sohn? Heißt nicht seine Mutter Maria?
und seine Brüder Jakob und Joses und
Simon und Judas?
56. Und seine Schwestern, sind sie nicht
alle bei uns? Woher kommt ihm denn das
alles? Joh. 7,15.52.
57. Und sie ärgerten sich an ihm. Jesus
aber sprach zu ihnen: *Ein Prophet gilt
nirgend weniger denn in seinem Vaterland
und in seinem Hause. *Joh. 4,44.
58. Und er tat daselbst nicht viel Zeichen
um ihres Unglaubens willen.

Das 14. Kapitel

Enthauptung des Täufers Johannes. Jesus speist 5000 Mann, wandelt auf dem Meere, hilft dem sinkenden Petrus, heilt alle, die ihn anrühren.
(V. 1–12: vgl. Mark. 6,14.17–30; Luk. 9,7–9; 3,19.20.)

1. Zu der Zeit kam das Gerücht von Jesu
vor den Vierfürsten Herodes.
2. Und er sprach zu seinen Knechten:
Dieser ist Johannes der Täufer; er ist von

VERMEHRUNG DER SPEISEN Matthäus 14, 19–21

den Toten auferstanden, darum tut er solche Taten.
3. Denn Herodes hatte Johannes gegriffen, gebunden und in das *Gefängnis gelegt wegen der Herodias, seines Bruders Philippus Weib. *K.11,2.
4. Denn Johannes hatte zu ihm gesagt: Es ist *nicht recht, daß du sie habest. *3.Mose 18,16.
5. Und er hätte ihn gern getötet, fürchtete sich aber vor dem Volk; denn sie *hielten ihn für einen Propheten. *K.21,26.
6. Da aber Herodes seinen Jahrestag beging, da tanzte die Tochter der Herodias vor ihnen. Das gefiel Herodes wohl.
7. Darum verhieß er ihr mit einem Eide, er wollte ihr geben, was sie fordern würde.
8. Und wie sie zuvor von ihrer Mutter angestiftet war, sprach sie: Gib mir her auf einer Schüssel das Haupt Johannes des Täufers!
9. Und der König ward traurig; doch um des Eides willen und derer, die mit ihm zu Tisch saßen, befahl er's ihr zu geben.
10. Und schickte hin und enthauptete Johannes im Gefängnis.
11. Und sein Haupt ward hergetragen in einer Schüssel und dem Mägdlein gegeben; und sie brachte es ihrer Mutter.
12. Da kamen seine Jünger und nahmen seinen Leib und begruben ihn; und kamen und verkündigten das Jesu.

(V. 13–21: vgl. Mark. 6,31–44; Luk. 9,10–17; Joh. 6,1–13.)

13. Da das Jesus hörte, wich er von dannen auf einem Schiff in eine Wüste allein. Und da das Volk das hörte, folgte es ihm nach zu Fuß aus den Städten.
14. Und Jesus ging hervor und sah das große Volk; und es *jammerte ihn derselben, und er heilte ihre Kranken. *K.9,36.
15. Am Abend aber traten seine Jünger zu ihm und sprachen: Dies ist eine Wüste, und die Nacht fällt herein; laß das Volk von dir, daß sie hin in die Märkte gehen und sich Speise kaufen.
16. Aber Jesus sprach zu ihnen: Es ist nicht not, daß sie hingehen; gebt ihr ihnen zu essen.
17. Sie sprachen: Wir haben hier nichts denn fünf Brote und zwei Fische.
18. Und er sprach: Bringet mir sie her.
19. Und er hieß das Volk sich lagern auf das Gras und nahm die fünf Brote und die

zwei Fische, sah auf gen Himmel und dankte und brach's und gab die Brote den Jüngern, und die Jünger gaben sie dem Volk.
20. Und sie aßen alle und wurden satt und hoben auf, was übrigblieb von Brokken, zwölf Körbe voll. 2. Kön. 4,44.
21. Die aber gegessen hatten, waren bei fünftausend Mann, ohne Weiber und Kinder. (V. 22–36: vgl. Mark. 6,45–56; Joh. 6,15–21.)
22. Und alsbald trieb Jesus seine Jünger, daß sie in das Schiff traten und vor ihm herüberfuhren, bis er das Volk von sich ließe.
23. Und da er das Volk von sich gelassen hatte, stieg er auf einen Berg allein, daß er betete. Und am Abend war er allein daselbst. Luk. 6,12; 9,18.
24. Und das Schiff war schon mitten auf dem Meer und litt Not von den Wellen; denn der Wind war ihnen zuwider.
25. Aber in der vierten Nachtwache kam Jesus zu ihnen und ging auf dem Meer.
26. Und da ihn die Jünger sahen auf dem Meer gehen, erschraken sie und sprachen: Es ist *ein Gespenst! und schrieen vor Furcht. *Luk. 24,37.
27. Aber alsbald redete Jesus mit ihnen und sprach: Seid getrost, ich bin's; fürchtet euch nicht!
28. Petrus aber antwortete ihm und sprach: Herr, bist du es, so heiß mich zu dir kommen auf dem Wasser.
29. Und er sprach: Komm her! Und Petrus trat aus dem Schiff und ging auf dem Wasser, daß er zu Jesu käme.
30. Er sah aber einen starken Wind; da erschrak er und hob an zu sinken, schrie und sprach: Herr, hilf mir!
31. Jesus aber reckte alsbald die Hand aus und ergriff ihn und sprach zu ihm: O du *Kleingläubiger, warum zweifeltest du? *K. 8,26.
32. Und sie traten in das Schiff, und der Wind legte sich.
33. Die aber im Schiff waren, kamen und fielen vor ihm nieder und sprachen: Du bist wahrlich Gottes Sohn!
34. Und sie schifften hinüber und kamen in das Land Genezareth.
35. Und da die Leute am selbigen Ort sein gewahr wurden, schickten sie aus in das ganze Land umher und brachten allerlei Ungesunde zu ihm
36. und baten ihn, daß sie nur *seines Kleides Saum anrührten. Und alle, die da anrührten, wurden gesund.
*K. 9,21; Luk. 6,19.

Das 15. Kapitel

Menschensatzungen verworfen.
Das kanaanäische Weib erhört.
Kranke geheilt. 4000 Mann gespeist.
(V. 1–20: vgl. Mark. 7,1–23.)

1. Da kamen zu ihm die Schriftgelehrten und Pharisäer von Jerusalem und sprachen:
2. Warum übertreten deine Jünger der Ältesten *Aufsätze? Sie †waschen ihre Hände nicht, wenn sie Brot essen.
*5. Mose 4,2. †Luk. 11,38.
3. Er antwortete und sprach zu ihnen: Warum übertretet denn ihr Gottes Gebot um eurer Aufsätze willen?
4. Gott *hat geboten: »Du sollst Vater und Mutter ehren; wer aber Vater und Mutter flucht, der soll des Todes sterben.«
*2. Mose 20,12; 21,17.
5. Aber ihr lehret: Wer zum Vater oder zur Mutter spricht: »Es ist Gott gegeben, was dir sollte von mir zu Nutz kommen«, – der tut wohl.
6. Damit geschieht es, daß niemand hinfort seinen Vater oder seine Mutter ehrt, und also habt ihr Gottes Gebot aufgehoben um eurer Aufsätze willen.
7. Ihr Heuchler, wohl fein hat *Jesaja von euch geweissagt und gesprochen:
*Jes. 29,13.
8. »Dies Volk naht sich zu mir mit seinem Munde und ehrt mich mit seinen Lippen, aber ihr Herz ist fern von mir;
9. aber vergeblich dienen sie mir, dieweil sie lehren solche Lehren, die nichts denn Menschengebote sind.«
10. Und er rief das Volk zu sich und sprach zu ihm: Höret zu und fasset es!
11. Was zum Munde *eingeht, das verunreinigt den Menschen nicht; sondern was zum Munde †ausgeht, das verunreinigt den Menschen. *1. Tim. 4.4. †K. 12,34.
12. Da traten seine Jünger zu ihm und sprachen: Weißt du auch, daß sich die Pharisäer ärgerten, da sie das Wort hörten?
13. Aber er antwortete und sprach: Alle Pflanzen, die mein himmlischer Vater nicht pflanzte, die werden ausgereutet.
14. Lasset sie fahren! Sie sind *blinde Blindenleiter. Wenn aber ein Blinder den andern leitet, so fallen sie beide in die Grube. *K. 23,24; Kuk. 6,39; Röm. 2,19.
15. Da antwortete Petrus und sprach zu ihm: Deute uns dies Gleichnis.
16. Und Jesus sprach zu ihnen: Seid ihr denn auch noch unverständig?
17. Merket ihr noch nicht, daß alles, was zum Munde eingeht, das geht in den

JESUS SCHREITET AUF DEM MEER Matthäus 14, 25–31

Bauch und wird durch den natürlichen Gang ausgeworfen?
18. Was aber zum Munde herausgeht, das kommt aus dem Herzen, und das verunreinigt den Menschen.
19. Denn *aus dem Herzen kommen arge Gedanken: Mord, Ehebruch, Hurerei, Dieberei, falsch Zeugnis, Lästerung.
*1. Mose 8,21.
20. Das sind die Stücke, die den Menschen verunreinigen. Aber mit ungewaschenen Händen essen verunreinigt den Menschen nicht.
(V. 21–28: vgl. Mark. 7,24–30.)
21. Und Jesus ging aus von dannen und entwich in die Gegend von Tyrus und Sidon.
22. Und siehe, ein kanaanäisches Weib kam aus derselben Gegend und schrie ihm nach und sprach: Ach Herr, du Sohn Davids, erbarme dich mein! Meine Tochter wird vom Teufel übel geplagt.
23. Und er antwortete ihr kein Wort. Da traten zu ihm seine Jünger, baten ihn und sprachen: Laß sie doch von dir, denn sie schreit uns nach.
24. Er antwortete aber und sprach: Ich bin nicht gesandt denn nur zu den *verlorenen Schafen von dem Hause Israel.
*K. 10,6.
25. Sie kam aber und fiel vor ihm nieder und sprach: Herr, hilf mir!
26. Aber er antwortete und sprach: Es ist nich fein, daß man den Kindern ihr Brot nehme und werfe es vor die Hunde.
27. Sie sprach: Ja, Herr; aber doch essen die Hündlein von den Brosamlein, die von ihrer Herren Tisch fallen.
28. Da antwortete Jesus und sprach zu ihr: O Weib, *dein Glaube ist groß! dir geschehe, wie du willst. Und ihre Tochter ward gesund zu derselben Stunde.
*K. 8,10.13.
29. Und *Jesus ging von dannen fürbaß und kam an das Galiläische Meer und ging auf einen Berg und setzte sich allda.
*Mark. 7,31.
30. Und es kam zu ihm viel Volks, die hatten mit sich Lahme, Blinde, Stumme, Krüppel und viele andere und warfen sie Jesu vor die Füße, und er heilte sie,
31. daß sich das Volk verwunderte, da sie sahen, daß die Stummen redeten, die Krüppel gesund waren, die Lahmen gin-

gen, die Blinden sahen; und sie priesen
den Gott Israels.
Mark. 7,37. (V. 32–39: vgl. Mark. 8,1–10.)
32. Und Jesus rief seine Jünger zu sich
und sprach: Es *jammert mich des Volks;
denn sie beharren nun wohl drei Tage bei
mir und haben nichts zu essen; und ich
will sie nicht ungegessen von mir lassen,
auf daß sie nicht verschmachten auf dem
Wege. *K. 14,14.
33. Da sprachen zu ihm seine Jünger:
Woher mögen wir so viel Brot nehmen in
der Wüste, daß wir so viel Volks sättigen?
34. Und Jesus sprach zu ihnen: Wie viel
Brote habt ihr? Sie sprachen: Sieben und
ein wenig Fischlein.
35. Und er hieß das Volk sich lagern auf
die Erde
36. und nahm die sieben Brote und die
Fische, dankte, brach sie und gab sie seinen Jüngern; und die Jünger gaben sie
dem Volk.
37. Und sie aßen alle und wurden satt;
und hoben auf, was übig blieb von Brokken, sieben Körbe voll.
38. Und die da gegessen hatten, derer
waren viertausend Mann, ausgenommen
Weiber und Kinder.
39. Und da er das Volk hatte von sich
gelassen, trat er in ein Schiff und kam in
das Gebiet Magdalas.

Das 16. Kapitel

Der Pharisäer Zeichenforderung und Sauerteig.
Des Petrus Bekenntnis und Schlüssel. Erste
Leidensverkündigung. Nachfolge Christi.
(V. 1–12: vgl. Mark. 8,11–21.)

1. Da traten die Pharisäer und Sadduzäer
zu ihm; die versuchten ihn und forderten,
daß er sie ein Zeichen vom Himmel sehen
ließe. K. 12,38.
2. Aber er antwortete und sprach: Des
Abends sprecht ihr: Es wird ein schöner
Tag werden, denn der Himmel ist rot;
Luk. 12,54–56.
3. und des Morgens sprecht ihr: Es wird
heute Ungewitter sein, denn der Himmel
ist rot und trübe. Ihr Heuchler! über des
Himmels Gestalt könnt ihr urteilen;
könnt ihr denn nicht auch über die *Zeichen dieser Zeit urteilen? *K. 11,4.
4. Die böse und ehebrecherische Art
sucht ein Zeichen; und *soll ihr kein Zeichen gegeben werden denn das Zeichen
des Propheten Jona. Und er ließ sie und
ging davon. *K. 12,39.40.
5. Und da seine Jünger waren hinübergefahren, hatten sie vergessen, Brot mit sich
zu nehmen.
6. Jesus aber sprach zu ihnen: Sehet zu
und hütet euch vor dem Sauerteig der
Pharisäer und Sadduzäer! Luk. 12,1.
7. Da dachten sie bei sich selbst und sprachen: Das wird's sein, daß wir nicht haben
Brot mit uns genommen.
8. Da das Jesus merkte, sprach er zu ihnen: *Ihr Kleingläubigen, was bekümmert ihr euch doch, daß ihr nicht habt
Brot mit euch genommen? *K. 6,30.
9. Vernehmet ihr noch nichts? Gedenket
ihr nicht an die *fünf Brote unter die fünftausend und wie viel Körbe ihr da aufhobt?
*K. 14,17–21.
10. auch nicht an die *sieben Brote unter
die viertausend und wie viel Körbe ihr da
aufhobt? *K. 15,34–38.
11. Wie, verstehet ihr denn nicht, daß
ich euch nicht sage vom Brot, wenn ich
sage: Hütet euch vor dem Sauerteig der
Pharisäer und Sadduzäer!
12. Da verstanden sie, daß er nicht gesagt hatte, daß sie sich hüten sollten vor
dem Sauerteig des Brots, sondern vor der
Lehre der Pharisäer und Sadduzäer.
(V. 13–20: vgl. Mark. 8,27–30; Luk. 9,18–21.)
13. Da kam Jesus in die Gegend der Stadt
Cäsarea Philippi und fragte seine Jünger
und sprach: Wer sagen die Leute, daß des
Menschen Sohn sei?
14. Sie sprachen: Etliche sagen, du seist
*Johannes der Täufer; die andern, du seist
†Elia; etliche, du seist Jeremia oder der
Propheten einer. *K. 14,2. †K. 17,10.
15. Er sprach zu ihnen: Wer sagt denn
ihr, daß ich sei?
16. Da antwortete Simon Petrus und
sprach: *Du bist Christus, des lebendigen
Gottes Sohn! *Joh. 6,69.
17. Und Jesus antwortete und sprach zu
ihm: Selig bist du, Simon, Jona's Sohn;
denn *Fleisch und Blut hat dir das nicht
offenbart, sondern mein Vater im Himmel. *Gal. 1,15.16.
18. Und ich sage dir auch: Du bist Petrus,
und auf diesen *Felsen will ich bauen meine Gemeinde, und die Pforten der Hölle
sollen sie nicht überwältigen.
*Joh. 1,42; Eph. 2,20.
19. Und ich will dir des Himmelreichs
Schlüssel geben: *alles, was du auf Erden
binden wirst, soll auch im Himmel gebunden sein, und alles, was du auf Erden lösen
wirst, soll auch im Himmel los sein.
*K. 18,18.
20. Da verbot er seinen Jüngern, daß sie
niemand sagen sollten, daß er, Jesus, der
Christus wäre. K. 17,9.
(V. 21–28: vgl. Mark. 8,31–9,1; Luk. 9,22–27.)

VERKLÄRUNG CHRISTI Matthäus 17, 2.3

21. Von der Zeit an fing Jesus an und zeigte seinen Jüngern, wie er müßte hin gen Jerusalem gehen und viel leiden von den Ältesten und Hohenpriestern und Schriftgelehrten und getötet werden und am dritten Tage auferstehen.
K. 12,40; Joh. 2,19.
22. Und Petrus nahm ihn zu sich, fuhr ihn an und sprach: Herr, schone dein selbst; das widerfahre dir nur nicht!
23. Aber er wandte sich um und sprach zu Petrus: Hebe dich, Satan, von mir! du bist mir ärgerlich; denn du meinst nicht, was göttlich, sondern was menschlich ist.
24. Da sprach Jesus zu seinen Jüngern: Will mir jemand nachfolgen, der verleugne sich selbst und nehme sein Kreuz auf sich und folge mir. K. 10,38.39.
25. Denn wer sein Leben erhalten will, der wird's verlieren; wer aber sein Leben verliert um meinetwillen, der wird's finden.
26. Was hülfe es dem Menschen, so er die ganze Welt gewönne, und nähme doch Schaden an seiner Seele? Oder was kann der Mensch geben, damit er seine Seele wieder löse?
27. Denn es wird geschehen, daß des Menschen Sohn komme in der Herrlichkeit seines Vaters mit seinen Engeln; und alsdann wird er *einem jeglichen vergelten nach seinen Werken. *Röm. 2,6.
28. Wahrlich, ich sage euch: Es stehen etliche hier, die nicht schmecken werden den Tod, bis daß sie des Menschen Sohn kommen sehen in seinem Reich. K. 10,23.

Das 17. Kapitel

Christi Verklärung. Heilung eines Mondsüchtigen. Zweite Leidensverkündigung. Tempelsteuer.

(V. 1–13: vgl. Mark. 9,2–13; Luk. 9,28–36.)

1. Und nach sechs Tagen nahm Jesus zu sich Petrus und Jakobus und Johannes, seinen Bruder, und führte sie beiseits auf einen hohen Berg.
2. Und er ward verklärt vor ihnen, und sein Angesicht leuchtete wie die Sonne, und seine Kleider wurden weiß als ein Licht. 2. Petr. 1,16–18.
3. Und siehe, da erschienen ihnen Mose und Elia; die redeten mit ihm.
4. Petrus aber antwortete und sprach zu Jesu: Herr, hier ist gut sein. Willst du, so

wollen wir hier drei Hütten machen: dir
eine, Mose eine und Elia eine.
5. Da er noch also redete, siehe, da überschattete sie eine lichte Wolke. Und siehe, eine Stimme aus der Wolke sprach: *Dies ist mein lieber Sohn, an welchem ich Wohlgefallen habe; den sollt ihr hören!

*K.3,17.

6. Da das die Jünger hörten, fielen sie auf ihr Angesicht und erschraken sehr.
7. Jesus aber trat zu ihnen, rührte sie an und sprach: Stehet auf und fürchtet euch nicht!
8. Da sie aber ihre Augen aufhoben, sahen sie niemand denn Jesum allein.
9. Und da sie vom Berge hinabgingen, gebot ihnen Jesus und sprach: Ihr sollt dies Gesicht *niemand sagen, bis des Menschen Sohn von den Toten auferstanden ist. *K.16,20.
10. Und seine Jünger fragten ihn und sprachen: Was sagen denn die Schriftgelehrten, *Elia müsse zuvor kommen?

*K.11,14; Mal.3,23.

11. Jesus antwortete und sprach zu ihnen: Elia soll ja zuvor kommen und alles zurechtbringen.
12. Doch ich sage euch: Es ist Elia schon gekommen, und sie haben ihn nicht erkannt, sondern *haben an ihm getan, was sie wollten. Also wird auch des Menschen Sohn leiden müssen von ihnen. *K.14,9.10.
13. Da verstanden die Jünger, daß er von Johannes dem Täufer zu ihnen geredet hatte. Luk.1,17.

(V.14–21: vgl. Mark.9,14–29; Luk.9,37–42.)

14. Und da sie zu dem Volk kamen, trat zu ihm ein Mensch und fiel ihm zu Füßen
15. und sprach: Herr, erbarme dich über meinen Sohn! denn er ist mondsüchtig und hat ein schweres Leiden: er fällt oft ins Feuer und oft ins Wasser;
16. und ich habe ihn zu deinen Jüngern gebracht, und sie konnten ihm nicht helfen.
17. Jesus aber antwortete und sprach: O du ungläubige und *verkehrte Art, wie lange soll ich bei euch sein? wie lange soll ich euch dulden? Bringt mir ihn hieher!

*5.Mose 32,5.

18. Und Jesus bedrohte ihn; und der Teufel fuhr aus von ihm, und der Knabe ward gesund zu derselben Stunde.
19. Da traten zu ihm seine Jünger besonders und sprachen: Warum konnten wir ihn nicht austreiben? K.10,1.
20. Jesus aber antwortete und sprach zu ihnen: Um eures Unglaubens willen. Denn wahrlich *ich sage euch: So ihr Glauben habt wie ein Senfkorn, so mögt ihr sagen zu diesem Berge: Hebe dich von hinnen dorthin! so wird er sich heben; und euch wird nichts unmöglich sein.

*K.21,21; Luk.17,6.

21. Aber diese Art fährt nicht aus denn durch Beten und Fasten.

(V.22,23: vgl. Mark.9,30–32; Luk.9,43–45.)

22. Da sie aber ihr Wesen hatten in Galiläa, sprach Jesus zu ihnen: Es wird geschehen, daß des Menschen Sohn überantwortet wird in der Menschen Hände;

K.16,21.

23. und sie werden ihn töten, und am dritten Tage wird er auferstehen. Und sie wurden sehr betrübt.
24. Da sie nun gen Kapernaum kamen, gingen zu Petrus, die den Zinsgroschen einnahmen, und sprachen: Pflegt euer Meister nicht den *Zinsgroschen zu geben? *2.Mose 30,13.
25. Er sprach: Ja. Und als er heimkam, kam ihm Jesus zuvor und sprach: Was dünkt dich, Simon? Von wem nehmen die Könige auf Erden den Zoll oder Zins? Von ihren Kindern oder von den Fremden?
26. Da sprach zu ihm Petrus: Von den Fremden. Jesus sprach zu ihm: So sind die Kinder frei.
27. Auf daß aber wir sie nicht ärgern, so gehe hin an das Meer und wirf die Angel, und den ersten Fisch, der herauffährt, den nimm; und wenn du seinen Mund auftust, wirst du einen Stater finden; den nimm und gib ihnen für mich und dich.

Das 18. Kapitel

Vom Kindersinn. Ärgernis. Gewalt der Schlüssel. Versöhnlichkeit und Gleichnis vom Schalksknecht.

(V.1–9: vgl. Mark.9,33–47; Luk.9,46–48.)

1. Zu derselben Stunde traten die Jünger zu Jesu und sprachen: Wer ist doch der Größte im Himmelreich?
2. Jesus rief ein Kind zu sich und stellte das mitten unter sie
3. und sprach: Wahrlich ich sage euch: Es sei denn, daß ihr euch umkehret und werdet wie die Kinder, so werdet ihr nicht ins Himmelreich kommen. K.19,14.
4. Wer nun sich selbst erniedrigt wie dies Kind, der ist der Größte im Himmelreich.
5. Und wer ein solches Kind aufnimmt in meinem Namen, der nimmt mich auf.

K.10,40.

6. Wer aber ärgert dieser Geringsten einen, die an mich glauben, dem wäre besser, daß ein Mühlstein an seinen Hals ge-

hängt und er ersäuft würde im Meer, da es
am tiefsten ist. Luk.17,1.2.
7. Weh der Welt der Ärgernisse halben!
Es muß ja Ärgernis kommen; doch weh
dem Menschen, durch welchen Ärgernis
kommt!
8. So aber deine Hand oder dein Fuß dich
ärgert, so haue ihn ab und wirf ihn von dir.
Es ist dir besser, daß du zum Leben lahm
oder als ein Krüppel eingehst, denn daß
du zwei Hände oder zwei Füße habest und
werdest in das ewige Feuer geworfen.
K.5,29.30.
9. Und so dich dein Auge ärgert, reiß es
aus und wirf's von dir. Es ist dir besser,
daß du einäugig zum Leben eingehest,
denn daß du zwei Augen habest und werdest in das höllische Feuer geworfen.
10. Sehet zu, daß ihr nicht jemand von
diesen Kleinen verachtet. Denn ich sage
euch: Ihre *Engel im Himmel sehen allezeit das Angesicht meines Vaters im Himmel. *Hebr.1,14.
11. Denn des Menschen Sohn ist gekommen, selig zu machen, das verloren ist.
K.9,13; Luk.19,10. (V.12–14: vgl. Luk.15,4–7.)
12. Was dünkt euch? Wenn irgend ein
Mensch hundert Schafe hätte und eins unter ihnen sich verirrte: läßt er nicht die
neunundneunzig auf den Bergen, geht hin
und sucht das verirrte?
13. Und so sich's begibt, daß er's findet,
wahrlich ich sage euch, er freut sich darüber mehr denn über die neunundneunzig, die nicht verirrt sind.
14. Also auch ist's vor eurem Vater im
Himmel nicht der Wille, daß jemand von
diesen Kleinen verloren werde.
15. Sündigt aber dein Bruder an dir, so
gehe hin und strafe ihn zwischen dir und
ihm allein. Hört er dich, so hast du deinen
Bruder gewonnen.
3.Mose 19,17; Luk.17,3; Gal.6,1.
16. Hört er dich nicht, so nimm noch
einen oder zwei zu dir, auf daß *alle Sache
bestehe auf zweier oder dreier Zeugen
Mund. *5.Mose 19,15.
17. Hört er die nicht, so sage es der Gemeinde. Hört er die Gemeinde nicht, so
*halt ihn als einen Heiden und Zöllner.
*1.Kor. 5,13.
18. Wahrlich ich sage euch: Was ihr auf
Erden binden werdet, soll auch im Himmel gebunden sein, und was ihr auf Erden
lösen werdet, soll auch im Himmel los
sein. K.16,19; Joh.20,23.
19. Weiter sage ich euch: Wo zwei unter
euch eins werden auf Erden, warum es ist,
daß sie bitten wollen, das soll ihnen widerfahren von meinem Vater im Himmel.
Mark.11,24.
20. Denn wo zwei oder drei versammelt
sind in meinem Namen, da bin ich mitten
unter ihnen. K.28,20.
21. Da trat Petrus zu ihm und sprach:
Herr, wie oft muß ich denn meinem Bruder, der an mir sündigt, vergeben? Ist's
genug siebenmal?
22. Jesus sprach zu ihm: Ich sage dir:
Nicht siebenmal, sondern siebzigmal siebenmal. Luk.17,4.
23. Darum ist das Himmelreich gleich
einem König, der mit seinen Knechten
rechnen wollte.
24. Und als er anfing zu rechnen, kam
ihm einer vor, der war ihm zehntausend
Pfund schuldig.
25. Da er's nun nicht hatte, zu bezahlen,
hieß der Herr verkaufen ihn und sein Weib
und seine Kinder und alles, was er hatte,
und bezahlen.
26. Da fiel der Knecht nieder und betete
ihn an und sprach: Herr, habe Geduld mit
mir; ich will dir's alles bezahlen.
27. Da jammerte den Herrn des Knechtes, und er ließ ihn los, und die Schuld
erließ er ihm auch.
28. Da ging derselbe Knecht hinaus und
fand einen seiner Mitknechte, der war ihm
hundert Groschen schuldig; und er griff
ihn an und würgte ihn und sprach: Bezahle mir, was du mir schuldig bist!
29. Da fiel sein Mitknecht nieder und bat
ihn und sprach: Habe Geduld mit mir; ich
will dir's alles bezahlen.
30. Er wollte aber nicht, sondern ging
hin und warf ihn ins Gefängnis, bis daß er
bezahlte, was er schuldig war.
31. Da aber seine Mitknechte solches sahen, wurden sie sehr betrübt und kamen
und brachten vor ihren Herrn alles, was
sich begeben hatte.
32. Da forderte ihn sein Herr vor sich
und sprach zu ihm: Du Schalksknecht,
alle diese Schuld habe ich dir erlassen,
dieweil du mich batest;
33. solltest du denn dich nicht auch erbarmen über deinen Mitknecht, wie ich
mich über dich erbarmt habe?
34. Und sein Herr ward zornig und überantwortete ihn den Peinigern, *bis daß er
bezahlte alles, was er ihm schuldig war.
*K.5,26.
35. Also wird euch mein himmlischer
Vater auch tun, so ihr nicht vergebet von
eurem Herzen, ein jeglicher seinem Bruder seine Fehler.
K.6,14.15.

Das 19. Kapitel

Von Ehescheidung. Jesus segnet die Kinder.
Der reiche Jüngling.
(V. 1–9: vgl. Mark. 10,1–12.)

1. Und es begab sich, da Jesus diese Reden vollendet hatte, erhob er sich aus Galiläa und kam in das Gebiet des jüdischen
Landes jenseit des Jordans;
2. und es folgte ihm viel Volks nach, und
er heilte sie daselbst.
3. Da traten zu ihm die Pharisäer, und
versuchten ihn und sprachen zu ihm: Ist's
auch recht, daß sich ein Mann scheide von
seinem Weibe um irgend eine Ursache?
K. 5,31.32.
4. Er antwortete aber und sprach zu ihnen: Habt ihr nicht gelesen, daß, der im
Anfang den Menschen gemacht hat, der
machte, daß ein Mann und ein Weib sein
sollte, 1. Mose 1,27.
5. und sprach: »Darum wird ein Mensch
Vater und Mutter verlassen und an seinem
Weibe hangen, und werden die zwei ein
Fleisch sein«? 1. Mose 1,24.
6. So sind sie nun nicht zwei, sondern
ein Fleisch. Was nun Gott zusammengefügt hat, das soll der Mensch *nicht scheiden. *1. Kor. 7,10.11.
7. Da sprachen sie: Warum hat denn Mose geboten, einen Scheidebrief zu geben
und sich von ihr zu scheiden? 5. Mose 24,1.
8. Er sprach zu ihnen: Mose hat euch
erlaubt zu scheiden von euren Weibern
wegen eures Herzens Härtigkeit; von Anbeginn aber ist's nicht also gewesen.
9. Ich sage aber euch: Wer sich von seinem Weibe scheidet (es sei denn um der
Hurerei willen) und freit eine andere, der
bricht die Ehe; und wer die Abgeschiedene
freit, der bricht auch die Ehe. Luk. 16,18.
10. Da sprachen die Jünger zu ihm: Steht
die Sache eines Mannes mit seinem Weibe
also, so ist's nicht gut, ehelich werden.
11. Er sprach aber zu ihnen: Das Wort
faßt nicht jedermann, sondern denen es
gegeben ist. 1. Kor. 7,7.17.
12. Denn es sind etliche verschnitten, die
sind aus Mutterleibe also geboren; und
sind etliche verschnitten, die von Menschen verschnitten sind; und sind etliche
verschnitten, die sich selbst verschnitten
haben um des Himmelreichs willen. Wer
es fassen kann, der fasse es!

(V. 13–15: vgl. Mark. 10,13–16; Luk. 18,15–17.)

13. Da wurden Kindlein zu ihm gebracht, daß er die Hände auf sie legte und
betete. Die Jünger aber fuhren sie an.
14. Aber Jesus sprach: Lasset die Kindlein und wehret ihnen nicht, zu mir zu
kommen; denn solcher ist das Himmelreich. K. 18,2.3.
15. Und legte die Hände auf sie und zog
von dannen.

(V. 16–30: vgl. Mark. 10,17–31; Luk. 18,18–30.)

16. Und siehe, einer trat zu ihm und
sprach: Guter Meister, was soll ich Gutes
tun, daß ich das ewige Leben möge haben?
17. Er aber sprach zu ihm: Was heißest
du mich gut? Niemand ist gut denn der
einige Gott. *Willst du aber zum Leben
eingehen, so halte die Gebote.
*Luk. 10,26–28.
18. Da sprach er zu ihm: Welche? Jesus
aber sprach: »Du sollst nicht töten; du
sollst nicht ehebrechen; du sollst nicht
stehlen; du sollst nicht falsch Zeugnis geben; 2. Mose 20,12–16.
19. ehre Vater und Mutter«; und: *»du
sollst deinen Nächsten lieben wie dich
selbst.« *3. Mose 19,18.
20. Da sprach der Jüngling zu ihm: Das
habe ich alles gehalten von meiner Jugend
auf; was fehlt mir noch?
21. Jesus sprach zu ihm: Willst du vollkommen sein, so gehe hin, verkaufe, was
du hast, und gib's den Armen, so wirst du
einen Schatz im Himmel haben; und
komm und folge mir nach!
K. 6,20; Luk. 12,33.
22. Da der Jüngling das Wort hörte, ging
er betrübt von ihm; denn er hatte viele
Güter. Ps. 62,11.
23. Jesus aber sprach zu seinen Jüngern:
Wahrlich ich sage euch: Ein Reicher wird
schwer ins Himmelreich kommen.
24. Und weiter sage ich euch: Es ist leichter, daß ein Kamel durch ein Nadelöhr
gehe, denn daß ein Reicher ins Reich Gottes komme.
25. Da das seine Jünger hörten, entsetzten sie sich sehr und sprachen: Ja, wer
kann denn selig werden?
26. Jesus aber sah sie an und sprach zu
ihnen: Bei den Menschen ist's unmöglich;
aber bei Gott sind alle Dinge möglich.
27. Da antwortete Petrus und sprach zu
ihm: Siehe, wir haben alles verlassen und
sind dir nachgefolgt; was wird uns dafür?
28. Jesus aber sprach zu ihnen: Wahrlich
ich sage euch: Ihr, die ihr mir seid nachgefolgt, werdet in der Wiedergeburt, da des
Menschen Sohn wird sitzen auf dem Stuhl
seiner Herrlichkeit, auch sitzen auf zwölf
Stühlen und richten die zwölf Geschlechter Israels. Luk. 22,30.
29. Und wer verläßt Häuser oder Brüder
oder Schwestern oder Vater oder Mutter
oder Weib oder Kinder oder Äcker um

meines Namens willen, der wird's hundertfältig nehmen und das ewige Leben ererben. Hebr.10,34.

30. Aber viele, die da sind die Ersten, werden die Letzten, und *die Letzten werden die Ersten sein. *K.20,16; Luk.13,30.

Das 20. Kapitel

Gleichnis von den Arbeitern im Weinberge. Dritte Leidensverkündigung. Die Kinder des Zebedäus; Rangstreit. Zwei Blinde.

1. Das Himmelreich ist gleich einem Hausvater, der am Morgen ausging, Arbeiter zu mieten in *seinen Weinberg. *K.21,33.

2. Und da er mit den Arbeitern eins ward um einen Groschen zum Tagelohn, sandte er sie in seinen Weinberg.

3. Und ging aus um die dritte Stunde und sah andere an dem Markte müßig stehen

4. und sprach zu ihnen: Gehet ihr auch hin in den Weinberg; ich will euch geben, was recht ist.

5. Und sie gingen hin. Abermals ging er aus um die sechste und neunte Stunde und tat gleichalso.

6. Um die elfte Stunde aber ging er aus und fand andere müßig stehen und sprach zu ihnen: Was stehet ihr hier den ganzen Tag müßig?

7. Sie sprachen zu ihm: Es hat uns niemand gedingt. Er sprach zu ihnen: Gehet ihr auch hin in den Weinberg, und was recht sein wird, soll euch werden.

8. Da es nun Abend ward, sprach der Herr des Weinbergs zu seinem Schaffner: Rufe die Arbeiter und gib ihnen den Lohn und heb an an den letzten bis zu den ersten.

9. Da kamen, die um die elfte Stunde gedingt waren, und empfing ein jeglicher seinen Groschen.

10. Da aber die ersten kamen, meinten sie, sie würden mehr empfangen; und sie empfingen auch ein jeglicher seinen Groschen.

11. Und da sie den empfingen, murrten sie wider den Hausvater

12. und sprachen: Diese letzten haben nur eine Stunde gearbeitet, und du hast sie uns gleich gemacht, die wir des Tages Last und die Hitze getragen haben.

13. Er antwortete aber und sagte zu einem unter ihnen: Mein Freund, ich tue dir nicht unrecht. Bist du nicht mit mir eins geworden um einen Groschen?

14. Nimm, was dein ist, und gehe hin! Ich will aber diesem letzten geben gleich wie dir.

15. *Oder habe ich nicht Macht, zu tun, was ich will, mit dem Meinen? Siehst du darum scheel, daß ich so gütig bin? *Röm.9,16.21.

16. Also werden *die Letzten die Ersten und die Ersten die Letzten sein. †Denn viele sind berufen, aber wenige sind auserwählt. *K.19,30. †K.22,14.

(V.17–19: vgl. Mark.10,32–34; Luk.18,31–33.)

17. Und er zog hinauf gen Jerusalem und nahm zu sich die zwölf Jünger besonders auf dem Wege und sprach zu ihnen:

18. Siehe, wir ziehen hinauf gen Jerusalem, und des Menschen Sohn wird den Hohenpriestern und Schriftgelehrten überantwortet werden; und sie werden ihn verdammen zum Tode K.16,21; 17,22.23.

19. und werden ihn überantworten den Heiden, zu verspotten und zu geißeln und zu kreuzigen; und am dritten Tage wird er wieder auferstehen.

(V.20–28: vgl. Mark.10,35–45.)

20. Da trat zu ihm die Mutter der Kinder des *Zebedäus mit ihren Söhnen, fiel vor ihm nieder und bat etwas von ihm. *K.10,2.

21. Und er sprach zu ihr: Was willst du? Sie sprach zu ihm: Laß diese meine zwei Söhne sitzen in deinem Reich, einen zu deiner Rechten und den andern zu deiner Linken. K.19,28.

22. Aber Jesus antwortete und sprach: Ihr wisset nicht, was ihr bittet. Könnt ihr den *Kelch trinken, den ich trinken werde, und euch taufen lassen mit der †Taufe, mit der ich getauft werde? Sie sprachen zu ihm: Jawohl. *K.26,39; Joh.18,11. †Luk.12,50.

23. Und er sprach zu ihnen: Meinen Kelch sollt ihr zwar trinken, und mit der Taufe, mit der ich getauft werde, sollt ihr getauft werden; aber das Sitzen zu meiner Rechten und Linken zu geben steht mir nicht zu, sondern denen es bereitet ist von meinem Vater.

24. Da das die zehn hörten, wurden sie unwillig über die zwei Brüder. Luk.22,24–26.

25. Aber Jesus rief sie zu sich und sprach: Ihr wisset, daß die weltlichen Fürsten herrschen und die Oberherren haben Gewalt.

26. So soll es nicht sein unter euch. Sondern, so jemand will unter euch gewaltig sein, der sei euer Diener; K.23,11.

27. und wer da will der Vornehmste sein, der sei euer Knecht, – Mark.9,35.

28. gleichwie des Menschen Sohn ist nicht gekommen, daß er sich dienen lasse, sondern daß er *diene und gebe sein Le-

ben zu einer †Erlösung für viele.
*Luk.22,27; Phil.2,7. †1.Tim. 2,6.
(V.29–34: vgl. Mark.10,46–52; Luk.18,35–43.)
29. Und da sie von Jericho auszogen,
folgte ihm viel Volks nach.
30. Und siehe, zwei Blinde saßen am Wege; und da sie hörten, daß Jesus vorüberging, schrieen sie und sprachen: Ach Herr, du Sohn Davids, erbarme dich unser!
31. Aber das Volk bedrohte sie, daß sie schweigen sollten. Aber sie schrieen viel mehr und sprachen: Ach Herr, du Sohn Davids, erbarme dich unser!
32. Jesus aber stand still und rief sie und sprach: Was wollt ihr, daß ich euch tun soll?
33. Sie sprachen zu ihm: Herr, daß unsere Augen aufgetan werden.
34. Und es jammerte Jesum, und er rührte ihre Augen an; und alsbald wurden ihre Augen wieder sehend, und sie folgten ihm nach.

Das 21. Kapitel

Christi Einzug in Jerusalem. Reinigung des Tempels. Unfruchtbarer Feigenbaum. Reden Jesu im Tempel. Gleichnis von den Weingärtnern.
(V. 1–11: vgl. Mark. 1,1–10; Luk. 19,29–38; Joh. 12,12–19.)

1. Da sie nun nahe an Jerusalem kamen, gen Bethphage an den Ölberg, sandte Jesus seiner Jünger zwei
2. und sprach zu ihnen: Gehet hin in den Flecken, der vor euch liegt, und alsbald werdet ihr eine Eselin finden angebunden und ein Füllen bei ihr; löset sie auf und führet sie zu mir!
3. Und so euch jemand etwas wird sagen, so sprecht: Der Herr bedarf ihrer; sobald wird er sie euch lassen. K.26,18.
4. Das geschah aber alles, auf daß erfüllet würde, was gesagt ist durch den Propheten, der da spricht:
5. »Saget *der Tochter Zion: Siehe, dein König kommt zu dir sanftmütig und reitet auf einem Esel und auf einem Füllen der lastbaren Eselin.« *Sach. 9,9; Jes. 62,11.
6. Die Jünger gingen hin und taten, wie ihnen Jesus befohlen hatte,
7. und brachten die Eselin und das Füllen und legten ihre Kleider darauf und setzten ihn darauf.
8. Aber viel Volks breitete die *Kleider auf den Weg; die andern hieben Zweige von den Bäumen und streuten sie auf den Weg. *2. Kön. 9,13.
9. Das Volk aber, das vorging und nachfolgte, schrie und sprach: *Hosianna dem Sohn Davids! Gelobt sei, der da kommt in dem Namen des Herrn! Hosianna in der Höhe! *Ps. 118,25.26.
10. Und als er zu Jerusalem einzog, erregte sich die ganze Stadt und sprach: Wer ist der?
11. Das Volk aber sprach: Das ist der Jesus, der Prophet von Nazareth aus Galiläa.
(V. 12–22: vgl. Mark. 11,11–24; Luk. 19,45–48.)
12. Und Jesus ging zum Tempel Gottes hinein und trieb heraus alle Verkäufer und Käufer im Tempel und stieß um der Wechsler Tische und die Stühle der Taubenkrämer Joh. 2,14–16.
13. und sprach zu ihnen: Es steht *geschrieben: »Mein Haus soll ein Bethaus heißen«; ihr aber habt eine †Mördergrube daraus gemacht. *Jes. 56,7. †Jer. 7,11.
14. Und es gingen zu ihm Blinde und Lahme im Tempel, und er heilte sie.
15. Da aber die Hohenpriester und Schriftgelehrten sahen die Wunder, die er tat, und die Kinder, die im Tempel schrieen und sagten: Hosianna dem Sohn Davids! wurden sie entrüstet
16. und sprachen zu ihm: Hörst du auch, was diese sagen? Jesus sprach zu ihnen: Ja! Habt ihr nie gelesen: *»Aus dem Munde der Unmündigen und Säuglinge hast du Lob zugerichtet«? *Ps. 8,3.
17. Und er ließ sie da und ging zur Stadt hinaus gen Bethanien und blieb daselbst.
18. Als er aber des Morgens wieder in die Stadt ging, hungerte ihn;
19. und er sah einen Feigenbaum an dem Wege und ging hinzu und fand nichts daran denn allein Blätter und sprach zu ihm: Nun wachse auf dir hinfort nimmermehr eine Frucht! Und der Feigenbaum verdorrte alsbald. Luk. 13,6.
20. Und da das die Jünger sahen, verwunderten sie sich und sprachen: Wie ist der Feigenbaum so bald verdorrt?
21. Jesus aber antwortete und sprach zu ihnen: Wahrlich, ich sage euch: So ihr Glauben habt und nicht zweifelt, so werdet ihr nicht allein solches mit dem Feigenbaum tun, sondern, so ihr werdet sagen zu diesem Berge: Hebe dich auf und wirf dich ins Meer! so wird's geschehen. K. 17,20.
22. Und alles, was ihr bittet im Gebet, so ihr glaubet, werdet ihr's empfangen.
(V. 23–27: vgl. Mark. 11,27–33; Luk. 20,1–8.)
23. Und als er in den Tempel kam, traten zu ihm, als er lehrte, die Hohenpriester und die Ältesten im Volk und sprachen: Aus was für Macht tust du das? und wer hat dir die Macht gegeben? Joh. 2,18.
24. Jesus aber antwortete und sprach zu

SALBUNG JESU Matthäus 26, 6.7

ihnen: Ich will euch auch ein Wort fragen;
so ihr mir das saget, will ich euch auch
sagen, aus was für Macht ich das tue:
25. Woher war die Taufe des Johannes?
War sie vom Himmel oder von den Menschen? Da gedachten sie bei sich selbst
und sprachen: Sagen wir, sie sei vom Himmel gewesen, so wird er zu uns sagen:
Warum glaubtet ihr ihm denn nicht?
26. Sagen wir aber, sie sei von Menschen
gewesen, so müssen wir uns vor dem Volk
fürchten; denn sie *halten alle Johannes
für einen Propheten. *K.14,5.
27. Und sie antworteten Jesu und sprachen: Wir wissen's nicht. Da sprach er zu
ihnen: So sage ich euch auch nicht, aus
was für Macht ich das tue.
28. Was dünkt euch aber? Es hatte ein
Mann zwei Söhne und ging zu dem ersten
und sprach: Mein Sohn, gehe hin und arbeite heute in meinem Weinberge.
29. Er antwortete aber und sprach: Ich
will's nicht tun. Darnach reute es ihn, und
er ging hin.
30. Und er ging zum andern und sprach
gleichalso. Er antwortete aber und sprach:
Herr, ja! – und ging nicht hin. K.7,21.
31. Welcher unter den zweien hat des
Vaters Willen getan? Sie sprachen zu ihm:
Der erste. Jesus sprach zu ihnen: Wahrlich, ich sage euch: *Die Zöllner und Huren mögen wohl eher ins Himmelreich
kommen denn ihr. *Luk.18,14.
32. Johannes kam zu euch und lehrte
euch den rechten Weg, und ihr glaubtet
ihm nicht; aber die Zöllner und Huren
glaubten ihm. Und ob ihr's wohl sahet,
tatet ihr dennoch nicht Buße, daß ihr ihm
darnach auch geglaubt hättet. Luk.7,29.

(V.33–46: vgl. Mark.12,1–12; Luk.20,9–19.)

33. Höret ein anderes Gleichnis: Es war
ein Hausvater, der pflanzte einen *Weinberg und führte einen Zaun darum und
grub eine Kelter darin und baute einen
Turm und tat ihn den Weingärtnern aus
und †zog über Land. *Jes.5,1.2. †K.25.14.
34. Da nun herbeikam die Zeit der
Früchte, sandte er seine Knechte zu den
Weingärtnern, daß sie seine Früchte empfingen.
35. Da nahmen die Weingärtner seine
Knechte; einen stäupten sie, den andern
töteten sie, den dritten steinigten sie.
36. Abermals sandte er andere Knechte,

mehr denn der ersten waren; und sie taten ihnen gleichalso.

37. Darnach sandte er seinen Sohn zu ihnen und sprach: Sie werden sich vor meinem Sohn scheuen.

38. Da aber die Weingärtner den Sohn sahen, sprachen sie untereinander: Das ist der Erbe; *kommt, laßt uns ihn töten und sein Erbgut an uns bringen! *K.27,18.

39. Und sie nahmen ihn und stießen ihn zum Weinberge hinaus und töteten ihn.

40. Wenn nun der Herr des Weinberges kommen wird, was wird er diesen Weingärtnern tun?

41. Sie sprachen zu ihm: Er wird die Bösewichte übel umbringen und seinen Weinberg andern Weingärtnern austun, die ihm die Früchte zu rechter Zeit geben.

42. Jesus sprach zu ihnen: Habt ihr nie gelesen *in der Schrift: »Der Stein, den die Bauleute verworfen haben, der ist zum Eckstein geworden. Von dem Herrn ist das geschehen, und es ist wunderbar vor unsern Augen«?

*Ps. 118,22.23; Apg. 4,11; Röm. 9,33; 1. Petr. 2,6–8.

43. Darum sage ich euch: Das Reich Gottes wird von euch genommen und einem Volke gegeben werden, das seine Früchte bringt.

44. Und wer auf diesen Stein fällt, der wird zerschellen; auf wen aber *er fällt, den wird er zermalmen. *Dan. 2,34.35.44.45.

45. Und da die Hohenpriester und Pharisäer seine Gleichnisse hörten, verstanden sie, daß er von ihnen redete.

46. Und sie trachteten darnach, wie sie ihn griffen; aber sie fürchteten sich vor dem Volk, denn es hielt ihn für einen Propheten.

Das 22. Kapitel

Gleichnis von der königlichen Hochzeit.
Zinsgroschen. Auferstehung. Vornehmstes Gebot.
Christus Davids Sohn und Herr.

1. Und Jesus antwortete und redete abermals durch Gleichnisse zu ihnen und sprach: (V. 2–14: vgl. Luk. 14,16–24.)

2. Das Himmelreich ist gleich einem Könige, der seinem Sohn Hochzeit machte.

Joh. 3,29.

3. Und sandte seine Knechte aus, daß sie die Gäste zur Hochzeit riefen; und sie wollten nicht kommen.

4. Abermals sandte er andere Knechte aus und sprach: Saget den Gästen: Siehe, meine Mahlzeit habe ich bereitet, meine Ochsen und mein Mastvieh ist geschlachtet und alles bereit; kommt zur Hochzeit!

K. 21,36.

5. Aber sie verachteten das und gingen hin, einer auf seinen Acker, der andere zu seiner Hantierung;

6. etliche aber griffen seine Knechte, höhnten und töteten sie.

7. Da das der König hörte, ward er zornig und schickte seine Heere aus und brachte diese Mörder um und zündete ihre Stadt an. K. 24,2.

8. Da sprach er zu seinen Knechten: Die Hochzeit ist zwar bereit, aber die Gäste waren's nicht wert.

9. Darum gehet hin auf die Straßen und ladet zur Hochzeit, wen ihr findet.

K. 13,47; 21,43.

10. Und die Knechte gingen aus auf die Straßen und brachten zusammen, wen sie fanden, Böse und Gute; und die Tische wurden alle voll.

11. Da ging der König hinein, die Gäste zu besehen, und sah allda einen Menschen, der hatte kein hochzeitlich Kleid an;

12. und sprach zu ihm: Freund, wie bist du hereingekommen und hast doch kein hochzeitlich Kleid an? Er aber verstummte.

13. Da sprach der König zu seinen Dienern: Bindet ihm Hände und Füße und werfet ihn in die Finsternis hinaus! da wird sein Heulen und Zähneklappen.

K. 8,12.

14. Denn viele sind berufen, aber wenige sind auserwählt.

(V. 15–22: vgl. Mark. 12,13–17; Luk. 20,20–26.)

15. Da gingen die Pharisäer hin und hielten einen Rat, wie sie ihn fingen in seiner Rede.

16. Und sandten zu ihm ihre Jünger samt *des Herodes Dienern. Und sie sprachen: Meister, wir wissen, daß du wahrhaftig bist und lehrest den Weg Gottes recht und du fragest nach niemand; denn du achtest nicht das Ansehen der Menschen.

*Mark. 3,6.

17. Darum sage uns, was dünkt dich: Ist's recht, daß man dem Kaiser Zins gebe, oder nicht?

18. Da nun Jesus merkte ihre Schalkheit, sprach er: Ihr Heuchler, was versuchet ihr mich?

19. Weiset mir die Zinsmünze! Und sie reichten ihm einen Groschen dar.

20. Und er sprach zu ihnen: Wes ist das Bild und die Überschrift?

21. Sie sprachen zu ihm: Des Kaisers. Da sprach er zu ihnen: So gebet *dem Kaiser, was des Kaisers ist, und Gott, was Gottes ist! *Röm. 13,7.

JESUS IN GETHSEMANE Matthäus 26, 39

22. Da sie das hörten, verwunderten sie
sich und ließen ihn und gingen davon.
(V.23–33: vgl. Mark.12,18–27; Luk.20,27–40.)
23. An dem Tage traten zu ihm die Sadduzäer, die da halten, es sei kein Auferstehen, und fragten ihn
Apg.23,6.8.
24. und sprachen: Meister, *Mose hat gesagt: So einer stirbt und hat nicht Kinder,
so soll sein Bruder sein Weib freien und
seinem Bruder Samen erwecken.
*5.Mose 25,5.6.
25. Nun sind bei uns gewesen sieben
Brüder. Der erste freite und starb; und
dieweil er nicht Samen hatte, ließ er sein
Weib seinem Bruder;
26. desgleichen der andere und der dritte
bis an den siebenten.
27. Zuletzt nach allen starb auch das
Weib.
28. Nun in der Auferstehung, wes Weib
wird sie sein unter den sieben? Sie haben
sie ja alle gehabt.
29. Jesus aber antwortete und sprach zu
ihnen: Ihr irret und wisset die Schrift
nicht noch die Kraft Gottes.
30. In der Auferstehung werden sie weder freien noch sich freien lassen, sondern
sie sind gleichwie die Engel Gottes im
Himmel.
31. Habt ihr aber nicht gelesen von der
Toten Auferstehung, was euch gesagt ist
von Gott, der da spricht:
32. *»Ich bin der Gott Abrahams und der
Gott Isaaks und der Gott Jakobs«? Gott
aber ist nicht ein Gott der Toten, sondern
der Lebendigen. *2.Mose 3,6.
33. Und da solches das Volk hörte, entsetzten sie sich über seine Lehre.
(V.34–40: vgl. Mark.12,28–31; Luk.10,25–28.)
34. Da aber die Pharisäer hörten, daß er
den Sadduzäern das Maul gestopft hatte,
versammelten sie sich.
35. Und einer unter ihnen, ein Schriftgelehrter, versuchte ihn und sprach:
36. Meister, welches ist das vornehmste
Gebot im Gesetz?
37. Jesus aber sprach zu ihm: »Du sollst
lieben Gott, deinen Herrn, von ganzem
Herzen, von ganzer Seele und von ganzem
Gemüte.« 5.Mose 6,5.
38. Dies ist das vornehmste und größte
Gebot.
39. Das andere aber ist ihm gleich: »Du

sollst deinen Nächsten lieben wie dich selbst.« 3. Mose 19,18.
40. In diesen zwei Geboten hanget das ganze Gesetz und die Propheten.
K. 7,12; Röm. 13,10; Gal. 5,14.
(V. 41–46: vgl. Mark. 12,35–37; Luk. 20,41–44.)
41. Da nun die Pharisäer beieinander waren, fragte sie Jesus
42. und sprach: Wie dünkt euch um Christus? wes Sohn ist er? Sie sprachen: Davids.
43. Er sprach zu ihnen: Wie nennt ihn denn David im Geist einen Herrn, da er sagt:
44. *»Der Herr hat gesagt zu meinem Herrn: Setze dich zu meiner Rechten, bis daß ich lege deine Feinde zum Schemel deiner Füße«? *Ps. 110,1; K. 26,64.
45. Da nun David ihn einen Herrn nennt, wie ist er denn sein Sohn?
46. Und niemand konnte ihm ein Wort antworten, und wagte auch niemand von dem Tage an hinfort, ihn zu fragen.

Das 23. Kapitel

Jesu Strafpredigt wider die Schriftgelehrten und Pharisäer. Jerusalems schwere Sünden. Ankündigung der Zerstörung des Tempels. (Vgl. Mark. 12,38–40; Luk. 20,45–47; Luk. 11,39–52.)

1. Da redete Jesus zu dem Volk und zu seinen Jüngern
2. und sprach: Auf Mose's Stuhl sitzen die Schriftgelehrten und Pharisäer.
3. Alles nun, was sie euch sagen, daß ihr halten sollet, das haltet und tut's; aber nach ihren Werken sollt ihr nicht tun: sie sagen's wohl, und tun's nicht. Mal. 2,7.8.
4. Sie binden aber schwere und unerträgliche Bürden und legen sie den Menschen auf den Hals; aber sie selbst wollen dieselben nicht mit einem Finger regen.
5. Alle ihre Werke aber tun sie, *daß sie von den Leuten gesehen werden. Sie machen ihre †Denkzettel breit und die Säume an ihren Kleidern groß.
*K. 6,1. †2. Mose 13,9; 4. Mose 15,38.39.
6. Sie sitzen gern obenan über Tisch und in den Schulen Luk. 14,7.
7. und haben's gern, daß sie gegrüßt werden auf dem Markt und von den Menschen Rabbi genannt werden.
8. Aber ihr sollt euch nicht Rabbi nennen lassen; denn einer ist euer Meister, Christus; ihr aber seid alle Brüder.
9. Und sollt niemand Vater heißen auf Erden; denn einer ist euer Vater, der im Himmel ist.
10. Und ihr sollt euch nicht lassen Meister nennen; denn einer ist euer Meister, Christus.
11. Der Größte unter euch soll euer Diener sein. K. 20,26.27.
12. Denn wer sich selbst erhöht, der wird erniedrigt; und wer sich selbst erniedrigt, der wird erhöht.
Spr. 29,23; Hiob 22,29; Hesek. 21,31; Luk. 18,14; 1. Petr. 5,5.
13. Weh euch, Schriftgelehrte und Pharisäer, ihr Heuchler, die ihr das Himmelreich zuschließet vor den Menschen! Ihr kommt nicht hinein, und die hinein wollen, laßt ihr nicht hineingehen.
14. Weh euch, Schriftgelehrte und Pharisäer, ihr Heuchler, die ihr der Witwen Häuser fresset und wendet lange Gebete vor! Darum werdet ihr desto mehr Verdammnis empfangen. Hesek. 22,25.
15. Weh euch, Schriftgelehrte und Pharisäer, ihr Heuchler, die ihr Land und Wasser umziehet, daß ihr einen Judengenossen machet; und wenn er's geworden ist, macht ihr aus ihm ein Kind der Hölle, zwiefältig mehr, denn ihr seid!
16. Weh *euch, verblendete Leiter, die ihr sagt: »Wer da schwört bei dem Tempel, das ist nichts; wer aber schwört bei dem Gold am Tempel, der ist's schuldig.«
*K. 15,14.
17. Ihr Narren und Blinden! Was ist größer: das Gold oder der Tempel, der das Gold heiligt?
18. »Wer da schwört bei dem Altar, das ist nichts; wer aber schwört bei dem Opfer, das darauf ist, der ist's schuldig.«
19. Ihr Narren und Blinden! Was ist größer: das Opfer oder der Altar, der das Opfer heiligt? 2. Mose 29,37.
20. Darum, wer da schwört bei dem Altar, der schwört bei demselben und bei allem, was darauf ist.
21. Und wer da schwört bei dem Tempel, der schwört bei demselben und bei dem, der darin wohnt.
22. Und wer da schwört bei dem Himmel, der schwört bei dem Stuhl Gottes und bei dem, der darauf sitzt. K. 5,34.
23. Weh euch, Schriftgelehrte und Pharisäer, ihr Heuchler, die ihr *verzehntet die Minze, Dill und Kümmel, und lasset dahinten das Schwerste im †Gesetz, nämlich das Gericht, die Barmherzigkeit und den Glauben! Dies sollte man tun und jenes nicht lassen. *3. Mose 27,30. †Micha 6,8.
24. Ihr verblendeten Leiter, die ihr Mükken seihet und Kamele verschluckt!
25. Weh euch, Schriftgelehrte und Pharisäer, ihr Heuchler, die ihr die Becher

GEFANGENNAHME Matthäus 26, 47–52

und Schüsseln auswendig reinlich haltet,
inwendig aber ist's voll Raubes und Fra-
ßes! Mark. 7,4.
26. Du blinder Pharisäer, reinige zum ersten das Inwendige an Becher und Schüssel, auf daß auch das Auswendige rein werde! Tit. 1,15.
27. Weh euch, Schriftgelehrte und Pharisäer, ihr Heuchler, die ihr gleich seid wie
die *übertünchten Gräber, welche auswendig hübsch scheinen, aber inwendig
sind sie voller Totengebeine und alles Unflats! *Apg. 23,3.
28. Also auch ihr: von außen scheinet ihr
vor den Menschen fromm, aber inwendig
seid ihr voller Heuchelei und Untugend.
29. Weh euch, Schriftgelehrte und Pharisäer, ihr Heuchler, die ihr der Propheten
Gräber bauet und schmücket der Gerechten Gräber
30. und sprecht: Wären wir zu unsrer
Väter Zeiten gewesen, so wollten wir nicht
teilhaftig sein mit ihnen an der Propheten
Blut!
31. So gebt ihr über euch selbst Zeugnis,
daß ihr Kinder seid derer, die die Propheten getötet haben. Apg. 7,52.
32. Wohlan, erfüllet auch ihr das Maß
eurer Väter!
33. Ihr *Schlangen, ihr Otterngezüchte!
wie wollt ihr der höllischen Verdammnis
entrinnen? *K. 3,7.
34. Darum siehe, ich sende zu euch Propheten und Weise und *Schriftgelehrte;
und deren werdet ihr etliche töten und
kreuzigen, und etliche werdet ihr geißeln
in euren Schulen und werdet sie verfolgen
von einer Stadt zu der andern; *K. 13,52.
35. auf daß über euch komme all das
gerechte Blut, das vergossen ist auf Erden,
von dem Blut des gerechten *Abel an bis
aufs Blut des †Zacharias, des Sohnes Berechja's, welchen ihr getötet habt zwischen dem Tempel und Altar.
*1. Mose 4,8. †2. Chron. 24,20.21.
36. Wahrlich ich sage euch, daß solches
alles wird über dies Geschlecht kommen.
37. *Jerusalem, Jerusalem, die du tötest
die Propheten und steinigst, die zu dir
gesandt sind! wie oft habe ich deine Kinder
versammeln wollen, wie eine Henne versammelt ihre Küchlein unter ihre Flügel;
und ihr habt nicht gewollt!
*Luk. 13,34.35.

38. Siehe, euer Haus soll euch wüst gelassen werden. 1.Kön. 9,7.8.
39. Denn ich sage euch: Ihr werdet mich von jetzt an nicht sehen, bis ihr sprecht: *Gelobt sei, der da kommt im Namen des Herrn! *K.21,9; Ps.118,26.

Das 24. Kapitel

Von der Zerstörung Jerusalems, der Wiederkunft Christi und dem Ende der Welt. Ermahnung zur Wachsamkeit.
(Vgl. Mark.13; Luk.21,5–36.)

1. Und Jesus ging hinweg von dem Tempel, und seine Jünger traten zu ihm, daß sie ihm zeigten des Tempels Gebäude.
2. Jesus aber sprach zu ihnen: Sehet ihr nicht das alles? Wahrlich ich sage euch: Es wird hier nicht ein Stein auf dem andern bleiben, der nicht zerbrochen werde. Luk.19,44.
3. Und als er auf dem Ölberge saß, traten zu ihm seine Jünger besonders und sprachen: Sage uns, wann wird das geschehen? Und welches wird das Zeichen sein deiner Zukunft und des Endes der Welt?
4. Jesus aber antwortete und sprach zu ihnen: Sehet zu, daß euch nicht jemand verführe.
5. Denn es werden *viele kommen unter meinem Namen und sagen: »Ich bin Christus« und werden viele verführen. *V.24; Apg.5,36.37; 1.Joh. 2,18.
6. Ihr werdet hören Kriege und Geschrei von Kriegen; sehet zu und erschrecket nicht. Das muß zum ersten alles geschehen; aber es ist noch nicht das Ende da.
7. Denn es wird sich empören ein Volk wider das andere und ein Königreich wider das andere, und werden sein Pestilenz und teure Zeit und Erdbeben hin und wieder.
8. Da wird sich allererst die Not anheben.
9. Alsdann werden sie euch überantworten in Trübsal und werden euch töten. Und ihr müsset gehaßt werden um meines Namens willen von allen Völkern. K.10,17.22; Joh.16,2.
10. Dann werden sich viele ärgern und werden sich untereinander verraten und werden sich untereinander hassen.
11. Und es werden sich viel falsche Propheten erheben und werden viele verführen. K.7,15; 1.Joh.4,1.
12. Und dieweil die Ungerechtigkeit wird überhandnehmen, wird die Liebe in vielen erkalten. 2.Thess.2,10; 2.Tim.3,1–5.
13. Wer aber beharret bis ans Ende, der wird selig. K.10,22; Offenb.13,10.
14. Und es wird gepredigt werden das Evangelium vom Reich *in der ganzen Welt zu einem †Zeugnis über alle Völker, und dann wird das Ende kommen. *K.28,19. †K.10,18.
15. Wenn ihr nun sehen werdet den Greuel der Verwüstung (davon gesagt ist durch den Propheten Daniel), daß er steht an der heiligen Stätte (wer das liest, der merke darauf!), Dan.9,26.27; 12,11.
16. alsdann fliehe auf die Berge, wer im jüdischen Lande ist;
17. und wer auf dem Dach ist, der steige nicht hernieder, etwas aus seinem Hause zu holen; Luk.17,31.
18. und wer auf dem Felde ist, der kehre nicht um, seine Kleider zu holen.
19. Weh aber den Schwangern und Säugerinnen zu der Zeit!
20. Bittet aber, daß eure Flucht nicht geschehe im Winter oder am *Sabbat. *Apg.1,12.
21. Denn es wird alsdann eine große Trübsal sein, wie nicht gewesen ist von Anfang der Welt bisher und wie auch nicht werden wird. Dan.12,1.
22. Und wo diese Tage nicht würden verkürzt, so würde kein Mench selig; aber um der Auserwählten willen werden die Tage verkürzt.
23. So alsdann jemand zu euch wird sagen: Siehe, hier ist Christus! oder: da! so sollt ihr's nicht glauben.
24. Denn es werden falsche Christi und falsche Propheten aufstehen und große Zeichen und Wunder tun, daß verführt werden in den Irrtum (wo es möglich wäre) auch die Auserwählten. V.5.11; 5.Mose 13,2–4; 2.Thess. 2,8.9.
25. Siehe, ich habe es euch zuvor gesagt.
26. Darum, wenn sie zu euch sagen werden: Siehe, er ist in der Wüste! so gehet nicht hinaus, – siehe, er ist in der Kammer! so glaubt nicht.
27. Denn gleichwie der Blitz ausgeht vom Aufgang und scheint bis zum Niedergang, also wird auch sein die Zukunft des Menschensohnes. Luk.17,23.24.
28. Wo aber ein Aas ist, da sammeln sich die Adler. Hiob.39,30; Hab.1,8; Luk.17,37.
29. Bald aber nach der Trübsal derselben Zeit werden *Sonne und Mond den Schein verlieren, und die Sterne werden vom Himmel fallen, und †die Kräfte der Himmel werden sich bewegen. *Jes.13,10. †2.Petr. 3,10.
30. Und alsdann wird erscheinen das Zeichen des Menschensohns am Himmel. Und alsdann werden *heulen alle Ge-

JESUS VOR DEM HOHEN RAT Matthäus 26, 62–66

schlechter auf Erden und werden sehen †kommen des Menschen Sohn in den Wolken des Himmels mit großer Kraft und Herrlichkeit. *Offenb. 1,7. †K. 26,64; Dan. 7,13.14; Offenb. 19,11.
31. Und er wird senden seine Engel mit hellen *Posaunen, und sie werden sammeln seine Auserwählten von den vier Winden, von einem Ende des Himmels zu dem andern.
*1. Kor. 15,52; 1. Thess. 4,16; Offenb. 8,1.2.
32. An dem Feigenbaum lernet ein Gleichnis: wenn sein Zweig jetzt saftig wird und Blätter gewinnt, so wißt ihr, daß der Sommer nahe ist.
33. Also auch wenn ihr das alles sehet, so wisset, daß es nahe vor der Tür ist.
34. Wahrlich ich sage euch: Dies Geschlecht wird nicht vergehen, bis daß dieses alles geschehe.
35. Himmel und Erde werden vergehen; aber meine Worte werden nicht vergehen.
K. 5,18.
36. Von dem Tage aber und von der Stunde weiß niemand, auch die Engel nicht im Himmel, sondern allein mein Vater.
1. Thess. 5,1.2.
37. Aber gleichwie es zu der Zeit Noahs war, also wird auch sein die Zukunft des Menschensohnes.
1. Mose 6,11–13; Luk. 17,26.27.
38. Denn gleichwie sie waren in den Tagen vor der *Sintflut – sie aßen, sie tranken, sie freiten und ließen sich freien, bis an den Tag, da Noah zu der Arche einging;
*große Flut; 2. Petr. 3,5.6.
39. und sie achteten's nicht, bis die Sintflut kam und nahm sie alle dahin –, also wird auch sein die Zukunft des Menschensohnes.
40. Dann werden zwei auf dem Felde sein; einer wird angenommen, und der andere wird verlassen werden. Luk. 17,35.36.
41. Zwei werden mahlen auf der Mühle; eine wird angenommen, und die andere wird verlassen werden.
42. Darum wachet; denn ihr wisset nicht, welche Stunde euer Herr kommen wird. K. 25,13.
43. Das sollt ihr aber wissen: *Wenn ein Hausvater wüßte, welche Stunde der Dieb kommen wollte, so würde er ja wachen und nicht in sein Haus brechen lassen.
*Luk. 12,39–46.

44. Darum seid ihr auch bereit; denn des
Menschen Sohn wird kommen zu einer
Stunde, da ihr's nicht meinet.
Offenb. 16,15.
45. Welcher ist aber nun ein treuer und
kluger Knecht, den der Herr gesetzt hat
über sein Gesinde, daß er ihnen zu rechter
Zeit Speise gebe?
46. Selig ist der Knecht, wenn sein Herr
kommt und findet ihn also tun.
47. Wahrlich ich sage euch: Er wird ihn
über alle seine Güter setzen.
K. 25,21.23.
48. So aber jener, der böse Knecht, wird
in seinem Herzen sagen: Mein Herr
kommt noch lange nicht, – Pred. 8,11.
49. und fängt an zu schlagen seine Mitknechte, ißt und trinkt mit den Trunkenen:
50. so wird der Herr des Knechtes kommen an dem Tage, des er sich nicht versieht, und zu der Stunde, die er nicht
meint,
51. und wird ihn zerscheitern und wird
ihm seinen Lohn geben mit den Heuchlern; *da wird sein Heulen und Zähneklappen. *K. 8,12.

Das 25. Kapitel

Gleichnisse von den zehn Jungfrauen und
anvertrauten Zentnern.
Rede vom Jüngsten Gericht.

1. Dann wird das Himmelreich gleich
sein zehn Jungfrauen, die ihre Lampen
nahmen und gingen aus, dem Bräutigam
entgegen. Luk. 12,35.36; Offenb. 19,7.
2. Aber fünf unter ihnen waren töricht,
und fünf waren klug.
3. Die törichten nahmen ihre Lampen;
aber sie nahmen nicht Öl mit sich.
4. Die klugen aber nahmen Öl in ihren
Gefäßen samt ihren Lampen.
5. Da nun der Bräutigam verzog, wurden
sie alle schläfrig und schliefen ein.
6. Zur Mitternacht aber ward ein Geschrei: Siehe, der Bräutigam kommt; gehet aus, ihm entgegen!
7. Da standen diese Jungfrauen alle auf
und schmückten ihre Lampen.
8. Die törichten aber sprachen zu den
klugen: Gebt uns von eurem Öl, denn unsre Lampen verlöschen.
9. Da antworteten die klugen und sprachen: Nicht also, auf daß nicht uns und
euch gebreche; gehet aber hin zu den Krämern und kaufet für euch selbst.
10. Und da sie hingingen, zu kaufen, kam
der Bräutigam; und die bereit waren, gingen mit ihm hinein zur Hochzeit, und die
Tür ward verschlossen.
11. Zuletzt kamen auch die andern Jungfrauen und sprachen: Herr, Herr, tu uns
auf! Luk. 13,25.27.
12. Er antwortete aber und sprach:
Wahrlich ich sage euch: Ich kenne euch
nicht. K. 7,23.
13. Darum wachet; denn ihr wisset weder Tag noch Stunde, in welcher des Menschen Sohn kommen wird.
K. 24,42. (V. 14–30: vgl. Luk. 19,12–27.)
14. Gleichwie ein Mensch, der *über
Land zog, rief seine Knechte und tat ihnen
seine Güter aus; *K. 21,33.
15. und einem gab er fünf Zentner, dem
andern zwei, dem dritten einen, einem
jeden nach seinem Vermögen, und zog
bald hinweg. Röm. 12,6.
16. Da ging der hin, der fünf Zentner
empfangen hatte, und handelte mit ihnen
und gewann andere fünf Zentner.
17. Desgleichen, der zwei Zentner empfangen hatte, gewann auch zwei andere.
18. Der aber einen empfangen hatte,
ging hin und machte eine Grube in die
Erde und verbarg seines Herrn Geld.
19. Über eine lange Zeit kam der Herr
dieser Knechte und hielt Rechenschaft
mit ihnen.
20. Da trat herzu, der fünf Zentner empfangen hatte, und legte andere fünf Zentner dar und sprach: Herr, du hast mir fünf
Zentner ausgetan; siehe da, ich habe damit andere fünf Zentner gewonnen.
21. Da sprach sein Herr zu ihm: *Ei, du
frommer und getreuer Knecht, du bist
über wenigem getreu gewesen, ich will
dich über viel setzen; gehe ein zu deines
Herrn Freude! *V. 23; K. 24,45–47; Luk. 16,10.
22. Da trat auch herzu, der zwei Zentner
empfangen hatte, und sprach: Herr, du
hast mir zwei Zentner ausgetan; siehe da,
ich habe mit ihnen zwei andere gewonnen.
23. Sein Herr sprach zu ihm: *Ei, du
frommer und getreuer Knecht, du bist
über wenigem getreu gewesen, ich will
dich über viel setzen; gehe ein zu deines
Herrn Freude. *V. 21.
24. Da trat auch herzu, der einen Zentner empfangen hatte, und sprach: Herr,
ich wußte, daß du ein harter Mann bist: du
schneidest, wo du nicht gesät hast, und
sammelst, da du nicht gestreut hast;
25. und fürchtete mich, ging hin und
verbarg deinen Zentner in die Erde. Siehe,
da hast du das Deine.
26. Sein Herr aber antwortete und

TOD DES JUDAS Matthäus 27, 5

sprach zu ihm: Du Schalk und fauler
Knecht! wußtest du, daß ich schneide, da
ich nicht gesät habe, und sammle, da ich
nicht gestreut habe?
27. so solltest du mein Geld zu den
Wechslern getan haben, und wenn ich gekommen
wäre, hätte ich das Meine zu mir
genommen mit Zinsen.
28. Darum nehmt von ihm den Zentner
und gebt es dem, der zehn Zentner hat.
29. Denn wer da hat, dem wird gegeben
werden, und er wird die Fülle haben; wer
aber nicht hat, dem wird auch, was er hat,
genommen werden. K. 13,12.
30. Und den unnützen Knecht *werft in
die Finsternis hinaus; da wird sein Heulen
und Zähneklappen. *K. 8,12.
31. Wenn aber des Menschen Sohn kommen
wird in seiner Herrlichkeit und alle
heiligen Engel mit ihm, dann wird er sitzen
auf dem Stuhl seiner Herrlichkeit,

K. 16,27; Offenb. 20,11–13.

32. und *werden vor ihm alle Völker versammelt
werden. Und er wird sie voneinander
scheiden, gleich als ein Hirte die
Schafe von den Böcken scheidet,

*Röm. 14,10.

33. und wird die Schafe zu seiner Rechten
stellen und die Böcke zur Linken.

Hesek. 34,17.

34. Da wird dann der König sagen zu
denen zu seiner Rechten: Kommt her, ihr
Gesegneten meines Vaters, ererbet das
Reich, das euch bereitet ist von Anbeginn
der Welt!
35. Denn ich bin hungrig gewesen, und
ihr habt mich gespeist. Ich bin durstig
gewesen, und ihr habt mich getränkt. Ich
bin ein Gast gewesen, und ihr habt mich
beherbergt. Jes. 58,7.
36. Ich bin nackt gewesen, und ihr habt
mich bekleidet. Ich bin krank gewesen,
und ihr habt mich besucht. Ich bin gefangen
gewesen, und ihr seid zu mir gekommen.
37. Dann werden ihm die Gerechten antworten
und sagen: Herr, wann haben wir
dich hungrig gesehen und haben dich gespeist?
oder durstig und haben dich getränkt?
K. 6,3.
38. Wann haben wir dich als einen Gast
gesehen und beherbert? oder nackt und
haben dich bekleidet?
39. Wann haben wir dich krank oder ge-

fangen gesehen und sind zu dir gekommen?
40. Und der König wird antworten und
sagen zu ihnen: Wahrlich ich sage euch:
Was ihr getan habt einem unter diesen
meinen geringsten Brüdern, das habt ihr
mir getan. Spr. 19,17; Hebr. 2,11.
41. Dann wird er auch sagen zu denen
zur Linken: Gehet hin von mir, ihr Verfluchten, in das ewige Feuer, das bereitet
ist dem Teufel und seinen Engeln!
K. 7,23; Offenb. 20,10.15.
42. Ich bin hungrig gewesen, und ihr
habt mich nicht gespeist. Ich bin durstig
gewesen, und ihr habt mich nicht getränkt.
43. Ich bin ein Gast gewesen, und ihr
habt mich nicht beherbergt. Ich bin nackt
gewesen, und ihr habt mich nicht bekleidet. Ich bin krank und gefangen gewesen,
und ihr habt mich nicht besucht.
44. Da werden sie ihm auch antworten
und sagen: Herr, wann haben wir dich
gesehen hungrig oder durstig oder als einen Gast oder nackt oder krank oder gefangen und haben dir nicht gedient?
45. Dann wird er ihnen antworten und
sagen: Wahrlich ich sage euch: Was ihr
nicht getan habt einem unter diesen Geringsten, das habt ihr mir auch nicht getan.
46. Und sie werden in die ewige Pein gehen, aber die Gerechten in das ewige Leben. Joh. 5,29.

Das 26. Kapitel

Letzte Leidensverkündigung.
Salbung in Bethanien. Passah und Abendmahl.
Kampf in Gethsemane. Des Judas Verrat.
Gefangennehmung Jesu.
Verhör vor dem Hohenpriester.
Des Petrus Verleugnung.

1. Und es begab sich, da Jesus alle diese
Reden vollendet hatte, sprach er zu seinen
Jüngern: (V. 2–5: vgl. Mark. 14,1.2; Luk. 22,1.2.)
2. Ihr wisset, daß nach zwei Tagen
Ostern wird; und des Menschen Sohn wird
überantwortet werden, daß er gekreuzigt
werde. K. 20,18.
3. Da versammelten sich die Hohenpriester und Schriftgelehrten und die Ältesten
im Volk in den Palast des Hohenpriesters,
der da hieß Kaiphas,
4. und hielten Rat, wie sie Jesum mit List
griffen und töteten.
5. Sie sprachen aber: Ja nicht auf das
Fest, auf daß nicht ein Aufruhr werde im
Volk! (V. 6–13: vgl. Mark. 14,3–9;
Joh. 12,1–8; Luk. 7,36–50.)
6. Da nun Jesus war zu Bethanien im
Hause Simons, des Aussätzigen,
7. trat zu ihm ein Weib, das hatte ein
Glas mit köstlichem Wasser und goß es
auf sein Haupt, da er zu Tische saß.
8. Da das seine Jünger sahen, wurden sie
unwillig und sprachen: Wozu dient diese
Vergeudung?
9. Dieses Wasser hätte mögen teuer verkauft und den Armen gegeben werden.
10. Da das Jesus merkte, sprach er zu
ihnen: Was bekümmert ihr das Weib? Sie
hat ein gutes Werk an mir getan.
11. Ihr habt *allezeit Arme bei euch;
mich aber habt ihr nicht allezeit.
*5. Mose 15,11.
12. Daß sie dies Wasser hat auf meinen
Leib gegossen, hat sie getan, daß sie mich
zum Grabe bereite.
13. Wahrlich ich sage euch: Wo dies
Evangelium gepredigt wird in der ganzen
Welt, da wird man auch sagen zu ihrem
Gedächtnis, was sie getan hat.
(V. 14–16: vgl. Mark. 14,10.11; Luk. 22,3–6.)
14. Da ging hin der Zwölf einer, mit Namen Judas Ischariot, zu den Hohenpriestern
15. und sprach: *Was wollt ihr mir geben? Ich will ihn euch verraten. Und sie
boten ihm †dreißig Silberlinge.
*Joh. 11,57. †Sach. 11,12.
16. Und von dem an suchte er Gelegenheit, daß er ihn verriete. 1. Tim. 6,9.10.
(V. 17–19: vgl. Mark. 14,12–16; Luk. 22,7–13.)
17. Aber am ersten Tage der *süßen Brote traten die Jünger zu Jesu und sprachen
zu ihm: Wo willst du, daß wir dir bereiten
das Osterlamm zu essen? *2. Mose 12,18–20.
18. Er sprach: Gehet hin in die Stadt zu
einem und sprecht zu ihm: Der Meister
läßt dir sagen: Meine Zeit ist nahe; ich will
bei dir Ostern halten mit meinen Jüngern.
K. 21,3.
19. Und die Jünger taten, wie ihnen Jesus
befohlen hatte, und bereiteten das Osterlamm. (V. 20–30: vgl. Mark. 14,17–26;
Luk. 22,14–23; Joh. 13,21–26.)
20. Und am Abend setzte er sich zu Tische mit den Zwölfen.
21. Und da sie aßen, sprach er: Wahrlich
ich sage euch: Einer unter euch wird mich
verraten.
22. Und sie wurden sehr betrübt und hoben an, ein jeglicher unter ihnen, und
sagten zu ihm: Herr, bin ich's?
23. Er antwortete und sprach: Der mit
der Hand mit mir in die Schüssel tauchte,
der wird mich verraten.
24. Des Menschen Sohn geht zwar dahin,

VERSPOTTUNG JESU Matthäus 27, 27–30

wie von ihm geschrieben steht; doch weh
dem Menschen, durch welchen des Menschen Sohn verraten wird! Es wäre ihm
besser, daß er nie geboren wäre.
25. Da antwortete Judas, der ihn verriet,
und sprach: Bin ich's, Rabbi? Er sprach zu
ihm: Du sagst es.
26. Da sie aber aßen, nahm Jesus das
Brot, dankte und brach's und gab's den
Jüngern und sprach: Nehmet, esset; das
ist mein Leib. 1.Kor. 11,23–25.
27. Und er nahm den Kelch und dankte,
gab ihnen den und sprach: Trinket alle
daraus;
28. das ist mein *Blut des †neuen Testaments, welches vergossen wird für viele
zur Vergebung der Sünden.
*2.Mose 24,8. †Jer.31,31; Sach.9,11.
29. Ich sage euch: Ich werde von nun an
nicht mehr von diesem Gewächs des
Weinstocks trinken bis an den Tag, da
ich's neu trinken werde mit euch in meines Vaters Reich.
30. Und da sie den *Lobgesang gesprochen hatten, †gingen sie hinaus an den
Ölberg. *Ps.113–118. †Luk.22,39; Joh.18,1.
(V.31–35: vgl. Mark.14,27–31; Luk.22,31–34.)
31. Da sprach Jesus zu ihnen: In dieser
Nacht werdet ihr euch alle ärgern an mir.
Denn es steht geschrieben: *»Ich werde
den Hirten schlagen, und die Schafe der
Herde werden sich zerstreuen.«
*Sach.13,7; Joh.16,32.
32. Wenn ich aber auferstehe, will ich
vor euch hingehen nach Galiläa.
K.28,7.
33. Petrus aber antwortete und sprach zu
ihm: Wenn sie auch alle sich an dir ärgerten, so will ich doch mich nimmermehr
ärgern.
34. Jesus sprach zu ihm: Wahrlich ich
sage dir: In dieser Nacht, ehe der Hahn
kräht, wirst du mich dreimal verleugnen.
Joh.13,38.
35. Petrus sprach zu ihm: Und wenn ich
mit dir sterben müßte, so will ich dich
nicht verleugnen. Desgleichen sagten
auch *alle Jünger. *V.56.
(V.36–46: vgl. Mark.14,32–42; Luk.22,40–46.)
36. Da kam Jesus mit ihnen zu einem
Hofe, der hieß Gethsemane, und sprach
zu seinen Jüngern: Setzet euch hier, bis
daß ich dorthin gehe und bete.
37. Und nahm zu sich Petrus und die

zwei Söhne des Zebedäus und *fing an zu
trauern und zu zagen. *Hebr. 5,7.
38. Da sprach Jesus zu ihnen: Meine Seele ist betrübt bis an den Tod; bleibet hier und wachet mit mir! Joh. 12,27.
39. Und ging hin ein wenig, fiel nieder auf sein Angesicht und betete und sprach: Mein Vater, ist's möglich, so gehe dieser *Kelch von mir; †doch nicht, wie ich will, sondern wie du willst!
*Joh. 18,11. †Hebr. 5,8.
40. Und er kam zu seinen Jüngern und fand sie schlafend und sprach zu Petrus: Könnet ihr denn nicht eine Stunde mit mir wachen?
41. Wachet und betet, daß ihr nicht in Anfechtung fallet! Der Geist ist willig; aber das *Fleisch ist schwach. *Hebr. 2,14; 4,15.
42. Zum andernmal ging er wieder hin, betete und sprach: Mein Vater, ist's nicht möglich, daß dieser Kelch von mir gehe, ich trinke ihn denn, so geschehe dein Wille!
43. Und er kam und fand sie abermals schlafend, und ihre Augen waren voll Schlafs.
44. Und er ließ sie und ging abermals hin und betete zum *drittenmal und redete dieselben Worte. *2. Kor. 12,8.
45. Da kam er zu seinen Jüngern und sprach zu ihnen: Ach wollt ihr nun schlafen und ruhen? Siehe, die Stunde ist hier, daß des Menschen Sohn in der Sünder Hände überantwortet wird.
46. Stehet auf, laßt uns gehen! Siehe, er ist da, der mich verrät.
(V. 47–56: vgl. Mark. 14,43–50; Luk. 22,47–53; Joh. 18,3–12.)
47. Und als er noch redete, siehe, da kam Judas, der Zwölf einer, und mit ihm eine große Schar, mit Schwertern und mit Stangen, von den Hohenpriestern und Ältesten des Volks.
48. Und der Verräter hatte ihnen ein Zeichen gegeben und gesagt: Welchen ich küssen werde, der ist's; den greifet.
49. Und alsbald trat er zu Jesu und sprach: Gegrüßet seist du, Rabbi! und küßte ihn.
50. Jesus aber sprach zu ihm: Mein Freund, warum bist du gekommen? Da traten sie hinzu und legten die Hände an Jesum und griffen ihn.
51. Und siehe, einer aus denen, die mit Jesu waren, reckte die Hand aus und zog sein Schwert aus und schlug des Hohenpriesters Knecht und hieb ihm ein Ohr ab.
52. Da sprach Jesus zu ihm: Stecke dein Schwert an seinen Ort! denn wer das Schwert nimmt, der soll durchs Schwert umkommen. 1. Mose 9,6.
53. Oder meinst du, daß ich nicht könnte meinen Vater bitten, daß er mir zuschickte mehr denn zwölf Legionen Engel?
54. Wie würde aber die Schrift erfüllet? Es muß also gehen.
55. Zu der Stunde sprach Jesus zu den Scharen: Ihr seid ausgegangen wie zu einem Mörder, mit Schwerten und mit Stangen, mich zu fangen. Bin ich doch täglich gesessen bei euch und habe gelehrt im Tempel, und ihr habt mich nicht gegriffen.
56. Aber das ist alles geschehen, daß erfüllet würden die Schriften der Propheten. *Da verließen ihn alle Jünger und flohen.
*V. 31. (V. 57–75: vgl. Mark. 14,53–72; Luk. 22,54–71; Joh. 18,13–27.)
57. Die aber Jesum gegriffen hatten, führten ihn zu dem Hohenpriester Kaiphas, dahin die Schriftgelehrten und Ältesten sich versammelt hatten.
58. Petrus aber folgte ihm nach von ferne bis in den Palast des Hohenpriesters und ging hinein und setzte sich zu den Knechten, auf daß er sähe, wo es hinaus wollte.
59. Die Hohenpriester aber und Ältesten und der ganze Rat suchten falsch Zeugnis wider Jesum, auf daß sie ihn töteten,
60. und fanden keins. Und wiewohl viel falsche Zeugen herzutraten, fanden sie doch keins. Zuletzt traten herzu zwei falsche Zeugen
61. und sprachen: Er hat gesagt: *Ich kann den Tempel Gottes abbrechen und in drei Tagen ihn bauen. *Joh. 2,19–21.
62. Und der Hohepriester stand auf und sprach zu ihm: Antwortest du nichts zu dem, was diese wider dich zeugen?
63. Aber Jesus *schwieg still. Und der Hohepriester antwortete und sprach zu ihm: Ich beschwöre dich bei dem lebendigen Gott, daß du uns sagest, ob du seist Christus, der Sohn Gottes. *K. 27,12.
64. Jesus sprach zu ihm: Du sagst es. Doch sage ich euch: Von nun an wird's geschehen, daß ihr sehen werdet des Menschen Sohn *sitzen zur Rechten der Kraft und †kommen in den Wolken des Himmels. *Ps. 110,1. †K. 16,27; 24,30.
65. Da zerriß der Hohepriester seine Kleider und sprach: Er hat Gott gelästert! Was bedürfen wir weiteres Zeugnis? Siehe, jetzt habt ihr seine Gotteslästerung gehört. Joh. 10,33.
66. Was dünkt euch? Sie antworteten und sprachen: *Er ist des Todes schuldig!
*Joh. 19,7; 3. Mose 24,16.

GRABLEGUNG Matthäus 27, 59.60

67. *Da spieen sie aus in sein Angesicht
und schlugen ihn mit Fäusten. Etliche
aber schlugen ihn ins Angesicht. *Jes. 50,6.
68. und sprachen: Weissage uns, Christe,
wer ist's, der dich schlug?
69. Petrus aber saß draußen im Hof; und
es trat zu ihm eine Magd und sprach: Und
du warst auch mit dem Jesus aus Galiläa.
70. Er leugnete aber vor ihnen allen und
sprach: Ich weiß nicht, was du sagst.
71. Als er aber zur Tür hinausging, sah
ihn eine andere und sprach zu denen, die
da waren: Dieser war auch mit dem Jesus
von Nazareth.
72. Und er leugnete abermals und
schwur dazu: Ich kenne den Menschen
nicht.
73. Und über eine kleine Weile traten
hinzu, die dastanden, und sprachen zu
Petrus: Wahrlich du bist auch einer von
denen; denn deine Sprache verrät dich.
74. Da hob er an, sich zu verfluchen und
zu schwören: Ich kenne den Menschen
nicht. Und alsbald krähte der Hahn.
75. Da dachte Petrus an die Worte Jesu,
da er zu ihm sagte: *»Ehe der Hahn krähen wird, wirst du mich dreimal verleugnen«, und ging hinaus und weinte bitterlich. *V. 34.

Das 27. Kapitel

Jesus vor Pilatus. Ende des Verräters Judas. Jesus und Barabbas. Jesu Verurteilung, Geißelung, Verspottung, Kreuzigung, Tod und Begräbnis.

1. Des *Morgens aber hielten alle Hohenpriester und die Ältesten des Volks einen Rat über Jesum, daß sie ihn töteten.
*Mark. 15,1; Luk. 22,66; Joh. 18,28.
2. Und banden ihn, führten ihn hin und
überantworteten ihn dem Landpfleger
Pontius Pilatus. Luk. 23,1; Joh. 18,31.32.
3. Da das sah Judas, der ihn verraten hatte, daß er verdammt war zum Tode, gereute es ihn, und brachte wieder die dreißig
Silberlinge den Hohenpriestern und den
Ältesten K. 26,15.
4. und sprach: Ich habe übel getan, daß
ich unschuldig Blut verraten habe.
5. Sie sprachen: Was geht uns das an? Da
siehe du zu! Und er warf die Silberlinge in
den Tempel, hob sich davon, ging hin und
*erhängte sich selbst.
*Apg. 1,18; 2. Sam. 17,23.

6. Aber die Hohenpriester nahmen die Silberlinge und sprachen: Es taugt nicht, daß wir sie in den *Gotteskasten legen; denn es ist Blutgeld. *Mark. 12,41.
7. Sie hielten aber einen Rat und kauften den Töpfersacker darum zum Begräbnis der Pilger.
8. Daher ist dieser Acker genannt der Blutacker bis auf den heutigen Tag. Apg. 1,19.
9. Da ist erfüllet, was gesagt ist durch den Propheten Jeremia, da er spricht: »Sie haben genommen dreißig Silberlinge, damit bezahlt war der Verkaufte, welchen sie kauften von den Kindern Israel, Sach. 11,12.13; vgl. Jer. 32,6–9.
10. und haben sie gegeben um den Töpfersacker, wie mir der Herr befohlen hat.«

(V. 11–14: vgl. Mark. 15,2–5; Luk. 23,2.3; Joh. 18,29–38.)

11. Jesus aber stand vor dem Landpfleger; und der Landpfleger fragte ihn und sprach: Bist du der Juden König? Jesus aber sprach zu ihm: Du sagst es.
12. Und da er verklagt ward von den Hohenpriestern und Ältesten, *antwortete er nichts. *K. 26,63; Jes. 53,7.
13. Da sprach Pilatus zu ihm: Hörst du nicht, wie hart sie dich verklagen?
14. Und er antwortete ihm nicht auf ein Wort, also daß sich auch der Landpfleger sehr verwunderte. Joh. 19,9.

(V. 15–26: vgl. Mark. 15,6–15; Luk. 23,13–25; Joh. 18,39–19.1.)

15. Auf das Fest aber hatte der Landpfleger die Gewohnheit, dem Volk einen Gefangenen loszugeben, welchen sie wollten.
16. Er hatte aber zu der Zeit einen Gefangenen, einen sonderlichen vor andern, der hieß Barabbas.
17. Und da sie versammelt waren, sprach Pilatus zu ihnen: Welchen wollt ihr, daß ich euch losgebe? Barabbas oder Jesus, von dem gesagt wird, er sei Christus?
18. Denn er wußte wohl, daß sie ihn aus Neid überantwortet hatten. Joh. 11,47.48.
19. Und da er auf dem Richtstuhl saß, schickte sein Weib zu ihm und ließ ihm sagen: Habe du nichts zu schaffen mit diesem Gerechten; ich habe heute viel erlitten im Traum seinetwegen.
20. Aber die Hohenpriester und die Ältesten überredeten das Volk, daß sie um Barabbas bitten sollten und Jesum umbrächten.
21. Da antwortete nun der Landpfleger und sprach zu ihnen: Welchen wollt ihr unter diesen zweien, den ich euch soll losgeben? Sie sprachen: Barabbas.
22. Pilatus sprach zu ihnen: Was soll ich denn machen mit Jesu, von dem gesagt wird, er sei Christus? Sie sprachen alle: Laß ihn kreuzigen!
23. Der Landpfleger sagte: Was hat er denn Übles getan? Sie schrieen aber noch mehr und sprachen: Laß ihn kreuzigen!
24. Da aber Pilatus sah, daß er nichts schaffte, sondern daß ein viel größer Getümmel ward, nahm er Wasser und *wusch die Hände vor dem Volk und sprach: Ich bin unschuldig an dem Blut dieses Gerechten; sehet ihr zu! *5. Mose 21,6.
25. Da antwortete das ganze Volk und sprach: *Sein Blut komme über uns und über unsre Kinder! *Apg. 5,28.
26. Da gab er ihnen Barabbas los; aber Jesum ließ er geißeln und überantwortete ihn, daß er gekreuzigt würde.

(V. 27–30: vgl. Mark. 15,16–19; Joh. 19,2.3.)

27. Da nahmen die Kriegsknechte des Landpflegers Jesum zu sich in das Richthaus und sammelten über ihn die ganze Schar
28. und zogen ihn aus und legten ihm einen Purpurmantel an
29. und flochten eine Dornenkrone und setzten sie auf sein Haupt und ein Rohr in seine rechte Hand und beugten die Kniee vor ihm und verspotteten ihn und sprachen: Gegrüßet seist du, der Juden König!
30. und *spieen ihn an und nahmen das Rohr und schlugen damit sein Haupt. *Jes. 50,6.

(V. 31–56: vgl. Mark. 15,20–41; Luk. 23,26.33–49; Joh. 19,16–30.)

31. Und da sie ihn verspottet hatten, zogen sie ihm den Mantel aus und zogen ihm seine Kleider an und führten ihn hin, daß sie ihn kreuzigten.
32. Und indem sie hinausgingen, fanden sie einen Menschen von Kyrene mit Namen Simon; den zwangen sie, daß er ihm sein Kreuz trug.
33. Und da sie an die Stätte kamen mit Namen Golgatha, das ist verdeutscht: Schädelstätte,
34. gaben sie ihm *Essig zu trinken mit Galle vermischt; und da er's schmeckte, wollte er nicht trinken. *Ps. 69,22.
35. Da sie ihn aber gekreuzigt hatten, teilten sie seine Kleider und warfen das Los darum, auf daß erfüllet würde, was gesagt ist durch den Propheten: *»Sie haben meine Kleider unter sich geteilt, und über mein Gewand haben sie das Los geworfen.« *Ps. 22,19.
36. Und sie saßen allda und hüteten sein.

AUFERSTEHUNG Matthäus 28, 2–4

37. Und oben zu seinen Häupten setzten
sie die Ursache seines Todes, und war geschrieben: Dies ist Jesus, der Juden König.
38. Und da wurden zwei Mörder mit ihm
gekreuzigt, einer zur Rechten und einer
zur Linken. Jes.53,12.
39. Die aber vorübergingen, lästerten
ihn und *schüttelten ihre Köpfe. *Ps.22,8.
40. und sprachen: Der *du den Tempel
Gottes zerbrichst und bauest ihn in drei
Tagen, hilf dir selber! Bist du Gottes Sohn,
so steig herab vom Kreuz! *K.26,61; Joh.2,19.
41. Desgleichen auch die Hohenpriester
spotteten sein samt den Schriftgelehrten
und Ältesten und sprachen:
42. Andern hat er geholfen, und kann
sich selber nicht helfen. Ist er der König
Israels, so steige er nun vom Kreuz, so
wollen wir ihm glauben.
43. Er hat *Gott vertraut; der erlöse ihn
nun, hat er Lust zu ihm; denn er hat gesagt: Ich bin Gottes Sohn. *Ps.22,9.
44. Desgleichen schmähten ihn auch die
Mörder, die mit ihm gekreuzigt waren.
45. Und von der sechsten Stunde an ward
eine Finsternis über das ganze Land bis zu
der neunten Stunde.
46. Und um die neunte Stunde schrie
Jesus laut und sprach: Eli, Eli, lama asabthani? das ist: *Mein Gott, mein Gott, warum hast du mich verlassen? *Ps.22,2.
47. Etliche aber, die dastanden, da sie das
hörten, sprachen sie: Der ruft den Elia.
48. Und alsbald lief einer unter ihnen,
nahm einen Schwamm und füllte ihn mit
*Essig und steckte ihn auf ein Rohr und
tränkte ihn. *Ps.69,22.
49. Die andern aber sprachen: Halt, laß
sehen, ob Elia komme und ihm helfe.
50. Aber Jesus schrie abermals laut und
verschied.
51. Und siehe da, der *Vorhang im Tempel zerriß in zwei Stücke von obenan bis
untenaus. *2.Mose 26,31; Hebr.10,19.20.
52. Und die Erde erbebte, und die Felsen
zerrissen, und die Gräber taten sich auf,
und standen auf viele Leiber der Heiligen,
die da schliefen,
53. und gingen aus den Gräbern *nach
seiner Auferstehung und kamen in die heilige Stadt und erschienen vielen.
*Apg.26,23.
54. Aber der Hauptmann und die bei ihm
waren und bewahrten Jesum, da sie sahen

das Erdbeben und was da geschah, erschraken sie sehr und sprachen: Wahrlich, dieser ist Gottes Sohn gewesen!

55. Und es waren viele Weiber da, die von ferne zusahen, die da Jesu waren nachgefolgt aus Galiläa und hatten ihm gedient;

Luk. 8,2.3.

56. unter welchen war Maria Magdalena und Maria, die Mutter des Jakobus und Joses, und die Mutter der Kinder des Zebedäus.

(V. 57–61: vgl. Mark. 15,42–47; Luk. 23,50–55; Joh. 19,38–42.)

57. Am *Abend aber kam ein reicher Mann von Arimathia, der hieß Joseph, welcher auch ein Jünger Jesu war.

*2. Mose 34,25.

58. Der ging zu Pilatus und bat ihn um den Leib Jesu. Da befahl Pilatus, man sollte ihm ihn geben.

59. Und Joseph nahm den Leib und wikkelte ihn in eine reine Leinwand

60. und *legte ihn in sein eigenes neues Grab, welches er hatte lassen in einen Fels hauen, und wälzte einen großen Stein vor die Tür des Grabes und ging davon.

*Jes. 53,9.

61. Es war aber allda Maria Magdalena und die andere Maria, die setzten sich gegen das Grab.

62. Des andern Tages, der da folgt nach dem Rüsttage, kamen die Hohenpriester und Pharisäer sämtlich zu Pilatus

63. und sprachen: Herr, wir haben gedacht, daß dieser Verführer sprach, da er noch lebte: *Ich will nach drei Tagen auferstehen. *V. 40; K. 12,40.

64. Darum befiehl, daß man das Grab verwahre bis an den dritten Tag, auf daß nicht seine Jünger kommen und stehlen ihn und sagen zum Volk: Er ist auferstanden von den Toten, – und werde der letzte Betrug ärger denn der erste.

65. Pikatus sprach zu ihnen: Da habt ihr die Hüter; gehet hin und verwahret, wie ihr wisset.

66. Sie gingen hin und verwahrten das Grab mit Hütern *und versiegelten den Stein. *Dan. 6,18.

Das 28. Kapitel

Auferstehung Jesu. Erscheinung des Auferstandenen. Missionsbefehl.

(V. 1–10: vgl. Mark. 16,1–10; Luk. 24,1–10; Joh. 20,1–18.)

1. Als aber der Sabbat um war und der erste Tag der Woche anbrach, kam Maria Magdalena und die andere Maria, das Grab zu besehen.

2. Und siehe, es geschah ein großes Erdbeben. Denn der Engel des Herrn kam vom Himmel herab, trat hinzu und wälzte den Stein von der Tür und setzte sich darauf.

3. Und seine Gestalt war wie der Blitz und sein Kleid weiß wie Schnee.

K. 17,2; Apg. 1,10.

4. Die Hüter aber erschraken vor Furcht und wurden, als wären sie tot.

5. Aber der Engel antwortete und sprach zu den Weibern: Fürchtet euch nicht! Ich weiß, daß ihr Jesum, den Gekreuzigten, suchet.

6. Er ist nicht hier; er ist auferstanden, *wie er gesagt hat. Kommt her und sehet die Stätte, da der †Herr gelegen hat.

*K. 12,40; 16,21; 17,23; 20,19. †Apg. 2,36.

7. Und gehet eilend hin und sagt es seinen Jüngern, daß er auferstanden sei von den Toten. Und siehe, er wird vor euch hingehen nach *Galiläa; da werdet ihr ihn sehen. Siehe, ich habe es euch gesagt.

*K. 26,32.

8. Und sie gingen eilend zum Grabe hinaus mit Furcht und großer Freude und liefen, daß sie es seinen Jüngern verkündigten. Und da sie gingen, seinen Jüngern zu verkündigen,

9. siehe, da begegnete ihnen Jesus und sprach: Seid gegrüßet! Und sie traten zu ihm und griffen an seine Füße und fielen vor ihm nieder.

10. Da sprach Jesus zu ihnen: Fürchtet euch nicht! Gehet hin und verkündigt es meinen *Brüdern, daß sie gehen nach Galiläa; daselbst werden sie mich sehen.

*Hebr. 2,11.

11. Da sie aber hingingen, siehe, da kamen etliche von den Hütern in die Stadt und verkündigten den Hohenpriestern alles, was geschehen war.

12. Und sie kamen zusammen mit den Ältesten und hielten einen Rat und gaben den Kriegsknechten Gelds genug

13. und sprachen: Saget: Seine Jünger kamen des Nachts und stahlen ihn, dieweil wir schliefen. K. 27,64.

14. Und wo es würde auskommen bei dem Landpfleger, wollen wir ihn stillen und schaffen, daß ihr sicher seid.

15. Und sie nahmen das Geld und taten, wie sie gelehrt waren. Solches ist eine gemeine Rede geworden bei den Juden bis auf den heutigen Tag.

16. Aber die elf Jünger gingen *nach Galiläa auf einen Berg, dahin Jesus sie beschieden hatte. *V. 7.

17. Und da sie ihn sahen, fielen sie vor ihm nieder; etliche aber zweifelten.

18. Und Jesus trat zu ihnen, redete mit ihnen und sprach: *Mir ist gegeben alle Gewalt im Himmel und auf Erden.
*K.11,27; Eph.1,20–22.
19. Darum *gehet hin und lehret alle Völker und taufet sie im Namen des Vaters und des Sohnes und des heiligen Geistes,
*Mark.16,15.16.
20. und lehret sie halten alles, was ich euch befohlen habe. Und siehe, *ich bin bei euch alle Tage bis an der Welt Ende.**)
*K.18,20.

**) V.19.20: Genau lauten die Worte: Darum gehet hin und machet zu Jüngern alle Völker, indem ihr sie taufet auf den Namen des Vaters und des Sohnes und des heiligen Geistes, und sie halten lehret usw.

Evangelium des Markus

Das 1. Kapitel

Jesus Christus, von Johannes angekündigt und getauft, wird versucht, predigt, beruft Jünger, heilt Kranke.

1. Dies ist der Anfang des Evangeliums von Jesus Christus, dem Sohn Gottes,
(V.2–8; vgl. Matth.3,1–12; Luk.3,1–18; Joh.1,19–30.)
2. wie geschrieben steht in den Propheten: *»Siehe, ich sende meinen Engel vor dir her, der da bereite deinen Weg vor dir.«
*Mal.3,1; Matth.11,10.
3. »Es ist eine Stimme eines Predigers in der Wüste: Bereitet den Weg des Herrn, machet seine Steige richtig!« Jes.40,3.
4. Johannes, der war in der Wüste, taufte und predigte von der Taufe der Buße zur Vergebung der Sünden.
5. Und es ging zu ihm hinaus das ganze jüdische Land und die von Jerusalem und ließen sich alle von ihm taufen im Jordan und bekannten ihre Sünden.
6. Johannes aber war bekleidet mit Kamelhaaren und mit einem ledernen Gürtel um seine Lenden, und aß Heuschrecken und wilden Honig;
7. und predigte und sprach: Es kommt einer nach mir, der ist stärker denn ich, dem ich nicht genugsam bin, daß ich mich vor ihm bücke und die Riemen seiner Schuhe auflöse.
8. Ich taufe euch mit Wasser; aber er wird euch mit dem heiligen Geist taufen.
(V.9–11: vgl. Matth.3,13–17; Luk.3,21.22; Joh.1,31–34.)
9. Und es begab sich zu der Zeit, daß Jesus aus Galiläa von *Nazareth kam und ließ sich taufen von Johannes im Jordan.
*Luk.2,51.
10. Und alsbald stieg er aus dem Wasser und sah, daß sich der Himmel auftat, und den Geist gleich wie eine Taube herabkommen auf ihn.
11. Und da geschah eine Stimme vom Himmel: Du bist mein lieber Sohn, an dem ich Wohlgefallen habe. K.9,7.
(V.12.13: vgl. Matth.4,1–11; Luk.4,1–13.)
12. Und alsbald trieb ihn der Geist in die Wüste;
13. und er war allda in der Wüste vierzig Tage und ward versucht von dem Satan und war bei den Tieren, und die Engel dienten ihm.
(V.14.15: vgl. Matth.4,12–17; Luk.4,14.15.)
14. Nachdem aber Johannes überantwortet war, kam Jesus nach Galiläa und predigte das Evangelium vom Reich Gottes
15. und sprach: *Die Zeit ist erfüllet, und das Reich Gottes ist herbeigekommen. Tut Buße und glaubt an das Evangelium!
*Gal.4,4. (V.16–20: vgl. Matth.4,18–22; Luk.5,1–11.)
16. Da er aber an dem Galiläischen Meer ging, sah er Simon und Andreas, seinen Bruder, daß sie ihre Netze ins Meer warfen; denn sie waren Fischer.
17. Und Jesus sprach zu ihnen: Folget mir nach; ich will euch zu Menschenfischern machen!
18. Alsobald verließen sie ihre Netze und folgten ihm nach.
19. Und als er von da ein wenig fürbaß ging, sah er Jakobus, den Sohn des Zebedäus, und Johannes, seinen Bruder, daß sie die Netze im Schiff flickten; und alsbald rief er sie.
20. Und sie ließen ihren Vater Zebedäus im Schiff mit den Tagelöhnern und folgten ihm nach. (V.21–28: vgl. Luk.4,31–37.)
21. Und sie gingen gen Kapernaum; und alsbald am Sabbat ging er in die Schule und lehrte.
22. Und *sie entsetzten sich über seine Lehre; denn er lehrte gewaltig und nicht wie die Schriftgelehrten. *Matth.7,28.29.

23. Und es war in ihrer Schule ein Mensch, besessen mit einem unsauberen Geist; der schrie
24. und sprach: Halt, *was haben wir mit dir zu schaffen, Jesus von Nazareth? Du bist gekommen, uns zu verderben. Ich weiß, wer du bist: †der Heilige Gottes.
*K.5,7. †Ps.16,10.
25. Und Jesus bedrohte ihn und sprach: Verstumme und fahre aus von ihm!
26. Und der unsaubere Geist riß ihn und schrie laut und fuhr aus von ihm. K.9,26.
27. Und sie entsetzten sich alle, also daß sie untereinander sich befragten und sprachen: Was ist das? Was ist das für eine neue Lehre? Er gebietet mit Gewalt den unsaubern Geistern, und sie gehorchen ihm.
28. Und sein Gerücht erscholl alsbald umher in das galiläische Land.
(V.29–34: vgl. Matth.8,14–17; Luk.4,38–41.)
29. Und sie gingen alsbald aus der Schule und kamen in das Haus des Simon und Andreas mit Jakobus und Johannes.
30. Und die Schwiegermutter Simons lag und hatte das Fieber; und alsbald sagten sie ihm von ihr.
31. Und er trat zu ihr und richtete sie auf und hielt sie bei der Hand; und das Fieber verließ sie, und sie diente ihnen.
32. Am Abend aber, da die Sonne untergegangen war, brachten sie zu ihm allerlei Kranke und Besessene.
33. Und die ganze Stadt versammelte sich vor der Tür.
34. Und er half vielen Kranken, die mit mancherlei Seuchen beladen waren, und trieb viele Teufel aus und *ließ die Teufel nicht reden, denn sie kannten ihn.
*Luk.4,41. Apg.16,17.18.
(V.35–39: vgl. Luk.4,42–44.)
35. Und des Morgens vor Tage stand er auf und ging hinaus. Und Jesus ging in eine wüste Stätte und betete daselbst.
36. Und Petrus mit denen, die bei ihm waren, eilten ihm nach.
37. Und da sie ihn fanden, sprachen sie zu ihm: Jedermann sucht dich.
38. Und er sprach zu ihnen: Laßt uns in die nächsten Städte gehen, daß ich daselbst auch predige; denn dazu bin ich gekommen.
39. Und er predigte in ihren Schulen in ganz Galiläa und trieb die Teufel aus.
(V.40–45: vgl. Matth.8,2–4; Luk.5,12–16.)
40. Und es kam zu ihm ein Aussätziger, der bat ihn, kniete vor ihm und sprach zu ihm: Willst du, so kannst du mich wohl reinigen.
41. Und es jammerte Jesum, und er reckte die Hand aus, rührte ihn an und sprach: Ich will's tun; sei gereinigt!
42. Und als er so sprach, ging der Aussatz alsbald von ihm, und er ward rein.
43. Und Jesus *bedrohte ihn und trieb ihn alsbald von sich *K.3,12; 7,36.
44. und sprach zu ihm: Siehe zu, daß du niemand davon sagest; sondern gehe dahin und zeige dich dem Priester und *opfere für deine Reinigung, was Mose geboten hat, zum Zeugnis über sie.
*3.Mose 14,2–32.
45. Er aber, da er hinauskam, hob er an und sagte viel davon und machte die Geschichte ruchbar, also daß er hinfort nicht mehr konnte öffentlich in die Stadt gehen; sondern er war draußen in den wüsten Örtern, und sie kamen zu ihm von allen Enden.

Das 2. Kapitel

Vom Gichtbrüchigen. Des Matthäus Berufung. Vom Fasten. Ährenausraufen am Sabbat.
(V.1–12: vgl. Matth.9,1–8; Luk.5,17–26.)

1. Und über etliche Tage ging er wiederum gen Kapernaum; und es ward ruchbar, daß er im Hause war.
2. Und alsbald versammelten sich viele, also daß sie nicht Raum hatten auch draußen vor der Tür; und er sagte ihnen das Wort.
3. Und es kamen etliche zu ihm, die brachten einen Gichtbrüchigen, von vieren getragen.
4. Und da sie nicht konnten zu ihm kommen vor dem Volk, deckten sie das Dach auf, da er war, und gruben's auf und ließen das Bett hernieder, darin der Gichtbrüchige lag.
5. Da aber Jesus ihren Glauben sah, sprach er zu dem Gichtbrüchigen: Mein Sohn, deine Sünden sind dir vergeben.
6. Es waren aber etliche Schriftgelehrte, die saßen allda und gedachten in ihrem Herzen:
7. Wie redet dieser solche Gotteslästerung? Wer kann Sünden vergeben denn allein Gott? Jes.43,25.
8. Und Jesus erkannte alsbald in seinem Geist, daß sie also gedachten bei sich selbst, und sprach zu ihnen: Was gedenket ihr solches in euren Herzen?
9. Welches ist leichter: zu dem Gichtbrüchigen zu sagen: Dir sind deine Sünden vergeben, oder: Stehe auf, nimm dein Bett und wandle?
10. Auf daß ihr aber wisset, daß des Menschen Sohn Macht hat, zu vergeben die

JOHANNES PREDIGT Markus 1, 4

Sünden auf Erden (sprach er zu dem Gichtbrüchigen):
11. Ich sage dir, stehe auf, nimm dein Bett und gehe heim!
12. Und alsbald stand er auf, nahm sein Bett und ging hinaus vor allen, also daß sie sich alle entsetzten und priesen Gott und sprachen: Wir haben solches noch nie gesehen.

(V. 13–17: vgl. Matth. 9,9–13; Luk. 5,27–32.)

13. Und er ging wiederum hinaus an das Meer; und alles Volk kam zu ihm, und er lehrte sie.
14. Und da Jesus vorüberging, sah er Levi, den Sohn des Alphäus, am Zoll sitzen und sprach zu ihm: Folge mir nach! Und er stand auf und folgte ihm nach.
15. Und es begab sich, da er zu Tische saß in seinem Hause, setzten sich viele Zöllner und Sünder zu Tische mit Jesu und seinen Jüngern; denn ihrer waren viele, die ihm nachfolgten.
16. Und die Schriftgelehrten und Pharisäer, da sie sahen, daß er mit den Zöllnern und Sündern aß, sprachen sie zu seinen Jüngern: Warum ißt und trinkt er mit den Zöllnern und Sündern?
17. Da das Jesus hörte, sprach er zu ihnen: Die Starken bedürfen keines Arztes, sondern die Kranken. Ich bin gekommen, zu rufen die Sünder zur Buße, und nicht die Gerechten.

(V. 18–22: vgl. Matth. 9,14–17; Luk. 5,33–38.)

18. Und die Jünger des Johannes und die Pharisäer fasteten viel; und es kamen etliche, die sprachen zu ihm: Warum fasten die Jünger des Johannes und der Pharisäer, und deine Jünger fasten nicht?
19. Und Jesus sprach zu ihnen: Wie können die Hochzeitleute fasten, dieweil der Bräutigam bei ihnen ist? Solange der Bräutigam bei ihnen ist, können sie nicht fasten.
20. Es wird aber die Zeit kommen, daß der Bräutigam von ihnen genommen wird; dann werden sie fasten.
21. Niemand flickt einen Lappen von neuem Tuch an ein altes Kleid; denn der neue Lappen reißt doch vom alten, und der Riß wird ärger.
22. Und niemand faßt Most in alte Schläuche; sonst zerreißt der Most die Schläuche, und der Wein wird verschüttet, und die Schläuche kommen um. Son-

dern man soll Most in neue Schläuche
fassen. (V.23–28: vgl. Matth. 12,1–8; Luk. 6,1–5.)
23. Und es begab sich, daß er wandelte
am Sabbat durch die Saat; und seine Jünger fingen an, indem sie gingen, Ähren
auszuraufen.
24. Und die Pharisäer sprachen zu ihm:
Siehe zu, was tun deine Jünger am Sabbat,
das nicht recht ist?
25. Und er sprach zu ihnen: Habt ihr nie
gelesen, was David tat, da es ihm not war
und ihn hungerte samt denen, die bei ihm
waren?
26. *wie er ging in das Haus Gottes zur
Zeit Abjathars, des Hohenpriesters, und
aß die Schaubrote, die niemand †durfte
essen denn die Priester, und er gab sie
auch denen, die bei ihm waren?
*1. Sam. 21,7. †3. Mose 24,9.
27. Und er sprach zu ihnen: Der Sabbat
ist um des Menschen willen gemacht, und
nicht der Mensch um des Sabbats willen.
5. Mose 5,14.
28. So ist des Menschen Sohn ein Herr
auch des Sabbats.

Das 3. Kapitel

Jesus heilt am Sabbat und heilt viele Besessene, wählt die Zwölf, bestraft die Pharisäer wegen Lästerung des heiligen Geistes und zeigt, wer seine wahren Verwandten seien.
(V. 1–6: vgl. Matth. 12,9–14; Luk. 6,6–11.)

1. Und er ging abermals in die Schule.
Und es war da ein Mensch, der hatte eine
verdorrte Hand.
2. Und sie lauerten darauf, ob er auch am
Sabbat ihn heilen würde, auf daß sie eine
Sache wider ihn hätten.
3. Und er sprach zu dem Menschen mit
der verdorrten Hand: Tritt hervor!
4. Und er sprach zu ihnen: Soll man am
Sabbat Gutes tun oder Böses tun, das Leben erhalten oder töten? Sie aber schwiegen still.
5. Und er sah sie umher an mit *Zorn
und ward betrübt über ihr verstocktes
Herz und sprach zu dem Menschen: Strek-
ke deine Hand aus! Und er streckte sie aus;
und die Hand ward ihm gesund wie die
andere. *Joh. 11,33.
6. Und die Pharisäer gingen hinaus und
hielten alsbald einen Rat mit des *Herodes
Dienern über ihn, wie sie ihn umbrächten.
*Matth. 22,16.
(V. 7–12: vgl. Matth. 12,15.16; Luk. 6,17–19.)
7. Aber Jesus entwich mit seinen Jüngern an das Meer; und viel Volks folgte
ihm nach aus Galiläa und aus Judäa
8. und von Jerusalem und aus Idumäa
und von jenseit des Jordans, und die um
Tyrus und Sidon wohnen, eine große
Menge, die seine Taten hörten, und kamen
zu ihm. Matth. 4,25.
9. Und er sprach zu seinen Jüngern, daß
sie ihm ein Schifflein bereithielten um des
Volks willen, daß sie ihn nicht drängten.
10. Denn er heilte ihrer viele, also daß
ihn überfielen alle, die geplagt waren, auf
daß sie ihn anrührten.
11. Und wenn ihn die unsaubern Geister
sahen, fielen sie vor ihm nieder, schrieen
und sprachen: *Du bist Gottes Sohn!
*Luk. 4,41.
12. Und er bedrohte sie hart, daß sie ihn
nicht offenbar machten. K. 1,34;
(V. 13–19: vgl. Matth. 10,1–4; Luk. 6,12–16.)
13. Und er ging auf einen Berg und rief
zu sich, welche er wollte, und die gingen
hin zu ihm.
14. Und er ordnete die Zwölf, daß sie bei
ihm sein sollten und daß er sie aussende-
te, zu predigen,
15. und daß sie Macht hätten, die Seuchen zu heilen und die Teufel auszutreiben.
16. Und gab Simon den Namen Petrus;
17. und Jakobus, den Sohn des Zebedäus, und Johannes, den Bruder des Jakobus, und gab ihnen den Namen Bnehar-
gem, das ist gesagt: Donnerskinder;
Luk. 9,54.
18. und Andreas und Philippus und Bartholomäus und Matthäus und Thomas
und Jakobus, des Alphäus Sohn, und
Thaddäus und Simon von Kana
19. und Judas Jschariot, der ihn verriet.
20. Und sie kamen nach Hause; und da
kam abermals das Volk zusammen, also
daß sie nicht Raum hatten, zu essen.
21. Und da es die Seinen hörten, gingen
sie aus und wollten ihn halten; denn sie
sprachen: Er ist von Sinnen.
(V. 22–30: vgl. Matth. 12,24–32;
Luk. 11,15–22; 12,10.)
22. Die Schriftgelehrten aber, die von Jerusalem herabgekommen waren, sprachen: Er hat den Beelzebub, und durch
den obersten Teufel treibt er die Teufel
aus.
23. Und er rief sie zusammen und sprach
zu ihnen in Gleichnissen: Wie kann ein
Satan den andern austreiben?
24. Wenn ein Reich mit sich selbst uneins wird, kann es nicht bestehen.
25. Und wenn ein Haus mit sich selbst
uneins wird, kann es nicht bestehen.
26. Setzt sich nun der Satan wider sich

JESUS WIRD VON JOHANNES GETAUFT Markus 1, 9.10

selbst und ist mit sich selbst uneins, so kann er nicht bestehen, sondern es ist aus mit ihm.
27. Es kann niemand einem Starken in sein Haus fallen und seinen Hausrat rauben, es sei denn, daß er zuvor den Starken binde und alsdann sein Haus beraube.
28. Wahrlich ich sage euch: Alle Sünden werden vergeben den Menschenkindern, auch die Gotteslästerungen, womit sie Gott lästern;
29. wer aber den heiligen Geist lästert, der hat keine Vergebung ewiglich, sondern ist schuldig des ewigen Gerichts.
30. Denn sie sagten: Er hat einen unsaubern Geist. V.22.

(V.31–35: vgl. Matth. 12,46–50; Luk. 8,19–21.)

31. Und es kam seine Mutter und seine Brüder und standen draußen, schickten zu ihm und ließen ihn rufen.
32. Und das Volk saß um ihn. Und sie sprachen zu ihm: Siehe, deine Mutter und deine Brüder draußen fragen nach dir.
33. Und er antwortete ihnen und sprach: Wer ist meine Mutter und meine Brüder?
34. Und er sah rings um sich auf die Jünger, die um ihn im Kreise saßen, und sprach: Siehe, das ist meine Mutter und meine Brüder!
35. Denn wer Gottes Willen tut, der ist mein Bruder und meine Schwester und meine Mutter.

Das 4. Kapitel

Mancherlei Gleichnisse vom Reiche Gottes. Stillung des Meeres.
(V. 1–20: vgl. Matth. 13,1–23; Luk. 8,4–15.)

1. Und er fing abermals an, zu lehren am Meer. und es versammelte sich viel Volks zu ihm, also daß er mußte in ein Schiff treten und auf dem Wasser sitzen; und alles Volk stand auf dem Lande am Meer.
2. Und er predigte ihnen lange durch Gleichnisse; und in seiner Predigt sprach er zu ihnen:
3. Höret zu! Siehe, es ging ein Säemann aus, zu säen.
4. Und es begab, sich, indem er säte, fiel etliches an den Weg; da kamen die Vögel unter dem Himmel und fraßen's auf.
5. Etliches fiel in das Steinige, wo es nicht viel Erde hatte; und ging bald auf, darum daß es nicht tiefe Erde hatte.

6. Da nun die Sonne aufging, verwelkte
es, und dieweil es nicht Wurzel hatte, verdorrte es.
7. Und etliches fiel unter die Dornen;
und die Dornen wuchsen empor und erstickten's, und es brachte keine Frucht.
8. Und etliches fiel auf ein gutes Land
und brachte Frucht, die da zunahm und
wuchs; und etliches trug dreißigfältig und
etliches sechzigfältig und etliches hundertfältig.
9. Und er sprach zu ihnen: Wer Ohren
hat, zu hören, der höre!
10. Und da er allein war, fragten ihn um
dies Gleichnis, die um ihn waren, samt
den Zwölfen.
11. Und er sprach zu ihnen: Euch ist's
gegeben, das Geheimnis des Reiches Gottes zu wissen; denen aber *draußen widerfährt es alles durch Gleichnisse,
*1. Kor. 5,12.
12. auf daß sie es mit sehenden Augen
sehen, und doch nicht erkennen, und mit
hörenden Ohren hören, und doch nicht
verstehen, auf daß sie sich nicht dermaleinst bekehren und ihre Sünden ihnen
vergeben werden. Jes. 6,9.10.
13. Und er sprach zu ihnen: Verstehet ihr
dies Gleichnis nicht, wie wollt ihr denn die
andern alle verstehen?
14. Der Säemann sät das Wort.
15. Diese sind's aber, die an dem Wege
sind: wo das Wort gesät wird und sie es
gehört haben, so kommt alsbald der Satan
und nimmt weg das Wort, das in ihr Herz
gesät war.
16. Also auch die sind's, bei welchen aufs
Steinige gesät ist: wenn sie das Wort gehört haben, nehmen sie es alsbald mit
Freuden auf,
17. und haben keine Wurzel in sich, sondern sind wetterwendisch; wenn sich
Trübsal oder Verfolgung um des Wortes
willen erhebt, so ärgern sie sich alsbald.
18. Und diese sind's, bei welchen unter
die Dornen gesät ist: die das Wort hören,
19. und die Sorgen dieser Welt und der
betrügliche Reichtum und viele andere
Lüste gehen hinein und ersticken das
Wort, und es bleibt ohne Frucht.
K. 10,23.24.
20. Und diese sind's, bei welchen auf ein
gutes Land gesät ist: die das Wort hören
und nehmen's an und bringen Frucht, etliche dreißigfältig und etliche sechzigfältig und etliche hundertfältig.
(V. 21–25: vgl. Luk. 8,16–18.)
21. Und er sprach zu ihnen: Zündet man
auch ein Licht an, daß man's unter einen
Scheffel oder unter einen Tisch setze? Mitnichten, sondern daß man's auf einen
Leuchter setze. Matth. 5,15.
22. Denn es ist nichts verborgen, das
nicht offenbar werde, und ist nichts Heimliches, das nicht hervorkomme.
Matth. 10,26; Luk. 12,2.
23. Wer Ohren hat, zu hören, der höre!
24. Und er sprach zu ihnen: Sehet zu,
was ihr höret! Mit welcherlei Maß ihr messet, wird man euch wieder messen, und
man wird noch zugeben euch, die ihr dies
höret. Matth. 7,2.
25. Denn wer da hat, dem wird gegeben;
und wer nicht hat, von dem wird man
nehmen, auch was er hat. Matth. 13,12.
26. Und er sprach: Das Reich Gottes hat
sich also, als wenn ein Mensch Samen aufs
Land wirft
27. und schläft und steht auf Nacht und
Tag; und der Same geht auf und wächst,
daß er's nicht weiß. Jak. 5,7.
28. Denn die Erde bringt von selbst zum
ersten das Gras, darnach die Ähren, darnach den vollen Weizen in den Ähren.
29. Wenn sie aber die Frucht gebracht
hat, so schickt er bald die Sichel hin; denn
die Ernte ist da.
(V. 30–34: vgl. Matth. 13,31.32.34; Luk. 13,18.19.)
30. Und er sprach: Wem wollen wir das
Reich Gottes vergleichen, und durch
welch Gleichnis wollen wir es vorbilden?
31. Gleichwie ein Senfkorn, wenn das gesät wird aufs Land, so ist's das kleinste
unter allen Samen auf Erden;
32. und wenn es gesät ist, so nimmt es zu
und wird größer denn alle Kohlkräuter
und gewinnt große Zweige, also daß die
Vögel unter dem Himmel unter seinem
Schatten wohnen können.
33. Und durch viele solche Gleichnisse
sagte er ihnen das Wort, nach dem sie es
hören konnten.
34. Und ohne Gleichnis redete er nichts
zu ihnen; aber insonderheit legte er's seinen Jüngern alles aus.
(V. 35–41: vgl. Matth. 8,18.23–27; Luk. 8,22–25.)
35. Und an demselben Tage des Abends
sprach er zu ihnen: Laßt uns hinüberfah-
ren.
36. Und sie ließen das Volk gehen und
nahmen ihn, wie er im Schiff war; und es
waren mehr Schiffe bei ihm.
37. Und es erhob sich ein großer Windwirbel und warf die Wellen in das Schiff,
also daß das Schiff voll ward.
38. Und er war hinten auf dem Schiff und
schlief auf einem Kissen. Und sie weckten
ihn auf und sprachen zu ihm: Meister,

JESUS IN DER WÜSTE Markus 1, 13

fragst du nichts darnach, daß wir verderben?
39. Und er stand auf und bedrohte den
Wind und sprach zu dem Meer: Schweig
und verstumme! Und der Wind legte sich,
und es ward eine große Stille.
40. Und er sprach zu ihnen: Wie seid ihr
so furchtsam? Wie, daß ihr keinen Glauben habt?
41. Und sie fürchteten sich sehr und
sprachen untereinander: Wer ist der?
denn Wind und Meer sind ihm gehorsam.

Das 5. Kapitel

Wunder Jesu an einem Besessenen, dem blutflüssigen Weib und dem Töchterlein des Jairus.
(V. 1–21: vgl. Matth. 8,28–34; Luk. 8,26–40.)

1. Und sie kamen jenseit des Meeres in
die Gegend der Gadarener.
2. Und als er aus dem Schiff trat, lief ihm
alsbald entgegen aus den Gräbern ein besessener Mensch mit einem unsaubern
Geist,
3. der seine Wohnung in den Gräbern
hatte; und niemand konnte ihn binden,
auch nicht mit Ketten.
4. Denn er war oft mit Fesseln und Ketten gebunden gewesen, und hatte die Ketten abgerissen und die Fesseln zerrieben;
und niemand konnte ihn zähmen.
5. Und er war allezeit, Tag und Nacht, auf
den Bergen und in den Gräbern, schrie
und schlug sich mit Steinen.
6. Da er aber Jesum sah von ferne, lief er
zu und fiel vor ihm nieder, schrie laut und
sprach:
7. Was habe ich mit dir zu tun, o Jesu, du
Sohn Gottes, des Allerhöchsten? Ich beschwöre dich bei Gott, daß du mich nicht
quälest! K. 1,24.
8. Denn er sprach zu ihm: Fahre aus, du
unsauberer Geist, von dem Menschen!
9. Und er fragte ihn: Wie heißest du? Und
er antwortete und sprach: Legion heiße
ich; denn wir sind unser viele.
10. Und er bat ihn sehr, daß er sie nicht
aus der Gegend triebe.
11. Und es war daselbst an den Bergen
eine große Herde Säue auf der Weide.
12. Und die Teufel baten ihn alle und
sprachen: Laßt uns in die Säue fahren!
13. Und alsbald erlaubte es ihnen Jesus.
Da fuhren die unsauberen Geister aus und

fuhren in die Säue; und die Herde stürzte
sich von dem Abhang ins Meer (ihrer waren aber bei zweitausend) und ersoffen im
Meer.
14. Und die Sauhirten flohen und verkündigten das in der Stadt und auf dem
Lande. Und sie gingen hinaus, zu sehen,
was da geschehen war,
15. und kamen zu Jesu und sahen den,
der von den Teufeln besessen war, daß er
saß und war bekleidet und vernünftig, und
fürchteten sich.
16. Und die es gesehen hatten, sagten
ihnen, was dem Besessenen widerfahren
war, und von den Säuen.
17. Und sie fingen an und baten ihn, daß
er aus ihrer Gegend zöge.
18. Und da er in das Schiff trat, bat ihn
der Besessene, daß er möchte bei ihm
sein.
19. Aber Jesus ließ es nicht zu, sondern
sprach zu ihm: Gehe hin in dein Haus und
zu den Deinen und verkündige ihnen, wie
große Wohltat dir der Herr getan und sich
deiner erbarmt hat.
20. Und er ging hin und fing an, auszurufen in den *Zehn-Städten, wie große
Wohltat ihm Jesus getan hatte; und jedermann verwunderte sich. *K. 7,31.
21. Und da Jesus wieder herüberfuhr im
Schiff, versammelte sich viel Volks zu
ihm, und er war an dem Meer.

(V.22–43: vgl. Matth. 9,18–26; Luk. 8,41–56.)

22. Und siehe, da kam der Obersten einer
von der Schule, mit Namen Jairus; und da
er ihn sah, fiel er ihm zu Füßen
23. und bat ihn sehr und sprach: Meine
Tochter ist in den letzten Zügen; du wollest kommen und *deine Hand auf sie legen, daß sie gesund werde und lebe. *K. 7,32.
24. Und er ging hin mit ihm; und es folgte ihm viel Volks nach, und sie drängten
ihn.
25. Und da war ein Weib, das hatte den
Blutgang zwölf Jahre gehabt
26. und viel erlitten von vielen Ärzten
und hatte all ihr Gut darob verzehrt, und
half ihr nichts, sondern vielmehr ward es
ärger mit ihr.
27. Da die von Jesu hörte, kam sie im
Volk von hintenzu und rührte sein Kleid
an.
28. Denn sie sprach: Wenn ich nur sein
Kleid möchte anrühren, so würde ich gesund.
29. Und alsbald vertrocknete der Brunnen ihres Bluts; und sie fühlte es am Leibe, daß sie von ihrer Plage war gesund
geworden.
30. Und Jesus fühlte alsbald an sich
selbst die Kraft, die von ihm ausgegangen
war, und wandte sich um zum Volk und
sprach: Wer hat meine Kleider angerührt?
Luk. 6,19.
31. Und die Jünger sprachen zu ihm: Du
siehst, daß dich das Volk drängt, und
sprichst: Wer hat mich angerührt?
32. Und er sah sich um nach der, die das
getan hatte.
33. Das Weib aber fürchtete sich und zitterte (denn sie wußte, was an ihr geschehen war), kam und fiel vor ihm nieder und
sagte ihm die ganze Wahrheit.
34. Er sprach aber zu ihr: Meine Tochter,
dein Glaube hat dich gesund gemacht; gehe hin mit Frieden und sei gesund von
deiner Plage!
35. Da er noch also redete, kamen etliche
vom Gesinde des Obersten der Schule und
sprachen: Deine Tochter ist gestorben;
was bemühest du weiter den Meister?
36. Jesus aber hörte alsbald die Rede, die
da gesagt ward, und sprach zu dem Obersten der Schule: Fürchte dich nicht, glaube nur!
37. Und ließ niemand ihm nachfolgen
denn Petrus und Jakobus und Johannes,
den Bruder des Jakobus.
38. Und er kam in das Haus des Obersten
der Schule und sah das Getümmel und die
da sehr weinten und heulten.
39. Und er ging hinein und sprach zu
ihnen: Was tummelt und weinet ihr? Das
Kind *ist nicht gestorben, sondern es
schläft. Und sie verlachten ihn. *Joh. 11,11.
40. Und er trieb sie alle aus und nahm
mit sich den Vater des Kindes und die
Mutter und die bei ihm waren, und ging
hinein, da das Kind lag,
41. und ergriff das Kind bei der Hand und
sprach zu ihr: Talitha kumi! das ist verdolmetscht: Mägdlein, *ich sage dir, stehe
auf! *Luk. 7,14.
42. Und alsbald stand das Mägdlein auf
und wandelte; es war aber zwölf Jahre alt.
Und sie entsetzten sich über die Maßen.
43. Und er verbot ihnen hart, daß es niemand wissen sollte, und sagte, sie sollten
ihr zu essen geben.

Das 6. Kapitel

Verachtung Jesu zu Nazareth. Aussendung der Zwölf. Enthauptung des Täufers. Speisung der Fünftausend. Jesus auf dem Meer. Krankenheilungen.

(V. 1–6: vgl. Matth. 13,53–58; Luk. 4,15–30.)

1. Und er ging aus von da und kam in

JESUS SAMMELT JÜNGER UM SICH Markus 1, 17

seine Vaterstadt; und seine Jünger folgten ihm nach.
2. Und da der Sabbat kam, hob er an, zu lehren in ihrer Schule. Und viele, die es hörten, verwunderten sich seiner Lehre und sprachen: *Woher kommt dem solches? Und was für Weisheit ist's, die ihm gegeben ist, und solche Taten, die durch seine Hände geschehen?

*Joh. 7,15.

3. Ist er nicht der Zimmermann, Marias Sohn, der Bruder des Jakobus und Joses und Judas und Simon? Sind nicht auch seine Schwestern allhier bei uns? Und sie ärgerten sich an ihm.
4. Jesus aber sprach zu ihnen: Ein Prophet gilt nirgend weniger denn im Vaterland und daheim bei den Seinen.
5. Und er konnte allda nicht eine einzige Tat tun; außer, wenig Siechen legte er die Hände auf und heilte sie.
6. Und er verwunderte sich ihres Unglaubens. Und er ging umher in die Flecken im Kreis und lehrte.

(V. 7–13: vgl. Matth. 10,1.9–15; Luk. 9,1–6.)

7. Und er berief die Zwölf und hob an und sandte sie je *zwei und zwei und gab ihnen Macht über die unsaubern Geister

*Luk. 10,1.

8. und gebot ihnen, daß sie nichts bei sich trügen auf dem Wege denn allein einen Stab, keine Tasche, kein Brot, kein Geld im Gürtel,
9. aber wären geschuht, und daß sie nicht zwei Röcke anzögen.
10. Und sprach zu ihnen: Wo ihr in ein Haus gehen werdet, da bleibet, bis ihr von dannen zieht.
11. Und welche euch nicht aufnehmen noch hören, da gehet von dannen heraus und schüttelt den Staub ab von euren Füßen zu einem Zeugnis über sie. Ich sage euch wahrlich: Es wird Sodom und Gomorra am Jüngsten Gericht erträglicher gehen denn solcher Stadt.
12. Und sie gingen aus und predigten, man sollte Buße tun,
13. und trieben viele Teufel aus und *salbten viele Sieche mit Öl und machten sie gesund. *Jak. 5,14.15.

(V. 14–29: vgl. Matth. 14,1–12; Luk. 9,7–9; 3,19.20.)

14. Und es kam vor den König Herodes (denn sein Name war nun bekannt), und

er sprach: Johannes der Täufer ist von den Toten auferstanden; darum tut er solche Taten.
15. Etliche aber sprachen: Er ist Elia; etliche aber: Er ist ein Prophet oder einer von den Propheten.
16. Da es aber Herodes hörte, sprach er: Es ist Johannes, den ich enthauptet habe; der ist von den Toten auferstanden.
17. Er aber, Herodes, hatte ausgesandt und Johannes ergriffen und ins Gefängnis gelegt um der Herodias willen, seines Bruders Philippus Weib; denn er hatte sie gefreit.
18. Johannes aber sprach zu Herodes: Es ist nicht Recht, daß du deines *Bruders Weib habest. *3. Mose 18,16.
19. Herodias aber stellte ihm nach und wollte ihn töten, und konnte nicht.
20. Herodes aber fürchtete Johannes; denn er wußte, daß er ein frommer und heiliger Mann war; und verwahrte ihn und gehorchte ihm in vielen Sachen und hörte ihn gern.
21. Und es kam ein gelegener Tag, daß Herodes auf seinen Jahrestag ein Abendmahl gab den Obersten und Hauptleuten und Vornehmsten in Galiläa.
22. Da trat hinein die Tochter der Herodias und tanzte, und gefiel wohl dem Herodes und denen, die am Tisch saßen. Da sprach der König zum Mägdlein: Bitte von mir, was du willst, ich will dir's geben.
23. Und schwur ihr einen Eid: Was du wirst von mir bitten, will ich dir geben, bis an die Hälfte meines Königreiches.
Esth. 5,3.6.
24. Sie ging hinaus und sprach zu ihrer Mutter: Was soll ich bitten? Die sprach: Das Haupt Johannes des Täufers.
25. Und sie ging alsbald hinein mit Eile zum König, bat und sprach: Ich will, daß du mir gebest jetzt zur Stunde auf einer Schüssel das Haupt Johannes des Täufers.
26. Der König war betrübt; doch um des Eides willen und derer, die am Tische saßen, wollte er sie nicht lassen eine Fehlbitte tun.
27. Und alsbald schickte hin der König den Henker und hieß sein Haupt herbringen. Der ging hin und enthauptete ihn im Gefängnis
28. und trug her sein Haupt auf einer Schüssel und gab's dem Mägdlein, und das Mägdlein gab's ihrer Mutter.
29. Und da das seine Jünger hörten, kamen sie und nahmen seinen Leib und legten ihn in ein Grab.
30. Und die Apostel kamen zu Jesu zusammen und verkündigten ihm das alles und was sie getan und gelehrt hatten.
Luk. 9,10.
31. Und er sprach zu ihnen: Lasset uns besonders an eine wüste Stätte gehen und ruhet ein wenig. Denn ihrer waren viele, die ab und zu gingen; und sie hatten nicht Zeit genug, zu essen.
(V. 32–44: vgl. Matth. 14,13–21; Luk. 9,11–17; Joh. 6,1–13.)
32. Und er fuhr da in einem Schiff zu einer wüsten Stätte besonders.
33. Und das Volk sah sie wegfahren; und viele kannten ihn und liefen dahin miteinander zu Fuß aus allen Städten und kamen ihnen zuvor und kamen zu ihm.
34. Und Jesus ging heraus und sah das große Volk; und es *jammerte ihn derselben; denn sie waren wie die Schafe, die keinen Hirten haben; und er fing an eine lange Predigt. *Matth. 9,36.
35. Da nun der Tag fast dahin war, traten seine Jünger zu ihm und sprachen: Es ist wüst hier, und der Tag ist nun dahin;
vgl. K. 8,1–9.
36. laß sie von dir, daß sie hingehen umher in die Dörfer und Märkte und kaufen sich Brot, denn sie haben nichts zu essen.
37. Jesus aber antwortete und sprach zu ihnen: Gebt ihr ihnen zu essen. Und sie sprachen zu ihm: Sollen wir denn hingehen und für zweihundert Groschen Brot kaufen und ihnen zu essen geben?
38. Er aber sprach zu ihnen: Wie viel Brote habt ihr? Gehet hin und sehet! Und da sie es erkundet hatten, sprachen sie: Fünf, und zwei Fische.
39. Und er gebot ihnen, daß sie sich alle lagerten, tischweise, auf das grüne Gras.
40. Und sie setzten sich nach Schichten, je hundert und hundert, fünfzig und fünfzig.
41. Und er nahm die fünf Brote und zwei Fische und *sah auf zum Himmel und dankte und brach die Brote und gab sie den Jüngern, daß sie ihnen vorlegten; und die zwei Fische teilte er unter sie alle.
*K. 7,34.
42. Und sie aßen alle und wurden satt.
43. Und sie hoben auf die Brocken, zwölf Körbe voll, und von den Fischen.
44. Und die da gegessen hatten, waren fünftausend Mann.
(V. 45–56: vgl. Matth. 14,22–36; Joh. 6,15–21.)
45. Und alsbald trieb er seine Jünger, daß sie in das Schiff träten und vor ihm hinüberführen gen Bethsaida, bis daß er das Volk von sich ließe.

DER GICHTBRÜCHIGE Markus 2, 3–5

46. Und da er sie von sich geschafft hatte,
ging er hin auf einen Berg, zu beten.
47. Und am Abend war das Schiff mitten
auf dem Meer und er auf dem Lande allein.
48. Und er sah, daß sie Not litten im
Rudern; denn der Wind war ihnen entgegen.
Und um die vierte Wache der Nacht
kam er zu ihnen und wandelte auf dem
Meer;
49. und er wollte an ihnen vorübergehen.
Und da sie ihn sahen auf dem Meer
wandeln, meinten sie, es wäre ein Gespenst,
und schrieen;
50. denn sie sahen ihn alle und erschraken.
Aber alsbald redete er mit ihnen und
sprach zu ihnen: Seid getrost, ich bin's;
fürchtet euch nicht!
51. Und trat zu ihnen ins Schiff, und der
*Wind legte sich. Und sie entsetzten und
verwunderten sich über die Maßen;
*K. 4,39.
52. denn sie waren nichts verständiger
geworden über den Broten, und ihr Herz
war erstarrt.
53. Und da sie hinübergefahren waren,
kamen sie in das Land Genezareth und
fuhren an.
54. Und da sie aus dem Schiff traten, alsbald
kannten sie ihn
55. und liefen in alle die umliegenden
Länder und hoben an, die Kranken umherzuführen
auf Betten, wo sie hörten,
daß er war.
56. Und wo er in die Märkte oder Städte
oder Dörfer einging, da legten sie die
Kranken auf den Markt und baten ihn, daß
sie nur den Saum seines Kleides *anrühren
möchten; und alle, die ihn anrührten,
wurden gesund. *K. 5,27.28.

Das 7. Kapitel

Jesus warnt vor Menschensatzung, heilt die Tochter das kanaanäischen Weibes und einen Taubstummen.
(V. 1–23: vgl. Matth. 15,1–20.)

1. Und es kamen zu ihm die Pharisäer
und etliche von den Schriftgelehrten, die
von Jerusalem gekommen waren.
2. Und da sie sahen etliche seiner Jünger
mit gemeinen – das ist: mit ungewaschenen
– Händen das Brot essen, tadelten sie
es. Luk. 11,38.
3. (Denn die Pharisäer und alle Juden
essen nicht, sie waschen denn die Hände

manchmal, und halten also die Aufsätze der Ältesten;
4. und wenn sie vom Markt kommen, essen sie nicht, sie waschen sich denn. Und des Dinges ist viel, das sie zu halten haben angenommen, von Trinkgefäßen und Krügen und ehernen Gefäßen und Tischen zu waschen.)
5. Da fragten ihn nun die Pharisäer und Schriftgelehrten: Warum wandeln deine Jünger nicht nach den Aufsätzen der Ältesten, sondern essen das Brot mit ungewaschenen Händen?
6. Er aber antwortete und sprach zu ihnen: Wohl fein hat von euch Heuchlern *Jesaja geweissagt, wie geschrieben steht: »Dies Volk ehrt mich mit den Lippen; aber ihr Herz ist ferne von mir, *Jes. 29,13.
7. Vergeblich aber ist's, daß sie mir dienen, dieweil sie lehren solche Lehre, die nichts ist denn Menschengebot.«
8. Ihr verlasset Gottes Gebot, und haltet der Menschen Aufsätze von Krügen und Trinkgefäßen zu waschen; und desgleichen tut ihr viel.
9. Und er sprach zu ihnen: Wohl fein habt ihr Gottes Gebot aufgehoben, auf daß ihr eure Aufsätze haltet.
10. Denn Mose hat gesagt: *»Du sollst deinen Vater und deine Mutter ehren;« und: »Wer Vater oder Mutter flucht, der soll des Todes sterben.« *2. Mose 20,12; 21,17.
11. Ihr aber lehret: Wenn einer spricht zu Vater oder Mutter: »Korban,« das ist, »es ist Gott gegeben,« was dir sollte von mir zu Nutz kommen, der tut wohl.
12. Und so laßt ihr hinfort ihn nichts tun seinem Vater oder seiner Mutter
13. und hebt auf Gottes Wort durch eure Aufsätze, die ihr aufgesetzt habt; und desgleichen tut ihr viel.
14. Und er rief zu sich das ganze Volk und sprach zu ihnen: Höret mir alle zu und fasset es!
15. Es ist nichts außerhalb des Menschen, das ihn könnte *gemein machen, so es in ihn geht; sondern was von ihm ausgeht, das ist's, was den Menschen gemein macht. *Apg. 10,14.15.
16. Hat jemand Ohren, zu hören, der höre!
17. Und da er von dem Volk ins Haus kam, fragten ihn seine Jünger um dies Gleichnis.
18. Und er sprach zu ihnen: Seid ihr denn auch so unverständig? Vernehmet ihr noch nicht, daß alles, was außen ist und in den Menschen geht, das kann ihn nicht gemein machen?
19. Denn es geht nicht in sein Herz, sondern in den Bauch, und geht aus durch den natürlichen Gang, der alle Speise ausfegt.
20. Und er sprach: Was aus dem Menschen geht, das macht den Menschen gemein;
21. denn von innen, aus dem Herzen der Menschen, gehen heraus böse Gedanken: Ehebruch, Hurerei, Mord,
22. Dieberei, Geiz, Schalkheit, List, Unzucht, Schalksauge, Gotteslästerung, Hoffart, Unvernunft.
23. Alle diese bösen Stücke gehen von innen heraus und machen den Menschen gemein. (V. 24–30: vgl. Matth. 15,21–28.)
24. Und er stand auf und ging von dannen in die Gegend von Tyrus und Sidon; und ging in ein Haus und wollte es niemand wissen lassen, und konnte doch nicht verborgen sein.
25. Denn ein Weib hatte von ihm gehört, deren Töchterlein einen unsauberen Geist hatte, und sie kam und fiel nieder zu seinen Füßen
26. (und es war ein griechisches Weib aus Syrophönizien), und sie bat ihn, daß er den Teufel von ihrer Tochter austriebe.
27. Jesus aber sprach zu ihr: Laß zuvor die Kinder satt werden; es ist nicht fein, daß man der Kinder Brot nehme und werfe es vor die Hunde.
28. Sie antwortete aber und sprach zu ihm: Ja, Herr; aber doch essen die Hündlein unter dem Tisch von den Brosamen der Kinder.
29. Und er sprach zu ihr: Um des Wortes willen so gehe hin; der Teufel ist von deiner Tochter ausgefahren.
30. Und sie ging hin in ihr Haus und fand, daß der Teufel war ausgefahren und die Tochter auf dem Bette liegend.
31. Und da er wieder ausging aus der Gegend von Tyrus und Sidon, kam er an das Galiläische Meer, mitten in das Gebiet der Zehn Städte. vgl. Matth. 15,29–31.
32. Und sie brachten zu ihm einen Tauben, der stumm war, und sie baten ihn, daß er die *Hand auf ihn legte. *K. 5,23.
33. Und er nahm ihn von dem Volk besonders und legte ihm die Finger in die Ohren und *spützte und rührte seine Zunge *K. 8,23.
34. und *sah auf gen Himmel, seufzte und sprach zu ihm: Hephatha! das ist: Tu dich auf! *K. 6,41; Joh. 11,41.
35. Und alsbald taten sich seine Ohren auf, und das Band seiner Zunge ward los, und er redete recht.

AUFERWECKUNG DER TOCHTER DES JAIRUS Markus 5, 41

36. Und er verbot ihnen, sie sollen's niemand sagen. Je mehr er aber verbot, je mehr sie es ausbreiteten. K. 1,43–45.
37. Und sie wunderten sich über die Maßen und sprachen: Er hat alles wohl gemacht; die Tauben macht er hörend und die Sprachlosen redend.

Das 8. Kapitel

Speisung der Viertausend. Zeichenforderung. Warnung vor den Pharisäern und vor Herodes. Heilung eines Blinden. Bekenntnis des Petrus. Erste Leidensverkündigung.
(V. 1–10: vgl. Matth. 15,32–39.)

1. Zu der Zeit, da viel Volks da war und hatten nichts zu essen, rief Jesus seine Jünger zu sich und sprach zu ihnen:
2. Mich jammert des Volks; denn sie haben nun drei Tage bei mir beharrt und haben nichts zu essen; vgl. K. 6,34–44.
3. und wenn ich sie ungegessen von mir heim ließe gehen, würden sie auf dem Wege verschmachten; denn etliche sind von ferne gekommen.
4. Seine Jünger antworteten ihm: Woher nehmen wir Brot hier in der Wüste, daß wir sie sättigen?
5. Und er fragte sie: Wie viel habt ihr Brote? Sie sprachen: Sieben.
6. Und er gebot dem Volk, daß sie sich auf die Erde lagerten. Und er nahm die sieben Brote und dankte und brach sie und gab sie seinen Jüngern, daß sie dieselben vorlegten; und sie legten dem Volk vor.
7. Und hatten ein wenig Fischlein; und er dankte und hieß die auch vortragen.
8. Sie aßen aber und wurden satt, und hoben die übrigen Brocken auf, sieben Körbe.
9. Und ihrer waren bei viertausend, die da gegessen hatten; und er ließ sie von sich.
10. Und alsbald trat er in ein Schiff mit seinen Jüngern und kam in die Gegend von Dalmanutha.

(V. 11–21: vgl. Matth. 16,1–12.)

11. Und die Pharisäer gingen heraus und fingen an, sich mit ihm zu befragen, versuchten ihn und begehrten von ihm ein Zeichen vom Himmel.
12. Und er seufzte in seinem Geist und sprach: Was sucht doch dies Geschlecht Zeichen? Wahrlich, ich sage euch: Es wird diesem Geschlecht kein Zeichen gegeben.

13. Und er ließ sie und trat wiederum in das Schiff und fuhr herüber.
14. Und sie hatten vergessen, Brot mit sich zu nehmen, und hatten nicht mehr mit sich im Schiff denn ein Brot.
15. Und er gebot ihnen und sprach: Schauet zu und *sehet euch vor vor dem Sauerteig der Pharisäer und vor dem Sauerteig des †Herodes.
*Luk. 12,1. †K. 3,6.
16. Und sie gedachten hin und her und sprachen untereinander: Das ist's, daß wir nicht Brot haben.
17. Und Jesus merkte das und sprach zu ihnen: Was bekümmert ihr euch doch, daß ihr nicht Brot habt? *Vernehmet ihr noch nichts und seid noch nicht verständig? Habt ihr noch ein erstarrtes Herz in euch? *K. 6,52.
18. Ihr habt Augen, und sehet nicht, und habt Ohren, und höret nicht, und denket nicht daran,
19. da ich fünf Brote brach unter fünftausend: wie viele Körbe voll Brocken hobt ihr da auf? Sie sprachen: Zwölf. K. 6,41–44.
20. Da ich aber die sieben brach unter die viertausend, wie viel Körbe voll Brocken hobt ihr da auf? Sie sprachen: Sieben.
V. 6–9.
21. Und er sprach zu ihnen: Wie, vernehmet ihr denn nichts?
22. Und er kam gen Bethsaida. Und sie brachten zu ihm einen Blinden und baten ihn, daß er ihn *anrührte. *K. 6,56.
23. Und er nahm den Blinden bei der Hand und führte ihn hinaus vor den Flekken; und spützte in seine Augen und legte seine Hände auf ihn und fragte ihn, ob er etwas sähe. K. 7,32.33; Joh. 9,6.
24. Und er sah auf und sprach: Ich sehe Menschen gehen, als sähe ich Bäume.
25. Darnach legte er abermals die Hände auf seine Augen und hieß ihn abermals sehen; und er ward wieder zurechtgebracht, daß er alles scharf sehen konnte.
26. Und er schickte ihn heim und sprach: Gehe nicht hinein in den Flecken und *sage es auch niemand drinnen. *K. 7,36.
(V. 27–K. 9,1: vgl. Matth. 16,13–28; Luk. 9,18–27.)
27. Und Jesus ging aus mit seinen Jüngern in die Märkte der Stadt Cäsarea Philippi. Und auf dem Wege fragte er seine Jünger und sprach zu ihnen: Wer sagen die Leute, daß ich sei?
28. Sie antworteten: Sie sagen, du seiest Johannes der Täufer; etliche sagen, du seiest Elia; etliche, du seiest der Propheten einer. K. 6,15.
29. Und er sprach zu ihnen: Ihr aber, wer sagt ihr, daß ich sei? Da antwortete Petrus und sprach zu ihm: Du bist Christus!
30. Und er bedrohte sie, daß sie niemand von ihm sagen sollten. K. 9,9.
31. Und er hob an, sie zu lehren: Des Menschen Sohn muß viel leiden und verworfen werden von den Ältesten und Hohenpriestern und Schriftgelehrten und getötet werden und über drei Tage auferstehen.
32. Und er redete das Wort frei offenbar. Und Petrus nahm ihn zu sich, fing an, ihm zu wehren.
33. Er aber wandte sich um und sah seine Jünger an und bedrohte Petrus und sprach: Gehe hinter mich, du Satan! denn du meinst nicht, was göttlich, sondern was menschlich ist.
34. Und er rief zu sich das Volk samt seinen Jüngern und sprach zu ihnen: Wer mir will nachfolgen, der verleugne sich selbst und nehme sein Kreuz auf sich und folge mir nach.
35. Denn wer sein Leben will behalten, der wird's verlieren; und wer sein Leben verlieret um meinet- und des Evangeliums willen, der wird's behalten.
Matth. 10,39.
36. Was hülfe es dem Menschen, wenn er die ganze Welt gewönne, und nähme an seiner Seele Schaden?
37. Oder was kann der Mensch geben, damit er seine Seele löse?
38. Wer sich aber mein und meiner Worte schämt unter diesem ehebrecherischen und sündigen Geschlecht, des wird sich auch des Menschen Sohn schämen, wenn er kommen wird in der Herrlichkeit seines Vaters mit den heiligen Engeln.
Matth. 10,33.

Das 9. Kapitel

Verklärung Christi. Heilung eines Besessenen.
Zweite Leidensankündigung. Rangstreit.
Demut und Achtung der Kleinen empfohlen.
Warnung vor Ärgernis.

1. Und er sprach zu ihnen: Wahrlich, ich sage euch: Es stehen etliche hier, die werden den Tod nicht schmecken, bis daß sie sehen das Reich Gottes mit Kraft kommen. (V. 2–13: vgl. Matth. 17,1–13; Luk. 9,28–36.)
2. Und nach sechs Tagen nahm Jesus zu sich Petrus, Jakobus und Johannes und führte sie auf einen hohen Berg besonders allein und verklärte sich vor ihnen.
3. Und seine Kleider wurden hell und sehr weiß wie der Schnee, daß sie kein Färber auf Erden kann so weiß machen.

TOD JOHANNES' DES TÄUFERS Markus 6, 27

4. Und es erschien ihnen Elia mit Mose
und hatten eine Rede mit Jesu.
5. Und Petrus antwortete und sprach zu
Jesu: Rabbi, hier ist gut sein. Lasset uns
drei Hütten machen: dir eine, Mose eine
und Elia eine.
6. Er wußte aber nicht, was er redete;
denn sie waren bestürzt.
7. Und es kam eine Wolke, die überschattete sie. Und eine Stimme fiel aus der Wolke und sprach: *Das ist mein lieber Sohn;
den sollt ihr hören! *K. 1,11; 2. Petr. 1,17.
8. Und bald darnach sahen sie um sich
und sahen niemand mehr denn allein Jesum bei ihnen.
9. Da sie aber vom Berge herabgingen,
verbot ihnen Jesus, daß sie niemand sagen
sollten, was sie gesehen hatten, bis des
Menschen Sohn auferstünde von den Toten. K. 8,30.
10. Und sie behielten das Wort bei sich
und befragten sich untereinander: Was ist
doch das Auferstehen von den Toten?
11. Und sie fragten ihn und sprachen:
Sagen doch die Schriftgelehrten, daß Elia
muß zuvor kommen.
12. Er antwortete aber und sprach zu ihnen: *Elia soll ja zuvor kommen und alles
wieder zurechtbringen; dazu soll des Menschen Sohn viel leiden und verachtet werden, wie denn †geschrieben steht.
*Mal. 3,23. †Jes. 53,3.
13. Aber *ich sage euch: Elia ist gekommen, und sie haben an ihm getan, was sie
wollten, nach dem †von ihm geschrieben
steht. *Matth. 11,14. †1. Kön. 19,2.10.

(V. 14–29: vgl. Matth. 17,14–21; Luk. 9,37–42.)

14. Und er kam zu seinen Jüngern und
sah viel Volks um sie und Schriftgelehrte,
die sich mit ihnen befragten.
15. Und alsbald, da alles Volk ihn sah,
entsetzten sie sich, liefen zu und grüßten
ihn.
16. Und er fragte die Schriftgelehrten:
Was befragt ihr euch mit ihnen?
17. Einer aber aus dem Volk antwortete
und sprach: Meister, ich habe meinen
Sohn hergebracht zu dir, der hat einen
sprachlosen Geist.
18. Und wo er ihn erwischt, so reißt er
ihn; und er schäumt und knirscht mit den
Zähnen und verdorrt. Ich habe mit deinen
Jüngern geredet, daß sie ihn austrieben,
und sie können's nicht.

19. Er antwortete ihm aber und sprach:
O du ungläubiges Geschlecht, wie lange
soll ich bei euch sein? wie lange soll ich
euch tragen? Bringet ihn her zu mir!
20. Und sie brachten ihn her zu ihm. Und
alsbald, da ihn der Geist sah, riß er ihn;
und er fiel auf die Erde und wälzte sich
und schäumte.
21. Und er fragte seinen Vater: Wie lange
ist's, daß es ihm widerfahren ist? Er
sprach: Von Kind auf.
22. Und oft hat er ihn in Feuer und Wasser geworfen, daß er ihn umbrächte.
Kannst du aber was, so erbarme dich unser und hilf uns!
23. Jesus aber sprach zu ihm: Wenn du
könntest glauben! *Alle Dinge sind möglich, dem, der da glaubt. *K. 11,23.
24. Und alsbald schrie des Kindes Vater
mit Tränen und sprach: Ich glaube, lieber
Herr; hilf *meinem Unglauben! *Luk. 17,5.
25. Da nun Jesus sah, daß das Volk zulief,
bedrohte er den unsaubern Geist und
sprach zu ihm: Du sprachloser und tauber
Geist, ich gebiete dir, daß du von ihm
ausfahrest und fahrest hinfort nicht in
ihn!
26. Da schrie er und riß ihn sehr und
fuhr aus. Und er ward, als wäre er tot, daß
auch viele sagten: Er ist tot. K. 1,26.
27. Jesus aber ergriff ihn bei der Hand
und richtete ihn auf; und er stand auf.
28. Und da er heimkam, fragten ihn seine
Jünger besonders: Warum konnten wir
ihn nicht austreiben?
29. Und er sprach: Diese Art kann mit
nichts ausfahren denn durch Beten und
Fasten.

(V. 30–32: vgl. Matth. 17,22.23; Luk. 9,43–45.)

30. Und sie gingen von da hinweg und
wandelten durch Galiläa; und er wollte
nicht, daß es jemand wissen sollte.
31. Er lehrte aber seine Jünger und
sprach zu ihnen: Des Menschen Sohn wird
überantwortet werden in der Menschen
Hände, und sie werden ihn töten; und
wenn er getötet ist, so wird er am dritten
Tage auferstehen. K. 8,31; 10,32–34.
32. *Sie aber verstanden das Wort nicht
und fürchteten sich, ihn zu fragen.
*Luk. 18,34.

(V. 33–50: vgl. Matth. 18,1–9; Luk. 9,46–50.)

33. Und er *kam gen Kapernaum. Und da
er daheim war, fragte er sie: Was handeltet
ihr miteinander auf dem Wege?
*Matth. 17,24.
34. Sie aber schwiegen; denn sie hatten
miteinander auf dem Wege gehandelt,
welcher der Größte wäre.
35. Und er setzte sich und rief die Zwölf
und sprach zu ihnen: So jemand will der
Erste sein, der soll der Letzte sein vor allen
und aller Knecht. K. 10,44.
36. Und er nahm ein Kindlein und stellte
es mitten unter sie und *herzte es und
sprach zu ihnen: *K. 10,16.
37. Wer ein solches Kindlein in meinem
Namen aufnimmt, der nimmt mich auf,
und wer mich aufnimmt, der nimmt nicht
mich auf, sondern den, der mich gesandt
hat. Matth. 10,40.
38. Johannes aber antwortete ihm und
sprach: Meister, wir sahen einen, der trieb
Teufel in deinem Namen aus, welcher uns
nicht nachfolgt; und wir verboten's ihm,
darum daß er uns nicht nachfolgt.
4. Mose 11,27.28.
39. Jesus aber sprach: Ihr sollt's ihm
nicht verbieten. Denn *es ist niemand, der
eine Tat tue in meinem Namen und möge
bald übel von mir reden. *1. Kor. 12,3.
40. Wer nicht wider uns ist, der ist für
uns. Matth. 12,30.
41. Wer aber euch tränkt mit einem Becher Wassers in meinem Namen, darum
daß ihr Christo angehöret, wahrlich ich
sage euch: Es wird ihm nicht unvergolten
bleiben. Matth. 10,42.
42. Und wer der Kleinen einen ärgert, die
an mich glauben, dem wäre es besser, daß
ihm ein Mühlstein an seinen Hals gehängt
und er ins Meer geworfen würde.
43. So dich aber deine Hand ärgert, so
haue sie ab! Es ist dir besser, daß du als ein
Krüppel zum Leben eingehest, denn daß
du zwei Hände habest und fahrest in die
Hölle, in das ewige Feuer, Matth. 5,30.
44. da ihr Wurm nicht stirbt und ihr Feuer nicht verlöscht. Jes. 66,24.
45. Ärgert dich dein Fuß, so haue ihn ab!
Es ist dir besser, daß du lahm zum Leben
eingehest, denn daß du zwei Füße habest
und werdest in die Hölle geworfen, in das
ewige Feuer,
46. da ihr Wurm nicht stirbt und ihr Feuer nicht verlöscht. V. 44.
47. Ärgert dich dein Auge, so wirf's von
dir! Es ist dir besser, daß du einäugig in
das Reich Gottes gehest, denn daß du zwei
Augen habest und werdest in das höllische
Feuer geworfen, Matth. 5,29.
48. da ihr Wurm nicht stirbt und ihr Feuer nicht verlöscht. V. 44.46.
49. Es muß ein jeglicher mit Feuer gesalzen werden, und *alles Opfer wird mit
Salz gesalzen. *3. Mose 2,13.
50. Das Salz ist gut; so aber das Salz
dumm wird, womit wird man's würzen?

Habt Salz bei euch und habt Frieden untereinander! Matth. 5,13; Luk. 14,34; Kol. 4,6.

Das 10. Kapitel

Über Ehescheidung. Jesus segnet die Kindlein. Der reiche Jüngling. Dritte Leidensverkündigung. Die Söhne des Zebedäus. Bartimäus.

(V. 1–12: vgl. Matth. 19,1–9.)

1. Und er machte sich auf und kam von
*dannen an die Örter des jüdischen Landes jenseit des Jordans. Und das Volk ging abermals in Haufen zu ihm, und wie seine Gewohnheit war, lehrte er sie abermals.
*K. 9,33.

2. Und die Pharisäer traten zu ihm und fragten ihn, ob ein Mann sich scheiden möge von seinem Weibe; und versuchten ihn damit.

3. Er antwortete aber und sprach: Was hat euch Mose geboten?

4. Sie sprachen: Mose hat zugelassen, einen Scheidebrief zu schreiben und sich zu scheiden. 5. Mose 24,1; Matth. 5,31.32.

5. Jesus antwortete und sprach zu ihnen: Um eures Herzens Härtigkeit willen hat er euch solches Gebot geschrieben;

6. aber von Anfang der Kreatur hat sie Gott geschaffen einen Mann und ein Weib.
1. Mose 1,27.

7. Darum wird der Mensch Vater und Mutter verlassen und wird seinem Weibe anhangen, 1. Mose 2,24.

8. und werden die zwei ein Fleisch sein. So sind sie nun nicht zwei, sondern ein Fleisch.

9. Was denn Gott zusammengefügt hat, soll der Mensch nicht scheiden.

10. Und daheim fragten ihn abermals seine Jünger darum.

11. Und er sprach zu ihnen: Wer sich scheidet von seinem Weibe und freit eine andere, der bricht die Ehe an ihr; Luk. 16,18.

12. und so sich ein Weib scheidet von ihrem Manne und freit einen andern, die bricht ihre Ehe.

(V. 13–16: vgl. Matth. 19,13–15; Luk. 18,15–17.)

13. Und sie brachten Kindlein zu ihm, daß er sie anrührte. Die Jünger aber fuhren die an, die sie trugen.

14. Da es aber Jesus sah, ward er unwillig und sprach zu ihnen: Lasset die Kindlein zu mir kommen und wehret ihnen nicht; denn solcher ist das Reich Gottes.

15. Wahrlich ich sage euch: Wer das Reich Gottes nicht empfängt wie ein Kindlein, der wird nicht hineinkommen.
Matth. 18,3.

16. Und er herzte sie und legte die Hände auf sie und segnete sie. K. 9,36.

(V. 17–31: vgl. Matth. 19,16–30; Luk. 18,18–30.)

17. Und da er hinausgegangen war auf den Weg, lief einer herzu, kniete vor ihn und fragte ihn: Guter Meister, was soll ich tun, daß ich das ewige Leben ererbe?

18. Aber Jesus sprach zu ihm: Was heißest du mich gut? Niemand ist gut denn der einige Gott.

19. Du weißt ja die Gebote wohl: *»Du sollst nicht ehebrechen; du sollst nicht töten; du sollst nicht stehlen; du sollst nicht falsch Zeugnis reden; du sollst niemand täuschen; ehre Vater und Mutter.«
*2. Mose 20,12–17.

20. Er antwortete aber und sprach zu ihm: Meister, das habe ich alles gehalten von meiner Jugend auf.

21. Und Jesus sah ihn an und liebte ihn und sprach zu ihm: Eines fehlt dir. Gehe hin, verkaufe alles, was du hast, und gib's den Armen, so wirst du einen Schatz im Himmel haben; und komm, folge mir nach und *nimm das Kreuz auf dich!
*K. 8,34; Matth. 10,38.

22. Er aber ward unmutig über die Rede und ging traurig davon; denn er hatte viele Güter.

23. Und Jesus sah um sich und sprach zu seinen Jüngern: Wie schwer werden die Reichen in das Reich Gottes kommen!

24. Die Jünger aber entsetzten sich über seine Rede. Aber Jesus antwortete wiederum und sprach zu ihnen: Liebe Kinder, wie schwer ist's, daß die, so *ihr Vertrauen auf Reichtum setzen, ins Reich Gottes kommen! *Ps. 62,11; 1. Tim. 6,17.

25. Es ist leichter, daß ein Kamel durch ein Nadelöhr gehe, denn daß ein Reicher ins Reich Gottes komme.

26. Sie entsetzten sich aber noch viel mehr und sprachen untereinander: Wer kann denn selig werden?

27. Jesus aber sah sie an und sprach: Bei den Menschen ist's unmöglich, aber nicht bei Gott; denn alle Dinge sind möglich bei Gott.

28. Da sagte Petrus zu ihm: Siehe, wir haben alles verlassen und sind dir nachgefolgt.

29. Jesus antwortete und sprach: Wahrlich ich sage euch: Es ist niemand, so er verläßt Haus oder Brüder oder Schwestern oder Vater oder Mutter oder Weib oder Kinder oder Äcker um meinetwillen und um des Evangeliums willen,

30. der nicht hundertfältig empfange: jetzt in dieser Zeit Häuser und Brüder und Schwestern und Mütter und Kinder und

Äcker mitten unter Verfolgungen, und in der zukünftigen Welt das ewige Leben.

31. Viele aber werden die Letzten sein, die die Ersten sind, und die Ersten sein, die die Letzten sind.

(V.32–34: vgl. Matth.20,17–19; Luk.18,31–34.)

32. Sie waren aber auf dem Wege und gingen hinauf gen Jerusalem; und Jesus ging vor ihnen, und sie entsetzten sich, folgten ihm nach und fürchteten sich. Und Jesus nahm abermals zu sich die Zwölf und sagte ihnen, *was ihm widerfahren würde: *K.9,31.

33. Siehe, wir gehen hinauf gen Jerusalem, und des Menschen Sohn wird überantwortet werden den Hohenpriestern und Schriftgelehrten; und sie werden ihn verdammen zum Tode und überantworten den Heiden.

34. Die werden ihn verspotten und geißeln und verspeien und töten; und am dritten Tage wird er auferstehen.

(V.35–45: vgl. Matth.20,20–28.)

35. Da gingen zu ihm Jakobus und Johannes, die Söhne des Zebedäus, und sprachen: Meister, wir wollen, daß du uns tuest, was wir dich bitten werden.

36. Er sprach zu ihnen: Was wollt ihr, daß ich euch tue?

37. Sie sprachen zu ihm: Gib uns, daß wir sitzen einer zu deiner Rechten und einer zu deiner Linken in deiner Herrlichkeit.

38. Jesus aber sprach zu ihnen: Ihr wisset nicht, was ihr bittet. Könnt ihr den *Kelch trinken, den ich trinke, und euch taufen lassen mit der †Taufe, mit der ich getauft werde?

*K.14,36. †Luk.12,50.

39. Sie sprachen zu ihm: Ja, wir können es wohl. Jesus aber sprach zu ihnen: *Ihr werdet zwar den Kelch trinken, den ich trinke, und getauft werden mit der Taufe, mit der ich getauft werde;

*Apg.12,2; Offenb.1,9.

40. zu sitzen aber zu meiner Rechten und zu meiner Linken stehet mir nicht zu, euch zu geben, sondern welchen es bereitet ist.

41. Und da das die zehn hörten, wurden sie unwillig über Jakobus und Johannes.

42. Aber Jesus rief sie zu sich und sprach zu ihnen: Ihr wisset, daß die weltlichen Fürsten herrschen und die Mächtigen unter ihnen haben Gewalt. Luk.22,25–27.

43. Aber also soll es unter euch nicht sein. Sondern welcher will groß werden unter euch, der soll euer Diener sein

K.9,35.

44. und welcher unter euch will der Vornehmste werden, der soll aller Knecht sein.

45. Denn auch des Menschen Sohn ist nicht gekommen, daß er sich dienen lasse, sondern daß er diene und gebe sein Leben zur Bezahlung für viele.

(V.46–52: vgl. Matth.20,29–34; Luk.18,35–43.)

46. Und sie kamen gen Jericho. Und da er aus Jericho ging, er und seine Jünger und ein großes Volk, da saß ein Blinder, Bartimäus, des Timäus Sohn, am Wege und bettelte.

47. Und da er hörte, daß es Jesus von Nazareth war, fing er an, zu schreien und zu sagen: Jesu, du Sohn Davids, erbarme dich mein!

48. Und viele bedrohten ihn, er sollte stillschweigen. Er aber schrie viel mehr: Du Sohn Davids, erbarme dich mein!

49. Und Jesus stand still und ließ ihn rufen. Und sie riefen den Blinden und sprachen zu ihm: Sei getrost! stehe auf, er ruft dich!

50. Und er warf sein Kleid von sich, stand auf und kam zu Jesu.

51. Und Jesus antwortete und sprach zu ihm: Was willst du, daß ich dir tun soll? Der Blinde sprach zu ihm: Rabbuni, daß ich sehend werde.

52. Jesus aber sprach zu ihm: Gehe hin; dein Glaube hat dir geholfen. Und alsbald ward er sehend und folgte ihm nach auf dem Wege.

Das 11. Kapitel

Jesus zieht in Jerusalem ein, flucht dem Feigenbaum, reinigt den Tempel, redet von Glauben, Gebet und Versöhnlichkeit; verteidigt seine Vollmacht.

(V.1–10: vgl. Matth.21,1–9; Luk.19,29–38; Joh.12,12–16.)

1. Und da sie nahe an Jerusalem kamen, gen Bethphage und Bethanien an den Ölberg, sandte er seiner Jünger zwei

2. und sprach zu ihnen: Gehet hin in den Flecken, der vor euch liegt. Und alsbald, wenn ihr hineinkommt, werdet ihr finden ein Füllen angebunden, auf welchem nie ein Mensch gesessen hat; löset es ab und führet es her!

3. Und so jemand zu euch sagen wird: Warum tut ihr das? so sprechet: Der Herr bedarf sein; so wird er's alsbald hersenden.

K.14,14.

4. Sie gingen hin und fanden das Füllen gebunden an die Tür, außen auf der Wegscheide, und lösten es ab.

JESUS ZIEHT IN JERUSALEM EIN Markus 11, 8–10

5. Und etliche, die dastanden, sprachen
zu ihnen: Was macht ihr, daß ihr das Füllen ablöset?
6. Sie sagten aber zu ihnen, wie ihnen
Jesus geboten hatte, und die ließen's zu.
7. Und sie führten das Füllen zu Jesu und
legten ihre Kleider darauf, und er setzte
sich darauf.
8. Viele aber breiteten ihre Kleider auf
den Weg; etliche hieben Maien von den
Bäumen und streuten sie auf den Weg.
9. Und die vorne vorgingen und die nachfolgten, schrieen und sprachen: Hosianna!
Gelobt sei, der da kommt in dem Namen
des Herrn! Ps.118,25.26.
10. Gelobt sei das Reich unsers Vaters
David, das da kommt in dem Namen des
Herrn! Hosianna in der Höhe!

(V.11–24: vgl. Matth.21,12–22; Luk.19,45–48.)

11. Und der Herr ging ein zu Jerusalem
und in den Tempel, und er besah alles; und
am Abend ging er hinaus gen Bethanien
mit den Zwölfen.
12. Und des andern Tages, da sie von Bethanien gingen, hungerte ihn.
13. Und er sah einen Feigenbaum von
ferne, der Blätter hatte; da trat er hinzu,
ob er etwas darauf fände. Und da er hinzukam, fand er nichts als nur Blätter; denn
es war noch nicht Zeit, daß Feigen sein
sollten.
14. Und Jesus antwortete und sprach zu
ihm: Nun esse von dir niemand eine
Frucht ewiglich! Und seine Jünger hörten
das. V.20.
15. Und sie kamen gen Jerusalem. Und
Jesus ging in den Tempel, fing an und
trieb aus die Verkäufer und Käufer in dem
Tempel; und die Tische der Wechsler und
die Stühle der Taubenkrämer stieß er um
16. und ließ nicht zu, daß jemand etwas
durch den Tempel trüge.
17. Und er lehrte und sprach zu ihnen:
Steht nicht geschrieben: *»Mein Haus soll
heißen ein Bethaus allen Völkern«? Ihr
aber †habt eine Mördergrube daraus gemacht. *Jes.56,7. †Jer.7,11.
18. Und es kam vor die Schriftgelehrten
und Hohenpriester; und sie trachteten,
wie sie ihn umbrächten. Sie fürchteten
sich aber vor ihm; denn alles Volk verwunderte sich seiner Lehre.
19. Und des Abends ging er hinaus vor
die Stadt.

20. Und am Morgen gingen sie vorüber
und sahen den Feigenbaum, daß er verdorrt war bis auf die Wurzel. V.14.
21. Und Petrus gedachte daran und
sprach zu ihm: Rabbi, siehe, der Feigenbaum, den du verflucht hast, ist verdorrt.
22. Jesus antwortete und sprach zu ihnen: Habt Glauben an Gott.
23. Wahrlich ich sage euch: Wer *zu diesem Berge spräche: Hebe dich und wirf dich ins Meer! und zweifelt nicht in seinem Herzen, sondern glaubte, daß es geschehen würde, was er sagt, so wird's ihm geschehen, was er sagt. *Matth.17,20.
24. Darum sage ich euch: *Alles, was ihr bittet in eurem Gebet, glaubet nur, daß ihr's empfangen werdet, so wird's euch werden. *Matth.7,7; Joh.14,13.
25. Und wenn ihr stehet und betet, so vergebet, wo ihr etwas wider jemand habt, auf daß euch euer Vater im Himmel euch vergebe eure Fehler. Matth.5,23.
26. Wenn *ihr aber nicht vergeben werdet, so wird euch euer Vater, der im Himmel ist, eure Fehler nicht vergeben.
*Matth.6,14.15.

(V.27–33: vgl. Matth.21,23–27; Luk.20,1–8.)

27. Und sie kamen abermals gen Jerusalem. Und da er im Tempel wandelte, kamen zu ihm die Hohenpriester und Schriftgelehrten und die Ältesten
28. und sprachen zu ihm: Aus was für Macht tust du das? und wer hat dir die Macht gegeben, daß du solches tust?
29. Jesus aber antwortete und sprach zu ihnen: Ich will euch auch ein Wort fragen; antwortet mir, so will ich euch sagen, aus was für Macht ich das tue:
30. Die Taufe des Johannes, war sie vom Himmel oder von Menschen? Antwortet mir!
31. Und sie gedachten bei sich selbst und sprachen: Sagen wir, sie war vom Himmel, so wird er sagen: Warum habt ihr denn ihm nicht geglaubt?
32. Sagen wir aber, sie war von Menschen, so fürchten wir uns vor dem Volk. Denn sie hielten alle, daß Johannes ein rechter Prophet wäre.
33. Und sie antworteten und sprachen zu Jesu: Wir wissen's nicht. Und Jesus antwortete und sprach zu ihnen: So sage ich euch auch nicht, aus was für Macht ich solches tue.

Das 12. Kapitel

Gleichnis von den Weingärtnern. Zinsgroschen. Auferstehung der Toten und größtes Gebot. Davids Herr und Sohn. Scherflein der Witwe.
(V.1–12: vgl. Matth.21,33–46; Luk.20,9–19.)

1. Und er fing an, zu ihnen durch Gleichnisse zu reden: Ein Mensch pflanzte *einen Weinberg und führte einen Zaun darum und grub eine Kelter und baute einen Turm und tat ihn aus den Weingärtnern und zog über Land. *Jes.5,1.2.
2. Und sandte einen Knecht, da die Zeit kam, zu den Weingärtnern, daß er von den Weingärtnern nähme von der Frucht des Weinbergs.
3. Sie nahmen ihn aber und stäupten ihn und ließen ihn leer von sich.
4. Abermals sandte er zu ihnen einen andern Knecht; dem zerwarfen sie den Kopf mit Steinen und ließen ihn geschmäht von sich.
5. Abermals sandte er einen andern; den töteten sie. Und viele andere; etliche stäupten sie, etliche töteten sie.
6. Da hatte er noch einen einzigen Sohn, der war ihm lieb; den sandte er zum letzten auch zu ihnen und sprach: Sie werden sich vor meinem Sohn scheuen.
7. Aber die Weingärtner sprachen untereinander: Dies ist der Erbe; kommt, laßt uns ihn töten, so wird das Erbe unser sein!
8. Und sie nahmen ihn und töteten ihn und warfen *ihn hinaus vor den Weinberg.
*Hebr.13,12.
9. Was wird nun der Herr des Weinbergs tun? Er wird kommen und die Weingärtner umbringen und den Weinberg andern geben.
10. Habt ihr auch nicht gelesen diese Schrift: »Der Stein, den die Bauleute verworfen haben, der ist zum Eckstein geworden. Ps.118,22.23.
11. Von dem Herrn ist das geschehen, und es ist wunderbarlich vor unsern Augen«?
12. Und sie trachteten darnach, wie sie ihn griffen, und fürchteten sich doch vor dem Volk; denn sie verstanden, daß er auf sie dies Gleichnis geredet hatte. Und sie ließen ihn und gingen davon.

(V.13–17: vgl. Matth.22,15–22; Luk.20,20–26.)

13. Und sie sandten zu ihm etliche von den Pharisäern und des *Herodes Dienern, daß sie ihn fingen in Worten.
*K.3,6.
14. Und sie kamen und sprachen zu ihm: Meister, wir wissen, daß du wahrhaftig bist und fragst nach niemand; denn du achtest nicht das Ansehen der Menschen,

sondern du lehrst den Weg Gottes recht.
Ist's recht, daß man dem Kaiser Zins gebe,
oder nicht? Sollen wir ihn geben oder
nicht geben?
15. Er aber merkte ihre Heuchelei und
sprach zu ihnen: Was versuchet ihr mich?
Bringet mir einen Groschen, daß ich ihn
sehe!
16. Und sie brachten ihm. Da sprach er:
Wes ist das Bild und die Überschrift: Sie
sprachen zu ihm: Des Kaisers.
17. Da antwortete Jesus und sprach zu
ihnen: So gebet *dem Kaiser, was des Kaisers ist, und Gott, was Gottes ist! Und sie
verwunderten sich über ihn. *Röm. 13,7.

(V. 18–27: vgl. Matth. 22,23–33; Luk. 20,27–38.)

18. Da traten die Sadduzäer zu ihm, die
da halten, es sei keine Auferstehung; die
fragten ihn und sprachen:
19. Meister, Mose hat uns *geschrieben:
Wenn jemands Bruder stirbt und hinterläßt ein Weib, und hinterläßt keine Kinder, so soll sein Bruder sein Weib nehmen
und seinem Bruder Samen erwecken.
*5. Mose 25,5.6.
20. Nun sind sieben Brüder gewesen. Der
erste nahm ein Weib; der starb und hinterließ keinen Samen.
21. Und der andere nahm sie und starb
und hinterließ auch nicht Samen. Der
dritte desgleichen.
22. Und es nahmen sie alle sieben und
hinterließen nicht Samen. Zuletzt nach
allen starb das Weib auch.
23. Nun in der Auferstehung, wenn sie
auferstehen, wes Weib wird sie sein unter
ihnen? Denn sieben haben sie zum Weibe
gehabt.
24. Da antwortete Jesus und sprach zu
ihnen: Ist's nicht also? Ihr irret darum,
daß ihr nichts wisset von der Schrift noch
von der Kraft Gottes.
25. Wenn sie von den Toten auferstehen
werden, so werden sie nicht freien noch
sich freien lassen, sondern sie sind wie die
Engel im Himmel.
26. Aber von den Toten, daß sie aufferste-
hen werden, habt ihr nicht gelesen im
*Buch Mose's bei dem Busch, wie Gott zu
ihm sagte und sprach: »Ich bin der Gott
Abrahams und der Gott Isaaks und der
Gott Jakobs«? *2. Mose 3,2.6.
27. Gott aber ist nicht der Toten, sondern der Lebendigen Gott. Darum irret ihr
sehr.

(V. 28–34: vgl. Matth. 22,34–40; Luk. 20,39.40; vgl. Luk. 10,25–28.)

28. Und es trat zu ihm der Schriftgelehrten einer, der ihnen zugehört hatte, wie
sie sich miteinander befragten, und sah,
daß er ihnen fein geantwortet hatte, und
fragte ihn: Welches ist das vornehmste
Gebot vor allen?
29. Jesus aber antwortete ihm: Das vornehmste Gebot vor allen Geboten ist das:
*Höre, Israel, der Herr, unser Gott, ist ein
einiger Gott; *5. Mose 6,4.5.
30. und du sollst Gott, deinen Herrn, lieben von ganzem Herzen, von ganzer Seele, von ganzem Gemüte und von allen deinen Kräften. Das ist das vornehmste Gebot.
31. Und das andere ist ihm gleich: *»Du
sollst deinen Nächsten lieben wie dich
selbst.« Es ist kein anderes Gebot größer
denn diese. *3. Mose 19,18.
32. Und der Schriftgelehrte sprach zu
ihm: Meister, du hast wahrlich recht geredet; denn es ist ein Gott und ist kein anderer außer ihm.
33. Und ihn lieben von ganzem Herzen,
von ganzem Gemüte, von ganzer Seele
und von allen Kräften, und lieben seinen
Nächsten wie sich selbst, das ist *mehr
denn Brandopfer und alle Opfer.
*1. Sam. 15,22.
34. Da Jesus aber sah, daß er vernünftig
antwortete, sprach er zu ihm: Du bist
*nicht ferne von dem Reich Gottes. Und es
wagte ihn niemand weiter zu fragen.
*Apg. 26,27–29.

(V. 35–37: vgl. Matth. 22,41–46; Luk. 20,41–44.)

35. Und Jesus antwortete und sprach, da
er lehrte im Tempel: Wie sagen die
Schriftgelehrten, Christus sei Davids
Sohn?
36. Er aber, *David, spricht †durch den
heiligen Geist: »Der Herr hat gesagt zu
meinem Herrn: Setze dich zu meiner
Rechten, bis daß ich lege deine Feinde
zum Schemel deiner Füße.«
*Ps. 110,1. †2. Sam. 23,2.
37. Da heißt ihn ja David seinen Herrn;
woher ist er denn sein Sohn? Und viel
Volks hörte ihn gern.

(V. 38–40: vgl. Matth. 23; Luk. 20,45–47.)

38. Und er lehrte sie und sprach zu ihnen: Sehet euch vor vor den Schriftgelehrten, die in langen Kleidern gehen und lassen sich gern auf dem Markte grüßen
39. und sitzen gern obenan in den Schulen und über Tisch beim Gastmahl;
40. sie fressen der Witwen Häuser und
wenden langes Gebet vor. Diese werden
desto mehr Verdammnis empfangen.

(V. 41–44: vgl. Luk. 21,1–4.)

41. Und Jesus setzte sich gegen den
*Gotteskasten und schaute, wie das Volk

Geld einlegte in den Gotteskasten; und
viele Reiche legten viel ein. *2.Kön.12,10.
42. Und es kam eine arme Witwe und
legte zwei Scherflein ein; die machen einen Heller.
43. Und er rief seine Jünger zu sich und
sprach zu ihnen: Wahrlich ich sage euch:
Diese arme Witwe hat mehr in den Gotteskasten gelegt denn alle, die eingelegt haben.
44. Denn sie haben alle von ihrem Überfluß eingelegt; diese aber hat von ihrer
Armut alles, was sie hatte, ihre ganze Nahrung, eingelegt. 2.Kor.8,12.

Das 13. Kapitel

Rede Jesu von der Zerstörung Jerusalems und von seiner herrlichen Zukunft. Warnungen und Ermahnungen, besonders zur Wachsamkeit.
(Vgl. Matth.24; Luk.21,5–36.)

1. Und da er aus dem Tempel ging,
sprach zu ihm seiner Jünger einer: Meister, siehe, welche Steine und welch ein Bau ist das!
2. Und Jesus antwortete und sprach zu
ihm: Siehst du wohl allen diesen großen Bau? Nicht ein Stein wird auf dem andern bleiben, der nicht zerbrochen werde.
3. Und da er auf dem Ölberge saß gegen-
über dem Tempel, fragten ihn Petrus und Jakobus und Johannes und Andreas besonders:
4. Sage uns, wann wird das alles gesche-
hen? und was wird das Zeichen sein, wann das alles soll vollendet werden?
5. Jesus antwortete ihnen und fing an, zu
sagen: Sehet zu, daß euch nicht jemand verführe!
6. Denn es werden viele kommen unter
meinem Namen und sagen: »Ich bin Christus« und werden viele verführen.
7. Wenn ihr aber hören werdet von Krie-
gen und Kriegsgeschrei, so fürchtet euch nicht. Denn es muß also geschehen; aber das Ende ist noch nicht da.
8. Es wird sich ein Volk wider das andere
empören und ein Königreich wider das andere, und werden Erdbeben geschehen hin und wieder, und wird teure Zeit und Schrecken sein. Das ist der Not Anfang.

(V.9–13: vgl. Matth.10,17–22; Luk.21,12–17.)

9. Ihr aber, sehet euch vor! Denn sie wer-
den euch überantworten vor die Rathäuser und Schulen; und ihr müßt gestäupt werden, und vor Fürsten und Könige müßt ihr geführt werden um meinetwillen, zu einem Zeugnis über sie.
10. Und das Evangelium muß zuvor ver-
kündigt werden unter alle Völker. K.16,15.
11. Wenn sie euch nun führen und über-
antworten werden, so sorget nicht, was ihr reden sollt, und bedenket auch nicht zuvor; sondern was euch zu der Stunde gegeben wird, das redet. Denn ihr seid's nicht, die da reden, sondern der heilige Geist.
12. Es wird aber überantworten ein Bru-
der den andern zum Tode und der Vater den Sohn, und die Kinder werden sich empören wider die Eltern und werden sie helfen töten.
13. Und ihr werdet gehaßt sein von je-
dermann um meines Namens willen. Wer aber beharret bis an das Ende, der wird selig.
14. Wenn ihr aber sehen werdet den
*Greuel der Verwüstung (von dem der Prophet Daniel gesagt hat), daß er steht, wo er nicht soll (†wer es liest, der merke darauf!), alsdann, wer in Judäa ist, der fliehe auf die Berge; *Dan.9,27. †Dan.12,4.10.
15. und wer auf dem Dache ist, der steige
nicht hernieder ins Haus und komme nicht hinein, etwas zu holen aus seinem Hause;
16. und wer auf dem Felde ist, der wende
sich nicht um, seine Kleider zu holen.
17. Weh aber den Schwangern und Säugerinnen zu der Zeit!
18. Bittet aber, daß eure Flucht nicht
geschehe im Winter.
19. Denn in diesen Tagen werden *sol-
che Trübsale sein, wie sie nie gewesen sind bisher, vom Anfang der Kreatur, die Gott geschaffen hat, und wie auch nicht werden wird. *Dan.12,1.
20. Und so der Herr diese Tage nicht ver-
kürzt hätte, würde kein Mensch selig; aber um der Auserwählten willen, die er auserwählt hat, hat er diese Tage verkürzt.
21. Wenn nun jemand zu der Zeit wird zu
euch sagen: Siehe, hier ist Christus! siehe, da ist er! so glaubet nicht.
22. Denn es werden sich erheben falsche
Christi und falsche Propheten, die Zeichen und Wunder tun, daß sie auch die Auserwählten verführen, so es möglich wäre.
23. Ihr aber sehet euch vor! Siehe, ich
habe es euch alles zuvor gesagt.
24. Aber zu der Zeit, nach dieser Trübsal,
werden Sonne und Mond ihren Schein verlieren,
25. und die Sterne werden vom Himmel
fallen, und die Kräfte der Himmel werden sich bewegen.
26. Und dann werden sie sehen des Men-
schen Sohn kommen in den Wolken mit großer Kraft und Herrlichkeit.

27. Und dann wird er *seine Engel senden und wird versammeln seine Auserwählten von den vier Winden, von dem Ende der Erde bis zum Ende des Himmels
*Matth. 13,41.
28. An dem Feigenbaum lernet ein Gleichnis: wenn jetzt seine Zweige saftig werden und Blätter gewinnen, so wißt ihr, daß der Sommer nahe ist.
29. Also auch, wenn ihr sehet, daß solches geschieht, so wisset, daß es nahe vor der Tür ist.
30. Wahrlich ich sage euch: Dies Geschlecht wird nicht vergehen, bis daß dies alles geschehe.
31. Himmel und Erde werden vergehen; meine Worte aber werden nicht vergehen.
32. Von dem Tage aber und der Stunde weiß niemand, auch die Engel nicht im Himmel, auch der Sohn nicht, sondern allein der Vater.
33. Sehet zu, wachet und betet; denn ihr wisset nicht, wann es Zeit ist.
34. Gleich als *ein Mensch, der über Land zog und verließ sein Haus und gab seinen Knechten Macht, einem jeglichen sein Werk, und gebot dem Türhüter, er sollte wachen. *Matth. 25,14; Luk. 19,12.
35. So wachet nun (denn ihr wisset nicht, wann der Herr des Hauses kommt, ob er kommt am Abend oder zu Mitternacht oder um den Hahnenschrei oder des Morgens), Luk. 12,38.
36. auf daß er nicht schnell komme und finde euch schlafend.
37. Was ich aber euch sage, das sage ich allen: Wachet!

Das 14. Kapitel

Christi Salbung in Bethanien, Osterlamm und Einsetzung des heiligen Abendmahls. Kampf in Gethsemane. Gefangennehmung, Verhör, Bekenntnis und Leiden vor Kaiphas. Des Petrus Verleugnung und Reue.
(V. 1.2: vgl. Matth. 26,1–5; Luk. 22,1.2.)

1. Und nach zwei Tagen war Ostern und die Tage der süßen Brote. Und die Hohenpriester und Schriftgelehrten suchten, wie sie ihn mit List griffen und töteten.
2. Sie sprachen aber: Ja nicht auf das Fest, daß nicht ein Aufruhr im Volk werde!
(V. 3–9: vgl. Matth. 26,6–13; Joh. 12,1–8.)
3. Und da er zu Bethanien war in Simons, des Aussätzigen, Hause und saß zu Tische, da kam ein Weib, die hatte ein Glas mit ungefälschtem und köstlichem Nardenwasser, und sie zerbrach das Glas und goß es auf sein Haupt.
4. Da waren etliche, die wurden unwillig und sprachen: Was soll doch diese Vergeudung?
5. Man könnte das Wasser um mehr denn dreihundert Groschen verkauft haben und es den Armen geben. Und murrten über sie.
6. Jesus aber sprach: Laßt sie in Frieden! Was bekümmert ihr sie? Sie hat ein gutes Werk an mir getan.
7. Ihr *habt allezeit Arme bei euch, und wenn ihr wollt, könnt ihr ihnen Gutes tun; mich aber habt ihr nicht allezeit.
*5. Mose 15,11.
8. Sie hat getan, was sie konnte; sie ist zuvorgekommen, meinen Leib zu salben zu meinem Begräbnis.
9. Wahrlich ich sage euch: Wo dies Evangelium gepredigt wird in aller Welt, da wird man auch das sagen zu ihrem Gedächtnis, was sie jetzt getan hat.
(V. 10.11: vgl. Matth. 26,14–16; Luk. 22,3–6.)
10. Und Judas Ischariot, einer von den Zwölfen, ging hin zu den Hohenpriestern, daß er ihn verriete.
11. Da sie das hörten, wurden sie froh und verhießen, ihm Geld zu geben. Und er suchte, wie er ihn füglich verriete.
(V. 12–16: vgl. Matth. 26,17–19; Luk. 22,7–13.)
12. Und am ersten Tage der süßen Brote, da man das Osterlamm opferte, sprachen seine Jünger zu ihm: Wo willst du, daß wir hin gehen und bereiten, daß du das Osterlamm essest?
13. Und er sandte seiner Jünger zwei und sprach zu ihnen: Gehet hin in die Stadt, und es wird euch ein Mensch begegnen, der trägt einen Krug mit Wasser; folgt ihm nach,
14. und wo er eingeht, da sprecht zu dem Hauswirt: Der Meister läßt dir sagen: Wo ist das Gasthaus, darinnen ich das Osterlamm esse mit meinen Jüngern? K. 11,3.
15. Und er wird euch einen großen Saal zeigen, der mit Polstern versehen und bereit ist; daselbst richtet für uns zu.
16. Und die Jünger gingen aus und kamen in die Stadt und fanden's, wie er ihnen gesagt hatte, und bereiteten das Osterlamm.
(V. 17–25: vgl. Matth. 26,20–29; Luk. 22,14–23; Joh. 13,21–26.)
17. Am Abend aber kam er mit den Zwölfen.
18. Und als sie zu Tische saßen und aßen, sprach Jesus: Wahrlich, ich sage euch: Einer unter euch, der mit mir isset, wird mich verraten.
19. Und sie wurden traurig und sagten zu

ihm, einer nach dem andern: Bin ich's? und der andere: Bin ich's?
20. Er antwortete und sprach zu ihnen: Einer aus den Zwölfen, der mit mir in die Schüssel taucht.
21. Zwar des Menschen Sohn geht hin, wie von ihm geschrieben steht; weh aber dem Menschen, durch welchen des Menschen Sohn verraten wird! Es wäre demselben Menschen besser, daß er nie geboren wäre.
22. Und indem sie aßen, nahm Jesus das Brot, dankte und brach's und gab's ihnen und sprach: Nehmet, esset; das ist mein Leib. 1. Kor. 11,23–25.
23. Und nahm den Kelch und dankte und gab ihnen den; und sie tranken alle daraus.
24. Und er sprach zu ihnen: Das ist mein Blut des neuen Testaments, das für viele vergossen wird.
25. Wahrlich, ich sage euch, daß ich hinfort nicht trinken werde vom Gewächs des Weinstocks bis auf den Tag, da ich's neu trinke in dem Reich Gottes.

(V. 26–31: vgl. Matth. 26,30–35; Luk. 22,31–34.39.)

26. Und da sie den *Lobgesang gesprochen hatten, gingen sie hinaus an den Ölberg. *Ps. 113–118.
27. Und Jesus sprach zu ihnen: Ihr werdet euch in dieser Nacht alle an mir ärgern; denn es steht geschrieben: *»Ich werde den Hirten schlagen, und die Schafe werden sich zerstreuen.«
*Sach. 13,7.
28. Wenn *ich aber auferstehe, will ich vor euch hingehen nach Galiläa.
*K. 16,7.
29. Petrus aber sagte zu ihm: Und wenn sie sich alle ärgerten, so wollte doch ich mich nicht ärgern.
30. Und Jesus *sprach zu ihm: Wahrlich, ich sage dir: Heute, in dieser Nacht, ehe denn der Hahn zweimal kräht, wirst du mich dreimal verleugnen.
*Joh. 13,38.
31. Er aber redete noch weiter: Ja, wenn ich mit dir auch sterben müßte, wollte ich dich nicht verleugnen. Desgleichen sagten sie alle.

(V. 32–42: vgl. Matth. 26,36–46; Luk. 22,40–46.)

32. Und sie kamen zu einem Hofe mit Namen Gethsemane. Und er sprach zu seinen Jüngern: Setzet euch hier, bis ich hingehe und bete. Joh. 18,1.
33. Und nahm zu sich Petrus und Jakobus und Johannes und fing an, zu zittern und zu zagen.
34. Und sprach zu ihnen: *Meine Seele ist betrübt bis an den Tod; bleibet hier und wachet! *Joh. 12,27.
35. Und ging ein wenig fürbaß, fiel auf die Erde und betete, daß, so es möglich wäre, die Stunde vorüberginge,
36. und sprach: Abba, mein Vater, es ist dir alles möglich; überhebe mich dieses *Kelchs; doch nicht, was ich will, sondern was du willst! *K. 10,38.
37. Und kam und fand sie schlafend und sprach zu Petrus: Simon, schläfst du? Vermochtest du nicht, eine Stunde zu wachen?
38. Wachet und betet, daß ihr nicht in Versuchung fallet! Der Geist ist willig; aber das Fleisch ist schwach.
39. Und ging wieder hin und betete und sprach dieselben Worte.
40. Und kam wieder und fand sie abermals schlafend; denn ihre Augen waren voll Schlafs, und sie wußten nicht, was sie ihm antworteten.
41. Und er kam zum drittenmal und sprach zu ihnen: Ach, wollt ihr nun schlafen und ruhen? Es ist genug; die Stunde ist gekommen. Siehe, des Menschen Sohn wird überantwortet in der Sünder Hände.
42. Stehet auf, laßt uns gehen! Siehe, der mich verrät, ist nahe!

(V. 43–54: vgl. Matth. 26,47–58; Luk. 22,47–55. Joh. 18,2–18.)

43. Und alsbald, da er noch redete, kam herzu Judas, der Zwölf einer, und eine große Schar mit ihm, mit Schwertern und mit Stangen, von den Hohenpriestern und Schriftgelehrten und Ältesten.
44. Und der Verräter hatte ihnen ein Zeichen gegeben und gesagt: Welchen ich küssen werde, der ist's; den greifet und führet ihn sicher.
45. Und da er kam, trat er alsbald zu ihm und sprach zu ihm: Rabbi, Rabbi! und küßte ihn.
46. Die aber legten ihre Hände an ihn und griffen ihn.
47. Einer aber von denen, die dabeistanden, zog sein Schwert aus und schlug des Hohenpriesters Knecht und hieb ihm ein Ohr ab.
48. Und Jesus antwortete und sprach zu ihnen: Ihr seid ausgegangen wie zu einem Mörder, mit Schwertern und mit Stangen, mich zu fangen.
49. Ich bin täglich bei euch im Tempel gewesen und habe gelehrt, und ihr habt mich nicht gegriffen; aber auf daß die Schrift erfüllet werde.
50. Und die Jünger verließen ihn alle und flohen.

DAS ABENDMAHL Markus 14, 22–24

51. Und es war ein Jüngling, der folgte ihm nach, der war mit Leinwand bekleidet auf der bloßen Haut; und die Jünglinge griffen ihn.
52. Er aber ließ die Leinwand fahren und floh bloß vor ihnen.
53. Und sie führten Jesum zu dem Hohenpriester, dahin zusammengekommen waren alle Hohenpriester und Ältesten und Schriftgelehrten.
54. Petrus aber folgte ihm nach von ferne bis hinein in des Hohenpriesters Palast; und er war da und saß bei den Knechten und wärmte sich bei dem Licht.

(V. 55–65: vgl. Matth. 26,59–68; Luk. 22,63–71; Joh. 18,19–24.)

55. Aber die Hohenpriester und der ganze Rat suchten Zeugnis wider Jesum, auf daß sie ihn zum Tode brächten, und fanden nichts.
56. Viele gaben falsch Zeugnis wider ihn; aber ihr Zeugnis stimmte nicht überein.
57. Und etliche standen auf und gaben falsch Zeugnis wider ihn und sprachen:
58. Wir haben gehört, daß er sagte: *Ich will den Tempel, der mit Händen gemacht ist, abbrechen und in drei Tagen einen andern bauen, der nicht mit Händen gemacht sei. *Joh. 2,19.
59. Aber ihr Zeugnis stimmte noch nicht überein.
60. Und der Hohepriester stand auf, trat mitten unter sie und fragte Jesum und sprach: Antwortest du nichts zu dem, was diese wider dich zeugen?
61. Er *aber schwieg still und antwortete nichts. Da fragte ihn der Hohepriester abermals und sprach zu ihm: Bist du Christus, der Sohn des Hochgelobten?

*K. 15,5; Jes. 53,7.

62. Jesus aber sprach: Ich bin's; und ihr werdet sehen des Menschen Sohn sitzen zur rechten Hand der Kraft und kommen mit des Himmels Wolken.
63. Da zerriß der Hohepriester seinen Rock und sprach: Was bedürfen wir weiter Zeugen?
64. Ihr habt gehört die Gotteslästerung. Was dünkt euch? Sie aber verdammten ihn alle, daß er des Todes schuldig wäre.

Joh. 19,7.

65. Da fingen an etliche, ihn zu verspeien und zu verdecken sein Angesicht und ihn mit Fäusten zu schlagen und zu ihm zu

sagen: Weissage uns! Und die Knechte
schlugen ihn ins Angesicht.

(V.66–72: vgl. Matth.26,69–75; Luk.22,56–62;
Joh.18,17.25–27.)

66. Und Petrus war unten im Hof. Da
kam eine von des Hohenpriesters Mägden;
67. und da sie sah Petrus sich wärmen,
schaute sie ihn an und sprach: Und du
warst auch mit Jesus von Nazareth.
68. Er leugnete aber und sprach: Ich
kenne ihn nicht, weiß auch nicht, was du
sagst. Und er ging hinaus in den Vorhof;
und der Hahn krähte.
69. Und die Magd sah ihn und hob abermals an, zu sagen denen, die dabeistanden: Dieser ist deren einer.
70. Und er leugnete abermals. Und nach
einer kleinen Weile sprachen abermals zu
Petrus, die dabeistanden: Wahrlich, du
bist deren einer; denn du bist ein Galiläer,
und deine Sprache lautet gleichalso.
71. Er aber fing an, sich zu verfluchen
und zu schwören: Ich kenne den Menschen nicht, von dem ihr sagt.
72. Und der Hahn krähte zum andernmal. Da gedachte Petrus an das Wort, das
*Jesus zu ihm sagte: Ehe der Hahn zwei-
mal kräht, wirst du mich dreimal verleugnen. Und er hob an, zu weinen. *V.30.

Das 15. Kapitel

Jesus vor Pilatus. Seine Verurteilung, Dornenkrone, Kreuzestod, Begräbnis.

1. Und bald am Morgen hielten die Hohenpriester einen Rat mit den Ältesten
und Schriftgelehrten, dazu der ganze Rat,
und banden Jesum und führten ihn hin
und überantworteten ihn dem Pilatus.

Matth.27,1.2; Luk.22,66; 23.1; Joh.18,28.

(V.2–19: vgl. Matth.27,11–30; Luk.23,2–25;
Joh.18,29–19,16.)

2. Und Pilatus fragte ihn: Bist du der König der Juden? Er antwortete aber und
sprach zu ihm: Du sagst es.
3. Und die Hohenpriester beschuldigten
ihn hart.
4. Pilatus aber fragte ihn abermals und
sprach: Antwortest du nichts? Siehe, wie
hart sie dich verklagen!
5. Jesus aber *antwortete nichts mehr,
also daß sich auch Pilatus verwunderte.

*K.14,61; Jes.53,7.

6. Er pflegte aber ihnen auf das Osterfest
einen Gefangenen loszugeben, welchen
sie begehrten.
7. Es war aber einer, genannt Barabbas,
gefangen mit den Aufrührern, die im Aufruhr einen Mord begangen hatten.
8. Und das Volk ging hinauf und bat, daß
er täte, wie er pflegte.
9. Pilatus aber antwortete ihnen: Wollt
ihr, daß ich euch den König der Juden
losgebe?
10. Denn er wußte, daß ihn die Hohenpriester aus Neid überantwortet hatten.

Joh.11,48.

11. Aber die Hohenpriester reizten das
Volk, daß er ihnen viel lieber den Barabbas
losgäbe.
12. Pilatus aber antwortete wiederum
und sprach zu ihnen: Was wollt ihr denn,
daß ich tue dem, den ihr beschuldigt, er
sei König der Juden?
13. Sie schrieen abermals: Kreuzige ihn!
14. Pilatus aber sprach zu ihnen: Was hat
er Übles getan? Aber sie schrieen noch viel
mehr: Kreuzige ihn!
15. Pilatus aber gedachte dem Volk ge-
nugzutun und gab ihnen Barabbas los,
und geißelte Jesum und überantwortete
ihn, daß er gekreuzigt würde.
16. Die Kriegsknechte aber führten ihn
hinein in das Richthaus und riefen zusammen die ganze Schar
17. und zogen ihm einen Purpur an, und
flochten eine dornene Krone und setzten
sie ihm auf,
18. und fingen an, ihn zu grüßen: Gegrüßet seist du, der Juden König!
19. Und schlugen ihm das Haupt mit
dem Rohr und verspeiten ihn und fielen
auf die Kniee und beteten ihn an.

(V.20–41: vgl. Matth.27,31–56; Luk.23,26–49;
Joh.19,16–30.)

20. Und da sie ihn verspottet hatten, zogen sie ihm den Purpur aus und zogen
ihm seine eigenen Kleider an und führten
ihn aus, daß sie ihn kreuzigten.
21. Und zwangen einen, der vorüberging, mit Namen Simon von Kyrene, der
vom Felde kam (der ein Vater war des
Alexander und *Rufus), daß er ihm das
Kreuz trüge. *Röm.16,13.
22. Und sie brachten ihn an die Stätte
Golgatha, das ist verdolmetscht: Schädelstätte.
23. Und *sie gaben ihm Myrrhe im Wein
zu trinken; und er nahm's nicht zu sich.

*Ps.69,22.

24. Und da sie ihn gekreuzigt hatten,
teilten sie seine Kleider und warfen das
Los darum, wer etwas bekäme. Ps.22,19.
25. Und es war um die dritte Stunde, da
sie ihn kreuzigten.
26. Und es war oben über ihm geschrieben, was man ihm schuld gab, nämlich:
Der König der Juden.

DER ENGEL AM GRAB Markus 16, 5–7

27. Und sie kreuzigten mit ihm zwei Mörder, einen zu seiner Rechten und einen zur Linken.
28. Da ward *die Schrift erfüllet, die da sagt: »Er ist unter die Übeltäter gerechnet.« *Jes. 53,12.
29. Und die vorübergingen, lästerten ihn und schüttelten ihre Häupter und sprachen: Pfui dich, *wie fein zerbrichst du den Tempel und baust ihn in drei Tagen! *K. 14,58.
30. Hilf dir nun selber und steig herab vom Kreuz!
31. Desgleichen die Hohenpriester verspotteten ihn untereinander samt den Schriftgelehrten und sprachen: Er hat andern geholfen, und kann sich selber nicht helfen.
32. Ist er Christus und König in Israel, so steige er nun vom Kreuz, daß wir sehen und glauben. Und die mit ihm gekreuzigt waren, schmähten ihn auch. Matth. 16,1.4.
33. Und nach der sechsten Stunde ward eine Finsternis über das ganze Land bis um die neunte Stunde.
34. Und um die neunte Stunde rief Jesus laut und sprach: *Eli, Eli, lama asabthani? das ist verdolmetscht: Mein Gott, mein Gott, warum hast du mich verlassen? *Ps. 22,2.
35. Und etliche, die dabeistanden, da sie das hörten, sprachen sie: Siehe, er ruft den Elia.
36. Da lief einer und füllte einen Schwamm mit Essig und steckte ihn auf ein Rohr und tränkte ihn und sprach: Halt, laßt sehen, ob Elia komme und ihn herabnehme.
37. Aber Jesus schrie laut und verschied.
38. Und der Vorhang im Tempel zerriß in zwei Stücke von obenan bis untenaus.
39. Der Hauptmann aber, der dabeistand ihm gegenüber und sah, daß er mit solchem Geschrei verschied, sprach: Wahrlich dieser Mensch ist Gottes Sohn gewesen!
40. Und es waren auch Weiber da, die von ferne solches schauten; unter welchen war Maria Magdalena und Maria, Jakobus des Kleinen und des Joses Mutter, und Salome, Luk. 8,2.3.
41. die ihm auch nachgefolgt waren, da er in Galiläa war, und gedient hatten, und viele andere, die mit ihm hinauf gen Jeru-

salem gegangen waren.

(V.42–47: vgl. Matth.27,57–61; Luk.23,50–55; Joh.19,38–42.)

42. Und am Abend, dieweil es der Rüsttag war, welcher ist der Vorsabbat,

43. kam Joseph von Arimathia, ein ehrbarer Ratsherr, welcher auch auf das Reich Gottes wartete. Der wagte es und ging hinein zu Pilatus und bat um den Leichnam Jesu.

44. Pilatus aber verwunderte sich, daß er schon tot war, und rief den Hauptmann und fragte ihn, ob er schon lange gestorben wäre.

45. Und als er's erkundet von dem Hauptmann, gab er Joseph den Leichnam.

46. Und er kaufte eine Leinwand und nahm ihn ab und wickelte ihn in die Leinwand und legte ihn in ein Grab, das war in einen Fels gehauen, und wälzte einen Stein vor des Grabes Tür.

47. Aber Maria Magdalena und Maria, des Joses Mutter, schauten zu, wo er hin gelegt ward.

Das 16. Kapitel

Christi Auferstehung. Drei Erscheinungen. Missionsbefehl, Himmelfahrt.

(V.1–8: vgl. Matth.28,1–8; Luk.24,1–12; Joh.20,1–10.)

1. Und da der Sabbat vergangen war, kauften Maria Magdalena und Maria, des Jakobus Mutter, und Salome Spezerei, auf daß sie kämen und salbten ihn.

2. Und sie kamen zum Grabe am ersten Tage der Woche sehr früh, da die Sonne aufging.

3. Und sie sprachen untereinander: Wer wälzt uns den Stein von des Grabes Tür?

4. Und sie sahen dahin und wurden gewahr, daß der Stein abgewälzt war; denn er war sehr groß.

5. Und sie gingen hinein in das Grab und sahen einen Jüngling zur rechten Hand sitzen, der hatte ein langes weißes Kleid an; und sie entsetzten sich.

6. Er aber sprach zu ihnen: Entsetzet euch nicht! Ihr suchet Jesus von Nazareth, den Gekreuzigten; er ist auferstanden und ist nicht hier. Siehe da die Stätte, da sie ihn hin legten!

7. Gehet aber hin und sagt es seinen Jüngern und Petrus, daß er vor euch hingehen wird nach Galiläa; da werdet ihr ihn sehen, wie er euch gesagt hat. K.14,28.

8. Und sie gingen schnell heraus und flohen von dem Grabe; denn es war sie Zittern und Entsetzen angekommen. Und sagten niemand etwas; denn sie fürchten sich.

9. Jesus aber, da er auferstanden war früh am ersten Tage der Woche, erschien er am ersten der Maria Magdalena, von welcher er *sieben Teufel ausgetrieben hatte. *Luk.8,2; Joh.20,11–18.

10. Und sie ging hin und verkündigte es denen, die mit ihm gewesen waren, die da Leid trugen und weinten.

11. Und diese, da sie hörten, daß er lebte und wäre ihr erschienen, glaubten sie nicht.

12. Darnach, da zwei aus ihnen wandelten, offenbarte er sich unter einer andern Gestalt, da sie aufs Feld gingen.

Luk.24,13–35.

13. Und die gingen auch hin und verkündigten das den andern; denen glaubten sie auch nicht.

(V.14–18: vgl. Luk.36–49; Joh.20,19–23.)

14. Zuletzt, da die Elf zu Tische saßen, *offenbarte er sich und schalt ihren Unglauben und ihres Herzens Härtigkeit, daß sie nicht geglaubt hatten denen, die ihn gesehen hatten auferstanden.

*1.Kor. 15,5.

15. Und er sprach zu ihnen: Gehet hin in alle Welt und predigt das Evangelium aller Kreatur. Matth.28,18–20.

16. Wer da glaubet und getauft wird, der wird selig werden; wer aber nicht glaubet, der wird verdammt werden. Apg.2,38.

17. Die Zeichen aber, die da folgen werden denen, die da glauben, sind die: in meinem Namen werden sie *Teufel austreiben, †mit neuen Zungen reden,

*Apg.16,18. †Apg.2,4.11; 10,46.

18. *Schlangen vertreiben; und so sie etwas Tödliches trinken, wird's ihnen nicht schaden; †auf die Kranken werden sie die Hände legen, so wird's besser mit ihnen werden. *Luk.10,19. Apg.28,3–6. †Jak.5,14.15.

(V.19: vgl. Luk.24,50–53; Apg.1,4–11.)

19. Und der Herr, nachdem er mit ihnen geredet hatte, ward er aufgehoben gen Himmel und *sitzet zur rechten Hand Gottes. Ps.110,1. Apg.7,55.

20. Sie aber gingen aus und predigten an allen Orten; und der Herr *wirkte mit ihnen und bekräftigte das Wort durch mitfolgende Zeichen. *Hebr.2,4.

VERKÜNDIGUNG DER GEBURT DES JOHANNES Lukas 1, 11–13

Evangelium des Lukas

Das 1. Kapitel

Eingang. Ankündigung der Geburt des Täufers Johannes und Christi. Loblied der Maria. Geburt und Beschneidung des Johannes. Des Zacharias Lobgesang.

1. Sintemal sich's viele unterwunden haben, Bericht zu geben von den Geschichten, so unter uns ergangen sind,
2. wie uns das gegeben haben, die es von Anfang selbst gesehen und Diener des Worts gewesen sind:
3. habe ich's auch für gut angesehen, nachdem ich's alles von Anbeginn mit Fleiß erkundet habe, daß ich's dir, mein guter *Theophilus, in Ordnung schriebe, *Apg. 1,1.
4. auf daß du gewissen Grund erfahrest der Lehre, in welcher du unterrichtet bist.
5. Zu der Zeit des Herodes, des Königs in Judäa, war ein Priester von der *Ordnung Abia, mit Namen Zacharias, und sein Weib war von den Töchtern Aarons, welche hieß Elisabeth. *1. Chron. 24,10.
6. Sie waren aber alle beide fromm vor Gott und wandelten in allen Geboten und Satzungen des Herrn untadelig.
7. Und sie hatten kein Kind; denn Elisabeth war unfruchtbar, und waren beide wohl betagt.
8. Und es begab sich, da er des Priesteramts pflegte vor Gott zur Zeit seiner Ordnung,
9. nach Gewohnheit des Priestertums, und an ihm war, daß *er räuchern sollte, ging er in den Tempel des Herrn. *2. Mose 30,7.
10. Und die ganze Menge des Volks war draußen und betete unter der Stunde des Räucherns.
11. Es erschien ihm aber der Engel des Herrn und stand zur rechten Hand am Räucheraltar.

12. Und als Zacharias ihn sah, erschrak er, und es kam ihn eine Furcht an.
13. Aber der Engel sprach zu ihm: Fürchte dich nicht, Zacharias! denn dein Gebet ist erhört, und dein Weib Elisabeth wird dir einen Sohn gebären, des Namen sollst du Johannes heißen.
14. Und du wirst des Freude und Wonne haben, und viele werden sich seiner Geburt freuen.
15. Denn er wird groß sein vor dem Herrn; Wein und starkes Getränk wird er nicht trinken und wird noch in Mutterleibe erfüllt werden mit dem heiligen Geist.
Richt. 13,4.5.
16. Und er wird der Kinder von Israel viele zu Gott, ihrem Herrn, bekehren.
17. Und er wird vor ihm her gehen im Geist und Kraft Elia's zu bekehren die Herzen der Väter zu den Kindern und die Ungläubigen zu der Klugheit der Gerechten, zuzurichten dem Herrn ein bereitet Volk. Matth. 17,11–13. Mal. 3,1.23.24.
18. Und Zacharias sprach zu dem Engel: Wobei soll ich das erkennen? Denn *ich bin alt, und mein Weib ist betagt.
*1. Mose 18,11.
19. Der Engel antwortete und sprach zu ihm: Ich bin *Gabriel, der †vor Gott steht, und bin gesandt, mit dir zu reden, daß ich dir solches verkündigte.
*Dan. 8,16. †Hebr. 1,14.
20. Und siehe, du wirst verstummen und nicht reden können bis auf den Tag, da dies geschehen wird, darum daß du meinen Worten nicht geglaubt hast, welche sollen erfüllt werden zu ihrer Zeit.
21. Und das Volk wartete auf Zacharias und verwunderte sich, daß er so lange im Tempel verzog.
22. Und da er herausging, konnte er nicht mit ihnen reden; und sie merkten, daß er ein Gesicht gesehen hatte im Tempel. Und er winkte ihnen und blieb stumm.
23. Und es begab sich, da die Zeit seines Amts aus war, ging er heim in sein Haus.
24. Und nach den Tagen ward sein Weib Elisabeth schwanger und verbarg sich fünf Monate und sprach:
25. Also hat mir der Herr getan in den Tagen, da er mich angesehen hat, daß er meine *Schmach unter den Menschen von mir nähme. *1. Mose 30,23.
26. Und im sechsten Monat ward der Engel Gabriel gesandt von Gott in eine Stadt in Galiläa, die heißt Nazareth,
27. zu einer Jungfrau, die vertraut war einem Manne mit Namen Joseph, vom Hause David; und die Jungfrau hieß Maria. K. 2,5; Matth. 1,16.18.
28. Und der Engel kam zu ihr hinein und sprach: Gegrüßet seist du, Holdselige! Der Herr ist mit dir, du Gebenedeiete unter den Weibern!
29. Da sie aber ihn sah, erschrak sie über seine Rede und gedachte: Welch ein Gruß ist das?
30. Und der Engel sprach zu ihr: Fürchte dich nicht, Maria! du hast Gnade bei Gott gefunden.
31. Siehe, *du wirst schwanger werden und einen Sohn gebären, des Namen sollst du †Jesus heißen.
*Jes. 7,14. †Matth. 1,21–23.
32. Der wird groß sein und ein Sohn des Höchsten genannt werden; und Gott der Herr wird *ihm den Stuhl seines Vaters David geben; *2. Sam. 7,12.13.
33. Und er wird ein König sein über das Haus Jakob ewiglich, und seines Königreichs wird kein Ende sein.
34. Da sprach Maria zu dem Engel: Wie soll das zugehen, sintemal ich von keinem Manne weiß?
35. Der Engel antwortete und sprach zu ihr: *Der heilige Geist wird über dich kommen, und die Kraft des Höchsten wird dich überschatten; darum wird auch das Heilige, das von dir geboren wird, Gottes Sohn genannt werden. *Matth. 1,18.20.
36. Und siehe, Elisabeth, deine Gefreunde, ist auch schwanger mit einem Sohn in ihrem Alter und geht jetzt im sechsten Monat, von der man sagt, daß sie unfruchtbar sei.
37. Denn bei Gott ist kein Ding unmöglich. 1. Mose 18,14.
38. Maria aber sprach: Siehe, ich bin des Herrn Magd; mir geschehe, wie du gesagt hast. Und der Engel schied von ihr.
39. Maria aber stand auf in den Tagen und ging auf das Gebirge eilends zu der Stadt Juda's
40. und kam in das Haus des Zacharias und grüßte Elisabeth.
41. Und es begab sich, als Elisabeth den Gruß Marias hörte, hüpfte das Kind *in ihrem Leibe. Und Elisabeth ward des heiligen Geistes voll *V. 15.
42. und rief laut und sprach: *Gebenedeit bist du unter den Weibern, und gebenedeit ist die Frucht deines Leibes! *V. 28.
43. Und woher kommt mir das, daß die Mutter meines Herrn zu mir kommt?
44. Siehe, da ich die Stimme deines Grußes hörte, hüpfte mit Freuden das Kind in meinem Leibe.

GABRIEL VERKÜNDET DER MARIA DIE GEBURT JESU Lukas 1, 28–33

45. Und o *selig bist du, die du geglaubt
hast! denn es wird vollendet werden, was
dir gesagt ist von dem Herrn. *K. 11,28.
46. Und Maria sprach: Meine Seele erhebet den Herrn, 1. Sam. 2,1–10.
47. und mein Geist freuet sich Gottes,
meines Heilands;
48. denn er hat die Niedrigkeit seiner
Magd *angesehen. Siehe, von nun an werden mich †selig preisen alle Kindeskinder;
*Ps. 113,5.6. †K. 11,27.
49. denn er hat große Dinge an mir getan, der da mächtig ist und des Name heilig ist.
50. Und seine Barmherzigkeit währet
immer für und für bei denen, die ihn
fürchten. Ps. 103,13.17.
51. Er übet Gewalt mit seinem Arm und
zerstreuet, die hoffärtig sind in ihres Herzens Sinn. 2. Sam. 22,28.
52. Er stößt die Gewaltigen vom Stuhl
und erhebt die Niedrigen. Ps. 147,6.
53. Die Hungrigen füllet er mit Gütern
und läßt die Reichen leer.
Ps. 34,11; 107,9.
54. Er denket der Barmherzigkeit und
hilft seinem Diener Israel auf,
55. wie er geredet hat unsern Vätern, Abraham und seinem Samen ewiglich.
1. Mose 17,7; 18,18.
56. Und Maria blieb bei ihr bei drei Monaten; darnach kehrte sie wiederum heim.
57. Und Elisabeth kam ihre Zeit, daß sie
gebären sollte; und sie gebar einen Sohn.
58. Und ihre Nachbarn und Gefreunden
hörten, daß der Herr große Barmherzigkeit an ihr getan hatte, und freuten sich
mit ihr.
59. Und es begab sich am *achten Tage,
da kamen sie, zu beschneiden das Kindlein, und hießen ihn nach seinem Vater
Zacharias. *1. Mose 17,12.
60. Aber seine Mutter antwortete und
sprach: Mitnichten, sondern er soll Johannes heißen, V. 13.
61. Und sie sprachen zu ihr: Ist doch niemand in deiner Freundschaft, der also heiße.
62. Und sie winkten seinem Vater, wie er
ihn wollte heißen lassen.
63. Und er forderte ein Täfelein und
schrieb also: Er heißt Johannes. Und sie
verwunderten sich alle.
64. Und alsbald ward sein Mund und sei-

ne Zunge aufgetan, und er redete und lobte Gott.

65. Und es kam eine Furcht über alle Nachbarn; und diese ganze Geschichte ward ruchbar auf dem ganzen jüdischen Gebirge.

66. Und alle, die es hörten, nahmen's zu Herzen und sprachen: Was, meinst du, will aus dem Kindlein werden? Denn die Hand des Herrn war mit ihm.

67. Und sein Vater Zacharias ward des heiligen Geistes voll, weissagte und sprach:

68. Gelobet sei der Herr, der Gott Israels! denn er hat *besucht und erlöst sein Volk *K.7,16.

69. und hat uns aufgerichtet ein Horn des Heils in dem Hause seines Dieners David, Ps.132,17.

70. wie er vorzeiten geredet hat durch den Mund seiner heiligen Propheten:

71. daß er uns errettete von unsern Feinden und von der Hand aller, die uns hassen,

72. und Barmherzigkeit erzeigte unsern Vätern und gedächte an seinen heiligen Bund 1.Mose 17,7; 3.Mose 26,42.

73. und an den Eid, den er geschworen hat unserm Vater Abraham, uns zu geben, 1.Mose 22,16.17; Micha 7,20.

74. daß wir, erlöst aus der Hand unsrer Feinde, ihm dienten ohne Furcht unser Leben lang Tit.2,12.14.

75. in Heiligkeit und Gerechtigkeit, die ihm gefällig ist.

76. Und du, Kindlein, wirst ein Prophet des Höchsten heißen. Du wirst *vor dem Herrn hergehen, daß du seinen Weg bereitest *Matth.3,3.

77. und Erkenntnis des Heils gebest seinem Volk, das da ist in Vergebung ihrer Sünden; Jer.31,34.

78. durch die herzliche Barmherzigkeit unsers Gottes, durch welche uns besucht hat der Aufgang aus der Höhe, 4.Mose 24,17; Jes.60,1.2; Mal.3,20.

79. auf daß er erscheine denen, die da sitzen in Finsternis und Schatten des Todes, und richte unsere Füße auf den Weg des Friedens. Jes.9,1.

80. Und das Kindlein wuchs und ward stark im Geist; und er war in der *Wüste, bis daß er sollte hervortreten vor das Volk Israel. *Matth.3,1.

Das 2. Kapitel

Christi Geburt, Beschneidung und Darstellung. Simeon und Hanna. Der zwölfjährige Jesus im Tempel; seine Jugendzeit in Nazareth.

1. Es begab sich aber zu der Zeit, daß ein Gebot von dem Kaiser Augustus ausging, daß alle Welt geschätzt würde.

2. Und die Schätzung war die allererste und geschah zu der Zeit, da Cyrenius Landpfleger in Syrien war.

3. Und jedermann ging, daß er sich schätzen ließe, ein jeglicher in seine Stadt.

4. Da machte sich auf auch Joseph aus Galiläa, aus der Stadt Nazareth, in das jüdische Land zur Stadt Davids, die da heißt Bethlehem, darum daß er von dem Hause und Geschlechte Davids war,

5. auf daß er sich schätzen ließe mit Maria, seinem vertrauten Weibe, die war schwanger. K.1,27.

6. Und als sie daselbst waren, kam die Zeit, daß sie gebären sollte.

7. Und sie *gebar ihren ersten Sohn und wickelte ihn in Windeln und legte ihn in eine Krippe; denn sie hatten sonst keinen Raum in der Herberge. *Matth.1,25.

8. Und es waren Hirten in derselben Gegend auf dem Felde bei den Hürden, die hüteten des Nachts ihre Herde.

9. Und siehe, des Herrn Engel trat zu ihnen, und die Klarheit des Herrn leuchtete um sie; und sie fürchteten sich sehr.

10. Und der Engel sprach zu ihnen: Fürchtet euch nicht! siehe, ich verkündige euch große Freude, die allem Volk widerfahren wird;

11. denn euch ist heute der Heiland geboren, welcher ist Christus, der Herr, in der Stadt Davids.

12. Und das habt zum Zeichen: ihr werdet finden das Kind in Windeln gewickelt und in einer Krippe liegen.

13. Und alsbald war da bei dem Engel die Menge der *himmlischen Heerscharen, die lobten Gott und sprachen: *Dan.7,10.

14. Ehre sei Gott in der Höhe und Friede auf Erden und den Menschen ein Wohlgefallen! K.19,38; Jes.57,19; Eph.2,14.17.

15. Und da die Engel von ihnen gen Himmel fuhren, sprachen die Hirten untereinander: Laßt uns nun gehen gen Bethlehem und die Geschichte sehen, die da geschehen ist, die uns der Herr kundgetan hat.

16. Und sie kamen eilend und fanden beide, Maria und Joseph, dazu das Kind in der Krippe liegen.

MARIA KOMMT ZU ELISABETH Lukas 1, 41–43

17. Da sie es aber gesehen hatten, breiteten sie das Wort aus, welches zu ihnen von
diesem Kinde gesagt war. V. 10–12.
18. Und alle, vor die es kam, wunderten
sich der Rede, die ihnen die Hirten gesagt
hatten.
19. Maria aber behielt alle diese Worte
und bewegte sie in ihrem Herzen. V. 51.
20. Und die Hirten kehrten wieder um,
priesen und lobten Gott um alles, was sie
gehört und gesehen hatten, wie denn zu
ihnen gesagt war.
21. Und da acht Tage um waren, daß das
Kind beschnitten würde, da ward sein Name genannt Jesus, welcher genannt war
von dem Engel, ehe denn er in Mutterleibe
empfangen ward. K. 1,31.59.
22. Und da die Tage ihrer Reinigung
nach dem Gesetz *Mose's kamen, brachten sie ihn gen Jerusalem, auf daß sie ihn
darstellten dem Herrn *3. Mose 12.
23. (wie denn geschrieben steht in dem
Gesetz des Herrn: »Allerlei Männliches,
das zum ersten die Mutter bricht, soll dem
Herrn geheiligt heißen«) 2. Mose 13,2.
24. und daß sie gäben das Opfer, wie es
gesagt ist *im Gesetz des Herrn: »ein Paar
Turteltauben oder zwei junge Tauben.«
*3. Mose 12,8.
25. Und siehe, ein Mensch war zu Jerusalem, mit Namen Simeon; und derselbe
Mensch war fromm und gottesfürchtig
und wartete auf den *Trost Israels, und
der heilige Geist war in ihm.
*Jes. 40,1; 49,13.
26. Und ihm war eine Antwort geworden
von dem heiligen Geist, er sollte den Tod
nicht sehen, er hätte denn zuvor den Christus des Herrn gesehen.
27. Und er kam aus Anregen des Geistes
in den Tempel. Und da die Eltern das Kind
Jesus in den Tempel brachten, daß sie für
ihn täten, wie man pflegt nach dem Gesetz,
28. da nahm er ihn auf seine Arme und
lobte Gott und sprach:
29. Herr, nun lässest du deinen Diener
im Frieden fahren, wie du gesagt hast;
1. Mose 46,30.
30. denn meine Augen haben deinen
Heiland gesehen,
31. welchen du bereitet hast vor allen
Völkern,
32. ein Licht, zu erleuchten die Heiden,

und zum Preis deines Volkes Israel.
Jes. 42,6; 49,6.
33. Und sein Vater und seine Mutter wunderten sich des, das von ihm geredet ward.
34. Und Simeon segnete sie und sprach zu Maria, seiner Mutter: Siehe, dieser wird gesetzt *zu einem Fall und Auferstehen vieler in Israel und zu einem Zeichen, dem widersprochen wird
*Jes. 8,14; Matth. 21,42; 1. Kor. 1,23.
35. (und es wird ein Schwert durch deine Seele dringen), auf daß vieler Herzen Gedanken offenbar werden.
36. Und es war eine Prophetin, Hanna, eine Tochter Phanuels, vom Geschlecht Asser; die war wohl betagt und hatte gelebt sieben Jahre mit ihrem Manne nach ihrer Jungfrauschaft
37. und war nun eine Witwe bei vierundachtzig Jahren; die kam nimmer vom Tempel, diente Gott mit Fasten und Beten Tag und Nacht. 1. Tim. 5,5.
38. Die trat auch hinzu zu derselben Stunde und pries den Herrn und redete von ihm zu allen, die da auf die *Erlösung zu Jerusalem warteten. *Jes. 52,9.
39. Und da sie es alles vollendet hatten nach dem Gesetz des Herrn, kehrten sie wieder nach Galiläa zu ihrer Stadt Nazareth.
40. Aber das Kind wuchs und ward stark im Geist, voller Weisheit, und Gottes Gnade war bei ihm. V. 52; K. 1,80.
41. Und seine Eltern *gingen alle Jahre gen Jerusalem auf das Osterfest.
*2. Mose 23,14–17.
42. Und da er zwölf Jahre alt war, gingen sie hinauf gen Jerusalem nach Gewohnheit des Festes.
43. Und da *die Tage vollendet waren und sie wieder nach Hause gingen, blieb das Kind Jesus zu Jerusalem, und seine Eltern wußten's nicht. *2. Mose 12,18.
44. Sie meinten aber, er wäre unter den Gefährten, und kamen eine Tagereise weit und suchten ihn unter den Gefreunden und Bekannten.
45. Und da sie ihn nicht fanden, gingen sie wiederum gen Jerusalem und suchten ihn.
46. Und es begab sich, nach drei Tagen fanden sie ihn im Tempel sitzen mitten unter den Lehrern, wie er ihnen zuhörte und sie fragte.
47. Und alle, die ihm zuhörten, verwunderten sich seines Verstandes und seiner Antworten.
48. Und da sie ihn sahen, entsetzten sie sich. Und seine Mutter sprach zu ihm: Mein Sohn, warum hast du uns das getan? Siehe, dein Vater und ich haben dich mit Schmerzen gesucht.
49. Und er sprach zu ihnen: Was ist's, daß ihr mich gesucht habt? Wisset ihr nicht, daß ich sein muß in dem, das *meines Vaters ist? *Joh. 2,16.
50. Und sie verstanden das Wort nicht, das er mit ihnen redete.
51. Und er ging mit ihnen hinab und kam gen Nazareth und war ihnen untertan. Und seine Mutter *behielt alle diese Worte in ihrem Herzen. *V. 19.
52. Und Jesus nahm zu an Weisheit, Alter und Gnade bei Gott und den Menschen.
1. Sam. 2,26; Spr. 3,4.

Das 3. Kapitel

Des Johannes Bußpredigt und Zeugnis von Christus. Taufe und Geschlechtsregister Jesu.

1. In dem fünfzehnten Jahr des Kaisertums Kaisers Tiberius, da Pontius Pilatus Landpfleger in Judäa war und Herodes ein Vierfürst in Galiläa und sein Bruder Philippus ein Vierfürst in Ituräa und in der Gegend Trachonitis und Lysanias ein Vierfürst zu Abilene,
2. da Hannas und Kaiphas Hohepriester waren: da geschah der Befehl Gottes zu Johannes, des Zacharias Sohn, in der Wüste. (V. 3–18: vgl. Matth. 3,1–12; Mark. 1,1–8.)
3. Und er kam in alle Gegend um den Jordan und predigte die Taufe der Buße zur Vergebung der Sünden,
4. wie geschrieben steht in dem Buch der Reden *Jesaja's, des Propheten, der da sagt: »Es ist eine Stimme eines Predigers in der Wüste: Bereitet den Weg des Herrn und machet seine Steige richtig!
*Jes. 40,3–5.
5. Alle Täler sollen voll werden, und alle Berge und Hügel sollen erniedrigt werden; und was krumm ist, soll richtig werden, und was uneben ist, soll schlichter Weg werden.
6. Und alles Fleisch wird den Heiland Gottes sehen.«
7. Da sprach er zu dem Volk, das hinausging, daß es sich von ihm taufen ließe: Ihr *Otterngezüchte, wer hat denn euch gewiesen, daß ihr dem zukünftigen Zorn entrinnen werdet? *Matth. 23,33.
8. Sehet zu, tut rechtschaffene Früchte der Buße; und nehmet euch nicht vor, zu sagen: Wir haben Abraham zum Vater. Denn ich sage euch: Gott kann dem Abraham aus diesen Steinen Kinder erwecken.

JOHANNES ERHÄLT SEINEN NAMEN Lukas 1, 62.63

9. Es ist schon die Axt den Bäumen an die
Wurzel gelegt; welcher Baum nicht gute
Frucht bringt, wird abgehauen und in das
Feuer geworfen.
10. Und das Volk fragte ihn und sprach:
Was sollen wir denn tun?
11. Er entwortete und sprach zu ihnen:
Wer zwei Röcke hat, der gebe dem, der
keinen hat; und wer Speise hat, tue auch
also.
12. Es kamen auch die Zöllner, daß sie
sich taufen ließen, und sprachen zu ihm:
Meister, was sollen denn wir tun?
13. Er sprach zu ihnen: Fordert nicht
mehr, denn gesetzt ist.
14. Da fragten ihn auch die Kriegsleute
und sprachen: Was sollen denn wir tun?
Und er sprach zu ihnen: Tut niemand Gewalt noch Unrecht und lasset euch genügen an eurem Solde.
15. Als aber das Volk im Wahn war und
dachten alle in ihren Herzen von Johannes, ob er vielleicht Christus wäre,

Joh. 1,19–28.

16. antwortete Johannes und sprach zu
allen: Ich taufe euch mit Wasser; es
kommt aber ein Stärkerer nach mir, dem
ich nicht genugsam bin, daß ich die Riemen seiner Schuhe auflöse; der wird euch
mit dem heiligen Geist und mit Feuer taufen.
17. In seiner Hand ist die Wurfschaufel,
und er wird seine Tenne fegen und wird
den Weizen in seine Scheuer sammeln,
und die Spreu wird er mit ewigem Feuer
verbrennen.
18. Und viel anderes mehr ermahnte er
das Volk und verkündigte ihnen das Heil.
19. Herodes aber, der Vierfürst, da er von
ihm gestraft ward um der Herodias willen,
seines Bruders Weib, und um alles Übels
willen, das Herodes tat,

Matth. 14,3.4; Mark. 6,17.18.

20. legte er über das alles Johannes gefangen.

(V. 21.22: vgl. Matth. 3,13–17; Mark. 1,9–11; Joh. 1,32.)

21. Und es begab sich, da sich alles Volk
taufen ließ und Jesus auch getauft war
und betete, daß sich der Himmel auftat
22. und der heilige Geist fuhr hernieder
in leiblicher Gestalt auf ihn wie eine Taube
und eine Stimme kam aus dem Himmel,
die sprach: *Du bist mein lieber Sohn, an

dem ich Wohlgefallen habe.
*K.9,35. (V.23–38: vgl. Matth.1,1–17.)
23. Und Jesus war, da er anfing, ungefähr
dreißig Jahre alt, und ward *gehalten für
einen Sohn Josephs, welcher war ein Sohn
Eli's, *K.4,22.
24. der war ein Sohn Matthats, der war
ein Sohn Levis, der war ein Sohn Melchis,
der war ein Sohn Jannas, der war ein Sohn
Josephs,
25. der war ein Sohn des Mattathias, der
war ein Sohn des Amos, der war ein Sohn
Nahums, der war ein Sohn Eslis, der war
ein Sohn Nangais,
26. der war ein Sohn Maaths, der war ein
Sohn des Mattathias, der war ein Sohn
Simeis, der war ein Sohn Josechs, der war
ein Sohn Juda's,
27. der war ein Sohn Johanans, der war
ein Sohn Resas, der war ein Sohn Serubabels, der war ein Sohn Sealthiels, der war
ein Sohn Neris,
28. der war ein Sohn Melchis, der war ein
Sohn Addis, der war ein Sohn Kosams, der
war ein Sohn Elmadams, der war ein Sohn
Hers,
29. der war ein Sohn des Jesus, der war
ein Sohn Eliesers, der war ein Sohn Jo-
rems, der war ein Sohn Matthats, der war
ein Sohn Levis,
30. der war ein Sohn Simeons, der war
ein Sohn Juda's, der war ein Sohn Josephs,
der war ein Sohn Jonams, der war ein
Sohn Eliakims,
31. der war ein Sohn Meleas, der war ein
Sohn Menams, der war ein Sohn Matta-
thans, der war ein Sohn *Nathans, der war
ein Sohn Davids, *2.Sam.5,14.
32. der war ein Sohn *Jesse's, der war ein
Sohn Obeds, der war ein Sohn des Boas,
der war ein Sohn Salmas, der war ein Sohn
Nahessons, *Ruth4,22.
33. der war ein Sohn Amminadabs, der
war ein Sohn Rams, der war ein Sohn
Hezrons, der war ein Sohn des Perez, der
war ein Sohn *Juda's, *1.Mose 29,35.
34. der war ein Sohn Jakobs, der war ein
Sohn Isaaks, der war ein Sohn Abrahams,
der war ein Sohn Tharahs, der war ein
Sohn Nahors,
1.Mose 21,2.3; 11,10–26; 1.Chron. 1,24–27.
35. der war ein Sohn Serugs, der war ein
Sohn Regus, der war ein Sohn Pelegs, der
war ein Sohn Ebers, der war ein Sohn
Salahs,
36. der war ein Sohn Kenans, der war ein
Sohn Arphachsads, der war ein Sohn
Sems, der war ein Sohn Noahs, *der war
ein Sohn Lamechs, *1.Mose 5,3–32.
37. der war ein Sohn Methusalahs, der
war ein Sohn Henochs, der war ein Sohn
Jareds, der war ein Sohn Mahalaleels, der
war ein Sohn Kenans,
38. der war ein Sohn des Enos, der war
ein Sohn Seths, der war ein Sohn Adams,
der war Gottes. 1.Mose 5,1–3.

Das 4. Kapitel

Versuchung Christi. Predigt zu Nazareth. Er heilt einen Besessenen, des Petrus Schwiegermutter und viele Kranke.

(V.1–13: vgl. Matth.4,1–11; Mark.1,12.13.)

1. Jesus aber, voll heiligen Geistes, kam
wieder von dem Jordan und ward vom
Geist in die Wüste geführt
2. und ward vierzig Tage lang von dem
Teufel versucht. Und er aß nichts in diesen
Tagen; und da sie ein Ende hatten, hungerte ihn darnach.
3. Der Teufel aber sprach zu ihm: Bist du
Gottes Sohn, so sprich zu dem Stein, daß
er Brot werde.
4. Und Jesus antwortete und sprach zu
ihm: Es steht *geschrieben: »Der Mensch
lebt nicht allein vom Brot, sondern von
einem jeglichen Wort Gottes.« *5.Mose 8,3.
5. Und der Teufel führte ihn auf einen
hohen Berg und zeigte ihm alle Reiche der
ganzen Welt in einem Augenblick
6. und sprach zu ihm: Alle diese Macht
will ich dir geben und ihre Herrlichkeit;
denn sie ist mir übergeben, und ich gebe
sie, welchem ich will.
7. So du nun mich willst anbeten, so soll
es alles dein sein.
8. Jesus antwortete ihm und sprach: Es
steht *geschrieben: »Du sollst Gott, deinen Herrn, anbeten und ihm allein dienen.« *5.Mose 6,13.14.
9. Und er führte ihn gen Jerusalem und
stellte ihn auf des Tempels Zinne und
sprach zu ihm: Bist du Gottes Sohn, so laß
dich von hinnen hinunter;
10. denn es steht *geschrieben: »Er wird
befehlen seinen Engeln von dir, daß sie
dich bewahren. *Ps.91,11.12.
11. und auf den Händen tragen, auf daß
du nicht etwa deinen Fuß an einen Stein
stoßest.«
12. Jesus antwortete und sprach zu ihm:
Es ist gesagt: *»Du sollst Gott, deinen
Herrn, nicht versuchen.« *5.Mose 6,16.
13. Und da der Teufel alle Versuchung
vollendet hatte, wich er von ihm *eine
Zeitlang. *Hebr.4,15.
(V.14,15: vgl. Matth.4,12–17; Mark.1,14.15.)
14. Und Jesus kam wieder in des Geistes
Kraft nach Galiläa; und das Gerücht er-

DER ENGEL ERSCHEINT DEN HIRTEN Lukas 2, 9–14

scholl von ihm durch alle umliegenden
Orte.
15. Und er lehrte in ihren Schulen und
ward von jedermann gepriesen.

(V. 16–30: vgl. Matth. 13,53–58; Mark. 6,1–6.)

16. Und er kam gen Nazareth, da er erzogen war, und ging in die Schule nach seiner Gewohnheit am Sabbattage und stand
auf und wollte lesen.
17. Da ward ihm das Buch des Propheten
Jesaja gereicht. Und da er das Buch auftat,
fand er den *Ort, da geschrieben steht:
*Jes. 61,1.2.
18. »Der Geist des Herrn ist bei mir, darum daß er mich gesalbt hat; er hat mich
gesandt, zu verkündigen das Evangelium
den Armen, zu heilen die zerstoßenen
Herzen, zu predigen den Gefangenen, daß
sie los sein sollen, und den Blinden das
Gesicht und den Zerschlagenen, daß sie
frei und ledig sein sollen,
19. und zu verkündigen das *angenehme
Jahr des Herrn.« *3. Mose 25,10.
20. Und als er das Buch zutat, gab er's
dem Diener und setzte sich. Und aller Augen, die in der Schule waren, sahen auf
ihn.
21. Und er fing an, zu sagen zu ihnen:
Heute ist diese Schrift erfüllt vor euren
Ohren.
22. Und sie gaben alle Zeugnis von ihm
und wunderten sich der holdseligen Worte, die aus seinem Munde gingen, und
sprachen: *Ist das nicht Josephs Sohn?
*Joh. 6,42.
23. Und er sprach zu ihnen: Ihr werdet
freilich zu mir sagen dies Sprichwort:
Arzt, hilf dir selber! Denn wie große Dinge
haben wir gehört, zu *Kapernaum geschehen! Tu also auch hier, in deiner Vaterstadt. *Matth. 4,13.
24. Er sprach aber: Wahrlich ich sage
euch: *Kein Prophet ist angenehm in seinem Vaterlande. *Joh. 4,44.
25. Aber in der Wahrheit sage ich euch:
Es waren viele Witwen in Israel zu *Elia's
Zeiten, da der Himmel verschlossen war
drei Jahre und sechs Monate, da eine große Teuerung war im ganzen Lande;
*1. Kön. 17,1.9; 18,1; Jak. 5,17.
26. und zu deren keiner ward Elia gesandt denn allein gen Sarepta der Sidonier
zu einer Witwe.
27. Und viele Aussätzige waren in Israel

zu des Propheten Elisa Zeiten; und deren keiner ward gereinigt denn allein *Naeman aus Syrien. *2.Kön.5,14.

28. Und sie wurden voll Zorn alle, die in der Schule waren, da sie das hörten,

29. und standen auf und stießen ihn zur Stadt hinaus und führten ihn auf einen Hügel des Berges, darauf ihre Stadt gebaut war, daß sie ihn hinabstürzten.

30. Aber er ging mitten durch sie hinweg. (V.31–37: vgl. Mark.1,21–28.)

31. Und er kam gen *Kapernaum, in die Stadt Galiläas, und lehrte sie am Sabbat. *Matth.4,13; Joh.2,12.

32. Und sie *verwunderten sich seiner Lehre; denn seine Rede war gewaltig. *Matth.7,28.29; Joh.7,46.

33. Und es war ein Mensch in der Schule, besessen mit einem unsaubern Teufel; der schrie laut

34. und sprach: Halt, was haben wir mit dir zu schaffen, Jesus von Nazareth? Du bist gekommen, uns zu verderben. Ich weiß, wer du bist: der Heilige Gottes.

35. Und Jesus bedrohte ihn und sprach: Verstumme und fahre aus von ihm! Und der Teufel warf ihn mitten unter sie und fuhr von ihm aus und tat ihm keinen Schaden.

36. Und es kam eine Furcht über sie alle, und sie redeten miteinander und sprachen: Was ist das für ein Ding? Er gebietet mit Macht und Gewalt den unsaubern Geistern, und sie fahren aus.

37. Und es erscholl sein Gerücht in alle Örter des umliegenden Landes.

(V.38–44: vgl. Matth.8,14–17; Mark.1,29–39.)

38. Und er stand auf aus der Schule und kam in Simons Haus. Und Simons Schwiegermutter war mit einem harten Fieber behaftet; und sie baten ihn für sie.

39. Und er trat zu ihr und gebot dem Fieber, und es verließ sie. Und alsbald stand sie auf und diente ihnen.

40. Und da die Sonne untergegangen war, brachten alle, die Kranke hatten mit mancherlei Seuchen, sie zu ihm. Und er legte auf einen jeglichen die Hände und machte sie gesund.

41. Es fuhren auch die Teufel aus von vielen, schrieen und sprachen: Du bist Christus, der Sohn Gottes! Und er bedrohte sie und ließ sie nicht reden; denn sie wußten, daß er Christus war. Matth.8,29; Mark.3,11.12.

42. Da es aber Tag ward, ging er hinaus an eine wüste Stätte; und das Volk suchte ihn, und sie kamen zu ihm und hielten ihn auf, daß er nicht von ihnen ginge.

43. Er sprach aber zu ihnen: Ich muß auch andern Städten das Evangelium verkündigen vom Reich Gottes; denn dazu bin ich gesandt. K.8,1.

44. Und er predigte in den Schulen Galiläas. Matth.4,23.

Das 5. Kapitel

Des Petrus Fischzug. Heilung eines Aussätzigen und eines Gichtbrüchigen. Berufung des Levi. Erklärung Jesu über das Fasten.

(V.1–11: vgl. Matth.4,18–22; Mark.1,16–20.)

1. Es begab sich aber, da sich das Volk zu ihm drängte, zu hören das Wort Gottes, daß er stand am See Genezareth

2. und sah zwei Schiffe am See stehen; die Fischer aber waren ausgetreten und wuschen ihre Netze.

3. Da trat er in der Schiffe eines, welches Simons war, und bat ihn, daß er's ein wenig vom Lande führte. Und er setzte sich und lehrte das Volk aus dem Schiff.

4. Und als er hatte aufgehört zu reden, sprach er zu Simon: Fahre auf die Höhe und werfet eure Netze aus, daß ihr einen Zug tut! Joh.21,6.

5. Und Simon antwortete und sprach zu ihm: Meister, wir haben die ganze Nacht gearbeitet und nichts gefangen; aber auf dein Wort will ich das Netz auswerfen.

6. Und da sie das taten, beschlossen sie eine große Menge Fische, und ihr Netz zerriß.

7. Und sie winkten ihren Gesellen, die im andern Schiff waren, daß sie kämen und hülfen ihnen ziehen. Und sie kamen und füllten beide Schiffe voll, also daß sie sanken.

8. Da das Simon Petrus sah, fiel er Jesu zu den Knieen und sprach: Herr, gehe von mir hinaus! ich bin ein sündiger Mensch.

9. Denn es war ihn ein Schrecken angekommen, ihn und alle, die mit ihm waren, über diesen Fischzug, den sie miteinander getan hatten;

10. desgleichen auch Jakobus und Johannes, die Söhne des Zebedäus, Simons Gesellen. Und Jesus sprach zu Simon: Fürchte dich nicht! denn von nun an wirst du *Menschen fangen. *Matth.13,47.

11. Und sie führten die Schiffe zu Lande und *verließen alles und folgten ihm nach. *Matth.19,27.

(V.12–16: vgl. Matth.8,1–4; Mark.1,40–45.)

12. Und es begab sich, da er in einer Stadt war, siehe, da war ein Mann voll Aussatz. Da der Jesum sah, fiel er auf sein Ange-

DIE GEBURT JESU Lukas 2, 16

sicht und bat ihn und sprach: Herr, willst
du, so kannst du mich reinigen.
13. Und er streckte die Hand aus und
rührte ihn an und sprach: Ich will's tun;
sei gereinigt! Und alsobald ging der Aussatz von ihm.
14. Und er gebot ihm, daß er's niemand
sagen sollte; sondern »gehe hin und zeige
dich dem Priester und opfere für deine
Reinigung, wie Mose *geboten hat, ihnen
zum Zeugnis.« *3. Mose 14,2–32.
15. Es kam aber die Sage von ihm immer
weiter aus, und kam viel Volks zusammen,
daß sie hörten und durch ihn gesund würden von ihren Krankheiten.
16. Er aber entwich in die *Wüste und
betete. *Mark. 1,35.

(V. 17–26: vgl. Matth. 9,1–8; Mark. 2,1–12.)

17. Und es begab sich auf einen Tag, daß
er lehrte; und es saßen da die Pharisäer
und Schriftgelehrten, die da gekommen
waren aus allen Märkten in Galiläa und
Judäa und von Jerusalem. Und die Kraft
des Herrn ging von ihm, und er half jedermann.
18. Und siehe, etliche Männer brachten
einen Menschen auf einem Bette, der war
gichtbrüchig; und sie suchten, wie sie ihn
hineinbrächten und vor ihn legten.
19. Und da sie vor dem Volk nicht fanden,
an welchem Ort sie ihn hineinbrächten,
stiegen sie auf das Dach und ließen ihn
durch die Ziegel hernieder mit dem Bettlein mitten unter sie, vor Jesum.
20. Und da er ihren Glauben sah, sprach
er zu ihm: Mensch, deine Sünden sind dir
vergeben.
21. Und die Schriftgelehrten und Pharisäer fingen an, zu denken und sprachen:
Wer ist der, daß er Gotteslästerungen redet? Wer kann Sünden vergeben denn allein Gott? Jes. 43,25.
22. Da aber Jesus ihre Gedanken merkte,
antwortete er und sprach zu ihnen: Was
denket ihr in euren Herzen?
23. Welches ist leichter: zu sagen: Dir
sind deine Sünden vergeben, oder zu sagen: Stehe auf und wandle?
24. Auf daß ihr aber wisset, daß des Menschen Sohn Macht hat, auf Erden Sünden
zu vergeben (sprach er zu dem Gichtbrüchigen): Ich sage dir, stehe auf und hebe
dein Bettlein auf und gehe heim!
25. Und alsbald stand er auf vor ihren

Augen und hob das Bettlein auf, darauf er gelegen hatte, und ging heim und pries Gott.

26. Und sie entsetzten sich alle und priesen Gott und wurden voll Furcht und sprachen: Wir haben heute seltsame Dinge gesehen.

(V.27–32: vgl. Matth.9,9–13; Mark.2,13–17.)

27. Und darnach ging er aus und sah einen Zöllner mit Namen Levi am Zoll sitzen und sprach zu ihm: Folge mir nach!

28. Und er verließ alles, stand auf und folgte ihm nach.

29. Und Levi richtete ihm ein großes Mahl zu in seinem Hause, und viele Zöllner und andere saßen mit ihm zu Tisch. K.15.1.

30. Und die Schriftgelehrten und Pharisäer murrten wider seine Jünger und sprachen: Warum esset und trinket ihr mit den Zöllnern und Sündern?

31. Und Jesus antwortete und sprach zu ihnen: Die Gesunden bedürfen des Arztes nicht, sondern die Kranken.

32. Ich bin gekommen, zu rufen die Sünder zur Buße, und nicht die Gerechten.

(V.33–39: vgl. Matth.9,14–17; Mark.2,18–22.)

33. Sie aber sprachen zu ihm: Warum fasten des Johannes Jünger so oft und beten so viel, desgleichen der Pharisäer Jünger; aber deine Jünger essen und trinken?

34. Er sprach aber zu ihnen: Ihr könnt die Hochzeitleute nicht zu fasten treiben, solange der Bräutigam bei ihnen ist.

35. Es wird aber die Zeit kommen, daß der Bräutigam von ihnen genommen wird; dann werden sie fasten.

36. Und er sagte zu ihnen ein Gleichnis: Niemand flickt einen Lappen von einem neuen Kleid auf ein altes Kleid; sonst zerreißt er das neue, und der Lappen vom neuen reimt sich nicht auf das alte.

37. Und niemand faßt Most in alte Schläuche; sonst zerreißt der Most die Schläuche und wird verschüttet, und die Schläuche kommen um.

38. Sondern den Most soll man in neue Schläuche fassen, so werden sie beide erhalten.

39. Und niemand ist, der vom alten trinkt und wolle bald neuen; denn er spricht: Der alte ist milder.

Das 6. Kapitel

Ährenausraufen und Heilung einer verdorrten Hand am Sabbat. Wahl der zwölf Apostel. Christi Bergpredigt.

(V.1–5: vgl. Matth.12,1–8; Mark.2,23–28.)

1. Und es begab sich an einem Sabbat, daß er durchs Getreide ging; und seine Jünger rauften Ähren aus und aßen und rieben sie mit den Händen.

2. Etliche aber der Pharisäer sprachen zu ihnen: Warum tut ihr, was sich nicht ziemt zu tun an den Sabbaten?

3. Und Jesus antwortete und sprach zu ihnen: Habt ihr nicht das gelesen, was *David tat, da ihn hungerte und die mit ihm waren? *1.Sam21,7.

4. wie er zum Hause Gottes einging und nahm die Schaubrote und aß und gab auch denen, die mit ihm waren; die doch niemand durfte essen als die Priester allein? 3.Mose24,9.

5. Und er sprach zu ihnen: Des Menschen Sohn ist ein Herr auch des Sabbats.

(V.6–11: vgl. Matth.12,9–14; Mark.3,1–6.)

6. Es geschah aber an einem andern Sabbat, daß er ging in die Schule und lehrte. Und da war ein Mensch, des rechte Hand war verdorrt.

7. Aber die Schriftgelehrten und Pharisäer *lauerten darauf, ob er auch heilen würde am Sabbat, auf daß sie eine Sache wider ihn fänden. *K.14,1.

8. Er aber merkte ihre Gedanken und sprach zu dem Menschen mit der dürren Hand: Stehe auf und tritt hervor! Und er stand auf und trat dahin.

9. Da sprach Jesus zu ihnen: Ich frage euch: Was ziemt sich zu tun an den Sabbaten, Gutes oder Böses? das Leben erhalten oder verderben?

10. Und er sah sie alle umher an und sprach zu dem Menschen: Strecke deine Hand aus! Und er tat's; da ward ihm seine Hand wiederzurechtgebracht, gesund wie die andere.

11. Sie aber wurden ganz unsinnig und beredeten sich miteinander, was sie ihm tun wollten. (V.12–16: vgl. Mark.3,13–19.)

12. Es begab sich aber zu der Zeit, daß er ging auf einen Berg, zu beten; und er blieb über Nacht in dem Gebet zu Gott.

13. Und da es Tag ward, rief er seine Jünger und erwählte ihrer zwölf, welche er auch Apostel nannte: Matth.10,2–4; Apg.1,13.

14. Simon, welchen er Petrus nannte, und Andreas, seinen Bruder, Jakobus und Johannes, Philippus und Bartholomäus,

15. Matthäus und Thomas, Jakobus, des Alphäus Sohn, Simon, genannt Zelotes,

16. Judas, des Jakobus Sohn, und Judas Ischariot, den Verräter.

(V.17–19: vgl. Matth.4,23–5,1; Mark.3,7–12.)

17. Und er ging hernieder mit ihnen und trat auf einen Platz im Felde und der Haufe seiner Jünger und eine große Menge des

DIE HIRTEN VERKÜNDEN JESU GEBURT Lukas 2, 17

Volks von allem jüdischen Lande und Jerusalem und Tyrus und Sidon, am Meer gelegen,
18. die da gekommen waren, ihn zu hören und daß sie geheilt würden von ihren Seuchen; und die von unsaubern Geistern umgetrieben wurden, die wurden gesund.
19. Und alles Volk begehrte ihn anzurühren; denn es ging Kraft von ihm, und er heilte sie alle.

(V. 20–23: vgl. Matth. 5,3.4.6.11.12.)

20. Und er hob seine Augen auf über seine Jünger und sprach: Selig seid ihr Armen; denn das Reich Gottes ist euer.
21. Selig seid ihr, die ihr hier hungert; denn ihr sollt satt werden. Selig seid ihr, die ihr hier weinet; denn ihr werdet lachen. Offenb. 7,16.17; Ps. 126,5.6; Jes. 61,3.
22. Selig seid ihr, so euch die Menschen hassen und euch absondern und schelten euch und verwerfen euren Namen als einen bösen um des Menschensohnes willen.
23. Freuet euch alsdann und hüpfet; denn siehe, euer Lohn ist groß im Himmel. Desgleichen taten ihre Väter den Propheten auch.
24. Aber dagegen weh euch Reichen! denn ihr habt euren Trost dahin. Jak. 5,1.
25. Weh euch, die ihr voll seid! denn euch wird hungern. Weh euch, die ihr hier lachet! denn ihr werdet weinen und heulen. Jes. 5,22.
26. Weh euch, wenn euch jedermann wohlredet! Desgleichen taten ihre Väter den falschen Propheten auch.

Jak. 4,4; Micha 2,11.

(V. 27–36: vgl. Matth. 5,39–48.)

27. Aber ich sage euch, die ihr zuhöret: Liebet eure Feinde; tut denen wohl, die euch hassen;
28. segnet die, so euch verfluchen; bittet für die, so euch beleidigen.
29. Und wer dich schlägt auf einen Backen, dem biete den andern auch dar; und wer dir den Mantel nimmt, dem wehre nicht auch den Rock.
30. Wer dich bittet, dem gib; und wer dir das Deine nimmt, da fordere es nicht wieder.
31. Und wie ihr wollt, daß euch die Leute tun sollen, also tut ihnen gleich auch ihr.

Matth. 7,12.

32. Und so ihr liebet, die euch lieben, was

für Dank habt ihr davon? Denn die Sünder
lieben auch ihre Liebhaber.
33. Und wenn ihr euren Wohltätern
wohltut, was für Dank habt ihr davon?
Denn die Sünder tun das auch.
34. Und wenn ihr leihet, von denen ihr
hoffet zu nehmen, was für Dank habt ihr
davon? Denn die Sünder leihen den Sündern auch, auf daß sie Gleiches wieder
nehmen. 3. Mose 25,35.36.
35. Vielmehr liebet eure Feinde; tut wohl
und leihet, daß ihr nichts dafür hoffet, so
wird euer Lohn groß sein, und ihr werdet
Kinder des Allerhöchsten sein; denn er ist
gütig über die Undankbaren und Bösen.
36. Darum seid barmherzig, wie auch
euer Vater barmherzig ist.

(V. 37–49: vgl. Matth. 7.)

37. Richtet nicht, so werdet ihr auch
nicht gerichtet. Verdammet nicht, so werdet ihr nicht verdammt. *Vergebet, so
wird euch vergeben.

*Matth. 6,14.

38. Gebet, so wird euch gegeben. Ein
voll, gedrückt, gerüttelt und überflüssig
Maß wird man in euren Schoß geben;
denn eben mit dem Maß, mit dem ihr
messet, wird man euch wieder messen.

Mark. 4,24.

39. Und er sagte ihnen ein Gleichnis:
Kann auch ein Blinder einem Blinden den
Weg weisen? Werden sie nicht alle beide in
die Grube fallen? Matth. 15,14.
40. Der Jünger ist nicht über seinen Meister; wenn der Jünger ist wie sein Meister,
so ist er vollkommen.

Matth. 10,24.25; Joh. 15,20.

41. Was siehest du aber einen Splitter in
deines Bruders Auge, und des Balkens in
deinem Auge wirst du nicht gewahr?
42. Oder wie kannst du sagen zu deinem
Bruder: Halt stille, Bruder, ich will den
Splitter aus deinem Auge ziehen, – und du
siehst selbst nicht den Balken in deinem
Auge? Du Heuchler, zieh zuvor den Balken aus deinem Auge und siehe dann zu,
daß du den Splitter aus deines Bruders
Auge ziehest!
43. Denn es ist kein guter Baum, der
faule Frucht trage, und kein fauler Baum,
der gute Frucht trage.
44. Ein jeglicher Baum wird an seiner
eigenen Frucht erkannt. Denn man liest
nicht Feigen von den Dornen, auch liest
man nicht Trauben von den Hecken.
45. Ein guter Mensch bringt Gutes hervor aus dem guten Schatz seines Herzens;
und ein böser Mensch bringt Böses hervor
aus dem bösen Schatz seines Herzens.
Denn wes das Herz voll ist, des geht der
Mund über.
46. Was heißet ihr mich aber Herr, Herr,
und tut nicht, was ich euch sage? Mal. 1,6.
47. Wer zu mir kommt und hört meine
Rede und tut sie, den will ich euch zeigen,
wem er gleich ist.
48. Er ist gleich einem Menschen, der
ein Haus baute und grub tief und legte den
Grund auf den Fels. Da aber Gewässer
kam, da riß der Strom zum Hause zu; und
konnte es nicht bewegen, denn es war auf
den Fels gegründet.
49. Wer aber hört und nicht tut, der ist
gleich einem Menschen, der ein Haus baute auf die Erde ohne Grund; und der Strom
riß zu ihm zu, und es fiel alsbald, und das
Haus gewann einen großen Riß.

Das 7. Kapitel

Von des Hautpmanns Knecht, dem Jüngling zu Nain, des Johannes Botschaft und der Salbung Jesu durch die Sünderin.

(V. 1–10: vgl. Matth. 8,5–13.)

1. Nachdem er aber vor dem Volk ausgeredet hatte, ging er gen Kapernaum.
2. Und eines Hauptmanns Knecht lag
todkrank, den er wert hielt.
3. Da er aber von Jesu hörte, sandte er die
Ältesten der Juden zu ihm und bat ihn,
daß er käme und seinen Knecht gesund
machte.
4. Da sie aber zu Jesu kamen, baten sie
ihn mit Fleiß und sprachen: Er ist es wert,
daß du ihm das erzeigest;
5. denn er hat unser Volk lieb, und die
Schule hat er uns erbaut.
6. Jesus aber ging mit ihnen hin. Da sie
aber nun nicht ferne von dem Hause waren, sandte der Hauptmann Freunde zu
ihm und ließ ihm sagen: Ach Herr, bemühe dich nicht; ich bin nicht wert, daß du
unter mein Dach gehest;
7. darum habe ich auch mich selbst nicht
würdig geachtet, daß ich zu dir käme;
sondern sprich ein Wort, so wird mein
Knecht gesund.
8. Denn auch ich bin ein Mensch, der
Obrigkeit untertan, und habe Kriegsknechte unter mir und spreche zu einem:
Gehe hin! so geht er hin; und zum andern:
Komm her! so kommt er; und zu meinem
Knecht: Tu das! so tut er's.
9. Da aber Jesus das hörte, verwunderte
er sich über ihn und wandte sich um und
sprach zu dem Volk, das ihm nachfolgte:
Ich sage euch: Solchen Glauben habe ich
in Israel nicht gefunden!

SIMEON SIEHT JESUS Lukas 2, 27–30

10. Und da die Gesandten wiederum
nach Hause kamen, fanden sie den kranken Knecht gesund.
11. Und es begab sich darnach, daß er in
eine Stadt mit Namen Nain ging; und seiner Jünger gingen viele mit ihm und viel
Volks.
12. Als er aber nahe an das Stadttor kam,
siehe, da trug man einen Toten heraus,
der ein *einziger Sohn war seiner Mutter,
und sie war eine Witwe; und viel Volks aus
der Stadt ging mit ihr. *1. Kön. 17,17.
13. Und da sie der Herr sah, jammerte
ihn derselben, und er sprach zu ihr: Weine
nicht!
14. Und trat hinzu und rührte den Sarg
an; und die Träger standen. Und er sprach:
Jüngling, ich sage dir, stehe auf!
15. Und der Tote richtete sich auf und
fing an zu reden; und *er gab ihn seiner
Mutter. 1. Kön. 17,23; 2. Kön. 4,36.
16. Und es kam sie alle eine Furcht an,
und sie priesen Gott und sprachen: Es ist
ein großer Prophet unter uns aufgestanden, und *Gott hat sein Volk heimgesucht. *K. 1,68.
17. Und diese Rede von ihm erscholl in
das ganze jüdische Land und in alle umliegenden Länder. (V. 18–35: vgl. Matth. 11,2–19.)
18. Und es verkündigten Johannes seine
Jünger das alles. Und er rief zu sich seiner
Jünger zwei
19. und sandte sie zu Jesu und ließ ihm
sagen: Bist du, der da kommen soll, oder
sollen wir eines andern warten?
20. Da aber die Männer zu ihm kamen,
sprachen sie: Johannes der Täufer hat uns
zu dir gesandt und läßt dir sagen: Bist du,
der da kommen soll, oder sollen wir eines
andern warten?
21. Zu derselben Stunde aber machte er
viele gesund von Seuchen und Plagen und
bösen Geistern, und vielen Blinden
schenkte er das Gesicht.
22. Und Jesus antwortete und sprach zu
ihnen: Gehet hin und verkündiget Johannes, was ihr gesehen und gehört habt: die
Blinden sehen, die Lahmen gehen, die
Aussätzigen werden rein, die Tauben hören, die Toten stehen auf, den Armen wird
das Evangelium gepredigt;
23. und selig ist, der sich nicht ärgert an
mir.
24. Da aber die Boten des Johannes hin-

gingen, fing Jesus an, zu reden zu dem
Volk von Johannes: Was seid ihr hinausgegangen in die Wüste zu sehen? Wolltet ihr ein Rohr sehen, das vom Winde bewegt wird?
25. Oder was seid ihr hinausgegangen zu sehen? Wolltet ihr einen Menschen sehen in weichen Kleidern? Sehet, die in herrlichen Kleidern und Lüsten leben, die sind an den königlichen Höfen.
26. Oder was seid ihr hinausgegangen zu sehen? Wolltet ihr einen Propheten sehen? Ja ich sage euch, der da mehr ist denn ein Prophet. K.1,76.
27. Er ist's von dem geschrieben steht: »Siehe, ich sende meinen Engel vor deinem Angesicht her, der da bereiten soll deinen Weg vor dir.« Mal.3,1.
28. Denn ich sage euch, daß unter denen, die von Weibern geboren sind, ist kein *größerer Prophet als Johannes der Täufer; der aber kleiner ist im Reich Gottes, der ist größer als er. *K.1,15.
29. Und alles Volk, das ihn hörte, und die Zöllner gaben Gott recht und ließen sich taufen mit der Taufe des Johannes.
K.3,7.12; Matth.21,32.
30. Aber die Pharisäer und Schriftgelehrten *verachteten Gottes Rat wider sich selbst und ließen sich nicht von ihm taufen. *Apg.13,46.
31. Aber der Herr sprach: Wem soll ich die Menschen dieses Geschlechts vergleichen, und wem sind sie gleich?
32. Sie sind gleich den Kindern, die auf dem Markte sitzen und rufen gegeneinander und sprechen: Wir haben euch gepfiffen, und ihr habt nicht getanzt; wir haben euch geklagt, und ihr habt nicht geweint.
33. Denn Johannes der Täufer ist gekommen und aß nicht Brot und trank keinen Wein; so sagt ihr: Er hat den Teufel.
34. Des Menschen Sohn ist gekommen, ißt und trinkt; so sagt ihr: Siehe, der Mensch ist ein Fresser und Weinsäufer, der Zöllner und Sünder Freund! K.15,2.
35. Und die Weisheit muß sich rechtfertigen lassen von allen ihren Kindern.
36. Es bat ihn aber der Pharisäer einer, daß er mit ihm äße. Und er ging hinein in des Pharisäers Haus und setzte sich zu Tisch. K.11,37.
37. Und siehe, ein Weib war in der Stadt, die war eine Sünderin. Da die vernahm, daß er zu Tische saß in des Pharisäers Hause, brachte sie ein Glas mit Salbe,
vgl. Matth.26,7–13; Joh.12,3–8.
38. und trat hinten zu seinen Füßen und weinte und fing an, seine Füße zu netzen mit Tränen und mit den Haaren ihres Haupts zu trocknen, und küßte seine Füße und salbte sie mit Salbe.
39. Da aber das der Pharisäer sah, der ihn geladen hatte, sprach er bei sich selbst und sagte: Wenn dieser ein Prophet wäre, so wüßte er, wer und welch ein Weib das ist, die ihn anrührt; denn sie ist eine Sünderin.
40. Jesus antwortete und sprach zu ihm: Simon, ich habe dir etwas zu sagen. Er aber sprach: Meister, sage an.
41. Es hatte ein Gläubiger zwei Schuldner. Einer war schuldig fünfhundert Groschen, der andere fünfzig.
42. Da sie aber nicht hatten, zu bezahlen, schenkte er's beiden. Sage an, welcher unter denen wird ihn am meisten lieben?
43. Simon antwortete und sprach: Ich achte, dem er am meisten geschenkt hat. Er aber sprach zu ihm: Du hast recht gerichtet.
44. Und er wandte sich zu dem Weibe und sprach zu Simon: Siehest du dies Weib? Ich bin gekommen in dein Haus; du *hast mir nicht Wasser gegeben zu meinen Füßen; diese aber hat meine Füße mit Tränen genetzt und mit den Haaren ihres Hauptes getrocknet. *1.Mose 18,4.
45. Du hast mir keinen *Kuß gegeben; diese aber, nachdem sie hereingekommen ist, hat sie nicht abgelassen, meine Füße zu küssen. *Röm.16,16.
46. Du hast mein Haupt nicht mit Öl gesalbt; sie aber hat meine Füße mit Salbe gesalbt.
47. Derhalben sage ich dir: Ihr sind viele Sünden vergeben, denn sie hat viel geliebt; welchem aber wenig vergeben wird, der liebt wenig.
48. Und er sprach zu ihr: Dir sind deine Sünden vergeben. K.5,20.21.
49. Da fingen an, die mit zu Tische saßen, und sprachen bei sich selbst: Wer ist dieser, der auch die Sünden vergibt?
50. Er aber sprach zu dem Weibe: Dein Glaube hat dir geholfen; gehe hin mit Frieden! K.8,48; 17,19; 18,42.

Das 8. Kapitel

Nachfolgerinnen Jesu. Gleichnis vom Säemann. Wer Christi Verwandte seien. Stillung des Sturmes auf dem Meer. Heilung eines Besessenen.
Erweckung der Tochter des Jairus.
Wunder am blutflüssigen Weibe.

1. Und es begab sich darnach, daß er reiste durch Städte und Märkte und predigte

JESUS IM TEMPEL Lukas 2, 46.47

und verkündigte das Evangelium vom
Reich Gottes; und die Zwölf mit ihm,
K.4,43.
2. dazu etliche Weiber, die er gesund hatte gemacht von den bösen Geistern und
Krankheiten, nämliche Maria, die da Magdalena heißt, von welcher waren sieben
Teufel ausgefahren,
Mark.15,40.41; 16,9.
3. und Johanna, das Weib Chusas, des
*Pflegers des Herodes, und Susanna und
viele andere, die ihm Handreichung taten
vor ihrer Habe. *des Verwalters.
(V.4–15: vgl. Matth.13,1–23; Mark.4,1–20.)
4. Da nun viel Volks beieinander war und
sie aus den Städten zu ihm eilten, sprach
er durch ein Gleichnis:
5. Es ging ein Säemann aus, zu säen seinen Samen. Und indem er säte, fiel etliches an den Weg und ward zertreten, und
die Vögel unter dem Himmel fraßen's auf.
6. Und etliches fiel auf den Fels; und da es
aufging, verdorrte es, darum daß es nicht
Saft hatte.
7. Und etliches fiel mitten unter die Dornen; und die Dornen gingen mit auf und
erstickten's.
8. Und etliches fiel auf ein gutes Land;
und es ging auf und trug hundertfältige
Frucht. Da er das sagte, rief er: Wer Ohren
hat, zu hören, der höre!
9. Es fragten ihn aber seine Jünger und
sprachen, was dies Gleichnis wäre?
10. Er aber sprach: Euch ist's gegeben,
zu wissen das Geheimnis des Reiches Gottes; den andern aber in Gleichnissen, *daß
sie es nicht sehen, ob sie es schon sehen,
und nicht verstehen, ob sie es schon hören. *Jes.6,9.10.
11. Das ist aber das Gleichnis: Der Same
ist das Wort Gottes. 1.Petr.1,23.
12. Die aber an dem Wege sind, das sind,
die es hören; darnach kommt der Teufel
und nimmt das Wort von ihrem Herzen,
auf daß sie nicht glauben und selig werden.
13. Die aber auf dem Fels sind die: wenn
sie es hören, nehmen sie das Wort mit
Freuden an; und die haben nicht Wurzel;
eine Zeitlang glauben sie, und zu der Zeit
der Anfechtung fallen sie ab.
14. Das aber unter die Dornen fiel, sind
die, so es hören und gehen hin unter den
Sorgen, Reichtum und Wollust dieses Le-

bens und ersticken und bringen keine Frucht.

15. Das aber auf dem guten Land sind, die das Wort hören und behalten in einem *feinen, guten Herzen und bringen Frucht in †Geduld.

*Apg. 16,14. †Hebr. 10,36.

(V. 16–18: vgl. Mark. 4,21–25.)

16. Niemand aber zündet ein Licht an und bedeckt es mit einem Gefäß oder setzt es unter eine Bank; sondern er setzt es auf einen Leuchter, auf daß, wer hineingeht, das Licht sehe. Matth. 5,15.

17. Denn es ist nichts verborgen, das nicht offenbar werde, auch nichts Heimliches, das nicht kund werde und an den Tag komme. Matth. 10,26.

18. So sehet nun darauf, wie ihr zuhöret. Denn wer da hat, dem wird gegeben; wer aber nicht hat, von dem wird genommen, auch was er meint zu haben.

K. 19,26.

(V. 19–21: vgl. Matth. 12,46–50; Mark. 3,31–35.)

19. Es gingen aber hinzu seine Mutter und Brüder und konnten vor dem Volk nicht zu ihm kommen.

20. Und es ward ihm angesagt: Deine Mutter und deine Brüder stehen draußen und wollen dich sehen.

21. Er aber antwortete und sprach zu ihnen: Meine Mutter und meine Brüder sind diese, die Gottes Wort hören und tun.

(V. 22–25: vgl. Matth. 8,18.23–27; Mark. 4,35–41.)

22. Und es begab sich an der Tage einem, daß er in ein Schiff trat samt seinen Jüngern; und er sprach zu ihnen: Laßt uns über den See fahren. Und sie stießen vom Lande.

23. Und da sie schifften, schlief er ein. Und es kam ein Windwirbel auf den See, und die Wellen überfielen sie, und sie standen in großer Gefahr.

24. Da traten sie zu ihm und weckten ihn auf und sprachen: Meister, Meister, wir verderben! Da stand er auf und bedrohte den Wind und die Woge des Wassers; und es ließ ab, und ward eine Stille.

25. Er sprach aber zu ihnen: Wo ist euer Glaube? Sie fürchteten sich aber und verwunderten sich und sprachen untereinander: Wer ist dieser? denn er gebietet dem Winde und dem Wasser, und sie sind ihm gehorsam.

(V. 26–39: vgl. Matth. 8,28–34; Mark. 5,1–20.)

26. Und sie schifften fort in die Gegend der Gadarener, welche ist Galiläa gegenüber.

27. Und als er austrat auf das Land, begegnete ihm ein Mann aus der Stadt, der hatte Teufel von langer Zeit her und tat keine Kleider an und blieb in keinem Hause, sondern in den Gräbern.

28. Da er aber Jesum sah, schrie er und fiel vor ihm nieder und rief laut und sprach: Was habe ich mit dir zu schaffen, Jesu, du Sohn Gottes, des Allerhöchsten? Ich bitte dich, du wollest mich nicht quälen.

29. Denn er gebot dem unsaubern Geist, daß er von dem Menschen ausführe. Denn er hatte ihn lange Zeit geplagt, und er ward mit Ketten gebunden und mit Fesseln gefangen, und zerriß die Bande und ward getrieben von dem Teufel in die Wüsten.

30. Und Jesus fragte ihn und sprach: Wie heißest du? Er sprach: Legion; denn es waren viel Teufel in ihn gefahren.

31. Und sie baten ihn, daß er sie nicht hieße in die Tiefe fahren.

32. Es war aber daselbst eine große Herde Säue auf der Weide auf dem Berge. Und sie baten ihn, daß er ihnen erlaubte, in sie zu fahren. Und er erlaubte es ihnen.

33. Da fuhren die Teufel aus von dem Menschen und fuhren in die Säue; und die Herde stürzte sich von dem Abhange in den See und ersoff.

34. Da aber die Hirten sahen, was da geschah, flohen sie und verkündigten's in der Stadt und in den Dörfern.

35. Da gingen sie hinaus, zu sehen, was da geschehen war, und kamen zu Jesu und fanden den Menschen, von welchem die Teufel ausgefahren waren, sitzend zu den Füßen Jesu, bekleidet und vernünftig, und erschraken.

36. Und die es gesehen hatten, verkündigten's ihnen, wie der Besessene war gesund geworden.

37. Und es bat ihn die ganze Menge des umliegenden Landes der Gadarener, daß er von ihnen ginge; denn es war sie eine große Furcht angekommen. Und er trat in das Schiff und wandte wieder um.

38. Es bat ihn aber der Mann, von dem die Teufel ausgefahren waren, daß er bei ihm möchte sein. Aber Jesus ließ ihn von sich und sprach:

39. Gehe wieder heim und sage, wie große Dinge dir Gott getan hat. Und er ging hin und verkündigte durch die ganze Stadt, wie große Dinge ihm Jesus getan hatte.

(V. 40–56: vgl. Matth. 9,18–26; Mark. 5,21–43.)

40. Und es begab sich, da Jesus wiederkam, nahm ihn das Volk auf; denn sie warteten alle auf ihn.

JESUS ERWECKT EINEN JÜNGLING ZU NEUEM LEBEN Lukas 7, 14.15

41. Und siehe, da kam ein Mann mit Namen Jairus, der ein Oberster der Schule war, und fiel Jesu zu den Füßen und bat ihn, daß er wollte in sein Haus kommen;
42. denn er hatte eine einzige Tochter bei zwölf Jahren, die lag in den letzten Zügen. Und da er hinging, drängte ihn das Volk.
43. Und ein Weib hatte den Blutgang zwölf Jahre gehabt; die hatte alle ihre Nahrung an die Ärzte gewandt, und konnte von niemand geheilt werden;
44. die trat hinzu von hinten und rührte seines Kleides Saum an; und alsobald stand ihr der Blutgang.
45. Und Jesus sprach: Wer hat mich angerührt? Da sie aber alle leugneten, sprach Petrus und die mit ihm waren: Meister, das Volk drängt und drückt dich, und du sprichst: Wer hat mich angerührt?
46. Jesus aber sprach: Es hat mich jemand angerührt; denn ich fühle, daß eine Kraft von mir gegangen ist.
47. Da aber das Weib sah, daß es nicht verborgen war, kam sie mit Zittern und fiel vor ihm nieder und verkündigte vor allem Volk, aus welcher Ursache sie ihn hätte angerührt und wie sie wäre alsbald gesund geworden.
48. Er aber sprach zu ihr: Sei getrost, meine Tochter; dein Glaube hat dir geholfen. Gehe hin mit Frieden!

K. 7,50.

49. Da er noch redete, kam einer vom Gesinde des Obersten der Schule und sprach zu ihm: Deine Tochter ist gestorben; bemühe den Meister nicht.
50. Da aber Jesus das hörte, antwortete er ihm und sprach: Fürchte dich nicht; glaube nur, so wird sie gesund!
51. Da er aber in das Haus kam, ließ er niemand hineingehen denn Petrus und Jakobus und Johannes und des Kindes Vater und Mutter.
52. Sie weinten aber alle und klagten um sie. Er aber sprach: *Weinet nicht; sie ist nicht gestorben, sondern sie schläft.

*K. 7,13.

53. Und sie verlachten ihn, wußten wohl, daß sie gestorben war.
54. Er aber trieb sie alle hinaus, nahm sie bei der Hand und rief und sprach: Kind, stehe auf!
55. Und ihr Geist kam wieder, und sie

stand alsobald auf. Und er befahl, man
sollte ihr zu essen geben.
56. Und ihre Eltern entsetzten sich. *Er
aber gebot ihnen, daß sie niemand sagten,
was geschehen war.
*K.5,14. Mark.7,36.

Das 9. Kapitel

Aussendung der zwölf Apostel. Speisung der fünftausend Mann. Bekenntnis des Petrus. Erste und zweite Leidensverkündigung. Verklärung Jesu. Heilung eines Besessenen. Der Jünger Ehrgeiz und Eifer. Nachfolge Jesu.

(V.1–6: vgl. Matth.10,1.7.9–11.14; Mark.6,7–13.)

1. Er forderte aber die Zwölf zusammen
und gab ihnen Gewalt und Macht über alle
Teufel und daß sie Seuchen heilen konnten,
2. und sandte sie aus, zu predigen das
Reich Gottes und zu heilen die Kranken.
3. Und sprach zu ihnen: Ihr sollt nichts
mit euch nehmen auf den Weg, weder Stab
noch Tasche noch Brot noch Geld; es soll
auch einer nicht zwei Röcke haben.
4. Und wo ihr in ein Haus geht, da bleibet, bis ihr von dannen zieht.
K.10,5–7.
5. Und welche euch nicht aufnehmen, da
gehet aus von derselben Stadt und *schüttelt auch den Staub ab von euren Füßen
zu einem Zeugnis über sie.
*K.10,11.
6. Und sie gingen hinaus und durchzogen die Märkte, predigten das Evangelium
und machten gesund an allen Enden.

(V.7–9: vgl. Matth.14,1.2; Mark.6,14–16.)

7. Es kam aber vor Herodes, den Vierfürsten, alles, was durch ihn geschah; und er
ward betreten, dieweil von etlichen gesagt
ward: Johannes ist von den Toten auferstanden;
8. von etlichen aber: Elia ist erschienen;
von etlichen aber: Es ist der alten Propheten einer auferstanden.
9. Und Herodes sprach: Johannes, den
habe ich enthauptet; wer ist aber dieser,
von dem ich solches höre? Und *begehrte
ihn zu sehen. *K.23,8.

(V.10–17: vgl. Matth.14,13–21; Mark.6,30–44, Joh.6,1–13.)

10. Und die Apostel kamen wieder und
erzählten ihm, wie große Dinge sie getan
hatten. Und er nahm sie zu sich und entwich besonders in eine Wüste bei der
Stadt, die da heißt Bethsaida.
11. Da das Volk des inneward, zog es ihm
nach. Und er ließ sie zu sich und sagte
ihnen vom Reich Gottes und machte gesund, die es bedurften. Aber der Tag fing
an, sich zu neigen.
12. Da traten zu ihm die Zwölf und sprachen zu ihm: Laß das Volk von dir, daß sie
hingehen in die Märkte umher und in die
Dörfer, daß sie Herberge und Speise finden; denn wir sind hier in der Wüste.
13. Er aber sprach zu ihnen: Gebt ihr
ihnen zu essen. Sie sprachen: Wir haben
nicht mehr als fünf Brote und zwei Fische;
es sei denn, daß wir hingehen sollen und
Speise kaufen für so großes Volk.
14. (Denn es waren bei fünftausend
Mann.) Er sprach aber zu seinen Jüngern:
Lasset sie sich setzen in Schichten, je fünfzig und fünfzig.
15. Und sie taten also, und es setzten sich
alle.
16. Da nahm er die fünf Brote und zwei
Fische und sah auf gen Himmel und dankte darüber, brach sie und gab sie den Jüngern, daß sie dem Volk vorlegten.
17. Und sie *aßen und wurden alle satt;
und wurden aufgehoben, was ihnen über-
blieb von Brocken, zwölf Körbe.
*2.Kön. 4,44.

(V.18–27: vgl. Matth.16,13–28; Mark.8,27–9,1.)

18. Und es begab sich, da er allein war
und betete und seine Jünger zu ihm traten, fragte er sie und sprach: Wer sagen die
Leute, daß ich sei?
19. Sie antworteten und sprachen: Sie
sagen, du seiest Johannes der Täufer; etliche aber, du seiest Elia; etliche aber, es sei
der alten Propheten einer auferstanden.
20. Er aber sprach zu ihnen: Wer saget
ihr aber, daß ich sei? Da antwortete Petrus
und sprach: Du bist der Christus Gottes!
21. Und er bedrohte sie und gebot, daß
sie das niemand sagten,
22. und sprach: Des Menschen Sohn
muß noch viel leiden und verworfen werden von den Ältesten und Hohenpriestern
und Schriftgelehrten und getötet werden
und am dritten Tage auferstehen.
V.44; K.18,32.33.
23. Da sprach er zu ihnen allen: Wer mir
folgen will, der verleugne sich selbst und
nehme sein Kreuz auf sich täglich und
folge mir nach.
24. Denn wer *sein Leben erhalten will,
der wird es verlieren; wer aber sein Leben
verliert um meinetwillen, der wird's erhalten. *K.17,33. Matth.10,39. Joh.12,25.
25. Und welchen Nutzen hätte der
Mensch, ob er die ganze Welt gewönne,
und verlöre sich selbst oder beschädigte
sich selbst?
26. Wer sich aber mein und meiner Wor-

JESUS TRÖSTET DIE SÜNDERIN Lukas 7, 45–50

te schämt, des wird sich des Menschen Sohn auch schämen, wenn er kommen wird in seiner Herrlichkeit und seines Vaters und der heiligen Engel.
Matth. 10,33.
27. Ich sage euch aber wahrlich, daß etliche sind von denen, die hier stehen, die den Tod nicht schmecken werden, bis daß sie das Reich Gottes sehen.
(V. 28–36: vgl. Matth. 17,1–9; Mark. 9,2–9.)
28. Und es begab sich nach diesen Reden bei acht Tagen, daß er zu sich nahm Petrus, Johannes und Jakobus und ging auf einen Berg, zu beten.
29. Und da er betete, ward die Gestalt seines Angesichts anders, und sein Kleid ward weiß und glänzte.
30. Und siehe, zwei Männer redeten mit ihm, welche waren Mose und Elia;
31. die erschienen in Klarheit und redeten von dem *Ausgang, welchen er sollte erfüllen zu Jerusalem. *V. 22.
32. Petrus aber und die mit ihm waren, waren voll Schlafs. Da sie aber aufwachten, sahen sie seine Klarheit und die zwei Männer bei ihm stehen.
33. Und es begab sich, da die von ihm wichen, sprach Petrus zu Jesu: Meister, hier ist gut sein. Lasset uns drei Hütten machen: dir eine, Mose eine und Elia eine. Und er wußte nicht, was er redete.
34. Da er aber solches redete, kam eine Wolke und überschattete sie; und sie erschraken, da sie die Wolke überzog.
35. Und es fiel eine Stimme aus der Wolke, die sprach: Dieser ist mein lieber Sohn; den sollt ihr hören! K. 3,22.
36. Und indem solche Stimme geschah, fanden sie Jesum allein. Und sie verschwiegen es und verkündigten niemand in jenen Tagen, was sie gesehen hatten.
(V. 37–45: vgl. Matth. 17,14–23; Mark. 9,14–32.)
37. Es begab sich aber den Tag hernach, da sie von dem Berge kamen, kam ihnen entgegen viel Volks.
38. Und siehe, ein Mann unter dem Volk rief und sprach: Meister, ich bitte dich, besiehe doch meinen Sohn; denn er ist mein einziger Sohn.
39. Siehe, der Geist ergreift ihn, so schreit er alsbald, und reißt ihn, daß er schäumt, und mit Not weicht er von ihm, wenn er ihn gerissen hat.
40. Und ich habe deine Jünger gebeten,

daß sie ihn austrieben, und sie konnten
nicht.
41. Da antwortete Jesus und sprach: O du
ungläubige und verkehrte Art, wie lange
soll ich bei euch sein und euch dulden?
Bringe deinen Sohn her!
42. Und da er zu ihm kam, riß ihn der
Teufel und zerrte ihn. Jesus aber bedrohte
den unsaubern Geist und machte den
Knaben gesund und *gab ihn seinem Vater wieder. *K. 7,15.
43. Und sie entsetzten sich alle über die
Herrlichkeit Gottes. Da sie sich aber alle
verwunderten über alles, was er tat,
sprach er zu seinen Jüngern:
44. Fasset ihr zu euren Ohren diese Rede: Des Menschen Sohn muß überantwortet werden in der Menschen Hände. V. 22.
45. Aber das Wort *verstanden sie nicht,
und es war vor ihnen verborgen, daß sie es
nicht begriffen. Und sie fürchteten sich,
ihn zu fragen um dieses Wort. *K. 18,34.

(V. 46–50: vgl. Matth. 18,1–5; Mark. 9,33–40.)

46. Es kam auch ein Gedanke unter sie,
welcher unter ihnen der Größte wäre.
47. Da aber Jesus den Gedanken ihres
Herzens sah, ergriff er ein Kind und stellte
es neben sich
48. und sprach zu ihnen: Wer dies Kind
aufnimmt in meinem Namen, der nimmt
mich auf; und wer mich aufnimmt, der
nimmt den auf, der mich gesandt hat.
Welcher aber der Kleinste ist unter euch
allen, der wird groß sein. Matth. 10,40.
49. Da antwortete Johannes und sprach:
Meister, wir sahen einen, der trieb die
Teufel aus in deinem Namen; und wir
wehrten ihm, denn er folgt dir nicht mit
uns.
50. Und Jesus sprach zu ihm: Wehret
ihm nicht; denn *wer nicht wider uns ist,
der ist für uns. *K. 11,23; Phil. 1,18.
51. Es begab sich aber, da die Zeit erfüllet
war, daß er sollte von hinnen genommen
werden, wendete er sein Angesicht,
stracks gen Jerusalem zu wandeln.
Mark. 10,32.
52. Und er sandte Boten vor sich hin; die
gingen hin und kamen *in einen Markt
der Samariter, daß sie ihm Herberge bestellten. *Joh. 4,4.
53. Und sie nahmen ihn nicht an, darum
daß er sein Angesicht gewendet hatte, zu
wandeln gen Jerusalem.
54. Da aber das seine Jünger Jakobus und
Johannes sahen, sprachen sie: Herr, willst
du, so wollen wir sagen, daß Feuer vom
Himmel falle und verzehre sie, wie Elia
tat. 2. Kön. 1,10.12.
55. Jesus aber wandte sich und bedrohte
sie und sprach: Wisset ihr nicht, welches
Geistes Kinder ihr seid?
56. Des *Menschen Sohn ist nicht gekommen, der Menschen Seelen zu verderben, sondern zu erhalten. *Joh. 3,17; 12,47.

(V. 57–60: vgl. Matth. 8,19–22.)

57. Und sie gingen in einen andern
Markt. Es begab sich aber, da sie auf dem
Wege waren, sprach einer zu ihm: Ich will
dir folgen, wo du hin gehst.
58. Und Jesus sprach zu ihm: Die Füchse
haben Gruben, und die Vögel unter dem
Himmel haben Nester; aber des Menschen
Sohn hat nicht, da er sein Haupt hin lege.
59. Und er sprach zu einem andern: Folge mir nach! Der sprach aber: Herr, erlaube mir, daß ich zuvor hingehe und meinen
Vater begrabe.
60. Aber Jesus sprach zu ihm: Laß die
Toten ihre Toten begraben; gehe du aber
hin und verkündige das Reich Gottes!
61. Und ein anderer sprach: Herr, ich
*will dir nachfolgen; aber erlaube mir zu-
vor, daß ich einen Abschied mache von
denen, die in meinem Hause sind.
*1. Kön. 19,20.
62. Jesus aber sprach zu ihm: Wer seine
Hand an den Pflug legt und sieht zurück,
der ist nicht geschickt zum Reich Gottes.

Das 10. Kapitel

Aussendung und Wiederkehr der siebzig Jünger.
Dankgebet Jesu. Gleichnis vom barmherzigen
Samariter. Maria und Martha: eins ist not.

(V. 1–12: vgl. Matth. 10,7–16.)

1. Darnach sonderte der Herr andere,
siebzig aus und sandte sie *je zwei und
zwei vor ihm her in alle Städte und Orte,
da er wollte hin kommen, *Mark. 6,7.
2. und sprach zu ihnen: Die Ernte ist
groß, der Arbeiter aber sind wenige. Bittet
den Herrn der Ernte, daß er Arbeiter aus-
sende in seine Ernte. Joh. 4,35; Matth. 9,37.38.
3. Gehet hin; siehe, ich sende euch als
die Lämmer mitten unter die Wölfe.
4. *Traget keinen Beutel noch Tasche
noch Schuhe und †grüßet niemand auf
der Straße. *K. 9,3–5. †2. Kön. 4,29.
5. Wo ihr in ein Haus kommt, da sprecht
zuerst: Friede sei in diesem Hause!
6. Und so daselbst wird ein Kind des Friedens sein, so wird euer Friede auf ihm
beruhen; wo aber nicht, so wird sich euer
Friede wieder zu euch wenden.
7. In dem Hause aber bleibet, esset und
trinket, was sie haben; denn *ein Arbeiter
ist seines Lohnes wert. Ihr sollt nicht von

AUSSENDUNG DER JÜNGER Lukas 9, 1–5

einem Hause zum andern gehen.
*1. Tim. 5,18.
8. Und wo ihr in eine Stadt kommt und
sie euch aufnehmen, da esset, was euch
wird vorgetragen;
9. und heilet die Kranken, die daselbst
sind, und saget ihnen: Das Reich Gottes ist
nahe zu euch gekommen.
10. Wo ihr aber in eine Stadt kommt, da
sie euch nicht aufnehmen, da geht heraus
auf ihre Gassen und sprecht:
11. Auch den Staub, der sich an uns gehängt hat von eurer Stadt, schlagen wir ab
auf euch; doch sollt ihr wissen, daß euch
das Reich Gottes nahe gewesen ist.
12. Ich sage euch: Es wird Sodom erträglicher gehen an jenem Tage denn solcher
Stadt.
13. Weh dir, Chorazin! Weh dir, Bethsaida! Denn wären solche Taten zu Tyrus und
Sidon geschehen, die bei euch geschehen
sind, sie hätten vorzeitig im Sack und in
der Asche gesessen und Buße getan.
Matth. 11,21–23.
14. Doch es wird Tyrus und Sidon erträglicher gehen im Gericht als euch.
15. Und du, Kapernaum, die du bis an
den Himmel erhoben bist, du wirst in die
Hölle hinuntergestoßen werden.
16. Wer euch hört, der hört mich; und
wer euch verachtet, der verachtet mich;
wer aber mich verachtet, der verachtet
den, der mich gesandt hat. Matth. 10,40.
17. Die Siebzig aber kamen wieder mit
Freuden und sprachen: Herr, es sind uns
auch die Teufel untertan in deinem Namen.
18. Er sprach aber zu ihnen: Ich sah wohl
den Satanas vom Himmel fallen wie einen
Blitz. Joh. 12,31; Offenb. 12,8.9.
19. Sehet, ich habe euch Macht gegeben,
zu treten auf Schlangen und Skorpione,
und über alle Gewalt des Feindes; und
nichts wird euch beschädigen.
Mark. 16,18; Ps. 91,13.
20. Doch darin freuet euch nicht, daß
euch die Geister untertan sind. Freuet
euch aber, daß *eure Namen im Himmel
geschrieben sind.
*2. Mose 32,32; Phil. 4,3; Offenb. 3,5.
(V. 21,22: vgl. Matth. 11,25–27.)
21. Zu der Stunde freute sich Jesus im
Geist und sprach: Ich preise dich, Vater
und Herr Himmels und der Erde, daß du

solches verborgen hast den Weisen und
Klugen, und hast es offenbart den Unmündigen. Ja, Vater, also war es wohlgefällig
vor dir.
22. Es ist mir alles übergeben von meinem Vater. Und niemand weiß, wer der
Sohn sei, denn nur der Vater; noch wer der
Vater sei, denn nur der Sohn und welchem
es der Sohn will offenbaren.
23. Und er wandte sich zu seinen Jüngern und sprach insonderheit: *Selig sind
die Augen, die da sehen, was ihr sehet.
*Matth. 13,16.17.
24. Denn ich sage euch: *Viele Propheten und Könige wollten sehen, was ihr
sehet, und haben's nicht gesehen, und hören, was ihr höret, und haben's nicht gehört. *1. Petr. 1,10.
(V. 25–28: vgl. Matth. 22,35–40; Mark. 12,28–34.)
25. Und siehe, da stand ein Schriftgelehrter auf, versuchte ihn und sprach:
Meister, was muß ich tun, daß ich das
ewige Leben ererbe? K. 18,18–20.
26. Er aber sprach zu ihm: Wie steht im
Gesetz geschrieben. Wie liesest du?
27. Er antwortete und sprach: *»Du
sollst Gott, deinen Herrn, lieben von ganzem Herzen, von ganzer Seele, von allen
Kräften und von ganzem Gemüte, und
†deinen Nächsten wie dich selbst.«
*5. Mose 6,5. †3. Mose 19,18.
28. Er aber sprach zu ihm: Du hast recht
geantwortet; tue das, so wirst du leben.
3. Mose 18,5; Matth. 19,17.
29. Er aber wollte sich selbst rechtfertigen und sprach zu Jesu: Wer ist denn mein
Nächster?
30. Da antwortete Jesus und sprach: Es
war ein Mensch, der ging von Jerusalem
hinab gen Jericho und fiel unter die Mörder; die zogen ihn aus und schlugen ihn
und gingen davon und ließen ihn halbtot
liegen.
31. Es begab sich aber ungefähr, daß ein
Priester dieselbe Straße hinabzog; und da
er ihn sah, ging er vorüber.
32. Desgleichen auch ein Levit; da er
kam zu der Stätte und sah ihn, ging er
vorüber.
33. Ein Samariter aber reiste und kam
dahin; und da er ihn sah, jammerte ihn
sein,
34. ging zu ihm, verband ihm seine
Wunden und goß darein Öl und Wein und
hob ihn auf sein Tier und führte ihn in die
Herberge und pflegte sein.
35. Des andern Tages reiste er und zog
heraus zwei Groschen und gab sie dem
Wirte und sprach zu ihm: Pflege sein; und
so du was mehr wirst dartun, will ich dir's
bezahlen, wenn ich wiederkomme.
36. Welcher dünkt dich, der unter diesen
dreien der Nächste sei gewesen dem, der
unter die Mörder gefallen war?
37. Er sprach: Der die Barmherzigkeit an
ihm tat. Da sprach Jesus zu ihm: So gehe
hin und tue desgleichen!
38. Es begab sich aber, da sie wandelten,
ging er in einen Markt. Da war ein *Weib
mit Namen Martha, die nahm ihn auf in
ihr Haus. *Joh. 11,1; 12,2.3.
39. Und sie hatte eine Schwester, die
hieß Maria; die setzte sich zu Jesu Füßen
und hörte seiner Rede zu.
40. Martha aber machte sich viel zu
schaffen, ihm zu dienen. Und sie trat hinzu und sprach: Herr, fragst du nicht darnach, daß mich meine Schwester läßt allein dienen? Sage ihr doch, daß sie es auch
angreife!
41. Jesus aber antwortete und sprach zu
ihr: Martha, Martha, du hast viel Sorge
und Mühe;
42. eins aber ist not. Maria hat das gute
Teil erwählt; das soll nicht von ihr genommen werden. Matth. 6,33.

Das 11. Kapitel

Jesus lehrt beten und treibt einen Teufel aus. Zeichen des Jona. Strafpredigt wider die Bosheit und Heuchelei der Pharisäer und Schriftgelehrten.

1. Und es begab sich, daß er war an einem Ort und betete. Und da er aufgehört
hatte, sprach seiner Jünger einer zu ihm:
Herr, lehre uns beten, wie auch Johannes
seine Jünger lehrte.
(V. 2–4: vgl. Matth. 6,9–13.)
2. Er aber sprach zu ihnen: Wenn ihr
betet, so sprecht: Unser Vater im Himmel,
dein Name werde geheiligt. Dein Reich
komme. Dein Wille geschehe auf Erden
wie im Himmel.
3. Gib uns unser täglich Brot immerdar.
4. Und vergib uns unsre Sünden; denn
auch wir vergeben allen, die uns schuldig
sind. Und führe uns nicht in Versuchung,
sondern erlöse uns von dem Übel.
5. Und er sprach zu ihnen: Welcher ist
unter euch, der einen Freund hat und ginge zu ihm zu Mitternacht und spräche zu
ihm: Lieber Freund, leihe mir drei Brote;
6. denn es ist mein Freund zu mir gekommen von der Straße, und ich habe
nicht, was ich ihm vorlege; –
7. und er drinnen würde antworten und
sprechen: Mache mir keine Unruhe! die
Tür ist schon zugeschlossen, und meine

DER BARMHERZIGE SAMARITER Lukas 10, 30–34

Kindlein sind bei mir in der Kammer; ich
kann nicht aufstehen und dir geben.
8. Ich sage euch: Und ob er nicht aufsteht
und gibt ihm, darum daß er sein Freund
ist, so wird er doch *um seines unverschämten Geilens willen aufstehen und
ihm geben, wieviel er bedarf. *K. 18,5.

(V. 9–13: vgl. Matth. 7,7–11.)

9. Und ich sage euch auch: Bittet, so wird
euch gegeben; suchet, so werdet ihr finden; klopfet an, so wird euch aufgetan.
10. Denn wer da bittet, der nimmt; und
wer da sucht, der findet; und wer da anklopft, dem wird aufgetan.
11. Wo bittet unter euch ein Sohn den
Vater ums Brot, der ihm einen Stein dafür
biete? und, so er um einen Fisch bittet, der
ihm eine Schlange für den Fisch biete?
12. oder, so er um ein Ei bittet, der ihm
einen Skorpion dafür biete?
13. So denn ihr, die ihr arg seid, könnet
euren Kindern gute Gaben geben, wie viel
mehr wird der Vater im Himmel den heiligen Geist geben denen, die ihn bitten!

(V. 14–26: vgl. Matth. 12,22–30.43–45; Mark. 3,22–27.)

14. Und er trieb einen Teufel aus, der war
stumm. Und es geschah, da der Teufel
ausfuhr, da redete der Stumme. Und das
Volk verwunderte sich.
15. Etliche aber unter ihnen sprachen:
Er treibt die Teufel aus durch Beelzebub,
den Obersten der Teufel.
16. Die andern aber versuchten ihn und
begehrten ein Zeichen von ihm vom Himmel. Mark. 8,11.
17. Er aber erkannte ihre Gedanken und
sprach zu ihnen: Ein jeglich Reich, so es
mit sich selbst uneins wird, das wird wüst;
und ein Haus fällt über das andere.
18. Ist denn der Satanas auch mit sich
selbst uneins, wie will sein Reich bestehen? dieweil ihr sagt, ich treibe die Teufel
aus durch Beelzebub.
19. So aber ich die Teufel durch Beelzebub austreibe, durch wen treiben sie eure
Kinder aus? Darum werden sie eure Richter sein.
20. So ich aber *durch Gottes Finger die
Teufel austreibe, so kommt ja das Reich
Gottes zu euch. *2. Mose 8,15.
21. Wenn ein starker Gewappneter seinen Palast bewahrt, so bleibt das Seine mit
Frieden.

22. *Wenn aber ein Stärkerer über ihn kommt und überwindet ihn, so nimmt er ihm seinen Harnisch, darauf er sich verließ, und teilt den Raub aus. *Kol. 2,15.
23. Wer nicht mit mir ist, der ist wider mich; und wer nicht mit mir sammelt, der zerstreut. K. 9,50.
24. Wenn der unsaubere Geist von dem Menschen ausfährt, so durchwandelt er dürre Stätten, sucht Ruhe und findet sie nicht; so spricht er: Ich will wieder umkehren in mein Haus, daraus ich gegangen bin.
25. Und wenn er kommt, so findet er's gekehrt und geschmückt.
26. Dann geht er hin und nimmt sieben Geister zu sich, die ärger sind denn er selbst; und wenn sie hineinkommen, wohnen sie da, und es *wird hernach mit demselben Menschen ärger denn zuvor. *Joh. 5,14.
27. Und es begab sich, da er solches redete, erhob ein Weib im Volk die Stimme und sprach zu ihm: *Selig ist der Leib, der dich getragen hat, und die Brüste, die du gesogen hast. *K. 1,28.48.
28. Er aber sprach: Ja, selig sind, die das Wort Gottes hören und bewahren.
K. 8,15.21. (V. 29–32: vgl. Matth. 12,38–42.)
29. Das Volk aber drang hinzu. Da fing er an und sagte: Dies ist eine arge Art; sie begehrt ein Zeichen, und es wird ihr kein Zeichen gegeben denn nur das Zeichen des Propheten Jona.
30. Denn wie Jona ein Zeichen war den Niniviten, also wird des Menschen Sohn sein diesem Geschlecht.
31. Die Königin von Mittag wird auftreten vor dem Gericht mit den Leuten dieses Geschlechts und wird sie verdammen; denn sie kam von der Welt Ende, zu hören die Weisheit Salomos. Und siehe, hier ist mehr als Salomo. 1. Kön. 10,1.
32. Die Leute von Ninive werden auftreten vor dem Gericht mit diesem Geschlecht und werden's verdammen; denn sie taten Buße nach der Predigt des Jona. Und siehe, hier ist mehr als Jona. Jona 3,5.
33. Niemand zündet ein Licht an und setzt es an einen heimlichen Ort, auch nicht unter einen Scheffel, sondern auf den Leuchter, auf daß, wer hineingeht, das Licht sehe. K. 8,16; Matth. 5,15.
(V. 34–36: vgl. Matth. 6,22.23.)
34. Das Auge ist des Leibes Licht. Wenn nun dein Auge einfältig ist, so ist dein ganzer Leib licht; so aber dein Auge ein Schalk ist, so ist auch dein Leib finster.
35. So schaue darauf, daß nicht das Licht in dir Finsternis sei.
36. Wenn nun dein Leib ganz licht ist, daß er kein Stück von Finsternis hat, so wird er ganz licht sein, wie wenn ein Licht mit hellem Blitz dich erleuchtet.
37. Da er aber in der Rede war, bat ihn ein Pharisäer, daß er mit ihm das Mittagsmahl äße. Und er ging hinein und setzte sich zu Tische. K. 7,36; 14,1.
38. Da das der Pharisäer sah, verwunderte er sich, daß er sich nicht vor dem Essen gewaschen hätte. Matth. 15,2.
(V. 39–52: vgl. Matth. 23,1–36.)
39. Der Herr aber sprach zu ihm: Ihr Pharisäer haltet die Becher und Schüsseln auswendig reinlich; aber euer Inwendiges ist voll Raubes und Bosheit.
40. Ihr Narren, meinet ihr, daß es inwendig rein sei, wenn's auswendig rein ist?
41. Doch gebt Almosen von dem, was da ist, siehe, so ist's euch alles rein.
42. Aber weh euch Pharisäern, daß ihr verzehntet die Minze und Raute und allerlei Kohl, und geht vorbei an dem Gericht und an der Liebe Gottes! Dies sollte man tun und jenes nicht lassen.
43. Weh euch Pharisäern, daß ihr gern obenan sitzet in den Schulen und wollt gegrüßt sein auf dem Markte! K. 20,46.
44. Weh euch, Schriftgelehrte und Pharisäer, ihr Heuchler, daß ihr seid wie die verdeckten Totengräber, darüber die Leute laufen, und kennen sie nicht!
45. Da antwortete einer von den Schriftgelehrten und sprach zu ihm: Meister, mit den Worten schmähest du uns auch.
46. Er aber sprach: Und weh auch euch Schriftgelehrten! denn ihr beladet die Menschen mit unerträglichen Lasten, und ihr rühret sie nicht mit einem Finger an.
47. Weh euch! denn ihr bauet der Propheten Gräber; eure Väter aber haben sie getötet.
48. So bezeuget ihr und williget in eurer Väter Werke; denn sie töteten sie, so bauet ihr ihre Gräber.
49. Darum spricht die Weisheit Gottes: Ich will Propheten und Apostel zu ihnen senden, und derselben werden sie etliche töten und verfolgen;
50. auf daß gefordert werde von diesem Geschlecht aller Propheten Blut, das vergossen ist, seit der Welt Grund gelegt ist,
51. von Abels Blut an bis auf das Blut des Zacharias, der umkam zwischen dem Altar und Tempel. Ja, ich sage euch: Es wird gefordert werden von diesem Geschlecht.
52. Weh euch Schriftgelehrten! denn ihr

MARTHA UND MARIA Lukas 10, 40–42

habt den Schlüssel der Erkenntnis weggenommen. Ihr kommt nicht hinein und wehret denen, die hinein wollen.
53. Da er aber solches zu ihnen sagte, fingen an die Schriftgelehrten und Pharisäer, hart auf ihn zu dringen und ihm mit mancherlei Fragen zuzusetzen,
54. und lauerten auf ihn und suchten, ob sie etwas erjagen könnten aus seinem Munde, daß sie eine Sache wider ihn hätten. K.20,20.

Das 12. Kapitel

Warnung vor Heuchelei, Zaghaftigkeit und Geiz. Ermahnungen zur Wachsamkeit und Verträglichkeit. Zeichen der Zeit.

1. Es lief das Volk zu und kamen etliche Tausend zusammen, also daß sie sich untereinander traten. Da fing er an und sagte zu seinen Jüngern: Zum ersten hütet euch vor dem Sauerteig der Pharisäer, welches ist die Heuchelei. Matth.16,6; Mark.8,15.
(V.2–9: vgl. Matth.10,26–33.)
2. Es ist aber *nichts verborgen, das nicht offenbar werde, noch heimlich, das man nicht wissen werde. *K.8,17.
3. Darum, was ihr in der Finsternis saget, das wird man im Licht hören; was ihr redet ins Ohr in den Kammern, das wird man auf den Dächern predigen.
4. Ich sage euch aber, meinen Freunden: Fürchtet euch nicht vor denen, die den Leib töten, und darnach nichts mehr tun können.
5. Ich will euch aber zeigen, vor welchem ihr euch fürchten sollt: Fürchtet euch vor dem, der, nachdem er getötet hat, auch Macht hat, zu werfen in die Hölle. Ja, ich sage euch, vor dem fürchtet euch.
6. Verkauft man nicht fünf Sperlinge um zwei Pfennige? Dennoch ist vor Gott deren nicht eines vergessen.
7. Aber auch *die Haare auf eurem Haupt sind alle gezählt. Darum fürchtet euch nicht; ihr seid besser als viele Sperlinge. *K.21,18.
8. Ich sage euch aber: Wer mich bekennet vor den Menschen, den wird auch des Menschen Sohn bekennen vor den Engeln Gottes.
9. Wer mich aber verleugnet vor den Menschen, der wird verleugnet werden vor den Engeln Gottes. K.9,26.
10. Und wer *da redet ein Wort wider des

Menschen Sohn, dem soll es vergeben werden; wer aber lästert den heiligen Geist, dem soll es nicht vergeben werden.
*Matth. 12,32; Mark. 3,28.29.
11. Wenn sie euch aber führen werden in ihre Schulen und vor die Obrigkeit und vor die Gewaltigen, so sorget nicht, wie oder was ihr antworten oder was ihr sagen sollt; K. 21,14.15; Matth. 10,19.20.
12. denn der heilige Geist wird euch zu derselben Stunde lehren, was ihr sagen sollt.
13. Es sprach aber einer aus dem Volk zu ihm: Meister, sage meinem Bruder, daß er mit mir das Erbe teile.
14. Er aber sprach zu ihm: Mensch, wer hat mich zum Richter oder Erbschichter über euch gesetzt?
15. Und er sprach zu ihnen: Sehet zu und hütet euch vor dem Geiz; denn niemand lebt davon, daß er viele Güter hat.
1. Tim. 6,9.10.
16. Und er sagte ihnen ein Gleichnis und sprach: Es war ein reicher Mensch, des Feld hatte wohl getragen.
17. Und er gedachte bei sich selbst und sprach: Was soll ich tun? Ich habe nicht, da ich meine Früchte hin sammle.
18. Und sprach: Das will ich tun: ich will meine Scheunen abbrechen und größere bauen und will drein sammeln alles, was mir gewachsen ist, und meine Güter;
19. und will sagen zu meiner Seele: Liebe Seele, du hast einen großen Vorrat auf viele Jahre; habe nun Ruhe, iß, trink und habe guten Mut!
20. Aber Gott sprach zu ihm: Du Narr! diese Nacht wird man deine Seele von dir fordern; und wes wird's sein, das du bereitet hast? Hebr. 9,27.
21. Also geht es, wer sich Schätze sammelt und ist nicht reich in Gott.
Matth. 6,20. (V. 22–31: vgl. Matth. 6,25–33.)
22. Er sprach aber zu seinen Jüngern: Darum sage ich euch: Sorget nicht für euer Leben, was ihr essen sollt, auch nicht für euren Leib, was ihr antun sollt.
23. Das Leben ist mehr denn die Speise, und der Leib mehr denn die Kleidung.
24. Nehmet wahr der Raben: die säen nicht, sie ernten auch nicht, sie haben auch keinen Keller noch Scheune; und *Gott nährt sie doch. Wie viel aber seid ihr besser denn die Vögel! *Ps. 147,9.
25. Welcher ist unter euch, ob er schon darum sorget, der da könnte eine Elle seiner Länge zusetzen?
26. So ihr denn das Geringste nicht vermöget, warum sorget ihr für das andere?
27. Nehmet wahr der Lilien auf dem Felde, wie sie wachsen: sie arbeiten nicht, auch spinnen sie nicht. Ich sage euch aber, daß auch Salomo in aller seiner Herrlichkeit nicht ist bekleidet gewesen wie deren eines.
28. So denn das Gras, das heute auf dem Felde steht und morgen in den Ofen geworfen wird, Gott also kleidet, wie viel mehr wird er euch kleiden, ihr Kleingläubigen!
29. Darum auch ihr, fraget nicht darnach, was ihr essen oder was ihr trinken sollt, und fahret nicht hoch her.
30. Nach solchem allem trachten die Heiden in der Welt; aber euer Vater weiß wohl, daß ihr des bedürfet.
31. Doch trachtet nach dem Reich Gottes, so wird euch das alles zufallen.
32. Fürchte dich nicht, du kleine Herde! denn es ist eures Vaters Wohlgefallen, euch das Reich zu geben. K. 22,29; Jes. 41,14.
(V. 33.34: vgl. Matth. 6,20.21.)
33. Verkaufet, was ihr habt, und gebet Almosen. Machet euch Beutel, die nicht veralten, einen Schatz, der nimmer abnimmt, im Himmel, da kein Dieb zukommt, und den keine Motten fressen.
K. 18,22.
34. Denn wo euer Schatz ist, da wird auch euer Herz sein.
(V. 35–46: vgl. Matth. 24,42–51.)
35. Lasset *eure Lenden umgürtet sein und eure †Lichter brennen
*2. Mose 12,11; 1. Petr. 1,13. †Matth. 25,1–13.
36. und seid gleich den Menschen, die auf ihren Herrn warten, wann er aufbrechen wird von der Hochzeit, auf daß, wenn er kommt und anklopft, sie ihm alsbald auftun.
37. Selig sind die Knechte, die der Herr, so er kommt, wachend findet. Wahrlich ich sage euch: Er wird sich aufschürzen und wird sie zu Tische setzen und vor ihnen gehen und ihnen dienen.
38. Und so er kommt in der andern Wache und in der dritten Wache und wird's also finden: selig sind diese Knechte.
39. Das sollt ihr aber wissen: *Wenn ein Hausherr wüßte, zu welcher Stunde der Dieb käme, so wachte er und ließe nicht in sein Haus brechen. *1. Thess. 5,2.
40. Darum seid ihr auch bereit; denn des Menschen Sohn wird kommen zu der Stunde, da ihr's nicht meinet.
41. Petrus aber sprach zu ihm: Herr, sagest du dies Gleichnis zu uns oder auch zu allen?
42. Der Herr aber sprach: Wie ein großes

Ding ist's um einen treuen und klugen
Haushalter, welchen der Herr setzt über
sein Gesinde, daß er ihnen zu rechter Zeit
ihre Gebühr gebe!
43. Selig ist der Knecht, welchen sein
Herr findet also tun, wenn er kommt.
44. Wahrlich ich sage euch: Er wird ihn
über alle seine Güter setzen. Matth.25,21.
45. So aber der Knecht in seinem Herzen
sagen wird: Mein Herr verzieht zu kommen,
– und fängt an, zu schlagen Knechte
und Mägde, auch zu essen und zu trinken
und sich vollzusaufen:
46. so wird des Knechtes Herr kommen
an dem Tage, da er sich's nicht versieht,
und zu der Stunde, die er nicht weiß, und
wird ihn zerscheitern und wird ihm seinen
Lohn geben mit den Ungläubigen.
47. Der Knecht aber, der seines Herrn
Willen weiß, und hat sich nicht bereitet,
auch nicht nach seinem Willen getan, der
wird viel Streiche leiden müssen.
Jak.4,17.
48. Der es aber nicht weiß, hat aber getan,
was der Streiche wert ist, wird wenig
Streiche leiden. Denn welchem viel gegeben
ist, bei dem wird man viel suchen; und
welchem viel befohlen ist, von dem wird
man viel fordern.
49. Ich bin gekommen, daß ich ein Feuer
anzünde auf Erden; was wollte ich lieber,
denn es brennete schon!
50. Aber ich muß mich zuvor taufen lassen
mit einer *Taufe; und wie ist mir so
†bange, bis sie vollendet werde!,
*Matth.20,22. †Matth.26,38; Joh.12,27.
(V.51–53: vgl. Matth.10,34–36.)
51. Meinet ihr, daß ich hergekommen
bin, Frieden zu bringen auf Erden? Ich
sage: Nein, sondern Zwietracht.
52. Denn von nun an werden fünf in einem
Hause uneins sein, drei wider zwei,
und zwei wider drei.
53. Es wird sein der Vater wider den
Sohn, und der Sohn wider den Vater; die
Mutter wider die Tochter, und die Tochter
wider die Mutter; die Schwiegermutter wider
die Schwiegertochter, und die Schwiegertochter
wider die Schwiegermutter.
54. Er sprach aber zu dem Volk: Wenn
ihr eine Wolke sehet aufgehen vom Abend,
so sprecht ihr alsbald: Es kommt ein Regen,
– und es geschieht also. Matth.16,2.3.
55. Und wenn ihr sehet den Südwind wehen,
so sprecht ihr: Es wird heiß werden, –
und es geschieht also.
56. Ihr Heuchler! die Gestalt der Erde
und des Himmels könnt ihr prüfen; wie
prüfet ihr aber diese Zeit nicht?
57. Warum richtet ihr aber nicht von
euch selber, was recht ist?
58. So du aber mit deinem Widersacher
vor den Fürsten gehst, so tu Fleiß auf dem
Wege, daß du ihn los werdest, auf daß er
nicht etwa dich vor den Richter ziehe, und
der Richter überantworte dich dem Stockmeister,
und der Stockmeister werfe dich
ins Gefängnis. Matth.5,25.26.
59. Ich sage dir: Du wirst von dannen
nicht herauskommen, bis du den allerletzten
Heller bezahlest.

Das 13. Kapitel

Bußpredigt Jesu über den Untergang der Galiläer. Heilung einer Krankheit am Sabbat. Gleichnisse und Reden vom Reich Gottes. Nachstellungen des Herodes. Wehklage über Jerusalem.

1. Es waren aber zu der Zeit etliche dabei,
die verkündigten ihm von den Galiläern,
deren Blut Pilatus mit ihrem Opfer
vermischt hatte.
2. Und Jesus antwortete und sprach zu
ihnen: Meinet ihr, daß diese Galiläer vor
allen Galiläern Sünder gewesen sind, dieweil
sie das erlitten haben? Joh.9,2.
3. Ich sage: Nein; sondern so *ihr euch
nicht bessert, werdet ihr alle auch also
umkommen. *Ps.7,13.
4. Oder meinet ihr, daß die achtzehn, auf
welche der Turm von Siloah fiel und erschlug
sie, seien schuldig gewesen vor allen
Menschen, die zu Jerusalem wohnen?
5. Ich sage: Nein; sondern so ihr euch
nicht bessert, werdet ihr alle auch also
umkommen.
6. Er sagte ihnen aber dies Gleichnis: Es
hatte einer einen Feigenbaum, der war
gepflanzt in seinem Weinberge; und er
kam und suchte Frucht darauf und fand
sie nicht. Matth.21,19.
7. Da sprach er zu dem Weingärtner: Siehe,
ich bin nun drei Jahre lang alle Jahre
gekommen und habe Frucht gesucht auf
diesem Feigenbaum, und finde sie nicht.
Haue ihn ab! was hindert er das Land?
8. Er aber antwortete und sprach zu ihm:
Herr, laß ihn noch dies Jahr, bis daß ich
um ihn grabe und bedünge ihn,
2.Petr. 3,9.15.
9. ob er wollte Frucht bringen; wo nicht,
so haue ihn darnach ab.
10. Und er lehrte in einer Schule am Sabbat.
11. Und siehe, ein Weib war da, das hatte
einen Geist der Krankheit achtzehn Jahre;
und sie war krumm und konnte nicht
wohl aufsehen.
12. Da sie aber Jesus sah, rief er sie zu

sich und sprach zu ihr: Weib, sei los von deiner Krankheit!

13. Und *legte die Hände auf sie; und alsobald richtete sie sich auf und pries Gott. *Mark. 7,32.

14. Da antwortete der Oberste der Schule und war unwillig, daß Jesus am Sabbat heilte, und sprach zu dem Volk: Es sind sechs Tage, an denen man arbeiten soll; an ihnen kommt und laßt euch heilen, und nicht am Sabbattage.

15. Da antwortete ihm der Herr und sprach: Du Heuchler! löst nicht ein jeglicher unter euch seinen Ochsen oder Esel von der Krippe am Sabbat und führt ihn zur Tränke? K. 14,5.

16. Sollte aber nicht gelöst werden am Sabbat diese, die doch *Abrahams Tochter ist, von diesem Bande, welche Satanas gebunden hatte nun wohl achtzehn Jahre? *K. 19,9.

17. Und als er solches sagte, mußten sich schämen alle, die ihm zuwider gewesen waren; und alles Volk freute sich über alle herrlichen Taten, die von ihm geschahen.

(V. 18–21: vgl. Matth. 13,31–33; Mark. 4,30–32.)

18. Er sprach aber: Wem ist das Reich Gottes gleich, und wem soll ich's vergleichen?

19. Es ist einem Senfkorn gleich, welches ein Mensch nahm und warf's in seinen Garten; und es wuchs und ward ein großer Baum, und die Vögel des Himmels wohnten unter seinen Zweigen.

20. Und abermals sprach er: Wem soll ich das Reich Gottes vergleichen?

21. Es ist einem Sauerteige gleich, welchen ein Weib nahm und verbarg ihn unter drei Scheffel Mehl, bis daß es ganz sauer ward.

22. Und er ging durch Städte und Märkte und lehrte und nahm seinen Weg gen Jerusalem.

23. Es sprach aber einer zu ihm: Herr, meinst du, daß wenige selig werden? Er aber sprach zu ihnen:

24. Ringet darnach, daß ihr durch die enge Pforte eingehet; denn viele werden, das sage ich euch, darnach trachten, wie sie hineinkommen, und werden's nicht tun können. Matth. 7,13.14; Phil. 3,12.

25. Von dem an, wenn der Hauswirt aufgestanden ist und die Tür verschlossen hat, da werdet ihr dann anfangen draußen zu stehen und an die Tür klopfen und sagen: Herr, Herr, tu uns auf! Und er wird antworten und zu euch sagen: Ich kenne euch nicht, wo ihr her seid. Matth. 25,11.12.

26. So werdet ihr dann anfangen zu sagen: Wir haben vor dir gegessen und getrunken, und auf den Gassen hast du uns gelehrt. Matth. 7,22.23.

27. Und er wird sagen: Ich sage euch: Ich kenne euch nicht, wo ihr her seid; weichet alle von mir, ihr Übeltäter!

(V. 28.29: vgl. Matth. 8,11.12.)

28. Da wird sein Heulen und Zähneklappen, wenn ihr sehen werdet Abraham und Isaak und Jakob und alle Propheten im Reich Gottes, euch aber hinausgestoßen.

29. Und es werden kommen vom Morgen und vom Abend, von Mitternacht und vom Mittage, die zu Tische sitzen werden im Reich Gottes. K. 14,15.

30. Und siehe, es sind Letzte, die werden die Ersten sein, und sind Erste, die werden die Letzten sein. Matth. 19,30.

31. An demselben Tage kamen etliche Pharisäer und sprachen zu ihm: Hebe dich hinaus und gehe von hinnen; denn Herodes will dich töten!

32. Und er sprach zu ihnen: Gehet hin und saget diesem Fuchs: Siehe, ich treibe Teufel aus und mache gesund heut und morgen, und am dritten Tage werde ich ein Ende nehmen.

33. Doch muß ich heute und morgen und am Tage darnach wandeln; denn es tut's nicht, daß ein Prophet umkomme außer Jerusalem.

(V. 34.35: vgl. Matth. 23,37–39.)

34. Jerusalem, Jerusalem, die du tötest die Propheten und steinigest, die zu dir gesandt werden, wie oft habe ich wollen deine Kinder versammeln, wie eine Henne ihr Nest unter ihre Flügel, und ihr habt nicht gewollt!

35. Sehet, euer Haus soll euch wüst gelassen werden. Denn ich sage euch: Ihr werdet mich nicht sehen, bis daß es komme, daß ihr sagen werdet: *Gelobt ist, der da kommt im Namen des Herrn! *Ps. 118,26.

Das 14. Kapitel

Heilung eines Wassersüchtigen am Sabbat.
Ermahnung zur Demut und Wohltätigkeit.
Gleichnis vom großen Abendmahl.
Selbstverleugnung.

1. Und es begab sich, daß er kam in ein Haus eines Obersten der Pharisäer an einem Sabbat, das Brot zu essen; und sie hatten acht auf ihn. K. 6,6–11; 11,37.

2. Und siehe, da war ein Mensch vor ihm, der war wassersüchtig.

3. Und Jesus antwortete und sagte zu den Schriftgelehrten und Pharisäern und sprach: Ist's auch recht, am Sabbat heilen?

4. Sie aber schwiegen still. Und er griff ihn an und heilte ihn und ließ ihn gehen.
5. Und antwortete und sprach zu ihnen: Welcher ist unter euch, dem sein Ochse oder Esel in den Brunnen fällt, und der nicht alsbald ihn herauszieht am Sabbattage? K.13,15; Matth.12,11.
6. Und sie konnten ihm darauf nicht wieder Antwort geben.
7. Er sagte aber ein Gleichnis zu den Gästen, da er merkte, wie sie erwählten obenan zu sitzen, und sprach zu ihnen:
Matth.23,6.
8. Wenn du von jemand geladen wirst zur Hochzeit, so setze dich nicht obenan, daß nicht etwa ein Vornehmerer denn du von ihm geladen sei,
9. und dann komme, der dich und ihn geladen hat, und spreche zu dir: Weiche diesem! und du müssest dann mit Scham untenan sitzen.
10. Sondern wenn du geladen wirst, so gehe hin und setze dich untenan, auf daß, wenn da kommt, der dich geladen hat, er spreche zu dir: Freund, rücke hinauf! Dann wirst du Ehre haben vor denen, die mit dir zu Tische sitzen.
11. Denn wer sich selbst erhöht, der soll erniedrigt werden; und wer sich selbst erniedrigt, der soll erhöht werden.
K.18,14; Matth.23,12.
12. Er sprach auch zu dem, der ihn geladen hatte: Wenn du ein Mittags- oder Abendmahl machst, so lade nicht deine Freunde noch deine Brüder noch deine Gefreunden noch deine Nachbarn, die da reich sind, auf daß sie dich nicht etwa wieder laden und dir vergolten werde.
13. Sondern wenn du ein Mahl machst, so lade die Armen, die Krüppel, die Lahmen, die Blinden,
5.Mose 14,29.
14. so bist du selig; denn sie haben's dir nicht zu vergelten, es wird dir aber vergolten werden in der *Auferstehung der Gerechten. *Joh.5,29.
15. Da aber solches hörte einer, der mit zu Tische saß, sprach er zu ihm: Selig ist, der das Brot ißt im Reich Gottes.
K.13,29. (V.16–24: vgl. Matth.22,2–10.)
16. Er aber sprach zu ihm: Es war ein Mensch, der machte ein großes Abendmahl und lud viele dazu.
17. Und sandte seinen Knecht aus zur Stunde des Abendmahls, zu sagen den Geladenen: Kommt, denn es ist alles bereit!
18. Und sie fingen an, alle nacheinander, sich zu entschuldigen. Der erste sprach zu ihm: Ich habe einen Acker gekauft und muß hinausgehen und ihn besehen; ich bitte dich, entschuldige mich.
19. Und der andere sprach: Ich habe fünf Joch Ochsen gekauft, und ich gehe jetzt hin, sie zu besehen; ich bitte dich, entschuldige mich.
20. Und der dritte sprach: Ich habe ein Weib genommen, darum kann ich nicht kommen. 1.Kor.7,33.
21. Und der Knecht kam und sagte das seinem Herrn wieder. Da ward der Hausherr zornig und sprach zu seinem Knechte: Gehe aus schnell auf die Straßen und Gassen der Stadt und führe die Armen und Krüppel und Lahmen und Blinden herein.
22. Und der Knecht sprach: Herr, es ist geschehen, was du befohlen hast; es ist aber noch Raum da.
23. Und der Herr sprach zu dem Knechte: Gehe aus auf die Landstraßen und an die Zäune und nötige sie hereinzukommen, auf daß mein Haus voll werde.
24. Ich sage euch aber, daß der Männer keiner, die geladen waren, mein Abendmahl schmecken wird.
25. Es ging aber viel Volks mit ihm; und er wandte sich und sprach zu ihnen:
(V. 26.27: vgl. Matth. 10,37.38.)
26. So jemand zu mir kommt und *haßt nicht seinen Vater, Mutter, Weib, Kinder, Brüder, Schwestern, auch dazu sein eigen Leben, der kann nicht mein Jünger sein.
*5.Mose 33,9.10; K. 18,29.30.
27. Und wer nicht sein Kreuz trägt und mir nachfolgt, der kann nicht mein Jünger sein. K.9,23.
28. Wer ist aber unter euch, der einen Turm bauen will, und sitzt nicht zuvor und überschlägt die Kosten, ob er's habe, hinauszuführen?
29. auf daß er nicht, wo er den Grund gelegt hat und kann's nicht hinausführen, alle, die es sehen, fangen an, sein zu spotten,
30. und sagen: Dieser Mensch hob an zu bauen, und kann's nicht hinabführen.
31. Oder welcher König will sich begeben in einen Streit wider einen andern König und sitzt nicht zuvor und ratschlagt, ob er könne mit zehntausend begegnen dem, der über ihn kommt mit zwanzigtausend?
32. Wo nicht, so schickt er Botschaft, wenn jener noch ferne ist, und bittet um Frieden.
33. Also auch ein jeglicher unter euch, der nicht absagt allem, was er hat, kann nicht mein Jünger sein.
34. Das Salz ist ein gutes Ding; wo aber

das Salz dumm wird, womit wird man's
würzen? Matth. 5,13; Mark 9,50.
35. Es ist weder auf das Land noch in den
Mist nütze, sondern man wird's wegwerfen. Wer Ohren hat, zu hören, der höre!

Das 15. Kapitel

Gleichnisse vom verlornen Schaf, Groschen und Sohn.

1. Es nahten aber zu ihm allerlei Zöllner
und Sünder, daß sie ihn hörten.
2. Und die Pharisäer und Schriftgelehrten murrten und sprachen: Dieser nimmt
die Sünder an und isset mit ihnen. K. 5,30.
3. Er sagte aber zu ihnen dies Gleichnis
und sprach: (V. 4–7; vgl. Matth. 18,12–14.)
4. Welcher Mensch ist unter euch, der
hundert Schafe hat und, so er der eines
verliert, der nicht lasse die neunundneunzig in der Wüste und hingehe nach dem
verlorenen, bis daß er's finde?
Hesek. 34,11.16; K. 19,10.
5. Und wenn er's gefunden hat, so legt
er's auf die Achseln mit Freuden.
6. Und wenn er heimkommt, ruft er seine Freunde und Nachbarn und spricht zu
ihnen: Freuet euch mit mir; denn ich habe
mein Schaf gefunden, das verloren war.
7. Ich sage euch: Also wird auch Freude
im Himmel sein über einen Sünder, der
Buße tut, vor neunundneunzig Gerechten, die der Buße nicht bedürfen.
8. Oder welches Weib ist, die zehn Groschen hat, so sie der einen verliert, die
nicht ein Licht anzünde und kehre das
Haus und suche mit Fleiß, bis daß sie ihn
finde?
9. Und wenn sie ihn gefunden hat, ruft
sie ihre Freundinnen und Nachbarinnen
und spricht: Freut euch mit mir; denn ich
habe meinen Groschen gefunden, den ich
verloren hatte.
10. Also auch, sage ich euch, wird Freude
sein vor den *Engeln Gottes über einen
Sünder, der Buße tut. *Eph. 3,10.
11. Und er sprach: Ein Mensch hatte zwei
Söhne.
12. Und der jüngste unter ihnen sprach
zu dem Vater: Gib mir, Vater, das Teil der
Güter, das mir gehört. Und er teilte ihnen
das Gut.
13. Und nicht lange darnach sammelte
der jüngste Sohn alles zusammen und zog
ferne über Land; und *daselbst brachte er
sein Gut um mit Prassen. *Spr. 29.3.
14. Da er nun all das Seine verzehrt hatte, ward eine große Teuerung durch dasselbe ganze Land, und er fing an zu darben.
15. Und ging hin und hängte sich an einen Bürger des Landes; der schickte ihn
auf seinen Acker, die Säue zu hüten.
16. Und er begehrte seinen Bauch zu füllen mit Trebern, die die Säue aßen; und
niemand gab sie ihm. Spr. 23,21.
17. Da schlug er in sich und sprach: Wie
viel Tagelöhner hat mein Vater, die Brot
die Fülle haben, und ich verderbe im Hunger!
18. Ich *will mich aufmachen und zu
meinem Vater gehen und zu ihm sagen:
Vater, ich habe gesündigt †gegen den
Himmel und vor dir *Jer. 3,12.13. †Ps. 51,6.
19. und bin hinfort nicht mehr wert, daß
ich dein Sohn heiße; mache mich zu einem deiner Tagelöhner!
20. Und er machte sich auf und kam zu
seinem Vater. Da er aber noch ferne von
dannen war, sah ihn sein Vater, und es
jammerte ihn, lief und fiel ihm um seinen
Hals und küßte ihn.
21. Der Sohn aber sprach zu ihm: Vater,
ich habe gesündigt gegen den Himmel
und vor dir; ich bin hinfort nicht mehr
wert, daß ich dein Sohn heiße.
22. Aber der Vater sprach zu seinen
Knechten: Bringet das beste Kleid hervor
und tut es ihm an, und gebet ihm einen
Fingerreif an seine Hand und Schuhe an
seine Füße,
23. und bringet ein gemästet Kalb her
und schlachtet's; lasset uns essen und
fröhlich sein!
24. denn dieser mein Sohn war tot und
ist wieder *lebendig geworden; er war verloren und ist gefunden worden. Und sie
fingen an, fröhlich zu sein.
*Eph. 2,1.5.; 5,14.
25. Aber der älteste Sohn war auf dem
Felde. Und als er zum Hause kam, hörte er
das Gesänge und den Reigen;
26. und rief zu sich der Knechte einen
und fragte, was das wäre.
27. Der aber sagte ihm: Dein Bruder ist
gekommen, und dein Vater hat ein gemästet Kalb geschlachtet, daß er ihn gesund
wieder hat.
28. Da *ward er zornig und wollte nicht
hineingehen. Da ging sein Vater heraus
und bat ihn. *V 2
29. Er aber antwortete und sprach zum
Vater: Siehe, so viele Jahre diene ich dir
und habe dein Gebot noch nie übertreten;
und du hast mir nie einen Bock gegeben,
daß ich mit meinen Freunden fröhlich
wäre.
30. Nun aber dieser dein Sohn gekommen ist, der sein Gut mit Huren ver-

DER VERLORENE SOHN Lukas 15, 11–24

schlungen hat, hast du ihm ein gemästet Kalb geschlachtet.

31. Er aber sprach zu ihm: Mein Sohn, du bist allezeit bei mir, und alles, was mein ist, das ist dein.

32. Du solltest aber fröhlich und gutes Muts sein; denn dieser dein Bruder war tot und ist wieder lebendig geworden; er war verloren und ist wieder gefunden.

Das 16. Kapitel

Gleichnisse vom ungerechten Haushalter, vom reichen Mann und armen Lazarus.

1. Er sprach aber auch zu seinen Jüngern: Es war ein reicher Mann, der hatte einen Haushalter; der ward vor ihm berüchtigt, als hätte er ihm seine Güter umgebracht.

2. Und er forderte ihn und sprach zu ihm: Wie höre ich das von dir? Tu Rechnung von deinem Haushalten; denn du kannst hinfort nicht Haushalter sein!

3. Der Haushalter sprach bei sich selbst: Was soll ich tun? Mein Herr nimmt das Amt von mir; graben kann ich nicht, so schäme ich mich zu betteln.

4. Ich weiß wohl, was ich tun will, wenn ich nun von dem Amt gesetzt werde, daß sie mich in ihre Häuser nehmen.

5. Und er rief zu sich alle Schuldner seines Herrn und sprach zu dem ersten: Wie viel bist du meinem Herrn schuldig?

6. Er sprach: Hundert Tonnen Öl. Und er sprach zu ihm: Nimm deinen Brief, setze dich und schreib flugs fünfzig.

7. Darnach sprach er zu dem andern: Du aber, wie viel bist du schuldig? Er sprach: Hundert Malter Weizen. Und er sprach zu ihm: Nimm deinen Brief und schreib achtzig.

8. Und der Herr lobte den ungerechten Haushalter, daß er klüglich gehandelt hatte; denn die Kinder dieser Welt sind klüger als die *Kinder des Lichtes in ihrem Geschlecht. *Eph. 5,9; 1.Thess. 5,5.

9. Und ich sage euch auch: Machet euch Freunde mit dem ungerechten Mammon, auf daß, wenn ihr nun darbet, sie euch aufnehmen in die ewigen Hütten.

K. 14,14; Matth. 6,20; 10,40; 19,21.

10. Wer im Geringsten treu ist, der ist auch im Großen treu; und wer im Geringsten unrecht ist, der ist auch im Großen unrecht. K. 19,17.

11. So ihr nun in dem ungerechten Mammon nicht treu sein, wer will euch das Wahrhaftige vertrauen?
12. Und so ihr in dem Fremden nicht treu seid, wer wird euch geben, was euer ist?
13. Kein Knecht kann zwei Herren dienen: entweder er wird den einen hassen und den andern lieben, oder wird dem einen anhangen und den andern verachten. Ihr könnt nicht Gott samt dem Mammon dienen. Matth. 6,24.
14. Das alles hörten die Phärisäer auch, die waren geizig, und spotteten sein. Matth. 23,14.
15. Und er sprach zu ihnen: Ihr seid's, die ihr euch *selbst rechtfertigt vor den Menschen; aber Gott †kennt eure Herzen; denn was **hoch ist unter den Menschen, das ist ein Greuel vor Gott.
*K. 18,9–14; †Ps. 7,10; **Spr. 6,16.17.
16. Das Gesetz und die Propheten weissagen bis auf Johannes; und von der Zeit wird das Reich Gottes durchs Evangelium gepredigt, und jedermann dringt mit Gewalt hinein. Matth. 11,12.13.
17. Es ist aber leichter, daß Himmel und Erde vergehen, denn daß ein *Tüttel am Gesetz falle. *Pünktlein, Strichlein. Matth. 5,18.
18. Wer sich scheidet von seinem Weibe und freit eine andere, der bricht die Ehe; und wer die von dem Manne Geschiedene freit, der bricht auch die Ehe. Matth. 5,32; 19,9.
19. Es war aber ein reicher Mann, der kleidete sich mit Purpur und köstlicher Leinwand und lebte alle Tage herrlich und in Freuden.
20. Es war aber ein Armer mit Namen Lazarus, der lag vor seiner Tür voller Schwären
21. und begehrte sich zu sättigen von den Brosamen, die von des Reichen Tische fielen; doch kamen die Hunde und leckten ihm seine Schwären.
22. Es begab sich aber, daß der Arme starb und ward getragen von den Engeln in Abrahams Schoß. Der Reiche aber starb auch und ward begraben.
23. Als er nun in der Hölle und in der Qual war, hob er seine Augen auf und sah Abraham von ferne und Lazarus in seinem Schoß.
24. Und er rief und sprach: Vater Abraham, erbarme dich mein und sende Lazarus, daß er das Äußerste seines Fingers ins Wasser tauche und kühle meine Zunge; denn ich leide Pein in dieser Flamme.
25. Abraham aber sprach: Gedenke, Sohn, daß du dein Gutes empfangen hast in deinem Leben, und Lazarus dagegen hat Böses empfangen; nun aber wird er getröstet, und du wirst gepeinigt.
26. Und über das alles ist zwischen uns und euch eine große Kluft befestigt, daß die da wollen von hinnen hinabfahren zu euch, könnten nicht, und auch nicht von dannen zu uns herüberfahren.
27. Da sprach er: So bitte ich dich, Vater, daß du ihn sendest in meines Vaters Haus;
28. denn ich habe noch fünf Brüder, daß er ihnen bezeuge, auf daß sie nicht auch kommen an diesen Ort der Qual.
29. Abraham sprach zu ihm: Sie haben Mose und die Propheten; laß sie dieselben hören. 2. Tim. 3,16.
30. Er aber sprach: Nein, Vater Abraham! sondern wenn einer von den Toten zu ihnen ginge, so würden sie Buße tun.
31. Er sprach zu ihm: Hören sie Mose und die Propheten nicht, so werden sie auch nicht glauben, wenn jemand von den Toten aufstünde.

Das 17. Kapitel

Von Ärgernis, Versöhnlichkeit, Glauben und Werken. Heilung zehn Aussätziger. Zukunft des Reiches Gottes.

1. Er sprach aber zu seinen Jüngern: Es ist unmöglich, daß nicht Ärgernisse kommen; weh aber dem, durch welchen sie kommen!
2. Es wäre ihm besser, daß man einen Mühlstein an seinen Hals hängte und würfe ihn ins Meer, denn daß er dieser Kleinen einen ärgert. Matth. 18,6.7.
3. Hütet euch! So dein Bruder an dir sündigt, so strafe ihn; und so es ihn reut, vergib ihm. Matth. 18,15.
4. Und wenn er siebenmal des Tages an dir sündigen würde und siebenmal des Tages wiederkäme zu dir und spräche: Es reut mich! so sollst du ihm vergeben. Matth. 18,21.22.
5. Und die Apostel sprachen zu dem Herrn: Stärke uns den Glauben! Mark. 9,24.
6. Der Herr aber sprach: Wenn ihr Glauben habt wie ein Senfkorn und sagt zu diesem Maulbeerbaum: Reiß dich aus und versetze dich ins Meer! so wird er euch gehorsam sein. Matth. 17,20; 21,21.
7. Welcher ist unter euch, der einen Knecht hat, der ihm pflügt oder das Vieh weidet, wenn er heimkommt vom Felde, daß er ihm sage: Gehe alsbald hin und setze dich zu Tische?
8. Ist's nicht also, daß er zu ihm sagt: Richte zu, was ich zu Abend esse, schürze

DER REICHE UND DER ARME Lukas 16, 19–26

dich und diene mir, bis ich esse und trinke; darnach sollst du auch essen und trinken?
9. Danket er auch dem Knechte, daß er
getan hat, was ihm befohlen war? Ich meine es nicht.
10. Also auch ihr; wenn ihr alles getan
habt, was euch befohlen ist, so sprechet:
Wir sind unnütze Knechte; wir haben getan, was wir zu tun schuldig waren.
11. Und es begab sich, da er reiste gen
Jerusalem, zog er mitten durch Samarien
und Galiläa. K. 9,51; 13,22.
12. Und als er in einen Markt kam, begegneten ihm zehn aussätzige Männer,
die standen von ferne 3. Mose 13,45.46.
13. und erhoben ihre Stimme und sprachen: Jesu, lieber Meister, erbarme dich
unser!
14. Und da er sie sah, sprach er zu ihnen:
*Gehet hin und zeiget euch den Priestern!
Und es geschah, da sie hingingen, wurden
sie rein. *K. 5,14; 3. Mose 14,2.3.
15. Einer aber unter ihnen, da er sah,
daß er geheilt war, kehrte er um und pries
Gott mit lauter Stimme
16. und fiel auf sein Angesicht zu seinen
Füßen und dankte ihm. Und das war ein
Samariter.
17. Jesus aber antwortete und sprach:
Sind ihrer nicht zehn rein geworden? Wo
sind aber die neun!
18. Hat sich sonst keiner gefunden, der
wieder umkehrte und gäbe Gott die Ehre,
denn dieser Fremdling?
19. Und er sprach zu ihm: Stehe auf, gehe hin; dein Glaube hat dir geholfen!
K. 7,50.
20. Da er aber gefragt ward von den Pharisäern: Wann kommt das Reich Gottes?
antwortete er ihnen und sprach: Das Reich
Gottes kommt nicht mit äußerlichen Gebärden; Joh. 18,36.
21. man wird auch nicht sagen: Siehe,
hier! oder: da ist es! Denn sehet, das Reich
Gottes ist inwendig in euch. Matth. 24,23.
22. Er sprach aber zu den Jüngern: Es
wird die Zeit kommen, daß ihr werdet
begehren zu sehen einen Tag des Menschensohnes, und werdet ihn nicht sehen.
23. Und sie werden zu euch sagen: Siehe
hier! siehe da! Gehet nicht hin und folget
auch nicht. K. 21,8.
24. Denn wie der Blitz oben vom Himmel

blitzt und leuchtet über alles, was unter dem Himmel ist, also wird des Menschen Sohn an seinem Tage sein.
Matth. 24,26.27.

25. Zuvor aber muß er viel leiden und verworfen werden von diesem Geschlecht.
K. 9,22.

26. Und wie es geschah zu den Zeiten Noahs, so wird's auch geschehen in den Tagen des Menschensohnes:
Matth. 24,37–39.

27. sie aßen, sie tranken, sie freiten, sie ließen sich freien bis auf den Tag, *da Noah in die Arche ging und die Sintflut kam und brachte sie alle um.
*1. Mose 7,7–23.

28. Desgleichen wie es geschah zu den Zeiten Lots: sie aßen, sie tranken, sie kauften, sie verkauften, sie pflanzten, sie bauten;

29. an dem Tage aber, da Lot aus Sodom ging, da regnete es Feuer und Schwefel vom Himmel und brachte sie alle um.
1. Mose 19,15.24.25.

30. Auf diese Weise wird's auch gehen an dem Tage, wenn des Menschen Sohn soll offenbart werden.

31. An dem Tage, wer auf dem Dache ist und sein Hausrat in dem Hause, der steige nicht hernieder, ihn zu holen. Desgleichen wer auf dem Felde ist, der wende nicht um nach dem, was hinter ihm ist.
Matth. 24,17.18.

32. Gedenket an des Lot Weib!
1. Mose 19,26.

33. Wer da sucht, seine Seele zu erhalten, der wird sie verlieren; und wer sie verlieren wird, der wird ihr zum Leben helfen. K. 9,24.

34. Ich sage euch: In derselben Nacht werden zwei auf einem Bette liegen; einer wird angenommen, der andere wird verlassen werden.

35. Zwei werden mahlen miteinander; eine wird angenommen, die andere wird verlassen werden. Matth. 24,40.41.

36. Zwei werden auf dem Felde sein; einer wird angenommen, der andere wird verlassen werden.

37. Und sie antworteten und sprachen zu ihm: Herr, wo? Er aber sprach zu ihnen: Wo das Aas ist, da sammeln sich auch die Adler. Matth. 24,28.

Das 18. Kapitel

Gleichnisse von der bittenden Witwe und vom betenden Pharisäer und Zöllner. Jesus ruft die Kindlein zu sich. Gefahren des Reichtums. Dritte Leidensverkündigung. Heilung eines Blinden.

1. Er sagte ihnen aber ein Gleichnis davon, daß man allezeit beten und nicht laß werden solle,
Röm. 12,12; Kol. 4,2; 1. Thess. 5,17.

2. und sprach: Es war ein Richter in einer Stadt, der fürchtete sich nicht vor Gott und scheute sich vor keinem Menschen.

3. Es war aber eine Witwe in dieser Stadt, die kam zu ihm und sprach: Rette mich von meinem Widersacher!

4. Und er wollte lange nicht. Darnach aber dachte er bei sich selbst: Ob ich mich schon vor Gott nicht fürchte noch vor keinem Menschen scheue,

5. dieweil aber mir diese Witwe so viel Mühe macht, will ich sie retten, auf daß sie nicht zuletzt komme und betäube mich. K. 11,7.8.

6. Da sprach der Herr: Höret hier, was der ungerechte Richter sagt!

7. Sollte aber Gott nicht auch retten seine Auserwählten, die zu ihm Tag und Nacht rufen, und sollte er's mit ihnen verziehen?

8. Ich sage euch: Er wird sie erretten in einer Kürze. Doch wenn des Menschen Sohn kommen wird, meinst du, daß er euch werde Glauben finden auf Erden?

9. Er sagte aber zu etlichen, die sich selbst vermaßen, daß sie fromm wären, und verachteten die andern, ein solch Gleichnis:

10. Es gingen zwei Menschen hinauf in den Tempel, zu beten, einer ein Pharisäer, der andere ein Zöllner.

11. Der Pharisäer stand und betete bei sich selbst also: Ich danke dir, Gott, daß ich nicht bin wie die andern Leute, Räuber, Ungerechte, Ehebrecher oder auch wie dieser Zöllner. Jes. 58,2.3.

12. Ich faste zweimal in der Woche und *gebe den Zehnten von allem, was ich habe. *Matth. 23,23.

13. Und der Zöllner stand von ferne, wollte auch seine Augen nicht aufheben gen Himmel, sondern schlug an seine Brust und sprach: *Gott, sei mir Sünder gnädig! *Ps. 51,3.

14. Ich sage euch: Dieser ging hinab gerechtfertigt in sein Haus vor jenem. Denn wer sich selbst erhöht, der wird erniedrigt werden; und wer sich selbst erniedrigt, der wird erhöht werden. K. 14,11; Matth. 23,12.

(V. 15–17; vgl. Matth. 19,13–15; Mark. 10,13–16.)

PHARISÄER UND ZÖLLNER Lukas 18, 10–13

15. Sie brachten auch junge Kindlein zu
ihm, daß er sie sollte anrühren. Da es aber
die Jünger sahen, bedrohten sie die.
16. Aber Jesus rief sie zu sich und sprach:
Lasset die Kindlein zu mir kommen und
wehret ihnen nicht; denn solcher ist das
Reich Gottes.
17. Wahrlich ich sage euch: Wer nicht
das Reich Gottes annimmt wie ein Kind,
der wird nicht hineinkommen. Matth. 18,3.
(V. 18–30: vgl. Matth. 19,16–29; Mark. 10,17–30.)
18. Und es fragte ihn ein Oberster und
sprach: Guter Meister, was muß ich tun,
daß ich das ewige Leben ererbe?
19. Jesus aber sprach zu ihm: Was heißest du mich gut? Niemand ist gut denn
der einige Gott.
20. Du weißt die Gebote wohl: *»Du
sollst nicht ehebrechen; du sollst nicht
töten; du sollst nicht stehlen; du sollst
nicht falsch Zeugnis reden; du sollst deinen Vater und deine Mutter ehren.«
*2. Mose 20,12–16.
21. Er aber sprach: Das habe ich alles
gehalten von meiner Jugend auf.
22. Da Jesus das hörte, sprach er zu ihm:
Es fehlt dir noch eins. Verkaufe alles, was
du hast, und gib's den Armen, so wirst du
*einen Schatz im Himmel haben; und
komm, folge mir nach! *Matth. 6,20.
23. Da er aber das hörte, ward er traurig;
denn er war sehr reich.
24. Da aber Jesus sah, daß er traurig war
geworden, sprach er: Wie schwer werden
die Reichen in das Reich Gottes kommen!
25. Es ist leichter, daß ein Kamel gehe
durch ein Nadelöhr, denn daß ein Reicher
in das Reich Gottes komme.
26. Da sprachen, die das hörten: Wer
kann denn selig werden?
27. Er aber sprach: Was bei den Menschen unmöglich ist, das ist bei Gott möglich.
28. Da sprach Petrus: Siehe, wir haben
alles verlassen und sind dir nachgefolgt.
29. Er aber sprach zu ihnen: Wahrlich
ich sage euch: Es ist niemand, der ein
Haus verläßt oder Eltern oder Brüder oder
Weib oder Kinder um des Reiches Gottes
willen,
30. der es nicht vielfältig wieder empfange zu dieser Zeit, und in der zukünftigen
Welt das ewige Leben.
(V. 31–34; vgl. Matth. 20,17–19; Mark. 10,32–34.)

31. Er nahm aber zu sich die Zwölf und
sprach zu ihnen: Sehet, wir gehen hinauf
gen Jerusalem, und es wird alles vollendet
werden, was geschrieben ist durch die
Propheten von des Menschen Sohn.
K. 9,22.24.
32. Denn er wird überantwortet werden
den Heiden; und er wird verspottet und
geschmähet und verspeiet werden,
33. und sie werden ihn geißeln und töten; und am dritten Tage wird er wieder
auferstehen.
34. Sie aber verstanden der keines, und
die Rede war ihnen verborgen, und wußten nicht, was das Gesagte war. Mark. 9,32.
(V. 35–43; vgl. Matth. 20,29–34; Mark. 10, 46–52.)
35. Es geschah aber, da er nahe an Jericho kam, saß ein Blinder am Wege und
bettelte.
36. Da er aber hörte das Volk, das hindurchging, forschte er, was das wäre.
37. Da verkündigten sie ihn, Jesus von
Nazareth ginge vorüber.
38. Und er rief und sprach: Jesu, du Sohn
Davids, erbarme dich mein!
39. Die aber vornean gingen, bedrohten
ihn, er solle schweigen. Er aber schrie viel
mehr: Du Sohn Davids, erbarme dich
mein!
40. Jesus aber stand still und hieß ihn zu
sich führen. Da sie ihn aber nahe zu ihm
brachten, fragte er ihn
41. und sprach: Was willst du, daß ich dir
tun soll? Er sprach: Herr, daß ich sehen
möge.
42. Und Jesus sprach zu ihm: Sei sehend!
dein Glaube hat dir geholfen. K. 17,19.
43. Und alsobald ward er sehend und
folgte ihm nach und pries Gott. Und alles
Volk, das solches sah, lobte Gott.

Das 19. Kapitel

Zachäus. Gleichnis von den anvertrauten Pfunden. Jesus weint über Jerusalem und reinigt den Tempel.

1. Und er zog hinein und ging durch Jericho.
2. Und siehe, da war ein Mann, genannt
Zachäus, der war ein Oberster der Zöllner
und war reich.
3. Und er begehrte Jesum zu sehen, wer
er wäre, und konnte nicht vor dem Volk;
denn er war klein von Person.
4. Und er lief voraus und stieg auf einen
Maulbeerbaum, auf daß er ihn sähe; denn
allda sollte er durchkommen.
5. Und als Jesus kam an die Stätte, sah er
auf und ward sein gewahr und sprach zu
ihm: Zachäus, steig eilend hernieder;
denn ich muß heute in deinem Hause einkehren!
6. Und er stieg eilend hernieder und
nahm ihn auf mit Freuden.
7. Da sie das sahen, murrten sie alle, daß
er bei einem Sünder einkehrte. K. 15,2.
8. Zachäus aber trat dar und sprach zu
dem Herrn: Siehe, Herr, die Hälfte meiner
Güter gebe ich den Armen, und so ich
jemand betrogen habe, das *gebe ich vierfältig wieder. *2. Mose 21,37.
9. Jesus aber sprach zu ihm: Heute ist
deinem Hause Heil widerfahren, *sintemal er auch Abrahams Sohn ist. *K. 13,16.
10. Denn des Menschen Sohn ist gekommen, zu suchen und selig zu machen, das
verloren ist. K. 5,32; 1. Tim. 1,15.
(V. 11–27; vgl. Matth. 25,14–30.)
11. Da sie nun zuhörten, sagte er weiter
ein Gleichnis, darum daß er nahe bei Jerusalem war und sie meinten, das Reich Gottes sollte alsbald offenbart werden,
12. und sprach: Ein Edler zog ferne in
ein Land, daß er ein Reich einnähme und
dann wiederkäme. Mark. 13,34.
13. Dieser forderte zehn seiner Knechte
und gab ihnen zehn Pfund und sprach zu
ihnen: Handelt, bis daß ich wiederkomme!
14. Seine Bürger aber waren ihm feind
und schickten Botschaft ihm nach und
ließen sagen: Wir wollen nicht, daß dieser
über uns herrsche. Joh. 1,11.
15. Und es begab sich, da er wiederkam,
nachdem er das Reich eingenommen hatte, hieß er dieselben Knechte fordern, welchen er das Geld gegeben hatte, daß er
wüßte, was ein jeglicher gehandelt hätte.
16. Da trat herzu der erste und sprach:
Herr, dein Pfund hat zehn Pfund erworben.
17. Und er sprach zu ihm: Ei, du frommer Knecht, dieweil du bist im Geringsten
treu gewesen, sollst du Macht haben über
zehn Städte. K. 16,10.
18. Der andere kam auch und sprach:
Herr, dein Pfund hat fünf Pfund getragen.
19. Zu dem sprach er auch: Und du sollst
sein über fünf Städte.
20. Und der dritte kam und sprach: Herr,
siehe da, hier ist dein Pfund, welches ich
habe im Schweißtuch behalten;
21. ich fürchtete mich vor dir, denn du
bist ein harter Mann: du nimmst, was du
nicht hingelegt hast, und erntest, was du
nicht gesät hast.
22. Er sprach zu ihm: Aus deinem Munde
richte ich dich, du Schalk. Wußtest du,
daß ich ein harter Mann bin, nehme, was

JESUS LÄSST DIE KINDER ZU SICH KOMMEN Lukas 18, 16.17

ich nicht hingelegt habe, und ernte, was ich nicht gesät habe?
23. Warum hast du denn mein Geld nicht in die Wechselbank gegeben? Und wenn ich gekommen wäre, hätte ich's mit Zinsen gefordert.
24. Und er sprach zu denen, die dabeistanden: Nehmet das Pfund von ihm und gebet's dem, der zehn Pfund hat.
25. Und sie sprachen zu ihm: Herr, hat er doch zehn Pfund.
26. Ich sage euch aber: Wer da hat, dem wird gegeben werden; von dem aber, der nicht hat, wird auch das genommen werden, was er hat. K. 8,18; Matth. 13,12.
27. Doch jene meine Feinde, die nicht wollten, daß ich über sie herrschen sollte, bringet her und erwürget sie vor mir!
28. Und als er solches sagte, zog er fort und reiste hinauf gen Jerusalem.

(V. 29–38; vgl. Matth. 21,1–9; Mark. 11,1–10; Joh. 12,12–16.)

29. Und es begab sich, als er nahte gen Behtphage und Bethanien und kam an den Ölberg, sandte er seiner Jünger zwei
30. und sprach: Gehet hin in den Markt, der gegenüberliegt. Und wenn ihr hineinkommt, werdet ihr ein Füllen angebunden finden, auf welchem noch nie ein Mensch gesessen hat; löset es ab und bringet es!
31. Und so euch jemand fragt, warum ihr's ablöset, so saget also zu ihm: Der Herr bedarf sein.
32. Und die Gesandten gingen hin und fanden, wie er ihnen gesagt hatte.
33. Da sie aber das Füllen ablösten, sprachen seine Herren zu ihnen: Warum löset ihr das Füllen ab?
34. Sie aber sprachen: Der Herr bedarf sein.
35. Und sie brachten's zu Jesu und warfen ihre Kleider auf das Füllen und setzten Jesum darauf.
36. Da er nun hinzog, breiteten sie ihre Kleider auf den Weg.
37. Und da er nahe hinzukam und zog den Ölberg herab, fing an der ganze Haufe seiner Jünger, fröhlich Gott zu loben mit lauter Stimme über alle Taten, die sie gesehen hatten,
38. und sprachen: Gelobt sei, der da kommt, ein König, in dem Namen des Herrn! *Friede sei im Himmel und Ehre in der Höhe! *K. 2,14.

39. Und etliche der Pharisäer im Volk sprachen zu ihm: Meister, strafe doch deine Jünger!
40. Er antwortete und sprach zu ihnen: Ich sage euch: Wo diese werden schweigen, so werden die Steine schreien.
41. Und als er nahe hinzukam, sah er die Stadt an und *weinte über sie

*2. Kön. 8,11; Joh. 11,35.

42. und sprach: *Wenn doch auch du erkenntest zu dieser deiner Zeit, was zu deinem Frieden dient! Aber nun ist's vor deinen Augen verborgen. *5. Mose 32,29.
43. Denn es wird die Zeit über dich kommen, daß deine Feinde werden um dich und deine Kinder mit dir eine Wagenburg schlagen, dich belagern und an allen Orten ängsten;
44. und werden dich schleifen und keinen Stein auf dem andern lassen, darum daß du nicht erkannt hast die Zeit, darin du heimgesucht bist. K. 21,6.

(V. 45–48: vgl. Matth. 21,12–16; Mark. 11,15–18; Joh. 2,13–16.)

45. Und er ging in den Tempel und fing an auszutreiben, die darin verkauften und kauften,
46. und sprach zu ihnen: Es *steht geschrieben: »Mein Haus ist ein Bethaus«; †ihr aber habt's gemacht zur Mördergrube. *Jes. 56,7. †Jer. 7,11.
47. Und er lehrte täglich im Tempel. Aber die Hohenpriester und Schriftgelehrten und die Vornehmsten im Volk trachteten ihm nach, daß sie ihn umbrächten;
48. und fanden nicht, wie sie ihm tun sollten, denn alles Volk hing ihm an und hörte ihn.

Das 20. Kapitel

Christi Verantwortung über sein Amt. Gleichnis von den bösen Weingärtnern. Vom Zinsgroschen und von der Auferstehung der Toten. Wessen Sohn ist Christus?

(V. 1–8: vgl. Matth. 21,23–27; Mark. 11,27–33.)

1. Und es begab sich an der Tage einem, da er das Volk lehrte im Tempel und predigte das Evangelium, da traten zu ihm die Hohenpriester und Schriftgelehrten mit den Ältesten
2. und sagten zu ihm und sprachen: Sage uns, aus was für Macht tust du das? oder wer hat dir die Macht gegeben?
3. Er aber antwortete und sprach zu ihnen: Ich will euch auch ein Wort fragen; saget mir's:
4. Die Taufe des Johannes, war sie vom Himmel oder von Menschen?
5. Sie aber gedachten bei sich selbst und sprachen: Sagen wir: Vom Himmel, so wird er sagen: Warum habt ihr ihm denn nicht geglaubt?
6. Sagen wir aber: Von Menschen, so wird uns alles Volk steinigen; denn sie stehen darauf, daß Johannes ein Prophet sei.
7. Und sie antworteten, sie wüßten's nicht, wo sie her wäre.
8. Und Jesus sprach zu ihnen: So sage ich euch auch nicht, aus was für Macht ich das tue.

(V. 9–19; vgl. Matth. 21,33–46; Mark. 12,1–12.)

9. Er fing aber an, zu sagen dem Volk dies Gleichnis: Ein Mensch pflanzte einen Weinberg und tat ihn den Weingärtnern aus und zog über Land eine gute Zeit.
10. Und zu seiner Zeit *sandte er einen Knecht zu den Weingärtnern, daß sie ihm gäben von der Frucht des Weinberges. Aber die Weingärtner stäupten ihn und ließen ihn leer von sich. *2. Chron. 36,15.16.
11. Und über das sandte er noch einen andern Knecht; sie aber stäupten den auch und höhnten ihn und ließen ihn leer von sich.
12. Und über das sandte er den dritten; sie aber verwundeten den auch und stießen ihn hinaus.
13. Da sprach der Herr des Weinberges: Was soll ich tun? Ich will meinen lieben Sohn senden; vielleicht, wenn sie den sehen, werden sie sich scheuen.
14. Da aber die Weingärtner den Sohn sahen, dachten sie bei sich selbst und sprachen: Das ist der Erbe; kommt, laßt uns ihn töten, daß das Erbe unser sei!
15. Und sie stießen ihn hinaus vor den Weinberg und töteten ihn. Was wird nun der Herr des Weinberges ihnen tun?
16. Er wird kommen und diese Weingärtner umbringen und seinen Weinberg anders austun. Da sie das hörten, sprachen sie: Das sei ferne!
17. Er aber sah sie an und sprach: Was ist denn das, was *geschrieben steht: »Der Stein, den die Bauleute verworfen haben, ist zum Eckstein geworden«? *Ps. 118,22.
18. Wer auf diesen Stein fällt, der wird zerschellen; auf wen aber er fällt, den wird er zermalmen.
19. Und die Hohenpriester und Schriftgelehrten trachteten darnach, wie sie die Hände an ihn legten zu derselben Stunde; und *fürchteten sich vor dem Volk, denn sie verstanden, daß er auf sie dies Gleichnis gesagt hatte. *K. 19,48.

(V. 20–26: vgl. Matth. 22,15–22; Mark. 12,13–17.)

VERLEUGNUNG DES PETRUS Lukas 22, 55–61

20. Und sie stellten ihm nach und sandten Laurer aus, die sich stellen sollten, als wären sie fromm, auf daß sie ihn in der Rede fingen, damit sie ihn überantworten könnten der Obrigkeit und Gewalt des Landpflegers. K. 11,54.
21. Und sie fragten ihn und sprachen: Meister, wir wissen, daß du aufrichtig redest und lehrest und achtest keines Menschen Ansehen, sondern du lehrest den Weg Gottes recht.
22. Ist's recht, daß wir dem Kaiser den Schoß geben, oder nicht?
23. Er aber merkte ihre List und sprach zu ihnen: Was versuchet ihr mich?
24. Zeiget mir einen Groschen! Wes Bild und Überschrift hat er? Sie antworteten und sprachen: Des Kaisers.
25. Er aber sprach zu ihnen: So gebet dem Kaiser, was des Kaisers ist, und Gott, was Gottes ist!
26. Und sie konnten sein Wort nicht tadeln vor dem Volk und verwunderten sich seiner Antwort und schwiegen still.

(V. 27–40: vgl. Matth. 22,23–33.46; Mark. 12,18–27.34.)

27. Da traten zu ihm etliche der Sadduzäer, welche da halten, es sei kein Auferstehen, und fragten ihn
28. und sprachen: Meister, *Mose hat uns geschrieben: So jemandes Bruder stirbt, der ein Weib hat und stirbt kinderlos, so soll sein Bruder das Weib nehmen und seinem Bruder einen Samen erwekken. *5. Mose 25,5.6.
29. Nun waren sieben Brüder. Der erste nahm ein Weib und starb kinderlos.
30. Und der andere nahm das Weib und starb auch kinderlos.
31. Und der dritte nahm sie. Desgleichen alle sieben und hinterließen keine Kinder und starben.
32. Zuletzt nach allen starb auch das Weib.
33. Nun in der Auferstehung, wes Weib wird sie sein unter denen? Denn alle sieben haben sie zum Weibe gehabt.
34. Und Jesus antwortete und sprach zu ihnen: Die Kinder dieser Welt freien und lassen sich freien;
35. welche aber würdig sein werden, jene Welt zu erlangen und die Auferstehung von den Toten, die werden weder freien noch sich freien lassen.

36. Denn sie können hinfort nicht sterben; denn sie sind den Engeln gleich und *Gottes Kinder, dieweil sie Kinder sind der Auferstehung. *1.Joh.3,1.2.
37. Daß aber die Toten auferstehen, hat auch *Mose gedeutet bei dem Busch, da er den Herrn heißt Gott Abrahams und Gott Isaaks und Gott Jakobs. *2.Mose 3,2.6.
38. Gott aber ist nicht der Toten, sondern der Lebendigen Gott; denn sie leben ihm alle.
39. Da antworteten etliche der Schriftgelehrten und sprachen: Meister, du hast recht gesagt.
40. Und sie wagten ihn fürder nichts mehr zu fragen.

(V. 41–44: vgl. Matth. 22,41–45; Mark. 12,35–37.)

41. Er sprach aber zu ihnen: Wie sagen sie, Christus sei Davids Sohn?
42. Und er selbst, David, spricht im *Psalmbuch: »Der Herr hat gesagt zu meinem Herrn: Setze dich zu meiner Rechten, *Ps. 110,1.
43. bis daß ich lege deine Feinde zum Schemel deiner Füße.«
44. David nennt ihn einen Herrn; wie ist er denn sein Sohn?

(V. 45–47: vgl. Matth. 23,1.5–7.14; Mark. 12,38–40.)

45. Da aber alles Volk zuhörte, sprach er zu seinen Jüngern:
46. Hütet euch vor den Schriftgelehrten, die da wollen einhertreten in langen Kleidern und lassen sich gern grüßen auf dem Markte und sitzen gern obenan in den Schulen und über Tisch; K. 11,43.
47. sie fressen der Witwen Häuser und wenden lange Gebete vor. Die werden desto schwerere Verdammnis empfangen.

Das 21. Kapitel

Scherflein der Witwe. Rede Jesu von der Zerstörung Jerusalems und von seiner Zukunft.
(V. 1–4: vgl. Mark. 12,41–44.)

1. Er sah aber auf und schaute die Reichen, wie sei ihre Opfer einlegten in den Gotteskasten.
2. Er sah aber auch eine arme Witwe, die legte zwei Scherflein ein.
3. Und er sprach: Wahrlich ich sage euch: Diese arme Witwe hat *mehr denn sie alle eingelegt. *2.Kor. 8,12.
4. Denn diese alle haben aus ihrem Überfluß eingelegt zu dem Opfer Gottes; sie aber hat von ihrer Armut alle ihre Nahrung, die sie hatte, eingelegt.

(V. 5–24; vgl. Matth. 24,1–21; Mark. 13,1–19.)

5. Und da etliche sagten, von dem Tempel, daß er geschmückt wäre mit feinen Steinen und Kleinoden, sprach er:
6. Es wird die Zeit kommen, in welcher von dem allem, was ihr sehet, nicht ein Stein auf dem andern gelassen wird, der nicht zerbrochen werde. K. 19,44.
7. Sie fragten ihn aber und sprachen: Meister, wann soll das werden? und welches ist das Zeichen, wenn das geschehen wird?
8. Er aber sprach: Sehet zu, lasset euch nicht verführen. Denn viele werden kommen in meinem Namen und sagen, ich sei es, und: »Die Zeit ist herbeigekommen.« Folget ihnen nicht nach!
9. Wenn ihr aber hören werdet von Kriegen und Empörungen, so entsetzt euch nicht. Denn solches muß zuvor geschehen; aber das Ende ist noch nicht so bald da.
10. Da sprach er zu ihnen: Ein Volk wird sich erheben wider das andere und ein Reich wider das andere,
11. und es werden geschehen große Erdbeben hin und wieder, teure Zeit und Pestilenz; auch werden Schrecknisse und große Zeichen vom Himmel geschehen.
12. Aber vor diesem allem werden sie die Hände an euch legen und euch verfolgen und werden euch überantworten in ihre Schulen und Gefängnisse und vor Könige und Fürsten ziehen um meines Namens willen. K. 12,11.
13. Das wird euch aber widerfahren zu einem Zeugnis.
14. So nehmet nun zu Herzen, daß ihr nicht sorget, wie ihr euch verantworten sollt. Matth. 10,19.
15. Denn ich will euch den Mund und Weisheit geben, welcher nicht sollen widersprechen können noch widerstehen alle eure Widersacher. Apg. 6,10.
16. Ihr werdet aber überantwortet werden von den Eltern, Brüdern, Gefreunden und Freunden; und sie werden euer etliche töten.
17. Und ihr werdet gehaßt sein von jedermann um meines Namens willen. Matth. 10,21.22.
18. Und ein Haar von eurem Haupt soll nicht umkommen. K. 12,7.
19. Fasset eure Seelen mit Geduld. 2.Chron. 15,7; Hebr. 10,36.
20. Wenn ihr aber sehen werdet Jerusalem belagert mit einem Heer, so merket, daß herbeigekommen ist seine Verwüstung.
21. Alsdann, wer in Judäa ist, der fliehe

DER KREUZWEG Lukas 23, 27–31

auf das Gebirge, und wer drinnen ist, der
weiche heraus, und wer auf dem Lande ist,
der komme nicht hinein.
22. Denn das sind die Tage der *Rache,
daß erfüllet werde alles, was geschrieben
ist. *Jer. 5,29.
23. Weh aber den Schwangern und Säugerinnen in jenen Tagen! Denn es wird
große Not auf Erden sein und ein Zorn
über dies Volk,
24. und sie werden fallen durch des
Schwertes Schärfe und gefangen geführt
werden unter alle Völker; und Jerusalem
wird zertreten werden von den Heiden, bis
*daß der Heiden Zeit erfüllt wird.
*Röm. 11,25; Offenb. 11,2.
(V. 25–28; vgl. Matth. 24,29.30; Mark. 13,24–26.)
25. Und es werden Zeichen geschehen an
Sonne und Mond und Sternen; und auf
Erden wird den Leuten bange sein, und sie
werden zagen, und das Meer und die Wasserwogen werden brausen,
26. und die Menschen werden verschmachten vor Furcht und vor Warten
der Dinge, die kommen sollen auf Erden;
denn auch der Himmel Kräfte werden sich
bewegen.

27. Und *alsdann werden sie sehen des
Menschen Sohn kommen in der Wolke
mit großer Kraft und Herrlichkeit.
*Dan. 7,13.
28. Wenn aber dieses anfängt zu geschehen, so sehet auf und erhebet eure Häupter, darum daß sich eure Erlösung naht.
Phi. 4,4.5.
(V. 29–33; vgl. Matth. 24,32–35; Mark. 13,28–31.)
29. Und er sagte ihnen ein Gleichnis: Sehet an den Feigenbaum und alle Bäume:
30. wenn sie jetzt ausschlagen, so sehet
ihr's an ihnen und merket, daß jetzt der
Sommer nahe ist.
31. Also auch ihr: wenn ihr dies alles
sehet angehen, so wisset, daß das Reich
Gottes nahe ist.
32. Wahrlich ich sage euch: Dies Geschlecht wird nicht vergehen, bis daß es
alles geschehe.
33. Himmel und Erde werden vergehen;
aber meine Worte vergehen nicht. K. 16,17.
34. Hütet euch aber, daß eure Herzen
nicht beschwert werden mit Fressen und
Saufen und mit Sorgen der Nahrung und
komme dieser Tag schnell über euch;
Mark. 4,19.

35. denn wie ein Fallstrick wird er kommen über alle, die auf der Erde wohnen.
1.Thess. 5,3.
36. So *seid nun wach allezeit und betet, daß ihr würdig werden möget, zu entfliehen diesem allem, was geschehen soll, und zu stehen vor des Menschen Sohn.
*Mark. 13,33.
37. Und er lehrte des Tages im Tempel; des Nachts aber ging er hinaus und blieb über Nacht auf dem Ölberge.
38. Und alles Volk machte sich früh auf zu ihm, im Tempel ihn zu hören.

Das 22. Kapitel

Verrat des Judas. Osterlamm und Abendmahl. Der Jünger Ehrgeiz. Leiden Jesu am Ölberg und vor Kaiphas. Verleugnung des Petrus.

(V. 1.2: vgl. Matth. 26,1–5; Mark. 14,1.2.)

1. Es war aber nahe das Fest der süßen Brote, das da Ostern heißt.
2. Und die Hohenpriester und Schriftgelehrten trachteten, wie sie ihn töteten; und fürchteten sich vor dem Volk. K 20,19.

(V. 3–6: vgl. Matth. 26,14–16; Mark. 14,10.11.)

3. Es war aber *der Satanas gefahren in den Judas, genannt Ischariot, der da war aus der Zahl der Zwölf.
*Joh. 13,3.27.
4. Und er ging hin und redete mit den Hohenpriestern und mit den Hauptleuten, wie er ihn wollte ihnen überantworten.
5. Und sie wurden froh und gelobten, ihm Geld zu geben.
6. Und er versprach es und suchte Gelegenheit, daß er ihn überantwortete ohne Lärmen.

(V. 7–23: vgl. Matth. 26,17–29; Mark. 14,12–25.)

7. Es kam nun der Tag der *süßen Brote, an welchem man mußte opfern das Osterlamm. *2.Mose 12,18–20.
8. Und er sandte Petrus und Johannes und sprach: Gehet hin, bereitet uns das Osterlamm, auf daß wir's essen.
9. Sie aber sprachen zu ihm: Wo willst du, daß wir's bereiten?
10. Er sprach zu ihnen: Siehe, wenn ihr hineinkommt in die Stadt, wird euch ein Mensch begegnen, der trägt einen Wasserkrug; folget ihm nach in das Haus, da er hineingeht,
11. und saget zu dem Hausherrn: Der Meister läßt dir sagen: Wo ist die Herberge, darin ich das Osterlamm essen möge mit meinen Jüngern?
12. Und er wird euch einen großen Saal zeigen, der mit Polstern versehen ist; daselbst bereitet es.
13. Sie gingen hin und *fanden, wie er ihnen gesagt hatte, und bereiteten das Osterlamm. *K. 19,32.
14. Und da die Stunde kam, setzte er sich nieder und die zwölf Apostel mit ihm.
15. Und er sprach zu ihnen: Mich hat herzlich verlangt, dies Osterlamm mit euch zu essen, ehe denn ich leide.
16. Denn ich sage euch, daß ich hinfort nicht mehr davon essen werde, bis daß es erfüllet werde im Reich Gottes. K. 13,29.
17. Und er nahm den Kelch, dankte und sprach: Nehmet hin und teilet ihn unter euch;
18. denn ich sage euch: Ich werde nicht trinken von dem Gewächs des Weinstocks, bis das Reich Gottes komme.
19. Und er nahm das Brot, dankte und brach's und gab's ihnen und sprach: Das ist mein Leib, der für euch gegeben wird; das tut zu meinem Gedächtnis.
1.Kor. 11,23–25.
20. Desselbigengleichen auch den Kelch, nach dem Abendmahl und sprach: Das ist der Kelch, das neue Testament in meinem Blut, das für euch vergossen wird.
21. Doch siehe, die Hand meines Verräters ist mit mir über Tische. Joh. 13,21.22.
22. Denn des Menschen Sohn geht zwar hin, wie es beschlossen ist; doch weh dem Menschen, durch welchen er verraten wird!
23. Und sie fingen an, zu fragen unter sich selbst, welcher es doch wäre unter ihnen, der das tun würde.
24. Es erhob sich auch ein Zank unter ihnen, welcher unter ihnen sollte für den Größten gehalten werden. vgl. K. 9,46.

(V. 25.26: vgl. Matth. 20,25–27; Mark. 10,42–44.)

25. Er aber sprach zu ihnen: Die weltlichen Könige herrschen, und die Gewaltigen heißt man gnädige Herren.
26. Ihr aber nicht also! Sondern der Größte unter euch soll sein wie der Jüngste, und der Vornehmste wie ein Diener.
27. Denn welcher ist größer: der zu Tische sitzt oder der da dient? Ist's nicht also, daß der zu Tische sitzt? Ich aber bin unter euch wie ein Diener. Joh. 13,4–14.
28. Ihr aber seid's, die ihr beharrt habt bei mir in meinen Anfechtungen.
29. Und ich will euch das Reich bescheiden, wie mir's mein Vater beschieden hat,
30. daß ihr essen und trinken sollt an meinem Tische in meinem Reich und sitzen auf Stühlen und richten die zwölf Geschlechter Israels. Matth. 19.28.

(V. 31–34: vgl. Matth. 26,31–35; Mark. 14,27–31; Joh. 13,36–38.)

JESU TOD Lukas 23, 46

31. Der Herr aber sprach: Simon, Simon, siehe, der Satanas hat euer begehrt, daß er euch möchte sichten wie den Weizen;
2. Kor. 2,11.
32. ich aber habe *für dich gebeten, daß dein Glaube nicht aufhöre. Und †wenn du dermaleinst dich bekehrst, so stärke deine Brüder. *Joh. 17,11.15.20. †Ps. 51,15.
33. Er sprach aber zu ihm: Herr, ich bin bereit, mit dir ins Gefängnis und in den Tod zu gehen.
34. Er aber sprach: Petrus, ich sage dir: Der Hahn wird heute nicht krähen, ehe denn du dreimal verleugnet hast, daß du mich kennest.
35. Und er sprach zu ihnen: So oft ich euch ausgesandt habe *ohne Beutel, ohne Tasche und ohne Schuhe, habt ihr auch je Mangel gehabt? Sie sprachen: Niemals.
*K. 9,3.
36. Da sprach er zu ihnen: Aber nun, wer einen Beutel hat, der nehme ihn, desgleichen auch eine Tasche; wer aber nichts hat, der verkaufe sein Kleid und kaufe ein Schwert.
37. Denn ich sage euch: Es muß noch das auch vollendet werden an mir, was geschrieben steht: *»Er ist unter die Übeltäter gerechnet.« Denn was von mir geschrieben ist, das hat ein Ende.
*Jes. 53,12.
38. Sie sprachen aber: Herr, siehe, hier sind zwei Schwerter. Er aber sprach zu ihnen: Es ist genug.
(V. 39–46: vgl. Matth. 26,30.36–46; Mark. 14,26.32–42.)
39. Und er ging hinaus nach seiner Gewohnheit an den Ölberg. Es folgten ihm aber seine Jünger nach an den Ort.
Joh. 18,1.
40. Und als er dahin kam, sprach er zu ihnen: Betet, auf daß ihr nicht in Anfechtung fallet!
41. Und er riß sich von ihnen einen Steinwurf weit und kniete nieder, betete
42. und sprach: Vater, willst du, so nimm diesen Kelch von mir; doch nicht mein, sondern dein Wille geschehe!
43. Es erschien ihm aber ein Engel vom Himmel und stärkte ihn. 1. Kön. 19,5.
44. Und es kam, daß er mit dem Tode rang und betete heftiger. Es ward aber sein Schweiß wie Blutstropfen, die fielen auf die Erde.

45. Und er stand auf von dem Gebet und kam zu seinen Jüngern und fand sie schlafen vor Traurigkeit
46. und sprach zu ihnen: Was schlafet ihr? Stehet auf und betet, auf daß ihr nicht in Anfechtung fallet!

(V. 47–53: vgl. Matth. 26,47–56; Mark. 14,43–49; Joh. 18,2–11.)

47. Da er aber noch redete, siehe, da kam die Schar; und einer von den Zwölfen, genannt Judas, ging vor ihnen her und nahte sich zu Jesu, ihn zu küssen.
48. Jesus aber sprach zu ihm: Judas, verrätst du des Menschen Sohn mit einem Kuß?
49. Da aber sahen, die um ihn waren, was da werden wollte, sprachen sie zu ihm: Herr, sollen wir mit dem Schwert dreinschlagen?
50. Und einer aus ihnen schlug des Hohenpriesters Knecht und hieb ihm sein rechtes Ohr ab.
51. Jesus aber antwortete und sprach: Lasset sie doch so machen! Und er rührte sein Ohr an und heilte ihn.
52. Jesus aber sprach zu den Hohenpriestern und Hauptleuten des Tempels und den Ältesten, die über ihn gekommen waren: Ihr seid, wie zu einem Mörder, mit Schwertern und mit Stangen ausgegangen.
53. Ich bin täglich bei euch im Tempel gewesen, und ihr *habt keine Hand an mich gelegt; aber dies ist eure Stunde und die Macht der Finsternis. *Joh. 7,30; 8,20.

(V. 54–62: vgl. Matth. 26,57.58.69–75; Mark. 14,53.54.66–72; Joh. 18,12–18.25–27.)

54. Sie griffen ihn aber und führten ihn hin und brachten ihn in des Hohenpriesters Haus. Petrus aber folgte von ferne.
55. Da zündeten sie ein Feuer an mitten im Hof und setzten sich zusammen; und Petrus setzte sich unter sie.
56. Da sah ihn eine Magd sitzen bei dem Licht und sah genau auf ihn und sprach: Dieser war auch mit ihm.
57. Er aber verleugnete ihn und sprach: Weib, ich kenne ihn nicht.
58. Und über eine kleine Weile sah ihn ein anderer und sprach: Du bist auch deren einer. Petrus aber sprach: Mensch, ich bin's nicht.
59. Und über eine Weile, bei einer Stunde, bekräftigte es ein anderer und sprach: Wahrlich dieser war auch mit ihm; denn er ist ein Galiläer.
60. Petrus aber sprach: Mensch, ich weiß nicht, was du sagst. Und alsbald, da er noch redete, krähte der Hahn.
61. Und der Herr wandte sich und sah Petrus an. Und Petrus gedachte an des Herrn Wort, wie er ihm gesagt hatte: Ehe denn der Hahn kräht, wirst du mich dreimal verleugnen. V. 34.
62. Und Petrus ging hinaus und weinte bitterlich.

(V. 63–65: vgl. Matth. 26,67.68; Mark. 14,65.)

63. Die Männer aber, die Jesum hielten, verspotteten ihn und schlugen ihn,
64. verdeckten ihn und schlugen ihn ins Angesicht, und fragten ihn und sprachen: Weissage, wer ist's, der dich schlug?
65. Und viele andere Lästerungen sagten sie wider ihn.

(V. 66–71: vgl. Matth. 26,59–66; Mark. 14,55–64.)

66. Und als es Tag ward, sammelten sich die Ältesten des Volks, die Hohenpriester und Schriftgelehrten und führten ihn hinauf vor ihren Rat Joh. 18,24.
67. und sprachen: Bist du Christus, sage es uns! Er aber sprach zu ihnen: Sage ich's euch, so glaubt ihr's nicht;
68. frage ich aber, so antwortet ihr nicht und laßt mich doch nicht los.
69. Darum von nun an wird des Menschen Sohn sitzen zur rechten Hand der Kraft Gottes.
70. Da sprachen sie alle: Bist du denn Gottes Sohn? Er sprach zu ihnen: Ihr sagt es, denn ich bin's.
71. Sie aber sprachen: Was bedürfen wir weiteres Zeugnis? Wir haben's selbst gehört aus seinem Munde.

Das 23. Kapitel

Christi Leiden und Schmach vor Pilatus und Herodes. Verurteilung, Kreuzigung, Tod und Begräbnis.

(V. 1–25; vgl. Matth. 27,2.11–31; Mark. 15,1–20; Joh. 18,28–19,16.)

1. Und der ganze Haufe stand auf, und sie führten ihn vor Pilatus
2. und fingen an, ihn zu verklagen, und sprachen: Diesen finden wir, daß er das Volk abwendet und verbietet, den Schoß *dem Kaiser zu geben, und spricht, er sei Christus, ein König. *K. 20,25.
3. Pilatus aber fragte ihn und sprach: Bist du der Juden König? Er antwortete ihm und sprach: Du sagst es.
4. Pilatus sprach zu den Hohenpriestern und zum Volk: Ich finde keine Ursache an diesem Menschen.
5. Sie aber hielten an und sprachen: Er hat das Volk erregt damit, daß er gelehrt hat hin und her im ganzen jüdischen Lande und hat in Galiläa angefangen bis hierher.

DER WEG NACH EMMAUS Lukas 24, 28.29

6. Da aber Pilatus Galiläa hörte, frage er, ob er aus Galiläa wäre.
7. Und als er vernahm, daß er unter des *Herodes Obrigkeit gehörte, übersandte er ihn zu Herodes, welcher in den Tagen auch zu Jerusalem war. *K. 3,1.
8. Da aber Herodes Jesum sah, ward er sehr froh; denn er *hätte ihn längst gern gesehen – denn er hatte viel von ihm gehört – und hoffte, er würde ein Zeichen von ihm sehen. *K. 9,9.
9. Und er fragte ihn mancherlei; er antwortete ihm aber nichts.
10. Die Hohenpriester aber und Schriftgelehrten standen und verklagten ihn hart.
11. Aber Herodes mit seinem Hofgesinde verachtete und verspottete ihn, legte ihm ein weißes Kleid an und sandte ihn wieder zu Pilatus.
12. Auf den Tag wurden Pilatus und Herodes Freunde miteinander; denn zuvor waren sie einander feind.
13. Pilatus aber rief die Hohenpriester und die Obersten und das Volk zusammen
14. und sprach zu ihnen: Ihr habt diesen Menschen zu mir gebracht, als der das Volk abwende, und siehe, ich habe ihn vor euch verhört und finde an dem Menschen der Sachen keine, deren ihr ihn beschuldigt;
15. Herodes auch nicht, denn ich habe euch zu ihm gesandt, und siehe, man hat nichts auf ihn gebracht, das des Todes wert sei.
16. Darum will ich ihn züchtigen und loslassen.
17. (Denn er mußte ihnen einen nach Gewohnheit des Festes losgeben.)
18. Da schrie der ganze Haufe und sprach: Hinweg mit diesem und gib uns Barabbas los!
19. (welcher war um eines Aufruhrs, so in der Stadt geschehen war, und um eines Mordes willen ins Gefängnis geworfen.)
20. Da rief Pilatus abermals ihnen zu und wollte Jesum loslassen.
21. Sie riefen aber und sprachen: Kreuzige, kreuzige ihn!
22. Er aber sprach zum drittenmal zu ihnen: Was hat denn dieser Übles getan? Ich finde keine Ursache des Todes an ihm; darum will ich ihn züchtigen und loslassen.

23. Aber sie lagen ihm an mit großem Geschrei und forderten, daß er gekreuzigt würde. Und ihr und der Hohenpriester Geschrei nahm überhand.

24. Pilatus aber urteilte, daß ihre Bitte geschähe,

25. und ließ den los, der um Aufruhrs und Mordes willen war ins Gefängnis geworfen, um welchen sie baten; aber Jesum übergab er ihrem Willen.

26. Und als sie ihn hinführten, ergriffen sie einen, Simon von Kyrene, der kam vom Felde, und legten das Kreuz auf ihn, daß er's Jesu nachtrüge.

Matth. 27,32; Mark. 15,21.

27. Es folgte ihm aber nach ein großer Haufe Volks und Weiber, die beklagten und beweinten ihn.

28. Jesus aber wandte sich um zu ihnen und sprach: Ihr Töchter von Jerusalem, weinet nicht über mich, sondern weinet über euch selbst und über eure Kinder.

29. Denn siehe, es wird die Zeit kommen, in welcher man sagen wird: Selig sind die Unfruchtbaren und die Leiber, die nicht geboren haben, und die Brüste, die nicht gesäugt haben! K. 21,23.

30. Dann werden sie anfangen, zu sagen zu den Bergen: Fallet über uns! und zu den Hügeln: Decket uns!

Hos. 10,8; Offenb. 6,16; 9,6.

31. Denn so man das tut am grünen Holz, was will am dürren werden?

1. Petr. 4,17.

32. Es wurden aber auch hingeführt zwei andere, Übeltäter, daß sie mit ihm abgetan würden.

(V. 33–49: vgl. Matth. 27,33–56; Mark. 15,22–41; Joh. 19,17–30.)

33. Und als sie kamen an die Stätte, die da heißt Schädelstätte, kreuzigten sie ihn daselbst und die Übeltäter mit ihm, einen zur Rechten und einen zur Linken.

34. Jesus aber sprach: *Vater, vergib ihnen; denn sie wissen nicht, was sie tun! Und sie †teilten seine Kleider und warfen das Los darum.

*Matth. 5,44; Jes. 53,12. †Ps. 22,19.

35. Und das Volk stand und sah zu. Und die Obersten samt ihnen spotteten sein und sprachen: Er hat andern geholfen; er helfe sich selber, ist er Christus, der Auserwählte Gottes.

36. Es verspotteten ihn auch die Kriegsknechte, traten zu ihm und brachten ihm Essig

37. und sprachen: Bist du der Juden König, so hilf dir selber!

38. Es war aber auch oben über ihm geschrieben die Überschrift mit griechischen und lateinischen und hebräischen Buchstaben: Dies ist der Juden König.

39. Aber der Übeltäter einer, die da gehenkt waren, lästerte ihn und sprach: Bist du Christus, so hilf dir selbst und uns!

40. Da antwortete der andere, strafte ihn und sprach: Und du fürchtest dich auch nicht vor Gott, der du doch in gleicher Verdammnis bist?

41. Und wir zwar sind billig darin, denn wir empfangen, was unsre Taten wert sind; dieser aber hat nichts Ungeschicktes getan.

42. Und er sprach zu Jesu: Herr, gedenke an mich, *wenn du in dein Reich kommst!

*Matth. 16,28.

43. Und Jesus sprach zu ihm: Wahrlich ich sage dir: Heute wirst du mit mir im Paradiese sein.

44. Und es war um die sechste Stunde, und es ward eine Finsternis über das ganze Land bis an die neunte Stunde,

45. und die Sonne verlor ihren Schein, und der *Vorhang des Tempels zerriß mitten entzwei. *2. Mose 36,35.

46. Und Jesus rief laut und sprach: Vater, *ich befehle meinen Geist in deine Hände! Und als er das gesagt, verschied er.

*Ps. 31,6; Apg. 7,58.

47. Da aber der Hauptmann sah, was da geschah, pries er Gott und sprach: Fürwahr, dieser ist ein frommer Mensch gewesen!

48. Und alles Volk, das dabei war und zusah, da sie sahen, was da geschah, schlugen sich an ihre Brust und wandten wieder um.

49. Es standen aber alle seine Bekannten von ferne und die *Weiber, die ihm aus Galiläa waren nachgefolgt, und sahen das alles. *K. 8,2.

(V. 50–56: vgl. Matth. 27,57–61; Mark. 15,42–47; Joh. 19,38–42.)

50. Und siehe, ein Mann mit Namen Joseph, ein Ratsherr, der war ein guter, frommer Mann

51. und hatte nicht gewilligt in ihren Rat und Handel. Er war von Arimathia, der Stadt der Juden, einer, der *auch auf das Reich Gottes wartete.

*K. 2,25.38.

52. Der ging zu Pilatus und bat um den Leib Jesu;

53. und nahm ihn ab, wickelte ihn in Leinwand und legte ihn in ein gehauenes Grab, darin niemand je gelegen hatte.

54. Und es war der Rüsttag, und der Sabbat brach an.

JESUS ZEIGT SICH DEN APOSTELN Lukas 24, 36

55. Es folgten aber die Weiber nach, die mit ihm gekommen waren aus Galiläa, und beschauten das Grab und wie sein Leib gelegt ward. V. 49.
56. Sie kehrten aber um und bereiteten Spezerei und Salben. Und den Sabbat über waren sie still *nach dem Gesetz.
*2. Mose 20,10.

Das 24. Kapitel

Auferstehung Christi. Er erscheint den Jüngern, die nach Emmaus gehen, und hierauf den Aposteln. Seine Himmelfahrt.
(V. 1–12: vgl. Matth. 28,1–8; Mark. 16,1–8; Joh. 20,1–13.)

1. Aber am ersten Tage der Woche sehr früh kamen sie zum Grabe und trugen die Spezerei, die sie bereitet hatten, und etliche mit ihnen.
2. Sie fanden aber den Stein abgewälzt von dem Grabe
3. und gingen hinein und fanden den Leib des Herrn Jesu nicht.
4. Und da sie darum bekümmert waren, siehe, da traten zu ihnen zwei Männer mit glänzenden Kleidern.
5. Und sie erschraken und schlugen ihre Angesichter nieder zur Erde. Da sprachen die zu ihnen: Was suchet ihr den Lebendigen bei den Toten?
6. Er ist nicht hier; er ist auferstanden. Gedenket daran, wie er euch sagte, da er noch in Galiläa war
7. und sprach: Des Menschen Sohn muß überantwortet werden in die Hände der Sünder und gekreuzigt werden und am dritten Tage auferstehen. Matth. 17,22.23.
8. Und sie gedachten an seine Worte.
9. Und sie gingen wieder vom Grabe und verkündigten das alles den Elfen und den andern allen.
10. Es war *aber Maria Magdalena und Johanna und Maria, des Jakobus Mutter, und andere mit ihnen, die solches den Aposteln sagten. *K. 8,2.3.
11. Und es deuchten sie ihre Worte eben, als wären's Märlein, und sie glaubten ihnen nicht.
12. Petrus aber stand auf und lief zum Grabe und bückte sich hinein und sah die leinenen Tücher allein liegen; und ging davon, und es nahm ihn wunder, wie es zuginge. (V. 13–35: vgl. Mark. 16,12.13.

13. Und siehe, zwei aus ihnen gingen an demselben Tage in einen Flecken, der war von Jerusalem sechzig Feld Wegs weit; des Name heißt Emmaus.
14. Und sie redeten miteinander von allen diesen Geschichten.
15. Und es *geschah, da sie so redeten und befragten sich miteinander, nahte Jesus zu ihnen und wandelte mit ihnen.
*Matth. 18,20.
16. Aber ihre Augen wurden gehalten, daß sie ihn nicht kannten.
17. Er sprach aber zu ihnen: Was sind das für Reden, die ihr zwischen euch handelt unterwegs, und seid traurig?
18. Da antwortete einer mit Namen Kleophas und sprach zu ihm: Bist du allein unter den Fremdlingen zu Jerusalem, der nicht wisse, was in diesen Tagen darin geschehen ist?
19. Und er sprach zu ihnen: Welches? Sie aber sprachen zu ihm: Das von Jesus von Nazareth, welcher war *ein Prophet, mächtig von Taten und Worten vor Gott und allem Volk; *Matth. 21,11.
20. wie ihn unsre Hohenpriester und Obersten überantwortet haben zur Verdammnis des Todes und gekreuzigt.
21. Wir aber hofften, er sollte *Israel erlösen. Und über das alles ist heute der dritte Tag, daß solches geschehen ist.
*Apg. 1,6.
22. Auch haben uns erschreckt etliche Weiber der Unsern; die sind früh bei dem Grabe gewesen, V. 1–11.
23. haben seinen Leib nicht gefunden, kommen und sagen, sie haben ein Gesicht der Engel gesehen, welche sagen, er lebe.
24. Und etliche unter uns gingen hin zum Grabe und fanden's also, wie die Weiber sagten; aber ihn sahen sie nicht.
V. 12; Joh. 20,3–10.
25. Und er sprach zu ihnen: O ihr Toren und träges Herzens, zu glauben alle dem, was die Propheten geredet haben!
26. Mußte nicht Christus solches leiden und zu seiner Herrlichkeit eingehen?
27. Und fing an von Mose und allen Propheten und legte ihnen alle Schriften aus, die von ihm gesagt waren.
5. Mose 18,15; Ps. 22; Jes. 53.
28. Und sie kamen nahe zum Flecken, da sie hingingen; und er stellte sich, als wollte er fürder gehen.
29. Und sie nötigten ihn und sprachen: Bleibe bei uns; denn es will Abend werden, und der Tag hat sich geneigt. Und er ging hinein, bei ihnen zu bleiben.
30. Und es geschah, da er mit ihnen zu Tische saß, nahm er das Brot, dankte, brach's und gab's ihnen.
K. 22,19.
31. Da wurden ihre Augen geöffnet, und sie erkannten ihn. Und er verschwand vor ihnen.
32. Und sie sprachen untereinander: Brannte nicht unser Herz in uns, da er mit uns redete auf dem Wege, als er uns die Schrift öffnete?
33. Und sie standen auf zu derselben Stunde, kehrten wieder gen Jerusalem und fanden die Elf versammelt und die bei ihnen waren,
34. welche sprachen: Der Herr ist wahrhaftig auferstanden und Simon erschienen. 1. Kor. 15,4.5.
35. Und sie erzählten ihnen, was auf dem Wege geschehen war und wie er von ihnen erkannt wäre an dem, da er das Brot brach.
(V. 36–49: vgl. Mark. 16,14–18; Joh. 20,19–23; 1. Kor. 15,5.)
36. Da sie aber davon redeten, trat er selbst, Jesus, mitten unter sie und sprach zu ihnen: Friede sei mit euch!
37. Sie erschraken aber und fürchteten sich, meinten, sie sähen einen *Geist.
*Matth. 14,26.
38. Und er sprach zu ihnen: Was seid ihr so erschrocken, und warum kommen solche Gedanken in euer Herz?
39. Sehet meine Hände und meine Füße: ich bin's selber. Fühlet mich an und sehet; denn ein Geist hat nicht Fleisch und Bein, wie ihr sehet, daß ich habe.
40. Und da er das sagte, zeigte er ihnen Hände und Füße.
41. Da sie aber noch nicht glaubten vor Freuden und sich verwunderten, sprach er zu ihnen: Habt ihr hier etwas zu essen?
42. Und sie legten ihm vor ein Stück von gebratenem *Fisch und Honigseim.
*Joh. 21,10.
43. Und er nahm's und aß vor ihnen.
44. Er sprach aber zu ihnen: Das sind *die Reden, die ich zu euch sagte, da ich noch bei euch war; denn es muß alles erfüllt werden, was von mir geschrieben ist †im Gesetz Mose's, in den Propheten und in den Psalmen.
*K. 9,22; 18,31–33. †V. 27.
45. Da öffnete er ihnen das Verständnis, daß sie die Schrift verstanden,
46. und sprach zu ihnen: Also ist's geschrieben, und also mußte Christus leiden und auferstehen von den Toten am dritten Tage
47. und predigen lassen in seinem Namen Buße und Vergebung der Sünden un-

ter allen Völkern und anheben zu Jerusalem.
48. Ihr aber seid des alles Zeugen.
49. Und siehe, *ich will auf euch senden die Verheißung meines Vaters. Ihr aber sollt in der Stadt Jerusalem bleiben, bis daß ihr angetan werdet mit Kraft aus der Höhe. *Joh. 15,26; 16,7; Apg. 1,4.

(V. 50–53: vgl. Mark. 16,19; Apg. 1,4–14.)

50. Er führte sie aber hinaus bis gen Bethanien und hob die Hände auf und segnete sie.
51. Und es geschah, da er sie segnete, schied er von ihnen und fuhr auf gen Himmel.
52. Sie aber beteten ihn an und kehrten wieder gen Jerusalem mit großer Freude
53. und waren allewege im Tempel, priesen und lobten Gott.

Evangelium des Johannes

Das 1. Kapitel

Das ewige Wort Gottes ist Fleisch geworden.
Zeugnis des Täufers vom Lamm Gottes.
Erste Jünger Jesu.

1. Im Anfang war das Wort, und das Wort war bei Gott, und Gott war das Wort.

1. Joh. 1,1.2; K. 17,5; Offenb. 19,13.

2. Dasselbe war im Anfang bei Gott.

Spr. 8,22.

3. Alle Dinge sind durch dasselbe gemacht, und ohne dasselbe ist nichts gemacht, was gemacht ist.

Kol. 1,16.17; Hebr. 1,2.

4. In ihm war das Leben, und das Leben war das Licht der Menschen. K. 5,26.
5. Und das Licht scheint in der Finsternis, und die Finsternis hat's nicht begriffen. K. 3,19.
6. Es ward ein Mensch, von Gott gesandt, der hieß Johannes.

Luk. 1,13–17.57–80; Matth. 3,1.

7. Dieser kam zum Zeugnis, daß er von dem Licht zeugte, auf daß sie alle durch ihn glaubten.
8. Er war nicht das Licht, sondern daß er zeugte von dem Licht. V. 20.
9. Das war das wahrhaftige Licht, welches alle Menschen erleuchtet, die in diese Welt kommen.
10. Es war in der Welt, und die Welt ist durch dasselbe gemacht; und die Welt kannte es nicht. V. 3–5.
11. Er kam in sein Eigentum; und die Seinen nahmen ihn nicht auf.
12. Wie viele ihn aber aufnahmen, denen gab er Macht, *Gottes Kinder zu werden, die an seinen Namen glauben; *Gal. 3,26.
13. welche nicht von dem Geblüt noch von dem Willen eines Fleisches noch von dem Willen eines Mannes, sondern *von Gott geboren sind. *K. 3,5.6.
14. Und das Wort ward Fleisch und wohnte unter uns, und wir sahen seine Herrlichkeit, eine Herrlichkeit als des eingeborenen Sohnes vom Vater, voller Gnade und Wahrheit.

Jes. 7,14; 2. Petr. 1,16.17; Jes. 60,1.

15. Johannes zeugt von ihm, ruft und spricht: Dieser war es, von dem ich gesagt habe: Nach mir wird kommen, der vor mir gewesen ist; denn er war eher als ich.

V. 27.30.

16. Und von seiner *Fülle haben wir alle genommen Gnade um Gnade.

*K. 3,34; Kol. 1,19.

17. Denn das *Gesetz ist durch Mose gegeben; die Gnade und Wahrheit ist durch Jesum Christum geworden.

*Röm. 10,4.

18. *Niemand hat Gott je gesehen; der eingeborene †Sohn, der in des Vaters Schoß ist, der hat es uns verkündigt.

*K. 6,46; 1. Joh. 4,12. †Matth. 11,27.

19. Und dies ist das Zeugnis des Johannes, da die Juden sandten von Jerusalem Priester und Leviten, daß sie ihn fragten: Wer bist du? Luk. 3,15.16.
20. Und er bekannte und leugnete nicht; und er bekannte: Ich bin nicht Christus.
21. Und sie fragten ihn: Was denn? Bist du *Elia? Er sprach: Ich bin's nicht. – Bist du †der Prophet? Und er antwortete: Nein!

*Matth. 17,10. †5. Mose 18,15.

22. Da sprachen sie zu ihm: Was bist du denn? daß wir Antwort geben denen, die uns gesandt haben. Was sagst du von dir selbst?
23. Er sprach: *Ich bin eine Stimme eines Predigers in der Wüste: Richtet den Weg des Herrn! wie der Prophet Jesaja gesagt hat.

*Jes. 40,3; Matth. 3,3; Mark. 1,3; Luk. 3,4.

24. Und die gesandt waren, die waren von den Pharisäern.
25. Und sie fragten ihn und sprachen zu ihm: Warum taufst du denn, so du nicht Christus bist noch Elia noch der Prophet?
26. Johannes antwortete ihnen und sprach: Ich taufe mit Wasser; aber er ist mitten unter euch getreten, den ihr nicht kennet. Matth. 3,11; Mark. 1,7.8.
27. Der *ist's, der nach mir kommen wird, welcher vor mir gewesen ist, des ich nicht wert bin, daß ich seine Schuhriemen auflöse. *K. 3,26.
28. Dies geschah zu Bethabara jenseit des Jordans, wo Johannes taufte.
29. Des andern Tages sieht Johannes Jesum zu ihm kommen und spricht: Siehe, das ist Gottes Lamm, welches der Welt Sünde trägt! V. 36; Jes. 53,7.
30. Dieser ist's, von dem ich gesagt habe: Nach mir kommt ein Mann, welcher vor mir gewesen ist; denn er war eher denn ich. V. 15.27.
31. Und ich kannte ihn nicht; sondern auf daß er offenbar würde in Israel, darum bin ich gekommen, zu taufen mit Wasser.
32. Und Johannes zeugte und sprach: Ich *sah, daß der Geist herabfuhr wie eine Taube vom Himmel und blieb auf ihm.
*Matth. 3,16; Mark. 1,10; Luk. 3,22.
33. Und ich kannte ihn nicht; aber *der mich sandte, zu taufen mit Wasser, der sprach zu mir: Auf welchen du sehen wirst den Geist herabfahren und auf ihm bleiben, der ist's, der mit dem heiligen Geist tauft. *Luk. 3,2.
34. Und ich sah es und zeugte, daß dieser ist Gottes Sohn.
35. Des andern Tages stand abermals Johannes und zwei seiner Jünger.
36. Und als er sah Jesum wandeln, sprach er: *Siehe, das ist Gottes Lamm! *V. 29.
37. Und die zwei Jünger hörten ihn reden und folgten Jesu nach.
38. Jesus aber wandte sich um und sah sie nachfolgen und sprach zu ihnen: Was suchet ihr? Sie aber sprachen zu ihm: Rabbi (das ist verdolmetscht: Meister), wo bist du zur Herberge?
39. Er sprach zu ihnen: Kommt und sehet's! Sie kamen und sahen's und blieben den Tag bei ihm. Es war aber um die zehnte Stunde.
40. Einer aus den zweien, die von Johannes hörten und Jesu nachfolgten, war Andreas, der Bruder des Simon Petrus.
41. Der findet am ersten seinen Bruder Simon und spricht zu ihm: Wir haben den Messias gefunden (welches ist verdolmetscht: *der Gesalbte),
*1. Sam. 2,10; Ps. 2,2.
42. und führte ihn zu Jesu. Da ihn Jesus sah, sprach er: Du bist Simon, Jona's Sohn; du sollst *Kephas heißen (das wird verdolmetscht: ein Fels). *Matth. 16,18.
43. Des andern Tages wollte Jesus wieder nach Galiläa ziehen und findet Philippus und spricht zu ihm: Folge mir nach!
44. Philippus aber war von Bethsaida, aus der Stadt des Andreas und Petrus.
45. Philippus findet Nathanael und spricht zu ihm: Wir haben den gefunden, von welchem Mose im Gesetz und die Propheten geschrieben haben, Jesum, Josephs Sohn von Nazareth.
5. Mose 18,18; Jes. 7,14; 53,2; Jer. 23,5; Hesek. 34,23.
46. Und Nathanael sprach zu ihm: *Was kann von Nazareth Gutes kommen? Philippus spricht zu ihm: Komm und sieh es!
*K. 7,41.
47. Jesus sah Nathanael zu sich kommen und spricht zu ihm: Siehe, ein rechter Israeliter, in welchem kein Falsch ist.
48. Nathanael spricht zu ihm: Woher kennst du mich? Jesus antwortete und sprach zu ihm: Ehe denn dich Philippus rief, da du unter dem Feigenbaum warst, sah ich dich.
49. Nathanael antwortete und spricht zu ihm: Rabbi, du bist Gottes Sohn, du bist der König von Israel!
2. Sam. 7,14; Ps. 2,7; K. 6,69; Matth. 14,33; 16,16.
50. Jesus antwortete und sprach zu ihm: Du glaubst, weil ich dir gesagt habe, daß ich dich gesehen habe unter dem Feigenbaum; du wirst noch Größeres denn das sehen.
51. Und spricht zu ihm: Wahrlich, wahrlich ich sage euch: Von nun an werdet ihr den Himmel offen sehen und *die Engel Gottes hinauf und herab fahren auf des Menschen Sohn. *1. Mose 28,12.

Das 2. Kapitel

Hochzeit zu Kana. Reinigung des Tempels.

1. Und am dritten Tage ward eine Hochzeit zu Kana in Galiläa; und die Mutter Jesu war da.
2. Jesus aber und seine Jünger wurden auch auf die Hochzeit geladen.
3. Und da es an Wein gebrach, spricht die Mutter Jesu zu ihm: Sie haben nicht Wein.
4. Jesus spricht zu ihr: Weib, was habe ich mit dir zu schaffen? Meine Stunde ist noch nicht gekommen.
K. 19,26; Matth. 12,48.

JESUS BEGEGNET JOHANNES Johannes 1, 29

5. Seine Mutter spricht zu den Dienern:
Was er euch sagt, das tut.
6. Es waren aber allda sechs steinerne
Wasserkrüge gesetzt nach der Weise der
*jüdischen Reinigung, und ging in je ei-
nen zwei oder drei Maß. *Mark. 7,3.4.
7. Jesus spricht zu ihnen: Füllet die Wasserkrüge mit Wasser! Und sie füllten sie
bis obenan.
8. Und er spricht zu ihnen: Schöpfet nun
und bringet's dem Speisemeister! Und sie
brachten's.
9. Als aber der Speisemeister kostete den
Wein, der Wasser gewesen war, und wußte
nicht, woher er kam (die Diener aber wußten's, die das Wasser geschöpft hatten),
ruft der Speisemeister den Bräutigam
10. und spricht zu ihm: Jedermann gibt
zum ersten guten Wein, und wenn sie
trunken geworden sind, alsdann den ge-
ringern; du hast den guten Wein bisher
behalten.
11. Das ist das erste Zeichen, das Jesus
tat, geschehen zu Kana in Galiläa, und
offenbarte seine *Herrlichkeit. Und seine
Jünger glaubten an ihn. *K. 1,14.
12. Darnach zog er hinab gen Kapernaum, er, seine Mutter, seine *Brüder und
seine Jünger; und sie blieben nicht lange
daselbst. *K. 7,3.
13. Und der Juden Ostern war nahe, und
Jesus zog hinauf gen Jerusalem.

(V. 14–16: vgl. Matth. 21,12.13; Mark. 11,15–17; Luk. 19,45.46.)

14. Und er fand im Tempel sitzen, die da
Ochsen, Schafe und Tauben feil hatten,
und die Wechsler.
15. Und er machte eine Geißel aus Strik-
ken und trieb sie alle zum Tempel hinaus
samt den Schafen und Ochsen und ver-
schüttete den Wechslern das Geld und
stieß ihre Tische um
16. und sprach zu denen, die die Tauben
feil hatten: Traget das von dannen und
machet nicht meines Vaters Haus zum
Kaufhause!
17. Seine Jünger aber gedachten daran,
daß geschrieben steht: *»Der Eifer um
dein Haus hat mich gefressen.« *Ps. 69,10.
18. Da antworteten nun die Juden und
sprachen zu ihm: Was zeigst du uns für ein
Zeichen, daß du solches tun mögest?
Matth. 21,23.
19. Jesus antwortete und sprach zu ih-

nen: Brechet diesen Tempel, und am dritten Tage will ich ihn aufrichten.
Matth. 26,61; 27,40.
20. Da sprachen die Juden: Dieser Tempel ist in sechsundvierzig Jahren erbaut;
und du willst ihn in drei Tagen aufrichten?
21. (Er aber redete von dem Tempel seines Leibes. 1.Kor. 6,19.
22. Da er nun auferstanden war von den
Toten, gedachten seine Jünger daran, daß
er dies gesagt hatte, und glaubten der
Schrift und der Rede, die Jesus gesagt hatte.)
23. Als er aber zu Jerusalem war am
Osterfest, glaubten viele an seinen Namen, da sie die Zeichen sahen, die er tat.
24. Aber Jesus vertraute sich ihnen
nicht; denn er kannte sie alle
25. und bedurfte nicht, daß jemand
Zeugnis gäbe von einem Menschen; denn
er wußte wohl, was im Menschen war.
Mark. 2,8.

Das 3. Kapitel

Gespräch Jesu mit Nikodemus.
Johannes zeugt von Christo.

1. Es war aber ein Mensch unter den Pharisäern mit Namen Nikodemus, ein Oberster unter den Juden. K. 7,50; 19,39.
2. Der kam zu Jesu bei der Nacht und
sprach zu ihm: Meister, wir wissen, daß du
bist ein Lehrer von Gott gekommen; denn
niemand kann die Zeichen tun, die du
tust, es sei denn Gott mit ihm.
3. Jesus antwortete und sprach zu ihm:
Wahrlich, wahrlich ich sage dir: Es sei
denn, daß jemand von neuem geboren
werde, so kann er das Reich Gottes nicht
sehen. 1.Petr. 1,23.
4. Nikodemus spricht zu ihm: Wie kann
ein Mensch geboren werden, wenn er alt
ist? Kann er auch wiederum in seiner Mutter Leib gehen und geboren werden?
5. Jesus antwortete: Wahrlich, wahrlich
ich sage dir: Es sei denn, daß jemand geboren werde aus *Wasser und Geist, so
kann er nicht in das Reich Gottes kommen. *Hesek. 36,25–27; Eph. 5,26; Tit. 3,5.
6. Was vom *Fleisch geboren wird, das
ist Fleisch; und was vom Geist geboren
wird, das ist Geist.
*K. 1,13; 1.Mose 5,3; Ps. 51,7.
7. Laß dich's nicht wundern, daß ich dir
gesagt habe: Ihr müsset von neuem geboren werden.
8. Der Wind bläst, wo er will, und du
hörst sein Sausen wohl; aber du weißt
nicht, woher er kommt und wohin er
fährt. Also ist ein jeglicher, der aus dem
Geist geboren ist.
9. Nikodemus antwortete und sprach zu
ihm: Wie mag solches zugehen?
10. Jesus antwortete und sprach zu ihm:
Bist du ein Meister in Israel und weißt das
nicht?
11. Wahrlich, wahrlich ich sage dir: Wir
reden, was wir wissen, und zeugen, was
wir gesehen haben; und ihr nehmt unser
Zeugnis nicht an. K. 7,16; 8,26.28.
12. Glaubet ihr nicht, wenn ich euch von
irdischen Dingen sage, wie würdet ihr
glauben, wenn ich euch von himmlischen
Dingen sagen würde?
13. Und niemand fährt gen Himmel,
denn der vom Himmel herniedergekommen ist, nämlich des Menschen Sohn, der
im Himmel ist. Eph. 4,9.
14. Und wie *Mose in der Wüste eine
Schlange erhöht hat, also muß des Menschen Sohn erhöht werden, *4.Mose 21,8.9.
15. auf daß alle, die an ihn glauben, nicht
verloren werden, sondern das ewige Leben
haben.
16. Also hat Gott die Welt geliebt, daß er
seinen eingeborenen Sohn gab, auf daß
alle, die an ihn glauben, nicht verloren
werden, sondern das ewige Leben haben.
Röm. 5,8; 8,32; 1.Joh. 4,9.
17. Denn Gott hat seinen Sohn nicht gesandt in die Welt, daß er die Welt richte,
sondern daß die Welt durch ihn selig werde. K. 12,47.
18. Wer an ihn glaubt, der wird nicht
gerichtet; wer aber nicht glaubt, der ist
schon gerichtet, denn er glaubt nicht an
den Namen des eingeborenen Sohnes Gottes. V. 36; K. 5,24.
19. Das ist aber das Gericht, daß das
Licht in die Welt gekommen ist, und die
Menschen liebten die Finsternis mehr als
das Licht; denn ihre Werke waren böse.
K. 1,5.9–11.
20. Wer Arges tut, der haßt das Licht und
kommt nicht an das Licht, auf daß seine
Werke nicht gestraft werden. Eph. 5,13.
21. Wer aber die Wahrheit tut, der
kommt an das Licht, daß seine Werke offenbar werden; denn sie sind in Gott getan.
22. Darnach kam Jesus und seine Jünger
in das jüdische Land und hatte daselbst
sein Wesen mit ihnen und *taufte.
*K. 4,1.2.
23. Johannes aber taufte auch noch zu
Enon, nahe bei Salim, denn es war viel
Wasser daselbst; und sie kamen dahin und
ließen sich taufen.

JESUS VERWANDELT WASSER IN WEIN Johannes 2, 7

24. Denn Johannes war noch nicht *ins Gefängnis gelegt. *Matth. 14,3.
25. Da erhob sich eine Frage unter den Jüngern des Johannes mit den Juden über die Reinigung.
26. Und sie kamen zu Johannes und sprachen zu ihm: Meister, der bei dir war jenseit des Jordans, von dem du *zeugtest, siehe, der tauft, und jedermann kommt zu ihm. *K. 1,26–34.
27. Johannes antwortete und sprach: Ein Mensch kann nichts nehmen, es werde ihm denn gegeben vom Himmel. Hebr. 5,4.
28. Ihr selbst seid meine Zeugen, daß ich gesagt habe, *ich sei nicht Christus, sondern vor ihm her gesandt. *K. 1,20.23.27.
29. Wer die Braut hat, der ist der *Bräutigam; der Freund aber des Bräutigams steht und hört ihm zu und freut sich hoch über des Bräutigams Stimme. Diese meine Freude ist nun erfüllt. *Matth. 22,2.
30. Er muß wachsen, ich aber muß abnehmen.
31. Der *von obenher kommt, ist über alle. Wer von der Erde ist, der ist von der Erde und redet von der Erde. Der vom Himmel kommt, der ist über alle *K. 8,23.
32. und zeugt, was er gesehen und gehört hat; und – sein Zeugnis nimmt niemand an. V. 11.
33. Wer es aber annimmt, der besiegelt's, daß Gott wahrhaftig sei.
34. Denn welchen Gott gesandt hat, der redet Gottes Worte; denn Gott gibt den *Geist nicht nach dem Maß. *K. 1,33.34.
35. *Der Vater hat den Sohn lieb und hat ihm †alles in seine Hand gegeben. *K. 5,20. †Matth. 11,27.
36. Wer an den Sohn glaubt, der hat das ewige Leben. Wer dem Sohn nicht glaubt, der wird das Leben nicht sehen, sondern der Zorn Gottes bleibt über ihm. V. 18.

Das 4. Kapitel

Gespräch Jesu mit der Samariterin.
Heilung des Sohnes eines Königischen.

1. Da nun der Herr inneward, daß vor die Pharisäer gekommen war, wie Jesus mehr Jünger machte und *taufte denn Johannes *K. 3,22.26.
2. (wiewohl Jesus selber nicht taufte, sondern seine Jünger),

3. verließ er das Land Judäa und zog wieder nach Galiläa.

4. Er mußte aber durch Samaria reisen.

5. Da kam er in eine Stadt Samarias, die heißt Sichar, nahe bei dem Feld, das *Jakob seinem Sohn Joseph gab.

*1. Mose 48,22; Jos. 24,32.

6. Es war aber daselbst Jakobs Brunnen. Da nun Jesus müde war von der Reise, setzte er sich also auf den Brunnen; und es war um die sechste Stunde.

7. Da kommt ein Weib aus Samaria, Wasser zu schöpfen. Jesus spricht zu ihr: Gib mir zu trinken!

8. (Denn seine Jünger waren in die Stadt gegangen, daß sie Speise kauften.)

9. Spricht nun das samaritische Weib zu ihm: Wie bittest du von mir zu trinken, so du ein Jude bist, und ich ein samaritisch Weib? (Denn die Juden haben keine Gemeinschaft mit den Samaritern.)

10. Jesus antwortete und sprach zu ihr: Wenn du erkenntest die Gabe Gottes und wer der ist, der zu dir sagt: »Gib mir zu trinken!«, du bätest ihn, und er gäbe dir *lebendiges Wasser. *K. 7,38.39.

11. Spricht zu ihm das Weib: Herr, hast du doch nichts, womit du schöpfest, und der Brunnen ist tief; woher hast du denn lebendiges Wasser?

12. Bist du mehr denn unser Vater Jakob, der uns diesen Brunnen gegeben hat? Und er hat daraus getrunken und seine Kinder und sein Vieh.

13. Jesus antwortete und sprach zu ihr: Wer von diesem Wasser trinkt, den wird wieder dürsten; K. 6,58.

14. wer aber von dem Wasser trinken wird, das ich ihm gebe, den wird ewiglich nicht dürsten; sondern das Wasser, das ich ihm geben werde, das wird in ihm ein Brunnen des Wassers werden, das in das ewige Leben quillt. K. 6,27.35.

15. Spricht das Weib zu ihm: Herr, gib mir dieses Wasser, auf daß mich nicht dürste und ich nicht herkommen müsse zu schöpfen.

16. Jesus spricht zu ihr: Gehe hin, rufe deinen Mann und komm her!

17. Das Weib antwortete und sprach zu ihm: Ich habe keinen Mann. Jesus spricht zu ihr: Du hast recht gesagt: Ich habe keinen Mann.

18. Fünf Männer hast du gehabt, und den du nun hast, der ist nicht dein Mann; da hast du recht gesagt.

19. Das Weib spricht zu ihm: Herr, ich sehe, daß du ein Prophet bist.

20. Unsere Väter haben auf diesem Berge angebetet, und ihr sagt, zu *Jerusalem sei die Stätte, da man anbeten solle.

*5. Mose 12,5; Ps. 122.

21. Jesus spricht zu ihr: Weib, glaube mir, es kommt die Zeit, daß ihr weder auf diesem Berge noch zu Jerusalem werdet den Vater anbeten.

22. Ihr *wisset nicht, was ihr anbetet; wir wissen aber, was wir anbeten, denn †das Heil kommt von den Juden.

*2. Kön. 17,29–41; †Jes. 2,3.

23. Aber es kommt die Zeit und ist schon jetzt, daß die wahrhaftigen Anbeter werden den Vater anbeten im Geist und in der Wahrheit; denn der Vater will haben, die ihn also anbeten.

24. Gott ist Geist, und die ihn anbeten, die müssen ihn im Geist und in der Wahrheit anbeten. 2. Kor. 3,17.

25. Spricht das Weib zu ihm: Ich weiß, daß der *Messias kommt, der da Christus heißt. Wenn derselbe kommen wird, so wird er's uns alles verkündigen. *K. 1,41.

26. Jesus spricht zu ihr: Ich bin's, der mit dir redet. K. 9,37.

27. Und über dem kamen seine Jünger, und es nahm sie wunder, daß er mit dem Weibe redete. Doch sprach niemand: Was fragst du? oder: Was redest du mit ihr?

28. Da ließ das Weib ihren Krug stehen und ging hin in die Stadt und spricht zu den Leuten:

29. Kommt, sehet einen Menschen, der mir gesagt hat alles, was ich getan habe, ob er nicht Christus sei!

30. Da gingen sie aus der Stadt und kamen zu ihm.

31. Indes aber ermahnten ihn die Jünger und sprachen: Rabbi, iß!

32. Er aber sprach zu ihnen: Ich habe *eine Speise zu essen, von der ihr nicht wisset. *V. 34.

33. Da sprachen die Jünger untereinander: Hat ihm jemand zu essen gebracht?

34. Jesus spricht zu ihnen: Meine Speise ist die, daß ich tue den Willen des, der mich gesandt hat, und vollende sein Werk.

K. 17,4.

35. Saget ihr nicht: Es sind noch vier Monate, so kommt die Ernte? Siehe, ich sage euch: Hebet eure Augen auf und sehet in das Feld; denn es ist schon *weiß zur Ernte. *Matth. 9,37; Luk. 10,2.

36. Und wer da schneidet, der empfängt Lohn und sammelt Frucht zum ewigen Leben, auf daß sich miteinander freuen, der da sät und der da schneidet.

37. Denn hier ist der Spruch wahr: Dieser sät, der andere schneidet.

JESUS VERJAGT DIE HÄNDLER AUS DEM TEMPEL Johannes 2, 14–16

38. Ich habe euch gesandt, zu schneiden, was ihr nicht gearbeitet habt; andere haben gearbeitet, und ihr seid in ihre Arbeit gekommen.
39. Es glaubten aber an ihn viele der Samariter aus der Stadt um des Weibes Rede willen, welches da zeugte: Er hat mir gesagt alles, was ich getan habe.
40. Als nun die Samariter zu ihm kamen, baten sie ihn, daß er bei ihnen bliebe; und er blieb zwei Tage da.
41. Und viel mehr glaubten um seines Wortes willen
42. und sprachen zum Weibe: Wir glauben nun hinfort nicht um deiner Rede willen; wir haben selber gehört und erkannt, daß dieser ist wahrlich Christus, der Welt Heiland.
43. Aber nach zwei Tagen zog er aus von dannen und zog nach Galiläa.
Matth. 4,12.
44. Denn er selber, Jesus, zeugte, daß ein Prophet daheim nichts gilt.
Matth. 13,57; Mark. 6,4; Luk. 4,24.
45. Da er nun nach Galiläa kam, nahmen ihn die Galiläer auf, die gesehen hatten alles, was er zu Jerusalem auf dem Fest getan hatte; denn sie waren auch zum Fest gekommen. K. 2,23.
46. Und Jesus kam abermals gen Kana in Galiläa, da er das Wasser hatte zu Wein gemacht. K. 2,1.9.
47. Und es war ein Königischer, des Sohn lag krank zu Kapernaum. Dieser hörte, daß Jesus kam aus Judäa nach Galiläa, und ging hin zu ihm und bat ihn, daß er hinabkäme und hülfe seinem Sohn; denn er war todkrank.
48. Und Jesus sprach zu ihm: Wenn ihr nicht Zeichen und Wunder sehet, so glaubet ihr nicht. K. 2,18; 1. Kor. 1,22.
49. Der Königische sprach zu ihm: Herr, komm hinab, ehe denn mein Kind stirbt!
50. Jesus spricht zu ihm: Gehe hin, dein Sohn lebt! Der Mensch glaubte dem Wort, das Jesus zu ihm sagte, und ging hin.
51. Und indem er hinabging, begegneten ihm seine Knechte, verkündigten ihm und sprachen: Dein Kind lebt.
52. Da forschte er von ihnen die Stunde, in welcher es besser mit ihm geworden war. Und sie sprachen zu ihm: Gestern um die siebente Stunde verließ ihn das Fieber.
53. Da merkte der Vater, daß es um die

Stunde wäre, in welcher Jesus zu ihm gesagt hatte: Dein Sohn lebt. Und er glaubte mit seinem ganzen Hause.

54. Das ist nun das andere Zeichen, das Jesus tat, da er aus Judäa nach Galiläa kam. K. 2,11.23.

Das 5. Kapitel

Heilung eines achtunddreißigjährigen Kranken am Teiche Bethesda. Reden Jesu von sich, dem Richter und Totenerwecker.

1. Darnach war ein Fest der Juden, und Jesus zog hinauf gen Jerusalem.

2. Es ist aber zu Jerusalem bei dem Schaftor ein Teich, der heißt auf hebräisch Bethesda und hat fünf Hallen,

3. in welchen lagen viele Kranke, Blinde, Lahme, Verdorrte, die warteten, wann sich das Wasser bewegte.

4. (Denn ein Engel fuhr herab zu seiner Zeit in den Teich und bewegte das Wasser.) Welcher nun zuerst, nachdem das Wasser bewegt war, hineinstieg, der ward gesund, mit welcherlei Seuche er behaftet war.

5. Es war aber ein Mensch daselbst, achtunddreißig Jahre lang krank gelegen.

6. Da Jesus ihn sah liegen und vernahm, daß er so lange gelegen hatte, spricht er zu ihm: Willst du gesund werden?

7. Der Kranke antwortete ihm: Herr, ich habe keinen Menschen, wenn das Wasser sich bewegt, der mich in den Teich lasse; und wenn ich komme, so steigt ein anderer vor mir hinein.

8. Jesus spricht zu ihm: Stehe auf, nimm dein Bett und gehe hin! Matth. 9,6.

9. Und alsbald ward der Mensch gesund und nahm sein Bett und ging hin. Es *war aber desselben Tages der Sabbat. *K. 9,14.

10. Da sprachen die Juden zu dem, der geheilt worden war: Es ist heute Sabbat; es ziemt dir nicht, das Bett zu tragen. Jer. 17,21.

11. Er antwortete ihnen: Der mich gesund machte, der sprach zu mir: »Nimm dein Bett und gehe hin!«

12. Da fragten sie ihn: Wer ist der Mensch, der zu dir gesagt hat: »Nimm dein Bett und gehe hin!«?

13. Der aber geheilt worden war, wußte nicht, wer es war; denn Jesus war gewichen, da soviel Volks an dem Ort war.

14. Darnach fand ihn Jesus im Tempel und sprach zu ihm: Siehe zu, du bist gesund geworden; *sündige hinfort nicht mehr, daß dir nicht etwas Ärgeres widerfahre. *K. 8,11.

15. Der Mensch ging hin und verkündigte es den Juden, es sei Jesus, der ihn gesund gemacht habe.

16. Darum verfolgten die Juden Jesum und suchten ihn zu töten, daß er solches getan hatte am Sabbat. Matth. 12,14.

17. Jesus aber antwortete ihnen: Mein Vater wirket bisher, und ich wirke auch. K. 9,4.

18. Darum *trachteten ihm die Juden nun viel mehr nach, daß sie ihn töteten, daß er nicht allein den Sabbat brach, sondern sagte auch, Gott sei sein Vater, und machte sich selbst Gott gleich. *K. 7,30; 10,33.

19. Da antwortete Jesus und sprach zu ihnen: Wahrlich, wahrlich, ich sage euch: Der Sohn kann nichts von sich selber tun, sondern was *er sieht den Vater tun; denn was dieser tut, das tut gleicherweise auch der Sohn. *K. 3,11.32.

20. *Der Vater aber hat den Sohn lieb und zeigt ihm alles, was er tut, und wird ihm noch größere Werke zeigen, daß ihr euch verwundern werdet. *K. 3,35.

21. Denn wie der Vater die Toten auferweckt und macht sie lebendig, also auch der Sohn macht lebendig, welche er will.

22. Denn der Vater richtet niemand; sondern alles Gericht hat er dem Sohn gegeben, Dan. 7,13.14.; Apg. 17,31.

23. auf daß sie alle den Sohn ehren, wie sie den Vater ehren. Wer den Sohn nicht ehrt, der ehrt den Vater nicht, der ihn gesandt hat. Phil. 2,10.11.; 1. Joh. 2,23.

24. Wahrlich, wahrlich, ich sage euch: Wer mein Wort hört und glaubet dem, der mich gesandt hat, der hat das ewige Leben und kommt nicht in das Gericht, sondern er ist vom Tode zum Leben hindurchgedrungen. K. 3,16.18.

25. Wahrlich, wahrlich, ich sage euch: Es kommt die Stunde und *ist schon jetzt, daß die Toten werden die Stimme des Sohnes Gottes hören; und die sie hören werden, die werden leben. *Eph. 2,5.6.

26. Denn wie der Vater das Leben hat in ihm selber, also hat er dem Sohn gegeben, das Leben zu haben in ihm selber, K. 1,1–4.

27. und hat ihm Macht gegeben, auch *das Gericht zu halten, darum daß er des Menschen Sohn ist. *V. 22.

28. Verwundert euch des nicht. Denn es kommt die Stunde, in welcher alle, die in den Gräbern sind, werden seine Stimme hören,

29. und werden hervorgehen, die da Gutes getan haben, zur Auferstehung des Lebens, die aber Übles getan haben, zur Auferstehung des Gerichts. K. 6,40; Dan. 12,2.

JESUS UND NIKODEMUS Johannes 3, 4.5

30. Ich kann nichts von mir selber tun.
Wie ich höre, so richte ich, und mein Gericht ist recht; denn ich suche nicht meinen Willen, sondern des Vaters Willen, der mich gesandt hat. V. 19; K. 6,38.
31. So ich von mir selbst zeuge, so ist mein Zeugnis nicht wahr.
32. Ein anderer ist's, der von mir zeugt; und ich weiß, daß das Zeugnis wahr ist, das er von mir zeugt. V. 36.37.
33. Ihr schicktet zu Johannes, und er zeugte von der Wahrheit.
K. 1,19–34.
34. Ich aber nehme nicht Zeugnis von Menschen; sondern solches sage ich, auf daß ihr selig werdet.
35. Er war ein brennend und scheinend Licht; ihr aber wolltet eine kleine Weile fröhlich sein in seinem Lichte.
36. Ich aber habe ein größeres Zeugnis denn des Johannes Zeugnis; denn die Werke, die mir der Vater gegeben hat, daß ich sie vollende, ebendiese Werke, die ich tue, zeugen von mir, daß mich der Vater gesandt habe. 1. Joh. 5,9; K. 1,33; 3,2.
37. Und der Vater, der mich gesandt hat, derselbe hat von mir gezeugt. Ihr habt nie weder seine Stimme gehört noch seine Gestalt gesehen, Matth. 3,17.
38. und sein Wort habt ihr nicht in euch wohnend; denn ihr glaubet dem nicht, den er gesandt hat.
39. Suchet in der Schrift; denn ihr meinet, ihr habet das ewige Leben darin; und sie ist's, die von mir zeuget;
Luk. 24,27; 2. Tim. 3,15–17.
40. und ihr wollt nicht zu mir kommen, daß ihr das Leben haben möchtet.
41. Ich nehme nicht Ehre von den Menschen;
42. aber ich kenne euch, daß ihr nicht Gottes Liebe in euch habt.
43. Ich bin gekommen in meines Vaters Namen, und ihr nehmet mich nicht an. So ein anderer wird in seinem eigenen Namen kommen, den werdet ihr annehmen.
44. Wie könnet ihr glauben, die ihr Ehre voneinander nehmet? und die *Ehre, die von Gott allein ist, suchet ihr nicht.
*K. 12,43.
45. Ihr sollt nicht meinen, daß ich euch vor dem Vater verklagen werde; es ist einer, der euch verklagt, der *Mose, auf welchen ihr hoffet. *5. Mose 31,26.

46. Wenn ihr Mose glaubtet, so glaubtet ihr auch mir; denn er hat von mir geschrieben. 1.Mose 3,15; 49,10. 5.Mose 18,15.
47. So ihr aber seinen Schriften nicht glaubet, wie werdet ihr meinen Worten glauben? Luk. 16,31.

Das 6. Kapitel

Jesus speist fünftausend Mann, wandelt auf dem Meer und redet von sich selbst als dem Brote des Lebens und von dem Genuß seines Fleisches und Blutes. Bekenntnis des Petrus.
(V. 1–15: vgl. Matth. 14,13–21; Mark. 6,32–44; Luk. 9,10–17.)

1. Darnach fuhr Jesus weg über das Meer an die Stadt Tiberias in Galiläa.
2. Und es zog ihm viel Volks nach, darum daß sie die Zeichen sahen, die er an den Kranken tat.
3. Jesus aber ging hinauf auf einen Berg und setzte sich daselbst mit seinen Jüngern.
4. Es war aber nahe Ostern, der Juden Fest. K. 2,13; 11,55.
5. Da hob Jesus seine Augen auf und sieht, daß viel Volks zu ihm kommt, und spricht zu Philippus: Wo kaufen wir Brot, daß diese essen?
6. (Das sagte er aber, ihn zu versuchen; denn er wußte wohl, was er tun wollte.)
7. Philippus antwortete ihm: Für zweihundert Groschen Brot ist nicht genug unter sie, daß ein jeglicher unter ihnen ein wenig nehme.
8. Spricht zu ihm einer seiner Jünger, Andreas, der Bruder des Simon Petrus:
9. Es ist ein Knabe hier, der hat fünf Gerstenbrote und zwei Fische; aber was ist das unter so viele?
10. Jesus aber sprach: Schaffet, daß sich das Volk lagere. Es war aber viel Gras an dem Ort. Da lagerten sich bei fünftausend Mann.
11. Jesus aber nahm die Brote, dankte und gab sie den Jüngern, die Jünger aber denen, die sich gelagert hatten; desgleichen auch von den Fischen, wieviel sie wollten.
12. Da sie aber satt waren, sprach er zu seinen Jüngern: Sammelt die übrigen Brocken, daß nichts umkomme.
13. Da sammelten sie und füllten zwölf Körbe mit Brocken von den fünf Gerstenbroten, die überblieben denen, die gespeist worden.
14. Da nun die Menschen das Zeichen sahen, das Jesus tat, sprachen sie: Das ist wahrlich *der Prophet, der in die Welt kommen soll. *5.Mose 18,15.
15. Da Jesus nun merkte, daß sie kommen würden und ihn haschen, daß sie ihn zum König machten, entwich er abermals auf den Berg, er selbst allein. K. 18,36.
(V. 16–21: vgl. Matth. 14,22–33; Mark. 6,45–52.)
16. Am Abend aber gingen die Jünger hinab an das Meer
17. und traten in das Schiff und kamen über das Meer gen Kapernaum. Und es war schon finster geworden, und Jesus war nicht zu ihnen gekommen.
18. Und das Meer erhob sich von einem großen Winde.
19. Da sie nun gerudert hatten bei fünfundzwanzig oder dreißig Feld Wegs, sahen sie Jesum auf dem Meer dahergehen und nahe zum Schiff kommen; und sie fürchteten sich.
20. Er aber sprach zu ihnen: Ich bin's; fürchtet euch nicht!
21. Da wollten sie ihn in das Schiff nehmen; und alsbald war das Schiff am Lande, da sie hin fuhren.
22. Des andern Tages sah das Volk, das diesseit des Meers stand, daß kein anderes Schiff daselbst war denn das eine, darein seine Jünger getreten waren, und daß Jesus nicht mit seinen Jüngern in das Schiff getreten war, sondern allein seine Jünger waren weggefahren.
23. Es kamen aber andere Schiffe von Tiberias nahe zu der Stätte, da sie das Brot gegessen hatten durch des Herrn *Danksagung. *V. 11.
24. Da nun das Volk sah, daß Jesus nicht da war noch seine Jünger, traten sie auch in die Schiffe und kamen gen Kapernaum und suchten Jesum.
25. Und da sie ihn fanden jenseit des Meers, sprachen sie zu ihm: Rabbi, wann bist du hergekommen?
26. Jesus antwortete ihnen und sprach: Wahrlich, wahrlich ich sage euch: Ihr suchet mich nicht darum, daß ihr Zeichen gesehen habt, sondern daß ihr von dem Brot gegessen habt und seid satt geworden.
27. Wirket Speise, nicht, die vergänglich ist, sondern die da bleibt *in das ewige Leben, welche euch des Menschen Sohn geben wird; denn den hat Gott der Vater †versiegelt. *K. 4,14; †K. 5,36.
28. Da sprachen sie zu ihm: Was sollen wir tun, daß wir Gottes Werke wirken?
29. Jesus antwortete und sprach zu ihnen: Das ist Gottes Werk, daß ihr an den glaubet, den er gesandt hat. 1.Joh. 3,23.
30. Da sprachen sie zu ihm: Was tust du

DIE SAMARITERIN Johannes 4, 6–26

denn für ein Zeichen, auf daß wir sehen
und glauben dir? Was wirkst du?
K. 2,18.
31. Unsre Väter haben Manna gegessen
in der Wüste, wie geschrieben steht: »Er
gab ihnen Brot vom Himmel zu essen.«
2. Mose 16,13.14; Ps. 78,24.
32. Da sprach Jesus zu ihnen: Wahrlich,
wahrlich ich sage euch: *Mose hat euch
nicht das Brot vom Himmel gegeben, sondern mein Vater gibt euch das rechte Brot
vom Himmel. *V. 49.
33. Denn dies ist das Brot Gottes, das
vom Himmel kommt und gibt der Welt das
Leben.
34. Da sprachen sie zu ihm: Herr, gib uns
allewege solch Brot.
35. Jesus aber sprach zu ihnen: Ich bin
das Brot des Lebens. Wer zu mir kommt,
den wird nicht hungern; und wer an mich
glaubt, den wird nimmermehr dürsten.
V. 48; K. 4,14; 7,37.
36. Aber ich *habe es euch gesagt, daß
ihr mich gesehen habt, und glaubet doch
nicht. *V. 26.29.
37. Alles, was mir mein Vater gibt, das
kommt zu mir; und wer zu mir kommt,
*den werde ich nicht hinausstoßen.
*K. 17,6–8; Matth. 11,28.
38. Denn ich bin vom Himmel gekommen, nicht, daß ich meinen Willen tue,
sondern den Willen des, der mich gesandt
hat. K. 4,34.
39. Das ist aber der Wille des Vaters, der
mich gesandt hat, daß ich nichts verliere
von allem, was er mir gegeben hat, sondern, daß ich's auferwecke am Jüngsten
Tage. K. 10,28.29; 17,12.
40. Denn das ist der Wille des, der mich
gesandt hat, daß, wer den Sohn sieht und
glaubt an ihn, habe das ewige Leben; und
ich werde ihn *auferwecken am Jüngsten
Tage. *K. 5,29; 11,24.
41. Da murrten die Juden darüber, daß
er sagte: Ich bin das Brot, das vom Himmel gekommen ist,
42. und sprachen: Ist dieser nicht Jesus,
Josephs Sohn, des Vater und Mutter wir
kennen? Wie spricht er denn: Ich bin vom
Himmel gekommen? Luk. 4,22.
43. Jesus antwortete und sprach zu ihnen: Murret nicht untereinander.
44. Es kann *niemand zu mir kommen,
es sei denn, daß ihn ziehe der Vater, der

mich gesandt hat; und ich werde ihn auferwecken am Jüngsten Tage. *V. 65.
45. Es steht geschrieben in *den Propheten: »Sie werden alle von Gott gelehrt sein.« Wer es nun hört vom Vater und lernt es, der kommt zu mir.
*Jes. 54,13; Jer. 31,33.34.
46. Nicht daß jemand den Vater habe gesehen, außer dem, der vom Vater ist; der hat den Vater gesehen. K. 1,18.
47. Wahrlich, wahrlich ich sage euch: Wer an mich glaubt, der hat das ewige Leben. K. 3,16.
48. Ich bin das Brot des Lebens. V. 35.
49. Eure Väter haben Manna gegessen in der Wüste und sind gestorben.
V. 31.32; 1. Kor. 10,3.5.
50. Dies ist das Brot, das vom Himmel kommt, auf daß, wer davon isset, nicht sterbe.
51. Ich bin das lebendige Brot, vom Himmel gekommen. Wer von diesem Brot essen wird, der wird leben in Ewigkeit. Und das Brot, das ich geben werde, ist mein Fleisch, welches ich geben werde *für das Leben der Welt. *Hebr. 10,5.10.
52. Da zankten die Juden untereinander und sprachen: Wie kann dieser uns sein Fleisch zu essen geben?
53. Jesus sprach zu ihnen: Wahrlich, wahrlich ich sage euch: Werdet ihr nicht essen das Fleisch des Menschensohnes und trinken sein Blut, so habt ihr kein Leben in euch.
54. Wer mein Fleisch isset und trinket mein Blut, der hat das ewige Leben, und ich werde ihn am Jüngsten Tage auferwekken.
55. Denn mein Fleisch ist die rechte Speise, und mein Blut ist der rechte Trank.
56. Wer mein Fleisch isset und trinket mein Blut, der *bleibt in mir und ich in ihm. *K. 15,4; 1. Joh. 3,24.
57. Wie mich gesandt hat der lebendige Vater und ich lebe um des Vaters willen, also, wer mich isset, der wird auch leben um meinetwillen.
58. Dies ist das Brot, das vom Himmel gekommen ist; nicht, wie eure Väter haben Manna gegessen und sind gestorben: wer dies Brot isset, der wird leben in Ewigkeit.
59. Solches sagte er in der Schule, da er lehrte zu Kapernaum.
60. Viele nun seiner Jünger, die das hörten, sprachen: Das ist eine harte Rede; wer kann sie hören?
61. Da Jesus aber bei sich selbst merkte, daß seine Jünger darüber murrten, sprach er zu ihnen: Ärgert euch das?
62. Wie, wenn ihr denn sehen werdet des Menschen Sohn auffahren dahin, da er zuvor war? K. 3,13.
63. Der Geist ist's, der da lebendig macht; das Fleisch ist nicht nütze. Die Worte, die ich rede, die sind Geist und sind Leben. 2. Kor. 3,6.
64. Aber es sind etliche unter euch, die glauben nicht. (Denn Jesus wußte von Anfang wohl, welche nicht glaubend waren und *welcher ihn verraten würde.)
*K. 13,11.
65. Und er sprach: Darum habe ich euch gesagt: Niemand kann zu mir kommen, es sei ihm denn von meinem Vater gegeben.
V. 44.
66. Von dem an gingen seiner Jünger viele hinter sich und wandelten hinfort nicht mehr mit ihm.
67. Da sprach Jesus zu den Zwölfen: Wollt ihr auch weggehen?
68. Da antwortete ihm Simon Petrus: Herr, wohin sollen wir gehen? Du hast *Worte des ewigen Lebens; *V. 63.
69. und wir haben geglaubt und erkannt, daß *du bist Christus, der Sohn des lebendigen Gottes. *K. 1,49; 11,27; Matth. 16,16.
70. Jesus antwortete ihnen: Habe ich nicht euch zwölf erwählt? und – euer einer ist ein Teufel!
71. Er redete aber von dem Judas, Simons Sohn, Ischariot; der verriet ihn hernach, und war der Zwölfe einer.

Das 7. Kapitel

Jesus auf dem Laubhüttenfest, redet von seiner Lehre, seinem Weggang und dem heiligen Geist. Des Volkes und der Pharisäer Verhalten gegen ihn.

1. Darnach zog Jesus umher in *Galiläa; denn er wollte nicht in Judäa umherziehen, darum daß ihm die Juden nach dem Leben stellten. *K. 6,1.
2. Es war aber nahe der Juden Fest, die *Laubhütten. *3. Mose 23,34.
3. Da sprachen seine *Brüder zu ihm: Mache dich auf von dannen und gehe nach Judäa, auf daß auch deine Jünger sehen die Werke, die du tust.
*K. 2,12; Matth. 12,46; Apg. 1,14.
4. Niemand tut etwas im Verborgenen und will doch frei offenbar sein. Tust du solches, so offenbare dich vor der Welt.
5. Denn auch seine Brüder glaubten nicht an ihn.
6. Da spricht Jesus zu ihnen: *Meine Zeit

ist noch nicht hier; eure Zeit aber ist allewege. *K. 2,4.
7. Die Welt kann euch nicht hassen;
mich aber *haßt sie, denn ich zeuge von
ihr, daß ihre Werke böse sind. *K. 15,18.
8. Gehet ihr hinauf auf dieses Fest; ich
will noch nicht hinaufgehen auf dieses
Fest, denn meine Zeit ist noch nicht erfüllt.
9. Da er aber das zu ihnen gesagt, blieb er
in Galiläa.
10. Als aber seine Brüder waren hinaufgegangen, da ging er auch hinauf zu dem
Fest, nicht offenbar, sondern wie heimlich.
11. Da suchten ihn die Juden am Fest
und sprachen: Wo ist der?
12. Und es war ein großes Gemurmel von
ihm unter dem Volk. Etliche sprachen: Er
ist fromm; die andern aber sprachen:
Nein, sondern er verführt das Volk.
13. Niemand aber redete frei von ihm um
der Furcht willen vor den Juden.
K. 9,22; 12,42; 19,38.
14. Aber mitten im Fest ging Jesus hinauf in den Tempel und lehrte.
15. Und die Juden verwunderten sich
und sprachen: Wie kann dieser die Schrift,
so er sie doch nicht gelernt hat?
Matth. 13,54.
16. Jesus antwortete ihnen und sprach:
Meine Lehre ist nicht mein, sondern des,
der mich gesandt hat.
17. So jemand will des Willen tun, der
wird innewerden, ob diese Lehre von Gott
sei oder ob ich sie von mir selbst rede.
18. Wer von sich selbst redet, der *sucht
seine eigne Ehre; wer aber sucht die Ehre
des, der ihn gesandt hat, der ist wahrhaftig, und ist keine Ungerechtigkeit an ihm.
*K. 5,41.44.
19. Hat euch nicht Mose das Gesetz gegeben? und *niemand unter euch tut das
Gesetz. Warum †sucht ihr mich zu töten?
*Apg. 7,53; †K. 5,16.18.
20. Das Volk antwortete und sprach: Du
hast den Teufel; wer sucht dich zu töten?
K. 8,48; 52.10,20.
21. Jesus antwortete und sprach: Ein
einziges Werk habe ich getan, und es wundert euch alle. K. 5,16.
22. Mose hat euch darum gegeben die
Beschneidung – nicht daß sie von Mose
kommt, sondern *von den Vätern –, und
ihr beschneidet den Menschen am Sabbat.
*1. Mose 17,10–12.
23. So ein Mensch die Beschneidung annimmt am Sabbat, auf daß nicht das Gesetz Mose's gebrochen werde, zürnet ihr
denn über mich, daß ich den ganzen Menschen habe am Sabbat gesund gemacht?
24. Richtet nicht nach dem Ansehen,
sondern richtet ein rechtes Gericht.
25. Da sprachen etliche aus Jerusalem:
Ist das nicht der, den sie suchten zu töten?
V. 19.
26. Und siehe zu, er redet frei, und sie
sagen ihm nichts. Erkennen unsre Obersten nun gewiß, daß er gewiß Christus
sei?
27. Doch wir wissen, woher dieser ist;
wenn aber Christus kommen wird, so wird
niemand wissen, woher er ist. V. 41.
28. Da rief Jesus im Tempel, lehrte und
sprach: Ja, ihr kennet mich und wisset,
woher ich bin; und von mir selbst bin ich
nicht gekommen, sondern es ist ein Wahrhaftiger, der mich gesandt hat, welchen
ihr nicht kennet.
29. Ich kenne ihn aber; denn ich bin von
ihm, und er hat mich gesandt. Matth. 11,27.
30. Da suchten sie ihn zu greifen; aber
niemand legte die Hand an ihn, denn seine
Stunde war noch nicht gekommen.
K. 8,20; Luk. 22,53.
31. Aber *viele vom Volk glaubten an ihn
und sprachen: Wenn Christus kommen
wird, wird er auch mehr Zeichen tun,
denn dieser tut? *K. 8,30.
32. Und es kam vor die Pharisäer, daß das
Volk solches von ihm murmelte. Da sandten die Pharisäer und Hohenpriester
Knechte aus, daß sie ihn griffen.
33. Da sprach Jesus zu ihnen: Ich bin
noch eine kleine Zeit bei euch, und dann
gehe ich hin zu dem, der mich gesandt
hat. K. 13,33.
34. Ihr werdet mich suchen, und nicht
finden; und wo ich bin, könnet ihr nicht
hin kommen. K. 8,21.
35. Da sprachen die Juden untereinander: Wo will dieser hin gehen, daß wir ihn
nicht finden sollen? Will er zu den Zerstreuten unter den Griechen gehen und
die Griechen lehren?
36. Was ist das für eine Rede, daß er
sagte: »Ihr werdet mich suchen, und nicht
finden; und wo ich bin, da könnet ihr nicht
hin kommen«?
37. Aber am *letzten Tage des Festes, der
am herrlichsten war, trat Jesus auf, rief
und sprach: Wen da †dürstet, der komme
zu mir und trinke! *3. Mose 23,36. †K. 4,10.
38. Wer an mich glaubt, *wie die Schrift
sagt, von des Leibe werden Ströme des
lebendigen Wassers fließen.
*Jes. 44,3; Joel 3,1.
39. Das sagte er aber von dem Geist, wel-

chen empfangen sollten, die an ihn glaubten; denn der heilige Geist war noch nicht da, denn Jesus war noch nicht verklärt.
K. 16,7.

40. Viele nun vom Volk, die diese Rede hörten, sprachen: *Dieser ist wahrlich der Prophet. *K. 6,14; 5. Mose 18,15.

41. Andere sprachen: Er ist Christus. Etliche aber sprachen: *Soll Christus aus Galiläa kommen? *K. 1,46.

42. Spricht nicht die Schrift: von dem Samen Davids und aus dem Flecken Bethlehem, da David war, solle Christus kommen? 2. Sam. 7,12; Micha 5,1; Matth. 2,5.6; 22,42.

43. Also ward eine Zwietracht unter dem Volk über ihn. K. 9,16.

44. Es wollten aber etliche ihn greifen; aber niemand legte die Hand an ihn. V. 30.

45. Die Knechte kamen zu den Hohenpriestern und Pharisäern; und sie sprachen zu ihnen: Warum habt ihr ihn nicht gebracht?

46. Die Knechte antworteten: Es hat nie ein Mensch also geredet wie dieser Mensch. Matth. 7,28.29.

47. Da antworteten ihnen die Pharisäer; Seid ihr auch verführt?

48. Glaubt auch irgend ein Oberster oder Pharisäer an ihn?

49. sondern das Volk, das nichts vom Gesetz weiß, ist verflucht.

50. Spricht zu ihnen Nikodemus, der bei der Nacht zu ihm kam, welcher einer unter ihnen war: K. 3,1.2.

51. Richtet *unser Gesetz auch einen Menschen, ehe man ihn verhört und erkennt, was er tut? *5. Mose 1,16.17.

52. Sie antworteten und sprachen zu ihm: Bist du auch ein Galiläer? Forsche und siehe, aus Galiläa steht kein Prophet auf. V. 41.

53. Und jeglicher ging also heim.

Das 8. Kapitel

Die Ehebrecherin. Jesus das Licht der Welt.
Rede wider den Unglauben der Juden.

1. Jesus aber ging an den Ölberg.

2. Und frühmorgens kam er wieder in den Tempel, und alles Volk kam zu ihm; und er setzte sich und lehrte sie.

3. Aber die Schriftgelehrten und Pharisäer brachten ein Weib zu ihm, im Ehebruch begriffen, und stellten sie in die Mitte dar

4. und sprachen zu ihm: Meister, dies Weib ist ergriffen auf frischer Tat im Ehebruch.

5. Mose aber hat uns im Gesetz geboten, solche zu steinigen; was sagst du?
3. Mose 20,10.

6. Das sprachen sie aber, ihn zu versuchen, auf daß sie eine Sache wider ihn hätten. Aber Jesus bückte sich nieder und schrieb mit dem Finger auf die Erde.

7. Als sie nun anhielten, ihn zu fragen, richtete er sich auf und sprach zu ihnen: Wer unter euch ohne Sünde ist, der werfe den ersten Stein auf sie.

8. Und bückte sich wieder nieder und schrieb auf die Erde.

9. Da sie aber das hörten, gingen sie hinaus (von *ihrem Gewissen überführt), einer nach dem andern, von den Ältesten an bis zu den Geringsten; und Jesus ward gelassen allein und das Weib in der Mitte stehend. *Röm. 2,22.

10. Jesus aber richtete sich auf; und da er niemand sah denn das Weib, sprach er zu ihr: Weib, wo sind sie, deine Verkläger? Hat dich niemand verdammt?

11. Sie aber sprach: Herr, niemand. Jesus aber sprach: So verdamme ich dich auch nicht; gehe hin und *sündige hinfort nicht mehr! *K. 5,14.

12. Da redete Jesus abermals zu ihnen und sprach: Ich bin das *Licht der Welt; wer mir nachfolgt, der wird nicht wandeln in der Finsternis, sondern wird das Licht des Lebens haben. *Jes. 49,6; K. 1,5.9.

13. Da sprachen die Pharisäer zu ihm: Du zeugst von dir selbst; dein Zeugnis ist nicht wahr.

14. Jesus antwortete und sprach zu ihnen: *So ich von mir selbst zeugen würde, so ist mein Zeugnis wahr; denn ich weiß, woher ich gekommen bin und wo ich hin gehe; ihr aber wisset nicht, woher ich komme und wo ich hin gehe. *K. 5,31.

15. Ihr richtet nach dem Fleisch; ich richte niemand.

16. So ich aber richte, so ist mein Gericht recht; denn ich bin *nicht allein, sondern ich und der Vater, der mich gesandt hat. *V. 29.

17. Auch steht in eurem Gesetz geschrieben, daß zweier Menschen Zeugnis wahr sei. 5. Mose 19,15.

18. Ich bin's, der ich von mir selbst zeuge; und der Vater, der mich gesandt hat, zeugt auch von mir.

19. Da sprachen sie zu ihm: Wo ist dein Vater? Jesus antwortete: Ihr kennet weder mich noch meinen Vater; wenn ihr mich kenntet, so kenntet ihr auch meinen Vater. K. 14,7.

20. Diese Worte redete Jesus an dem Gotteskasten, da er lehrte im Tempel; und niemand griff ihn, denn seine Stunde war noch nicht gekommen. K. 7,30; Luk. 22,53.

DIE EHEBRECHERIN Johannes 8, 3–8

21. Da sprach Jesus abermals zu ihnen: Ich gehe hinweg, und ihr werdet mich suchen und in eurer Sünde sterben. Wo ich hin gehe, da könnet ihr nicht hin kommen. K. 7,34; 13,33.

22. Da sprachen die Juden: Will er sich denn selbst töten, daß er spricht: »Wohin ich gehe, da könnet ihr nicht hin kommen«? K. 7,35.

23. Und er sprach zu ihnen: Ihr seid von untenher, ich bin von obenher; ihr seid von dieser Welt, ich bin nicht von dieser Welt. K. 3,31.

24. So habe ich euch gesagt, daß ihr sterben werdet in euren Sünden; denn so ihr nicht glaubet, daß ich es sei, so werdet ihr sterben in euren Sünden.

25. Da sprachen sie zu ihm: Wer bist du denn? Und Jesus sprach zu ihnen: Erstlich der, der ich mit euch rede.

26. Ich habe viel von euch zu reden und zu richten; aber der mich gesandt hat, ist wahrhaftig, und was ich von ihm gehört habe, das rede ich vor der Welt.

27. Sie verstanden aber nicht, daß er ihnen von dem Vater sagte.

28. Da sprach Jesus zu ihnen: Wenn *ihr des Menschen Sohn erhöhen werdet, dann werdet ihr erkennen, daß ich es sei und nichts von mir selber tue, sondern, wie mich mein Vater gelehrt hat, so rede ich. *K. 3,14; 12,32.

29. Und der mich gesandt hat, ist mit mir. Der Vater läßt mich *nicht allein; denn ich tue allezeit, was ihm gefällt. *V. 16.

30. Da er solches redete, glaubten viele an ihn.

31. Da sprach nun Jesus zu den Juden, die an ihn glaubten: So ihr bleiben werdet an meiner Rede, so seid ihr meine rechten Jünger K. 15,14.

32. und werdet die Wahrheit erkennen, und die Wahrheit wird euch frei machen.

33. Da antworteten sie ihm: Wir sind Abrahams Samen, sind niemals jemandes Knecht gewesen; wie sprichst du denn: »Ihr sollt frei werden«? Matth. 3,9.

34. Jesus antwortete ihnen und sprach: Wahrlich, wahrlich ich sage euch: Wer Sünde tut, der ist der Sünde Knecht. Röm. 6,16.20; 1. Joh. 3,8.

35. Der Knecht aber bleibt nicht ewiglich im Hause; der Sohn bleibt ewiglich.

36. So euch nun der Sohn frei macht, so
seid ihr recht frei. Röm. 6,18.22.
37. Ich weiß wohl, daß ihr Abrahams Samen seid; aber ihr sucht mich zu töten, denn meine Rede fängt nicht bei euch.
38. Ich rede, was ich von meinem Vater gesehen habe; so tut ihr, was ihr von eurem Vater gesehen habt.
39. Sie antworteten und sprachen zu ihm: Abraham ist unser Vater. Spricht Jesus zu ihnen: Wenn ihr Abrahams Kinder wäret, so tätet ihr Abrahams Werke.
40. Nun aber sucht ihr mich zu töten, einen solchen Menschen, der ich euch die Wahrheit gesagt habe, die ich von Gott gehört habe. Das hat Abraham nicht getan.
41. Ihr tut eures Vaters Werke. Da sprachen sie zu ihm: Wir sind nicht unehelich geboren; wir haben einen Vater, Gott.
42. Jesus sprach zu ihnen: Wäre Gott euer Vater, so liebtet ihr mich; denn ich bin ausgegangen und komme von Gott; denn ich bin nicht von mir selber gekommen, sondern er hat mich gesandt.
43. Warum kennet ihr denn meine Sprache nicht? Denn ihr könnt ja mein Wort nicht hören.
44. Ihr *seid von dem Vater, dem Teufel, und nach eures Vaters Lust wollt ihr tun. Der ist ein †Mörder von Anfang und ist **nicht bestanden in der Wahrheit; denn die Wahrheit ist nicht in ihm. Wenn er die Lüge redet, so redet er von seinem Eigenen; denn er ist ein Lügner und ein Vater derselben.

*1. Joh. 3,8–10. †1. Mose 3,4. **2. Petr. 2,4.

45. Ich aber, weil ich die Wahrheit sage, so glaubet ihr mir nicht.
46. *Welcher unter euch kann mich einer Sünde zeihen? So ich euch aber die Wahrheit sage, warum glaubet ihr mir nicht? *2. Kor. 5,21; 1. Petr. 2,22.
47. Wer *von Gott ist, der hört Gottes Worte; darum höret ihr nicht, denn ihr seid nicht von Gott. *K. 18,37.
48. Da antworteten die Juden und sprachen zu ihm: Sagen wir nicht recht, daß du ein Samariter bist und *hast den Teufel? *K. 7,20.
49. Jesus antwortete: Ich habe keinen Teufel, sondern ich ehre meinen Vater, und ihr unehret mich.
50. Ich suche nicht meine Ehre; es ist aber einer, der sie sucht, und richtet. K. 5,41.
51. Wahrlich, wahrlich ich sage euch: So jemand mein Wort wird halten, der wird den Tod nicht sehen ewiglich. K. 6,40.47.
52. Da sprachen die Juden zu ihm: Nun erkennen wird, daß du den Teufel hast. Abraham ist gestorben und die Propheten, und du sprichst: »So jemand mein Wort hält, der wird den Tod nicht schmecken ewiglich.«
53. Bist du mehr denn unser Vater Abraham, welcher gestorben ist? Und die Propheten sind gestorben. Was machst du aus dir selbst?
54. Jesus antwortete: So ich mich selber ehre, so ist meine Ehre nichts. Es ist aber mein Vater, der mich ehrt, von welchem ihr sprecht, er sei euer Gott;
55. und *kennet ihn nicht; ich aber kenne ihn. Und so ich würde sagen: Ich kenne ihn nicht, so würde ich ein Lügner, gleichwie ihr seid. Aber ich kenne ihn und halte sein Wort. *K. 7,28.
56. Abraham, euer Vater, ward froh, daß er meinen Tag sehen sollte; und er sah ihn und freute sich.
57. Da sprachen die Juden zu ihm: Du bist noch nicht fünfzig Jahre alt und hast Abraham gesehen?
58. Jesus sprach zu ihnen: Wahrlich, wahrlich ich sage euch: Ehe denn Abraham ward, bin ich.
59. Da hoben *sie Steine auf, daß sie auf ihn würfen. Aber Jesus verbarg sich und ging zum Tempel hinaus. *K. 10,31.

Das 9. Kapitel

Heilung eines Blindgeborenen am Sabbat. Untersuchung dieses Wunders.

1. Und Jesus ging vorüber und sah einen, der blind geboren war.
2. Und seine Jünger fragten ihn und sprachen: Meister, wer hat gesündigt, dieser oder seine Eltern, daß er ist blind geboren? Luk. 13,2.
3. Jesus antwortete: Es hat weder dieser gesündigt noch seine Eltern, sondern daß *die Werke Gottes offenbar würden an ihm. *K. 11,4.
4. Ich muß wirken die Werke des, der mich gesandt hat, solange es Tag ist; es kommt die Nacht, da niemand wirken kann. K. 5,17.
5. Dieweil ich bin in der Welt, bin ich das Licht der Welt. K. 8,12.
6. Da er solches gesagt, spützte er auf die Erde und machte einen Kot aus dem Speichel und schmierte den Kot auf des Blinden Augen Mark. 8,23.
7. und sprach zu ihm: Gehe hin zu dem Teich Siloah (das ist verdolmetscht: gesandt) und wasche dich! Da ging er hin und wusch sich und kam sehend.

8. Die Nachbarn und die ihn zuvor gesehen hatten, daß er ein Bettler war, sprachen: Ist dieser nicht, der dasaß und bettelte?
9. Etliche sprachen: Er ist's, etliche aber: Er ist ihm ähnlich. Er selbst aber sprach: Ich bin's.
10. Da sprachen sie zu ihm: Wie sind deine Augen aufgetan worden?
11. Er antwortete und sprach: Der Mensch, der Jesus heißt, machte einen Kot und schmierte meine Augen und sprach: »Gehe hin zu dem Teich Siloah und wasche dich!« Ich ging hin und wusch mich und ward sehend.
12. Da sprachen sie zu ihm: Wo ist er? Er sprach: Ich weiß nicht.
13. Da führten sie ihn zu den Pharisäern, der weiland blind war.
14. (Es war aber Sabbat, da Jesus den Kot machte und seine Augen öffnete.) K. 5,9.
15. Da fragten ihn abermals auch die Pharisäer, wie er wäre sehend geworden. Er aber sprach zu ihnen: Kot legte er mir auf die Augen, und ich wusch mich und bin nun sehend.
16. Da sprachen etliche der Pharisäer: Der Mensch ist nicht von Gott, dieweil er den Sabbat nicht hält. Die andern aber sprachen: Wie kann *ein sündiger Mensch solche Zeichen tun? Und es ward eine †Zwietracht unter ihnen. *V. 31.33. †K. 7,43.
17. Sie sprachen wieder zu dem Blinden: Was sagst du von ihm, daß er hat deine Augen aufgetan? Er aber sprach: Er ist ein Prophet.
18. Die Juden glaubten nicht von ihm, daß er blind gewesen und sehend geworden wäre, bis daß sie riefen die Eltern des, der sehend war geworden,
19. fragten sie und sprachen: Ist das euer Sohn, von welchem ihr sagt, er sei blind geboren? Wie ist er denn nun sehend?
20. Seine Eltern antworteten ihnen und sprachen: Wir wissen, daß dieser unser Sohn ist und daß er blind geboren ist;
21. wie er aber nun sehend ist, wissen wir nicht; oder wer ihm hat seine Augen aufgetan, wissen wir auch nicht. Er ist alt genug, fraget ihn, laßt ihn selbst für sich reden.
22. Solches sagten seine Eltern; denn sie *fürchteten sich vor den Juden. Denn die Juden hatten sich schon vereinigt, so jemand ihn für Christus bekennte, daß er †in den Bann getan würde.
*K. 7,13. †K. 12,42.
23. Darum sprachen seine Eltern: Er ist alt genug, fraget ihn selbst.
24. Da riefen sie zum andernmal, den Menschen, der blind gewesen war, und sprachen zu ihm: Gib *Gott die Ehre! wir wissen, daß dieser Mensch ein Sünder ist.
*Joh. 7,19.
25. Er antwortete und sprach: Ist er ein Sünder, das weiß ich nicht; eines weiß ich wohl, daß ich blind war und bin nun sehend.
26. Da sprachen sie wieder zu ihm: Was tat er dir? Wie tat er deine Augen auf?
27. Er antwortete ihnen: Ich habe es euch jetzt gesagt; habt ihr's nicht gehört? Was wollt ihr's abermals hören? Wollt ihr auch seine Jünger werden?
28. Da schalten sie ihn und sprachen: Du bist sein Jünger; wir aber sind Mose's Jünger.
29. Wir wissen, daß Gott mit Mose geredet hat; woher aber dieser ist, wissen wir nicht.
30. Der Mensch antwortete und sprach zu ihnen: Das ist ein wunderlich Ding, daß ihr nicht wisset, woher er sei, und er hat meine Augen aufgetan.
31. Wir wissen aber, daß *Gott die Sünder nicht hört; sondern so jemand gottesfürchtig ist und tut seinen Willen, den hört er. *Jes. 1,15; Spr. 15,29.
32. Von der Welt an ist's nicht erhört, daß jemand einem geborenen Blinden die Augen aufgetan habe.
33. Wäre dieser nicht von Gott, er könnte nichts tun. V. 16.
34. Sie antworteten und sprachen zu ihm: Du bist ganz *in Sünden geboren, und lehrst uns? Und stießen ihn hinaus.
*V. 2.
35. Es kam vor Jesum, daß sie ihn ausgestoßen hatten. Und da er ihn fand, sprach er zu ihm: Glaubst du an den Sohn Gottes?
36. Er antwortete und sprach: Herr, welcher ist's? auf daß ich an ihn glaube.
37. Jesus sprach zu ihm: Du hast ihn gesehen, und der mit dir redet, der ist's.
K. 4,26.
38. Er aber sprach: Herr, ich glaube! und betete ihn an.
39. Und Jesus sprach: Ich bin zum Gericht auf diese Welt gekommen, auf daß, die da nicht sehen, sehend werden, und die da sehen, blind werden. Matth. 13,11–15.
40. Und solches hörten etliche der Pharisäer, die bei ihm waren, und sprachen zu ihm: Sind wir denn auch blind?
41. Jesus sprach zu ihnen: Wäret ihr blind, so hättet ihr keine Sünde; nun ihr aber sprecht: »Wir sind sehend«, bleibt eure Sünde. Spr. 26,12.

Das 10. Kapitel

Vom guten Hirten und seinen Schafen.

1. Wahrlich, wahrlich ich sage euch: Wer nicht zur Tür hineingeht in den Schafstall, sondern steigt anderswo hinein, der ist ein Dieb und ein Mörder.

2. Der aber zur Tür hineingeht, der ist ein Hirte der Schafe.

3. Dem tut der Türhüter auf, und die Schafe hören seine Stimme; und er ruft seine Schafe mit Namen und führt sie aus.

4. Und wenn er seine Schafe hat ausgelassen, geht er vor ihnen hin, und die Schafe folgen ihm nach; denn sie kennen seine Stimme.

5. Einem Fremden aber folgen sie nicht nach, sondern fliehen von ihm; denn sie kennen der Fremden Stimme nicht.

6. Diesen Spruch sagte Jesus zu ihnen; sie verstanden aber nicht, was es war, das er zu ihnen sagte.

7. Da sprach Jesus wieder zu ihnen: Wahrlich, wahrlich ich sage euch: Ich bin die Tür zu den Schafen.

8. Alle, die vor mir gekommen sind, die sind Diebe und Mörder; aber die Schafe haben ihnen nicht gehorcht. Jer. 23,1.2.

9. Ich bin die Tür; so jemand durch mich eingeht, der wird selig werden und wird ein und aus gehen und Weide finden.

10. Ein Dieb kommt nur, daß er stehle, würge und umbringe.

11. Ich bin gekommen, daß sie das Leben und volle Genüge haben sollen. Ps. 23,1.

12. Ich bin *der gute Hirte. Der gute Hirte †läßt sein Leben für die Schafe. Der Mietling aber, der nicht Hirte ist, des die Schafe nicht eigen sind, sieht den Wolf kommen und verläßt die Schafe und flieht; und der Wolf erhascht und zerstreut die Schafe.

*Jer. 40,11; Hesek. 34,11–23; 37,24. †K. 15,13.

13. Der Mietling aber flieht; denn er ist ein Mietling und achtet der Schafe nicht.

14. Ich bin der gute Hirte *und erkenne die Meinen und bin bekannt den Meinen,

*2. Tim. 2,19.

15. wie *mich mein Vater kennt und ich kenne den Vater. Und ich lasse mein Leben für die Schafe. *Matth. 11,27.

16. Und ich habe *noch andere Schafe, die sind nicht aus diesem Stalle; und dieselben muß ich herführen, und sie werden meine Stimme hören, und wird eine Herde und ein Hirte werden. *K. 11,52.

17. Darum liebt mich mein Vater, daß ich mein Leben lasse, auf daß ich's wiedernehme.

18. Niemand nimmt es von mir, sondern ich lasse es von mir selber. Ich habe Macht, es zu lassen, und habe *Macht, es wiederzunehmen. Solch Gebot habe ich empfangen von meinem Vater. *K. 5,26.

19. Da ward abermals eine Zwietracht unter den Juden über diese Worte.

K. 7,43; 9,16.

20. Viele unter ihnen sprachen: Er hat den Teufel und ist unsinnig; was höret ihr ihm zu? K. 7,20.

21. Die andern sprachen: Das sind nicht Worte eines Besessenen; kann der Teufel auch der Blinden Augen auftun?

22. Es ward aber Kirchweihe zu Jerusalem und war Winter.

23. Und Jesus wandelte ihm Tempel in der *Halle Salomos. *Apg. 3,11.

24. Da umringten ihn die Juden und sprachen zu ihm: Wie lange hältst du unsre Seele auf? Bist du Christus, so sage es uns frei heraus.

25. Jesus antwortete ihnen: Ich habe es euch gesagt, und ihr glaubet nicht. *Die Werke, die ich tue in meines Vaters Namen, die zeugen von mir. *K. 5,36.

26. Aber ihr glaubet nicht; denn ihr seid von meinen Schafen nicht, wie ich euch gesagt habe. K. 8,45.

27. Denn meine Schafe hören meine Stimme, und ich kenne sie; und sie folgen mir, V. 3.4; K. 8,47.

28. und ich gebe ihnen das ewige Leben; und sie werden nimmermehr umkommen, und niemand wird sie mir aus meiner Hand reißen.

29. Der Vater, der mir sie gegeben hat, ist größer denn alles; und niemand kann sie aus meines Vaters Hand reißen.

30. Ich und der Vater sind eins.

31. Da hoben die Juden *abermals Steine auf, daß sie ihn steinigten. *K. 8,59.

32. Jesus antwortete ihnen: Viel gute Werke habe ich euch gezeigt von meinem Vater; um welches Werk unter ihnen steiniget ihr mich?

33. Die Juden antworteten ihm und sprachen: Um des guten Werks willen steinigen wir dich nicht, sondern um der Gotteslästerung willen und daß du ein Mensch bist und machst dich selbst zu Gott. K. 5,18; Matth. 26,65.

34. Jesus antwortete ihnen: Steht nicht *geschrieben in eurem Gesetz: »Ich habe gesagt: Ihr seid Götter«? *Ps. 82,6.

35. So er die Götter nennt, zu welchen das Wort Gottes geschah – und die Schrift kann doch nicht gebrochen werden –,

36. sprecht ihr denn zu dem, den der

Vater geheiligt und in die Welt gesandt hat: »Du lästerst Gott«, darum daß ich sage: Ich bin Gottes Sohn? K.5,17–20.
37. Tue ich nicht die Werke meines Vaters, so glaubet mir nicht;
38. tue ich sie aber, glaubet doch den Werken, wollt ihr mir nicht glauben, auf daß ihr erkennet und glaubet, daß der Vater in mir ist und ich in ihm.
39. Sie suchten abermals ihn zu greifen; aber er entging ihnen aus ihren Händen K.8,59; Luk.4,30.
40. und zog hin wieder jenseit des Jordans an den Ort, *da Johannes zuvor getauft hatte, und blieb allda. *K.1,28.
41. Und viele kamen zu ihm und sprachen: Johannes tat kein Zeichen; aber alles, was Johannes von diesem gesagt hat, das ist wahr.
42. Und glaubten allda viele an ihn.

Das 11. Kapitel

Auferweckung des Lazarus. Anschläge der Hohenpriester gegen das Leben Jesu.

1. Es lag aber einer krank mit Namen Lazarus, von Bethanien, in dem Flecken *Marias und ihrer Schwester Martha. *Luk.10,38.39.
2. (Maria aber war, die den Herrn gesalbt hat mit Salbe und seine Füße getrocknet mit ihrem Haar; deren Bruder, Lazarus, war krank.) K.12,3.
3. Da sandten seine Schwestern zu ihm und ließen ihm sagen: Herr, siehe, den du liebhast, der liegt krank.
4. Da Jesus das hörte, sprach er: Die Krankheit ist nicht zum Tode, sondern *zur Ehre Gottes, daß der Sohn Gottes dadurch geehrt werde. *K.9,3.
5. Jesus aber hatte Martha lieb und ihre Schwester und Lazarus.
6. Als er nun hörte, daß er krank war, blieb er zwei Tage an dem Ort, da er war.
7. Darnach spricht er zu seinen Jüngern: Laßt uns wieder nach Judäa ziehen!
8. Seine Jünger sprachen zu ihm: Meister, *jenes Mal wollten die Juden dich steinigen, und du willst wieder dahin ziehen? *K.8,59; 10,31.
9. Jesus antwortete: Sind nicht des Tages zwölf Stunden? Wer des Tages wandelt, der stößt sich nicht; denn er sieht das Licht dieser Welt. K.9,4.5.
10. Wer aber des Nachts wandelt, der stößt sich; denn es ist kein Licht in ihm. K.12,35.
11. Solches sagte er, und darnach spricht er zu ihnen: Lazarus, unser Freund, *schläft; aber ich gehe hin, daß ich ihn aufwecke. *Matth.9,24.
12. Da sprachen seine Jünger: Herr, schläft er, so wird's besser mit ihm.
13. Jesus aber sagte von seinem Tode; sie meinten aber, er redete vom leiblichen Schlaf.
14. Da sagte es ihnen Jesus frei heraus: Lazarus ist gestorben;
15. und ich bin froh um euretwillen, daß ich nicht dagewesen bin, auf daß ihr glaubet. Aber lasset uns zu ihm ziehen!
16. Da sprach Thomas, der genannt ist Zwilling, zu den Jüngern: Laßt uns mitziehen, daß wir mit ihm sterben!
17. Da kam Jesus und fand ihn, daß er schon vier Tage im Grabe gelegen hatte.
18. Bethanien aber war nahe bei Jerusalem, bei fünfzehn Feld Weges;
19. und viele Juden waren zu Martha und Maria gekommen, sie zu trösten über ihren Bruder.
20. Als Martha nun hörte, daß Jesus kommt, geht sie ihm entgegen; Maria aber blieb daheim sitzen.
21. Da sprach Martha zu Jesu: Herr, wärest du hier gewesen, mein Bruder wäre nicht gestorben!
22. Aber ich weiß auch noch, daß, was du bittest von Gott, das wird dir Gott geben.
23. Jesus spricht zu ihr: Dein Bruder soll auferstehen.
24. Martha spricht zu ihm: Ich weiß wohl, daß er *auferstehen wird in der Auferstehung am Jüngsten Tage. *K.5,29; 6,40; Luk.14,14.
25. Jesus spricht zu ihr: Ich bin die Auferstehung und das Leben. Wer an mich glaubet, der wird leben, ob er gleich stürbe;
26. und wer da lebet und glaubet an mich, der wird nimmermehr sterben. Glaubst du das? K.8,51.
27. Sie spricht zu ihm: Herr, ja, ich glaube, daß du bist Christus, der Sohn Gottes, der in die Welt gekommen ist. K.6,69.
28. Und da sie das gesagt hatte, ging sie hin und rief ihre Schwester Maria heimlich und sprach: Der Meister ist da und ruft dich.
29. Dieselbe, als sie das hörte, stand sie eilend auf und kam zu ihm.
30. (Denn Jesus war noch nicht in den Flecken gekommen, sondern war noch an dem Ort, *da ihm Martha war entgegengekommen.) *V.20.
31. Die Juden, die bei ihr im Hause waren und sie trösteten, da sie sahen Maria, daß sie eilend aufstand und hinausging,

folgten sie ihr nach und sprachen: Sie geht
hin zum Grabe, daß sie daselbst weine.
32. Als nun Maria kam, da Jesus war, und
sah ihn, fiel sie zu seinen Füßen und
sprach zu ihm: Herr, wärest du hier gewesen, mein Bruder wäre nicht gestorben!
33. Als Jesus sie sah weinen und die Juden auch weinen, die mit ihr kamen, ergrimmte er im Geist und *betrübte sich
selbst *K. 13,21.
34. und sprach: Wo habt ihr ihn hin gelegt? Sie sprachen zu ihm: Herr, komm
und sieh es!
35. Und Jesu gingen die Augen über.
Luk. 19,41.
36. Da sprachen die Juden: Siehe, wie hat
er ihn so liebgehabt!
37. Etliche aber unter ihnen sprachen:
Konnte, der dem Blinden die Augen aufgetan hat, nicht verschaffen, daß auch dieser
nicht stürbe?
38. Da ergrimmte Jesus abermals in sich
selbst und kam zum Grabe. Es war aber
eine Kluft, und *ein Stein daraufgelegt.
*Matth. 27,60.
39. Jesus sprach: Hebt den Stein ab!
Spricht zu ihm Martha, die Schwester des
Verstorbenen: Herr, er stinkt schon; denn
er ist vier Tage gelegen.
40. Jesus spricht zu ihr: Habe ich dir
nicht gesagt, so du glauben würdest, du
solltest *die Herrlichkeit Gottes sehen?
*V. 4.23.25.26.
41. Da hoben sie den Stein ab, da der
Verstorbene lag. Jesus aber hob seine Augen empor und sprach: Vater, ich danke
dir, daß du mich erhört hast.
42. Doch ich weiß, daß du mich allezeit
hörst; aber *um des Volks willen, das um-
hersteht, sage ich's, daß sie glauben, du
habest mich gesandt. *K. 12,30.
43. Da er das gesagt hatte, rief er mit
lauter Stimme: Lazarus, komm heraus!
44. Und der Verstorbene kam heraus, gebunden mit Grabtüchern an Füßen und
Händen und sein Angesicht verhüllt mit
einem Schweißtuch. Jesus spricht zu ihnen: Löset ihn auf und lasset ihn gehen!
45. Viele nun der Juden, die zu Maria
gekommen waren und sahen, was Jesus
tat, glaubten an ihn.
46. Etliche aber von ihnen gingen hin zu
den Pharisäern und sagten ihnen, was Jesus getan hatte.
47. Da versammelten die Hohenpriester
und die Pharisäer einen Rat und sprachen:
Was tun wir? Dieser Mensch tut viele Zeichen.
48. Lassen wir ihn also, so werden alle an
ihn glauben; so kommen dann die Römer
und nehmen uns Land und Leute.
49. Einer aber unter ihnen, Kaiphas, der
desselben Jahres Hoherpriester war,
sprach zu ihnen: Ihr wisset nichts,
50. bedenket auch nichts; es ist uns besser, ein Mensch sterbe für das Volk, denn
daß das ganze Volk verderbe. K. 18,14.
51. (Solches aber redete er nicht von sich
selbst; sondern weil er desselben Jahres
Hoherpriester war, *weissagte er. Denn
Jesus sollte sterben für das Volk;
*2. Mose 28,30; 4. Mose 27,21.
52. und nicht für das Volk allein, sondern
daß er auch die Kinder Gottes, die zerstreut waren, *zusammenbrächte.)
*K. 10,16.
53. Von dem Tage an ratschlagten sie,
wie sie ihn töteten.
54. Jesus aber wandelte nicht mehr frei
unter den Juden, sondern ging von dannen in eine Gegend nahe bei der Wüste, in
eine Stadt, genannt Ephrem, und hatte
sein Wesen daselbst mit seinen Jüngern.
55. Es war aber nahe das Ostern der Juden; und es gingen viele aus der Gegend
hinauf gen Jerusalem vor Ostern, *daß sie
sich reinigten. *2. Chron. 30,17.
56. Da standen sie und fragten nach Jesus und redeten miteinander im Tempel:
Was dünkt euch, daß er nicht kommt auf
das Fest?
57. Es hatten aber die Hohenpriester und
Pharisäer lassen ein Gebot ausgehen: so
jemand wüßte, wo er wäre, daß er's anzeige, daß sie ihn griffen.

Das 12. Kapitel

Salbung Jesu zu Bethanien. Einzug in Jesusalem.
Von der Frucht seines Todes. Stimme vom
Himmel. Unglaube der Juden.
(V. 1–8: vgl. Matth. 26,6–13; Mark. 14,3–9.)

1. Sechs Tage vor Ostern kam Jesus gen
Bethanien, da Lazarus war, der Verstorbene, welchen Jesus auferweckt hatte von
den Toten. K. 11,1.43.
2. Daselbst machten sie ihm ein Abendmahl, und Martha diente; Lazarus aber
war deren einer, die mit ihm zu Tische
saßen.
3. Da nahm Maria ein Pfund Salbe von
ungefälschter, köstlicher Narde und salbte
die Füße Jesu und trocknete mit ihrem
Haar seine Füße; das Haus aber ward voll
vom Geruch der Salbe. Luk. 7,38.
4. Da sprach seiner Jünger einer, Judas,
Simons Sohn, Ischariot, der ihn hernach
verriet:

DIE AUFERWECKUNG DES LAZARUS Johannes 11, 39–44

5. Warum ist diese Salbe nicht verkauft um dreihundert Groschen und den Armen gegeben?
6. Das sagte er aber nicht, daß er nach den Armen fragte; sondern er war ein Dieb und hatte den Beutel und trug, *was gegeben ward. *Luk. 8,3.
7. Da sprach Jesus: Laß sie mit Frieden! Solches hat sie behalten zum Tage meines Begräbnisses.
8. Denn *Arme habt ihr allezeit bei euch; mich aber habt ihr nicht allezeit.
*5. Mose 15,11.
9. Da erfuhr viel Volks der Juden, daß er daselbst war; und sie kamen nicht um Jesu willen allein, sondern daß sie auch Lazarus sähen, welchen er von den Toten erweckt hatte.
10. Aber die Hohenpriester trachteten darnach, daß sie auch Lazarus töteten;
11. denn um seinetwillen gingen viele Juden hin und glaubten an Jesum.

(V. 12–19: vgl. Matth. 21,1–11; Mark. 11,1–10; Luk. 19,29–40.)

12. Des andern Tages, da viel Volks, das aufs Fest gekommen war, hörte, daß Jesus käme gen Jerusalem,
13. nahmen sie Palmenzweige und gingen hinaus ihm entgegen und schrieen: *Hosianna! Gelobt sei, der da kommt in dem Namen des Herrn, der König von Israel! *Ps. 118,25.26.
14. Jesus aber fand ein Eselein und ritt darauf; wie denn *geschrieben steht:
*Sach. 9,9.
15. »Fürchte dich nicht, du Tochter Zion! Siehe, dein König kommt, reitend auf einem Eselsfüllen.«
16. Solches aber verstanden seine Jünger zuvor nicht; sondern da Jesus verklärt ward, da dachten sie daran, daß solches von ihm geschrieben war und sie solches ihm getan hatten.
17. Das Volk aber, das mit ihm war, da er Lazarus aus dem Grabe rief und von den Toten auferweckte, rühmte die Tat.
18. Darum ging ihm auch das Volk entgegen, da sie hörten, er hätte solches Zeichen getan.
19. Die Pharisäer aber sprachen untereinander: Ihr sehet, daß ihr nichts ausrichtet; siehe, *alle Welt läuft ihm nach!
*K. 11,48.
20. Es waren aber etliche Griechen unter

denen, die hinaufgekommen waren, daß
sie anbeteten auf dem Fest.
21. Die traten zu Philippus, *der von
Bethsaida aus Galiläa war, baten ihn und
sprachen: Herr, wir wollten Jesum gerne
sehen. *K. 1,44.
22. Philippus kommt und sagt es Andreas, und Philippus und Andreas sagten's
weiter Jesu.
23. Jesus aber antwortete ihnen und
sprach: Die Zeit ist gekommen, daß des
Menschen Sohn verklärt werde.
24. Wahrlich, wahrlich ich sage euch: Es
sei denn, daß das *Weizenkorn in die Erde
falle und ersterbe, so bleibt's allein; wo es
aber erstirbt, so bringt es viele Früchte.
*Röm. 14,9.
25. Wer sein Leben liebhat, der wird's
verlieren; und wer sein Leben auf dieser
Welt haßt, der wird's erhalten zum ewigen
Leben. Matth. 10,39; Luk. 17,33.
26. Wer mir dienen will, der folge mir
nach; und wo *ich bin, da soll mein Diener
auch sein. Und wer mir dienen wird, den
wird mein Vater ehren.
*K. 14,3; 17,24.
27. Jetzt ist *meine Seele betrübt. Und
was soll ich sagen? Vater, hilf mir aus
dieser Stunde! Doch darum bin ich in diese Stunde gekommen. *Matth. 26,38.
28. Vater, verkläre deinen Namen! Da
kam eine Stimme vom Himmel: Ich habe
ihn verklärt und will ihn abermals verklären.
29. Da sprach das Volk, das dabeistand
und zuhörte: Es donnerte. Die andern
sprachen: Es redete ein Engel mit ihm.
30. Jesus antwortete und sprach: Diese
Stimme ist nicht um meinetwillen geschehen, sondern um *euretwillen.
*K. 11,42.
31. Jetzt geht das Gericht über die Welt;
nun wird der Fürst dieser Welt ausgestoßen werden. K. 14,30; 16,11; Luk. 10,18.
32. Und ich, wenn ich *erhöht werde von
der Erde, so will ich sie alle zu mir ziehen.
*K. 8,28.
33. (Das sagte er aber, zu deuten, welches Todes er sterben würde.)
34. Da antwortete ihm das Volk: Wir haben gehört im Gesetz, daß Christus *ewiglich bleibe; und wie sagst du denn: »Des
Menschen Sohn muß erhöht werden«?
Wer ist dieser Menschensohn?
*Ps. 110,4; Dan. 7,14.
35. Da sprach Jesus zu ihnen: Es ist *das
Licht noch eine kleine Zeit bei euch. Wandelt, dieweil ihr das Licht habt, daß euch
die Finsternis nicht überfalle. †Wer in der
Finsternis wandelt, der weiß nicht, wo er
hin geht. *K. 8,12; †K. 11,10.
36. Glaubet an das Licht, dieweil ihr's
habt, auf daß ihr des *Lichtes Kinder seid.
*Eph. 5,9.
37. Solches redete Jesus und ging weg
und verbarg sich vor ihnen. Und ob er
wohl solche Zeichen vor ihnen getan hatte, glaubten sie doch nicht an ihn,
38. auf daß erfüllet würde der Spruch des
Propheten Jesaja, den er sagte: *»Herr,
wer glaubt unserm Predigen? Und wem ist
der Arm des Herrn offenbart?«
*Jes. 53,1; Röm. 10,16.
39. Darum konnten sie nicht glauben,
denn Jesaja sagte abermals:
Jes. 6,9.10; Matth. 13,14.15.
40. »Er hat ihre Augen verblendet und
ihr Herz verstockt, daß sie mit den Augen
nicht sehen noch mit dem Herzen vernehmen und sich bekehren und ich ihnen
hülfe.«
41. Solches sagte Jesaja, da er seine
*Herrlichkeit sah und redete von ihm.
*Jes. 6,1.
42. Doch auch die Obersten glaubten viele an ihn; aber um der Pharisäer willen
bekannten sie es nicht, daß sie nicht in
den *Bann getan würden. *K. 9,22.
43. Denn sie hatten lieber die Ehre bei
den Menschen als die Ehre bei Gott. K. 5,44.
44. Jesus aber rief und sprach: Wer an
mich glaubt, der glaubt nicht an mich,
sondern an den, der mich gesandt hat.
45. Und *wer mich sieht, der sieht den,
der mich gesandt hat. *K. 14,9.
46. Ich bin gekommen in die Welt ein
Licht, auf daß, wer an mich glaubt, nicht
in der Finsternis bleibe. V. 35.
47. Und wer meine Worte hört, und
glaubt nicht, den werde ich nicht richten;
denn ich bin nicht gekommen, daß ich die
Welt richte, sondern daß ich die Welt selig
mache. K. 3,17. Luk. 9,56.
48. Wer mich verachtet und nimmt meine Worte nicht auf, der hat schon seinen
Richter; das Wort, welches ich geredet habe, das wird ihn richten am Jüngsten
Tage.
49. Denn ich habe nicht von mir selber
geredet; sondern der Vater, der mich gesandt hat, der hat mir ein Gebot gegeben,
was ich tun und reden soll.
50. Und ich weiß, daß sein Gebot ist das
ewige Leben. Darum, was ich rede, das
rede ich also, wie mir der Vater gesagt hat.

FUSSWASCHUNG Johannes 13, 5–8

Das 13. Kapitel

Fußwaschung. Jesus gibt den Jüngern Vorbild und Gebot der Liebe. Er bezeichnet seinen Verräter und kündigt die Verleugnung des Petrus an.

1. Vor dem Fest aber der Ostern, da Jesus
erkannte, daß seine Zeit gekommen war,
daß er aus dieser Welt ginge zum Vater:
wie er hatte geliebt die Seinen, die in der
Welt waren, so liebte er sie bis ans Ende.
2. Und bei dem Abendessen, da schon der
*Teufel hatte dem Judas, Simons Sohn,
dem Ischariot, ins Herz gegeben, daß er
ihn verriete, *Luk.22,3.
3. und Jesus wußte, daß ihm *der Vater
hatte alles in seine Hände gegeben und
daß er †von Gott gekommen war und zu
Gott ging: *K.3,35. †K.16,28.
4. stand er vom Abendmahl auf, legte seine
Kleider ab und nahm einen Schurz und
umgürtete sich.
5. Darnach goß er Wasser in ein Becken,
hob an, den Jüngern die Füße zu waschen,
und trocknete sie mit dem Schurz, damit
er umgürtet war.
6. Da kam er zu Simon Petrus; und der
sprach zu ihm: Herr, solltest du mir meine
Füße waschen?
7. Jesus antwortete und sprach zu ihm:
Was ich tue, das weißt du jetzt nicht; du
wirst es aber hernach erfahren.
8. Da sprach Petrus zu ihm: Nimmermehr
sollst du mir die Füße waschen! Jesus
antwortete ihm: Werde ich dich nicht
waschen, so hast du kein Teil mit mir.
9. Spricht zu ihm Simon Petrus: Herr,
nicht die Füße allein, sondern auch die
Hände und das Haupt!
10. Spricht Jesus zu ihm: Wer gewaschen
ist, der bedarf nichts denn die Füße
waschen, sondern er ist ganz rein. Und ihr
seid *rein, aber nicht alle. *K.15,3.
11. (Denn er wußte seinen Verräter
wohl; darum sprach er: Ihr seid nicht alle
rein.) K.6,64.70.71.
12. Da er nun ihre Füße gewaschen hatte,
nahm er seine Kleider und setzte sich
wieder nieder und sprach abermals zu ihnen:
Wisset ihr, was ich euch getan habe?
13. Ihr heißet mich Meister und Herr
und saget recht daran, denn ich bin es
auch. Matth.23,8.10.
14. So nun ich, euer Herr und Meister,

euch die Füße gewaschen habe, so sollt ihr auch euch untereinander die Füße waschen. Luk.22,27.

15. Ein Beispiel habe ich euch gegeben, daß ihr tut, wie ich euch getan habe. Phil.2,5; Kol.3,13.

16. Wahrlich, wahrlich, ich sage euch: Der Knecht ist nicht größer denn sein Herr, noch der Apostel größer denn der ihn gesandt hat. Matth.10,24.

17. So ihr solches wisset, selig seid ihr, so ihr's tut. Matth.7,24.

18. Nicht sage ich von euch allen; ich weiß, welche ich erwählt habe. Aber es muß *die Schrift erfüllt werden: »Der mein Brot isset, der tritt mich mit Füßen.« *Ps.41,10.

19. Jetzt sage ich's euch, ehe denn es geschieht, auf daß, wenn es geschehen ist, ihr glaubet, daß ich es bin.

20. Wahrlich, wahrlich ich sage euch: Wer aufnimmt, so ich jemand senden werde, der nimmt mich auf; wer aber mich aufnimmt, der nimmt den auf, der mich gesandt hat. Matth.10,40.

(V.21–30: vgl. Matth.26,21–25; Mark.14,18–21; Luk.22,21–23.)

21. Da Jesus solches gesagt hatte, ward er *betrübt im Geist und zeugte und sprach: Wahrlich, wahrlich ich sage euch: Einer unter euch wird mich verraten. *K.12,27.

22. Da sahen sich die Jünger untereinander an, und ward ihnen bange, von welchem er redete.

23. Es war aber *einer unter seinen Jüngern, der zu Tische saß an der Brust Jesu, welchen Jesus liebhatte. *K.19,26; 20,2; 21,20.

24. Dem winkte Simon Petrus, daß er forschen sollte, wer es wäre, von dem er sagte.

25. Denn derselbe lag an der Brust Jesu, und er sprach zu ihm: Herr, wer ist's?

26. Jesus antwortete: Der ist's, dem ich den Bissen eintauche und gebe. Und er tauchte den Bissen ein und gab ihn Judas, Simons Sohn, dem Ischariot.

27. Und nach dem Bissen fuhr der *Satan in ihn. Da sprach Jesus zu ihm: Was du tust, das tue bald! *V.2.

28. Das aber wußte niemand am Tische, wozu er's ihm sagte.

29. Etliche meinten, dieweil Judas *den Beutel hatte, Jesus spräche zu ihm: Kaufe, was uns not ist auf das Fest! oder daß er den Armen etwas gäbe. *K.12,6.

30. Da er nun den Bissen genommen hatte, ging er alsbald hinaus. Und es war Nacht.

31. Da er aber hinausgegangen war, spricht Jesus: Nun ist der Menschen Sohn verklärt, und Gott ist verklärt in ihm.

32. Ist Gott verklärt in ihm, *so wird ihn Gott auch verklären in sich selbst und wird ihn bald verklären. *K.12,23; 17,1–5.

33. Liebe Kindlein, ich bin noch eine kleine Weile bei euch. Ihr werdet mich suchen; und wie ich *zu den Juden sagte: »Wo ich hingehe, da könnet ihr nicht hin kommen«, sage ich jetzt auch euch. *K.8,21.

34. Ein neu Gebot gebe ich euch, daß ihr euch untereinander liebet, wie ich euch geliebt habe, auf daß auch ihr einander liebhabet. K.15,12.13.17.

35. Dabei wird jedermann erkennen, daß ihr meine Jünger seid, so ihr Liebe untereinander habt.

(V.36–38: vgl. Matth.26,33–35; Mark.14,29–31; Luk.22,31–34.).

36. Spricht Simon Petrus zu ihm: Herr, wo gehst du hin? Jesus antwortete ihm: Wo *ich hin gehe, kannst du mir diesmal nicht folgen; aber du wirst mir †nachmals folgen. *K.7,34. †K.21,18.19.

37. Petrus spricht zu ihm: Herr, warum kann ich dir diesmal nicht folgen? Ich will mein Leben für dich lassen.

38. Jesus antwortete ihm: Solltest du dein Leben für mich lassen? Wahrlich, wahrlich ich sage dir: Der Hahn wird nicht krähnen, bis du mich dreimal habest verleugnet.

Das 14. Kapitel

Abschiedsreden Jesu.
Verheißung des heiligen Geistes.

1. Und er sprach zu seinen Jüngern: Euer Herz erschrecke nicht! Glaubet an Gott und glaubet an mich!

2. In meines Vaters Hause sind viele Wohnungen. Wenn's nicht so wäre, so wollte ich zu euch sagen: Ich gehe hin, euch die Stätte zu bereiten.

3. Und wenn ich hingehe, euch die Stätte zu bereiten, so will ich wiederkommen und euch *zu mir nehmen, auf daß ihr seid, wo ich bin. *K.12,26; 17,24.

4. Und wo ich hin gehe, das wisset ihr, und den Weg wisset ihr auch.

5. Spricht zu ihm Thomas: Herr, wir wissen nicht, wo du hin gehst; und wie können wir den Weg wissen?

6. Jesus spricht zu ihm: Ich bin der *Weg und die †Wahrheit und das **Leben;

††niemand kommt zum Vater denn durch mich. *Hebr. 10,20. †Matth. 11,27. **K. 11,25. ††Röm. 5,1.2.

7. Wenn ihr mich kenntet, so kenntet ihr auch meinen Vater. Und von nun an kennet ihr ihn und habt ihn gesehen.

8. Spricht zu ihm Philippus: Herr, zeige uns den Vater, so genügt uns.

9. Jesus spricht zu ihm: So lange bin ich bei euch, und du kennst mich nicht, Philippus? Wer mich sieht, der sieht den Vater; wie sprichst du denn: zeige uns den Vater? K. 12,45; Hebr. 1,3.

10. Glaubst du nicht, daß ich im Vater bin und der Vater in mir ist? Die Worte, die ich zu euch rede, die rede ich *nicht von mir selbst. Der Vater aber, der in mir wohnt, der tut die Werke. *K. 12,49.

11. Glaubet mir, daß ich im Vater und der Vater in mir ist; wo nicht, so glaubet mir doch um der Werke willen.
V. 20; K. 10,25.38.

12. Wahrlich, wahrlich ich sage euch: Wer an mich glaubt, der wird die Werke auch tun, die ich tue, und wird größere als diese tun; denn ich gehe zum Vater.
Mark. 16,19.20.

13. Und was ihr bitten werdet in meinem Namen, das will ich tun, auf daß der Vater geehrt werde in dem Sohne.
K. 15,7; Mark. 11,24.

14. Was ihr bitten werdet *in meinem Namen, das will ich tun. *K. 16,23.24.

15. Liebet ihr mich, so haltet meine Gebote! K. 15,10; 1. Joh. 5,3.

16. Und ich will den Vater bitten, und er soll euch einen andern *Tröster geben, daß er bei euch bleibe ewiglich:
*V. 26; K. 15,26; 16,7.

17. den *Geist der Wahrheit, welchen die †Welt nicht kann empfangen; denn sie sieht ihn nicht und kennt ihn nicht. Ihr aber kennet ihn; denn er bleibt bei euch und wird in euch sein. *K. 16,13. †K. 7,39.

18. Ich will euch nicht Waisen lassen; ich komme zu euch.

19. Es ist noch um ein kleines, so wird mich die Welt nicht mehr sehen; ihr aber sollt mich sehen; denn ich lebe, und ihr sollt auch leben. K. 16,16.

20. An dem Tage werdet ihr erkennen, daß ich in meinem Vater bin und ihr in mir und ich in euch. K. 17,21–23.

21. Wer meine Gebote hat und hält sie, der ist es, der mich liebt. Wer mich aber liebt, der wird von meinem Vater geliebt werden, und ich werde ihn lieben und *mich ihm offenbaren. *2. Kor. 3,18.

22. Spricht zu ihm Judas, nicht der Ischariot: Herr, was ist's, daß du dich uns willst offenbaren und nicht der Welt?

23. Jesus antwortete und sprach zu ihm: Wer mich liebt, der wird mein Wort halten; und mein Vater wird ihn lieben, und wir werden zu ihm kommen und Wohnung bei ihm machen.
V. 21; K. 13,34; Spr. 8,17; Eph. 3,17.

24. Wer aber mich nicht liebt, der hält meine Worte nicht. *Und das Wort, das ihr höret, ist nicht mein, sondern des Vaters, der mich gesandt hat. *K. 7,16.

25. Solches habe ich zu euch geredet, solange ich bei euch gewesen bin.

26. Aber der Tröster, der heilige Geist, welchen mein Vater senden wird in meinem Namen, der wird euch alles lehren und euch erinnern alles des, das ich euch gesagt habe. V. 16.

27. Den *Frieden lasse ich euch, meinen Frieden gebe ich euch. Nicht gebe ich euch, wie die Welt gibt. Euer Herz erschrecke nicht und fürchte sich nicht.
*K. 16,33; Phil. 4,7.

28. Ihr habt gehört, daß ich euch *gesagt habe: Ich gehe hin und komme wieder zu euch. Hättet ihr mich lieb, so würdet ihr euch freuen, daß ich †gesagt habe: »Ich gehe zum Vater«; denn der Vater ist größer als ich. *V. 3.18. †V. 6.

29. Und nun habe ich es euch gesagt, ehe denn es geschieht, auf daß, wenn es nun geschehen wird, ihr glaubet.

30. Ich werde nicht mehr viel mit euch reden; denn es kommt der *Fürst dieser Welt, und hat nichts an mir.
*K. 12,31; Eph. 2,2.

31. Aber auf daß die Welt erkenne, daß ich den Vater liebe und ich also tue, *wie mir der Vater geboten hat: stehet auf und lasset uns von hinnen gehen. *K. 10,18.

Das 15. Kapitel

Fortsetzung. Christus der Weinstock.

1. Ich bin der rechte Weinstock, und mein Vater der Weingärtner.

2. Eine jegliche Rebe an mir, die nicht Frucht bringt, wird er wegnehmen; und eine jegliche, die da Frucht bringt, wird er reinigen, daß sie mehr Frucht bringe.

3. Ihr seid schon rein um des Wortes willen, das ich zu euch geredet habe.

4. Bleibet in mir, und ich in euch. Gleichwie die Rebe kann keine Frucht bringen von ihr selber, sie bleibe denn am Weinstock, also auch ihr nicht, ihr bleibet denn in mir.

5. Ich bin der Weinstock, ihr seid die

Reben. Wer in mir bleibt und ich in ihm, der bringt viele Frucht, denn *ohne mich könnt ihr nichts tun. *2. Kor. 3,5.

6. Wer nicht in mir bleibt, der wird weggeworfen wie eine Rebe und verdorrt, und man sammelt sie und wirft sie ins Feuer, und müssen brennen.

7. So ihr in mir bleibet und meine Worte in euch bleiben, werdet ihr bitten, was ihr wollt, und es wird euch widerfahren. Mark. 11,24.

8. Darin wird mein Vater geehrt, daß ihr viel Frucht bringet und werdet meine Jünger.

9. Gleichwie mich mein Vater liebt, also liebe ich euch auch. Bleibet in meiner Liebe!

10. So ihr meine Gebote haltet, so bleibet ihr in meiner Liebe, gleichwie ich meines Vaters Gebote halte und bleibe in seiner Liebe. K. 14,15.

11. Solches rede ich zu euch, auf daß meine Freude in euch bleibe und eure Freude vollkommen werde. K. 17,13.

12. Das ist mein Gebot, daß ihr euch untereinander liebet, gleichwie ich euch liebe. K. 13,34.

13. Niemand hat größere *Liebe denn die, daß er sein Leben läßt für seine Freunde. *K. 10,12; 1. Joh. 3,16.

14. Ihr seid meine Freunde, so ihr tut, was ich euch gebiete. K. 8,31.

15. Ich sage hinfort nicht, daß ihr Knechte seid; denn ein Knecht weiß nicht, was sein Herr tut. Euch aber habe ich gesagt, daß ihr Freunde seid; denn alles, was ich habe von meinem Vater gehört, habe ich euch kundgetan.

16. Ihr habt mich nicht erwählt; sondern ich habe euch erwählt und gesetzt, daß ihr hingehet und Frucht bringet und eure Frucht bleibe, auf daß, so ihr den Vater bittet in meinem Namen, er's euch gebe.

17. Das gebiete ich euch, daß ihr euch untereinander liebet.

18. So euch die Welt haßt, so wisset, daß sie mich vor euch gehaßt hat. K. 7,7.

19. Wäret ihr von der Welt, so hätte die Welt das Ihre lieb; weil ihr aber nicht von der Welt seid, sondern ich habe euch von der Welt erwählt, darum haßt euch die Welt. 1. Joh. 4,5; K. 17,14.

20. Gedenket an mein Wort, das ich euch gesagt habe: *»Der Knecht ist nicht größer denn der Herr.« Haben sie mich verfolgt, sie werden euch auch verfolgen; haben sie mein Wort gehalten, so werden sie eures auch halten. *K. 13,16.

21. Aber das alles werden sie euch tun um meines Namens willen; denn *sie kennen den nicht, der mich gesandt hat. *K. 16,3.

22. Wenn ich nicht gekommen wäre und hätte es ihnen gesagt, so hätten sie keine Sünde; nun aber können sie nichts vorwenden, ihre Sünde zu entschuldigen.

23. Wer mich haßt, der haßt auch meinen Vater. K. 5,23.

24. Hätte ich nicht die Werke getan unter ihnen, die kein anderer getan hat, so hätten sie keine Sünde; nun aber haben sie es gesehen und hassen doch beide, mich und meinen Vater. K. 14,11.

25. Doch daß erfüllet werde der Spruch, in ihrem Gesetz geschrieben: »Sie hassen mich ohne Ursache.« Ps. 69,5.

26. Wenn aber der *Tröster kommen wird, welchen †ich euch senden werde vom Vater, der Geist der Wahrheit, der vom Vater ausgeht, der wird zeugen von mir. *K. 14,26. †Luk. 24,49.

27. Und ihr werdet auch zeugen; denn ihr seid von Anfang bei mir gewesen. Apg. 1,8; 5,32.

Das 16. Kapitel

Fortsetzung und Schluß.
Vom Hingang zum Vater.

1. Solches habe ich zu euch geredet, daß ihr euch nicht ärgert. K. 14,29.

2. Sie werden euch in den Bann tun. Es kommt aber die Zeit, daß wer euch tötet, wird meinen, er tue Gott einen Dienst daran. Matth. 24,9.

3. Und solches werden sie euch darum tun, daß sie weder meinen Vater noch mich erkennen. K. 15,21.

4. Aber solches habe ich zu euch geredet, auf daß, wenn die Zeit kommen wird, ihr daran gedenket, daß ich's euch gesagt habe. Solches aber habe ich euch von Anfang nicht gesagt; denn ich war bei euch.

5. Nun aber *gehe ich hin zu dem, der mich gesandt hat; und niemand unter euch fragt mich: Wo gehst du hin? *K. 7,33.

6. Sondern weil ich solches zu euch geredet habe, ist euer Herz voll Trauerns geworden.

7. Aber ich sage euch die Wahrheit: es ist euch gut, daß ich hingehe. Denn so ich nicht hingehe, so kommt der Tröster nicht zu euch; so ich aber gehe, will ich ihn zu euch senden. K. 14,16.26.

8. Und wenn derselbe kommt, wird er die

Welt strafen um die Sünde und um die Gerechtigkeit und um das Gericht:
1.Kor. 14,24.
9. um die Sünde, daß sie nicht glauben an mich; K.3,18.
10. um die Gerechtigkeit aber, daß ich zum Vater gehe und ihr mich hinfort nicht sehet; Apg.5,31; Röm.4,25.
11. um das Gericht, daß der Fürst dieser Welt gerichtet ist. K.12,31; 14,30.
12. Ich habe euch noch viel zu sagen; aber ihr könnt es jetzt nicht tragen.
1.Kor. 3,1.
13. Wenn aber jener, der Geist der Wahrheit, kommen wird, der wird euch in alle Wahrheit leiten. Denn er wird nicht von sich selber reden; sondern was er hören wird, das wird er reden, und was zukünftig ist, wird er euch verkündigen.
K.14,26; 1.Joh. 2,27.
14. Derselbe wird mich verklären; denn von dem Meinen wird er's nehmen und euch verkündigen.
15. Alles, *was der Vater hat, das ist mein. Darum habe ich gesagt: Er wird's von dem Meinen nehmen und euch verkündigen. *K.17,10.
16. Über ein kleines, so werdet ihr mich nicht sehen; und aber über ein kleines, so werdet ihr mich sehen, denn ich gehe zum Vater. K.14,19.
17. Da sprachen etliche unter seinen Jüngern untereinander: Was ist das, was er sagt zu uns: Über ein kleines, so werdet ihr mich nicht sehen; und aber über ein kleines, so werdet ihr mich sehen, und: Ich gehe zum Vater?
18. Da sprachen sie: Was ist das, was er sagt: Über ein kleines? Wir wissen nicht, was er redet.
19. Da merkte Jesus, daß sie ihn fragen wollten, und sprach zu ihnen: Davon fraget ihr untereinander, daß ich gesagt habe: Über ein kleines, so werdet ihr mich nicht sehen; und aber über ein kleines, so werdet ihr mich sehen.
20. Wahrlich, wahrlich ich sage euch: Ihr werdet weinen und heulen, aber die Welt wird sich freuen; ihr aber werdet traurig sein; doch eure Traurigkeit soll in Freude verzehrt werden.
21. Ein Weib, wenn sie gebiert, so hat sie Traurigkeit; denn ihre Stunde ist gekommen. Wenn sie aber das Kind geboren hat, denkt sie nicht mehr an die Angst um der Freude willen, daß der Mensch zur Welt geboren ist. Jes.26,17.
22. Und ihr habt auch nun Traurigkeit; aber ich will euch wiedersehen, und euer Herz soll sich freuen, und eure Freude soll niemand von euch nehmen.
23. Und *an dem Tage werdet ihr mich nichts fragen. Wahrlich, wahrlich ich sage euch: So ihr den Vater etwas †bitten werdet in meinem Namen, so wird er's euch geben. *K.14,20. †K.14,13.14.
24. Bisher habt ihr nichts gebeten in meinem Namen. Bittet, so werdet ihr nehmen, daß eure *Freude vollkommen sei.
*K.15,11.
25. Solches habe ich zu euch durch Sprichwörter geredet. Es kommt aber die Zeit, daß ich nicht mehr durch Sprichwörter mit euch reden werde, sondern euch frei heraus verkündigen von meinem Vater.
26. An dem Tag werdet ihr bitten in meinem Namen. Und ich sage euch nicht, daß ich den Vater für euch bitten will;
27. denn *er selbst, der Vater, hat euch lieb, darum daß ihr mich liebet und glaubet, daß ich von Gott ausgegangen bin.
*K.14,21.
28. Ich bin vom Vater ausgegangen und gekommen in die Welt; wiederum verlasse ich die Welt und gehe zum Vater.
29. Sprechen zu ihm seine Jünger: Siehe, nun redest du frei heraus und sagst kein *Sprichwort. *V.25.
30. Nun wissen wir, daß du alle Dinge weißt und bedarfst nicht, daß dich jemand frage; darum glauben wir, daß du von Gott ausgegangen bist.
31. Jesus antwortete ihnen: Jetzt glaubet ihr?
32. Siehe, es kommt die Stunde und ist schon gekommen, daß ihr *zerstreut werdet, ein jeglicher in das Seine, und mich allein lasset. Aber ich bin †nicht allein; denn der Vater ist bei mir.
*Sach.13,7; Matth.26,31; Mark.14,27. †K.8,29.
33. Solches habe ich mit euch geredet, daß ihr in mir *Frieden habet. In der Welt habt ihr Angst; aber seid getrost, ich habe die Welt †überwunden.
*K.14,27; Röm.5,1; †1.Joh. 5,4.

Das 17. Kapitel

Das hohepriesterliche Gebet Christi für sich, seine Jünger und seine Gemeinde.

1. Solches redete Jesus, und hob seine Augen auf gen Himmel und sprach: Vater, die Stunde ist da, daß du deinen Sohn verklärest, auf daß dich dein Sohn auch verkläre;
2. gleichwie du ihm *Macht hast gegeben über alles Fleisch, auf daß er das ewige

Leben gebe allen, die du ihm gegeben
hast. *Matth. 11,27.
3. Das ist aber das ewige Leben, daß sie
dich, der du allein *wahrer Gott bist, und
den du gesandt hast, Jesum Christum, erkennen. *1. Joh. 5,20.
4. Ich habe dich verklärt auf Erden und
vollendet das Werk, das du mir gegeben
hast, daß ich es tun sollte.
5. Und nun verkläre mich du, Vater, bei
dir selbst mit der Klarheit, die ich bei dir
hatte, ehe die Welt war. V. 24; K. 1,1; Phil. 2,6.
6. Ich habe deinen Namen offenbart den
Menschen, die du mir von der Welt *gegeben hast. Sie waren dein, und du hast sie
mir gegeben, und sie haben dein Wort
behalten. V. 9.
7. Nun wissen sie, daß alles, was du mir
gegeben hast, sei von dir.
8. Denn die Worte, die du mir gegeben
hast, habe ich ihnen gegeben; und sie haben's angenommen und *erkannt wahrhaftig, daß ich von dir ausgegangen bin,
und glauben, daß du mich gesandt hast.
*K. 16,30.
9. Ich bitte für sie und bitte nicht für die
Welt, sondern für die, die du mir *gegeben
hast; denn sie sind dein. *K. 6,37.44.
10. Und alles, was mein ist, das ist dein,
*und was dein ist, das ist mein; und ich bin
in ihnen verklärt. *K. 16,15.
11. Und ich bin nicht mehr in der Welt;
sie aber sind in der Welt, und ich komme
zu dir. Heiliger Vater, erhalte sie in deinem Namen, die du mir gegeben hast, daß
sie eins seien *gleichwie wir. *K. 10,30.
12. Dieweil ich bei ihnen war in der Welt,
erhielt ich sie in deinem Namen. Die du
mir gegeben hast, die habe ich bewahrt,
und ist *keiner von ihnen verloren, als das
verlorene Kind, daß die †Schrift erfüllet
würde. *K. 6,39. †Ps. 41,10; 109,8.
13. Nun aber komme ich zu dir und rede
solches in der Welt, auf daß sie in ihnen
haben meine Freude vollkommen. K. 15,11.
14. Ich habe ihnen gegeben dein Wort,
und die Welt haßte sie; denn sie sind nicht
von der Welt, wie denn auch ich nicht von
der Welt bin. K. 15,19.
15. Ich bitte nicht, daß du sie von der
Welt nehmest, sondern daß du sie *be
wahrest vor dem Übel. *2. Thess. 3,3.
16. Sie sind nicht von der Welt, gleichwie
ich auch nicht von der Welt bin.
17. Heilige sie in deiner Wahrheit; dein
Wort ist die Wahrheit. K. 6,63.
18. Gleichwie du mich gesandt hast in
die Welt, so sende ich sie auch in die Welt.
K. 20,21.
19. Ich *heilige mich selbst für sie, auf
daß auch sie geheiligt seien in der Wahrheit. *Hebr. 10,10.
20. Ich bitte aber nicht allein für sie, sondern auch für die, so durch ihr Wort an
mich glauben werden,
21. auf daß sie alle *eins seien, gleichwie
du, Vater, in mir und ich in dir; daß auch
sie in uns eins seien, auf daß die Welt
glaube, du habest mich gesandt. *Gal. 3,28.
22. Und ich habe ihnen gegeben die
Herrlichkeit, die du mir gegeben hast, daß
sie *eins seien, gleichwie wir eins sind,
*Apg. 4,32.
23. ich *in ihnen und du in mir, auf daß
sie vollkommen seien in eins und die Welt
erkenne, daß du mich gesandt hast und
liebest sie, gleichwie du mich liebst.
*1. Kor. 6,17.
24. Vater, ich will, daß, wo *ich bin, auch
die bei mir seien, die du mir gegeben hast,
daß sie meine Herrlichkeit sehen, die du
mir gegeben hast; denn du hast mich geliebt, ehe denn die Welt gegründet ward.
*K. 12,26.
25. Gerechter Vater, die Welt kennt dich
nicht; ich aber kenne dich, und diese erkennen, daß du mich gesandt hast.
26. Und ich habe ihnen deinen Namen
kundgetan und will ihn kundtun, auf daß
die Liebe, damit du mich liebst, sei in
ihnen und ich in ihnen.

Das 18. Kapitel

Gefangennehmung Jesu. Sein Bekenntnis vor dem Hohen Rat. Des Petrus Verleugnung. Verhör vor Pilatus.

1. Da Jesus solches geredet hatte, ging er
hinaus mit seinen Jüngern über den Bach
Kidron; da war ein Garten, darein ging
Jesus und seine Jünger.
Matth. 26,36; Mark. 14,32; Luk. 22,39; 2. Sam. 15,23.
(V. 2–11: vgl. Matth. 26,47–56; Mark. 14,43–52; Luk. 22,47–53.)
2. Judas aber, der ihn verriet, wußte den
Ort auch; denn Jesus versammelte sich oft
*daselbst mit seinen Jüngern. *Luk. 21,37.
3. Da nun Judas zu sich hatte genommen
die Schar und der Hohenpriester und Pharisäer Diener, kommt er dahin mit Fak
keln, Lampen und mit Waffen.
4. Wie nun Jesus *wußte alles, was ihm
begegnen sollte, ging er hinaus und
sprach zu ihnen: Wen suchet ihr? *K. 19,28.
5. Sie antworteten ihm: Jesum von Nazareth. Jesus spricht zu ihnen: Ich bin's!
Judas aber, der ihn verriet, stand auch bei
ihnen.

JESUS WIRD ZUM TODE VERURTEILT Johannes 19, 14.15

6. Als nun Jesus zu ihnen sprach: Ich bin's! wichen sie zurück und fielen zu Boden.
7. Da fragte er sie abermals: Wen suchet ihr? Sie aber sprachen: Jesum von Nazareth.
8. Jesus antwortete: Ich habe es euch gesagt, daß ich's sei. Suchet ihr denn mich, so lasset diese gehen!
9. (Auf daß *das Wort erfüllet würde, welches er sagte: Ich habe der keinen verloren, die du mir gegeben hast.) *K. 17,12.
10. Da hatte Simon Petrus ein Schwert und zog es aus und schlug nach des Hohenpriesters Knecht und hieb ihm sein rechtes Ohr ab. Und der Knecht hieß Malchus.
11. Da sprach Jesus zu Petrus: Stecke dein Schwert in die Scheide! Soll ich *den Kelch nicht trinken, den mir mein Vater gegeben hat? *Matth. 26,39.

(V. 12–27: vgl. Matth. 26,57–75; Mark. 14,53–72; Luk. 22,54–71.)

12. Die Schar aber und der Oberhauptmann und die Diener der Juden nahmen Jesum und banden ihn
13. und führten ihn zuerst zu Hannas; der war des Kaiphas Schwiegervater, welcher des Jahrs Hoherpriester war.
14. Es war aber Kaiphas, *der den Juden riet, es wäre gut, daß ein Mensch würde umgebracht für das Volk. *K. 11,49.50.
15. Simon Petrus aber folgte Jesu nach und ein anderer Jünger. Dieser Jünger war dem Hohenpriester bekannt und ging mit Jesu hinein in des Hohenpriesters Palast.
16. Petrus aber stand draußen vor der Tür. Da ging der andere Jünger, der dem Hohenpriester bekannt war, hinaus und redete mit der Türhüterin und führte Petrus hinein.
17. Da sprach die Magd, die Türhüterin, zu Petrus: Bist du nicht auch dieses Menschen Jünger einer? Er sprach: Ich bin's nicht.
18. Es standen aber die Knechte und Diener und hatten ein Kohlenfeuer gemacht, denn es war kalt, und wärmten sich. Petrus aber stand bei ihnen und wärmte sich.
19. Aber der Hohepriester fragte Jesum um seine Jünger und um seine Lehre.
20. Jesus antwortete ihm: Ich habe frei öffentlich geredet vor der Welt; ich habe allezeit gelehrt in der Schule und in dem

Tempel, da alle Juden zusammenkommen, und habe nichts im Verborgenen geredet. K.7,14.26.

21. Was fragst du mich darum? Frage die darum, die gehört haben, was ich zu ihnen geredet habe; siehe, diese wissen, was ich gesagt habe.

22. Als er aber solches redete, gab der Diener einer, die dabeistanden, Jesu einen Backenstreich und sprach: Sollst du dem Hohenpriester also antworten?

23. Jesus antwortete: Habe ich übel geredet, so beweise es, daß es böse sei; habe ich aber recht geredet, was schlägst du mich?

24. Und Hannas sandte ihn gebunden zu dem Hohenpriester Kaiphas.

25. Simon Petrus aber stand und wärmte sich. Da sprachen sie zu ihm: Bist du nicht seiner Jünger einer? Er leugnete aber und sprach: Ich bin's nicht.

26. Spricht einer von des Hohenpriesters Knechten, ein Gefreunder des, dem Petrus das Ohr abgehauen hatte: Sah ich dich nicht im Garten bei ihm?

27. Da leugnete Petrus abermals, und alsbald krähte der Hahn.

(V.28–K.19,15: vgl. Matth.27,2.11–30; Mark.15,1–19; Luk.23,1–25.)

28. Da führten sie Jesum von Kaiphas vor das Richthaus. Und es war früh; und sie gingen nicht in das Richthaus, auf daß sie nicht unrein würden, sondern Ostern essen möchten.

29. Da ging Pilatus zu ihnen heraus und sprach: Was bringt ihr für Klage wider diesen Meschen?

30. Sie antworteten und sprachen zu ihm: Wäre dieser nicht ein Übeltäter, wir hätten dir ihn nicht überantwortet.

31. Da sprach Pilatus zu ihnen: So nehmt ihr ihn hin und richtet ihn nach eurem *Gesetz. Da sprachen die Juden zu ihm: Wir dürfen niemand töten.

*K.19,6.7.

32. (Auf daß erfüllet würde das Wort Jesu, welches *er sagte, da er deutete, welches Todes er sterben würde.)

*K.12,32.33; Matth.20,19.

33. Da ging Pilatus wieder hinein ins Richthaus und rief Jesum und sprach zu ihm: Bist du der Juden König?

34. Jesus antwortete: Redest du das von dir selbst, oder haben's dir andere von mir gesagt?

35. Pilatus antwortete: Bin ich ein Jude? Dein Volk und die Hohenpriester haben dich mir überantwortet. Was hast du getan?

36. Jesus antwortete: Mein Reich ist nicht von dieser Welt. Wäre mein Reich von dieser Welt, meine Diener würden kämpfen, daß ich den Juden nicht überantwortet würde; aber nun ist mein Reich nicht von dannen.

37. Da sprach Pilatus zu ihm: So bist du dennoch ein König? Jesus antwortete: Du sagst es, ich bin ein König. Ich bin dazu geboren und in die Welt gekommen, daß ich für die Wahrheit zeugen soll. Wer aus der Wahrheit ist, der höret meine Stimme.

1.Tim. 6,13.

38. Spricht Pilatus zu ihm: Was ist Wahrheit? Und da er das gesagt, ging er wieder hinaus zu den Juden und spricht zu ihnen: Ich finde keine Schuld an ihm.

39. Ihr habt aber eine Gewohnheit, daß ich euch einen auf Ostern losgebe; wollt ihr nun, daß ich euch der Juden König losgebe?

40. Da schrieen sie wieder allesamt und sprachen: Nicht diesen, sondern Barabbas! Barabbas aber war ein Mörder.

Das 19. Kapitel

Jesus vor Pilatus. Geißelung. Dornenkrönung. Kreuzigung. Letzte Worte. Tod und Begräbnis.

1. Da nahm Pilatus Jesum und geißelte ihn.

2. Und die Kriegsknechte flochten eine Krone von Dornen und setzten sie auf sein Haupt und legten ihm ein Purpurkleid an

3. und sprachen: Sei gegrüßet, lieber Judenkönig! und gaben ihm Backenstreiche.

4. Da ging Pilatus wieder heraus und sprach zu ihnen: Sehet, ich führe ihn heraus zu euch, daß ihr erkennet, daß ich keine Schuld an ihm finde.

5. Also ging Jesus heraus und trug eine Dornenkrone und ein Purpurkleid. Und er spricht zu ihnen: Sehet, welch ein Mensch!

6. Da ihn die Hohenpriester und die Diener sahen, schrieen sie und sprachen: Kreuzige! kreuzige! Pilatus spricht zu ihnen: Nehmet ihr ihn hin und kreuzigt ihn; denn ich finde keine Schuld an ihm.

7. Die Juden antworteten ihm: Wir haben ein Gesetz, und nach dem Gesetz soll er sterben; denn er hat sich selbst zu Gottes Sohn gemacht.

K.10,33; 3.Mose 24,16.

8. Da Pilatus das Wort hörte, fürchtete er sich noch mehr

9. und ging wieder hinein in das Richthaus und spricht zu Jesu: Woher bist du? Aber Jesus gab ihm keine Antwort.

MAGDALENA AM GRAB Johannes 20, 11–13

10. Da sprach Pilatus zu ihm: Redest du nicht mit mir? Weißt du nicht, daß ich Macht habe, dich zu kreuzigen, und Macht habe, dich loszugeben?
11. Jesus antwortete: Du hättest keine Macht über mich, wenn sie dir nicht wäre von obenherab gegeben; darum, der mich dir überantwortet hat, der hat größere Sünde.
12. Von dem an trachtete Pilatus, wie er ihn losließe. Die Juden aber schrieen und sprachen: Läßt du diesen los, so bist du des Kaisers Freund nicht; denn wer sich zum König macht, der ist wider den Kaiser.
13. Da Pilatus das Wort hörte, führte er Jesum heraus und setze sich auf den Richtstuhl an der Stätte, die da heißt Hochpflaster, auf hebräisch aber Gabbatha.
14. Es war aber der Rüsttag auf Ostern, um die sechste Stunde. Und er spricht zu den Juden: Sehet, das ist euer König!
15. Sie schrieen aber: Weg, weg, mit dem! *kreuzige ihn! Spricht Pilatus zu ihnen: Soll ich euren König kreuzigen? Die Hohenpriester antworteten: Wir haben keinen König denn den Kaiser. *V.6.

(V.16–30: vgl. Matth.27,31–50; Mark.15,20–37; Luk.23,26–46.)

16. Da überantwortete er ihn, daß er gekreuzigt würde. Sie nahmen aber Jesum und führten ihn hin.
17. Und er trug sein Kreuz und ging hinaus zur Stätte, die da heißt Schädelstätte, welche heißt auf hebräisch Golgatha.
18. Allda kreuzigten sie ihn und mit ihm zwei andere zu beiden Seiten, Jesum aber mitteninne.
19. Pilatus aber schrieb eine Überschrift und setzte sie auf das Kreuz; und war geschrieben: Jesus von Nazareth, der Juden König.
20. Diese Überschrift lasen viele Juden; denn die Stätte war nahe bei der Stadt, da Jesus gekreuzigt ward. Und es war geschrieben in hebräischer, griechischer und lateinischer Sprache.
21. Da sprachen die Hohenpriester der Juden zu Pilatus: Schreibe nicht: »Der Juden König«, sondern daß er gesagt habe: Ich bin der Juden König.
22. Pilatus antwortete: Was ich geschrieben habe, das habe ich geschrieben.

23. Die Kriegsknechte aber, da sie Jesum gekreuzigt hatten, nahmen sie seine Kleider und machten vier Teile, einem jeglichen Kriegsknechte ein Teil, dazu auch den Rock. Der Rock aber war ungenäht, von obenan gewirkt durch und durch.

24. Da sprachen sie untereinander: Lasset uns den nicht zerteilen, sondern darum losen, wes er sein soll. (Auf daß erfüllet würde die Schrift, die da sagt: *»Sie haben meine Kleider unter sich geteilt und haben über meinen Rock das Los geworfen.«) Solches taten die Kriegsknechte. *Ps.22,19.

25. Es stand aber bei dem Kreuze Jesu seine Mutter und seiner Mutter Schwester, Maria, des Kleophas Weib, und Maria Magdalena.

26. Da nun Jesus seine Mutter sah und den Jünger dabeistehen, den er *liebhatte, spricht er zu seiner Mutter: Weib, siehe, das ist dein Sohn! *K.13,23.

27. Darnach spricht er zu dem Jünger: Siehe, das ist deine Mutter! Und von der Stunde an nahm sie der Jünger zu sich.

28. Darnach, da Jesus *wußte, daß schon alles vollbracht war, daß die †Schrift erfüllet würde, spricht er: Mich dürstet! *K.13,3; 18,4. †Ps.22,16.

29. Da stand ein Gefäß voll Essig. Sie aber füllten einen Schwamm mit *Essig und legten ihn um einen Isop und hielten es ihm dar zum Munde. *Ps.69,22.

30. Da nun Jesus den Essig genommen hatte, sprach er: Es ist vollbracht! und neigte das Haupt und verschied.

31. Die Juden aber, dieweil es der Rüsttag war, daß nicht die Leichname am Kreuze blieben den Sabbat über (denn desselben Sabbats Tag war groß), baten sie Pilatus, daß seine Beine gebrochen und sie abgenommen würden. 5.Mose 21,23.

32. Da kamen die Kriegsknechte und brachen dem ersten die Beine und dem andern, der mit ihm gekreuzigt war.

33. Als sie aber zu Jesu kamen und sahen, daß er schon gestorben war, brachen sie ihm die Beine nicht;

34. sondern der Kriegsknechte einer öffnete seine Seite mit einem Speer, und alsbald ging Blut und Wasser heraus.

35. Und der das gesehen hat, der hat es bezeugt, und sein Zeugnis ist wahr; und dieser weiß, daß er die Wahrheit sagt, auf daß auch ihr glaubet.

36. Denn solches ist geschehen, daß die *Schrift erfüllet würde: »Ihr sollt ihm kein Bein zerbrechen.« *2.Mose 12,46.

37. Und abermals spricht eine andere *Schrift: »Sie werden sehen, in welchen sie gestochen haben.«

*Sach.12,10; Offenb.1,7.

(V.38–42: vgl. Matth.27,57–61; Mark.15,42–47; Luk.23,50–55.)

38. Darnach bat den Pilatus Joseph von Arimathia, der ein Jünger Jesu war, doch heimlich aus Furcht vor den Juden, daß er möchte abnehmen den Leichnam Jesu. Und Pilatus erlaubte es. Da kam er und nahm den Leichnam Jesu herab.

39. Es kam aber auch Nikodemus, der *vormals bei der Nacht zu Jesu gekommen war, und brachte †Myrrhe und Aloe untereinander bei hundert Pfunden.

*K.3,2. †Matth.2,11.

40. Da nahmen sie den Leichnam Jesu und banden ihn in leinene Tücher mit den Spezereien, wie die Juden pflegen zu begraben.

41. Es war aber an der Stätte, da er gekreuzigt ward, ein Garten, und im Garten ein neues Grab, in welches niemand je gelegt war.

42. Dahin legten sie Jesum um des Rüsttages willen der Juden, dieweil das Grab nahe war.

Das 20. Kapitel

Jesus erscheint nach seiner Auferstehung der Maria Magdalena, den Elfen und acht Tage darnach dem Thomas.

(V.1–18: vgl. Matth.28,1–10; Mark.16,1–11; Luk.24,1–12.)

1. An dem ersten Tage der Woche kommt Maria Magdalena früh, da es noch finster war, zum Grabe und sieht, daß der Stein vom Grabe hinweg war.

2. Da läuft sie und kommt zu Simon Petrus und zu dem andern Jünger, welchen Jesus *liebhatte, und spricht zu ihnen: Sie haben den Herrn weggenommen aus dem Grabe, und wir wissen nicht, wo sie ihn hin gelegt haben. *K.13,23.

3. Da ging Petrus und der andere Jünger hinaus und kamen zum Grabe.

4. Es liefen aber die zwei miteinander, und der andere Jünger lief zuvor, schneller denn Petrus, und kam am ersten zum Grabe,

5. guckt hinein und sieht die Leinen gelegt; er ging aber nicht hinein.

6. Da kam Simon Petrus ihm nach und ging hinein in das Grab und sieht die Leinen gelegt,

7. und das *Schweißtuch, das Jesu um das Haupt gebunden war, nicht zu den Leinen gelegt, sondern beiseits, zusam-

MAGDALENA BEGEGNET JESUS Johannes 20, 16.17

mengewickelt, an einen besondern Ort.
*K. 11,44.
8. Da ging auch der andere Jünger hinein, der am ersten zum Grabe kam, und
sah und glaubte es.
9. Denn sie wußten die Schrift noch
nicht, daß er von den Toten auferstehen
müßte. 1. Kor. 15,4; Apg. 2,24–32.
10. Da gingen die Jünger wieder heim.
11. Maria aber stand vor dem Grabe und
weinte draußen. Als sie nun weinte, guckte sie in das Grab
12. und sieht zwei Engel in weißen Kleidern sitzen, einen zu den Häupten und
den andern zu den Füßen, da sie den
Leichnam Jesu hin gelegt hatten.
13. Und diese sprachen zu ihr: Weib, was
weinest du? Sie spricht zu ihnen: Sie haben meinen Herrn weggenommen, und
ich weiß nicht, wo sie ihn hin gelegt haben.
14. Und als sie das sagte, wandte sie sich
zurück und sieht Jesum stehen und weiß
nicht, daß es Jesus ist.
15. Spricht Jesus zu ihr: Weib, was weinest du? Wen suchest du? Sie meint, es sei
der Gärtner und spricht zu ihm: Herr, hast
du ihn weggetragen, so sage mir, wo hast
du ihn hin gelegt, so will ich ihn holen.
16. Spricht Jesus zu ihr: Maria! Da wandte sie sich um und spricht zu ihm: Rabbuni (das heißt: Meister)!
17. Spricht Jesus zu ihr: Rühre mich
nicht an! denn ich bin noch nicht aufgefahren zu meinem Vater. Gehe aber hin
*zu meinen Brüdern und sage ihnen: Ich
fahre auf zu meinem Vater und zu eurem
Vater, zu meinem Gott und zu eurem
Gott. *Hebr. 2,11.12.
18. Maria Magdalena kommt und verkündigt den Jüngern: Ich habe den Herrn
gesehen, und solches hat er zu mir gesagt.
(V. 19–23: vgl. Mark. 16,14–18; Luk. 24,36–49.)
19. Am Abend aber desselben ersten
Tages der Woche, da die Jünger versammelt und die Türen verschlossen waren
aus Furcht vor den Juden, kam Jesus und
trat mitten ein und spricht zu ihnen: Friede sei mit euch!
20. Und als er das gesagt hatte, *zeigte er
ihnen die Hände und seine Seite. Da wurden die Jünger froh, daß sie den Herrn
sahen. *1. Joh. 1,1.
21. Da sprach Jesus abermals zu ihnen:

Friede sei mit euch! Gleichwie *mich der Vater gesandt hat, so sende ich euch.
*K.17,18.
22. Und da er das gesagt hatte, blies er sie an und spricht zu ihnen: Nehmet hin den heiligen Geist!
23. *Welchen ihr die Sünden erlasset, denen sind sie erlassen; und welchen ihr sie behaltet, denen sind sie behalten.
*Matth.16,19; 18,18.
24. *Thomas aber, der Zwölf einer, der da heißt Zwilling, war nicht bei ihnen, da Jesus kam. *K.11,16; 14,5.
25. Da sagten die andern Jünger zu ihm: Wir haben den Herrn gesehen. Er aber sprach zu ihnen: Es sei denn, daß ich in seinen Händen sehe die Nägelmale und lege meinen Finger in die Nägelmale und lege meine Hand an seine *Seite, will ich's glauben. *K.19,34.
26. Und über acht Tage waren abermals seine Jünger drinnen und Thomas mit ihnen. Kommt Jesus, *da die Türen verschlossen waren, und tritt mitten ein und spricht: Friede sei mit euch! *V.19.
27. Darnach spricht er zu Thomas: Reiche deinen Finger her und siehe meine Hände, und reiche deine Hand her und lege sie in meine Seite, und sei nicht ungläubig, sondern gläubig!
28. Thomas antwortete und sprach zu ihm: Mein Herr und mein *Gott! *K.1,1.
29. Spricht Jesus zu ihm: Dieweil du mich gesehen hast, Thomas, so glaubest du. Selig sind, *die nicht sehen und doch glauben! *1.Petr.1,8.
30. Auch viele andere Zeichen tat Jesus vor seinen Jüngern, die nicht geschrieben sind in diesem Buch.
31. Diese aber sind geschrieben, daß ihr glaubet, Jesus sei Christus, der Sohn Gottes, und daß ihr durch den *Glauben das Leben habet in seinem Namen. *1.Joh.5,13.

Das 21. Kapitel

Jesu Erscheinung am See Genezareth. Frage an Petrus. Weissagung über ihn und Johannes. Schluß des Buches.

1 Darnach offenbarte sich Jesus abermals den Jüngern an dem Meer bei Tiberias. Er offenbarte sich aber also:
2. Es waren beieinander Simon Petrus und Thomas, der da heißt Zwilling, und *Nathanael von Kana in Galiläa und die Söhne des Zebedäus und andere zwei seiner Jünger. *K.1,45.
3. Spricht Simon Petrus zu ihnen: Ich will hin fischen gehen. Sie sprechen zu ihm: So wollen wir mit dir gehen. Sie gingen hinaus und traten in das Schiff alsobald; und in derselben Nacht fingen sie nichts.
4. Da es aber jetzt Morgen war, stand Jesus am Ufer; aber die Jünger *wußten nicht, daß es Jesus war. *K.20,14; Luk.24,16.
5. Spricht Jesus zu ihnen: Kinder, habt ihr nichts zu essen? Sie antworteten ihm: Nein. Luk.24,41.
6. Er aber sprach zu ihnen: Werfet das Netz zur Rechten des Schiffs, so werdet ihr finden. Da warfen sie, und konnten's kaum mehr ziehen vor der Menge der Fische. Luk.5,4–7.
7. Da spricht der Jünger, welchen Jesus *liebhatte, zu Petrus: Es ist der Herr! Da Simon Petrus hörte, daß es der Herr war, gürtete er das Hemd um sich (denn er war nackt) und warf sich ins Meer. *K.13,23.
8. Die andern Jünger aber kamen auf dem Schiff (denn sie waren nicht ferne vom Lande, sondern bei zweihundert Ellen) und zogen das Netz mit den Fischen.
9. Als sie nun austraten auf das Land, sahen sie Kohlen gelegt und Fische darauf und Brot.
10. Spricht Jesus zu ihnen: Bringet her von den Fischen, die ihr jetzt gefangen habt!
11. Simon Petrus stieg hinein und zog das Netz auf das Land voll großer Fische, hundertunddreiundfünfzig. Und wiewohl ihrer so viel waren, zerriß doch das Netz nicht.
12. Spricht Jesus zu ihnen: Kommt und haltet das Mahl! Niemand aber unter den Jüngern wagte, ihn zu fragen: Wer bist du? denn sie wußten, daß es der Herr war.
13. Da kommt Jesus und *nimmt das Brot und gibt's ihnen, desgleichen auch die Fische. *K.6,11.
14. Das ist nun das drittemal, daß Jesus offenbart ward seinen Jüngern, nachdem er von den Toten auferstanden war.
15. Da sie nun das Mahl gehalten hatten, spricht Jesus zu Simon Petrus: Simon *Jona, hast du mich lieber, denn mich diese haben? Er spricht zu ihm: Ja, Herr, du weißt, daß ich dich liebhabe. Spricht er zu ihm: Weide meine Lämmer! *K.1,42.
16. Spricht er wieder zum andernmal zu ihm: Simon Jona, hast du mich lieb? Er spricht zu ihm: Ja, Herr, du weißt, daß ich dich liebhabe. Spricht er zu ihm: *Weide meine Schafe! *1.Petr.5,2.4.
17. Spricht er zum *drittenmal zu ihm: Simon Jona, hast du mich lieb? Petrus ward traurig, daß er zum drittenmal zu

JESUS AM SEE GENEZARETH Johannes 21, 4–7

ihm sagte: Hast du mich lieb? und sprach
zu ihm: Herr, †du weißt alle Dinge, du
weißt, daß ich dich liebhabe. Spricht Jesus zu ihm: Weide meine Schafe!
*K. 13,38. †K. 16,30.
18. Wahrlich, wahrlich ich sage dir: Da
du jünger warst, gürtetest du dich selbst
und wandeltest, wohin du wolltest; wenn
du aber alt wirst, wirst du deine Hände
ausstrecken, und ein anderer wird dich
gürten und führen, wohin du nicht willst.
19. Das sagte er aber, zu deuten, mit welchem Tode er Gott preisen würde. Und da
er das gesagt, spricht er zu ihm: Folge mir
nach! K. 13,36.
20. Petrus aber wandte sich um und sah
den Jünger folgen, *welchen Jesus liebhatte, der auch an seiner Brust beim
Abendessen gelegen war und gesagt hatte:
Herr, wer ist's, der dich verrät? *K. 13,23.
21. Da Petrus diesen sah, spricht er zu
Jesu: Herr, was soll aber dieser?
22. Jesus spricht zu ihm: So ich will, daß
er bleibe, bis ich komme, was geht es dich
an? Folge du mir nach!
23. Da ging eine Rede aus unter den Brüdern: Dieser Jünger stirbt nicht. Und Jesus
sprach nicht zu ihm: »Er stirbt nicht«,
sondern: »So ich will, daß er bleibe, bis ich
komme, was geht es dich an?«
24. Dies ist der Jünger, der von diesen
Dingen zeugt und dies geschrieben hat;
und wir wissen, daß sein Zeugnis wahrhaftig ist. K. 15,27.
25. Es sind auch viele andere Dinge, die
Jesus getan hat; so sie aber sollten eins
nach dem andern geschrieben werden,
achte ich, die Welt würde die Bücher nicht
fassen, die zu schreiben wären.
K. 20,30.

Die Apostelgeschichte des Lukas

Das 1. Kapitel

Eingang. Himmelfahrt Christi.
Des Matthias Erwählung zum Apostelamt.

1. Die erste Rede habe ich getan, lieber
Theophilus, von alle dem, das Jesus anfing, beides, zu tun und zu lehren, Luk. 1,3.
2. bis an den Tag, da er aufgenommen
ward, nachdem er den Aposteln, welche er
hatte erwählt, durch den heiligen Geist
Befehl getan hatte,
3. welchen er sich nach seinem Leiden
lebendig erzeigt hatte durch mancherlei
Erweisungen, und ließ sich sehen unter
ihnen vierzig Tage lang und redete mit
ihnen vom Reich Gottes.
4. Und als er sie versammelt hatte, befahl
er ihnen, daß sie nicht von Jerusalem wichen, sondern warteten auf die Verheißung des Vaters, welche ihr *habt gehört
[sprach er] von mir; *Joh. 15,26; Luk. 24,49.
5. denn Johannes hat mit Wasser getauft,
ihr aber sollt mit dem heiligen Geist getauft werden nicht lange nach diesen Tagen. Matth. 3,11.
6. Die aber, so zusammengekommen waren, fragten ihn und sprachen: Herr, wirst
du auf diese Zeit wieder *aufrichten das
Reich Israel? *Luk. 24,21.
7. Er sprach aber zu ihnen: Es gebührt
euch nicht, zu wissen Zeit oder Stunde,
welche der Vater seiner Macht vorbehalten
hat;
8. sondern ihr werdet die Kraft des heiligen Geistes empfangen, welcher auf euch
kommen wird, und werdet meine Zeugen
sein zu Jerusalem und in ganz Judäa und
Samarien und bis an das Ende der Erde.
9. Und da er solches gesagt, ward er aufgehoben zusehends, und eine Wolke
nahm ihn auf vor ihren Augen weg.
Mark. 16,19; Luk. 24,51.
10. Und als sie ihm nachsahen, wie er
gen Himmel fuhr, siehe, da standen bei
ihnen *zwei Männer in weißen Kleidern,
*Luk. 24,4.
11. welche euch sagten: Ihr Männer von
Galiläa, was stehet ihr und sehet gen Himmel? Dieser Jesus, welcher von euch ist
aufgenommen gen Himmel, *wird kommen, wie ihr ihn gesehen habt gen Himmel fahren. *Luk. 21,27.
12. Da wandten sie um gen Jerusalem
von dem Berge, der da heißt der Ölberg,
welcher ist nahe bei Jerusalem und liegt
einen Sabbatweg davon. Luk. 24,50.52.53.
13. Und als sie hineinkamen, stiegen sie
auf den Söller, da denn sich aufhielten
Petrus und Jakobus, Johannes und Andreas, Philippus und Thomas, Bartholomäus und Matthäus, Jakobus des Alphäus
Sohn, und Simon Zelotes und Judas, des
Jakobus Sohn. Luk. 6,13–16.
14. Diese alle waren stets beieinander
*einmütig mit Beten und Flehen samt den
Weibern und Maria, der Mutter Jesu, und
seinen †Brüdern. *K. 2,1. †Joh. 7,3.
15. Und in den Tagen trat auf Petrus unter die Jünger und sprach (es war aber eine
Schar zuhauf bei hundertundzwanzig Namen):
16. Ihr Männer und Brüder, es mußte die
*Schrift erfüllet werden, welche zuvor ge-
sagt hat der heilige Geist durch den Mund
Davids von Judas, der ein Führer war derer, die Jesum fingen; *Ps. 41,10.
17. denn er war zu uns gezählt und hatte
dies Amt mit uns überkommen.
18. Dieser hat erworben den Acker um
den ungerechten Lohn und ist abgestürzt
und mitten entzweigeborsten, und all sein
Eingeweide ausgeschüttet. Matth. 27,3–10.
19. Und es ist kund geworden allen, die
zu Jerusalem wohnen, also daß dieser Akker genannt wird auf ihre Sprache: Hakel-
dama (das ist: Blutacker).
20. Denn es steht geschrieben im
*Psalmbuch: »Seine Behausung müsse
wüst werden, und sei niemand, der darin
wohne«, und: »Sein Bistum empfange ein
anderer.« *Ps. 69,26; 109,8.
21. So muß nun einer unter diesen Männern, die bei uns gewesen sind die ganze
Zeit über, welche der Herr Jesus unter uns
ist aus und ein gegangen, Joh. 15,27.
22. von der Taufe des Johannes an bis auf
den Tag, da er von uns genommen ist, ein
Zeuge seiner Auferstehung mit uns werden.
23. Und sie stellten zwei, Joseph, genannt Barsabas, mit dem Zunamen Just,
und Matthias,
24. beteten und sprachen: Herr, aller
Herzen Kündiger, zeige an, welchen du
erwählt hast unter diesen zweien,
25. daß einer empfange diesen Dienst
und Apostelamt, davon Judas abgewichen
ist, daß er hinginge an seinen Ort.

CHRISTI HIMMELFAHRT Apostelgeschichte 1, 6–9

26. Und *sie warfen das Los über sie, und das Los fiel auf Matthias; und er ward zugeordnet zu den elf Aposteln. *Spr. 16,33.

Das 2. Kapitel

Ausgießung des heiligen Geistes; Sprachengabe. Des Petrus Predigt von Jesu. Die Gemeinde zu Jerusalem.

1. Und als der *Tag der Pfingsten erfüllt war, waren sie alle †einmütig beieinander. *3. Mose 23,15–21. †K. 1,14.
2. Und es geschah schnell ein Brausen vom Himmel wie eines gewaltigen Windes und erfüllte das ganze Haus, da sie saßen.
3. Und es erschienen ihnen Zungen, zerteilt, wie von Feuer; und er setzte sich auf einen jeglichen unter ihnen; Matth. 3,11.
4. und sie wurden alle voll des heiligen Geistes und fingen an, zu predigen mit andern Zungen, nach dem der Geist ihnen gab auszusprechen. K. 10,44–46.
5. Es waren aber Juden zu Jerusalem wohnend, die waren *gottesfürchtige Männer aus allerlei Volk, das unter dem Himmel ist. *K. 13,26.
6. Da nun diese Stimme geschah, kam die Menge zusammen und wurden bestürzt; denn es hörte ein jeglicher, daß sie mit seiner Sprache redeten.
7. Sie entsetzten sich aber alle, verwunderten sich und sprachen untereinander: Siehe, sind nicht diese da, die da reden, aus Galiläa?
8. Wie hören wir denn ein jeglicher seine Sprache, darin wir geboren sind?
9. Parther und Meder und Elamiter, und die wir wohnen in Mesopotamien und in Judäa und Kappadozien, Pontus und Asien,
10. Phrygien und Pamphylien, Ägypten und an den Enden von Libyen bei Kyrene und Ausländer von Rom,
11. Juden und Judengenossen, Kreter und Araber: wir hören sie mit unseren Zungen die großen Taten Gottes reden.
12. Sie entsetzten sich aber alle und wurden irre und sprachen einer zu dem andern: Was will das werden?
13. Die andern aber hatten's ihren Spott und sprachen: Sie sind von süßen Weins.
14. Da trat Petrus auf mit den Elfen, erhob seine Stimme und redete zu ihnen: Ihr Juden, liebe Männer, und alle, die ihr

zu Jerusalem wohnet, das sei euch kundgetan, und lasset meine Worte zu euren Ohren eingehen.
15. Denn diese sind nicht trunken, wie ihr wähnet – sintemal es ist die dritte Stunde am Tage –;
16. sondern das ist's, was durch den Propheten *Joel zuvor gesagt ist: *Joel 3,1–5.
17. »Und es soll geschehen in den letzten Tagen, spricht Gott, ich will ausgießen von meinem Geist auf alles Fleisch; und eure Söhne und Töchter sollen weissagen, und eure Jünglinge sollen Gesichte sehen, und eure Älteste sollen Träume haben;
18. und auf meine Knechte und auf meine Mägde will ich in denselben Tagen von meinem Geist ausgießen, und sie sollen weissagen.
19. Und ich will Wunder tun oben im Himmel und Zeichen unten auf Erden: Blut und Feuer und Rauchdampf;
20. die Sonne soll sich verkehren in Finsternis und der Mond in Blut, ehe denn der große offenbare Tag des Herrn kommt.
21. Und soll geschehen, wer den Namen des Herrn anrufen wird, soll selig werden.« Röm. 10,13.
22. Ihr Männer von Israel, höret diese Worte: Jesum von Nazareth, den Mann, von Gott unter euch mit Taten und Wundern und Zeichen erwiesen, welche Gott durch ihn tat unter euch (wie denn auch ihr selbst wisset),
23. denselben (*nachdem er aus bedachtem Rat und Vorsehung Gottes übergeben war) habt ihr genommen durch die Hände der Ungerechten und ihn angeheftet und erwürgt. *K. 4,28.
24. Den hat Gott auferweckt, und aufgelöst die Schmerzen des Todes, wie es denn unmöglich war, daß er sollte von ihm gehalten werden. K. 3,15.
25. Denn *David spricht von ihm: »Ich habe den Herrn allezeit vorgesetzt vor mein Angesicht; denn er ist an meiner Rechten, auf daß ich nicht bewegt werde.
*Ps. 16,8–11.
26. Darum ist mein Herz fröhlich, und meine Zunge freuet sich; denn auch mein Fleisch wird ruhen in der Hoffnung.
27. Denn du wirst meine Seele nicht dem Tode lassen, auch nicht zugeben, daß dein Heiliger die Verwesung sehe.
28. Du hast mir kundgetan die Wege des Lebens; du wirst mich erfüllen mit Freuden vor deinem Angesicht.«
29. Ihr Männer, liebe Brüder, lasset mich frei reden zu euch von dem Erzvater David. Er ist gestorben und begraben, und sein Grab ist bei uns bis auf diesen Tag.
K. 13,36; 1. Kön. 2,10.
30. Da er nun ein Prophet war und wußte, daß ihm Gott verheißen hatte mit einem Eide, daß die Frucht seiner Lenden sollte auf seinem Stuhl sitzen,
Ps. 89,4.5; 2. Sam. 7,12.13.
31. hat er's zuvor gesehen und geredet von der Auferstehung Christi, daß seine Seele nicht dem Tode gelassen ist und sein Fleisch die Verwesung nicht gesehen hat.
32. Diesen Jesus hat Gott auferweckt; des sind wir alle Zeugen.
33. Nun er durch die Rechte Gottes erhöht ist und empfangen hat die Verheißung des heiligen Geistes vom Vater, hat er ausgegossen dies, das ihr sehet und höret.
34. Denn David ist nicht gen Himmel gefahren. *Er spricht aber: »Der Herr hat gesagt zu meinem Herrn: Setze dich zu meiner Rechten, *Ps. 110.1.
35. bis daß ich deine Feinde lege zum Schemel deiner Füße.«
36. So wisse nun das ganze Haus Israel gewiß, daß Gott diesen Jesus, den ihr gekreuzigt habt, zu einem Herrn und Christus gemacht hat. K. 5,31.
37. Da sie aber das hörten, ging's ihnen durchs Herz, und sprachen zu Petrus und zu den andern Aposteln: Ihr Männer, liebe Brüder, *was sollen wir tun? *K. 16,30.
38. Petrus sprach zu ihnen: *Tut Buße und lasse sich ein jeglicher taufen auf den Namen Jesu Christi zur Vergebung der Sünden, so werdet ihr empfangen die Gabe des heiligen Geistes.
*K. 3,17–19; Luk. 24,47.
39. Denn euer und eurer Kinder ist diese Verheißung und aller, die ferne sind, *welche Gott, unser Herr, herzurufen wird. *Joel 3,5.
40. Auch mit vielen andern Worten bezeugte er und ermahnte und sprach: Lasset euch erretten aus diesem *verkehrten Geschlecht! *5. Mose 32,5; Phil. 2,15.
41. Die nun sein Wort gern annahmen, ließen sich taufen; und wurden hinzugetan an dem Tage bei dreitausend Seelen.
42. Sie blieben aber beständig in der Apostel Lehre und in der Gemeinschaft und im *Brotbrechen und im Gebet.
*K. 20,7.
43. Es kam auch alle Seelen Furcht an, und geschahen viele Wunder und Zeichen durch die Apostel.
44. Alle aber, die gläubig waren geworden, waren beieinander und hielten alle Dinge gemein. K. 4,32.

AUSGIESSUNG DES HEILIGEN GEISTES Apostelgeschichte 2, 2–4

45. Ihre Güter und Habe verkauften sie
und teilten sie aus unter alle, nach dem
jedermann not war.
46. Und sie waren täglich und stets beieinander einmütig im Tempel und brachen das Brot hin und her in Häusern,
V.42.
47. nahmen die Speise und lobten Gott
mit Freuden und einfältigem Herzen und
hatten Gnade bei dem ganzen Volk. Der
Herr aber *tat hinzu täglich, die da selig
wurden, zu der Gemeinde.
*K.4,4; 5,14; 11,21; 14,1.

Das 3. Kapitel

Wunder an einem Lahmen und Zeugnis des Petrus von Jesu Christo zur Buße.

1. Petrus aber und Johannes gingen miteinander hinauf in den Tempel um die
neunte Stunde, da man pflegt zu beten.
2. Und es war ein Mann, *lahm von Mutterleibe, der ließ sich tragen; und sie setzten ihn täglich vor des Tempels Tür, die da
heißt »die schöne«, daß er bettelte das
Almosen von denen, die in den Tempel
gingen. *K.14,8.
3. Da er nun sah Petrus und Johannes,
daß sie wollten zum Tempel hineingehen,
bat er um ein Almosen.
4. Petrus aber sah ihn an mit Johannes
und sprach: Sieh uns an!
5. Und er sah sie an, wartete, daß er etwas von ihnen empfinge.
6. Petrus aber sprach: Silber und Gold
habe ich nicht; was ich aber habe, das gebe
ich dir: im Namen Jesu Christi von Nazareth stehe auf und wandle! V.16.
7. Und griff ihn bei der rechten Hand und
richtete ihn auf. Alsobald standen seine
Schenkel und Knöchel fest;
8. sprang auf, konnte gehen und stehen
und ging mit ihnen in den Tempel, wandelte und sprang und lobte Gott.
9. Und es sah ihn alles Volk wandeln und
Gott loben.
10. Sie kannten ihn auch, daß er's war,
der um das Almosen gesessen hatte vor der
schönen Tür des Tempels; und sie wurden
voll Wunderns und Entsetzens über das,
was ihm widerfahren war.
11. Als aber dieser Lahme, der nun gesund war, sich zu Petrus und Johannes
hielt, lief alles Volk zu ihnen in die *Halle,

die da heißt Salomos, und wunderten sich. *K.5,12.

12. Als Petrus das sah, antwortete er dem Volk: Ihr Männer von Israel, was wundert ihr euch darüber, oder was sehet ihr auf uns, als hätten wir diesen wandeln gemacht durch unsre eigene Kraft oder Verdienst?

13. Der *Gott Abrahams und Isaaks und Jakobs, der Gott unsrer Väter hat †seinen Knecht Jesus verklärt, welchen ihr **überantwortet und verleugnet habt vor Pilatus, da er urteilte, ihn loszulassen.

*K.5,30. †Jes.53,11. **K.2,23.

14. Ihr aber verleugnetet den Heiligen und Gerechten und *batet, daß man euch den Mörder schenkte; *Matth.27,20.21.

15. aber den Fürsten des Lebens habt ihr getötet. Den *hat Gott auferweckt von den Toten; des sind wir Zeugen. *K.4,10.

16. Und durch den Glauben an seinen Namen hat diesen, den ihr sehet und kennet, sein Name stark gemacht; und der Glaube durch ihn hat diesem gegeben diese Gesundheit vor euren Augen.

17. Nun, liebe Brüder, ich weiß, daß ihr's durch Unwissenheit getan habt wie auch eure Obersten. Luk.23,34.

18. Gott aber, was er durch den Mund aller seiner *Propheten zuvor verkündigt hat, wie Christus leiden sollte, hat's also erfüllet. *Luk.24,27.

19. So tut nun Buße und bekehret euch, daß eure Sünden vertilgt werden; K.2,38.

20. auf daß da komme die Zeit der Erquickung von dem Angesichte des Herrn, wenn er senden wird den, der euch jetzt zuvor gepredigt wird, Jesus Christus,

21. welcher muß den Himmel einnehmen bis auf die Zeit, da herwiedergebracht werde alles, was Gott geredet hat durch den Mund aller seiner heiligen Propheten von der Welt an.

22. Denn Mose hat gesagt zu den Vätern: *»Einen Propheten wird euch der Herr, euer Gott, erwecken aus euren Brüdern gleich wie mich; den sollt ihr hören in allem, was er zu euch sagen wird.

*5.Mose 18,15.19.

23. Und es wird geschehen, welche Seele denselben Propheten nicht hören wird, die soll vertilgt werden aus dem Volk.«

24. Und alle Propheten von Samuel an und hernach, wieviel ihrer geredet haben, die haben von diesen Tagen verkündigt.

25. Ihr seid der Propheten und des Bundes Kinder, welchen Gott gemacht hat mit euren Vätern, da er sprach zu Abraham: *»Durch deinen Samen sollen gesegnet werden alle Völker auf Erden.«

*1.Mose 22,18.

26. *Euch zuvörderst hat Gott auferweckt seinen Knecht Jesus und hat ihn zu euch gesandt, euch zu segnen, daß ein jeglicher sich bekehre von seiner Bosheit.

*K.13,46.

Das 4. Kapitel

Des Petrus und Johannes Gefängnis, Bekenntnis vor dem Hohen Rat und ihre Loslassung. Gebet der Gläubigen; ihre innige Gemeinschaft.

1. Als sie aber zum Volk redeten, traten zu ihnen die Priester und der *Hauptmann des Tempels und die Sadduzäer

*Luk.22.4.52.

2. (die verdroß, daß sie das Volk lehrten und verkündigten an Jesu die Auferstehung von den Toten) K.23,8.

3. und legten die Hände an sie und setzen sie ein bis auf morgen; denn es war jetzt am Abend.

4. Aber viele unter denen, die dem Wort zuhörten, wurden gläubig; und ward die Zahl der Männer bei fünftausend. K.2,47.

5. Als es nun kam auf den Morgen, versammelten sich ihre Obersten und Ältesten und Schriftgelehrten gen Jerusalem,

6. Hannas, der Hohepriester, und Kaiphas und Johannes und Alexander und wie viel ihrer waren vom Hohenpriestergeschlecht;

7. und stellten sie vor sich und fragten sie: Aus welcher Gewalt oder in welchem Namen habt ihr das getan? Matth.21,23.

8. Petrus, voll des heiligen Geistes, sprach zu ihnen: Ihr Obersten des Volks und ihr Ältesten von Israel, Matth.10,19.20.

9. so wir heute werden gerichtet über dieser Wohltat an dem kranken Menschen, durch welche er ist geheilt worden,

10. so sei euch und allem Volk von Israel kundgetan, daß in dem Namen Jesu Christi von Nazareth, welchen ihr gekreuzigt habt, den Gott von den Toten auferweckt hat, steht dieser allhier vor euch gesund.

K.3,6.13–16.

11. Das ist der Stein, von euch Bauleuten verworfen, der zum Eckstein geworden ist. Matth.21,42; Ps.118,22.

12. Und ist in keinem andern – Heil, ist auch kein anderer Name unter dem Himmel den Menschen gegeben, darin wir sollen selig werden. Matth.1,21.

13. Sie sahen aber an die Freudigkeit des Petrus und Johannes und verwunderten sich; denn sie waren gewiß, daß es ungelehrte Leute und Laien waren, und kann-

PETRUS HEILT EINEN LAHMEN Apostelgeschichte 3, 4–6

ten sie auch wohl, daß sie mit Jesu gewesen waren.

14. Sie sahen aber den Menschen, *der geheilt worden war, bei ihnen stehen und hatten nicht dawider zu reden. *K.3,8.9.

15. Da hießen sie sie hinausgehen aus dem Rat und handelten miteinander und sprachen:

16. Was wollen wir diesen Menschen tun? Denn das offenbare Zeichen, durch sie geschehen, ist kund allen, die zu Jerusalem wohnen, und wir können's nicht leugnen. Joh.11,47.

17. Aber auf daß es nicht weiter einreiße unter das Volk, *lasset uns ernstlich sie bedrohen, daß sie hinfort keinem Menschen von diesem Namen sagen. *K.5,28.

18. Und riefen sie und geboten ihnen, daß sie sich allerdinge nicht hören ließen noch lehrten in dem Namen Jesu.

19. Petrus aber und Johannes antworteten und sprachen zu ihnen: Richtet ihr selbst, ob es vor Gott recht sei, daß *wir euch mehr gehorchen denn Gott. *K.5,29.

20. Wir können's ja nicht lassen, daß wir nicht reden sollten, was wir gesehen und gehört haben.

21. Aber sie drohten ihnen und ließen sie gehen und fanden nicht, wie sie sie peinigten, um des Volkes willen; denn sie lobten alle Gott über das, was geschehen war.

22. Denn der Mensch war über vierzig Jahre alt, an welchem dies Zeichen der Gesundheit geschehen war.

23. Und als man sie hatte gehen lassen, kamen sie zu den Ihren und verkündigten ihnen, was die Hohenpriester und Ältesten zu ihnen gesagt hatten.

24. Da sie das hörten, hoben sie ihre Stimme auf einmütig zu Gott und sprachen: Herr, der du bist der Gott, der Himmel und Erde und das Meer und alles, was darinnen ist, gemacht hat;

25. der du durch den Mund Davids, deines Knechtes, *gesagt hast: »Warum empören sich die Heiden, und die Völker nehmen vor, was umsonst ist? *Ps.2,1.2.

26. Die Könige der Erde treten zusammen, und die Fürsten versammeln sich zuhauf wider den Herrn und wider seinen Christus«:

27. wahrlich ja, sie haben sich versammelt über deinen heiligen Knecht Jesus, welchen du gesalbt hast, *Herodes und

Pontius Pilatus mit den Heiden und dem Volk Israel, *Luk.23,12.

28. zu tun, was deine Hand und dein Rat zuvor bedacht hat, daß es geschehen sollte. K.2,23.

29. Und nun, Herr, siehe an ihr Drohen und gib deinen Knechten, mit aller Freudigkeit zu reden dein Wort, Eph.6,19.

30. und strecke deine Hand aus, daß Gesundheit und Zeichen und Wunder geschehen durch den Namen deines heiligen Knechtes Jesus.

31. Und da sie gebetet hatten, bewegte sich die Stätte, da sie versammelt waren; und sie wurden alle des heiligen Geistes voll und redeten das Wort Gottes mit Freudigkeit.

32. Die Menge aber der Gläubigen war ein Herz und eine Seele; auch keiner sagte von seinen Gütern, daß sie sein wären, sondern es war ihnen alles gemein. K.2,44.

33. Und mit großer Kraft gaben die Apostel Zeugnis von der Auferstehung des Herrn Jesu, und war große *Gnade bei ihnen allen. *K.2,47.

34. Es war auch keiner unter ihnen, der Mangel hatte; denn wie viel ihrer waren, die da Äcker oder Häuser hatten, die verkauften sie und brachten das Geld des verkauften Guts K.2,45.

35. und legten es zu der Apostel Füßen; und man gab einem jeglichen, was ihm not war.

36. Joses aber, mit dem Zunamen von den Aposteln genannt *Barnabas (das heißt: ein Sohn des Trostes), von Geschlecht ein Levit aus Zypern, *K.11,22.24.

37. der hatte einen Acker und verkaufte ihn und brachte das Geld und legte es zu der Apostel Füßen.

Das 5. Kapitel

Ananias und Saphira. Der Apostel Gefängnis und Errettung. Gamaliels Rat.

1. Ein Mann aber mit Namen Ananias samt seinem Weibe Saphira verkaufte sein Gut

2. und entwandte etwas vom Gelde mit Wissen seines Weibes und brachte einen Teil und *legte ihn zu der Apostel Füßen. *K.4,37.

3. Petrus aber sprach: Ananias, warum hat *der Satan dein Herz erfüllt, daß du dem heiligen Geist lögest und entwendetest etwas vom Gelde des Ackers? *Joh.13,2.

4. Hättest du ihn doch wohl mögen behalten, da du ihn hattest; und da er verkauft war, war es auch in deiner Gewalt. Warum hast du denn solches in deinem Herzen vorgenommen? Du hast nicht Menschen, sondern Gott gelogen.

5. Da Ananias aber diese Worte hörte, fiel er nieder und gab den Geist auf. Und es kam eine große Furcht über alle, die dies hörten.

6. Es standen aber die Jünglinge auf und taten ihn beiseite und trugen ihn hinaus und begruben ihn.

7. Und es begab sich über eine Weile, bei drei Stunden, daß sein Weib hereinkam und wußte nicht, was geschehen war.

8. Aber Petrus antwortete ihr: Sage mir: Habt ihr den Acker so teuer verkauft? Sie sprach: Ja, so teuer.

9. Petrus aber sprach zu ihr: Warum seid ihr denn eins geworden, zu vesuchen den Geist des Herrn? Siehe, die Füße derer, die deinen Mann begraben haben, sind vor der Tür und werden dich hinaustragen.

10. Und alsbald fiel sie zu seinen Füßen, und gab den Geist auf. Da kamen die Jünglinge und fanden sie tot, trugen sie hinaus und begruben sie neben ihren Mann.

11. Und es kam eine große Furcht über die ganze Gemeinde und über alle, die solches hörten.

12. Es geschahen aber viel Zeichen und Wunder im Volk durch der Apostel Hände; und sie waren alle in der *Halle Salomos einmütig. *K.3,11.

13. Der andern aber wagte keiner, sich zu ihnen zu tun, sondern das Volk hielt groß von ihnen.

14. Es wurden aber immer mehr hinzugetan, die da glaubten an den Herrn, eine Menge Männer und Weiber, K.2,47; 6,7.

15. also daß sie die Kranken auf die Gassen hinaustrugen und legten sie auf Betten und Bahren, auf daß, wenn Petrus käme, sein Schatten ihrer etliche überschattete. K.19,11.12.

16. Es kamen auch herzu viele von den umliegenden Städten gen Jerusalem und brachten die Kranken und die von unsaubern Geistern gepeinigt waren; und wurden alle gesund.

17. Es stand aber auf *der Hohepriester und alle, die mit ihm waren, welches ist die Sekte der Sadduzäer, und wurden voll Eifers *K.4,1.6.

18. und legten die Hände an die Apostel und warfen sie in das gemeinsame Gefängnis.

19. Aber *der Engel des Herr tat in der Nacht die Türen des Gefängnisses auf und führte sie heraus und sprach: *K.12,7.

20. Gehet hin und tretet auf und redet im

Tempel zum Volk alle Worte dieses Lebens.
21. Da sie das gehört hatten, gingen sie
früh in den Tempel und lehrten. Der Hohepriester aber kam und die mit ihm waren und riefen zusammen den Rat und alle Ältesten der Kinder von Israel und sandten hin zum Gefängnis, sie zu holen.
22. Die Diener aber kamen hin und fanden sie nicht im Gefängnis, kamen wieder und verkündigten
23. und sprachen: Das Gefängnis fanden wir verschlossen mit allem Fleiß und die Hüter außen stehen vor den Türen; aber da wir auftaten, fanden wir niemand darin.
24. Da diese Rede hörten der Hohepriester und der Hauptmann des Tempels und andere Hohepriester, wurden sie darüber betreten, was doch das werden wollte.
25. Da kam einer, der verkündigte ihnen: Siehe, die Männer, die ihr ins Gefängnis geworfen habt, sind im Tempel, stehen und lehren das Volk.
26. Da ging hin der Hauptmann mit den Dienern und holten sie, nicht mit Gewalt; denn sie fürchteten sich vor dem Volk, daß sie gesteinigt würden.
27. Und als sie sie brachten, stellten sie sie vor den Rat. Und der Hohepriester fragte sie
28. und sprach: *Haben wir euch nicht mir Ernst geboten, daß ihr nicht solltet lehren in diesem Namen? Und sehet, ihr habt Jerusalem erfüllt mit eurer Lehre und wollt dieses Menschen †Blut über uns führen. *K.4,18. †Matth.27,25.
29. Petrus aber antwortete und die Apostel und sprachen: Man muß Gott mehr gehorchen denn den Menschen.
K.4,19; Dan.3,18.
30. Der Gott unserer Väter hat Jesum auferweckt, welchen ihr erwürgt habt und an das Holz gehängt. K.3,15.
31. Den hat Gott durch seine rechte Hand *erhöht zu einem Fürsten und Heiland, zu geben Israel Buße und Vergebung der Sünden. *K.2,33.
32. Und *wir sind seine Zeugen über diese Worte und der heilige Geist, welchen Gott gegeben hat denen, die ihm gehorchen. *Luk.24,48; Joh.15,26.27.
33. Da sie das hörten, ging's ihnen durchs Herz, und dachten, sie zu töten.
K.7,54.
34. Da stand aber auf im Rat ein Pharisäer mit Namen *Gamaliel, ein Schriftgelehrter, in Ehren gehalten vor allem Volk, und hieß die Apostel ein wenig hinaustun
*K.22,3.
35. und sprach zu ihnen: Ihr Männer von Israel, nehmet euer selbst wahr an diesen Menschen, was ihr tun sollt.
36. Vor diesen Tagen stand auf Theudas und gab vor, er wäre etwas, und hingen an ihm eine Zahl Männer, bei vierhundert; der ist erschlagen, und alle, die ihm zufielen, sind zerstreut und zunichte geworden.
37. Darnach stand auf Judas aus Galiläa in den Tagen der Schätzung und machte viel Volks abfällig ihm nach; und der ist auch umgekommen, und alle, die ihm zufielen, sind zerstreut.
38. Und nun sage ich euch: Lasset ab von diesen Menschen und lasset sie fahren! *Ist der Rat oder das Werk aus den Menschen, so wird's untergehen; *Matth.15,13.
39. ist's aber aus Gott, so könnet ihr's nicht dämpfen; auf daß ihr nicht erfunden werdet als die *wider Gott streiten wollen.
*K.9,5.
40. Da fielen sie ihm zu und riefen die Apostel, *stäupten sie und geboten ihnen, sie sollten nicht reden in dem Namen Jesu, und ließen sie gehen. *K.22,19.
41. Sie gingen aber *fröhlich von des Rats Angesicht, daß sie würdig gewesen waren, um seines Namens willen Schmach zu leiden,
*Matth.5,10–12; 1.Petr.4,13.
42. und hörten nicht auf, alle Tage im Tempel hin und her in Häusern zu lehren und zu predigen das Evangelium von Jesu Christo.

Das 6. Kapitel

Sieben Almosenpfleger. Wachstum der Gemeinde. Anklage des Stephanus.

1. In den Tagen aber, da der Jünger viele wurden, erhob sich ein Murmeln unter den Griechen wider die Hebräer, darum daß ihre Witwen übersehen wurden in der täglichen *Handreichung. *K.4,35.
2. Da riefen die Zwölf die Menge der Jünger zusammen und sprachen: Es taugt nicht, daß wir das Wort Gottes unterlassen und zu Tische dienen.
3. Darum, ihr lieben Brüder, sehet unter euch nach sieben Männern, die ein *gut Gerücht haben und voll heiligen Geistes und Weisheit sind, welche wir bestellen mögen zu dieser Notdurft. *1.Tim.3,7.8.
4. Wir aber wollen anhalten am Gebet und am Amt des Worts.
5. Und die Rede gefiel der ganzen Menge wohl; und sie erwählten Stephanus, einen Mann voll Glaubens und heiligen Geistes,

und *Philippus und Prochorus und Nikanor und Timon und Parmenas und Nikolaus, den Judengenossen von Antiochien. *K.8,5.

6. Diese stellten sie vor die Apostel und *beteten und legten die Hände auf sie. *K.1,24; 13,3; 14,23.

7. Und *das Wort Gottes nahm zu, und die Zahl der Jünger ward sehr groß zu Jerusalem. Es wurden auch viele Priester dem Glauben gehorsam. *K.19,20.

8. Stephanus aber, voll Glaubens und Kräfte, tat Wunder und große Zeichen unter dem Volk.

9. Da standen etliche auf von der Schule, die da heißt der Libertiner und der Kyrener und der Alexanderer, und derer, die aus Zilizien und Asien waren, und befragten sich mit Stephanus.

10. Und sie vermochten nicht, zu widerstehen der Weisheit und dem Geiste, aus welchem er redete. Luk.21,15.

11. Da richteten sie zu etliche Männer, die sprachen: Wir haben ihn gehört Lästerworte reden wider Mose und wider Gott. Matth.26,60–66.

12. Und sie bewegten das Volk und die Ältesten und die Schriftgelehrten und traten herzu und rissen ihn hin und führten ihn vor den Rat

13. und stellten falsche Zeugen dar, die sprachen: Dieser Mensch hört nicht auf zu reden Lästerworte *wider diese heilige Stätte und das Gesetz. *Jer.26,11.

14. Denn wir haben ihn hören sagen: Jesus von Nazareth wird diese Stätte zerstören und ändern die Sitten, die uns Mose gegeben hat.

15. Und sie sahen auf ihn alle, die im Rat saßen, und sahen sein Angesicht wie eines Engels Angesicht.

Das 7. Kapitel

Des ersten Märtyrers Stephanus Predigt, Entzückung und Tod.

1. Da sprach der Hohepriester: Ist dem also?

2. Er aber sprach: Liebe Brüder und Väter, höret zu. Der Gott der Herrlichkeit erschien unserm Vater Abraham, da er noch in Mesopotamien war, ehe er wohnte in Haran, 1.Mose 11,31; 15,7.

3. und sprach zu ihm: Gehe aus deinem Lande und von deiner Freundschaft und zieh in ein Land, das ich dir zeigen will. 1.Mose 12,1.

4. Da ging er aus der Chaldäer Lande und wohnte in Haran. Und von dort, da sein Vater gestorben war, brachte er ihn herüber in dies Land, darin ihr nun wohnet, 1.Mose 11,32; 12,5.

5. und gab ihm kein Erbteil darin, auch nicht einen Fuß breit, und verhieß ihm, er wollte es geben ihm zu besitzen und seinem Samen nach ihm, da er noch kein Kind hatte. 1.Mose 13,15.

6. Aber Gott sprach also: Dein Same wird ein Fremdling sein in einem fremden Lande, und sie werden ihn dienstbar machen und übel behandeln vierhundert Jahre; 1.Mose 15,13.14; 2.Mose 12,40.

7. und das Volk, dem sie dienen werden, will ich richten, sprach Gott; und darnach werden sie ausziehen und mir dienen an dieser Stätte.

8. Und *gab ihm den Bund der Beschneidung. Und er zeugte Isaak und beschnitt ihn am achten Tage, und Isaak den Jakob und Jakob die zwölf Erzväter. *1.Mose 17,10.

9. Und die Erzväter neideten Joseph und verkauften ihn nach Ägypten; aber Gott war mit ihm 1.Mose 37,28; 39,1.2.21.

10. und errettete ihn aus aller seiner Trübsal und gab ihm Gnade und Weisheit vor Pharao, dem König in Ägypten; der setzte ihn zum Fürsten über Ägypten und über sein ganzes Haus. 1.Mose 41,38–45.

11. Es kam aber eine teure Zeit über das ganze Land Ägypten und Kanaan und eine große Trübsal, und unsre Väter fanden nicht Nahrung.

12. Jakob aber hörte, daß in Ägypten Getreide wäre, und sandte unsre Väter aus aufs erstemal. 1.Mose 42,1.

13. Und zum andernmal ward Joseph erkannt von seinen Brüdern, und ward dem Pharao Josephs Geschlecht offenbar. 1.Mose 45,3.16.

14. Joseph aber sandte aus und ließ holen seinen Vater Jakob und seine ganze Freundschaft, fünfundsiebzig Seelen. 1.Mose 45,9–11.

15. Und Jakob zog hinab nach Ägypten und starb, er und unsre Väter. 1.Mose 46,1; 49,33.

16. Und sie sind herübergebracht nach Sichem und gelegt in das Grab, das Abraham gekauft hatte ums Geld von den Kindern Hemor zu Sichem. 1.Mose 23,16.17; 50,13; Jos.24,32.

17. Da nun sich die Zeit der Verheißung nahte, die Gott Abraham geschworen hatte, wuchs das Volk und mehrte sich in Ägypten, 2.Mose 1,7.

18. bis daß ein anderer König aufkam, der nichts wußte von Joseph.

19. Dieser trieb Hinterlist mit unserm

STEINIGUNG DES STEPHANUS Apostelgeschichte 7, 57–59

Geschlecht und behandelte unsre Väter übel und schaffte, daß man die jungen Kindlein aussetzen mußte, daß sie nicht lebendig blieben. 2. Mose 1,22.

20. Zu der Zeit ward Mose geboren, und war ein feines Kind vor Gott und ward drei Monate ernährt in seines Vaters Hause. 2. Mose 2,2; Hebr. 11,23.

21. Als er aber ausgesetzt ward, nahm ihn die Tochter Pharaos auf und zog ihn auf, ihr selbst zu einem Sohn. 2. Mose 2,10.

22. Und Mose ward gelehrt in aller Weisheit der Ägypter und war mächtig in Werken und Worten.

23. Da er aber vierzig Jahre alt ward, gedachte er zu sehen nach seinen Brüdern, den Kindern von Israel. 2. Mose 2,11.

24. Und er sah einen Unrecht leiden; da stand er bei und rächte den, dem Leid geschah, und erschlug den Ägypter.

25. Er meinte aber, seine Brüder sollten's verstehen, daß Gott durch seine Hand ihnen Heil gäbe; aber sie verstanden's nicht.

26. Und am andern Tage kam er zu ihnen, da sie miteinander haderten, und handelte mit ihnen, daß sie Frieden hätten, und sprach: Liebe Männer, ihr seid Brüder; warum tut einer dem andern Unrecht?

27. Der aber seinem Nächsten Unrecht tat, stieß ihn von sich und sprach: Wer hat dich über uns gesetzt zum Obersten und Richter?

28. Willst du mich auch töten, wie du gestern den Ägypter getötet hast?

29. Mose aber floh wegen dieser Rede und ward ein Fremdling im Lande Midian; daselbst zeugte er zwei Söhne. 2. Mose 2,15; 18,3.4.

30. Und über vierzig Jahre erschien ihm in der Wüste an dem Berge Sinai der Engel des Herrn in einer Feuerflamme im Busch. 2. Mose 3,2; 5. Mose 33,16.

31. Da es aber Mose sah, wunderte er sich des Gesichtes. Als er aber hinzuging zu schauen, geschah die Stimme des Herrn zu ihm:

32. Ich bin der Gott deiner Väter, der Gott Abrahams und der Gott Isaaks und der Gott Jakobs. Mose aber ward zitternd und wagte nicht anzuschauen. 2. Mose 3,6.

33. Aber der Herr sprach zu ihm: Zieh die

Schuhe aus von deinen Füßen; denn die Stätte, da du stehest, ist heilig Land!
34. Ich habe wohl gesehen das Leiden meines Volkes, das in Ägypten ist, und habe ihr Seufzen gehört und bin herabgekommen, sie zu erretten. Und nun komm her, ich will dich nach Ägypten senden.
35. Diesen Mose, welchen sie *verleugneten, da sie sprachen: Wer hat dich zum Obersten und Richter gesetzt? den sandte Gott zu einem Obersten und Erlöser durch die Hand des Engels, der ihm erschien im Busch. *2.Mose 2,14.
36. Dieser führte sie aus und tat Wunder und Zeichen in Ägypten, im Roten Meer und in der Wüste vierzig Jahre.
2.Mose 7,10; 14,21.
37. Dies ist der Mose, der zu den Kindern Israel gesagt hat: »Einen Propheten wird euch der Herr, euer Gott, erwecken aus euren Brüdern gleichwie mich; den sollt ihr hören.« 5.Mose 18,15.
38. Dieser ist's, der in der Gemeinde in der Wüste mit dem Engel war, der mit ihm redete auf dem Berge Sinai und mit unsern Vätern; dieser empfing lebendige Worte, uns zu geben; 2.Mose 19,3.
39. welchem nicht wollten gehorsam werden eure Väter, sondern stießen ihn von sich und wandten sich um mit ihren Herzen nach Ägypten
40. und sprachen zu Aaron: Mache uns Götter, die vor uns hin gehen; denn wir wissen nicht, was diesem Mose, der uns aus dem Lande Ägypten geführt hat, widerfahren ist. 2.Mose 32,1.
41. Und sie machten ein Kalb zu der Zeit und brachten dem Götzen Opfer und freuten sich der Werke ihrer Hände.
42. Aber Gott wandte sich und gab sie dahin, daß sie dienten des Himmels Heer; wie denn geschrieben steht *in dem Buch der Propheten: »Habt ihr vom Hause Israel die vierzig Jahre in der Wüste mir auch je Opfer und Vieh geopfert?
*Amos 5,25–27.
43. Und ihr nahmet die Hütte Molochs an und das Gestirn eures Gottes Remphan, die Bilder, die ihr gemacht hattet, sie anzubeten. Und ich will euch wegwerfen jenseit Babylon.«
44. Es hatten unsre Väter die Hütte des Zeugnisses in der Wüste, wie ihnen das verordnet hatte, der zu Mose redete, daß er sie machen sollte nach dem Vorbilde, das er gesehen hatte; 2.Mose 25,40.
45. welche unsre Väter auch annahmen und mit Josua in das Land brachten, das die Heiden innehatten, welche Gott ausstieß vor dem Angesicht unsrer Väter bis zur Zeit Davids. Jos.3,14; 18.1.
46. Der fand Gnade bei Gott und bat, daß er eine Wohnung finden möchte für den Gott Jakobs. 2.Sam. 7,2; Ps.132,5.
47. Salomo aber baute ihm ein Haus.
1.Kön. 6,1.
48. Aber der Allerhöchste wohnt nicht in Tempeln, die mit Händen gemacht sind, wie *der Prophet spricht: *Jes.66,1.2.
49. »Der Himmel ist mein Stuhl und die Erde meiner Füße Schemel; was wollt ihr mir denn für ein Haus bauen? spricht der Herr, oder welches ist die Stätte meiner Ruhe?
50. Hat nicht meine Hand das alles gemacht?«
51. Ihr *Halsstarrigen und †Unbeschnittenen an Herzen und Ohren, ihr widerstrebt allezeit dem heiligen Geist, wie eure Väter also auch ihr.
*2.Mose 32,9. †3.Mose 26,41.
52. Welchen Propheten haben eure Väter nicht verfolgt? Und sie haben getötet, die da zuvor verkündigten die Zukunft dieses Gerechten, dessen Verräter und Mörder ihr nun geworden seid.
2.Chron. 36,16; Matth. 23,31.
53. Ihr habt das Gesetz empfangen durch der Engel Geschäfte, und habt's nicht gehalten. 2.Mose 20; Gal.3,19; Hebr.2,2.
54. Da sie solches hörten, ging's ihnen durchs Herz, und bissen die Zähne zusammen über ihn. K.5,33.
55. Wie er aber voll heiligen Geistes war, sah er auf gen Himmel und sah die Herrlichkeit Gottes und Jesum stehen zur Rechten Gottes und sprach: Siehe, ich sehe den Himmel offen und *des Menschen Sohn zur Rechten Gottes stehen.
*Luk.22,69.
56. Sie schrieen aber laut und hielten ihre Ohren zu und stürmten einmütig auf ihn ein, stießen ihn zur Stadt hinaus und steinigten ihn.
57. Und die Zeugen legten ab ihre Kleider zu den Füßen eines Jünglings, der hieß Saulus, K.22,20.
58. und steinigten Stephanus, der anrief und sprach: *Herr Jesu, nimm meinen Geist auf! *Ps.31,6; Luk.23,46.
59. Er kniete aber nieder und schrie laut: *Herr, behalte ihnen diese Sünde nicht! Und als er das gesagt, entschlief er.
*Luk.23,34.

TAUFE DES KÄMMERERS Apostelgeschichte 8, 38

Das 8. Kapitel

Saulus verfolgt die Christen. Philippus predigt in Samaria. Simon der Zauberer. Bekehrung des Kämmerers aus Mohrenland.

1. Saulus *aber hatte Wohlgefallen an seinem Tode. Es erhob sich aber zu der Zeit eine große Verfolgung über die Gemeinde zu Jerusalem; und sie †zerstreuten sich alle in die Länder Judäa und Samarien, außer den Aposteln.
*K.7,57. †K.11,19.

2. Es bestatteten aber Stephanus gottesfürchtige Männer und hielten eine große Klage über ihn. Matth.14,12.

3. Saulus aber verstörte die Gemeinde, ging hin und her in die Häuser und zog hervor Männer und Weiber und überantwortete sie ins Gefängnis. K.9,1;22,4.

4. Die nun zerstreut waren, gingen um und predigten das Wort.

5. *Philippus aber kam hinab in eine Stadt in Samarien und predigte ihnen von Christo. *K.6,5.

6. Das Volk aber hörte einmütig und fleißig zu, was Philippus sagte, und sah die Zeichen, die er tat.

7. Denn die unsaubern Geister fuhren aus vielen Besessenen mit großen Geschrei; auch viele Gichtbrüchige und Lahme wurden gesund gemacht. Mark.16,17.

8. Und es ward eine große Freude in derselben Stadt. Joh.4,40–42.

9. Es war aber ein Mann mit Namen Simon, der zuvor in der Stadt Zauberei trieb und bezauberte das samaritische Volk und gab vor, es wäre etwas Großes.

10. Und sie sahen alle auf ihn, beide, klein und groß, und sprachen: Der ist die Kraft Gottes, die da groß ist.

11. Sie sahen aber darum auf ihn, daß er sie lange Zeit mit seiner Zauberei bezaubert hatte.

12. Da sie aber den Predigten des Philippus glaubten von dem Reich Gottes und von dem Namen Jesu Christi, ließen sich *taufen Männer und Weiber.
*Matth.28,19.

13. Da ward auch Simon gläubig und ließ sich taufen und hielt sich zu Philippus. Und als er sah die Zeichen und Taten, die da geschahen, verwunderte er sich.

14. Da aber die Apostel hörten zu Jerusalem, daß Samarien das Wort Gottes ange-

nommen hatte, sandten sie zu ihnen Petrus und Johannes,
15. welche, da sie hinabkamen, beteten
sie über sie, daß sie den heiligen Geist
empfingen.
16. (Denn er war noch auf keinen gefallen, sondern sie waren allein getauft auf
den Namen Christi Jesu.)
17. Da legten sie die Hände auf sie, und
sie empfingen den heiligen Geist.
18. Da aber Simon sah, daß der heilige
Geist gegeben ward, wenn die Apostel die
Hände auflegten, bot er ihnen Geld an
19. und sprach: Gebt mir auch die
Macht, daß, so ich jemand die Hände auf-
lege, derselbe den heiligen Geist empfange.
20. Petrus aber sprach zu ihm: Daß du
verdammt werdest mit deinem Gelde, darum daß du meinst, Gottes Gabe werde
durch Geld erlangt!
21. Du wirst weder Teil noch Anfall haben an diesem Wort; denn dein Herz ist
nicht rechtschaffen vor Gott.
22. Darum tue Buße für diese deine Bosheit und bitte Gott, ob dir vergeben werden möchte die Tücke deines Herzens.
23. Denn ich sehe, daß du bist voll bitterer Galle und verknüpft mit Ungerechtigkeit.
24. Da antwortete Simon und sprach:
Bittet ihr den Herrn für mich, daß der
keines über mich komme, davon ihr gesagt habt.
25. Sie aber, da sie bezeugt und geredet
hatten das Wort des Herrn, wandten sich
wieder um gen Jerusalem und predigten
das Evangelium vielen samaritischen
Flecken.
26. Aber der Engel des Herrn redete zu
Philippus und sprach: Stehe auf und gehe
gegen Mittag auf die Straße, die von Jerusalem geht hinab gen Gaza, die da wüst ist.
27. Und er stand auf und ging hin. Und
siehe, ein Mann aus Mohrenland, ein
Kämmerer und Gewaltiger der Königin
Kandaze im Mohrenland, welcher war
über ihre ganze Schatzkammer, der war
gekommen gen Jerusalem, anzubeten,
28. und zog wieder heim und saß auf
seinem Wagen und las den Propheten Je
saja.
29. Der Geist aber sprach zu Philippus:
Gehe hinzu und halte dich zu diesem Wagen!
30. Da lief Philippus hinzu und hörte,
daß er den Propheten Jesaja las, und
sprach: Verstehst du auch, was du liesest?
31. Er aber sprach: Wie kann ich, so
mich nicht jemand anleitet? Und ermahnte Philippus, daß er aufträte und setzte
sich zu ihm.
32. Der Inhalt aber der Schrift, die er las,
war dieser: *»Er ist wie ein Schaf zur
Schlachtung geführt; und still wie ein
Lamm vor seinem Scherer, also hat er
nicht aufgetan seinen Mund. *Jes. 53,7.8.
33. In seiner Niedrigkeit ist sein Gericht
aufgehoben. Wer wird aber seines Lebens
Länge ausreden? denn sein Leben ist von
der Erde weggenommen.«
34. Da antwortete der Kämmerer dem
Philippus und sprach: Ich bitte dich, von
wem redet der Prophet solches? von sich
selber oder von jemand anders?
35. Philippus aber tat seinen Mund auf
und fing von dieser Schrift an und predigte ihm das Evangelium von Jesu.
36. Und als sie zogen der Straße nach,
kamen sie an ein Wasser. Und der Kämmerer sprach: Siehe, da ist Wasser; was hindert's, daß ich mich taufen lasse?
37. Philippus aber sprach: Glaubest du
von ganzem Herzen, so mag's wohl sein.
Er antwortete und sprach: Ich glaube, daß
*Jesus Christus Gottes Sohn ist.
*Matth. 16,16; Mark. 16,16.
38. Und er hieß den Wagen halten, und
stiegen hinab in das Wasser beide, Philippus und der Kämmerer, und er taufte ihn.
39. Da sie aber heraufstiegen aus dem
Wasser, rückte *der Geist des Herrn Philippus hinweg, und der Kämmerer sah ihn
nicht mehr; er zog aber seine Straße fröhlich. *1. Kön. 18,12.
40. Philippus aber ward gefunden zu Asdod und wandelte umher und predigte allen Städten das Evangelium, bis daß er
kam gen *Cäsarea. *K. 21,8.9.

Das 9. Kapitel

Des Saulus Bekehrung und erste Erfahrungen in Damaskus und Jerusalem. Petrus macht den Äneas gesund und erweckt die Tabea vom Tode. (V. 1–22: vgl. K. 22,3–16; 26,9–18.)

1. Saulus aber schnaubte noch mit Drohen und Morden *wider die Jünger des
Herrn und ging zum Hohenpriester *K. 8,3.
2. und bat ihn um Briefe gen Damaskus
an die Schulen, auf daß, so er etliche dieses Weges fände, Männer und Weiber, er
sie gebunden führte gen Jerusalem.
3. Und da er auf dem Wege war und nahe
an Damaskus kam, umleuchtete ihn plötzlich ein Licht vom Himmel; 1. Kor. 15,8.
4. und er fiel auf die Erde und hörte eine
Stimme, die sprach zu ihm: Saul, Saul,
was verfolgst du mich?

BEKEHRUNG DES SAULUS Apostelgeschichte 9, 3–7

5. Er aber sprach: Herr, wer bist du? Der Herr sprach: Ich bin Jesus, den du verfolgst. *Es wird dir schwer werden, wider den Stachel zu †lecken.

*K.5,39. †auszuschlagen.

6. Und er sprach mit Zittern und Zagen: Herr, was willst du, daß ich tun soll? Der Herr sprach zu ihm: Stehe auf und gehe in die Stadt; da wird man dir sagen, was du tun sollst.

7. Die Männer aber, die seine Gefährten waren, standen und waren erstarrt; denn sie hörten die Stimme, und sahen niemand.

8. Saulus aber richtete sich auf von der Erde; und als er seine Augen auftat, sah er niemand. Sie nahmen ihn aber bei der Hand und führten ihn gen Damaskus;

9. und er war drei Tage nicht sehend und aß nicht und trank nicht.

10. Es war aber ein Jünger zu Damaskus mit Namen Ananias; zu dem sprach der Herr im Gesichte: Ananias! Und er sprach: Hier bin ich, Herr.

11. Der Herr sprach zu ihm: Stehe auf und gehe hin in die Gasse, die da heißt »die gerade«, und frage in dem Hause des Judas nach einem namens Saul von *Tarsus; denn siehe, er betet – *K.21,39.

12. und hat gesehen im Gesicht einen Mann mit Namen Ananias zu ihm hineinkommen und die Hand auf ihn legen, daß er wieder sehend werde.

13. Ananias aber antwortete: Herr, ich habe von vielen gehört von diesem Manne, wieviel Übles er deinen Heiligen getan hat zu Jerusalem;

14. und er hat allhier Macht von den Hohenpriestern, zu binden alle, die *deinen Namen anrufen. *1.Kor. 1,2.

15. Der Herr sprach zu ihm: Gehe hin; denn dieser ist mir ein auserwähltes Rüstzeug, daß er den Namen trage vor den *Heiden und vor den †Königen und vor den Kindern von Israel.

*Röm. 1,5. †K.25,13; 27,24.

16. Ich will ihm zeigen, wieviel er leiden muß um meines Namens willen.

V.23.29; 2.Kor. 11,23–28.

17. Und Ananias ging hin und kam in das Haus und legte die Hände auf ihn und sprach: Lieber Bruder Saul, der Herr hat mich gesandt (der dir erschienen ist auf dem Wege, da du her kamst), daß du wie-

der sehend und mit dem heiligen Geist
erfüllet werdest.
18. Und alsobald fiel es von seinen Augen
wie Schuppen, und er ward wieder sehend
19. und stand auf, ließ sich taufen und
nahm Speise zu sich und stärkte sich. Saulus aber war eine Zeitlang bei den Jüngern
zu Damaskus.
20. Und alsbald predigte er Christum in
den Schulen, daß derselbe Gottes Sohn
sei.
21. Sie entsetzten sich aber alle, die es
hörten, und sprachen: Ist das nicht, *der zu Jerusalem verstörte alle, die diesen Namen anrufen, und darum hergekommen, daß er sie gebunden führe zu den Hohenpriestern? *V.1.14; K.8,1; 26,10.
22. Saulus aber ward immer kräftiger
und trieb die Juden in die Enge, die zu Damaskus wohnten, und bewährte es, daß dieser ist der Christus.
K.18,28.
23. Und nach vielen Tagen hielten die
Juden einen Rat zusammen, daß sie ihn töteten.
24. Aber es ward Saulus kundgetan, daß
sie ihm nachstellten. Sie hüteten aber Tag und Nacht an den Toren, daß sie ihn töteten.
25. Da nahmen ihn die Jünger bei der
Nacht und taten ihn durch die Mauer und ließen ihn in einem Korbe hinab.
2.Kor. 11,32.33.
26. Da aber Saulus gen Jerusalem kam;
versuchte er, sich zu den Jüngern zu tun; und sie fürchteten sich alle vor ihm und glaubten nicht, daß er ein Jünger wäre.
Gal. 1,17–19.
27. Barnabas aber nahm ihn zu sich und
führte ihn zu den Aposteln und erzählte ihnen, wie er auf der Straße den Herrn gesehen und er mit ihm geredet und wie er zu Damaskus den Namen Jesu frei gepredigt hätte. V.20.
28. Und er war bei ihnen und ging aus
und ein zu Jerusalem und predigte den Namen des Herrn Jesu frei.
29. Er redete auch und befragte sich mit
den Griechen; aber sie stellen ihm nach, daß sie ihn töteten.
30. Da das die Brüder erfuhren, geleite-
ten sie ihn gen Cäsarea und schickten ihn *gen Tarsus. *K.11,25; Gal.1,21.
31. So hatte nun die Gemeinde Frieden
durch ganz Judäa und Galiläa und Samarien und baute sich und wandelte in der Furcht des Herrn und ward erfüllt mit Trost des heiligen Geistes.
32. Es geschah aber, da Petrus durchzog
allenthalben, daß er auch zu den Heiligen kam, die zu Lydda wohnten.
33. Daselbst fand er einen Mann mit Na-
men Äneas, acht Jahre lang auf dem Bette gelegen, der war gichtbrüchig.
34. Und Petrus sprach zu ihm: Äneas,
Jesus Christus macht dich gesund; stehe auf und bette dir selber! Und alsobald stand er auf.
35. Und es sahen ihn alle, die zu Lydda
und in Saron wohnten; die bekehrten sich zu dem Herrn.
36. Zu Joppe aber war eine Jüngerin mit
Namen Tabea (welches verdolmetscht heißt: Rehe), die war voll guter Werke und Almosen, die sie tat.
37. Es begab sich aber zu der Zeit, daß sie
krank ward und starb. Da wuschen sie dieselbe und legten sie auf den Söller.
38. Nun aber Lydda nahe bei Joppe ist, da
die Jünger hörten, daß Petrus daselbst war, sandten sie zwei Männer zu ihm und ermahnten ihn, daß er sich's nicht ließe verdrießen, zu ihnen zu kommen.
39. Petrus aber stand auf und kam mit
ihnen. Und als er hingekommen war, führten sie ihn hinauf auf den Söller, und traten um ihn alle Witwen, weinten und zeigten ihm die Röcke und Kleider, welche die Rehe machte, als sie noch bei ihnen war.
40. Und da Petrus sie alle hinausgetrie-
ben hatte, kniete er nieder, betete und wandte sich zu dem Leichnam und sprach: Tabea, *stehe auf! Und sie tat ihre Augen auf; und da sie Petrus sah, setzte sie sich wieder. *Mark.5,41.
41. Er aber gab ihr die Hand und richtete
sie auf und rief die *Heiligen und die Witwen und stellte sie lebendig dar.
*V.32.
42. Und es ward kund durch ganz Joppe,
und viele wurden gläubig an den Herrn.
43. Und es geschah, daß er lange Zeit zu
Joppe blieb bei einem Simon, der ein Gerber war. K.10,6.

Das 10. Kapitel

Kornelius und sein Haus von Petrus bekehrt und getauft.

1. Es war aber ein Mann zu Cäsarea, mit
Namen Kornelius, *ein Hauptmann von der Schar, die da heißt die italische,
*Matth. 8,5.
2. gottselig und gottesfürchtig samt sei-
nem ganzen Hause, und gab dem Volk viel Almosen und betete immer zu Gott.
3. Der sah in einem Gesicht offenbarlich

PETRUS, IN GEDANKEN VERSUNKEN Apostelgeschichte 10, 17–20

um die neunten Stunde am Tage einen
Engel Gottes zu sich eingehen, der sprach
zu ihm: Kornelius!
4. Er aber sah ihn an, erschrak und
sprach: Herr, was ist's? Er aber sprach zu
ihm: Deine Gebete und deine Almosen
sind hinaufgekommen ins Gedächtnis vor
Gott.
5. Und nun sende Männer gen Joppe und
laß fordern Simon, mit dem Zunamen Petrus,
6. welcher ist zur Herberge bei *einem
Gerber Simon, des Haus am Meer liegt;
der wird dir sagen, was du tun sollst.
*K. 9,43.
7. Und da der Engel, der mit Kornelius
redete, hinweggegangen war, rief er zwei
seiner Hausknechte und einen gottesfürchtigen Kriegsknecht von denen, die
ihm aufwarteten,
8. und erzählte es ihnen alles und sandte
sie gen Joppe.
9. Des andern Tages, da diese auf dem
Wege waren und nahe zur Stadt kamen,
stieg Petrus hinauf auf den Söller, zu beten, um die sechste Stunde.
10. Und als er hungrig ward, wollte er
essen. Da sie ihm aber zubereiteten, ward
er entzückt
11. und sah den Himmel aufgetan und
herniederfahren zu ihm ein Gefäß wie ein
großes leinenes Tuch, an vier Zipfeln gebunden, und es ward niedergelassen auf
die Erde. K. 11,5–17.
12. Darin waren allerlei vierfüßige Tiere
der Erde und wilde Tiere und Gewürm und
Vögel des Himmels.
13. Und es geschah eine Stimme zu ihm:
Stehe auf, Petrus, schlachte und iß!
14. Petrus aber sprach: O nein, Herr;
denn ich habe noch nie etwas Gemeines
oder Unreines gegessen.
Hesek. 4,14; 3. Mose 11.
15. Und die Stimme sprach zum andernmal zu ihm: Was Gott gereinigt hat, das
mache du nicht gemein. Matth. 15,11.
16. Und es geschah zu drei Malen; und
das Gefäß ward wieder aufgenommen gen
Himmel.
17. Als aber Petrus sich in sich selbst
bekümmerte, was das Gesicht wäre, das er
gesehen hatte, siehe, da fragten die Männer, von Kornelius gesandt, nach dem
Hause Simons und standen an der Tür,

18. riefen und forschten, ob Simon, mit
dem Zunamen Petrus, allda zur Herberge
wäre.
19. Indem aber Petrus nachsann über
das Gesicht, sprach der Geist zu ihm: Siehe, drei Männer suchen dich;
20. aber stehe auf, steig hinab und zieh
mit ihnen und zweifle nicht; denn ich habe sie gesandt.
21. Da stieg Petrus hinab zu den Männern, die von Kornelius zu ihm gesandt
waren, und sprach: Siehe, ich bin's, den
ihr suchet; was ist die Sache, darum ihr
hier seid?
22. Sie aber sprachen: Kornelius, der
Hauptmann, ein frommer und gottesfürchtiger Mann und gutes Gerüchts bei
dem ganzen Volk der Juden, hat Befehl
empfangen von einem heiligen Engel, daß
er dich sollte fordern lassen in sein Haus
und Worte von dir hören.
23. Da rief er sie hinein und herbergte
sie. Des andern Tages zog Petrus aus mit
ihnen, und etliche Brüder von Joppe gingen mit ihm.
24. Und des andern Tages kamen sie gen
Cäsarea. Kornelius aber wartete auf sie
und hatte zusammengerufen seine Verwandten und Freunde.
25. Und als Petrus hineinkam, ging ihm
Kornelius entgegen und fiel zu seinen Füßen und betete ihn an.
26. Petrus aber richtete ihn auf und
sprach: Stehe auf, ich bin auch ein
Mensch. K. 14,15; Offenb. 19,10.
27. Und als er sich mit ihm besprochen
hatte, ging er hinein und fand ihrer viele,
die zusammengekommen waren.
28. Und er sprach zu ihnen: Ihr wisset,
wie es ein unerlaubt Ding ist einem jüdischen Mann, sich zu tun oder zu kommen
zu einem Fremdling; aber Gott hat mir
gezeigt, keinen Menschen gemein oder
unrein zu heißen.
29. Darum habe ich mich nicht geweigert zu kommen, als ich ward hergefordert. So frage ich euch nun, warum ihr
mich habt lassen fordern?
30. Kornelius sprach: Ich habe vier Tage
gefastet bis an diese Stunde, und um die
neunte Stunde betete ich in meinem Hause. Und siehe, da stand ein Mann vor mir in
einem hellen Kleid
31. und sprach: Kornelius, dein Gebet ist
erhört, und deiner Almosen ist gedacht
worden vor Gott.
32. So sende nun gen Joppe und laß herrufen einen Simon, mit dem Zunamen
Petrus, welcher ist zur Herberge in dem
Hause des Gerbers Simon an dem Meer;
der wird, wenn er kommt, mit dir reden.
33. Da sandte ich von Stund an zu dir;
und du hast wohl getan, daß du gekommen bist. Nun sind wir alle hier gegenwärtig vor Gott, zu hören alles, was dir von
Gott befohlen ist.
34. Petrus aber tat seinen Mund auf und
sprach: Nun erfahre ich mit der Wahrheit,
daß Gott die Person nicht ansieht;
1. Sam. 16,7; Röm. 2,11.
35. sondern in allerlei Volk, wer ihn
fürchtet und recht tut, der ist ihm angenehm. Joh. 10,16.
36. Ihr wisset wohl von der Predigt, die
Gott zu den Kindern Israel gesandt hat,
und daß er hat den Frieden verkündigen
lassen durch Jesum Christum (*welcher
ist ein Herr über alles), *Matth. 28,18.
37. die durchs ganze jüdische Land geschehen ist und angegangen in Galiläa
nach der Taufe, die Johannes predigte:
Matth. 4,12–17.
38. wie Gott diesen Jesus von Nazareth
*gesalbt hat mit dem heiligen Geist und
Kraft; der umhergezogen ist und hat
wohlgetan und gesund gemacht alle, die
vom Teufel überwältigt waren; denn Gott
war mit ihm. *Jes. 61,1; Matth. 3,16.
39. Und wir sind Zeugen alles des, das er
getan hat im jüdischen Lande und zu Jerusalem. Den haben sie getötet und an ein
Holz gehängt.
40. Den hat Gott auferweckt am dritten
Tage und ihn lassen offenbar werden,
1. Kor. 15,4–7.
41. nicht allem Volke, sondern *uns, den
vorerwählten Zeugen von Gott, die wir mit
ihm gegessen und getrunken haben,
nachdem er auferstanden war von den Toten. *Joh. 14,22; 15,27.
42. Und er hat uns geboten, zu predigen
dem Volk und zu zeugen, daß er ist verordnet von Gott *zum Richter der Lebendigen und der Toten.
*K. 17,31; Röm. 14,10.
43. Von diesem zeugen *alle Propheten,
daß durch seinen Namen alle, die an ihn
glauben, Vergebung der Sünden empfangen sollen.
*Jes. 53,5.6; Jer. 31,34; Hesek. 34,16; Dan. 9,24.
44. Da Petrus noch diese Worte redete,
fiel der heilige Geist auf alle, die dem Wort
zuhörten.
45. Und die Gläubigen aus den Juden, die
mit Petrus gekommen waren, entsetzten
sich, daß auch auf die Heiden die Gabe des
heiligen Geistes ausgegossen ward;
46. denn sie hörten, daß sie mit *Zungen

redeten und Gott hoch priesen. Da antwortete Petrus: *K.2,4; Mark. 16,17.
47. Mag auch jemand das Wasser wehren, daß diese nicht getauft werden, die den heiligen Geist empfangen haben gleichwie auch wir?
48. Und befahl, sie zu taufen in dem Namen des Herrn. Da *baten sie ihn, daß er etliche Tage dabliebe. *Joh. 4,40.

Das 11. Kapitel

Petrus rechtfertigt seinen Umgang mit Heiden. Ausbreitung des Evangeliums nach Antiochien. Christenname. Fürsorge für die Christen in Judäa wegen einer Teuerung.

1. Es kam aber vor die Apostel und Brüder, die in dem jüdischen Lande waren, daß auch die Heiden hätten Gottes Wort angenommen.
2. Und da Petrus hinaufkam gen Jerusalem, zankten mit ihm, *die aus den Juden waren, *K. 10,45.
3. und sprachen: Du bist eingegangen zu den Männern, die unbeschnitten sind, und hast mit ihnen gegessen. Gal. 2,12.
4. Petrus aber hob an und erzählte es ihnen nacheinander her und sprach:
5. Ich war in der Stadt Joppe im Gebete und war entzückt und sah ein Gesicht, nämlich ein Gefäß herniederfahren, wie ein großes leinenes Tuch mit vier Zipfeln, und niedergelassen vom Himmel, das kam bis zu mir. K. 10,9–48.
6. Darein sah ich und ward gewahr und sah vierfüßige Tiere der Erde und wilde Tiere und Gewürm und Vögel des Himmels.
7. Ich hörte aber eine Stimme, die sprach zu mir: Stehe auf, Petrus, schlachte und iß!
8. Ich aber sprach: O nein, Herr; denn es ist nie etwas Gemeines oder Unreines in meinen Mund gegangen.
9. Aber die Stimme antwortete mir zum andernmal vom Himmel: Was Gott gereinigt hat, das mache du nicht gemein.
10. Das geschah aber dreimal; und alles ward wieder hinauf gen Himmel gezogen.
11. Und siehe, von Stund an standen drei Männer vor dem Hause, darin ich war, gesandt von Cäsarea zu mir.
12. Der Geist aber sprach zu mir, ich sollte mit ihnen gehen und nicht zweifeln. Es kamen aber mit mir diese sechs Brüder, und wir gingen in des Mannes Haus.
13. Und er verkündigte uns, wie er gesehen hätte einen Engel in seinem Hause stehen, der zu ihm gesprochen hätte: Sende Männer gen Joppe und laß fordern den Simon, mit dem Zunamen Petrus;
14. der wird dir Worte sagen, dadurch du selig werdest und dein ganzes Haus.
15. Indem aber ich anfing zu reden, fiel der heilige Geist auf sie gleichwie auf uns am ersten Anfang.
16. Da dachte ich an das Wort des Herrn, als er sagte: »Johannes hat mit Wasser getauft; ihr aber sollt mit dem heiligen Geist getauft werden.« K. 1,5.
17. So nun Gott ihnen gleiche Gabe gegeben hat wie auch uns, die da glauben an den Herrn Jesus Christus: wer war ich, daß ich konnte Gott wehren?
18. Da sie das hörten, schwiegen sie still und lobten Gott und sprachen: So hat Gott auch den Heiden Buße gegeben zum Leben!
19. Die aber *zerstreut waren in der Trübsal, so sich über Stephanus erhob, gingen umher bis gen Phönizien und Zypern und Antiochien und redeten das Wort zu niemand denn allein zu den Juden. *K. 8,1–4.
20. Es waren aber etliche unter ihnen, Männer von Zypern und Kyrene, die kamen gen Antiochien und redeten auch zu den Griechen und predigten das Evangelium vom Herrn Jesus.
21. Und die Hand des Herrn war mit ihnen, und eine große Zahl ward gläubig und bekehrte sich zu dem Herrn. K. 2,47.
22. Es kam aber diese Rede von ihnen vor die Ohren der Gemeinde zu Jerusalem; und sie sandten *Barnabas, daß er hinginge bis gen Antiochien. *K. 4,36.
23. Dieser, da er hingekommen war und sah die Gnade Gottes, ward er froh und ermahnte sie alle, daß sie mit festem Herzen an dem Herrn bleiben wollten. K. 13,43.
24. Denn er war ein frommer Mann, *voll heiligen Geistes und Glaubens. Und †es ward ein großes Volk dem Herrn zugetan. *K. 6,5. †K. 5,14.
25. Barnabas aber zog aus gen Tarsus, *Saulus wieder zu suchen; *K. 9,30.
26. und da er ihn fand, führte er ihn gen *Antiochien. Und sie blieben bei der Gemeinde ein ganzes Jahr und lehrten viel Volks; daher die Jünger am ersten zu Antiochien Christen genannt wurden. *Gal. 2,11.
27. In diesen Tagen kamen *Propheten von Jerusalem gen Antiochien. *K. 13,1; 15,32.
28. Und einer unter ihnen mit Namen *Agabus stand auf und deutete durch den Geist eine große Teuerung, die da kom-

men sollte über den ganzen Kreis der Erde; welche geschah unter dem Kaiser Klaudius. *K.21,10.
29. Aber unter den Jüngern *beschloß ein jeglicher, nach dem er vermochte, zu senden eine Handreichung den Brüdern, die in Judäa wohnten; *Gal.2,10.
30. wie sie denn auch taten, und schickten's zu den Ältesten *durch die Hand des Barnabas und Saulus. *K.12,25.

Das 12. Kapitel

Des Jakobus Tod. Des Petrus Befreiung.
Des Herodes Untergang.

1. Um diese Zeit *legte der König Herodes die Hände an etliche von der Gemeinde, sie zu peinigen. *K.4,3.
2. Er tötete aber Jakobus, den Bruder des Johannes, mit dem Schwert.
3. Und da er sah, daß es den Juden gefiel, fuhr er fort und fing Petrus auch. Es waren aber eben die Tage der süßen Brote.
4. Da er ihn nun griff, legte er ihn ins Gefängnis und überantwortete ihn vier Rotten, je von vier Kriegsknechten, ihn zu bewahren, und gedachte, ihn nach Ostern dem Volk vorzustellen.
5. Und Petrus ward zwar im Gefängnis gehalten; aber die Gemeinde betete ohne Aufhören für ihn zu Gott.
6. Und da ihn Herodes wollte vorstellen, in derselben Nacht schlief Petrus zwischen zwei Kriegsknechten, gebunden mit zwei Ketten, und die Hüter vor der Tür hüteten das Gefängnis.
7. Und siehe, der Engel des Herrn kam daher, und ein Licht schien in dem Gemach; und er schlug Petrus an die Seite und weckte ihn und sprach: Stehe behende auf! Und die Ketten fielen ihm von seinen Händen. K.5,19.
8. Und der Engel sprach zu ihm: Gürte dich und tu deine Schuhe an! Und er tat also. Und er sprach zu ihm: Wirf deinen Mantel um dich und folge mir nach!
9. Und er ging hinaus und folgte ihm und wußte nicht, daß ihm wahrhaftig solches geschähe durch den Engel; sondern es deuchte ihn, er sähe ein Gesicht.
10. Sie gingen aber durch die erste und andere Hut und kamen zu der eisernen Tür, welche zur Stadt führte; die tat sich ihnen von selber auf. Und sie traten hinaus und gingen hin eine Gasse lang; und alsobald schied der Engel von ihm.
11. Und da Petrus zu sich selber kam, sprach er: Nun weiß ich wahrhaftig, daß der Herr seinen Engel gesandt hat und mich errettet aus der Hand des Herodes und von allem Warten des jüdischen Volks.
12. Und als er sich besann, kam er vor das Haus Marias, der Mutter des *Johannes, der mit dem Zunamen Markus hieß, da viele beieinander waren und beteten. *K.15,37.
13. Als aber Petrus an die Tür des Tores klopfte, trat hervor eine Magd, zu horchen, mit Namen Rhode.
14. Und als sie des Petrus Stimme erkannte, tat sie das Tor nicht auf vor Freude, lief aber hinein und verkündigte es ihnen, Petrus stünde vor dem Tor.
15. Sie aber sprachen zu ihr: Du bist unsinnig. Sie aber bestand darauf, es wäre also. Sie sprachen: Es *ist sein Engel. *Luk.24,37.
16. Petrus aber klopfte weiter an. Da sie aber auftaten, sahen sie ihn und entsetzten sich.
17. Er aber winkte ihnen mit der Hand, zu schweigen, und erzählte ihnen, wie ihn der Herr hatte aus dem Gefängnis geführt, und sprach: Verkündiget dies Jakobus und den Brüdern. Und ging hinaus und zog an einen andern Ort.
18. Da es aber Tag ward, war eine nicht kleine Bekümmernis unter den Kriegsknechten, wie es doch mit Petrus gegangen wäre. K.5,21.22.
19. Herodes aber, da er ihn forderte und nicht fand, ließ er die Hüter verhören und hieß sie wegführen; und zog von Judäa hinab gen Cäsarea und hielt allda sein Wesen.
20. Denn er gedachte, wider die von Tyrus und Sidon zu kriegen. Sie aber kamen einmütig zu ihm und überredeten des Königs Kämmerer, Blastus, und baten um Frieden, darum *daß ihre Lande sich nähren mußten von des Königs Land. *1.Kön. 5,25; Hesek. 27,17.
21. Aber auf einen bestimmten Tag tat Herodes das königliche Kleid an, setzte sich auf den Richtstuhl und tat eine Rede zu ihnen.
22. Das Volk aber rief zu: Das ist Gottes Stimme und nicht eines Menschen! Hesek. 28,2.
23. Alsbald schlug ihn der Engel des Herrn, darum *daß er die Ehre nicht Gott gab; und ward gefressen von den Würmern und gab den Geist auf. *Dan.5,20.
24. Das Wort Gottes aber wuchs und mehrte sich. K.6,7; Jes.55,11.
25. Barnabas aber und Saulus kehrten wieder von Jerusalem, nachdem *sie überantwortet hatten die Handreichung, und

nahmen mit sich Johannes, mit dem Zunamen †Markus. *K.11,29. †V.12; K.15,37.

Das 13. Kapitel

Erste Reise des Paulus zu den Heiden. Er predigt das Evangelium auf Zypern und zu Antiochien in Pisidien mit verschiedenem Erfolg.

1. Es waren aber zu Antiochien in der Gemeinde *Propheten und Lehrer, nämlich Barnabas und Simon, genannt Niger, und Luzius von Kyrene und Manahen, der mit Herodes dem Vierfürsten erzogen war, und Saulus. *K.11,27.
2. Da sie aber dem Herrn dienten und fasteten, sprach der heilige Geist: Sondert mir aus Barnabas und Saulus zu dem Werk, *dazu ich sie berufen habe. *K.9,15.
3. Da *fasteten sie und beteten und †legten die Hände auf sie und ließen sie gehen. *K.14,23. †K.6,6.
4. Diese nun, wie sie ausgesandt waren vom heiligen Geist, kamen sie gen Seleucia, und von da schifften sie gen Zypern.
5. Und da sie in die Stadt Salamis kamen, verkündigten sie das Wort Gottes in der Juden Schulen; sie hatten aber auch *Johannes zum Diener. *K.12,12.25.
6. Und da sie die Insel durchzogen bis zu der Stadt Paphos, fanden sie einen Zauberer und falschen Propheten, einen Juden, der hieß Bar-Jesus;
7. der war bei Sergius Paulus, dem Landvogt, einem verständigen Mann. Der rief zu sich Barnabas und Saulus und begehrte, das Wort Gottes zu hören.
8. Da widerstand ihnen der Zauberer Elymas (denn also wird sein Name gedeutet) und trachtete, daß er den Landvogt vom Glauben wendete. 2.Tim.3,8.
9. Saulus aber, der auch Paulus heißt, voll heiligen Geistes, sah ihn an
10. und sprach: O du Kind des Teufels, voll aller List und aller Schalkheit, und Feind aller Gerechtigkeit, du hörst nicht auf, abzuwenden die rechten Wege des Herrn;
11. und nun siehe, die Hand des Herrn kommt über dich, und sollst blind sein und die Sonne eine Zeitlang nicht sehen! Und von Stund an fiel auf ihn Dunkelheit und Finsternis, und er ging umher und suchte Handleiter.
12. Als der Landvogt die Geschichte sah, glaubte er und verwunderte sich der Lehre des Herrn.
13. Da aber Paulus und die um ihn waren, von Paphos schifften, kamen sie gen Perge im Lande Pamphylien. Johannes aber wich von ihnen *und zog wieder gen Jerusalem. *K.15,38.
14. Sie aber zogen weiter von Perge und kamen gen Antiochien im Lande Pisidien und gingen in die Schule am Sabbattage und setzten sich.
15. Nach der *Lektion aber †des Gesetzes und der Propheten sandten die Obersten der Schule zu ihnen und ließen ihnen sagen: Liebe Brüder, wollt ihr etwas reden und das Volk ermahnen, so saget an. *Verlesung eines Abschnitts. †K.15,21.
16. Da stand Paulus auf und winkte mit der Hand und sprach: Ihr Männer von Israel und die ihr Gott fürchtet, höret zu!
17. Der Gott dieses Volks hat erwählt unsre Väter und *erhöht das Volk, da sie Fremdlinge waren im Lande Ägypten, und †mit einem hohen Arm führte er sie aus demselben. *Jes.1,2. †2.Mose 12,37.41; 14,8.
18. Und vierzig Jahre lang duldete er ihre Weise in der Wüste, 2.Mose 16,35; 4.Mose 14,34; 5.Mose 1,31.
19. und vertilgte *sieben Völker in dem Lande Kanaan und †teilte unter sie nach dem Los deren Lande. *5.Mose 7,1. †Joh.14,2.
20. Darnach gab er ihnen *Richter vierhundertundfünfzig Jahre lang bis auf den †Propheten Samuel. *Richt. 2,16. †1.Sam. 3,20.
21. Und von da an baten sie um einen König; und Gott gab ihnen Saul, den Sohn des Kis, einen Mann aus dem Geschlechte Benjamin, vierzig Jahre lang. 1.Sam. 8,5; 10,21.24.
22. Und da er denselben wegtat, richtete er auf über sie David zum König, von welchem er zeugte: »Ich habe gefunden David, den Sohn Jesse's, einen Mann nach meinem Herzen, der soll tun allen meinen Willen.« 1.Sam.16,12.13; 13,14.
23. Aus dieses Samen hat Gott, wie er *verheißen hat, kommen lassen Jesum, dem Volk Israel zum Heiland; *2.Sam. 7,12; Jes.11,1.
24. wie denn Johannes zuvor dem Volk Israel predigte die Taufe der Buße, ehe denn er anfing. Luk.3,3.
25. Da aber Johannes seinen Lauf erfüllte, sprach er: »Ich bin nicht der, für den ihr mich haltet; aber siehe, er kommt nach mir, des ich nicht wert bin, daß ich ihm die Schuhe seiner Füße auflöse.« Joh.1,20.27; Luk.3,16; Mark.1,7.
26. Ihr Männer, liebe Brüder, ihr Kinder des Geschlechtes Abraham und die unter euch Gott fürchten, euch ist das Wort dieses Heils gesandt. V.46.
27. Denn die zu Jerusalem wohnen und

ihre Obersten, *dieweil sie diesen nicht
kannten noch die Stimmen der Propheten
(welche an allen Sabbaten gelesen werden), haben sie dieselben mit ihrem Urteilen erfüllt. *Joh. 16,3.
28. Und wiewohl sie keine Ursache des
Todes an ihm fanden, *baten sie doch Pilatus, ihn zu töten. *Matth. 27,22.23.
29. Und als sie alles vollendet hatten, was
von ihm geschrieben ist, nahmen sie ihn
von dem Holz und legten ihn in ein Grab.
Matth. 27,59.60.
30. Aber Gott hat ihn auferweckt von den
Toten; K.3,15.
31. und er ist erschienen viele Tage denen, die mit ihm hinauf von Galiläa gen
Jerusalem gegangen waren, welche sind
seine Zeugen an das Volk. K.1,3.
32. Und wir verkündigen euch die Verheißung, die zu unsern Vätern geschehen
ist, V.23.
33. daß sie Gott uns, ihren Kindern, erfüllt hat in dem, daß er Jesum auferweckte; wie denn *im zweiten Psalm geschrieben steht: »Du bist mein Sohn, heute habe
ich dich gezeuget.« *Ps. 2,7.
34. Daß er ihn aber hat von den Toten
auferweckt, daß er hinfort nicht soll verwesen, spricht er also: *»Ich will euch die
Gnade, David verheißen, treulich halten.«
*Jes. 55,3.
35. Darum spricht er auch an einem andern Ort: »Du wirst es nicht zugeben, daß
dein Heiliger die Verwesung sehe.«
Ps. 16,10.
36. Denn David, da er zu seiner Zeit gedient hatte dem Willen Gottes, ist entschlafen und zu seinen Vätern getan und
hat die Verwesung gesehen.
K.2,29.
37. Den aber Gott auferweckt hat, der hat
die Verwesung nicht gesehen.
38. So sei es nun euch kund, liebe Brüder, daß euch verkündigt wird *Vergebung der Sünden durch diesen und von
dem allem, wovon ihr †nicht konntet im
Gesetz Mose's gerecht werden.
*K. 10,43. †4. Mose 15,30.
39. Wer aber an diesen glaubt, der ist
gerecht. Röm. 10,4.
40. Sehet nun zu, daß nicht über euch
komme, was in *den Propheten gesagt ist:
*Hab. 1,5.
41. »Sehet, ihr Verächter, und verwundert euch und werdet zunichte! denn ich
tue ein Werk zu euren Zeiten, welches ihr
nicht glauben werdet, so es euch jemand
erzählen wird.«
42. Da aber die Juden aus der Schule
gingen, baten die Heiden, daß sie am
nächsten Sabbat ihnen die Worte sagten.
43. Und als die Gemeinde der Schule
voneinander ging, folgten Paulus und Barnabas nach viele Juden und gottesfürchtige Judengenossen. Sie aber sagten ihnen
und vermahnten sie, daß sie *bleiben sollten in der Gnade Gottes. *K. 11,23.
44. Am folgenden Sabbat aber kam zusammen fast die ganze Stadt, das Wort
Gottes zu hören.
45. Da aber die Juden das Volk sahen,
wurden sie voll Neides und widersprachen
dem, was von Paulus gesagt ward, widersprachen und lästerten. V. 50; K. 14,2.
46. Paulus aber und Barnabas sprachen
frei öffentlich: Euch mußte *zuerst das
Wort Gottes gesagt werden; nun ihr es
aber von euch stoßet und †achtet euch
selbst nicht wert des ewigen Lebens, siehe,
so wenden wir uns zu den Heiden.
*K. 3,26; Matth. 10,6. †Luk. 7,30.
47. Denn also hat uns der Herr geboten:
*»Ich habe dich den Heiden zum Licht
gesetzt, daß du das Heil seist bis an das
Ende der Erde.« *Jes. 49,6.
48. Da es aber die Heiden hörten, wurden
sie froh und priesen das Wort des Herrn
und wurden gläubig, *wie viele ihrer zum
ewigen Leben verordnet waren. *Röm. 8,29.
49. Und das Wort des Herrn ward ausgebreitet durch die ganze Gegend.
50. Aber die Juden bewegten die andäch-
tigen und ehrbaren Weiber und der Stadt
Oberste und erweckten eine Verfolgung
über Paulus und Barnabas und stießen sie
zu ihren Grenzen hinaus.
51. Sie aber *schüttelten den Staub von
ihren Füßen über sie und kamen gen Ikonion. *K. 18,6; Matth. 10,14.
52. Die Jünger aber wurden voll Freude
und heiligen Geistes.

Das 14. Kapitel

Wirksamkeit und Erfahrungen des Paulus zu Ikonion und Lystra; Rückkehr nach Antiochien.

1. Es geschah aber zu Ikonion, daß sie
zusammenkamen und predigten in der Juden Schule, also daß eine große Menge
der Juden und der Griechen gläubig ward.
2. Die ungläubigen Juden aber erweckten und entrüsteten die Seelen der Heiden
wider die Brüder. K. 13,45.
3. So hatten sie nun ihr Wesen daselbst
eine lange Zeit und lehrten frei im Herrn,
welcher bezeugte das Wort seiner Gnade
und ließ *Zeichen und Wunder geschehen
durch ihre Hände. *K. 19,11; Hebr. 2,4.

PAULUS UND BARNABAS Apostelgeschichte 14, 11–13

4. Die Menge aber der Stadt spaltete sich; etliche hielten's mit den Juden und etliche mit den Aposteln.
5. Da sich aber ein Sturm erhob der Heiden und der Juden und ihrer Obersten, sie zu schmähen und zu steinigen,
V. 19; 2. Tim. 3,11.
6. wurden sie des inne und entflohen in die Städte des Landes Lykaonien, gen Lystra und Derbe, und in die Gegend umher
7. und predigten daselbst das Evangelium. K. 11,19.20.
8. Und es war ein Mann zu Lystra, der mußte sitzen; denn er hatte schwache Füße und war lahm von Mutterleibe, der noch nie gewandelt hatte. K. 3,2.
9. Der hörte Paulus reden. Und als dieser ihn ansah und merkte, daß er *glaubte, ihm möchte geholfen werden, *Matth. 9,28.
10. sprach er mit lauter Stimme: Stehe aufrecht auf deine Füße! Und er sprang auf und wandelte.
11. Da aber das Volk sah, was Paulus getan hatte, hoben sie ihre Stimme auf und sprachen auf lykaonisch: Die *Götter sind den Menschen gleich geworden und zu uns herniedergekommen. *K. 28,6.
12. Und nannten Barnabas Jupiter und Paulus Merkurius, dieweil er das Wort führte.
13. Der Priester aber Jupiters aus dem Tempel vor der Stadt brachte Ochsen und Kränze vor das Tor und wollte opfern samt dem Volk.
14. Da das die Apostel Barnabas und Paulus hörten, zerrissen sie ihre Kleider und sprangen unter das Volk, schrieen
15. und sprachen: Ihr Männer, was macht ihr da? *Wir sind auch sterbliche Menschen gleichwie ihr und predigen euch das Evangelium, daß ihr euch bekehren sollt von diesen falschen zu dem lebendigen Gott, welcher gemacht hat Himmel und Erde und das Meer und alles, was darinnen ist; *K. 10,26.
16. der in vergangenen Zeiten hat lassen alle Heiden wandeln ihre eigenen Wege;
K. 17,30.
17. und doch hat er sich selbst nicht unbezeugt gelassen, hat uns viel Gutes getan und vom Himmel Regen und fruchtbare Zeiten gegeben, unsre Herzen erfüllt mit Speise und Freude. Ps. 147,8; Jer. 5,24.
18. Und da sie das sagten, stillten sie

kaum das Volk, daß sie ihnen nicht opferten.
19. Es kamen aber dahin Juden von Antiochien und Ikonion und überredeten das
Volk und *steinigten Paulus und schleiften ihn zur Stadt hinaus, meinten, es wäre
gestorben. *2. Kor. 11,25; 2. Tim. 3,11.
20. Da ihn aber die Jünger umringten,
stand er auf und ging in die Stadt. Und den
andern Tag ging er aus mit Barnabas gen
Derbe;
21. und sie predigten der Stadt das Evangelium und unterwiesen ihrer viele und
zogen wieder gen Lystra und Ikonion und
Antiochien,
22. stärkten die Seelen der Jünger und
ermahnten sie, daß sie im Glauben blieben, und daß wir durch viel Trübsale müssen in das Reich Gottes gehen.
K. 11,23; 1. Thess. 3,3.
23. Und sie ordneten ihnen hin und her
Älteste in den Gemeinden, beteten und
fasteten und befahlen sie dem Herrn, an
den sie gläubig geworden waren. K. 13,3.
24. Und zogen durch Pisidien und kamen
nach Pamphylien
25. und redeten das Wort zu Perge und
zogen hinab gen Attalien.
26. Und von da schifften sie gen Antiochien, woher sie verordnet waren durch
die Gnade Gottes zu dem Werk, das sie
hatten ausgerichtet. K. 13,1.2.
27. Da sie aber hinkamen, versammelten
sie die Gemeinde und verkündigten, wieviel Gott mit ihnen getan hatte und wie er
den Heiden hätte *die Tür des Glaubens
aufgetan. *1. Kor. 16,9.
28. Sie hatten aber ihr Wesen allda eine
nicht kleine Zeit bei den Jüngern.

Das 15. Kapitel

Versammlung der Apostel und Beschluß, den gläubigen Heiden das Joch des Gesetzes nicht aufzulegen. Zweite Missionsreise des Paulus.

1. Und etliche kamen herab von Judäa
und lehrten die Brüder: Wo ihr euch nicht
beschneiden lasset nach der Weise Mose's,
so könnt ihr nicht selig werden.
Gal. 5,2.
2. Da sich nun ein Aufruhr erhob und
Paulus und Barnabas einen nicht geringen
Streit mit ihnen hatten, ordneten sie, daß
*Paulus und Barnabas und etliche andere
aus ihnen hinaufzögen gen Jerusalem zu
den Aposteln und Ältesten um dieser Frage willen. *K. 11,30; Gal. 2,1.
3. Und sie wurden von der Gemeinde geleitet und zogen durch Phönizien und Samarien und erzählten die Bekehrung der
Heiden und machten große Freude allen
Brüdern.
4. Da sie aber hinkamen gen Jerusalem,
wurden sie empfangen von der Gemeinde
und von den Aposteln und von den Ältesten. Und sie verkündigten, wieviel Gott
mit ihnen getan hatte.
K. 14,27.
5. Da traten auf etliche von der Pharisäer
Sekte, die gläubig geworden waren, und
sprachen: Man muß sie beschneiden und
ihnen gebieten, zu halten das Gesetz Mose's.
6. Aber die Apostel und die Ältesten kamen zusammen, über diese Rede sich zu
beraten.
7. Da man sich aber lange gestritten hatte, stand Petrus auf und sprach zu ihnen:
Ihr Männer, liebe Brüder, ihr wisset, daß
Gott lange vor dieser Zeit unter uns erwählt hat, daß durch meinen Mund die
Heiden das Wort des Evangeliums hörten
und glaubten. K. 10,44; 11,15.
8. Und Gott, der Herzenskündiger, zeugte über sie und gab ihnen den heiligen
Geist gleichwie auch uns
9. und machte *keinen Unterschied zwischen uns und ihnen und reinigte ihre
Herzen durch den Glauben.
*K. 10,34.
10. Was versucht ihr denn nun Gott mit
Auflegen des Jochs auf der Jünger Hälse,
welches weder unsre Väter noch wir haben
können tragen? Gal. 3,10; 5,1.
11. Sondern wir glauben, durch die Gnade des Herrn Jesu Christi selig zu werden,
gleicherweise wie auch sie.
Gal. 2,16; Eph. 2,4–10.
12. Da schwieg die ganze Menge still und
hörte zu Paulus und Barnabas, die da erzählten, wie große Zeichen und Wunder
Gott durch sie getan hatte unter den Heiden.
13. Darnach, als sie geschwiegen hatten,
antwortete *Jakobus und sprach: Ihr Männer, liebe Brüder, höret mir zu!
*K. 21,18; Gal. 2,9.
14. Simon hat erzählt, wie aufs erste
Gott heimgesucht hat und angenommen
ein Volk aus den Heiden zu seinem Namen. V. 7–9.
15. Und damit stimmen der Propheten
Reden, wie *geschrieben steht:
*Amos 9,11.12.
16. »Darnach will ich wiederkommen
und will wieder bauen die Hütte Davids,
die zerfallen ist, und ihre Lücken will ich
wieder bauen und will sie aufrichten,

17. auf daß, was übrig ist von Menschen, nach dem Herrn frage, dazu alle Heiden, über welche mein Name genannt ist, spricht der Herr, der das alles tut.«

18. Gott sind alle seine Werke bewußt von der Welt her.

19. Darum urteile ich, daß man denen, so aus den Heiden zu Gott sich bekehren, nicht Unruhe mache,

20. sondern schreibe ihnen, daß sie sich enthalten von Unsauberkeit der Abgötter und von Hurerei und vom Ersticktem und *vom Blut. *1.Mose 9,4; 3.Mose 3,17.

21. Denn Mose hat von langen Zeiten her in allen Städten, die ihn predigen, und wird alle Sabbattage in den Schulen gelesen. K. 13,15.

22. Und es deuchte gut die Apostel und Ältesten samt der ganzen Gemeinde, aus ihnen Männer zu erwählen und zu senden gen Antiochien mit Paulus und Barnabas, nämlich Judas, mit dem Zunamen Barsabas, und Silas, welche Männer Lehrer waren unter den Brüdern.

23. Und sie gaben Schrift in ihre Hand, also: Wir, die Apostel und Ältesten und Brüder, wünschen Heil den Brüdern aus den Heiden, die zu Antiochien und Syrien und Zilizien sind.

24. Dieweil wir gehört haben, daß etliche von den Unsern sind ausgegangen und haben euch mit Lehren irregemacht und eure Seelen zerrüttet und sagen, ihr sollt euch beschneiden lassen und das Gesetz halten, welchen wir nichts befohlen haben, V. 1.

25. hat es uns gut gedeucht, einmütig versammelt, Männer zu erwählen und zu euch zu senden mit unsern liebsten Barnabas und Paulus,

26. welche Menschen ihre Seele dargegeben haben für den Namen unsers Herrn Jesu Christi.

27. So haben wir gesandt Judas und Silas, welche auch mit Worten dasselbe verkündigen werden.

28. Denn es gefällt dem heiligen Geiste und uns, euch keine Beschwerung mehr aufzulegen als nur diese nötigen Stücke:

29. daß ihr euch enthaltet vom Götzenopfer und vom Blut und vom Ersticktem und von Hurerei; so ihr euch vor diesen bewahret, tut ihr recht. Gehabt euch wohl!

30. Da diese abgefertigt waren, kamen sie gen Antiochien und versammelten die Menge und überantworteten den Brief.

31. Da sie den lasen, wurden sie des Trostes froh.

32. Judas aber und Silas, die auch *Propheten waren, ermahnten die Brüder mit vielen Reden und stärkten sie. *K. 11,27; 13,1.

33. Und da sie verzogen hatten eine Zeitlang, wurden sie von den Brüdern mit Frieden abgefertigt zu den Aposteln.

34. Es gefiel aber Silas, daß er dabliebe.

35. Paulus aber und Barnabas hatten ihr Wesen zu Antiochien, lehrten und predigten des Herrn Wort samt vielen andern.

36. Nach etlichen Tagen aber sprach Paulus zu Barnabas: Laß uns wiederum ziehen und nach unsern Brüdern sehen durch alle Städte, in welchen wir des Herrn Wort verkündigt haben, *wie sie sich halten. *1.Thess. 3,5.

37. Barnabas aber gab Rat, daß sie mit sich nähmen Johannes, mit dem Zunamen Markus. K. 12,12.25.

38. Paulus aber achtete es billig, daß sie nicht mit sich nähmen einen solchen, der von ihnen gewichen war in Pamphylien und war nicht mit ihnen gezogen zu dem Werk. K. 13,13.

39. Und sie kamen scharf aneinander, also daß sie voneinander zogen und Barnabas zu sich nahm Markus und schiffte nach Zypern.

40. Paulus aber wählte Silas und zog hin, der Gnade Gottes befohlen von den Brüdern.

41. Er zog aber durch Syrien und Zilizien und stärkte die Gemeinden.

Das 16. Kapitel

Paulus nimmt den Timotheus zu sich, bringt das Evangelium von Asien nach Europa. Seine Erfahrungen in Philippi: Lydia und der Kerkermeister werden gläubig.

1. Er kam aber gen Derbe und Lystra; und siehe, ein Jünger war daselbst mit Namen *Timotheus, eines jüdischen Weibes Sohn, †die war gläubig, aber eines griechischen Vaters. *K. 17,14; 19,22. †2.Tim. 1,5.

2. Der hatte *ein gut Gerücht bei den Brüdern unter den Lystranern und zu Ikonion. *K. 6,3.

3. Diesen wollte Paulus mit sich ziehen lassen und nahm und beschnitt ihn um der Juden willen, die an den Orten waren; denn sie wußten alle, daß sein Vater war ein Grieche gewesen.

4. Wie sie aber durch die Städte zogen, überantworteten sie ihnen, zu halten *den Spruch, welcher von den Aposteln und

den Ältesten zu Jerusalem beschlossen war. *K.15,23–29.

5. Da wurden die Gemeinden im Glauben befestigt und nahmen zu an der Zahl täglich.

6. Da sie aber durch Phrygien und das Land Galatien zogen, ward ihnen gewehrt von dem heiligen Geiste, zu reden das Wort in Asien. K.18,23.

7. Als sie aber kamen an Mysien, versuchten sie, durch Bithynien zu reisen; und der Geist ließ es ihnen nicht zu.

8. Sie zogen aber an Mysien vorüber und kamen hinab gen Troas.

9. Und Paulus erschien ein Gesicht bei der Nacht; das war ein Mann aus Mazedonien, der stand und bat ihn und sprach: Komm herüber nach Mazedonien und hilf uns!

10. Als er aber das Gesicht gesehen hatte, da trachteten wir alsobald, zu reisen nach Mazedonien, gewiß, daß uns der Herr dahin berufen hätte, ihnen das Evangelium zu predigen.

11. Da fuhren wir aus von Troas; und geradewegs kamen wir gen Samothrazien, des andern Tages gen Neapolis

12. und von da gen Philippi, welches ist die Hauptstadt des Landes Mazedonien und eine Freistadt. Wir hatten aber in dieser Stadt unser Wesen etliche Tage.

13. Am Tage des Sabbats gingen wir hinaus vor die Stadt an das Wasser, da man pflegte zu beten, und setzten uns und redeten zu den Weibern, die da zusammenkamen.

14. Und ein gottesfürchtiges Weib mit Namen Lydia, eine Purpurkrämerin aus der Stadt der Thyatirer, hörte zu; dieser tat der Herr das Herz auf, daß sie darauf achthatte, was von Paulus geredet ward.

Joh.6,44.

15. Als sie aber und ihr Haus getauft ward, ermahnte sie uns und sprach: So ihr mich achtet, daß ich gläubig bin an den Herrn, so kommt in mein Haus und bleibt allda. Und sie nötigte uns.

16. Es geschah aber, da wir zu dem Gebet gingen, daß eine Magd uns begegnete, die hatte einen Wahrsagergeist und trug ihren Herren *viel Gewinst zu mit Wahrsagen. *K.19,24.

17. Die folgte allenthalben Paulus und uns nach, schrie und sprach: Diese Menschen sind Knechte Gottes des Allerhöchsten, die euch den Weg der Seligkeit verkündigen. Mark.1,24.34.

18. Solches tat sie manchen Tag. Paulus aber tat das wehe, und er wandte sich um und sprach zu dem Geiste: Ich gebiete dir in dem Namen Jesu Christi, daß du von ihr ausfahrest. Und er fuhr aus zu derselben Stunde. Mark.16,17.

19. Da aber ihre Herren sahen, daß die Hoffnung ihres Gewinstes war ausgefahren, nahmen sie Paulus und Silas, zogen sie auf den Markt vor die Obersten

20. und führten sie zu den Hauptleuten und sprachen: Diese Menschen machen unsre Stadt irre; sie sind Juden

K.17,6; 1.Kön. 18,17.

21. und verkündigen eine Weise, welche uns nicht ziemt anzunehmen noch zu tun, weil wir Römer sind.

22. Und das Volk ward erregt wider sie; und die Hauptleute ließen ihnen die Kleider abreißen und hießen sie stäupen.

2.Kor. 11,25; Phil.1,30; 1.Thess. 2,2.

23. Und da sie sie wohl gestäupt hatten, warfen sie sie ins Gefängnis und geboten dem Kerkermeister, daß er sie wohl verwahrte.

24. Der, da er solches Gebot empfangen hatte, warf sie in das innerste Gefängnis und legte ihre Füße in den Stock.

25. Um die Mitternacht aber beteten Paulus und Silas und lobten Gott. Und es hörten sie die Gefangenen.

26. Schnell aber ward ein großes Erdbeben, also daß sich bewegten die Grundfesten des Gefängnisses. Und von Stund an wurden alle Türen aufgetan und aller Bande los.

27. Als aber der Kerkermeister aus dem Schlafe fuhr und sah die Türen des Gefängnisses aufgetan, zog er das Schwert aus und wollte sich selbst erwürgen; denn er meinte, die Gefangenen wären entflohen.

28. Paulus aber rief laut und sprach: Tu dir nichts Übles; denn wir sind alle hier!

29. Er forderte aber ein Licht und sprang hinein und ward zitternd und fiel Paulus und Silas zu den Füßen

30. und führte sie heraus und sprach: Liebe Herren, was soll ich tun, daß ich selig werde? K.2,37.

31. Sie sprachen: Glaube an den Herrn Jesus Christus, so wirst du und dein Haus selig!

32. Und sie sagten ihm das Wort des Herrn und allen, die in seinem Hause waren.

33. Und er nahm sie zu sich in derselben Stunde der Nacht und wusch ihnen die Striemen ab; und er ließ sich taufen und alle die Seinen alsobald.

34. Und führte sie in sein Haus und setz-

te ihnen einen Tisch und freute sich mit
seinem ganzen Hause, daß er an Gott
gläubig geworden war.
35. Und da es Tag ward, sandten die
Hauptleute Stadtdiener und sprachen:
Laß die Menschen gehen!
36. Und der Kerkermeister verkündigte
diese Rede Paulus: Die Hauptleute haben
hergesandt, daß ihr los sein sollt. Nun
ziehet aus und gehet hin mit Frieden!
37. Paulus aber sprach zu ihnen: Sie haben uns ohne Recht und Urteil öffentlich
gestäupt, die wir doch *Römer sind, und
in das Gefängnis geworfen, und sollten
uns nun heimlich ausstoßen? Nicht also;
sondern lasset sie selbst kommen und uns
hinausführen! *K.22,25.
38. Die Stadtdiener verkündigten diese
Worte den Hauptleuten. Und sie fürchteten sich, da sie hörten, daß sie Römer
wären,
39. und kamen und redeten ihnen zu,
führten sie heraus und baten sie, daß sie
auszögen aus der Stadt.
40. Da gingen sie aus dem Gefängnis und
gingen zu der Lydia. Und da sie die Brüder
gesehen hatten und getröstet, zogen sie
aus.

Das 17. Kapitel

Paulus lehrt zu Thessalonich, Beröa und Athen.

1. Nachdem sie aber durch Amphipolis
und Apollonia gereist waren, kamen sie
gen Thessalonich; da war eine *Juden-
schule. 1.Thess. 2,2. *Synagoge.
2. Wie nun Paulus gewohnt war, ging er
zu ihnen hinein und redete mit ihnen an
drei Sabbaten aus der Schrift,
3. tat sie ihnen auf und legte es ihnen
vor, daß Christus mußte leiden und auferstehen von den Toten und daß dieser Jesus, den ich [sprach er] euch verkündige,
ist der Christus. Luk.24,26.27.45.46.
4. Und etliche unter ihnen fielen ihm zu
und gesellten sich zu Paulus und Silas,
auch der gottesfürchtigen Griechen eine
große Menge, dazu der vornehmsten Weiber nicht wenige.
5. Aber die halsstarrigen Juden neideten
und nahmen zu sich etliche boshafte Männer Pöbelvolks, machten eine Rotte und
richteten einen Aufruhr in der Stadt an
und traten vor das Haus Jasons und suchten sie zu führen vor das Volk.
6. Da sie aber sie nicht fanden, schleiften
sie den Jason und etliche Brüder vor die
Obersten der Stadt und schrieen: Diese,
die den ganzen Weltkreis erregen, sind
auch hergekommen; K.16,20.
7. die herbergt Jason. Und diese alle handeln wider des Kaisers Gebote, sagen, ein
anderer sei der König, nämlich Jesus.
Luk.23,2.
8. Sie bewegten aber das Volk und die
Obersten der Stadt, die solches hörten.
9. Und da ihnen Genüge von Jason und
den andern geleistet war, ließen sie sie los.
10. Die Brüder aber fertigten alsobald ab
bei der Nacht Paulus und Silas gen Beröa.
Da sie dahin kamen, gingen sie in die Ju-
denschule.
11. Diese aber waren edler denn die zu
Thessalonich; die nahmen das Wort auf
ganz willig und *forschten täglich in der
Schrift, ob sich's also verhielte. *Joh.5,39.
12. So glaubten nun viele aus ihnen,
auch der griechischen ehrbaren Weiber
und Männer nicht wenige.
13. Als aber die Juden von Thessalonich
erfuhren, daß auch zu Beröa das Wort
Gottes von Paulus verkündigt würde, kamen sie und bewegten auch allda das Volk.
1.Thess. 2,14.
14. Aber da fertigten die Brüder Paulus
alsobald ab, daß er ginge bis an das Meer;
Silas aber und *Timotheus blieben da.
*K.16,1.
15. Die aber Paulus geleiteten, führten
ihn bis gen Athen. Und nachdem sie Befehl
empfangen an den Silas und Timotheus,
daß sie aufs schnellste zu ihm kämen,
zogen sie hin.
16. Da aber Paulus ihrer zu Athen wartete, ergrimmte sein Geist in ihm, da er sah
die Stadt so gar abgöttisch.
17. Und er redete zu den Juden und Gottesfürchtigen in der Schule, auch auf dem
Markte alle Tage zu denen, die sich herzu-
fanden.
18. Etliche aber der Epikurer und Stoi-
ker Philosophen stritten mit ihm. Und etliche sprachen: Was will dieser *Lotterbu-
be sagen? Etliche aber: Es sieht, als wolle
er neue Götter verkündigen. (Das machte,
er hatte das Evangelium von Jesu und von
der Auferstehung ihnen verkündigt.)
*1.Kor. 4,12.
19. Sie nahmen ihn aber und führten ihn
auf den Gerichtsplatz und sprachen: Können wir auch erfahren, was das für eine
neue Lehre sei, die du lehrst?
20. Denn du bringst etwas Neues vor unsere Ohren; so wollten wir gerne wissen,
was das sei.
21. (Die Athener aber alle, auch die Ausländer und Gäste, waren gerichtet auf
nichts anderes, denn etwas Neues zu sagen oder zu hören.)

22. Paulus aber stand mitten auf dem Gerichtsplatz und sprach: Ihr Männer von Athen, ich sehe, daß ihr in allen Stücken gar sehr die Götter fürchtet.
23. Ich bin herdurchgegangen und habe gesehen eure Gottesdienste und fand einen Altar, darauf war geschrieben: Dem unbekannten Gott. Nun verkündige ich euch denselben, dem ihr unwissend Gottesdienst tut.
24. Gott, der die Welt gemacht hat und alles, was darinnen ist, er, der ein Herr ist Himmels und der Erde, wohnt nicht in Tempeln mit Händen gemacht; K. 7,48.
25. sein wird auch nicht von Menschenhänden gepflegt, als *der jemands bedürfe, so er selber jedermann Leben und Odem allenthalben gibt. *Ps. 50,12.
26. Und er hat gemacht, daß von einem Blut aller Menschen Geschlechter auf dem ganzen Erdboden wohnen, und hat Ziel gesetzt und vorgesehen, *wie lange und wie weit sie wohnen sollen;

*5. Mose 32,8.

27. daß sie den Herrn suchen sollten, ob sie doch ihn fühlen und finden möchten; und führwahr, er ist nicht ferne von einem jeglichen unter uns. Jes. 55,6.
28. Denn in ihm leben, weben und sind wir; wie auch etliche Poeten bei euch gesagt haben: »Wir sind seines Geschlechts.«
29. So wir denn göttlichen *Geschlechts sind, sollen wir nicht meinen, die Gottheit sei gleich den goldenen, silbernen und steinernen Bildern, durch menschliche Kunst und Gedanken gemacht.

*1. Mose 1,27; Jes. 40,18.

30. Und zwar hat Gott *die Zeit der Unwissenheit übersehen; nun aber †gebietet er allen Menschen an allen Enden, Buße zu tun, *K. 14,16. †Luk. 24,47.
31. darum daß er einen Tag gesetzt hat, an welchem er richten will den Kreis des Erdbodens mit Gerechtigkeit *durch einen Mann, in welchem er's beschlossen hat und jedermann †vorhält den Glauben, nachdem er ihn hat von den Toten auferweckt. *K. 10,42. †Röm. 10,14.
32. Da sie hörten die Auferstehung der Toten, da hatten's etliche ihren Spott; etliche aber sprachen: Wir wollen dich davon weiter hören.
33. Also ging Paulus von ihnen.
34. Etliche Männer aber hingen ihm an und wurden gläubig, unter welchen war Dionysius, einer aus dem Rat, und ein Weib mit Namen Damaris und andere mit ihnen.

Das 18. Kapitel

Paulus zu Korinth; kehrt über Ephesus nach Jerusalem und Antiochien zurück; tritt seine dritte Missionsreise an. Apollos zu Ephesus.

1. Darnach schied Paulus von Athen und kam gen Korinth
2. und fand einen Juden mit Namen *Aquila, von Geburt aus Pontus, welcher war neulich aus Italien gekommen samt seinem Weibe Priscilla (darum daß der Kaiser Klaudius geboten hatte allen Juden, zu weichen aus Rom). *Röm. 16,3.
3. Zu denen ging er ein; und dieweil er gleiches Handwerks war, blieb er bei ihnen und arbeitete. (Sie waren aber des Handwerks Teppichmacher.)

K. 20,34; 1. Kor. 4,12.

4. Und er lehrte in der Schule an allen Sabbaten und beredete beide, Juden und Griechen.
5. Da aber *Silas und Timotheus aus Mazedonien kamen, drang Paulus der Geist, zu bezeugen den Juden Jesum, daß er der Christus sei. *K. 17,14.15.
6. Da sie aber widerstrebten und lästerten, *schüttelte er die Kleider aus und sprach zu ihnen: Euer Blut sei über euer Haupt! †Rein gehe ich von nun an zu den Heiden. *K. 13,51. †20,26.
7. Und machte sich von dannen und kam in ein Haus eines mit Namen Just, der gottesfürchtig war; dessen Haus war zunächst an der Schule.
8. *Krispus aber, der Oberste der Schule, glaubte an den Herrn mit seinem ganzen Hause; und viele Korinther, die zuhörten, wurden gläubig und ließen sich taufen.

*1. Kor. 1,14.

9. Es sprach aber der Herr durch ein Gesicht in der Nacht zu Paulus: Fürchte dich nicht, sondern rede, und schweige nicht!

1. Kor. 2,3.

10. denn *ich bin mit dir, und niemand soll sich unterstehen, dir zu schaden; denn †ich habe ein großes Volk in dieser Stadt. *Jer. 1,8. †Hos. 2,25; Joh. 10,16.
11. Er saß aber daselbst ein Jahr und sechs Monate und lehrte sie das Wort Gottes.
12. Da aber Gallion Landvogt war in Achaja, empörten sich die Juden einmütig wider Paulus und führten ihn vor den Richtstuhl
13. und sprachen: Dieser überredet die Leute, Gott zu dienen dem Gesetz zuwider.
14. Da aber Paulus wollte den Mund auftun, sprach Gallion zu den Juden: Wenn es

PAULUS IN ATHEN Apostelgeschichte 17, 22.23

ein Frevel oder Schalkheit wäre, liebe Juden, so hörte ich euch billig; K.25,18–20.

15. weil es aber eine Frage ist von der Lehre und von den Worten und von dem Gesetz unter euch, so sehet ihr selber zu; ich gedenke darüber nicht Richter zu sein. Joh.18,31.

16. Und trieb sie von dem Richtstuhl.

17. Da ergriffen alle Griechen Sosthenes, den Obersten der Schule, und schlugen ihn vor dem Richtstuhl; und Gallion nahm sich's nicht an.

18. Paulus aber blieb noch lange daselbst; darnach machte er seinen Abschied mit den Brüdern und wollte nach Syrien schiffen und mit ihm Priscilla und Aquila. Und er *schor sein Haupt zu Kenchreä, denn er hatte ein Gelübde.

*K.21,24; 4.Mose 6,9.18.

19. Und kam gen Ephesus und ließ sie daselbst; er aber ging in die Schule und redete mit den Juden.

20. Sie baten ihn aber, daß er längere Zeit bei ihnen bliebe. Und er willigte nicht ein,

21. sondern machte seinen Abschied mit ihnen und sprach: Ich muß allerdinge das künftige Fest zu Jerusalem halten; *will's Gott, so will ich wieder zu euch kommen. Und fuhr weg von Ephesus

*1.Kor. 4,19; Jak.4,15.

22. und kam gen Cäsarea und ging *hinauf [nach Jerusalem] und grüßte die Gemeinde und zog hinab gen Antiochien.

*K.21,15.

23. Und verzog etliche Zeit und reiste weiter und durchwandelte nacheinander das galatische Land und Phrygien und stärkte alle Jünger. –

24. Es kam aber gen Ephesus ein Jude mit Namen Apollos, von Geburt aus Alexandrien, ein beredter Mann und mächtig in der Schrift. 1.Kor.3,6.

25. Dieser war unterwiesen im Weg des Herrn und redete mit brünstigem Geist und lehrte mit Fleiß von dem Herrn, wußte aber allein von der *Taufe des Johannes.

*K.19,3.

26. Dieser fing an, frei zu predigen in der Schule. Da ihn aber Aquila und Priscilla hörten, nahmen sie ihn zu sich und legten ihm den Weg Gottes noch fleißiger aus.

27. Da er aber wollte nach Achaja reisen, schrieben die Brüder und vermahnten die

Jünger, daß sie ihn aufnähmen. Und als er dahingekommen war, half er viel denen, die gläubig waren geworden durch die Gnade.

28. Denn er überwand die Juden beständig und erwies öffentlich durch die Schrift, daß Jesus der Christus sei.

K. 9,22; 17,3.

Das 19. Kapitel

Paulus in Ephesus.
Aufruhr des Goldschmieds Demetrius.

1. Es geschah aber, da Apollos zu Korinth war, daß Paulus durchwandelte die oberen Länder und kam gen Ephesus und fand etliche Jünger;

2. zu denen sprach er: Habt ihr *den heiligen Geist empfangen, da ihr gläubig wurdet? Sie sprachen zu ihm: Wir haben auch nie gehört, ob ein heiliger Geist sei.

*K. 2,38.

3. Und er sprach zu ihnen: Worauf seid ihr denn getauft? Sie sprachen: Auf die Taufe des Johannes.

4. Paulus aber sprach: Johannes hat getauft mit der Taufe der Buße und sagte dem Volk, daß sie sollten glauben an den, der nach ihm kommen sollte, das ist an Jesum, daß der Christus sei. Matth. 3,11.

5. Da sie das hörten, ließen sie sich taufen auf den Namen des Herrn Jesu.

6. Und da Paulus die Hände auf sie legte, kam der heilige Geist auf sie, und sie redeten mit Zungen und weissagten.

K. 8,17; 10,44.46.

7. Und aller der Männer waren bei zwölf.

8. Er ging aber in die Schule und predigte frei drei Monate lang, lehrte und beredete sie von dem Reich Gottes.

9. Da aber etliche *verstockt waren und nicht glaubten und übel redeten von dem †Wege vor der Menge, wich er von ihnen und sonderte ab die Jünger und redete täglich in der Schule eines, der hieß Tyrannus. *2. Tim. 1,15. †K. 9,2.

10 Und das geschah zwei Jahre lang, also daß alle, die in Asien wohnten, das Wort des Herrn Jesu hörten, beide, Juden und Griechen.

11. Und Gott wirkte nicht geringe Taten durch die Hände des Paulus, K. 14,3.

12. also daß sie auch von seiner Haut die Schweißtüchlein und Binden über die Kranken hielten und die Seuchen von ihnen wichen und die bösen Geister von ihnen ausfuhren. K. 5,15.

13. Es unterwanden sich aber etliche der umherziehenden Juden, die da Beschwörer waren, den Namen des Herrn Jesu zu nennen über die da böse Geister hatten, und sprachen: Wir beschwören euch bei dem Jesus, den Paulus predigt. Luk. 9,49.

14. Es waren ihrer aber sieben Söhne eines Juden Skevas, des Hohenpriesters, die solches taten.

15. Aber der böse Geist antwortete und sprach: Jesum kenne ich wohl, und von Paulus weiß ich wohl; wer seid ihr aber?

16. Und der Mensch, in dem der böse Geist war, sprang auf sie und ward ihrer mächtig und warf sie unter sich, also daß sie nackt und verwundet aus demselben Hause entflohen.

17. Das aber ward kund allen, die zu Ephesus wohnten, sowohl Juden als Griechen; und *es fiel eine Furcht über sie alle, und der Name des Herrn Jesus ward hoch gelobt. *K. 5,5.11.

18. Es kamen auch viele derer, die gläubig waren geworden, und bekannten und verkündigten, was sie getrieben hatten.

19. Viele aber, die da vorwitzige Kunst getrieben hatten, brachten die Bücher zusammen und verbrannten sie öffentlich und überrechneten, was sie wert waren, und fanden des Geldes fünfzigtausend Groschen.

20. Also mächtig wuchs das Wort des Herrn und nahm überhand. K. 6,7; 12,24.

21. Da das ausgerichtet war, setzte sich Paulus vor im Geiste, durch Mazedonien und Achaja zu ziehen und gen Jerusalem zu reisen, und sprach: Nach dem, wenn ich daselbst gewesen bin, muß ich auch *Rom sehen. *K. 23,11.

22. Und sandte zwei, die ihm dienten, *Timotheus und †Erastus, nach Mazedonien; er aber verzog eine Weile in Asien.

*K. 17,14. †Röm. 16,23.

23. Es erhob sich aber um diese Zeit eine nicht kleine Bewegung über diesem Wege.

V. 9; 2. Kor. 1,8.9.

24. Denn einer mit Namen Demetrius, ein Goldschmied, der machte silberne Tempel der Diana und wandte denen vom Handwerk *nicht geringen Gewinst zu.

*K. 16,16.

25. Dieselben und die Beiarbeiter des Handwerks versammelte er und sprach: Liebe Männer, ihr wisset, daß wir großen Gewinn von diesem Gewerbe haben;

26. und ihr sehet und höret, daß nicht allein zu Ephesus sondern auch fast in ganz Asien dieser Paulus viel Volks abfällig macht, überredet und spricht: Es sind nicht Götter, welche von Händen gemacht sind.

27. Aber es will nicht allein unserm Handel darin geraten, daß er nichts gelte, sondern auch der Tempel der großen Göttin Diana wird für nichts geachtet werden, und wird dazu ihre Majestät untergehen, welcher doch ganz Asien und der Weltkreis Gottesdienst erzeigt.
28. Als sie das hörten, wurden sie voll Zorns, schrieen und sprachen: Groß ist die Diana der Epheser!
29. Und die ganze Stadt ward voll Getümmels; sie stürmten aber einmütig zu dem Schauplatz und ergriffen *Gajus und Aristarchus aus Mazedonien, des Paulus Gefährten. *K.20,4.
30. Da aber Paulus wollte unter das Volk gehen, ließen's ihm die Jünger nicht zu.
31. Auch etliche der Obersten in Asien, die des Paulus gute Freunde waren, sandten zu ihm und ermahnten ihn, daß er sich nicht begäbe auf den Schauplatz.
32. Etliche schrieen so, etliche ein anderes, und die Gemeinde war irre, und die meisten wußten nicht, warum sie zusammengekommen waren.
33. Etliche aber vom Volk zogen Alexander hervor, da ihn die Juden hervorstießen. Alexander aber winkte mit der Hand und wollte sich vor dem Volk verantworten.
34. Da sie aber innewurden, daß er ein Jude war, erhob sich eine Stimme von allen, und schrieen bei zwei Stunden: Groß ist die Diana der Epheser!
35. Da aber der Kanzler das Volk gestillt hatte, sprach er: Ihr Männer von Ephesus, welcher Mensch ist, der nicht wisse, daß die Stadt Ephesus sei eine Pflegerin der großen Göttin Diana und des himmlischen Bildes?
36. Weil nun das unwidersprechlich ist, so sollt ihr ja stille sein und nichts Unbedächtiges handeln.
37. Ihr habt diese Menschen hergeführt, die weder Tempelräuber noch Lästerer eurer Göttin sind.
38. Hat aber Demetrius und die mit ihm sind vom Handwerk, an jemand einen Anspruch, so hält man Gericht und sind Landvögte da; lasset sie sich untereinander verklagen.
39. Wollt ihr aber etwas anderes handeln, so mag man es ausrichten in einer ordentlichen Gemeinde.
40. Denn wir stehen in der Gefahr, daß wir um diese heutige Empörung verklagt möchten werden, da doch keine Sache vorhanden ist, womit wir uns solches Aufruhrs entschuldigen könnten. Und da er solches gesagt, ließ er die Gemeinde gehen.

Das 20. Kapitel

Paulus reist wieder nach Mazedonien; erweckt den Eutychus. Sein Abschied von den Ältesten der Gemeinde zu Ephesus.

1. Da nun die Empörung aufgehört, rief Paulus die Jünger zu sich und segnete sie und ging aus, zu reisen nach Mazedonien.
2. Und da er diese Länder durchzogen und sie ermahnt hatte mit vielen Worten, kam er nach Griechenland und verzog allda drei Monate.
3. Da aber ihm die Juden nachstellten, als er nach Syrien wollte fahren, beschloß er wieder umzuwenden durch Mazedonien.
4. Es zogen aber mit ihm bis nach Asien Sopater von *Beröa, von Thessalonich aber †Aristarchus und Sekundus, und Gajus von Derbe und Timotheus, aus Asien aber Tychikus und Trophimus.
*K.17,10. †K.19,29.
5. Diese gingen voran und harrten unser zu *Troas. *K.16,8.
6. Wir aber schifften nach den Ostertagen von Philippi an bis an den fünften Tag und kamen zu ihnen gen Troas und hatten da unser Wesen sieben Tage.
7. Am *ersten Tage der Woche aber, da die Jünger zusammenkamen, das †Brot zu brechen, predigte ihnen Paulus, und wollte des andern Tages weiterreisen und zog die Rede hin bis zu Mitternacht.
*1.Kor. 16,2. †K.2,42.46.
8. Und es waren viel Lampen auf dem Söller, da sie versammelt waren.
9. Es saß aber ein Jüngling mit Namen Eutychus in einem Fenster und sank in einen tiefen Schlaf, dieweil Paulus so lange redete, und ward vom Schlaf überwältigt und fiel hinunter vom dritten Söller und ward tot aufgehoben.
10. Paulus aber ging hinab und legte sich auf ihn, umfing ihn und sprach: Machet kein Getümmel; denn seine Seele ist in ihm. 1.Kön. 17,21.
11. Da ging er hinauf und brach das Brot und aß und redete viel mit ihnen, bis der Tag anbrach; und also zog er aus.
12. Sie brachten aber den Knaben lebendig und wurden nicht wenig getröstet.
13. Wir aber zogen voran auf dem Schiff und fuhren gen Assos und wollten daselbst Paulus zu uns nehmen; denn er hatte es also befohlen, und er wollte zu Fuße gehen.
14. Als er nun zu uns traf zu Assos, nah-

men wir ihn zu uns und kamen gen Mitylene.

15. Und von da schifften wir und kamen des andern Tages hin gegen Chios; und des folgenden Tages stießen wir an Samos und blieben in Trogyllion; und des nächsten Tages kamen wir gen Milet.

16. Denn Paulus hatte beschlossen, an Ephesus vorüberzuschiffen, daß er nicht müßte in Asien Zeit zubringen; denn er eilte, auf den Pfingsttag zu Jerusalem zu sein, so es ihm möglich wäre. K. 18,21.

17. Aber von Milet sandte er gen Ephesus und ließ fordern die Ältesten von der Gemeinde.

18. Als aber die zu ihm kamen, sprach er zu ihnen: Ihr wisset, von dem ersten Tage an, da ich bin nach Asien gekommen, wie ich allezeit bin bei euch gewesen

K. 18,19; 19,10.

19. und dem Herrn gedient habe mit aller Demut und mit viel Tränen und Anfechtungen, die mir sind widerfahren von den Juden, so mir nachstellten; V. 3.

20. wie ich nichts verhalten habe, das da nützlich ist, daß ich's euch nicht verkündigt hätte und euch gelehrt öffentlich und sonderlich;

21. und habe bezeugt, beiden, den Juden und Griechen, die Buße zu Gott und den Glauben an unsern Herrn Jesus Christus.

22. Und nun siehe, ich, im Geiste gebunden, fahre hin gen Jerusalem, weiß nicht, was mir daselbst begegnen wird, K. 19,21.

23. nur daß der heilige Geist in allen Städten bezeugt und spricht, Bande und Trübsale warten mein daselbst.

K. 9,16; 21,4.11.

24. Aber ich achte der keines, ich halte mein Leben auch nicht selbst teuer, auf daß ich vollende meinen Lauf mit Freuden und das Amt, das ich empfangen habe von dem Herrn Jesus, zu bezeugen das Evangelium von der Gnade Gottes.

K. 21,13.

25. Und nun siehe, ich weiß, daß ihr mein Angesicht nicht mehr sehen werdet, alle die, bei welchen ich durchgekommen bin und gepredigt habe das Reich Gottes.

26. Darum bezeuge ich euch an diesem heutigen Tage, daß ich rein bin von aller Blut; K. 18,6.

27. denn ich habe euch nichts verhalten, daß ich nicht verkündigt hätte all den Rat Gottes.

28. So habt nun acht auf euch selbst und auf die ganze Herde, unter welche euch der heilige Geist gesetzt hat zu Bischöfen, zu weiden die Gemeinde Gottes, welche er durch sein eigen Blut erworben hat.

1. Tim. 4,16; 1. Petr. 5,2.

29. Denn das weiß ich, daß nach meinem Abschied werden unter euch kommen greuliche *Wölfe, die die Herde nicht verschonen werden. *Matth. 7,15.

30. Auch aus euch selbst werden aufstehen Männer, die da verkehrte Lehren reden, die Jünger an sich zu ziehen.

31. Darum seid wach und denket daran, daß ich nicht abgelassen habe drei Jahre, Tag und Nacht, einen jeglichen mit Tränen zu vermahnen.

32. Und nun, liebe Brüder, ich befehle euch Gott und dem Wort seiner Gnade, der da mächtig ist, euch zu erbauen und zu geben das Erbe unter allen, die geheiligt werden.

33. Ich habe euer keines Silber noch Gold noch Kleid begehrt.

Matth. 10,8; 1. Kor. 9,12; 1. Sam. 12,3.

34. Denn ihr wisset selber, daß mir diese Hände zu meiner Notdurft und derer, die mit mir gewesen sind, gedient haben.

K. 18,3; 1. Kor. 4,12; 1. Thess. 2,9.

35. Ich habe es euch alles gezeigt, daß man also arbeiten müsse und die Schwachen aufnehmen und gedenken an das Wort des Herrn Jesu, daß er gesagt hat: »Geben ist seliger denn Nehmen.«

36. Und als er solches gesagt, kniete er nieder und betete mit ihnen allen. K. 21,5.

37. Es ward aber viel Weinen unter ihnen allen, und sie fielen Paulus um den Hals und küßten ihn,

38. am allermeisten betrübt über das Wort, das er sagte, sie würden *sein Angesicht nicht mehr sehen; und geleiteten ihn in das Schiff. *V. 25.

Das 21. Kapitel

Paulus reist von Milet nach Jerusalem; wird im Tempel gegriffen und in das römische Lager geführt.

1. Als nun geschah, daß wir, von ihnen gewandt, dahinfuhren, kamen wir geradewegs gen Kos und am folgenden Tage gen Rhodus und von da gen Patara.

2. Und da wir ein Schiff fanden, das nach Phönizien fuhr, traten wir hinein und fuhren hin.

3. Als wir aber Zypern ansichtig wurden, ließen wir es zur linken Hand und schifften nach Syrien und kamen an zu Tyrus; denn daselbst sollte das Schiff die Ware niederlegen.

4. Und als wir Jünger fanden, blieben wir daselbst sieben Tage. Die sagten Paulus

ABSCHIED VON DEN EPHESERN Apostelgeschichte 20, 36–38

durch den *Geist, er sollte nicht hinauf
gen Jerusalem ziehen. *V.11.12; K.20,23.
5. Und es geschah, da wir die Tage zugebracht hatten, zogen wir aus und reisten weiter. Und sie geleiteten uns alle mit Weib und Kindern bis hinaus vor die Stadt, und wie *knieten nieder am Ufer und beteten. *K.20,36.
6. Und als wir einander gesegnet, traten wir ins Schiff; jene aber wandten sich wieder zu dem Ihren.
7. Wir aber vollzogen die Schiffahrt von Tyrus und kamen gen Ptolemais und grüßten die Brüder und blieben einen Tag bei ihnen.
8. Des andern Tages zogen wir aus, die wir um Paulus waren, und kamen gen Cäsarea und gingen in das Haus *Philippus des Evangelisten, der einer von den Sieben war, und blieben bei ihm. *K.8,40.
9. Der hatte vier Töchter, die waren Jungfrauen und weissagten. K.2,17.
10. Und als wir mehrere Tage dablieben, reiste herab ein Prophet aus Judäa, mit Namen *Agabus, und kam zu uns. *K.11,28.
11. Der nahm den Gürtel des Paulus und band sich die Hände und Füße und sprach: Das sagt der heilige Geist: Den Mann, des der Gürtel ist, werden die Juden also binden zu Jerusalem und überantworten in der Heiden Hände. K.20,23.
12. Als wir aber solches hörten, baten wir und die desselben Orts waren, daß er nicht hinauf gen Jerusalem zöge. Matth. 16,22.
13. Paulus aber antwortete: Was macht ihr, daß ihr weinet und brechet mir mein Herz? Denn ich bin bereit, nicht allein mich binden zu lassen, sondern auch zu sterben zu Jerusalem um des Namens willen des Herrn Jesu. K.20,24.
14. Da er aber sich nicht überreden ließ, schwiegen wir und sprachen: Des Herrn Wille geschehe.
15. Und nach diesen Tagen machten wir uns fertig und zogen hinauf gen Jerusalem.
16. Es kamen aber mit uns auch etliche Jünger von Cäsarea und führten uns zu einem mit Namen Mnason aus Zypern, der ein alter Jünger war, bei dem wir herbergen sollten.
17. Da wir nun gen Jerusalem kamen, nahmen uns die Brüder gern auf.
18. Des andern Tages aber ging Paulus

mit uns ein zu *Jakobus, und es kamen die Ältesten alle dahin. *K.15,13; Gal.1,19.

19. Und als er sie gegrüßt hatte, erzählte er eines nach dem andern, was Gott getan hatte unter den Heiden durch sein Amt.

20. Da sie aber das hörten, lobten sie den Herrn und sprachen zu ihm: Bruder, du siehst, wieviel tausend Juden sind, die gläubig geworden sind, und alle sind *Eiferer für das Gesetz; *K.15,1.

21. die sind aber berichtet worden wider dich, daß du lehrest von Mose abfallen alle Juden, die unter den Heiden sind, und sagtest, sie sollen ihre Kinder nicht beschneiden, auch nicht nach desselben Weise wandeln. K.16,3; Röm.10,4.

22. Was denn nun? Allerdinge muß die Menge zusammenkommen; denn sie werden's hören, daß du gekommen bist.

23. So tue nun dies, was wir dir sagen.

24. Wir haben vier Männer, die haben *ein Gelübde auf sich; die nimm zu dir und heilige dich mit ihnen und wage die Kosten an sie, daß sie ihr Haupt scheren, so werden alle vernehmen, daß es nicht sei, wie sie wider dich berichtet sind, sondern daß du auch einhergehst und hältst das Gesetz. *K.18,18.

25. Denn den Gläubigen aus den Heiden haben wir geschrieben und beschlossen, daß sie der keines halten sollen, sondern nur sich bewahren vor dem Götzenopfer, vor Blut, vor Ersticktem und vor Hurerei. K.15,20.29.

26. Da nahm Paulus die Männer zu sich und heiligte sich des andern Tages mit ihnen und ging in den Tempel und ließ sich sehen, wie er aushielte die Tage, auf welche er sich heiligte, bis daß für einen jeglichen unter ihnen *das Opfer gebracht ward. 4.Mose 6,9–20.

27. Als aber die sieben Tage sollten vollendet werden, sahen ihn die Juden aus Asien im Tempel und erregten das ganze Volk, legten die Hände an ihn und schrieen:

28. Ihr Männer von Israel, helft! Dies ist der Mensch, der alle Menschen an allen Enden lehrt wider dies Volk, wider das Gesetz und wider diese Stätte; dazu hat er auch Griechen in den Tempel geführt und diese heilige Stätte gemein gemacht. K.6,13; Hesek. 44,7.

29. (Denn sie hatten mit ihm in der Stadt *Trophimus, den Epheser, gesehen: den, meinten sie, hätte Paulus in den Tempel geführt.) *K.20,4; 2.Tim.4,20.

30. Und die ganze Stadt ward bewegt, und ward ein Zulauf des Volks. Sie griffen aber Paulus und zogen ihn zum Tempel hinaus; und alsbald wurden die Türen zugeschlossen.

31. Da sie ihn aber töten wollten, kam das Geschrei hinauf vor den obersten Hauptmann der Schar, wie das ganze Jerusalem sich empörte.

32. Der nahm von Stund an die Kriegsknechte und Hauptleute zu sich und lief unter sie. Da sie aber den Hauptmann und die Kriegsknechte sahen, hörten sie auf, Paulus zu schlagen.

33. Als aber der Hauptmann nahe herzukam, nahm er ihn an sich und hieß *ihn binden mit zwei Ketten und fragte, wer er wäre und was er getan hätte. *V.11; K.20,23.

34. Einer aber rief dies, der andere das im Volk. Da er aber nichts Gewisses erfahren konnte um des Getümmels willen, hieß er ihn in das Lager führen.

35. Und als er an die Stufen kam, mußten ihn die Kriegsknechte tragen vor Gewalt des Volks;

36. denn es folgte viel Volks nach und schrie: Weg mit ihm! K.22,22; Luk.23,18.

37. Als aber Paulus jetzt zum Lager eingeführt ward, sprach er zum dem Hauptmann: Darf ich mit dir reden? Er aber sprach: Kannst du Griechisch?

38. Bist du nicht der Ägpyter, der vor diesen Tagen einen Aufruhr gemacht hat und führte in die Wüste hinaus viertausend Meuchelmörder?

39. Paulus aber sprach: Ich bin ein jüdischer Mann *von Tarsus, ein Bürger einer namhaften Stadt in Zilizien. Ich bitte dich, erlaube mir, zu reden zu dem Volk. *K.9,11.

40. Als er aber es ihm erlaubte, trat Paulus auf die Stufen und winkte dem Volk mit der Hand. Da nun eine große Stille ward, redete er zu ihnen auf hebräisch und sprach:

Das 22. Kapitel

Paulus erzählt den Juden die Geschichte seiner Bekehrung.

1. Ihr Männer, liebe *Brüder und Väter, höret mein Verantworten an euch. *K.7,2; 13,26.

2. Da sie aber hörten, daß er auf hebräisch zu ihnen redete, wurden sie noch stiller. Und er sprach: K.21,40.

(V.3–21: vgl. K.9,1–29; 26,9–20.)

3. Ich bin ein jüdischer Mann, geboren zu Tarsus in Zilizien und erzogen in dieser

Stadt zu den Füßen *Gamaliels, gelehrt
mit allem Fleiß im väterlichen Gesetz,
und war ein Eiferer um Gott, gleichwie ihr
heute alle seid, *K.5,34.
4. und habe diesen Weg verfolgt bis an
den Tod. Ich band sie und überantwortete
sie ins Gefängnis, Männer und Weiber;
K.8,3.
5. wie mir auch der Hohepriester und der
ganze Haufe der Ältesten Zeugnis gibt,
von welchen ich Briefe nahm an die Brüder und reiste gen Damaskus, daß ich, die
daselbst waren, gebunden führte gen Jerusalem, daß sie bestraft würden.
6. Es geschah aber, da ich hinzog und
nahe an Damaskus kam, um den Mittag,
umleuchtete mich schnell ein großes
Licht vom Himmel.
7. Und ich fiel zum Erdboden und hörte
eine Stimme, die sprach zu mir: Saul,
Saul, was verfolgst du mich?
8. Ich antwortete aber: Herr, wer bist du?
Und er sprach zu mir: Ich bin Jesus von
Nazareth, den du verfolgst.
9. Die aber mit mir waren, sahen das
Licht und erschraken; die Stimme aber
des, der mit mir redete, hörten sie nicht.
10. Ich sprach aber: Herr, was soll ich
tun? Der Herr aber sprach zu mir: Stehe
auf und gehe gen Damaskus; da wird man
dir sagen von allem, was dir zu tun verordnet ist.
11. Als ich aber vor Klarheit dieses Lichtes nicht sehen konnte, ward ich bei der
Hand geleitet von denen, die mit mir waren, und kam gen Damaskus.
12. Es war aber ein gottesfürchtiger
Mann nach dem Gesetz, Ananias, der ein
gut Gerücht hatte bei allen Juden, die daselbst wohnten;
13. der kam zu mir und trat her und
sprach zu mir: Saul, lieber Bruder, siehe
auf! Und ich sah ihn an zu derselben Stunde.
14. Er aber sprach: Der Gott unsrer Väter
hat dich verordnet, daß du seinen Willen
erkennen solltest und sehen den Gerechten und hören die Stimme aus seinem
Munde;
15. denn du wirst sein Zeuge zu allen
Menschen sein von dem, das du gesehen
und gehört hast.
16. und nun, was verziehest du? Stehe
auf und laß dich taufen und abwaschen
deine Sünden und rufe an den Namen des
Herrn!
17. Es geschah aber, da ich wieder gen
Jerusalem kam und betete im Tempel, daß
ich entzückt ward und sah ihn.
18. Da sprach er zu mir: Eile und mache
dich behend von Jerusalem hinaus; denn
sie werden nicht aufnehmen dein Zeugnis
von mir.
19. Und ich sprach: Herr, sie wissen
selbst, daß ich gefangen legte und stäupte
die, so an dich glaubten, in den Schulen
hin und her; V.4.
20. und da das Blut des Stephanus, deines Zeugen, vergossen ward, stand ich
auch dabei und hatte Wohlgefallen an seinem Tode und *verwahrte denen die Kleider, die ihn töteten.
*K.7,57; 8,1.
21. Und er sprach zu mir: Gehe hin; denn
ich will dich ferne unter die Heiden senden! K.9,15; 13,2.
22. Sie hörten aber ihm zu bis auf dies
Wort und hoben ihre Stimme auf und
sprachen: Hinweg mit solchem von der
Erde! denn es ist nicht billig, daß er leben
soll. K.21,36.
23. Da sie aber schrieen und ihre Kleider
abwarfen und den Staub in die Luft warfen,
24. hieß ihn der Hauptmann in das Lager
führen und sagte, daß man ihn stäupen
und befragen sollte, daß er erführe, um
welcher Ursache willen sie also über ihn
riefen.
25. Als man ihn aber mit Riemen anband, sprach Paulus zu dem Unterhauptmann, der dabeistand: *Ist's auch recht
bei euch, einen römischen Menschen ohne Urteil und Recht zu geißeln?
*K.16,37; 23,27.
26. Da das der Unterhauptmann hörte,
ging er zu dem Oberhauptmann und verkündigte ihm und sprach: Was willst du
machen? Dieser Mensch ist römisch.
27. Da kam zu ihm der Oberhauptmann
und sprach zu ihm: Sage mir, bist du römisch? Er aber sprach: Ja.
28. Und der Oberhauptmann antwortete:
Ich habe dies Bürgerrecht mit großer
Summe zuwege gebracht. Paulus aber
sprach: Ich aber bin auch römisch geboren.
29. Da traten alsobald von ihm ab, die
ihn befragen sollten. Und der Oberhauptmann fürchtete sich, da er vernahm, daß
er römisch war, und er ihn gebunden hatte.
30. Des andern Tages wollte er gewiß erkunden, warum er verklagt würde von den
Juden, und löste ihn von den Banden und
hieß die Hohenpriester und ihren ganzen
Rat kommen und führte Paulus hervor
und stellte ihn unter sie.

Das 23. Kapitel

Paulus vor dem Hohen Rat. Phärisäer und Suddazäer seinetwegen uneins. Der Herr spricht ihm zu. Mordanschlag wider ihn, vereitelt durch seine Abführung nach Cäsarea.

1. Paulus aber sah den Rat an und sprach: Ihr Männer, liebe *Brüder, ich habe mit allem †guten Gewissen gewandelt vor Gott bis auf diesen Tag,

*K.22,1. †K.24,16.

2. Der Hohepriester aber, Ananias, befahl denen, die um ihn standen, daß sie ihn auf's Maul schlügen.

3. Da sprach Paulus zu ihm: Gott wird dich schlagen, du *getünchte Wand! Sitzest du, mich zu richten nach dem Gesetz, und heißest mich schlagen wider das Gesetz? *Matth. 23,27.

4. Die aber umherstanden, sprachen: Schiltst du den Hohenpriester Gottes?

5. Und Paulus sprach: Liebe Brüder, ich wußte es nicht, daß er der Hohepriester ist. Denn es *steht geschrieben: »Dem Obersten deines Volks sollst du nicht fluchen.« *2. Mose 22,27.

6. Da aber Paulus wußte, daß ein Teil Sadduzäer war und der andere Teil Pharisäer, rief er im Rat: Ihr Männer, liebe Brüder, *ich bin ein Pharisäer und eines Pharisäers Sohn; ich werde angeklagt um der Hoffnung und Auferstehung willen der Toten. *K.22,3; 26,5.

7. Da er aber das sagte, ward ein Aufruhr unter den Pharisäern und Sadduzäern, und die Menge zerspaltete sich.

8. (Denn die Sadduzäer sagen, es sei keine Auferstehung noch Engel noch Geist; die Pharisäer aber bekennen beides.)

Matth. 22,23.

9. Es ward aber ein großes Geschrei; und die Schriftgelehrten von der Pharisäer Teil standen auf, stritten und sprachen: *Wir finden nichts Arges an diesem Menschen; hat aber ein Geist oder ein Engel mit ihm geredet, so können wir †mit Gott nicht streiten. *K.25,25. †K.5,39.

10. Da aber der Aufruhr groß ward, besorgte sich der oberste Hauptmann, sie möchten Paulus zerreißen, und hieß das Kriegsvolk hinabgehen und ihn von ihnen reißen und in das Lager führen.

11. Des andern Tages aber in der Nacht stand der Herr bei ihm und sprach: Sei *getrost, Paulus! denn wie du von mir zu Jerusalem gezeugt hast, also mußt du auch zu †Rom zeugen.

*K. 18,9. †K. 19,21; 28,16.23.

12. Da es aber Tag ward, schlugen sich etliche Juden zusammen und verschworen sich, weder zu essen noch zu trinken, bis daß sie Paulus getötet hätten.

13. Ihrer aber waren mehr denn vierzig, die solchen Bund machten.

14. Die traten zu den Hohenpriestern und Ältesten und sprachen: Wir haben uns hart verschworen, nichts zu essen, bis wir Paulus getötet haben.

15. So tut nun kund dem Oberhauptmann und dem Rat, daß er ihn morgen zu euch führe, als wolltet ihr ihn besser verhören; wir aber sind bereit, ihn zu töten, ehe denn er vor euch kommt!

16. Da aber des Paulus Schwestersohn den Anschlag hörte, ging er hin und kam in das Lager und verkündigte es Paulus.

17. Paulus aber rief zu sich einen von den Unterhauptleuten und sprach: Diesen Jüngling führe hin zu dem Oberhauptmann; denn er hat ihm etwas zu sagen.

18. Der nahm ihn und führte ihn zum Oberhauptmann und sprach: Der gebundene Paulus rief mich zu sich und bat mich, diesen Jüngling zu dir zu führen, der dir etwas zu sagen habe.

19. Da nahm ihn der Oberhauptmann bei der Hand und wich an einen besondern Ort und fragte ihn: Was ist's, das du mir zu sagen hast?

20. Er aber sprach: Die Juden sind eins geworden, dich zu bitten, daß du morgen Paulus vor den Rat bringen lassest, als wollten sie ihn besser verhören.

21. Du aber traue ihnen nicht; denn es lauern auf ihn mehr als vierzig Männer unter ihnen, die haben sich verschworen, weder zu essen, noch zu trinken, bis sie Paulus töten; und sind jetzt bereit und warten auf deine Verheißung.

22. Da ließ der Oberhauptmann den Jüngling von sich und gebot ihm, daß er niemand sagte, daß er ihm solches eröffnet hätte,

23. und rief zu sich zwei Unterhauptleute und sprach: Rüstet zweihundert Kriegsknechte, daß sie gen Cäsarea ziehen, und siebzig Reiter und zweihundert Schützen auf die dritte Stunde der Nacht;

24. und die Tiere richtet zu, daß sie Paulus draufsetzen und bringen ihn bewahrt zu Felix, dem Landpfleger.

25. Und schrieb einen Brief, der lautete also:

26. Klaudius Lysias dem teuren Landpfleger Felix Freude zuvor!

27. Diesen Mann hatten die Juden gegriffen und wollten ihn getötet haben. Da *kam ich mit dem Kriegsvolk dazu und

riß ihn von ihnen und †erfuhr, daß er ein
Römer ist. *K.21,33. †K.22,25.
28. Da ich aber erkunden wollte die Ursache, darum sie ihn beschuldigten, führte
ich ihn in ihren Rat. K.22,30.
29. Da befand ich, daß er beschuldigt
ward von wegen Fragen ihres Gesetzes,
aber keine Anklage hatte, des Todes oder
der Bande wert. V.6.9; K.18,14.15.
30. Und da vor mich kam, daß etliche
Juden auf ihn lauerten, sandte ich ihn von
Stund an zu dir und entbot den *Klägern
auch, daß sie vor dir sagten, was sie wider
ihn hätten. Gehab dich wohl! *K.24,8.
31. Die Kriegsknechte, wie ihnen befohlen war, nahmen Paulus und führten ihn
bei der Nacht gen Antipatris.
32. Des andern Tages aber ließen sie die
Reiter mit ihm ziehen und wandten wieder um zum Lager.
33. Da die gen Cäsarea kamen, überantworteten sie den Brief dem Landpfleger
und stellten ihm Paulus auch dar.
34. Da der Landpfleger den Brief las,
fragte er, aus welchem Lande er wäre. Und
da er erkundet, daß er aus *Zilizien wäre,
sprach er: *K.22,3.
35. Ich will dich verhören, wenn deine
Verkläger auch da sind. Und hieß ihn verwahren in dem Richthause des Herodes.

Das 24. Kapitel

Paulus vor dem Landpfleger Felix.

1. Über fünf Tage zog hinab der Hohepriester Ananias mit den Ältesten und mit
dem Redner Tertullus; die erschienen vor
dem Landpfleger wider Paulus.
2. Da er aber berufen ward, fing an Tertullus zu verklagen und sprach:
3. Das wir in großem Frieden leben unter dir und viel Wohltaten diesem Volk
widerfahren durch deine Fürsichtigkeit,
allerteuerster Felix, das nehmen wir an
allewege und allenthalben mit aller Dankbarkeit.
4. Auf daß ich aber dich nicht zu lange
aufhalte, bitte ich dich, du wolltest uns
kürzlich hören nach deiner Gelindigkeit.
5. Wir haben diesen Mann gefunden
schädlich, und der *Aufruhr erregt allen
Juden auf dem ganzen Erdboden, und einen Vornehmsten der Sekte der Nazare-
ner, *K.17,6.
6. der auch versucht hat, den Tempel zu
entweihen; welchen wir auch griffen und
wollten ihn gerichtet haben nach unserm
Gesetz. K.21,28.
7. Aber Lysias, der Hauptmann, kam dazu und führte ihn mit großer Gewalt aus
unsern Händen
8. und *hieß seine Verkläger zu dir kommen; von welchem du kannst, so du es
erforschen willst, das alles erkunden, um
was wir ihn verklagen. *K.23,30.
9. Die Juden aber redeten auch dazu und
sprachen, es verhielte sich also.
10. Paulus aber, da ihm der Landpfleger
winkte zu reden, antwortete: Dieweil ich
weiß, daß du in diesem Volk nun viele
Jahre ein Richter bist, will ich uner-
schrocken mich verantworten;
11. denn du kannst erkennen, daß es
nicht mehr als zwölf Tage sind, *daß ich
bin hinauf gen Jerusalem gekommen, anzubeten. *K.21,17.
12. Auch haben sie mich nicht gefunden
im Tempel mit jemand reden oder einen
Aufruhr machen im Volk noch in den
Schulen noch in der Stadt.
13. Sie können mir auch der keines beweisen, dessen sie mich verklagen.
14. Das bekenne ich aber dir, daß ich
nach diesem Wege, den sie eine *Sekte
heißen, diene also dem Gott meiner Väter,
daß ich glaube allem, was geschrieben
steht im Gesetz und in den Propheten,
*V.5.
15. und habe die Hoffnung zu Gott, auf
welche auch sie selbst warten, nämlich,
daß zukünftig sei die Auferstehung der
Toten, *der Gerechten und Ungerechten.
*Dan. 12,2; Joh. 5,28.29.
16. Dabei aber übe ich mich, zu haben
ein unverletzt Gewissen allenthalben, gegen Gott und die Menschen. K.23,1.
17. Aber nach vielen Jahren bin ich gekommen und habe ein *Almosen gebracht
meinem Volk, und Opfer.
*Röm. 15,25.26; Gal. 2,10.
18. Darüber fanden sie mich, daß ich
mich geheiligt hatte im Tempel, ohne allen Lärm und Getümmel. K.21,27.
19. Das waren aber etliche Juden aus
Asien, welche sollten hier sein vor dir und
mich verklagen, so sie etwas wider mich
hätten.
20. Oder laß diese selbst sagen, ob sie
etwas Unrechtes an mir gefunden haben,
dieweil ich stand vor dem Rat,
21. außer um des einzigen Wortes willen, da ich unter ihnen stand und rief:
Über die Auferstehung der Toten werde
ich von euch heute angeklagt.
K.23,6.
22. Da aber Felix solches hörte, zog er sie
hin; denn er wußte gar wohl um diesen
Weg und sprach: Wenn *Lysias, der

Hauptmann, herabkommt, so will ich eure Sache erkunden. *K.23,26.
23. Er befahl aber dem Unterhauptmann, Paulus zu behalten und lassen Ruhe haben und daß er niemand von den
Seinen wehrte, ihm zu dienen oder zu ihm
zu kommen. K.27,3.
24. Nach etlichen Tagen aber kam Felix
mit seinem Weibe Drusilla, die eine Jüdin
war, und forderte Paulus und hörte ihn
von dem Glauben an Christum.
25. Da aber Paulus redete von der Gerechtigkeit und von der Keuschheit und
von dem zukünftigen Gericht, erschrak
Felix und antwortete: Gehe hin auf diesmal; wenn ich gelegene Zeit habe, will ich
dich herrufen lassen.
26. Er hoffte aber daneben, daß ihm von
Paulus sollte Geld gegeben werden, daß er
ihn losgäbe; darum er ihn auch oft fordern
ließ und besprach sich mit ihm.
27. Da aber zwei Jahre um waren, kam
Porcius Festus an Felix Statt. Felix aber
wollte den Juden eine Gunst erzeigen und
ließ Paulus hinter sich gefangen.

Das 25. Kapitel

Paulus beruft sich vor dem Landpfleger Festus auf den Kaiser und wird dem jüdischen König Agrippa vorgestellt.

1. Da nun Festus ins Land gekommen
war, zog er über drei Tage hinauf von
Cäsarea gen Jerusalem.
2. Da erschienen vor ihm die Hohenpriester und die Vornehmsten der Juden wider
Paulus und ermahnten ihn K.24,1.
3. und baten um Gunst wider ihn, daß er
ihn fordern ließe gen Jerusalem, und stellten ihm nach, daß sie ihn unterwegs umbrächten. K.23,15.
4. Da antwortete Festus, Paulus würde ja
behalten zu Cäsarea; aber er würde in kurzem wieder dahin ziehen.
5. Welche nun unter euch (sprach er)
können, die laßt mit hinabziehen und den
Mann verklagen, so etwas an ihm ist.
6. Da er aber bei ihnen mehr denn zehn
Tage gewesen war, zog er hinab gen Cäsarea; und des andern Tages setzte er sich
auf den Richtstuhl und hieß Paulus holen.
7. Da der aber vor ihn kam, traten umher
die Juden, die von Jerusalem herabgekommen waren, und brachten auf viele und
schwere Klagen wider Paulus, welche sie
nicht konnten beweisen,
8. dieweil er sich verantwortete: Ich habe
weder an der Juden Gesetz noch an dem
Tempel noch am Kaiser mich versündigt.
9. Festus aber wollte den Juden eine
Gunst erzeigen und antwortete Paulus
und sprach: Willst du hinauf gen Jerusalem und daselbst über dieses dich vor mir
richten lassen?
10. Paulus aber sprach: Ich stehe vor des
Kaisers Gericht, da soll ich mich lassen
richten; den Juden habe ich kein Leid getan, wie auch du aufs beste weißt.
11. Habe ich aber jemand Leid getan und
des Todes wert gehandelt, so weigere ich
mich nicht, zu sterben; ist aber der keines
nicht, dessen sie mich verklagen, so kann
mich ihnen niemand übergeben. Ich berufe mich auf den Kaiser!
12. Da besprach sich Festus mit dem Rat
und antwortete: Auf den Kaiser hast du
dich berufen, zum Kaiser sollst du ziehen.
13. Aber nach etlichen Tagen kamen der
König Agrippa und Bernice gen Cäsarea,
Festus zu begrüßen.
14. Und da sie viele Tage daselbst gewesen waren, legte Festus dem König den
Handel von Paulus vor und sprach: Es ist
ein Mann von Felix *hinterlassen gefangen, *K.24,27.
15. um welches willen die Hohenpriester
und Ältesten der Juden vor mir erschienen, da ich zu Jerusalem war, und baten,
ich sollte ihn richten lassen;
16. denen antwortete ich: Es ist der Römer Weise nicht, daß ein Mensch übergeben werde, ihn umzubringen, ehe denn
der Verklägte seine Kläger gegenwärtig
habe und Raum empfange, sich auf die
Anklage zu verantworten.
17. Da sie aber her zusammenkamen,
machte ich keinen Aufschub und hielt des
andern Tages Gericht und hieß den Mann
vorbringen;
18. und da seine Verkläger auftraten,
brachten sie der Ursachen keine auf, deren
ich mich versah.
19. Sie hatten aber etliche Fragen wider
ihn von ihrem Aberglauben und von einem verstorbenen Jesus, von welchem
Paulus sagte, er lebe. K.18,15.
20. Da ich aber mich auf die Frage nicht
verstand, sprach ich, ob er wollte gen Jerusalem reisen und daselbst sich darüber
lassen richten.
21. Da aber Paulus sich berief, daß er für
des Kaisers Erkenntnis aufbehalten würde, hieß ich ihn behalten, bis daß ich ihn
zum Kaiser sende.
22. Agrippa aber sprach zu Festus: Ich
möchte den Menschen auch gern hören.
Er aber sprach: Morgen sollst du ihn hören. Luk.23,8.

23. Und am andern Tage, da Agrippa und
Bernice kamen mit großem Gepränge und
gingen in das Richthaus mit den Hauptleuten und vornehmsten Männern der
Stadt, und da es Festus hieß, ward Paulus
gebracht.
24. Und Festus sprach: Lieber König
Agrippa und alle ihr Männer, die ihr mit
uns hier seid, da sehet ihr den, um welchen mich die ganze Menge der Juden
angegangen hat, zu Jerusalem und auch
hier, und schrieen, er solle nicht länger
leben. V.2,7; K.22,22.
25. Ich aber, da ich vernahm, daß er
nichts getan hatte, das des Todes wert sei,
und er auch selber sich auf den Kaiser
berief, habe ich beschlossen, ihn zu senden.
26. Etwas Gewisses aber habe ich von
ihm nicht, das ich dem Herrn schreibe.
Darum habe ich ihn lassen hervorbringen
vor euch, allermeist aber vor dich, König
Agrippa, auf daß ich nach geschehener
Erforschung haben möge, was ich schreibe.
27. Denn es dünkt mich ein ungeschicktes Ding zu sein, einen Gefangenen schik-
ken und keine Ursachen wider ihn anzeigen.

Das 26. Kapitel

Paulus verantwortet sich vor Festus und dem König Agrippa.
Beide erkennen seine Unschuld an.

1. Agrippa aber sprach zu Paulus: Es ist
dir erlaubt, für dich zu reden. Da reckte
Paulus die Hand aus und verantwortete
sich:
2. Es ist mir sehr lieb, König Agrippa,
daß ich mich heute vor dir verantworten
soll über alles, dessen ich von den Juden
beschuldigt werde;
3. allermeist weil du weißt alle Sitten
und Fragen der Juden. Darum bitte ich
dich, du wollest mich geduldig hören.
4. Zwar mein Leben von Jugend auf, wie
das von Anfang unter diesem Volk zu Jerusalem zugebracht ist, wissen alle Juden,
5. die mich von Anbeginn gekannt haben, wenn sie es wollten bezeugen. Denn
ich bin ein Pharisäer gewesen, welches ist
die strengste Sekte unsers Gottesdienstes.
K.23,6; Phil. 3,5.
6. Und nun stehe ich und werde angeklagt über die Hoffnung auf die Verheißung, so geschehen ist von Gott zu unsern
Vätern, K.28,20.
7. zu welcher hoffen die zwölf Geschlechter der Unsern zu kommen mit
Gottesdienst emsig Tag und Nacht. Dieser
Hoffnung halben werde ich, König Agrippa, von den Juden beschuldigt. K.24,15.
8. Warum wird das für unglaublich bei
euch geachtet, daß Gott Tote auferweckt?
(V.9–20: vgl. K. 9,1–29; 22,3–21.)
9. Zwar meinte ich auch bei mir selbst,
ich müßte viel zuwider tun dem Namen
Jesu von Nazareth,
10. wie ich denn auch zu Jerusalem getan habe, da ich viele Heilige in das Gefängnis verschloß, darüber ich Macht von
den Hohenpriestern empfing; und wenn
sie erwürgt wurden, half ich das Urteil
sprechen.
11. Und durch alle Schulen peinigte ich
sie oft und zwang sie zu lästern; und war
überaus unsinnig auf sie, verfolgte sie
auch bis in die fremden Städte.
12. Über dem, da ich auch gen Damaskus
reiste mit Macht und Befehl von den Hohenpriestern,
13. sah ich mitten am Tage, o König, auf
dem Wege ein Licht vom Himmel, heller
denn der Sonne Glanz, das mich und die
mit mir reisten, umleuchtete.
14. Da wir aber alle zur Erde niederfie-
len, hörte ich eine Stimme reden zu mir,
die sprach auf hebräisch: Saul, Saul, was
verfolgst du mich? Es wird dir schwer sein,
wider den Stachel zu *lecken.
*auszuschlagen.
15. Ich aber sprach: Herr, wer bist du? Er
sprach: Ich bin Jesus, den du verfolgst;
aber stehe auf und tritt auf deine Füße.
16. Denn dazu bin ich dir erschienen,
daß ich dich ordne zum Diener und Zeugen des, das du gesehen hast und das ich
dir noch will erscheinen lassen;
17. und will dich erretten von dem Volk
und von den Heiden, unter welche ich
dich jetzt sende,
18. aufzutun ihre Augen, daß sie sich
bekehren von der Finsternis zu dem Licht
und von der Gewalt des Satans zu Gott, zu
empfangen Vergebung der Sünden und
*das Erbe samt denen, die geheiligt wer-
den durch den Glauben an mich. *K.20,32.
19. Daher, König Agrippa, war ich der
himmlischen Erscheinung nicht ungläubig, Gal. 1,16.
20. sondern verkündigte zuerst denen zu
Damaskus und zu Jerusalem und in alle
Gegend des jüdischen Landes und auch
den Heiden, daß sie Buße täten und sich
bekehrten zu Gott und täten rechtschaffene Werke der Buße.
21. Um deswillen haben mich die Juden

im Tempel gegriffen und versuchten, mich zu töten. K.21,30.31.
22. Aber durch Hilfe Gottes ist es mir gelungen und stehe ich bis auf diesen Tag und zeuge beiden, dem Kleinen und Großen, und sage nichts außer dem, was die *Propheten gesagt haben, daß es geschehen sollte, und Mose: *Luk. 24,44–47.
23. daß Christus sollte leiden und *der erste sein aus der Auferstehung von den Toten und verkündigen ein Licht dem Volk und den Heiden. *1. Kor. 15,20.
24. Da er aber solches zur Verantwortung gab, sprach Festus mit lauter Stimme: Paulus, du rasest! die große Kunst macht dich rasend.
25. Er aber sprach: Mein teurer Festus, ich rase nicht, sondern ich rede wahre und vernünftige Worte.
26. Denn der König weiß solches wohl, zu welchem ich freudig rede. Denn ich achte, ihm sei der keines verborgen; denn *solches ist nicht im Winkel geschehen. *Joh. 18,20.
27. Glaubst du, König Agrippa, den Propheten? Ich weiß, daß du glaubst.
28. Agrippa aber sprach zu Paulus: Es fehlt nicht viel, du überredest mich, daß ich ein Christ würde.
29. Paulus aber sprach: Ich wünschte vor Gott, es fehle nun an viel oder an wenig, daß nicht allein du sondern alle, die mich heute hören, solche würden, wie ich bin, ausgenommen diese Bande.
30. Und da er das gesagt, stand der König auf und der Landpfleger und Bernice und die mit ihnen saßen,
31. und wichen beiseits, redeten miteinander und sprachen: Dieser Mensch hat nichts getan, das des Todes oder der Bande wert sei.
32. Agrippa aber sprach zu Festus: Dieser Mensch hätte können losgegeben werden, wenn er sich nicht *auf den Kaiser berufen hätte. *K.25,11.

Das 27. Kapitel

Paulus wird als Gefangener nach Rom geführt. Schiffbruch und Errettung. Ankunft in Melite.

1. Da es aber beschlossen war, *daß wir nach Italien schiffen sollten, übergaben sie Paulus und etliche andere Gefangene dem Unterhauptmann mit Namen Julius, von der »kaiserlichen« Schar. *K.25,12.
2. Da wir aber in ein adramyttisches Schiff traten, daß wir an Asien hin schiffen sollten, fuhren wir vom Lande; und mit uns war *Aristarchus aus Mazedonien, von Thessalonich. *K. 19,29; 20,4.
3. Und des andern Tages kamen wir an zu Sidon; und Julius hielt sich freundlich gegen Paulus, erlaubte ihm, zu seinen guten Freunden zu gehen und sich zu pflegen. K.24,23; 28,16.
4. Und von da stießen wir ab und schifften unter Zypern hin, darum daß uns die Winde entgegen waren,
5. und schifften durch das Meer bei Zilizien und Pamphylien und kamen gen Myra in Lyzien.
6. Und daselbst fand der Unterhauptmann ein Schiff von Alexandrien, das schiffte nach Italien, und ließ uns darauf übersteigen.
7. Da wir aber langsam schifften und in vielen Tagen kaum gegen Knidus kamen (denn der Wind wehrte uns), schifften wir unter Kreta hin bei Salmone,
8. und zogen mit Mühe vorüber; da kamen wir an eine Stätte, die heißt Gutfurt, dabei war nahe die Stadt Lasäa.
9. Da nun viel Zeit vergangen war und nunmehr *gefährlich war zu schiffen, darum daß auch das †Fasten schon vorüber war, vermahnte sie Paulus *2. Kor. 11,25.26. †3. Mose 16,29.
10. und sprach zu ihnen: Liebe Männer, ich sehe, daß die Schiffahrt will mit Leid und großem Schaden ergehen, nicht allein der Last und des Schiffes sondern auch unsers Lebens.
11. Aber der Unterhauptmann glaubte dem Steuermann und dem Schiffsherrn mehr denn dem, was Paulus sagte.
12. Und da die Anfurt ungelegen war, zu wintern, bestanden ihrer der mehrere Teil auf dem Rat, von dannen zu fahren, ob sie könnten kommen gen Phönix, zu überwintern, welches ist eine Anfurt an Kreta gegen Südwest und Nordwest.
13. Da aber der Südwind wehte und sie meinten, sie hätten nun ihr Vornehmen, erhoben sie sich und fuhren näher an Kreta hin.
14. Nicht lange aber darnach erhob sich wider ihr Vornehmen eine Windsbraut, die man nennt Nordost.
15. Und da das Schiff ergriffen ward und konnte sich nicht wider den Wind richten, gaben wir's dahin und schwebten also.
16. Wir kamen aber an eine Insel, die heißt Klauda; da konnten wir kaum den Kahn ergreifen.
17. Den hoben wir auf und brauchten die Hilfe und unterbanden das Schiff; denn wir fürchteten, es möchte in die Syrte fallen, und ließen die Segel herunter und fuhren also.

PAULUS' ANKUNFT IN ROM Apostelgeschichte 28, 15.16

18. Und da wir großes Ungewitter erlitten, taten sie des nächsten Tages einen Auswurf.
19. Und am dritten Tage warfen wir mit unsern Händen aus die Gerätschaft im Schiffe.
20. Da aber in vielen Tagen weder Sonne noch Gestirn erschien und ein nicht kleines Ungewitter uns drängte, war alle Hoffnung unsers Lebens dahin.
21. Und da man lange nicht gegessen hatte, trat Paulus mitten unter sie und sprach: Liebe Männer, man sollte mir gehorcht haben und nicht von Kreta aufgebrochen sein, und uns dieses Leides und Schadens überhoben haben.
22. Und nun ermahne ich euch, daß ihr unverzagt seid; denn keines Leben aus uns wird umkommen, nur das Schiff.
23. Denn diese Nacht ist bei mir gestanden der Engel Gottes, des ich bin und dem ich diene,
24. und sprach: *Fürchte dich nicht, Paulus! du mußt vor den Kaiser gestellt werden; und siehe, Gott hat dir geschenkt alle, die mit dir schiffen.

*K.23,11.

25. Darum, liebe Männer, seid unverzagt; denn ich glaube Gott, es wird also geschehen, wie mir gesagt ist.
26. Wir müssen aber anfahren an eine Insel. K.28,1.
27. Da aber die vierzehnte Nacht kam, daß wir im Adria-Meer fuhren, um die Mitternacht, wähnten die Schiffsleute, sie kämen etwa an ein Land.
28. Und sie senkten den Bleiwurf ein und fanden zwanzig Klafter tief; und über ein wenig davon senkten sie abermals und fanden fünfzehn Klafter.
29. Da fürchteten sie sich, sie würden an harte Orte anstoßen, und warfen hinten vom Schiffe vier Anker und wünschten, daß es Tag würde.
30. Da aber die Schiffsleute die Flucht suchten aus dem Schiffe und den Kahn niederließen in das Meer und gaben vor, sie wollten die Anker vorn aus dem Schiffe lassen,
31. sprach Paulus zu dem Unterhauptmann und zu den Kriegsknechten: Wenn diese nicht im Schiffe bleiben, so könnt ihr nicht am Leben bleiben.
32. Da hieben die Kriegsknechte die

Stricke ab von dem Kahn und ließen ihn
fallen.
33. Und da es anfing licht zu werden,
ermahnte sie Paulus alle, daß sie Speise
nähmen, und sprach: Es ist heute der
*vierzehnte Tag, daß ihr wartet und ungegessen geblieben seid und habt nichts zu euch genommen. *V.27.
34. Darum ermahne ich euch, Speise zu
nehmen, euch zu laben; denn es wird euer keinem *ein Haar von dem Haupt entfallen. *Matth. 10,30.
35. Und da er das gesagt, nahm er das
Brot, *dankte Gott vor ihnen allen und brach's und fing an zu essen.

*Joh. 6,11; 1.Tim. 4,4.

36. Da wurden sie alle gutes Muts und
nahmen auch Speise.
37. Unser waren aber alle zusammen im
Schiff zweihundertundsechsundsiebzig Seelen.
38. Und da sie satt geworden, erleichter-
ten sie das Schiff und warfen das Getreide in das Meer.
39. Da es aber Tag ward, kannten sie das
Land nicht; einer Anfurt aber wurden sie gewahr, die hatte ein Ufer; dahinan wollten sie das Schiff treiben, wo es möglich wäre.
40. Und sie hieben die Anker ab und lie-
ßen sie dem Meer, lösten zugleich die Bande der Steuerruder auf und richteten das Segel nach dem Winde und trachteten nach dem Ufer.
41. Und da wir fuhren an einen Ort, der
auf beiden Seiten Meer hatte, stieß sich das Schiff an, und das Vorderteil blieb feststehen unbeweglich; aber das Hinterteil zerbrach von der Gewalt der Wellen.
42. Die Kriegsknechte aber hatten einen
Rat, die Gefangenen zu töten, daß nicht jemand, so er ausschwömme, entflöhe.
43. Aber der Unterhauptmann wollte
Paulus erhalten und wehrte ihrem Vornehmen und hieß, die da schwimmen könnten, sich zuerst in das Meer lassen und entrinnen an das Land,
44. die andern aber etliche auf Brettern,
etliche auf dem, das vom Schiffe war. Und also geschah es, daß sie *alle gerettet zu Lande kamen. *V.22 25.

Das 28. Kapitel

Freundliche Aufnahme in Melite (jetzt Malta). Des Paulus Wundertat daselbst. Seine Ankunft und Predigt in Rom.

1. Und da wir gerettet waren, erfuhren
wir, daß die Insel Melite hieß.
2. Die Leutlein aber erzeigten uns nicht
geringe Freundschaft, zündeten ein Feuer an und nahmen uns alle auf um des Regens, der über uns gekommen war, und um der Kälte willen. 2.Kor. 11,27.
3. Da aber Paulus einen Haufen Reiser
zusammenraffte und legte sie aufs Feuer, kam eine Otter von der Hitze hervor und fuhr Paulus an seine Hand.
4. Da aber die Leutlein sahen das Tier an
seiner Hand hangen, sprachen sie untereinander: Dieser Mensch muß ein Mörder sein, welchen die Rache nicht leben läßt, ob er gleich dem Meere entgangen ist.
5. Er aber schlenkerte das Tier ins Feuer,
und ihm widerfuhr nichts Übles.

Mark. 16,18.

6. Sie aber warteten, wenn er schwellen
würde oder tot niederfallen. Da sie aber lange warteten und sahen, daß ihm nichts Ungeheures widerfuhr, wurden sie anderes Sinnes und sprachen; *er wäre ein Gott. *K.14,11.
7. An diesen Örtern aber hatte der Ober-
ste der Insel, mit Namen Publius, ein Vorwerk; der nahm uns auf und herbergte uns drei Tage freundlich.
8. Es geschah aber, daß der Vater des
Publius am Fieber und an der Ruhr lag. Zu dem ging Paulus hinein und betete und legte die Hand auf ihn und machte ihn gesund.
9. Da das geschah, kamen auch die an-
dern auf der Insel herzu, die Krankheiten hatten, und ließen sich gesund machen.
10. Und sie taten uns große Ehre; und da
wir auszogen, luden sie auf, was uns not war.
11. Nach drei Monaten aber fuhren wir
aus in einem Schiffe von Alexandrien, welches bei der Insel überwintert hatte und hatte ein Panier der Zwillinge.
12. Und da wir gen Syrakus kamen, blie-
ben wir drei Tage da.
13. Und da wir umschifften, kamen wir
gen Rhegion; und nach einem Tage, da der Südwind sich erhob, kamen wir des andern Tages gen Puteoli.
14. Da fanden wir Brüder und wurden
von ihnen gebeten, daß wir sieben Tage dablieben. Und also kamen wir gen Rom.
15. Und von dort, da die Brüder von uns
hörten, gingen sie aus, uns entgegen, bis gen Appifor und Tretabern. Da die Paulus sah, dankte er Gott und gewann eine Zuversicht.
16. Da wir aber gen Rom kamen, über-
antwortete der Unterhauptmann die Gefangenen dem obersten Hauptmann. Aber

Paulus ward erlaubt zu bleiben, wo er
wollte, mit einem Kriegsknechte, der ihn
hütete. K.27,3.
17. Es geschah aber nach drei Tagen, daß
Paulus zusammenrief die Vornehmsten
der Juden. Da die zusammenkamen,
sprach er zu ihnen: Ihr Männer, liebe Brüder, ich habe nichts getan wider unser
Volk noch wider väterliche Sitten, und bin
doch gefangen aus Jerusalem übergeben
in der Römer Hände. K.23,1.
18. Diese, da sie mich verhört hatten,
wollten sie mich losgeben, dieweil keine
Ursache des Todes an mir war.
19. Da aber die Juden dawider redeten,
ward ich genötigt, mich *auf den Kaiser
zu berufen; nicht, als hätte ich mein Volk
um etwas zu verklagen. *K.25,11.
20. Um der Ursache willen habe ich euch
gebeten, daß ich euch sehen und anspre-
chen möchte; denn um *der Hoffnung
willen Israels bin ich mit dieser Kette umgeben. *K.26,6.7.
21. Sie aber sprachen zu ihm: Wir haben
weder Schrift empfangen aus Judäa deinethalben, noch ist ein Bruder gekommen, der von dir etwas Arges verkündigt
oder gesagt habe.
22. Doch wollen wir von dir hören, was
du hältst; denn von dieser *Sekte ist uns
kund, daß ihr wird an allen Enden †wider-
sprochen. *K.24,14. †Luk.2,34.
23. Und da sie ihm einen Tag bestimmt
hatten, kamen viele zu ihm in die Herberge, welchen er auslegte und bezeugte das
Reich Gottes; und er predigte ihnen von
Jesu aus dem Gesetze Mose's und aus den
Propheten von frühmorgens an bis an den
Abend.
24. Und etliche fielen dem zu, was er
sagte; etliche aber glaubten nicht.
25. Da sie aber untereinander mißhellig
waren, gingen sie weg, als Paulus das eine
Wort redete: Wohl hat der heilige Geist
gesagt durch den Propheten Jesaja zu unsern Vätern
26. und *gesprochen: »Gehe hin zu diesem Volk und sprich: Mit den Ohren werdet ihr's hören, und nicht verstehen; und
mit den Augen werdet ihr's sehen, und
nicht erkennen. *Jes.6,9.10.
27. Denn das Herz dieses Volks ist verstockt, und sie hören schwer mit den Ohren und schlummern mit ihren Augen, auf
daß sie nicht dermaleinst sehen mit den
Augen und hören mit den Ohren und verständig werden im Herzen und sich bekehren, daß ich ihnen hülfe.«
28. So *sei es euch kundgetan, daß den
Heiden gesandt ist dies Heil Gottes; und
sie werden's hören. – *K.13,46.
29. Und da er solches redete, gingen die
Juden hin und hatten viel Fragens unter
sich selbst.
30. Paulus aber blieb zwei Jahre in seinem eigenen *Gedinge und nahm auf alle,
die zu ihm kamen, *Mietwohnung.
31. predigte *das Reich Gottes und lehrte von dem Herrn Jesus mit aller Freudigkeit unverboten. *V.23.

Der Brief des Paulus an die Römer

Das 1. Kapitel

Eingang und Segenswunsch.
Das Evangelium offenbart die Gerechtigkeit aus dem Glauben für die Heidenwelt, welche unter dem Zorn Gottes liegt.

1. Paulus, ein Knecht Jesu Christi, berufen zum Apostel, ausgesondert, zu predigen das Evangelium Gottes,

Apg. 9,15; 13,2; Gal. 1,15.

2. welches er zuvor verheißen hat durch seine Propheten in der heiligen Schrift,

Tit. 1,2; K. 16,25.26.

3. von seinem Sohn, der geboren ist von dem Samen Davids nach dem Fleisch

2. Sam. 7,12; Matth. 22,42; K. 9,5.

4. und kräftig erwiesen ein Sohn Gottes nach dem Geist, der da heiligt, seit der Zeit, da er *auferstanden ist von den Toten, Jesus Christus, unser Herr,

*Apg. 13,33.

5. durch welchen wir haben empfangen Gnade und Apostelamt, unter allen Heiden den Gehorsam des Glaubens aufzurichten unter seinem Namen,

Apg. 26,16–18; K. 15,18; Gal. 2,7.9.

6. unter welchen ihr auch seid, die da berufen sind von Jesu Christo, –

7. allen, die zu Rom sind, den Liebsten Gottes und *berufenen Heiligen: †Gnade sei mit euch und Friede von Gott, unserm Vater, und dem Herrn Jesus Christus!

*1. Kor. 1,2.2; Kor. 1,1; Eph. 1,1. †4. Mose 6,25,26.

8. Aufs erste danke ich meinem Gott durch Jesum Christum euer aller halben, *daß man von eurem Glauben in aller Welt sagt. *K. 16,19; 1. Thess. 1,8.

9. Denn *Gott ist mein Zeuge, welchem ich diene in meinem Geist am Evangelium von seinem Sohn, daß ich †ohne Unterlaß euer gedenke *Phil. 1,8. †Eph. 1,16.

10. und allezeit in meinem Gebet flehe, ob sich's einmal zutragen wollte, daß ich zu euch käme durch Gottes Willen.

Apg. 19,21; K. 15,23–32.

11. Denn mich verlangt, euch zu sehen, auf daß ich euch mitteile etwas geistlicher Gabe, euch zu stärken; Apg. 28,31.

12. das ist, daß ich samt euch getröstet würde durch euren und meinen Glauben, den wir untereinander haben. 2. Petr. 1,1.

13. Ich will euch aber nicht verhalten, liebe Brüder, daß ich mir oft habe vorgesetzt, zu euch zu kommen (bin aber verhindert bisher), daß ich auch unter euch Frucht schaffte gleichwie unter andern Heiden.

14. Ich bin ein Schuldner der Griechen und der Ungriechen, der Weisen und der Unweisen.

15. Darum, soviel an mir ist, bin ich geneigt, auch euch zu Rom das Evangelium zu predigen.

16. Denn ich *schäme mich des Evangeliums von Christo nicht; denn es ist eine †Kraft Gottes, die da selig macht alle, die daran glauben, die Juden vornehmlich und auch die Griechen.

*Ps. 119,46. †1. Kor. 1,18.24; Apg. 13,46.

17. Sintemal darin offenbart wird *die Gerechtigkeit, die vor Gott gilt, welche kommt aus Glauben in Glauben; †wie denn geschrieben steht: »Der Gerechte wird seines Glaubens leben.«

*K. 3,21.22. †Hab. 2,4.

18. Denn Gottes Zorn vom Himmel wird offenbart über alles gottlose Wesen und Ungerechtigkeit der Menschen, die die Wahrheit in Ungerechtigkeit aufhalten.

19. Denn was man von Gott weiß, ist ihnen offenbar; denn Gott hat es ihnen offenbart, Apg. 14,15–17; 17,24–28.

20. damit daß Gottes unsichtbares Wesen, das ist seine ewige Kraft und Gottheit, wird ersehen, so man des wahrnimmt, an den Werken, nämlich an der Schöpfung der Welt; also daß sie keine Entschuldigung haben, Ps. 19,2. Hebr. 11,3.

21. dieweil sie wußten, daß ein Gott ist, und haben ihn nicht gepriesen als einen Gott noch ihm gedankt, sondern sind in ihrem Dichten eitel geworden, und ihr *unverständiges Herz ist verfinstert.

*Eph. 4,18.

22. Da sie sich für weise hielten, sind sie zu Narren geworden

Jer. 10,14; 1. Kor. 1,20.

23. und haben verwandelt die Herrlichkeit des unvergänglichen Gottes in ein Bild gleich dem vergänglichen Menschen und der Vögel und der vierfüßigen und der kriechenden Tiere. 5. Mose 4,15–19.

24. Darum hat sie auch Gott dahingegeben in ihrer Herzen Gelüste, in Unreinigkeit, zu schänden ihre eigenen Leiber an sich selbst, Apg. 14,16.

25. sie, die Gottes Wahrheit haben verwandelt in die Lüge und haben geehrt und gedient dem Geschöpfe mehr denn dem

Schöpfer, der da gelobt ist in Ewigkeit. Amen.
26. Darum hat sie Gott auch dahingegeben in schändliche Lüste: denn ihre Weiber haben verwandelt den natürlichen Brauch in den unnatürlichen;
27. desgleichen auch die Männer haben verlassen den natürlichen Brauch des Weibes und sind aneinander erhitzt in ihren Lüsten und haben Mann mit Mann Schande getrieben und den Lohn ihres Irrtums (wie es denn sein sollte) an sich selbst empfangen.
3.Mose 18,22; 20,13; 1.Kor. 6,9.
28. Und gleichwie sie nicht geachtet haben, daß sie Gott erkenneten, hat sie Gott auch dahingegeben in verkehrten Sinn, zu tun, was nicht taugt,
29. voll alles Ungerechten, Hurerei, Schalkheit, Geizes, Bosheit, voll Neides, Mordes, Haders, List, giftig, Ohrenbläser,
30. Verleumder, Gottesverächter, Frevler, hoffärtig, ruhmredig, Schädliche, den Eltern ungehorsam.
31. Unvernünftige, Treulose, Lieblose, unversöhnlich, unbarmherzig.
32. Sie wissen Gottes Gerechtigkeit, daß, die solches tun, des Todes würdig sind, und tun es nicht allein, sondern haben auch Gefallen an denen, die es tun.

Das 2. Kapitel

Die Juden sowohl sind Sünder als die Heiden.

1. Darum, o Mensch, kannst du dich nicht entschuldigen, wer du auch bist, der da richtet. Denn *worin du einen andern richtest, verdammst du dich selbst; sintemal du ebendasselbe tust, was du richtest.
*Matth. 7,2; Joh. 8,7.
2. Denn wir wissen, daß Gottes Urteil ist recht über die, so solches tun.
3. Denkst du aber, o Mensch, der du richtest die, so solches tun, und tust auch dasselbe, daß du dem Urteil Gottes entrinnen werdest?
4. Oder verachtest du den Reichtum seiner Güte, Geduld und Langmütigkeit? Weißt du nicht, daß dich Gottes Güte zur Buße leitet? 2.Petr. 3,15.
5. Du aber nach deinem verstockten und unbußfertigen Herzen häufest dir selbst den Zorn auf den Tag des Zorns und der Offenbarung des gerechten Gerichtes Gottes,
6. welcher geben wird einem jeglichen nach seinen Werken:
Matth. 16,27; 2.Kor. 5,10; Joh. 5,29.
7. Preis und Ehre und unvergängliches Wesen denen, die mit Geduld in guten Werken trachten nach dem ewigen Leben;
8. aber denen, die da zänkisch sind und der Wahrheit nicht gehorchen, gehorchen aber der Ungerechtigkeit, Ungnade und Zorn; 2.Thess. 1,8.
9. Trübsal und Angst über alle Seelen der Menschen, die da Böses tun, vornehmlich *der Juden und auch der Griechen;
*K. 1,16; 3,9.
10. Preis aber und Ehre und Friede allen denen, die da Gutes tun, vornehmlich den Juden und auch den Griechen.
11. Denn es ist kein Ansehen der Person vor Gott. Apg. 10,34; 1.Petr. 1,17.
12. Welche ohne Gesetz gesündigt haben, die werden auch ohne Gesetz verloren werden; und welche unter dem Gesetz gesündigt haben, die werden durchs Gesetz verurteilt werden
13. (sintemal vor Gott nicht, die das Gesetz hören, gerecht sind, sondern die das Gesetz tun, werden gerecht sein.
Matth. 7,21; 1.Joh. 3,7.
14. Denn so die Heiden, die das Gesetz nicht haben, doch von Natur tun des Gesetzes Werk, sind dieselben, dieweil sie das Gesetz nicht haben, sich selbst ein Gesetz,
Apg. 10,35.
15. als die da beweisen, des Gesetzes Werk sei geschrieben in ihrem Herzen, sintemal ihr Gewissen ihnen zeugt, dazu auch die Gedanken, die sich untereinander verklagen oder entschuldigen),
K. 1,32.
16. auf den Tag, da Gott das Verborgene der Menschen durch Jesum Christum richten wird laut meines Evangeliums.
17. Siehe aber zu: du heißest ein Jude und verlässest dich aufs Gesetz und rühmest dich Gottes
18. und weißt seinen Willen; und weil du aus dem Gesetz unterrichtet bist, prüfest du, was das Beste zu tun sei,
19. und vermissest dich, zu sein ein Leiter der Blinden, ein Licht derer, die in Finsternis sind, Matth. 15,14.
20. ein Züchtiger der Törichten, ein Lehrer der Einfältigen, hast die Form, was zu wissen und recht ist, im Gesetz.
21. Nun lehrst du andere, und lehrst dich selber nicht; du predigst, man solle nicht stehlen, und du stiehlst;
Ps. 50,16–21; Matth. 23,3.4.
22. du sprichst, man solle nicht ehebrechen, und du brichst die Ehe; dir greuelt vor den Götzen, und du raubest Gott, was sein ist;
23. du rühmest dich des Gesetzes, und

schändest Gott durch Übertretung des Gesetzes;
24. denn »eurethalben wird Gottes Namen gelästert unter den Heiden«, wie geschrieben steht. Jes. 52,5; Hesek. 36,20.
25. Die Beschneidung ist wohl nütz, wenn du das Gesetz hältst; hältst du aber das Gesetz nicht, so bist du aus einem Beschnittenen schon ein Unbeschnittener geworden. Jer. 4,4; 9,24.25.
26. So nun der Unbeschnittene das Recht im Gesetz hält, meinst du nicht, daß da der Unbeschnittene werde für einen Beschnittenen gerechnet? Gal. 5,6.
27. Und wird also, der von Natur unbeschnitten ist und das Gesetz vollbringt, dich richten, der du unter dem Buchstaben und der Beschneidung bist und das Gesetz übertrittst.
28. Denn das ist nicht ein Jude, der auswendig ein Jude ist, auch ist das nicht eine Beschneidung, die auswendig am Fleisch geschieht; Joh. 8,39.
29. sondern das ist ein Jude, der's inwendig verborgen ist, und die Beschneidung, des Herzens ist *eine Beschneidung, die im Geist und nicht im Buchstaben geschieht. Eines solchen Lob ist nicht aus Menschen, sondern aus Gott.
*5. Mose 30,6; Kol. 2,11.

Das 3. Kapitel

Alle Menschen ohne Unterschied sind Sünder und werden ohne Verdienst gerecht durch den Glauben.

1. Was haben denn die Juden für Vorteil, oder was nützt die Beschneidung?
2. Fürwahr sehr viel. Zum ersten: ihnen ist vertraut, was Gott geredet hat.
K. 9,4; 5. Mose 4,7.8; Ps. 147,19.20.
3. Daß aber etliche nicht daran glauben, was liegt daran? Sollte ihr Unglaube Gottes Glauben aufheben?
K. 9,6; 11,29; 2. Tim. 2,13.
4. Das sei ferne! Es bleibe vielmehr also, daß Gott sei wahrhaftig und *alle Menschen Lügner; wie †geschrieben steht: »Auf daß du gerecht seist in deinen Worten und überwindest, wenn du gerichtet wirst.« *Ps. 116,11. †Ps. 51,6.
5. Ist's aber also, daß unsre Ungerechtigkeit Gottes Gerechtigkeit preist, was wollen wir sagen? Ist denn Gott auch ungerecht, daß er darüber zürnt? (Ich rede also auf Menschenweise.)
6. Das sei ferne! Wie könnte sonst Gott die Welt richten?
7. Denn so die Wahrheit Gottes durch meine Lüge herrlicher wird zu seinem Preis, warum sollte ich denn noch als ein Sünder gerichtet werden
8. und nicht vielmehr also tun, wie wir gelästert werden und wie etliche sprechen, daß wir sagen: »Lasset uns Übles tun, auf daß Gutes daraus komme«? Welcher Verdammmnis ist ganz recht. K. 6,1.2.
9. Was sagen wir denn nun? Haben wir einen Vorteil? Gar keinen. Denn wir haben *droben bewiesen, daß beide, Juden und Griechen, alle unter der Sünde sind,
*K. 1,18–2,24.
10. wie denn *geschrieben steht: »Da ist nicht, der gerecht sei, auch nicht einer.
*Ps. 14,1–3; 53,2–4.
11. Da ist nicht, der verständig sei; da ist nicht, der nach Gott frage.
12. Sie sind alle abgewichen und allesamt untüchtig geworden. Da ist nicht, der Gutes tue, auch nicht einer.
13. *Ihr Schlund ist ein offnes Grab; mit ihren Zungen handeln sie trüglich. †Otterngift ist unter ihren Lippen;
*Ps. 5,10. †Ps. 140,4.
14. ihr Mund ist voll Fluchens und Bitterkeit. Ps. 10,7.
15. Ihre Füße sind eilend, Blut zu vergießen; Jes. 59,7.8.
16. auf ihren Wegen ist eitel Schaden und Herzeleid,
17. und den Weg des Friedens wissen sie nicht.
18. Es ist keine Furcht Gottes vor ihren Augen.« Ps. 36,2.
19. Wir wissen aber, daß, was das Gesetz sagt, das sagt es denen, die unter dem Gesetz sind, auf daß *aller Mund verstopft werde und alle Welt Gott schuldig sei;
K. 2,12; Gal. 3,22.
20. darum, daß *kein Fleisch durch des Gesetzes Werke vor ihm gerecht sein kann; denn †durch das Gesetz kommt Erkenntnis der Sünde.
*Ps. 143,2; Gal. 2,16. †K. 7,7.
21. Nun aber ist ohne Zutun des Gesetzes die Gerechtigkeit, die vor Gott gilt, offenbart und bezeugt durch das Gesetz und die Propheten. Apg. 10,43.
22. Ich sage aber von solcher Gerechtigkeit vor Gott, die da kommt durch den Glauben an Jesum Christum zu allen und auf alle, die da glauben.
23. Denn es ist hier kein Unterschied: sie sind *allzumal Sünder und mangeln des †Ruhmes, den sie bei Gott haben sollten,
V. 9.19. †K. 5,2.
24. und werden ohne Verdienst gerecht aus seiner Gnade durch die Erlösung, so

durch Christum Jesum geschehen ist,
K. 5,1; Eph. 2,8.
25. welchen Gott hat vorgestellt zu einem *Gnadenstuhl durch den Glauben in seinem Blut, damit er die Gerechtigkeit, die vor ihm gilt, darbiete in dem, daß er Sünde vergibt, welche bisher geblieben war unter göttlicher Geduld;
*3. Mose 16,12–15; Hebr. 4,16.
26. auf daß er zu diesen Zeiten darböte die Gerechtigkeit, die vor ihm gilt; auf daß er allein gerecht sei und gerecht mache den, der da ist des Glaubens an Jesum.
27. Wo bleibt nun der Ruhm? Er ist ausgeschlossen. Durch welches Gesetz? Durch der Werke Gesetz? Nicht also, sondern durch des Glaubens Gesetz.
1. Kor. 1,29.31.
28. So halten wir nun dafür, daß der Mensch gerecht werde ohne des Gesetzes Werke, allein durch den Glauben. Gal. 2,16.
29. Oder ist Gott allein der Juden Gott? Ist er nicht auch der Heiden Gott? Ja freilich, auch der Heiden Gott. K. 10,12.
30. Sintemal es ist ein einiger Gott, der da *gerecht macht die Beschnittenen aus dem Glauben und die Unbeschnittenen durch den Glauben. *K. 4,11.12.
31. Wie? Heben wir denn das Gesetz auf durch den Glauben? Das sei ferne! *sondern wir richten das Gesetz auf.
*V. 21; K. 4,3; 8,4; Matth. 5,17.

Das 4. Kapitel

Die Gerechtigkeit des Glaubens wird durch das Beispiel Abrahams und das Zeugnis Davids bestätigt.

1. Was sagen wir denn von unserm Vater Abraham, daß er gefunden habe nach dem Fleisch?
2. Das sagen wir: Ist Abraham durch die Werke gerecht, so hat er wohl Ruhm, aber nicht vor Gott.
3. Was sagt denn die *Schrift? »Abraham hat Gott geglaubt, und das ist ihm zur Gerechtigkeit gerechnet.«
*1. Mose 15,6; Gal. 3,6.
4. Dem aber, der mit Werken umgeht, wird der Lohn nicht aus Gnade zugerechnet, sondern aus Pflicht.
K. 11,6; Matth. 20,7.14.
5. Dem aber, der nicht mit Werken umgeht, glaubt aber an den, der die Gottlosen gerecht macht, dem wird sein Glaube gerechnet zur Gerechtigkeit.
6. Nach welcher Weise auch David sagt, daß die Seligkeit sei allein des Menschen, welchem Gott zugerechnet die Gerechtigkeit ohne Zutun der Werke, *da er spricht:
*Ps. 32,1.2.
7. »Selig sind die, welchen ihre Ungerechtigkeiten vergeben sind und welchen ihre Sünden bedeckt sind!
8. Selig ist der Mann, welchem Gott die Sünde nicht zurechnet!«
9. Nun diese Seligkeit, geht sie über die Beschnittenen oder auch über die Unbeschnittenen? Wir müssen ja sagen, daß Abraham sei sein Glaube zur Gerechtigkeit gerechnet.
10. Wie ist er ihm denn zugerechnet? Als er beschnitten oder als er unbeschnitten war? Nicht, als er beschnitten, sondern als er unbeschnitten war.
11. Das Zeichen aber der Beschneidung empfing er zum *Siegel der Gerechtigkeit des Glaubens, welchen er hatte, als er noch nicht beschnitten war, auf daß er würde ein Vater aller, die da glauben und nicht beschnitten sind, daß ihnen solches auch gerechnet werde zur Gerechtigkeit;
*1. Mose 17,10.11
12. und würde auch ein Vater der Beschneidung, *derer, die nicht allein beschnitten sind, sondern auch wandeln in den Fußstapfen des Glaubens, welcher war in unserm Vater Abraham, als er noch nicht beschnitten war. *Matth. 3,9.
13. Denn die *Verheißung, daß er sollte sein der Welt Erbe, ist nicht geschehen Abraham oder seinem Samen durchs Gesetz, sondern durch die Gerechtigkeit des Glaubens. *1. Mose, 18,18; 22,17.18.
14. Denn wo die vom Gesetz Erben sind, so ist der Glaube nichts, und die Verheißung ist abgetan.
15. Sintemal das Gesetz nur Zorn anrichtet; denn wo das Gesetz nicht ist, da ist auch keine Übertretung. K. 3,20; 5,13; 7,8.10.
16. Derhalben muß die Gerechtigkeit durch den Glauben kommen, auf daß sie sei aus Gnaden und die Verheißung fest bleibe allem Samen, nicht dem allein, der unter dem Gesetz ist, sondern auch dem, der des Glaubens Abrahams ist, welcher ist unser aller Vater.
17. (wie *geschrieben steht: »Ich habe dich gesetzt zum Vater vieler Völker«) vor Gott, dem er geglaubt hat, der da lebendig macht die Toten und ruft dem, was nicht ist, daß es sei. *1. Mose, 17,5.
18. Und er hat geglaubt auf Hoffnung, da nichts zu hoffen war, auf daß er würde ein Vater vieler Völker, wie denn zu ihm gesagt ist: *»Also soll dein Same sein.«
*1. Mose, 15,5.
19. Und er ward nicht schwach im Glau-

ben, sah auch nicht an seinen eigenen
Leib, welcher schon erstorben war (weil er
fast hundertjährig war), auch nicht den
erstorbenen Leib der Sara; 1. Mose 17,17.
20. denn er zweifelte nicht an der Verheißung Gottes durch Unglauben, sondern
ward stark im Glauben und gab Gott die
Ehre Hebr. 11,7.11.
21. und wußte aufs allergewisseste, daß,
was Gott verheißt, das kann er auch tun.
22. Darum ist's ihm auch zur Gerechtigkeit gerechnet. V. 3.
23. Das ist aber nicht geschrieben allein
um seinetwillen, daß es ihm zugerechnet
ist, K. 15,4.
24. sondern auch um unsertwillen, welchen es soll zugerechnet werden, so wir
glauben an den, der unsern Herrn Jesus
auferweckt hat von den Toten,
25. welcher ist *um unsrer Sünden willen dahingegeben und †um unsrer Gerechtigkeit willen auferweckt.
*Jes. 53,4.5. †1. Kor. 15,17.

Das 5. Kapitel

Herrliche Früchte der Gerechtigkeit aus dem Glauben. Wie Sünde und Tod durch Adam, so kommt Gerechtigkeit und Leben durch Christum zu allen Menschen.

1. Nun wir denn sind *gerecht geworden
durch den Glauben, so haben wir †Frieden
mit Gott durch unsern Herrn Jesus Christus, *K. 3,24.28; 4,24. †Jes. 53,5.
2. durch welchen wir auch den *Zugang
haben im Glauben zu dieser Gnade, darin
wir stehen, und rühmen uns der Hoffnung
der zukünftigen Herrlichkeit, die Gott geben soll. *Eph. 3,12.
3. Nicht allein aber das, sondern *wir
rühmen uns auch der Trübsale, dieweil
wir wissen, daß Trübsal Geduld bringt;
*Jak. 1,2.3.
4. Geduld aber bringt Erfahrung; Erfahrung aber bringt Hoffnung;
5. *Hoffnung aber läßt nicht zu Schanden werden. Denn die Liebe Gottes ist ausgegossen in unser Herz durch den heiligen Geist, welcher uns gegeben ist.
*Hebr. 6,18.19.
6. Denn auch Christus, da wir noch
schwach waren nach der Zeit, ist für uns
Gottlose gestorben.
7. Nun stirbt kaum jemand um eines Gerechten willen; um des Guten willen dürfte vielleicht jemand sterben.
8. Darum preist Gott seine Liebe gegen
uns, daß Christus für uns gestorben ist, da
wir noch Sünder waren. Joh. 3,16; 1. Joh. 4,10.
9. So werden wir ja viel mehr durch ihn
bewahrt werden vor dem *Zorn, nachdem
wir durch sein Blut gerecht geworden
sind. *K. 1,18; 2,5.8.
10. Denn so wir Gott versöhnt sind durch
den Tod seines Sohnes, als wir noch
*Feinde waren, viel mehr werden wir selig
werden durch sein Leben, so wir nun versöhnt sind. *K. 8,7.
11. Nicht allein aber das, sondern wir
rühmen uns auch Gottes durch unsern
Herrn Jesus Christus, durch welchen wir
nun die Versöhnung empfangen haben.
12. Derhalben, wie durch einen Menschen die Sünde ist gekommen in die Welt
und der Tod durch die Sünde, und ist also
der Tod zu allen Menschen durchgedrungen, dieweil sie alle gesündigt haben; –
1. Mose, 2,17; 3,19; K. 6,23.
13. denn die Sünde war wohl in der Welt
bis auf das Gesetz; aber *wo kein Gesetz
ist, da achtet man der Sünde nicht. *K. 4,15.
14. Doch herrschte der Tod von Adam an
bis auf Mose auch über die, die nicht gesündigt haben mit gleicher Übertretung
wie *Adam, welcher ist ein Bild des, der
zukünftig war. *1. Kor. 15,21.22.45.55.
15. Aber nicht verhält sich's mit der Gabe
wie mit der Sünde. Denn so an eines Sünde viele gestorben sind, so ist viel mehr
Gottes Gnade und Gabe vielen reichlich
widerfahren durch die Gnade des einen
Menschen Jesus Christus.
16. Und nicht ist die Gabe allein über
eine Sünde, wie durch des einen Sünders
eine Sünde alles Verderben. Denn das Urteil ist gekommen aus einer Sünde zur
Verdammnis; die Gabe aber hilft auch aus
vielen Sünden zur Gerechtigkeit.
17. Denn so um des einen Sünde willen
der Tod geherrscht hat durch den einen,
viel mehr werden die, so da empfangen die
Fülle der Gnade und der Gabe zur Gerechtigkeit, herrschen im Leben durch einen,
Jesum Christum.
18. Wie nun durch eines Sünde die Verdammnis über alle Menschen gekommen
ist, also ist auch durch eines Gerechtigkeit
die Rechtfertigung des Lebens über alle
Menschen gekommen. 1. Kor. 15,22.
19. Denn gleichwie durch eines Menschen Ungehorsam viele Sünder geworden sind, also auch durch eines Gehorsam
werden *viele Gerechte. *Jes. 53,11.
20. Das *Gesetz aber ist neben eingekommen, auf daß die Sünde mächtiger
würde. Wo aber die Sünde mächtig geworden ist, da ist doch die Gnade viel mächtiger geworden, *K. 4,15; 7,8; Gal. 3,19.
21. auf daß, gleichwie die Sünde ge-

herrscht hat zum Tode, also auch herrsche die Gnade durch die Gerechtigkeit zum ewigen Leben durch Jesum Christum, unsern Herrn. K. 6,23.

Das 6. Kapitel

Die Heiligung und der neue Gehorsam eine Frucht der Gerechtigkeit des Glaubens.

1. Was wollen wir hiezu sagen? Sollen wir denn in der Sünde beharren, auf daß die Gnade desto mächtiger werde? K. 3,5–8.
2. Das sei ferne! Wie sollten wir in der Sünde wollen leben, der wir abgestorben sind?
3. Wisset ihr nicht, daß alle, die wir in Jesum Christum getauft sind, die sind in seinen Tod getauft? Gal. 3,27.
4. So sind wir ja mit ihm begraben durch die Taufe in den Tod, auf daß, gleichwie Christus ist auferweckt von den Toten durch die Herrlichkeit des Vaters, also sollen auch wir in einem neuen Leben wandeln. 1. Petr. 3,21; Kol. 2,12.
5. So wir aber samt ihm gepflanzt werden zu gleichem Tode, so werden wir auch seiner Auferstehung gleich sein, Phil. 3,10.11.
6. dieweil wir wissen, daß unser alter Mensch samt ihm gekreuzigt ist, auf daß der sündliche Leib aufhöre, daß wir hinfort der Sünde nicht dienen. Gal. 5,24.
7. Denn wer gestorben ist, der ist gerechtfertigt von der Sünde.
8. Sind wir aber *mit Christo gestorben, so glauben wir, daß wir auch mit ihm leben werden, *V. 4.
9. und wissen, daß Christus, von den Toten erweckt, hinfort nicht stirbt; der Tod wird hinfort über ihn nicht herrschen.
10. Denn was er gestorben ist, das ist er der Sünde gestorben *zu einem Mal; was er aber lebt, das lebt er Gott. *Hebr. 9,26–28.
11. Also auch ihr, haltet euch dafür, daß ihr der Sünde gestorben seid und lebet Gott in Christo Jesu, unserm Herrn. 2. Kor. 5,15; 1. Petr. 2,24.
12. So lasset nun die Sünde nicht herrschen in eurem sterblichen Leibe, ihr Gehorsam zu leisten in seinen Lüsten. 1. Mose 4,7.
13. Auch begebet nicht der Sünde eure Glieder zu Waffen der Ungerechtigkeit, sondern begebet euch selbst Gott, als die da aus den Toten lebendig sind, und eure Glieder Gott zu Waffen der Gerechtigkeit. K. 12,1.
14. Denn die Sünde wird nicht herrschen können über euch, sintemal ihr nicht unter dem Gesetz seid, sondern unter der Gnade. 1. Joh. 3,6.
15. Wie nun? Sollen wir sündigen, dieweil wir nicht unter dem Gesetz, sondern *unter der Gnade sind? Das sei ferne! *K. 5,17.21.
16. Wisset ihr nicht: welchem ihr euch begebet zu Knechten in Gehorsam, des Knechte seid ihr, dem ihr gehorsam seid, es sei der Sünde zum Tode oder dem Gehorsam zur Gerechtigkeit? Joh. 8,34.
17. Gott sei aber gedankt, daß ihr Knechte der Sünde gewesen seid, aber nun gehorsam geworden von Herzen dem Vorbilde der Lehre, welchem ihr ergeben seid.
18. Denn nun ihr frei geworden seid von der Sünde, seid ihr Knechte geworden der Gerechtigkeit. Joh. 8,32.
19. Ich muß menschlich davon reden um der Schwachheit willen eures Fleisches. Gleichwie ihr eure Glieder begeben habet zum Dienst der Unreinigkeit und von einer Ungerechtigkeit zu der andern, also begebet auch nun eure Glieder zum Dienst der Gerechtigkeit, daß sie heilig werden.
20. Denn da ihr der Sünde Knechte waret, da waret ihr frei von der Gerechtigkeit.
21. Was hattet ihr nun zu der Zeit für Frucht? Welcher ihr euch jetzt *schämet; denn ihr Ende ist der †Tod. *Hesek. 16,61.63. †K. 8,6.13.
22. Nun ihr aber seid von der Sünde frei und Gottes Knechte geworden, habt ihr eure Frucht, daß ihr heilig werdet, das *Ende aber das ewige Leben. *1. Petr. 1,9.
23. Denn der Tod ist der Sünde Sold; aber die Gabe Gottes ist das ewige Leben in Christo Jesu, unserm Herrn. K. 5,12.

Das 7. Kapitel

Die Gerechtigkeit aus dem Glauben befreit vom Gesetz und verpflichtet, Christo zu gehorchen. Kampf des innern und äußern Menschen.

1. Wisset ihr nicht, liebe Brüder (denn ich rede mit solchen, die das Gesetz wissen), daß das Gesetz herrscht über den Menschen, solange er lebt?
2. Denn ein Weib, das unter dem Manne ist, ist an ihn gebunden durch das Gesetz, solange der Mann lebt; so aber der Mann stirbt, so ist sie los vom Gesetz, das den Mann betrifft.
3. Wo sie nun eines andern Mannes wird, solange der Mann lebt, wird sie eine Ehebrecherin geheißen; so aber der Mann stirbt, ist sie frei vom Gesetz, daß sie nicht

eine Ehebrecherin ist, wo sie eines andern
Mannes wird.
4. Also seid auch ihr, meine Brüder, *getötet dem Gesetz durch den Leib Christi,
daß ihr eines andern seid, nämlich des,
der von den Toten auferweckt ist, auf daß
wir Gott Frucht bringen. *Kol. 2,14.
5. Denn da wir im Fleisch waren, da *waren die sündlichen Lüste, welche durchs
Gesetz sich erregten, kräftig in unsern
Gliedern, dem †Tode Frucht zu bringen.
*V. 7–25. †K. 6,21.
6. *Nun aber sind wir vom Gesetz los und
ihm †abgestorben, das uns gefangenhielt,
also daß wir dienen sollen im neuen Wesen des Geistes und nicht im alten Wesen
des Buchstabens. *K. 8,1.2. †K. 6,2.4.
7. Was wollen wir denn nun sagen? Ist
das Gesetz Sünde? Das sei ferne! Aber die
Sünde erkannte ich nicht, außer durchs
Gesetz. Denn ich wußte nichts von der
Lust, wo *das Gesetz nicht hätte gesagt:
»Laß dich nicht gelüsten!«
2. Mose 20,17.
8. Da *nahm aber die Sünde Ursache am
Gebot und erregte in mir allerlei Lust;
denn ohne das Gesetz war die Sünde tot.
V. 11; K. 5,13.
9. Ich aber lebte weiland ohne Gesetz; da
aber das Gebot kam, ward die Sünde wieder lebendig,
10. ich aber *starb; und es fand sich, daß
das Gebot mir zum Tode gereichte, das
mir doch †zum Leben gegeben war.
*Jak. 1,15. †3. Mose 18,5.
11. Denn die Sünde nahm Ursache am
Gebot und *betrog mich und tötete mich
durch dasselbe Gebot. *Hebr. 3,13.
12. Das Gesetz ist ja heilig, und das Gebot ist heilig, recht und gut. 1. Tim. 1,8.
13. Ist denn, das da gut ist, mir zum Tod
geworden? Das sei ferne! Aber die Sünde,
auf daß sie erscheine, wie sie Sünde ist,
hat sie mir durch das Gute den Tod gewirkt, auf daß die Sünde würde überaus
sündig durchs Gebot. K. 5,20.
14. Denn wir wissen, daß das Gesetz
geistlich ist; ich bin aber *fleischlich, unter die Sünde verkauft. *V. 18; Joh. 3,6.
15. Denn ich weiß nicht, was ich tue.
Denn ich tue nicht, was ich will; sondern,
was ich hasse, das tue ich.
16. So ich aber das tue, was ich nicht
will, so gebe ich zu, daß das *Gesetz gut
sei. V. 12.
17. So tue nun ich dasselbe nicht, sondern die Sünde, die in mir wohnt.
18. Denn ich weiß, daß in mir, das ist in
meinem Fleische, wohnt *nichts Gutes.
Wollen habe ich wohl, aber vollbringen
das Gute finde ich nicht. 1. Mose 6,5; 8,21.
19. Denn das Gute, das ich will, das tue
ich nicht; sondern das Böse, das ich nicht
will, das tue ich.
20. So ich aber tue, was ich nicht will, so
tue ich dasselbe nicht, sondern die Sünde,
die in mir wohnt.
21. So finde ich mir nun ein Gesetz, der
ich will das Gute tun, daß mir das Böse
anhangt.
22. Denn ich habe Lust an Gottes Gesetz,
nach dem inwendigen Menschen.
23. Ich sehe aber ein ander Gesetz in
meinen Gliedern, das da widerstreitet dem
Gesetz in meinem Gemüte und nimmt
mich gefangen in der Sünde Gesetz, welches ist in meinen Gliedern. Gal. 5,17.
24. Ich elender Mensch! wer wird mich
erlösen von dem Leibe dieses Todes?
25. Ich *danke Gott durch Jesum Christum, unsern Herrn. So diene ich nun mit
dem Gemüte dem Gesetz Gottes, aber mit
dem Fleische dem Gesetz der Sünde.
*1. Kor. 15,57.

Das 8. Kapitel

Der Gläubigen Freiheit von der Verdammnis,
Wandel im Geist, Kindschaft und selige Hoffnung
auch unter Trübsal.

1. So ist *nun nichts Verdammliches an
denen, die in Christo Jesu sind, die †nicht
nach dem Fleisch wandeln, sondern nach
dem Geist. *V. 31–39, †V. 4.
2. Denn *das Gesetz des Geistes, der da
lebendig macht in Christo Jesu, hat mich
frei gemacht von dem †Gesetz der Sünde
und des Todes. *K. 3,27. †K. 7,23.24.
3. Denn was *dem Gesetz unmöglich war
(sintemal es durch das Fleisch geschwächt
ward), das tat Gott und sandte seinen
Sohn in der †Gestalt des sündlichen Fleisches und der Sünde halben und verdammte die Sünde im Fleisch,
*Apg. 13,38; 15,10. †Hebr. 2,17.
4. auf daß die Gerechtigkeit, vom Gesetz
erfordert, in uns erfüllt würde, die wir nun
*nicht nach dem Fleische wandeln, son-
dern nach dem Geist. *Gal. 5,16.25.
5. Denn die da fleischlich sind, die sind
fleischlich gesinnt; die aber geistlich sind,
die sind geistlich gesinnt.
6. Aber fleischlich gesinnt sein ist der
*Tod, und geistlich gesinnt sein ist Leben
und Friede. *K. 6,21.
7. Denn fleischlich gesinnt sein ist eine
Feindschaft wider Gott, sintemal das
Fleisch dem Gesetz Gottes nicht untertan
ist; denn es vermag's auch nicht. Jak. 4,4.

8. Die aber fleischlich sind, können Gott nicht gefallen.

9. Ihr aber seid nicht fleischlich, sondern geistlich, so anders Gottes Geist in euch wohnt. Wer aber Christi Geist nicht hat, der ist nicht sein. 1. Kor. 3,16.

10. So aber Christus in euch ist, so ist der Leib zwar tot um der Sünde willen, der Geist aber ist Leben um der Gerechtigkeit willen.

11. So nun der Geist des, der Jesum von den Toten auferweckt hat, in euch wohnt, so wird auch derselbe, der Christum von den Toten auferweckt hat, eure sterblichen Leiber lebendig machen um deswillen, daß sein Geist in euch wohnt.

12. So sind wir nun, liebe Brüder, Schuldner nicht dem Fleisch, daß wir nach dem Fleisch leben. K. 6,7.18.

13. Denn wo ihr nach dem Fleisch lebet, so werdet ihr sterben müssen; wo ihr aber durch den Geist des Fleisches Geschäfte tötet, so werdet ihr leben.
Gal. 6,8; Eph. 4,22–24.

14. Denn welche der Geist Gottes treibt, die sind Gottes Kinder.

15. Denn ihr habt nicht einen knechtischen Geist empfangen, daß ihr euch abermals fürchten müßtet; sondern ihr habt einen kindlichen Geist empfangen, durch welchen wir rufen: Abba, lieber Vater! 2. Tim. 1,7; Gal. 4,5.6.

16. Derselbe Geist gibt Zeugnis unserm Geist, daß wir Gottes Kinder sind.
2. Kor. 1,22.

17. Sind wir denn *Kinder, so sind wir auch †Erben, nämlich Gottes Erben und Miterben Christi, so wir anders mit leiden, auf daß wir auch mit zur Herrlichkeit erhoben werden. *Gal. 4,7. †Offenb. 21,7.

18. Denn ich halte es dafür, daß dieser Zeit Leiden der Herrlichkeit nicht wert sei, die an uns soll offenbart werden.
2. Kor. 4,17.

19. Denn das ängstliche Harren der Kreatur wartet auf die *Offenbarung der Kinder Gottes. *Kol. 3,4.

20. Sintemal die Kreatur unterworfen ist der Eitelkeit ohne ihren Willen, sondern um deswillen, der sie unterworfen hat, auf Hoffnung. Pred. 1,2; 1. Mose 3,17–19; 5,29.

21. Denn auch die Kreatur wird frei werden von dem Dienst des vergänglichen Wesens zu der herrlichen Freiheit der Kinder Gottes. 2. Petr. 3,13.

22. Denn wir wissen, daß alle Kreatur sehnt sich mit uns und ängstet sich noch immerdar.

23. Nicht allein aber sie, sondern auch wir selbst, die wir haben des Geistes Erstlinge, sehnen uns auch bei uns selbst nach der Kindschaft und warten auf unsers Leibes Erlösung. 2. Kor. 5,2.

24. Denn wir sind wohl selig, doch in der Hoffnung. Die Hoffnung aber, die man sieht, ist nicht Hoffnung; denn wie kann man des hoffen, das man sieht? 2. Kor. 5,7.

25. So wir aber des hoffen, das wir nicht sehen, so warten wir sein durch Geduld.

26. Desgleichen auch der Geist hilft unsrer Schwachheit auf. Denn wir wissen nicht, was wir beten sollen, wie sich's gebührt; sondern der Geist selbst vertritt uns aufs beste mit unaussprechlichem Seufzen.

27. Der aber die Herzen erforscht, der weiß, was des Geistes Sinn sei; denn er vertritt die Heiligen nach dem, das Gott gefällt.

28. Wir wissen aber, daß denen, die Gott lieben, alle Dinge zum Besten dienen, denen, die nach dem *Vorsatz berufen sind.
*Eph. 1,11; 3,11.

29. Denn welche er zuvor ersehen hat, die hat er auch verordnet, daß sie gleich sein sollten dem Ebenbilde seines Sohnes, auf daß derselbe der *Erstgeborne sei unter vielen Brüdern. *Kol. 1,18; Hebr. 1,6.

30. Welche er aber verordnet hat, die hat er auch berufen; welche er aber berufen hat, die hat er auch gerecht gemacht; welche er aber hat gerecht gemacht, die hat er auch herrlich gemacht.

31. Was wollen wir nun hiezu sagen? Ist Gott für uns, wer mag wider uns sein?
Ps. 118,6.

32. welcher auch *seines eignen Sohnes nicht hat verschonet, sondern hat ihn für uns alle dahingegeben; wie sollte er uns mit ihm nicht alles schenken? *Joh. 3,16.

33. Wer will die Auserwählten Gottes beschuldigen? Gott ist hier, der da gerecht macht.

34. Wer *will verdammen? Christus ist hier, der gestorben ist, ja vielmehr, der auch auferwecket ist, welcher ist zur Rechten Gottes und †vertritt uns.
*V. 1. †1. Joh. 2,1.

35. Wer will uns scheiden von der Liebe Gottes? Trübsal oder Angst oder Verfolgung oder Hunger oder Blöße oder Fährlichkeit oder Schwert?

36. Wie *geschrieben steht: »Um deinetwillen werden wir getötet den ganzen Tag; wir sind geachtet wie Schlachtschafe.«
*Ps. 44,23; 2. Kor. 4,11.

37. Aber in dem allem überwinden wir weit um deswillen, der uns geliebt hat.

38. Denn ich bin gewiß, daß weder Tod noch Leben, weder Engel noch Fürstentümer noch Gewalten, weder Gegenwärtiges noch Zukünftiges,
39. weder Hohes noch Tiefes noch keine andere Kreatur mag uns scheiden von der Liebe Gottes, die in Christo Jesu ist, unserm Herrn.

Das 9. Kapitel

Israels einstige Erwählung und die jetzige Annahme der Heiden ist nur das Werk der freien Gnade Gottes.

1. Ich sage die Wahrheit in Christo und lüge nicht, wie mir Zeugnis gibt mein Gewissen in dem heiligen Geist,
2. daß ich große Traurigkeit und Schmerzen ohne Unterlaß in meinem Herzen habe.
3. Ich habe *gewünscht, verbannt zu sein von Christo für meine Brüder, die meine Gefreundeten sind nach dem Fleisch; 2. Mose 32,32.
4. die da sind von Israel, welchen gehört die *Kindschaft und die Herrlichkeit und der Bund und das Gesetz und der Gottesdienst und die Verheißungen;
2. Mose 4,22; 5. Mose 7,6; 14,1.
5. welcher auch sind die Väter, und aus welchen Christus *herkommt nach dem Fleisch, der da ist †Gott über alles, gelobet in Ewigkeit. Amen.
*Matth. 1; Luk. 3,23–34. †Joh. 1.1.
6. Aber nicht sage ich solches, als ob *Gottes Wort darum aus sei. Denn es sind †nicht alle Israeliter, die von Israel sind;
4. Mose 23,19. †K. 2,28.
7. auch nicht alle, die Abrahams Same sind, sind darum auch Kinder. Sondern »in *Isaak soll dir der Same genannt sein«, 1. Mose, 21,12.
8. das ist: nicht sind das Gottes Kinder, die nach dem Fleisch Kinder sind; sondern die Kinder der *Verheißung werden für Samen gerechnet. *Gal. 4,23.
9. Denn dies ist ein Wort der Verheißung, *da er spricht: »Um diese Zeit will ich kommen, und Sara soll einen Sohn haben.« 1. Mose 18,10.
10. Nicht allein aber ist's mit dem also, sondern auch, da Rebekka von dem einen, unserm Vater Isaak, schwanger ward:
1. Mose 25,21.
11. ehe die Kinder geboren waren und weder Gutes noch Böses getan hatten – auf daß der Vorsatz Gottes bestünde nach der Wahl,
12. nicht aus Verdienst der Werke, sondern aus Gnade des Berufers –, *ward zu ihr gesagt: »Der Ältere soll dienstbar werden dem Jüngeren«, *1. Mose 25,23.
13. wie denn geschrieben steht: »Jakob habe ich geliebet, aber Esau habe ich gehasset.« Mal. 1,2.3.
14. Was wollen wir denn hier sagen? Ist denn Gott ungerecht? Das sei ferne!
5. Mose 32,4.
15. Denn *er spricht zu Mose: »Welchem ich gnädig bin, dem bin ich gnädig; und welches ich mich erbarme, des erbarme ich mich.« 2. Mose 33,19.
16. So liegt es nun nicht an jemandes Wollen oder Laufen, sondern an Gottes Erbarmen. Eph. 2,8.
17. Denn die Schrift *sagt zum Pharao: »Ebendarum habe ich dich erweckt, daß ich dir meine Macht erzeige, auf daß mein Name verkündigt werde in allen Landen.«
*2. Mose 9,16.
18. So erbarmt er sich nun, welches er will, und *verstockt, welchen er will.
*2. Mose 4,21.
19. So sagst du zu mir: Was beschuldigt er denn uns? Wer kann seinem Willen widerstehen?
20. Ja, lieber Mensch, wer bist du denn, daß du mit Gott rechten willst? Spricht auch ein Werk zu seinem Meister: Warum machst du mich also? Jes. 45,9.
21. Hat nicht ein Töpfer Macht, aus einem Klumpen zu machen ein Gefäß zu Ehren und das andere zu Unehren?
22. Derhalben, da Gott wollte Zorn erzeigen und kundtun seine Macht, hat er mit großer *Geduld getragen die Gefäße des Zorns, die da zugerichtet sind zur Verdammnis; *K. 2,4.
23. auf daß er *kundtäte den Reichtum seiner Herrlichkeit an den Gefäßen der Barmherzigkeit, die er †bereitet hat zur Herrlichkeit, *Eph. 1,3–12. †K. 8,29.
24. welche er berufen hat, nämlich uns, nicht allein aus den Juden sondern auch aus den Heiden.
25. Wie er denn auch durch *Hosea spricht: »Ich will das mein Volk heißen, das nicht mein Volk war, und meine Liebe, die nicht die Liebe war.« *Hos. 2,25.
26. »Und soll geschehen: An dem Ort, da zu ihnen gesagt ward: ›Ihr seid nicht mein Volk‹, sollen sie Kinder des lebendigen Gottes genannt werden.« *Hos. 2,1.
27. Jesaja aber schreit für Israel: *»Wenn die Zahl der Kinder Israel würde sein wie der Sand am Meer, so wird doch nur der †Überrest selig werden;
*Jes. 10,22.23. †K. 11.5.
28. denn es wird ein Verderben und Steu-

ern geschehen zur Gerechtigkeit, und der
Herr wird das Steuern tun auf Erden.«
29. Und wie *Jesaja zuvorsagte: »Wenn
uns nicht der Herr Zebaoth hätte lassen
Samen überbleiben, so wären wir wie Sodom geworden und gleichwie Gomorra.«
*Jes. 1,9.
30. Was wollen wir nun hier sagen? Das
wollen wir sagen: *Die Heiden, die nicht
haben nach der Gerechtigkeit getrachtet,
haben die Gerechtigkeit erlangt; ich sage
aber von der Gerechtigkeit, die die aus
dem Glauben kommt. *K. 10,20.
31. Israel aber hat dem Gesetz der Gerechtigkeit nachgetrachtet, und hat das
Gesetz der Gerechtigkeit nicht erreicht.
K. 10,2.3.
32. Warum das? Darum daß sie es nicht
aus dem Glauben, sondern als aus den
Werken des Gesetzes suchen. Denn sie haben sich gestoßen an den Stein des Anlaufens,
33. wie *geschrieben steht: »Siehe da,
ich lege in Zion einen Stein des Anlaufens
und einen Fels des Ärgernisses; und wer
an ihn glaubt, der soll nicht zu Schanden
werden.« *Jes. 8,14; 28,16. Matth. 21,42.44.

Das 10. Kapitel

Die Juden haben ihre eigene Gerechtigkeit gesucht und darum die Gerechtigkeit aus dem Glauben nicht gefunden.

1. Liebe Brüder, meines Herzens
Wunsch ist, und ich flehe auch zu Gott für
Israel, daß sie selig werden.
2. Denn ich gebe ihnen das Zeugnis, daß
sie eifern um Gott, aber mit Unverstand.
3. Denn sie erkennen die Gerechtigkeit
nicht, die vor Gott gilt, und trachten, ihre
eigene Gerechtigkeit aufzurichten, und
sind also der Gerechtigkeit, die vor Gott
gilt, nicht untertan. K. 9,31.32.
4. Denn Christus *ist des Gesetzes Ende;
†wer an den glaubt, der ist gerecht.
*Matth. 5,17; Hebr. 8,13. †Joh. 3,18.
5. Mose *schreibt wohl von der Gerechtigkeit, die aus dem Gesetz kommt: »Welcher Mensch dies tut, der wird dadurch
leben.« *3. Mose 18,5.
6. Aber die Gerechtigkeit aus dem Glauben spricht also: *»Sprich nicht in deinem
Herzen: Wer will hinauf gen Himmel fahren?« (Das ist nichts anderes denn Christum herabholen.) *5. Mose 30,12.13.
7. Oder: »Wer will hinab in die Tiefe fahren?« (Das ist nichts anderes denn Christum von den Toten holen.)
8. Aber was sagt sie? *»Das Wort ist dir
nahe, in deinem Munde und in deinem
Herzen.« Dies ist das Wort vom Glauben,
das wir predigen. *5. Mose 30,14.
9. Denn so du mit deinem Munde be-
kennst Jesum, daß er *der Herr sei, und
glaubst in deinem Herzen, daß ihn Gott
von den Toten auferweckt hat, so wirst du
selig. *2. Kor. 4,5.
10. Denn so man von Herzen glaubt, so
wird man gerecht; und so man mit dem
Munde bekennt, so wird man selig.
11. Denn die Schrift spricht: *»Wer an
ihn glaubt, wird nicht zu Schanden werden.« *Jes. 28,16.
12. Es ist hier *kein Unterschied unter
Juden und Griechen; es ist aller zumal ein
Herr, reich über alle, die ihn anrufen.
*Apg. 10,34; 15,9.
13. Denn *»wer den Namen des Herrn
wird anrufen, soll selig werden.« *Joel 3,5.
14. Wie sollen sie aber den anrufen, an
den sie nicht glauben? Wie sollen sie aber
an den glauben, von dem sie nichts gehört
haben? Wie sollen sie aber hören ohne
Prediger?
15. Wie sollen sie aber predigen, wo sie
nicht gesandt werden? Wie denn *geschrieben steht: »Wie lieblich sind die Füße derer, die den Frieden verkündigen, die
das Gute verkündigen!« *Jes. 52,7.
16. Aber sie sind nicht alle dem Evangelium gehorsam. Denn Jesaja *spricht:
»Herr, wer glaubt unserm Predigen?«
*Jes. 53,1.
17. So *kommt der Glaube aus der Predigt, das Predigen aber durch das Wort
Gottes. *Joh. 17,20.
18. Ich sage aber: Haben sie es nicht gehört? Wohl, *es ist ja in alle Lande ausgegangen ihr Schall und in alle Welt ihre
Worte. *Ps. 19,5.
19. Ich sage aber: Hat es Israel nicht erkannt? Aufs erste spricht Mose: *»Ich will
euch eifern machen über dem, das nicht
ein Volk ist; und über ein unverständiges
Volk will ich euch erzürnen.«
*5. Mose 32,21.
20. Jesaja aber darf wohl so *sagen: »Ich
bin gefunden von denen, die mich nicht
gesucht haben, und bin erschienen denen,
die nicht nach mir gefragt haben.«
*Jes. 65,1.
21. Zu Israel aber *spricht er: »Den ganzen Tag habe ich meine Hände ausgestreckt zu dem Volk, das sich nicht sagen
läßt und widerspricht.« *Jes. 65,2.

Das 11. Kapitel

Die Erwählung Israels ist unwandelbar.
Preis der wunderbaren Wege Gottes.

1. So sage ich nun: Hat denn *Gott sein Volk verstoßen? Das sei ferne! Denn †ich bin auch ein Israeliter von dem Samen Abrahams, aus dem Geschlecht Benjamin.

*Ps. 94,14; Jer. 31,37. †Phil. 3,5.

2. Gott hat sein Volk nicht verstoßen, welches er zuvor ersehen hat. Oder wisset ihr nicht, was die Schrift *sagt von Elia, wie er tritt vor Gott wider Israel und spricht: *1. Kön. 19,10.14.

3. »Herr, sie haben deine Propheten getötet und haben deine Altäre zerbrochen; und ich bin allein übriggeblieben,und sie stehen mir nach meinem Leben«?

4. Aber was sagt ihm die göttliche Antwort? *»Ich habe mir lassen übrig bleiben siebentausend Mann, die nicht haben ihre Kniee gebeugt vor dem Baal.« *1. Kön. 19,18.

5. Also geht es auch jetzt zu dieser Zeit mit diesen, die übriggeblieben sind *nach der Wahl der Gnade. *K. 9,27.

6. Ist's aber aus Gnaden, so ist's nicht aus Verdienst der Werke; sonst würde Gnade nicht Gnade sein. Ist's aber aus Verdienst der Werke, so ist die Gnade nichts; sonst wäre Verdienst nicht Verdienst.

7. Wie denn nun? *Was Israel sucht, das erlangte es nicht; die Auserwählten aber erlangten es. Die andern sind verstockt,

*K. 9,31.

8. wie *geschrieben steht: »Gott hat ihnen gegeben einen Geist des Schlafs, Augen, daß sie nicht sehen, und Ohren, daß sie nicht hören, bis auf den heutigen Tag.«

*Jes. 29,10; 5. Mose 29,3.

9. Und David *spricht: »Laß ihren Tisch zu einem Strick werden und zu einer Berückung und zum Ärgernis und ihnen zur Vergeltung. *Ps. 69,23.24.

10. Verblende ihre Augen, daß sie nicht sehen, und beuge ihren Rücken allezeit.«

11. So sage ich nun: Sind sie darum angelaufen, daß sie fallen sollten? Das sei ferne! Sondern * aus ihrem Fall ist den Heiden das Heil widerfahren, auf daß sie denen †nacheifern sollten.

*Apg. 13,46. †K. 10,19.

12. Denn so ihr Fall der Welt Reichtum ist, und ihr Schade ist der Heiden Reichtum, wie viel mehr, wenn ihre Zahl voll würde?

13. Mit euch Heiden rede ich; denn dieweil ich der Heiden Apostel bin, will ich mein Amt preisen,

14. ob ich möchte die, so mein Fleisch sind, zu eifern reizen und *ihrer etliche selig machen. *1. Tim. 4,16.

15. Denn so ihre Verwerfung der Welt Versöhnung ist, was wird ihre Annahme anders sein als Leben von den Toten?

16. Ist der Anbruch heilig, so ist auch der Teig heilig; und so die Wurzel heilig ist, so sind auch die Zweige heilig.

17. Ob aber nun etliche von den Zweigen ausgebrochen sind und du, da du ein *wilder Ölbaum warst, bist unter sie gepfropft und teilhaftig geworden der Wurzel und des Safts im Ölbaum,

*Eph. 2,11–14.19.

18. so rühme dich nicht wider die Zweige. Rühmst du dich aber wider sie, so sollst du wissen, daß du die Wurzel nicht trägst, sondern die Wurzel trägt dich.

Joh. 4,22.

19. So sprichst du: Die Zweige sind ausgebrochen, daß ich hineingepfropft würde.

20. Ist wohl geredet! Sie sind ausgebrochen um ihres Unglaubens willen; du stehest aber durch den Glauben. Sei nicht stolz, sondern fürchte dich.

21. Hat Gott die natürlichen Zweige nicht verschont, daß er vielleicht dich auch nicht verschone.

22. Darum schau die Güte und den Ernst Gottes: den Ernst an denen, die gefallen sind, die Güte aber an dir, *soferne du an der Güte bleibst; sonst wirst du auch abgehauen werden. *Joh. 15,2.4; Hebr. 3,14.

23. Und jene, so sie nicht bleiben in dem Unglauben, werden eingepfropft werden; Gott kann sie wohl wieder einpfropfen.

2. Kor. 3,16.

24. Denn so du aus dem Ölbaum, der von Natur wild war, bist abgehauen und wider die Natur in den guten Ölbaum gepfropft, wie viel mehr werden die natürlichen eingepfropft in ihren eigenen Ölbaum.

25. Ich will euch nicht verhalten, liebe Brüder, dieses Geheimnis (auf daß ihr nicht stolz seid): Blindheit ist Israel zum Teil widerfahren, so lange, *bis die Fülle der Heiden eingegangen sei

*Luk. 21,24; Joh. 10,16.

26. und *also das ganze Israel selig werde, wie geschrieben steht: †»Es wird kommen aus Zion, der da erlöse und abwende das gottlose Wesen von Jakob.

*Matth. 23,39. †Jes. 59,20; 27,9; Ps. 14,7.

27. Und *dies ist mein Testament mit ihnen, wenn ich ihre Sünden werde wegnehmen.« *Jer. 31,33.34.

28. Nach dem Evangelium sind sie zwar Feinde um euretwillen; aber nach der

Wahl sind sie Geliebte um der Väter willen.
29. Gottes Gaben und Berufung können ihn nicht gereuen.
30. Denn gleicherweise wie auch ihr weiland nicht habt geglaubt an Gott, nun aber Barmherzigkeit überkommen habt durch ihren Unglauben,
31. also haben auch jene jetzt nicht wollen glauben an die Barmherzigkeit, die euch widerfahren ist, auf daß sie auch Barmherzigkeit überkommen.
32. Denn *Gott hat alle beschlossen unter den Unglauben, auf daß er sich †aller erbarme. *Gal.3,22. †1.Tim.2,4.
33. O welch *eine Tiefe des Reichtums, beides, der Weisheit und Erkenntnis Gottes! Wie gar unbegreiflich sind seine Gerichte und unerforschlich seine Wege!
*K.9,23; 10,12; Jes.45,15.
34. Denn *wer hat des Herrn Sinn erkannt, oder wer ist sein Ratgeber gewesen? *Jes.40,13; Hiob 15,8; Jer.23,18; 1.Kor.2,16.
35. Oder wer hat ihm etwas zuvor gegeben, daß ihm werde wiedervergolten?
36. Denn von ihm und durch ihn und zu ihm sind alle Dinge. Ihm sei Ehre in Ewigkeit! Amen.

Das 12. Kapitel

Christliche Lebensregeln.

1. Ich ermahne euch nun, liebe Brüder, durch die Barmherzigkeit Gottes, daß ihr *eure Leiber begebet zum Opfer, das da lebendig, heilig und Gott wohlgefällig sei, welches sei euer vernünftiger Gottesdienst. *K.6,13; 1.Petr.2,5.
2. Und stellet euch nicht dieser Welt gleich, sondern verändert euch *durch Erneuerung eures Sinnes, auf daß ihr prüfen möget, †welches da sei der gute, wohlgefällige und vollkommene Gotteswille.
*Eph.4,23. †Eph 5,10.17.
3. Denn ich sage durch die Gnade, die mir gegeben ist, jedermann unter euch, daß niemand weiter von sich halte, als sich's gebührt zu halten, sondern daß er von sich mäßig halte, ein jeglicher nach dem *Gott ausgeteilt hat das Maß des Glaubens. *1.Kor.12,11; Eph.4,7.
4. Denn gleicherweise als wir in einem Leibe viele Glieder haben, aber alle Glieder nicht einerlei Geschäft haben, 1.Kor.12,12.
5. also sind wir viele ein Leib in Christo, aber untereinander ist einer des andern Glied, 1.Kor.12,27; Eph.4,25.
6. und haben mancherlei Gaben nach der Gnade, die uns gegeben ist.
1.Kor.12,4.
7. Hat jemand Weissagung, so sei sie dem Glauben gemäß. Hat jemand ein Amt, so warte er des Amts. Lehret jemand, so warte er der Lehre. 1.Petr.4,10.11.
8. Ermahnt jemand, so warte er des Ermahnens. *Gibt jemand, so gebe er einfältig. Regiert jemand, so sei er sorgfältig. Übt jemand Barmherzigkeit, so tue er's †mit Lust. *Matth.6,3. †2.Kor.8,2; 9,7.
9. Die *Liebe sei nicht falsch. †Hasset das Arge, hanget dem Guten an.
*1.Tim.1,5. †Amos 5,15.
10. Die *brüderliche Liebe untereinander sei herzlich. Einer komme dem andern mit †Ehrerbietung zuvor.
*2.Petr.1,7. †Phil.2,3.
11. Seid nicht träge in dem, was ihr tun sollt. Seid *brünstig im Geiste. Schicket euch in die Zeit. *Offenb.3,15.
12. Seid fröhlich in Hoffnung, geduldig in Trübsal, *haltet an am Gebet.
*1.Thess.5,17.
13. Nehmet euch der Notdurft der Heiligen an. *Herberget gern. *Hebr.13,2.
14. Segnet, die euch verfolgen; segnet, und fluchet nicht.
Matth.5,44; 1.Kor.4,12; Apg.7,59.
15. Freuet euch mit den Fröhlichen, und *weinet mit den Weinenden. *Ps.35,13.
16. Habt *einerlei Sinn untereinander. Trachtet nicht nach hohen Dingen, sondern haltet euch herunter zu den Niedrigen. *K.15,5.
17. Haltet euch *nicht selbst für klug. †Vergeltet niemand Böses mit Bösem. Fleißiget euch der Ehrbarkeit gegen jedermann. *Jes.5,21. †1.Thess.5,15.
18. Ist es möglich, soviel an euch ist, so habt mit allen Menschen Frieden.
Mark.9,50; Hebr.12,14.
19. *Rächet euch selber nicht, meine Liebsten, sondern gebet Raum dem Zorn [Gottes]; denn es steht †geschrieben: »Die Rache ist mein; ich will vergelten, spricht der Herr.«
*3.Mose 19,18; Matth.5,39. †5.Mose 32,35.
20. So nun *deinen Feind hungert, so speise ihn; dürstet ihn, so tränke ihn. Wenn du das tust, so wirst du feurige Kohlen auf sein Haupt sammeln.
*Spr.25,21.22; Matth.5,44.
21. Laß dich nicht das Böse überwinden, sondern überwinde das Böse mit Guten.

Das 13. Kapitel

Ermahnung zum Gehorsam gegen die Obrigkeit, zur Liebe gegen den Nächsten, zum Wandel im Licht.

1. Jedermann sei untertan der Obrigkeit, die Gewalt über ihn hat. Denn es ist keine Obrigkeit ohne von Gott; wo aber Obrigkeit ist, die ist von Gott verordnet.
Tit. 3,1; Joh. 19,11; Spr. 8,15.
2. Wer sich nun der Obrigkeit widersetzet, der widerstrebet Gottes Ordnung; die aber widerstreben, werden über sich ein Urteil empfangen.
3. Denn die Gewaltigen sind nicht den guten Werken, sondern den bösen zu fürchten. Willst du dich aber nicht fürchten vor der Obrigkeit, so tue Gutes, so wirst du Lob von ihr haben. 1. Petr. 2,13.14.
4. Denn sie ist *Gottes Dienerin dir zugut. Tust du aber Böses, so fürchte dich; denn sie trägt das Schwert nicht umsonst: sie ist Gottes Dienerin, eine Rächerin zur Strafe über den, der Böses tut. *Ps. 82,6.
5. Darum ist's not, untertan zu sein, nicht allein um der Strafe willen, sondern auch um des Gewissens willen.
6. Derhalben müßt ihr auch Schoß geben; denn sie sind Gottes Diener, die solchen Schutz sollen handhaben.
7. So gebet nun jedermann, was ihr schuldig seid: Schoß, dem der Schoß gebührt; Zoll, dem der Zoll gebührt; Furcht, dem die Furcht gebührt; Ehre, dem die Ehre gebührt. Matth. 22,21.
8. Seid niemand nichts schuldig, als daß ihr euch untereinander liebet; denn *wer den andern liebt, der hat das Gesetz erfüllt. *Gal. 5,14; 1. Tim. 1,5.
9. Denn was da *gesagt ist: »Du sollst nicht ehebrechen; du sollst nicht töten; du sollst nicht stehlen; du sollst nicht falsch Zeugnis geben; dich soll nichts gelüsten«, und so ein anderes Gebot mehr ist, das wird in diesem Wort zusammengefaßt: †»Du sollst deinen Nächsten lieben als dich selbst.« *2. Mose 20,13–17. †3. Mose 19,18.
10. Die Liebe tut dem Nächsten *nichts Böses. So ist nun die Liebe †des Gesetzes Erfüllung. *1. Kor. 13,4. †Matth. 22,40.
11. Und weil wir solches wissen, nämlich die Zeit, daß die Stunde da ist, aufzustehen vom Schlaf (sintemal unser Heil jetzt näher ist, denn da wir gläubig wurden;
Eph. 5,14; 1. Thess. 5,6.7.
12. die Nacht ist vorgerückt, *der Tag aber nahe herbeigekommen): so †lasset uns ablegen die Werke der Finsternis und anlegen die Waffen des Lichtes.
*1. Joh. 2,8. †Eph. 5,11.
13. Lasset uns ehrbar wandeln als am Tage, *nicht in Fressen und Saufen, nicht in Kammern und Unzucht, nicht in Hader und Neid; *Luk. 21,34; Eph. 5,18.
14. sondern *ziehet an den Herrn Jesus Christus und wartet des Leibes, doch also, daß er nicht geil werde. *Gal. 3,27.

Das 14. Kapitel

Wie man die Schwachen tragen und kein Ärgernis geben soll.

1. Den Schwachen im Glauben nehmet auf und verwirret die Gewissen nicht.
K. 15,1; 1. Kor. 8,9.
2. Einer glaubt, er möge allerlei essen; welcher aber schwach ist, der ißt Kraut.
1. Mose 1,29; 9,3.
3. Welcher ißt, der verachte den nicht, der da nicht ißt; und welcher nicht ißt, der richte den nicht, der da ißt; denn Gott hat ihn aufgenommen. Kol. 2,16.
4. Wer bist du, daß du einen fremden Knecht richtest? Er steht oder fällt seinem Herrn. Er mag aber wohl aufgerichtet werden; denn Gott kann ihn wohl aufrichten. Matth. 7,1; Jak. 4,11.12.
5. Einer hält einen Tag vor dem andern; der andere aber hält alle Tage gleich. Ein jeglicher sei in seiner Meinung gewiß.
Gal. 4,10.
6. Welcher auf die Tage hält, der tut's dem Herrn; und welcher nichts darauf hält, der tut's auch dem Herrn. Welcher ißt, der ißt dem Herrn, denn er dankt Gott; welcher nicht ißt, der ißt dem Herrn nicht und dankt Gott.
7. Denn unser keiner lebt sich selber, und keiner stirbt sich selber.
8. Leben wir, so leben wir dem Herrn; sterben wir, so sterben wir dem Herrn. Darum, wir leben oder sterben, so sind wir des Herrn. Gal. 2,20; 1. Thess. 5,10.
9. Denn dazu ist Christus auch gestorben und auferstanden und wieder lebendig geworden, daß er über Tote und Lebendige Herr sei.
10. Du aber, was richtest du deinen Bruder? Oder, du anderer, was verachtest du deinen Bruder? *Wir werden alle vor den Richtstuhl Christi dargestellt werden;
*Apg. 17,31; Matth. 25,31.32; 2. Kor. 5,10.
11. denn es steht *geschrieben: »So wahr als ich lebe, spricht der Herr, mir sollen alle Kniee gebeugt werden, und alle Zungen sollen Gott bekennen.«
*Jes. 45,23; Phil. 2,10.11.
12. So wird nun ein jeglicher für sich selbst Gott Rechenschaft geben. Gal. 6,5.

13. Darum laßt uns nicht mehr einer den andern richten; sondern das richtet vielmehr, daß niemand seinem Bruder einen Anstoß oder Ärgernis darstelle.
14. Ich weiß und bin gewiß in dem Herrn Jesus, daß *nichts gemein ist an sich selbst; nur dem, der es rechnet für gemein, dem ist's gemein.
*Matth. 15,11; Apg. 10,15; Tit. 1,15.
15. So aber dein Bruder um deiner Speise willen betrübt wird, so wandelst du schon nicht nach der Liebe. *Verderbe den nicht mit deiner Speise, um welches willen Christus gestorben ist. *1. Kor. 8,11–13.
16. Darum schaffet, daß euer Schatz nicht verlästert werde. Tit. 2,5.
17. Denn das Reich Gottes ist nicht Essen und Trinken, sondern Gerechtigkeit und Friede und Freude in dem heiligen Geiste. Luk. 17,20.
18. Wer darin Christo dient, der ist Gott gefällig und den Menschen wert.
19. Darum lasset uns dem nachstreben, was zum Frieden dient und was zur Besserung untereinander dient. K. 12,18; 15,2.
20. Verstöre nicht um der Speise willen Gottes Werk. Es ist zwar *alles rein; aber es ist nicht gut dem, der es ißt mit einem Anstoß seines Gewissens. *V. 14.
21. Es ist besser, du essest kein Fleisch und trinkest keinen Wein und tuest nichts, daran sich dein Bruder stößt oder ärgert oder schwach wird. 1. Kor. 8,13.
22. Hast du den Glauben, so habe ihn bei dir selbst vor Gott. Selig ist, der sich selbst kein Gewissen macht in dem, das er annimmt.
23. Wer aber darüber zweifelt, und ißt doch, der ist verdammt; denn es geht nicht aus dem Glauben. Was aber nicht aus dem Glauben geht, das ist Sünde.
Tit. 1,15.

Das 15. Kapitel

Ermahnung zur Geduld mit den Schwachen und zur christlichen Eintracht. Segen des Evangeliums durch den Dienst des Apostels.

1. Wir aber, die wir stark sind, sollen der Schwachen Gebrechlichkeit tragen und nicht Gefallen an uns selber haben. K. 14,1.
2. Es stelle sich ein jeglicher unter uns also, daß er seinem Nächsten gefalle zum Guten, zur Besserung. 1. Kor. 9,19; 10,24.33.
3. Denn auch Christus nicht an sich selber Gefallen hatte, sondern wie *geschrieben steht: »Die Schmähungen derer, die dich schmähen, sind auf mich gefallen.«
*Ps. 69,10.
4. Was aber zuvor geschrieben ist, das ist uns zur Lehre geschrieben, auf daß wir durch Geduld und Trost der Schrift Hoffnung haben. K. 4,23.24; 1. Kor. 10,11.
5. Der Gott aber der Geduld und des Trostes gebe euch, daß *ihr einerlei gesinnt seid untereinander nach Jesu Christo,
*Phil. 3,16.
6. auf daß ihr einmütig mit einem Munde lobet Gott und den Vater unsers Herrn Jesu Christi.
7. Darum nehmet euch untereinander auf, gleichwie euch Christus hat aufgenommen zu Gottes Lobe.
8. Ich sage aber, daß Jesus Christus sei *ein Diener gewesen der Juden um der Wahrhaftigkeit willen Gottes, zu bestätigen †die Verheißungen, den Vätern geschehen; *Matth. 15.24. †Apg. 3,25.
9. daß die Heiden aber Gott loben um *der Barmherzigkeit willen, wie †geschrieben steht: »Darum will ich dich loben unter den Heiden und deinem Namen singen.« *K. 11,30. †Ps. 18,50.
10. Und abermals *spricht er: »Freuet euch, ihr Heiden, mit seinem Volk!«
*5. Mose 32,43.
11. Und abermals: »Lobet den Herrn, alle Heiden, und preiset ihn, alle Völker!«
Ps. 117,1.
12. Und abermals *spricht Jesaja: »Es wird sein die †Wurzel Jesse's, und der auferstehen wird, zu herrschen über die Heiden; auf den werden die Heiden hoffen.«
*Jes. 11,10. †Offenb. 5,5.
13. Der Gott aber der Hoffnung erfülle euch mit aller Freude und Frieden im Glauben, daß ihr völlige Hoffnung habet durch die Kraft des heiligen Geistes.
14. Ich weiß aber gar wohl von euch, liebe Brüder, daß ihr selber voll Gütigkeit seid, erfüllt mit aller Erkenntnis, daß ihr euch untereinander könnet ermahnen.
15. Ich habe es aber dennoch gewagt und euch etwas wollen schreiben, liebe Brüder, euch zu erinnern, um der *Gnade willen, die mir von Gott gegeben ist.
*K. 1,5; 12,3.
16. daß ich soll sein ein *Diener Christi unter den Heiden, †priesterlich zu warten des Evangeliums Gottes, auf daß die Heiden ein Opfer werden, Gott angenehm, geheiligt durch den heiligen Geist.
*K. 11,13. †Phil. 2,17.
17. Darum kann ich mich rühmen in Jesu Christo, daß ich Gott diene.
18. Denn ich wollte nicht wagen, etwas zu reden, wo *dasselbe Christus nicht durch mich wirkte, die Heiden †zum Ge-

horsam zu bringen durch Wort und Werk,
*2.Kor. 3,5. †K.1,5.
19. durch Kraft *der Zeichen und Wunder und durch Kraft des Geistes Gottes, also daß ich von Jerusalem an und umher bis Illyrien alles mit dem Evangelium Christi erfüllt habe *Mark.16,17.
20. und mich sonderlich geflissen, das Evangelium zu predigen, wo Christi Name nicht bekannt war, auf daß ich nicht auf einen fremden Grund baute,
2.Kor.10,15.16.
21. sondern wie *geschrieben steht: »Welchen nicht ist von ihm verkündigt, die sollen's sehen, und welche nicht gehört haben, sollen's verstehen.«
*Jes.52,15.
22. Das ist auch die Ursache, warum ich vielmal verhindert worden, zu euch zu kommen. K.1,13.
23. Nun ich aber nicht mehr Raum habe in diesen Ländern, habe aber *Verlangen, zu euch zu kommen, von vielen Jahren her, *K.1,10.11.
24. so will ich zu euch kommen, wenn ich reisen werde nach Spanien. Denn ich hoffe, daß ich da durchreisen und euch sehen werde und *von euch dorthin geleitet werden möge, so doch, daß ich zuvor mich ein wenig an euch ergötze.
*1.Kor. 16,6.
25. Nun aber fahre ich hin gen Jerusalem den Heiligen zu Dienst.
Apg.18,21; 19,21; 20,22.
26. Denn die aus Mazedonien und Achaja haben willig eine gemeinsame Steuer zusammengelegt den armen Heiligen zu Jerusalem.
1.Kor.16,1; 2.Kor.8,1–4; 9,2.12.
27. Sie haben's willig getan, und sind auch ihre Schuldner. Denn so die Heiden sind *ihrer geistlichen Güter teilhaftig geworden, ist's billig, daß sie ihnen auch in leiblichen Gütern Dienst beweisen.
*K.9,4; 1.Kor. 9,11.
28. Wenn ich nun solches ausgerichtet und ihnen diese Frucht versiegelt habe, will ich durch euch nach Spanien ziehen.
29. Ich weiß aber, wenn ich zu euch komme, daß ich mit vollem Segen des Evangeliums Christi kommen werde.
K.1,11.
30. Ich ermahne euch aber, liebe Brüder, durch unsern Herrn Jesus Christus und durch die Liebe des Geistes, *daß ihr mir helfet kämpfen mit Beten für mich zu Gott, *2.Kor.1,11; Phil.1,27; 2.Thess.3,1.
31. auf daß ich errettet werde von den Ungläubigen in Judäa, und daß mein Dienst, den ich für Jerusalem tue, angenehm werde den Heiligen,
32. auf daß ich mit Freuden zu euch komme durch den Willen Gottes und mich mit euch erquicke.
33. Der Gott aber des Friedens sei mit euch allen! Amen. K.16,20.

Das 16. Kapitel

Empfehlung der Phöbe. Warnung vor Verführern. Grüße. Preis Gottes.

1. Ich befehle euch aber unsere Schwester Phöbe, welche ist im Dienste der Gemeinde zu Kenchreä,
2. daß ihr sie aufnehmet in dem Herrn, wie sich's ziemt den Heiligen, und tut ihr Beistand in allem Geschäfte, darin sie euer bedarf; denn sie hat auch vielen Beistand getan, auch mir selbst.
3. Grüßet die *Priscilla und den Aquila, meine Gehilfen in Christo Jesu,
*Apg.18,2.26.
4. welche haben für mein Leben ihren Hals dargegeben, welchen nicht allein ich danke, sondern alle Gemeinden unter den Heiden.
5. Auch grüßet die Gemeinde in ihrem Hause. Grüßet Epänetus, meinen Lieben, welcher ist der Erstling unter denen aus Achaja in Christo. 1.Kor.16,19.15.
6. Grüßet Maria, welche viel Mühe und Arbeit mit uns gehabt hat.
7. Grüßet den Andronikus und den Junias, meine Gefreundeten und meine Mitgefangenen, welche sind berühmte *Apostel und vor mir gewesen in Christo.
*2.Kor. 8,23.
8. Grüßet Amplias, meinen Lieben in dem Herrn.
9. Grüßet Urban, unsern Gehilfen in Christo, und Stachys, meinen Lieben.
10. Grüßet Apelles, den Bewährten in Christo. Grüßet, die da sind von des Aristobulus Gesinde.
11. Grüßet Herodion, meinen Gefreundeten. Grüßet, die da sind von des Narzissus Gesinde in dem Herrn.
12. Grüßet die Tryphäna und die Tryphosa, welche in dem Herrn gearbeitet haben. Grüßet die Persis, meine Liebe, welche in dem Herrn viel gearbeitet hat.
13. Grüßet *Rufus, den Auserwählten in dem Herrn, und seine und meine Mutter.
*Mark.15,21.
14. Grüßet Asynkritus, Phlegon, Hermas, Patrobas, Hermes und die Brüder bei ihnen.

15. Grüßet Philologus und die Julia, Ne-
reus und seine Schwester und Olympas
und alle Heiligen bei ihnen.
16. Grüßet euch untereinander mit dem
heiligen Kuß. Es grüßen euch die Gemeinden Christi. 1. Kor. 16,20.
17. Ich ermahne aber euch, liebe Brüder,
daß ihr achtet auf die, die da Zertrennung
und Ärgernis anrichten neben der Lehre,
die ihr gelernt habt, und weichet von ihnen. Matth. 7,15; Tit. 3,10.
18. Denn solche dienen nicht dem Herrn
Jesus Christus, sondern *ihrem Bauche;
und durch †süße Worte und prächtige Reden verführen sie die unschuldigen Herzen. *Phil. 3,19. †Hesek. 13,18; Kol. 2,4.
19. Denn *euer Gehorsam ist bei jedermann kund geworden. Derhalben freue
ich mich über euch; ich will aber, daß ihr
†weise seid zum Guten, aber einfältig zum
Bösen. *K. 1,8. †1. Kor. 14,20.
20. Aber *der Gott des Friedens zertrete
den Satan unter eure Füße in kurzem. Die
Gnade unsers Herrn Jesu Christi sei mit
euch! *K. 15,33.
21. Es grüßen euch *Timotheus, mein
Gehilfe, und Luzius und Jason und Sosipa-
ter, meine Gefreundeten.
*Apg. 16,1.2; 19,22; 20,4; Phil. 2,19.
22. Ich, Tertius, grüße euch, der ich diesen Brief geschrieben habe, in dem Herrn.
23. Es grüße euch *Gajus, mein und der
ganzen Gemeinde Wirt. Es grüßt euch
†Erastus, der Stadt Rentmeister, und
Quartus, der Bruder.
*1. Kor. 1,14. †Apg. 19,22.
24. Die Gnade unsers Herrn Jesu Christi
sei mit euch allen! Amen.
25. Dem aber, der euch stärken kann laut
meines Evangeliums und der Predigt von
Jesu Christo, durch welche das *Geheimnis offenbar ist, †das von der Welt her
verschwiegen gewesen ist,
*Eph. 1,9. †Eph. 3,5.9.
26. nun aber *offenbart, auch kundge-
macht durch der Propheten Schriften
nach Befehl des ewigen Gottes, den †Ge-
horsam des Glaubens aufzurichten unter
allen Heiden: *2. Tim. 1,10. †Röm. 1,5.
27. demselben Gott, der *allein weise ist,
sei Ehre durch Jesum Christum in Ewigkeit! Amen. *1. Tim. 1,17; Judas 25.

Der erste Brief des Paulus an die Korinther

Das 1. Kapitel

Dank für den Segen des Evangeliums zu Korinth. Warnung vor Parteiwesen. Das Wort vom Kreuz eine Torheit und doch Gotteskraft.

1. Paulus, berufen zum Apostel Jesu Christi durch den Willen Gottes, und Bruder Sosthenes

2. der Gemeinde Gottes zu Korinth, den *Geheiligten in Christo Jesu, den berufenen Heiligen samt allen denen, die †anrufen den Namen unsers Herrn Jesu Christi an allen ihren und unsern Orten:

*K.6,11. †Apg.9,14.

3. Gnade sei mit euch und Friede von Gott, unserm Vater, und dem Herrn Jesus Christus! Röm.1,7.

4. Ich danke meinem Gott allezeit euerthalben für die Gnade Gottes, die euch gegeben ist in Christo Jesu,

5. daß ihr seid durch ihn an allen Stükken reich gemacht, an aller Lehre und in aller Erkenntnis;

6. wie denn die Predigt von Christo in euch kräftig geworden ist,

7. also daß ihr keinen Mangel habt an irgend einer Gabe und *wartet nur auf die Offenbarung unsers Herrn Jesu Christi,

*Tit.2,13.

8. welcher *auch wird euch fest erhalten bis ans Ende, daß ihr †unsträflich seid auf den Tag unsers Herrn Jesu Christi.

*Phil.1,6. †1.Thess. 3,13; 5,23.

9. Denn *Gott ist treu, durch welchen ihr berufen seid zur Gemeinschaft seines Sohnes Jesu Christi, unsers Herrn.

*1.Thess. 5,24.

10. Ich ermahne euch aber, liebe Brüder, durch den Namen unsers Herrn Jesu Christi, daß ihr allzumal einerlei Rede führet und lasset nicht Spaltungen unter euch sein, sondern haltet fest aneinander *in einem Sinne und in einerlei Meinung.

*Phil.2,2; 3,16.

11. Denn es ist vor mich gekommen, liebe Brüder, durch die aus Chloes Gesinde von euch, daß Zank unter euch sei.

12. Ich sage aber davon, daß unter euch einer spricht: *Ich bin paulisch, der andere: Ich bin †apollisch, der dritte: Ich bin **kephisch, der vierte: Ich bin christisch.

*K.3,4. †Apg.18,24.27. **Joh.1,42.

13. Wie? Ist Christus nun zertrennt? Ist denn Paulus für euch gekreuzigt? Oder seid ihr auf des Paulus Namen getauft?

14. Ich danke Gott, daß ich niemand unter euch getauft habe *außer Krispus und †Gajus, *Apg.18,8. †Röm.16,23.

15. daß nicht jemand sagen möge, ich hätte auf meinen Namen getauft.

16. Ich habe aber auch getauft des *Stephanas Hausgesinde; weiter weiß ich nicht, ob ich etliche andere getauft habe.

*K.16,15.17.

17. Denn Christus hat mich nicht gesandt, zu *taufen, sondern das Evangelium zu predigen, nicht mit †klugen Worten, auf daß nicht das Kreuz Christi zunichte werde.

*Joh.4,2; Matth.28,19. †K.2,4.

18. Denn das Wort vom Kreuz ist eine Torheit denen, *die verloren werden; uns aber, die wir selig werden, ist's †eine Gotteskraft. *2.Kor.4,3. †Röm.1,16.

19. Denn es steht *geschrieben: »Ich will zunichte machen die Weisheit der Weisen, und den Verstand der Verständigen will ich verwerfen.« *Jes.29,14.

20. Wo sind die Klugen? Wo sind die Schriftgelehrten? Wo sind die Weltweisen? Hat nicht Gott die Weisheit dieser Welt zur Torheit gemacht? Hiob 12,17.

21. Denn dieweil die Welt durch ihre Weisheit Gott in seiner Weisheit *nicht erkannte, gefiel es Gott wohl, durch törichte Predigt selig zu machen die, so daran glauben. *Matth.11,25.

22. Sintemal die *Juden Zeichen fordern und die †Griechen nach Weisheit fragen,

*Matth.12,38; Joh.4,48. †Apg.17,18.32.

23. wir aber predigen den gekreuzigten Christus, den *Juden eine Ärgernis und den †Griechen eine Torheit;

*Röm.9,32. †K.2,14.

24. denen aber, die berufen sind, Juden und Griechen, predigen wir Christum, göttliche Kraft und göttliche Weisheit.

V.18; Kol.2,3.

25. Denn die göttliche Torheit ist weiser, als die Menschen sind; und die göttliche Schwachheit ist stärker, als die Menschen sind.

26. Sehet an, liebe Brüder, eure Berufung: nicht viel Weise nach dem Fleisch, nicht viel Gewaltige, nicht viel Edle sind berufen. Matth.11,25; Joh.7,48; Jak.2,1–5.

27. Sondern was töricht ist vor der Welt, das hat Gott erwählt, daß er die Weisen zu Schanden mache; und was schwach ist vor

der Welt, das hat Gott erwählt, daß er zu Schanden mache, was stark ist;
28. und das Unedle vor der Welt und das Verachtete hat Gott erwählt, und das da nichts ist, daß er zunichte mache, was etwas ist,
29. auf daß sich vor ihm kein Fleisch rühme. Röm. 3,27; Eph. 2,9.
30. Von ihm kommt auch ihr her in Christo Jesu, welcher uns gemacht ist von Gott zur Weisheit und zur *Gerechtigkeit und zur †Heiligung und zur Erlösung,
*Jer. 23,5.6; 2. Kor. 5,21. †Joh. 17,19.
31. auf daß (wie *geschrieben steht), »wer sich rühmt, der rühme sich des Herrn!« *Jer. 9,22.23.

Das 2. Kapitel

Die Apostel wollen nichts wissen als Jesum Christum, den Gekreuzigten.

1. Und ich, liebe Brüder, da ich zu euch kam, kam ich *nicht mit hohen Worten und hoher Weisheit, euch zu verkündigen die göttliche Predigt. *K. 1,17.
2. Denn ich hielt mich nicht dafür, daß ich etwas wüßte unter euch, als allein Jesum Christum, den Gekreuzigten. Gal. 6,14.
3. Und ich war bei euch mit Schwachheit und mit Furcht und mit großem Zittern;
Apg. 18,9; 2. Kor. 10,1.
4. und *mein Wort und meine Predigt war nicht in vernünftigen Reden menschlicher Weisheit, sondern in Beweisung des Geistes und der Kraft, *V. 1.
5. auf daß euer Glaube bestehe nicht auf Menschenweisheit, sondern auf Gottes Kraft. Eph. 1,17.19; 1. Thess. 1,5.
6. Wovon wir aber reden, das ist dennoch Weisheit bei den Vollkommenen; nicht eine Weisheit dieser Welt, auch nicht der Obersten dieser Welt, welche vergehen.
7. Sondern wir reden *von der heimlichen, verborgenen Weisheit Gottes, welche Gott verordnet hat vor der Welt zu unsrer Herrlichkeit, *Röm. 16,25.
8. welche keiner von den Obersten dieser Welt erkannt hat; denn *wo sie die erkannt hätten, hätten sie den †Herrn der Herrlichkeit nicht gekreuzigt.
*Luk. 23,34. †Jak. 2,1.
9. Sondern wie *geschrieben steht: »Was kein Auge gesehen hat und kein Ohr gehört hat und in keines Menschen Herz gekommen ist, was Gott bereitet hat denen, die ihn lieben.« *Jes. 64,3.
10. Uns *aber hat es Gott offenbart durch seinen Geist; denn der Geist erforscht alle Dinge, auch die Tiefen der Gottheit.
*Matth. 13,11.
11. Denn welcher Mensch weiß, was im Menschen ist, als der Geist des Menschen, der in ihm ist? Also auch weiß niemand, was in Gott ist, als der Geist Gottes.
12. Wir aber haben nicht empfangen den Geist der Welt, sondern den Geist aus Gott, daß wir wissen können, was uns von Gott gegeben ist;
13. welches wir auch reden, nicht mit Worten, welche menschliche Weisheit lehren kann, sondern mit Worten, die der heilige Geist lehrt, und richten geistliche Sachen geistlich. V. 1,4.
14. Der natürliche Mensch aber vernimmt nichts vom Geist Gottes; es ist ihm eine *Torheit, und er kann es nicht erkennen; denn es muß geistlich gerichet sein.
*K. 1,23; Joh. 8,47.
15. Der *geistliche aber richtet alles, und wird von niemand gerichtet. *1. Joh. 2,20.
16. Denn *»wer hat des Herrn Sinn erkannt, oder wer will ihn unterweisen?« Wir aber haben Christi Sinn.
*Röm. 11,34; Jes. 40,13.

Das 3. Kapitel

Warnung vor Spaltung wegen der Lehrer, die doch nur Diener sind; Herr und Grund des Heils ist Christus.

1. Und ich, liebe Brüder, konnte nicht mit euch reden als mit Geistlichen, sondern als mit Fleischlichen, wie *mit jungen Kindern in Christo. *Joh. 16,12.
2. Milch habe ich euch zu trinken gegeben, und nicht Speise; denn ihr konntet noch nicht. Auch könnt ihr jetzt noch nicht, 1. Petr. 2,2; Hebr. 5,12.13.
3. dieweil ihr noch fleischlich seid. Denn sintemal Eifer und Zank und Zwietracht unter euch sind, seid ihr nicht fleischlich und wandelt nach menschlicher Weise?
K. 1,10.11; 11,18.
4. Denn so einer sagt: Ich bin paulisch, der andere aber: Ich bin apollisch, – seid ihr nicht fleischlich? K. 1,12.
5. Wer ist nun Paulus? wer ist *Apollos? Diener sind sie, durch welche ihr seid gläubig geworden, und das, wie der Herr einem jeglichen gegeben hat.
*Apg. 18,24.27.
6. *Ich habe gepflanzt, Apollos hat begossen; aber Gott hat das Gedeihen gegeben. *Apg. 18,4.11.
7. So ist nun weder der da pflanzt noch der da begießt, etwas, sondern Gott, der das Gedeihen gibt.
8. Der aber pflanzt und der da begießt, ist einer wie der andere. Ein *jeglicher aber

wird seinen Lohn empfangen nach seiner Arbeit. *K.4,5.

9. Denn wir sind Gottes Mitarbeiter; ihr seid Gottes *Ackerwerk und Gottes †Bau.

*Matth.13,3–9. †Eph.2,20.

10. Ich *nach Gottes Gnade, die mir gegeben ist, habe den Grund gelegt als ein weiser Baumeister; ein anderer baut darauf. Ein jeglicher aber sehe zu, wie er darauf baue. *K.15,10.

11. Einen andern Grund kann niemand legen außer dem, der gelegt ist, welcher ist Jesus Christus. 1.Petr.2,4–6.

12. So aber jemand auf diesen Grund baut Gold, Silber, edle Steine, Holz, Heu, Stoppeln,

13. so wird eines jeglichen Werk offenbar werden: der Tag wird's klar machen. Denn es wird durchs Feuer offenbar werden; und welcherlei eines jeglichen Werk sei, wird das Feuer bewähren. K.4,5.

14. Wird jemandes Werk bleiben, das er darauf gebaut hat, so wird er Lohn empfangen.

15. Wird aber jemandes Werk verbrennen, so wird er Schaden leiden; er selbst aber wird selig werden, so doch wie durchs Feuer.

16. Wisset ihr nicht, daß ihr Gottes Tempel seid und der Geist Gottes in euch wohnt? K.6,19; 2.Kor.6,16.

17. So jemand den Tempel Gottes verderbt, den wird Gott verderben; denn der Tempel Gottes ist heilig, – der seid ihr.

18. Niemand betrüge sich selbst. Welcher sich unter euch dünkt weise zu sein, der werde ein Narr in dieser Welt, daß er möge weise sein. Offenb.3,17.18.

19. Denn dieser Welt Weisheit ist Torheit bei Gott. Denn es steht geschrieben: *»Die Weisen erhascht er in ihrer Klugheit.«

*Hiob 5,12.13.

20. Und abermals: *»Der Herr weiß der Weisen Gedanken, daß sie eitel sind.«

*Ps.94,11.

21. Darum rühme sich niemand eines Menschen. Es ist alles euer:

22. es sei Paulus oder Apollos, es sei Kephas oder die Welt, es sei das Leben oder der Tod, es sei das Gegenwärtige oder das Zukünftige, – alles ist euer;

23. ihr aber seid Christi, Christus aber ist Gottes. K.11,3.

Das 4. Kapitel

Der Apostel Amt und Niedrigkeit.

1. Dafür halte uns jedermann: für Christi Diener und *Haushalter über Gottes Geheimnisse. *Tit.1,7.

2. Nun sucht man nicht mehr an den Haushaltern, denn daß sie *treu erfunden werden. *Luk.12,42.

3. Mir aber ist's ein Geringes, daß ich von euch gerichtet werde oder von einem menschlichen Tage; auch richte ich mich selbst nicht.

4. Denn ich bin mir *nichts bewußt, aber darin bin ich nicht gerechtfertigt; der Herr ist's aber, der mich richtet.

*keiner Untreue im Amt. – Ps.143,2.

5. Darum richtet nicht vor der Zeit, bis der Herr komme, welcher auch wird ans Licht bringen, was im Finstern verborgen ist, und den Rat der Herzen offenbaren; alsdann *wird einem jeglichen von Gott Lob widerfahren. *K.3,8.

6. Solches aber, liebe Brüder, habe ich auf mich und Apollos gedeutet um euretwillen, daß ihr an uns lernet, daß *niemand höher von sich halte, denn geschrieben ist, auf daß sich nicht einer wider den andern um jemandes willen aufblase.

*Röm.12,3.

7. Denn wer hat dich vorgezogen? *Was hast du aber, das du nicht empfangen hast? So du es aber empfangen hast, was rühmst du dich denn, als ob du es nicht empfangen hättest? *Röm.12,6.

8. Ihr seid schon satt geworden, *ihr seid schon reich geworden, ihr herrschet ohne uns; und wollte Gott, ihr herrschtet, auf daß auch wir mit euch †herrschen möchten! *Offenb.3,17. †Offenb.3,21.

9. Ich halte aber dafür, Gott habe uns Apostel für die Allergeringsten dargestellt, als dem *Tode übergeben. Denn wir sind ein †Schauspiel geworden der Welt und den Engeln und den Menschen.

*Röm.8,36. †Hebr.10,33.

10. Wir sind *Narren um Christi willen, ihr aber seid klug in Christo; wir schwach, ihr aber stark; ihr herrlich, wir aber verachtet. *K.3,18.

11. Bis auf diese Stunde leiden wir *Hunger und Durst und sind nackt und werden geschlagen und haben keine gewisse Stätte *2.Kor.11,23–27.

12. und *arbeiten und wirken mit unsern eigenen Händen. †Man schilt uns, so segnen wir; **man verfolgt uns, so dulden wir's; man lästert uns, so flehen wir;

*Apg.18,3; 20,34; 1.Thess.2,9; 2.Thess.3,8; K.9,15. †Röm.12,14. **Ps.109,28.

13. wir sind stets wie ein Fluch der Welt und ein Fegopfer aller Leute.

14. Nicht schreibe ich solches, daß ich euch beschäme; sondern ich vermahne euch als meine lieben Kinder.

15. Denn ob ihr gleich zehntausend Zuchtmeister hättet in Christo, so habt ihr doch nicht viele Väter; denn ich habe euch gezeugt in Christo Jesu durchs Evangelium. Gal.4,19.
16. Darum ermahne ich euch: Seid meine Nachfolger! K.11,1.
17. Aus derselben Ursache habe ich *Timotheus zu euch gesandt, welcher ist mein lieber und getreuer Sohn in dem Herrn, daß er euch erinnere meiner Wege, die in Christo sind, gleichwie ich an allen Enden in allen Gemeinden lehre.
*Apg.19,22.
18. Es blähen sich etliche auf, als würde ich nicht zu euch kommen.
19. Ich werde aber gar bald zu euch kommen, *so der Herr will, und kennen lernen nicht die Worte der Aufgeblasenen, sondern die Kraft. *Apg.18,21; Jak.4,15.
20. Denn das Reich Gottes steht nicht in Worten, sondern in Kraft. K.2,4; Luk.17,20.
21. Was wollt ihr? Soll ich mit der Rute zu euch kommen oder mit Liebe und sanftmütigem Geist?

Das 5. Kapitel

Bestrafung der Unzucht.
Warnung vor dem Umgang mit Lasterhaften und vor Duldung derselben in der Gemeinde.

1. Es geht eine gemeine Rede, daß Hurerei unter euch ist, und eine solche Hurerei, davon auch die Heiden nicht zu sagen wissen: daß *einer seines Vaters Weib habe. *3.Mose 18,7.8.
2. Und ihr seid aufgeblasen und habt nicht viel mehr Leid getragen, auf daß, der das Werk getan hat, von euch getan würde?
3. Ich zwar, der ich mit dem Leibe nicht da bin, doch mit dem Geist gegenwärtig, habe schon, als sei ich gegenwärtig, beschlossen über den, der solches also getan hat: Kol.2,5.
4. in dem Namen unsers Herrn Jesu Christi, in eurer Versammlung mit meinem Geist und *mit der Kraft unsers Herrn Jesu Christi,
*Matth.16,19; 18,18; 2.Kor. 13.10.
5. ihn *zu übergeben dem Satan zum Verderben des Fleisches, auf daß der Geist selig werde am Tage des Herrn Jesu.
*1.Tim. 1,20.
6. Euer Ruhm ist nicht fein. Wisset ihr nicht, daß ein *wenig Sauerteig den ganzen Teig versäuert? *Gal.5,9.
7. Darum *feget den alten Sauerteig aus, auf daß ihr ein neuer Teig seid, gleichwie ihr ungesäuert seid. Denn wir haben auch †ein Osterlamm, das ist Christus, für uns geopfert. *2.Mose 13,7. †Jes.53,7; 1.Petr. 1,19.
8. Darum lasset uns Ostern halten nicht im alten Sauerteig, auch nicht im Sauerteig der Bosheit und Schalkheit, sondern in dem Süßteig der Lauterkeit und der Wahrheit. 2.Mose 12,3–20.
9. Ich habe euch geschrieben in dem Briefe, daß ihr *nichts sollt zu schaffen haben mit den Hurern.
*Matth 18,17; 2.Thess. 3,14.
10. Das meine ich gar nicht von den Hurern in dieser Welt oder von den Geizigen oder von den Räubern oder von den Abgöttischen; sonst müßtet ihr die Welt räumen.
11. Nun aber habe ich euch geschrieben, ihr sollt nichts mit ihnen zu schaffen haben, so jemand sich läßt einen Bruder nennen, und ist ein Hurer oder ein Geiziger oder ein Abgöttischer oder ein Lästerer oder ein Trunkenbold oder ein Räuber; mit dem sollt ihr auch nicht essen.
2.Thess. 3,6; Tit.3,10; 2.Joh. 10.
12. Denn was gehen mich die *draußen an, daß ich sie sollte richten? Richtet ihr nicht, die drinnen sind? *Mark.4,11.
13. Gott aber wird, die draußen sind, richten. *Tut von euch selbst hinaus, wer da böse ist. *5.Mose 13,6.

Das 6. Kapitel

Vom Streiten vor Gericht.
Warnung vor Ungerechtigkeit und Unzucht.

1. Wie darf jemand unter euch, so er einen Handel hat mit einem andern, hadern vor den Ungerechten und nicht vor den Heiligen?
2. Wisset ihr nicht, daß die *Heiligen die Welt richten werden? So nun die Welt soll von euch gerichtet werden, seid ihr denn nicht gut genug, geringe Sachen zu richten? *Offenb.3,21; Dan.7,22.
3. Wisset ihr nicht, daß wir über die Engel richten werden? Wie viel mehr über die zeitlichen Güter.
4. Ihr aber, wenn ihr über zeitlichen Gütern Sachen habt, so nehmt ihr die, so bei der Gemeinde verachtet sind, und setzet sie zu Richtern.
5. Euch zur Schande muß ich das sagen: Ist so gar kein Weiser unter euch, auch nicht einer, der da könnte richten zwischen Bruder und Bruder?
6. sondern ein Bruder hadert mit dem andern, dazu vor den Ungläubigen.
7. Es ist schon ein Fehl unter euch, daß ihr miteinander rechtet. Warum laßt ihr euch nicht lieber Unrecht tun? warum

laßt ihr euch nicht lieber übervorteilen?
Matth. 5,39; 1. Thess. 5,15; 1. Petr. 3,9.
8. Sondern ihr tut Unrecht und übervorteilt, und solches an den Brüdern!
9. Wisset ihr nicht, daß die Ungerechten werden das Reich Gottes nicht ererben? Lasset euch nicht verführen! Weder die Hurer noch die Abgöttischen noch die Ehebrecher noch die Weichlinge noch die Knabenschänder
10. noch die Diebe noch die Geizigen noch die Trunkenbolde noch die Lästerer noch die Räuber werden das Reich Gottes ererben. Gal. 5,19–21.
11. Und solche sind euer etliche gewesen; aber ihr seid abgewaschen, ihr seid geheiligt, ihr seid gerecht geworden durch den Namen des Herrn Jesu und durch den Geist unsers Gottes. Tit. 3,3–7.
12. Ich habe es alles Macht; es frommt aber nicht alles. Ich habe es alles Macht; es soll mich aber nichts gefangennehmen.
K. 10,23.
13. Die Speise dem Bauche und der Bauch der Speise; aber Gott wird diesen und jene zunichte machen. Der *Leib aber nicht der Hurerei, sondern dem Herrn, und der Herr dem Leibe. *1. Thess. 4,3–5.
14. Gott aber hat den Herrn auferweckt und wird uns auch auferwecken durch seine Kraft. K. 15,15.20; 2. Kor. 4,14.
15. Wisset ihr nicht, daß eure Leiber Christi Glieder sind? Sollte ich nun die Glieder Christi nehmen und Hurenglieder daraus machen? Das sei ferne! K. 12,27.
16. Oder wisset ihr nicht, daß wer an der Hure hangt, der ist ein Leib mit ihr? Denn »es werden«, spricht er, *»die zwei ein Fleisch sein.« *1. Mose 2,24.
17. Wer aber dem Herrn anhangt, der ist ein Geist mit ihm. Joh. 17,21.22.; Eph. 5,30.
18. Fliehet die Hurerei! Alle Sünden, die der Mensch tut, sind außer seinem Leibe; wer aber hurt, der sündigt an seinem eigenen Leibe.
19. Oder wisset ihr nicht, daß euer Leib ein Tempel des heiligen Geistes ist, der in euch ist, welchen ihr habt von Gott, und seid nicht euer selbst? K. 3,16.
20. Denn *ihr seid teuer erkauft; darum so †preiset Gott an eurem Leibe und in eurem Geiste, welche sind Gottes.
*K. 7,23; 1. Petr. 1,18.19. †Phil. 1,20.

Das 7. Kapitel

Von der Ehe und dem ledigen Stande.

1. Wovon ihr aber mir geschrieben habt, darauf antworte ich: Es ist dem Menschen gut, daß er kein Weib berühre.
2. Aber um der Hurerei willen habe ein jeglicher sein eigen Weib, und eine jegliche habe ihren eigenen Mann.
3. Der Mann leiste dem Weibe die schuldige Freundschaft, desgleichen das Weib dem Manne.
4. Das Weib ist ihres Leibes nicht mächtig, sondern der Mann. Desgleichen der Mann ist seines Leibes nicht mächtig, sondern das Weib.
5. Entziehe sich nicht eins dem andern, es sei denn aus beider Bewilligung eine Zeitlang, daß ihr zum Fasten und Beten Muße habt; und kommt wiederum zusammen, auf daß euch der Satan nicht versuche um eurer Unkeuschheit willen.
6. Solches sage ich aber aus Vergunst und nicht aus Gebot.
7. Ich wollte aber lieber, alle Menschen wären, wie ich bin; aber ein jeglicher hat seine eigene Gabe von Gott, einer so, der andere so. Matth. 19,12.
8. Ich sage zwar den Ledigen und Witwen: Es ist ihnen gut, wenn sie auch bleiben wie ich.
9. So sie aber sich nicht mögen enthalten, so laß sie freien; es ist besser freien denn Brunst leiden. 1. Tim. 5,14.
10. Den Ehelichen aber gebiete nicht *ich, sondern der †Herr, daß das Weib sich nicht scheide von dem Manne –
*V. 12,25.40. †Matth. 5,32.
11. so sie sich aber scheidet, daß sie ohne Ehe bleibe oder sich mit dem Manne versöhne – und daß der Mann das Weib nicht von sich lasse.
12. Den andern aber sage ich, nicht der Herr: So ein Bruder ein ungläubiges Weib hat, und sie läßt es sich gefallen, bei ihm zu wohnen, der scheide sich nicht von ihr.
13. Und so ein Weib einen ungläubigen Mann hat, und er läßt es sich gefallen, bei ihr zu wohnen, die scheide sich nicht von ihm.
14. Denn der ungläubige Mann ist geheiligt durchs Weib, und das ungläubige Weib ist geheiligt durch den Mann. Sonst wären eure Kinder unrein; *nun aber sind sie heilig. *Röm. 11,16.
15. So aber der Ungläubige sich scheidet, so laß ihn sich scheiden. Es ist der Bruder oder die Schwester nicht gefangen in solchen Fällen. *Im Frieden aber hat uns Gott berufen. *Röm. 14,19.
16. Denn was weißt du, Weib, ob du den Mann werdest selig machen? Oder du, Mann, was weißt du, ob du das Weib werdest selig machen? 1. Petr. 3,1.
17. Doch wie einem jeglichen Gott hat

ausgeteilt, *wie einen jeglichen der Herr
berufen hat, also wandle er. Und also
schaffe ich's in allen Gemeinden. *V.20.24.
18. Ist jemand beschnitten berufen, der
halte an der Beschneidung. Ist jemand unbeschnitten berufen, der lasse sich nicht
beschneiden.
19. Beschnitten sein ist nichts, und unbeschnitten sein ist nichts, sondern Gottes Gebote halten. Gal.5,6; 6,15.
20. Ein jeglicher bleibe in dem Beruf,
darin er berufen ist. V.17,24.
21. Bist du als Knecht berufen, sorge
dich nicht; doch, kannst du frei werden, so
brauche es viel lieber.
22. Denn wer als Knecht berufen ist in
dem Herrn, der ist ein Freigelassener des
Herrn; desgleichen, wer als Freier berufen
ist, der ist ein Knecht Christi.
Eph.6,6; Philem.16.
23. Ihr seid teuer erkauft; werdet nicht
der Menschen Knechte. K.6,20.
24. Ein jeglicher, liebe Brüder, worin er
berufen ist, darin bleibe er bei Gott. V.17.20.
25. Von den Jungfrauen aber habe ich
kein *Gebot des Herrn; ich sage aber
†meine Meinung, als der ich **Barmherzigkeit erlangt habe von dem Herrn, treu
zu sein. *V.10. †V.40. **1.Tim.1,12.13.
26. So meine ich nun, solches sei gut um
der gegenwärtigen Not willen, es sei dem
Menschen gut, also zu sein. V.29; K.10,11.
27. Bist du an ein Weib gebunden, so
suche nicht, los zu werden; bist du los vom
Weibe, so suche kein Weib.
28. So du aber freist, sündigst du nicht;
und so eine Jungfrau freit, sündigt sie
nicht. Doch werden solche leibliche Trübsal haben; ich verschonte aber euch gern.
29. Das sage ich aber, liebe Brüder: Die
*Zeit ist kurz. Weiter ist das die Meinung:
Die da Weiber haben, daß sie seien, als
hätten sie †keine; und die da weinen, als
weinten sie nicht; *Röm.13,11. †Luk.14,26.
30. und die sich freuen, als freuten sie
sich nicht; und die da kaufen, als besäßen
sie es nicht;
31. und die diese Welt gebrauchen, daß
sie dieselbe nicht mißbrauchen. *Denn
das Wesen dieser Welt vergeht.
*1.Joh. 2,15–17.
32. Ich wollte aber, daß ihr ohne Sorge
wäret. Wer ledig ist, der sorgt, was dem
Herrn angehört, wie er dem Herrn gefalle;
33. wer aber freit, der sorgt, was der
*Welt angehört, wie er dem †Weibe gefal-
le. Es ist ein Unterschied zwischen einem
Weibe und einer Jungfrau:
*Luk.14,20. †Eph.5,29.
34. welche nicht freit, die sorgt, was dem
Herrn angehört, daß sie heilig sei am Leib
und auch am Geist; die aber freit, die
sorgt, was der Welt angehört, wie sie dem
Manne gefalle.
35. Solches aber sage ich zu eurem Nutzen; nicht, daß ich euch einen Strick um
den Hals werfe, sondern dazu, daß es fein
zugehe und ihr stets und unverhindert
dem Herrn dienen könnet.
36. So aber jemand sich läßt dünken, es
wolle sich nicht schicken mit seiner Jungfrau, weil sie eben wohl mannbar ist, und
es will nicht anders sein, so tue er, was er
will; er sündigt nicht, er lasse sie freien.
37. Wenn einer aber sich fest vornimmt,
weil er ungezwungen ist und seinen freien
Willen hat, und beschließt solches in seinem Herzen, seine Jungfrau also bleiben
zu lassen, der tut wohl.
38. Demnach, welcher verheiratet, der
tut wohl; welcher aber nicht verheiratet,
der tut besser.
39. Ein *Weib ist gebunden durch das
Gesetz, solange ihr Mann lebt; so aber ihr
Mann entschläft, ist sie frei, zu heiraten,
wen sie will, nur, daß es in dem Herrn
geschehe. *Röm.7,2.
40. Seliger ist sie aber, wo sie also bleibt,
nach meiner Meinung. Ich halte aber dafür, ich habe auch den Geist Gottes. V.25.

Das 8. Kapitel

Vom Götzenopfer und rechten Gebrauch
christlicher Freiheit ohne Ärgernis.

1. Von dem *Götzenopfer aber wissen
wir; denn wir haben alle das Wissen. – Das
Wissen bläst auf, aber die Liebe bessert.
*Apg.15,29.
2. So aber *sich jemand dünken läßt, er
wisse etwas, der weiß noch nichts, wie er
wissen soll. *Gal.6,3.
3. So aber jemand Gott liebt, der ist *von
ihm erkannt. – *Gal.4,9.
4. So wissen wir nun von der Speise des
Götzenopfers, daß ein Götze nichts in der
Welt sei und daß kein anderer Gott sei als
der eine. K.10,19.
5. Und wiewohl solche sind, die Götter
genannt werden, es sei im Himmel oder
auf Erden (sintemal es sind viele Götter
und viele Herren),
6. so haben wir doch nur einen Gott, den
Vater, von welchem alle Dinge sind und
wir zu ihm; und einen Herrn, Jesus Christus, *durch welchen alle Dinge sind und
wir durch ihn. K.12,5.6. *Kol.1,16.
7. Es hat aber nicht jedermann das Wis-

sen. Denn etliche machen sich noch ein Gewissen über dem Götzen und essen's für Götzenopfer; damit wird ihr Gewissen, weil es so schwach ist, befleckt. K.10,27.

8. Aber die Speise fördert uns vor Gott nicht: essen wir, so werden wir darum nicht besser sein; essen wir nicht, so werden wir darum nichts weniger sein.

Röm.14,17.

9. Sehet aber zu, daß diese eure Freiheit nicht gerate zu einem Anstoß der Schwachen! Gal.5,13.

10. Denn so dich, der du die Erkenntnis hast, jemand sähe zu Tische sitzen im Götzenhause, wird nicht sein Gewissen, obwohl er schwach ist, ermutigt, das Götzenopfer zu essen?

11. Und also wird über deiner Erkenntnis der schwache Bruder umkommen, um des willen doch Christus gestorben ist.

Röm.14,15.

12. Wenn ihr aber also sündigt an den Brüdern und schlagt ihr schwaches Gewissen, so sündigt ihr an Christo.

13. Darum, so die Speise meinen Bruder ärgert, wollte ich nimmermehr Fleisch essen, auf daß ich meinen Bruder nicht ärgere. Röm.14,21.

Das 9. Kapitel

Wie der Apostel die christliche Freiheit in seinem Amte gebraucht. Ermahnung zum Ringen nach der unvergänglichen Krone.

1. Bin ich nicht ein Apostel? Bin ich nicht frei? *Habe ich nicht unsern Herrn Jesus Christus gesehen? Seid nicht ihr mein Werk in dem Herrn? –

*K.15,8; Apg.26,16; 22,17.

2. Bin ich andern nicht ein Apostel, so bin ich doch euer Apostel; denn das Siegel meines Apostelamts seid ihr in dem Herrn. 2.Kor.3,2.3.

3. Also antworte ich, wenn man mich fragt.

4. Haben wir nicht Macht, zu essen und zu trinken? Luk.10,8.

5. Haben wir nicht auch Macht, eine Schwester zum Weibe mit umherzuführen wie die andern Apostel und des Herrn Brüder und *Kephas? *Joh.1,42.

6. Oder haben allein ich und Barnabas keine Macht, nicht zu arbeiten?

7. Wer zieht jemals in den Krieg auf seinen eigenen Sold? Wer pflanzt einen Weinberg, und ißt nicht von seiner Frucht? Oder wer weidet eine Herde, und nährt sich nicht von der Milch der Herde?

8. Rede ich aber solches auf Menschenweise? Sagt nicht solches das Gesetz auch?

9. Denn im Gesetz Mose's steht *geschrieben: »Du sollst dem Ochsen nicht das Maul verbinden, der da drischt.« Sorgt Gott für die Ochsen?

*5.Mose 25,4; 1.Tim. 5,18.

10. Oder sagt er's nicht allerdinge um unsertwillen? Denn es ist ja um unsertwillen geschrieben. Denn der da pflügt, soll auf Hoffnung pflügen; und der da drischt, soll auf Hoffnung dreschen, daß er seiner Hoffnung teilhaftig werde.

11. So wir euch das Geistliche säen, ist's ein großes Ding, wenn wir euer Leibliches ernten? Röm.15,27.

12. So andere dieser Macht an euch teilhaftig sind, warum nicht viel mehr wir? Aber wir haben solche Macht nicht gebraucht, sondern wir ertragen allerlei, daß wir nicht dem Evangelium Christi ein Hindernis machen.

Apg.20,34.35; 2.Kor.11,9.

13. Wisset ihr nicht, daß, die da opfern, essen vom Opfer, und die am Altar dienen, vom Altar Genuß haben?

4.Mose 18,8.31; 5.Mose 18,1–3.

14. Also hat auch der Herr befohlen, daß, die das Evangelium verkündigen, sollen sich vom Evangelium nähren. Luk.10,7.

15. *Ich aber habe der keines gebraucht. Ich schreibe aber nicht darum davon, daß es mit mir also sollte gehalten werden. Es wäre mir lieber, ich stürbe, denn daß mir jemand meinen Ruhm sollte zunichte machen. *Apg.18,3.

16. Denn daß ich das Evangelium predige, darf ich mich nicht rühmen; denn ich muß es tun. Und *wehe mir, wenn ich das Evangelium nicht predigte! *Jer.20,9.

17. Tue ich's gern, so wird mir gelohnt; tu ich's aber ungern, so ist mir das Amt doch befohlen. K.4,1.

18. Was ist denn nun mein Lohn? Daß ich predige das Evangelium Christi und tue das frei umsonst, auf daß ich nicht meine *Freiheit mißbrauche am Evangelium. *K.8,9.

19. Denn wiewohl ich frei bin von jedermann, habe ich doch mich selbst jedermann zum Knechte gemacht, auf daß ich ihrer viele gewinne. Matth.20,26.27.

20. Den Juden bin ich geworden wie ein Jude, auf daß ich die Juden gewinne. Denen, die unter dem Gesetz sind, bin ich geworden wie unter dem Gesetz, auf daß ich die, so unter dem Gesetz sind, gewinne. Apg.16,3; 21,20–26.

21. Denen, die ohne Gesetz sind, *bin ich wie ohne Gesetz geworden (so ich doch nicht ohne Gesetz bin vor Gott, sondern

bin in dem Gesetz Christi), auf daß ich die,
so ohne Gesetz sind, gewinne. *Gal.2,3.
22. *Den Schwachen bin ich geworden
wie ein Schwacher, auf daß ich die Schwachen gewinne. Ich bin jedermann allerlei
geworden, auf daß ich allenthalben ja †et-
liche selig mache. *2.Kor.11,29. †Röm.11,14.
23. Solches aber tue ich um des Evangeliums willen, auf daß ich sein teilhaftig
werde.
24. Wisset ihr nicht, daß die, so in den
Schranken laufen, die laufen alle, aber einer erlangt das Kleinod? Laufet nun also,
daß ihr es ergreifet! 2.Tim.4,7.
25. Ein *jeglicher aber, der da kämpft,
enthält sich alles Dinges; jene also, daß sie
eine vergängliche Krone empfangen, wir
aber eine †unvergängliche.
*2.Tim. 2,4.5. †1.Petr. 5,4.
26. Ich laufe aber also, nicht als aufs Un-
gewisse; ich fechte also, nicht als der in die
Luft streicht;
27. sondern ich *betäube meinen Leib
und zähme ihn, daß ich nicht den andern
predige, und selbst verwerflich werde.
*Röm.8,13; 13,14.

Das 10. Kapitel

Warnung vor fleischlicher Sicherheit und vor dem Götzendienst. Das Abendmahl eine Gemeinschaft Christi. Schonung der Gewissen.

1. Ich will euch aber, liebe Brüder, nicht
verhalten, daß unsre Väter sind alle unter
der Wolke gewesen und sind alle durchs
Meer gegangen 2.Mose 13,21; 14,22.
2. und sind alle auf Mose getauft mit der
Wolke und mit dem Meer
3. und haben alle einerlei geistliche Speise gegessen 2.Mose 16,4.35; 5.Mose 8,3.
4. und haben alle einerlei geistlichen
Trank getrunken; sie tranken aber von
dem geistlichen Fels, der mitfolgte, welcher war Christus. 2.Mose 17,6.
5. Aber an ihrer vielen hatte Gott kein
Wohlgefallen; denn sie wurden niedergeschlagen in der Wüste. 4.Mose 14,23.30.
6. Das ist aber uns zum Vorbild geschehen, daß wir nicht uns gelüsten lassen des
Bösen, gleichwie jene gelüstet hat.
4.Mose 11,4.34.
7. Werdet auch nicht Abgöttische,
gleichwie jener etliche wurden, wie *geschrieben steht: »Das Volk setzte sich nieder, zu essen und zu trinken, und stand
auf, zu spielen.« *2.Mose 32,6.
8. Auch lasset uns nicht Hurerei treiben,
wie etliche unter jenen Hurerei trieben,
und fielen auf einen Tag dreiundzwanzig-
tausend. 4.Mose 25,1.9.
9. Lasset uns aber auch Christum nicht
versuchen, wie etliche von jenen ihn versuchten und *wurden von den Schlangen
umgebracht. *4.Mose 21,5.6.
10. Murret auch nicht, gleichwie jener
etliche murrten und wurden umgebracht
durch den Verderber.
4.Mose 14,2.36; Hebr.3,11.17.
11. Solches alles widerfuhr jenen zum
Vorbilde; es ist aber geschrieben uns zur
Warnung, auf welche das Ende der Welt
gekommen ist.
12. Darum, wer sich läßt dünken, er stehe, mag wohl zusehen, daß er nicht falle.
13. Es hat euch noch keine denn
menschliche Versuchung betreten; aber
Gott ist getreu, der euch nicht läßt versuchen über euer Vermögen, sondern
macht, daß die Versuchung so ein Ende
gewinne, daß ihr's könnet ertragen.
14. Darum, meine Liebsten, fliehet von
dem Götzendienst! 1.Joh.5,21.
15. Als mit den Klugen rede ich; richtet
ihr, was ich sage.
16. *Der gesegnete Kelch, welchen wir
segnen, ist der nicht die Gemeinschaft des
Blutes Christi? Das Brot, das †wir brechen, ist das nicht die Gemeinschaft des
Leibes Christi? *Matth.26,17. †Apg.2,42.
17. Denn ein Brot ist's, so sind wir viele
ein Leib, dieweil wir alle eines Brotes teilhaftig sind. Röm.12,5; K.12,27.
18. Sehet an das Israel nach dem Fleisch!
Welche die *Opfer essen, sind die nicht in
der Gemeinschaft des Altars? *3.Mose 7,6.15.
19. Was soll ich denn nun sagen? Soll ich
sagen, daß der Götze etwas sei oder daß
das Götzenopfer etwas sei? K.8,4.
20. Aber ich sage: Was die Heiden opfern,
das opfern sie *den Teufeln, und nicht
Gott. Nun will ich nicht, daß ihr in der
Teufel Gemeinschaft sein sollt.
*3.Mose 17,7; 5.Mose 32,17; Ps.106,37;
Offenb.9,20.
21. Ihr könnt nicht zugleich trinken des
Herrn Kelch und der Teufel Kelch; ihr
könnt nicht zugleich teilhaftig sein des
Tisches des Herrn und des Tisches der
Teufel. 2.Kor.6,15.16.
22. Oder wollen wir dem Herrn trotzen?
Sind wir stärker denn er?
23. Ich habe es zwar alles Macht; aber es
frommt nicht alles. Ich habe es alles
Macht; aber es bessert nicht alles. K.6,12.
24. Niemand suche das Seine, sondern
ein jeglicher, was des andern ist.
V.33; Röm.15,2.
25. Alles, was feil ist auf dem Fleisch-
markt, das esset, und forschet nicht, auf

daß ihr das Gewissen verschonet.
Röm. 14,2–10.22.
26. Denn »die Erde ist des Herrn und was
darinnen ist.« Ps. 24,1.
27. So aber jemand von den Ungläubigen
euch ladet und ihr wollt hingehen, so esset
alles, was euch vorgetragen wird, und forschet nicht, auf daß ihr das Gewissen verschonet.
28. Wo aber jemand würde zu euch sagen: »Das ist Götzenopfer«, so esset nicht,
um des willen, der es anzeigte, auf daß ihr
das Gewissen verschonet. K. 8,7.
29. Ich sage aber vom Gewissen, nicht
deiner selbst, sondern des andern. Denn
warum sollte ich meine Freiheit lassen
richten von eines andern Gewissen?
30. So ich's mit Danksagung genieße,
was sollte ich denn verlästert werden über
dem, dafür ich danke? 1. Tim. 4,4.
31. Ihr esset nun oder trinket oder was
ihr tut, so tut es alles zu Gottes Ehre.
Kol. 3,17.
32. Gebet kein Ärgernis weder den Juden
noch den Griechen noch der Gemeinde
Gottes; Röm. 14,13.
33. gleichwie ich auch jedermann in allerlei mich gefällig mache und suche
nicht, was mir, sondern was vielen
frommt, daß sie selig werden. K. 9,20–22.

Das 11. Kapitel

Empfehlung des wohlanständigen Verhaltens in den Versammlungen. Anweisung zum würdigen Genuß des heiligen Abendmahls.

1. Seid meine Nachfolger, gleichwie ich
Christi! K. 4,16; Phil. 3,17.
2. Ich lobe euch, liebe Brüder, daß ihr an
mich gedenket in allen Stücken und haltet
die Weise, wie ich sie euch gegeben habe.
3. Ich lasse euch aber wissen, daß Christus ist eines jeglichen Mannes Haupt; der
*Mann aber ist des Weibes Haupt; †Gott
aber ist Christi Haupt. *Eph. 5,23. †K. 3,23.
4. Ein jeglicher Mann, der da betet oder
*weissagt und hat etwas auf dem Haupt,
der schändet sein Haupt. *K. 12,10; 14,1.
5. Ein Weib aber, das da betet oder weissagt mit unbedecktem Haupt, die schändet ihr Haupt; denn es ist ebensoviel, als
wäre sie geschoren.
6. Will sie sich nicht bedecken, so
schneide man ihr auch das Haar ab. Nun
es aber übel steht, daß ein Weib verschnittenes Haar habe und geschoren sei, so
lasset sie das Haupt bedecken.
7. Der Mann aber soll das Haupt nicht
bedecken, sintemal er ist *Gottes Bild und
Ehre; das Weib aber ist des Mannes Ehre.
*1. Mose 1,27.
8. Denn der Mann ist nicht vom Weibe,
sondern das Weib ist vom Manne.
1. Mose 2,22.23.
9. Und der Mann ist nicht geschaffen um
des Weibes willen, sondern das Weib um
des Mannes willen. 1. Mose 2,18.
10. Darum soll das Weib eine Macht auf
dem Haupt haben, um der Engel willen.
11. Doch ist weder der Mann ohne das
Weib, noch das Weib ohne den Mann in
dem Herrn;
12. denn wie das Weib von dem Manne,
also kommt auch der Mann durchs Weib;
aber alles von Gott.
13. Richtet bei euch selbst, ob's wohl
steht, daß ein Weib unbedeckt vor Gott
bete.
14. Oder lehrt euch auch nicht die Natur,
daß es einem Manne eine Unehre ist, so er
das Haar lang wachsen läßt,
15. und dem Weibe eine Ehre, so sie langes Haar hat? Das Haar ist ihr zur Decke
gegeben.
16. Ist aber jemand unter euch, der Lust
zu zanken hat, der wisse, daß wir solche
Weise nicht haben, die Gemeinden Gottes
auch nicht.
17. Ich muß aber dies befehlen: Ich
kann's nicht loben, daß ihr nicht auf bessere Weise, sondern auf ärgere Weise zusammenkommt. V. 22.
18. Zum ersten, wenn ihr zusammenkommt in der Gemeinde, höre ich, es seien Spaltungen unter euch; und zum Teil
glaube ich's. K. 1,10–12; 3,3.
19. Denn es *müssen Parteien unter
euch sein, auf daß die, so rechtschaffen
sind, †offenbar unter euch werden.
*1. Joh. 2,19. †5. Mose 13,4.
20. Wenn ihr nun zusammenkommt, so
hält man da nicht des Herrn Abendmahl.
21. Denn so man das Abendmahl halten
soll, nimmt ein jeglicher sein eigenes vorhin, und einer ist hungrig, der andere ist
trunken.
22. Habt ihr aber nicht Häuser, da ihr
essen und trinken könnt? Oder verachtet
ihr die Gemeinde Gottes und *beschämet
die, so da nichts haben? Was soll ich euch
sagen? Soll ich euch loben? Hierin lobe ich
euch nicht. *Jak. 2,5.6.
23. Ich habe es von dem Herrn empfangen, das ich euch gegeben habe. *Denn
der Herr Jesus in der Nacht, da er verraten
ward, nahm das Brot,
*Matth. 26,26–28; Mark. 14,22–24; Luk. 22,19.20.
24. dankte und brach's und sprach: Neh-

met, esset, das ist mein Leib, der für euch gebrochen wird; solches tut zu meinem Gedächtnis.
25. Desselbigengleichen auch den Kelch nach dem Abendmahl und sprach: Dieser Kelch ist das neue Testament in meinem Blut; solches tut, so oft ihr's trinket, zu meinem Gedächtnis.
26. Denn so oft ihr von diesem Brot esset und von diesem Kelch trinket, sollt ihr des Herrn Tod verkündigen, *bis daß er kommt. *Matth.26,29.
27. Welcher nun unwürdig von diesem Brot isset oder von dem Kelch des Herrn trinket, der ist schuldig an dem Leib und Blut des Herrn. Hebr.6,6.
28. Der Mensch *prüfe aber sich selbst, und also esse er von diesem Brot und trinke von diesem Kelch.
*Matth.26,22; 2.Kor. 13,5.
29. Denn welcher unwürdig isset und trinket, der isset und trinket sich selber zum Gericht, damit, daß er nicht unterscheidet den Leib des Herrn.
30. Darum sind auch viele Schwache und Kranke unter euch, und ein gut Teil *schlafen. *K.15,20.
31. Denn so wir uns selber richteten, so würden wir nicht gerichtet.
32. Wenn wir aber gerichtet werden, so werden wir von dem Herrn gezüchtigt, auf daß wir nicht samt der Welt verdammt werden. Hebr.12,5.6.
33. Darum, meine lieben Brüder, wenn ihr zusammenkommt, zu essen, so harre einer des andern.
34. Hungert aber jemand, der esse daheim, auf daß ihr nicht euch zum Gericht zusammenkommt. – Das andere will ich ordnen, wenn ich komme.

Das 12. Kapitel

Von den geistlichen Gaben und ihrem rechten Gebrauch.

1. Von den geistlichen Gaben aber will ich euch, liebe Brüder, nicht verhalten.
2. Ihr wisset, daß ihr Heiden seid gewesen und hingegangen zu den *stummen Götzen, wie ihr geführt wurdet.
*Hab.2,18.19.
3. Darum tue ich euch kund, daß niemand Jesum verflucht, der durch den Geist Gottes redet; und niemand kann Jesum einen Herrn heißen außer durch den heiligen Geist. Mark.9,39; 1.Joh.4,2.3.
4. Es sind mancherlei Gaben; aber es ist ein Geist. Röm.12,6; Eph.4,4.
5. Und es sind mancherlei Ämter; aber es ist ein Herr. V.28; Eph.4,11.
6. Und es sind mancherlei Kräfte; aber es ist ein Gott, der da wirket alles in allen.
7. In einem jeglichen erzeigen sich die Gaben des Geistes zum gemeinen Nutzen.
K.14,26.
8. Einem wird gegeben durch den Geist, zu reden von der Weisheit; dem andern wird gegeben, zu reden von der Erkenntnis nach demselben Geist;
9. einem andern der Glaube in demselben Geist; einem andern die Gabe, gesund zu machen in demselben Geist;
10. einem andern, Wunder zu tun; einem andern Weissagung; einem andern, Geister zu unterscheiden; einem andern mancherlei *Sprachen; einem andern, die Sprachen auszulegen. *K.14,5; Apg.2,4.
11. Dies aber alles wirkt derselbe eine Geist und teilt einem jeglichen seines zu, nach dem er will. K.7,7; Röm.12,3; Eph.4,7.
12. Denn gleichwie ein Leib ist, und hat doch viele Glieder, alle Glieder aber des Leibes, wiewohl ihrer viel sind, doch ein Leib sind: also auch Christus. V.27; K.10,17.
13. Denn wir sind durch einen Geist alle zu einem Leibe getauft, *wir seien Juden oder Griechen, Knechte oder Freie, und sind alle zu einem Geist getränkt. *Gal.3,28.
14. Denn auch der Leib ist nicht ein Glied, sondern viele. V.20.
15. So aber der Fuß spräche: Ich bin keine Hand, darum bin ich des Leibes Glied nicht, – sollte er um deswillen nicht des Leibes Glied sein?
16. Und so das Ohr spräche: Ich bin kein Auge, darum bin ich nicht des Leibes Glied, – sollte es um deswillen nicht des Leibes Glied sein?
17. Wenn der ganze Leib Auge wäre, wo bliebe das Gehör? So er ganz Gehör wäre, wo bliebe der Geruch?
18. Nun aber hat Gott die Glieder gesetzt, ein jegliches sonderlich am Leibe, wie er gewollt hat.
19. So aber alle Glieder ein Glied wären, wo bliebe der Leib?
20. Nun aber sind der Glieder viele; aber der Leib ist einer. V.14.
21. Es kann das Auge nicht sagen zu der Hand: Ich bedarf dein nicht; oder wiederum das Haupt zu den Füßen: Ich bedarf euer nicht.
22. Sondern vielmehr die Glieder des Leibes, die uns dünken die schwächsten zu sein, sind die nötigsten;
23. und die uns dünken am wenigsten ehrbar zu sein, denen legen wir am meisten Ehre an; und die uns übel anstehen, die schmückt man am meisten.

24. Denn die uns wohl anstehen, die bedürfen's nicht. Aber Gott hat den Leib also vermengt und dem dürftigen Glied am meisten Ehre gegeben,
25. auf daß nicht eine Spaltung im Leibe sei, sondern die Glieder füreinander gleich sorgen.
26. Und so ein Glied leidet, so leiden alle Glieder mit; und so ein Glied wird herrlich gehalten, so freuen sich alle Glieder mit.
27. Ihr seid aber der Leib Christi und Glieder, ein jeglicher nach seinem Teil.
Röm. 12,5; Eph. 5,30.
28. Und Gott hat gesetzt in der Gemeinde aufs erste die Apostel, aufs andere die Propheten, aufs dritte die Lehrer, darnach die Wundertäter, darnach die Gaben, gesund zu machen, Helfer, Regierer, mancherlei Sprachen. Eph. 4,11.12.
29. Sind sie alle Apostel? Sind sie alle Propheten? Sind sie alle Lehrer? Sind sie alle Wundertäter?
30. Haben sie alle Gaben, gesund zu machen? Reden sie alle mit mancherlei Sprachen? Können sie alle auslegen?
31. Strebet aber nach den besten Gaben! Und ich will euch noch einen köstlichern Weg zeigen. K. 14,1.

Das 13. Kapitel

Preis der Liebe.

1. Wenn ich mit Menschen- und mit Engelszungen redete, und hätte der Liebe nicht, so wäre ich ein tönend Erz oder eine klingende Schelle.
2. Und wenn ich weissagen könnte und wüßte alle Geheimnisse und alle Erkenntnis und hätte allen Glauben, also daß ich Berge versetzte, und hätte der Liebe nicht, so wäre ich nichts. Matth. 7,22; 17,20.
3. Und wenn ich alle meine Habe den Armen gäbe und ließe meinen Leib brennen, und hätte der Liebe nicht, so wäre mir's nichts nütze. Matth. 6,2.
4. Die Liebe ist langmütig und freundlich, die Liebe eifert nicht, die Liebe treibt nicht Mutwillen, sie blähet sich nicht,
5. sie stellet sich nicht ungebärdig, *sie suchet nicht das Ihre, sie läßt sich nicht erbittern, sie rechnet das Böse nicht zu,
*Phil. 2,4.21.
6. sie freuet sich nicht der Ungerechtigkeit, sie freuet sich aber der Wahrheit;
Röm. 12,9.
7. sie *verträgt alles, sie glaubet alles, sie hoffet alles, sie duldet alles.
*Spr. 10,12; Röm. 15,1.
8. Die Liebe höret nimmer auf, so doch die Weissagungen aufhören werden und die Sprachen aufhören werden und die Erkenntnis aufhören wird.
9. Denn unser Wissen ist Stückwerk, und unser Weissagen ist Stückwerk.
10. Wenn aber kommen wird das Vollkommene, so wird das Stückwerk aufhören.
11. Da ich ein Kind war, da redete ich wie ein Kind und war klug wie ein Kind und hatte kindische Anschläge; da ich aber ein Mann ward, tat ich ab, was kindisch war.
12. Wir sehen jetzt durch einen Spiegel in einem dunkeln Wort; dann aber von Angesicht zu Angesicht. Jetzt erkenne ich's stückweise; dann aber werde ich erkennen, gleichwie ich erkannt bin.
2. Kor. 5,7.
13. Nun aber bleibt *Glaube, Hoffnung, Liebe, diese drei; aber die †Liebe ist die größte unter ihnen.
*1. Thess. 1,3. †1. Joh. 4,16.

Das 14. Kapitel

Vom Gebrauch der Lehrgabe und des Zungenredens; von guter Ordnung im Gottesdienst.

1. Strebet nach der Liebe! Fleißiget euch der geistlichen Gaben, am meisten aber, daß ihr weissagen möget! K. 12,10.31.
2. Denn der mit Zungen redet, der redet nicht den Menschen, sondern Gott; denn ihm hört niemand zu, im Geist aber redet er die Geheimnisse.
3. Wer aber weissagt, der redet den Menschen zur Besserung und zur Ermahnung und zur Tröstung.
4. Wer mit Zungen redet, der bessert sich selbst; wer aber weissagt, der bessert die Gemeinde.
5. Ich wollte, *daß ihr alle mit Zungen reden könntet; aber viel mehr, daß ihr weissagtet. Denn der da weissagt, ist größer, als der mit Zungen redet; es sei denn, daß er's auch †auslege, daß die Gemeinde davon gebessert werde.
*4. Mose 11,29. †K. 12,10.
6. Nun aber, liebe Brüder, wenn ich zu euch käme und redete mit Zungen, was wäre ich euch nütze, so ich nicht mit euch redete entweder durch Offenbarung oder durch *Erkenntnis oder durch Weissagung oder durch Lehre? *K. 12,8.
7. Verhält sich's doch auch also mit den Dingen, die da lauten, und doch nicht leben; es sei eine Pfeife oder eine Harfe: wenn sie nicht unterschiedene Töne von sich geben, wie kann man erkennen, was gepfiffen oder geharft ist?

8. Und so die Posaune einen undeutli-
chen Ton gibt, wer wird sich zum Streit
rüsten?
9. Also auch ihr, wenn ihr mit Zungen
redet, so ihr nicht eine deutliche Rede
gebet, wie kann man wissen, was geredet
ist? Denn ihr werdet in den Wind reden.
10. Es ist mancherlei Art der Stimmen in
der Welt, und derselben keine ist undeut-
lich.
11. So ich nun nicht weiß der Stimme
Bedeutung, werde ich unverständlich sein
dem, der da redet, und der da redet, wird
mir unverständlich sein.
12. Also auch ihr, sintemal ihr euch fleißiget der geistlichen Gaben, trachtet darnach, daß ihr alles reichlich habet, auf daß
ihr die Gemeinde bessert. V. 1–4.
13. Darum, welcher mit Zungen redet,
der bete also, daß er's auch auslege.
K. 12,10.
14. Denn so ich mit Zungen bete, so betet mein Geist; aber mein Sinn bringt niemand Frucht.
15. Wie soll es aber denn sein? Ich will
beten mit dem Geist und will beten auch
im Sinn; ich will *Psalmen singen im
Geist und will auch Psalmen singen mit
dem Sinn. *Eph. 5,19.
16. Wenn du aber segnest im Geist, wie
soll der, so an des Laien Statt steht, amen
sagen auf deine Danksagung, sintemal er
nicht weiß, was du sagst?
17. Du danksagest wohl fein; aber der
andere wird nicht davon gebessert.
18. Ich danke meinem Gott, daß ich
mehr mit Zungen rede denn ihr alle.
19. Aber ich will in der Gemeinde lieber
fünf Worte reden mit meinem Sinn, auf
daß ich auch andere unterweise, denn
zehntausend Worte mit Zungen.
20. Liebe Brüder, werdet nicht *Kinder
an dem Verständnis; sondern an der Bosheit seid Kinder, an dem Verständnis aber
seid †vollkommen. *Eph. 4,14. †Phil. 3,12.15.
21. Im *Gesetz steht geschrieben: »Ich
will mit andern Zungen und mit andern
Lippen reden zu diesem Volk, und sie werden mich auch also nicht hören, spricht
der Herr.« *5. Mose 28,49; Jes. 28,11.12.
22. Darum sind die Zungen zum Zeichen
nicht den Gläubigen, sondern den Ungläubigen; die Weissagung aber nicht den Ungläubigen, sondern den Gläubigen.
23. Wenn nun die ganze Gemeinde zusammenkäme an einen Ort und redeten
alle mit Zungen, es kämen aber hinein
Laien oder Ungläubige, würden sie nicht
sagen, ihr wäret unsinnig?
24. So sie aber alle weissagten und käme
dann ein Ungläubiger oder Laie hinein,
der würde von ihnen allen gestraft und
von allen gerichtet;
25. und also würde das Verborgene seines Herzens offenbar, und er würde also
fallen auf sein Angesicht, Gott anbeten
und bekennen, daß Gott wahrhaftig in
euch sei. Joh. 16,8.
26. Wie ist es denn nun, liebe Brüder?
Wenn ihr *zusammenkommt, so hat ein
jeglicher Psalmen, er †hat eine Lehre, er
hat Zungen, er hat Offenbarung, er hat
Auslegung. Lasset es alles geschehen
**zur Besserung!
*K. 11,18.20. †K. 12,8–10. **Eph. 4,12.
27. So jemand mit Zungen redet, so sei-
en es ihrer zwei oder aufs meiste drei, und
einer um den andern; und einer lege es
aus.
28. Ist aber kein Ausleger da, so schweige
er in der Gemeinde, rede aber sich selber
und Gott.
29. Weissager aber lasset reden zwei oder
drei, und die andern lasset *richten.
*1. Thess. 5,21; Apg. 17,11.
30. So aber eine Offenbarung geschieht
einem andern, der da sitzt, so schweige
der erste.
31. Ihr könnt wohl alle weissagen, einer
nach dem andern, auf daß sie alle lernen
und alle ermahnt werden.
32. Und die Geister der Propheten sind
den Propheten untertan.
33. Denn Gott ist nicht ein Gott der
Unordnung, sondern des Friedens.
34. Wie in allen Gemeinden der Heiligen
lasset eure *Weiber schweigen in der Gemeinde; denn es soll ihnen nicht zugelassen werden, daß sie reden, sondern sie
sollen †untertan sein, wie auch das Gesetz
sagt. *1. Tim. 2,12. †K. 11,3; Eph. 5,22; Tit. 2,5;
1. Mose 3,16.
35. Wollen sie aber etwas lernen, so lasset sie daheim ihre Männer fragen. Es
steht den Weibern übel an, in der Gemeinde zu reden.
36. Oder ist das Wort Gottes von euch
ausgekommen? Oder ist's allein zu euch
gekommen?
37. So sich jemand läßt dünken, er sei
ein Prophet oder geistlich, der erkenne,
was ich euch schreibe; denn es sind des
Herrn Gebote. 1. Joh. 4,6.
38. Ist aber jemand unwissend, der sei
unwissend.
39. Darum, liebe Brüder, fleißiget euch
des Weissagens und wehret nicht, mit
Zungen zu reden.

40. Lasset alles ehrbar und ordentlich zugehen. Kol.2,5.

Das 15. Kapitel

Von der Auferstehung der Toten.

1. Ich erinnere euch aber, liebe Brüder, des Evangeliums, das ich euch verkündigt habe, welches ihr auch angenommen habt, in welchem ihr auch stehet,
2. durch welches ihr auch selig werdet: welchergestalt ich es euch verkündigt habe, so ihr's behalten habt; es wäre denn, daß ihr's umsonst geglaubt hättet.
3. Denn ich habe euch zuvörderst gegeben, was ich auch empfangen habe: daß Christus gestorben sei für unsre Sünden nach der *Schrift, *Jes.53,8.9.
4. und daß er begraben sei, und daß er auferstanden sei am dritten Tage nach der *Schrift, *Ps.16,10.
5. und daß er gesehen worden ist von *Kephas, darnach †von den Zwölfen. *Luk.24,34. †Mark.16,14.
6. Darnach ist er gesehen worden von mehr denn fünfhundert Brüdern auf einmal, deren noch viele leben, etliche aber sind entschlafen.
7. Darnach ist er gesehen worden von Jakobus, darnach von *allen Aposteln. *Luk.24,50.
8. Am letzten nach allen ist er auch *von mir, als einer unzeitigen Geburt, gesehen worden. *K.9,1.
9. Denn ich bin der *geringste unter den Aposteln, der ich nicht wert bin, daß ich ein Apostel heiße, darum daß ich die Gemeinde Gottes verfolgt habe. *Eph.3,8.
10. Aber von Gottes Gnade bin ich, was ich bin. Und seine Gnade an mir ist nicht vergeblich gewesen, sondern ich habe viel mehr gearbeitet denn sie alle; nicht aber ich, sondern Gottes Gnade, die mit mir ist. 2.Kor. 11,5.23.
11. Es sei nun ich oder jene: also predigen wir, und also habt ihr geglaubt.
12. So aber Christus gepredigt wird, daß er sei von den Toten auferstanden, wie sagen denn etliche unter euch, die Auferstehung der Toten sei nichts?
13. Ist aber die Auferstehung der Toten nichts, so ist auch Christus nicht auferstanden.
14. Ist aber Christus nicht auferstanden, so ist unsre Predigt vergeblich, so ist auch euer Glaube vergeblich.
15. Wir würden aber auch erfunden als falsche Zeugen Gottes, daß wir wider Gott gezeugt hätten, er hätte Christum auferweckt, den er nicht auferweckt hätte, wenn doch die Toten nicht auferstehen. Apg.1,22.
16. Denn so die Toten nicht auferstehen, so ist Christus auch nicht auferstanden. K.6,14.
17. Ist Christus aber nicht auferstanden, so ist euer Glaube eitel, so seid ihr noch in euren Sünden. V.14.
18. So sind auch die, so in Christo entschlafen sind, verloren.
19. Hoffen wir allein in diesem Leben auf Christum, so sind wir die elendesten unter allen Menschen.
20. Nun aber ist Christus auferstanden von den Toten und der *Erstling geworden unter denen, die da †schlafen. *Kol.1,18. †K.11,30.
21. Sintemal durch einen Menschen der Tod und durch einen Menschen die Auferstehung der Toten kommt. 1.Mose 3,17–19; Röm.5,12.18.
22. Denn gleichwie sie in Adam alle sterben, also werden sie in Christo alle lebendig gemacht werden.
23. Ein jeglicher aber in seiner Ordnung: *der Erstling Christus; †darnach die Christo angehören, wenn er kommen wird; *V.20. †1.Thess. 4,16; Offenb.20,5.
24. darnach das Ende, wenn er das Reich Gott und dem Vater überantworten wird, wenn er aufheben wird alle Herrschaft und alle Obrigkeit und Gewalt. Dan.2,44.
25. Er muß aber herrschen, bis daß er »alle seine Feinde unter seine Füße lege«. Ps.110,1; Matth.22,44.
26. Der letzte Feind, der aufgehoben wird, ist der Tod. Offenb.20,14; 21,4.
27. Denn *»er hat ihm alles unter seine Füße getan«. Wenn er aber sagt, daß es alles untertan sei, ist's offenbar, daß ausgenommen ist, der ihm alles untergetan hat. *Ps.8,7.
28. Wenn aber alles ihm untertan sein wird, alsdann wird auch der Sohn selbst untertan sein dem, der ihm alles untergetan hat, auf daß Gott sei alles in allen.
29. Was machen sonst, die sich taufen lassen über den Toten, so überhaupt die Toten nicht auferstehen? Was lassen sie sich taufen über die Toten?
30. Und was stehen wir alle Stunde in der Gefahr? Röm.8,36.
31. Bei unserm Ruhm, den ich habe in Christo Jesu, unserm Herrn, ich sterbe täglich. 2.Kor.4,10.11.
32. Habe ich nach menschlicher Meinung zu Ephesus mit wilden Tieren gefochten, was hilft's mir? So die Toten nicht

auferstehen, *»lasset uns essen und trinken; denn morgen sind wir tot!« *Jes.22,13.
33. Lasset euch nicht verführen! Böse Geschwätze verderben gute Sitten.
34. *Werdet doch einmal recht nüchtern und sündiget nicht! Denn etliche †wissen nichts von Gott; das **sage ich euch zur Schande.
*Röm.13,11; Eph.5,14. †Apg.26,8. **K.6,5.
35. Möchte aber jemand sagen: Wie werden die Toten auferstehen, und mit welcherlei Leibe werden sie kommen?
36. Du Narr: Was du säst, wird nicht lebendig, *es sterbe denn. *Joh.12,24.
37. Und was du säst, ist ja nicht der Leib, der werden soll, sondern ein bloßes Korn, etwa Weizen oder der andern eines.
38. Gott aber gibt ihm einen Leib, wie er will, und einem jeglichen von den Samen seinen eigenen Leib. 1.Mose 1,11.
39. Nicht ist alles Fleisch einerlei Fleisch; sondern ein anderes Fleisch ist der Menschen, ein anderes des Viehs, ein anderes der Fische, ein anderes der Vögel.
40. Und es sind himmlische Körper und irdische Körper; aber eine andere Herrlichkeit haben die himmlischen und eine andere die irdischen.
41. Eine andere Klarheit hat die Sonne, eine andere Klarheit hat der Mond, eine andere Klarheit haben die Sterne; denn ein Stern übertrifft den andern an Klarheit.
42. Also auch die Auferstehung der Toten. Es wird gesät verweslich, und wird auferstehen unverweslich.
43. Es wird gesät in Unehre, und wird auferstehen *in Herrlichkeit. Es wird gesät in Schwachheit, und wird auferstehen in Kraft. *Phil.3,20.21.
44. Es wird gesät ein natürlicher Leib, und wird auferstehen ein geistlicher Leib. Ist ein natürlicher Leib, so ist auch ein geistlicher Leib.
45. Wie es *geschrieben steht: Der erste Mensch, Adam, »ward zu einer lebendigen Seele«, und der letzte Adam zum †Geist, der da lebendig macht.
*1.Mose 2,7. †2.Kor. 3,17.
46. Aber der geistliche Leib ist nicht der erste, sondern der natürliche; darnach der geistliche.
47. Der erste Mensch ist von der Erde und irdisch; der andere Mensch ist der Herr vom Himmel.
48. Welcherlei der irdische ist, solcherlei sind auch die irdischen; und welcherlei der himmlische ist, solcherlei sind auch die himmlischen.
49. Und wie wir getragen haben das *Bild des irdischen, also werden wir auch tragen das Bild des himmlischen. *1.Mose 5,3.
50. Das sage ich aber, liebe Brüder, daß Fleisch und Blut nicht können das Reich Gottes ererben; auch wird das Verwesliche nicht erben das Unverwesliche.
K.6,13.
51. Siehe, ich sage euch ein Geheimnis: Wir *werden nicht alle entschlafen, wir werden aber alle verwandelt werden;
*1.Thess. 4,15.17.
52. und dasselbe plötzlich, in einem Augenblick, zur Zeit der letzten *Posaune. Denn es wird die Posaune schallen, und die Toten werden auferstehen unverweslich, und wir werden verwandelt werden.
*Matth.24,31; 1.Thess. 4,16.
53. Denn dies Verwesliche muß anziehen die Unverweslichkeit, und dies Sterbliche muß anziehen die Unsterblichkeit.
2.Kor. 5,4.
54. Wenn aber dies Verwesliche wird anziehen die Unverweslichkeit, und dies Sterbliche wird anziehen die Unsterblichkeit, dann wird erfüllt werden das Wort, das geschrieben steht:
55. »Der Tod ist verschlungen in den Sieg. Tod, wo ist dein Stachel? Hölle, wo ist dein Sieg?« Jes.25,8; Hos.13,14.
56. Aber der Stachel des Todes ist die Sünde; *die Kraft aber der Sünde ist das Gesetz. *Röm.7,13; 6,14.
57. Gott aber sei Dank, der uns den Sieg gegeben hat durch unsern Herrn Jesus Christus!
58. Darum, meine lieben Brüder, seid fest, unbeweglich, und nehmet immer zu in dem Werk des Herrn, sintemal ihr wisset, *daß eure Arbeit nicht vergeblich ist in dem Herrn. *2.Chron.15,7.

Das 16. Kapitel

Von Sammlung einer milden Steuer für die dürftigen Christen zu Jerusalem. Empfehlung des Timotheus. Ermahnungen, Grüße und Schluß.

1. Was aber die *Steuer anlangt, die den Heiligen geschieht: wie ich den Gemeinden in Galatien geordnet habe, also tut auch ihr. *Apg.11,29; 2.Kor.8,9; Gal.2,10.
2. An jeglichem *ersten Tag der Woche lege bei sich selbst ein jeglicher unter euch und sammle, was ihn gut dünkt, auf daß nicht, wenn ich komme, dann allererst die Steuer zu sammeln sei.
*Apg.20,7.
3. Wenn ich aber gekommen bin, so will ich die, welche ihr dafür ansehet, mit Brie-

fen senden, daß sie hinbringen eure Wohltat gen Jerusalem.
4. So es aber wert ist, daß ich auch hinreise, sollen sie mit mir reisen.
5. Ich will aber zu euch kommen, wenn ich durch Mazedonien gezogen bin; denn durch Mazedonien werde ich ziehen.
Apg. 19,21.
6. Bei euch aber werde ich vielleicht bleiben oder auch überwintern, auf daß ihr mich *geleitet, wo ich hin ziehen werde.
*Röm. 15,24.
7. Ich will euch jetzt nicht sehen im Vorüberziehen; denn ich hoffe, ich werde *etliche Zeit bei euch bleiben, †so es der Herr zuläßt. *Apg. 20,2. †Apg. 18,21.
8. Ich werde aber zu *Ephesus bleiben bis Pfingsten. *Apg. 19,1.10.
9. Denn mir ist eine große *Tür aufgetan, die viel Frucht wirkt, und sind viel Widersacher da.
*2. Kor. 2,12; Kol. 4,3; Offenb. 3,8.
10. So *Timotheus kommt, so sehet zu, daß er ohne Furcht bei euch sei; denn er †treibt auch das Werk des Herrn wie ich.
*K. 4,17. †Phil. 2,20.
11. Daß ihn nun nicht jemand *verachte! †Geleitet ihn aber im Frieden, daß er zu mir komme; denn ich warte sein mit den Brüdern. *1. Tim. 4,12. †V. 6.
12. Von *Apollos, dem Bruder, aber wisset, daß ich ihn sehr viel ermahnt habe, daß er zu euch käme mit den Brüdern; und es war durchaus sein Wille nicht, daß er jetzt käme; er wird aber kommen, wenn es ihm gelegen sein wird. *K. 1,12.
13. Wachet, stehet im Glauben, seid männlich und *seid stark! *Eph. 6,10.
14. Alle eure Dinge lasset in der Liebe geschehen!
15. Ich ermahne euch aber, liebe Brüder: Ihr kennet das *Haus des Stephanas, daß sie sind †die Erstlinge in Achaja und haben sich selbst verordnet zum Dienst den Heiligen; *K. 1,16. †Röm. 16,5.
16. daß auch ihr solchen untertan seid und allen, die mitwirken und arbeiten.
Phil. 2,29.
17. Ich freue mich über die Ankunft des Stephanas und Fortunatus und Achaikus; denn wo ich an euch Mangel hatte, das haben sie erstattet.
18. Sie haben erquickt meinen und euren Geist. *Erkennet die an, die solche sind! *1. Thess. 5,12.
19. Es grüßen euch die Gemeinden in Asien. Es grüßt euch sehr in dem Herrn *Aquila und Priscilla samt der Gemeinde in ihrem Hause. *Apg. 18,2.18.26; Röm. 16,3.5.
20. Es grüßen euch alle Brüder. *Grüßet euch untereinander mit dem heiligen Kuß. *Röm. 16,16; 2. Kor. 13,12; 1. Petr. 5,14.
21. Ich, Paulus, grüße euch mit meiner Hand. Kol. 4,18; 2. Thess. 3,17.
22. So jemand den Herrn Jesus Christus nicht liebhat, *der sei anathema. Maran atha! [d. h.: der sei verflucht. Unser Herr kommt!] *Gal. 1,8.9.
23. Die Gnade des Herrn Jesu Christi sei mit euch!
24. Meine Liebe sei mit euch allen in Christo Jesu! Amen.

Der zweite Brief des Paulus an die Korinther

Das 1. Kapitel

Eingang. Dank des Apostels für Gottes Trost in Trübsalen. Verteidigung gegen den Vorwurf der Unbeständigkeit.

1. Paulus, ein Apostel Jesu Christi *durch den Willen Gottes, und Bruder Timotheus der Gemeinde Gottes zu Korinth samt allen Heiligen in ganz Achaja:
*1. Kor. 1,1.
2. Gnade sei mit euch und Friede von Gott, unserm Vater, und dem Herrn Jesus Christus! Röm. 1,7.
3. Gelobet sei Gott und der Vater unsers Herrn Jesu Christi, der Vater der Barmherzigkeit und Gott alles *Trostes,
*Röm. 15,5.
4. der uns tröstet in aller unsrer Trübsal, daß wir auch trösten können, die da sind in allerlei Trübsal, mit dem Trost, damit wir getröstet werden von Gott.
5. Denn gleichwie wir des Leidens Christi viel haben, also werden wir auch reichlich getröstet durch Christum.
Ps. 34,20; 94,19.
6. Wir haben aber Trübsal oder Trost, so

*geschieht es euch zugute. Ist's Trübsal, so geschieht es euch zu Trost und Heil; welches Heil sich beweist, so ihr leidet mit Geduld, dermaßen, wie wir leiden. Ist's Trost, so geschieht auch das euch zu Trost und Heil; *K.4,15.17.

7. und unsre Hoffnung steht fest für euch, dieweil wir wissen, daß, wie ihr des Leidens teilhaftig seid, so werdet ihr auch des Trostes teilhaftig sein.

8. Denn wir wollen euch nicht verhalten, liebe Brüder, *unsre Trübsal, die uns in Asien widerfahren ist, da wir über die Maßen beschwert waren und über Macht, also daß wir auch am Leben verzagten
*Apg. 19,23; 1. Kor. 15,32.

9. und bei uns beschlossen hatten, wir müßten sterben. Das geschah aber darum, damit wir unser Vertrauen nicht auf uns selbst sollen stellen, sondern auf Gott, der die Toten auferweckt,

10. welcher uns von solchem Tode erlöst hat und noch täglich erlöst; und wir hoffen auf ihn, er werde uns auch hinfort erlösen,

11. durch Hilfe auch eurer Fürbitte für uns, auf daß über uns für die Gabe, die uns gegeben ist, durch viel Personen viel Dank geschehe.

12. Denn unser Ruhm ist dieser: das *Zeugnis unsers Gewissens, daß wir in Einfalt und göttlicher Lauterkeit, nicht †in fleischlicher Weisheit, sondern in der Gnade Gottes auf der Welt gewandelt haben, allermeist aber bei euch.
*K.2,17; Hebr. 13,18. †1. Kor. 1,17.

13. Denn wir schreiben euch nichts anderes, als was ihr leset und auch befindet. Ich hoffe aber, ihr werdet uns auch bis ans Ende also befinden, gleichwie ihr uns zum Teil befunden habt.

14. Denn *wir sind euer Ruhm, gleichwie auch †ihr unser Ruhm seid auf des Herrn Jesu Tag. *K.5,12. †Phil.2,16.

15. Und auf solch Vertrauen gedachte ich jenes Mal zu euch zu kommen, auf daß ihr abermals eine Wohltat empfinget,

16. und ich durch euch nach Mazedonien reiste und wiederum aus Mazedonien zu euch käme und von euch geleitet würde nach Judäa. 1. Kor. 16,5.6.

17. Bin ich aber leichtfertig gewesen, da ich solches gedachte? Oder sind meine Anschläge fleischlich? Nicht also; sondern bei mir ist Ja Ja, und Nein ist Nein.

18. Aber, o ein treuer Gott, daß unser Wort in euch nicht Ja und Nein gewesen ist.

19. Denn der Sohn Gottes, Jesus Christus, der unter euch durch uns gepredigt ist, durch mich und Silvanus und Timotheus, der war nicht Ja und Nein, sondern es war Ja in ihm.

20. Denn alle Gottesverheißungen sind Ja in ihm und sind *Amen in ihm, Gott zu Lobe durch uns. *Offenb.3,14.

21. Gott ist's aber, der uns befestigt samt euch in Christum und uns *gesalbt
*1. Joh. 2,27.

22. und versiegelt und in unsre Herzen das Pfand, den Geist, gegeben hat.
K.5,5; Röm. 8,16; Eph. 1,13.14.

23. Ich rufe aber Gott an *zum Zeugen auf meine Seele, daß ich euch verschont habe in dem, daß ich nicht wieder gen Korinth gekommen bin. *K. 11,31; Röm. 1,9.

24. Nicht daß wir *Herren seien über euren Glauben, sondern wir sind Gehilfen eurer Freude; denn ihr stehet im Glauben.
*1. Petr. 5,3.

Das 2. Kapitel

Paulus empfiehlt die Wiederaufnahme des bußfertigen Sünders und preist Gott für die kräftige Wirkung der lautern Predigt von Christo.

1. Ich dachte aber solches bei mir, daß ich nicht abermals in Traurigkeit zu euch käme. 1. Kor. 4,21; K. 12,21.

2. Denn, so ich euch traurig mache, wer ist, der mich fröhlich mache, wenn nicht, der da von mir betrübt wird?

3. Und *dasselbe habe ich euch geschrieben, daß ich nicht, wenn ich käme, über die traurig sein müßte, über welche ich mich billig soll freuen; sintemal ich mich des zu euch allen versehe, daß meine Freude euer aller Freude sei. *1. Kor. 5.

4. Denn ich schrieb euch in großer Trübsal und Angst des Herzens mit viel Tränen; nicht, daß ihr solltet betrübt werden, sondern auf daß ihr die Liebe erkenntet, welche ich habe sonderlich zu euch.

5. So aber jemand eine Betrübnis hat angerichtet, der hat nicht mich betrübt, sondern zum Teil – auf daß ich nicht zu viel sage – euch alle. 1. Kor. 5,1.

6. Es ist aber genug, daß derselbe von vielen also gestraft ist,

7. daß ihr nun hinfort ihm desto mehr vergebet und ihn tröstet, auf daß er nicht in allzu große Traurigkeit versinke.

8. Darum ermahne ich euch, daß ihr die Liebe an ihm beweiset.

9. Denn darum habe ich euch auch geschrieben, daß ich erkennte, ob ihr rechtschaffen seid, *gehorsam zu sein in allen Stücken. *K.7,15.

10. Welchem aber ihr etwas vergebet, dem vergebe ich auch. Denn auch ich, so ich etwas vergebe jemand, das vergebe ich um euretwillen, an *Christi Statt,
*Luk. 10,16.

11. auf daß wir nicht übervorteilt werden *vom Satan; denn uns ist nicht unbewußt, was er im Sinn hat. *Luk. 22,31.

12. Da ich aber gen Troas kam, zu predigen das Evangelium Christi, und *mir eine Tür aufgetan war in dem Herrn,
*Apg. 14,27; 1. Kor. 16,9.

13. hatte ich keine Ruhe in meinem Geist, da ich Titus, meinen Bruder, nicht fand; sondern ich machte meinen Abschied mit ihnen und fuhr aus nach Mazedonien. Apg. 20,1.

14. Aber Gott sei gedankt, der uns allezeit Sieg gibt in Christo und offenbart den Geruch seiner Erkenntnis durch uns an allen Orten!

15. Denn wir sind Gott ein guter Geruch Christi *unter denen, die selig werden, und unter denen, die verloren werden:
*1. Kor. 1,18.

16. *diesen ein Geruch des Todes zum Tode, jenen aber ein Geruch des Lebens zum Leben. Und †wer ist hiezu tüchtig?
*Luk. 2,34. †K. 3,5.6.

17. Denn wir sind nicht, wie die vielen, die das Wort Gottes verfälschen; sondern als aus Lauterkeit und als aus Gott reden wir vor Gott in Christo. K. 1,12.

Das 3. Kapitel

Das Amt des neuen Testaments ein Amt des Geistes und des Lebens, nicht wie das des Gesetzes ein Amt des tötenden Buchstabens.

1. Heben wir denn abermals an, *uns selbst zu preisen? Oder bedürfen wir, wie etliche, der Lobebriefe an euch oder Lobebriefe von euch? *K. 5,12.

2. Ihr seid unser Brief, in unser Herz geschrieben, der erkannt und gelesen wird von allen Menschen; 1. Kor. 9,2.

3. die ihr offenbar geworden seid, daß ihr ein Brief Christi seid, durch unsern Dienst zubereitet, und geschrieben nicht mit Tinte, sondern mit dem Geist des lebendigen Gottes, nicht in *steinerne Tafeln, sondern in fleischerne Tafeln des Herzens.
*2. Mose 24,12.

4. Ein solch Vertrauen aber haben wir durch Christum zu Gott.

5. Nicht, daß wir tüchtig sind von uns selber, etwas zu denken als von uns selber; sondern daß wir tüchtig sind, ist von Gott.
K. 2,16.

6. welcher auch uns tüchtig gemacht hat, das Amt zu führen des *neuen Testaments, nicht des †Buchstabens, sondern des Geistes. Denn der Buchstabe tötet, aber der **Geist macht lebendig.
*Jer. 31,31; 1. Kor. 11,25. †Röm. 7,6. **Joh. 6,63.

7. So aber das Amt, das durch die Buchstaben tötet und in die Steine gebildet war, Klarheit hatte, also daß die Kinder Israel *nicht konnten ansehen das Angesicht Mose's um der Klarheit willen seines Angesichtes, die doch aufhört, *2. Mose 34,30.

8. wie sollte nicht viel mehr das Amt, das den Geist gibt, Klarheit haben! Gal. 3,2.5.

9. Denn so das Amt, das *die Verdammnis predigt, Klarheit hat, wie viel mehr hat das Amt, †das die Gerechtigkeit predigt, überschwengliche Klarheit.
*5. Mose 27,26. †Röm. 1,17; 3,21.

10. Denn auch jenes Teil, das verklärt war, ist nicht für Klarheit zu achten gegen diese überschwengliche Klarheit.

11. Denn so das Klarheit hatte, das da aufhört, wie viel mehr wird das Klarheit haben, das da bleibt.

12. Dieweil wir nun solche Hoffnung haben, sind wir voll großer Freudigkeit

13. und tun nicht wie Mose, der die Dekke vor sein Angesicht hing, daß die Kinder Israel nicht ansehen konnten das Ende des, das aufhört; 2. Mose 34,33.35.

14. sondern ihre Sinne sind verstockt. Denn bis auf den heutigen Tag bleibt diese Decke unaufgedeckt über dem alten Testament, wenn sie es lesen, welche in Christo aufhört; Röm. 11,25.

15. aber bis auf den heutigen Tag, wenn Mose gelesen wird, hängt die Decke vor ihrem Herzen.

16. Wenn es *aber sich bekehrte zu dem Herrn, so würde die Decke abgetan.
*Röm. 11,23.26.

17. Denn der Herr ist der Geist; wo aber der Geist des Herrn ist, da ist Freiheit.

18. Nun aber spiegelt sich in uns allen des Herrn Klarheit mit aufgedecktem Angesicht, und wir werden verklärt in dasselbe Bild von einer Klarheit zu der andern, als vom Herrn, der der Geist ist.

Das 4. Kapitel

Paulus bezeugt, daß er das Evangelium redlich predige und dessen Kraft unter Trübsalen erprobe.

1. Darum, dieweil wir ein solch *Amt haben, wie uns denn †Barmherzigkeit widerfahren ist, so werden wir nicht müde,
*K. 3,6. †1. Kor. 7,25.

2. sondern meiden auch heimliche Schande und gehen nicht *mit Schalkheit um, fälschen auch nicht Gottes Wort; sondern mit Offenbarung der Wahrheit beweisen wir uns wohl an aller Menschen Gewissen vor Gott. *K.2,17; 1.Thess. 2,5.
3. Ist nun unser Evangelium verdeckt, so ist's in denen, die verloren werden, verdeckt; 1.Kor. 1,18.
4. bei welchen der Gott dieser Welt der Ungläubigen Sinn verblendet hat, daß sie nicht sehen das helle Licht des Evangeliums von der Klarheit Christi, welcher ist *das Ebenbild Gottes. *Hebr. 1,3.
5. Denn wir predigen nicht uns selbst, sondern Jesum Christum, daß er sei der Herr, wir aber eure Knechte um Jesu willen. K.1,24.
6. Denn *Gott, der da hieß das Licht aus der Finsternis hervorleuchten, der hat einen †hellen Schein in unsre Herzen gegeben, daß durch uns entstünde die Erleuchtung von der Erkenntnis der Klarheit Gottes in dem Angesichte Jesu Christi. *1.Mose 1,3. †K.3,18.
7. Wir haben aber solchen Schatz in *irdenen Gefäßen, auf daß die überschwengliche Kraft sei Gottes und nicht von uns. *K.5,1.
8. Wir haben allenthalben Trübsal, aber wir ängsten uns nicht; uns ist bange, aber wir verzagen nicht; K.1,8; 7,5.
9. wir leiden Verfolgung, aber wir werden nicht verlassen; wir werden unterdrückt, aber wir kommen nicht um;
10. und *tragen allezeit das Sterben des Herrn Jesu an unserm Leibe, auf daß auch das Leben des Herrn Jesu an unserm Leibe offenbar werde. *1.Kor. 15,31.
11. Denn wir, die wir leben, werden immerdar in *den Tod gegeben um Jesu willen, auf daß auch das Leben Jesu offenbar werde an unserm sterblichen Fleische. *Röm.8,36.
12. Darum ist nun der Tod mächtig in uns, aber das Leben in euch.
13. Dieweil wir aber denselben Geist des Glaubens haben, nach dem, das *geschrieben steht: »Ich glaube, darum rede ich«, so glauben wir auch, darum so reden wir auch *Ps.116,10.
14. und wissen, daß der, so den Herrn Jesus hat auferweckt, wird uns auch auferwecken durch Jesum und wird uns darstellen samt euch. 1.Kor. 6,14.
15. Denn es geschieht alles um euretwillen, auf daß die überschwengliche Gnade durch vieler Danksagen Gott reichlich preise. K.1,3–6.
16. Darum werden wir nicht müde; sondern, ob unser *äußerlicher Mensch verdirbt, so wird doch der †innerliche von Tage zu Tage erneuert. *V.10. †Eph.3,16.
17. Denn unsre Trübsal, die zeitlich und leicht ist, schafft eine ewige und über alle Maßen wichtige Herrlichkeit Röm.8,17.18.
18. uns, die wir nicht sehen auf das Sichtbare, sondern *auf das Unsichtbare. Denn was sichtbar ist, das ist zeitlich; was aber unsichtbar ist, das ist ewig. *Hebr.11,1.

Das 5. Kapitel

Sehnsucht nach der himmlischen Heimat. Wichtigkeit des Amts, das die Versöhnung predigt.

1. Wir wissen aber, so unser *irdisch Haus dieser Hütte zerbrochen wird, daß wir einen Bau haben, von Gott erbauet, ein Haus, nicht mit Händen gemacht, das ewig ist, im Himmel. *Hiob 4,19; 2.Petr. 1,13.14.
2. Und darüber sehnen wir uns auch nach unsrer Behausung, die vom Himmel ist, und uns verlangt, daß wir damit überkleidet werden; Röm.8,23.
3. so doch, wo wir bekleidet und nicht bloß erfunden werden.
4. Denn dieweil wir in der Hütte sind, sehnen wir uns und sind beschwert; sintemal wir wollten lieber nicht entkleidet, sondern *überkleidet werden, auf daß das Sterbliche würde verschlungen von dem Leben. *1.Kor. 15,53.
5. Der uns aber dazu bereitet, das ist Gott, der uns das Pfand, den Geist, gegeben hat. K.1,22; Röm.8,16.23; Eph.1,13.14.
6. So sind wir denn getrost allezeit und wissen, daß, dieweil wir im Leibe wohnen, so wallen wir *ferne vom Herrn; *Hebr.11,13.
7. denn wir wandeln im Glauben, und nicht im Schauen. 1.Kor. 13,12.
8. Wir sind aber getrost und haben vielmehr Lust, außer dem Leibe zu wallen und daheim zu sein bei dem Herrn. Phil. 1,23.
9. Darum fleißigen wir uns auch, wir sind daheim oder *wallen, daß wir ihm wohl gefallen. *Ps.39,13.
10. Denn wir müssen alle offenbar werden *vor dem Richtstuhl Christi, auf daß ein jeglicher empfange, nach dem er gehandelt hat bei Leibesleben, es sei gut oder böse. *Apg.17,31; Röm.2,16; 14,10.
11. Dieweil wir denn wissen, daß der Herr zu fürchten ist, fahren wir schön mit den Leuten; aber Gott sind wir offenbar.

Ich hoffe aber, daß wir auch in eurem Gewissen offenbar sind.
12. Wir loben *uns nicht abermals bei euch, sondern geben euch eine Ursache, zu rühmen von uns, auf daß ihr habt zu rühmen wider die, so sich nach dem Ansehen rühmen, und nicht nach dem Herzen.
*K.3,1.
13. Denn tun wir zu viel, so tun wir's Gott; sind wir mäßig, so sind wir euch mäßig.
14. Denn die Liebe Christi dringt uns also, sintemal wir halten, daß, so einer für alle gestorben ist, so sind sie alle gestorben;
15. und er ist darum für *alle gestorben, †auf daß die, so da leben, hinfort nicht sich selbst leben, sondern dem, der für sie gestorben und auferstanden ist.
*1.Tim. 2,6. †Röm.14,7.8.
16. Darum kennen wir von nun an niemand nach dem Fleisch; und ob wir auch Christum gekannt haben nach dem Fleisch, so kennen wir ihn doch jetzt nicht mehr.
17. Darum, *ist jemand in Christo, so ist er eine †neue Kreatur; das Alte ist vergangen, **siehe, es ist alles neu geworden!
*Röm.8,1.10. †Gal.6,15. **Offenb.21,5.
18. Aber das alles von Gott, der *uns mit ihm selber versöhnt hat durch Jesum Christum und das Amt gegeben, das die Versöhnung predigt. *Röm.5,10.
19. Denn Gott war in Christo und versöhnte die Welt mit ihm selber und rechnete ihnen ihre Sünden nicht zu und hat unter uns aufgerichtet das Wort von der Versöhnung. Röm.3,24.25; Kol.1,19.20.
20. So sind wir nun *Botschafter an Christi Statt, denn Gott vermahnt durch uns; so bitten wir nun an Christi Statt: Lasset euch versöhnen mit Gott! *Jes.52,7.
21. Denn er hat den, *der von keiner Sünde wußte, für uns zur †Sünde gemacht, auf daß wir würden **in ihm die Gerechtigkeit, die vor Gott gilt.
*Hebr.4,15. †Gal.3,13. **1.Kor. 1,30; Phil.3,9.

Das 6. Kapitel

Paulus ermuntert zum würdigen Gebrauch der Gnade Gottes durch sein eigenes Beispiel und warnt vor der Gemeinschaft mit Ungläubigen.

1. Wir ermahnen aber euch als *Mithelfer, daß ihr nicht vergeblich die Gnade Gotes empfanget. – *K.1,24; 5,20.
2. Denn *er spricht: »Ich habe dich in der angenehmen Zeit erhört und habe dir am Tage des Heils geholfen.« Sehet, †jetzt ist die angenehme Zeit, jetzt ist der Tag des Heils! – *Jes.49,8. †Luk.4,19.21.
3. Und wir geben niemand irgend ein Ärgernis, auf daß unser Amt nicht verlästert werde;
4. sondern in allen Dingen *beweisen wir uns als die Diener Gottes: in großer Geduld, in Trübsalen, in Nöten, in Ängsten,
*K.4,2.
5. in Schlägen, in Gefängnissen, in Aufruhren, in Arbeit, in Wachen, in Fasten,
K.11,23–27.
6. in *Keuschheit, in Erkenntnis, in Langmut, in Freundlichkeit, in dem heiligen Geist, in ungefärbter Liebe,
*1.Tim. 4,12.
7. in dem Wort der Wahrheit, in der *Kraft Gottes, durch Waffen der Gerechtigkeit zur Rechten und zur Linken,
*1.Kor. 2,4.
8. durch Ehre und Schande, durch böse Gerüchte und gute Gerüchte: als die Verführer, und doch wahrhaftig;
9. als die Unbekannten, und doch bekannt; als die *Sterbenden, und siehe, wir leben; als die †Gezüchtigten, und doch nicht ertötet; *K.4,10.11. †Ps.118,18.
10. als die Traurigen, aber allezeit fröhlich; als die Armen, aber die doch viele reich machen; als die nichts innehaben, und doch alles haben. Phil.4,12.13.
11. O ihr Korinther! unser Mund hat sich zu euch aufgetan, unser Herz ist weit.
12. Ihr habt nicht engen Raum in uns; aber eng ist's in euren Herzen.
13. Ich rede mit euch als *mit meinen Kindern, daß ihr euch auch also gegen mich stellet und werdet auch weit.
*1.Kor. 4,14.
14. Ziehet nicht am fremden Joch mit den Ungläubigen. Denn *was hat die Gerechtigkeit zu schaffen mit der Ungerechtigkeit? Was hat das Licht für Gemeinschaft mit der Finsternis? *Eph.5,11.
15. Wie stimmt Christus mit Belial? Oder was für ein Teil hat der Gläubige mit dem Ungläubigen?
16. Was hat der Tempel Gottes für Gleichheit mit den Götzen? *Ihr aber seid der Tempel des lebendigen Gottes; wie denn Gott *spricht: »Ich will unter ihnen wohnen und unter ihnen wandeln und will ihr Gott sein, und sie sollen mein Volk sein.« *1.Kor. 3,16. †3.Mose 26,12.
17. *Darum gehet aus von ihnen und sondert euch ab, spricht der Herr, und rühret kein Unreines an, so will ich euch annehmen. *Jes.52,11; Offenb.18,4.
18. und euer Vater sein, und ihr sollt

meine Söhne und Töchter sein, spricht der allmächtige Herr. Jer. 31,9; 32,38.

Das 7. Kapitel

Ermahnung zur Heiligung.
Die göttliche Traurigkeit.

1. Dieweil wir nun solche Verheißungen haben, meine Liebsten, so lasset uns von aller Befleckung des Fleisches und des Geistes uns reinigen und fortfahren mit der Heiligung in der Furcht Gottes.
2. Fasset uns: Wir haben niemand Leid getan, wir haben niemand verletzt, wir haben niemand übervorteilt.
K. 12,17; Apg. 20,33.
3. Nicht sage ich solches, euch zu verdammen; denn ich habe *droben zuvor gesagt, daß ihr in unsern Herzen seid, mitzusterben und mitzuleben. *K. 6,11–13.
4. Ich rede mit großer Freudigkeit zu euch; ich rühme viel von euch; ich bin erfüllt mit Trost; ich bin überschwenglich in Freuden in aller unsrer Trübsal.
5. Denn da wir nach Mazedonien kamen, hatte unser Fleisch keine Ruhe; sondern allenthalben waren wir in Trübsal: auswendig Streit, inwendig Furcht. Apg. 20,1.2.
6. Aber Gott, der die Geringen *tröstet, der tröstete uns durch die †Ankunft des Titus; *K. 1,3.4. †K. 2,13.
7. nicht allein aber durch seine Ankunft, sondern auch durch den Trost, mit dem er getröstet war an euch, da er uns verkündigte euer Verlangen, euer Weinen, euren Eifer um mich, also daß ich mich noch mehr freute.
8. Denn daß ich euch durch den Brief habe traurig gemacht, reut mich nicht. Und ob's mich reute, dieweil ich sehe, daß der Brief vielleicht eine Weile euch betrübt hat, K. 2,4.
9. so freue ich mich doch nun, nicht darüber, daß ihr seid betrübt worden, sondern daß ihr betrübt seid worden zur Reue. Denn ihr seid göttlich betrübt worden, daß ihr von uns ja keinen Schaden irgendworin nehmet.
10. Denn die göttliche Traurigkeit wirkt zur Seligkeit und Reue, die niemand gereut; die *Traurigkeit aber der Welt wirkt den Tod. *Matth. 27,3–5.
11. Siehe, daß ihr göttlich seid betrübt worden, welchen Fleiß hat das in euch gewirkt, dazu Verantwortung, Zorn, Furcht, Verlangen, Eifer, Rache! Ihr habt euch bewiesen in allen Stücken, daß ihr rein seid in der Sache.
12. Darum, ob ich euch geschrieben habe, so ist's doch nicht geschehen um des willen, der beleidigt hat, auch nicht um des willen, der beleidigt ist, sondern um deswillen, daß euer Fleiß gegen uns offenbar würde bei euch vor Gott.
13. Derhalben sind wir getröstet worden, daß ihr getröstet seid. Überschwenglicher aber haben wir uns noch gefreut über die Freude des Titus; denn sein Geist ist erquickt an euch allen.
14. Denn was ich vor ihm von euch gerühmt habe, darin bin ich nicht zu Schanden geworden; sondern, gleichwie alles wahr ist, was ich mit euch geredet habe, also ist auch unser Rühmen vor Titus wahr geworden.
15. Und er ist überaus herzlich wohl gegen euch gesinnt, wenn er gedenkt an euer aller *Gehorsam, wie ihr ihn mit Furcht und Zittern habt aufgenommen.
*K. 2,9.
16. Ich freue mich, daß ich mich zu euch alles [Guten] versehen darf.

Das 8. Kapitel

Ermahnung zur milden Steuer für die
armen Christen in Jerusalem.

1. Ich tue euch kund, liebe Brüder, die Gnade Gottes, die in den Gemeinden in Mazedonien gegeben ist. Röm. 15,26.
2. Denn ihre Freude war überschwenglich, da sie durch viel Trübsal bewährt wurden; und wiewohl sie sehr arm sind, haben sie doch reichlich gegeben in aller Einfalt.
3. Denn nach allem Vermögen (das bezeuge ich) und über Vermögen waren sie willig
4. und baten uns mit vielem Zureden, daß wir aufnähmen die Wohltat und Gemeinschaft der Handreichung, die da geschieht den Heiligen; K. 9,1; Apg. 11,29.
5. und nicht, wie wir hofften, sondern sie ergaben sich selbst, zuerst dem Herrn und darnach uns, durch den Willen Gottes,
6. daß wir mußten Titus ermahnen, auf daß er, wie er zuvor hatte angefangen, also auch unter euch solche Wohltat ausrichtete.
7. Aber gleichwie ihr *in allen Stücken reich seid, im Glauben und im Wort und in der Erkenntnis und in allerlei Fleiß und in eurer Liebe zu uns, also †schaffet, daß ihr auch in dieser Wohltat reich seid.
*1. Kor. 1,5. †1. Kor. 16,1.2.
8. Nicht sage ich, daß ich etwas gebiete; sondern, dieweil andere so fleißig sind,

versuche ich auch eure Liebe, ob sie rechter Art sei.

9. Denn ihr wisset die Gnade unsers Herrn Jesu Christi, daß, ob er wohl reich ist, ward er doch *arm um euretwillen, auf daß ihr durch seine Armut reich würdet. *Matth. 8,20.

10. Und meine Meinung hierin gebe ich; denn solches ist euch nützlich, die ihr angefangen habt vom vorigen Jahre her nicht allein das Tun, sondern auch das Wollen;

11. nun aber vollbringet auch das Tun, auf daß, gleichwie da ist ein geneigtes Gemüt, zu wollen, so sei auch da ein geneigtes Gemüt, zu tun von dem, was ihr habt.

12. Denn so einer willig ist, so ist er angenehm, nach dem er hat, nicht, nach dem er nicht hat. Spr. 3,28; Mark. 12,43.

13. Nicht geschieht das in der Meinung, daß die andern Ruhe haben, und ihr Trübsal, sondern daß es gleich sei.

14. So diene euer Überfluß ihrem Mangel diese [teure] Zeit lang, auf daß auch ihr Überfluß hernach diene eurem Mangel und ein Ausgleich geschehe; K. 9,12.

15. wie *geschrieben steht: »Der viel sammelte, hatte nicht Überfluß, und der wenig sammelte, hatte nicht Mangel.« *2. Mose 16,18.

16. Gott aber sei Dank, der solchen Eifer für euch gegeben hat in das Herz des Titus.

17. Denn er nahm zwar die Ermahnung an; aber dieweil er so sehr fleißig war, ist er von selber zu euch gereist.

18. Wir haben aber einen Bruder mit ihm gesandt, der das Lob hat am Evangelium durch alle Gemeinden.

19. Nicht allein aber das, sondern er ist auch verordnet von den Gemeinden zum Gefährten unsrer Fahrt in dieser Wohltat, welche *durch uns ausgerichtet wird dem Herrn zu Ehren und zum Preis eures guten Willens. *Gal. 2,10.

20. Also verhüten wir, daß uns nicht jemand übel nachreden möge solcher reichen Steuer halben, die durch uns ausgerichtet wird;

21. und sehen darauf, daß es redlich zugehe, nicht allein vor dem Herrn sondern auch vor den Menschen.

22. Auch haben wir mit ihnen gesandt unsern Bruder, den wir oft erfunden haben in vielen Stücken, daß er fleißig sei, nun aber viel fleißiger.

23. Und wir sind großer Zuversicht zu euch, es sei *des Titus halben, welcher mein Geselle und Gehilfe unter euch ist, oder unsrer Brüder halben, welche †Boten sind der Gemeinden und eine Ehre Christi. *K. 7,13; 12,18. †Röm. 16,7.

24. Erzeiget nun die Beweisung eurer Liebe und *unsers Rühmens von euch an diesen auch öffentlich vor den Gemeinden! *K. 7,14.

Das 9. Kapitel

Fortsetzung.

1. Denn von solcher Steuer, die den Heiligen geschieht, ist mir nicht not, euch zu schreiben. K. 8,4.20.

2. Denn ich weiß euren *guten Willen, davon ich rühme bei denen aus Mazedonien und sage: Achaja ist schon voriges Jahr bereit gewesen; und euer Beispiel hat viele gereizt. *K. 8,19.

3. Ich habe aber diese Brüder darum gesandt, daß nicht unser Rühmen von euch zunichte würde in dem Stücke, und daß ihr bereit seid, gleichwie ich von euch gesagt habe; K. 8,24.

4. auf daß nicht, so die aus Mazedonien mit mir kämen und euch unbereit fänden, wir (will nicht sagen: ihr) zu Schanden würden mit solchem Rühmen.

5. So habe ich es nun für nötig angesehen, die Brüder zu ermahnen, daß sie voranzögen zu euch, fertigzumachen diesen zuvor verheißenen Segen, daß er bereit sei, also daß es sei ein Segen und nicht ein Geiz.

6. Ich meine aber das: Wer da kärglich sät, der wird auch kärglich ernten; und wer da sät im Segen, der wird auch ernten im Segen. Spr. 11,24; 19,17.

7. Ein jeglicher nach seiner Willkür, nicht mit Unwillen oder aus Zwang; denn einen *fröhlichen Geber hat Gott lieb. *Röm. 12,8.

8. Gott aber kann machen, daß allerlei Gnade unter euch reichlich sei, daß ihr in allen Dinge volle Genüge habt und reich seid zu allerlei guten Werken;

9. wie *geschrieben steht: »Er hat ausgestreut und gegeben den Armen; seine Gerechtigkeit bleibt in Ewigkeit.« *Ps. 112,9.

10. Der aber Samen reicht dem Säemann, der wird auch des Brot reichen zur Speise und wird vermehren euren Samen und wachsen lassen das Gewächs eurer Gerechtigkeit, Jes. 55,10; Hos. 10,12.

11. daß ihr reich seid in allen Dingen mit aller Einfalt, welche wirkt durch uns *Danksagung Gott. *K. 1,11; 4,15.

12. Denn die Handreichung dieser Steuer *erfüllt nicht allein den Mangel der Heiligen, sondern ist auch überschweng-

lich darin, daß viele Gott danken für diesen unsern treuen Dienst *K.8,14.
13. und preisen Gott über euer untertäniges Bekenntnis des Evangeliums Christi und über eure einfältige Steuer an sie und an alle,
14. indem auch sie nach euch verlangt im Gebet für euch um der überschwenglichen Gnade Gottes willen in euch.
15. Gott aber sei Dank für seine unaussprechliche Gabe!

Das 10. Kapitel

Des Paulus Verteidigung wider die Nachreden seiner Gegner und der falschen Apostel.

1. Ich aber, Paulus, ermahne euch durch die Sanftmütigkeit und Lindigkeit Christi, der ich gegenwärtig unter euch *gering bin, abwesend aber dreist gegen euch. *1.Kor.2,3.
2. Ich bitte aber, daß mir nicht not sei, gegenwärtig dreist zu handeln und der Kühnheit zu brauchen, die man mir zumißt, gegen etliche, die uns schätzen, als wandelten wir fleischlicherweise. V.11; 1.Kor. 4,21.
3. Denn ob wir wohl im Fleisch wandeln, so streiten wir doch nicht fleischlicherweise.
4. Denn die *Waffen unsrer Ritterschaft sind nicht fleischlich, sondern mächtig vor Gott, zu zerstören Befestigungen; *Eph.6,13–17.
5. wir zerstören damit die Anschläge und alle Höhe, die sich erhebt wider die Erkenntnis Gottes, und nehmen gefangen alle Vernunft unter den Gehorsam Christi
6. und sind bereit, zu rächen allen Ungehorsam, wenn euer Gehorsam erfüllt ist.
7. Richtet ihr nach dem Ansehen? Verläßt sich jemand darauf, daß er Christo angehöre, der denke solches auch wiederum bei sich, daß, gleichwie er Christo angehört, also auch wir Christo angehören.
8. Und so *ich auch etwas weiter mich rühme von †unsrer Gewalt, welche uns der Herr gegeben hat, euch zu bessern, und nicht zu verderben, wollte ich nicht zu Schanden werden. *K.12,6. †1.Kor. 5,4.5.
9. Das sage ich aber, daß ihr nicht euch dünken lasset, als hätte ich euch wollen schrecken mit Briefen.
10. Denn die Briefe, sprechen sie, sind schwer und stark; aber *die Gegenwart des Leibes ist schwach und die Rede verächtlich. *V.1.
11. Wer ein solcher ist, der denke, daß, wie wir sind mit Worten in den Briefen abwesend, so werden wir auch wohl sein mit der Tat gegenwärtig. K.13,2.10.
12. Denn *wir wagen uns nicht unter die zu rechnen oder zu zählen, so sich selbst loben, aber dieweil sie sich an sich selbst messen und halten allein von sich selbst, verstehen sie nichts. *K.3,1; 5,12.
13. Wir aber rühmen uns *nicht über das Ziel hinaus, sondern nur nach dem Ziel der Regel, mit der uns Gott abgemessen hat das Ziel, zu gelangen auch bis zu euch. *Röm.12,3.
14. Denn wir fahren nicht zu weit, als wären wir nicht gelangt bis zu euch; denn wir sind ja auch bis zu euch gekommen mit dem Evangelium Christi;
15. und rühmen uns nicht übers Ziel hinaus in *fremder Arbeit und haben Hoffnung, wenn nun euer Glaube in euch wächst, daß wir unsrer Regel nach wollen weiter kommen *Röm.15,20.
16. und das Evangelium auch predigen denen, die jenseit von euch wohnen, und uns nicht rühmen in dem, was mit fremder Regel bereitet ist. Apg.19,21.
17. Wer sich aber rühmt, der rühme sich des Herrn. Jer.9,22.23; 1.Kor. 1,31.
18. Denn darum ist einer nicht tüchtig, daß er sich selbst lobt, sondern daß ihn der Herr lobt. 1.Kor. 4,5.

Das 11. Kapitel

Fortsetzung. Seine ausgestandene Arbeit und Gefahr bei Pflanzung der Gemeinde.

1. Wollte Gott, ihr hieltet mir ein wenig Torheit zugut! Doch ihr haltet mir's wohl zugut.
2. Denn ich eifere um euch mit göttlichem Eifer; denn ich habe euch vertraut einem Manne, daß ich eine reine *Jungfrau Christo zubrächte. *Eph.5,26.27.
3. Ich fürchte aber, daß, wie *die Schlange Eva verführte mit ihrer Schalkheit, also auch eure Sinne verrückt werden von der Einfalt in Christo. *1.Mose 3,4.13.
4. Denn so, der da zu euch kommt, einen andern Jesus predigte, den wir nicht gepredigt haben, oder ihr einen andern Geist empfinget, den ihr nicht empfangen habt, oder ein ander Evangelium, das ihr nicht angenommen habt, so vertrüget ihr's billig. Gal.1,8.9.
5. Denn ich achte, ich sei nicht weniger, als die »hohen« Apostel sind. K.12,11; 1.Kor. 15,10; Gal.2,6.9.
6. Und ob ich *nicht kundig bin der Rede, so bin ich doch †nicht unkundig in der

Erkenntnis. Doch ich bin bei euch allenthalben wohl bekannt.
*1. Kor. 2,1.2.13. †Eph. 3,4.
7. Oder habe ich gesündigt, daß ich mich erniedrigt habe, auf daß ihr erhöht würdet? Denn ich habe euch das Evangelium Gottes *umsonst verkündigt *1. Kor. 9,12.18.
8. und habe andere Gemeinden beraubt und Sold von ihnen genommen, daß ich euch predigte. Phil. 4,10.15.
9. Und da ich bei euch war gegenwärtig und Mangel hatte, war ich niemand *beschwerlich. Denn meinen Mangel erstatteten die Brüder, die aus Mazedonien kamen, so habe ich mich in allen Stücken euch unbeschwerlich gehalten und will auch noch mich also halten. *K. 12,13.
10. So gewiß die Wahrheit Christi in mir ist, so soll mir dieser *Ruhm in den Ländern Achajas nicht verstopft werden.
*1. Kor. 9,15.
11. Warum das? Daß ich euch nicht sollte liebhaben? Gott weiß es.
12. Was ich aber tue und tun will, das tue ich darum, daß ich die Ursache abschneide denen, die Ursache suchen, daß sie rühmen möchten, sie seien wie wir.
13. Denn solche falsche Apostel und trügliche Arbeiter verstellen sich zu Christi Aposteln. K. 2,17; Phil. 3,2.
14. Und das ist auch kein Wunder; denn er selbst, der Satan, verstellt sich zum Engel des Lichtes.
15. Darum ist es nicht ein Großes, wenn sich auch seine Diener verstellen als Prediger der Gerechtigkeit; welcher Ende sein wird nach ihren Werken.
16. Ich sage abermals, daß nicht jemand wähne, ich sei töricht; wo aber nicht, so nehmet mich an als einen Törichten, daß ich mich auch ein wenig rühme. K. 12,6.
17. Was ich jetzt rede, das rede ich nicht als im Herrn, sondern als in der Torheit, dieweil wir in das Rühmen gekommen sind.
18. Sintemal viele sich rühmen nach dem Fleisch, will ich mich auch rühmen.
19. Denn ihr vertraget gern die Narren, dieweil ihr klug seid.
20. Ihr vertraget, so euch jemand zu Knechten macht, so euch jemand schindet, so euch jemand gefangennimmt, so jemand euch trotzt, so euch jemand in das Angesicht streicht.
21. Das sage ich nach der Unehre, als wären wir schwach geworden. Worauf aber jemand kühn ist (ich rede in Torheit!), darauf bin ich auch kühn.
22. Sie sind Hebräer? – Ich auch! Sie sind Israeliter? – Ich auch! Sie sind Abrahams Same? – Ich auch! Phil. 3,5.
23. Sie sind Diener Christi? – Ich rede töricht: Ich bin's wohl mehr: *ich habe mehr gearbeitet, ich habe mehr Schläge erlitten, ich bin öfter gefangen, oft in Todesnöten gewesen; *1. Kor. 15,10.
24. von den Juden habe ich fünfmal empfangen *vierzig Streiche weniger eins;
*5. Mose 25,3.
25. ich bin *dreimal gestäupt, †einmal gesteinigt; dreimal habe ich Schiffbruch erlitten, Tag und Nacht habe ich zugebracht in der Tiefe des Meers;
*Apg. 16,22. †Apg. 14,19.
26. ich bin oft gereist, ich bin in Gefahr gewesen durch die Flüsse, in Gefahr durch die Mörder, in Gefahr unter den Juden, in Gefahr unter den Heiden, in Gefahr in den Städten, in Gefahr in der Wüste, in Gefahr auf dem Meer, in Gefahr unter den falschen Brüdern;
27. in Mühe und Arbeit, in viel Wachen, in Hunger und Durst, in viel Fasten, in Frost und Blöße; K. 6,5.
28. außer was sich sonst zuträgt, nämlich, daß ich täglich werde angelaufen und *trage Sorge für alle Gemeinden.
*Apg. 20,18–21.
29. *Wer ist schwach, und ich werde nicht schwach? Wer wird geärgert, und ich brenne nicht? *1. Kor. 9,22.
30. So ich mich ja rühmen soll, will ich mich meiner Schwachheit rühmen. K. 12,5.
31. Gott und der Vater unsers Herrn Jesu Christi, welcher sei gelobt in Ewigkeit, *weiß, daß ich nicht lüge. *K. 1,23.
32. Zu Damaskus verwahrte der Landpfleger des Königs Aretas die Stadt der Damasker und wollte mich greifen,
33. und ich ward in einem Korbe zum Fenster hinaus durch die Mauer niedergelassen und entrann aus seinen Händen.
Apg. 9,24.25.

Das 12. Kapitel

Paulus erzählt von hohen Offenbarungen des Herrn, tiefem Leiden und göttlicher Stärkung; erinnert an seine lautere Liebe.

1. Es ist mir ja das Rühmen nichts nütze; doch will ich kommen auf die Gesichte und Offenbarungen des Herrn.
2. Ich kenne einen Menschen in Christo; vor vierzehn Jahren (ist er in dem Leibe gewesen, so weiß ich's nicht; oder ist er außer dem Leibe gewesen, so weiß ich's auch nicht; Gott weiß es) ward derselbe entzückt bis in den dritten Himmel.

3. Und ich kenne denselben Menschen (ob er in dem Leibe oder außer dem Leibe gewesen ist, weiß ich nicht; Gott weiß es);
4. der ward entzückt in das Paradies und hörte unaussprechliche Worte, welche kein Mensch sagen kann.
5. Für denselben will ich mich rühmen; für mich selbst aber will ich mich nichts rühmen, nur meiner Schwachheit. K. 11,30.
6. Und *so ich mich rühmen wollte, täte ich darum nicht töricht; denn ich wollte die Wahrheit sagen. Ich enthalte mich aber dessen, auf daß nicht jemand mich höher achte, als er an mir sieht oder von mir hört. *K. 10,8; 11,16.
7. Und auf daß ich mich nicht der hohen Offenbarungen überhebe, ist mir gegeben ein Pfahl ins Fleisch, nämlich des *Satans Engel, der mich mit Fäusten schlage, auf daß ich mich nicht überhebe. *Hiob 2,6.
8. Dafür ich dreimal zum Herrn gefleht habe, daß er von mir wiche.
9. Und er hat zu mir gesagt: Laß dir an meiner Gnade genügen; denn meine Kraft ist in den Schwachen mächtig. Darum will ich mich am allerliebsten rühmen meiner Schwachheit, auf daß die Kraft Christi bei mir wohne.
10. Darum bin ich gutes Muts in Schwachheiten, in Mißhandlungen, in Nöten, in Verfolgungen, in Ängsten, um Christi willen; denn, wenn ich schwach bin, so bin ich stark. Phil. 4,13.
11. Ich bin ein Narr geworden über dem Rühmen; dazu habt ihr mich gezwungen. Denn ich sollte von euch gelobt werden, sintemal ich *nichts weniger bin, als die »hohen« Apostel sind, wiewohl ich nichts bin. *K. 11,5.
12. Denn es sind ja eines Apostels Zeichen unter euch geschehen mit aller Geduld, mit *Zeichen und mit Wundern und mit Taten. *Röm. 15,19.
13. Was ist's, darin ihr geringer seid denn die andern Gemeinden, außer daß ich selbst euch nicht habe *beschwert? Vergebet mir diese Sünde! *K. 11,9.
14. Siehe, ich bin *bereit, zum drittenmal zu euch zu kommen, und will euch nicht beschweren; denn ich suche nicht das Eure, sondern euch. Denn es sollen nicht die Kinder den Eltern Schätze sammeln, sondern die Eltern den Kindern. *K. 13,1.
15. Ich aber will sehr gern hingeben und *hingegeben werden für eure Seelen; wiewohl ich euch gar sehr liebe, und doch weniger geliebt werde. *Phil. 2,17.
16. Aber laß es also sein, daß ich euch nicht habe beschwert; sondern, dieweil ich tückisch bin, habe ich euch mit Hinterlist gefangen.
17. Habe ich aber etwa jemand übervorteilt durch derer einen, die ich zu euch gesandt habe?
18. Ich habe *Titus ermahnt und mit ihm gesandt einen Bruder. Hat euch etwa Titus übervorteilt? Haben wir nicht in einem Geist gewandelt? Sind wir nicht in einerlei Fußtapfen gegangen? *K. 8,6.16–18.
19. Lasset ihr euch abermals dünken, wir verantworten uns vor euch? Wir reden in Christo vor Gott; aber das alles geschieht, meine Liebsten, euch zur Besserung.
20. Denn ich fürchte, wenn ich *komme, daß ich euch nicht finde, wie ich will, und ihr mich auch nicht findet, wie ihr wollt; daß Hader, Neid, Zorn, Zank, Afterreden, Ohrenblasen, †Aufblähen, Aufruhr da sei; *K. 10,2. †1. Kor. 4,6.
21. *daß mich, wenn ich abermals komme, mein Gott demütige bei euch und ich müsse Leid tragen über viele, †die zuvor gesündigt und nicht Buße getan haben für die Unreinigkeit und Hurerei und Unzucht, die sie getrieben haben. *K. 2,1. †K. 13,2.

Das 13. Kapitel

Vermahnung zur Buße. Schluß.

1. Komme ich zum drittenmal zu euch, so soll *in zweier oder dreier Zeugen Mund bestehen allerlei Sache. *5. Mose 19,15; 1. Tim. 5,19.
2. Ich habe es euch zuvor gesagt und sage es euch zuvor, wie, als ich zum andernmal gegenwärtig war, so auch nun abwesend schreibe ich es denen, die zuvor gesündigt haben, und den andern allen: Wenn ich abermals komme, so will ich nicht schonen;
3. sintemal ihr suchet, daß ihr einmal gewahr werdet des, der in mir redet, nämlich Christi, welcher unter euch nicht schwach ist, sondern ist mächtig unter euch.
4. Und ob er wohl gekreuzigt ist *in der Schwachheit, so lebt er doch in der Kraft Gottes. Und ob wir auch schwach sind in ihm, so leben wir doch mit ihm in der Kraft Gottes unter euch. *Phil. 2,7.8.
5. Versuchet euch selbst, ob ihr im Glauben seid; *prüfet euch selbst! Oder erkennet ihr euch selbst nicht, daß Jesus Christus in euch ist? Es sei denn, daß ihr untüchtig seid. *1. Kor. 11,28.

6. Ich hoffe aber, ihr erkennet, daß wir
nicht untüchtig sind.
7. Ich bitte aber Gott, daß ihr nichts
Übles tut; nicht, auf daß wir als tüchtig
angesehen werden, sondern auf daß ihr
das Gute tut und wir wie die Untüchtigen
seien.
8. Denn wir können nichts wider die
Wahrheit, sondern für die Wahrheit.
9. Wir freuen uns aber, wenn wir
schwach sind, und ihr mächtig seid. Und
dasselbe wünschen wir auch, nämlich eure Vollkommenheit.
10. Derhalben schreibe ich auch solches
abwesend, *auf daß ich nicht, wenn ich
gegenwärtig bin, Schärfe brauchen müsse
nach der †Macht, welche mir der Herr, zu
bessern und nicht zu verderben, gegeben
hat. *K.10,11. †K.10,8.

11. Zuletzt, liebe Brüder, *freuet euch,
seid vollkommen, tröstet euch, habt einerlei Sinn, seid friedsam! so wird der Gott
der Liebe und †des Friedens mit euch sein.
*Phil.4,4. †Röm.15,33.

12. Grüßet euch untereinander mit dem
heiligen Kuß. Es grüßen euch alle Heiligen. 1.Kor.16,20.

13. Du Gnade unsers Herrn Jesu Christi
und die Liebe Gottes und die Gemeinschaft des heiligen Geistes sei mit euch
allen! Amen.

Der Brief des Paulus an die Galater

Das 1. Kapitel

Von der Galater Unbeständigkeit und des Paulus Apostelamt.

1. Paulus, ein Apostel (nicht *von Menschen, auch nicht durch Menschen, sondern durch Jesum Christum und Gott, den Vater, der ihn auferweckt hat von den Toten), *V. 11,12.
2. und alle Brüder, die bei mir sind, den Gemeinden in Galatien:
3. Gnade sei mit euch und Friede von Gott, dem Vater, und unserm Herrn Jesu Christo, Röm. 1,7.
4. der sich *selbst für unsre Sünden gegeben hat, daß er uns errettete von dieser gegenwärtigen, †argen Welt nach dem Willen Gottes und unsers Vaters,
*K. 2,20; 1. Tim. 2,6; Tit. 2,14. †1. Joh. 5,19.
5. welchem sei Ehre von Ewigkeit zu Ewigkeit! Amen.
6. Mich wundert, daß ihr euch so bald abwenden lasset von dem, das euch berufen hat in die Gnade Christi, zu einem andern Evangelium,
7. so doch kein anderes ist, außer, daß etliche sind, die euch *verwirren und wollen das Evangelium Christi verkehren.
*Apg. 15,1.24.
8. Aber so auch wir oder ein Engel vom Himmel euch würde Evangelium predigen anders, denn das wir euch gepredigt haben, *der sei verflucht! *1. Kor. 16,22.
9. Wie wir jetzt gesagt haben, so sagen wir auch abermals: So jemand euch Evangelium predigt anders, denn das ihr empfangen habt, der sei verflucht!
10. Predige ich denn jetzt *Menschen oder Gott zu Dienst? Oder gedenke ich, Menschen gefällig zu sein? Wenn ich den Menschen noch gefällig wäre, so wäre ich Christi Knecht nicht. *1. Thess. 2,4.
11. Ich tue euch aber kund, liebe Brüder, daß das Evangelium, das von mir gepredigt ist, nicht menschlich ist.
12. Denn ich habe es von keinem Menschen empfangen noch gelernt, sondern durch die Offenbarung Jesu Christi.
13. Denn ihr habt ja wohl gehört meinen Wandel weiland im Judentum, *wie ich über die Maßen die Gemeinde Gottes verfolgte und sie verstörte *Apg. 26,4–20.
14. und nahm zu im Judentum über viele meinesgleichen in meinem Geschlecht und eiferte über die Maßen um das väterliche Gesetz.
15. Da es aber Gott wohl gefiel, der mich von meiner Mutter Leibe an hat ausgesondert und berufen durch seine Gnade,
Röm. 1,1; Jer. 1,5.
16. daß er seinen Sohn *offenbarte in mir, daß ich ihn durchs Evangelium verkündigen sollte unter den †Heiden: alsobald fuhr ich zu und besprach mich nicht darüber mit Fleisch und Blut,
*Matth. 16,17. †K. 2,7.
17. kam auch nicht gen Jerusalem zu denen, die vor mir Apostel waren, sondern zog hin nach Arabien und kam wiederum gen Damaskus.
18. Darnach über drei Jahre kam ich gen Jerusalem, Petrus zu schauen, und blieb fünfzehn Tage bei ihm. Apg. 9,26.
19. Der andern Apostel aber sah ich keinen außer *Jakobus, des Herrn Bruder.
*Matth. 13,55.
20. Was ich euch aber schreibe, siehe, Gott weiß, ich lüge nicht!
21. Darnach kam ich in die Länder Syrien und Zilizien. Apg. 9,30.
22. Ich war aber unbekannt von Angesicht den christlichen Gemeinden in Judäa.
23. Sie hatten aber allein gehört, daß, der uns weiland verfolgte, der predigt jetzt den Glauben, welchen er weiland verstörte,
24. und priesen Gott über mir.

Das 2. Kapitel

Paulus trifft ein Übereinkommen mit den Aposteln, widersteht dem Petrus und beharrt auf der Glaubensgerechtigkeit.

1. Darnach über vierzehn Jahre zog ich abermals hinauf gen Jerusalem mit Barnabas und nahm Titus auch mit mir. Apg. 15,2.
2. Ich zog aber hinauf aus einer Offenbarung und besprach mich mit ihnen über das Evangelium, das ich predige unter den Heiden, besonders aber mit denen, die das *Ansehen hatten, auf daß ich nicht vergeblich liefe oder gelaufen wäre. *V. 6,9.
3. Aber es ward auch Titus nicht gezwungen, sich beschneiden zu lassen, der mit mir war, obwohl er ein Grieche war.
Apg. 16,3.
4. Denn da *etliche falsche Brüder sich mit eingedrängt hatten und neben eingeschlichen waren, auszukundschaften unsre Freiheit, die wir haben in Christo Jesu, daß sie uns gefangennähmen, *Apg. 15,1.24.

5. wichen wir denselben nicht eine Stunde, ihnen untertan zu sein, auf daß *die Wahrheit des Evangeliums bei euch bestünde. *K.3,1.

6. Von denen aber, die das Ansehen hatten – welcherlei sie weiland gewesen sind, daran liegt mir nichts; denn Gott achtet das Ansehen der Menschen nicht –, mich haben die, so das Ansehen hatten, nichts anderes gelehrt;

7. sondern dagegen, da sie sahen, daß mir vertraut war das Evangelium *an die Heiden, gleichwie dem Petrus das Evangelium an die Juden *Apg.9,15; 15,12; 22,21.

8. (denn der mit Petrus kräftig gewesen ist zum Apostelamt unter den Juden, der ist mit mir auch kräftig gewesen unter den Heiden),

9. und da sie erkannten die Gnade, die mir gegeben war, Jakobus und *Kephas und Johannes, die für Säulen angesehen waren, gaben sie mir und Barnabas die rechte Hand und wurden mit uns eins, daß wir unter die Heiden, sie aber unter die Juden gingen, *Joh.1,42.

10. allein daß wir der Armen gedächten, welches ich auch fleißig bin gewesen zu tun. Apg.11,30; 12,25.

11. Da aber Petrus gen Antiochien kam, widerstand ich ihm unter Augen; denn es war Klage über ihn gekommen.

12. Denn zuvor, ehe etliche von Jakobus kamen, aß er mit den Heiden; da sie aber kamen, entzog er sich und sonderte sich ab, darum daß er die aus den Juden fürchtete. Apg.11,3.

13. Und mit ihm heuchelten die andern Juden, also daß auch Barnabas verführt ward, mit ihnen zu heucheln.

14. Aber da ich sah, daß sie nicht richtig wandelten nach der Wahrheit des Evangeliums, sprach ich zu Petrus vor allen öffentlich: So du, der du ein Jude bist, heidnisch lebst und nicht jüdisch, warum zwingst du denn die Heiden, jüdisch zu leben?

15. Wir sind von Natur Juden und nicht Sünder aus den Heiden;

16. doch weil wir wissen, daß der Mensch durch des Gesetzes Werke nicht gerecht wird, sondern durch den Glauben an Jesum Christum, so glauben wir auch an Christum Jesum, auf daß wir gerecht werden durch den Glauben an Christum und nicht durch des Gesetzes Werke; denn durch des Gesetzes Werke wird kein Fleisch gerecht.
Apg.15,10.11; Röm.3,20.28; 4,5; 11,6; Eph.2,8.

17. Sollten wir aber; die da suchen, durch Christum gerecht zu werden, auch selbst als Sünder erfunden werden, so wäre Christus ein Sündendiener. Das sei ferne!

18. Wenn ich aber das, was ich zerbrochen habe, wiederum baue, so mache ich mich selbst zu einem Übertreter.

19. Ich bin aber durchs Gesetz dem Gesetz gestorben, *auf daß ich Gott lebe; ich bin mit Christo gekreuzigt. *Röm.7,6.

20. Ich lebe aber; doch nun nicht ich, *sondern Christus lebt in mir. Denn was ich jetzt lebe im Fleisch, das lebe ich in dem Glauben des Sohnes Gottes, der mich geliebt hat †und sich selbst für mich dargegeben. *Joh.17,23. †K.1,4.

21. Ich werfe nicht weg die Gnade Gottes; denn so durch das Gesetz die Gerechtigkeit kommt, so ist Christus vergeblich gestorben.

Das 3. Kapitel

Die Gerechtigkeit des Glaubens schon bei Abraham. Das Gesetz ein Zuchtmeister auf Christum.

1. O ihr unverständigen Galater, wer hat euch bezaubert, daß ihr der Wahrheit nicht gehorchet, welchen Christus Jesus vor die Augen gemalt war, als wäre er unter euch gekreuzigt?

2. Das will ich allein von euch lernen: Habt ihr den Geist empfangen durch des Gesetzes Werke oder durch die Predigt vom Glauben?

3. Seid ihr so unverständig? Im Geist habt ihr angefangen, wollt ihr's denn nun im Fleisch vollenden?

4. Habt ihr denn so viel umsonst erlitten? Ist's anders umsonst!

5. Der euch nun den Geist reicht und tut solche Taten unter euch, tut er's durch des Gesetzes Werke oder durch die Predigt vom Glauben?

6. Gleichwie Abraham hat Gott geglaubt und es ist ihm gerechnet zur Gerechtigkeit. 1.Mose 15,6.

7. So erkennet ihr ja, daß, die des Glaubens sind, das sind Abrahams Kinder.

8. Die Schrift aber hat es zuvor gesehen, daß Gott die Heiden durch den Glauben gerecht macht; darum verkündigte sie dem Abraham: *»In dir sollen alle Heiden gesegnet werden.« *1.Mose 12,3.

9. Also werden nun, die des Glaubens sind, gesegnet mit dem gläubigen Abraham. Röm.4,16.

10. Denn die mit des Gesetzes Werken umgehen, die sind unter dem Fluch. Denn es steht geschrieben: *»Verflucht sei jedermann, der nicht bleibt in alle dem, was

geschrieben steht in dem Buch des Gesetzes, daß er's tue!« *5.Mose 27,26.
11. Daß aber durchs Gesetz niemand gerecht wird vor Gott, ist offenbar; denn
*»der Gerechte wird seines Glaubens le-
ben«. *Hab.2,4; Röm.1,17.
12. Das Gesetz aber ist nicht des Glaubens; sondern *»der Mensch, der es tut,
wird dadurch leben». *3.Mose 18,5.
13. Christus aber hat uns erlöst von dem
Fluch des Gesetzes, da er ward ein *Fluch
für uns (denn es steht †geschrieben: »Verflucht ist jedermann, der am Holz
hängt!«), *Röm.8,3; 2.Kor.5,21. †5.Mose 21,23.
14. auf daß der Segen Abrahams unter
die Heiden käme in Christo Jesu und wir
also den verheißenen Geist empfingen
durch den Glauben.
15. Liebe Brüder, ich will nach menschlicher Weise reden: Verwirft man doch eines Menschen Testament nicht, wenn es
bestätigt ist, und tut auch nichts dazu.
16. Nun ist ja die Verheißung Abraham
und seinem Samen zugesagt. Er *spricht
nicht: »durch die Samen«, als durch viele,
sondern durch einen: »durch deinen Samen«, welcher ist Christus. *1.Mose 22,18.
17. Ich sage aber davon: Das Testament,
das von Gott zuvor bestätigt ist auf Christum, wird nicht aufgehoben, daß die Verheißung sollte durchs Gesetz aufhören,
*welches gegeben ist vierhundertunddrei-
ßig Jahre hernach. *2.Mose 12,40.
18. Denn so das Erbe durch das Gesetz
erworben würde, so würde es nicht durch
Verheißung gegeben; Gott aber hat's
Abraham durch Verheißung frei geschenkt.
19. Was soll denn das Gesetz? Es ist *hin-
zugekommen um der Sünden willen, bis
der Same käme, dem die Verheißung geschehen ist, und ist gestellt von den †En-
geln durch die Hand des Mittlers.
*Röm.5,20. †Apg.7,53.
20. Ein Mittler aber ist nicht eines Mittler; Gott aber ist einer.
21. Wie? Ist denn das Gesetz wider Gottes
Verheißungen? Das sei ferne! Wenn aber
ein Gesetz gegeben wäre, das da könnte
*lebendig machen, so käme die Gerechtig-
keit wahrhaftig aus dem Gesetz.
*Röm.8,2–4.
22. Aber die *Schrift hat alles beschlossen unter die Sünde, auf daß die Verheißung käme durch den Glauben an Jesum
Christum, gegeben denen, die da glauben.
*Röm.3,9–19; 11,32.
23. Ehe denn aber der Glaube kam, wurden wir unter dem Gesetz verwahrt und
verschlossen auf den Glauben, der da sollte offenbart werden. K.4,3.
24. Also ist das Gesetz unser Zuchtmeister gewesen auf Christum, daß wir durch
den Glauben gerecht würden.
25. Nun aber der Glaube gekommen ist,
sind wir nicht mehr unter dem Zuchtmeister. Röm.10,4.
26. Denn ihr seid alle Gottes Kinder
durch den Glauben an Christum Jesum.
Joh.1,12; Röm.8,17.
27. Denn wieviel euer auf Christum *getauft sind, die haben †Christum angezogen. *Röm.6,3. †Röm.13,14.
28. Hier ist kein Jude noch Grieche, hier
ist kein Knecht noch Freier, hier ist kein
Mann noch Weib; denn ihr seid allzumal
einer in Christo Jesu. Röm.10,12; 1.Kor.12,13.
29. Seid ihr aber Christi, so seid ihr ja
Abrahams Same und nach der Verheißung
Erben. V.7; Röm.9,7.

Das 4. Kapitel

Durch Christum sind wir Kinder Gottes, also frei vom Gesetz. Sara und Hagar ein Bild der neutestamentlichen und der alttestamentlichen Gemeinde.

1. Ich sage aber: Solange der Erbe unmündig ist, so ist zwischen ihm und einem Knechte kein Unterschied, ob er wohl
ein Herr ist aller Güter;
2. sondern er ist unter den Vormündern
und Pflegern bis auf die Zeit, die der Vater
bestimmt hat.
3. Also auch wir, da wir unmündig waren, waren wir gefangen unter den äußerlichen Satzungen. K.3,23; 5,1; Kol.2,20.
4. Da *aber die Zeit erfüllet ward, sandte
Gott seinen Sohn, geboren von einem
Weibe und unter das Gesetz getan,
*Eph.1,10.
5. auf daß er die, so unter dem Gesetz
waren, erlöste, daß wir die Kindschaft
empfingen. K.3,13.26.
6. Weil ihr denn Kinder seid, hat Gott
gesandt den Geist seines Sohnes in eure
Herzen, der schreit: Abba, lieber Vater!
Röm.8,15.
7. Also ist nun hier kein Knecht mehr,
sondern eitel Kinder; sind's aber Kinder,
so sind's auch Erben Gottes durch Christum. K.3,29; Röm.8,16.17.
8. Aber zu der Zeit, da ihr Gott nicht
erkanntet, dientet ihr denen, die von Natur nicht Götter sind.
9. Nun ihr aber Gott erkannt habt, ja
vielmehr von Gott erkannt seid, wie wendet ihr euch denn wiederum zu den
schwachen und dürftigen Satzungen, welchen ihr von neuem an dienen wollt?

10. Ihr haltet Tage und Monate und Feste und Jahre. Röm. 14,5; Kol. 2,16.
11. Ich fürchte für euch, daß ich vielleicht umsonst an euch gearbeitet habe. 2. Joh. 8.
12. Seid doch wie ich; denn ich bin wie ihr. Liebe Brüder, ich bitte euch. Ihr habt mir kein Leid getan. 2. Kor. 2,5.
13. Denn ihr wisset, daß ich *euch †in Schwachheit nach dem Fleisch das Evangelium gepredigt habe zum erstenmal. *Apg. 16,6. †1. Kor. 2,3.
14. Und meine Anfechtungen, die ich leide nach dem Fleisch, habt ihr nicht verachtet noch verschmäht; sondern wie einen Engel Gottes nahmet ihr mich auf, ja wie Christum Jesum.
15. Wie waret ihr dazumal so selig! Ich bin euer Zeuge, daß, wenn es möglich gewesen wäre, ihr hättet eure Augen ausgerissen und mir gegeben.
16. Bin ich denn damit euer Feind geworden, daß ich euch die Wahrheit vorhalte? Amos 5,10.
17. Sie eifern um euch nicht fein; sondern sie wollen euch von mir abfällig machen, daß ihr um sie sollt eifern. K. 1,7.
18. Eifern ist gut, wenn's immerdar geschieht um das Gute, und nicht allein, wenn ich gegenwärtig bei euch bin.
19. Meine lieben Kinder, welche ich abermals mit Ängsten gebäre, bis daß Christus in euch eine Gestalt gewinne, 1. Kor. 4,15.
20. ich wollte, daß ich jetzt bei euch wäre und meine Stimme wandeln könnte; denn ich bin irre an euch.
21. Saget mir, die ihr *unter dem Gesetz sein wollt: Habt ihr das Gesetz nicht gehört? *V. 9; K. 3,23.
22. Denn es steht geschrieben, daß Abraham zwei Söhne hatte: *einen von der Magd, den †andern von der Freien. *1. Mose 16,15. †1. Mose 21,2.
23. Aber der von der Magd war, ist nach dem Fleisch geboren; der aber von der Freien ist durch die Verheißung geboren. Röm. 9,7–9.
24. Die Worte bedeuten etwas. Denn das sind die zwei Testamente: eins von dem Berge Sinai, das *zur Knechtschaft gebiert, welches ist die Hagar; *K. 5,1; Röm. 8,15.
25. denn Hagar heißt in Arabien der Berg Sinai und kommt überein mit Jerusalem, das zu dieser Zeit ist und dienstbar ist mit seinen Kindern.
26. Aber das Jerusalem, das droben ist, das ist die Freie; die ist unser aller Mutter. Hebr. 12,22.
27. Denn es *steht geschrieben: »Sei fröhlich, du Unfruchtbare, die du nicht gebierst! Und brich hervor und rufe, die du nicht schwanger bist! Denn die Einsame hat viel mehr Kinder, denn die den Mann hat.« *Jes. 54,1.
28. Wir aber, liebe Brüder, sind, Isaak nach, der Verheißung Kinder. V. 23.
29. Aber gleichwie zu der Zeit, der nach dem Fleisch geboren war, *verfolgte den, der nach dem Geist geboren war, also geht es jetzt auch. *1. Mose 21,9.
30. Aber *was spricht die Schrift? »Stoß die Magd hinaus mit ihrem Sohn; denn der Magd Sohn soll nicht erben mit dem Sohn der Freien.« *1. Mose 21,10.12.
31. So sind wir nun, liebe Brüder, nicht der Magd Kinder, sondern der Freien. K. 3,29.

Das 5. Kapitel

Ermahnung, in der christlichen Freiheit festzustehen und sie durch den Wandel im Geist und in der Liebe zu beweisen.

1. So bestehet nun in der *Freiheit, zu der uns Christus befreit hat, †und lasset euch nicht wiederum in das knechtische Joch fangen. *K. 4,5.31. †Apg. 15,10.
2. Siehe, ich, Paulus, sage euch: Wo ihr euch beschneiden lasset, so nützt euch Christus nichts.
3. Ich bezeuge abermals einem jeden, der sich beschneiden läßt, daß er das ganze Gesetz schuldig ist zu tun.
4. Ihr habt Christum verloren, die ihr durch das Gesetz gerecht werden wollt, und seid von der Gnade gefallen.
5. Wir aber warten im Geist durch den Glauben der Gerechtigkeit, auf die man hoffen muß.
6. Denn in Christo Jesu gilt weder Beschneidung noch unbeschnitten sein etwas, sondern der Glaube, der durch die Liebe tätig ist. K. 6,15; 1. Kor. 7,19.
7. Ihr liefet fein. Wer hat euch aufgehalten, der Wahrheit nicht zu gehorchen?
8. Solch Überreden ist nicht von dem, der euch berufen hat. K. 1,6.
9. Ein wenig Sauerteig versäuert den ganzen Teig. 1. Kor. 5,6.
10. Ich versehe mich zu euch in dem Herrn, ihr werdet nicht anders gesinnt sein. Wer euch aber *irremacht, der wird sein †Urteil tragen, er sei, wer er wolle. *K. 1,7. †2. Kor. 11,15.
11. Ich aber, liebe Brüder, so ich die Beschneidung noch predige, warum leide ich

denn Verfolgung? So hätte ja das *Ärgernis des Kreuzes aufgehört. *1. Kor. 1,23.
12. Wollte Gott, daß sie auch ausgerottet
würden, die euch verstören! Ps. 12,4.
13. Ihr aber, liebe Brüder, seid zur Freiheit berufen! Allein sehet zu, daß ihr
durch die Freiheit dem Fleisch nicht
Raum gebet; sondern durch die Liebe diene einer dem andern. 1. Petr. 2,16.
14. Denn alle Gesetze werden in einem
Wort erfüllt, in *dem: »Liebe deinen
Nächsten wie dich selbst.« *3. Mose 19,18.
15. So ihr euch aber untereinander bei-
ßet und fresset, so sehet zu, daß ihr nicht
untereinander verzehrt werdet.
16. Ich sage aber: *Wandelt im Geist, so
werdet ihr die Lüste des Fleisches nicht
vollbringen. *V. 25.
17. Denn das Fleisch gelüstet wider den
Geist, und den Geist wider das Fleisch;
dieselben sind widereinander, daß ihr
nicht tut, was ihr wollt. Röm. 7,15.23.
18. Regiert euch aber der Geist, so seid
ihr nicht unter dem Gesetz.
19. Offenbar sind aber die Werke des
Fleisches, als da sind: Ehebruch, Hurerei,
Unreinigkeit, Unzucht, 1. Kor. 6,9.10.
20. Abgötterei, Zauberei, Feindschaft,
Hader, Neid, Zorn, Zank, Zwietracht, Rotten, Haß, Mord,
21. Saufen, Fressen und dergleichen,
von welchen ich euch habe zuvor gesagt
und sage noch zuvor, daß, die solches tun,
werden *das Reich Gottes nicht erben.
*Eph. 5,5; Offenb. 22,15.
22. Die Frucht aber des Geistes ist Liebe,
Freude, Friede, Geduld, Freundlichkeit,
Gütigkeit, Glaube, Sanftmut, Keuschheit.
Eph. 5,9.
23. Wider solche ist das Gesetz nicht.
1. Tim. 1,9.
24. Welche aber Christo angehören, die
kreuzigen ihr Fleisch samt den Lüsten
und Begierden. Röm. 6,6; Kol. 3,5.
25. So wir im Geist leben, so lasset uns
auch *im Geist wandeln. *V. 16; Röm. 8,4.
26. Lasset uns nicht eitler Ehre geizig
sein, einander zu entrüsten und zu hassen. Phil. 2,3.

Das 6. Kapitel

Ermahnung zur Sanftmut und Guttätigkeit.
Warnung vor Irrlehrern.
Christi Kreuz unser ein und alles.

1. Liebe Brüder, so ein Mensch etwa von
einem Fehler übereilt würde, so helfet
ihm wieder zurecht mit sanftmütigem
Geist ihr, die ihr geistlich seid; und siehe
auf dich selbst, daß du nicht auch versucht werdest. Matth. 18,15; Jak. 5,19.
2. Einer trage des andern Last, so werdet
ihr das Gesetz Christi erfüllen.
3. So aber sich jemand läßt dünken, er
sei etwas, so er doch nichts ist, der betrügt
sich selbst.
4. Ein jeglicher aber *prüfe sein eigen
Werk; und alsdann wird er an sich selber
Ruhm haben und nicht an einem andern.
*2. Kor. 13,5.
5. Denn ein jeglicher wird seine Last tragen. Röm. 14,12.
6. Der aber unterrichtet wird mit dem
Wort, der teile mit allerlei Gutes dem, der
ihn unterrichtet. 1. Kor. 9,14.
7. Irret euch nicht! Gott läßt sich nicht
spotten. Denn was der Mensch sät, das
wird er ernten.
8. Wer auf sein Fleisch sät, der wird von
dem Fleisch das Verderben ernten; wer
aber auf den Geist sät, der wird von dem
Geist das ewige Leben ernten. Röm. 8,13.
9. Lasset uns aber Gutes tun und nicht
müde werden; denn zu seiner Zeit werden
wir auch ernten ohne Aufhören.
2. Thess. 3,13.
10. Als wir denn nun Zeit haben, so lasset
uns Gutes tun an jedermann, allermeist
aber an des Glaubens Genossen. 2. Petr. 1,7.
11. Sehet, mit wie vielen Worten habe
ich euch geschrieben mit eigener Hand!
12. Die sich wollen angenehm machen
nach dem Fleisch, die zwingen euch zur
Beschneidung, nur *damit sie nicht mit
dem Kreuz Christi verfolgt werden.
*K. 5,11; Phil. 3,18.
13. Denn auch sie selbst, die sich beschneiden lassen, halten das Gesetz nicht;
sondern sie wollen, daß ihr euch beschneiden lasset, auf daß sie sich von eurem Fleisch rühmen mögen.
14. Es sei aber ferne von mir, mich zu
rühmen, denn allein von dem Kreuz unsers Herrn Jesu Christi, durch welchen
mir die Welt gekreuzigt ist und ich der
Welt. 1. Kor. 1,31; 2,2.
15. Denn in Christo Jesu gilt weder Beschneidung noch unbeschnitten sein etwas, sondern eine neue Kreatur.
K. 5,6; 1. Kor. 7,19.
16. Und wie viele nach dieser Regel einhergehen, über die sei Friede und Barmherzigkeit und über das *Israel Gottes.
*Ps. 125,5.
17. Hinfort mache mir niemand weiter
Mühe; denn *ich trage die Malzeichen des
Herrn Jesu an meinem Leibe. *2. Kor. 4,10.
18. Die Gnade unsers Herrn Jesu Christi
sei mit eurem Geist, liebe Brüder! Amen.

Der Brief des Paulus an die Epheser

Das 1. Kapitel

Preis Gottes für den geistlichen Segen in Christo.
Gebet um Wachstum in der Gnade.
Christus das Haupt der Gemeinde.

1. Paulus, ein Apostel Jesu Christi durch
den Willen Gottes, *den Heiligen zu Ephesus und Gläubigen in Christum Jesum:
*Röm. 1,7; 1. Kor. 1,2.
2. Gnade sei mit euch und Friede von
Gott, unserm Vater, und dem Herrn Jesus
Christus!
3. Gelobet sei Gott und der Vater unsers
Herrn Jesu Christi, der uns gesegnet hat
mit allerlei geistlichem Segen in *himmlischen Gütern durch Christum; *K. 2,6.
4. wie er uns denn *erwählt hat durch
denselben, ehe der Welt Grund gelegt war,
daß wir sollten sein †heilig und unsträflich vor ihm in der Liebe;
*Joh. 15,16; Röm. 8,29. †K. 5,27.
5. und er hat uns verordnet *zur Kindschaft gegen sich selbst durch Jesum
Christum, nach dem Wohlgefallen seines
Willens, *Joh. 1,12.
6. zu Lob seiner herrlichen Gnade, durch
welche er uns hat angenehm gemacht in
dem *Geliebten, *Matth. 3,17.
7. an welchem wir haben die *Erlösung
durch sein Blut, die Vergebung der Sünden, nach dem †Reichtum seiner Gnade,
*Kol. 1,14. †K. 2,7; 3,8.16.
8. welche uns reichlich widerfahren ist
durch allerlei Weisheit und Klugheit;
9. und er hat uns wissen lassen das *Geheimnis seines Willens nach seinem
Wohlgefallen, so er sich vorgesetzt hatte
in ihm, *K. 3,9; Röm. 16,25.
10. daß es ausgeführt würde, *da die Zeit
erfüllet war, auf daß alle Dinge zusammengefaßt würden in Christo, beides, das
im Himmel und auf Erden ist, durch ihn,
*Gal. 4,4.
11. durch welchen wir auch zum *Erbteil gekommen sind, die wir zuvor verordnet sind nach dem †Vorsatz des, der alle
Dinge wirkt nach dem Rat seines Willens,
*Kol. 1,12. †Röm. 8,28.
12. auf daß wir etwas seien zu Lob seiner
Herrlichkeit, die wir zuvor auf Christum
hofften;
13. durch welchen auch ihr gehört habt
das Wort der Wahrheit, das Evangelium
von eurer Seligkeit; durch welchen ihr
auch, da ihr gläubig wurdet, *versiegelt
worden seid mit dem heiligen Geist der
Verheißung, *K. 4,30.
14. welcher *ist das Pfand unsers Erbes
zu unsrer Erlösung, daß wir sein Eigentum würden zu Lob seiner Herrlichkeit.
*2. Kor. 1,22; 5,5.
15. Darum auch ich, nachdem ich gehört
habe von dem Glauben bei euch an den
Herrn Jesus und von eurer Liebe zu allen
Heiligen, Kol. 1,4.
16. höre ich nicht auf, zu danken für
euch, und gedenke euer in meinem Gebet,
17. daß der Gott unsers Herrn Jesu Christi, der Vater der Herrlichkeit, gebe euch
den Geist der Weisheit und der Offenbarung zu seiner selbst Erkenntnis
18. und erleuchtete Augen eures Verständnisses, daß ihr erkennen möget, welche da sei die Hoffnung eurer Berufung,
und welcher sei der Reichtum seines herrlichen Erbes bei seinen Heiligen,
19. und welche da sei die überschwengliche Größe seiner Kraft an uns, die wir
glauben nach der Wirkung seiner mächtigen Stärke,
20. welche er gewirkt hat in Christo, da er
ihn von den Toten auferweckt hat und *gesetzt zu seiner Rechten im Himmel *Ps. 110,1.
21. über alle Fürstentümer, Gewalt,
Macht, Herrschaft und alles, was genannt
mag werden, nicht allein in dieser Welt,
sondern auch in der zukünftigen; Kol. 2,10.
22. und hat *alle Dinge unter seine Füße
getan und hat ihn gesetzt zum †Haupt der
Gemeinde über alles,
*Ps. 8,7; Matth. 28,18. †K. 4,15.
23. welche da ist *sein Leib, nämlich die
Fülle des, †der alles in allen erfüllt.
*Röm. 12,5; 1. Kor. 12,27. †K. 4,10.

Das 2. Kapitel

Des Menschen Elend außer Christo, der
Gläubigen seliger Zustand in der Gemeinde
Christi, dem Hause Gottes.

1. Und auch euch, da ihr tot waret durch
Übertretungen und Sünden, Kol. 2,13.
2. in welchen ihr *weiland gewandelt
habt nach dem Lauf dieser Welt und nach
dem †Fürsten, der in der Luft herrscht,
nämlich nach dem Geist, der zu dieser Zeit
sein Werk hat in den Kindern des Unglaubens, *Tit. 3,3. †K. 6,12; Joh. 12,31.
3. unter welchen auch wir alle weiland
unsern Wandel gehabt haben in den Lüsten unsers Fleisches und taten den Willen
des Fleisches und der Vernunft und waren

auch Kinder *des Zorns von Natur, gleichwie auch die andern; *Kol.3,6.
4. aber Gott, der da reich ist an Barmherzigkeit, – durch seine große Liebe, damit
er uns geliebt hat,
5. da wir *tot waren in den Sünden, hat
er uns samt Christo lebendig gemacht
(denn aus Gnade seid ihr selig geworden)
*Luk.15,24.32.
6. und hat uns samt ihm auferweckt und
samt ihm in das himmlische Wesen gesetzt in Christo Jesu, Röm.8,10; Phil.3,20.
7. auf daß er erzeigte in den zukünftigen
Zeiten den überschwenglichen *Reichtum seiner Gnade durch seine Güte gegen
uns in Christo Jesu. *K.1,7.
8. Denn aus Gnade seid ihr selig geworden durch den Glauben – und das nicht
aus euch: Gottes Gabe ist es –, Gal.2,16.
9. nicht aus den Werken, *auf daß sich
nicht jemand rühme. *1.Kor.1,29.
10. Denn wir sind sein Werk, geschaffen
in Christo Jesu zu guten Werken, zu welchen Gott uns zuvor bereitet hat, daß wir
darin wandeln sollen. Tit.2,14.
11. Darum gedenket daran, daß ihr, die
ihr *weiland nach dem Fleisch Heiden gewesen seid und die Unbeschnittenen genannt wurdet von denen, die genannt sind
die Beschneidung nach dem Fleisch, die
mit der Hand geschieht, *K.5,8.
12. daß ihr zu derselben Zeit waret ohne
Christum, fremd und außer der Bürger-
schaft Israels und fremd den Testamenten
*der Verheißung; daher ihr keine Hoff-
nung hattet und waret ohne Gott in der
Welt. *Röm.9,4.
13. Nun aber seid ihr, die ihr in Christo
Jesu seid und weiland ferne gewesen, nahe
geworden durch das Blut Christi.
14. Denn er ist unser *Friede, der aus
beiden †eines hat gemacht und hat abgebrochen den Zaun, der dazwischen war,
indem er durch sein Fleisch wegnahm die
Feindschaft, *Jes.9,5. †Gal.3,28.
15. nämlich das *Gesetz, so in Geboten
gestellt war, auf daß er aus zweien einen
†neuen Menschen in ihm selber schüfe
und Frieden machte, *Kol.2,14. †2.Kor.5,17.
16. und daß er beide versöhnte mit Gott
in einem Leibe durch das Kreuz und hat
die Feindschaft getötet durch sich selbst.
17. Und er ist gekommen, hat verkündigt
im Evangelium den Frieden euch, die ihr
ferne waret, und denen, die nahe waren;
Jes.57,19; Sach.9,10.
18. denn durch ihn haben wir den Zugang alle beide in einem Geiste zum Vater.
K.3,12.
19. So seid ihr nun nicht mehr Gäste und
Fremdlinge, sondern Bürger mit den Heiligen und Gottes Hausgenossen,
K.3,6; Hebr.12,22.23.
20. erbaut auf den *Grund der Apostel
und Propheten, da Jesus Christus der
†Eckstein ist, *Matth.16,18. †Jes.28,16.
21. auf welchem der ganze Bau ineinan-
dergefügt wächst zu einem heiligen Tempel in dem Herrn,
22. auf welchem auch ihr mit erbaut
werdet zu einer Behausung Gottes im
Geist. 1.Petr.2,5.

Das. 3. Kapitel

Paulus preist seinen göttlichen Beruf, den Heiden das Evangelium zu predigen, und fleht für sie um Stärkung im Glauben.

1. Derhalben ich, Paulus, der Gefangene
Christi Jesu für euch Heiden, Phil.1,7.13.
2. wie ihr ja gehört habt von dem Amt der
Gnade Gottes, die mir an euch gegeben ist,
3. daß mir ist kund geworden dieses *Geheimnis durch Offenbarung, wie ich droben
aufs kürzeste geschrieben habe, *K.1,9.10.
4. daran ihr, so ihr's leset, merken könnt
mein Verständnis des Geheimnisses Christi,
5. welches nicht kundgetan ist in den
vorigen Zeiten den Menschenkindern, wie
es nun offenbart ist seinen heiligen Aposteln und Propheten durch den Geist,
Kol.1,26.
6. nämlich, daß die Heiden Miterben sei-
en und mit eingeleibt und Mitgenossen
seiner Verheißung in Christo durch das
Evangelium, K.2,13.18.19.
7. dessen Diener ich geworden bin nach
der Gabe aus der Gnade Gottes, die mir
nach seiner mächtigen Kraft gegeben ist;
8. mir, dem *allergeringsten unter allen
Heiligen, ist gegeben diese Gnade, †unter
den Heiden zu verkündigen den unaus-
forschlichen **Reichtum Christi
*1.Kor.15,9.10. †Gal.1,16. **K.1,7.
9. und zu erleuchten jedermann, welche
da sei die Gemeinschaft des Geheimnisses,
das *von der Welt her in Gott verborgen
gewesen ist, der †alle Dinge geschaffen hat
durch Jesum Christum,
*Röm.16,25. †Kol.1,16.
10. auf daß jetzt kund würde *den Für-
stentümern und Herrschaften in dem
Himmel an der Gemeinde die †mannigfal-
tige Weisheit Gottes, *1.Petr.1,12. †Röm.11,33.
11. nach dem *Vorsatz von der Welt her,
welche er bewiesen hat in Christo Jesu,
unserm Herrn, *K.1,11.

12. *durch welchen wir haben †Freudigkeit und Zugang in aller Zuversicht durch den Glauben an ihn.
*Joh. 14,6. †Hebr. 4,16; Röm. 5,2.
13. Darum bitte ich, daß ihr nicht müde werdet um meiner Trübsale willen, die ich *für euch leide, welche euch eine Ehre sind. *Kol. 1,24.
14. Derhalben beuge ich meine Kniee vor dem Vater unsers Herrn Jesu Christi,
15. der der rechte Vater ist über alles, was da Kinder heißt im Himmel und auf Erden,
16. daß er euch Kraft gebe nach *dem Reichtum seiner Herrlichkeit, †stark zu werden durch seinen Geist an dem inwendigen Menschen, *K. 1,7. †K. 6,10.
17. daß *Christus wohne durch den Glauben in euren Herzen und ihr durch die Liebe †eingewurzelt und gegründet werdet, *Joh. 14,23. †Kol. 2,7.
18. auf daß ihr begreifen möget mit allen Heiligen, welches da sei die Breite und die Länge und die Tiefe und die Höhe;
19. auch erkennen die Liebe Christi, die doch alle Erkenntnis übertrifft,*) auf daß ihr erfüllet werdet mit allerlei Gottesfülle.
*)Andere Übersetzung Luthers: »daß Christum liebhaben viel besser ist denn alles Wissen.«
20. Dem aber, der überschwenglich tun kann über alles, das wir bitten oder verstehen, nach der Kraft, die da in uns wirkt,
21. dem sei Ehre in der Gemeinde, die in Christo Jesu ist, zu aller Zeit, von Ewigkeit zu Ewigkeit! Amen.

Das 4. Kapitel

Ermahnung zur Einigkeit im Geiste und zum neuen Wandel.

1. So ermahne nun euch ich Gefangener in dem Herrn, daß ihr wandelt, wie sich's *gebührt eurer Berufung, mit der ihr berufen seid, *Kol. 1,10.
2. mit aller Demut und Sanftmut, mit Geduld, und vertraget einer den andern in der Liebe Kol. 3,12.
3. und seid fleißig, zu halten die Einigkeit im Geist durch das Band des Friedens:
4. *ein Leib und ein Geist, wie ihr auch berufen seid auf einerlei Hoffnung eurer Berufung; *Röm. 12,5.
5. *ein Herr, ein Glaube, eine Taufe;
*1. Kor. 8,6.
6. ein Gott und Vater unser aller, der da ist über euch allen und durch euch alle und in euch allen. 1. Kor. 12,6.
7. Einem jeglichen aber unter uns ist gegeben die Gnade nach dem Maß der Gabe Christi. Röm. 12,3.6; 1. Kor. 12,11.
8. Darum heißt es: *»Er ist aufgefahren in die Höhe und hat das †Gefängnis gefangengeführt und hat den Menschen Gaben gegeben.« *Ps. 68,19. †Kol. 2,15.
9. Daß er aber *aufgefahren ist, was ist's, denn daß er zuvor ist hinuntergefahren in die untersten Örter der Erde? *Joh. 3,13.
10. Der hinuntergefahren ist, das ist derselbe, der aufgefahren ist über alle Himmel, auf daß er alles erfüllte.
11. Und er hat *etliche zu Aposteln gesetzt, etliche aber zu Propheten, etliche zu †Evangelisten, etliche zu Hirten und Lehrern, *1. Kor. 12,28. †Apg. 21,8.
12. daß die Heiligen zugerichtet werden zum Werk des Dienstes, dadurch der Leib Christi erbaut werde, 1. Petr. 2,5.
13. bis daß wir alle hinankommen zu einerlei Glauben und Erkenntnis des Sohnes Gottes und ein vollkommener Mann werden, der da sei im Maße des vollkommenen Alters Christi,
14. auf daß wir *nicht mehr Kinder seien und uns †bewegen und wiegen lassen von allerlei Wind der Lehre durch Schalkheit der Menschen und Täuscherei, womit sie uns erschleichen, uns zu verführen.
*1. Kor. 14,20. †Hebr. 13,9.
15. Lasset uns aber rechtschaffen sein in der Liebe und wachsen in allen Stücken an dem, der das *Haupt ist, Christus,
*K. 1,22; 5,23; Kol. 1,18.
16. von welchem aus der ganze Leib zusammengefügt ist und ein Glied am andern hanget durch alle Gelenke, dadurch eins dem andern Handreichung tut nach dem Werk eines jeglichen Gliedes in seinem Maße und macht, daß der Leib wächst zu seiner selbst Besserung, und das alles in der Liebe. Kol. 2,19.
17. So sage ich nun und bezeuge in dem Herrn, daß ihr nicht mehr wandelt, wie die andern Heiden wandeln *in der Eitelkeit ihres Sinnes, — *Röm. 1,21.
18. deren Verstand verfinstert ist, und die *entfremdet sind von dem Leben, das aus Gott ist, durch die Unwissenheit, so in ihnen ist, durch die Blindheit ihres Herzens; *K. 2,12.
19. welche ruchlos sind und ergeben sich der Unzucht und treiben allerlei Unreinigkeit samt dem Geiz.
20. Ihr aber habt Christum nicht also gelernt,
21. so ihr anders von ihm gehört habt und in ihm gelehrt seid, wie in Jesu ein rechtschaffenes Wesen ist.
22. So leget nun von euch ab nach dem vorigen Wandel den alten Menschen, der

durch Lüste im Irrtum sich verderbt.
Röm. 8,13; Kol. 3,9; Gal. 6,8.
23. Erneuert euch aber im Geist eures
Gemüts Röm. 12,2.
24. und ziehet den neuen Menschen an,
*der nach Gott geschaffen ist in rechtschaffener Gerechtigkeit und Heiligkeit.
*1. Mose 1,26.
25. Darum leget die Lüge ab und *redet die Wahrheit, ein jeglicher mit seinem Nächsten, sintemal wir untereinander Glieder sind. *Sach. 8,16.
26. Zürnet und sündiget nicht; lasset die Sonne nicht über eurem Zorn untergehen. Ps. 4,5; Jak. 1,19.20.
27. Gebet auch nicht Raum dem Lästerer.
28. Wer gestohlen hat, der stehle nicht mehr, sondern *arbeite und schaffe mit den Händen etwas Gutes, auf daß er habe, zu geben dem Dürftigen. *1. Thess. 4,11.
29. Lasset kein *faul Geschwätz aus eurem Munde gehen, sondern †was nützlich zur Besserung ist, wo es not tut, daß es holdselig sei zu hören. *K. 5,4. †Kol. 3,16.17; 4,6.
30. Und *betrübet nicht den heiligen Geist Gottes, mit dem ihr †versiegelt seid auf den Tag der Erlösung. *Jes. 63,10. †K. 1,13.
31. Alle Bitterkeit und Grimm und Zorn und Geschrei und Lästerung sei ferne von euch samt aller Bosheit. Kol. 3,8.
32. Seid aber untereinander freundlich, herzlich und vergebet einer dem andern, gleichwie Gott euch vergeben hat in Christo. Matth. 6,14; 18,22–35; Kol. 3,13.

Das 5. Kapitel

Ermahnung zu einem heiligen Wandel.
Pflichten der Ehegatten.

1. So seid nun Gottes Nachfolger als die lieben Kinder Matth. 5,48.
2. und wandelt in der Liebe, gleichwie Christus uns *hat geliebt und sich selbst dargegeben für uns als Gabe und †Opfer, Gott zu einem süßen Geruch.
*V. 25; Gal. 2,20. †Hebr. 10,10.
3. Hurerei aber und alle Unreinigkeit oder Geiz lasset nicht von euch gesagt werden, wie den Heiligen zusteht, Kol. 3,5.
4. auch nicht schandbare Worte und *Narrenteidinge oder Scherze, welche euch nicht ziemen, sondern vielmehr Danksagung. *leeres Geschwätz. K. 4,29.
5. Denn das sollt ihr wissen, daß kein Hurer oder Unreiner oder Geiziger, welcher ist ein Götzendiener, Erbe hat in dem Reich Christi und Gottes. 1. Kor. 6,9.10.
6. Lasset euch niemand verführen mit vergeblichen Worten; denn um dieser Dinge willen kommt der Zorn Gottes über die Kinder des Unglaubens.
7. Darum seid nicht ihre Mitgenossen.
8. Denn ihr waret weiland Finsternis; nun aber seid ihr ein Licht in dem Herrn.
K. 2,11.13; 1. Petr. 2,9.
9. Wandelt wie *die Kinder des Lichts – die Frucht des Geistes ist allerlei Gütigkeit und Gerechtigkeit und Wahrheit –,
*Luk. 16,8; Joh. 12,36.
10. und prüfet, was da sei wohlgefällig dem Herrn. V. 17; Röm. 12,2.
11. Und habt nicht Gemeinschaft mit den unfruchtbaren Werken der Finsternis, strafet sie aber vielmehr.
12. Denn was heimlich von ihnen geschieht, das ist auch zu sagen schändlich.
Röm. 1,24.
13. Das alles aber wird offenbar, wenn's vom Licht gestraft wird; denn alles, was offenbar wird, das ist Licht. Joh. 3,20.21.
14. Darum heißt es: »Wache auf, der du schläfst, und stehe auf von den Toten, so wird dich Christus erleuchten.«
Jes. 60,1; Röm. 13,11.
15. So sehet nun zu, wie ihr vorsichtig wandelt, nicht als die Unweisen, sondern als die Weisen, Matth. 10,16; Kol. 4,5.
16. und kaufet die Zeit aus; denn es ist böse Zeit.
17. Darum werdet nicht unverständig, sondern verständig, was da sei des Herrn Wille. V. 10.
18. Und saufet euch nicht voll Wein, daraus ein unordentlich Wesen folgt, sondern werdet voll Geistes: Luk. 21,34.
19. redet untereinander in Psalmen und Lobgesängen und geistlichen Liedern, singet und spielet dem Herrn in euren Herzen Kol. 3,16; Ps. 33,2.3.
20. und saget Dank allezeit für alles Gott und dem Vater in dem Namen unsers Herrn Jesu Christi,
21. und seid untereinander untertan in der Furcht Gottes. 1. Petr. 5,5.
22. Die Weiber seien untertan ihren Männern als dem Herrn.
1. Mose 3,16; Kol. 3,18; 1. Petr. 3,1.
23. Denn der *Mann ist des Weibes Haupt, gleichwie auch Christus das Haupt ist der Gemeinde, und er ist seines Leibes Heiland. *1. Kor. 11,3.
24. Aber wie nun die Gemeinde ist Christo untertan, also auch die Weiber ihren Männern in allen Dingen.
25. Ihr Männer, liebet eure Weiber, gleichwie Christus auch geliebt hat die Gemeinde und hat sich selbst für sie gegeben, Kol. 3,19.

26. auf daß er sie heiligte, und hat sie gereinigt *durch das Wasserbad im Wort,
*Tit. 3,5.
27. auf daß er sie sich selbst darstellte als eine Gemeinde, die herrlich sei, die nicht habe einen Flecken oder Runzel oder des etwas, sondern daß sie heilig sei und unsträflich. Ps. 45,14; 2. Kor. 11,2.
28. Also sollen auch die Männer ihre Weiber lieben wie ihre eigenen Leiber. Wer sein Weib liebt, der liebt sich selbst.
29. Denn niemand hat jemals sein eigen Fleisch gehaßt; sondern er nährt es und pflegt sein, gleichwie auch der Herr die Gemeinde.
30. Denn wir sind *Glieder seines Leibes, †von seinem Fleisch und von seinem Gebein. *K. 1,23; 1. Kor. 6,15. †1. Mose 2,23.
31. »Um deswillen wird ein Mensch verlassen Vater und Mutter und seinem Weibe anhangen, und werden die zwei ein Fleisch sein.« 1. Mose 2,24.
32. Das Geheimnis ist groß; ich sage aber von Christo und der Gemeinde.
33. Doch auch ihr, ja ein jeglicher habe lieb sein Weib als sich selbst; das Weib aber fürchte den Mann.

Das 6. Kapitel

Christliche Haustafel.
Die geistliche Waffenrüstung. Schluß.

1. Ihr Kinder, seid gehorsam euren Eltern in dem Herrn; denn das ist billig.
Kol. 3,20.
2. »Ehre Vater und Mutter«, das ist das erste Gebot, das Verheißung hat: 2. Mose 20,12.
3. »auf daß *dir's wohl gehe und du lange lebest auf Erden.« *5. Mose 5,16.
4. Und ihr Väter, *reizet eure Kinder nicht zum Zorn, sondern ziehet sie auf in der Zucht und †Vermahnung zum Herrn.
*Kol. 3,21; Spr. 19,18. †5. Mose 6,7.20–25; Ps. 78,4.
5. Ihr Knechte, seid gehorsam euren leiblichen Herren mit Furcht und Zittern, in Einfalt eures Herzens, als Christo;
Kol. 3,22–25; Tit. 2,9.10; 1. Petr. 2,18.
6. nicht mit Dienst allein vor Augen, als den Menschen zu gefallen, sondern als die Knechte Christi, daß ihr solchen Willen Gottes tut von Herzen, mit gutem Willen.
7. Lasset euch dünken, daß ihr dem Herrn dienet und nicht den Menschen,
8. und wisset: Was ein jeglicher Gutes tun wird, das wird er von dem Herrn empfangen, er sei ein Knecht oder ein Freier.
2. Kor. 5,10.
9. Und *ihr Herren, tut auch dasselbe gegen sie und lasset das Drohen; wisset, daß auch euer Herr im Himmel ist und ist bei ihm †kein Ansehen der Person.
*Kol. 4,1. †2. Chron. 19,7; Apg. 10,34.
10. Zuletzt, meine Brüder, seid stark in dem Herrn und in der Macht seiner Stärke. 1. Kor. 16,13; 1. Joh. 2,14.
11. Ziehet an den Harnisch Gottes, daß ihr bestehen könnet gegen die listigen Anläufe des Teufels. 2. Kor. 10,4.
12. Denn wir haben nicht mit Fleisch und Blut zu kämpfen, sondern *mit Fürsten und Gewaltigen, nämlich mit den Herren der Welt, die in der Finsternis dieser Welt herrschen, mit den bösen Geistern unter dem Himmel. *Joh. 14,30; K. 2,2.
13. Um deswillen ergreifet den Harnisch Gottes, auf daß ihr an dem bösen Tage Widerstand tun und alles wohl ausrichten und das Feld behalten möget.
14. So stehet nun, *umgürtet an euren Lenden mit Wahrheit und †angezogen mit dem Panzer der Gerechtigkeit
*Luk. 12,35; 1. Petr. 1,13. †1. Thess. 5,8.
15. und an den Beinen gestiefelt, als fertig, zu treiben das Evangelium des Friedens.
16. Vor allen Dingen aber ergreifet *den Schild des Glaubens, mit welchem ihr auslöschen könnt alle feurigen Pfeile des Bösewichtes; *1. Petr. 5,9; 1. Joh. 5,4.
17. und nehmet den *Helm des Heils und das Schwert des Geistes, welches ist das Wort Gottes. *1. Thess. 5,8.
18. Und betet stets in allem Anliegen mit Bitten und Flehen im Geist, und wachet dazu mit allem Anhalten und Flehen für alle Heiligen Matth. 26,41.
19. *und für mich, auf daß mir gegeben werde das Wort mit †freudigem Auftun meines Mundes, daß ich möge kundmachen das Geheimnis des Evangeliums,
*Kol. 4,3; 2. Thess. 3,1. †Apg. 4,29.
20. dessen *Bote ich bin in der Kette, auf daß ich darin freudig handeln möge und reden, wie sich's gebührt. *2. Kor. 5,20.
21. Auf daß aber ihr auch wisset, wie es um mich steht und was ich schaffe, wird's euch alles kundtun *Tychikus, mein lieber Bruder und getreuer Diener in dem Herrn, *Apg. 20,4; 2. Tim. 4,12.
22. welchen ich gesandt habe zu euch um deswillen, daß ihr erfahret, *wie es um mich steht, und daß er eure Herzen tröste.
*Kol. 4,7.8.
23. Friede sei den Brüdern und Liebe mit Glauben von Gott, dem Vater, und dem Herrn Jesus Christus!
24. Gnade sei mit allen, die da liebhaben unsern Herrn Jesus Christus unverrückt! Amen.

Der Brief des Paulus an die Philipper

Das 1. Kapitel

Des gebundenen Paulus Danksagung, Gebet, Zuversicht und Ermahnung zum beständigen Glaubenskampf.

1. Paulus und Timotheus, Knechte Jesu Christi, *allen Heiligen in Christo Jesu zu Philippi samt den †Bischöfen und Dienern: *1. Kor. 1,2. †1. Tim. 3,1.8.

2. Gnade sei mit euch und Friede von Gott, unserm Vater, und dem Herrn Jesus Christus! Röm. 1,7.

3. Ich danke meinem Gott, so oft ich euer gedenke Röm. 1,8; 1. Kor. 1,4.

4. (welches ich allezeit tue in allem meinem Gebet für euch alle, und tue das Gebet mit Freuden),

5. über eure Gemeinschaft am Evangelium vom ersten Tage an bis her,

6. und bin desselben in guter Zuversicht, daß, der in euch angefangen hat das gute Werk, der wird's auch vollführen bis an den Tag Jesu Christi. K. 2,13; 1. Kor. 1,6–8.

7. Wie es denn mir billig ist, daß ich dermaßen von euch allen halte, darum daß ich euch in meinem Herzen habe in diesem meinem Gefängnis, darin ich das Evangelium verantworte und bekräftige, als die ihr alle mit mir der Gnade teilhaftig seid.

8. Denn Gott ist mein Zeuge, wie mich nach euch allen verlangt von Herzensgrund in Jesu Christo.

9. Und darum bete ich, daß eure Liebe je mehr und mehr reich werde in allerlei Erkenntnis und Erfahrung,

10. daß ihr *prüfen möget, was das Beste sei, auf daß ihr seid lauter und †unanstößig auf den Tag Christi,
*Röm. 12,2. †1. Thess. 5,23.

11. erfüllt mit *Früchten der Gerechtigkeit, die durch Jesum Christum geschehen in euch zu Ehre und Lobe Gottes.
*Eph. 5,9.

12. Ich lasse euch aber wissen, liebe Brüder, daß, wie es um mich steht, das ist nur mehr zur Förderung des Evangeliums geraten, 2. Tim. 2,9.

13. also daß meine Bande offenbar geworden sind in Christo *in dem ganzen Richthause und bei den andern allen,
*K. 4,22.

14. und viele Brüder in dem Herrn aus meinen Banden Zuversicht gewonnen haben und desto kühner geworden sind, das Wort zu reden ohne Scheu.

15. Etliche zwar predigen Christum auch um Neides und Haders willen, etliche aber aus guter Meinung.

16. Jene verkündigen Christum aus Zank und nicht lauter; denn sie meinen, sie wollen eine Trübsal zuwenden meinen Banden;

17. diese aber aus Liebe; denn sie wissen, daß ich *zur Verantwortung des Evangeliums hier liege. *V. 7.

18. Was tut's aber? Daß nur Christus verkündigt werde allerleiweise, es geschehe zum Vorwand oder in Wahrheit, so freue ich mich doch darin und will mich auch freuen. K. 2,17.18.

19. Denn ich weiß, daß mir dies gelingt zur Seligkeit *durch euer Gebet und durch Handreichung des Geistes Jesu Christi, *2. Kor. 1,11.

20. wie ich sehnlich warte und hoffe, daß ich in keinerlei Stücke zu Schanden werde, sondern daß mit aller Freudigkeit, gleichwie sonst allezeit also auch jetzt, Christus hoch gepriesen werde an meinem Leibe, es sei durch Leben oder durch Tod. 1. Petr. 4,16.

21. Denn Christus ist mein *Leben, und Sterben ist mein Gewinn. *Gal. 2,20.

22. Sintemal aber im Fleisch leben dient, mehr *Frucht zu schaffen, so weiß ich nicht, welches ich erwählen soll.
*Röm. 1,13.

23. Denn es liegt mir beides hart an: ich *habe Lust, abzuscheiden und bei Christo zu sein, was auch viel besser wäre;
*1. Kön. 19,4; 2. Kor. 5,8.

24. aber es ist nötiger, im Fleisch bleiben um euretwillen.

25. Und in guter Zuversicht weiß ich, daß ich bleiben und bei euch allen sein werde, euch zur Förderung und Freude des Glaubens,

26. auf daß ihr euch sehr rühmen möget in Christo Jesu an mir, wenn ich wieder zu euch komme.

27. Wandelt nur *würdig dem Evangelium Christi, auf daß, ob ich komme und sehe euch oder abwesend von euch höre, ihr stehet in einem Geist und einer Seele und samt uns kämpfet für den Glauben des Evangeliums *Kol. 1,10; 1. Thess. 2,12.

28. und euch in keinem Weg erschrek-

ken lasset von den Widersachern, welches ist ein Anzeichen, ihnen der Verdammnis, euch aber der Seligkeit, und das von Gott.

29. Denn euch ist gegeben, um Christi willen zu tun, daß ihr nicht allein an ihn glaubet sondern auch um seinetwillen leidet;

30. und habet denselben Kampf, welchen ihr *an mir gesehen habt und nun von mir höret. *Apg. 16,22.

Das 2. Kapitel

Ermahnung zur Eintracht, zur Demut nach dem Vorbild Christi und zum Ernst im Christentum. Empfehlung des Timotheus und Epaphroditus.

1. Ist nun bei euch Ermahnung in Christo, ist Trost der Liebe, ist Gemeinschaft des Geistes, ist herzliche Liebe und Barmherzigkeit,

2. so erfüllet meine Freude, daß ihr eines Sinnes seid, gleiche Liebe habt, einmütig und einhellig seid.

3. Nichts tut durch Zank oder *eitle Ehre; sondern durch Demut †achte einer den andern höher denn sich selbst,

*Gal. 5,26. †Röm. 12,10.

4. und ein jeglicher sehe nicht auf das Seine, sondern auch auf das, was des andern ist. 1. Kor. 10,24.33.

5. Ein jeglicher sei gesinnt, wie Jesus Christus auch war:

6. welcher, ob er wohl in *göttlicher Gestalt war, hielt er's nicht für einen Raub, †Gott gleich sein,

*Joh. 1,1.2; 17,5. †1. Mose 3,5.

7. sondern entäußerte sich selbst und nahm *Knechtsgestalt an, ward gleich wie ein anderer Mensch und an Gebärden als ein Mensch erfunden;

*Jes. 53,3; 2. Kor. 8,9; Hebr. 2,14.17.

8. er erniedrigte sich selbst und ward gehorsam bis zum Tode, ja zum Tode am Kreuz. Hebr. 12,2; 5,8.

9. Darum hat ihn auch Gott *erhöht und hat ihm einen Namen gegeben, der über alle Namen ist,

*Apg. 2,33; Eph. 1,21; Hebr. 1,3.4.

10. daß in dem Namen Jesu sich beugen sollen aller derer Kniee, die im Himmel und auf Erden und unter der Erde sind,

Jes. 45,23; Joh. 5,23; Offenb. 5,13.

11. und alle Zungen bekennen sollen, daß Jesus Christus der Herr sei, zur Ehre Gottes, des Vaters.

12. Also, meine Liebsten, wie ihr allezeit seid gehorsam gewesen, nicht allein in meiner Gegenwart, sondern auch nun viel mehr in meiner Abwesenheit, schaffet, daß ihr selig werdet, *mit Furcht und Zittern. *1. Petr. 1,17; Ps. 2,11.

13. Denn Gott ist's, der in euch wirkt beides, das Wollen und das Vollbringen, nach seinem Wohlgefallen.

Joh. 15,5; 2. Kor. 3,5.

14. Tut alles *ohne Murren und ohne Zweifel, *1. Petr. 4,9.

15. auf daß ihr seid ohne Tadel und *lauter und Gottes Kinder, unsträflich mitten unter dem †unschlachtigen und verkehrten Geschlecht, unter welchem **ihr scheinet als Lichter in der Welt,

*K. 1,10. †wörtlich: verdrehten. **Matth. 5,14; Eph. 5,8.

16. damit daß ihr haltet an dem Wort des Lebens, mir zu einem *Ruhm an dem Tage Christi, als †der ich nicht vergeblich gelaufen noch vergeblich gearbeitet habe.

*1. Thess. 2,19. †Jes. 49,4; Gal. 2,2.

17. Und ob ich *geopfert werde über dem Opfer und Gottesdienst eures Glaubens, so freue ich mich und freue mich mit euch allen. *2. Tim. 4,6.

18. Dessen sollt ihr euch auch freuen und sollt euch mit mir freuen. K. 3,1; 4,4.

19. Ich hoffe aber in dem Herrn Jesus, daß ich Timotheus bald werde zu euch senden, daß ich auch erquickt werde, wenn ich erfahre, wie es um euch steht.

20. Denn ich habe keinen, der *so gar meines Sinnes sei, der so herzlich für euch sorgt. *1. Kor. 16,10.

21. Denn sie suchen alle das Ihre, nicht, das Christi Jesu ist. 2. Tim. 4,10.16.

22. Ihr aber wisset, daß er rechtschaffen ist; denn wie ein Kind dem Vater hat er mit mir gedient am Evangelium.

23. Ihn, hoffe ich, werde ich senden von Stund an, wenn ich erfahren habe, wie es um mich steht.

24. Ich vertraue aber in dem Herrn, daß auch ich selbst bald kommen werde.

K. 1,25.

25. Ich habe es aber für nötig angesehen, den Bruder *Epaphroditus zu euch zu senden, der mein Gehilfe und Mitstreiter und euer Gesandter und meiner Notdurft Diener ist; *K. 4,18.

26. sintemal er nach euch allen Verlangen hatte und war hoch bekümmert, darum daß ihr gehört hattet, daß er krank war gewesen.

27. Und er war todkrank, aber Gott hat sich über ihn erbarmt; nicht allein aber über ihn sondern auch über mich, auf daß ich nicht eine Traurigkeit über die andere hätte.

28. Ich habe ihn aber desto eilender ge-

sandt, auf daß ihr ihn sehet und wieder
fröhlich werdet und ich auch der Traurigkeit weniger habe.
29. So nehmet ihn nun auf in dem Herrn
mit allen Freuden und habt solche Leute
in Ehren. 1.Kor. 16,16.
30. Denn um des Werkes Christi willen
ist er dem Tode so nahe gekommen, da er
sein Leben gering bedachte, auf daß er mir
diente an eurer Statt.

Das 3. Kapitel

Warnung vor Verführern. Die überschwengliche Erkenntnis Jesu Christi und die Gerechtigkeit aus dem Glauben. Aufforderung zum Streben nach dem himmlischen Kleinod.

1. Weiter, liebe Brüder, *freuet euch in
dem Herrn! Daß ich euch immer einerlei
schreibe, verdrießt mich nicht und macht
euch desto gewisser. *K. 2,18; 4,4.
2. Sehet auf die *Hunde, sehet auf die
bösen Arbeiter, sehet auf die Zerschnei-
dung! *Offenb. 22,15.
3. Denn wir sind die Beschneidung, die
wir Gott im Geiste dienen und rühmen
uns von Christo Jesu und verlassen uns
nicht auf Fleisch, Röm. 2,29.
4. wiewohl ich auch habe, daß ich mich
Fleisches rühmen könnte. So ein anderer
sich dünken läßt, er könne sich Fleisches
rühmen, ich könnte es viel mehr:
2.Kor. 11,18.22.
5. der ich am achten Tag beschnitten
bin, einer aus dem Volk von Israel, des
Geschlechts Benjamin, ein Hebräer von
Hebräern und nach dem Gesetz ein *Pharisäer, *Apg. 26,5.
6. nach dem Eifer ein Verfolger der Gemeinde, nach der Gerechtigkeit im Gesetz
gewesen unsträflich.
7. Aber was mir *Gewinn war, das habe
ich um Christi willen für Schaden geachtet. *Matth. 13,44.46.
8. Ja, ich achte es noch alles für Schaden
gegen die überschwengliche Erkenntnis
Christi Jesu, meines Herrn, um welches
willen ich alles habe für Schaden gerechnet, und achte es für Kot, auf daß ich
Christum gewinne
9. und in ihm erfunden werde, daß ich
nicht habe meine Gerechtigkeit, die aus
dem Gesetz, sondern die durch den Glauben an Christum kommt, nämlich die Gerechtigkeit, die von Gott dem Glauben zugerechnet wird. Röm. 3,21.22.
10. zu erkennen ihn und die Kraft seiner
*Auferstehung und die †Gemeinschaft
seiner Leiden, daß ich seinem Tode ähnlich werde, *Röm. 6,3–5. †Röm. 8,17; Gal. 6,17.
11. damit ich gelange zur Auferstehung
der Toten.
12. Nicht, daß ich's schon ergriffen habe
oder schon vollkommen sei; ich jage ihm
aber nach, ob ich's auch *ergreifen möchte, nachdem ich von Christo Jesu †ergrif-
fen bin. *1. Tim. 6,12. †Apg. 9,6.
13. Meine Brüder, ich schätze mich
selbst noch nicht, daß ich's ergriffen habe.
Eines aber sage ich: Ich vergesse, was dahinten ist, und strecke mich zu dem, das
da vorne ist,
14. und jage – nach dem vorgesteckten
Ziel – nach dem Kleinod, welches vorhält
die himmlische Berufung Gottes in Christo Jesu. 1.Kor. 9,24.
15. Wie viele nun unser *vollkommen
sind, die lasset uns also gesinnt sein. Und
solltet ihr sonst etwas halten, das lasset
euch Gott offenbaren; *1. Kor. 2,6.
16. doch soferne, daß wir nach derselben
*Regel, darein wir gekommen sind, wan-
deln und gleich gesinnt seien. *Gal. 6,16.
17. Folget mir, liebe Brüder, und sehet
auf die, die also wandeln, wie ihr uns habt
zum Vorbilde. 1. Kor. 11,1.
18. Denn viele wandeln – von welchen
ich euch oft gesagt habe, nun aber sage ich
auch mit Weinen –, daß sie sind die *Feinde des Kreuzes Christi, *1. Kor. 1,23; Gal. 6,12.
19. welcher Ende ist die Verdammnis,
welchen *der Bauch ihr Gott ist, und deren Ehre zu Schanden wird, die irdisch
gesinnt sind. *Röm. 16,18.
20. *Unser Wandel aber ist im Himmel,
von dannen wir auch warten des Heilands
Jesu Christi, des Herrn,
*Eph. 2,6; Kol. 3,1; Hebr. 12,22.
21. welcher unsern nichtigen Leib verklären wird, daß er ähnlich werde seinem
verklärten Leibe nach der Wirkung, mit
der er kann auch alle Dinge sich untertänig machen. 1. Kor. 15,43.49.53.

Das 4. Kapitel

Ermunterung zur Einigkeit, zur Freude im Herrn, zum Gebet und zu allem Guten. Dank des Apostels für die von den Philippern erhaltene Wohltat. Schluß und Segenswunsch.

1. Also, meine lieben und ersehnten Brüder, *meine Freude und meine Krone, bestehet also in dem Herrn, ihr Lieben.
*2. Kor. 1,14; 1. Thess. 2,19.20.
2. Die Evodia ermahne ich, und die Syn-
tyche ermahne ich, daß sie eines Sinnes
seien in dem Herrn.
3. Ja ich bitte auch dich, mein treuer
Geselle, stehe ihnen bei, die samt mir für
das Evangelium gekämpft haben, mit Kle-

mens und meinen andern Gehilfen, welcher Namen sind *in dem Buch des Lebens. *Luk. 10,20.
4. Freuet euch in dem Herrn allewege!
Und abermals sage ich: Freuet euch!
K. 3,1; 2. Kor. 13.11.
5. Eure Lindigkeit lasset kund sein allen
Menschen! Der Herr ist nahe.
6. *Sorget nichts! sondern in allen Dingen †lasset eure Bitten im Gebet und Flehen mit Danksagung vor Gott kund werden. *Matth. 6,25–34; 1. Petr. 5,7. †Ps. 145,18.
7. Und der Friede Gottes, welcher höher
ist denn alle Vernunft, bewahre eure Herzen und Sinne in Christo Jesu!
Joh. 14,27; Kol. 3,15.
8. Weiter, liebe Brüder, was wahrhaftig
ist, was *ehrbar, was gerecht, was keusch,
was lieblich, was wohl lautet, ist etwa eine
Tugend, ist etwa ein Lob, dem denket
nach! *Röm. 12,17.
9. Welches ihr auch gelernt und empfangen und gehört und gesehen habt an mir,
das tut; so *wird der Gott des Friedens mit
euch sein. *1. Thess. 5,23.
10. Ich bin aber höchlich erfreut in dem
Herrn, daß ihr wieder wacker geworden
seid, für mich zu sorgen; wiewohl ihr allewege gesorgt habt, aber die Zeit hat's nicht
wollen leiden.
11. Nicht sage ich das des Mangels halben; denn ich habe gelernt, worin ich bin,
mir *genügen zu lassen. *1. Tim. 6,6.
12. Ich kann niedrig sein und kann hoch
sein; ich bin in allen Dingen und bei allen
geschickt, beides, satt sein und hungern,
beides, übrig haben und Mangel leiden.
2. Kor. 6,10.
13. Ich vermag alles durch den, der mich
mächtig macht, Christus.
2. Kor. 12,10.
14. Doch ihr habt wohl getan, daß ihr
euch meiner Trübsal angenommen habt.
15. Ihr aber von Philippi wisset, daß von
Anfang des Evangeliums, da ich auszog
aus Mazedonien, *keine Gemeinde mit
mir geteilt hat nach der Rechnung der
Ausgabe und Einnahme als ihr allein.
*2. Kor. 11,9.
16. Denn auch gen Thessalonich sandtet
ihr zu meiner Notdurft einmal und darnach noch einmal.
17. Nicht, daß ich das Geschenk suche;
sondern ich suche die Frucht, daß sie
reichlich in eurer Rechnung sei. 1. Kor. 9,11.
18. Denn ich habe alles und habe überflüssig. Ich habe die Fülle, da ich empfing
durch *Epaphroditus, was von euch kam:
ein süßer Geruch, ein angenehmes Opfer,
Gott gefällig. *K. 2,25.
19. Mein Gott aber fülle aus alle eure
Notdurft nach seinem Reichtum in der
Herrlichkeit in Christo Jesu.
20. Gott aber, unserm Vater, sei Ehre
von Ewigkeit zu Ewigkeit! Amen.
21. Grüßet alle Heiligen in Christo Jesu.
Es grüßen euch die Brüder, die bei mir
sind.
22. Es grüßen euch alle Heiligen, sonderlich aber die von des Kaisers Hause.
23. Die Gnade unsers Herrn Jesu Christi
sei mit euch allen! Amen.

Der Brief des Paulus an die Kolosser

Das 1. Kapitel

Eingang. Danksagung und Gebet für den Glauben der Kolosser. Herrlichkeit Christi und seines Evangeliums.

1. Paulus, ein Apostel Jesu Christi durch
den Willen Gottes, und Bruder Timotheus
2. den Heiligen zu Kolossä und den gläubigen Brüdern in Christo: Gnade sei mit
euch und Friede von Gott, unserm Vater,
und dem Herrn Jesus Christus! Röm. 1,7.
3. Wir danken Gott und dem Vater unsers Herrn Jesu Christi und beten allezeit
für euch,
4. nachdem wir gehört haben von eurem
Glauben an Christum Jesum und von der
Liebe zu allen Heiligen, Eph. 1,15.
5. um der Hoffnung willen, die euch beigelegt ist im Himmel, von welcher ihr
zuvor gehört habt durch das Wort der
Wahrheit im Evangelium,
6. das zu euch gekommen ist, wie auch
in alle Welt, und ist fruchtbar, wie auch in
euch, von dem Tage an, da ihr's gehört
habt und erkannt die Gnade Gottes in der
Wahrheit;
7. wie ihr denn gelernt habt von *Epaphras, unserm lieben Mitdiener, welcher
ist ein treuer Diener Christi für euch,
*K. 4,12.
8. der uns auch eröffnet hat eure Liebe
im Geist.
9. Derhalben auch wir von dem Tage an,
da wir's gehört haben, *hören wir nicht
auf, für euch zu beten und zu bitten, daß
ihr erfüllet werdet mit Erkenntnis seines
Willens in allerlei geistlicher Weisheit und
Verständnis, *Eph. 1,16.17.
10. daß ihr wandelt würdig dem Herrn
zu allem Gefallen und fruchtbar seid in
allen guten Werken Eph. 4,1; Phil. 1,27.
11. und wachset in der *Erkenntnis Gottes und gestärkt werdet mit aller Kraft
nach seiner herrlichen Macht zu aller Geduld und Langmütigkeit mit Freuden,
*1. Kor. 1,5.
12. und danksaget dem Vater, der uns
tüchtig gemacht hat zu dem Erbteil der
Heiligen im Licht; Eph. 1,11.
13. welcher uns errettet hat von der Obrigkeit der Finsternis und hat uns versetzt
in das Reich seines lieben Sohnes,
K. 2,15.
14. an welchem wir haben die Erlösung
durch sein Blut, die Vergebung der Sünden; Eph. 1,7.
15. welcher ist das Ebenbild des unsichtbaren Gottes, der Erstgeborne vor allen
Kreaturen. Hebr. 1,3.
16. Denn durch ihn ist alles geschaffen,
was im Himmel und auf Erden ist, das
Sichtbare und Unsichtbare, es seien Throne oder Herrschaften oder Fürstentümer
oder Obrigkeiten; es ist alles durch ihn
und zu ihm geschaffen. Joh. 1,3.10.
17. Und er ist vor allem, und es besteht
alles in ihm. Spr. 8,25–27.
18. Und er ist das *Haupt des Leibes,
nämlich der Gemeinde; er, welcher ist der
Anfang und der †Erstgeborne von den Toten, auf daß er in allen Dingen den Vor-
rang habe.
*Eph. 1,22. †Apg. 26,23; Offenb. 1,5.
19. Denn es ist das Wohlgefallen gewesen, daß in ihm alle Fülle wohnen sollte
K. 2,9; Joh. 1,16.
20. und alles durch ihn versöhnt würde
zu ihm selbst, es sei auf Erden oder im
Himmel, damit daß er Frieden machte
durch das Blut an seinem Kreuz durch
sich selbst. Eph. 1,10; 1. Joh. 2,2.
21. Und euch, die ihr weiland *Fremde
und †Feinde waret durch die Vernunft in
bösen Werken, *Eph. 2,12; 4,18. †Röm. 5,10.
22. hat er nun versöhnt mit dem Leibe
seines Fleisches durch den Tod, auf daß er
euch *darstellte heilig und unsträflich
und ohne Tadel vor ihm selbst;
*Eph. 5,27.
23. so ihr anders bleibet im Glauben, gegründet und fest und unbeweglich von der
Hoffnung des Evangeliums, welches ihr
gehört habt, welches gepredigt ist unter
aller Kreatur, die unter dem Himmel ist,
dessen Diener ich, Paulus, geworden bin.
24. Nun freue ich mich in meinem Leiden, das ich *für euch leide, und erstatte
an meinem Fleisch, was noch mangelt an
Trübsalen in Christo, für seinen Leib, welcher ist die Gemeinde, *Eph. 3,13.
25. deren Diener ich geworden bin nach
dem göttlichen Predigtamt, das mir gegeben ist unter euch, daß ich das Wort Gottes reichlich predigen soll,
26. nämlich das Geheimnis, das verborgen gewesen ist von der Welt her und von
den Zeiten her, nun aber ist es offenbart
seinen Heiligen, Röm. 16,25.26.

27. denen Gott gewollt hat kundtun, welcher da sei der herrliche Reichtum dieses Geheimnisses unter den Heiden, welches ist Christus in euch, der da ist die *Hoffnung der Herrlichkeit.
*1.Tim. 1,1.
28. Den verkündigen wir und vermahnen alle Menschen und lehren alle Menschen mit aller Weisheit, auf daß wir darstellen einen jeglichen Menschen *vollkommen in Christo Jesu; *V.22.
29. daran ich auch arbeite und ringe, nach der Wirkung des, der in mir kräftig wirkt.

Das 2. Kapitel

Ermahnung, an Jesu Christo, dem alleinigen Quell des Lebens, festzuhalten und sich nicht durch falsche Lehrer irremachen zu lassen.

1. Ich lasse euch aber wissen, welch einen Kampf ich habe um euch und um die zu Laodizea und alle, die meine Person im Fleisch nicht gesehen haben,
2. auf daß ihre Herzen ermahnt und zusammengefaßt werden in der Liebe und zu allem Reichtum des gewissen Verständnisses, zu erkennen das Geheimnis Gottes, des Vaters, und Christi,
3. in welchem verborgen liegen alle Schätze der Weisheit und der Erkenntnis.
1.Kor. 1,24.30.
4. Ich sage aber davon, auf daß euch niemand *betrüge mit vernünftigen Reden.
*Röm. 16,18.
5. Denn ob ich wohl nach *dem Fleisch nicht da bin, so bin ich doch im Geist bei euch, freue mich und sehe †eure Ordnung und euren festen Glauben an Christum.
*1.Kor. 5,3. †1.Kor. 14,40.
6. Wie ihr nun angenommen habt den Herrn Christus Jesus, so wandelt in ihm
7. und seid *gewurzelt und †erbauet in ihm und fest im Glauben, wie ihr gelehrt seid, und seid in demselben reichlich dankbar. *Eph. 3,17. †Eph. 2,22.
8. Sehet zu, daß euch niemand beraube durch die Philosophie und lose Verführung nach der Menschen Lehre und nach der Welt *Satzungen, und nicht nach Christo. *V.20.
9. Denn in ihm wohnt die ganze Fülle der Gottheit leibhaftig, Joh. 1,14.16.
10. und ihr seid vollkommen in ihm, welcher ist *das Haupt aller Fürstentümer und Obrigkeiten; *Eph. 1,21.
11. in welchem ihr auch beschnitten seid mit der Beschneidung ohne Hände, durch *Ablegung des sündlichen Leibes im Fleisch, nämlich mit der Beschneidung Christi, *1.Petr. 3,21; Röm. 2,29.
12. indem ihr *mit ihm begraben seid durch die Taufe; in welchem ihr auch seid †auferstanden durch den Glauben, den Gott wirkt, welcher ihn auferweckt hat von den Toten. *Röm. 6,4. †K. 3,1.
13. Und er hat euch auch mit ihm lebendig gemacht, da ihr tot waret in den Sünden und in eurem unbeschnittenen Fleisch; und hat uns geschenkt alle Sünden Eph. 2,1.5.
14. und ausgetilgt die Handschrift, so wider uns war, welche *durch Satzungen entstand und uns entgegen war, und hat sie aus dem Mittel getan und an das Kreuz geheftet; *Eph. 2,15.
15. und hat ausgezogen die Fürstentümer und die Gewaltigen und sie schaugetragen öffentlich und einen Triumph aus ihnen gemacht durch sich selbst. K. 1,13.
16. So lasset nun niemand euch Gewissen machen über Speise oder über Trank oder über bestimmte Feiertage oder Neumonde oder Sabbate; Röm. 14,1–12.
17. welches ist der Schatten von dem, das zukünftig war; aber der Körper selbst ist in Christo. Hebr. 8,5; 10,1.
18. Lasset euch niemand das Ziel verrücken, der nach eigener Wahl einhergeht *in Demut und Geistlichkeit der Engel, davon er nie etwas gesehen hat, und ist ohne Ursache aufgeblasen in seinem fleischlichen Sinn *V.23.
19. und hält sich nicht an dem Haupt, aus welchem der ganze Leib durch Gelenke und Fugen Handreichung empfängt und zusammengehalten wird und also wächst zur göttlichen Größe.
Eph. 4,15.16.
20. So ihr denn nun abgestorben seid mit Christo den Satzungen der Welt, *was lasset ihr euch denn fangen mit Satzungen, als lebtet ihr noch in der Welt?
*Gal. 4,3.9.
21. »Du sollst – sagen sie – das nicht angreifen, du sollst das nicht kosten, du sollst das nicht anrühren«,
22. was sich doch alles unter den Händen verzehrt; es sind der *Menschen Gebote und Lehren, *Jes. 29,13; Matth. 15,9.
23. welche haben einen Schein der Weisheit durch selbsterwählte Geistlichkeit und Demut und dadurch, daß sie des *Leibes nicht schonen und dem Fleisch nicht seine Ehre tun zu seiner Notdurft.
*Röm. 13,14; 1.Tim. 4,3.

Das 3. Kapitel

Ermahnung zu himmlischem Sinn und christlichem Wandel. Haustafel.

1. Seid ihr nun *mit Christo auferstanden, so suchet, was droben ist, da Christus ist, sitzend zu der Rechten Gottes. *K. 2,12.
2. Trachtet nach dem, was droben ist, nicht nach dem, was auf Erden ist.
Matth. 6,33.
3. Denn *ihr seid gestorben, und euer Leben ist verborgen mit Christo in Gott.
*Röm. 6,2.
4. Wenn aber Christus, euer Leben, sich offenbaren wird, dann werdet ihr auch offenbar werden mit ihm in der *Herrlichkeit. *1. Kor. 15,43.
5. So tötet nun eure Glieder, die auf Erden sind, Hurerei, Unreinigkeit, schändliche Brunst, böse Lust und den Geiz, welcher ist Abgötterei, Röm. 6,6; 8,13.
6. um welcher willen kommt der Zorn Gottes über die Kinder des Unglaubens;
Eph. 5,6.
7. in welchen auch ihr weiland gewandelt habt, da ihr darin lebtet.
8. Nun aber leget alles ab von euch: den Zorn, Grimm, Bosheit, Lästerung, schandbare Worte aus eurem Munde.
Eph. 4,31.29.
9. Lüget nicht untereinander; ziehet den alten Menschen mit seinen Werken aus
Eph. 4,25.22.
10. und *ziehet den neuen an, der da erneuert wird zu der Erkenntnis nach dem †Ebenbilde des, der ihn geschaffen hat;
*Eph. 4,24. †1. Mose 1,27.
11. da nicht ist Grieche, Jude, Beschnittener, Unbeschnittener, Ungrieche, Szythe, Knecht, Freier, sondern alles und in allen Christus. Gal. 3,28.
12. So ziehet nun an, als die *Auserwählten Gottes, Heiligen und Geliebten, herzliches Erbarmen, Freundlichkeit, Demut, Sanftmut, Geduld; *1. Petr. 2,9.
13. und vertrage einer den andern und vergebet euch untereinander, so jemand Klage hat wider den andern; gleichwie Christus euch vergeben hat, also auch ihr.
Matth. 6,14; Eph. 4,2.32.
14. Über alles aber ziehet an die Liebe, die da ist das Band der Vollkommenheit.
Röm. 13,8.10.
15. Und der *Friede Gottes regiere in euren Herzen, zu welchem ihr auch berufen seid †in einem Leibe; und seid dankbar!
*Phil. 4,7. †1. Kor. 12,13.27.
16. Lasset das Wort Christi unter euch reichlich wohnen in aller Weisheit; lehret und vermahnet euch selbst *mit Psalmen und Lobgesängen und geistlichen lieblichen Liedern und singet dem Herrn in eurem Herzen. *Eph. 5,19.
17. Und alles, was ihr tut mit Worten oder mit Werken, das tut alles in dem Namen des Herrn Jesu, und danket Gott und dem Vater durch ihn. 1. Kor. 10,31.
(V. 18–K. 4,1: vgl. Eph. 5,22–6,9.)
18. Ihr Weiber, seid untertan euren Männern in dem Herrn, wie sich's gebührt.
19. Ihr Männer, liebet eure Weiber und seid nicht bitter gegen sie. 1. Petr. 3,7.
20. Ihr Kinder, seid gehorsam den Eltern in allen Dingen; denn das ist dem Herrn gefällig.
21. Ihr Väter, erbittert eure Kinder nicht, auf daß sie nicht scheu werden.
22. Ihr Knechte, seid gehorsam in allen Dingen euren leiblichen Herren, nicht mit Dienst vor Augen, als den Menschen zu gefallen, sondern mit Einfalt des Herzens und mit Gottesfurcht.
23. Alles, was ihr tut, das tut von Herzen als dem Herrn und nicht den Menschen,
24. und wisset, daß ihr von dem Herrn empfangen werdet die Vergeltung des Erbes; denn ihr dienet dem Herrn Christus.
25. Wer aber unrecht tut, der wird empfangen, was er unrecht getan hat; und gilt kein Ansehen der Person. Röm. 2,11.

Das 4. Kapitel

Ermahnung zum Gebet, auch für den Apostel, und zur christlichen Weisheit im Reden und Handeln. Grüße und Schluß.

1. Ihr Herren, was recht und billig ist, das beweiset den Knechten, und wisset, daß ihr auch einen Herrn im Himmel habt. 3. Mose 25,43.53.
2. *Haltet an am Gebet und wachet in demselben mit Danksagung; *1. Thess. 5,17.
3. und *betet zugleich auch für uns, auf daß Gott uns eine †Tür des Worts auftue, zu reden das Geheimnis Christi, darum ich auch gebunden bin.
*Röm. 15,30; Eph. 6,19; 2. Thess. 3,1. †1. Kor. 16,9.
4. auf daß ich es offenbare, wie ich soll reden.
5. Wandelt weise gegen die, die draußen sind, und kaufet die Zeit aus.
Eph. 5,15.16; 1. Thess. 4,12.
6. Eure Rede sei allezeit *lieblich und mit †Salz gewürzt, daß ihr wisset, wie ihr einem jeglichen antworten sollt.
*Eph. 4,29. †Mark. 9,50.
7. Wie es um mich steht, wird euch alles kundtun Tychikus, der liebe Bruder und

getreue Diener und Mitknecht in dem
Herrn,
8. welchen ich habe darum zu euch gesandt, daß er erfahre, wie es sich mit euch
verhält, und daß er eure Herzen ermahne,
Eph. 6,22.
9. samt *Onesimus, dem getreuen und
lieben Bruder, welcher von den Euren ist.
Alles, wie es hier steht, werden sie euch
kundtun. *Philem. 10.
10. Es grüßt euch *Aristarchus, mein
Mitgefangener, und Markus, der Neffe des
Barnabas, über welchen ihr etliche Befehle empfangen habt (so er zu euch kommt,
nehmet ihn auf!), *Apg. 19,29; 27,2.
11. und Jesus, der da heißt Just, die aus
den Juden sind. Diese sind allein meine
Gehilfen am Reich Gottes, die mir ein
Trost geworden sind.
12. Es grüßt euch *Epaphras, der von
den Euren ist, ein Knecht Christi, und
allezeit ringt für euch mit Gebeten, auf
daß ihr bestehet vollkommen und erfüllt
mit allem Willen Gottes. *K. 1,7.
13. Ich gebe ihm Zeugnis, daß er großen
Fleiß hat um euch und um die zu Laodizea
und zu Hierapolis.
14. Es grüßt euch Lukas, der Arzt, der
Geliebte, und Demas.
2. Tim. 4,10.11; Philem. 24.
15. Grüßet die Brüder zu Laodizea und
den Nymphas und die Gemeinde in seinem
Hause.
16. Und wenn der Brief bei euch gelesen
ist, so schaffet, daß er auch in der Gemeinde zu Laodizea gelesen werde und daß ihr
den von Laodizea leset.
17. Und saget dem Archippus: Siehe auf
das Amt, das du empfangen hast in dem
Herrn, daß du es ausrichtest! Philem. 2.
18. *Mein Gruß mit meiner, des Paulus,
Hand. Gedenket meiner Bande! Die Gnade
sei mit euch! Amen.
*1. Kor. 16,21; 2. Thess. 3,17.

Der erste Brief des Paulus an die Thessalonicher

Das 1. Kapitel

Dank gegen Gott für die gesegnete Aufnahme des Evangeliums in Thessalonich.

1. Paulus und *Silvanus und Timotheus der Gemeinde zu Thessalonich in Gott, dem Vater, und dem Herrn Jesus Christus: Gnade sei mit euch und Friede von Gott, unserm Vater, und dem Herrn Jesus Christus! *Apg. 15,40; 16,19; 17,1.10; 2. Thess. 1,1.
2. Wir danken Gott allezeit für euch alle und gedenken euer in unserm Gebet ohne Unterlaß
3. und denken an euer Werk im Glauben und an eure Arbeit in der Liebe und an eure Geduld in der Hoffnung, welche ist unser Herr Jesus Christus, vor Gott und unserm Vater. 1. Kor. 13,13.
4. Denn, liebe Brüder, von Gott geliebt, wir wissen, wie ihr auserwählt seid,
5. daß unser Evangelium ist bei euch gewesen nicht allein im Wort, sondern auch in der *Kraft und in dem heiligen Geist und in großer Gewißheit; wie ihr denn wisset, welcherlei wir gewesen sind unter euch um euretwillen; *1. Kor. 2,5.
6. und ihr seid unsre *Nachfolger geworden und des Herrn und habt das Wort aufgenommen unter vielen Trübsalen mit Freuden im heiligen Geist, *1. Kor. 4,16.
7. also daß ihr geworden seid ein Vorbild allen Gläubigen in *Mazedonien und Achaja. *K. 4,10.
8. Denn von euch ist auserschollen das Wort des Herrn; nicht allein in Mazedonien und Achaja, sondern an allen Orten ist auch *euer Glaube an Gott bekannt geworden, also daß uns nicht not ist, etwas zu sagen. *Röm. 1,8.
9. Denn sie selbst verkündigen von euch, was für einen Eingang wir zu euch gehabt haben und wie ihr *bekehrt seid zu Gott von den Abgöttern, zu dienen dem lebendigen und wahren Gott *Apg. 14,15; 1. Kor. 12,2.
10. und zu warten auf seinen Sohn vom Himmel, welchen er auferweckt hat von den Toten, Jesum, der uns von dem zukünftigen Zorn erlöst. Tit. 2,13.

Das 2. Kapitel

Der Apostel erinnert die Brüder an sein lauteres Betragen unter ihnen, dankt Gott für ihren standhaften Glauben und wünscht sehnlich, sie wiederzusehen.

1. Denn auch ihr wisset, liebe Brüder, von *unserm Eingang zu euch, daß er nicht vergeblich gewesen ist; *K. 1,5.9.
2. sondern, *ob wir gleich zuvor gelitten hatten und geschmäht gewesen waren zu Philippi, wie ihr wisset, waren wir freudig in unserm Gott, bei euch zu sagen das Evangelium Gottes mit großem Kämpfen. *Apg. 16,20–24; 17,1–5.
3. Denn unsre Ermahnung ist nicht gewesen aus Irrtum noch aus Unreinigkeit noch mit List;
4. sondern, wie wir von Gott bewährt sind, daß uns das Evangelium *vertraut ist zu predigen, also reden wir, †nicht, als wollten wir den Menschen gefallen, sondern Gott, der unser Herz prüft. *1. Tim. 1,11. †Gal. 1,10.
5. Denn wir sind nie mit Schmeichelworten umgegangen, wie ihr wisset, *noch mit verstecktem Geiz – Gott ist des Zeuge –; *Apg. 20,33.
6. haben auch nicht Ehre gesucht von den Leuten, weder von euch noch von andern; Joh. 5,41.44.
7. hätten euch auch *mögen schwer sein als Christi Apostel. Aber wir sind mütterlich gewesen bei euch, gleichwie eine Amme ihre Kinder pflegt; *können.
8. also hatten wir Herzenslust an euch und waren willig, euch mitzuteilen nicht allein das Evangelium Gottes sondern auch unser Leben, darum daß wir euch liebgewonnen haben.
9. Ihr seid wohl eingedenk, liebe Brüder, unsrer Arbeit und unsrer Mühe; denn Tag und Nacht arbeiteten wir, daß wir niemand unter euch beschwerlich wären, und predigten unter euch das Evangelium Gottes. 1. Kor. 4,12.
10. Des seid ihr Zeugen und Gott, wie heilig und gerecht und unsträflich wir bei euch, die ihr gläubig waret, gewesen sind;
11. wie ihr denn wisset, daß wir, wie ein Vater seine Kinder, einen jeglichen unter euch ermahnt und getröstet
12. und bezeugt haben, daß ihr wandeln solltet *würdig vor Gott, der euch berufen

hat zu seinem Reich und zu seiner Herrlichkeit. *Eph. 4,1; Phil. 1,27.

13. Darum danken auch wir ohne Unterlaß *Gott, daß ihr, da ihr empfinget von uns das Wort göttlicher Predigt, es aufnahmt †nicht als Menschenwort, sondern, wie es denn wahrhaftig ist, als Gottes Wort, welcher auch wirkt in euch, die ihr glaubet. *K. 1,2. †Gal. 1,11.

14. Denn ihr seid Nachfolger geworden, liebe Brüder, der Gemeinden Gottes in Judäa in Christo Jesu, weil ihr ebendasselbe erlitten habt von euren Blutsfreunden, was jene von den Juden,

15. welche auch den Herrn Jesus getötet haben und ihre eigenen Propheten und haben uns verfolgt und gefallen Gott nicht und sind allen Menschen zuwider, Apg. 2,23; 7,52.

16. wehren uns, zu predigen den Heiden, damit sie selig würden, auf daß sie *ihre Sünden erfüllen allewege; denn der Zorn ist schon über sie gekommen zum Ende hin. *Matth. 23,32.33.

17. Wir aber, liebe Brüder, nachdem wir euer eine Weile beraubt gewesen sind nach dem Angesicht, nicht nach dem Herzen, haben wir desto mehr geeilt, euer Angesicht zu sehen mit großem Verlangen. Röm. 1,11.13.

18. Darum haben wir wollen zu euch kommen (ich, Paulus) zweimal, und Satan hat uns verhindert.

19. Denn wer ist unsre Hoffnung oder Freude oder Krone des Ruhms? Seid nicht auch ihr es vor unserm Herrn Jesus Christus zu seiner Zukunft? Phil. 2,16; 4,1.

20. Ihr seid ja unsre Ehre und Freude.

Das 3. Kapitel

Freude über die durch Timotheus erhaltenen guten Nachrichten.
Herzliches Gebet für die Gemeinde.

1. Darum haben wir's nicht weiter wollen ertragen und haben uns lassen wohlgefallen, *daß wir zu Athen allein gelassen würden, *Apg. 17,14.15.

2. und haben *Timotheus gesandt, unsern Bruder und Diener Gottes und unsern Gehilfen im Evangelium Christi, euch zu stärken und zu ermahnen in eurem Glauben, *Apg. 16,1–3.

3. *daß nicht jemand weich würde in diesen Trübsalen. Denn ihr wisset, daß wir †dazu gesetzt sind; *Eph. 3,13. †2. Tim. 3,12.

4. und da wir bei euch waren, sagten wir's euch zuvor, wir würden Trübsale haben müssen; wie denn auch geschehen ist und ihr wisset.

5. Darum habe ich's auch nicht länger ertragen und ausgesandt, daß ich erführe euren Glauben, auf daß nicht euch vielleicht versucht hätte der Versucher und *unsre Arbeit vergeblich würde. *Phil. 2,16.

6. Nun aber, da *Timotheus zu uns von euch gekommen ist und uns verkündigt hat euren Glauben und eure Liebe, und daß ihr unser gedenket allezeit zum besten und euch verlangt, uns zu sehen, wie denn auch uns nach euch, *Apg. 18,5.

7. da sind wir, liebe Brüder, getröstet worden an euch in aller unsrer Trübsal und Not durch euren Glauben;

8. denn nun sind wir lebendig, wenn ihr stehet in dem Herrn.

9. Denn was für einen Dank können wir Gott vergelten um euch für alle diese Freude, die wir haben von euch vor unserm Gott?

10. Wir bitten Tag und Nacht gar sehr, daß wir sehen mögen euer Angesicht und erstatten, so etwas mangelt an eurem Glauben.

11. Er aber, Gott, unser Vater, und unser Herr Jesus Christus schicke unsern Weg zu euch.

12. Euch aber vermehre der Herr und lasse die Liebe völlig werden untereinander und gegen jedermann (wie denn auch wir sind gegen euch),

13. daß eure Herzen gestärkt werden und *unsträflich seien in der Heiligkeit vor Gott und unserm Vater auf die Zukunft unsers Herrn Jesu Christi samt allen seinen Heiligen. *Phil. 1,10.

Das 4. Kapitel

Ermahnung zur Heiligung.
Unsere Hoffnung für die Entschlafenen.

1. Weiter, liebe Brüder, bitten wir euch und ermahnen in dem Herrn Jesus (nach dem ihr von uns empfangen habt, wie ihr sollet wandeln und Gott gefallen), daß ihr immer völliger werdet.

2. Denn ihr wisset, welche Gebote wir euch gegeben haben durch den Herrn Jesus.

3. Denn das ist der Wille Gottes, eure Heiligung, daß ihr meidet die Hurerei

4. und ein jeglicher unter euch wisse sein *Gefäß zu behalten in Heiligung und Ehren, *1. Kor. 6,13.15.

5. nicht in der Brunst der Lust wie die Heiden, die von Gott nichts wissen;

6. und daß niemand zu weit greife und übervorteile seinen Bruder im Handel; denn der Herr ist der Rächer über das alles, wie wir euch zuvor gesagt und bezeugt haben.
7. Denn Gott hat uns nicht berufen zur Unreinigkeit, sondern zur Heilung.
8. Wer nun verachtet, der verachtet nicht Menschen, sondern Gott, der seinen heiligen Geist gegeben hat in euch.
Luk. 10,16.
9. Von der *brüderlichen Liebe aber ist nicht not euch zu schreiben; denn ihr seid †selbst von Gott gelehrt, euch untereinander zu lieben.
*Joh. 13,34. †Jer. 31,33.34.
10. Und das tut ihr auch an allen Brüdern, die in ganz Mazedonien sind. Wir ermahnen euch aber, liebe Brüder, daß ihr noch völliger werdet
11. und ringet darnach, daß ihr stille seid und das Eure schaffet und arbeitet mit euren eigenen Händen, wie wir euch geboten haben, Eph. 4,28; 2. Thess. 3,8.12.
12. auf daß ihr ehrbar wandelt gegen die, die draußen sind, und ihrer keines bedürfet. Kol. 4,5.
13. Wir wollen euch aber, liebe Brüder, nicht verhalten von denen, die da *schlafen, auf daß ihr nicht traurig seid wie die andern, die keine †Hoffnung haben.
*1. Kor. 15,20. †Eph. 2,12.
14. Denn so wir glauben, daß Jesus gestorben und auferstanden ist, also wird Gott auch, die da entschlafen sind, durch Jesum mit ihm führen.
Röm. 14,9; 1. Kor. 15,3.4.12.
15. Denn das sagen wir euch als ein Wort des Herrn, daß wir, die wir leben und übrig bleiben auf die Zukunft des Herrn, *werden denen nicht zuvorkommen, die da schlafen. *1. Kor. 15,51.
16. Denn er selbst, der Herr, wird mit einem Feldgeschrei und der Stimme des Erzengels und mit der Posaune Gottes herniederkommen vom Himmel, und die Toten in Christo werden auferstehen zuerst. 1. Kor. 15,23.52.
17. Darnach wir, die wir leben und übrig bleiben, werden zugleich mit ihnen hingerückt werden in den Wolken, dem Herrn entgegen in der Luft, und werden also *bei dem Herrn sein allezeit.
*Joh. 12,26; 17,24.
18. So tröstet euch nun mit diesen Worten untereinander.

Das 5. Kapitel

Von der Zeit der Zukunft Christi, und wie man sich stets darauf gefaßt halten solle. Ermahnungen und Grüße.

1. Von den Zeiten aber und Stunden, liebe Brüder, ist nicht not euch zu schreiben;
Matth. 24,36.
2. denn ihr selbst wisset gewiß, daß der Tag des Herrn wird kommen wie ein Dieb in der Nacht.
Matth. 24,42–44; 2. Petr. 3,10; Offenb. 3,3;16,15.
3. Denn wenn sie werden sagen: *Es ist Friede, es hat keine Gefahr, – so wird sie das Verderben schnell überfallen, gleich wie der Schmerz ein schwangeres Weib, und werden nicht entfliehen.
*Jer. 6,14; Matth. 24,39.
4. Ihr aber, liebe Brüder, seid nicht in der Finsternis, daß euch der Tag wie ein Dieb ergreife.
5. Ihr seid allzumal Kinder des Lichtes und Kinder des Tages; wir sind nicht von der Nacht noch von der Finsternis.
Röm. 13,12; Eph. 5,9.
6. So lasset uns nun nicht schlafen wie die andern, sondern lasset uns wachen und nüchtern sein.
7. Denn die da schlafen, die schlafen des Nachts, und die da trunken sind, die sind des Nachts trunken;
8. wir aber, die wir des Tages sind, sollen nüchtern sein, angetan mit dem Panzer des Glaubens und der Liebe und mit dem Helm der Hoffnung zur Seligkeit.
Eph. 6,14–17.
9. Denn Gott hat uns nicht gesetzt zum Zorn, sondern die Seligkeit zu besitzen durch unsern Herrn Jesus Christus,
10. der für uns gestorben ist, auf daß, *wir wachen oder schlafen, wir zugleich †mit ihm leben sollen.
*Röm. 14,8.9. †K. 4,14.
11. Darum ermahnet euch untereinander und *bauet einer den andern, wie ihr denn tut. *Judas 20.
12. Wir bitten aber euch, liebe Brüder, daß ihr *erkennet, die an euch arbeiten und euch vorstehen in dem Herrn und euch vermahnen; *1. Kor. 16,18.
13. habt sie desto lieber um ihres Werks willen und seid friedsam mit ihnen.
14. Wir ermahnen aber euch, liebe Brüder, *vermahnet die Ungezogenen, tröstet die Kleinmütigen, traget die Schwachen, seid geduldig gegen jedermann.
*2. Thess. 3,15.
15. Sehet zu, daß keiner Böses mit Bösem jemand vergelte; sondern allezeit ja-

get dem Guten nach, untereinander und gegen jedermann.
Spr. 20,22; Röm. 12,17; 1. Petr. 3,9.
16. Seid allezeit fröhlich, Phil. 4.4.
17. betet ohne Unterlaß,
Luk. 18,1; Röm. 12,12; Kol. 4,2.
18. seid dankbar in allen Dingen; denn das ist der Wille Gottes in Christo Jesu an euch. Eph. 5,20.
19. Den Geist dämpfet nicht,
1. Kor. 14,30.39.
20. die Weissagung verachtet nicht;
1. Kor. 14,1.
21. prüfet aber alles, und das Gute behaltet. 1. Kor. 14,29; 1. Joh. 4,1.
22. Meidet allen bösen Schein.
23. Er aber, der Gott des Friedens, heilige euch durch und durch, und euer Geist ganz samt Seele und Leib müsse bewahrt werden unsträflich auf die Zukunft unsers Herrn Jesu Christi.
24. Getreu ist er, der euch ruft; er wird's auch tun.
1. Kor. 1,9; 2. Thess. 3,3.
25. Liebe Brüder, betet für uns.
26. Grüßet alle Brüder mit dem heiligen Kuß. 1. Kor. 16,20.
27. Ich beschwöre euch bei dem Herrn, daß ihr diesen Brief lesen lasset vor allen heiligen Brüdern.
28. Die Gnade unsers Herrn Jesu Christi sei mit euch! Amen.

Der zweite Brief des Paulus an die Thessalonicher

Das 1. Kapitel

Eingang. Dank für das geistliche Wachstum der Brüder. Tröstende Hinweisung auf Christi Zukunft.

1. Paulus und Silvanus und Timotheus der Gemeinde zu Thessalonich in Gott, unserm Vater, und dem Herrn Jesus Christus: 1. Thess. 1,1.
2. Gnade sei mit euch und Friede von Gott, unserm Vater, und dem Herr Jesus Christus! Röm. 1,7.
3. Wir sollen Gott danken allezeit um euch, liebe Brüder, wie es billig ist; denn euer Glaube wächst sehr, und die Liebe eines jeglichen unter euch allen nimmt zu gegeneinander,
K. 2,13; 1. Thess. 1,2.3.
4. also daß wir uns euer *rühmen unter den Gemeinden Gottes über eure Geduld und euren Glauben in allen euren Verfolgungen und Trübsalen, die ihr duldet;
*2. Kor. 7,4.
5. welches *anzeigt, daß Gott recht richten wird und ihr †würdig werdet zum Reich Gottes, für das ihr auch leidet;
*Phil. 1,28. †Luk. 21,36.
6. nach dem es recht ist bei Gott, zu vergelten Trübsal denen, die euch Trübsal antun, Offenb. 18,6.7.
7. euch aber, die ihr Trübsal leidet, Ruhe mit uns, wenn nun der Herr Jesus wird offenbart werden vom Himmel *samt den Engeln seiner Kraft *Matth. 25,31.
8. und mit Feuerflammen, Rache zu geben über die, so Gott nicht erkennen, und über die, so nicht gehorsam sind dem Evangelium unsers Herrn Jesu Christi,
Röm. 2,8.
9. welche werden Pein leiden, das ewige Verderben von dem Angesichte des Herrn und von seiner *herrlichen Macht,
*Jes. 2,10.19.
10. wenn *er kommen wird, daß er herrlich erscheine mit seinen Heiligen und wunderbar mit allen Gläubigen; denn unser Zeugnis an euch von diesem Tage habt ihr geglaubt. *Kol. 3,4.
11. Und derhalben beten wir auch allezeit für euch, daß unser Gott euch würdig mache der Berufung und erfülle alles Wohlgefallen der Güte und das Werk des Glaubens in der Kraft,
12. auf daß an euch gepriesen werde der Name unsers Herrn Jesu Christi und ihr an ihm, nach der Gnade unsers Gottes und des Herrn Jesu Christi.

Das 2. Kapitel

Weissagung von dem der Zukunft des Herrn vorangehenden Abfall und Antichrist.

1. Aber der Zukunft halben, unsers Herrn Jesu Christi und unsrer Versammlung zu ihm bitten wir euch, liebe Brüder,
1. Thess. 4,13–17.
2. daß ihr euch nicht bald bewegen lasset

von eurem Sinn noch erschrecken, weder
durch Geist noch durch Wort noch durch
Brief, als von uns gesandt, daß der Tag
Christi vorhanden sei.
3. Lasset *euch niemand verführen in
keinerlei Weise; denn er kommt nicht, es
sei denn, daß zuvor der Abfall komme und
offenbart werde der Mensch der Sünde,
†das Kind des Verderbens,

1. Tim. 4,1. †1. Joh. 2,18; 4,3.

4. der da ist der Widersacher und *sich
überhebt über alles, was Gott oder Gottesdienst heißt, also daß er sich setzt in den
Tempel Gottes als ein Gott und gibt sich
aus, er sei Gott. *Dan. 11,36.
5. Gedenket ihr nicht daran, daß ich
euch solches sagte, da ich noch bei euch
war?
6. Und was es noch aufhält, wisset ihr,
daß er offenbart werde zu seiner Zeit.
7. *Denn es regt sich bereits das Geheimnis der Bosheit, nur daß, der es jetzt aufhält, muß hinweggetan werden;

*Apg. 20,29.

8. und alsdann wird der Boshafte offenbart werden, welchen der Herr umbringen
wird mit dem Geist seines Mundes und
wird durch die Erscheinung seiner Zukunft ihm ein Ende machen,

Jes. 11,4; Offenb. 19,15.20.

9. ihm, dessen Zukunft geschieht nach
der Wirkung des Satans mit allerlei lügen-
haftigen Kräften und Zeichen und Wundern Matth. 24,24; Offenb. 13,11–13.
10. und mit allerlei Verführung zur Ungerechtigkeit unter denen, die *verloren
werden, dafür daß sie die Liebe zur Wahrheit nicht haben angenommen, auf daß
sie selig würden.

*2. Kor. 2,15; 4,3.

11. Darum wird ihnen Gott kräftige Irr-
tümer senden, daß sie glauben der Lüge,

Röm. 1,28; 2. Tim. 4,4.

12. auf daß gerichtet werden alle, die der
Wahrheit nicht glauben, sondern haben
Lust an der Ungerechtigkeit.
13. Wir aber *sollen Gott danken allezeit
um euch, vom Herrn geliebte Brüder, daß
euch Gott †erwählt hat von Anfang zur
Seligkeit, in der Heiligung des Geistes und
im Glauben der Wahrheit,

*K. 1,3. †Eph. 1,4.

14. darein er euch berufen hat durch unser Evangelium zum herrlichen Eigentum
unsers Herrn Jesu Christi.
15. So stehet nun, liebe Brüder, und haltet an den Satzungen, in denen ihr gelehrt
seid, es sei durch unser Wort oder Brief.

K. 3,6.

16. Er aber, unser Herr Jesus Christus,
und Gott, unser Vater, der hat uns geliebt
und uns gegeben einen ewigen Trost und
eine gute Hoffnung durch Gnade,
17. der ermahne eure Herzen und stärke
euch in allerlei Lehre und gutem Werk.

Das 3. Kapitel

Aufforderung zur Fürbitte um den Segen des Lehramts. Bestrafung des unordentlichen Müßiggangs. Eigenhändiger Gruß.

1. Weiter, liebe Brüder, betet für uns,
daß das Wort des Herrn laufe und gepriesen werde wie bei euch, Kol. 4.3.
2. und daß wir erlöst werden von den
unverständigen und argen Menschen.
Denn der Glaube ist nicht jedermanns
Ding.
3. Aber der Herr ist treu; der wird euch
stärken und bewahren vor dem Argen.

1. Thess. 5,24.

4. Wir verstehen uns aber zu euch in dem
Herrn, daß ihr tut und tun werdet, was wir
euch gebieten.

2. Kor. 7,16; Gal. 5,10.

5. Der Herr aber richte eure Herzen zu
der Liebe Gottes und zu der Geduld Christi.
6. Wir gebieten euch aber, liebe Brüder,
in dem Namen unsers Herrn Jesu Christi,
daß ihr euch entziehet von jedem Bruder,
der da unordentlich wandelt und nicht
nach der Satzung, die er von uns empfangen hat. Matth. 18,17; Röm. 16,17.
7. Denn ihr wisset, wie ihr *uns sollt
nachfolgen. Denn wir sind nicht unordentlich unter euch gewesen,

*1. Thess. 1,6.

8. haben auch nicht umsonst das Brot
genommen von jemand; sondern mit Arbeit und Mühe Tag und Nacht haben wir
gewirkt, daß wir nicht jemand unter euch
beschwerlich wären.

1. Kor. 4,12.

9. Nicht darum, daß wir des *nicht
Macht haben, sondern †daß wir uns selbst
zum Vorbilde euch gäben, uns nachzufolgen. *Matth. 10,10. †1. Kor. 4,16.
10. Und da wir bei euch waren, geboten
wir euch solches, daß, so jemand nicht
will *arbeiten, der soll auch nicht essen.

*1. Mose 3,19.

11. Denn wir hören, daß etliche unter
euch wandeln unordentlich und arbeiten
nichts, sondern treiben Vorwitz.
12. Solchen aber gebieten wir und ermahnen sie durch unsern Herrn Jesus

Christus, daß sie *mit stillem Wesen arbeiten und ihr eigen Brot essen.

*1. Thess. 4,11.

13. Ihr aber, liebe Brüder, werdet nicht verdrossen, Gutes zu tun. Gal. 6,9.

14. So aber jemand nicht gehorsam ist unserm Wort, den zeiget an durch einen Brief, und *habt nichts mit ihm zu schaffen, auf daß er schamrot werde;

*V. 6.; 1. Kor. 5,9.11.

15. doch haltet ihn nicht als einen Feind, sondern vermahnet ihn als einen Bruder.

16. Er aber, der Herr des Friedens, gebe euch Frieden allenthalben und auf allerlei Weise. Der Herr sei mit euch allen!

17. Der Gruß mit meiner, des Paulus, Hand. Das ist das Zeichen in allen Briefen; also schreibe ich: 1. Kor. 16,21.

18. Die Gnade unsers Herrn Jesu Christi sei mit euch allen! Amen.

Der erste Brief des Paulus an Timotheus

Das 1. Kapitel

Ermahnung, bei dem lauteren Evangelium zu bleiben, wie es dem Paulus anvertraut ist.

1. Paulus, ein Apostel Jesu Christi nach dem Befehl Gottes, unsers Heilandes, und des Herrn Jesu Christi, der *unsre Hoffnung ist, *Kol. 1,27.
2. dem Timotheus, meinem rechtschaffenen *Sohn im Glauben: Gnade, Barmherzigkeit, Friede von Gott, unserm Vater, und unserm Herrn Jesus Christus! *Tit. 1,4.
3. Wie ich dich ermahnt habe, daß du zu Ephesus bliebest, da ich *nach Mazedonien zog, und gebötest etlichen, daß sie nicht anders lehrten, *Apg. 20,1.
4. auch nicht achthätten auf die *Fabeln und Geschlechtsregister, die kein Ende haben und Fragen aufbringen mehr denn Besserung zu Gott im Glauben; *K. 4,7.
5. denn die *Hauptsumme des Gebotes ist Liebe von reinem Herzen und von gutem Gewissen und von ungefärbtem Glauben; *Röm. 13,10; Gal. 5,6.
6. wovon etliche sind abgeirrt und haben sich umgewandt zu *unnützem Geschwätz, *K. 6,4.20.
7. wollen der Schrift Meister sein, und vestehen nicht, was sie sagen oder was sie setzen.
8. Wir wissen aber, daß das Gesetz gut ist, so es jemand recht braucht Röm. 7,12.
9. und weiß solches, daß dem Gerechten kein Gesetz gegeben ist, sonderen den Ungerechten und Ungehorsamen, den Gottlosen und Sündern, den Unheiligen und Ungeistlichen, den Vatermördern und Muttermördern, den Totschlägern,
10. den Huren, den Knabenschändern, den Menschendieben, den Lügnern, den Meineidigen und so etwas mehr der *heilsamen Lehre zuwider ist, *K. 6,3.
11. nach dem herrlichen Evangelium des *seligen Gottes, welches mir vertrauet ist. *K. 6,15.
12. Ich danke unserm Herrn Christus Jesus, der mich stark gemacht und treu geachtet hat und gesetzt in das Amt, Apg. 9,15; 1. Kor. 15,9.10; Gal. 1,13–16.
13. der ich zuvor war ein Lästerer und ein Verfolger und ein Schmäher; aber mir ist Barmherzigkeit widerfahren, denn ich habe es unwissend getan im Unglauben.
14. Es ist aber desto reicher gewesen die Gnade unsers Herrn samt dem Glauben und der Liebe, die in Christo Jesu ist.
15. Das ist gewißlich wahr und ein teuer wertes Wort, daß Christus Jesus gekommen ist in die Welt, die Sünder selig zu machen, unter welchen ich der vornehmste bin. Luk. 19,10.
16. Aber darum ist mir Barmherzigkeit widerfahren, auf daß an mir vornehmlich Jesus Christus erzeigte alle Geduld, zum Vorbild denen, die an ihn glauben sollten zum ewigen Leben.
17. Aber Gott, dem ewigen König, dem Unvergänglichen und Unsichtbaren und *allein Weisen, sei Ehre und Preis in Ewigkeit! Amen. *Röm. 16,27.
18. Dies Gebot befehle ich dir, mein Sohn Timotheus, nach den vorigen Weissagungen über dich, daß du in ihnen eine *gute Ritterschaft übest *K. 6,12; Judas 3.
19. und habest den *Glauben und gutes Gewissen, welches etliche von sich gestoßen und am Glauben †Schiffbruch erlitten haben; *K. 3,9. †K. 6,10.
20. unter welchen ist *Hymenäus und Alexander, welche ich habe †dem Satan übergeben, daß sie gezüchtigt werden, nicht mehr zu lästern. *2. Tim. 2,17. †1. Kor. 5,5.

Das 2. Kapitel

Ermahnung zum Gebet, besonders für die Obrigkeit. Was Männern und Weibern geziemt.

1. So ermahne ich nun, daß man vor allen Dingen zuerst tue *Bitte, Gebet, Fürbitte und Danksagung für alle Menschen, *Phil. 4,6.
2. für die Könige und für alle Obrigkeit, auf daß wir ein ruhiges und stilles Leben führen mögen in aller Gottseligkeit und Ehrbarkeit.
3. Denn solches ist gut und angenehm vor Gott, *unserm Heiland, *K. 1,1; 4,10.
4. welcher will, daß allen Menschen geholfen werde und sie zur Erkenntnis der Wahrheit kommen. Hesek. 18,23; 2. Petr. 3,9.
5. Denn es ist *ein Gott und ein †Mittler zwischen Gott und den Menschen, nämlich der Mensch Christus Jesus, *Röm. 3,29.30 †Hebr. 12,24.
6. der sich selbst gegeben hat für alle zur

Erlösung, daß solches zu seiner Zeit gepredigt würde; Gal. 1,4; 2,20; Tit. 2,14.
7. dazu ich gesetzt bin als Prediger und Apostel (ich sage die Wahrheit in Christo und lüge nicht), als Lehrer der Heiden im Glauben und in der Wahrheit.
2. Tim. 1,11; Gal. 2,7.8.
8. So will ich nun, daß die Männer beten an allen Orten und aufheben heilige Hände ohne Zorn und Zweifel.
9. Desgleichen daß die Weiber in zierlichem Kleide mit Scham und Zucht sich schmücken, nicht mit Zöpfen oder Gold oder Perlen oder köstlichem Gewand,
1. Petr. 3,3–5.
10. sondern, wie sich's ziemt den Weibern, die da Gottseligkeit beweisen wollen, *durch gute Werke. *K. 5,10.
11. Ein Weib lerne in der Stille mit aller Untertänigkeit. Eph. 5,22.
12. Einem *Weibe aber gestatte ich nicht, daß sie lehre, auch nicht, †daß sie des Mannes Herr sei, sondern stille sei.
*1. Kor. 14,34. †1. Mose 3,16.
13. Denn Adam ist am ersten gemacht, darnach Eva. 1. Mose 1,27; 2,7.22.
14. Und Adam ward nicht verführt; das Weib aber ward verführt und hat die Übertretung eingeführt.
1. Mose 3,6; 2. Kor. 11,3.
15. Sie wird aber selig werden durch Kinderzeugen, so sie bleiben im Glauben und in der Liebe und in der Heiligung samt der Zucht.

Das 3. Kapitel

Von der Beschaffenheit der Vorsteher und Diener der Kirche.
Hauptinhalt des Evangeliums.

1. Das ist gewißlich wahr: So *jemand ein Bischofsamt begehrt, der begehrt ein köstlich Werk. *Apg. 20,28.
2. Es soll aber ein Bischof unsträflich sein, eines Weibes Mann, nüchtern, mäßig, sittig, gastfrei, lehrhaft, Tit. 1,6.7.
3. nicht ein Weinsäufer, nicht raufen, nicht unehrliche Hantierung treiben, sondern gelinde, nicht zänkisch, nicht geizig,
4. der seinem eigenen Hause wohl vorstehe, der *gehorsame Kinder habe mit aller Ehrbarkeit *1. Sam. 2,12.
5. (so aber jemand seinem eigenen Hause nicht weiß vorzustehen, wie wird er die Gemeinde Gottes versorgen?);
6. nicht ein Neuling, auf daß er sich nicht aufblase und ins Urteil des Lästerers falle.
7. Er muß aber auch *ein gutes Zeugnis haben von denen, †die draußen sind, auf daß er nicht falle dem Lästerer in Schmach und Strick. *K. 5,10 †1. Kor. 5,12.13.
8. Desgleichen die *Diener sollen ehrbar sein, nicht zweizüngig, nicht Weinsäufer, nicht unehrliche Hantierung treiben;
*Phil. 1,1; Apg. 6,3.
9. die das Geheimnis des Glaubens in reinem Gewissen haben.
10. Und diese lasse man zuvor versuchen; darnach lasse man sie dienen, wenn sie unsträflich sind.
11. Desgleichen ihre Weiber sollen ehrbar sein, *nicht Lästerinnen, nüchtern, treu in allen Dingen. *Tit. 2,3.
12. Die Diener laß einen jeglichen sein *eines Weibes Mann, die ihren Kindern wohl vorstehen und ihren eignen Häusern. *V. 2.
13. Welche aber wohl dienen, die erwerben sich selbst eine gute Stufe und eine große Freudigkeit im Glauben an Christum Jesum.
14. Solches schreibe ich dir und hoffe, bald zu dir zu kommen;
15. so ich aber verzöge, daß du wissest, wie du wandeln sollst in dem *Hause Gottes, welches ist die Gemeinde des lebendigen Gottes, ein Pfeiler und Grundfeste der Wahrheit. *Tim. 2,20; Eph. 2,19–22.
16. Und kündlich groß ist das gottselige Geheimnis: *Gott ist offenbart im Fleisch, †gerechtfertigt im Geist, erschienen den Engeln, gepredigt den Heiden, geglaubt von der Welt, **aufgenommen in die Herrlichkeit.
*Joh. 1,14. †Joh. 16,10; Röm. 1,4. **Mark. 16,19.

Das 4. Kapitel

Warnung vor Verführern, die eine scheinheilige Strenge fordern. Ermahnung zur Übung in der Gottseligkeit.

1. Der Geist aber sagt deutlich, daß *in den letzten Zeiten werden etliche von dem Glauben abtreten und anhangen den verführerischen Geistern und Lehren der Teufel
*2. Tim. 3,1.2; Petr. 3,3; Judas 18; 1. Joh. 2,18.
2. durch die, so in Gleisnerei Lügen reden und Brandmal in ihrem Gewissen haben,
3. die da gebieten, nicht ehelich zu werden und zu meiden die Speisen, die *Gott geschaffen hat, zu nehmen †mit Danksagung, den Gläubigen und denen, die die Wahrheit erkennen.
*1. Mose 9,3. †1. Kor. 10,30.31.
4. Denn alle Kreatur Gottes ist gut, und

nichts ist verwerflich, das mit Danksagung empfangen wird; 1.Mose, 1,31; Apg. 10,15.
5. denn es wird geheiligt durch das Wort Gottes und Gebet.
6. Wenn du den Brüdern solches vorhältst, so wirst du ein guter Diener Jesu Christi sein, auferzogen in den Worten des Glaubens und der guten Lehre, bei welcher du immerdar gewesen bist.
7. Aber *der ungeistlichen Altweiberfabeln entschlage dich; übe dich selbst aber an der Gottseligkeit.

*K. 1,4; 6,20; 2.Tim. 2,16.23; Tit. 1,14; 3,9.

8. Denn die leibliche Übung ist wenig nütz; aber die *Gottseligkeit ist zu allen Dingen nütz und hat die Verheißung dieses und des zukünftigen Lebens. *K. 6,6.
9. Das ist gewißlich wahr und ein teuer wertes Wort. K. 1,15.
10. Denn dahin arbeiten wir auch und werden geschmäht, daß wir auf den lebendigen Gott gehofft haben, welcher ist der *Heiland aller Menschen, sonderlich der Gläubigen. *K. 2,3.4.
11. Solches gebiete und lehre.
12. *Niemand verachte deine Jugend; sondern sei ein Vorbild den Gläubigen im Wort, im Wandel, in der Liebe, im Geist, im Glauben, in der Keuschheit. *Tit. 2,15.
13. Halte an mit Lesen, mit Ermahnen, mit Lehren, bis ich komme.
14. Laß nicht aus der Acht die Gabe, die dir gegeben ist durch die *Weissagung mit †Handauflegung der Ältesten.

*K. 1,18; 5,22. †Apg. 6,6.; 8,17.

15. Dessen warte, damit gehe um, auf daß dein Zunehmen in allen Dingen offenbar sei.
16. Habe acht auf dich selbst und auf die Lehre; beharre in diesen Stücken. Denn wo du solches tust, wirst du dich selbst *selig machen und die dich hören.

*Röm. 11,14.

Das 5. Kapitel

Vorschriften für die Aufsicht über Ältere und Jüngere, über Witwen und Vorsteher der Gemeinde.

1. Einen Alten schilt nicht, sondern ermahne ihn als einen Vater, die Jungen als Brüder, 3.Mose, 19,32.
2. die alten Weiber als Mütter, die jungen als Schwestern mit aller Keuschheit.
3. Ehre die Witwen, welche rechte Witwen sind. V. 5.
4. So aber eine Witwe Kinder oder Enkel hat, solche laß zuvor lernen, ihre eigenen Häuser göttlich regieren und den Eltern Gleiches vergelten; denn das ist wohl getan und angenehm vor Gott.
5. Das ist aber eine rechte Witwe, die einsam ist, die ihre Hoffnung auf Gott stellt und *bleibt am Gebet und Flehen Tag und Nacht. *Luk. 2,37.
6. Welche aber in Wollüsten lebt, die ist lebendig tot.
7. Solches gebiete, auf daß sie untadelig seien.
8. So aber jemand die Seinen, sonderlich seine Hausgenossen, nicht versorgt, der hat den Glauben verleugnet und ist ärger denn ein Heide.
9. Laß keine Witwe erwählt werden unter sechzig Jahren, und die da gewesen sei eines Mannes Weib,
10. und die ein Zeugnis habe guter Werke: so sie Kinder aufgezogen hat, so sie *gastfrei gewesen ist, so sie der Heiligen Füße gewaschen hat, so sie den Trübseligen Handreichung getan hat, so sie allem guten Werk nachgekommen ist. *Hebr. 13,2.
11. Der jungen Witwen aber entschlage dich; denn wenn sie geil geworden sind wider Christum, so wollen sie freien
12. und haben ihr Urteil, daß sie den ersten Glauben gebrochen haben.
13. Daneben sind sie faul und lernen umlaufen durch die Häuser; nicht allein aber sind sie faul sondern auch geschwätzig und vorwitzig und reden, was nicht sein soll.
14. So will ich nun, daß die *jungen Witwen freien, Kinder zeugen, haushalten, dem Widersacher keine Ursache geben zu schelten. *1.Kor. 7,9.
15. Denn es sind schon etliche umgewandt dem Satan nach.
16. So aber ein Gläubiger oder Gläubige Witwen hat, der versorge sie und lasse die Gemeinde nicht beschwert werden, auf daß die, so rechte Witwen sind, mögen genug habe.
17. Die Ältesten, die *wohl vorstehen, die halte man zwiefacher Ehre wert, sonderlich die da arbeiten im Wort und in der Lehre. *Röm. 12,8.
18. Denn es spricht *die Schrift: »Du sollst nicht dem Ochsen das Maul verbinden, der da drischt«; und: †»Ein Arbeiter ist seines Lohnes wert.«

*5.Mose 25,4; 1.Kor. 9,9. †Luk. 10,7.

19. Wider einen Ältesten nimm kein Klage an ohne zwei oder drei Zeugen.

5.Mose 19,15; 2.Kor. 13,1.

20. Die da sündigen, die strafe vor allen, auf daß sich auch die andern fürchten.

Gal. 2,14.

21. Ich bezeuge vor Gott und dem Herrn Jesus Christus und den auserwählten Engeln, daß du solches haltest ohne eigenes Gutdünken und nichs tust nach Gunst.
22. Die *Hände lege niemand zu bald auf; mache dich auch nicht teilhaftig fremder Sünden. Halte dich selber keusch. *K. 4,14.
23. Trinke nicht mehr Wasser, sondern brauche ein wenig Wein um deines Magens willen und weil du oft krank bist.
24. Etlicher Menschen Sünden sind offenbar, daß man sie zuvor richten kann; bei etlichen aber werden sie hernach offenbar.
25. Desgleichen auch etlicher gute Werke sind zuvor offenbar, und die andern bleiben auch nicht verborgen.

Das 6. Kapitel

Pflichten der Knechte. Ermahnung zu gottseliger Genügsamkeit und zum Kampf des Glaubens. Gebot für die Reichen.

1. Die *Knechte, so unter dem Joch sind, sollen ihre Herren aller Ehre wert halten, auf daß nicht der Name Gottes und die Lehre verlästert werde.
*Eph. 6,5; Tit. 2,9.10.
2. Welche aber gläubige Herrn haben, sollen sie nicht verachten, weil sie Brüder sind, sondern sollen viel mehr dienstbar sein, dieweil sie gläubig und geliebt und der Wohltat teilhaftig sind. Solches Lehre und ermahne. Philem. 16.
3. So jemand *anders lehrt und bleibt nicht bei den †heilsamen Worten unsers Herrn Jesu Christi und bei der Lehre, die gemäß ist der Gottseligkeit,
*Gal. 1,6–9. †2. Tim. 1,13.
4. der ist aufgeblasen und weiß nichts, sondern hat die Seuche der Fragen und Wortkriege, aus welchen entspringt Neid, Hader, Lästerung, böser Argwohn,
5. Schulgezänke solcher Menschen, die zerrüttete Sinne haben und der Wahrheit beraubt sind, die da meinen, Gottseligkeit sei ein Gewerbe. Tue dich von solchen!
6. Es ist aber ein großer *Gewinn, wer gottselig ist und †lässet sich genügen.
*K. 4,8. †Phil. 4,11.12, Hebr. 13,5.
7. Denn wir haben nichts in die Welt gebracht; darum offenbar ist, wir werden auch nichts hinausbringen.
Pred. 5,14; Hiob, 1,21.
8. Wenn wir aber Nahrung und Kleider haben, so lasset uns genügen. Spr. 30,8.
9. Denn die da reich werden wollen, die fallen in Versuchung und Stricke und viel törichte und schädliche Lüste, welche versenken die Menschen ins Verderben und Verdammnis. Spr. 23,4; 28,22.
10. Denn Geiz ist eine Wurzel alles Übels; das hat etliche gelüstet und sind vom Glauben irregegangen und machen sich selbst viel Schmerzen. Eph. 5,5.
11. Aber du, Gottesmensch, fliehe solches! *Jage aber nach – der Gerechtigkeit, der Gottseligkeit, dem Glauben, der Liebe, der Geduld, der Sanftmut; *2. Tim. 2,22.
12. kämpfe *den guten Kampf des Glaubens; ergreife das ewige Leben, dazu du auch berufen bist und bekannt hast ein gutes Bekenntnis vor vielen Zeugen.
*1. Kor. 9,25.26.
13. Ich gebiete dir vor Gott, der alle Dinge lebendig macht, und vor Christo Jesu, der *unter Pontius Pilatus bezeugt hat ein gutes Bekenntnis, *Joh. 18,36.37; 19,11.
14. daß du haltest das Gebot ohne Flekken, untadelig, bis auf die Erscheinung unsers Herrn Jesu Christi,
15. welche wird zeigen zu seiner Zeit der *Selige und allein Gewaltige, der †König aller Könige und **Herr aller Herrern,
*K. 1,11. †Offenb. 17,14. **5. Mose 10,17.
16. der allein Unsterblichkeit hat, der da wohnt in einem Licht, da niemand zukommen kann, welchen kein Mensch gesehen hat *noch sehen kann; dem sei Ehre und ewiges Reich! Amen. *2. Mose 33,20.
17. Den Reichen von dieser Welt gebiete, daß sie nicht stolz seien, auch *nicht hoffen auf den ungewissen Reichtum, sondern auf den lebendigen Gott, der uns dargibt reichlich, allerlei zu genießen;
*Ps. 62,11; Luk. 12,20.
18. daß sie Gutes tun, reich werden an guten Werken, gern geben, behiflich seien.
19. Schätze sammeln, sich selbst einen guten Grund aufs Zukünftige, daß sie ergreifen das wahre Leben. Matth. 6,20.
20. O Timotheus! *bewahre, was dir vertrauet ist, und †meide die ungeistlichen, losen Geschwätze und das Gezänke der falsch berühmten Kunst, 2. Tim. 1,14. †K. 4,7.
21. welche etliche vorgeben und *gehen vom Glauben irre. Die Gnade sei mit dir! Amen. *K. 1,6; 2. Tim. 2,18.

Der zweite Brief des Paulus an Timotheus

Das 1. Kapitel

Eingang, Vermahnung zur Beständigkeit.

1. Paulus, ein Apostel Jesu Christi durch
den Willen Gottes nach der Verheißung
des Lebens in Christo Jesu,
2. meinem lieben Sohn Timotheus: Gnade, Barmherzigkeit, Friede von Gott, dem
Vater, und Christo Jesu, unserm Herrn!
3. Ich danke Gott, dem ich diene von
meinen Voreltern her *in reinem Gewissen, daß ich ohne Unterlaß dein gedenke
in meinem Gebet Tag und Nacht;
Apg. 23,1; 24,16; Phil. 3,5.
4. und mich verlangt, dich zu sehen,
wenn ich denke an deine Tränen, auf daß
ich mit Freude erfüllt würde;
5. und wenn ich mich erinnere des unge-
färbten Glaubens in dir, welcher zuvor gewohnt hat in deiner Großmutter Lois und
in deiner Mutter Eunike; ich bin aber gewiß, auch in dir. Apg. 16,1.
6. Um solcher Ursache willen erinnere
ich dich, daß du erweckest die Gabe Gottes, die in dir ist durch die Auflegung meiner Hände. 1. Thess. 5,19; 1. Tim. 4,14.
7. Denn Gott hat uns nicht gegeben den
Geist der Furcht, sondern der Kraft und
der Liebe und der Zucht. Röm. 8,15.
8. Darum so *schäme dich nicht des
Zeugnisses unsers Herrn noch meiner,
der ich sein Gebundener bin, sondern leide mit für das Evangelium wie ich, nach
der Kraft Gottes, *Röm. 1,16.
9. der uns hat selig gemacht und berufen
mit einem heiligen Ruf, nicht nach unsern
Werken, sondern nach seinem Vorsatz
und der Gnade, die uns gegeben ist in
Christo Jesu vor der Zeit der Welt, Tit. 3,5.
10. jetzt aber *offenbart durch die Erscheinung unsers Heilandes Jesu Christi,
der dem †Tode die Macht hat genommen
und das Leben und ein unvergänglich Wesen ans Licht gebracht durch das Evangelium, *Röm. 16,26. †1. Kor. 15,5.57; Hebr. 2,14.
11. für welches ich gesetzt bin als Prediger und Apostel und Lehrer der Heiden.
1. Tim. 2,7.
12. Um dieser Ursache willen leide ich
auch solches; aber ich schäme mich dessen nicht; denn ich weiß, an wen ich glaube, und bin gewiß, er kann mir bewahren,
was mir beigelegt ist, bis an jenen Tag.
13. Halte an dem Vorbilde der heilsamen
Worte, die du von mir gehört hast, im
Glauben und in der Liebe in Christo Jesu.
1. Tim. 6,3; Tit. 2,1.
14. Dies beigelegte Gut bewahre durch
den heiligen Geist, der in uns wohnt.
1. Tim. 6,20.
15. Das weißt du, daß sich von mir gewandt haben alle, die in Asien sind, unter
welchen ist Phygellus und Hermogenes.
K. 4,16.
16. Der Herr gebe Barmherzigkeit dem
Hause des Onesiphorus; denn er hat mich
oft erquickt und hat sich meiner Kette
nicht geschämt,
17. sondern da er zu Rom war, suchte er
mich aufs fleißigste und fand mich.
18. Der Herr gebe ihm, daß er finde
Barmherzigkeit bei dem Herrn an jenem
Tage. Und wieviel er zu Ephesus gedient
hat, weißt du am besten.

Das 2. Kapitel

Ermahnung zu treuer und standhafter Führung des Lehramtes und zu einem rechtschaffenen Wandel.

1. So sei nun stark, mein Sohn, durch die
Gnade in Christo Jesu.
2. Und was du von mir gehört hast durch
viele Zeugen, das befiehl treuen Menschen, die da tüchtig sind, auch andere zu
lehren.
3. *Leide mit als ein guter Streiter Jesu
Christi. *K. 1,8; 4,5.
4. Kein Kriegsmann flicht sich in Händel
der Nahrung, auf daß er gefalle dem, der
ihn angenommen hat.
5. Und so jemand auch kämpft, wird er
doch nicht gekrönt, er kämpfe denn recht.
K. 4,8.
6. Es soll aber der Ackermann, der den
Acker baut, die Früchte am ersten genießen. Merke, was ich sage! 1. Kor. 9,7.
7. Der Herr aber wird dir in allen Dingen
Verstand geben.
8. Halt im Gedächtnis Jesum Christum,
*der auferstanden ist von den Toten, †aus
dem Samen Davids, nach meinem Evangelium, *1. Kor. 15,4.20. †2. Sam. 7,12.
9. für welches ich *leide bis zu den Banden wie ein Übeltäter; aber †Gottes Wort
ist nicht gebunden.
*Eph. 3,1.13; Phil. 2,17. †Phil. 1,12–14.
10. Darum erdulde ich alles *um der

Auserwählten willen, auf daß auch sie die
Seligkeit erlangen in Christo Jesu mit ewiger Herrlichkeit. *Kol. 1,24.
11. Das ist gewißlich wahr: Sterben wir
mit, so werden wir mitleben; 2. Kor. 4,11.
12. dulden wir, so werden wir mitherrschen; *verleugnen wir, so wird er uns
auch verleugnen; *Matth. 10,33.
13. glauben wir nicht, so bleibt er treu;
er kann sich selbst nicht verleugnen.
Röm. 3,2.3; 4. Mose 23,19.
14. Solches erinnere sie und bezeuge vor
dem Herrn, daß sie *nicht um Worte zanken, welches nichts nütze ist denn zu verkehren, die da zuhören. *1. Tim. 6,4; Tit. 3,9.
15. Befleißige dich, Gott dich zu erzeigen *als einen rechtschaffenen und unsträflichen Arbeiter, der da recht teile das
Wort der Wahrheit. *1. Tim. 4,6; Tit. 2,7.8.
16. Des ungeistlichen, losen Geschwätzes entschlage dich; denn es hilft viel zum
ungöttlichen Wesen, 1. Tim. 4,7.
17. und ihr Wort frißt um sich wie der
Krebs; unter *welchen ist Hymenäus und
Philetus, *1. Tim. 1,20.
18. welche von der Wahrheit irregegangen sind und sagen, die Auferstehung sei
schon geschehen, und haben etlicher
Glauben verkehrt.
19. Aber der feste Grund Gottes besteht
und hat dieses Siegel: *Der Herr kennt die
Seinen; und: Es trete ab von Ungerechtigkeit, wer den Namen Christi nennt.
*Joh. 10,14.
20. In einem großen Hause aber sind
nicht allein goldene und silberne Gefäße,
sondern auch hölzerne und irdene, und
etliche zu Ehren, etliche aber zu Unehren.
21. So nun jemand sich reinigt von solchen Leuten, der wird ein geheiligtes Gefäß sein zu Ehren, dem Hausherrn
bräuchlich und zu allem guten Werk bereitet.
22. Fliehe die Lüste der Jugend; jage aber
nach – der Gerechtigkeit, dem Glauben,
der Liebe, dem Frieden mit allen, die den
Herrn anrufen von reinem Herzen.
1. Tim. 6,11.
23. Aber der törichten und unnützen
Fragen entschlage dich; denn du weißt,
daß sie nur Zank gebären. 1. Tim. 4,7.
24. Ein Knecht aber des Herrn soll nicht
zänkisch sein, sondern freundlich gegen
jedermann, lehrhaft, der die Bösen tragen
kann · Tit. 1,7.
25. und mit Sanftmut strafe die Widerspenstigen, ob ihnen Gott dermaleinst Buße gebe, die Wahrheit zu erkennen,
26. und sie wieder nüchtern würden aus
des Teufels Strick, von dem sie gefangen
sind zu seinem Willen.

Das 3. Kapitel

Von den Verführern der letzten Zeit. Mahnung zum Bleiben bei der heiligen Schrift.

1. Das sollst du aber wissen, daß in den
letzten Tagen werden greuliche Zeiten
kommen. 1. Tim. 4,1.
2. Denn es werden Menschen sein, die
viel von sich halten, geizig, ruhmredig,
hoffärtig, Lästerer, den Eltern ungehorsam, undankbar, ungeistlich,
3. lieblos, unversöhnlich, Verleumder,
unkeusch, wild, ungütig,
4. Verräter, Frevler, aufgeblasen, die
*mehr lieben Wollust denn Gott, *Phil. 3,19.
5. die da haben den Schein eines gottseligen Wesens, aber seine Kraft verleugnen
sie; und solche meide. Matth. 7,15.21; Tit. 1,16.
6. Aus *denselben sind, die hin und her
in die Häuser schleichen und führen die
Weiblein gefangen, die mit Sünden beladen sind und von mancherlei Lüsten umgetrieben, *Matth. 23,14; Tit. 1,11.
7. lernen immerdar, und können nimmer zur Erkenntnis der Wahrheit kommen.
8. Gleicherweise aber, wie Jannes und
Jambres *dem Mose widerstanden, also
widerstehen auch diese der Wahrheit; es
sind Menschen von zerrütteten Sinnen,
untüchtig zum Glauben. *2. Mose 7,11.22.
9. Aber sie werden's in die Länge nicht
treiben; denn ihre Torheit wird offenbar
werden jedermann, gleich wie auch jener
Torheit offenbar ward.
10. Du aber bist nachgefolgt meiner Lehre, meiner Weise, meiner Meinung, meinem Glauben, meiner Langmut, meiner
Liebe, meiner Geduld,
11. meinen Verfolgungen, meinen Leiden, *welche mir widerfahren sind zu Antiochien, zu Ikonion, zu Lystra. Welche
Verfolgungen ich da ertrug! Und aus †allen hat mich der Herr erlöst.
*Apg. 13,50; 14,5.19. †Ps. 34,20.
12. Und alle, die gottselig leben wollen in
Christo Jesu, müssen Verfolgung leiden.
Matth. 16,24; Apg. 14,22.
13. Mit den bösen Menschen aber und
verführerischen wird's je länger, je ärger:
sie verführen und werden verführt.
1. Tim. 4,1.
14. Du aber bleibe *in dem, was du gelernt hast und dir vertrauet ist, sintemal
du weißt, von wem du gelernt hast. *K. 2,2.
15. Und weil du von Kind auf die heilige

Schrift weißt, kann dich dieselbe unterweisen zur Seligkeit durch den Glauben an Christum Jesum. Joh. 5,39.
16. Denn alle *Schrift, von Gott eingegeben, ist nütze zur Lehre, zur Strafe, zur Besserung, zur Züchtigung in der Gerechtigkeit, *2. Petr. 1,19–21.
17. daß *ein Mensch Gottes sei vollkommen, zu allem guten Werk geschickt.
*1. Tim. 6,11.

Das 4. Kapitel

Ermunterung zur Amtstreue. Des Paulus Kampf und Krone. Nachrichten, Aufträge und Grüße.

1. So bezeuge ich nun vor Gott und dem Herrn Jesus Christus, der da *zukünftig ist, zu richten die Lebendigen und die Toten mit seiner Erscheinung und mit seinem Reich: *1. Petr. 4,5.
2. Predige das Wort, halte an, es sei zu rechter Zeit oder zur Unzeit; strafe, drohe, ermahne mit aller Geduld und Lehre.
Apg. 20,20.31.
3. Denn es wird eine Zeit sein, da sie die heilsame Lehre nicht leiden werden; sondern nach ihren eigenen Lüsten werden sie sich selbst Lehrer aufladen, nach dem ihnen die Ohren jücken, K. 1,13; 1. Tim. 4,1.
4. und werden die Ohren von der Wahrheit wenden und sich zu den Fabeln kehren. 1. Tim. 4.7; 2. Thess. 2,11.
5. Du aber sei nüchtern allenthalben, *sei willig, zu leiden, tue das Wort eines evangelischen Predigers, richte dein Amt redlich aus. *K. 2,3.
6. Denn ich werde schon *geopfert, und die Zeit meines Abscheidens ist vorhanden. *Phil. 2,17.
7. Ich habe einen guten Kampf *gekämpft, ich habe den †Lauf vollendet, ich habe Glauben gehalten;
*1. Kor. 9,25; 1. Tim. 6,12. †Phil. 3,14.
8. hinfort ist mir beigelegt *die Krone der Gerechtigkeit, welche mir der Herr an jenem Tage, der gerechte Richter, geben wird, nicht mir aber allein, sondern auch allen, die seine Erscheinung liebhaben.
*K. 2,5; 1. Petr. 5,4; Jak. 1,12; Offenb. 2,10.
9. Befleißige dich, daß du bald zu mir kommst. V. 21; K. 1,4.
10. Denn *Demas hat mich verlassen und diese Welt liebgewonnen und ist gen Thessalonich gezogen, Kreszens nach Galatien, Titus nach Dalmatien. *Kol. 4,14.
11. Lukas ist allein bei mir. *Markus nimm zu dir und bringe ihn mit dir; denn er ist mir nützlich zum Dienst.
*Apg. 15,37; Kol. 4,10.
12. Tychikus habe ich gen Ephesus gesandt. Apg. 20,4; Eph. 6,21; Kol. 4,7.
13. Den Mantel, den ich zu Troas ließ bei Karpus, bringe mit, wenn du kommst, und die Bücher, sonderlich die Pergamente.
14. *Alexander, der Schmied, hat mir viel Böses bewiesen; †der Herr bezahle ihm nach seinen Werken.
*1. Tim. 1,20. †2. Sam. 3,39; Ps. 28,4.
15. Vor dem hüte du dich auch; denn er hat unsern Worten sehr widerstanden.
16. In meiner ersten Verantwortung stand mir niemand bei, sondern sie *verließen mich alle. Es sei ihnen nicht zugerechnet. *K. 1,15.
17. Der Herr aber *stand mir bei und stärkte mich, auf daß durch mich die Predigt bestätigt würde und alle Heiden sie hörten; und ich ward erlöst von des Löwen Rachen. *Apg. 23,11; 27,23.
18. Der Herr aber wird mich erlösen von allem Übel und mir aushelfen zu seinem himmlischen Reich; welchem sei Ehre von Ewigkeit zu Ewigkeit! Amen.
19. Grüße Priska und *Aquila und †das Haus des Onesiphorus.
*Apg. 18,2; Röm. 16,3. †K. 1,16.
20. *Erastus blieb zu Korinth; †Trophimus aber ließ ich zu Milet krank.
*Apg. 19,22. †Apg. 20,4; 21,29.
21. Tue Fleiß, daß du vor dem Winter kommst. Es grüßt dich Eubulus und Pudens und Linus und Klaudia und alle Brüder.
22. Der Herr Jesus Christus sei mit deinem Geiste! Die Gnade sei mit euch! Amen.

Der Brief des Paulus an Titus

Das 1. Kapitel

Eingang. Von der Ämterbestellung und Kirchenzucht in Kreta.

1. Paulus, ein Knecht Gottes und ein Apostel Jesu Christi, nach dem Glauben der Auserwählten Gottes und der Erkenntnis der Wahrheit zur Gottseligkeit,

2. auf Hoffnung des ewigen Lebens, welches verheißen hat, der nicht lügt, Gott, vor den Zeiten der Welt,

3. aber *zu seiner Zeit hat er offenbart sein Wort durch die Predigt, die †mir vertrauet ist nach dem Befehl Gottes, unsers Heilandes, *Eph. 1,9.10. †1. Tim. 1,1.11.

4. dem Titus, meinem *rechtschaffenen Sohn nach unser beider Glauben: Gnade, Barmherzigkeit, Friede von Gott, dem Vater, und dem Herrn Jesus Christus, unserm Heiland! *1. Tim. 1,2.

5. Derhalben ließ ich dich in Kreta, daß du solltest vollends ausrichten, was ich gelassen habe, und besetzen die Städte hin und her mit Ältesten, wie ich dir befohlen habe;

6. wo einer ist untadelig, eines Weibes Mann, der gläubige Kinder habe, nicht berüchtigt, daß sie Schwelger und ungehorsam sind. 1. Tim. 3,2–4.

7. Denn ein Bischof soll untadelig sein *als ein Haushalter Gottes, nicht eigensinnig, nicht zornig, nicht ein Weinsäufer, nicht raufen, nicht unehrliche Hantierung treiben; *1. Kor. 4,1; 2. Tim. 2,24.

8. sondern gastfrei, gütig, züchtig, gerecht, heilig, keusch,

9. und haltend ob dem Wort, das gewiß ist, und lehrhaft, auf daß er mächtig sei, zu ermahnen durch die heilsame Lehre und zu strafen die Widersprecher.

10. Denn es sind viele freche und unnütze Schwätzer und Verführer, sonderlich die aus den Juden,

11. welchen man muß das Maul stopfen, die da ganze Häuser verkehren und lehren, was nicht taugt, um schändlichen Gewinns willen. 2. Tim. 3,6.

12. Es hat einer aus ihnen gesagt, ihr eigener Prophet: »Die Kreter sind immer Lügner, böse Tiere und faule Bäuche.«

13. Dies Zeugnis ist wahr. Um der Sache willen *strafe sie scharf, auf daß sie gesund seien im Glauben *2. Tim. 4,2.

14. und nicht achten auf die jüdischen *Fabeln und Gebote von Menschen, welche sich von der Wahrheit abwenden. *1. Tim. 4,7.

15. *Den Reinen ist alles rein; den Unreinen aber und Ungläubigen ist nichts rein, sondern unrein ist ihr Sinn sowohl als ihr Gewissen. *Matth. 15,11; Röm. 14,20.

16. Sie sagen, sie erkennen Gott; aber mit den Werken verleugnen sie es, sintemal sie es sind, an welchen Gott Greuel hat, und gehorchen nicht und sind zu allem guten Werk untüchtig. 2. Tim. 3,5.

Das 2. Kapitel

Ermahnungen für verschiedene Stände. Die heilsame, züchtigende Gnade.

1. Du aber rede, wie sich's ziemt nach der heilsamen Lehre: 1. Tim. 6,3; 2. Tim. 1,13.

2. den Alten sage, daß sie nüchtern seien, ehrbar, züchtig, gesund im Glauben, in der Liebe, in der Geduld; 1. Tim. 5,1.

3. den alten Weibern desgleichen, daß sie sich halten, wie den Heiligen ziemt, nicht Lästerinnen seien, nicht Weinsäuferinnen, gute Lehrerinnen; 1. Tim. 3,11.

4. daß sie die jungen Weiber lehren züchtig sein, ihre Männer lieben, Kinder lieben,

5. sittig sein, keusch, häuslich, gütig, *ihren Männern untertan, auf daß nicht das Wort Gottes verlästert werde. *Eph. 5,22.

6. Desgleichen die jungen Männer ermahne, daß sie züchtig seien.

7. Allenthalben aber stelle dich selbst zum Vorbilde guter Werke, mit unverfälschter Lehre, mit Ehrbarkeit, 1. Tim. 4,12; 1. Petr. 5,3.

8. mit heilsamem und untadeligem Wort, auf daß der Widersacher sich schäme und nichts habe, daß er von uns möge Böses sagen. 1. Petr. 2,15.

9. Den Knechten sage, daß sie ihren Herren untertänig seien, in allen Dingen zu Gefallen tun, nicht widerbellen, Eph. 6,5; 1. Tim. 6,1; 1. Petr. 2,18.

10. nicht veruntreuen, sondern alle gute Treue erzeugen, auf daß sie die Lehre Gottes, *unsers Heilandes, zieren in allen Stücken. *K. 1,3.

11. Denn es ist erschienen die heilsame Gnade Gottes allen Menschen

12. und züchtigt uns, daß wir sollen ver-

leugnen das ungöttliche Wesen und die weltlichen Lüste, *und züchtig, gerecht und gottselig leben in dieser Welt *Eph. 1,4.
13. und *warten auf die selige Hoffnung und Erscheinung der Herrlichkeit des großen Gottes und unsers Heilandes, Jesu Christi, *1. Kor. 1,7; Phil. 3,20.
14. der *sich selbst für uns gegeben hat, auf daß er uns erlösete von aller Ungerechtigkeit und reinigte sich selbst ein Volk zum Eigentum, das fleißig wäre zu †guten Werken.
*Gal. 1,4; 1. Tim. 2,6. †Eph. 2,10.
15. Solches rede und ermahne und strafe mit ganzem Ernst. *Laß dich niemand verachten. *1. Tim. 4,12.

Das 3. Kapitel

Gehorsam gegen die Obrigkeit und Sanftmut gegen jedermann zu üben. Das Bad der Wiedergeburt. Verschiedene Lehren, Aufträge und Grüße.

1. Erinnere sie, daß sie den Fürsten und der *Obrigkeit untertan und gehorsam seien, zu allem guten Werk bereit seien,
*1. Petr. 2,13.
2. niemand lästern, nicht hadern, gelinde seien, alle Sanftmütigkeit beweisen gegen alle Menschen. Phil. 4,5.
3. Denn *wir waren auch weiland unweise, ungehorsam, verirrt, dienend den Begierden und mancherlei Wollüsten, und wandelten in Bosheit und Neid, waren verhaßt und haßten uns untereinander.
*1. Kor. 6,11; Eph. 2,2; 5,8.
4. Da aber erschien die Freundlichkeit und Leutseligkeit Gottes, unsers Heilandes,– K. 2,11.
5. *nicht um der Werke willen der Gerechtigkeit, die wir getan hatten, sondern nach seiner Barmherzigkeit machte er uns selig durch das †Bad der Wiedergeburt und Erneuerung des heiligen Geistes,
*Eph. 2,8.9. †Joh. 3,5; Eph. 5,26.
6. welchen er *ausgegossen hat über uns reichlich durch Jesum Christum, unsern Heiland, *Joel 3,1.
7. auf daß wir durch desselben Gnade gerecht und Erben seien des ewigen Lebens nach der Hoffnung.
8. Das ist gewißlich wahr; solches will ich, daß du fest lehrest, auf daß die, so an Gott gläubig sind geworden, in *einem Stand guter Werke gefunden werden. Solches ist gut und nütze den Menschen.
*V. 14.
9. Der törichten Fragen aber, der Geschlechtsregister, des Zankes und Streites über das Gesetz entschlage dich; denn sie sind unnütz und eitel. 1. Tim. 4,7.
10. Einen *ketzerischen Menschen meide, wenn er †einmal und abermals ermahnt ist, *2. Joh. 10. †Matth. 18,15.16.
11. und wisse, daß ein solcher verkehrt ist und sündigt, als der sich selbst verurteilt hat. 1. Tim. 6,4.5.
12. Wenn ich zu dir senden werde Artemas oder *Tychikus, so komm eilend zu mir gen Nikopolis; denn daselbst habe ich beschlossen den Winter zu bleiben.
*2. Tim. 4,12.
13. Zenas, den Schriftgelehrten, und *Apollos fertige ab mit Fleiß, auf daß ihnen nichts gebreche. *Apg. 18,24; 1. Kor. 3,5.6.
14. Laß aber auch die Unsern lernen, daß sie *im Stand guter Werke sich finden lassen, wo man ihrer bedarf, †auf daß sie nicht unfruchtbar seien.
*K. 2,14; Eph. 4,28. †Matth. 7,19.
15. Es grüßen dich alle, die mit mir sind. Grüße alle, die uns lieben im Glauben. Die Gnade sei mit euch allen! Amen.

Der Brief des Paulus an Philemon

Des Paulus Fürsprache für Onesimus, einen dem Philemon entlaufenen, jetzt aber bekehrten Knecht.

1. Paulus, der *Gebundene Christi Jesu, und Timotheus, der Bruder, Philemon, dem Lieben und unserm Gehilfen, *Eph.3,1.

2. und Appia, der Lieben, und *Archippus, unserm Streitgenossen, und der Gemeinde in deinem Hause: *Kol.4,17.

3. Gnade sei mit euch und Friede von Gott, unserm Vater, und dem Herrn Jesus Christus! Röm.1,7.

4. Ich danke meinem Gott und gedenke dein allezeit in meinem Gebet,

5. nachdem ich höre von der Liebe und dem Glauben, welche du hast an den Herrn Jesus und gegen alle Heiligen,

6. daß der Glaube, den wir miteinander haben, in dir kräftig werde durch Erkenntnis alles des Guten, das ihr habt in Christo Jesu. Phil.1,9.

7. Wir haben aber große *Freude und Trost an deiner Liebe; denn die Herzen der Heiligen sind erquickt durch dich, lieber Bruder. *2.Kor.7,4.

8. Darum, wiewohl ich habe große Freudigkeit in Christo, dir zu gebieten, was dir ziemt,

9. so will ich doch um der Liebe willen nur vermahnen, der ich ein solcher bin, nämlich ein alter Paulus, nun aber auch ein Gebundener Jesu Christi.

10. So ermahne ich dich um *meines Sohnes willen, Onesimus, den ich †gezeugt habe in meinen Banden,
*Kol.4,9. †1.Kor. 4,15; Gal.4,19.

11. welcher weiland dir unnütz, nun aber dir und mir wohl nütze ist; den habe ich wiedergesandt.

12. Du aber wollest ihn, das ist mein eigen Herz, annehmen.

13. Denn ich wollte ihn bei mir behalten, *daß er mir an deiner Statt diente in den Banden des Evangeliums; *Phil.2,30.

14. aber ohne deinen Willen wollte ich nichts tun, auf daß dein Gutes nicht wäre genötigt, sondern *freiwillig. *2.Kor.9,7.

15. Vielleicht aber ist er darum eine Zeitlang von dir gekommen, daß du ihn ewig wieder hättest,

16. nun nicht mehr als einen Knecht, sondern mehr denn einen Knecht, als einen lieben Bruder, sonderlich mir, wie viel mehr aber dir, beides, nach dem Fleisch und in dem Herrn. 1.Tim.6,2.

17. So du nun mich hältst für deinen Genossen, so wollest du ihn als mich selbst annehmen.

18. So er aber dir etwas Schaden getan hat oder schuldig ist, das rechne mir zu.

19. Ich, Paulus, habe es geschrieben mit meiner Hand: Ich will's bezahlen. Ich schweige, daß du dich selbst mir schuldig bist.

20. Ja, lieber Bruder, gönne mir, daß ich mich an dir ergötze in dem Herrn; *erquicke mein Herz in dem Herrn. *V.7.

21. Ich habe aus Zuversicht deines Gehorsams dir geschrieben; und ich weiß, du wirst mehr tun, denn ich sage.

22. Daneben bereite mir die Herberge; denn ich hoffe, daß ich durch euer Gebet *euch geschenkt werde. *Phil.1,25; 2,24.

23. Es grüßt dich *Epaphras, mein Mitgefangener in Christo Jesu, *Kol.1,7; 4,12.

24. Markus, Aristarchus, Demas, Lukas, meine Gehilfen. Kol.4,10.14

25. Die Gnade unsers Herrn Jesu Christi sei mit eurem Geist! Amen.

Der erste Brief des Petrus

Das 1. Kapitel

Eingang. Lob Gottes über der großen Hoffnung und Seligkeit der Gläubigen. Ermunterungen zu einem heiligen Wandel.

1. Petrus, ein Apostel Jesu Christi, den erwählten Fremdlingen hin und her in Pontus, Galatien, Kappadozien, Asien und Bithynien, Jak. 1,1.
2. nach der *Vorsehung Gottes, des Vaters, durch die Heiligung des Geistes, zum Gehorsam und zur Besprengung mit dem Blut Jesu Christi: Gott gebe euch viel Gnade und Frieden! *Röm. 8,29.
3. Gelobet sei Gott und der Vater unsers Herrn Jesu Christi, der uns nach seiner großen Barmherzigkeit wiedergeboren hat zu einer lebendigen Hoffnung durch die Auferstehung Jesu Christi von den Toten,
4. zu einem unvergänglichen und unbefleckten und unverwelklichen *Erbe, das behalten wird im Himmel *Kol. 1,12.
5. euch, die ihr aus Gottes Macht durch den Glauben *bewahrt werdet zur Seligkeit, welche bereitet ist, daß sie offenbar werde zu der letzten Zeit. *Joh. 10,28; 17,11.
6. In *derselben werdet ihr euch freuen, die ihr jetzt eine †kleine Zeit, wo es sein soll, traurig seid in mancherlei Anfechtungen, *Röm. 5,2; 2. Kor. 4,17. †K. 5,10.
7. auf daß euer Glaube rechtschaffen und viel köstlicher erfunden werde *denn das vergängliche Gold, das durchs Feuer bewährt wird, zu Lobe, Preis und Ehre, wenn nun offenbart wird Jesus Christus, *Spr. 17,3; Mal. 3,3.
8. welchen ihr *nicht gesehen und doch lieb habt und nun an ihn glaubet, wiewohl ihr ihn nicht sehet, und werdet euch freuen mit unaussprechlicher und herrlicher Freude *Joh. 20,29; 2. Kor. 5,7.
9. und das *Ende eures Glaubens davonbringen, nämlich der Seelen Seligkeit. *Röm. 6,22.
10. Nach dieser Seligkeit haben gesucht und geforscht *die Propheten, die von der Gnade geweissagt haben, so auf euch kommen sollte, *Luk. 10,24.
11. und haben geforscht, auf welche und welcherlei Zeit deutete der Geist Christi, der in ihnen war und zuvor bezeugt hat *die Leiden, die über Christum kommen sollten, und die Herrlichkeit darnach; *Ps. 22; Jes. 53.
12. welchen es offenbart ist. Denn sie haben's nicht sich selbst, sondern uns dargetan, was euch nun verkündigt ist durch die, so euch das Evangelium verkündigt haben durch den heiligen Geist, der vom Himmel gesandt ist; was auch die *Engel gelüstet zu schauen. *Eph. 3,10.
13. Darum so *begürtet die Lenden eures Gemütes, seid nüchtern und setzet eure Hoffnung ganz auf die Gnade, die euch angeboten wird durch die Offenbarung Jesu Christi, *Luk. 12,35.
14. als gehorsame Kinder, und *stellet euch nicht gleichwie vormals, da ihr in Unwissenheit nach den Lüsten lebtet; *Röm. 12,2.
15. sondern nach dem, der euch berufen hat und heilig ist, seid auch ihr heilig in allem eurem Wandel.
16. Denn es steht *geschrieben: »Ihr sollt heilig sein, denn ich bin heilig.« *3. Mose 19,2.
17. Und sintemal ihr den zum Vater anruft, der *ohne Ansehen der Person richtet nach eines jeglichen Werk, so führet euren Wandel, solange ihr hier wallet, mit Furcht *Röm. 2,11.
18. und wisset, daß ihr *icht mit vergänglichem Silber oder Gold erlöst seid von eurem †eitlen Wandel nach väterlicher Weise, *1. Kor. 6,20; 7,23. †K. 4,3.
19. sondern mit dem teuren Blut Christi als eines unschuldigen und unbefleckten Lammes, Jes. 53,7; Hebr. 9,14.
20. der zwar zuvor ersehen ist, ehe der Welt Grund gelegt ward, aber offenbart zu den letzten Zeiten um euretwillen, Röm. 16,25.26; Eph. 1,4.
21. die ihr *durch ihn glaubet an Gott, der ihn auferweckt hat von den Toten und ihm die Herrlichkeit gegeben, auf daß ihr Glauben und Hoffnung zu Gott haben möchtet. *Joh. 14,6.
22. Und machet keusch eure Seelen im Gehorsam der Wahrheit durch den Geist zu ungefärbter Bruderliebe und habt euch untereinander inbrünstig lieb aus reinem Herzen,
23. als die da wiedergeboren sind, nicht aus vergänglichem, sondern aus unvergänglichem Samen, nämlich aus dem lebendigen Wort Gottes, das da ewiglich bleibt. Joh. 1,13; Jak. 1,18.
24. Denn »alles Fleisch ist wie Gras und

alle Herrlichkeit der Menschen wie des
Grases Blume. Das Gras ist verdorrt und
die Blume abgefallen; Jes.40,6.7; Jak.1,10.11.
25. aber *des Herrn Wort bleibt in Ewigkeit.« Das ist aber das Wort, welches unter
euch verkündigt ist. *Jes.40,8.

Das 2. Kapitel

Die Christen als das neutestamentliche Gottesvolk sollen die Lüste meiden, der Obrigkeit gehorchen und Christo nachfolgen. Pflichten der Knechte.

1. So *leget nun ab alle Bosheit und allen
Betrug und Heuchelei und Neid und alles
Afterreden, *Eph.4,22.
2. und seid begierig nach der vernünftigen, lautern *Milch als †die jetzt gebor-
nen Kindlein, auf daß ihr durch dieselbe
zunehmet, *Hebr.5,12.13. †Matth.18,3.
3. so ihr anders geschmeckt habt, daß
der Herr freundlich ist, Ps.34,9.
4. zu welchem ihr gekommen seid als zu
dem lebendigen *Stein, der von den Menschen verworfen ist, aber bei Gott ist er
auserwählt und köstlich. *Ps.118,22.
5. Und auch ihr, als die lebendigen Steine, bauet euch zum geistlichen *Hause
und zum †heiligen Priestertum, zu opfern
**geistliche Opfer, die Gott angenehm
sind durch Jesum Christum.
*Eph.2,21.22. †V.9. **Röm.12,1.
6. Darum steht *in der Schrift: »Siehe
da, ich lege einen auserwählten, köstlichen Eckstein in Zion; und wer an ihn
glaubt, der soll nicht zu Schanden werden.« *Jes.28,16.
7. Euch nun, die ihr glaubet, ist er köstlich; den Ungläubigen aber ist *der Stein,
den die Bauleute verworfen haben, der
zum Eckstein geworden ist, *Matth.21,42.
8. ein Stein des Anstoßes und ein Fels
des Ärgernisses; denn sie stoßen sich an
dem Wort und glauben nicht daran, wozu
sie auch gesetzt sind. Jes.8,14; Röm.9,33.
9. Ihr aber seid das auserwählte Geschlecht, *das königliche Priestertum, das
heilige Volk, das Volk des Eigentums, daß
ihr verkündigen sollt die Tugenden des,
der euch berufen hat von der Finsternis zu
seinem wunderbaren Licht;
*2.Mose 19,6; Offenb.1,6.
10. die ihr weiland nicht ein Volk waret,
nun aber Gottes Volk seid, und weiland
nicht in Gnaden waret, nun aber in Gnaden seid. Hos.2,25; Röm.9,25.
11. Liebe Brüder, ich ermahne euch als
*die Fremdlinge und Pilgrime: Enthaltet
euch von fleischlichen Lüsten, welche wider die Seele †streiten, *Ps.39,13. †Jak.4,1.
12. und führet einen guten Wandel unter
den Heiden, auf daß die, so von euch afterreden als von Übeltätern, *eure guten
Werke sehen und Gott preisen, wenn es
nun an den Tag kommen wird. *Matth.5,16.
13. Seid *untertan aller menschlichen
Ordnung um des Herrn willen, es sei dem
Könige, als dem Obersten,
*Röm.13,1–7; Tit.3,1.
14. oder den Hauptleuten, als die von
ihm gesandt sind zur Rache über die Übeltäter und zu Lobe den Frommen.
15. Denn das ist der Wille Gottes, daß ihr
*mit Wohltun verstopfet die Unwissenheit
der törichten Menschen, *K.3,16.
16. als die *Freien, und nicht, als hättet
ihr die Freiheit zum Deckel der Bosheit,
sondern als die Knechte Gottes. *Gal.5,13.
17. Tut *Ehre jedermann, habt die Brüder lieb; †fürchtet Gott, ehret den König!
*Röm.12,10. †Spr.24,21; Matth.22,21.
18. Ihr *Knechte, seid untertan mit aller
Furcht den Herren, nicht allein den güti-
gen und gelinden, sondern auch den wun-
derlichen. *Eph.6,5; Tit.2,9.
19. Denn das ist Gnade, so jemand um
des Gewissens willen zu Gott das Übel verträgt und leidet das Unrecht.
20. Denn was ist das für ein Ruhm, so ihr
um Missetat willen Streiche leidet? Aber
wenn *ihr um Wohltat willen leidet und
erduldet, das ist Gnade bei Gott.
*K.3,14.17; 4,13.14; Matth.5,10.
21. Denn dazu seid ihr berufen; sintemal
auch Christus gelitten hat für uns und uns
ein *Vorbild gelassen, daß ihr sollt nachfolgen seinen Fußtapfen; *Matth.16,24.
22. welcher keine Sünde getan hat, ist
auch kein Betrug in seinem Munde erfunden; Jes.53,9; Joh.8,46; 2.Kor.5,21.
23. welcher nicht wiederschalt, da er ge-
scholten ward, nicht drohte, da er litt, er
stellte es aber dem heim, der da recht
richtet;
24. welcher *unsre Sünden selbst hin-
aufgetragen hat an seinem Leibe auf das
Holz, auf daß wir, †der Sünde abgestorben, der Gerechtigkeit leben; durch welches Wunden ihr seid heil geworden.
*1.Joh.3,5. †Röm.6,11.
25. Denn ihr waret *wie die irrenden
Schafe; aber ihr seid nun bekehrt zu dem
†Hirten und Bischof eurer Seelen.
*Jes.53,6; Hesek.34,5. †Joh.10,12; K.5,4.

Das 3. Kapitel

Pflichten der Ehegatten.
Ermahnung an alle zur Liebe und Sanftmut.
Blick auf Christi Höllenfahrt. Von der Taufe.

1. Desgleichen sollen *die Weiber ihren Männern untertan sein, auf daß auch die, so nicht glauben an das Wort, durch der Weiber Wandel ohne Wort gewonnen werden, *Eph. 5,22.
2. wenn sie ansehen euren keuschen Wandel in der Furcht.
3. Ihr Schmuck soll nicht auswendig sein mit Haarflechten und Goldumhängen oder Kleideranlegen, Jes. 3,18–24; 1. Tim. 2,9.
4. sondern der verborgene Mensch des Herzens unverrückt mit sanftem und stillem Geiste; das ist köstlich vor Gott.
5. Denn also haben sich auch vorzeiten die heiligen Weiber geschmückt, die ihre Hoffnung auf Gott setzten und ihren Männern untertan waren,
6. wie die Sara Abraham gehorsam war und *hieß ihn Herr; deren Töchter ihr geworden seid, so ihr wohltut und euch nicht lasset schüchtern machen. *1. Mose 18,12.
7. Desgleichen, ihr *Männer, wohnet bei ihnen mit Vernunft und gebet dem weiblichen als dem schwächeren Werkzeuge seine Ehre, als die auch Miterben sind der Gnade des Lebens, auf daß eure Gebete nicht verhindert werden. *Eph. 5,25.
8. Endlich aber seid allesamt gleichgesinnt, mitleidig, brüderlich, barmherzig, freundlich.
9. Vergeltet nicht Böses mit Bösem oder Scheltwort mit Scheltwort, sondern dagegen segnet, und wisset, daß ihr dazu berufen seid, daß ihr den Segen erbet. 1. Thess. 5,15.
10. *Denn wer leben will und gute Tage sehen, †der schweige seine Zunge, daß sie nichts Böses rede, und seine Lippen, daß sie nicht trügen. *Ps. 34,13–17. †Jak. 1,26.
11. Er wende sich vom Bösen und tue Gutes; er suche Frieden und jage ihm nach.
12. Denn die Augen des Herrn merken auf die Gerechten und seine Ohren auf ihr Gebet; das Angesicht aber des Herrn steht wider die, die Böses tun.
13. Und wer ist, der euch schaden könnte, so ihr dem Guten nachkommt?
14. Und *ob ihr auch leidet um Gerechtigkeit willen, so seid ihr doch selig. Fürchtet euch aber vor ihrem Trotzen nicht und erschrecket nicht; *K. 2,20.
15. *heiliget aber Gott den Herrn in euren Herzen. Seid allezeit bereit zur Verantwortung jedermann, der Grund fordert der Hoffnung, die in euch ist. *Jes. 8,13.
16. und das mit Sanftmütigkeit und Furcht; und habt ein gutes Gewissen, auf daß die, so von euch afterreden als von Übeltätern, zu Schanden werden, daß sie geschmäht haben euren guten Wandel in Christo.
17. Denn es ist besser, so es Gottes Wille ist, daß ihr von Wohltat wegen leidet als von Übeltat wegen. V. 14.
18. Sintemal auch Christus einmal für unsre Sünden gelitten hat, der Gerechte für die Ungerechten, auf daß er uns zu Gott führte, und ist getötet nach dem Fleisch, aber lebendig gemacht nach dem Geist. K. 2,21–24; Eph. 2,18.
19. In demselben ist er auch hingegangen und hat gepredigt *den Geistern im Gefängnis, *K. 4,6.
20. die vorzeiten nicht glaubten, da Gott harrte und Geduld hatte zu den Zeiten Noahs, da man die Arche zurüstete, *in welcher wenige, das ist acht Seelen, gerettet wurden durchs Wasser; *1. Mose 7,7.17.
21. welche nun auch uns selig macht in *der Taufe, die durch jenes bedeutet ist, nicht das Abtun des Unflats am Fleisch, sondern der Bund eines guten Gewissens mit Gott durch die Auferstehung Jesu Christi, *Eph. 5,26.
22. welcher ist zur *Rechten Gottes in den Himmel gefahren, und sind ihm untertan die Engel und die Gewaltigen und die Kräfte. *Eph. 1,20.21.

Das 4. Kapitel

Im Leiden soll der Christ Gott preisen.

1. Weil nun Christus im Fleisch für uns gelitten hat, so wappnet euch auch mit demselben Sinn; denn wer am Fleisch leidet, der hört auf von Sünden,
2. daß er hinfort die noch übrige Zeit im Fleisch nicht der Menschen Lüsten, sondern dem Willen Gottes lebe.
3. Denn es ist *genug, daß wir die vergangene Zeit des Lebens zugebracht haben nach heidnischem Willen, da wir wandelten in Unzucht, Lüsten, Trunkenheit, Fresserei, Sauferei und greulichen Abgöttereien. *Eph. 2,2.3; Tit. 3,3.
4. Das befremdet sie, daß ihr nicht mit ihnen lauft in dasselbe wüste, unordentliche Wesen, und sie lästern;
5. aber sie werden Rechenschaft geben dem, *der bereit ist, zu richten die Lebendigen und die Toten. *2. Tim. 4,1.
6. Denn dazu ist auch den *Toten das

Evangelium verkündigt, auf daß sie gerichtet werden nach dem Menschen am Fleisch, aber im Geist Gott leben. *K.3,19.
7. Es ist aber nahe gekommen das Ende aller Dinge. 1.Kor.10,11; 1.Joh.2,18.
8. So seid nun mäßig und nüchtern zum Gebet. Vor allen Dingen aber habt untereinander eine inbrünstige Liebe; denn *die Liebe deckt auch der Sünden Menge. *Spr.10,12; Jak.5,20.
9. Seid gastfrei untereinander ohne Murren. Hebr.13,2.
10. Und dienet einander, ein jeglicher mit der Gabe, die er empfangen hat, als die guten Haushalter der mancherlei Gnade Gottes:
11. so jemand redet, daß er's rede als Gottes Wort; so jemand im Amt hat, daß er's tue als aus dem Vermögen, das Gott darreicht, auf daß in allen Dingen Gott gepriesen werde durch Jesum Christum, welchem sei Ehre und Gewalt von Ewigkeit zu Ewigkeit! Amen. Röm.12,7.
12. Ihr Lieben, lasset euch *die Hitze, so euch begegnet, nicht befremden (die euch widerfährt, daß ihr versucht werdet), als widerführe euch etwas Seltsames; *K.1,6.7.
13. sondern *freuet euch, daß ihr †mit Christo leidet, auf daß ihr auch zur Zeit der Offenbarung seiner Herrlichkeit Freude und Wonne haben möget. *Apg.5,41; Jak.1,2. †Röm.8,17.
14. *Selig seid ihr, wenn ihr geschmäht werdet über dem Namen Christi; denn der Geist, der ein Geist der Herrlichkeit und Gottes ist, ruht auf euch. Bei ihnen ist er verlästert, aber bei euch ist er gepriesen. *K.2,20.
15. Niemand aber unter euch leide als ein Mörder oder Dieb oder Übeltäter oder der in ein fremdes Amt greift.
16. Leidet er aber als ein Christ, so schäme er sich nicht; er *ehre aber Gott in solchem Fall. *Phil.1,20.
17. Denn es ist Zeit, daß anfange das Gericht an *dem Hause Gottes. So aber zuerst an uns, was will's für ein Ende werden mit denen, die dem Evangelium Gottes nicht glauben? *Hesek.9,6; Jer.25,29.
18. Und so der Gerechte kaum erhalten wird, wo will der Gottlose und Sünder erscheinen? Spr.11,31; Luk.23,31.
19. Darum, welche da leiden nach Gottes Willen, *die sollen ihm ihre Seelen befehlen als dem treuen Schöpfer in guten Werken. *Ps.31,6.

Das 5. Kapitel

Pflichten der Gemeindevorsteher. Ermahnung zur Demut, zum Vertrauen auf Gott, zur Wachsamkeit. Segenswunsch. Grüße. Schluß.

1. Die Ältesten, so unter euch sind, ermahne ich, der *Mitälteste und Zeuge der Leiden, die in Christo sind, und auch teilhaftig †der Herrlichkeit, die offenbart werden soll: *2.Joh.1. †Röm.8,17.
2. Weidet die Herde Christi, die euch befohlen ist, und sehet wohl zu, nicht gezwungen, sondern willig; nicht um schändlichen Gewinns willen, sondern von Herzensgrund; Joh.21,16; Apg.20,28; 1.Tim.3,2–7.
3. nicht als die *übers Volk herrschen, sondern werdet †Vorbilder der Herde. *2.Kor.1,24. †Tit.2,7.
4. So werdet ihr, wenn erscheinen wird der *Erzhirte, die †unverwelkliche Krone der Ehren empfangen. *K.2,25; Hebr.13,20. †1.Kor.9,25; 2.Tim.4,8.
5. Desgleichen, ihr Jüngeren, seid untertan den Ältesten. *Allesamt seid untereinander untertan und haltet fest an der Demut. Denn †Gott widersteht den Hoffärtigen, aber den Demütigen gibt er Gnade. *Eph.5,21. †Spr.3,34; Matth.23,12; Jak.4,6.
6. So demütiget euch nun unter die gewaltige Hand Gottes, daß er euch erhöhe zu seiner Zeit. Hiob 22,29; Jak.4,10.
7. Alle eure Sorge werfet auf ihn; denn er sorget für euch. Ps.55,23; Matth.6,25; Phil.4,6.
8. Seid *nüchtern und wachet; denn euer Widersacher, der Teufel, geht umher wie ein brüllender Löwe und sucht, welchen er verschlinge. *1.Thess.5,6.
9. Dem widerstehet, fest im Glauben, und wisset, daß ebendieselben Leiden über eure Brüder in der Welt gehen. Eph.6,11–13.
10. Der Gott aber aller Gnade, der uns berufen hat zu seiner ewigen Herrlichkeit in Christo Jesu, der wird euch, die ihr *eine kleine Zeit leidet, vollbereiten, stärken, kräftigen, gründen. *K.1,6.
11. Ihm sei Ehre und Macht von Ewigkeit zu Ewigkeit! Amen.
12. Durch euren treuen Bruder Silvanus (wie ich achte) habe ich euch *ein wenig geschrieben, zu ermahnen und zu bezeugen, daß das die rechte Gnade Gottes ist, darin ihr stehet. *Hebr.13,22.
13. Es grüßen euch, die samt euch auserwählt sind zu Babylon, und mein Sohn *Markus. *Apg.12,12.25; 2.Tim.4,11.
14. Grüßet euch untereinander mit *dem Kuß der Liebe. Friede sei mit allen, die in Christo Jesu sind! Amen. *1.Kor.16,20.

Der zweite Brief des Petrus

Das 1. Kapitel

Ermahnung des scheidenden Apostels zum Fleiß im Christentum. Von der Verklärung Christi und vom festen prophetischen Wort.

1. Simon Petrus, ein Knecht und Apostel Jesu Christi, denen, die mit uns ebendenselben teuren Glauben überkommen haben in der Gerechtigkeit, die unser Gott gibt und der Heiland Jesus Christ:

2. Gott gebe euch viel Gnade und Frieden durch die Erkenntnis Gottes und Jesu Christi, unsers Herrn!

3. Nachdem allerlei seiner göttlichen Kraft, was zum Leben und göttlichem Wandel dient, uns geschenkt ist durch die Erkenntnis des, *der uns berufen hat durch seine Herrlichkeit und Tugend,

*1.Petr.2,9.

4. durch welche uns die teuren und allergrößten Verheißungen geschenkt sind, nämlich, daß ihr dadurch teilhaftig werdet der göttlichen Natur, so ihr fliehet die vergängliche Lust der Welt:

5. so wendet allen euren Fleiß daran und reichet dar in eurem *Glauben Tugend und in der Tugend Erkenntnis.

*Gal.5,6.22.

6. und in der Erkenntnis Mäßigkeit und in der Mäßigkeit Geduld und in der Geduld Gottseligkeit

7. und in der Gottseligkeit brüderliche Liebe und in der brüderlichen Liebe allgemeine Liebe. Gal.6,10.

8. Denn wo solches reichlich bei euch ist, wird's euch nicht faul noch unfruchtbar sein lassen in der Erkenntnis unsers Herrn Jesu Christi;

9. welcher aber solches nicht hat, der ist *blind und tappt mit der Hand und vergißt der Reinigung seiner vorigen Sünden.

*1.Joh.2,9.11.

10. Darum, liebe Brüder, tut desto mehr Fleiß, eure Berufung und Erwählung festzumachen; denn wo ihr solches tut, werdet ihr nicht straucheln,

11. und also wird euch reichlich dargereicht werden der Eingang zu dem ewigen Reich unsers Herrn und Heilandes Jesu Christi.

12. Darum will ich's nicht lassen, euch allezeit daran zu erinnern, wiewohl ihr's wisset und gestärkt seid in der gegenwärtigen Wahrheit.

13. Ich achte es aber für billig, solange ich in dieser *Hütte bin, euch zu erinnern und zu erwecken; *2.Kor.5,1.

14. denn ich weiß, daß ich meine Hütte bald ablegen muß, wie mir denn auch unser Herr Jesus Christus eröffnet hat.

Joh.21,18.19.

15. Ich will aber Fleiß tun, daß ihr allezeit nach meinem Abschied solches im Gedächtnis halten könnt.

16. Denn wir sind nicht klugen Fabeln gefolgt, da wir euch kundgetan haben die Kraft und Zukunft unsers Herrn Jesu Christi; sondern wir haben seine Herrlichkeit selber gesehen,

17. da er empfing von Gott, dem Vater, Ehre und Preis durch eine Stimme, die zu ihm geschah von der großen Herrlichkeit: *»Dies ist mein lieber Sohn, an dem ich Wohlgefallen habe.« *Matth.17,5.

18. Und diese Stimme haben wir gehört vom Himmel geschehen, da wir mit ihm waren auf dem heiligen Berge.

19. Und wir haben desto fester das prophetische Wort, und ihr tut wohl, daß ihr darauf achtet als auf ein Licht, das da scheint in einem dunklen Ort, bis der Tag anbreche und der Morgenstern aufgehe in euren Herzen.

20. Und das sollt ihr für das erste wissen, daß keine Weissagung in der Schrift geschieht aus eigener Auslegung.

21. Denn es ist noch nie eine Weissagung aus menschlichem Willen hervorgebracht; sondern die heiligen Menschen Gottes haben geredet, getrieben von dem heiligen Geist. 2.Tim.3,16.17.

Das 2. Kapitel

Warnung vor lasterhaften Irrlehrern.
(Vgl. Brief des Judas.)

1. Es waren aber auch falsche Propheten unter dem Volk, wie auch unter euch sein werden *falsche Lehrer, die nebeneinführen werden verderbliche Sekten und verleugnen den Herrn, der sie erkauft hat, und werden über sich selbst herbeiführen eine schnelle Verdammnis.

*Matth.24,11; 1.Tim.4,1.

2. Und viele werden nachfolgen ihrem Verderben; um welcher willen wird der Weg der Wahrheit verlästert werden.

3. Und durch Geiz mit erdichteten Worten werden sie an euch Gewinn suchen;

welchen das Urteil von lange her nicht säumig ist, und ihre Verdammnis schläft nicht.
4. Denn Gott hat die Engel, die gesündigt haben, nicht verschont, sondern hat sie mit Ketten der Finsternis zur Hölle verstoßen und übergeben, daß sie zum Gericht behalten werden;
5. und hat nicht verschont die vorige Welt, sondern bewahrte Noah, den Prediger der Gerechtigkeit, selbacht und führte die *Sintflut über die Welten der Gottlosen; *große Flut. K.3,6; 1.Mose 8,18.
6. und hat die Städte Sodom und Gomorra zu Asche gemacht, umgekehrt und verdammt, damit ein Beispiel gesetzt den Gottlosen, die hernach kommen würden; 1.Mose 19,25.
7. und hat erlöst den gerechten Lot, welchem die schändlichen Leute alles Leid taten mit ihrem unzüchtigen Wandel;
8. denn dieweil er gerecht war und unter ihnen wohnte, daß er's sehen und hören mußte, quälten sie die gerechte Seele von Tag zu Tage mit ihren ungerechten Werken. Hesek.9,4.
9. Der Herr weiß die Gottseligen aus der Versuchung zu erlösen, die Ungerechten aber zu behalten zum Tage des Gerichts, sie zu peinigen, 1.Kor.10,13; Offenb.3,10.
10. allermeist aber die, so da wandeln nach dem Fleisch in der unreinen Luft, und die Herrschaft verachten, frech, eigensinnig, nicht erzittern, die Majestäten zu lästern,
11. so doch die Engel, die größere Stärke und Macht haben, kein lästerlich Urteil wider sie fällen vor dem Herrn.
12. Aber sie sind wie die unvernünftigen Tiere, die von Natur dazu geboren sind, daß sie gefangen und geschlachtet werden, lästern, davon sie nichts wissen, und werden in ihrem verderblichen Wesen umkommen
13. und den Lohn der Ungerechtigkeit davonbringen. Sie achten für Wollust das zeitliche Wohlleben, sie sind Schandflekken und Laster, prangen von euren Almosen, prassen mit dem Euren,
14. haben Augen voll Ehebruchs, lassen sich die Sünde nicht wehren, locken an sich die leichtfertigen Seelen, haben ein Herz, durchtrieben mit Geiz, verfluchte Leute.
15. Sie haben verlassen den richtigen Weg und gehen irre und folgen nach dem Wege *Bileams, des Sohnes Beors, welcher liebte den Lohn der Ungerechtigkeit, *4.Mose 22,7; Offenb.2,14.
16. hatte aber eine Strafe seiner Übertretung: das stumme lastbare Tier redete mit Menschenstimme und wehrte des Propheten Torheit. 4.Mose 22,28.
17. Das sind Brunnen ohne Wasser, und Wolken, vom Windwirbel umgetrieben, welchen behalten ist eine dunkle Finsternis in Ewigkeit.
18. Denn sie reden stolze Worte, dahinter nichts ist, und reizen durch Unzucht zur fleischlichen Lust diejenigen, die recht entronnen waren denen, die im Irrtum wandeln,
19. und verheißen ihnen Freiheit, ob sie wohl selbst Knechte des Verderbens sind. Denn von wem jemand überwunden ist, *des Knecht ist er geworden. *Joh.8,34.
20. Denn so die entflohen sind dem Unflat der Welt durch die Erkenntnis des Herrn und Heilandes Jesu Christi, werden aber wiederum in denselben verflochten und überwunden, ist *mit ihnen das Letzte ärger geworden, denn das Erste. *Matth.12,45.
21. Denn es wäre ihnen besser, daß sie den Weg der Gerechtigkeit nicht erkannt hätten, als daß sie ihn erkennen und sich kehren von dem heiligen Gebot, das ihnen gegeben ist. Luk.12,47.48.
22. Es ist ihnen widerfahren das wahre Sprichwort: *»Der Hund frißt wieder, was er gespieen hat«; und: »Die Sau wälzt sich nach der Schwemme wieder im Kot.« *Spr.26,11.

Das 3. Kapitel

Gewißheit der scheinbar zögernden Zukunft des Herrn und des Endes der Welt. Würdige Vorbereitung darauf. Schluß.

1. Dies ist der zweite Brief, den ich euch schreibe, ihr Lieben, in welchem ich euch erinnere und erwecke euren lautern Sinn, K.1,13.
2. daß ihr gedenket an die Worte, die euch zuvor gesagt sind von den heiligen Propheten, und an unser Gebot, die wir sind Apostel des Herrn und Heilandes.
3. Und wisset das aufs erste, daß in den letzten Tagen kommen werden Spötter, die nach ihren eigenen Lüsten wandeln 1.Tim.4,1.
4. und sagen: Wo ist die Verheißung seiner Zukunft? denn nachdem die Väter entschlafen sind, bleibt es alles, wie es von Anfang der Kreatur gewesen ist. Jes.5,19; Hesek.12,22; Matth.24,48.
5. Aber *aus Mutwillen wollen sie nicht wissen, daß der Himmel vorzeiten auch

war, dazu die †Erde aus Wasser, und im
Wasser bestanden durch Gottes Wort;
*Matth.24,38. †1.Mose 1,2.6.9; Ps.24,2.
6. dennoch ward zu der Zeit die Welt
durch dieselben mit der Sintflut verderbt.
K.2,5; 1.Mose 7,21.
7. Also auch der Himmel, der jetztund
ist, und die Erde werden durch sein Wort
gespart, daß sie zum Feuer behalten werden auf den Tag des Gerichts und der Verdammnis der gottlosen Menschen. V.10.
8. Eins aber sei euch unverhalten, ihr
Lieben, daß ein Tag vor dem Herrn ist wie
tausend Jahre, und tausend Jahre wie ein
Tag. Ps.90,4.
9. Der *Herr verzieht nicht die Verheißung, wie es etliche für einen Verzug achten; sondern er hat Geduld mit uns und
will nicht, daß jemand verloren werde,
†sondern daß sich jedermann zur Buße
kehre. *Hab.2,3. †1.Tim.2,4.
10. Es wird aber *des Herrn Tag kommen wie ein Dieb in der Nacht, an welchem die †Himmel zergehen werden mit
großem Krachen; die Elemente aber werden vor Hitze schmelzen, und die Erde
und die Werke, die darauf sind, werden
verbrennen.
*1.Thess.5,2.3. †V.7; Matth.24,29.35;
Offenb.20,11.
11. So nun das alles soll zergehen, wie
sollt ihr denn geschickt sein mit heiligem
Wandel und gottseligem Wesen,
12. daß ihr wartet und eilet zu der Zukunft des Tages des Herrn, an welchem die
Himmel vom Feuer zergehen und die Elemente vor Hitze zerschmelzen werden!
13. Wir warten aber eines neuen Himmels und einer neuen Erde nach seiner
Verheißung, in welchen Gerechtigkeit
wohnt. Jes.65,17; 66,22; Offenb.21,1.27.
14. Darum, meine Lieben, dieweil ihr
darauf warten sollt, so tut Fleiß, daß ihr
vor ihm unbefleckt und unsträflich im
Frieden erfunden werdet; 1.Kor.1,7.8.
15. und die *Geduld unsers Herrn achtet
für eure Seligkeit, wie auch unser lieber
Bruder Paulus nach der Weisheit, die ihm
gegeben ist, euch geschrieben hat,
*Röm.2,4.
16. wie er auch in allen Briefen davon
redet, in welchen sind etliche Dinge
schwer zu verstehen, welche die Ungeleh-
rigen und Leichtfertigen verdrehen, wie
auch die andern Schriften, zu ihrer eigenen Verdammnis.
17. Ihr aber, meine Lieben, weil ihr das
zuvor wisset, so *verwahret euch, daß ihr
nicht durch den Irrtum der ruchlosen
Leute samt ihnen verführt werdet und
entfallet aus eurer eigenen Festung.
*Mark.13,5.9.33.
18. Wachset aber in der Gnade und Erkenntnis unsers Herrn und Heilandes Jesu
Christi. Dem sei Ehre nun und zu ewigen
Zeiten! Amen.

Der erste Brief des Johannes

Das 1. Kapitel

Vom Wort des Lebens und der Gemeinschaft mit Gott durch die Reinigung von Sünden.

1. Das da *von Anfang war, das wir gehört haben, das wir gesehen haben mit
unsern Augen, das wir beschaut haben
und unsre Hände betastet haben, vom
Wort des Lebens– *Joh. 1,1.14.
2. und das Leben ist erschienen, und wir
haben gesehen und bezeugen und verkündigen auch das Leben, das ewig ist, welches war bei dem Vater und ist uns erschienen–: Joh. 1,4.
3. was wir gesehen und gehört haben,
das verkündigen wir euch, auf daß auch
ihr mit uns Gemeinschaft habt; und unsre
Gemeinschaft ist mit dem Vater und mit
seinem Sohn Jesus Christus.
4. Und solches schreiben wir euch, auf
daß eure Freude völlig sei. Joh. 15,11; 16,24.
5. Und das ist die Verkündigung, die wir
von ihm gehört haben und euch verkündigen, daß Gott Licht ist und in ihm ist
keine Finsternis. Jak. 1,17.
6. So wir sagen, daß wir Gemeinschaft
mit ihm haben, und wandeln in der Finsternis, so lügen wir und tun nicht die
Wahrheit. K. 2,4.
7. So wir aber im Licht wandeln, wie er
im Licht ist, so haben wir Gemeinschaft
untereinander, *und das Blut Jesu Christi,
seines Sohnes, macht uns rein von aller
Sünde. *Hebr. 9,14; Offenb. 1,5; 7,14.
8. So wir sagen, wir haben keine Sünde,
so verführen wir uns selbst, und die Wahrheit ist nicht in uns.
9. So wir aber *unsre Sünden bekennen,
so ist er treu und gerecht, daß er uns die
Sünden vergibt und reinigt uns von aller
Untugend. *Spr. 28,13.
10. So wir sagen, wir haben nicht gesündigt, so machen wir ihn zum Lügner, und
sein Wort ist nicht in uns.

Das 2. Kapitel

Gemeinschaft mit dem Sohn Gottes. Der wahre Christ hält seine Gebote, liebt die Brüder und flieht die Lüste der Welt. Warnung vor Widerchristen und Ermahnung, in Christo zu bleiben.

1. Meine Kindlein, solches schreibe ich
euch, auf daß ihr nicht sündiget. Und ob
jemand sündigt, so haben wir einen *Für-
sprecher bei dem Vater, Jesum Christum,
der gerecht ist. *Röm. 8,34; Hebr. 7,25.
2. Und derselbe ist die Versöhnung für
unsre Sünden, nicht allein aber für die
unseren sondern auch für die der ganzen
Welt. Kol. 1,20.
3. Und an dem merken wir, daß wir ihn
kennen, so wir seine Gebote halten.
4. Wer da sagt: Ich kenne ihn, – und hält
seine Gebote nicht, der ist ein Lügner, und
in solchem ist keine Wahrheit.
5. Wer aber sein Wort hält, in solchem ist
wahrlich die Liebe Gottes vollkommen.
Daran erkennen wir, daß wir in ihm sind.
Joh. 14,21.23.
6. Wer da sagt, daß er in ihm bleibt, der
soll auch wandeln, gleichwie er gewandelt
hat. Joh. 13,15.
7. Brüder, ich schreibe euch nicht ein
neues Gebot, sondern das alte Gebot, das
ihr habt von Anfang an gehabt. Das alte
Gebot ist das Wort, das ihr von Anfang
gehört habt. Joh. 13,34.
8. Wiederum ein neues Gebot schreibe
ich euch, das da wahrhaftig ist bei ihm und
bei euch; denn die *Finsternis vergeht,
und das wahre Licht scheint jetzt.
*Röm. 13,12.
9. Wer da sagt, er sei im Licht, und *haßt
seinen Bruder, der ist noch in der Finsternis. *K. 4,20.
10. Wer aber seinen Bruder liebt, der
bleibt im Licht, und ist kein Ärgernis bei
ihm.
11. Wer aber seinen Bruder haßt, der ist
in der Finsternis und wandelt in der Finsternis und weiß nicht, wo er hin geht;
denn die Finsternis hat seine Augen verblendet.
12. Liebe Kindlein, ich schreibe euch;
denn die Sünden sind euch vergeben
durch seinen Namen.
13. Ich schreibe euch Vätern; denn ihr
kennet den, der von Anfang an ist. Ich
schreibe euch Jünglingen; denn ihr habt
den Bösewicht überwunden.
14. Ich habe euch Kindern geschrieben;
denn ihr kennet den Vater. Ich habe euch
Vätern geschrieben; denn ihr kennet den,
der von Anfang ist. Ich habe euch Jünglingen geschrieben; denn ihr seid *stark, und
das Wort Gottes bleibt bei euch, und ihr
habt den Bösewicht überwunden.
*Eph. 6,10.

15. Habt nicht lieb die Welt noch was in der Welt ist. So jemand die Welt liebhat, in dem ist nicht die Liebe des Vaters. Jak. 4,4.

16. Denn alles, was in der Welt ist: des Fleisches Lust und der Augen Lust und hoffärtiges Leben, ist nicht vom Vater, sondern von der Welt.

17. Und die Welt vergeht mit ihrer Lust; wer aber den Willen Gottes tut, der bleibt in Ewigkeit.

18. Kinder, es ist die letzte Stunde! Und wie ihr gehört habt, daß der *Widerchrist kommt, so sind nun viele Widerchristen geworden; daher erkennen wir, daß die letzte Stunde ist. *Matth. 24,5.24.

19. Sie sind *von uns ausgegangen, aber sie waren nicht von uns. Denn wo sie von uns gewesen wären, so wären sie ja bei uns geblieben; aber es sollte offenbar werden, daß sie nicht alle von uns sind. *Apg. 20,30.

20. Und ihr habt die Salbung von dem, der heilig ist, und wisset alles. V. 27.

21. Ich habe euch nicht geschrieben, als wüßtet ihr die Wahrheit nicht; sondern ihr wisset sie und wisset, daß keine Lüge aus der Wahrheit kommt.

22. Wer ist ein Lügner, wenn nicht, der da leugnet, daß Jesus der Christus sei? Das ist der Widerchrist, der den Vater und den Sohn leugnet.

23. Wer den Sohn leugnet, der hat auch den Vater nicht; wer den Sohn bekennt, der hat auch den Vater. K. 4,15; Joh. 5,23.

24. Was ihr nun *gehört habt von Anfang, das bleibe bei euch. So bei euch bleibt, was ihr von Anfang gehört habt, so werdet ihr auch bei dem Sohn und Vater bleiben. *V. 7.

25. Und das ist die Verheißung, die er uns verheißen hat; das ewige Leben.

26. Solches habe ich euch geschrieben von denen, die euch verführen.

27. Und die Salbung, die ihr von ihm empfangen habt, bleibt bei euch, und ihr bedürfet nicht, daß euch jemand lehre; sondern wie euch die Salbung alles lehrt, so ist's wahr und ist keine Lüge, und wie sie euch gelehrt hat, so bleibet bei ihm.
V. 20; Joh. 16,13.

28. Und nun, Kindlein, bleibet bei ihm, auf daß, wenn er offenbart wird, wir *Freudigkeit haben und nicht zu Schanden werden vor ihm bei seiner Zukunft.
*K. 41,7.

29. So ihr wisset, daß er gerecht ist, so erkennet auch, daß, *wer recht tut, der ist von ihm geboren. *K. 3,7.10.

Das 3. Kapitel

Kennzeichen derer, die Gottes Kinder sind; sie sündigen nicht, lieben die Brüder und haben Freudigkeit zu Gott.

1. Sehet, welch eine Liebe hat uns der Vater erzeigt, daß wir *Gottes Kinder sollen heißen! Darum kennt euch die Welt nicht; †denn sie kennt ihn nicht.
*Joh. 1,12.13. †Joh. 16,3.

2. Meine Lieben, wir sind nun Gottes Kinder; und es ist noch nicht erschienen, was wir sein werden. Wir *wissen aber, wenn es erscheinen wird, daß wir ihm gleich sein werden; denn wir werden ihn sehen, wie er ist. *Röm. 8,17; Kol. 3,4.

3. Und ein jeglicher, der solche Hoffnung hat zu ihm, der reinigt sich, gleichwie er auch rein ist.

4. Wer Sünde tut, der tut auch Unrecht, und die Sünde ist das Unrecht.

5. Und ihr wisset, daß er ist erschienen, auf daß er unsere Sünden wegnehme, und es ist keine Sünde in ihm.
Jes. 53,4.5.9; 1. Petr. 2,24.

6. Wer in ihm bleibt, der sündigt nicht; wer da sündigt, der hat ihn nicht gesehen noch erkannt. Röm. 6,14.

7. Kindlein, lasset euch niemand verführen! Wer recht tut, der ist gerecht, gleichwie er gerecht ist. K. 2,29.

8. Wer Sünde tut, der ist vom Teufel; denn *der Teufel sündigt von Anfang. Dazu ist erschienen der Sohn Gottes, daß er die Werke des Teufels zerstöre. *Joh. 8,44.

9. Wer aus Gott geboren ist, der *tut nicht Sünde, denn sein Same bleibt bei ihm; und kann nicht sündigen, denn er ist von Gott geboren. *V. 6; K. 5,18.

10. Darum wird's offenbar, welche die Kinder Gottes und die Kinder des Teufels sind. Wer nicht recht tut, der ist nicht von Gott, und wer nicht seinen Bruder liebhat.

11. Denn das ist die Botschaft, die ihr gehört habt von Anfang, daß wir uns untereinander lieben sollen. Joh. 13,24.

12. Nicht wie Kain, der von dem Argen war und erwürgte seinen Bruder. Und warum erwürgte er ihn? Weil seine Werke böse waren, und die seines Bruders gerecht. 1. Mose 4,8.

13. Verwundert euch nicht, meine Brüder, wenn euch die Welt haßt.
Matth. 5,11; Joh. 15,18.19.

14. Wir wissen, *daß wir aus dem Tode in das Leben gekommen sind; denn wir lieben die Brüder. †Wer den Bruder nicht liebt, der bleibt im Tode. *Joh. 5,24. †K. 2,11.

15. Wer seinen Bruder haßt, der ist ein *Totschläger; und ihr wisset, daß ein Tot-

schläger hat nicht das ewige Leben bei
ihm bleibend. *Matth. 5,21.22.
16. Daran haben wir erkannt die Liebe,
daß er sein Leben für uns gelassen hat;
und wir wollen auch das Leben für die
Brüder lassen. Joh. 15,13.
17. Wenn aber jemand dieser Welt Güter
hat und sieht seinen Bruder darben und
schließt sein Herz vor ihm zu, – wie bleibt
die Liebe Gottes bei ihm? 5. Mose 15,7; K. 4,20.
18. Meine Kindlein, lasset uns nicht lieben mit Worten noch mit der Zunge, sondern mit der Tat und mit der Wahrheit.
Jak. 1,22; 2,15.16.
19. Daran erkennen wir, daß wir aus der
Wahrheit sind, und können unser Herz
vor ihm damit stillen,
20. daß, so uns unser Herz verdammt,
Gott größer ist denn unser Herz und erkennt alle Dinge.
21. Ihr Lieben, so uns unser Herz nicht
verdammt, so haben wir eine Freudigkeit
zu Gott, Röm. 5,1.2; Hebr. 4,16.
22. und was wir bitten, werden wir von
ihm nehmen; denn wir halten seine Gebote und tun, was vor ihm gefällig ist.
Mark. 11,24.
23. Und das ist sein Gebot, *daß wir glauben an den Namen seines Sohnes Jesu
Christi und lieben uns untereinander, wie
er uns ein Gebot gegeben hat.
*Joh. 6,29; 15,17.
24. Und wer seine Gebote hält, der bleibt
in ihm und er in ihm. Und daran erkennen
wir, daß er in uns bleibt, an *dem Geist,
den er uns gegeben hat. *K. 4,13; Röm. 8,9.

Das 4. Kapitel

Prüfung falscher Lehrer und Übung
der Liebe gegen Gott und den Nächsten.
Gott ist Liebe.

1. Ihr Lieben, glaubet nicht einem jeglichen Geist, sondern *prüfet die Geister,
ob sie von Gott sind; denn es sind viel
falsche Propheten ausgegangen in die
Welt. *1. Thess. 5,21.
2. Daran sollt ihr den Geist Gottes erkennen: ein jeglicher Geist, der da bekennt,
daß Jesus Christus ist in das Fleisch gekommen, der ist von Gott;
3. und ein jeglicher Geist, der da nicht
bekennt, daß Jesus Christus ist in das
Fleisch gekommen, der ist nicht von Gott.
Und das ist der Geist des Widerchrists, von
welchem ihr habt gehört, daß er kommen
werde, und er ist jetzt schon in der Welt.
K. 2,18.
4. Kindlein, ihr seid von Gott und habt
jene überwunden; denn der in euch ist, ist
größer, als der in der Welt ist.
5. Sie sind von der Welt; darum reden sie
von der Welt, und die Welt hört sie.
Joh. 15,19.
6. Wir sind von Gott, und *wer Gott erkennt, der hört uns; welcher nicht von
Gott ist, der hört uns nicht. Daran erkennen wir den Geist der Wahrheit und den
Geist des Irrtums. *Joh. 8,47.
7. Ihr Lieben, lasset uns untereinander
liebhaben; denn die Liebe ist von Gott,
und wer liebhat, der ist von Gott geboren
und kennt Gott.
8. Wer nicht liebhat, der kennt Gott
nicht; denn Gott ist Liebe.
9. Daran ist erschienen die Liebe Gottes
gegen uns, daß Gott seinen eingeborenen
Sohn gesandt hat in die Welt, daß wir
durch ihn leben sollen. Joh. 3,16.
10. Darin steht die Liebe: nicht, daß wir
Gott geliebt haben, sondern daß er uns
geliebt hat und gesandt seinen Sohn zur
*Versöhnung für unsre Sünden. *K. 2,2.
11. Ihr Lieben, hat uns Gott also geliebt,
so sollen wir uns auch untereinander lieben. Matth. 18,33.
12. *Niemand hat Gott jemals gesehen.
So wir uns untereinander lieben, so bleibt
Gott in uns, und seine Liebe ist völlig in
uns. *Joh. 1,18.
13. Daran erkennen wir, daß wir in ihm
bleiben und er in uns, daß er uns von
seinem Geist gegeben hat. K. 3,24.
14. Und wir haben gesehen und zeugen,
daß der Vater den Sohn gesandt hat zum
Heiland der Welt. Joh. 3,17.
15. Welcher nun bekennt, daß Jesus Gottes Sohn ist, in dem bleibt Gott und er in
Gott. K. 5,5.
16. Und wir haben erkannt und geglaubt
die Liebe, die Gott zu uns hat. Gott *ist
Liebe; und wer in der Liebe bleibt, der
bleibt in Gott und Gott in ihm. *V. 8.
17. Darin ist die Liebe völlig bei uns, daß
wir eine *Freudigkeit haben am Tage des
Gerichts; denn gleichwie er ist, so sind
auch wir in dieser Welt. *K. 2,28.
18. Furcht ist nicht in der Liebe, sondern
die völlige Liebe treibt die Furcht aus;
denn die Furcht hat Pein. Wer sich aber
fürchtet, der ist nicht völlig in der Liebe.
19. Lasset uns ihn lieben; denn er hat
uns zuerst geliebt.
20. So jemand spricht: »Ich liebe Gott«,
und haßt seinen Bruder, der ist ein Lügner. Denn wer seinen Bruder nicht liebt,
den er sieht, wie kann er Gott lieben, den
er nicht sieht?

21. Und dies Gebot haben wir von ihm, daß, wer Gott liebt, daß der auch seinen Bruder liebe. Mark. 12,29–31.

Das 5. Kapitel

Der Glaube, der die Welt überwindet.
Das Zeugnis des Geistes, Kraft der Fürbitte.

1. Wer da glaubt, daß Jesus sei der Christus, der ist von Gott geboren; und wer da liebt den, der ihn geboren hat, der liebt auch den, der von ihm geboren ist.
K. 4,15.16.

2. Daran erkennen wir, daß wir Gottes Kinder lieben, wenn wir Gott lieben und seine Gebote halten.

3. Denn das ist die Liebe zu Gott, daß wir *seine Gebote halten; und seine Gebote sind †nicht schwer.
*Joh. 14,15.23.24. †Matth. 11,30.

4. Denn alles, was von Gott geboren ist, überwindet die Welt; und unser Glaube ist der Sieg, der die Welt überwunden hat.
Joh. 16,33.

5. Wer ist aber, der *die Welt überwindet, wenn nicht, der da glaubt, daß Jesus Gottes Sohn ist? *K. 4,4.

6. Dieser ist's, der da kommt *mit Wasser und Blut, Jesus Christus; nicht mit Wasser allein, sondern mit Wasser und Blut. Und der Geist ist's, der da zeugt; denn der Geist ist die Wahrheit.
*Joh. 19,34.35.

7. Denn drei sind, die da zeugen: der Geist und das Wasser und das Blut;

8. und die drei sind beisammen.*)

9. So wir der Menschen Zeugnis annehmen, so ist Gottes Zeugnis größer; denn Gottes Zeugnis ist das, das er gezeugt hat von seinem Sohn.

10. Wer da glaubt an den Sohn Gottes, der hat solches Zeugnis bei sich. Wer Gott nicht glaubt, der macht ihn zum Lügner; denn er glaubt nicht dem Zeugnis, das Gott zeugt von seinem Sohn. Röm. 8,16.

11. Und das ist das Zeugnis, daß uns Gott das ewige Leben hat gegeben; und solches Leben ist in seinem Sohn.

12. Wer den Sohn Gottes hat, der hat das Leben; wer den Sohn Gottes nicht hat, der hat das Leben nicht.

13. Solches habe ich euch geschrieben, die ihr glaubet an den Namen des Sohnes Gottes, auf daß ihr wisset, daß ihr das ewige Leben habt, und daß ihr glaubet an den Namen des Sohnes Gottes.

14. Und das ist die Freudigkeit, die wir haben zu ihm, daß, so wir etwas bitten nach seinem Willen, so hört er uns.
K. 3,21.22; Joh. 14,13.

15. Und so wir wissen, daß er uns hört, was wir bitten, so wissen wir, daß wir die Bitten haben, die wir von ihm gebeten haben.

16. So jemand sieht seinen Bruder sündigen eine Sünde nicht zum Tode, der mag bitten; so wird er geben das Leben denen, die da sündigen nicht zum Tode. Es gibt eine *Sünde zum Tode; für die sage ich nicht, daß jemand bitte.
*Matth. 12,31; Hebr. 6,4–6.

17. Alle Untugend ist Sünde; und es ist etliche Sünde nicht zum Tode.

18. Wir *wissen, daß, wer von Gott geboren ist, der sündigt nicht; sondern wer von Gott geboren ist, der bewahrt sich, und der Arge wird ihn nicht antasten.
*K. 3,9.

19. Wir wissen, daß wir von Gott sind und *die ganze Welt im Argen liegt.
*Gal. 1,4.

20. Wir wissen aber, daß der Sohn Gottes gekommen ist und hat uns einen Sinn gegeben, daß wir erkennen den Wahrhaftigen; und wir sind in dem Wahrhaftigen, in seinem Sohn Jesus Christus. Dieser ist *der wahrhaftige Gott und das ewige Leben. *Joh. 17,3; Röm. 9,5.

21. Kindlein, hütet euch vor den Abgöttern! Amen. 1. Kor. 10,14.

*) Die in früheren Bibelausgaben V. 7 und 8 stehenden weiteren Worte: »Drei sind, die da zeugen im Himmel: Der Vater, das Wort und der heilige Geist; und diese drei sind eins« finden sich weder in den Handschriften des griechischen Textes noch in Luthers eigener Übersetzung.

Der zweite Brief des Johannes

An eine gläubige Frau und ihre Kinder.
Freudige Ermahnung, bei der ergriffenen Wahrheit zu bleiben.

1. Der *Älteste: der auserwählten Frau und ihren Kindern, die †ich liebhabe in der Wahrheit, und nicht allein ich sondern auch alle, die die Wahrheit erkannt haben,
*1. Petr. 5,1. †3. Joh. 1.

2. um der Wahrheit willen, die in uns
bleibt und bei uns sein wird in Ewigkeit.
3. Gnade, Barmherzigkeit, Friede von
Gott, dem Vater, und von dem Herrn Jesus
Christus, dem Sohn des Vaters, in der
Wahrheit und in der Liebe, sei mit euch!
4. Ich bin sehr erfreut, daß ich gefunden
habe unter deinen Kindern, die in der
Wahrheit wandeln, wie denn wir ein Gebot
vom Vater empfangen haben.
5. Und nun bitte ich dich, Frau (nicht als
schriebe ich dir ein neues Gebot, sondern
das wir gehabt haben von Anfang), daß wir
uns untereinander lieben.
1. Joh. 2,7.
6. Und das ist die Liebe, daß wir wandeln
nach seinem Gebot; das ist das Gebot, wie
ihr gehört habt von Anfang, daß ihr in
derselben wandeln sollt.
7. Denn viele Verführer sind in die Welt
gekommen, die nicht bekennen Jesum
Christum, daß er in das Fleisch gekommen ist. Das ist der Verführer und der
Widerchrist. 1. Joh. 2,18; 4,1–3.
8. Sehet euch vor, daß wir nicht verlieren, was wir erarbeitet haben, sondern
vollen Lohn empfangen. Gal. 4,11.
9. Wer übertritt und bleibt nicht in der
Lehre Christi, der hat keinen Gott; wer in
der Lehre Christi bleibt, der hat beide, den
Vater und den Sohn. 1. Joh. 2,23.
10. So jemand zu euch kommt und
bringt diese Lehre nicht, den nehmet
nicht ins Haus und grüßet ihn auch nicht.
2. Thess. 3,6.
11. Denn wer ihn grüßt, der macht sich
teilhaftig seiner bösen Werke.
12. Ich hatte euch viel zu schreiben, aber
ich wollte *nicht mit Briefen und Tinte;
sondern ich hoffe, zu euch zu kommen
und mündlich mit euch zu reden, auf daß
unsre Freude vollkommen sei. *3. Joh. 13.
13. Es grüßen dich die Kinder deiner
Schwester, der Auserwählten. Amen.

Der dritte Brief des Johannes

An Gajus. Lob und Empfehlung der Gastfreundschaft gegen die Brüder. Warnung vor bösem Beispiel.

1. Der Älteste: Gajus, dem Lieben, *den
ich liebhabe in der Wahrheit. *2. Joh. 1.
2. Mein Lieber, ich wünsche in allen
Stücken, daß dir's wohl gehe und du gesund seist, wie es denn deiner Seele wohl
geht.
3. Ich bin aber sehr erfreut worden, da
die Brüder kamen und zeugten von deiner
Wahrheit, wie *denn du wandelst in der
Wahrheit. *2. Joh. 4.
4. Ich habe keine größere Freude denn
die, daß ich höre, wie meine Kinder in der
Wahrheit wandeln.
5. Mein Lieber, du tust treulich, was du
tust an den Brüdern und Gästen,
6. die von deiner Liebe gezeugt haben
vor der Gemeinde; und du wirst wohl tun,
wenn du sie *abfertigst würdig vor Gott.
*Tit. 3,13.
7. Denn um seines Namens willen sind
sie ausgezogen und *nehmen von den
Heiden nichts. *Apg. 20,35; 1. Kor. 9,12.15.
8. So sollen wir nun solche aufnehmen,
auf daß wir der Wahrheit Gehilfen werden.
Hebr. 13,2.
9. Ich habe der Gemeinde geschrieben;
aber Diotrephes, der unter ihnen will
hochgehalten sein, nimmt uns nicht an.
10. Darum, wenn ich komme, will ich
ihn erinnern seiner Werke, die er tut;
denn er plaudert mit bösen Worten wider
uns und läßt sich an dem nicht genügen;
er selbst nimmt die Brüder nicht an und
wehrt denen, die es tun wollen, und stößt
sie aus der Gemeinde.
11. Mein Lieber, folge nicht nach dem
Bösen, sondern dem Guten. Wer Gutes
tut, der ist von Gott; wer Böses tut, der
sieht Gott nicht. 1. Joh. 3,6.9.
12. Demetrius hat Zeugnis von jedermann und von der Wahrheit selbst, und
wir zeugen auch, und ihr *wisset, daß
unser Zeugnis wahr ist. *Joh. 19,35; 21,24.
13. Ich hatte viel zu schreiben; aber ich
wollte nicht mit Tinte und Feder an dich
schreiben. 2. Joh. 12.
14. Ich hoffe aber, dich bald zu sehen; so
wollen wir mündlich miteinander reden.
15. Friede sei mit dir! Es grüßen dich die
Freunde. Grüße die Freunde bei Namen.

Der Brief an die Hebräer

Das 1. Kapitel

Christus ist Gottes Sohn und höher denn die Engel.

1. Nachdem vorzeiten Gott manchmal und mancherleiweise geredet hat zu den Vätern durch die Propheten,
2. hat er am letzten in diesen Tagen zu uns geredet, durch den Sohn, welchen er gesetzt hat *zum Erben über alles, †durch welchen er auch die Welt gemacht hat;

*Ps. 2,8. †Joh. 1,3; Kol. 1,16.

3. welcher, sintemal er ist der Glanz seiner Herrlichkeit und *das Ebenbild seines Wesens und trägt alle Dinge mit seinem kräftigen Wort und hat gemacht die †Reinigung unsrer Sünden durch sich selbst, **hat er sich gesetzt zu der Rechten der Majestät in der Höhe.

*2. Kor. 4,4; Kol. 1,15. †K. 9,14.26. **Mark. 16,19.

4. und ist so viel besser geworden denn die Engel, so viel höher der Name ist, den er vor ihnen ererbt hat. Phil. 2,9.
5. Denn zu welchem Engel hat er jemals gesagt: *»Du bist mein Sohn, heute habe ich dich gezeugt«? und abermals: †»Ich werde sein Vater sein, und er wird mein Sohn sein«? *Ps. 2,7. †2. Sam. 7,14.
6. Und abermals, da er einführt den *Erstgeborenen in die Welt, spricht er: »Und †es sollen ihn alle Engel Gottes anbeten.« *Röm. 8,29. †Ps. 97,7.
7. Von den Engeln spricht er zwar: *»Er macht seine Engel zu Winden und seine Diener zu Feuerflammen«, *Ps. 104,4.
8. aber von dem Sohn: *»Gott, dein Stuhl währt von Ewigkeit zu Ewigkeit; das Zepter deines Reichs ist ein richtiges Zepter. *Ps. 45,7.8.
9. Du hast geliebt die Gerechtigkeit und gehaßt die Ungerechtigkeit; darum hat dich, o Gott, gesalbt dein Gott mit dem Öl der Freuden über deine Genossen.«
10. Und: *»Du, Herr, hast von Anfang die Erde gegründet, und die Himmel sind deiner Hände Werk. *Ps. 102,26–28.
11. Sie werden vergehen, du aber wirst bleiben. Und sie werden alle veralten wie ein Kleid;
12. und wie ein Gewand wirst du sie wandeln, und sie werden sich verwandeln. Du aber bist derselbe, und deine Jahre werden nicht aufhören.«
13. Zu welchem Engel aber hat er jemals gesagt: *»Setze dich zu meiner Rechten, bis ich lege deine Feinde zum Schemel deiner Füße«? *Ps. 110,1.
14. Sie sind nicht allzumal *dienstbare Geister, ausgesandt †zum Dienst um derer willen, die ererben sollen die Seligkeit?

*Dan. 7,10. †Ps. 34,8; 91,11.

Das 2. Kapitel

Schuldiger Gehorsam gegen das Wort Christi. Sein Weg durch Leiden zur Herrlichkeit.

1. Darum sollen wir desto mehr wahrnehmen des Worts, das wir hören, damit wir nicht dahinfahren.
2. Denn so das Wort fest geworden ist, daß durch *die Engel geredet ist, und eine jegliche Übertretung und jeder Ungehorsam seinen rechten Lohn empfangen hat,

*Apg. 7,53; Gal. 3,19.

3. *wie wollen wir entfliehen, so wir eine solche Seligkeit nicht achten? welche, nachdem sie zuerst gepredigt ist †durch den Herrn, auf uns gekommen ist durch die, so es gehört haben;

*K. 10,29.; †K. 12,25.

4. und Gott hat ihr *Zeugnis gegeben mit Zeichen, Wundern und mancherlei Kräften und mit Austeilung des heiligen Geistes nach seinem Willen.

*Mark. 16,20; ;. Kor. 12,4.11.

5. Denn er hat nicht den Engeln untergetan die zukünftige Welt, davon wir reden.
6. Es bezeugt aber einer an einem *Ort und spricht: »Was ist der Mensch, daß du sein gedenkest, und des Menschen Sohn, daß du auf ihn achtest? *Ps. 8,5–7.
7. Du hast ihn eine kleine Zeit niedriger sein lassen denn die Engel; mit Preis und Ehre hast du ihn gekrönt und hast ihn gesetzt über die Werke deiner Hände;
8. alles hast du unter seine Füße getan.« In dem, daß er ihm alles hat untergetan, hat er nichts gelassen, das ihm nicht untertan sei; jetzt aber sehen wir noch nicht, daß ihm alles untertan sei.
9. Den aber, der eine kleine Zeit niedriger gewesen ist denn die Engel, Jesum, sehen wir durchs Leiden des Todes *gekrönt mit Preis und Ehre, auf daß er von Gottes Gnaden für alle den Tod schmeckte. *Phil. 2,8.9.
10. Denn es ziemte dem, um deswillen alle Dinge sind und *durch den alle Dinge sind, der da viel Kinder hat zur Herrlichkeit geführt, daß er den Herzog ihrer Se-

ligkeit durch Leiden vollkommen machte.
*Röm. 11,36.
11. Sintemal sie alle von einem kommen, beide, der da heiligt und die da geheiligt werden. Darum schämt er sich auch nicht, sie *Brüder zu heißen,
*Mark. 3,34.35; Matth. 25,40; Joh. 20,17.
12. und spricht: »Ich will verkündigen deinen Namen meinen Brüdern und mitten in der Gemeinde dir lobsingen.«
*Ps. 22,23.
13. Und abermals: *»Ich will mein Vertrauen auf ihn setzen.« Und abermals: †»Siehe da, ich und die Kinder, welche mir Gott gegeben hat.« *Jes. 8,17. †Jes. 8,18.
14. Nachdem nun die Kinder Fleisch und Blut haben, ist er dessen *gleichermaßen teilhaftig geworden, auf daß er durch den Tod †die Macht nehme dem, der des Todes Gewalt hatte, das ist dem Teufel,
*V. 17. †2. Tim. 1,10; Joh. 12,31.
15. und erlösete die, so durch Furcht des Todes im ganzen Leben Knechte sein mußten.
16. Denn er nimmt sich ja nicht der Engel an, sondern des Samens Abrahams nimmt er sich an.
17. Daher mußte er in allen Dingen seinen Brüdern *gleich werden, auf daß er barmherzig würde und ein treuer Hoherpriester vor Gott, zu versöhnen die Sünden des Volks. *Phil. 2,7.
18. Denn worin er gelitten hat und versucht ist, kann er helfen denen, die versucht werden. K. 4,15.

Das 3. Kapitel

Christus ist höher denn Mose; darum ist der Abfall von ihm desto strafwürdiger.

1. Derhalben, ihr heiligen Brüder, die ihr mit berufen seid durch die himmlische Berufung, nehmet wahr des Apostels und *Hohenpriesters, den wir bekennen, Christus Jesus, *K. 4,14.
2. der da treu ist dem, der ihn gemacht hat, wie auch *Mose in seinem ganzen Hause. *4. Mose 12,7.
3. Dieser aber ist größerer Ehre wert denn Mose, soviel größere Ehre denn das Haus der hat, der es bereitete.
4. Denn ein jeglich Haus wird von jemand bereitet; der aber alles bereitet hat, das ist Gott.
5. Und Mose zwar war treu in seinem ganzen Hause als ein Knecht, zum Zeugnis des, das gesagt sollte werden,
6. Christus aber als ein Sohn über sein Haus; des *Haus sind wir, so wir anders das Vertrauen und den Ruhm der Hoffnung bis ans Ende fest behalten. *Eph. 2,19.
7. Darum, wie der heilige Geist spricht: *»Heute, so ihr hören werdet seine Stimme, *Ps. 95,7–11.
8. so verstocket eure Herzen nicht, wie geschah in der Verbitterung am Tage der Versuchung in der Wüste,
2. Mose 17,7; 4. Mose 20,2–5.
9. da mich eure Väter versuchten; sie prüften mich und sahen meine Werke vierzig Jahre lang.
10. Darum ward ich entrüstet über dies Geschlecht und sprach: Immerdar irren sie mit dem Herzen! Aber sie erkannten meine Wege nicht,
11. daß ich auch schwur in meinem Zorn, sie sollten zu meiner Ruhe nicht kommen.« 4. Mose 14,21–23.
12. Sehet zu, liebe Brüder, daß nicht jemand unter euch ein arges, ungläubiges Herz habe, das da abtrete von dem lebendigen Gott;
13. sondern *ermahnet euch selbst alle Tage, solange es »heute« heißt, daß nicht jemand unter euch verstockt werde durch Betrug der Sünde. *1. Thess. 5,11.
14. Denn wir sind Christi teilhaftig geworden, so wir anders das angefangene Wesen bis ans Ende *fest behalten. *K. 6,11.
15. Indem gesagt wird: *»Heute, so ihr seine Stimme hören werdet, so verstocket eure Herzen nicht, wie in der Verbitterung geschah«: *V. 7.
16. welche denn hörten sie und richteten eine Verbitterung an? Waren's nicht alle, die von Ägypten ausgingen durch Mose?
17. Über welche aber ward er entrüstet vierzig Jahre lang? Ist's nicht über die, so da sündigten, *deren Leiber in der Wüste verfielen? *1. Kor. 10,10.
18. Welchen *schwur er aber, daß sie nicht zu seiner Ruhe kommen sollten, wenn nicht den Ungläubigen? *V. 11.
19. Und wir sehen, daß sie nicht haben können hineinkommen um des Unglaubens willen.

Das 4. Kapitel

Durch Jesus ist noch eine Ruhe vorhanden dem Volk Gottes.

1. So lasset uns nun fürchten, daß wir die Verheißung, einzukommen zu seiner Ruhe, nicht versäumen und unser keiner dahintenbleibe.
2. Denn es ist uns auch verkündigt gleichwie jenen; aber das Wort der Predigt half jenen nichts, da nicht glaubten die, so es hörten.

3. Denn wir, die wir glauben, gehen in die Ruhe, wie *er spricht: »Daß ich schwur in meinem Zorn, sie sollten zu meiner Ruhe nicht kommen.« Und zwar, da die Werke von Anbeginn der Welt gemacht waren, *Ps.95,11; K.3,11.

4. sprach er an einem Ort von dem siebenten Tag also: *»Und Gott ruhte am siebenten Tage von allen seinen Werken«; *1.Mose 2,2.

5. und hier an diesem Ort abermals: »Sie sollen nicht kommen zu meiner Ruhe.«

6. Nachdem es nun noch vorhanden ist, daß etliche sollen zu ihr kommen, und die, denen es zuerst verkündigt ist, sind nicht dazu gekommen um des Unglaubens willen,

7. bestimmt er abermals einen Tag nach solcher langer Zeit und sagt durch David: *»Heute«, wie †gesagt ist, »heute, so ihr seine Stimme hören werdet, so verstocket eure Herzen nicht.« *Ps.95,7.8. †K.3,7.

8. Denn so *Josua sie hätte zur Ruhe gebracht, würde er nicht hernach von einem andern Tage gesagt haben. *5.Mose 31,7; Jos.22,4.

9. Darum ist noch eine Ruhe vorhanden dem Volke Gottes.

10. Denn wer zu seiner Ruhe gekommen ist, der *ruht auch von seinen Werken gleichwie Gott von seinen. *Offenb.14,13.

11. So lasset uns nun Fleiß tun, einzukommen zu dieser Ruhe, auf daß nicht jemand falle in dasselbe Beispiel des Unglaubens.

12. Denn das Wort Gottes ist lebendig und kräftig und schärfer denn kein zweischneidig Schwert, und dringt durch, bis daß es scheidet Seele und Geist, auch Mark und Bein, und ist ein Richter der Gedanken und Sinne des Herzens. Jer.23,29.

13. Und keine Kreatur ist vor ihm unsichtbar; es ist aber alles bloß und entdeckt vor seinen Augen; von dem reden wir.

14. Dieweil wir denn *einen großen Hohenpriester haben, Jesum, den Sohn Gottes, der gen Himmel gefahren ist, so lasset uns halten an dem Bekenntnis. *K.3,1; 6,20; 7,26; 8,1; 9,11.

15. Denn wir haben nicht einen Hohenpriester, der nicht könnte *Mitleiden haben mit unsern Schwachheiten, sondern der versucht ist allenthalben gleichwie wir, doch ohne Sünde. *K.2,17.

16. Darum lasset uns hinzutreten *mit Freudigkeit zu dem †Gnadenstuhl, auf daß wir Barmherzigkeit empfangen und Gnade finden auf die Zeit, wenn uns Hilfe not sein wird. *Joh.3,21. †Röm.3,25.

Das 5. Kapitel

Christus der rechte Hohepriester, höher als Aaron.

1. Denn ein jeglicher Hoherpriester, der aus den Menschen genommen wird, der wird gesetzt für die Menschen gegen Gott, auf daß er opfere Gaben und Opfer für die Sünden;

2. der da könnte *mitfühlen mit denen, die da unwissend sind und irren, dieweil er auch selbst umgeben ist mit Schwachheit. *K.4,15.

3. Darum muß er auch, gleichwie für das Volk, also auch *für sich selbst opfern für die Sünden. *3.Mose 9,7; 16,6.

4. Und niemand nimmt sich selbst die Ehre, sondern er wird berufen von Gott *gleichwie Aaron. *2.Mose 28,1.

5. Also auch Christus hat sich nicht selbst in die Ehre gesetzt, daß er Hoherpriester würde, sondern der zu ihm gesagt hat: *»Du bist mein Sohn, heute habe ich dich gezeuget.« *Ps.2,7.

6. Wie er auch am andern Ort spricht: *»Du bist ein Priester in Ewigkeit nach der Ordnung Melchisedeks.« *Ps.110,4; K.7.

7. Und er hat in den Tagen seines Fleisches Gebet und Flehen mit starkem Geschrei und Tränen *geopfert zu dem, der ihm von dem Tode konnte aushelfen; und ist auch erhört, darum daß er Gott in Ehren hatte. *Matth.26,39–46.

8. Und wiewohl er Gottes Sohn war, hat er doch an dem, das er litt, *Gehorsam gelernt. *Phil.2,8.

9. Und da er *vollendet war, ist er geworden allen, die ihm gehorsam sind, eine Ursache zur ewigen Seligkeit, *Joh.17,1.5.

10. genannt von Gott ein Hoherpriester nach der Ordnung Melchisedeks.

11. Davon hätten wir wohl viel zu reden; aber es ist schwer, weil ihr so unverständig seid.

12. Und die ihr solltet längst Meister sein, bedürfet wiederum, daß man euch die ersten Buchstaben der göttlichen Worte lehre und daß man euch *Milch gebe und nicht starke Speise. *1.Kor.3,1–3.

13. Denn wem man noch Milch geben muß, der ist unerfahren in dem Wort der Gerechtigkeit; denn *er ist ein junges Kind. *Eph.4,14.

14. Den Vollkommenen aber gehört starke Speise, die durch Gewohnheit haben geübte Sinne, *zu unterscheiden Gutes und Böses. *Phil.1,10; Röm.16,19.

Das 6. Kapitel

Warnung vor dem Abfall vom Glauben.
Ermahnung zur Beständigkeit und zum Vertrauen auf die Verheißung.

1. Darum wollen wir die Lehre vom Anfang christlichen Lebens jetzt lassen und zur Vollkommenheit fahren, nicht abermals Grund legen von Buße der toten Werke, vom Glauben an Gott,
2. von der Taufe, von der Lehre, vom Händeauflegen, von der Toten Auferstehung und vom ewigen Gericht.
3. Und das wollen wir tun, so es Gott anders zuläßt.
4. Denn es ist unmöglich, die, so einmal erleuchtet sind und geschmeckt haben die himmlische Gabe und teilhaftig geworden sind des heiligen Geistes
K. 10,26.27; Matth. 12,31; 1. Joh. 5,16.
5. und geschmeckt haben das gütige Wort Gottes und die Kräfte der zukünftigen Welt, –
6. wo sie abfallen, wiederum zu erneuern zur Buße, als die sich selbst den Sohn Gottes wiederum kreuzigen und für Spott halten.
7. Denn die Erde, die den Regen trinkt, der oft über sie kommt, und nützliches Kraut trägt denen, die sie bauen, empfängt Segen von Gott.
8. Welche aber Dornen und Disteln trägt, die ist untüchtig und dem Fluch nahe, daß man sie zuletzt verbrennt.
9. Wir versehen uns aber, ihr Liebsten, eines Besseren zu euch und daß die Seligkeit näher sei, ob wir wohl also reden.
10. Denn Gott ist nicht ungerecht, daß er vergesse *eures Werks und der Arbeit der Liebe, die ihr erzeigt habt an seinem Namen, da ihr den Heiligen dientet und noch dienet. *K. 10,32–34.
11. Wir begehren aber, daß euer jeglicher denselben Fleiß beweise, die Hoffnung *festzuhalten bis ans Ende,
*K. 3,14; Phil. 1,6.
12. daß ihr nicht träge werdet, sondern Nachfolger derer, die durch Glauben und Geduld ererben die Verheißungen.
13. Denn als Gott Abraham verhieß, da er bei keinem Größeren zu schwören hatte, *schwur er bei sich selbst. *1. Mose 22,16.17
14. und sprach: »Wahrlich, ich will dich segnen und vermehren.«
15. Und also trug er Geduld und erlangte die Verheißung.
16. Die Menschen schwören ja bei einem Größeren, denn sie sind; und der *Eid macht ein Ende alles Haders, dabei es fest bleibt unter ihnen. *2. Mose 22,10.
17. So hat Gott, da er wollte den Erben der Verheißung überschwenglich beweisen, daß sein Rat nicht wankte, einen Eid dazu getan,
18. auf daß wir durch zwei Stücke, die nicht wanken (denn es ist unmöglich, daß Gott lüge), einen starken Trost hätten, die wir Zuflucht haben und halten an der angebotenen Hoffnung,
19. welche wir haben als einen sichern und festen Anker unsrer Seele, der auch hineingeht in das Inwendige des Vorhangs,
20. dahin der Vorläufer für uns eingegangen, Jesus, ein *Hoherpriester geworden in Ewigkeit nach der Ordnung Melchisedeks. *K. 5,6.

Das 7. Kapitel

Christus ein Priester wie Melchisedek, größer als die levitischen Priester.

1. Dieser *Melchisedek aber war ein König von Salem, ein Priester Gottes, des Allerhöchsten, der Abraham entgegenging, da er von der Könige Schlacht wiederkam, und segnete ihn; *1. Mose 14,18–20.
2. welchem auch Abraham gab den Zehnten aller Güter. Aufs erste wird er verdolmetscht: ein König der Gerechtigkeit; darnach aber ist er auch ein König Salems, das ist: ein König des Friedens;
3. ohne Vater, ohne Mutter, ohne Geschlecht und hat weder Anfang der Tage noch Ende des Lebens: – er ist aber verglichen dem Sohn Gottes und bleibt Priester in Ewigkeit.
4. Schauet aber, wie groß ist der, dem auch Abraham, der *Patriarch, den Zehnten gibt von der eroberten Beute! *Erzvater.
5. Zwar die Kinder Levi, die das Priestertum empfangen, haben *ein Gebot, den Zehnten vom Volk, das ist von ihren Brüdern, zu nehmen nach dem Gesetz, wiewohl auch diese aus den Lenden Abrahams gekommen sind. *4. Mose 18,21.
6. Aber der, des Geschlecht nicht genannt wird unter ihnen, der nahm den Zehnten von Abraham und segnete den, der die Verheißungen hatte.
7. Nun ist's ohne alles Widersprechen also, daß das Geringere von dem Besseren gesegnet wird;
8. und hier nehmen die Zehnten die sterbenden Menschen, aber dort einer, dem bezeugt wird, daß er lebe.
9. Und, daß ich also sage, es ist auch Levi, der den Zehnten nimmt, verzehntet durch Abraham,
10. denn er war ja noch in den Lenden

des Vaters, da ihm Melchisedek entgegenging.
11. Ist nun *die Vollkommenheit durch
das levitische Priestertum geschehen
(denn unter demselben hat das Volk das
Gesetz empfangen), was ist denn weiter
not zu sagen, daß ein anderer Priester
aufkommen solle nach der Ordnung Melchisedeks und nicht nach der Ordnung
Aarons? *V.18,19.
12. Denn wo das Priestertum verändert
wird, da muß auch das Gesetz verändert
werden.
13. Denn von dem solches gesagt ist, der
ist von einem andern Geschlecht, aus welchem nie einer des Altars gewartet hat.
14. Denn es ist ja offenbar, daß *von Juda
aufgegangen ist unser Herr, zu welchem
Geschlecht Mose nichts geredet hat vom
Priestertum. *1.Mose 49,10; Jes.11,1.
15. Und es ist noch viel klarer, so nach
der Weise Melchisedeks ein anderer Priester aufkommt,
16. welcher nicht nach dem Gesetz des
fleischlichen Gebots gemacht ist, sondern
nach der Kraft des unendlichen Lebens.
17. Denn er bezeugt: *»Du bist ein Priester ewiglich nach der Ordnung Melchisedeks.« *Ps.110,4; K.5,6.
18. Denn damit wird das vorige Gebot
aufgehoben, darum daß es zu schwach
und nicht nütze war
19. (denn das Gesetz *konnte nichts vollkommen machen); und wird eingeführt
und bessere Hoffnung, durch welche wir
zu Gott nahen; *K.9,9.
20. und dazu, was viel ist, nicht ohne
Eid. Denn jene sind ohne Eid Priester geworden,
21. dieser aber mit dem Eid, durch den,
der zu ihm spricht: *»Der Herr hat geschworen, und es wird ihn nicht gereuen:
Du bist ein Priester in Ewigkeit nach der
Ordnung Melchisedeks.« *Ps.110,4.
22. Also eines so viel besseren Testaments Ausrichter ist Jesus geworden.
K.8,6; 12,24.
23. Und jener sind viele, die Priester wurden, darum daß sie der Tod nicht bleiben
ließ;
24. dieser aber hat darum, daß er ewiglich bleibt, ein unvergängliches Priestertum.
25. Daher kann er auch selig machen immerdar, die durch ihn zu Gott kommen,
und lobt immerdar und bittet für sie.
Röm.8,34; 1.Joh.2,1.
26. Denn einen solchen Hohenpriester
sollten wir haben, der da wäre heilig, unschuldig, unbefleckt, von den Sündern abgesondert und höher, denn der Himmel
ist; K.4,14.
27. dem nicht täglich not wäre, *wie jenen Hohenpriestern, zuerst für eigene
Sünden Opfer zu tun, darnach für des
Volks Sünden; denn das hat er getan einmal, da er sich selbst opferte.
*3.Mose 16,6.15.
28. Denn das *Gesetz macht Menschen
zu Hohenpriestern, die da Schwachheit
haben; dies Wort aber des Eides, das nach
dem Gesetz gesagt ward, setzt den Sohn
ein, der ewig und vollkommen ist. *K.5,1.2.

Das 8. Kapitel

Auch das Heiligtum und das Amt des
neutestamentlichen Hohenpriesters ist höher als
das des alttestamentlichen.

1. Das ist nun die Hauptsache, davon wir
reden: Wir haben einen solchen *Hohenpriester, der da sitzt zu der Rechten auf
dem Stuhl der Majestät im Himmel.
*K.4,14.
2. und ist ein Pfleger des Heiligen und
der wahrhaftigen Hütte, welche Gott aufgerichtet hat und kein Mensch.
3. Denn *ein jeglicher Hoherpriester
wird eingesetzt, zu opfern Gaben und Opfer. Darum muß auch dieser etwas haben,
das er opfere. *K.5,1.
4. Wenn er nun auf Erden wäre, so wäre
er nicht Priester, dieweil da Priester sind,
die nach dem Gesetz die Gaben opfern,
5. welche dienen *dem Vorbilde und dem
Schatten des Himmlischen; wie die göttliche Antwort zu Mose sprach, da er sollte
die Hütte vollenden: »Schaue zu«, sprach
er, †»daß du machest alles nach dem Bilde, das dir auf dem Berge gezeigt ist.«
*Kol.2,17. †2.Mose 25,40.
6. Nun aber hat er ein besseres Amt erlangt, als der eines *besseren Testaments
Mittler ist, welches auch auf bessern Verheißungen steht. *K.7,22; 12,24; 2.Kor.3,6.
7. Denn so jenes, das erste, untadelig gewesen wäre, würde nicht Raum zu einem
andern gesucht.
8. Denn er tadelt sie und sagt: *Siehe, es
kommen die Tage, spricht der Herr, daß
ich über das Haus Israel und über das
Haus Juda ein neues Testament machen
will; *Jer.31,31–34; K.10,16.17.
9. nicht nach dem Testament, daß *ich
gemacht habe mit ihren Vätern an dem
Tage, da ich ihre Hand ergriff, sie auszu-
führen aus Ägyptenland. Denn sie sind
nicht geblieben in meinem Testament, so

habe ich ihrer auch nicht wollen achten, spricht der Herr. *2. Mose 19,5.6.

10. Denn das ist das Testament, das ich machen will dem Hause Israel nach diesen Tagen, spricht der Herr: Ich will geben mein Gesetz in ihren Sinn, und in ihr Herz will ich es schreiben, und will ihr Gott sein, und sie sollen mein Volk sein.

11. Und soll nicht lehren jemand seinen Nächsten noch jemand seinen Bruder und sagen: Erkenne den Herrn! denn sie sollen mich alle kennen von dem Kleinsten an bis zu dem Größten.

12. Denn ich will gnädig sein ihrer Untugend und ihren Sünden, und ihrer Ungerechtigkeit will ich nicht mehr gedenken.«

13. Indem er sagt: »Ein neues«, macht er das erste alt. Was aber alt und überjahrt ist, das ist nahe bei seinem Ende. Röm. 10,4.

Das 9. Kapitel

Die Stiftshütte und das Opfer des alten Testaments ein unvollkommenes Vorbild der vollkommenen Versöhnung durch den Opfertod Christi.

1. Es hatte zwar auch das erste seine Rechte des Gottesdienstes und das äußerliche Heiligtum.

2. Denn es war da aufgerichtet das Vorderteil der Hütte, darin *der Leuchter war und der Tisch und die Schaubrote; und dies heißt das Heilige. *2. Mose 25,23.30.31.

3. Hinter dem andern Vorhang aber war die Hütte, die da heißt *das Allerheiligste;
*2. Mose 26,33.

4. die hatte das goldene Räuchfaß und die Lade des Testaments allenthalben mit Gold überzogen, in welcher war der goldene Krug mit *dem Himmelsbrot und †die Rute Aarons, die gegrünt hatte, und **die Tafeln des Testaments;
*2. Mose 16,33. †4. Mose 17,25.
**2. Mose 25,16.21.

5. *obendrüber aber waren die Cherubim der Herrlichkeit, die überschatteten den †Gnadenstuhl; von welchen Dingen jetzt nicht zu sagen ist insonderheit.
*2. Mose 25,18. †2. Mose 26,34.

6. Da nun solches also zugerichtet war, *gingen die Priester allezeit in die vordere Hütte und richteten aus den Gottesdienst.
*4. Mose 18,3.4.

7. In die andere aber ging nur *einmal im Jahr allein der Hohepriester, nicht ohne Blut, das er opferte für seine und des Volkes Versehen. *3. Mose 16,2.14.15.

8. Damit deutete der heilige Geist, daß noch nicht offenbart wäre der Weg *zum Heiligen, solange die vordere Hütte stünde, *K. 10,19.

9. welche ist ein Gleichnis auf die gegenwärtige Zeit, nach welchem Gaben und Opfer geopfert werden, die nicht *können vollkommen machen nach dem Gewissen den, der da Gottesdienst tut. *K. 10,1.2.

10. allein mit *Speise und Trank und mancherlei †Taufen und äußerlicher Heiligkeit, die bis auf die Zeit der Besserung sind aufgelegt.
*3. Mose 11,2. †3. Mose 15,18; 4. Mose 19,13.

11. Christus aber ist gekommen, daß er sei ein *Hoherpriester der †zukünftigen Güter, und ist durch eine größere und vollkommenere Hütte, die nicht mit der Hand gemacht, das ist, die nicht von dieser Schöpfung ist, *K. 6,20. †K. 10,1.

12. auch nicht durch der Böcke oder Kälber Blut, sondern durch sein eigen Blut einmal in das Heilige eingegangen und hat eine ewige Erlösung gefunden.

13. Denn so *der Ochsen und der Böcke Blut und †die Asche von der Kuh, gesprengt, heiligt die unreinen zu der leiblichen Reinigkeit,
*3. Mose 16,14.15. †4. Mose 19,9.

14. wie viel mehr wird das *Blut Christi, der sich selbst ohne allen Fehl durch den ewigen Geist Gott geopfert hat, unser Gewissen reinigen von den toten Werken, zu dienen dem lebendigen Gott!
*1. Petr. 1,18.19; 1. Joh. 1,7; Offenb. 1,5.

15. Und darum ist er auch *ein Mittler des neuen Testaments, auf daß durch den Tod, so geschehen ist zur Erlösung von den Übertretungen, die unter dem ersten Testament waren, die, so berufen sind, das verheißene ewige Erbe empfangen.
*K. 12,24; 1. Tim. 2,5.

16. Denn wo ein Testament ist, da muß der Tod geschehen des, der das Testament machte.

17. Denn ein Testament wird fest durch den Tod; es hat noch nicht Kraft, wenn der noch lebt, der es gemacht hat.

18. Daher auch das erste nicht ohne Blut gestiftet ward.

19. Denn als Mose ausgeredet hatte von allen Geboten nach dem Gesetz zu allem Volk, nahm er Kälber- und Bocksblut mit Wasser und Scharlachwolle und Isop und besprengte das Buch und alles Volk

20. und sprach: *»Das ist das Blut des Testaments, das Gott euch geboten hat.«
*2. Mose 24,6–8.

21. Und die Hütte und alles Geräte des Gottesdienstes *besprengte er gleicherweise mit Blut. *3. Mose 8,15.19.

22. Und es *wird fast alles mit Blut gereinigt nach dem Gesetz; und †ohne Blutvergießen geschieht keine Vergebung.
*3.Mose 17,11. †Eph.1,7.
23. So mußten nun der himmlischen Dinge *Vorbilder mit solchem gereinigt werden; aber sie selbst, die himmlischen, müssen bessere Opfer haben, denn jene waren. *K.8,5.
24. Denn Christus ist nicht *eingegangen in das Heilige, so mit Händen gemacht ist (welches ist ein Gegenbild des wahrhaftigen), sondern in den Himmel selbst, nun zu †erscheinen vor dem Angesicht Gottes für uns; *V.11,12. †1.Joh.2,1.
25. auch nicht, daß er sich oftmals opfere, gleichwie der Hohepriester geht alle Jahre in das Heilige mit fremdem Blut;
26. sonst hätte er oft müssen leiden von Anfang der Welt her. Nun aber, *am Ende der Welt, ist er †einmal erschienen, durch sein eigen Opfer die Sünde aufzuheben.
*1.Kor.10,11; Gal.4,4. †V.12.
27. Und *wie den Menschen gesetzt ist, einmal zu sterben, darnach aber das Gericht: *1.Mose 3,19.
28. also ist *Christus einmal geopfert, wegzunehmen vieler Sünden; zum andernmal wird er ohne Sünde erscheinen denen, die auf ihn warten, zur Seligkeit.
*K.10,10.12.14.

Das 10. Kapitel

Kraft des Sühnopfers Christi und seine Forderungen an uns.

1. Denn das Gesetz hat den *Schatten von den zukünftigen Gütern, nicht das Wesen der Güter selbst; alle Jahre muß man opfern immer einerlei Opfer, und es †kann nicht, die da opfern, vollkommen machen; *K.8,5. †K.7,19.
2. sonst hätte das Opfern aufgehört, wo die, so am Gottesdienst sind, kein Gewissen mehr hätten von den Sünden, wenn sie einmal gereinigt wären;
3. sondern es geschieht dadurch nur ein *Gedächtnis der Sünden alle Jahre.
*3.Mose 16,21.
4. Denn es ist unmöglich, durch Ochsen- und Bocksblut Sünden wegzunehmen.
5. Darum, da er in die Welt kommt, *spricht er: »Opfer und Gaben hast du nicht gewollt; den Leib aber hast du mir bereitet. *Ps.40,7–9.
6. Brandopfer und Sündopfer gefallen dir nicht.
7. Da sprach ich: Siehe, ich komme (im Buch steht von mir geschrieben), daß ich tue, Gott, deinen Willen.«
8. Nachdem er weiter oben gesagt hatte: »Opfer und Gaben, Brandopfer und Sündopfer hast du nicht gewollt, sie gefallen dir auch nicht« (welche nach dem Gesetz geopfert werden),
9. da sprach er: »Siehe, ich komme, zu tun, Gott, deinen Willen.« Da hebt er das erste auf, daß er das andere einsetze.
10. In diesem Willen sind wir geheiligt auf *einmal durch das Opfer des Leibes Jesu Christi. *K.9,12.28.
11. Und ein jeglicher Priester ist eingesetzt, daß er *alle Tage Gottesdienst pflege und oftmals einerlei Opfer tue, welche †nimmermehr können die Sünden abnehmen. *2.Mose 29,38. †V.1.
12. Dieser aber, da er hat *ein Opfer für die Sünden geopfert, das ewiglich gilt, sitzt er nun zur Rechten Gottes *V.10.14.
13. und wartet hinfort, *bis daß seine Feinde zum Schemel seiner Füße gelegt werden. *Ps.110,1.
14. Denn mit einem Opfer hat er in Ewigkeit vollendet die geheiligt werden. V.12.
15. Es bezeugt uns aber das auch der heilige Geist. Denn nachdem er zuvor gesagt hatte:
16. »Das ist das Testament, das ich ihnen machen will nach diesen Tagen«, spricht der Herr: »Ich will mein Gesetz in ihr Herz geben, und in ihren Sinn will ich es schreiben, Jer.31,33; K.8,10.
17. und ihrer Sünden und ihrer Ungerechtigkeit will ich nicht mehr gedenken.« Jer.31,34; K.8,12.
18. Wo aber derselben Vergebung ist, da ist nicht mehr Opfer für die Sünde.
19. So wir denn nun haben, liebe Brüder, die Freudigkeit zum Eingang in das Heilige durch das Blut Jesu, Matth.27,51.
20. welchen er uns bereitet hat zum neuen und lebendigen *Wege durch den Vorhang, das ist durch sein Fleisch, *K.9,8.
21. und haben einen Hohenpriester über das Haus Gottes:
22. so *lasset uns hinzugehen mit wahrhaftigem Herzen in völligem Glauben, besprengt in unsern Herzen und los von dem bösen Gewissen und †gewaschen am Leibe mit reinem Wasser; *K.4,16. †Eph.5,26.
23. und lasset uns *halten an dem Bekenntnis der Hoffnung und nicht wanken; denn er ist treu, der sie verheißen hat;
*K.4,14.
24. und lasset uns untereinander unser selbst wahrnehmen mit Reizen zur Liebe und guten Werken K.13,1.
25. und nicht verlassen unsere Versammlung, wie etliche pflegen, sondern

einander *ermahnen; und das so viel
mehr, †soviel ihr sehet, daß sich der Tag
naht. *K.3,13. †V.37.
26. Denn so wir mutwillig sündigen,
nachdem wir die Erkenntnis der Wahrheit
empfangen haben, haben wir fürder kein
anderes Opfer mehr für die Sünden,
K.6,4–8.
27. sondern ein schreckliches Warten
des Gerichts und des Feuereifers, der die
Widersacher verzehren wird.
28. Wenn jemand das Gesetz Mose's
bricht, der muß sterben ohne Barmherzigkeit durch zwei oder drei Zeugen.
4.Mose 15,30; 5.Mose 17,6.
29. *Wie viel, meinet ihr, ärgere Strafe
wird der verdienen, der den Sohn Gottes
mit Füßen tritt und das Blut des Testaments unrein achtet, durch welches er
geheiligt ist, und den Geist der Gnade
schmäht? *K.2,3.
30. Denn wir kennen den, der da sagte:
*»Die Rache ist mein, ich will vergelten«,
und abermals: »Der Herr wird sein Volk
richten.« *5.Mose 32,35.36.
31. Schrecklich ist's, in die Hände des
lebendigen Gottes zu fallen.
32. Gedenket aber an die vorigen Tage, in
welchen ihr, *nachdem ihr erleuchtet waret, erduldet habt einen großen Kampf des
Leidens *K.6,4.
33. und zum Teil selbst durch Schmach
und Trübsal ein *Schauspiel wurdet, zum
Teil Gemeinschaft hattet mit denen, welchen es also geht. *1.Kor.4,9.
34. Denn ihr habt mit den Gebundenen
Mitleiden gehabt und den Raub eurer Güter mit Freuden erduldet, als die *ihr wisset, daß ihr bei euch selbst eine bessere
und bleibende Habe im Himmel habt.
*Matth.6,20; 19,21.29.
35. Werfet euer Vertrauen nicht weg,
welches eine große Belohnung hat.
36. Geduld aber ist euch not, auf daß ihr
den Willen Gottes tut und die Verheißung
empfanget. Luk.21,19.
37. Denn »noch über eine kleine Weile,
so wird kommen, der da kommen soll, und
nicht verziehen. Hab.2,3.
38. *Der Gerechte aber wird des Glaubens leben. Wer aber weichen wird, an
dem wird meine Seele kein Gefallen haben.« *Hab.2,4; Röm.1,17.
39. Wir aber sind nicht von denen, die da
weichen und verdammt werden, sondern
von denen, die da glauben und die Seele
erretten.

Das 11. Kapitel

Der Glaube und seine Kraft. Beispiele von Glaubenshelden aus dem alten Testament.

1. Es ist aber der Glaube eine gewisse
Zuversicht des, das man hofft, und ein
Nichtzweifeln an dem, was man nicht
sieht. 2.Kor.5,7.
2. Durch den haben die Alten Zeugnis
überkommen.
3. Durch den Glauben merken wir, daß
die Welt durch Gottes Wort fertig ist, daß
alles, was man sieht, aus nichts geworden
ist. 1.Mose 1.
4. Durch den Glauben hat Abel Gott ein
größeres Opfer getan denn Kain; durch
welchen er Zeugnis überkommen hat, daß
er gerecht sei, da Gott zeugte von seiner
Gabe; und durch denselben redet er noch,
wiewohl er gestorben ist.
1.Mose 4,4; Matth.23,35.
5. Durch den Glauben ward Henoch weggenommen, daß er den Tod nicht sähe,
und ward nicht gefunden, darum daß ihn
Gott wegnahm; denn vor seinem Wegnehmen hat er Zeugnis gehabt, daß er Gott
gefallen habe. 1.Mose 5,24.
6. Aber ohne Glauben ist's unmöglich,
Gott zu gefallen; denn wer zu Gott kommen will, der muß glauben, daß er sei und
denen, die ihn suchen, ein Vergelter sein
werde.
7. Durch den Glauben hat Noah Gott
*geehrt und die Arche zubereitet zum Heil
seines Hauses, da er ein göttliches Wort
empfing über das, was man noch nicht
sah; und verdammte durch denselben die
Welt und hat ererbt †die Gerechtigkeit,
die durch den Glauben kommt.
*1.Mose 6,8.9.13–22; Röm. 4,20. †Röm.3,22.24.
8. Durch den Glauben ward gehorsam
Abraham, da er berufen ward, auszugehen
in das Land, das er ererben sollte; und ging
aus und wußte nicht, wo er hinkäme.
1.Mose 12,1.4.
9. Durch den Glauben ist er ein Fremdling gewesen in dem verheißenen Lande
als in einem fremden und wohnte in Hütten mit Isaak und Jakob, den *Miterben
derselben Verheißung; *1.Mose 26,3; 35,12.
10. denn er wartete auf eine Stadt, die
einen Grund hat, deren Baumeister und
Schöpfer Gott ist.
11. Durch den Glauben empfing auch
Sara Kraft, daß sie schwanger ward und
gebar über die Zeit ihres Alters; denn sie
achtete ihn treu, der es verheißen hatte.
1.Mose 21,2.
12. Darum sind auch von einem, *wie-

wohl erstorbenen Leibes, viele geboren †wie die Sterne am Himmel und wie der Sand am Rande des Meeres, der unzählig ist. *Röm.4,19. †1.Mose 22,17.

13. Diese alle sind gestorben im Glauben und haben die Verheißungen nicht empfangen, sondern sie von ferne gesehen und sich ihrer getröstet und wohl genügen lassen und bekannt, daß sie Gäste und Fremdlinge auf Erden wären.
1.Mose 23,4; 47,9.

14. Denn die solches sagen, die geben zu verstehen, daß sie ein Vaterland suchen.

15. Und zwar, wo sie das gemeint hätten, von welchem sie waren ausgezogen, hatten sie ja Zeit, wieder umzukehren.

16. Nun aber begehren sie eines bessern, nämlich eines himmlischen. Darum schämt sich Gott ihrer nicht, zu heißen *ihr Gott; denn er hat ihnen eine Stadt zubereitet. *2.Mose 3,6.

17. Durch den Glauben opferte Abraham den Isaak, da er versucht ward, und gab dahin den Eingeborenen, da er schon die Verheißungen empfangen hatte, 1.Mose 22.

18. von welchem gesagt war: »In Isaak wird dir dein Same genannt werden«;
1.Mose 21,12.

19. und dachte, Gott kann auch wohl von den Toten erwecken; daher er auch ihn zum Vorbilde wiederbekam. Röm.4,17.

20. Durch den Glauben segnete Isaak von den zukünftigen Dingen den Jakob und Esau. 1.Mose 27,28.29.39.40.

21. Durch den Glauben segnete Jakob, da er starb, *beide Söhne Josephs und †neigte sich gegen seines Stabes Spitze.
*1.Mose 48,15.16. †1.Mose 47,31.

22. Durch den Glauben redete Joseph vom Auszug der Kinder Israel, da er starb, und tat Befehl von seinen Gebeinen.
1.Mose 50,24.

23. Durch den Glauben ward Mose, da er geboren war, drei Monate verborgen von seinen Eltern, darum daß sie sahen, wie er ein schönes Kind war, und fürchteten sich nicht vor des Königs Gebot. 2.Mose 2,2.

24. Durch den Glauben wollte Mose, da er groß ward, nicht mehr ein Sohn heißen der Tochter Pharaos, 2.Mose 2,11.12.

25. und erwählte viel lieber, mit dem Volk Gottes Ungemach zu leiden, denn die zeitliche Ergötzung der Sünde zu haben,

26. und achtete die *Schmach Christi für größern Reichtum denn die Schätze Ägyptens; denn er sah an die †Belohnung.
*K.13,13. †K.10,34.35.

27. Durch den Glauben verließ er Ägypten und fürchtete nicht des Königs Grimm; denn er hielt sich an den, den er nicht sah, als sähe er ihn. 2.Mose 2,15; 12,51.

28. Durch den Glauben hielt er Ostern und das Blutgießen, auf daß, der die Erstgeburten würgte, sie nicht träfe.
2.Mose 12,12.13.

29. Durch den Glauben gingen sie durchs Rote Meer wie durch trockenes Land; was die Ägypter auch versuchten, und ersoffen. 2.Mose 14,22.27.

30. Durch den Glauben fielen die Mauern Jerichos, da sie sieben Tage um sie herumgegangen waren. Jos.6,20.

31. Durch den Glauben ward die Hure Rahab nicht verloren mit den Ungläubigen, da sie die Kundschafter freundlich aufnahm. Jos.2,11.12; 6,17.23; Jak.2,25.

32. Und was soll ich mehr sagen? Die Zeit würde mir zu kurz, wenn ich sollte erzählen von Gideon und Barak und Simson und Jephthah und David und Samuel und den Propheten, Richt.6,11; 4,6; 15,20; 12,7.

33. welche haben durch den Glauben Königreiche bezwungen, Gerechtigkeit gewirkt, Verheißungen erlangt, *der Löwen Rachen verstopft,
*Richt.14,6; 1.Sam.17,34.35; Dan.6,23.

34. des *Feuers Kraft ausgelöscht, sind des Schwertes Schärfe entronnen, sind kräftig geworden aus der Schwachheit, sind stark geworden im Streit, haben der Fremden Heere darniedergelegt.
*Dan.3,23–25.

35. *Weiber haben ihre Toten durch Auferstehung wiederbekommen. †Andere aber sind zerschlagen und haben keine Erlösung angenommen, auf daß sie die Auferstehung, die besser ist, erlangten.
*1.Kön.17,23; 2.Kön.4,36. †2.Makk.6,18–7,42.

36. Etliche haben Spott und Geißeln erlitten, dazu Bande und Gefängnis;
Jer.20; 37; 38.

37. sie wurden *gesteinigt, zerhackt, zerstochen, durchs Schwert getötet; sie sind umhergegangen in Schafpelzen und Ziegenfellen, mit Mangel, mit Trübsal, mit Ungemach *2.Chron.24,21.

38. (deren die Welt nicht wert war), und sind im *Elend umhergeirrt in den Wüsten, auf den Bergen und in den Klüften und Löchern der Erde. *Fremde.

39. Diese alle haben durch den Glauben Zeugnis überkommen und nicht empfangen die Verheißung,

40. darum daß Gott etwas Besseres für uns zuvor ersehen hat, daß sie nicht ohne uns vollendet würden.

Das 12. Kapitel

Ermahnung zur Geduld im Blick auf Jesum
und zur Gottseligkeit
im Blick auf das himmlische Jerusalem.

1. Darum auch wir, dieweil wir eine solche Wolke von Zeugen um uns haben, lasset uns ablegen die Sünde, *so uns immer anklebt und träge macht, und lasset uns †laufen durch Geduld und in dem Kampf, der uns verordnet ist,
*Röm. 7,21. †K. 10,36; 1. Kor. 9.24.

2. und aufsehen auf Jesum, den Anfänger und Vollender des Glaubens; welcher, da er wohl hätte mögen Freude haben, erduldete das Kreuz und achtete der Schande nicht und hat sich gesetzt zur Rechten auf den Stuhl Gottes.

3. Gedenket an den, *der ein solches Widersprechen von den Sündern wider sich erduldet hat, daß ihr nicht in eurem Mut matt werdet und ablasset. *Luk. 2,34.

4. Denn ihr habt noch nicht bis aufs Blut widerstanden in dem Kämpfen wider die Sünde

5. und habt bereits vergessen des Trostes, der zu euch redet als zu den Kindern: *»Mein Sohn, achte nicht gering die Züchtigung des Herrn und verzage nicht, wenn du von ihm gestraft wirst.
*Spr. 3,11.12.

6. Denn welchen der Herr liebhat, den züchtigt er; und er stäupt einen jeglichen Sohn, den er aufnimmt.« Offenb. 3,19.

7. So ihr die Züchtigung erduldet, so erbietet sich euch Gott als Kindern; denn wo ist ein Sohn, den der Vater nicht züchtigt?

8. Seid ihr aber ohne Züchtigung, welcher sie alle sind teilhaftig geworden, so seid ihr Bastarde und nicht Kinder.
Ps. 73,14.15.

9. Und so wir haben unsre leiblichen Väter zu Züchtigern gehabt und sie gescheut, sollten wir denn nicht viel mehr untertan sein dem *Vater der Geister, daß wir leben? *4. Mose 16,22.

10. Denn jene haben uns gezüchtigt wenig Tage nach ihrem Dünken, dieser aber zu Nutz, auf daß wir seine Heiligung erlangen.

11. Alle Züchtigung aber, wenn sie da ist, dünkt uns nicht Freude, sondern Traurigkeit zu sein; aber darnach wird sie geben eine friedsame Frucht der Gerechtigkeit denen, die dadurch geübt sind.
2. Kor. 4,17.18.

12. Darum richtet wieder auf die lässigen Hände und die müden Kniee Jes. 35,3.

13. und *tut gewisse Tritte mit euren Füßen, daß nicht jemand strauchle wie ein Lahmer, sondern vielmehr gesund werde. *Spr. 4,26.

14. Jaget nach – dem Frieden gegen jedermann und der Heiligung, ohne welche wird niemand den Herrn sehen,
Röm. 12,18; 2. Tim. 2,22.

15. und sehet darauf, daß nicht jemand Gottes Gnade versäume; daß nicht etwa eine *bittere Wurzel aufwachse und Unfrieden anrichte und viele durch dieselbe verunreinigt werden; *5. Mose 29,17.

16. daß nicht jemand sei ein Hurer oder ein Gottloser wie *Esau, der um einer Speise willen seine Erstgeburt verkaufte.
*1. Mose 25,33.34.

17. Wisset aber, daß *er hernach, da er den Segen ererben wollte, verworfen ward; denn er fand keinen Raum zur Buße, wiewohl er sie mit Tränen suchte.
*1. Mose 27,30–40.

18. Denn ihr seid nicht gekommen zu dem *Berge, den man anrühren konnte und der mit Feuer brannte, noch zu dem Dunkel und Finsternis und Ungewitter
*2. Mose 19,12.16.18; 5. Mose 4,11.

19. noch zu dem Hall der Posaune und zur Stimme der Worte, da sich weigerten, die sie hörten, *daß ihnen das Wort ja nicht gesagt würde; *2. Mose 20,19.

20. denn sie mochten's nicht ertragen, was da gesagt ward: »Und *wenn ein Tier den Berg anrührt, soll es gesteinigt oder mit einem Geschoß erschossen werden«;
*2. Mose 19,13.

21. und also erschrecklich war das Gesicht, daß Mose sprach: Ich bin erschrokken und zittere.

22. Sondern ihr seid gekommen *zu dem Berge Zion und zu der Stadt des lebendigen Gottes, †dem himmlischen Jerusalem, und zu der Menge **vieler tausend Engel
*Offenb. 14,1. †Gal. 4,26; Offenb. 21,2.
**Offenb. 5,11.

23. und zu der Gemeinde der Erstgeborenen, *die im Himmel angeschrieben sind, und zu Gott, dem Richter über alle, und zu den Geistern der vollendeten Gerechten *Luk. 10,20.

24. und zu *dem Mittler des neuen Testaments, Jesus, und zu dem Blut der Besprengung, das da besser †redet denn das Abels. *K. 9,15. †K. 11,4; 1. Mose 4,10.

25. Sehet zu, daß ihr den nicht abweiset, der da redet. Denn *so jene nicht entflohen sind, die ihn abwiesen, da er auf Erden redete, viel weniger wir, so wir den abweisen, der vom Himmel redet;
*K. 2,2; 10,28.29.

26. dessen Stimme zu der Zeit die Erde bewegte, nun aber verheißt er und *spricht: «Noch einmal will ich bewegen nicht allein die Erde sondern auch den Himmel.« *Hagg.2,6.
27. Aber solches »Noch einmal« zeigt an, daß das Bewegliche soll verwandelt werden, als das gemacht ist, auf daß da bleibe das Unbewegliche.
28. Darum, dieweil wir empfangen ein unbeweglich Reich, haben wir Gnade, durch welche wir sollen Gott dienen, ihm zu gefallen, mit Zucht und Furcht;
29. denn unser Gott ist ein verzehrend Feuer. 5.Mose 4,24; 9,3.

Das 13. Kapitel

Ermunterung zur Liebe. Warnung vor Unzucht und Geiz. Erinnerung, rechtschaffenen Lehrern zu folgen. Schlußermahnungen und Grüße.

1. Bleibet fest in der brüderlichen Liebe. Joh.13,34; 2.Petr.1,7.
2. *Gastfrei zu sein vergesset nicht; denn dadurch haben etliche ohne ihr Wissen †Engel beherbergt. *Röm.12,13; 1.Petr.4,9. †1.Mose 18,3; 19,2.3.
3. Gedenket der *Gebundenen als die Mitgebundenen und derer, die Trübsal leiden, als die ihr auch noch im Leibe lebet. *Matth.25,36.
4. Die Ehe soll ehrlich gehalten werden bei allen und das Ehebett unbefleckt; die Hurer aber und die Ehebrecher wird Gott richten. Gal.5,19.21; Eph.5,5.
5. Der Wandel sei ohne Geiz; und lasset euch *genügen an dem, was da ist. Denn er hat †gesagt: »Ich will dich nicht verlassen noch versäumen«; *1.Tim.6,6. †Jos.1,5.
6. also daß wir dürfen sagen: *»Der Herr ist mein Helfer, ich will mich nicht fürchten; was sollte mir ein Mensch tun?« *Ps.118,6.
7. Gedenket an eure *Lehrer, die euch das Wort Gottes gesagt haben; ihr Ende schauet an und †folget ihrem Glauben nach. *V.17. †1.Kor.4,16.
8. Jesus Christus gestern und heute und derselbe auch in Ewigkeit. 1.Kor.3,11; Offenb.1,17.
9. Lasset euch nicht mit *mancherlei und fremden Lehren umtreiben; denn es ist ein köstlich Ding, daß das Herz †fest werde, welches geschieht durch Gnade, **nicht durch Speisen, davon keinen Nutzen haben, die damit umgehen. *Eph.4,14. †2.Kor.1,21. **Röm.14,17.
10. Wir haben einen Altar, davon nicht Macht haben zu essen, die der Hütte pflegen. K.8,4.5.
11. Denn *welcher Tiere Blut getragen wird durch den Hohenpriester in das Heilige für die Sünde, deren Leichname werden verbrannt außerhalb des Lagers. *3.Mose 16,27.
12. Darum hat auch Jesus, auf daß er heiligte das Volk durch sein eigen Blut, gelitten draußen vor dem Tor. Matth.21,39.
13. So lasset uns nun zu ihm hinausgehen aus dem Lager und seine *Schmach tragen. *K.11,26; 12,2.
14. Denn wir haben hier keine bleibende Stadt, sondern die zukünftige suchen wir. K.11,10; 12,22.
15. So lasset uns nun opfern durch ihn das Lobopfer Gott allezeit, das ist die Frucht der Lippen, die seinen Namen bekennen. Ps.50,14.23; Hos.14,3.
16. Wohlzutun und mitzuteilen vergessen nicht; denn *solche Opfer gefallen Gott wohl. *Phil.4,18.
17. *Gehorchet euren Lehrern und folget ihnen; denn sie wachen über eure Seelen, als die da †Rechenschaft dafür geben sollen; auf daß sie das mit Freuden tun und nicht mit Seufzen; denn das ist euch nicht gut. *1.Thess.5,12. †Hesek.3,18.
18. Betet für uns. *Unser Trost ist der, daß wir ein gutes Gewissen haben und fleißigen uns, guten Wandel zu führen bei allen. *2.Kor.1,12.
19. Ich ermahne aber desto mehr, solches zu tun, auf daß ich umso schneller wieder zu euch komme.
20. Der Gott aber des Friedens, der von den Toten ausgeführt hat den großen *Hirten der Schafe durch das Blut des ewigen Testaments, unsern Herrn Jesus, *Joh.10,12; 1.Petr.2,25.
21. der mache euch fertig in allem guten Werk, zu tun seinen Willen, und schaffe in euch, was vor ihm gefällig ist, durch Jesum Christum; welchem sei Ehre von Ewigkeit zu Ewigkeit! Amen.
22. Ich ermahne euch aber, liebe Brüder, haltet das Wort der Ermahnung zugute; denn ich habe euch kurz geschrieben.
23. Wisset, daß der Bruder Timotheus wieder frei ist; mit dem, so er bald kommt, will ich euch sehen.
24. Grüßet alle eure Lehrer und alle Heiligen. Es grüßen euch die Brüder aus Italien.
25. Die Gnade sei mit euch allen! Amen.

Der Brief des Jakobus

Das 1. Kapitel

Segen der Trübsal. Ursprung der Verkündigung.
Aufnehmen und Tun des Wortes Gottes.

1. Jakobus, ein Knecht Gottes und des
Herrn Jesu Christi, den zwölf Geschlechtern, die da sind *hin und her, Freude
zuvor! *1. Petr. 1,1.
2. Meine lieben Brüder, *achtet es für
eitel Freude, wenn ihr in mancherlei Anfechtungen fallet, *Röm. 5,3–5.
3. und wisset, daß euer Glaube, wenn er
rechtschaffen ist, Geduld wirkt.
4. Die Geduld aber soll festbleiben bis ans
Ende, auf daß ihr seid vollkommen und
ganz und keinen Mangel habet.
5. So aber jemand unter euch Weisheit
mangelt, der *bitte Gott, der da gibt einfältig jedermann und rücket's niemand
auf, so wird sie ihm gegeben werden.
*Spr. 2,3–6.
6. Er *bitte aber im Glauben und zweifle
nicht; denn wer da zweifelt, der ist gleich
wie die Meereswoge, die vom Winde getrieben und gewebt wird. *Mark. 11,24.
7. Solcher Mensch denke nicht, daß er
etwas von dem Herrn empfangen werde.
8. Ein Zweifler ist unbeständig in allen
seinen Wegen.
9. Ein Bruder aber, der niedrig ist, rühme sich seiner Höhe; K. 2,5.
10. und der da reich ist, rühme sich seiner Niedrigkeit, denn *wie eine Blume des
Grases wird er vergehen. *1. Petr. 1,24.
11. Die Sonne geht auf mit der Hitze,
und das Gras verwelkt, und seine *Blume
fällt ab, und seine schöne Gestalt verdirbt:
also wird der Reiche in seinen Wegen verwelken. *Jes. 40,6.7.
12. Selig ist der Mann, der die Anfechtung erduldet; denn nachdem er bewährt
ist, *wird er die Krone des Lebens empfangen, welche Gott verheißen hat denen, die
ihn liebhaben. *2. Tim. 4,8.
13. Niemand sage, wenn er versucht
wird, daß er von Gott versucht werde.
Denn Gott kann nicht versucht werden
zum Bösen, und er selbst versucht niemand.
14. Sondern ein jeglicher wird versucht,
wenn er von seiner eigenen Lust gereizt
und gelockt wird. Röm. 7,7.8.
15. Darnach, wenn die Lust empfangen
hat, gebiert sie die Sünde; die Sünde aber,
wenn sie vollendet ist, gebiert sie *den
Tod. *Röm. 7,10.
16. Irret nicht, liebe Brüder.
17. Alle gute Gabe und alle vollkommene
Gabe kommt von obenherab, von dem Vater des Lichts, *bei welchem ist keine Veränderung noch Wechsel des Lichts und
der Finsternis. *1. Joh. 1,5.
18. Er hat uns gezeugt nach seinem Willen durch das Wort der Wahrheit, auf daß
wir wären Erstlinge seiner Kreaturen.
Joh. 1,13; 1. Petr. 1,23.
19. Darum, liebe Brüder, ein jeglicher
Mensch sei schnell, zu hören, langsam
aber, zu reden, und *langsam zum Zorn.
*Pred. 7,9.
20. Denn des Menschen Zorn tut nicht,
was vor Gott recht ist. Eph. 4,26.
21. Darum so *leget ab alle Unsauberkeit
und alle Bosheit und nehmet das Wort an
mit Sanftmut, das in euch gepflanzt ist,
welches kann eure Seelen selig machen.
*Kol. 3,8; 1. Petr. 2,1.
22. Seid aber Täter des Worts und nicht
Hörer allein, wodurch ihr euch selbst betrüget. Matth. 7,26; Röm. 2,13.
23. Denn so jemand ist ein Hörer des
Worts und nicht ein Täter, der ist gleich
einem Mann, der sein leiblich Angesicht
im Spiegel beschaut.
24. Denn nachdem er sich beschaut hat,
geht er davon und vergißt von Stund an,
wie er gestaltet war.
25. Wer aber durchschaut in das vollkommene *Gesetz der Freiheit und darin
beharrt und ist nicht ein vergeßlicher Hörer, sondern ein Täter, der †wird selig sein
in seiner Tat. *K. 2,12; Röm. 8,2. †Joh. 13,17.
26. So sich jemand unter euch läßt dünken, er diene Gott, und *hält seine Zunge
nicht im Zaum, sondern täuscht sein
Herz, des Gottesdienst ist eitel.
*Ps. 34,14.
27. Ein reiner und unbefleckter Gottesdienst vor Gott dem Vater ist der: die Waisen und Witwen in ihrer Trübsal besuchen
und sich von der Welt unbefleckt erhalten.

Das 2. Kapitel

Wahrer Glaube ist ohne Ansehen der Person und
erweist sich durch Werke.

1. Liebe Brüder, haltet nicht dafür, daß
der Glaube an Jesum Christum, unsern

*Herrn der Herrlichkeit, Ansehung der Person leide. *1.Kor.2,8.
2. Denn so in eure Versammlung käme ein Mann mit einem goldenen Ringe und mit einem herrlichen Kleide, es käme aber auch ein Armer in einem unsaubern Kleide,
3. und ihr sähet auf den, der das herrliche Kleid trägt, und sprächet zu ihm: Setze du dich her aufs beste! und sprächet zu dem Armen: Stehe du dort! oder: Setze dich her zu meinen Füßen!
4. ist's recht, daß ihr solchen Unterschied bei euch selbst macht und richtet nach argen Gedanken?
5. Höret zu, meine lieben Brüder! Hat nicht Gott *erwählt die Armen auf dieser Welt, die am †Glauben reich sind und Erben des Reichs, welches er verheißen hat denen, die ihn liebhaben?
*1.Kor.1,26. †Luk.12,21.
6. Ihr aber habt dem Armen Unehre getan. Sind nicht die Reichen die, die Gewalt an euch üben und ziehen euch vor Gericht?
7. Verlästern sie nicht den guten Namen, nach dem ihr genannt seid?
8. So ihr das königliche Gesetz erfüllet nach der *Schrift: »Liebe deinen Nächsten wie dich selbst«, so tut ihr wohl;
*3.Mose 19,18.
9. so ihr aber die Person ansehet, tut ihr Sünde und werdet überführt vom Gesetz als Übertreter. 5.Mose 1,17.
10. Denn so jemand das ganze Gesetz hält und sündigt an einem, der ist's ganz schuldig. Matth.5,19.
11. Denn der da gesagt hat: *»Du sollst nicht ehebrechen«, der hat auch gesagt: »Du sollst nicht töten.« So du nun nicht ehebrichst, tötest aber, bist du ein Übertreter des Gesetzes. *2.Mose 20,13.14.
12. Also redet und also tut, als die da sollen durchs *Gesetz der Freiheit gerichtet werden. *K.1,25.
13. Es wird aber ein unbarmherziges Gericht über den ergehen, der nicht Barmherzigkeit getan hat; und die Barmherzigkeit rühmt sich wider das Gericht.
Matth.5,7; 18,30.34; 25,45.46.
14. Was hilft's, liebe Brüder, so jemand sagt, er habe den Glauben, und hat doch die Werke nicht? Kann auch der Glaube ihn selig machen? Matth.7,21.
15. So aber ein Bruder oder eine Schwester bloß wäre und Mangel hätte der täglichen Nahrung,
16. und jemand unter euch spräche zu ihnen: Gott berate euch, wärmet euch und sättiget euch! ihr gäbet ihnen aber nicht, was des Leibes Notdurft ist: was hülfe ihnen das? 1.Joh.3,17.
17. Also auch der Glaube, wenn er nicht Werke hat, ist er tot an ihm selber.
18. Aber es möchte jemand sagen: Du hast den Glauben, und ich habe die Werke; zeige mir deinen Glauben ohne die Werke, so will ich dir *meinen Glauben zeigen aus meinen Werken. *Gal.5,6.
19. Du glaubst, daß ein einiger Gott ist? Du tust wohl daran; die Teufel glauben's auch und – zittern.
20. Willst du aber erkennen, du eitler Mensch, daß der Glaube ohne Werke tot sei?
21. Ist nicht Abraham, unser Vater, durch die Werke gerecht geworden, da er seinen Sohn Isaak auf dem Altar opferte?
1.Mose 22,9.10.12.
22. Da siehest du, daß der Glaube mitgewirkt hat an seinen Werken, und durch die Werke ist der Glaube vollkommen geworden;
23. und ist die Schrift erfüllt, die da *spricht: »Abraham hat Gott geglaubt, und das ist ihm zur Gerechtigkeit gerechnet«, und er ward ein †Freund Gottes geheißen. *1.Mose 15,6. †1.Jes.41,8.
24. So sehet ihr nun, daß der Mensch durch die Werke gerecht wird, nicht durch den Glauben allein.
25. Desgleichen die Hure *Rahab, ist sie nicht durch die Werke gerecht geworden, da sie †die Boten aufnahm und ließ sie einen andern Weg hinaus?
*Hebr.11,31. †Jos.2,4.15.
26. Denn gleichwie der Leib ohne Geist tot ist, also ist auch *der Glaube ohne Werke tot. *V.17.

Das 3. Kapitel

Sünden der Zunge. Die Weisheit von oben.

1. Liebe Brüder, unterwinde sich nicht jedermann, Lehrer zu sein, und wisset, daß wir desto mehr Urteil empfangen werden.
2. Denn wir fehlen alle mannigfaltig. Wer aber auch in keinem Wort fehlt, der ist ein vollkommener Mann und kann auch den ganzen Leib im Zaum halten.
3. Siehe, die Pferde halten wir in Zäumen, daß sie uns gehorchen, und wir lenken ihren ganzen Leib.
4. Siehe, die Schiffe, ob sie wohl so groß sind und von starken Winden getrieben werden, werden sie doch gelenkt mit einem kleinen Ruder, wo der hin will, der es regiert.

5. Also ist auch die Zunge ein kleines Glied und richtet große Dinge an. Siehe, ein kleines Feuer, welch einen Wald zündet's an!
6. Und die Zunge ist auch ein Feuer, eine Welt voll Ungerechtigkeit. Also ist die Zunge unter unsern Gliedern und *befleckt den ganzen Leib und zündet an allen unsern Wandel, wenn sie von der Hölle entzündet ist. *Matth. 15,11.18.19; 12,36.37.
7. Denn alle Natur der Tiere und der Vögel und der Schlangen und der Meerwunder wird gezähmt und ist gezähmt von der menschlichen Natur;
8. aber die Zunge kann kein Mensch zähmen, das unruhige Übel *voll tödlichen Giftes. *Ps. 140,4.
9. Durch sie loben wir Gott, den Vater, und durch sie fluchen wir den Menschen, die nach dem *Bilde Gottes gemacht sind. *1. Mose 1,27.
10. Aus einem Munde geht Loben und Fluchen. Es soll nicht, liebe Brüder, also sein.
11. Quillt auch ein Brunnen aus einem Loch süß und bitter?
12. Kann auch, liebe Brüder, ein Feigenbaum Ölbeeren oder ein Weinstock Feigen tragen? Also kann auch ein Brunnen nicht salziges und süßes Wasser geben.
13. Wer ist weise und klug unter euch? Der erzeige mit seinem guten Wandel seine *Werke in der Sanftmut und Weisheit. *K. 2,18.
14. Habt *ihr aber bittern Neid und Zank in eurem Herzen, so rühmet euch nicht und lüget nicht wider die Wahrheit. *Eph. 4,31.
15. Das ist nicht die Weisheit, die *von obenherab kommt, sondern irdisch, menschlich und teuflisch. *K. 1,5.17.
16. Denn wo Neid und Zank ist, da ist Unordnung und eitel böses Ding.
17. Die Weisheit aber von obenher ist aufs erste keusch, darnach friedsam, gelinde, läßt sich sagen, voll Barmherzigkeit und guter Früchte, unparteiisch, ohne Heuchelei.
18. Die *Frucht aber der Gerechtigkeit wird gesät im Frieden †denen, die den Frieden halten. *Jes. 32,17. †Matth. 5,9.

Das 4. Kapitel

Schändlichkeit des Neides.
Empfehlung der Demut.
Warnung vor Sicherheit in weltlichen Händeln.

1. Woher kommt Streit und Krieg unter euch? Kommt's nicht daher: aus euren Wollüsten, die da *streiten in euren Gliedern? *1. Petr. 2,11.
2. Ihr seid begierig, und erlanget's damit nicht; ihr hasset und neidet, und gewinnet damit nichts; ihr streitet und krieget. Ihr habt nicht, darum daß ihr nicht bittet;
3. ihr bittet, und nehmet nicht, darum daß ihr übel bittet, nämlich dahin, daß ihr's mit euren Wollüsten verzehret.
4. Ihr Ehebrecher und Ehebrecherinnen, wisset ihr nicht, daß der Welt Freundschaft Gottes Feindschaft ist? Wer der Welt Freund sein will, der wird Gottes Feind sein. Luk. 6,26; Röm. 8,7; 1. Joh. 2,15.
5. Oder lasset ihr euch dünken, die Schrift sage umsonst: Der Geist, der in euch wohnt, begehrt und eifert? 2. Mose 20,3.5; Matth. 6,24.
6. Er gibt aber desto reichlicher Gnade. Darum sagt sie: *»Gott widerstehet den Hoffärtigen, aber den Demütigen gibt er Gnade.« *Spr. 3,34; Hiob 22,29; Matth. 23,12; 1. Petr. 5,5.
7. So seid nun Gott untertänig. *Widerstehet dem Teufel, so flieht er von euch; *Eph. 6,12; 1. Petr. 5,8.9.
8. *nahet euch zu Gott, so naht er sich zu euch. †Reiniget die Hände, ihr Sünder, und machet eure Herzen keusch, ihr Wankelmütigen. *Sach. 1,3. †Jes. 1,16.
9. Seid elend und traget Leid und weinet; euer Lachen verkehre sich in Weinen und eure Freude in Traurigkeit.
10. Demütiget euch vor Gott, so wird er euch erhöhen. 1. Petr. 5,6.
11. Afterredet nicht untereinander, liebe Brüder. Wer seinem Bruder afterredet und richtet seinen Bruder, der afterredet dem Gesetz und richtet das Gesetz. Richtest du aber das Gesetz, so bist du nicht ein Täter des Gesetzes, sondern ein Richter.
12. Es ist ein einiger Gesetzgeber, der kann selig machen und verdammen. *Wer bist du, der du einen andern richtest? *Matth. 7,1; Röm. 2,1; 14,4.
13. Wohlan nun, die ihr saget: Heute oder morgen wollen wir gehen in die oder die Stadt und wollen ein Jahr da liegen und Handel treiben und gewinnen; Spr. 27,1.
14. die ihr nicht wisset, was morgen sein wird. Denn was ist euer Leben? Ein Dampf ist's, der eine kleine Zeit währt, darnach aber verschwindet er. Luk. 12,20.
15. Dafür ihr sagen solltet: So der Herr will und wir leben, wollen wir dies oder das tun. Apg. 18,21.
16. Nun aber rühmet ihr euch in eurem Hochmut. Aber solcher Ruhm ist böse.

17. Denn wer da weiß Gutes zu tun, und tut's nicht, dem ist's Sünde. Luk. 12,47.

Das 5. Kapitel

Vom Betrug des Reichtums, von der Langmut gegen die Brüder, von dem leichtsinnigen Schwören, der Kraft des Gebets und der Liebe zu den Verirrten.

1. Wohlan nun, ihr Reichen, weinet und heulet über euer Elend, das über euch kommen wird! Luk. 6,24.

2. Euer *Reichtum ist verfault, eure Kleider sind mottenfräßig geworden. *Matth. 6,19.

3. Euer Gold und Silber ist verrostet, und sein Rost wird euch zum Zeugnis sein und wird euer Fleisch fressen wie ein Feuer. Ihr habt euch Schätze gesammelt in den letzten Tagen.

4. Siehe, der Arbeiter Lohn, die euer Land eingeerntet haben, der von euch abgebrochen ist, der schreit, und das Rufen der Ernter ist gekommen vor die Ohren des Herrn Zebaoth. 5. Mose 24,14.15.

5. Ihr habt *wohlgelebt auf Erden und eure Wollust gehabt und eure Herzen geweidet †am Schlachttag. *Luk. 16,19.25. †Jer. 12,3.

6. Ihr habt verurteilt den Gerechten und getötet, und er hat euch nicht widerstanden.

7. So seid nun *geduldig, liebe Brüder, bis auf die Zukunft des Herrn. Siehe, ein Ackermann wartet auf die köstliche Frucht der Erde und ist geduldig darüber, bis sie empfange den Frühregen und Spätregen. *Luk. 21,19; Hebr. 10,36.

8. Seid ihr auch geduldig und stärket eure Herzen; denn die Zukunft des Herrn ist nahe.

9. Seufzet nicht widereinander, liebe Brüder, auf daß ihr nicht verdammt werdet. Siehe, der Richter ist vor der Tür.

10. Nehmet, meine lieben Brüder, zum Exempel des Leidens und der Geduld die Propheten, die geredet haben in dem Namen des Herrn. Matth. 5,12.

11. Siehe, wir preisen selig, die erduldet haben. Die *Geduld Hiobs habt ihr gehört, und das Ende des Herrn habt ihr gesehen; denn der Herr ist barmherzig und ein Erbarmer. *Hiob. 1,21.22.

12. Vor allen Dingen aber, meine Brüder, schwöret nicht, weder bei dem Himmel noch bei der Erde noch mit einem andern Eid. Es sei aber euer Wort: Ja, das Ja ist; und: Nein, das Nein ist, auf daß ihr nicht unter ein Gericht fallet. Matth. 5,34–37.

13. *Leidet jemand unter euch, der bete; ist jemand gutes Muts, der singe †Psalmen. *Ps. 50,15. †Kol. 3,16.

14. Ist jemand krank, der rufe zu sich die Ältesten von der Gemeinde, daß sie über ihm beten und ihn †salben mit Öl in dem Namen des Herrn. *Mark. 6,13.

15. Und das *Gebet des Glaubens wird dem Kranken helfen, und der Herr wird ihn aufrichten; und so er hat Sünden getan, werden sie ihm vergeben sein. *Mark. 16,18.

16. Bekenne einer dem andern seine Sünden und betet füreinander, daß ihr gesund werdet. Des Gerechten Gebet vermag viel, wenn es ernstlich ist.

17. Elia war ein Mensch gleich wie wir; und er betete ein Gebet, daß es nicht regnen sollte, und *es regnete nicht auf Erden drei Jahre und sechs Monate. *1. Kön. 17,1; Luk. 4,25.

18. Und er betete abermals, und der Himmel gab den Regen, und die Erde brachte ihre Frucht. 1. Kön. 18,42.

19. Liebe Brüder, so jemand unter euch irren würde von der Wahrheit, *und jemand bekehrte ihn, *Gal. 6,1.

20. der soll wissen, daß, wer *den Sünder bekehrt hat von dem Irrtum seines Weges, der hat einer Seele vom Tode geholfen und wird *bedecken die Menge der Sünden. *Ps. 51,15. †Spr. 10,12; 1. Petr. 4,8.

Der Brief des Judas

Eingang
Warnung vor lasterhaften Verführern.
Ermahnung zur Standhaftigkeit im Glauben
und in der reinen Lehre.
Schlußwunsch.
(Vgl. 2. Petr. 2)

1. Judas, ein Knecht Jesu Christi, ein *Bruder aber des Jakobus, den Berufenen, die da geheiligt sind in Gott, dem Vater, und bewahrt in Jesu Christo:

*Matth. 13,55.

2. Gott gebe euch viel Barmherzigkeit und Frieden und Liebe!

3. Ihr Lieben, nachdem ich vorhatte, euch zu schreiben von unser aller Heil, hielt ich's für nötig, euch mit Schriften zu ermahnen, daß *ihr für den Glauben kämpfet, der einmal den Heiligen übergeben ist. *1. Tim. 1,18.

4. Denn es sind etliche Menschen nebeneingeschlichen, von denen vorzeiten geschrieben ist solches Urteil: Die sind Gottlose, ziehen die Gnade unsers Gottes auf Mutwillen und verleugnen Gott und unsern Herrn Jesus Christus, den einigen Herrscher.

5. Ich will euch aber erinnern, die ihr dies ja schon wisset, daß der Herr, da er dem Volk aus Ägypten half, das andere Mal umbrachte, die da nicht glaubten.

4. Mose 14,35; 1. Kor. 10,5.

6. Auch *die Engel, die ihr Fürstentum nicht bewahrten, sondern verließen ihre Behausung, hat er behalten zum Gericht des großen Tages mit ewigen Banden in der Finsternis. *Joh. 8,44.

7. Wie auch Sodom und Gomorra und die umliegenden Städte, die gleicherweise wie diese Unzucht getrieben haben und nach einem andern Fleisch gegangen sind, zum Beispiel gesetzt sind und leiden des ewigen Feuers Pein.

1. Mose 19,4–25.

8. Desgleichen sind auch diese Träumer, die das Fleisch beflecken, die Herrschaft aber verachten und die Majestäten lästern.

9. *Michael aber, der Erzengel, da er mit dem Teufel stritt und mit ihm redete über den Leichnam Mose's, wagte er das Urteil der Lästerung nicht zu fällen, sondern sprach: †Der Herr strafe dich!

*Dan. 12,1. †Sach. 3,2.

10. Diese aber lästern alles, davon sie nichts wissen; was sie aber natürlich erkennen wie die unvernünftigen Tiere, darin verderben sie.

11. Weh ihnen! denn sie gehen den Weg *Kains und fallen in den Irrtum des †Bileam um Gewinnes willen und kommen um in dem **Aufruhr Korahs.

*1. Mose 4,8. †4. Mose 31,16. **4. Mose 16.

12. Diese Unfläter prassen bei euren Liebesmahlen ohne Scheu, weiden sich selbst; sie sind Wolken ohne Wasser, von dem Winde umgetrieben, kahle, unfruchtbare Bäume, zweimal erstorben und ausgewurzelt,

13. wilde Wellen des Meers, *die ihre eigene Schande ausschäumen, irre Sterne, welchen behalten ist das Dunkel der Finsternis in Ewigkeit. *Jes. 57,20.

14. Es hat aber auch von solchen geweissagt *Henoch, der siebente von Adam, und gesprochen: »Siehe, der Herr kommt mit vielen tausend Heiligen,

*1. Mose 5,21.

15. *Gericht zu halten über alle und zu strafen alle Gottlosen um alle Werke ihres gottlosen Wandels, womit sie gottlos gewesen sind, und um all das Harte, das die gottlosen Sünder wider ihn geredet haben.« *Matth. 25,31.

16. Diese murren und klagen immerdar und wandeln dabei nach ihren Lüsten; und ihr Mund redet stolze Worte, und achten das Ansehen der Person um Nutzens willen.

17. Ihr aber, meine Lieben, erinnert euch der Worte, die zuvor gesagt sind von den Aposteln unsers Herrn Jesu Christi,

18. da sie euch sagten, daß zu *der letzten Zeit werden Spötter sein, die nach ihren eigenen Lüsten des gottlosen Wesens wandeln. *. Tim. 4,1; 2. Petr. 3,3.

19. Diese sind es, die da Trennungen machen, Fleischliche, die da keinen Geist haben. 1. Kor. 2,14.

20. Ihr aber, meine Lieben, *erbauet euch auf euren allerheiligsten Glauben durch den heiligen Geist und betet,

*Kol. 2,7; 1. Thess. 5,11.

21. und erhaltet euch in der Liebe Gottes, und wartet auf die Barmherzigkeit unsers Herrn Jesu Christi zum ewigen Leben.

22. Und haltet diesen Unterschied, daß ihr euch etlicher erbarmet,

23. etliche aber mit Furcht *selig machet und rücket sie aus dem Feuer; und
hasset auch den †Rock, der vom Fleische
befleckt ist. *Jak. 5,19.20. †Offenb. 3,4.
24. Dem aber, der euch kann behüten
ohne Fehl und stellen vor das Angesicht
seiner Herrlichkeit unsträflich mit Freuden, 1. Thess. 5,23; Phil. 1,10.
25. dem Gott, der allein weise ist, unserm Heiland, sei Ehre und Majestät und
Gewalt und Macht nun und zu aller Ewigkeit! Amen. Röm. 16,27; 1. Tim. 1,17.

Die Offenbarung des Johannes

Das 1. Kapitel

Eingang und Gruß. Erscheinung des verklärten Menschensohnes. Geheimnis der sieben Sterne und Leuchter.

1. Dies ist die Offenbarung Jesu Christi, die ihm Gott gegeben hat, seinen Knechten zu zeigen, *was in der Kürze geschehen soll; und er hat sie gedeutet und gesandt durch seinen Engel zu seinem Knecht Johannes, *V.19.
2. der bezeugt hat *das Wort Gottes und das Zeugnis von Jesu Christo, was er gesehen hat. *V.9; K.6,9.
3. *Selig ist, der da liest und die da hören die Worte der Weissagung und behalten, was darin geschrieben ist; denn †die Zeit ist nahe. *K.22,7. †K.22,10.
4. Johannes den sieben Gemeinden in Asien: Gnade sei mit euch und Friede von dem, *der da ist und der da war und der da kommt, und von den †sieben Geistern, die da sind vor seinem Stuhl,
*V.8; 2.Mose 3,14.15. †K.3,1; 5,6.
5. und von Jesu Christo, welcher ist der treue *Zeuge und †Erstgeborene von den Toten und **der Fürst der Könige auf Erden! Der uns geliebt hat und ††gewaschen von den Sünden mit seinem Blut
*K.3,14; Joh.18,37. †V.18; Kol.1,18. **K.19,16. ††K.7,14; Hebr.9,14.
6. und *hat uns zu Königen und Priestern gemacht vor Gott und seinem Vater, dem sei Ehre und Gewalt von Ewigkeit zu Ewigkeit! Amen.
*K.5,10; 1.Petr.2,5.9; Mose 19,6; Jes.61,6.
7. Siehe, *er kommt mit den Wolken, und es werden ihn †sehen alle Augen und die ihn zerstochen haben; und werden heulen alle Geschlechter der Erde. Ja, amen. *Dan.7,13. †Sach.12,10; Joh.19,37.
8. Ich bin das A und das O, der Anfang und das Ende, spricht Gott der Herr, der da ist und der da war und der da kommt, der Allmächtige. Jes.41,4; V.4; K.4,8; 21,6.
9. Ich, Johannes, der auch euer Bruder und Mitgenosse an der Trübsal ist und am Reich und an der Geduld Jesu Christi, war auf der Insel, die da heißt Patmos, um des Wortes Gottes willen und des Zeugnisses Jesu Christi.
10. Ich war im Geist an des Herrn Tag und hörte hinter mir *eine große Stimme wie einer Posaune, *V.15.
11. die sprach: *Ich bin das A und das O, der Erste und der Letzte; und was du siehest, das schreibe in ein Buch und sende es zu den Gemeinden in Asien: gen Ephesus und gen Smyrna und gen Pergamus und gen Thyatira und gen Sardes und gen Philadelphia und gen Laodizea.
*V.8.17; K.2,8; 22,13.
12. Und ich wandte mich um, zu sehen nach der Stimme, die mit mir redete. Und als ich mich wandte, sah ich *sieben goldene Leuchter *V.20.
13. und *mitten unter den sieben Leuchtern einen, der war †eines Menschen Sohne gleich, der war **angetan mit einem langen Gewand und begürtet um die Brust mit einem goldenen Gürtel.
*K.2,1. †Dan.7,13. **Dan.10,5.6.
14. Sein Haupt aber und sein Haar *war weiß wie weiße Wolle, wie der Schnee, und †seine Augen wie eine Feuerflamme
*Dan.7,9. †K.2,18; 19,12.
15. und *seine Füße gleichwie Messing, das im Ofen glüht, und seine Stimme wie großes Wasserrauschen; *K.2,18.
16. und er hatte *sieben Sterne in seiner rechten Hand, und aus seinem Munde ging †ein scharfes, zweischneidiges Schwert, und sein Angesicht leuchtete wie die helle Sonne.
*V.20; K.2,1. †K.2,12.16; 19,15.
17. Und als ich ihn sah, fiel ich zu seinen Füßen *wie ein Toter; und er legte seine rechte Hand auf mich und sprach zu mir: Fürchte dich nicht! ich bin der Erste und der Letzte *Dan.8,18; 10,15–19.
18. und der Lebendige; ich war tot, und siehe, ich bin lebendig von Ewigkeit zu Ewigkeit und habe die Schlüssel der Hölle und des Todes.
19. Schreibe, was du gesehen hast, und was da ist, und was geschehen soll darnach.
20. Das Geheimnis der sieben Sterne, die du gesehen hast in meiner rechten Hand, und die sieben goldenen Leuchter: die sieben Sterne sind *Engel der sieben Gemeinden; und die sieben Leuchter, die du gesehen hast, sind sieben Gemeinden.
*Mal.2,7.

JESUS ERSCHEINT DEM JOHANNES Offenbarung 1, 12–18

Das 2. Kapitel

Sendschreiben Christi an die Vorsteher und Gemeinden zu Ephesus, Smyrna, Pergamus und Thyatira.

1. Dem Engel der Gemeinde zu Ephesus schreibe: Das sagt, *der da hält die sieben Sterne in seiner Rechten, der da wandelt mitten unter den sieben goldenen Leuchtern: *K.1,13.16.20.

2. *Ich weiß deine Werke und deine Arbeit und deine Geduld und daß du die Bösen nicht tragen kannst; und hast †versucht die, so da sagen, sie seien Apostel, und sind's nicht, und hast sie als Lügner erfunden; *V.9.13.19; K.3,1.8.15. †1.Joh.4,1.

3. und verträgst und hast Geduld, und um meines Namens willen arbeitest du und bist nicht müde geworden.

4. Aber ich habe wider dich, daß du die erste Liebe verlässest.

5. Gedenke, wovon du gefallen bist, und tue Buße und tue die ersten Werke. Wo aber nicht, werde ich dir bald kommen und deinen Leuchter wegstoßen von seiner Stätte, wo du nicht Buße tust. V.16,22; K.3,3.19.

6. Aber das hast du, daß du die Werke der *Nikolaiten †hassest, welche ich auch hasse. *V.15. †Ps.139,21.

7. Wer Ohren hat, der höre, was der Geist den Gemeinden sagt: *Wer überwindet, dem will ich zu essen geben von †dem Holz des Lebens, das im Paradies Gottes ist. *V.11.17.26; K.3,5.12.21. †K.22,2; 1.Mose 2,9; 3,22.24.

8. Und dem Engel der Gemeinde zu Smyrna schreibe: Das sagt *der Erste und der Letzte, der tot war und ist lebendig geworden: *K.1,11.17.18.

9. Ich weiß deine Werke und deine Trübsal und deine Armut (du bist aber *reich) und die Lästerung von denen, †die da sagen, sie seien Juden, und sind's nicht, sondern sind des **Satans Schule. *Jak.2,5. †K.3,9. **2.Kor.11,14.15.

10. *Fürchte dich vor der keinem, das du leiden wirst! Siehe, der Teufel wird etliche von euch ins Gefängnis werfen, auf daß ihr versucht werdet, und werdet Trübsal haben zehn Tage. Sei getreu bis an den Tod, so will ich dir die †Krone des Lebens geben. *Matth.10,28. †K.3,11; 2.Tim.4,8.

11. Wer Ohren hat, der höre, was der Geist den Gemeinden sagt: Wer überwin-

det, dem soll kein Leid geschehen von
*dem andern Tode. *K.20,14.
12. Und dem Engel der Gemeinde zu Pergamus schreibe: Das sagt, der *da hat das scharfe, zweischneidige Schwert:
*K.1,16; Jes.49,2; Hebr.4,12.
13. Ich weiß, was du tust und wo du wohnst, da des *Satans Stuhl ist; und †hältst an meinem Namen und hast meinen Glauben nicht verleugnet auch in den Tagen, in welchen Antipas, mein treuer Zeuge, bei euch getötet ist, da der Satan wohnt. *K.13,2. †K.3,8.
14. Aber ich habe ein Kleines wider dich: daß du daselbst hast, die *an der Lehre Bileams halten, welcher lehrte den Balak ein Ärgernis aufrichten vor den Kindern Israel, zu essen Götzenopfer und Hurerei zu treiben. 4.Mose 31,16; Judas 11.
15. Also hast du auch, die an der Lehre der *Nikolaiten halten; das hasse ich. *V.6.
16. Tue Buße; wo aber nicht, so werde ich dir bald kommen und mit ihnen *kriegen durch das Schwert meines Mundes.
*K.1,16.
17. Wer Ohren hat, der höre, was der Geist den Gemeinden sagt: Wer überwindet, dem will ich zu essen geben von dem verborgenen Manna und will ihm geben einen weißen Stein und auf dem Stein einen *neuen Namen geschrieben, welchen niemand kennt, denn der ihn empfängt. *K.3,12.
18. Und dem Engel der Gemeinde zu Thyatira schreibe: Das sagt der Sohn Gottes, der *Augen hat wie Feuerflammen, und seine Füße sind gleich wie Messing:
*K.1,14.15.
19. Ich weiß deine Werke und deine Liebe und deinen Dienst und deinen Glauben und deine Geduld und daß du je länger, je mehr tust.
20. Aber *ich habe wider dich, daß du lässest das Weib †Isebel, die da spricht, sie sei eine Prophetin, lehren und verführen meine Knechte, Hurerei zu treiben und Götzenopfer zu essen.
*V.4. †vgl. 1.Kön.16,31.
21. Und ich habe ihr Zeit gegeben, daß sie sollte Buße tun für ihre Hurerei; und sie tut nicht Buße.
22. Siehe, ich werfe sie in ein Bett, und die mit ihr die Ehe gebrochen haben, in große Trübsal, wo sie nicht Buße tun für ihre Werke,
23. und ihre Kinder will ich zu Tode schlagen. Und alle Gemeinden sollen erkennen, daß ich es bin, der die *Nieren und Herzen erforscht; und ich werde geben einem jeglichen unter euch nach euren Werken. *Ps.7,10; Jer.17,10.
24. Euch aber sage ich, den andern, die zu Thyatira sind, die nicht haben solche Lehre und die nicht erkannt haben die Tiefen des Satans (wie sie sagen): Ich will nicht auf euch werfen eine andere Last;
25. doch *was ihr habt, das haltet, bis daß ich komme. *K.3,11.
26. Und wer da überwindet und hält meine Werke bis ans Ende, dem will ich Macht geben über die Heiden,
27. und er soll sie weiden mit einem eisernen Stabe, und wie eines Töpfers Gefäße soll er sie zerschmeißen, K.12,5.
28. wie *ich von meinem Vater empfangen habe; und ich will ihm geben den Morgenstern. *Ps.2,8.9.
29. Wer Ohren hat, der höre, was der Geist den Gemeinden sagt! K.3,6.13.22.

Das 3. Kapitel

Sendschreiben Christi an die Vorsteher und Gemeinden zu Sardes, Philadelphia und Laodizea.

1. Und dem Engel der Gemeinde zu Sardes schreibe: Das sagt, *der die sieben Geister Gottes hat und die †sieben Sterne: Ich weiß deine Werke; denn du hast den Namen, daß du lebest, und bist tot.
*K.5,6. †K.1,16.
2. Werde *wach und stärke †das andere, das sterben will; denn ich habe deine Werke nicht völlig erfunden vor Gott.
*V.19. †Hesek.34,4.
3. So gedenke nun, wie du empfangen und gehört hast, und halte es und tue Buße. So du nicht wirst wachen, werde ich über dich kommen *wie ein Dieb, und wirst nicht wissen, welche Stunde ich über dich kommen werde. *1.Thess.5,2.
4. Aber du hast etliche Namen zu Sardes, *die nicht ihre Kleider besudelt haben; und sie werden mit mir wandeln in weißen Kleidern, denn sie sind's wert. *Judas 23.
5. Wer überwindet, der soll *mit weißen Kleidern angetan werden, und ich werde seinen Namen nicht austilgen aus †dem Buch des Lebens, und ich will seinen Namen **bekennen vor meinem Vater und vor seinen Engeln.
*K.4,4; 6,11; 7,9.13. †Phil.4,3. **Matth.10,32.
6. Wer Ohren hat, der höre, was der Geist den Gemeinden sagt!
7. Und dem Engel der Gemeinde zu Philadelphia schreibe: Das sagt der Heilige, der Wahrhaftige, der da *hat den Schlüssel Davids, der auftut, und niemand

schließt zu, der zuschließt, und niemand
tut auf: *Jes.22,22.
8. Ich weiß deine Werke. Siehe, ich habe
vor dir gegeben eine *offene Tür, und niemand kann sie zuschließen; denn du hast
eine kleine Kraft und hast mein Wort behalten und hast meinen Namen nicht verleugnet. *1.Kor.16,9.
9. Siehe, ich werde geben aus des Satanas Schule, die da sagen, *sie seien Juden,
und sind's nicht, sondern lügen; siehe, ich
will sie dazu bringen, daß †sie kommen
sollen und niederfallen zu deinen Füßen
und erkennen, daß ich dich geliebt habe.
*K.2,9. †Jes.60,14; 49,23.
10. Dieweil du hast bewahrt *das Wort
meiner Geduld, will ich auch dich bewahren vor der Stunde der Versuchung, die
kommen wird über den ganzen Weltkreis,
zu versuchen, die da wohnen auf Erden.
*K.13,10; Hebr.10,36.
11. Siehe, *ich komme bald; halte, was
du hast, daß niemand deine †Krone nehme! *K.1,3; 2,5. †K.2,10.
12. Wer überwindet, den will ich machen
zum *Pfeiler in dem Tempel meines Gottes, und er soll nicht mehr hinausgehen;
und will auf ihn schreiben †den Namen
meines Gottes und den Namen des **neu-
en Jerusalem, der Stadt meines Gottes, die
vom Himmel herniederkommt von meinem Gott, und ††meinen Namen, den
neuen.
*Gal.2,9. †K.14,1; 22,4. **K.21,2. ††K.19,12.
13. Wer Ohren hat, der höre, was der
Geist den Gemeinden sagt!
14. Und dem Engel der Gemeinde zu
Laodizea schreibe: Das sagt, der Amen
heißt, *der treue und wahrhaftige Zeuge,
†der Anfang der Kreatur Gottes:
*K.1,5. †Joh.1,3; Kol.1,15.
15. Ich *weiß deine Werke, daß du weder
kalt noch warm bist. Ach, daß du kalt oder
warm wärest! *K.2,2.
16. Weil du aber lau bist und weder kalt
noch warm, werde ich dich ausspeien aus
meinem Munde.
17. Du sprichst: Ich bin reich und habe
gar satt und bedarf nichts! und weißt
nicht, daß du bist elend und jämmerlich,
arm, blind und bloß. 1.Kor.3,18; 4,8.
18. Ich rate dir, daß du *Gold von mir
†kaufest, das mit Feuer durchläutert ist,
daß du reich werdest, und weiße Kleider,
daß du dich antust **und nicht offenbart
werde die Schande deiner Blöße; und salbe deine Augen mit Augensalbe, daß du
sehen mögest.
*1.Petr.1,7. †Jes.55,1. **K.16,15.
19. Welche ich liebhabe, die strafe und
züchtige ich. So sei nun fleißig und tue
Buße! Spr.3,12; 1.Kor.11,32; Hebr.12,6.
20. Siehe, *ich stehe vor der Tür und
klopfe an. So jemand meine Stimme hören wird und die Tür auftun, †zu dem
werde ich eingehen und das Abendmahl
mit ihm halten und er mit mir.
*Luk.12,36. †Joh.14,23.
21. Wer überwindet, dem will ich geben,
mit mir auf meinem Stuhl zu sitzen, wie
ich überwunden habe und mich gesetzt
mit meinem Vater auf seinen Stuhl.
Matth.19,28.
22. Wer Ohren hat, der höre, was der
Geist den Gemeinden sagt!

Das 4. Kapitel

Offenbarung der Majestät Gottes und die
feierliche Anbetung vor seinem Throne.

1. Darnach sah ich, und siehe, eine Tür
war aufgetan im Himmel; und die *erste
Stimme, die ich gehört hatte mit mir reden wie eine Posaune, die sprach: Steig
her, ich will dir zeigen, was nach diesem
geschehen soll. *K.1,10.
2. Und alsobald war ich *im Geist. Und
siehe, †ein Stuhl war gesetzt im Himmel,
und auf dem Stuhl saß einer;
*K.1,10. †Hesek.1,26; 10,1; Jes.6,1.
3. Und der dasaß, war gleich anzusehen
wie der Stein Jaspis und Sarder; und ein
Regenbogen war um den Stuhl, gleich anzusehen wie ein Smaragd. Hesek.1,26–28.
4. Und um den Stuhl waren vierundzwanzig Stühle, und auf den Stühlen saßen vierundzwanig *Älteste, †mit weißen
Kleidern angetan, und hatten auf ihren
Häuptern goldene Kronen.
*Jes.24,23. †K.3,4; 5,10.
5. Und von dem Stuhl gingen aus *Blitze, Donner und Stimmen; und †sieben
Fackeln mit Feuer brannten vor dem
Stuhl, welches sind die sieben **Geister
Gottes. *K.8,5; 11,19; 16,18. †Sach.4,2. **K.1,4.
6. Und vor dem Stuhl war *ein gläsernes
Meer gleich dem Kristall, und mitten am
Stuhl und um den Stuhl †vier Tiere, voll
Augen vorn und hinten.
*Hesek.1,22. †Hesek.1,5.
7. Und das erste Tier war gleich einem
*Löwen, und das andere Tier war gleich
einem Kalbe, und das dritte hatte ein Antlitz wie ein Mensch, und das vierte Tier
war gleich einem fliegenden Adler.
*Hesek.1,10; 10,14.
8. Und ein jegliches der vier Tiere hatte
sechs Flügel, und sie waren außenherum

und inwendig voll Augen und hatten keine Ruhe Tag und Nacht und sprachen: *Heilig, heilig, heilig ist Gott der Herr, der Allmächtige, der da war und der da ist und der da kommt! *Jes. 6,3.

9. Und da die Tiere gaben Preis und Ehre und Dank dem, der da auf dem Stuhl saß, der da lebt von Ewigkeit zu Ewigkeit,

10. fielen die vierundzwanzig Ältesten nieder vor dem, der auf dem Stuhl saß, und beteten an den, *der da lebt von Ewigkeit zu Ewigkeit, und warfen ihre Kronen vor den Stuhl und sprachen: *K. 5,14.

11. Herr, du bist würdig, zu nehmen Preis und Ehre und Kraft; denn du hast alle Dinge geschaffen, und durch deinen Willen haben sie das Wesen und sind geschaffen.

Das 5. Kapitel

Das Lamm empfängt das Buch mit sieben Siegeln.

1. Und ich sah in der rechten Hand des, *der auf dem Stuhl saß, ein Buch, †beschrieben inwendig und auswendig, versiegelt mit sieben Siegeln.
*K. 4,2. †Hesek. 2,9.10.

2. Und ich sah einen starken Engel, der rief aus mit großer Stimme: Wer ist würdig, das Buch aufzutun und seine Siegel zu brechen?

3. Und niemand im Himmel noch auf Erden noch unter der Erde konnte das Buch auftun und hineinsehen.

4. Und ich weinte sehr, daß niemand würdig erfunden ward, das Buch aufzutun und zu lesen noch hineinzusehen.

5. Und einer von den Ältesten spricht zu mir: Weine nicht! Siehe, es hat überwunden *der Löwe, der da ist vom Geschlecht Juda, die †Wurzel Davids, aufzutun das Buch und zu brechen seine sieben Siegel.
*1. Mose 49,9.10. †Jes. 11,1.10; K. 22,16.

6. Und ich sah, und siehe, mitten zwischen dem Stuhl und den vier Tieren und zwischen den Ältesten stand *ein Lamm, wie wenn es erwürgt wäre, und hatte sieben Hörner und †sieben Augen, das sind die sieben **Geister Gottes, gesandt in alle Lande.
*Jes. 53,7; Joh. 1,29.36. †Sach. 4,10. **K. 4,5.

7. Und es kam und nahm das Buch aus der rechten Hand des, der auf dem Stuhl saß.

8. Und da es das Buch nahm, da fielen die vier Tiere und die vierundzwanzig Ältesten nieder vor dem Lamm und hatten ein jeglicher *Harfen und goldene Schalen voll Räuchwerk, †das sind die Gebete der Heiligen, *K. 14,2; 15,2. †K. 8,3.4.

9. und sangen ein *neues Lied und sprachen: Du bist würdig, zu nehmen das Buch und aufzutun seine Siegel; denn du bist erwürget und hast uns Gott erkauft mit deinem Blut aus allerlei Geschlecht und Zunge und Volk und Heiden *Ps. 33,3.

10. und hast uns unserm Gott zu Königen und Priestern gemacht, und wir werden Könige sein auf Erden. K. 1,6; 20,6; 22,5.

11. Und ich sah und hörte eine Stimme *vieler Engel um den Stuhl und um die Tiere und um die Ältesten her; und †ihre Zahl war vieltausendmal tausend;
*1. Kön. 22,19. †Dan. 7,10.

12. und sie sprachen mit großer Stimme: Das Lamm, das erwürget ist, ist würdig, zu nehmen *Kraft und Reichtum und Weisheit und Stärke und Ehre und Preis und Lob. *1. Chron. 19,11; Phil. 2,9.10.

13. Und alle Kreatur, die im Himmel ist und auf Erden und unter der Erde und im Meer, und alles, was darinnen ist, hörte ich sagen: Dem, der auf dem Stuhl sitzt, und dem Lamm sei Lob und Ehre und Preis und Gewalt von Ewigkeit zu Ewigkeit!

14. Und die vier Tiere sprachen: Amen! Und die vierundzwanzig Ältesten fielen nieder und beteten an den, der da lebt von Ewigkeit zu Ewigkeit. K. 4,10; 19,4.

Das 6. Kapitel

Eröffnung der sechs ersten Siegel.

1. Und ich sah, daß das Lamm *der Siegel eines auftat; und ich hörte der †vier Tiere eines sagen wie mit einer Donnerstimme: Komm! *K. 5,1.2. †K. 4,6; 5,6.8.

2. Und ich sah, und siehe, *ein weißes Pferd. Und der daraufsaß, hatte einen Bogen; und ihm ward gegeben eine Krone, und er zog aus sieghaft, und daß er siegte.
*Sach. 1,8; 6,1–3.

3. Und da es das andere Siegel auftat, hörte ich *das andere Tier sagen: Komm!
*K. 4,7.

4. Und es ging heraus ein anderes Pferd, das war rot. Und dem, der daraufsaß, ward gegeben, den Frieden zu nehmen von der Erde und daß sie sich untereinander erwürgten; und ihm ward ein großes Schwert gegeben.

5. Und da es das dritte Siegel auftat, hörte ich das *dritte Tier sagen: Komm! Und ich sah, und siehe, ein schwarzes Pferd. Und der daraufsaß, hatte eine Waage in seiner Hand. *K. 4,7.

DIE VIER APOKALYPTISCHEN REITER Offenbarung 6, 1–10

6. Und ich hörte eine Stimme unter den
vier Tieren sagen: Ein Maß Weizen um
einen Groschen und drei Maß Gerste um
einen Groschen; und dem Öl und Wein tu
kein Leid!
7. Und da es das vierte Siegel auftat, hörte ich die Stimme des *vierten Tiers sagen:
Komm! *K.4,7.
8. Und ich sah, und siehe, ein fahles
Pferd. Und der daraufsaß, des Name hieß
Tod, und die Hölle folgte ihm nach. Und
ihnen ward Macht gegeben, zu töten den
vierten Teil auf der Erde *mit dem
Schwert und Hunger und mit dem Tod
und durch die Tiere auf Erden.
*Hesek. 14,21; Jer. 15,3.
9. Und da es das fünfte Siegel auftat, sah
ich unter dem *Altar die Seelen derer, die
erwürgt waren um des Wortes Gottes willen und um des Zeugnisses willen, das sie
hatten. *K.8,5; 14,18; 16,7.
10. Und sie *schrieen mit großer Stimme und sprachen: Herr, du Heiliger und
Wahrhaftiger, †wie lange richtest du nicht
und rächest unser Blut an denen, die auf
der Erde wohnen?
*1. Mose 4,10. †K. 18,10.
11. Und ihnen wurde gegeben einem jeglichen *ein weißes Kleid, und ward zu
ihnen gesagt, daß sie ruhten noch eine
kleine Zeit, bis daß vollends dazukämen
ihre Mitknechte und Brüder, die auch sollten noch getötet werden gleich wie sie.
*K.3,4.5; 7,9.13.14.
12. Und ich sah, daß es das sechste Siegel
auftat, und siehe, da ward ein großes Erdbeben, und *die Sonne ward schwarz wie
ein härener Sack, und der Mond ward wie
Blut; *Jes. 13,10; Joel 3,3.4; Luk. 21,25.
13. Und die Sterne des Himmels fielen
auf die Erde, *gleichwie ein Feigenbaum
seine Feigen abwirft, wenn er von großem
Wind bewegt wird. *Jes. 34,4.
14. Und der Himmel entwich wie ein zu-
sammengerolltes Buch; und alle Berge
und Inseln wurden bewegt aus ihren Örtern.
15. Und die Könige auf Erden und die
Großen und die Reichen und die Hauptleute und die Gewaltigen und alle Knechte
und alle Freien *verbargen sich in den
Klüften und Felsen an den Bergen
*Jes. 2,10.19.
16. und *sprachen zu den Bergen und

Felsen: Fallet über uns und verberget uns
vor dem Angesichte des, der auf dem Stuhl
sitzt, und vor dem Zorn des Lammes!

*Luk. 23,30.

17. Denn es ist gekommen der große Tag
seines Zorns, und wer kann bestehen?

Röm. 2,5.

Das 7. Kapitel

Die Versiegelten aus den zwölf Stämmen; die selige Schar der Erlösten aus allen Nationen.

1. Und darnach sah ich vier Engel stehen
auf den vier Ecken der Erde, die hielten
*die vier Winde der Erde, auf daß kein
Wind über die Erde bliese noch über das
Meer noch über irgend einen Baum.

*Dan. 7,2; Sach. 6,5; Matth. 24,31.

2. Und ich sah einen andern Engel aufsteigen von der Sonne Aufgang, der hatte
das Siegel des lebendigen Gottes und
schrie mit großer Stimme zu den vier Engeln, welchen gegeben war zu beschädigen die Erde und das Meer;
3. und er sprach: Beschädiget die Erde
nicht noch das Meer noch die Bäume, bis
*daß wir versiegeln die Knechte unsers
Gottes an ihren Stirnen! *Hesek. 9,4.6.
4. Und ich hörte die Zahl derer, die versiegelt wurden: *hundertundvierundvierzigtausend, die versiegelt waren von allen
Geschlechtern der Kinder Israel:

*K. 14,1.3.

5. von dem Geschlechte Juda zwölftausend versiegelt; von dem Geschlechte Ruben zwölftausend versiegelt; von dem Geschlechte Gad zwölftausend versiegelt;
6. von dem Geschlechte Asser zwölftausend versiegelt; von dem Geschlechte
Naphthali zwölftausend versiegelt; von
dem Geschlechte Manasse zwölftausend
versiegelt;
7. von dem Geschlechte Simeon zwölftausend versiegelt; von dem Geschlechte
Levi zwölftausend versiegelt; von dem Geschlechte Isaschar zwölftausend versiegelt;
8. von dem Geschlechte Sebulon zwölftausend versiegelt; von dem Geschlechte
Joseph zwölftausend versiegelt; von dem
Geschlechte Benjamin zwölftausend versiegelt.
9. Darnach sah ich, und siehe, eine große Schar, welche niemand zählen konnte,
aus allen Heiden und Völkern und Sprachen, vor dem Stuhl stehend und vor dem
Lamm, angetan mit *weißen Kleidern
und Palmen in ihren Händen, *K. 6,11.
10. schrieen mit großer Stimme und
sprachen: Heil sei dem, der auf dem Stuhl
sitzt, unserm Gott, und dem Lamm!

K. 12,10.

11. Und alle *Engel standen um den
Stuhl und um die Ältesten und um die vier
Tiere und †fielen vor dem Stuhl auf ihr
Angesicht und beteten Gott an

*K. 5,11. †K. 11,16.

12. und sprachen: Amen, Lob und Ehre
und Weisheit und Dank und Preis und
Kraft und Stärke sei unserm Gott von
Ewigkeit zu Ewigkeit! Amen. K. 5,12.
13. Und es antwortete der Ältesten einer
und sprach zu mir: Wer sind diese, mit den
weißen Kleidern angetan, und woher sind
sie gekommen?
14. Und ich sprach zu ihm: Herr, du
weißt es. Und er sprach zu mir: Diese
sind's, die gekommen sind aus *großer
Trübsal und haben ihre Kleider gewaschen und haben ihre Kleider hell gemacht †im Blut des Lammes.

*K. 3,10; Matth. 24,21. †Hebr. 9,14.

15. Darum sind sie vor dem Stuhl Gottes
und dienen ihm Tag und Nacht in seinem
*Tempel; und der auf dem Stuhl sitzt wird
über ihnen wohnen.

*K. 11,19; 14,15.17; 15,5.8; 16,1; 21,3.22.

16. Sie wird nicht mehr hungern noch
dürsten; es wird auch nicht auf sie fallen
die Sonne oder irgend eine Hitze; Jes. 49,10.
17. denn *das Lamm mitten im Stuhl
wird sie weiden und †leiten zu den lebendigen Wasserbrunnen, und **Gott wird
abwischen alle Tränen von ihren Augen.

*K. 5,6. †Ps. 23,2. **K. 21,4; Jes. 25,8.

Das 8. Kapitel

Eröffnung des siebenten Siegels. Die vier ersten Posaunen. Das dreifache Wehe.

1. Und da es das siebente Siegel auftat,
ward eine *Stille in dem Himmel bei einer
halben Stunde. *Sach. 2,17; Hab. 2,20.
2. Und ich sah die sieben Engel, die da
stehen vor Gott, und ihnen wurden sieben
*Posaunen gegeben. *Matth. 24,31.
3. Und ein anderer Engel kam und trat an
den Altar und hatte *ein goldenes Räuchfaß; und ihm ward viel Räuchwerk gegeben, daß er es gäbe zum Gebet aller Heiligen auf den goldenen Altar vor dem Stuhl.

*K. 5,8.

4. Und der Rauch des Räuchwerks vom
Gebet der Heiligen *ging auf von der Hand
des Engels vor Gott. *Ps. 141,2.
5. Und der Engel nahm das Räuchfaß
und füllte es mit Feuer vom Altar und
*schüttete es auf die Erde. Und da gescha-
hen Stimmen und Donner und Blitze und
Erdbeben. *Hesek. 10,2.

DAS SIEBTE SIEGEL Offenbarung 8, 2

6. Und die sieben Engel mit den sieben Posaunen hatten sich gerüstet, zu posaunen.
7. Und der erste Engel posaunte: und es ward *ein Hagel und Feuer, mit Blut gemengt, und fiel auf die Erde; und der dritte Teil der Bäume verbrannte, und alles grüne Gras verbrannte. *2.Mose 9,23–26.
8. Und der andere Engel posaunte: und es fuhr *wie ein großer Berg mit Feuer brennend ins Meer; und der dritte Teil des Meeres ward †Blut,
*Jer. 51,25. †2.Mose 7,20.21.
9. und der dritte Teil der lebendigen Kreaturen im Meer starben, und der dritte Teil der Schiffe wurden verderbt.
10. Und der dritte Engel posaunte: und es *fiel ein großer Stern vom Himmel, der brannte wie eine Fackel und fiel auf den dritten Teil der Wasserströme und über die Wasserbrunnen.
*Jes. 14,12; Dan. 8,10.
11. Und der Name des Sterns heißt Wermut. Und der dritte Teil der Wasser ward Wermut; und viele Menschen starben von den Wassern, weil sie waren so bitter geworden.
12. Und der vierte Engel posaunte: und es ward geschlagen der dritte Teil *der Sonne und der dritte Teil des Mondes und der dritte Teil der Sterne, daß ihr dritter Teil †verfinstert ward und der Tag den dritten Teil nicht schien und die Nacht desgleichen. *K. 6,12. †2.Mose 10,21.
13. Und ich sah und hörte *einen Engel fliegen mitten durch den Himmel und sagen mit großer Stimme: †Weh, weh, weh denen, die auf Erden wohnen, vor den andern Stimmen der Posaune der drei Engel, die noch posaunen sollen!
*K. 14,6. †K. 9,12; 11,14; 12,12.

Das 9. Kapitel

Die fünfte und sechste Posaune mit dem ersten und zweiten Wehe.

1. Und der fünfte Engel posaunte: und ich sah *einen Stern, gefallen vom Himmel auf die Erde; und ihm ward †der Schlüssel zum Brunnen des Abgrunds gegeben. *K. 8,10. †K. 20,1.
2. Und er tat den Brunnen des Abgrunds auf; und es ging auf ein Rauch aus dem Brunnen wie ein Rauch eines großen Ofens, und es ward *verfinstert die Sonne

und die Luft von dem Rauch des Brunnens. *Joel 2,2.10.
3. Und aus dem Rauch kamen Heuschrecken auf die Erde; und ihnen ward Macht gegeben, wie die Skorpione auf Erden Macht haben.
4. Und es ward ihnen gesagt, daß sie nicht beschädigten das Gras auf Erden noch ein Grünes noch einen Baum, sondern allein die Menschen, die nicht haben *das Siegel Gottes an ihren Stirnen. *K. 7,3.
5. Und es ward ihnen gegeben, daß sie sie nicht töteten, sondern sie quälten fünf Monate lang; und ihre Qual war wie eine Qual vom Skorpion, wenn er einen Menschen schlägt.
6. Und in den Tagen *werden die Menschen den Tod suchen, und nicht finden; werden begehren zu sterben, und der Tod wird vor ihnen fliehen. *Luk. 23,30.
7. Und die *Heuschrecken sind gleich den Rossen, die zum Kriege bereitet sind; und auf ihrem Haupt wie Kronen, dem Golde gleich, und ihr Antlitz gleich der Menschen Antlitz; *Joel 2,4.
8. und hatten Haare wie Weiberhaare, und ihre Zähne waren wie die der Löwen;
9. und hatten Panzer wie eiserne Panzer, und das Rasseln ihrer Flügel wie das Rasseln an den Wagen vieler Rosse, die in den Krieg laufen;
10. und hatten *Schwänze gleich den Skorpionen, und es waren Stacheln an ihren Schwänzen; und ihre Macht war, zu beschädigen die Menschen fünf Monate lang. *V. 19.
11. Und hatten über sich einen König, *den Engel des Abgrunds, des Name heißt auf hebräisch Abaddon, und auf griechisch hat er den Namen Apollyon. *V. 1.
12. Ein Wehe ist dahin; siehe, es kommen noch *zwei Wehe nach dem.
*K. 8,13; 11,14.
13. Und der sechste Engel posaunte: und ich hörte eine Stimme aus den vier Ecken des *goldenen Altars vor Gott,
*K. 8,3; 2. Mose 30,1–3.
14. die sprach zu dem sechsten Engel, der die Posaune hatte: Löse die vier Engel, die gebunden sind an dem *großen Wasserstrom Euphrat. *K. 16,12.
15. Und es wurden die vier Engel los, die bereit waren auf die Stunde und auf den Tag und auf den Monat und auf das Jahr, daß sie töteten *den dritten Teil der Menschen. *K. 8,7–12.
16. Und die Zahl des riesigen Volkes war vieltausendmal tausend; und ich hörte ihre Zahl.
17. Und also sah ich die Rosse im Gesicht und die daraufsaßen, daß sie hatten feurige und bläuliche und schwefelige Panzer; und die Häupter der Rosse waren wie die Häupter der Löwen, und aus ihrem Munde ging Feuer und Rauch und Schwefel.
18. Von diesen drei Plagen ward getötet der dritte Teil der Menschen, von dem Feuer und Rauch und Schwefel, der aus ihrem Munde ging.
19. Denn ihre Macht war in ihrem Munde; und ihre Schwänze waren den Schlangen gleich und hatten Häupter, und mit denselben taten sie Schaden.
20. Und die übrigen Leute, die nicht getötet wurden von diesen Plagen, taten nicht *Buße für die Werke ihrer Hände, daß sie nicht †anbeteten die Teufel und goldenen, silbernen, ehernen, steinernen und hölzernen Götzen, welche weder sehen noch hören noch wandeln können;
*K. 16,9.11.21. †1. Kor. 10,20.
21. und taten auch nicht Buße für ihre Morde, Zauberei, Hurerei und Dieberei.

Das 10. Kapitel

Der Engel mit dem Buch, das Johannes verschlingt. Die sieben Donner.

1. Und ich sah einen andern *starken Engel vom Himmel herabkommen; der war mit einer Wolke bekleidet, und ein †Regenbogen auf seinem Haupt und sein Antlitz wie die Sonne und seine Füße wie Feuersäulen, *K. 5,2. †K. 4,3.
2. und er hatte *in seiner Hand ein Büchlein aufgetan. Und er setzte seinen rechten Fuß auf das Meer und den linken auf die Erde; *K. 5,1.
3. und er schrie mit großer Stimme, *wie ein Löwe brüllt. Und da er schrie, redeten sieben Donner ihre Stimmen.
*Jer. 25,30; Hos. 11,10; Amos 1,2.
4. Und da die sieben Donner ihre Stimmen geredet hatten, wollte ich sie schreiben. Da hörte ich eine Stimme vom Himmel sagen zu mir: *Versiegle, was die sieben Donner geredet haben; schreibe es nicht! *Dan. 8,26; 12,4.9.
5. Und der Engel, den ich sah stehen auf dem Meer und auf der Erde, hob seine Hand auf gen Himmel
6. und *schwur bei dem Lebendigen von Ewigkeit zu Ewigkeit, der den Himmel geschaffen hat und was darin ist, und die Erde und was darin ist, und das Meer und was darin ist, †daß hinfort keine Zeit mehr sein soll; *Dan. 12,7. †vgl. K. 6,11.
7. sondern in den Tagen der Stimme des

*siebenten Engels, wenn er posaunen
wird, soll †vollendet werden das Geheimnis Gottes, wie er hat verkündigt seinen
Knechten, den Propheten.
*K.11,15. †K.17,17; Apg.3,21.
8. Und ich hörte eine Stimme vom Himmel *abermals mit mir reden und sagen:
Gehe hin, nimm †das offene Büchlein von
der Hand des Engels, der auf dem Meer
und auf der Erde steht! *V.4. †V.2.
9. Und ich ging hin zum Engel und
sprach zu ihm: Gib mir das Büchlein! Und
er sprach zu mir: *Nimm hin und ver-
schling es! und es wird dich im Bauch
grimmen; aber in deinem Munde wird's
süß sein wie Honig. *Hesek.3,1–3.
10. Und ich nahm das Büchlein von der
Hand des Engels und verschlang es, und es
war süß in meinem Munde wie Honig; und
da ich's gegessen hatte, grimmte mich's
im Bauch.
11. Und er sprach zu mir: Du mußt abermals weissagen von Völkern und Heiden
und Sprachen und vielen Königen.

Das 11. Kapitel

Messung des Tempels Gottes. Zwei Zeugen getötet und wieder lebendig. Die siebente Posaune.

1. Und es ward mir ein *Rohr gegeben,
einem Stecken gleich, und er sprach: Stehe auf und miß den Tempel Gottes und
den Altar und die darin anbeten.
*Hesek.40,3; Sach.2,5.6.
2. Aber den Vorhof außerhalb des Tempels wirf hinaus und miß ihn nicht; denn
er ist den Heiden gegeben, und *die heilige Stadt werden sie zertreten †zweiund-
vierzig Monate.
*Luk.21,24. †V.3; K.12,6.14; 13,5.
3. Und ich will meinen zwei Zeugen geben, daß sie sollen weissagen *tausend
zweihundertundsechzig Tage, angetan
mit Säcken. *V.2.
4. Diese sind *die zwei Ölbäume und
zwei Fackeln, stehend vor dem Herrn der
Erde. *Sach.4,3.11–14.
5. Und so jemand sie will schädigen, so
geht *Feuer aus ihrem Munde und verzehrt ihre Feinde; und so jemand sie will
schädigen, der muß also getötet werden.
*2.Kön.1,10.
6. Diese haben Macht, *den Himmel zu
verschließen, daß es nicht regne in den
Tagen ihrer Weissagung, und haben
†Macht über das Wasser, es zu wandeln in
Blut, und zu schlagen die Erde mit allerlei
Plage, so oft sie wollen.
*1.Kön.17,1. †2.Mose 7,19.20.
7. Und wenn sie ihr Zeugnis geendet haben, so wird das *Tier, das aus dem Abgrund aufsteigt, mit ihnen einen Streit
halten und wird sie überwinden und wird
sie töten. *K.13,1.7; 17,8.
8. Und ihre Leichname werden liegen auf
der Gasse *der großen Stadt, die da heißt
geistlich »Sodom und Ägypten«, da auch
ihr Herr gekreuzigt ist.
*K.16,19; Jes.1,9.10; Luk.13,34.
9. Und es werden etliche von den Völkern
und Geschlechtern und Sprachen ihre
Leichname sehen drei Tage und einen halben und werden ihre Leichname nicht lassen in Gräber legen.
10. Und die auf Erden wohnen, werden
sich freuen über sie und wohlleben und
Geschenke untereinander senden; denen
diese zwei Propheten quälten die auf Erden wohnten.
11. Und nach drei Tagen und einem halben fuhr in sie der Geist des Lebens von
Gott, und sie traten auf ihre Füße; und
eine große Furcht fiel über die, so sie
sahen.
12. Und sie hörten eine große Stimme
vom Himmel zu ihnen sagen: Steiget herauf! Und sie *stiegen auf in den Himmel in
einer Wolke, und es sahen sie ihre Feinde.
*2.Kön.2,11.
13. Und zu derselben Stunde ward ein
großes Erdbeben, und der zehnte Teil der
Stadt fiel; und wurden getötet in dem Erdbeben siebentausend Namen der Menschen, und die andern erschraken und gaben Ehre dem Gott des Himmels.
14. Das *andere Wehe ist dahin; siehe,
das †dritte Wehe kommt schnell.
*K.9,12. †V.15; K.12,12.
15. Und der siebente Engel posaunte:
und es wurden große Stimmen im Himmel, die sprachen: Es sind die *Reiche der
Welt unsers Herrn und seines Christus
geworden, und er wird regieren von Ewigkeit zu Ewigkeit. *Dan.2,44; 7,27; Sach.14,9.
16. Und die *vierundzwanzig Ältesten,
die vor Gott auf ihren Stühlen saßen, †fie-
len auf ihr Angesicht und beteten Gott an
*K.4,4.10. †K.7,11.
17. und sprachen: Wir danken dir,
*Herr, allmächtiger Gott, der du bist und
warest, daß du hast angenommen deine
große Kraft und herrschest; *K.4,8.
18. und die Heiden sind zornig geworden, und es ist gekommen *dein Zorn und
die Zeit der Toten, zu richten und zu geben den Lohn deinen Knechten, den Propheten, und den Heiligen und denen, die
deinen Namen fürchten, den Kleinen und

Großen, und zu verderben, die die Erde
verderbt haben. *K.15,1; Ps.2,1.5.12.
19. Und *der Tempel Gottes ward aufgetan im Himmel, und die Lade seines Bundes ward in seinem Tempel gesehen; und es geschahen †Blitze und Stimmen und Donner und Erdbeben und ein großer Hagel. *K.15,5. †K.4,5.

Das 12. Kapitel

Das Weib, mit der Sonne bekleidet, und der Drache. Streit Michaels mit demselben.

1. Und es erschien ein großes Zeichen im Himmel: ein Weib, mit der Sonne bekleidet, und der Mond unter ihren Füßen und auf ihrem Haupt eine Krone von zwölf Sternen.
2. Und sie war schwanger und schrie in Kindesnöten und hatte *große Qual zur Geburt. *Micha 4,10.
3. Und es erschien ein anderes Zeichen im Himmel, und siehe, *ein großer, roter Drache, der hatte sieben Häupter und zehn Hörner und auf seinen Häuptern sieben Kronen; *V.9.
4. und sein Schwanz zog den dritten Teil *der Sterne des Himmels hinweg und warf sie auf die Erde. Und der Drache trat vor das Weib, die gebären sollte, auf daß, wenn sie geboren hätte, er ihr Kind fräße. *Dan.8,10.
5. Und sie gebar einen Sohn, ein Knäblein, der alle Heiden sollte weiden *mit eisernem Stabe. Und ihr Kind ward entrückt zu Gott und seinem Stuhl. *Ps.2,9; K.19,15.
6. Und das Weib *entfloh in die Wüste, wo sie einen Ort hat, bereitet von Gott, daß sie daselbst ernährt würde †tausend zweihundertundsechzig Tage. *Matth.2,13. †K.11,2.3.
7. Und es erhob sich ein Streit im Himmel: *Michael und seine Engel stritten mit dem Drachen; und der Drache stritt und seine Engel, *Dan.10,13.21; 12,1.
8. und siegten nicht, auch ward ihre Stätte nicht mehr gefunden im Himmel.
9. Und es ward *ausgeworfen der große Drache, die †alte Schlange, die da heißt der Teufel und Satanas, der die ganze Welt verführt, und ward geworfen auf die Erde, und seine Engel wurden auch dahin geworfen. *Luk.10,18; Joh.12,31. †1.Mose 3,1.14.
10. Und ich hörte eine große Stimme, die sprach im Himmel: *Nun ist das Heil und die Kraft und das Reich unsers Gottes geworden und die Macht seines Christus, weil der Verkläger unserer Brüder verworfen ist, der sie †verklagte Tag und Nacht vor Gott. *K.11,15. †Hiob 1,11; Sach.3,1; Luk.22,31.
11. Und sie haben ihn *überwunden †durch des Lammes Blut und **durch das Wort ihres Zeugnisses und haben ihr Leben nicht geliebt bis an den Tod. *Röm.8,37. †K.7,14. **V.17.
12. Darum freuet euch, ihr Himmel und die darin wohnen! Weh denen, die auf Erden wohnen und auf dem Meer! denn der Teufel kommt zu euch hinab und hat einen großen Zorn und weiß, daß er wenig Zeit hat.
13. Und da der Drache sah, daß er verworfen war auf die Erde, verfolgte er das Weib, die das Knäblein geboren hatte.
14. Und es wurden dem Weibe zwei Flügel gegeben wie eines großen Adlers, daß sie *in die Wüste flöge an ihren Ort, da sie ernährt würde †eine Zeit und zwei Zeiten und eine halbe Zeit vor dem Angesicht der Schlange. *V.6. †Dan.7,25; 12,7.
15. Und die Schlange schoß nach dem Weibe aus ihrem Munde ein Wasser wie einen Strom, daß er sie ersäufte.
16. Aber die Erde half dem Weibe und tat ihren Mund auf und verschlang den Strom, den der Drache aus seinem Munde schoß.
17. Und der Drache ward zornig über das Weib und ging hin, zu streiten mit den übrigen von ihrem Samen, die da *Gottes Gebote halten und haben das †Zeugnis Jesu Christi. *K.14,12. †K.19,10; 1.Joh.5,10.

Das 13. Kapitel

Siebenköpfiges Tier aus dem Meer und ein zweihörniges aus der Erde.

1. Und ich trat an den Sand des Meers und sah *ein Tier aus dem Meer steigen, das hatte sieben Häupter und zehn Hörner und auf seinen Hörnern zehn Kronen und auf seinen Häuptern Namen der Lästerung. *K.11,7; 17,3.9.12; Dan.7,7.
2. Und das Tier, das ich sah, war gleich einem Parder und seine Füße wie Bärenfüße und sein Mund wie eines Löwen Mund. Und der *Drache gab ihm seine Kraft und seinen Stuhl und große Macht. *K.12,3.
3. Und ich sah seiner Häupter eines, als wäre es tödlich wund; und seine tödliche Wunde ward heil. Und der ganze *Erdboden verwunderte sich des Tieres, *K.17,8.
4. und sie beteten den Drachen an, der

MICHAEL BESIEGT DEN DRACHEN Offenbarung 12, 7–9

dem Tier die Macht gab, und beteten das
Tier an und sprachen: Wer ist dem Tier
gleich, und wer kann mit ihm kriegen?
5. Und es ward ihm gegeben *ein Mund,
zu reden große Dinge und Lästerungen,
und ward ihm gegeben, daß es mit ihm
währte †zweiundvierzig Monate lang.
*Dan. 7,8. †K. 11,2; 12,6.14.
6. Und es tat seinen Mund auf zur Lästerung
gegen Gott, zu lästern seinen Namen
und seine Hütte und die im Himmel wohnen.
7. Und *ihm ward gegeben, zu streiten
mit den Heiligen und sie zu überwinden;
und ihm ward gegeben Macht über alle
Geschlechter und Sprachen und Heiden.
*K. 11,7; Dan. 7,21.
8. Und alle, die *auf Erden wohnen, beten
es an, deren Namen nicht geschrieben
sind in dem *Lebensbuch des Lammes,
das erwürgt ist, **von Anfang der Welt.
*K. 12,12. †K. 3,5. **K. 17,8.
9. Hat jemand Ohren, der höre!
10. So jemand in das Gefängnis führt,
der wird in das Gefängnis gehen; so *jemand
mit dem Schwert tötet, der muß mit
dem Schwert getötet werden. †Hier ist
Geduld und Glaube der Heiligen.
*Matth. 26,52. †K. 14,12.
11. Und ich sah *ein anderes Tier aufsteigen
aus der Erde; das hatte zwei Hörner
†gleichwie ein Lamm und redete wie ein
Drache. *K. 16,13. †Matth. 7,15.
12. Und es übt *alle Macht des ersten
Tiers vor ihm; und es macht, daß die Erde
und die darauf wohnen, anbeten das erste
Tier, dessen tödliche Wunde heil geworden
war; *V. 2.4.5.7.
13. und tut *große Zeichen, daß es auch
macht Feuer vom Himmel fallen vor den
Menschen;
*Matth. 24,24; 2. Thess. 2,9.10; 1. Kön. 18,24–39.
14. und verführt, die auf Erden wohnen,
*um der Zeichen willen, die ihm gegeben
sind zu tun vor dem Tier; und sagt denen,
die auf Erden wohnen, daß sie ein Bild
machen sollen dem Tier, das die Wunde
vom Schwert hatte und lebendig geworden
war. *5. Mose 13,2–4.
15. Und es ward ihm gegeben, daß es
dem Bilde des Tiers den Geist gab, daß des
Tiers Bild redete und machte, daß alle,
welche nicht des Tiers Bild anbeteten, getötet
würden.

16. Und es macht, daß die Kleinen und
Großen, die Reichen und Armen, die
Freien und Knechte – allesamt sich ein
*Malzeichen geben an ihre rechte Hand
oder an ihre Stirn, *K. 19,20.
17. daß niemand kaufen oder verkaufen
kann, er habe denn das Malzeichen, nämlich den Namen des Tiers oder die Zahl
seines Namens.
18. Hier ist *Weisheit! Wer Verstand hat,
der überlege die †Zahl des Tiers; denn es
ist eines Menschen Zahl, und seine Zahl ist
sechshundertundsechsundsechzig.
*K. 17,9. †K. 15,2.

Das 14. Kapitel

Die 144 000 auf Zion. Drei Engel mit einer guten, aber auch warnenden Botschaft. Fröhliche Ernte und schrecklicher Herbst.

1. Und ich sah das Lamm stehen auf dem
Berg Zion und mit ihm *hundertundvierundvierzigtausend, †die hatten seinen Namen und den Namen seines Vaters geschrieben an ihrer Stirn. *K. 7,4. †K. 3,12.
2. Und ich hörte eine Stimme vom Himmel *wie eines großen Wassers und wie
eine Stimme eines großen Donners; und
die Stimme, die ich hörte, war wie von
Harfenspielern, die auf ihren Harfen spielen. *K. 1,15.
3. Und sie sangen wie *ein neues Lied vor
dem Stuhl und vor den vier Tieren und
den Ältesten; und niemand konnte das
Lied lernen denn die hundertundvierundvierzigtausend, die erkauft sind von der
Erde. *K. 5,9.
4. Diese sind's, die mit Weibern nicht
befleckt sind – denn sie sind *Jungfrauen
– und folgen dem Lamme nach, wo es
hingeht. Diese sind †erkauft aus den Menschen zu Erstlingen Gott und dem Lamm;
*2. Kor. 11,2; Eph. 5,27. †K. 5,9.
5. und in ihrem Munde ist kein Falsch
gefunden; denn sie sind unsträflich vor
dem Stuhl Gottes.
6. Und ich sah einen *Engel fliegen mitten durch den Himmel, der hatte ein ewiges Evangelium zu verkündigen denen,
die auf Erden wohnen, und allen Heiden
und Geschlechtern und Sprachen und
Völkern, *K. 8,13.
7. und sprach mit großer Stimme:
Fürchtet Gott und gebet ihm die Ehre;
denn die Zeit seines Gerichts ist gekommen! Und betet an den, der gemacht hat
Himmel und Erde und Meer und die Wasserbrunnen.
8. Und ein anderer Engel folgte nach, der
sprach: *Sie ist gefallen, sie ist gefallen,
Babylon, die große Stadt; denn sie hat mit
dem Wein ihrer Hurerei getränkt alle Heiden. *K. 18,2; Jes. 21,9; Jer. 51,7.8.
9. Und der dritte Engel folgte diesem
nach und sprach mit großer Stimme: So
jemand das Tier anbetet und sein Bild und
nimmt das Malzeichen an seine Stirn oder
an seine *Hand, *K. 13,12–17.
10. der wird von dem *Wein des Zorns
Gottes trinken, der lauter eingeschenkt ist
in seines Zornes Kelch, und wird †gequält
werden mit Feuer und Schwefel vor den
heiligen Engeln und vor dem Lamm;
*K. 16,19; Jer. 25,15. †K. 19,20.
11. und der *Rauch ihrer Qual wird aufsteigen von Ewigkeit zu Ewigkeit; und sie
haben keine Ruhe Tag und Nacht, die das
Tier haben angebetet und sein Bild, und so
jemand hat das Malzeichen seines Namens
angenommen. *K. 19,3.
12. Hier *ist Geduld der Heiligen; hier
sind, die da †halten die Gebote Gottes und
den Glauben an Jesum. *K. 13,10. †K. 12,17.
13. Und ich hörte eine Stimme vom
Himmel zu mir sagen: Schreibe: Selig
sind die Toten, die in dem Herrn sterben
von nun an. Ja, der Geist spricht, daß sie
*ruhen von ihrer Arbeit; denn ihre Werke
folgen ihnen nach. *Jes. 57,2; Hebr. 4,10.
14. Und ich sah, und siehe, *eine weiße
Wolke. Und auf der Wolke saß einer, der
gleich war eines Menschen Sohn; der hatte eine goldene Krone auf seinem Haupt
und in seiner Hand †eine scharfe Sichel.
*Dan. 7,13. †Matth. 13,39.41.
15. Und ein anderer Engel ging aus dem
Tempel und schrie mit großer Stimme zu
dem, der auf der Wolke saß: *Schlag an
mit deiner Sichel und ernte; denn die Zeit
zu ernten ist gekommen, denn die Ernte
der Erde ist dürr geworden! *Joel 4,13.
16. Und der auf der Wolke saß, schlug an
mit seiner Sichel an die Erde, und die Erde
ward geerntet.
17. Und ein anderer Engel ging aus dem
Tempel im Himmel, der hatte eine scharfe
*Hippe. *Rebmesser.
18. Und ein anderer Engel ging aus vom
Altar, der hatte Macht über das Feuer und
rief mit großem Geschrei zu dem, der die
scharfe Hippe hatte, und sprach: *Schlag
an mit deiner scharfen Hippe und schneide die Trauben am Weinstock der Erde;
denn seine Beeren sind reif! *V. 15.
19. Und der Engel schlug an mit seiner
Hippe an die Erde und schnitt die Trauben
der Erde und warf sie in die große *Kelter
des Zorns Gottes. *K. 19,15.

20. Und *die Kelter ward draußen vor der Stadt getreten; und das Blut ging von der Kelter bis an die Zäume der Pferde durch tausend sechshundert Feld Wegs.
*Jes. 63,3.

Das 15. Kapitel

Die Sänger am gläsernen Meer.
Die sieben letzten Plagen.
Vorbereitung zur Ausgießung der sieben Zornschalen.

1. Und ich sah *ein anderes Zeichen im Himmel, das war groß und wundersam: sieben Engel, die hatten die letzten sieben Plagen; denn mit denselben ist vollendet der †Zorn Gottes. *K. 12,1.3. †K. 11,18.

2. Und ich sah *wie ein gläsernes Meer, mit Feuer gemengt; und die den Sieg behalten hatten †an dem Tier und seinem Bilde und seinem Malzeichen und seines Namens Zahl, standen an dem gläsernen Meer und hatten **Harfen Gottes
*K. 4,6. †K. 13,15.18. **K. 5,8.

3. und sangen das *Lied Mose's, des Knechtes Gottes, und das †Lied des Lammes und sprachen: **Groß und wundersam sind deine Werke, Herr, allmächtiger Gott! Gerecht und wahrhaftig sind deine Wege, du König der Heiden!
*2. Mose 15,1.11. †K. 5,9.12.
**Ps. 145,17; Jer. 10,6.7.

4. Wer sollte dich nicht fürchten, Herr, und deinen Namen preisen? Denn du bist allein heilig. Denn alle Heiden *werden kommen und anbeten vor dir; denn deine Urteile sind offenbar geworden. *Ps. 86,9.

5. Darnach sah ich, und siehe, da *ward aufgetan der Tempel der Hütte des Zeugnisses im Himmel; *K. 11,19.

6. und gingen aus dem Tempel die sieben Engel, die die sieben Plagen hatten, *angetan mit reiner, heller Leinwand und umgürtet an ihren Brüsten mit goldenen Gürteln. *K. 1,13.

7. Und eines *der vier Tiere gab den sieben Engeln sieben goldene Schalen †voll Zorns Gottes, der da lebt von Ewigkeit zu Ewigkeit. *K. 4,6–8. †K. 14,10.

8. Und der Tempel ward voll Rauch *von der Herrlichkeit Gottes und von seiner Kraft; und niemand konnte in den Tempel gehen, bis daß die sieben Plagen der sieben Engel vollendet wurden.
*2. Mose 40,34; 1. Kön. 8,10; Jes. 6,4; Hesek. 44,4.

Das 16. Kapitel

Die Schalen des göttlichen Zorns werden von den sieben Engeln ausgegossen.

1. Und ich hörte eine große Stimme aus dem Tempel, die sprach zu den sieben Engeln: Gehet hin und gießet aus *die Schalen des Zorns Gottes auf die Erde!
*K. 15,7.

2. Und der erste ging hin und goß seine Schale aus auf die Erde; und *es ward eine böse und arge Drüse an den Menschen, die das Malzeichen des Tiers hatten und die sein Bild anbeteten. *2. Mose 9,10.11.

3. Und der andere Engel goß aus seine Schale ins Meer; und es ward Blut wie eines Toten, und alle lebendigen Seelen starben in dem Meer.

4. Und der dritte Engel goß aus seine Schale in die Wasserströme und in die Wasserbrunnen; und *es ward Blut.
*2. Mose 7,17–24.

5. Und ich hörte den Engel der Wasser sagen: Herr, du bist gerecht, der da ist und der da war, und heilig, daß du solches geurteilt hast,

6. denn sie haben das Blut der Heiligen und der Propheten vergossen, und Blut hast du ihnen zu trinken gegeben; denn sie sind's wert.

7. Und ich hörte einen andern Engel *aus dem Altar sagen: Ja, Herr, allmächtiger Gott, deine Gerichte sind †wahrhaftig und gerecht. *K. 9,13. †K. 19,2.

8. Und der vierte Engel goß aus seine Schale in die Sonne, und ihm ward gegeben, den Menschen heiß zu machen mit Feuer.

9. Und den Menschen ward heiß vor großer Hitze, und *sie lästerten den Namen Gottes, der Macht hat über diese Plagen, und †taten nicht Buße, ihm die Ehre zu geben. *V. 11,21. †K. 9,20.21.

10. Und der fünfte Engel goß aus seine Schale auf den Stuhl des Tiers; und sein Reich ward *verfinstert, und sie zerbissen ihre Zungen vor Schmerzen
*2. Mose 10,21; Jes. 8,21.22.

11. und lästerten Gott im Himmel vor ihren Schmerzen und vor ihren Drüsen und taten nicht Buße für ihre Werke. V. 9.

12. Und der sechste Engel goß aus seine Schale auf den großen Wasserstrom Euphrat; und *das Wasser vertrocknete, auf daß bereitet würde der Weg den Königen vom Aufgang der Sonne. *Jes. 11,15.16.

13. Und ich sah aus dem Munde *des Drachen und aus dem Munde †des Tiers und aus dem Munde **des falschen Propheten drei ††unreine Geister gehen, gleich den Fröschen;
*K. 12,9. †K. 13,1. **K. 13,11. ††2. Mose 8,3;
vgl. 1. Kön. 22,21–23.

14. denn es sind Geister der Teufel, *die

tun Zeichen und gehen aus zu den Königen auf dem ganzen Kreis der Welt, sie zu versammeln †in den Streit auf jenen großen Tag Gottes, des Allmächtigen.

*K.13,13. †K.19,19.

15. Siehe, *ich komme wie ein Dieb. Selig ist, der da wacht und hält seine Kleider, daß er nicht †bloß wandle und man nicht seine Schande sehe. *1.Thess.5,2. †K.3,18.

16. Und er hat sie versammelt an einen Ort, der da heißt auf hebräisch *Harmagedon.

*Richt.5,19.31; 2.Kön.9,27; 23,29; Sach.12,11.

17. Und der siebente Engel goß aus seine Schale in die Luft; und es ging aus eine Stimme vom Himmel aus dem Stuhl, die sprach: Es ist geschehen.

18. Und es *wurden Stimmen und Donner und Blitze; und ward ein großes Erdbeben, wie solches nicht gewesen ist, seit Menschen auf Erden gewesen sind, solch Erdbeben also groß. *K.4,5; 8,5; 11,19.

19. Und aus *der großen Stadt wurden drei Teile, und die Städte der Heiden fielen. Und Babylon, der großen, ward gedacht vor Gott, ihr zu geben †den Kelch des Weins von seinem grimmigen Zorn.

*K.11,8. †K.14,10.

20. Und *alle Inseln entflohen, und keine Berge wurden gefunden. *K.6,14; 20,11.

21. Und ein großer Hagel, *wie ein Zentner, fiel vom Himmel auf die Menschen; und die Menschen †lästerten Gott über die Plage des Hagels, denn seine Plage ist sehr groß. *2.Mose 9,23. †V.9.

Das 17. Kapitel

Babylon, das Weib auf dem Tier, vom Lamm überwunden.

1. Und es kam einer von den *sieben Engeln, die die sieben Schalen hatten, redete mit mir und sprach zu mir: Komm, ich will dir zeigen das Urteil der großen Hure, die da an vielen Wassern sitzt; *K.15,1.

2. mit welcher gehurt haben die Könige auf Erden; und die da wohnen auf Erden, *sind trunken geworden von dem Wein ihrer Hurerei. *K.14,8; 18,3.

3. Und er brachte mich im Geist in die Wüste. Und ich sah ein Weib sitzen auf einem scharlachfarbnen Tier, das war voll Namen der Lästerung und hatte *sieben Häupter und zehn Hörner. *K.13,1.

4. Und *das Weib war bekleidet mit Purpur und Scharlach und übergoldet mit Gold und edlen Steinen und Perlen und hatte einen †goldenen Becher in der Hand, voll Greuel und Unsauberkeit ihrer Hurerei, *Hesek.28,13.16. †Jer.51,7.

5. und an ihrer Stirn geschrieben einen Namen, *ein Geheimnis: †Die große Babylon, die Mutter der Hurerei und aller Greuel auf Erden.

*2.Thess.2,7. †K.14,8; 16,19; Dan.4,27.

6. Und ich sah das Weib trunken von dem Blut der Heiligen und von dem Blut der Zeugen Jesu. Und ich verwunderte mich sehr, da ich sie sah. K.18,24.

7. Und der Engel spricht zu mir: Warum verwunderst du dich? Ich will dir sagen das Geheimnis von dem Weibe und von dem Tier, das sie trägt und hat sieben Häupter und zehn Hörner.

8. Das Tier, das du gesehen hast, *ist gewesen und †ist nicht und wird wiederkommen aus dem Abgrund und wird fahren in die Verdammnis, und es werden sich verwundern, die auf Erden wohnen, deren Namen nicht geschrieben stehen in dem **Buch des Lebens von Anfang der Welt, wenn sie sehen das Tier, daß es gewesen ist und nicht ist und dasein wird.

*K.13,1.2. †K.13,3. **K.3,5.

9. Hier *ist der Sinn, zu dem Weisheit gehört! Die †sieben Häupter sind sieben Berge, auf welchen das Weib sitzt, und sind sieben Könige.

*K.13,18. †K.13,1.

10. Fünf sind gefallen, und einer ist, und der andere ist noch nicht gekommen; und wenn er kommt, muß er eine kleine Zeit bleiben.

11. Und das Tier, das gewesen ist und nicht ist, das ist der achte und ist von den sieben und fährt in die *Verdammnis.

*V.8; K.19,20.

12. Und die *zehn Hörner, die du gesehen hast, das sind zehn Könige, die das Reich noch nicht empfangen haben; aber wie Könige werden sie eine Zeit Macht empfangen mit dem Tier.

*K.13,1; Dan.7,20.24.

13. Die haben eine Meinung und werden ihre Kraft und Macht geben dem Tier.

14. Diese werden streiten mit dem Lamm, und das Lamm wird sie überwinden (denn es ist *der Herr aller Herren und der König aller Könige) und mit ihm †die Berufenen und Auserwählten und Gläubigen. *K.19,16. †K.19,14.

15. Und er sprach zu mir: Die *Wasser, die du gesehen hast, da die Hure sitzt, †sind Völker und Scharen und Heiden und Sprachen. *V.1. †Jes.8,7; Jer.47,2.

16. Und *die zehn Hörner, die du gesehen hast, und das Tier, die werden die Hure hassen und werden sie einsam machen und bloß und werden ihr Fleisch

essen und werden sie †mit Feuer verbrennen. *V.12,13. †K.18,8.
17. Denn Gott hat's ihnen gegeben in ihr Herz, zu tun seine Meinung und zu tun einerlei Meinung und zu geben ihr Reich dem Tier, bis daß *vollendet werden die Worte Gottes. *K.10,7.
18. Und das Weib, das du gesehen hast, ist *die große Stadt, die das Reich hat über die Könige auf Erden. *K.18,10.

Das 18. Kapitel

Fall Babylons. Wehklage der Könige, Kaufleute und Schiffsleute. Freude im Himmel darüber.

1. Und darnach sah ich einen andern Engel *niederfahren vom Himmel, der hatte eine große Macht, und die †Erde ward erleuchtet von seiner Klarheit.
*K.10,1. †Hesek.43,2.
2. Und er schrie aus Macht mit großer Stimme und sprach: Sie *ist gefallen, sie ist gefallen, Babylon, die große, und †eine Behausung der Teufel geworden und ein Behältnis aller unreinen Geister und ein Behältnis aller unreinen und verhaßten Vögel. *K.14,8. †Jes.13,21; 34,11.13; Jer.50,39.
3. Denn *von dem Wein des Zorns ihrer Hurerei haben alle Heiden getrunken, und die Könige auf Erden haben mit ihr Hurerei getrieben, und die Kaufleute auf Erden sind reich geworden von ihrer großen Wollust. *Jer.51,7; Nah.3,4.
4. Und ich hörte eine andere Stimme vom Himmel, die sprach: *Gehet aus von ihr, mein Volk, daß ihr nicht teilhaftig werdet ihrer Sünden, auf daß ihr nicht empfanget etwas von ihren Plagen!
*Jes.48,20; 52,11; Jer.50,8; 51,6.45.
5. Denn ihre Sünden reichen bis *in den Himmel, und Gott denkt an ihren Frevel.
*1.Mose 18,20.21; Jer.51,9.
6. *Bezahlet sie, wie sie bezahlt hat, und macht's ihr zwiefältig nach ihren Werken; und in welchem Kelch sie eingeschenkt hat, schenket ihr zwiefältig ein.
*Ps.137,8; Jer.50,15.29.
7. Wieviel sie *sich herrlich gemacht und ihren Mutwillen gehabt hat, so viel schenket ihr Qual und Leid ein! Denn sie spricht in ihrem Herzen: Ich †sitze als Königin und bin keine Witwe, und Leid werde ich nicht sehen.
*Jer.50,29. †Jes.47,7.8.
8. Darum werden ihre Plagen *auf einen Tag kommen: Tod, Leid und Hunger; †mit Feuer wird sie verbrannt werden; denn stark ist Gott der Herr, der sie richten wird. *Jes.47,9; Jer.50,31. †K.17,16.
9. Und es werden sie beweinen und sie beklagen die Könige auf Erden, *die mit ihr gehurt und Mutwillen getrieben haben, wenn sie sehen werden den Rauch von ihrem Brand; *K.17,2.
10. und werden von ferne stehen vor Furcht ihrer Qual und sprechen: *Weh, weh, die große Stadt Babylon, die starke Stadt! In einer Stunde ist dein Gericht gekommen. *K.14,8; Jes.21,9; Jer.51,8.
11. Und die Kaufleute auf Erden werden weinen und Leid tragen über sie, weil ihre Ware niemand mehr kaufen wird,
Hesek.27,36.
12. die Ware des Goldes und Silbers und Edelgesteins und die Perlen und köstliche Leinwand und Purpur und Seide und Scharlach und allerlei wohlriechendes Holz und allerlei Gefäß von Elfenbein und allerlei Gefäß von köstlichem Holz und von Erz und von Eisen und von Marmor,
Hesek.27,12.13.22.
13. und Zimt und Räuchwerk und Salbe und Weihrauch und Wein und Öl und Semmelmehl und Weizen und Vieh und Schafe und Pferde und Wagen und Leiber und – Seelen der Menschen.
14. Und das Obst, daran deine Seele Lust hatte, ist von dir gewichen, und alles, was völlig und herrlich war, ist von dir gewichen, und du wirst solches nicht mehr finden.
15. Die Händler solcher Ware, die von ihr sind reich geworden, werden von ferne stehen vor Furcht ihrer Qual, weinen und klagen
16. und sagen: Weh, weh, die große Stadt die *bekleidet war mit köstlicher Leinwand und Purpur und Scharlach und übergoldet war mit Gold und Edelgestein und Perlen! *K.17,4.
17. *denn in einer Stunde ist verwüstet solcher Reichtum. Und alle †Schiffsherren und der Haufe derer, die auf den Schiffen hantieren, und Schiffsleute, die auf dem Meer hantieren, standen von ferne
*Jes.23,14. †Hes.27,27–29.
18. und schrieen, da sie den *Rauch von ihrem Brande sahen, und sprachen: Wer ist gleich der großen Stadt? *Jes.34,10.
19. Und sie *warfen Staub auf ihre Häupter und schrieen, weinten und klagten und sprachen: Weh, weh, die große Stadt, in welcher reich geworden sind alle, die da Schiffe im Meer hatten, von ihrer Ware! denn in einer Stunde ist sie verwüstet.
*Hes.27,30–34.
20. *Freue dich über sie, Himmel und ihr Heiligen und Apostel und Propheten;

denn Gott hat euer Urteil an ihr gerichtet!
*Jes. 44,23; Jer. 51,48.
21. Und ein starker Engel hob einen großen *Stein auf wie einen Mühlstein, warf
ihn ins Meer und sprach: Also wird mit
einem Sturm verworfen die große Stadt
Babylon und nicht mehr gefunden werden. *Jer. 51,63.64.
22. *Und die Stimme der Sänger und
Saitenspieler, Pfeifer und Posauner soll
nicht mehr in dir gehört werden, und kein
Handwerksmann irgend eines Handwerks
soll mehr in dir gefunden werden, und die
Stimme der Mühle soll nicht mehr in dir
gehört werden, Jes. 24,8; Hes. 26,13.
23. und das Licht der Leuchte soll nicht
mehr in dir leuchten, *und die Stimme
des Bräutigams und der Braut soll nicht
mehr in dir gehört werden! Denn deine
†Kaufleute waren Fürsten auf Erden;
denn durch deine Zauberei sind verführt
worden alle Heiden.
*Jer. 7,34; 16,9; 25,10. †Jes. 23,8.
24. Und das *Blut der Propheten und der
Heiligen ist in ihr gefunden worden und
aller derer, die auf Erden erwürgt sind.
*K. 6,10; 17,6; 19,2; Matth. 23,35.37.

Das 19. Kapitel

Triumphlied über Babels Fall. Die Hochzeit des Lammes. Erscheinung Christi, Sturz des Tiers und des falschen Propheten.

1. Darnach *hörte ich eine Stimme großer Scharen im Himmel, die sprachen:
Halleluja! Heil und Preis, Ehre und Kraft
sei Gott, unserm Herrn! *K. 11,15.
2. Denn *wahrhaftig und gerecht sind
seine Gerichte, daß er die große Hure verurteilt hat, welche die Erde mit ihrer Hurerei verderbte, und †hat das Blut seiner
Knechte von ihrer Hand gefordert.
*K. 16,7. †K. 6,10; 5. Mose 32,43.
3. Und sie sprachen zum andernmal:
Halleluja! und *der Rauch geht auf ewiglich. *Jes. 34,10.
4. Und die vierundzwanzig Ältesten und
die vier Tiere fielen nieder und beteten an
Gott, der auf dem Stuhl saß, und sprachen: *Amen, halleluja!
*K. 5,14; Ps. 106,48.
5. Und eine Stimme ging aus von dem
Stuhl: Lobet unsern Gott, alle seine
Knechte und die ihn fürchten, beide, klein
und groß!
6. Und ich hörte eine Stimme einer großen Schar und wie eine Stimme großer
Wasser und wie eine Stimme starker Donner, die sprachen: Halleluja! denn der allmächtige Gott hat *das Reich eingenommen. *K. 11,15.17.
7. Lasset uns *freuen und fröhlich sein
und ihm die Ehre geben! denn die †Hoch-
zeit des Lammes ist gekommen, und sein
Weib hat sich bereitet. *Ps. 118,24. †K. 21,2.9.
8. Und es ward ihr gegeben, sich *anzu-
tun mit reiner und schöner Leinwand.
(Die köstliche Leinwand aber ist die Gerechtigkeit der Heiligen.)
*Ps. 45,14.15; Jes. 61,10.
9. Und er sprach zu mir: Schreibe: *Selig
sind, die zum Abendmahl des Lammes berufen sind. Und er sprach zu mir: Dies sind
wahrhaftige Worte Gottes. *Luk. 14,15.
10. Und ich *fiel vor ihn zu seinen Füßen, ihn anzubeten. Und er sprach zu mir:
Siehe zu, tu es nicht! Ich bin dein Mitknecht und deiner Brüder, die das †Zeug-
nis Jesu haben. Bete Gott an! (Das Zeugnis
aber Jesu ist der Geist der Weissagung.)
*K. 22,8.9; Apg. 10,25.26. †K. 12,17.
11. Und ich sah den Himmel aufgetan;
und siehe, ein *weißes Pferd. Und der daraufsaß, hieß †Treu und Wahrhaftig, und
er **richtet und streitet mit Gerechtigkeit. *K. 6,2. †K. 1,5; 3,14; **Jes. 11,4.5.
12. *Seine Augen sind wie eine Feuerflamme, und auf seinem Haupt viele Kronen; und er hatte einen †Namen geschrieben, den niemand wußte denn er selbst.
*K. 1,14; 2,18. †K. 3,12.
13. Und er war angetan *mit einem Kleide, das mit Blut besprengt war; und sein
Name heißt †»das Wort Gottes«.
*Jes. 63,1.2. †Joh. 1,1.
14. Und ihm folgte nach das *Heer im
Himmel auf weißen Pferden, angetan mit
weißer und reiner Leinwand. *K. 17,14.
15. Und aus seinem Munde ging ein
scharfes Schwert, daß er damit die Heiden
schlüge; und er wird sie *regieren mit
eisernem Stabe; und †er tritt die Kelter
des Weins des grimmigen Zorns Gottes,
des Allmächtigen.
*K. 12,5; Ps. 2,9. †K. 14,19.20; Jes. 63,3.
16. Und er hat einen Namen geschrieben
auf seinem Kleid und auf seiner Hüfte also: *Ein König aller Könige und ein Herr
aller Herren. *K. 17,14; 1. Tim. 6,15.
17. Und ich sah einen Engel in der Sonne
stehen; und er schrie mit großer Stimme
und sprach zu allen Vögeln, die unter dem
Himmel fliegen: *Kommt und versammelt euch zu dem Abendmahl des großen
Gottes, *Hesek. 39,4.17–20.
18. daß ihr esset das Fleisch der Könige
und der Hauptleute und das Fleisch der
Starken und der Pferde und derer, die dar-

aufsitzen, und das Fleisch aller Freien und
Knechte, der Kleinen und der Großen!
19. Und ich sah *das Tier und die Könige
auf Erden und ihre Heere †versammelt,
Streit zu halten mit dem, der auf dem
Pferde saß, und mit seinem Heer.
*K. 17,12–14. †K. 16,14.16.
20. Und *das Tier ward gegriffen und mit
ihm †der falsche Prophet, der die Zeichen
tat vor ihm, durch welche er verführte, die
das Malzeichen des Tiers nahmen und die
das Bild des Tiers anbeteten; lebendig
wurden diese beiden in den **feurigen
Pfuhl geworfen, der mit Schwefel brannte.
*K. 13,1. †K. 13,11–17. **K. 20,10; Dan. 7,11.26.
21. Und die andern wurden erwürgt mit
dem Schwert des, der auf dem Pferde saß,
das aus seinem Munde ging; und alle Vögel
wurden satt von ihrem Fleisch.

Das 20. Kapitel

Der Satan gebunden auf tausend Jahre;
erste Auferstehung. Gog und Magog.
Das Jüngste Gericht.

1. Und ich sah einen Engel vom Himmel
fahren, der hatte den *Schlüssel zum Abgrund und eine große †Kette in seiner
Hand. *K. 9,1. †2. Petr. 2,4; Judas 6.
2. Und er griff *den Drachen, die alte
Schlange, welche ist der Teufel und Satan,
und band ihn tausend Jahre *K. 12,9.
3. und warf ihn in den Abgrund und verschloß ihn und versiegelte obendarauf,
daß er nicht mehr *verführen sollte die
Heiden, bis daß vollendet würden tausend
Jahre; und darnach muß er los werden
eine kleine Zeit. *2. Thess. 2,9.10.
4. Und ich *sah Stühle, und sie setzten
sich darauf, und ihnen ward gegeben das
Gericht; und die Seelen derer, die enthauptet sind um des Zeugnisses Jesu und
um des Wortes Gottes willen, und die
nicht angebetet hatten das Tier noch sein
Bild und nicht genommen hatten sein
Malzeichen an ihre Stirn und auf ihre
Hand, diese lebten und regierten mit Christo tausend Jahre.
*Dan. 7,9.22.27; Luk. 22,30; 1. Kor. 6,2.
5. Die andern Toten aber wurden nicht
wieder lebendig, bis daß tausend Jahre
vollendet wurden. Dies ist die erste Auferstehung. 1. Kor. 15,23; 1. Thess. 4,16.
6. Selig ist der und heilig, der teilhat an
der ersten Auferstehung. Über solche hat
der andere Tod keine Macht; sondern sie
werden *Priester Gottes und Christi sein
und mit ihm regieren tausend Jahre.
*K. 5,10.
7. Und wenn tausend Jahre vollendet
sind, wird der Satanas los werden aus seinem Gefängnis
8. und wird ausgehen, zu verführen die
Heiden an den vier Enden der Erde, den
*Gog und Magog, sie zu versammeln zum
Streit, welcher Zahl ist †wie der Sand am
Meer. *Hesek. 38,2. †Hesek. 38,9.15.
9. Und sie zogen herauf auf die Breite der
Erde und umringten das Heerlager der
Heiligen und die geliebte Stadt. Und es fiel
*Feuer von Gott aus dem Himmel und
verzehrte sie. *Hesek. 38,22; 39,6; Sach. 12,9.
10. Und der Teufel, der sie verführte,
ward geworfen in den feurigen Pfuhl und
Schwefel, da auch *das Tier und der falsche Prophet war; und sie werden †gequält werden Tag und Nacht von Ewigkeit
zu Ewigkeit. *K. 19,20. †K. 14,10.11.
11. Und ich sah einen großen, weißen
*Stuhl und den, der daraufsaß; vor des
Angesicht †floh die Erde und der Himmel,
und ihnen ward keine Stätte gefunden.
*Matth. 25,31–46. †2. Petr. 3,7.10.12.
12. Und ich sah die Toten, beide, groß
und klein, stehen vor Gott, und *Bücher
wurden aufgetan. Und ein anderes †Buch
ward aufgetan, welches ist das Buch des
Lebens. Und die Toten wurden gerichtet
nach der Schrift in den Büchern, **nach
ihren Werken.
*Dan. 7,10. †K. 3,5; Phil. 4,3. **Röm. 2,6.
13. Und das Meer gab die Toten, die darin
waren, und der Tod und die Hölle gaben
die Toten, die darin waren; und sie wurden
gerichtet, ein jeglicher nach seinen Werken. Joh. 5,28.29.
14. Und *der Tod und die Hölle wurden
geworfen in den feurigen Pfuhl. Das ist der
andere Tod. *1. Kor. 15,26.55.
15. Und so jemand nicht ward gefunden
geschrieben in dem Buch des Lebens, der
ward geworfen *in den feurigen Pfuhl.
*K. 19,20; Matth. 25,41.

Das 21. Kapitel

Neuer Himmel, neue Erde, neues Jerusalem.

1. Und ich sah einen *neuen Himmel
und eine neue Erde; denn der †erste Himmel und die erste Erde verging, und das
Meer ist nicht mehr.
*Jes. 65,17; 2. Petr. 3,13. †K. 20,11.
2. Und ich, Johannes, sah die heilige
Stadt, *das neue Jerusalem, †von Gott aus
dem Himmel herabfahren, bereitet als eine **geschmückte Braut ihrem Mann.
*Hebr. 11,10.16. †Hebr. 12,22; Gal. 4,26.
**K. 19,7.8.

3. Und ich hörte eine große Stimme von dem Stuhl, die sprach: Siehe da, die Hütte Gottes bei den Menschen! und *er wird bei ihnen wohnen, und sie werden sein Volk sein, und er selbst, Gott mit ihnen, wird ihr Gott sein; *Hes.37,27; 48,35.

4. und *Gott wird abwischen alle Tränen von ihren Augen, und der Tod wird nicht mehr sein, noch †Leid noch Geschrei noch Schmerz wird mehr sein; denn das Erste ist vergangen.

*K.7,17; Jes.25,8. †Jes.35,10.

5. Und der *auf dem Stuhl saß, sprach: †Siehe, ich mache alles neu! Und er spricht zu mir: Schreibe; denn diese Worte sind wahrhaftig und gewiß!

*K.4,2; 5,1. †2.Kor.5,17.

6. Und er sprach zu mir: Es ist geschehen. *Ich bin das A und das O, der Anfang und das Ende. Ich will dem †Durstigen geben von dem Brunnen des lebendigen Wassers umsonst. *K.1,8. †K.22,17.

7. Wer *überwindet, der wird es alles ererben, und ich †werde sein Gott sein, und er wird mein Sohn sein.

*K.2,7. †Sach.8,8.

8. Der *Verzagten aber und Ungläubigen und Greulichen und †Totschläger und Hurer und Zauberer und Abgöttischen und aller Lügner, deren Teil wird sein in dem Pfuhl, **der mit Feuer und Schwefel brennt; das ist der andere Tod.

*Hebr.10,38.39. †K.22,15. **K.20,14.

9. Und es kam zu mir einer von den *sieben Engeln, welche die sieben Schalen voll der letzten sieben Plagen hatten, und redete mit mir und sprach: Komm, ich will dir das †Weib zeigen, die Braut des Lammes. *K.15,1.6.7. †K.19,7.

10. Und er führte mich hin im Geist auf *einen großen und hohen Berg und zeigte mir die große Stadt, das heilige Jerusalem, herniederfahren aus dem Himmel, von Gott, *Hesek.40,2.

11. die *hatte die Herrlichkeit Gottes. Und ihr Licht war gleich dem alleredelsten Stein, einem hellen Jaspis.

*V.3,23; Jes.60,1.2.

12. Und sie hatte eine große und hohe Mauer und hatte *zwölf Tore und auf den Toren zwölf Engel, und Namen darauf geschrieben, nämlich der zwölf Geschlechter der Kinder Israel. *Hesek.48,31–35.

13. Vom Morgen drei Tore, von Mitternacht drei Tore, vom Mittag drei Tore, vom Abend drei Tore.

14. Und die Mauer der Stadt hatte zwölf Grundsteine und auf ihnen die Namen der zwölf Apostel des Lammes.

15. Und *der mit mir redete, hatte ein goldenes Rohr, daß er die Stadt messen sollte und ihre Tore und Mauer.

*Hesek.40,3.

16. Und die Stadt liegt *viereckig, und ihre Länge ist so groß als die Breite. Und er maß die Stadt mit dem Rohr auf zwölftausend Feld Wegs. Die Länge und die Breite und die Höhe der Stadt sind gleich.

*Hesek.48,16.17.

17. Und er maß ihre Mauer, hundertundvierundvierzig Ellen, nach Menschenmaß, das der Engel hat.

18. Und der Bau ihrer Mauer war von Jaspis und die Stadt von lauterm Golde gleich dem reinen Glase.

19. Und die Grundsteine der Mauer um die Stadt waren geschmückt *mit allerlei Edelgestein. Der erste Grund war ein Jaspis, der andere ein Saphir, der dritte ein Chalzedonier, der vierte ein Smaragd,

*Jes.54,11.12.

20. der fünfte ein Sardonyx, der sechste ein Sarder, der siebente ein Chrysolith, der achte ein Berill, der neunte ein Topas, der zehnte ein Chrysopras, der elfte ein Hyazinth, der zwölfte ein Amethyst.

21. Und die zwölf Tore waren zwölf Perlen, und ein jeglich Tor war von einer Perle; und die *Gassen der Stadt waren lauteres Gold wie ein durchscheinend Glas. *K.22,2.

22. Und ich sah keinen Tempel darin; denn der Herr, der allmächtige Gott, ist ihr Tempel, und das Lamm.

23. Und die Stadt bedarf keiner Sonne noch des Mondes, daß sie ihr scheinen; denn die Herrlichkeit Gottes erleuchtet sie, und ihre Leuchte ist das Lamm.

K.22,5; Jes.24,23; 60,19.20.

24. Und die Heiden, die da selig werden, wandeln in ihrem Licht; und die Könige auf Erden werden ihre Herrlichkeit in sie bringen. Jes.60,3.5.

25. Und *ihre Tore werden nicht verschlossen des Tages; denn †da wird keine Nacht sein. *Jes.60,11. †K.22,5; Sach.14,7.

26. Und man wird die Herrlichkeit und die Ehre der Heiden in sie bringen.

27. Und es wird nicht hineingehen irgend ein Gemeines und das da Greuel tut und Lüge, sondern die geschrieben sind in dem Lebensbuch des Lammes.

K.20,15; Phil.4,3.

DAS NEUE JERUSALEM Offenbarung 21, 1–3

Das 22. Kapitel

Der Strom und das Holz des Lebens. Gemeinschaft der Seligen mit Gott. Erste Ermahnung und Warnung. Schluß.

1. Und er zeigte mir einen *lautern Strom des lebendigen Wassers, klar wie ein Kristall; der ging aus von dem Stuhl Gottes und des Lammes.
*Hesek. 47,1; Sach. 14,8.

2. Mitten auf ihrer *Gasse auf beiden Seiten des Stroms stand †Holz des Lebens, das trug zwölfmal Früchte und brachte seine Früchte alle Monate; und die Blätter des Holzes dienten zu der Gesundheit der Heiden. *K. 21,21. †Hesek. 47,12.

3. Und es wird *kein Verbanntes mehr sein. Und der Stuhl Gottes und des Lammes wird darin sein; und seine Knechte werden ihm dienen *Sach. 14,11.

4. und *sehen sein Angesicht; und sein †Name wird an ihren Stirnen sein.
*K. 21,3. †K. 3,12.

5. Und wird *keine Nacht da sein, und sie werden nicht bedürfen einer Leuchte oder des Lichts der Sonne; denn Gott der Herr wird sie erleuchten, und sie werden †regieren von Ewigkeit zu Ewigkeit.
*K. 21,25. †K. 5,10; Dan. 7,18.27.

6. Und er sprach zu mir: Diese Worte sind gewiß und wahrhaftig; und der Herr, der Gott der *Geister der Propheten, hat †seinen Engel gesandt, zu zeigen seinen Knechten, was bald geschehen muß.
*4. Mose 27,16; 1. Kor. 14,32. †K. 1,1.

7. Siehe, ich komme bald. Selig ist, der da hält die Worte der Weissagung in diesem Buch. V. 12,20; K. 3,11; 1,3.

8. Und ich bin Johannes, der solches gesehen und gehört hat. Und da ich's gehört und gesehen, *fiel ich nieder, anzubeten zu den Füßen des Engels, der mir solches zeigte. *K. 19,10.

9. Und er spricht zu mir: Siehe zu, tu es nicht! denn ich bin dein Mitknecht und deiner Brüder, der Propheten, und derer, die da halten die Worte dieses Buchs. Bete Gott an!

10. Und er spricht zu mir: *Versiegle nicht die Worte der Weissagung in diesem Buch; denn die †Zeit ist nahe!
*K. 10,4; Dan. 8,26; 12,4. †K. 1,3.

11. Wer böse ist, der sei fernerhin böse, und wer unrein ist, der sei fernerhin un-

rein; aber wer fromm ist, der sei fernerhin
fromm, und wer heilig ist, der sei fernerhin heilig.
12. *Siehe, ich komme bald und †mein
Lohn mit mir, **zu geben einem jeglichen, wie seine Werke sein werden.

*V. 7; K. 3,11. †Jes. 40,10. **Röm. 2,6.

13. Ich bin das A und das O, der Anfang
und das Ende, der Erste und der Letzte.

K. 1,11; Hebr. 13,8.

14. Selig sind, die *seine Gebote halten,
auf daß sie Macht haben an dem Holz des Lebens und zu den Toren eingehen in die Stadt. *K. 12,17.
15. Denn draußen sind die Hunde und
die Zauberer und die Hurer und die Totschläger und die Abgöttischen und alle, die liebhaben und tun die Lüge.

K. 21,8.27; 1. Kor. 6,9.10.

16. *Ich, Jesus, habe gesandt meinen
Engel, solches euch zu †bezeugen an die Gemeinden. Ich bin die **Wurzel des Geschlechts David, der ††helle Morgenstern.

*K. 1,1. †K. 1,2. **Jes. 11,10; K. 5,5. ††Luk. 1,78.

17. Und der *Geist und die Braut sprechen: Komm! Und wer es hört, der spreche: Komm! Und †wen dürstet, der komme; und wer da will, der nehme das Wasser des Lebens umsonst.

*Röm. 8,23. †K. 21,6; Jes. 55,1; Joh. 7,37.

18. Ich bezeuge allen, die da hören die
Worte der Weissagung in diesem Buch: So jemand dazusetzt, so wird Gott zusetzen auf ihn die Plagen, *die in diesem Buch geschrieben stehen. *K. 15,1.6.
19. Und so *jemand davontut von den
Worten des Buchs dieser Weissagung, so wird Gott abtun sein Teil vom Holz des Lebens und von der heiligen Stadt, davon in diesem Buch geschrieben ist. *5. Mose 4,2.
20. Es spricht, der solches bezeugt: Ja,
ich komme bald. Amen, ja komm, Herr Jesu!
21. Die Gnade unsers Herrn Jesu Christi
sei mit euch allen! Amen.

Ende des Neuen Testaments.

Verzeichnis der Holzschnitte

Das Alte Testament

Das Neue Testament